NomosKommentar

Prof. Dr. Volker M. Haug [Hrsg.]

Verfassung des Landes Baden-Württemberg

Handkommentar

Dr. Claus-Peter Clostermeyer, Ministerialdirigent a.D. | **Felix Ebert**, Leitender Ministerialrat a.D. | **Prof. Dr. Volker M. Haug**, Ministerialrat und Honorarprofessor, Universität Stuttgart | **Dr. Jens Hofmann**, Richter am VGH | **Dr. Thomas Krappel**, Rechtsanwalt, Fachanwalt für Verwaltungsrecht, Stuttgart | **Prof. Dr. Ulrich Palm**, Universität Hohenheim | **Prof. Dr. Arne Pautsch**, Hochschule für öffentliche Verwaltung und Finanzen Ludwigsburg | **Dr. Renate Penßel** M.A., Universität Nürnberg-Erlangen | **Dr. Matthias Strohs**, Ministerialrat a.D. | **Prof. Dr. Daniela Winkler**, Universität Stuttgart

Nomos

Zitiervorschlag: *Hofmann* in: Haug, HK-BWVerf, Art. 25 Rn. 5

Die Deutsche Nationalbibliothek verzeichnet diese Publikation in
der Deutschen Nationalbibliografie; detaillierte bibliografische
Daten sind im Internet über http://dnb.d-nb.de abrufbar.

ISBN 978-3-8487-0500-9

1. Auflage 2018
© Nomos Verlagsgesellschaft, Baden-Baden 2018. Gedruckt in Deutschland.
Alle Rechte, auch die des Nachdrucks von Auszügen, der fotomechanischen
Wiedergabe und der Übersetzung, vorbehalten.

*Gewidmet
den Bürgerinnen und Bürgern
und den Verfassungsorganen
des Landes Baden-Württemberg*

Geleitwort des Präsidenten des Verfassungsgerichtshofs

„Diese Verfassung muss einfach und klar gehalten sein, dass ein jeder sie versteht, dass ein jeder begreift, was mit ihren Bestimmungen und Regelungen gemeint ist. Da in ihr der feste und dauerhafte Grund für das Leben in der Volksgemeinschaft gelegt wird, muss Gewähr dafür gegeben sein, dass eine von der wechselvollen Stärke der Parteien unabhängige große Mehrheit des Volkes die Verfassung billigt und freudig aufnimmt als das Gesetz, dass immer und überall auf das Gemeinschaftsleben einwirkt, Recht und Ordnung, Freiheit und sozialen Frieden sichert."

Mit diesem im sprachlichen Duktus der damaligen Zeit formulierten Arbeitsauftrag versah der Alterspräsident der Verfassunggebenden Landesversammlung *Wilhelm Baessler* diese in ihrer ersten Sitzung am 25. März 1952 in Stuttgart. Nach 61 Sitzungen der Verfassunggebenden Landesversammlung war das Werk vollbracht. Die Verfassung des bereits am 25. April 1952 gegründeten neuen Bundeslandes Baden-Württemberg trat am 19. November 1953 in Kraft. Am 20. Juli 1955 nahm der damalige Staatsgerichtshof für das Land Baden-Württemberg seine Rechtsprechungstätigkeit auf und begann, die neue Verfassung des „Südweststaates" auszulegen und in konkreten Fällen wirksam werden zu lassen.

Das Verfassungsgericht blieb jedoch nicht der einzige Interpret der Landesverfassung. Bereits im Jahr 1954 war ein erster Kommentar der Landesverfassung erschienen, herausgegeben von den damaligen Ministerialbeamten *Rudolf Spreng*, *Willi Birn* und Dr. *Paul Feuchte*. Erst dreißig Jahre später wurde die Landesverfassung erneut wissenschaftlich kommentiert, von Ministerialrat Dr. *Klaus Braun* (1984) sowie erneut von Dr. *Paul Feuchte* mit weiteren Autoren aus Wissenschaft und Praxis (1987).

Nach nunmehr weiteren 30 Jahren erscheint im 65. Jahr des Inkrafttretens der Landesverfassung ein neues Werk, das es sich zur Aufgabe gemacht hat, die an sich durchaus klar und verständlich geschriebene Landesverfassung für Bürgerinnen und Bürger ebenso wie für berufliche Rechtsanwender in ihren systematischen Bezügen und unter Berücksichtigung der in der Zwischenzeit ergangenen verfassungsgerichtlichen Rechtsprechung weiter zu erhellen.

Diese Zielsetzung des neuen Kommentars ist hoch verdienstvoll und aus der Sicht des Verfassungsgerichtshofs für das Land Baden-Württemberg sehr zu begrüßen. Die Bedeutung der Landesverfassung ist in den letzten Jahren aufgrund des Kompetenzzuwachses des Landes durch die Föderalismusreform 2006 und durch die Einführung der Landesverfassungsbeschwerde zum 1. April 2013 gestiegen. Die Rechtsprechungstätigkeit des Verfassungsgerichtshofs hat sich seit dem Jahr 2013 mehr als verzehnfacht. Daher bestand ein dringender Bedarf, die Landesverfassung einem aktuellen und umfassenden rechtswissenschaftlichen Blick zu unterziehen. Besonders freut es mich, dass sich eine Gruppe hoch kompetenter Praktiker und Wissenschaftler dieser nicht geringen Aufgabe angenommen hat. So bin ich zuversichtlich, dass der neue Kommentar auch einen wichtigen Beitrag dazu leisten wird, die von der Verfassunggebenden Landesversammlung gewollte integrative Kraft der Verfassung für Baden-Württemberg zu stärken.

Stuttgart, im Februar 2018
Eberhard Stilz
Präsident des Verfassungsgerichtshofs für das Land Baden-Württemberg

Vorwort

Als drittgrößtes Land der Bundesrepublik sowohl nach Fläche als auch nach Einwohnern hat Baden-Württemberg in den 65 Jahren seit seiner Gründung zu einem gesunden Selbstbewusstsein als „lebendiges Glied der Bundesrepublik Deutschland in einem vereinten Europa" gefunden (so die Verfassungseltern im Vorspruch). Es hat sowohl den ersten Bundespräsidenten als auch den Bundeskanzler der ersten Großen Koalition gestellt und sich regelmäßig in nationale und europäische Debatten engagiert eingebracht, wie beispielsweise die Mitwirkung von Ministerpräsident *Erwin Teufel* im Europäischen Verfassungskonvent (2002/03) und des damaligen Fraktionsvorsitzenden *Winfried Kretschmann* in der Föderalismuskommission I (2003/04) sowie die Leitung der Föderalismuskommission II (2006/09) durch Ministerpräsident *Günther Oettinger* belegen. Alle drei sind in diesen Beratungen als überzeugte und kämpferische Föderalisten aufgefallen.

Diese starke Rolle von Repräsentanten Baden-Württembergs steht in einem deutlichen Kontrast zur keineswegs reibungsfreien Entstehungsgeschichte des Landes. Als einziges deutsches Land, das nach 1949 aus einem Zusammenschluss mehrerer Vorgängerländer hervorgegangen ist, hatte es zunächst einen ebenso schwierigen wie langwierigen Integrationsprozess zu bewältigen. Neben parteipolitischen Auseinandersetzungen (infolge des Ausschlusses der stärksten Partei aus der ersten Landesregierung) sind es vor allem regional motivierte Sorgen und Ängste gewesen, die den Prozess der Verfassungsentstehung in der Verfassunggebenden Landesversammlung (VLV) geprägt haben. Aber bereits diese erste Volksvertretung des neuen Landes hat es geschafft, das Verbindende vor das Trennende zu stellen. Exemplarisch dafür kann die Namensgebung des Landes herangezogen werden: Obwohl eine Mehrheit die Namen „Schwaben" oder „Rheinschwaben" bevorzugte, entschied sich die Versammlung aus integrativen Gründen für „Baden-Württemberg". Dieser konsensorientierte Politikstil prägt das Land bis heute, was nicht nur für die politischen Parteien, sondern auch für das Verhältnis des Landes zu „seinen" Kommunen gilt. *Paul Feuchte* spricht in diesem Zusammenhang vom „Ausgleich als Lebenselixier" des Landes. Zugleich hatte die partizipative Einbindung der Bürgerinnen und Bürger von Anfang an einen hohen Stellenwert. Auch hier kann beispielhaft auf die Namensfindung verwiesen werden: Die VLV befasste sich intensiv mit den zahlreichen Zuschriften der Bürgerschaft zur Frage, wie das neue Land heißen sollte. Dabei wurden Vorschläge gemacht wie – zum Beispiel – Badenberg, Musterland, Rhedonia, Schwabbaden, Vereinigte Länder von Südwestdeutschland (VLSD), Wühoba und Württbad. Trotzdem wirkten landsmannschaftliche Befindlichkeiten noch lange nach, weshalb der Prozess der Landesbildung erst mit der Volksabstimmung vom 7.6.1970 wirklich abgeschlossen war.[1]

---

1 Bei der ersten Volksabstimmung 1951 sprach sich zwar eine Mehrheit von 69,7 % in ganz Baden-Württemberg für das neue Bundesland aus, aber im alten Land Baden waren 52,2 % für die Wiederherstellung der alten Länder. In der mit Hilfe des

Begreift man in der Bundesrepublik ein Land nicht nur als Glied des Bundesstaates, sondern als eigenstaatliches Gebilde, kommt hier der Verfassung als Grundlage der staatlichen Ordnung großes Gewicht zu. Denn sie leistet nach den Worten von *Manfred Baldus* einen essentiellen Beitrag „zur Identität, Individualität und Legitimation" des Landes. Auch die Verfassungsgerichte, insbesondere das BVerfG, betonen schon seit geraumer Zeit die Eigenständigkeit der Verfassungsräume von Bund und Ländern. Die Homogenitätsklausel des Art. 28 I GG ist eben keine Vereinheitlichungsnorm, die das GG zur „deutschen Oberverfassung" macht, sondern sie gibt nur einige grundlegende Prinzipien – man könnte auch sagen: ein staatsrechtliches Wertefundament – vor. Der deutschen Verfassungsvielfalt kommt damit – so Ministerpräsident *Winfried Kretschmann* beim Festakt zum 60. Jahrestag des Inkrafttretens der Landesverfassung – die Aufgabe zu, die „Eigenstaatlichkeit von Bund und Ländern" zum Ausdruck zu bringen. Ganz besonders kann dies für ein aus verschiedenen historischen Teilen zusammengesetztes Land gelten. So haben schon die Badische Verfassung von 1818 und die Württembergische von 1819 – mit jeweils unterschiedlichen Akzenten – zur Identität der neugeschaffenen Staaten beigetragen. Zugleich spielen landesverfassungsrechtliche Fragen – bislang allerdings vor allem in anderen Ländern – eine zunehmende Rolle auch für die praktische Politik unserer Tage. Gerade in Prozessen der Veränderung und Neujustierung bieten verfassungsrechtliche Festlegungen oft eine hilfreiche Orientierung.

Sowohl die nähere Art und Weise ihrer Umsetzung, als auch – erst recht – die übrige Ausgestaltung der landesverfassungsrechtlichen Ordnung, ist den Ländern in eigener Verfassungssouveränität selbst überlassen. Die Anzahl und Reichweite der streitigen Themen in den Verfassungsberatungen belegen, dass sich die Verfassungseltern dieses Gestaltungsspielraums bewusst waren. Hierzu zählten u.a. kulturelle Fragen (insbes. die Frage der Konfessionsschule), direkte Demokratie, das „ob" eines Staatspräsidenten und eines Senats, die Parlamentsrechte, die Verwaltungsorganisation, die kommunale Selbstverwaltung oder das Landeswappen. Soweit bei wesentlichen Themen keine breite Einigkeit zu erzielen war, wurden Fragen auch offen gelassen bzw. vertagt, was v.a. für die Schulfrage galt. Auch wenn dieses Vorgehen nicht nur positiv gesehen wurde, trug es doch zu dem den Kernkonsens widerspiegelnden Abstimmungsergebnis von 102 Ja-Stimmen von 114 bei. Angesichts des noch fragilen staatlichen Gebildes war dies nach den Worten von *Alex Möller* „eine feste, durch nichts mehr zu erschütternde verfassungsrechtliche Lebensbasis" für Baden-Württemberg. Südwestdeutscher Pragmatismus hat hier in der Vergangenheit Manches (zB eine Geschäftsordnung der Landesregierung) ersetzt. In einer vielgestaltiger werdenden politischen Landschaft mit brüchiger werdendem Grundkonsens lohnt heute mehr denn je ein Blick in die Landesverfassung.

Sowohl mit der Größe und Stellung Baden-Württembergs als auch der erheblichen Bedeutung der verfassungsrechtlichen Grundlagen für ein solches Land kontrastiert der relativ lange Zeitraum von nunmehr 30 Jahren, seit

---

BVerfG herbeigeführten Volksabstimmung vom 7.6.1970 stimmten dann aber 81,9 % der Badener für ihren Verbleib beim Land Baden-Württemberg.

die letzte (umfassende)[2] wissenschaftliche Kommentierung der Landesverfassung erschienen ist. In diese Zeitspanne fallen nicht nur historische Ereignisse wie die Wiedervereinigung Deutschlands, eine erhebliche Vertiefung der europäischen Integration von Maastricht bis Lissabon sowie weitreichende Föderalismusreformen, sondern auch zahlreiche bedeutende Novellierungen der baden-württembergischen Verfassung. Hinzu kommt, dass ein Blick in die anderen Länder – insbesondere die größeren Flächenländer – zeigt, dass dort lange Jahre eine wesentlich aktuellere Kommentarliteratur zum Landesverfassungsrecht verfügbar war.[3] Schließlich hat das Landesverfassungsrecht in Baden-Württemberg zuletzt einen erheblichen zusätzlichen Bedeutungsschub durch die Einführung der Landesverfassungsbeschwerde erhalten. Jeder dieser Gründe würde schon für sich alleine ausreichen, die Notwendigkeit einer umfassenden Neukommentierung der baden-württembergischen Landesverfassung zu begründen. In ihrer Summe aber machen diese Gründe ein solches Werk erst recht unumgänglich. Angesichts des Fehlens eigenständiger Literatur zum Landesverfassungsprozessrecht nutzen wir zudem mit diesem Kommentar die Gelegenheit, auch diese Lücke zu schließen. Deshalb enthält dieses Werk hierzu (v.a. bei Art. 68) einen besonderen Schwerpunkt. Aus demselben Grund wird in diesem Zusammenhang auch die neugeschaffene Landesverfassungsbeschwerde – obwohl sie nicht in die Verfassung aufgenommen wurde, sondern nur einfachgesetzlich geregelt ist – ausführlich behandelt.

Als Herausgeber ist es mir ein besonderes Anliegen, allen Mitautorinnen und Mitautoren für ihre Bereitschaft zur Mitarbeit an diesem Kommentar und für ihr Engagement zu danken. Es versteht sich von selbst, dass alle Autoren in ihren Beiträgen ausschließlich ihre persönliche wissenschaftliche Meinung vertreten (und nicht zwingend die ihrer Anstellungseinrichtungen). Last but not least möchte ich alle Nutzerinnen und Nutzer herzlich um Verständnis dafür bitten, dass wir (wie die Landesverfassung im Übrigen auch) keine konsequent „gegenderte" Sprache verwenden. Wo sich eingeführte, geschlechtsneutrale Begriffe verwenden ließen („Verfassungseltern"), haben wir das getan; aber zur Wahrung der flüssigen Lesbarkeit haben wir auf die durchgängige Verwendung von Paarformeln verzichtet.

Unser abschließender Dank geht – ohne einzelne Namensnennungen – an alle, die uns durch Diskussionen, Anregungen oder Verbesserungsvorschläge unterstützt und damit zum Gelingen des Werkes beigetragen haben. Ebenso danken wir dem Nomos-Verlag und hier insbesondere unseren Lektoren *Johannes Rux* und *Matthias Knopik* für die konstruktive wie duldsame Begleitung des mehrjährigen Entstehungsprozesses dieses Buches. Allen Nutzerinnen und Nutzern wünschen wir, dass sie in diesem Kom-

---

2 Der Verfassungskommentar von *Klaus Braun* (1984) wurde im Jahr 1997 durch einen von *Klaas Engelken* verantworteten Zusatzband, der aber nur auf (insgesamt elf) geänderte Artikel einging, ergänzt.
3 Um nur die jüngsten zu nennen: Lieber/Iwers/Ernst (Brandenburg, 2012), Epping/Butzer u.a. (Niedersachsen, 2012), Linck/Baldus u.a. (Thüringen, 2013), Brocker/Droege/Jutzi (Rheinland-Pfalz, 2014), Meder/Brechmann (Bayern, 2014), Classen/Litten/Wallerath (Mecklenburg-Vorpommern, 2015), Fischer-Lescano, Rinken u.a. (Bremen, 2016).

mentar auf viele Fragen überzeugende oder zumindest weiterführende Antworten finden werden.

Stuttgart, im Februar 2018 *Volker M. Haug*

Inhaltsverzeichnis

Geleitwort des Präsidenten des Verfassungsgerichtshofs	7
Vorwort	9
Autorenverzeichnis	17
Abkürzungs- und Literaturverzeichnis	19
Parallelfundstellen zu Gerichtsentscheidungen	43

Verfassung des Landes Baden-Württemberg

Vorspruch	51

Erster Hauptteil
Vom Menschen und seinen Ordnungen

I. Mensch und Staat

Artikel 1	Personenwert und Gemeinschaft	65
Artikel 2	Grundrechte, Recht auf Heimat	73
Artikel 2 a	Rechte und Schutz von Kindern und Jugendlichen	89
Artikel 2 b	Verbot der Benachteiligung Behinderter	94
Artikel 3	Sonn- und Feiertage	100
Artikel 3 a	Schutz der natürlichen Lebensgrundlagen	109
Artikel 3 b	Tierschutz	125
Artikel 3 c	Kultur- und Sportförderung, Landschafts- und Denkmalschutz	131

II. Religion und Religionsgemeinschaften

Artikel 4	Kirchen	144
Artikel 5	Weimarer Kirchenartikel	171
Artikel 6	Religiöse Karitas	197
Artikel 7	Staatsverpflichtungen gegenüber den Kirchen	213
Artikel 8	Kirchenverträge	232
Artikel 9	Ausbildung der Geistlichen	243
Artikel 10	Theologische Fakultäten	250

III. Erziehung und Unterricht

Artikel 11	Recht auf Erziehung und Ausbildung	262
Artikel 12	Erziehungsziel, Träger der Erziehung	275
Artikel 13	Jugendschutz	304
Artikel 14	Schulpflicht, Unterrichts- und Lernmittelfreiheit	309
Artikel 15	Volksschulformen; Elternrecht	341
Artikel 16	Charakter der christlichen Gemeinschaftsschule	362
Artikel 17	Toleranz, Schulaufsicht, Prüfungen für öffentlich anerkannte Berechtigungen, Elternbeiräte	368

Artikel 18	Religionsunterricht	388
Artikel 19	Lehrerausbildung	405
Artikel 20	Hochschulfreiheit	416
Artikel 21	Staatsbürgerliche Erziehung	442
Artikel 22	Erwachsenenbildung	454

Zweiter Hauptteil
Vom Staat und seinen Ordnungen

I. Die Grundlagen des Staates

Artikel 23	Staatsfundamentalnorm, Baden-Württemberg als Gliedstaat	464
Artikel 24	Farben und Wappen	485
Artikel 25	Staatsgewalt, Gewaltenteilung	490
Artikel 26	Aktives Wahlrecht, Wahlgrundsätze	520

II. Der Landtag

Artikel 27	Landtagsfunktionen, Freies Mandat	552
Artikel 28	Wahlsystem, Wählbarkeit	622
Artikel 29	Wahlvorbereitung, Behinderungsverbot	635
Artikel 30	Wahlperiode, Zusammentreten	645
Artikel 31	Wahlprüfung	661
Artikel 32	Landtagspräsidium, Geschäftsordnung	680
Artikel 33	Verhandlungen und Beschlüsse	705
Artikel 34	Regierungsanwesenheit	722
Artikel 34 a	Landtagsbeteiligung in EU-Angelegenheiten	735
Artikel 35	Untersuchungsausschüsse	749
Artikel 35 a	Petitionsausschuss	782
Artikel 36	Ständiger Ausschuss	794
Artikel 37	Indemnität der Abgeordneten	800
Artikel 38	Immunität der Abgeordneten	807
Artikel 39	Zeugnisverweigerungsrecht der Abgeordneten	817
Artikel 40	Entschädigung der Abgeordneten	823
Artikel 41	Erwerb und Verlust des Mandats	837
Artikel 42	Abgeordnetenanklage	842
Artikel 43	Landtagsauflösung	846
Artikel 44	Zwischen zwei Landtagen	856

III. Die Regierung

Artikel 45	Regierungsfunktion, Zusammensetzung	859
Artikel 46	Regierungsbildung	882
Artikel 47	Misslungene Regierungsbildung	903

Artikel 48	Amtseid	906
Artikel 49	Richtlinien der Politik, Aufgabenverteilung, Beschlussfassung	912
Artikel 50	Vertretung nach außen	947
Artikel 51	Richter- und Beamtenernennung	965
Artikel 52	Gnadenrecht, Amnestien, Abolitionen	972
Artikel 53	Ministergesetz, Inkompatibilität	984
Artikel 54	Konstruktives Misstrauensvotum	994
Artikel 55	Rücktritt, Amtsbeendigung, geschäftsführende Regierung	1001
Artikel 56	Entlassungszwang	1008
Artikel 57	Ministeranklage und Vorwurfskontrolle	1011

IV. Die Gesetzgebung

Artikel 58	Allgemeiner Vorbehalt des Gesetzes bei Belastungen des Bürgers	1018
Artikel 59	Gesetzesvorlagen, Volksbegehren, Gesetzesbeschlüsse	1030
Artikel 60	Volksabstimmung über Gesetze	1056
Artikel 61	Rechtsverordnungen, Verwaltungsvorschriften	1075
Artikel 62	Staatsnotstand, Notparlament	1085
Artikel 63	Ausfertigung, Verkündung	1096
Artikel 64	Verfassungsänderung, Verbot der Verfassungsdurchbrechung	1103

V. Die Rechtspflege

Artikel 65	Unabhängigkeit der rechtsprechenden Gewalt	1110
Artikel 66	Persönliche Unabhängigkeit der Richter, Richteranklage	1124
Artikel 67	Gerichtsweg, Verwaltungsrechtsweg	1139
Artikel 68	Verfassungsgerichtshof	1161

VI. Die Verwaltung

Artikel 69	Träger öffentlicher Verwaltung	1251
Artikel 70	Verwaltungsorganisation, Organisationsgewalt	1264
Artikel 71	Selbstverwaltung, insbesondere Gemeinden und Gemeindeverbände	1271
Artikel 72	Gemeinde- und Kreisvertretung	1306
Artikel 73	Gemeindefinanzierung, Finanzausgleich	1318
Artikel 74	Gemeindegebietsänderung, Gemeindeauflösung	1326
Artikel 75	Kommunalaufsicht	1336
Artikel 76	Anrufung des Verfassungsgerichtshofs	1345
Artikel 77	Öffentlicher Dienst	1349

Artikel 78	Amtseid	1354

VII. Das Finanzwesen

Artikel 79	Feststellung des Haushaltsplans	1356
Artikel 80	Nothaushaltsrecht	1407
Artikel 81	Über- und außerplanmäßige Ausgaben, Notbewilligungsrecht	1421
Artikel 82	Finanzwirksame Beschlüsse des Landtags, Vetorecht der Regierung	1433
Artikel 83	Rechnungslegung, Rechnungsprüfung, Rechnungshof	1442
Artikel 84	Kreditaufnahme, Schuldenbremse	1465

VIII. Schlußbestimmungen

Artikel 85	Bestandsgarantie der Hochschulen	1480
Artikel 86	(aufgehoben)	1484
Artikel 87	Außerstaatliche Wohlfahrtspflege	1484
Artikel 88	Normenkontrolle des Verfassungsgerichtshofs über vorkonstitutionelles Recht	1488
Artikel 89	Erste Mitgliederwahl zum Verfassungsgerichtshof	1492
Artikel 90	Polizeiorganisation	1494
Artikel 91	Heimatklausel für Zentralbehörden	1495
Artikel 92	Mitgliedermehrheit des Landtags	1498
Artikel 93	Erster Landtag	1502
Artikel 93 a	Ende der Wahlperiode des 14. Landtags	1504
Artikel 94	Inkrafttreten, Rechtswirkungen	1506

Stichwortverzeichnis 1513

Autorenverzeichnis

Dr. *Claus-Peter Clostermeyer*, Ministerialdirigent a.D., zuletzt Vertretung des Landes Baden-Württemberg beim Bund, Berlin

Felix Ebert, Leitender Ministerialrat a.D., zuletzt Kultusministerium Baden-Württemberg, Stuttgart

Prof. Dr. *Volker M. Haug*, Ministerialrat im Innenministerium Baden-Württemberg und Honorarprofessor im Institut für Volkswirtschaftslehre und Recht, Universität Stuttgart

Dr. *Jens Hofmann*, Richter am VGH Mannheim, vormals wissenschaftlicher Mitarbeiter am Verfassungsgerichtshof Baden-Württemberg, Stuttgart

Dr. *Thomas Krappel*, Rechtsanwalt, Fachanwalt für Verwaltungsrecht, RAe Kasper Knacke, Stuttgart

Prof. Dr. *Ulrich Palm*, Lehrstuhl für Öffentliches Recht, Finanz- und Steuerrecht, Universität Hohenheim

Prof. Dr. *Arne Pautsch*, Professur für Öffentliches Recht und Kommunalwissenschaften, Hochschule für öffentliche Verwaltung und Finanzen Ludwigsburg

Dr. *Renate Penßel* M.A., Wissenschaftliche Mitarbeiterin, Hans-Liermann-Institut für Kirchenrecht, Universität Nürnberg-Erlangen

Dr. *Matthias Strohs*, Ministerialrat a.D., zuletzt Innenministerium Baden-Württemberg, Stuttgart

Prof. Dr. *Daniela Winkler*, Abt. für Rechtswissenschaft im Institut für Volkswirtschaftslehre und Recht, Universität Stuttgart

Abkürzungs- und Literaturverzeichnis

aA	andere(r) Ansicht
aaO	am angegebenen Ort
AAS	acta apostolica sedis
Abg.	Abgeordnete(r)
AbgG	Gesetz über die Rechtsverhältnisse der Mitglieder des Deutschen Bundestages vom 18.2.1977 (Abgeordnetengesetz, BGBl. I 297, zuletzt geändert durch Art. 1 des Gesetzes vom 11.7.2014, BGBl. I 906)
AbgG BW	Gesetz über die Rechtsverhältnisse der Mitglieder des Landtags (Abgeordnetengesetz) v. 12.9.1978 (GBl. 473, zuletzt geändert durch Gesetz v. 22.2.2017, GBl. 77)
ABl.	Amtsblatt (der Europäischen Gemeinschaften bzw. der Europäischen Union)
Abs.	Absatz
Achterberg	Norbert Achterberg, Parlamentsrecht, Tübingen 1984
AEUV	Vertrag über die Arbeitsweise der Europäischen Union
aE	am Ende
aF	alte Fassung
AfK	Archiv für Kommunalwissenschaften
AGG	Allgemeines Gleichbehandlungsgesetz
AGSGB	Gesetz zur Ausführung des Zwölften Buches Sozialgesetzbuch (BW)
Aker/Hafner/Notheis	Bernd Aker/Wolfgang Hafner/Klaus Notheis, Gemeindeordnung Baden-Württemberg, 2012
AK-GG	Erhard Denninger/Wolfgang Hoffmann-Riem/Hans-Peter Schneider/Ekkehart Stein (Hrsg.), Kommentar zum Grundgesetz für die Bundesrepublik Deutschland, Reihe Alternativkommentare, Loseblattausgabe, 3. Aufl., 2001 ff. (zit. *Bearbeiter* in: AK-GG)
allg.	allgemein(e/er/es)
amtl.	amtlich
AmtsBl.	Amtsblatt
ÄndG	Änderungsgesetz
Anm.	Anmerkung
Anschütz	Gerhard Anschütz, Die Verfassung des Deutschen Reichs vom 11. August 1919 – Ein Kommentar für die Wissenschaft und Praxis, 14. Aufl. 1933
Anschütz/Thoma	Gerhard Anschütz/Richard Thoma (Hrsg.), Handbuch des Deutschen Staatsrechts, Erster Band 1930, Zweiter Band 1932 (zit. *Bearbeiter* in: Anschütz/Thoma)

AO	Abgabenordnung, zuletzt geändert durch Gesetz vom 18.7.2017 (BGBl. I S. 2745)
AöR	Archiv des öffentlichen Rechts
ArbZG	Arbeitszeitgesetz vom 6. Juni 1994 (BGBl. I S. 1170), zuletzt geändert durch Art. 12 a 6. SGB IV-ÄndG vom 11.11.2016 (BGBl. I S. 2500)
Art.	Artikel
Aufl.	Auflage
ausf.	ausführlich
Austermann/Schmahl	Philipp Austermann/Stefanie Schmahl (Hrsg.), Abgeordnetengesetz, 2016 (zit. *Bearbeiter* in: Austermann/Schmahl)
Avenarius	Hermann Avenarius/Hans-Peter Füssel, Schulrecht – Ein Handbuch für Praxis, Rechtsprechung und Wissenschaft, 8. Aufl. 2010 (zit. *Bearbeiter* in: Avenarius)
Az.	Aktenzeichen
B.	Beschluss
BadKonkordat 1932	Konkordat zwischen dem Heiligen Stuhl und dem Freistaat Baden mit Schlussprotokoll v. 12.10.1932 u. Zusatzprotokoll v. 7./10.11.1932
Badura	Peter Badura, Staatsrecht, 6. Aufl. 2015
BAföG	Bundesgesetz über individuelle Förderung der Ausbildung (Bundesausbildungsförderungsgesetz), idF der Bekanntmachung vom 7.12.2010 (BGBl. I S. 1952, ber. BGBl. 2012 I S. 197), zuletzt geändert durch Gesetz vom 29.3.2017 (BGBl. I S. 626)
BannMG	Bannmeilengesetz (ohne Länderzusatz: BW)
Baumann-Hasske/Kunzmann	Harald Baumann-Hasske/Bernd Kunzmann (Hrsg.), Die Verfassung des Freistaates Sachsen, Kommentar, 3. Aufl. 2011 (zit. *Bearbeiter* in: Baumann-Hasske/Kunzmann)
Bay	Bayern/bayerisch
BayVBl	Bayrische Verwaltungsblätter
BayVerf	Verfassung des Freistaates Bayern
BayVerfGH	Bayerischer Verfassungsgerichtshof
BayVGH	Bayerischer Verwaltungsgerichtshof
BB	Der Betriebsberater
Bbg	Brandenburg
BbgVerf	Verfassung des Landes Brandenburg
BbgVerfG	Verfassungsgericht des Landes Brandenburg
BBiG	Berufsbildungsgesetz
Bd.	Band

BeamtStG	Gesetz zur Regelung des Statusrechts der Beamtinnen und Beamten in den Ländern (Beamtenstatusgesetz) vom 17.6.2008 (BGBl. I S. 1010), zuletzt geändert durch Gesetz vom 8.6.2017 (BGBl. I S. 1570)
BeckOK GG	Volker Epping/Christian Hillgruber (Hrsg.), Beck OnlineKommentar Grundgesetz, 32. Edition, Stand 1.3.2017 (zit.: *Bearbeiter* in: BeckOK GG)
BeckRS	Beck online Rechtsprechung
Begr.	Begründung
Bek.	Bekanntmachung
Benda/Klein	Ernst Benda/Eckart Klein, Verfassungsprozessrecht, Ein Lehr- und Handbuch, 3. Aufl. 2011
Berl	Berlin
BerlVerf	Verfassung von Berlin
BerlVerfGH	Verfassungsgerichtshof des Landes Berlin
Bernzen/Sohnke	Uwe Bernzen/Michael Sohnke, Verfassung der Freien und Hansestadt Hamburg. Kommentar mit Entscheidungsregister, 1977
Bettermann/Nipperdey/Scheuner	Karl August Bettermann/Hans Carl Nipperdey/Ulrich Scheuner (Hrsg.), Die Grundrechte, Bd. IV/1, 1966 (zit. *Bearbeiter* in: Bettermann/Nipperdey/Scheuner)
BFH	Bundesfinanzhof
BFHE	Sammlung der Entscheidungen des Bundesfinanzhofs
BGB	Bürgerliches Gesetzbuch
BGBl.	Bundesgesetzblatt
BGH	Bundesgerichtshof
BGHZ	Entscheidungssammlung des Bundesgerichtshofs in Zivilsachen
BHO	Bundeshaushaltsordnung vom 19.8.1969 (BGBl. I S. 1284), zuletzt geändert durch Gesetz vom 14.8.2017 (BGBl. I S. 3122)
Bieber/Epiney/Haag	Roland Bieber/Astrid Epiney/Marcel Haag, Die Europäische Union. Europarecht und Politik, 11. Aufl. 2015 (zit.: *Bearbeiter* in: Bieber/Epiney/Haag)
Birn	Helmut Birn, Die Aufnahme von Grundrechten und staatsbürgerlichen Rechten des Grundgesetzes in die Verfassung von Baden-Württemberg, 1972
Birkmann/Köhler	Andreas Birkmann/Johanna Köhler, Verfassung des Freistaats Thüringen: Bekenntnis zum Freistaat, 2. Aufl. 1995
BK	Rudolf Dolzer u.a. (Hrsg.), Das Bonner Grundgesetz, Kommentar, Loseblattausgabe, 1991 ff. (zit. *Bearbeiter* in: BK)

BMG	Bundesmeldegesetz vom 3.5.2013 (BGBl. I S. 1084), zuletzt geändert durch Art. 11 Abs. 4 eIDAS-DurchführungsG5 6 vom 18.7.2017 (BGBl. I S. 2745)
BMinG	Gesetz über die Rechtsverhältnisse der Bundesminister vom 27.7.1971 (BGBl. I 1166, zuletzt geändert durch Gesetz vom 17.7.2015, BGBl. I 1322)
Bosse/Burk	Wolfgang Busse/Stephan Burk, Schulrecht Baden-Württemberg, Rechtsprechung, Loseblattausgabe, Stand: 45. EL 2015
BRat	Bundesrat
BR-Drs.	Bundesratsdrucksache
BRK	Behindertenrechtskonvention der Vereinten Nationen (BGBl. 2008 II, 1419; 2009 II, 812)
BR-PlPr.	Plenarprotokoll des Bundesrats
Braun	Klaus Braun, Kommentar zur Verfassung des Landes Baden-Württemberg, Kommentar, 1984
BReg	Bundesregierung
Brem	Bremen
BremOVG	Oberverwaltungsgericht der Freien Hansestadt Bremen
BremVerf	Landesverfassung der Freien Hansestadt Bremen
BremStGH	Staatsgerichtshof der Freien Hansestadt Bremen
Bretzinger	Otto N. Bretzinger (Hrsg.), Staats- und Verwaltungsrecht Baden-Württemberg, 1. Teil, 1991 (zit. *Bearbeiter* in: Bretzinger)
Brocker/Droege/Jutzi	Lars Brocker/Michael Droege/Siegfried Jutzi (Hrsg.), Verfassung für Rheinland-Pfalz, Kommentar, 2014 (zit.: *Bearbeiter* in: Brocker/Droege/Jutzi)
BSG	Bundessozialgericht
BSGE	Entscheidungssammlung des Bundessozialgerichts
bspw.	beispielsweise
BT	Bundestag
BT-Drs.	Bundestagsdrucksache
BürgBG	Gesetz über die Bürgerbeauftragte oder den Bürgerbeauftragten des Landes Baden-Württemberg
Burkiczak/Dollinger/Schorkopf	Christian Burkiczak/Franz-Wilhelm Dollinger/Frank Schorkopf (Hrsg.), Bundesverfassungsgerichtsgesetz, 2015 (zit. *Bearbeiter* in: Burkiczak/Dollinger/Schorkopf)
BVerfG	Bundesverfassungsgericht
BVerfGE	Entscheidungen des Bundesverfassungsgerichts

BVerfGG	Gesetz über das Bundesverfassungsgericht (Bundesverfassungsgerichtsgesetz), idF der Bekanntmachung vom 11.8.1993 (BGBl. I S. 1473) zuletzt geändert durch Gesetz vom 8.10.2017 (BGBl. I S. 3546)
BVerwG	Bundesverwaltungsgericht
BVerwGE	Entscheidungen des Bundesverwaltungsgerichts
BW	Baden-Württemberg
BWahlG	Bundeswahlgesetz
BWGZ	Die Gemeindezeitung
BWVBl.	Baden-württembergisches Verwaltungsblatt
BWVPr.	Baden-württembergische Verwaltungspraxis
bzw.	beziehungsweise
Calliess/Ruffert	Christian Calliess/Matthias Ruffert (Hrsg.), EUV/AEUV mit Europäischer Grundrechtecharta, Kommentar, 5. Aufl. 2016 (zit. *Bearbeiter* in: Calliess/Ruffert)
v. Campenhausen/de Wall	Axel Freiherr von Campenhausen/Heinrich de Wall, Staatskirchenrecht, 4. Aufl. 2006
Caspar/Ewer/Nolte/Waack	Johannes Caspar/Wolfgang Ewer/Martin Nolte/Hans-Joachim Waack (Hrsg.), Verfassung des Landes Schleswig-Holstein, Kommentar, 2006 (zit. *Bearbeiter* in: Caspar/Ewer/Nolte/Waack)
CDU	Christlich Demokratische Union
Ceylan/Kiefer	Rauf Ceylan/Michael Kiefer (Hrsg.), Ökonomisierung und Säkularisierung – Neue Herausforderungen der konfessionellen Wohlfahrtspflege in Deutschland, 2017 (zit. *Bearbeiter* in: Ceylan/Kiefer)
CIC	Codex Iuris Canonici
Classen/Litten/Wallerath	Claus Dieter Classen/Rainer Litten/Maximilian Wallerath (Hrsg.), Verfassung des Landes Mecklenburg-Vorpommern, 2. Aufl. 2015 (zit. *Bearbeiter* in: Classen/Litten/Wallerath)
David	Klaus David, Verfassung der Freien und Hansestadt Hamburg, Kommentar, 2. Aufl. 2004
Degenhart	Christoph Degenhart, Staatsrecht I, Staatsorganisationsrecht, 29. Aufl. 2013
Degenhart/Meissner	Christoph Degenhart/Claus Meissner (Hrsg.), Handbuch der Verfassung des Freistaates Sachsen, 1997 (zit. *Bearbeiter* in: Degenhart/Meissner)
ders.	derselbe
DGH	Dienstgerichtshof
dh	das heißt
dies.	dieselbe
Diss.	Dissertation

DJT	Deutscher Juristentag
DÖD	Der Öffentliche Dienst
Dörr/Grote/Marauhn	Oliver Dörr/Rainer Grote/Thilo Marauhn (Hrsg.), EMRK/GG Konkordanzkommentar zum europäischen und deutschen Grundrechtsschutz, 2. Aufl. 2013
DÖV	Die Öffentliche Verwaltung
Dols/Plate/Schulze	Heinz Dols/Klaus Plate/Charlotte Schulze, Kommunalrecht Baden-Württemberg, 7. Aufl. 2012
Dreier	Horst Dreier (Hrsg.), Grundgesetz, Kommentar, Bd. I (Art. 1–19), 3. Aufl. 2013; Bd. II (Art. 20-82), 3. Aufl. 2015; Bd. III (Art. 83-146), 2. Aufl. 2008 (zit. *Bearbeiter* in: Dreier)
Drexelius/Weber	Wilhelm Drexelius/Renatus Weber, Die Verfassung der Freien und Hansestadt Hamburg, 2. Aufl. 1972
Driehaus	Hans-Joachim Driehaus (Hrsg.), Verfassung von Berlin, Taschenkommentar, 3. Aufl. 2009 (zit. *Bearbeiter* in: Driehaus)
DRiG	Deutsches Richtergesetz, idF der Bekanntmachung vom 19. April 1972 (BGBl. I S. 713), zuletzt geändert durch Gesetz vom 8.6.2017 (BGBl. I S. 1570)
DVBl.	Deutsches Verwaltungsblatt
DVOGemO	VO des Innenministeriums zur Durchführung der Gemeindeordnung (v. 11.12.2000, GBl. 2001, 2)
DVP	Deutsche Verwaltungspraxis/Demokratische Volkspartei
E.	Entscheidung
Ebert	Felix Ebert (Hg.), Schulrecht Baden-Württemberg – Kommentar, 2. Aufl. 2017 (zit. *Bearbeiter* in: Ebert)
EGMR	Europäischer Gerichtshof für Menschenrechte
Ehlers/Pünder	Dirk Ehlers/Hermann Pünder (Hrsg.), Allgemeines Verwaltungsrecht, 15. Aufl. 2015 (zit. *Bearbeiter* in: Ehlers/Pünder)
EL	Ergänzungslieferung
EMRK	Europäische Menschenrechtskonvention
Engelken/Braun	Klaas Engelken/Klaus Braun, Kommentar zur Verfassung des Landes Baden-Württemberg Ergänzungsband, 1997

Epping/Butzer u.a.	Volker Epping/Hermann Butzer/Frauke Brosius-Gersdorf/Ulrich Haltern/Veith Mehde/Kay Waechter (Hg.), Hannoverscher Kommentar zur Niedersächsischen Verfassung, Handkommentar, 2012 (zit. *Bearbeiter* in: Epping/Butzer u.a.)
Epping/Hillgruber	Volker Epping/Christian Hillgruber (Hrsg.), Grundgesetz, Kommentar, 2. Aufl. 2013 (zit. *Bearbeiter*, in: Epping/Hillgruber)
Erichsen/Ehlers	Hans-Uwe Erichsen/Dirk Ehlers (Hrsg.), Allgemeines Verwaltungsrecht, 14. Aufl. 2010 (zit. *Bearbeiter* in: Erichsen/Ehlers)
Erl.	Erlass; Erläuterung
EssG	Burkhard Kämper/Klaus Pfeffer (Hrsg.), Essener Gespräch zum Thema Staat und Kirche (Jahresbände)
ESVGH	Entscheidungssammlung des Hessischen Verwaltungsgerichtshofs und des Verwaltungsgerichtshofs Baden-Württemberg mit Entscheidungen der Staatsgerichtshöfe beider Länder
EU	Europäische Union
EuGH	Europäischer Gerichtshof
EU-GRCh	Charta der Grundrechte der Europäischen Union
EuGRZ	Europäische Grundrechte-Zeitschrift
EULG	Gesetz über die Beteiligung des Landtags in Angelegenheiten der Europäischen Union
EUV	Vertrag zur Gründung der Europäischen Union
EuWG	Gesetz über die Wahl der Abgeordneten des Europäischen Parlaments aus der Bundesrepublik Deutschland vom 8.3.1994 (BGBl. I 423, 455, zuletzt geändert durch Gesetz vom 7.10.2013, BGBl. I 3749)
EUZBBG	Gesetz über die Zusammenarbeit von Bundesregierung und Deutschen Bundestag in Angelegenheiten der Europäischen Union
EUZBLG	Gesetz über die Zusammenarbeit von Bund und Ländern in Angelegenheiten der Europäischen Union
ev.	evangelisch
EvKirchenvertrag 2007	Vertrag des Landes Baden-Württemberg mit der Evangelischen Landeskirche in Baden und mit der Evangelischen Landeskirche in Württemberg v. 17.10.2007
EvStL	Werner Heun/Martin Honecker/Martin Morlok/Joachim Wieland: Evangelisches Staatslexikon, 2006 (zit. *Bearbeiter* in: EvStL)

Eyermann	Erich Eyermann (Hrsg.), Verwaltungsgerichtsordnung, Kommentar, 14. Aufl. 2014 (zit. *Bearbeiter* in: Eyermann)
EZFF	Europäisches Zentrum für Föderalismus-Forschung
FAG	Gesetz über den kommunalen Finanzausgleich (Finanzausgleichsgesetz) (ohne Länderzusatz: BW)
FamRZ	Zeitschrift für das gesamte Familienrecht
FDP	Freie Demokratische Partei
Feuchte, Geschichte	Paul Feuchte, Verfassungsgeschichte von Baden-Württemberg, 1983
Feuchte, Quellen	Paul Feuchte, Quellen zur Verfassung von Baden-Württemberg, 1. bis 9. Teil, 1986 – 1995
Feuchte	Paul Feuchte (Hrsg.), Verfassung des Landes Baden-Württemberg, Kommentar, 1987 (zit. *Bearbeiter* in: Feuchte)
FG	Festgabe, Finanzgericht
Fischer-Lescano/Rinken u.a.	Andreas Fischer-Lescano/Alfred Rinken/Karen Buse/Ilsemarie Meyer/Matthias Stauch/Christian Weber (Hrsg.), Verfassung der Freien Hansestadt Bremen, Handkommentar, 2016
Fn.	Fußnote
Friauf/Höfling	Karl Heinrich Friauf/Wolfram Höfling (Hrsg.), Berliner Kommentar zum Grundgesetz, Loseblatt, Stand: 2/2016 (zit. *Bearbeiter* in: Friauf/Höfling)
FS	Festschrift
FTG	Gesetz über die Sonntage und Feiertage (Feiertagsgesetz) (ohne Länderzusatz: BW)
GABl.	Gemeinsames Amtsblatt (BW)
Gabriel/Reuter/Kurschat/Leipold	Karl Gabriel/Hans-Richard Reuter/Andreas Kurschat/Stefan Leipold (Hrsg.), Religion und Wohlfahrtsstaatlichkeit in Europa, 2013 (zit. *Bearbeiter* in: Gabriel/Reuter/Kurschat/Leipold)
GBl.	Gesetzblatt (ohne Länderzusatz: BW)
gem.	gemäß
GemO	Gemeindeordnung (ohne Länderzusatz: BW)
GesE	Gesetzentwurf
GG	Grundgesetz
GGÄndG	Gesetz zur Änderung des Grundgesetzes (Artikel 96) vom 26. Juli 2002 (BGBl. I S. 2863)
GKZ	Gesetz über kommunale Zusammenarbeit, idF vom 16.9.1974 (GBl. S. 408, ber. 1975 S. 460, 1976 S. 408), zuletzt geändert durch Art. 2 G zur Änd. der GemO, des GKZ und anderer Gesetze vom 15.12.2015 (GBl. S. 1147)

GMS	Gemeinschaftsschule(n)
GO	Geschäftsordnung(en)
GO BReg	Geschäftsordnung der Bundesregierung vom 11.5.1951 (GMBl S. 137), zuletzt geändert durch Bek. vom 22.10.2002 (GMBl S. 848)
GO BT	Geschäftsordnung des Deutschen Bundestages idF der Bekanntmachung vom 2.7.1980 (BGBl. I S. 1237), zuletzt geändert durch Änd-Beschl. vom 1.6.2017 (BGBl. I S. 1877)
Göbel, Verfassung	Kurt Göbel, Die Verfassung des Landes Baden-Württemberg – Handausgabe mit Einleitung, Erläuterungsteil und dem Text des Grundgesetzes, 1953
GoltdA	Goltdammer's Archiv
GO LReg	Geschäftsordnung der Landesregierung (ohne Länderzusatz: BW)
GO LT	Geschäftsordnung des Landtags von Baden-Württemberg idF v. 1.6.1989, zuletzt geändert durch Beschl. v. 9.3.2017 (GBl. 174)
Grawert	Rolf Grawert, Verfassung für das Land Nordrhein-Westfalen, Kommentar, 3. Aufl. 2012
Grimm/Caesar	Christoph Grimm/Peter Caesar, Verfassung für Rheinland-Pfalz, Kommentar, 2001
grds.	grundsätzlich
Günther	Herbert Günther, Verfassungsgerichtsbarkeit in Hessen, Kommentar zum Gesetz über den Staatsgerichtshof, 2004
GVK	Gemeinsame Verfassungskommission
Härth/von Lampe/von Löhning	Wolfgang Härth/Gisela von Lampe/ Bernd von Löhning, Verfassung von Berlin, Kommentar, 2. Aufl. 1987
Hagebölling	Lothar Hagebölling, Niedersächsische Verfassung, 2. Aufl. 2011
Hamb	Hamburg
HambOVG	Hamburgisches Oberverwaltungsgericht
HambVerf	Verfassung der Freien und Hansestadt Hamburg
HambVerfG	Hamburgisches Verfassungsgericht
Hatschek	Julius Hatschek, Das Parlamentsrecht des Deutschen Reichs, 1. Teil, 1915
Hdb.	Handbuch
HdbEvKR	Hans Ulrich Anke/Heinrich de Wall/Hans Michael Heinig (Hrsg.), Handbuch des evangelischen Kirchenrechts, 2016 (zit. *Bearbeiter* in: HdbEvKR)

HdbKathKR	Stephan Haering/Wilhelm Rees/Heribert Schmitz (Hrsg.), Handbuch des katholischen Kirchenrechts, 3. Aufl. 2015 (zit. *Bearbeiter* in: HdbKathKR)
HdbStKR, 1. Aufl.	Ernst Friesenhahn/Ulrich Scheuner (Hrsg.), Handbuch des Staatskirchenrechts der Bundesrepublik Deutschland, 1. Aufl. Band 1 (1974) und 2 (1975)
HdbStKR, 2. Aufl.	Joseph Listl/Dietrich Pirson (Hrsg.), Handbuch des Staatskirchenrechts der Bundesrepublik Deutschland, 2. Aufl. Band 1 (1994) und 2 (1995)
HdbWissR	Christian Flämig/Otto Kimminich/Hartmut Krüger/Ernst-Joachim Meusel/Hans-Heinrich Rupp/Dieter Scheven/Hermann Josef Schuster/ Friedrich Graf Stenbock-Fermor (Hrsg.), Handbuch des Wissenschaftsrechts, 1996, Band 1 und 2 (zit. *Bearbeiter* in: HdbWissR, Bd.)
Heinig	Hans Michael Heinig, Öffentlich-rechtliche Religionsgesellschaften, 2003
Heinig/Munsonius	Hans Michael Heinig/Hendrik Munsonius (Hrsg.), 100 Begriffe aus dem Staatskirchenrecht, 2. Aufl. 2015 (zit. *Bearbeiter* in: Heinig/Munsonius)
Hess	Hessen/hessisch
HessVerf	Verfassung des Landes Hessen
HessVGH	Hessischer Verwaltungsgerichtshof
HessStGH	Staatsgerichtshof des Landes Hessen
Heusch/Schönenbroicher	Andreas Heusch/Klaus Schönenbroicher (Hrsg.), Landesverfassung Nordrhein-Westfalen, Kommentar, 2010 (zit. *Bearbeiter* in: Heusch/Schönenbroicher)
HFR	Höchstrichterliche Finanzrechtsprechung
HGR	Detlef Merten/Hans-Jürgen Papier (Hrsg.), Handbuch der Grundrechte in Deutschland und Europa, Bd. I, 2004; Bd. II, 2006: Bd. III, 2009; Bd. IV, 2011; Bd V, 2013; Bd. VI/1, 2010; Bd. VI/2, 2009, Bd. VII/1, 2009; Bd. VII/2, 2007 (zit.: *Bearbeiter* in: HGR)
HGrG	Gesetz über die Grundsätze des Haushaltsrechts des Bundes und der Länder (Haushaltsgrundsätzegesetz) v. 19.8.1969, BGBl. I, 1273, zuletzt geändert durch Art. 1 des Gesetzes v. 15.7.2013, BGBl. I, 2398

Hoffmann-Riem/Schmidt-Aßmann/Voßkuhle	Wolfgang Hoffmann-Riem/Eberhard Schmidt-Aßmann/Andreas Voßkuhle (Hrsg.), Grundlagen des Verwaltungsrechts, Band I (Methoden, Maßstäbe, Aufgaben, Organisation), 2. Aufl. 2012, Band II (Informationsordnung, Verwaltungsverfahren, Handlungsformen), 2. Aufl. 2012, Band III (Personal, Finanzen, Kontrolle, Sanktionen, Staatliche Einstandspflichten), 2. Aufl. 2013 (zit. *Bearbeiter* in: Hoffmann-Riem/Schmidt-Aßmann/Voßkuhle)
HStR	Josef Isensee/Paul Kirchhof (Hrsg.), Handbuch des Staatsrechts, Bd. I, 3. Aufl. 2003; Bd. II, 3. Aufl. 2004; Bd. III, 3. Aufl. 2005; Bd. IV, 3. Aufl. 2006; Bd. V, 3. Aufl. 2007; Bd. VI, 3. Aufl. 2008; Bd. VII, 3. Aufl. 2009; Bd. VIII, 3. Aufl. 2010; Bd. IX, 3. Aufl. 2011; Bd. X, 3. Aufl. 2012; Bd. XI, 3. Aufl. 2013 (zit. *Bearbeiter* in: HStR; bei Vorauflagen mit Erscheinungsjahr in Klammerzusatz)
HVerfR	Ernst Benda/Werner Maihofer/Hans-Jochen Vogel (Hrsg.), Handbuch des Verfassungsrechts der Bundesrepublik Deutschland, 2 Bände, 2. Aufl. 1995 (zit. *Bearbeiter* in: HVerfR)
Hillgruber/Goos	Christian Hillgruber/Christoph Goos, Verfassungsprozessrecht, 3. Aufl. 2011
Hinkel	Karl Reinhard Hinkel, Verfassung des Landes Hessen, Kommentar, 1999
hL	herrschende Lehre
hM	herrschende Meinung
Hömig/Wolff	Dieter Hömig/Heinrich Amadeus Wolff (Hrsg.), Grundgesetz, Kommentar, 11. Aufl. 2016
Hrsg.	Herausgeber
HS	Halbsatz
idF	in der Fassung
iE	im Ergebnis
ieS	im enge(re)n Sinn
insb.	insbesondere
IntVG	Gesetz über die Wahrnehmung der Integrationsverantwortung des Bundestages und des Bundesrates in Angelegenheiten der Europäischen Union (Integrationsverantwortungsgesetz) vom 22.9.2009 (BGBl. I S. 3022), geändert durch Gesetz vom 1.12.2009 (BGBl. I S. 3822)
iSd	im Sinne des/der
IsrRelGV	Vertrag des Landes BW mit der Israelitischen Religionsgemeinschaft Baden und der Israelitischen Religionsgemeinschaft Württemberg v. 16.3.2010

iÜ	im Übrigen
iVm	in Verbindung mit
iwS	im weite(re)n Sinn
JAG	Juristenausbildungsgesetz (ohne Länderzusatz: BW)
JAPrO	Juristenausbildungs- und Prüfungsordnung (ohne Länderzusatz: BW, v. 8.10.2002, GBl. 391)
Jarass/Pieroth	Hans Dieter Jarass/Bodo Pieroth, Grundgesetz für die Bundesrepublik Deutschland, 14. Aufl. 2016 (zit. *Bearbeiter* in: Jarass/Pieroth)
JöFin	Jahrbuch für öffentliche Finanzen
JöR N.F.	Jahrbuch des öffentlichen Rechts der Gegenwart, Neue Folge
JVollzGB	Gesetzbuch über den Justizvollzug in Baden-Württemberg (Justizvollzugsgesetzbuch) vom 10.11.2009 (GBl. S. 545), zuletzt geändert durch Gesetz vom 1.12.2015 (GBl. S. 1047)
JZ	JuristenZeitung
KAG	Kommunalabgabengesetz BW vom 17.3.2005 (GBl. S. 206), zuletzt geändert durch Art. 3 ÄndG vom 7.11.2017 (GBl. S. 592)
Kap.	Kapitel
Karpenstein/Mayer	Ulrich Karpenstein/Franz C. Mayer (Hrsg.), Konvention zum Schutz der Menschenrechte und Grundfreiheiten: EMRK, Kommentar, 2. Aufl. 2015 (zit. *Bearbeiter* in: Karpenstein/Mayer)
kath.	katholisch
KathKirchenvereinbarung 2007	Vereinbarung des Landes BW mit der Erzdiözese Freiburg und mit der Diözese Rottenburg-Stuttgart vom 31.10.2007 (GBl. 2008 S. 10)
KiStG	Gesetz über die Erhebung von Steuern durch öffentlich-rechtliche Religionsgemeinschaften in Baden-Württemberg (Kirchensteuergesetz) idF vom 15.6.1978 (GBl. S. 369), zuletzt geändert durch Art. 21 9. AnpassungsVO vom 23.2.2017 (GBl. S. 99)
KiTaG	Gesetz über die Betreuung und Förderung von Kindern in Kindergärten, anderen Tageseinrichtungen und der Kindertagespflege (Kindertagesbetreuungsgesetz BW), idF vom 19.3.2009 (GBl. S. 161), zuletzt geändert durch Gesetz vom 1.12.2015 (GBl. S. 1040)
Kloepfer	Michael Kloepfer, Verfassungsrecht, 2 Bde., 2010

Kluth/Krings	Winfried Kluth/Günter Krings (Hrsg.), Gesetzgebung – Rechtsetzung durch Parlamente und Verwaltungen und ihre gerichtliche Kontrolle, 2014 (zit. *Bearbeiter* in: Kluth/Krings)
KM	Kultusministerium
KMK	Kultusministerkonferenz
Kopp/Schenke	Ferdinand O. Kopp/Wolf-Rüdiger Schenke, Verwaltungsgerichtsordnung, Kommentar, 22. Aufl. 2016
Korte/Rebe	Heinrich Korte/Bernd Rebe, Verfassung und Verwaltung des Landes Niedersachsen, 2. Aufl. 1986 (zit. *Bearbeiter* in: Korte/Rebe)
Kremer	Klemens Kremer (Hrsg.), Parlamentsauflösung, Praxis – Theorie – Ausbildung, 1974 (zit. *Bearbeiter* in: Kremer)
KRK	Übereinkommen über die Rechte des Kindes vom 20.11.1989 (BGBl. 1992 II S. 121, 122), geändert durch ÄndVertr. vom 12.12.1995 (BGBl. 2017 II S. 1554)
KStZ	Kommunale Steuer-Zeitschrift
Kunzmann/Haas/Baumann-Hasske	Bernd Kunzmann/Michael Haas/Harald Baumann-Hasske, Die Verfassung des Freistaates Sachsen, 2. Aufl. 1997 (zit. *Bearbeiter* in: Kunzmann/Haas/Baumann-Hasske)
KuR	Kirche und Recht. Zeitschrift für die kirchliche und staatliche Praxis
K.u.U.	Amtsblatt Kultus und Unterricht BW
LadÖG	Gesetz über die Ladenöffnung in Baden-Württemberg vom 14.2.2007 (GBl. S. 135), zuletzt geändert durch Gesetz vom 28.11.2017 (GBl. S. 631)
Lambert/Müller/Sutor	Johannes Lambert/Wolf-Ulrich Müller/Alexander Sutor, Schulrecht Baden-Württemberg, Loseblattsammlung, 20. EL 2016
Landtagshandbuch	Landtag von Baden-Württemberg (Hrsg.), Handbuch des Landtags von Baden-Württemberg, 16. Wahlperiode 2016–2021
LBeamtVG	Landesbeamtenversorgungsgesetz Baden-Württemberg vom 9.11.2010 (GBl. S. 793, 911), zuletzt geändert durch Art. 4, 5 und 8 Besoldungs- und VersorgungsanpassungsG BW 2017/2018 vom 7.11.2017 (GBl. S. 565)
LBesG	Landesbesoldungsgesetz (ohne Länderzusatz: BW)
LBG	Landesbeamtengesetz (ohne Länderzusatz: BW)
LDSG	Landesdatenschutzgesetz (ohne Länderzusatz: BW)

Lechner/Zuck	Hans Lechner/Rüdiger Zuck, Bundesverfassungsgerichtsgesetz, Kommentar, 6. Aufl. 2011 (zit. *Bearbeiter* in: Lechner/Zuck)
Leibholz/Rinck/Hesselberger	Gerhard Leibholz/Hans-Justus Rinck/Dieter Hesselberger, Grundgesetz für die Bundesrepublik Deutschland, Kommentar an Hand der Rechtsprechung des Bundesverfassungsgerichts, Loseblattausgabe, Stand: 63. EL 10/2013 (zit. *Bearbeiter* in: Leibholz/Rinck/Hesselberger)
Lenz/Hansel	Christofer Lenz/Ronald Hansel: Bundesverfassungsgerichtsgesetz Handkommentar, 2. Aufl. 2015
LHG	Landeshochschulgesetz (ohne Länderzusatz: BW)
LHO	Landeshaushaltsordnung für Baden-Württemberg vom 19.10.1971 (GBl. S. 428), zuletzt geändert durch Art. 3 HaushaltsbegleitG 2018/19 vom 19.12.2017 (GBl. S. 645)
Lieber/Iwers/Ernst	Hasso Lieber/Steffen Iwers/Martina Ernst, Verfassung des Landes Brandenburg, Kommentar, 2012
Linck/Baldus u.a.	Joachim Linck/Manfred Baldus/Joachim Lindner/Holger Poppenhäger/Matthias Ruffert (Hrsg.), Die Verfassung des Freistaats Thüringen, Handkommentar, 2013
Linck/Jutzi/Hopfe	Joachim Linck/Siegfried Jutzi/Jörg Hopfe, Die Verfassung des Freistaats Thüringen, Kommentar, 1994
Lindner/Möstl/Wolff	Josef Franz Lindner/Markus Möstl/Heinrich Amadeus Wolff (Hrsg.), Verfassung des Freistaates Bayern, 2009
Listl	Joseph Listl (Hrsg.), Die Konkordate und Kirchenverträge in der Bundesrepublik Deutschland, Bd. 1 und 2, 1987
Lit.	Literatur
LKRZ	Zeitschrift für Landes- und Kommunalrecht Hessen, Rheinland-Pfalz, Saarland
LKStKR	Axel v. Campenhausen/Ilona Riedel-Spangenberger/ P. Reinhold Sebott (Hrsg.), Lexikon für Kirchen- und Staatskirchenrecht, 2000 (zit. *Bearbeiter* in: LKStKR, Bd.)
LKV	Landes- und Kommunalverwaltung
Löwer/Tettinger	Wolfgang Löwer/Peter J. Tettinger, Kommentar zur Verfassung des Landes Nordrhein-Westfalen, 2002 (zit. *Bearbeiter* in: Löwer/Tettinger)
LP	Legislaturperiode
LPVG	Landespersonalvertretungsgesetz idF vom 12.3.2015 (GBl. S. 221), zuletzt geändert durch Art. 2 ÄndG vom 6.10.2015 (GBl. S. 842)

LReg	Landesregierung (ohne Länderzusatz: BW)
LRH	Landesrechnungshof (ohne Länderzusatz: BW)
LRiStAG	Landesrichter- und -staatsanwaltsgesetz idF vom 22.5.2000 (GBl. S. 504), zuletzt geändert durch Art. 61 9. AnpassungsVO vom 23.2.2017 (GBl. S. 99)
LS	Leitsatz(-sätze)
LSA	Sachsen-Anhalt
LSAVerf	Verfassung des Landes Sachsen-Anhalt
LSchuldBG	Landesschuldbuchgesetz (ohne Länderzusatz: BW)
LSG	Landessozialgericht (ohne Länderzusatz: BW)
LStO	Verordnung des Innenministeriums zur Durchführung des Volksabstimmungsgesetzes (Stimmordnung) v. 21.6.2016 (GBl. 461, ber. 573).
LT	Landtag (ohne Länderzusatz: BW)
LT-Drs.	Landtagsdrucksache (ohne Länderzusatz: BW)
LThK	Walter Kasper/Horst Bürkle/Klaus Ganzer/Karl Kertelge/Wilhelm Korff/Peter Walter (Hrsg.), Lexikon für Theologie und Kirche, 3. Aufl. 2017 (zit. Bearbeiter in: LThK, Bd.)
LV	Verfassung des Landes Baden-Württemberg vom 11.11.1953 (GBl. 173), zuletzt geändert durch Gesetz v. 1.12.2015 (GBl. 1032)
LVÄndG	Gesetz zur Änderung der Verfassung des Landes Baden-Württemberg und des Gesetzes über den Staatsgerichtshof sowie anderer Gesetze vom 1.12.2015 (GBl. S. 1030)
LVerfG LSA	Landesverfassungsgericht Sachsen-Anhalt
LVerfG	M-V Landesverfassungsgericht Mecklenburg-Vorpommern
LVerfG SchlH	Schleswig-Holsteinisches Landesverfassungsgericht
LVG	Neufassung des Landesverwaltungsgesetzes vom 14. Oktober 2008 (GBl. S. 313), zuletzt geändert durch Art. 13 G zur Änd. des NaturschutzG und weiterer Vorschriften vom 21.11.2017 (GBl. S. 597)
LVSG	Landesverfassungsschutzgesetz (ohne Länderzusatz: BW)
LVwVfG	Landesverwaltungsverfahrensgesetz (ohne Länderzusatz: BW)
LWG	Gesetz über die Landtagswahlen (Landtagswahlgesetz) vom 15.4.2005 (GBl. 384), zuletzt geändert durch Art. 3 der VO v. 23.2.2017 (GBl. 99 f.).
LWO	Landeswahlordnung (ohne Länderzusatz: BW)

v. Mangoldt/Klein/Starck	Hermann von Mangoldt/Friedrich Klein/Christian Starck (Hrsg.), Kommentar zum Grundgesetz, Bd. I (Art. 1-19), 6. Aufl. 2010; Bd. II (Art. 20-82), 6. Aufl. 2010; Bd. III (Art. 83-146), 6. Aufl. 2010 (zit. *Bearbeiter* in: v. Mangoldt/Klein/Starck)
Maunz/Dürig	Theodor Maunz/Günter Dürig/Roman Herzog/ Rupert Scholz/Hans-Hugo Klein/Matthias Herdgen (Hrsg.), Grundgesetz, Kommentar, Loseblattausgabe, Stand: 78. EL 6/2016 (zit. *Bearbeiter* in: Maunz/Dürig)
Maunz/Schmidt-Bleibtreu	Theodor Maunz/Bruno Schmidt-Bleibtreu/ Franz Klein/Herbert Bethge u.a., Bundesverfassungsgerichtsgesetz, Kommentar, Loseblatt, Stand: 2013. 41. EL (zit. *Bearbeiter* in: Maunz/Schmidt-Bleibtreu)
Maurer, StaatsR	Hartmut Maurer, Staatsrecht I, Grundlagen, Verfassungsorgane, Staatsfunktion, 7. Aufl. 2014
Maurer, VerwR	Hartmut Maurer, Allgemeines Verwaltungsrecht, 18. Aufl. 2011
Maurer/Hendler	Maurer, Hartmut/Hendler, Reinhard, Baden-Württembergisches Staats- und Verwaltungsrecht, 1990 (zit.: *Bearbeiter* in: Maurer/Hendler)
maW	mit anderen Worten
MdL	Mitglied des Landtags
Meder/Brechmann	Theodor Meder/Winfried Brechmann, Die Verfassung des Freistaates Bayern, Handkommentar, 5. Aufl. 2014
Meisch/Nielebock/Jäger	Simon Meisch/Thomas Nielebock/Uli Jäger (Hrsg.), Erziehung zur Friedensliebe, 2018
Menzel	Menzel, Jörg, Landesverfassungsrecht. Verfassungshoheit und Homogenität im grundgesetzlichen Bundesstaat, 2002
MinG	Ministergesetz (ohne Länderzusatz: BW)
Morlok/Schliesky/Wiefelspütz	Martin Morlok/Utz Schliesky/Dieter Wiefelspütz (Hrsg.), Parlamentsrecht, 2016 (zit. *Bearbeiter* in: Morlok/Schliesky/Wiefelspütz)
MP	Ministerpräsident
Mio.	Million(en)
Mrd.	Milliarde(n)
Müller	Klaus Müller, Verfassung des Freistaats Sachsen, Kommentar, 1993
v. Münch/Kunig	Ingo von Münch/Philip Kunig (Hrsg.), Grundgesetz, Kommentar, 6. Aufl. 2012 (zit. *Bearbeiter* in: v. Münch/Kunig)

v. Mutius/Wuttke/Hübner	Albert von Mutius/Horst Wuttke/Peter Hübner (Hrsg.), Kommentar zur Landesverfassung Schleswig-Holstein, 1995 (zit. *Bearbeiter* in: v. Mutius/ Wuttke/Hübner)
M-V	Mecklenburg-Vorpommern
MVVerf	Verfassung des Landes Mecklenburg-Vorpommern
mwN	mit weiteren Nachweisen
Nawiasky	Hans Nawiasky/Karl Schweiger/Franz Knöpfle (Hrsg.), Die Verfassung des Freistaates Bayern. Kommentar, Loseblattsammlung, Stand: 14. EL 2008 (zit. *Bearbeiter* in: Nawiasky)
Nds	Niedersachen/niedersächsisch
NdsOVG	Niedersächsisches Oberverwaltungsgericht
NdsStGH	Niedersächsischer Staatsgerichtshof
NdsVBl.	Niedersächsische Verwaltungsblätter
NdsVerf	Niedersächsische Verfassung
Nebinger	Robert Nebinger (Hrsg.), Kommentar zur Verfassung für Württemberg-Baden, 1948
Neumann Brem	Heinzgeorg Neumann, Die Verfassung der Freien Hansestadt Bremen, Kommentar, 1996
Neumann Nds	Heinzgeorg Neumann, Die niedersächsische Verfassung, Handkommentar, 3. Aufl. 2000
nF	neue Fassung
NF	Neufassung
NJ	Neue Justiz
NJW	Neue Juristische Wochenschrift
NordÖR	Zeitschrift für Öffentliches Recht in Norddeutschland
NRW	Nordrhein-Westfalen
NRWVerf	Verfassung für das Land Nordrhein-Westfalen
NuR	Natur und Recht
NVwZ	Neue Zeitschrift für Verwaltungsrecht
NVwZ-RR	Neue Zeitschrift für Verwaltungsrecht – Rechtsprechungs-Report
NWVBl.	Nordrhein-Westfälische Verwaltungsblätter
NZA	Neue Zeitschrift für Arbeitsrecht
NZS	Neue Zeitschrift für Sozialrecht
ÖAKR	Österreichisches Archiv für Kirchenrecht
Öst./österr.	Österreich/österreichisch
OVG Berl-Bbg	Oberverwaltungsgericht Berlin-Brandenburg
OVG M-V	Oberverwaltungsgericht Mecklenburg-Vorpommern
OVG NRW	Oberverwaltungsgericht für das Land Nordrhein-Westfalen
OVG Rh-Pf	Oberverwaltungsgericht Rheinland-Pfalz

OVG LSA	Oberverwaltungsgericht des Landes Sachsen-Anhalt
OVG SchlH	Oberverwaltungsgericht Schleswig-Holstein
ParlStG	Gesetz über die Rechtsverhältnisse der Parlamentarischen Staatssekretäre vom 24.7.1974 (BGBl. I 1538), zuletzt geändert durch Art. 2 des Ges. v. 17.7.2015 (BGBl. I 1322)
PartIntG	Partizipations- und Integrationsgesetz (ohne Länderzusatz: BW)
Penßel	Renate Penßel, Jüdische Religionsgemeinschaften als Körperschaften des öffentlichen Rechts, 2014
PetA	Petitionsausschuss
PetAG	Gesetz über den Petitionsausschuss des Landtags (BW) vom 20.2.1979 (GBl. S. 85)
Pfennig/Neumann	Gero Pfennig/Manfred J. Neumann (Hrsg.), Verfassung von Berlin, 3. Aufl. 2000 (zit. *Bearbeiter* in: Pfennig/Neumann)
PKV	Verfassung des Deutschen Reiches vom 28.3.1849 (Paulskirchenverfassung)
Pl.-Prot.	Plenarprotokoll
PM	Pressemitteilung
PräsLT	Präsident(in) des Landtages (ohne Länderzusatz: BW)
PreußKonkordat 1929	Vertrag des Freistaats Preußen mit dem Heiligen Stuhle mit Schlussprotokoll v. 14.6.1929
PSchG	Gesetz für die Schulen in freier Trägerschaft (Privatschulgesetz), idF vom 1.1.1990 (GBl. S. 105), zuletzt geändert durch Gesetz vom 10.10.2017 (GBl. S. 521)
PStSG	Gesetz über die Rechtsverhältnisse der politischen Staatssekretäre vom 19.7.1972 (GBl. S. 392), geändert durch Art. II ÄndG vom 3.3.1976 (GBl. S. 230)
PsychKHG	Psychisch-Kranken-Hilfe-Gesetz (ohne Länderzusatz: BW)
PUAG	Gesetz zur Regelung des Rechts der Untersuchungsausschüsse des Deutschen Bundestages (Untersuchungsausschussgesetz) vom 19.6.2001 (BGBl. I S. 1142), geändert durch Gesetz vom 5.5.2004 (BGBl. I S. 718)
RdJB	Recht der Jugend und des Bildungswesens
Reich	Andreas Reich, Verfassung des Landes Sachsen-Anhalt, Kommentar, 2. Aufl. 2004
RegE	Regierungsentwurf
RGBl.	Reichsgesetzblatt

RGG	Hans Dieter Betz/Don S. Browning/Bernd Janowski/Eberhard Jüngel (Hrsg.), Religion in Geschichte und Gegenwart, Handwörterbuch für Theologie und Religionswissenschaft, 8. Bde, 4. Aufl. 1998 – 2005 (zit. *Bearbeiter* in: RGG)
RGSt	Reichsgericht in Strafsachen (Entscheidungssammlung)
RHG	Rechnungshofgesetz BW vom 19.10.1971 (GBl. 426), zuletzt geändert durch Art. 3 des Ges. v. 16.4.2013 (GBl. 77)
Rh-Pf	Rheinland-Pfalz
Rixecker/Wendt	Roland Rixecker/Rudolf Wendt (Hrsg.), Verfassung des Saarlandes, Kommentar, 2009 (zit. *Bearbeiter*, in: Rixecker/Wendt)
RL	Richtlinie(n)
Rn.	Randnummer
RPVerf	Verfassung für Rheinland-Pfalz
Rs.	Rechtssache
Rspr.	Rechtsprechung
Rux/Niehues	Johannes Rux/Norbert Niehues, Schulrecht, 5. Aufl. 2013
RV	Verfassung des Deutschen Reichs vom 16.4.1871 (Reichsverfassung; BGBl. für den Deutschen Bund 1871, Nr. 16, 63)
s.	siehe
Saarl	Saarland/saarländisch
SaarlOVG	Oberverwaltungsgericht des Saarlandes
SaarlVerf	Verfassung des Saarlandes
SaarlVerfGH	Verfassungsgerichtshof des Saarlandes
Sachs, GG	Michael Sachs (Hrsg.), Grundgesetz, Kommentar, 7. Aufl. 2014 (zit. *Bearbeiter* in: Sachs, GG)
Sachs, VerfPR	Michael Sachs, Verfassungsprozessrecht, 3. Aufl. 2010
Sachs/sächs	Sachsen/sächsisch
SachVerstKom	Bundesministerium des Innern und der Justiz (Hrsg.), Staatszielbestimmungen/Gesetzgebungsaufträge, Bericht der Sachverständigenkommission, 1983
SächsOVG	Sächsisches Oberverwaltungsgericht
SächsVerf	Verfassung des Freistaates Sachsen
SächsVerfGH	Verfassungsgerichtshof des Freistaates Sachsen
SchG	Schulgesetz (ohne Länderzusatz: BW)
SchlH	Schleswig-Holstein
SchlHVerf	Verfassung des Landes Schleswig-Holstein

Schmidt-Bleibtreu/Hofmann/ Henneke	Bruno Schmidt-Bleibtreu/Hans Hofmann/Hans-Günter Henneke, Kommentar zum Grundgesetz, 13. Aufl. 2014 (zit. *Bearbeiter* in: Schmidt-Bleibtreu/Hofmann/Henneke)
Schmidt-Bleibtreu/Klein	Bruno Schmidt-Bleibtreu/Franz Klein, Kommentar zum Grundgesetz, 2004
Schneider/Zeh	Hans-Peter Schneider/Wolfgang Zeh (Hrsg.), Parlamentsrecht und Parlamentspraxis, 1989 (zit. *Bearbeiter* in: Schneider/Zeh)
Schoch/Schneider/Bier	Friedrich Schoch/Jens-Peter Schneider/Wolfgang Bier (Hrsg.), Verwaltungsgerichtsordnung, Kommentar, Loseblattausgabe, Stand: 7/2016, 31. EL (zit. *Bearbeiter* in: Schoch/Schneider/Bier)
Schwarze	Jürgen Schwarze (Hrsg.), EU-Kommentar, 3. Aufl. 2012 (zit. *Bearbeiter* in: Schwarze)
Sj.	Schuljahr
Slg.	Sammlung (der Rspr. des EuGH/EuG)
SM	Sozialministerium
Sodan	Helge Sodan (Hrsg.), Grundgesetz, 3. Aufl. 2015 (zit. *Bearbeiter* in: Sodan)
Sommermann	Sommermann, Karl-Peter, Staatsziele und Staatszielbestimmungen, 1997
SPD	Sozialdemokratische Partei Deutschlands
Spreng/Birn/Feuchte	Rudolf Spreng/Willi Birn/Paul Feuchte (Hrsg.), Die Verfassung des Landes Baden-Württemberg, Kommentar, 1954 (zit. *Bearbeiter* in: Spreng/Birn/Feuchte)
StändA	Ständiger Ausschuss
st. Rspr.	ständige Rechtsprechung
Starck/Stern	Christian Starck/Klaus Stern, Landesverfassungsgerichtsbarkeit, Bände I-III, 1983 (zit. *Verfasser* in: Starck/Stern)
Stein/Frank	Ekkehart Stein/Götz Frank, Lehrbuch des Staatsrechts, 21. Aufl. 2010
Stern	Klaus Stern, Das Staatsrecht der Bundesrepublik Deutschland, Bd. I, 2. Aufl. 1984; Bd. II, 1980; Bd. III/1, 1988; Bd. III/2, 1994; Bd. IV/1, 2006; Bd. IV/2, 2011; Bd. V, 1999 (zit. *Bearbeiter* in: Stern)
Stern/Becker	Klaus Stern/Florian Becker (Hrsg.), Grundrechte-Kommentar, Die Grundrechte des Grundgesetzes mit ihren europäischen Bezügen, 2. Aufl. 2015 (zit. *Bearbeiter* in: Stern/Becker)
StGB	Strafgesetzbuch
StGH	Staatsgerichtshof (ohne Länderzusatz: BW)
StGHG	Gesetz über den Staatsgerichtshof (ohne Länderzusatz: BW)
StHG	Staatshaushaltsgesetz (ohne Länderzusatz: BW)

StL	Görres-Gesellschaft (Hrsg.), Staatslexikon in 5 Bänden, 7. Aufl. 1985-1989 (zit. *Bearbeiter* in: StL)
StM	Staatsministerium Baden-Württemberg
StPO	Strafprozessordnung
Thiele/Pirsch/Wedemeyer	Burkhard Thiele/Jürgen Pirsch/Kai Wedemeyer, Die Verfassung des Landes Mecklenburg-Vorpommern, Kommentierte Textausgabe, 1995 (zit. *Bearbeiter* in: Thiele/Pirsch/Wedemeyer)
Thieme	Werner Thieme, Verfassung der Freien und Hansestadt Hamburg, Kommentar, 1998
Thür	Thüringen
ThürOVG	Thüringer Oberverwaltungsgericht
ThürVerf	Verfassung des Freistaates Thüringen
ThürVerfGH	Thüringer Verfassungsgerichtshof
U.	Urteil
UA	Untersuchungsausschuss
UAbs.	Unterabsatz
UAG	Untersuchungsausschussgesetz (ohne Länderzusatz: BW)
Umbach/Clemens	Dieter C. Umbach/Thomas Clemens (Hrsg.), Grundgesetz, Mitarbeiterkommentar und Handbuch, 2002 (zit. *Bearbeiter* in: Umbach/Clemens)
Umbach/Clemens/Dollinger	Dieter C. Umbach/Thomas Clemens/Franz-Wilhelm Dollinger (Hrsg.), Bundesverfassungsgerichtsgesetz, Mitarbeiterkommentar und Handbuch, 2. Aufl. 2005 (zit. *Bearbeiter* in: Umbach/Clemens/Dollinger)
Unruh	Peter Unruh, Religionsverfassungsrecht, 3. Aufl. 2015
UPR	Umwelt- und Planungsrecht
VA	Verfassungsausschuss (der Verfassunggebenden Landesversammlung)
VAbstG	Gesetz über Volksabstimmung, Volksbegehren und Volksantrag (Volksabstimmungsgesetz) idF vom 20.6.2016 (GBl. 445)
VBlBW	Verwaltungsblätter für Baden-Württemberg
VerfEVA	Verfassungsentwurf des Verfassungsausschusses
VerfBad 1818	Verfassung für das Großherzogtum Baden v. 22.8.1818
VerfBad 1919	Gesetz, die badische Verfassung betreffend v. 21.3.1919 (Badisches Gesetz- und Verordnungsblatt, 279)
VerfECDU	Verfassungsentwurf der CDU (Beilage 18 der VLV v. 30.7.1952, Feuchte Quellen, 2. Teil, S. 52 ff.)

VerfERP	Verfassungsentwurf der Regierungsparteien FDP/DVP, SPD und BHE (Beilage 40 der VLV v. 16.6.1952, Feuchte Quellen, 2. Teil, S. 1 ff.)
VerfGH	Verfassungsgerichtshof für das Land Baden-Württemberg
VerfGHG	Gesetz über den Verfassungsgerichtshof (Verfassungsgerichtshofgesetz) vom 13.12.1954 (GBl. 171), zuletzt geändert durch Gesetz vom 1.12.2015 (GBl. 1030)
VerfGH NRW	Verfassungsgerichtshof für das Land Nordrhein-Westfalen
VerfGH Rh-Pf	Verfassungsgerichtshof des Landes Rheinland-Pfalz
VerfHS 1833	Verfassung des Fürstentums Hohenzollern-Sigmaringen v. 11.7.1833
VerfLB	Verfassung des Landes Baden vom 18.5.1947 (GVBl. 183)
VerfWB	Verfassung für Württemberg-Baden v. 28.11.1946 (RegBl. 277)
VerfWH	Verfassung für Württemberg-Hohenzollern v. 18.5.1947 (RegBl. 1)
VerfWü 1819	Verfassungsurkunde für das Königreich Württemberg v. 25.9.1819
VerfWü 1919	Die (revidierte) Verfassung Württembergs vom 25.9.1919 (RegBl. 281)
VerkG	Gesetz über die Verkündung von Rechtsverordnungen (Verkündungsgesetz) vom 11.4.1983 (GBl. 131), geändert durch Art. 5 KommunalverfassungsR-ÄndG vom 16.7.1998 (GBl. S. 418)
VersG	Gesetz über Versammlungen und Aufzüge (Versammlungsgesetz), idF der Bekanntmachung vom 15.11.1978 (BGBl. I S. 1789), zuletzt geändert durch Gesetz vom 8.12.2008 (BGBl. I S. 2366)
VerwArch	Verwaltungsarchiv
VGH BW	Verwaltungsgerichtshof Baden-Württemberg
vgl.	vergleiche
v.H.	vom Hundert (%)
VLV	Verfassunggebende Landesversammlung
VO	Verordnung(en)
Vorbem.	Vorbemerkung
VR	Verwaltungsrundschau
VVDtSRL	Veröffentlichungen der Vereinigung der Deutschen Staatsrechtslehrer
VwV	Verwaltungsvorschrift(en)
VwVfG	Verwaltungsverfahrensgesetz

Wendt/Rixecker	Rudolf Wendt/Roland Rixecker (Hrsg.), Verfassung des Saarlandes, Kommentar, 2009 (zit. *Bearbeiter* in: Wendt/Rixecker)
WP	Wahlperiode
WRV	Weimarer Reichsverfassung (RGBl. 1919, 1383)
WürttKirchenG	Württembergisches Gesetz über die Kirchen v. 3.3.1924, zul. geänd. am 30.5.1978
WüStGH	Staatsgerichtshof des freien Volksstaates Württemberg (1919)
ZäöRV	Zeitschrift für ausländisches öffentliches Recht und Völkerrecht
ZAR	Zeitschrift für Ausländerrecht und Ausländerpolitik
ZBR	Zeitschrift für Beamtenrecht
ZevKR	Zeitschrift für evangelisches Kirchenrecht
ZfE	Zeitschrift für Erziehungswissenschaft
ZfP	Zeitschrift für Politikwissenschaft
ZG	Zeitschrift für Gesetzgebung
Zippelius/Würtenberger	Reinhold Zippelius/Thomas Würtenberger, Deutsches Staatsrecht, 32. Aufl. 2008
ZIS	Zeitschrift für Internationale Strafrechtsdogmatik
ZJS	Zeitschrift für das Juristische Studium
ZKF	Zeitschrift für Kommunalfinanzen
ZParl	Zeitschrift für Parlamentsfragen
ZRG KA	Zeitschrift für Rechtsgeschichte, Kanonistische Abteilung
ZRP	Zeitschrift für Rechtspolitik
ZSE	Zeitschrift für Staats- und Europawissenschaften
Zuck	Holger Zuck/Rüdiger Zuck, Die Landesverfassungsbeschwerde in Baden-Württemberg, 2013 (zit.: *Zuck*, Landesverfassungsbeschwerde)
ZwNGlG	Zweites Gesetz über die Neugliederung in den Ländern Baden, Württemberg-Baden und Württemberg-Hohenzollern

Parallelfundstellen zu Gerichtsentscheidungen

BVerfG	
B. v. 24.8.2009 – 2 BvQ 50/09	NVwZ 2009, 1367
B. v. 12.12.2011 – 2 BvC 16/11	NVwZ 2012, 556
U. v. 22.9.2015 – 2 BvE 1/11	DÖV 2016, 175
U. v. 3.5.2016 – 2 BvE 4/14	NVwZ 2016, 922; DÖV 2016, 779; JZ 2016, 1161
B. v. 8.11.2016 – 1 BvR 3237/13	NVwZ 2017, 227
BGH	
B. v. 17.8.2010 – 3 Ars 23/10	NJW 2010, 3251; DVBl. 2010, 1311
StGH BW	
U. v. 7.9.1959 – GR 2/59	ESVGH 11 II, 7; BWVBl 1959, 185
U. v. 9.4.1960 – GR 2/60	ESVGH 11 II, 8; BWVBl 1960, 122
U. v. 6.2.1961 – GR 5/60	ESVGH 11 II, 25
B. v. 2.8.1969 – GR 3/69	ESVGH 20, 1
U. v. 13.12.1969 – GR 1, 2/69	ESVGH 20, 194; DÖV 1970, 239
U. v. 8.9.1972 – GR 6/71	ESVGH 23, 1; DÖV 73, 163
U. v. 14.2.1975 – GR 11/74	ESVGH 25, 1
U. v. 25.6.1977 – GR 4/76	ESVGH 27, 189
U. v. 27.2.1981 – GR 1/80	ESVGH 31, 81; VBlBW 1981, 136
U. v. 14.3.1985 – GR 1/83	ESVGH 35, 161; VBlBW 1985, 213
U. v. 1.7.1985 – GR 1/84	ESVGH 35, 244; VBlBW 1985, 415
U. v. 18.3.1986 – GR 1/85	ESVGH 36, 161; VBlBW 1986, 335
U. v. 28.1.1988 – GR 1/87	ESVGH 38, 81; VBlBW 1988, 211
U. v. 13.10.1989 – GR 4/87	ESVGH 40, 14; VBlBW 1990, 92
U. v. 23.2.1990 – GR 2/88	ESVGH 40, 161; VBlBW 1990, 214
U. v. 12.12.1990 – GR 1/90	VBlBW 1991, 133
U. v. 13.8.1991 – GR 1/91	ESVGH 42, 7; VBlBW 1991, 414
U. v. 20.11.1996 – GR 2/95	ESVGH 47, 1; NVwZ-RR 1997, 265
B. v. 30.5.1997 – GR 1/97	ESVGH 47, 241; LVerfGE 6, 3; VBlBW 1997, 338
U. v. 10.5.1999 – GR 2/97	ESVGH 49, 241; LVerfGE 10, 3; VBlBW 1999, 294
U. v. 5.10.1998 – GR 4/97	ESVGH 49, 5

U. v. 19.5.2000 – GR 2/99	ESVGH 51, 8; LVerfGE 11, 23; DÖV 2000, 729; VBlBW 2000, 314
B. v. 12.8.2002 – GR 4/01	ESVGH 53, 9; LVerfGE 13, 3; VBlBW 2002, 478
U. v. 21.10.2002 – GR 11/02	ESVGH 53, 15; LVerfGE 13, 8; DÖV 2003, 201; VBlBW 2003, 110
U. v. 24.1.2005 – GR 2/04	ESVGH 55, 27; LVerfGE 16, 3; VBlBW 2005, 381
U. v. 14.6.2007 – GR 1/06	ESVGH 58, 1; LVerfGE 18, 3; DÖV 2007, 744; VBlBW 2007, 371
U. v. 26.7.2007 – GR 2/07	ESVGH 58, 15; LVerfGE 18, 26; VBlBW 2007, 456
U. v. 11.10.2007 – GR 1/07	ESVGH 58, 37; LVerfGE 18, 65; VBlBW 2008, 56
U. v. 9.3.2009 – GR 1/08	ESVGH 60, 3; LVerfGE 20, 3; VBlBW 2009, 336
U. v. 6.10.2011 – GR 2/11	ESVGH 62, 9; LVerfGE 22, 3; NVwZ 2012, 300; VBlBW 2012, 19
U. v. 22.5.2012 – GR 11/11	ESVGH 63, 13; LVerfGE 23, 3; VBlBW 2012, 462
U. v. 2.2.2016 – 1 VB 48/14	NVwZ 2015, 896
U. v. 6.7.2015 – 1 VB 130/13	DÖV 2015, 802; NVwZ 2015, 1382
BayVerfGH	
E. v. 17.7.2001 – Vf. 56-IVa-00	NVwZ 2002, 715
E. v. 21.2.2002 – Vf. 13-VIII-00	DÖV 2002, 615; NVwZ 2002, 1372
E. v. 17.2.2005 – Vf. 99-III-03	NVwZ-RR 2005, 443
E. v. 18.7.2006 – Vf. 9-VII-04	NVwZ-RR 2007, 73
E. v. 26.7.2006 – Vf. 11-IVa-05	NVwZ 2007, 204
E. v. 10.10.2006 – Vf. 19-VIa-06	DÖV 2007, 338
E. v. 12.6.2013 – Vf. 11-VII-11	BayVBl 2014, 17
BerlVerfGH	
B. v. 22.11.1993 – VerfGH 18/93	LVerfGE 1, 160
B. v. 12.1.1994 – VerfGH 16/93	LVerfGE 2, 5
U. v. 28.7.1994 – VerfGH 47/92	LVerfGE 2, 43; NVwZ 1997, 786
B. v. 6.12.1994 – VerfGH 65/93	NJW 1995, 858
B. v. 2.2.1996 – VerfGH 91, 91A/95	LVerfGE 4, 3
U. v. 22.2.1996 – VerfGH 17/95	LVerfGE 4, 12; NJW 1996, 2567
B. v. 16.11.1996 – VerfGH 72 A/95	LVerfGE 3, 108

B. v. 21.2.2000 – VerfGH 122/99	LVerfGE 11, 39
B. v. 8.10.2001 – VerfGH 137 A/01	LVerfGE 12, 75; DVBL. 2002, 412; DÖV 2002, 431; NVwZ 2002, 594
B. v. 18.10.2001 – VerfGH 152 A/01	NVwZ 2002, 597
U. v. 22.11.2005 – VerfGH 53/05	LVerfGE 16, 104
U. v. 14.7.2010 – VerfGH 57/08	LVerfGE 21, 19; DVBl. 2010, 996
U. v. 15.1.2014 – VerfGH 67/12	LVerfGE 25, 85
B. v. 18.2.2015 – VerfGH 92/14	DVBl. 2015, 572
BbgVerfG	
U. v. 10.11.1994 – VfGBbg 4/94	LVerfGE 2, 201; DVBl. 1995, 299; NVwZ 1995, 583; DÖV 1995, 377
U. v. 20.6.1996 – VfGBbg 14/96 EA	LVerfGE 4, 190
B. v. 17.9.1998 – VfGBbg 30/98	DÖV 1998, 1055
U. v. 28.1.1999 – VfGBbg 2/98	LVerfGE 10, 143; DVBl. 1999, 708; NVWZ 1999, 868; DÖV 1999, 385
U. v. 12.10.2000 – VfGBbg 19/00	LVerfGE 11, 148
B. v. 16.11.2000 – VfGBbg 31/00	LVerfGE 11, 166
B. v. 28.3.2001 – VfGBbg 46/00	LVerfGE 12, 92; DVBl. 2001, 1146; NVwZ-RR 2001, 490; DÖV 2001, 559
B. v. 20.2.2003 – VfGBbg 112/02	LVerfGE 14, 139
U. v. 16.10.2003 – VfGBbg 4/03	LVerfGE 14, 189; NVwZ-RR 2004, 161; DÖV 2004, 205
U. v. 15.3.2007 – VfGBbg 42/06	LVerfGE 18, 141; DÖV 2007, 631
U. v. 28.7.2007 – VfGBbg 53/06	LVerfGE 19, 65
B. v. 19.2.2009 – VfGBbg 44/08	LVerfGE 20, 95
BremStGH	
U. v. 19.10.1996 – St 1/95	LVerfGE 5, 158
U. v. 5.11.2004 – St 3/03	LVerfGE 15, 155; NVwZ 2005, 929
U. v. 5.11.2004 – St 3/04	LVerfGE 15, 201
U. v. 22.5.2008 – St 1/07	LVerfGE 19, 145
U. v. 22.5.2008 – St 1/08	LVerfGE 19, 179
U. v. 5.3.2010 – St 1/09	LVerfGE 21, 121; NVwZ-RR 2010, 547
HambVerfG	
U. v. 4.5.1993 – HVerfG 3/92	DVBl. 1993, 1070; NVwZ 1993, 1083
U. v. 11.7.1997 – HVerfG 1/96	LVerfGE 6, 157
U. v. 20.5.2003 – HVerfG 9/02	LVerfGE 14, 221

U. v. 21.12.2010 – HVerfG 1/10	LVerfGE 21, 159
U. v. 6.11.2013 – HVerfG 6/12	NVwZ 2014, 139
U. v. 28.11.2013 – HVerfG 1/13	LVerfGE 24, 220; NVwZ 2014, 135
U. v. 15.9.2015 – HVerfG 5/14	DVBl. 2015, 1452; NVwZ 2016, 61
HessStGH	
U. v. 9.12.1998 – P. St. 1297	ESVGH 49, 19; LVerfGE 9, 211; DVBl. 1999, 711
B. v. 14.6.2006 – P. St. 1910	LVerfGE 17, 207
B. v. 26.6.2009 – P. St. 2224	LVerfGE 20, 218
U. v. 16.11.2011 – P. St. 2323	LVerfGE 22, 241
U. v. 9.10.2013 – P. St. 2319	LVerfGE 24, 292; DVBl. 2014, 40
LVerfG M-V	
U. 31.5.2001 – LVerfG 2/00	LVerfGE 12, 209; DÖV 2001, 780
B. v. 16.9.2002 – LVerfG 8/02	LVerfGE 13, 277
U. v. 19.12.2002 – LVerfG 5/02	LVerfGE 13, 284; NJW 2003, 815
U. v. 27.5.2003 – LVerfGE 10/02	DÖV 2003, 765
U. v. 7.7.2005 – LVerfG 8/04	LKV 2006, 26
U. v. 21.6.2007 – LVerfG 19/06	LVerfGE 18, 325
U. v. 26.6.2008 – LVerfG 4/07	LVerfGE 19, 283; NVwZ 2008, 1343
B. v. 25.3.2010 – LVerfG 3/09	LVerfGE 21, 199; NVwZ 2010, 958
U. v. 28.10.2010 – LVerfG 5/10	LVerfGE 21, 218
U. v. 24.2.2011 – LVerfG 7/10	NVwZ-RR 2011, 506
U. v. 23.1.2014 – LVerfG 3/13	LVerfGE 25, 367
U. v. 23.1.2014 – LVerfG 4/13	LVerfGE 25, 377
U. v. 23.1.2014 – LVerfG 5/13	LVerfGE 25, 396
U. v. 26.2.2015 – LVerfG 2/14	NVwZ 2015, 739
NdsStGH	
B. v. 31.10.1996 – StGH 4/96	NVwZ-RR 1997, 201
U. v. 24.2.2000 – StGH 2/99	LVerfGE 11, 335
U. v. 22.10.2012 – StGH 1/12	LVerfGE 23, 221
U. v. 24.10.2014 – StGH 7/13	LVerfGE 25, 409
U. v. 29.1.2016 – StGH 1-3/15	DVBl. 2016, 371; NVwZ 2016, 608
VerfGH NRW	
U. v. 28.1.1992 – VerfGH 1/91	NVwZ 1992, 470

U. v. 4.10.1993 – VerfGH 15/92	DVBl. 1994, 48; DÖV 1994, 210; NVwZ 1994, 678
U. v. 3.5.1994 – VerfGH 10/92	NVwZ 1995, 159
U. v. 16.5.1995 – VerfGH 20/93	DVBl. 1995, 921; DÖV 1995, 863; NVwZ 1996, 164
U. v. 14.5.1996 – VerfGH 5/95	NVwZ 1997, 57
U. v. 15.6.1999 – VerfGH 6/97	DÖV 1999, 954; NVwZ-RR 2000, 265
U. v. 17.10.2000 – VerfGH 16/98	DÖV 2001, 207; NVwZ 2002, 75
U. v. 19.8.2008 – VerfGH 7/07	DVBl. 2008, 1380; NVwZ-RR 2009, 41
B. v. 18.1.2011 – VerfGH 19/10	BeckRS 2011, 46006
U. v. 13.12.2011 – VerfGH 11/10	NVwZ 2012, 631
U. v. 15.12.2015 – VerfGH 12/14	DVBl. 2016, 1460
VerfGH Rh-Pf	
U. v. 20.11.1996 – VGH N 3/96	NVwZ-RR 1998, 145
U. v. 19.8.2002 – VGH O 3/02	NVwZ 2003, 75; DÖV 2002, 992
U. v. 11.10.2010 – VGH O 23/10	DVBl. 2010, 1504; NVwZ 2011, 115
B. v. 30.10.2015 – VGH B 14/15	DVBl. 2016, 52
SaarlVerfGH	
U. v. 31.10.2002 – Lv 1/02	LVerfGE 13, 303; NVwZ-RR 2003, 81
B. v. 31.10.2002 – Lv 2/02	NVwZ-RR 2003, 393
U. v. 12.12.2005 – Lv 4/05	DÖV 2006, 428; NVwZ-RR 2006, 665
U. v. 3.12.2007 – Lv 12/07	LVerfGE 18, 451
B. v. 26.6.2012 – Lv 5/12	LVerfGE 23, 239
U. v. 16.4.2013 – Lv 10/12	LVerfGE 24, 363; NVwZ-RR 2013, 825
SächsVerfGH	
B. v. 24.2.2005 – Vf. 121-I-04	LVerfGe 16, 409
B. v. 2.11.2006 – Vf. 55-IX-06	LVerfGE 17, 377
B. v. 2.11.2006 – Vf. 72-I-06	LVerfGE 17, 396
U. v. 23.4.2008 – Vf. 87-I-06	LVerfGE 19, 387; NVwZ-RR 2008, 585
U. v. 5.11.2010 – Vf. 28-I-10	LVerfGE 21, 356
U. v. 3.12.2010 – Vf. 12-I-10	LVerfGE 21, 353; NVwZ-RR 2011, 132
U. v. 3.12.2010 – Vf. 77-I-10	LVerfGE 21, 355
U. v. 14.1.2011 – Vf. 87-I-10	LVerfGE 22, 433

U. v. 3.11.2011 – Vf. 30-I-11	LVerfGE 22, 463
LVerfG LSA	
U. v. 25.1.2016 – LVG 6/15	DVBl. 2016, 368
LVerfG SchlH	
U. v. 30.8.2010 – LVerfG 1/10	LVerfGE 21, 434; JZ 2011, 254
U. v. 30.9.2013 – LVerfG 13/12	LVerfGE 24, 512
ThürVerfGH	
U. v. 16.12.1998 – VerfGH 20/95	LVerfGE 9, 413; NVwZ-RR 1999, 282
U. v. 4.4.2003 – VerfGH 8/02	LVerfGE 14, 437
U. v. 14.7.2003 – VerfGH 2/01	LVerfGE 14, 458; NVwZ-RR 2003, 793; DÖV 2004, 448
U. v. 19.12.2008 – VerfGH 35/07	LVerfGE 19, 513; DVBl. 2009, 245
U. v. 2.2.2011 – VerfGH 20/09	LVerfGE 22, 537; DVBl. 2011, 352
U. v. 10.7.2013 – VerfGH 10/11	LVerfGE 24, 550
BVerwG	
U. v. 28.1.1994 – 6 B 24.93	NVwZ 1994, 583
U. v. 18.7.2002 – 3 C 54/01	NVwZ 2003, 92
B. v. 8.5.2008 – 6 B 64.07	DÖV 2008, 775
U. v. 15.11.2012 – 7 C 1/12	NVwZ 2013, 431
U. v. 16.4.2014 – 6 C 11.13	DÖV 2014, 930
U. v. 4.11.2016 – 6 B 27/16	NVwZ-RR 2017, 146
VGH BW	
B. v. 14.2.1967 – IV 777/66	ESVGH 17, 177; NJW 1967, 1194; DÖV 67, 309; DVBl. 67, 459
B. v. 10.6.1991 – 9 S 2111/90	VBlBW 1991, 328
B. v. 5.3.1993 – 9 S 3033/92	VBlBW 1993, 264
U. v. 30.11.1993 – 9 S 2395/91	ESVGH 44, 113
U. v. 15.10.1996 – 10 S 176/96	ESVGH 47, 47; NJW 1997, 754
U. v. 12.1.2000 – 9 S 317/98	ESVGH 50, 238
U. v. 23.1.2001 – 9 S 331/00	ESVGH 51, 108; VBlBW 2001, 217
U. v. 20.11.2001 – 9 S 239/01	DÖV 2002, 209
U. v. 18.6.2002 – 9 S 2441/01	ESVGH 52, 255
U. v. 1.7.2003 – 9 S 1504/02	DÖV 2003, 953
U. v. 19.7.2005 – 9 S 47/03	ESVGH 56, 60
U. v. 14.7.2010 – 9 S 2207/09	ESVGH 61, 185

B. v. 28.2.2011 – 9 S 499/11	ESVGH 61, 168
B. v. 12.5.2011 – 9 S 166/06	ESVGH 62, 62
U. v. 11.4.2013 – 9 S 233/12	ESVGH 63, 255
U. v. 12.8.2014 – 9 S 1755/13	ESVGH 65, 189
U. v. 22.5.2013 – 9 S 1367/12	VBlBW 2013, 461
B. v. 7.8.2015 – 1 S 1239/15	DVBl. 2015, 1383

Verfassung des Landes Baden-Württemberg

Vom 11. November 1953 (GBl. S. 173)
(BWGültV Sachgebiet 100)
zuletzt geändert durch ÄndG vom 1. Dezember 2015 (GBl. S. 1032)

Vorspruch

Im Bewußtsein der Verantwortung vor Gott und den Menschen, von dem Willen beseelt, die Freiheit und Würde des Menschen zu sichern, dem Frieden zu dienen, das Gemeinschaftsleben nach den Grundsätzen der sozialen Gerechtigkeit zu ordnen, den wirtschaftlichen Fortschritt aller zu fördern, und entschlossen, dieses demokratische Land als lebendiges Glied der Bundesrepublik Deutschland in einem vereinten Europa, dessen Aufbau föderativen Prinzipien und dem Grundsatz der Subsidiarität entspricht, zu gestalten und an der Schaffung eines Europas der Regionen sowie der Förderung der grenzüberschreitenden Zusammenarbeit aktiv mitzuwirken, hat sich das Volk von Baden-Württemberg in feierlichem Bekenntnis zu den unverletzlichen und unveräußerlichen Menschenrechten und den Grundrechten der Deutschen kraft seiner verfassunggebenden Gewalt durch die Verfassunggebende Landesversammlung diese Verfassung gegeben.

Schrifttum:
Behrendt, Gott im Grundgesetz. Der vergessene Grundwert „Verantwortung vor Gott", 1980; *Böckenförde*, Die verfassunggebende Gewalt des Volkes – Ein Grenzbegriff des Verfassungsrechts, 1986; *Czermak*, „Gott" im Grundgesetz?, NJW 1999, 1300; *Ennuschat*, „Gott" und das Grundgesetz. Zur Bedeutung der Präambel für das Verhältnis des Staates zur Religion und Religionsgemeinschaften, NJW 1998, 953; *Häberle*, Präambeln im Text und Kontext von Verfassungen, in: Demokratie, in Anfechtung und Bewährung, FS für Johannes Broermann, 1982, 212; *Hollerbach*, Religion – Christentum – Kirche: die Antwort der Landesverfassung, in: ders. (Hrsg.), 30 Jahre Verfassung von Baden-Württemberg, 1984, 42; *Jünemann*, Government of, by, for the people – Zur Archäologie eines klassischen Zitats, JZ 2013, 1128; *Lehmann*, Im Bewusstsein seiner Verantwortung vor Gott und den Menschen. Demokratie und Menschlichkeit, in: FS für Hans Meyer 1996, 571; *Papenheim*, Präambeln in der deutschen Verfassungsgeschichte seit Mitte des 19. Jahrhunderts unter besonderer Berücksichtigung der „invocatio in Dei", 1998; *Rethorn*, Verschiedene Funktionen von Präambeln, in: Rödig (Hrsg.), Studien zu einer Theorie der Gesetzgebung, 1976, 296; *Schwarz*, Das christlich-abendländische Fundament des Grundgesetzes als Topos der Verfassungsinterpretation, in: FS für Christian Starck 2007, 419; *Steiger*, „Verantwortung vor Gott und den Menschen ...?", in: FS für Karl Lehmann 2001, 663; *Stein*, Himmlische Quellen und irdisches Recht. Religiöse Voraussetzungen des freiheitlichen Verfassungsstaates, 2007; *Steiner*, Verfassunggebung und verfassunggebende Gewalt des Volkes, 1966; *Stilz*, Die Erziehung zur Friedensliebe: Das Friedensgebot der Landesverfassung, in: Meisch/Nielebock/Jäger, 75; *Vogt*, Der Gottesbezug in der Präambel des Grundgesetzes, 2007; *Weinholt*, Gott in der Verfassung. Studie zum Gottesbezug in Präambeltexten der deutschen Verfassungstexte des Grundgesetzes und der Länderverfassungen seit 1945, 2001; *Wiegand*, Das Prinzip Verantwortung und die Präambel des Grundgesetzes, JöR 1995, 31; *Zais*, Rechtsnatur und Rechtsgehalt der Präambel des Grundgesetzes für die Bundesrepublik Deutschland vom 23. Mai 1949, 1973.

Vergleichbare Regelungen: Präambel GG, Präambel BbgVerf, Präambel MVVerf, Vorspruch RPVerf, Präambel LSAVerf – jeweils mit teilweise gleichen Themen; daneben haben alle anderen Länder mit Ausnahme des Saarlandes (seit 1956)[1] ebenfalls ihrer Verfassung eine Präambel vorangestellt.

Leitentscheidungen: BVerfGE 5, 85 (KPD-Verbot; mit grundsätzlichen Aussagen zur Bedeutung der Präambel); 36, 1 (Grundlagenvertrag); 77, 137 (Teso).

A. Überblick und Einordnung 1	2. Gott als Verantwortungsadressat 20
I. Bedeutung 1	3. „Die Menschen" als Verantwortungsadressat 21
1. Normative Qualität 1	II. Legitimationsbedingungen der Staatsgewalt 22
2. „Generalauslegungsregel" 3	III. Einordnung in die Bundesrepublik Deutschland 25
II. Herkunft, Entstehung, Geschichte 4	IV. Europäische Integration und grenzüberschreitende Zusammenarbeit 26
1. Vorläufer 4	
2. Entstehungsgeschichte 8	
a) Erarbeitung in der Verfassunggebenden Landesversammlung 8	V. Feierliches Bekenntnis zu den Menschen- und Grundrechten 29
b) Novelle von 1995 11	VI. Verfassungsgebende Gewalt des Volkes 30
III. Verfassungsvergleichende Einordnung 13	
B. Erläuterung 19	
I. Verantwortung vor Gott und den Menschen 19	
1. Verantwortungsformel ... 19	

A. Überblick und Einordnung

I. Bedeutung

1. Normative Qualität

1 Der von der LV verwendete Begriff „Vorspruch" stellt die deutschsprachige Fassung des vom lat. praeambulare (vorangehen) abgeleiteten Wortes „Präambel" dar; ein inhaltlicher Unterschied zwischen den Bezeichnungen besteht nicht.[2] Ein Vorspruch bzw. eine Präambel hat zunächst eine **politische Erklärungs- und Dokumentationsfunktion**, indem der Verfassungsgeber darin seine Leitmotivation niederlegt und den historisch-politischen Hintergrund der Verfassungsgebung anklingen lässt.[3] Aus diesen Gründen waren Präambeln von der Rechtswissenschaft zunächst als politische Lyrik ohne konkrete normative Bindungskraft angesehen worden.[4] Doch mit der KPD-Entscheidung des BVerfG, die der Präambel des GG neben einer vorrangigen politischen auch ausdrücklich eine rechtliche Bedeutung attestiert,

---

1 Die ursprüngliche Präambel der SaarlVerf vom 15.12.1947 ordnete das Land wirtschafts-, außen- und verteidigungspolitisch Frankreich zu und betonte die Unabhängigkeit von Deutschland, was als Merkmal einer Protektoratsverfassung bezeichnet werden kann; nach der Volksbefragung von 1955 zur Eingliederung des Saarlandes in die Bundesrepublik entfiel die Grundlage dieser Präambel, die deshalb – mit vielen anderen Bestimmungen – durch die Verfassungsnovelle vom 20.12.1956 aufhoben wurde (*Brosig* in: Wendt/Rixecker, 24–27).
2 *Brocker* in: ders./Droege/Jutzi, Vorspruch Rn. 2; *Gröschner* in: Linck/Baldus u.a., Präambel Rn. 1.
3 *Herdegen* in: Maunz/Dürig, Präambel Rn. 16; *Haltern/Manthey* in: Epping/Butzer u.a., Präambel Rn. 2; *Starck* in: v. Mangoldt/Klein/ders., Präambel Rn. 29.
4 *Anschütz*, Vorspruch Anm. 1 (S. 32); s. wN bei *Dreier* in: ders., Präambel Rn. 23 Fn. 55; s. auch *Rethorn*, 296 (309 f.).

ist eine Wende in dieser Frage erfolgt. Das Gericht leitet in dieser Entscheidung aus der Präambel eine **verfassungsrechtliche Bindung aller Staatsorgane** ab, das darin vorgegebene Ziel der Wiedervereinigung „mit allen Kräften anzustreben"[5] und jedenfalls evident entgegenstehende Maßnahmen zu unterlassen.[6]

Zugleich enthält das Urteil keine Hinweise darauf, dass diese Bindungswirkung nur ausnahmsweise für das Wiedervereinigungsgebot gelten sollte. Im Gegenteil hat das BVerfG in der Teso-Entscheidung diese Rechtsprechung nur „insbesondere" auf das Wiedervereinigungsgebot bezogen.[7] Daher kann das Präambelrecht auch nach Einschätzung des BVerfG generell – soweit es hinreichend konkrete Vorgaben enthält – eine **den einzelnen Verfassungsartikeln gleichrangige Bindungskraft** entfalten. Dafür spricht auch, dass Präambeln – je nach Umfang – regelmäßig auch wesentliche Elemente der Identität der Verfassung zum Ausdruck bringen.[8] Daher kann die Präambel insbesondere – v.a. programmatische – Staatsziele bekräftigen oder sogar selbst enthalten.[9] Daraus folgt, dass der Vorspruch als integraler Bestandteil des Verfassungstextes und nicht als bloß schmückendes Beiwerk anzusehen ist. Dafür spricht auch die Verwendung des drittletzten Wortes „diese" (statt zB „folgende").[10] Außerdem folgt daraus, dass die Präambel dem Zugriffrecht des verfassungsändernden Gesetzgebers unterliegt.[11] Allerdings ist die Rechtswirkung einer Präambel – wie bei Staatszielen – aufgrund des sehr allgemein gehaltenen Aussagecharakters auf objektivrechtliche Bindungen beschränkt und erzeugt keine subjektiven Berechtigungen Einzelner. Dies gilt für die Präambel des GG ebenso wie für den Vorspruch der LV.[12]

2

---

5   BVerfGE 5, 85 (Ls. 1 und S. 127).
6   BVerfGE 5, 85 (128); 36, 1 (17); 77, 137 (149).
7   BVerfGE 77, 137 (149); *Boehl/Hobe* in: Friauf/Höfling, Präambel Rn. 34; *Herdegen* in: Maunz/Dürig, Präambel Rn. 11, 12 nennt in diesem Zusammenhang auch die Völkerrechts- und Europarechtsfreundlichkeit des GG.
8   *Hollerbach*, Religion – Christentum – Kirche, 42 (44); *Lindner* in: ders./Möstl/Wolff, Vorspruch Rn. 5, sieht darin die „Seele der Verfassung".
9   *Starck* in: v. Mangoldt/Klein/ders., Präambel Rn. 31, 33 ff.; *Fischer-Lescano*, in: Fischer-Lescano/Rinken u.a., Präambel Rn. 5; *Stilz*, Friedensgebot, 75 (76), bezüglich des im Vorspruch enthaltenen Friedensgebots.
10 *Boehl/Hobe* in: Friauf/Höfling, Präambel Rn. 35 f.; *Dreier* in: ders., Präambel Rn. 24 ff.; *Herdegen* in: Maunz/Dürig, Präambel Rn. 11; *Hollerbach*, Religion – Christentum – Kirche, 42 (44 f.); *Starck* in: v. Mangoldt/Klein/ders., Präambel Rn. 30 f.; a. A. *Haltern/Manthey* in: Epping/Butzer u.a., Präambel Rn. 1, die – jedenfalls für die (sehr knappe) Präambel der NdsVerf – nur eine „Ankündigungsfunktion" erkennen und daher sowohl den Verfassungsbestandteil als auch die Verpflichtungsfähigkeit bestreiten.
11 *Dreier* in: ders., Präambel Rn. 29 f.; *Starck* in: v. Mangoldt/Klein/ders., Präambel Rn. 32.
12 Zum GG so *Herdegen* in: Maunz/Dürig, Präambel Rn. 15; *Starck* in: v. Mangoldt/Klein/ders., Präambel Rn. 30; *Kunig* in: v.Münch/ders., Präambel Rn. 10; zur LV so auch *Stilz*, Friedensgebot, 75 (76); *Hollerbach* in: Feuchte, Vorspruch Rn. 30; zur RPVerf *Brocker* in: ders./Droege/Jutzi, Vorspruch Rn. 5; eine bes. umfassende Analyse des Präambelrechts nimmt *Rethorn*, 296 (v.a. 313 ff.), unter historischen und funktionalen Aspekten sowie hinsichtlich der verschiedenen Formen von Präambeln und Präambel-Inhalten vor.

2. „Generalauslegungsregel"

3   Gleichwohl ist es eher atypisch, dass konkrete Rechtsbefehle in einer Präambel enthalten sind oder aus ihr abgeleitet werden. Die praktisch größere Bedeutung von Präambeln liegt aufgrund des hohen programmatischen Gehalts ihrer Aussagen in der – ebenfalls rechtlich erheblichen – Funktion als **Auslegungshilfe für die nachfolgenden Verfassungsbestimmungen**.[13] In der VLV war von verschiedenen Seiten insofern zutreffend von einer „Generalauslegungsregel" die Rede,[14] und Carlo Schmid verglich die Präambel einer Verfassung mit der Angabe auf dem Notenblatt, aus der sich die Tonart des Stückes ergibt.[15] Noch stärker als im Verfassungsrecht gilt dies für das Völker- und Europarecht. Hier wird die Voranstellung von Wünschen, Motiven und Erwägungen fast durchgängig und umfangreich bei allen Rechtssetzungsakten als gezieltes Instrument genutzt, um Verständnis- und Auslegungsleitlinien vorzugeben.[16]

II. Herkunft, Entstehung, Geschichte
1. Vorläufer

4   Die ersten Verfassungen in Baden und Württemberg enthielten jeweils eine dem Verfassungstext vorangestellte **Erklärung des Monarchen über den Erlass und Charakter der Verfassung**.[17] In der VerfWü 1819 wird die Verfassung darin ausdrücklich als „beiderseitige Vereinigung" zwischen Krone und Ständen bezeichnet, während in der BadVerf 1818 die Festigung der „Bande des Vertrauens" zwischen Großherzog und Volk als Leitmotiv benannt ist. In beiden Fällen bestand die Hauptfunktion dieser vorangestellten monarchischen Verlautbarung darin, die Amtsnachfolger auf dem Thron an diese Verfassung zu binden.[18]

5   Mit der Abschaffung der Monarchie entfiel die ursprüngliche Funktion eines solchen Vortextes, weshalb die **ersten republikanischen Verfassungen in Baden und in Württemberg** keine entsprechenden Passagen kannten (vgl. VerfBad 1919, VerfWü 1919). Auf Reichsebene sah die WRV dagegen eine knappe unbenannte Präambel vor, die mit der Verpflichtung auf die Wah-

---

13   BVerfGE 36, 1 (13, 25); *Herdegen* in: Maunz/Dürig, Präambel Rn. 1; *Rethorn*, 296 (315 f.), spricht sogar von einer „Auslegungsmaxime".
14   Abg. *Erbe* (FDP/DVP), in: *Feuchte*, Quellen 2. Teil, 138; ebenso später der Berichterstatter Abg. *Hermann* (CDU) im Abschlussbericht des Verfassungsausschusses, in: *Feuchte*, Quellen 6. Teil, 538 f.
15   *Herdegen* in: Maunz/Dürig, Präambel Rn. 2 Fn. 1 mwN.
16   *Dreier* in: ders., Präambel Rn. 14 ff. unter bes. Hinweis auf den unionsrechtlichen Begründungszwang gem. Art. 296 AEUV.
17   Das Format – meist feierlicher – Präambeln als Vorbemerkungen reicht freilich historisch schon bis zur Antike zurück, vgl. *Dreier* in: ders., Präambel Rn. 1 ff. (mit Hinweis auf die berühmte „We the People"-Einleitung der Präambel der US-Verfassung), und *Boehl/Hobe* in: Friauf/Höfling, Präambel Rn. 17 ff.; sehr ausf. zur deutschen Präambelgeschichte *Rethorn*, 296 (298 ff.).
18   Auch die Reichsverfassung von 1871 kannte einen monarchischen Vorspann. Dessen zentrale Aufgabe bestand allerdings in der Fixierung und Bekräftigung des Fürstenbundes, der dem Reich zugrunde lag; krit. dazu wegen des Verschweigens der Mitwirkung der Volksvertretungen *Hopfauf* in: Schmidt-Bleibtreu/Hofmann/Henneke, Präambel Rn. 1; zur rechtlichen Bedeutung vgl. *Dreier* in: ders., Präambel Rn. 6.

rung des Friedens und der Förderung des gesellschaftlichen Fortschritts bereits Textelemente späterer Präambeln enthielt.

Nach dem zweiten Weltkrieg standen der Wiedergründung der alten Länder Baden und Württemberg die **Grenzen der Besatzungszonen** entgegen. So entstanden in der französischen Zone die Länder (Süd-)Baden und Württemberg-Hohenzollern sowie in der amerikanischen Zone das Land Württemberg-Baden, das von beiden Alt-Ländern den jeweils nördlichen Teil umfasste.[19] Noch unter **starkem Einfluss der Besatzungsmächte** wurden die Verfassungen in den drei Ländern erlassen.[20] Dabei enthielten alle Verfassungen nun unterschiedlich formulierte namenlose Vorsprüche, die in der **Betonung des Gottvertrauens** übereinstimmten. Die VerfWH sprach außerdem die Würde und ewigen Rechte des Menschen an, während die VerfLB die soziale Gerechtigkeit und die Treuhandschaft „der alten badischen Überlieferung" hervorhob:

VerfLB: „Im Vertrauen auf Gott hat sich das badische Volk, als Treuhänder der alten badischen Überlieferung, beseelt von dem Willen, seinen Staat im demokratischen Geist nach den Grundsätzen des christlichen Sittengesetzes und der sozialen Gerechtigkeit neu zu gestalten, folgende Verfassung gegeben"

VerfWB: „In einer Zeit größter äußerer und innerer Not hat das Volk von Württemberg und Baden im Vertrauen auf Gott sich diese Verfassung gegeben als ein Bekenntnis zu der Würde und zu den ewigen Rechten des Menschen, als einen Ausdruck des Willens zu Einheit, Gerechtigkeit, Frieden und Freiheit"

VerfWH: „Das Volk von Württemberg-Hohenzollern gibt sich im Gehorsam gegen Gott und im Vertrauen auf Gott, den allein gerechten Richter, folgende Verfassung"

2. Entstehungsgeschichte

a) Erarbeitung in der Verfassunggebenden Landesversammlung

Der Text des Vorspruchs geht weitestgehend auf den VerfERP zurück, der seinerseits maßgeblich auf Vorarbeiten des damaligen Staatssekretärs für die Ausarbeitung und Vollziehung der Verfassung *Edmund Kaufmann* beruhte.[21] Erkennbar geht der Einleitungssatz „Im Bewusstsein der Verantwortung vor Gott und den Menschen, von dem Willen beseelt", auf die **Einleitung der Präambel des GG** zurück. Wegen textlicher Identität spricht viel dafür, dass die Passage „von dem Willen beseelt, die Freiheit und Würde des Menschen zu sichern, [...] das Gemeinschaftsleben nach den Grundsätzen der sozialen Gerechtigkeit zu ordnen, den wirtschaftlichen Fortschritt aller zu fördern" auf die Präambel der zeitlich früher erlassenen RPVerf zurückzuführen ist.[22]

---

19 *Feuchte*, Geschichte, 19 f.
20 *Feuchte*, Geschichte, 50 f.
21 *Feuchte*, Geschichte, 169 f. Zwar ist von *Kaufmann* kein Entstehungsbericht überliefert, doch hat er in einer Notiz vom 25.5.1952 festgehalten, dass hauptsächlich das GG und die Verfassungen der drei Vorgängerländer seine Arbeit geprägt haben (*Feuchte*, aaO, 170, Fn. 16).
22 Vgl. *Hollerbach* in: Feuchte, Vorspruch Rn. 5.

9   Der **Konkurrenzentwurf der oppositionellen CDU-Fraktion** in der VLV (VerfECDU) sah demgegenüber gar keinen Vorspruch vor. Dies mag sich dadurch erklären, dass man dort den normativen Gehalt einer Präambel zurückhaltend bewertete. So erklärte der Sprecher der CDU im Verfassungsausschuss (und Ministerpräsident 1953 – 1958 sowie Präsident des BVerfG 1959 – 1971) *Gebhard Müller*, dass seiner Auffassung nach „der Vorspruch der Verfassung nicht in dem Maß wie der Verfassungsartikel selbst wirksames Recht wird".[23]

10 Die Behandlung des Vorspruchs erfolgte in den Verfassungsberatungen eher randständig, weil sie – auch von Seiten der Regierungsfraktionen – als **keine „Angelegenheit von erheblicher materieller Bedeutung"**[24] angesehen wurde.[25] Erst in der redaktionellen Schlusssitzung zur 2. Lesung im Verfassungsausschuss fand eine kurze inhaltliche Beratung statt, die aber ohne Folgen blieb.[26] Gleichwohl enthält der Vorspruch einen der wesentlichen Streitpunkte der Verfassungsberatungen, indem danach die Verfassunggebung „durch die Verfassunggebende Landesversammlung" erfolgt ist. Denn die CDU kämpfte bis zur Regierungsübernahme im Herbst 1953 für eine Volksabstimmung über die Verfassung.[27]

b) Novelle von 1995[28]

11 Seit 1953 ist die Präambel einmal geändert worden. Anlass waren die zwischenzeitlich erfolgte **Wiedervereinigung** und die mit dem Maastrichter Vertrag verbundene **neue Qualität der europäischen Integration**. Die Änderung sollte „die Stellung und das Selbstverständnis des Landes innerhalb eines vereinten, föderativen Europas definieren und den Willen zur aktiven Mitwirkung an der Schaffung eines Europas der Regionen sowie zur grenzüberschreitenden Zusammenarbeit ausdrücken".[29]

12 So wurde der Teilsatz „... entschlossen, ein neues demokratisches Bundesland als lebendiges Glied der Bundesrepublik Deutschland" durch den neuen Text „... entschlossen, dieses demokratische Land als lebendiges Glied der Bundesrepublik Deutschland in einem vereinten Europa, dessen Aufbau föderativen Prinzipien und dem Grundsatz der Subsidiarität entspricht" ersetzt. Außerdem wurde nach dem Wort „gestalten" ein neuer Einschub aufgenommen mit den Worten „und an der Schaffung eines Eu-

---

23 *Feuchte*, Quellen 4. Teil, 22; ähnlich auch der Abg. *Gurk* (CDU) in: *Feuchte*, Quellen 2. Teil, 136.
24 Abg. *Lausen* (SPD) in: *Feuchte*, Quellen 6. Teil, 459.
25 Ganz anders im Parlamentarischen Rat, der der Präambel des GG große Aufmerksamkeit schenkte, vgl. *Herdegen* in: Maunz/Dürig, Präambel Rn. 17 ff. mwN.
26 Der Abg. *Krause* (SPD) kritisierte, dass dem Vorspruch nach der Streichung vieler Artikel im 1. Hauptteil die Bezugspunkte im eigentlichen Verfassungstexte fehlen würden, und forderte einen neuen und deutlich kürzeren Text; gleichwohl wird die gegenüber dem VerfERP nur marginal modifizierte Vorlage der Redaktionskommission angenommen (*Feuchte*, Quellen 6. Teil, 507). Abgesehen von einer kleinen Umstellung in der 53. VA-Sitzung wird der Text des Vorspruchs bei allen Folgeberatungen ohne Diskussion akzeptiert (*Feuchte*, Quellen 8. Teil, 233, 246, 420).
27 *Feuchte*, Geschichte, 218 f.
28 17. LVÄndG v. 15.2.1995, GBl. 269.
29 Aus dem Vorblatt des Gesetzentwurfs, LT-Drs. 11/5326, 1.

ropas der Regionen sowie der Förderung der grenzüberschreitenden Zusammenarbeit aktiv mitzuwirken".

III. Verfassungsvergleichende Einordnung

Sowohl das GG als auch 15 Landesverfassungen verfügen über eine Präambel.[30] Auffallend daran ist, dass es nur **geringe textliche Überschneidungen** gibt. Dies beginnt bereits bei der Textlänge: Während drei Verfassungen nur einen sehr knappen Vorspruch kennen (BerlVerf, HessVerf, NdsVerf), haben der Bund und die übrigen Länder – wie BW – eine umfangreiche Dokumentation der verfassungsleitenden Motivation vorgenommen. Auch wenn manche Formulierungen in mehreren Präambeln zu finden sind, besteht in keinem Fall – anders als bei vielen v.a. organisationsrechtlichen Verfassungsbestimmungen – eine vollständige oder zumindest weitestgehende textliche Übereinstimmung. Alle Verfassungsgeber haben großen Wert auf eine individuelle Textabfassung gelegt und bringen damit ihre Eigenständigkeit zum Ausdruck. 13

Gleichwohl lassen sich zumindest thematisch Schnittmengen ausmachen. Dies gilt am stärksten für die **Benennung des Volkes als Verfassungsgeber**, die in fast keiner Präambel fehlt; lediglich Berlin, Hamburg und Hessen nennen als Verfassungsgeber das Land. Das GG und sechs Länderverfassungen enthalten neben der LV einen **Gottesbezug** (BayVerf, NdsVerf, NRWVerf, RPVerf, LSAVerf, ThürVerf), der meist als Verantwortungsadressat ausgestaltet ist; nur die RPVerf bezeichnet Gott als „Urgrund des Rechts und Schöpfer aller menschlichen Gemeinschaft". Wie die LV und das GG adressieren vier weitere Landesverfassungen daneben aber auch die Menschen bzw. die nachfolgenden Generationen als zweiten Verantwortungsadressaten (MVVerf, NdsVerf, NRWVerf, LSAVerf). 14

Weitere häufig angesprochene Topoi sind die **Freiheit und Würde des einzelnen Menschen** (LV, BerlVerf, BbgVerf, BremVerf, MVVerf, RPVerf, LSAVerf, ThürVerf) und die **Bezugnahme auf Diktaturen, Not und Krieg** (BayVerf, BremVerf, NRWVerf, SächsVerf, ThürVerf). Hintergrund dieser Formulierungen ist – teilweise ausdrücklich angesprochen (BayVerf, BremVerf, SächsVerf) – die aus den Erfahrungen des Nationalsozialismus herrührende Motivation der Verfassungsgeber, dazu ein Gegenmodell zu formulieren. 15

Das GG und die LV sowie zehn weitere Landesverfassungen verpflichten ihr Gemeinwesen auf die **Wahrung und Sicherung des Friedens** (BayVerf, BerlVerf, BremVerf, HambVerf, MVVerf, NRWVerf, LSAVerf, SächsVerf, SchlHVerf, ThürVerf). Neben der LV betonen acht Landesverfassungen die **soziale Gerechtigkeit** als Grundlage des Gemeinwesen (BerlVerf, BbgVerf, BremVerf, HambVerf, MVVerf, RPVerf, LSAVerf, ThürVerf). Auch der **wirtschaftliche Fortschritt bzw. der Wohlstand aller** wird in der LV sowie in sechs weiteren Landesverfassungen angesprochen, besonders bildlich in Hamburg als „Aufstieg der Tüchtigen" (BbgVerf, HambVerf, MVVerf, NRWVerf, RPVerf, LSAVerf). 16

Auch wenn in der Landesverfassungsgebung die Eigenstaatlichkeit der Länder am stärksten zum Ausdruck kommt, definieren die LV und vier 17

---

30 Zur fehlenden Präambel in der SaarlVerf s. o., Fn. 1.

Haug

weitere Landesverfassungen ihr Land in der Präambel ausdrücklich als „**lebendiges Glied**" der Bundesrepublik (BbgVerf, HessVerf, MVVerf, LSAVerf). Weiteren vier Landesverfassungen lässt sich ebenfalls eine Einordnung in das deutsche Staatswesen entnehmen (BayVerf: „kommenden deutschen Geschlechtern"; BerlVerf: „die Hauptstadt des vereinten Deutschlands"; HambVerf: „Aufgabe gegenüber dem deutschen Volke"; NRWVerf: „verbunden mit allen Deutschen"; RPVerf: „ein neues demokratisches Deutschland [...] zu formen"). Eine nur regionale Bezugnahme findet sich in der SchlHVerf („die Zusammenarbeit der norddeutschen Länder sowie die grenzüberschreitende Partnerschaft der Regionen an Nord- und Ostsee"). Wie das GG nehmen die LV, die BbgVerf und die SchlHVerf darüber hinaus auf die **europäische Integration** Bezug. Einen dezidiert globalen Anspruch formulieren die „Welthafenstadt" Hamburg („Mittlerin zwischen allen Erdteilen und Völkern der Welt"), Brandenburg („als lebendiges Glied [...] in der einen Welt") und Thüringen („Trennendes in Europa und in der Welt zu überwinden").

18 Einige Präambeln sprechen weitere Themen an, die **im Vorspruch der LV nicht erwähnt** werden. Dies gilt für den Schutz der Umwelt (ThürVerf), der natürlichen Lebensgrundlagen (HambVerf, MVVerf) bzw. der Schöpfung (SächsVerf) ebenso wie für die Betonung des kulturellen Reichtums (ThürVerf, SchlHVerf) und für die Pflege der kulturellen und geschichtlichen Tradition in allen Landesteilen (LSAVerf). Auf die Landesgeschichte nehmen die BayVerf („eingedenk seiner mehr als tausendjährigen Geschichte"), die BbgVerf („im Geiste der Traditionen von Recht, Toleranz und Solidarität in der Mark Brandenburg"), BremVerf („jahrhundertealte Freie Hansestadt") und die SächsVerf („anknüpfend an die Geschichte der Mark Meißen, des sächsischen Staates und des niederschlesischen Gebietes") Bezug.

B. Erläuterung
I. Verantwortung vor Gott und den Menschen
1. Verantwortungsformel

19 Die einleitende Verantwortungsformel mit der zweipoligen Adressierung geht auf die entsprechende Einleitung des GG zurück und war im Parlamentarischen Rat maßgeblich von *Theodor Heuss* geprägt worden.[31] Sie bringt zum Ausdruck, dass sich das Volk in der Ausübung seiner verfassungsgebenden Tätigkeit als pouvoir constituant nicht als absolutistische, unverantwortliche Letztgewalt ansieht, sondern die **Grenzen menschlichen Handelns** anerkennt, eine **Rechenschaftspflicht** empfindet und von einer **dienenden Funktion des Staates** ausgeht (s. auch Art. 1 II 1 LV). In der damit betonten Verantwortungsethik und Werteorientierung liegt eine klare Abgrenzung zur Rechts- und Werteperversion, zur Unverantwortlichkeit und zur Verabsolutierung menschlicher Führungsorgane während der NS-Diktatur.[32]

---

31 *Dreier* in: ders., Präambel Rn. 10.
32 *Dreier* in: ders., Präambel Rn. 35 f., spricht deshalb von einer „Demutsformel"; *Boehl/Hobe* in: Friauf/Höfling, Präambel Rn. 126 ff.; *Herdegen* in: Maunz/Dürig,

2. Gott als Verantwortungsadressat

Der Gottesbezug im Vorspruch der LV stellt lediglich eine Erwähnung Gottes (nominatio dei) und keine förmliche Anrufung Gottes (invocatio dei) dar, weil die Verfassung nicht „im Namen Gottes" erlassen wird (wie etwa im Einleitungssatz der Präambel der Schweizer Bundesverfassung und ähnlich in den Verfassungen Irlands und Griechenlands).[33] Die LV erhebt damit gerade nicht den Anspruch einer göttlichen Offenbarung. Ebenso wenig wird damit ein religiöses Bekenntnis der LV – schon gar nicht im Sinne eines konfessionell gebundenen Gottesbildes – zum Ausdruck gebracht.[34] Auch wenn der historische Verfassungsgeber fraglos von einem christlich-abendländisch geprägten Gottesverständnis ausging,[35] ist darin in objektiver Verfassungsauslegung im säkularen Staat eine „reflexive metajuristische Kontrolle staatlichen Handelns"[36] zu sehen.[37] Der Staat und die Verfassung verstehen sich daher nicht als göttliche Werke, zeigen aber in dieser „Abwehrgeste gegenüber Gottlosigkeit"[38] eine **zugewandte Offenheit für Religion, Glauben und transzendenzbezogene Wertebindungen**. Diese Positionierung der LV steht einem strikt laizistischen Staatsverständnis, wonach Religion und Glaube keinen Platz im Staatswesen haben dürfen, ebenso entgegen, wie einem Verständnis als Konfessions- oder Gottesstaat.[39] Da sich diese Positionierung auch aus den Art. 4–10 LV sowie aus Art. 2 I LV iVm Art. 4 GG ergibt, kommt dem Vorspruch insoweit die rechtliche Funktion einer Bekräftigung zu.[40]

3. „Die Menschen" als Verantwortungsadressat

Durch die Aufnahme „der Menschen" in die Verantwortungsformel stellt der Verfassungsgeber dem jenseitigen Bezugspunkt einen diesseitigen gegenüber und betont damit die Gleichrangigkeit beider Aspekte. Mit der Bezugnahme auf „die Menschen" wird zum einen das selbstreferenziell-de-

---

Präambel Rn. 30–32; *Hollerbach*, Religion – Christentum – Kirche, 42 (45); ders. in: Feuchte, Vorspruch Rn. 9; *Starck* in: v. Mangoldt/Klein/ders., Präambel Rn. 36.
33 *Dreier* in: ders., Präambel Rn. 32 f.; *Ennuschat*, NJW 1998, 953 (954); *Herdegen* in: Maunz/Dürig, Präambel Rn. 33; zum internationalen Vergleich umfassend *Dreier* aaO, Rn. 19.
34 *Boehl/Hobe* in: Friauf/Höfling, Präambel Rn. 124, 130; *Brocker* in: ders./Droege/Jutzi, Vorspruch Rn. 14; *Dreier* in: ders., Präambel Rn. 39 f.; *Herdegen* in: Maunz/Dürig, Präambel Rn. 30, 34- 36; *Hollerbach*, Religion – Christentum – Kirche, 42 (45, 46); *Hopfauf* in: Schmidt-Bleibtreu/Hofmann/Henneke, Präambel Rn. 28 ff.
35 *Heusch* in: ders./Schönenbroicher, Präambel Rn. 9.
36 *Herdegen* in: Maunz/Dürig, Präambel Rn. 38.
37 *Dreier* in: ders., Präambel Rn. 39; *Boehl/Hobe* in: Friauf/Höfling, Präambel Rn. 124; *Ennuschat*, NJW 1998, 953 (954 f.).
38 *Kunig* in: v. Münch/ders., Präambel Rn. 17; dieser Aspekt kommt noch stärker im Vorspruch der BayVerf zum Ausdruck: „Angesichts des Trümmerfeldes, zu dem eine Staats- und Gesellschaftsordnung ohne Gott, ohne Gewissen und ohne Achtung vor der Würde des Menschen […] geführt hat […]".
39 *Hollerbach*, Religion – Christentum – Kirche, 42 (46); *ders.* in: Feuchte, Vorspruch Rn. 12 f.; *Kunig* in: v. Münch/ders., Präambel Rn. 15 f.; ausf. *Boehl/Hobe* in: Friauf/Höfling, Präambel Rn. 131 f., und *Ennuschat*, NJW 1998, 953 (956).
40 *Kunig* in: v. Münch/ders., Präambel Rn. 15; schärfer *Czermak*, NJW 1999, 1300, der den „sinnentleerten Präambel-Gott" (1301) wegen der Glaubensfreiheit für „zumindest überflüssig" (1302) und letztlich sogar für desintegrierend gegenüber Nichtgläubigen (1302 f.) hält.

mokratische **Grundprinzip des „responsible government"** betont,[41] wie das US-Präsident *Abraham Lincoln* in der Gettysburg Address mit der Formel des „government of the people, by the people, for the people"[42] auf den Punkt gebracht hat. Zum anderen aber spricht der Plural „der Menschen" eine Gesamtheit von Personen an, die mehr umfassen muss als nur das den Vorspruch proklamierende baden-württembergische Volk von 1953. Die Respektsbekundung erfasst vielmehr „die Menschheit auf ihrem Weg durch die Zeit" und bezieht sich deshalb auch auf die „Verantwortung vor der Geschichte", womit sowohl die vorausgehenden als auch – vor allem – die nachfolgenden Generationen, für die diese Verfassung gilt, angesprochen sind.[43] Darin liegt eine **Verantwortungsübernahme für die Zukunft**, die über den zeitlichen Horizont des Verfassungsgebers hinausreicht und für die LV den – mittlerweile nach über 60-jähriger Geltungsdauer eingelösten – Anspruch einer langfristigen Staats- und Gemeinschaftsordnung erhebt.[44]

II. Legitimationsbedingungen der Staatsgewalt

22 Der Verantwortungsformel folgt mit der Einleitung „vom Willen beseelt" eine Aufzählung von **Bedingungen, die der Verfassungsgeber offenkundig als essentiell für eine legitime Ausübung der Staatsgewalt ansieht.**[45] Diese Bedingungen stehen daher in ihrer normativen Wertigkeit den Staatszielen der Art. 1 ff. LV ungeachtet der Redundanzen in nichts nach,[46] wenngleich – wie bei verfassungsrechtlichen Programmaussagen generell – den staatlichen Organen ein weiter Auslegungsspielraum mit nur geringer verfassungsgerichtlicher Kontrolldichte im Umgang mit diesen Vorgaben verbleibt.[47] Zu diesen Bedingungen zählen

- die Sicherung der Freiheit und Würde des Menschen,
- der Friedensdienst,
- die Ordnung des Gemeinwesens nach den Grundsätzen der sozialen Gerechtigkeit und
- die Förderung des wirtschaftlichen Fortschritts aller.

23 Die erste Legitimitätsbedingung gilt der Sicherung der vom Staat nicht gewährten, sondern vorgefundenen **Freiheit und Würde des Menschen** und

---

41 *Hollerbach*, Religion – Christentum – Kirche, 42 (47); *Boehl/Hobe* in: Friauf/Höfling, Präambel Rn. 134.
42 Vgl. dazu *Jünemann*, JZ 2013, 1128.
43 *Hollerbach*, Religion – Christentum – Kirche, 42 (47); ebenso *Dreier* in: ders., Präambel Rn. 42; *Herdegen* in: Maunz/Dürig, Präambel Rn. 40, spricht von der „Intergenerationengerechtigkeit", die in den Präambeln anderer Landesverfassungen expressis verbis erwähnt wird (BayVerf, MVVerf, SchlHVerf, ThürVerf), aber keine nennenswerte normative Steuerungswirkung entfalten kann.
44 *Hollerbach* in: Feuchte, Vorspruch Rn. 14; zur Zufriedenheit der staatlichen Institutionen mit der LV anlässlich ihres 60-jährigen Bestehens vgl. LT BW, Plenarprotokoll 15/82 v. 20.11.2013, 4927 ff.
45 Ähnlich *Brocker* in: ders./Droege/Jutzi, Vorspruch Rn. 1.
46 Zurückhaltender *Grimm/Caesar* in: dies., Präambel Rn. 9, wonach bei Wiederholungen in einzelnen Verfassungsartikeln die substanzielle Bedeutung der Präambel verneint wird.
47 *Grimm/Caesar* in: dies., Präambel Rn. 8; s. auch *Hollerbach* in: Feuchte, Vorspruch Rn. 16.

markiert damit auch den maximalen Stellenwert dieser Rechtsgüter für die gesamte Verfassungsordnung. Diese werden deshalb in Art. 1 LV konsequenterweise näher ausgestaltet.[48] Die Bedingung, dem **Frieden zu dienen**, speist sich aus den Erfahrungen des zweiten Weltkriegs und der anschließenden Notperiode, wonach Bedrohungen des Friedens zugleich die legitimitätsstiftenden Funktionen eines Staatsgebildes gefährden. Vor diesem Hintergrund ist es naheliegend, den an dieser Stelle verwendeten Friedensbegriff im Sinne des äußeren Friedens zu verstehen.[49] Aufgrund der Universalität dieses Wertes (vgl. Art. 2 Nr. 4 UN-Charta) kann sich dazu der Landesverfassungsgeber ungeachtet der fehlenden Verteidigungs- und eingeschränkten Außenkompetenz des Landes bekennen.[50] Allerdings spricht viel dafür, dass der Vorspruch in einem weitergehenden Sinne zu interpretieren ist und neben dem negativen Friedensbegriff (der die Abwesenheit von Krieg und Gewalt meint) auch den positiven Friedensbegriff im Sinne einer gerechten politischen Ordnung umfasst.[51] Die Botschaft dieser Vorgabe besteht im 21. Jahrhundert außerdem darin, dass der Friede – auch wenn er schon lange währt – nicht als selbstverständlich angesehen werden darf. Vielmehr bleiben Staat und Volk darauf verpflichtet, dem Frieden aktiv zu dienen und zu seinem Erhalt beizutragen (etwa durch die Erziehung der Jugend zur Friedensliebe, Art. 12 I LV). Dies schließt eine unterstützende Haltung zu friedenserzwingenden Maßnahmen gem. Art. 42 f. UN-Charta mit ein.

Die **Ordnung des Gemeinwesens nach den Grundsätzen der sozialen Gerechtigkeit** und die **Förderung des wirtschaftlichen Fortschrittes aller** stellen die zwei Seiten einer Medaille dar. Beiden Bedingungen wohnt das Verständnis eines ganzheitlichen Gemeinwesens inne, in dem alle füreinander Verantwortung tragen und das alle Angehörigen integrieren und beteiligen will. Während es bei der einen Bedingung stärker um den **Verteilungsaspekt** geht, der den Starken zugunsten des Schwachen fordert, enthält die andere Bedingung das Prosperitätselement und damit die **Chance auf Wohlstand**, an dem im Erhard'schen Sinne alle teilhaben (können) sollen. Damit werden die soziale Gerechtigkeit und wirtschaftliches Wachstum als Antipoden beschrieben, die letztlich nur miteinander ein erfolgreiches Gemeinwesen ermöglichen können. Zugleich wird hier das Sozialstaatsprinzip intoniert (vgl. Art. 23 I LV) und das Land darauf verpflichtet, soziale Verwerfungen nach Kräften zu vermeiden und auf einen maßvollen Ausgleich

24

---

48 Vgl. *Hollerbach* in: Feuchte, Vorspruch Rn. 17.
49 Ähnlich *Dreier* in: ders., Präambel 54; *Herdegen* in: Maunz/Dürig, Präambel Rn. 67; ein weiteres Verständnis vertritt *Hollerbach* in: Feuchte, Vorspruch Rn. 18, wonach Gesetzesgehorsam und Gewaltmonopol zu den Konsequenzen des Friedensgebots zählen; die Präambel der ThürVerf nennt ausdrücklich den „inneren und äußeren Frieden".
50 *Stilz*, Friedensgebot, 75 (76 f.), weist in diesem Zusammenhang zutreffend darauf hin, dass sich daraus keine Mitgestaltungskompetenz des Landes für die Außenpolitik ergibt; dies ist vielmehr dem GG (vgl. Art. 32) vorbehalten.
51 Vgl. *Stilz*, Friedensgebot, 75 (86), der insbesondere auch die Brücke zum Erziehungsziel der Friedensliebe gem. Art. 12 LV mit den Komponenten Rechtsstaat, Nächstenliebe und Brüderlichkeit, Toleranz sowie Gerechtigkeit schlägt (aaO, 87 ff.) schlägt; *Fischer-Lescano*, in: Fischer-Lescano/Rinken u.a., Präambel Rn. 11.

– mit den damit verbundenen Eingriffen – hinzuwirken.[52] Mag der Fortschrittsaspekt in der Wirtschaftswunderära der Verfassungsgebung noch stark im Sinne der pekuniären Wohlstandsmehrung verstanden worden sein, wird man ihn nicht erst im 21. Jahrhundert um ein qualitatives Verständnis im Sinne einer Verbindung ökonomischer und ökologischer Verbesserungen ergänzen müssen.[53]

III. Einordnung in die Bundesrepublik Deutschland

25 Mit der klaren Selbsteinordnung des 1952 auf der Basis eines Bundesgesetzes neu gegründeten Südweststaates als **„lebendiges Glied der Bundesrepublik Deutschland"** in den (zunächst west-)deutschen Bundesstaat lässt der Verfassungsgeber keinen Raum für separatistische Gedankenspiele, wie sie angesichts der seit Jahrzehnten gigantischen Transferleistungen Baden-Württembergs im Rahmen des überproportionalen Beitrags zu den Bundeseinnahmen, des horizontalen Länderfinanzausgleichs oder der Sozialversicherungssysteme aufkommen könnten. Das Land BW versteht sich kraft dieser normativ unmittelbar verbindlichen Festlegung im Vorspruch – unabhängig vom in der Präambel des GG niedergelegten Geltungsanspruch der Bundesverfassung in und für Baden-Württemberg – als integraler Teil Deutschlands. Die LV nimmt daher die mit der Stellung als Gliedstaat der Bundesrepublik verbundenen **Souveränitätseinschränkungen und Verpflichtungen** nicht nur kraft höherer Gewalt hin, sondern bejaht diese in aktiver Weise aus eigenem Recht. Das Land verpflichtet sich hier zu den aus dem Bundesstaatsprinzip folgenden **Geboten der Bundestreue und des kooperativen Föderalismus**, freilich ohne auf die selbstbewusste Geltendmachung der damit verbundenen Rechte – etwa im Rahmen des Wettbewerbsföderalismus – zu verzichten.[54]

IV. Europäische Integration und grenzüberschreitende Zusammenarbeit

26 Seit 1995 bekennt sich die LV im Vorspruch auch zur europäischen Integration und zur grenzüberschreitenden Zusammenarbeit. Damit wird die **Mitwirkung des Landes am europäischen Einigungswerk** betont und das staatliche Handeln auf den Aufbau eines gemeinsamen Europas verpflichtet. Zugleich wird mit der ausdrücklichen Bezugnahme auf das „Europa der Regionen" die „Makrointegration" auf staatlicher Ebene durch eine „Mikrointegration" auf regionaler Ebene ergänzt und der Anspruch einer eigenständigen Rolle der Regionen – neben den Mitgliedstaaten – im europäischen Einigungsprozess formuliert.[55] Der Vorspruch enthält damit einen **verfassungsrechtlichen Integrationsauftrag im regionalen Rahmen** und gibt der LV einen Tenor der Europafreundlichkeit in einer Art. 23 I 1 GG vergleichbaren Weise vor,[56] während die prozedurale Absicherung dieses Integrationsauftrags in Art. 34a LV näher geregelt ist. Dieser Teil des

---

52 *Brocker* in: ders./Droege/Jutzi, Vorspruch Rn. 20; *Schütz* in: Classen/Litten/Wallerath, Präambel Rn. 4.
53 Ähnlich schon *Hollerbach* in: Feuchte, Vorspruch Rn. 20.
54 Dazu ausf. *Isensee* in: HStR Bd. VI, § 126 Rn. 121 ff. (154–169); s. auch *Hollerbach* in: Feuchte, Vorspruch Rn. 21.
55 Vgl. Begr. d. GesE, LT-Drs. 11/5326, 5.
56 Zu Art. 23 GG vgl. BVerfGE 123, 267 (347) – Lissabon.

Vorspruchs trägt die unverkennbare Handschrift des damaligen Ministerpräsidenten *Erwin Teufel,* der als ebenso überzeugter Europäer wie Landespolitiker ab 1994 im Ausschuss der Regionen und 2002/03 als Vertreter der Bundesländer am Europäischen Verfassungskonvent mitgewirkt hat.[57]

Auch wenn einige wenige andere Verfassungen die europäische Integration ebenfalls in ihre Präambel aufgenommen haben (BbgVerf, SchlHVerf), bleibt die **qualitative Beschreibung des vereinten Europas** mit den föderativen Prinzipien und der Subsidiarität bislang ein Alleinstellungsmerkmal des Vorspruchs der LV im Landesverfassungsrecht. Die Formulierung übernimmt damit wichtige Teile der sog. Struktursicherungsklausel aus der Staatszielbestimmung des Art. 23 I 1 GG, die noch weitergehendere qualitative Anforderungen bezüglich der Verfassungsprinzipien und der Grundrechtsgewährleistung enthält.[58] Die LV macht damit – wie das GG – deutlich, dass ihre Integrationsoffenheit nur bei Erfüllung bestimmter (freilich gem. Art. 2 EUV gegebener) Ordnungsprinzipien des gemeinsamen Europas besteht.[59] Dabei ist der Begriff der „föderativen Prinzipien" bewusst offener als das in Art. 20 I GG betonte Bundesstaatsprinzip gehalten, um eine Eigenständigkeit der Mitgliedstaaten *und* der Regionen – im Sinne eines dreistufigen Mehrebenensystems – innerhalb der EU abzusichern.[60] Konsequent ergänzt wird dies durch den Subsidiaritätsgrundsatz, dessen Bedeutung für die regionale Ebene noch wesentlich existenzieller ist als für die Mitgliedstaaten, da die Regionen erheblich weniger Einfluss auf die Entscheidungen und Rechtsetzung der Unionsebene haben. Nach diesem Grundsatz werden alle öffentlichen Aufgaben auf der jeweils möglichst niedrigen Ebene erfüllt (vgl. Art. 5 I 2 EUV); dies schließt die für die LV so bedeutsame kommunale Ebene mit ein.[61] 27

Neben der europäischen Integration bezieht sich der 1995 eingefügte Verfassungsauftrag auch auf die **grenzüberschreitende Zusammenarbeit**, die zum einen für ein klassisches Grenzland wie BW – sogar mit EU-Außengrenze zur Schweiz – und zum anderen für ein gelebtes Europa der Regionen besonders bedeutsam ist; die LV möchte damit die früheren Nachteile der Grenzlage nun zu Vorteilen umgestalten.[62] Auch diese Regelung ist vergleichsweise selten: Obwohl neun weitere Bundesländer Außengrenzen aufweisen, findet sich das Bekenntnis zur grenzüberschreitenden Zusammenarbeit nur noch in einer einzigen weiteren Landesverfassung (SchlHVerf). 28

V. Feierliches Bekenntnis zu den Menschen- und Grundrechten

In pathetischen Worten bekennt sich das den Vorspruch tragende Volk von BW ausdrücklich „zu den unverletzlichen und unveräußerlichen Menschenrechten" sowie zu „den Grundrechten der Deutschen". Mit dem vorangestellten und ausdrücklichen Bekenntnis zu den Menschenrechten be- 29

---

57 Vgl. *Teufel,* Gewissen für das Ganze, 237 ff.
58 Vgl. *Scholz* in: Maunz/Dürig, Art. 23 Rn. 6.
59 *Uerpmann-Wittzack* in: v. Münch/Kunig, Art. 23 Rn. 12.
60 *Scholz* in: Maunz/Dürig, Art. 23 Rn. 95, 97; *Uerpmann-Wittzack* in: v. Münch/Kunig, Art. 23 Rn. 22.
61 *Scholz* in: Maunz/Dürig, Art. 23 Rn. 96; *Uerpmann-Wittzack* in: v. Münch/Kunig, Art. 23 Rn. 23 f.
62 So die Begr. d. GesE, LT-Drs. 11/5326, 5.

tont der Vorspruch die **universelle Bedeutung der Menschenrechte**, denen nicht nur in BW, sondern weltweit ein naturrechtlich begründeter Geltungsanspruch zukommt. Die LV stellt sich damit „bewusst in den Traditions- und Sachzusammenhang des Verfassungsstaates westlicher Prägung",[63] der v.a. durch Aufklärung, Französische Revolution und Menschenrechtserklärungen beeinflusst worden ist. Dem entsprechen im nationalen Rahmen die **„Grundrechte der Deutschen"**, die durch die dynamische Verweisung in Art. 2 I LV zugleich landesverfassungsrechtlich gewährleistet werden.

VI. Verfassungsgebende Gewalt des Volkes

30 Den Schlussakkord des Vorspruchs bildet der eigentliche **Verfassungsgebungsakt**, den das Volk von BW durch die VLV vorgenommen hat. Hier nimmt das Volk sein Recht als „pouvoir constituant"[64] in Anspruch und übt es als „vorverfassungsmäßige Gewalt"[65] aus. Diese ausdrückliche Inanspruchnahme der verfassungsgebenden Gewalt durch ein Landesvolk ist singulär unter den Präambeln der Länderverfassungen.[66] Zugleich verdeutlicht dies, dass die Urquelle staatlicher Legitimation nur das Volk sein kann und deshalb von ihm jegliche Staatsgewalt ausgehen muss (Art. 20 II 1 GG). Daran ändert auch der Umstand nichts, dass die Organisation dieses Verfassungsgebungsprozesses durch die §§ 13 ff., 23 ff. des vom Bund erlassenen ZwNGlG (v. 4.5.1951, BGBl. I 284) auf der Basis von Art. 118 GG erfolgt ist. Denn dieses Gesetz konnte lediglich – nach dem Scheitern einer Vereinbarung der drei Länder – die Prozessorganisation zur Aktivierung des pouvoir constituant im Südweststaat nach dem (in der Volksabstimmung vom 9.12.1951 beschlossenen) Zusammenschluss der drei vormaligen Länder übernehmen.[67]

31 Der finale Legitimationsakt der Verfassung ist, wie auch am Ende des Vorspruchs und in Art. 94 I LV zum Ausdruck kommt, durch die **Verabschiedung in der VLV** erfolgt.[68] Um die demokratische Legitimation der LV völlig unangreifbar zu machen, was angesichts der noch nicht in allen Landesteilen gleichermaßen vorhandenen Zustimmung zum Projekt des Südweststaates[69] eine besonders wichtige Integrationsfunktion gehabt hätte, wäre

---

63 *Hollerbach* in: Feuchte, Vorspruch Rn. 23.
64 Der Begriff und die Abgrenzung zur verfassten Gewalt („pouvoir constitué") geht auf den Abbé Sieyes zurück, vgl. *Dreier* in: ders., Präambel Rn. 71.
65 *Starck* in: v. Mangoldt/Klein/ders., Präambel Rn. 14; ders., aaO, Rn. 15 f. instruktiv zu den Grenzen und Bindungen der verfassungsgebenden Gewalt; ebenso *Boehl/Hobe* in: Friauf/Höfling, Präambel Rn. 52 ff., die zwischen inhaltlichen Bindungen und prozeduraler Bindungslosigkeit differenzieren.
66 *Boehl/Hobe* in: Friauf/Höfling, Präambel Rn. 28.
67 BVerfGE 1, 14 (61 f.), wonach dem Bundesgesetzgeber jegliche über den reinen Neugliederungsprozess hinausgehenden Beschränkungen des pouvoir constituant im Südweststaat verwehrt sind; zum historischen Prozess vgl. *Feuchte*, Geschichte, 117 (144 ff.); *Remmert* in: Maunz/Dürig, Art. 118 Rn. 7 ff.
68 Daher kommt der VLV die Stellung einer „Konstituante" (in Abgrenzung zu einem bloßen verfassungsentwerfenden „Konvent", dessen Ergebnis noch der Bestätigung bedarf) zu, vgl. *Boehl/Hobe* in: Friauf/Höfling, Präambel Rn. 56.
69 In der Volksabstimmung vom 9.12.1951 haben sich landesweit 69,7 % für den Südweststaat ausgesprochen, im vormaligen Land (Süd-)Baden jedoch nur 37,8 %, vgl. *Feuchte*, Geschichte, 144.

eine Volksabstimmung nach Abschluss der Verfassungsarbeiten ein logischer Schlusspunkt gewesen. Zwar hatte § 14 II des Zweiten Neugliederungsgesetzes die Beschlussfassung durch die VLV vorgesehen, was das BVerfG im Südweststaats-Urteil auch nicht beanstandet hatte; gleichwohl war die VLV darin frei, eine Volksabstimmung anzuberaumen. Für ein solches Vorgehen hätte insbesondere gesprochen, dass die neue LV die allesamt volksbeschlossenen Verfassungen der drei Vorgängerländer ablöste. Gegen die Volksabstimmung wurden dagegen die Souveränität der VLV und die aus der fehlenden Volksbestätigung der WRV und des GG abgeleitete Verfassungsgebungspraxis angeführt.[70] Ebenfalls eine Rolle mag die nicht unberechtigte Sorge gespielt haben, dass ein regional sehr unterschiedliches Abstimmungsergebnis „Übernahmeängste" hätte befeuern und damit das Zusammenwachsen des Landes erschweren können.[71] Rückblickend wird teilweise in der sog. Baden-Abstimmung vom 7.6.1970 – die jedoch nur im badischen Landesteil stattfand – eine zumindest **implizite direktdemokratische Bestätigung der LV** gesehen.[72] Angesichts der fehlenden Abstimmung in Württemberg erscheint die Legitimationszuschreibung gleichwohl fraglich. Näherliegender wäre eine entsprechende Heranziehung der Beteiligungen an den Landtagswahlen seit 1956 und die darin zum Ausdruck gekommene Zustimmung zu den die LV tragenden Parteien.[73]

Erster Hauptteil
Vom Menschen und seinen Ordnungen

I. Mensch und Staat

Artikel 1 [Personenwert und Gemeinschaft]

(1) Der Mensch ist berufen, in der ihn umgebenden Gemeinschaft seine Gaben in Freiheit und in der Erfüllung des christlichen Sittengesetzes zu seinem und der anderen Wohl zu entfalten.

(2) ¹Der Staat hat die Aufgabe, den Menschen hierbei zu dienen. ²Er faßt die in seinem Gebiet lebenden Menschen zu einem geordneten Gemeinwesen zusammen, gewährt ihnen Schutz und Förderung und bewirkt durch Gesetz und Gebot einen Ausgleich der wechselseitigen Rechte und Pflichten.

Schrifttum:

Bachof, Naturrecht und Gegenwart, AöR 139 (2014), 1; *Bull*, Wie wirkt das Landesverfassungsrecht?, NordÖR 2008, 49; *Degenhart*, Grundzüge der neuen sächsischen Verfassung, LKV 1993, 33; *Feuchte*, Die Landesverfassung – damals und heute. Zum

---

70 *Feuchte*, Geschichte, 218 f.
71 Ähnlich *Hollerbach* in: Feuchte, Vorspruch Rn. 27.
72 So *Hollerbach* in: Feuchte, Vorspruch Rn. 28; das Abstimmungsergebnis betrug 81,93 % Zustimmung zum Verbleib Badens beim Land BW.
73 Vgl. *Boehl/Hobe* in: Friauf/Höfling, Präambel Rn. 61 mwN, und *Herdegen* in: Maunz/Dürig, Präambel Rn. 54; zur Legitimation einer Verfassungsgebung ohne Volksabstimmung *Dreier* in: ders., Präambel Rn 74 ff., und *Haug*, AöR 138 (2013), 435 (460 f.) jew. mwN.

40jährigen Bestehen der Verfassung des Landes Baden-Württemberg, BWVPr 1993, 241; *Feuchte/Dallinger*, Christliche Schule im neutralen Staat, DÖV 1967, 361; *Hollerbach*, Religion – Christentum – Kirche: die Antwort der Landesverfassung, in: ders. (Hrsg.), 30 Jahre Verfassung von Baden-Württemberg, 1984, 42; *Rüthers/Fischer/Birk*, Rechtstheorie, 9. Aufl. 2016.

Vergleichbare Regelungen: Zu Abs. 1: Art. 2 I GG; Art. 1 I RPVerfZu Abs. 2: Art. 1 I 2 GG; Art. 1 II RPVerf

Ergänzende Normen: Im Unterschied zur weit überwiegenden Zahl der übrigen Normen der LV ist bei Art. 1 die Benennung spezifischer ergänzender Normen nicht möglich, da sich jede gesetzliche und untergesetzliche landesrechtliche Regelung an Art. 1 messen lassen muss.

Leitentscheidung: BVerfGE 41, 26 (Menschenbild d. GG); BVerfG DVBl. 2015 565 (Verfassungswidrigkeit pauschalen Kopftuchverbots); StGH ESVGH 25, 1 (Gemeindeneugliederung in BW).

A. Überblick und Einordnung 1
   I. Bedeutung 1
   II. Herkunft, Entstehung, Geschichte 4
   III. Verfassungsvergleichende Einordnung 5
B. Erläuterung 6
   I. Rolle des Menschen in der Gemeinschaft (Abs. 1) 6
   II. Aufgaben des Staates (Abs. 2)   12
     1. Dienende und ordnende Rolle (Abs. 2 S. 1) 12
     2. Integrations-, Schutz-, Förderungs- und Ausgleichsfunktion (Abs. 2 S. 2) 13
   III. Umsetzung 17

A. Überblick und Einordnung

I. Bedeutung

1 Art. 1 LV konkretisiert als eine der Fundamentalnormen der LV an der Spitze des mit den Worten „Vom Menschen und seinen Ordnungen" überschriebenen Ersten Hauptteils der Verfassung deren bereits im Vorspruch formuliertes **Menschenbild** sowie den darauf bezogenen Auftrag des Staats. Ebenso wie das von der Würde des Menschen und der freien Entfaltung der Persönlichkeit in Selbstbestimmung und Eigenverantwortung bestimmte Menschenbild des GG[1] ist jenes der LV **anthropozentrisch**[2] orientiert. Der Mensch ist als frei geschaffen zur Freiheit bestimmt.

2 Die Bestimmung enthält kein Grundrecht, sondern eine **Staatszielbestimmung**[3] **und** zugleich einen **Schutzauftrag** (Art. 1 II 2 LV). Sie hat einen engen inneren Bezug zu anderen elementaren Verfassungsgrundsätzen, wie etwa dem **Rechtsstaats-** und **Demokratieprinzip** sowie der **Garantie der kommunalen Selbstverwaltung**.[4]

3 **Art. 1 gehört zu den unantastbaren Bestimmungen iSv Art. 64 I 2 LV**, obwohl die Norm dort nicht ausdrücklich erwähnt ist. Der Verfassungsgeber hätte sich zwar dem Beispiel Hamburgs entsprechend (vgl. Art. 3

---

1 Vgl. etwa BVerfGE 41, 29 (50); *Stern* in: Stern IV/1, 11 f.
2 *Braun*, Art. 1 Rn. 1; *Maurer* in: Maurer/Hendler, S. 43.
3 *Maurer* in: Maurer/Hendler, 44; ebenso *Braun*, Art. 1 Rn. 8 ungeachtet der missverständlichen Verwendung des Begriffs „Programmsätze"; aA *Birn*, 61 (lediglich Programmsätze).
4 Vgl. StGH ESVGH 25, 1 (12).

HambVerf) auf ein reines **Organisationsstatut** beschränken können. Nachdem er sich aber anders entschieden hat, steht die in Art. 1 zum Ausdruck kommende Verhältnisbestimmung von Mensch und Staat – in der die Grundsätze des republikanischen, demokratischen und sozialen Rechtsstaats (Art. 64 I 2 LV iVm Art. 28 I GG) ihr gemeinsames Fundament haben – einer Änderung der Norm entgegen.[5]

II. Herkunft, Entstehung, Geschichte

Die Norm entspricht im Wortlaut weitgehend Art. 1 VerfWB, Art. 1 II 2 darüber hinaus sachlich der VerfWH. Dagegen enthielt die VerfLB keine vergleichbare Aussage.[6] Die Generalklausel des Art. 1 LV als solche und ihre Stellung an der Spitze des Ersten Hauptteils der Verfassung waren – mit Ausnahme der genaueren Bestimmung des im ersten Absatz angesprochenen Sittengesetzes – unumstritten.[7] Die Verwendung des Attributs „christlich" ist als Reaktion auf die nationalsozialistische Diktatur historisch bedingt.[8] Art. 1 LV ist seit 1953 unverändert geblieben.

III. Verfassungsvergleichende Einordnung

Zwar bestehen gewisse Parallelen zwischen Art. 1 I 2 GG sowie Art. 1 II RPVerf einerseits und Art. 1 II 2 LV andererseits, weiter zwischen Art. 2 I GG sowie Art. 1 I RPVerf und Art. 1 I LV. **Art. 1 LV gewährt** allerdings **keine subjektiven Rechte**,[9] während es sich bei den beiden Bestimmungen der Verfassung für Rheinland-Pfalz[10] sowie bei Art. 1 I GG nach heute wohl überwiegender und zutreffender Auffassung[11] und bei Art. 2 I GG unstreitig um Grundrechte handelt.

B. Erläuterung

I. Rolle des Menschen in der Gemeinschaft (Abs. 1)

Absatz 1 umschreibt die **Stellung des Menschen im Gemeinwesen** als eines in seiner Freiheit sowie seiner Selbstentfaltung und Eigenverantwortung anzuerkennenden Individuums. Das anthropozentrische Konzept hebt den Einzelnen als Träger der Freiheit von Staat und Gemeinschaft bzw. vom Kollektiv ab. Es betont die **individuelle Freiheit** gegenüber jedweder Form totalitärer Herrschaft. Das Recht des Einzelnen leitet sich nicht vom Staat oder von einer sog. „Volksgemeinschaft" ab. Es ist auch nicht durch deren Einschränkungen und Bedürfnisse bedingt.[12]

Der Mensch ist aber **kein isoliertes Individuum**. Er entfaltet sich mit seiner Persönlichkeit und Würde innerhalb der sozialen Gemeinschaft, wird durch sie geformt und ist für sie mitverantwortlich. Der Einzelne soll sich

---

5 *Hollerbach* in: Feuchte, Art. 1 Rn. 14; iE ebenso *Braun*, Art. 1 Rn. 1, 64 Rn. 26.
6 *Hollerbach* in: Feuchte, Art. 1 Rn. 1.
7 Vgl. *Feuchte*, Geschichte, 63, 182 f.; *Hollerbach* in: Feuchte, Art. 1 Rn. 1 ff.
8 Vgl. *Feuchte*, Geschichte, 59 ff.
9 *Birn*, 61; *Braun*, Art. 1 Rn. 7.
10 *Droege* in: Brocker/Droege/Jutzi, Art. 1 Rn. 1.
11 Vgl. BVerfGE 61, 126 (137); 109, 133 (151); *Höfling* in: Sachs, GG, Art. 1 Rn. 5 f.; *Stern* in: Stern IV/1, 61 mwN. Für Art. 2 I sowie II 1 und 2 GG (unstr.).
12 Vgl. auch VerfGH Rh-Pf, NVwZ 2015, 64 (65).

deshalb nicht ungebunden, sondern seiner sittlichen Grundlagen bewusst entwickeln.[13] Dies drückt Abs. 1 mit dem Bekenntnis zum **„christlichen Sittengesetz"** aus. Allerdings erscheint es zweifelhaft, ob es ein spezifisch „christliches Sittengesetz" (diesen Begriff verwendet etwa auch Art. 21 des Konkordats zwischen dem Heiligen Stuhl und dem Deutschen Reich) gibt.[14] Mit dem Bekenntnis zum „christlichen Sittengesetz" als Richtpunkt für die Berufung und Sinnerfüllung des Menschen[15] erteilt die Norm in Reaktion auf die nationalsozialistische Gewaltherrschaft[16] jeder Form totalitärer Ideologie sowie einem positivistischen Gesetzesrelativismus, wie er dazu beigetragen hat, Bestimmungen nationalsozialistischen Ursprungs durchzusetzen,[17] eine Absage. Das „christliche Sittengesetz" unterscheidet sich vom Sittengesetz iSd Art. 2 I LV iVm Art. 2 I GG bzw. Art. 2 I GG.[18] Anders als dieses[19] stellt es **keine Grundrechtsschranke** dar, **führt zu keiner Rückbindung des Rechts an das „christliche Sittengesetz"** und ist kein Freibrief für moralisierende Arroganz. Aus der Norm folgt auch keine Interpretationshoheit der beiden großen christlichen Kirchen für den Begriff.[20]

8 Das **Bekenntnis zum christlichen Sittengesetz widerspricht nicht** der dem Staat gebotenen **religiös-weltanschaulichen Neutralität** (Art. 2 I LV iVm Art. 4 I und II, Art. 3 III 1, Art. 33 III GG sowie Art. 5 LV iVm Art. 136 I und IV sowie Art. 137 I WRV iVm Art. 140 GG bzw. Art. 4 I und II, Art. 3 III 1, Art. 33 III GG sowie Art. 136 I und IV und Art. 137 I WRV iVm Art. 140 GG). Diese ist nicht als eine distanzierende im Sinne einer strikten Trennung von Staat und Kirche zu verstehen, sondern als eine offene und übergreifende, die Glaubensfreiheit für alle Bekenntnisse gleichermaßen fördernde Haltung. Art. 4 I und II GG gebietet auch in positivem Sinn, den Raum für die aktive Betätigung der Glaubensüberzeugung und die Verwirklichung der autonomen Persönlichkeit auf weltanschaulich-religiösem Gebiet zu sichern.[21] Der Staat ist nicht gehindert, sich bei seinem Handeln an den in den gesellschaftlichen Gruppierungen lebendigen Wertvorstellungen zu orientieren. Er ist konfessionell-weltanschaulich neutral, aber nicht wertneutral.[22] Auch aus Art. 5 LV iVm Art. 140 GG und Art. 139 WRV bzw. Art. 140 GG iVm Art. 139 GG ergibt sich, dass GG und LV mit Blick auf die Religions- und Weltanschauungsgemeinschaften von einer „wohl-

---

13 Vgl. auch BVerfGE 7, 198 (205); *Hollerbach* in: Feuchte, Art. 1 Rn. 5 sowie *Feuchte*, BWVPr 1993, 241 (244).
14 Vgl. *Feuchte*, Geschichte, 182 f.
15 *Hollerbach* in: Feuchte, Art. 1 Rn. 7.
16 Vgl. *Feuchte*, Geschichte, 62 f. sowie *Hollerbach* in: Feuchte, Art. 1 Rn. 3 u. 7.
17 Zu dieser Einschränkung vgl. insb. *Rüthers/Fischer/Birk*, Rechtstheorie, Rn. 483 mwN; ähnlich bereits *Bachof*, Naturrecht und Gegenwart, AöR 139 (2014), 1 (8 f.).
18 Zum Begriff „Sittengesetz" vgl. etwa BVerfGE 6, 389, 434 f.; BGH, U. v. 22.1.2015 – 3 StR 233/14 – juris, Rn. 41; *Murswiek* in: Sachs, GG, Art. 2 Rn. 96 ff. mwN; *Stern* in: Stern IV/1, 967 f.
19 Str.; wie hier: *Stern* in Stern IV/1, 268 f.; aA etwa *Jarass* in: Jarass/Pieroth, Art. 2 Rn. 15.
20 Vgl. auch *Murswiek* in: Sachs, GG, Art. 2 Rn. 97 mwN.
21 Vgl. BVerfGE 41, 29 (49); BVerfG DVBl. 2015, 565 (566); *Feuchte/Dallinger*, DÖV 1967, 361 (365).
22 *Hollerbach*, Religion – Christentum – Kirche, 42 (49).

wollenden oder koordinativen Trennung" vom Staat ausgehen.[23] Allerdings darf der Staat keine gezielte Beeinflussung im Dienste einer bestimmten politischen, ideologischen oder weltanschaulichen Richtung betreiben. Es ist ihm versagt, sich durch von ihm ausgehende oder ihm zuzurechnende Maßnahmen ausdrücklich oder konkludent mit einem bestimmten Glauben oder einer bestimmten Weltanschauung zu identifizieren oder sie zu bevorzugen und dadurch den religiösen Frieden in der Gesellschaft zu gefährden.[24] Desgleichen verwehrt es ihm der Grundsatz religiös-weltanschaulicher Neutralität, Glauben und Lehre einer Religionsgemeinschaft als solche zu bewerten.[25]

Das **Bekenntnis zum christlichen Sittengesetz** bedeutet keine gezielte Beeinflussung zugunsten des Christentums iSe Identifikation oder Bevorzugung.[26] Es stellt **keine Schranke** dahin gehend dar, dass andere Religionen in BW keinen Raum haben dürften, und ist auch kein Freibrief für die demokratische Mehrheit, religiösen oder gesellschaftlichen Minderheiten ihren Standpunkt aufzuzwingen.[27] Art. 1 I LV unterscheidet sich damit etwa von der durch das BVerfG[28] für nichtig erklärten Privilegierung der Darstellung christlicher und abendländischer Bildungs- und Kulturwerte oder Traditionen im Schulgesetz vgl. für das Land Nordrhein-Westfalen (§ 57 IV 3 SchulG). Das Bekenntnis zum christlichen Sittengesetz ist vielmehr als Konsens über eine sittliche, traditionelle und von der gesellschaftlichen Mehrheit[29] beachtete und auch heute noch unabdingbaren Werte zu verstehen.[30] Es trägt der Tatsache Rechnung, dass das Christentum in Europa ein die Kultur maßgebend prägender Faktor war und ist. Die Bindung an die durch Art. 2 I LV iVm Art. 4 I und II GG bzw. Art. 4 I und II GG gewährte **Gewissens- und Religionsfreiheit** sowie das **Diskriminierungsverbot** des Art. 2 I LV iVm Art. 3 III 1 GG bzw. Art. 3 III 1 GG wird hierdurch nicht in Frage gestellt.[31] Art. 1 hat daher neben dem Bundesverfassungsrecht Bestand.[32]

9

Die Norm entfaltet ihre Wirkung nicht nur für deutsche Staatsangehörige iSd Art. 116 GG, sondern auch für hier lebende **Ausländer**, da das anthropozentrische Menschenbild von der Würde des Menschen und der freien Entfaltung der Persönlichkeit in Selbstbestimmung und Eigenverantwortung bestimmt ist.[33] Auch ist die Staatsgewalt auf alle im Staatsgebiet le-

10

---

23 Vgl. *Ehlers* in: Sachs, GG, Art. 140 Rn. 9; *Korioth* in: Maunz/Dürig, Art. 140 GG, Rn. 31.
24 Vgl. BVerfGE 93, 1 (16 f.); BVerfG DVBl. 2015, 565 (566); *Feuchte/Dallinger*, DÖV 1967, 361 (365).
25 Vgl. BVerfGE 33, 23 (29); BVerfG DVBl. 2015, 565 (566).
26 Vgl. *Braun*, Art. 1 Rn. 5; *Hollerbach* in: Feuchte, Art. 1 Rn. 7.
27 Zur besonderen Bedeutung des Grundrechts der Religionsfreiheit als Minderheitenschutz vgl. bereits BVerfGE 41, 29 (48).
28 BVerfG DVBl. 2015, 565 ff.
29 In BW sind rund 70 % (bundesweit rund 60 % der Bevölkerung) der Bevölkerung Mitglied der beiden großen Kirchen (Quelle: Statistisches Taschenbuch 2014 und Statista 2015).
30 *Maurer* in: Maurer/Hendler, 43.
31 Wie hier *Braun*, Art. 1 Rn. 5 und 9; *Hollerbach* in: Feuchte, Art. 1 Rn. 7; Bedenken hinsichtlich Art. 2 I LV iVm Art. 3 III 1 GG bzw. Art. 3 III 1 GG dagegen *Birn*, 61.
32 Vgl. auch BVerfGE 36, 342 (366); *Braun*, Art. 1 Rn. 9; *Stern* in: Stern I, 13.
33 BVerfGE 41, 29 (50); ähnlich *Braun*, Art. 1 Rn. 1.

benden Menschen bezogen, unabhängig davon, ob sie Staatsangehörige sind oder nicht.[34] Zudem ist der Wortlaut der Bestimmung eindeutig.

11 Auf **juristische Personen** bezieht sich Abs. 1 dagegen nicht. Zwar erfahren diese nach Art. 2 I LV iVm Art. 19 III GG und nach Art 19 III GG Schutz durch die Verfassung, soweit sie in ihrem Wesen als Zweckschöpfung des Rechts[35] und in ihren Funktionen dieses Schutzes fähig und bedürftig sind.[36] Dies gilt bekanntlich auch für aus dem allgemeinen Persönlichkeitsrecht (Art. 2 I LV iVm Art. 2 I, 1 I GG) abgeleitete Gewährleistungen.[37] Jedoch steht der eindeutige Wortlaut einer Erstreckung der Wirkung der Norm auf juristische Personen entgegen, zumal hier keine Indizien dafür ersichtlich sind, dass der Sinn der Bestimmung im Text unzureichend Ausdruck gefunden hat.[38]

II. Aufgaben des Staates (Abs. 2)
1. Dienende und ordnende Rolle (Abs. 2 S. 1)

12 Abs. 2 beschreibt die **Aufgabe des Staates**. Diesem wird unter Zurückweisung der Vorstellung einer Staatsallmacht lediglich eine **dienende und ordnende Rolle** zugewiesen.[39] Wie die mit dem Wort „hierbei" in Satz 1 zum Ausdruck kommende Bezugnahme auf Abs. 1 verdeutlicht, besteht die **Bestimmung des Staates** darin, die Entfaltung des gleichermaßen freien wie sittlich gebundenen Menschen zu unterstützen. Der Staat ist um des Menschen willen da, nicht umgekehrt.[40] Er ist auf den Schutz des menschlichen Individuums und seiner Würde ausgerichtet und damit auf eine dienende und ordnende Funktion beschränkt. Er hat die Freiheit und Würde des Menschen in Frieden zu sichern und das Gemeinschaftswesen nach den Grundsätzen der sozialen Gerechtigkeit zu ordnen. Alles staatliche Handeln wird durch Art. 1 LV in diesem Sinne inhaltlich determiniert.

2. Integrations-, Schutz-, Förderungs- und Ausgleichsfunktion (Abs. 2 S. 2)

13 In Satz 2 werden die Elemente dieser staatlichen Aufgabe verdeutlicht. Der Staat hat die Menschen seines Gebietes zu einem **geordneten Gemeinwesen** zusammenzufassen, ihre Menschenwürde, physische Existenz und individuelle Freiheit zu schützen und zu fördern und dabei durch Festlegung wechselseitiger Rechte und Pflichten einen Ausgleich zwischen ihren unterschiedlichen Interessen sowie zwischen ihm und seinen Bürgern herzustellen.[41]

---

34 *Hollerbach* in: Feuchte, Art. 1 Rn. 10.
35 BGHZ 98, 94 (97).
36 Vgl. BVerfGE 6, 273 (277); 21, 362 (368 f.).
37 Vgl. BVerfGE 118, 168, 203 f.; *Sachs* in: Sachs, GG, Art. 19 Rn. 70.
38 Zum Gesetzeswortlaut als Grenze der Auslegung vgl. BVerfGE 18, 97 (111 [grundlegend]); BVerfG, B. v. 11.4.2000 – 1 BvL 2/00 – juris, Rn. 20 (insoweit nicht abgedruckt in DVBl 2000, 1119); BGHSt 18, 136 (140); BGH NJW 2007, 524; *Rüthers/Fischer/Birk*, Rechtstheorie, Rn. 731 ff.
39 Vgl. *Feuchte*, Geschichte, 62; *Hollerbach* in: Feuchte, Art. 1 Rn. 9.
40 *Hollerbach* in: Feuchte, Art. 1 Rn. 9; *Maurer* in: Maurer/Hendler, 43.
41 *Maurer* in: Maurer/Hendler, S. 44.

[Personenwert und Gemeinschaft] Artikel 1

Mit der Betonung der elementaren **Schutzpflicht** des Staates ergänzt die 14
Norm die **Schutzfunktion der Grundrechte**, wie sie vom BVerfG entwickelt
wurde. Nach der Rechtsprechung des Gerichts enthalten die Grundrechte
eine objektive Wertentscheidung und bilden in ihrer Gesamtheit eine **objektive Wertordnung**, durch die ihre Geltungskraft prinzipiell verstärkt
wird.[42] Insbesondere aus dieser Wertordnung, vor allem aus dem Grundrecht auf Leben und körperliche Unversehrtheit (Art. 2 II 1 GG), leitet das
BVerfG die Pflicht des Staates, vor allem des Gesetzgebers,[43] ab, sich schützend und fördernd vor diese Rechtsgüter zu stellen und sie gegebenenfalls
vor mit der Verfassung unvereinbaren Beeinträchtigungen Dritter oder der
Gefahr solcher Beeinträchtigungen zu bewahren.[44] Im wissenschaftlichen
Schrifttum[45] stößt die Funktion der Grundrechte als Schutzpflichten, wie
sie vom BVerfG entwickelt wurde, überwiegend auf Zustimmung. Weitgehendes Einvernehmen besteht insbesondere dahin gehend, dass sich die
Schutzpflicht nicht auf die Rechtsgüter Leben und körperliche Unversehrtheit (Art. 2 Abs. 2 Satz 1 GG) beschränkt, sondern für alle Freiheitsgrundrechte gilt.[46]

Über den Schutz des Einzelnen hinausgehend hat der Staat im Rahmen sei- 15
ner gesamten Tätigkeit – Satz 2 verwendet pars pro toto den Begriff
„durch Gesetz und Gebot" – die **Voraussetzungen für die Freiheitsbetätigung des Individuums** zu fördern, also **aktiv gestaltend** zu verbessern.[47]
Zudem obliegt es ihm, für einen **Ausgleich der sozialen Gegensätze** und damit für eine gerechte Sozialordnung zu sorgen.[48] Er hat maW die Möglichkeit zu schaffen und zu gewährleisten, das Leben nach eigenen Entwürfen
in einer Ordnung zu gestalten, die sich unter den Anspruch der Ideen von
Menschenwürde, Freiheit, Gleichheit sowie sozialer Gerechtigkeit[49] gestellt
hat.

Abs. 2 weist dem Staat die Aufgabe **Schutz und Förderung** als solche zu. Er 16
sagt nicht, wie dieser Auftrag zu erfüllen ist.[50] Dies ist anderen elementaren Prinzipien der Verfassung, wie etwa dem Demokratie- (Art. 25 I LV),
dem Rechtsstaats- (Art. 25 II LV) und dem Sozialstaatsprinzip (Art. 23 I
LV) sowie den darin verbürgten Grundrechten und Staatszielbestimmungen
zu entnehmen.

---

42 BVerfGE 7, 198 (204 [grundlegend]); 50, 290 (337).
43 BVerfGE 46, 160 (164).
44 BVerfGE 39, 1 (42 [grundlegend]); 121, 317 (356).
45 Dazu etwa *Dreier* in: Dreier, Vorb. Rn. 101 ff.; *Starck* in: von Mangoldt/Klein/
Starck, Art. 1 Rn. 193 ff.; Art. 2 Rn. 165; *Sachs*, GG, Vor Art. 1 Rn. 35 ff.; *Stern* in:
Stern III/1, 937 ff.
46 *Dreier* in: Dreier, Vorb. Rn. 65; *Isensee* in: HStR IX, § 191 Rn. 222; *Murswiek* in:
Sachs, GG, Art. 2 Rn. 25; speziell zu Art. 4 GG *Kokott* in: Sachs, GG, Art. 4
Rn. 73; *Stern* in: Stern III/1, 944.
47 Vgl. *Hollerbach* in: Feuchte, Art. 1 Rn. 11.
48 *Braun*, Art. 1 Rn. 6; vgl. ferner BVerfGE 22, 180 (204); 59, 231 (263).
49 Vgl. BVerfGE 60, 253 (267 f.).
50 *Braun*, Art. 1 Rn. 6.

III. Umsetzung

17 Als **Staatszielbestimmung** handelt es sich bei Art. 1 LV um eine **auf permanente Konkretisierung angelegte Verfassungsnorm**[51] mit rechtlich bindender Wirkung und damit um mehr als eine unverbindliche Absichtserklärung des Verfassungsgebers. Die Bestimmung verpflichtet nach Maßgabe ihres Inhalts alle drei Staatsgewalten, in erster Linie den **Gesetzgeber**, sie im Rahmen ihrer Kompetenzen zu verwirklichen,[52] ohne bereits von sich aus Kompetenzen und konkrete Handlungsbefugnisse zu begründen. Sie enthält auch keine konkreten Vorgaben, wie der Staat die ihm nach Abs. 2 obliegenden Aufgaben zu verwirklichen hat. Hervorzuheben ist, dass dies jedenfalls **funktionsgerecht**, also **gewaltenspezifisch** erfolgen muss. Die handelnden Staatsorgane sind dabei an die Verfassung, insbesondere **Gesetzesvorbehalt**, **Grundrechte** und **Kompetenzverteilung** gebunden. Art. 1 LV wirkt als **Maßstabsnorm** für den Gesetzgeber im Rahmen seines Gestaltungsermessens, für die Verwaltung in dem Maße, in dem ihr vom Gesetzgeber Handlungs- und Entscheidungsspielräume belassen worden sind,[53] und kann, etwa von der Rechtsprechung, zur Auslegung und Konkretisierung unbestimmter Rechtsbegriffe herangezogen werden.[54]

18 Da es sich um eine **verbindliche Norm objektiven Verfassungsrechts** handelt, sind ihrem Normgehalt widersprechende Gesetze oder sonstige Rechtsvorschriften sowie anderes ihrem Gehalt widersprechendes staatliche Handeln (auch Unterlassen) verfassungswidrig.[55] Eine Untätigkeit des Gesetzgebers kann Gegenstand eines Organstreits (Art. 68 I 2 Nr. 1 LV, § 8 I Nr. 1, § 45 VerfGHG) sein.[56] Allerdings steht dem Gesetzgeber in Anlehnung an die Rechtsprechung zu der Frage, was im Einzelfall zur Erfüllung staatlicher Schutzpflichten geboten ist[57] – insoweit ein weiter **Einschätzungs-**, **Wertungs-** und **Gestaltungsspielraum** bei seiner Entscheidung zu. Für den konkreten Fall wird sich der VerfGH entsprechend der Rechtsprechung des BVerfG zu der Frage, ob der Staat den ihm obliegenden Schutzpflichten nachgekommen ist,[58] in der Regel auf eine **Evidenzkontrolle** beschränken müssen. Bei einer zulässigerweise erhobenen Verfassungsbeschwerde kommt eine Grundrechtsverletzung auch infolge der Nichtbeachtung oder Missachtung des Art. 1 in Betracht, da grundrechtsbeschränkende Gesetze, die dem Normgehalt einer verbindlichen Norm objektiven Verfassungsrechts widersprechen, materiell verfassungswidrig sind.[59]

---

51 Vgl. BVerfGE 36, 1 (16); *Sommermann*, 380.
52 Ähnlich *Braun*, Art. 1 Rn. 8; *Hollerbach* in: Feuchte, Art. 1 Rn. 13.
53 *Degenhart*, LKV 1993, 33 (35).
54 StGH ESVGH 25, 1 (11 f.).
55 Vgl. GVK, BT-Drs. 12/6000, 77; *Sommermann*, 377 ff.; *Stern* in: Stern I, 105, 121; *Ladeur* in: HStR XII, § 261 Rn. 44.
56 StGH ESVGH 60, 3 (5); *Hollerbach* in: Feuchte, Art. 1 Rn. 13.
57 Vgl. dazu BVerfGE 56, 54 (80 ff.); 121, 317 (356); *Di Fabio* in: Maunz/Dürig, Art. 2 Abs. 1 Rn. 61; *Dreier* in: Dreier, Vorb. Rn. 64; *Starck* in: v. Mangoldt/Klein/Starck, Art. 2 Rn. 166.
58 BVerfGE 56, 54 (80 f.); 88, 203 (251 ff.).
59 BVerfGE 6, 32 (40 f.).

Artikel 2 [Grundrechte, Recht auf Heimat]

(1) Die im Grundgesetz für die Bundesrepublik Deutschland festgelegten Grundrechte und staatsbürgerlichen Rechte sind Bestandteil dieser Verfassung und unmittelbar geltendes Recht.

(2) Das Volk von Baden-Württemberg bekennt sich darüber hinaus zu dem unveräußerlichen Menschenrecht auf die Heimat.

Schrifttum:

Berlit, Die neue Niedersächsische Verfassung, NVwZ 1994, 11; *Degenhart*, Grundzüge der neuen sächsischen Verfassung, LKV 1993, 33; *Dietlein*, Die Rezeption von Bundesgrundrechten durch Landesverfassungsrecht, AöR 120 (1995), 1; *Eisert*, Das Menschenrecht auf Heimat in der Landesverfassung von Baden-Württemberg, 1991; *Feuchte*, Die Landesverfassung – damals und heute, BWVPr 1993, 241; *Hahn*, Staatszielbestimmungen im integrierten Bundesstaat.: Normative Bedeutung und Divergenzen, 2010; *Jutzi*, Grundrechte der Landesverfassungen und Ausführung von Bundesrecht, DÖV 1983, 836; *Kimminich*, Das Recht auf die Heimat, 2. Aufl., 1979; *F. Kirchhof*, Die Rolle der Landesverfassungsgerichte im deutschen Staat, VBlBW 2003, 137; *Krappel*, Landesverfassungsbeschwerde und verfassungsgerichtliche Kontrollkompetenz im Bundesstaat – Zur Einführung einer Landesverfassungsbeschwerde in Baden-Württemberg, VBlBW 2013, 121; *ders.*, Landesverfassungsbeschwerde: Struktur, Dogmatik, Kontext, VBlBW 2015, 137; *Möstl*, Landesverfassungsrecht – Zum Schattendasein verurteilt? Eine Positionsbestimmung im bundesstaatlichen und supranationalen Verfassungsverbund, AöR 130 (2005), 350; *Nordmann*, „Rezipierte" Grundrechte für Schleswig-Holstein, NordÖR 2009, 97; *Ossenbühl*, Die verfassungsrechtliche Zulässigkeit der Verweisung als Mittel der Gesetzgebungstechnik, DVBl. 1967, 401; *Sachs*, Die dynamische Verweisung als Ermächtigungsnorm, NJW 1981, 1651; *ders.*, Die Grundrechte im Grundgesetz und in den Landesverfassungen, DÖV 1985, 469; *Schimpf/Partsch*, Renaissance des Rechts auf Heimat im nationalen und internationalen Recht, LKV 1994, 47; *Schöbener*, Das Verhältnis des EU-Rechts zum nationalen Recht der Bundesrepublik Deutschland, JA 2011, 885; *Sommermann*, Staatsziele und Staatszielbestimmungen, 1997; *Voßkuhle*, Die Landesverfassungsgerichtsbarkeit im föderalen und europäischen Verfassungsverbund, JöR 59 (2011), 215; *Zuck*, Die Bedeutung der baden-württembergischen Landesverfassungsbeschwerde, VBlBW 2014, 1.

Vergleichbare Regelungen:
Zu Abs. 1: Art. 5 III MVVerf, 3 II 1 NdsVerf, 4 I NRWVerf, 2 a SchlHVerf.
Zu Abs. 2: Art. 5 I 2 SächsVerf.

Leitentscheidungen:
BVerfGE 36, 342 (Verfassungsautonomie der Länder); 96, 345 (Landesverfassungsgerichte; Prüfungsmaßstab); 111, 307 (EMRK Auslegungshilfe für Grundrechte); BVerfG NVwZ 2014, 211 (Recht auf Heimat) StGH, U. v. 17.6.2014 – 1 VB 15/13 – juris (dynamische Übernahme; rezipierte Grundrechte Landesverfassungsrecht); StGH Justiz 2015, 350 (Landesgrundrechte als Prüfungsmaßstab der Anwendung materiellen Bundesrechts durch ein Landesgericht); EuGH Rs. 6-64, Slg. 1964, 1251, 1270 (Costa – Anwendungsvorrang Gemeinschaftsrechts); VGH BW VBlBW 2006, 200 (Rechtsnatur Art. 2 II: „Programmsatz").

A. Überblick und Einordnung	1	I. Rezeption der Grundrechte des GG und der staatsbürgerlichen Rechte (Art. 2 I LV)	13
I. Bedeutung	1		
II. Herkunft, Entstehung, Geschichte	3	1. Bedeutung und Auslegung der Landesgrundrechte	13
III. Verfassungsvergleichende Einordnung	7	2. Dynamische Rezeption	16
B. Erläuterung	13	3. Grundrechte und staatsbürgerliche Rechte	20

4. Die rezipierten Grundrechte	21	6. Die rezipierten „staatsbürgerlichen Rechte"	31
5. Notwendigkeit der Modifikation („maßstäbliche Verkleinerung")	28	II. Das Menschenrecht auf Heimat (Art. 2 II LV)	32

A. Überblick und Einordnung

I. Bedeutung

1 Durch Art. 2 I LV werden die **Grundrechte** sowie die **staatsbürgerlichen Rechte des GG** durch **dynamische Rezeption**[1] zum Bestandteil der LV gemacht. Sie binden damit Gesetzgebung, vollziehende Gewalt und Rechtsprechung in BW als **unmittelbar geltendes Landesrecht**. Neben diesen rezipierten Grundrechten gewährt die Verfassung insbesondere in Art. 11 ff. ausdrücklich weitere (im Folgenden: originäre)[2] Grundrechte. Im Wesentlichen betrifft dies die Bereiche Religion, Religionsgemeinschaften sowie Erziehung und Unterricht.[3]

2 Art. 2 II LV enthält mit dem Bekenntnis zum unveräußerlichen **Recht auf Heimat** kein Grundrecht, sondern eine **Staatszielbestimmung**.[4] Der Norm wird darüber hinaus konstitutive Wirkung als Indiz für Völkergewohnheitsrecht zuerkannt.[5]

II. Herkunft, Entstehung, Geschichte

3 Der Verfassungsgeber stand in BW – ebenso wie in anderen Ländern, die sich kurz nach dem Inkrafttreten des GG endgültige Verfassungen geben mussten – bei der Erarbeitung der LV vor der Entscheidung, ob er sich auf ein bloßes **Organisationsstatut** beschränken, also auf Grundrechtsverbürgungen verzichten sollte, zu eigenen Landesgrundrechten entschließen oder die Bundesgrundrechte übernehmen sollte.[6] Die seitens der CDU geforderte Aufnahme von Grundrechten in die LV wurde in der VLV und im VA kontrovers diskutiert. Die Rezeption der Grundrechte und staatsbürgerlichen Rechte des GG stellt letztlich einen Kompromiss zwischen den Anhängern eines reinen „Organisationsstatuts" sowie den Befürwortern eines Grundrechtskatalogs dar.[7] Auch wenn sich die LV darauf beschränkt, die Grundrechte und staatsbürgerlichen Rechte des GG zu übernehmen und um weitere Grundrechtsgehalte zu ergänzen, ist sie in materiellrechtlicher Hinsicht

---

1 Die Terminologie ist uneinheitlich, vgl. *Dietlein*, AöR 120 (1995), 1 (4); wie hier *Dietlein*, AöR 120 (1995), 1 (11); *Maurer* in: HGR III, § 82 Rn. 70 ff.; *Menzel*, 462 ff.; *Pestalozza*, Verfassungen der deutschen Bundesländer, passim; *Stern* in: Stern III/2, 1442.
2 So etwa *Maurer* in: HGR III, § 82 Rn. 70, 76.
3 Vgl. dazu etwa die Übersicht bei *Zuck*, VBlBW 2014, 1 (2).
4 *Eisert*, 245; *Hahn*, 154, 317, 334, 352; *Menzel*, 363; *Menzel*, 363; iE ebenso (ungeachtet der missverständlichen Bezeichnung als „Programmsatz") VGH BW VBlBW 2006, 200 (205); *Braun*, Art. 2 Rn. 15; *Hollerbach* in: Feuchte, Art. 2 Rn. 29; aA (Grundrecht) *Schimpf/Partsch*, LKV 1994, 47 (48); *Zuck*, Landesverfassungsbeschwerde, Rn. 311.
5 *Hollerbach* in: Feuchte, Art. 2 Rn. 28; Schimpf/Partsch, LKV 1994, 47 (48).
6 *Feuchte*, Geschichte, 181 f.; *Stern* in: Stern III/2, 1434 f., 1438.
7 *Birn*, 1 ff.; *Feuchte*, Geschichte, 181 f.; *Hollerbach* in: Feuchte, Art. 2 Rn. 1 ff.; *Krappel*, VBlBW 2013, 121 (127 f.); *Stern* in Stern III/2, 1434 f., 1438 jeweils mwN.

eine **Vollverfassung**,[8] denn bei den rezipierten Normen handelt es sich ebenso wie bei den originären Grundrechten um eigenständige Grundrechte des Landesrechts (vgl. → Rn. 14).

Art. 2 I LV lautete ursprünglich: „Die im Grundgesetz für die Bundesrepublik Deutschland vom 23. Mai 1949 festgelegten Grundrechte und staatsbürgerlichen Rechte sind Bestandteil dieser Verfassung und unmittelbar geltendes Recht." Durch die am 11.3.1995 in Kraft getretene Änderung der LV vom 15.2.1995 (GBl. S. 269) wurden die Worte „vom 23. Mai 1949" gestrichen. Hierdurch sollte klargestellt werden, dass es sich um eine **dynamische Rezeption** der im GG verankerten Rechte handelt.[9] 4

Das in Art. 2 II LV verankerte **„unveräußerliche Menschenrecht auf die Heimat"** stammt im Ansatz aus dem VerfECDU und wurde im VA allgemein begrüßt.[10] Allerdings scheint der Verfassungsgeber keine klaren Vorstellungen über die Bedeutung der Norm gehabt zu haben.[11] Als staats-, nicht völkerrechtliche Norm sollte die Bestimmung u. a. der Situation der Heimatvertriebenen und den aus ihrer Eingliederung resultierenden sozialpolitischen Herausforderungen Rechnung tragen und den Schutz des Staates vor Vertreibung sowie das Recht auf Rückkehr in die Heimat gewährleisten.[12] 5

Die Regelung hat sich nicht dadurch erledigt, dass die Gründung des Landes BW vor mehr als 70 Jahren erfolgte und Deutschland im sog. „**Zwei-plus-Vier-Vertrag**" (BGBl. 1990 II, 1318) die Endgültigkeit seiner Außengrenzen bekräftigt sowie Gebietsansprüchen gegen andere Staaten auch in Zukunft entsagt hat (Art. 1 I 2 und III). Andernfalls hätte es nahegelegen, Art. 2 II LV ebenso aufzuheben, wie dies hinsichtlich des der Präambel des GG in der bis 28.9.1990 geltenden Fassung enthaltenen Wiedervereinigungsgebots[13] geschehen ist.[14] Der verfassungsändernde Gesetzgeber hat demgegenüber bei den sämtlichen Änderungen des 1. Abschnitts der LV unverändert an der Norm festgehalten. 6

III. Verfassungsvergleichende Einordnung

Die Verfassungen aller Bundesländer mit Ausnahme Hamburgs enthalten grundrechtliche Gewährleistungen.[15] Die Mehrzahl von ihnen sieht einen umfassenden Katalog von Landesgrundrechten vor. Einige, darunter BW, haben die Grundrechte des GG (ergänzt durch punktuelle eigene Gewährleistungen) zum Bestandteil der LV erklärt. Mit der pauschalen Übernahme der Bundesgrundrechte hat sich der Verfassungsgeber am Beispiel Nordrhein-Westfalens (Art. 4 I NRWVerf) orientiert. Bis zur deutschen Wiedervereinigung waren diese Bestimmungen ein Spezifikum beider Länder. Im 7

---

8 Ebenso für M-V *Kohl* in: Classen/Litten/Wallerath, Vor 5 Rn. 2; für Nds *Epping* in: Epping/Butzer u.a., Art. 3 Rn. 5.
9 LT-Drs. 11/5326, 1 u. 5.
10 *Feuchte*, Geschichte, 183.
11 *Maurer* in: Maurer/Hendler, 54.
12 *Feuchte*, Geschichte, 183; *Hollerbach* in: Feuchte, Art. 2 Rn. 5, 26 f.
13 Zum Wiedervereinigungsgebot vgl. BVerfGE 5, 85 (126); 36, 1 (17).
14 Ges. v. 23.9.1990, BGBl. II, 885 (890).
15 Zu den unterschiedlichen Regelungsmodellen vgl. etwa den Überblick bei *K. Lange* in: HGR III, § 83 Rn. 1 ff.

Jahre 1993 haben Niedersachsen (Art. 3 II 1 NdsVerf) und Mecklenburg-Vorpommern (Art. 5 III MVVerf) entsprechende Regelungen erlassen. Schleswig-Holstein (Art. 2 a SchlHVerf) ist diesem Beispiel 2008 gefolgt. Das GG enthält mit Art. 25, 1 lediglich für die allgemeinen Regeln des Völkerrechts einen „generellen Rechtsanwendungsbefehl".[16] Ferner kennt es mit der durch Art. 140 GG erfolgten Rezeption der Kirchenrechtsartikel 136 bis 139 und 141 WRV die Übernahme bereits außer Kraft getretener Bestimmungen.

8 Außer in BW wird nur noch in Sachsen ein „Recht auf die Heimat" verfassungsrechtlich anerkannt (Art. 5 I 2 SächsVerf.). Wie im Falle des Art. 2 II LV (s. u., → Rn. 33) ist umstritten, ob damit ein Grundrecht eingeräumt wird.[17]

9 Die Landesgrundrechte binden nur die **Landesstaatsgewalt** und zwar grundsätzlich auch bei der Anwendung von Bundesrecht.[18] Keine Beachtung beanspruchen sie durch Bundesgerichte, die – ebenso wie Bundesbehörden[19] – keine Landesstaatsgewalt ausüben.[20] Wegen der Bindung der Landesstaatsgewalt an die Bundesgrundrechte (Art. 1 III GG) und des Vorrangs des einfachen Bundesrechts (Art. 31 GG) bringt die Grundrechtsrezeption in materiellrechtlicher Hinsicht keinen zusätzlichen Gewinn.[21] Ihre **Bedeutung** liegt vor allem **im (verfassungs-) prozessualen Bereich**; sie können in allen zulässigen Verfahren vom VerfGH als Prüfungsmaßstab herangezogen werden.[22]

10 Umstritten ist, ob und gegebenenfalls inwieweit Landesverfassungsgerichte befugt sind, unter Anwendung von Bundesrecht ergangene landesgerichtliche Urteile am Maßstab der LV zu prüfen und gegebenenfalls zu kassieren.[23] Ungeachtet der fehlenden Bindung der öffentlichen Gewalt des Bun-

---

16 BVerfGE 46, 342 (363).
17 Bejahend etwa *Schimpf/Partsch*, LKV 1994, 47 (49); ablehnend etwa *Hahn*, 154, 334 (Fn. 51); *Menzel*, 373.
18 BVerfGE 96, 345 (366); *Jutzi*, DÖV, 1983, 836 (838 ff.); *Menzel*, Landesverfassungsrecht, 216 ff.; *Möstl*, AöR 130 (2005), 350 (383); *Stern* in Stern III/2, 1472 f.
19 Vgl. SächsVerfGH NJW 1999, 51.
20 BVerfGE 96, 345 (371); *Dreier* in: Dreier, Art. 142 Rn. 86; *F. Kirchhof*, VBlBW 2003, 137 (142); *Korioth* in: Maunz/Dürig, Art. 142 Rn. 16; *Kunig* in: v. Münch/Kunig, Art. 142 Rn. 14; *Sachs*, DÖV 1985, 469 (474); *Stern* in Stern III/2, 1471. Die Frage, ob und gegebenenfalls unter welchen Voraussetzungen Bundesbehörden aufgrund ihrer Bindung an Recht und Gesetz (Art. 20 III GG) nicht mit Art. 31 GG kollidierende Landesgrundrechte zu befolgen haben (vgl. dazu etwa *Jutzi*, DÖV 1983, 836 [840 f.]; *Stern* in Stern III/2, 1471 f.), stellt sich bei den rezipierten Grundrechten und staatsbürgerlichen Rechten nicht, da sie mit den Bundesgrundrechten inhaltsgleiche Gewährleistungen enthalten (vgl. etwa *Maurer* in: Maurer/Hendler, 32; *Pieroth* in: Jarass/Pieroth, Art. 31 Rn. 5). Wegen der ohnehin bestehenden Bindung der Bundesstaatsgewalt an die Bundesgrundrechte brächten materiell identische Gewährleistungen zudem ohnehin keinen zusätzlichen Gewinn.
21 *Maurer* in: HGR III, § 82 Rn. 89.
22 *Dreier* in: Dreier, Art. 142 Rn. 27; *Hollerbach* in: Feuchte, Art. 2 Rn. 20; *K. Lange* in: HGR III, § 83 Rn. 4; *Maurer* in: HGR III, § 82 Rn. 74; *Voßkuhle*, JöR 59 (2011), 215 (230); missverständlich *Kunig* in: v. Münch/Kunig, Art. 142 Rn. 11: „ohne praktische Bedeutung".
23 Hierzu etwa *Möstl*, AöR 130 (2005), 350 (362 ff. mwN); Bedenken gegen eine landesverfassungsgerichtliche Befugnis zur Kontrolle der Anwendung von bundesrechtlicher Verfahrensvorschriften am Maßstab der LV *Zuck*, VBlBW 2014, 1 (3).

des an die LV kann der VerfGH jedenfalls die Anwendung **bundesrechtlichen Verfahrensrechts** durch Gerichte des Landes an mit Bundesverfahrensgrundrechten inhaltsgleichen Landesverfahrensgrundrechten messen.[24] Bei von Bundesgerichten bestätigten landesgerichtlichen Entscheidungen setzt die landesverfassungsgerichtliche Kontrolle weiter voraus, dass das Bundesgericht keine Sachentscheidung getroffen hat, weil nur dann die landesgerichtliche Entscheidung die Beschwer des Beschwerdeführers begründet[25] Schließlich muss der bundesrechtlich vorgesehene Rechtsweg erschöpft sein.[26]

Die weitergehende Frage, ob unter den zuvor dargelegten Voraussetzungen 11 (Inhaltsgleichheit, keine Prüfung des Streitgegenstands des Ausgangsverfahrens durch ein Bundesgericht; Rechtswegerschöpfung) eine landesverfassungsgerichtliche Überprüfung auch insoweit möglich ist, als Gerichte **materielles Bundesrecht** anwenden, ist nicht abschließend geklärt. Soweit das Landesrecht nicht entgegensteht, ist sie zu bejahen.[27] Die Gefahr widersprechender Entscheidungen besteht dabei nicht, weil die Landesverfassungsgerichte nach Art. 100 III GG zur Divergenzvorlage verpflichtet sind[28] und gegen Entscheidungen der Landesverfassungsgerichte das BVerfG im Wege der Verfassungsbeschwerde gem. Art. 93 I Nr. 4a GG angerufen werden kann.[29]

Bei der Durchführung von Unionsrecht gilt nach ständiger Rechtsprechung 12 des EuGH der *Anwendungsvorrang des Gemeinschaftsrechts vor nationalem Recht*.[30] *Dieser Anwendungsvorrang besteht auch hinsichtlich der* **Grundrechte** der Grundrechtecharta,[31] allerdings nur in „unionsrechtlich geregelten Fallgestaltungen, aber nicht außerhalb derselben".[32] Er gilt auch für das Landesverfassungsrecht.[33] Normen der LV sind im Fall einer Kollision mit Gemeinschaftsrecht – anders als bei inhaltlichem Widerspruch

---

24 BVerfGE 96, 345 (366 ff.); StGH Justiz 2014, 9. Eine Verwerfungskompetenz hinsichtlich des Bundesrechts kommt ihm nicht zu.
25 BVerfGE 96, 345 (371); StGH Justiz 2014, 9; *Sodan* in: HGR III, § 84 Rn. 55.
26 BVerfGE 96, 345 (371 f.); StGH Justiz 2014, 9.
27 StGH Justiz 2015, 350 (351); BerlVerfGH NJW 1994, 436 (437); 1999, 47; NVwZ-RR 2001, 60; B. v. 14.2.2006 – 122/05, 123/05 – juris, Rn. 18; BbgVerfG LKV 2011, 124 (125); VerfGH Rh-Pf NJW 2001, 2621 f.; *F. Kirchhof*, VBlBW 2003, 137 (142); *Jutzi* in: Brocker/Droege/Jutzi, Art. 130a Rn. 37; *Driehaus* in: Driehaus, vor Art. 6 ff. Rn. 7; *Pestalozza* in: HGR III, § 86 Rn. 64 f.; *Rozek* in: HGR III, § 85 Rn. 42 f.; *Sodan* in: HGR III, § 84 Rn. 63; *Zuck*, Landesverfassungsbeschwerde, Rn. 443; *Krappel*, VBlBW 2015, 137 (144); aA BayVerfGH NVwZ-RR 2001, 145; 2014, 121 (123): Beschränkung auf Willkürkontrolle. Das BVerfG hat diese Frage ausdrücklich offen gelassen, BVerfGE 96, 345 (362).
28 BVerfGE 96, 345 (372 f.); StGH, U. v. 17.6.2014 – 15/13, 1 VB 15/13 – juris, Rn. 302.
29 BVerfGE 13, 132 (140); 85, 148 (157); NVwZ 2004, 980.
30 EuGH Rs. 6/64, Slg. 1964, 1251 (1270) – (Costa [grundlegend]); EuGH NJW 2004, 351 (352[CIF]). Näher zum Verhältnis zwischen dem Recht der EU und dem Recht der Mitgliedstaaten *Bieber* in: Bieber/Epiney/Haag, § 3 Rn. 35 ff.; *Schöbener*, JA 2011, 885 ff.
31 EuGH NVwZ 2013, 561 (562 [Åkerberg Fransson]).
32 BVerfGE 133, 277 (316).
33 *Voßkuhle*, JöR 59 (2011), 215 (226).

zum Bundesrecht (Art. 31 GG)[34] – nicht nichtig, sondern insoweit nur unanwendbar.[35] Für rein innerstaatliche – nicht nach Gemeinschaftsrecht zu beurteilende – Sachverhalte bleibt es unverändert bei der Verfassung des Landes BW.[36] Den grundsätzlichen Vorrang des Gemeinschaftsrechts selbst gegenüber nationalem Verfassungsrecht anerkennt auch das BVerfG; allerdings gilt er aufgrund der Anwendungsschranken des Art. 23 I 1 GG nach der Rechtsprechung des Gerichts nicht für den Grundrechtsteil des GG (nicht den der Landesverfassungen)[37] und das Demokratieprinzip.[38]

B. Erläuterung

I. Rezeption der Grundrechte des GG und der staatsbürgerlichen Rechte (Art. 2 I LV)

1. Bedeutung und Auslegung der Landesgrundrechte

13 Die Grundrechtshoheit der Länder ist originärer und wesentlicher Bestandteil ihrer **Verfassungsautonomie**.[39] Der Landesverfassungsgeber verfügt bei der Konstituierung von Landesgrundrechten aufgrund seiner in Art 28 I GG anerkannten Verfassungsautonomie über einen weitgehenden **Gestaltungsspielraum**.[40] Es ist ihm – von sog. „echten" Kollisionsfällen[41] abgesehen – grundsätzlich unbenommen, im Vergleich zu den Bundesgrundrechten sowohl inhaltsgleiche, weitergehende oder weniger weitreichende Landesgrundrechte vorzusehen, wenn das jeweils engere Grundrecht als Mindestgarantie zu verstehen ist und nicht den Normbefehl enthält, einen weitergehenden Schutz zu unterlassen.[42] Es besteht auch keine Pflicht zur Grundrechtsgewährung.[43] Die Länder sind bei der Verfassungsgebung schließlich nicht an die Regelungen über die Gesetzgebungskompetenzen

---

34 Die Rechtsfolge aus Art. 31 GG ist allerdings umstritten. Nach derzeit noch überwiegender Auffassung bedeutet „brechen" Nichtigkeit; das gebrochene Landesrecht lebt nach Außerkrafttreten des Bundesrechts nicht wieder auf, BVerfGE 26, 116 (135); 121, 317 (349); *Korioth* in: Maunz/Dürig, Art. 31 Rn. 23; *Huber* in: Sachs, GG, Art. 31 Rn. 23; *Pieroth* in: Jarass/Pieroth, Art. 31 Rn. 5. Nach aA besteht lediglich ein Anwendungsvorrang des Bundesrechts, so etwa *Hahn*, 243 ff.; *Menzel*, Landesverfassungsrecht, 249; *Möstl*, AöR 130 (2005), 350 (371) sowie wohl *Voßkuhle*, JöR 59 (2011), 215 (226).
35 *Möstl*, AöR 130 (2005), 350 (371) mwN.
36 BayVerfGH NVwZ-RR 2006, 665; VerfGH Rh-Pf, U. v. 11.7.2005 – N 25/04 – juris, Rn. 36; *Möstl*, AöR 130 (2005), 350 (370).
37 Vgl. *Möstl*, AöR 130 (2005), 350 (368 ff.).
38 BVerfGE 89, 155 (175, 182 ff.).
39 BVerfGE 36, 342 (361 ff.); *Hollerbach* in: Feuchte, Art. 2 Rn. 13; *Korioth* in: Maunz/Dürig, Art. 142 Rn. 22.
40 BVerfGE 1, 14 (34); 96, 345 (368 f.); 99, 1 (11 f.); 103, 332 (350); *Grawert* in: HGR III, § 81 Rn. 87; *Korioth* in: Maunz/Dürig, Art. 142 Rn. 22; *Stern* in: Stern I, 13.
41 *Korioth* in: Maunz/Dürig, Art. 142 Rn. 14; *Menzel*, 194 ff.; *Möstl*, AöR 130 (2005), 350 (373); *Pieroth* in: Jarass/Pieroth, Art. 142 Rn. 4; *Stern* in Stern III/2, 1477 ff.
42 BVerfGE 96, 345 (365); *Korioth* in: Maunz/Dürig, Art. 142 Rn. 14; *Krappel*, VBlBW 2013, 121 (126); *Kunig* in: v. Münch/Kunig, Art. 142 Rn. 6 ff.; *Menzel*, S. 191 ff.; *Pieroth* in: Jarass/Pieroth, Art. 142 Rn. 3; *Sachs*, DÖV 1985, 469 (477 f.); *Stern* in: Stern III/2, 1472 ff.
43 Unstr., vgl. nur *Menzel*, 193; *Sachs*, DÖV 1985, 469 (474).

der Art. 70 ff. GG gebunden.⁴⁴ Inhaltsgleichheit der Grundrechte besteht namentlich bei einer Rezeption der Bundesgrundrechte.⁴⁵

Die Rezeption etabliert nicht lediglich einen zweifachen und wegen der bereits durch Art. 1 III GG angeordneten Verbindlichkeit der Grundrechte des GG für die Länder überflüssigen Grundrechtsschutz.⁴⁶ Vielmehr **führt sie zur Begründung eigenständiger Grundrechte des Landesrechts.**⁴⁷ Die rezipierten Grundrechte können sich daher – ungeachtet der Identität des Wortlauts – inhaltlich von den grundgesetzlichen Grundrechten unterscheiden und haben gleichen Rang wie die originären Landesgrundrechte.⁴⁸ **Ihre Auslegung ist keine Interpretation grundgesetzlicher Bestimmungen.** Die rezipierten Grundrechte und staatsbürgerlichen Rechte sind – ebenso wie originäre landesverfassungsrechtliche Grundrechte und grundrechtsgleiche Rechte – im Systemzusammenhang des Landesverfassungsrechts durch den VerfGH auszulegen, der hierbei an die Interpretation der Grundrechte des GG durch das BVerfG grundsätzlich nicht gebunden ist.⁴⁹ Dagegen spricht nicht, dass die Landesverfassungsgerichte nach § 31 I BVerfGG an die Entscheidungen des BVerfG gebunden und nach dessen Rechtsprechung zur Divergenzvorlage nach Art. 100 III GG verpflichtet sind, soweit sie als Vorfrage einer Entscheidung die Grundrechte und staatsbürgerlichen Rechte des GG auszulegen haben.⁵⁰ Dies ist vielmehr Konsequenz des „Sonderregime(s)",⁵¹ den das BVerfG für die landesverfassungsgerichtliche Kontrolle von Verfahrensrecht des Bundes durch Landesgerichte etabliert hat.⁵² 14

---

44 *Maurer* in: HGR III, § 82 Rn. 65; *Möstl*, AöR 130 (2005), 350 (373).
45 *Korioth* in: Maunz/Dürig, Art. 142 Rn. 14.
46 So noch BVerfGE 22, 267 (271); StGH ESVGH 19, 133 (138); offengelassen in BVerfGE 96, 345 (367).
47 StGH, U. v. 17.6.2014 – 1 VB 15/13 – juris, Rn. 301; *Berlit*, NVwZ 1994, 11 (14); *Birn*, 33, 35; *Braun*, Art. 2 Rn. 1; *Dietlein*, AöR 120 (1995), 1 (5, 7); *Dreier* in: Dreier, Art. 142 Rn. 47; *Grawert* in: HGR III, § 81 Rn. 27; *Hollerbach* in: Feuchte, Art. 2 Rn. 18; *Korioth* in: Maunz/Dürig, Art. 142 Rn. 10, 14; *Krappel*, VBlBW 2013, 121 (128); *Kunig* in: v. Münch/Kunig, Art. 142 Rn. 11; K. *Lange* in: HGR III, § 83 Rn. 3 f.; *Maurer* in: HGR III, § 82 Rn. 70, 76; *Stern* in: Stern III/2, 1471; *Zuck*, Landesverfassungsbeschwerde, Rn. 17; aA *Engelken/Braun*, Art. 2 Abs. 1 Rn. 14 f., der die Bestimmung auf einen „Merkposten" für die ohnehin geltenden Grundrechte des GG verstanden wissen will, allerdings mit der – inzwischen überholten – Einschränkung, dass die Regelung in verfassungsprozessualer Hinsicht größerer Bedeutung haben könnte, wenn es in BW eine Landesverfassungsbeschwerde gäbe. Dass die Rezeption zur Begründung eigenständiger Grundrechte des Landesrechts führt, ergibt sich bereits daraus, dass Bundes- und Landesgrundrechte grundsätzlich unterschiedliche staatliche Ebenen verpflichten (*Korioth* in: Maunz/ Dürig, Art. 142 Rn. 14; *Menzel*, 465).
48 *Maurer* in: HGR III, § 82 Rn. 70, 76; *Grawert* in: HGR III, § 81 Rn. 27; *Stern* in: Stern III/2, 1441.
49 Vgl. etwa StGH, U. v. 17.6.2014 – 15/13, 1 VB 15/13 – juris, Rn. 302; anders noch: ESVGH 19, 133 (136 ff.); *Dietlein*, AöR 120 (1995), 1 (12, 21 ff.); *Dreier* in: Dreier, Art. 142 Rn. 47; *Grawert* in: HGR III, § 81 Rn. 103; *Krappel*, VBlBW 2013, 121 (129); *Maurer* in: HGR III, § 82 Rn. 87; *Menzel*, 464; *Zuck*, Landesverfassungsbeschwerde, Rn. 17; *Möstl*, AöR 130 (2005) 350 (380 [Fn. 163]); aA etwa *Stern* in: Stern III/2, 1507.
50 BVerfGE 96, 345 (372 ff.); StGH, U. v. 17.6.2014 – 15/13, 1 VB 15/13 – juris, Rn. 302.
51 *Rozek* in: HGR III, § 85 Rn. 19 und 26.
52 *Menzel*, Landesverfassungsrecht, 214; *Rozek* in: HGR III, § 85 Rn. 19; iE ebenso *Epping* in: Epping/Butzer u.a., Art. 3 Rn. 20.

15 Die rezipierten Grundrechte haben durch zwei Entwicklungen in jüngster Zeit zusätzlich an Bedeutung gewonnen. Seit Einführung der **Landesverfassungsbeschwerde** zum 1.4.2013 kann jedermann mit der Behauptung, durch die öffentliche Gewalt des Landes in einem seiner in der Verfassung des Landes Baden-Württemberg enthaltenen Rechte verletzt zu sein, Verfassungsbeschwerde zum VerfGH erheben, soweit nicht Verfassungsbeschwerde zum BVerfG erhoben ist oder wird (§ 55 I StGHG).[53] Bis dahin waren die rezipierten Grundrechte, ebenso wie die originären Landesgrundrechte, für den VerfGH nur im Rahmen der abstrakten und der konkreten Normenkontrolle von Bedeutung (Art. 68 I 2 Nr. 2, 3 LV). Zum anderen hat die bereits am 1.9.2006 in Kraft getretene **Föderalismusreform I** (BGBl. I 2034) zu einer Ausweitung der Gesetzgebungskompetenzen der Länder geführt, die auch grundrechtssensible Bereiche betreffen.[54]

2. Dynamische Rezeption

16 Die Rezeptionsklausel ist dahin gehend zu interpretieren, dass auch die nach ihrem Inkrafttreten erfolgten Änderungen der im GG festgelegten Grundrechte und staatsbürgerlichen Rechte von der Übernahme umfasst sind.[55] Es handelt sich mithin um eine **dynamische Rezeption**. Der „Streitwert" ist zwar nicht hoch,[56] die Frage ist gleichwohl praktisch relevant,[57] wie die seit dem 11.3.1995 in Kraft getretenen Ergänzungen der Art. 13 GG um die Absätze 3 bis 6 (durch G. v. 26.3.1998, BGBl. I 610) und die Änderung des Art. 33 V (durch G. v. 28.8.2006, BGBl. I 2034) zeigen.[58] Der Wortlaut der Regelung ist keineswegs eindeutig.[59] Anders wäre es, wenn der Gesetzgeber etwa die Worte „vom 23. Mai 1949" durch die Worte „in der jeweils geltenden Fassung" ersetzt hätte.[60]

---

53 Gesetz v. 8.11.2012 (GBl. 569). Wegen der Details wird auf die Kommentierung zu → Art. 68 verwiesen.
54 Vgl. die Beispiele bei *Korioth* in: Maunz/Dürig, Art. 142 Rn. 7; *Krappel*, VBlBW 2013, 121 (123).
55 Ebenso StGH, U. v. 17.6.2014 – 1 VB 15/13 – juris, Rn. 300; *Dietlein*, AöR 120 (1995), 1 (20); *Hollerbach* in: Feuchte, Art. 2 Rn. 16; *Stern* in: Stern III/2, 1442 f.; *Zuck*, Landesverfassungsbeschwerde, Rn. 81. Nach wohl überwiegender Auffassung im wissenschaftlichen Schrifttum gilt dies für sämtliche grundrechtlichen Rezeptionsklauseln, selbst für Art. 4 I NRWVerf, vgl. OVG NRW, B. v. 27.5.2014 – 1 E 175/14 – juris, Rn. 14; *Korioth* in: Maunz/Dürig, Art. 142 Rn. 10; *K. Lange* in: HGR III, § 83 Rn. 5; *Nordmann*, NordÖR 2009, 97 (99); *Stern* in: Stern III/2, 1443; offen gelassen von VerfGH NRW DVBl. 2014, 1059 (1060); aA hinsichtlich NRW etwa *Pestalozza* in: HGR III, § 86 Rn. 43 (Fn. 81).
56 *Engelken/Braun*, Art. 2 Abs. 1 Rn. 18.
57 *Hollerbach* in: Feuchte, Art. 2 Rn. 17.
58 Die Ergänzung des Art. 16 GG um II 2 (durch G. v. 29.11.2000, BGBl. I 1633) sowie die Neufassung des Art. 12a IV 2 (durch G. v. 19.12.2000, BGBl. I 1755) betreffen dagegen den Bundesbereich und sind für die Landesstaatsgewalt nicht von Bedeutung (vgl. Rn. 30). Art. 16a GG ist bereits zum 30.6.1993 in Kraft getreten.
59 So zu Recht *Engelken/Braun*, Art. 2 Abs. 1 Rn. 7; *Pestalozza*, Verfassungen der deutschen Bundesländer, Einführung Rn. 70 (Fn. 9); aA etwa *K. Lange* in: HGR III, § 83 Rn. 5; *Menzel*, 363, 463.
60 Vgl. *Engelken/Braun*, Art. 2 Abs. 1 Rn. 7; *Pestalozza* in: HGR III, § 86 Rn. 42; vgl. auch Handbuch der Rechtsförmlichkeit Rn. 243.

Die Interpretation der Bestimmung im Sinne einer dynamischen Rezeption 17
wird mit den bekannten **Einwänden**[61] **gegen dynamische Verweisungen** in
Frage gestellt.[62] Es handle sich letztlich um verdeckte Rechtsetzungsermächtigungen.[63] Der auf die Einhaltung bundesstaatlicher, demokratischer
und rechtsstaatlicher Grundsätze nach dem Homogenitätsgebot des Art. 28
I 1 GG sowie des Art. 64 I 2 LV[64] verpflichtete Landesgesetzgeber eröffne
dem verfassungsändernden Gesetzgeber auf Bundesebene den Zugriff auf
den Normenbestand der LV.[65] Die Änderung des Art. 2 I LV wird vor diesem Hintergrund vereinzelt dahin gehend interpretiert, mit ihr sei die statische „Verweisung" lediglich auf die bis 1994 im GG festgelegten Grundrechte und staatsbürgerlichen Rechte aktualisiert worden.[66]

Gegen die **Auslegung des Art. 2 I LV im Sinne einer statischen Rezeption** 18
spricht die damit einhergehende „Versteinerung",[67] also die schrittweise
Veralterung des Grundrechtskatalogs der LV.[68] In rechtsstaatlicher Hinsicht (Erfordernis der Gesetzespublikation) ist von Bedeutung, dass der rezipierte Verfassungstext in der für den seinerzeitigen Gesetzesbeschluss
maßgebenden Fassung kaum allgemein zugänglich sein dürfte.[69] Das aufgrund der Rezeption geltende Recht ließe sich nur durch einen aufwändigen Fassungsvergleich ermitteln.

Die Einwände gegen eine dynamische Interpretation der Rezeptionsklausel 19
des Art. 2 I LV überzeugen nicht. Zur Beurteilung der Verfassungsmäßigkeit kann auf die für **Zulässigkeit dynamischer Verweisungen** maßgebenden Grundsätze zurückgegriffen werden.[70] Dynamische Verweisungen sind
selbst dann „nicht schlechthin ausgeschlossen", wenn keine Identität des
Gesetzgebers besteht, sondern „in dem Rahmen zulässig, den die Prinzipien der Rechtsstaatlichkeit, der Demokratie und der Bundesstaatlichkeit zie-

---

61 Vgl. insb. BVerfGE 47, 285 (312 ff.); 78, 32 (36); *Dreier* in: Dreier, Art. 20 (Demokratie) Rn. 121; *Ossenbühl*, DVBl. 1967, 401 ff; *Stern* in: Stern I, 823 f. und in: Stern II, 635.
62 *Braun*, Art. 2 Rn. 9; ebenso auch *Berlit* zu Art. 3 I NdsVerf, NVwZ 1994, 11 (13 [Fn. 16]); *Maurer* in: Maurer/Hendler, 52.
63 Vgl. etwa BVerfGE 47, 285 (312); grundlegend *Ossenbühl*, DVBl. 1967, 401 (403 f.); *Sachs*, NJW 1981, 1651.
64 Insoweit *Braun*, Art. 2 Rn. 9.
65 *Braun*, Art. 2 Rn. 9; *Maurer* in: HGR III, § 82 Rn. 77 (Fn. 201) mwN.
66 *Engelken/Braun*, Art. 2 Abs. 1 Rn. 17 ff. Gegen diese Auffassung bestehen Bedenken. Auch insoweit ist der Wortlaut nicht eindeutig. Die Begründung des Gesetzentwurfs (LT-Drs. 11/5326) gibt nichts dafür her, dass der Gesetzgeber auf die seit dem 15.11.1994 geltende Fassung des GG habe abstellen wollen.
67 *Grawert* in: HGR III, § 81 Rn. 30.
68 *Maurer* in: HGR III, § 82 Rn. 79 („groteske" Vorstellung); *Menzel*, 463. Eine Absicht des Verfassungsgebers, auf Dauer die Übereinstimmung zwischen Bundes- und Landesgrundrechten zu gewährleisten, lässt sich entgegen der Annahme einiger Autoren (*Dietlein*, AöR 120 (1995), 1 [17]; *K. Lange* in: HGR III, § 83 Rn. 5; *Menzel*, 463) hingegen nicht belegen; zutreffend *Engelken/Braun*, Art. 2 Abs. 1 Rn. 7; *Maurer* in: HGR III, § 82 Rn. 78; i. d. S. wohl auch *Stern* in: Stern III/2, 1443.
69 *Birn*, 37; *Menzel*, 463; *K. Lange* in: HGR III, § 83 Rn. 5; ähnlich *Hollerbach* in: Feuchte, Art. 2 Rn. 16, 18; speziell zum Erfordernis der Gesetzespublikation: *Ossenbühl*, DVBl. 1967, 401 (402, 405 ff.) sowie *Stern* in: Stern II, 635.
70 Vgl. *Dietlein*, AöR 120 (1995), 1 (18 f.); *Grawert* in: HGR III, § 81 Rn. 30; *Hollerbach* in: Feuchte, Art. 2 Rn. 16 ff.; *Menzel*, 464.

hen", wobei grundrechtliche Gesetzesvorbehalte diesen Rahmen zusätzlich einengen können.[71] Im Hinblick auf das Rechtsstaatsprinzip wird zu Recht darauf hingewiesen, dass der Wortlaut des GG stets klar feststeht.[72] Auch das Demokratie- und Bundesstaatsprinzips sowie das Homogenitätsgebot des Art. 28 I 1 GG stehen nicht entgegen. Zutreffend wird hervorgehoben, dass der Landesverfassungsgeber – im Rahmen der ihm ohnehin gesetzten Grenzen – auch über die rezipierten Grundrechte jederzeit verfügen kann und damit die Möglichkeit hat, nicht gewollte Änderungen des GG durch eigene Regelungen im Landesbereich jederzeit für die LV abzuwenden.[73]

3. Grundrechte und staatsbürgerliche Rechte

20 Der Unterschied zwischen beiden Kategorien ist nicht abschließend geklärt.[74] Der **Begriff der staatsbürgerlichen Rechte** und Pflichten ist zudem umstritten. So wird etwa zu Art. 33 I GG wegen der heute nicht mehr existierenden gesonderten Landesstaatsangehörigkeit vereinzelt die Auffassung vertreten, der Bestimmung komme keine aktuelle Bedeutung zu.[75] Eine andere Meinung interpretiert die Norm als „strikt verbindliches Verbot jeder Anknüpfung an dauerhafte personale Bindungen von Menschen an ein Land".[76] Die hM im wissenschaftlichen Schrifttum neigt zu einer extensiven Auslegung. Danach umfasst der Begriff das gesamte staatsbürgerliche Rechtsverhältnis des Einzelnen zum Staat.[77] Die Frage, welcher Auffassung zu folgen ist, muss hier nicht vertieft werden; denn es handelt sich um einen **landesverfassungsrechtlichen Terminus**, der **autonom auszulegen** ist.[78] Für diesen Kommentar wird von einem extensiven Verständnis des Begriffs der staatsbürgerlichen Rechte ausgegangen. Eine Festlegung durch den VerfGH bleibt abzuwarten.

4. Die rezipierten Grundrechte

21 Die Übernahme erstreckt sich nach allgemeiner Auffassung grundsätzlich auf **alle Bestimmungen des 1. Abschnitts des GG**, die Grundrechte als subjektive Rechte gewähren, also Abwehrrechte, Leistungsrechte und Einrichtungsgarantien oder objektiv-rechtliche Grundrechtsgehalte mit ihren weiteren Konsequenzen verbürgen (Art. 1 bis 19 GG)[79] sowie den Grundrechtsschutz ausgestaltende grundrechtsbezogene Regelungen ohne eigenen Grundrechtscharakter.[80]

22 Durch das Bekenntnis des Volkes von BW[81] zu unverletzlichen und unveräußerlichen Menschenrechten als Grundlage jeder menschlichen Gemein-

---

71 So zutreffend BVerfGE 47, 285 (312 ff.); 78, 32 (36); 141, 143 (176).
72 *Stern* in: Stern III/2, 1443; LVerfG M-V, LKV 2000, 345 (348).
73 *Maurer* in: HGR III, § 82 Rn. 79, 88; *Menzel*, 463.
74 *Dietlein*, AöR 120 (1995), 1 (13).
75 *Masing* in: Dreier, Art. 33 Rn. 30.
76 *Sachs* in: HStR VIII, § 182 Rn. 133.
77 *Badura* in: Maunz/Dürig, Art. 33 Rn. 9; *Battis* in: Sachs, GG, Art. 33 Rn. 15; *Stern* in: Stern III/1, 468 f.
78 VerfGH NRW, DVBl. 2014, 1059; *Dietlein*, AöR 120 (1995), 1 (13).
79 *Korioth* in: Maunz/Dürig, Art. 142 Rn. 8; *Maurer* in: HGR III, § 82 Rn. 80; *Stern* in: Stern III/2, 1442; *Zuck*, Landesverfassungsbeschwerde, Rn. 95.
80 *Sachs* in: Stern III/1, 353 f.
81 *Braun*, LV, Art. 2 Rn. 10.

schaft, des Friedens und der Gerechtigkeit in der Welt (Vorspruch und Art. 2 I LV iVm Art. 1 II GG) werden allerdings keine Menschenrechtskodizes oder Individualrechtsnormen in die LV übernommen.[82] Auch die **EMRK** hat in Deutschland – über das Zustimmungsgesetz (Art. 59 II GG)[83] – nur den Rang eines einfachen Bundesgesetzes. Sie ist aber nach der Rechtsprechung des *BVerfG* im Hinblick auf die Völkerrechtsfreundlichkeit des GG in ihrer konkreten Ausgestaltung und Interpretation durch den EGMR „als Auslegungshilfe für die Bestimmung von Inhalt und Reichweite von Grundrechten und rechtsstaatlichen Grundsätzen des GG" heranzuziehen.[84] Dies ist wegen der Übernahme der Grundrechte und staatsbürgerlichen Rechte des GG in die LV (Art. 2 I LV) für die Anwendung der rezipierten grundgesetzlichen Gewährleistungen in BW ebenfalls von Bedeutung.[85] Als einfaches Bundesgesetz ist die EMRK infolge ihres Ranges zugleich höherrangig gegenüber dem gesamten Landesrecht (Art. 31 GG).

Übernommen sind von den in Art 93 I Nr. 4 a GG genannten Rechten neben den Grundrechten des Grundrechtskatalogs des GG auch **Art. 101, 103 und 104 GG**.[86] Darüber hinaus erfasst die Rezeption noch weitere als die im 1. Abschnitt des GG und in Art 93 I Nr. 4 a GG aufgezählten Rechtspositionen, soweit sie nach ihrem materiellen Gehalt Grundrechten gleichen.[87] Hierzu gehören etwa die in Art. 21 I 2 GG gewährleistete Freiheit der Parteiengründung[88] sowie der Anspruch auf Amtshaftung nach **Art. 34 GG**,[89] **nicht** dagegen das Widerstandrecht gem. **Art. 20 IV GG**.[90] Da die rezipierten Grundrechte – entsprechendes gilt für die staatsbürgerlichen Rechte – nur im Wirkungsbereich der LV gelten und durch originäre Gewährleistungen ergänzt werden, gibt es allerdings Ausnahmen.

23

Nach dem **Grundsatz der Spezialität** sind solche Grundrechte von der Rezeption ausgenommen, deren Gegenstand die LV selbst an anderer Stelle

24

---

82 *Grawert* in: HGR III, § 81 Rn. 18; *Stern* in: Stern III/2, 1116 f.
83 BGBl. 1952 II, 685.
84 BVerfGE 111, 307 (317); BVerfG NVwZ 2014, 211 (225); *Zuck*, Rn. 18.
85 *Zuck*, Rn. 18; vgl. auch SächsVerfGH LKV 1996, 273 (275); *Epping* in: Epping/Butzer u.a., Art. 3 Rn. 12; *Jutzi* Art. 130 a Rn. 39.
86 StGH, U. v. 3.11.2014 – 1 VB 8/14 – juris, Rn. 40 (Art. 103 I GG); *Hollerbach* in: Feuchte, Art. 2 Rn. 15; *Stern* in: Stern III/2, 1442. Ob dies auch für das Verbot der Todesstrafe nach Art. 102 GG gilt, ist umstritten – so etwa *Birn*, 59; *Braun*, Art. 2 Rn. 11; *Dietlein*, AöR 120 (1995), 1 (13); *Maurer* in: Maurer/Hendler, 53 (der ebenso wie *Dietlein* freilich nicht berücksichtigt, dass Art. 102 GG in Art. 93 I Nr. 4 a GG nicht erwähnt wird); aA *Hollerbach* in: Feuchte, Art. 2 Rn. 15; zurückhaltend *Sachs* in: Stern III/1, 372.
87 VerfGH NRW, DVBl. 2014, 1059; *Stern* in: Stern III/2, 1442.
88 StGH ESVGH 12/2, 10 (12); StGH, B. v. 30.10.2014 – 1 VB 56/14 – S. 10 ff.; *Braun*, Art. 2 Rn. 11 (staatsbürgerliches Recht); *Maurer* in: Maurer/Hendler, 53; *Zuck*, Landesverfassungsbeschwerde, Rn. 82, 353 ff.; ebenso *Sachs* in: Stern III/1, 375 f.
89 *Maurer* in: Maurer/Hendler, 53; *Zuck*, Landesverfassungsbeschwerde, Rn. 83; aA *Hollerbach* in: Feuchte, Art. 2 Rn. 15; *Sachs* in: Stern III/1, 378 f.: staatsbürgerliches Recht.
90 *Maurer* in: Maurer/Hendler, 54; anders *Braun*, Art. 2 Rn. 11 (staatsbürgerliches Recht).

regelt.[91] Dies gilt **für Art. 3 III 2 GG** im Hinblick auf Art. 2 a LV. Speziellere Regelungen enthalten darüber hinaus Art. 20 I LV für **Art. 5 III 1 GG,**[92] Art. 18 S. 3 HS 1 LV für **Art. 7 II GG** und Art. 18 S. 1, 2 und 3 HS 2 LV für **Art. 7 III GG.**[93] Nicht übernommen ist **Art. 19 IV 1 GG**; Art. 67 I LV ist lex specialis,[94] wird allerdings nach Art. 142 GG durch Art. 10 II 2, 19 IV 3 GG „eingeengt".[95]

25 Zudem wird die Rezeption durch die jeweiligen **Kompetenzen des Landes** begrenzt.[96] So besteht für die Regelung der **Kriegsdienstverweigerung** eine ausdrückliche Bundeskompetenz (Art. 4 III 2 GG). Dies steht der Rezeption des Rechts auf Kriegsdienstverweigerung (Art. 4 III 1 GG) entgegen.[97] Wegen ausschließlichen Bundeszuständigkeit für Verteidigungsangelegenheiten (Art. 73 I Nr. 1 GG) ist die Übernahme der Ermächtigung des Bundesgesetzgebers zur **Begründung von Dienstleistungspflichten** (Art. 12 a GG) ausgenommen.[98] Auf den Bundesbereich beschränken sich auch Art. 9 III 3 GG[99] sowie die Möglichkeit der Einschränkung bestimmter Grundrechte, die Art. 17 a GG für die Angehörigen der Streitkräfte und des Ersatzdienstes vorsieht.[100] Dasselbe gilt angesichts der Kompetenzherrschaft des Bundes im Staatsangehörigkeits-, Aufenthalts- und Asylrecht jedenfalls für die **Ausbürgerung** (Art. 16 I und Art. 73 I Nr. 2 GG) und **Auslieferung** (Art. 16 II und Art. 73 I Nr. 3 GG).[101] Für das **Asylrecht** gilt ebenfalls nichts anderes.[102] Teilweise wird zwar angenommen, dass neben dem abwehrrechtlichen Kern des Asylrechts ergänzende leistungsrechtliche Inhalte aus Art. 16 a GG herzuleiten sind, die über die Pflicht zur Duldung des Aufenthalts hinausgehen.[103] Die Ausführung entsprechender Regelungen obliegt den Ländern (vgl. §§ 10 ff. AsylbLG sowie §§ 44 ff. AsylVfG). Der Anspruch auf Leistungsgewährleistung ergibt sich aber nicht aus Art. 16 a

---

91 *Birn*, 49; *Braun*, Art. 2 Rn. 11; *Kohl* in: Classen/Litten/Wallerath, Art. 5 Rn. 14; *Maurer* in: HGR III, § 82 Rn. 81; *Maurer* in: Maurer/Hendler, 53; *Menzel*, 464 f.; iE ebenso *Dietlein*, AöR 120 (1995), 1 (10 f.); aA *Engelken/Braun*, Art. 2 Abs. 1 Rn. 16; *Zuck*, Landesverfassungsbeschwerde, Rn. 139.
92 *Birn*, 51; aA *Maurer* in: Maurer/Hendler, S. 53: Art. 5 III GG ergänzende Norm.
93 *Birn*, 52.
94 *Birn*, 56.
95 *Braun*, Art. 67 Rn. 4; iE ebenso *Maurer* in: Maurer/Hendler, 54.
96 *Epping* in: Epping/Butzer u.a., Art. 3 Rn. 24; *Grawert* in: HGR III, § 81 Rn. 29; aA offenbar *Engelken/Braun*, Art. 2 Abs. 1 Rn. 18 und *Birn*, 47: „Übernahme als deklaratorischer Hinweis".
97 *Epping* in: Epping/Butzer u.a., Art. 3 Rn. 24; *Grawert* in: HGR III, § 81 Rn. 29; aA offenbar *Kohl* in: Classen/Litten/Wallerath, Art. 5 Rn. 12; *Maurer* in: HGR III, § 82 Rn. 80; *Zuck*, Landesverfassungsbeschwerde, Rn. 82.
98 *Epping* in: Epping/Butzer u.a., Art. 3 Rn. 24; *Grawert* in: HGR III, § 81 Rn. 29; *Maurer* in: Maurer/Hendler, 53; aA *Zuck*, Landesverfassungsbeschwerde, Rn. 82. Das Thema hat sich mit der Aussetzung der Wehrpflicht rechtlich nicht erledigt (vgl. BT-Drs. 17/4803, S. 12 f.).
99 *Maurer* in: Maurer/Hendler, 54.
100 *Epping* in: Epping/Butzer u.a., Art. 3 Rn. 24; *Maurer* in: Maurer/Hendler, 53.
101 *Epping* in: Epping/Butzer u.a., Art. 3 Rn. 24; aA *Zuck*, Landesverfassungsbeschwerde, Rn. 82.
102 *Epping* in: Epping/Butzer u.a., Art. 3 Rn. 24; aA offenbar *Kohl* in: Classen/Litten/Wallerath, Art. 5 Rn. 10, 12 sowie *Zuck*, Landesverfassungsbeschwerde, Rn. 82.
103 So etwa *Masing* in: Dreier, Art. 16 a Rn. 91 ff.; *Randelzhofer* in: Maunz/Dürig, Art. 16 a Rn. 28.

GG, der lediglich ein Abwehrrecht enthält.[104] Ausländer, die sich im Bundesgebiet aufhalten, haben vielmehr unabhängig vom Grund ihrer Anwesenheit wie alle Menschen ein Grundrecht auf Gewährleistung eines menschenwürdigen Existenzminimums aus Art. 1 I GG iVm dem Sozialstaatsprinzip (Art. 20 I GG).[105] Auch migrationspolitische Erwägungen können kein Absenken des Leistungsstandards unter das physische und soziokulturelle Existenzminimum rechtfertigen.[106] Vereinzelt wird angenommen, auch die im Rahmen der Notstandsverfassung erfolgte Änderung des 11 II GG sei „nur bundesrechtlich relevant".[107] Dies trifft nicht zu. Art. 11 GG kann auch durch ein Landesgesetz eingeschränkt werden.[108] Auch betrifft Art. 11 II GG neben Freizügigkeitsbeschränkungen zu Verteidigungszwecken auch weitere Beschränkungsfälle.

In der wissenschaftlichen Literatur ist umstritten, ob der Verwirkungstatbestand des **Art. 18 GG** von der Rezeption erfasst ist.[109] **Die Verwirkungsentscheidung des BVerfG führt** nach zutreffender Auffassung ohne Weiteres **zur Verwirkung auch des Landesgrundrechts**.[110] Zwar wird vereinzelt eine landesverfassungsgerichtliche Kompetenz zu Verwirkungsentscheidungen mit der Begründung anerkannt, es handle sich um die „Kehrseite" der mit der Rezeption erfolgten Begründung eigenständiger Landesgrundrechte (→ Rn. 14).[111] Allerdings könnte sich der Betroffene dann weiterhin auf die auch die Landesstaatsgewalt bindenden Bundesgrundrechte berufen kann, solange und soweit das BVerfG keine entsprechende Entscheidung trifft. Umgekehrt kann sich der Betroffene bei einer letztlich nicht für alle Zukunft auszuschließenden Verwirkungsentscheidung des BVerfG gegenüber Akten der Landesstaatsgewalt weiterhin auf inhaltsgleiche Landesgrundrechte berufen, sähe man Art. 18 GG insgesamt für nicht übernommen an.[112]

26

---

104 *Sachs* in: Stern IV/1, 852; offengelassen von *Jarass* in: Jarass/Pieroth, Art. 16 a Rn. 30.
105 BVerfGE 132, 134, 159 ff.; *Sachs* in: Stern IV/1, 852.
106 BVerfGE 132, 134, 173; *Sachs* in: Stern IV/1, S. 852 m. w. N.
107 *Maurer* in: Maurer/Hendler, 54.
108 Vgl. *Pagenkopf* in: Sachs, GG, Art. 11 Rn. 23; *Sachs* in: Stern IV/1, 1148.
109 Die Bestimmung ist Ausdruck des bewussten verfassungspolitischen Willens zur Lösung eines Grenzproblems der freiheitlichen demokratischen Grundordnung (BVerfGE 5, 85 [139]; 100, 118 [123]). Sie dient der Bekämpfung individueller verfassungsfeindlicher Tätigkeit (BVerfGE 25, 88 [100]; 38, 23 [24]; *Stern* in: Stern I, 201), nicht der Unterdrückung bloß nonkonformistischer Gruppen (*Stern* in: Stern I, 202). Die Frage, ob der Verwirkungstatbestand des Art. 18 GG von der Übernahme umfasst ist, kann nicht etwa deshalb unbeantwortet bleiben, weil das Verfahren derzeit in BW nicht geregelt ist oder bisher durch das BVerfG keine Grundrechtsverwirkung ausgesprochen wurde. Es gab bisher vier Anträge, die sämtlich zurückgewiesen wurden (BVerfGE 11, 282; 38, 23 sowie BVerfG NJW 1998, 590). Art. 18 GG ist deshalb – ebenso wie andere Regelungen des GG, die bisher ein „Schattendasein" geführt haben – nicht überflüssig, vgl. *Bethge* in: HStR IV, § 203 Rn. 161; *Schliesky* in: HStR XII, § 277, Rn. 28; *Kohl* in: Classen/Litten/Wallerath, Art. 5 Rn. 13.
110 *Braun*, Art. 2 Rn. 11; *Epping* in: Epping/Butzer u.a., Art. 3 Rn. 25; *Krebs* in: v. Münch/Kunig, Art. 18 Rn. 24; *Pietzcker* in: HStR *Pietzcker*VI, § 134 Rn. 80; iE ebenso *Stern* in Stern III/2, 982; 1462: wegen der Schwere des Eingriffs müsse die Entscheidung über die Grundrechtsverwirkung beim BVerfG konzentriert sein.
111 *Dietlein*, AöR 120 (1995), 1 (16 f.).
112 *Birn*, 55 f.; vgl. auch *Klein* in: Maunz/Dürig, Art. 18 Rn. 145.

27 Ob einem Landesverfassungsgericht die Kompetenz zu Verwirkungsentscheidungen hinsichtlich solcher Landesgrundrechte zukommen kann, die im GG keine Entsprechung haben,[113] kann dahingestellt bleiben, weil die LV keine entsprechende Regelung enthält und Art. 18 I GG nur die dort aufgezählten Grundrechte betrifft.

5. Notwendigkeit der Modifikation („maßstäbliche Verkleinerung")

28 Wegen des auf das Gebiet des Landes BW beschränkten Geltungsbereichs der rezipierten Grundrechte und staatsbürgerlichen Rechte und ihrer grundsätzlich[114] auf die Landesstaatsgewalt beschränkten Bindungswirkung ist eine gewisse Anpassung bzw. Umformung des Norminhalts der rezipierten Grundrechte – und staatsbürgerlichen Rechte – erforderlich,[115] die meist mit dem Begriff „maßstäbliche Verkleinerung"[116] umschrieben wird und damit im Ergebnis eine „partielle Übernahme"[117] der für die Landesstaatsgewalt relevanten Regelungsgehalte der Bundesgrundrechte darstellen.

29 Im Bereich von **Leistungsansprüchen** sind deshalb nur Bewohner des Landes BW erfasst.[118] Grundrechtliche **Schutzpflichten** (dazu o., → Art. 1 Rn. 14) bestehen allein im Hinblick auf Gefahren auf dem Landesgebiet.[119] Die **Freizügigkeit** wird nur für das Landesgebiet gewährleistet.[120] Einzelfallverbot und Zitiergebot (Art. 19 I 1 GG) gelten „nach der Verfassung".[121]

30 **Kein Anpassungsbedarf** besteht **bei** den sog. **Deutschenrechten**, also Grundrechten, die nach dem GG nur Deutschen iSd Art. 116 GG zustehen (Art. 8, Art. 9 I, Art. 11, Art. 16 I, Art. 16 II 1, Art. 20 IV sowie Art. 33 und 38 GG). Sie stehen auch in ihrer Eigenschaft als Landesgrundrechte und staatsbürgerliche Rechte allen Deutschen zu, nicht nur „Bürgern" Baden-Württembergs bzw. solchen Deutschen, die sich gewöhnlich dort aufhalten.[122] Eine solche Beschränkung wäre mit Art. 3 I GG[123] und – soweit

---

113 *Krebs* in: v. Münch/Kunig, Art. 18 Rn. 24; *Pietzcker* in: HStR VI, § 134 Rn. 80.
114 BVerfGE 96, 345 (371); SächsVerfGH, NJW 1999, 51; *Birn*, 45; *Korioth* in: Maunz/Dürig, Art. 142 Rn. 16; *Kunig* in: v. Münch/Kunig, Art. 142 Rn. 14. Davon zu unterscheiden ist die Frage, ob und unter welchen Voraussetzungen weitergehende Landesgrundrechte bei der Ausführung von Bundesrecht von Landesbehörden und – im Rahmen der bundeseigenen Verwaltung – von Bundesbehörden zu beachten sind; vgl. dazu etwa *Jutzi*, DÖV 1983, 836 (839); *Korioth* in: Maunz/Dürig, Art. 142 Rn. 15; *Sachs*, DÖV 1985, 469 (474 ff.); *Stern* in: Stern III/2, 1471 f.
115 *Braun*, Art. 2 Rn. 10; *Dietlein*, AöR 120 (1995), 1 (8 f.); *Grawert* in: HGR III, § 81 Rn. 27; *Maurer* in: HGR III, § 82 Rn. 80; *Menzel*, 465; *Stern* in: Stern III/2, 1442.
116 *Birn*, 46; *Maurer* in: HGR III § 82 Rn. 80; *Menzel*, S. 465; *Stern* in: Stern III/2, 1442.
117 *Dietlein*, AöR 120 (1995), 1 (8 f.).
118 *Epping* in: Epping/Butzer u.a., Art. 3 Rn. 23; *Menzel*, 465.
119 *Menzel*, 465.
120 *Birn*, 53; *Braun*, Art. 2 Rn. 10; *Epping* in: Epping/Butzer u.a., Art. 3 Rn. 23; *Maurer* in: HGR III, § 82 Rn. 80; *Menzel*, S. 465; *Nordmann*, NordÖR 2009, 97 (99).
121 *Braun*, Art. 2 Rn. 10.
122 Vgl. *Grawert* in: HGR III, § 81 Rn. 28; *Menzel*, 465.
123 BVerfGE 33, 303 (351); 112, 74 (83 ff.); *Grawert* in: HGR III, § 81 Rn. 28.

es um staatsbürgerliche Rechte geht – mit Art. 33 I GG[124] unvereinbar, zudem für BW auch nicht gewollt.[125] Überdies gibt es keine spezifische Landesstaatsangehörigkeit.[126] Neben deutschen Staatsangehörigem sind **im Anwendungsbereich der Unionsverträge** alle **Unionsbürger** grundrechtsberechtigt.[127]

6. Die rezipierten „staatsbürgerlichen Rechte"

Von den staatsbürgerlichen Rechten sind **Art. 33 I**,[128] **II**,[129] **III**[130] und **V GG**[131] übernommen, ebenso **Art. 97 I GG**.[132] Art. 38 GG ist wegen der Regelung des aktiven und passiven Wahlrechts in Art. 26 ff. LV von der Rezeption ausgenommen.[133] Als Folge der „maßstäbliche Verkleinerung" können auch die rezipierten staatsbürgerlichen Rechte nur gegenüber der Landesstaatsgewalt und begrenzt auf das Landesgebiet geltend gemacht werden.[134]

31

II. Das Menschenrecht auf Heimat (Art. 2 II LV)

Der rechtliche Gehalt des Heimatrechts ist unklar und bis heute wenig fassbar.[135] Der Begriff **Heimat** umfasst zudem unterschiedliche Dimensionen.[136] Recht auf Heimat ist primär ein nach außen gerichtetes, also völkerrechtliches Recht, soweit es darauf abzielt, auf das Schicksal der Vertriebenen sowie der Flüchtlinge hinzuweisen und Wiedergutmachung für diese zu erreichen.[137] Als solches kann es mit den Begriffen „Selbstbestimmungsrecht", „Diskriminierungsverbot", „Verbot der Zwangsumsied-

32

---

124 Vgl. *Epping* in: Epping/Butzer u.a., Art. 3 Rn. 23; *Maurer* in: Maurer/Hendler, 53.
125 Vgl. *Birn*, 46; *Braun*, Art. 2 Rn. 10.
126 *Battis* in: Sachs, GG, Art. 33 Rn. 16; *Maurer* in: Maurer/Hendler, 53.
127 Soweit Art. 18 AEUV und die besonderen Diskriminierungsverbote der EU Grundfreiheiten eine Diskriminierung verbieten, müssen Bürger anderer EU-Staaten wie Deutsche behandelt werden, so *Jarass* in; Jarass/Pieroth, Art. 19 Rn. 12; aA *Di Fabio* in: Maunz/Dürig, Art. 2 Abs. 1 Rn. 35; *Epping* in: Epping/Butzer u.a., Art. 3 Rn. 23.
128 *Berlit*, NVwZ 1994, 11 (14); *Birn*, 57; *Braun*, Art. 2 Rn. 10; aA etwa *Epping* in: Epping/Butzer u.a., Art. 3 Rn. 33; *Maurer* in: Maurer/Hendler, 53; *Zuck*, Landesverfassungsbeschwerde, Rn. 82.
129 StGH, B. v. 14.5.2014 – 1 VB 122/13 – juris; *Berlit*, NVwZ 1994, 11 (14); *Maurer* in: Maurer/Hendler, 53.
130 *Berlit*, NVwZ 1994, 11 (14); *Birn*, 57; *Epping* in: Epping/Butzer u.a., Art. 3 Rn. 33; *Maurer* in: Maurer/Hendler, 53.
131 Str.; wie hier: VerfGH NRW, DVBl. 2014, 1059 f. (als „grundrechtsgleiches Recht") unter Hinweis auf BVerfGE 8, 1 (17) und 130, 263 (292); *Berlit*, NVwZ 1994, 11 (14); *Birn*, 57 f.; aA etwa *Epping* in: Epping/Butzer u.a., Art. 3 Rn. 33; *Maurer* in: Maurer/Hendler, 53.
132 Es handelt sich um kein Grundrecht, vgl. BVerfGE 12, 81 (88); 55, 372 (392); *Detterbeck* in: Sachs, GG, Art. 97 Rn. 7; aA *Zuck*, Landesverfassungsbeschwerde, Rn. 82.
133 *Birn*, 58; *Braun*, Art. 2 Rn. 11; aA *Zuck*, Landesverfassungsbeschwerde, Rn. 83.
134 So *Nordmann*, NordÖR 2009, 97 (99) für die Verf. SchlH.
135 *Menzel*, 363.
136 Vgl. etwa BVerfGE 102, 41 ff.; *Kimminich*, 11 ff.; *Merten* in: HGR IV (1992), § 94 Rn. 76; *Sachs* in: Stern IV/2, 1732 ff.; *Stern* in: Stern IV/2, 344, zählt die Bestimmung zu den kulturell relevanten Vorschriften der Landesverfassungen.
137 Merten in: HGR IV, § 94 Rn. 72, 76; ähnlich *Braun*, Art. 2 Rn. 14.

lung", „Minderheitenschutz" und „Diskriminierungsverbot für einzelne Bevölkerungsgruppen" umrissen werden.[138] Innerstaatlich finden die wesentlichen Aspekte des Rechts auf Heimat im Rahmen des **Grundrechtsschutzes aus Art. 2 I LV iVm Art. 3 III, 11 I und 14 GG** Berücksichtigung. Folgerichtig wird in der Literatur auf den Wortlaut der Norm („darüber hinaus") und den Zusammenhang mit Art. 2 I LV hingewiesen.[139]

33 So folgt aus dem durch **Art. 2 I LV iVm Art. 11 I GG** gewährleisteten Recht eines jedes Deutschen, an jedem Ort, in jeder Region und in jedem Land seiner Wahl zu bleiben, im Ergebnis bereits ein Recht auf Heimat.[140] Der Schutzbereich des Art. 11 I GG erfasst zwar nicht die Situationsbezogenheit der Ansässigkeit.[141] Dieser Mangel wird aber durch die heimatbezogene Anreicherung kompensiert, die **Art. 2 I LV iVm Art. 14 GG** durch die neuere Rechtsprechung des BVerfG erfahren hat. Danach schützt Art. 14 GG den Bestand des konkreten (Wohn-)Eigentums auch in dessen gewachsenen Bezügen in sozialer Hinsicht, soweit sie an örtlich verfestigten Eigentumspositionen anknüpfen, und vermittelt den von großflächigen Umsiedlungsmaßnahmen in ihrem Eigentum Betroffenen einen Anspruch darauf, dass bei der Gesamtabwägung das konkrete Ausmaß der Umsiedlungen und die mit ihnen für die verschiedenen Betroffenen verbundenen Belastungen berücksichtigt werden.[142] Weiter verbietet Art. 2 I LV iVm Art. 3 III GG Diskriminierungen aufgrund der Heimat. Darüber hinaus ist auf die im 4. Zusatzprotokoll der EMRK enthaltenen Verbote der Ausweisung eigener Staatsangehöriger (Art. 3) und der Kollektivausweisung ausländischer Personen (Art. 4)[143] hinzuweisen. Die Frage, ob auch Ausländer vom Begriff des "Volkes" in Art. 2 II LV erfasst sind,[144] stellt sich nicht, da ihnen im Hinblick auf Art. 31 GG kein weitergehender als der bereits nach den Regelungen des Aufenthaltsgesetzes (insb. § 25 AufenthG) und der Menschenrechtskonvention (insb. Art. 8 EMRK) bestehende Schutz eingeräumt werden könnte.[145] Der Einwand, die Regelung könne ihrem Sinn, neueste Entwicklungen im Menschenrechtsschutz aufzunehmen, nur gerecht werden, wenn sie dem zum Teil als Völkerrechtssubjekt anerkannten Individuum auch ein subjektives Recht auf Heimat gewährt,[146] überzeugt nicht. Ein eigenständiger, wenn auch kleiner Schutzbereich des Art. 2 II LV[147] ist nicht erkennbar.[148]

---

138 Merten in: HGR IV, § 94 Rn. 73.
139 *Braun*, Art. 2 Rn. 13.
140 Vgl. *Merten* in: HGR IV (1992), § 94 Rn. 72, 76 mwN.
141 BVerfG NVwZ 2014, 211 (225 f.); *Merten* in: HGR IV (1992), § 94 Rn. 76.
142 BVerfG NVwZ 2014, 211 (223 ff.).
143 Protokoll Nr. 4 zur Konvention zum Schutze der Menschenrechte und Grundfreiheiten, durch das gewisse Rechte und Freiheiten gewährleistet werden, die nicht bereits in der Konvention oder im ersten Zusatzprotokoll enthalten sind, idF der Bekanntmachung v. 17.5.2002 (BGBl. 2002 II, 1054, 1074), und der Bekanntmachung der Neufassung v. 22.10.2010 (BGBl. 2010 II, 1198, 1220).
144 So offenbar *Eisert*, 288; offen gelassen von VGH BW, VBlBW 2006, 200 (205).
145 VGH BW, VBlBW 2006, 200 (205); vgl. auch *Rüfner* in: HStR IX, § 196 Rn. 48.
146 *Schimpf/Partsch*, LKV 1994, 47 (48).
147 So *Zuck*, Landesverfassungsbeschwerde, Rn. 311.
148 Ähnlich *Braun*, Art. 2 Rn. 14.

Die Norm begründet vielmehr objektivrechtlich die Pflicht der Staatsorgane, in erster Linie des Gesetzgebers, das Recht auf Heimat bewusst zu machen und anzuerkennen sowie es im Rahmen ihrer Möglichkeiten zu fördern.[149] Die Bestimmung gibt den Staatsorganen damit nur ein grundlegendes Ziel vor. Die Wahl des Weges und der Mittel zur Zielverwirklichung sowie die Konkretisierung des Zielbereichs[150] weisen sie dem demokratisch legitimierten Gesetzgeber zu.[151] Er verfügt dabei – schon im Hinblick auf die Unbestimmtheit des Begriffs „Heimat" – über einen weiten, richterlich kaum überprüfbaren Gestaltungsspielraum.[152]

34

Artikel 2 a [Rechte und Schutz von Kindern und Jugendlichen]

Kinder und Jugendliche haben als eigenständige Persönlichkeiten ein Recht auf Achtung ihrer Würde, auf gewaltfreie Erziehung und auf besonderen Schutz.

Schrifttum:

Herdegen, Die Aufnahme besonderer Rechte des Kindes in die Verfassung, FamRZ 1993, 374; *G. Kirchhof*, Kinderrechte in der Verfassung – zur Diskussion einer Grundgesetzänderung, ZRP 2007, 149.

Vergleichbare Regelungen: Art. 125 I 2 BayVerf, 13 I BerlVerf, 27 I, III 1 BbgVerf, 25 I BremVerf, 24 III LSAVerf, 14 I 1 MVVerf, 4 a I NdsVerf, 6 I NRWVerf, 24 S. 1, 2 RPVerf, 24 a I SaarlVerf, 10 III 2 SchlHVerf, 19 I ThürVerf.

Ergänzende Normen: Gesetz über die Betreuung und Förderung von Kindern in Kindergärten, anderen Tageseinrichtungen und der Kindertagespflege (Kindertagesbetreuungsgesetz – KiTaG) v. 19.3.2009 (GBl. 161); Gesetz zum präventiven Schutz der Gesundheit von Kindern und Jugendlichen in BW (Kinderschutzgesetz BW) v. 3.3.2009 (GBl. 82); VO des Sozialministeriums über Zuständigkeiten nach dem Jugendschutzgesetz v. 23.4.2004 (GBl. 249); Kinder- und Jugendhilfegesetz für BW (LKJHG) idF v. 14.4.2005 (GBl. 376); VO des Sozialministeriums zur Durchführung schulärztlicher Untersuchungen sowie zielgruppenspezifischer Untersuchungen und Maßnahmen in Kindertageseinrichtungen und Schulen (Schuluntersuchungsverordnung) v. 8.12.2011 (GBl. 559).

A. Überblick und Einordnung	1	B. Erläuterung	7
I. Bedeutung	1	I. Regelungsgehalt	7
II. Herkunft, Entstehung, Geschichte	2	II. Umsetzung	12
III. Verfassungsvergleichende Einordnung	3		

A. Überblick und Einordnung

I. Bedeutung

Art. 2 a I LV enthält ein **Staatsziel** und legt ferner dem Staat im Bereich des Kinder- und Jugendschutzes Pflichten auf. Es handelt sich um eine **rechtlich**

1

---

149 *Feuchte*, BWVPr 1993, 241 (245).
150 Zu dieser Differenzierung vgl. *Sommermann*, 377 ff.
151 *Degenhart*, LKV 1993, 33 (35).
152 BVerfGE 36, 1 (17); *Sommermann*, 427 ff.

verbindliche Verfassungsnorm, die dem einzelnen Kind oder Jugendlichen allerdings **kein subjektives Recht** gewährt, sondern objektiv-rechtlich die Staatsorgane, in erster Linie den Gesetzgeber, zur Beachtung und Verwirklichung des von ihr gesetzten Ziels und des in ihr enthaltenen Schutzauftrags verpflichtet.[1] Der verfassungsändernde Gesetzgeber war befugt, die Regelung in die LV aufzunehmen, weil die Länder aufgrund ihrer Verfassungsautonomie ihr Verfassungs- und Staatsorganisationsrecht selbst ordnen dürfen, beschränkt nur durch die Homogenitätsklausel des Art. 28 I 1 GG (für Grundrechte ist Art. 142 GG lex specialis).[2] Sie können in ihre Verfassungen auch Staatszielbestimmungen zu Sachbereichen aufnehmen, für die die Gesetzgebungszuständigkeit beim Bund liegt (bei Widerspruch zum Bundesrecht gilt Art. 31 GG).[3] Zur Ausfüllung von Staatszielbestimmungen ist der Landesgesetzgeber jedoch nur im Rahmen der Art. 70 ff. GG befugt.[4]

II. Herkunft, Entstehung, Geschichte

2 Die Bestimmung wurde im Zuge der Novellierung der LV im Jahre 2015 eingefügt.[5] Mit der Norm soll nach dem Willen des verfassungsändernden Gesetzgebers eine **grundsätzliche Wertentscheidung zugunsten von Kindern und Jugendlichen** an exponierter Stelle in der LV getroffen werden. Über die durch Art. 2 I LV rezipierten Grundrechte des GG hinaus soll ein bewusstes und deutliches Zeichen für eine kinderfreundliche Gesellschaft gesetzt und eine besondere Wertschätzung gegenüber Kindern und Jugendlichen bekundet werden. Mit dem Begriff „eigenständige Persönlichkeit" soll ferner zum Ausdruck gebracht werden, dass Kinder und Jugendliche entsprechend ernst und alters- und entwicklungsgemäß in allen Angelegenheiten, die sie betreffen, angemessen beteiligt werden, wie dies auch in Art. 12 KRK vorgesehen ist.[6]

III. Verfassungsvergleichende Einordnung

3 Vergleichbare Regelungen, wenn auch jeweils in unterschiedlicher Ausgestaltung, finden sich mit Ausnahme der Verfassungen Hamburgs, Hessens und Sachsens in sämtlichen anderen Landesverfassungen.

4 Das GG enthält keine Art. 2 a LV entsprechende Bestimmung. Über die **Aufnahme spezieller Kinderrechte ins GG** wird zwar seit Jahren diskutiert.[7] Dahin gehende Bestrebungen haben bislang zwar nicht die erforderliche Mehrheit gefunden.[8] Mittlerweile vertritt aber u. a. auch die Justizmi-

---

1 GesE Änderung LV, LT-Drs. 15/7412, 5.
2 BVerfGE 96, 345 (368 f.); 98, 145 (157 f.); *Degenhart* in: Sachs, GG, Art. 70 Rn. 22 u. 71 Rn. 6.
3 *Degenhart* in: Sachs, GG, Art. 70 Rn. 23.
4 BVerfGE 119, 59 (81 ff.); VerfGH Rh-Pf NVwZ 2001, 553 (554); *Degenhart* in: Sachs, GG, Art. 70 Rn. 23.
5 ÄndG LV v. 15.2.1995 (GBl. S. 269).
6 GesE Änderung LV, LT-Drs. 15/7412, S. 5.
7 Vgl. etwa GVK, BT-Drs. 12/6000, S. 55; *Herdegen*, FamRZ 1993, 374 ff.; *G. Kirchhof*, ZRP 2007, 149 ff.
8 Vgl. etwa GVK, BT-Drs. 12/6000, S. 59 f. sowie 125. Sitzung d. Deutschen Bundestags BT-PlPr. 8/125, S. 12178 ff.

nisterkonferenz die Ansicht, „dass Kinderrechte in das GG aufgenommen werden sollten, um die Rechtsstellung und das besondere Schutzbedürfnis von Kindern deutlich zum Ausdruck zu bringen."[9] Im Übrigen werden Kinder in Art. 6 II 1, III GG und darüber hinaus in Art. 7 II GG ausdrücklich erwähnt. Ein das Kindeswohl gefährdendes elterliches Verhalten berechtigt und verpflichtet den Staat aufgrund der in Art. 6 II 2, III GG verankerten Schutzpflicht zur Intervention. Nach der von der wissenschaftlichen Literatur[10] geteilten Auffassung des BVerfG ist zudem „das Kind als Grundrechtsträger selbst ein Wesen mit eigener Menschenwürde und eigenen Recht auf Entfaltung seiner Persönlichkeit im Sinne des Artikel 1 Abs. 1 und 2 Abs. 1 GG."[11]

Eine Reihe eigener Rechte räumt Kindern **Art. 24 EU-GRCh** ein.[12] Darüber hinaus sieht Art. 32 EU-GRCh ein Verbot der Kinderarbeit und verschiedene Bestimmungen zum Schutz Jugendlicher am Arbeitsplatz vor. Allerdings gilt die EU-GRCh nach ihrem Art. 51 I 1 ausschließlich bei der Durchführung des Unionsrechts.[13]

Für die internationale Ebene ist auf das **Übereinkommen über die Rechte des Kindes** vom 20.11.1989 (**KRK**) hinzuweisen. Nach Art. 4, 1 KRK treffen die Vertragsstaaten alle geeigneten Gesetzgebungs-, Verwaltungs- und sonstigen Maßnahmen zur Verwirklichung der in diesem Übereinkommen anerkannten Rechte. Die KRK ist aufgrund des Zustimmungsgesetzes vom 17.2.1992 (BGBl. 1992 II, 122) unmittelbar geltendes Bundesrecht.[14] Bei der Ratifizierung erklärte Vorbehalte (BGBl. 1992 II, 990) sind zwischenzeitlich zurückgenommen worden (BGBl. 2011 II, 600). Im Hinblick auf die Völkerrechtsfreundlichkeit des GG ist sie ebenso wie die EMRK (vgl. dazu → Art. 2 Rn. 22) als **Auslegungshilfe** für die Bestimmung von Inhalt und Reichweite von Grundrechten und rechtsstaatlichen Grundsätzen auch der LV heranzuziehen.[15]

B. Erläuterung

I. Regelungsgehalt

Als Norm objektiven Verfassungsrechts verpflichtet die Bestimmung dazu, die von ihr gesetzten Ziele sowie den in ihr enthaltenen Schutzauftrag nach Maßgabe ihres Inhalts zu verwirklichen.[16] Art. 2 a LV bindet ausschließlich den Staat. Die Frage, ob die Bestimmung darüber hinaus auch die **Gemeinden und Gemeindeverbände** in die Pflicht nimmt, ist zu verneinen. Im Unterschied zu dem zeitgleich neu gefassten Art. 13, 2 LV werden in der Norm zwar keine **Adressaten** genannt. Die Gemeinden sind in der LV aber

---

9 Beschluss vom 17.11.2016 zu TOP I.1 (https://mdjev.brandenburg.de/media_fast/6228/top_i.1_-_aufnahme_von_kinderrechten_in_das_grundgesetz_herbstkonferenz.pdf; 1.11.2017).
10 Vgl. *Stern* in: Stern IV/1, 587 (Fn. 1097).
11 BVerfGE 24, 119 (144); 121, 69 (92).
12 Näher dazu *Stern* in: Stern IV/1, 649 f.
13 BVerfGE 133, 277 (316).
14 BVerfG, B. v. 5.7.2013 – 2 BvR 708/12 – juris, Rn. 21.
15 Vgl. BVerfG, B. v. 5.7.2013 – 2 BvR 708/12 – juris, Rn. 21; BVerfGE NJW 2015, 3366 (3367).
16 Vgl. BVerfGE 36, 1 (17); 82, 60 (80).

an anderer Stelle ausdrücklich erwähnt (vgl. Art. 3 c I, II; 11 II; 13, 2; 14 III 1; 22 LV). Entsprechendes gilt für die Gemeindeverbände (vgl. Art. 3 c I; 11 III; 13, 2; 14 III 1 LV). Insbesondere im Hinblick auf die am 5.12.2015 in Kraft getretene Ergänzung des den Jugendschutz regelnden Art. 13, 2 LV um die Gemeindeverbände[17] hätte es nahegelegen, Gemeinden und Gemeindeverbände auch in Art. 2 a zu erwähnen, wenn jene durch diese Bestimmung hätten in die Pflicht genommen werden sollen. Hierfür spricht auch, dass in der Begründung zum Gesetzentwurf ausschließlich der Staat genannt wird.[18]

8 Nach den Intentionen des Gesetzgebers soll der Staat der besonderen Schutzbedürftigkeit von Kindern und Jugendlichen, speziell der **Bedeutung eines gewaltfreien Aufwachsens** dieses Personenkreises, bei seinen Entscheidungen und Maßnahmen Rechnung tragen. Aus der Verwendung des Begriffs „als eigenständige Persönlichkeiten" ergibt sich, dass Kinder und Jugendliche entsprechend ernst genommen werden und in allen sie betreffenden Angelegenheiten angemessen beteiligt werden sollen.[19] Ungeachtet der in Art. 2 a getroffenen grundsätzlichen Wertentscheidung zugunsten von Kindern und Jugendlichen exponierter Stelle in der LV kommt der Norm allerdings nur begrenzte Bedeutung zu. Sie ist verfassungsrechtlich nicht notwendig.

9 Die Menschenwürde von Kindern und Jugendlichen ist bereits durch Art. 1 I GG bzw. Art. 2 I LV iVm Art. 1 I GG umfassend geschützt. Entsprechendes gilt für deren allgemeines Persönlichkeitsrecht aus Art. 2 I GG iVm Art. 1 I GG bzw. Art. 2 I LV iVm Art. 2 I, 1 I GG und das Recht auf Leben sowie körperliche Unversehrtheit nach Art. 2 II 1 GG bzw. Art. 2 I LV iVm Art. 2 II 1 GG. Aufgrund der Schutzfunktion der im GG und damit durch Art. 2 I LV zusätzlich durch die LV garantierten Grundrechte ist der Staat, in erster Linie der Gesetzgeber, verpflichtet, sich schützend und fördernd vor die durch die Grundrechte geschützten Rechtsgüter zu stellen und sie gegebenenfalls vor mit der Verfassung unvereinbaren Beeinträchtigungen Dritter oder der Gefahr solcher Beeinträchtigungen zu bewahren.[20] Diese **Schutzpflicht** obliegt ihm namentlich gegenüber Kindern und Jugendlichen,[21] unabhängig von der im Einzelnen umstrittenen Frage, ob und ab wann jene selbst Grundrechte ausüben können.[22] Speziell im Hinblick auf Kinder und Jugendliche enthält Art. 6 II GG als wertentscheidende Grundsatznorm einen allgemeinen Schutzauftrag zugunsten verantwortlicher elterlicher Erziehung, der von allen staatlichen Gewalten zu erfüllen ist (Art. 1 III GG bzw. Art. 2 I LV iVm Art. 1 III GG). Im Mittelpunkt hat das Wohl des Kindes bzw. des Jugendlichen zu stehen. Gefahren für deren Entwicklung durch Dritte ist entgegen zu wirken.[23]

---

17 23. LVÄndG v. 1.12.2015 (GBl. 1032).
18 GesE Änderung LV, LT-Drs. 15/7412, 5. Der parlamentarischen Aussprache lässt sich zu dieser Frage nichts entnehmen (vgl. Pl.-Prot. 15/136, 8157 ff.).
19 GesE Änderung LV, LT-Drs. 15/7412, 5.
20 BVerfGE 39, 1 (42); BVerfG EuGRZ 2010, 145 ff.
21 Vgl. etwa BVerfG NJW 2012, 1062 ff. (Sonnenstudioverbot).
22 Vgl. dazu etwa *Sachs*, in: Sachs, GG, Vor Art. 1 Rn. 75 f.
23 *Stern* in: Stern IV/1, 512 f.

Der Bund hat aufgrund der konkurrierenden Gesetzgebungskompetenz 10
nach Art. 74 I Nr. 1 (bürgerliches Recht und Strafrecht), 7 (öffentliche Fürsorge), 12 (Arbeitsschutz) GG eine Vielzahl von Regelungen zum Schutz und zur Förderung von Kindern und Jugendlichen getroffen. So enthält bereits der als Bundesgesetz ranghöhere § 1631 II BGB ein Recht auf gewaltfreie Erziehung sowie das Verbot körperlicher Bestrafungen, seelischer Verletzungen und anderer entwürdigende Maßnahmen. Schwere Verstöße können strafrechtliche Sanktionen nach sich ziehen (vgl. §§ 174, 225 StGB). Bei Gefährdung des Kindeswohls ermöglicht § 1666 BGB gerichtliche Maßnahmen. Umfassende Regelungen zum Kinder- und Jugendschutz enthält das am 1.1.2012 in Kraft getretene Kinderschutzgesetz vom 22.12.2011 (BGBl. I 2975). Sein Kern ist das durch Art. 1 neu geschaffene Gesetz zur Kooperation und Information im Kinderschutz (KKG). Es umfasst Bestimmungen zur Information von Eltern über Unterstützungsangebote in Fragen der Kindesentwicklung und schafft Rahmenbedingungen für verbindliche Netzwerkstrukturen im Kinderschutz. Zudem regelt es die Beratung und die Übermittlung von Informationen durch Geheimnisträger wie etwa Ärzte, Lehrer und Sozialarbeiter bei Kindeswohlgefährdung. Besonders hinzuweisen ist daneben auf den in § 8 a SGB VIII normierten Schutzauftrag des Jugendamtes bei Kindeswohlgefährdung. Angesichts umfassender bundesrechtlicher Regelungen sowie im Hinblick auf die **für den Jugendschutz speziellere Regelung** des Art. 13 LV bleiben dem Land nur beschränkte Gestaltungsmöglichkeiten zur Konkretisierung der Norm. Dies betrifft die Einrichtung von Behörden und das Verwaltungsverfahren sowie Regelungen zur Ausführung von Bundesgesetzen.

Vollziehende Gewalt und Rechtsprechung haben die von Art. 2 a LV gesetz- 11
ten Ziele sowie den in der Norm enthaltenen Schutzauftrag **bei der Auslegung von Landesgesetzen**,[24] namentlich bei der Interpretation unbestimmter Rechtsbegriffe wie dem des „öffentlichen Interesses" oder dem des „Wohls der Allgemeinheit" ebenso zu berücksichtigen wie bei **Abwägungsvorgängen** und **Ermessensentscheidungen**. Diese sind freilich anderen Staatszielen, Verfassungsprinzipien und Verfassungsrechtsgütern nicht übergeordnet.[25] Zielkonflikte sind vielmehr jeweils durch fallbezogene Abwägung zu lösen[26]

II. Umsetzung

Für BW ist neben den eingangs erwähnten Regelungen namentlich auf 12
- die Förderung der Kleinkindbetreuung nach dem **Kindertagesbetreuungsgesetz,**
- die Verbesserung der gesundheitlichen Vorsorge und des Kinderschutzes (Pflicht der Eltern, die Teilnahme ihrer Kinder an den Früherkennungsuntersuchungen sicherzustellen; Mitteilungspflicht von Ärztinnen und Ärzten, Hebammen und Entbindungspfleger bei gewichtigen Anhaltspunkten für eine Misshandlung, Vernachlässigung oder einen se-

---

24 Dem Landesgesetzgeber ist es verwehrt, bundesrechtliche Regelungen zu steuern (aA offenbar *Engelken/Braun*, Art. 2 a Rn. 10).
25 Vgl. *Sommermann*, 360 f.; 411 ff.
26 Vgl. dazu namentlich *Sommermann*, 411 ff.

xuellen Missbrauch eines Kindes oder Jugendlichen sowie die verbindliche Zusammenarbeit der Gesundheitsbehörden mit den Jugendämtern beim Kinderschutz nach dem **Kinderschutzgesetz**),
- die Durchführung schulärztlicher Untersuchungen nach § 91 SchulG sowie zielgruppenspezifischer Untersuchungen und Maßnahmen in Kindertageseinrichtungen und Schulen nach der **Schuluntersuchungsverordnung** sowie
- die Förderung von Maßnahmen im Bereich der Jugendbildung und Jugendhilfe nach Maßgabe des aufgrund von § 10 LKJHG erstellten **Landesjugendplans** (der parallel zum jeweiligen Staatshaushaltsplan erstellt wird und die wichtigsten Informationen über die Verteilung und die Höhe der finanziellen Fördermittel des Landes für den Bereich Jugend enthält; gleichzeitig ist darin auch festgelegt, welche Bildungs-, Beratungs- oder Freizeitmaßnahmen in welcher Höhe finanzielle Unterstützung erhalten; der Landesjugendplan enthält die Ausgaben verschiedener Ressorts auf diesem Gebiet)

hinzuweisen.

Artikel 2 b [Verbot der Benachteiligung Behinderter]

Niemand darf wegen seiner Behinderung benachteiligt werden.

Schrifttum:

Beaucamp, Das Behindertengrundrecht (Art. 3 Abs. 3 Satz 2 GG) im System der Grundrechtsdogmatik, DVBl. 2002, 997; *Krajewski*, Ein Menschrecht auf integrativen Schulunterricht, JZ 2010, 120; *Neumann*, Der verfassungsrechtliche Begriff der Behinderung, NJW 2003, 897; *Riedel/Arend*, Im Zweifel Inklusion, NVwZ 2010, 1346; *Sannwald*, Die Reform des Grundgesetzes, NJW 1994, 313; *Sannwald/Sannwald*, Die Reform der Verfassung des Landes Baden-Württemberg, BWVPr 1995, 217; *Sommermann*, Staatsziele und Staatszielbestimmungen, 1997.

Vergleichbare Regelungen: Art. 3 III 2 GG, 118a 1 BayVerf, 11 1 BerlVerf, 12 II BbgVerf, 2 III 1 BremVerf, 12 IV SaarlVerf, sowie Art. 5 III MVVerf, 3 II 1 NdsVerf, 4 I NRWVerf, 2 a SchlHVerf jeweils iVm Art. 3 II 2 GG.

Ergänzende Normen: Landesgesetz zur Gleichstellung von Menschen mit Behinderungen − (Landes-Behindertengleichstellungsgesetz − L-BGG) v. 17.12.2014 (GBl. S. 819).

Leitentscheidungen: BVerfGE 96, 288 (Sonderschulzuweisung).

A. Überblick und Einordnung	1	B. Erläuterung	6
I. Bedeutung	1	I. Benachteiligungsverbot	6
II. Herkunft, Entstehung, Geschichte	3	II. Rechtfertigung	11
III. Verfassungsvergleichende Einordnung	4	III. Umsetzung des Förderauftrags	13

[Verbot der Benachteiligung Behinderter] Artikel 2 b

A. Überblick und Einordnung

I. Bedeutung

Das in Art. 2 b LV enthaltene Benachteiligungsverbot zugunsten von Menschen mit Behinderungen stimmt in Wortlaut und Inhalt mit Art. 3 III 2 GG überein. Diese Bestimmung wurde durch Art. 1 Nr. 1 Buchst. b des Gesetzes zur Änderung des GG v. 27.10.1994 (BGBl. I, 3146) eingeführt. Sie ist am 15.11.1994 in Kraft getreten. Entgegen der im Vorblatt zum Gesetzentwurf verwendeten Formulierung[1] handelt es sich nicht lediglich um eine Staatszielbestimmung, sondern um ein **Abwehrgrundrecht**.[2] Ihm ist allerdings – vor allem iVm dem Sozialstaatsprinzip (Art. 20 III GG, 23 I LV) – ein **Förderauftrag** an den Staat inhärent, auf die gleichberechtigte Teilhabe von Menschen mit Behinderung hinzuwirken.[3] Die Norm fließt zudem als Teil der objektiven Wertordnung auch in die Auslegung und Gestaltung der Normen des einfachen Rechts ein.[4] 1

Ungeachtet der wörtlichen Wiederholung des Bundesgrundrechts handelt es sich um ein **eigenständiges Grundrecht des Landesrechts** (→ Art. 2 Rn. 14 zu den durch Art. 2 I LV übernommenen Bundesgrundrechten). Eine derart parallele Bestimmung hat aufgrund der in Art. 28 I GG vorausgesetzten Eigenstaatlichkeit und Verfassungsautonomie der Länder Bestand.[5] Ihre Aufnahme in die LV ist kein rein deklaratorischer Rechtsakt.[6] 2

II. Herkunft, Entstehung, Geschichte

Die Norm wurde **im Rahmen der Novellierung der LV im Jahre 1995** als Art. 2 a eingeführt.[7] Sie entspricht sowohl dem Wortlaut als auch dem Inhalt nach dem seit 15.11.1995 geltenden Art. 3 III 2 GG.[8] Wegen der dynamischen Rezeption der Bundesgrundrechte (Art. 2 I LV) wäre die Aufnahme des Benachteiligungsverbots in die LV nicht geboten gewesen.[9] Angesichts „der Bedeutung des Verbots der Benachteiligung wegen einer (…) Behinderung und als Beitrag und Appell zur Solidarität der Gesellschaft"[10] mit Menschen mit Behinderung hat sich der verfassungsändernde Gesetzgeber zu einer eigenständigen Regelung veranlasst gesehen.[11] Als Folgeän- 3

---

1 Begründung zum CDU/SPD-GesE zur Änderung der LV, LT-Drs. 11/5326, 1.
2 BVerwGE 125, 370 (383); *Engelken/Braun*, Art. 2 a Rn. 5; *Osterloh/Nußberger* in: Sachs, GG, Art. 3 Rn. 305; zum Unterschied zwischen beiden vgl. etwa *Sommermann*, 415 ff.
3 BVerwGE 125, 370 (383); *Jarass* in: Jarass/Pieroth, Art. 3 Rn. 142; *Boysen* in: v. Münch/Kunig, Art. 3 Rn. 197 ff; *Osterloh/Nußberger* in: Sachs, GG, Art. 3 Rn. 305.
4 BVerfGE 99, 341 (356); BVerfG NJW 2000, 2658 (2659); BVerwGE 125, 370 (383); *Engelken/Braun*, Art. 2 a Rn. 10; *Osterloh/Nußberger* in: Sachs, GG, Art. 3 Rn. 307; vgl. auch BT-Drs. 12/6323, 12.
5 BVerfGE 36, 342 (361 ff.); *Hollerbach* in: Feuchte, Art. 2 Rn. 13; *Korioth* in: Maunz/Dürig, Art. 142 Rn. 22.
6 Missverständlich insoweit LT-Drs. 11/5326, 1 u. 5.
7 17. LVÄndG v. 15.2.1995 (GBl. 269).
8 GGÄndG v. 27.10.1994 (BGBl. I, 3146).
9 Vgl. dazu auch LT-Drs. 11/4110, 3.
10 LT-Drs. 11/5326, 5.
11 LT-Drs. 11/5326, 5, krit. dazu etwa *Engelken/Braun*, Art. 2 a Rn. 3; *Sannwald/Sannwald*, BWVPr 1995, 217 (219).

derung zur Einfügung des neuen Artikels 2a im Jahre 2015[12] wurde der bisherige Artikel 2a unverändert zu Artikel 2b.

III. Verfassungsvergleichende Einordnung

4 Vergleichbare Regelungen finden sich mit Ausnahme der Verfassungen Hamburgs und Hessens auch in den anderen Landesverfassungen, teils ergänzt um Schutz- und Förderaufträge, auch kombiniert mit entsprechenden Vorschriften zugunsten alter Menschen, teils auch beschränkt auf Schutz und Förderung.[13] Das **Unionsrecht** hat den Schutz von Menschen mit Behinderung ebenfalls verankert (insb. Art. 21 I und 26 EU-GRCh).

5 Auf der Ebene des Völkerrechts enthält die **UN-Behindertenrechtskonvention** (Übereinkommen der Vereinten Nationen über die Rechte von Menschen mit Behinderungen [**BRK**]) eine Vielzahl spezieller, auf die Lebenssituation von Menschen mit Behinderung abgestimmter Regelungen. Hinzuweisen ist etwa auf das Recht von Menschen mit Behinderungen, mit gleichen Wahlmöglichkeiten wie andere Menschen in der Gemeinschaft zu leben (Art. 19 BRK), sowie das Recht behinderter Kinder auf integrativen Schulunterricht (Art. 24 BRK). Deutschland ist dem Übereinkommen sowie dem ergänzenden Fakultativprotokoll ohne Vorbehalte beigetreten. Das Vertragsgesetz (Art. 59 II GG) ist am 22.12.2008,[14] das Übereinkommen selbst am 26.3.2009[15] für Deutschland in Kraft getreten. Als einfaches Bundesgesetz ist die BRK infolge ihres Ranges zugleich höherrangig gegenüber dem gesamten Landesrecht (Art. 31 GG). Einige ihrer Bestimmungen, wie etwa das Diskriminierungsverbot des Art. 5 II BRK,[16] sind danach unmittelbar anwendbar.[17] Grundsätzlich lassen sich aus dem Übereinkommen aber **keine konkreten Leistungsansprüche** ableiten.[18] Es bedarf ungeachtet seines Art. 4 V der Transformation durch den zuständigen Landesgesetzgeber, soweit es in die ausschließliche Gesetzgebungskompetenz der Länder fallende Fragen regelt.[19] Im Hinblick auf die Völkerrechtsfreundlichkeit des GG ist die **BRK** ebenso wie die EMRK (vgl. dazu → Art. 2 Rn. 22) als

---

12 23. LVÄndG v. 1.12.2015 (GBl. S. 1032).
13 Vgl. *Menzel*, 483.
14 BGBl II, 1419.
15 BGBl II, 812 u. 818.
16 Die Norm verbietet jede Diskriminierung aufgrund von Behinderung und garantiert Menschen mit Behinderung gleichen und wirksamen rechtlichen Schutz vor Diskriminierung: Sie entspricht im Wesentlichen dem Regelungsgehalt des Art. 3 III 2 GG, vgl. BSG, U. v. 6.3.2012 – B 1 KR 10/11 R – juris, Rn. 31; LSG BW, U. v. 16.4.2013 – L 11 KR 4024/11 – juris, Rn. 36).
17 BSG, U. v. 6.3.2012 – B 1 KR 10/11 R – juris, Rn. 31; vgl. auch *Krajewski*, JZ 2010, 120 (123 f.); *Riedel/Arend*, NVwZ 2010, 1346 (1347 f.).
18 Vgl. etwa *Krajewski*, JZ 2010, 120 (123) mwN.
19 HessVGH NVwZ-RR 2010, 602; NdsOVG, B. v. 16.9.2010 – 2 ME 278/10 – juris, Rn. 13; OVG NRW, B. v. 3.11.2010 – 19 E 533/10 – juris; LSG LSA, B. v. 3.3.2011 – L 8 SO 24/09 B ER – juris, Rn. 53; LSG NRW, B. v. 6.2.2014 – L 20 SO 436/13 B ER – juris, Rn. 59 f. Die Transformation eines völkerrechtlichen Vertrages führt nur dann zur unmittelbaren Anwendung einer Vertragsnorm, wenn diese geeignet und hinreichend bestimmt ist, um eine innerstaatliche Vorschrift rechtliche Wirkung zu entfalten, also dafür keiner weiteren normativen Ausfüllung bedarf, vgl. BVerwGE 80, 233 (235); 134, 1 (20); BVerwG NVwZ 2011, 752 (753).

Auslegungshilfe für die Bestimmung von Inhalt und Reichweite von Grundrechten und rechtsstaatlichen Grundsätzen des GG heranzuziehen.[20]

B. Erläuterung

I. Benachteiligungsverbot

Art. 2 b LV ist in erster Linie als **Verbot benachteiligender Anknüpfung an die Behinderung** eines Menschen zu verstehen.[21] Als speziellere Regelung verdrängt die Norm den allgemeinen Gleichheitssatz (Art. 3 I GG iVm Art. 2 I LV) in ihrem Anwendungsbereich. Bevorzugende Ungleichbehandlungen von Menschen mit Behinderungen sind erlaubt, aber nicht geboten.[22] Hierdurch ist sichergestellt, dass Maßnahmen zum Ausgleich von Nachteilen als Folge einer Behinderung nicht als unzulässige Bevorzugung angesehen werden.[23] Aus Art. 2 b LV folgen **keine originären Leistungsansprüche**.[24]

6

Der **Schutzbereich** des Benachteiligungsverbots ist nicht abschließend geklärt.[25] Als Träger des Grundrechts kommen nur **natürliche Personen** in Betracht[26] und zwar erst mit Vollendung der Geburt.[27] Für juristische Personen gilt Art. 2 b LV selbst dann nicht, wenn sie Ziele der Behindertenförderung verfolgen und/oder ausschließlich Menschen mit Behinderung als Mitglieder haben.[28] Geschützt werden nur Behinderte selbst, **nicht Dritte**.[29] Die Rechtsprechung des EuGH, nach der das allgemeine Diskriminierungsverbot (Art. 19 AEUV) nicht auf Personen beschränkt sei, die selbst behindert sind,[30] ist auf Art. 2 b LV nicht übertragbar.[31]

7

Behinderung ist die Auswirkung einer nicht nur vorübergehenden Funktionsbeeinträchtigung, die auf einem regelwidrigen körperlichen, geistigen oder seelischen Zustand beruht.[32] Der Grund für die Behinderung ist unerheblich.[33] Im Hinblick auf das mit der Norm verfolgte Ziel der Integration von Menschen mit Behinderung in die Gesellschaft sind **alterstypische Be-**

8

---

20 BVerfGE 111, 307 (317); BVerfG, NJW 2011, 2013 (2015); B. v. 10.10.2014 – 1 BvR 856/13 – juris, Rn. 6; BSG NVwZ-RR 2013, 110 (114).
21 *Sachs* in: Stern IV/2 § 122 4. a).
22 BVerfGE 96, 288 (302 f.); *Epping* in: Epping/Butzer u.a., Art. 3 Rn. 48.
23 Vgl. BT-Drs. 12/6323, 12.
24 BVerwGE 125, 370 (383); *Beaucamp*, DVBl. 2002, 997 (1000 f. mwN); *Engelken/Braun*, Art. 2 a Rn. 7; *Osterloh/Nußberger* in: Sachs, GG, Art. 3 Rn. 305; offen gelassen durch BVerfGE 96, 288 (304); BVerfG NJW 2000, 2658 (2659).
25 BVerfGE 96, 288 (301).
26 Allg. Auffassung, vgl. etwa *Osterloh/Nußberger* in: Sachs, GG, Art. 3 Rn. 308.
27 *Osterloh/Nußberger* in: Sachs, GG, Art. 3 Rn. 308; anders die wohl überwiegende Auffassung im wiss. Schrifttum (vgl. *Sachs* in: Stern IV/2, 1773 mwN).
28 *Jarass* in: Jarass/Pieroth, Art. 3 Rn. 143; *Sachs* in: Stern IV/2, 1774.
29 BVerfG 2000, 2658 (2659); BVerwG NVwZ 2009, 246 (247); *Osterloh/Nußberger* in: Sachs, GG, Art. 3 Rn. 308.
30 EuGH Rs. C-303/06 (Coleman) – juris, Rn. 38.
31 Die maßgebende Entscheidung bezog sich auf das spezielle Verbot der Diskriminierung zur Verwirklichung der Gleichbehandlung in Beschäftigung und Beruf. Zudem setzt das allgemeine Diskriminierungsverbot des Art. 19 AEUV einen gemeinschaftsrechtlichen Bezug voraus.
32 BVerfGE 96, 288 (301); 99, 341 (356 f.); *Neumann*, NJW 2003, 897.
33 *Jarass* in: Jarass/Pieroth, Art. 3 Rn. 144 mwN.

einträchtigungen nicht ausgeschlossen.[34] Eine Differenzierung nach Art oder Schweregrad der Behinderung kommt nicht in Betracht.[35] Der Schutz ist insbesondere nicht auf **schwerbehinderte** Menschen iSd früheren § 1 SchwbG (jetzt § 2 II SGB IX) beschränkt.[36] Auch **chronisch Kranke** sind umfasst.[37]

9 **Benachteiligung** ist jede an die Behinderung anknüpfende **Ungleichbehandlung**, die zu einem **Nachteil** für den Behinderten führt.[38] Der Begriff des Nachteils ist umstritten. In der wissenschaftlichen Literatur wird überwiegend von einem weiten Nachteilsbegriff ausgegangen. Danach liegt eine Benachteiligung bei Regelungen und Maßnahmen vor, die die Situation eines Behinderten wegen seiner Behinderung verschlechtern.[39] Mögliche Vorteile sind erst im Rahmen einer Rechtfertigung zu berücksichtigen.[40] Demgegenüber kann nach der Rechtsprechung des BVerfG eine unzulässige Benachteiligung auch bei einem **Ausschluss von Entfaltungs- und Betätigungsmöglichkeiten durch die öffentliche Gewalt** gegeben sein, **wenn** dieser **nicht** durch eine auf die Behinderung bezogene Fördermaßnahme **kompensiert** wird.[41]

10 In der Praxis kommt dem so verstandenen Benachteiligungsverbot besondere Bedeutung etwa für die Erziehung, Bildung und Ausbildung von Kindern und Jugendlichen zu. Der Staat ist nach Auffassung des BVerfG grundsätzlich gehalten, für behinderte Kinder Einrichtungen bereitzuhalten, die auch ihnen eine sachgerechte Erziehung, Bildung und Ausbildung ermöglichen (Art. 6 II 1 GG iVm Art. 3 III 2 GG). Ein **genereller Ausschluss der Möglichkeit einer gemeinsamen Erziehung** von behinderten Kindern mit nichtbehinderten Kindern ist **nicht zu rechtfertigen**.[42] Dabei ist zwar zu berücksichtigen, dass staatliche Maßnahmen zum Ausgleich einer Behinderung nach der Rechtsprechung des BVerfG „nur nach Maßgabe des finanziell, personell, sachlich und organisatorisch Möglichen verlangt und gewährt werden können".[43] Ergänzend ist allerdings darauf hinzuweisen, dass ein genereller Finanzierungsvorbehalt nicht den Zielen der

---

34 *Boysen* in: v. Münch/Kunig, Art. 3 Rn. 194; *Neumann*, NJW 2003, 897; *Osterloh/ Nußberger* in: Sachs, GG, Art. 3 Rn. 309; aA *Jarass* in: Jarass/Pieroth, Art. 3 Rn. 144.
35 *Engelken/Braun*, Art. 2 a Rn. 6; *Boysen* in: v. Münch/Kunig, Art. 3 Rn. 194; für Ausklammerung geringfügiger Beeinträchtigungen Jarass/Pieroth, Art. 3 Rn. 144.
36 *Beaucamp*, DVBl. 2002, 997 (998); *Driehaus* in: Driehaus, Art. 11 Rn. 2; *Jarass* in: Jarass/Pieroth, Art. 3 Rn. 144; *Sauthoff* in: Classen/Litten/Wallerath, Art. 17 a Rn. 3; *Osterloh/Nußberger* in: Sachs, GG, Art. 3 Rn. 309; aA *Sannwald*, NJW 1994, 3313 (3314).
37 *Jarass* in: Jarass/Pieroth, Art. 3 Rn. 144; *Sauthoff* in: Classen/Litten/Wallerath, Art. 17 a Rn. 3; aA anscheinend *Sannwald*, NJW 1995, 3313 (3314).
38 BVerfGE 85, 191 (206); 96, 288 (302); 99, 341 (357); 128, 138 (156); BVerfG NJW 2004, 2150 (2151).
39 BVerfGE 96, 288 (303); BVerfG NVwZ 2006, 679 (680).
40 Vgl. etwa *Osterloh/Nußberger* in: Sachs, GG, Art. 3 Rn. 312 mwN.
41 BVerfGE 96, 288 (303); 99, 341 (357); 128, 138 (156); BVerfG NVwZ 2006, 679 (680).
42 BVerfGE 96, 288 (304); BVerfG NVwZ 2006, 679 (680).
43 BVerfGE 96, 288 (308); BVerfG NVwZ 2006, 679 (680); OVG Rh-Pf, LKRZ 2009, 309 (310).

[Verbot der Benachteiligung Behinderter] Artikel 2 b

BRK entspricht und sich insbesondere nicht aus Art. 4 II BRK ableiten lässt.[44]

II. Rechtfertigung

Obwohl Art. 2 b LV nicht unter Gesetzesvorbehalt steht, gilt das **Benachteiligungsverbot nicht uneingeschränkt.** Vielmehr sind Ungleichbehandlungen in Anlehnung an die Formel des Nachtarbeitsurteils des BVerfG[45] ausnahmsweise erlaubt, soweit **zwingende Gründe** vorliegen, sie maW unerlässlich sind, um behinderungsbezogenen Besonderheiten Rechnung zu tragen.[46] Dem entsprechend liegt nach § 4 L-BBG eine Benachteiligung vor, wenn Menschen mit und ohne Behinderungen ohne zwingenden Grund unterschiedlich behandelt werden und Letztere dadurch in der gleichberechtigten Teilhabe am Leben in der Gesellschaft unmittelbar oder mittelbar beeinträchtigt werden. Fehlt es an zwingenden Gründen, kommt als Rechtfertigung nur **kollidierendes Verfassungsrecht** in Betracht.[47] Die Vorgaben der BRK stehen dem nicht entgegen.[48] Deshalb lässt sich etwa auch unter Berücksichtigung der Konvention aus Art. 2 b LV kein absolutes Elternwahlrecht für eine bestimmte Schule ableiten. Ausschlaggebend für die Entscheidung muss vor dem Hintergrund des Elternwunsches vielmehr stets die Realisierbarkeit des inklusiven Bildungsangebotes sein. 11

Auf der Ebene der Auslegung und (ermessensfehlerfreien) Anwendung des einfachen Rechts folgen aus dem Benachteiligungsverbot im Einzelnen besondere – gerichtlich überprüfbare – **Anforderungen an** eine sorgfältige **Prüfung, Abwägung und Begründung** „ausgrenzender" Behördenentscheidungen sowie an eine adäquate **organisatorische** und **verfahrensmäßige Gestaltung** der Entscheidungsfindung einschließlich einer angemessenen Beteiligung der Betroffenen.[49] Dabei sind die Vorgaben der BRK durch die zuständigen Entscheidungsträger zu berücksichtigen.[50] 12

III. Umsetzung des Förderauftrags

Das Land hat den dem Benachteiligungsverbot immanenten Förderauftrag namentlich durch das **Landesgesetz zur Gleichstellung von Menschen mit Behinderungen** – (Landes-Behindertengleichstellungsgesetz – L-BGG) v. 17.12.2014 (GBl. 819) legislatorisch umgesetzt. Es hat das Landes-Behindertengleichstellungsgesetz v. 3.5.2005 (GBl. S. 327) abgelöst. Dessen Ziel war es, durch eine umfassend verstandene Barrierefreiheit die Benach- 13

---

44 Vgl. *Krajewski*, JZ 2010, 120 (123.).
45 BVerfGE 85, 191 (207); vgl. auch BVerfGE 92, 91 (109): Feuerwehrdienstpflicht; 114, 357 (364): Aufenthaltserlaubnis.
46 BVerfGE 99, 341 (357): kein Testierausschluss Taubstummer; BVerfG NJW 2004, 2150 (2151): Ausschluss eines Blinden vom Schöffenamt; BVerfG NVwZ 2009, 389: Beförderung nicht voll polizeivollzugsdienstfähiger Beamter; VG Berlin, NJW 2003, 2927 (2929): Befreiung vom Gebot behindertengerechten Bauens; *Beaucamp*, DVBl. 2002, 997 (999); *Epping* in: Epping/Butzer u.a., Art. 3 Rn. 54.
47 BVerfGE 92, 91 (119); 121, 241 (257): Ruhegehalt von Teilzeitbeamten; OVG LSA, NJ 2001, 159 f.: Eignungserfordernis; VG Berlin NJW 2003, 2927 (2929): Freiheit der Kunst.
48 Vgl. etwa *Krajewski*, JZ 2010, 120 (122 f.) mit weiteren Beispielen.
49 *Osterloh/Nußberger* in: Sachs, GG, Art. 3 Rn. 317.
50 *Krajewski*, JZ 2010, 120 (124); *Riedel/Arend*, NVwZ 2010, 1346 (1349).

teiligung Behinderter zu beseitigen und ihre gleichberechtigte Teilhabe am Leben in der Gesellschaft zu gewährleisten. Mit der Neuregelung soll u. a. der von der UN-Behindertenrechtskonvention, die für die gleichberechtigte Teilhabe von Menschen mit Behinderungen neue Maßstäbe setzt, vorgegebenen Paradigmenwechsel in der Behindertenpolitik vollzogen werden.[51] Für bauliche Anlagen enthält die **Landesbauordnung (LBO)** spezielle Vorgaben, um behinderten Menschen eine zwecksentsprechende Nutzung ohne fremde Hilfe zu ermöglichen (vgl. etwa §§ 3, 29 und 39 LBO). Durch das **Gesetz zur Änderung des Schulgesetzes für BW und anderer Vorschriften** v. 21.7.2015 (GBl. 645) wurde u. a. die Pflicht zum Besuch der Sonderschule aufgehoben, das Elternwahlrecht im Hinblick auf den schulischen Lernort gestärkt und die Inklusion zur pädagogischen Aufgabe aller Schulen gemacht. Mit dem **Gesetz zur Änderung des Schulgesetzes für BW und anderer Gesetze** vom 23.2.2016 (GBl. 163) wurde die rechtliche Grundlage für die Kooperation öffentlicher und privater Schulen im Bereich der Inklusion erweitert. Hierzu wurde die rechtliche Grundlage für die Unterstützung der Inklusion an öffentlichen Schulen durch Lehrkräfte der sonderpädagogischen Bildungs- und Beratungszentren in freier Trägerschaft geschaffen. Wegen der Details wird auf die Begründung zu den Gesetzentwürfen verwiesen.[52]

Artikel 3 [Sonn- und Feiertage]

(1) ¹Die Sonntage und die staatlich anerkannten Feiertage stehen als Tage der Arbeitsruhe und der Erhebung unter Rechtsschutz. ²Die staatlich anerkannten Feiertage werden durch Gesetz bestimmt. ³Hierbei ist die christliche Überlieferung zu wahren.

(2) ¹Der 1. Mai ist gesetzlicher Feiertag. ²Er gilt dem Bekenntnis zu sozialer Gerechtigkeit, Frieden, Freiheit und Völkerverständigung.

Schrifttum:

Classen, Anm. zu BVerfG, Urt. v. 1.12.2009 – 1 BvR 2857/07, 1 BvR 2858/07 (BVerfGE 125, 39), JZ 2010, 144; *Feurer*, Von Feiertagen, Tanzverboten und Kopftüchern – Gesetzliche Neuerungen im baden-württembergischen Religionsrecht, VBlBW 2017, 89; *Hollerbach*, Religion – Christentum – Kirche: Die Antwort der Landesverfassung, in: 30 Jahre Verfassung von Baden-Württemberg, München-Zürich 1984, 42; *Kästner*, Die „zweiten" Feiertage als politische Manövriermasse?, NVwZ 1993, 148; *Kühn*, Ende eines „Dornröschenschlafs" – Das Adventssonntagsurteil des BVerfG; NJW 2010, 2094; *Mosbacher*, Das neue Sonntagsgrundrecht – am Beispiel des Ladenschlusses, NVwZ 2010, 537; *Leisner*, Ladenöffnungszeiten an Sonntagen. Antragsberechtigung einer Gewerkschaft nach § 47 VwGO?, NVwZ 2014, 921; *Renck,* Die unvollkommene Parität, DÖV 2002, 56.

Vergleichbare Regelungen:

Zu Abs. 1: Art. 140 GG iVm Art. 139 WRV; Art. 147 BayVerf, 35 I BerlVerf, 14 I BbgVerf, 55 III BremVerf, 53 HessVerf, 25 I NRWVerf, 47 RPVerf, 41 SaarlVerf.

---

51 Begründung zum GesE zum L-BGG, LT-Drs. 15/5936, 13.
52 Vgl. die Begründung zu den beiden Gesetzentwürfen LT-Drs. 15/6963, 25 ff., und LT-Drs. 15/7957.

[Sonn- und Feiertage] Artikel 3

Zu Abs. 2: Art. 174 II BayVerf, 35 II BerlVerf, 55 I BremVerf, 32 HessVerf, 25 II NRWVerf, 57 II RPVerf.

Ergänzende Normen: Gesetz über die Sonn- und Feiertage (Feiertagsgesetz – FTG) idF v. 8.5.1995, zuletzt geändert durch Gesetz v. 1.12.2015 (GBl. 1034); Gesetz über die Ladenöffnung in BW (LadÖG) v. 14.2.2007 (GBl. 135), zuletzt geändert durch Gesetz v. 17.12.2015 (GBl. S. 1184); Partizipations- und Integrationsgesetz für BW (PartIntG BW) v. 1.12.2015 (GBl. 1047).

Leitentscheidungen: BVerfGE 87, 363 (Sonntagsbackverbot); 111, 10 (Ladenschluss); 125, 39 (Berliner Ladenöffnungszeiten); BVerfG, U. v. 27.10.2016 – 1 BvR 458/10 – juris (Karfreitagsschutz).

A. Überblick und Einordnung	1	B. Erläuterung	4
I. Bedeutung	1	I. Sonn- und Feiertage	4
II. Herkunft, Entstehung, Geschichte	2	II. 1. Mai	14
		III. Umsetzung	16
III. Verfassungsvergleichende Einordnung	3		

A. Überblick und Einordnung

I. Bedeutung

Art. 3 I 1 LV entspricht im Wortlaut weitgehend und inhaltlich vollständig Art. 140 GG iVm Art. 139 WRV. Der Verfassungsgeber war befugt, die Regelung in die LV aufzunehmen, weil die Länder aufgrund ihrer Verfassungsautonomie ihr Verfassungs- und Staatsorganisationsrecht selbst ordnen dürfen, beschränkt nur durch die Homogenitätsklausel des Art. 28 I 1 GG (für Grundrechte ist Art. 142 GG lex specialis).[1] Ungeachtet des teilweise abweichenden Wortlauts der Regelung gibt es – auch im Hinblick auf die durch Art. 5 LV erfolgte Rezeption des Art. 140 GG und damit des Art. 139 WRV – keine Anhaltspunkte dafür, dass der Verfassungsgeber den Sonn- und Feiertagsschutz inhaltlich abweichend oder gar im Widerspruch zum GG regeln wollte.[2] Art. 3 I 1 LV ist damit wirksam.[3] Wegen der Eigenständigkeit der LV entfaltet die Regelung als landesverfassungsrechtliche Grundlage des Sonn- und Feiertagsschutzes eigene konstitutive Rechtswirkung. Ebenso wie Art. 140 GG iVm Art. 139 WRV enthält **Art. 3 I 1 LV kein Grundrecht**, sondern eine **institutionelle Garantie**[4] und zugleich einen **Schutzauftrag**.[5] Die Sonntage sind danach als Tage der **Arbeitsruhe** und der **Erhebung** unmittelbar durch die Verfassung garantiert.[6] Die öffentlichen Feiertage werden nur als Institut geschützt, nicht dagegen einzelne konkrete Feiertage in ihrem tatsächlichen Bestand oder das Fortbestehen einer bestimmten Anzahl von Feiertagen.[7] Die Anerkennung von Feiertagen steht

1

---

1 BVerfGE 96, 345 (368 f.); 98, 145 (157 f.); *Degenhart* in: Sachs, GG, Art. 70 Rn. 22 u. 71 Rn. 6.
2 Vgl. *Hollerbach*, Religion – Christentum – Kirche, 42 (53).
3 Vgl. BVerfGE 36, 342 (363); *Braun*, Art. 3 Rn. 2.
4 BVerfGE 111, 10 (50); VGH BW, NVwZ 1991, 180; *Braun*, Art. 3 Rn. 7.
5 BVerfGE 87, 363 (393); 125, 39 (77 ff., 83 ff.); *Kästner*, NVwZ 1993, 148 (150).
6 Vgl. BVerfGE 111, 10 (50); *Braun*, Art. 3 Rn. 7.
7 BVerfG NJW 1995, 3378 (3379); BayVerfGH DÖV 1996, 558 (559); BerlVerfGH NJW 1995, 3379 (3380); *Braun*, Art. 3 Rn. 7; *Stern* in: Stern IV/2, S. 1340.

unter **Gesetzesvorbehalt**.[8] Dies schließt eine vertragliche Verständigung nicht aus,[9] wie sie etwa durch den Vertrag des Landes BW mit der Israelitischen Religionsgemeinschaft Baden und der Israelitischen Religionsgemeinschaft Württembergs vom 18.1.2010 (GBl. 302) erfolgt ist. Art und Ausmaß des Feiertagsschutzes bedürfen aber einer gesetzlichen Ausgestaltung.[10] Art. 3 II gewährt ebenfalls kein Grundrecht, sondern garantiert institutionell den 1. Mai als gesetzlichen Feiertag.[11]

II. Herkunft, Entstehung, Geschichte

2 Die Grundlinien für Art. 3 LV waren bereits in den südwestdeutschen Vorläuferverfassungen vorgezeichnet. Der endgültige Text der Norm geht im Wesentlichen auf den VerERP zurück, von dem sich der VerfECDU insoweit nur geringfügig unterschied. Im VA erfolgten lediglich marginale Änderungen.[12]

III. Verfassungsvergleichende Einordnung

3 Art. 139 WRV, der nach Art. 140 GG weiterhin gilt, enthält eine Art. 3 LV vergleichbare Regelung. Parallelen zu Art. 3 I 2 und 3, II LV finden sich im GG nicht. Allerdings ergibt sich bereits aus dem **Rechtsstaatsprinzip** (Wesentlichkeitstheorie),[13] dass die Anerkennung von Feiertagen durch förmliches Parlamentsgesetz erfolgen muss. Verschiedene Landesverfassungen enthalten Art. 3 I 1 und I LV vergleichbare Normen (s. o.). Im **Unions**- sowie im **Völkerrecht** fehlen weitgehend Regelungen zum Sonn- und Feiertagsschutz. Angesichts des bundesverfassungsrechtlichen Schutzes der Sonn- und Feiertage kommt der institutionellen Garantie der Sonn- und Feiertage in Art. 3 I 1 LV (entsprechendes gilt für die „Rezeption der Rezeption des Art. 139 WRV" in Art. 5 LV) unter materiellrechtlichen Aspekten neben ihrer grundrechtsbeschränkenden Funktion (→ Rn. 17) kaum eigenständige Bedeutung zu.[14] Allerdings könnte sie im (verfassungs-)prozessualen Bereich Relevanz erlangen, sollte sich der VerfGH der Rechtsprechung des BVerfG zur „**Subjektivierung**"[15] des Feiertagsschutzes[16] anschließen. Grundrechtsträger wären dann befugt, sich auf den landesverfassungsrechtlichen Sonn- und Feiertagsschutz zu berufen, wenn sie Adressat einer sich aus Grundrechten ergebenden und durch Art. 3 I 1 LV (bzw. Art. 5 LV) konkretisierten Schutzpflicht sind. Dann könnten sich möglicherweise nicht nur Religionsgemeinschaften auch im Wege einer Landes-

---

8 Eine Rechtsverordnung reicht nicht aus. Dies ist angesichts des eindeutigen Wortlauts des Art. 3 I 2 LV auch nicht zweifelhaft (so aber *Feurer*, VBlBW 2017, 89 [98]).
9 *Hollerbach*, Religion – Christentum – Kirche, 42 (53).
10 BVerfGE 111, 10 (50); *Braun*, Art. 3 Rn. 7; *Kästner*, NVwZ 1993, 148 (149).
11 *Braun*, Art. 3 Rn. 12.
12 Vgl. *Hollerbach* in: Feuchte, Art. 3 Rn. 2 ff.
13 Vgl. BVerfGE 40, 237 (248 ff.); 49, 89 (126 f.); 95, 267 (307 f.); 108, 282, 310 f.; StGH, U. v. 17.6.2014 – 15/13, 1 VB 15/13 – juris, Rn. 404 mwN; HessVGH, U. v. 15.5.2014 – 8 A 2205/13 – juris, Rn. 46 f.
14 *Korioth* in: Maunz/Dürig, Art. 140, Art. 139 WRV, Rn. 16.
15 *Leisner*, NVwZ 2014, 921 (924).
16 BVerfGE 125, 39 ff. (→ Rn. 12).

verfassungsbeschwerde auf die Sonn- und Feiertagsgarantie des Art. 3 I 1 LV (bzw. Art. 5 LV) berufen.[17]

B. Erläuterung

I. Sonn- und Feiertage

Das **Gebot der Arbeitsruhe** an Sonn- und staatlich anerkannten Feiertagen und ihre Qualifizierung als Tage der Erhebung sind nach Art. 3 I 1 LV **unmittelbar geltendes Recht**[18] Als speziellere Regelung verdrängt die Norm Art. 5 LV, soweit danach über Art. 140 GG Art. 139 WRV rezipiert wird.[19]

Anders als der **Sonntag** bedürfen Feiertage mit Ausnahme des 1. Mai der einfachgesetzlichen **Anerkennung**, um in den Schutzbereich der Norm zu fallen.[20] Auch **Art und Ausmaß des Feiertagsschutzes erfordern eine gesetzliche Ausgestaltung.**[21] Art. 3 I 1 und 2 LV enthält insofern einen – durch die grundgesetzliche Kompetenzordnung beschränkten – **Regelungsauftrag.**[22] Bei der Anerkennung von Feiertagen sowie bei der Ausgestaltung des Feiertagsschutzes kommt dem Gesetzgeber ein **Beurteilungs- und Entscheidungsspielraum** zu.[23]

Die Norm verpflichtet den Gesetzgeber, eine angemessene Zahl von Feiertagen anzuerkennen.[24] Die dabei zu wahrende „christliche Überlieferung" hat in Art. 3 I 3 LV verfassungsrechtliche Bestätigung erfahren.[25] Die **Einführung von Feiertagen** fällt in die **Residualkompetenz** der Länder, soweit keine konkurrierende Gesetzgebungskompetenz des Bundes existiert.[26] Ausnahmsweise besteht für die Festlegung nationaler Feiertage eine **Bundeskompetenz kraft Natur der Sache.**[27] Von ihr hat der Bund in Art. 2 II des Einigungsvertrags vom 31.8.1990 (BGBl. II, 895) mit der Festsetzung des 3. Oktobers als Tag der Deutschen Einheit Gebrauch gemacht.

Bei der Entscheidung über die **Anerkennung kirchlicher Feiertage,** deren Festlegung Angelegenheit der jeweiligen Religionsgemeinschaft ist,[28] hat der Gesetzgeber nach Art. 3 I 3 LV neben der **gesellschaftlichen Relevanz** auch die **Bedeutung** zu berücksichtigen, **die diesen Tagen nach Auffassung**

---

17 *Kühn,* NJW 2010, 2094 (2095 f.); *Mosbacher,* Das neue Sonntagsgrundrecht – am Beispiel des Ladenschlusses, NVwZ 2010, 537 (539 f.); aA *Leisner,* NVwZ 2014, 921 (924 f.).
18 *Braun,* Art. 3 Rn. 8.
19 AA *Hollerbach* in: Feuchte, Art. 3 Rn. 1: „zweite Verankerung".
20 *Braun,* Art. 3 Rn. 9.
21 BVerfGE 111, 10 (50); 125, 39 (85); *Braun,* Art. 3 Rn. 8.
22 *Braun,* Art. 3 Rn. 8.
23 BVerfGE 111, 10, 41; 125, 39 (101); *Hollerbach* in: Feuchte, Art. 3 Rn. 9; *Kästner,* NVwZ 1993, 148 (150 f.); *Stern* in: Stern IV/2, 1340 f.
24 BVerfG NJW 1995, 3378, 3379.
25 *Heckel* in: Maurer/Hendler, 582.
26 BVerfG LKV 2003, 421; BayVerfGH NJW 1982, 2656 (2657), DÖV 1996, 558 (559); AG Öhringen, NVwZ 1992, 101 (102). Ob sich für den Bund eine Regelungskompetenz für den 1. Mai ergibt (so u. a. *Braun,* Art. 3 Rn. 4), kann offen bleiben, da er bisher keine Bestimmung dieses Tages zum gesetzlichen Feiertag vorgenommen hat und die Länder bei der Verfassungsgebung nicht an die Regelungen über die Gesetzgebungskompetenzen der Art. 70 ff. GG gebunden sind (→ Art. 2 Rn. 13).
27 *Braun,* Art. 3 Rn. 3; *Mager* in: v. Münch/Kunig, Art. 140 Rn. 82.
28 Vgl. *Korioth* in: Maunz/Dürig, Art. 140 Art., 139 WRV, Rn. 50 mwN.

der betroffenen Kirchen bzw. Religionsgemeinschaften zukommt.[29] Dem Staat ist es verwehrt, einer Religionsgemeinschaft religiöse Feiertage nach Datum oder geistlichem Gehalt aufzudrängen.[30]

8 Die Anerkennung darf die **religiöse Repräsentativität** der Bevölkerung zum Ausdruck bringen, muss dies aber nicht.[31] Die **Pflicht des Staats zu religiöser und weltanschaulicher Neutralität** steht dem nicht entgegen.[32] Er kann jedoch aufgrund sonstiger Verfassungsbestimmungen zur Anerkennung von Feiertagen anderer Religionen gehalten sein (Art. 3 I iVm Art. 4 I, II GG bzw. Art. 2 I LV [iVm] Art. 3 I, Art, 4 I, II GG (→ Rn. 16).[33] Der Staat ist nicht verpflichtet, jeden kirchlichen Feiertag gesetzlich anzuerkennen.[34] Art. 3 I 1 und 3 LV gewährleisten weder konkrete Feiertage in ihrem tatsächlichen Bestand noch das Fortbestehen einer bestimmten Anzahl von Feiertagen. Der Gesetzgeber kann deshalb einzelnen Feiertagen unter Beachtung des Schutzgehalts von Art. 3 I LV eine bislang gewährte Anerkennung aus sachlichen Gründen entziehen oder neue Feiertage einführen.[35] Der **Kernbereich** der christlichen Feiertage ist aber gegen jeden Eingriff geschützt.[36] Ein „säkularisierender feiertagsrechtlicher ‚Kahlschlag' des Gesetzgebers"[37] wäre mit Art. 3 I 3 LV nicht vereinbar.[38]

9 Hat der Gesetzgeber **Feiertage kleinerer Religionen** unter Schutz gestellt, können andere Religionsgemeinschaften nach Art. 3 I iVm 4 I, II GG bzw. Art. 2 I LV iVm Art. 3 I, Art. 4 I GG eine **Gleichstellung** beanspruchen.[39] Aus Art. 3 I 3 LV lässt sich nichts Gegenteiliges herleiten. Art. 5 LV bzw. Art. 140 GG iVm. Art. 139 WRV steht einer **Anerkennung jüdischer** (so u. a. in Baden Württemberg)[40] **oder islamischer** (so bereits seit geraumer Zeit in Bremen [§ 8 II BremFTG] und Hamburg [§ 3 a HambFTG] und seit

---

29 Vgl. *Kästner*, NVwZ 1993, 148 (151).
30 BayVerfGH, NJW 1982, 2656 (2658); BVerfG, B. v. 27.10.2016 – 1 BvR 458/10 – juris, Rn. 71; *Feurer*, VBlBW 2017, 89 (90).
31 BVerfG NJW 1995, 3378 (3379); BayVerfGH DÖV 1996, 558 (559); *Ehlers* in: Sachs, GG, Art. 140, Art. 139 WRV Rn. 7; *Stern* in: Stern IV/2, 1347; aA wohl *Hollerbach* in: Feuchte, Art. 3 Rn. 17.
32 BVerfGE 93, 1 (16 f.); *Robbers* in: Brocker/Droege/Jutzi, Art. 47 Rn. 8.
33 *Ehlers* in: Sachs, GG, Art. 140, Art. 139 WRV Rn. 7.
34 *Braun*, Art. 3 Rn. 7.
35 Vgl. BVerfG NJW 1995, 3378 (3379); BayVerfGH DÖV 1996, 558 (559); BerlVerfGH NJW 1995, 3379 (3380); *Ehlers* in: Sachs, GG, Art. 140, Art. 139 WRV Rn. 6; *Kästner*, NVwZ 1993, 148 (149). Dass zur Finanzierung der Pflegeversicherung ausgerechnet der Buß- und Bettag abgeschafft wurde, muss indes befremden; krit. zu Recht etwa *Stern* in: Stern IV/2, 1340 (Fn. 927).
36 BVerfGE 111, 10 (50); VG Stuttgart, U. v. 18.5.2006 – 4 K 3175/05 – juris, Rn. 21; *Braun*, Art. 3 Rn. 7.
37 *Kästner*, NVwZ 1993, 148 (151).
38 *Hollerbach* in, Feuchte, Art. 3 Rn. 10.
39 *Ehlers* in: Sachs, GG, Art. 140, Art. 139 WRV, Rn. 7. Folgt man der vom BVerfG in seiner Entscheidung v. 1.12.2009 zu den Berliner Ladenöffnungszeiten (BVerfGE 125, 39 ff.) vertretenen Auffassung (→ Rn. 12), dürfte sich ein Gleichbehandlungsanspruch unmittelbar aus Art. 140 GG iVm Art. 139 WRV ergeben (*Classen*, JZ 20110, 144 [146]).
40 Art. 2 des Gesetzes zu dem Vertrag des Landes BW mit der Israelitischen Religionsgemeinschaft Baden und der Israelitischen Religionsgemeinschaft Württembergs vom 16.3.2010 (GBl. S. 301).

[Sonn- und Feiertage] Artikel 3

5.12.2015 ebenso in BW)[41] **Feiertage** nicht entgegen.[42] Auch Art. 3 I 3 LV berücksichtigt bei verfassungskonformer Auslegung lediglich die faktische Bedeutung der Sonntage und der christlichen Überlieferung beim überwiegenden Teil der Bevölkerung und gewährleistet die freie Religionsausübung, geht jedoch nicht über die zulässige Wahrung der Toleranz hinaus.[43]

Die **Regelung des Feiertagsschutzes obliegt** ebenfalls **den Ländern**, soweit 10 nicht eine andere Kompetenzzuweisung wie etwa Art. 74 I Nr. 12 GG (Arbeitsrecht) greift.[44] Der Gesetzgeber muss gewährleisten, dass Sonn- und Feiertage als **Tage der Arbeitsruhe und der seelischen Erhebung** dienen können. Es muss einen angemessenen Schutz der Sonn- und Feiertage geben,[45] bei dessen Ausgestaltung dem Gesetzgeber aber ein weiter Einschätzungs-, Wertungs- und Gestaltungsspielraum zukommt.[46] Einen Anspruch auf eine bestimmte einfachgesetzliche Ausgestaltung begründet Art. 3 I 1 LV nicht. Allerdings statuiert die Norm ebenso wie Art. 140 GG iVm Art. 139 WRV[47] für die Arbeit an Sonn- und Feiertagen ein **Regel-Ausnahme-Verhältnis**.[48] Art. 3 I 1 LV kann somit **Grundrechtsbeschränkungen** (Art. 8 II, Art. 12 I GG) rechtfertigen.[49]

Der **Schutz der Sonn- und Feiertage** ist unbeschadet des Art. 3 I 3 LV **nicht** 11 **auf einen religiösen oder weltanschaulichen Sinngehalt dieser Tage beschränkt**.[50] Mit der Gewährleistung rhythmisch wiederkehrender Tage der Arbeitsruhe konkretisiert Art. 3 I 1 LV zugleich das **Sozialstaatsprinzip** (Art. 23 I LV), hat aber weitergehende grundrechtliche Bezüge. Die Sonn- und Feiertagsgarantie fördert und schützt nicht nur die Ausübung der Religionsfreiheit. Die Arbeitsruhe dient darüber hinaus der physischen und psychischen Regeneration und damit der **körperlichen Unversehrtheit** (Art. 2 I LV iVm Art. 2 II GG). Der Sonn- und Feiertagsschutz stärkt damit die Position Beschäftigter gegenüber kommerziellen Interessen. Weiter dient die Statuierung gemeinsamer Ruhetage dem **Schutz von Ehe und Familie** (Art. 2 I LV iVm Art. 6 I GG). Auch die **Vereinigungsfreiheit** lässt sich so effektiver wahrnehmen (Art. 2 I LV iVm Art. 9 I GG). Der Sonn- und Feiertagsgarantie kann schließlich ein besonderer **Bezug zur Menschenwürde** (Art. 2 I LV iVm Art. 1 GG) beigemessen werden, weil sie einem rein am ökonomischen Nutzen orientierten Denken eine Grenze zieht und dem Menschen um seiner selbst willen dient.[51] Die Verrichtung abhängiger Ar-

---

41 § 8 PartIntG BW (näher dazu: *Feurer*, VBlBW 2017, 89 [91 ff.]).
42 *Korioth* in: Maunz/Dürig, Art. 140, Art. 139 WRV, Rn. 17.
43 *Braun*, Art. 3 Rn. 11; vgl. auch *Korioth* in: Maunz/Dürig, Art. 140, Art. 139 WRV, Rn. 17; für eine stärkere Berücksichtigung der religiös-kirchlichen Tradition *Hollerbach* in: Feuchte, Art. 3 Rn. 17.
44 So hat der Bund das Arbeitszeitrecht abschließend im Arbeitszeitgesetz geregelt (vgl. *Degenhart* in: Sachs, GG, Art. 74 Rn. 54); ein Abweichungsrecht nach Art. 72 Abs. 3 GG besteht nicht. Für das Reisegewerbe vgl. § 55 e GewO.
45 *Ehlers* in: Sachs, GG, Art. 140, Art. 139 WRV, Rn. 2.
46 Vgl. nur BVerfGE 125, 39 (78).
47 BVerfGE 87, 363 (393); 111, 10 (53); 125, 39 (85).
48 *Hollerbach* in: Feuchte, Art. 3 Rn. 12.
49 BVerfGE 111, 10 (52); VGH BW ESVGH 19, 57, 59; BerlVerfGH NVwZ 2008, 1005 (1007); *Braun*, Art. 3 Rn. 13; *Ehlers* in: Sachs, GG, Art. 140, Art. 139 WRV Rn. 3.
50 BVerfGE 111, 10 (50); 125, 39 (85); *Braun*, Art. 3 Rn. 8.
51 BVerfGE 125, 39 (82).

beit muss an Sonn- und Feiertagen grundsätzlich ruhen, die der Einzelne allein oder in Gemeinschaft mit anderen frei von „werktäglicher Geschäftigkeit"[52] nutzen können soll. Entsprechendes gilt aus Wettbewerbsgründen auch für den Geschäftsinhaber oder seine Angehörigen.[53] Ausnahmen sind nur zur Wahrung höher- oder gleichwertiger Rechtsgüter wie Grundrechten und sonst gewichtigen Rechtsgütern der Bürger oder der Gemeinschaft zulässig (vgl. auch §§ 10, 13 ArbZG).[54] Das Umsatzinteresse von Ladeninhabern und das alltägliche Erwerbsinteresse potenzieller Käufer genügen grundsätzlich nicht, um die regelmäßige Beschäftigung von Arbeitnehmern an Sonn- und Feiertagen zu rechtfertigen und um es Ladeninhabern und Kunden zu ermöglichen, die gesetzlich zugelassene Ladenöffnung an Samstagen und vor Wochenfeiertagen bis 24.00 Uhr vollständig auszuschöpfen.[55]

12 Der Schutzgehalt des Art. 4 I und II GG wird nach Auffassung des BVerfG durch Art. 140 GG iVm Art. 139 WRV konkretisiert. Die Schutzpflicht zugunsten der Religionsfreiheit kann danach iSe **Grundrechtsvoraussetzungsschutzes** jedenfalls auch von den **Kirchen** eingefordert werden.[56] Die Entscheidung überzeugt – auch im Ergebnis – nicht.[57] Eine Übertragung der Rechtsprechung des BVerfG auf Art. 3 I 1 LV ist abzulehnen. Sie liefe auf eine Erweiterung des aus der Glaubensfreiheit resultierenden Abwehr- und Schutzanspruchs über den eigentlichen Gehalt des Art. 2 I LV iVm Art. 4 I und II GG hinaus, obwohl die Weimarer Kirchenartikel nach der Rechtsprechung des Gerichts „nur" das „Grundverhältnis von Staat und Kirche regeln".[58] Der Formulierung, die Kirchenartikel seien „ein Mittel zur Entfaltung der Religionsfreiheit der korporierten Religionsgemeinschaften"[59] könnte die Vorstellung zugrunde liegen, nur jene könnten diesen Anspruch geltend machen. Dagegen sprechen auch die Hinweise des Gerichts auf den Schutz von Ehe und Familie, auf die Koalitionsfreiheit[60] sowie auf den Charakter von Art. 140 GG iVm Art. 139 WRV „als Konnexgarantie für verschiedene andere Grundrechte".[61] Eine Anspruchsbeschränkung auf als Körperschaften des öffentlichen Rechts verfasste Religionsgemeinschaften wäre auch mit Art. 4 I und II GG kaum vereinbar.[62]

13 Im Rahmen seines Gestaltungsspielraums darf der Gesetzgeber auf eine geänderte soziale Wirklichkeit, insbesondere auf den **gesellschaftlichen Wandel** im Freizeitverhalten Rücksicht nehmen,[63] wie dies etwa mit der jüngs-

---

52 BVerfGE 111, 10 (50 f.); 125, 39 (85).
53 Vgl. BGH NJW 1984, 872 (873).
54 BVerfGE 125, 39 (86 f.).
55 BVerfGE 125, 39 (87 ff.); BVerwG NVwZ-RR 2015, 256 (257 f.).
56 BVerfGE 125, 39 (73 f.; 80 f.).
57 Ebenso *Classen*, JZ 2010, 144 ff.; *Ehlers* in: Sachs, GG, Art. 140, Art. 139 WRV, Rn. 1.
58 BVerfGE 42, 312 (322); 125, 39 (80).
59 BVerfGE 125, 39 (80) unter Hinweis auf BVerfGE 99, 100 (119 ff.); 102, 370 (387).
60 BVerfGE 125, 39 (82).
61 BVerfGE 125, 39 (80 ff.).
62 *Ehlers* in: Sachs, GG, Art. 140, Art. 139 WRV, Rn 1; *Renck*, DÖV 2002, 56 ff.
63 BVerfGE 125, 39 (86).

ten Änderung des Feiertagsgesetzes⁶⁴ geschehen ist. Er kann in seinen Regelungen **auch andere Belange als den Schutz der Arbeitsruhe und der Erhebung** zur Geltung bringen. Der Gesetzgeber hat bei der Ausgestaltung des Sonn- und Feiertagsschutzes das **Übermaß-** sowie das **Untermaßverbot** zu beachten.⁶⁵ Auch bei der **Rechtsanwendung** darf der Zweck der zum Sonn- und Feiertagsschutz getroffenen Regelungen nicht unterlaufen oder verfälscht werden.⁶⁶

II. 1. Mai

Der **1. Mai** ist der einzige unmittelbar durch die Verfassung garantierte Feiertag. Er kann somit nicht durch den einfachen Gesetzgeber aufgehoben werden. Ihm wird durch Art. 3 II 1 LV eine institutionelle Garantie verliehen. 14

Der 1. Mai hat als Protest- und Gedenktag an die Haymarket-Versammlung am 1. Mai 1886 in Chicago und die darauf folgenden Unruhen eine über 100jährige Geschichte. Der Internationale Arbeiterkongress beschloss am 20.7.1899, jeweils den 1. Mai mit Massendemonstrationen als Arbeiterfeiertag zu begehen.⁶⁷ Er ist in sämtlichen Ländern Deutschlands und zahlreichen anderen Staaten gesetzlicher Feiertag. Art. 3 II LV nimmt die Tradition dieses traditionellen Feiertags der Arbeiterbewegung wieder auf, nachdem er 1933 durch die Nationalsozialisten propagandistisch zum "Tag der nationalen Arbeit" umfunktioniert worden war,⁶⁸ die Gewerkschaften anschließend zerschlagen und in die „Deutsche Arbeitsfront" (DAF) eingegliedert worden waren.⁶⁹ Das mit diesem Feiertag verfolgte Anliegen, die gesellschaftliche und historische Bedeutung der Arbeiter- und Gewerkschaftsbewegung zu würdigen,⁷⁰ bringt auch der Wortlaut des Art. 3 II 2 LV zum Ausdruck. Der 1. Mai ist in sämtlichen Ländern Deutschlands und zahlreichen anderen Staaten gesetzlicher Feiertag. 15

III. Umsetzung

Das Land hat den in Art. 3 I LV enthaltenen Schutzauftrag mit dem Gesetz über die Sonn- und Feiertage (**Feiertagsgesetz – FTG**)⁷¹ umgesetzt. Es unterscheidet zwischen gesetzlichen (§ 1 FTG) und kirchlichen Feiertagen (§ 2 FTG), wobei die gesetzlichen Feiertage mit Ausnahme des 1. Mai zugleich als weltliche und als religiöse Feiertage zu qualifizieren sind.⁷² Ergänzende **landesrechtliche Regelungen** zur **Arbeitszeit der Beamten und Richter des** 16

---

64 Ges. v. 17.12.2015 (GBl. 1184).
65 *Ehlers* in: Sachs, GG, Art. 140, Art. 139 WRV, Rn. 1.
66 BVerwG NVwZ 2015, 590 (592f.); VGH BW ESVGH 19, 57 (59); NVwZ-RR 2008, 781f.; U. v.15.8.2011 – 9 S 989/09 – juris, Rn. 20ff.; VG Stuttgart, B. v. 22.3.2005 – 4 K 1010/05 – juris, Rn. 9; *Braun*, Art. 3 Rn. 8.
67 Näher zur Geschichte des 1. Mai auf der Internetseite des DGB unter www.dgb.de/themen/++co++d199d80c-1291-11df-40df-00093d10fae2 (12.12.2017).
68 Gesetz über die Einführung eines Feiertags der nationalen Arbeit v. 10.4.1933 (RGBl. I, 191), geänd. durch Gesetz über die Feiertage v. 27.2.1934 (RGBl. I, 129).
69 Vgl. dazu etwa *Stern* in: Stern V, 826.
70 *Schmid am Busch* in: Meder/Brechmann, Art. 174 Rn. 7.
71 IdF der Bekanntmachung vom 8.5.1995 (GBl. 450), zuletzt geändert durch Gesetz vom 17.12.2015 (GBl. 1184).
72 *Hollerbach* in: Feuchte, Art. 3 Rn. 21.

Landes finden sich in der Arbeitszeit- und Urlaubsverordnung (AzUVO).[73] An den **gesetzlichen Feiertagen** haben Arbeitnehmer sowie Beamte und Richter **grundsätzlich arbeitsfrei** (§ 9 I ArbZG, §§ 7 II 2, 20 AzUVO). Die Bestimmung eines Tages zum gesetzlichen Feiertag löst die Entgeltfortzahlungspflicht des § 2 EntgFG aus. Für die kirchlichen Feiertage sieht das Gesetz unter bestimmten Voraussetzungen **eine auf den Gottesdienstbesuch beschränkte Freistellung von der Arbeit** vor (§ 4 II FTG), die sich für den Allgemeinen Buß- und Bettag auf den ganzen Tag verlängert. Schüler haben an den kirchlichen Feiertagen Gründonnerstag und Reformationsfest schulfrei (§ 4 III FTG). Den Belangen jüdischer, islamischer und alevitischer Beschäftigter hat das Land mit den o. g. Regelungen (vgl. → Rn. 9) Rechnung getragen. Angehörige anderer religiöser Minderheiten können einen Anspruch auf Rücksichtnahme bzw. auf Freistellung aus Art. 4 I, II GG haben.[74]

17 Zur Gewährleistung der Funktion der Sonn- und Feiertage sieht das Gesetz verschiedene Schutzbestimmungen wie etwa das **Verbot aller öffentlich bemerkbaren Arbeiten** an diesen Tagen (§ 6 I FTG) oder Beschränkungen der **Versammlungsfreiheit** (§ 7 II Nr. 1 FTG) vor. Der Sonn und Feiertagsschutz gebietet auch Verbote von Tätigkeiten oder Veranstaltungen, die mit der verfassungsrechtlich festgelegten Zweckbestimmung dieser Tage als Tage der Arbeitsruhe und der seelischen Erholung nicht vereinbar sind.[75] An bestimmten Feiertagen, sog. stillen Feiertagen, wird zeitweise (von 3 Uhr bis 11 Uhr bzw. von 3 Uhr bis 24 Uhr) oder ganztägig ein erhöhter Schutz gewährleistet (§§ 8, 10 f. FTG). Die Ausgestaltung von Feiertagen mit einem qualifizierten Schutz und die damit verbundenen grundrechtsbeschränkenden Wirkungen sind grundsätzlich gerechtfertigt (Art. 139 WRV iVm Art. 140 GG).[76] Für Fallgestaltungen, in denen eine dem qualifizierten Feiertagsschutz zuwiderlaufende Veranstaltung ihrerseits in den Schutzbereich der Glaubens- und Bekenntnisfreiheit (Art. 4 I, II GG) oder der Versammlungsfreiheit (Art. 8 I GG) fällt, muss der Gesetzgeber jedoch die Möglichkeit einer Ausnahme von entsprechenden Unterlassungspflichten vorsehen.[77] Diesem Erfordernis trägt § 12 FTG Rechnung.

18 Besondere Bedeutung für die Gewährleistung der Sonn- und Feiertagsruhe kommt der Regelung der **Ladenöffnungszeiten** zu.[78] Seit Inkrafttreten der sog. Föderalismusreform I (2006) am 1.9.2006 (BGBl. I 2034) unterfällt die Gesetzgebungskompetenz für das Ladenschlussrecht der ausschließlichen Gesetzgebungsbefugnis der Länder nach Art. 70 I GG, soweit es zu-

---

[73] VO v. 29.11.2005, zuletzt geändert durch VO v. 16.9.2014 (GBl. 441). Den Sonn- und Feiertagsschutz der Arbeitnehmer hat der Bund im Arbeitszeitgesetz v. 6.6.1994 (BGBl. I, 1170, 1171), zuletzt geändert durch Gesetz v. 20.4.2013 (BGBl. I, 868) geregelt.
[74] BVerwGE 42, 128 ff.; BVerwG NVwZ-RR 1994, 234 (235); *Ehlers* in: Sachs, GG, Art. 140, Art. 139, WRV Rn. 7.
[75] BVerwG NJW 1982, 899 f.; 1994, 1975 ff.; VG Stuttgart, B. v. 22.3.2005 – 4 K 1010/05 – juris; *Ehlers* in: Sachs, GG, Art. 140, Art. 139 WRV, Rn. 12.
[76] BVerfGE 111, 10 (51); 125, 39 (82 f.); BVerfG, U. v. 27.10.2016 – 1 BvR 458/10 – juris, Rn. 68 u. 72.
[77] BVerfG, U. v. 27.10.2016 – 1 BvR 458/10 – juris, Rn. 93.
[78] Vgl. BVerfGE 87, 363 ff.; 111, 10 ff; 125, 39 ff.

vor dem Recht der Wirtschaft zuzuordnen war (Art. 74 I Nr. 11 GG).[79] In Ausübung dieser Kompetenz hat das Land das **Gesetz über die Ladenöffnung** in BW[80] Gebrauch gemacht. Zur Gewährleistung der Sonn- und Feiertagsruhe sieht dieses bei vollständiger Aufhebung der werktäglichen Ladenschlusszeiten einen **grundsätzlichen Ladenschluss an Sonn- und Feiertagen** vor. Die verkaufsoffenen Sonn- und Feiertage sind auf jährlich drei Tage beschränkt. Diese **Verkaufsbeschränkungen** sind **unionsrechtskonform**.[81]

Artikel 3 a [Schutz der natürlichen Lebensgrundlagen]

(1) Der Staat schützt auch in Verantwortung für die künftigen Generationen die natürlichen Lebensgrundlagen im Rahmen der verfassungsmäßigen Ordnung durch die Gesetzgebung und nach Maßgabe von Gesetz und Recht durch die vollziehende Gewalt und die Rechtsprechung.

(2) Der Staat fördert gleichwertige Lebensverhältnisse, Infrastrukturen und Arbeitsbedingungen im gesamten Land.

Schrifttum:

Braun, Tierschutz in der Verfassung – und was nun? Die Bedeutung des neuen Art. 20 a GG, DÖV 2003, 488; *Brohm*, Soziale Grundrechte und Staatszielbestimmungen in der Verfassung, JZ 1994, 213; *Gassner*, Zur Maßstabsqualität des Art. 20 a GG, NVwZ 2014, 1140; *ders.*, Zur mittelbaren Verwirklichung des Schutzauftrags nach Art. 20 a GG – auch durch Private, DVBl. 2015, 1173; *Hager* (Hrsg.), Kommentar zum Landesplanungsrecht in Baden-Württemberg, 2015; *Jahn*, Empfehlungen der Gemeinsamen Verfassungskommission zur Änderung und Ergänzung des Grundgesetzes, DVBl. 1994, 177; *Kahl*, Kommunaler Anschluss- und Benutzungszwang aus Klimaschutzgründen – Die Auswirkung des § 16 EEWärmeG auf das Landesrecht insbesondere in Baden-Württemberg, VBlBW 2011, 53; *ders.*; Neuere höchstrichterliche Rechtsprechung zum Umweltrecht – Teil 1, JZ 2010, 668; *Kloepfer*, Umweltschutz als Verfassungsrecht – Zum neuen Art 20 a GG, DVBl. 1996, 73; *Reinhardt*, Neuere Tendenzen im Wasserrecht – Anmerkungen zur Fortentwicklung des Wasserhaushaltsgesetzes 2009, NVwZ 2014, 484; *Sannwald/Sannwald*, Die Reform der Verfassung des Landes Baden-Württemberg, BWVPr 1995, 217; *Schink*, Umweltschutz als Staatsziel, DÖV 1997, 221; *Schulze-Fielitz*, Umweltschutz im Föderalismus – Europa, Bund und Länder, NVwZ 2007, 249; *Steinberg*, Verfassungsrechtlicher Umweltschutz durch Grundrechte und Staatszielbestimmung, NJW 1996, 1985; *Vogel*, Die Reform des Grundgesetzes nach der deutschen Einheit, DVBl. 1994, 497; *Voßkuhle*, Umweltschutz und Grundgesetz, NVwZ 2013, 1.

Vergleichbare Regelungen:
Zu Abs. 1: Art. 20 a GG; Präambel BbgVerf, HambVerf, MVVerf, LSAVerf; Art. 141 I 1, 4 BayVerf, 31 I BerlVerf, 39 I, IV, V 1 BbgVerf, 11 a I; 65 I BremVerf, 26 a HessVerf, 2, 12 I MVVerf, 1 II NdsVerf, 29 a I NRWVerf, 69 RPVerf, 59 a I SaarlVerf, 1, 2 u. 10 I SächsVerf, 2 I, 35 I 1 LSAVerf, 7 SchlHVerf, 31 I, II 1, 44 I 2 ThürVerf.
Zu Abs. 2: Art. 3 II BayVerf, 44 BbgVerf, 65 III BremVerf.

---

79 Vgl. etwa *Friedrich* in: Holtschneider/Schön, Die Reform des Bundesstaates, 239, 243 ff.
80 Ges. v. 14.2.2007 (GBl. 135), zuletzt geändert durch Ges. v. 17.12.2015 (GBl. 1184).
81 EuGH NJW 1991, 626; NJW 1994, 2141.

Ergänzende Normen: Gesetz zur Nutzung erneuerbarer Wärmeenergie in BW (Erneuerbare-Wärme-Gesetz – EWärmeG) v. 15.3.2015 (GBl. 151); Klimaschutzgesetz BW (KSG BW) v. 23.7.2013 (GBl. 229); Landesabfallgesetz (LAbfG) v. 14.10.2008 (GBl. 370); Landwirtschafts- und Landeskulturgesetz (LLG) v. 14.3.1972 (GBl. 74); Gesetz des Landes BW zum Schutz der Natur und zur Pflege der Landschaft (Naturschutzgesetz – NatSchG) v. 23.6.2015 (GBl. 585); Landesplanungsgesetz (LplG) idF v. 10.7.2003 (GBl. 385); Umweltverwaltungsgesetz (UVwG) v. 25.11.2014 (GBl. 592); Waldgesetz für BW (Landeswaldgesetz – LWaldG) idF v. 31.8.1995 (GBl. 685); Wassergesetz für BW (WG) v. 3.12.2013 (GBl. 389).

Leitentscheidungen: BVerfGE 102, 1 (Altlasten); 104, 238 (Moratorium Gorleben); 118, 79 (Emissionshandel, Treibhausgasemission); 127, 293 (Legehennenhaltung); BVerfG NVwZ 2015, 288 (Luftverkehrsteuer); BVerwGE 54, 211 (kein Umweltgrundrecht); BVerwG NJW 1995, 2648; BVerwGE 101, 73 (Naturschutzverband; Klagebefugnis; Verbandsklage); 104, 68 (Belange des Naturschutzes und der Landschaftspflege als Gehalte des Schutzes der natürlichen Lebensgrundlagen); BVerwG NVwZ 1998, 398 f. (Reichweite der Verbandsklagebefugnis); NVwZ 1998, 1080 (Anschluss- und Benutzungszwang); NVwZ 2001, 1148 (Art. 20 a GG Staatszielbestimmung); NVwZ 2006, 595 (Grenzen kommunaler Selbstverwaltung); BVerwGE 125, 68 (Klimaschutz als Gehalt des Schutzes der natürlichen Lebensgrundlagen); BFHE 184, 226 (keine Umsetzung d. Art. 20 a GG contra legem); BFH BWGZ 1998, 103 f. (Gesetzgeber als primärer Adressat d. Staatsziels Umweltschutz); StGH ESVGH 28, 1 (Abfallbeseitigung); VGH BW NVwZ-RR 2012, 222 (Photovoltaikanlage auf Kirchendach).

A. Überblick und Einordnung	1	5. Auch in Verantwortung für die künftigen Generationen	22
I. Bedeutung	1	6. Im Rahmen der verfassungsmäßigen Ordnung	23
II. Herkunft, Entstehung, Geschichte	4	7. Verhältnis zu den Grundrechten	24
III. Verfassungsvergleichende Einordnung	7	8. Einzelheiten zu Gesetzgebung, Vollziehung und Rechtsprechung	26
1. Umweltschutz	7	a) Gesetzgebung	26
2. Förderung gleichwertiger Lebensverhältnisse	11	b) Vollziehende Gewalt und Rechtsprechung	28
B. Erläuterung	12	II. Förderung gleichwertiger Lebensverhältnisse, Infrastrukturen und Arbeitsbedingungen	30
I. Der Schutz der natürlichen Lebensgrundlagen (Art. 3 a I LV)	12		
1. Vorbemerkung	12		
2. Adressaten der Pflichten zum Umweltschutz	13	III. Umsetzung	32
3. Die natürlichen Lebensgrundlagen	18		
4. Schutz	20		

A. Überblick und Einordnung

I. Bedeutung

1 Ausweislich der Entstehungsgeschichte und wie bereits Art. 86 LV in der vom 28.2.1976 bis 10.3.1995 geltenden Fassung normiert **Art. 3 a I LV** in Übereinstimmung mit Art. 20 a GG[1] ein **Staatsziel**.[2] Es handelt sich somit um eine **rechtlich verbindliche Verfassungsnorm**, die dem Einzelnen **kein**

---

1 Vgl. etwa *Murswiek* in: Sachs, GG, Art. 20 a Rn. 12.
2 GesE Änderung LV, LT-Drs. 11/5326, 6 sowie GesE zur Einführung einer Landesverfassungsbeschwerde, LT-Drs. 15/2153, 21; *Engelken/Braun*, Art. 3 a Rn. 5. Zu Art. 86 vgl.: *Braun*, Art. 86 Rn. 2 ff.; *Engelken/Braun*, Art. 3 a Rn. 4; *Feuchte* in: Feuchte, Art. 86 Rn. 4.

[Schutz der natürlichen Lebensgrundlagen] Artikel 3 a

subjektives Recht gewährt, sondern objektiv-rechtlich die Staatsorgane, in erster Linie den Gesetzgeber zur Beachtung und Verwirklichung des von ihr gesetzten Ziels verpflichtet.[3] Das Staatsziel **Umweltschutz** konkretisiert nicht lediglich das **Sozialstaatsprinzip** (Art. 23 I LV),[4] das den Aufbau und die Gestaltung der sozialen Infrastruktur mit dem Ziel der Herstellung einer gerechten Sozialordnung iSv sozialer Sicherheit und sozialer Gerechtigkeit bezweckt.[5] Es handelt sich vielmehr um ein aliud.[6]

Abs. 1 stellt eine **eigenständige Bestimmung des Landesrechts** dar. Die amtliche Begründung, die von „einer deklaratorischen Übernahme des Artikels 20 a Grundgesetz" spricht,[7] ist daher zumindest missverständlich.[8] Da Art. 20 a GG unmittelbar auch für die Landesstaatsgewalt gilt,[9] kommt Abs. 1 allerdings rechtlich nur begrenzte Bedeutung zu. Diese liegt vor allem im prozessualen Bereich: Ihrem Normgehalt widersprechende Gesetze oder sonstige Rechtsvorschriften sowie anderes mit ihrem Gehalt unvereinbares staatliches Handeln (auch Unterlassen) ist verfassungswidrig.[10] Daher kann ein Verstoß gegen Art. 3 a I LV im Rahmen eines Organstreits (Art. 68 I 2 Nr. 1 LV, § 8 I Nr. 1, § 45 VerfGHG) oder in verfassungsgerichtlichen Verfahren objektiver Rechtskontrolle wie der abstrakten Normenkontrolle (Art. 68 I 2 Nr. 3 LV, § 8 I Nr. 3, § 51 VerfGHG) geltend gemacht und verfassungsgerichtlich geprüft werden.[11] Auch wenn Art. 3 a I LV dem Einzelnen kein subjektives Recht gewährt, ist damit noch nicht die Frage beantwortet, ob sich ein Beschwerdeführer im Rahmen der Landesverfassungsbeschwerde (Art. 68 I 2 Nr. 4 LV, § 8 I Nr. 3, §§ 55 ff. VerfGHG) auf diese Bestimmung berufen kann. Das BVerfG hat diese Frage bisher mangels Entscheidungsrelevanz ausdrücklich offen gelassen.[12] Sie ist zu verneinen.[13] Anders verhält es sich, wenn der Betroffene geltend machen kann, in seinen Grundrechten, etwa in seiner allgemeinen Handlungsfreiheit (Art. 2 I LV iVm Art. 2 I GG) oder in sonstigen subjektiven Rechtspositionen der LV verletzt zu sein. In diesem Fall kann der VerfGH die Verfassungsmäßigkeit der angefochtenen Maßnahme umfassend prüfen und

2

---

3 Vgl. BVerfG NVwZ 2010, 114 (118); BVerwG NVwZ 1998, 1080 (1081); *Brohm*, JZ 1994, 213 (215); *Jarass* in: Jarass/Pieroth, Art. 20 a Rn. 2; *Murswiek* in: Sachs, GG, Art. 20 a Rn. 12; *Schink*, DÖV 1997, 221 (222).
4 *Brohm*, JZ 1994, 213 (218); *Feuchte* in: Feuchte, Art. 86, Rn. 4.
5 Vgl. BVerfGE 1, 97, 105; 5, 85, 206; 8, 278, 329; 36, 73, 84; 50, 57, 108; 65, 182, 193; 75, 348, 359 f.; *Schnapp* in: v. Münch/Kunig I, Art. 20 Rn. 50; *Stern* in: Stern I, 911.
6 *Brohm*, JZ 1994, 213 (218); *Sannwald/Sannwald*, BWVPr 1995, 217 (220 [Fn. 38]).
7 LT-Drs. 11/5326, 6.
8 Krit. auch *Sannwald/Sannwald*, BWVPr 1995, 217 (220 [Fn. 38]).
9 *Engelken/Braun*, Art. 3 a, Rn. 3; *Kloepfer*, DVBl. 1996, 73 (74 f.); *Murswiek* in: Sachs, GG, Art. 20 a Rn. 57; *Schink*, DÖV 1997, 221 (223); *Sommermann* in: v. Münch/Kunig, Art. 20 a Rn. 15.
10 Vgl. GVK, BT-Drs. 12/6000, 77; *Sommermann*, 444 ff., *Stern* in: Stern I, 121 f.
11 StGH ESVGH 60, 3 (5); *Steinberg*, NJW 1996, 1985 (1992).
12 BVerfG NVwZ 2010, 114 (118).
13 AA etwa *Kahl*, JZ 2010, 668 (670).

dabei auch die Staatszielbestimmung Umweltschutz als Prüfungsmaßstab heranziehen.[14]

3 Bei dem 2015 neu eingeführten **Abs. 2** handelt es sich **ebenfalls** um eine **Staatszielbestimmung** bzw. einen **Förderauftrag**. Auch diese Norm gewährt kein subjektives Recht.[15]

II. Herkunft, Entstehung, Geschichte

4 Absatz 1 wurde als Art. 3 a LV wurde im Rahmen der Novellierung der LV im Jahre 1995 eingeführt.[16] Ursprünglich hatte die Verfassung keine Bestimmung zum Schutz der natürlichen Lebensgrundlagen enthalten. Die FDP/DVP-Fraktion hatte bereits 1972 die Aufnahme eines **Grundrechts auf menschenwürdige Umwelt** in die Verfassung vorgeschlagen. Es sollte als Abs. 3 in Art. 2 LV verankert werden.[17] Der Verfassungsgeber ist diesem Vorschlag wegen der fehlenden Bestimmtheit eines solchen Leistungsrechts aber nicht gefolgt.[18] Weder das GG noch die LV enthalten ein eigenes Grundrecht auf Umweltschutz.[19] Vielmehr wurde der **Schutz der natürlichen Lebensgrundlagen** mit Wirkung vom 28.2.1976[20] als weitere Staatszielbestimmung in **Art. 86 LV** aufgenommen und war dort bis zum Inkrafttreten des Art. 3 a LV geregelt. Eine solche Regelung war bis dahin in keiner anderen Landesverfassung enthalten.[21] Art. 3 a I LV stimmt in Wortlaut und Inhalt mit der vom 15.11.1994[22] bis zum 31.7.2002 geltenden Fassung des Art. 20 a GG überein. Der **Tierschutz** wurde dort erst mit Wirkung vom 1.8.2002 eingefügt. [23] Anders als auf Bundesebene hat der Verfassungsgeber in BW von einer Ergänzung des Art. 3 a LV in der bis zum 30.11.2015 geltenden Fassung um den Tierschutz abgesehen. Der Tierschutz wurde im Jahre 2000[24] im neuen Art. 3 b LV als Staatsziel in der LV verankert.

5 Die wörtliche Übernahme einer Norm des GG in die LV, wie sie durch Art. 3 a LV in der bis zum 30.11.2015 geltenden Fassung erfolgt ist, hätte eine Begründung nahegelegt. Die Entstehungsgeschichte ist in diesem Punkt allerdings wenig ergiebig. Während auf die Begründung der wörtlichen Übernahme des Art. 3 III 2 GG in Art. 2 a LV wenigstens noch ein Satz verwandt wurde,[25] fehlt hier jeder Hinweis. Vielmehr wird neben der

---

14 BVerfGE 6, 32 (40 f.); *Steinberg*, NJW 1996, 1985 (1992).
15 GesE Änderung LV, LT-Drs. 15/7412, 5; ebenso zu Art. 3 II 2 BayVerf *Geis* in: Meder/Brechmann Art. 3 Rn. 39.
16 17. LVÄndG v. 15.2.1995 (GBl. 269).
17 *Feuchte* in: Feuchte, Art. 86 Rn. 1; *Maurer* in: Maurer/Hendler, 57.
18 *Braun*, Art. 86 Rn. 2; *Feuchte* in: Feuchte, Art. 86 Rn. 2; *Maurer* in: Maurer/Hendler, 57.
19 BVerwGE 54, 211 (220 f.); *Voßkuhle*, NVwZ 2013, 1 (5); vgl. auch BayVGH, E. v. 27.7.2011 – Vf. 5-VII-10 – juris, Rn. 52; aA wohl *Steinberg*, NJW 1996, 1985 (1990).
20 11. LVÄndG v. 10.2.1976 (GBl. 98).
21 *Braun*, Art. 86 Rn. 2; *Feuchte* in: Feuchte, Art. 86 Rn. 3; auch in Art. 141 BayVerf wurden die natürlichen Lebensgrundlagen erst durch das Fünfte Gesetz zur Verfassung v. 20.6.1984 (GVBl. S. 223) unter Schutz gestellt.
22 Art. 1 Nr. 2 GGÄndG v. 27.10.1994, BGBl. I 3146.
23 Art. 1 GGÄndG v. 26.7.2002, BGBl. I 2862.
24 18. LVÄndG v. 23.5.2000 (GBl. 449).
25 Vgl. GesE Änderung LV, LT-Drs. 11/5326, 5.

bundesrechtlichen Bestimmung auch die Begründung zu Art. 20 a GG aus dem Entwurf eines Gesetzes zur Änderung des GG[26] wörtlich übernommen.[27] Allerdings darf nicht übersehen werden, dass bereits die auf die Beratungen der Gemeinsamen Verfassungskommission zurückgehende Verabschiedung des Art. 20 a GG einen Kompromiss dargestellt hatte,[28] dem eine intensive Diskussion um die Aufnahme einer solchen Staatszielbestimmung in das GG vorausgegangen war.[29] Im Hinblick auf diese Vorgeschichte hätte eine Einfügung der Regelung im Zweiten Hauptteil der Verfassung im Zusammenhang mit den die Grundlagen des Staates betreffenden Bestimmungen näher gelegen.

Die **Förderung gleichwertiger Lebensverhältnisse, Infrastrukturen und Arbeitsbedingungen** wurde im Jahre 2015 als neuer Absatz 2 in Art. 3 a LV aufgenommen.[30] Die Herstellung gleichwertiger Lebensverhältnisse war zwar als Leitvorstellung bereits in § 2 I 2 Nr. 6 des **Landesplanungsgesetzes** (LplG) enthalten. Von der Verankerung auf Verfassungsebene ist aber eine höhere Wirkung und Integrationskraft für das öffentliche Bewusstsein zu erwarten als von der regelmäßig nur Fachleuten bekannten Normierung im Landesplanungsgesetz.[31] 6

III. Verfassungsvergleichende Einordnung
1. Umweltschutz

Die Parallelbestimmung zu Art. 3 a I LV ist der 1994 in das GG eingefügte **Art. 20 a GG**. Art. 3 a I LV ist wirksam. Die Länder sind befugt, ihr Verfassungs- und Staatsorganisationsrecht selbst zu ordnen, beschränkt nur durch die Homogenitätsklausel des Art. 28 I 1 GG.[32] Art. 31 GG steht nicht entgegen. Die Norm widerspricht weder dem GG noch sonstigem Bundesrecht. Aus dem Umstand, dass Art. 3 a I LV im Unterschied zu Art. 20 a GG den Schutz nicht auf die Tiere erstreckt, folgt nicht, dass die LV für diese ein niedrigeres Schutzniveau vorschreibt und es daher zu einem Normwiderspruch kommt. Denn der **Tierschutz** ist – zwar mit vom Bundesrecht abweichendem Wortlaut, aber inhaltlich nicht anders als dort – in Art. 3 b LV geregelt. Auch dass der Bund für die wichtigsten umweltrelevanten Materien von seiner **Gesetzgebungszuständigkeit** Gebrauch ge- 7

---

26 Vgl. GesE GGÄndG, BT-Drs. 12/6633, 6 f.
27 In der Plenarsitzung des LT am 1.2.1995 hat der Vorsitzende der CDU-Fraktion lediglich ausgeführt (Abg. *Oettinger*, Pl.-Prot. 11/56, 4554): „Wir wollen die Aussage, die in Artikel 86 steht, dass wir die natürlichen Lebensgrundlagen erhalten, aktualisieren, erweitern, nach vorne ziehen und damit verstärken. Das Staatsziel Umweltschutz wird mit unserer Novelle an vorderer Stelle in der Verfassung verankert."
28 *Sannwald/Sannwald*, BWVPr 1995, 217 (220); ähnlich *Engelken/Braun*, Art. 3 a, Rn. 1.
29 Vgl. GVK, BT-Drs. 12/6000, 65 ff.; Hinweise auf die Diskussion und Vorgeschichte des Art. 20 a GG etwa bei *Jahn*, DVBl. 1994, 177 (184 f.); *Kloepfer*, DVBl. 1996, 73 ff.; *Murswiek* in: Sachs, GG, Art. 20 a Rn. 2 ff.; *Sommermann* in: v. Münch/Kunig, Art. 20 a Rn. 1 ff.; *Vogel*, DVBl. 1994, 497 (498 ff.).
30 23. LVÄndG v. 1.12.2015 (GBl. 1032).
31 Vgl. auch *Geis* in: Meder/Brechmann, Art. 3 Rn. 39.
32 BVerfGE 96, 345 (368 f.); 98, 145 (157 f.); *Degenhart* in: Sachs, GG, Art. 70 Rn. 22, Art. 71 Rn. 6.

macht hat (→ Rn. 15), steht der Wirksamkeit der Norm nicht entgegen. Denn die Art. 70 ff. GG gelten nicht für die verfassungsändernde Gesetzgebung der Länder.[33] Die Länder sind befugt, in ihren Verfassungen auch Staatszielbestimmungen zu Sachbereichen aufzunehmen, für die die Gesetzgebungszuständigkeit beim Bund liegt.[34]

8   Alle anderen Landesverfassungen enthalten eigenständige Regelungen zum Umweltschutz. Am weitesten geht Brandenburg. Es verfügt in seiner Verfassung neben einer den Staat und den Einzelnen verpflichtenden Staatszielbestimmung (Art. 39 I BbgVerf)[35] auch über ein **Grundrecht auf Umweltschutz** (Art. 39 II BbgVerf). Die Verfassung des Landes Sachsen-Anhalt enthält eine **Grundpflicht** des Einzelnen, nach seinen Kräften zum Schutz der natürlichen Lebensgrundlagen beizutragen (Art. 35 II LSAVerf).

9   Das deutsche Umweltrecht ist – mit zunehmender Tendenz – maßgebend durch **europäisches Umweltrecht** vorgeprägt. Die **Union**, die im Bereich Umwelt nach Art. 4 II Buchst. e AEUV über eine mit den Mitgliedstaaten geteilte Zuständigkeit verfügt, ist nach Art. 37 EU-Grundrechtscharta verpflichtet, ein hohes Umweltschutzniveau und die Verbesserung der Umweltqualität in ihre Politik einzubeziehen und nach dem Grundsatz der nachhaltigen Entwicklung sicherzustellen. Eine entsprechende Bestimmung enthält Art. 11 AEUV. Die inhaltlichen Vorgaben für die Umweltpolitik der Union sind in Art. 191 I bis III AEUV aufgeführt. Art. 192 AEUV bildet die spezielle Rechtsgrundlage für das Tätigwerden der Union zur Verfolgung der in Art. 191 I bis III AEUV genannten Zielsetzungen.[36] Aufgrund dieser Regelungen hat die Union eine Vielzahl von Rechtsakten, in erster Linie Richtlinien, erlassen.[37] Daran sind die nationalen Gesetzgebungsorgane gebunden. Dies schränkt deren Gestaltungsfreiheit im Rahmen des Art. 20 a GG und des Art. 3 a I LV erheblich ein. Bei der Rechtsanwendung folgt aus dem **Anwendungsvorrang des Unionsrechts**[38] die **Pflicht zur richtlinienkonformen Auslegung** des nationalen Rechts.[39]

10 Angesichts der vielfach globalen Dimension von Umweltproblemen finden sich Regelungen dazu auch im Völkerrecht. Rechtsquellen des **Umweltvölkerrechts** sind neben dem **Gewohnheitsrecht** und **allgemeinen Rechtsgrundsätzen des Umweltvölkerrechts** globale, regionale oder bilaterale **Übereinkommen**.[40] Völkerrechtliche Verträge, deren Gegenstand nicht in die ausschließliche Gesetzgebungskompetenz der Länder fällt, entfalten im innerstaatlichen Bereich primär durch Zustimmungsgesetze nach Art. 59 II GG Wirkung. Sie haben damit den Rang eines einfachen Bundesgesetzes und

---

33   *Degenhart* in: Sachs, GG, Art. 70 Rn. 22; aA *Uhle* in: Maunz/Dürig, Art. 70 Rn. 39, der jedoch aus Art. 28 I eine ausschließliche Länderkompetenz für Landesverfassungsrecht ableitet.
34   *Degenhart* in: Sachs, GG, Art. 70 Rn. 23.
35   *Menzel*, 474: Grundpflicht.
36   Das Europäische Atomrecht wird allerdings auf der Grundlage des EAGV erlassen, vgl. EuGH EuZW 2015, 230 ff.
37   Vgl. *Sommermann*, 277; Zum Stand der EU-Umweltpolitik vgl. *Epiney* in: Bieber/Epiney/Haag, § 32 Rn. 19 ff.
38   Zum Verhältnis zwischen dem Recht der EU und dem Recht der Mitgliedstaaten vgl. → Art. 2 Rn. 1.
39   *Voßkuhle*, NVwZ 2013, 1 (2) mwN.
40   Vgl. etwa die Bsp. bei *Sommermann* in: v. Münch/Kunig, Art. 20 a Rn. 11.

verdrängen nach Art. 31 GG ihm inhaltlich widersprechendes Landesrecht. Im Hinblick auf die **Völkerrechtsfreundlichkeit des GG** (→ Art. 2 Rn. 22) kommt eine Heranziehung anderer umweltvölkerrechtlicher Abkommen als **Auslegungshilfe** für die Bestimmung von Inhalt und Reichweite auch des Staatsziels Umweltschutz in Betracht, ohne dass sich auf diesem Wege allerdings eine subjektiv-rechtliche Anreicherung des Art. 3 a I LV herbeiführen ließe.[41]

2. Förderung gleichwertiger Lebensverhältnisse

Neben BW enthalten auch die Verfassungen Bayerns, Brandenburgs und Bremens die Förderung gleichwertiger Lebensverhältnisse als Staatsziel (→ Rn. 11). Auf **Bundesebene** hat Art. 3 a II LV keine Entsprechung. Die Herstellung gleichwertiger Lebensbedingungen der Menschen in allen Teilräumen des Bundesgebietes ist lediglich einfachgesetzlich in § 1 II des **Raumordnungsgesetzes** (ROG) niedergelegt. Es handelt sich um ein letztlich aus dem **Sozialstaatsgebot** hergeleitetes Prinzip.[42] Im Übrigen kann die Verfolgung dieses Ziels nach Art. 72 II GG ein Tätigwerden des Bundesgesetzgebers oder nach Art. 104 b I 1 Nr. 2 GG die Gewährung von **Finanzhilfen** durch den Bund[43] rechtfertigen. Schließlich sind bei der **Vertikalen Umsatzsteuerverteilung** nach Art. 106 III 4 Nr. 2 GG die Deckungsbedürfnisse des Bundes und der Länder u. a. so aufeinander abzustimmen, dass die **Einheitlichkeit der Lebensverhältnisse im Bundesgebiet** gewahrt wird. 11

B. Erläuterung

I. Der Schutz der natürlichen Lebensgrundlagen (Art. 3 a I LV)

1. Vorbemerkung

Auch wenn Art. 3 a I eine eigenständige Norm des Landesrechts darstellt, kann bei der Kommentierung dieses Verfassungsartikels die unmittelbare Geltung des Art. 20 a GG für die Landesgesetzgebung, die vollziehende Gewalt und die Rechtsprechung in BW nicht unberücksichtigt bleiben, zumal der **Schwerpunkt der Gesetzgebungskompetenzen im Umweltrecht bei der Bundesgesetzgebung** liegt.[44] So wird Art. 3 a I LV auch in der veröffentlichten Rechtsprechung, soweit ersichtlich, stets im unmittelbaren Zusammenhang mit Art. 20 a GG genannt.[45] Die folgenden Ausführungen zum Schutz der natürlichen Lebensgrundlagen beschränken sich daher auf eine komprimierte Darstellung. Für eine vertiefte Auseinandersetzung wird auf Rechtsprechung und Schrifttum zu Art. 20 a GG verwiesen. 12

2. Adressaten der Pflichten zum Umweltschutz

Art. 3 a I LV verpflichtet nur den **Staat**, nicht hingegen Individuen, juristische Personen des Privatrechts (vgl. aber unten → Rn. 14) oder die Gesell- 13

---

41 Vgl. *Sommermann* in: v. Münch/Kunig, Art. 20 a Rn. 13.
42 *Kratzenberg*, Die Novelle zum Raumordnungsgesetz, NVwZ 1989, 1129 (1130).
43 Vgl. *Siekmann* in: Sachs, GG, Art. 104 b Rn. 27 f.
44 So bereits zu Recht *Engelken/Braun*, Art. 3 a, Rn. 3.
45 Vgl. etwa VGH BW, VBlBW 2004, 337 ff.; VBlBW 2012, 185 ff. Vereinzelt wird ausschließlich Art. 20 a GG zitiert, vgl. etwa (zu Art. 3 b LV) VG Sigmaringen, U. v. 24.4.2015 – 8 K 1781/13 – juris, Rn. 47.

schaft als Ganzes.[46] Dies schließt aber nicht aus, dass der Gesetzgeber Private in die Erfüllung seines Schutzauftrags einbindet.[47]

14 Zur Durchsetzung der Staatszielbestimmung sind alle staatlichen Gewalten rechtlich verpflichtet. **Vorrangiger Adressat der Norm ist der Gesetzgeber** (unten → Rn. 26).[48] Art. 3 a I LV enthält aber ebenso wie Art. 20 a GG nicht nur einen Gesetzgebungsauftrag. Die Bestimmung verpflichtet vielmehr sämtliche Träger hoheitlicher Gewalt und ihre Organe im Bereich der vollziehenden Gewalt also **Regierung, staatliche Verwaltung** und **Selbstverwaltung**[49] sowie die **Rechtsprechung**.[50] Die Verpflichtung erstreckt sich zudem auf alle Erscheinungsformen staatlichen Handelns und alle Rechtsformen einschließlich der erwerbswirtschaftlichen Betätigung der Verwaltung, bei Unternehmensbeteiligungen, soweit Einflussmöglichkeiten bestehen.[51] Allerdings ergibt sich im Hinblick auf die Kompetenzverteilung des GG eine wesentliche Beschränkung des Gesetzgebers[52] bei der Konkretisierung der Norm. Zwar können die Länder in ihre Verfassungen auch Staatszielbestimmungen zu Sachbereichen aufzunehmen, für die die Gesetzgebungszuständigkeit beim Bund liegt. Zu deren Ausfüllung ist der Landesgesetzgeber jedoch nur im Rahmen der Art. 70 ff. GG befugt.[53]

15 Der **Bund** verfügt über **keine generelle Umweltkompetenz**.[54] Die Föderalismusreform I[55] hat aber die Verteilung der Gesetzgebungskompetenzen im Umweltrecht insbesondere durch die Umwandlung der früheren Rahmenkompetenzen in konkurrierende Gesetzgebungskompetenzen sowie durch die gleichzeitige Beschränkung des Geltungsbereichs der **Erforderlichkeitsklausel** (Art. 72 II GG) weitgehend zugunsten des Bundes gestärkt. Für die wichtigsten umweltrechtlichen Kompetenzen wie das Recht der **Abfallwirtschaft** und des **Immissionsschutzes** (Art. 74 I Nr. 24 GG), des **Naturschutzes** und der **Landschaftspflege** (Art. 74 I Nr. 29 GG) und des **Wasserhaushalts** (Art. 74 I Nr. 32 GG) ist die Nichtbindung der konkurrierenden Gesetzgebung an die Erforderlichkeitsklausel des Art. 72 II GG seither der Regelfall.[56] Hingegen bleibt die Bestimmung für die Regelung solcher um-

---

46 Vgl. etwa *Murswiek* in: Sachs, GG, Art. 20 a Rn. 56 a; *Gassner*, DVBl. 2015, 1173 (1174).
47 Vgl. etwa *Murswiek* in: Sachs, GG, Art. 20 a Rn. 56 a; *Gassner*, DVBl. 2015, 1173 (1175).
48 Vgl. BVerwG NJW 1995, 2648 (2649); BFH BWGZ 1998, 103 (104); *Gassner*, DVBl. 2015, 1173 (1174), *Hahn*, 83 ff.
49 Vgl. BVerwG NVwZ 2006, 596 (597); VGH BW, VBlBW 1990, 352 ff.; *Feuchte* in: Feuchte, Art. 86 Rn. 19; *Schink*, DÖV 1997, 221 (223).
50 Vgl. etwa *Murswiek* in: Sachs, GG, Art. 20 a Rn. 57.
51 Vgl. etwa *Sommermann* in: v. Münch/Kunig, Art. 20 a Rn. 16. Die Möglichkeit der Einflussnahme besteht jedenfalls dann, wenn das Unternehmen von der öffentlichen Hand beherrscht wird. Hiervon ist in Anknüpfung an zivilrechtliche Wertungen (vgl. §§ 16, 17 AktG, Art. 2 Abs. 1 Buchstabe f RL 2004/109/EG) jedenfalls dann auszugehen, wenn mehr als die Hälfte der Anteile im Eigentum der öffentlichen Hand stehen (vgl. für die Grundrechtsbindung BVerfGE 128, 226 (244 ff.).
52 Dieses Problem stellt sich für Exekutive und Judikative wegen der (partiellen) Inhaltsgleichheit von Art. 20 a GG und Art. 3 a LV nicht.
53 *Degenhart* in: Sachs, GG, Art. 70 Rn. 23.
54 *Degenhart* in: Sachs, Art. 74 Rn. 99; *Voßkuhle*, NVwZ 2013, 1 (3).
55 GGÄndG v. 28.8.2006 (BGBl. I 2034).
56 *Schulze-Fielitz*, NVwZ 2007, 249 (252).

weltrelevanter Materien weiter anwendbar, die wegen des Querschnittscharakters des Umweltrechts bereichsspezifische umweltrechtliche Regelungen enthalten, namentlich für das Recht der Wirtschaft (Art. 74 I Nr. 11 GG).[57]

Als Kompensation für die mit der Neufassung des Art. 72 GG eingeführte Vorranggesetzgebung des Bundes können die Länder nach Art. 72 III 1 GG außerhalb eines „abweichungsfesten" Kerns insbesondere auf den Gebieten des Naturschutzes, der Landschaftspflege und des Wasserhaushalts durch Landesgesetze von Bundesgesetzen abweichende Regelungen treffen.[58] Nach Art. 84 I 2 GG besteht ein **Abweichungsrecht der Länder** darüber hinaus bei organisations- und verfahrensrechtlichen Regelungen in Bundesgesetzen. Allerdings dürften die Länder, wie auch durch die Entwicklung seit Inkrafttreten der neuen Regelungen bestätigt wird,[59] eher umsichtig und zurückhaltend von den ihm eingeräumten Abweichungsmöglichkeiten Gebrauch machen, da die Gefahr einer „Ping-Pong-Gesetzgebung"[60] (Abweichungsgesetzgebung und anschließende erneute Rechtsetzung durch den Bund)[61] einen gewissen Abstimmungsdruck auf Bund und Länder erzeugt.[62]

16

Unabhängig von der „**Regelungsvorherrschaft**"[63] des Bundes bei der Umweltgesetzgebung und von den bereits erwähnten Abweichungsbefugnissen verfügen die Länder auch nach Inkrafttreten der Föderalismusreform I über wesentliche umweltpolitische Gestaltungsspielräume. So fällt die Regelung umweltrelevanter Gesetzgebungsmaterien teils in ihre Residualkompetenz (Art. 70 GG). Dies gilt etwa für das **Bauordnungsrecht**.[64] Teils hat der Bundesgesetzgeber von einer Regelungsbefugnis nicht abschließend Gebrauch gemacht oder das Bundesrecht bleibt, wie etwa das **Wasserhaushaltsgesetz**, konkretisierungsbedürftig, oder es enthält Regelungsoptionen und -aufträge für die Länder.

17

3. Die natürlichen Lebensgrundlagen

Der **Begriff der natürlichen Lebensgrundlagen** ist bedeutungsgleich mit dem Begriff Umwelt und umfasst die **gesamte natürliche Umwelt**,[65] einschließlich der **Kulturlandschaften**.[66] Nicht dazu gehören die sozialen, ökonomischen, kulturellen oder technischen Lebensgrundlagen.[67] Verfassungspolitisch war und blieb bei der Diskussion um die Einführung eines Umweltstaatsziels in das GG vor allem umstritten, ob der Schutz der natürli-

18

---

57 *Degenhart* in: Sachs, GG, Art. 74 Rn. 99; *Schulze-Fielitz*, NVwZ 2007, 249 (252).
58 *Schulze-Fielitz*, NVwZ 2007, 249 (251, 253); *Degenhart* in: Sachs, Art. 72 Rn. 2; näher zur Abweichungsgesetzgebung etwa *Franzius*, NVwZ 2008, 492 ff.; *Haug*, DÖV 2008, 851.
59 *Reinhardt*, NVwZ 2014, 484 (485).
60 *Schulze-Fielitz*, NVwZ 2007, 249 (255).
61 Zur Zulässigkeit vgl. *Pieroth* in: Jarass/Pieroth, Art. 20a Rn. 4; *Degenhart* in: Sachs, GG, Art. 72 Rn. 44 jeweils mwN.
62 *Schulze-Fielitz*, NVwZ 2007, 249 (255).
63 *Menzel*, 509.
64 BVerfGE 3, 407 (434); 40, 261 (265 f.).
65 *Murswiek* in: Sachs, GG, Art. 20a Rn. 27.
66 *Kloepfer*, DVBl. 1996, 73 (76).
67 *Jarass* in: Jarass/Pieroth, Art. 20a Rn. 4; *Sommermann* in: v. Münch/Kunig, Art. 20a Rn. 32.

chen Lebensgrundlagen anthropozentrisch formuliert und mit einem Gesetzgebungsvorbehalt versehen werden soll oder nicht.[68] Der Streit, ob die Umwelt um ihrer selbst willen zu schützen ist (**ökozentrischer Ansatz**)[69] oder nur in ihrer Funktion als Lebensgrundlage für den Menschen (**anthropozentrischer Ansatz**),[70] ist letztlich müßig.[71]

19 Art. 3 a I LV verpflichtet zum Schutz aller Umweltgüter, die Grundlage menschlichen, tierischen und pflanzlichen Lebens sind.[72] Dazu zählen **Luft, Wasser, Boden**,[73] das **Grundwasser**,[74] das **Landschaftsbild**[75] und **auch vom Menschen kultivierte Landschaften**.[76] Zu den natürlichen Lebensgrundlagen gehören zudem **Pflanzen, Tiere und Mikroorganismen in ihren Lebensräumen**, wobei allerdings nicht einzelne Tiere, Pflanzen oder Biotope, sondern Gattungen bzw. Arten[77] und ökologische Funktionen[78] geschützt werden. **Bodenschätze**[79] und das **Klima**[80] fallen ebenfalls unter den Schutzbereich des Art. 3 a I LV.

4. Schutz

20 Der Schutzauftrag verpflichtet den Staat im Grundsatz dazu, eigene Eingriffe in die Umwelt zu unterlassen (**Unterlassungspflicht**)[81] und der Schädigung der natürlichen Lebensgrundlagen durch Privatpersonen entgegenzutreten (**Schadensverhütung**).[82] Erst recht darf er Umweltbeeinträchtigungen als solche nicht fördern (**Förderverbot**).[83] Schutz iSv Art. 3 a I LV umfasst darüber hinaus **positives Handeln** zur Schadensbeseitigung sowie die

---

68 Vgl. GVK, BT-Drs. 12/6000, 65.
69 So etwa *Murswiek* in: Sachs, GG, Art. 20 a Rn. 22.
70 So *Braun*, Art. 86 Rn. 8; *Feuchte* in: Feuchte, Art. 86 Rn. 6.
71 *Sommermann* in: v. Münch/Kunig, Art. 20 a Rn. 28; *Schink*, DÖV 1997, 221 (223); *Steinberg*, NJW 1996, 1985 (1991); iE ebenso *Jarass* in: Jarass/Pieroth, Art. 20 a Rn. 3; *Murswiek* in: Sachs, GG, Art. 20 a Rn. 26.
72 *Murswiek* in: Sachs, GG, Art. 20 a Rn. 27.
73 *Braun*, Art. 86 Rn. 8; *Feuchte* in: Feuchte, Art. 86 Rn. 6; *Jarass* in: Jarass/Pieroth, Art. 20 a Rn. 3; *Murswiek* in: Sachs, GG, Art. 20 a Rn. 27.
74 StGH ESVGH 28, 1 (2 f.); BVerfGE 102, 1 (18); *Braun*, Art. 86 Rn. 8; *Jarass* in: Jarass/Pieroth, Art. 20 a Rn. 3.
75 BVerwGE 104, 68, 76; BVerwG NJW 1995, 2649; *Jarass* in: Jarass/Pieroth, Art. 20 a Rn. 3.
76 *Murswiek* in: Sachs, GG, Art. 20 a Rn. 28; *Sommermann* in: v. Münch/Kunig, Art. 20 a Rn. 29.
77 Vgl. GesE Änderung LV, Drs. 12/2536, 4. Für Art. 20 a GG ist umstritten, ob der Tierartenschutz zu den „natürlichen Lebensgrundlagen" gehört (so etwa BVerfG NVwZ 2007, 808 (809); HessVGH NVwZ 2007, 199; NdsOVG, U. v. 3.12.2007 – 9 KN 10/07 – juris, Rn. 44 ff.; *Braun*, DÖV 2003, 488 (490); *Jarass* in: Jarass/Pieroth, Art. 20 a Rn. 3; *Murswiek* in: Sachs, GG, Art. 20 a Rn. 31) oder von der Klausel „und die Tiere" erfasst wird (so etwa *Sommermann* in: v. Münch/Kunig, Art. 20 a Rn. 30).
78 *Jarass* in: Jarass/Pieroth, Art. 20 a Rn. 3; *Murswiek* in: Sachs, GG, Art. 20 a Rn. 30.
79 *Braun*, Art. 86 Rn. 8; *Murswiek* in: Sachs, GG, Art. 20 a Rn. 30 a; *Jarass* in: Jarass/Pieroth, Art. 20 a Rn. 3.
80 BVerfG NVwZ 2015, 288 (291); BVerwGE 125, 68 (71); BGHZ 134, 1 (28 f.); 155, 141 (150); *Sommermann* in: v. Münch/Kunig, Art. 20 a Rn. 29.
81 *Kloepfer*, DVBl. 1996, 73 (77); *Jarass* in: Jarass/Pieroth, Art. 20 a Rn. 5.
82 *Jarass* in: Jarass/Pieroth, Art. 20 a Rn. 5; *Sommermann* in: v. Münch/Kunig, Art. 20 a Rn. 19; *Murswiek* in: Sachs, GG, Art. 20 a Rn. 33.
83 *Murswiek* in: Sachs, GG, Art. 20 a Rn. 34.

Pflege natürlicher Lebensgrundlagen, die ohne menschliches Handeln nicht erhalten blieben.[84]

Der Auftrag zur Schadensverhütung geht weiter als die klassische polizei- und ordnungsrechtliche Gefahrenabwehr. Art. 3 a I LV verpflichtet den Staat nicht nur zur Gefahrenabwehr und -vorsorge, sondern darüber hinaus auch zur **Risikovorsorge**[85] unterhalb der Gefahrenschwelle.[86] Vorsorge setzt eine antizipierende Risikoeinschätzung unter Berücksichtigung der verfügbaren wissenschaftlichen und technischen Daten voraus.[87] Eine generelle Aussage, wann und ggf. welche Maßnahmen zur Gefahrenabwehr oder zur Risikovorsorge geboten sind, ist allerdings nicht möglich.[88] Maßgebend sind vor allem die Bedeutung des betroffenen Umweltguts, die Art und Nähe möglicher Beeinträchtigungen, ferner die Schwere des zu erwartenden Schadens sowie der Schadensfolgen.[89] Ein gewisses **Restrisiko**,[90] dessen Ausschluss nicht einmal die grundrechtlichen Schutzpflichten gebieten,[91] muss hingenommen werden,[92] Aus der Verpflichtung zum Schutz der natürlichen Lebensgrundlagen lassen sich darüber hinaus das **Verursacherprinzip** (vgl. auch Art. 191 II 2 AEUV)[93] und das **Verschlechterungsverbot**[94] herleiten.

21

5. Auch in Verantwortung für die künftigen Generationen

Mit der Formel „auch in Verantwortung für die künftigen Generationen" wird das **Nachhaltigkeitsprinzip** zum Verfassungsprinzip erhoben.[95] Art. 3 a I LV verlangt wie Art. 20 a GG iSe nachhaltigen Ressourcenbewirtschaftung, dass Umweltgüter nur in dem Maße durch den Menschen in Anspruch genommen werden dürfen, als ihr Bestand dauerhaft erhalten und gesichert werden kann.[96] Aus dem Nachhaltigkeitsprinzip wird insbe-

22

---

84 *Murswiek* in: Sachs, GG, Art. 20 a Rn. 33.
85 *Gassner*, NVwZ 2014, 1140 (1141); *Jarass* in: Jarass/Pieroth, Art. 20 a Rn. 8; *Murswiek* in: Sachs, GG, Art. 20 a Rn. 49 f.; *Sommermann* in: v. Münch/Kunig, Art. 20 a Rn. 19. Zum Begriff des Risikos vgl. etwa BVerfGE 49, 89 (141 f.); 53, 30 (51); BVerwGE 72, 300 (315); *Murswiek* in: Sachs, GG, Art. 2 Rn. 161.
86 BVerfGE 128, 1 (37); *Jarass* in: Jarass/Pieroth, Art. 20 a Rn. 8; *Murswiek* in: Sachs, GG, Art. 20 a Rn. 33; *Sommermann* in: v. Münch/Kunig, Art. 20 a Rn. 19.
87 *Held* in: Brocker/Droege/Jutzi, Art. 69 Rn. 18; *Sommermann* in: v. Münch/Kunig, Art. 20 a Rn. 19.
88 *Murswiek* in: Sachs, GG, Art. 20 a Rn. 49.
89 *Schink*, DÖV 1997, 221 (223).
90 Zum Begriff vgl. *Voßkuhle*, NVwZ 2013, 1 (6).
91 Vgl. BVerfGE 49, 89, 143; NVwZ 2009, 171 (172); *Stern* in: Stern III/1, 953; für das atomare Restrisiko neuerdings in Frage gestellt etwa durch *Voßkuhle*, NVwZ 2013, 1 (7).
92 AA wohl *Murswiek* in: Sachs, GG, Art. 20 a Rn. 50 aE.
93 *Jarass* in: Jarass/Pieroth, Art. 20 a Rn. 9; *Murswiek* in: Sachs, GG, Art. 20 a Rn. 35; aA *Kloepfer*, DVBl. 1996, 73 (77); *Schink*, DÖV 1997, 221 (226); *Sommermann* in: v. Münch/Kunig, Art. 20 a Rn. 21.
94 *Jarass* in: Jarass/Pieroth, Art. 20 a Rn. 10; *Murswiek* in: Sachs, Art. 20 a Rn. 44; aA *Schink*, DÖV 1997, 222 (227).
95 *Sommermann* in: v. Münch/Kunig, Art. 20 a Rn. 25.
96 Ähnlich *Jarass* in: Jarass/Pieroth, Art. 20 a Rn. 10; *Murswiek* in: Sachs, GG, Art. 20 a Rn. 37; *Sommermann* in: v. Münch/Kunig, Art. 20 a Rn. 25.

sondere das Gebot des sparsamen Umgangs mit nicht erneuerbaren Ressourcen abgeleitet,[97] das aber praktisch kaum einlösbar sein dürfte.[98]

6. Im Rahmen der verfassungsmäßigen Ordnung

23 Die „verfassungsmäßige Ordnung" ist die Gesamtheit aller Normen der LV.[99] Der Begriff soll klarstellen, was angesichts der Bindung des Gesetzgebers an die Verfassung in ihrer Gesamtheit (Art. 25 II LV) ohnehin selbstverständlich ist.[100] Die Schutzziele des Art. 3 a I LV sind anderen Verfassungsnormen und Staatszielen nicht übergeordnet.[101] Einen maximalen Umweltschutz gebietet die Norm nicht. Sie rechtfertigt keinen umweltpolitischen Fundamentalismus.[102] Weder der Schutz der natürlichen Lebensgrundlagen, noch die jeweils konkurrierenden Verfassungsgüter haben generellen Vorrang. Vielmehr hat der Gesetzgeber im Konflikt unter Berücksichtigung der jeweiligen falltypischen Gestaltung einen Ausgleich mit anderen Verfassungsgütern herzustellen.[103] Dabei kommt ihm eine Einschätzungsprärogative zu.[104]

7. Verhältnis zu den Grundrechten

24 Die **Abwehrfunktion** der Grundrechte hinsichtlich schädlicher Umwelteinwirkungen läuft im Umweltschutz weitgehend leer.[105] Allerdings hat das BVerfG die **Schutzfunktion der Grundrechte** (dazu o., → Art. 1 Rn. 14) in mehreren Entscheidungen auch für den Umweltschutz fruchtbar gemacht.[106] Art. 3 a I LV soll ebenso wie Art. 20 a GG[107] den verfassungsrechtlichen Umweltschutz verbessern. Die Norm ergänzt die auf Risikovorsorge oder Schutz vor schädlichen Umwelteinwirkungen gerichteten **grundrechtliche Schutzpflichten** für Leben und Gesundheit (Art. 2 II 1 GG) sowie das Eigentum (Art. 14 I GG)[108] und kann sie verstärken.[109] Dies ändert freilich nichts daran, dass die Grundrechte grundsätzlich keinen Anspruch

---

97 *Murswiek* in: Sachs, GG, Art. 20 a Rn. 38.
98 Krit. zu Recht *Gassner*, NVwZ 2014, 1140 (1142).
99 Vgl. auch *Braun*, Art. 25 Rn. 53; *Jarass* in: Jarass/Pieroth, Art. 20 a Rn. 14; *Kloepfer*, DVBl. 1996, 73 (75).
100 *Kloepfer*, DVBl. 1996, 73 (75); *Sommermann* in: v. Münch/Kunig, Art. 20 a Rn. 36.
101 *Brohm*, JZ 1994, 213 (219); *Engelken/Braun*, Art. 3 a, Rn. 5; *Jarass* in: Jarass/Pieroth, Art. 20 a Rn. 14; *Murswiek* in: Sachs, GG, Art. 20 a Rn. 58; *Sommermann* in: v. Münch/Kunig, Art. 20 a Rn. 36; *Steinberg*, NJW 1996, 1985 (1992).
102 *Engelken/Braun*, Art. 3 a, Rn. 5.
103 *Engelken/Braun*, Art. 3 a, Rn. 5; *Jarass* in: Jarass/Pieroth, Art. 20 a Rn. 10; *Sannwald/Sannwald*, BWVPr 1995, 217 (220).
104 *Engelken/Braun*, Art. 3 a, Rn. 5; *Jarass* in: Jarass/Pieroth, Art. 20 a Rn. 7; *Sommermann* in: v. Münch/Kunig, Art. 20 a Rn. 36.
105 Vgl. *Voßkuhle*, NVwZ 2013, 1 (7); missverständlich *Maurer* in: Maurer/Hendler, 58.
106 BVerfGE 49, 89 (140 ff.): Kalkar-I; 53, 30 (57 ff.): Mülheim-Kärlich; 56, 54 (78): Fluglärm; BVerfGE 79, 174 (201 f.): Straßenverkehrslärm; BVerfGE NJW 1996, 651: Ozon; BVerfG NJW 1997, 2509; 2002, 1638: Elektrosmog; BVerfG NJW 1998, 3264 (3265): Waldschäden.
107 Zu Art. 20 a GG ebenso *Murswiek* in: Sachs, GG, Art. 20 a Rn. 21.
108 *Schink*, DÖV 1997, 221 (223).
109 *Sommermann* in: v. Münch/Kunig, Art. 20 a Rn. 47; zurückhaltender *Murswiek* in: Sachs, GG, Art. 20 a Rn. 21.

auf bestimmte staatliche Schutzmaßnahmen begründen.[110] Auch das BVerfG hat bisher in noch keinem umweltrechtlichen Fall einen Schutzpflichtverstoß des Staates bejaht.[111]

Die Norm kann aber **Grundrechtsbeschränkungen**[112] oder die **gesetzliche Ausgestaltung des Eigentums**[113] legitimieren. Als „verfassungsimmanente Schranke" kann sie Eingriffe in solche Grundrechte rechtfertigen, die wie die Kunstfreiheit keinem ausdrücklichen Gesetzesvorbehalt unterliegen.[114] Umgekehrt kann Art. 3 a I LV grundrechtliche **Gewährleistungen** auch verstärken.[115]

8. Einzelheiten zu Gesetzgebung, Vollziehung und Rechtsprechung

a) Gesetzgebung

Als Staatszielbestimmung gibt Art. 3 a I LV den Staatsorganen nur ein grundlegendes Ziel vor. Die Wahl des Weges und der Mittel zur Zielverwirklichung sowie die Konkretisierung des Zielbereichs[116] weist die Norm dem demokratisch legitimierten **Gesetzgeber** zu. Dieser verfügt über einen **weiten Gestaltungsspielraum**.[117] Konkrete Handlungspflichten lassen sich für ihn aus Art. 3 a I LV grundsätzlich nicht ableiten.[118] Soweit sich der Norm überhaupt verbindliche Direktiven entnehmen lassen, stehen sie allerdings nicht zur Disposition des Gesetzgebers.[119] Dieser hat jedenfalls die Mindestvoraussetzungen für einen wirksamen Umweltschutz zu schaffen, darf angesichts neuer Umweltgefahren nicht gänzlich untätig bleiben und bei der Regelung umweltrelevanter Materien wesentliche Aspekte des Umweltschutzes nicht offensichtlich außer Acht lassen.[120] Angesichts des Stands der Umweltgesetzgebung konkretisiert sich die Aufgabe des Gesetzgebers heute im Wesentlichen in der Pflicht zur Evaluation geltender umweltrechtlicher Bestimmungen und ihrer eventuellen Anpassung an neueste wissenschaftliche und technische Erkenntnisse.[121] Die Einführung einer **Verbandsklage** ist nicht geboten.[122]

---

110 BVerfGE 115, 118 (160); 121, 317 (357); *Brohm*, JZ 1994, 213 (218).
111 *Voßkuhle*, NVwZ 2013, 1 (7).
112 BVerwG NJW 1996, 1163; *Jarass* in: Jarass/Pieroth, Art. 20 a Rn. 15; *Sommermann* in: v. Münch/Kunig, Art. 20 a Rn. 46.
113 BVerfG NJW 1998, 367 (368); BVerfG 102, 1 (8); BVerwG NVwZ 2009, 719 (722); *Jarass* in: Jarass/Pieroth, Art. 20 a Rn. 15; *Sommermann* in: v. Münch/Kunig, Art. 20 a Rn. 46.
114 BVerwG NJW 1995, 2648 (2649); *Jarass* in: Jarass/Pieroth, Art. 20 a Rn. 15; *Murswiek* in: Sachs, GG, Art. 20 a Rn. 72.
115 VGH BW NVwZ-RR 2012, 222 (225); *Jarass* in: Jarass/Pieroth, Art. 20 a Rn. 16.
116 Zu dieser Differenzierung vgl. *Sommermann*, 377 ff.
117 BVerfGE 118, 79 (110); 127, 293 (328); BVerfG NVwZ 2007, 1168 (1171); *Braun*, DÖV 2003, 488 (489); *Murswiek* in: Sachs, GG, Art. 20 a Rn. 17; *Voßkuhle*, NVwZ 2013, 1 (4).
118 *Kloepfer*, DVBl. 1996, 73 (75); *Jarass* in: Jarass/Pieroth, Art. 20 a Rn. 18.
119 *Murswiek* in: Sachs, GG, Art. 20 a Rn. 60; *Schink*, DÖV 1997, 221 (223); *Steinberg*, NJW 1996 1985 (1992).
120 *Kloepfer*, DVBl. 1996, 73 (75 f.); *Sommermann* in: v. Münch/Kunig, Art. 20 a Rn. 39.
121 *Held* in: Brocker/Droege/Jutzi, Art. 69 Rn. 25.
122 BVerfG NVwZ 2001, 1148 (1149); BVerwGE 101, 73 (83); BVerwG NVwZ 1998, 398 (399).

27 Da es sich bei Art. 3 a I LV um eine verbindliche Norm objektiven Verfassungsrechts handelt, sind ihrem Normgehalt widersprechende Gesetze oder sonstige Rechtsvorschriften sowie anderes ihrem Gehalt widersprechendes staatliche Handeln (auch Unterlassen) verfassungswidrig.[123] Eine Untätigkeit des Gesetzgebers kann daher Gegenstand eines Organstreits (Art. 68 I 2 Nr. 1 LV, § 8 I Nr. 1, § 45 VerfGHG) sein.[124] Allerdings ist die verfassungsgerichtliche Überprüfung angesichts der Weite des dem Gesetzgeber zur Verfügung stehenden Gestaltungsspielraums auf eine **Evidenzkontrolle** beschränkt.[125]

b) Vollziehende Gewalt und Rechtsprechung

28 Auch die Formulierung, dass **die vollziehende Gewalt und die Rechtsprechung** den Umweltschutzauftrag **nach Maßgabe von Gesetz und Recht** wahrzunehmen haben, weist wie die Bezugnahme auf die verfassungsmäßige Ordnung bei der Gesetzgebung lediglich auf eine Selbstverständlichkeit hin. Beide Gewalten sind bereits nach Art. 25 II LV an den Vorrang und den Vorbehalt des Gesetzes gebunden[126] und damit auch an die durch den Gesetzgeber erfolgte Abwägung mit anderen verfassungsrechtlichen Schutzgütern.[127] Angesichts der Konkretisierungsprärogative des Gesetzgebers ermächtigt die Norm nicht zu einer Umsetzung des Staatsziels contra legem.[128] Die Bindung an Gesetz und Recht umfasst auch das Verfassungsrecht.[129]

29 Vollziehende Gewalt und Rechtsprechung haben den Umweltschutzauftrag des Art. 3 a I LV **im Rahmen der Auslegung von Landesgesetzen**, namentlich bei der Interpretation unbestimmter Rechtsbegriffe, wie dem des „öffentlichen Interesses" oder dem des „Wohls der Allgemeinheit", zu berücksichtigen.[130] Von Bedeutung ist das Umweltschutzziel auch für die **Prüfung der Verfassungsmäßigkeit von Bestimmungen des Landesrechts** (vgl. § 76 I Nr. 2 BVerfGG), soweit die vollziehende Gewalt und die Rechtsprechung dazu befugt sind.[131] Zu berücksichtigen ist es zudem bei **Ermessens- und Planungsentscheidungen**.[132] Auch in diesem Zusammenhang ist jedoch zu beachten, dass der Umweltschutz anderen landesrechtlichen Verfassungsnormen und Staatszielen nicht übergeordnet ist.[133] Eigenständige Rechts-

---

123 Vgl. GVK, BT-Drs. 12/6000, 77; *Sommermann*, 377 ff.; *Stern* in: Stern I, 121 f.
124 StGH ESVGH 60, 3 (5); *Hollerbach* in: Feuchte, Art. 1 Rn. 13.
125 *Braun*, DÖV 2003, 488 (489); *Sommermann* in: v. Münch/Kunig, Art. 20 a Rn. 39.
126 *Jarass* in: Jarass/Pieroth, Art. 20 a Rn. 19; *Murswiek* in: Sachs, GG, Art. 20 a Rn. 61.
127 *Brohm*, JZ 1994, 213 (219).
128 BFHE 184, 226 (231); *Jarass* in: Jarass/Pieroth, Art. 20 a Rn. 19.
129 BVerfGE 78, 214 (227); *Sommermann* in: v. Münch/Kunig, Art. 20 a Rn. 42.
130 VGH BW, NVwZ 2012, 222 (225); *Schink*, DÖV 1997, 221 (228).
131 *Feuchte* in: Feuchte, Art. 86 Rn. 20; *Schulze-Fielitz* in: Dreier, Art. 20 a Rn. 86; *Jarass* in: Jarass/Pieroth, Art. 20 a Rn. 19 mwN.
132 BVerwG NVwZ 2006, 595 (597); OVG SchlH, NordÖR 2010, 79 (80); VGH BW, NVwZ-RR 2012, 222 (225); *Feuchte* in: Feuchte, Art. 86 Rn. 20; *Murswiek* in: Sachs, GG, Art. 20 a Rn. 70 f.; *Schink*, DÖV 1997, 221 (228); *Sommermann* in: v. Münch/Kunig, Art. 20 a Rn. 44.
133 *Schink*, DÖV 1997, 221 (228).

grundlage für Grundrechtseingriffe kann Art. 3a I LV nicht sein.[134] Die Norm ermächtigt zudem eine Gemeinde nicht, Aufgaben des Umweltschutzes losgelöst von ihrem Kompetenzbereich an sich zu ziehen.[135] Im **Bereich der gesetzesfreien Verwaltung** ist die Exekutive generell an Art. 3a I LV gebunden.[136]

II. Förderung gleichwertiger Lebensverhältnisse, Infrastrukturen und Arbeitsbedingungen

Die Notwendigkeit einer Verankerung der **Förderung gleichwertiger Lebensverhältnisse** als Staatsziel mehr als 60 Jahre nach Gründung des Landes BW erschließt sich nicht ohne Weiteres. Auf der Ebene des Landes bestehen anders als auf Bundesebene keine eklatanten Strukturunterschiede zwischen den Regionen.[137] Der Gesetzentwurf sowie die parlamentarische Aussprache dazu tragen ebenfalls wenig Erhellendes bei. Der Begründung lässt sich entnehmen, durch die Verfassungsänderung werde der Inhalt dieses Staatsziels für Staat und Gesellschaft betont und gestärkt.[138] In der 1. Lesung ist zutreffend worden, dass sich Zentren und ländliche Räume in BW gleichmäßiger entwickelt hätten als in anderen Bundesländern.[139] Allerdings ist auch BW mit großen Veränderungsprozessen konfrontiert. Beispielhaft erwähnt seien sich **wandelnde Familienstrukturen, demografische Entwicklung, Klimawandel, Globalisierung** und **weltweiter Innovationsdruck**. Angesichts der daraus resultierenden gesellschaftlichen und wirtschaftlichen Entwicklung dürfte das Staatsziel in erster Linie als Auftrag zu verstehen sein, die Gleichwertigkeit der Lebensverhältnisse angesichts aktueller und künftiger Herausforderungen nicht aus dem Blick zu verlieren.[140] Insbesondere soll **der ländliche Raum** besonders gestärkt werden, soweit dies erforderlich ist, um gleichwertige Verhältnisse zu schaffen.[141] Im Einzelnen ergibt sich aus der Norm folgendes: 30

Die **Förderung** gleichwertiger Lebensverhältnisse obliegt allein dem Staat, also Legislative, Gubernative, Verwaltung und Rechtsprechung im Rahmen ihrer jeweiligen Funktion. Die Herstellung gleichwertiger Lebensverhältnisse ist zwar eine gesamtgesellschaftliche und keine alleinige Aufgabe des Staates. Aus der Tatsache, dass diese Zielvorgabe auf die Ebene des Verfassungsrechts gehoben wurde, folgt, dass er ihr bei allen seinen Maßnahmen 31

---

134 *Jarass* in: Jarass/Pieroth, Art. 20a Rn. 21; *Schink*, DÖV 1997, 221 (222); *Sommermann* in: v. Münch/Kunig, Art. 20a Rn. 45.
135 BVerwG NVwZ 2006, 565 (567). Die Entscheidung ist allerdings durch die zwischenzeitliche Ergänzung des § 11 I GemO um den Schutz der natürlichen Lebensgrundlagen des Lebens einschließlich des Klima- und Ressourcenschutzes durch das Gesetz zur Änderung kommunalverfassungsrechtlicher Vorschriften v. 5.8.2005 (GBl. 578) überholt (vgl. jetzt BVerwGE 125, 68 ff.). Zum Spannungsverhältnis zwischen Klimaschutz und der Beschränkung der Kommunen auf örtliche Angelegenheiten vgl. *Kahl*, VBlBW 2011, 53 (58 f.).
136 *Engelken/Braun*, Art. 3a, Rn. 6; *Feuchte* in: Feuchte, Art. 86 Rn. 20; *Jarass* in: Jarass/Pieroth, Art. 20a Rn. 21; *Kloepfer*, DVBl. 1996, 73 (75).
137 *Dreier* in: Hager, LplG, § 2 Rn. 33.
138 GesE Änderung LV, LT-Drs. 15/7412, 5.
139 Pl.-Prot., 8158, 8160.
140 Ähnlich für Bayern *Geis* in: Meder/Brechmann, Art. 3 Rn. 39.
141 GesE Änderung LV, LT-Drs. 15/7412, 6.

stets ein besonderes Gewicht beizumessen hat.[142] Der Bestimmung liegt ein umfassendes Verständnis der „Lebensverhältnisse"[143] zugrunde, zu denen auch die im Normtext besonders erwähnten „**Infrastrukturen und Arbeitsbedingungen**" gehören.[144] „Gleichwertig" bedeutet nicht „gleichartig". Die unterschiedlichen strukturellen, historischen, kulturellen, gesellschaftlichen und natürlichen Voraussetzungen der einzelnen Landesteile sind zu berücksichtigen. Die **Grundversorgung** muss nicht in jeder Gemeinde erbracht werden, sondern kann sich auf die unterste Ebene zentraler Orte beschränken.[145] Der Staat muss aber in allen Landesteilen, in Stadt und Land, **gleiche Chancen für die Lebensentwicklung** ermöglichen.[146]

III. Umsetzung

32 In BW hat der Gesetzgeber zum **Schutz der natürlichen Lebensgrundlagen** den ihm vom GG belassenen Rahmen u. a. durch folgende Gesetze ausgefüllt, die, so namentlich das Erneuerbare-Energien-Wärmegesetz und verschiedene Regelungen der Landesbauordnung sowie des Wassergesetzes, teilweise zu erheblichen Belastungen für den Einzelnen führen:

33 So besteht nach dem Gesetz zur Nutzung erneuerbarer Wärmeenergie in BW (**Erneuerbare-Wärme-Gesetz** – EWärmeG) v. 15.3.2015 (GBl. 151) für alle am 1.1.2009 bereits errichteten Gebäude – und damit auch für private und öffentliche Nichtwohngebäude – eine Pflicht zum Einsatz von 15 % erneuerbarer Energien. Das **Klimaschutzgesetz** BW (KSG BW) v. 23.7.2013 (GBl. 229) sieht zur Reduzierung von Treibhausgasen die Vorgabe eines Treibhausgasemissionsminderungsziels für BW vor, das durch einen allgemeinen Klimaschutzgrundsatz ergänzt wird. Mit dem **Landesabfallgesetz** (LAbfG) v. 14.10.2008 (GBl. 370) erfolgt die Umsetzung der im Kreislaufwirtschaftsgesetz enthaltenen rechtlichen Anforderungen in Landesrecht. Das Gesetz regelt die Organisation der Abfallentsorgung, den Vollzug durch die Behörden und das Satzungsrecht der Kommunen. Dem Umweltschutz dient auch das Gesetz zu Änderung der **Landesbauordnung** v. 11.11.2014 (GBl. 501), durch das die Nutzung regenerativer Energien erleichtert, die Möglichkeiten zur Verwendung von Holz im Hochbau erweitert und eine Pflicht zur Begrünung baulicher Anlagen eingeführt wurde.

34 Das **Landesplanungsgesetz** idF v. 10.7.2003 (GBl. 385) regelt Aufgaben, Mittel und Organisation der Raumordnung und Landesplanung. Seit seiner Änderung v. 22.5.2012 (GBl. 285) sieht das Gesetz zum verstärkten Ausbau der **Windkraft** in BW im Wesentlichen nur noch die Möglichkeit zur Ausweisung von Vorranggebieten für regionalbedeutsame Windkraftanlagen, nicht aber von Ausschlussgebieten, vor. Zum Schutz des Dauer-

---

142 GesE Änderung LV, LT-Drs. 15/7412, 6; vgl. auch *Geis* in: Meder/Brechmann, Art. 3 Rn. 39.
143 GesE Änderung LV, LT-Drs. 15/7412, 5.
144 Vgl. etwa *Dreier* in: Hager, LplG, § 2 Rn. 37; *Siekmann* in: Sachs, GG, Art. 104 b Rn. 27.
145 OVG Berl-Bbg, U. v. 16.6.2014 – OVG 10 A 8.10 – juris, Rn. 96; *Dreier* in: Hager, LplG, § 2 Rn. 35.
146 GesE Änderung LV, LT-Drs. 15/7412, 6; vgl. auch *Dreier* in: Hager, LplG, § 2 Rn. 34; *Geis* in: Meder/Brechmann, Art. 3 Rn. 39.

grünlands sieht das **Landwirtschafts- und Landeskulturgesetz** (LLG) v. 14.3.1972 (GBl. S. 74) ein Umwandlungsverbot für Dauergrünland und eine Genehmigungspflicht für die Entwässerung von Dauergrünland vor (vgl. insb. § 27 a LLG).

Mit dem Gesetz des Landes BW zum Schutz der Natur und zur Pflege der Landschaft (**Naturschutzgesetz** – NatSchG) v. 23.6.2015 (GBl. 585) hat das Land das Landesnaturschutzrecht an die im Nachgang zur Föderalismusreform I (2006) geänderten Bestimmungen des Bundesnaturschutzgesetzes v. 29.7.2009 (BGBl. I 2542) angepasst. Dabei hat der Gesetzgeber in zahlreichen Regelungen auch die durch das GG eingeräumten Spielräume zur Abweichung vom Bundesrecht (Art. 72 III Nr. 2 GG) genutzt. Das **Umweltverwaltungsgesetz** (UVwG) v. 25.11.2014 (GBl. 592) bündelt das zuvor über mehrere Gesetze verstreute Umweltverwaltungsrecht (insb. die Vorschriften über die Umweltverträglichkeitsprüfung, die Strategische Umweltprüfung, den Umweltinformationsanspruch, das Umweltschadensrecht und die Anerkennung von Umweltvereinigungen) und stärkt die Bürger- und Öffentlichkeitsbeteiligung im Umweltbereich sowie die Beteiligungsrechte anerkannter Umweltvereinigungen. Die Erhaltung, Pflege und Bewirtschaftung des Waldes regelt das **Waldgesetz** für BW (Landeswaldgesetz – LWaldG) idF v. 31.8.1995 (GBl. 685). Es konkretisiert die Bestimmungen des Bundeswaldgesetzes und füllt die darin enthaltenen und nach Art. 125 b I 1 GG fortgeltenden Rahmenbestimmungen aus. Das **Wassergesetz** für BW (WG) nutzt seit seiner Novellierung v. 3.12.2013 (GBl. 389) die zuvor auf Bundesebene geschaffenen Öffnungsklauseln für Länder. 35

Das **Jagd- und Wildtiermanagementgesetz** (JWMG) v. 25.11.2014 (GBl. 550) führt aufgrund der den Ländern im Bereich des Jagdrechts zustehenden Abweichungskompetenz (Art. 72 III Nr. 1 GG iVm Art. 125 b I 3 GG) die Bestimmungen des Bundes- und Landesjagdgesetzes zusammen. Insbesondere die mit dem Jagdrecht verbundene Pflicht zur Hege (§ 3 I 2 JWMG) dient dem Schutz der natürlichen Lebensgrundlagen.[147] Das **Fischereigesetz** für BW (FischG) v. 14.11.1979 (GBl. S. 466) regelt das Recht der Binnenfischerei. Nach § 13 I des Gesetzes darf das Fischereirecht nur so ausgeübt werden, dass die im und am Wasser lebende Tier- und Pflanzenwelt einschließlich ihrer Lebensgemeinschaften und Lebensstätten nicht mehr als notwendig beeinträchtigt werden. 36

Artikel 3 b [Tierschutz]

Tiere werden als Lebewesen und Mitgeschöpfe im Rahmen der verfassungsmäßigen Ordnung geachtet und geschützt.

Schrifttum:
Braun, Tierschutz in der Verfassung – und was nun? Die Bedeutung des neuen Art. 20 a GG, DÖV 2003, 488; *Caspar*, Tierschutz in die Verfassung? Gründe, Gegengründe und Perspektiven für einen Art 20 b GG, ZRP 1998, 441; *ders.*, Verbandsklage im Tier-

---

[147] Vgl. HessVGH NVwZ-RR 2007, 199; NdsOVG, U. v. 3.12.2007 – 9 KN 10/07 – juris, Rn. 44 ff.

schutzrecht durch Landesgesetz, DÖV 2008, 145; *ders.*/Geisen, Das neue Staatsschutzziel „Tierschutz" in Art. 20 a GG, NVwZ 2002, 913; *Fest/Köpernik*, Das Verbandsklagerecht im Tierschutz, DVBl. 2012, 1473; *Kloepfer/Rossi*, Tierschutz in das Grundgesetz?, JZ 1998, 369; *Obergfell*, Ethischer Tierschutz mit Verfassungsrang – Zur Ergänzung des Art. 20 a GG um „drei magische Worte", NJW 2002, 2296.

Vergleichbare Regelungen: Art. 20 a GG, 141 I 2 BayVerf, 31 II BerlVerf, 11 b BremVerf, 6 b NdsVerf, 29 a I NRWVerf, 70 RPVerf, 59 a III SaarlVerf, 32 ThürVerf.

Ergänzende Normen: Gesetz über Mitwirkungsrechte und das Verbandsklagerecht für anerkannte Tierschutzorganisationen (TierSchMVG) v. 12.5.2015 (GBl. 317); Jagd- und Wildtiermanagementgesetz (JWMG) v. 25.11.2014 (GBl. 550); Fischereigesetz für BW (FischG) v. 14.11.1979 (GBl. 466).

Leitentscheidungen: BVerfGE 119, 59 (Hufbeschlaggesetz); 127, 293 (Legehennenhaltung); BVerfG NVwZ 2007, 808 (Zwangsmitgliedschaft in einer Jagdgenossenschaft); VGH BW, VBlBW 2006, 103 (Taubenfütterungsverbot durch Polizeiverordnung).

A. Überblick und Einordnung 1	III. Konsequenzen für Gesetzgebung, Vollziehung und Rechtsprechung 10
I. Bedeutung 1	
II. Herkunft, Entstehung, Geschichte 2	IV. Umsetzung 12
III. Verfassungsvergleichende Einordnung 3	
B. Erläuterung 5	
I. Normadressaten 5	
II. Tiere werden als Lebewesen und Mitgeschöpfe geachtet und geschützt 6	

A. Überblick und Einordnung

I. Bedeutung

1 Art. 3 b LV normiert ebenso wie Art. 3 a I LV und Art. 20 a GG[1] ein **Staatsziel**.[2] Der Tierschutz ist damit verbindliches, objektives Verfassungsrecht.[3] Auch Art. 3 b LV stellt eine **eigenständige Norm des Landesrechts** dar. Wegen der unmittelbaren Geltung des (2002 um den Tierschutz ergänzten) Art. 20 a GG und des § 1 TierSchG auch für die Landesstaatsgewalt, sowie die geringen Gestaltungsmöglichkeiten des Landesgesetzgebers auf dem Gebiet des Tierschutzes (vgl. → Rn. 5), kommt ihr zwar eine über einen reinen „Symbolcharakter"[4] hinausgehende,[5] aber im Unterschied zu Art. 3 a I LV rechtlich letztlich nur begrenzte Bedeutung zu. Insbesondere kann Art. 3 b LV als landesverfassungsrechtliche Staatszielbestimmung bundesrechtliche Regelungen weder begrenzen noch interpretierend ausrichten oder Eingriffe in im GG festgelegte Grundrechte rechtfertigen, die

---

1 Vgl. dazu etwa *Murswiek* in: Sachs, GG, Art. 20 a Rn. 12.
2 Vgl. VGH BW, VBlBW 2006, 103 (104); VG Stuttgart, U. v. 27.5.2015 – 5 K 433/12 – juris, Rn. 29; GesE Änderung LV, LT-Drs. 12/2536, 4.
3 Vgl. BVerfGE 127, 293 (328); *Jarass* in: Jarass/Pieroth, Art. 20 a Rn. 2; *Murswiek* in: Sachs, GG, Art. 20 a Rn. 12.
4 Unzutreffend insoweit etwa *Obergfell*, NJW 2002, 2296 (2297).
5 Wie hier: *Hahn*, 295.

nicht dem durch diese garantierten Standard genügen.⁶ Gleichwohl rechtfertigt sich die Verankerung des Tierschutzes in der LV durch den ihm dadurch zugewiesenen Stellenwert in der Normenhierarchie des Landes.

II. Herkunft, Entstehung, Geschichte

Art. 3 b LV wurde im Jahre 2000 in die LV eingefügt,⁷ nachdem vorangegangene Initiativen der Fraktion Bündnis 90/Die Grünen sowie der SPD keine Mehrheit gefunden hatten.⁸ Auf Bundesebene hatte die Gemeinsame Verfassungskommission keine Empfehlung zu einem Staatsziel Tierschutz abgegeben.⁹ Erst 2002 wurde der Tierschutz 2002 in Art. 20 a GG integriert.¹⁰ Initiativen, ihn eigenständig zu regeln,¹¹ fanden keine Mehrheit.¹² Art. 3 b LV stimmt inhaltlich mit der in Art. 20 a GG eingefügten Regelung des Tierschutzes überein.¹³

III. Verfassungsvergleichende Einordnung

Die Parallelbestimmung zu Art. 3 b LV ist der 2002 in das GG eingefügte **Art. 20 a GG**. Art. 3 b LV ist wirksam. Art. 31 GG steht nicht entgegen. Aus dem Umstand, dass Art. 3 b LV im Unterschied zu Art. 20 a GG den Tierschutz in einer eigenständigen Bestimmung regelt, ergibt sich kein Normwiderspruch zum Bundesrecht.¹⁴ Die Mehrzahl der Landesverfassungen hat den Tierschutz ebenfalls als Staatsziel normiert und zwar entweder im Zusammenhang mit dem Staatsziel „Umweltschutz" (so NRW) oder als separate Bestimmung (so Bayern, Berlin, Bremen, Niedersachsen, Rheinland-Pfalz, Saarland und Thüringen).

Im **Primärrecht der EU** enthält **Art. 13 AEUV** eine spezielle Querschnittsklausel. Darin werden die Union und die Mitgliedstaaten in den im 1. HS der Norm genannten Politikbereichen verpflichtet, „den Erfordernissen des Wohlergehens der Tiere als fühlende Wesen in vollem Umfang Rechnung" zu tragen. Die Bestimmung wird allerdings durch die im 2. HS niedergelegten Schranken relativiert.¹⁵ Anders als beim Umweltschutz (s.o., → Art. 3 a Rn. 10) existieren neben der nationalen und der EU-Ebene **keine** relevanten **internationalen Übereinkommen** zum Tierschutz.

---

6 *Sommermann* in: v. Münch/Kunig, Art. 20 a Rn. 50; *Kloepfer/Rossi*, JZ 1998, 369 (372).
7 18. LVÄndG v. 23.5.2000 (GBl. 449).
8 LT-Drs. 12/1897; LT-Drs. 12/1966.
9 BT-Drs. 12/6000, 68 ff.
10 GGÄndG v. 26.7.2002 (BGBl. I 2862).
11 GesE Änderung des GG (BR-Drs. 742/97).
12 Vgl. dazu u. a. auch Caspar, ZRP 1998, 441 ff.; Kloepfer/Rossi, JZ 1998, 369 ff.
13 VG Stuttgart, U. v. 12.2.2004 – 1 K 1545/03 – juris, Rn. 89.
14 Vgl. → Art. 3 a Rn. 7 sowie VG Stuttgart, U. v. 12.2.2004 – 1 K 1545/03 – juris, Rn. 89.
15 *Schmidt* in: Schwarze, Art. 13 AEUV Rn. 8.

B. Erläuterung
I. Normadressaten

5   Art. 3 b LV verpflichtet nur den **Staat**,[16] nicht hingegen Individuen[17] oder die Gesellschaft als Ganzes.[18] Dies schließt es freilich nicht aus, sondern kann es sogar gebieten, Private, insbesondere Unternehmen durch einfaches Gesetz auf tierschutzgerechtes Verhalten in die Pflicht zu nehmen.[19] Vorrangiger Adressat der Norm ist der **Gesetzgeber**, soweit ihm das Europa- und Bundesrecht **Gestaltungsmöglichkeiten** belassen.[20] Solche bestehen **auf dem Gebiet des Tierschutzes** allerdings **nur in geringem Umfang**, da der Bund von seiner Gesetzgebungskompetenz für den Tierschutz nach Art. 74 I Nr. 20 GG mit dem Erlass des Tierschutzgesetzes ohne Abweichungsmöglichkeit Gebrauch gemacht hat. Über eigenständige Regelungsspielräume verfügen die Länder insbesondere im Bereich des **Jagd**- (Art. 72 III 1 Nr. 1 GG) und des **Fischereiwesens** (Art. 70 I GG),[21] des **Polizeirechts**[22] sowie des **Verfahrensrechts** (Art. 74 I Nr. 1 GG). Art. 3 b LV enthält im Übrigen nicht nur einen **Gesetzgebungsauftrag**, sondern verpflichtet ebenso wie Art. 3 a I LV sämtliche Träger hoheitlicher Gewalt und ihre Organe, im Bereich der vollziehenden Gewalt also **Regierung, staatliche Verwaltung** und **Selbstverwaltung** sowie die **Rechtsprechung**.[23]

II. Tiere werden als Lebewesen und Mitgeschöpfe geachtet und geschützt

6   Mit der Einfügung des Art. 3 b LV in die LV hat der **ethisch begründete Schutz des Tieres** ergänzend zu § 1 TierSchG – und seit dem Jahre 2002 zu Art. 20 a GG – auf Landesebene Verfassungsrang erlangt. Das Tier wird damit auch durch die LV um seiner selbst willen als „Mitgeschöpf" – so bereits zuvor § 1 TierSchG – geschützt.[24] Dies mag man im Hinblick auf die mit der Norm zum Ausdruck gebrachte Anerkennung der Empfindungs- und Leidensfähigkeit des Tieres als „pathozentrischen"[25] sowie mit Blick auf die Mitgeschöpflichkeit des Tieres als „biozentrischen" Ansatz[26] deuten. Allerdings begründet das Verständnis als Mitgeschöpf weder eine ethische oder rechtliche Gleichstellung der Tiere mit den Menschen,[27] noch

---

16 Vgl. oben, Art. 3 a Rn. mwN sowie LT-Drs. 12/2536, 4.
17 Vgl. zu Art. 20 a GG VG Minden, U. v. 30.1.2015 – 2 K 80/14 – juris, Rn. 73 sowie – 2 K 83/14 – juris, Rn. 72.
18 Vgl. etwa *Murswiek* in: Sachs, GG, Art. 20 a Rn. 56 a.
19 Vgl. etwa *Murswiek* in: Sachs, GG, Art. 20 a Rn. 56 a.
20 GesE Änderung LV, LT-Drs. 12/2536, 4; *Hahn*, 83 ff.
21 BayVerfGH BayVBl 1979, 81 ff.; BayVerwGH BayVBl 2005, 339 ff. jeweils mwN; *Maunz* in: Maunz/Dürig, Art. 74 Rn. 196; *Degenhart* in: Sachs, GG, Art. 74 Rn. 69; aA wohl *Pieroth* in: Jarass/Pieroth, Art. 74 Rn. 41.
22 Vgl. VGH BW, B. v. 09.2.2005 – 1 S 2673/04 – juris; VGH BW, VBlBW 2006, 103 ff.; VG Stuttgart, U. v. 27.5.2014 – 5 K 433/12 – juris.
23 LT-Drs. 12/2536, 4.
24 LT-Drs. 12/2536, 4; vgl. auch BVerfG NVwZ 2007, 808 (810); *Caspar/Geissen*, NVwZ 2002, 913; *Obergfell*, NJW 2002, 2296 (2297).
25 Vgl. *Sommermann* in: v. Münch/Kunig, Art. 20 a Rn. 33.
    Caspar/Geissen, NVwZ 2002, 913; *Haedrich* in: Linck/Baldus u. a. Art. 32 Rn. 2.
26 *Haedrich* in: Linck/Baldus u. a. Art. 32 Rn. 2.
27 Vgl. etwa *Sommermann* in: v. Münch/Kunig, Art. 20 a Rn. 33; *Murswiek* in: Sachs, GG, Art. 20 a Rn. 31 b.

werden jene hierdurch selbst zu Trägern eigener Rechte.²⁸ Abgesehen davon kann es aber auch der Menschenwürde entsprechen, Tiere in ihrem Eigenwert zu respektieren.²⁹

Art. 3 b LV schützt **das Tier als je eigenes Lebewesen**³⁰ davor, dass ihm ohne vernünftigen Grund vermeidbare, das unerlässliche Maß übersteigende Schmerzen, Leiden und Schäden zugefügt werden,³¹ während der Artenschutz Gegenstand des Art. 3 a I LV ist (s.o., Art. 3 a Rn. 19). Der Schutzauftrag umfasst **alle**, wilde wie zahme **Tiere**,³² **sofern sie Leidens- und Empfindungsfähigkeit besitzen**³³ und unabhängig davon, ob sie jemandem gehören oder herrenlos sind.³⁴ Hinsichtlich der Schutzintensität ist allerdings dem jeweiligen sinnesphysiologischen Entwicklungsstand der einzelnen Tierarten Rechnung zu tragen.³⁵ Die Norm gebietet **keinen absoluten Schutz** der Tiere. Einer Nutzung von Tieren zu ökonomischen oder wissenschaftlichen Zwecken steht Art. 3 b LV nicht entgegen.³⁶ Maßnahmen zum Schutz vor Tieren gehören dagegen nicht zum Tierschutz.³⁷ 7

Der Schutzauftrag verpflichtet den Staat dazu, nicht selbst Tiere zu beeinträchtigen; darüber hinaus hat er **Maßnahmen zum Schutz von Tieren** zu ergreifen, insbesondere deren Schädigung durch Privatpersonen entgegenzutreten.³⁸ Dem Tierschutz kommt aber keine vergleichbar fundamentale Bedeutung zu wie dem Umweltschutz.³⁹ Hierfür ist auch das Fehlen einer Art. 20 a GG und Art. 3 a I LV vergleichbaren Nachhaltigkeitsklausel in Art. 3 b LV ein Indiz.⁴⁰ 8

Der Begriff „**verfassungsmäßige Ordnung**" iSd Art. 3 b LV entspricht dem im Wortlaut identischen Vorbehalt in Art. 3 a I LV auch in inhaltlicher Hinsicht. Dies wird in der Gesetzesbegründung verkannt, wo in diesem Zusammenhang auf das „Elfes-Urteil" des BVerfG⁴¹ verwiesen wird.⁴² Das Gericht hatte entschieden, unter „verfassungsmäßige[r] Ordnung" iSd **Art. 2 I GG** sei die Gesamtheit der formell und materiell verfassungsmäßigen Rechtsnormen zu verstehen.⁴³ Bei einem Verständnis der verfassungs- 9

---

28 *Haltern/Manthey* in: Epping/Butzer u.a., Art. 6 b Rn. 10 f.
29 *Braun*, DÖV 2003, 488 (490); *Sommermann*, 197.
30 BVerfGE 127, 293 (328).
31 Vgl. BVerfGE 110, 141 (171); *Braun*, DÖV 2003, 488 (491); *Murswiek* in: Sachs, GG, Art. 20 a Rn. 31 b.
32 Vgl. *Caspar/Geissen*, NVwZ 2002, 913 (914); *Jarass* in: Jarass/Pieroth, Art. 20 a Rn. 12.
33 Vgl. *Jarass* in: Jarass/Pieroth, Art. 20 a Rn. 12; *Murswiek* in: Sachs, GG, Art. 20 a Rn. 31 b.
34 Vgl. *Jarass* in: Jarass/Pieroth, Art. 20 a Rn. 12.
35 Vgl. *Held* in: Brocker/Droege/Jutzi, Art. 70 Rn. 8; *Murswiek* in: Sachs, GG, Art. 20 a Rn. 51 a; *Sommermann* in: Münch/Kunig, Art. 20 a Rn. 34.
36 Vgl. *Braun*, DÖV 2003, 488 (493); *Murswiek* in: Sachs, GG, Art. 20 a Rn. 51 a.
37 Vgl. BVerfGE 110, 141 (171); *Degenhart* in: Sachs, GG, Art. 74 Rn. 92.
38 *Jarass* in: Jarass/Pieroth, Art. 20 a Rn. 13.
39 Vgl. *Kloepfer/Rossi*, JZ 1998, 369 (373); *Murswiek* in: Sachs, GG, Art. 20 a Rn. 15; *Jarass* in: Jarass/Pieroth, Art. 20 a Rn. 13.
40 *Murswiek* in: Sachs, GG, Art. 20 a Rn. 15; *Jarass* in: Jarass/Pieroth, Art. 20 a Rn. 13.
41 BVerfGE 6, 32 ff.
42 LT-Drs. 12/2536, 4.
43 BVerfGE 6, 32 (38).

mäßigen Ordnung iSd „Elfes-Urteils" stünde das Staatsziel Tierschutz allerdings zur Disposition des einfachen Gesetzgebers. Dies ist objektiv nicht gewollt und liefe dem mit der Bestimmung verfolgten Ziel zuwider, die LV über den bereits in Art. 3 a I LV verankerten Artenschutz hinaus um den ethischen Tierschutz zu verstärken. Unter verfassungsmäßiger Ordnung iSd. Art. 3 b LV ist daher – wie bei Art. 3 a I LV – die **Gesamtheit aller Normen der LV** zu verstehen, auch wenn die rechtliche Wirkkraft der Bestimmung durch die bundesstaatliche Normhierarchie (Art. 31 GG) eingeschränkt wird.[44]

III. Konsequenzen für Gesetzgebung, Vollziehung und Rechtsprechung

10 Als Staatszielbestimmung gibt Art. 3 b LV den Staatsorganen nur ein grundlegendes Ziel vor. Die Wahl des Weges und der **Mittel zur Zielverwirklichung** sowie die **Konkretisierung des Zielbereichs**[45] weist die Norm dem demokratisch legitimierten **Gesetzgeber** zu, der im Rahmen seiner Kompetenzen[46] über einen weiten Gestaltungsspielraum verfügt.[47] Vollziehende Gewalt und Rechtsprechung haben den Tierschutzauftrag des Art. 3 b LV in erster Linie **im Rahmen der Auslegung von Landesgesetzen**, namentlich bei der Interpretation unbestimmter Rechtsbegriffe wie dem des „öffentlichen Interesses" oder dem des „Wohls der Allgemeinheit" zu berücksichtigen.[48] Im Übrigen gilt für die Frage, wie der Tierschutzauftrag wahrzunehmen ist, im Wesentlichen das Entsprechende wie beim Umweltschutz, weshalb insoweit auf die Ausführungen zu Art. 3 a I LV verwiesen wird (s.o., → Art. 3 a Rn. 26 ff.).

11 Hervorzuheben ist, dass auch Art. 3 b LV die Einführung einer **Verbandsklage** im Tierschutzrecht auf Landesebene nicht gebietet, ihr aber auch nicht entgegensteht.[49] Die Norm rechtfertigt bereits im Hinblick auf Art. 31 GG **kein Verbot der Jagdausübung**. Aus ihr können sich aber beispielsweise Folgerungen für die **Art und Weise der Jagdausübung** ergeben.[50] Ein Verbot, Tauben[51] oder in Grün- und Erholungsanlagen, an Seen und fließenden Gewässern Enten und Schwäne[52] zu füttern, verstößt ebenso wenig gegen Art. 3 b LV wie etwa die erhöhte **Besteuerung** von Hunden bestimmter Rassen,[53] das Einschläfern eines Rottweilers wegen mangelnder Beißhemmung[54] oder die Erhebung einer Pferdesteuer.[55]

---

44 Vgl. LT-Drs. 12/2536, 4 sowie *Braun,* Art. 25 Rn. 53.
45 Zu dieser Differenzierung vgl. *Sommermann,* 377 ff.
46 Vgl. dazu BVerfGE 119, 59 (81 ff.); VerfGH Rh-Pf, NVwZ 2001, 553 (554).
47 BVerfGE 127, 293 (328); *Murswiek* in: Sachs, GG, Art. 20 a Rn. 17.
48 Vgl. auch LT-Drs. 12/2536, 4.
49 Vgl. BVerfGE 127, 293 (328 f.); *Held* in: Brocker/Droege/Jutzi, Art. 70 Rn. 15; *Caspar,* DÖV 2008, 145 ff.; *Fest/Köpernik,* DVBl. 2012, 1473 (1476 f.).
50 Vgl. BVerfG NVwZ 2007, 808 (810); BVerwG NVwZ 2006, 92 (93); VerfGH Rh-Pf NVwZ 2013, 1000, 553 (556).
51 VGH BW VBlBW 2006, 103 (104); VG Stuttgart, U. v. 27.5.2015 – 5 K 433/12 – juris, Rn. 29.
52 VGH BW, B. v. 9.2.2005 – 1 S 2673/04 – juris, Rn. 9.
53 Vgl. OVG NRW, B. v. 24.3.2011 – 14 A 2324/10 – juris, Rn. 4.
54 Vgl. VG Düsseldorf, B. v. 4.8.2015 – 18 L 2369/15 – juris.
55 HessVGH ESVGH 65, 170 (175).

IV. Umsetzung

In BW hat der Gesetzgeber zum Tierschutz den ihm vom GG belassenen Rahmen u. a. durch das **Gesetz über Mitwirkungsrechte und das Verbandsklagerecht für anerkannte Tierschutzorganisationen** (TierSchMVG) vom 12. Mai 2015 (GBl. 317) ausgefüllt, mit dem anerkannten Tierschutzorganisationen ein Verbandsklagerecht gegen tierschutzrechtliche Entscheidungen und tierschutzrelevante bau- und immissionsschutzrechtliche Genehmigungen für Vorhaben zum Halten von Tieren zu Erwerbszwecken eingeräumt wird (§ 3 TierSchMVG). Zugleich wird ihnen die Mitwirkung an tierschutzrelevanten Rechtssetzungs- und Verwaltungsverfahren des Landes ermöglicht (§ 2 TierSchMVG). Tierschutzrechtliche Regelungen enthalten darüber hinaus – im Hinblick auf die Art und Weise der Jagdausübung[56] – das bereits bei Art. 3 a LV erwähnte **Jagd- und Wildtiermanagementgesetz** (JWMG) v. 25.11.2014 (GBl. 550) sowie das **Fischereigesetz für BW** (FischG) v. 14.11.1979 (GBl. 466).

Hinzuweisen ist darüber hinaus auf die Einrichtung der **Stabsstelle des Landesbeauftragten für Tierschutz** beim Ministerium für Ländlichen Raum und Verbraucherschutz. Diese hat allerdings ausschließlich beratende Funktion für Tierschutzverbände und -vereine, Bürgerinnen und Bürger sowie für Organisationen und Einrichtungen, die sich mit dem Tierschutz oder der Tierhaltung befassen. Zu ihren Aufgaben gehört u. a. auch die Teilnahme am Landesbeirat für Tierschutz, die Erarbeitung von Informationsmaterial, wissenschaftliche Recherchen und gegebenenfalls Gutachten sowie die Stellungnahme zu Rechtsetzungsvorhaben.

Artikel 3 c [Kultur- und Sportförderung, Landschafts- und Denkmalschutz]

(1) Der Staat, die Gemeinden und die Gemeindeverbände fördern den ehrenamtlichen Einsatz für das Gemeinwohl, das kulturelle Leben und den Sport unter Wahrung der Autonomie der Träger.

(2) Die Landschaft sowie die Denkmale der Kunst, der Geschichte und der Natur genießen öffentlichen Schutz und die Pflege des Staates und der Gemeinden.

Schrifttum:

Aker/Hafner/Notheis, Gemeindeordnung, Gemeindehaushaltsverordnung Baden-Württemberg, 2013; *Böhm/Schwarz*, Möglichkeiten und Grenzen bei der Begründung von energetischen Sanierungspflichten für bestehende Gebäude, NVwZ 2012, 129; v. *Bogdandy/Zacharias*, Zum Status der Weltkulturerbekonvention im deutschen Rechtsraum. Ein Beitrag zum internationalen Verwaltungsrecht, NVwZ 2007, 527; *Fastenrath*, Der Schutz des Weltkulturerbes in Deutschland. DÖV 2006, 1017; *Huerkamp/Kühling*, Denkmalschutz, Erneuerbare Energien und Immobiliennutzung – Nachhaltigkeitskonflikte in der Energiewende, DVBl. 2014, 24; *Humberg*, Die Aufnahme des Sports in das

---

56 Für das Jagdrecht vgl. BVerfG NVwZ 2007, 808 (810); für das Fischereirecht vgl. die Verordnung des Ministeriums für Ernährung und Ländlichen Raum zur Durchführung des Fischereigesetzes für BW (Landesfischereiverordnung – LFischVO) v. 3.4.1998 (GBl. 252).

Grundgesetz, ZRP 2007, 57; *Krieger,* Die Herrschaft der Fremden – Zur demokratietheoretischen Kritik des Völkerrechts, AöR 133 (2008), 315; *Küster,* Staatsziel Kultur – Bedarf es einer Verfassungsänderung?, HFR 2006, 84; *Meyer/Freese,* Konjunkturpaket II: Art. 104 b GG als Ärgernis und Garant des Föderalismus, NVwZ 2009, 609; *Göhner/Mast,* Klimaschutz und Denkmalschutz im Widerstreit?, EnEVaktuell 2/2012, 19; *Moench/Otting,* Die Entwicklung des Denkmalschutzrechts, NVwZ 2000, 146; *Mohr,* Energieeinsparung durch Fotovoltaik kontra Denkmalschutz – im Dschungel der Rechtsprechung, BWGZ 2013, 202; *Pappermann,* Grundzüge eines kommunalen Kulturverfassungsrechts, DVBl. 1980, 701: *Persch,* Sportförderung in Europa: Der neue Art. 165 AEUV, NJW 2010, 1917; *Steiner,* Verfassungsfragen des Sports, NJW 1991, 2729; *Tettinger,* Sport als Verfassungsthema, JZ 2000, 1069; *Wiegand,* Die neuen Bundesländer als Kulturstaaten, LKV 1995, 55.

Vergleichbare Regelungen:
Zu Abs. 1: Art. 121, 2 BayVerf (Ehrenamt), Art. 3 I, 1, 140 III BayVerf, 34 II, 1, III BbgVerf, 16 I MVVerf, 6 NdsVerf, 18 I NRWVerf, 40 I RPVerf, 34 I SaarlVerf, 1, 2, 11 I SächsVerf, 36 I, III LSAVerf, 9 III SchlHVerf, 30 I ThürVerf (kulturelles Leben); Art. 140 III BayVerf, 32 BerlVerf, 35 BbgVerf, 36 a BremVerf, 62 a HessVerf, 16 I MVVerf, 6 NdsVerf, 18 III NRWVerf, 40 IV RPVerf, 34 a SaarlVerf, 11 I, II SächsVerf, 36 I LSAVerf, 9 III SchlHVerf, 30 III ThürVerf (Sport).
Zu Abs. 2: Art. 141 II BayVerf, 62, 1 HessVerf, 18 II NRWVerf, 40 III 1 RPVerf, 34 II 1 SaarlVerf (Landschaft); Art. 141 II BayVerf, 34 II 2, 40 IV 2 BbgVerf, 62, 1 HessVerf, 18 II NRWVerf, 40 III 1 RPVerf, 34 II 1 SaarlVerf, 11 III 1 SächsVerf, 30 II 1 ThürVerf (Denkmale).

Ergänzende Normen: Bildungszeitgesetz BW (BzG BW) v. 17.3.2015 (GBl. 161) und die Verordnung der Landesregierung zur Regelung der Bildungszeit für die Qualifizierung zur Wahrnehmung ehrenamtlicher Tätigkeiten (VO BzG BW) v. 15.12.2015 (GBl. 1251); Gesetz zum Schutz der Kulturdenkmale (Denkmalschutzgesetz – DSchG) idF v. 6.12.1983 (GBl. 797); Gesetz zum Schutz der Natur und zur Pflege der Landschaft (Naturschutzgesetz – NatSchG) v. 23.6.2015 (GBl. 585); Gesetz über die Pflege und Nutzung von Archivgut (Landesarchivgesetz – LArchG) v. 27.7.1987 (GBl. 230); Gesetz zum Schutz der Natur und zur Pflege der Landschaft (Naturschutzgesetz – NatSchG) v. 23.6.2015 (GBl. 585); Landesmediengesetz (LMedienG) v. 19.7.1999 (GBl. 273, ber. 387); Landwirtschafts- und Landeskulturgesetz (LLG) v. 14.3.1972 (GBl. 74); Gesetz zur Stärkung des Ehrenamtes in der Jugendarbeit v. 20.11.2007 (GBl. 530).

Leitentscheidungen: BVerfGE 6, 309 (Konkordats-Urteil); 12, 205 (erstes Rundfunkurteil); 35, 79 (Hochschulurteil); 100, 226 (Denkmalschutz); OLG Stuttgart, U. v. 12.12.2000 – 10 U (Baul) 219/98 (Grundstücksenteignung zum Sportanlagenbau); VGH BW, ESVGH 54, 101 (Subventionierung privaten Theaters).

A. Überblick und Einordnung 1
   I. Bedeutung 1
   II. Herkunft, Entstehung, Geschichte 3
   III. Verfassungsvergleichende Einordnung 5
B. Erläuterung 9
   I. Förderung des ehrenamtlichen Einsatzes für das Gemeinwohl, des kulturellen Lebens und des Sports (Abs. 1) 9
     1. Vorbemerkung und Begriffsbestimmungen 9
     2. Regelungsgehalt 13
   II. Schutz und Pflege der Landschaft sowie der Denkmale der Kunst, der Geschichte und der Natur (Abs. 2) 21
     1. Vorbemerkung und Begriffsbestimmungen 21
     2. Regelungsgehalt 24
     3. Umsetzung 25

A. Überblick und Einordnung
I. Bedeutung

Art. 3 c LV enthält – ebenso wie bereits der inhaltlich mit Art. 3 c II LV identische Art. 86 LV in der vom 11.3.1995 bis 9.6.2000 geltenden Fassung – in beiden Absätzen **Staatszielbestimmungen** mit verschiedenen **Förder- und Schutzaufträgen**.[1]

Zur Förderung und Pflege der **Kultur** wäre das **Land** auch ohne ausdrückliche Regelung verpflichtet.[2] Für die **Sport-**[3] **und Ehrenamtsförderung** trifft dies nicht zu. **Gemeinden** und **Landkreise** haben zwar nach § 10 II 1 GemO bzw. § 16 I 1 LKrO in den Grenzen ihrer Leistungsfähigkeit die für das wirtschaftliche, soziale und kulturelle Wohl ihrer Einwohner erforderlichen öffentlichen Einrichtungen zu schaffen.[4] Diese einfachgesetzlichen Bestimmungen begründen aber keine Pflichtaufgaben iSd § 2 II 1 GemO, § 2 III 1 LKrO.[5] Da sich aus dem *Bundes*verfassungsrecht kein Pflichtcharakter gemeindlicher Kulturarbeit ableiten lässt,[6] liegt die Bedeutung der Bestimmung vor allem darin, das Land über die Ehrenamtsförderung hinaus auch für die Sport- und die kommunale Ebene für die Ehrenamts-, Kultur- und Sportförderung in die Pflicht zu nehmen.

II. Herkunft, Entstehung, Geschichte

Die Bestimmung wurde im Jahre 2000 in die LV eingefügt, zunächst ohne die Erwähnung der Gemeindeverbände und die Klausel „den ehrenamtlichen Einsatz für das Gemeinwohl" in Art. 3 c I LV. Die Aufnahme der Förderung des kulturellen Lebens und des Sports als Staatsziel in die LV ging auf eine gemeinsame Initiative der Fraktionen von CDU, SPD, Bündnis 90/Die Grünen und FDP im Zuge des Gesetzgebungsverfahrens zur Verankerung des Tierschutzes in der Verfassung zurück.[7] Mit der neuen Staats-

---

1 Zu Art. 86: *Braun*, Art. 86 Rn. 2; *Feuchte* in: Feuchte, Art. 86 Rn. 4. Zur Förderung des kulturellen Lebens und des Sports vgl. GesE Änderung LV – BeschlEmpf und Bericht StändA, LT-Drs. 12/5193, 2; zum inhaltsgleichen Art. 140 III BayVerf vgl. BayVerfG, Entsch. v. 13.9.2011 – Vf. 12-VII-10 sowie *Geis* in: Meder/Brechmann: Art. 140, Rn. 3. Zur Förderung des Ehrenamts vgl. GesE Änderung LV, LT-Drs. 15/7412, 6; zum inhaltsgleichen Art. 121, 2 BayVerf vgl. *Schmitt am Busch* in: Meder/Brechmann, Art. 121 Rn. 8.
2 Vgl. BVerfGE 35, 79 (114 f.); 36, 321 (331); *Maurer* in: Maurer/Hendler, 49; *Stern* in: Stern III/1, 884 f.; *Wiegand*, LKV 1995, 55 (56).
3 *Humberg*, ZRP 2007, 57; *Menzel*, 511; *Steiner*, NJW 1991, 2729. Anders verhielte es sich, wollte man Stimmen in der wissenschaftlichen Literatur folgen, die den Sport als Teilaspekt der Kultur ansehen, so etwa *Heßelmann* in: Linck/Baldus u. a., Art. 30 Rn. 15; *Sommermann*, 228; *Wiegand*, LKV 55 (56).
4 Hierzu gehören etwa der Bau und der Unterhalt von Fest- und Stadthallen (VGH BW, DVBl. 2015, 59 f.; DVBl. 1995, 927 ff.; DÖV 1980, 105) oder Gemeindesälen (VGH BW, VBlBW 1989, 331 f.), die Errichtung und Unterhaltung von Musikschulen (VGH BW, ESVGH 46, 121 ff.; NVwZ 1987, 701); Sportstätten wie Schwimmbädern (VGH BW, ESVGH 25, 203 ff.), Sportboothäfen (VGH BW, ESVGH 48, 45 ff.) oder Sporthallen (VGH BW, BWGZ 1988, 886; DÖV 1988, 478).
5 Für § 10 II GemO: VGH BW NVwZ 1997, 620 (621); *Aker* in: Aker/Hafner/Notheis, § 10 Rn. 6.
6 Str., wie hier: *Steiner* in: HStR IV, § 86 Rn. 22; aA etwa *Pappermann*, DVBl. 1980, 701 (704 ff.).
7 GesE Änderung LV – BeschlEmpf und Bericht StändA, LT-Drs. 12/5193, 1.

zielbestimmung hat der verfassungsändernde Gesetzgeber die bereits in der ursprünglichen Fassung des **Art. 86 LV** vom 11.11.1953 (GBl. 173) enthaltenen Staatsziele Schutz und Pflege der Landschaft sowie der Denkmale der Kunst, der Geschichte und der Natur (seither Art. 3 II LV) in einer Norm zusammengefasst. Art. 3 c LV ist am 10. Juni 2000 in Kraft, Art. 86 LV am selben Tag außer Kraft getreten.[8] Die Ergänzung des Art. 3 c I LV um die Gemeindeverbände und die Förderung des ehrenamtlichen Einsatzes für das Gemeinwohl erfolgte erst im Zuge der Aufnahme der grundsätzlichen Wertentscheidung zugunsten von Kindern und Jugendlichen sowie zur Schaffung gleichwertiger Lebensverhältnisse, Infrastrukturen und Arbeitsbedingungen als Staatszielbestimmungen in die LV gegen Ende der 15. Legislaturperiode.[9]

4   Ausschlaggebend für die Aufnahme des Landschafts- und Denkmalschutzes als Staatsziele in die Verfassung waren für den Verfassungsgeber die hohe **Bedeutung der kulturellen Tradition und der landschaftlichen Vorzüge** des Landes BW sowie auf Art. 150 I WRV[10] zurückgehende Bestimmungen der Verfassungen von Baden und Württemberg-Hohenzollern.[11] Die Konstitutionalisierung auch der **Sportförderung** war vom Landessportverband BW bereits im Rahmen der Anhörung zum Gesetzentwurf zur Aufnahme des Tierschutzes als Staatsziel in die LV gefordert worden.[12] Bereits zuvor hatten mehrere Bundesländer einschlägige Regelungen geschaffen.[13] Mit der Aufnahme der Förderung des kulturellen Lebens und des Sports als Staatsziel in die Verfassung „bekennt sich das Land, zugleich auch für die Gemeinden, zur Förderung des kulturellen Lebens und des Sports".[14] Unabhängig davon lag es nahe, Sportförderung und Kulturpflege in einer Bestimmung zu regeln. Der Sport ist zwar nicht der Kultur zuzurechnen.[15] Zwischen beiden Bereichen bestehen aber in tatsächlicher Hinsicht Parallelen.[16] Dies gilt speziell mit Rücksicht auf die jüngst zum Staatsziel erhobene **Förderung des ehrenamtlichen Einsatzes**. Sowohl das kulturelle Leben wie auch der Sport sind wesentlich durch bürgerschaftliches Engagement geprägt.[17] Mit der Ergänzung des Abs. 1 um die Gemeindeverbände wollte der verfassungsändernde Gesetzgeber schließlich dem Umstand Rechnung tragen, dass jene ebenfalls entsprechende Förderungen erbringen.[18] Tat-

---

8   18. LVÄndG v. 23.5.2000 (GBl. 449).
9   23. LVÄndG v. 1.12.2015 (GBl. 1032).
10 Art. 150 I WRV: „Die Denkmäler der Kunst, der Geschichte und der Natur sowie die Landschaft genießen den Schutz und die Pflege des Staates."
11 *Braun*, Art. 86 Rn. 1; *Feuchte*, Geschichte, 520.
12 GesE Änderung LV – BeschlEmpf und Bericht StändA, LT-Drs. 12/2671, 10 ff.
13 Die Verfassungen der neuen Länder hatten den Schutz und die Förderung des Sports von Anfang an thematisiert (vgl. die eingangs genannten Normen). Art. 18 III NRWVerf wies als erste Verfassungsnorm der alten Länder die Verpflichtung aus, dass Sport durch Land und Gemeinden zu pflegen und zu fördern ist.
14 GesE Änderung LV – BeschlEmpf und Bericht StändA, LT-Drs. 12/2671, 2.
15 Str., wie hier bspw. *Stern* in: Stern IV/2, 356; aA etwa *Sommermann*, 228, der von einer kultur- bzw. sozialstaatlichen Komponente der Sportförderung spricht, und *Wiegand*, LKV 55 (56).
16 Vgl. *Steiner* in: HStR IV, §§ 86 u. § 87.
17 Vgl. bereits GesE Änderung LV – BeschlEmpf und Bericht StändA, LT-Drs. 12/2671, 2.
18 Begr. zum GesE Änderung LV, LT-Drs. 15/7412, 6.

sächlich dürfte öffentliche Kulturpflege und Sportförderung in erster Linie von der kommunalen Ebene geprägt werden.[19]

III. Verfassungsvergleichende Einordnung

Die meisten **Länderverfassungen** enthalten Staatszielbestimmungen zur Förderung von **Kultur** und **Sport** sowie zu **Schutz und Pflege der Landschaft** und der **Denkmäler**.[20] Beim **Ehrenamt** sehen die Verfassungen einiger Länder eine Pflicht zur Übernahme vor (Vormund, Geschworener, Schöffe etc. (Art. 9, 3 BremVerf, 25, 1 HessVerf, 19 I SaarlVerf, 21 I RPVerf) oder das Verbot, die Wahrnehmung von Ehrenämtern zu verhindern (Art 19 BerlVerf, 73, 1 HambVerf). Als Staatsziel wurde die „Förderung des ehrenamtlichen Einsatzes für das Gemeinwohl" 2013 erstmals – durch Volksentscheid – in Bayern in die Verfassung aufgenommen (Art. 121, 2 BayVerf).

Dagegen sind der **Schutz und die Förderung von Kultur und Sport im GG** nicht ausdrücklich geregelt. Entsprechendes gilt für das Ehrenamt. Der Begriff des Sports findet sich dort nirgends. Die Kultur wird lediglich vereinzelt erwähnt (Art. 23 VI 1, 29 I 2, 73 I Nr. 5 a, 89 III GG). Initiativen zur Etablierung der Förderung von Kultur und Sport als Staatsziel auch im GG sind bislang gescheitert.[21] Unabhängig davon stellt Art. 5 III 1 GG als objektive Wertentscheidung für die Freiheit der Kunst dem Staat, der sich Auffassung des BVerfG und wohl weit überwiegenden Mehrheit im wissenschaftlichen Schrifttum auch als Kulturstaat versteht, zugleich die Aufgabe, ein freiheitliches Kunstleben zu erhalten und zu fördern.[22] Für den Sport sind zudem insbesondere Art. 2 I und 9 I GG von Bedeutung.[23] Zum Landschafts- und Denkmalschutz enthält das GG ebenfalls keine ausdrücklichen Regelungen.[24]

Zu den Zielen der **Union** gehört seit dem Vertrag von Lissabon auch die **Wahrung der kulturellen und sprachlichen Vielfalt der Mitgliedstaaten** und der **Schutz und die Entwicklung des kulturellen Erbes Europas** (Art. 3 III EUV). Als Folge des europäischen Integrationsprozesses erfuhr ihre **Zuständigkeit** auch **in den Bereichen Kultur und Sport** eine Verbreiterung und Bekräftigung. So ist die Union nach Art. 6 lit. c) und e) AEUV für die

---

19 Vgl. *Steiner* in: HStR IV, § 86 Rn. 21 u. § 87 Rn. 1.
20 Vgl. Zwischenbericht der Enquete-Kommission „Kultur in Deutschland", BT-Drs. 15/5560, S. 13 f.
21 Vgl. zuletzt GesE zur Aufnahme von Kultur und Sport in das GG (BT-Drs. 17/10644) und Bericht des Innenausschusses (BT-Drs. 17/13750). Zur Erforderlichkeit der Einführung einer Staatszielbestimmung Kultur in das GG sowie den aus verfassungspolitischer Sicht dabei zu berücksichtigenden Erwägungen vgl. etwa BT-Drs. 15/5560, 8 ff. sowie *Küster*, HFR 2006, 84 ff.
22 BVerfGE 18, 112 (118); 31, 275 (279); 35, 79 (114 f.); 36, 321 (331); 39, 1 (46); 81, 108 (116); 111, 333 (353); 127, 87 (114); 135, 155 (197); vgl. etwa *Stern* in: Stern III/1, 884 ff., und in: Stern IV/2, 366 f., sowie die Nachw. in BT-Drs. 15/5560, 3 f.; aus dogmatischen Gründen krit. etwa *Steiner* in: HStR IV, § 86 Rn. 3 ff.
23 *Steiner* in: HStR IV, § 87 Rn. 2 f., *Tettinger*, JZ 2000, 1069 (1070).
24 Die Landschaftspflege findet im GG lediglich insofern Erwähnung als sich nach Art. 74 I Nr. 29 GG die konkurrierende Gesetzgebung auf dieses Gebiet erstreckt. Dagegen fällt der Denkmalschutz in die Residualkompetenz der Länder, BVerwGE 102, 260 (265); offen gelassen von BVerfGE 78, 205 (209 f.).

Durchführung von Maßnahmen zur Unterstützung, Koordinierung oder Ergänzung der Maßnahmen der Mitgliedstaaten in den Bereichen Kultur und allgemeine sowie berufliche Bildung, Jugend und Sport zuständig. Die Einzelheiten dazu bestimmen Art. 165 – 167 AEUV.[25] Für die Sport-[26] und Kulturförderung sehen Art. 107 III lit. c) und d) AEUV eine Ausnahme vom **Beihilfeverbot** vor. Art. 36 AEUV sieht zudem eine Rechtfertigung für Beschränkungen der Warenverkehrsfreiheit (Art. 34 f. AEUV) zum Schutze des nationalen Kulturguts von künstlerischem, geschichtlichem oder archäologischem Wert vor.[27]

8 Auf der Ebene des **Völkerrechts** ist insbesondere auf das Übereinkommen zum Schutz von Kulturgut bei bewaffneten Konflikten (**Haager Konvention**) vom 14.5.1954[28] sowie das **UNESCO-Übereinkommen** vom 14.11.1970 über **Maßnahmen zum Verbot und zur Verhütung der rechtswidrigen Einfuhr, Ausfuhr und Übereignung von Kulturgut**[29] hinzuweisen, das durch das am 29.2.2008 in Kraft getretene **Kulturgüterrückgabegesetz** vom 18.5.2007 umgesetzt wurde.[30] Völkerrechtliche Verträge, deren Gegenstand nicht in die ausschließliche Gesetzgebungskompetenz der Länder fällt, entfalten im innerstaatlichen Bereich primär durch Zustimmungsgesetze nach Art. 59 II 1 GG Wirkung. Sie haben damit den Rang einfachen Bundesrechts (Art. 31 GG). Allerdings beschränkt sich die Gesetzgebungskompetenz des Bundes in kulturellen Angelegenheiten im Wesentlichen auf den **Kulturgüterschutz** (Art. 73 I Nr. 5 a GG). In der Verfassungspraxis hat man jedoch mit dem **Lindauer Abkommen**[31] einen modus vivendi[32] für den Abschluss von Verträgen im Bereich der ausschließlichen Gesetzgebungskompetenz der Länder gefunden, durch den die Erfüllung völkerrechtlicher Verträge des Bundes auch im Bereich der Gesetzgebungskompetenz der Länder gesichert werden kann.[33] Keine förmliche Implementierung in den deutschen Rechtsraum ist dagegen für sog. **Verwaltungsabkommen** iSv Art. 59 II 2 GG erforderlich. Hierzu gehört auch das am 23.11.1976 für die Bundesrepublik Deutschland in Kraft getretene UNESCO-**Übereinkommen zum Schutz des Kultur- und Naturerbes** der Welt vom 16.11.1972 (BGBl. 1977 II, 213).[34] Dieses Abkommen ist mangels formellen Umsetzungsaktes nicht Teil der objektiven Rechtsordnung Deutschlands gewor-

---

25 Näher dazu etwa *Bieber* in: Bieber/Epiney/Haag, § 29; *Stern* in: Stern IV/2, 369 ff.
26 Vgl. dazu etwa EuG, U. v. 9.6.2016 – Rs. T 162/13 (Förderung von Kletterhallen des Deutschen Alpenvereins) m. Anm. Fischer, jurisPR-SteuerR 34/2016 Anm. 2 sowie BVerwG, U. v. 26.10.2016 – 10 C 3/15 – juris.
27 Näher hierzu etwa *Lenski*, DÖV 2015, 677 (682 mwN).
28 Gesetz zu der Konvention vom 14.5.1954 zum Schutz von Kulturgut bei bewaffneten Konflikten vom 11.4.1967 (BGBl. 1967 II, 1233; 1971 II, 1025).
29 Gesetz zu dem Übereinkommen vom 14.11.1970 über Maßnahmen zum Verbot und zur Verhütung der rechtswidrigen Einfuhr, Ausfuhr und Übereignung von Kulturgut vom 20.4.2007 (BGBl. II, 626).
30 BGBl. I, 757, ber. 2547; näher hierzu etwa *Lenski*, DÖV 2015, 677 (682 f. mwN).
31 Abgedruckt etwa bei *Nettesheim* in: Maunz/Dürig, Art. 32 Rn. 72.
32 *Fastenrath*, DÖV 2006, 1017 (1025); *Streinz* in: Sachs, GG, Art. 32 Rn. 35.
33 Näher dazu *Fastenrath*, DÖV 2006, 1017 (1025 f.); *Nettesheim* in: Maunz/Dürig, Art. 32 Rn. 72 f.
34 *V. Bogdandy/Zacharias*, NVwZ 2007, 527 (529); *Nettesheim* in: Maunz/Dürig, Art. 59 Rn. 158; *Heßelmann* in: Link/Baldus u. a. Art. 30 Rn. 11.

den.[35] Sowohl im Bau- und Fachplanungsrecht des Bundes wie auch im Landesrecht sind entsprechende Regelungen vorhanden, die es staatlichen und kommunalen Stellen ermöglichen, den Belangen des Weltkulturerbeschutzes Rechnung zu tragen.[36] Nach dem **Grundsatz der Völkerrechtsfreundlichkeit** des GG sind die deutschen Staatsorgane verpflichtet, die die Bundesrepublik Deutschland bindenden völkerrechtlichen Verpflichtungen zu beachten und Verletzungen nach Möglichkeit zu unterlassen.[37] Land, Gemeinden und Gemeindeverbände können und müssen das Übereinkommen auch ohne Transformation in nationales Recht im Rahmen gerichtlicher und administrativer Verfahren beachten.[38]

B. Erläuterung

I. Förderung des ehrenamtlichen Einsatzes für das Gemeinwohl, des kulturellen Lebens und des Sports (Abs. 1)

1. Vorbemerkung und Begriffsbestimmungen

Abs. 1 verpflichtet Staat, Gemeinden und Gemeindeverbände zur Förderung des ehrenamtlichen Einsatzes für das Gemeinwohl, des kulturellen Lebens und des Sports unter dem Vorbehalt, die Trägerautonomie zu wahren. Mit ihrem Auftrag zur Kulturpflege ergänzt die Bestimmung die **Kunst- und Wissenschaftsfreiheit** (Art. 2 I LV iVm Art. 5 III 1 GG, 20 I LV).

9

„Ehrenamtlicher Einsatz" iSv Art. 3 c I LV geht über den Begriff des klassischen Ehrenamts[39] hinaus und umfasst die vielfältigen Formen des bürgerschaftlichen Engagements.[40] Ziel ist die „Stärkung einer dauerhaften, verschiedene Engagements ermöglichenden Struktur" und ein weiterer „Ausbau der Anerkennungskultur und einer Sensibilisierung der Menschen für den Wert des bürgerschaftlichen Engagements".[41] Das Engagement für das Gemeinwohl ist für ein demokratisches Gemeinwesen von besonderer Bedeutung. Dem **bürgerschaftlichen Engagement** und dem **Ehrenamt** kommt auch in Anbetracht des demografischen Wandels eine immer größere Bedeutung zu.[42] Mit der Erhebung der Förderung des Ehrenamts zum Staatsziel wollte der verfassungsändernde Gesetzgeber ein Signal setzen und gleichzeitig Staat, Gemeinden sowie Gemeindeverbänden den Auftrag erteilen, bürgerschaftliches Engagement und Ehrenamt noch intensiver als durch die Aufnahme der Förderung des kulturellen Lebens und des Sports als Staatsziel in die LV im Jahre 2000 zu fördern.[43]

10

---

35 VG Koblenz, U. v. 20.10.2015 – 1 K 23/15.KO – S. 12; *v. Bogdandy/Zacharias*, NVwZ 2007, 527 (529 f.); offen gelassen von SächsOVG LKV 2007, 520 (521).
36 *V. Bogdandy/Zacharias*, NVwZ 2007, 527 (530 f.); *Fastenrath*, DÖV 2006, 1017 (1024 f.).
37 BVerfGE 112, 1 (26); *Krieger*, AöR 133 (2008), 315 (341).
38 *V. Bogdandy/Zacharias*, NVwZ 2007, 527 (530); *Fastenrath*, DÖV 2006, 1016 (1024 ff.); *Krieger*, AöR 133 (2008), 315 (340 f.); *Heßelmann* in: Link/Baldus u. a. Art. 30 Rn. 11.
39 Zum Begriff des Ehrenamts (im steuerrechtlichen Sinne) vgl. etwa BFHE 106, 479 ff; FG BW, U. v. 10.2.2016 – 12 K 1205/14 – juris, Rn. 16.
40 Vgl. *Schmitt am Busch* in: Meder/Brechmann, Art. 121 Rn. 9.
41 GesE Änderung LV, LT-Drs. 15/7412, 6.
42 Äußerung des Sozialministeriums in: LT-Drs. 15/3854, 3.
43 GesE Änderung LV, LT-Drs. 15/7412, 6. Zur Bedeutung des Ehrenamts für den Sport vgl. etwa *Persch*, NJW 2010, 1917 (1920).

11 Die **Förderung des kulturellen Lebens** bezieht sich auf das kulturelle Schaffen und Erbe einschließlich der Personen, Einrichtungen und Vereinigungen, die sich der Pflege und Förderung dieser Bereiche widmen.[44] Der Bestimmung liegt ein **umfassendes Kultur**verständnis des verfassungsändernden Gesetzgebers zugrunde, das auch die Kunst einschließt,[45] die in Abs. 2 zusätzlich als Teilaspekt des Denkmalschutzes erfasst wird.

12 Die **Förderung des Sports** war unabhängig von der fehlenden Verankerung im GG und bereits vor Inkrafttreten des Art. 3 c LV und vergleichbarer landesverfassungsrechtlicher Staatszielbestimmungen eine – politisch unbestrittene – Staatsaufgabe, die unter gleichzeitiger Achtung der Autonomie des Sports von Bund, Ländern, Gemeinden und Gemeindeverbänden wahrgenommen wurde.[46] Die Förderpflicht nach Art. 3 c I LV ist auf **alle Erscheinungsformen des Sports** bezogen. Sie unterscheidet nicht zwischen **Breiten-, Freizeit-, Vereins-, Leistungs- und Spitzensport**.[47]

2. Regelungsgehalt

13 Als Staatszielbestimmung gewährt die Norm **keine subjektiven Rechte**. Aus ihr kann **kein Rechtsanspruch** auf eine konkrete, insbesondere auch finanzielle Förderung des ehrenamtlichen Einsatzes für das Gemeinwohl, der Förderung des kulturellen Lebens und des Sports abgeleitet werden. Die Bestimmung verpflichtet Staat, Gemeinden und Gemeindeverbände objektiv-rechtlich, die von ihr gesetzten Ziele nach Maßgabe ihres Inhalts zu verwirklichen.[48]

14 Mit der Betonung der **Autonomie** hinsichtlich der Staatsziele Kultur- und Sportförderung hat der verfassungsändernde Gesetzgeber klarstellen wollen, dass eine staatliche Steuerung der Entscheidungen unabhängiger Träger gerade auf den Gebieten des kulturellen Lebens und des Sports, auf denen die Autonomie besonders ausgeprägt und schützenswert ist, nicht angestrebt wird.[49] Dies ist namentlich für den Bereich der Kulturpflege eine Selbstverständlichkeit. Denn die Wahrnehmung der öffentlichen Kulturverantwortung ist unter das Gebot der **Neutralität** und der **Nichtidentifikation** gestellt.[50] Nur ein solches Verständnis von Förderung entspricht auch der durch Art. 2 I, 9 I GG gewährleisteten substanziellen Autonomie des

---

44 GesE Änderung LV – BeschlEmpf und Bericht StändA, Drs. 12/5193, 2. Zum Begriff „Kultur" vgl. etwa auch BayVGH NJW 1992, 2584 (2586).
45 GesE Änderung LV – BeschlEmpf und Bericht StändA, Drs. 12/5193, 2.
46 *Steiner* in: HStR IV, § 87 Rn. 3.
47 Vgl. *Wagner* in: Brocker/Droege/Jutzi, Art. 40 Rn. 14; *Geis* in: Meder/Brechmann, Art. 140 Rn. 8; *Dietlein/Peters*, LKV 2013, 1 (6).
48 VGH BW, ESVGH 54, 101 (101 f.); GesE Änderung LV – BeschlEmpf und Bericht StändA, Drs. 12/5193, 2 (Förderung des kulturellen Lebens und des Sports); GesE Änderung LV, LT-Drs. 15/7412, 6 (zur Förderung des Ehrenamts); vgl. auch *Wagner* in: Brocker/Droege/Jutzi, Art. 40 Rn. 1; *Heßelmann* in: Linck/Baldus u. a., Art. 30 Rn. 7, *Geis* in: Meder/Brechmann, Art. 140 Rn. 2 (zur Kultur- und Sportförderung) sowie *Schmitt am Busch* in: Meder/Brechmann, Art. 121 Rn. 8 (zur Ehrenamtsförderung).
49 GesE Änderung LV – BeschlEmpf und Bericht StändA, Drs. 12/5193, 2.
50 Vgl. *Hahn*, 290; *Steiner* in: HStR IV, § 86 Rn. 9; *Stern* in: Stern III/1, 886 f.

Sports.⁵¹ Aus der Bestimmung lässt sich allerdings kein Auftrag des Landes ableiten, die Autonomie des Sports gegen nichtstaatliche Einflussnahme zu sichern.⁵² Für die Förderung des ehrenamtlichen Engagements, das sich von Staats wegen nicht erzwingen lässt, liegt die Achtung der Autonomie unabhängiger Träger ohnehin auf der Hand.

Förderung bedeutet in erster Linie **Unterstützung** und **Hilfe**. Die Norm gebietet Staat, Gemeinden und Gemeindeverbänden, dafür Sorge zu tragen, dass die von ihr bezeichneten Einrichtungen, die ihnen zugedachte Funktion erfüllen können⁵³ und dass die bestehenden Möglichkeiten zu ihrer Entfaltung zu erhalten und – iSe Optimierungsgebots⁵⁴ – auszubauen sind.⁵⁵ Umgekehrt ist der Bestimmung ein sog. „**Verschlechterungsverbot**" zu entnehmen. Es verbietet, die Gesamtsituation des bürgerschaftlichen Engagements, im kulturellen Bereich und des Sports etwa durch Rechtsetzung zu verschlechtern.⁵⁶ Die **Kompetenz** für die Konkretisierung der Norm liegt primär beim Land und den seinem Hoheitsbereich zugehörigen Gemeinden und Gemeindeverbänden.⁵⁷ Dies gilt speziell für die Kulturförderung. Nach den im GG für das Verhältnis von Grund und Ländern getroffenen Grundentscheidungen (Art. 30, 70 ff. GG) sind die **Länder Träger der Kulturhoheit**, soweit nicht besondere Bestimmungen des GG Begrenzungen oder Ausnahmen zugunsten des Bundes vorsehen.⁵⁸ 15

Allerdings hat für die Verwirklichung der in Abs. 1 enthaltenen Staatszielbestimmungen teilweise der Bund das Recht zur **Gesetzgebung**. Über umfassendere Gestaltungskompetenzen verfügt er bei der Ehrenamts- und (Sport-)förderung. Neben dem oben bereits erwähnten, ihm zugewiesenen Kulturgüterschutz (→ Rn. 8) ist etwa auf das **Gemeinnützigkeitsrecht** (§§ 51 ff. AO) oder das **Recht der gesetzlichen Unfallversicherung** (vgl. etwa § 2 I Nrn. 9, 10 SGB VII) hinzuweisen.⁵⁹ Auch Maßnahmen zur Förderung der sportwissenschaftlichen Forschung (Art. 74 I Nr. 13 GG) oder solche im Rahmen der **Gemeinschaftsaufgabe** nach Art. 91 b GG⁶⁰ sind bundesrechtlicher Regelung zugänglich. Namentlich bei der Ehrenamtsförderung haben die Länder nur in beschränktem Umfang das Recht zur Gesetzgebung. So können sie etwa **Freistellungsansprüche** für ehrenamtlich Tätige schaffen, wie dies in BW durch das **Gesetz zur Stärkung des Ehrenamtes in der Jugendarbeit** sowie das **Bildungszeitgesetz** und die aufgrund dieses 16

---

51 Vgl. *Steiner*, NJW 1991, 2729 (2730); *Tettinger*, JZ 2000, 1069 (1070); *Hahn*, 292.
52 *Steiner* in: HStR IV, § 87 Rn. 6.
53 Vgl. BVerfGE 75, 40 (62 ff.); 90, 107 (114 ff.); 105, 313 (348); 112, 74 (84); 124, 199 (226); 131, 239 (259 f.); 133, 377 (410).
54 Vgl. *Sommermann*, 361; *Kohl* in: Classen/Litten/Wallerath, Art. 16 Rn. 1; sowie zu Art. 20 a GG *Murswiek* in: Sachs, GG; Art. 20 a Rn. 53 ff. mwN.
55 Vgl. *Dietlein/Peters*, LKV 2013, 1 (6).
56 Zum Verschlechterungsverbot vgl. bereits → Art. 3 a Rn. 21 sowie *Dietlein/Peters*, LKV 2013, 1 (6).
57 Vgl. BVerfGE 12, 205 (228 f.); *Menzel*, 511 mwN; *Steiner* in: HStR IV, §§ 86 Rn. 4, 87 Rn. 18.
58 BVerfGE 6, 309 (359); 12, 205 (228); 37, 314 (323).
59 Vgl. *Steiner* in: HStR IV, § 86 Rn. 16.
60 Art. 91 b GG betrifft zwar Verwaltung und Finanzierung, verleiht dem Bund aber in diesem Rahmen auch die Gesetzgebungskompetenz (*Sieckmann* in: Sachs, GG, Art. 91 b Rn. 5).

Gesetzes erlassene Verordnung der Landesregierung zur Regelung der Bildungszeit für die Qualifizierung zur Wahrnehmung ehrenamtlicher Tätigkeiten geschehen ist. Im Übrigen spricht bei der Kulturpflege sowie der Sportförderung die Vermutung für eine Regelungsbefugnis der Länder (Art. 30, 70 I GG). Dies betrifft insbesondere Zuständigkeiten auf dem Gebiet des Kommunal- und Schulrechts, des allgemeinen Polizei- und Ordnungsrechts sowie im sozialen und kulturellen Bereich. Dem **Kulturauftrag des Rundfunks**[61] trägt das Landesmediengesetz Rechnung (vgl. etwa §§ 3 II, 23 II 2 Nr. 4, 27 I 2 LMedienG).

17 Der Schwerpunkt öffentlicher Kulturpflege und Sportförderung und wohl auch der Ehrenamtsförderung liegt allerdings bei der Exekutive. Im Bereich der **Exekutive** sind **Ehrenamtsförderung** und **Kulturpflege** originäre Aufgabe der Länder (Art. 30, 83 GG) sowie der Gemeinden und Gemeindeverbände (Art. 28 II 1, 2 GG; Art. 71 I 1, 2 LV),[62] auch wenn für wichtige Aufgabenfelder der Kultur, wie etwa bei der Pflege des Kulturgutes der Vertriebenen und Flüchtlinge und der Förderung der wissenschaftlichen Forschung nach § 96 BVFG, eine unmittelbare **Förderungs- und Finanzierungszuständigkeit des Bundes** besteht.[63] Zudem wird verbreitet eine **Bundeskompetenz kraft Sachzusammenhangs** oder unter dem Gesichtspunkt der **gesamtstaatlichen Repräsentation** angenommen.[64] Bei der **Sportförderung** kann der Bund im Bereich des Hochleistungssports für sich eine ungeschriebene Zuständigkeit unter dem Gesichtspunkt seiner gesamtstaatlichen und nationalen Repräsentanz nach innen und außen in Anspruch nehmen.[65] Dagegen ergibt sich aus Art. 104b I 1 GG keine Kompetenz des Bundes zur Kultur- und Sportförderung.[66] Die Länder haben ihren traditionellen Förderungsschwerpunkt im **Sportstättenbau**, dem **Schul- und Hochschulsport** sowie der **Förderung von Sportorganisationen** in institutioneller und projektmäßiger Hinsicht.[67] Das Land kommt seiner Förderverpflichtung insbesondere durch den **Landessportplan** nach.[68] Den **Gemeinden** obliegt es, ihren Einwohnern durch Errichtung und Unterhaltung von Sportstätten eine deren Bedürfnissen, Fähigkeiten und Interessen angemessene sportliche Betätigung und damit „ein Stück kommunaler Lebensqualität" zu ermöglichen.[69] Sie dürfen aber auch einzelne Sportvereine fördern.[70]

---

61 Vgl. dazu BVerfGE 73, 118 (157 f.); 74, 297 (345 f.).
62 Grundlegend für die Kulturpflege BVerfGE 12, 205 (229).
63 Weitere Beispiele bei *Steiner* in: HStR IV, § 86 Rn. 17 ff., und *Heßelmann* in: Linck/Baldus u. a., Art. 30 Rn. 9.
64 Näher hierzu etwa *Steiner* in: HStR IV, § 86 Rn. 17 ff.; *Stern* in: Stern IV/2, 341 f.
65 Wohl unstr., vgl. *Pieroth* in: Jarass/Pieroth, Art. 83 Rn. 7; *Steiner* in: HStR IV, § 87 Rn. 7.
66 *Meyer/Freese*, NVwZ 2009, 609 (614); *Sieckmann* in: Sachs, GG Art. 104b Rn. 15; *Stern* in: Stern II, 1143; etwas anderes gilt entgegen BT-Drs. 16, 813, 19, auch nicht für die gemeinsame Kulturförderung von Bund und Ländern (vgl. *Stern* in: Stern IV/2, 339 f.
67 *Steiner*, NJW 1991, 2729 (2731).
68 Vgl. 24. Landessportplan für die Haushaltsjahre 2015/2016, LT-Drs. 15/5966.
69 *Steiner*, NJW 1991, 2729 (2732).
70 *Steiner* in: HStR IV, § 87 Rn. 19 f.; aA etwa *Geis* in: Meder/Brechmann, Art. 140 Rn. 8.

Die Adressaten der Förderpflicht verfügen bei der Zielverwirklichung über 18
einen weiten **Gestaltungsspielraum**, in dessen Rahmen sie – bei Beachtung
namentlich des Willkürverbots[71] sowie haushaltsrechtlicher und bei der
Förderung des Spitzensports auch gemeinschaftsrechtlicher[72] Bestimmungen – sowohl über die **Wahl der Mittel** als auch über den **Gegenstand** und
den **Umfang der Förderung** entscheiden können.[73] Außerhalb der Gesetzgebung sind der Förderung kompetenzrechtlich kaum Schranken gesetzt.
Grenzen für die Förderung der durch die Norm gesetzten Ziele setzen vor
allem das konkrete Engagement sowie das faktisch Mögliche[74]. Eine Förderung nach dem „Gießkannenprinzip" ist nicht geboten.[75]

Dies gilt ungeachtet des grundgesetzlich (Art. 5 III 1 GG) und landesverfas- 19
sungsrechtlich (Art. 2 I LV iVm Art. 5 III 1 GG) hochrangig bewerteten
Freiheitsbedarfs der Kunst auch für die Kulturförderung. Die **Kunstfreiheit**
steht öffentlicher Kulturpflege nicht entgegen.[76] Der Staat darf eine sachgerechte Auswahl einzelner Medien und anderer Träger des Kulturlebens
treffen und für die Beurteilung der Förderungsbedürftigkeit auch wirtschafts- und finanzpolitische Gesichtspunkte berücksichtigen.[77] Im Hinblick auf den dabei vielfach in besonderer Weise betroffenen und von der
Kunstfreiheit gewährleisteten **Werk- und Wirkbereich künstlerischen Schaffens**[78] ist die staatlich-öffentliche Kulturpflege jedoch durch geeignete organisations- und verfahrensrechtliche Vorkehrungen grundrechtskonform
auszugestalten.[79]

Von Bedeutung sind die von Art. 3 c I LV gesetzten Ziele auch für die **Nor-** 20
menauslegung und **Abwägungsvorgänge**.[80] Allerdings ist die Verpflichtung
zur Förderung des ehrenamtlichen Einsatzes für das Gemeinwohl, des kulturellen Lebens und des Sports anderen Staatszielen, Verfassungsprinzipien
und Verfassungsrechtsgütern nicht übergeordnet.[81] Für das ehrenamtliche
Engagement sollte zwar – so die Begründung zum Gesetzentwurf (übrigens
nahezu wortlautidentisch mit der Begründung zum Entwurf eines Gesetzes
zur Änderung der BayVerf)[82] – mit dem Terminus „**fördern**" klargestellt

---

71 *Hufen*, NJW 1997, 1112 (1113); *Steiner*, NJW 1991, 2729 (2732).
72 Näher hierzu etwa *Steiner* in: HStR IV, § 87 Rn. 5.
73 Zur Ehrenamtsförderung vgl. etwa *Schmitt am Busch* in: Meder/Brechmann, Art. 121 Rn. 3; zur Kulturpflege *Steiner* in: HStR IV, § 86 Rn. 22; zur Sportförderung *Steiner*, NJW 1991, 2729 (2731 f.).
74 Vgl. *Geis* in: Meder/Brechmann, Art. 140 Rn. 3; *Wagner* in: Brocker/Droege/Jutzi, Art. 40 Rn. 7, 14; *Menzel* 511 f.
75 *Dürig/Scholz* in: Maunz/Dürig, Art. 3 I Rn. 177.
76 *Stern* in: Stern IV, 346.
77 BVerfGE 36, 321 (332).
78 Vgl. BVerfGE 30, 173 (189); 36, 321 (331); 67, 213 (224); 81, 278 (292); 119, 1 (21 f.).
79 *Geis* in: Meder/Brechmann, Art. 140 Rn. 2; *Hufen*, NJW 1997, 1112 (1113); *Steiner* in: HStR IV, § 86 Rn. 13 f.; *Stern* in: Stern IV/2, 685 ff.; *Wagner* in: Brocker/Droege/Jutzi, Art. 40 Rn. 7.
80 Vgl. GesE Änderung LV – BeschlEmpf und Bericht StändA, LT-Drs. 12/5193, 2; *Dietlein/Peters*, LKV 2013, 1 (6); *Menzel*, 512; ferner BVerfG NJW 1999, 1176; OLG Stuttgart, U. v. 12.12.2000 – 10 U (Baul) 219/98; BayVGH DVBl 2012, 1052.
81 *Sommermann*, 411 ff., sowie in: v. Münch/Kunig, Art. 20 a Rn. 36.
82 LT-Drs. 16/15140, 6.

werden, dass die adressierten Hoheitsträger diesem Ziel ein besonderes Gewicht beizumessen haben.[83] Wie sich bereits aus den allgemeinen Grundsätzen der Verfassungsauslegung, insbesondere der Bindung des Gesetzgebers an die Verfassung in ihrer Gesamtheit (Art. 20 III GG) ergibt, lässt sich Derartiges aus dem Wort „fördern" aber nicht herleiten. Im Übrigen war der Terminus „fördern" bereits in der ursprünglichen Fassung des Art. 3 c I LV enthalten. Das besondere Gewicht der Ehrenamtsförderung wie das der beiden anderen in Art. 3 I LV festgelegten Zielvorgaben ergibt sich vielmehr daraus, dass sie zum Staatsziel erhoben wurden.

II. Schutz und Pflege der Landschaft sowie der Denkmale der Kunst, der Geschichte und der Natur (Abs. 2)

1. Vorbemerkung und Begriffsbestimmungen

21 Abs. 2 normiert den Schutz und die Pflege der Landschaft sowie der Denkmale der Kunst, der Geschichte und der Natur als Staatszielbestimmungen mit verbindlicher Wirkung.[84] Der Schutz dieser Rechtsgüter ist Aufgabe der gesamten öffentlichen Gewalt, ihre Pflege obliegt Staat und Gemeinden.

22 Die **Landschaft** genießt nach Abs. 2 **in ihrem Eigenwert** öffentlichen Schutz und die Pflege des Staates und der Gemeinden. Die Norm ergänzt Art. 3 a I LV, der den Schutz der Landschaft in ihrer Bedeutung als natürliche Lebensgrundlage gewährleistet (s.o., → Art. 3 a Rn. 19). Der Landschaftsschutz ist insbesondere im **Bundesnaturschutzgesetz** geregelt, das im Rang der LV nach Art. 31 GG vorgeht. Nach § 1 I Nr. 3 iVm 4 BNatSchG sind Natur und Landschaft aufgrund ihres eigenen Wertes und als Grundlage für Leben und Gesundheit des Menschen auch in Verantwortung für die künftigen Generationen im besiedelten und unbesiedelten Bereich so zu schützen, dass die Vielfalt, Eigenart und Schönheit sowie der Erholungswert von Natur und Landschaft auf Dauer gesichert sind (für das Landesrecht vgl. auch § 2 I Nr. 12 u. 13 NatSchG). Dem Schutz der Landschaft kommt infolgedessen ein erhebliches Gewicht zu. Allerdings sind Landschaftsbelange anderen Staatszielen, Verfassungsprinzipien und Verfassungsrechtsgütern nicht übergeordnet.[85]

23 Die Norm begrenzt die unter Schutz und Pflege stehenden Denkmale auf solche der Kunst, der Geschichte und der Natur. Denkmale der Kunst und der Geschichte sind nicht gleichzusetzen mit Kulturdenkmalen iSv § 2 DSchG[86] oder öffentlichen Denkmälern iSv § 304 I StGB. Maßgebend für die Frage, ob ein Gegenstand als **Kunstdenkmal** zu qualifizieren ist, ist vielmehr Art. 5 III GG bzw. Art. 2 I LV iVm Art. 5 III GG.[87] Ein **Denkmal der Geschichte** ist im Wesentlichen dadurch gekennzeichnet, dass das Schutzobjekt in besonderem Maße historische Entwicklungen anschaulich macht, dass ihm als Wirkungsstätte namhafter Personen oder Schauplatz histo-

---

83 Begr. zum GesE Änderung LV, LT-Drs. 15/7412, 6.
84 *Braun*, Art. 86 Rn. 3; *Feuchte* in: Feuchte, Art. 86 Rn. 4.
85 Vgl. die Äußerung des Umweltministeriums in: LT-Drs. 15/6441, 4.
86 *Braun*, Art. 86 Rn. 8; *Stern* in: Stern IV/2, 680; aA *Feuchte* in: Feuchte, Art. 86 Rn. 28 ff.; *Hahn*, 291.
87 *Braun*, Art. 86 Rn. 8; *Stern* in: Stern IV/2, 680.

rischer Ereignisse ein bestimmter "Erinnerungswert" beizumessen ist oder dass es einen im Bewusstsein der Bevölkerung vorhandenen Bezug zu bestimmten politischen, kulturellen oder sozialen Verhältnissen seiner Zeit herstellt. Auf das Alter des Gegenstands kommt es dabei weniger an. Entscheidend ist der dokumentarische und exemplarische Charakter des Schutzobjekts als eines Zeugnisses der Vergangenheit.[88] **Naturdenkmale** sind einzelne Naturgebilde oder kleinere Flächen, die wegen ihrer wissenschaftlichen, naturgeschichtlichen oder landeskundlichen Bedeutung oder wegen ihrer Seltenheit, Eigenart oder Schönheit besonders schutzwürdig sind (vgl. auch die Legaldefinition in § 28 I BNatSchG u. § 31 I NatSchG).[89]

2. Regelungsgehalt

Die Bestimmung unterscheidet zwischen Schutz und Pflege. Der **Schutzauftrag** verpflichtet die gesamte öffentliche Gewalt. Adressat der **Pflegepflicht** sind Staat und Gemeinden. Die Hauptverantwortung trägt der Staat, während sich die Funktion der Gemeinden im Hinblick auf Art. 70 I 2 LV in erster Linie auf die Angelegenheiten der örtlichen Gemeinschaft beschränkt.[90] Der **Schutzauftrag** verpflichtet die Adressaten der Norm dazu, den Zustand der in Abs. 2 genannten Objekte zu überwachen, sie gegen Gefahren zu sichern, die zu ihrer Zerstörung, Veränderung oder Beeinträchtigung führen können.[91] Diese Gefahren müssen nicht zwangsläufig vom Eigentümer des Denkmals ausgehen.[92] Bei der **Pflege** geht es insbesondere um deren Erhaltung vornehmlich durch Beratung (vgl. § 3 a, 3 Nr. 4 DSchG) und Gewährung finanzieller Hilfen (§ 6, 2 DSchG).[93]

24

3. Umsetzung

Die funktionsgerechte, also gewaltenspezifische Verwirklichung der in Abs. 2 enthaltenen Staatszielbestimmungen obliegt allen staatlichen Gewalten.[94] Dabei ist jedoch zu berücksichtigen, dass das GG dem **Bund** für den Denkmalschutz in beschränktem Umfang Kompetenzen verleiht. Dies betrifft neben Regelungen etwa im **Bauplanungs-**[95] **und Fachplanungsrecht**, im **Naturschutzrecht** sowie für Maßnahmen zur Verkehrsberuhigung und zur Luftreinhaltung (Art. 74 I Nr. 22, 24 GG) insbesondere den **Kulturgüterschutz**. Hierzu hat der Bund mit dem Gesetz zum Schutz deutschen Kulturgutes gegen Abwanderung von seinem Recht zur ausschließlichen Gesetzgebung nach Art. 73 I Nr. 5 a GG Gebrauch gemacht. Auch für den im Kulturgüterrückgabegesetz (→ Rn. 8) geregelten Schutz von Kulturgut ausländischer Staaten, das unrechtmäßig nach Deutschland eingeführt wurde und zurückzugeben ist, hat er die Regelungskompetenz für sich in An-

25

---

88 Vgl. VGH BW, NJW 1991, 2509 f.; ESVGH 56, 23 (25); VG Sigmaringen BWGZ 2009, 102 (103); *Moench/Otting*, NVwZ 2000, 146 (148).
89 Ähnlich *Braun*, Art. 86 Rn. 8.
90 *Braun*, Art. 86 Rn. 10.
91 VGH BW, NJW 2003, 2550; *Braun*, Art. 86 Rn. 9 mwN.
92 Vgl. BVerwGE 133, 347 ff.
93 Vgl. VGH BW NVwZ 2003, 1530 (1533).
94 *Braun*, Art. 86 Rn. 5; *Feuchte* in: Feuchte, Art. 86 Rn. 4.
95 Vgl. BVerwGE 55, 272 (275); 114, 247 (250 ff.).

spruch genommen.[96] Hinzuweisen ist ferner auf steuerliche Erleichterungen (vgl. §§ 7i, 10f u. 11b EStG).

26 Für das **Land** ist insbesondere auf das **Denkmalschutzgesetz** hinzuweisen, das im Hinblick auf das kirchliche Selbstbestimmungsrecht (Art. 4, 140 GG iVm Art. 137 I, III WRV; Art. 4, 5 LV) in § 11 eine „differenzierte Ausgleichslösung"[97] vorsieht.[98] Auch Maßnahmen nach dem **Landwirtschafts- und Landeskulturgesetz** leisten – wenigstens mittelbar – einen Beitrag zur Landschaftspflege (vgl. § 2 Nr. 2 Lw/KultG).

27 Vollziehende Gewalt und Rechtsprechung haben den **Landschafts- und Denkmalschutz** – ebenso wie andere Staatszielbestimmungen – **im Rahmen der Auslegung von Landesgesetzen**, namentlich bei der Interpretation unbestimmter Rechtsbegriffe wie dem des „öffentlichen Interesses" oder dem des „Wohls der Allgemeinheit" ebenso zu berücksichtigen wie bei **Ermessensentscheidungen**.[99] Desgleichen sind Landschafts- und Denkmalschutz bei **Planungsentscheidungen** in den Blick zu nehmen und mit anderen relevanten Belangen abzuwägen.[100] Auch für Abs. 2 ist zu betonen, dass der Schutz der dort genannten Güter anderen Staatszielen, Verfassungsprinzipien und Verfassungsrechtsgütern nicht übergeordnet ist.[101] Dies gilt auch nicht im Verhältnis zum Umweltschutz.[102] Von aktueller Bedeutung sind hier namentlich Konflikte zwischen **Denkmalschutz, Erneuerbaren Energien (Windenergie,**[103] **Fotovoltaikanlagen) und Grundstücksnutzung.**

II. Religion und Religionsgemeinschaften

Artikel 4 [Kirchen]

(1) Die Kirchen und die anerkannten Religions- und Weltanschauungsgemeinschaften entfalten sich in der Erfüllung ihrer religiösen Aufgaben frei von staatlichen Eingriffen.

(2) Ihre Bedeutung für die Bewahrung und Festigung der religiösen und sittlichen Grundlagen des menschlichen Lebens wird anerkannt.

---

96 Vgl. RegE eines Gesetzes zur Ausführung des UNESCO-Übereinkommens vom 14. November 1970 über Maßnahmen zum Verbot und zur Verhütung der rechtswidrigen Einfuhr, Ausfuhr und Übereignung von Kulturgut (Ausführungsgesetz zum Kulturgutübereinkommen – KGÜAG), BT-Drs. 16/1371, 14.
97 *Heckel* in: Maurer/Hendler, 589.
98 Näher dazu *Feuchte* in: Feuchte, Art. 86 Rn. 33 ff.; *Heckel* in: Maurer/Hendler, 589 f.
99 *Feuchte* in: Feuchte, Art. 86 Rn. 20.
100 Vgl. etwa BayVerfGH NVwZ 2008, 1234 ff; *Feuchte* in: Feuchte, Art. 86 Rn. 23 f.
101 BVerfGE 100, 226 (242); BayVGH, B. v. 13.5.2015 – 1 ZB 13.1334 – juris, Rn. 9; *Braun*, Art. 86 Rn. 5; *Göhner/Mast*, EnEVaktuell 2/2012, 19 (21); *Huerkamp/Kühling*, DVBl. 2014, 24 (25); *Mohr*, BWGZ 2013, 202; *Schink*, DÖV 1997, 221 (228).
102 *Huerkamp/Kühling*, DVBl. 2014, 24 (25); *Mohr*, BWGZ 2013, 202; aA *Göhner/Mast*, EnEVaktuell 2/2012, 19 (22 [Vorrang Denkmalschutz]); für einen Vorrang des Umweltschutzes etwa VGH BW, NVwZ-RR 2012, 222 (225); *Böhm/Schwarz*, NVwZ 2012, 129 (133).
103 Vgl. dazu etwa VGH BW, B. v. 6.7.2015 – 8 S 534/15 – juris, Rn. 95.

Schrifttum:
Besch, Der Begriff der anerkannten Religionsgemeinschaft im deutschen Staatskirchenrecht unter besonderer Berücksichtigung des Staatskirchenrechts der Länder Bayern und Baden-Württemberg, 1965; *Beutler,* Die Stellung der Kirchen in den Länderverfassungen der Nachkriegszeit, in: Rauscher, Kirche und Katholizismus 1945-1949, 1977, 26; *Bock,* Das für alle geltende Gesetz und die kirchliche Selbstbestimmung, 1996 (insb. Kapitel 3); *v. Campenhausen/de Wall* (insb. §§ 12, 14); *Classen,* Religionsrecht, 2. Aufl. 2015 (insb. Teil 3); *Hesse,* Das Selbstbestimmungsrecht der Kirchen und Religionsgemeinschaften, HdbStKR I, § 17; *Hollerbach,* Das Verhältnis von Staat und Kirche in Baden-Württemberg, Teil 1, VBlBW 1982, 217; *ders.,* Freiheit kirchlichen Wirkens, in: HStR VI (1989), § 140; *ders.,* Grundlagen des Staatskirchenrechts, in: HStR VI (1989), § 138; *ders.,* Religion – Christentum – Kirche: Die Antwort der Landesverfassung, in: ders., 30 Jahre Verfassung von Baden-Württemberg, 1984, 42; *ders.,* Staat und Kirche, in: Schaab/Schaab, 40 Jahre Baden-Württemberg, 1992, 111; *ders.,* Zur Entwicklung des Staatskirchenrechts in Baden und Württemberg in der unmittelbaren Nachkriegszeit, in: Listl/Schambeck, Demokratie in Anfechtung und Bewährung, 1982, 773; *Jeand'Heur/Korioth,* Grundzüge des Staatskirchenrechts, 2000; *Klostermann,* Der Öffentlichkeitsauftrag der Kirchen – Rechtsgrundlagen im kirchlichen und staatlichen Recht, 2000; *Listl,* Glaubens-, Bekenntnis- und Kirchenfreiheit, HdbStKR I, § 14; *Mikat,* Kirchen und Religionsgemeinschaften, in: Bettermann/Nipperdey/Scheuner IV/2, 111; *ders.,* Öffentlichkeitsauftrag, StL, Bd. 4, 7. Aufl. 1988, Sp. 142; *Muckel,* Staatskirchenrecht, in: de Wall/Muckel, Kirchenrecht, 5. Aufl. 2017, §§ 8–15; *Mückl,* Freiheit kirchlichen Wirkens, in: HStR VII, § 161; *ders.,* Grundlagen des Staatskirchenrechts, in: HStR VII, § 159; *Neureither,* Recht und Freiheit im Staatskirchenrecht, Das Selbstbestimmungsrecht der Religionsgemeinschaften als Grundlage des staatskirchenrechtlichen Systems der Bundesrepublik Deutschland, 2002; *Schlaich,* Der Öffentlichkeitsauftrag der Kirchen, in: HdbStKR II, § 44; *Thiele,* Öffentlichkeitsauftrag, in: Heinig/Munsonius, 183; *Unruh* (insb. §§ 4–6); *Winter,* Staatskirchenrecht der Bundesrepublik Deutschland, 2. Aufl. 2008.

Vergleichbare Regelungen:
Zu Abs. 1: Art. 4 I, II, 140 GG iVm Art. 137 III WRV; Art. 41 II RPVerf, 35 SaarlVerf.
Zu Abs. 2: Art. 4 I, II, 140 GG iVm Art. 137 V, VI WRV; Art. 39 III 1 BbgVerf, 41 I 1 RPVerf, 109 I SächsVerf, 32 I 2 LSAVerf (bedingt).

Ergänzende Normen: Preußisches Gesetz zu dem Vertrage mit dem Heiligen Stuhle vom 3.8.1929 (mit Vertrag des Freistaates Preußen mit dem Heiligen Stuhle mit Schlussprotokoll vom 14.6.1929); Badisches Gesetz zu dem Vertrag (Konkordat) mit dem Heiligen Stuhle vom 9.12.1932 (mit Konkordat zwischen dem Heiligen Stuhl und dem Freistaate Baden sowie Schlussprotokoll vom 12.10.1932 und Zusatzprotokoll vom 7./10.11.1932); Gesetz zu dem Evangelischen Kirchenvertrag BW und zu der Römisch-katholischen Kirchenvereinbarung BW vom 8.1.2008 (mit Vertrag des Landes BW mit der Evangelischen Landeskirche in Baden und mit der Evangelischen Landeskirche in Württemberg vom 17.10.2007; Vereinbarung des Landes BW mit der Erzdiözese Freiburg und mit der Diözese Rottenburg-Stuttgart v. 31.10.2007); Gesetz zu dem Vertrag des Landes BW mit der Israelitischen Religionsgemeinschaft Baden und der Israelitischen Religionsgemeinschaft Württembergs v. 16.3.2010 (mit Vertrag des Landes BW mit der Israelitischen Religionsgemeinschaft Baden und der Israelitischen Religionsgemeinschaft Württembergs vom 18.1.2010); Reichskonkordat (dazu näher → Art. 8 Rn. 6).

Leitentscheidungen: BVerfGE 24, 236; 137, 273 (zu Art 4 I, II GG; Art. 140 GG iVm Art. 137 III WRV); StGH ESVGH 66, 1 (Kirchenbaulast); BVerwGE 90, 112; 123, 49 (zum Begriff der „Religionsgemeinschaft"); VGH BW, ESVGH 17, 177.

A. Überblick und Einordnung	1	III. Verfassungsvergleichende Einordnung	13
I. Bedeutung	1	B. Erläuterung	18
II. Herkunft, Entstehung, Geschichte	8		

I. Religionsgemeinschaftliche Entfaltungsfreiheit (Abs. 1) ...	18
1. Dogmatische Einordnung	18
2. Schutzbereich	21
a) Persönlicher Schutzbereich	21
aa) Kirche	22
bb) Religionsgemeinschaft	26
cc) Weltanschauungsgemeinschaft	32
dd) „Anerkannte" Religions- oder Weltanschauungsgemeinschaft	33
b) Sachlicher Schutzbereich	34
3. Einschränkbarkeit	43
4. Rechtsschutz durch staatliche Gerichte im Geltungsbereich des religionsgemeinschaftlichen Selbstbestimmungsrechts	44
5. Verhältnis zu GG, EMRK und EU-GRCh	46
II. Würdigung der Bedeutung der Kirchen und Religionsgemeinschaften (Abs. 2)	49
1. Staatstheoretischer Hintergrund	49
2. Regelungsgehalt	50
3. Verhältnis zu GG, EMRK und EU-GRCh	62
4. Fazit	64

A. Überblick und Einordnung

I. Bedeutung

1 Art. 4 LV steht als **Grundsatznorm**[1] an der Spitze des 2. Abschnitts des Ersten Hauptteils der LV, der das Verhältnis des Staates zu den Religions- und Weltanschauungsgemeinschaften regelt.[2] Zusammen mit dem nachfolgenden 3. Abschnitt über „Erziehung und Unterricht" spielte der 2. Abschnitt bei der Entstehung des Landes BW und in den Verfassungsberatungen[3] eine zentrale Rolle, weil in ihnen das „Selbstverständnis" des neuen Staates Ausdruck finden sollte.[4]

2 Art. 4 LV leitet den 2. Abschnitt des Ersten Hauptteils der LV ein, indem er der nachfolgenden Inkorporation der Weimarer Kirchenartikel in Art. 5 LV und weiteren Spezialregelungen des Zusammenwirkens von Staat und Religionsgemeinschaften zwei unterschiedliche, grundlegende Gewährleistungen voranstellt:

3 Abs. 1 formuliert als **spezielle Ausformung der „korporativen Religionsfreiheit" bzw. des religionsgemeinschaftlichen Selbstbestimmungsrechts**[5] (näher → Rn. 34 ff.) ein klassisches Freiheits- bzw. Eingriffsabwehrrecht. Er fordert damit auch die institutionelle Trennung von Staat und Religionsgemeinschaften,[6] die allerdings durch Art. 5 LV iVm Art. 140 GG iVm Art. 137 I WRV nochmals ausdrücklicher geregelt ist.

4 Abs. 2 dagegen entzieht sich einer grundrechtsdogmatischen Einordnung. Stattdessen charakterisiert er das Verhältnis des Staates zu den „Kirchen

---

1 *Hollerbach* in: Feuchte, Art. 4 Rn. 13.
2 Wenn im Folgenden der sprachlichen Einfachheit halber (und wegen ihrer größeren faktischen Bedeutung) von „Religionsgemeinschaften" die Rede ist, sind damit die rechtlich gleichgestellten Weltanschauungsgemeinschaften mitgemeint, sofern sich nicht aus dem Kontext anderes ergibt.
3 *Feuchte*, Geschichte, 185.
4 Beide Abschnitte sind deshalb als „zentraler Punkt für das Verstehen der LV und der darauf gegründeten Rechtsordnung" (*Hollerbach*, VBlBW 1982, 217) bzw. als „Kernstück der Landesverfassung" (*Spreng/Birn/Feuchte*, 46) bezeichnet worden.
5 S. auch *Braun*, Art. 4 Rn. 2.
6 *Hollerbach*, Religion – Christentum – Kirche, 49.

und anerkannten Religions- und Weltanschauungsgemeinschaften" im Sinne einer **positiven Würdigung ihrer Bedeutung** für das menschliche Leben. Dabei steht er in gedanklichem Zusammenhang mit dem Vorspruch (→ Vor Rn. 20) und Art. 1 LV,[7] der bei der Umschreibung der Stellung des Menschen im Gemeinwesen dessen Berufung herausstellt, seine Gaben „in Freiheit und in Erfüllung des christlichen Sittengesetzes zu entfalten".

Insgesamt umreißt Art. 4 LV damit das Religionsverfassungsrecht Baden-Württembergs als Ordnung einer **freundschaftlichen bzw. „positiven Trennung"**[8] zwischen Staat und Religions- und Weltanschauungsgemeinschaften, die die **Unterscheidung beider Lebens- und Organisationsbereiche und die Unverfügbarkeit des originären kirchlichen bzw. religionsgemeinschaftlichen Wirkungsbereichs für den Staat** (Art. 4 I LV) genauso betont wie die **Erforderlichkeit der Kooperation und Partnerschaft** (Art. 4 II LV). Seine Vorordnung vor Art. 5 LV, der Art. 140 GG in die LV inkorporiert, legt die systematische Auslegung nahe, dass den „Kirchen und anerkannten Religions- und Weltanschauungsgemeinschaften" durch ihn eine Freiheit und Bedeutung eingeräumt werden sollte, die über das von Art. 140 GG iVm der WRV Verbürgte hinausgeht (s.u., → Rn. 17). Insgesamt entsteht durch die spezielle Regelung in Art. 4 LV, die Inkorporation der Regelungen des GG (Art. 2 I LV iVm Art. 4 I, II GG; Art. 5 LV iVm Art. 140 GG) und schließlich deren Geltung als Teil der Bundesverfassung eine **„komplizierte Überlagerung von Bundes- und Landesverfassungsnormen"**,[9] deren Verhältnis zueinander klärungsbedürftig ist (s. dazu → Rn. 34 ff., 43, 46). 5

Art. 4 LV antwortet zum Einen darauf, dass Religionsgemeinschaften generell und besonders die traditionellen „Großkirchen" **in der baden-württembergischen Gesellschaft breit repräsentiert** waren und, wenn auch in geringerem Umfang, bis heute sind: Von insgesamt rund 10,4 Millionen Einwohnern Baden-Württembergs gehörten 2011 72 % (ca. 7,5 Mio.) der römisch-kath. und den beiden ev. Landeskirchen an. Weitere 6 % der Bevölkerung (0,7 Mio.) sind Mitglied einer anderen öffentlich-rechtlich korporierten Religionsgemeinschaft.[10] In der unmittelbaren Nachkriegszeit waren die Kirchen noch deutlich stärker repräsentiert: 1950 gehörten 95 % der Bevölkerung der kath. oder einer der ev. Kirchen an.[11] 6

Zum Anderen kommt in ihm das **gewandelte Verständnis von der richtigen Verhältnisbestimmung des Staates zu den Kirchen** zum Ausdruck, das sich in der Nachkriegszeit aufgrund der Erfahrung des „Kirchenkampfes" und angesichts der Verfehlungen des nationalsozialistischen Staates und seines Zusammenbruchs 1945 herausgebildet hatte: Sein Wortlaut bietet zumin- 7

---

7 *Hollerbach* in: Feuchte, Art. 4 Rn. 13.
8 Vgl. nur *Heckel* in: Maurer/Hendler, 580 (585).
9 *Heckel* in: Maurer/Hendler, 580 (581).
10 Statistisches Landesamt BW, Zensus 2011, Bevölkerung nach der Religionszugehörigkeit und kirchlichen Verhältnissen, www.statistik.baden-wuerttemberg.de/BevolkGebiet/Bevolkerung/bev:religion.jsp (1.11.2017).
11 *Schmitt* in: Sproll/Thierfelder, Die Religionsgemeinschaften in Baden-Württemberg, 1984, 207 (209).

dest Anknüpfungsmöglichkeiten für die „Koordinationslehre",[12] mithilfe derer dieses Verhältnis (im Sinne einer dem Recht vorgegebenen Selbstständigkeit und prinzipiellen Gleichordnung von Kirchen und Staat) in den Anfängen der Bundesrepublik umschrieben wurde.

II. Herkunft, Entstehung, Geschichte

8   Die Entstehungsgeschichte[13] von Art. 4 LV bestätigt diesen Befund: Die Gewährleistungen des Art. 4 I und II LV waren in nahezu identischem Wortlaut in **Art. 9 I 1, 2 VerfERP** enthalten, der – neben einem Gegenentwurf der zu diesem Zeitpunkt oppositionellen CDU – den Verhandlungen der VLV und des VA zugrunde lag.[14] Die in Art. 9 I 1 und 2 VerfERP zum Ausdruck kommende positive Würdigung der Kirchen ergänzte er um einen zweiten Absatz, der Art. 29 II VerfWB entnommen war und den „Missbrauch" kirchlicher Einrichtungen und Veranstaltungen zu parteipolitischen Zwecken untersagte. In den Beratungen wurde die Berechtigung dieses zweiten Absatzes leidenschaftlich diskutiert, was letztendlich zu seiner Streichung führte. Demgegenüber blieben die Gewährleistungen des Art. 9 I VerfERP außerhalb jeder inhaltlichen Diskussion. Sie waren so allgemein anerkannt, dass sie in der 40. VLV-Sitzung „einmütig" angenommen werden konnten.[15] Eine Auseinandersetzung darüber, welche normative Bedeutung ihnen im Verfassungsgefüge (neben der Inkorporation von Art. 4 I, II GG durch Art. 2 I LV und von Art. 137 III WRV durch Art. 5 LV) zukommt, ist den Quellen nicht zu entnehmen.

9   Die **Formulierungen** in Art. 4 I und II LV **entstammen Vorgängerverfassungen der LV**. In Auswahl und Kombination der Vorgängervorschriften griff der VerfERP einen Formulierungsvorschlag der Oberkirchenräte der beiden ev. Landeskirchen auf.[16]

10   Der Wortlaut des **Art. 4 I LV** geht auf **Art. 120 S. 2 VerfWH** zurück.[17] Dieser leitete deren Regelungen über die „Religionsgemeinschaften" ein und gab (neben weiteren Normen) der ausgeprägt kirchen- und religionsfreundlichen Ausrichtung dieser Verfassung Ausdruck.[18] Anders als die VerfLB

---

12   Näher zu dieser und ihrer Bedeutung für die Entwicklung des Staatskirchenrechtsverständnisses unter dem GG *Germann*, Art. Koordinationslehre, in: RGG, Sp. 1668; *v. Campenhausen/Unruh* in: v. Mangoldt/Klein/Starck, Art. 140 GG, Rn. 9 ff.; *Walter*, Religionsverfassungsrecht in vergleichender und internationaler Perspektive, 2006, 188 ff.; aus der älteren Lit. *Mikat* in: Bettermann/Nipperdey/Scheuner, Bd. IV/1, 111 (145 ff.); *Marré*, Zur Koordination von Staat und Kirche, DVBl. 1966, 10 mwN; näher dazu auch → Rn. 10, 12.
13   Beratungen des VA in seiner 33., 45., 46., 48. u. 52. Sitzung; Beratungen der VLV in ihrer 40. Sitzung (2. Lesung) u. 58. Sitzung (3. Lesung).
14   Knapper Überblick über den Gang der Verfassungsberatungen *Hollerbach* in: Maurer/Hendler, 1 (21 ff.).
15   *Feuchte*, Quellen, 7. Teil, 202 (217).
16   Memorandum der beiden ev. Oberkirchenräte von März 1952, *Feuchte*, Quellen, 4. Teil, 377 (377 ff.).
17   Art. 120 VerfWH lautete: ¹Die Religionsgemeinschaften stehen unter den für sie gültigen göttlichen Geboten. ²In der Erfüllung dieser religiösen Aufgabe entfalten sie sich frei von staatlichen Eingriffen. ³Als Träger des sittlichen Lebens des Volkes wirken sie neben dem Staat.
18   Näher *Beutler*, Das Staatsbild in den Landesverfassungen nach 1945, 1973, 78 ff.; *Hollerbach* in: Maurer/Hendler, 1 (13); vgl. dazu auch deren Vorspruch, der sich

und die VerfWB, und anders auch als die VerfBad 1919 und die VerfWürtt 1919, formulierte er die religionsgemeinschaftliche Entfaltungsfreiheit, ohne ihr eine Schrankenregelung beizufügen. In den Verfassungsberatungen herrschte über die politischen Lager hinweg Einigkeit darüber, dass der Staat bei der Bestimmung seines Verhältnisses zu den Kirchen berücksichtigen müsse, dass sich die weit überwiegende Mehrheit des Staatsvolkes zu den christlichen Konfessionen bekennt und damit Teil beider Lebenswelten (der staatlichen und der kirchlichen) ist.[19] Die **Kirchen** seien als **vor- und außerstaatliche Einrichtungen mit eigenem Wirkungskreis** zu respektieren und die Grenzen des staatlichen Auftrages demgegenüber in der Verfassung ausdrücklich festzuschreiben. Gleichzeitig könne das Verhältnis des Staates zu den ihm insofern nicht unter-, sondern nebengeordneten Kirchen (vgl. Art. 120 S. 3 VerfWH) kein distanziertes und indifferentes sein, sondern beide Seiten seien auf Kooperation und Zusammenarbeit angelegt.[20] Indem Art. 4 I LV den Wortlaut von Art. 120 S. 2 VerfWH aufgreift, knüpft die LV an diese Grundpositionen an, auch wenn diese jenseits des Art. 4 LV nicht ebenso deutlichen Ausdruck finden wie dort.

Art. 4 II entspricht Art. 29 I 1 VerfWB. Dieser wurde erst im Zuge der Verfassungsberatungen auf Betreiben der CDU hin eingefügt.[21] Seine Formulierung ging auf einen Antrag der Ev. Kirchen zurück und sollte die Bedeutung der Kirchen und anderen (nach Maßgabe eines Gesetzes besonders „anerkannten") Religionsgemeinschaften für das öffentliche Leben ausdrücklich würdigen.[22]

11

Sowohl die Beratungen über Art. 4 LV, als auch die der von ihm rezipierten Vorgängerbestimmungen spiegelten einen **partei- und lagerübergreifenden Konsens** darüber wider, dass sich die **Kirchen als letztlich unüberwundene Gegenkräfte gegenüber dem Nationalsozialismus bewährt** hatten und deshalb als **Partner für den Wiederaufbau** innerhalb der neuen staatlichen Ordnung **eine tragende Rolle spielen konnten und sollten**.[23] Auch hatte die Zeit gemeinsamer Verfolgung zu einer Annäherung zwischen Kirchen und linksgerichteten Parteien beigetragen. Ziel aller die Verfassung tragenden Parteien war es deshalb, das Verhältnis von Staat und Kirchen so festzulegen, dass eine **konstruktive Zusammenarbeit** erfolgen konnte.

12

---

auf den „Gehorsam gegen Gott" und das „Vertrauen auf Gott, den allein gerechten Richter" beruft.
19 Vgl. die Beiträge der Abg. *Bock* (CDU) und *Roser* (SPD) in der 3. Sitzung der Landesversammlung in: Rösslein, Quellen, 1. Teil, 403 (409 ff., 418 f.).
20 Beitrag des Abg. *Bock* (CDU) in der 3. Sitzung der Landesversammlung in: Rösslein, Quellen, 1. Teil, 2006, 403 (411 f.).
21 7. Sitzung des VA v. 9.8.1946 in: *Sauer*, Quellen, Teil 2, 332 (332 ff., insb. 349 ff.).
22 S. die Verhandlungen in der 7. Sitzung des VA v. 9.8.1946 in: Sauer, Teil 2, 332 (349 ff.).
23 Vgl. dazu nur die Äußerung des Abg. *Krause* (SPD) in der 40. VLV-Sitzung in: Feuchte, Quellen, 7. Teil, 213. Diese Grundsätze waren auch prägend für die nicht explizit rezipierte 3. Vorgängerverfassung der LV, die VerfLB (s. zu ihr *Gilliar*, Die Entstehung der badischen Verfassung vom 19. Mai 1947 in: Das Markgräfler Land, Heft 2, 1982, 2–43). Allgemein zur Rolle der Kirchen bei den Beratungen der Landesverfassungen nach 1945 *Beutler*, Stellung der Kirchen, 26 (30 ff.).

Penßel

III. Verfassungsvergleichende Einordnung

13 Zwölf von 16 Landesverfassungen formulieren besondere Regelungen über den Rechtsstatus der Religionsgemeinschaften.[24] Die nach dem GG erlassenen Verfassungen inkorporieren dazu meist Art. 140 GG oder die von diesem in Bezug genommenen Artikel der WRV[25] und ergänzen diese um mehr oder weniger umfassende Spezialregelungen. Aber auch die noch eigenständig formulierten Normkomplexe der älteren Verfassungen orientierten sich, besonders in den Kernbestimmungen, an Art. 136 bis 139 und 141 WRV.[26] So existiert einerseits ein **Kernbestand an Regelungen, die in allen Landesverfassungen**, soweit diese Regelungen enthalten, **ähnlich wiederkehren**. Anderseits **weichen Spezialregelungen** durchaus so voneinander ab, dass sich zwischen Verfassungen, die die „Trennung von Staat und Kirche" betonen (zB Art. 50 HessVerf), und solchen, die staatliche Schutz- und Förderpflichten gegenüber Religionsgemeinschaften herausstellen, ein beträchtliches Spektrum entfaltet.[27]

14 Innerhalb dieses Spektrums hat **Art. 4 I LV nahezu alleinstehenden Charakter**: Zwar **garantieren die übrigen** religionsverfassungsrechtliche Spezialregelungen enthaltenden **Landesverfassungen ausnahmslos ebenfalls das religionsgemeinschaftliche Selbstbestimmungsrecht**. Sie stellen es aber regelmäßig, entweder durch Inkorporation von Art. 137 III WRV oder eigenständige Regelungen (vgl. Art. 142 II, III BayVerf, 49 S. 1 HessVerf), **unter den Vorbehalt der „für alle geltenden Gesetze"**. Dies gilt auch für Art. 109 II 2 SächsVerf, der sonst Art. 4 I LV entspricht. Nur in Art. 41 II RPVerf und Art. 35 II SaarlVerf ist eine zunächst vorbehaltlose Verbürgung enthalten, die anschließend aber unter den Vorbehalt der „verfassungsmäßigen Pflichten" gestellt wird (Art. 41 III RPVerf; 35 II 2 SaarlVerf). **Dem Verfassungswortlaut nach geht die „korporative Religionsfreiheit" in BW somit über das von den übrigen Landesverfassungen Gewährleistete hinaus.**

15 Auch **Art. 4 II LV hat im Vergleich der Landesverfassungen Eigenständigkeitswert**: Entsprechende Regelungen finden sich allein im wortlautgleichen Art. 109 I SächsVerf und in Art. 41 I 1 RPVerf. Zumindest teilidentisch sind Art. 36 III 1 BbgVerf und Art. 32 I 2 LSAVerf (näher → Rn. 52 f.).

16 Art. 4 I, II sind somit, neben anderen Regelungen (zB Art. 12 II, Art. 16 III), **Ausdruck der im Verfassungsvergleich auffälligen kirchen- bzw. religionsgemeinschaftsfreundlichen Ausrichtung der LV.**

---

24 Nur die HambVerf (die aufgrund ihrer Gestaltung als Organisationsstatut auf eine Regelung der Rechtsstellung der Religionsgemeinschaften ganz verzichtet) und die BerlVerf, SchlHVerf und NdsVerf (die sich – z.T. durch Inkorporation der Grundrechte des GG – auf die Garantie der korporativen Religionsfreiheit beschränken), stellen Ausnahmen dar.
25 S. Art. 22 NRWVerf, 109 IV SächsVerf, 40 ThürVerf, 32 V LSAVerf, 9 I MVVerf.
26 Vgl. Art. 41-48 RPVerf, 35-42 SaarlVerf, 48-54 HessVerf, 142-150 BayVerf, 59-63 BremVerf, 36-38 BbgVerf; für einen Vergleich der staatskirchenrechtlichen Regelungen der vorgrundgesetzlichen Landesverfassungen s. *Beutler*, Stellung der Kirchen, 26 ff.
27 Überblick bei *v. Campenhausen/de Wall*, 41 ff.; *Mückl* in: HStR VII, 711 (728 ff.).

Im **Verhältnis zum GG** kann die Regelungsintention von Art. 4 LV nur darin liegen, die **Rechtsstellung der Religionsgemeinschaften gegenüber Art. 4 I, II GG und Art. 137 III WRV zu stärken**, da diese über Art. 2 I und Art. 5 auch Teil der LV sind.[28] 17

B. Erläuterung
I. Religionsgemeinschaftliche Entfaltungsfreiheit (Abs. 1)
1. Dogmatische Einordnung

Art. 4 I LV dient dazu, den „Kirchen, Religions- und Weltanschauungsgemeinschaften" zumindest auch in deren Eigeninteresse Rechte zu gewährleisten. Dies zeigt auch seine Eingliederung in den 1. Hauptteil der LV (Vom Menschen und seinen Ordnungen), der anders als der 2. Hauptteil (Vom Staat und seinen Ordnungen) der dem Staat gegenübertretenden gesellschaftlichen Sphäre gewidmet ist. Art. 4 I LV enthält damit eine **subjektiv-rechtliche, in der Sache grundrechtliche Gewährleistung**,[29] die systematisch selbstständig neben der Gewährleistung der korporativen Religionsfreiheit (Art. 2 I LV iVm Art. 4 I, II GG)[30] und des religionsgemeinschaftlichen Selbstbestimmungsrechts (Art. 5 LV iVm Art. 140 GG iVm Art. 137 III WRV) steht. 18

Daher erschließt sich ihre Reichweite über eine **Definition ihres Schutzbereichs (s. 2.)** und der **zulässigen Beschränkungen (s. 3.)**, die vor dem Hintergrund des **Konkurrenz- und Spannungsverhältnisses zu Art. 2 I LV iVm Art. 4 I, II GG und Art. 5 LV iVm Art. 140 GG iVm Art. 137 III WRV** erfolgen müssen. 19

Wegen seines subjektiv-rechtlichen Charakters begründet die Möglichkeit der Verletzung von Art. 4 I LV die **Klagebefugnis vor den Verwaltungsgerichten**.[31] Auch vermittelt er ein „Recht" iSv § 55 I VerfGHG, das von seinen Trägern (s. → Rn. 21 ff.) mit der **Verfassungsbeschwerde** vor dem VerfGH geltend gemacht werden kann. 20

---

28 S. bereits → Rn. 5; tatsächlich wurde in den VA-Beratungen davon ausgegangen, dass die in Art. 4 LV enthaltene „positive Wertung der Arbeit der Kirchen [...] weit über die Bestimmungen hinausgeht, wie sie in der Weimarer Verfassung und im Grundgesetz enthalten sind", Abg. *Krause*, SPD, 33. VA-Sitzung in: Feuchte, Quellen, 4. Teil, 386 (402 f.); ob Art. 4 LV diese Wirkung tatsächlich hat, bedarf genauerer Prüfung (s. → Rn. 35 ff.).

29 *Braun*, Art. 4 Rn. 2; VGH BW, ESVGH 17, 177 (179) (= NJW 1967, 1194); zum jedenfalls materiell grundrechtlichen Charakter der Parallelvorschrift Art. 140 GG iVm Art. 137 III WRV *v. Campenhausen/Unruh* in: von Mangoldt/Klein/Starck, Rn. 28 f.; *Morlok* in: Dreier, Art. 4 Rn. 109.

30 Wegen der Einordnung von Art. 2 I LV in den Abschnitt „Mensch und Staat" (außerhalb des Abschnitts „Religion und Religionsgemeinschaften") ist diskussionswürdig, ob sich die Inkorporation von Art. 4 I, II GG auf dessen Gewährleistung der individuellen und kollektiven Religionsfreiheit beschränkt; für eine Auslegung des Art. 2 I LV als umfassende Inkorporation von Art. 4 I, II GG, auch in dessen Funktion als Garantie der korporativen Religionsfreiheit (so auch StGH NVwZ 2015, 896), spricht, dass die LV durch Art. 2 I den gleichen Grundrechtsstandard wie das GG verbürgen wollte. Das Problem der Verhältnisbestimmung zwischen korporativer Religionsfreiheit und besonderen Rechtsgarantien für Religionsgemeinschaften stellt sich damit innerhalb der LV nicht anders als für das GG, in dem ebenfalls beide Regelungskomplexe einander gegenüberstehen.

31 VGH BW, ESVGH 17, 177 (179).

2. Schutzbereich

a) Persönlicher Schutzbereich

21 Träger des Rechtes aus Art. 4 I sind die **„Kirchen"** und die **„anerkannten Religions- und Weltanschauungsgemeinschaften"**. Das verbindende Wort „und" stellt dabei die „Kirchen" den übrigen „Religions- und Weltanschauungsgemeinschaften" gegenüber, setzt beide also in ein Alternativitätsverhältnis. Anders als im GG und anderen Artikeln der LV (wie zB Art. 12 II) fungiert der Begriff der „Religionsgemeinschaft" in Art. 4-6 LV damit nicht als Überbegriff. In Art. 7-10 LV werden sogar alleine die „Kirchen" erwähnt.

aa) Kirche

22 Begriffsgeschichtlich und im allgemeinen Sprachgebrauch dient das Wort „Kirche" der Selbstbezeichnung **„christlicher"** Religionsgemeinschaften[32] und kann wegen seines entsprechenden theologischen Gehalts auf nichtchristliche Religionsgemeinschaften nicht ohne Weiteres übertragen werden. Deshalb ist es auch als Rechtsbegriff jedenfalls dann nicht auf diese zu erstrecken, wenn es – wie in Art. 4 LV – anderen Religionsgemeinschaften gegenübergestellt wird.[33] Nicht leicht zu beantworten ist, ob unter den Begriff „Kirche" sämtliche „christlichen" Religionsgemeinschaften unabhängig von ihrer gesellschaftlichen Verwurzelung, oder nur bestimmte von ihnen zu subsumieren sind. Die Intention hinter der Einfügung des Wortes „Kirche", die die historische und demographische Sonderstellung der **traditionellen Großkirchen** anderen Religionsgemeinschaften gegenüber betonen sollte,[34] spricht dafür, es nur auf diese zu beziehen.[35]

23 Als **„Kirchen"** oder **Teile einer „Kirche"** sind damit Träger des Rechts aus Art. 4 I LV **alle deren Organisationseinheiten, die in BW Wirkung entfalten**. Ob sie nach staatlichem Recht rechtsfähig sind, ist dafür unerheblich. Dies ist zum einen die Römisch-Kath. Kirche, die in BW durch die Erzdiözese Freiburg, die Diözese Rottenburg-Stuttgart und die Diözese Mainz (in der Enklave Bad Wimpfen)[36] sowie deren Untergliederungen vertreten

---

32 Näher *Wenz*, Art. Kirche, I. Zum Begriff, in: RGG, Sp. 997; *Frieling*, EvStL, Sp. 1128 ff.
33 S. a. *Robbers* in: Brocker/Droege/Jutzi, Art. 41 Rn. 5; *Duppré* in: Ule, Staats- und Verwaltungsrecht in Rheinland-Pfalz, 1969, 77; *Maunz* in: Maunz/Dürig, Art. 140 Rn. 19; dagegen spricht auch nicht der abweichende „Kirchenbegriff" aus Art. 1 WürttKirchenG, da sich dieser explizit auf den Anwendungsbereich „dieses Gesetzes" beschränkt, und erkennbar einen besonderen, gerade nicht den sich aus dem Begriff selbst ergebenden Bedeutungsgehalt hat.
34 Näher dazu die Beratungen des VA, *Feuchte*, Quellen, 4. Teil, 386 (435); s. auch *Robbers* in: Brocker/Droege/Jutzi, Art. 41 Rn. 3.
35 S. a. *Hollerbach* in: Feuchte, Art. 4 Rn. 19; *Göbel*, Verfassung, 34; *Nebinger*, 77 zur Vorgängernorm Art. 29 I VerfWB unter Berufung auf die Beratungen im VA; aA *Braun*, Art. 4 Rn. 6 („Kirchen" als alle „christlichen Religionsgemeinschaften"); *Robbers* in: Brocker/Droege/Jutzi, Art. 41 Rn. 3; wie hier dagegen VG Mainz, NVwZ-RR 2012, 417 (419); diese Abgrenzung ist auch deshalb vorzugswürdig, weil sie die (kaum mögliche) Unterscheidung danach entbehrlich macht, welche Religionsgemeinschaft aus Perspektive des staatlichen Rechts als „christlich" einzuordnen ist.
36 Näher *Hollerbach* in: Feuchte, Art. 4 Rn. 6.

ist.[37] Als (traditionelle) Ev. Kirchen sind in BW die Ev. Landeskirche in Baden (unierten Bekenntnisses), die Ev. Landeskirche in Württemberg (lutherischen Bekenntnisses) und mit der Ev.-reformierten Gemeinde Stuttgart auch die Ev.-reformierte Kirche vertreten. Sowohl sie selbst, als auch ihre Untergliederungen und die Zusammenschlüsse, denen sie angehören, sind also Träger des Rechts aus Art. 4 I LV.

Dass diese Definition **kleinere, nach ihrem Selbstverständnis ebenfalls „christliche" „Kirchen" nicht umfasst**, die teilweise für sich in Anspruch nehmen, die traditionellen Bekenntnisse zu repräsentieren, und zahlenmäßig in BW uU sogar stärker repräsentiert sind als zB die Evangelisch-reformierte Kirche, zeigt, wie schwer es ist, den Rechtsbegriff „Kirche" mit sinnvollen Abgrenzungen zu füllen. Deshalb ist hervorzuheben, dass **die LV ihm eine solche abgrenzende Bedeutung iE nicht gibt, sondern grds. (→ Art. 8 Rn. 8) allen Religions- und Weltanschauungsgemeinschaften gleiche Rechte einräumt** (näher → Art. 7 Rn. 15, Art. 9 Rn. 6, Art. 10 Rn. 12). 24

Obwohl das **Selbstbestimmungsrecht im Grundsatz ein Recht der „verfassten" Kirchen bzw. Religionsgemeinschaften**[38] ist, sind dem BVerfG zufolge in den Schutzbereich von Art. 4 I, II GG und Art. 140 GG iVm. 137 III WRV auch solche Einrichtungen einbezogen, die zwar organisatorisch verselbstständigt, den verfassten Kirchen aber dennoch zugeordnet sind,[39] weil das Selbstbestimmungsrecht es diesen gerade erlaubt, sich frei – und damit auch dezentral – zu organisieren. Da für Art. 4 I LV nichts Anderes gilt, kann diese Rspr. einschränkungslos übertragen werden:[40] Danach sind **Träger des Rechtes aus Art. 4 I LV auch solche selbstständigen Organisationen, die „nach kirchlichem Selbstverständnis ihrem Zweck und ihrer Aufgabe entsprechend berufen sind, ein Stück des Auftrags der Kirche wahrzunehmen und zu erfüllen"** und dabei im Einklang mit dem Bekenntnis der Kirche und in Verbindung mit deren Amtsträgern stehen.[41] Allerdings ist ihr **Selbstbestimmungsrecht abgeleiteter Natur**. Da sie nicht selbst „Kirche" bzw. „Religionsgemeinschaft" sind, entfällt es, sobald die Kirche die Zuordnung aufhebt. Auch legt diese den Inhalt des Selbstbestimmungsrechts fest.[42] 25

---

37 Näher *Hollerbach* in: Feuchte, Art. 4 Rn. 1-3; *Hollerbach*, VBlBW 1982, 217 (218); die Regelungsintention des Art. 4 I LV spricht dafür, unter ihn auch die röm.-kath. Weltkirche selbst, und nicht lediglich deren baden-württembergische Untergliederungen zu subsumieren, obwohl für das GG aus Art. 19 III abgeleitet wird, dass diese als „ausländische juristische Person" nicht unmittelbar Trägerin von Grundrechten ist; zur Beschränkung von Art. 4 I, II GG auf „inländische juristische Personen" s. nur v. *Campenhausen/de Wall*, 52 f.
38 Zu deren Definition s. → Rn. 30.
39 BVerfGE 24, 236 (246 f.); 46, 73 (83); 57, 220 (241 f.); 70, 138 (160 f.).
40 In der Sache auch *Braun*, Art. 4 Rn. 6.
41 BVerfGE 46, 73 (85 ff.); 70, 138 (162); 137, 273 (307); näher zu den Voraussetzungen dieser Zuordnung, auch zu der dazu erforderlichen institutionellen Verbindung zur „verfassten Kirche" VGH BW KirchE 53, 258 = ESVGH 60, 64 (nur LS); *Wellert*, Art. Zuordnung, in: Heinig/Munsonius, 312 ff.; *Glawatz*, Die Zuordnung privatrechtlich organisierter Diakonie zur evangelischen Kirche, 2003, 46 ff.
42 *de Wall* in: Meder/Brechmann, Art. 142 Rn. 39.

Penßel

bb) Religionsgemeinschaft

26 Neben den „Kirchen" sind Träger des Rechtes aus Art. 4 I LV die (übrigen) „anerkannten Religions- und Weltanschauungsgemeinschaften". Mit dem Begriff der **„Religionsgemeinschaft"** übernimmt die LV den moderneren Sprachgebrauch des GG (vgl. Art. 7 III 2 GG), der aber mit dem älteren Begriff der „Religionsgesellschaft" in der WRV bedeutungsgleich ist.[43] Es ist nichts dafür ersichtlich, dass der Begriff innerhalb der LV eine eigenständige Bedeutung besitzt.[44] Wie unter dem GG meint „Religionsgemeinschaft" daher auch hier einen **Zusammenschluss** (→ Rn. 27) **von natürlichen Personen** (→ Rn. 28), der der **umfassenden (und nicht nur partiellen)** (→ Rn. 30) **Verwirklichung** eines gemeinsamen **religiösen Konsenses** (→ Rn. 29) dient.[45]

27 Im Definitionsmerkmal des **„Zusammenschlusses"** kommt zum Ausdruck, dass die Gemeinschaft der Glaubenden nach außen hin organisatorischen Ausdruck gefunden haben muss. Denn nur dann können ihr selbst die Rechte aus Art. 4 LV ff. zugeordnet werden. Deshalb ist zB der Islam (als weltweite Gemeinschaft aller rechtgläubigen Muslime) nicht als solcher „Religionsgemeinschaft" im Sinne der Art. 4 ff. LV und im Sinne des GG.[46]

28 Das Erfordernis, dass Religionsgemeinschaften **aus „natürlichen Personen" konstituiert sein oder jedenfalls eine personale Grundlage haben müssen**, folgt daraus, dass ihr besonderer Schutz darauf beruht, dass sie der gemeinschaftlichen Verfolgung von Glaubenszwecken dienen. Weil einen „Glauben" unmittelbar nur natürliche Personen haben können, müssen die Aktivitäten von Religionsgemeinschaften auf eine bestimmte Gruppe von natürlichen Personen bezogen sein. Daher hat die Rspr. **Dachverbände**, d.h. juristische Personen, die sich aus juristischen Personen zusammenset-

---

43 Vgl. nur *Pieroth/Görisch*, JuS 2002, 937 (937 f.); *Korioth* in: Maunz/Dürig, Art. 140 GG iVm Art. 137 WRV, Rn. 13; *Unruh*, § 7 Rn. 251; entstehungsgeschichtliche Herleitung bei *Korioth*, NVwZ 1997, 1041 (1046 ff.); zu den unterschiedlichen Implikationen der Begriffe „Religionsgemeinschaft" und „Religionsgesellschaft" *Unruh*, § 7 Rn. 251; *Korioth* in: Maunz/Dürig, Art. 140 GG iVm Art. 137 WRV, Rn. 13.
44 *Hollerbach* in: Feuchte, Art. 4 Rn. 20; *Braun*, Art. 4 Rn. 6.
45 Definition nach *Ehlers* in: Sachs, GG, Art. 140 Rn. 6; Lit. und Rspr. ziehen meist die sprachlich komplexere, aber inhaltlich gleichbedeutende Definition von *Anschütz* heran, wonach eine Religionsgemeinschaft „ein die Angehörigen eines und desselben Glaubensbekenntnisses – oder mehrerer verwandter Glaubensbekenntnisse […] für ein Gebiet […] zusammenfassender Verband zu allseitiger Erfüllung der durch das gemeinsame Bekenntnis gestellten Aufgaben" ist (*ders.*, 633); gute Erläuterung der einzelnen, z.T. problematischen Definitionsmerkmale bei *de Wall* in: Meder/Brechmann, Art. 142 Rn. 32-37.
46 Näher zur islamischen Organisationslandschaft in BW *Schmid/Akca/Barwig*, Gesellschaft gemeinsam gestalten, Islamische Vereinigungen als Partner in BW, 2008; näher zu den Problemen, die die Subsumtion islamischer Verbände unter den Religionsgemeinschaftsbegriff bereitet *de Wall*, in: Rees/Roca/Schanda, Neuere Entwicklungen im Religionsrecht europäischer Staaten, 2013, 789; zu aktuellen Bemühungen, den Islam und muslimische Gemeinschaften in das historisch gewachsene Religionsverfassungsrecht zu integrieren *Spielhaus/Herzog*, KuR 2016, 14 (14 ff.); *Muckel* in: Ebner/Kraneis/Minkner/Neuefeind/Wolff, Staat und Religion, 2014, 133.

zen, nur unter Vorbehalt als „Religionsgemeinschaften" bzw. Teile einer solchen anerkannt.[47]

Durch das Erfordernis eines **„religiösen" Konsenses** grenzen sich „Religions-" von „Weltanschauungsgemeinschaften" ab.[48] Wie **weit der Konsens reichen muss**, um noch eine hinreichende Homogenität zu gewährleisten, hängt vom Selbstverständnis der jeweiligen Gemeinschaft ab: Eine Religionsgemeinschaft kann durchaus verschiedene Bekenntnisse und Strömungen in sich vereinigen, solange die Unterschiede nach dem jeweiligen Selbstverständnis eine **umfassende** (s. → Rn. 30) gemeinsame Aufgabenwahrnehmung nicht hindern.[49] 29

Das Definitionskriterium der **„umfassenden" Verwirklichung der durch den religiösen Konsens gestellten Aufgaben** dient der Abgrenzung der „Religionsgemeinschaften" von Einrichtungen, die nur einzelne (partielle) religiöse Zwecke (wie zB karitative) verfolgen und von der WRV als „religiöse Vereine" bezeichnet wurden (Art. 124 I 2, Art. 138 II WRV).[50] „Religionsgemeinschaften" können dabei auch als mehrstufige Verbände organisiert sein. Der „Religionsgemeinschaft" selbst sind dabei aber nur solche Teilverbände zuzurechnen, die an der Erfüllung der für die Identität der Religionsgemeinschaft „wesentlichen Aufgaben" Anteil haben.[51] Verselbstständigte Einrichtungen, für die dies nicht gilt, sind zwar nicht unmittelbar als (Teil einer) „Religionsgemeinschaft" Träger des Rechtes aus Art. 4 I LV, können sich aber gleichwohl auf dieses berufen, wenn sich dies aus einer Zuordnung zu einer solchen ergibt (näher → Rn. 25). 30

Neben den „Kirchen" (→ Rn. 22 ff.) sind **in BW** inzwischen eine **Vielzahl von Religionsgemeinschaften** mit sehr unterschiedlicher Bedeutung vertreten. Zu den gegenwärtig 32 Religions- und Weltanschauungsgemeinschaften, die als Körperschaft des öffentlichen Rechts anerkannt sind (zur Bedeutung dieses Status → Art. 5 Rn. 29 ff.), zählen überwiegend weitere 31

---

47 Näher BVerwGE 123, 49 (57 ff.), → Rn. 30.
48 „Religion" kann dabei mit der Rspr. verstanden werden als eine Gewissheit über Aussagen zum Weltganzen sowie zur Herkunft und zum Ziel des menschlichen Lebens, der eine den Menschen überschreitende und umgreifende (also „transzendente") Wirklichkeit zugrunde liegt, s. BVerwGE 90, 112 (115); näher zur „Religion" als Rechtsbegriff *Classen*, Religionsrecht, Rn. 77 ff.; *Unruh*, § 4 Rn. 91 ff.
49 *de Wall* in: Meder/Brechmann, Art. 142 Rn. 33, 35.
50 BVerfGE 24, 236 (246 f.); 46, 73 (86); BVerwGE 123, 49 (61).
51 So BVerwGE 123, 49 (54 ff.) zur Einordnung von Dachverbänden als (Teile von) „Religionsgemeinschaft". Näher zur Zuordnung des Begriffs der „Religionsgemeinschaft" in arbeitsteilig gegliederten Organisationen, wie es gerade auch die Kirchen sind: *Penßel*, 119 ff.; in der Lit. wird meist nicht ausdrücklich unterschieden, welche Teile eines gestuften Verbandes „Religionsgemeinschaften" bzw. Teile einer solchen sind. Z.T. werden Religionsgemeinschaften, zB Kirchengemeinden, selbst als „Religionsgemeinschaften" angesprochen, z.T. wird davon ausgegangen, dass diese nur aufgrund ihrer „Zuordnung" zur Kirche an deren Selbstbestimmungsrecht Anteil haben (vgl. nur *Germann* in: BeckOK GG, Art. 4, Rn. 33); obwohl Teile von Religionsgemeinschaften und einer solchen (nur) „zugeordnete Einrichtungen" weitgehend gleiche Rechte haben, ist eine Unterscheidung zwischen beiden nicht entbehrlich, weil die „Zuordnungsvoraussetzungen" nur geprüft werden können, wenn klar ist, zu welcher Organisation eine „Zuordnung" gegeben sein muss, und außerdem der Inhalt des sich aus einer Zuordnung zu einer Religionsgemeinschaft ergebenden Selbstbestimmungsrechts von dieser bestimmt wird (s. → Rn. 25), so dass sie auch identifiziert werden muss.

christliche Gemeinschaften (wie zB die Ev.-Lutherische Kirche in Baden, die Ev.-methodistische Kirche in Baden und die Ev.-methodistische Kirche in Württemberg, der Verband der Mennonitengemeinden in BW, die Altkath. Kirche in BW, die Griechisch-Orthodoxe Metropolie von Deutschland oder die Russische Orthodoxe Kirche im Ausland), zwei jüdische Gemeinschaften (die Israelitische Religionsgemeinschaft Baden und die Israelitische Religionsgemeinschaft Württembergs) und eine Weltanschauungsgemeinschaft (Die Humanisten BW).[52] Von den islamischen Gemeinschaften in BW ist bisher keine als Körperschaft des öffentlichen Rechts anerkannt. Als Ansprechpartner des Staates spielten in jüngerer Zeit insb. der DITIB Landesverband Baden, der DITIB Landesverband Württemberg, der Landesverband der Islamischen Kulturzentren BW, die Islamische Gemeinschaft der Bosniaken in Deutschland, die Ahmadiyya Muslim Jamaat, die Baden-Württembergische Landesvertretung der Alevitischen Gemeinde Deutschland und die Islamische Glaubensgemeinschaft BW eine Rolle.[53] Ihre Eigenschaft als „Religionsgemeinschaft" ist z.T. wegen ihrer Dachverbandsstruktur problematisch (näher → Rn. 28, 30), und überwiegend noch nicht explizit geklärt.[54]

cc) Weltanschauungsgemeinschaft

32 „Weltanschauungsgemeinschaften"[55] unterscheiden sich von Religionsgemeinschaften dadurch, dass dem Überzeugungssystem, das sie charakterisiert, der „religiöse" Charakter, d.h. der Bezug auf eine „transzendente Wirklichkeit" fehlt.[56] Ihre gleichberechtigte Einbeziehung in den weitgehenden Schutz der religiösen Überzeugungen und Überzeugungsgemeinschaften ist nur dann gerechtfertigt, wenn sie ein vergleichbar **umfassendes und sinnstiftendes Anliegen** haben, d.h. wie diese Aussagen über das Weltganze, Herkunft und Ziel des menschlichen Lebens formulieren. Eine „Weltanschauungsgemeinschaft" ist deshalb von Vereinigungen abzugrenzen, die über eine Übereinstimmung und ein Zusammenwirken in Einzelfragen des Lebens (zB der Moral oder der Politik) nicht hinausgehen.[57]

---

52 Übersicht über die in BW als Körperschaften des Öffentlichen Rechts anerkannten Religions- und Weltanschauungsgemeinschaften unter http://www.bmi.bund.de/PERS/DE/Themen/Informationen/Religionsgemeinschaften/religionsgemeinschaften_node.html (1.11.2017).
53 Die sechs zuerst genannten Gemeinschaften sind Mitglieder des 2011 von der Landesregierung eingerichteten „Runden Tisches Islam" und teilweise des „Beirats am Zentrum für Islamische Theologie an der Universität Tübingen"; einzelne von ihnen und die zuletzt genannte sind Mitglieder des „Projektbeirats Islamischer Religionsunterricht des Kultusministeriums".
54 Allerdings haben mehrere Kultusverwaltungen inzwischen zB die Religionsgemeinschaftseigenschaft der Alevitischen Gemeinde in Deutschland e.V. anerkannt, in Zusammenarbeit mit der auch in BW konfessioneller alevitischer Religionsunterricht angeboten wird.
55 Näher zu ihnen umfassend und grundlegend *Mertesdorf*, Weltanschauungsgemeinschaften. Eine verfassungsrechtliche Betrachtung mit Darstellung einzelner Gemeinschaften, 2008.
56 BVerwGE 61, 152 (156); 90, 112 (115).
57 *Germann* in: BeckOK GG, Art. 4, Rn. 14; *Herzog* in: Maunz/Dürig, Art. 4 Rn. 67.

dd) „Anerkannte" Religions- oder Weltanschauungsgemeinschaft

Dass Art. 4 I LV seinen Schutz lediglich den **„anerkannten"** Religions- und Weltanschauungsgemeinschaften zukommen lässt, basiert auf der sprachlichen Anlehnung des gesamten Art. 4 an Art. 29 VerfWB, in dem die damit formulierte Einschränkung von Bedeutung war, weil er ausdrücklich eine „Anerkennung" von Religionsgemeinschaften verlangte (Art. 29 II 3). Da die LV ein solches Anerkennungserfordernis nicht normiert und es auch den – von der LV gleichzeitig inkorporierten – Bestimmungen des GG (Art. 4 I, II GG, Art. 140 GG iVm Art. 137 II, IV WRV) widerspräche,[58] ist Art. 4 I LV systematisch und grundgesetzkonform dahin gehend auszulegen, dass die Rede von den „anerkannten" Religionsgemeinschaften **keine Einschränkung seines Anwendungsbereichs impliziert**, so dass alle Religions- und Weltanschauungsgemeinschaften allein aufgrund ihres Charakters als solche in diesen einbezogen sind.[59] Dem ist auch nicht die Auslegung vorzuziehen, unter „Anerkennung" die Anerkennung als „Körperschaft des öffentlichen Rechts" zu verstehen, so dass Art. 4 I LV nur korporierte Religionsgemeinschaften erfassen würde.[60] Denn sie vertrüge sich nicht mit Art. 5 LV, der ebenfalls allein die „anerkannten Religionsgemeinschaften" in Bezug nimmt, aber das staatskirchenrechtliche System der WRV – mit seiner Differenzierung zwischen korporierten und privatrechtlich organisierten Religionsgemeinschaften – umfassend rezipieren wollte (s. → Art. 5 Rn. 5).[61] 33

b) Sachlicher Schutzbereich

Art. 4 I LV schützt die von ihm erfassten Organisationen in der **„Erfüllung ihrer religiösen Aufgaben"**. Diese Umschreibung des Schutzbereichs, die sprachlich auf Religionsgemeinschaften zugeschnitten ist, ist **sinngemäß auch auf Weltanschauungsgemeinschaften zu übertragen**, schützt also diese in der **Erfüllung der Aufgaben, die ihre Identität als solche ausmachen** (vgl. → Rn. 32). 34

---

58 S. auch *Hollerbach*, Das Verhältnis von Staat und Kirche in Baden-Württemberg, VBlBW 1982, 217 (221).
59 *Hollerbach* in: Feuchte, Art. 4 Rn. 23: „Man darf mithin diesen Artikel so lesen, als wäre ‚anerkannt' nicht geschrieben."; *Braun*, Art. 4 Rn. 6; Art. 5 Rn. 2, 3; *Nolte*, Jüdische Gemeinden in Baden und Basel, 2002, 96 f.; aA *Besch*, Der Begriff der anerkannten Religionsgemeinschaft, 104 ff.
60 So *Spreng/Birn/Feuchte*, Art. 5 Anm. 3; dagegen auch *Hollerbach* in: Feuchte, Art. 4 Rn. 23.
61 *Braun*, Art. 5 Rn. 3; s. die Verhandlungen in der 33. VA-Sitzung, Feuchte, Quellen, 4. Teil, 432 ff.; entstehungsgeschichtlich mag die Beschränkung des Anwendungsbereichs auf „anerkannte Religionsgemeinschaften" – besonders mit Blick auf die besondere Anerkennung in Art. 4 II LV, die an die Träger des Freiheitsrechtes aus Abs. 1 anknüpft – kein redaktionelles Versehen dargestellt haben; sie könnte durchaus auf der Erwägung basiert haben, diese besondere Achtung nicht allen Religionsgemeinschaften zuzugestehen, sondern lediglich solchen, deren Gemeinwohlverträglichkeit einer Prüfung (zB an dem von BVerfGE 102, 370 formulierten Maßstab) unterzogen wurde; da allerdings wegen Art. 5 LV eine Eingrenzung auf korporierte Religionsgemeinschaften systematisch nicht in Betracht kommt, und andere Abgrenzungen in Ermangelung weiterer „Anerkennungsverfahren" ausscheiden, sprechen am Ende die besseren Argumente für die oben entwickelte weite, am GG orientierte Auslegung.

35 Grds. ist es nicht Aufgabe und Recht des (religiös-weltanschaulich neutralen) Staates zu bestimmen, was zu den „religiösen Aufgaben" einer Religionsgemeinschaft gehört. Vielmehr werden Religionsfreiheit und Selbstbestimmungsrecht nur dann substantiell geachtet, wenn der Staat bei der Entscheidung darüber, welche Aktivitäten (als „religiös geprägt") davon geschützt werden, das **Selbstverständnis der Religionsgemeinschaft** zugrunde legt, und lediglich eine Plausibilitätskontrolle vornimmt.[62] Deshalb herrscht für die Anwendung von **Art. 4 I, II GG und Art. 137 III WRV** Konsens darüber, dass sich **deren Schutzbereiche nicht auf im engeren Sinn „religiöse", d.h. äußerlich als solche erkennbare (insb. kultische) Aktivitäten beschränken, sondern alle von den Religionsgemeinschaften zu ihren religiös begründeten Aufgaben gerechneten Aktivitäten** (wie zB auch die Wohlfahrtstätigkeit oder die Wahrnehmung des „kirchlichen Öffentlichkeitsauftrages", vgl. → Rn. 35), **einschließen.**[63]

36 Ob dieses **weite Schutzbereichsverständnis auf Art. 4 I LV** übertragen werden kann, ist **fraglich:** Fasst man unter die „Erfüllung der religiösen Aufgaben" alle Aktivitäten einer Religionsgemeinschaft, die nach deren Selbstverständnis eine religiöse Fundierung haben,[64] deckt sich der Schutzbereich von Art. 4 I LV weitgehend oder sogar vollständig mit dem des religionsgemeinschaftlichen Selbstbestimmungsrechts (Art. 140 GG iVm 137 III WRV). Da das BVerfG inzwischen dessen Gesetzesvorbehalt auch auf Aktivitäten zur Anwendung bringt, die gleichzeitig dem Schutzbereich der vorbehaltlos gewährleisteten korporativen Religionsfreiheit unterfallen (sog. „Schrankenspezialität" von Art. 140 GG iVm Art. 137 III WRV),[65] würde der ebenfalls vorbehaltlos formulierte Art. 4 I LV eine „**Mehrgewährleistung" gegenüber Art. 4 I, II GG iVm Art. 140 GG iVm Art. 137 III WRV** in deren Auslegung durch das BVerfG beinhalten. Diese Mehrgewährleistung **kann in einen Widerspruch zum GG führen**, wenn zu klären ist, inwieweit Rechte der Religionsgemeinschaften zum Schutz von Grundrechten Dritter (zB von Arbeitnehmern oder Mitgliedern der Religionsgemeinschaft) einschränkbar sind (sog. dreipoliges Grundrechtsverhältnis).[66] Evtl. bereits nach Art. 140 GG, der unmittelbar verbindliches Recht enthält,[67]

---

[62] Näher *Unruh*, § 6 Rn. 159; *Germann* in: BeckOK GG, Art. 140 Rn. 33; so auch die st. Rspr., vgl. nur BVerfGE 66, 1 (19).
[63] St. Rspr., vgl. nur BVerfGE 24, 236 (247 ff.); 70, 138 (164); 137, 273 (309 f.); *Germann* in: BeckOK GG, Art. 140 GG Rn. 34; *Morlok* in: Dreier, Art. 140 GG/Art. 137 WRV, Rn. 49; kritisch dazu u.a. *Kästner*, ZevKR 2015, 1 (10 ff.).
[64] Dafür *Heckel* in: Maurer/Hendler, 580 (586).
[65] BVerfGE 137, 272-345; so auch *Morlok* in: Dreier, Art. 4 Rn. 109 u. Art. 140 GG/Art. 137 WRV, Rn. 15; *Morlok* in: Heinig/ Walter, 185 (203 ff.); *v. Campenhausen/Unruh* in: v. Mangoldt/Klein/Starck, Art. 140 GG/Art. 137 WRV, Rn. 29; *Heinig*, 155 f.; aA (Spezialität der korporativen Religionsfreiheit) *Germann* in: BeckOK GG, Art. 140 Rn. 32.3; *de Wall* in: Meder/Brechmann, Art. 142 Rn. 41; *Kästner*, ZevKR 2015, 1 (17).
[66] *v. Campenhausen/Unruh* in: v. Mangoldt/Klein/Starck, Art. 142 Rn. 13; *Huber* in: Sachs, Art. 142 Rn. 13a.; *Korioth* in: Maunz/Dürig, Art. 142, Rn. 14; *Dreier* in: Dreier, Art. 142 Rn. 49 ff.; *Dreier* in: K. Schmidt, Vielfalt des Rechts – Einheit der Rechtsordnung? 1994, 113 (139 ff.); dazu, dass Mehrgewährleistungen gem. Art. 142 GG nur wirksam bleiben, wenn sie nicht in Widerspruch zu den Bundesgrundrechten treten BVerfGE 96, 346 (365).
[67] BVerfGE 42, 312 (324 f.); *Hellermann* in: BeckOK GG, Art. 31 Rn. 5, 14.1., 9.1.

jedenfalls aber nach Art. 142[68] iVm Art. 31 GG wäre die Gewährleistung damit entweder „insoweit" unwirksam[69] oder, wofür gute Gründe sprechen, **zumindest im konkreten Kollisionsfall unanwendbar**.[70]

Dieser (potenzielle) Widerspruch zum GG muss bei der Auslegung von Art. 4 I LV berücksichtigt werden: Weil dieses bei seiner Formulierung bereits galt, ist davon auszugehen, dass den Verfassungseltern an einer grundgesetzkonformen und damit wirksamen Normsetzung lag.[71] Außerdem besteht der Widerspruch gerade zu Vorschriften, die durch Art. 2 I und Art. 5 LV auch in die LV einbezogen sind. Dies und das generelle Erfordernis der Wahrung der Einheit der Rechtsordnung[72] verlangen eine **Auslegung, die einen Widerspruch zum GG vermeidet bzw. auflöst.**

Dazu wurden **bisher zwei Wege vorgeschlagen:** *Braun* votierte dafür, unter „Erfüllung ihrer religiösen Aufgaben" nur Aktivitäten zu fassen, die dem „unantastbaren Kernbereich des Selbstbestimmungsrechts" gem. Art. 137 III WRV zuzuordnen sind.[73] *Hollerbach* sprach sich dafür aus, den Schutzbereich von Art. 4 I LV zwar ebenso weit auszulegen wie die „eigenen An- 37

---

68 Art. 142 GG ist auf Art. 4 I LV als subjektiv-rechtliche Gewährleistung (s. dazu → Rn. 18) anwendbar; zur Auslegung von Art. 142 GG dahingehend, dass er „alle Landesverfassungsbestimmungen ableitbaren Grundrechte im eigentlichen Sinn" erfasst, BVerfGE 22, 267 (271); *Merten* in: HGR, Bd. VIII, § 232 Rn. 32; zur Anwendbarkeit von Art. 142 GG auch auf nach dem GG erlassene landesverfassungsrechtliche Grundrechte BVerfGE 96, 345 (364 f.); StGH BW, VBlBW 1956, 153 (156 ff.).
69 Näher zu der Frage, ob dem GG widersprechende „Mehrgewährleistungen" gem. Art. 142 GG iVm Art. 31 GG zur Voll- oder nur zur Teilunwirksamkeit des Landesgrundrechts führen HessVGH NVwZ 1989, 387; *Dietlein*, Die Grundrechte in den Verfassungen der neuen Bundesländer, 38 f., 49 f. (beide nur für Teilunwirksamkeit).
70 Nach einem Teil der Lit. sollen mit dem GG kollidierende landesgrundrechtliche Verbürgungen (zB in Gestalt des „überschießenden Teils" einer Mehrgewährleistung) nicht generell unwirksam, sondern nur im konkreten Kollisionsfall unanwendbar sein, s. *Pietzcker*, HStR VI, § 134 Rn. 62–64; *v. Coelln*, Anwendung von Bundesrecht nach Maßgabe der Landesgrundrechte? 2001, 193 ff.; *Jeand'Heur/Korioth*, Staatskirchenrecht, Rn. 65. Die soweit ersichtlich h.M. lehnt dies allerdings – u.a. unter Bezugnahme auf den Wortlaut von Art. 31 GG – ab, vgl. nur *Dreier* in: Dreier, Art. 142 Rn. 56. Auch einzelne Stimmen, die zur Achtung der Eigenstaatlichkeit und Verfassungsautonomie der Länder dem Bundesrecht nur „Anwendungsvorrang", nicht „Geltungsvorrang" gegenüber widersprechendem Landesverfassungsrecht zuerkennen wollen (*Sacksofsky* in: BK, Art. 31 Rn. 54 ff.; *dies.*, NVwZ 1993, 235 [239]), beschränken dies auf Kollisionen von einfachem Bundesrecht mit Landesverfassungsrecht und gehen bei Kollisionen zwischen Grundgesetz und Landesverfassung von der Nichtigkeitsfolge aus (*Sacksofsky* in: BK, Art. 31, Rn. 63).Jedenfalls für Mehrgewährleistungen in Landesgrundrechten, die nur in bestimmten Konstellationen, insb. im dreipoligen Grundrechtsverhältnis, zu einem Widerspruch zum GG führen, während sie in anderen Konstellationen mit diesem in Einklang stehen, kann allerdings mit dem Regelungszweck des Art. 142 GG (dem Schutz der Verfassungsautonomie der Länder) dafür argumentiert werden, dass Rechtsfolge des Art. 31 GG nur die Unanwendbarkeit im Einzelfall ist. Das BVerfG hat diese Frage bisher noch nicht beantwortet, sich aber differenzierten Lösungen gegenüber offen gezeigt, vgl. nur BVerfGE 36, 342 (365); 96 345 (366).
71 *Hollerbach*, Religion – Christentum – Kirche, 42 (43 f.).
72 Allg. zum Erfordernis der grundgesetzkonformen Auslegung von Landesgrundrechten *Korioth* in: Maunz/Dürig, Art. 142 Rn. 13.
73 *Braun*, Art. 4 Rn. 7.

gelegenheiten" der Religionsgemeinschaften iSv Art. 137 III WRV,[74] jedoch auf ihn die Schrankenregelung aus Art. 137 III WRV anzuwenden, da diese über Art. 5 LV ebenfalls Teil der LV ist.[75]

38 Jedenfalls bei Zugrundelegung der herrschenden Auslegung von Art. 31 und 142 GG (→ Rn. 36 mit Fn. 70) ist eine auf die eine oder andere Weise **eingeschränkte Auslegung alternativlos**, weil der Norm bei weiterer Auslegung ebenfalls kein eigenständiger Regelungsgehalt verbliebe, sondern ein solcher gem. Art. 142, 31 GG unwirksam wäre. Allerdings **muss eine solche eingeschränkte Auslegung sicherstellen**, dass **Art. 4 I LV neben Art. 2 I LV iVm Art. 4 I, II GG und Art. 5 LV iVm Art. 140 GG iVm Art. 137 III WRV nicht gänzlich bedeutungslos wird**, was sowohl seiner Entstehungsgeschichte (→ Rn. 8 ff.), als auch seiner systematischen Stellung (→ Rn. 1 f.) widerspräche.

39 Weil der von *Hollerbach* vorgeschlagene Auslegungsansatz, der Art. 4 I LV als ein unter dem Vorbehalt von Art. 137 III WRV stehendes Recht behandelt (→ Rn. 37), in eine solche Bedeutungslosigkeit führen würde, ist er abzulehnen. Es kommt also nur eine **enge Auslegung des Schutzbereichs** in Betracht (in den Eingriffe dann – in Ermangelung eines Gesetzesvorbehalts – nur zur Durchsetzung entgegenstehenden Verfassungsrechts zulässig sind). Dabei kann allerdings nicht mehr vorbehaltlos auf die von *Braun* vorgeschlagene Abgrenzung (→ Rn. 37) zurückgegriffen werden, weil Rspr. und h.L. die Zulässigkeit von Einschränkungen des Selbstbestimmungsrechts inzwischen nicht mehr mithilfe einer abstrakten Bereichsscheidung, sondern durch Abwägung der betroffenen Rechtsgüter im Einzelfall ermitteln.[76] Von der Annahme eines den Entscheidungen staatlichen Rechts per se unzugänglichen Kernbereichs des Selbstbestimmungsrechts ist das BVerwG ausdrücklich abgerückt.[77] Deshalb muss eine neue Abgrenzung formuliert werden. Dafür wird hier vorgeschlagen, unter der Erfüllung „religiöser Aufgaben" nur die Erfüllung der **durch die Eigengesetzlichkeit des Religiösen geprägten Kernaufgaben der Religionsgemeinschaft** zu verstehen (für deren Definition dann wiederum deren Selbstverständnis heranzuziehen ist) (näher → Rn. 40).[78]

---

74 So *Hollerbach* in: Feuchte, Art. 4, Rn. 26.
75 *Hollerbach* in: Feuchte, Art. 4, Rn. 26; in der Sache ebenso *Heckel* in: Maurer/Hendler, 580 (586 f.); *Göbel*, Verfassung, 34; *Heinig*, 230.
76 Vgl. nur *v. Campenhausen/Unruh* in: v. Mangoldt/Klein/Starck, Art. 140 GG/Art. 137 WRV, Rn. 46; *Germann* in: BeckOK GG, Art. 140 GG Rn. 42; *de Wall* in: Meder/Brechmann, Art. 142, Rn. 49; *Neureither*, Recht und Freiheit, 248 ff.
77 S. BVerwGE 149, 139, Rn. 23.
78 Dieser Lösungsansatz bedarf ggf. noch der Konkretisierung, die sich auf die Versuche stützen kann, den Schutzbereich von Art. 4 I, II GG enger zu formulieren, als es BVerfG und hM tun, vgl. dazu nur *Hesse*, Das Selbstbestimmungsrecht der Kirchen, in: HdbStKR I, 1. Aufl., 409 (413 f.); *Kästner*, ZevKR 2015, 1 (10 ff.); zwar macht diese Auslegung eine Bereichsscheidung erforderlich zwischen Angelegenheiten der Religionsgemeinschaften, die prinzipiell einer staatlichen Einflussnahme zugänglich sind, und solchen, die dies prinzipiell nicht sind; gegen sie können daher die Argumente angeführt werden, die gegen die traditionelle „Bereichsscheidungslehre" vorgebracht wurden (insb. deren Unpraktikabilität und das Fehlen geeigneter staatlicher Abwägungsmaßstäbe) und zu deren weitgehender Ablösung durch eine freiere „Abwägungslösung" geführt haben (näher *Unruh*, § 6 Rn. 172 f.; *Neureither*, Recht und Freiheit, 248 ff.); allerdings verschließt dieser Vorwurf die Au-

In dieser Auslegung dürfte **Art. 4 I LV in keinem Einzelfall in einen Anwen-** 40
dungswiderspruch zum GG führen. Gleichzeitig behält er **einen (gewissen)
Mehrwert gegenüber Art. 4 I, II GG und Art. 140 GG iVm Art. 137 III
WRV** in deren Auslegung durch die aktuelle Rspr.: Indem er einen Teil des
Regelungsgehalts von Art. 5 LV extrahiert und voranstellt, gibt er **dem
Selbstbestimmungsrecht** der Religionsgemeinschaften **systematisch den
Rang, den es der Sache nach besitzt.**[79] Außerdem macht seine Existenz
deutlicher als der Wortlaut des GG in seiner aktuellen Deutung (weite Erstreckung des Schutzbereichs von Art. 4 I, II GG, und damit weitgehende
oder sogar vollständige Überschneidung mit dem Schutzbereich von
Art. 137 III WRV, so dass deren Verhältnis zueinander bis heute unklar
ist),[80] dass es unter den religionsgemeinschaftlichen Aktivitäten bestimmte
gibt, die entweder gar nicht, oder nur unter erhöhten Voraussetzungen einschränkbar sind. Dies sind eben die „genuin religiösen Aufgaben" (wozu
mindestens Lehre, Seelsorge und Kultus gehören), zu deren unmittelbarer
Regelung der Staat mangels Einsicht und geeigneter Kriterien überhaupt
nicht befugt ist,[81] so dass es stimmig ist, auch mittelbare Einflussnahmen
auf sie erhöhten Rechtfertigungsanforderungen zu unterwerfen. **Indem
Art. 4 I LV in der hier vorgeschlagenen Deutung ein Bemühen um eine der
Bedeutung der korporativen Religionsfreiheit angemessene Schutzbereichsbegrenzung erforderlich macht,** kann er helfen, der **Abwägung zwischen
Selbstbestimmungsrecht und gegenläufigen staatlichen Regelungsanliegen
Konturen** zu verleihen und **sie zu rationalisieren.**

Zutreffend **verankert die Landesverfassungsgerichtsbarkeit** deshalb das 41
„religionsgemeinschaftliche Selbstbestimmungsrecht" nicht nur in Art. 5
LV, sondern **in Art. 4 I LV und Art. 5 LV iVm Art. 140 GG iVm 137 III
WRV.**[82] Nach hier vertretener Ansicht muss allerdings im Einzelfall eine
Entscheidung getroffen werden, welcher der beiden Garantien (der vorbe-

---

gen davor, dass eine Bereichsscheidung solange unentbehrlich bleibt, als man bei
der Beurteilung der Zulässigkeit staatlicher Einwirkungen in das religionsgemeinschaftliche Selbstbestimmungsrecht der vorbehaltlosen Gewährleistung der korporativen Religionsfreiheit in Art. 4 I, II GG Rechnung tragen will, wie es die Rspr.
für sich in Anspruch nimmt (s. BVerfGE 137, 273 [273]), die deshalb auch in der
Sache nach wie vor einen „Kernbereich" des Selbstbestimmungsrechts identifiziert
(s. BVerwGE 149, 139 [139]; BayVGH, NJW 2015, 1625 [1626]).

79 Es wurde zu Recht als „lex regia" des deutschen Staatskirchenrechts, s. *Heckel,*
ZevKR (1966/67), 1 (34 f. Anm. 7), bzw. „Kern und Mittelpunkt des von der Weimarer Reichsverfassung eingeleiteten kirchenpolitischen Systems" (*Mikat* in: Bettermann/ Nippperdey/Scheuner, Die Grundrechte, Bd. 4/1, 111 (171), bezeichnet; s.
auch *v. Campenhausen/Unruh* in: von Mangoldt/Klein/Starck, Art. 140 GG/
Art. 137 WRV Rn. 26 mwN; *Ehlers* in: Sachs, GG, Art. 137 WRV Rn. 4.

80 Umstritten ist bereits, ob und inwieweit sich die Schutzbereiche beider Rechte
überdecken, vgl. zum Meinungsstand *v. Campenhausen/Unruh* in: v. Mangoldt/
Klein/Starck, Art. 140 GG/Art. 137 WRV, Rn. 27 f.; umstritten ist außerdem, in den
Bereich einer solchen Überdeckung die Schranken von Art. 4 I, II GG oder die qualifizierte Gesetzesvorbehalt aus Art. 140 GG iVm Art. 137 III WRV heranzuziehen
ist (Überblick über den Meinungsstand in Fn. 65); das BVerfG hat diese Frage nur
vermeintlich entschieden, wenn es zwar einerseits die Schranke aus Art. 137 III
WRV für anwendbar erklärt, aber dabei der Einschlägigkeit der vorbehaltlos gewährleisteten korporativen Religionsfreiheit Rechnung tragen will.

81 Vgl. nur BVerfGE 139, 321 (351); *de Wall* in: Meder/Brechmann, Art. 142 Rn. 45.

82 StGH BW, ESVGH 66, 1 ff.; anders allerdings VGH BW, ESVGH 53, 155; VBlBW
2010, 434, die das „kirchliche Selbstbestimmungsrecht" allein Art. 140 GG und

haltlosen oder der unter Vorbehalt stehenden) der Sachverhalt jeweils zuzuordnen ist.

42 Bei einem eingeschränkten Verständnis des Schutzbereichs von Art. 4 I LV tritt **Art. 2 I iVm Art. 4 I, II GG**, soweit er die korporative Religionsfreiheit regelt,[83] **als allgemeinere Norm hinter Art. 4 I LV zurück**. Bei einer weiten Auslegung des Schutzbereichs und einer Übertragung der Schranken aus Art. 5 LV iVm Art. 140 GG iVm Art. 137 III WRV stellt sich das Problem der Konkurrenz beider Grundrechte genauso wie für Art. 4 I, II und Art. 140 GG iVm Art. 137 III WRV.[84]

3. Einschränkbarkeit

43 Die Einschränkbarkeit des Rechtes aus Art. 4 I LV hängt davon ab, wie weit man seinen Schutzbereich auslegt. Folgt man der hier vorgeschlagenen Beschränkung auf die **durch die Eigengesetzlichkeit des Religiösen geprägten Kernaufgaben der Religionsgemeinschaft** (→ Rn. 39 f.), sind Beschränkungen nur **auf der Grundlage kollidierenden Verfassungsrechts zulässig**. Legt man den **Schutzbereich** dagegen weiter aus, so dass er sich mit der korporativen Religionsfreiheit aus Art. 4 I, II GG in ihrem Verständnis durch die Rspr. deckt, kann ein Widerspruch zu den Bestimmungen des GG in aktueller Auslegung nur vermieden werden, indem man **die Schrankenregelung aus Art. 5 LV iVm Art. 140 GG iVm Art. 137 III WRV auch für Art. 4 I LV für einschlägig erachtet**.

4. Rechtsschutz durch staatliche Gerichte im Geltungsbereich des religionsgemeinschaftlichen Selbstbestimmungsrechts

44 Schon weil auch innerhalb eines „Kernbereichs" religionsgemeinschaftlicher Aktivitäten Normen des staatlichen Rechts Wirkung haben können (→ Rn. 39), so dass deren Anwendung auch gerichtlicher Überprüfung bedürfen kann, wurde die frühere Rspr. (derzufolge innerhalb eines solchen „rein innerkirchlichen Bereichs" kein Rechtsschutz durch staatliche Gerichte gewährt werden kann)[85] zwischenzeitlich zu Recht aufgegeben.[86] Das BVerwG geht dabei davon aus, dass **auch im „Kernbereich des religionsgemeinschaftlichen Selbstbestimmungsrechts" der Staat darüber zu wachen hat, dass das Verhalten der Religionsgemeinschaft nicht den in Art. 79 III GG umschriebenen fundamentalen Verfassungsprinzipien widerspricht**.[87] Entsprechende Entscheidungen der staatlichen Gerichte können als „Akt der öffentlichen Gewalt" Gegenstand einer Verfassungsbeschwerde vor dem BVerfG sein, während die Entscheidungen kirchlicher Spruchkörper, auch solcher korporierter Religionsgemeinschaften, nicht als solche einzuordnen sind.[88] Der VerfGH hat dies für § 55 I VerfGHG bisher offengelassen, aber klargestellt, dass eine Verfassungsbeschwerde gegen eine in-

---

Art. 5 LV iVm Art. 140 GG iVm Art. 137 III WRV entnehmen und Art. 4 I LV unerwähnt lassen.
83 S. dazu oben Fn. 30.
84 Näher dazu den Überblick über den Meinungsstand in Fn. 65.
85 Vgl. nur BVerwGE 117, 145 (145 ff.); VGH BW, ESVGH 43, 280.
86 S. BGHZ 154, 306; BVerwGE 149, 139 (139 ff.).
87 BVerwGE 149, 139 (147).
88 BVerfG NJW 2009, 1195.

nerkirchliche Maßnahme nach dem in § 55 II VerfGHG zum Ausdruck kommenden Grundsatz der Subsidiarität der Verfassungsbeschwerde jedenfalls **erst nach Ausschöpfung des Rechtsweges vor den staatlichen Fachgerichten** in Betracht kommt.[89]

Der Rechtsweg zu den staatlichen Gerichten ist allerdings nicht nur **eröffnet zur Durchsetzung des staatlichen Rechts**, sondern auch **zur Durchsetzung von Rechtspositionen aus dem Innenrecht der Religionsgemeinschaften** (dessen Existenz Art. 4 I LV und Art. 5 LV iVm Art. 140 GG iVm Art. 137 III WRV gewährleisten), wenn die Geltendmachung vor staatlichen Gerichten **erforderlich ist, um sie zwangsweise durchsetzen zu können**.[90] Dies folgt aus dem allgemeinen Justizgewährleistungsanspruch, den die Rspr. aus Art. 2 I iVm Art. 20 III und Art. 92 GG herleitet,[91] und ist notwendiges Korrelat des staatlichen Gewaltmonopols.[92] Jedoch ist **innerreligionsgemeinschaftlich eröffneter Rechtsschutz vorrangig in Anspruch zu nehmen**.[93] 45

5. Verhältnis zu GG, EMRK und EU-GRCh

Legt man entweder den Schutzbereich eingeschränkt aus (näher → Rn. 39 f.), oder zieht die Schrankenregelung aus Art. 5 LV iVm Art. 140 GG iVm Art. 137 III WRV heran (→ Rn. 37), steht Art. 4 I LV **in keinem Anwendungsfall im Widerspruch zum GG**. Er ist damit ein **vollumfänglich wirksames Landesgrundrecht, das die baden-württembergischen Organe, Behörden und Gerichte bindet**, solange und soweit ihre Entscheidung nicht durch (höherrangiges) einfaches Bundesrecht determiniert wird.[94] In diesem Rahmen eröffnet es auch **Rechtsschutz durch den VerfGH** (näher → Rn. 20). 46

Auch die **EMRK** gewährleistet in Art. 11 I iVm Art. 9 I **die korporative Religionsfreiheit**.[95] Wegen ihrer Geltung im Rang eines (einfachen) Bundesgesetzes[96] steht sie über der LV und ginge dieser **im Fall eines Widerspruches jedenfalls mit Anwendungsvorrang, wenn nicht sogar mit Geltungsvorrang vor**.[97] Dass die Rechte aus der **EMRK** in ihrer Auslegung durch den EGMR aufgrund der Völkerrechtsfreundlichkeit des GG als Auslegungshilfe bei der Auslegung der Grundrechte des GG heranzuziehen sind,[98] tan- 47

---

89 StGH, B. v. 21.6.2013 – 1 VB 55/13 – verfgh.baden-wuerttemberg.de.
90 BVerwGE 153, 282 (284 ff.).
91 Vgl. nur BVerfG, NJW 1999, 349 (349 f.).
92 BVerwGE 153, 282 (285); anders noch VGH BW, ESVGH 56, 92.
93 BVerfG, NJW 1999, 349 (349 f.); BVerwGE 149, 139 (148 f.); BVerwG NVwZ-RR 2017, 399 (399 ff.) in Bestätigung von VGH BW, U. v. 10.11.2015 – 4 S 901/14.
94 Näher *Germann* in: BeckOK GG, Art. 142 Rn. 15 ff.
95 EGMR, U. v. 13.12.2001 (Metropolitenkirche von Bessarabien u.a. vs. Moldawien); EGMR, U. v. 27.6.2000 (Jüdische liturgische Vereinigung Cha'are Shalom Ve Tsedek vs. Frankreich); *Walter* in: Dörr/Grote/Marauhn, Kap. 17, Rn. 103 ff.
96 Vgl. nur BVerfGE 74, 358 (370); 111, 307 (317); *Giegerich* in: Dörr/Grote/Marauhn, Kap. 2, Rn. 47.
97 Zur Frage, ob im Widerspruch zu Landesverfassungsrecht stehendes (einfaches) Bundesrecht Geltungs- oder lediglich Anwendungsvorrang im Einzelfall hat s. die Nachweise in Fn. 70.
98 BVerfGE 111, 307 (315 ff.); 128, 326 (366 ff.); 131, 268 (295 f.).

giert die LV und deren Grundrechte zwar nicht unmittelbar. **Mittelbare Auswirkungen** ergeben sich aber daraus, dass die Grundrechte der LV wiederum (wegen Art. 31, 142 GG) grundgesetzkonform auszulegen sind (näher → Rn. 36). Da Art. 4 I LV seinem Wortlaut nach das Selbstbestimmungsrecht der Religionsgemeinschaften (mangels Schrankenregelung) weitergehend schützt als Art. 9 EMRK, besteht deshalb ein **Bedürfnis nach EMRK-konformer Auslegung von Art. 4 I LV**, dem allerdings mit der in → Rn. 39 f. entwickelten Auslegung Rechnung getragen sein sollte.[99]

48 Das Selbstbestimmungsrecht der Religionsgemeinschaften kann auch durch **Unionsrecht** oder dessen innerstaatlichen Vollzug tangiert werden. Sofern die Mitgliedstaaten Recht der Union „durchführen",[100] findet die **EU-GRCh** Anwendung (Art. 51 I EU-GRCh). Der Grundrechtsschutz der LV wird also durch eine weitere Grundrechtsordnung überlagert. Noch weitgehend ungeklärt ist, ob die EU-GRCh im Falle ihrer Anwendbarkeit die Grundrechte des GG verdrängt.[101] Wenn dies nicht der Fall ist, ist auch von einer parallelen Anwendbarkeit der unter den Grundrechten des GG weitergeltenden Grundrechte der LV auszugehen. Auch die EU-GRCh gewährleistet über Art. 10 die korporative Religionsfreiheit.[102] Bei deren Auslegung ist auch Art. 17 AEUV zu berücksichtigen, demzufolge das Unionsrecht den Status unbeeinträchtigt lässt, den Kirchen, religiöse Vereinigungen oder Gemeinschaften und weltanschauliche Gemeinschaften nach den Rechtsvorschriften der Mitgliedstaaten genießen.[103] Unter dieser Voraussetzung dürfte sich **kein inhaltlicher Widerspruch zwischen Art. 10 EU-GRCh und der hier entwickelten, mit dem GG übereinstimmenden Auslegung des religionsgemeinschaftlichen Selbstbestimmungsrechts der LV** ergeben, weil Art. 17 I AEUV dieses jedenfalls mittelbar gewährleistet.[104]

---

99 Obwohl die Religionsfreiheit gem. Art. 9 II EMRK unter Gesetzesvorbehalt steht, ermittelt auch der EGMR die Reichweite des Schutzes der korporativen Religionsfreiheit „auf der Grundlage einer umfassenden Abwägung der widerstreitenden Positionen und aller sie beeinflussenden Faktoren auf den Einzelfall" (EGMR NZA 2011, 277 – Obst/Deutschland; EGMR NZA 2011, 279 – Schüth/Deutschland; EGMR NZA 2012, 199 – Siebenhaar/Deutschland) und gelangt dabei jedenfalls im Grundsatz zu ähnlichen Wertungen wie das BVerfG; gleichwohl bejaht er in der Entscheidung Schütz/Deutschland einen Konventionsverstoß; näher zur Bedeutung dieser Entscheidungen *Joussen* in: Kämper/Puttler, Straßburg und das kirchliche Arbeitsrecht, 2013, 27.
100 Zu diesem Begriff *Kingreen* in: Callies/Ruffert, Art. 51 GRCharta Rn. 8 ff.
101 Näher zum Streitstand mit Nachweisen zur divergierenden Rspr. von BVerfG und EuGH *Kingreen* in: Callies/Ruffert, Art. 51 GRCharta Rn. 8 ff.
102 Vgl. nur *Jarass*, Charta der Grundrechte der EU, 3. Aufl. 2016, Art. 10 Rn. 15; *Bernsdorff* in: Meyer (Hrsg.), Charta der Grundrechte der EU, 4. Aufl. 2014, Art. 10 Rn. 13, 13a jeweils unter Verweis auf die Rspr. zu Art. 9 EMRK, der gem. Art. 52 III EU-GRCh die Auslegung von Art. 10 maßgeblich bestimmt.
103 Für eine Auslegung von Art. 17 I AEUV bzw. der ihm zugrundeliegenden „Amsterdamer Kirchenerklärung" als Auslegungsleitlinie für die unionsrechtliche Religionsfreiheit *Mückl*, Die Europäisierung des Staatskirchenrechts, 456 f.; für eine Auslegung von Art. 17 I AEUV lediglich als „negative Kompetenznorm" zum Schutz der mitgliedstaatlichen religionsverfassungsrechtlichen Systementscheidungen *Classen*, ZevKR 61 (2016), 333 (334).
104 Zu unterschiedlichen Interpretationen von Art. 17 AEUV s. die Nachweise in Fn. 103.

II. Würdigung der Bedeutung der Kirchen und Religionsgemeinschaften (Abs. 2)

1. Staatstheoretischer Hintergrund

Wenn Art. 4 II LV die „Bedeutung der Kirchen, Religions- und Weltanschauungsgemeinschaften" für die „Bewahrung und Festigung der religiösen und sittlichen Grundlagen des menschlichen Lebens" anerkennt, impliziert er **fundamentale Aussagen über das Staatsverständnis der LV**: Indem er die existentielle Bedeutung der dem Staat gerade nicht anvertrauten Religion für das menschliche Leben herausstellt, bringt er zum Ausdruck, dass der Staat nicht für sich in Anspruch nimmt, das Gemeinwohl umfassend – mit Totalitätsanspruch – zu verwirklichen.[105] Und er verdeutlicht, dass der Staat dem Beitrag der Religionsgemeinschaften zum individuellen und Gemeinschaftsleben – und damit zugleich für die Erfüllung seiner darauf bezogenen, eigenen Aufgaben (Art. 1 II LV) – hohen Wert beimisst, dass er sich bewusst ist, dass er – umschrieben mit den Worten des „Böckenförde-Diktums" – als freiheitlicher Staat nur existieren kann, „wenn sich die Freiheit, die er seinen Bürgern gewährt, von innen her, aus der moralischen Substanz des Einzelnen (…), reguliert".[106]

49

2. Regelungsgehalt

Art. 4 II LV hebt die **Bedeutung von „Religion" und „Sitte" für das menschliche Leben** (als dessen „Grundlagen") hervor und knüpft damit an die Umschreibung der „Berufung des Menschen" in Art. 1 I LV an. Wenn er gleichzeitig festhält, dass die **Bewahrung und Festigung von beidem auch Aufgabe und Verdienst der Religions- und Weltanschauungsgemeinschaften** ist, erteilt er einer **Indifferenz diesen gegenüber**, die in einzelnen Kirchenartikeln der WRV auch nach ihrer Inkorporation in das GG noch erblickt wurde,[107] **eine klare Absage**.[108]

50

Dem **Verantwortungsbereich der Kirchen, Religions- und Weltanschauungsgemeinschaften** ordnet er dabei **nicht nur die Religion, sondern auch die „Sitte"** zu. Dieser Begriff, der an anderen Stellen der LV (Art. 1 I, 12 I, 13) und in anderen Rechtstexten wiederkehrt (vgl. nur Art. 2 I GG, §§ 138 I BGB, 228 StGB), umschreibt ein System von ihrem Ursprung nach außer-

51

---

105 So auch zur Auslegung des LV-Vorspruchs *Hollerbach*, Religion – Christentum – Kirche, 42 (45 f.); allg. zur Anerkennung des „Öffentlichkeitsauftrages der Kirchen" im deutschen Verfassungsrecht *Schlaich* in: HdbStKR II, 131 (170); zur Ablehnung jedes Totalitätsanspruchs als Grundkonsens der Verfassungsberatungen nach 1945 *Beutler*, Das Staatsbild in den Landesverfassungen nach 1945, 20.

106 *Böckenförde*, Staat, Freiheit, Gesellschaft, 60; nach *Hollerbach* erkennt die LV damit an, dass die Kirchen, Religions- und Weltanschauungsgemeinschaften das „sozialethische Fundament" schaffen müssen, „dessen auch ein noch so säkularer Staat bedarf" (*ders*. in: 40 Jahre Baden-Württemberg, 112); diese Wertung kann auch dem GG, insb. dessen Art. 140 iVm Art. 137 V WRV, entnommen werden; anschaulich dazu *Morlok* in Dreier, Art. 140 GG/Art. 137 WRV Rn. 76.

107 Vgl. nur die Charakterisierung des Weimarer Staatskirchenrechts durch *Smend*, ZevKR (1) 1951/1952, 4 (7): „Was sie (die Religionsgemeinschaften) positiv treiben, interessiert ihn (den Staat) nicht – nur negativ zieht er ihnen eine Grenze, die, wie Art. 137 III sagt, ‚der Schranken des für alle geltenden Gesetzes'".

108 *Braun*, Art. 4 Rn. 8.

rechtlichen, dem Staat vorgegebenen grundlegenden[109] Normen für das menschliche Leben, die sich zwar nicht zwingend, aber doch häufig aus religiösen oder weltanschaulichen Einsichten ableiten. Es handelt sich also um Regeln, die die „gute Ordnung" des menschlichen Lebens jenseits der rechtlichen Ordnung durch den Staat vervollkommnen (vgl. Art. 1 II LV), und die – dies als Schlussfolgerung aus der Erfahrung mit dem Nationalsozialismus – dem Staat auch Leitlinie sein und Schranken setzen können. Indem Art. 4 II LV auch hierfür eine Zuständigkeit der Religions- und Weltanschauungsgemeinschaften anerkennt, macht er sich das Selbstverständnis der beiden großen Kirchen zu eigen, dass nicht nur der Staat, sondern auch sie wegen ihrer an den ganzen Menschen gerichteten Botschaft Verantwortung für das öffentliche Leben bzw. Gemeinschaftsleben haben.[110]

52 Deshalb ist es richtig, dass Art. 4 II LV eine **frühe Anerkennung des „Öffentlichkeitsauftrags der Kirchen"** bedeutet,[111] auch wenn diese Terminologie erst wenig später, nämlich über die Präambel des Niedersächsischen Kirchenvertrages von 1955 (sog. „Loccumer Vertrag") und ihm folgende Staatskirchenverträge in die Rechtssprache eingeführt wurde.[112] Gleichzeitig **dehnt er diese Anerkennung auf alle Religions- und Weltanschauungsgemeinschaften gleichberechtigt aus**.[113] Man wird Art. 4 II LV aber nur gerecht, wenn man diesen „Öffentlichkeitsauftrag"[114] umfassend, in seinen

---

109 *Hardtung* in: Münchner Kommentar zum StGB, 2. Aufl. 2012, § 228 StGB, Rn. 16.

110 Während die kath. Theologie die Durchsetzung des „natürlichen Sittengesetzes" bzw. einer christlichen Ethik traditionell als kirchliche Aufgabe begreift, wurde in der ev. Kirche das Konzept einer „kirchlichen Verantwortung für das öffentliche Leben" v.a. im bzw. nach dem Kirchenkampf entwickelt, der bewusst machte, dass die Zurückhaltung gegenüber staatlichem Unrecht zum Verfehlen des eigenen Auftrages führen konnte (zu Anfängen in der Weimarer Republik s. aber *Huber*, Verfassungsgeschichte, Bd. 6, 871). Näher zur Entwicklung der iE weitgehend übereinstimmenden Positionen der Kirchen *Beutler*, Das Staatsbild in den Länderverfassungen nach 1945, 22 ff.; zum „Öffentlichkeitsauftrag" aus Sicht der Ev. Kirche *Rat der EKD*, Das rechte Wort zur rechten Zeit, 2008 (sog. Denkschriften-Denkschrift); *ders.*, Aufgaben und Grenzen kirchlicher Äußerungen zu gesellschaftlichen Fragen, 1970; *Thiele*, ZevKR (46) 2001, 179 (179 ff.); zum „Öffentlichkeitsauftrag" nach dem Selbstverständnis der katholischen Kirche *G. Schmidt*, Kirche und Öffentlichkeit, 1998.

111 Vgl. nur *Hollerbach* in: Feuchte, Art. 4 Rn. 30; *ders.*, VBlBW 1982, 217 (220); *ders.* in: 40 Jahre Baden-Württemberg, 111 (112); *Schlaich*, HdbStKR II, 131 (134); *Korioth* in: HGR VIII, § 236, Rn. 46; *Mikat* in: Bettermann/Nipperdey/Scheuner, IV/1 S. 111 (141); *ders.*, Art. Öffentlichkeitsauftrag, StL, Bd. 4, Sp. 142; zum gleichlautenden Art. 41 RPVerf *Robbers* in: Brocker/Droege/Jutzi, Art. 41 Rn. 14; zum gleichlautenden Art. 109 I SächsVerf *Kunzmann* in: Baumann-Hasske/Kunzmann, Art. 109 Rn. 4; *Degenhart* in: ders./Meissner, Rn. 1, 9; *Braun*, Art. 4 Rn. 9 erklärt die Frage für streitig; offengelassen durch VGH BW, ESVGH 17, 177 (182).

112 Überblick bei *v. Campenhausen/Unruh* in: v. Mangoldt/Klein/Starck, Art. 140 GG/Art. 137 WRV, Rn. 8. Auch die Präambel des EvKirchenvertrags 2007 hält die „Übereinstimmung über den Öffentlichkeitsauftrag der Kirchen" fest.

113 *Hollerbach*, VBlBW 1982, 217 (220).

114 Zu diesem Begriff *v. Campenhausen/Unruh* in: von Mangoldt/Klein/Starck, Art. 140/Art. 137 Rn. 9; *Schlaich*, Gesammelte Aufsätze, 1997, 480 ff.; *Mückl* in: HStR VII, 831 (833); *Degenhart* in: ders./Meissner, § 9 Rn. 9; *Kier* in: Simon/Franke/Sachs, Handbuch der Verfassung des Landes Brandenburg, 1994, § 7 Rn. 7; *Mikat*, Art. Öffentlichkeitsauftrag, in: StL, Sp. 142; *Thiele*, Art. Öffentlichkeitsauftrag, in: Heinig/Munsonius, 183 ff.

unterschiedlichen Dimensionen versteht. Er meint nämlich zweierlei: einerseits den Anspruch der Kirchen, **sich mit ihrer spezifischen religiösen Botschaft an „die Öffentlichkeit" wenden zu dürfen**, damit sie eine Chance auf Wahrnehmung und Wirkung hat,[115] und andererseits den Anspruch, **auf der Basis dieser Botschaft und der durch sie geprägten Sicht auf Leben und Welt auf gesellschaftliche und staatliche Willensbildungsprozesse Einfluss zu nehmen**.[116]

Darüber hinaus würdigt Art. 4 II LV nicht nur diese Beiträge der Religionsgemeinschaften zum öffentlichen Leben, sondern **schließt alle ihre spezifischen Aktivitäten, auch solche ohne „Öffentlichkeitsanspruch" und „-wirkung", ein**. Er geht insofern über eine „Anerkennung" und „Verallgemeinerung" des kirchlichen Öffentlichkeitsauftrags hinaus. 53

Normativ sind diese Grundentscheidungen in folgender Hinsicht **von Bedeutung**: Art. 4 II LV stellt klar, dass die in Art. 5 LV iVm Art. 140 GG iVm Art. 137 I WRV angeordnete **„Trennung von Staat und Kirche" nicht im Sinne einer strikten Bereichsscheidung** zu verstehen ist, dass daraus also zB nicht folgt, dass die Kirchen und Religionsgemeinschaften für ihre spezifischen Aktivitäten keine staatliche Förderung erhalten, im öffentlichen Leben nicht in Erscheinung treten oder nicht zum öffentlichen Diskurs beitragen dürften.[117] Art. 4 II LV verpflichtet den Staat vielmehr, sich einen solchen Beitrag „gefallen zu lassen". 54

Und mehr noch: Gegenüber der WRV, deren zentrales Anliegen die Abschaffung des Staatskirchentums war, zielt Art. 4 II LV auf die **Schaffung eines positiven Kooperationsverhältnisses**.[118] Durch die Würdigung der Gemeinwohlrelevanz der Religionsgemeinschaften legitimiert er nachfolgende, u.a. in Art. 6, 7, 12 II LV enthaltene Privilegierungen der Kirchen, Religions- und Weltanschauungsgemeinschaften.[119] Auch für die Gestaltung und Anwendung des einfachen Rechts kann Art. 4 II LV verfassungsunmittelbarer Anknüpfungspunkt für die **Begünstigung von Religions- und Weltanschauungsgemeinschaften** (zB in der Wohlfahrtspflege, im Bildungs- oder Medienrecht, durch den Abschluss Staatskirchenverträgen u.a.) sein; er kann als legitimes Ziel und Abwägungsgesichtspunkt für die **Rechtfertigung der Einschränkung von Grundrechten Dritter** herangezogen werden (zB von privaten Rundfunkveranstaltern bei Einräumung von Drittsende- 55

---

115 Sog. „Öffentlichkeitsanspruch des Evangeliums", s. nur *Schlaich* in: HdbStKR II, 132 (143 f.).
116 Exemplarisch finden diese beiden unterschiedlichen Facetten des „Öffentlichkeitsauftrages" in den §§ 1 und 2 des can. 747 CIC Ausdruck; der Begriff wird allerdings teilweise auch nur im Sinne der zweiten Dimension gebraucht; speziell zur zweiten Dimension des Öffentlichkeitsauftrages s. auch *Degenhart* in: ders./Meissner, § 9 Rn. 9; *Stolleis* in: Meyer/Stolleis, Hessisches Staats- und Verwaltungsrecht, 1983, 344 (351 f.).
117 *Nebinger*, 76; *Schlaich* in: HdbStKR II, 131 (165 f.); zur Rechtslage nach dem GG vgl. BVerfGE 123, 148 (177 ff.); 44, 37; BVerwG, NVwZ-RR 2009, 590 (591).
118 *Robbers* in: Brocker/Droege/Jutzi, Art. 41 Rn. 13.
119 *Hollerbach*, VBlBW 1982, 217 (220); ders. in: 40 Jahre Baden-Württemberg, 111 (112).

Penßel

rechten[120] an Religionsgemeinschaften),[121] und ist als **Gemeinwohlbelang in Ermessenentscheidungen** einzustellen.[122] Auch kann sich aus seiner Wertung die **Unverhältnismäßigkeit von (mittelbaren) Beschränkungen der religionsgemeinschaftlichen Entfaltungsfreiheit** ergeben.

56 Dagegen ginge es wohl **zu weit, konkrete Schutz- oder Förderpflichten zugunsten von Religionsgemeinschaften unmittelbar aus Art. 4 II LV abzuleiten**: Zwar gestaltet die Rechtsordnung die beiden, nicht immer klar voneinander trennbaren Dimensionen des Öffentlichkeitsauftrages (s. → Rn. 52) vielfältig aus. Beispiele dafür sind Bestimmungen des Rundfunkrechts, die zur Sicherung des Binnen- und Außenpluralismus auch Mitwirkungsrechte für Kirchen und Religionsgemeinschaften vorsehen, zB in Gestalt von **Drittsenderechten im öffentlichen und privaten Rundfunk** (vgl. § 42 I des Rundfunkstaatsvertrages; § 9 III des Staatsvertrages über den Südwestrundfunk; § 5 II Landesmediengesetz BW)[123] oder durch deren **Beteiligung in den Rundfunkräten** (vgl. zB § 14 des Staatsvertrages über den Südwestrundfunk).[124] Die staatliche Förderung kirchlicher Privatschulen und Hochschulen, oder erleichterte Voraussetzungen für die Gründung „kirchlicher" Hochschulen (§ 70 III LHG) sind weitere Beispiele dafür. Schon weil hier überwiegend knappe Ressourcen zu verteilen sind, kann ein unmittelbarer Anspruch einzelner Religionsgesellschaften hierauf aus Art. 4 II LV nicht abgeleitet werden.[125]

57 Art. 4 II ist somit auf Ausgestaltung durch den Gesetzgeber angewiesen und vermittelt **unmittelbar keine subjektiven Rechte für die Kirchen, Religions- und Weltanschauungsgemeinschaften**.[126]

58 Ein **subjektives Recht** auf einzelne, von der Rechtsordnung vorgesehene Privilegierungen kann sich allerdings uU **vermittelt über den allgemeinen Gleichheitssatz (Art. 2 I LV iVm Art. 3 GG)** ergeben. Wie die in → Rn. 56 aufgeführten Beispiele zeigen, sind Differenzierungen zwischen einzelnen (zB unterschiedlich großen) Religionsgemeinschaften zwar nicht gänzlich ausgeschlossen, sondern von Fall zu Fall sogar notwendig, da es der

---

120 Näher zu diesen *Trapp*, Art. Drittsenderechte, in: Heinig/Munsonius, 42 ff.
121 Dazu *Degenhart* in: ders./Meissner, § 9 Rn. 11.
122 *Braun*, Art. 4, Rn. 8.
123 Näher dazu *Trapp*, Art. Drittsenderechte, in: Heinig/Munsonius, 42 ff.
124 Überblick über die rechtliche Ausgestaltung der kirchlichen Beteiligung an Rundfunk und Fernsehen bei *Link*, HdbStKR II, 251 ff., 285 ff.; *Mückl* in: HStR VII, 831 (860 ff.).
125 Für Anspruch auf Sendezeit für Verkündigungssendungen im öffentlich-rechtlichen Rundfunk aus Art. 4 I, II GG *Link*, HdbStKR II, 251 (275); *Klostermann*, Der Öffentlichkeitsauftrag der Kirchen, S. 60 ff.; für subjektives Recht auf (bestimmte) Drittsendungen auch *Lorenz*, Das Drittsenderecht der Kirchen, 1988, 29 ff.; gegen einen verfassungsunmittelbaren Anspruch auf Drittsenderechte im privaten Rundfunk *Degenhart* in: ders./Meissner, § 9 Rn. 11. Einiges spricht dafür, zugunsten „gesellschaftlich relevanter" Religionsgemeinschaften (nur) gegen öffentlich-rechtliche Rundfunkanbieter einen Anspruch auf Drittsenderechte zwar nicht unmittelbar aus der Religionsfreiheit oder Art. 4 II LV, aber aufgrund der Besonderheiten des Rundfunkwesens aus der Rundfunkfreiheit iVm Art. 4 II LV abzuleiten. Für einen Anspruch der ev. Kirche als „gesellschaftlich relevante Gruppe" auf Beteiligung im Rundfunkrat aus Art. 5 I 2 GG OVG Lüneburg, U. v. 29.8.1978, KirchE 17, 29.
126 *Braun*, Art. 4 Rn. 9 mwN.

Gleichheitssatz nur gebietet, „wesentlich Gleiches" gleich zu behandeln.[127] Dabei ist jedoch der **religiös-weltanschaulichen Neutralität des Staates** Rechnung zu tragen, die sich auch in Art. 4 II LV dadurch ausdrückt, dass dieser alle Religions- und Weltanschauungsgemeinschaften unterschiedslos erfasst: Eine **Differenzierung darf nicht an eine Bewertung der Religion oder Weltanschauung als solcher (als richtig oder falsch) anknüpfen.**[128] Hierfür fehlen dem Staat Kompetenz und Maßstäbe (vgl. nur Art. 2 I LV iVm Art. 3 III GG). Welche religiös-weltanschaulich neutralen Kriterien geeignet sind, eine Differenzierung zu rechtfertigen, kann je nach Sachzusammenhang variieren.

Aus dem Neutralitätsgrundsatz folgt schließlich spiegelbildlich, dass **keine einzelne Religions- oder Weltanschauungsgemeinschaft** für ihren eigenen Beitrag zur gesellschaftlichen oder politischen Diskussion **eine besondere, vom Staat anzuerkennende Autorität und Verbindlichkeit beanspruchen kann.**[129] Im Wettbewerb mit anderen Auffassungen können sich religionsgemeinschaftliche Äußerungen nur durch ihre inhaltliche Überzeugungskraft durchsetzen. 59

Zwar baut das aufgezeigte **Verständnis des in seinen Aufgaben begrenzten, religiös-weltanschaulich neutralen, aber gleichzeitig auch religions- und weltanschauungsfreundlichen Staates** (s. → Rn. 49 ff.) erkennbar auf der gemeinsamen Kulturtradition von Land und christlichen Kirchen (vgl. zB Art. 1 II LV), und teilweise auch auf deren Staatsverständnis auf (zu Berührpunkten s. → Rn. 51). Deshalb ist es nicht verwunderlich, dass es in seiner Entstehungszeit, in der die Bevölkerung nahezu vollständig einer der großen Kirchen angehörte (näher → Rn. 6), weitestgehende Akzeptanz besaß. Es muss seine Überzeugungskraft jedoch gerade auch in der Situation größerer religiös-weltanschaulicher Pluralität, wie sie heute herrscht, erweisen. Insofern ist festzuhalten, **dass sich der Staat** trotz, oder gerade wegen seiner Offenheit für sittliche Wertungen jenseits des Rechts (s. dazu → Rn. 51) – solange er sich in den Bahnen seines hierdurch begrenzten Auftrages im Sinne von Art. 1 II LV bewegt – **durch abweichende Staatsvorstellungen von Religions- oder Weltanschauungsgemeinschaften nicht in Frage stellen lassen muss und kann.** 60

Deshalb impliziert Art. 4 II LV auch, dass die durch ihn ausgesprochene **Anerkennung nur solche Gemeinschaften für sich in Anspruch nehmen können,** die **diese grundlegenden verfassungsrechtlichen Wertungen und die Verbindlichkeit der religionsneutralen, „für alle geltenden" staatlichen Gesetze achten.** In der Sache kann dabei auf die Kriterien zurückgegriffen werden, die das BVerfG als ungeschriebene Voraussetzungen für die Zuerkennung des Körperschaftsstatus formuliert hat: Danach kann die staatliche Privilegierung, die dieser Status bedeutet, nur eine Religionsgemeinschaft in Anspruch nehmen, die rechtstreu ist, und dabei auch die Gewähr 61

---

127 Vgl. auch BVerwG, NVwZ 2009, 590 (591).
128 Zur Berücksichtigungsfähigkeit des Christentums als „prägender Kultur- und Bildungsfaktor" s. aber BVerfGE 41, 29 (52 f.); 65 (84 f.); 93, 1 (22).
129 VGH BW, ESVGH 17, 177 (179); *Schlaich* in: HdbStKR II, 137 (140, 167); zum gleichlautenden Art. 109 SächsVerf *Kunzmann* in: Baumann-Hasske/Kunzmann, Art. 109, Rn. 4.

dafür bietet, „dass ihr künftiges Verhalten die in Art. 79 III GG umschriebenen fundamentalen Verfassungsprinzipien, die dem staatlichen Schutz anvertrauten Grundrechte Dritter sowie die Grundprinzipien des freiheitlichen Religions- und Staatskirchenrechts des GG nicht gefährdet".[130] Erfüllt eine Religionsgemeinschaft diese Voraussetzungen nicht, liegt darin ein **zulässiges und nötiges Differenzierungskriterium**. Zwar sind **diese Kriterien für die Bestimmung des personellen Schutzbereiches des Freiheitsrechts aus Art. 4 I LV nicht heranzuziehen**: Die Frage der Rechts- und Verfassungstreue einer Religionsgemeinschaft spielt bei der Bestimmung der Reichweite grundrechtlicher Freiheit nicht bereits auf der Ebene der Einschlägigkeit des Freiheitsrechts, sondern erst auf der Ebene dessen zulässiger Beschränkbarkeit eine Rolle. Weil **Art. 4 II LV** in seinem Wortlaut an die Definition des personellen Schutzbereichs von Abs. 1 anknüpft, aber einen anderen, über die Gewährung von Freiheit vor dem Staat hinausgehenden Regelungsgehalt hat, muss er insofern **teleologisch reduziert werden**.

3. Verhältnis zu GG, EMRK und EU-GRCh

62 Mit alldem **bringt Art. 4 II LV nur präziser zum Ausdruck, was Rspr. und Lit. auch den offener formulierten Bestimmungen des GG entnehmen**,[131] wenn sie hervorheben, dass dort eine „freundliche" oder „positive" Trennung von Staat und Kirche geregelt ist.[132] So hat auch die Rspr. schon früh einen „Öffentlichkeitsauftrag" der Kirchen und Religionsgemeinschaften gestützt auf die vorbehaltlos gewährleistete Religionsfreiheit, die Zurverfügungstellung des öffentlich-rechtlichen Körperschaftsstatus und weitere über Art. 140 GG inkorporierte Privilegierungen der Religionsgemeinschaften anerkannt.[133] Nicht zuletzt durch die Aufnahme in die Staatskirchenverträge wurde die Anerkennung des „Öffentlichkeitsauftrags der Kirchen" zu einem „allgemein anerkannten Grundprinzip des deutschen

---

130 BVerfGE 102, 370 (LS 1, 394); 139, 321 (351).
131 Ebenso zum gleichlautenden Art. 109 SächsVerf *Degenhart* in: ders./Meissner, Rn. 4.
132 Vgl. nur BVerfGE 139, 321 (351); 138, 296 (339); 93, 1 (16); 41, 29 (49): Danach ist die dem Staat gebotene Neutralität „nicht als eine distanzierende im Sinne einer strikten Trennung von Staat und Kirche zu verstehen, sondern als eine offene und übergreifende, für alle Bekenntnisse gleichermaßen fördernde Haltung. Art. 4 I, II GG gebietet auch im positiven Sinn, den Raum für die aktive Betätigung der Glaubensüberzeugung und die Verwirklichung der autonomen Persönlichkeit auf weltanschaulich-religiösem Gebiet zu sichern." S. auch *v. Campenhausen/Unruh* in: v. Mangoldt/Klein/Starck, Art. 140 GG/137 WRV, Rn. 11; *Unruh*, Rn. 141 ff.; *v. Campenhausen/de Wall*, 92 ff.; *Jeand'Heur/Korioth*, Staatskirchenrecht, Rn. 159 ff. jeweils auch mN zur aA; guter, wenn auch älterer Überblick über die Würdigung der Religionsgemeinschaften durch das GG und die daraus folgende Verhältnisbestimmung zum Staat *Heckel*, ZevKR 1966/67, 1 (34 f. Anm. 7).
133 BVerwGE 18, 14 (15); 37, 345 (363). Näher zu Begründung und Bedeutung der Anerkennung des „Öffentlichkeitsauftrages" der Kirchen nach dem GG s. *Schlaich*, HdbStKR II, 160; *v. Campenhausen/Unruh* in: v. Mangoldt/Klein/Starck, Art. 140 GG/137 WRV Rn. 8 ff.; legte man dieses Verständnis des GG auch für die LV zugrunde, ergäbe sich das von Art. 4 II LV Geregelte auch bereits aus Art. 2 I LV iVm Art. 4 GG und Art. 5 LV iVm Art. 140 GG.

Staatskirchenrechts".¹³⁴ Deshalb steht **Art. 4 II LV mit dem GG uneingeschränkt im Einklang.**

Ein Widerspruch zu **EMRK** und **EU-GRCh** ist schon deshalb nicht ersichtlich, weil diesen die prinzipielle **Offenheit für unterschiedliche religionsverfassungsrechtliche Systeme** zugrunde liegt¹³⁵ und die EU darüber hinaus zur **Achtung der mitgliedstaatlichen religionsverfassungsrechtlichen Grundentscheidungen** verpflichtet ist (Art. 17 I, II AEUV). 63

4. Fazit

Auch wenn die in Art. 4 II LV u.a. enthaltene „Anerkennung des Öffentlichkeitsauftrages" der Religionsgemeinschaften heute nicht mehr so stark akzentuiert wird wie in den Jahren ihrer Entfaltung durch die Rspr., ist sie doch **in der Sache weder für die LV, noch für das Verständnis des Religionsverfassungsrechts der GG obsolet** (s. → Rn. 62). Deshalb wird es Art. 4 II LV und den vergleichbaren Bestimmungen anderer Landesverfassungen nicht gerecht, wenn ihnen entweder jede (normative) Bedeutung abgesprochen oder diese auf eine „retrospektive Würdigung" der Verdienste der Kirchen um die Überwindung von Diktaturen reduziert wird.¹³⁶ Vielmehr ist die in Art. 4 II LV zum Ausdruck kommende Wertung **zentraler Baustein der „Religionsfreundlichkeit" und damit zugleich „Freiheitlichkeit"** der Staatsordnung. 64

Artikel 5 [Weimarer Kirchenartikel]

¹Für das Verhältnis des Staates zu den Kirchen und den anerkannten Religions- und Weltanschauungsgemeinschaften gilt Artikel 140 des Grundgesetzes für die Bundesrepublik Deutschland. ²Er ist Bestandteil dieser Verfassung.

Art. 140 GG

Die Bestimmungen der Artikel 136, 137, 138, 139 und 141 der deutschen Verfassung vom 11. August 1919 sind Bestandteil dieses Grundgesetzes.

Art. 136 WRV

(1) Die bürgerlichen und staatsbürgerlichen Rechte und Pflichten werden durch die Ausübung der Religionsfreiheit weder bedingt noch beschränkt.

(2) Der Genuß bürgerlicher und staatsbürgerlicher Rechte sowie die Zulassung zu öffentlichen Ämtern sind unabhängig von dem religiösen Bekenntnis.

(3) Niemand ist verpflichtet, seine religiöse Überzeugung zu offenbaren. Die Behörden haben nur soweit das Recht, nach der Zugehörigkeit zu einer Religionsgesell-

---

134 *Schlaich* in: HdbStKR II, 131 (135); *Robbers* in: Zieger, Die Rechtsstellung der Kirchen im geteilten Deutschland, 1989, 178.
135 Für die EMRK vgl. nur *Menzel/Pierlings/Hoffmann*, Völkerrechtsprechung, 563; der Europäischen Kommission für Menschenrechte zufolge steht sie zB auch einem staatskirchlichen System nicht grundsätzlich entgegen (Darby v. Schweden, Kommissionsbericht vom 9.5.1989, Application No. 11581/85, Rn. 45; *Hillgruber*, DÖV 1999, 1155 [1176]).
136 So andeutungsweise *Degenhart* in: Degenhart/Meissner, § 9 Rn. 1.

schaft zu fragen, als davon Rechte und Pflichten abhängen oder eine gesetzlich angeordnete statistische Erhebung dies erfordert.

(4) Niemand darf zu einer kirchlichen Handlung oder Feierlichkeit oder zur Teilnahme an religiösen Übungen oder zur Benutzung einer religiösen Eidesform gezwungen werden.

Art. 137 WRV

(1) Es besteht keine Staatskirche.

(2) Die Freiheit der Vereinigung zu Religionsgesellschaften wird gewährleistet. Der Zusammenschluß von Religionsgesellschaften innerhalb des Reichsgebiets unterliegt keinen Beschränkungen.

(3) Jede Religionsgesellschaft ordnet und verwaltet ihre Angelegenheiten selbständig innerhalb der Schranken des für alle geltenden Gesetzes. Sie verleiht ihre Ämter ohne Mitwirkung des Staates oder der bürgerlichen Gemeinde.

(4) Religionsgesellschaften erwerben die Rechtsfähigkeit nach den allgemeinen Vorschriften des bürgerlichen Rechtes.

(5) Die Religionsgesellschaften bleiben Körperschaften des öffentlichen Rechtes, soweit sie solche bisher waren. Anderen Religionsgesellschaften sind auf ihren Antrag gleiche Rechte zu gewähren, wenn sie durch ihre Verfassung und die Zahl ihrer Mitglieder die Gewähr der Dauer bieten. Schließen sich mehrere derartige öffentlich-rechtliche Religionsgesellschaften zu einem Verbande zusammen, so ist auch dieser Verband eine öffentlich-rechtliche Körperschaft.

(6) Die Religionsgesellschaften, welche Körperschaften des öffentlichen Rechtes sind, sind berechtigt, auf Grund der bürgerlichen Steuerlisten nach Maßgabe der landesrechtlichen Bestimmungen Steuern zu erheben.

(7) Den Religionsgesellschaften werden die Vereinigungen gleichgestellt, die sich die gemeinschaftliche Pflege einer Weltanschauung zur Aufgabe machen.

(8) Soweit die Durchführung dieser Bestimmungen eine weitere Regelung erfordert, liegt diese der Landesgesetzgebung ob.

Art. 138 WRV

(1) Die auf Gesetz, Vertrag oder besonderen Rechtstiteln beruhenden Staatsleistungen an die Religionsgesellschaften werden durch die Landesgesetzgebung abgelöst. Die Grundsätze hierfür stellt das Reich auf.

(2) Das Eigentum und andere Rechte der Religionsgesellschaften und religiösen Vereine an ihren für Kultus-, Unterrichts- und Wohltätigkeitszwecke bestimmten Anstalten, Stiftungen und sonstigen Vermögen werden gewährleistet.

Art. 139 WRV

Der Sonntag und die staatlich anerkannten Feiertage bleiben als Tage der Arbeitsruhe und der seelischen Erhebung gesetzlich geschützt.

Art. 141 WRV

Soweit das Bedürfnis nach Gottesdienst und Seelsorge im Heer, in Krankenhäusern, Strafanstalten oder sonstigen öffentlichen Anstalten besteht, sind die Religionsgesellschaften zur Vornahme religiöser Handlungen zuzulassen, wobei jeder Zwang fernzuhalten ist.

Schrifttum:
Kommentierungen zu Art. 140 GG; *Besch*, Der Begriff der anerkannten Religionsgemeinschaft im deutschen Staatskirchenrecht unter besonderer Berücksichtigung des Staatskirchenrechts der Länder Bayern und Baden-Württemberg, 1965; *Birk/Ehlers*, Aktuelle Rechtsfragen der Kirchensteuer, 2012; *Bohl*, Der öffentlich-rechtliche Körper-

schaftsstatus der Religionsgemeinschaften, 2001; *v. Campenhausen/de Wall*; *Classen*, Religionsrecht, 2. Aufl. 2015; *Eick-Wildgans*, Anstaltsseelsorge, HdbStKR II, § 70; *dies.*, Anstaltsseelsorge, 1993; *Ennuschat*, Anstaltsseelsorge (juristisch), in: EvStL 2006, Sp. 62-64; *Erasmy*, Entstehung und Entwicklung der Kirchensteuer in Baden bis 1945, 1995; *Heckel*, Das Gleichbehandlungsgebot im Hinblick auf die Religion, HdbStKR I, § 21; *Hesse*, Das Selbstbestimmungsrecht der Kirchen und Religionsgemeinschaften, HdbStKR I, § 17; *Hollerbach*, Das Verhältnis von Staat und Kirche in Baden-Württemberg, Teil 1, VBlBW 1982, 217; *ders.*, Freiheit kirchlichen Wirkens, in: HStR VI (1989), § 140; *ders.*, Grundlagen des Staatskirchenrechts, in: HStR VI (1989), § 138; *ders.*, Religion – Christentum – Kirche: Die Antwort der Landesverfassung, in: ders., 30 Jahre Verfassung von Baden-Württemberg, 1984, 42; *ders.*, Staat und Kirche, in: Schaab/Schaab, 40 Jahre Baden-Württemberg, 1992, 111; *ders.*, Zur Entwicklung des Staatskirchenrechts in Baden und Württemberg in der unmittelbaren Nachkriegszeit, in: Listl/Schambeck, Demokratie in Anfechtung und Bewährung, 1982, 773-796; *Huxdorff*, Rechtsfragen der Erst- und Zweitverleihung des öffentlich-rechtlichen Körperschaftsstatus an Religionsgemeinschaften, 2013; *Jeand'Heur/Korioth*, Grundzüge des Staatskirchenrechts, 2000; *Jurina*, Die Religionsgemeinschaften mit privatrechtlichem Rechtsstatus, HdbStKR I, § 23; *Kästner*, Die Verfassungsgarantie des kirchlichen Vermögens, HdbStKR I, § 32; *Kästner*, Der Sonntag und die kirchlichen Feiertage, HdbStKR II, § 51; *ders.*, Die zweite Eigentumsgarantie im Grundgesetz, JuS 1995, 784; *P. Kirchhof*, Die Kirchen und Religionsgemeinschaften als Körperschaften des öffentlichen Rechts, HdbStKR I, § 22; *Lücke*, Die Weimarer Kirchengutsgarantie als Bestandteil des Grundgesetzes, JZ 1998, 534; *Magen*, Körperschaftsstatus und Religionsfreiheit, 2004; *Marré*, Das kirchliche Besteuerungsrecht, HdbStKR I, § 37; *ders.*, Die Kirchenfinanzierung in Kirche und Staat der Gegenwart, 4. Aufl. 2006; *Muckel*, Staatskirchenrecht, in: ders./de Wall, Kirchenrecht, 5. Aufl. 2017, 60; *Neureither*, Recht und Freiheit im Staatskirchenrecht, Das Selbstbestimmungsrecht der Religionsgemeinschaften als Grundlage des staatskirchenrechtlichen Systems der Bundesrepublik Deutschland, 2002; *Ost*, Kirchengut und Religionsverfassungsrecht, Eine Untersuchung zu Art. 140 GG iVm Art. 138 II WRV, 2008; *Robbers*, Sinn und Zweck des Körperschaftsstatus im Staatskirchenrecht, in: FS Martin Heckel, 411 ff.; *Rüfner*, Die institutionelle Garantie der Sonn- und Feiertage, in: FS Martin Heckel, 447 ff.; *ders.*, Die Organisationsstruktur der übrigen als öffentliche Körperschaften verfassten Religionsgemeinschaften und ihre Stellung im Staatskirchenrecht, HdbStKR I, § 13; *Spielbauer*, Der öffentlich-rechtliche Körperschaftsstatus der Religionsgemeinschaften, 2005; *Unruh*; *Wehdeking*, Die Kirchengutsgarantien und die Bestimmungen über Leistungen der öffentlichen Hand an die Religionsgesellschaften im Verfassungsrecht des Bundes und der Länder, 1971; *Weber*, Körperschaftsstatus für Religionsgemeinschaften, ZevKR 57 (2012), 347; *Winter*, Staatskirchenrecht der Bundesrepublik Deutschland, 2. Aufl. 2008.

Vergleichbare Regelungen: Art. 9 I MVVerf, 22 NRWVerf, 109 IV SächsVerf, 32 V LSAVerf, 40 ThürVerf (Art. 142–143, 145–148 BayVerf, Art. 36–38 BbgVerf, Art. 59–62 BremVerf, Art. 48–49, 51-54 HessVerf, Art. 43–48 RPVerf, Art. 37–39, 40–42 SaarlVerf).

Ergänzende Normen: Allgemein: Württembergisches Gesetz über die Kirchen vom 3.3.1924 (WürttKirchenG); Preußisches Gesetz zu dem Vertrage mit dem Heiligen Stuhle vom 3.8.1929 (mit Vertrag des Freistaates Preußen mit dem Heiligen Stuhle vom 14.6.1929); Badisches Gesetz zu dem Vertrag (Konkordat) mit dem Heiligen Stuhle vom 9.12.1932 (mit Konkordat zwischen dem Heiligen Stuhl und dem Freistaate Baden sowie Schlussprotokoll vom 12.10.1932 und Zusatzprotokoll vom 7./10.11.1932); Gesetz zu dem Evangelischen Kirchenvertrag BW und zu der Römisch-katholischen Kirchenvereinbarung BW vom 8.1.2008 (mit Vertrag des Landes BW mit der Evangelischen Landeskirche in Baden und mit der Evangelischen Landeskirche in Württemberg vom 17.10.2007; Vereinbarung des Landes BW mit der Erzdiözese Freiburg und mit der Diözese Rottenburg-Stuttgart v. 31.10.2007); Gesetz zu dem Vertrag des Landes BW mit der Israelitischen Religionsgemeinschaft Baden und der Israelitischen Religionsgemeinschaft Württembergs v. 16.3.2010 (mit Vertrag des Landes BW mit der Israelitischen Religionsgemeinschaft Baden und der Israelitischen Religionsgemeinschaft Württembergs vom 18.1.2010); Art. 30–49, 51 Württembergisches Evangelisches Kirchengemeindegesetz in der Fassung vom 22. Juli 1906; §§ 22, 23 Württembergisches Katholisches Pfarrgemeindegesetz in der Fassung vom 22. Juli 1906; Reichskonkordat.[1]

Speziell zu einzelnen Regelungen: Gesetz über die Erhebung von Steuern durch öffentlich-rechtliche Religionsgemeinschaften in BW (KiStG BW) idF vom 15.6.1978 (mit Ausführungsverordnungen) (zu Art. 5 LV iVm Art. 140 GG iVm Art. 137 VI WRV); Gesetz über die Sonn- und Feiertage (FTG) idF vom 8.5.1995, Gesetz über die Ladenöffnung in BW (LadÖG BW) v. 14.2.2007; Arbeitszeitgesetz (ArbZG) des Bundes v. 6.6.1994 (zu Art. 5 LV iVm Art. 140 GG iVm Art. 139 WRV); Gesetzbuch über den Justizvollzug in BW (JVollzGB) v. 10.11.2009, Buch 1: §§ 12 IV, VII, Buch 2: §§ 22–24, Buch 3: §§ 29–31, Buch 4: §§ 27–29 (zu Art. 5 LV iVm Art. 140 GG iVm Art. 141 WRV).

Leitentscheidungen: BVerfGE 33, 23 (zu Art. 140 GG iVm Art. 136 I, IV WRV); 83, 341 (zu Art. 140 GG iVm Art. 137 II, IV WRV); 46, 73; 53, 366; 137, 273 (Art. 140 GG iVm Art. 137 III WRV); 102, 370; 139, 321 (zu Art. 140 GG iVm Art. 137 V WRV); 19, 209; 30, 415 (zu Art. 140 GG iVm Art. 137 VI WRV); 123, 148 (zu Art. 140 GG iVm Art. 138 I WRV); 99, 100 (zu Art. 140 GG iVm Art. 138 II WRV); 125, 39; BVerfG, NVwZ 2017, 461 (zu Art. 140 GG iVm Art. 139 WRV); BVerwGE 90, 112; 123, 49 (zum Begriff der „Religionsgemeinschaft"); StGH, ESVGH 19, 133 (Rechtswirkung aus dem GG inkorporierter Bestimmungen); ESVGH 66, 1 (Kirchenbaulast); VGH BW, ESVGH 53, 155 (Art. 5 LV iVm Art. 140 GG iVm Art. 137 III WRV); ESVGH 53, 216 (Art. 140 GG iVm Art. 137 III WRV); ESVGH 56, 92 (Art. 140 GG iVm Art. 137 III WRV); NVwZ-RR 2012, 222 (Art. 140 GG iVm Art. 137 III WRV); ESVGH 17, 177 (Art. 140 GG iVm Art. 137 V WRV); ESVGH 59 (26) (Art. 140 GG iVm Art. 137 V WRV); ESVGH 60, 64 (Art. 140 GG iVm Art. 137 III, 138 II WRV); ESVGH 64, 99 (Art. 140 GG iVm Art. 138 II WRV).

A. Überblick und Einordnung 1	b) Verleihung des Körperschaftsstatus, Art. 140 GG iVm 137 V 2 WRV 23
I. Bedeutung 1	
II. Entstehungsgeschichte 3	
III. Verfassungsvergleichende Einordnung 4	
B. Erläuterung 5	c) Körperschaftsstatuserwerb durch Untergliederungen 27
I. Anwendungsbereich 5	
II. Regelungsgehalt 7	
III. Bedeutung der einzelnen inkorporierten Artikel für das Landesverfassungsrecht 10	d) Rechtsfolgen der Verleihung 28
1. Art. 140 GG iVm 136 WRV 11	e) Bedeutung und Inhalt des Körperschaftsstatus 29
2. Art. 140 GG iVm Art. 137 I WRV 15	6. Art. 140 GG iVm Art. 137 VI WRV 33
3. Art. 140 GG iVm Art. 137 II und IV WRV .. 17	7. Art. 140 GG iVm Art. 137 VII WRV 34
4. Art. 140 GG iVm Art. 137 III WRV 19	8. Art. 140 GG iVm Art. 137 VIII WRV 35
5. Art. 140 GG iVm Art. 137 V WRV 20	9. Art. 140 GG iVm Art. 138 WRV 36
a) Altkorporierte Religionsgemeinschaften, Art. 140 GG iVm Art. 137 V 1 WRV 20	a) Art. 138 I WRV 36
	b) Art. 138 II WRV 37
	10. Art. 140 GG iVm Art. 139 WRV 42
	11. Art. 140 GG iVm Art. 141 WRV 47

---

1 Näher zu seiner Geltung in und für BW → Art. 8 Rn. 6.

A. Überblick und Einordnung
I. Bedeutung

Durch die Inkorporation der religionsverfassungsrechtlichen Normen des GG gewährleistet Art. 5 LV, dass sich das Religionsverfassungsrecht der LV in deren Rahmen einfügt. Dadurch ist er auch **für die Auslegung anderer Artikel der LV von Bedeutung** (vgl. → Art. 4 Rn. 36), die durch ihn **mit den inkorporierten Artikeln der WRV auf einer Normebene und damit** schon deshalb, und nicht nur wegen der Erforderlichkeit grundgesetzkonformer Auslegung,[2] **in interpretatorischer Wechselwirkung stehen.** 1

Den Gewährleistungen aus Art. 4 I, II LV fügt Art. 5 LV weitere subjektive Rechte (zB das Besteuerungsrecht, Art. 137 VI WRV, die Vermögensgarantie aus Art. 138 II WRV oder das Recht auf Anstaltsseelsorge, Art. 141 WRV), und objektiv-rechtliche Gewährleistungen (Art. 139 WRV) hinzu. Zwar gelten die inkorporierten Regelungen auch in BW und für die baden-württembergische Staatsgewalt uneingeschränkt bereits aufgrund von Art. 140 GG,[3] so dass Art. 5 LV die materielle Rechtsstellung der Religions- und Weltanschauungsgemeinschaften nicht erweitert.[4] Er ist aber **verfahrensrechtlich von Bedeutung**, weil er die über Art. 140 GG inkorporierten Regelungen der WRV zu einem Bestandteil der LV und dadurch zum **Prüfungsmaßstab für den VerfGH** macht. Soweit die inkorporierten Artikel subjektive „Rechte" vermitteln (näher → Rn. 18, 19, 26, 33, 37, 45, 47 f.), können diese mit einer Klage auf dem Verwaltungsrechtsweg und gem. § 55 VerfGHG mit der Verfassungsbeschwerde geltend gemacht werden.[5] 2

II. Entstehungsgeschichte[6]

Der Vorschlag, Art. 140 GG in die LV zu inkorporieren, entstammte dem VerfECDU. Dieser führte zunächst einzelne, zT auch in Art. 140 GG enthaltene Rechtsgewährleistungen auf, und schloss damit, dass „ergänzend" Art. 140 GG Bestandteil der LV sei (Art. 23). Um den Verfassungstext zu entlasten, entschied man, sich auf eine Inkorporation von Art. 140 GG zu beschränken. Das Wort „ergänzend" wurde mit dem Argument gestrichen, dass die Regelungen aus Art. 140 GG ohnehin verbindlich wären und nur ihrerseits durch die LV „ergänzt" werden könnten. Die in der Sache unstreitige Übernahme des Regelungsgehalts von Art. 5 in die LV beruhte somit erstens auf dem Bemühen, **in Art. 140 GG enthaltene Garantien** (zB diejenige des kirchlichen Vermögens aus Art. 138 II WRV) auch **in das Landesverfassungsrecht zu überführen** (und so zB für den Fall einer Abän- 3

---

2 S. dazu → Art. 4 Rn. 36 mit Fn. 72.
3 BVerfGE 42, 312 (324 f.).
4 Auch eine Erweiterung der Bestandsgarantien aus Art. 137 V 1 WRV und Art. 138 I, II WRV tritt durch den Vorgang der Inkorporation nicht ein, s. → Rn. 20, 40 mit Fn. 109, → Art. 7 Rn. 19 mit Fn. 67.
5 Soweit bei *Zuck*, Die Landesverfassungsbeschwerde in Baden-Württemberg, 2013, Rn. 79 in der Auflistung verfassungsbeschwerdefähiger subjektiver Rechte Art. 5 LV iVm Art. 140 GG iVm bestimmten Einzelgarantien der WRV vollständig fehlt, ist diese Auflistung somit ergänzungsbedürftig.
6 Beratungen des VA: 34., 46., 48., 52. Sitzung; Beratungen der VLV: 40. Sitzung (2. Lesung); 58. Sitzung (3. Lesung).

derung des GG zu perpetuieren), und zweitens **das Religionsverfassungsrecht der LV dem des GG anzupassen und Widersprüche zu vermeiden.**

III. Verfassungsvergleichende Einordnung

4 Fast alle nachkonstitutionellen Landesverfassungen enthalten eine Parallelbestimmung zu Art. 5 LV: Lediglich in den Verfassungen von Berlin und Brandenburg fehlt sie. Die vor dem GG erlassenen Landesverfassungen enthalten häufig Bestimmungen, die mit den Art. 136-139, 141 WRV sachlich übereinstimmen (näher → Art. 4 Rn. 13).

B. Erläuterung

I. Anwendungsbereich

5 Die Verweisung des Art. 5 LV gilt für die Regelung des Verhältnisses „des Staates zu den Kirchen und anerkannten Religions- und Weltanschauungsgemeinschaften".[7] Die im Wortlaut scheinbar enthaltene **Einschränkung auf die Rechtsbeziehungen zu den „anerkannten" Religions- und Weltanschauungsgemeinschaften ist rechtlich bedeutungslos.** Zum einen wäre eine Auslegung **dahin gehend,** dass bestimmte Rechte (etwa aus Art. 138 II oder Art. 141 WRV) nur bestimmten, aber nicht allen Religionsgemeinschaften zustehen sollen, nicht grundgesetzkonform,[8] und widerspräche dadurch dem Zweck, das Landesverfassungsrecht in die ohnehin verbindliche Ordnung des GG einzupassen (vgl. → Rn. 3). Zum anderen ist die Verweisung so umfassend, wie sie formuliert ist (nämlich auf Art. 140 GG insgesamt, nicht lediglich einzelne dort genannte Artikel der WRV), nur sinnhaltig, wenn sie auf die Rezeption der grundgesetzlichen Gesamtordnung, mit ihrer Gewährleistung der religionsgemeinschaftlichen Vereinigungsfreiheit, der Abstufung zwischen korporierten und privatrechtlich organisierten Religionsgemeinschaften usw., angelegt ist.[9] Gegen die Auslegung des Begriffs der „anerkannten Religionsgemeinschaft" als Religionsgemeinschaft, die „als Körperschaft des öffentlichen Rechts" anerkannt wurde,[10] spricht u.a., dass in diesem Verständnis etliche der (dann ggf. nur vermeintlich) inkorporierten Normen vollständig bedeutungslos wären,[11] was das explizite Regelungsanliegen der Verfassungseltern konterkariert.[12] Art. 5 LV kann

---

7 Zum Begriff „Kirche" s. → Art. 4 Rn. 22 ff.; zum Begriff „Religionsgemeinschaft" s. → Art. 4 Rn. 26 ff.; zum Begriff „Weltanschauungsgemeinschaft" s. → Art. 4 Rn. 32.
8 *Braun*, Art. 5, Rn. 1; auch als Mindergewährleistung wäre eine Differenzierung zwischen Religionsgemeinschaften jenseits der Unterscheidung zwischen öffentlichrechtlich korporierten und privatrechtlichen nicht nach Art. 142 GG wirksam, weil kein Kriterium ersichtlich ist, nach dem eine solche in Übereinstimmung mit den grundgesetzlichen Paritätsgewährleistungen durchgeführt werden könnte; auch würde die Regelung eines „Anerkennungserfordernisses" für Religionsgemeinschaften (neben der Anerkennung als Körperschaft des öffentlichen Rechts) gegen das GG (insb. Art. 140 GG iVm 137 II, IV WRV) verstoßen; s. a. → Art. 4 Rn. 33.
9 S. auch *Besch*, Der Begriff der anerkannten Religionsgemeinschaft, 115 f.
10 Dafür *Spreng/Birn/Feuchte*, Art. 5, Rn. 3.
11 ZB hätte der Verleihungsanspruch aus Art. 137 V 2 WRV und Art. 137 IV WRV keinen Anwendungsbereich.
12 Eine Inkorporierung von Art. 137 V WRV insgesamt war ausdrücklich beabsichtigt, denn Art. 5 LV sollte u.a. Art. 19 VerfECDU ersetzen, der eine Parallelregelung zu Art. 137 V WRV enthielt, s. 34. VA-Sitzung in: Feuchte, Quellen, 2. Teil, 486 ff.

daher nicht so ausgelegt werden, dass er nur die Beziehung des Staates zu bestimmten Religions- und Weltanschauungsgemeinschaften, etwa solchen mit Körperschaftsstatus, regelt.[13]

Soweit Art. 140 GG nicht nur das Verhältnis zu den **Religionsgemeinschaften** selbst, sondern auch das zu ihnen **zugeordneten Einrichtungen** regelt (wie zB Art. 140 GG iVm Art. 137 III WRV),[14] ist auch dieser Regelungsgehalt Teil der LV geworden.[15] Dies ergibt die teleologische und historische Auslegung der Norm, die auf eine vollständige Übertragung der grundgesetzlichen Grundsatzentscheidungen in die LV abzielte (s.o., → Rn. 3). Dieses Ziel wird nur erreicht, wenn man unter dem im Tatbestand von Art. 5 LV aufgeführten „Verhältnis von Staat und Religionsgemeinschaften" auch das Verhältnis zwischen Staat und den Religionsgemeinschaften zugeordneten Einrichtungen versteht. 6

II. Regelungsgehalt

Art. 5 LV stellt nicht nur fest, dass **Art. 140 GG** gilt, also die Landesstaatsgewalt bindet,[16] sondern außerdem, dass er **Teil der LV** ist (s. S. 2). **Art. 140 GG iVm Art. 136-139, Art. 141 WRV** sind damit **vollgültiges Landesverfassungsrecht, das nicht auf einer gegenüber anderen Bestimmungen der LV niederen Stufe steht.**[17] Die Auslegung der über Art. 140 GG inkorporierten Artikel der WRV als gleichrangiges Verfassungsrecht durch das BVerfG[18] muss schon deshalb auf die LV übertragen werden, weil Art. 5 LV dem Zweck dient, das baden-württembergische Religionsverfassungsrecht in das ohnehin bindende Religionsverfassungsrecht des GG einzuordnen.[19] Eine Nachrangigkeit der über Art. 5 LV inkorporierten Normen würde diesem Zweck nicht gerecht. 7

Klärungsbedürftig ist, ob Art. 140 GG in seiner Gestalt bei Inkrafttreten der LV (statische Verweisung) oder in seiner jeweiligen, später ggf. anderen Gestalt (dynamische Verweisung) in die LV einbezogen wird. Für eine dynamische Verweisung spricht das Bestreben der Verfassungseltern, die LV dem GG einzuordnen und Widersprüche zu vermeiden (s.o., → Rn. 3). Dafür spricht auch die Entscheidung, Art. 140 GG, und nicht unmittelbar die von ihm einbezogenen Artikel der WRV zu inkorporieren. Allerdings kann dies auch mit dem Anliegen gerechtfertigt werden, die **Weimarer Artikel in dem Gehalt zu rezipieren, den sie durch die Inkorporation in das GG erhalten haben**, der mit ihrem ursprünglichen Gehalt nicht zwingend identisch 8

---

13 S. auch *Braun*, Art. 5, Rn. 1 ff.; *Besch*, Der Begriff der anerkannten Religionsgemeinschaft, 116; aA *Spreng/Birn/Feuchte*, Art. 4 und 5, Anm. 3; näher zur Problematik des Begriffs der „anerkannten Religionsgemeinschaft" → Art. 4 Rn. 33.
14 Vgl. nur BVerfGE 46, 73 (85); 53, 366 (391); näher dazu, auch zu den Voraussetzungen einer solchen Zuordnung → Art. 4 Rn. 25.
15 S. auch *Braun*, Art. 5, Rn. 4.
16 Dies ist auch ohne ihn der Fall, vgl. nur BVerfGE 42, 312 (324 f.); *Hellermann* in: BeckOK GG, Art. 31, Rn. 5.
17 So auch zu Art. 9 I MVVerf *Kronisch* in: Classen/Litten/Wallerath, Art. 9 Rn. 5.
18 BVerfGE 19, 206 (219).
19 Um dies zu verdeutlichen, wurde beschlossen, aus Art. 5 LV die Aussage zu streichen, dass Art. 140 GG (nur) „ergänzend" gilt, s. → Rn. 3.

sein muss.[20] Für die statische Verweisung spricht, dass die Verfassungseltern nur über die Rezeptionswürdigkeit der damals in Art. 140 GG enthaltenen Regelungen urteilen konnten und soweit ersichtlich auch nur über sie urteilen wollten: Die Inkorporation von Art. 140 GG zielte maßgeblich darauf, bestimmte, in Art. 140 GG im Zeitpunkt der Inkorporation enthaltene Rechtsgarantien auch Teil der LV werden zu lassen (→ Rn. 3).[21] Weil eine dynamische Verweisung auf Normen eines anderen Normgebers eine Rechtsordnung öffnet für unvorhersehbare, ggf. unstimmige Entwicklungen, kann sie – sofern man sie überhaupt als mit dem Demokratie- und Rechtsstaatsprinzip für vereinbar ansieht[22] – allenfalls dann durch Auslegung angenommen werden, wenn es dafür überzeugende Hinweise gibt. An solchen fehlt es hier: Der Wortlaut ist offen, die Entstehungsgeschichte streitet für eine **statische Verweisung**. Deshalb sprechen die besseren Argumente dafür, Art. 5 LV als solche auszulegen.[23] Art. 140 GG in seiner bei Inkrafttreten der LV geltenden Fassung bleibt damit auch dann (vorbehaltlich des Art. 31 GG) gültiges Landesverfassungsrecht, wenn er als Norm des GG geändert oder aufgehoben werden sollte.[24]

9 Schon daraus ergibt sich, dass Art. 5 LV und 140 GG keine einheitliche (identische) Regelung darstellen (die dann auch zwingend von Landes- und Bundesverfassungsgerichtsbarkeit einheitlich ausgelegt werden müsste),[25] sondern **zwei separate Rechtsgewährleistungen** vorliegen,[26] die **grds. auch jeweils eigenständig auszulegen sind**.[27] Allerdings gilt dabei der Grundsatz, dass wenn möglich eine Auslegung zu wählen ist, die eine Unwirksamkeit

---

20 S. dazu das berühmt gewordene Diktum von *Smend*, ZevKR (1) 1951/52, 4 (34): „[...] wenn zwei Grundgesetze dasselbe sagen, ist es nicht dasselbe."
21 34. VA-Sitzung in: Feuchte, Quellen, 4. Teil, 486 ff.: Die Inkorporation von Art. 140 GG sollte die Übernahme der Art. 17-19 VerfECDU ersetzen.
22 Kritisch dazu *Dreier* in: Dreier, Art. 142, Rn. 45 u. Art. 20 (Demokratie), Rn. 118 (dynamische Verweisung auf Normen eines anderen Normgebers als Verstoß gegen das Demokratieprinzip; mwN auch zur aA). Näher zur Problematik dynamischer Verweisung mN zum kontroversen Meinungsstand → Art. 2 Rn. 17, 19.
23 Für statische Verweisung auch *Braun*, Art. 5, Rn. 5; *Hopfe* in: Linck/Jutzi/Hopfe, Art. 40 Rn. 3 zu Art. 40 ThürVerf; für dynamische Verweisung *Heckel* in: Maurer/Hendler, 580 (581) unter Bezugnahme auf *Hollerbach* in: Feuchte, Art. 2 Rn. 16; die Auslegung von Art. 2 LV kann jedoch nicht ohne Weiteres auf Art. 5 LV übertragen werden, schon weil bei Art. 2 I LV durch Verfassungsänderung von 1995 entweder bewirkt oder klargestellt werden sollte, dass es sich um eine dynamische Verweisung handelt (vgl. LT-Drs. 11/5326, 5), näher und krit. dazu *Engelken/Braun*, Art. 2 Rn. 1 ff.
24 Für die Praxis ist diese Auslegungsfrage bisher bedeutungslos, weil Art. 140 GG nach dem Inkrafttreten der LV nicht geändert wurde.
25 So aber zur parallelen Problematik der Auslegung der „mit dem GG übereinstimmenden" und damit nach Art. 31, 142 GG wirksamen Landesgrundrechte BVerfGE 22, 267 (271 ff.): Vorliegen eines identischen Grundrechts an mehreren Stellen der Rechtsordnung; sich daran anschließend StGH, ESVGH 19, 133 (138 f.).
26 Wiederum für die Landesgrundrechte wie hier *Braun*, Art. 2, Rn. 4; *v. Campenhausen/Unruh* in: v. Mangoldt/Klein/Starck, Art. 142, Rn. 11, *Korioth* in: Maunz/Dürig, Art. 142, Rn. 14; *Dreier* in: Dreier, Art. 142, Rn. 47; *Merten* in: HGR, VIII, § 232 Rn. 33, jeweils mwN.
27 So auch *Heckel* in: Maurer/Hendler, 580 (582); für die Landesgrundrechte *Rüfner*, DÖV 1967, 668 (669 f.).

der landesverfassungsrechtlichen Norm gem. Art. 31 GG vermeidet (s. →
Art. 4 Rn. 36).

III. Bedeutung der einzelnen inkorporierten Artikel für das Landesverfassungsrecht

Für die Auslegung von Art. 140 GG iVm Art. 136 – 139, 141 WRV – die 10
zur Vermeidung von Widersprüchen zum GG mittelbar auch für die Auslegung von Art. 5 LV iVm Art. 140 GG relevant wird (s. → Rn. 9) – kann auf die einschlägigen GG-Kommentierungen verwiesen werden. Hier ist auf sie nur insoweit einzugehen, als sich aus deren Einordnung in die LV und ihrer Ausgestaltung durch Landesrecht Besonderheiten und eigene Fragestellungen ergeben.

1. Art. 140 GG iVm 136 WRV

Für **Art. 140 GG iVm Art. 136 WRV** muss dabei beantwortet werden, ob 11
er **überhaupt durch Art. 5 in die LV inkorporiert** wurde. Dagegen kann angeführt werden, dass Art. 140 GG gem. Art. 5 LV „für das Verhältnis des Staates zu den anerkannten Religions- und Weltanschauungsgemeinschaften" gelten soll, Art. 136 WRV aber nicht unmittelbar dieses Verhältnis, sondern das Rechtsverhältnis der Einzelnen gegenüber dem Staat mit Blick auf ihre religiös-weltanschaulichen Überzeugungen regelt. Diese Problematik der Formulierung von Art. 5 LV wurde bereits im VA gesehen, und dort ausdrücklich hervorgehoben, dass Art. 5 LV im Sinne einer Inkorporation von Art. 140 GG iVm Art. 136 WRV zu verstehen sein solle, weil „das Verhältnis von Staat und Kirche (…) wesentlich durch die dem einzelnen Staatsbürger in den Artikeln 136 ff. der Weimarer Reichsverfassung verliehenen Grundrechte ausgestaltet (wird)".[28] Weil auch der Wortlaut für eine umfassende Inkorporation von Art. 140 GG spricht (vgl. Art. 5 S. 2 LV), ist davon auszugehen, dass **sich Art. 5 LV auch auf Art. 140 GG iVm Art. 136 WRV erstreckt.**

Daraus wiederum folgt, dass **Art. 140 GG iVm Art. 136 WRV nicht bereits** 12
durch Art. 2 I LV in die LV inkorporiert ist. Das ergibt sich zwar nicht zwingend daraus, dass er nur der Sache nach, aber nicht nach der Terminologie und Systematik des GG „Grundrechte" enthält[29], weil man Art. 2 I LV auch so lesen kann, dass er alle Normen des GG inkorporiert, die materiell Grundrechte enthalten (s. → Art. 2 Rn. 23). Außerdem können einzelne Teilregelungen durchaus als „staatsbürgerliche Rechte" iSv Art. 2 I LV eingeordnet werden. Trotzdem ist wegen des systematischen Nebeneinanders von Art. 2 I und Art. 5 LV (in seiner in → Rn. 11 entwickelten Auslegung) letzterer als die maßgebliche, weil speziellere Inkorporationsnorm einzuordnen (s. dazu auch → Art. 2 Rn. 24).[30]

---

28 Beitrag des Ausschussvorsitzenden in: Feuchte, Quellen, 4. Teil, 493.
29 BVerfGE 19, 129 (135); aA *Ehlers* in: Sachs, GG, Art. 136 WRV, Rn. 1; *Morlok* in: Dreier, Art. 140 Rn. 31.
30 Für eine Inkorporation von Art. 140 GG iVm Art. 136 WRV durch Art. 2 I LV *Hollerbach* in: Feuchte, Art. 2, Rn. 15; Art. 5, Rn. 6; für die Rechtsanwendung ist die Entscheidung zwischen beiden möglichen Deutungen bedeutungslos.

13 Im Verhältnis zu den durch Art. 2 I LV inkorporierten Art. 3 III, Art. 4 I, II und Art. 33 III GG, die das durch Art. 5 LV iVm Art. 140 GG iVm Art. 136 WRV Geregelte in allgemeinerer Form ebenfalls gewährleisten,[31] hat dieser teilweise die Funktion, Einzelfragen einer konkreten Regelung zuzuführen (vgl. insb. Art. 136 III, IV WRV).[32] Diese ist dann als lex specialis grds. vorrangig anzuwenden.

14 Teilweise sind in Art. 5 LV iVm Art. 140 GG iVm Art. 136 WRV enthaltene Regelungen **mit anderen Normen der LV im Einzelfall in „praktische Konkordanz" zu bringen**.[33] Ein Beispiel dafür ist das Verhältnis von Art. 5 LV iVm Art. 140 GG iVm Art. 136 I WRV (und Art. 2 I LV iVm Art. 3 III GG) zu Art. 4 II LV: Weil die besondere Anerkennung der Bedeutung der Religions- und Weltanschauungsgemeinschaften in Art. 4 II LV auf einer normativen Ebene mit der Forderung nach „Neutralität" und „Religionsblindheit" aus Art. 5 LV iVm Art. 140 GG iVm Art. 136 I WRV steht, ist zwischen beiden Grundsätzen im Einzelfall ein angemessener Ausgleich zu finden, der auch **an Religion oder Weltanschauung anknüpfende Differenzierungen** beinhalten kann.[34] Auch ist Art. 5 LV iVm Art. 140 GG iVm Art. 136 I, II WRV so auszulegen, dass er der Existenz von **„konfessionsgebundenen Staatsämtern"**[35] nicht entgegensteht, die es **an den durch Art. 10 LV vorausgesetzten theologischen Fakultäten** an staatlichen Hochschulen gibt und geben muss (näher → Art. 10 Rn. 17). Dies gilt schon deshalb, weil Art. 5 LV iVm Art. 140 GG Art. 136 I, II WRV und Art. 10 LV auf einer normativen Ebene stehen.[36] Dasselbe gilt für die **Ämter der Dozenten für Theologie und Religionspädagogik an staatlichen Hochschulen**, die für die universitäre Ausbildung der Lehrkräfte zuständig sind, die konfessionellen Religionsunterricht gem. Art. 7 III GG, Art. 18 LV erteilen sollen (s. den mit Art. 5 LV iVm Art. 140 GG iVm Art. 136 I, II WRV gleichrangigen **Art. 19 II LV**). Auch das GG erlaubt und fordert diese „konfessionsgebundenen Staatsämter" aufgrund der verfassungsunmittelbaren Garantie des konfessionellen Religionsunterrichts. Ob sich dagegen aus der Garantie der **Anstaltsseelsorge** (Art. 5 LV iVm Art. 140 GG iVm Art. 141 WRV) die Zulässigkeit „konfessionsgebundener Staatsämter" ergibt, auf die Art. 136 II

---

31 *Morlok* in: Dreier, Art. 136 WRV Rn. 8.
32 *V. Campenhausen* in: v. Mangoldt/Klein/Starck, Art. 140 GG/Art. 136 WRV Rn. 5; *Korioth* in: Maunz/Dürig, Art. 140 GG/136 WRV Rn. 4, 39.
33 So gilt das Gebot strikter Gleichbehandlung aus Art. 136 I WRV jedenfalls für staatsbürgerliche Pflichten nur uneingeschränkt, weil sich hier aus Art. 2 I LV iVm Art. 4 I, II GG das Erfordernis einer Befreiung ergeben kann, vgl. nur BVerfGE 33, 23 (30 f.) zur „Überlagerung" von Art. 136 I WRV durch Art. 4 I, II GG; s.a. *v. Campenhausen/Unruh* in: v. Mangoldt/Klein/Starck, Art. 140 GG/Art. 136, Rn. 6; näher *Korioth* in: Maunz/Dürig, Art. 136 WRV Rn. 37.
34 Gegen eine Auslegung von Art. 3 III GG als „Anknüpfungsverbot" auch *Heckel*, HdbStKR I, 589 (635 ff.).
35 Zu diesem Begriff *Korioth* in: Maunz/Dürig, Art. 136 WRV Rn. 65; *v. Campenhausen*, Das konfessionsgebundene Staatsamt, in: FS Maunz, 1981, 27 (28 f.).
36 Dazu, dass das Amt von Hochschullehrern an staatlichen theologischen Fakultäten auch nach dem GG als „konfessionsgebundenes Staatsamt" einzuordnen ist und Art. 136 I, II WRV dem nicht entgegensteht: *Korioth* in: Maunz/Dürig, Art. 140 GG/136 WRV Rn. 69; *Ehlers* in: Sachs, GG, Art. 140 GG/136 WRV Rn. 3. Zur Zulässigkeit theologischer Fakultäten nach dem GG s. nur BVerfGE 122, 89, näher → Art. 10 Rn. 17.

WRV keine Anwendung findet, ist umstritten.³⁷ Problematisch ist auch, ob die Existenz von „**Konkordatslehrstühlen**" außerhalb der theologischen Fakultäten mit Art. 136 II WRV vereinbar ist (näher dazu → Art. 8 Rn. 13).

2. Art. 140 GG iVm Art. 137 I WRV

Nach Rspr. und Lit. stellt Art. 140 GG iVm Art. 137 I WRV klar, dass es keine institutionellen Verbindungen und **keine Vermischung und Verwischung der Verantwortlichkeiten zwischen Staat und Kirche** geben darf.³⁸ Eine Auslegung des Selbstbestimmungsrecht aus Art. 4 I LV dahin gehend, dass sich Religionsgemeinschaften freiwillig in eine staatliche Leitung hineinbegeben können, scheidet damit aus.

15

Gleichzeitig **verbietet sich** u.a. wegen Art. 4 II LV, der Art. 5 LV systematisch vorgeordnet ist, **eine Auslegung des „Trennungsgrundsatzes" dahin gehend, dass jedes Hineinwirken der Religionsgemeinschaften in den staatlichen Bereich und eine staatliche Förderung der Religionsgemeinschaften als solcher unzulässig ist** (näher → Art. 4 Rn. 49 f., 54 f.). Zur Vereinbarkeit „**konfessionsgebundener Staatsämter**" mit dem Trennungsgrundsatz s. → Rn. 14.

16

3. Art. 140 GG iVm Art. 137 II und IV WRV

Die Inkorporation dieser Artikel zeigt, dass die im Wortlaut von Art. 5 LV angelegte **Begrenzung auf die Regelung des Verhältnisses zwischen Staat und „anerkannten Religionsgemeinschaften" unstimmig und daher** durch Auslegung **zu korrigieren ist**: Die LV verlangt keine „Anerkennung von Religionsgemeinschaften" und macht die Zuweisung von Rechten nicht von einer solchen – jenseits der auch in das Landesverfassungsrecht übernommenen Anerkennung als Körperschaft des öffentlichen Rechts – abhängig (s. → Rn. 5).

17

---

37 Dagegen *Korioth* in: Maunz/Dürig, Art. 140 GG/136 WRV Rn. 71; *Ehlers* in: Sachs, GG, Art. 140 GG/141 WRV, Rn. 7; dafür *v. Campenhausen/de Wall*, 205; (implizit) *Ennuschat*, EvStL, Sp. 62 (63 f.). Dagegen spricht der Grundsatz der Trennung von Staat und Kirche (Art. 137 I WRV) in seiner Bedeutung als Verbot institutioneller Verbindungen zwischen Staat und Kirche (→ Rn. 15), dessen Reichweite allerdings umstritten ist; auch der Regelungszweck des Art. 141 WRV, die Anstaltsseelsorge aus dem staatlichen Verantwortungsbereich in den kirchlichen zu überführen, und der Wortlaut, der die Anstaltsseelsorge (anders als Art. 7 III GG den Religionsunterricht) nicht zu einer staatlichen, sondern zu einer religionsgemeinschaftlichen Angelegenheit erklärt, lassen daran zweifeln (s.a. *Unruh*, Rn. 401 ff. mwN und ausführlicher Diskussion des Streitstandes); in BW genauso wie in anderen Ländern übliche Praxis, Gefängnisseelsorger im staatlichen Beamten- oder Angestelltenverhältnis zu beschäftigen (s. Ziff. 1.3. der VwV zu § 12 JVollzGB BW v. 8.3.2010 [Die Justiz 2010, 109] idF v. 15.7.2011 [Die Justiz 2011, 260]), wäre damit verfassungswidrig; zur vergleichbaren Problematik in der (allerdings bundesrechtlich geregelten) Militärseelsorge s. *Ennuschat*, EvStL, Sp. 1533 (1536); ausführlich *ders.*, Militärseelsorge, 1996, 108 ff.
38 Siehe *v. Campenhausen/de Wall*, 90 f.; *v. Campenhausen/Unruh* in: v. Mangoldt/Klein/Starck, Art. 140 GG/Art. 137 Rn. 3; *Morlok* in: Dreier, Art. 137 WRV Rn. 18 f.; näher dazu (auch zur Reichweite zulässiger Kooperationen) *Anke/Zacharias*, DÖV 2003, 140 (141 f.).

18 Obwohl Art. 140 GG iVm Art. 137 II WRV **subjektiv-rechtlichen Charakter** hat, zählt er nicht zu den über Art. 2 I LV in die LV inkorporierten im GG festgelegten Grundrechten und staatsbürgerlichen Rechten.[39] Das folgt zwar nicht zwingend daraus, dass er innerhalb des GG systematisch nicht den „Grundrechten" zugeordnet[40] und auch kein „staatsbürgerliches Recht" ist, weil man Art. 2 I LV auch so verstehen kann, dass er sich auf alle Rechtsgewährleistungen des GG erstreckt, die materiell Grundrechtscharakter haben (→ Art. 2 Rn. 23). Allerdings ergibt sich aus dem systematischen Nebeneinander der beiden Inkorporationsnormen, dass Art. 2 I LV entweder schon tatbestandlich die über Art. 140 GG inkorporierten subjektiv-rechtlichen Gewährleistungen der WRV nicht erfasst,[41] oder jedenfalls Art. 5 LV als speziellere Norm vorgeht (s. auch → Art. 2 Rn. 24).

4. Art. 140 GG iVm Art. 137 III WRV

19 Es ist streitig, **ob sich der Gesetzesvorbehalt aus Art. 5 LV iVm Art. 140 GG iVm Art. 137 III WRV auch auf Art. 4 I LV erstreckt, oder ob dessen Schutzbereich so eng auszulegen ist, dass beide Gewährleistungen alternativ nebeneinander stehen** (näher → Art. 4 Rn. 36 ff.). Für ein Alternativitätsverhältnis sprechen gute Gründe (→ Art. 4 Rn. 39 ff.). Bei der Anwendung von Art. 5 LV iVm Art. 140 GG iVm Art. 137 III WRV muss dann entschieden werden, ob ein staatlicher Eingriff den durch Art. 4 I LV vorbehaltlos geschützten „Kernbereich des Selbstbestimmungsrechts" betrifft.[42] Art. 140 GG iVm Art. 137 III WRV vermittelt ein **subjektives**, und damit gem. § 55 I VerfGHG mit der Landesverfassungsbeschwerde geltendmachbares Recht.

5. Art. 140 GG iVm Art. 137 V WRV

a) Altkorporierte Religionsgemeinschaften, Art. 140 GG iVm Art. 137 V 1 WRV

20 Unter Art. 5 LV iVm. Art. 140 GG iVm **Art. 137 V 1 WRV** fallen alle Religionsgemeinschaften, die in einem der später zum Land BW zusammengefassten Territorien **im Zeitpunkt des Inkrafttretens der WRV**[43] als „Körperschaft des öffentlichen Rechts" anerkannt waren **oder die diesen Status nach diesem Zeitpunkt erhalten haben, und bei Inkrafttreten des GG noch innehatten.**[44] Mit dem **Inkrafttreten der Inkorporationsnorm Art. 5 LV** tritt

---

39 AA *Hollerbach* in: Feuchte, Art. 5 Rn. 6; Art. 2 Rn. 15; zur Bestimmung der von Art. 2 I erfassten Rechte → Art. 2 Rn. 20 ff.
40 BVerfGE 19, 129 (135).
41 AA *Hollerbach* in: Feuchte, Art. 2 Rn. 15.
42 Zur Anwendung von Art. 140 GG iVm Art. 137 III WRV durch die Rspr. s. VGH BW, ESVGH 53, 155 ff.; VGH BW, NVwZ-RR 2012, 222; zum Rechtsschutz durch staatliche Gerichte im Geltungsbereich des Selbstbestimmungsrechts s. → Art. 4 Rn. 44 f.
43 Zur grundsätzlichen Maßgeblichkeit des Inkrafttretens der WRV (anstelle des Inkrafttretens des GG) ausführlich *Demel*, Gebrochene Normalität, 2011, 6 (Fn. 6) u. 170 ff.
44 Auf welchen Zeitpunkt für die Bestimmung des altkorporierten Charakters einer Religionsgemeinschaft abzustellen ist, ist str.: Für Maßgeblichkeit des Inkrafttretens der WRV u.a. *Germann* in: BeckOK GG, Art. 140 GG, Rn. 70, 70.1.; *v. Campenhausen/Unruh* in: v. Mangoldt/Klein/Starck, Art. 137 Rn. 203; *Korioth* in:

dagegen kein weiterer Garantiezeitpunkt hinzu. Denn die Inkorporation bezieht sich nicht unmittelbar auf Art. 137 V 1 WRV. Dies spricht dafür, dass dieser nur in seinem in Art. 140 GG zum Ausdruck kommenden Gehalt zum Bestandteil der LV gemacht werden sollte, und keine Erweiterung seiner Garantiewirkung, und sei es durch einen neuen oder weiteren Stichtag, angestrebt war.

Für das Land **Baden** zählen zu den altkorporierten Religionsgemeinschaften **alle bei Inkrafttreten der WRV „anerkannten" Religionsgemeinschaften**.[45] In **Württemberg** hatten bei Inkrafttreten der WRV jedenfalls die **Diözese Rottenburg-Stuttgart**, die **ev. Landeskirche** und die **Israelitische Religionsgemeinschaft** Körperschaftsstatus.[46] Für die **Hohenzollernschen Lande** entscheidet sich die Frage nach (damaligem) preußischem Recht.[47]   21

Der **Körperschaftsstatus von Untergliederungen dieser Religionsgemeinschaften** wird nicht unmittelbar durch Art. 5 LV iVm Art. 140 GG iVm Art. 137 V WRV garantiert, sondern hängt von dem Fortbestand des Status der Organisationseinheit als „Untergliederung" der korporierten Religionsgemeinschaft ab.[48] Zur Abgrenzung zwischen Religionsgemeinschaften und ihren Untergliederungen oder Verbänden s. → Art. 4 Rn. 30 mit Fn. 51. § 24 I 2 KiStG BW garantiert „Kirchengemeinden" den Status als Körperschaften des öffentlichen Rechts, soweit sie es bisher, d.h. bei Inkrafttreten des KiStG BW, waren. Allerdings ist auch diese Garantie ihrer Regelungsintention nach nicht als Garantie gegen den Willen der betroffenen Religionsgemeinschaft zu verstehen.[49] Zum Neuerwerb von Körperschaftsrechten durch Untergliederungen s. → Rn. 27.   22

Maunz/Dürig, Art. 140 iVm Art. 137 WRV Rn. 63, 70, 82; für Inkrafttreten des GG als allein maßgeblichen Zeitpunkt *Jarass* in: Jarass/Pieroth, Art. 140 iVm Art. 137 WRV, Rn. 19; *Schmahl* in: Sodan, Art. 140 GG iVm Art. 137 WRV Rn. 8; wie hier (Garantie des bei Inkrafttreten der WRV und auch des erst bei Inkrafttreten des GG vorhandenen Körperschaftsstatus) BVerwGE 105, 255 (262); *Bergmann* in: Hömig, Art. 140 Rn. 17; *Robbers* in: FS Martin Heckel (1999), 411 ff.; *Blanke/Drößler* in: Linck/Baldus u.a., Art. 40 Rn. 15, aA *Germann* in: BeckOK GG, Art. 140 GG, Rn. 70, 70.1; dafür spricht, dass die Vorschriften der WRV, indem sie „Bestandteil" des GG wurden, auch auf einen neuen Garantiezeitpunkt bezogen sind, auch wenn man die Inkorporation gleichzeitig so lesen muss, dass der Rechtsbestand, den die Vorschriften ursprünglich (nämlich bei Inkrafttreten der WRV am 14.8.1919) garantierten, nicht unterschritten werden sollte.
45 Vgl. § 18 III VerfBad 1919; Aufzählung (Stand: Februar 1927) bei *Glockner*, Badisches Verfassungsrecht, 2. Aufl. 1930, 96.
46 Vgl. dazu der zwar spätere, aber den früheren Rechtsstand festschreibende § 1 WürttKirchenG; dazu, dass damit für die kath. Kirche auf die im württembergischen Staatsgebiet angesiedelte Diözese Rottenburg-Stuttgart Bezug genommen wird s. VGH BW, DÖV 1967, 309 mwN; VG Sigmaringen, U. v. 26.9.2006 – 9 K 2042/05; zum Körperschaftsstatus im württembergischen Religionsverfassungsrecht vor 1919 *Penßel*, 210 ff.
47 Zum „Körperschaftsstatus" der Religionsgemeinschaften nach preußischem Recht vor 1919 *Penßel*, 310 ff.
48 VGH BW ESVGH 59, 26 (28 f.); bestätigt durch BVerwG, NVwZ 2009, 390 (391).
49 So in der Sache auch VGH BW ESVGH 59, 26 (31 f.).

b) Verleihung des Körperschaftsstatus, Art. 140 GG iVm 137 V 2 WRV

23 Wie sich die Entscheidung darüber, ob eine Religionsgemeinschaft „altkorporiert" iSv Art. 137 V 1 WRV ist, nach Landesrecht richtet, sind auch **für die (Neu)Verleihung des Körperschaftsstatus die Länder zuständig.**[50]

24 Für den württembergischen Landesteil ergibt sich aus § 64 WürttKirchenG, dass das „Staatsministerium" über die Verleihung des Körperschaftsstatus durch „Beschluss" entscheidet. Der Begriff des „Staatsministeriums" muss hier im Sinne der VerfWü 1919 verstanden werden, die mit diesem Begriff die Regierung (bestehend aus dem Ministerpräsidenten und den Ministern) bezeichnete (vgl. §§ 26 ff. VerfWü 1919). Damit nimmt nach aktuell geltendem Recht die Landesregierung seine Funktion war. Für die übrigen Landesteile fehlt es an einer ausdrücklichen Regelung. Weil allerdings auch im badischen Landesteil eine Verleihung durch die Landesregierung (auch hier unter der Bezeichnung „Staatsministerium") der Tradition entsprach,[51] ist davon auszugehen, dass **die Verleihungszuständigkeit für das gesamte Land** (entweder gem. § 64 WürttKirchenG, oder, soweit dessen Anwendungsbereich nicht eröffnet ist, kraft Gewohnheitsrechts) **bei der Regierung** liegt. Von ihr wird sie in der Staatspraxis auch wahrgenommen.[52]

25 Wenn § 64 WürttKirchenG von einer Verleihung durch „Beschluss" spricht, wird damit eine Verleihung durch Verwaltungsakt (im Gegensatz zB zu einer Verleihung durch Verordnung) umschrieben (schon, weil die Handlungsform der „Verordnung" in § 64 WürttKirchenG ebenfalls Erwähnung findet). Nach den Grundsätzen des allgemeinen Verwaltungsrechts handelte es sich auch bei den Anerkennungsentscheidungen im badischen Landesteil auf der Grundlage von Art. 18 IV VerfBad 1919 um Anerkennungen durch Verwaltungsakt. Damit ist davon auszugehen, dass die **Anerkennung** von Religionsgemeinschaften als Körperschaften des öffentlichen Rechts im gesamten Land (entweder nach § 64 WürttKirchenG oder kraft Gewohnheitsrechts) **durch Verwaltungsakt** erfolgt. Dem entspricht auch die bisherige Staatspraxis.[53]

26 Dass bisher eine **landesweit gültige formell-gesetzliche Regelung der Verleihungszuständigkeit und –form fehlt**, und diese deshalb teilweise (allenfalls) aus Gewohnheitsrecht abgeleitet werden kann bzw. muss, ist mit Hinblick auf die „Wesentlichkeit" der Zuerkennung des Körperschaftsstatus für die Entfaltung der Religionsfreiheit der betroffenen Religionsgemeinschaften (→ Rn. 29) problematisch.[54] Schon wegen des Wortlauts von Art. 137 V 2 WRV, und außerdem, weil der Körperschaftsstatus den Religionsgemeinschaften als Mittel dient, um ihre Religionsfreiheit zu entfalten[55], besteht

---

[50] Vgl. nur BVerfGE 139, 321 (352).
[51] Vgl. Art. 18 IV VerfBadf 1919; bis zu einer Änderung vom 28.6.1951 verwies Art. 1 des Bad. Landeskirchensteuergesetzes vom 30.6.1922 auf diese Norm.
[52] Vgl. auch *v. Campenhausen/de Wall*, 138 f.
[53] S. auch *v. Campenhausen/de Wall*, 139.
[54] S. auch allgemein zum weitgehenden Fehlen formell-gesetzlicher Ausgestaltungen der Körperschaftsgarantie *Huxdorff*, Rechtsfragen der Erst- und Zweitverleihung, 2013, 201 ff.
[55] BVerfGE 102, 370 (387 f.).

ein **Anspruch auf** seine **Verleihung, wenn die Verleihensvoraussetzungen vorliegen.**[56]

c) Körperschaftsstatuserwerb durch Untergliederungen

Der **Erwerb des Körperschaftsstatus durch Untergliederungen** von korporierten Religionsgemeinschaften wird nicht unmittelbar durch Art. 137 V 2 WRV geregelt. Darüber treffen aber die §§ **24, 24 a KiStG BW** eine besondere Regelung: Der **Erwerb von Körperschaftsrechten durch** „*Kirchengemeinden*" und „**Kirchenbezirke**" setzt danach eine Anerkennung durch das Kultusministeriums voraus (§§ 24 I 1, 24 a I KiStG BW). Obwohl sich dies aus dem Wortlaut nicht ausdrücklich ergibt, handelt es sich dabei – aufgrund der mit dem Körperschaftsstatus den Religionsgemeinschaften verbürgten „Organisationsgewalt" (iVm dem religionsgemeinschaftlichen Selbstbestimmungsrecht), die auch das Recht impliziert, Untergliederungen zu bilden, die öffentlich-rechtliche Rechtsform besitzen (und nicht auf das private Vereinsrecht angewiesen sind)[57] – jeweils um eine gebundene Entscheidung.[58] Daneben sieht § 24 a II KiStG BW für die dort näher definierten „**kirchlichen Bezirksverbände**" die Möglichkeit einer ministeriellen Anerkennung als „Körperschaft des Öffentlichen Rechts" vor. Der Wortlaut spricht für eine Ermessensnorm, doch streitet auch hier die mit dem Körperschaftsstatus verbundene „Organisationsgewalt" iVm dem religionsgemeinschaftlichen Selbstbestimmungsrecht für eine Auslegung als gebundene Entscheidung. Neben diesen allgemeinen Bestimmungen, die trotz der Wortwahl („*Kirchen*gemeinden" …) aus systematischen Gründen für alle korporierten Religionsgemeinschaften gelten (vgl. § 1 I 1 KiStG BW), stehen Sondervorschriften für die kath. Kirche, die ev. Kirchen, die Israelitische Religionsgemeinschaft Württembergs und die Israelitische Religionsgemeinschaft Baden.[59] Das Verhältnis dieser verschiedenen Vorschriften zueinander kann im Einzelfall mithilfe der allgemeinen Kollisionsregeln klärungsbedürftig sein.[60] Ob es über diese ausdrücklich geregelten Fälle hinaus einen Anspruch aus der „Organisationsgewalt" i.V.m. dem religionsgemeinschaftlichen Selbstbestimmungsrecht auf staatliche Anerkennung

27

---

56 BVerfGE 102, 370 (389).
57 Zu dieser BVerfGE 102, 370 (371); 139, 321 (323); BVerwG, NVwZ 2009, 390 (391); *P. Kirchhof* in: HdbStKR I, 651 (670); *v. Campenhausen*, Staatskirchenrecht, 257; *Morlok* in: Dreier, Art. 137 WRV Rn. 93; *Magen*, Körperschaftsstatus, 270 ff.; *Heinig*, 294; näher zu den mit dem Körperschaftsstatus verbundenen Rechten → Rn. 31.
58 So wohl auch VGH BW, ESVGH 59, 26 (30).
59 Zum Körperschaftsstatus von „Kirchengemeinden" der kath. Kirche, der ev. Kirche und der Israelitischen Religionsgemeinschaft Württembergs s. § 2 WürttKirchenG, der im Territorium des ehemaligen Volksstaates Württemberg gilt; für die ev. Kirchen wird er ergänzt durch die lex posterior in Art. 17 EvKirchenvertrag 2007, der auch im übrigen Staatsgebiet von BW maßgeblich ist; zur staatlichen Mitwirkung bei der Bildung und Veränderung von kath. Kirchengemeinden im badischen Landesteil s. Art. 4 BadKonkordat 1932. Zum Körperschaftsstatus von Dom- und Landkapiteln der kath. Kirche s. § 5 WürttKirchenG, der gem. Art. 2 II des Gesetzes v. 10.2.1976 (GBl. 98) im ganzen Land gilt; zum Körperschaftsstatus von „Gliederungen" der Israelitischen Religionsgemeinschaft Baden und der Israelitischen Religionsgemeinschaft Württemberg s. Art. 5 II IsrRelGV.
60 Dabei kann auch die besondere rechtliche Bedeutung und Geltung kirchenvertraglicher Regelungen eine Rolle spielen. S. dazu → Art. 8 Rn. 14.

von Untergliederungen als Körperschaften des öffentlichen Rechts gibt, ist bisher ungeklärt. Überwiegend wird allerdings davon ausgegangen, dass die Schaffung einer Untergliederung durch eine korporierte Religionsgemeinschaft (aus Gründen der Publizität und Rechtssicherheit) nur dann in der staatlichen Rechtsordnung wirksam bzw. anzuerkennen ist, wenn der Staat dabei in irgendeiner Form (zB durch Anerkennung oder Entgegennahme einer Anzeige) mitgewirkt hat.[61] Klärungsbedürftig ist dann aber, ob der Staat für diese Mitwirkung einer gesetzlichen Grundlage bedarf. Weil die Möglichkeit der Schaffung rechtsfähiger Untergliederungen für die Verwirklichung des religionsgemeinschaftlichen Selbstbestimmungsrechts „wesentlich" ist, und gleichzeitig das Auftreten neuer Rechtsträger im Rechtsverkehr nach Transparenz und Rechtssicherheit verlangt, sprechen die durch das BVerfG entwickelte „Wesentlichkeitslehre" und das Rechtsstaatsprinzip für die Erforderlichkeit einer gesetzlichen Grundlage.[62] Somit handelt es sich bei der mit dem Körperschaftsstatus verbundenen „Organisationsgewalt" um ein (auf Grundlage von Art. 140 GG iVm Art. 137 VIII WRV)[63] durch den Landesgesetzgeber ausgestaltungsbedürftiges Recht, so dass korporierte Religionsgemeinschaften neue Rechtspersönlichkeiten mit Korporationsstatus (oder – erst Recht – in anderer öffentlich-rechtlicher Rechtsform) nur schaffen können, soweit das Landesgesetz dies vorsieht. Verbürgt das Landesrecht (einschließlich des Vertragsstaatskirchenrechts) die dem verfassungsrechtlichen Körperschaftsstatus immanente „Organisationsgewalt" allerdings nicht hinreichend, muss dies wegen Art. 19 IV GG, oder jedenfalls wegen des von der Rspr. aus Art. 2 I GG iVm dem Rechtsstaatsprinzip und Art. 92 GG abgeleiteten allgemeinen Justizgewährleistungsanspruchs[64] gerichtlich geltend gemacht werden können.[65]

d) Rechtsfolgen der Verleihung

28 Gegenwärtig haben in BW 32 Religions- bzw. Weltanschauungsgemeinschaften Körperschaftsstatus.[66] Infolge der Verleihung besitzt eine Religions- oder Weltanschauungsgemeinschaft **Rechtsfähigkeit im gesamten Bundesgebiet**,[67] kann jedoch die **mit dem Körperschaftsstatus verbundenen be-**

---

61 BVerwG, NVwZ 2009, 390 (391); *Rüfner* in: FS Listl, (1999), 432; *Magen*, Körperschaftsstatus, 94 f.; *Mainusch*, ZevKR 49 (2004), 285 (297); aA wohl *Germann* in: BeckOK GG, Art. 140 GG, Rn. 89.
62 Die Begründung des „organisationsrechtlichen Gesetzesvorbehalts" für die Schaffung selbstständiger Rechtsträger innerhalb der Staatsverwaltung (dazu *Schulz-Fielitz* in: Dreier, Art. 20 Rn. 125; *Maurer/Waldhoff*, VerwR, § 21, Rn. 66) kann hier entsprechend herangezogen werden.
63 Dieser kann nicht nur als Kompetenzregelung, sondern – sofern verfassungsmäßige Rechte der Religionsgemeinschaften (wie die Organisationsgewalt), zB zur Wahrung entgegenstehender Verfassungsrechte, der Einschränkung oder Ausgestaltung bedürfen – auch als Vorbehalt des formellen Gesetzes verstanden werden; s. *Morlok* in: Dreier, Art. 140 GG/Art. 137 WRV Rn. 129.
64 Vgl. nur BVerfGE 54, 277 (291); BVerwGE 153, 282 (284).
65 Zur Zulässigkeit einer Verfassungsbeschwerde gegen gesetzgeberisches Unterlassen BVerfGE 139, 321 (346).
66 Vgl. www.bmi.bund.de/PERS/DE/Themen/Informationen/Religionsgemeinschaften /kirche_bw.html (1.11.2017); eine Übersicht ist auch der VwV des Innenministeriums zum Kirchenaustrittsverfahren, GABl. 2010, 469, als Anlage 1 beigefügt.
67 BVerfGE 139, 321 (357); BVerwG, NVwZ 2013, 943 (944); *v. Campenhausen/de Wall*, 139; *Zacharias*, NVwZ 2007, 1257 (1258).

sonderen öffentlich-rechtlichen Rechte nach herrschender, inzwischen auch durch das BVerfG bestätigter Meinung, **nur im Verleihungsland geltend machen**.[68] Damit außerhalb von BW als Körperschaften des öffentlichen Rechts anerkannte Religionsgemeinschaften die Rechte korporierter Religionsgemeinschaften innerhalb des Landes in Anspruch nehmen können, ist demnach eine **Zweitverleihung** des Körperschaftsstatus erforderlich.[69] Bezog sich die **Verleihung historisch nur auf einen Teil des heutigen BW**, gilt jedoch der **Körperschaftsstatus jetzt für das ganze Land**.[70]

e) Bedeutung und Inhalt des Körperschaftsstatus

Für die Bedeutung und Funktion des Körperschaftsstatus für Religionsgemeinschaften kann auf die Rspr. und Lit. zu Art. 140 GG iVm Art. 137 V WRV verwiesen werden:[71] Das inzwischen herrschend gewordene und zutreffende Verständnis, dass er als **Mittel zur Entfaltung der Religionsfreiheit und des religionsgemeinschaftlichen Selbstbestimmungsrechts** dient, und deshalb die Religionsgemeinschaften nicht in den Staat integriert oder staatsgleichen öffentlich-rechtlichen Bindungen unterwirft, so dass er als „**öffentlich-rechtlicher Körperschaftsstatus sui generis**" anzusehen ist,[72] wird innerhalb der LV auch durch Art. 4 I, II unterstrichen. Gleichzeitig kommt in der **Zuordnung der Religionsgemeinschaften zum Bereich des „Öffentlichen"**, also das Gemeinwohl Betreffenden, eine Wertschätzung zum Ausdruck,[73] die sich mit der Wertung aus Art. 4 II LV deckt.

29

Somit bestätigt die durch Art. 5 LV iVm Art. 140 GG iVm Art. 137 V WRV vermittelte Privilegierung von (in ihrem Bestand gefestigten) Religionsgemeinschaften, dass die u.a. aus Art. 5 LV iVm Art. 140 GG iVm Art. 137 I WRV ableitbare Pflicht zu staatlicher **Neutralität** in weltanschaulich-religiösen Fragen **nicht im Sinne eines Gebots kritischer Distanz gegenüber der Religion zu verstehen ist, sondern dass das Verhältnis zwi-

30

---

68 BVerfGE 139, 321 (357); *v. Campenhausen/de Wall*, 139; *P. Kirchhof* in: HdbStKR I, 651 (687) mwN; *Huxdorff*, Rechtsfragen der Erst- und Zweitverleihung, 319; aA *Zacharias*, NVwZ 2007, 1257 ff.; die Argumentation des BVerfG ist überzeugend, soweit mit der Zuerkennung des Körperschaftsstatus der Religionsgemeinschaft staatliche Hoheitsgewalt (was im konkreten Fall aufgrund der grundgesetzlichen Kompetenzordnung Hoheitsgewalt des Landes meint) verliehen wird. Es ist aber zweifelhaft, ob und wenn ja, inwieweit, dies auch bei anderen Körperschaftsrechten außerhalb des Besteuerungsrechts der Fall ist; näher ausführlich und tiefgehend *Magen*, Körperschaftsstatus, 23 ff.
69 Näher zu verfassungsrechtlichen Anforderungen an Zweitverleihungsentscheidungen BVerfGE 139, 371; ausführlich zur Gesamtproblematik *Huxdorff*, Rechtsfragen der Erst- und Zweitverleihung, insb. 162 ff.
70 *Hollerbach* in: Feuchte, Art. 5, Rn. 12.
71 Überblick u. a. bei *v. Campenhausen/de Wall*, 2006, 127 ff.; *v. Campenhausen/Unruh* in: v. Mangoldt/Klein/Starck, Art. 140/137 WRV Rn. 218 ff.; *Unruh*, § 9; *Germann* in: BeckOK GG, Art. 140, Rn. 67 ff.; *Ehlers* in: Sachs, GG, Art. 140 GG/137 WRV Rn. 21 ff.; *Morlok* in: Dreier, Art. 140 GG/Art. 137 WRV Rn. 75 ff.; vertiefend *Robbers* in: FS Martin Heckel, 411 ff.; *Heinig*, 256 ff.; *Magen*, Körperschaftsstatus, 23 ff.
72 BVerfGE 102, 370 (387); 139, 321 (349 f.); *Germann* in: BeckOK GG, Art. 140 Rn. 68, 69; ausführlich und tiefgehend Magen, Körperschaftsstatus; AA *Hillgruber* in: Heinig/Walter, Staatskirchenrecht oder Religionsverfassungsrecht?, 213 ff.
73 Vgl. nur *Robbers* in: FS Martin Heckel, 411 (416 ff.); *Ehlers* in: Sachs, GG, Art. 140 GG/Art. 137 Rn. 21.

schen Religionsgemeinschaften und Staat durch wechselseitige Zugewandtheit gekennzeichnet ist (s. auch → Art. 4 Rn. 49 f., 54 f., 62).[74]

31 Nach herrschender, inzwischen durch das BVerfG bestätigter Auslegung stellt der den Religionsgemeinschaften zustehende Körperschaftsstatus keine „leere Hülle" dar, die erst durch die Gesetzgebung mit Inhalt gefüllt werden müsste. Vielmehr sollen **unmittelbar mit dem Status kraft Verfassungsrechts spezifisch öffentlich-rechtliche Befugnisse verbunden** sein, die ihn charakterisieren und von privatrechtlichen Rechtsformen unterscheiden.[75] Dazu werden, neben dem in Art. 137 VI WRV ausdrücklich verbürgten Besteuerungsrecht, die Befugnis zur Selbstorganisation in Rechtsformen des öffentlichen Rechts (**Organisationsgewalt** und **Befugnis zu öffentlich-rechtlicher Rechtssetzung**), die **Dienstherrnfähigkeit** (inklusive einer **Disziplinargewalt**), das **Parochialrecht** und die **Widmungsbefugnis** gerechnet.[76] Wie weit diese Befugnisse konkret reichen, insb., inwieweit sie zu „hoheitlichem Handeln" ermächtige, ist im Detail umstritten.[77] Der Körperschaftsstatus kann aber nicht als Durchbrechung des staatlichen Gewaltmonopols verstanden werden, so dass die korporierten Religionsgemeinschaften für die Durchsetzung in Ausübung ihrer Körperschaftsbefugnisse vorgenommener Maßnahmen (zB für die Vollstreckung kirchlicher Verwaltungsakte) darauf angewiesen sind, dass der Staat ihnen entweder Vollstreckungsbefugnisse überträgt oder Rechts- bzw. Amtshilfe leistet. Der damit verbundene Einsatz von staatlicher Hoheitsgewalt bedarf – jedenfalls wenn er mit Eingriffen in Grundrechte einhergeht – einer gesetzlichen Grundlage.[78] Im baden-württembergischen Recht finden sich deshalb **eine Reihe von Bestimmungen, die den öffentlich-rechtlichen Körperschaftsstatus und die mit diesem verbundenen öffentlich-rechtlichen Befugnisse** insoweit und darüber hinaus **näher ausgestalten** (vgl. insb. §§ 49 ff. WürttKirchenG; Art. 17 III, Art. 21 V, Art. 27 EvKirchenvertrag 2007).[79] Allerdings ist ihr Geltungsbereich häufig auf bestimmte Religionsgemeinschaften beschränkt. Insofern stellt sich die Frage, ob allen korporierten Religionsge-

---

74 Für das GG s. u.a. BVerfGE 42, 312 (330 f.); 139, 321 (351).
75 Wohl so zu verstehen BVerfGE 102, 370 (371, 388); explizit: *v. Campenhausen/de Wall*, 251 ff.; *v. Campenhausen/Unruh* in: v. Mangoldt/Klein/Starck, Art. 140 GG/Art. 137 WRV Rn. 218 ff.; *P. Kirchhof*, HdbStKR I, 651 (670 ff.); *Heinig*, 281 ff.; *Ehlers* in: Sachs, GG, Art. 140 GG/Art. 137 Rn. 25; aA (besondere, öffentlich-rechtliche Befugnisse setzen gesetzliche Verleihung voraus): *Korioth* in: Maunz/Dürig, Art. 140 GG/Art. 137 WRV Rn. 69, 83; Überblick über den Meinungsstand *Penßel*, 36 ff.
76 Vgl. nur BVerfGE 102, 370 (371, 388); *P. Kirchhof*, HdbStKR I, 651 (670); *v. Campenhausen/Unruh* in: v. Mangoldt/Klein/Starck, Art. 140 GG/Art. 137 WRV Rn. 218 ff.; *Magen*, Körperschaftsstatus, 30 f.; dort auch jeweils näher zur Bedeutung und zum Inhalt dieser Befugnisse.
77 S. dazu die Nachweise in Fn. 76; s. auch *Ehlers*, ZevKR 54 (2009), 186 (197 ff.), zum Streit um das Bestehen einer (von der h.M. und Rspr. allerdings anerkannten) Verwaltungsaktsbefugnis; zur Abgrenzung von privatrechtlichem und öffentlich-rechtlichem Handeln der korporierten Religionsgemeinschaften und zur Eröffnung des Verwaltungsrechtswegs für Streitigkeiten über Letzteres BVerwGE 68, 62 (entgegen VGH BW KirchE 18, 429 – Angelus-Läuten).
78 *Ehlers*, ZevKR 54 (2009), 186 (197); vgl. auch *Ehlers*, HdbStKR II, 1117 ff.
79 Ihre Auslegung ist z.T. nicht unproblematisch, vgl. zB *Ehlers*, HdbStKR II, 1117 (1129) zu § 50 WürttKirchenG.

meinschaften ein Anspruch auf paritätische Behandlung zusteht.[80] In welchem Umfang andere korporierte Religionsgemeinschaften dieselben Rechte in Anspruch nehmen können oder in Anspruch nehmen können müssen (so dass ggf. eine Verpflichtung zu gesetzlicher Regelung besteht), hängt davon ab, inwieweit das einfachgesetzlich Geregelte bereits unmittelbar aus dem verfassungsrechtlichen Körperschaftsstatus folgt (so dass dem einfachen Gesetz nur deklaratorische Bedeutung zukommt) und, soweit dies nicht der Fall ist, ob religiös neutrale Kriterien eine Ungleichbehandlung gem. Art. 3 GG bzw. Art. 2 I LV iVm Art. 3 GG rechtfertigen können.

Wie das Bundesrecht[81] knüpft auch das baden-württembergische Recht an den Körperschaftsstatus besondere Rechte (sog. **„Privilegienbündel"**).[82] Sie ergeben sich z.T. aus auf alle öffentlich-rechtlichen Körperschaften unterschiedslos anwendbaren Normen. Z.T. wird aber auch öffentlich-rechtlich korporierten Religionsgemeinschaften als solchen allgemein (vgl. zB § 1 II BestattG BW; § 8 I Gesetz zur Ausführung des SGB XII; § 22 StiftG BW; § 54 WaldG; § 23 V Nr. 1 LBG; § 1 III Nr. 1 Gesetz zur Stärkung des Ehrenamtes in der Jugendarbeit; § 17 LDSG; § 10 III Landesgebührengesetz; § 7 I Nr. 1, III Landesjustizkostengesetz) oder unter weiteren Voraussetzungen (vgl. zB § 1 II Gesetz zur Ausführung der Insolvenzordnung) eine besondere Rechtsstellung vermittelt.[83] Vereinzelt finden sich auch Privilegierungen für einzelne Religionsgemeinschaften, insb. die „Kirchen", die nicht unmittelbar an den Körperschaftsstatus anknüpfen.[84] Alle diese Sonderregelungen müssen mit den Gleichheitssätzen des GG und Art. 14 EMRK vereinbar sein.[85] Abstufungen nach der gesamtgesellschaftlichen Bedeutung einzelner Religionsgemeinschaften sind dadurch aber nicht ausgeschlossen,[86] sondern sind z.T. sogar erforderlich.

6. Art. 140 GG iVm Art. 137 VI WRV

Das über Art. 140 GG iVm Art. 137 VI WRV verbürgte **Besteuerungsrecht**[87] bedarf der landesrechtlichen Ausgestaltung. Der Landesgesetzgeber ist also verfassungsrechtlich verpflichtet, die Voraussetzungen für die Kir-

---

80 Dazu zB *Weber*, NJW 1983, 2541 (2543 f.); *Mayer-Scheu*, Grundgesetz und Parität von Kirchen und Religionsgemeinschaften, 1970, 211 ff.; *Korioth* in Maunz/Dürig, Art. 140 GG/Art. 137 WRV Rn. 72.
81 Übersicht u.a. bei *v. Campenhausen/Unruh* in: v. Mangoldt/Klein/Starck, Art. 140 GG/Art. 137 WRV Rn. 240, 241; *Ehlers* in: Sachs, GG, Art. 140 GG/Art. 137 Rn. 21.
82 Zum Begriff s. nur *v. Campenhausen/Unruh* in: v. Mangoldt/Klein/Starck, Art. 140 GG/Art. 137 WRV, Rn. 239; *Heinig*, 299 f.
83 ZT enthalten Sonderregelungen auch nur die Fest- bzw. Klarstellung, dass auf sonstige öffentlich-rechtliche Rechtspersönlichkeiten anwendbare Normen auf korporierte Religionsgemeinschaften keine Anwendung finden, vgl. nur § 2 I LVwVfG.
84 Vgl. zB §§ 2, 4 FTG; §§ 4 II, 11 Denkmalschutzgesetz; §§ 5 II, 28 II, 41 Landesmediengesetz; § 42 I Rundfunkstaatsvertrag; § 4 III Nr. 2 e) Kinder- und Jugendhilfegesetz; § 70 II, III LHG; u.U. kann hier die (verfassungskonforme) Auslegung aber ergeben, dass der Begriff „kirchlich" iSv „religions- und weltanschauungsgemeinschaftlich" zu verstehen ist.
85 *Ehlers* in: Sachs, GG, Art. 140 GG/Art. 137 WRV Rn. 21.
86 S. a. BVerwG, NVwZ 2009, 590 (591).
87 Dazu umfassend: *Hammer*, Rechtsfragen der Kirchensteuer, 2002; s. auch *Marré* in: HdbStKR I, § 37; *Birk/Ehlers*, Aktuelle Rechtsfragen der Kirchensteuer, 2012.

chensteuererhebung, einschließlich der zwangsweisen Beitreibung der festgesetzten Steuern, zu schaffen.[88] Der baden-württembergische Gesetzgeber ist diesem Auftrag durch Erlass des KiStG BW nachgekommen (s. zB dessen § 15). Die (wie in anderen Ländern) auch durch das KiStG BW eröffnete Möglichkeit, **die Verwaltung der Kirchensteuern auf die Landesfinanzbehörden zu übertragen** (s. §§ 17 ff. KiStG BW) gehört nicht mehr zum Garantiegehalt von Art. 137 VI WRV. Zur Vermeidung eines Verstoßes gegen den Grundsatz der Trennung von Staat und Kirche (Art. 137 I WRV) darf sie nicht gegenleistungsfrei erfolgen.[89]

7. Art. 140 GG iVm Art. 137 VII WRV

34 U.a. aus der Inkorporation von Art. 137 VII WRV folgt, dass auch dort, wo die LV **„Weltanschauung" und „Weltanschauungsgemeinschaften" nicht ausdrücklich erwähnt, diese doch** bereits kraft Landesverfassungsrechts den Kirchen und Religionsgemeinschaften **gleichgestellt sind.**

8. Art. 140 GG iVm Art. 137 VIII WRV

35 Als Regel über die Verteilung der Kompetenzen im Bundesstaat ist diese Bestimmung innerhalb der LV bedeutungslos. Sie kann aber als Maßstab für den VerfGH **Bedeutung erlangen, wenn und soweit man sie als Regelung eines „Vorbehalts des formellen Gesetzes" versteht.**[90]

9. Art. 140 GG iVm Art. 138 WRV

a) Art. 138 I WRV

36 Über den von Art. 5 LV iVm Art. 140 GG iVm **Art. 138 I WRV** geregelten Gegenstand, die **Staatsleistungen** an die Religionsgesellschaften, trifft **Art. 7 LV** eine **eigenständige**, teilweise abweichende **Regelung**. Deshalb ist erwogen worden, die Verweisung von Art. 5 LV auf Art. 140 GG iVm Art. 138 I WRV als redaktionelles Versehen einzuordnen, und Art. 5 LV dahin gehend (teleologisch reduziert) auszulegen, dass er Art. 140 GG iVm Art. 138 I WRV nicht inkorporiert.[91] Gegen diese Lösung spricht allerdings, dass explizites Anliegen der Inkorporation von Art. 140 GG war, das eigenständig formulierte baden-württembergische Religionsverfassungsrecht in dessen Rahmen einzuordnen, weil man sich darüber im Klaren war, dass Art. 140 GG widersprechende Normen ohnehin nicht wirksam erlassen werden konnten (s.o., → Rn. 3). Deshalb ist die Inkorporation in Art. 5 LV umfassend zu verstehen, und gleichzeitig Art. 7 LV eine Auslegung zu geben, die neben Art. 138 I WRV (möglichst) Bestand haben

---

88 Vgl. BVerfGE 19, 206 (217); BVerfG, NVwZ 2001, 909: „Garantie einer geordneten Besteuerung"; s. auch *v. Campenhausen/Unruh* in: v. Mangoldt/Klein/Starck, Art. 140 GG/Art. 137 WRV Rn. 247; *Germann* in: BeckOK GG, Art. 140 Rn. 104, 107; *Weber*, NVwZ 2002, 1442 (1445).
89 Dies geschieht allerdings nicht; gem. § 23 KiStG ist dafür eine „angemessene Verwaltungskostenvergütung" zu zahlen; näher zur Vereinbarkeit der gegenwärtig praktizierten Kirchensteuerverwaltung mit dem Trennungsgrundsatz *Ankel/Zacharias*, DÖV 2003, 140 ff.
90 S. dazu oben → Rn. 27 mit Fn. 63; *Morlok* in: Dreier, Art. 140 GG/Art. 137 WRV Rn. 129.
91 *Hollerbach* in: Feuchte, Art. 5 Rn. 10.

kann (näher → Art. 7 Rn. 17 ff.).⁹² Für das Rechtsanwendungsergebnis ist die Entscheidung zwischen beiden Auslegungsvarianten allerdings unerheblich. Denn gleichgültig, ob sich Art. 7 LV innerhalb der LV uneingeschränkt (mangels Inkorporation von Art. 140 GG iVm Art. 138 I WRV) oder teilweise (in auf Art. 138 I WRV abgestimmter Auslegung) gegenüber Art. 138 I WRV durchzusetzen vermag: **Unter dem GG entfaltet Art. 7 LV nur Rechtswirkung, soweit er Art. 140 GG iVm Art. 138 I WRV** als übergeordneter Norm des GG **nicht widerspricht** (dazu → Art. 7 Rn. 39).⁹³

b) Art. 138 II WRV

Die Inkorporation von **Art. 138 II WRV** hat zur Folge, dass dessen Gewährleistungsgehalt zum Prüfungsmaßstab der Landesverfassungsgerichtsbarkeit gehört, und **mit der Landesverfassungsbeschwerde geltend gemacht werden kann**. Denn Art. 5 LV iVm Art. 140 GG iVm Art. 138 II WRV vermittelt den darin angesprochenen Rechtsträgern ein subjektives Recht,⁹⁴ das das Recht auf ungestörte Religionsausübung (Art. 2 I LV iVm Art. 4 I, II GG) und das Selbstbestimmungsrecht aus Art. 4 I und 5 LV iVm Art. 140 GG und Art. 137 III WRV „verstärkt und konkretisiert".⁹⁵ Auf eine Auslegung, die sich von der nach dem GG gebotenen⁹⁶ unterscheidet, ergeben sich aus der LV keine Hinweise. 37

Die von **Art. 7 LV und Art. 5 LV iVm Art. 140 GG iVm Art. 138 I WRV** geschützten Verpflichtungen zu Staatsleistungen (ausführlich → Art. 7 Rn. 6 ff.) **fallen gleichzeitig in den Schutzbereich von Art. 138 II WRV, wenn ihnen ein subjektives Recht korrespondiert**. In diesen fallen nach allg. Meinung⁹⁷ auch kommunale Kirchenbaulasten,⁹⁸ deren Einordnung als „Staatsleistungen" umstritten ist (näher → Art. 7 Rn. 14). Soweit neben Art. 138 II auch Art. 138 I WRV einschlägig ist, geht dieser – weil besonderen Schutz gewährend (s. → Art. 7 Rn. 40) – als lex specialis vor.⁹⁹ 38

Bei der Anwendung von Art. 138 II WRV stellt sich die Frage, ob er die von ihm erfassten religionsgemeinschaftlichen Rechte vorbehaltlos schützt. Dem Normtext lässt sich ein Gesetzesvorbehalt nicht entnehmen. Dennoch gehen BVerwG und weite Teile der Lit. davon aus, dass das **Religionsgut nur in den Schranken der für alle geltenden Gesetze (Art. 137 III 1 WRV)** 39

---

92 So auch StGH, ESVGH 66, 1 (10 f.), der von einer Inkorporation von Art. 138 I WRV ausgeht, und daraus folgert, dass dieser bei der Auslegung von Art. 7 LV zu berücksichtigen ist.
93 Dies gilt entweder unmittelbar aufgrund der „Durchgriffswirkung von Art. 140 GG" oder gem. Art. 31 GG (s. → Art. 4 Rn. 36); zur Rechtsfolge bei Widersprüchen zwischen Landesverfassungsrecht und Bundesrecht s. → Art. 4 Rn. 36 mit Fn. 70.
94 StGH, ESVGH 66, 1 (3) spricht von „Grundrecht".
95 StGH, ESVGH 66, 1 (3 f.).
96 S. dazu u. a. *Kästner* in: HdbStKR I, 891–906; *ders.*, JuS 1995, 784 ff.; *Wehdeking*, Die Kirchengutsgarantien, 13 ff.; *Droege*, ZevKR 55 (2010), 339 (342 ff.).
97 StGH ESVGH 66, 1 (4 f.); BVerwG, NVwZ-RR 2009, 590 (591 f.); VGH BW ESVGH 64, 99 (112); *Ehlers* in: Sachs, GG, Art. 140 GG/Art. 138 WRV, Rn. 7; *Hammer*, KuR 2014, 29 (38 f.).
98 Näher zu diesen *Schulten*, Kommunale Kirchenbaulasten, 42 ff.; *Boettcher*, Art und Rechtsgrund kommunaler Kirchenbaulasten, in: FS Obermayer, 1986, 155 ff.
99 S. auch *Isensee* in: HdbStKR I, 1009 (1051); *Korioth* in: Maunz/Dürig, GG, Art. 140 GG/Art. 138 WRV, Rn. 1; *Schulten*, Kommunale Kirchenbaulasten, 31.

gewährleistet ist, weil keine sachliche Rechtfertigung dafür ersichtlich sei, das religionsgemeinschaftliche Vermögen (als materielle Basis des Selbstbestimmungsrechts und der korporativen Religionsfreiheit)[100] stärker zu schützen als diese selbst.[101] Gegen diese Argumentation lässt sich allerdings ins Feld führen, dass die korporative Religionsfreiheit in Art. 4 I, II GG und Art. 4 I LV grds. ebenfalls vorbehaltlos geschützt ist.[102] Dem muss bei der prinzipiell sachgerechten Anwendung der Schranke aus Art. 137 III 1 WRV auf die Kirchengutsgarantie Rechnung getragen werden.[103]

40 Die **verfassungsgerichtliche Rspr.** hat eine Entscheidung über die Schranken der Kirchengutsgarantie bisher vermieden, indem sie in den zu entscheidenden Fällen jeweils bereits einen **Eingriff in den Schutzbereich verneint** hat.[104] Weil **Art. 138 II WRV die religionsgemeinschaftlichen Rechte nur in ihrem jeweiligen Bestand schützt**, stellt etwa das Gebrauchmachen von einem mit einem Nutzungsrecht von Anfang an verbundenen Widerrufsvorbehalt keine Verkürzung des von Art. 138 II WRV geschützten Rechts dar.[105] Allerdings schützt Art. 138 II WRV die von ihm erfassten Rechte nicht generell nur in ihrem Bestand nach Maßgabe des jeweils geltenden (später u.U. geringeren Schutz bietenden) einfachen Rechts.[106] Andernfalls liefe die Garantie aus Art. 138 II WRV weitgehend leer, das einfache Recht würde ihre Reichweite maßgeblich bestimmen, ohne dass eine effektive verfassungsrechtliche Kontrolle erfolgen könnte. Auch mit dem durch den StGH unternommenen Versuch, eine Verletzung von Art. 138 II WRV im Falle einer Aktualisierung lediglich rechtsimmanenter Schranken damit zu identifizieren, dass „der Zweck der Kirchengutsgarantie beeinträchtigt wird",[107] wird keine voraussehbar handhabbare Schranken-Schranke definiert, weil letztlich jede Schmälerung eines garantierten Rechts die Zwecke der Kirchengutsgarantie jedenfalls ein Stück weit beeinträchtigt. Eine klare **Unterscheidung** danach, **wann sich rechtsimmanente Schranken realisieren und wann nicht, ist deshalb von zentraler Bedeutung.** Dazu ist – wie bei der Anwendung von Art. 14 GG als ebenfalls normge-

---

100 S. BVerfGE 99, 100 (119 f.); StGH ESVGH 66, 1 (4, 7).
101 BVerwGE 87, 115 (125); in der Sache auch VGH BW, ESVGH 64, 99 (112); offengelassen von BVerfGE 99, 100; *Unruh*, Rn. 506 mwN; *Ehlers* in: Sachs, GG, Art. 140/Art. 138 Rn. 10; *Korioth* in: Maunz/Dürig, Art. 140 GG/Art. 138 WRV Rn. 22; *Filmer/Görisch*, ZevKR 45 (2000), 453 (467 ff.); *Kästner* in: HdbStKR I, 891 (903), allerdings mit der Einschränkung, dass bei der Handhabung des Schrankengesetzes der Bedeutung der Kirchengutsgarantie Rechnung zu tragen ist.
102 Zur Problematik der Anwendung der Schranke aus Art. 137 III 1 WRV auf die korporative Religionsfreiheit aus Art. 4 I, II GG und Art. 4 I LV s. → Art. 4 Rn. 36 ff.
103 In der Sache wohl auch *Kästner*, HdbStKR I, 891 (903); *Korioth* in: Maunz/Dürig, Art. 140 GG/Art. 138 WRV Rn. 22; *Lücke*, JZ 1998, 534 (541), plädiert für eine Differenzierung danach, ob das Kirchengut zugleich von Art 4 I, II GG geschützt wird (dann vorbehaltlose Gewährleistung) oder nicht. Nach hier vertretener Auffassung wäre das Kirchengut vorbehaltlos geschützt, wenn gleichzeitig Art. 4 I LV einschlägig ist.
104 StGH ESVGH 66, 1 (9); BVerfGE 99, 100 (123 f.).
105 BVerfGE 99, 100 (123 f.).
106 Zumindest missverständlich insofern StGH ESVGH 66, 1 (7).
107 StGH ESVGH 66, 1 (7).

prägtem Grundrecht[108] – danach zu differenzieren, **ob sich eine Beschränkung realisiert, die für das Recht bereits zum Zeitpunkt des Eingreifens der Garantie**[109] **galt,**[110] oder ob eine Beschränkung Anwendung findet, die das Recht nachträglich weiter als im Garantiezeitpunkt verkürzt. Im letzteren Fall ist die Anwendung der Norm als **Eingriff** oder wie ein Eingriff **zu bewerten,** und dessen Rechtfertigung an den Schranken des Rechts (s. → Rn. 39) zu überprüfen.[111]

Die durch Art. 138 II WRV garantierten Rechte werden z.T. zusätzlich in **Staatskirchenverträgen** verbürgt (vgl. Art. V BadKonkordat 1932, Art. 18, 19 EvKirchenvertrag 2007).[112] Teilweise werden die Rechte der Kirchen darin präzisiert. Soweit dadurch im Einzelfall Rechte aus Art. 138 II WRV geschmälert würden, läge darin keine Verletzung der Rechte der vertragsschließenden Kirchen und ihrer Untergliederungen, weil der Vertrag als rechtfertigende Einwilligung angesehen werden kann. Ob dies auch für eine Schmälerung der Rechte von Rechtsträgern gilt, die der Kirche nur „zugeordnet" sind, ist allerdings zweifelhaft. Dass Art. 138 II WRV die Rechte „religiöser Vereine" eigenständig schützt, spricht dafür, dass nur sie selbst, und nicht die Religionsgemeinschaft, der sie zugeordnet sind, über ihre Rechte verfügen können. 41

10. Art. 140 GG iVm Art. 139 WRV

Der von Art. 5 LV iVm Art. 140 GG iVm Art. 139 WRV geregelte Gegenstand wird **auch in Art. 3 LV behandelt.** Dieser stimmt mit Art. 139 WRV, soweit dieser Regelungen enthält, überein,[113] ergänzt und konkretisiert ihn aber in einigen Punkten (zB durch die Verpflichtung des Gesetzgebers, bei der Festlegung der Feiertage i.Ü. „die christliche Überlieferung zu wah- 42

---

108 S. dazu *Papier* in: Maunz/Dürig, Art. 14 Rn. 35 ff.; *Axer* in: BeckOK GG, Art. 14 Rn. 7 ff., 17.
109 Art. 138 II WRV schützt jedenfalls den Bestand der religionsgemeinschaftlichen Rechte bei Inkrafttreten der WRV; es ist aber davon auszugehen, dass zusätzlich der Bestand der von Art. 138 II WRV erfassten Rechte zum Zeitpunkt des Inkrafttretens des GG (als dem Zeitpunkt, in dem sein Regelungsgehalt als Teil der Bundesverfassung neu wirksam wurde) geschützt wird; dagegen wird nicht zusätzlich der Bestand an Rechten geschützt, der sich bis zum Inkrafttreten der LV entwickelt hatte. Dafür spricht, dass die LV die Garantie des Art. 138 II WRV nicht unmittelbar inkorporiert hat, sondern lediglich in der Gestalt, die sie durch Art. 140 GG gefunden hat; s. dazu auch → Rn. 20.
110 In der Sache wohl ebenso *Ehlers* in: Sachs, GG, Art. 140 GG/Art. 138 II WRV Rn. 9 (kein Eingriff bei inhaltlichen Veränderungen, die den geschützten Rechten *von Anfang an* innewohnen).
111 Deshalb hätte in dem von StGH ESVGH 66, 1, entschiedenen Fall nicht offenbleiben dürfen, ob die Beschränkung vertraglicher Baulastverpflichtungen durch die die iE streitentscheidende Regelung aus § 60 LVwVfG bereits der Rechtslage vom 14.8.1919 entsprach.
112 Zur Rechtswirkung staatskirchenvertraglicher Regelungen s. → Art. 8 Rn. 10 ff.
113 So auch *Hollerbach* in: Feuchte, Art. 3 Rn. 27; *Kästner*, HdbStKR II, 337 (356); die Umschreibung des Zwecks der Feiertage als Tage der „Arbeitsruhe und der Erhebung" unter Verzicht auf das in Art. 139 WRV enthaltene Adjektiv „seelisch" steht einer mit Art. 139 WRV konformen Auslegung nicht entgegen, zumal die LV auf andere Weise zum Ausdruck bringt, dass der Feiertagsschutz auch der Verwirklichung der Religionsfreiheit dient (vgl. Art. 3 I 3 LV und die Inkorporation von Art. 139 WRV im Abschnitt „Religion und Religionsgemeinschaften").

ren"). Art. 3 LV geht damit grds. als lex specialis der inkorporierten Norm vor.

43 Gleichzeitig unterstreicht die Tatsache, dass die LV den Feiertagsschutz nicht nur im Abschnitt „Mensch und Staat", sondern (über Art. 5 LV) auch im Abschnitt „Religion und Religionsgemeinschaften" gewährleistet, dass **bei der Ausgestaltung der Feiertagsordnung durch Landesgesetz deren Bedeutung für das religiöse Leben der Einzelnen und für die Entfaltung der korporativen Religionsfreiheit Rechnung zu tragen ist.**[114] Diese Wertung hat (trotz der fehlenden Erwähnung der „seelischen" Erhebung dort) auch in die Auslegung von Art. 3 LV einzufließen.

44 Der sich aus Art. 3 I und Art. 5 LV iVm Art. 140 GG iVm Art. 139 WRV ergebenden, **objektiv-rechtlichen Schutzpflicht**, die als **Konkretisierung der Schutzpflichtendimension der individuellen und korporativen Religionsfreiheit (Art. 2 I LV iVm Art. 4 I, II GG; Art. 4 LV)** und weiterer Grundrechte verstanden werden kann,[115] ist der Gesetzgeber durch das **FTG** nachgekommen. Weitere Konkretisierungen, insb. in Gestalt von Lockerungen des Sonn- und Feiertagsschutzes, enthalten das **LadÖG** (§§ 4 ff.) und das **ArbZG** des Bundes. Daneben sind **weitere Konkretisierungen** mit dem Anliegen eines (weitgehenden) Schutzes der individuellen und korporativen Religionsfreiheit in verschiedenen **Kirchenverträgen** enthalten (näher dazu → Rn. 46).

45 Nach wie vor umstritten ist, ob Art. 140 GG iVm Art. 139 WRV neben einer objektiv-rechtlichen Schutzpflicht,[116] die man dogmatisch auch als **institutionelle Garantie** fassen kann,[117] einzelnen Rechtsträgern **subjektive Rechte vermittelt**. Für die Auslegung von Art. 5 LV iVm Art. 140 GG iVm Art. 139 WRV stellt sich diese Frage zunächst in gleicher Weise wie für die Auslegung von Art. 140 GG iVm Art. 139 WRV. Ihre Beantwortung ist aber insofern von weitreichenderer Bedeutung, als bejahendenfalls **durch Art. 5 LV iVm Art. 140 GG iVm Art. 139 WRV vermittelte subjektive Rechte** gem. § 55 I VerfGHG unmittelbar mit der Landesverfassungsbeschwerde geltend gemacht werden könnten.[118] Auf deren Einordenbarkeit als „Grundrechte" oder „grundrechtsgleiche Rechte" in die Systematik des GG (die die st. Rspr. für Art. 140 GG iVm Art. 139 WRV verneint)[119] oder

---

114 *Hollerbach* in: Feuchte, Art. 5 Rn. 9 u. ähnl. Art. 3 Rn. 17; zur entsprechenden Auslegung von Art. 140 GG iVm Art. 139 WRV s. BVerfGE 125, 39 (79 ff.); BVerfG NJW 1995, 3378 (3379): Verpflichtung des Gesetzgebers, eine „angemessene Zahl kirchlicher Feiertage staatlich anzuerkennen".
115 So die Beschreibung des Verhältnisses von Art. 140 GG iVm Art. 139 WRV zu Art. 4 I, II GG in BVerfGE 125, 39 (78 f.); daran anschließend BVerwG, NVwZ 2015, 590 (591).
116 S. dazu *Kästner*, HdbStKR II, 337 (344 f.).
117 So u.a. BVerfG NJW 1995, 3378 (3379); BVerfGE 111, 10 (50); *Kästner*, HdbStKR II, 337 (339); *Ehlers* in: Sachs, GG Art. 140 GG/Art. 139 Rn. 1; *v. Campenhausen/de Wall*, 328 f.; *Rüfner* in: FS Martin Heckel, 447 (448); *Blankel Drößler* in: Linck/Baldus u.a., Art. 40 Rn. 27; aA *Korioth* in: Maunz/Dürig, GG, Art. 139 WRV Rn. 20.
118 Dieser erfasst alle Individualrechte gegen den Staat, vgl. *Zuck*, Die Landesverfassungsbeschwerde in Baden-Württemberg, 2013, Rn. 78, 79.
119 Vgl. BVerfGE 19, 129 (135); 125, 39 (79 f.); eine Aussage darüber, ob Art. 140 GG iVm Art. 139 WRV subjektive Rechte vermittelt, ist damit allerdings nicht getroffen, s.a. *de Wall*, NVwZ 2000, 857 (859).

ihre Fundierung in der Religionsfreiheit oder anderen Grundrechten kommt es dabei nicht an. Gegen die Vermittlung subjektiver Rechte wird v.a. angeführt, dass sich wegen der vielfältigen, auch öffentlichen Zwecke der Sonn- und Feiertagsgarantie[120] und wegen der weiten Ausgestaltungsmöglichkeiten des Gesetzgebers[121] konkret begünstigte – von der Allgemeinheit unterscheidbare – Rechtsträger nicht identifizieren ließen.[122] Das BVerfG ist einer expliziten Entscheidung bisher ausgewichen, hat aber für die Zulässigkeit einer Verfassungsbeschwerde von Kirchen (gegen eine Lockerung des Sonntagsschutzes) die „Möglichkeit" einer Verletzung von Art. 4 I, II GG (in seiner Schutzpflichtendimension) genügen lassen.[123] Die fachgerichtliche Rspr. hat inzwischen mehrfach eine Antrags- oder Klagebefugnis von kirchlichen Rechtsträgern[124] und Gewerkschaften[125] entweder unmittelbar wegen der möglichen Verletzung von Grundrechten (Art. 9 III GG oder Art. 4 I, II GG in Gestalt des darin enthaltenen, durch Art. 140 GG iVm Art. 139 WRV konkretisierten, drittschützenden Schutzauftrags) oder aufgrund einer – mit Blick auf die dahinterstehenden verfassungsrechtlichen Gewährleistungen – subjektiv-rechtlichen Auslegung des einfachgesetzlichen Feiertagsschutzrechts bejaht. Eine Verletzung subjektiver Rechte kirchlicher Rechtsträger soll jedenfalls dann möglich sein, wenn die Einschränkung des Sonn- oder Feiertagsschutzes zu einer Verkürzung religiöser Betätigungsmöglichkeiten (des Gottesdienstbesuches usw.) führt.[126] Diese Rspr. ist nur konsistent, wenn man entweder Art. 140 GG iVm Art. 139 WRV unmittelbar als drittschützende Norm interpretiert, oder – wofür insb. die Leitentscheidung BVerfGE 125, 39 eher spricht – Art. 139 WRV als maßgebliche Norm zur Definition der Reichweite grundrechtlicher Schutzansprüche aus Art. 4 I, II GG oder Art. 9 III GG auffasst. **Art. 140 GG iVm Art. 139 WRV hat** dann **iVm dem jeweils durch geschmälerten Sonn- und Feiertagsschutz betroffenen Grundrecht subjektivrechtlichen Gehalt.** Diese Wertungen können auch **auf Art. 5 LV iVm Art. 140 GG iVm Art. 139 WRV übertragen werden**, denn dieser verfolgt im Gefüge der LV dieselben Zwecke wie Art. 140 GG iVm Art. 139 WRV im Rahmen des GG.[127]

---

120 Vgl. dazu BVerfGE 111, 10 (51 f.).
121 S. dazu BVerfG NJW 1995, 3378.
122 Vgl. *Ehlers* in: Sachs, GG, Art. 140 GG/Art. 139 WRV Rn. 1; *de Wall*, NVwZ 2000, 857 (860); *v. Campenhausen/de Wall*, 328 f.; gegen subjektiv-rechtlichen Gehalt auch *Rüfner* in: FS Martin Heckel, 447 (448), → Art. 3 Rn. 12; dagegen für eine Auslegung als Norm zum Schutz (auch) subjektiver Rechte *Couzinet/Weiß*, ZevKR 54 (2009), 34; *Unruh*, Rn. 554; *Morlok* in: Dreier, Art. 140 GG/Art. 139 Rn. 17–21.
123 BVerfGE 125, 39 (73 f.).
124 VGH Kassel, NVwZ 2014, 380 (382); BVerwG, NVwZ 2015, 590 (591 f.); VG Dresden, U. v. 12.4.2017 – 4 K 1278/16 – juris, Rn. 31 ff.
125 Vgl. BayVGH, U.v. 6.12.2013 – 22 N 13.788 – BeckRS 2014, 47096 Rn. 44; VGH Kassel, NVwZ 2014, 380 (381 f.); BVerwG NVwZ 2015, 590 (591); OVG Koblenz, U. v. 20.5.2014 – 6 C 10122/14.OVG – BeckRS 2014, 51965; OVG Berlin-Brandenburg, B. v. 26.3.2015 – OVG 1 S 19.15 – BeckRS 2015, 43805.
126 VGH Kassel, NVwZ 2014, 380 (382).
127 Für parallele Auslegung von landesverfassungsrechtlichen Verweisnormen auf Art. 139 WRV mit diesem selbst (wenn auch in diesem Fall als nicht drittschützend) *Ehlers* in: Sachs, GG, Art. 140 GG/Art. 139 WRV Rn. 1; *de Wall*, ZevKR 45 (2000), 626 (630).

46 Möchte man dieser Rspr. nicht folgen[128], wird relevant, welche **Bedeutung der Schutz der Sonntage und religionsgemeinschaftlichen Feiertage durch Staatskirchenvertragsrecht** hat. Durch Art. 2 I, II EvKirchenvertrag 2007 werden die verfassungsrechtlichen Regelungen über den Feiertagsschutz (Art. 3 I LV, Art. 5 LV iVm Art. 140 GG iVm Art. 139 WRV) Teil des Staatskirchenvertragsrechts. Art. 2 III EvKirchenvertrag 2007 geht darüber noch hinaus, wenn er festhält, dass „der auf Landesrecht beruhende Schutz der Sonn- und Feiertage […] in seinem wesentlichen Umfang gewährleistet (bleibt)" und damit eine, wenn auch eingeschränkte, Status quo-Garantie formuliert.[129] Art. 2 IsrRelGV enthält besondere Regelungen zum Schutz jüdischer Feiertage. Beide Verträge wurden durch Zustimmungsgesetz in Landesrecht transformiert.[130] Weil sie auf vertraglicher Vereinbarung mit konkreten Rechtsträgern beruhen, sind sie so auszulegen, dass sie diesen Rechtsträgern ein subjektives Recht auf Achtung der Gewährleistung vermitteln.[131] Zumindest insoweit können sich also die ev. Kirchen und die beiden jüdischen Religionsgemeinschaften auf die Einhaltung des ihnen vertraglich konkret zugesicherten Sonn- und Feiertagsschutzes berufen.

11. Art. 140 GG iVm Art. 141 WRV

47 Art. 141 WRV regelt die Zulassung von Religionsgemeinschaften zur Durchführung von „**Anstaltsseelsorge**". Darauf, dass sich für die Auslegung von Art. 5 LV iVm Art. 140 GG iVm Art. 141 WRV Besonderheiten gegenüber dem GG ergeben, gibt es keine Hinweise. Es kann daher auf die Rspr. und Lit. zu Art. 140 GG iVm Art. 141 WRV verwiesen werden.[132] Art. 141 WRV vermittelt **den Religionsgemeinschaften**, nicht jedoch den Individuen, die Anstaltsseelsorge in Anspruch nehmen möchten,[133] **subjektive Rechte,**[134] die **mit der Landesverfassungsbeschwerde geltend gemacht werden können.**[135]

---

128 S. dazu auch → Art. 3 Rn. 12.
129 *Frisch*, NVwZ 2008, 629 (631); *Frisch/Jacobs*, ZevKR 54 (2009), 290 (306); *Jacobs* in: Jahrbuch für badische Kirchen- und Religionsgeschichte, 2008, 91 (97 f.).
130 Näher zur Rechtswirkung religionsverfassungsrechtlicher Verträge → Art. 8 Rn. 14 ff.
131 *Frisch*, NVwZ 2008, 629 (631); vgl. auch OVG Greifswald, NVwZ 2000, 948 (949); zustimmend *de Wall*, ZevKR 45 (2000), 626 ff.; s. außerdem VG Dresden, U. v. 12.4.2017 – 4 K 1278/16 – juris, Rn. 29.
132 Vgl. die Kommentierungen zu Art. 140 GG iVm Art. 141 WRV sowie die Überblicksdarstellungen bei *Unruh*, Rn. 376 ff.; *Eick-Wildgans*, HdbStKR II, 995-1016; *Ennuschat*, EvStL, Sp. 62 ff.; *Pirson*, Die Seelsorge in staatlichen Einrichtungen als Gegenstand des Staatskirchenrechts, in: EssG 23 (1989), 4 ff. jeweils mwN.
133 VG Augsburg, B.v. 18.9.2012 – Au 3 E 12.1151 – BeckRS 2012, 57760; *Germann* in: BeckOK GG, Art. 140 GG Rn. 151; jedoch können sich subjektiv-rechtliche Ansprüche (zumindest auf Inanspruchnahme vorhandener Angebote) aus der einfachgesetzlichen Ausgestaltung (iVm Art. 2 I LV, Art. 4 I, II GG) ergeben (s. → Rn. 49 f.).
134 Allg. M., vgl. nur BVerwGE 123, 49 (54); *Morlok* in: Dreier, Art. 140 GG/ Art. 141 Rn. 6; *Korioth* in: Maunz/Dürig, Art. 140 GG/Art. 141 WRV Rn. 2; *Muckel* in: BK, Art. 140 GG/Art. 141 Rn. 4; *v. Campenhausen/de Wall*, 199.
135 AA offenbar *Zuck*, Die Landesverfassungsbeschwerde in Baden-Württemberg, 2013, Rn. 79, der Art. 5 LV iVm Art. 140 GG generell nicht unter den verfassungsbeschwerdefähigen Rechten aufführt.

Der Anspruch aus Art. 5 LV iVm Art. 140 GG iVm Art. 141 WRV steht allen Religionsgemeinschaften[136] unabhängig von ihrer (öffentlich-rechtlichen oder privatrechtlichen) Rechtsform zu,[137] sobald in der jeweiligen „Anstalt", d.h. einer staatlichen Einrichtung, in der ihrer Ausgestaltung nach ohne expliziten Zulassungsanspruch die Möglichkeit zu freier kollektiver Religionsausübung beschränkt ist,[138] ein „Bedürfnis" nach entsprechendem Gottesdienst und entsprechender Seelsorge besteht.[139] Er dient also der Effektuierung der individuellen Religionsfreiheit der der Anstalt eingeordneten Personen.[140] 48

Subjektive Rechte, wenn auch nicht iSv § 55 I VerfGHG, aber iSv § 42 II VwGO, vermitteln auch die einfachgesetzlichen Ausgestaltungen von Art. 140 GG iVm Art. 141 WRV. Dazu zählen Buch 1: §§ 12 IV, VII, Buch 2: §§ 22-24, Buch 3: §§ 29-31 und Buch 4: §§ 27-29 JVollzGB BW; Art. 28 des Reichskonkordats,[141] Art. 16 I, II, IV und Art. 21 IV[142] EvKirchenvertrag 2007, sowie Art. 3 II IsrRelGV.[143] 49

Sie gehen z.T. über Art. 141 WRV hinaus. So garantiert etwa Art. 16 I EvKirchenvertrag 2007 die seelsorgliche Tätigkeit bei der Polizei, obwohl nur deren kasernierte Einheiten Art. 141 WRV unterfallen. Buch 2: § 22 JVollzGB, Buch 3: § 29 JVollzGB und Buch 4: § 27 JVollzGB vermitteln auch den Gefangenen subjektive Rechte auf Teilnahme an Seelsorgeangeboten. Weder Art. 141 WRV noch sonstiges Verfassungsrecht stehen einer der Entfaltung des Grundrechts aus Art. 2 I LV, Art. 4 I, II GG dienenden, über Art. 141 WRV hinausgehenden Ermöglichung von Seelsorge in staatlichen Einrichtungen entgegen.[144] 50

Artikel 6 [Religiöse Karitas]

Die Wohlfahrtspflege der Kirchen und der anerkannten Religions- und Weltanschauungsgemeinschaften wird gewährleistet.

---

136 Zu diesem Begriff → Art. 4 Rn. 26 ff.
137 Insb. gilt keine Einschränkung auf „anerkannte Religionsgemeinschaften", s. → Rn. 5.
138 Näher zum Begriff der „Anstalt" in Art. 141 WRV s. nur *Korioth* in: Maunz/Dürig, Art. 140 GG/Art. 141 WRV Rn. 5; *Morlok* in: Dreier, Art. 140 GG/Art. 141 WRV Rn. 7.
139 Zu dieser Anspruchsvoraussetzung s. *Korioth* in: Maunz/Dürig, Art. 140 GG/Art. 141 WRV Rn. 7 mwN; zu aktuellen Bemühungen und (rechtlichen) Problemen, eine muslimische Anstaltsseelsorge zu etablieren *Schulten*, KuR 2014, 50 ff.
140 *Schulten*, KuR 2014, 50 (51 f.); *Muckel* in: BK, Art. 140 GG/Art. 141 WRV Rn. 3.
141 Zu dessen Rechtsgeltung s. → Art. 8 Rn. 6.
142 Dazu, dass auch seelsorgliche Aktivitäten auf gemeindlichen Friedhöfen (inklusive kirchliche Trauerfeierlichkeiten) von der Garantie der „Anstaltsseelsorge" erfasst werden *Morlok in:* Dreier, Art. 140 GG/141 WRV Rn. 7; *v. Campenhausen/Unruh* in: v. Mangoldt/Klein/Stark, Art. 140 GG/Art. 141 WRV Rn. 8.
143 Näher zur Rechtsgeltung von Staatskirchenverträgen → Art. 8 Rn. 14 ff.
144 *Morlok* in: Dreier, Art. 140 GG/Art. 141 WRV Rn. 7; dort auch zu den dabei zu beachtenden verfassungsrechtlichen Grenzen.

Schrifttum:
Boeßenecker/Vilain, Spitzenverbände der Freien Wohlfahrtspflege, 2. Aufl. 2013; *Brenner*, Diakonie im Sozialstaat, Ein Beitrag zur staatskirchenrechtlichen Grundlegung der Sozialgestalt der evangelischen Kirche, 1994; *v. Campenhausen/Erhardt* (Hrsg.), Kirche – Staat – Diakonie, Zur Rechtsprechung des BVerfG im diakonischen Bereich, 1982; *Depenheuer*, Finanzierung und Organisation der kirchlichen Krankenhäuser, in: HdbStKR II, § 60; *Droege*, Art. Wohlfahrt, Wohlfahrtsstaat, in: EvStL 2006, Sp. 2765; *Fahlbusch*, Art. Freie Wohlfahrtspflege, in: EvStL 2006, Sp. 629; *Faltenbaum*, Caritas und Diakonie, Struktur- und Rechtsfragen, 2000; *Gabriel* (Hrsg.), Herausforderungen kirchlicher Wohlfahrtsverbände, 2001; *Gabriel/Reuter*, Religion und Wohlfahrtsstaatlichkeit in Deutschland, in: Gabriel/Reuter/Kurschat/Leipold (Hrsg.), Religion und Wohlfahrtsstaatlichkeit in Europa, 2013, 93; *Hammer*, Geschichte der Diakonie in Deutschland, 2013; *Haslinger*, Diakonie. Grundlagen für die soziale Arbeit der Kirche, 2009; *Hierold*, Grundfragen karitativer Diakonie, in: HdbKathKR, 1458; *Hierold*, Organisation der Karitas, in: HdbKathKR, 1463; *Isensee*, Die karitative Betätigung der Kirchen und der Verfassungsstaat, in: HdbStKR II, § 59; *Jähnichen*, Vom Leistungsträger im Sozialstaat zum Wettbewerber auf dem Sozialmarkt – Diakonie unter veränderten wohlfahrtsstaatlichen Bedingungen, ZevKR (62) 2017, 197; *Kämper*, Kindergärten in kirchlicher Trägerschaft, in: HdbStKR II, § 63; *Lingenfelser*, Freie Wohlfahrtspflege in Deutschland, 2011; *Manterfeld*, Diakonischer Dienst, in: HdbEvKR, 797; *Penßel*, Art. Freie Wohlfahrtspflege, in: Heinig/Munsonius, 59; *Schmitz-Elsen*, Die karitativen Werke und Einrichtungen im Bereich der katholischen Kirche, in: HdbStKR II, § 61; *Strohm*, Art. Wohlfahrtspflege, RGG Bd. 8, Sp. 1675; *v. Tiling*, Die karitativen Werke und Einrichtungen im Bereich der evangelischen Kirche, in: HdbStKR II, § 62.

Vergleichbare Regelungen: Art. 63 BremVerf, 46 RPVerf, 32 III LSAVerf, 40 SaarlVerf, 109 III, 110 SächsVerf, 41 ThürVerf.

Ergänzende Normen: Aus dem Bundesrecht: §§ 17 III, 27 II, 28 II SGB I; §§ 3, 4, 5, 75, 76 SGB VIII; § 11 II SGB XI; § 5 SGB XII; Gemeinnützigkeitsrecht (§§ 51 ff AO iVm den daran anknüpfenden Steuervergünstigungen [zB § 4 Nr. 18 UStG iVm § 23 Umsatzsteuerdurchführungsverordnung]).
Aus dem Landesrecht: §§ 1 II, 2 III Landeskrankenhausgesetz; Art. 13 Vertrag des Landes BW mit der Evangelischen Landeskirche in Baden und mit der Evangelischen Landeskirche in Württemberg vom 17.10.2007 (EvKirchenvertrag 2007); Art. 6 Vertrag des Landes BW mit der Israelitischen Religionsgemeinschaft Baden und der Israelitischen Religionsgemeinschaft Württembergs vom 16.3.2010 (IsrRelGV 2010); außerdem: Art. 15, 31 Reichskonkordat.[1]

Leitentscheidungen: BVerfGE 24, 236; 46, 73; 53, 366 (zum Schutz der kirchlichen Wohlfahrtspflege durch Art. 4 I, II GG und Art. 140 GG iVm Art. 137 III WRV); 70, 138; 137, 273 (zum kirchlichen Arbeitsrecht; VGH BW, KirchE 61, 378 = VBlBW 2014, 104; VGH BW = ESVGH 51, 251).

A. Überblick und Einordnung	1	2. der Kirchen und anerkannten Religions- und Weltanschauungsgemeinschaften	13
I. Bedeutung	1		
II. Entstehungsgeschichte	6		
III. Verfassungsvergleichende Einordnung	11	II. Rechtsfolgen der Gewährleistung	19
B. Erläuterung	12		
I. Anwendungsbereich	12	1. Art. 6 LV als Institutionelle Garantie	19
1. Wohlfahrtspflege	12	2. Art. 6 LV als Freiheitsrecht	27

---

1 Näher zur Geltung des Reichskonkordats in und für BW → Art. 8 Rn. 6.

III. Verhältnis zu anderen LV-Normen..................	30	3. Verhältnis zu Art. 87 LV..	33
1. Zu Art. 4 I, Art. 5 LV iVm Art. 140 GG iVm Art. 137 III WRV und Art. 2 I LV iVm Art. 4 I, II GG............	30	IV. Verhältnis zum GG........... V. Verhältnis zu EMRK und Unionsrecht................... 1. EMRK.................... 2. Unionsrecht...............	35 36 36 38
2. Verhältnis zu Art. 5 LV iVm Art. 140 GG iVm Art. 138 II WRV.........	32		

A. Überblick und Einordnung

I. Bedeutung

Art. 6 LV stellt klar, dass neben kultischen und seelsorgerlichen Aktivitäten der Religions- und Weltanschauungsgemeinschaften auch ihre **Wohlfahrtspflege** (→ Rn. 12) grundrechtlich geschützt ist. Art. 6 konkretisiert damit **Art. 2 I LV iVm Art. 4 I, II GG und Art. 5 LV iVm Art 140 GG iVm Art. 137 III WRV**, die die religionsgemeinschaftliche Wohlfahrtspflege ebenfalls schützen,[2] v.a. im Hinblick darauf, welche Eingriffe nicht mehr rechtfertigbar sind (näher → Rn. 19 ff., 31). 1

Dazu und darüber hinaus verbürgt Art. 6 LV als „Einrichtungsgarantie", dass die **zentralen Strukturelemente der staatlichen Wohlfahrtspflegeorganisation** – mit ihrem Zusammenspiel von öffentlicher und freier, auch konfessioneller Wohlfahrtspflege – **erhalten bleiben**, insb. dass weder eine vollständige Verstaatlichung oder Gleichschaltung der Wohlfahrtspflege noch eine die gemeinnützigen Aktivitäten der Religionsgemeinschaften verdrängende „Privatisierung" derselben stattfindet (näher → Rn. 23 ff.). 2

Art. 6 LV gestaltet damit **den Rechtsgedanken aus Art. 4 II LV** aus, dass neben der Hilfeleistung als solcher **in der geistlichen Botschaft, die die Religionsgemeinschaften mit ihren Hilfsangeboten transportieren**, ein wertvoller Gemeinwohlbeitrag liegt, ein **Mehrwert, den die staatliche** (oder auch privat-gewerbliche) **Wohlfahrtspflege nicht erbringen kann**. 3

Gleichzeitig würdigt er, dass die **christlichen Gemeinden, genauso wie andere religiöse Gemeinschaften**,[3] die Hilfe für Bedürftige (Diakonie bzw. Caritas)[4] von Anfang an **als Teil ihres Auftrages in der Welt begriffen**,[5] und deshalb entweder selbst oder durch in ihrem Umfeld entstehende Institutionen einen **maßgeblichen Beitrag zur Erfüllung dieser Aufgabe leisteten und 4

---

2 Vgl. BVerfGE 24, 236 (247 f.); 53, 366 (392 f.); → Art. 4 Rn. 35.
3 Zur Bedeutung von Wohltätigkeit im Judentum *Schuster*, Kooperationsmöglichkeiten aus jüdischer Sicht, in: Ceylan/Kiefer, 399 f.; zur Bedeutung von Wohltätigkeit im Islam *Martens*, Islamische Wohltätigkeit, in: Klöcker/Tworuschka (Hrsg.), Handbuch der Religionen, 47. EL 2016, IV – 3.16.
4 Zu diesen Begriffen s. nur *Bartmann*, Art. Diakonie, in: EvStL, Sp. 368 ff.; *Müller*, Art. Diakonie, in: LKStKR, Bd. 1, 416 ff.; *Schmitz-Elsen*, Art. Caritas, in: LKStKR, Bd. 1, 327 ff.; *Pompey*, Art. Caritas, in: LThK, Bd. 2, Sp. 947 ff.; *Isensee* in: HdbStKR II, 665 (669); *Haslinger*, Diakonie, 2009, 15 ff.
5 Näher zu Diakonie bzw. Caritas als Grundfunktion der christlichen Kirche *Isensee* in: HdbStKR II, 665 ff.; *Hierold* in: HdbKathKR, 1458 f.; Enzyklika „Deus Caritas est", AAS 97 (2005), 707 ff. (Rn. 20 ff.); *Kirchenamt der EKD*, Herz und Mund und Tat und Leben. Grundlagen, Aufgaben und Zukunftsperspektiven der Diakonie, 1998; *Haslinger*, Diakonie, 2009.

leisten, während sich der Staat dem erst nach und nach, und immer nur partiell annahm.[6] **Diakonie** und **Caritas** sind gegenwärtig mit zusammen mehr als 1 Mio. Beschäftigten nach dem Staat der größte Arbeitgeber in Deutschland.[7] Ihr Anteil an der Erbringung von Leistungen der Wohlfahrtspflege ist insgesamt entsprechend beträchtlich.[8] Neben ihnen ist mit der **Zentralwohlfahrtsstelle der Juden in Deutschland e.V.** ein weiterer religiös geprägter Verband „amtlich anerkannter Verband der freien Wohlfahrtspflege" (§ 23 Umsatzsteuerdurchführungsverordnung) und Mitglied der Bundesarbeitsgemeinschaft der freien Wohlfahrtspflege e.V. Eine **muslimische Wohlfahrtspflege** ist ebenfalls in Organisation begriffen.[9]

5 Aufgrund des Kompetenztitels in Art. 74 I Nr. 7 GG[10] ist die **Wohlfahrtspflege stark durch Bundesrecht geprägt**.[11] ZB das Krankenhauswesen (mit Ausnahme des Krankenhausfinanzierungsrechts, Art. 74 I Nr. 19a GG) oder das Heimrecht fallen aber in die Gesetzgebungszuständigkeit der Länder. Diese machen auch bei der Ausfüllung von Bundesrecht von Regelungsspielräumen Gebrauch (vgl. zB die gem. § 26 S. 1 SGB VIII erlassenen § 3 III und § 8 KiTaG; § 8 I AGSGB XII usw.). Auch das Landesrecht, das die Ausbildung zu sozialen Berufen regelt, kann Art. 6 LV tangieren.[12] Überall, wo Entscheidungen nicht durch (vorrangiges) Bundesrecht determiniert sind, hat die Landesstaatsgewalt Art. 6 LV und dessen Konkretisierungen in den Staatskirchenverträgen[13] zu beachten.[14]

II. Entstehungsgeschichte[15]

6 Die Gewährleistung des Art. 6 LV geht auf **Art. 20 II 1 VerfECDU** zurück. Dieser griff damit eine in allen drei Vorgängerverfassungen der LV enthal-

---

6 Kurzer, instruktiver Überblick bei *Munsonius*, Art. Diakonie und Caritas, in: Heinig/Munsonius, 30 ff.
7 Näher zur Organisation der Caritas *Hierold* in: HdbKathKR, 1463 ff.; *Schmitz-Elsen* in: HdbStKR II, 789 ff.; näher zur Organisation der Diakonie v. Tiling in: HdbStKR II, 809 ff.; *Manterfeld* in: HdbEvKR, 797 ff.; *Wellert* in: HdbEvKR, 571 ff. (insb. 592-598); zur Geschichte der Caritas *Ebertz* in: Ceylan/Kiefer, 59 ff.; zur Geschichte der Diakonie *Jung* in: ebd. 79 ff.
8 ZB stellen Einrichtungen der kath. und der ev. Kirche insgesamt 1/3 der verfügbaren Plätze in Kindertageseinrichtungen; Alteneinrichtungen der kath. und ev. Kirche bieten 37 % der vollstationären Plätze. Näher *de Wall/Muckel*, Kirchenrecht, 5. Aufl. 2017, 5 f.; *Manterfeld* in: HdbEvKR, 797 ff.
9 S. dazu die Beiträge von *Klie, Charchira, Badawia, Ceylan/Kiefer* und *Theißen* in: Ceylan/Kiefer.
10 Zur weiten Auslegung des Begriffs „Öffentliche Fürsorge" durch die Rspr. s. nur *Maunz* in: Maunz/Dürig, Art. 74 Rn. 106 ff.; *Degenhart* in: Sachs, GG, Art. 74 Rn. 35 f.
11 Vgl. insb. die umfangreichen Regelungen durch das SGB I – XII; näher zum Verhältnis von Bundes- und Landessozialrecht *Schulin* in: Maurer/Hendler, 563 (565 f., 570).
12 Überblick über das Sozialrecht in seiner Ausführung durch BW *Schulin* in: Maurer/Hendler, 563 ff.
13 S. dazu oben, „Ergänzende Normen"; näher zur Rechtswirkung von Staatskirchenverträgen → Art. 8 Rn. 14 ff.
14 Ausführlich und überzeugend zur Frage nach der Geltung der Landesgrundrechte bei der Anwendung von Bundesrecht durch die Landesstaatsgewalt *v. Coelln*, Anwendung von Bundesrecht nach Maßgabe der Landesgrundrechte, 2001, 273 ff.
15 Beratungen des VA: 33., 48., 52. Sitzung; Beratungen der VLV: 40. Sitzung (2. Lesung); 58. Sitzung (3. Lesung).

[Religiöse Karitas] Artikel 6

tene Regelung auf (vgl. Art. 33 I 1 VerfWB, 35 II 1 VerfLB, 122 I VerfWH),[16] um deren Übernahme in die LV auch die beiden Ev. Oberkirchenräte gebeten hatten.[17] Sein Regelungsgehalt war von einem parteiübergreifenden Konsens getragen, so dass er in der VLV in 2. Lesung ohne Diskussion einstimmig angenommen wurde.[18]

Seine Aufnahme in die LV stützte sich auf drei Argumente: den **Wunsch der ev. Kirchen** nach einer entsprechenden Garantie, die **Erfahrungen mit dem nationalsozialistischen Staat** und ähnliche, aktuelle Entwicklungen in der DDR, die darauf abzielten, die kirchliche und freie Wohlfahrtspflege zu beseitigen bzw. gleichzuschalten, und schließlich die beachtliche **Entlastung**, die eine funktionierende freie Wohlfahrtspflege für den Staat bedeutet.[19]

Aus den zuletzt genannten Gründen forderte die **SPD die Aufnahme einer gleichlautenden Garantie für die nicht religiös-weltanschaulich geprägte freie Wohlfahrtspflege** und erhielt dafür allgemeine Zustimmung. Die entsprechende Garantie wurde in **Art. 87 LV** aufgenommen.[20]

Der Vorschlag, beide Garantien in einer allgemeinen Garantie der „freien Wohlfahrtspflege" außerhalb des Abschnitts über „Religion und Religionsgemeinschaften" zusammenzufassen, wurde verworfen. Denn es zeigte sich, dass man sich darüber einig war, sowohl die von den Kirchen, Religions- und Weltanschauungsgemeinschaften selbst durchgeführte Wohlfahrtspflege, als auch die Wohlfahrtspflege der „anerkannten Verbände der freien Wohlfahrtspflege" (einschließlich der konfessionellen) besonders zu schützen.[21] Um ein anderes Verständnis des Verfassungstextes auszuschließen, setzte sich die CDU für die Aufnahme einer separaten Garantie der kirchlichen Wohlfahrtspflege ein, die klarstellte, dass **nicht nur die „freie Wohlfahrtspflege" überhaupt, sondern auch die konfessionell geprägte** staatlichen **Schutz** genießt, und dabei **nicht nur diejenige der konfessionellen Wohlfahrtsverbände, sondern genauso die der Kirchen als solcher** (sog. „Gemeindediakonie").[22]

Art. 6 und Art. 87 LV sollten nach alldem v.a. festschreiben, dass die **Wohlfahrtspflege nicht allein Sache des Staates ist und auch nicht zu einer solchen gemacht werden kann**, ohne damit ausschließen zu wollen, dass auch

7

8

9

10

---

16 Näher zu diesen *Hollerbach* in: Feuchte, Art. 6 Rn. 2; die württembergischen und badischen Verfassungen von 1919 und aus dem 19. Jahrhundert enthielten noch keine vergleichbaren Bestimmungen; erst die Erfahrungen mit dem Nationalsozialismus machten bewusst, dass auch die Aktivitäten der kirchlichen und freien Wohlfahrtspflege – und nicht nur ihre materiellen Grundlagen (s. dazu bereits Art. 138 II WRV) – des verfassungsrechtlichen Schutzes bedurften (*Hollerbach* in: Feuchte, Art. 6 Rn. 1).
17 S. Memorandum der beiden ev. Oberkirchenräte von März 1952 in: Feuchte, Quellen, 4. Teil, 377 (382).
18 Feuchte, Quellen, 7. Teil, 219.
19 Feuchte, Quellen, 4. Teil, 432, 434; 438 ff.; 6. Teil, 174.
20 Feuchte, Quellen, 4. Teil, 440 ff.; 6. Teil, 173: Beide Zweige der nichtstaatlichen Wohlfahrtspflege sollten in gleicher Weise geschützt werden.
21 Vgl. Abg. *Müller* (CDU) in: Feuchte, Quellen, 4. Teil, 446.
22 Feuchte, Quellen, 6. Teil, 171; beides belegt, dass die Verfassungsgeber nicht davon ausgingen, dass die religionsgemeinschaftliche Wohlfahrtspflege (auch) durch Art. 2 I LV iVm Art. 4 I, II GG geschützt wird, und dass man sie auch nicht in der Garantie des Art. 4 I LV verortete.

der Staat in der Wohlfahrtspflege tätig wird. Dass „Gewährleisten" mehr bedeutet als „nicht Verbieten", wurde dabei zwar thematisiert, allerdings ohne herauszuarbeiten, worin dieses „Mehr" bestehen sollte.[23]

III. Verfassungsvergleichende Einordnung

11 Eine mit Art. 6 LV nahezu wortlautgleiche und (soweit ersichtlich) sinnidentische Bestimmung enthält lediglich Art. 109 III SächsVerf. Es finden sich aber in weiteren Landesverfassungen Regelungen, die die staatliche Förderung und den staatlichen Schutz für religionsgemeinschaftliche Wohlfahrtstätigkeit zum Gegenstand haben. Sie setzen die von Art. 6 LV garantierte Existenz der religionsgemeinschaftlichen Wohlfahrtspflege voraus, und regeln deren Rechtsstellung näher (s. Art. 110 SächsVerf, 40 SaarlVerf, 46 RPVerf, 63 BremVerf, 41 ThürVerf, 32 III LSAVerf). Das Grundgesetz schützt mit Art. 140 GG i.V.m. Art. 138 II WRV die materielle Basis der konfessionellen Wohlfahrtspflege. Eine ausdrückliche Regelung über deren Betätigung fehlt (s. aber → Rn. 35).

B. Erläuterung

I. Anwendungsbereich

1. Wohlfahrtspflege

12 Der Begriff geht auf die Aktivitäten zurück, die im 19. Jahrhundert zur Bewältigung der „Sozialen Frage" ergriffen wurden.[24] Er fand Eingang in die Sozialgesetzgebung der Weimarer Republik,[25] die sich selbst als „Wohlfahrtsstaat" verstand, und auf ein duales System aus öffentlichen und freien Hilfsangeboten stützte.[26] Der Nationalsozialismus stellte dieses duale System zwar in Frage, konnte es aber nicht vollständig beseitigen,[27] und gerade in der Nachkriegszeit waren die Hilfsaktivitäten nichtstaatlicher, besonders kirchlicher Träger (wieder) von großer Bedeutung.[28] Es ist daher davon auszugehen, dass die Aufnahme des Begriffs der „Wohlfahrtspflege" in Art. 6 LV an das in der Weimarer Sozialgesetzgebung entwickelte Begriffsverständnis anknüpft. Danach umfasst er – wie der kaum unterscheidbare Begriff „Fürsorge"[29] – prinzipiell alle **selbstlosen planmäßigen**

---

23 Feuchte, Quellen, 4. Teil, 437; 6. Teil, 172; vgl. insb. die Beiträge der Abg. *Lausen* (SPD) und *Hermann* (CDU), aaO, 173 f.
24 *Strohm*, Art. Wohlfahrtspflege, RGG, Bd. 8, Sp. 1675; näher zur Begriffsgeschichte *Droege*, Art. Wohlfahrt, Wohlfahrtsstaat, in: EvStL 2006, Sp. 2765 ff.; näher zur geschichtlichen Entwicklung der Wohlfahrtspflege und des kirchlichen Beitrags dazu s. die Beiträge von *Henning, Schick, Wagner, Kaiser, v. Hase, Steinmeyer* und *Wischnath* in: Schick/Seibert/Spiegel (Hrsg.), Diakonie und Sozialstaat, 1986.
25 Vgl. zB das Reichsgesetz für Jugendwohlfahrt v. 9.7.1922, RGBl. 633.
26 *Strohm*, Art. Wohlfahrtspflege, RGG, Bd. 8, Sp. 1675; *Gabriel/Reuter* in: Gabriel/Reuter/Kurschat/Leipold, 93 (96 f.); näher zur Entwicklung des Sozialstaates in der Weimarer Republik *Boeßenecker* in: Ceylan/Kiefer, 6 (8 ff.); *Stolleis*, Geschichte des Sozialrechts in Deutschland, 2003, 124 ff.
27 *Gabriel/Reuter* in: Gabriel/Reuter/Kurschat/Leipold, 93 (97); *Hammer*, Geschichte der Diakonie, 246 ff.
28 *Stolleis*, Geschichte des Sozialrechts in Deutschland, 2003, 219; *Hammer*, Geschichte der Diakonie, 277 ff.
29 *Fahlbusch*, Art. Freie Wohlfahrtspflege, in: EvStL, Sp. 629; dieser Begriff wird zB in Art. 74 I Nr. 7 GG verwendet; zu seiner Auslegung s. *Maunz* in: Maunz/Dürig, Art. 74 Rn. 106 ff.

Unterstützungsangebote für hilfsbedürftige Menschen, unabhängig von dem Grund für und die Art der Notlage oder besonderen Belastung. Diese können sowohl auf die **Beseitigung** der Notlage oder besonderen Belastung **abzielen**, als auch darauf, ihr **vorzubeugen**. In diesem Verständnis wird der Begriff auch im einfachen Recht gebraucht (vgl. zB § 66 II AO).[30] Zur Wohlfahrtspflege gehören traditionell Angebote der Kinder-, Jugend- und Familienhilfe (einschließlich Kindertageseinrichtungen),[31] Angebote der Kranken-, Behinderten- und Altenhilfe genauso wie Hilfsangebote für Menschen in besonderen Lebenssituationen (Obdachlosenhilfe, Flüchtlingshilfe, Schuldnerberatung, usw.).[32] Einen **numerus clausus der** unter den Begriff subsumierbaren **Angebote gibt es nicht**.[33] Sie können ihr Profil und ihr Spektrum – je nach dem gesellschaftlichen Bedarf – verändern.

2. der Kirchen und anerkannten Religions- und Weltanschauungsgemeinschaften

Unstreitig schützt Art. 6 LV die Aktivitäten der in ihm aufgeführten Rechtssubjekte, d.h. der Kirchen, Religions- und Weltanschauungsgemeinschaften, sowie von deren Untergliederungen. Er **schützt** also **die Wohlfahrtspflege der „verfassten" Kirchen**.

Zur Definition der Begriffe „Kirche", „Religionsgemeinschaft" und „Weltanschauungsgemeinschaft" s. → Art. 4 Rn. 22 ff., 26 ff. und 32.

Die **Einschränkung auf „anerkannte" Religions- und Weltanschauungsgemeinschaften** ist (genauso wie i.R.v. Art. 4 und 5 LV) **bedeutungslos**.[34] Es ist keine Rechtfertigung dafür ersichtlich, Art. 6 LV einen eingeschränkteren Anwendungsbereich zu geben als Art. 4 und 5 LV, zumal dies ein „Anerkennungsverfahren" für Religionsgemeinschaften voraussetzen würde, das dem Religionsverfassungsrechts des GG widerspricht.[35] Die Identifikation der „anerkannten Religionsgemeinschaft" mit einer „als Körperschaft des öffentlichen Rechts anerkannten Religionsgemeinschaft" überzeugt im Rahmen von Art. 6 LV nicht stärker als im Rahmen von Art. 4 und 5 LV (s. → Art. 4 Rn. 33, → Art. 5 Rn. 5).

Auch **den Kirchen, Religions- und Weltanschauungsgemeinschaften** nur „zugeordnete",[36] selbstständige Rechtsträger (wie zB Diakonie- und Caritasvereine), die in der Praxis den Großteil der „kirchlichen" Wohltätig-

---

30 Näher zur Definition der „Wohlfahrtspflege" im Sozialrecht s.a. LSG BW, NZS 2017, 501.
31 Zu deren Subsumierbarkeit unter den (synonymen) Begriff der „Fürsorge" gem. Art. 74 I Nr. 7 GG: BVerfGE 97, 332 (342).
32 *Fahlbusch*, Art. Freie Wohlfahrtspflege, in: EvStL 2006, Sp. 629 (630); *Penßel* in: Heinig/Munsonius, 60 f.
33 Allerdings kann das allgemeinbildende Schulwesen wegen seiner besonderen Ausgestaltung als grds. rein staatliche Angelegenheit (vgl. Art. 7 I GG) nicht diesem Begriff der „Wohlfahrtspflege" zugerechnet werden.
34 S. auch *Braun*, Art. 6 Rn. 5; *Hollerbach* in: Feuchte, Art. 6 Rn. 4.
35 Vgl. Art. 140 GG iVm Art. 137 II, IV WRV; näher → Art. 5 Rn. 5.
36 Zum Begriff und zu den Voraussetzungen der „Zuordnung" eines selbständigen Rechtsträgers zu einer Kirche, Religions- oder Weltanschauungsgemeinschaft s. → Art. 4 Rn. 25.

keitsarbeit leisten (s.o., → Rn. 4), werden von Art. 6 erfasst.[37] Gegen ihre Subsumtion unter diesen spricht zwar, dass für sie die parallele Garantie des Art. 87 LV einschlägig ist, jedenfalls wenn sie „Wohlfahrtsverbänden" zugeordnet sind. Für ihre Einbeziehung (auch) in den Schutzbereich von Art. 6 LV spricht aber, dass auch andere Bestimmungen des II. Abschnitts zum Ausdruck bringen (vgl. Art. 5 LV iVm Art. 140 GG iVm Art. 138 II WRV) oder so auszulegen sind, dass sie neben den Aktivitäten der Religionsgemeinschaften auch die der zwar ausgegliederten, aber ebenfalls „religionsgemeinschaftlichen Zwecken" dienenden Rechtsträger erfassen.[38] Dies deckt sich mit dem Schutzzweck des Art. 6 LV, die konfessionelle Wohlfahrtspflege als solche besonders zu schützen (s. → Rn. 9), ja wird von ihm sogar gefordert: Denn obwohl die freie konfessionelle Wohlfahrtspflege von Art. 87 LV erfasst wird, schützt dieser sie doch u.U. nicht vollständig. Denn er garantiert allein die Tätigkeit der freien „Wohlfahrtsverbände" und hat dabei ganz offensichtlich das etablierte System der in Spitzenverbänden organisierten Wohlfahrtspflege vor Augen.[39] Schließlich sind auch der Entstehungsgeschichte Argumente für eine weite Schutzbereichsauslegung zu entnehmen: Denn innerhalb von Art. 20 VerfECDU, dem die Regelung entstammt, erstreckte sie sich eindeutig auch auf (nur) zugeordnete Einrichtungen.[40] Der Schutzzweck von Art. 6 LV und der systematische Zusammenhang mit Art. 5 LV iVm Art. 140 GG iVm Art. 138 II WRV und dem religionsgemeinschaftlichen Selbstorganisationsrecht (Art. 5 LV iVm Art. 140 GG iVm Art. 137 III WRV) sprechen somit für eine **Einbeziehung auch der einer Religionsgemeinschaft nicht eingegliederten, aber zugeordneten Einrichtungen**.[41]

17 Probleme kann die Entscheidung bereiten, wann eine einer Religionsgemeinschaft nur „zugeordnete"[42] Einrichtung „Wohlfahrtspflege **der Kirchen, Religions- oder Weltanschauungsgemeinschaften**" ausübt: Dies gilt **nur für diejenigen Angebote einer zugeordneten Einrichtung, die auch die**

---

37 Zu deren Einbeziehung in die Schutzbereiche von Art. 4 und 5 LV iVm Art. 140 GG iVm Art. 137 III WRV sowie von Art. 2 I iVm Art. 4 I, II GG s. → Art. 4 Rn. 25, → Art. 5 Rn. 6.
38 Vgl. Rspr. des BVerfG zu Art. 4 I, II GG und Art. 140 GG iVm Art. 137 III WRV; s. → Art. 4 Rn. 25 und → Art. 5 Rn. 6 jeweils mN.
39 S. auch *Hollerbach* in: Feuchte, Art. 87 Rn. 4, der allerdings zu Recht betont, die die Vorschrift keinen „numerus clausus von Wohlfahrtsverbänden" festlegt; s. außerdem *Braun*, Art. 87 Rn. 8, demzufolge die Einbeziehung in den Schutzbereich von Art. 87 LV „eine gewisse verbandsmäßige Organisation, insbesondere in Vereinen" voraussetzt.
40 An den als Art. 6 in die LV integrierten Art. 20 II 1 VerfECDU schloss sich S. 2 an, der „die von ihnen (den Kirchen und Religionsgemeinschaften, R.P.) *und ihren Organisationen* unterhaltenen Krankenhäuser, Schulen, ... als gemeinnützige Einrichtungen" anerkannte. Art. 20 I VerfECDU enthielt eine Kirchengutsgarantie, die als mit Art. 138 II WRV (der auch die „religiösen Vereine" erfasst) gleichbedeutend aufgefasst, und deshalb neben Art. 5 LV nicht in die LV aufgenommen wurde.
41 S. auch *Hollerbach* in: Feuchte, Art. 6 Rn. 6 u. Art. 87 Rn. 5; *Braun*, Art. 6 Rn. 2; auch Art. 109 III SächsVerf, der auf das Vorbild des Art. 6 LV zurückgeht (s. *Kunzmann* in: Baumann-Hasske/Kunzmann, Vorbem. vor Art. 9 Rn. 5), ist so zu verstehen (wohl ebenso *Burger*, Staatskirchenrecht in Sachsen, 1998, 147); s. auch Art. 13 I, II EvKirchenvertrag 2007, die allerdings nur klarstellende Bedeutung haben.
42 Zu diesem Begriff s. → Art. 4 Rn. 25.

Religionsgemeinschaft als solche als ihre „eigene Angelegenheit" begreift. Denn auf aus dem religionsgemeinschaftlichen Selbstbestimmungsrecht abgeleitete Rechtspositionen (als dessen Konkretisierung Art. 6 LV zu verstehen ist, s. → Rn. 1) können sich zugeordnete Rechtsträger nur berufen, wenn sie sich in dem Rahmen halten, den ihnen die Religionsgemeinschaft vorgibt (s. → Art. 4 Rn. 25).

Auch Wohlfahrtspflegeaktivitäten einer Religions- oder Weltanschauungsgemeinschaft selbst werden nicht von Art. 6 LV erfasst, wenn sie ohne Bezug zu deren religiös-weltanschaulichem Selbstverständnis aus gänzlich „neutralen Motiven" (zB aus Erwerbsinteresse) entfaltet werden.[43] Allerdings ist festzuhalten, dass Wohlfahrtspflegeaktivitäten auch dann von Art. 6 LV geschützt werden, wenn sie nicht als speziell religiös oder weltanschaulich geprägt in Erscheinung treten. Dass die Religionsgemeinschaft die „Wohlfahrtspflege" zu ihren Aufgaben zählt, genügt. 18

II. Rechtsfolgen der Gewährleistung
1. Art. 6 LV als Institutionelle Garantie

Die Aufnahme von Art. 6 in die LV sollte verhindern, dass der Staat die „Wohlfahrtspflege" vollständig an sich zieht[44] oder gerade die Kirchen, Religions- und Weltanschauungsgemeinschaften bzw. ihnen zugeordnete, konfessionelle Einrichtungen davon ausschließt.[45] Art. 6 LV sollte also – zumindest – sicherstellen, dass die religionsgemeinschaftliche Wohlfahrtspflege überhaupt und mit den sie kennzeichnenden Kernstrukturelementen, bestehen bleibt. 19

Dieser Regelungsgehalt deckt sich mit dem, was in der Verfassungsauslegung als „Institutionelle Garantie" verstanden wird,[46] wenn man unter „Wohlfahrtspflege" nicht (allein) tatsächliche Hilfsaktivitäten versteht, sondern gerade (auch) die institutionalisierte Hilfe nach Maßgabe von charakteristischen, diesen Lebensbereich ausformenden Normen des staatlichen Rechts, wie sie sich im späten Kaiserreich und in der Weimarer Republik (als rechtlich geregeltes Zusammenspiel von staatlicher und freier Wohlfahrtspflege) herausgebildet hat:[47] Denn die Begriffe „Institutsgaran- 20

---

43 Dies folgern *Hollerbach* in: Feuchte, Art. 6 Rn. 5, und *Braun*, Art. 6 Rn. 5, zu Recht aus dem systematischen Zusammenhang des Art. 6 LV mit der korporativen Religionsfreiheit und dem religionsgemeinschaftlichen Selbstbestimmungsrecht; näher zu deren Bedeutung für die Auslegung von → Art. 6 Rn. 1.
44 Dies wird für die Jugendhilfe durch Art. 13 S. 3 LV bestätigt; s. *Hollerbach* in: Feuchte, Art. 87 Rn. 1.
45 S. → Rn. 7 ff.; Feuchte, Quellen, 4. Teil, 437, 439.
46 Näher zu diesem (nach hM auf öffentlich-rechtliche Regelungskomplexe bezogenen) Begriff und zu seiner Abgrenzung von der (nach mit privatrechtlichen Regelungskomplexe bezogenen) „Institutsgarantie" *Jarass* in: HGR II, § 38 Rn. 11; *Dreier* in: Dreier, Vorbem. Art. 1, Rn. 107; *Stern* in: Stern III/1, 791; *Mager*, Einrichtungsgarantien, 2003, 409 ff.
47 Näher zur Entwicklung des „Wohlfahrtsstaates" in Deutschland mwN *Boeßenecker* in: Ceylan/Kiefer, 6 (8 ff.); *Gabriel/Reuter* in: Gabriel/Reuter/Kurschat/Leipold, 93 (95 ff.); zum „Fürsorgerecht" in der Weimarer Republik, einschließlich der Stellung der freien Träger darin *Bolzau*, Fürsorgerecht und Caritas, 1927; Überblick über das Recht der Wohlfahrtspflege in den 50er Jahren, der Entstehungszeit der LV, bei *Klein*, Das Recht des sozial-caritativen Arbeitsbereichs, Rechtsformen und Rechtsverhältnisse der Träger caritativer Einrichtungen, 1959.

tie" und „Institutionelle Garantie", die auch unter dem Oberbegriff „Einrichtungsgarantie" zusammengefasst werden,[48] bezeichnen eine verfassungsrechtliche Verbürgung, die sich auf einen **Komplex von Normen** bezieht,[49] und gewährleistet, dass **Neuregelungen niemals so weit gehen, dass tragende Strukturelemente des Regelungskomplexes preisgegeben werden.**[50] Gleichzeitig verpflichtet sie dazu, **die nötigen Regelungen bereitzuhalten, um die wesentliche Struktur des Normbereichs zu erhalten.** Sie beinhaltet also **Unterlassungs- und Handlungspflichten des Gesetzgebers** in gleicher Weise.[51]

21 Insofern ist die „Einrichtungsgarantie" (als Garantie eines bestimmten Kernbestands an Normen) ihrem Schutzgehalt nach **kategorial von einem „Freiheitsrecht" zu unterscheiden**, das einen natürlichen Freiheitsraum vor Einschränkungen sichert, indem es diese Rechtfertigungsanforderungen unterwirft.[52]

22 **Art. 6 LV ist wiederholt als „Institutionelle Garantie"**[53] **verstanden worden.**[54] Zur Begründung für dieses Verständnis und gegen ein Verständnis als „Freiheitsrecht" lässt sich anführen, dass Art. 6 LV – genauso wie der Parallelgewährleistung in Art. 87 LV – kein Gesetzesvorbehalt beigefügt ist, obwohl den Verfassungseltern bewusst sein musste, dass die „Wohlfahrtspflege", und dabei insb. das Verhältnis zwischen öffentlicher und „freier Wohlfahrtspflege", der Ausgestaltung bedarf, um das auch in der LV verankerte Sozialstaatsziel (Art. 20 I GG; Art. 1 II, 23 I LV) zu verwirklichen. Auch spricht die Verwendung des Begriffs „gewährleisten", der eine aktive Komponente hat, dafür, dass Art. 6 LV jedenfalls nicht nur abwehrrechtlichen Charakter besitzt, sondern auch zu positiven Maßnahmen verpflichtet.

---

48 S. *Jarass* in: HGR Bd. II, § 38 Rn. 11; *Dreier* in: Dreier, Vorbem. Art. 1, Rn. 107.
49 S. *Stern* in: Stern III/1, 785 ff.; *Kloepfer* in: HGR Bd. II, § 43 Rn. 25.
50 Vgl. nur *Kloepfer* in: HGR II, § 43 Rn. 9, 31 ff.; ausführlich zum Gewährleistungsgehalt von Einrichtungsgarantien *Mager*, Einrichtungsgarantien, 2003, 428 ff.; *Stern* in: Stern III/1, 866 ff.
51 *Stern* in: Stern III/1, 872; eine Umschreibung der rechtlichen Bedeutung von „Einrichtungsgarantien" findet sich in Art. 3 II LSAVerf: Danach ist darunter die Verpflichtung zu verstehen, „die Einrichtungen zu schützen, sowie deren Bestand und Entwicklung zu gewährleisten"; zu den Einrichtungsgarantien zählt die LSAVerf ausdrücklich auch den Schutz der religionsgemeinschaftlichen Wohlfahrtspflege (Art. 32 II LSAVerf) und die „Freie Wohlfahrtspflege" (Art. 33 LSAVerf).
52 In der Lit. wurden beide außerdem insofern voneinander unterschieden, als das Freiheitsrecht subjektiv-rechtlicher Natur hat, während die „Einrichtungsgarantie" grds. nur objektiv-rechtlich wirkt (vgl. *Stern* in: Stern III/1, 792 ff.; *Dreier* in: Dreier, Vorbem. Art. 1, Rn. 107. Daran anknüpfend VGH BW KirchE 61, 378 (386); BW VGH NVwZ 2001, 1428 (1429)); allerdings zeigt sich bei kritischer Prüfung, dass diese Unterscheidung keine notwendige ist, sondern bei Anwendung der allgemeinen Auslegungsregeln auch die Garantie eines bestimmten Normbestandes eine subjektiv-rechtliche Dimension haben kann – näher dazu: *de Wall*, Der Staat 38 (1999), 377 (384 ff.); *ders.*, NVwZ 2000, 857 (859); *Stern* in: Stern III/1, 783 ff.
53 VGH BW, KirchE 61, 378 (386); VGH BW, NVwZ 2001, 1428 (1429); *Hollerbach* in: Feuchte, Art. 6 Rn. 4; *Heckel* in: Maurer/Hendler, 580 (592); ebenso zu Art. 109 III SächsVerf *Kunzmann* in: Baumann-Hasske/Kunzmann, Art. 109, Rn. 12; *Burger*, Staatskirchenrecht in Sachsen, 1998, 147.
54 Entsprechendes ist wohl gemeint, wenn *Braun* Art. 6 als „Verfassungsgarantie" einordnet, vgl. *ders.*, Art. 6 Rn. 4.

In diesem – mit Wortlaut und Entstehungsgeschichte gut begründbarem – 23
Verständnis **verpflichtet Art. 6 LV** (zusammen mit Art. 87 LV) **den Landesgesetzgeber** dazu, soweit die „Wohlfahrtspflege" (s. → Rn. 12) in seine Regelungszuständigkeit fällt (näher → Rn. 5), **durch geeignete Regelungen sicherzustellen, dass sich neben der staatlichen auch die nichtstaatliche Wohlfahrtspflege, und darunter besonders auch die konfessionell geprägte** (einschließlich der der verfassten Kirche), effektiv entfalten kann.

Dazu gehört, dass ihre Leistungen **über die Sozialversicherung abrechenbar** 24
sein müssen und dass sie auch **an** anderer **staatlicher Förderung angemessenen und** (mindestens) **gleichberechtigten Anteil haben**.[55] Dadurch und darüber hinaus hat das Recht **sicherzustellen, dass sie ihr eigenes – konfessionelles – Profil behalten können**.[56] Eine **inhaltliche „Gleichschaltung"** durch „für alle geltendes Gesetz" ist damit ausgeschlossen. Zwar ginge es wohl zu weit, aus Art. 6 LV (und Art. 87 LV) zu folgern, dass das Recht die **uneingeschränkte Subsidiarität** der öffentlichen gegenüber der freien Wohlfahrtspflege[57] vorzusehen hat.[58] Es würde der Gewährleistung aus **Art. 6 LV** aber **widersprechen, wenn** ihr ein **Nachrang gegenüber Maßnahmen der öffentlichen Wohlfahrtspflege zugewiesen würde,** weil es dann im Belieben des Staates stünde, die Aktivitäten der freien Wohlfahrtspflege zurückzudrängen. Unzulässig wäre es außerdem, die Wohlfahrtspflege so als „Markt" auszugestalten, dass die **„selbstlose" religionsgemeinschaftliche Wohlfahrtspflege** (→ Rn. 12)[59] **von privat-gewerblichen Leistungsanbietern faktisch verdrängt würde**.[60]

---

55 S. auch *Hollerbach* in: Feuchte, Art. 6 Rn. 8 u. Art. 87 Rn. 9; s. dazu auch Art. 13 IV EvKirchenvertrag 2007; zur Angewiesenheit der kirchlichen und anderen freien Wohlfahrtspflege auf (unmittelbar oder mittelbar) staatliche Finanzhilfe *Isensee* in: HdbStKR II, 665 (673 f.).

56 Vgl. auch *Hollerbach* in: Feuchte, Art. 6 Rn. 5: die religionsgemeinschaftliche Wohlfahrtspflege wird gerade in ihrer „spezifischen Eigenart", „ihrem religiösen bzw. weltanschaulichen proprium gewährleistet"; daher dürfen staatliche Zuschüsse nicht von einer Aufgabe des konfessionellen Profils abhängig gemacht werden, s.a. *Isensee* in: HdbStKR II, 665 (674 f.); sie müssen sich auf „weltliche Ziele und Maßstäbe" begrenzen und haben „die eigenständige religiöse Prägung der freien Träger zu respektieren", *Heckel* in: Maurer/Hendler, 580 (594).

57 Zur aktuellen Ausgestaltung des „Subsidiaritätsprinzips" im Sozialrecht s. zB §§ 17 III SGB I, § 4 II SGB VIII, § 11 II SGB XI, § 5 SGB XII; für BW s. insb. Art. 13 V EvKirchenvertrag 2007, der einen solchen Vorrang zugunsten aller freien Träger der Wohlfahrtspflege anordnet und wirkt, wo das Land eigene Regelungsspielräume besitzt; näher zur Rechtswirkung von Staatskirchenverträgen → Art. 8 Rn. 14 ff.

58 *Droege*, EvStL, 2006, Sp. 2415 (2416 f., 2420 f.); *Heckel* in: Maurer/Hendler, 580 (593); iE auch BVerfGE 22, 180, wenn es ohne Beanstandung feststellt, dass der geprüften Normen „nicht den Zweck (verfolgen), der freien Wohlfahrtspflege schlechthin den Vorrang vor der öffentlichen Sozialhilfe einzuräumen" (s. ebd. S. 202); zur str. Frage der Geltung des „Subsidiaritätsprinzips" als Verfassungsgrundsatz im Sozialrecht s.a. *Stolleis*, Geschichte des Sozialrechts in Deutschland, 2003, 219 f.; *Isensee*, Subsidiaritätsprinzip und Verfassungsrecht, 2. Aufl. 2001.

59 Zu dieser Sonderstellung zwischen Staat und Privatwirtschaft *Fonk* in: Ceylan/Kiefer, 253 (267); *Gabriel*, Caritas/Diakonie und der deutsche Sozialstaat im aktuellen Wandel, in: Maurer/Schneider (Hrsg.), Konfessionen in den west- und mitteleuropäischen Sozialsystemen im langen 19. Jahrhundert, 2013, 389 (392).

60 Vgl. auch *Isensee* in: HdbStKR II, 665 (675); zu aktuellen Herausforderungen der freien Wohlfahrtspflege durch den Ausbau der staatlichen Gesamtverantwortung

25 Insofern legitimiert Art. 6 LV einen besonderen rechtlichen Schutz und damit auch die Begünstigung der religions- und weltanschauungsgemeinschaftlichen Wohlfahrtspflege.[61] Wenn deren Existenz und eigenes Profil ohne staatliche Gegenmaßnahmen bedroht sind, kann er **Schutz sogar erfordern**.[62] Insb. kann der **Staat zur Kompensation verpflichtet** sein, wenn und soweit er die religionsgemeinschaftliche Wohlfahrtspflege zu defizitärem Handeln zwingt.[63] Darüber hinaus lassen sich **Föderansprüche nicht unmittelbar aus Art. 6 LV ableiten**.[64] Zum Anspruch auf **gleichberechtigte Beteiligung an staatlicher Förderung** s. → Rn. 24.

26 Dieser jedenfalls objektiv-rechtlichen „Einrichtungsgarantie" korrespondiert ein **subjektives Recht der Kirchen, Religions- und Weltanschauungsgemeinschaften**,[65] die Abschaffung der geschilderten **Kernelemente der rechtlichen Regelung des Verhältnisses zwischen öffentlicher und freier Wohlfahrtspflege abzuwehren**. Denn Art. 6 LV formuliert eine den Staat verpflichtende Rechtsnorm, die nicht nur dem Gemeinwohl, sondern jedenfalls auch dem Schutz von Individualinteressen dient,[66] nämlich dem Interesse der kirchlichen Rechtsträger daran, ihren Auftrag umfassend zu erfüllen.[67]

2. Art. 6 LV als Freiheitsrecht

27 Dafür, dass Art. 6 LV darüber hinaus als Freiheitsrecht auszulegen ist, spricht, dass er mit den Hilfsaktivitäten der Religions- und Weltanschauungsgemeinschaften **klassische Freiheitsausübung zum Gegenstand hat**, die inzwischen unstreitig auch dem Schutzbereich von Art. 4 I, II GG und Art. 140 GG iVm Art. 137 III WRV zugeordnet wird.[68] Obwohl das Fehlen eines Gesetzesvorbehalts gegen diese Einordnung spricht (s. → Rn. 22), wäre es wenig überzeugend, die explizit in die LV aufgenommene Garantie

---

und durch Ökonomisierung s. *Jähnichen*, ZevKR (62) 2017, 197 ff.; *Wohlfahrt* in: Ceylan/Kiefer, 211 ff.
61 VGH BW, NVwZ 2001, 1428 (1429). S. auch *Hollerbach* in: Feuchte, Art. 6 Rn. 8.
62 VGH BW, KirchE 61, 378 (387). Wohl ebenso *Hollerbach* in: Feuchte, Art. 6 Rn. 8; für die übrige „freie Wohlfahrtspflege" gilt gem. Art. 87 LV Dasselbe; s. auch *Braun*, Art. 87, Rn. 5.
63 *Isensee* in: HdbStKR II, 665 (675); dabei können die in der Rspr. des BVerfG zur Privatschulfinanzierung (vgl. BVerfGE 75, 40) entwickelten Grundsätze entsprechend herangezogen werden; s. auch *Brenner*, Diakonie im Sozialstaat, 108 ff.; wohl ebenso *Heckel* in: Maurer/Hendler, 580 (593).
64 VGH BW, NVwZ 2001, 1428 (1429); VGH BW KirchE 61, 378 (386 f.): Art. 6 begründet nur allgemeine „Schutz- und Förderpflicht des Landes", die nur verletzt ist, wenn das Land sie „grob vernachlässigt, insbesondere wenn die Existenz der in Art. 6 [...] LV gewährleisteten Wohlfahrtspflege evident gefährdet wäre". S. auch *Hollerbach* in: Feuchte, Art. 6 Rn. 8; Art. 87 Rn. 9.
65 AA *Braun*, Art. 6 Rn. 4; wohl auch *Hollerbach* in: Feuchte, Art. 6 Rn. 5, wenn er davon spricht, dass diese „objektiv-rechtliche Gewährleistung" in Art. 4 I, II, GG und Art. 137 III WRV ein grundrechtliches Fundament hat.
66 Zur Definition des „subjektiven Rechts" s. nur BVerfGE 27, 297 (307); *Maurer/Waldhoff*, VerwR, § 8 Rn. 6 ff.
67 Dazu, dass die Einordnung einer Gewährleistung als „Instituts-" oder „Institutionelle Garantie" deren Auslegung als subjektives Recht nicht hindert s. → Rn. 21 mit Fn. 52.
68 Vgl. BVerfGE 24, 236 (247 f.); 53, 366 (392 f.); *Isensee* in: HdbStKR II, 665 (716 ff.).

der „Wohlfahrtspflege" (die anerkennen sollte, dass auch die „tätige Nächstenliebe" zu den Aufgaben der Kirchen gehört) so auszulegen, dass sie nicht generell zur Abwehr von Beschränkungen dieser Aktivitäten (jenseits von Eingriffen in die Grundstruktur der sie regelnden Normen) ermächtigt.[69] Art. 6 LV ist damit nicht nur als Institutionelle Garantie, sondern **zusätzlich als Freiheitsrecht zu verstehen**.[70]

Es schützt damit sowohl den **Bestand der Einrichtungen** als auch deren **Betätigung**[71] **vor staatlichen Eingriffen**. Diese sind **nur mit geeigneter Rechtfertigung verfassungsrechtlich zulässig**. 28

Dem Wortlaut nach ist das Abwehrrecht aus Art. 6 LV, wie das aus Art. 87 LV, vorbehaltlos gewährleistet. Dabei muss den Verfassungseltern, die sich explizit nur mit einem Eingriff in Gestalt eines Totalverbots bzw. einer Verstaatlichung der Wohlfahrtspflege auseinandersetzten, allerdings bewusst gewesen sein, dass staatliche Reglementierung der Wohlfahrtspflege unvermeidbar ist (→ Rn. 22). Auch um die Übereinstimmung mit dem GG zu wahren, wurde deshalb vorgeschlagen, die Schrankenregelung aus Art. 137 III WRV, in dessen Schutzbereich sich auch der des Art. 6 LV wiederfindet, zur Anwendung zu bringen.[72] Für Art. 87 LV, der nach der Entstehungsgeschichte (→ Rn. 8 ff.) und auch systematisch eine gleichwertige Garantie enthält (→ Rn. 33 f.), wird eine in der Sache gleich weitgehende Schranke diskutiert,[73] für die es im Wortlaut der LV allerdings keine Stütze gibt. Tatsächlich spricht das entscheidende Argument für die Qualifizierung von Art. 6 LV als Freiheitsrecht, nämlich sein Anliegen, die Wohlfahrtspflege als zentrale Aufgabe der Religionsgemeinschaften anzuerkennen, dafür, diese systematisch genauso zu schützen wie die übrigen (Kern-)Funktionen der Religions- und Weltanschauungsgemeinschaften. Daher ist **auf Art. 6 LV in seinem Verständnis als Freiheitsrecht** – in teleologischer und systematischer Auslegung – die **Schrankenregelung aus Art. 2 I LV iVm Art. 4 I, II GG und Art. 5 LV iVm Art. 140 GG iVm Art. 137 III WRV anzuwenden**.[74] 29

III. Verhältnis zu anderen LV-Normen

1. Zu Art. 4 I, Art. 5 LV iVm Art. 140 GG iVm Art. 137 III WRV und Art. 2 I LV iVm Art. 4 I, II GG

In dem in Rn. 27 ff. geschilderten **Verständnis als Freiheitsrecht überschneidet sich Art. 6 LV mit Art. 5 LV iVm Art. 140 GG iVm Art. 137 III WRV und Art. 2 I LV iVm Art. 4 I, II GG**, und geht diesen daher – weil er zusätz- 30

---

69 So heißt es auch in *Spreng/Birn/Feuchte* sowohl zu Art. 6 als auch zu Art. 87 LV, dass vor staatlichen „Eingriffen" geschützt werden soll; auch in Art. 33 I VerfWB war die Garantie der „Wohlfahrtspflege" als Parallelgewährleistung zur Religionsausübungsfreiheit eindeutig als Freiheitsrecht zu verstehen.
70 AA wohl *Hollerbach* in: Feuchte, Art. 6 Rn. 5, 6; *Braun*, Art. 6 Rn. 4 (der sich dann aber in Rn. 6 mit der Frage nach einer Schrankenregelung für Art. 6 LV auseinandersetzt); wie hier dagegen *Brenner*, Diakonie im Sozialstaat, 111.
71 *Hollerbach* in: Feuchte, Art. 6 Rn. 4.
72 *Braun*, Art. 6 Rn. 1, 6.
73 S. *Braun*, Art. 87 Rn. 5.
74 Zu deren Verhältnis zueinander s. → Art. 4 Rn. 36, 40 mit Fn. 80 sowie die Leitentscheidung BVerfGE 137, 272; zur Abgrenzung beider Gewährleistungen voneinander, gerade für die religionsgemeinschaftliche Wohlfahrtspflege *Isensee* in: HdbStKR II, 665 (720 ff.).

lich die in Rn. 19 ff. erläuterte Institutionelle Garantie enthält – als **lex specialis** vor. Dagegen erfasst Art. 4 I LV die religionsgemeinschaftliche Wohlfahrtspflege jedenfalls nicht umfassend.[75]

31 In seiner Funktion als **Institutionelle Garantie** konkretisiert Art. 6 LV, wo **Beschränkungen der auch von Art. 5 LV iVm Art. 140 GG iVm Art. 137 III WRV und Art. 2 I LV iVm Art. 4 I, II GG geschützten religionsgemeinschaftlichen Wohlfahrtspflege zu weit gehen** und wie weit die Schutzpflichten zugunsten der religionsgemeinschaftlichen Wohlfahrtspflege aus diesen Normen reichen. Insoweit hat Art. 6 LV über Art. 5 LV iVm Art. 140 GG iVm Art. 137 III WRV und Art. 2 I LV iVm Art. 4 I, II GG **hinausgehende Bedeutung**.[76]

2. Verhältnis zu Art. 5 LV iVm Art. 140 GG iVm Art. 138 II WRV

32 Die **materielle Basis der religionsgemeinschaftlichen Wohlfahrtspflege** wird durch Art. 5 LV iVm Art. 140 GG iVm **Art. 138 II WRV** garantiert. Beide Garantien stehen selbstständig nebeneinander.[77]

3. Verhältnis zu Art. 87 LV

33 Art. 87 LV, der als Parallelgewährleistung zu Art. 6 LV zu verstehen ist (→ Rn. 29), beinhaltet ebenfalls Einrichtungsgarantie und Freiheitsrecht. Die Wohlfahrtspflege von kirchlichen Trägern, die nicht der „verfassten Kirche" angehören, fällt idR in den Schutzbereich beider Gewährleistungen.[78] Jedoch ist der Schutzbereich von Art. 6 LV nicht voll in dem von Art. 87 LV enthalten,[79] weil die Kirchen und Religionsgemeinschaften selbst nicht „Verbände der freien Wohlfahrtspflege" sind. **Beide Garantien und Schutzbereiche haben** also **eine Schnittmenge**, überdecken sich aber nicht voll.[80]

34 Der Schutz, den beide Normen gewähren, ist grds. gleichwertig.[81] Allerdings kann dort, wo der Schutzbereich von Art. 6 LV (neben dem des Art. 87 LV) eröffnet ist, auch der Schutzbereich von Art. 4 I, II GG (iVm Art. 2 I LV) betroffen sein. Daraus können sich höhere Anforderungen an die Einschränkbarkeit ergeben.[82] **Art. 6 LV geht damit im Überschnei-

---

75 Näher → Art. 4 Rn. 36 ff., insbes. 39, 40; dort auch Nachweise zur aA; dass auch die Verfassungsgeber die religionsgemeinschaftliche Wohlfahrtspflege nicht bereits in Art. 4 I LV verortet gesehen haben (→ Rn. 9 mit Fn. 22), stützt die hier vertretene Auslegung des Schutzbereichs von Art. 4 I LV.
76 AA *Braun*, Art. 6 Rn. 1.
77 *Braun*, Art. 6 Rn. 3.
78 S. auch *Braun*, Art. 6 Rn. 2; dies setzt lediglich voraus, dass sie zu den „freien Wohlfahrtsverbänden" gerechnet werden können. A.A. *Pautsch* → Art. 87 Rn. 5, der nur solche Träger in den Schutzbereich von Art. 87 LV einbezieht, die nicht bereits durch Art. 6 LV geschützt werden.
79 Anders wohl *Braun*, Art. 87 Rn. 2, wonach die Kirchen auch der freien Wohlfahrtspflege zuzuordnen sind.
80 Ebenso *Hollerbach* in: Feuchte, Art. 87 Rn. 5.
81 S. → Rn. 8, 29; s. auch *Braun*, Art. 6 Rn. 7; Art. 87 LV Rn. 2; *Hollerbach* in: Feuchte, Art. 6 Rn. 7; *ders.* in: HdbStKR I, 215 (242).
82 Dazu, dass das Verhältnis der Schrankenregelungen aus Art. 4 I, II GG und Art. 140 GG iVm Art. 137 III WRV (s. → Art. 4 Rn. 36, 40) auch für Art. 6 LV von Bedeutung ist, s. → Rn. 29; dazu, dass Art. 6 LV wegen seines Bezuges zu Art. 4 I, II GG (iVm Art. 2 I LV) stärkeren Schutz vermitteln kann, s. auch *Hollerbach* in: Feuchte, Art. 87 Rn. 5.

dungsbereich beider Schutzbereiche als lex specialis vor. Das Nebeneinander von Art. 6 und Art. 87 LV stellt sicher, dass die religionsgemeinschaftliche gegenüber der sonstigen freien Wohlfahrtspflege nicht benachteiligt werden darf, sondern dass beide jedenfalls gleichzustellen sind.[83]

IV. Verhältnis zum GG

Was Art. 6 LV (auch in seiner Deutung als „Institutionelle Garantie", s. Rn. 19 ff.) ausdrücklich regelt, kann auch durch Auslegung der Schutzpflichtendimension von Art. 4 I, II GG[84] und der (aus Art. 19 II GG oder aus deren Natur als Freiheitsrecht ableitbaren) Garantie des „Wesensgehalts" der Religionsausübungsfreiheit und des religionsgemeinschaftlichen Selbstbestimmungsrechts (Art. 137 III WRV) entnommen werden. Art. 6 LV steht damit **nicht im Widerspruch zum GG**.   35

V. Verhältnis zu EMRK und Unionsrecht

1. EMRK

Die Gewährleistung des Art. 6 LV steht **nicht im Widerspruch zu** der in Art. 9 EMRK verbürgten Religionsfreiheit.[85] Vielmehr **stimmen** beide **in vielen Punkten überein:** Der EGMR erkennt inzwischen nicht nur die korporative Religionsfreiheit als von Art. 9 EMRK geschützt an,[86] er hat auch bereits zB den Betrieb eines religionsgemeinschaftlichen Kindergartens, also eine Form von „**Wohlfahrtspflege**", als Aspekt des „**religionsgemeinschaftlichen Selbstbestimmungsrechts**" aus Art. 9 iVm Art. 11 EMRK identifiziert.[87] Obwohl **noch nicht explizit entschieden** ist, **ob sich** neben den Religionsgemeinschaften selbst **auch kirchliche Wohlfahrtsverbände auf Art. 9 EMRK berufen können**, läge deren Einbeziehung auf der Linie der bisherigen Rspr. des EGMR.[88] Diese geht von einem Recht der Religionsgemeinschaften auf Selbstorganisation aus, wozu das Recht auf „dezentrale Organisation" gehört. Die religionsgemeinschaftliche Wohlfahrtspflege wird durch Art. 6 LV, genauso wie die Religionsfreiheit nach Art. 9 EMRK, nicht vorbehaltlos gewährleistet (näher → Rn. 29). In der Rspr. des EGMR ist außerdem anerkannt, dass **aus Art. 9 EMRK Schutzpflichten abgeleitet werden können,**[89] die (genauso wie die „Institutionelle Garantie" des Art. 6 LV, dazu → Rn. 19 ff.) Schutzmaßnahmen zugunsten der religionsgemeinschaftlichen Wohlfahrtspflege (als Teil der korporativen Religionsausübung) erforderlich machen können, wenn diese andernfalls fundamental gefährdet wäre.   36

---

83 Vgl. auch *Isensee* in: HdbStKR II, 665 (675).
84 Zu dieser s. nur BVerfGE 138, 296 (Rn. 110).
85 Allgemein zum Verhältnis zwischen EMRK und Grundrechtsgewährleistungen der LV s. → Art. 4 Rn. 47.
86 Vgl. nur *Walter* in: Dörr/Grote/Marauhn, Bd. I, Kap. 17, Rn. 104 ff.; *Meyer-Ladewig/Schuster* in: Meyer-Ladewig/Nettesheim/von Raumer (Hrsg.), Europäische Menschenrechtskonvention, 4. Aufl. 2017, Rn. 2 ff.
87 EGMR, U. v. 3.2.2011, Siebenhaar vs. Deutschland – 18136/02 – juris, Rn. 41.
88 Näher *Walter* in: Dörr/Grote/Marauhn, Bd. I, Kap. 17, Rn. 108; *Schubert*, KuR 2016, 165 (168 f.).
89 EGMR, U.v. 3.2.2011, Siebenhaar vs. Deutschland – 18136/02 – juris, Rn. 38; s. auch bereits Europäische Kommission für Menschenrechte, Beschl. v. 6.9.1989, Nr. 12242/86 – Rommelfanger vs. Deutschland.

37 Auch wenn sich beide Garantien dennoch nicht voll decken, sondern Art. 6 LV die religionsgemeinschaftliche Wohlfahrtspflege stärker, weil expliziter schützt als Art. 9 EMRK, **drohen Widersprüche nur im mehrpoligen Grundrechtsverhältnis:** Jedoch dürfte es bei der in solchen Konstellationen immer erforderlichen Interessenabwägung **regelmäßig innerhalb des den Mitgliedstaaten zugebilligten „margin of appreciation"**[90] liegen, der religionsgemeinschaftlichen Wohlfahrtspflege und dem Schutz ihres spezifischen Charakters besonderes Gewicht beizumessen.[91]

2. Unionsrecht[92]

38 Die Wohlfahrtspflege, die zumindest teilweise einen „Markt" darstellt, unterfällt **stärker als andere religionsgemeinschaftliche Aktivitäten dem Einwirkungsbereich des Unionsrechts,** das inzwischen auch sozialpolitische Kompetenzen kennt.[93] U.a. hat das unionsrechtliche Antidiskriminierungsrecht beträchtliche Auswirkungen auf das „kirchliche Arbeitsrecht",[94] d.h. diejenigen Bestimmungen des Arbeitsrechts, die gewährleisten, dass Religionsgemeinschaften und ihnen zugeordnete Einrichtungen sicherstellen können, dass ihre Dienstleistungen ihr besonderes (konfessionelles) Profil behalten. Die staatliche Subventionierung der freien Wohlfahrtspflege kann durch das Beihilferecht (Art. 106, 107 ff. AEUV) erfasst werden.[95]

39 Jedoch ist die **Wertung aus Art. 6 LV Teil der Definition des „Status", den Kirchen und religiöse bzw. weltanschauliche Gemeinschaften in Deutschland besitzen,** und wird deshalb **durch Art. 17 AEUV vor gegenläufiger Sekundärrechtssetzung geschützt.**[96] Auch ist mit den in Rn. 36 aufgeführten

---

90 Vgl. dazu EGMR, U. v. 3.2.2011, Siebenhaar vs. Deutschland – 18136/02 – juris, Rn. 38, 39.
91 Denn der Ermessensspielraum der Mitgliedstaaten ist u.a. dann „weit, wenn der Staat einen gerechten Ausgleich zwischen konkurrierenden privaten und öffentlichen Interessen oder verschiedenen konventionsrechtlich geschützten Interessen herbeizuführen hat" (EGMR, U.v. 3.2.2011, Siebenhaar vs. Deutschland - 18136/02 – juris, Rn. 39); dazu, dass der Faktor „Religion" bei der Ausgestaltung der Wohlfahrtsstaatlichkeit nicht nur in Deutschland, sondern auch in anderen, durch das westliche Christentum geprägten Mitgliedstaaten des Europarats eine erhebliche Rolle, und in weiteren Mitgliedstaaten (insb. den durch die Orthodoxie geprägten und in der Türkei) immerhin überhaupt eine Rolle spielt, s. *Gabriel/Reuter/Kurschat/Leipold* in: dies. 2013, 467 ff., sowie die weiteren Beiträge in diesem Band; die Wertschätzung der religionsgemeinschaftlichen Wohlfahrtspflege dürfte sich deshalb innerhalb eines zwischen den Mitgliedstaaten bestehenden Konsenses bewegen.
92 Allgemein zum Verhältnis von Unionsrecht zu Grundrechtsgewährleistungen in Landesverfassungen → Art. 4 Rn. 48.
93 Vgl. Art. 4 II b), c) iVm Art. 151 ff., Art. 174 ff. AEUV; Art. 5 III AEUV; näher zur europäischen Wohlfahrtspolitik *Schmid* in: Gabriel, Herausforderungen kirchlicher Wohlfahrtsverbände, 177 ff.
94 Überblick mwN, insb. zu aktuellen Entwicklungen, bei *Joussen* in: HdbEvKR, 276-341.
95 Näher u.a. *Stütz*, Die staatliche Förderung der christlichen karitativen Kirchentätigkeit im Spiegel des europäischen Beihilferechts, 2008; *Lehmann*, Krankenhaus und EG-Beihilferecht, 2008.
96 Näher zur Bedeutung von Art. 17 I, II AEUV, die jedenfalls „negative Kompetenzschranke" für die Sekundärrechtssetzung und deren Auslegung sind, *Classen*, ZevKR (61), 2016, 333 ff.; zwar ist noch ungeklärt, was unter den Begriff „Status" i.R.d. Art. 17 I AEUV zu fassen ist; der besondere Schutz und die besondere Rolle

Argumenten zu Art. 9 EMRK begründbar, dass der mit Art. 9 EMRK übereinstimmend, jedenfalls nicht enger auszulegende[97] **Art. 10 EU-GRCh auch die religionsgemeinschaftliche Wohlfahrtspflege schützt.** Damit ist davon auszugehen, **dass der durch Art. 6 LV verbürgte Schutz durch das europäische Primärrecht flankiert und nicht in Frage gestellt wird.**[98] Die religionsgemeinschaftliche Wohlfahrtspflege und deren besonderen, konfessionellen Charakter[99] beschränkende sekundärrechtliche Maßnahmen sind insofern primärrechtskonform auszulegen, und finden in diesem ihre Schranke.

Artikel 7 [Staatsverpflichtungen gegenüber den Kirchen]

(1) Die dauernden Verpflichtungen des Staates zu wiederkehrenden Leistungen an die Kirchen bleiben dem Grunde nach gewährleistet.

(2) Art und Höhe dieser Leistungen werden durch Gesetz oder Vertrag geregelt.

(3) Eine endgültige allgemeine Regelung soll durch Gesetz oder Vertrag getroffen werden.

Schrifttum:

Kommentierungen zu Art. 140 GG iVm Art. 138 I WRV; *Brauns*, Staatsleistungen an die Kirchen und ihre Ablösung, 1970; *de Wall*, Die Fortwirkung der Säkularisation im heutigen Staatskirchenrecht, in: EssG 38 (2004), 53; *ders.*, Staatsleistungen – ewige Rente? in: Will (Hrsg.), Die Privilegien der Kirchen und das Grundgesetz, 2011, 49; *Deutsches Evangelisches Kirchenbundesamt* (Hrsg.), Denkschrift über den Umfang der Staatsleistungen der deutschen Länder an die evangelischen Kirchen bis zur Ablösung, 1928; *Ehmer*, Die geschichtlichen Grundlagen der Staatsleistungen an die evangelischen Landeskirchen in Württemberg und Baden, in: Ammerich/Gut (Hrsg.), Zwischen „Staatsanstalt" und Selbstbestimmung, Kirche und Staat in Südwestdeutschland vom Ausgang des alten Reiches bis 1870, 2000, 233–253; *Grahm*, Kommunale Kirchenbaulasten im Gebiet des ehemaligen Großherzogtums Baden, 2012; *Gutmann*, Staatsleistungen für die Kirche, Folgen der Säkularisation in Baden und Württemberg, in: Rudolf (Hrsg.), Alte Klöster – neue Herren, Die Säkularisation im deutschen Südwesten 1803, Bd. 2, 2. Teil, 2003, 1209; *zu Hohenlohe*, Die Ablösung der Staatsleistungen an die Kirchen, in: ZevKR 62 (2017), 178; *Isensee*, Staatsleistungen an Kirchen und Religionsgemeinschaften, in: HdbStKR I, § 35; *Lang*, Welche Leistungen des Badischen Staates an die Vereinigte evangelisch-protestantische Landeskirche Badens genießen den Schutz der Artikel 138, 173 der Reichsverfassung, 1931; *Lindner*, Baulasten an kirchlichen Gebäuden, 1995; *Mayer*, Die finanziellen Beziehungen zwischen der Evangelischen Kirche und dem Staat Württemberg von 1806 bis 1919, in: Blätter für Württembergische Kirchengeschichte, Heft 1/2 (1932), 108; *Mayer/Wurm* (Hrsg.), Die Staatsleistungen für die evangelische Kirche in Württemberg, 1925; *Niens*, Kirchengut, Pfarrbesoldung und Baulast in der Evangelischen Landeskirche in Baden, 1991; *Peter*, Zur geschichtlichen Grundlegung der Staatsleistungen an die evangelische und katholische Kirche unter besonderer Berücksichtigung der baden-württembergischen Gebiete, 1971; *Schulten*, Kommunale Kirchenbaulasten, 2014; *Schuster*, Entstehung und Geschichte der staatlichen Baulast an kirchlichen Gebäuden in Baden und Württemberg von 1803 bis heute, 2005; *Richter*, Staatsleistungen an die Kirchen, Herkommen und Entwicklung nach

---

der konfessionellen Wohlfahrtspflege ist allerdings ein Spezifikum des deutschen Religionsverfassungsrechts, und (jedenfalls) deshalb unter diesen zu subsumieren.
97 S. Art. 52 III EU-GRCh.
98 Überblick über die Rolle von religiösen Trägern in der Wohlfahrtspflege anderer Mitgliedstaaten in: *Gabriel/Reuter/Kurschat/Leipold*.
99 Zu dessen primärrechtlichem Schutz s. auch Art. 22 EU-GRCh.

1945, Rottenburger Jahrbuch für Kirchengeschichte, 1988, 33; *Richter*, Staatsleistungen an die katholische Kirche in Württemberg, in: Ammerich/Gut (Hrsg.), Zwischen „Staatsanstalt" und Selbstbestimmung, Kirche und Staat in Südwestdeutschland vom Ausgang des alten Reiches bis 1870, 2000, 255; *Robbers*, Förderung der Kirchen durch den Staat, in: HdbStKR I, § 31; *Rozek*, Der unerfüllte Verfassungsauftrag – die Ablösung der Staatsleistungen an die Kirchen, in: Holzner/Ludyga (Hrsg.), Entwicklungstendenzen der Staatskirchen- und Religionsverfassungsrechts, 2013, 421; *Unruh*, Art. Staatsleistungen, in: Heinig/Munsonius, 274; *Wehdeking*, Die Kirchengutsgarantien und die Bestimmungen über Leistungen der öffentlichen Hand an die Religionsgesellschaften im Verfassungsrecht des Bundes und der Länder, 1971.

Vergleichbare Regelungen: Art. 145 BayVerf, 37 II BbgVerf, 45 RPVerf, 21 NRWVerf, 39 SaarlVerf, 112 SächsVerf.

Ergänzende Normen: Insb.[1] Art. 10 III, 19, 25, 26 EvKirchenvertrag 2007; KathKirchenvereinbarung 2007; Art. 10, 11 IsrRelGV; Art. 18 Reichskonkordat;[2] § 74 WürttKirchenG; § 31 V KiStG BW.

Leitentscheidungen: StGH, ESVGH 66, 1 (Kirchenbaulast); VGH BW, ESVGH 64, 99 (Kirchenbaulast); BVerfGE 123, 148 (staatliche Förderung jüdischer Religionsgemeinschaften).

A. Überblick und Einordnung 1	
I. Bedeutung 1	
II. Entstehungsgeschichte 2	
III. Verfassungsvergleichende Einordnung 5	
B. Erläuterung 6	
I. Regelungsgegenstand: „Staatsleistungen" 6	
1. Dauernde Verpflichtungen 7	
2. zu wiederkehrenden Leistungen 9	
3. die dem Ablösungsgebot aus Art. 138 I WRV unterfallen (ungeschriebenes Tatbestandsmerkmal) 10	
4. Sonderfall: „negative Staatsleistungen" 13	
5. Verpflichtungen des „Staates" 14	
6. gegenüber den „Kirchen" 15	
II. Regelungsgehalt 17	
1. Abs. 1 17	
a) „Gewährleistung" der Leistungsverpflichtungen 17	
b) dem Grunde nach 20	
2. Abs. 2 21	
a) Abs. 2 als Regelungsermächtigung 21	
aa) Vereinbarkeit von Leistungserhöhungen mit Art. 140 GG iVm Art. 138 I WRV ... 22	
bb) Vereinbarkeit von Leistungsminderungen mit Art. 140 GG iVm Art. 138 I WRV ... 24	
cc) Vereinbarkeit von Änderungen der Leistungsart mit Art. 140 GG iVm Art. 138 I WRV ... 26	
dd) Grundgesetzkonformität von klarstellenden Regelungen durch Gesetz oder Vertrag 27	
ee) Zusammenfassung 28	
b) Abs. 2 als Regelungsverpflichtung? 29	
3. Abs. 3 30	
a) Regelungsgegenstand: endgültige allgemeine Regelung 30	
b) Gesetz und Vertrag als Handlungsalternativen 32	
c) „soll" 36	

---

1 Die Aufzählung ist nicht abschließend; zu weiteren einschlägigen vertraglichen Regelungen s. → Rn. 42.
2 Näher zur Geltung des Reichskonkordats in und für BW → Art. 8 Rn. 6.

d) Endgültige Regelung vor Erlass eines „Grundsatzgesetzes" des Bundes? 37	2. Zu Art. 140 GG iVm Art. 138 II WRV 40
e) Zulässige Reichweite der „endgültigen Regelung" 38	3. Zum Unionsrecht (insb. dem Beihilfeverbot aus Art. 107 ff. AEUV) 41
III. Verhältnis zum GG und zum Unionsrecht 39	IV. Aktuelle Ausgestaltung der Staatsleistungen im Landesrecht 42
1. Zu Art. 140 GG iVm Art. 138 I WRV 39	

A. Überblick und Einordnung

I. Bedeutung

Über die Leistungsverpflichtungen des Staates (dazu → Rn. 14) gegenüber 1 den Kirchen (dazu Rn. → 15 f.) trifft Art. 7 LV eine **Art. 140 GG iVm Art. 138 I WRV** (iVm Art. 5 LV) **teilweise konkretisierende, teilweise hiervon abweichende Regelung** (näher → Rn. 6 ff.). Gem. Art. 31 GG ist er nur wirksam, soweit er zu Art. 140 GG iVm Art. 138 I WRV nicht in Widerspruch steht (näher → Rn. 22 ff., 28, 32 ff., 39). Soweit es Art. 7 II LV erlaubt, die Leistungen durch Gesetz zu vermindern, ist er wegen Verstoß gegen Art. 140 GG iVm Art. 138 I WRV nichtig. Auch dass er Erhöhungen von Staatsleistungen (durch Gesetz oder Vertrag) erlaubt, ist auf die Vereinbarkeit mit Art. 140 GG iVm Art. 138 I WRV zu überprüfen (näher → Rn. 22 f.). Soweit Art. 7 I Leistungsverpflichtungen garantiert, die zwischen 1919 bzw. 1949[3] und 1953 begründet wurden (→ Rn. 19), geht er über Art. 5 LV iVm Art. 140 GG iVm Art. 138 I WRV hinaus (näher → Rn. 38).

II. Entstehungsgeschichte[4]

Art. 7 LV wurde aus dem **VerfERP** übernommen. Sein Wortlaut entspricht 2 (nahezu) **Art. 34 VerfWB**. Auch in Art. 121 I VerfWH, 34 IV VerfLB waren thematisch einschlägige, teilweise identische Regelungen enthalten.[5] Art. 7 LV knüpft an diese vor ihm bestehende Rechtslage an.[6]

---

3 Zur Frage, ob sich die Garantie aus Art. 140 GG iVm Art. 138 I WRV auf das Inkrafttreten des GG oder das Inkrafttreten der WRV bezieht s. → Rn. 19 mit Fn. 67.
4 Beratungen des VA: 33., 48., 52. Sitzung; Beratungen der VLV: 40. Sitzung (2. Lesung); 58. Sitzung (3. Lesung).
5 Dabei garantierte auch Art. 121 I VerfWH – anders als Art. 34 IV VerfLB – die Staatsleistungen nur „dem Grunde nach", weil sich auch diese Verfassung, wie die VerfWB, dem Problem der unklaren Höhe vieler Leistungsverpflichtungen im ehemaligen Württemberg stellen musste (näher → Rn. 3); aufgrund der besonderen Situation in Württemberg (s. dazu → Rn. 3) enthielten auch dessen vorausgehende Verfassungen Regelungen zum Problem der „Staatsleistungen": Die in §§ 77, 82 VerfWü 1819 und in § 63 I VerfWü 1919 formulierten Regelungsaufträge, die der „Entflechtung" und Vereinfachung der Finanzierungsbeziehungen dienen sollten, wurden allerdings nicht eingelöst; die §§ 21, 22 VerfBad 1818 beschränkten sich demgegenüber auf eine Garantie der Staatsleistungen.
6 S. auch *Braun*, Art. 7 Rn. 1.

Artikel 7 [Staatsverpflichtungen gegenüber den Kirchen]

3 Die Bestimmung des Abs. 2 wurde aufgenommen, weil die **Höhe vieler Leistungsverpflichtungen streitig** war[7] und die gesamte **Rechtsmaterie als reformbedürftig wahrgenommen wurde**.[8] Die CDU widersprach zwar dem Vorhaben, nur eine Gewährleistung „dem Grunde nach" auszusprechen, setzte der Norm aber keinen entschiedenen Widerstand entgegen.[9] Auch die in Abs. 2 ausdrücklich ausgesprochene Ermächtigung, Staatsleistungen ggf. (zB in Anpassung an die Geldwertentwicklung) zu erhöhen, wurde mehrmals hervorgehoben.[10] Art. 7 wurde schließlich mit der Mehrheit der Regierungskoalition angenommen. Eine substantielle Auseinandersetzung damit, ob er mit Art. 140 GG iVm Art. 138 I WRV in Einklang steht, fand nicht statt.[11]

4 Zum Verständnis des Art. 7 LV ist eine Kenntnis seiner **historischen Hintergründe** unerlässlich.[12] Die bis heute nicht unerhebliche Finanzierung kirchlicher Aufgaben durch den Staat (in Form von „Staatsleistungen")[13] geht darauf zurück, dass sich der Staat in ev. Territorien bereits in der **Reformationszeit**, später auch in kath. Gebieten – **besonders zu Beginn des 19. Jahrhunderts** (v.a. aufgrund des Reichsdeputationshauptschlusses)[14] – **Vermögen aneignete, das der Finanzierung kirchlicher Zwecke diente**.[15] Er übernahm damit die auf diesem Vermögen lastenden Verpflichtungen, und stellte auf andere Weise – aus einer Entschädigungsmotivation heraus, aber auch aufgrund seines Selbstverständnisses als zur Sorge für religiöse Angelegenheiten verpflichteter Staat – durch eigene Mittel sicher, dass die Kir-

---

7 Vgl. Feuchte, Quellen, 4. Teil, 449 f., 455 f.; dies galt insb. für die Rechtslage im ehemaligen Württemberg, die, anders als in Baden, nicht durch Staatskirchenverträge konkretisiert war; näher → Rn. 3.
8 Vgl. Feuchte, Quellen, 4. Teil, 451 f.
9 Dass sich eine Garantie der bisherigen Staatsleistungen bereits aus Art. 140 GG iVm Art. 138 I WRV ergab, könnte dabei eine Rolle gespielt haben; in den Verhandlungen stellte die CDU heraus, dass man Abs. 2 auch als Auftrag verstehen kann, durch Gesetz oder Vertrag klarzustellen, in welcher Höhe und Art Leistungsverpflichtungen bestehen (Feuchte, Quellen, 4. Teil, 457); daran anknüpfend beschloss der VA zunächst eine Wortlautänderung, die diesen Bedeutungsgehalt stärkte, allerdings später (soweit ersichtlich aus redaktionellen Gründen) wieder rückgängig gemacht wurde; diese Regelungsdimension des Abs. 2 spielte in seiner Entstehungsgeschichte auch deshalb eine Rolle, weil Vertragsverhandlungen mit den Kirchen über eine Neugestaltung der umstrittenen staatlichen Leistungsverpflichtungen im Gange waren, vgl. Feuchte, Quellen, 4. Teil, 382, 452.
10 Vgl. die Beiträge der Abg. *Erbe*, *Gönnenwein* und *Schenkel* in: Feuchte, Quellen, 4. Teil, 451, 453, 456.
11 Das Problem wurde im VA zwar angesprochen, aber nicht durch Diskussion vertieft, s. Feuchte, Quellen, 4. Teil, 455.
12 S. auch StGH ESVGH 66, 1 (10); dazu im Überblick *Peter*, Zur geschichtlichen Grundlegung der Staatsleistungen an die evangelische und katholische Kirche, 1971 sowie die weitere, eingangs aufgeführte Lit. zur Rechtsgeschichte.
13 Näher zu diesem Begriff → Rn. 6 ff.
14 Näher zu diesem *Droege*, Staatsleistungen, 159 ff.; *Penßel* in: Heinig/Munsonius, 200 ff.; ausf. *Hömig*, Der Reichsdeputationshauptschluss vom 25. Februar 1803 und seine Bedeutung für Staat und Kirche, 1969.
15 Näher dazu allgemein *Droege*, Staatsleistungen, 156 ff.; *Langer*, Säkularisation und Säkularisierung im 19. Jahrhundert, 1978; speziell zur Situation in Württemberg und Baden *Erzberger*, Die Säkularisation in Württemberg 1802-1810, 1902; *Gutmann*, Staatsleistungen, in: Rudolf (Hrsg.), Alte Klöster – neue Herren, Bd. 2.2, 1209 ff.; *Leckner*; *Ehmer*, beide in: Ammerich/Gut, Zwischen „Staatsanstalt" und Selbstbestimmung, 233–253 und 255–268.

chen ihre Aufgaben weiterhin erfüllen konnten. Die historisch begründeten Staatsleistungen leisteten und leisten damit Beiträge zu allen kirchlichen Kernaufgaben, von der Besoldung und Versorgung der „Geistlichen", über den Kultusaufwand und die Kirchenverwaltung bis hin zur Ausbildung der „Geistlichen". **Das Ausmaß der Säkularisationen**, die den Staatsleistungen mehr oder weniger unmittelbar v.a., wenn auch nicht ausschließlich, zugrunde liegen,[16] **unterschied sich in den unterschiedlichen Landesteilen deutlich**: Während im Gebiet des ehemaligen Württemberg die kirchlichen Zwecken dienende Vermögen weitgehend vom Staat eingezogen worden war, und gleichzeitig bzw. entsprechend die Finanzierung der Kirchen weitgehend durch den Staat erfolgte, war das Ausmaß der Säkularisationen im ehemaligen Baden insgesamt deutlich geringer (wenn auch mit Unterschieden zwischen den Landesteilen), so dass dort die staatlichen Beiträge zum kirchlichen Finanzbedarf niedriger ausfielen.[17] Während in Baden die staatlichen Leistungsverpflichtungen 1932 zu einem größeren Teil kirchenvertraglich fixiert worden waren,[18] legte sie der Staat in Württemberg autonom fest (so dass hier auch deutlich größere Rechtsunsicherheit über die Verbindlichkeit einzelner Leistungen und den Leistungsumfang bestand). Auch die Kirchensteuer, die dem zumindest teilweisen Übergang der Kirchen von der Staats- in die Eigenfinanzierung diente,[19] wurde in Württemberg und Baden zu unterschiedlichen Zeiten eingeführt.[20] Dieses **Ungleichgewicht in der Höhe und Eindeutigkeit der durch Art. 7 LV garantierten Staatsleistungen** war einer der Gründe dafür, diesen so zu formulieren, dass er einer „Bereinigung" der Rechtslage nicht entgegenstehen würde.[21] Er sollte es ermöglichen, vor dem Hintergrund des Art. 138 I WRV, der die

---

16 Vgl. *Hense* in: Herder Korrespondenz 2010, 562 (563); zwar wurden staatliche Verpflichtungen zur Finanzierung der kirchlichen Aktivitäten überwiegend im Kontext von Säkularisationsvorgängen begründet; jedoch lassen sich einzelne Leistungsverpflichtungen nur z.T. unmittelbar als „Entschädigungsleistung" für einen konkreten Säkularisationsvorgang einordnen, auch weil viele von diesen nach zeitgenössischem Verständnis nicht unmittelbar Entschädigungspflichten auslösten (vgl. insb. § 35 Reichsdeputationshauptschluss 1803); die Motivation, die Bereicherung durch Kirchengut jedenfalls teilweise wieder für die Finanzierung kirchlicher Zwecke zu nutzen, lässt sich nicht immer klar von der Motivation trennen, als Landesherr bzw. Staat auch für die geordnete Religionspflege Sorge zu tragen; näher anschaulich *v. Campenhausen/de Wall*, 282; näher zur besonderen Situation in Württemberg *Mayer* in: Blätter für Württembergische Kirchengeschichte, 1932, 108 (u.a. 130 f.); deshalb ist es undurchführbar, „Staatsleistungen" iSv Art. 138 I WRV und Art. 7 LV uneingeschränkt durch einen Zusammenhang mit Säkularisationsvorgängen zu definieren, wie es teilweise geschieht (s. die Nachweise in Fn. 37); stattdessen wird hier eine andere Abgrenzung vorgeschlagen, s. → Rn. 12.
17 Näher, auch zur Situation in den ehemals preußischen Gebieten, *Braun*, Art. 7 Rn. 1 ff.; näher zur Situation in Württemberg *Nebinger*, 100 ff., *Mayer* in: Blätter für Württembergische Kirchengeschichte, 1932, 108; näher zur Situation in Baden *Nebinger*, 103 ff.; *Lang*, Leistungen des Badischen Staates, insb. 48 ff.; *Liermann*, Staat und evangelische Landeskirche in Baden während und nach der Staatsumwälzung von 1918, 62 ff.; *Friedrich*, Der evangelische Kirchenvertrag mit dem Freistaat Baden, 1933, 97 ff. sowie die weitere o.g. rechtsgeschichtliche Lit.
18 S. Art. VI BadKonkordat 1932; Art. IV des Ev. Kirchenvertrages vom 14.11.1932.
19 Vgl. *Hollerbach* in: Feuchte, Art. 7 Rn. 4 f.
20 In Baden geschah dies bereits 1888 (Ortskirchensteuer) bzw. 1892 (Landeskirchensteuer), in Württemberg erst 1924.
21 Für Art. 34 VerfWB galt dasselbe.

„Entflechtung" der Finanzierungsbeziehungen zwischen Staat und Kirche durch „Ablösung" der Staatsleistungen vorschreibt,[22] zu einer für die baden-württembergischen Verhältnisse passenden Regelung zu gelangen.

III. Verfassungsvergleichende Einordnung

5 Die Regelung des Art. 7 LV mit ihrer (nur) teilweisen Garantie der Staatsleistungen (→ Rn. 20) ist im Vergleich der Länderverfassungen einmalig. Neben ihm stehen Bestimmungen, die die Leistungsverpflichtungen des Staates **uneingeschränkt garantieren** (Art. 112 I SächsVerf, 39 SaarlVerf, 45 RPVerf, 145 I BayVerf) oder nur **Regelungen über ihre Ablösung** treffen (s. Art. 21 NRWVerf, 37 II BbgVerf, die eine Ablösung durch „Vertrag" vorschreiben).

B. Erläuterung

I. Regelungsgegenstand: „Staatsleistungen"

6 Art. 7 LV regelt den rechtlichen Schutz der **„dauernden Verpflichtungen des Staates zu wiederkehrenden Leistungen an die Kirchen"**. Mit Blick auf Art. 140 GG iVm 138 I WRV, dessen Ausfüllung Art. 7 LV dient, und mit dem sein Regelungsgegenstand daher insoweit übereinstimmt (näher → Rn. 4, 8), werden diese Verpflichtungen im Folgenden als „Staatsleistungen" bezeichnet.

1. Dauernde Verpflichtungen

7 Aus der Verwendung des Wortes **„Verpflichtung"** ergibt sich, dass sich Art. 7 LV nur auf Leistungen bezieht, denen eine **Rechtspflicht zugrunde liegt**.[23] Freiwillige Leistungen, auch wenn sie regelmäßig erbracht wurden, werden nicht erfasst.[24] Ohne Bedeutung für die Einbeziehung in den Schutz von Art. 7 LV ist dagegen (schon dem Wortlaut, aber auch dem Schutzzweck nach), ob der staatlichen Leistungspflicht ein subjektiv-rechtlicher Anspruch korrespondiert.[25]

8 Die Einschränkung auf **„dauernde** Verpflichtungen" wird auch Art. 138 I WRV entnommen,[26] weil für nicht dauernde Verpflichtungen nicht die „Ablösung",[27] sondern die Erfüllung die sachgerechte Form ihrer Erledi-

---

22 Zu diesem Regelungszweck des Art. 138 I WRV s. nur BVerfG, NVwZ 2001, 318; *v. Campenhausen/Unruh* in: v. Mangoldt/Klein/Starck, Art. 140 GG/Art. 138 WRV Rn. 3; *Isensee* in: HdbStKR I, 1009 (1016); *zu Hohenlohe*, ZevKR 62 (2017), 178 (179).
23 S. dazu Abg. *Müller* in: Feuchte, Quellen, 4. Teil, 453; eine solche Rechtspflicht kann sich aus unterschiedlichen historischen Rechtsgrundlagen (s. die Aufzählung in Art. 138 I WRV), auch aus Gewohnheitsrecht ergeben; Überblick bei *Kästner* in: BK, Art. 140 GG, Rn. 588-591; *v. Campenhausen/Unruh* in: v. Mangoldt/Klein/Starck, Art. 140 GG/Art. 138 WRV Rn. 7; *zu Hohenlohe*, ZevKR 62 (2017), 178 (184).
24 S. auch *Kästner* in: BK, Art. 140 GG, Rn. 591; *zu Hohenlohe*, ZevKR 62 (2017), 178 (185); die Abgrenzung kann in der Praxis erhebliche Probleme bereiten. Nicht selten ist gerade diese Frage zwischen Staat und Kirchen streitig.
25 *Braun*, Art. 7 Rn. 10; so auch bereits (zu Art. 138 I WRV) RGZ 111, 134 (144 f.).
26 Vgl. BayVGH, BayVBl. 1987, 720 (724); *Isensee* in: HdbStKR I, 1009 (1019).
27 Zu dieser → Rn. 30 mit Fn. 88.

gung darstellen würde.[28] Die Art. 138 I WRV entsprechende Definition der „Staatsleistungen" in Art. 7 LV zeigt, dass er an diesen anknüpft.

2. zu wiederkehrenden Leistungen

Art. 7 LV erstreckt sich auf **unterschiedliche Arten von Leistungen**: Geldleistungen sind von ihm genauso umfasst wie Naturalleistungen (in Form von Sach- oder Dienstleistungen).[29] Die Offenheit für unterschiedliche Leistungsinhalte kommt auch in Art. 7 II LV zum Ausdruck. Es genügt, dass die Leistungsverpflichtung **„wiederkehrend"**, d.h. **auf wiederholte Entstehung angelegt** ist. Dies ist auch bei Bedarfsleistungen der Fall, die nicht in festgelegten Zeitabständen, sondern unregelmäßig anfallen (zB die staatliche Beteiligung an kirchlichen Bauprojekten).[30]

3. die dem Ablösungsgebot aus Art. 138 I WRV unterfallen (ungeschriebenes Tatbestandsmerkmal)

„Staatsleistungen", die unter Art. 7 LV fallen, müssen abgegrenzt werden von **anderen Leistungen** an Religionsgemeinschaften oder diesen zugeordnete Rechtsträger, **die weder gesteigerten Schutz genießen, noch dem Vorbehalt einer „endgültigen, allgemeinen Regelung" unterworfen sind**. Art. 7 LV steht in systematischem Zusammenhang mit Art. 140 GG iVm Art. 138 I WRV (iVm Art. 5 LV): Wie Art. 34 VerfWB (s.o., → Rn. 4 mit Fn. 21) und Art. 138 I WRV will er eine sachgerechte Neugestaltung der historisch gewachsenen, aber als reformbedürftig empfundenen Staatsfinanzierung der Kirchen ermöglichen. Er regelt also den Schutz von „**Staatsleistungen", die grds. dem in Art. 140 GG iVm Art. 138 I WRV geregelten „Ablösungsgebot" unterliegen**.

Dies gilt aber keineswegs für alle Leistungen des Staates, deren Empfänger Religionsgemeinschaften oder diesen zugeordnete Rechtsträger sind: Es **gilt nicht für Leistungen, mit denen „der Staat" ihm auch in der Gegenwart noch obliegende Aufgaben erfüllt** (wie zB Entgelte der Sozialversicherungen für kirchliche Leistungen im Rahmen der Wohlfahrtspflege, Leistungen im Rahmen der Finanzierung des durch Art. 7 III GG garantierten Religionsunterrichts, oder auch Subventionen für die Erfüllung von Gemeinwohlaufgaben, wie zB Investitions- und Betriebskostenzuschüsse zu kirchlichen Krankenhäusern, Kindertagesstätten usw.).[31] Derartige **„neutrale Leistungen"**, die nicht der Finanzierung einer Religionsgemeinschaft als

---

28 Vgl. nur *v. Campenhausen/Unruh* in: v. Mangoldt/Klein/Starck, Art. 140 GG/Art. 138 WRV, Rn. 4; *zu Hohenlohe*, ZevKR 62 (2017), 178 (181).
29 Vgl. auch Feuchte, Quellen, 4. Teil, 452; näher zur Bandbreite von Staatsleistungen allgemein *Kästner* in: BK, Art. 140 Rn. 584; *zu Hohenlohe*, ZevKR 62 (2017), 178 (182 f.) mwN; näher zur Bandbreite historischer Staatsleistungen in BW die o.g. rechtsgeschichtliche Lit.
30 Zur Einbeziehung von Bedarfs- und Betragsleistungen s. nur *zu Hohenlohe*, ZevKR 62 (2017), 178 (183); *Droege*, Staatsleistungen, 191; *v. Campenhausen/Unruh* in: v. Mangoldt/Klein/Starck, Art. 140/Art. 138 Rn. 5; ausführlich zum Leistungstyp der staatlichen (nicht kommunalen) Baulasten an kirchlichen Gebäuden *Schuster*, Entstehung und Geschichte der staatlichen Baulast an kirchlichen Gebäuden in Baden und Württemberg von 1803 bis heute, 2005.
31 Vgl. nur *Droege*, Staatsleistungen, 156 f.; *Rozek* in: Holzner/Ludyga, 421 (422 f.); *de Wall* in: Meder/Brechmann, Art. 145 Rn. 7.

solcher dienen,[32] haben ohne Rücksicht auf Art. 138 I WRV Bestand und können neu begründet werden. Sie werden aber gleichzeitig auch nicht durch Art. 138 I WRV und Art. 7 LV garantiert. Der Staat ist in ihrer Gestaltung grds. frei.[33]

12 Für die Abgrenzung beider Kategorien von Leistungen werden unterschiedliche Formeln vorgeschlagen: So wird erwogen, danach abzugrenzen, ob eine Leistung historisch „kausal bedingt" oder „final motiviert" ist[34] oder danach, ob „ein historischer Konnex mit den vorkonstitutionellen, vor 1919 begründeten Beziehungen zwischen Staat und Kirche erkennbar" ist.[35] Dabei ist zu berücksichtigen, dass alleine das Alter einer Leistungsverpflichtung, auch ihre Entstehung vor 1919, diese nicht zu einer („historisch bedingten") „Staatsleistung" iSv Art. 7 LV und Art. 138 I WRV macht.[36] Auch eine Abgrenzung danach, ob es sich um eine „Säkularisationsfolge-Verpflichtung" handelt oder nicht, ist aus den in Fn. 16 ausgeführten Gründen nicht möglich.[37] Deshalb wird hier folgende Präzisierung vorgeschlagen: „Staatsleistungen", die Art. 7 LV und Art. 138 I WRV unterliegen, sind **nur solche staatlichen Leistungsverpflichtungen, die unter dem GG nicht mehr begründet werden könnten** (und eben insofern auf früheren Staat-Kirche-Beziehungen beruhen), weil sie nicht als „neutrale", Gemeinwohlaufgaben fördernde Leistungen anzusehen sind (zu denen allerdings auch die Ermöglichung der Entfaltung der Religionsfreiheit gehört, s.o. → Art. 4 Rn. 62 mit Fn. 132).[38]

4. Sonderfall: „negative Staatsleistungen"

13 Neben „positiven" können auch „negative Leistungen", d.h. Verschonungssubventionen, „Staatsleistungen" darstellen.[39] Die Rspr. macht dies allerdings davon abhängig, dass sie einen **„wesentlichen Teil der Unterstützung"** ausmachen, **„die der Staat der Kirche zur Bestreitung ihrer Bedürfnisse gewährte"**, und **„dass er, wenn sie nicht bestanden hätte, statt ihrer entsprechende (positive) Leistungen an die Kirche hätte machen müssen"**.[40]

---

32 Ausführlich zur Zulässigkeit von Leistungen an Religionsgemeinschaften unter dem GG *Droege*, Staatsleistungen, 258 ff.
33 *Unruh* in: Heinig/Munsonius, 274 (275).
34 *Unruh*, Rn. 515.
35 Vgl. *zu Hohenlohe*, ZevKR (62), 2017, 178 (181) mwN.
36 S. auch BVerfGE 19, 1 (14 ff.).
37 S. auch *de Wall* in: Meder/Brechmann, Art. 145 Rn. 5; so aber BVerwG NVwZ 1996, 786, das als gemeinsames Merkmal aller „Staatsleistungen" identifiziert, dass diese „historisch ihren Ursprung in einer staatlichen Gegenleistung für die Säkularisation kirchlichen Gutes haben"; ähnl. *v. Campenhausen/Unruh* in: v. Mangoldt/Klein/Starck, Art. 140 GG/Art. 138 WRV Rn. 4.
38 S. auch *v. Campenhausen/de Wall*, 282 f.; *de Wall* in: Meder/Brechmann, Art. 145 Rn. 7.
39 So bereits mit ausführlicher Begründung (zu Art. 138 I WRV) RGZ 111, 134 (137 ff.); heute allg. M., vgl. *v. Campenhausen/Unruh* in: v. Mangoldt/Klein/Starck, Art. 140 GG/Art. 138 WRV Rn. 6; *Korioth* in: Maunz/Dürig, Art. 140 GG/Art. 138 WRV Rn. 5; näher zu den Voraussetzungen einer Einordnung von Abgabenerleichterungen als „Staatsleistung" *Clasen*, Steuervergünstigungen für Religionsgemeinschaften, 2014, 167 ff.
40 S. bereits RGZ 111, 134 (144 ff.) zu Art. 138 I WRV; daran anknüpfend BVerfGE 19, 1 (13 f.); BVerfG NVwZ 2001, 318; BVerwG NVwZ 1996, 786 (jeweils mwN

Auch „negative Leistungen" sind nur dann „Staatsleistungen" iSv Art. 7 LV, wenn sie deren übrige Definitionsmerkmale erfüllen,[41] insb. gerade der (vom heutigen Staatszweckverständnis nicht mehr getragenen) Finanzierung einer Kirche als solcher dienen, und nicht „neutralen" Gemeinwohlaufgaben.[42]

5. Verpflichtungen des „Staates"

Zu den von Art. 7 LV erfassten Leistungsverpflichtungen „des Staates" zählen zweifelsfrei **alle Verpflichtungen sämtlicher früheren Teilstaaten des Landes**. Hochumstritten ist allerdings, ob nur alle unmittelbar staatlichen Verpflichtungen darunter zu subsumieren sind, oder auch solche selbstständiger innerstaatlicher Rechtsträger, insb. die **Leistungsverpflichtungen von Kommunen**. Unter diesen sind (wegen ihres Volumens) v.a. die sog. „kommunalen Baulasten"[43] von Bedeutung. Für Art. 138 I WRV spricht die Entstehungsgeschichte gegen deren Einbeziehung.[44] Auch die Rspr. hat sie bisher verneint.[45] Demgegenüber spricht sich die Lit. zu Art. 140 GG iVm Art. 138 I WRV inzwischen überwiegend – wegen der veränderten Rechtsstellung der Kommunen in der Ordnung des GG und wegen des Regelungsanliegens von Art. 138 I WRV (der Entflechtung der Finanzierungsbeziehungen zwischen „Staat und Kirche"), das für kommunale Leistungsverpflichtungen ebenso nach einer Ablösung verlange – für eine Einbeziehung kommunaler Verpflichtungen aus.[46] Auf Art. 7 LV sind diese Überlegungen grds. übertragbar, weil er der Umsetzung und Konkretisierung von Art. 140 GG iVm 138 I WRV dient (→ Rn. 4, 8). Dass im VA ausdrücklich (und ohne Widerspruch) angemerkt wurde, dass Art. 7 LV Leistungen der

14

---

aus der Rspr. des Reichsgerichts); krit. zu den einschränkenden Kriterien der Rspr. *de Wall* in: Meder/Brechmann, Art. 145 Rn. 8.
41 S. *Unruh*, Rn. 519; *v. Campenhausen/Unruh* in: v. Mangoldt/Klein/Starck, Art. 140 GG/Art. 138 WRV Rn. 6.
42 Zu diesem Abgrenzungsmerkmal → Rn. 12; s. auch *Clasen*, Steuervergünstigungen für Religionsgemeinschaften, 2014, 168; das BVerfG hat deshalb eine erst im 19. Jahrhundert gewährte Gerichtskostenbefreiung nicht als „Staatsleistung" eingeordnet, weil diese „nie mit dem Unterhalt der Pfarrer in Verbindung gebracht, sondern stets mit der Befreiung anderer gemeinnütziger Anstalten zusammengestellt worden" sei (BVerfGE 19, 1 [15]).
43 Allgemein zu diesen *Schulten*, Kommunale Kirchenbaulasten, 42 ff., *Boettcher* in: FS Obermayer, 155 ff.
44 In der verfassungsgebenden Nationalversammlung wurden die Begriffe „Staat" und „Gemeinden" streng unterschieden; bei den Beratungen über Art. 138 WRV war stets nur von Leistungen „des Staates" die Rede, vgl. Verhandlungen der verfassungsgebenden Nationalversammlung, Stenogr. Berichte, Bd. 336, 205 ff.; auch nach den Verhandlungen des Parlamentarischen Rates sollte sich die Staatsleistungsgarantie nicht auf kommunale Leistungspflichten beziehen, s. die Nachw. bei *Schulten*, 35.
45 Vgl. zu Art. 7 LV: VGH BW, ESVGH 64, 99 (112); offengelassen von StGH ESVGH 66, 1 (12 f.); zu Art. 140 GG iVm Art. 138 I WRV: BVerwG, NVwZ-RR 2009, 590 (591); BVerwGE 38, 76 (79); 28, 179 (183); offengelassen von BVerfG, NVwZ 2001, 318; zu Art. 138 I WRV: RGZ 111, 134 (146).
46 Vgl. insb. *Isensee* HdbStKR I, 1009 (1031 ff.); *Link*, ÖAKR 39 (1990), 205 (208 ff.); *v. Campenhausen/de Wall*, 283; *Unruh*, Rn. 525; *Lindner* in: FS Link, 317 (322 ff.), *zu Hohenlohe*, ZevKR (62) 2017, 178 (185 f.) mwN; aA noch *Lindner*, Baulasten an kirchlichen Gebäuden, 1995, 196 ff.; ausführliche Darstellung und wN bei *Schulten*, Kommunale Kirchenbaulasten, 2014, 31 ff.

Gemeinden nicht erfassen sollte,[47] ist für die Auslegung nicht allein maßgeblich. Hinzu tritt aber, dass mehrere, der LV vorausgehende Landesverfassungen ihre Regelungen über die „Staatsleistungen" ausdrücklich auf kommunale Leistungen erstreckten (s. Art. 39 SaarlVerf, 45 RPVerf, 145 I BayVerf, 21 NRWVerf), während die LV auf eine derartige Formulierung verzichtet. Nach alldem reichen die in der Lit. für eine Erstreckung des Anwendungsbereichs auf kommunale Leistungsverpflichtungen vorgebrachten Argumente nicht aus, um jedenfalls für Art. 7 LV, wohl aber auch für den über Art. 5 in die LV inkorporierten Art. 140 GG iVm Art. 138 I WRV, ein Abgehen von dem ursprünglich von den Verfassungseltern intendierten Regelungsgehalt zu rechtfertigen.[48] Denn die Motivationslage, die zur Entstehung der „Staatsleistungen" im eigentlichen Sinn geführt hat (→ Rn. 4 mit Fn. 16), lässt sich auf kommunale Leistungspflichten nicht ohne Weiteres übertragen:[49] So entstand in Württemberg der Großteil der „kommunalen Baulasten" auf Grundlage von Art. 47 des Gesetzes betreffend die Vertretung der evangelischen Kirchengemeinden und die Verwaltung ihrer Vermögensangelegenheiten[50] und Art. 24 des Gesetzes betreffend die Vertretung der katholischen Pfarrgemeinden und die Verwaltung ihrer Vermögensangelegenheiten[51] gerade als Resultat eines Entflechtungsprozesses (nämlich der Trennung von bürgerlicher und kirchlicher Gemeinde) und ist danach in der Höhe auf das kommunale Eigeninteresse am Erhalt der Sache bezogen.[52] Dies würde nach hier vertretener Auffassung bereits für sich genommen gegen eine Einordnung als „Staatsleistung" sprechen. Es spricht aber auch dagegen, den in Art. 7 I LV verwandten Begriff „Staat" so auszulegen, dass er sie grds. erfasst.

Der Schutz kommunaler Kirchenbaulasten bestimmt sich damit (allein) nach den zu Art. 140 GG iVm Art. 138 II WRV (iVm Art. 5 LV) entwickelten Regeln (s. → Art. 5 Rn. 37 ff.).[53] Eine besondere Regelung dazu enthält außerdem Art. 19 II EvKirchenvertrag 2007.

6. gegenüber den „Kirchen"

15 Auch vor dem Hintergrund des Neutralitätsgebots (s.o., → Art. 4 Rn. 58) ist Art. 7 LV so auszulegen, dass er neben den Staatsleistungen an die gro-

---

47 Feuchte, Quellen, 4. Teil, 458.
48 Gegen eine Einordnung kommunaler Baulasten als „Staatsleistungen" iSv Art. 140 GG iVm Art. 138 I WRV auch *Schulten*, 31 ff., ebenso *Ehlers* in: Sachs, GG, Art. 140 GG/Art. 138 Rn. 3; *Grahm*, Kommunale Kirchenbaulasten, 100 ff.
49 Näher zur Entstehung kommunaler Baulasten *Schulten*, 52 ff.; *Böttcher* in: HdbStKR II, 19 (24 ff.); *Grahm*, Kommunale Kirchenbaulasten, 31 f.
50 Reg.Bl. 1887, 237.
51 Reg.Bl. 1887, 272.
52 Art. 47 verpflichtete die Gemeinden, einen „dem Maaße (der) Benützung (für Zwecke der bürgerlichen Gemeinde) entsprechenden Anteil an den Kosten der Instandhaltung der bezeichneten Gegenstände zu übernehmen"; diese Norm lag auch der Baulast zugrunde, über deren Fortbestand der StGH 2015 entschieden musste (s. BW VGH ESVGH 64, 99; StGH ESVGH 66, 1); zu kommunalen Baulasten im badischen Gebiet s. *Steinberg*, BWVBl. 1973, 37–41; *Grahm*, Kommunale Kirchenbaulasten, 31–98.
53 Gegen eine Erstreckung von Art. 7 LV auf kommunale Kirchenbaulasten auch VGH BW, ESVGH 64, 99 (112); *Hollerbach* in: Feuchte, Art. 7 Rn. 14; *Steinberg*, BWVBl. 1973, 37; *Grahm*, Kommunale Kirchenbaulasten, 155 f.

ßen Kirchen **auch alle "staatlichen Leistungen"** an andere Religionsgemeinschaften erfasst, die **bis zum Inkrafttreten der LV begründet wurden, und die in Rn. 6–13 aufgeführten Merkmale teilen**, insb. auf historischen Rechtstiteln beruhen, die zur Erfüllung von Aufgaben begründet wurden, die unter dem GG nicht mehr als Staatsaufgaben begriffen werden.[54] Dafür spricht der systematische Zusammenhang von Art. 7 LV mit dem (nicht auf „die Kirchen" eingegrenzten) Art. 138 I WRV (dazu → Rn. 4, 8) und auch seine Entstehungsgeschichte: Im VA wurde mehrmals angesprochen, dass es auch Staatsleistungen an kleinere Religionsgemeinschaften (insb. die Altkath. Kirche und die jüdischen Religionsgemeinschaften)[55] gab, ohne dass das Anliegen erkennbar wurde, sie aus dem Anwendungsbereich von Art. 7 LV auszuschließen.[56] Weil sich auch die Staatsleistungen an die Kirchen nicht strikt auf solche beschränken (s. → Rn. 4 mit Fn. 16), muss es sich **nicht zwingend um Folgeansprüche aus Säkularisationsvorgängen handeln** (was für Leistungen an andere Religionsgemeinschaften idR nicht der Fall ist[57]).[58]

Art. 7 LV erfasst seinem Wortlaut nach nur Leistungen an „die Kirchen".[59] Damit ist die Frage aufgeworfen, welche **selbstständigen Rechtssubjekte im Umfeld der zweifelsfrei gemeinten ev. Landeskirchen und kath. Diözesen** davon erfasst werden. Die Beantwortung dieser Frage ist von zentraler Bedeutung, weil sich die „Kirchen" in eine Vielzahl unterschiedlicher Rechtsträger aufgliedern (Stiftungen, Pfründen, Domkapitel, die „Bischöflichen Stühle", Kommunitäten usw.), und gerade das Vermögen zu einem beträchtlichen Teil solchen besonderen Rechtsträgern zugeordnet ist. Nach Sinn und Zweck der Norm ist davon auszugehen, dass sie **neben den Teilen bzw. Untergliederungen der Kirchen und Religionsgemeinschaften** (in deren Definition bei → Art. 4 Rn. 30) auch **solche Rechtsträger** erfasst, die nach den durch das BVerfG zur Reichweite des Schutzbereichs von Art. 4 I, II GG und Art. 137 III WRV entwickelten Kriterien **einer Kirche bzw. Reli-

16

---

54 AA (Beschränkung des Anwendungsbereichs auf die kath. Kirche und die ev. Landeskirchen) *Braun*, Art. 7 Rn. 12; *Hollerbach* in: Feuchte, Art. 7 Rn. 12; *Wehdeking*, Kirchengutsgarantien, 157; *Spreng/Birn/Feuchte*, Art. 7 Rn. 2; *Nebinger*, Art. 34 Rn. 1; für die Einbeziehung von Leistungen an kleinere Religionsgemeinschaften, wenn auch zu dem bereits dem Wortlaut nach weiteren Art. 138 I WRV, *Unruh*, in: Heinig/Munsonius, 274 (276); *v. Campenhausen/Unruh* in: v. Mangoldt/Klein/Starck, Art. 140 GG/Art. 138 WRV Rn. 9; *Isensee* in: HdbStKR I, 1009 (1033, Fn. 98).
55 Vgl. dazu zB § 6 der Württ. Verordnung des Staatsministeriums über die Staatsleistungen zu dem kirchlichen Besoldungs- und Pensionsbedarf v. 28.3.1924.
56 Vgl. Feuchte, Quellen, 4. Teil, 450, 458; dafür, dass auch diese Religionsgemeinschaften von den Verfassungseltern (unreflektiert) unter den Begriff „Kirche" subsumiert wurden, spricht im Falle der Altkatholiken deren Selbstbezeichnung als solche, im Falle der jüdischen Religionsgemeinschaften § 1 II WürttKirchenG.
57 Allerdings können nach 1945 begründete Leistungen an jüdische Religionsgemeinschaften durchaus auf diesem Rechtsgedanken beruhen.
58 AA BVerwG NVwZ 1996, 786; ebenso wohl *v. Campenhausen/Unruh* in: v. Mangoldt/Klein/Starck, Art. 140 GG/Art. 138 WRV Rn. 4.
59 Zur Auslegung dieses Begriffs im Kontext von Art. 7 LV s. → Rn. 15; zur abweichenden Deutung i.R.v. Art. 4 s. → Art. 4 Rn. 22 ff.

gionsgemeinschaft „zuzuordnen" sind.[60] Dieses Ergebnis rechtfertigt auch der systematische Zusammenhang der „Garantie der Staatsleistungen" in der LV und in Art. 140 GG iVm Art. 138 I WRV mit Art. 4 I, II GG (iVm Art. 2 I LV) und Art. 140 GG iVm Art. 137 III und Art. 138 II WRV (iVm Art. 5 LV), deren persönlicher Schutzbereich ebensoweit reicht.[61]

II. Regelungsgehalt
1. Abs. 1
a) „Gewährleistung" der Leistungsverpflichtungen

17 Art. 7 I LV spricht aus, dass die in → Rn. 6–16 definierten Leistungspflichten „gewährleistet" bleiben. Insoweit deckt er sich mit Art. 140 GG iVm Art. 138 I WRV, der sich zwar ausdrücklich nur mit dem Auftrag zur „Ablösung" der Staatsleistungen befasst, aber allgemein als implizite **Garantie der Leistungen** verstanden wird, **bis die nach seinen Vorgaben** (d.h. insb. auf Grundlage eines „Bundesgrundsätzegesetzes") **vorzunehmende Ablösung erfolgt ist**.[62] Diese Garantie bezieht sich auf die **Verpflichtungen in ihrem jeweiligen rechtlichen Bestand** (unter Berücksichtigung anfänglich bestehender Beschränkungen). Sie erweitert deren Bestand nicht.[63]

18 In Widerspruch zu Art. 140 GG iVm Art. 138 I WRV stünde Art. 7 I LV allerdings, wenn man die in ihm ausgesprochene „**Garantie**" als eine dauerhafte, einer Ablösung der Staatsleistungen entgegenstehende interpretieren würde.[64] Allerdings zeigt der systematische Zusammenhang der Abs. I und II mit Abs. III, dass beide **vorläufig gemeint** sind, und sich auf den **Zeitraum bis zu einer „allgemeinen endgültigen Regelung"** beziehen.[65] Obwohl der Wortlaut dies nicht ausdrücklich formuliert, kann diese durchaus – in grundgesetzkonformer Auslegung – mit der von Art. 140 GG iVm Art. 138 I WRV geforderten „Ablösung" identifiziert werden (näher → Rn. 30 f.). Als nur „vorübergehende Gewährleistung" ist Art. 7 I LV somit nicht gem. Art. 31 GG nichtig.

---

60 Näher zu diesen → Art. 4 Rn. 25, → Art. 5 Rn. 6; zur Einbeziehung von Leistungen an der Landeskirche gegenüber rechtlich verselbständigte „Pfarren" und „Pfarrwitwentümer" in den Schutz von Art. 138 I, 173 WRV bereits RGZ 111, 134 (145 f.); allerdings werden staatliche Leistungen an bestimmte „nur zugeordnete Rechtsträger", wie zB die Diakonie- oder Caritasvereine, idR keine „Staatsleistungen" sein, s. näher → Rn. 10 ff.; in der Lit. wird die Frage nach dem Kreis der einbezogenen Rechtssubjekte meist nicht vertieft. So heißt es zB bei *v. Campenhausen/Unruh* in: v. Mangoldt/Klein/Starck, Art. 140 GG/Art. 138 WRV Rn. 9 oder *Isensee* in: HdbStKR I, 1009 (1034) nur, dass deren Gliedkörperschaften, Untergliederungen und „sonstigen Institutionen" dazu gehören.
61 S. → Art. 4 Rn. 25; → Art. 5 Rn. 6; andere Landesverfassungen bringen diese Schutzbereichsdimension ausdrücklich zum Ausdruck (vgl. Art. 45 RPVerf; Art. 29 SaarlVerf). Es ist nichts dafür ersichtlich, dass Art. 7 LV einen eingeschränkteren Anwendungsbereich haben sollte.
62 S. bereits *Anschütz*, Art. 173 Anm. 1, Art. 138 Anm. 4; heute allg. M., vgl. BVerwG, NVwZ 1996, 786; *Isensee* in: HdbStKR I, 1009 (1015 ff.); *Korioth* in: Maunz/Dürig, Art. 140 GG/Art. 138 WRV Rn. 9, 10.
63 StGH ESVGH 99, 1 (13); zu der damit einhergehenden Abgrenzungsproblematik s. → Art. 5 Rn. 40.
64 So wohl *Heinig*, 236.
65 S. auch *Braun*, Art. 7 Rn. 18; *Hollerbach*, Art. 7 Rn. 18; *Wehdeking*, Kirchengutsgarantien, 159.

Maßgeblicher Zeitpunkt für das Einsetzen der Garantie aus Art. 7 I LV ist 19
das **Inkrafttreten der LV am 19.11.1953**.[66] Art. 7 I LV garantiert deshalb –
über Art. 140 GG iVm Art. 138 I WRV hinaus – auch „Staatsleistungen",
die zwischen dem Inkrafttreten von WRV und GG[67] und dem Inkrafttreten
der LV begründet wurden.[68] Es muss geklärt werden, ob dieser über
Art. 140 GG iVm Art. 138 I WRV hinausgehende Garantiegehalt mit diesem vereinbar ist (s. → Rn. 23 mit Fn. 73).

b) dem Grunde nach

Allerdings schränkt Abs. 1 seine Gewährleistung auf eine **Garantie „dem** 20
Grunde nach" ein. Daraus und aus dem systematischen Zusammenhang
mit Abs. 2 ergibt sich, dass es Art. 7 LV ermöglichen sollte, die Leistungsverpflichtungen zu modifizieren (s. auch → Rn. 4). **Art. 7 I, II LV ermächtigen** also ausdrücklich **zu einer Änderung der Leistungsart** (zB zu einem
Übergang von Natural- auf Geldleistungen), und zu einer **Erhöhung** oder
Verminderung der Leistungen. Die Frage, ob dieser Regelungsgehalt mit
Art. 140 GG iVm Art. 138 I WRV vereinbar oder gem. Art. 31 WRV nichtig ist, ist zumindest teilweise danach differenziert zu beantworten, in welcher der in Abs. 2 vorgesehenen Formen die Änderung der Leistungspflicht
erfolgt (näher → Rn. 21 ff.).

2. Abs. 2

a) Abs. 2 als Regelungsermächtigung

Nach Abs. 2 kann eine **Änderung der Leistungsverpflichtung** sowohl durch 21
Gesetz als auch durch **Vertrag** vorgenommen werden.

aa) Vereinbarkeit von Leistungserhöhungen mit Art. 140 GG iVm Art. 138 I WRV

Ob **Art. 140 GG iVm Art. 138 I WRV** als **Verbot** zu verstehen ist, „**Staats-** 22
leistungen" neu zu begründen, ist umstritten und durch die Rspr. bisher
nicht explizit geklärt.[69] Dafür wird das überzeugende Argument angeführt,
dass es einen Wertungswiderspruch bedeuten würde, die Begründung einer

---

66 StGH ESVGH 66, 1 (10); *Braun*, Art. 7 Rn. 14; *Wehdeking*, Kirchengutsgarantien, 157; aA *Hollerbach* in: Feuchte, Art. 7 Rn. 11: 1919 und 1953 als Garantiezeitpunkte.
67 Nach hM bezieht sich die Garantie aus Art. 140 GG iVm Art. 138 I WRV auf den 14.8.1919 (vgl. auch BVerfG, NVwZ 2001, 138). Mit der zu Art. 137 V WRV entwickelten Argumentation (s. → Art. 5 Rn. 20 mit Fn. 44) lässt sich aber begründen, dass das Inkrafttreten des GG als weiterer Garantiezeitpunkt hinzutritt.
68 Staatleistungen, die zwischen dem 14.8.1919 und dem 19.11.1953 – zB aufgrund der nationalsozialistischen Handhabung – entfallen sind, sind damit zwar nicht durch Art. 7 LV, aber durch Art. 5 LV iVm Art. 140 GG iVm Art. 138 I WRV landesverfassungsrechtlich geschützt; aA *Hollerbach* in: Feuchte, Art. 7 Rn. 11, demzufolge Art. 7 die 1919 und 1953 bestehenden Staatsleistungen garantiert; s. den Überblick über die Staatsleistungen an die ev. Kirchen bei Inkrafttreten der LV in der Anlage zum Memorandum der Ev. Oberkirchenräte von März 1952, in: Feuchte, Quellen, 2. Teil, 384-386; zur Entwicklung der Staatsleistungen in BW zwischen 1919 und 1953 s. *Richter* in: Rottenburger Jahrbuch für Kirchengeschichte, 1988, 33 ff. (insb. 38 ff.).
69 Darstellung des Meinungsstandes bei *Unruh*, Rn. 537 ff.; *Droege*, Staatsleistungen, 244 ff.

Leistungsverpflichtung für zulässig zu erachten, die einer Leistungsverpflichtung entspricht, für die Art. 138 I WRV die „Ablösung" verlangt.[70] Auch hier wird deshalb davon ausgegangen, dass Art. 140 GG iVm Art. 138 I WRV einer Neubegründung von Leistungsverpflichtungen entgegensteht, die – wenn man von ihrer späteren Entstehung absieht – seinem Anwendungsbereich unterfallen würden. Da dieser allerdings nach hier vertretener Auffassung gerade (nur) Leistungen erfasst, deren Neubegründung das GG ohnehin nicht mehr ermöglichen würde (s. → Rn. 12), bestätigt Art. 140 GG iVm Art. 138 I WRV damit nur, was sich auch sonst aus dem GG ergibt.[71] Für eine Erhöhung von Leistungen kann (vor dem Hintergrund des Regelungszwecks von Art. 138 I WRV) nichts Anderes gelten. Allerdings ist eine (unzulässige) „Leistungserhöhung" von der Klarstellung oder dem Vollzug einer der Leistungsverpflichtung immanenten Dynamisierung zu unterscheiden (die es zB erforderlich macht, Geldleistungen, die zur Deckung eines bestimmten Bedarfs bestimmt sind, der Geldwertentwicklung so anzupassen, dass sie ihren Zweck weiterhin erfüllen).[72]

23 Weil insofern gegensätzliche Normbefehle vorliegen, ist **Art. 7 I, II LV insoweit unwirksam, als er (durch Gesetz oder Vertrag) die Erhöhung bestehender Leistungsverpflichtungen zulässt,** sofern es sich um „Staatsleistungen" im hier definierten, engen Sinn (→ Rn. 12) handelt.[73]

bb) Vereinbarkeit von Leistungsminderungen mit Art. 140 GG iVm Art. 138 I WRV

24 Leistungsminderungen, die **durch „Gesetz" vorgenommen** werden, über die also der Staat einseitig bestimmt, widersprechen Art. 140 GG iVm

---

70 *Unruh*, Rn. 540; überwiegend wird allerdings für die Zulässigkeit der Neubegründung von „Staatsleistungen" bis zur Ablösung argumentiert, vgl. nur *Isensee* in: HdbStKR I, 1009 (1057 ff.); *Link*, ÖAKR 39 (1990), 205 (211); *Ehlers* in: Sachs, GG, Art. 140 GG/Art. 138 WRV Rn. 5; von ihr scheint auch BVerfGE 123, 148 (184 f.) auszugehen, wenn dort ohne nähere Begründung die Zulässigkeit der Neubegründung von staatlichen Leistungen an jüdische Religionsgemeinschaften bejaht wird; nach hier vertretener Auffassung müsste diesbezüglich geklärt werden, ob es sich um „Staatsleistungen" iSd in → Rn. 10 ff. formulierten Definition handelt.
71 Obwohl in der Lit. z.T. von anderen Grundsätzen ausgegangen wird, gelangt sie doch in der Sache häufig zum hier gefundenen Ergebnis, vgl. den Überblick über das Meinungsspektrum bei *Unruh*, Rn. 537 ff.; s. zB *Korioth* in: Maunz/Dürig, Art. 140 GG/Art. 138 WRV Rn. 3, 14: „Art. 138 I WRV (steht) einer Neubegründung von Staatsleistungen nicht entgegen, in der sich (…) die Förderung der Religionsgemeinschaften durch den Staat dokumentiert und die unter Beachtung der Grundsätze der Neutralität und Parität möglich ist."; für eine noch weitergehende Zulässigkeit „aus Paritätsgründen" zB *de Wall* in: Meder/Brechmann, Art. 145 Rn. 18.
72 Dazu *Kästner*, BK, Art. 140/138 WRV Rn. 583.
73 Vgl. nur *zu Hohenlohe*, ZevKR 62 (2017), 178 (192); einen Art. 138 I WRV widersprechenden Gehalt hat Art. 7 I LV auch insoweit, als er auch solche „Staatsleistungen" garantiert, die zwischen dem 23.5.1949 und dem 19.11.1953 begründet wurden (s. → Rn. 19); denn mit dem (Wieder-)Inkrafttreten von Art. 138 I WRV als Teil des GG am 23.5.1949 wurde die Begründung derartiger Leistungen nach hier vertretener Auffassung unzulässig (s. → Rn. 22), so dass es Art. 140 GG iVm 138 I WRV widerspräche, ihren Bestand zu garantieren; allerdings steht Art. 140 GG iVm 138 I WRV dem Schutz solcher Leistungen nicht entgegen, deren Neubegründung er – mangels Geltung – nicht untersagte (was für zwischen dem 14.8.1919 und dem 23.5.1949 begründete „Staatsleistungen" gilt).

Art. 138 I WRV, der eine eigenmächtige Befreiung der Länder von ihnen obliegenden Verpflichtungen dadurch hindern will, dass er die „Ablösung" an den Erlass eines Grundsatzgesetzes des Reiches bzw. Bundes bindet.[74] **Soweit Art. 7 I, II LV also eine Leistungsminderung durch Gesetz erlaubt, ist er gem. Art. 31 GG unwirksam.**[75]

Ob dagegen vertraglich vereinbarte Leistungsminderungen von Art. 140 GG iVm Art. 138 I WRV bis zum Erlass eines „Grundsatzgesetzes" des Bundes untersagt werden, ist umstritten.[76] Es sprechen aber die besseren Gründe dafür, dass der Garantiegehalt des Art. 138 I WRV maßgeblich dem Interesse der Leistungsempfänger dient (während dem z.T. als weitere Begründung für die Zwischenschaltung eines „Grundsatzgesetzes" des Bundes angeführten „öffentlichen Interesse" an einer gleichmäßigen Handhabung im Bundesgebiet keine entscheidende Bedeutung zukommt), so dass diese auf den eingeräumten Schutz (vorübergehend oder endgültig) verzichten können. Bei Beachtung gewisser Anforderungen[77] sind **Leistungsminderungen durch Vertrag also mit Art. 140 GG iVm Art. 138 I WRV vereinbar.**[78] Soweit Art. 7 I, II LV (vorübergehende) Leistungsminderungen durch Vertrag zulässt, ist er damit nicht gem. Art. 31 GG unwirksam.[79] 25

cc) Vereinbarkeit von Änderungen der Leistungsart mit Art. 140 GG iVm Art. 138 I WRV

Für Änderungen der Leistungsart gilt das unter bb) Ausgeführte entsprechend, weil sie immer auch einer Leistungskürzung entsprechen können (insb. ist bei einem Übergang von Natural- auf Geldleistungen u.U. keine Wertbeständigkeit gewährleistet).[80] 26

dd) Grundgesetzkonformität von klarstellenden Regelungen durch Gesetz oder Vertrag

Mit dem GG vereinbar ist Art. 7 I, II LV auch insofern, als er zu vertraglichen oder auch gesetzlichen **Klarstellungen des Umfangs strittiger Leistungsverpflichtungen** oder zu einer **Auswechslung der Verpflichtungsgrundlagen** ermächtigt, worauf er seiner Entstehungsgeschichte nach v.a. abziel- 27

---

74 Vgl. bereits *Anschütz*, Art. 138 Anm. 4.
75 S. auch *Braun*, Art. 7 Rn. 19; *Hollerbach* in: Feuchte, Art. 7 Rn. 16.
76 Für ihre umfassende Zulässigkeit zB *Korioth* in: HGR, Bd. VIII, § 236 Rn. 32; *Wehdeking*, Kirchengutsgarantien, 122 ff. und *Droege*, Staatsleistungen, 243 f. halten dagegen nur vorübergehende vertragliche Dispositionen bis zur endgültigen „Ablösung" für zulässig (wobei Art. 7 II LV nur für solche vorübergehenden Dispositionen einschlägig ist); iE ebenso *Isensee* in: HdbStKR I, 1009 (1050); die hierigen kirchenvertraglichen Regelungen in BW, die für die Ablösung die „bisherige Rechtslage" als maßgeblich bezeichnen (s. → Rn. 42), halten sich in diesem Rahmen.
77 Näher *Isensee* in: HdbStKR I, 1009 (1050).
78 Dieses Ergebnis wird auch damit begründet, dass die einvernehmliche Beendigung der Leistungen keine „Ablösung" iSv Art. 140 GG iVm Art. 138 I WRV sei, so dass dieser darauf nicht zur Anwendung komme, vgl. nur *zu Hohenlohe*, ZevKR 62 (2017), 178 (193).
79 Ebenso *Braun*, Art. 7 Rn. 19; *Hollerbach* in: Feuchte, Art. 7 Rn. 16.
80 Wohl auch *Kästner* in: BK, Art. 140 Rn. 584, wenn er den Übergang von Natural- auf Geldleistungen als „Schritt zur faktischen Ablösung" bezeichnet.

te. Solange in diesen weder Beschränkung noch Erweiterung der Leistungsverpflichtung liegt, liegt kein Widerspruch gegen Art. 140 GG iVm Art. 138 I WRV vor.

ee) Zusammenfassung

28 Die in Art. 7 I, II LV enthaltene **Ermächtigung zu vorübergehenden Neuregelungen der Verpflichtungen zu Staatsleistungen ist nur insoweit grundgesetzkonform und wirksam**, als sie sich auf eine Auswechslung des Verpflichtungsgrundes oder eine Klarstellung der Rechtslage beschränken, oder eine Änderung der Leistungsart oder eine Verminderung der Leistungshöhe durch **Vertrag** – d. h. im Einvernehmen mit der begünstigten Religionsgemeinschaft – vorgenommen wird.

b) Abs. 2 als Regelungsverpflichtung?

29 Abs. 2 kann auch als **Verpflichtung** verstanden werden, **eine (klarstellende) Regelung** mit dem Rang eines Gesetzes oder Staatskirchenvertrages **zu formulieren**.[81] Das Land ist dieser Verpflichtung inzwischen jedenfalls gegenüber den großen Kirchen nachgekommen.[82]

3. Abs. 3

a) Regelungsgegenstand: endgültige allgemeine Regelung

30 Obwohl die LV – genauso wie ihre Vorgängerverfassungen – diesen Begriff vermeidet,[83] kann damit in grundgesetzkonformer Auslegung nur die durch Art. 140 GG iVm Art. 138 I WRV vorgegebene „Ablösung" der Staatsleistungen oder ein nach Art. 140 GG iVm Art. 138 I WRV zulässiges Surrogat dieser „Ablösung"[84] gemeint sein.[85] Der Wortlaut lässt eine solche Auslegung ausdrücklich zu – denn auch die „Ablösung" nach Art. 138 I WRV muss in Form einer „Regelung" erfolgen, die „allgemein" (d.h. alle Staatsleistungen erfassend)[86] und „endgültig" ist. Eine „allgemeine, endgültige Regelung" muss sich nicht zwingend auf die Gewährung einer „ewigen Rente" beziehen.[87] Sie kann jedenfalls dem Wortsinn nach auch die Übertragung von Vermögensgegenständen zum Gegenstand haben, durch die die Kirchen den Gegenwert der Staatsleistungen selbst erwirt-

---

81 Vgl. die Nachweise aus der Entstehungsgeschichte in → Rn. 3 mit Fn. 9.
82 S. unten → Rn. 42; zur Frage, ob auch andere Religionsgemeinschaften „Staatsleistungen" iSv Art. 7 LV erhalten s. → Rn. 15.
83 *Spreng/Birn/Feuchte*, Art. 7 Rn. 1, 3.
84 Dazu, welche Möglichkeiten einer „endgültigen Beendigung" der Staatsleistungen Art. 138 I WRV zulässt s. → Rn. 33.
85 *Wehdeking*, Kirchengutsgarantien, 159; *Spreng/Birn/Feuchte*, Art. 7 Rn. 3; aA *Hollerbach* in: Feuchte, Art. 7 Rn. 18 f. und iE auch *Braun*, Art. 7 Rn. 21, 22, die davon ausgehen, dass Art. 7 III LV die Regelung einer „ewigen Rente" fordert.
86 S. auch *Braun*, Art. 7 Rn. 22.
87 So allerdings *Braun*, Art. 7 Rn. 21 und *Hollerbach* in: Feuchte, Art. 7 Rn. 18 f.; eine solche Auslegung wird für Art. 34 VerfWB, dessen Formulierung Art. 7 LV übernommen hat, die zutreffende gewesen sein, s. *Hollerbach*, VBlBW 1982, 217 [221]; Art. 7 III LV steht aber trotz Wortlautgleichheit mit dieser vorausgehenden Bestimmung in einem anderen verfassungsrechtlichen Kontext, was bei seiner Auslegung berücksichtigt werden muss.

schaften können.⁸⁸ Weil den Verfassungseltern die Geltung von Art. 140 GG iVm Art. 138 I WRV und dessen Verbindlichkeit für die landesverfassungsgebende Gewalt bekannt war, spricht auch die Entstehungsgeschichte für diese Auslegung. Eine andere Deutung des Abs. 3 wäre wegen Widerspruchs zum GG nichtig (Art. 31 GG).

Weil die nach Abs. 3 zu treffende Regelung als die von Art. 138 I WRV geforderte „Ablösung" (oder als ein nach Art. 138 I WRV taugliches Surrogat für diese, vgl. → Rn. 33) verstanden werden muss, **muss sie die für die „Ablösung" geltenden Regeln beachten.**⁸⁹ 31

b) Gesetz und Vertrag als Handlungsalternativen

Abs. 3 stellt „Gesetz" und „Vertrag" als gleichwertige Handlungsalternativen einander gegenüber. Dass ausdrücklich auch eine **Regelung durch „Vertrag"** erlaubt wird, wurde als **Widerspruch zu Art. 140 GG iVm Art. 138 I WRV** interpretiert, weil dieser eine „Ablösung" durch „die Landesgesetzgebung" vorschreibt.⁹⁰ 32

Bei der Bewertung dieses Einwands sind zwei Fragen zu unterscheiden: Zum einen die Frage, ob „Ablösung" iSv Art. 138 I WRV nur die „einseitige Beendigung" der Leistungsverpflichtungen durch den Staat meint,⁹¹ und wenn ja: ob Art. 138 I WRV als abschließend zu verstehen ist, so dass er nur eine solche „einseitige Beendigung" als endgültige Regelung zulässt. Letzteres liefe seinem Regelungsanliegen zuwider, die Beendigung der Leistungsbeziehungen so zu gestalten, dass sie in Form eines gerechten Ausgleichs erfolgt – wofür ein „Übereinkommen" der Beteiligten grds. eher bürgt als eine einseitige Entscheidung. Deshalb ist Art. 138 I WRV **entweder ein „weites Ablösungsverständnis"** (das auch eine endgültige Beendigung auf der Grundlage eines Vertrages einschließt), **oder die Auslegung zugrunde zu legen, dass er kein Verbot der endgültigen vertraglichen Beendigung neben einer (einseitig verstandenen) „Ablösung" statuiert.** 33

In der zuletzt genannten Deutung wäre eine endgültige Regelung durch Vertrag neben der „Ablösung" aus Art. 140 GG iVm Art. 138 I WRV ohne weitere Voraussetzungen möglich und Art. 7 III LV insofern grundgesetzkonform. Auf eine **Beteiligung des Landesgesetzgebers** hieran käme es nicht an, es sei denn, man leitete deren Erforderlichkeit aus der „Wesentlichkeitslehre"⁹² ab. Sieht man in Art. 138 I WRV dagegen eine abschließende Regelung des Beendigungsvorgangs, wäre an der – dann weit zu verstehenden – „Ablösung" (s. Rn. 33) – eine Beteiligung der „Landesgesetzgebung" erforderlich. Angesichts der Bedeutung einer „endgültigen Regelung" ist dieses Verständnis von Art. 138 I WRV durchaus sachgerecht. Weil jedoch auch eine staatskirchenvertragliche Regelung durch „Landes- 34

---

88 Zu diesem heutigen Verständnis der „Ablösung" s. nur *zu Hohenlohe*, ZevKR 62 (2017), 178 (189).
89 Näher dazu mwN zum Meinungsbild *zu Hohenlohe*, ZevKR 62 (2017), 178 (187 ff.).
90 *Braun*, Art. 7 Rn. 26.
91 So die heute wohl h.M., s. *Ehlers* in: Sachs, GG, Art. 140 GG/Art. 138 WRV Rn. 4; *v. Campenhausen/Unruh* in: v. Mangoldt/Klein/Starck, Art. 140 GG/Art. 138 Rn. 11; *zu Hohenlohe*, ZevKR 62 (2017), 178 (187).
92 Vgl. BVerfGE 49, 89 (126); 61, 260 (275).

gesetz" in die innerstaatliche Rechtsordnung transformiert werden kann, ggf. sogar transformiert werden muss,[93] **kann der Schutzzweck des so verstandenen Art. 138 I WRV**, eine Beteiligung des demokratisch unmittelbar legitimierten parlamentarischen Gesetzgebers im von der Verfassung vorgesehenen Verfahren sicherzustellen,[94] **auch bei einer „vertraglichen Beendigung" gewahrt werden.** Auch dass auf dem Vertragswege individuelle Regelungen für die unterschiedlichen Religionsgemeinschaften getroffen werden, widerspricht Art. 138 I WRV nicht, weil sich die von ihm vorgegebene „Ablösung" zwingend auf die individuellen, gegenüber einer konkreten Religionsgemeinschaft bestehenden Leistungsverpflichtungen beziehen muss.

35 Nach beiden Deutungen von Art. 138 I WRV **steht Art. 7 III**, auch soweit er eine „endgültige Regelung" durch Vertrag erlaubt, mit Art. 140 GG iVm Art. 138 I WRV in Einklang. Eine solche müsste nur – jedenfalls wenn man sie als unmittelbaren Anwendungsfall von Art. 138 I WRV einordnet – mit Beteiligung des Landesgesetzgebers erfolgen. Ist eine vertragliche Beendigung zulässig, ist sie wegen **Art. 18 Reichskonkordat** auch die grds. **vorrangig zu wählende Handlungsalternative**.[95]

c) „soll"

36 Die Verwendung des Wortes „**soll**" hat keine eigenständige Bedeutung, weil sich aus Art. 140 GG iVm Art. 138 I WRV (iVm Art. 5 LV) die **Pflicht zur „Ablösung"** der Staatsleistungen ergibt.

d) Endgültige Regelung vor Erlass eines „Grundsatzgesetzes" des Bundes?

37 Entgegen nicht weniger Stimmen im Schrifttum[96] kann eine solche „endgültige Regelung" **im Vertragswege auch ohne „Grundsatzgesetz" des Bundes** erfolgen (s. ausführlich → Rn. 25).[97] Eine Regelung durch „Gesetz" bedarf dagegen einer bundesgesetzlichen Grundlage.[98]

e) Zulässige Reichweite der „endgültigen Regelung"

38 Eine „Ablösung" nach Art. 7 III LV kann sich **nur auf die von Art. 140 GG iVm 138 I WRV** erfassten „**Staatsleistungen**" beziehen. Staatsleistungen, die Art. 7 I LV wegen seinem späteren Inkrafttreten darüber hinaus erfasst

---

93 Näher *Lutz-Bachmann*, Mater Rixarum?, 2015, 122 ff. (insb. 127), und → Art. 8 Rn. 14; die Staatspraxis in BW interpretiert die nach Art. 50 S. 2 LV erforderliche „Zustimmung" zu „Staatsverträgen", zu denen auch Verträge mit den Kirchen gerechnet werden, die nicht dem Verwaltungsrecht unterfallen (*Frisch/Jacobs*, ZevKR 54 [2009], 290, Fn. 3; *Jacobs*, KuR 2016, 1 ff.), als „Zustimmung durch Gesetz", s. die Begründung zum IsrRelGV, LT-Drs. 14/5725, 1, 5.
94 *Zu Hohenlohe*, ZevKR 62 (2017), 178 (193).
95 S. auch *zu Hohenlohe*, ZevKR 62 (2017), 178 (194); zum Anspruch der ev. Kirchen auf paritätische Behandlung s. ebd.; *Korioth* in: Maunz/Dürig, Art. 140 GG/ Art. 138 WRV Rn. 11; *Isensee* in: HdbStKR I, 1009 (1042).
96 S. *Hollerbach* in: Feuchte, Art. 7 Rn. 21; *Braun*, Art. 7 Rn. 19, *v. Campenhausen/ Unruh* in: v. Mangoldt/Klein/Starck, Art. 140 GG/Art. 138 WRV Rn. 16, sowie die Nachweise in → Rn. 25 mit Fn. 76.
97 Wie hier *zu Hohenlohe*, ZevKR 62 (2017), 178 (193 f.); *Germann* in: BeckOK GG, Art. 140 GG Rn. 125.
98 Allg. M., vgl. *v. Campenhausen/Unruh* in: v. Mangoldt/Klein/Starck, Art. 140 GG/ Art. 138 WRV Rn. 15.

(s. → Rn. 19), werden durch Art. 140 GG iVm Art. 138 II WRV geschützt, der hier nicht durch Art. 140 GG iVm Art. 138 I WRV überlagert wird (s. dazu → Rn. 40). Sie können daher nicht „abgelöst" werden.[99]

III. Verhältnis zum GG und zum Unionsrecht
1. Zu Art. 140 GG iVm Art. 138 I WRV

Wegen partiellen Widerspruches zu Art. 140 GG iVm Art. 138 I WRV ist **Art. 7 LV teilweise unwirksam** (näher → Rn. 23, 24, 26). Eine umfassend grundgesetzkonforme Auslegung kommt nicht in Betracht, weil diese in der erforderlichen Differenziertheit vom Wortlaut des Art. 7 LV nicht mehr getragen würde.

39

2. Zu Art. 140 GG iVm Art. 138 II WRV

Die von Art. 7 I, II LV garantierten staatlichen Leistungen fallen teilweise, nämlich sofern ihnen subjektive Rechte korrespondieren, auch in den Schutzbereich von Art. 140 GG iVm Art. 138 II WRV (iVm Art. 5 LV). Wenn sich beide Schutzbereiche überschneiden, geht **Art. 7 LV** – soweit er neben Art. 140 GG iVm Art. 138 I WRV Bestand hat (s. → Rn. 39) – als **lex specialis** vor (näher → Art. 5 Rn. 38).

40

3. Zum Unionsrecht (insb. dem Beihilfeverbot aus Art. 107 ff. AEUV)

Gegen Unionsrecht (das den Status der Religionsgemeinschaften in den Mitgliedstaaten grds. achtet, s. Art. 17 I, II AEUV) verstoßen „Staatsleistungen" im oben definierten Sinn nicht. Insb. kollidieren sie nicht mit dem in Art. 107 ff. AEUV geregelten, auf das Funktionieren des „Binnenmarktes" ausgelegten Beihilfeverbot, weil sie den Religionsgemeinschaften als solchen zugute kommen und deshalb weder „bestimmte Unternehmen oder Produktionszweige" begünstigen, noch den „Wettbewerb" oder den „Handel zwischen den Mitgliedstaaten" beeinträchtigen.[100]

41

IV. Aktuelle Ausgestaltung der Staatsleistungen im Landesrecht

Die Staatsleistungen des Landes BW an die **beiden Ev. Landeskirchen** sind heute in **Art. 19 I 2, 3** (über staatliche Bauflichten)[101] und **Art. 25** (iVm

42

---

99 *Braun*, Art. 7 Rn. 24; s. dazu auch *Wehdeking*, Kirchengutsgarantien, 159, 206. Nach hier vertretenen Rechtsauffassungen ist diese Einschränkung allerdings bedeutungslos: Denn allein von Art. 7 I LV, nicht aber von Art. 140 GG iVm Art. 138 I WRV erfasste „Staatsleistungen" sind nach hier vertretener Auffassung nur nach dem Inkrafttreten des GG begründete „Staatsleistungen", weil Art. 140 iVm Art. 138 I WRV so verstanden wird, dass er auch die bis zum 23.5.1949 begründeten Staatsleistungen erfasst (s. Fn. 67); da die Begründung von „Staatsleistungen" nach diesem Zeitpunkt allerdings gegen das GG verstößt (s. → Rn. 22 mit Fn. 71), wäre eine sich auf sie erstreckende Garantie aus Art. 7 I LV gem. Art. 31 GG unwirksam.
100 S. auch *Opris*, Sind die historischen Staatsleistungen an die Religionsgemeinschaften iSv Art. 140 GG iVm Art. 138 I WRV heute noch rechtmäßig? 2013, 65 ff.; für die staatliche Unterstützung der kirchlichen Wohlfahrtspflege gilt dies allerdings nicht ohne Weiteres, s. dazu → Art. 6 Rn. 38.
101 Dazu bestehen weitere Vereinbarungen, s. Zusatzprotokoll zu Art. 19 I EvKirchenvertrag 2007.

Penßel

Art. 10 III) **EvKirchenvertrag 2007** geregelt. Art. 25[102] legt zur Befriedigung bisheriger, größerenteils in der Höhe strittiger Leistungsverpflichtungen eine Pauschalabgeltung fest. Damit wird eine vorübergehende Regelung getroffen[103] und festgehalten, dass für die „Ablösung" die bisherige Rechtslage maßgeblich bleibt (Art. 25 VI). Die der **Erzdiözese Freiburg** und der **Diözese Rottenburg-Stuttgart** zu gewährenden Staatsleistungen wurden durch die **KathKirchenvereinbarung 2007** neu festgelegt. Auch auf ihrer Grundlage wird ein Pauschalbetrag zur Befriedigung bisheriger Leistungsverpflichtungen gewährt, die aber ausdrücklich als („dem Grunde nach") fortbestehend festgehalten werden (vgl. Art. 1 I). Auch hier sind (u.a.) „Baupflichtregelungen" von der Pauschalierung ausgenommen (vgl. Art. 1 V)[104] und wird für die Ablösung die bisherige Rechtslage für maßgeblich erklärt (vgl. Art. 1 VIII).[105] Staatliche Leistungen (unterschiedlicher Zwecksetzung) an die beiden **jüdischen Religionsgemeinschaften** garantiert **Art. 10 IsrRelGV**. Nicht alle der in diesen Verträgen zu einer pauschalen Leistungsverpflichtung zusammenführten Verpflichtungen müssen auf „Staatsleistungen" im hier definierten engen Sinn (s. → Rn. 10 ff.) gerichtet sein. Alle drei Verträge enthalten außerdem eine Garantie bisheriger Abgabenermäßigungen oder -befreiungen, deren Einordnung als Staatsleistungen ebenfalls im Einzelnen zweifelhaft sein kann (s. → Rn. 13).

43 Aus Paritätsgründen wird auch **anderen kleineren Religions- und Weltanschauungsgemeinschaften** eine pauschale Unterstützung gewährt.[106] Die jeweils aktuellen Beträge sind im Haushaltsplan des Kultusministeriums ausgewiesen.

Artikel 8 [Kirchenverträge]

Rechte und Pflichten, die sich aus Verträgen mit der evangelischen und katholischen Kirche ergeben, bleiben von dieser Verfassung unberührt.

---

102 Näher zu ihm *Frisch/Jacobs*, ZevKR 54 (2009), 290 (321); *Jacobs*, Der Evangelische Kirchenvertrag Baden-Württemberg, Jahrbuch für badische Kirchen- und Religionsgeschichte, 2008, 91 (98 f.).
103 S. den ausdrücklichen Verweis auf Art. 7 II LV in Art. 25 II EvKirchenvertrag 2007.
104 Zu den dazu bestehenden besonderen Vereinbarungen und Regelungen *Listl*, Bd. 1, 174 ff.
105 Zur Situation vor 2007 *Braun*, Art. 7 Rn. 7; *Hollerbach*, Art. 7 Rn. 23 ff.
106 Gegenwärtig erhalten eine solche die Altkatholische Kirche in BW, die Freireligiöse Landesgemeinde Baden, die Humanisten BW und die Evangelisch-reformierte Gemeinde Stuttgart; jedenfalls die Leistungen an die Altkatholische Kirche können nach hier vertretener Auffassung ggf. als „Staatsleistungen" iSv Art. 7 I LV einordenbar sein (s. → Rn. 15); zur Zulässigkeit der Begründung von „Staatsleistungen" an andere Religionsgemeinschaften „aus Paritätsgründen" *de Wall* in: Meder/Brechmann, Art. 145 Rn. 4, 17; ob das Gebot „paritätischer Behandlung" das nach hier vertretener Auffassung aus Art. 140 GG iVm Art. 138 I WRV abzuleitende Verbot der Neubegründung von „Staatsleistungen" im eigentlichen Sinn (s. → Rn. 22) überwinden kann, ist diskussionswürdig.

[Kirchenverträge] Artikel 8

Schrifttum:
Anke, Die Neubestimmung des Staat-Kirche-Verhältnisses in den neuen Ländern durch Staatskirchenverträge, 2000; *Becker,* Zur Rechtsproblematik des Reichskonkordats, 1956; *Ehlers,* Problemstellungen des Vertragsstaatskirchenrechts, in: ZevKR 46 (2001), 286; *Föhr,* Das Konkordat zwischen dem Heiligen Stuhl und dem Freistaate Baden, 1933; *ders.,* Geschichte des badischen Konkordats, 1958; *Friedrich,* Der evangelische Kirchenvertrag mit dem Freistaat Baden, 1933; *Listl* (Hrsg.), Die Konkordate und Kirchenverträge in der Bundesrepublik Deutschland, Bd. 1, 1987, 133; Bd. 2, 1987, 705; *Frisch,* Der evangelische Kirchenvertrag Baden-Württemberg. Zu seinem Inkrafttreten am 10.4.2008, NVwZ 2008, 629; *Frisch/Jacobs,* Evangelischer Kirchenvertrag Baden-Württemberg, in: ZevKR 54 (2009), 290; *Hollerbach,* Das badische Konkordat vom 12. Oktober 1932, in: Kleinheyer/Mikat (Hrsg.), Beiträge zur Rechtsgeschichte. Gedächtnisschrift für Hermann Conrad, 1979, 283; *ders.,* Die vertragsrechtlichen Grundlagen des Staatskirchenrechts, in: HdbStKR I, § 7; *ders.,* Streiflichter zur Entstehungsgeschichte der badischen Staatskirchenverträge von 1932, ZRG 92 (1975), KA 61, 324; *ders.,* Verträge zwischen Staat und Kirche, 1965; *Huber,* Deutsche Verfassungsgeschichte, Bd. 6, 1981, 918; *Jacobs,* Der evangelische Kirchenvertrag Baden-Württemberg vom 17. Oktober 2007, seine Entstehung und sein Verhältnis zum evangelischen Kirchenvertrag mit dem Freistaat Baden vom 14. November 1932, in: Jahrbuch für badische Kirchen- und Religionsgeschichte, Bd. 2/2008, 91; *Koeniger,* Die neuen deutschen Konkordate und Kirchenverträge mit der preußischen Zirkumscriptionsbulle, 1932; *Lutz-Bachmann,* Mater Rixarum?, 2015; *Mückl* (Hrsg.), Das Recht der Staatskirchenverträge, 2007; *Müller,* Landesverfassung und Reichskonkordat, in: Baden-Württembergisches Verwaltungsblatt 10 (1965), 177; *Plück,* Das Badische Konkordat vom 12. Oktober 1932, 1984; *Reis,* Konkordat und Kirchenvertrag in der Staatsverfassung, JöR 1968, 165; *Schier,* Die Bestandskraft staatskirchenrechtlicher Verträge, 2009; *Wengenroth,* Die Rechtsnatur der Staatskirchenverträge und ihr Rang im staatlichen Recht, 2001.

Vergleichbare Regelungen: Art. 182 BayVerf, 50 I HessVerf, 9 II MVVerf, 23 NRWVerf, 35 I 3 SaarlVerf, 32 IV LSAVerf, 109 II 3 SächsVerf.

Ergänzende Normen: Gesetz zu dem Vertrage mit dem Heiligen Stuhle vom 3.8.1929 (mit Vertrage des Freistaates Preußen mit dem Heiligen Stuhle mit Schlussprotokoll vom 14.6.1929); Gesetz zu dem Vertrage mit den Evangelischen Landeskirchen v. 26.6.1931 (mit Vertrag der Evangelischen Landeskirchen mit dem Freistaat Preußen nebst Schlussprotokoll v. 11.5.1931); Gesetz zu dem Vertrag (Konkordat) mit dem Heiligen Stuhle vom 9.12.1932 (mit Konkordat zwischen dem Heiligen Stuhl und dem Freistaate Baden sowie Schlussprotokoll vom 12.10.1932 und Zusatzprotokoll vom 7./10.11.1932); Gesetz zu dem Vertrag des Freistaates Baden mit der Vereinigten Evangelisch-protestantischen Landeskirche Badens v. 9.12.1932 (mit Vertrag zwischen dem Freistaat Baden und der Vereinigten Evangelisch-protestantischen Landeskirche Badens v. 14.11.1932); Gesetz zu dem Evangelischen Kirchenvertrag BW und zu der Römisch-katholischen Kirchenvereinbarung BW vom 8.1.2008 (mit Vertrag des Landes BW mit der Evangelischen Landeskirche in Baden und mit der Evangelischen Landeskirche in Württemberg vom 17.10.2007; Vereinbarung des Landes BW mit der Erzdiözese Freiburg und mit der Diözese Rottenburg-Stuttgart v. 31.10.2007).

Leitentscheidungen: BVerfGE 6, 309 (Konkordatsurteil); VGH BW, ESVGH 17, 172; ESVGH 18, 23.

A. Überblick und Einordnung 1
   I. Bedeutung 1
   II. Entstehungsgeschichte 2
   III. Verfassungsvergleichende Einordnung 3
B. Erläuterung 4
   I. Verträge mit der evangelischen und katholischen Kirche 4
   II. Aufrechterhaltung der daraus folgenden „Rechte und Pflichten" 10

A. Überblick und Einordnung

I. Bedeutung

1 Aufgrund seines Ursprungs als Kompromissformulierung wirft der Wortlaut von Art. 8 eine Vielzahl von Auslegungsfragen auf, deren Beantwortung hochumstritten und bis heute überwiegend unentschieden ist. Hier wird folgende Auslegung vorgeschlagen: Art. 8 LV stellt klar, dass die **Bestimmungen der LV, die bei seinem Inkrafttreten galten** (näher → Rn. 12) **so auszulegen und anzuwenden** sind, dass sie die Rechte und Pflichten aus den mit der ev. und der kath. Kirche **vor Inkrafttreten der Verfassung geschlossenen** Verträgen (näher → Rn. 7) **nicht aufheben oder abändern** (näher → Rn. 12). Dies impliziert, dass diese auch **durch den einfachen Gesetzgeber nicht geschmälert werden können**, solange nicht der Verfassungsgeber selbst dazu ermächtigt (s. → Rn. 15 f.).

II. Entstehungsgeschichte[1]

2 Art. 8 gehörte zu den **umstrittensten Bestimmungen der LV**.[2] Frühere Fassungen bezogen sich auf konkrete Staatskirchenverträge.[3] Den zentralen Streitpunkt zwischen den ursprünglichen Regierungsparteien und der CDU bildete dabei, ob auch das Reichskonkordat ausdrücklich aufgenommen werden sollte,[4] dessen Fortgeltung und Rang in der Normenhierarchie deshalb von zentraler Bedeutung für die Verfassungsberatungen war, weil es in seinem Geltungsbereich Württemberg (anders als das badische und das preußische Konkordat) den Fortbestand der Bekenntnisschule gesichert hätte.[5] Die aktuelle Fassung des Art. 8 LV geht auf den **Kompromiss** zurück, der **zur Bildung der großen Koalition geschlossen wurde**:[6] Er zielte darauf ab, die Einbeziehung des Reichskonkordats offenzulassen, so dass die Entscheidung hierüber anderweitig getroffen werden konnte.[7] Die Abgeordneten hielten an ihrer unterschiedlichen Bewertung der Rechtswirkungen des Reichskonkordats fest.[8] Insofern ist im aktuellen Wortlaut des Art. 8 LV nur von „Verträgen" die Rede. Eine Aufzählung unterbleibt. Über den übrigen Regelungsgehalt von Art. 8 LV, der sowohl von Art. 82 II

---

1 Beratungen des VA: 34., 44., 48., 52., 53. Sitzung; Beratungen der VLV: 40. Sitzung (2. Lesung); 58. Sitzung (3. Lesung).
2 *Hollerbach* in: Feuchte, Art. 8 Rn. 1.
3 Im VerfERP waren nur die beiden badischen Kirchenverträge erwähnt (Art. 82 Abs. 2, der – als Regelung der Fortgeltung älteren Rechts – den Übergangsbestimmungen zugeordnet war), während in Art. 22 VerfECDU daneben auch die für die ehemals preußischen Landesteile geltenden preußischen Kirchenverträge und das Reichskonkordat aufgeführt waren.
4 S. Feuchte, Quellen, 4. Teil, 497 ff.; 5. Teil, 567 ff. (s. dazu auch die Denkschrift des Bischöflichen Ordinariats Rottenburg, ebd. 1 [4 f.]); 7. Teil, 228 ff. (s. dort auch die Zusammenfassung der Ausschussverhandlungen durch den Berichterstatter, 206 f.).
5 Näher *Feuchte*, Geschichte, 189 ff., 202 ff.; zusammenfassend zum Streit um die „Schulfrage", der für das Zustandekommen der LV zentrale Bedeutung hatte, s. ebd., 196 ff.
6 Näher zu dessen Zustandekommen *Hollerbach* in: Maurer/Hendler, 22 f.
7 Feuchte, Quellen, 8. Teil, 307 ff.; *Braun*, Art. 8 Rn. 1; *Reis*, JöR 1968, 165 (333).
8 S. *Feuchte*, Quellen, 8. Teil, 308 f.; die SPD erklärte bei der 3. Lesung ausdrücklich, dass sie sich zu diesem Kompromiss nur unter der Prämisse bereitgefunden habe, dass die Geltung des Reichskonkordats in den Schulbestimmungen nicht anerkannt wird, s. Abg. *Krause* (SPD) in: Feuchte, Quellen, 8. Teil, 307.

VerfERP, als auch von Art. 22 VerfECDU insofern abwich, als er sich nicht auf eine Anerkennung der „Geltung" der Staatskirchenverträge beschränkte, fand – wohl weil er im Rahmen des Verfassungskompromisses formuliert worden war – keine Diskussion statt.[9] Darüber, den Artikel nicht, wie im VerfERP vorgesehen, in die Übergangsbestimmungen, sondern wegen seiner grundsätzlichen Bedeutung hierfür in die Regelung des Verhältnisses von Staat und Kirchen einzuordnen, war man sich früh einig geworden.

III. Verfassungsvergleichende Einordnung

Art. 8 LV hat im Vergleich der Länderverfassungen eine – durch seine Entstehung (→ Rn. 2) bedingte – Sonderstellung: Unter den Verfassungen der **alten Länder** befassen sich die bayerische, die saarländische und die nordrhein-westfälische explizit mit dem **Fortgelten von Staatskirchenverträgen**[10] und erkennen diese als „geltendes Recht" an.[11] Damit implizieren sie, dass die Rechtsbeziehungen zwischen Staat und Religionsgemeinschaften wirksam durch derartige „Verträge" geregelt werden können. Dieser Grundsatz ist auch der **hessischen Verfassung** und **vier Verfassungen der neuen Länder** zu entnehmen, die sich zwar nicht mit bestehenden Verträgen befassen, aber **das „Vertragsstaatskirchenrecht" als eine Möglichkeit der Regelung der rechtlichen Beziehungen zwischen Staat und Religionsgemeinschaften ausdrücklich anerkennen**. Art. 8 LV geht selbst über die Regelungen, die sich mit der Anerkennung bestehender Verträge befassen, teilweise hinaus (→ Rn. 12 ff.).

3

B. Erläuterung

I. Verträge mit der evangelischen und katholischen Kirche

Dem ausdrücklichen Wortlaut nach hat Art. 8 LV nur **Verträge mit der ev. und der kath. Kirche** zum Gegenstand. Damit wird (jedenfalls) auf die folgenden, bei Inkrafttreten der LV geltenden Staatskirchenverträge Bezug genommen: das „Konkordat zwischen dem Heiligen Stuhle und dem Freistaat Baden" vom 12.10.1932, den „Vertrag zwischen dem Freistaat Baden und der Vereinigten Evangelisch-protestantischen Landeskirche Badens" vom 14.11.1932, den „Vertrag des Freistaates Preußen mit dem Heiligen Stuhle" vom 14.6.1929 und den „Vertrag des Freistaates Preußen mit den Evangelischen Landeskirchen" vom 11.5.1931. Alle diese vor dem Beginn

4

---

9 In den Verfassungsberatungen wurde Art. 8 LV damit nur insofern Bedeutung beigemessen, als er zumindest als Bezugnahme auf das Reichskonkordat ausgelegt werden konnte, was zur Folge gehabt hätte, dass die Schulartikel der Verfassung teilweise suspendiert bzw. durch Auslegung anzupassen gewesen wären; s. dazu die durch den Ministerpräsidenten und das Auswärtige Amt im November/Dezember 1953 formulierte Interpretation in: *Feuchte*, Geschichte, 204.
10 Dieser Begriff wird hier als Oberbegriff für alle Verträge mit den Kirchen verwandt, die nicht dem Verwaltungsrecht unterfallen (unabhängig davon, ob es sich um Konkordate mit dem Heiligen Stuhl, um Verträge mit katholischen Diözesen oder den evangelischen Landeskirchen handelt), s. auch *Ehlers*, ZevKR 46 (2001), 286 (288); Unterschiede in deren Rechtsnatur bzw. die Diskussion hierüber (s. dazu nur *Lutz-Bachmann*, Mater Rixarum, 105 ff. mN) werden dabei ausgeblendet.
11 Art. 23 II NRWVerf ergänzt dies um eine ausdrückliche Regelung über die Änderung und den Neuabschluss derartiger Verträge; näher zu ihm → Rn. 15 mit Fn. 49.

Penßel

der nationalsozialistischen Herrschaft abgeschlossenen Verträge sind trotz der zwischenzeitlichen Aufhebung der Länder, und auch über alle territorialen Veränderungen nach 1945 hinweg rechtswirksam geblieben,[12] was durch Art. 8 LV bestätigt wird.[13]

5 Der Geltungsbereich von Art. 8 LV ist aber seinem Wortlaut nach nicht auf Verträge mit dem Charakter eines Staatskirchenvertrages eingegrenzt.[14] Deshalb kommt es in Betracht, auch andere vorkonstitutionelle Verträge zwischen Staat und Kirchen, wie zB die auf Grundlage von § 73 WürttKirchenG getroffenen Vereinbarungen über das Stift Tübingen v. 5.3.1928, über die niederen evangelisch-theologischen Seminare v. 5.3.1928, über das Wilhelmsstift in Tübingen und über die niederen Konvikte in Ehingen und Rottweil vom 21./22.3.1934, als erfasst anzusehen.[15] Allerdings waren sie bei der Entstehung von Art. 8 LV nicht im Blick.[16] Dies und der weitgehende Regelungsgehalt des Art. 8 LV, der das Verfassungsrecht hinter dem Vertragsrecht zurücktreten lässt (näher → Rn. 12) **sprechen dagegen, auch solche „niederrangigeren" Verträge[17] in seinen Anwendungsbereich einzubeziehen.**[18]

6 Ob Art. 8 LV auch das **Reichskonkordat** einschließt, ist nicht leicht zu beantworten. Weil der Wortlaut es nicht ausschließt, wird davon allgemein ausgegangen.[19] Allerdings ist der Wortlaut des Art. 8 LV einer Auslegung zugänglich: Die Formulierung wurde bewusst „offen" gewählt, so dass sich die unterschiedlichen Parteien des Verfassungskonflikts trotz bleibender Meinungsverschiedenheiten mit ihr identifizieren konnten (näher → Rn. 2). Es kann und muss also entschieden werden, welche „Verträge mit der evangelischen und der katholischen Kirche" von Art. 8 LV erfasst werden (s. auch → Rn. 4 f.). Dabei unterschied sich die Wirkung des Art. 8 LV aus der Perspektive der Verfassungseltern erheblich danach, ob es sich bei dem in Bezug genommenen Vertrag um einen Vertrag mit einem Vorgängerland handelt, der den baden-württembergischen Staat unmittelbar und eindeutig bindet, so dass Art. 8 LV insofern nur umsetzt, was der Vertrag

---

12 Ausführlich mwN *Frisch/Jacobs*, ZevKR 54 (2009), 290 (294 ff.).
13 *Frisch/Jacobs*, ZevKR 54 (2009), 290 (296).
14 Zu diesem Begriff s. Fn. 10.
15 Diese sind, obwohl sie nicht ausdrücklich so bezeichnet sind, als „Verträge" zwischen Staat und Kirche zu qualifizieren, weil sie die Rechtsbeziehungen zwischen selbständigen Rechtsträgern (s. Art. 5 LV iVm Art. 140 GG iVm Art. 137 III WRV) einvernehmlich regeln. Sie sind aber dem Verwaltungsrecht zuzuordnen (auch weil sie wohl von Behörden abgeschlossen wurden).
16 S. → Rn. 2; *Reis*, JöR 1968, 165 (340); insb. war die Abkehr von der ursprünglichen abschließenden Aufführung der existierenden Staatskirchenverträge nur dem Dissens über die Einbeziehung des Reichskonkordats geschuldet; eine Erweiterung des Anwendungsbereichs auf Verträge unter dem Rang eines Staatskirchenvertrages war damit nicht intendiert.
17 Zur Zuordnung dieser Verträge zum Verwaltungsrecht Fn. 15; die konkrete Rechtsnatur von verwaltungsrechtlichen Übereinkommen zwischen Staat und Kirche ist umstritten, zum Diskussionsstand *Lutz-Bachmann*, Mater Rixarum, 120 ff. mN; näher zu diesen auch *Rüfner*, Verwaltungsabkommen zwischen Staat und Kirche, in: FS Starck, 2007, 1175 ff.
18 *Braun*, Art. 8 Rn. 2; allgemein auch *Ehlers*, ZevKR 46 (2001), 286 (289 f.).
19 S. *Hollerbach* in: Feuchte, Art. 8 Rn. 9; *ders.*, Religion – Christentum – Kirche, 42 (51); *Braun*, Art. 8 Rn. 3; *Reis*, JöR 1968, 165 (340 ff.); *Müller*, BWVBl. 1965, 177 (179); offengelassen von VGH BW, ESVGH 17, 172 (176).

klar gebietet, oder um das Reichskonkordat, dessen verpflichtende Wirkung gegenüber den Ländern (und nicht nur dessen Fortgeltung) umstritten war,[20] so dass seine Gleichstellung mit den Länderkonkordaten durch Einbeziehung in Art. 8 LV eine Grundsatzentscheidung hierüber bedeutet hätte. Es besteht also durchaus Anlass dafür, bei der Auslegung von Art. 8 LV zwischen den Staatskirchenverträgen mit den Ländern und dem Reichskonkordat zu unterscheiden. In Anbetracht dieser Auslegungsfähigkeit und -bedürftigkeit spricht gegen die Einbeziehung des Reichskonkordats, dass über seine Rechtsgeltung (sein Fortgelten und im bejahenden Fall seine Zuordnung zum Bundes- oder Landesrecht) und besonders darüber, ob ihm insgesamt, also auch seinen Schularartikeln, im Falle einer Fortgeltung als Landesrecht durch die LV eine besondere Verbürgung gegeben werden sollte, zwischen den die LV tragenden Parteien ein grundlegender Dissens bestehen blieb.[21] Eine Auslegung des Art. 8 LV dahin gehend, dass er das Reichskonkordat umfasst, beabsichtigte also ein Teil der VLV (der, wenn man auf die Standpunkte der Fraktionen abstellt, sogar die Mehrheit bildete) explizit nicht.[22] Hinzu kommt, dass schon die ursprüngliche Fassung von Art. 15 LV dem Reichskonkordat teilweise widersprach,[23] so dass sich die LV in der Auslegung, die das Reichskonkordat in Art. 8 LV einbezieht, zumindest in dem wahrscheinlichen Fall seines Fortgeltens zwar nicht juristisch-konstruktiv (weil Art. 8 LV widersprechendes Verfassungsrecht suspendiert, näher → Rn. 12), aber doch wertungsmäßig mit sich selbst in Widerspruch gesetzt hätte. Damit **sprechen sowohl die Entstehungsgeschichte, als auch die Systematik der LV dagegen, Art. 8 LV so auszulegen, dass er sich auch auf das Reichskonkordat bezieht.**[24] Die Geltung und Bindungswirkung des Reichskonkordats richtet sich deshalb auch in und für BW

---

20 S. dazu inzwischen BVerfGE 6, 309 (340).
21 S. → Rn. 2 mit Fn. 8; zur Uneinigkeit nicht nur über das Fortgelten des Reichskonkordats überhaupt, sondern auch über seine Bindungswirkung für die Länder im Falle eines Fortgeltens s. a. den Briefwechsel zwischen Bundeskanzler *Adenauer* und Ministerpräsident *Maier* aus dem September 1953 bei *Spreng/Birn/Feuchte*, Art. 8 Rn. 4.
22 Zwar gab es auch keine Einigung darüber, dass Art. 8 LV das Reichskonkordat *nicht* erfassen sollte: Die CDU-Fraktion stimmte Art. 8 LV gerade deshalb zu, weil er diese Auslegung zuließ; obwohl also über keine der beiden einzig möglichen Auslegungsvarianten Konsens herrschte, muss doch einer von ihnen der Vorzug gegeben werden; vor diese Wahl gestellt, kann sich die Entscheidung nur daran orientieren, welche der beiden in Frage kommenden Auslegungen von größerer Tragweite wäre: Angesichts eines Dissenses über beide Auslegungsvarianten muss die Entscheidung von größerer Tragweite zu Gunsten der Entscheidung von geringerer Tragweite zurückgestellt werden. Dabei wird man davon ausgehen müssen, dass die Einbeziehung des Reichskonkordats größere Tragweite hat als seine Nichtbeziehung, weil damit das gesamte Verfassungsrecht dem Reichskonkordat in allen seinen Teilregelungen unterworfen würde, während im Fall einer Nichteinbeziehung zwar diese besondere Bindung nicht eintritt (so dass auch der „Schulkompromiss" in Art. 15 LV zulässig war), das Reichskonkordat aber in seiner allgemeinen Rechts- und Bindungswirkung unangetastet bleibt.
23 Dass in Württemberg-Baden die christliche Gemeinschaftsschule obligatorisch war (s. Art. 37 III VerfWB), stand mit Art. 23 des Reichskonkordats nicht in Einklang; s. auch VGH BW, ESVGH 17, 172 (176); *Reis*, JöR 1968, 165 (334 f.).
24 Dass an der Entstehung der Norm beteiligte Akteure ihr eine andere Auslegung gaben (s. Fn. 9), hindert diese Interpretation der Verfassung aus sich selbst heraus nicht.

(nur) nach den dazu im Konkordatsurteil (BVerfGE 6, 309) entwickelten Regeln.[25]

7 Art. 8 nimmt **die bei Inkrafttreten der LV bestehenden Verträge in ihrem damaligen Inhalt** in Bezug.[26] Denn bei einer Auslegung, die auch künftige Verträge und Inhalte einbezöge (die der Wortlaut zulässt und sogar nahelegt, weil er nicht von „den" Verträgen, sondern schlicht von „Verträgen" spricht), würde der Inhalt der LV zur Disposition künftiger Vertragsparteien gestellt, ohne dass diese dabei den Umstand einer begleitenden Änderung der Geltung der Verfassung zum Maßstab ihres Entscheidens machen müssten. Dieses Auslegungsergebnis stünde im wertungsmäßigen Widerspruch zu Art. 64 IV LV. Auch wäre eine solche Öffnung des Geltungsgehalts eines Normensystems für unvorhersehbare, „externe" Einflüsse mit dem Demokratie- und Rechtsstaatsprinzip (die auch den Landesverfassungsgeber binden, Art. 28 I GG) unvereinbar.[27]

8 Beschränkt man den Regelungsgehalt des Art. 8 LV auf **am 19.11.1953 bestehende Verträge**, verlangt der Neutralitätsgrundsatz **keine Erstreckung seines Anwendungsbereichs auf andere Religionsgemeinschaften**, weil zu diesem Zeitpunkt nur mit der kath. und den beiden ev. Kirchen Verträge geschlossen waren.

---

25 Das BVerfG hat dazu festgehalten, dass das Reichskonkordat rechtswirksam zustande gekommen und über die Zeit des Nationalsozialismus und die Gründung der (mit dem Reich rechtlich identischen) Bundesrepublik rechtswirksam geblieben sei, so dass es nach Maßgabe von Art. 123 II GG in Kraft bleibe; es gelte aber in seinen Schulbestimmungen in der innerstaatlichen Rechtsordnung (wegen der hierfür ausschließlichen Zuständigkeit der Länder) als Landesrecht. Dabei sei Art. 123 II GG nicht so zu verstehen, dass er die Länder verpflichtet, die Regelungen des Reichskonkordats in der künftigen Landesgesetzgebung aufrechtzuerhalten, schon weil Art. 7 GG die Abschaffung des Bekenntnisschulwesens freistellt (s. auch die Zusammenfassung in VGH BW, ESVGH 17, 172 [175 f.]); das BVerfG hat damit die Frage nach der Fortgeltung des Reichskonkordats als Bundes- oder Landesrecht, und im letzteren Fall nach der Bindung des Landesgesetzgebers durch das GG nur für dessen Schulartikel ausdrücklich entschieden; für seine übrigen Regelungen muss sie individuell beantwortet werden. Näher zur Auswertung des Konkordatsurteils *Mosler*, Wer ist aus dem Reichskonkordat verpflichtet, in: GS Peters, 350-374; zur Bindungswirkung des Reichskonkordats für das Land *Feuchte*, Geschichte, 455 f. mN; *Hollerbach* in: Feuchte, Art. 8 Rn. 16.
26 S. auch *Heckel* in: Maurer/Hendler, 583; *Hollerbach*, Religion – Christentum – Kirche, 42 (51 f.); *ders.* in: Feuchte, Art. 8 Rn. 13, mit der Begründung, dass Art. 8 LV nach der Entstehungsgeschichte nicht auf zukünftige Vertragsinhalte abstellt; in diesem Verständnis war die Tragweite von Art. 8 LV bei seiner Formulierung klar – es konnte darüber also eine demokratische Willensbildung stattfinden; dem Verfassungsgeber war eine solche Entscheidung auch durch das Demokratieprinzip nicht verwehrt; aA *Reis*, JöR 1968, 165 (338 f.: Erstreckung auch auf zukünftige Verträge); wohl ebenso *Lutz-Bachmann*, Mater Rixarum, 208.
27 Allgemein zur Unvereinbarkeit von Verweisungen auf die Regelungen eines anderen Normgebers mit dem Demokratieprinzip *Dreier* in: Dreier, Art. 20 (Demokratie) Rn. 118; speziell zu Art. 8 s. auch *Ehlers*, ZevKR 46 (2001), 298 f.; *Unruh*, Rn. 361; *Lutz-Bachmann*, Mater Rixarum, 208 ff., die daraus aber keine Einschränkung auf vorkonstitutionelle Verträge folgert, sondern darauf, dass Art. 8 LV keinen Vorrang der Verträge vor der LV, sondern nur vor einfachem Gesetzesrecht anordnet; Wortlaut und Entstehungsgeschichte (→ Rn. 2) sprechen allerdings gegen diese Auslegung.

[Kirchenverträge] Artikel 8

Art. 8 LV **schließt** in dieser Auslegung eine **Fortschreibung dieser Verträge** 9
nicht aus, wie sie etwa durch den EvKirchenvertrag 2007 erfolgt ist.[28]
Maßgeblich für die Anwendung von Art. 8 LV können aber nur diejenigen
Vertragsinhalte sein, die bereits zum 19.11.1953 bestanden (→ Rn. 7).
Wird ein Vertrag ganz oder teilweise aufgehoben, entfällt auch die von
Art. 8 LV angeordnete Bindungswirkung (näher zu ihr → Rn. 12 ff.).[29]

II. Aufrechterhaltung der daraus folgenden „Rechte und Pflichten"

Art. 8 LV impliziert zunächst den heute allgemein anerkannten[30] Grund- 10
satz, dass **Verträge zwischen Staat und Kirche**, auch solche mit dem Rang
und der Rechtsnatur eines „Staatskirchenvertrages",[31] trotz der „Trennung
von Staat und Kirche" ein **zulässiges und wirksames Instrument zur Gestaltung der Rechtsbeziehungen zwischen Staat und Kirche** sind.[32] Er deckt
sich insoweit mit dem Regelungsgehalt der o.g. Verfassungsbestimmungen
in NRW, Hessen, Bayern, dem Saarland, Sachsen, Mecklenburg-Vorpommern und Sachsen-Anhalt.

Die in Art. 8 LV anerkannte Rechtsgeltung haben **alle diese Verträge in** 11
dem Teil des baden-württembergischen Staatsgebiets, in dem sie bei ihrem
Inkrafttreten galten.[33] Von keinem dieser Verträge erfasst war und blieb
damit das ehemals württembergische Gebiet. Dass sich der EvKirchenvertrag 2007 – der sich als Fortschreibung der bisherigen Verträge mit der ev.
Kirche versteht[34] – nun auch auf dieses Gebiet erstreckt, ist als nachträgliche Entwicklung für die Anwendung von Art. 8 LV nicht mehr beachtlich.

Die von Art. 8 LV darüberhinaus aufgestellte Regel, dass **Verfassungsnor-** 12
men so auszulegen und anzuwenden sind, dass sie den bei Inkrafttreten
von Art. 8 LV bestehenden vertraglichen Rechten und Pflichten (die ohne
Rücksicht auf die Regelung in Art. 94 III 1 LV weitergelten)[35] **nicht wider-**

---

28 Der EvKirchenvertrag 2007 versteht sich ausdrücklich als „Fortbildung" und
„Neufassung" der vorausgehenden Verträge (s. Präambel, Abs. VII), während die
KathKirchenvereinbarung 2007 lediglich eine eigenständige Regelung über die zukünftige Handhabung von Staatsleistungen, Baulasten und Abgabenbefreiungen
trifft und die Konkordate daneben unverändert bestehen lässt.
29 Weil der EvKirchenvertrag 2007 die bisherigen Verträge explizit nicht „aufhebt",
sondern fortschreibt, behalten die in ihnen begründeten Rechte und Pflichten die in
Art. 8 LV angeordnete Bindungswirkung, sofern sie auch in der „Neufassung"
noch enthalten sind. So kann auch der in Abs. VII der Präambel des EvKirchenver-
trages 2007 und in der Entwurfsbegründung (LT-Drs. 14/1949, 1 ff.) zu dessen
Art. 1 enthaltene Verweis auf Art. 8 LV verstanden werden.
30 S. *Unruh*, Rn. 348; *Lutz-Bachmann*, Mater Rixarum, 143 mwN.
31 Näher dazu → Rn. 14 ff. Zur Verwendung des Begriffs hier s. Fn. 10.
32 *Heckel* in: Maurer/Hendler, 583; *Hollerbach* in: Feuchte, Art. 8 Rn. 14; auch das
GG steht dem Instrument des Staatskirchenvertrages nicht entgegen, näher *Kästner*, BK, Art. 140 GG Rn. 79; *Unruh*, Rn. 349 f.; *Lutz-Bachmann*, Mater Rixarum,
146 f.
33 *Heckel* in: Maurer/Hendler, 583, Fn. 11, gestützt auf *Hollerbach*, Verträge zwischen Staat und Kirche, 281 ff.; s. auch *ders.*, Art. Konkordat, in: StL, Sp. 620
(623); ebenso *Braun*, Art. 8 Rn. 3; *Frisch/Jacobs*, ZevKR 54 (2009), 290 (297).
34 S. Präambel des EvKirchenvertrag 2007, Abs. VII.
35 *Hollerbach* in: Feuchte, Art. 8 Rn. 8; *Braun*, Art. 8 Rn. 5.

sprechen,[36] und dass sie – falls das nicht möglich ist – für die Dauer der Vertragsgeltung suspendiert sind,[37] gilt nur für die Verfassungsnormen, die bei Inkrafttreten des Art. 8 Teil der LV waren.[38] Eine Bindung des Verfassungsgebers für die Zukunft (aufgrund derer den Verträgen widersprechendes Verfassungsrecht nicht gültig erlassen werden kann) stünde in erheblicher Spannung zum Demokratieprinzip (Art. 28 I GG), weil eine derartige „Ewigkeitsklausel" eine Entscheidung der künftigen Volkswillensbildung vollständig entzieht. Eine Regelung von solcher Tragweite kann einer Verfassung allenfalls dann entnommen werden, wenn diese sie klar zum Ausdruck bringt. Art. 8 LV tut dies nicht: Sein Wortlaut ist auslegungsoffen. Er steht in keinem systematischen Zusammenhang mit Art. 64 LV, der die Zulässigkeit von Verfassungsänderungen regelt. Dabei ist die dort enthaltene „Ewigkeitsklausel" (Art. 64 I 2 LV) abschließend formuliert. Nach alldem **kann Art. 8 LV keine Bindung des zukünftigen Verfassungsgebers entnommen werden.**[39]

13 Die zentrale Bedeutung, die ihm jedenfalls ein Teil der Verfassungseltern beimaß, nämlich die, eine Sperre gegen die reichskonkordatswidrige Einführung der Bekenntnisschule zu errichten, hat Art. 8 LV in dieser Auslegung nicht. Auch im Prozess der Änderung von Art. 15 LV[40] und von der Rspr. wurde sie ihm nicht zuerkannt. Ein nach wie vor aktueller Anwendungsfall sind aber die im Schlussprotokoll zu Art. IX BadKonkordat 1932 vorgesehenen **„Konkordatsprofessuren"**[41] **an der Universität Freiburg.**[42] Schon wegen Art. 8 LV kann in ihnen kein Verstoß gegen Art. 5 LV iVm Art. 140 GG iVm Art. 136 I, II, Art. 137 I WRV gesehen werden.[43]

---

36 S. a. *Müller*, BWVBl. 1965, 177 (179); daraus folgt zB, dass Art. 7 II LV schon im Kontext der LV nicht so ausgelegt werden kann, dass er eine Kürzung vertraglich vereinbarter Staatsleistungen durch Gesetz erlaubt.

37 Näher zu diesem Gehalt von Art. 8 LV *Hollerbach* in: Feuchte, Art. 8 Rn. 7, 8; *Braun*, Art. 8 Rn. 5; *Spreng/Birn/Feuchte*, Art. 8 Rn. 2; *Reis*, JöR 1968, 165 (335); *Müller*, BWVBl. 1965, 177 (179 f.); *Lutz-Bachmann*, Mater Rixarum, 207; Art. 8 LV muss in diesem Sinn verstanden werden, denn eine (vom Wortlaut nicht ganz ausgeschlossene) alternative Auslegung dahingehend, dass er lediglich die Rechtsgeltung der Verträge anerkennt, hätte des gewählten besonderen Wortlauts nicht bedurft und lediglich deklaratorische Bedeutung, was weder seiner besonderen Fassung, noch seiner Entstehungsgeschichte (→ Rn. 2) gerecht würde.

38 S. auch VGH BW, ESVGH 17, 172 (176 f), die dem Reichskonkordat (stärker als bisher) widersprechende Neufassung von Art. 15 LV nicht als Verstoß gegen Art. 8 LV wertete; ebenso VGH BW, ESVGH 18, 23 (25 f.); beide Entscheidungen stützen sich auf den lex posterior-Grundsatz; iE ebenso *Heckel* in: Maurer/Hendler, 583.

39 Gegen eine Bindungswirkung für die Zukunft, auch ohne Änderung des Wortlauts von Art. 8 LV, s. auch VGH BW, ESVGH 17, 172 (176 f.); *Braun*, Art. 8 Rn. 6, 9; aA Reis, JöR 1968, 165 (336); wohl auch *Hollerbach* in: HdbStKR I, 253 (276).

40 Näher zu diesem *Feuchte*, Geschichte, 445 ff.; *Hollerbach* in: Feuchte, Art. 8 Rn. 11, 12.

41 Zu diesen allgemein *de Wall* in: Heinig/Munsonius, 147 ff., *Pabel*, KuR 2004, 65; *v. Campenhausen/Unruh* in: v. Mangoldt/Klein/Starck, Art. 140 GG/Art. 136 WRV Rn. 19–28.

42 Näher zu diesen und ihrer Geschichte *May* in: ders., Schriften zu Staat und Kirche, 2017, 361-384; *Plück*, Das badische Konkordat, 113 f.; *Tilmann*, Die sogenannten Konkordatsprofessuren, Geschichtliche Entwicklung und heutige Rechtsproblematik, 1971.

43 Zur Problematik „konfessionsgebundener Staatsämter" s. → Art. 5 Rn. 14. Die Frage der Grundgesetzkonformität ist daneben eigenständig zu beantworten. Sie ist

Dass Art. 8 LV **nicht so auszulegen ist, dass er vertragswidrige Verfassungsänderungen unbeachtlich macht,** sagt noch nichts darüber, ob ihm eine **Bindung des einfachen Gesetzgebers an die Verträge** dahin gehend entnommen werden kann, **dass ihnen widersprechende Gesetze unwirksam sind.**[44] Inwieweit Staatskirchenverträgen aus sich heraus eine solche Bindungswirkung zukommt, ist umstritten.[45] Dabei ist davon auszugehen, dass die Umsetzung des (nur zwischen den Parteien bindenden) Vertrages in die allgemeine Rechtsordnung den Rang des staatlichen „Transformationsaktes"[46] hat, der üblicherweise und auch in der baden-württembergischen Staatspraxis (→ Art. 7 Rn. 34 mit Fn. 93) ein einfaches Gesetzes ist, so dass grds. die lex-posterior-Regel gilt.[47] Überwiegend wird daraus – zutreffend – gefolgert, dass es eine „Selbstbindung des Gesetzgebers", bzw. eine Unwirksamkeit oder Unbeachtlichkeit des späteren vertragswidrigen Gesetzes nur geben könne, wo die Verfassung – als die Rechtsordnung, die über das wirksame Zustandekommen von Gesetzen entscheidet – eine solche anordnet.[48]

14

Eine solche Anordnung ist neben Art. 23 II NRWVerf[49] und Art. 67 S. 2 HessVerf auch Art. 8 LV entnommen worden.[50] Dem wird auch hier gefolgt: Zwar formuliert Art. 8 LV eine solche Regel unmittelbar nicht, sondern hat nur das Verfassungsrecht zum Gegenstand. Auch ein echter

15

---

bejaht worden, soweit derartige, auf ein bestimmtes Bekenntnis ausgerichtete Professuren für die Ausbildung von Theologen, Religionslehren oder Lehrern an staatlichen Bekenntnisschulen unerlässlich sind, s. *Ehlers* in: Sachs, GG, Art. 140 GG/Art. 136 Rn. 3; *Pabel*, KuR 2004, 65 (85); *v. Campenhausen*, Das konfessionsgebundene Staatsamt, in: FS Maunz (1981), 27 (34 f.); zur Zulässigkeit der im bayerischen Konkordat vorgesehenen „Konkordatslehrstühle" nach bayerischem Verfassungsrecht s. VerfGHE 33, 65; näher zur aktuellen Entwicklung in Bayern *de Wall* in: Meder/Brechmann, Art. 107 Rn. 67 f.; zur die verfassungsrechtliche Zulässigkeit u.a. *Korioth* in: Maunz/Dürig, Art. 140/Art. 136 WRV Rn. 70 mwN.

44 Dafür *Hollerbach* in: HdbStKR I, 253 (276) als „Erst-Recht-Schluss" aus der von ihm – anders als hier – aus Art. 8 LV abgeleiteten Bindung auch des späteren Verfassungsgebers; ebenso *Schier*, Die Bestandskraft staatskirchenrechtlicher Verträge, 2009, 93; aA VGH BW, ESVGH 17, 172 (175); 17, 177 (180); *Braun*, Art. 8 Rn. 6.

45 Gute Darstellung des Meinungsstandes bei *Ehlers*, ZevKR 46 (2001), 286 (302 ff.); für generelle Bindungswirkung *Hollerbach*, Verträge zwischen Staat und Kirche, 160; vermittelnde Lösung bei *Anke*, Die Neubestimmung des Staat-Kirche-Verhältnisses, 2000, 189 ff.; *Unruh*, Rn. 367; wohl auch *Germann* in: Mückl, Das Recht der Staatskirchenverträge, 2007, 91 (109 ff.); gegen eine Bindungswirkung die hM, vgl. *v. Campenhausen/de Wall*, 147; *Walter*, Religionsverfassungsrecht, 603; *Classen*, Religionsrecht, Rn. 78.

46 Zu der Frage, ob dieser staatliche Akt als „Transformations-", oder als „Vollzugsakt" einzuordnen ist s. *Hollerbach* in: HdbStKR I, 253 (276); die baden-württembergische Staatspraxis geht von der Transformationslehre aus, nach der der Vertrag durch die staatliche Zustimmung nicht mit eigenem Charakter, sondern als (einfaches) Gesetz Teil der staatlichen Rechtsordnung wird, vgl. LT-Drs. 14/1940, 1 (6); s. auch *Frisch*, NVwZ 2008, 629 (631, Fn. 37).

47 Ganz hM, vgl. *Unruh*, Rn. 361; *v. Campenhausen/de Wall*, 142; *Classen*, Religionsrecht, Rn. 76; *Walter*, Religionsverfassungsrecht, 2006, 602.

48 Vgl. nur *Ehlers*, ZevKR 46 (2001), 286 (304 f.); *Classen*, Religionsrecht, Rn. 76; *Lutz-Bachmann*, Mater Rixarum, 172 ff.

49 Vgl. nur *Ennuschat* in: Löwer/Tettinger, Art. 23 Rn. 8; *Schier*, Die Bestandskraft staatskirchenrechtlicher Verträge, 2009, 92 f.; aA *Ehlers*, ZevKR 46 (2001), 286 (299).

50 S. *Hollerbach* in: HdbStKR I, 253 (276); *ders.*, Art. Konkordat, in: StL, Sp. 620 (623); *Lutz-Bachmann*, Mater Rixarum, 207; aA *Reis*, JöR 1968, 165 (337 f.).

Schluss a maiore ad minor scheitert daran, dass sich der Regelungsgehalt des Art. 8 LV nach hier vertretener Auffassung nur auf das bisherige Verfassungsrecht erstreckt (→ Rn. 12), und nicht dessen zukünftige Fortentwicklung erfasst: Will man aus der Bindung der gegenwärtigen Verfassung an das Vertragsrecht auf eine Bindung des zukünftigen einfachen Gesetzgebers schließen, adressiert man damit kein echtes „Minus", sondern ein „Aliud". Trotzdem kann man aus der in Art. 8 LV enthaltenen Wertung, dass sogar das (gegenwärtige) Verfassungsrecht den **Rechten und Pflichten aus den Verträgen** zu weichen hat, den Schluss ziehen, dass diese auch **dem (einfachen) Gesetzgeber nicht preisgegeben sein sollen**, solange nicht die LV selbst (durch Verfassungsänderung) die Bindung aufhebt.

16 Da sich der Schutz von Art. 8 LV allerdings allein auf die in Rn. 4 aufgeführten vorkonstitutionellen Verträge bezieht (→ Rn. 4–6), ist damit noch keine Antwort darauf gefunden, ob auch spätere Staatskirchenverträge, wie zB der 2010 abgeschlossene IsrRelGV, vor späterer Gesetzgebung geschützt sind.[51] Weil dieser Schutz aus dem besonderen Regelungsgehalt des Art. 8 nicht folgt, da dieser nachkonstitutionelle Verträge nicht erfasst, muss die Frage beantwortet werden, ob **schon aus der Anerkennung des Instrumentariums „Staatskirchenvertrag", die Art. 8 LV** implizit **zu entnehmen ist** (→ Rn. 10), **die Unwirksamkeit späterer abweichender Gesetzgebung folgt**. Zwingend ist dies nicht, weil die Anerkennung der Verträge zunächst einmal nur deren Rechtsverbindlichkeit herausstellt, damit aber unmittelbar noch nichts darüber gesagt ist, ob der Gesetzgeber die vereinbarte Rechtsbindung nicht nur nicht verletzten darf, sondern darüber hinaus auch nicht verletzen kann.[52] Letzteres würde das Demokratieprinzip beträchtlich einschränken, weil dann das Zustimmungsgesetz die geregelten Gegenstände auf Dauer der Neubewertung durch den demokratischen Souverän entzöge. Eine Entscheidung von solcher Tragweite müsste von der Verfassung klar getroffen werden. In der bloßen Anerkennung des Vertragsinstruments liegt aber keine klare Entscheidung dahin gehend.[53] Denn sie hat auch einen Eigenwert, wenn man ihr keine Bindung des späteren Gesetzgebers entnimmt.[54] Daher kann Art. 8 LV eine solche Rechtswirkung nicht beigemessen werden.

---

51 Die Begründung dieses Vertrages geht offenbar davon aus, weil sie unmittelbar auf Art. 8 LV Bezug nimmt, vgl. LT-Drs. 14/5725, 5.
52 Zu dieser nötigen Unterscheidung s. *v. Campenhausen/de Wall*, 147; *Schier*, Die Bestandskraft staatskirchenrechtlicher Verträge, 2009, 93.
53 S. auch BVerfGE 6, 309 (346 ff., 363), 41, 88 (120 f.), das aus der Tatsache, dass das GG die Fortgeltung des Reichskonkordats anerkennt, keine Bindung des einfachen Gesetzgebers folgert.
54 Näher dazu *Ehlers*, ZevKR 46 (2001), 286 (305 f.); dass dieses Rechtsverständnis der hM dem Gesetzgeber bei der Beachtung seiner Vertragspflichten weitgehend freie Hand lässt, kann man durchaus zum Anlass nehmen, mit *Hollerbach* in: HdbStKR I, 1974, 267 (286), rechtspolitisch eine stärkere verfassungsrechtliche Sicherung des bewährten Instruments „Staatskirchenvertrag" zu verlangen.

Artikel 9 [Ausbildung der Geistlichen]

Die Kirchen sind berechtigt, für die Ausbildung der Geistlichen Konvikte und Seminare zu errichten und zu führen.

Schrifttum:
Althaus, Die Aus- und Fortbildung der Kleriker, in: HdbKathKR, 372; *Baldus*, Kirchliche Hochschulen, in: HdbWissR Bd. 1, 2. Aufl., 1131; *Hagen*, Staat, Bischof und geistliche Erziehung in der Diözese Rottenburg (1812 bis 1934), 1939; *Heinig/Vogel*, Hochschulbildung, in: HdbEvKR, 748; *Reinhard*, Die Anfänge des Priesterseminars und des Theologischen Konvikts der Erzdiözese Freiburg i. Br., in: Freiburger Diözesanarchiv 56 (1928), 184; *Reppel*, Der Staat und die Vorschriften über die Vorbildung der Geistlichen, 1966; *Rhode/Rüfner*, Kirchliche Hochschulen, 2010; *Schauffler*, Die Rechtsstellung der niederen evang.-theol. Seminare in Württemberg, vornehmlich im 19. und 20. Jahrhundert, 1939; *Stiefel*, Baden, 1648-1952, Bd. 1, 1977, 690.

Vergleichbare Regelungen: Art. 138 I 2, 150 I BayVerf, 32 IV 1, 2 BbgVerf, 60 III HessVerf, 42 RPVerf, 16 II NRWVerf, 36 I 2 SaarlVerf, 111 I SächsVerf, 28 III 1 ThürVerf.

Ergänzende Normen: Art. 4, 10, 11, 25 III Nr. 3 EvKirchenvertrag 2007 mit Schlussprotokoll; Art. VII, IX S. 3 BadKonkordat 1932; Art. 20 II Reichskonkordat; Art. 6 I IsrRelGV; § 73 WürttKirchG; Vereinbarung zwischen dem Kultministerium und dem Evangelischen Oberkirchenrat über die niederen evangelisch-theologischen Seminare vom 5.3.1928; Verordnung über die Schulen der niederen evangelisch-theologischen Seminare v. 5.3.1928 (Reg.Bl. 93); Vereinbarung zwischen dem Kultministerium und dem Evangelischen Oberkirchenrat über das Stift Tübingen vom 5.3.1928; Vereinbarung über das Wilhelmsstift in Tübingen und über die niederen Konvikte in Ehingen und Rottweil vom 21./22.3.1934; Verordnung des Kultministeriums für die katholischen Konvikte vom 21.3.1934; §§ 1 III 2, 70 I 4, 75 I 2 LHG; § 118 III SchG.

A. Überblick und Einordnung 1	3. „Errichten" und „führen" 14
I. Bedeutung 1	
II. Entstehungsgeschichte 4	III. Rechtfertigbarkeit von Eingriffen 16
III. Verfassungsvergleichende Einordnung 5	IV. Umsetzung im einfachen Recht 17
B. Erläuterung 6	V. Bestand an geschützten Einrichtungen – exemplarischer Überblick 18
I. Persönlicher Schutzbereich ... 6	
II. Sachlicher Schutzbereich 8	
1. Konvikte und Seminare .. 8	
2. Zur Ausbildung der Geistlichen 13	

A. Überblick und Einordnung

I. Bedeutung

Die freie Gestaltung der Ausbildung des kirchlichen Nachwuchses wird bereits durch Art. 5 LV iVm Art. 140 GG iVm Art. 137 III WRV, soweit „religiöse Bildung" erforderlich ist, auch durch Art. 2 I LV iVm Art. 4 I, II GG sowie die entsprechenden Vorschriften des GG geschützt.[1] Die Ausbildung der „Geistlichen" (zu diesem Begriff → Rn. 13), gerade auch deren wissen- 1

---

[1] S. auch *Braun*, Art. 9 Rn. 1; *Hollerbach* in: Feuchte, Art. 9 Rn. 12 (allerdings beide ohne Nennung von Art. 4 I, II GG); zum Schutz auch des kirchlichen Hochschulwesens durch Art. 140 GG iVm Art. 137 III WRV (wiederum ohne Nennung von Art. 4 I, II GG) *Baldus*, HdbWissR, Bd. 1, 1136, 1138.

schaftliche Ausbildung in der Theologie, ist dabei in solcher Weise den „religiösen Angelegenheiten" zuzuordnen, für die dem Staat die Definitionskompetenz fehlt (→ Art. 4 Rn. 40), dass neben den genannten **auch der Schutzbereich von Art. 4 I LV im hier entwickelten, engen Verständnis** (→ Art. 4 Rn. 39 f.) **betroffen ist**.[2] **Art. 9 LV** befasst sich mit einem Ausschnitt dieses Schutzbereichs und geht damit Art. 4 I LV und allen weiteren genannten Grundrechten als **lex specialis** vor,[3] **ohne in der Sache über Art. 4 I LV hinauszugehen** (näher → Rn. 3).[4]

2 Er ist nach alldem und auch nach seinem Wortlaut in der Sache als **vorbehaltlos gewährleistetes Grundrecht** zu interpretieren (→ Rn. 16). Das durch Art. 9 LV „den Kirchen" (→ Rn. 6) vermittelte **subjektive Recht** kann u.a. im **Verfassungsbeschwerdeverfahren** (§ 55 I VerfGHG) geltend gemacht werden.

3 Auch soweit Art. 9 LV ein **Recht auf Gründung und Betrieb von Hochschuleinrichtungen** im materiellen Sinn impliziert (näher → Rn. 11), deckt er sich mit Art. 4 I LV und Art. 2 I iVm Art. 4 I, II GG, Art. 5 LV iVm Art. 140 GG iVm Art. 137 III WRV im hier zugrunde gelegten Verständnis dieser Vorschriften (→ Rn. 1). Allerdings ist die Frage, ob und inwieweit eine „Hochschulgründungsfreiheit" aus der Wissenschaftsfreiheit, Art. 5 III GG (iVm Art. 2 I LV), abgeleitet werden kann, hochumstritten.[5] Auch aus Art. 4 I, II GG wird sie bisher idR nicht explizit hergeleitet.[6] Vor diesem Hintergrund hat Art. 9 LV, der nach hier vertretener Ansicht die Hochschulgründungsfreiheit umfasst (→ Rn. 11), **zumindest klarstellende Bedeutung.**

II. Entstehungsgeschichte[7]

4 Art. 9 LV geht auf **Art. 24 VerfECDU** zurück. Die CDU hatte den verfassungsrechtlichen Schutz der kirchlichen „Konvikte und Seminare" deshalb angeregt, weil diese (wegen ihrer historisch bedingten Zwischenstellung zwischen Kirche und Staat) z.T. weder eindeutig als Privat- noch als Staatsschulen einzuordnen seien, und deshalb einer besonderen Erwähnung bedürften. Auch sollte der Artikel den ev. Kirchen Parität gewähren, weil ihnen eine Sicherung wie die des Art. IX S. 3 BadKonkordat 1932 fehlte.

---

2 Näher zum Schutz der Ausbildung der „Geistlichen" durch kirchliches Selbstbestimmungsrecht und korporative Religionsfreiheit *Penßel* in: BeckOK BayHSchG, Art. 76 (Vorbem.) Rn. 7, Art. 83 Rn. 2.
3 S. a. *Braun*, Art. 9 Rn. 1.
4 I.Erg. auch *Heinig*, 232, der Art. 9 LV als „Explizierung ohne eigenen Regelungsgehalt" deutet.
5 Dafür u.a. *Scholz* in: Maunz/Dürig, Art. 5 Abs. 3 Rn. 147; *Starck* in: v. Mangoldt/Klein/Starck, Art. 5 Rn. 361; *Britz* in: Dreier, Art. 5 III (Wissenschaft) Rn. 24; *Eiselstein* in: Haug, Hochschulrecht für Baden-Württemberg, 2. Aufl. 2009, Rn. 111; *Messer* ebenda, Rn. 1110; aA *Lorenz*, Privathochschulen, in: HdbWissR Bd. 1, 1163 f.; *Krausnick* in: BeckOK BWLHG, § 70 Rn. 9-12; für differenzierte Lösung *Penßel* in: BeckOK BayHSchG, § 76 Rn. 4, 4.2 mwN.
6 Unstreitig ist allerdings der „Betrieb" von bestehenden Ausbildungseinrichtungen nicht nur durch Art. 140 GG iVm Art. 137 III WRV, sondern auch durch Art. 4 I, II GG und Art. 5 III GG geschützt, vgl. nur *Heinig/Vogel* in: HdbEvKR, 748 (750).
7 Beratungen des VA: 34., 48., 52., 53. Sitzung; Beratungen der VLV: 40. Sitzung (2. Lesung); 58./60. Sitzung (3. Lesung).

Vertreter der Regierungskoalition qualifizierten ihn in der 1. Lesung im VA zwar als „überflüssig", stimmten ihm aber gleichwohl ohne Diskussion zu.[8] Auch in den weiteren Beratungen war der Artikel gänzlich unumstritten.[9]

III. Verfassungsvergleichende Einordnung

Parallelvorschriften zu Art. 9 LV (im hier entwickelten Verständnis, s. insbes. → Rn. 11) finden sich in **acht weiteren Landesverfassungen** (s. oben). Mit Ausnahme der HessVerf werden in allen von ihnen kirchliche Ausbildungseinrichtungen mit Hochschulstatus – anders als in Art. 9 LV – explizit genannt. Manche von ihnen sind enger als Art. 9 LV und beschränken sich auf die Garantie kirchlicher Hochschulen (vgl. Art. 150 I BayVerf; Art. 16 II NRWVerf; i.Ü. werden Hochschulen und andere Ausbildungsstätten nebeneinander genannt.

B. Erläuterung

I. Persönlicher Schutzbereich

Der persönliche Schutzbereich von Art. 9 LV ist dem Wortlaut nach auf **„die Kirchen"** eingegrenzt. Diese Wortwahl ist historisch bedingt, da bei seiner Formulierung lediglich die (vorhandenen) Ausbildungsstätten der großen Kirchen im Blick waren. Allerdings ergibt sich aus der grundrechtlichen Verortung des Artikels (s. → Rn. 1), dass vor dem Hintergrund des Anspruchs der Religions- und Weltanschauungsgemeinschaften auf Gleichbehandlung eine Eingrenzung des Schutzbereichs auf „die Kirchen" nicht gerechtfertigt ist. Art. 9 LV ist damit **auch auf andere Religions- und Weltanschauungsgemeinschaften anzuwenden**.[10] Für die Einbeziehung von den Religions- und Weltanschauungsgemeinschaften (nur) **„zugeordneten Rechtsträgern"** in den Schutzbereich gelten die allgemeinen Regeln (näher → Art. 4 Rn. 25).

Eine Einrichtung fällt damit immer dann in den Schutzbereich von Art. 9 LV, wenn ihr **„Träger" entweder eine Religionsgemeinschaft** oder **eine einer solchen zugeordnete Einrichtung** ist. Dies gilt im letzteren Fall allerdings nur, wenn sich die zugeordnete Einrichtung beim Betrieb der Bildungseinrichtung im Rahmens ihres – von der Religionsgemeinschaft abgeleiteten – religiös-weltanschaulichen Selbstbestimmungsrechts hält (näher → Art. 4 Rn. 25).

---

8 Feuchte, Quellen, 4. Teil, 531 f.
9 Erst gegen Ende der Beratungen wurde die ursprüngliche Formulierung, die von der „Ausbildung des geistlichen Standes" sprach, durch die Wendung „Ausbildung der Geistlichen" ersetzt; das damit auch verfolgte Ziel, dem ev. Amtsverständnis besser Rechnung zu tragen (*Hollerbach* in: Feuchte, Art. 9 Rn. 2), wurde damit allerdings nicht uneingeschränkt erreicht; näher → Rn. 13.
10 S. auch *Heinig*, 232; zur entsprechenden Auslegung von Art. 150 I BayVerf *de Wall* in: Meder/Brechmann, Art. 150 Rn. 3; *von Busse* in: Nawiasky, Art. 150 Rn. 4.

II. Sachlicher Schutzbereich
1. Konvikte und Seminare

8 Dem Wortlaut nach beschränkt sich der sachliche Schutzbereich von Art. 9 LV auf die Errichtung und den Betrieb von „Konvikten" und „Seminaren". Worauf sich diese Begriffe beziehen, ist u.a. deshalb klärungsbedürftig, weil sich daran entscheidet, ob Art. 9 LV auch wissenschaftliche Bildungseinrichtungen, also solche mit Hochschulstatus umfasst, so dass er den Kirchen jedenfalls für den Bereich der „Ausbildung der Geistlichen" eine „Hochschulgründungsfreiheit" vermitteln würde, deren Ableitung aus der Wissenschaftsfreiheit (Art. 5 III GG iVm Art. 2 I LV) umstritten ist (→ Rn. 3).

9 Bei der Definition der Begriffe „Konvikt" und „Seminar" darf deren **hergebrachte Verwendung im Recht der Priester- und Pfarrerausbildung** allgemein und im baden-württembergischen Territorium nicht ausgeblendet werden:[11]

- Der Begriff „Seminar" erfasst danach jedenfalls die (kath.) **Priesterseminare**[12] und die ev. **Predigerseminare** als Einrichtungen für die (vornehmlich) berufspraktische Ausbildung nach Abschluss des Universitätsstudiums.[13]

- Daneben werden auch **gymnasiale Ausbildungseinrichtungen mit angeschlossenem Internat** als „Seminare" oder „Konvikte" bezeichnet. Beispiele dafür sind die „niederen evangelisch theologischen Seminare" nach württembergischen Recht (die in der Tradition früherer Klosterschulen stehen).[14] Von diesen existieren heute noch die Ev. Seminare in Maulbronn und Blaubeuren.[15] Deren kath. Entsprechungen wurden und werden „Konvikte" genannt. Von diesen existieren heute noch das Kolleg St. Josef in Ehingen und das Konvikt Rottweil.[16] Im badischen

---

11 Zum Recht der Priesterausbildung in Baden *Stiefel*, Baden, Bd. 1, 690 f., 702 f.; zur Ausbildung ev. Pfarrer in Baden *Kuhlemann*, Bürgerlichkeit und Religion: zur Sozial- und Mentalitätsgeschichte der evangelischen Pfarrer in Baden 1860-1914, insb. 130 ff.; zum Recht der Priesterausbildung in Württemberg *Hagen*, Geistliche Erziehung.
12 *Hollerbach* in: Feuchte, Art. 9 Rn. 3; Art. IX S. 3 des badischen Konkordats.
13 Allgemein zu den Begriffen „Konvikt" und „Seminar" im Recht der Priesterausbildung s. Deutsche Bischofskonferenz, Rahmenordnung für die Priesterausbildung v. 12.3.2003, Nr. 49; näher zu dieser und ihren Stationen ebd. sowie can. 232-264 CIC; *Althaus* in: HdbKathKR, 372-388; zu Recht und Praxis der Ausbildung der Theologen und Pfarrer in den ev. Kirchen *Heinig/Vogel* in: HdbEvKR, 748 ff.
14 Näher zu diesen *Schauffler*, Seminare; allgemein zur Geschichte der „Seminare" und „Konvikte" als kirchliche Ausbildungseinrichtungen in Württemberg *Richter*, Staatsleistungen an die Kirchen, in: Rottenburger Jahrbuch für Kirchengeschichte, 1988, 33 (39 ff.).
15 Sie sind gemeinsame Einrichtungen des Landes BW und der Ev. Landeskirche in Württemberg; ihre Rechtsstellung ist auf Grundlage von § 73 WürttKirchG durch Vereinbarung zwischen dem Kultministerium und dem Ev. Oberkirchenrat über die niederen ev.-theologischen Seminare vom 5.3.1928 und die Württembergische Verordnung über die Schulen der niederen ev.-theologischen Seminare v. 5.3.1928 geregelt (vgl. auch Zusatzprotokoll zu Art. 10 EvKirchenvertrag 2007).
16 Ihre Rechtsstellung wird aufgrund von § 73 WürttKirchG durch Vereinbarung zwischen dem Kultministerium und dem Bischöflichen Ordinariat über das Wilhelmsstift und über die niederen Konvikte in Ehingen und Rottweil vom 22./21.3.1934

Recht wurden solche Einrichtungen für beide Kirchen als „Konvikte" bezeichnet.[17]

- Schließlich fanden und finden diese Begriffe auch Anwendung auf **Einrichtungen, die die Anwärter auf ein geistliches Amt während ihres Universitätsstudiums begleiten**: Dazu gehörte in Baden das Erzbischöfliche Theologische Konvikt in Freiburg i. Br.;[18] in Württemberg gehören dazu das „Stift Tübingen" für die Ausbildung der ev. Theologen,[19] und das „Wilhelmsstift" in Tübingen für die Ausbildung der kath. Theologen.[20] Auch sie sind daher in den Schutzbereich des Art. 9 LV einzubeziehen.

Dieser Überblick über die traditionellen, im Land vorhandenen „Konvikte" und „Seminare" zeigt, dass keine von ihnen schwerpunktmäßig der **wissenschaftlichen Ausbildung** (in der Theologie) diente, sondern dass **diese an den theologischen Fakultäten der staatlichen Universitäten verortet** war.[21] In historischer Auslegung spricht dies dafür, die Begriffe „Konvikt" und „Seminar" auf alle Ausbildungseinrichtungen für (zukünftige) „Geistliche", vom (auf die Vorbildung für eine geistliche Laufbahn ausgerichteten) Gymnasium bis zur berufsbegleitenden Weiterbildung zu beziehen, aber **solche Ausbildungseinrichtungen auszunehmen, die der speziell wissenschaftlichen Ausbildung gewidmet sind**.[22] 10

Allerdings wird eine solche Auslegung, die maßgeblich auf die historisch gewachsenen Staat-Kirche-Beziehungen Bezug nimmt, der grundrechtlichen Verortung der Ausbildung der „Geistlichen", insb. in Art. 4 I LV oder auch in Art. 4 I, II GG, nicht gerecht. Denn gerade die „wissenschaftliche theo- 11

(Kirchl. Amtsblatt der Diözese Rottenburg, Bd. 14, 239 ff.) geregelt; näher dazu *Hagen*, Geistliche Erziehung, 182 ff.
17 Vgl. § 12 II des Badischen Kirchengesetzes v. 9.10.1860 idF v. 4.7.1918 (GVBl. 195); *Hollerbach* in: Feuchte, Art. 9 Rn. 3; anders als die kath. Kirche machte die ev. Kirche von ihrem Recht zur Gründung von „Konvikten" keinen Gebrauch, näher *Hollerbach* in: Feuchte, Art. 9 Rn. 4, 9.
18 S. dazu Art. VII BadKonkordat 1932; § 12 II des Badischen Kirchengesetzes; es wurde 2006 mit dem Priesterseminar der Diözese zusammengeschlossen.
19 Seine Rechtsstellung wird geregelt durch die Vereinbarung zwischen dem Kultministerium und dem Ev. Oberkirchenrat über das Stift Tübingen vom 5.3.1928; näher zur Geschichte des Stifts *Leube*, Das Tübinger Stift 1770–1950, 1954.
20 Seine Rechtsstellung wird geregelt durch Vereinbarung zwischen dem Kultministerium und dem Bischöflichen Ordinariat über das Wilhelmsstift und über die niederen Konvikte in Ehingen und Rottweil vom 22./21.3.1934 (Kirchl. Amtsblatt der Diözese Rottenburg, Bd. 14, 239 ff.); näher zur Geschichte des Wilhelmsstifts *Hagen*, Geistliche Erziehung; *Gross*, Das Wilhelmsstift Tübingen 1817-1869, 1978.
21 S. dazu das Nebeneinander der Garantie der kath.-theologischen Fakultät an der Universität Freiburg für die „wissenschaftliche Vorbildung der Geistlichen" einerseits, und des Rechts zur Unterhaltung von „Konvikten" und eines „Priesterseminars" andererseits in Art. IX BadKonkordat 1932; dazu *Baldus* in: HdbWissR, Bd. 1, 1140 Fn. 46, demzufolge Art. IX BadKonkordat 1932 zu einer Monopolisierung der theologisch-wissenschaftlichen Ausbildung an der Kath.-Theologischen Fakultät der Universität Freiburg führte. S. außerdem die Vereinbarungen über das „Wilhelmsstift" und das „Stift Tübingen", die ebenfalls den theologischen Fakultäten an der Universität Tübingen das Recht auf die wissenschaftlich-theologische Ausbildung sichern.
22 Dies dürfte auch das Verständnis gewesen sein, das dem Artikel in den Beratungen des VA gegeben wurde, wenn dort davon ausgegangen wurde, dass er „materiell […] nichts Neues" besagt, s. Feuchte, Quellen, 4. Teil, 532.

logische Ausbildung" der „Geistlichen" fällt nicht weniger als alle anderen Ausbildungsschritte nicht nur in den Schutzbereich von Art. 140 GG iVm Art. 137 III WRV, sondern außerdem in den dieser vorbehaltlos gewährleisteten Grundrechte. Sie geringerem Schutz bzw. stärkeren Beschränkungen als die übrigen Ausbildungseinrichtungen zu unterwerfen, ließe sich vor dem Hintergrund der genannten Grundrechte nicht rechtfertigen. Auch waren und sind das „Stift Tübingen" und das „Wilhelmsstift", die zweifelsfrei dem Schutzbereich von Art. 9 LV unterfallen sollten, an der wissenschaftlichen Ausbildung zumindest beteiligt. Trotz der engeren Verwendung der Begriffe „Konvikt" und „Seminar" im früheren Recht ist Art. 9 LV deshalb **so auszulegen, dass er auch Einrichtungen für die wissenschaftliche Ausbildung (in der Theologie) erfasst, also auch Ausbildungseinrichtungen, die** (zumindest in materieller Betrachtung) **„Hochschulen" sind**.[23] Davon geht auch das Landeshochschulrecht aus: §§ 1 I, III 2, 70 I 4, 75 I 2 LHG tragen dem Rechnung, indem sie „kirchliche Hochschulen iSv Art. 9 LV" nicht dem Anerkennungsvorbehalt unterwerfen und überhaupt von der Geltung des Landeshochschulrechts freistellen.

12 **Zusammenfassend** ist damit festzuhalten: Die Begriffe „Seminar" und „Konvikt" beziehen **Schulen** und **schulbegleitende Einrichtungen, Einrichtungen mit Hochschulcharakter und sie begleitende Einrichtungen** und **Einrichtungen zur beruflichen Weiterbildung** ein.[24] Sowohl die Bezeichnung als auch die Ausgestaltung dieser Einrichtungen fällt in das Selbstbestimmungsrecht der sie betreibenden Kirche bzw. Religionsgemeinschaft. Schon nach der Entstehungsgeschichte (s. → Rn. 4) **werden** allerdings **auch (aufgrund der geschichtlichen Entwicklungen entstandene) gemeinsame Einrichtungen von Staat und Kirche (wie die „niederen evangelischen theologischen Seminare" in Württemberg) geschützt**. Dass es sich nicht um „kirchliche" Einrichtungen im engsten Sinn handelt, schließt sie nicht aus dem Schutzbereich des Art. 9 LV aus.[25]

2. Zur Ausbildung der Geistlichen

13 Der Begriff des „Geistlichen" ist eine synonyme Bezeichnung für „Träger des geistlichen Amtes", d.h. die **„Kleriker" nach kath. Kirchenrecht** (can. 207 § 1 CIC).[26] **Im ev. Verständnis**, das eine Unterscheidung von „Geistli-

---

23 IE wohl auch *Hollerbach* in: Feuchte, Art. 9 Rn. 13.
24 *Braun*, Art. 9 Rn. 2; damit ist Art. 9 LV auch teilweise lex specialis zur allgemeinen Privatschulfreiheit, bei der allerdings die durch Art. 7 IV GG gezogenen Grenzen zu beachten sind; besonders bei schulischen Einrichtungen muss eine Abgrenzung von der regulären kirchlichen (Privat-)Schule danach erfolgen, ob ein hinreichender Zusammenhang der angebotenen Ausbildung mit einer späteren „geistlichen Laufbahn" besteht.
25 ZB sind die „niederen evangelisch-theologischen Seminare" gem. § 1 der württembergischen Seminarverordnung vom 5.3.1928 „öffentliche Schulen"; fraglich ist allerdings, ob Art. 9 LV diese Einrichtungen auch in ihrem besonderen Status als (modifiziert) staatliche Einrichtungen schützt; wegen seiner grundrechtlichen Verortung, aber auch weil er seinem Wortlaut nach nur das eigene kirchliche Gestaltungsinteresse (nicht eine staatliche Mitwirkung) im Blick hat, muss man dies wohl verneinen; deshalb gibt es ein Anliegen dafür, diese Einrichtungen in ihrem bisherigen Bestand durch Art. 10 I EvKirchenvertrag 2007 ausdrücklich zu schützen.
26 *de Wall* in: Meder/Brechmann, Art. 150 Rn. 2.

chen" und „Laien" nicht kennt, und dem der Begriff deshalb nur eingeschränkt Rechnung trägt, entsprechen dem die **Träger des „Predigtamtes".**[27] Eine bei Erstreckung des Artikels auf andere Religions- oder Weltanschauungsgemeinschaften (s. → Rn. 6) erforderliche, abstrakte Definition des Begriffes ist schwierig, weil er stark mit dem spezifisch kirchlichen Amtsverständnisses verwoben ist. Ausgehend von dem Zweck des Art. 9 LV im hier entwickelten Verständnis, nämlich dem Zweck der Entfaltung der korporativen Religionsfreiheit, muss er aber (jedenfalls) auf alle zentralen **Funktionsträger einer Religionsgemeinschaft** angewendet werden, die ihrer Aufgabe in dieser nach eine im Schwerpunkt religionsspezifisch geprägte Ausbildung erfahren müssen.[28]

3. „Errichten" und „führen"

Art. 9 LV schützt sowohl die **Gründung** als auch den **Betrieb** der in → Rn. 12 aufgeführten Einrichtungen. Soweit diese dem **Privatschulrecht** unterfallen, ist allerdings der **Vorrang von Art. 7 IV GG** zu beachten. 14

Art. 9 LV begründet ein **Abwehrrecht**. Ansprüche auf finanzielle Unterstützung durch den Staat **vermittelt er nicht**. Allerdings erhalten bestehende Einrichtungen z.T. historisch begründete Staatsleistungen (vgl. Art. 25 III Nr. 3, V 2 EvKirchenvertrag 2007; Art. 1 IV Nr. 2 KathKirchenvereinbarung 2007).[29] Daneben besteht ein Anspruch auf **gleichberechtigte Beteiligung** an der Förderung, die der Staat Bildungseinrichtungen generell zuwendet. 15

III. Rechtfertigbarkeit von Eingriffen

Art. 9 LV steht **nicht unter Gesetzesvorbehalt**. Eingriffe können daher nur zur **Durchsetzung entgegenstehenden Verfassungsrechts** gerechtfertigt sein. 16

IV. Umsetzung im einfachen Recht

Zur Einordnung kirchlicher Einrichtungen in das **Hochschulrecht** s. → Rn. 11. Das **Schulrecht** trägt dem Sonderstatus der kirchlichen „Seminare" und „Konvikte" (→ Rn. 9) Rechnung, indem es „Rechte und Pflichten, die sich aus Verträgen mit der evangelischen und katholischen Kirche ergeben", „unberührt" lässt (§ 118 III SchG). Zu diesen zählen auch die württembergischen Vereinbarungen über die niederen ev.-theologischen Seminare und die Vereinbarung über das Wilhelmsstift in Tübingen und über die niederen Konvikte in Ehingen und Rottweil vom 21./22.3.1934. 17

V. Bestand an geschützten Einrichtungen – exemplarischer Überblick

Als Einrichtungen der **ev. Kirchen** fallen unter Art. 9 LV u.a. das Predigerseminar „Petersstift" der Ev. Landeskirche in Baden in Heidelberg (s. Art. 4 EvKirchenvertrag 2007),[30] das Pfarrseminar der Ev. Landeskirche in Württemberg in Stuttgart, das Stift Tübingen und die niederen ev.-theologi- 18

---

27 *de Wall* in: Meder/Brechmann, Art. 150 Rn. 2; zum „Predigtamt" nach ev. Verständnis s. nur Art. V Confessio Augustana.
28 S. auch *Penßel* in: BeckOK BayHSchG, § 83 Rn. 8.
29 Zur Geschichte dieser Leistungen s. → Art. 7 Rn. 4.
30 Zu dessen Geschichte *Hollerbach* in: Feuchte, Art. 9 Rn. 10 mN.

schen Seminare in Maulbronn und Blaubeuren (vgl. Art. 10 EvKirchenvertrag 2007). Die 2011 gegründete Internationale Hochschule Liebenzell, die u.a. ein Bachelor- und Masterstudium in Ev. Theologie (zur Qualifikation für ein Gemeindepastorat in Landeskirchlichen Gemeinschaften) anbietet und als nichtstaatliche Hochschule staatlich anerkannt ist, wird zwar nicht von einer „Kirche" bzw. „Religionsgemeinschaft" (→ Art. 4 Rn. 21 ff.), aber von der Liebenzeller Mission getragen, die ihrerseits Mitglied im Diakonischen Werk der Ev. Kirche in Württemberg ist. Ob diese Hochschule deshalb als Einrichtung eines der Kirche „zugeordneten" Trägers in den Schutzbereich des Art. 9 LV fällt (→ Rn. 6), kann hier nicht vertieft werden. Die ebenfalls als nichtstaatliche Hochschule staatlich anerkannte Theologische Hochschule Reutlingen, die von der Ev.-Methodistischen Kirche in Württemberg betrieben wird, fällt nach hier vertretener Rechtsauffassung jedenfalls insoweit in den Schutzbereich des Art. 9 LV, als sie ein Theologiestudium anbietet, das für die Arbeit als Pastor oder Pastorin in der Ev.-Methodistischen Kirche qualifiziert.

19 Die **kath. Kirche** betreibt Einrichtungen iSv Art. 9 LV in Gestalt der Konvikte Ehingen und Rottweil, mit dem Wilhelmsstift Tübingen und den Priesterseminaren in Rottenburg und Freiburg i. Br. Auch das „Spracheninstitut Ambrosianum" der Diözese Rottenburg-Stuttgart für das Propädeutikum im Rahmen der Priesterausbildung ist dem Schutzbereich des Art. 9 LV zuzuordnen. Selbstständige „kirchliche Hochschulen" existieren in BW bisher nicht. Sie könnten aber nach hier vertretener Auffassung auf Grundlage von Art. 9 LV gegründet werden.

20 Soweit sie auf die Erfüllung religiöser Aufgaben in der **jüdischen Gemeinschaft** vorbereitet (vgl. § 1 I der Satzung v. 7.9.2007), könnte auch die „Hochschule für jüdische Studien" in Heidelberg[31] Art. 9 LV unterfallen.[32] Allerdings ist fraglich, ob die dort angebotenen Studiengänge tatsächlich als „Ausbildung von Geistlichen" eingeordnet werden können. Klassische Rabbinerausbildung findet an der Hochschule nicht statt. Der als Ergänzung einer solchen 2001/2002 eingeführte M.A.-Studiengang Rabbinat[33] wird aktuell nicht mehr angeboten.

Artikel 10 [Theologische Fakultäten]

Die Besetzung der Lehrstühle der theologischen Fakultäten geschieht unbeschadet der in Artikel 8 genannten Verträge und unbeschadet abweichender Übung im Benehmen mit der Kirche.

Schrifttum:

Bäcker, Staat, Kirche und Wissenschaft, Theologische Fakultäten und das Neutralitätsgebot, in: Der Staat 48 (2009), 327; *Böckenförde*, Der Fall Küng und das Staatskirchenrecht, NJW 1981, 2101; *Christoph*, Die Evangelisch-theologischen Fakultäten und das evangelische Kirchenrecht – Rechtsstellung und aktuelle Probleme, in: ZevKR 50 (2005), 46; *Christoph*, Kirchen- und staatskirchenrechtliche Probleme der Evangelisch-

---

31 Näher zu ihr *Demel*, Gebrochene Normalität, 2011, 210.
32 Dafür *Hollerbach* in: Feuchte, Art. 9 Rn. 13; *Heinig*, 232.
33 Zu ihm *Heinig*, ZevKR 56 (2011), 238 (243).

theologischen Fakultäten – Neuere Entwicklungen unter besonderer Berücksichtigung des Bologna-Prozesses, 2009; *Classen*, Organisationsrechtliche Fragen der Theologie, JZ 2014, 111; *de Wall*, Rechtliche Rahmenbedingungen für Theologische Fakultäten und deren Entwicklung, in: Schweitzer/Schwöbel (Hrsg.), Aufgaben, Gestalt und Zukunft theologischer Fakultäten, 2007, 40; *Heckel*, Die theologischen Fakultäten im weltlichen Verfassungsstaat, 1986; *ders.*, Grundfragen der theologischen Fakultäten seit der Wende, in: FS Link, 2003, 213; *Heinig*, Wie das Grundgesetz (vor) Theologie an Staatlichen Hochschulen schützt, in: Der Staat 48 (2009), 615; Heinig/Munsonius/Vogel (Hrsg.), Organisationsrechtliche Fragen der Theologie, 2013; *Heinig/Vogel*, Hochschulbildung, in: HdbEvKR, 748; *Hollerbach*, Theologische Fakultäten und staatliche Pädagogische Hochschulen, in: HdbStKR II, § 56; *Indenhuck*, Islamische Theologie im staatlichen Hochschulsystem, 2016; *Kästner*, Art. Theologische Fakultäten/Lehrstühle, in: Heinig/Munsonius, 292; *ders.*, Rechtliche Rahmenbedingungen theologischer Fakultäten, in: Schweitzer/Schwöbel (Hrsg.), Aufgaben, Gestalt und Zukunft theologischer Fakultäten, 2007, 56; *Küchler*, Die Mitwirkungsrechte der evangelischen Kirche bei Personalangelegenheiten an staatlichen theologischen Fakultäten und ihre Rechtsfolgen für die theologischen Hochschullehrer, 2013; *Mey*, Mit Katholiken zu besetzende Professuren für Philosophie und Geschichte an der Universität Freiburg nach dem Badischen Konkordat vom 12. Oktober 1932, in: Egler/Rees (Hrsg.), Schriften zu Staat und Kirche, Ausgewählte Aufsätze, 2017, 361; *Solte*, Aktuelle Rechtsfragen der Theologenausbildung an den Universitäten des Staates, in: ZevKR 49 (2004), 351; *ders.*, Theologie an der Universität, Staats- und kirchenrechtliche Probleme der theologischen Fakultäten, 1971; *v. Campenhausen*, Das konfessionsgebundene Staatsamt, in: FS Maunz, 1981, 27-37; *v. Campenhausen*, Theologische Fakultäten/Fachbereiche, in: HdbWissR Bd. 1, 963; *Weber*, Theologische Fakultäten und Professuren im weltanschaulich neutralen Staat, NVwZ 2000, 848.

Vergleichbare Regelungen: Art. 150 II BayVerf, 32 IV 3 BbgVerf; 60 II HessVerf, 9 III MVVerf, 39 I 3 RPVerf, 36 II SaarlVerf, 111 II SächsVerf, 28 III 2 ThürVerf.

Ergänzende Normen: Art. 85 LV; Art. IX, X BadKonkordat 1932 mit Erklärung zu Art. IX und X im Schlussprotokoll; Art. 3 (und Art. 5) EvKirchenvertrag 2007 mit Erklärung zu Art. 3 und 5 des Schlussprotokolls; Art. 7, 19 Reichskonkordat; § 74 LHG.

Leitentscheidungen: BVerfGE 122, 89 (Lüdemann); BVerwGE 101, 309; VGH BW, ESVGH 35, 17.

A. Überblick und Einordnung 1	2. Abweichende Übung 11
I. Bedeutung 1	III. „Benehmen" mit der „Kirche" 12
II. Entstehungsgeschichte 3	
III. Verfassungsvergleichende Einordnung 4	1. „Die Kirchen" als Berechtigte 12
B. Erläuterung 5	2. „Benehmen" vs. „Einvernehmen" 13
I. Besetzung der Lehrstühle der theologischen Fakultäten 5	
1. „Lehrstuhl" 5	IV. Verhältnis zum GG 17
2. Besetzung 7	V. Verhältnis zum europäischen Recht 19
3. Theologische Fakultäten 8	1. EMRK 19
II. Vorbehalt vertraglicher Regelungen und abweichender Übung 9	2. Unionsrecht 20
1. „In Art. 8 genannter Verträge" 9	

A. Überblick und Einordnung

I. Bedeutung

1 Art. 10 LV konkretisiert die Mitwirkungsrechte der Kirchen bzw. Religionsgemeinschaften (näher → Rn. 12) bei der Ämterbesetzung an Theologischen Fakultäten der staatlichen Hochschulen (näher → Rn. 12 ff.) und ergänzt damit die Regelung über die diesbezüglichen Rechte der Hochschule aus Art. 20 III LV.[1] Er stellt eine **Spezialvorschrift zu** den allgemeineren Normen Art. 4 I LV, Art. 5 LV iVm Art. 140 GG iVm Art. 137 III WRV, Art. 2 I LV iVm Art. 4 I, II GG sowie den entsprechenden Normen des GG dar, aus denen ein solches Mitwirkungsrecht sonst ebenfalls folgen würde, ja aus denen sich sogar weitergehende Mitspracherechte ableiten lassen (näher → Rn. 18).[2] Sofern man Art. 10 LV trotz dieses Zurückbleibens hinter den sich aus Art. 4 I, II GG und Art. 140 GG iVm Art. 137 III WRV ergebenden Rechten für wirksam erachtet (näher → Rn. 16), **bedarf er deshalb der Ergänzung um die Wertungen aus diesen Normen, die über Art. 2 I und 5 LV auch Teil der LV sind.**

2 Über das GG hinaus geht Art. 10 LV, indem er implizit die **Existenz theologischer Fakultäten an den staatlichen Hochschulen voraussetzt**,[3] während das GG zu dieser Frage schweigt (näher → Rn. 17). Eine **Bestandsgarantie für bestehende Fakultäten** enthält Art. 10 LV dagegen unmittelbar nicht. Sie war zwar in seiner Entwurfsfassung enthalten, wurde aber fallengelassen, weil sie bereits Art. 85 LV zu entnehmen sein sollte. Tatsächlich garantiert **Art. 85 LV** die Hochschulen „in ihrem Bestand". Damit muss (zumindest) die Kernstruktur dieser Hochschulen gesichert sein, zu der man aufgrund ihrer Rolle in der Wissenschaftsgeschichte[4] und ihrer staatskirchenrechtlichen Besonderheiten auch eine vorhandene Theologische Fakultät rechnen muss.[5] Diese ist nicht nur überhaupt, sondern **„funktionstüchtig"**

---

1 *Hollerbach* in: Feuchte, Art. 10 Rn. 1.
2 Die Rspr. und überw. Lit. stützen die kirchlichen Mitwirkungsrechte an der Ausbildung an staatlichen Theologischen Fakultäten allein auf Art. 140 GG iVm Art. 137 III WRV, vgl. BVerfGE 122, 89 (107, 108 f., 111 f.); BVerwGE 101, 309 (311 ff.); *Braun*, Art. 10 Rn. 6; *Heinig/Vogel* in: HdbEvKR, § 21 Rn. 8; auch der VGH BW, ESVGH 35, 17 (21 ff.), zieht zur Rechtfertigung der „kirchlichen Prägung" des Rechts theologischer Fakultäten allein das religionsgemeinschaftliche Selbstbestimmungsrecht heran; hier wird jedoch – zusammen mit *Heckel*, Die theologischen Fakultäten, 95, 98, und *Mainusch*, DÖV 1999, 677 – davon ausgegangen, dass auch die korporative Religionsfreiheit einschlägig ist, weil die Ausbildung des Nachwuchses für religiös geprägte Kernaufgaben der Religionsgemeinschaft betroffen ist, „Glaubenswahrheiten Gegenstand (staatlicher) universitärer Lehre (werden)" und die „Weiterentwicklung von Glaubenssätzen (…) in großem Umfang im Rahmen solcher Fakultäten (erfolgt), die damit für das kirchliche Leben einschließlich der Verkündigung der Glaubenslehre als dessen Kern eine zentrale Stellung einnehmen", BVerfGE 122, 89 (112 f.).
3 Vgl. nur *Hollerbach* in: HdbStKR II, 549 (552 f.); *ders.*, Religion – Christentum – Kirche, 42 (59).
4 S. dazu nur *Christoph*, Kirchen- und staatskirchenrechtliche Probleme, 11 ff.; *Winter*, Staatskirchenrecht, 148 mwN.
5 StGH ESVGH 24, 12 (26); davon ging auch die VLV aus, vgl. den Beitrag von *Erbe*, in: Feuchte, Quellen, 7. Teil, 269; für einen Schutz der bei Inkrafttreten der LV bestehenden theologischen Fakultäten in Art. 85 (iVm Art. 10) LV auch *Hollerbach* in: Feuchte, Art. 85 Rn. 4; Art. 10 Rn. 9; *ders.* in: HdbStKR II, 549 (552 f.); *Braun*, Art. 10 Rn. 3; *Frisch/Jacobs*, ZevKR 54 (2009), 290 (311, Fn. 92); in der Sache

zu erhalten, was Einschnitten in die bisherige Ausstattung Grenzen setzt (vgl. auch → Art. 20 Rn. 29 f.).[6] Art. 10 LV vermittelt „den Kirchen" (näher → Rn. 12) ein **subjektives Mitwirkungsrecht**, das u.a. im Wege der Verfassungsbeschwerde (§ 55 I VerfGHG) geltend gemacht werden kann.

II. Entstehungsgeschichte[7]

Art. 10 LV geht auf **Art. 25 S. 2 VerfECDU** zurück. Dieser entsprach Art. 30 II VerfLB. Während Art. 116 III VerfWH das kirchliche Mitwirkungsrecht schwächer ausgestaltete, fehlte in der VerfWB eine einschlägige Regelung völlig. Er wurde aufgenommen, weil die kirchliche Mitwirkung bei der Besetzung der Lehrstühle der Theologischen Fakultäten zwar für Baden geregelt war (durch Art. IX BadKonkordat 1932 und Art. VII des Evangelischen Kirchenvertrages von 1932), aber nicht für Württemberg: Für die Kath.-Theologische Fakultät der Universität Tübingen konnten zwar die Regelungen aus Art. 7 und 19 des Reichskonkordats herangezogen werden, dessen Rechtsgeltung und Verbindlichkeit für das Land allerdings streitig war.[8] Für die Ev.-Theologische Fakultät an der Universität Tübingen fehlte jede rechtliche Regelung,[9] was in der Vergangenheit bereits zu Auseinandersetzungen geführt hatte.[10] Das Memorandum der beiden Ev. Oberkirchenräte hatte daher gefordert, die Erforderlichkeit eines „Benehmens" mit der Kirche in die LV aufzunehmen.[11] Der VerfECDU ging darüber hinaus und forderte für die Besetzung der Lehrstühle das „Einvernehmen" mit der Kirche. Letztlich konnte sich diese weite Formulierung[12] allerdings nicht durchsetzen, weil an den Ev.-theologischen Fakultäten das bloße „Benehmen" üblich war, von diesen für richtig befunden und auch von den Ev. Kirchen hingenommen wurde.[13] Die Regierungsmehrheit wollte in Anbetracht dessen keine Erweiterung der kirchlichen Mitwirkungs-

3

---

ebenso → Art. 85 Rn. 7 (Schutz des vorgefundenen Bestandes an Fakultäten und fachlichen Schwerpunkten durch Art. 85); zweifelnd dagegen *Kästner* in: Schweitzer/Schwöbel, 56 (62). Diese Bestandsgarantie erstreckt sich auf die Kath.-Theologischen Fakultäten der Universitäten Freiburg i. Br. und Tübingen sowie die Ev.-Theologischen Fakultäten an den Universitäten Heidelberg und Tübingen. Erstere ist auch durch das Badische Konkordat in ihrem Bestand und mit den zur Zeit des Vertragsschlusses geltenden Rechten gesichert (Art. IX BadKonkordat 1932). Zugunsten der Ev.-Theologischen Fakultät der Universität Heidelberg war im Badischen Kirchenvertrag von 1932 eine Garantie enthalten (Art. VII). Diese Fakultäten haben dadurch auch Anteil an dem Schutz durch Art. 8 LV (s. auch *Hollerbach* in: HdbStKR II, 549 [552 f.]). Inzwischen formuliert Art. 3 I EvKirchenvertrag 2007 eine (über Art. 85 LV hinausgehende) Garantie der beiden Ev.-Theologischen Fakultäten, womit die Garantie aus dem badischen Kirchenvertrag von 1932 nicht aufgehoben, sondern nur fortgebildet wird (s. Präambel VII; dazu auch → Art. 8 Rn. 9).

6 *Hollerbach*, Religion – Christentum – Kirche, 42 (59); näher *Solte*, ZevKR 49 (2004), 351 (358 ff.).
7 Beratungen des VA: 34., 48., 52. Sitzung; Beratungen der VLV: 40. Sitzung (2. Lesung); 58. Sitzung (3. Lesung).
8 S. auch Feuchte, Quellen, 7. Teil, 206 f.; näher → Art. 8 Rn. 6.
9 Feuchte, Quellen, 7. Teil, 207.
10 Feuchte, Quellen, 4. Teil, 535 ff.
11 Feuchte, Quellen, 4. Teil, 377 (383 f.); dazu auch ebd., 541.
12 Zur Bedeutung der Begriffe „Einvernehmen" und „Benehmen" s. → Rn. 13.
13 Vgl. Feuchte, Quellen, 4. Teil, 535, 545 f.; s. auch das Memorandum der beiden ev. Oberkirchenräte von März 1952, ebd. 377 (383 f.).

Penßel

rechte erzwingen, und sich auf eine Garantie des „Benehmens" beschränken. Zur Klarstellung, dass weitergehende vertragliche Rechte (auf Herstellung eines „Einvernehmens") nicht berührt würden, wurde der Vertragsvorbehalt eingefügt.[14] Der zusätzliche Vorrang „abweichender Übung" wurde aufgenommen, weil unklar war, ob die für die Kath.-theologische Fakultät Tübingen übliche Praxis, bei der Besetzung eines Lehrstuhls das nihil obstat des Bischofs einzuholen – die man erhalten wollte –, auf Vertrag[15] oder ständiger „Übung" beruhte.[16]

III. Verfassungsvergleichende Einordnung

4 Neben Art. 10 LV setzen sich auch Art. 111 II SächsVerf, 60 II 2 HessVerf, 32 IV 3 BbgVerf, 28 III 2 ThürVerf mit der **Besetzung von Lehrstühlen an theologischen Fakultäten** auseinander. Die übrigen Landesverfassungen schweigen zu dieser Frage. Weil zu ihr allerdings typischerweise in Staatskirchenverträgen Stellung genommen wird, fehlt es auch in diesen Ländern idR nicht an einschlägigen Bestimmungen. Daneben enthalten die Verfassungen der Länder Bayern, Rheinland-Pfalz, Saarland, und Mecklenburg-Vorpommern **Regelungen über Theologische Fakultäten** an staatlichen Hochschulen. Art. 150 II BayVerf, Art. 60 II 1 HessVerf und Art. 39 I 3 RPVerf formulieren dabei eine Bestandsgarantie, wie sie auch aus Art. 10 iVm Art. 85 LV folgt (s. → Rn. 2), während Art. 36 II SaarlVerf und Art. 9 III MVVerf sogar ein (bedingtes) Recht der Kirchen auf Einrichtung einer theologischen Fakultät formulieren. Insgesamt ist damit die Existenz und der besondere Status theologischer Fakultäten an staatlichen Hochschulen im Bundesgebiet durch Landesverfassungs- und Staatskirchenvertragsrecht nahezu flächendeckend abgesichert.[17]

B. Erläuterung
I. Besetzung der Lehrstühle der theologischen Fakultäten
1. „Lehrstuhl"

5 Der **Begriff „Lehrstuhl"** ist gegenwärtig im Landeshochschulrecht nicht mehr enthalten. Er fungierte aber in der Tradition des Hochschulrechts als Synonym für eine **ordentliche Professur und die ihr zugeordneten Personal- und Sachmittel**, und hat damit auch jetzt noch einen klaren Inhalt.[18]

6 Angesichts der Weiterentwicklung des Hochschulrechts, das inzwischen neben den „Lehrstuhlinhabern" auch andere selbstständig Lehrende kennt, **sollte der Begriff im Rahmen von Art. 10 LV allerdings nicht mehr in diesem engen, traditionellen Sinn, sondern mit Blick auf seinen Abgrenzungs-

---

14 Feuchte, Quellen, 4. Teil, 547 f.
15 Als Grundlage dafür wäre allein das Reichskonkordat in Betracht gekommen. Dessen Fortgeltung und Verbindlichkeit war allerdings streitig, s. → Art. 8 Rn. 6; auch lässt sich jedenfalls aus dessen Art. 19 wohl keine Verpflichtung herleiten, an einer theologischen Fakultät, für die kein besonderes Konkordat gilt, das nihil obstat einzuholen; aA *Braun*, Art. 10 Rn. 12; *Hollerbach* in: Feuchte, Art. 10 Rn. 15; wie hier *Weber*, NVwZ 2000, 848 (855).
16 Feuchte, Quellen, 4. Teil, 548 ff. u. 7. Teil, 269 f.
17 S. auch *Weber*, NVwZ 2000, 848 (851).
18 *Frisch/Jacobs*, ZevKR 54 (2009), 290 (306, Fn. 69).

zweck definiert werden: Im Tatbestand von Art. 10 LV dient der Begriff des „Lehrstuhlinhabers" dazu, diejenigen Personen einzugrenzen, bei deren Auswahl den Kirchen ein Mitwirkungsrecht zukommt, während die **Auswahl weiterer Mitarbeiter und Lehrender** in der alleinigen Verantwortung der Lehrstuhlinhaber und anderer, nach Hochschulrecht zuständigen Stellen liegen soll. Mit Blick auf die Grundrechte, deren Verwirklichung Art. 10 LV dient (näher → Rn. 1), sollte sich die **Abgrenzung** zwischen diesen Personengruppen nicht nach ihrer formalen Bezeichnung oder der traditionellen Definition eines „Lehrstuhls" richten, sondern **danach** erfolgen, **ob die betreffende Person in der Gestaltung ihrer Forschung und Lehre frei ist** oder unter der Verantwortung und Aufsicht eines Anderen steht.[19] **Auf Personen, die zu selbstständiger Lehre und Forschung berechtigt sind**, also nach geltendem Hochschulrecht auf alle „Hochschullehrer und Hochschullehrerinnen" (§§ 44 I 1 Nr. 1, 46 I 1 LHG), ist Art. 10 LV deshalb entweder direkt – in erweiterter, an seinem Schutzzweck orientierter Auslegung – oder jedenfalls analog anzuwenden. Nach dieser Auslegung werden heute u.a. auch Juniorprofessoren von Art. 10 LV erfasst, auch wenn sie nicht „Lehrstuhlinhaber" iSd obigen, traditionellen Definition sind.[20]

2. Besetzung

Dem Wortlaut nach regelt Art. 10 LV allein die „Besetzung" des Lehrstuhls, d.h. die Auswahl der Lehrstuhlinhaber. Das Recht der Kirche, die Amtsführung des Lehrstuhlinhabers nachträglich zu **beanstanden**, ist **in ihm nicht unmittelbar formuliert**. Allerdings ist ein solches **Beanstandungsrecht zur Durchsetzung der verfassungsmäßigen Rechte** aus Art. 2 I LV iVm Art. 4 I, II GG sowie Art. 5 LV iVm Art. 140 GG iVm Art. 137 III WRV und den entsprechenden Normen des GG **unverzichtbar**, und deshalb unmittelbar aus diesen abzuleiten (näher → Rn. 18). 7

3. Theologische Fakultäten

Die Anwendung des von Art. 10 LV verwandten Begriffs der „Theologischen Fakultät" bereitete solange keine Schwierigkeiten, solange lediglich ausdrücklich so bezeichnete universitäre Organisationseinheiten zur Erforschung und Lehre kath. oder ev. Theologie existierten. Mit zunehmender (auch organisatorischer) Pluralisierung der religionsbezogenen Forschung und Lehre an den Hochschulen kann sich aber ein Zuordnungsproblem stellen. So entscheidet sich zB die Anwendbarkeit von Art. 10 LV auf das „Zentrum für Islamische Theologie" an der Universität Tübingen[21] daran, ob dieses eine „Theologische Fakultät" darstellt. Vor dem Hintergrund der 8

---

19 S. auch (zur Rechtslage nach dem GG) *de Wall*, in: Heinig/Munsonius/Vogel, Organisationsrechtliche Fragen, 47 (52); für eine erweiterte Auslegung auch *Hollerbach* in: Feuchte, Art. 10 Rn. 20.
20 Dieses verfassungsrechtlich gebotene, aber vom Wortlaut des Art. 10 LV jedenfalls nicht eindeutig gedeckte Mitwirkungsrecht bei der Bestellung sämtlicher selbständig Lehrender wird gegenwärtig sowohl durch Art. X Abs. 1 BadKonkordat 1932 (für die kath. Kirche an der Kath.-Theologischen Fakultät Freiburg i. Br.), als auch durch Art. 3 II EvKirchenvertrag 2007 (für die ev. Kirchen an beiden Ev.-Theologischen Fakultäten) gesichert; näher *Frisch/Jacobs*, ZevKR 54 (2009), 290 (320).
21 Näher zu ihm *Indenhuck*, Islamische Theologie, 60 f.; *Lange*, Islamische Theologie an staatlichen Hochschulen, 2014, 28, 179 ff.

einschlägigen Grundrechte (s. → Rn. 1) ist die Grenze danach zu ziehen, ob eine **Organisationseinheit einer Hochschule die Erforschung und Lehre von religiösen Wahrheiten zum Gegenstand hat,**[22] und dabei **nicht der Lehrerausbildung in Theologie oder Religionspädagogik dient,** weil hierfür **Art 19 II LV (direkt oder analog) als speziellere Norm** Anwendung findet. Sobald dies der Fall ist, erfordern die Religionsfreiheit und das Selbstbestimmungsrecht der betroffenen Religionsgemeinschaft(en) deren Mitwirkung, so dass Art. 10 LV einschlägig ist.[23] Auf die Bezeichnung der Organisationseinheit oder darauf, ob sie nach geltendem Hochschulrecht tatsächlich „Fakultätsstatus" hat, kann es dabei nicht ankommen. Andernfalls würde die Anwendbarkeit von Verfassungsrecht zur Disposition des Hochschulgesetzgebers, oder sogar nur der Hochschulorganisation, gestellt. Auch lässt es der Schutzzweck des Art. 10 LV nicht zu, dass der Staat seine Anwendbarkeit durch Verweigerung des „Fakultätsstatus" umgehen kann.[24]

II. Vorbehalt vertraglicher Regelungen und abweichender Übung
1. „In Art. 8 genannter Verträge"

9 Art. 10 LV stellt klar, dass er (abweichende) vertragliche Regelungen nicht verdrängt. Im Wortlaut wird dazu ein Vorrang der „in Art. 8 genannten Verträge" festgeschrieben.[25] Wollte man darunter allerdings allein die Verträge fassen, die bei verfassungskonformer Auslegung des Art. 8 LV das Verfassungsrecht zurücktreten lassen (nämlich die bei dessen Inkrafttreten bereits bestehenden Verträge, s. → Art. 8 Rn. 4 ff., 7), würde das Regelungsanliegen des Art. 10 LV – die Gestaltung der Mitwirkungsrechte bei der Lehrstuhlbesetzung einem Interessenausgleich der Parteien (Staat und Kirche) anheimzustellen – nur eingeschränkt verwirklicht. Dass deren Dis-

---

22 Es muss sich also um Forschung und Lehre handeln, die im Gegensatz zur „Religionswissenschaft" durch die Bindung an das „Bekenntnis" einer bestimmten Kirche oder Religionsgemeinschaft gekennzeichnet, also „bekenntnisgebundene Wissenschaft" ist; zu dieser Definition von „Theologie" s. *Weber,* NVwZ 2000, 848 (849); *Heinig,* Der Staat 48 (2009), 615 (618 f.).

23 Wie bei der Etablierung Islamischer Theologie an staatlichen Hochschulen die verfassungsrechtlich erforderliche Mitwirkung (s.a. → Rn. 13 ff.) der betroffenen Religionsgemeinschaften (zu deren Identifikation *Indenhuck,* Islamische Theologie, 97) sichergestellt werden kann, wirft angesichts der geringen Repräsentation der muslimischen Bevölkerung durch „Religionsgemeinschaften" (näher → Art. 4 Rn. 27 f., 31) Probleme auf; näher *Indenhuck,* aaO, 213 ff.; *Lange,* Islamische Theologie an staatlichen Hochschulen, 2014, 129 ff.; *Oebbecke,* ZevKR 56 (2011), 262 ff.; *de Wall* in: Walter/Oebbecke/Ungern-Sternberg/Indenhuck (Hrsg.), Die Einrichtung von Beiräten für islamische Studien, 2011, 15 ff.; *Heinig,* ZevKR 56 (2011), 238 (246 ff.).

24 Dem Schutzanliegen nach, das Art. 10 LV zugrunde liegt, muss man ihn schließlich auch dann – analog – zur Anwendung bringen, wenn keine Organisationseinheit mit theologischer Aufgabenstellung, sondern nur ein isolierter, einer anderen Fakultät zugeordneter Lehrstuhl geschaffen wird, solange nicht die Sonderregelung des Art. 19 II LV eingreift; für eine solche, bei der Verfassungsgebung nicht bedachte Konstellation fehlt es (planwidrig) an einer einschlägigen Regelung, die Interessenlage entspricht aber der im unmittelbaren Regelungsbereich des Art. 10 LV (dazu auch *Weber,* NVwZ 2000, 848 [849]).

25 Zur Entstehungsgeschichte dieser Formulierung s. → Rn. 3; sie bezog sich ursprünglich auf einen älteren Wortlaut von Art. 8 LV, der noch konkrete Verträge aufführte; an die Neufassung von Art. 8 LV wurde der Wortlaut des Art. 10 LV nicht mehr angepasst, s. auch *Hollerbach* in: Feuchte, Art. 10 Rn. 8.

position nur dann von Bedeutung sein soll, wenn sie in der Vergangenheit liegt, lässt sich Art. 10 LV nicht entnehmen.²⁶ Auch entspricht es seiner ratio, im Falle der Neugründung theologischer Fakultäten für andere Religionsgemeinschaften²⁷ auch diesen ein vertragliches Gestaltungsrecht zuzuerkennen. Ein sachlicher Grund für eine Differenzierung zwischen historischen und neuen Verträgen ist vor dem Hintergrund des Anliegens des Art. 10 LV nicht erkennbar. Auch ist es sowohl mit dem Demokratie- als auch mit dem Rechtsstaatsprinzip vereinbar, wenn die Verfassung eine solche konkrete Regelung, für die die Bandbreite möglicher Entscheidungen klar abgegrenzt und überschaubar ist, dem Vertragsrecht überlässt.²⁸ Damit ist der Verweis auf die „in Art. 8 genannten Verträge" im Rahmen des Art. 10 LV dahin gehend zu verstehen, dass die in Bezug genommene **Formulierung „Verträge mit der evangelischen und katholischen Kirche" im Kontext des Art. 10 LV autonom auszulegen ist**, und nicht auf die im Rahmen der Regelung des Art. 8 LV gebotene enge Auslegung (s.o., → Art. 8 Rn. 4 ff.) **zurückzugreifen ist**. In Betracht kommt deshalb auch, Verträgen, die nicht dem „Staatsrecht", sondern dem Verwaltungsrecht angehören, Vorrang einzuräumen. Gleichzeitig ist der Begriff „Kirche" im Rahmen von Art. 10 LV aus Paritätsgründen **auf andere Religionsgemeinschaften zu erstrecken** (s. a. Rn. 12).

Die LV selbst (Art. 10) verbürgt die Einhaltung der Verträge, und ordnet an, dass ihre Regelung zu beachten ist. Ein **einfaches Gesetz, das vertragswidrig eine andere als die im Vertrag vorgesehene Mitwirkung anordnen würde**, wäre damit – anders als nach den allgemeinen Regeln über das Verhältnis zwischen Vertragsbindung und Gestaltungsmöglichkeiten des Gesetzgebers (→ Art. 8 Rn. 14 ff.) – **verfassungswidrig** und nichtig. 10

2. Abweichende Übung

Dieser Passus bezieht sich auf die **Kath.-Theologische Fakultät der Universität Tübingen**, an der in ständiger Übung bei der Lehrstuhlbesetzung das nihil obstat des Diözesanbischofs eingeholt wurde, ohne dass dies eindeutig auf eine staatskirchenvertraglicher Verpflichtung zurückgeführt werden konnte (näher → Rn. 3 aE). Diese Praxis wird durch die Verfassung garantiert. 11

III. „Benehmen" mit der „Kirche"
1. „Die Kirchen" als Berechtigte

GG und LV schließen die Gründung neuer theologischer Fakultäten, auch solcher für andere Religionsgesellschaften, nicht aus,²⁹ auch wenn sie da- 12

---

26 Zwar hatten die Verfassungseltern bei der Formulierung von Art. 10 LV zunächst nur konkrete historische Verträge vor Augen (s. → Art. 8 Rn. 2 mit Fn. 3); in seinem Wortlaut hat sich diese Einschränkung aber nicht niedergeschlagen.
27 Zur Anwendbarkeit des Art. 10 LV auf diese Fallgestaltung s. → Rn. 12.
28 Mit der (von Manchen beabsichtigten, denkbaren) Rechtswirkung des Art. 8, das Verfassungsrecht als Ganzes zur Disposition der Vertragspartner zu stellen (→ Art. 8 Rn. 7), ist dies in seiner Tragweite nicht vergleichbar.
29 Allerdings ist der Staat in dieser Entscheidung nicht frei, sondern auf die Zustimmung und Mitwirkung der betroffenen Religionsgemeinschaft(en) angewiesen; näher *Indenhuck*, Islamische Theologie, 95; *Solte*, ZevKR 49 (2004), 351 (362); iE

rauf keinen Anspruch einräumen. Bezogen auf eine solche theologische Fakultät stehen anderen Religionsgemeinschaften aus Art. 4 I LV, Art. 5 LV iVm Art. 140 GG iVm Art. 137 III WRV, Art. 2 I LV iVm Art. 4 I, II GG die gleichen Rechte zu wie den Kirchen. Deshalb ist es sachgerecht, **Art. 10 LV paritätskonform dahin gehend auszulegen, dass er alle Religionsgemeinschaften in gleicher Weise erfasst**, sofern nur eine theologische Fakultät ihres Bekenntnisses existiert.[30]

2. „Benehmen" vs. „Einvernehmen"

13 Der badische Kirchenvertrag von 1932, in dem das Mitwirkungsrecht der ev. Kirche bei der Lehrstuhlbesetzung geregelt war, unterschied klar zwischen einer Mitwirkung in Form eines „Benehmens" mit der Kirche und einer Mitwirkung in Form der Herstellung von „Einvernehmen" (Art. VII Abs. 2 und 3): Ersteres meint eine bloße Anhörung der Kirche, Zweiteres die Herstellung einer Willensübereinstimmung.[31] Die im VerfECDU anfangs noch enthaltene Formulierung, dass die Besetzung der Lehrstühle „im Einvernehmen" mit der Kirche erfolgen muss, wurde im Zuge der Verfassungsberatungen explizit aufgegeben (näher → Rn. 3). Aus seiner Entstehungsgeschichte heraus kann **Art. 10 LV** deshalb nicht anders ausgelegt werden als dahin gehend, dass er den Kirchen **nur ein „Anhörungsrecht"** einräumt, nicht das Recht auf ein „votum decisivum".

14 Allerdings hat die Lit. inzwischen zu Recht herausgearbeitet, dass ein bloßes Anhörungsrecht hinter dem zurückbleibt, was Art. 140 GG iVm Art. 137 III WRV und auch der ebenfalls einschlägige Art. 4 I, II GG (→ Rn. 1 mit Fn. 2) fordern, die beide über Art. 2 I LV und Art. 5 LV auch Teil der LV sind: **Die Entscheidung darüber, ob die von einem Bewerber oder einer Bewerberin vertretene Lehre „bekenntniskonform" ist oder nicht, kann nur von der betroffenen Religionsgemeinschaft getroffen werden**, weil dem Staat selbst dafür die Maßstäbe fehlen.[32] Der religiös-weltan-

---

auch BVerwGE 101, 309 (315 ff.), auch wenn dies hier nur als Ergebnis einer Güterabwägung im Einzelfall (zwischen kirchlichem Selbstbestimmungsrecht und dem staatlichen Auftrag zur Kultur- und Wissenschaftspflege) festgestellt wird.

30 Die Anwendbarkeit des Art. 10 auf das „Zentrum für Islamische Theologie" an der Universität Tübingen scheitert deshalb nicht daran, dass keine „Kirche" betroffen ist, sondern muss danach entschieden werden, ob es sich dabei um eine „theologische Fakultät" iSv Art. 10 LV handelt (s. dazu → Rn. 8).

31 Vgl. auch den weiterführenden Hinweis auf: Feuchte, Quellen, 4. Teil, 534 Fn. 68, 541 ff.; s. auch *Hollerbach* in: Feuchte, Art. 10 Rn. 10; *Braun*, Art. 10 Rn. 10.

32 *V. Campenhausen/de Wall*, 223; *v. Campenhausen*, ZevKR 47 (2002), 425 (428 f.); *Solte*, Theologie an der Universität, 1971, 186 ff.; *Heckel*, Die theologischen Fakultäten, 95; *Weber* in: NVwZ 2000, 848 (852 f.); *de Wall* in: Meder/Brechmann, Art. 150 Rn. 15; *Böckenförde*, NJW 1981, 2101 (2102); Schwierigkeiten bereitet dabei allerdings die Konstellation, in der die Bekenntniskonformität von Kirche und theologischer Fakultät unterschiedlich beurteilt wird: Die Fakultät ist einerseits Teil des Staates, andererseits gerade zuständig für die wissenschaftliche Pflege und Weiterentwicklung des Bekenntnisses, und insofern – anders als der Staat als solcher – zur Entscheidung dieser Frage nicht per se inkompetent: weil sie mit Pflege und Lehre des Bekenntnisses (jedenfalls auch) einen Teil des Auftrages der Kirche erfüllt (vgl. zB Art. 87 Grundordnung der Evangelischen Landeskirche in Baden v. 28.4.2007), hat sie bei der Wahrnehmung dieser Aufgabe – wie eine andere, der Kirche „zugeordnete Einrichtung" (näher dazu → Art. 4 Rn. 25) – Anteil an dem kirchlichen Selbstbestimmungsrecht (s. a. VGH BW, ESVGH 35, 17 [21 f.])

schaulich neutrale Staat (→ Art. 4 Rn. 40, 58) darf diese Entscheidung nicht an sich ziehen, und sich deshalb in einem Streit über diese Frage nicht über das Votum der Kirche hinwegsetzen. Zumindest insoweit ist es also von Verfassungs wegen bindend.³³

Diesem Rechtsgedanken ist nicht nur bei der Besetzung eines Lehrstuhls Rechnung zu tragen. Aus ihm folgt außerdem, dass die Kirche **nachträglich** die Entfernung eines Lehrstuhlinhabers aus der (durch ihre Bekenntnisprägung gekennzeichneten)³⁴ theologischen Fakultät verlangen können muss, wenn dieser den Boden ihres Bekenntnisses verlässt.³⁵ Auch hier ist das **Votum der Kirche, mit dem sie die Bekenntniskonformität der Lehre beurteilt, für den Staat verbindlich.**³⁶

15

---

und nach hier vertretener Auffassung auch an deren Religionsfreiheit, von der bei der Lehre und Pflege des Bekenntnisses Gebrauch gemacht wird; allerdings wird man im Konfliktfall auch in dieser Konstellation der Wertung der Religionsgemeinschaft, nicht der Wertung der Fakultät als staatlicher Einrichtung den Vorrang einräumen müssen; denn das religionsgemeinschaftliche Selbstbestimmungsrecht und die Religionsfreiheit, auf die sich die Fakultät berufen kann, sind keine eigenen Rechte derselben, sondern leiten sich von der Religionsgemeinschaft ab (s. dazu auch → Art. 4 Rn. 25), so dass sie nicht gegen die Religionsgemeinschaft geltend gemacht werden können.

33 *V. Campenhausen/de Wall*, 223; *v. Campenhausen*, ZevKR 47 (2002), 425 (428 f.); *Solte*, Theologie an der Universität, 1971, 192 f.; *de Wall* in: Meder/Brechmann, Art. 150 Rn. 15; *Frisch/Jacobs*, ZevKR 54 (2009), 290 (318); *Heckel*, Die theologischen Fakultäten, 94 ff.; *Christoph*, Kirchen- und staatskirchenrechtliche Probleme, 58 f., 72; *Mainusch*, DÖV 1999, 677 (678 ff.); *Winter*, Staatskirchenrecht, 154; dafür sprechen mittelbar auch die Wertungen in BVerfGE 122, 89; ein über ein bloßes „Benehmen" mit der Kirche hinausgehendes Mitentscheidungsrecht war bereits in Art. X Abs. 1 BadKonkordat 1932 und, wenn auch nur für den Lehrstuhl für Praktische Theologie, im Badischen Kirchenvertrag von 1932 (Art. VII Abs. 3) enthalten; beide gehen sogar über das verfassungsrechtlich gebotene Minimum hinaus, wenn sie neben der Lehre auch den Lebenswandel und die Lehrbefähigung zur kirchlichen Beurteilung stellen (so ausdrücklich Art. X Abs. 1 des Badischen Konkordats; Art. VII Abs. 3 des badischen Kirchenvertrages kann aber ebenso verstanden werden, näher Fn. 35); zumindest die Regelungen dieser beiden Verträge erklärt Art. 10 LV für vorrangig anwendbar; inzwischen sichert Art. 3 II EvKirchenvertrag 2007 das verfassungsrechtlich gebotene Mitentscheidungsrecht für alle Ev.-Theologischen Fakultäten in BW; nach hier vertretener Auslegung ist auch diese vertragliche Regelung gem. Art. 10 LV vorrangig (näher → Rn. 9, 10).

34 Vgl. VGH BW, ESVGH 35, 17 (20); *Braun*, Art. 10 Rn. 12.

35 BVerfGE 122, 89 (114); *Heckel*, Die theologischen Fakultäten im weltlichen Verfassungsstaat, 1986, 99 ff.; *Hollerbach* in: Feuchte, Art. 10 Rn. 18; *Christoph*, Kirchen- und staatskirchenrechtliche Probleme, 72 f.; dieses nachträgliche „Beanstandungsrecht" ist für die kath. Kirche idR in Staatskirchenverträgen geregelt, so auch in Art. X Abs. 2 BadKonkordat 1932, der mit der Beanstandungsfähigkeit der Lehrbefähigung über das verfassungsrechtlich unabdingbare Minimum hinausgeht; ob der Kirche diesbezüglich mit Blick auf die Wissenschaftsfreiheit ein maßgebliches Beurteilungsrecht zugestanden werden kann, wurde bezweifelt (näher *Hollerbach* in: Feuchte, Art. 10 Rn. 13; gegen jedes Beurteilungsrecht *Unruh*, Rn. 478); auch für die Ev. Kirche ist ein nachträgliches „Beanstandungsrecht" inzwischen über Art. 3 III EvKirchenvertrag 2007 abgesichert.

36 Durch die Ausgliederung aus der Theologischen Fakultät ohne Beeinträchtigung der staatlich-rechtlichen Stellung als Hochschullehrer kann ein angemessener Ausgleich zwischen den verfassungsmäßigen Rechten der Kirche und der Wissenschaftsfreiheit des Betroffenen hergestellt werden, s. BVerfGE 122, 89 (116 f.); *Winter*, Staatskirchenrecht, 2. Aufl. 2008, 155; diese Lösung wurde im Fall des Tübinger Theologen Hans Küng angewendet, als diesem 1979 die kirchliche Lehrer-

16 Die Tatsache, dass **Art. 10 LV insofern in verschiedener Hinsicht das verfassungsrechtlich geforderte Minimum an Mitentscheidungsrechten unmittelbar nicht verbürgt**, könnte zum Anlass genommen werden, ihn gem. Art. 31 GG als unwirksam anzusehen. Allerdings ist es überzeugender, ihn (trotz der ihm immanenten Entscheidung gegen ein generelles „Einvernehmenserfordernis", s. → Rn. 3, 13) geltungserhaltend als nicht den Bestimmungen des GG widersprechend, sondern lediglich als hinter ihnen zurückbleibend, auszulegen. Dafür spricht, dass er sich durch den Vorbehalt abweichender vertraglicher Regelungen oder abweichender Übung für weitergehende Rechte offen zeigt. Auch entsprechen die verfassungsmäßigen Rechte der Kirche (s. → Rn. 14 f.) nicht einem allgemeinen „Einvernehmenserfordernis", gegen das sich Art. 10 LV entstehungsgeschichtlich aussprach, sondern bleiben hinter diesem zurück.[37] Damit ist **Art. 10 LV wirksam und als einschlägige Rechtsgrundlage heranzuziehen, soweit lediglich ein Anhörungsrecht bei der Lehrstuhlbesetzung geltend gemacht wird.** Der verbindliche Charakter der kirchlichen Beurteilung der „Bekenntniskonformität" ergibt sich allerdings nicht unmittelbar aus ihm, sondern aus Art. 4 I LV, Art. 5 LV iVm Art. 140 GG iVm Art. 137 III WRV, Art. 2 I LV iVm Art. 4 I, II GG, sowie aus den entsprechenden Normen des GG.

IV. Verhältnis zum GG

17 Anders als Art. 149 III WRV trifft das GG keine ausdrückliche Entscheidung darüber, ob theologische Fakultäten an staatlichen Hochschulen Bestand haben. Der Wille der Verfassungseltern ging dahin, diese Frage offenzulassen, um sie (als zentrale Frage der Wissenschafts- und Kulturpflege) der Beantwortung durch die Länder zu überlassen,[38] von denen manche bereits eine Garantie theologischer Fakultäten in ihrer Verfassung festgeschrieben hatten (vgl. zB Art. 150 II BayVerf, 39 I 3 RPVerf). Dass die Theologie ihrer langen Tradition entsprechend einen legitimen Platz in der Wissenschaft und damit auch an der Universität beanspruchen konnte, stand dabei nicht in Frage.[39] In Anbetracht dessen ist **das GG trotz Art. 33 II, III GG, Art. 140 GG iVm Art. 136 I, II, Art. 137 I WRV nicht dahin gehend auszulegen, dass es der Existenz theologischer Fakultäten – und der damit notwendig verbundenen Existenz von „konfessionsgebundenen Staatsämtern"**[40] **– an staatlichen Hochschulen entgegensteht.**[41] Dies ist

---

laubnis entzogen wurde, vgl. *Feuchte*, Geschichte, 501–507; *Böckenförde*, NJW 1981, 2101; *Hollerbach* in: Feuchte, Art. 10 Rn. 15.
37 Insb. beschränken sie sich auf die Beurteilung „religiöser Fragen", vgl. nur *Heinig*, Der Staat 48 (2009), 615 (626); hinsichtlich der pädagogischen oder wissenschaftlichen Eignung kommt der Kirche jedenfalls kein entscheidendes Votum zu (gegen jedes Mitwirkungsrecht in diesen Fragen *Weber*, NVwZ 2000, 848 [852]; allerdings spricht nichts dagegen, das in Art. 10 LV explizit enthaltene, dem Wortlaut nach nicht weiter eingegrenzte „Anhörungsrecht" der Kirchen auch auf diese Fragen zu erstrecken).
38 Vgl. nur *Hollerbach* in: HdbStKR II, 549 (552).
39 Zur Rolle der Theologie in der staatlichen Wissenschaftspflege s. BVerwGE 101, 309 (316 f.).
40 Vgl. BVerfGE 122, 89 (113); *Korioth* in: Maunz/Dürig, Art. 140 GG/Art. 136 WRV Rn. 69; *v. Campenhausen* in: FS Maunz (1981), 27 (28).
41 BVerfGE 122, 89 (108 ff., 113); ganz hM, vgl. *Unruh*, Rn. 464 ff.; *Indenhuck*, Islamische Theologie, 66 ff.; *Weber*, NVwZ 2000, 848 (850 f.).

zwar nicht seinem Wortlaut, aber doch dem Kontext seiner Entstehung im Zusammenhang mit bestehenden Landesverfassungen zu entnehmen.[42]

Aus dem Selbstbestimmungsrecht der Religionsgemeinschaften und aus der korporativen Religionsfreiheit (s. → Rn. 1 mit Fn. 2) folgen **über Art. 10 LV hinausgehende Mitwirkungsrechte der Kirchen bzw. Religionsgemeinschaften an der Gestaltung des Betriebes einer staatlichen theologischen Fakultät:**[43] Der Bedeutung der Lehrstuhlbesetzung für die kirchlichen Grundrechte wird durch ein „Benehmen" mit der Kirche (s. → Rn. 13) nicht hinreichend Rechnung getragen. Vielmehr muss sich das Votum der Kirche durchsetzen, wenn die mangelnde Eignung eines Kandidaten für die bekenntniskonforme Lehre plausibel dargelegt wird (näher → Rn. 14). Außerdem muss eine nachträgliche Beanstandung der Lehrstuhlinhaber möglich sein, jedenfalls wenn ihre Lehre den Rahmen des Bekenntnisses verlässt (näher → Rn. 15). Auch eine Mitwirkung an der Gestaltung von Studien- und Prüfungs- sowie Promotions- und Habilitationsordnungen[44] und im Prüfungswesen[45] muss gewährleistet sein.[46] Allerdings macht dieses Zurückbleiben von Art. 10 LV hinter den Anforderungen des GG diesen nicht gem. Art. 31 GG unwirksam (s. → Rn. 16). 18

V. Verhältnis zum europäischen Recht
1. EMRK

Die dargelegten, aus Art. 10 LV, Art. 2 I LV iVm Art. 4 I, II GG, Art. 4 I LV, sowie Art. 5 LV iVm Art. 140 GG iVm Art. 137 III WRV ableitbaren **Mitwirkungsrechte der Kirche** bei der Beschäftigung von Hochschullehrern an theologischen Fakultäten (→ Rn. 14, 15, 18) **sind auch nach der EMRK anerkennungsfähig**. So hat der EGMR in der Entscheidung Férnandez Martínez v. Spanien[47] klargestellt, dass bei der Entscheidung über das Fortbestehen des Beschäftigungsverhältnisses eines Religionslehrers an einer staatlichen Schule „das Recht der Kirche auf Religionsfreiheit und auf Wahrung ihrer Autonomie bei der Wahl der Personen, die ihre Doktrin unterrichten" zu berücksichtigen ist. Obwohl die Beendigung des Dienstverhältnisses (die allerdings eine Beanstandung eines Hochschullehrers der Theologie gerade nicht zur Folge hat, weil dessen staatliches Beamtenver- 19

---

42 BVerfGE 122, 89 (108).
43 Diese ergeben sich aus den genannten Normen des GG, aber auch aus der LV, die die korporative Religionsfreiheit aus Art. 4 I, II GG über Art. 2 I und das religionsgemeinschaftliche Selbstbestimmungsrecht aus Art. 140 GG iVm Art. 137 III WRV über Art. 5 inkorporiert.
44 BVerwGE 101, 309 (313); *Unruh*, Rn. 476; *Heinig/Vogel* in: HdbEvKR, § 21 Rn. 8; *Classen*, JZ 2014, 111 (115); *Weber*, NVwZ 2000, 848 (853); *Heckel*, Die Theologischen Fakultäten, 220 ff.; diese kirchlichen Mitwirkungsrechte werden aktuell über § 74 II 1 LHG und Art. 3 IV EvKirchenvertrag 2007 abgesichert.
45 Näher *Weber*, NVwZ 2000, 848 (852); *Unruh*, Rn. 476; näher allgemein zur Gestaltung des Prüfungswesens *Heckel*, Die Theologischen Fakultäten, 232 ff.
46 Näher *de Wall* in: Heinig/Munsonius/Vogel, Organisationsrechtliche Fragen, 47 (53 ff.); *Solte*, ZevKR 49 (2004), 351 (362 ff.); dabei ist es nicht verfassungswidrig, wenn das kirchliche Selbstbestimmungsrecht dahingehend ausgeübt wird, dass die Zulassung zum Studium oder die Ablegung von Prüfungen an die Konfessionszugehörigkeit gebunden wird; näher VGH BW, ESVGH 35, 17; *Christoph*, Kirchen- und staatskirchenrechtliche Probleme, 74 ff.
47 EGMR, U. v. 12.6.2014 – 56030/07, in: NLMR 3/2014-EGMR, 206 ff.

hältnis erhalten bleibt) als Eingriff in dessen Recht auf Achtung des Privatlebens zu werten sei, sei es „angesichts der erhöhten Loyalitätspflicht von Personen, die Religion unterrichten [...], nicht unverhältnismäßig, ihnen die Lehrbefugnis zu entziehen, wenn sie öffentlich den Regeln dieser Religionsgemeinschaft widersprechen und ihren mit diesen unvereinbaren Lebensstil propagieren."

2. Unionsrecht

20 Die Beschäftigungsverhältnisse von Hochschullehrern unterfallen dem Anwendungsbereich des **auf Sekundärrecht basierenden AGG**, soweit es sich um „Erwerbstätigkeit" handelt.[48] Die Art. 10 LV implizit zugrundeliegende Bindung der Beschäftigung von Hochschullehrern an theologischen Fakultäten an ein bestimmtes Bekenntnis bedeutet damit eine durch § 7 AGG grds. untersagte Benachteiligung wegen der Religion, die allerdings durch § 8 I AGG gerechtfertigt ist.[49]

III. Erziehung und Unterricht

Artikel 11 [Recht auf Erziehung und Ausbildung]

(1) Jeder junge Mensch hat ohne Rücksicht auf Herkunft oder wirtschaftliche Lage das Recht auf eine seiner Begabung entsprechende Erziehung und Ausbildung.

(2) Das öffentliche Schulwesen ist nach diesem Grundsatz zu gestalten.

(3) Staat, Gemeinden und Gemeindeverbände haben die erforderlichen Mittel, insbesondere auch Erziehungsbeihilfen, bereitzustellen.

(4) Das Nähere regelt ein Gesetz.

Schrifttum:

Benda/Maihofer/Vogel, Handbuch des Verfassungsrechts, 2. Aufl. 1994; *Graumann*, Begabung als pädagogische Herausforderung – Forschungsergebnisse aus Westeuropa und USA; http://www.uni-hildesheim.de/iahe/index.php/en/mainfocus/congresses/2014-witebsk/95-graumann; *Heid/Fink*, Begabung, in: Benner/Oelkers (Hrsg.): Historisches Wörterbuch der Pädagogik. 2004, Seite 146-152; *Jarass*, Zum Grundrecht auf Bildung und Ausbildung, DÖV 1995, 674; *Keller/Krampen*, Das Recht der Schulen in freier Trägerschaft, 2014; *Langenfeld*, Das Recht auf Bildung nach der Europäischen Menschenrechtskonvention, RdJB 2007, 412; *Lehner*, „Was folgt aus welchem Status?" – Bildungsrechtliche Folgen, RdJB 2016, 329; *Ossenbühl*, Das elterliche Erziehungsrecht im Sinne des Grundgesetzes, 1981; *Richter*, Hat das Bundesverfassungsgericht in seiner

---

48 Vgl. § 2 I Nr. 1 AGG; Art. 3 I a) RL 2000/78/EG; näher zur Anwendbarkeit des Europarechts auf das Recht der Theologischen Fakultäten *Vachek*, Das Religionsrecht der Europäischen Union im Spannungsverhältnis zwischen mitgliedstaatlichen Kompetenzreservaten und Art. 9 EMRK, 2000, 376; *Link*, ZevKR 42 (1997), 130 (144 f.).

49 Außerdem dürfte § 9 I AGG dieses Ergebnis stützen; denn die Theologische Fakultät kann insofern als eine einer Religionsgemeinschaft „zugeordnete Einrichtung" angesehen werden, als sie funktionell (jedenfalls auch) Aufgaben der Kirche wahrnimmt und dafür an deren Religionsfreiheit und Selbstbestimmungsrecht Anteil hat (s. auch VGH BW, ESVGH 35, 17); dieses „Zuordnungsverhältnis" findet auch im Kirchenrecht Ausdruck, vgl. zB Art. 87 der Grundordnung der Evangelischen Landeskirche in Baden v. 28.7.2007; näher dazu Fn. 32.

sechzigjährigen Rechtsprechung ein Bundesbildungsrecht geschaffen?, RdJB 2013, 256; *Stumpf*, Förderung bei Hochbegabung, 2012.

Vergleichbare Regelungen: Art. 128 BayVerf, 20 BerlVerf, 27 BremVerf, 29 BbgVerf, 8 MVVerf, 4 NdsVerf, 8 NRWVerf, 31 RPVerf, 24 a SaarlVerf, 29 SächsVerf, 10 SchlH-Verf, 25 LSAVerf, 20 ThürVerf.

Ergänzende Normen: Für den vorschulischen und schulischen Bereich sowie den Bereich der Hochschulen – einschließlich der Finanzierungs- und Förderregelungen – existieren eine Fülle von landesrechtlichen gesetzlichen und untergesetzlichen Vorschriften. Deshalb hier nur die wichtigsten: Schulgesetz; Privatschulgesetz; Kindertagesbetreuungsgesetz; Jugendbildungsgesetz; Finanzausgleichsgesetz; Landeshochschulgesetz.

Leitentscheidungen: BVerwGE 47, 201; BVerwGE 56, 155; BVerwGE 105, 44; StGH, ESVGH 20, 1; VGH BW, ESVGH 63, 250.

A. Überblick und Einordnung	1	I. Bildung – Ausbildung	13
I. Bedeutung	1	II. Institutionelle Reichweite	14
II. Herkunft, Entstehung, Geschichte	2	III. Begabung	17
III. Verfassungsvergleichende Einordnung	5	IV. Rechtsnatur	20
1. Grundgesetz	5	V. Personenkreis	23
a) zu Absatz 1	5	VI. Gestaltungsauftrag (Absatz 2 und 4)	27
b) Absatz 2	10	1. Der Gestaltungsauftrag des Abs. 2	27
2. Landesverfassungen	11	2. Die Ausgestaltung durch Gesetz (Absatz 4)	30
3. Internationale Vereinbarungen	12	VII. Bereitstellung der Mittel (Absatz 3)	31
B. Erläuterungen	13		

A. Überblick und Einordnung

I. Bedeutung

Art. 11 LV stellt ein **Verfassungsgebot in erster Linie für die Legislative** dar, aber auch für die Exekutive, wie sich aus Abs. 2, wonach das öffentliche Schulwesen nach diesem Grundsatz zu gestalten ist, und aus Abs. 4 ergibt, wonach das Nähere ein Gesetz regelt.[1] Es ist nicht nur ein Programm im Sinne einer Orientierungshilfe für die Legislative oder Exekutive oder eine bloße Postulierung eines anstrebenswerten Zustands. Art. 11 I LV vermittelt ein **subjektives Teilhaberecht auf Bildung, das im Einzelnen der staatlichen Ausgestaltung bedarf**; es handelt sich dabei jedoch nicht um einen absoluten Individualanspruch (vgl. im Einzelnen hierzu unten → Rn. 20 ff.).

1

II. Herkunft, Entstehung, Geschichte

Nachdem sowohl Art. 35 VerfWB wie auch Art. 13 VerfLB Regelungen enthielten zum Recht der jungen Menschen auf Bildung und zur Pflicht des Staates, dem entgegenstehende Hemmnisse zu beseitigen, waren die **Beratungen im VA wenig kontrovers**. Hilfreich bei der Suche nach einer einvernehmlichen Fassung war auch, dass nach Art. 107 S. 1 VerfWH die Erziehung „ohne Rücksicht auf Herkunft und wirtschaftliche Lage" erfolgen solle, eine Formulierung, die Art. 12 I VerfERP – der inhaltlich weitgehend

2

---

1 VGH BW, U. v. 23.11.2013 – 9 S 2180/12 – openJur, Rn. 50.

der späteren Fassung des Art. 11 I LV entsprach – verwandte. So drehte sich die Diskussion nicht um grundsätzliche Fragen, sondern um Facetten der konkreten Ausgestaltung der Norm. Auch die damals oppositionelle CDU bezweifelte bei der Beratung von Art. 12 I VerfERP nicht, dass das Recht auf Erziehung und Ausbildung nicht von Herkunft oder wirtschaftlicher Lage abhängig sein sollte, obgleich diese Einfügung in ihrem Entwurf nicht enthalten war;[2] sie hielt sie für überflüssig, weil durch die in Art. 27 I VerfECDU enthaltene Formulierung, dass „jeder junge Mensch das Recht auf Erziehung und seiner Begabung entsprechend auf Bildung" hat, eben das sichergestellt sei, was der Einschub bezwecke.

3 Die Frage, ob es ein **Recht auf „Bildung"** geben solle (so der CDU-Entwurf in Anlehnung an die Formulierungen in Art. 35 VerfWB bzw. Art. 13 VerfLB) **oder aber auf „Ausbildung"** (so der VerfERP) wurde im Verfassungsausschuss ausführlich erörtert, wobei von Seiten der CDU deutlich signalisiert wurde, auch das Wort „Ausbildung" akzeptieren zu können.[3] Die SPD hielt den Begriff „Ausbildung" für „stichhaltiger und konkreter."[4] Überdies könne das Recht auf Bildung niemals realisiert werden, weil Bildung ein Vorgang sei, der nicht vom Staat gesichert werden könne, sondern der Gnade des einzelnen Menschen und seiner Begabung überlassen sei.[5] Ähnlich positionierten sich auch Vertreter des BHE und der FDP/DVP.[6]

4 Der **Begriff der Zurverfügungstellung der „erforderlichen" Mittel** (Abs. 3) geht auf einen Kompromissvorschlag der SPD zurück,[7] nachdem der im VerfERP zunächst verwendete Begriff der „ausreichenden" Mittel als problematisch angesehen wurde.[8] Übereinstimmung bestand im Ergebnis auch darin, nicht nur lediglich den Staat und die Gemeinden dazu zu verpflichten, die erforderlichen Mittel bereit zu stellen, sondern auch die „Gemeindeverbände", womit auch die Kreise gemeint sein sollten.[9]

III. Verfassungsvergleichende Einordnung

1. Grundgesetz

a) zu Absatz 1

5 Das BVerwG leitet aus Art. 2 I GG ein **Recht auf Bildung** ab.[10] Seine Rechtsprechung hierzu begründet es nicht gesondert, sie ist auch nicht konsistent. Stellt der 7. Senat des BVerwG in seinem Urteil vom

---

2 Vgl. den Beitrag des Abg. *Werber* (CDU) in: Feuchte, Quellen, 4. Teil, 552.
3 Vgl. den Beitrag des Abg. *Werber* (CDU) in: Feuchte, Quellen, 4. Teil, 556.
4 Vgl. den Beitrag des Abg. *Griesmann* (SPD), in: Feuchte, Quellen, 4. Teil, 558.
5 Abg. *Lausen* (SPD) in: Feuchte, Quellen, 4. Teil, 552.
6 Abg. *Feller* (BHE) und *Erbe* (FDP/DVP) in: Feuchte, Quellen, 4. Teil, 559 und 553.
7 Vgl. den Beitrag des Abg. *Lausen* (SPD) in: Feuchte, Quellen, 4. Teil, 571.
8 Vgl. die Beiträge der Abg. *Gönnenwein* (FDP/DVP) und *Simpfendörfer* (CDU) in: Feuchte, Quellen, 4. Teil, 565 u. 568.
9 Auf entsprechende Zweifel in der 48. und 58. VA-Sitzung wurde die Ersetzung durch „Landkreise" beantragt, allerdings ohne Erfolg, vgl. Feuchte, Quellen, 8. Teil, 311; Beilage 1299, S. 286.
10 Im Ergebnis in die gleiche Richtung: *Völker* in: Wendt/Rixecker, 216, der dieses Recht aus Art. 2 I iVm Art. 1 GG ableitet. Ähnlich, unter zusätzlicher Einbeziehung des Sozialstaatsprinzips: *Keller* in: Keller/Krampen, 2. Kap., Rn. 46.

15.11.1974[11] fest, das Recht auf Bildung folge aus Art. 2 I GG, so ist er im Urteil v. 14.7.1978 zurückhaltender;[12] danach enthält Art. 2 I GG lediglich „Elemente eines Rechts auf Bildung". Wieder anders sieht der 5. Senat die Rechtslage in seinem Urteil v. 5.6.1997;[13] hier führt das Gericht aus, dass „das Recht auf Bildung und Ausbildung ... ein wesentlicher Bestandteil des Grundrechts des Art. 2 I GG" sei.

Es erscheint allerdings sehr **zweifelhaft, ob die Annahme eines aus dem GG abgeleiteten Rechts auf Bildung tragfähig ist.** Denn zum einen enthält das GG, anders als Art. 143 S. 1 WRV, keinen Programmsatz, wonach „für die Bildung der Jugend ... durch öffentliche Anstalten zu sorgen" ist. Zum andern – und dadurch erklärt sich gleichzeitig das Fehlen eines solchen Programmsatzes – ist der Bildungsbereich, insbesondere der der Schulen und Hochschulen, in der ausschließlichen Gesetzgebungskompetenz der Länder. Schließlich lassen sich regelmäßig „aus dem klassischen Abwehrrecht des Art. 2 I GG keine Leistungsrechte gegenüber dem Staat auf optimale Bildung oder Ausbildung sowie auf Erhaltung oder Erweiterung des schulischen Lerninhalts ableiten".[14] Dadurch entsteht auch keine Lücke im Grundrechtsschutz von Schülern.[15] Denn das Recht auf Bildung wird, vom Fall des Art. 12 GG abgesehen (dazu unten → Rn. 9), auf Ebene des Landes durch Art. 11 I LV geschlossen (s. dazu unten → Rn. 20 ff.). Eine extensive Auslegung des Art. 2 I GG im Blick auf ein Recht auf Bildung mag zwar im Blick auf ein vorhandenes „Vereinheitlichungsbedürfnis" manchem wünschenswert erscheinen.[16] Ein solches Vorgehen wirft aber die Frage auf, ob damit nicht der kompetenzrechtlich sehr fragwürdige – Weg zu einem „bundesweit geltenden (Teil-)Bundesbildungsrecht" eingeschlagen wird.[17]

6

Hingewiesen wird in der Literatur zum Teil darauf, Art. 2 S. 1 des **Ersten Zusatzprotokolls zur Konvention zum Schutz der Menschenrechte** (BGBl. 1956 II, 1879) gewährleiste „kraft Völkerrecht und als Bestandteil des Bundesrechts", dass niemandem das Recht auf Bildung verwehrt werden dürfe.[18] Art. 2 S. 1 des ersten Zusatzprotokolls ist zwar in der Tat Bundesrecht;[19] damit ist aber noch keine Umsetzung in nationales Recht erfolgt, da der Inhalt – zum größten Teil – einen Bereich betrifft, der in der ausschließlichen Gesetzgebungskompetenz der Länder ist. Für die Umset-

7

---

11 BVerwGE 47, 201 (206).
12 BVerwGE 56, 155 (158).
13 BVerwGE 105, 44 (47).
14 *Di Fabio* in: Maunz/Dürig, Art. 2 Rn. 57 mwN; *Scholz* in: Maunz/Dürig, Art. 12 Rn. 126; *Jestaedt* in: HStR VII, 521, 586; offen gelassen VGH BW, U. v. 23. 1. 2013 – 9 S 2180/12 - openJur Rn. 49.
15 So aber *Jarass*, DÖV 1995, 674 (676), der diese „Lücke" mit einem aus Art. 2 I iVm Art. 7 I GG hergeleiteten Anspruch auf schulische Bildung und Ausbildung schließen will.
16 In diese Richtung zB *Glotz/Faber* in: Benda/Maihofer/Vogel, 1418.
17 So im Blick auf Teilbereiche der Rechtsprechung des BVerfG *Richter*, RdJB 2013, 256 (273).
18 *Langenfeld*, RdJB 2007, 412; *Badura* in: Maunz/Dürig, Art. 7 Rn. 2.
19 Für die Bundesrepublik Deutschland zum 13.2.1957 in Kraft getreten; BGBl. 1957 II, 226.

zung in innerstaatliches Recht gelten insoweit ausschließlich die Regelungen der Art. 70 ff. GG und nicht die des Art. 32 GG.[20]

8 Zustimmung verdient die Auffassung, dass dem GG zwar kein explizites Recht auf Bildung als soziales Grundrecht entnommen werden kann, jedoch ein – im Sinne eines den (Landes-) Gesetzgeber verpflichtenden Verfassungsprogramms – **Recht der Eltern, Kinder und Jugendlichen auf Ausbau und Entwicklung des Bildungswesens und auf Gleichheit der Bildungschancen**.[21]

9 Anders stellt sich die Rechtslage im Bereich der beruflichen Bildung und Ausbildung dar. **Art. 12 GG** stellt nicht nur ein Abwehrrecht gegen staatliche Behinderung der berufsbezogenen Ausbildung dar, sondern vermittelt auch ein **Recht auf Teilhabe** an den staatlichen Einrichtungen der berufsbezogenen, nicht aber der allgemeinen Bildung.[22] Nicht abschließend geklärt ist, welche Bereiche neben den Hochschulen und den beruflichen Schulen zur berufsbezogenen Bildung zählen. So hat das BVerfG die zwangsweise Entlassung aus einem Gymnasium Art. 12 I GG zugeordnet, weil sie mittelbar die Berufswahl in erheblichem Umfang beeinflusse, wohingegen eine bloße Nichtversetzung nicht am Maßstab des Art. 12 I GG zu messen sei.[23] Das BVerwG ließ es offen, ob die Nichtversetzung von Klasse 5 nach Klasse 6 (im konkreten Fall rechneten beide Klassen noch zur Grundschule) den Schutzbereich des Art. 12 I GG berührt. Nach hier vertretener Auffassung überdehnt es den Bezug zur freien Wahl des Berufs und der Ausbildungsstätte, Maßnahmen innerhalb der Sekundarstufe I, zumindest soweit sie Verwaltungsaktcharakter haben,[24] oder gar zusätzlich den Primarbereich in den Schutzbereich des Art. 12 I GG einzubeziehen.[25] Eine bloße Nichtversetzung, die kein zwingendes Ausscheiden aus dem bisher besuchten Bildungsgang zur Folge hat, hat ebenso wenig einen Bezug zur durch Art. 12 I GG garantierten freien Wahl des Berufs oder der Ausbildungsstätte wie eine einzelne Note in einem Zeugnis, die nicht zu einer Nichtversetzung führt. In der Sekundarstufe I können aber solche Maßnahmen von Art. 12 I GG erfasst sein, die statusändernd wirken, wie dies beim Verlassenmüssen eines Gymnasiums oder einer Realschule der Fall ist.

b) Absatz 2

10 Der Auftrag, das öffentliche Schulwesen entsprechend den Vorgaben des Abs. 1 zu gestalten, steht im Einklang mit **Art. 7 I GG**, der das gesamte Schulwesen unter die Aufsicht des Staates stellt. Zur Aufsicht im Sinne des Art. 7 I GG gehört auch die Befugnis des Staates, das Schulwesen so zu

---

20 VGH BW, VBlBW 2013, 386 (390); HessVGH, U. v. 12.11.2009 – 7 B 2763/09 – openJur, Rn. 10; NdsOVG, B. v. 16.9.2010 – 2 ME 278/10 – openJur, Rn. 15; *Ebert* in: Ebert, § 15 Rn. 2.
21 *Badura* in: Maunz/Dürig, Art. 7 Rn. 2.
22 BVerfGE 33, 303 (331); 59, 1 (25); 85, 36 (54) unter zusätzlicher Heranziehung des Sozialstaatsprinzips und des allgemeinen Gleichheitssatzes.
23 BVerfG 58, 257 (273).
24 *Gubelt* in: v. Münch/Kunig, Art. 12 Rn. 26.
25 Für den Fall der Nichtversetzung im Grundschulbereich zweifelnd, ob im Schutzbereich des Art. 12 I GG: *Glotz/Faber* in: Benda/Maihofer/Vogel, § 28 Rn. 12; ablehnend: *Scholz* in: Maunz/Dürig, Art. 12 Rn. 189.

ordnen und zu organisieren, dass damit ein Schulsystem entsteht, das allen jungen Bürgern gemäß ihren Fähigkeiten die dem heutigen gesellschaftlichen Leben entsprechenden Bildungsmöglichkeiten eröffnet.[26]

2. Landesverfassungen

In den Verfassungen der meisten Länder finden sich ähnliche Bestimmungen wie die des Art. 11 LV. In einigen Ländern beschränken sich die Verfassungen darauf, ein **Recht auf Bildung** zu postulieren, ohne gleichzeitig Regelungen zur entsprechenden Ausgestaltung des Schulwesens zu machen (Art. 4 NdsVerf, 9 SächsVerf, Art. 24 a SaarlVerf, 10 SchlHVerf). Hamburg und Hessen haben keine vergleichbaren Regelungen in ihren Verfassungen. Art. 31 RPVerf verortet den an der Begabung orientierten Zugang zu Schule und Hochschule unter dem Aspekt der Begabtenhilfe. Nur in wenigen Ländern ist in den Landesverfassungen ausdrücklich oder in einer im Ergebnis ähnlichen Form normiert, dass der **Zugang zu Bildungseinrichtungen ohne Rücksicht auf die Herkunft oder wirtschaftliche Lage** erfolgen muss.[27]

11

3. Internationale Vereinbarungen

Zahlreiche internationale Vereinbarungen greifen die Frage eines Rechtes auf Bildung auf. So erklärt bereits Art. 26 der Allgemeinen Erklärung der Menschenrechte der Vereinten Nationen vom 10.12.1948 **Bildung als Menschenrecht**.[28] In späteren Jahren kamen ähnliche Regelungen hinzu, wie – in zeitlicher Reihenfolge – das Erste Zusatzprotokoll zur Konvention zum Schutz der Menschenrechte und Grundfreiheiten vom 20.3.1952 (Art. 2),[29] das Übereinkommen gegen Diskriminierung im Unterrichtswesen der UNESCO vom 15.12.1960,[30] das Übereinkommen zur Beseitigung jeder Form von Rassendiskriminierung vom 7. 3. 1966 (Art. 5 e iii),[31] der Internationale Pakt über wirtschaftliche, soziale und kulturelle Rechte vom 19.12.1966 (Art. 13),[32] das Übereinkommen zur Beseitigung jeder Form der Diskriminierung der Frau vom 18.12.1979 (Art. 10),[33] das Übereinkommen über die Rechte des Kindes vom 20.11.1989 (Art. 28)[34] und das Übereinkommen über die Rechte der Menschen mit Behinderungen vom 13.12.2006 (Art. 24).[35] Allen diesen Übereinkommen und Vereinbarungen ist gemein, dass ihre Umsetzung im Bereich der schulischen Bildung angesichts der Zuständigkeit der Länder für diesen Bereich Umsetzungsakte der Länder bedürfen (s.o., → Rn. 7).

12

---

26 BVerfGE 26, 228 (238).
27 Neben BW: Brandenburg, Mecklenburg-Vorpommern, Sachsen-Anhalt, Thüringen.
28 Resolution 217 A (III).
29 BGBl. 1956 II, 1879; s. dazu auch → Rn. 7.
30 BGBl. 1968 II, 385.
31 BGBl. 1969 II, 961.
32 BGBl. 1973 II, 1570.
33 BGBl. 1985 II, 648.
34 BGBl. 1992 II, 121.
35 BGBl. 2008 II, 1419. Zur damit verbundenen Frage der inklusiven Beschulung von Kindern mit einem Anspruch auf ein sonderpädagogisches Bildungsangebot s. *Ebert* in: Ebert § 15 Rn. 2 ff.

B. Erläuterungen

I. Bildung – Ausbildung

13 Im VA wurde intensiv erörtert, ob in Art. 11 LV ein Recht auf Bildung oder auf Ausbildung normiert werden soll. Die **Bedeutung dieser Unterscheidung** ist heute, sofern überhaupt noch trennscharf vorhanden, **gering**. So ist im schulischen Bereich häufig von „Bildung" die Rede, zB bei „Bildungsplänen" (§ 35 IV SchG), beim „Erziehungs- und Bildungsauftrag der Schule" (§ 35 a I SchG) oder bei „Bildungsabsichten" von Schülern am Gymnasium (§ 8 I SchG). Der Begriff der Ausbildung findet sich vor allem im Bereich der beruflichen Schulen; hier tragen die die jeweiligen Bildungsgänge regelnden Verordnungen in aller Regel die Bezeichnung „Ausbildungs- und Prüfungsordnung."[36] Im frühkindlichen Bereich ist es Aufgabe der Kindertageseinrichtungen, „die Erziehung und Bildung" des Kindes zu fördern (§ 2 I KiTaG). Im Bereich bundesrechtlicher Regelungen umfasst nach § 22 II SGB VIII der Förderauftrag der Tageseinrichtungen für Kinder und Kindertagespflege, die „Erziehung, Bildung und Betreuung" des Kindes. Hingegen spricht das BAföG von „Ausbildungsförderung" (§§ 2 I, 12 II), obgleich es auch Förderregelungen für den Bereich der weiterführenden allgemeinbildenden Schulen enthält.

II. Institutionelle Reichweite

14 Aus der Entstehungsgeschichte des Art. 11 heraus lässt sich nicht ableiten, ob Abs. 1 – was man wegen des sich direkt auf Abs. 1 beziehenden Abs. 2 vermuten könnte, der ausschließlich die öffentlichen Schulen benennt –, **nur ein auf Schulen bezogenes Recht** auf eine begabungsgerechte Erziehung und Bildung geben will oder dieses den **gesamten Bildungsbereich, vom frühkindlichen Bereich bis zu den Hochschulen und zu Weiterbildungseinrichtungen**, umfassen soll.[37] Allenfalls lässt sich aus der ursprünglichen Fassung von Art. 12 II VerfERP wie auch Art. 27 IV VerfECDU, mit denen jeweils für Begabte der Zugang für höhere Schulen und Hochschulen eröffnet werden sollte, ablesen, dass sich die beschlossene Fassung des Abs. 1 auch auf Hochschulen beziehen soll.[38]

15 Bedenkt man, wie ausführlich und mit welchem Inhalt im VA darüber gestritten wurde, ob ein Recht auf Bildung oder Ausbildung geschaffen werden soll, so spricht sehr viel dafür, dass dabei nicht an den **frühkindlichen Bereich** und schon gar nicht an seine Ausprägungsform der Krippen für die unter Dreijährigen gedacht wurde. Dies ist auch deshalb naheliegend, weil damals der Kindergarten primär als Betreuungseinrichtung verstanden wurde. Der Aspekt der Bildung als Teil des Förderauftrags der **Kindertageseinrichtungen** und der **Kindertagespflege** kam in rechtlicher Hinsicht erst mit Inkrafttreten des SGB VIII zum 1.1.1991 in den Fokus. Die Kindertageseinrichtungen sind zwar nach wie vor nicht ausschließlich Bil-

---

36 S. zB VO zur Ausbildung und Prüfung an den zweijährigen zur Fachschulreife führenden Berufsfachschulen (GBl. 2008, 473).
37 So *Braun*, Art. 11 Rn 1; nicht eindeutig *Feuchte* in: Feuchte, Art. 11 Rn. 3, wonach Abs. 1 nicht nur – aber besonders – für Schulen gilt, ohne positiv zu formulieren, für welche weiteren Bereiche er gelten soll.
38 Die Ausdehnung auf Hochschulen bejahend: ESVGH 44, 113 (118).

dungseinrichtungen und sollen das auch von ihren Aufgaben her nicht sein.[39] So gibt es dort für die inhaltliche Arbeit keine Bildungspläne, sondern in BW einen „Orientierungsplan".[40] Er enthält zwar Bildungs- und Erziehungsfelder; sie sind aber nicht an schulischen Fachsystematiken oder Schulfächern angelehnt.

Es ist aber inzwischen unbestritten, dass eine möglichst früh einsetzende Förderung hilft, **ungleiche Startchancen, zB aufgrund sozialer Stellung**, zumindest in gewissem Umfang auszugleichen. Gerade im frühkindlichen Bereich wird die Grundlage dafür gelegt, dass, wie von Art. 11 I LV gefordert, eine Erziehung und Bildung erfolgen kann, deren Erfolg nicht oder zumindest so wenig wie möglich von Herkunft oder wirtschaftlicher Lage abhängt. Wegen dieses Wirkungszusammenhangs ist es richtig, Abs. 1 **auch auf den frühkindlichen Bereich zu beziehen**. Nicht überzeugend erscheint, dieses Ergebnis direkt aus dem Gesetzgebungsauftrag des Abs. 4 ableiten zu wollen.[41] Denn dieser Auftrag ist abhängig vom Umfang der institutionellen Reichweite des Rechtes nach Art. 11 I LV, bestimmt also nicht seinerseits dessen Umfang. 16

III. Begabung

Art. 11 I LV gibt dem jungen Menschen das Recht auf eine **„seiner Begabung" entsprechende Erziehung und Ausbildung**. Aus der Entstehungsgeschichte der Norm lässt sich nicht sicher ableiten, was genau damit ausgedrückt werden sollte.[42] Sicher ist nur, dass das genannte Recht jedenfalls nicht von Herkunft oder wirtschaftlicher Lage abhängen soll. Die Schwierigkeiten der Auslegung resultieren aber auch daraus, dass der **Begabungsbegriff** zum einen einem steten Wandel unterworfen und zum andern nicht eindeutig definiert ist; tatsächlich gibt es bis heute keine allgemein akzeptierte Definition.[43] Gegenwärtig, so wird dargestellt, bestehe allerdings eine weitgehende Übereinstimmung darin, „dass man die Begabung als die **Summe aller Anlage- und Erfahrungsfaktoren** ansehen sollte, **welche die Leistungs- und Lernbereitschaft eines Menschen in einem bestimmten Verhaltensbereich bedingen.**"[44] Einigkeit scheint auch insoweit zu bestehen, als Begabung nicht als nur anlagebedingt gesehen wird, sondern zusammengesetzt aus genetischen Faktoren und Umweltfaktoren.[45] 17

Versteht man Abs. 1 zum einen als **subjektives Teilhaberecht auf Bildung**, zum andern als einen **Gestaltungsauftrag**, das Recht nach Abs. 1 zur Geltung zu bringen, hat der Begriff der Begabung in Abs. 1 eine doppelte Be- 18

---

39 Anders die Vorschläge des Deutschen Bildungsrats: „Strukturplan für das Bildungswesen", 1993, Nr. 1.4.3 der für den Elementarbereich forderte, ihn künftig „zu einem unverzichtbaren Bestandteil des gesamten Bildungssystems" zu machen.
40 Orientierungsplan für Bildung und Erziehung in baden-württembergischen Kindergärten und weiteren Kindertageseinrichtungen v. 15.3.2011: www.km-bw.de/site/pbs-bw-new/get/documents/KULTUS.Dachmandant/KULTUS/Projekte/kindergaerten-bw/Oplan/Material/KM-KIGA_Orientierungsplan_2011.pdf (1.11.2017).
41 So aber *Braun*, Art. 11 Rn. 3.
42 Abg. *Erbe* (FDP/DVP): „Die wirkliche Formung des Menschen muss ohne Rücksicht auf seine Begabung gelingen." in: Feuchte, Quellen, 4. Teil, 553.
43 *Graumann*, Begabung, Abschnitt 2.
44 *Heid/Fink*, Begabung, 146 (147, Spalte 1).
45 *Stumpf*, Förderung, 45 f.

deutung: Er macht zum einen das Recht auf Erziehung und Ausbildung von „Begabung" abhängig, erlaubt mithin, den Zugang zu entsprechenden Bildungseinrichtungen von einer festgestellten Begabung abhängig zu machen. Das kann über Eingangsprüfungen oder Notenvoraussetzungen geschehen aber auch, wie es nach einer entsprechenden Änderung des SchG beim Übergang von der Grundschule in weiterführende Schulen der Fall ist, durch Einschätzung der Erziehungsberechtigten (§ 88 II iVm § 5 II SchG). Begabung ist aber zum anderen nicht allein durch Anlage Gegebenes, sondern Begabung ist entwickelbar, weil – so die dabei zugrunde liegende Annahme – der Mensch bildsam ist. Weil das so ist, verpflichtet der Gestaltungsauftrag des Abs. 2 den Staat, das öffentliche Schulwesen so zu gestalten, dass Begabung möglichst optimal entwickelt und gefördert werden kann und so für Bildungs- und Chancengerechtigkeit gesorgt wird.[46]

19 Damit ist noch nicht geklärt, ob und ggf. wie differenziert ein Schulsystem sein muss, um diesem Anspruch gerecht zu werden. Das BVerfG zieht die **Grenze der Gestaltungsfreiheit des Gesetzgebers im Verhältnis zum Wahlrecht der Eltern** zwischen vom Staat zur Verfügung gestellten Schulformen da, „wo das Wahl- und Bestimmungsrecht der Eltern angesichts nur noch einer einzigen vorhandenen obligatorischen Schulform mit einem vom Staat einseitig festgelegten Bildungsziel obsolet wird und leerläuft."[47] Allerdings erscheint diese Grenzziehung als wenig hilfreich, weil sie erst dann wirksam werden soll, wenn es angesichts nur noch einer Schulform mit nur einem, einseitig vom Staat festgelegten Bildungsziel faktisch kein elterliches Bestimmungsrecht mehr gibt.[48] Für BW ist diese Frage allerdings ohne Belang, da es derzeit vier im SchG verankerte, auf der Grundschule aufbauende Schularten gibt,[49] die alle in sich differenziert sind. Legt man die Rechtsprechung des BVerfG zugrunde, wäre ein Zwei-Säulen-Modell, wie es zB die Landesregierung in der 15. Legislaturperiode anstrebte,[50] bestehend aus dem Gymnasium und einem „*integrativen Bildungsweg*", von der Gestaltungsfreiheit des Gesetzgebers gedeckt gewesen.[51]

---

46 Im Ergebnis ebenso: *Stilz* in: Meisch/Nielebock/Jäger, S. 90, der das Aufgerufensein des Staates zur Schaffung von Bildungs- und Chancengerechtigkeit allerdings aus Art 12 I LV – Erziehung zur Friedensliebe – ableiten zu wollen scheint und damit letztlich den dortigen Erziehungsauftrag zu einer staatliche Verpflichtung zur Leistung in allen in irgend einer Form dem „Frieden" (. s.dazu Art. 12 Rn. 39) dienenden Bereichen umdeuten würde.
47 BVerfGE 45, 400 (416).
48 Zu Recht weist *Ossenbühl*, Erziehungsrecht, 127, darauf hin, dass das elterliche Bestimmungsrecht in einem solche Fall ein „nudum ius" wäre, „ein inhaltsloses Recht, eine Befugnis ohne Substanz."
49 Haupt- und Werkrealschule (§ 6 SchG); Realschule (§ 7 SchG); Gymnasium (§ 8 SchG), Gemeinschaftsschule (§ 8 a SchG).
50 LT-Drs. 15/5044, 9: „Angestrebt wird dabei im Bereich der auf der Grundschule aufbauenden Schulen ein Zwei-Säulen-System mit einerseits dem Gymnasium und andererseits einem integrativen Bildungsweg, der sich aus den auf der Grundschule aufbauenden Schulen entwickelt."
51 Wenig hilfreich für die Bestimmung einer Grenze ist in diesem Zusammenhang, wenn *Ossenbühl*, Erziehungsrecht, 129, dann das elterliche Erziehungsrecht und das Kindesgrundrecht verletzt sieht, wenn bei der differenzierenden Ausprägung der Schulorganisation diese „gegenüber anderen staatlichen Zielen und Motiven ungerechtfertigt zurückgesetzt werden."

IV. Rechtsnatur

Art. 11 LV ist ein klares **Verfassungsgebot** in erster Linie für die Legislative, aber auch für die Exekutive. Dies ergibt sich aus Abs. 2, wonach das öffentliche Schulwesen nach diesem Grundsatz zu gestalten ist, und aus Abs. 4, wonach das Nähere ein Gesetz regelt.[52] Er stellt wegen seiner Regelungsaufträge in Abs. 2 und 4 insgesamt nicht nur ein Programm im Sinne einer Orientierungshilfe für die Legislative oder Exekutive dar oder eine bloße Postulierung eines anstrebenswerten Zustands.[53] Darüber hinaus vermittelt Art. 11 I LV ein **subjektives Teilhaberecht auf Bildung, das im Einzelnen der staatlichen Ausgestaltung bedarf**.[54] Es handelt sich dabei nicht um einen „absoluten Individualanspruch",[55] was schon daraus folgt, dass Abs. 2 und 4 es zulassen, das Recht aus Abs. 1 zu gestalten. Bei der Gestaltung ist zu berücksichtigen, dass Art. 7 I GG das gesamte Schulwesen der Aufsicht des Staates unterstellt, womit die Befugnis verbunden ist zur Planung und Organisation des Schulwesens. Zu diesem staatlichen Gestaltungsbereich gehört nicht nur die organisatorische Gliederung der Schule, sondern auch die inhaltliche Festlegung der Ausbildungsgänge und der Unterrichtsziele.[56] Deshalb vermittelt Art. 11 I LV auch weder einen Anspruch auf die Einrichtung eines bestimmten Bildungsangebots noch auf bestimmte Formen der Beschulung.[57]

20

Der Einzelne hat aus Art. 11 I LV jedoch einen **verfassungsrechtlichen Anspruch auf Zugang zu vorhandenen Einrichtungen,** sofern er die entsprechenden Voraussetzungen erfüllt.[58] Übersteigt die Zahl der Bewerber auf Aufnahme in eine Bildungseinrichtung die Zahl der maximal zur Verfügung stehenden Plätze, so ist bei der Auswahl Art. 3 I GG in die Prüfung einzubeziehen, der über Art. 2 I LV auch Teil der LV ist. Eine evtl. Ablehnung ist gerichtlich überprüfbar. Insofern ist es missverständlich, von Art. 11 I LV als einem „Grundrecht ohne Klagemöglichkeit" zu sprechen.[59] Art. 11 I LV setzt nicht die deutsche Staatsbürgerschaft oder die Landeszugehörigkeit voraus, wie schon der Wortlaut („Jeder junge Mensch") zeigt.[60]

21

Das aus Abs. 1 resultierende Teilhaberecht auf Bildung wird ganz wesentlich dadurch bestimmt, wie der Gesetzgeber dem Auftrag des Abs. 2 nach-

22

---

52 StGH, ESVGH 20, 1 (3); VGH BW, U. v. 22.5.2013 – 9 S 1367/12 – openJur, Rn. 56; VGH BW, U. v. 23. 1 2013 – 9 S 2180/12- openJur, Rn. 50; *Braun* Art. 11 Rn. 2.
53 StGH, ESVGH 20, 1 (3); *Braun* Art. 11 Rn. 2. Der ähnliche Wortlaut des Art. 128 I BayVerf sei lediglich Programmsatz: BayVerfGHE 13, 141 (146); 23, 181 (185).
54 VGH BW, B. v. 10.6.1991 – 9 S 2111/90 – openJur, Rn. 56; U. v. 23. 1 2013 – 9 S 2180/12 – openJur, Rn. 50; U. v. 22.5.2013 – 9 S 1367/12 – openJur, Rn. 56; Braun Art. 11 Rn. 7; *Feuchte* in: Feuchte, Art. 11 Rn. 4, der den Begriff des „derivativen Teilhaberechts" verwendet.
55 StGH, ESVGH 20, 1 (3).
56 BVerfGE 34, 165 (182); 47, 46 (71 f.); VGH BW, U. v. 22.5.2013 – 9 S 1367/12 – openJur, Rn. 60.
57 VGH BW, U. v. 22.5.2013 – 9 S 1367/12 – openJur, Rn. 64 für die Einrichtung von Fachklassen.
58 *Braun*, Art. 11 Rn. 7.
59 So aber *Feuchte* in: Feuchte, Art. 14 Rn. 11.
60 VGH BW, B. v. 5.3.1993 – 9 S 3033/92 – openJur, Rn. 2.

kommt, (zumindest) das öffentliche Schulwesen so zu gestalten, dass es den Vorgaben des Abs. 1 entspricht. Dem Teilhaberecht des Abs. 1 gerecht werdende Regelungen müssen – über Art. 2 I LV – den Gleichbehandlungsgedanken des Art. 3 I GG einbeziehen.[61] Das Teilhaberecht bedeutet aber nicht, dass die Schulausbildung dem Schüler oder seinen Erziehungsberechtigten keinerlei **Kosten** verursachen darf. Auch aus dem systematischen Zusammenhang, in dem die Vorschrift zu Art. 14 II LV steht, folgt, dass der LV der Gedanke einer Freistellung von sämtlichen mit der Ausbildung verbundenen Kosten fremd ist.[62]

V. Personenkreis

23 Nach Art. 11 I LV hat „jeder" junge Mensch das Recht auf eine seiner Begabung entsprechende Erziehung und Ausbildung; dieses hängt also **weder von der Staatsangehörigkeit noch vom Aufenthaltsstatus** eines nichtdeutschen jungen Menschen ab. Das unterscheidet Art. 11 LV von bundesrechtlichen Regelungen wie zB dem Aufenthaltsgesetz (AufenthG), wonach ein Ausländer zwar zu einem Integrationskurs zugelassen werden kann, der keinen Zulassungsanspruch hat, dies aber nach § 44 IV 3 AufenthG für Asylbewerber aus sicheren Herkunftsländern nach § 29 a AufenthG grundsätzlich nicht gilt. Ähnliche beschränkende Regelungen finden sich auch im SGB III, zB in dessen §§ 131 und 132.

24 Es ist durch Art. 11 LV aber nicht geboten, **neu zugewanderten Kindern** einen **sofortigen** Zugang zu den von ihnen gewünschten Bildungseinrichtungen zu gewähren. Denn Art. 11 LV macht diesen Zugang von der „*Begabung*" abhängig. Deshalb verstößt es nicht gegen Art. 11 LV, zugewanderte Kinder, die keine oder nur sehr geringe Kenntnisse der deutschen Sprache haben, zunächst und **zeitlich begrenzt** in vorbereitenden Maßnahmen auf ein für den Besuch späterer Bildungsgänge notwendiges Sprachniveau zu bringen.[63] Gleiches gilt für **Eingangstests**, um z.B. für berufliche Bildungsgänge an Schulen eine Zuordnung vornehmen zu können.[64] Beschränkungen der freien Wahl der Bildungseinrichtung können sich auch durch bundesrechtlich vorgegebene Aufenthaltsbeschränkungen ergeben, wie dies zB durch den im Rahmen des Gesetzes zur Einführung beschleunigter Asylverfahren neu in das Asylgesetz eingefügten § 30 a III AsylG erfolgte (BGBl. 2016 I, 390).

25 Eine solche Handhabung entspricht auch Art. 14 der Richtlinie 2013/33/EU zur Festlegung von Normen für die Aufnahme von Personen, die internationalen Schutz beantragen (**Aufnahmerichtlinie**). Dort ist zum einen die Möglichkeit von Sprachkursen vorgesehen. Zum andern sind die Mitgliedstaaten lediglich verpflichtet, „minderjährigen Kindern" den Zugang „in ähnlicher Weise" zu gestatten, wie den eigenen Staatsangehörigen. Der Zugang zum Bildungssystem in diesem Sinne darf nach Art. 14 III

---

61 StGH, ESVGH 20, 1 (3).
62 VGH BW, U. v. 22.5.2013 – 9 S 1367/12 – openJur, Rn. 57.
63 *Lehner*, Status, 334.
64 Für den Bereich der beruflichen Schulen s. die Regelung zu Aufnahmevoraussetzungen und Unterricht für Schülerinnen und Schüler mit Migrationshintergrund an beruflichen Schulen in: K.u.U. 2017, 29 ff.

der Richtlinie nicht um mehr als drei Monate, nachdem ein Antrag auf internationalen Schutz von einem Minderjährigen oder in seinem Namen gestellt wurde, verzögert werden. Diese Verpflichtung ist auch dann erfüllt, wenn die Schulpflicht erst zu einem späteren Zeitpunkt einsetzt, ein Recht auf Schulbesuch hingegen bereits innerhalb des Drei-Monate-Zeitraums besteht. Denn es geht bei der Richtlinie um den Zugang als solchen, nicht aber um die Verpflichtung des Minderjährigen, zur Bildungseinrichtung gehen zu müssen.[65]

Anders verhält es sich bei Personen, die ihren Wohnsitz oder – für den Bereich der beruflichen Schulen von Belang – ihre Ausbildungs- oder Arbeitsstätte nicht in BW haben. Die Verpflichtung des Staates, Bildungseinrichtungen vorzuhalten, besteht primär im Verhältnis zu den eigenen Einwohnern. Der **Vorrang der Landeskinder** ist aufgrund eines verfassungsrechtlich begründeten Teilhaberechts, das sich aus Art. 11 LV, ggf. Art. 12 I GG und Art. 3 I GG und dem Sozialstaatsprinzip ergibt, an den Bildungseinrichtungen des Landes begründet. Auch besteht die Verpflichtung des Staates, Bildungseinrichtungen vorzuhalten, primär im Verhältnis zu den eigenen Einwohnern.[66] Dies folgt aus dem Prinzip des Föderalismus und der durch das GG vorgenommene Aufgabenverteilung für die staatliche Aufgabe der Errichtung und Gestaltung des Schulwesens. Nach Art. 30 GG iVm Art. 7 I GG ist die Errichtung und Gestaltung des Schulwesens Aufgabe eines jeden Landes. Diese Aufgabe wird auf der Grundlage originärer eigener Staatsgewalt des jeweiligen Landes wahrgenommen. Sie ist territorial an das Staatsgebiet des Landes gebunden und auf das Staatsvolk des Landes bezogen. 26

VI. Gestaltungsauftrag (Absatz 2 und 4)
1. Der Gestaltungsauftrag des Abs. 2

Der Auftrag, das öffentliche Schulwesen entsprechend dem Grundsatz des Absatzes 1 auszugestalten, richtet sich zunächst an den **Gesetzgeber und die Exekutive**.[67] Sowohl die Schaffung von Regelungen als auch bei deren Anwendung haben sich am Grundsatz des Absatzes 1 auszurichten.[68] Er richtet sich aber auch an die konkrete Schule und Lehrkraft, die organisatorischen Regelungen der Schule wie auch den Unterricht so auszugestalten, dass dem Teilhaberecht des jungen Menschen möglichst umfassend Rechnung getragen werden wird, zB durch Beratungsangebote, regelmäßige Informationsangebote für Erziehungsberechtigte oder – im Rahmen der der Schule verfügbaren Ressourcen – zusätzliche Förderangebote. 27

Zweifelhaft erscheint, ob sich der Auftrag des Absatzes 2 auch an die **Judikative** richtet.[69] Zwar hat sie Art. 11 LV bei ihrer Tätigkeit zu berücksichti- 28

---

65 AA *Lehner*, Status, 338, für eine solche Regelung wegen „der Angewiesenheit des Bildungsrechts auf einen staatlich-organisatorischen Rahmen" als „angreifbar erscheint." Unklar bleibt dabei, warum ein solcher Rahmen nur dann gegeben sein soll, wenn er mit einer Pflicht verbunden ist.
66 BVerfGE 112, 74 (88, 90); OVG Rh-Pf, NVwZ 2008, 1251.
67 *Braun*, Art. 11 Rn. 2.
68 *Burk* in: Ebert, § 1 Rn. 13.
69 Dies bejahend: *Burk* in: Ebert, § 1 Rn. 13.

gen, wie dies für alles geltendes Recht der Fall ist. Unzweifelhaft hat sie über ihre Entscheidungen auch einen bedeutenden Einfluss auf die Gestaltung und Ausgestaltung schulischen Lebens. Diese Möglichkeiten sind aber nicht Ausfluss einer originären, aus Art. 11 LV fließenden Aufgabe der Rechtsprechung, sondern Resultat der gerichtlichen Tätigkeiten.

29 Wie oben dargestellt (s.o., → Rn. 14 ff.), bezieht sich Abs. 1 nicht nur auf den schulischen Bereich, sondern auch auf den frühkindlichen und den der Hochschulen. Deshalb ist es richtig, das dem Wortlaut nach sich nur auf öffentliche Schulen beziehende Gestaltungsgebot des Abs. 2 als **exemplarisch zu verstehen** und es auch auf die genannten weiteren Bereiche zu erstrecken.[70] Voraussetzung ist allerdings, dass sie dem öffentlichen Bereich zuzuordnen sind.

2. Die Ausgestaltung durch Gesetz (Absatz 4)

30 Wie bei Art. 14 III 3 LV handelt es sich auch bei Art. 11 IV LV um einen **Ausgestaltungsvorbehalt**, also eine Konstellation, in der die Anwendbarkeit eines Verfassungsrechts in wesentlichem Umfang von der Ausgestaltung des einfachen Gesetzgebers abhängt (nähere Einzelheiten dazu s. → Art. 14 Rn. 59 ff.). Der Auftrag zur Ausgestaltung bezieht sich auf alle Abs. 4 vorausgehenden Regelungen. Der Gesetzgeber ist diesem Auftrag durch eine Fülle gesetzlicher Regelungen nachgekommen (s. dazu oben „Ergänzende Normen"). In Teilbereichen, insbesondere beim SchG, ändert er mit hoher Frequenz Regelungen. So wurde zB das SchG allein in der 15. Legislaturperiode neun Mal geändert.

VII. Bereitstellung der Mittel (Absatz 3)

31 Staat, Gemeinden und Gemeindeverbände haben die für die Gestaltung des Schulwesens erforderlichen Mittel, insbesondere auch Erziehungshilfen, bereitzustellen. Mit dem Begriff „Gemeindeverbände" sind auch die Kreise gemeint (→ Rn. 4).

32 § 15 FAG regelt grundsätzlich die Frage der **Kostentragung** durch Land und Kommunen. Danach trägt das Land die persönlichen Kosten für die in seinem Dienst stehenden Lehrer an den öffentlichen Schulen. Zu den persönlichen Kosten gehören nach § 15 III FAG insbesondere Besoldungs- und Versorgungsbezüge, Vergütungen, Stellvertretungskosten, Beihilfen, Unterstützungen, Reise- und Umzugskostenvergütungen einschließlich Trennungsgeld, Übergangsgelder, Unterhaltsbeiträge, Beiträge zur Sozialversicherung und zur zusätzlichen Alters- und Hinterbliebenenversorgung. Die Schulträger tragen die übrigen Schulkosten; ihnen verbleiben die Schulgeldeinnahmen. Die Stadt- und Landkreise erstatten den Schulträgern nach § 18 I FAG die bei jenen entstehenden Kosten für die Schülerbeförderung; sie erhalten ihrerseits nach Abs. 18 III FAG als Kostenerstattung pauschale Zuweisungen durch das Land. Zur **Kostenerstattung bei inklusiven Beschulungen** s. → Art. 14 Rn. 78 f. Daneben gibt es weitere durch gesonder-

---

70 Ebenso: *Braun*, Art. 11 Rn. 3.

te Regelungen erfasste Erstattungstatbestände, so zB für den Bereich der Schulbaumaßnahmen[71] oder für den des Sportstättenbaus (§ 16 FAG).

Zwar bietet § 95 SchG die Rechtsgrundlage für auf Landesrecht basierende **Erziehungsbeihilfen.** Tatsächlich sind hierfür weder im Landeshaushalt Mittel ausgewiesen, noch gibt es die in § 95 III SchG vorgesehenen, zur Durchführung notwendigen Rechts- und Verwaltungsvorschriften; die Gemeinsame VwV des KM und SM über die entsprechende Förderung ist zum 31.7.1992 außer Kraft getreten (K.u.U. 1993, 9). Die staatliche Förderung erfolgt heute über bundesrechtliche Regelungen, vor allem über das BAföG, bei dem mit dem 25. BAföG-Änderungsgesetz (BGBl. 2014 I, 2475) die bisher von Bund (65 %) und Ländern (35 %) getragene Finanzierung zum 1.1.2015 durch eine Vollfinanzierung seitens des Bundes abgelöst wurde. 33

Artikel 12 [Erziehungsziel, Träger der Erziehung]

(1) Die Jugend ist in der Ehrfurcht vor Gott, im Geiste der christlichen Nächstenliebe, zur Brüderlichkeit aller Menschen und zur Friedensliebe, in der Liebe zu Volk und Heimat, zu sittlicher und politischer Verantwortlichkeit, zu beruflicher und sozialer Bewährung und zu freiheitlicher demokratischer Gesinnung zu erziehen.

(2) Verantwortliche Träger der Erziehung sind in ihren Bereichen die Eltern, der Staat, die Religionsgemeinschaften, die Gemeinden und die in ihren Bünden gegliederte Jugend.

Schrifttum:

Auer, Grundzüge und Determinanten staatlicher Erziehungsziele, FS für Klement, 2006, www.kha.at/downloads/01klement.0506.pdf; *ders.*, Das Menschenbild als rechtsethische Dimension der Jurisprudenz, 2005; *Becker*, Das „Menschenbild des Grundgesetzes" in der Rechtsprechung des Bundesverfassungsgerichts, 1996; *Böckenförde*, Vom Wandel des Menschenbildes im Recht, 2001; *Bothe*, Bericht zum Beratungsgegenstand: Erziehungsauftrag und Erziehungsmaßstab der Schule im freiheitlichen Verfassungsstaat, VVDStRL 54 (1995), 7; *Dittmann*, Bericht zum Beratungsgegenstand: Erziehungsauftrag und Erziehungsmaßstab der Schule im freiheitlichen Verfassungsstaat, VVDStRL 54 (1995), 47; *Dreier*, Gilt das Grundgesetz ewig? Fünf Kapitel zum modernen Verfassungsstaat, 2008; *Evers*, Die Befugnis des Staates zur Festlegung von Erziehungszielen in der pluralistischen Gesellschaft, 1979; *Galtung*, Gewalt, Frieden und Friedensforschung in: Senghaas, Kritische Friedensforschung, 1971; *Galtung*, Strukturelle Gewalt, Beiträge zur Friedens- und Konfliktforschung, 1975; *Germelmann*, Kultur und staatliches Handeln, 2013; *Häberle*, Erziehungsziele und Orientierungswerte im Verfassungsstaat, 1981; *ders.*, Das Menschenbild im Verfassungsstaat, 4. Aufl. 2008; *Hasenfuss*, Menschlichkeit, Brüderlichkeit, Friede in den Religionen, Archiv für Religionspsychologie 12 (1976), 176; *Höhn*, Wandel der Werte und Erziehungsziele in Deutschland, 2003; *Huster*, Die ethische Neutralität des Staates, 2002; *ders.*, Der Grundsatz der religiös-weltanschaulichen Neutralität des Staates – Gehalt und Grenzen, 2004; *Jordan/Maykus/Stuckstätte*, Kinder- und Jugendhilfe, 3. Aufl. 2012; *Lang*, Wertorientierte Erziehung im öffentlichen Schulwesen, Verfassungsrechtliche Betrachtungen zur integrativen Bedeutung von Gemeinschaftswerten, 2008; *Loschelder*, Schulische Grundrechte und Privatschulfreiheit, in: HGR IV, 2011, § 110; *Mehring/Otto*,

---

71 Drittes Gesetz über die Förderung des Schulhausbaus v. 5. 12.1961, GBl. 1961, 357.

Voraussetzungen und Garantien des Staates, Ernst-Wolfgang Böckenfördes Staatsverständnis, 2014; *Münch*, Bildungspolitik, 2002; *Ossenbühl*, Das elterliche Erziehungsrecht im Sinne des Grundgesetzes, 1981; *Münder/Meysen/Trenczek*, Frankfurter Kommentar SGB VIII, 7. Aufl. 2013; *Oppermann*, Kulturverwaltungsrecht, 1969; *Rathke*, Öffentliches Schulwesen und religiöse Vielfalt, 2005; *Reuter*, Erziehungs- und Bildungsziele aus rechtlicher Sicht, Zeitschrift für Pädagogik 47 (2003), Beiheft; *Riekenberg*, Auf dem Holzweg? Über Johann Galtungs Begriff der „strukturellen Gewalt" in: Zeithistorische Forschungen/Studies in Contemporary History, 2008; *Rollecke*, Erziehungsziele und Auftrag der Staatsschule, in: FS Hans Joachim Faller, 1984, 187; *Roth*, Strukturelle und personale Gewalt, Probleme der Operationalisierung des Gewaltbegriffs von John Galtung, HSFK-Forschungsbericht 1/1988, 1988.

Vergleichbare Regelungen: Art. 131 BayVerf, 28 BbgVerf, 26 BremVerf, 56 HessVerf, 15 MVVerf, 7 NRWVerf, 33 RPVerf, 26 SaarlVerf, 101 SächsVerf, 27 LSAVerf, 22 ThürVerf.

Ergänzende Normen: Schulgesetz, Bildungspläne, SchulbuchzulassungsVO, SGB VIII (Träger der freien Jugendhilfe), Jugendbildungsgesetz.

Leitentscheidungen: BVerfGE 4, 7; 41, 46; 47, 46; 52, 223; 145, 333; BVerfGK 10, 423.

A. Überblick und Einordnung 1	d) Friedensliebe 37
I. Bedeutung 1	e) Liebe zu Volk und Heimat 40
II. Herkunft, Entstehung, Geschichte 6	f) Sittliche und politische Verantwortlichkeit.... 41
III. Verfassungsvergleichende Einordnung 9	g) Berufliche und soziale Bewährung 43
1. Grundgesetz 9	h) Freiheitlich demokratische Gesinnung 44
2. Regelungen der Länder ... 12	II. Die Träger der Erziehung (Abs. 2) 45
3. KMK-Vereinbarungen 16	1. Allgemeines 45
B. Erläuterung 17	2. Die ausdrücklich benannten Träger der Erziehung 48
I. Die Erziehungsziele (Abs. 1) .. 17	3. Die Bindung der Erziehungsträger an die Erziehungsziele 54
1. Das Recht des Staates, Erziehungsziele festzulegen 17	
2. Jugend 28	
3. Die einzelnen Erziehungsziele 29	
a) Allgemeines 29	
b) Ehrfurcht vor Gott 32	
c) Christliche Nächstenliebe, Brüderlichkeit aller Menschen 35	

A. Überblick und Einordnung

I. Bedeutung

1 Welche Bedeutung Erziehungsziele im Allgemeinen und die des Art. 12 I LV im Besonderen haben, ist höchst umstritten. Das

- beginnt mit der Frage, ob der Staat angesichts seiner Neutralitätsverpflichtung überhaupt ein Mandat hat, Ziele einer Erziehung vorzugeben,[1]

---

[1] S. dazu die Nachweise bei *Evers*, Befugnis des Staates, 56.

- geht weiter zur Frage, was überhaupt Erziehung ist[2] und ob und ggf. wie sie sich von Bildung unterscheidet,
- berührt die Frage der Abgrenzung zum Erziehungsrecht der Eltern wie auch zu Grundrechtspositionen von Schülern, zB im religiösen Bereich,
- enthält den zentralen Punkt, zu welchen Zielen erzogen werden soll oder darf,
- bezieht die Abhängigkeit rechtlich fixierter Erziehungsziele von der Zeit ihrer Fixierung mit ein[3] und
- endet schließlich bei Zweifeln, ob diesbezügliche juristische Vorgaben für die schulische Praxis eine nennenswerte Relevanz haben.[4]

Letzteres hat neben der per se beschränkten juristischen Einwirkungsmöglichkeit auf die konkrete pädagogische Handlungssituation an der Schule auch seinen Grund in der **Tendenz, Schulen, fast routinemäßig, für alles zuständig zu erklären, was gesellschaftlich für anstrebenswert oder verbesserungsbedürftig gehalten wird.** Die Existenz von Erziehungszielen in den Landesverfassungen oder Schulgesetzen zeigt jedoch, dass die Jugend oder der junge Mensch als erziehungsfähig, aber auch als erziehungsbedürftig angesehen wird.[5]

Festzuhalten ist, dass der in der Verfassung oder/und in einem Schulgesetz fixierte Erziehungsauftrag eine **objektive staatliche Verpflichtung** – und zwar für Gesetzgeber, Schulverwaltung, Schule und Lehrkräfte – begründet, um die Erreichung der in Landesrecht, GG und internationalen Vereinbarungen genannten Ziele der Erziehung besorgt zu sein; sie sind insoweit für die Genannten verbindlich.[6] Erziehungsziele „formulieren und normieren einen Grundkonsens unserer freiheitlichen Demokratie, d. h. sie schrei-

2

---

2 S. dazu auf der einen Seite zB *Rollecke,* Erziehungsziele, 187 (198), der ausführt: „Man weiß nicht, was Erziehung ist, man weiß nicht, worauf sie abzielen soll und es fehlt an jeder Unterrichtstechnologie, d.h. an zuverlässigem übertragbarem knowhow für die Vermittlung von Wissen." und auf der anderen Seite *Rux* in: Rux/Niehues, Rn. 163, der Erziehung als die Vermittlung derjenigen Werte und Normen definiert, die Grundlage für das Leben in der Gemeinschaft mit andern sind. Ähnlich, wenn auch abstrakter, *Evers,* Befugnis des Staates, 54 und 120, der Erziehung als einen „Komplex von pädagogischen Handlungen mit dem Zweck der Festlegung, Veränderung oder Gewinnung von relativ dauernden, als wertvoll beurteilten Bereitschaften zu Gruppen von Erlebnis- und Verhaltensweisen des Schülers" definiert. *Dittmann,* VVDStRL 54, 47 (49 f.), bezeichnet die Begriffe Bildung und Erziehung als zu den „schillerndsten der Geistesgeschichte" gehörend und beschränkt sich deshalb auf die Feststellung, dass die beiden Begriffe „zwangsläufig weltanschaulichen Inhalt" haben.

3 S. dazu *Häberle,* Erziehungsziele, 76: „Erziehungsziele stellen den Verfassungsstaat in den *historischen* Kontext. Sie formulieren Tugenden, deren Postulierung ihn „gemacht" haben, bevor er juristisch-technisch zum Verfassungsstaat wurde."

4 Ein gutes Beispiel für die Breite der Argumentation und die Unsicherheit über Lösungen findet sich in der Dokumentation der Jahrestagung 1994 der Deutschen Staatsrechtslehrer in der nach vier Referaten und einer umfänglichen Aussprache ein Teilnehmer am Ende feststellt: „Der Schulpraxis werden wir heute Steine statt Brot gegeben haben. Ich bin überzeugt davon, dass weder ein Lehrer noch ein Sozialarbeiter in einem Jugendfreizeitheim oder ein Erzieher mit den Ausführungen der Referenten etwas anfangen können." (*Pitschas* in: VVDStRL 54, 156).

5 *Häberle,* Menschenbild, 45 f.

6 *Geis* in: Meder/Brechmann, Art. 131 Rn. 2; *Bothe,* VVDStRL 54, 7 (20); *Feuchte* in: Feuchte, Art. 12 Rn. 4; *Avenarius* in: Avenarius, Tz. 5.12; aA *Rollecke,* Erziehungsziele, 187 (199), der vehement formuliert: „Verfassungsdogmatisch und soziologisch

ben ihn für die Erziehung des jungen Menschen fest und vor."[7] Dass dies auch vom Gesetzgeber so gesehen wird, zeigt § 1 IV SchG, wonach die für die Schulen erforderlichen normativen Vorgaben (auch) den Grundsätzen des Art. 12 I LV entsprechen müssen.

3   Diese Verpflichtung gilt, obgleich die **faktischen Verwirklichungsmöglichkeiten auf den verschiedenen Handlungsebenen unterschiedlich stark ausgeprägt** sind. So hat ein Land zB über die Konkretisierung von Erziehungszielen im SchG oder über die Festlegung der Inhalte von Bildungsplänen deutlich mehr und umfassendere Einwirkungsmöglichkeiten als über eine unmittelbare Intervention gegenüber einer Lehrkraft, die in der Regel nur dann vorstellbar ist, wenn diese sich dezidiert gegen Erziehungsziele wendet, nicht aber, wenn sie sie – obgleich sie nach § 38 VI SchG ausdrücklich die persönliche Verantwortung für die Umsetzung der Erziehungsziele trägt und deshalb gegen ihre Pflicht nach § 34 S. 3 BeamtStG verstößt, wenn sie dem nicht nachkommt – mit nur wenig Engagement anstrebt.[8] Faktisch beschränkte Möglichkeiten, die Umsetzung von Erziehungszielen in konkreten Situationen zu erzwingen, sind jedoch ebenso wenig ein Argument gegen die Normierung von Erziehungszielen und deren normativen Verbindlichkeit wie es der Umstand ist, dass Erziehungsziele einen Anspruch an das zu erreichende Ziel formulieren, der, jedenfalls in der Summe der Ziele, schwer erreichbar ist.[9]

4   Erziehung ist nicht möglich ohne verbindliche Orientierung, auf die hin erzogen wird.[10] Dass Erziehungsziele als solche auch und gerade heute eine große Bedeutung haben, wird deutlich, wenn man die gegenwärtige gesellschaftliche und politische Situation betrachtet, in der Werte wie Menschlichkeit, Nächstenliebe, Friedensliebe oder die Achtung der Würde und der Überzeugung Anderer von hoher Notwendigkeit sind.[11] Und je stärker der Pluralismus sich in einer Gesellschaft entfaltet, desto notwendiger ist es, **über Erziehungsziele die integrative Kraft einer Gesellschaft zu erhalten**.[12]

5   Eine besondere Bedeutung hat Art. 12 LV durch die in seinem **Absatz 2** enthaltene Absage an eine allein vom Staat bestimmte und verantwortete Erziehung und seine Bejahung eines „**erzieherischen Trägerpluralismus**".[13] Zur Frage, ob und ggf. in welchem Umfang die neben dem Staat in Abs. 2 genannten Erziehungsträger verpflichtet sind, die Erziehungsziele nach Abs. 1 zu verfolgen, s. unten → Rn. 54 ff.

---

sind positivierte Erziehungsziele aber keine Rechtssätze, sondern nur moralische Stützen für den Lehrer im Unterricht." Zweifelnd zur normative Kraft von positivrechtlich vorgegeben Erziehungszielen, *Badura* in: Maunz/Dürig, Art. 7 Rn. 53.
7   *Häberle*, Menschenbild, 46.
8   In diese Richtung: *Dittmann*, VVDStRL 54, 47 (74, These 13), der eine rechtliche Steuerung bei der praktischen Umsetzung des Erziehungsauftrags durch die Lehrkraft nur für begrenzt möglich hält.
9   *Germelmann*, Kultur, 104.
10 *Böckenförde*, Wandel des Menschenbildes, 28.
11 Ähnlich: *Auer*, Grundzüge, 12.
12 *Böckenförde*, VVDStRL 54, 125.
13 *Häberle*, Erziehungsziele, 48.

II. Herkunft, Entstehung, Geschichte

In allen drei Vorgängerverfassungen fanden sich ähnliche Regelungen (Art. 26 VerfLB, 36 VerfWB, 106, 111 VerfWH). Auch Art. 13 VerfERP, der sich eng an die Regelung des Art. 36 VerfWB anlehnte, und Art. 26 VerfECDU lagen bzgl. Abs. 1 nicht grundsätzlich auseinander. Dies war anders bei Abs. 2, wo unterschiedliche Auffassungen über den Umfang der Erziehungsverantwortung der Eltern aufeinandertrafen. 6

Trotz nicht grundsätzlich unterschiedlicher Positionen gab es bei **Abs. 1** eine umfängliche und intensive Auseinandersetzung zur Frage, ob der Begriff der „**Brüderlichkeit aller Menschen**" (VerfERP) oder der der „**christlichen Nächstenliebe**" (VerfECDU), der weitere oder engere sei, wobei man gleichzeitig betonte, dass in jedem Fall der jeweilige Begriff im andern enthalten sei und damit der jeweils andere entbehrlich.[14] Schließlich einigte man sich darauf, sowohl die christliche Nächstenliebe als auch die Brüderlichkeit zu nennen,[15] eine Einigung, die auch bei den späteren Beratungen des Verfassungsentwurfs – bei kleinen Änderungen – Bestand hatte, die aber die Abgeordneten nicht wirklich befriedigte.[16] 7

Sehr intensiv wurde sowohl im VA als auch in der VLV darüber **gestritten, ob bei Abs. 2 die Eltern aus der Reihe der dort genannten Erziehungsträger hervorgehoben werden sollten.**[17] Nach Art. 26 II VerfECDU sollten die Eltern als die umfassend Verantwortlichen für die Erziehung besonders hervorgehoben werden. Ziel war, damit ein „gewisses Vorrecht oder Übergewicht" der Position der Eltern gegenüber den anderen Trägern der Erziehung zum Ausdruck zu bringen.[18] Art. 13 II VerfERP stellte hingegen die verschiedenen Akteure in eine Reihe. Damit sollte dem Umstand Rechnung getragen werden, dass zum einen sich die verschiedenen Bereiche überschneiden, zum andern sich mit zunehmendem Alter der Kinder wandeln und in ihrer Bedeutung verschieben.[19] Nicht beabsichtigt war, so die Position der Regierungskoalition, durch die reine Aufzählung die Genannten in ihren Befugnissen auf eine Ebene zu stellen, diese Frage lasse die gewählte Formulierung völlig offen;[20] eine Argumentation, der die CDU deutlich widersprach. Unwidersprochen blieb hingegen die Feststellung in der Diskussion, die Nennung der Erziehungsträger müsse nicht abschließend sein.[21] 8

---

14 S. dazu zusammenfassend Abg. *Feller* (BHE) in: Feuchte, Quellen, 4. Teil, 588.
15 Feuchte; Quellen, 4. Teil, 591.
16 Vgl. die Beiträge der Abg. *Simpfendörfer* (CDU), *Krause* (SPD) und *Feller* (BHE) in: Feuchte, Quellen, 7. Teil, 296, 299, 300 („Monstrum" bzw. „monströs"), die Kritik des Abg. *Renner* (SPD) aaO, 305, an dem Christlichkeitsbezug des Begriffs der Nächstenliebe und – noch weitergehend – den Streichungsvorschlag des Abg. *Lausen* (SPD), aaO, 315, bezüglich des ganzen Abs. 1, sowie der Vorschlag der Abg. *Buchmann* (KPD), aaO, 320 f., alle Gottesbezüge bzw. christlichen Bezüge in Abs. 1 zu streichen. Zu den Diskussionen im Landtag im Jahre 1975 (die CDU regierte damals alleine) darüber, dass in § 1 SchG statt des Begriffes „Ehrfurcht vor Gott" der Begriff „Verantwortung vor Gott" gewählt wurde und statt des Begriffs der „Brüderlichkeit aller Menschen" der der „Menschlichkeit", s. → Rn. 35.
17 *Feuchte*, Quellen, 7. Teil, 294 ff.
18 Abg. *Hermann* (CDU) in: Feuchte, Quellen, 4. Teil, 595; Abg. *Häußler* (CDU) in: Feuchte, Quellen, 7. Teil, 308.
19 Abg. *Erbe* (FDP/DVP), Abg. *Lausen* (SPD) in: Feuchte, Quellen, 4. Teil, 596, 597.
20 Abg. *Lausen* (SPD), Abg. *Erbe* (FDP/DVP) in: Feuchte, Quellen, 4. Teil, 597, 598.
21 Abg. *Erbe* (FDP/DVP) in: Feuchte, Quellen, 4. Teil, 602.

Einig war man sich auch, dass mit den „verantwortlichen Trägern der Erziehung" nicht nur oder nicht nur in erster Linie an eine Verantwortlichkeit im Sinne einer wirtschaftlichen Verpflichtung gedacht war, sondern auch an die geistige Seite der Erziehung.[22] Unsicherheit bestand, ob man, wie im VerfECDU angeregt, die Gemeinden als Träger der Erziehung nennen sollte.[23] So hatte man Zweifel, ob die Gemeinden, die als Träger der äußeren Schullast im Bereich der Schulen tätig sind, tatsächlich auch erziehen. Von Seiten der SPD wurde zusätzlich befürchtet, die Aufnahme der Gemeinden als einer der verantwortlichen Träger der Erziehung könnte dahin gehend interpretiert werden, sie würden – was zu weit ginge – damit das Recht haben zu bestimmen, wer Lehrer oder Schulleiter an einer Schule wird.[24] Mehrheitlich abgelehnt wurde es, einer Anregung der Landesarbeitsgemeinschaft der baden-württembergischen Landkreise zu folgen, in Abs. 2 auch die Landkreise zu nennen (der Begriff des „Gemeindeverbands" wurde von dort generell abgelehnt).[25] Begründet wurde die Ablehnung mit dem Hinweis, der Begriff „Staat" in Abs. 2 umfasse auch Gemeinden, Gemeindeverbände und Landkreise;[26] eine Begründung, die angesichts der in der LV verwandten Begrifflichkeit (zB Art. 7 I, Art. 11 III, Art. 13) nicht überzeugt, aber bei den weiteren Beratungen nicht in Frage gestellt wurde.[27]

III. Verfassungsvergleichende Einordnung
1. Grundgesetz

9 Art 7 I GG formuliert, anders als das noch Art. 148 WRV getan hatte, selbst **keine Erziehungs- und Bildungsziele**. Diese Norm bildet jedoch das bundesverfassungsrechtliche Fundament für die staatliche Festlegung solcher Ziele.[28] Legt der Staat eigene Erziehungsziele fest, muss er **Neutralität und Toleranz gegenüber den erzieherischen Vorstellungen der Eltern** aufbringen.[29] „Staat" sind hierbei angesichts der Kompetenzordnung des GG in erster Linie die Länder; die Mehrzahl hat Erziehungsziele in der jeweiligen Landesverfassung normiert, alle in den Schulgesetzen. Auch außerhalb von Art. 7 I GG enthält das GG keine Erziehungsziele, es enthält **jedoch Maßstäbe für die inhaltliche Gestaltung von Erziehung und Unterricht**.[30]

---

22 Kultusminister *Schenkel* und – zustimmend – Abg. *Werber* (CDU) in: Feuchte, Quellen, 4. Teil, 592, 593.
23 Die CDU wollte damit nur eine Diskussion anstoßen, vgl. Abg. *Werber* (CDU) in: Feuchte, Quellen, 4. Teil, 601, der auch darauf hinweist, man sei bereit gewesen, im VerfECDU die Gemeindeverbände und Kreise ebenfalls zu nennen, was indes unterblieb.
24 Abg. *Lausen* (SPD) in: Feuchte, Quellen, 4. Teil, 603.
25 Feuchte, Quellen, 6. Teil, 92 f.
26 Abg. *Lausen* (SPD) in: Feuchte, Quellen, 6. Teil, 188.
27 Zum umfassenderen Begriff „Staat" im GG s. BVerfGE 138, 1 (29/Rn. 81).
28 *Germelmann*, Kultur, 93.
29 BVerfGK 10, 423 (430).
30 *Avenarius* in: Avenarius, Tz 512; *Dittmann*, VVDStRL 54, 47 (59); s. auch *Boysen* in: v. Münch/Kunig, Art. 7 Rn. 59, der „die eine Zeitlang mit erheblichem Aufwand betriebenen Bemühungen, schulrechtsunspezifischen Normen des Grundgesetzes konkrete Vorgaben für schulische Bildungs- und Erziehungsziele zu entnehmen" für „heute als gescheitert" erklärt. Dazu nicht im Widerspruch BVerwGE 90, 1 (11), wonach – ohne dafür eine Begründung zu geben – „diejenigen Anforderun-

Es ist insoweit Orientierungsrahmen für die Gestaltung von Erziehungszielen durch die Länder und beschreibt Prinzipien, gegen die eine schulische Erziehung keinesfalls gerichtet sein darf.[31] Die Abstinenz des GG gegenüber Zielen staatlich verantworteter Erziehung ist der Zuständigkeiten der Länder für den Bereich der Bildung und Erziehung geschuldet.[32] Eher spekulativ erscheint, sie auch als „bereichsspezifische Ausprägung der allgemeinen Abneigung des Grundgesetzes gegen eine staatliche Bevormundung der Bürger" zu deuten.[33] Die bewusste, sich von der WRV insoweit klar abhebende Entscheidung des GG wird aber dadurch konterkariert, wenn, wie dies in der Literatur teilweise geschieht, über den Umweg „grundlegender Verfassungswerte" oder „Verfassungsessenzen"[34] aus dem GG sich ergebende, für die Länder verbindliche Erziehungsziele definiert werden sollen.

Obgleich das GG selbst keine eigenen Erziehungsziele setzt, muss die auf der Ebene der Länder erfolgende Normierung und Konkretisierung von Erziehungszielen insbesondere die nach Art. 6 II GG gewährleistete **elterliche Erziehungsrecht** beachten. Art. 6 II GG wird durch kollidierendes Verfassungsrecht, hier Art. 7 I GG, begrenzt. Daraus folgt zunächst, dass der auf das gesamte Schulwesen bezogene Art. 7 I GG keine Begrenzung elterlicher Erziehung außerhalb der Schule begründen kann.[35] Umgekehrt bedeutet dies jedoch nicht, dass Art. 6 II GG deshalb auf den nicht schulischen Bereich begrenzt wäre, weil Art. 7 I GG lex specialis für Erziehung im Bereich der Schule ist. Art. 6 II GG gewährleistet vielmehr das elterliche Erziehungsrecht grundsätzlich umfassend, ohne räumliche Begrenzung auf einen nur privaten Bereich. 10

Erziehung von Kindern lässt sich jedoch nicht in zu einander in keiner Beziehung stehende räumliche Bereiche aufspalten.[36] Vielmehr sind für die Erziehung in der Schule die **Bereiche der elterlichen und der staatlichen Erziehung im Wege einer praktischen Konkordanz aufzulösen**.[37] Dabei bedürfen staatliche Festsetzungen im Spannungsfeld zwischen staatlichem und elterlichem Erziehungsrecht immer dann einer gesetzlichen Grundlage, wenn die Grenzen des staatlichen und elterlichen Erziehungsrechtes in substantieller Hinsicht zulasten des elterlichen Erziehungsrechts verschoben 11

---

gen, die von Verfassungs wegen für jegliches Handeln der Exekutive gelten und daher auch vom Staat und den Kommunen als Träger von öffentlichen Schulen zu beachten sind, zum Mindeststandard der Lehrziele im Sinne von Art. 7 Abs. 4 Satz 3 GG und speziell der Erziehungsziele aller öffentlichen Schulen gehören." Das BVerwG erklärt die „Anforderungen" mithin nicht als Erziehungsziele, sondern als Maßstab, der an Erziehungsziele anzulegen ist. Einschränkend *Germelmann*, Kultur, 94, der „allenfalls die grundlegenden Verfassungswerte, namentlich die Achtung der Grundrechte und der Staatszielbestimmungen" als Erziehungsziele begreifen will.

31 *Dittmann*, VVDStRL 54, 47 (59 f.).
32 *Geis* in: Meder/Brechmann, Art. 131 Rn. 2; *Brink* in: Brocker/Droege/Jutzi, Art. 33 Rn. 6; *Brenner* in: Linck/Baldus u.a., Art. 22 Rn. 4.
33 So aber *Dittmann*, VVDStRL 54, 47 (54).
34 *Sodan* in: Sodan, Art. 7 Rn. 5; *Thiel* in: Sachs, GG, Art. 7 Rn. 26 f.
35 *Burgi* in: HGR, § 109 Rn. 26.
36 *Burgi* in: HGR, § 109 Rn. 39.
37 BVerfGE 34, 165 (182 f.); 98, 218 (244).

werden.[38] Denn in diesem Fall handelt es sich um wesentliche Veränderungen, die (als Ausfluss aus dem Rechtsstaatsprinzip und dem Demokratieprinzip des GG) der Gesetzgeber selbst zu regeln hat. Da der Begriff der Wesentlichkeit allerdings keine „präzise unterscheidende Kraft" besitzt,[39] führt dies in der Praxis angesichts der Vielzahl denkbarer Fallkonstellationen zu nicht immer leicht vorhersehbaren Ergebnissen und damit zu einer gewissen Kasuistik,[40] auch wenn die Ergebnisse im konkret entschiedenen Fall durchaus zutreffend sein mögen. Für die öffentlichen Schulen erfolgt die **Konkretisierung der Erziehungsziele** wie auch die **Bestimmung der Position der Erziehungsträger** durch das SchG und auf seiner Grundlage erlassenen Verordnungen (z.B. ElternbeiratsVO), außerhalb der Schule zB durch das Jugendbildungsgesetz.

2. Regelungen der Länder

12 Die **Verfassungen** der Länder Berlin, Hamburg, Niedersachsen und Schleswig-Holstein enthalten keine Erziehungsziele; in diesen Ländern sind die Bildungs- und Erziehungsziele (lediglich) in den jeweiligen Schulgesetzen formuliert.[41] Einen christlichen Bezug gibt es dabei nur in Niedersachsen und Schleswig-Holstein (vgl. § 4 II SchlHSchG), einen Gottesbezug gibt es in keinem der Erziehungsziele dieser Schulgesetze.

13 Die **Verfassungen** der anderen Länder enthalten sämtlich – unterschiedlich detaillierte – Bildungs- und Erziehungsziele.[42] Diese Länder haben daneben in ihren **Schulgesetzen** Regelungen zu Bildungs- und Erziehungszielen und Aufgaben von Schulen. Die Erziehungs- und Bildungsziele der Verfassungen der neuen Länder enthalten keine ausdrücklich als „christlich" apostrophierten Ziele. Ebenso fehlt dort ein Gottesbezug. Nur § 1 II SächsSchG knüpft in seinen Regelungen zu den Erziehungs- und Bildungszielen an der „christlichen Tradition im europäischen Kulturkreis" an.

Nur in Art. 7 NRWVerf, 27 LSAVerf ist – ohne ausdrücklichen Bezug auf die Schule – die Jugend als Zielgruppe der Erziehung benannt. In manchen Ländern ist der „junge Mensch" zu erziehen (Art. 56 HessVerf, 101 SächsVerf), in wieder anderen ist die Erziehung zu den dort genannten Zielen nur auf die Schule bezogen (Art. 131 BayVerf, 15 MVVerf, 33 RPVerf).

14 Der Inhalt (und die Sprache) der in den **Landesverfassungen** verankerten Erziehungsziele[43] sind stark durch den Zeitpunkt ihrer Entstehung beein-

---

38 BVerfGE 98, 218 (252).
39 *Loschelder* in: HGR, § 110 Rn. 13.
40 S. dazu zB die Auflistung bei *Wolff* in: Hömig/Wolff, Art. 7 Rn. 8; für BW s. zB die Entscheidungen des VGH BW zur Einführung von Französisch in der „Rheinschiene": an der Grundschule kein Gesetz erforderlich laut VGH BW, U. v. 17.2.2002 – 9 S 1427/02 – openJur; am Gymnasium dagegen Gesetz erforderlich – VGH BW, B. v. 23.7.2007 – 9 S 1298/07 – openJur.
41 § 3 BerlSchG; §§ 2, 3 HambSchG; § 2 NdsSchG (die Überschrift des Paragrafen lautet „Bildungsziele", tatsächlich enthält § 2 auch Erziehungsziele); § 4 SchlHSchG („Pädagogische Ziele").
42 Art. 131 BayVerf, 28 BbgVerf, 26 BremVerf, 56 HessVerf, 15 MVVerf, 7 NRWVerf, 33 RPVerf, 26 SaarlVerf, 101 SächsVerf, 27 LSAVerf, 22 ThürVerf.
43 Zu den in Schulgesetzen verankerten Bildungs- und Erziehungszielen s. die umfassende Übersicht bei *Reuter*, Erziehungs- und Bildungsziele, 36 ff., und *Evers*, Befugnis des Staates, 37 f.

flusst.⁴⁴ So stellen die nur wenige Jahre nach dem nationalsozialistischen System und dem zweiten Weltkrieg entstandenen Verfassungen häufig integrative, pflicht- und gemeinschaftsorientierte Werte (zB Nächstenliebe, Brüderlichkeit, Friedensliebe, sittliche und politische Verantwortlichkeit, Liebe zu Volk und Heimat, Hilfsbereitschaft, Duldsamkeit) in den Vordergrund; auch finden sich hier ausdrückliche christliche Bezüge. Die Erziehungsziele der fünf neuen Länder sind hingegen – unterschiedlich stark ausgeprägt –⁴⁵ mehr von Individual- und Selbstentfaltungsrechten bestimmt (selbstständiges Denken und Handeln, Selbstverwirklichung, Entwicklung der freien Persönlichkeit). Diese sind aber ihrerseits wieder in den Kontext zu gemeinschaftsbezogenen Zielen (zB Solidarität, Wille zu sozialer Gerechtigkeit, soziales Handeln, Schutz der Umwelt) gestellt. Art. 26 BremVerf enthält eine Mischform, bei der gemeinschaftsbezogene Ziele (zB „Erziehung zur Gemeinschaftsgesinnung") unmittelbar neben ausgeprägt individuell ausgerichteten Erziehungszielen gestellt sind (zB „Erziehung zum eigenen Denken, der Achtung vor der Wahrheit, dem Mut, sie zu bekennen und der Bereitschaft, das als richtig und notwendig Erkannte zu tun").

Die **Schulgesetze** aller Länder enthalten Erziehungsziele. Aufbau, Konzeption und Detaillierungsgrad unterscheiden sich hierbei erheblich.⁴⁶ Im SchG werden die Erziehungsziele des Art. 12 I LV aber auch von Art. 21 LV und die – wenn auch nicht im engen Sinne – Erziehungsziele des Art. 17 I LV aufgegriffen und konkretisiert sowie in den Kontext des Auftrags der Schule gestellt, der neben der Vermittlung von Wissen, Fähigkeiten und Fertigkeiten auch einen Erziehungsauftrag umfasst (§ 1 II 2 SchG).⁴⁷ 15

3. KMK-Vereinbarungen

Die Länder haben im Rahmen der KMK in einem Beschluss „Zur Stellung des Schülers in der Schule",⁴⁸ ausgehend von den Regelungen des GG, der Landesverfassungen und der Schulgesetze, inhaltlich übereinstimmenden Bildungs- und Erziehungsziele zusammengefasst. Die darin zusammengefassten Ziele beschreiben **„einen ethischen, weltanschaulichen und politischen Mindestkonsens."**⁴⁹ Ergänzt wurde dieser Beschluss durch eine Reihe andere Beschlüsse zu einzelnen Erziehungszielen, wie zB der Demokratieerziehung,⁵⁰ zur interkulturellen Bildung in der Schule⁵¹ oder zur Förde- 16

---

44 S. hierzu die Darstellung bei *Evers*, Befugnis des Staates, 35.
45 S. dazu zB Art. 101 I SächsVerf auf der einen Seite und Art. 25 I LSAVerf oder Art. 28 BbgVerf auf der anderen.
46 S. hierzu *Reuter*, Erziehungs- und Bildungsziele, 34.
47 Dazu und zu den Erziehungszielen in der Ausprägung des SchG, *Burk* in: Ebert, § 1 Rn. 22 ff.
48 B. v. 25.5.1973 Nr. 824, siehe www.kmk.org/fileadmin/Dateien/veroeffentlichungen_beschluesse/1973/1973_05_25_Stellung_Schueler.pdf (1.11.2017).
49 *Avenarius* in: Avenarius, TZ 5.12.
50 B. v. 6.3.2009, siehe www.kmk.org/fileadmin/Dateien/veroeffentlichungen_beschluesse/2009/2009_03_06-Staerkung_Demokratieerziehung.pdf (1.11.2017).
51 B. v. 25.10.1996 i.d.F. v. 5.12.2013, http://www.kmk.org/fileadmin/Dateien/veroeffentlichungen_beschluesse/1996/1996_10_25-Interkulturelle-Bildung.pdf, zuletzt abgerufen am 17.1.2017.

rung der Menschenrechtserziehung in der Schule.[52] Die Beschlüsse der KMK sind zwar für die Länder nicht bindend; sie haben aber Gewicht für die Gestaltung der jeweiligen Landesregelungen.[53]

B. Erläuterung

I. Die Erziehungsziele (Abs. 1)

1. Das Recht des Staates, Erziehungsziele festzulegen

17 Das BVerfG hat in ständiger Rechtsprechung[54] festgestellt, dass Art. 7 I GG zwar dem Staat – als Teil der umfassenden Schulaufsicht – ein eigenes Erziehungsrecht verleiht. Es hat aber bereits in seiner Ausgangsentscheidung klargestellt, dass Art. 7 GG in einem Sinnzusammenhang mit den übrigen Vorschriften der Verfassung steht, die eine innere Einheit darstellt. Art. 7 GG müsse deshalb auch **zusammen mit dem elterlichen Erziehungsrecht nach Art. 6 II 1 GG** gesehen werden. Im Gegensatz der Vorstellung der WRV von einer grundsätzlich unbeschränkten staatlichen Schulhoheit, hat, so das BVerfG, das GG den Eltern einen größeren Einfluss auf die Erziehung in der Schule eingeräumt.

18 Das **elterliche Erziehungsrecht** macht also nicht vor der Schule halt.[55] Auch wenn nach Art. 6 II 1 GG die Pflege und Erziehung der Kinder „das natürliche Recht der Eltern und die zuvörderst ihnen obliegende Pflicht" ist, folgt daraus kein ausschließlicher Erziehungsanspruch. Zum einen steht einer solchen Annahme schon der Wortlaut der Norm entgegen, die durch die Verwendung des Wortes „zuvörderst" deutlich macht, dass damit keine Ausschließlichkeit verbunden ist. Zum andern steht aber auch das staatliche Wächteramt nach Art. 6 II 2 GG einer solchen Annahme entgegen. Im Bereich der Schule erfolgt überdies eine **Einschränkung durch den staatlichen Erziehungsauftrag** des Art. 7 I GG; dabei ist der staatliche Erziehungsauftrag dem elterlichen Erziehungsrecht nicht nach-, sondern gleichgeordnet.[56] Das Elternrecht wird also durch das staatliche Bestimmungsrecht des Art. 7 I GG begrenzt, setzt ihm aber seinerseits Grenzen.[57]

19 Die Annahme einer Gleichordnung löst aber noch nicht den **Konfliktfall bei konträren Erziehungszielen**. Wie ein solcher Konflikt aufzulösen ist, ist in der Literatur umstritten. Es gibt sowohl Autoren, die für einen Vorrang des elterlichen Erziehungsrechts votieren als auch solche, die dem Staat in der Schule in diesen Konfliktfällen das Prä geben.[58] Beiden Positionen ist gemein, dass sie im Ergebnis die Gleichordnung der beiden Erziehungsrechte auf Konsensfälle reduzieren, aber bei genügender Konfliktfreudigkeit bzw. reduzierter Kompromissbereitschaft durch die gesetzte Priorisie-

---

52 B. v. 4.12.1980 i.d.F. v. 14.12.2000, siehe www.kmk.org/fileadmin/Dateien/veroeffentlichungen_beschluesse/1980/1980_12_04-Menschenrechtserziehung.pdf (1.11.2017).
53 *Ebert* in: Ebert § 3 Rn. 5.
54 Seit BVerfGE 34, 165 (183), zuletzt BVerfGE 138, 296 (337).
55 *Jestaedt* in: BK, Art. 6 Abs. 2 und 3 Rn. 331, *Stern* in: Stern IV/1, 604.
56 BVerfGE 34, 165 (183); 138, 296 (337).
57 *Jarass* in: Jarass/Pieroth, Art. 7 Rn. 6.
58 S. dazu die umfänglichen Nachweise bei *Stern* in: Stern IV/1, § 100 Fn. 1181, 1182.

rung einer der beiden Positionen es ermöglichen, die jeweilige Position ohne Erfordernis eines Ausgleichs durchzusetzen.

Stern vertritt in Abgrenzung hierzu für diese Fälle die Position, dass es „im Lichte des demokratischen Prinzips" nur darum gehen könne, das staatliche Schulmandat für Erziehung so auszuüben, dass es in größtmöglichem Maß der größtmöglichen Zahl der Eltern entspricht. Daraus folge vor allem eine **Berücksichtigung der in der Gesellschaft vorherrschenden Erziehungsziele**, wobei der Geist der Toleranz gegenüber der Minderheit zu wahren sei.[59] Damit wäre es – ein entsprechend festgestelltes Meinungsbild bei den Eltern unterstellt – möglich, Erziehungsziele zu definieren, die zB in eindeutiger Weise religiös geprägt sind, sofern nur dafür gesorgt ist, dass ein Ausweichen im Unterricht möglich ist. 20

Jerstaed wiederum will den Konflikt „**nach dem Prinzip der Herstellung praktischer Konkordanz**" lösen, wobei im Einzelfall zu entscheiden sei, welcher Verfassungsbestimmung für die konkret zu entscheidende Frage das höhere Gewicht zukommt.[60] Dieser Ansatz hat zwar den Vorteil, grundrechtsdogmatisch wie in den sonstigen Fällen von Grundrechtskollisionen vorzugehen. Er bedeutet im Ergebnis das Entstehen einer wertorientierten Kasuistik, wie sie tatsächlich auch in der Rechtsprechung entstanden ist.[61]

Eine im Vergleich zu den vorherigen Positionen klarere Unterscheidung erbringt der Ansatz von *Huster*, der das staatliche und das elterliche Erziehungsrecht dadurch voneinander abgrenzt, dass er das staatliche Erziehungsrecht dann als nicht in das elterliche eingreifend betrachtet, **solange der Staat das Neutralitätsgebot hinsichtlich der Begründung – nicht aber hinsichtlich der Wirkung – der Maßnahme beachtet**. Eine Begründungsneutralität ist dann gegeben, wenn die Maßnahme nicht darauf abzielt, eine Religion oder Weltanschauung zu privilegieren oder zu diskriminieren.[62] Gegen eine neutrale schulische Erziehung in diesem Sinne bieten nach Ansicht die Grundrechte – mit Ausnahme der Gewissensfreiheit nach Art. 4 I GG – zwar keinen Schutz.[63] Huster geht dabei davon aus, dass es angesichts der in einer Gesellschaft vorhandenen Vielzahl von Überzeugungen und Lebensformen, die sich überdies teilweise widersprechen, nicht möglich ist, das Gemeinwesen auf eine Weise einzurichten, die allen Überzeugungen und Lebensformen immer in gleicher Weise entspricht.[64] 21

Dieser Ansatz ist hilfreich, da er auch solche Fälle zu lösen hilft, in denen strittig ist, ob die staatliche Maßnahme „neutral" in ihrer Begründung ist (zB die Verankerung einer naturwissenschaftlichen Position, die in der Wissenschaft zumindest ganz überwiegend als gesichert angesehen wird, die aber von bestimmten Eltern und einer Mindermeinung in der Wissenschaft abgelehnt wird). Huster weist insoweit zu Recht darauf hin, „dass in ge- 22

---

59 *Stern* in: Stern IV/1, 608.
60 *Jerstaedt* in: BK, Art. 6 Abs. 2 und 3 Rn. 343.
61 S. dazu die Übersicht bei *Stern* in: Stern IV/1, 609.
62 *Huster*, Grundsatz, 13.
63 *Huster*, Die ethische Neutralität, 365 ff., 393, 404; s. dazu auch → Art. 21 Rn. 17.
64 *Huster*, Grundsatz, 13.

wisser Weise gegen die gesamte wissenschaftlich orientierte Schulausbildung geltend gemacht werden (kann), dass sie die Tradierung religiöser, jedenfalls nicht allein an wissenschaftlichen Erkenntnissen orientierter Weltbilder vereitelt oder zumindest erschwert."[65] Gleiches gilt für die Vermittlung bestimmter Lebensformen oder auch von politischen Normen und Tugenden. In all diesen Fällen reicht es als Begründung für das Verlangen, von dem **Gebot der Begründungsneutralität** genügenden schulischen Bildungs- und Erziehungsmaßnahmen verschont zu werden nicht, dass die Maßnahme mit religiös-weltanschaulichen Überzeugungen oder anderen Erziehungsvorstellungen in Konflikt gerät. Vielmehr muss eine wirkliche Gewissensnot dargelegt werden.

23 Ebenfalls juristisch stark umstritten ist die weitere Frage, wie weit das staatliche Bestimmungsrecht **inhaltlich** reicht.[66] Dies hat allerdings bislang keine erkennbaren Auswirkungen auf die Rechtsprechung des BVerfG – das es ablehnt, den staatlichen Erziehungsauftrag aus Art. 7 I GG auf eine Wissensvermittlung zu reduzieren[67] – gehabt. Weitgehend Einigkeit herrscht, dass das staatliche Bestimmungsrecht insoweit besteht, als es sich auf die **Vermittlung von Wissen und Fertigkeiten** beschränkt.[68] Eine solche Begrenzung greift aber aus mehreren Gründen zu kurz. Eine Vermittlung von Wissen und Fertigkeiten deckt allenfalls einen Teil dessen ab, was Erziehung ausmacht. Erziehung ist jedoch mehr. Sie will und soll vielmehr **Werte und Verhaltensweisen vermitteln,** die für das Leben in einer Gesellschaft als selbstverantwortliche Persönlichkeit für notwendig erachtet werden.[69] Normierten Erziehungszielen liegen Werte zugrunde, die – weil normiert – vom Gesetzgeber in einem wertenden Akt priorisiert wurden.[70] Erziehung kann mithin **inhaltlich und formal nicht tendenzfrei** sein.[71] Das SchG macht das in seinem § 1 II 2 sehr deutlich, wenn es als Verpflichtung der Schulen festlegt, „über die Vermittlung von Wissen, Fähigkeiten und Fertigkeiten hinaus" die Erziehungsziele der LV zu beachten.

24 Dazu kommt ein weiteres: Das Postulat des BVerfG, dass das elterliche und das staatliche Erziehungsrecht einander gleichgeordnet sind, gibt nur Sinn, **wenn sich die beiden Erziehungsrechte nicht auf völlig unterschiedliche Bereiche beziehen,** sondern nennenswerte Überschneidungen aufweisen. Wenn das staatliche Erziehungsrecht auf die Vermittlung von Wissen und Fertigkeiten beschränkt wäre (ein Bereich, für den das BVerfG für den schulischen Bereich eine auf das elterliche Erziehungsrecht des Art. 6 II GG gestützte Einflussnahme grundsätzlich ausschließt),[72] könnte sich eine Kollision der beiden Rechte nur auf diesem Gebiet ergeben, nicht aber auf dem

---

65 *Huster*, ethische Neutralität, 400.
66 S. hierzu „eine Auswahl der wichtigsten Nachweise" bei *Avenarius* in: Avenarius, 335 Fn. 38; zu den hinter den einzelnen Positionen stehenden philosophischen Erziehungstheorien s. *Rathke*, Schulwesen, 258 ff.
67 BVerfGE 47, 46 (72).
68 Vgl. zB *Sachs* in: Sachs, GG, Art. 7 Rn. 24 mwN (Fn. 85).
69 BVerfGE 47, 46 (72).
70 *Höhn*, Wandel, 17.
71 BVerwGE 79, 298 (302).
72 BVerfGE 47, 46 (75).

Gebiet der wertorientierten Erziehung.[73] Damit wäre aber gerade in dem Bereich, der für das Zusammenleben in einer Gesellschaft notwendig ist, also zB bei Toleranz, Menschlichkeit, Friedensliebe, von vornherein keine Gleichgeordnetheit möglich, vielmehr gäbe es ein alleiniges Bestimmungsrecht der Eltern.

Auch Vertreter der **Position, dem Staat stünden wegen seiner Verpflichtung zu religiös-weltanschaulichen Neutralität keine eigene Werte zu Gebote** und es sei ihm deshalb verwehrt, sich in der Schule werbend für sie einzusetzen, relativieren ihre Position insoweit, als dies für die „Verfassungsessenz" – verstanden als die in Art. 79 III GG niedergelegten Verfassungsprinzipien sowie die ihnen zugrunde liegenden Werte – nicht gelten könne.[74] Denn bei diesen Werten (zB Humanität, Aufklärung, Toleranz, Friedlichkeit) handle es sich „nämlich nicht um Glaubens- oder Weltanschauungsfragen, sondern um unverzichtbare Elemente für ein geordnetes gesellschaftliches Zusammenleben, deren Beachtung von jedem einzufordern ist."[75] Sieht man von der geringen praktischen Bedeutung dieses Ansatzes ab, weil er letztlich in weiten Bereichen zu fast gleichen Erziehungszielen führt, wie die in den Landesverfassungen verankerten, sprechen insbesondere **drei Aspekte gegen diese Position**. Zum einen ist schon nicht ersichtlich, warum aus dem Gebot einer religiös-weltanschaulichen Neutralität des Staates ein Verbot abzuleiten ist, wonach dem Staat gänzlich verwehrt sei, eigene Werte zu setzen und zu vermitteln. Denn Neutralität bedeutet nicht völlige Standpunktlosigkeit. Zum andern entspringen Positionen wie Toleranz oder Friedlichkeit sehr wohl einer ihnen zugrunde liegenden Weltanschauung oder einem Glauben; schon die Entstehungsgeschichte der Landesverfassungen macht dies deutlich. Sie sind gerade nicht nur technokratische Verfahrensregelungen. Und schließlich würde der Weg über Art. 79 III GG im Ergebnis zu bundesrechtlich festgelegten Erziehungszielen führen, obgleich das GG – bewusst – gerade keine formuliert hat, sondern dies den Ländern überließ und sich darauf beschränkte Maßstäbe für die inhaltliche Gestaltung von Erziehung und Unterricht zu setzen (→ Rn. 9). 25

Unabhängig von dieser grundsätzlichen Position ist es dem Staat bei der Vermittlung von Werten verwehrt, im Unterricht **Glaubensinhalte von Religionsgemeinschaften in missionarischer oder indoktrinierender Weise zu vermitteln**. Auch eine gezielte **Beeinflussung im Dienste einer bestimmten politischen oder weltanschaulichen Richtung** ist nicht zulässig.[76] 26

Erziehungsziele mit religiösem Gehalt (zB Verantwortung vor Gott) müssen deshalb verfassungskonform interpretiert werden, um dem staatlichen Neutralitätsgebot gerecht zu werden.[77] Geschieht dies, bestehen gegen sie

---

73 Zu denken wäre hier bspw. an Eltern, die nicht wollen, dass ihrem Kind in der Schule die Darwinsche Evolutionstheorie vermittelt wird.
74 *Thiel* in: Sachs, GG, Art. 7 Rn. 26 f.; *Sodan* in: Sodan, Art. 7 Rn. 5.
75 *Sodan* in: Sodan, Art. 7 Rn. 5.
76 BVerfGK 10, 423 (430).
77 *Germelmann*, Kultur, 97 mwN (Fn. 405); s. dazu auch Ausführungen zur Christlichen GMS badischer Prägung in → Art. 15 Rn. 6ff.

keine verfassungsrechtlichen Bedenken. Eine „kulturblinde Neutralität" fordert das GG nicht.[78]

27 Erziehung kann und soll charakterbildend sein.[79] Allerdings kann der Staat als Ergebnis der von ihm verantworteten Erziehung **keine einheitliche Gesinnung oder Weltanschauung** verlangen, wohl aber, wenn schon die vermittelten Werte nicht in den eigenen Wertekanon übernommen werden, zumindest ein äußeres Verhalten in der Schule, das den Erziehungszielen Rechnung trägt.[80] Die staatliche Schule kann also von ihren Schülern nicht verlangen, in einem bestimmten Sinne zu denken, also innerlich davon überzeugt zu sein, dass zB bestimmte Positionen oder Überzeugungen tolerabel sind; dies obgleich die Fähigkeit zur Toleranz eine Grundvoraussetzung für die spätere Teilnahme am demokratischen Willensbildungsprozess ist, sondern auch für ein gedeihliches Zusammenleben in wechselseitigem Respekt vor Glaubensüberzeugungen und Weltanschauungen. Sie kann aber sehr wohl verlangen, dass Schüler sich in der Schule und im schulbezogenen Umfeld tolerant verhalten. Erfolgt dies nicht, kann sie dem mit pädagogischen und erforderlichenfalls mit Erziehungs- und Ordnungsmaßnahmen begegnen.

2. Jugend

28 Nach Abs. 1 ist „die Jugend" zu den dort genannten Zielen zu erziehen. Wie auch an anderer Stelle der LV (s.u., → Art. 21 Rn. 4) kann auch hier den Verfassungsberatungen kein belastbarer Hinweis für eine eindeutige **Abgrenzung dieser Personengruppe sowohl zum Bereich der Kinder als auch zu dem der Erwachsenen**[81] entnommen werden. Deutlich wurde indes, dass man in jedem Fall die schulische Erziehung im Auge hatte und damit die entsprechende Altersgruppe. Ein weiterer Hinweis auf den personellen Anwendungsbereich folgt aus der Zielrichtung der Norm, die Ziele der Erziehung definiert. Es würde zu kurz greifen, die Möglichkeit der Erziehung daran zu knüpfen, dass sie sich auf Personen bezieht, die noch nicht volljährig sind. Denn Art. 12 I LV normiert nicht die Pflicht der „Jugend", sich erziehen zu lassen, sondern die grundsätzliche Pflicht der in Art. 12 II LV Genannten, bei ihrem erzieherischen Handeln in ihren Bereichen den Erziehungsauftrag des Art. 12 I LV zu berücksichtigen (zu den Einschränkungen → Rn. 54). Die Jugend muss sich zwar im Blick auf ihre innere Überzeugung nicht entsprechend dem Auftrag des Art. 12 I LV erziehen lassen, die zur Erziehung Berufenen sind aber auch nicht gehindert, ihre Aktivitäten zur Erziehung auch auf den Kreis von bereits Volljährigen zu erstrecken. Also kann sich der Auftrag des Art. 12 I LV auch auf Kinder erstrecken, die noch nicht zur Schule gehen wie auch auf Schüler, die – was insbesondere an den beruflichen Schulen häufig der Fall ist – bereits volljährig sind, sowie auf Volljährige, die die Schule bereits verlassen haben.

---

78 *Kotzur* in: Stern/Becker, Art. 7 Rn. 26.
79 *Lang,* Wertorientierte Erziehung, 73.
80 *Brenner* in: Mehring/Otto, Voraussetzungen und Garantien des Staates, 114 unter Bezugnahme auf Böckenförde.
81 Zum Zeitpunkt des Inkrafttretens der LV lag das Volljährigkeitsalter noch bei 21 Jahren, die Absenkung auf 18 Jahre erfolgte erst zum 1.1.1975 (BGBl. 1974 I, 1713).

Gegen dieses Ergebnis spricht nicht, dass im Zusammenhang mit der Einfügung von Art. 2 a LV in Art. 13 S. 1 LV zusätzlich zu der bereits dort genannten „Jugend" der Begriff der „Kinder" aufgenommen wurde.[82] Dies erfolgte zur Anpassung an die Begrifflichkeit des Art. 2 a LV, ohne dass sich dadurch der Kreis der von Art. 13 LV erfassten Personen gegenüber dem vorherigen Zustand erweiterte.

3. Die einzelnen Erziehungsziele

a) Allgemeines

Art. 12 I LV beschreibt Erziehungsziele, auch wenn die Begrifflichkeit uneinheitlich ist und durch die unterschiedliche Begrifflichkeit – wonach „in der Ehrfurcht" oder „im Geiste der christlichen Nächstenliebe" zu erziehen ist aber „zur Brüderlichkeit aller Menschen" oder „zu freiheitlich demokratischer Gesinnung" – die Vermutung genährt werden kann, im ersteren Fall handle es sich um **Erziehungsmotive** und nur im Zweiteren um **Erziehungsziele**. Konsequenz wäre, dass sich zwar Staat und die Schule zum Wert dieses Erziehungsmotivs bekennen, es für Lehrer und Schüler aber nicht verpflichtend wäre.[83] Tatsächlich spricht weder die Entstehungsgeschichte der Norm noch eine Auslegung der Begriffe für eine solche Unterscheidung. Denn auch die vermeintlichen Erziehungsmotive enthalten die Vorstellung über ein, zwar nur vage in der LV beschriebenes, aber gleichwohl bestimmbares Ziel von Erziehung. 29

Fasst man die in Art. 12 I LV enthaltenen Erziehungsziele zusammen und berücksichtigt darüber hinaus auch die in Art. 17 I LV enthaltenen Erziehungsziele und in 21 I LV genannten Zielvorgaben, so wird deutlich, dass in der Summe die **Entwicklung des Schülers zu einer sittlichen Persönlichkeit** angestrebt wird, **die durch einen Katalog von Tugenden und Bürgertugenden bestimmt und in das Gemeinschaftsleben von Staat und Gesellschaft eingebunden ist**.[84] Das bedeutet auch, dass die einzelnen Erziehungsziele nicht isoliert stehen und stehen können. Vielmehr überschneiden sie sich in Teilen, wie zB „christliche Nächstenliebe" und „Brüderlichkeit aller Menschen" (s. dazu oben Abschnitt A II), teils lässt sich der Umfang ihrer Bedeutung nicht abschließend bewerten, ohne andere Erziehungsziele als in einem Spannungsverhältnis stehend zu verstehen. So steht das Erziehungsziel der „beruflichen und sozialen Bewährung" in einer Verbindung zu dem der „sittlichen und politischen Verantwortlichkeit", das der „Liebe zu Volk und Heimat" mit dem der „christlichen Nächstenliebe und Brüderlichkeit aller Menschen", die auch das Ziel der Toleranz umfassen und mithin der Liebe zu Volk und Heimat Grenzen stecken. Die „Friedensliebe" trifft auf die grundgesetzlich verankerte militärische Landesverteidigung. Die Erziehungsziele der LV stellen also ein Gesamtgefüge dar, zwischen denen in der Anwendung Harmonie oder zumindest Konkordanz zu schaffen ist[85] und 30

---

82 23. LVÄndG v. 1.12.2015 (GBl. 1030).
83 Diese Auffassung vertrat – so das vom Abg. Noller (SPD) aus einem Brief wiedergegebene wörtliche Zitat – der Bischof von Rottenburg, Dr. *Moser*, s. Protokoll der 98. Sitzung des Landtags vom 6.11.1975, 6679 (6689).
84 *Dittmann*, VVDStRL 54, 47 (61).
85 So auch für die RPVerf *Brink* in: Brocker/Droege/Jutzi, Art. 33 Rn. 20.

die im Lichte der Grundrechte auszulegen sind. In der Schule umfasst die **pädagogische Freiheit der Lehrkraft** nicht die Entscheidung, ob sie die Erziehungsziele der LV anstreben will, jedoch die, wie sie in der konkreten Unterrichtssituation dies zu tun beabsichtigt (zur pädagogischen Freiheit s.u., → Art. 17 Rn. 31).

31 Aus der Stellung von Art. 12 LV innerhalb des Abschnittes Erziehung und Unterricht lässt sich ableiten, dass die Erziehungsziele im Grundsatz auch für **Privatschulen** gelten, zumindest wenn sie als Ersatzschulen an die Stelle einer öffentlichen Schule treten können. Allerdings haben diese Privatschulen aufgrund ihrer über Art. 2 I LV inkorporierten, in Art. 7 IV und V GG garantierten Privatschulfreiheit eine Sonderstellung. Wären allerdings in Bezug auf Ersatzschulen Erziehungsfragen der staatlichen Bestimmungsmacht gänzlich entzogen, könnte der Staat seiner **Verantwortung für das Schulwesen an einem für das Gemeinwesen zentralen Punkt** – dem der Ausbildung von Wert- und Ordnungsvorstellungen durch die nachwachsende Generation – nicht gerecht werden. Die ihm durch Art. 7 I GG aufgetragene Aufsicht würde dann an entscheidender Stelle eine Lücke aufweisen.[86] Der Staat überschreitet jedoch seine **Bestimmungsmacht in Erziehungsfragen**, wenn er sich in seinen Vorgaben nicht auf das beschränkt, was als Wert- und Ordnungsvorstellung schon kraft verfassungsrechtlicher Vorgaben, mindestens aber aufgrund eines allgemein für verbindlich erachteten gesellschaftlichen Minimalkonsenses zweifelsfrei nicht Gegenstand legitimer abweichender Betrachtung sein kann.[87] Eine solche Überschreitung staatlicher Bestimmungsmacht liegt zB vor, wenn einer Ersatzschule verboten werden würde, monoedukativ (also in nach Geschlechtern getrennten Klassen) zu unterrichten.

b) Ehrfurcht vor Gott

32 Dieses Erziehungsziel wäre, wörtlich genommen, in doppelter Hinsicht nicht mit der **negativen Religionsfreiheit** nach Art. 4 I, II GG und ggf. auch mit Art. 6 II GG, jeweils über Art. 2 LV in die LV inkorporiert, vereinbar. Denn dann wäre Ziel der Erziehung, dass zum einen der junge Mensch dazu gebracht werden soll, die Existenz eines eindeutig christlich verstandenen Gottes für sich zu akzeptieren und zum andern eine bestimmte Haltung ihm gegenüber einzunehmen, eine Haltung einer mit Furcht einhergehenden Verehrung. Art. 4 I, II GG – und im Blick auf das elterliche Erziehungsrecht Art. 6 II GG – verlangen, dass in der Schule **keine gezielte Beeinflussung im Dienste einer bestimmten politischen, ideologischen oder weltanschaulichen Richtung** betrieben wird. Auch darf sich der Staat in der Schule nicht durch von ihm ausgehende oder ihm zuzurechnende Maßnahmen mit einem bestimmten Glauben oder einer bestimmten Weltanschauung identifizieren und dadurch den **religiösen Frieden in einer Gesellschaft** von sich aus gefährden.[88] Damit sind christliche Bezüge in der Gestaltung der Schule nicht ausgeschlossen, sofern die Schule auch für andere religiöse Inhalte und Werte offen ist; das Gleiche gilt, als Ausdruck der negativen

---

86 BVerwGE 145, 333 (342).
87 BVerwGE 145, 333 (345).
88 BVerfGE 138, 296 (339).

Religionsfreiheit, auch für eine atheistische Haltung. Die Bejahung des Christlichen ist mithin in der Schule – außerhalb des Religionsunterrichts – dann und soweit möglich, als sie sich auf seine **prägenden Kultur- und Bildungswerte** bezieht.[89] Auch muss in diesem sensiblen Bereich in besonderem Maß das **Gebot der Toleranz** beachtet werden; Art. 17 I LV gibt den Schulen insoweit einen klaren Handlungsauftrag (→ Art. 17 Rn. 12 f.). Kein Schüler darf in eine Außenseiterposition gebracht oder sonst benachteiligt werden, wenn er eine andere als eine christliche religiöse oder eine atheistische Überzeugung hat.[90]

Das SchG trägt dieser Auffassung insoweit Rechnung, als es in seinem § 1 II 2 nicht von „Ehrfurcht" vor Gott spricht, sondern von **„Verantwortung" vor Gott**. Ehrfurcht und Verantwortung sind in ihrem Bedeutungsgehalt nicht identisch. Verantwortung bezieht sich auf eine von einem selbst direkt oder indirekt zu verantwortende Handlung oder ein Unterlassen, während Ehrfurcht eine geistig-seelische Einstellung umschreibt, die in einer empfundenen Nicht-Gleichrangigkeit ihren Platz hat. § 1 SchG war wegen dieses Unterschiedes bei seiner Beratung im Landtag heftig umstritten. Während die damals regierende CDU darin eine „Erziehung zur Selbstverantwortung" betont sah, befürchtete die SPD-Opposition eine „Gesinnungsfestlegung" und eine von der LV nicht mehr gedeckte Werteverschiebung.[91]

Definiert man indes das Ziel der „Ehrfurcht vor Gott" wie das der „Verantwortung vor Gott" auf dem Hintergrund der Setzungen des GG, dann entspricht das handlungsorientierte Anknüpfen an die **Verantwortung für das eigene Tun** als Erziehungsziel mehr den Anforderungen von Art. 4 I, II, 6 II GG als das eine innere Einstellung der eigenen Nachgeordnetheit verlangende Ziel der Ehrfurcht. Wenn aber ein Gesetz nicht verfassungswidrig ist, wenn eine Auslegung möglich ist, die im Einklang mit dem GG steht und mithin zu einem verfassungsgemäßen Ergebnis führt,[92] so kann es auch einem Gesetzgeber nicht verwehrt sein, Verfassungsbestimmungen einfachgesetzlich so zu konkretisieren, dass sie dem Ergebnis einer am GG orientierten Auslegung der Verfassungsnorm zumindest mehr entsprechen als die Formulierung in der LV selbst.

c) Christliche Nächstenliebe, Brüderlichkeit aller Menschen

Diese beiden Erziehungsziele wurden bei den Beratungen im VA als sich überschneidend angesehen, ohne dass man sich einigen konnte, welches das engere und welches das weitere Ziel bezeichnet (→ Rn. 7). Ergebnis war, dass beide Begriffe neben einander gestellt wurden. Diese Einigung wurde insoweit nachträglich modifiziert, als bei den Beratungen des SchG, mit dem in § 1 die Erziehungsziele der LV konkretisiert werden sollten, der Begriff der „christlichen Nächstenliebe" übernommen wurde, hingegen die

---

89 BVerfGE 41, 29 (52); *Germelmann*, Kultur, 97, mit umfassender Darstellung des diese Position überwiegend teilenden Meinungsstandes (Fn. 405).
90 BayVerfGH, U. v. 2.5.1988 – Vf. 18-VII-86, abgedruckt bei Bosse/Burk § 1 Abs. 1 und 2 E 11.
91 Abg. *Balle* (CDU), Pl.-Prot. V. 6.11.1975, 6679 (6682) und Abg. *Lang* (SPD), aaO, 6684, sowie Abg. *Geisel* (SPD), aaO, 6690.
92 So bereits BVerfGE 2, 266 (284 f.); 138, 64 (93 f.).

„Brüderlichkeit aller Menschen" durch „Menschlichkeit" ersetzt wurde. Die Kritik der SPD-Opposition hieran war allerdings deutlich geringer als das hinsichtlich der Ersetzung des Begriffs der Ehrfurcht vor Gott durch Verantwortung vor Gott der Fall war.[93] Die Begründungen der CDU und der Regierung für diese Abweichung von der Formulierung des Art. 12 I LV waren unterschiedlich, so dass es nicht möglich ist, die tatsächliche Motivation sicher zu bestimmen.[94] Unabhängig von der Motivation für die Abkehr vom Begriff der „Brüderlichkeit aller Menschen", der immerhin zB eine deutliche Verbindung zu Art. 1 der UN-Menschenrechtscharta[95] aufwies, ist es **schwer, einen habhaften Unterschied zwischen den beiden Begriffen zu finden**, der von einem solchen Gewicht ist, dass es gerechtfertigt wäre anzunehmen, mit dem Begriff der „Menschlichkeit" im SchG sei etwas anderes umfasst als mit dem der „Brüderlichkeit aller Menschen" in Art. 12 I LV. Beiden Begriffen sind weitgehend ähnliche Inhalte zugeordnet wie zB Menschenfreundlichkeit, Güte, Friedfertigkeit, Hilfsbereitschaft.[96]

36 Schillernd ist auch der Begriff der **„Nächstenliebe"**, selbst wenn man ihn ohne das Attribut „christlich" interpretieren wollte. So definiert sich der Begriff der Nächstenliebe weder in den verschiedenen Religionen völlig gleich und noch weniger in der Philosophie.[97] Als Fixpunkt kann man indes festhalten, dass die LV die Nächstenliebe ausdrücklich als positives Erziehungsziel will.[98] Das **Attribut „christlichen"** darf dabei nicht zu einer

---

93 Abg. *Münch* (SPD) monierte, der Begriff der „Brüderlichkeit" bedeute, dass man ein positives, wohlwollendes Verhalten gegenüber jedermann an den Tag lege, während der Begriff der „Menschlichkeit" flach sei, weil er nur ein Verhalten bezeichne, wie es unter Menschen üblich ist, Pl.-Prot. der 98. Sitzung vom 6.11.1975, 6679 (6686).
94 Abg. *Balle* (CDU) sprach davon, die Begriffe der LV würden durch das SchG „entfaltet", vgl. Pl.-Prot. der 98. Sitzung vom 6.11.1975, 6679 (6682). Er machte aber auch deutlich, dass für ihn im Begriff der „christlichen Nächstenliebe" der Begriff der „Brüderlichkeit" enthalten ist (womit er die CDU-Position im Verfassungsgebenden Ausschuss übernahm), aaO, 6686. StS *Weng* (CDU) wiederum führte aus, der Begriff der „Verantwortung vor Gott" sei der Ausgangspunkt für die Brüderlichkeit und die Friedensliebe, aaO, 6690.
95 „Alle Menschen sind frei und gleich an Würde und Rechten geboren. Sie sind mit Vernunft und Gewissen begabt und sollen einander im Geist der Brüderlichkeit begegnen." Resolution 217 A (III) der Generalversammlung vom 10. Dezember 1948. Auch die „Erklärung NOSTRA AETATE – über das Verhältnis der Kirche zu den nichtchristlichen Religionen" v. 28.10.1965 spricht von „universaler Brüderlichkeit", vgl. www.vatican.va/archive/hist_councils/ii_vatican_council/documents/vat-ii_decl_19651028_nostra-aetate_ge.html (1.11.2017).
96 *Hasenfuss*, Archiv für Religionspsychologie 1976, 176.
97 S. dazu die unterschiedlichen Ansätze zB von *Kant*: „Die Pflicht der Nächstenliebe kann also auch so ausgedrückt werden: sie ist die Pflicht, anderer ihre Zwecke (sofern diese nur nicht unsittlich sind) zu den meinen zu machen; die Pflicht der Achtung meines Nächsten ist in der Maxime enthalten, keinen anderen Menschen bloß als Mittel zu meinen Zwecken abzuwürdigen." (Die Metaphysik der Sitten, zeno-online-Ausgabe, Erstes Hauptstück, Erster Abschnitt, § 25) oder von *Jonas*, der es für notwendig erachtet, die Nächstenliebe um den Aspekt der auf den unmittelbaren Umkreis in örtlicher und zeitlicher Hinsicht Bezogenheit hinaus zu erweitern (Das Prinzip Verantwortung, 1984, 23 f.).
98 Dazu im völligen Gegensatz *Nietzsche*, für den Nächstenliebe ein typisches Beispiel ist für „Niedergang" und „Instinkt-Widersprüchlichkeit" ist, vgl. Ecce Homo, Kapitel 15 Abschnitt 7 (http://gutenberg.spiegel.de/buch/ecce-homo-7354/16; 1.11.2017).

einseitigen oder missionarischen Verwirklichung des Erziehungsziels führen.[99] Verboten ist auch, die Erziehungsarbeit der Schule so anzulegen, dass sie in den Dienst bestimmter weltanschaulicher, ideologischer oder politischer Richtungen tritt.[100] Eine so verstandene „christliche Nächstenliebe" hat als wesentliches Element, dass der Andere als zu achtender Mensch wahr genommen und respektiert wird, unabhängig von der gefühls- oder glaubensmäßigen Verbundenheit zu dieser Person. Dies ist mehr als eine nur neutrale Haltung gegenüber meinen Mitmenschen, sondern beinhaltet das Bemühen, dem Hilfsbedürftigen auch zu helfen.[101]

d) Friedensliebe

Angesichts der schrecklichen Erlebnisse zweier Weltkriege und der damit zusammenhängenden Ereignisse und der Gewaltherrschaft des Dritten Reiches verwundert es fast, dass nur in wenigen anderen Landesverfassungen ein Erziehungsziel der „**Friedensliebe**", wie dies Art. 12 I nennt, zumindest in ähnlicher Form vorhanden ist.[102] Art. 12 I LV verbindet die Friedensliebe mit Brüderlichkeit aller Menschen und der christlicher Nächstenliebe; die beiden letztgenannten Erziehungsziele, haben in der Tat eine Verbindung zur „Friedensliebe", wie oben bereits dargestellt. Wenn der Bildungsplan 2016 hierzu ausführt,[103] dass Friedensbildung „auch von der erlebten **Kultur der Konfliktlösung im schulischen Alltag**" abhänge und deshalb „Programme für Streitschlichter und Angebote zur Mediation und Beratung im schulischen Bereich … sowohl die Prävention von Gewalt als auch die Einübung von friedlicher Konfliktlösung durch Jugendliche befördern" können, so ist das sicherlich richtig, weil dies einen Teil der Erziehung zur Friedensliebe bezeichnet. Dies umfasst den Inhalt dieses Erziehungsziels jedoch insoweit unzulänglich, als diese Ausführungen den im Vorspruch zur LV enthaltenen Aspekt, dem Frieden dienen zu wollen, auf einen schulalltäglichen Bereich reduzieren. Selbstverständlich ist auch das individuelle Element der Friedensgesinnung gemeint.[104] Aber es ist – gerade vor dem Hintergrund der Entstehung dieser Norm – in sehr deutlicher Weise auch das **übernationale Element einer solchen Gesinnung** angesprochen. Dieser Bezug auf übernationale Elemente der Friedensliebe wird auch nicht dadurch ausgeschlossen, weil dem Bund nach Art. 73 I 1 GG die ausschließliche Gesetzgebungskompetenz für auswärtige Angelegenheiten zusteht. Denn in Art. 12 I LV geht es nicht um sie, sondern um die dem Land zustehende Festlegungsbefugnis für Erziehungsziele.[105]

---

99 *Badura* in: Maunz/Dürig, Art. 7 Rn. 17.
100 BVerwGE 79, 298 (301).
101 S. dazu *Burk* in: Ebert, § 1 Rn. 26, der zutreffend darauf hinweist, dass damit im Bereich der Schule die Pflicht der Lehrkraft umfasst ist, alle Schüler, auch die leistungsschwachen unter ihnen, fördern zu wollen.
102 So zB Art. 131 III BayVerf („Völkerversöhnung"), 28 BbgVerf („Friedfertigkeit"), 26 BremVerf („Friedliche Zusammenarbeit mit allen Menschen und Völkern"), 7 NRWVerf („Friedensgesinnung"), 101 SächsVerf („Frieden").
103 Einführung in den Bildungsplan 2016: www.bildungsplaene-bw.de/,Lde/BP2016 BW_ALLG_EINFUEHRUNG (1.11.2017).
104 *Braun*, Art. 12 Rn. 18.
105 *Stilz* in: Meisch/Nieleboeck/Jäger S. 87.

Es geht bei diesem Erziehungsziel nicht nur um Friedfertigkeit, also um ein friedliches und tolerantes Miteinander, sondern in besonderem Maße um die **Vermittlung einer bestimmten Einstellung, nämlich den Frieden „zu lieben".** Das umfasst mehr als eine bloße Einübung von Techniken zur Konfliktvermeidung im alltäglichen Bereich und ist etwas völlig anderes als eine nur emotional neutrale Einstellung gegenüber dem Frieden.

38 Das heißt jedoch nicht, dass die Jugendlichen zu bedingungslosem Pazifismus erzogen werden müssten. Denn das GG enthält in seinem Art. 12a und – quasi spiegelbildlich – in Art. 4 III sowie insbesondere in Art. 87a eine **verfassungsrechtliche Grundentscheidung für eine militärische Landesverteidigung.**[106] Die Unterrichtserteilung im Bereich Friedenssicherung und Bundeswehr unterliegt zwar dem Vorbehalt des Gesetzes, da (auch) mit einer militärischen Landesverteidigung Fragen mit weltanschaulichem und religiösen Bezug berührt sind und damit potenziell sowohl die Grundrechte von Schülern aus Art. 4 I, II GG als auch das Erziehungsrecht der Eltern nach Art. 6 II 1 GG. Nicht erforderlich ist, dass sämtliche Modalitäten des Unterrichts zu diesem Thema gesetzlich geregelt sind. Notwendig ist nur, dass der Gesetzgeber den entsprechenden Erziehungsauftrag durch eine parlamentarische Leitentscheidung mit hinreichender Bestimmtheit beschreibt, wie das in Art. 12 I, 17 I, 21 LV sowie in § 1 Abs. 2, 3 SchG der Fall ist.[107]

39 Zur **Behandlung des Friedensthemas wie auch der militärischen Landesverteidigung im Unterricht** hat das KM eine Vereinbarung mit der Bundeswehr getroffen[108] sowie eine weitere mit Vertretungen von Kirchen, Gewerkschaften, Organisationen der Friedensbewegung.[109] Inhaltlich wird die Behandlung der Friedensbildung im Unterricht durch den Bildungsplan 2016 bestimmt, in dem dieses Thema auch auf der Ebene der einzelnen Fachpläne verankert ist.[110]

Wenn auch, gerade auf dem Hintergrund der Entstehung der Norm, die Erziehung zur Friedensliebe des Art. 12 I LV einen deutlichen Bezug zum äußeren Frieden hat, also Frieden als die Abwesenheit von Krieg und damit direkter Gewalt versteht, so spricht schon die Verbindung von Friedenserziehung in Art. 12 I LV mit der Verpflichtung zur Erziehung im Geist christlicher Nächstenliebe und zur Brüderlichkeit aller Menschen dafür, dass der hier verwendete Begriff des Friedens nicht nur die Abwesenheit direkter Gewalt meint. Sehr zweifelhaft erscheint, ob die Erweiterung des Friedensbegriffs um die Komponente der Abwesenheit struktureller Ge-

---

106 BVerfGE 69, 1 (21 f.).
107 VGH BW, U. v. 27.5.1987 – 9 S 2807/85 – abgedruckt in Bosse/Burk, § 1 Abs. 1 und 2, E9 (insb. Abschnitt II Nr. 3 b).
108 Vereinbarung v. 14.8.2014: www.km-bw.de/site/pbs-bw-new/get/documents/KULTUS.Dachmandant/KULTUS/KM-Homepage/Artikelseiten%20KP-KM/Schulart%C3%BCbergreifend/140814%20KoopVereinbKM-BundeswOriginal.pdf (1.11.2017).
109 Vereinbarung v. 30.10.2014: http://www.friedensbildung-bw.de/fileadmin/friedensbildung-bw/redaktion/pdf/20141030_Gem.Erklaerung_zur_Staerkung_der_Friedensbildung_4.pdf (1.11.2017).
110 S. dazu die Darstellung des Landesinstituts für Schulentwicklung bei der Servicestelle Friedensbildung: www.friedensbildung-bw.de/servicestelle_bildungsplaene.html (1.11.2017).

walt[111] bei der Auslegung des Auftrags des Art. 12 I LV zur Friedenserziehung hilfreich sein kann. Denn wenn man strukturelle Gewalt versteht als „die vermeidbare Beeinträchtigung grundlegender menschlicher Bedürfnisse oder, allgemeiner ausgedrückt, des Lebens, die den realen Grad der Bedürfnisbefriedigung unter das herabsetzt, was potentiell möglich ist"[112] oder als ihre Grundlage die „allgemeine Formel Ungleichheit" ist,[113] dann erfährt dieser weite Ansatz nicht nur im Bereich der Friedensforschung zurecht Kritik.[114] Auch die von *Stilz*[115] genannten Elemente einer Friedenserziehung, nämlich die Herrschaft des Rechts, das staatliche Gewaltmonopol und eine unabhängige Justiz, lassen sich – zB bei entsprechendem Vorverständnis – angesichts der Weite des Begriffs der strukturellen Gewalt problemlos als Ausprägungsformen struktureller Gewalt verstehen, gegen die „Gegengewalt" zumindest legitim ist.

In rechtlicher Hinsicht ist zu bedenken, dass die Erziehung zur Friedensliebe kein „Übererziehungsziel" ist, das die andern in der Verfassung genannten inhaltlich weitgehend umfasst und diese damit insoweit einer eigenständigen Bedeutung beraubt. Vielmehr reiht sich diese Erziehungsziel ein in die Gesamtheit der Erziehungsziele und der in Art. 17 I LV genannten Vorgaben für die Arbeit in Schulen.[116] Wenn man die Reihung der Erziehungsziele „christliche Nächstenliebe", „Brüderlichkeit aller Menschen" und „Friedensliebe" in Art. 12 I LV als „Dreiklang" versteht,[117] dann ist ihm eigen, dass es bei allen drei Erziehungsziele um eine grundlegende Werthaltung zum Mitmenschen geht.[118] Daraus folgt, dass die Liebe zum Frieden auf der einen Seite sich nicht nur auf Frieden iSv Abwesenheit direkter Gewalt sowohl im Verhältnis nach Außen als auch im Innern bezieht, auf der andern Seite damit aber nicht verbunden ist, dass die – unzweifelhaft notwendigen und an anderer Stelle der Verfassung als Erziehungsziele bzw. Aufträge an die Schulen auch normierten – „formalen" Voraussetzungen für Frieden als zu lieben vermittelt werden müssen.[119]

e) Liebe zu Volk und Heimat

Das Erziehungsziel der Liebe zu Volk und Heimat, das thematisch an das in Art. 2 I LV verankerte Bekenntnis zu einem unveräußerlichen Menschenrecht auf Heimat anknüpft, bezieht sich – anders als Art. 131 II BayVerf, wo die Liebe zur bayrischen Heimat und zum deutschen Volk als Erziehungsziel postuliert wird – gerade **nicht auf eine landsmannschaftlich oder**

40

---

111 Grundlegend dazu: *Galtung*, Gewalt, Frieden und Friedensforschung S. 55 – 104; s. auch *Stilz* in: Meisch/Nieleboock/Jäger S. 86, der insbesondere die „sogenannte strukturelle Gewalt" als Element des positiven Friedensbegriffs sieht.
112 *Galtung*, Strukturelle Gewalt S. 12.
113 *Galtung*, Gewalt, Frieden und Fridensforschung S. 71.
114 Beispielhaft: *Riekenberg*, S. 175 f; *Roth*, zusammenfassend S. 63 f.
115 *Stilz*, in: Meisch/Nieleboock/Jäger S. 87.
116 S. dazu Rn. 41 ff (sittliche und politische Verantwortung), Art. 17 Rn. 11 (Toleranzgebot), Art. 17 Rn. 16 (soziale Ethik).
117 *Stilz in: Meisch/Nieleboock/Jäger* S. 78.
118 *Stilz in: Meisch/Nieleboock/Jäger* S. 78 im Anschluss an *Burk* in: Ebert, § 1 SchG Rn. 25.
119 Art. 12 I LV (zB Erziehung zu freiheitlich demokratischer Gesinnung), 21 LV (Erziehung zu verantwortungsbereiten Bürgern, s. Art 12 Rn. 5, Gemeinschaftskunde als ordentliches Lehrfach, Art. 21 Rn. 25).

regional ausgerichtete Zuwendung.[120] Die etwas eigentümliche Formulierung, nach der nicht etwa *zur* Liebe zu Volk und Heimat zu erziehen ist, sondern *„in* der Liebe", legt nahe, dass die Verfassung die Liebe zu Volk und Heimat als etwas im Jugendlichen bereits Vorhandenes ansieht. Also soll mit diesem Erziehungsziel nicht primär zu etwas hin erzogen, sondern etwas Vorhandenes bestärkt werden. Das bedeutet auch, dass die Jugendlichen erzogen werden sollen, den **Wert zu respektieren, den Heimat und Volk für jene Jugendlichen haben, die eine andere Heimat haben oder einem anderen Volk angehören**. Deshalb ist zB eine Lehrkraft gehalten, jeglichen Bestrebungen ihrer Schüler entgegenzuwirken, die darauf abzielen, eine bestimmte Heimat oder ein bestimmtes Volk als überlegen darzustellen, gleich ob es sich dabei um deutsche oder nichtdeutsche Schüler handelt.[121]

f) Sittliche und politische Verantwortlichkeit

41 Dieses Erziehungsziel findet sich in seiner wörtlichen Form nicht in § 1 SchG, sondern ist inhaltlich aufgegriffen in dem **Ziel „Eigenverantwortung"** und dem Auftrag, die Jugend auf die **Wahrnehmung staatsbürgerlichen Rechte und Pflichten** vorzubereiten.

42 Einen Teilaspekt dieses in Art. 12 I LV enthaltenen Erziehungsziels greift Art. 21 I LV auf, der die Schulen verpflichtet, die Jugend zu freien und verantwortungsfreudigen Bürgern zu erziehen und sie an der Gestaltung des Schullebens zu beteiligen; insofern wird auf die dortige Kommentierung verwiesen. Das in Art. 12 I LV beschriebene Erziehungsziel geht aber in seiner Bedeutung darüber hinaus. Es hat als Ziel einen **Menschen vor Augen, der sich seiner Verantwortung für die Gesellschaft bewusst ist**, sowohl was sein Verhalten betrifft als auch sein politisches Engagement. Die Jugendlichen sollen mithin erkennen, dass zum einen in einer freiheitlichen Gesellschaft politisches und gesellschaftliches Engagement möglich ist, zB über Vereine, Bürgerinitiativen oder auch ad-hoc- Gruppen, dass es aber zum anderen auch notwendig ist, sich einzubringen. Bundespräsident *Gauck* hat dies in seiner Abschiedsrede so formuliert:

„Demokratie ist kein politisches Versandhaus. Demokratie ist Mitgestaltung am eigenen Schicksal – in der Gemeinde, Stadt, in der Region, in der Nation. Demokratie baut auf den freien Bürger, der Phantasie und Verantwortung nicht abgibt an einen starken Mann oder eine starke Frau, die sagen, wo es langgeht. Demokratie erfordert, ja, sie ist Selbstermächtigung: Wir, die Bürger, sind es, die über die Gestalt unseres Gemeinwesens entscheiden. Und wir, die Bürger, tragen die Verantwortung für die Zukunft unserer Kinder und Enkel."[122]

g) Berufliche und soziale Bewährung

43 Mit der Aufgabe, die Jugend zu beruflicher und sozialer Bewährung zu erziehen, knüpft Art. 12 I LV an die in Art. 148 WRV enthaltenen Aufgabe

---

120 *Braun*, Art. 12 Rn. 19, *Burk* in: Ebert, § 1 Rn. 29.
121 So auch *Burk* in: Ebert, § 1 Rn. 29.
122 Rede v. 18.1.2017: www.bundespraesident.de/SharedDocs/Reden/DE/Joachim-G auck/Reden/2017/01/170118-Amtszeitende-Rede.html (1.11.2017).

der Erziehung zu „beruflicher Tüchtigkeit" an. Art. 12 I LV geht aber insoweit weiter, als die berufliche Bewährung in eine enge Verbindung zur sozialen Bewährung gesetzt wird, während Art. 148 WRV die Aufgabe, berufliche Tüchtigkeit zu vermitteln, in den Kontext des „Geistes des deutschen Volkstums und der Völkerverständigung" setzte. Die LV geht also davon aus, dass berufliche Bewährung nicht nur Selbstzweck oder Möglichkeit der Selbstverwirklichung und – im Sinne der Erlangung wirtschaftlicher Unabhängigkeit – der Selbstbestimmung ist, sondern dass **berufliche Tüchtigkeit mit sozialer Verantwortung verbunden** ist. Soziale Verantwortung besteht nicht nur gegenüber Individuen oder Gemeinschaften, sondern auch im Blick auf die Umwelt als Existenzgrundlage der Menschen. Deshalb sind bei der Erziehung zur beruflichen Bewährung auch mögliche **Auswirkungen von beruflicher Tätigkeit auf die Umwelt** als ein Aspekt mit einzubeziehen. Der Erziehung zu beruflicher Tüchtigkeit verbunden ist die **Erziehung zu Leistungswille und Eigenverantwortung**.[123]

h) Freiheitlich demokratische Gesinnung

Bei diesem Erziehungsziel, das in § 1 II 2 SchG nicht wort- aber inhaltsgleich enthalten ist, geht es nicht primär um die Vermittlung der Strukturmerkmale der freiheitlichen demokratischen Grundordnung. Dieser Aspekt wird durch Art. 21 II LV abgedeckt, der das Fach Gemeinschaftskunde als ordentliches Lehrfach für alle Schule vorschreibt (→ Art. 21 Rn. 24 ff.). Vielmehr geht es, wie die Verwendung des Begriffes „Gesinnung" zeigt, darum, als Ziel der Erziehung eine **emotional positive Einstellung zur freiheitlich demokratischen Verfassungsordnung** herbeizuführen. Das schließt nicht aus, dass im Unterricht über diese demokratische Grundordnung gestritten wird. Dies wird auch durch § 1 II 2 SchG ausdrücklich konkretisiert, wonach im Einzelnen eine Auseinandersetzung mit ihr nicht ausgeschlossen ist. Die Lehrkraft muss dabei jedoch immer deutlich machen, dass die freiheitlich demokratische Grundordnung mit der sie prägenden Elementen, also die in Art. 20 GG und Art. 79 III GG Genannten, eine elementare Bedingung für unser Gesellschaftssystem ist, die nicht zur Disposition steht.[124]

44

II. Die Träger der Erziehung (Abs. 2)
1. Allgemeines

Es hat eine besondere Bedeutung, gerade nach den Erfahrungen des die Jugend vollständig vereinnahmen wollenden „Dritten Reiches", dass Art. 12 II LV sich zu einem „**erzieherischen Trägerpluralismus**" bekennt (→ Rn. 5). Der Staat soll also, auf die Gesamtheit des Erziehungsprozesses gesehen, kein Erziehungsmonopol haben, aber zB auch nicht die Eltern oder Religionsgemeinschaften. Wenn der Staat diesen erzieherischen Erziehungspluralismus will und ihn in der Verfassung verbürgt, dann muss er auch die Voraussetzungen und Randbedingungen dafür schaffen, dass diese Aufgaben

45

---

123 So auch *Burk* in: Ebert § 1 Rn. 34.
124 Zur Problematik des Art. 79 III GG im Allgemeinen und der Schwierigkeit, dessen Inhalt zu bestimmen s. *Dreier*, Gilt das Grundgesetz ewig?, 57, 69 ff.

wahrgenommen werden können.[125] Dies betrifft eine evtl. **notwendige ergänzende finanzielle Förderung** ebenso wie die Schaffung von Strukturen, um erziehen zu können. Art. 12 II LV enthält insoweit eine **Verfassungsgarantie**, die vom einfachen Gesetz- oder Satzungsgeber im Rahmen seiner Zuständigkeiten auszufüllen ist.[126]

46 Aus der Entstehungsgeschichte des Abs. 2 lässt sich nicht sicher ableiten, ob die **Aufzählung in Abs. 2 als abschließend verstanden** wurde (→ Rn. 8). So wurde auf der einen Seite die Auffassung vertreten, der Begriff „Staat" umfasse die Gemeinden, Gemeindeverbände und Kreise (→ Rn. 8).[127] Auf der andern Seite aber verwendet Art. 12 LV – ebenso wie Art. 13 S. 2 und 3 c I LV bis zu ihrer Änderung im Jahre 2015[128] – den Begriff der „Gemeinde", während Art. 11 III LV und Art. 14 III LV das **Begriffspaar „Gemeinde und Gemeindeverbände"** benutzen, wobei der Begriff der Gemeindeverbände auch die Kreise umfasst (→ Art. 11 Rn. 31). Auch in den Regelungen der Art. 71 ff. LV unterscheidet die Verfassung zwischen Gemeinden und Gemeindeverbänden. Wenn man davon ausgeht, dass die Verfassung diesbezüglich eine durchgängige Begrifflichkeit verwendet, dann wäre mit „Gemeinde" nur diese, nicht aber Gemeindeverbände und damit auch nicht die Kreise gemeint.[129] Für eine solche Sicht spricht auch, dass man sich in den Beratungen nicht sicher war, ob man – weil man Zweifel hatte, ob die Gemeinden in einem den Eltern, dem Staat und den Religionsgemeinschaften entsprechenden Maße erziehen – überhaupt die Gemeinden nennen solle (→ Rn. 8). Nicht übersehen werden darf indes, dass **auch andere als die in Abs. 2 Genannten Erziehungsaufgaben wahrnehmen**, bspw. Ausbilder für einen staatlich anerkannten Ausbildungsberuf im Gültigkeitsbereich des BBiG; ihnen obliegt nach § 14 I Nr. 5 BBiG dafür zu sorgen, dass Auszubildende „charakterlich gefördert" werden. Zu denken ist vor allem auch an nicht kirchliche private Träger von Schulen und Kindertagesstätten oder im öffentlichen Schulbereich an die Kreise, die nach § 28 III SchG in aller Regel Träger der beruflichen Schulen sind, aber nach dessen Abs. 2 auch anderer Schularten sein können.

47 Würde man die Aufzählung in Art. 12 II LV zwar nicht hinsichtlich möglicher Erziehender als abschließend verstehen, jedoch hinsichtlich der dort enthaltenen Verfassungsgarantie, bedeutete dies, dass der Gesetzgeber den nicht in Abs. 2 Genannten keine objektiv rechtliche Garantie hinsichtlich ihrer erziehenden Tätigkeit geben und keine Pflichtenstellung begründen wollte.[130] Ein solches Ergebnis lässt sich schwerlich damit begründen, der Gesetzgeber habe bei Art. 12 II LV eine abschließende Aufzählung gewählt,

---

125 Zu dieser Überlegung s. BVerfGE 75, 40 (62 ff.) zur Privatschulfinanzierung.
126 *Braun*, Art. 12 Rn. 22.
127 Für Art. 7 I GG ist diese Sicht zutreffend, BVerfGE 138, 1 (29/Rn. 81), nicht jedoch für die LV.
128 23. LVÄndG v. 1.12.2015 (GBl. 1030).
129 Zum Gemeindebegriff bei Art. 13 S. 2 LV vgl. *Braun*, der bei Art. 13 (Rn. 6) davon ausgeht, der Begriff der „Gemeinde" sei bewusst gewählt und keiner Erweiterung zugänglich; ebenso geht er bei Art. 12 Rn. 25 davon aus, dass den in 12 II LV nicht Genannten keine objektiv rechtliche Garantie gegeben ist und keine Pflichtenstellung begründet wird. *Feuchte* in: Feuchte, Art. 12 Rn. 23, scheint davon auszugehen, dass Art. 12 II auch die Gemeindeverbände meint.
130 In diesem Sinne: *Braun* Art. 12 Rn. 25.

um damit „der gestaffelten Bedeutung der Erziehungsträger und ihrer Aufgaben" Rechnung zu tragen.[131] Es wäre vielmehr willkürlich, wollte man zB den Gemeinden hinsichtlich ihrer Schulträgerschaft bei den allgemeinbildenden Schulen diese Garantie zukommen lassen, den Kreisen aber hinsichtlich ihrer Trägerschaft bei den beruflichen Schulen nicht. Da unter den Voraussetzungen des § 2 I LKrO Landkreise Schulträger auch von allgemeinbildenden Schulen sein können, würden sich selbst innerhalb der allgemeinbildenden Schularten unterschiedliche Ergebnisse ergeben. Ähnliches gälte auch im frühkindlichen Bereich. Wenn man vor diesem Hintergrund auch noch die insoweit unklare Entstehungsgeschichte bedenkt, spricht im Ergebnis mehr dafür, dass die **Aufzählung in Art. 12 II nicht als abschließend zu verstehen** ist.[132]

2. Die ausdrücklich benannten Träger der Erziehung

Bei den Diskussionen im VA und der VLV um die konkrete Verortung der **Eltern** in Art. 12 II LV **als Träger der Erziehung** wurde von Seiten der damaligen CDU-Opposition – angelehnt an die Formulierung des Art. 6 II GG, der vom natürlichen Recht der Eltern spricht – die leibliche Verbundenheit zwischen Eltern und Kind als Ausgangspunkt angesehen. Art. 6 II 1 GG vermittelt **Elternrechte nur zusammen mit Pflichten.** Deshalb kann auch Inhaber dieses Rechts nur sein, wer zugleich die Elternverantwortung trägt, unabhängig davon, ob sich die Elternschaft allein auf Abstammung oder auf Rechtszuweisung gründet.[133] Das Elternrecht ist zwar naturgegeben, aber die Personen, die es ausüben können, bestimmt die Rechtsordnung.[134] Dies auf den Elternbegriff des Art. 12 II LV übertragen bedeutet, dass diese Bestimmung nur denjenigen eine Verfassungsgarantie zuspricht – unabhängig davon, dass sie sie über Art. 6 II 1 GG schon haben –, wer die Erziehungsverantwortung trägt, entweder kraft Abstammung oder von der Rechtsordnung verliehen. Liegt kein Fall der Abstammung vor, genügt es nicht, nur rein tatsächlich die Verantwortung zu tragen.[135] 48

Der **Staat** als Träger der Erziehung nimmt dies **sowohl im schulischen, im hochschulischen und im nichtschulischen Bereich** wahr. Im nichtschulischen Bereich obliegt ihm nach Art. 6 II GG – in der LV inkorporiert über Art. 2 LV – ein Wächteramt im Hinblick auf die Wahrnehmung des natürlichen Rechts der Eltern, die Erziehung ihrer Kinder zu bestimmen. Diesem Erziehungsrecht der Eltern steht im schulischen Bereich das ihm gleichrangige Bestimmungsrecht des Staates nach Art. 7 I GG und, dies ausfüllend, Art. 11 II, 12, 14, 15, 16, 17 II und III, 19 und 21 LV gegenüber (→ Rn. 18 ff.; zur pädagogischen Freiheit der Lehrkraft s. → Art. 17 Rn. 31). In formaler Hinsicht ist der Staat auch Träger der Erziehung im Bereich 49

---

131 So aber *Braun* Art. 12 Rn. 25.
132 Für diese Sicht spricht auch die Begründung zum 23. LVÄndG, als die Art. 3 c I und 13 S. 1 LV um den Begriff „Gemeindeverbände" ergänzt wurden; in beiden Fällen wurde mit der „Einheitlichkeit" der LV argumentiert, ohne damit erkennbar eine konstitutive Erweiterung des Kreises der Verpflichteten oder eine sprachliche Gesamtbereinigung der LV zu beabsichtigen, vgl. LT-Drs. 15/7412, 6 und 7.
133 BVerfGE 108, 82 (90).
134 *Badura* in: Maunz/Dürig, Art. 6 Abs. 2 und 3 Rn. 99.
135 *Braun*, Art. 12 Rn. 27.

der staatlichen Hochschulen, da Art. 12 I LV mit dem Begriff der „Jugend" auch Volljährige umfasst.[136] Angesichts der Freiheit der Hochschulen in Forschung und Lehre und des Umstandes, dass die faktischen Einwirkungsmöglichkeiten einer Hochschule im erzieherischen Bereich eher gering sind, hat hier die Verpflichtung des Staates, dafür zu sorgen, dass die Erziehungsziele erreicht werden können, eine im Vergleich zum Schulbereich deutlich geringere Bedeutung.[137]

50 Die **Religionsgemeinschaften** entfalten sich, wie es Art. 4 I LV formuliert, „in der Erfüllung ihrer religiösen Aufgaben frei von staatlichen Eingriffen." Auch erkennt die LV in Art. 4 II die Bedeutung der Religionsgemeinschaften für die Bewahrung und Festigung der religiösen und sittlichen Grundlagen des menschlichen Lebens an. Zu den Aufgaben, die Religionsgemeinschaften wahrnehmen können und tatsächlich auch – teils umfänglich – wahrnehmen (so insbesondere im frühkindlichen Bereich) gehört der Betrieb von Privatschulen, von Kindertagesstätten und auch von Hochschulen. In all diesen Bereichen werden sie erzieherisch tätig. In sehr unmittelbarer Weise steht im Religionsunterricht, der nach Art. 18 nach den Grundsätzen der Religionsgemeinschaften erteilt wird, eine wertorientierte Erziehung im Mittelpunkt (dazu näher → Art. 18 Rn. 10 ff.).

51 Die **Gemeinden** sind im erzieherischen Bereich im weiteren Sinn in ihrer Eigenschaft als Schulträger tätig, unmittelbarer im frühkindlichen Bereich als sächlicher und personeller Träger von Krippen und Kindertagesstätten sowie der allgemeinen Jugendhilfe. Durch ihre Einbindung in das Verfahren der Schulleiterbestellung (§ 40 SchG) wie auch die Möglichkeit der beratenden Teilnahme an der Schulkonferenz (§ 47 VI SchG) haben sie die Möglichkeit auf strukturelle Setzungen einzuwirken, die Erziehung beeinflussen können. Auch als Schulträger haben sie über die Ausstattung der Schulen, zB über bestimmte räumliche Gestaltungen, Möglichkeiten, die Erziehung an Schulen zu beeinflussen.

52 Mit dem Begriff der „**in ihren Bünden gegliederten Jugend**" wird deutlich, dass der erzieherische Trägerpluralismus auch innerhalb dieses Bereichs gilt. Damit unterscheidet sich die Verfassung klar und eindeutig von der im Dritten Reich verordneten einheitlichen Staatsjugendorganisation, wie sie spätestens durch das „Gesetz über die Hitlerjugend" vom 1.12.1936 gegeben war, das alle Jugendlichen zwischen dem 10. und dem 18. Lebensjahr erfasste (RGBl. I, 993). Die Jugendverbände lassen sich in bei einer Grobklassifizierung in folgende Säulen einteilen: Kirchliche Jugendorganisationen, berufsbezogene Jugendorganisationen, Arbeiterjugendorganisationen, Sportorganisationen, Pfadfinderbünde, Freizeit- und Wanderorganisationen und parteipolitische Jugendorganisationen.[138] Auf Landesebene sind diese und einige weitere Jugendorganisationen im **Landesjugendring** zusammengeschlossen, einer Interessenvertretung der Kinder und Jugendlichen gegenüber Landtag. Landesregierung und Öffentlichkeit.[139] Dazu ist

---

136 S. dazu → Rn. 28, *Braun*, Art. 12 Rn. 13.
137 *Braun*, Art. 12 Rn. 13.
138 *Jordan/Maykus/Stuckstätte*, Kinder- und Jugendhilfe, 320 f.
139 So zB deutlich durch Mitunterzeichnung der Rahmenvereinbarung mit dem Land BW „Kooperationsoffensive Ganztagsschule".

er in einer Vielzahl von Organisationen präsent. Die erzieherische Komponente iSv Art. 12 I LV wird u.a. dadurch deutlich, dass er über das Thema Jugendbeteiligung für Kinder und Jugendliche Mitbestimmung im Gemeinwesen erlebbar machen, die Entwicklung des Demokratieverständnisses fördern und junge Menschen frühzeitig an ein ausgeprägtes Engagementverständnis heranführen will.[140]

Den Jugendverbänden ist durch Art. 12 II LV garantiert, dass sie **in ihrem Bereich erzieherisch tätig** sein können. Deshalb müssen zB Schulen auch die Belange dieser Organisationen berücksichtigen; dafür sorgt zB die Regelung der Schulbesuchsverordnung, dass zu bestimmten Veranstaltungen solcher Organisationen Schüler vom Besuch der Schule beurlaubt werden können.[141] Dies ergänzt die Regelungen für die in der Jugendarbeit ehrenamtlich tätigen Personen, die für bestimmte Aktivitäten ihrer Organisationen eine **Freistellung** gewährt erhalten können.[142] Wegen der Teilnahme von Schülern an während des Unterrichts stattfindenden Demonstrationen s. → Art. 21 Rn. 21. 53

3. Die Bindung der Erziehungsträger an die Erziehungsziele

Aus der Zusammenfassung der Erziehungsziele mit den Trägern der Erziehung in einem Artikel kann nicht geschlossen werden, dass die Erziehungsträger automatisch vollumfänglich an diese Erziehungsziele gebunden wären. Vielmehr muss in jedem Fall berücksichtigt werden, ob und ggf. in welchem Umfang sie einen durch die Verfassung gegebenen **Freiraum für eigene Erziehungsziele** haben. 54

Die Verfassung gibt den **Eltern** für ihr erzieherisches Wirken grundsätzlich keine Erziehungsziele oder Erziehungsmethoden vor. Die Erziehungsziele der LV sind außerhalb des von Art. 12 LV erfassten Bereichs gegenüber dem grundgesetzlich verbürgten Erziehungsrecht der Eltern nachrangig.[143] Denn Art. 6 II GG gewährleistet das Elternrecht vorbehaltlos, sofern und soweit nicht Grundrechte der Kinder (zB auf körperliche Unversehrtheit) oder das staatliche Wächteramt nach Art. 6 II 2 GG berührt sind. Eine staatliche Korrektur elterlichen Wirkens – oder dessen Unterlassen – kann mithin nur dann erfolgen, wenn Eltern bei ihrer Erziehungsverantwortung weithin versagen und somit den zentralen Erziehungsmaßstab, die Orientierung am Wohl des Kindes, verfehlen.[144] Zwar kann aus dem Wächteramt nach Art. 6 II 2 GG keine Garantie bestmöglicher Erziehung abgeleitet werden. Es begründet auch kein Optimierungsgebot im Blick auf elterliche Erziehung.[145] 55

Das elterliche Erziehungsrecht enthält aber – so bereits der Wortlaut von Art. 6 II 1 GG – auch die **Pflicht zur Erziehung**. Recht und Pflicht sind in 56

---

140 Siehe www.ljrbw.de/aufgaben.html (1.11.2017).
141 § 18 SchulbesuchsVO (GBl. 1982, 387 mit Änderungen).
142 G. zur Stärkung des Ehrenamtes in der Jugendarbeit (GBl. 2007, 530); s. auch die Möglichkeit des bezahlten Sonderurlaubs nach § 29 UrlaubsVO (GBl. 2005, 716 mit Änderungen).
143 *Stern* in: Stern IV/1, 517 mit umf. Nachw. (Fn. 793).
144 *Kotzur* in: Stern/Becker, Art. 6 Rn. 87.
145 BVerfGK 7, 65 (68).

Art. 6 II 1 GG von vornherein unlöslich miteinander verbunden; die Pflicht ist nicht eine das Recht begrenzende Schranke, sondern ein **wesensbestimmender Bestandteil dieses Elternrechts**.[146] Deshalb ist es auch nicht in das Belieben der Eltern gestellt, dieser Pflicht nachzukommen.[147] Zu dieser Pflicht zählt, das Heranwachsen des Kindes zu einer eigenverantwortlichen Persönlichkeit innerhalb einer sozialen Gemeinschaft zu gewährleisten, wie sie dem Menschenbild des GG entspricht.[148] Einen Aspekt davon macht § 1626 III BGB deutlich, wenn er betont, dass die Eltern bei der Ausübung ihrer erzieherischen Tätigkeit der zunehmenden Selbstständigkeit des Kindes Rechnung tragen müssen. Die Ausgestaltung im Einzelnen muss in Abwägung von Erziehungsbedürftigkeit und Selbstbestimmungsfähigkeit erfolgen.[149] Wenn es um eine **Begrenzung des inhaltlichen Umfangs des elterlichen Erziehungsrechts** geht, kommt also nicht Art. 12 LV als Grundlage hierfür in Frage, sondern – unabhängig vom staatlichen Wächteramt nach Art. 6 II 2 GG – die Pflicht der Eltern, ihr Kind zum einen überhaupt zu erziehen und dies zum andern so, dass es eine eigenverantwortliche Persönlichkeit innerhalb einer sozialen Gemeinschaft werden kann, wie sie dem Menschenbild des GG entspricht.

57 Eine wesentliche **Einschränkung des elterlichen Erziehungsrechts** erfolgt im Bereich der öffentlichen Schulen. Hier haben Eltern und Staat einen gemeinsamen Erziehungsauftrag. Dabei besteht kein Über- und Unterordnungsverhältnis, sondern der dem Staat über Art. 7 I GG begründete Erziehungsauftrag ist dem der Eltern nach Art. 6 II GG gleichgeordnet. Zwar muss der Staat grundsätzlich Neutralität und Toleranz gegenüber den erzieherischen Vorstellungen der Eltern aufbringen, er kann aber einen anderen Toleranzbegriff verfolgen, als dies die Eltern im Bereich ihrer Erziehung tun.[150] Allgemein ausgedrückt: Eltern können unter Berufung auf das ihnen nach Art. 6 II GG zuvörderst zustehende Recht auf Erziehung nicht verlangen, dass ihre Kinder in der öffentlichen Schule von in der Verfassung verankerten Erziehungszielen verschont bleiben, wenn sie diese nicht teilen. Der Staat wiederum kann nicht verlangen, dass Eltern bei der häuslichen Erziehung die von ihm postulierten Erziehungsziele verfolgen.[151] Eine **zu weitgehende Einschränkung** wäre es zu verlangen, dass die Eltern ihre **Erziehungsziele „im Rahmen der übrigen verfassungsmäßigen Ordnung" festlegen** müssten.[152] Dies würde bedeuten, dass zB Eltern ihre Kinder nicht dazu erziehen dürften, eine Monarchie für die richtige Staatsform zu halten oder eine Gliederung Deutschlands in Länder für falsch, weil bei-

---

146 BVerfGE 24, 119 (143); 121, 69 (93).
147 *Burgi* in: HGR IV, § 109 Rn. 29.
148 BVerfGE 24, 119 (144); grundlegend zum Menschenbild des GG BVerfGE 4, 7 (15): „Das Menschenbild des GG ist nicht das eines isolierten souveränen Individuums; das GG hat vielmehr die Spannung Individuum – Gemeinschaft im Sinne der Gemeinschaftsbezogenheit und Gemeinschaftsgebundenheit der Person entschieden, ohne dabei deren Eigenwert anzutasten."
149 *Münder* in: Münder/Meysen/Trenseck, SGB VIII, § 1 Rn. 20.
150 *Badura* in: Maunz/Dürig, Art. 6 Rn. 117.
151 Plastisch hierzu: *Stilz* in: Meisch/Nieleböck/*Jäger* S. 92: „Versuche, eine staatliche Tugenddiktatur im Elternhaus zu praktizieren, wären nicht nur verfassungswidrig, sondern wohl auch kontraproduktiv."
152 So aber *Braun*, Art. 12 Rn. 9.

de Ziele in klarem Gegensatz zur verfassungsmäßigen Ordnung stehen (Art. 79 III, 20 GG). Es ist nicht ersichtlich, dass oder inwieweit Eltern dadurch bei ihrer Erziehung „weithin versagen" würden.

Die **Religionsgemeinschaften** entfalten sich, wie es Art. 4 I LV formuliert, „in der Erfüllung ihrer religiösen Aufgaben frei von staatlichen Eingriffen." Sie formulieren ihre Erziehungsziele selbst, die sich nicht mit den staatlichen decken müssen, aber können. So formuliert zB für die katholischen Schulen der „Marchtaler Plan", der innerhalb der Diözese Rottenburg verbindlich ist, als die Intentionen von Erziehung und Bildung: 58

- „Vermittlung von Bildung und Wissen, die den Anforderungen genügen, die heute an eine gute Schule zu stellen sind.
- Ganzheitlich personale und soziale Erziehung, die die harmonische Entfaltung und Förderung der körperlichen und geistigen Anlagen, soziales Engagement und Mitarbeit in der Gesellschaft anstrebt.
- Religiöse und werteorientierte Bildung, die vertraut macht mit der Botschaft Jesu Christi, zu personal vollzogenem Glauben hinführt und die erfahren lässt, dass Menschsein auf Hoffnung hin angelegt ist."[153]

Die Evangelische Landeskirche Württemberg formuliert der Auftrag so: „Die evangelischen Schulen möchten ihre Schülerinnen und Schüler dazu ermutigen, ein selbstbewusstes Leben in Verantwortung für sich, für die anderen Menschen und in der Verantwortung vor Gott zu führen."[154] Die Evangelische Landeskirche Baden will an ihren Schulen „durch religiöse Erziehung und Bildung das Christliche in unserer Kultur lebendig halten."[155] Die **Freiheit, von staatlichen Eingriffen verschont zu sein,** macht Art. 18 LV deutlich, wonach der Religionsunterricht „nach den Grundsätzen der Religionsgemeinschaften" erteilt wird (dazu näher → Art. 18 Rn. 11).

Staat und Gemeinden sind an die Erziehungsziele des Art. 12 I LV gebunden. Für die Schulen hat dies § 1 SchG umgesetzt. Für den frühkindlichen Bereich, auch für den in kommunaler Trägerschaft, sieht der nach § 9 II KiTaG gemeinsam mit den Trägerverbänden und den kommunalen Landesverbänden aufgestellte „Orientierungsplan für Bildung und Erziehung in baden-württembergischen Kindergärten und weiteren Kindertageseinrichtungen" vom 15.3.2011 vor: 59

„Die Zielformulierungen aller Bildungs- und Entwicklungsfelder sowie die übergreifenden Ziele haben für die Einrichtungen und Träger verbindlichen Charakter. Entsprechend den Prinzipien von Pluralität, Trägerautonomie und Konzeptionsvielfalt steht es in Verantwortung der Träger und Einrichtungen, wie diese Ziele im pädagogischen Alltag erreicht werden."[156]

---

153 Siehe www.schulstiftung.de/paedagogik/marchtaler-plan/ (1.11.2017).
154 Siehe www.elk-wue.de/leben/bildung-und-kultur/evangelische-schulen/ (1.11.2017).
155 Siehe www.ekiba.de/html/content/schule_und_erziehung.html?t=b9498e7e496d2 e51aaebccfb0f612121&tto=1efabdfd (1.11.2017).
156 Orientierungsplan Teil B Nr. 1.1. unter www.km-bw.de/site/pbs-bw-new/get/documents/KULTUS.Dachmandant/KULTUS/Projekte/kindergaerten-bw/Oplan/Material/KM-KIGA_Orientierungsplan_2011.pdf (1.11.2017).

60 Die privatrechtlich verfassten Organisationsträger der **in ihren Bünden organisierte Jugend** können sich Erziehungsziele, die stark von der jeweiligen Zielgruppe abhängen, selbst geben.[157]

Artikel 13 [Jugendschutz]

[1]Kinder und Jugendliche sind gegen Ausbeutung, Vernachlässigung und gegen sittliche, geistige, körperliche und seelische Gefährdung zu schützen. [2]Staat, Gemeinden und Gemeindeverbände schaffen die erforderlichen Einrichtungen. [3]Ihre Aufgaben können auch durch die freie Wohlfahrtspflege wahrgenommen werden.

Schrifttum:

Becker, Das „Menschenbild des Grundgesetzes" in der Rechtsprechung des Bundesverfassungsgerichts, 1996; *Eifler,* Das System des Jugendmedienschutzes im Jugendschutzgesetz und Jugendmedienschutz-Staatsvertrag, 2011; *Griep/Renn,* Das Recht der Freien Wohlfahrtspflege, Grundlagen und Perspektiven, 2011; *Jordan/Maykus/Stuckstätte,* Kinder- und Jugendhilfe, 3. Aufl. 2012; *Kunkel/Kepert/Pottlar,* Sozialgesetzbuch VIII, 6. Aufl. 2016; *Münder/Meysen/Trenczek,* Frankfurter Kommentar SGB VIII, 7. Aufl. 2013; *Wiesner,* SGB VIII – Kinder- und Jugendhilfe, 5. Aufl. 2015.

Vergleichbare Regelungen: Art. 126 BayVerf, 27 BbgVerf, 25 BremVerf, 14 MVVerf, 4 a NdsVerf, 6 NRWVerf, 25 RPVerf, 24, 24 a SaarlVerf, 11 LSAVerf, 9 SächsVerf, 10 SchlHVerf, 19 ThürVerf.

Ergänzende Normen (Auswahl): Gesetz zum präventiven Schutz der Gesundheit von Kindern und Jugendlichen in BW – Kinderschutzgesetz BW, Kinder- und Jugendhilfegesetz für BW (LKJHG), Gesetz zur Förderung der außerschulischen Jugendbildung (JBiG BW), Gesetz zur Stärkung eines aktiven Schutzes von Kindern und Jugendlichen – Bundeskinderschutzgesetz (BKiSchG), Jugendarbeitsschutzgesetz (JArbSchG), Jugendschutzgesetz (JuSchG), Jugendmedienschutz-Staatsvertrag (idF des 19. Rundfunkänderungsstaatsvertrags v. 3.12.2015), Glücksspielstaatsvertrag, SGB VIII, UN-Kinderrechtskonvention, Charta der Grundrechte der Europäischen Union.

Leitentscheidungen: BVerfGE 83, 130 (Jugendschutz).

A. Überblick und Einordnung	1	B. Erläuterung	6
I. Bedeutung	1	I. Charakter als Verfassungsgebot	6
II. Herkunft, Entstehung, Geschichte	2	II. Inhalt und Zuständigkeiten	9
III. Verfassungsvergleichende Einordnung	4	III. Kinder und Jugendliche	14
		IV. Freie Wohlfahrtspflege	16

---

157 Vgl. zB § 2 II Ordnung der Jugendfeuerwehr BW unter http://www.jugendfeuerwehr-bw.de/cms/images/stories/wir-ueber-uns/Ordnung_JFBW_Stand_23.10.2004.pdf (1.11.2017). Anders z.B. Bremen, wo aus Wortlaut und systematischer Verortung des Art. 26 BremVerf außerhalb des Abschnittes über das Schulwesen abgeleitet wird, die dortigen Erziehungsziele seien auch für „außerschulische Bildungs- und Freizeitangebote" bindend; *Eickenjäger* in: Fischer-Lescano, Rinken u.a., Art. 26 Rn. 5.

A. Überblick und Einordnung

I. Bedeutung

Art. 13 S. 1 LV macht deutlich, **Kinder und Jugendliche umfassend schützen zu wollen**. Dabei geht es, wie die Verwendung des Begriffes „Gefährdung" zeigt, auch darum, **präventiv** die Voraussetzungen dafür zu schaffen, dass eine solche Gefährdung erst gar nicht entsteht. S. 2 begründet die Verpflichtung von Staat, Gemeinden und Gemeindeverbänden zur Umsetzung der in S. 1 genannten Ziele. Die ausdrückliche Erwähnung der freien Wohlfahrtspflege in S. 3 betont deren Bedeutung in diesem Bereich.

1

II. Herkunft, Entstehung, Geschichte

Die Sätze 1 und 2 sind in ganz ähnlicher Form bereits in Art. 122 WRV enthalten. Auch die drei Vorgängerverfassungen enthalten weitgehend übereinstimmende Regelungen (Art. 24 VerfLB, 19 VerfWB, 105 VerfWH). Art. 14 VerfERP und Art. 8 VerfECDU enthielten fast gleichlautende Regelungen, die sich – von Kleinigkeiten abgesehen – dadurch unterschieden, dass die Regelung des VerfERP im Abschnitt „Erziehung und Unterricht" platziert war, während die des VerfECDU dem Bereich „Ehe und Familie" zugeordnet war. Obgleich im weiteren Verfahren vielfach Unbehagen über die Platzierung im Bereich „Erziehung und Unterricht" geäußert wurde,[1] blieb es letztlich bei dieser Zuordnung.

2

Art. 13 LV erhielt seine **aktuelle Fassung im Zusammenhang mit der Einfügung des Art. 2 a** (Kinderrechte) in die LV.[2] Dabei wurde zum einen sein S. 1 um den Begriff „Kinder" ergänzt. Zum andern wurde, „um die Wertschätzung von Kindern und Jugendlichen zu unterstreichen [...] der in Artikel 13 Satz 1 festgeschriebene, vom Staat sicherzustellende und durch den Gesetzgeber zu konkretisierende Schutz vor Ausbeutung und gegen sittliche, geistige und körperliche Gefährdung [...] um die Begriffe ‚Vernachlässigung' und ‚seelische Gefährdung' erweitert". Auch erfolgte in S. 2 eine Ergänzung um die Gemeindeverbände „im Sinne der Einheitlichkeit der Landesverfassung, insbesondere im Hinblick auf Artikel 11 Absatz 3."[3]

3

III. Verfassungsvergleichende Einordnung

Im **GG** werden zwar in Art. 5 II die gesetzlichen Bestimmungen zum Schutze der Jugend als Schranken der Grundrechte nach Art. 5 I GG benannt. Daraus lässt sich indes kein Verfassungsrang des Kinder- und Jugendschutzes ableiten. Der Verfassungsrang des Jugendschutzes ergibt sich vielmehr nach der Rechtsprechung des BVerfG „vor allem" aus Art. 6 II 1 GG, „daneben" aber auch aus Art. 1 I iVm Art. 2 I GG,[4] ohne dass klar ersichtlich ist, ob es mit dieser Begrifflichkeit ein Rangverhältnis der beiden Begründungsansätze deutlich machen will.[5]

4

---

1 Abg. *Lausen* (SPD), Abg. *Kuhn* (CDU), Abg. *Vortisch* (FDP/DVP) in: Feuchte, Quellen, 6. Teil, 189 f.
2 23. LVÄndG v. 1.12.2015 (GBl. 1030).
3 Entwurfsbegründung zum 23. LVÄndG in LT-Drs. 15/7412, 7.
4 BVerfGE 83, 130 (140).
5 *Eifler*, Jugendmedienschutz, 10 f.

5 In den meisten **Landesverfassungen** finden sich ähnliche Regelungen zum Kinder- und Jugendschutz, teils verbunden mit weiteren auf Kinder und Jugendliche bezogenen Aussagen, wie zB zur Gleichstellung von ehelichen und nichtehelichen Kindern (zB Art. 126 III BayVerf, Art. 24 S. 3 RPVerf) oder zur Förderung von Kindertageseinrichtungen (zB Art. 27 VI BbgVerf, Art. 14 II MVVerf).

B. Erläuterung

I. Charakter als Verfassungsgebot

6 Art. 13 LV enthält einen umfassenden Auftrag zum einen dafür zu sorgen, dass Kinder und Jugendliche erst gar nicht in die in S. 1 beschriebenen Situationen kommen, zum andern auch Maßnahmen für die Fälle vorzusehen, in denen sich die Gefahr realisiert hat. Art. 13 LV ist damit mehr als nur eine Konkretisierung des staatlichen Wächteramts nach Art. 6 II 2 GG. Es handelt sich hierbei um eine **Staatszielbestimmung**, die zugleich ein **objektives Verfassungsgebot** zum Kinder- und Jugendschutz enthält.[6] Weder seine Entstehungsgeschichte noch der Wortlaut sprechen dafür, Art. 13 S. 1 LV als Grundrecht zu verstehen.[7] Dieses Ergebnis wird auch dadurch untermauert, dass sich aus Art. 2a LV, der von einem „Recht" der Kinder und Jugendlichen spricht, keine konkreten subjektiven Rechte unmittelbar ableiten lassen (s. dazu → Art. 2a Rn. 1).

7 Art. 13 LV überschneidet sich zwar dem Wortlaut nach nicht mit Art. 2a LV, weil durch Art. 2a LV „als bewusstes und deutliches Zeichen einer kinderfreundlichen Gesellschaft" und als „besondere Wertschätzung von Kindern und Jugendlichen"[8] ein „**Recht**" der Kinder und Jugendlichen auf Achtung ihrer Würde, auf gewaltfreie Erziehung und auf besonderen Schutz postuliert wird, wenn sich daraus auch keine konkreten subjektiven Rechte unmittelbar ableiten lassen.[9] Art. 13 LV hingegen begründet eine **Pflicht des Staates und der Gemeinden, Kinder und Jugendliche zu schützen**. Das sind sowohl politisch als auch von der dabei eingenommenen Sicht auf Kinder und Jugendliche unterschiedliche Ansätze. Bei Art. 2a LV werden Kinder und Jugendliche als Subjekt wahrgenommen während Art. 13 LV sie – dem Wortlaut nach – in erster Linie als **Objekt staatlicher Fürsorge** sieht. Inhaltlich überschneiden sich die beiden Bestimmungen allerdings insoweit, als es zum einen in beiden Artikeln um dieselbe Personengruppe in jeweils ähnlichen Lebenssituationen geht und zum anderen die in Art. 13 LV postulierten Pflichten zu den gleichen Ergebnissen führen wie die in Art. 2a LV erwähnten Rechte.

8 **Satz 2** weist dem Staat, den Gemeinden und Gemeindeverbänden (und damit auch den Kreisen) die Aufgabe zu, die **erforderlichen Einrichtungen zu schaffen**, um den Auftrag nach Satz 1 gerecht werden zu können. Daraus lässt sich nicht schließen, ihre Aufgabe würde sich darauf beschränken.

---

6 Entwurfsbegründung zum 23. LVÄndG in LT-Drs. 15/7412, 1 und 5; *Braun*, Art. 13 Rn. 5.

7 *Braun*, Art. 13 Rn. 5; ebenso: *Arnold* in: Brocker/Droege/Jutzi, Art. 25 Rn. 24; BayVerfGH, NJW 1973, 1644f.

8 Entwurfsbegründung zum 23. LVÄndG in LT-Drs. 15/7412, 5.

9 Entwurfsbegründung zum 23. LVÄndG in LT-Drs. 15/7412, 5.

Denn um den in Satz 1 geforderten Zielen gerecht werden zu können, sind von ihnen – im Rahmen ihrer Zuständigkeiten – auch die **notwendigen Regelungen zu schaffen**, die in Satz 1 genannten Gefahrensituationen zu vermeiden oder zu beseitigen. Dabei haben sie bei der Bestimmung der dafür eingesetzten Maßnahmen einen weiten Gestaltungsspielraum.[10]

II. Inhalt und Zuständigkeiten

Der Jugendschutz untergliedert sich in die zwei Säulen des erzieherischen und des gesetzlichen Jugendschutzes. § 14 II SGB VIII beschreibt die Maßnahmen des **erzieherischen Kinder- und Jugendschutzes**. Sie sollen junge Menschen befähigen, sich vor gefährdenden Einflüssen zu schützen und sie zu Kritikfähigkeit, Entscheidungsfähigkeit und Eigenverantwortlichkeit sowie zur Verantwortung gegenüber ihren Mitmenschen führen. Auch sollen Eltern und andere Erziehungsberechtigte besser befähigt werden, Kinder und Jugendliche vor gefährdenden Einflüssen zu schützen. Zentraler Ansatz ist, den Herausforderungen der Gefährdung von Kindern und Jugendlichen nicht repressiv, sondern offensiv durch Information, Beratung und erzieherische Impulse zu begegnen.[11]

Der **gesetzliche Jugendschutz** umfasst in Abgrenzung zum (ebenfalls gesetzlich geregelten) erzieherischen Kinder- und Jugendschutz begrifflich Maßnahmen, die Polizei, Ordnungsbehörden und Strafrechtsorganen obliegen, um mit repressiven Mitteln Gefahren von Kindern und Jugendlichen in der Öffentlichkeit abzuwenden, und zwar auf der Grundlage des JuSchG und des StGB.[12]

Der Umfang der vom Land und den Gemeinden im Blick auf die Realisierung der Schutzpflichten nach S. 1 zu treffenden Regelungen ist dadurch stark eingeschränkt, dass **Art. 74 GG dem Bund die konkurrierende Gesetzgebung für alle wesentlichen hier relevanten Bereiche gibt**. Dies reicht vom Gebiet des Bürgerlichen Rechts und des Strafrechts (Art. 74 I Nr. 1 GG) über den in Art. 74 I Nr. 7 GG genannten Bereich der öffentlichen Fürsorge (ohne Heimrecht), der nicht eng zu fassen ist,[13] bis hin zum Recht der Wirtschaft (Art. 74 I Nr. 11 GG) und dem Arbeitsrecht (Art. 74 I Nr. 12 GG). Von dieser Zuständigkeit hat der Bund auch umfänglich Gebrauch gemacht.[14] Die Festlegungen des Bundes betreffen auch Organisationsfragen. So ist zB in § 69 SGB VIII vorgesehen, dass die Träger der öffentlichen Jugendhilfe (das sind nach Festlegung des Landes die Städte und Landkreise) ein Jugendamt einrichten müssen, dessen Aufgaben nach § 70 SGB VIII durch den Jugendhilfeausschuss und die Verwaltung des Jugendamtes wahrzunehmen sind. Auch die Zusammensetzung des Jugendhilfeausschusses ist detailliert bundesrechtlich (§ 71 SGB VIII) geregelt.

In die **Zuständigkeit des Landes** (außerhalb des Schulbereichs) fallen im Wesentlichen **Regelungen zur Umsetzung und Ausfüllung des Bundesrech-

---

10 *Feuchte* in: Feuchte, Art. 13 Rn. 3.
11 Begründung zum Gesetzentwurf der BReg zum Kinder- und Jugendhilfegesetz in BT-Drs. 11/5948, 56.
12 *Struck* in: Wiesner, SGB VIII, § 14 Rn. 10.
13 BVerfGE 140, 65 (78).
14 ZB: SGB VIII, JGG, JuSchG, JArbSchG, BKiSchG.

tes, wie zB die Bestimmung der örtlichen Träger der öffentlichen Jugendhilfe oder zum Landesjugendausschuss (§§ 1, 2 LKJHG) die Festlegung, dass ein Landesjugendplan zu erstellen ist (§ 10 LKJHG) oder zur Ausgestaltung zB von Jugendarbeit und Jugendsozialarbeit (§§ 14, 15 LKJHG). Daneben sind insbesondere die Regelungen zu speziellen Fördermaßnahmen zu nennen, wie sie zB im Gesetz über die außerschulische Jugendbildung geregelt sind (GBl. 1996, 502) oder zu Maßnahmen im Bereich des präventiven Gesundheitsschutzes bei Kindern und Jugendlichen (GBl. 2009, 82).

13 Bedeutsam ist jedoch die umfängliche Zuständigkeit der Länder für den **Jugendmedienschutz**. Im Bereich der **Telemedien** könnte der Bund zwar auf der Grundlage des Art. 74 I Nr. 7 GG als Teil seiner Zuständigkeit für den Jugendschutz auch den Jugendmedienschutz regeln. Davon hat er jedoch keinen Gebrauch gemacht, so dass die Länder nach Art. 74 I GG eigene Regelungen treffen konnten. Davon haben sie mit dem Jugendmedienschutz-Staatsvertrag auch Gebrauch gemacht.[15] Nach § 2 des Staatsvertrags gilt er für Rundfunk und Telemedien.[16] § 16 JuSchG betont ausdrücklich das Recht der Länder, im Bereich des Jugendschutzes Regelungen zu den Telemedien zu treffen. Für den **Rundfunkbereich** sind die Länder nach Art. 30, 70 GG zuständig.[17]

III. Kinder und Jugendliche

14 Schon vor der gesonderten Nennung der „Kinder" in S. 1 war klar, dass der **Begriff der „Jugend" nicht nach Altersstufen exakt umgrenzt** ist, sondern zumindest auch die noch nicht 14-Jährigen Kinder umfasst, da Ziel der Norm ein umfassender Kinder- und Jugendschutz ist.[18] Fraglich ist indes, ob auch volljährige Personen umfasst sind. Dies dürfte in dem Sinne zu bejahen sein, dass Art. 13 LV es nicht verhindert, staatliche oder kommunale Leistungen auch bereits Volljährigen zu gewähren.[19] Davon macht zB das Jugendbildungsgesetz Gebrauch, in dem es in § 1 I 2 seine Förderzielgruppe auf „junge Menschen bis zum 27. Lebensjahr" ausdehnt.

15 Das Begriffspaar „Kinder und Jugendliche" enthält **nur eine altersbezogene Beschreibung** der Zielgruppe. Es stellt hingegen weder auf die Staatsangehörigkeit ab noch auf den ausländerrechtlichen Status.

IV. Freie Wohlfahrtspflege

16 Art. 13 S. 3 LV ist mit seiner Garantie des Wirkenkönnens im von Art. 13 LV umfassten Bereich **lex specialis gegenüber Art. 87 LV** mit seiner allgemeinen Garantie der Wohlfahrtspflege der freien Träger. Dies gilt auch für Art. 6 LV, der die Wohlfahrtspflege der Kirchen und anerkannten Religionsgemeinschaften gewährleistet und insoweit vergleichbar ist mit der all-

---

15 Für BW: G. zum Staatsvertrag über den Schutz der Menschenwürde und den Jugendschutz in Rundfunk und Telemedien (GBl. 2003, 93; 2016, 126).
16 Zur Definition von Telemedien s. § 1 TMG v. 26.2.2007 (BGBl I, 179 mit Änderungen).
17 *Eifler*, Jugendmedienschutz, 15 ff.
18 *Feuchte* in: Feuchte, Art. 13 Rn. 2; *Kirchhof* in: Meder/Brechmann, Art. 126 Rn. 13.
19 *Feuchte* in: Feuchte, Art. 13 Rn. 2; *Arnold* in: Brocker/Droege/Jutzi, Art. 25 Rn. 22.

gemeinen Garantie in Art. 87 LV.[20] Eine Definition der „Wohlfahrtspflege" findet sich nur in § 66 II AO.[21] „Frei" ist die Wohlfahrtspflege, wenn ihre Träger nicht Gebietskörperschaften sind und sie den Verbänden nicht per Gesetz aufgezwungen ist, sondern vielmehr freiwillig erfolgt.[22] Nach § 3 SGB VIII werden Leistungen der Jugendhilfe von Trägern der freien Jugendhilfe und von Trägern der öffentlichen Jugendhilfe erbracht. Leistungsverpflichtungen nach dem SGB VIII richten sich hingegen nur an die Träger der öffentlichen Jugendhilfe. § 5 III SGB VIII entspricht Art. 13 S. 3 LV, wenn er festlegt, dass zwar Aufgaben der Jugendhilfe von Trägern der öffentlichen Jugendhilfe wahrgenommen werden, Träger der freien Jugendhilfe diese Aufgaben jedoch wahrnehmen oder mit ihrer Ausführung betraut werden können.

Artikel 14 [Schulpflicht, Unterrichts- und Lernmittelfreiheit]

(1) Es besteht allgemeine Schulpflicht.

(2) [1]Unterricht und Lernmittel an den öffentlichen Schulen sind unentgeltlich. [2]Die Unentgeltlichkeit wird stufenweise verwirklicht. [3]Auf gemeinnütziger Grundlage arbeitende private mittlere und höhere Schulen, die einem öffentlichen Bedürfnis entsprechen, als pädagogisch wertvoll anerkannt sind und eine gleichartige Befreiung gewähren, haben Anspruch auf Ausgleich der hierdurch entstehenden finanziellen Belastung. [4]Den gleichen Anspruch haben auf gemeinnütziger Grundlage arbeitende private Volksschulen nach Art. 15 Abs. 2. [5]Näheres regelt ein Gesetz.

(3) [1]Das Land hat den Gemeinden und Gemeindeverbänden den durch die Schulgeld- und Lernmittelfreiheit entstehenden Ausfall und Mehraufwand zu ersetzen. [2]Die Schulträger können an dem Ausfall und Mehraufwand beteiligt werden. [3]Näheres regelt ein Gesetz.

Schrifttum:

Abs. 1 (Schulpflicht): *Achilles*, Schulbesuchspflicht als Strukturprinzip des Schulsystems in Deutschland, RdJB 2014, 151; *Avenarius*, Rechtsgutachten „Die Herausforderung des öffentlichen Schulwesens durch private Schulen", erstattet im Auftrag der Max-Traeger-Stiftung, 2011; *Bauer*, Die große Kirchenordnung: Konzeption und Aufbau eines Bildungswesens unter Herzog Christoph, in: 450 Jahre Kirche und Schule in Baden-Württemberg Teil 3, 2. Aufl. 1985, 46; *Bauer/Schuster*, Die Orthodoxie in Württemberg, Reformbestrebungen und Dreißigjähriger Krieg, in: 450 Jahre Kirche und Schule in Württemberg Teil 3, 2. Aufl. 1985, 74; *Beaucamp*, Dürfte ein Bundesland die Schulpflicht abschaffen?, DVBl 2009, 220; *Brückelmann*, Die verfassungsrechtlichen Grenzen von Freiräumen zur Selbstgestaltung an öffentlichen Schulen, 2000; *Dehlinger*, Württembergs Staatswesen, Bd. 1, 1951; *Eiselstein*, Staatliches Bildungsmonopol und Europäische Menschenrechtskonvention, in: Birk/Dittmann/Erhardt, Kulturverwaltungsrecht im Wandel, 1981, 178; *Ennuschat*, Völker-, europa- und verfassungsrechtli-

---

20 AA *Braun*, Art. 13 Rn. 7, der Art. 6 als „speziell gegenüber Art. 13 S. 3 LV" einstuft.
21 „Wohlfahrtspflege ist die planmäßige, zum Wohle der Allgemeinheit und nicht des Erwerbs wegen ausgeübte Sorge für notleidende oder gefährdete Mitmenschen. Die Sorge kann sich auf das gesundheitliche, sittliche, erzieherische oder wirtschaftliche Wohl erstrecken und Vorbeugung oder Abhilfe bezwecken."
22 *Griep/Renn*, Wohlfahrtspflege, 43 f.

che Rahmenbedingungen der Schulpflicht, RdJB 2007, 271; *Fuchs/Petermann*, Bildungspolitik in Deutschland 1945 – 1990, 1992; *Führ*, Zur Schulpolitik der Weimarer Republik, 1970; *Füssel*, Multikulturelle Schule?, Kritische Justiz 1994, 500; *Handschell*, Die Schulpflicht vor dem Grundgesetz, 2012; *Helbig/Nikolai*, Die Unvergleichbaren: Der Wandel der Schulsysteme in den deutschen Bundesländern seit 1949, 2015; *Huster*, Endlich: Abschichtung statt Abwägung, DÖV 2014, 860; *Kolb*, Schola latina und Gymnasium ilustre in Schwäbisch Hall, in: Geschichte des humanistischen Schulwesens in Württemberg, Bd. 2, 1916, 490; *Palmstorfer*, Häuslicher Unterricht in Österreich: Das Grundrecht auf „Homeschooling", RdJB 2012, 115; *Rademacher*, Wenn Religionsfreiheit auf Schulpflicht trifft, RdJB 2014, 270; *Spiegler*, Home education in Deutschland, Hintergründe- Praxis – Entwicklung, 2008; *Springmann*: Einführung zum Heft: „Badische Schulordnungen im 19. Jh. (Großherzogtum/Kaiserreich) bis 1919"; *Tenorth*, Die pädagogische Dimension des Grundgesetzes, 2009; *Uhle*, Integration durch Schule, NVwZ 2014, 541; *Wallrabenstein*, Der Bildungsföderalismus auf dem Prüfstand, in: VVDStRL 73 (2014), 41; *Wieland*, Von der Verhinderungsverfassung zur Ermöglichungsverfassung – Bildungsföderalismus und Kooperationsverbot, ZG 2012, 266; *Wiedenhorn/Pfeiffer-Blattner*, 200 Jahre staatliche Lehrerbildung in Württemberg, 2014; *Wißmann*, Das allgemeine Schulwesen als Programm des modernen Staates: Grundzüge der historischen Entwicklung, RdJB 2013, 364.

Abs. 2 (Lernmittelfreiheit, Privatschulförderung): *Droege*, Gemeinnützigkeit im offenen Steuerstaat, 2010; *Keller/Krampen*, Das Recht der Schulen in freier Trägerschaft, 2014; *Richter*, Privatschulfreiheit – Bedürfen Art. 7 Abs. 4 und 5 GG einer grundlegenden Revision?, RdJB 2013, 360; *Wallenhorst/Halaczinsky*, Die Besteuerung gemeinnütziger Vereine, Stiftungen und der juristischen Personen des öffentlichen Rechts, 6. Aufl. 2009; *Wallrabenstein*, Verfassungsfragen der Privatschulfinanzierung heute, RdJB 2014, 248.

Vergleichbare Regelungen: Art. 129 BayVerf, 30 BbgVerf, 30 BremVerf, 56, 59 HessVerf, 4 NdsVerf, 8, 9 NRWVerf, 30 RPVerf, 102 SächsVerf, 25, 26, 29 LSAVerf, 12 SchlHVerf, 23, 24, 26 ThürVerf.

Ergänzende Normen: §§ 72 – 81, 93, 94 SchG, §§ 17 – 18 a PSchG, FAG, Fördergesetz.

Leitentscheidungen:
Zu Abs. 1: BVerfGE 34, 165; 93,1; BVerfGK 10, 423.
Zu Abs. 2 S. 1 und 2: VGH BW, U. v. 23.1.2001 – 9 S 331/00.
Zu Abs. 2 S. 3: StGH, U. v. 6.7.2015 – 1 VB 130/13; VGH BW, U. v. 11.4.2013 – 9 S 233/12; BVerwG, U. v. 21.12.2011 – 6 C 18.10; zur Privatschulfinanzierung im Allgemeinen: BVerfGE 75, 40; 90, 107; 90, 128; 112, 74.

A. Überblick und Einordnung 1	2. Die Schulgeld- und Lernmittelfreiheit
I. Bedeutung 1	(Abs. 2 S. 1, 2, 5) 11
1. Allgemeine Schulpflicht (Abs. 1) 1	3. Ausgleichsansprüche der Privatschulen
2. Die Schulgeld- und Lernmittelfreiheit	(Abs. 2 S. 3, 4) 17
(Abs. 2 S. 1, 2, 5) 3	4. Der Ersatzanspruch der Gemeinden und Gemeindeverbände (Abs. 3) 20
3. Ausgleichsansprüche der Privatschulen	
(Abs. 2 S. 3, 4) 4	III. Verfassungsvergleichende Einordnung 21
4. Der Ersatzanspruch der Gemeinden und Gemeindeverbände (Abs. 3) 5	1. Allgemeine Schulpflicht (Abs. 1) 21
II. Herkunft, Entstehung, Geschichte 6	2. Die Schulgeld- und Lernmittelfreiheit
1. Allgemeine Schulpflicht (Abs. 1) 6	(Abs. 2 Satz 1, 2, 5) 22
	3. Ausgleichsansprüche der Privatschulen
	(Abs. 2 S. 3, 4) 24

a) Grundgesetz	24	2. Fachschulen	51
b) Landesrechtliche Regelungen	26	3. Stufenweise Einführung	55
4. Der Ersatzanspruch der Gemeinden und Gemeindeverbände (Abs. 3)	27	III. Ausgleichsansprüche der Privatschulen (Abs. 2 S. 3, 4)	56
B. Erläuterung	28	1. Staatliche Ersatzschulfinanzierung im Allgemeinen	56
I. Allgemeine Schulpflicht (Abs. 1)	28	2. Ausgleich der Belastungen durch Schulgeld- und Lernmittelfreiheit	58
1. Die rechtliche Verankerung der Schulpflicht	28	3. Förderanspruch privater Volksschulen nach Art. 15 II LV (Abs. 2 S. 3)	75
2. Inhalt der Schulpflicht	34	IV. Der Ersatzanspruch der Gemeinden und Gemeindeverbände (Abs. 3)	76
3. Befreiung von der Schulpflicht	39	1. Umfang der Kostenerstattung	76
a) Homeschooling	40	2. Ausgleich für Mehrbelastung durch Inklusion	78
b) Befreiung von einzelnen Fächern oder Unterrichtsangeboten	44		
II. Die Schulgeld- und Lernmittelfreiheit (Abs. 2 Satz 1, 2, 5)	49		
1. Umfang und Begriff der Schule	49		

A. Überblick und Einordnung

I. Bedeutung

1. Allgemeine Schulpflicht (Abs. 1)

Zwar wurde mit Art. 14 I LV **kein uneingeschränktes staatliches Schulmonopol** geschaffen. Dieses wäre mit Art. 7 IV u. V GG nicht vereinbar, weil danach – und einfachgesetzlich nach § 4 II PSchG – die Schulpflicht auch an bestimmten Schulen in privater Trägerschaft erfüllt werden kann. Trotzdem stellt die Einführung der allgemeinen Schulpflicht insoweit eine zentrale Weichenstellung im Schulwesen dar, als damit eine **Absage an eine bloße Bildungspflicht des Einzelnen bzw. Unterrichtspflicht der Personensorgeberechtigten** verbunden ist. 1

Diese **Grundentscheidung war und ist nicht unumstritten**. So hat zB schon Wilhelm von Humboldt die Auffassung vertreten: 2

„Der Staat muss darauf wachen, dass die Eltern ihre Pflichten gegen ihre Kinder – nämlich dieselben, so gut es ihre Lage erlaubt, in den Stand zu setzen, nach erreichter Mündigkeit eine eigene Lebensweise zu wählen und anzufangen – [...] genau erfüllen [...]." „Seine Aufsicht muss jedoch allein hierauf beschränkt sein, und jedes Bemühen, hierbei einen positiven Endzweck zu erreichen, z. B. diese oder jene Art der Ausbildung der Kräfte bei den Kindern zu begünstigen, liegt außerhalb seiner Wirksamkeit."[1]

In den letzten Jahren ist die allgemeine Schulpflicht sowohl unter dem Aspekt, Unterricht in Form von **Homeschooling** wählen zu können als auch unter dem Aspekt, aus **religiösen Gründen** keine öffentliche Schule oder

---

[1] *Humboldt*, Ideen zu einem Versuch die Grenzen der Wirksamkeit des Staates zu bestimmen, Kap. XIV, 70, unter http://docs.mises.de/Humboldt/Humboldt_Grenzen_d es_Staates.pdf (1.11.2017).

keine Ersatzschule besuchen zu müssen oder auch von einzelnen Unterrichtsangeboten verschont zu bleiben, in die Diskussion gekommen.

2. Die Schulgeld- und Lernmittelfreiheit (Abs. 2 S. 1, 2, 5)

3   Die Schulgeld- und Lernmittelfreiheit des Art. 14 II LV federt zum einen die allgemeine Schulpflicht ab.[2] Sie dient zum andern der Verwirklichung des Rechts nach Art. 11 I LV der jungen Menschen auf eine ihrer Begabung entsprechende Erziehung und Ausbildung, das ohne Rücksicht auf Herkunft und wirtschaftliche Lage zu gewährleisten ist.[3] Sie hat damit die Aufgabe, **Chancengleichheit** herzustellen und dient der Förderung der Tüchtigen.[4] Bei der Unterrichts- und Lernmittelfreiheit nach Art. 14 II 1 LV handelt es sich nicht nur um einen objektiv-rechtlichen Gesetzgebungsauftrag, sondern um ein **subjektiv-öffentliches Recht**.[5] Das Ziel der Schulgeld- und Lernmittelfreiheit ist durch Art. 14 II 1 LV für den Gesetzgeber verbindlich vorgegeben. Die Regelung des Art. 14 II 5 LV, wonach Näheres ein Gesetz regelt,[6] bedeutet lediglich, dass der Gesetzgeber konkretisierenden Regelungen treffen darf, nicht aber die Befugnis, vom vorgegeben Ziel abzuweichen.[7]

3. Ausgleichsansprüche der Privatschulen (Abs. 2 S. 3, 4)

4   Fragen der Privatschulfinanzierung sind **oftmals Gegenstand gerichtlicher Auseinandersetzungen**, die zu guten Teilen auch von Bundesgerichten zu entscheiden sind. Die Regelungen des Abs. 2 S. 3 zum Ausgleich der durch die von ihnen gewährte Schulgeld- und Lernmittelfreiheit standen dagegen – außer in jüngster Zeit – seltener im Zentrum der rechtlichen Bewertung. Zentral war und ist vielmehr die Frage, ob und ggf. inwieweit landesgesetzliche Förderregelungen mit Art. 7 IV 1 GG – der über Art. 2 I LV auch Teil der LV und unmittelbar geltendes Recht ist – vereinbar sind.

Art. 14 II 3 und 4 LV trifft eine Regelung für einen speziellen Fall einer Ersatzleistung. Die Regelung unterscheidet sich von der in Art. 7 IV 1 GG begründeten Schutz- und Förderpflicht dadurch, dass sie dem Ersatzschulschulträger einen **subjektiv-rechtlichen Anspruch** gibt, wobei es nicht darauf ankommt, ob eine evident existentielle Gefährdung der Institution Ersatzschulwesen vorliegt.[8] Der Ausgleichsanspruch der nach Art. 15 II LV umgewandelten Volksschulen betrifft nur eine kleine Anzahl von Schulen (zuR Finanzierung von Bekenntnisschulen → Art. 15 Rn. 33 ff.).

---

2   VGH BW, U. v. 14.7.2010 – 9 S 2207/09 – juris, Rn. 73; U. v. 11.4.2013 – 9 S 233/12 – juris, Rn. 181; StGH, U. v. 6.7. 2015 – 1 VB 130/13 – openJur, Rn. 157.
3   StGH, U. v. 6.7. 2015 – 1 VB 130/13 – openJur, Rn. 157.
4   *Braun*, Art. 14 Rn. 9.
5   VGH BW, U. v. 22.5.2013 – 9 S 1367/12 – juris, Rn. 49; StGH, U. v. 6.7. 2015 – 1 VB 130/13 – openJur, Rn. 158; *Braun*, Art. 14 Rn. 11.
6   Satz 5 bezieht sich, trotz seiner Position unmittelbar hinter den Regeln für Ersatzschulen, auch auf öffentliche Schulen, vgl. Feuchte, Quellen, 6. Teil, 191 ff.
7   VGH BW, U. v. 23.1.2001 – 9 S 331/00 – openJur, Rn. 29; *Braun*, Art. 14 Rn. 11; *Feuchte* in: Feuchte, Art. 14 Rn. 11.
8   VGH BW, U. v. 11.4.2013 – 9 S 233/12 – openJur, Rn. 189.

4. Der Ersatzanspruch der Gemeinden und Gemeindeverbände (Abs. 3)

Art. 14 III LV verpflichtet das Land, den Kommunen den durch die Schulgeld- und Lernmittelfreiheit entstehenden Ausfall und Mehraufwand zu ersetzen. Damit wird ihre Position auf den ersten Blick auf der einen Seite stärker, als sie bei einer nur einfach-gesetzlichen Absicherung geben wäre. Auf der anderen Seite schränkt diese Regelung die Position der Kommunen insoweit ein, als sie an dem Ausfall und Mehraufwand beteiligt werden können; zum Verhältnis zu Art. 71 II LV s. unten → Rn. 76.

II. Herkunft, Entstehung, Geschichte
1. Allgemeine Schulpflicht (Abs. 1)

Art. 145 WRV normierte erstmals deutschlandweit die allgemeine Schulpflicht.[9] Dies war eine wesentliche Änderung zur vorherigen Rechtslage, da nunmehr – grundsätzlich – die Schulpflicht als Schulbesuchspflicht (hinsichtlich Volks- und Fortbildungsschulen) ausgestaltet wurde, während in früheren Jahren die geltenden Regelungen zur Schulpflicht die Eltern nicht zwangen, ihre Kinder auf irgend eine Schule zu schicken, sondern lediglich dazu, sie nicht ohne Unterricht zu lassen.[10] Im Gegensatz zu Art. 154 II PKV statuierte Art. 145 WRV eine allgemeine Schulpflicht, die **nicht mehr durch häuslichen Unterricht, sondern nur durch Anwesenheit in der Schule erfüllt** werden konnte.[11]

In **Württemberg** wurde durch **Dekret von Herzog Eberhard** vom 10.8.1649 eine allgemeine Schulpflicht verfügt.[12] In der Zeit davor gab es teils unterschiedlich stark formulierte Appelle an die Eltern, für die Unterrichtung ihrer Kinder zu sorgen,[13] teils Aufträge an die Schulmeister, zumindest den Katechismus oder den Kirchengesang mit allen Kindern seiner Gemeinde einzuüben.[14] Durch § 7 der **Generalverordnung, das Elementarschulwesen in den evangelischen Orten des Königreichs betreffend**, wurde im Jahr 1810 in Württemberg eine grundsätzliche Pflicht, die Schule des Wohnort zu besuchen eingeführt,[15] der 1808 eine ähnliche Regelung für die katholi-

---

9 Zur Frage, ob das Reich überhaupt und, falls ja, in welchem Umfang eine Kompetenz habe bzw. haben solle, Schulangelegenheiten zu regeln, s. die umfassende Darstellung der politischen und rechtlichen Hintergründe in: *Führ*, Weimarer Republik, 33 ff.; ausführlich zur Geschichte der Schulpflicht: *Handschell*, Schulpflicht, 21 ff.
10 *Anschütz*, Art. 145 Nr. 1.
11 BVerfGE 138, 1 (26/Rn. 70).
12 Abdruck in Bauer/Schuster, Orthodoxie, 74 (78). Danach soll es „den Eltern keineswegs freigestellt werden, ob sie ihre Kinder in die Schul [sic!] schicken wollen, oder nicht, oder sie zu kleinen Hausgeschäften daheim behalten, sondern die Eltern zu dem, was Gottes Ehr, der Kinder und Polizei Wohlstand, auch der Kinder Nutz zeitliches und ewiges Heil erfordert, mit aufgesetzten Strafen nötigen."
13 *Kolb*, Schwäbisch Hall, 19, unter Verweis auf den Reformator Brenz.
14 *Bauer*, Kirchenordnung, 46 (47).
15 Königlich-Württembergisches Staats- und Regierungsblatt 1811, 2: „Alle Kinder, welche das gesetzmäßige Alter haben, müssen die öffentliche Schule ihres Wohnorts besuchen, und dürfen weder statt derselben, noch neben derselben Privatunterricht nehmen, es wäre denn von einem durch das Königl. Ober-Consistotrium examinierten und legitimierten Privatlehrer." (§ 7).

schen Schulen vorausgegangen war.[16] Die beiden Regelungen wurden durch das **Volksschulgesetz v. 29.9.1836** abgelöst.[17] Mit dessen Art. 4 wurde eine allgemeine Schulpflicht festgelegt für Kinder „aller Staatsangehörigen" zwischen dem 6. und dem 14. Lebensjahr. Sie galt nach S. 2 des Art. 4 auch für die sich in Württemberg aufhaltenden Kinder von Angehörigen solcher Staaten, mit denen Übereinkünfte über die „Beiziehung [...] zum Besuch der Volksschule" bestanden. Dieses Gesetz wurde durch das **Volksschulgesetz vom 17.8.1909** ersetzt, das die Regelungen zur Schulpflicht unverändert ließ. Eine Änderung erfolgte durch das „**Kleine Schulgesetz**" **vom 17.5.1920**, mit dem die in Art. 145 WRV enthaltenen „Grundsätze" (Art. 10 Nr. 2 WRV) konkretisiert wurden. Die dort verankerte achtjährige Schulpflicht, die erstmals für 1921 neu eingetretene Kinder gelten und damit 1928 wirksam werden sollte, konnte der Gemeinderat des Schulortes mit Genehmigung des Kultusministeriums auf einen späteren Zeitpunkt verschieben. Durch die Notverordnung v. 24.9.1933 wurde die Möglichkeit einer weiteren Verschiebung eröffnet.[18]

8 Für **Baden** erließ Markgraf Karl-Friedrich am 28.9.1753 eine **Generalverordnung**, nach der die Landeskinder vom 6. bis zum 13. Lebensjahr die Winter- und die Sommerschule besuchen sollten, sonst drohten den Eltern Geldstrafen. Die allgemeine Schulpflicht für das gesamte Großherzogtum wurde durch das **Organisationsedikt vom 13.5.1803** verkündet. Mit Gesetz vom 8.3.1868 wurde die Simultanschule und die achtjährige Schulpflicht etabliert.[19] Für Mädchen konnte – sofern die Eltern das verlangten – die Schulpflicht bis 1910 noch auf sieben Jahre verkürzt werden. Mit Datum vom 7.7.1910 verlangte ein neues **Schulgesetz**[20] grundsätzlich die achtjährige Schulpflicht bis zur Vollendung des 14. Lebensjahres. Für bestimmte Personengruppen, zB für „Kinder, die wegen körperlicher oder geistiger Gebrechen am Unterricht der Volksschule nicht teilnehmen können", waren Ausnahmen vorgesehen. Durch § 19 VerfBad 1919[21] wurde die Pflicht zum Besuch der öffentlichen Volksschulen verfassungsrechtlich verankert.

9 Die Regelung des Art. 145 WRV – so auch regionale Regelungen wie das „Kleine Schulgesetz" – wurde faktisch durch das **Gesetz über die Schulpflicht im Deutschen Reich (Reichsschulpflichtgesetz)** ersetzt, das ab dem 1. 11. 1938 galt (RGBl. I, 799). Es normierte eine allgemeine Schulpflicht für alle deutschen Staatsbürger mit Wohnsitz oder gewöhnlichem Aufenthalt in Deutschland, die nur an reichsdeutschen Schulen erfüllt werden konnte (§ 1 II 1). Mit ihr sollte „die Erziehung und Unterweisung der deutschen Jugend im Geiste des Nationalsozialismus" gesichert werden (§ 1 I 2). Ausnahmen von der achtjährigen Schulpflicht waren dort nicht vorgesehen.

---

16 Allgemeine Verordnung v. 10.9.1808, Königlich-Württembergisches Staats- und Regierungsblatt 1808, 325.
17 Regierungsblatt für das Königreich Württemberg 1836, 491.
18 Zum Vorstehenden: *Dehlinger*, Württembergs Staatswesen, 463.
19 Erzherzoglich Badisches Regierungs-Blatt 1803, 32.
20 Gesetzes- und Verordnungsblatt für das Großherzogtum Baden, 1910, 357.
21 Badisches Gesetz- und Verordnungsblatt 1919, 279.

[Schulpflicht, Unterrichts- und Lernmittelfreiheit]   Artikel 14

In den **Verfassungsberatungen 1952/53**[22] war Art. 15 I VerfERP mit seiner 10
Formulierung: „Es besteht allgemeine Schulpflicht" unstritig. Eine lebhafte Kontoverse entstand zum Wunsch der CDU, diesen Satz dahin gehend zu ergänzen, dass zur Erfüllung der Schulpflicht „grundsätzlich die Volksschule und die Berufsschule" dienen. Der Abgeordnete *Gebhard Müller* (CDU) begründete dies damit, dass die Volksschule „in gewissen Kreisen nicht viel Sympathie hat." Deshalb werde „immer wieder der Versuch gemacht, die Schulpflicht an einer andern Schule zu erfüllen. Dem soll entgegen getreten werden."[23] Die SPD (Abg. *Lausen*) widersprach dem, teils, weil sie Ausführungen in der LV, wie die Schulpflicht zu erfüllen ist, für überflüssig hielt, teils weil man befürchtete, durch die Nennung der Volksschule werde „die etwas schroffe Trennung zwischen Volksschule und Oberschule" aufrechterhalten.[24] Als Ergebnis der Diskussion wurde die ergänzende Formulierung des Art. 27 II VerfECDU mehrheitlich abgelehnt.[25]

2. Die Schulgeld- und Lernmittelfreiheit (Abs. 2 S. 1, 2, 5)

Mit dem „Kleinen Schulgesetz" v. 17.5.1920[26] wurde die in Art. 145 S. 3 11
WRV für die „Volksschulen und Fortbildungsschulen" getroffene Festlegung, dass Unterricht und Lernmittel unentgeltlich zu sein haben, für **Württemberg** umgesetzt. Allerdings wurde sie durch die 3. NotVO v. 4.12.1931[27] und die Verfügung v. 8.1.1932[28] dergestalt eingeschränkt, dass der Schulträger – auf begründeten Antrag des Erziehungsberechtigten – die Lernmittel lediglich ausleiht.

Für **Baden** bestimmte § 19 V VerfBad 1919, dass der Unterricht in den 12
Volks- und Fortbildungsschulen unentgeltlich zu sein hatte. Für „minderbemittelte" Schüler hatte die Gemeinde die erforderlichen Lernmittel zu beschaffen. Für die höheren Lehranstalten, einschließlich der Hoch- und Fachschulen, wurde in Abs. 7 eine eingeschränkte Unentgeltlichkeit eingeführt. Sie galt nur für diejenigen, „die tüchtig und bedürftig sind."

Für die **mittleren und höheren Schulen** sah Art. 146 III WRV keine Schul- 13
und Lernmittelfreiheit vor; hier sollten durch Reich, Länder und Gemeinden für „Minderbemittelte" öffentliche Mittel bereit gestellt werden, insbesondere Erziehungsbeihilfen für die Eltern, deren Kinder für die Ausbildung an diesen Schulen für geeignet angesehen werden. Tatsächlich beteiligte sich das Reich nicht an den Kosten der Schulreformen; erst im Mai 1924 wurde der **Streit zwischen dem Reich und den Ländern** hierüber dadurch beigelegt, dass das Reich den Ländern zusätzliche Mittel im Bereich der Polizei zur Verfügung stellte und die Länder im Gegenzug auf ihre Ansprüche u.a. im Blick auf das Grundschulgesetz verzichteten.[29]

---

22 36. VA-Sitzung v. 22.1.1953 in: Feuchte, Quellen, 4. Teil, 625 ff.
23 Feuchte, Quellen, 4. Teil, 626, 629.
24 Feuchte, Quellen, 4. Teil, 641, 630.
25 Feuchte, Quellen, 4. Teil, 647.
26 Regierungsblatt für Württemberg 1920, 293.
27 Regierungsblatt für Württemberg 1931, 431.
28 Amtsblatt Kultministerium 1932, Nr. 9.
29 Eingehend hierzu: *Führ*, Weimarer Republik, 85 ff.

14 Nach Ende des zweiten Weltkriegs wurde durch **Direktive Nr. 54 des Alliierten Kontrollrats** v. 25.6.1947 in den „Grundsätzen für die Demokratisierung des Unterrichts in Deutschland" u. a. auch die Unentgeltlichkeit des Unterrichts gefordert.[30] Zumindest im Gebiet des heutigen Baden-Württembergs erfolgte die Umsetzung dieser Forderung in erster Linie in der amerikanischen Besatzungszone.[31]

15 Bei den **Verfassungsberatungen 1952/53** standen neben der Frage, ob die Schulgeld- und Lernmittelfreiheit in den Grundzügen in der Verfassung selbst normiert und somit unumkehrbar werden sollte (so die Position der Regierungsfraktionen) oder aber – um sich finanzielle Spielräume zu erhalten – nur eine Absichtserklärung ohne Anspruchscharakter in die Verfassung aufzunehmen sei[32] (so die CDU) vor allem die Frage im Mittelpunkt, ob sich die Schulgeld- und Lernmittelfreiheit nur auf Volks- und Berufsschulen beziehe sollte oder aber auf alle öffentlichen Schulen. Nachdem in Bezug auf den letztgenannten Aspekt zunächst die CDU mit ihrem Antrag eine Mehrheit fand,[33] setzte sich bei den weiteren Beratungen die Position der Regierungsfraktionen durch.[34] Dabei kam man dem Anliegen der CDU insoweit entgegen, als die Einführung „stufenweise" erfolgen sollte.

16 Mit dem **Gesetz über Schulgeld- und Lernmittelfreiheit und Erziehungshilfen**[35] wurde die Schulgeldfreiheit mit Beginn des Schuljahrs 1954/55 zunächst für die öffentlichen Volks- und Berufsschulen eingeführt; für die öffentlichen Mittelschulen, die Höheren Schulen und die Berufsfachschulen war der Unterricht vom Schuljahr 1957/58 an unentgeltlich. Die Lernmittelfreiheit wurde mit diesem Gesetz im Wege einer Verpflichtung des jeweiligen Schulträgers eingeführt, den Schülern von Volks- und Berufsschulen alle notwendigen Lernmittel, deren Kosten im Einzelfall mehr als 1 DM betragen, leihweise zu überlassen; an den Mittelschulen, den Höheren Schulen und den Berufsfachschulen sollte dies stufenweise innerhalb von 10 Jahren durchgeführt werden (§ 10).

3. Ausgleichsansprüche der Privatschulen (Abs. 2 S. 3, 4)

17 Art. 147 WRV, der zu den Privatschulen Aussagen traf, enthielt keine Regelungen über eine staatliche Finanzhilfe. Vielmehr gab es nur eine zusammen mit Art. 147 WRV angenommene Entschließung, wonach ein Reichsgesetz für bestimmte Fälle die Gewährung einer angemessenen Entschädigung sorgen sollte; es kam allerdings nie zustande.[36] In § 13 der **Vereinba-**

---

30 *Feuchte*, Quellen Teil 4 Fußnote 53.
31 *Feuchte*, Quellen Teil 4 S. 676, Abg. Dr. Sauer: „In der amerikanischen Zone ging das ja viel rascher und in einem viel schnelleren Tempo vonstatten als in der französischen Zone." S. a. *Helbig/Nikolai*, Fußnote 124.
32 *Feuchte*, Quellen Teil 4 S. 661: Abg. Simpfendörfer (CDU): „Die Regierungsparteien schreiben die Schulgeld- und Lernmittelfreiheit für alle öffentlichen Schulen in der Verfassung vor. Wir dagegen lassen in unserem Entwurf diese Möglichkeit offen. Wir schaffen sie ab, aber wir schreiben sie nicht verbindlich vor. Wir sehen sie nur als gesetzlich zu regeln vor."
33 *Feuchte*, Quellen Teil 4 S. 696.
34 *Feuchte*, Quellen, 6. Teil, 197; Protokoll der Verfassungsgebenden Landesversammlung, Bd. 3, S. 1834 (1847).
35 GBl. 1955, 38.
36 Dazu: BVerfGE 75, 40 (58), DFR Rn. 75.

rung der Unterrichtsverwaltungen der Länder über die Durchführung des Art. 147 Abs. 1 der Reichsverfassung[37] wurde ausdrücklich festgehalten, dass aus Art. 147 WRV wie auch aus dieser Vereinbarung **keine Ansprüche auf Unterstützung privater Schulen aus öffentlichen Mitteln** abgeleitet werden können.

Die **Entstehungsgeschichte des Art. 7 IV GG** bietet nicht nur keine Hinweise, dass eine staatliche Finanzierungsverpflichtung begründet werden sollte, sondern deutet eher darauf hin, dass das dezidiert nicht gewollt war.[38] Dem folgend bekräftigte die KMK in § 10 ihrer **Vereinbarung über das Privatschulwesen** v. 11./12.8. 1951,[39] dass „aus Art. 7 GG und aus dieser Vereinbarung ... Ansprüche auf Unterstützung privater Schulen aus öffentlichen Mitteln nicht hergeleitet werden" können. Gleichzeitig wurde aber darauf hingewiesen, dass die Länder im Rahmen ihrer rechtlichen und finanziellen Möglichkeiten Privatschulen unmittelbar oder mittelbar fördern können.[40]

18

In den **Verfassungsberatungen 1952/53** war die Aufnahme des Art. 14 II 3 in die LV höchst umstritten. Während auf der einen Seite befürchtet wurde, die Aufnahme eines Anspruchs der Privatschulen auf Ausgleich ihrer durch Schulgeld- und Lernmittelfreiheit entstehenden Kosten bzw. entfallenden Einnahmen führe zu einer Aushöhlung der Staatsschulen, wurde auf der anderen geltend gemacht, es bedürfe der Förderung, um die Vielfalt im Schulwesen zu fördern; auch werde gerade dadurch vermieden, dass eine Standesschule entstehe.[41] Erst nachdem die CDU im Jahr 1953 in die Regierung eintrat, kam es schließlich zu einem Kompromiss, der im Wesentlichen der heutigen Fassung des Art. 14 II LV entspricht.[42] Satz 4 wurde im Zusammenhang mit der Novellierung des Art. 15 LV im Jahr 1967 eingeführt (GBl. 7).

19

4. Der Ersatzanspruch der Gemeinden und Gemeindeverbände (Abs. 3)

Während Art. 15 II VerfERP keine Regelung zum Ausgleich der bei den Kommunen entstehenden Kosten vorsah, enthielt Art. 27 II VerfECDU eine Pflicht zum vollen Ausgleich der den Kommunen in diesem Bereich entstehenden Kosten. Nachdem die CDU aber eine **angemessene Beteiligung der Schulträger** zugestand, verständigte sich der VA auf eine Formulierung, die weitestgehend der endgültigen Fassung des Art. 14 III LV entspricht.[43]

20

---

37 Bekanntmachung des Reichsinnenministers v. 24.1.1928 Reichsministerialblatt v. 15.8.1930, 500 f.
38 S. hierzu die eingehende Darstellung in BVerfGE 75, 40 (61), DFR Rn. 66 ff.
39 Sammlung der Beschlüsse der KMK, Leitzahl 484.
40 Übersicht über die Förderung durch die Länder s. Beschluss der KMK v. 12.3.2004 idF v. 5.10.2012.
41 Abg. *Krause* (SPD) in: Feuchte, Quellen, 5. Teil, 419, und Abg. *Rack*, CDU, aaO, 417.
42 S. die eingehende Darstellung der Entstehung in StGH, U. v. 6.7.2015 – 1 VB 130/13 – openJur, Rn. 165-173.
43 Vgl. die Beiträge der Abg. *Müller* (CDU), *Gönnenwein* (FDP/DVP) und *Angstmann* (SPD) in: Feuchte, Quellen, 4. Teil, 625 f., 701, 700, sowie die Beschlussfassung aaO, 704.

III. Verfassungsvergleichende Einordnung
1. Allgemeine Schulpflicht (Abs. 1)

21 Das GG enthält keine ausdrückliche Regelung zur Schulpflicht (zu den Ansätzen, die Schulpflicht aus dem GG abzuleiten s. → Rn. 28 ff.). In allen deutschen Ländern ist die Schulpflicht **entweder verfassungsrechtlich**[44] **oder schulgesetzlich verankert.**[45] Bei allen Unterschieden im Detail ist den Regelungen gleich, dass sie – der in Deutschland seit der WRV insgesamt gegebenen Tradition folgend – eine Schulpflicht festlegen und nicht lediglich eine Pflicht, für eine Unterrichtung zu sorgen.

2. Die Schulgeld- und Lernmittelfreiheit (Abs. 2 Satz 1, 2, 5)

22 Lernmittelfreiheit in dem Sinne, dass auch **keine Miet- oder Entleihgebühren** zu bezahlen sind, gibt es neben BW auch in Bayern, Bremen, Hessen, Mecklenburg-Vorpommern, Sachsen, Schleswig-Holstein und Thüringen. In den andern Ländern gibt es unterschiedlich ausgestaltete **Formen der entgeltpflichtigen Überlassung.** Die Regelungen sind teils in den Landesverfassungen verankert (Art. 14 II LV, 31 BremVerf, 9 II NRWVerf, 102 IV SächsVerf), teils in den Schulgesetzen.

23 **Schulgeldfreiheit an Schulen in öffentlicher Trägerschaft** ist teils durch die jeweilige Landesverfassung (zB Art. 129 II BayVerf, 9 I NRWVerf, 102 SächsVerf) teils durch die Schulgesetze, verwirklicht (zB § 51 I BerlSchG).[46]

3. Ausgleichsansprüche der Privatschulen (Abs. 2 S. 3, 4)
a) Grundgesetz

24 Art. 7 IV 1 GG verleiht den Privatschulen keinen Anspruch auf staatliche Finanzhilfe. Trotz der – wie die Entstehungsgeschichte des Art. 7 IV GG zeigt – eindeutigen Absicht, selbst keine Regelungen zur Ersatzschulfinanzierung treffen zu wollen, lehnt das BVerfG – dem insoweit folgend – zwar zunächst einen Anspruch auf Förderung aus Art. 7 IV GG ab, kommt dann aber zum Ergebnis, aus Art. 7 IV GG ergebe sich die **Pflicht des Landesgesetzgebers, für Ersatzschulen eine Förderung vorzusehen.**[47] Denn die verfassungsrechtlich verbürgte Institution Privatschule und das damit verbundene Recht auf Errichtung privater Ersatzschulen bliebe inhaltslos, wenn es nicht mit einer „Selbstbestimmung im schulischen Wirkungskreis" verbunden sei. Ohne staatlichen Beistand sei „bei dem bestehenden hohen Kostenniveau heute" eine solche Selbstbestimmung „unter den von der Verfassung vorgegebenen Bedingungen" nicht möglich. Es gebe, so das BVerfG, eine **„staatliche Schutzpflicht" für private Ersatzschulen**, die ihre Rechtfertigung jedenfalls nicht vorrangig in einer Art Aufwendungsersatz für die Wahrnehmung staatlicher (hoheitlicher) Aufgaben durch Private finde, sondern in der Förderung eigenverantwortlicher Miterfüllung der durch

---

44 Art. 129 BayVerf, 30 BbgVerf, 30 BremVerf, 56, 59 HessVerf, 4 NdsVerf, 8, 9 NRWVerf, 102 SächsVerf, 25, 26, 29 LSAVerf, 12 SchlHVerf, 23, 24, 26 ThürVerf.
45 §§ 42 BerlSchG, 37 HambSchG, 48 MVSchG, 56 I RPSchG, 1 SaarlSchulpflichtG.
46 Zu der Ausnahme bei Fachschulen in BW s. → Rn. 51 ff.
47 BVerfGE 75, 40 (62); zweifelnd, ob sich dies wirklich dem Sinn der Vorschrift entspricht *Boysen* in: v. Münch/Kunig, Art. 7 Rn. 88.

Art. 7 IV 1 GG gerade auch der Privatinitiative überlassenen allgemeinen (öffentlichen) Bildungsaufgabe.[48] Die den Staat treffende Schutz- und Förderpflicht löse aber erst dann eine Handlungspflicht aus, wenn andernfalls der **Bestand des Ersatzschulwesens als Institution evident gefährdet** wäre.[49] Dabei ist die Annahme eines Verfassungsverstoßes erst dann gerechtfertigt, wenn der Gesetzgeber seine Schutz- und Förderpflicht gröblich vernachlässigt, was sich daran zeigt, dass bei weiterer Untätigkeit oder wegen offensichtlich fehlerhaften Nachbesserungsmaßnahmen der Bestand des Ersatzschulwesens evident gefährdet wäre.[50]

Angesichts der ersichtlichen Zurückhaltung der Eltern des GG gegenüber einer im GG verankerten Finanzierung von Privatschulen verbietet sich eine extensive Auslegung der vom BVerfG entwickelten Schutz- und Förderpflicht. Auch wenn Freiheitsrechten eine leistungsrechtliche Dimension innewohnt,[51] ist Art. 7 IV GG zwar in Teilen (S. 1) ein die Privatschulfreiheit gewährleistendes Grundrecht.[52] Art. 7 IV GG beschränkt in seinen S. 2–4 dieses Grundrecht aber in vielfältiger Weise. Aus einem nur eingeschränkt gewährleisteten Grundrecht lässt sich zwar noch eine **Pflicht zur Institutionsgarantie** ableiten.[53] Es überspannt aber die Institutionsgarantie des Ersatzschulwesens, die Beurteilung einer evidenten Existenzgefährdung lediglich an eine bestimmte Ausprägungsform einer privaten Ersatzschule zu knüpfen, wie dies der VGH zunächst ausdrücklich[54] und – nach Aufhebung seines Urteils durch das BVerwG –[55] „zugunsten der Beschwerdeführer" im Blick auf die Freien Waldorfschulen in BW nochmals wiederholt hat.[56] Auch wenn man davon ausgeht, dass Art. 7 IV GG gebietet, „das private Ersatzschulwesen in seiner Vielfalt" zu gewährleisten, bedeutet das noch nicht automatisch, dass deshalb – wie der VGH annimmt – aus Art. 7 IV GG ein Gebot einer „zureichenden Förderung einer jeglichen Schulart und Schulform und grundsätzlich auch jedes Schultyps" abzuleiten wäre.[57] Es ist zwar zutreffend, dass das Land durch den Ausbau und die Differenzierung seines Schulwesens privaten Initiativen ermöglicht, entsprechende Ersatzschulen zu errichten, die vom Land in seine Förderung einzubeziehen sind.[58] Daraus ergibt sich indes nicht denknotwendig die Folge, bei der Bewertung der evidenten Existenzgefährdung nicht mehr an der Institution Ersatzschulwesen anzuknüpfen, sondern an einzelnen Ausprägungsformen von Privatschulen, womit angesichts der gerade im beruflichen Schulwesen fast unüberschaubaren Fülle unterschiedlicher Bildungsgänge, also Unter-

---

48 BVerfGE 75, 40 (66).
49 BVerfGE 112, 74 (84); 75, 40 (67); StGH, U. v. 6.7.2015 – 1 VB 130/13 – I 3 d).
50 VGH BW, U. v. 12.1.2000 – 9 S 317/98 – openJur Rn. 32.
51 *Kotzur* in: Stern/Becker, Art. 7 Rn. 47.
52 *Badura* in: Maunz-Dürig, Art. 7 Rn. 97.
53 Ablehnend *Boysen* in: v. Münch/Kunig, Art. 7 Rn. 92.
54 VGH BW, U. v. 14.7.2010 – 9 S 2207/09 – openJur, Rn. 114.
55 BVerwG, U. v. 21.12.2011 – 6 C 18.10, Jurion.
56 VGH BW, U. v. 11.4.2013 – 9 S 233/12 – openJur, Rn. 69.
57 VGH BW, U. v. 12.1.2000 – 9 S 317/98 – openJur, Rn. 30; unklar bleibt in dem Urteil, was der VGH unter dem im SchG nicht vorkommenden Begriff der „Schulform" versteht.
58 BVerwGE 105, 20 (27); VGH BW, U. v. 12.1.2000 – 9 S 317/98 – openJur, Rn. 30.

gliederungen von Schularten oder Typen,[59] der Weg beschritten wird, die Beurteilung der Existenzgefährdung u.U. auf eine nur kleine Zahl von Privatschulen zu beziehen und sich damit der nach bislang einheitlichen Meinung gerade nicht gewährleisteten verfassungsrechtlichen Anspruch auf Unterstützung einer Einzelschule anzunähern. Die **Frage des Maßstabs bei der Beurteilung einer evtl. Existenzgefährdung** ist zu trennen von der konkreten, durch Landesgesetz normierten Förderung von Ersatzschulen; hier können und müssen die unterschiedlichen Kostensituationen bei den einzelnen Schularten, Schultypen und Schulformen unter Berücksichtigung des Gleichbehandlungsgebots des Art. 3 I GG – und damit zugleich des Verbots, Ungleiches gleich zu behandeln – berücksichtigt werden.

b) Landesrechtliche Regelungen

26 In allen Ländern gibt es gesetzliche Regelungen zur Bezuschussung von Privatschulen, die teils in den Schulgesetzen verankert sind (zB Berlin und NRW), teils in gesonderten Gesetzen (zB BW, Bayern, Bremen, Hessen).[60] In einem Teil der Länder finden sich Finanzierungsregelungen in den Landesverfassungen. So gibt es in **Sachsen** eine ähnliche verfassungsrechtliche Regelung wie die in BW (Art. 102 IV SächsVerf). In **NRW** ist auf der Ebene der Verfassung die Regelung (Art. 8 IV 3) umfassender; genehmigte Ersatzschulen haben einen Anspruch auf die zur Durchführung ihrer Aufgaben und zur Erfüllung ihrer Pflichten erforderlichen Zuschüsse. **Niedersachsen** hat in Art. 4 III 2 NdsVerf festgelegt, dass Ersatzschulen „Anspruch auf staatliche Förderung" haben, wenn sie die einschlägigen Genehmigungsvoraussetzungen auf Dauer erfüllen. In **Rheinland-Pfalz** erhalten sie nach Art. 30 III RPVerf „auf Antrag angemessene öffentliche Finanzhilfe."

4. Der Ersatzanspruch der Gemeinden und Gemeindeverbände (Abs. 3)

27 Es gibt in keiner anderen Landesverfassung eine entsprechende Regelung.

B. Erläuterung

I. Allgemeine Schulpflicht (Abs. 1)

1. Die rechtliche Verankerung der Schulpflicht

28 Es ist einhellige Rechtsprechung[61] und auch in der Literatur hM,[62] dass die Schulpflicht in ihrer in Deutschland normierten Form – also als Pflicht, eine Schule als eine organisierte, auf Dauer angelegte Einrichtung zu besu-

---

59 So gibt es zB im Bereich der Schulart „Berufsfachschule" ein-, zwei- und dreijährige BFS, die wiederum in drei Bereiche gegliedert sind innerhalb denen es wiederum zahlreiche Profile gibt. S. dazu auch: *Ebert*, in Ebert, § 11 Rn 4 f.
60 S. dazu die Übersicht bei *Badura* in: *Maunz/Dürig*, Art. 7 Rn. 106.
61 Beispielhaft hierzu: BVerfGE 34, 165; BVerfG, NJW 1987, 180; B. v. 21.7. 2009 – 1 BvR 1358/09 – openJur, Rn. 18; B. v. 15.10.2014 – 2 BvR 920/14 – lexetius, Rn. 22; BVerfGK 10, 423; BVerwG U. v. 11.9.2013 – 6 C 12.12 – Jurion, Rn. 21; VGH BW, B. v. 14.7.2014 – 9 S 897/14 – openJur, Rn. 25; OVG LSA, B. v. 16.12.2003 – 2 L 239/01 – judicialis.
62 Als Beispiele: *Badura* in: Maunz/Dürig, Art. 7 Rn. 54; *Boysen* in: v. Münch/Kunig, Art. 7 Rn. 39; *Ennuschat*, RdJB 2007, 271 (277 f.); *Sodan* in: Sodan, Art. 7 Rn. 3; *Hofmann* in: Schmidt-Bleibtreu/Hofmann/Hennecke, Art. 7 Rn. 22; *Wolff* in: Hömig/Wolff, Art. 7 Rn 4; *Antoni* in: Hömig/Wolff, Art. 6 Rn. 17; *Rux/Niehues*, Rn. 137; aA *Brosius-Gersdorf* in: Dreier, Art. 7 Rn. 34.

chen – in der eine im Lauf der Zeit wechselnde Mehrzahl von Schülern zur Erreichung allgemein festgelegter Erziehungsziele und Bildungsziele planmäßig durch hierzu ausgebildete Lehrkräfte gemeinsam unterrichtet"[63] werden, verfassungsgemäß ist. Hergeleitet wird die Schulpflicht dabei aus dem umfassenden **Aufsichts- und Bestimmungsrecht des Staates** nach Art. 7 I GG, aus dem sich insbesondere ein eigenständiger Erziehungsauftrag des Staates ergebe. Dieser legitimiere auch die Schulpflicht. **Die allgemeine Schulpflicht beschränke in zulässiger Weise das in Art. 6 II 1 GG gewährleistete elterliche Bestimmungsrecht über die Erziehung ihrer Kinder.** Denn das elterliche Erziehungsrecht werde durch die Eigenständigkeit der staatlichen Wirkungsbefugnisse im Schulbereich relativiert.[64] Dies erkläre sich – und beziehe hieraus ihre innere Legitimation – aus der Bedeutung der Schule für die Entfaltung der Lebenschancen der nachwachsenden Generation und für den Zusammenhalt der Gesellschaft. Die Schule solle allen jungen Bürgern ihren Fähigkeiten entsprechende Bildungsmöglichkeiten gewährleisten und einen Grundstein für ihre selbstbestimmte Teilhabe am gesellschaftlichen Leben legen. Zugleich solle sie, unter den von ihr vorgefundenen Bedingungen einer pluralistisch und individualistisch geprägten Gesellschaft, dazu beitragen, die Einzelnen zu dem Ganzen gegenüber verantwortungsbewussten Bürgern heranzubilden, und hierüber eine für das Gemeinwesen unerlässliche Integrationsfunktion erfüllen.[65] Diesen weitreichenden Aufgaben könne der Staat nicht gerecht werden, ohne eine allgemeine Schulpflicht einzuführen, deren verfassungsrechtliche Zulässigkeit daher außer Frage stehe.[66] Untermauert wird diese Sichtweise durch den Hinweis auf Art. 7 II GG, wonach die Erziehungsberechtigten das Recht haben, über die Teilnahme des Kindes am Religionsunterricht zu bestimmen, eine Regelung die keinen Sinn mache, wenn man nicht davon ausgehe, dass es eine generelle allgemeine Schulpflicht gebe.[67] Auch wird geltend gemacht, Art. 7 GG setze konstitutiv das Bestehen einer Schulpflicht voraus, da ansonsten seine verfassungsrechtlichen Zielsetzungen obsolet wären.[68] Im Übrigen gelte nach Art. 123 GG das Reichsschulpflichtgesetz als Landesrecht weiter, soweit sein Inhalt nicht dem GG widerspricht, was hinsichtlich der Festlegung der allgemeinen Schulpflicht als solcher nicht der Fall ist.

---

63 VGH BW, B. v. 14.7.2014 – 9 S 897/14 – openJur, Rn. 25 unter Verweis auf VGH BW, U. v. 18.6.2002 – 9 S 2441/01 – openJur, Rn. 22.
64 BVerfGE 41, 29 (44); BVerwGE 94, 82 (84); *Badura* in: Maunz/Dürig, Art. 6 Rn. 117.
65 BVerwG, U. v. 11.9.2013 – 6 C 12.12 – NJW 2014, 804 unter Verweis auf BVerfGE 34, 165 (182); 47, 46 (71); BVerfGK 1, 141 (143); BVerwGE 94, 82 (84); BVerwGE 42, 128 (130); BVerwG, B. v. 29. 5. 1981 – 7 B 169.80 – Buchholz 421 Kultur- und Schulwesen Nr. 74.
66 BVerwG, U. v. 11.9.2013 – 6 C 12.12 –, unter Verweis auf BVerfG, Kammerbeschlüsse v. 21.4.1989 – 1 BvR 235/89 – juris, Rn. 3, und NJW 2009, 3151; BVerwGE 94, 82 (84); zur völker- und europarechtlichen Sicht s. unten → Rn. 41ff.
67 *Brückelmann*, Verfassungsrechtliche Grenzen, 119; *Ennuschat*, RdJB 2007, 271 (274); aA *Beaucamp*, DVBl. 2009, 220 (221): Der aus der Regelung zum Religionsunterricht abgeleitete Schluss „gilt nur innerhalb des Schulhauses, nicht für den Weg dorthin"; *Handschell*, Schulpflicht, 182.
68 *Hofmann* in: Schmidt-Bleibtreu/Hofmann/Henecke, Art. 7 Rn. 6.

29 Demgegenüber steht eine Position, wonach es **derzeit keine verfassungsrechtlich abgesicherte Schulpflicht** gebe, da sich diese zum einen in keiner Hinsicht aus Art. 7 GG ableiten lasse, zum andern vorhandene landesverfassungsrechtliche Regelungen wegen Art. 31 GG nicht geeignet seien, das elterliche Erziehungsrecht nach Art. 6 II 1 GG wirksam einzuschränken, vielmehr eine – noch zu schaffende, grundsätzliche – Pflicht zum Schulbesuch sich nur auf das staatliche Wächteramt nach Art. 6 II 2 GG stützen lasse, aus dem umfängliche Anforderungen an die Qualifikation der Eltern (abgeschlossene Berufsausbildung oder mittlere Reife) sowie an die inhaltliche und verfahrensmäßige Ausgestaltung von Homeschooling abgeleitet werden könnten (zB Verwendung eines Großteils der Lehrpläne für die staatlichen Schulen, regelmäßige staatliche Prüfungen, Hausbesuche der Schulaufsicht).[69]

30 Eine **Mittelmeinung**, der nach hier vertretener Ansicht gefolgt werden sollte, vertritt die Auffassung, dass sich aus dem GG zwar unmittelbar in der Tat keine allgemeine Schulpflicht ableiten lässt.[70] Dafür spricht schon der Umstand, dass sich – wie schon die Entstehungsgeschichte des Art. 7 GG zeigt – das GG deshalb mit Regelungen zum Schulwesen deutlich zurückhält, weil hierfür die Länder zuständig sein sollten und sind.[71] **Die Hoheit auf dem Gebiet des Schulwesens ist das Kernstück der Eigenstaatlichkeit der Länder.**[72] Hier haben die Länder – soweit nicht die berufliche Bildung betroffen ist[73] – eine alleinige Gesetzgebungskompetenz. Denn nach Art. 30 GG ist die Ausübung staatlicher Befugnisse und die Erfüllung der staatlichen Aufgaben Sache der Länder, soweit das GG keine andere Regelung trifft oder zulässt. Dem entsprechend legt Art. 70 GG fest, dass die Länder das Recht der Gesetzgebung haben, soweit das GG nicht dem Bund nicht die Gesetzgebungsbefugnisse gibt – was es im Bereich der schulischen Bildung gerade nicht tut. Das GG bietet aber durch Art. 7 I GG, der Art. 144 S. 1 HS 1 WRV entspricht, eine umfassende Legitimation für ein Tätigwerden im Bereich der schulischen Bildung ("staatlicher Erziehungsauftrag in der Schule").[74] Die Ausfüllung der damit verbundenen Aufgaben und Pflichten ist aber angesichts der dargelegten Gesetzgebungszuständigkeiten allein Aufgabe der Länder.

31 Art. 7 I GG bietet somit die **bundesverfassungsrechtliche Grundlage, die Eingriffe in das elterliche Erziehungsrecht dem Grunde nach legitimiert.** Die Ausfüllung dieser bundesverfassungsrechtlichen Grundlage erfolgt durch landesrechtliche Regelungen.[75] Dazu zählen zB Regelungen zu Schularten oder die Schaffung von Bildungsplänen. Dazu zählen aber auch Regelungen zur Schulpflicht, wie sie Art. 14 LV trifft und die das elterliche

---

69 *Handschell,* Schulpflicht, 197 f., 207 f.
70 *Geis* in: Friauf/Höfling, Art. 7 Rn. 11; *Jestaedt* in: HStR, § 156 Rn. 47.
71 Zur Entstehungsgeschichte von Art. 7 GG s. *Handschell,* Schulpflicht, 161 ff.
72 BVerfGE 6, 309 (346 f.).
73 BVerfGE 55, 274 (308 f.): danach hat der Bund nach Art. 74 I Nr. 11 GG ("Recht der Wirtschaft") im Bereich der beruflichen Ausbildung eine an die Voraussetzungen des Art. 72 II GG geknüpfte Gesetzgebungszuständigkeit.
74 BVerfGE 34, 165 (182); 47, 46 (71); 52, 223 (236).
75 *Burgi* in: Friauf/Höfling, Art. 6 Rn. 27 (Stand 22. EL); *Baumann-Hasske* in: Baumann-Hasske/Kunzmann, Art. 102 Rn. 6.

Erziehungsrecht nach Art. 6 II GG in verfassungsrechtlich zulässiger Weise einschränken können. Art. 31 GG steht dem schon deshalb nicht entgegen, weil Bundesrecht kein Landesrecht brechen kann, das in der deren alleiniger Zuständigkeit ist. Allerdings muss sich die konkrete Ausfüllung der Umsetzung des Art. 7 I GG sich an den Regelungen des GG messen lassen. Denn das GG ist Teil der Gesamtrechtsordnung, die als Sinnganzes verstanden werden muss und jeglicher Auslegung innerstaatlichen Rechts zugrunde zu legen ist.[76] Keine andere Beurteilung ergibt sich auch aus Art. 142 GG, der auch landesrechtliche Grundrechtsbestimmungen erfasst, die – wie in BW – erst nach Inkrafttreten des GG geschaffen wurden.[77] Denn Art. 142 GG betrifft von seinem Anwendungsbereich nur Grundrechte, nicht aber in Landesverfassungen geschaffene Grundpflichten.[78]

Weil die **Länder** also im Schulbereich – auch – für die Regelungen zur Schulpflicht zuständig sind, könnten sie – bei einer rein formalen Betrachtungsweise – auch ihre bestehenden Regelungen zur Schulpflicht modifizieren.[79] Folgt man dieser Auffassung, wäre damit nicht ausgeschlossen, auch eine Öffnung der Schulpflicht im Blick auf Homeschooling zu normieren.[80] Eine **Abschaffung der Schulpflicht** wäre hingegen, weil landesrechtliche Regelungen sich am GG und deshalb auch an Art. 7 I GG messen lassen müssen, **nicht möglich**, weil damit ein Zustand erreicht würde, in dem es dem Staat nicht mehr möglich ist, seinem **Erziehungsauftrag nach Art. 7 I GG** nachzukommen.[81] 32

Weniger tragfähig erscheint der **Ansatz, Schulpflicht und ihre Umsetzung (incl. Homeschooling) allein an Art. 6 I und II GG messen zu wollen** und damit auf das staatliche Wächteramt gestützte Eingriffe in das elterliche Erziehungsrecht zur Sicherstellung des Bildungsanspruchs des Kindes von einem Missbrauch – auch im Sinne eines Nichtgebrauchs – des elterlichen Erziehungsrechts abhängig zu machen.[82] Denn die Hürden für die Annahme eines solchen Missbrauchs, der eine auf Art. 6 II 2 GG gestützte Intervention rechtfertigt, sind hoch.[83] Das Recht auf freie Gestaltung der Sorge für das Kind verdient erst dann keinen Schutz mehr, wenn sich die Eltern ihrer Verantwortung entziehen und eine Vernachlässigung des Kindes droht.[84] Auch hat das staatliche Wächteramt nicht die „beste oder optimale Erziehung" für das Kind zu gewährleisten.[85] Aus der Anforderung einer drohenden Vernachlässigung des Kindes lassen sich indes keine – durchaus 33

---

76 BVerfGE 75, 201 (218).
77 *Korioth* in: Maunz/Dürig Art. 142 Rn. 9 m. umf. Nachw. (Fn. 5).
78 *Korioth* in: Maunz/Dürig Art. 142 Rn. 8; *Dreier* in: Dreier, Art. 142 Rn. 39.
79 *Wallrabenstein*, VVDStRL 73 (2014), 41 (72), die die Schulpflicht zum „Gegenstand föderaler Bildungskompetenz" erklärt.
80 Dafür plädiert zusammenfassend: *Spiegler*, Home education, 267.
81 AA *Beaucamp* DVBl. 2009, 220 (224), der eine völlige Beseitigung der Schulpflicht durch die Länder für möglich hält.
82 *Handschell*, Schulpflicht, 197 f., 207 f.
83 *Handschell*, Schulpflicht, 153: „Ein Missbrauch des Elternrechts ist demnach gegeben, wenn die Ziele oder Mittel der elterlichen Erziehung außerhalb des Vorstellungskreises dessen liegen, was in der derzeitigen Gesellschaftsordnung noch als tragfähig anerkannt wird."
84 BVerfGE 24, 119 (143 f.); 103, 89 (107).
85 *Badura* in: Maunz/Dürig, Art. 6 Rn. 139.

in der Sache wünschenswerten – Forderung nach an einem Bildungskanon oder an staatlichen Bildungsplänen abgeleiteten Inhalten für Homeschooling begründen oder gar detaillierte Anforderungen an die **Ausgestaltung von Homeschooling-Angeboten** im Blick auf die Qualifikation der Unterrichtenden oder an Überprüfungsverfahren.[86] Es erscheint wenig überzeugend, die Möglichkeit des Staates, solche Anforderungen stellen zu können, damit erreichen zu wollen, dass ein sich aus Art. 7 I GG ergebender Erziehungsauftrag des Staates die Anforderungen an ein auf Art. 6 II 2 GG gestütztes Tätigwerden absenke.[87] Denn damit wird ein Eingriff in das grundgesetzlich verbürgte elterliche Erziehungsrecht nicht etwa mit einer ihnen kraft Verfassung obliegenden Pflicht, der Schulpflicht, begründet, sondern mit einer zugunsten der Eltern und Kinder bestehenden Pflicht des Staates.

2. Inhalt der Schulpflicht

34 Art. 14 I LV wird inhaltlich durch die Regelungen des SchG ausgefüllt (§§ 72 ff.). Die Schulpflicht gliedert sich in die **Pflicht zum Besuch der Grundschule und der Pflicht zum Besuch einer der auf ihr aufbauenden Schulen** (dazu § 72 II Nr. 1 SchG) und die **Pflicht zum Besuch der Berufsschule** (§ 72 II Nr. 2 iVm § 10 SchG). Die Pflicht zum Besuch einer Sonderschule besteht seit dem 1.8.2015 nicht mehr; sie wurde im Zusammenhang mit der Verankerung inklusiver Beschulung im SchG abgeschafft (GBl. 2015, 645). Die Nachfolgeeinrichtungen der früheren Sonderschulen, die Sonderpädagogischen Bildungs- und Beratungszentren (SBBZ), fallen zwar nicht unter die in § 72 II 1 SchG genannten allgemeinen Schulen. Jedoch wird durch die Sonderregelung des § 72 II 2 SchG die Möglichkeit geschaffen, auch dort die Schulpflicht erfüllen zu können.

35 Der **Beginn der Schulpflicht** ist nicht in Art. 14 LV geregelt, sondern in § 73 SchG. Aus den Beratungen des VA lassen sich nicht nur keinerlei Hinweise darauf ableiten, dass der Begriff der Schulpflicht auch den vorschulischen Bereich umfassen sollte. Vielmehr zeigte die Diskussion um die Schulgeld- und Lernmittelfreiheit des Abs. 2, dass hier nur die Frage war, ob neben Schulen auch Hochschulen vom Schulbegriff des Art. 14 II 1 LV umfasst werden, (s. dazu → Rn. 15) aber **nicht Einrichtungen des vorschulischen Bereichs** Eine Pflicht, eine vorschulische Einrichtung, also zB einen Kindergarten iSv § 1 II KiTaG, zu besuchen, könnte deshalb nicht aus der allgemeinen Schulpflicht des Art. 14 I LV abgeleitet werden. Ebenso wenig ließe sie sich aus Art. 7 I GG begründen, da es bei Kindertagesstätten gerade nicht um „Schule" geht.[88] Möglich wäre hingegen, im Rahmen der Organisationseinheit Schule das Einschulungsalter nach vorne zu verlagern.

---

86 S. *Handschell*, Schulpflicht, 197 f., 207 f., sowie die in → Rn 29 genannten Bsp.
87 So aber *Handschell*, Schulpflicht, 165: Der Staat sei wegen des sich aus Art. 7 I GG ergebenden Erziehungsauftrags diesbezüglich nicht an die engen Grenzen gebunden, die sich aus dem staatlichen Wächteramt gemäß Art. 6 II 2 GG ergeben.
88 *Handschell*, Schulpflicht, 200; *Bader*, NVwZ 2007, 537 (538 f.); aA *Brosius-Gersdorf* in: Dreier, Art. 7 Rn. 38, die annimmt, aus Art. 7 I GG ließe sich eine Schulpflicht in Kindertagesstätten begründen, soweit sie Bildungsaufgaben wahrnehmen und deshalb vor allem lediglich Einrichtungen für Babys und Kleinkinder von Art. 7 I GG ausnehmen will; s. dazu auch → Art. 17 Rn. 38.

In einem solchen Fall ginge es um einen früheren Besuch der Organisationseinheit Schule und nicht um den einer Einrichtung, die nicht Schule ist.

Schulpflichtig sind – unabhängig von ihrer Nationalität oder ihrem ausländerrechtlichen Status – **alle Kinder und Jugendlichen, die im Land BW ihren Wohnsitz oder gewöhnlichen Aufenthalt oder ihre Ausbildungs- oder Arbeitsstätte haben**. Bei Kindern und Jugendlichen, denen aufgrund eines Asylantrags der Aufenthalt in BW gestattet ist oder die geduldet sind, beginnt die Schulpflicht seit einer Änderung des SchG im Jahr 2008 (GBl. 387) sechs Monate nach der Einreise (§ 72 I 3 SchG). Zum Recht, bereits vorher eine Schule besuchen zu können, s. → Art. 11 Rn. 23. 36

Die Schulpflicht ist grundsätzlich an einer „deutschen Schule" zu erfüllen (§ 72 III SchG); das sind **öffentliche Schulen und Ersatzschulen** (§ 4 II PSchG). Schulbezirke und die damit verbundene Pflicht, eine örtlich definierte Schule zu besuchen, gibt es nur noch bei Grundschulen, Berufsschulen und bei SBBZ, sofern diese kein Internat haben (§ 25 I SchG). 37

Die in einigen Ländern gesetzlich gegebene **Möglichkeit, die Schulpflicht auch an Ergänzungsschulen zu erfüllen** (zB §§ 36 I Nr. 3 BayEUG, 34 V 2 NRWSchG) besteht in BW – zu Recht – nicht. Gegen eine solche Möglichkeit sprechen gewichtige Argumente. So müssen Ergänzungsschulen weder in ihren Lernzielen noch in der Ausbildung ihrer Lehrkräfte der Ausbildung von Lehrkräften an öffentlichen Schulen gleichwertig sein. Für sie gilt auch nicht das Sonderungsverbot (Art. 7 IV 3 GG) bei der Aufnahme von Schülern. Ergänzungsschulen **unterliegen damit nicht den strengen Qualitätsanforderungen und sozialen Bedingungen** öffentlicher Schulen und von Ersatzschulen.[89] Da Ergänzungsschulen ihrem Gesamtzweck nach nicht als Ersatz für eine in dem Land vorhandene oder grundsätzlich vorgesehene Schule dienen sollen, kann an ihnen nicht die Schulpflicht erfüllt werden.[90] Das BVerwG teilt diese Auffassung in ständiger Rechtsprechung.[91] 38

3. Befreiung von der Schulpflicht

Über die in den Schulgesetzen der Länder vorgesehenen Möglichkeiten hinaus versuchen manche Eltern immer wieder, ihr Kind entweder **gänzlich von der Schulpflicht freizustellen** (meist: Homeschooling)[92] oder aber **von bestimmten Unterrichtsveranstaltungen** (zB von Familien- und Geschlechtserziehung oder von koedukativem Sportunterricht). In beiden Fällen wurzelt dieser Wunsch häufig in besonders ausgeprägtem religiösen Einstellungen[93] – wobei bei Eltern muslimischen Glaubens der Wunsch 39

---

89 *Avenarius*, Rechtsgutachten, TZ 3.13; *ders.* in: Avenarius, TZ 15.722.
90 BVerfGE 27, 195 (201 f.).
91 BVerwGE 145, 333 (337) unter Verweis auf BVerfGE 27, 195 (201 f.) und BVerwGE 104, 1 (8).
92 Damit ist nicht der Hausunterricht des § 21 SchG iVm der HausunterrichtVO (GBl. 1983, 499) gemeint, der die häusliche Unterrichtung durch eine Lehrkraft im Fall einer längeren Erkrankung eines Schülers betrifft (s. dazu *Ebert* in: Ebert § 21 SchG), sondern die dauerhafte Unterrichtung schulpflichtiger Kinder und Jugendlicher außerhalb solcher Schulen, an denen die Schulpflicht erfüllt werden kann.
93 *Spiegler*, Home education, 85 ff.

nach Homeschooling kaum anzutreffen ist, dagegen bei Befreiungen von Einzelveranstaltungen[94] – und aus „alternativ geprägtem Milieu."[95]

a) Homeschooling

40 Im europäischen Ausland sind Formen des Homeschooling nicht ungebräuchlich.[96] So ist zB in **Österreich** zwar die Schulpflicht in Art. 14 VIIa B-VG verfassungsrechtlich verankert.[97] Die Ausgestaltungsregelungen des § 11 II SchulpflichtG lassen aber häuslichen Unterricht zu, sofern der Unterricht dem an einer öffentlichen Schule mindestens gleichwertig ist.[98] Der Erfolg des häuslichen Unterrichts ist alljährlich durch eine Prüfung an einer entsprechenden öffentlichen Schule nachzuweisen. Über den Hausunterricht kann kein öffentlich anerkannter Schulabschluss erreicht werden; hierzu ist vielmehr eine Prüfung an einer entsprechenden öffentlichen Schule notwendig.[99]

Auch in **Frankreich** haben die Eltern die Möglichkeit, der Schulpflicht ihres Kindes durch häuslichen Unterricht nachzukommen.[100] Ähnliche Regelungen gibt es u. a. in **Belgien, Dänemark, Großbritannien, Irland, Italien, Norwegen und Schweden.**

41 In Deutschland wird bei der Diskussion um Homeschooling neben den Hinweisen auf das **Elternrecht nach Art. 6 II GG** und der **Glaubens- und Bekenntnisfreiheit nach Art. 4 GG**, zusätzlich **Art. 26 III der Allgemeinen Erklärung der Menschenrechte**[101] herangezogen, wo festgestellt wird: „Die Eltern haben ein vorrangiges Recht, die Art der Bildung zu wählen, die ihren Kindern zuteil werden soll."[102] Daneben wird auch auf **Art. 13 III des UN-Sozialpakts** verwiesen, mit dem sich die Vertragsstaaten verpflichten „die Freiheit der Eltern und gegebenenfalls des Vormunds oder Pflegers zu achten, für ihre Kinder andere als öffentliche Schulen zu wählen, die den vom Staat gegebenenfalls festgesetzten oder gebilligten bildungspolitischen Mindestnormen entsprechen […]." Dies betont zB der Sonderberichterstatter der UN für das Recht auf Bildung, *Vernor Munoz*, in seinem Bericht über seinen Besuch in Deutschland vom 13. bis zum 21.2.2006, A/HRC/4/29 Add. 3.

42 Art. 13 III des UN-Sozialpakts kann jedoch **keinen Anspruch auf Homeschooling** begründen, da er lediglich das Recht betont, dass Eltern ihr Kind an eine andere als an eine öffentliche „Schule" schicken können, für die

---

94 *Spiegler,* Home education, 76.
95 *Spiegler,* Home education, 85 ff.
96 Zu Homeschooling in den USA und damit verbundenen Problemstellungen: *Handschell,* Schulpflicht, 115 ff.
97 Zum häuslichen Unterricht in Österreich insgesamt s. *Palmstorfer,* RdJB 2012, 115 ff.
98 GBl. für die Republik Österreich Nr. 76/1985.
99 *Palmstorfer,* RdJB 2012, 115 (120).
100 L 132-2 Code de l'education: L'instruction obligatoire peut etre donée soit dans les établissements ou écoles publiques ou privées, soit dans les familles par les parents ou l'un d éntre eux, ou toute personne de leur choix.
101 Verabschiedet durch Resolution 217 A (III) der UN-Vollversammlung vom 10.12.1948.
102 ZB *Goldbecher,* Rechtliche Aspekte des „Home-Schooling", 1997: www.netzwerk-bildungsfreiheit.de/pdf/Goldbecher_Gutachten.pdf (1.11.2017).

der Staat bildungspolitische Mindestnormen festsetzen kann. Damit ist die – erforderliche – Alternative zur Beschulung an einer öffentlichen Schule nicht der Besuch keiner Schule, sondern einer nicht-öffentlichen Schule.[103] Das ist in BW dadurch gewährleistet, dass die Schulpflicht an Ersatzschulen erfüllt werden kann (§ 4 II PSchG).

Ebenso steht die Europäische Menschenrechtskonvention der Schulpflicht nicht entgegen. Aus **Art. 2 des Ersten Zusatzprotokolls zur Konvention zum Schutze der Menschenrechte und der Grundfreiheiten**,[104] wonach der Staat die Pflicht hat, bei der Ausübung der von ihm auf dem Gebiet der Erziehung und des Unterrichts übernommen Aufgaben das Recht der Eltern zu achten, die Erziehung und den Unterricht entsprechend ihren religiösen und weltanschaulichen Überzeugungen sicherzustellen, folgt weder ein Recht[105] auf Homeschooling noch eine Pflicht des Staates, dies zu gestatten.[106] Art. 2 erlaubt es zwar den Vertragsstaaten, ein System der häuslichen Unterrichtung einzuführen, er gestattet aber auch die Einführung einer Schulpflicht. Die Vertragsstaaten haben bei der Festlegung und Auslegung von Regelungen für ihre Bildungssysteme einen Ermessensspielraum, der durch Art. 2 nicht beschränkt wird, sofern ihre Entscheidungen „sorgfältig begründet" sind.[107]

43

b) Befreiung von einzelnen Fächern oder Unterrichtsangeboten

In zwei neueren Urteilen[108] hat das BVerwG auf der einen Seite bekräftigt, dass einzelne Schüler bzw. ihre Eltern **nur in Ausnahmefällen eine auf religiöse Erziehungsvorstellungen gestützte Befreiung von Unterrichtsveranstaltungen** verlangen können. In beiden Entscheidungen macht das BVerwG aber auf der anderen Seite – insoweit abweichend von seiner bisherigen an einem reinen Ausgleichsmodell orientierten Rechtsprechung[109] – deutlich, dass, auf einer ersten Ebene, der staatliche Erziehungs- und Bildungsauftrag die Folge habe, dass er „typische, von der Verfassung von vornherein einberechnete **Einschränkungen religiöser Erziehungs- oder Verhaltensvorstellungen**" als Begleiterscheinung beinhalte. Deshalb habe der Einzelne nicht das Recht, solchen Beschränkungen „beliebig auszuweichen". Eine Ausnahme von diesem Grundsatz könne nur dann gelten, wenn die Beeinträchtigung eine „besonders gravierende Intensität" habe. Dies sei dann der Fall, wenn das Verhaltensgebot aus Sicht der Eltern oder

44

---

103 *Ennuschat*, RdJB 2007, 271 (272).
104 Für die Bundesrepublik Deutschland zum 13.2.1957 in Kraft getreten, BGBl. II, 226.
105 *Eiselstein*, Menschenrechtskonvention, 194.
106 AA *Reimer*, NVwZ 2008, 720 (722), der daraus ein Recht der Eltern ableitet, ihre Kinder dann nicht in eine Schule zu schicken, wenn der dortige Unterricht im Widerspruch zu ihren Überzeugungen steht.
107 EGMR, U. v. 7.12.2006 – Nr. 35504/03 (Konrad); *Ennuschat*, RdJB 2007, 271 (273).
108 BVerwGE 147, 362, zu koedukativem Schwimmunterricht – „Burkini", und BVerwG, NJW 2014, 804, zur Teilnahme an einer Vorführung des Films „Krabat".
109 BVerwGE 94, 82; s. dazu die skeptischen Anmerkungen von *Füssel*, Kritische Justiz 1994, 500.

des Betroffenen „imperativen Charakter" aufweise.[110] Ob dies der Fall ist, sei, so das BVerwG, jedoch dem „bewertenden Zugriff des Staates" entzogen. Da das BVerwG sieht, dass die Konfliktfelder zwischen staatlichem Bestimmungsrecht im Schulwesen und religiösen Geboten sich potenzieren, je weiter die religiösen Überzeugungen und Gebote auf Bereiche ohne unmittelbaren Bezug zum religiösen Vorgaben erstrecken, verneint es die „besonders gravierende Intensität" einer von der Schule geforderten Verhaltensweise jedenfalls dann, wenn es um die bloße Konfrontation mit ungewollten schulischen Inhalten geht (im „Krabat-Fall" um Ansehen eines Filmes).[111]

45 Auch wenn dies sicherlich schon deshalb nachvollziehbar ist, weil ansonsten das Ausweichen von der Schulpflicht nur noch davon abhängt, wie „fundamentalistisch" eine religiöse Position vertreten wird, hat das BVerwG doch mit dem in den beiden Entscheidungen gewählten Begründungsansatz die Möglichkeit akzeptiert, mit subjektiv interpretierten religiösen Verhaltensgeboten das staatliche Bestimmungsrecht im Blick auf Schulpflicht und die Befreiungsmöglichkeiten davon massiv einschränken können, sobald es nicht nur um bloße Konfrontation mit ungewollten schulischen Inhalten geht. Es ist deshalb zumindest notwendig, der Person, die sich auf eine bestimmte religiöse Überzeugung beruft, die **Beweislast dafür zu geben, dass ein imperatives Gebot tatsächlich vorliegt**. Bloße Behauptungen reichen hierfür nicht aus. Zwar ist insoweit die individuelle Glaubensüberzeugung neben dem Selbstverständnis der jeweiligen Religionsgemeinschaft maßgebend. Eine Beeinträchtigung der individuellen Glaubensüberzeugung ist jedoch eher nachvollziehbar, wenn auf ernst zu nehmende Lehrmeinungen oder Glaubenssätze verwiesen wird. Deshalb ist hierfür ein strenger Maßstab anzulegen.[112] Liegt jedoch danach eine besonders gravierende Intensität des Eingriffs in religiöse Belange vor, führt dies, so das BVerwG, gleichwohl nicht automatisch zu einem Zurücktreten des staatlichen Bestimmungsrechts. Vielmehr ist dann auf dieser Ebene der **Abwägung nach dem Gebot der praktischen Konkordanz** ein möglichst schonender Ausgleich zwischen den unterschiedlichen Positionen zu suchen. Das BVerfG hat in einem verhältnismäßig umfänglich begründeten Beschluss die **Verfassungsbeschwerde gegen die Burkini-Entscheidung des BVerwG nicht zur Entscheidung angenommen**, weil die Beschwerdeführerin, die eingeräumt hatte, dass es im Islam hierzu keine verbindlichen Regeln gebe, nicht plausibel dargelegt habe, weshalb der Burkini zur Wahrung der islamischen Bekleidungsvorschriften nicht genügen soll.[113]

46 Mit dem Ansatz, nicht in jedem Fall widerstreitende Positionen zwischen individuellen Grundrechtspositionen und staatlichem Bestimmungsrecht nach Art. 7 I GG abwägen zu müssen, weil die Positionen grundsätzlich gleichgeordnet seien, hat das BVerwG einen ersten Schritt getan, um seine

---

110 Insoweit abweichend von der Entscheidung des BVerfGE 138, 296, Rn. 85, das ausdrücklich keine Beschränkung auf „imperative Glaubenssätze" vornimmt.
111 Kritisch hierzu: *Rademacher*, RdJB 2014, 270 (279), der eine solche Filmvorführung als „weder erforderlich noch angemessen" betrachtet.
112 BayVGH, B. v. 22.4.2014 – 7 CS 13.2592 und 7 C 13.2593 – openJur, Rn. 31; ähnlich auch *Rux* in: Rux/Niehues, Rn. 645.
113 BVerfG, B. v. 8.11. 2016 – 1 BvR 3237/13 – Jurion, Rn. 30.

bisherige Rechtsprechung zu modifizieren und einen **Weg in Richtung eines Abschichtungsmodells** zu beschreiten.[114] Dies fortgeführt würde bedeuten, dass schulische Erziehungsmaßnahmen von den Wünschen der Eltern und Schüler grundsätzlich unabhängig sind und nur den **Grenzen des Neutralitätsgebots** unterliegen.[115] Erst wenn die Schule die ihrem Auftrag immanenten und durch das Prinzip der Begründungsneutralität konkretisierten Grenzen überschreitet, entfaltet das Elternrecht bzw. das Recht der Schüler zB aus Art. 4 I und II GG seine Schutzwirkung.[116]

Nach hier vertretener Auffassung kann sich eine **Beeinträchtigung mit „besonders gravierender Intensität"** nur auf schulische Inhalte beziehen oder auf vom Schüler gefordertes aktives Verhalten, **nicht jedoch auf Fragen reiner Schulorganisation**, auch wenn die Verpflichtung nach Art. 4 GG weiter geht als nur auf die Einhaltung weltanschaulich-religiöser Neutralität. So können Eltern oder Schüler nicht unter Hinweis auf den imperativen Charakter einer von ihnen so verstandenen religiösen Norm verlangen, dass ihre Tochter ausschließlich von Frauen oder ihr Sohn ausschließlich von Männern unterrichtet wird, selbst wenn dies schulorganisatorisch möglich sein sollte. Eine solche Ausweichmöglichkeit würde im Ergebnis zu einer Unterrichtsgestaltung führen, die letztlich regelmäßig auf eine Vorrangstellung der individuellen Rechtsposition vor dem Recht und der Pflicht des Staates hinausliefe, das Bildungs- und Erziehungsprogramm und die Modalitäten der praktischen Umsetzung bestimmen zu können. Abstrakt kann es also bei der Frage der Berücksichtigung religiöser Verhaltensgebote nicht allein auf den subjektiv empfundenen imperativen Charakter ankommen, sondern umgekehrt darauf, ob bei einem Akzeptieren der religiös begründeten Verhaltensweise das staatliche Bestimmungsrecht bezüglich der Gestaltung schulischen Unterrichts, wie es insbesondere in den Erziehungs- und Bildungszielen des § 1 SchG und Art. 12 LV beschrieben ist, in einer Weise beschränkt würde, die die Erreichung dieser Ziele konterkariete (s. auch → Art. 21 Rn. 17). 47

In diese Richtung geht auch der EGMR, der entschieden hat, dass Mädchen muslimischen Glaubens am Schwimmunterricht teilnehmen müssen.[117] Zwar beeinträchtige diese Verpflichtung ihr Recht auf freie Religionsausübung nach Art. 9 EMRK. Dies sei aber gerechtfertigt, da es hierfür eine gesetzliche Verpflichtung gebe und es überdies ein legitimes gesetzliches Ziel sei, eine durch Nichtteilnahme am Schwimmunterricht gegebene soziale Ausgrenzung zu verhindern. Die Schule habe eine **besondere Rolle bei der sozialen Integration der Schüler, insbesondere der mit Migrationshintergrund**. Ein Staat habe, insbesondere im Bereich der öffentlichen Schulen, einen **Ermessensspielraum, welche Bedeutung er Religion in der Gesellschaft einräume**, soweit er dabei nicht die Grenzen der Indoktrinati- 48

---

114 *Huster*, DÖV 2014, 860 ff.
115 *Huster*, DÖV 2014, 860 (865).
116 *Huster*, DÖV 2014, 860 (863), kritisch zu *Uhle*, NVwZ 2014, 541 ff., der, wenn er die „Einberechnungsthese" des BVerwG in Frage stellt, außer Acht lässt, dass es hier nicht um die Kollision zweier beliebiger Individualgrundrechte geht, sondern um die Kollision zwischen einem allgemeinen staatlichen Auftrag und einem Individualrecht.
117 EGMR, U. v. 10.1.2017 – Nr. 29086/12 (Osmanoglu und Kokabas vs. Schweiz).

on überschreitet. Im Ergebnis entspricht dieses Urteil dem „Burkini-Urteil" des BVerwG (→ Rn. 44).

II. Die Schulgeld- und Lernmittelfreiheit (Abs. 2 Satz 1, 2, 5)

1. Umfang und Begriff der Schule

49 Das unentgeltliche Angebot von Unterricht und Lernmitteln bezieht sich auf die **Gesamtheit der Kosten für Unterricht und Lernmittel, insbesondere Personal-, Sach-, Anschaffungs- und Unterhaltungskosten**.[118] Den Eltern und Schülern öffentlicher Schulen darf allenfalls ein geringfügiger, auf eine Bagtellbeteiligung beschränkter Eigenanteil abgefordert werden.[119] Weil der Gesetzgeber nicht befugt ist, einen einmal erreichten Stand der Lernmittelfreiheit wieder zurückzunehmen, kann der Begriff des „geringen Wertes" in § 94 I SchG auch nicht so ausgelegt werden, dass dies im Ergebnis auf ein Zurückgehen hinter einem einmal erreichten Ausbaustand hinausliefe.[120]

50 Die Schulgeld- und Lernmittelfreiheit gilt unmittelbar für **öffentliche „Schulen"** und über die Verweisung in Abs. 2 S. 2 für **private „mittlere und höhere" Schulen** sowie nach S. 3 auch **für bestimmte private „Volksschulen nach Art. 15 Abs. 2"**. Der Begriff der Schule umfasst nicht die Hochschulen,[121] wie sich auch aus den Beratungen in der 36. VA-Sitzung ergibt.[122] Letztlich war man sich einig, dass man auf jeden Fall die Volksschulen und die Berufsschulen unter die Schulgeld- und Lernmittelfreiheit fallen lassen wolle, aber auch – wenn auch strittig war in welcher Form dies geschehen sollte – die mittleren und höheren Schulen.[123] Die Hochschulen sollten nicht erfasst sein.

2. Fachschulen

51 Die **Frage, ob Fachschulen (§ 14 SchG) zu den Schulen iSv Abs. 2 zählen**, wurde in der 36. VA-Sitzung kontrovers erörtert, weil die Fachschulen keine „allgemeine Vorbildung für das Leben" geben, was aber für eine öffentliche Schule inhaltsbestimmend sei.[124] Wenngleich man bei den weiteren Beratungen zunächst von den beruflichen Schulen nur „Berufsschulen" von der Schulgeld- und Lernmittelfreiheit umfasst sehen wollte (so auch die Beschlussfassung in der 36. VA-Sitzung), entschied man sich in der 48. VA-Sitzung schließlich doch dafür, die Schulgeld- und Lernmittelfreiheit durch den Begriff der „öffentlichen Schulen" zu ersetzen und damit eine

---

118 StGH, U. v. 6.7.2015 – 1 VB 130/13 – openJur, Rn. 159; VGH BW, U. v. 11.4.2013 – 9 S 233/12 – openJur, Rn. 184.
119 VGH BW, U. v. 23.1.2001 – 9 S 331/00 – openJur, Rn. 38.
120 VGH BW, U. v. 23.1.2001 – 9 S 331/00 – openJur Rn. 31.
121 VGH BW, U. v. 30.11.1993 – 9 S 2395/91 – openJur, Rn. 22.
122 Siehe die Diskussionsbeiträge des Abg. *Lausen* (SPD) in: Feuchte, Quellen, 4. Teil, 651 u. 694, und des Abg. *Gönnenwein* (FDP/DVP), aaO, 668; Kultusminister *Schenkel* forderte – jedoch erfolglos – eine klare Aussage zu den Hochschulen, aaO, 658.
123 Abg. *Müller* (CDU) in: Feuchte, Quellen, 4. Teil, 683; Abg. *Lausen* (SPD), aaO, 678.
124 So die Begründung für die Ablehnungsposition des Abg. *Gönnenwein* (FDP/DVP), während die Abg. *Krause* (SPD) und *Müller* (CDU) die Fachschulen einbezogen sahen, in: Feuchte, Quellen, 4. Teil, 668, 657 und 670.

bewusste Ausweitung gegenüber der zuvor beschlossenen Position vorzunehmen.[125] Dennoch nimmt das SchG die Fachschulen sowohl von der Schulgeldfreiheit als auch von der Lehrmittelfreiheit aus (§§ 93 I, 94 I). Die Situation in den anderen Ländern ist uneinheitlich. So gibt es zB in Sachsen zwar Schulgeldfreiheit, aber keine Lernmittelfreiheit (§ 38 SächsSchG). In Bayern kann Schulgeld für den Besuch kommunaler Fachschulen verlangt werden, wohingegen Lernmittelfreiheit besteht.[126] Art. 9 I NRWVerf sieht die Schulgeldfreiheit nur für Volks- und Berufsschulen vor.

Wenn also nicht nur der Wortlaut der Norm, sondern auch deren Entstehungsgeschichte eher dafür spricht, dass auch die Fachschulen von der Schulgeld- und Lernmittelfreiheit mit umfasst sein sollen, so ist doch zu bedenken, dass die Fachschulen – und das unterscheidet sie von den übrigen Schulen – **Schulen der beruflichen Weiterbildung sind, die besucht werden, wenn bereits eine längere Phase des Schulbesuchs absolviert ist, bei der die Schulgeld- und Lernmittelfreiheit gilt.** Andererseits sind Berufsoberschulen (§ 13 SchG), also Einrichtungen des zweiten Bildungswegs, die Personen mit abgeschlossener Berufsausbildung oder einschlägiger Berufstätigkeit weiterqualifizieren sollen, in die Schulgeld- und Lernmittelfreiheit einbezogen. Es stellt sich deshalb die Frage, ob es – unabhängig vom klaren Wortlaut der Norm – mit Art. 3 I GG vereinbar ist, die **Weiterbildung im allgemeinbildenden Bereich** in die Schulgeld- und Lernmittelfreiheit einzubeziehen, dies aber bei der **Weiterbildung im beruflichen Bereich** nicht zu tun. 52

Es mag möglicherweise zutreffen, dass Personen, die Fachschulen besuchen, sich typischerweise in einer anderen wirtschaftlichen Lage befinden als Schüler sonstiger weiterführender Schularten und deshalb **auf eine finanzielle Förderung hinsichtlich der Schulkosten nicht in gleicher Weise angewiesen sind wie andere Schüler**.[127] Selbst wenn diese Annahme richtig sein sollte, wäre sie kein Argument, das gegen die Schulgeld- und Lernmittelfreiheit spräche. Dass die Lernmittelfreiheit in der Verfassung gewordenen Ausprägung auch Personen aus sehr wohlhabenden Familien begünstige, wurde mehrfach im VA erörtert.[128] Man war sich dort aber mehrheitlich einig, dass dies gerade kein Argument gegen die Einführung der Schulgeld- und Lernmittelfreiheit für alle sein kann.[129] Es begegnet deshalb deutlichen Bedenken, eben dieses finanzielle Argument „durch die Hintertür" dadurch wieder einzuführen, dass man – wie dies der VGH tut – die 53

---

125 Vgl. Feuchte, Quellen, 4. Teil, 696; 6. Teil, 191, 196.
126 Art. 21 (Schulgeldfreiheit) u. 23 (Lernmittelfreiheit) Bayrisches SchulfinanzierungsG.
127 So VGH BW, U. v. 20.11.2001 – 9 S 239/01 – openJur, Rn. 72, zur Ungleichbehandlung bei Schülerbeförderungskosten; der VGH vergleicht hier die Fachschulen mit Abendrealschulen und Abendgymnasien (die in die Schülerbeförderungsregelungen einbezogen sind) und begründet die Begünstigung der Abendschulen damit, dass bei ihnen im Gegensatz zu den Fachschulen keine abgeschlossene Berufsausbildung Aufnahmevoraussetzung ist; dieses Argument zieht bei Berufsoberschulen nicht.
128 Abg. *Müller* (CDU) in: Feuchte, Quellen, 4. Teil, 648 f., 670 f., und Abg. *Simpfendörfer* (CDU), aaO, 6. Teil, 193 f.
129 ZB Abg. *Krause* (SPD) in: Feuchte, Quellen, 4. Teil, 653 ff.; Kultusminister *Schenkel*, aaO, 657 f.

Ausnahme von Schulgeld- und Lernmittelfreiheit bei Fachschulen genau damit begründet.[130]

54 Bei der Novellierung des Gesetzes zur Vereinheitlichung und Ordnung des Schulwesens in BW hat die Landesregierung in der Begründung zu § 61 (Schulgeldfreiheit) darauf hingewiesen, dass sie die Einführung der Schulgeldfreiheit an Fachschulen – entgegen der Beschlusslage des Landtags – „zum gegenwärtigen Zeitpunkt" aus finanziellen Gründen für nicht möglich halte.[131] Damit hat die damalige Landesregierung, wie schon zuvor der Landtag, deutlich gemacht, dass sie die **Fachschulen grundsätzlich von der Schulgeldfreiheit nach Art. 14 II 1 LV erfasst ansieht,** jedoch – entsprechend der **nach Art. 15 II 2 LV** möglichen stufenweisen Einführung – eine Einführung zum damaligen Zeitpunkt (1975) zurückstellen wollte. Ob diese Überlegung mehr als 40 Jahre später noch immer tragen kann, erscheint zumindest zweifelhaft.

3. Stufenweise Einführung

55 Mit der stufenweisen Einführung der Schulgeld- und Lernmittelfreiheit sollte lediglich den finanziellen Gegebenheiten Rechnung getragen werden, **nicht aber das Ziel als solches zur Disposition des einfachgesetzlichen Gesetzgebers gegeben** werden.[132] Die Entstehungsgeschichte des Art. 14 II LV zeigt, dass es auch nicht zur Disposition des Gesetzgebers steht, einen einmal erreichten Stand der Schulgeld- und Lernmittelfreiheit wieder zurückzunehmen.[133] Das gilt unabhängig von der Kassenlage.[134] Unberührt hiervon bleibt die Möglichkeit, durch eine Änderung des Art. 14 II 1 LV die Unentgeltlichkeitsgarantie einzuschränken; Art. 14 II 1 LV ist nicht unabänderlich.[135]

III. Ausgleichsansprüche der Privatschulen (Abs. 2 S. 3, 4)
1. Staatliche Ersatzschulfinanzierung im Allgemeinen

56 Die nähere Ausgestaltung der verfassungsrechtlich gebotenen Förderung von Ersatzschulen erfolgt durch die für die Schulgesetzgebung ausschließlich zuständigen Länder, die nach Art. 7 IV GG verpflichtet sind, das private Ersatzschulwesen neben dem öffentlichen zu fördern und in seinem Bestand zu schützen.[136] In BW treffen das PSchG sowie zusätzlich, zu den Einzelheiten des Bauaufwands, eine Verordnung diese Regelungen.[137] Der Landesgesetzgeber hat bei der Entscheidung, wie er seiner Schutz- und För-

---

130 VGH BW, U. v. 20.11.2001 – 9 S 239/01 – openJur, Rn. 72.
131 LT-Drs. 6/7530, 72, unter Bezugnahme auf den Beschluss des LT v. 25. Mai 1970, Pl.-Prot. 4036.
132 *Feuchte* in: Feuchte, Art. 14 Rn. 11; VGH BW, ESVGH 51, 108.
133 Zur Entstehungsgeschichte s. VGH BW, U. v. 23.1.2001 – 9 S 331/00 – juris, Rn. 30.
134 VerfGH, U. v. 30.5.2016 – 1 VB 15/15, Abschnitt C I 6 c.
135 VGH BW, U. v. 23.1.2001 – 9 S 331/00 – juris, Rn. 36, unter Bezugnahme auf Feuchte, Quellen, 6. Teil, 194.
136 BVerfGE 75, 40 (62); 112, 74 (62).
137 Privatschulbauverordnung v. 13.3.2007 (GBl. 206); Einzelheiten zur Schulbauförderung s. *Ebert* in: Ebert, § 18 PSchG Rn. 12 ff.

derpflicht nachkommen will, eine **weitgehende Gestaltungsfreiheit**.[138] Ihm ist es deshalb auch unbenommen, nicht nur für Ersatzschulen, sondern auch für bestimmte Ergänzungsschulen eine Privatschulfinanzierung vorzusehen.[139]

Die Förderpflicht steht von vornherein unter dem **Vorbehalt dessen, was von der Gesellschaft vernünftigerweise erwartet werden kann**; auch muss der Gesetzgeber andere Gemeinschaftsbelange und die Erfordernisse des gesamtwirtschaftlichen Gleichgewichts (Art. 84 LV, 109 II GG) berücksichtigen.[140] Bei der Ermittlung der Kosten ist eine **Orientierung an den Kosten des öffentlichen Schulwesens nicht zu beanstanden**.[141] Ersatzschulen können nicht verlangen, eine bessere Ausstattung finanziert zu bekommen, als sie bei öffentlichen Schulen vorhanden ist.[142] Die Festlegung einer Wartefrist bis zu einer erstmaligen Förderung ist zulässig.[143] Nach gesicherter Rechtsprechung des BVerfG darf berücksichtigt werden, dass vom Ersatzschulträger eine **angemessene Eigenbeteiligung** erwartet werden kann.[144] Deshalb darf auch die Anfangsfinanzierung für die Gründung einer Privatschule dem freien Träger von Verfassungs wegen überbürdet werden.[145] Der Staat darf zwar die **Kosten für die Schaffung des erforderlichen Schulraums** nicht vollständig unberücksichtigt lassen; er hat aber bei der Entscheidung, wie er dies umsetzt, einen weiten Spielraum. Laufende Zinsen für Kredite, die um Zusammenhang mit der Schaffung von Schulraum aufgenommen wurden, sowie die Tilgung gehören zum Aufwand, den jeder Ersatzschulträger als Eigenbeteiligung aufzubringen hat.[146] 57

2. Ausgleich der Belastungen durch Schulgeld- und Lernmittelfreiheit

Art. 14 II 3 LV bezieht sich auf die in S. 1 festgelegte Schulgeld- und Lernmittelfreiheit und begründet, so der eindeutige Wortlaut, für die dort genannten Schulen einen **subjektiv-rechtlichen Anspruch auf finanziellen Ausgleich**.[147] Nach Art. 14 II 5 LV regelt ein Gesetz Näheres. Das PSchG v. 1.1.1990 (GBl. 105) nahm die Konkretisierung in seinem § 17 II so vor, dass danach „in den Zuschüssen nach Absatz 1 [...], der Ersatz des den Schulen entstehenden Ausfalls an Schulgeld und des Aufwands für Lernmittelfreiheit nach Art. 14 Abs. 2 der Verfassung des Landes Baden-Württemberg enthalten" ist. 58

---

138 BVerfGE 112, 74 (84), in Fortführung v. BVerfGE 75, 40 (66 f.); BVerfGE 90, 107 (116); BVerwG, U. v. 4.11.2016 – 6 B 27/16 – Jurion, Rn. 9.
139 Für BW zB für Schulen zur Ausbildung für soziale und sozialpädagogische Berufe oder für bestimmte Schulen für Berufe des Gesundheitswesens, § 17 III PSchG.
140 BVerfGE 112, 74 (84).
141 BVerfGE 75, 40 (68); 90, 107 (116); BVerwG, U. v. 21.12.2011 – 6 C 18.10 – juris, Rn. 23; U. v. 4.11.2016 – 6 B 27/16 – Jurion, Rn. 9.
142 BVerfGE 75, 40 (68); VGH BW, U. v. 11.4.2013 – 9 S 233/12- openJur, Rn. 174.
143 BVerfGE 90, 107 (117 f.); VGH BW, U. v. 11.4.2013 – 9 S 233/12 – openJur, Rn. 106.
144 BVerfGE 90, 107 (118); 112, 74 (84).
145 BVerfGE 90, 107 (120).
146 BVerwG, U. v. 21.12.2011 – 6 C 18.10 – juris, Rn. 28; anders noch VGH BW, U. v. 14.10.2010 – 9 S 2207/09 – openJur, Rn. 64.
147 StGH, U. v. 6.7.2015 – 1 VB 130/13 – openJur, Rn. 138; VGH BW, U. v. 11.4.2013 – 9 S 233/12 – juris, Rn. 178; *Braun*, Art. 14 Rn. 17.

59 Der StGH hat diese Regelung 2015 aufgehoben,[148] weil der Gesetzgeber es unter Verletzung von Art. 14 II 3 LV unterlassen habe, den darin begründeten **Ausgleichsanspruch hinreichend zu regeln**.[149] Dem ist grundsätzlich zuzustimmen. Mit einer bloß pauschalen Regelung wie die des § 17 II PSchG aF, wonach die Ausgleichsleistungen nach Art. 14 II 3 LV in den allgemeinen Zuschüssen enthalten sind, unterlässt es der Gesetzgeber, **die für die Wahrnehmung des verfassungsrechtlichen Anspruchs wesentlichen Entscheidungen** – Ausgestaltung des Anspruchs einschließlich der Festlegung seiner Höhe, Verwaltungsverfahren der Ausgleichsgewährung – selbst zu treffen und verstößt damit gegen das Rechtsstaats- und Demokratieprinzip. Diese Festlegungen sind wesentlich, weil erst durch sie Festlegungen getroffen werden, die für die Verwirklichung des durch die LV gegebenen Anspruchs entscheidend sind. Erst durch sie erhält der verfassungsrechtliche Anspruch seine normative Prägung.

60 Zweifelhaft erscheint hingegen die Forderung des StGH, auch die in Art. 14 II 3 LV enthaltenen unbestimmten Rechtsbegriffe müssten durch Gesetz konkretisiert werden.[150] Zwar ist es zutreffend, dass es sich bei Art. 14 II 3 LV um keinen Gesetzesvorbehalt handelt, sondern um den **Fall eines Ausgestaltungsvorbehalts, also einer Konstellation, in der die Anwendbarkeit eines Verfassungsrechts in wesentlichem Umfang von der Ausgestaltung des einfachen Gesetzgebers abhängt**.[151] Die grundrechtsprägende Gesetzgebung ist in einem solchen Fall notwendige Voraussetzung dafür, dass die grundrechtliche Freiheit in der gesellschaftlichen Wirklichkeit Gestalt annehmen kann; deshalb besteht eine **Ausgestaltungspflicht des Gesetzgebers**.[152] Damit ist aber noch nichts dazu gesagt, in welcher Tiefe der Gesetzgeber in einem solchen Fall Regelungen zu treffen hat. Es ist *Hermes* zuzustimmen, dass es der Gesetzgeber selbst ist, der in Ausübung seiner politischen Gestaltungsfreiheit die Frage zu beantworten hat, ob er sich im jeweiligen Kontext auf grundlegende – u. U. auch strukturierende – Vorgaben verfahrensrechtlicher und organisatorischer Art beschränken will und alles weitere untergesetzlichen Normen, administrativer oder privater Rechtsanwendung überlassen will.[153]

61 Der Landesgesetzgeber muss also den in Art. 14 II 3 LV begründeten Anspruch zwar gesetzlich **in einer Art und Weise regeln, dass er in der gesellschaftlichen Wirklichkeit Gestalt annehmen kann**. Er kann sich aber im Blick auf die Regelungstiefe dazu entschließen, nur grundlegende und strukturierende Vorgaben zu machen zB in Form einer ein Regelungsprogramm beschreibenden Verordnungsermächtigung. Es ist deshalb nicht zwingend erforderlich, dass der einfache Gesetzgeber die unbestimmten Rechtsbegriffe, die ohnehin bereits im Kernbereich festliegen und deshalb nur in nicht wesentlichen Teilen konkretisiert werden können, selbst kon-

---

148 StGH, U. v. 6.7.2015 – 1 VB 130/13.
149 Mit G. v. 10.10.2017, GBl. 2017, 521 erfolgte die Umsetzung des Urteils.
150 StGH U. v. 6.7.2015 – 1 VB 130/13 – openJur, Rn. 142.
151 *Hermes* in: HGR III, § 63 Rn. 25 m. Bezugnahme auf *Manssen*, Staatsrecht – Grundrechtsdogmatik, 1995, Rn. 532.
152 *Hermes* in: HGR III, § 63 Rn. 26.
153 *Hermes* in: HGR III, § 63 Rn. 56.

kretisiert, zumal ihre korrekte Auslegung ohnehin gerichtlich und verfassungsgerichtlich voll überprüfbar ist.[154]

Zwar entfalten **prozedurale Vorgaben zur Ermittlung der Höhe des Ausgleichsanspruchs** angesichts der Schwierigkeiten, die verfassungsrechtliche Höhe des Anspruchs anhand materieller Kriterien zu bestimmen, eine Schutz- und Ausgleichsfunktion. Solche Vorgaben, die die Transparenz des Gesetzgebungsverfahrens sichern sollen, ergeben sich aber aus Art. 59 ff. LV und können – müssen jedoch deshalb nicht – gesetzlich geregelt werden.[155] 62

Nur „**mittlere und höhere Schulen**" haben – vom Sonderfall des Satzes 5 abgesehen – einen **Anspruch auf Ausgleich der Belastungen**. Damit sind die in Art. 15 II LV als „Volksschule" legal definierten Grund- und Hauptschulen nicht erfasst, sondern lediglich weiterführende allgemeinbildende Schulen. **Berufliche Schulen sind keine „mittleren und höheren Schulen"**,[156] und zwar unabhängig davon, ob sie einen mittleren oder höheren Abschluss vermitteln. Dafür, dass sie nicht umfasst sind, spricht zum einen, dass mit dem Begriff „mittlere" Schule zum Zeitpunkt der Entstehung der Norm die Realschule (damals noch: Mittelschule) verstanden wurde, mit „höherer Schule" das Gymnasium.[157] Auch die Entstehungsgeschichte der Norm spricht eindeutig gegen eine Einbeziehung der beruflichen Schulen. Art. 30 III 2 VerfECDU sah zwar vor, dass – soweit der Staat für öffentlichen Schulen Schulgeldfreiheit oder Lernmittelfreiheit gewährt – die entsprechenden Privatschulen, die eine gleichartige Befreiung gewähren, einen Ausgleichsanspruch haben sollten; damit wären u.a. auch private berufliche Schulen einbezogen gewesen. Die Aufnahme dieser umfassenden Regelung in die LV wurde jedoch mehrheitlich abgelehnt.[158] In diesem Entwurf wurde an anderer Stelle klar zwischen „Berufsschulen" (Art. 27 II 2) und „mittleren und höheren Schulen" (Abs. 2 S. 4) unterschieden. Auch Art. 29 I 1 VerfECDU spricht zum einen von „Berufsfachschulen" und im selben Satz von „mittleren und höheren Lehranstalten." Das zeigt, dass auch für die damals oppositionelle CDU der Begriff der „mittleren und höheren Schulen" eindeutig von Begriffen getrennt war, die Schulen des beruflichen Bereichs umfassten. Es spricht deshalb nichts dafür, dass mit dem schließlich in die Verfassung aufgenommen Art. 14 II 3 LV ein Verständnis von mittleren und höheren Schulen verwandt worden ist, das auch berufliche Schulen umfasst. 63

Weiterführende Schulen sind solche, die ihrer Bestimmung nach **zu einem mittleren oder höheren Abschluss** führen. Fraglich ist die Einordnung von Schularten, die nicht nur zumindest zu einem mittleren, sondern auch zu einem **Hauptschulabschluss** führen. So führt die **Werkrealschule** (§ 6 SchG) 64

---

154 Vgl. *Braun*, Art. 14 Rn. 17, und *Feuchte* in: Feuchte, Art. 14 Rn. 21, die auf die Möglichkeit der Konkretisierung durch den Gesetzgeber verweisen; ungenau insoweit der Hinweis des VGH BW, U. v. 11.4.2013 – 9 S 233/12 – openJur, Rn. 188, der unter Berufung auf Braun eine Konkretisierungspflicht behauptet.
155 StGH, U. v. 6.7.2015 – 1 VB 130/13 – openJur, Rn. 140 ff.
156 VGH BW, U. v. 19.7.2005 – 9 S 47/03 – openJur, Rn. 30; U: v. 12.1.2000 – 9 S 317/98 – openJur, Rn. 23.
157 *Braun*, 14 Rn. 17; *Pieroth/Kromer*, VBlBW 1983, 157 f.
158 Feuchte, Quellen, 7. Teil, 563.

zum Werkrealschulabschuss der einem Realschulabschluss gleichwertig ist (§ 6 II 1 SchG), aber auch zum Hauptschulabschluss. An der **Gemeinschaftsschule** (§ 8 a SchG) wird durchgängig sowohl auf Hauptschul-, als auch Realschul- als auch auf gymnasialem Niveau unterrichtet; an ihr können – mit Ausnahme des Werkrealschulabschlusses – alle allgemeinbildenden Abschlüsse erworben werden. Die Realschule wiederum vermittelt nach einer entsprechenden Änderung des SchG (GBl. 2015, 841) seit dem Schuljahr 2015/16 neben dem Realschulabschluss auch den Hauptschulabschluss (§ 7 I). Alle genannten Schularten gibt es auch in privater Trägerschaft.

65 Die nur in privater Trägerschaft bestehenden **Waldorfschulen** sollen nach § 3 II SchG in den Klassen 1–12 zu den im Waldorflehrplan festgelegten Abschlüssen führen, und, aufbauend auf Klasse 12, in Klasse 13 auf die Hochschulreife vorbereiten. Obgleich ein durchaus beachtlicher Teil der Schüler der Waldorfschulen keine allgemeine Hochschulreife erwirbt,[159] geht die Rechtsprechung davon aus, dass der mit der Einrichtung der Klassen 5–13 verfolgte Gesamtzweck dem des Gymnasiums entspricht.[160]

66 Es ist zwar zutreffend, dass für die Charakterisierung eines Bildungsgangs als weiterführend nicht darauf abzustellen ist, ob ein erfolgreicher Bildungsabschluss erreicht wird. Es ist aber verfehlt, stattdessen auf die **Motivationslage der Schüler oder Eltern** abzustellen, die die Schulen besuchen bzw. ihre Kinder mit einer bestimmten Absicht dort hinschicken, wie dies der VGH tut, wenn er das mit dem Besuch der Schule angestrebte Bildungsziel als entscheidend erklärt.[161] Ob eine Schule als weiterführend anzusehen ist, entscheidet sich an dem objektiven Kriterium, ob der in Rede stehende Bildungsgang von seiner in Gesetz oder /und Ausbildungsordnung festgelegten Zweckbestimmung zumindest schwerpunktmäßig zu einem mindestens mittleren Abschluss führt. Danach ist die **neu konzipierte Realschule** nach wie vor eine „mittlere" Schule iSv Art. 14 II 3 LV, da ihr primäres Bildungsziel auch nach Änderung des § 7 SchG der mittlere Abschluss ist.

67 Die **Gemeinschaftsschule** vermittelt im Sinne eines formalen Bildungsziels entweder einen Hauptschulabschluss oder einen Realschulabschluss oder eine Versetzung in die Eingangsklasse der gymnasialen Oberstufe oder, wenn sie selbst eine Oberstufe hat, auch die allgemeine Hochschulreife (§ 8 a IV SchG). Inhaltlich gilt für sie der Bildungsplan für die Sekundarstufe I, der gleichermaßen auch für die Haupt-, Werkreal- und Realschule gilt und der die Inhalte und Anforderungen durchgehend auf drei Niveaustufen beschreibt (§ 35 IV SchG). Von den Schülern, die im Schuljahr 2016/17 an eine Gemeinschaftsschule wechselten, hatten 8,4 % eine Grundschulempfehlung für das Gymnasium, 27,3 % für die Realschule

---

159 Nach eigenen Angaben unter www.Waldorfschulen.de/eltern/pruefungen-abschluessse/#main-content macht „über die Hälfte" das Abitur (20.11.2017).
160 BVerfGE 27, 195 (201 f.); 90, 107 (122); StGH, U. v. 6.7.2015 – 1 VB 130/13; VHG BW, U. v. 14.7.2010 – 9 S 2207/09 – openJur, Rn. 98.
161 VGH BW, U. v. 14.7.2010 – 9 S 2207/09 – openJur, Rn. 98.

und 64,3 % für die Werkrealschule/Hauptschule.[162] Auch wenn Gemeinschaftsschulen zumindest bis zum Schuljahr 2016/17 weit überwiegend aus Haupt- oder Werkrealschulen entstanden sind und fast zwei Drittel der überwechselnden Schüler eine Empfehlung für die Werkrealschule/Hauptschule haben, so ist sie doch **schulgesetzlich daraufhin ausgelegt, nicht nur schwerpunktmäßig den Hauptschulabschluss zu vermitteln**, sondern – ohne Oberstufe – einen mittleren Abschluss, mit Oberstufe das Abitur. Damit zählt sie auch zu den in Art. 14 II 3 LV gemeinten mittleren und höheren Schulen.

Die **Werkrealschule** war begrifflich bis 2009 nicht im SchG verankert. Bis dahin gab es im SchG nur die Hauptschule, die, wenn sie ein sechstes Hauptschuljahr anbot oder den zum Besuch dieses Jahres notwendigen Zusatzunterricht, aufgrund eines Erlasses des KM sich „Werkrealschule" nennen durfte.[163] Bis dahin war sie damit keine mittlere oder höhere Schule, sondern „Volksschule" iSv Art. 15 I LV. Erst mit der Weiterentwicklung der Hauptschulen zu Werkrealschulen im Jahr 2009,[164] und dann nochmals mit der Abschaffung einer Notenschwelle für den Übergang von Klasse 9 in Klasse 10 im Schuljahr 2011 (GBl. 2011, 570) veränderte sich die Struktur der Werkrealschule weg von der der Hauptschule. Jetzt ist das Bildungsziel des grundsätzlich sechsjährigen Bildungsgangs der **Werkrealschulabschluss, ein den Realschulabschluss gleichwertiger Bildungsabschluss** (§ 7 II 2 SchG). Der seit der Änderung des § 6 SchG im Jahr 2011 ebenfalls noch mögliche Erwerb des Hauptschulabschlusses erfolgt in erster Linie, um Schülern, die keinen mittleren Abschluss anstreben, zusätzliche Lernzeit zu geben.[165] Durch die Änderung im Jahr 2011 wurde die im Jahr 2009 erfolgte Ausrichtung auf den Erwerb eines mittleren Abschlusses nicht zurückgenommen oder relativiert. Damit spricht sehr viel dafür, Werkrealschulen als von Art. 14 II 3 LV umfasste **mittlere Schulen** anzusehen. 68

Ersatzschulen müssen, um einen Ausgleich nach Art. 14 II 2 LV zu erhalten, auf „gemeinnütziger Grundlage" arbeiten. Die Terminologie knüpft an den im Steuerrecht (AO und KSG) eingeführten **Begriff der Gemeinnützigkeit** an. Wenn auch der Umstand, dass eine Privatschule **nicht mit Gewinnerzielungsabsicht** betrieben wird, sicherlich wesentlich bei der Beurteilung ist, so erscheint doch eine Verengung ausschließlich auf diesen Aspekt problematisch.[166] Zwar verbietet Art. 7 IV 3 GG nur eine Sonderung nach den Besitzverhältnissen der Eltern. Gleichwohl kann die in Art. 7 IV 1 GG gewährleistet Freiheit des Privatschulwesens – hier in der Form der Ersatzschulen – nur dann tatsächlich verwirklicht werden, wenn diese Schulen 69

---

162 Pressemitteilung des KM v. 24.1.2017: http://www.km-bw.de/,Lde/Startseite/Service/24_01_2017+Uebergangszahlen+2016/?LISTPAGE=344894 (1.11.2017).
163 LT-Drs. 11/2759; zu den Einzelheiten der Entwicklung der Werkrealschule s. *Ebert* in Ebert, § 6 Rn. 1 ff.
164 § 6 II SchG (GBl. 2009, 365): „Sie schließt mit einem Abschlussverfahren ab und vermittelt einen dem Realschulabschluss gleichwertigen Bildungsstand (Mittlere Reife). Der Hauptschulabschluss wird mit dem erfolgreichen Abschluss des fünften Schuljahres erworben."
165 LT-Drs. 15/941, 8.
166 So aber StGH, U. v. 6.7.2015 – 1 VB 130/13 – openJur, Rn. 149.

grundsätzlich jedermann offen stehen.[167] Deshalb spricht viel dafür, zusätzlich zur fehlenden Gewinnerzielungsabsicht zu verlangen, dass der **Kreis derer, die eine solche Schule besuchen können, nicht fest abgeschlossen sein** darf. Damit würde auch eine inhaltlich angenäherte Auslegung eines sowohl im Verfassungsrecht wie im Steuerrecht (§ 52 I 2 AO) verwendeten Begriffs erfolgen.[168] Dies wird auch dadurch gestützt, dass der Begriff der Allgemeinheit, den § 52 I 2 AO verwendet, bereits in der Zeit der Weimarer Republik so verstanden wurde.[169] Es ist deshalb unwahrscheinlich, dass die LV hier eine andere Begrifflichkeit verwenden wollte. Eine von einem Betrieb getragene Privatschule, die zwar ohne Gewinnerzielungsabsicht geführt wird, aber ausschließlich Kindern von Betriebsangehörigen offen steht, würde – da damit nicht die Allgemeinheit gefördert würde – nach der hier vertretenen Auffassung nicht unter die von Art. 14 II 3 LV erfassten Schulen fallen.

70 Das geforderte „öffentliche Bedürfnis" liegt vor, wenn es in der Bevölkerung ein tatsächlich vorhandenes, **empirisch feststellbares Bedürfnis für die betreffende Privatschule** gibt, deren pädagogisches Konzept den Wünschen und Vorstellungen der Eltern entspricht, und sie sich in Konkurrenz zu andern vorhandenen öffentlichen und privaten Schulen behaupten kann. Da die Gründung einer Privatschule nicht von einer Bedürfnisprüfung abhängt, kann es bei der Feststellung eines öffentlichen Bedürfnisses nicht auf die Einrichtungsregelungen für das öffentliche Schulwesen in §§ 27 II, 30 II SchG ankommen.[170]

71 Bei Schulen, die als Ersatzschulen anerkannt sind, ist im Regelfall davon auszugehen, dass sie damit als **„pädagogisch wertvoll anerkannt"** sind i. S. v. Art. 14 II 3 LV.[171] Eine Differenzierung nach weltanschaulichen, religiösen oder politischen Gründen ist bei der Auslegung dieses unbestimmten Rechtsbegriffs ebenso ausgeschlossen wie fiskalische Überlegungen.[172]

72 Die Kosten, die an vergleichbaren öffentlichen Schulen durch die Schulgeld- und Lernmittelfreiheit entstehen, sind nach Art. 14 II 3 LV der **Orientierungspunkt für die Höhe des Ausgleichsanspruchs**, da die Gleichartigkeit der Erstattung an die Schulgeld- und Lernmittelfreiheit an öffentlichen Schulen anknüpft. Wenn S. 3 von einer „gleichartigen" Befreiung spricht, ist zum einen klar, dass sie nicht gleich zu sein hat, aber auch nicht lediglich gleichwertig sein darf. Letzteres wäre der Fall, wenn eine Befreiung zB von Betreuungskosten gewährt würde, die in der Höhe dem entspricht, was an Kosten bei einer vollständigen Umsetzung der Schulgeld- und Lernmittelfreiheit anfallen würde, die aber tatsächlich nicht gewährt wird. Weil keine gleiche Befreiung gefordert ist, muss sie nicht in identischer Weise

---

167 BVerfGE 75, 40 (65); *Badura* in: Maunz/Dürig, Art. 7 Rn. 120.
168 *Feuchte* in: Feuchte, Art. 14 Rn. 19; *Wallenhorst/Halaczinsky*, Besteuerung, Kap. D Rz. 36.
169 *Droege*, Gemeinnützigkeit, 42, unter Hinweis auf § 8 II 2 DurchführungsVO zum KGSt 1926.
170 StGH, U. v. 6.7.2015 – 1 VB 130/13 – openJur, Rn. 150 ff.; *Feuchte* in: Feuchte, Art. 14 Rn. 21.
171 StGH, U. v. 6.7.2015 – 1 VB 130/13 – openJur, Rn. 153 f.
172 VGH BW, U. v. 14.7.2010 – 9 S 2207/09 – openJur, Rn. 100; *Feuchte* in: Feuchte, Art. 14 Rn. 21.

wie an öffentlichen Schulen erfolgen. Sie kann deshalb auch nur eine teilweise Befreiung vorsehen, was beim jetzigen Ausbaustand der Lernmittelfreiheit und der – von Fachschulen abgesehen – Schulgeldfreiheit an öffentlichen Schulen allerdings nicht (mehr) möglich wäre. Wegen der Verknüpfung von Ausgleich und Befreiung kommt aber bei einer teilweisen Befreiung auch nur ein teilweiser Ausgleich in Betracht.[173]

Dabei meint „Ausgleich" keinen vollständigen Ausgleich aller entstehenden Kosten. Dafür spricht zum einen das systematische Argument, dass Art. 71 III LV bei konnexitätsrelevanten Übertragungen von Aufgaben an die Gemeinden regelt, dass für die entstehende Mehrbelastung der Gemeinden nicht nur „ein Ausgleich", sondern ein der Mehrbelastung „entsprechender finanzieller Ausgleich" zu gewähren ist, auch wenn diese Ableitung nicht zwingend ist, weil die beiden Bestimmungen der LV in einem unterschiedlichen Regelungszusammenhang stehen.[174] Dass kein vollständiger Ausgleich gemeint ist, zeigt aber auch die Entstehungsgeschichte der Norm.[175] Art. 14 II 3 LV sollte dabei helfen, den Besuch einer der in Abs. 2 genannten Privatschulen zu ermöglichen, unabhängig von der wirtschaftlichen Leistungsfähigkeit der Eltern, aber nicht den Schulträger von jeder Belastung frei stellen. Auch wenn Art. 14 II 3 LV im Gegensatz zu Art. 7 IV GG einen subjektiv-rechtlichen Ausgleichsanspruch gibt, so ist doch – da auch Art. 14 II 3 LV das Ziel hat, die Privatschulfreiheit zu realisieren – der Aspekt der Beteiligung des Staates an Kosten der Ersatzschulen (aber nicht deren vollständiger Ersatz) von Bedeutung. Die Wahrnehmung der Privatschulfreiheit darf ihren Preis in Form von Eigenleistungen haben. Dabei kann die Eigenleistung nicht nur in einem, dem Sonderungsverbot genügenden Schulgeld bestehen, sondern zB auch in Beiträgen von Fördervereinen, in Solidarleistungen innerhalb eines Bundes vergleichbarer Schulen oder in Einnahmen kostenpflichtiger Zusatzangebote; hingegen können Kredite oder der Einsatz des Vermögensstammes nicht zur Bestimmung der zumutbaren Eigenleistung herangezogen werden.[176]

Eine weitere Beschränkung der Ausgleichspflicht ergibt sich durch das **Sonderungsverbot des Art. 7 IV GG**, das über Art. 2 I LV auch unmittelbar geltendes Landesrecht ist. Schulgeld, das – weil in seiner Höhe gegen das Sonderungsverbot verstoßend – gegen die LV verstößt, kann nicht die Basis sein für einen aus der LV unmittelbar resultierenden Ausgleichsanspruch. Bei genehmigten Ersatzschulen ist daher ein Verzicht auf Entgelt nur in dem Umfang für die Bemessung des Ausgleichsanspruchs nach Art. 14 II 3 LV von Bedeutung, in dem die Erhebung von Schulgeld verfassungsrechtlich zulässig wäre.[177]

---

173 StGH, U. v. 6.7.2015 – 1 VB 130/13 – openJur, Rn. 161; *Feuchte* in: Feuchte, Art. 14 Rn. 22.
174 StGH, U. v. 6.7.2015 – 1 VB 130/13 – openJur, Rn. 163.
175 Hierzu ausführlich StGH, U. v. 6.7.2015 – 1 VB 130/13 – openJur, Rn. 164 ff.
176 StGH, U. v. 6.7.2015 – 1 VB 130/13 – openJur, Rn. 178, 186, 187.
177 StGH, U. v. 6.7.2015 – 1 VB 130/13 – openJur, Rn. 182.

3. Förderanspruch privater Volksschulen nach Art. 15 II LV (Abs. 2 S. 3)

75 Durch das **Gesetz zur Änderung der LV und zur Ausführung des Art. 15 II LV** (GBl. 1967, 7) wurde, zusammen mit dem gleichzeitig verabschiedeten und verkündeten Ausführungsgesetz zu dieser Regelung, die Grundlage gelegt, damit die in Art. 15 II LV genannten „öffentlichen Volksschulen (Grund- und Hauptschulen)" in Südwürttemberg-Hohenzollern einen Anspruch auf Förderung erhalten. Satz 4 des Art. 14 II LV legt lediglich fest, dass diese Schulen im Blick auf den Ausgleich der durch die Schulgeld- und Lernmittelfreiheit entstehenden Kosten wie die in S. 3 genannten mittleren und höheren Schulen zu behandeln sind. Zu diesen Schulen und ihrer Förderung im Übrigen s. Anmerkungen zu Art. 15.

IV. Der Ersatzanspruch der Gemeinden und Gemeindeverbände (Abs. 3)
1. Umfang der Kostenerstattung

76 Nach § 38 I SchG stehen die Lehrkräfte an öffentlichen Schulen im Dienst des Landes. § 15 I FAG legt, dies ausfüllend, fest, dass das Land die persönlichen Kosten (§ 15 III) der in seinem Dienst stehenden Lehrkräfte trägt. Der Schulträger (§ 28 SchG) hat die sächlichen Kosten zu tragen (§ 48 II SchG) und damit auch die Kosten, die durch die Schulgeld- und Lernmittelfreiheit entstehen. Art. 14 III LV sieht vor, dass das Land den kommunalen Schulträgern einen Ausgleich des dadurch ausgelösten Ausfalls bzw. der entstehenden Mehrkosten gewährt. **Es kann, muss aber nicht ein voller Ausgleich erfolgen. Vielmehr können die kommunalen Schulträger an Ausfall und Kosten beteiligt werden.** Art. 14 III LV ist insoweit gegenüber Art. 71 III LV, der grundsätzlich einen vollen Ersatz der durch eine Änderung ausgelösten Kosten vorsieht, die speziellere Norm. Es muss also bei einer durch das Land verursachten Veränderung der Regelungen zur Schulgeld- oder Lernmittelfreiheit nicht nach Art. 71 III LV ein den Kosten „entsprechender finanzieller Ausgleich" gewährt werden (und damit grundsätzlich ein vollumfänglicher), sondern es kann eine Kostenbeteiligung der Kommunen festgelegt werden (zum Fall der schulischen Inklusion, → Rn. 78). Dieses Ergebnis ist auch nach der Änderung des Art. 71 III LV von 2008 (GBl. 119) unverändert zutreffend. Mit der Verfassungsänderung wurde „zur Präzisierung und Klarstellung des Konnexitätsprinzips [...] in Satz 3 [Einfügung: des Abs. 3] entsprechend der bisherigen Rechtsprechung des Staatsgerichtshofs[178] geregelt, in welchen Fällen bei späteren Änderungen ein finanzieller Ausgleich zu schaffen ist."[179] Wenn aber lediglich eine Präzisierung und Klarstellung erfolgte, dann hat sich das lex-specialis-Verhältnis zu Art. 14 III LV zu Art. 71 III LV dadurch nicht geändert. Aber selbst, wenn zumindest in Teilen eine Neuregelung erfolgen sollte, hat sich das Verhältnis zu Art. 14 III LV nicht verändert, weil diese Norm bei der Änderung des Art. 17 III LV unverändert blieb.

77 Der Ausgleichsanspruch der Gemeinden und Gemeindeverbände im Bereich Bildung und Erziehung gegenüber dem Land ist in allgemeiner Hinsicht hauptsächlich durch das **FAG** geregelt und hier insbesondere durch

---

178 StGH, ESVGH 49, 5.
179 Entwurfsbegründung zum 19. LVÄndG, LT-Drs. 14/2442, 8.

die **Bestimmungen zum Schullastenausgleich** (§§ 15–19) und durch Regelungen zur Kinderbetreuung im frühkindlichen Bereich (§§ 29 b, 29 c). In den §§ 15–19 FAG finden sich auch die grundlegenden Regelungen zum Ausgleich der Kosten, die den Kommunen durch die Schulgeld- und Lernmittelfreiheit entstehen. Ergänzt werden diese Regelungen auf Verordnungsebene durch die Schullastenverordnung.

2. Ausgleich für Mehrbelastung durch Inklusion

Eine Ergänzung dieser umfassenden Erstattungsregelungen erfolgte durch das **Gesetz zum Ausgleich kommunaler Aufwendungen für die schulische Inklusion** (GBl. 2015, 654). Mit diesem Gesetz erhielten die Kommunen – zusätzlich zu den im FAG geregelten Ausgleichszahlungen – einen pauschalen Ausgleichsanspruch für die durch die schulische Inklusion bedingten Mehrbelastungen nach § 48 II SchG. In der Begründung zum Gesetzentwurf werden die unterschiedlichen Positionen von Land und Kommunen zur Frage deutlich, ob die aus der schulischen Inklusion entstehenden Mehrkosten nach Art. 71 III LV konnexitätsrelevant sind, oder ob Art. 14 III LV den Regelungen des Art. 71 III als lex specialis vorgeht: „Die Landesregierung und die kommunalen Landesverbände sind sich einig, dass im Bereich der Schulträgerkosten inklusionsbedingte Mehraufwendungen entstehen können, die nach Art. 71 Abs. 3 LV konnexitätsrelevant sind [...]". „Land und kommunale Landesverbände ziehen weiter in ihre Überlegungen ein, dass Art. 14 Abs. 3 LV eine Beteiligung der Schulträger bei entstehendem Mehraufwand bei Lernmitteln vorsieht. Der Ausgleich bei den Schulträgerkosten enthält somit sowohl verpflichtende als auch freiwillige Elemente."[180] 78

Um trotz der unterschiedlichen Positionen zu einer Lösung zu kommen, mit der die Vorgaben des Art. 24 BRK an den öffentlichen Schulen in BW umgesetzt werden können, regelt das Gesetz, dass der **Ausgleich der Mehrkosten grundsätzlich lediglich pauschal** erfolgt (§ 1 III iVm V des G. zum Ausgleich kommunaler Aufwendungen für die schulische Inklusion). Lediglich bei durch die schulische Inklusion kausal und unmittelbar ausgelösten baulichen Aufwendungen werden die Kosten im Ergebnis vollständig ersetzt (§ 1 IV iVm § 4 IV). Hier ging der Gesetzgeber davon aus, dass bei Vorliegen der im Gesetz genannten tatsächlichen und formalen Voraussetzungen Aufwendungen entstehen können, die „dem Grunde nach konnexitätsrelevant und daher vollständig zu ersetzen sind."[181] 79

Artikel 15 [Volksschulformen; Elternrecht]

(1) Die öffentlichen Volksschulen (Grund- und Hauptschulen) haben die Schulform der christlichen Gemeinschaftsschule nach den Grundsätzen und Bestimmungen, die am 9. Dezember 1951 in Baden für die Simultanschule mit christlichem Charakter gegolten haben.

---

180 LT-Drs. 15/6962, 18.
181 LT-Drs. 15/6962, 18.

(2) ¹Öffentliche Volksschulen (Grund- und Hauptschulen) in Südwürttemberg-Hohenzollern, die am 31. März 1966 als Bekenntnisschulen eingerichtet waren, können auf Antrag der Erziehungsberechtigten in staatlich geförderte private Volksschulen desselben Bekenntnisses umgewandelt werden. ²Das Nähere regelt ein Gesetz, das einer Zweidrittelmehrheit bedarf.

(3) Das natürliche Recht der Eltern, die Erziehung und Bildung ihrer Kinder mitzubestimmen, muß bei der Gestaltung des Erziehungs- und Schulwesens berücksichtigt werden.

Schrifttum:

Bäcker, Die christliche Gemeinschaftsschule in Baden, 2012; *v. Campenhausen,* Staat, Schule und Kirche, ZevKR 14 (1968/69), 26; *Cremer/Rux,* Die „Gemeinschaftsschule" im Sinne von § 8a BW-SchG als „christliche Gemeinschaftsschule" im Sinne von Art. 15 Abs. 1 BW-V, 2012: http://pub.staatsrecht.info/GemS.htm (1.11.2017); *Frisch,* Zur christlichen Gemeinschaftsschule in Baden-Württemberg, VBlBW 2005, 268; *Heinig,* Die Verfassung der Religion, Beiträge zum Religionsverfassungsrecht, 2014; *Hollerbach,* Das Verhältnis von Staat und Kirche in Baden-Württemberg, VBlBW 1982, 217; *Huster,* Die ethische Neutralität des Staates, 2002; *Jacobs,* Wie viel christliche Prägung ist dem öffentlichen Schulwesen in Baden-Württemberg erlaubt?, VBlBW 2017, 16; *Müller,* Schulgesetzgebung und Reichskonkordat, 1966; *Pressestelle des Staatsministeriums Stuttgart,* Die kulturellen Fragen in der Verfassung von Baden-Württemberg, 1953; *Rathke,* Öffentliches Schulwesen und religiöse Vielfalt, 2005; *Rux,* Kleiderordnung, Gesetzesvorbehalt und Gemeinschaftsschule, ZAR 2004, 14; *Scheuner,* Verfassungsrechtliche Fragen der christlichen Gemeinschaftsschule, Festgabe für Theodor Maunz, 1971, 307; *Schmidt,* Die badische Volksschule, 1926; *Schwarz-Jung,* Die Gemeinschaftsschule: Eine neue Schulart in Baden-Württemberg, in: Statistisches Monatsheft Baden-Württemberg 5/2014, 5.

Vergleichbare Regelungen: Art. 135 BayVerf, 32 S. 1 BremVerf, 56 II HessVerf, 29 RPVerf, 12 II NRWVerf, 27 S. 4 SaarlVerf, 26 II LSAVerf, 12 III SchlHVerf, 24 II ThürVerf.

Ergänzende Normen: Gesetz zur Ausführung von Art. 15 II LV (Art. 2 des Gesetzes zur Änderung der Verfassung des Landes BW und zur Ausführung des Art. 15 der Verfassung); Gesetz zur Bereinigung von Verfahrensmängel beim Erlass einiger Gesetze; VwV des KM „Schul- und Schülergottesdienst, Buß- und Bettag"; Bekanntmachung des KM zur christlichen Gemeinschaftsschule v. 4.2.2013.
Hinweis: Die VO der Landesregierung zum Gesetz zur Ausführung von Art. 15 Abs. 2 der Verfassung v. 6.6.1967 (GBl. 99) wurde mit VO der Landesregierung v. 19.2.2008 (GBl. 87) aufgehoben.
Die im Jahr 1967 zunächst in der Form einer Bekanntmachung,[1] später in Form einer inhaltsgleichen Verwaltungsvorschrift[2] veröffentlichte Beschreibung der wesentlichen Merkmale der badischen Simultanschulen ist am 31.12.1999 durch Herausnahme aus dem Vorschriftenverzeichnis des Kultusministeriums außer Kraft getreten.

Leitentscheidungen: BVerfGE 6, 309 (Reichskonkordat); 41, 29 (christliche Gemeinschaftsschule in BW); 52, 223 (Schulgebet); 91, 1 (Kruzifix); 108, 282 (Kopftuch I); 138, 296 (Kopftuch II); BVerwGE 109, 40 (Kruzifix); EGMR, U. v. 18.3.2011 – Lautsi gegen Italien, 30814/06 (Kruzifix); EuGH, E. v. 14.3.2017 – C 157/15 und C 188/15 (Kopftuch).

---

1 K.u.U. 1967, 1260.
2 K.u.U. 1991, 458.

[Volksschulformen; Elternrecht]   Artikel 15

A. Überblick und Einordnung 1
  I. Bedeutung, Herkunft, Entstehung, Geschichte 1
  II. Verfassungsvergleichende Einordnung 5
B. Erläuterungen 6
  I. Die christliche Gemeinschaftsschule badischer Prägung 6
    1. Institutionelle Garantie ... 6
    2. Christliche Gemeinschaftsschule badischer Überlieferung 9
    3. Die Rechtsprechung des BVerfG zur christlichen Gemeinschaftsschule 15
      a) Die grundlegende Entscheidung zur christlichen Gemeinschaftsschule von 1975 15
      b) Die Schulgebetsentscheidung 18
      c) Die Kruzifixentscheidung 20
      d) Exkurs: Das Kruzifixurteil der Großen Kammer des EGMR ... 21
      e) Die Kopftuchentscheidungen des BVerfG 23
    4. Gemeinschaftsschulen (GMS) 27
  II. Bekenntnisschulen (Abs. 2) ... 32
  III. Das Elternrecht nach Abs. 3 .. 40

A. Überblick und Einordnung

I. Bedeutung, Herkunft, Entstehung, Geschichte

Art. 15 wurde als der „verfassungsgeschichtlich und politisch [...] bedeutsamste Artikel der Verfassung" eingestuft.[3] Der **Streit um die Schulverfassung erschütterte das Land**,[4] und zwar gleich zweimal, das erste Mal bei der Schaffung der LV im Jahr 1953, das zweite Mal bei der Schulreform der 60er Jahre,[5] die im Gesetz zur Änderung der Verfassung des Landes BW vom 8.2.1967 (GBl. 7) ihren formalen Abschluss fand. Es bedurfte in beiden Fällen besonderer politischen Konstellationen – 1953 einer Allparteienregierung, 1966 einer großen Koalition –[6] um zu der Lösung zu kommen, die auch heute noch Bestand hat.   1

Die **Intensität des Streites ist heute kaum mehr nachvollziehbar**. In der Zeit nach der Änderung 1967 hat diese Frage nur noch selten eine Rolle gespielt. In gewissem Umfang entstand eine neue Diskussion bei der Diskussion der Folgen des „Kruzifix-Urteils" des BVerfG von 1995.[7] Im Evangelischen Kirchenvertrag BW von 2007 wurde in Art. 7 die christliche Gemeinschaftsschule bestätigt, indem in dessen Abs. 1 Art. 15 I LV wiederholt wurde, in Abs. 2 Art. 16 I LV.[8] Danach kam es erst wieder im Zusammenhang mit der Einführung der Gemeinschaftsschule (§ 8 a SchG) zu Problematisierungen. Dabei wurde – verglichen mit den Auseinandersetzungen der 50er und 60er Jahre des letzten Jahrhunderts – in einer eher begrenzten Art und Weise[9] die Frage erörtert, ob der Umstand, dass sich insbesondere viele früheren Hauptschulen zu Gemeinschaftsschulen umwandeln, Bedeutung hat im Blick auf die Garantie der christlichen Gemeinschaftsschule.   2

---

3 *Feuchte* in: Feuchte, Art. 15 Rn. 11.
4 *Feuchte*, Geschichte, 196.
5 S. dazu die ausführlichen Darstellungen bei *Feuchte*, Geschichte, 196 ff. und 445 ff.
6 1953: CDU, SPD, FDP/DVP, BHE; 1967: CDU und SPD.
7 BVerfGE 93, 1.
8 Art. 1 G. zu dem Evangelischen Kirchenvertrag BW und zu der Römisch-Katholischen Kirchenvereinbarung BW, GBl. 2008, 2.
9 S. dazu zB „Wird die neue Gemeinschaftsschule christlich?" in: Humanistischer Pressedienst v. 27.2.2012; http://hpd.de/node/12969/seite/=/1 (29.11.2016).

Daneben ergab sich die Frage, welche finanziellen Auswirkungen es hätte, würde eine unter Art. 15 II LV zu fassende Grund- und Hauptschule in privater Trägerschaft in eine private Gemeinschaftsschule umgewandelt. Ein **Grund für die Entemotionalisierung der Diskussion** dürfte u. a. darin zu finden sein, dass durch die Rechtsprechung des BVerfG zur christlichen Gemeinschaftsschule[10] zwischen ihr und den anderen Schularten in formaler Hinsicht kein sehr großer, in der schulischen Praxis ein kaum mehr erlebbarer Unterschied besteht.[11] Dies zeigt sich u. a. daran, dass seit dem Schuljahr 2016/17, aufwachsend ab den Klassenstufen 5 und 6, für die Sekundarstufe I ein für Hauptschule, Werkrealschule, Gemeinschaftsschule und Realschule und die Schulen besonderer Art (§ 107 SchG) inhaltsgleicher Bildungsplan in Kraft ist.[12]

3 Auch das KM beschreibt in seiner Bekanntmachung von 2013 (Nr. 6) lediglich Unterschiede, die bei einem Vergleich der schulischen Praxis der unterschiedlichen Schularten kaum mehr feststellbar sein dürften: „Ein **Unterschied zwischen den christlichen Gemeinschaftsschulen und den hierin nicht einbezogenen Schularten** liegt in der besonderen Betonung einer Erziehung auf der Grundlage christlicher und abendländischer Kulturwerte. Ein weiterer Unterschied liegt in der Verbindlichkeit der Einbeziehung religiöser Inhalte: Die christlichen Gemeinschaftsschulen sind rechtlich dazu angehalten, in den beschriebenen Grenzen, unter Wahrung des Grundsatzes der Toleranz und der Achtung gegenüber Andersdenkenden, auch den religiösen, spirituellen Bedürfnissen der Schüler zu entsprechen, für die anderen Schulen bleiben diese Möglichkeiten ein Angebot."[13] Die geringen Unterschiede zeigen sich auch daran, dass, so das KM BW in seiner Bekanntmachung von 2013 (K.u.U. 30, Nr. 6), seine Ausführungen zu dem faktisch prägenden Kultur- und Bildungsfaktor des Christentums oder zur Rücksichtnahme bei besonderen religiösen Anlässen „im Wesentlichen" für alle Schularten gelten.

4 Dessen ungeachtet – und obgleich der Verweis auf am 9.3.1951 in Baden geltende Bestimmungen gesetzestechnisch „kein Kabinettsstück" dar-

---

10 BVerfGE 41, 29 ff.
11 S. dazu Bekanntmachung des KM zu den Grundsätzen der christlichen Gemeinschaftsschule nach den Artikeln 15 und 16 der Landesverfassung v. 4.2.2013 (K.u.U. 30) und hier insbesondere Nr. 6.
12 Gemeinsamer Bildungsplan für Sekundarstufe I v. 23.3.2016. In der (außer Kraft getretenen) Bekanntmachung/VwV des KM „Christlicher Charakter der Volksschulen (Grund- und Hauptschulen)" v. 9.11.1967 bzw. 25.11.1991 (K.u.U., 1967, 1260 und 1991, 458) war in Abschnitt II Nr. 10 für die Gestaltung der Bildungspläne noch vorgegeben, dass im Unterricht und im Schulleben die christlichen Güter auf der beiden Bekenntnissen gemeinsamen Grundlage zu pflegen sind. Diese Aussage ist in der 2013 vom KM erlassenen Bekanntmachung zu den Grundsätzen der christlichen Gemeinschaftsschule nach Art. 15 und 16 der Landesverfassung (K.u.U. 2013, 30) nicht mehr enthalten.
13 Bekanntmachung des KM zu den Grundsätzen der christlichen Gemeinschaftsschule nach den Artikeln 15 und 16 der Landesverfassung v. 4.2.2013 (K.u.U. 30), Nr. 6; ähnlich *Jacobs*, VBlBW 2017, 16 (17), der „das Plus" der Christlichen Gemeinschaftsschule darin sieht, dass „die religiöse Dimension" verbindlich sogar in die profanen Fächer hineinwirke, dies allerdings im Ergebnis dadurch wieder relativiert, dass er dieses Hineinwirken – richtigerweise – davon abhängig macht, dass es mit der Pflicht zur religiösen Neutralität der öffentlichen Schule vereinbar ist.

[Volksschulformen; Elternrecht] Artikel 15

stellt,[14] da sich nicht ohne Weiteres erschließt, was eigentlich damit genau gemeint ist – wurde **seit 1967** kein Versuch unternommen, die Art. 15 und 16 LV zu ändern. Das dürfte zum einen dem Umstand geschuldet sein, dass es seither **keine breiteren Diskussionen mehr über diese Schulform** gab und gibt. Zum andern dürfte ein Grund in der Erinnerung an die heftigen, das Land aufwühlenden Diskussionen der Vergangenheit zu finden sein und an die – in Bezug auf das Reichskonkordat zumindest bis zur Entscheidung des BVerfG in seinem Konkordaturteil[15] rechtlich und politisch schwierige – Abstimmung mit den beiden großen christlichen Kirchen, insbesondere mit der katholischen Kirche. Beides zusammen dürfte bislang sowohl die Einschätzung der Notwendigkeit als auch das politische Verlangen relativiert haben, hier zu neuen Regelungen zu kommen, obgleich – zumindest in Bezug auf die Hauptschule – kein unmittelbar erkennbarer inhaltlicher Grund ersichtlich ist, dass ausgerechnet in der Schulart, bei der die Übergangsquoten aus der Grundschule seit vielen Jahren rapide sinken, zuletzt auf sehr deutlich unter 10 %, andere Regelungen gelten sollen als auf den Realschule oder Gymnasien, auf die mehr als 77 % der Grundschüler wechseln,[16] die dort ihre Schulpflicht erfüllen.

II. Verfassungsvergleichende Einordnung

In einer Reihe von Ländern finden sich Verfassungsbestimmungen, die im Ergebnis ähnlich denen des Abs. 1 sind (s.o. im Kopfblock), wobei (anders als in BW) zum Teil keine Begrenzung auf Volksschulen bzw. Grund- und Hauptschulen erfolgt.[17] 5

B. Erläuterungen
I. Die christliche Gemeinschaftsschule badischer Prägung
1. Institutionelle Garantie

Art. 15 LV vermittelt – wie schon der Wortlaut zeigt, der ersichtlich eine **organisatorische Regelung** treffen will – weder Schülern noch Eltern ein Grundrecht auf Einrichtung einer christlichen Gemeinschaftsschule. Auch die Religionsgemeinschaften können aus Art. 15 LV **kein Recht auf Einrichtung** von christlichen Gemeinschaftsschulen ableiten. Denn sie ist nicht auf eine Religion oder Konfession bezogen, sondern meint in Bezug auf den christlichen Charakter das Christentum als die abendländische Geschichte prägenden Kultur- und Bildungsfaktor (→ Rn. 17). Die Kirchen sind zwar bei der Auslegung des christlichen Charakters der „Volksschulen" zu beteiligen (→ Art. 16 Rn. 13). Auch vermittelt die Garantie des Religionsunterrichtes durch Art. 7 III GG den Kirchen ein Grundrecht, gerichtet auf Einrichtung des Religionsunterrichts an öffentlichen Schulen als 6

---

14 *Feuchte*, Geschichte S. 471.
15 BVerfGE 6, 309; zur Bedeutung dieses Urteils für die parlamentarischen Beratungen im Zusammenhang mit der landesweiten Einführung der christlichen Gemeinschaftsschule s. *Bäcker*, Gemeinschaftsschule, Fußnote 518.
16 PM des KM v. 24.1.2017: www.km-bw.de/,Lde/Startseite/Service/24_01_2017+Uebergangszahlen+2016/?LISTPAGE=131491 (1.11.2017).
17 ZB Bremen, Hessen, Thüringen.

ordentliches Lehrfach.[18] In beiden Fällen sind das Recht und das Rechtssubjekt eindeutig zuordenbar. Bei der Führung der Volksschulen als christlichen Gemeinschaftsschulen fehlt es jedoch an dieser eindeutigen Zuordnung.

7 Art. 15 I LV garantiert die **Institution „Volksschule (Grund- und Hauptschule)" in der Ausprägung der christlichen Gemeinschaftsschule.**[19] Er garantiert dies jedoch, wie bereits der insoweit eindeutige Wortlaut der Norm zeigt aber auch ein Vergleich mit anderen Normen des Abschnitts Erziehung und Unterricht der LV (zB Art. 14 LV), nur für diese Schularten, nicht für andere allgemeinbildende (zu den Gemeinschaftsschulen s. unten) oder berufliche. Art. 15 I LV ist damit enger als Art. 28 I VerfLB, der zu den in Art. 15 LV genannten „Grundsätzen und Bestimmungen" zählt (→ Rn. 9 ff.) und der alle öffentlichen Schulen zu Simultanschulen erklärte.

8 Die Garantie der christlichen Gemeinschaftsschule im dargestellten Sinn hat nicht nur inhaltliche Konsequenzen. Vielmehr ist es als Folge dieser verfassungsrechtlich verankerten, **institutionellen Garantie** dem einfachen Gesetzgeber **verwehrt, ohne vorherige Änderung der LV die Schularten Grundschule und Hauptschule aus dem SchG zu streichen.** Das schließt Veränderungen der für diese Schularten geltenden Regelungen nicht aus, wie dies zB durch die – für Schüler optionale – Verlängerung des Bildungsgangs der Hauptschule von 5 auf 6 Schuljahre oder die Umgestaltung zur Werkrealschule (GBl. 2009, 365) in der Vergangenheit geschehen ist. Die Grenze ist indes da zu ziehen, wo, bezogen auf die Hauptschule, deren Wesenskern eindeutig verändert wird oder solche Randbedingungen geschaffen werden (zB im Blick auf die Ressourcenausstattung oder die politische Unterstützung), dass damit die Schulart Hauptschule zwar nicht formal, aber quasi „durch die Hintertür" faktisch abgeschafft wird.[20]

2. Christliche Gemeinschaftsschule badischer Überlieferung

9 Art. 15 I LV garantiert die Volksschulen als christliche Gemeinschaftsschulen nach den **„Grundsätzen und Bestimmungen", die am 9. Dezember 1951**[21] **in Baden für die Simultanschule gegolten haben.** Diese wenig präzise Verweisung macht zumindest deutlich, dass nicht nur (süd-)badisches Verfassungsrecht einbezogen sein sollte, sondern, neben den „Grundsätzen" auch „alle Bestimmungen", dh auch einfachgesetzliche Regelungen und untergesetzliche Festlegungen.

---

18 *Badura* in: Maunz/Dürig, Art. 7 Rn. 87.
19 *Cremer/Rux*, Gemeinschaftsschule, 10.
20 Zur Auswirkung der Einführung der Schulart Gemeinschaftsschule s. → Rn. 27 ff.
21 Datum der Volksabstimmung über den Südweststaat (§ 2 ZwNGlG), wonach allerdings die Abstimmung spätestens am 16.9.1951 hätte stattfinden müssen. Dies verschob sich, weil zunächst die Entscheidung des von der badischen Landesregierung angerufenen BVerfG abgewartet werden musste, was neben der Feststellung der weitgehenden Wirksamkeit des ZwNGlG eine Verschiebung des spätestens Termins auf den 16.12.1951 mit sich brachte (BVerfGE 1, 14).

Das BVerfG hat hierzu unter ausdrücklichem Hinweis auf Art. 28 BadVerf ausgeführt:

„Die Grundsätze und Bestimmungen, die am 9.12.1951 in Baden für die **Simultanschule mit christlichem Charakter** *gegolten haben und nach denen die Schulform der christlichen Gemeinschaftsschule im Sinne der angegriffenen Verfassungsnovelle ausgerichtet ist, werden in erster Linie durch die am Stichtag geltenden Bestimmungen der Verfassung des ehemaligen Landes Baden vom 18. Mai 1947 (Regierungsblatt der Landesregierung Baden S. 129) festgelegt."* [...] *„Ferner war nach Art. 26 VerfLB die Jugend,in der Ehrfurcht vor Gott, in der Liebe zu Volk und Heimat, im Geiste der Friedens- und Nächstenliebe und der Völkerverständigung zu sittlicher und politischer Verantwortung, zu beruflicher und sozialer Bewährung und zu freiheitlicher demokratischer Staatsgesinnung zu erziehen'. Mit der Simultanschule christlichen Charakters im überlieferten badischen Sinn meinte Art. 28 I 1 VerfLB die* **Volksschule nach den Bestimmungen und Rechtsgrundsätzen des Schulgesetzes vom 7. Juli 1910** *(Bad. GVBl. 386). Zwar ist dieses Gesetz durch das nationalsozialistisch geprägte Gesetz über die Grund- und Hauptschulen vom 29.1.1934 (Bad. GVBl. 25) ersetzt worden, das nie förmlich aufgehoben wurde. Sowohl bei der Beratung des Art. 28 I VerfLB[22] als auch bei den Beratungen über die angegriffene Verfassungsnovelle vom 8.2.1967[23] ging man aber übereinstimmend davon aus, dass das Schulgesetz von 1910 maßgeblich sei. Auch der badische Staatsgerichtshof stellte in seinem Urteil vom 23.1.1950 fest,[24] dass sich der Hinweis in Art. 28 I 1 VerfLB auf die badische Rechtsüberlieferung gemäß diesem Gesetz von 1910 beziehe. Dies wird schließlich dadurch bestätigt, dass das Schulgesetz von 1910 den Charakter der badischen Simultanschule nicht neu festlegte, sondern lediglich die Grundsätze neu bekanntmachte, die bereits seit der Einführung des obligatorischen gemeinschaftlichen Volksschulunterrichts durch das Gesetz vom 18.9.1876 (Bad. GVBl. S. 305) bestanden."*[25]

Schon aus Art. 28 I 1 VerfLB ergibt sich, dass die damalige Simultanschule einen „**christlichen Charakter**" hat, der „im überlieferten Sinn" zu verstehen ist. Diesen christlichen Charakter hat Art. 16 I LV dahin gehend konkretisiert, dass „die Kinder auf der Grundlage christlicher und abendländischer Bildungs- und Kulturwerte erzogen" werden. Nicht überzeugend begründet ist die Position, mit der Aufnahme des Begriffs des „christlichen Charakters" in Art. 28 I VerfLB sei kein Bekenntnis zum Christentum – in welcher Ausprägung auch immer – verbunden gewesen, sondern dies habe lediglich eine Absage an eine Erziehung auf der Grundlage einer materialistischen Wertordnung dargestellt.[26] Gerade die Entstehungsgeschichte der Norm birgt starke Hinweise darauf, dass es ein bewusster Akt der stärksten Fraktion im damaligen Badischen Landtag (Badisch-Christlich-Soziale

10

---

22 Vgl. Verhandlungen der beratenden Versammlung des Landes Baden, 13. Sitzung vom 14.4.1947, 16 ff. und 36.
23 Vgl. Pl.-Prot., 4. WP, Bd. IV, 3955, 3971, 4143, und Bd. V, 4376.
24 Bad. GVBl. 105 = Entscheidungen in Kirchensachen 1, 75 [78 f.].
25 BVerfGE 41, 29 (32).
26 So aber *Rux*, ZAR 2004, 14 (19).

Volkspartei) und der mit ihr stimmenden Demokratischen Partei war, den ursprünglichen Regierungsentwurf, der nur auf „die überlieferte badische Simultanschule" verwies, in Hinsicht auf den „christlichen Charakter" abzuändern.[27] Dessen ungeachtet muss sich die Ausprägung des christlichen Charakters auch am Toleranzgebot des Art. 28 I 2 VerfLB messen lassen, wonach an allen Schulen beim Unterricht die religiösen Empfindungen aller zu achten sind. Nach Art. 28 III 2 VerfLB ist für Kinder, die nicht am Religionsunterricht teilnehmen, „Sittenunterricht" einzurichten.

11 Innerhalb des **Badischen Schulgesetzes von 1910** sind insbesondere die §§ 11, 34, 40, 41 und 44 von Bedeutung, wenn es **den Charakter der badischen Simultanschule zu bestimmen** gilt.[28] Dabei formuliert § 11 ein zentrales Merkmal der badischen Simultanschule, wenn er bestimmt, dass „der Unterricht in der Volksschule ... sämtlichen schulpflichtigen Kindern gemeinschaftlich erteilt (wird) mit Ausnahme des Religionsunterrichtes." Diese Regelung hat Art. 16 I 2 LV aufgegriffen, der (nach der Änderung des Art. 15 LV im Jahre 1967) insoweit leerläuft, da sie nunmehr bereits in Art. 15 I LV erfasst ist (→ Art. 16 Rn. 1). Sie bedeutet ein **Verbot einer Klasseneinteilung anhand des Merkmals Konfession oder Bekenntnis**.

§ 34 SchG BadSchG 1910 enthielt Bestimmungen zur **Besetzung der Lehrerstellen** nach dem religiösen Bekenntnis der Schüler. Die wesentliche Festlegung war, dass dann, wenn nur Schüler eines Bekenntnisses an der Volksschule waren, nur Lehrer dieses Bekenntnisses eingestellt werden sollten (§ 34 II 1), im Übrigen grundsätzlich ein Proporz zu beachten ist. Eine im Grundsatz ähnliche Regelung traf auch die Bekanntmachung bzw. VwV von 1967/1991 in Abschnitt II Nr. 6 (K.u.U. 1967, 1260; 1991, 458), wonach auf den Proporz – allerdings nur „nach Möglichkeit" – Rücksicht zu nehmen war. Diese Regelung hat die Bekanntmachung des KM aus dem Jahr 2013 nicht mehr aufgegriffen (K.u.U. 2013, 30; s. dazu auch → Art. 16 Rn. 6 ff.).

12 In § 40 I BadSchG 1910 war die **Wochenstundenzahl für den Religionsunterricht** pro Konfession / Bekenntnis mit drei Wochenstunden fixiert. Diese Festlegung wiederholte die Bekanntmachung des KM von 1967 in Abschnitt II Nr. 1 (K.u.U. 1260), nicht aber die Bekanntmachung des KM von 2013 (K.u.U. 30). Dessen ungeachtet sind in der Stundentafel der Hauptschule/Werkrealschule aktuell zwar nur zwei Wochenstunden ausgewiesen. Dies erfolgt aber mit dem Zusatz in einer Fußnote, wonach die Wochenstunden im Fach Religionslehre „im Einvernehmen mit den obersten Kirchenbehörden unbeschadet der Rechtslage erteilt" werden.[29] Die gleiche

---

27 S. dazu die Nachweise bei *Rux*, ZAR 2004, 14 (18), der allerdings daraus den gegenteiligen Schluss zieht.
28 In der – außer Kraft getretenen – VwV des KM „Christlicher Charakter" der öffentlichen Volksschulen (Grund- und Hauptschulen) v. 25.11.1991 (K.u.U 458) wurde § 11 BadSchG 1910 nicht zu den Rechtsgrundsätzen gezählt, die die badische Simultanschule hauptsächlich kennzeichnen.
29 WerkrealschulVO (GBl. 2012, 334 mit späteren Änderungen).

Formulierung findet sich auch in der Stundentafel für die Grundschule,[30] jedoch nicht (mehr) in der für die Gemeinschaftsschule.[31]

Zu den wesentlichen Merkmalen der badischen Simultanschule lassen sich auch Ausführungsbestimmungen zum BadSchG 1910 rechnen, in denen u.a. angeordnet wurde, „im Gesang nach wie vor auf die Übung auch der kirchlichen Lieder Bedacht zu nehmen sei"[32] sowie die Bekanntmachung des Ministeriums des Kultus und Unterrichts v. 5.12.1913, die die **Teilnahme am Gottesdienst und an sonstigen kirchlichen Veranstaltungen** regelte.[33] Der Besuch des Gottesdienstes wurde in einer VO des Unterrichtsministeriums ausdrücklich für die Schüler als „rein kirchliche Verpflichtung" bezeichnet, wobei die Pflicht der Lehrkräfte darauf begrenzt war, „die Erfüllung dieser kirchlichen Pflicht ans Herz zu legen und sie bei etwaigen Versäumnissen in geeigneter Weise zu ermahnen."[34] 13

Eine staatliche Regelung zur Durchführung von von der Schule veranlassten **Schulgottesdiensten** scheint es ebenso wenig gegeben zu haben wie eine Anordnung zur Anbringung **christlicher Symbole** im Klassenzimmer.[35] Im Gegensatz dazu sah die Bekanntmachung/VwV des KM von 1967/1991 (K.u.U. 1967, 1260; 1991, 458) in Abschnitt II Nr. 7 vor, dass die Ausschmückung der Klassenzimmer mit christlichen Symbolen gewährleistet sei, ebenso werden in Abschnitt II Nr. 8 Schüler- und Schulgottesdienste gewährleistet. Zumindest bis zur „Kruzifix"-Entscheidung des BVerfG[36] kam es dabei nicht auf die entsprechenden Wünsche der Schüler und Eltern an.[37] In der Bekanntmachung des KM von 2013 (K.u.U. 30, Nr. 4.6) bezieht es den Willen von Eltern und Schüler durch den Hinweis auf die „Widerspruchslösung" der entsprechenden Rechtsprechung des BVerwG[38] mit ein. 14

---

30 StundentafelVO GS (GBl. 2001, 501 mit späteren Änderungen).
31 GemeinschaftsschulVO v. 22.6.2012, GBl. 470 idF v. Art. 9 der VO v. 19.4.2016, GBl. 2016, 308 (317). Hier ist lediglich vorgesehen, dass die Verteilung der im Fach Religionslehre zur Verfügung stehenden Kontingentstunden unter Beteiligung der zuständigen kirchlichen Beauftragten festgelegt wird.
32 Runderlass des Ministeriums des Kultus und Unterrichts v. 23.1.1928.
33 BadSchVOBl. 1913, Nr. 34, 363 f., abgedruckt bei *Schmidt*, Volksschule, 438.
34 VO des Unterrichtsministeriums v. 28.11.1913, § 5 Anmerkung 1, abgedruckt bei *Schmidt*, Volksschule, 433, 435.
35 *Cremer/Rux*, Gemeinschaftsschule, 25; aA *Braun*, Art. 16 Rn. 4, der die Ausstattung der Schulen mit christlichen Symbolen als „herkömmliches Element der Simultanschule" bezeichnet. S. a. Veröffentlichung der Pressestelle des Staatsministeriums, Kulturelle Fragen, 22: „Die Ausstattung der Schulen mit Inventar und damit auch mit Kreuzen ist Sache der Gemeinden. Soweit Kreuze in der nationalsozialistischen Zeit aus den Schulen entfernt worden sind, wurden sie nach dem Zusammenbruch von Lehrern und Bürgern vielerorts wieder angebracht. Besondere Anordnungen wurden hierwegen, soweit festgestellt werden konnte, von den früheren Kultusministern von Freiburg, Tübingen und Stuttgart nicht erlassen."
36 BVerfGE 93, 1 (Kruzifix).
37 AA *Bäcker*, Gemeinschaftsschule, 171.
38 BVerwGE 109, 40.

3. Die Rechtsprechung des BVerfG zur christlichen Gemeinschaftsschule

a) Die grundlegende Entscheidung zur christlichen Gemeinschaftsschule von 1975

15 Die christliche Gemeinschaftsschule badischer Prägung ist verfassungsgemäß, wenn sie den Grundsätzen entspricht, die das BVerfG in seinem Urteil v. 17.12.1975 aufgestellt hat.[39] Die wesentlichen Grundsätze seines damaligen Urteils hat es in den letzten Jahren verschiedentlich wiederholt und bekräftigt, teilweise aber auch modifiziert.[40]

16 Das BVerfG geht in seiner Entscheidung von 1975 von zwei grundsätzlichen Positionen aus: Es stellt zum einen fest, dass das elterliche Erziehungsrecht nach Art. 6 II GG nicht ausschließlich ist, sondern daneben **gleichrangig der eigenständige Erziehungsauftrag des Staates** nach Art. 7 I GG steht. Zum andern hält es fest, dass bereits die Entstehungsgeschichte des Art. 7 GG deutlich mache, dass die **Eigenständigkeit der Länder in Bezug auf die weltanschaulich-religiöse Ausprägung der Schulen** gewollt sei; Art. 7 III GG enthalte diesbezüglich keine Festlegung zur Schulform.[41]

17 Auch wenn dem Landesgesetzgeber danach die Auswahl der Schulform überlassen ist, müssen die von ihm im Rahmen des Art. 7 GG erlassenen Normen in Einklang stehen mit den übrigen Verfassungsrechtssätzen, insbesondere mit den Grundrechten und im konkreten Fall mit dem Grundrecht nach Art. 4 I und II GG (in Bezug auf das Kind) und Art. 6 II GG (in Bezug auf die Eltern).[42] Der Landesgesetzgeber, so das BVerfG, müsse

*„unter Berücksichtigung der verschiedenen Auffassungen einen für alle zumutbaren Kompromiss ... suchen ... Er kann sich bei seiner Regelung daran orientieren, dass einerseits Art. 7 GG im Bereich des Schulwesens weltanschaulich-religiöse Einflüsse zulässt, dass andererseits Art. 4 GG gebietet, bei der Entscheidung für eine bestimmte Schulform weltanschaulich-religiöse Zwänge soweit wie irgend möglich auszuschalten. Beide Vorschriften sind zusammen zu sehen und in der Interpretation aufeinander abzustimmen, weil erst die "Konkordanz" der in den beiden Artikeln geschützten Rechtsgüter der Entscheidung des Grundgesetzes gerecht wird. Keiner dieser Normen und Grundsätze kommt von vornherein ein Vorrang zu, wenn auch die einzelnen Gesichtspunkte in ihrer Bedeutung und ihrem inneren Gewicht verschieden sind. Eine Lösung lässt sich nur unter **Würdigung der kollidierenden Interessen durch Ausgleich und Zuordnung der dargelegten verfassungsrechtlichen Gesichtspunkte** unter Berücksichtigung des grundgesetzlichen Gebots der Toleranz (vgl. auch Art. 3 Abs. 3, Art. 33 Abs. 3 GG) sowie unter Wahrung der Selbständigkeit der Länder auf dem Gebiet der Schulorganisation finden."*[43]

Auf die christliche Bekenntnisschule badischer Prägung bezogen folgert das BVerfG in dieser Entscheidung,[44] dass

---

39 BVerfGE 41, 29; s. dazu ausführlich: *Bäcker*, Gemeinschaftsschule, 127 ff.
40 BVerfGE 93, 1 (Kruzifix); 108, 282 (Kopftuch I); 138, 296 (Kopftuch II).
41 BVerfGE 41, 29 (46, 51 f.).
42 BVerfGE 41, 29 (47).
43 BVerfGE 41, 29 (50 f.).
44 Zum Folgenden BVerfG 41, 29 (51 f.).

- dem Landesgesetzgeber die Einführung christlicher Bezüge bei der Gestaltung der öffentlichen Volksschule **nicht schlechthin verboten ist;**
- die vom Landesgesetzgeber gewählte Schulform, soweit sie auf die Glaubens- und Gewissensentscheidungen der Kinder Einfluss gewinnen kann, nur das **Minimum an Zwangselementen** enthält;
- die Schule keine missionarische Schule ist und **keine Verbindlichkeit christlicher Glaubensinhalte** beanspruchen darf;
- **sie auch für andere weltanschauliche und religiöse Inhalte und Werte offen sein muss;**
- das Erziehungsziel einer solchen Schule – außerhalb des Religionsunterrichts, zu dessen Besuch niemand gezwungen werden kann – **nicht christlich-konfessionell fixiert** sein darf;
- die Bejahung des Christentums in den profanen Fächern sich in erster Linie auf die Anerkennung des prägenden Kultur- und Bildungsfaktors bezieht, wie er sich in der abendländischen Geschichte herausgebildet hat, nicht auf die Glaubenswahrheit;
- es im Unterricht außerhalb des Religionsunterrichts nicht um den Absolutheitsanspruch von Glaubenswahrheiten geht, sondern um das **Bestreben nach Verwirklichung der autonomen Persönlichkeit im weltanschaulich-religiösen Bereich** gemäß der Grundentscheidung des Art. 4 GG.

b) Die Schulgebetsentscheidung

In seiner **Schulgebetsentscheidung**[45] hat das BVerfG – der die wohl überwiegende Meinung im Schrifttum zustimmte –[46] in Anknüpfung an seine Entscheidungen zur christlichen Gemeinschaftsschule Baden-Württembergs, Bayerns und Nordrhein-Westfalens[47] ein – außerhalb des Religionsunterrichts – stattfindendes Schulgebet an einer öffentlichen Gemeinschaftsschule unter bestimmten Voraussetzungen für zulässig erklärt:[48]

- Das Schulgebet ist nicht Teil des allgemeinen Schulunterrichts.
- Es kann aber während des Unterrichts, zB am Beginn oder am Ende des Schultags stattfinden.
- Die Teilnahme muss völlig freiwillig sein, auch wenn es während der Unterrichtszeit stattfindet; die Schulpflicht in der Form der Schulbesuchspflicht wird durch Art. 4 I und II GG überlagert.
- Dauer und Häufigkeit eines Schulgebets muss sich in angemessenen Grenzen halten.
- Die Erziehungsberechtigten müssen von der Schule von der Durchführung des Schulgebets und der Möglichkeit der Nichtteilnahme informiert werden.
- Es kann nicht von Schulverwaltung, Schulleitung oder Lehrkräften angeordnet werden, allenfalls unverbindliche Anregungen, auch von Schülern und Eltern, sind möglich;

---

45 BVerfGE 52, 223; im konkreten Fall handelte es sich um ein überkonfessionell ausgestaltetes Schulgebet.
46 Zum Meinungsstand im Schrifttum s. *Rathke*, Schulwesen, 118 ff.
47 BVerfGE 41, 29 (BW); 41, 65 (Bay); 41, 88 (NRW).
48 Zum folgenden: BVerfG 52, 223 (238 ff.).

- Jedenfalls dann, wenn das Gebet in der eigentlichen Unterrichtszeit stattfindet, müssen, um Diskriminierungen nicht teilnehmender Schüler zu vermeiden, die Lehrkräfte auf alle Schüler im Hinblick auf die Gebote der gegenseitigen Achtung von Überzeugungen, der Duldsamkeit und Toleranz einwirken (s. dazu auch → Art. 17 Rn. 11).
- In besonders gelagerten Fällen kann es notwendig sein, auf ein unterrichtliches Schulgebet oder generell auf das Schulgebet zu verzichten.
- Die Rolle des Staates beschränkt sich darauf, den organisatorischen Rahmen zu schaffen.

Das KM BW verweist in seiner Bekanntmachung von 2013 (K.u.U. 30, Nr. 4.5 iVm 7.6) auf diese Rechtsprechung des BVerfG.

19 Ob das BVerfG im Falle einer erneuten Entscheidung es noch akzeptieren würde, dass die **Anregung zu einem Schulgebet von der Schulverwaltung oder vom Schulleiter** kommt, kann zumindest für die Fälle bezweifelt werden, in denen das Gebet während der Unterrichtszeit stattfindet, nachdem es in seiner Kruzifixentscheidung den Aspekt der **Unausweichlichkeit der Konfrontiertheit mit einem christlichen Symbol** in den Vordergrund gerückt hat und eine Anregung der Schulverwaltung oder des Schulleiters durchaus auch als Quasi-Aufforderung verstanden werden könnte.[49]

c) Die Kruzifixentscheidung

20 Das BVerfG hat sich sowohl in seiner – höchst umstrittenen – **Kruzifixentscheidung**[50] wie auch in den beiden Kopftuchentscheidungen mehrfach auf seine Entscheidung von 1975 bezogen. Dabei ist zunächst auffällig, dass im Kruzifixurteil zwar unter Hinweis auf die Entscheidung von 1975 erneut betont wird, dass sich die Bejahung des Christentums auf die Anerkennung des prägenden Kulturfaktors bezieht, nicht aber auf bestimmte Glaubenswahrheiten. Es fehlt aber der noch in seinem Urteil von 1975[51] enthaltene Satzteil, dass dies „in erster Linie" so sei.[52] Da nichts dafür spricht, dass dies – bei einem ansonsten unverändert übernommen Satz – versehentlich geschehen ist, ist die im Urteil von 1975 zwar nicht explizit ausgeführte, aber angedeutete Aussage, dass der christliche Charakter mehr als die Anerkennung des prägenden Kulturfaktors sein kann, entfallen. Dies fügt sich auch insoweit in die Kruzifixentscheidung ein, als bei der Entscheidung zur christlichen Gemeinschaftsschule im Jahr 1975 noch davon die Rede war, dass die gewählte Schulform, soweit sie Einfluss auf Glaubens- und Gewissensentscheidungen der Kinder gewinnen kann, nur das **Minimum an Zwangselementen** enthalten darf[53] – was diese mithin nicht gänzlich ausschließt –, während in der Kruzifixentscheidung das BVerfG **erst gar nicht erörtert wird, ob es Möglichkeiten geben kann, die – bei seiner Interpretation des Kruzifixes – ein solches Minimum darstellen könnten**. Das BVerfG bleibt aber in dieser Entscheidung argumentativ insofern bei seiner Linie

---

49 So auch *Cremer/Rux*, Gemeinschaftsschule, 38.
50 BVerfGE 93, 1; zur Darstellung der Kritik/Befürwortung s. die Darstellung bei *Rathke*, Schulwesen, 128 ff.
51 BVerfGE 41, 29 (52).
52 BVerfGE 93, 1 (23).
53 BVerfGE 41, 29 (51).

[Volksschulformen; Elternrecht] Artikel 15

von 1975, als es das **Kreuz/Kruzifix nicht als Verkörperung dieses prägenden Kulturfaktors** erachtet – damit wäre es nach seinem Urteil von 1975 in einer christlichen Gemeinschaftsschule badischer Prägung zulässig –, sondern als „spezifisches Glaubenssymbol" einer bestimmten religiösen Überzeugung,[54] dem sich ein Schüler aufgrund seiner Anwesenheitspflicht im Unterricht – in den profanen Fächern – nicht entziehen kann.[55]

d) Exkurs: Das Kruzifixurteil der Großen Kammer des EGMR

Die Große Kammer des EGMR hat am 3.1.2009[56] festgestellt, dass die 21 Entscheidung über die Anbringung eines Kruzifixes (das es „vor allem anderen" als ein religiöses Symbol einordnete) in einem Klassenraum in den **Ermessensspielraum des jeweiligen Staates** falle. Denn den Staaten stehe bei ihren Anstrengungen, ihre Aufgaben im Bereich von Erziehung und Unterricht mit dem Recht der Eltern, diese Bereiche entsprechend ihren eigenen religiösen und weltanschaulichen Überzeugungen sicherzustellen, ein Ermessensspielraum zu. Diesen habe das Gericht zu akzeptieren, sofern diese **nicht zu einer Form von Indoktrination** führe. Das Gericht verwies dabei auf seine Rechtsprechung,[57] wonach es für sich genommen noch keine Indoktrination darstelle, wenn einer Religion angesichts ihrer dominanten Bedeutung in der Geschichte eines Landes im Lehrplan mehr Raum gegeben werde als anderen Religionen. Ein an der Wand angebrachtes Kruzifix sei ein seinem Wesen nach **passives Symbol**, dessen Einfluss auf die Schüler nicht mit einem didaktischen Vortrag oder mit der Teilnahme an religiösen Aktivitäten verglichen werden könne. Die Auswirkungen der durch das Kruzifix verstärkten Sichtbarkeit des Christentums würden aber relativiert, da es in Italien zum einen keinen verpflichtenden Religionsunterricht gebe, zum andern es den Schülern erlaubt sei, selbst ein islamisches Kopftuch oder andere religiöse Symbole zu tragen. Auch deute nichts auf die Intoleranz der Behörden gegenüber nichtchristlichen Schülern hin. Im Ergebnis liege keine Verletzung von Art. 2 des 1. Prot. EMRK vor.[58]

Diese Entscheidung bindet zwar Deutschland nicht unmittelbar, da es nicht 22 Prozesspartei war. Allerdings dient die Rechtsprechung des EGMR auch als **Auslegungshilfe für die Bestimmung von Inhalt und Reichweite von Grundrechten** und rechtsstaatlichen Grundsätzen des GG.[59] Dennoch hat das BVerfG in seiner Kruzifixentscheidung dem Gesetzgeber – hiervon ab-

---

54 BVerfG 93, 1 (19, 24); das KM bezeichnete das Kreuz in seiner (nicht mehr geltenden) VwV zur christlichen Gemeinschaftsschule von 1991 als ein „christliches Symbol" (Absatz II Nr. 7), in der Bekanntmachung von 2013 (K.u.U. 30, Nr. 4.6) als religiöses Symbol"; sehr kritisch zur diesbezüglichen Begründung des BVerfG, *Huster*, Neutralität, 152 ff.
55 BVerfGE 93, 1 (24).
56 EGMR, NVwZ 2011, 737; zur – internationalen – Reaktion s. die umfassenden Nachweise bei *Heinig*, Verfassung der Religion, 403 (Fn. 37).
57 Folgereo u.a. gegen Norwegen, U. der GK v. 29.6.2007; Eylem Zengin gegen Türkei, Kammerurteil v. 9.10.2007.
58 Art. 2: „Niemandem darf das Recht auf Bildung verwehrt werden. Der Staat hat bei Ausübung der von ihm auf dem Gebiet der Erziehung und des Unterrichts übernommenen Aufgaben das Recht der Eltern zu achten, die Erziehung und den Unterricht entsprechend ihren eigenen religiösen und weltanschaulichen Überzeugungen sicherzustellen."
59 BVerfGE 74, 358 (370); 111, 307 (317); 138, 296 (Rn. 152).

weichend – diesen Ausgestaltungsspielraum im Bereich der religiösen Symbolik einen Ausgestaltungsspielraum nicht zugestanden. In seiner zweiten Kopftuchentscheidung bestätigt das BVerfG zwar zunächst den in den Entscheidungen des EGMR dem Gesetzgeber eingeräumten „erheblichen Spielraum", reduziert ihn aber im Anschluss faktisch auf null **durch die von „Verfassung wegen vorgegebene einschränkende Interpretation"**. Danach sei ein gesetzliches Verbot religiöser Bekundungen (im konkreten Fall wegen des Tragens eines Kopftuchs), das mit einer bloß abstrakten Eignung zur Begründung einer Gefahr für den Schulfrieden oder der staatlichen Neutralität begründet sei, unverhältnismäßig, sofern das „Verhalten nachvollziehbar auf ein als verpflichtend verstandenes religiöses Gebot zurückzuführen ist."[60] So gesehen dürfte es in der Tat zutreffend sein, dass die Rechtsprechung des BVerfG durch die Entscheidung des EGMR nicht berührt ist.[61]

e) Die Kopftuchentscheidungen des BVerfG

23 In seiner **zweiten Kopftuchentscheidung**[62] – die erste, die noch ein gesetzlich festgelegtes Kopftuchverbot für möglich hielt, ist damit weitgehend überholt[63] – betont das BVerfG unter Bezugnahme auf sein Urteil aus dem Jahr 1975 erneut, dass christliche Bezüge bei der Gestaltung der öffentlichen Schulen nicht ausgeschlossen sind, und verbindet dies mit der Feststellung, dass die **Schule auch für andere weltanschauliche und religiöse Inhalte und Werte offen sein muss**. Weil Bezüge zu verschiedenen Religionen und Weltanschauungen bei der Gestaltung der öffentlichen Schule somit möglich sind, folgert es daraus, dass für sich genommen auch die bloß am äußeren Erscheinungsbild hervortretende **Sichtbarkeit religiöser oder weltanschaulicher Zugehörigkeit** einzelner Lehrkräfte – unabhängig davon, welche Religion oder Weltanschauung im Einzelfall betroffen ist – **durch die dem Staat gebotene weltanschaulich-religiöse Neutralität nicht ohne Weiteres ausgeschlossen ist.**[64] Diese Neutralität versteht das Gericht auch in dieser Entscheidung nicht als Gebot einer distanzierenden, strikten Trennung von Staat und Kirche, sondern als eine **offene und übergreifende, die Glaubensfreiheit für alle Bekenntnisse gleichermaßen fördernde Haltung**. Art. 4 I, II GG gebietet daher auch im positiven Sinn, den **Raum für die aktive Betätigung der Glaubensüberzeugung und die Verwirklichung der autonomen Persönlichkeit auf weltanschaulich-religiösem Gebiet zu sichern** und zwar auch in der Schule. Im Einzelfall könne nur insoweit etwas anderes gelten, als das äußere Erscheinungsbild der Lehrerin „zu einer **hinrei-**

---

60 BVerfGE 138, 296 (357); die damit verbundene Beschneidung der Regelungsmöglichkeiten des Gesetzgebers wird im Sondervotum *Schluckebier* und *Hermanns*, aaO, 359, zu Recht als „nicht akzeptabel" bezeichnet; s. dazu auch → Art. 21 Rn. 16.
61 *Cremer/Rux*, Gemeinschaftsschule, 41.
62 BVerfGE 138, 296; zu ihrem Widerspruch zur Entscheidung BVerwGE 141, 223 und zur Entscheidung des EuGH v. 14.3.2017, Rs. C 157/15 und C 188/15 hinsichtlich der Möglichkeit einer gesetzlichen Regelung bei lediglich abstrakter Gefährdung des Schulfriedens s. → Art. 21 Rn. 16.
63 Ausführlich zum ersten Kopftuchurteil und seinen Folgen für die christliche Gemeinschaftsschule s. *Bäcker*, Gemeinschaftsschule, 210 ff.
64 BVerfGE 138, 296 (Rn. 111); in diese Richtung auch *Rux*, ZAR 2004, 14 (15).

chend konkreten Gefährdung oder Störung des Schulfriedens oder der staatlichen Neutralität führt oder wesentlich dazu beiträgt."[65]

Zwar sind Schüler, die von einer Kopftuch tragenden Lehrerin unterrichtet werden, aus ihrer Sicht in einer ähnlichen Situation wie im Fall der Ausstattung eines Klassenraums mit einem Kruzifix; in beiden Fällen ist die Konfrontation mit einem religiösen Symbol für sie unausweichlich – und zwar nicht nur, wenn sie ihre Schulpflicht erfüllen, sondern auch dann, wenn sie – zB im beruflichen Schulwesen – zwar nicht schulpflichtig sind, aber einen bestimmten Bildungsgang besuchen und deshalb schulbesuchspflichtig sind.[66] Das BVerfG sieht hier den Unterschied darin, dass es sich im Fall eines im Klassenzimmer angebrachten Kruzifixes um eine staatliche Anordnung handele, während sich die Trägerin eines Kopftuchs auf ihre Glaubens- und Bekenntnisfreiheit nach Art. 4 I und II GG berufen könne.[67] Das ist zwar formal zutreffend. Für die Schüler dürfte dieser Unterschied allerdings aber eher schwer zu fassen sein, da für sie eine **Lehrkraft nicht eine Privatperson** ist, sondern – zumindest im Unterricht – eine, die **Schule und mithin den Staat repräsentiert**.[68] Wenn der Staat duldet, dass eine in seinen Diensten stehende Person eine für Schüler unausweichliche religiöse Handlung im Unterricht praktiziert, dann muss er sich, weil die Schüler ihm im Sinne einer Garantenstellung anvertraut sind, diese Handlung zurechnen lassen; sie wirkt deshalb wie eine von ihm veranlasste Anordnung.[69]

Überträgt man diese Rechtsprechung auf die christliche Gemeinschaftsschule und ihren christlichen Charakter bedeutet sie, dass ein religiöses Symbol, das eine Glaubensüberzeugung ausdrücken kann, dann dort von einem **Repräsentanten des Staates** getragen werden darf, wenn sich die es tragende Person auf Art. 4 I und II GG beruft; dies gilt für alle Bekenntnisse gleichermaßen. Damit ist im Unterricht sowohl das Tragen eines Kopftuchs möglich wie auch einer Nonnentracht, einer Kippa oder eines Dastar (Turban) oder sonstiger religiöser oder weltanschaulich geprägter Kleidungsstücke.[70] Dies gilt schon deshalb **auch für Schüler**, weil für sie keine Neutralitätspflicht besteht und sie sich auch in der Schule grundsätzlich auf Art. 4 I und II GG berufen können.[71]

Zwar erklärt das BVerfG damit christliche Bezüge bei der Gestaltung der öffentlichen Schulen für zulässig, verbindet dies aber im selben Satz damit,

---

65 BVerfGE 138, 296 (Rn. 110, 113).
66 § 1 SchulbesuchsVO v. 21.3. 1982 (GBl. 387 mit Änderungen).
67 BVerfGE 138, 296 (Rn. 104).
68 BVerfGE 138, 296 (Rn. 129); man kann nur mutmaßen, ob das BVerfG es als „hinreichend konkrete Gefahr für den Schulfrieden" ansehen würde, wenn sich zB eine Lehrerin unter Berufung auf Art. 4 I und II GG weigerte, eine Klasse zu unterrichten, in der nicht nur Schülerinnen, sondern auch Schüler sind, und die Schule einen anderen Einsatz organisatorisch ermöglichen könnte, dies aber nicht tut.
69 Ähnlich: Sondervotum *Schluckebier* und *Hermanns*, BVerfGE 138, 296 (359, Rn. 17).
70 Dies dürfte dann auch für „bhagwan-typische" Kleidung gelten, bei der das BVerwG eine Verfügung, mit der einem Lehrer verboten wurde, sie im Unterricht zu tragen, für zulässig erklärt hatte (B. v. 8.3.1988 – 2B 92/87 –, Jurion RS 12414).
71 S. dazu aber Anmerkungen bei → Art. 21 Rn. 18 (Schülerin mit Gesichtsverschleierung; Beurlaubung vom Unterricht, um ein Gebet verrichten zu können).

dass die Schule auch für andere Religionen und Weltanschauungen offen sein muss und lässt schließlich keine Differenzierungen bei der Bewertung von religiös motivierten Bekleidungen zu. Daher erscheint es im Ergebnis zweifelhaft, ob vom „christlichen Charakter" der christlichen Gemeinschaftsschule noch etwas Inhaltliches übrig bleibt. Mehr als die – fast floskelhaft wirkende – **Anerkennung des Christentums als „prägender Kulturfaktor"** scheint dies jedenfalls nicht mehr zu sein.[72] Insofern deckt sich dieses Ergebnis mit den oben dargestellten, kaum mehr erkennbaren Unterschieden im schulischen Leben von christlicher Gemeinschaftsschule und anderen Schularten.

4. Gemeinschaftsschulen (GMS)

27 Im Rahmen der Einführung der GMS zum Schuljahr 2012/13 erhoben die vier Kirchen in einem gemeinsamen Schreiben verfassungsrechtliche Bedenken. Sie machten geltend, dass, würde man die neue Gemeinschaftsschule nicht als christliche Gemeinschaftsschule iSv Art. 15 I LV verstehen, dies eine **verfassungsrechtlich unzulässige Aushöhlung der Schulform christliche Gemeinschaftsschule** wäre. Sie forderten deshalb, entweder die Aufzählung der Schularten in Art. 15 I LV um die Gemeinschaftsschule zu ergänzen oder einfachgesetzlich im SchG klarzustellen, dass die GMS die Schulform der christlichen Gemeinschaftsschule hat.[73]

28 Für den Bereich der Sekundarstufe I war das Argument der „Aushöhlung" deshalb von Bedeutung, weil die die Regierung stellenden Parteien eine klare bildungspolitische Präferenz für die GMS erklärt hatten.[74] Im Zusammenhang mit der ebenfalls angekündigten Abschaffung der Verbindlichkeit der Grundschulempfehlung[75] war eine **Beschleunigung des Rückgangs der Zahl der Hauptschulen und Hauptschüler** zu erwarten, was auch in massiver Form eingetreten ist. Mittlerweile liegt die Übergangsquote von der Grundschule auf die Werkrealschule/Hauptschule bei unter 6 %.[76] Die Zahl der eine GMS besuchenden Schüler ist dagegen im Steigen begriffen, wenngleich weniger schnell als zu Beginn.[77]

---

72 Zur – zweifelhaften – Sinnhaftigkeit unterschiedlicher Regelungen für christliche Gemeinschaftsschulen und die sonstigen Schulen s. oben → Rn. 4.
73 LT-Drs. 15/1466, 49; diese Frage stellt sich nicht für den – für eine GMS fakultativen – Bereich einer im Verbund mit der GMS geführten Grundschule, da diese nach den schulgesetzlichen Regelungen (§ 8 a II SchG) eine Grundschule iSv § 5 SchG ist, für die die allgemein für Grundschule geltenden Regelungen unverändert anzuwenden sind, vgl. *Ebert* in: Ebert § 8 a Rn. 8 und 14.
74 Koalitionsvertrag 2011, 6, vgl. www.gruene-bw.de/app/uploads/2015/10/Koalitionsvertrag-Der-Wechsel-beginnt.pdf (1.11.2017).
75 *Ebert* in: Ebert § 8 a Rn. 8 und 14.
76 PM des KM v. 24.1.2017: www.km-bw.de/,Lde/Startseite/Service/24_01_2017+Uebergangszahlen+2016/?LISTPAGE=131491 (1.11.2017). Allerdings resultiert der Schülerrückgang an den Werkreal- und Hauptschulen nicht nur aus einem Wechsel der bisherigen (potenziellen) Haupt-/ Werkrealschüler auf die Gemeinschaftsschulen, sondern zum guten Teil aus deren Überwechseln an die Realschulen.
77 Nach den Prognosen des Statistischen Landesamtes BW sinkt die Zahl der Werkreal-/Hauptschüler von Sj. 2012/13, dem Jahr der Einführung der GMS von 127.068 bis zum Sj. 2025/26 auf 44.200, während die Zahl der Schüler an der GMS bis zum Sj. 2025/26 auf 119.400 steigen wird; PM v. 2.8.2016: www.statistik-bw.de/Presse/Pressemitteilungen/2016222 (1.11.2017).

Zwar ist die Aufzählung der Schularten (Grund- und Hauptschule) in Abs. 1 abschließend. Nichts spricht dafür, dass auch andere Schularten gemeint sein sollten. Auch ist es als Folge der verfassungsrechtlich verankerten, **institutionellen Garantie der Grund- und Hauptschulen als christliche Gemeinschaftsschulen** dem einfachen Gesetzgeber verwehrt, ohne vorherige Änderung der LV die Schularten Grundschule und Hauptschule aus dem SchG zu streichen. Ebenso wäre es unzulässig, die Schularten (hier die Hauptschule) formal im SchG zu belassen, sie aber faktisch vollständig oder zumindest zum größten Teil durch eine andere Schulart, hier die GMS, zu ersetzen.[78] 29

Der Gesetzgeber entschied sich dafür, Art. 15 I LV deshalb nicht um die GMS zu ergänzen, weil diese konzeptionell auch Schülern offensteht, die ansonsten eine Realschule oder ein Gymnasium besuchen würden – beides Schularten, die gerade keine nicht christlichen Gemeinschaftsschulen sind. Da in der GMS keine Trennung der Schülergruppen im Unterricht vorgesehen ist, kann in der schulischen Tätigkeit auch nicht zwischen ihnen unterschieden werden. Um trotz dieser aus der Konzeption der Realschule resultierenden Problematik die Verfassungskonformität der Neuregelung sicherzustellen, sieht das Gesetz vor, die GMS insgesamt als christliche Gemeinschaftsschule „zu führen". Die GMS stellt deshalb aber noch **keine christliche Gemeinschaftsschule iSd LV** dar,[79] weil es dafür einer Änderung des Art. 15 I LV bedurft hätte. Vielmehr postulierte der einfache Gesetzgeber lediglich die Grundsätze der christlichen Gemeinschaftsschule für alle Schüler der GMS, um damit der verfassungsrechtlichen Verpflichtung gegenüber einem Teil der Schüler gerecht zu werden.[80] Diese Position wurde im weiteren Verfahren weder von den christlichen Kirchen noch von den sonstigen Religionsgemeinschaften, mit denen eine gemeinsame Beratung nach Art. 16 II LV stattfand, in Frage gestellt.[81] 30

Die erfolgte Festlegung verletzt keine **Grundrechte der Eltern und Schüler**, sofern die o.g. Definitionen des BVerfG für den Charakter einer christlichen Gemeinschaftsschule beachtet werden; das hat das KM durch seine Bekanntmachung von 2013 (K.u.U. 30) veranlasst. Das gleiche gilt für **Grundrechte der in der GMS eingesetzten Lehrkräfte**.[82] Unter dieser Prämisse stellt die erfolgte Regelung auch **keinen Verstoß gegen das Neutralitätsprinzip** dar, weil das Christentum in seiner religiösen Bedeutung gerade nicht privilegiert wird.[83] 31

II. Bekenntnisschulen (Abs. 2)

Mit dem bei der Verfassungsänderung von 1967 neu eingefügten Abs. 2 fand man einen Weg, um im Gebiet des ehemaligen Landes Württemberg-Hohenzollern den Erziehungsberechtigten zu ermöglichen, ihr **Kind auf** 32

---

78 *Cremer/Rux*, Gemeinschaftsschule, 11.
79 AA *Jacobs*, VBlBW 2017, 16 (18), der sie „mit leichten Differenzierungen" als solche charakterisiert.
80 Zum Vorstehenden: LT-Drs. 15/1466, 26 f.
81 Zur gemeinsamen Beratung s. Art. 16 Rn. 11 ff).
82 So auch *Cremer/Rux*, Gemeinschaftsschule, 43.
83 AA *Cremer/Rux*, Gemeinschaftsschule, 43 f.

eine Bekenntnisschule desselben Bekenntnisses schicken zu können, allerdings nicht mehr auf eine öffentliche Schule, sondern auf eine **großzügig Geförderte in privater Trägerschaft**. Diese Regelung war ein wichtiger Schritt zur Lösung des Schulstreits, mit dem man einerseits dem Elternrecht des Art. 15 II LV aF entsprechen und andererseits auch die Irritationen im Blick auf Art. 23 das Rechtskonkordats[84] beseitigen wollte.[85] Dort war nur von Bekenntnisschulen die Rede, aber nicht – zumindest nicht ausdrücklich – davon, dass ihr Erhalt oder die Neueinrichtung nur in der Form von Bekenntnisschulen in öffentlicher Trägerschaft erfolgen könne.[86] Die Verfassungsänderung (Art. I) und das die näheren Einzelheiten regelnde Ausführungsgesetz nach Abs. 2 S. 2 (Art. II) wurden in einem einheitlichen Gesetz verabschiedet (GBl. 1967, 7). Ein darin liegender eventueller Verfahrensfehler wurde durch § 1 I Nr. 1 des Gesetzes zur Bereinigung von Verfahrensfehler beim Erlass einiger Gesetze geheilt (GBl. 1975, 247).

33 Fraglich ist, ob sich der **Anspruch auf Vollfinanzierung** direkt aus der Verfassung ergibt oder erst aus dem Ausführungsgesetz (§ 5). Dies spielt für eine evtl. Änderung des Förderumfangs und der Förderhöhe insoweit eine Rolle, als für die Änderung auf der Grundlage des Ausführungsgesetzes zwar nach Abs. 2 S. 2 eine Zweidrittelmehrheit erforderlich ist; dabei wäre, da es sich insoweit nicht um eine Verfassungsänderung handelt, nach Art. 33 II 1 LV allerdings nur die Mehrheit der abgegebenen Stimmen erforderlich, während eine Verfassungsänderung eine Zweidrittelmehrheit der Mitglieder des Landtags verlangt (Art. 64 II, 92 LV).[87] Tatsächlich bestimmt Art. 15 II LV lediglich, dass eine staatliche Förderung erfolgt, nicht jedoch deren Höhe, mithin auch nicht, dass es sich um eine Vollförderung handeln muss. Man wollte mit der Änderung der LV – zusammen mit Art. 15 ergänzte man auch Art. 14 II um einen Satz 4, wonach der in Art. 14 II LV vorgesehene Ausgleich für die Gewährung von Schulgeld- und Lernmittelfreiheit auch für die von Art. 15 II LV erfassten Bekenntnisschulen gilt – und dem Ausführungsgesetz eine großzügige staatliche Förderung schaffen. Die Begründung des Gesetzentwurfs spricht dafür, dass sich der genaue Umfang der Förderung erst aus dem Ausführungsgesetz ergeben sollte, da dieses „Art und Umfang der staatlichen Förderung" näher bestimmen sollte.[88] Wenn auch die **Verfassung selbst keine Aussagen zur Höhe der Förderung trifft**, so ist doch für eine evtl. Änderung der Kontext der Regelung des Ausführungsgesetzes – einschließlich der Verabschiedung

---

84 Art. 23 Reichskonkordat: „Die Beibehaltung und Neueinrichtung katholischer Bekenntnisschulen bleibt gewährleistet. In allen Gemeinden, in denen Eltern oder sonstige Erziehungsberechtigte es beantragen, werden katholische Volksschulen errichtet werden, wenn die Zahl der Schüler unter gebührender Berücksichtigung der örtlichen schulorganisatorischen Verhältnisse einen nach Maßgabe der staatlichen Vorschriften geordneten Schulbetrieb durchführbar erscheinen lässt." (RGBl 1933 II, 679).
85 S. dazu die in Feuchte, Geschichte, 464, zitierten Ausführungen des damaligen MP *Kiesinger*.
86 Dazu auch *Scheuner*, Maunz-FS, 307 (317), der (nur) dann einen Verweis auf das Privatschulwesen als die Gewissensfreiheit schützenden Weg erachtet, wenn hierfür die erforderliche staatliche Förderung verfügbar ist.
87 *Feuchte* in: Feuchte, Art. 15 Rn. 21.
88 LT-Beilage IV-3860, 6680, s. auch S. 6681 zur Einzelbegründung von Art. 15 II LV.; in diese Richtung auch *Feuchte* in: Feuchte, Art. 15 Rn. 24.

uno actu – zu bedenken. In finanzieller Hinsicht sollten die Eltern, die ihre Kinder auf eine solche Bekenntnisschule schickten, **von einem finanziellen Sonderopfer freigestellt** sein.[89] Solange nicht Art. 15 II LV, der eine Förderung dem Grunde nach garantiert, geändert wird, könnte deshalb der Umfang und die Höhe der Förderung nur in engen Grenzen verschlechtert werden.[90]

Die Regelung des Abs. 2 enthält eine **doppelte Begrenzung**: Sie bezieht sich zum einen nur auf solche öffentlichen Volksschulen (Grund- und Hauptschulen), die am 31.3.1966 als Bekenntnisschulen eingerichtet waren, zum andern unter diesen nur auf solche innerhalb des Gebiets von Südwürttemberg-Hohenzollern. Das Ausführungsgesetz (§ 1 I Nr. 1) begrenzte die Frist für einen Antrag auf Umwandlung auf den 1.6.1973; von der Möglichkeit, die Frist zu verlängern, machte die Landesregierung keinen Gebrauch. Innerhalb der Frist wurden neun katholische Bekenntnisschulen errichtet und eine evangelische. 34

Abs. 2 bezieht sich seinem Wortlaut nach nur auf „Volksschulen", wobei durch einen Klammerzusatz klargestellt ist, dass damit **Grund- und Hauptschulen** gemeint sind. Damit ist klar, dass die auch 1967 bereits bestehenden anderen Schularten, also im allgemeinbildenden Bereich die Realschulen und Gymnasien, ebenso wenig erfasst sind wie die beruflichen Schulen und die (damaligen) Sonderschulen. Nicht so eindeutig ist die Rechtslage bei den seit dem Schuljahr 2012/13 bestehenden **Gemeinschaftsschulen** (§ 8 a SchG).[91] Hier stellt sich die **Frage, ob bei einer Umwandlung einer unter Art. 15 II LV fallenden privaten Bekenntnisschule in eine private Gemeinschaftsschule der Anspruch auf eine verpflichtende Vollförderung ganz oder zumindest in Teilen bestehen bleibt**. 35

Für eine weiterbestehende verpflichtende Vollförderung spricht, dass bislang in den allermeisten Fällen die GMS durch Umwandlung bestehender Hauptschulen oder Grund- und Hauptschulen entstanden sind. Auch haben nach wie vor die Mehrzahl der in Klasse 5 der Gemeinschaftsschule eintretenden Schüler eine Grundschulempfehlung für die Haupt-/Werkreal-/Gemeinschaftsschule.[92] Unverändert kann an der GMS auch der Hauptschulabschluss als einer der dort originär erwerbbaren Abschlüsse erworben werden. 36

Gegen eine verpflichtende Vollförderung spricht jedoch sowohl der Wortlaut der Norm als auch der Umstand, dass – so § 4 I SchG – die GMS eine zusätzliche Schulart neben den Grund- und Hauptschulen darstellt. Auch handelt es sich bei der Regelung des Abs. 2, wie dargelegt, um eine nach schweren Auseinandersetzungen schließlich gefundene Kompromissformel, die schon deshalb einer extensiven Auslegung nicht zugänglich ist. Ebenfalls gegen eine verpflichtende Vollförderung spricht, dass sich die Schulart GMS sehr deutlich von der Schulart Hauptschule unterscheidet und das sowohl 37

---

89 MP *Filbinger* bei Verabschiedung des Gesetzes, zit. nach Feuchte in: Feuchte, Art. 15 Rn. 26.
90 Ebenso *Feuchte* in: Feuchte, Art. 15 Rn. 26.
91 Ergänzung des SchG durch § 8 a: GBl. 2012, 209.
92 Siehe http://www.statistik-bw.de/Presse/Pressemitteilungen/2016020.pdf (1.11.2017).

hinsichtlich der formalen Ausgestaltung (u.a. gibt es innerhalb der GMS keinen gesonderten Bildungsgang Hauptschule), der Abschlüsse als auch bezüglich des ihr zugrunde liegenden pädagogischen Konzepts. Danach werden u.a. Lerngruppen gebildet, für deren Zusammenstellung gerade keine schulartspezifischen Gesichtspunkte leitend sein dürfen (§ 8 a I 3 SchG).

38 Wägt man die Argumente ab, so wiegen die strukturellen Unterschiede zur Hauptschule stärker als die derzeitigen faktischen Entwicklungen hinsichtlich Herkunftsschule und Grundschulempfehlungen. **Eine verpflichtende Vollförderung einer in eine GMS umgewandelten Hauptschule lässt sich deshalb nicht aus Art. 15 II LV und dem Ausführungsgesetz herleiten.** Für eine verpflichtende Vollförderung des Hauptschulteils einer GMS spricht im Übrigen nicht, dass die GMS nach § 8 a I 4 SchG „nach den Grundsätzen der Artikel 15 und 16 der Landesverfassung" geführt wird. Mit dieser gesetzlichen Formulierung wurde, wie oben dargestellt, die GMS gerade nicht zur christlichen Gemeinschaftsschule iSv Art. 15 und 16 LV erklärt.

39 Anders ist die Rechtslage, wenn eine Bekenntnisschule, die bislang neben dem Hauptschulteil auch eine **Grundschule** im Verbund führte, sich insgesamt zur GMS umwandeln möchte. Eine GMS muss zwar zwingend einen Sekundarstufe I-Teil haben, nicht aber einen Grundschulteil (§ 8 a II 2 SchG). Im Gegensatz zum Sekundarstufen I-Teil, der nach speziellen, nur für die GMS geltenden Bestimmungen geführt wird, gelten für eine an einer GMS geführte Grundschule die allgemein für Grundschulen geltenden Regelungen (§ 8 a II 2 iVm § 5 SchG). Dies spricht dafür, den Anspruch auf Vollförderung nach Art. 15 II LV und dem Ausführungsgesetz für den Grundschulteil einer in eine GMS umgewandelte Grund- und Hauptschule zu bejahen.

III. Das Elternrecht nach Abs. 3

40 Die aktuelle Fassung des Abs. 3 entspricht der des Art. 15 II 1 LV aF. Der heutige Bedeutungsgehalt dieser Regelung ist jedoch schwer zu fassen, weil die alte Fassung klar auf Abs. 1 aF bezogen war und damit auf die zum 9.12.1951 (zum Datum → Rn. 9) vorhandenen Ausprägungsformen der Volksschule. Dies zeigt sich besonders deutlich an der Regelung des Art. 15 II 2 LV aF, wonach es einer Zweidrittelmehrheit bedurfte, um in einem „Schulgesetz" andere Formen der Volksschule als die zum Stichtag 9.12.1951 Vorhandenen einzuführen.[93] Diese von der CDU eingebrachte Regelung sollte in ihrem politischen Ziel – als Kompromiss – über die Bedingung einer Zweidrittelmehrheit so weit wie irgend möglich gewährleisten, dass es in Württemberg-Hohenzollern bei der damaligen Form der Volksschule[94] bleibt.[95] Die enge Verquickung mit Abs. 1 führte dazu, **Art. 15 II LV aF als „konfessionelles Elternrecht" zu verstehen.**[96] Gestützt wurde diese Annahme durch den zusätzlichen Hinweis auf das in Art. 17 IV LV enthaltene „pädagogische Elternrecht" sowie auf das in Art. 18 S. 3

---

[93] Abg. *Müller* (CDU) wies auf diese Verbindung ausdrücklich hin, vgl. in: Feuchte, Quellen, 5. Teil, 71.
[94] Art. 114 S. 1 VerfWH: „Die öffentlichen Volksschulen sind christliche Schulen."
[95] Abg. *Simpfendörfer* und *Müller* (beide CDU) in: Feuchte, Quellen, 6. Teil, 220 ff.
[96] *Braun*, Art. 16 Rn. 12 mwN; *Feuchte*, Geschichte, 453.

[Volksschulformen; Elternrecht] Artikel 15

normierte (begrenzte) Recht der Eltern, über die Teilnahme ihres Kindes am Religionsunterricht zu bestimmen.[97]

Nachdem es nach der Verfassungsnovelle von 1967 nur noch eine, in Art. 15 I LV nF festgelegte Form der öffentlichen Volksschule gibt, nämlich die der christlichen Gemeinschaftsschule badischer Prägung, jedoch trotzdem Abs. 3 S. 1 beibehalten wurde und schließlich Art. 15 II 2 LV aF mit seiner eine Zweidrittelmehrheit verlangenden Bestimmung, wonach ein „Schulgesetz" Näheres regelt, entfiel, stellt sich die Frage, ob die Norm noch einen bestimmbaren Inhalt hat, oder ob die Streichung angesichts der immensen politischen Schwierigkeiten, zu einer Einigung zu kommen, letztlich nur aus taktischen Überlegungen unterblieb.[98] Festzustellen ist in jedem Fall, dass sich Abs. 3 nicht mehr auf die Bestimmung der Form der öffentlichen Volksschulen beziehen kann, da diesbezüglich Abs. 1 nur noch eine einzige Form festgelegt hat. Abs. 3 vermittelt den Eltern kein konfessionelles Elternrecht mehr, ebenso wenig wie Art. 8 II 1 GG.[99] Da aber Art. 15 I LV nF im Gegensatz zu Art. 15 I LV aF, wo generell von „Volksschulen" die Rede war,[100] nur eine Festlegung für „öffentliche Volksschulen" getroffen hat, kann sich Abs. 3 **im Blick auf ein konfessionelles Elternrecht nur noch auf Volksschulen in privater Trägerschaft – das aber in allen Landesteilen –** erstrecken.[101] 41

Allerdings ist damit die Frage, welche **konkreten Konsequenzen dies für die „Gestaltung des Erziehungs- und Schulwesens" im Bereich der privaten Schulen** hat, nicht beantwortet. Tatsächlich dürfte die **Bedeutung des Abs. 3** insoweit eher gering sein. Denn für die Zulassung privater Volksschulen als Bekenntnisschulen bestimmt Art. 7 V und IV GG den Maßstab, der auch für die Länder verbindlich ist. Sind die dort normierten Voraussetzungen erfüllt, muss eine von Eltern gewünschte Bekenntnisschule in privater Trägerschaft genehmigt werden.[102] Bekenntnisvolksschulen iSv Art. 7 V GG sind nicht nur Schulen der evangelischen Landeskirchen, der katholischen Kirche und der jüdischen Gemeinden, sondern Schulen jeglicher Bekenntnisse; vorausgesetzt wird die Homogenität des Bekenntnisses von Eltern, Schülern und Lehrern, das die Schule und den gesamten Unterricht prägt.[103] Auch bei der **Ausgestaltung der Finanzierung** solcher, nicht von der Sonderreglung des Abs. 2 erfassten Bekenntnisvolksschulen hat Abs. 3 keinen Einfluss in dem Sinne, dass private Bekenntnisvolksschulen besser gestellt werden müssten als sonstige private Volksschulen.[104] Schließlich gibt Abs. 3 weder den Eltern ein Recht, noch verpflichtet er den Staat, für Bekenntnisvolksschulen, die Ersatzschulen sind, andere **Bildungsinhalte** festzulegen als für die entsprechenden staatlichen Schulen. Der 42

---

97 *Braun*, Art. 16 Rn. 13.
98 Zu letzterem s. die Hinweise bei *Feuchte*, Geschichte, 445 ff., 471.
99 VGH BW, NJW 67, 1193.
100 Art. 15 I LV aF: „Die Formen der Volksschule bleiben in den einzelnen Landesteilen nach den Grundsätzen und Bestimmungen erhalten, die am 9. Dezember 1951 gegolten haben."
101 *Braun*, Art. 16 Rn. 14; *Feuchte* in: Feuchte, Art. 15 Rn. 34.
102 *Avenarius* in: Avenarius, Tz. 15.633.
103 BVerwGE 90, 1 (LS 1).
104 *Feuchte* in: Feuchte, Art. 15 Rn. 34.

generelle Maßstab findet sich hier in Art. 7 IV 3 GG, wonach sie in ihren Lehrzielen nicht hinter denen der entsprechenden öffentlichen Schulen zurückstehen dürfen.

43 Allerdings hat Abs. 3 nach hier vertretener Ansicht eine **deutlich über den Privatschulbereich hinausreichende Bedeutung**.[105] Abs. 3 konkretisiert, in Ergänzung zum institutionalisierten Elternrecht des Art. 17 IV LV, aber auch zu den weiteren elterlichen Beteiligungsrechten der LV (Art. 12, 16 III, 18 LV), das in Art. 4 I und II GG verbürgte **elterliche Erziehungsrecht im Blick auf die Gestaltung des Erziehungs- und Schulwesens**. Er ist insoweit sowohl **Institutsgarantie als auch eine wertentscheidende Grundsatznorm**. Auch wenn das elterliche Bestimmungsrecht nach Art. 4 I und II GG nicht allein entscheidend ist, vielmehr gleichrangig neben dem staatlichen Bestimmungsrecht nach Art. 7 I GG steht, macht der verfassungsgebenden Gesetzgeber mit Art. 15 III LV nochmals deutlich, dass das elterliche Erziehungsrecht bei der Erziehung und Bildung der Kinder berücksichtigt werden muss. Damit setzt dieses dem staatlichen Bestimmungsrecht im schulischen Bereich Grenzen und ist damit auch ein **Abwehrrecht**.[106]

Artikel 16 [Charakter der christlichen Gemeinschaftsschule]

(1) ¹In christlichen Gemeinschaftsschulen werden die Kinder auf der Grundlage christlicher und abendländischer Bildungs- und Kulturwerte erzogen. ²Der Unterricht wird mit Ausnahme des Religionsunterrichts gemeinsam erteilt.

(2) ¹Bei der Bestellung der Lehrer an den Volksschulen ist auf das religiöse und weltanschauliche Bekenntnis der Schüler nach Möglichkeit Rücksicht zu nehmen. ²Bekenntnismäßig nicht gebundene Lehrer dürfen jedoch nicht benachteiligt werden.

(3) Ergeben sich bei der Auslegung des christlichen Charakters der Volksschule Zweifelsfragen, so sind sie in gemeinsamer Beratung zwischen dem Staat, den Religionsgemeinschaften, den Lehrern und den Eltern zu beheben.

Schrifttum:
Vgl. die Angaben bei Art. 15 LV.

Vergleichbare Regelungen: Art. 135 S. 2 BayVerf, 29 RPVerf, 12 III NRWVerf, 27 IV SaarlVerf.

Ergänzende Normen: Bekanntmachung des Kultusministeriums zur christlichen Gemeinschaftsschule v. 4.2.2013 (K.u.U. 2013, 30).

Leitentscheidungen: BVerfGE 41, 29 (christliche Gemeinschaftsschule baden-württembergischer Ausprägung); BVerwGE 81, 22 (Benachteiligungsverbot).

---

105 Eine weitergehende Bedeutung sollte der neue Abs. 2 auch nach dem Initiativgesetzentwurf der SPD haben – LT-Beilage IV/3060; s. dazu auch die bei *Feuchte*, Geschichte, 462 wiedergegebene Äußerung des Abg. *Schwarz* (SPD).
106 *Feuchte* in: Feuchte, Art. 15 Rn. 36 f.; *Braun*, Art. 16 Rn. 14.

A. Überblick und Einordnung	1	I. Charakter der christlichen	
I. Bedeutung	1	Gemeinschaftsschule (Abs. 1)	4
II. Herkunft, Entstehung,		II. Bestellung von Lehrkräften,	
Geschichte	2	Benachteiligungsverbot	
III. Verfassungsvergleichende Ein-		(Abs. 2)	6
ordnung	3	III. Behebung von Zweifelsfragen	
B. Erläuterungen	4	(Absatz 3)	11

A. Überblick und Einordnung

I. Bedeutung

Die heutige Bedeutung von Art. 16 LV speist sich im Wesentlichen nur noch aus den **Regelungen des Abs. 3 zur gemeinsamen Beratung von Zweifelsfragen bei der Auslegung des christlichen Charakters der Volksschulen**. Abs. 1 hat nach der Novellierung der Schulverfassung im Jahr 1967 (GBl. 7) seine Bedeutung weitgehend verloren. Abs. 2 hat wegen der vorrangig anzuwendenden Art. 33 II und III GG sowie Art. 140 GG iVm Art. 136 WRV und angesichts der durch das BVerfG erfolgten – im Ergebnis relativierenden – Interpretation der christlichen Gemeinschaftsschule zwar eine gewisse symbolische, jedoch faktisch nur geringe konstitutive Bedeutung. 1

II. Herkunft, Entstehung, Geschichte

Art. 16 LV enthält Elemente der Art. 28 VerfLB, 37 VerfWB und 114 VerfWH. Dabei enthielt nur Art. 37 VerfWB eine Regelung zur **Beratung von Zweifelsfragen bei der Auslegung des christlichen Charakters der Volksschule**; dabei war ein Letztentscheidungsrecht des Staates vorgesehen. Die entsprechende Reglung im VerfERP wurde in den Beratungen von der CDU als „unerträglich" abgelehnt.[1] Bei den Beratungen im VA ging es der CDU darum, dass nicht nur die Volksschulen, sondern alle allgemeinbildenden Schulen „christliche Schulen" sein sollten (Art. 28 I VerfECDU). Der in Art. 15 V VerfERP enthaltene Satz, dass bekenntnismäßig gebundene Lehrer nicht benachteiligt werden (Art. 16 II 2 LV), sollte nach ihrer Vorstellung gestrichen und bei der Beratung von Zweifelsfragen Eltern und Lehrkräfte zugezogen werden.[2] Daneben ging es um **diverse Einzelfragen**, zB zu den „Bildungs- und Kulturwerten" (Nur christliche oder auch abendländische Werte? Sollen – trotz Überschneidungen – beide Begriffe genannt werden oder nur einer?).[3] Insgesamt aber waren die Erörterungen zu Art. 16 LV im VA deutlich weniger konfrontativ und weltanschaulich geprägt als die zu Art. 15 LV. Die letztlich beschlossene Fassung war Teil des Schulkompromisses vom Oktober 1953.[4] Art. 16 wurde nicht durch das die Schulverfassung ändernde Gesetz von 1967 (GBl. 7) erfasst, sondern ist vielmehr seit 1953 unverändert. 2

---

1 Abg. *Simpfendörfer* (CDU) in: Feuchte, Quellen, 5. Teil, 161; am Ende der 38. VA-Sitzung machte der Abg. *Müller* (CDU) dann einen Formulierungsvorschlag, der zwar abgelehnt wurde, aber in Richtung der späteren Formulierung ging, aaO, 192. S. dazu auch *Jacobs*, VBlBW 2017, 16 (17).
2 Abg. *Simpfendörfer* (CDU) in: Feuchte, Quellen, 6. Teil, 211.
3 Mit 17 Ja-Stimmen bei 4 Enthaltungen wurde beschlossen, beide Begriffe zu nennen, s. Feuchte, Quellen, 5. Teil, 230 f.
4 Beilage 1165 in: Feuchte, Quellen, 8. Teil, 29 f.

III. Verfassungsvergleichende Einordnung

3 Christliche Gemeinschaftsschulen gibt es außer in BW noch in Bayern, Rheinland-Pfalz, Nordrhein-Westfalen und im Saarland (s.o., Kopfblock).

B. Erläuterungen

I. Charakter der christlichen Gemeinschaftsschule (Abs. 1)[5]

4 Die Regelung des Abs. 1 bezog sich vor der Novellierung der Schulverfassung von 1967 (GBl. 7) auf die in den drei Landesteilen unterschiedlichen Ausprägungen der christlichen Gemeinschaftsschule. Seit der Novellierung im Jahr 1967 gibt es **nur noch eine Ausprägungsform**, nämlich die Art. 15 I LV beschriebene **christliche Gemeinschaftsschule badischer Prägung**. Konsequent wäre gewesen, dass der verfassungsgebende Gesetzgeber deshalb Art. 16 I LV streicht, weil das, was dort geregelt ist, nichts Abweichendes zu Art. 15 I LV sein kann. Dieses Unterlassen einer Streichung oder Änderung dürfte seinen Grund darin haben, dass der angesichts der mit dem Vorhaben verbundenen großen Schwierigkeiten nur an den Stellen Änderungen der Verfassung vorgenommen werden sollten, wo dies unbedingt notwendig war, und deshalb Regelungen, die ihre Bedeutung verloren haben, als zwar überflüssig aber unschädlich in der Verfassung verblieben sind.[6]

5 Ob dies zum Schluss führen muss, Art. 15 I LV sei im Verhältnis zu Art. 16 I LV lex posterior[7] und verdränge damit Art. 16 I LV, oder aber Art. 16 I LV habe noch insoweit eine Bedeutung, als er das, was Art. 15 I LV regle, verdeutliche,[8] kann letztlich dahinstehen, weil dadurch kein Unterschied im Ergebnis verbunden ist. Nicht gefolgt werden kann aber der Meinung, erst durch Art. 16 I LV sei es ausgeschlossen, die christliche Gemeinschaftsschule als formelle, säkulare Gemeinschaftsschule zu verstehen.[9] Denn dies ist bereits durch Art. 15 I LV sichergestellt.

II. Bestellung von Lehrkräften, Benachteiligungsverbot (Abs. 2)

6 In rechtlicher Hinsicht ist Abs. 2 eine **überflüssige Verfassungsnorm**, weil sich durch die Novellierung des Art. 15 I LV sein Inhalt hinsichtlich Satz 1 mit § 34 I BadSchG 1910 deckt, hinsichtlich Satz 2 mit Art. 28 IV VerfLB; diese Normen sind über Art. 15 I LV in die LV einbezogen.[10] In tatsächlicher Hinsicht spielt der **Bekenntnisproporz bei der Einstellung von Lehrkräften** auch bei den „Volksschulen" heute keine Rolle. Dies ist auf der operativen Ebene durch die entsprechende Regelung des KM zur Lehrereinstellung abgesichert, da die Zugehörigkeit zu einem Bekenntnis kein Auswahlkriterium ist und auch beim schulbezogenen Stellenausschreibungsverfahren nicht berücksichtigt wird.[11]

---

5 S. dazu → Art. 15 Rn. 6 ff.
6 In diese Richtung gehend: *Feuchte* in: Feuchte, Art. 16 Rn. 4.
7 So *Braun*, Art. 16 Rn. 15.
8 So *Feuchte* in: Feuchte, Art. 16 Rn. 4.
9 *Frisch*, VBlBW 2005, 268 (Abschnitt IV).
10 *Braun*, Art. 16 Rn. 16.
11 Für 2017: Nr. 23.4 VwV Einstellung von Lehramtsbewerberinnen und Lehramtsbewerbern v. 6.12.2016; K.u.U. 2017, 8.

Art. 16 II 1 LV bezieht sich seinem Wortlaut nach nur auf die „**Bestellung**" 7
der Lehrkräfte für Volksschulen, nicht aber auf die **Einstellung** in den Landesdienst. Da aber bis zur Neuordnung der Lehrerausbildung für die Sekundarstufe I Lehrkräfte mit der Ausbildung für die Grund- und Hauptschulen nahezu ausschließlich an diesen Schulen eingesetzt wurden, bestand bis dahin faktisch kein Unterschied zwischen Einstellung und Bestellung iS eines tatsächlichen Einsatzes an einer öffentlichen christlichen Gemeinschaftsschule. Nach der Schaffung eines Lehramtes für die Sekundarstufe I[12] wird in vielen Fällen die Einstellung in den Schuldienst des Landes als Lehrkraft mit der Lehrbefähigung für die Sekundarstufe I und der Einsatz an einer Volksschule, also einer „Bestellung", auseinanderfallen. Es stellt sich damit die Frage, welche Bedeutung Art. 16 II LV für den Einsatz an einer Volksschule iSv Art. 16 II und 15 II LV haben kann. Die CDU, die sich im VA ursprünglich ausdrücklich gegen die Aufnahme des S. 2 (Benachteiligungsverbot) ausgesprochen hatte, wollte erreichen, dass Lehrkräfte, die in offenem Gegensatz zu den beiden christlichen Bekenntnissen stehen, nicht an christlichen Gemeinschaftsschule „angestellt" werden können.[13] Von Seiten der SPD wurde ebenfalls festgestellt, dass ein Lehrer, der „in offenem Gegensatz zum Christentum steht", nicht Lehrer an einer christlichen Gemeinschaftsschule sein könne.[14]

Bereits das **Benachteiligungsverbot** des Art. 16 II LV verbietet es zu verlan- 8
gen, dass eine Lehrkraft an einer Volksschule bekenntnismäßig gebunden ist. Das Benachteiligungsverbot gilt nicht nur im Blick auf nicht bekenntnismäßig gebundene Lehrkräfte, sondern auch für solche, die zwar bekenntnismäßig gebunden sind, jedoch einer anderen Glaubensrichtung als den christlichen angehören. Ein solches Benachteiligungsverbot folgt im Übrigen bereits aus Art. 33 II und III GG sowie Art. 140 GG iVm Art. 136 WRV, die für die Tätigkeit an christliche Gemeinschaftsschule anzuwenden sind. Denn dabei handelt es sich um keine Einrichtungen, die vom kirchlichen Selbstbestimmungsrecht des nach Art. 140 GG inkorporierten Art. 137 III WRV erfasst sind, was dort bestimmte Loyalitätspflichten auch im Blick auf religiöse Überzeugungen und religiös bestimmte Verhaltensweisen rechtfertigen kann.[15]

Nach Art. 33 II GG bestimmen **allein Eignung, Befähigung und fachliche** 9
Leistung den Zugang zu einem öffentlichen Amt. Nach Art. 33 III 1 GG und Art. 140 GG iVm Art. 136 II WRV darf die **Zulassung zu öffentlichen Ämtern nicht vom religiösen Bekenntnis abhängig** gemacht werden und nach S. 2 darf keinem Träger eines öffentlichen Amtes aus seiner Zugehörigkeit oder Nichtzugehörigkeit zu einem Bekenntnis oder einer Weltanschauung ein Nachteil erwachsen. Art. 33 II und III GG gilt (ebenso wie Art. 140 GG iVm Art. 136 II WRV), wie schon der Wortlaut zeigt, nicht nur für Beamte, sondern **auch für Angestellte des öffentlichen Dienstes**.[16]

---

12 Rahmenvorgabenverordnung Lehramtsstudiengänge v. 27.4.2015 (GBl. 417).
13 Abg. *Müller* (CDU) in: Feuchte, Quellen, 6. Teil, 220.
14 Abg. *Krause* (SPD) in: Feuchte, Quellen, 6. Teil, 224.
15 Zu vom kirchlichen Selbstbestimmungsrecht erfassten Einrichtungen s. BVerfGE 137, 273 (306).
16 BVerfGE 138, 296 (347); BVerwGE 61, 325 (330); *Jachmann* in: von Mangoldt/Klein/Starck, Art. 33 Rn. 25; *Kunig* in: v. Münch/Kunig, Art. 33 Rn. 37.

Dies schließt die Begründung von Dienstpflichten nicht aus, die in die – auch negative – Glaubensfreiheit von Amtsinhabern und Bewerbern um öffentliche Ämter eingreifen und damit für diese den Zugang zum öffentlichen Dienst erschweren oder gar ausschließen. So hat das BVerfG die Regelung des Art. 16 II 1 LV für grundsätzlich verfassungsgemäß erklärt. Es hat jedoch im selben Atemzug darauf hingewiesen, dass dem ausdrücklichen Benachteiligungsverbot des Art. 16 II 2 LV – auch im Hinblick auf Art. 33 III GG – „im Zweifelsfall" der Vorrang bei der Stellenbesetzung gebührt.[17] Solche etwaigen Pflichten sind jedoch den **strengen Rechtfertigungsanforderungen** unterworfen, die für Einschränkungen der vorbehaltlos gewährleisteten Glaubensfreiheit gelten; außerdem ist das Gebot strikter Gleichbehandlung der verschiedenen Glaubensrichtungen sowohl in der Begründung als auch in der Praxis der Durchsetzung solcher Dienstpflichten zu beachten.[18]

10 Eine Lehrkraft – unabhängig davon ob und ggf. welcher Konfession sie angehört – dürfte deshalb im Ergebnis nur dann nicht (mehr) an einer christlichen Gemeinschaftsschule eingesetzt werden, wenn sie den Charakter der christlichen Gemeinschaftsschule (im Sinne des Verständnisses des BVerfG – Bejahung des Christentums in den profanen Fächern lediglich als Anerkennung des prägenden Kultur- und Bildungsfaktors, wie er sich in der abendländischen Geschichte herausgebildet hat und damit auch der Toleranz für Andersdenkende, jedoch nicht als Glaubenswahrheiten – aktiv ablehnen würde. Kein Ablehnungsgrund kann sein, ob mit der Zuweisung von Lehrkräften, die nicht dem konfessionellen Schülerproporz entsprechen, „Lehrer aus einer ganz anderen Umwelt einer Schule aufgedrängt werden."[19] Dieser Aspekt kann allenfalls **für Bekenntnisschulen** von Belang sein, wo in der Tat die Homogenität der Lehrerschaft den Geist der Erziehung an der Schule in der gewünschten Weise prägen kann.[20] Auch für **Religionslehrkräfte**, die an öffentlichen Schulen insoweit in einem konfessionsgebundenem Staatsamt tätig sind, weil ihre Tätigkeit in unlösbarem Zusammenhang zur Religion bzw. einem religiösen Bekenntnis steht, ist das Bekenntnis ein Eignungsmerkmal. Dies ergibt sich aus Art. 7 III 2 GG bzw. Art. 18 S. 2 LV, da der Religionsunterricht „in Übereinstimmung mit den Grundsätzen" bzw. „nach den Grundsätzen" der Religionsgemeinschaften zu erteilen ist.[21] Für die **weltanschaulich neutralen Gemeinschaftsschulen**, die es in andern Ländern auch im „Volksschulbereich" gibt und die von ihrer Konstruktion her in BW in den Schularten verkörpert sind, die nicht christliche Gemeinschaftsschulen und auch nicht Bekenntnisschulen sind, darf die **Zugehörigkeit zu einer bestimmten Konfession von vornherein nicht verlangt** werden.[22]

---

17 BVerfGE 41, 29 (60).
18 BVerfGE 108, 282 (298); 138, 296 (347 f.).
19 So aber *v. Campenhausen*, ZevKR 14, 26 (40, Fn. 57).
20 So *Muckel* in: Friauf/Höfling, Art. 140 GG/136 WRV, Rn. 8.
21 *v. Campenhausen/Unruh* in: v. Mangoldt/Klein/Starck, Art. 136 WRV Rn. 15; *Mager* in: v. Münch/Kunig, Art. 140 GG Rn. 17.
22 BVerwGE 81, 22 (24); *Korioth* in: Maunz/Dürig, Art. 140 (Art. 136) Rn. 67; *Domgörgen* in: Hömig/Wolff, Art. 33 Rn. 9.

III. Behebung von Zweifelsfragen (Absatz 3)

Mit Abs. 3 soll – unbeschadet der jeweiligen Zuständigkeiten und Rechtspositionen von Staat, Kirchen und Eltern – eine Möglichkeit geschaffen werden, vor oder statt einer (nicht ausgeschlossenen) rechtlichen Prüfung zu einer Konfliktlösung zu kommen. Ob damit der „Gedanke der Toleranz" betont werden soll,[23] erscheint, auch vor dem Hintergrund der Beratungen im VA,[24] bei denen dieser Gedanke keine erkennbare Rolle spielte, den Zweck der Regelung zu überhöhen. Sinn dieser Regelung ist vielmehr in erster Linie, die in diesem Bereich aktiven Akteure zu verpflichten, Zweifelsfragen bei der Auslegung des christlichen Charakters von „Volksschulen" mit dem Ziel einer Konfliktlösung zu erörtern. Insofern kann man Abs. 3 als **Konflikt- und Verständigungsregelung** begreifen.[25]

Abs. 3 beschreibt in ausfüllungsbedürftiger Weise den **Kreis der zu Beteiligenden**. Mit „Staat" sind nicht Lehrer gemeint; diese sind – was in der ursprünglichen Fassung des CDU-Entwurfs zwar möglicherweise gemeint aber nicht formuliert war –[26] in Abs. 3 gesondert erwähnt. Staat meint eine, der Bedeutung einer solchen Erörterung angemessen hochrangige, **Vertretung des zuständigen (Kultus-)Ministeriums**.

Schwieriger ist die Frage zu beantworten, ob unter „**Religionsgemeinschaften**" nur die christlichen Gemeinschaften gemeint sind oder auch nichtchristliche und ob es möglich ist, den Kreis der einzubeziehenden Religionsgemeinschaften zu begrenzen. Zwar wird vereinzelt die Auffassung vertreten, hier seien nur christliche Religionsgemeinschaften zu beteiligen, weil der Inhalt von Glaubensvorstellungen vom Selbstverständnis der Gläubigen abhänge.[27] Diese Begrenzung ist jedoch deshalb zu eng, weil sie nicht berücksichtigt, dass an der Volksschule iSv Art. 15 und 16 LV zum einen Religionsunterricht auch nichtchristlicher Religionsgemeinschaften erteilt wird, zum andern es bei dem christlichen Charakter der Volksschule gerade nicht um eine – nach der Rechtsprechung des BVerfG unzulässige[28] – konfessionelle Fixierung geht, sondern um die Anerkennung des prägenden Kultur- und Bildungsfaktors, wie er sich in der abendländischen Geschichte herausgebildet hat. Es sind deshalb **diejenigen Religionsgemeinschaften zu beteiligen, die an Volksschulen iSv Art. 16 und 15 LV Religionsunterricht erteilen können**, weil hierfür Bildungspläne vorhanden sind.[29] Aus Art. 16 III LV lässt sich aber keine Verpflichtung ableiten, auch sonstige Religionsgemeinschaften zu den Beratungen hinzuzuziehen.[30]

---

23 So *Feuchte* in: Feuchte, Art. 16 Rn. 14.
24 S. dazu insbesondere die 49. VA-Sitzung in: Feuchte, Quellen, 6. Teil, 210 ff.
25 *Jacobs*, VBlBW 2017, 16 (17).
26 Vgl. Einlassung des antragstellenden Abg. *Simpfendörfer* (CDU) in: Feuchte, Quellen, 6. Teil, 211; die „Lehrer" wurden erst über einen Antrag der Regierungskoalition eingefügt, aaO, 7. Teil, 59 (Beilage 897).
27 *Cremer/Rux*, Gemeinschaftsschule, Abschnitt IV Nr. 1; aA *Braun*, Art. 16 Rn. 19.
28 BVerfGE 41, 29 (51 f.).
29 In BW sind das folgende Religionslehren: Alevitische, altkatholische, evangelische, islamische sunnitischer Prägung, jüdische, katholische, syrisch-orthodoxe; gegen eine Begrenzung auf die beiden großen christlichen Kirchen *Bäcker*, Gemeinschaftsschule, 302.
30 VG Stuttgart, B. v. 11.12.2012 – 12 K 4234/12 – im Blick auf eine freikirchliche Landesgemeinde (nicht veröff.).

14 Bei der Gruppe der „**Eltern**" ist eine Vertretung durch den **Landeselternbeirat** angezeigt, der das KM nach § 60 I SchG in allgemeinen Fragen des Bildungs- und Erziehungswesens berät. Deren in Art. 16 III LV ausdrücklich festgelegte Beteiligung wäre im Übrigen auch ohne diese ausdrückliche Nennung nach Art. 17 IV LV (institutionelle Mitwirkung der Eltern) geboten (dazu → Art. 17 Rn. 44 ff.).

15 Bei den „**Lehrern**" kann der für „Volksschulen" zuständige, beim KM angesiedelte **Hauptpersonalrat** für Grund-, Haupt-, Werkreal-, Real-, Gemeinschaftsschulen und sonderpädagogische Bildungs- und Beratungszentren (§ 98 LPVG) als Vertretung angesehen werden. Er repräsentiert – im Gegensatz zB zu Gewerkschaften und Berufsverbänden – alle Beschäftigten der öffentlichen Schulen der genannten Schularten, soweit sie – was ganz überwiegend der Fall ist – unter den Beschäftigtenbegriff des § 4 LPVG fallen.

16 Art. 16 III LV formuliert den Auftrag, Zweifelsfragen „zu beheben." Damit ist verbunden, die Beratungen mit dem **Ziel einer Verständigung** zu führen. Sollte es trotzdem bei der gemeinsamen Beratung zu keiner Einigung, bleibt das **Letztentscheidungsrecht beim Staat**.[31] Nur bezüglich des Inhalts des Religionsunterrichts haben die Kirchen hinsichtlich des Inhalts eine besondere, verfassungsrechtlich abgesicherte Position (Art. 7 III GG, Art. 18 LV).[32] Die christliche Gemeinschaftsschule im Allgemeinen und der Inhalt der dort angebotenen profanen Fächer im Besonderen steht hingegen in der Verantwortung des Staates. Art. 16 III LV gibt den Kirchen kein Bestimmungsrecht über Inhalte oder über die verbindliche Auslegung von Zweifelsfragen.[33]

Artikel 17 [Toleranz, Schulaufsicht, Prüfungen für öffentlich anerkannte Berechtigungen, Elternbeiräte]

(1) In allen Schulen waltet der Geist der Duldsamkeit und der sozialen Ethik.

(2) Die Schulaufsicht wird durch fachmännisch vorgebildete, hauptamtlich tätige Beamte ausgeübt.

(3) Prüfungen, durch die eine öffentlich anerkannte Berechtigung erworben werden soll, müssen vor staatlichen oder staatlich ermächtigten Stellen abgelegt werden.

---

31 Dies bestritt Erzbischof *Rauch* (Freiburg) heftig in einem Brief v. 2.2.1953, der den Staat „weder befähigt noch berechtigt" sah, Zweifelsfragen bei Nichteinigung zu entscheiden und darauf bestand, dass die Bestimmung des christlichen Charakters „einzig durch die hierfür zuständige kirchliche Autorität" zu erfolgen habe und sich hierbei auf „das natürliche und göttliche Recht" berief. *Feuchte*, Quellen, Teil m5 S. 194, 196.
32 *Hollerbach*, Verhältnis von Staat und Kirche, 221.
33 *Frisch*, VBlBW 2005, 268 (Fn. 56); iE ebenso *Feuchte* in: Feuchte, Art. 16 Rn. 12; *Lambert/Müller/Sutor*, Kz. 11.20, zu Art. 16 Rn. 3.

(4) ¹Die Erziehungsberechtigten wirken durch gewählte Vertreter an der Gestaltung des Lebens und der Arbeit der Schule mit. ²Näheres regelt ein Gesetz.

Schrifttum:
Zu Abs. 1: *Huster*, Die ethische Neutralität des Staates, 2002; *Huster*, Der Grundsatz der religiös-weltanschaulichen Neutralität des Staates – Gehalt und Grenzen, 2004; *Pant*, Einführung in den Bildungsplan 2016: http://www.bildungsplaene-bw.de/,Lde/37 48176 (1.11.2017).
Zu Abs. 2 (Schulaufsicht): *Altrichter/Heinrich/Soukup-Altrichter*, Schulentwicklung durch Schulprofilierung? Zur Veränderung von Koordinierungsmechanismen im Schulsystem, 2011; *Avenarius*, Schulische Selbstverwaltung – Grenzen und Möglichkeiten, RdJB 1994, 256; *Avenarius*, Schulautonomie auf dem verfassungsrechtlichen Prüfstand in: Festschrift für F. v. Zezschwitz, 2005, 82; *Beaucamp*, Zur rechtlichen Relevanz pädagogischer Freiheit, RdJB 2015, 145; *Brückelmann*, Die verfassungsrechtlichen Grenzen von Freiräumen zur Selbstgestaltung an öffentlichen Schulen, 2000; *Cremer*, Beamtenstatus von Lehrern als Verfassungsgebot, Denkanstöße, 2012; *Kurtz*, Zur Geschichte der Schulaufsicht im deutschsprachigen Raum, 1982; *Loschelder*, Schulische Grundrechte und Privatschulfreiheit in: HGR IV, § 110; *Müller*, Schulische Eigenverantwortung und staatliche Aufsicht, 2006; *Münch*, Bildungspolitik, 2002; *Nationaler Bildungsbericht Österreich*, Band 2, 2015; *Nebel*, Schulprogramme als innovative Steuerungsinstrumente im System des allgemeinen Verwaltungsrechts, 2011; *Nikolai/Helbig*, Schulautonomie als Allheilmittel, ZfE 2013, 381; *Pfeifer*, Schulqualität und Schulentwicklung, 2014; *Rathke*, Öffentliches Schulwesen und religiöse Vielfalt, 2005; *Richter*, Die gesetzliche Regelung der Lehrerstatus, RdJB 1979, 250; *Rux*, Die pädagogische Freiheit des Lehrers, 2002; *Rux*, Mitbestimmung von Schülerinnen und Schülern an öffentlichen Schulen: Bestandsaufnahme und Reformvorschläge – Zugleich ein Beitrag zur Ambivalenz des Demokratieprinzips in: Studien zum Schul- und Bildungsrecht Bd. 7, 2014; *Stern/Becker*, Grundrechte-Kommentar, 2. Aufl. 2016; *Wißmann*, Pädagogische Freiheit als Rechtsbegriff, 2002.
Zu Abs. 3 (Prüfungen): *Heckel*, Deutsches Privatschulrecht, 1955.

Vergleichbare Regelungen:
Zu Abs. 1: Art. 33 BremVerf, 56 II und III HessLV, 33 RPVerf.
Zu Abs. 2 (Schulaufsicht): Art. 130 I BayVerf, 30 II BbgVerf, 28 II BremVerf, 4 II 2 NdsVerf, 27 II 1 RPVerf, 27 S. 2 SaarlVerf, 103 I SächsVerf, 29 I LSAVerf, 23 II ThürVerf.
Personal: Art. 130 II BayVerf, 67 IV BerlVerf, 96 III BbgVerf, 56 I HessVerf; Art. 8 III 2 NRWVerf, 27 III 2 RPVerf.
Zu Abs. 3 (Prüfungen): Keine.
Zu Abs. 4 (Erziehungsberechtigte): Art. 56 VI HessVerf (dort ist ein Recht der Eltern, „mitzubestimmen" verankert), 104 I, 10 II NRWVerf, 104 I SächsVerf, 29 II LSA-Verf, 23 III ThürVerf.

Ergänzende Normen: Schulgesetz; VwV Fachberaterinnen und Fachberater (zu Abs. 2);[1] Ausbildungs- und Prüfungsordnungen iVm SchG, § 10 II PSchG, Nr. 12.1 VVOPSchG[2] (zu Abs. 3); ElternbeiratsVO[3] (zu Abs. 4).

Leitentscheidungen:
Zu Abs. 1: BVerfGE 47, 46; 138, 256; BVerwG, B. v. 8.5.2008 – 6 B 64.07; EGMR, U. v. 18.3.2011 – Lautsi gegen Italien, 30814/06 (Kruzifix).
Zu Abs. 2: BVerfGE 34, 165 (Eltern); 26, 228 (Kommunen); 59, 360 (innere Schulangelegenheiten); BVerwGE 56, 155 (Versetzung eines Schülers); BVerfG, B.

---

1 VwV v. 4.8.2006, K.u.U. 268 mit Änd. K.u.U. 2008, 223.
2 Vollzugsverordnung zum PSchG (GBl. 1971, 346 m. mehrfachen Änderungen).
3 VO v. 16.7.1985, GBl. 185, 236 mit zahlreichen Änderungen.

v. 19.11.2014 – 2 BvL 2/13 (Schulträgerschaft als Selbstverwaltungsangelegenheit der Kommune).
Zu Abs. 3: BVerfGE 27, 195 (Prüfungen an Privatschulen); BVerwG, B. v. 1.10.2015 – 6 B 15.15 (Öffentlichkeitsrechte für Ersatzschulen).
Zu Abs. 4: BVerfGE 59, 360 (Informationsanspruch der Eltern).

A. Überblick und Einordnung 1
  I. Bedeutung 1
  II. Herkunft, Entstehung, Geschichte 2
  III. Verfassungsvergleichende Einordnung 7
B. Erläuterungen 11
  I. Gebot der Duldsamkeit und sozialen Ethik (Abs. 1) 11
    1. Allgemeines 11
    2. Sexualerziehung 15
    3. Soziale Ethik 16
  II. Schulaufsicht, personelle Ausstattung (Abs. 2) 20
  III. Schulaufsicht (Art. 2 I LV iVm Art. 7 I GG) 24
  IV. Schulprüfungen (Abs. 3) 42
  V. Das Mitwirkungsrecht der Eltern (Abs. 4) 44

A. Überblick und Einordnung

I. Bedeutung

1 Art. 17 LV beschreibt ein **Bild der Schulverfassung** in BW.[4] Er postuliert in seinem Abs. 1 eine Vorgabe für die Arbeit an der Schule im Allgemeinen und den Unterricht im Besonderen, ordnet die Schulaufsicht in Abs. 2 dem Staat zu, stellt klar, wie öffentlich anerkannte Berechtigungen nur erworben werden können (Abs. 3) und ergänzt in Abs. 4 die in Art. 15 III LV umrissene Mitbestimmung der Eltern bei der Erziehung ihrer Kinder durch eine Institutionalisierung ihrer Mitwirkung (→ Art. 15 Rn. 40 f).

II. Herkunft, Entstehung, Geschichte

2 Die letztlich beschlossene Fassung des Art. 17 wurde zwar zwischen den Fraktionen in einigen Teilbereichen intensiv erörtert, war aber insgesamt wenig umstritten. Zu **Abs. 1** wurde über die **Bedeutung der Worte „soziale Ethik"** – als Weiterentwicklung von Art. 114 III VerfWH, wonach der Unterricht so zu erteilen war, „dass die Gefühle Andersdenkender nicht verletzt werden und die gegenseitige Achtung vor dem andern Glaubensbekenntnis gefördert wird" – diskutiert, ohne dass ein klares Inhaltsverständnis gewonnen wurde.[5]

3 Bei **Abs. 2** ging es darum, ob man „fachmännisch" oder „fachlich" vorgebildete Beamte mit der Schulaufsicht betrauen wollte. Der VA entschied sich für „fachmännisch", weil dies eine höhere Anforderung darstelle, da jeder Lehrer fachlich vorgebildet sei.[6] Auch wurde darauf verwiesen, dass der Begriff „fachmännisch" bei den Schulaufsichtsregelungen (Art. 144)

---

4 *Feuchte* in: Feuchte, Art. 17 Rn. 2.
5 Abg. *Müller* (CDU) und Abg. *Lausen* (SPD) in: Feuchte, Quellen, 5. Teil, 262 f.; in der Tendenz ähnliche Bestimmungen enthielt (für Volksschulen) auch Art. 37 IV VerfWB: „In ihnen sollen in Erziehung und Unterricht auch die geistigen und sittlichen Werte der Humanität und des Sozialismus zur Geltung kommen" sowie Art. 28 S. 2 und 3 VerfLB: „An allen Schulen sind im Unterricht die religiösen Gefühle aller zu achten. Der Lehrer hat in jedem Fach auf die religiösen und weltanschaulichen Empfindungen aller Schüler Rücksicht zu nehmen und die religiösen und weltanschaulichen Auffassungen sachlich darzulegen."
6 Abg. *Müller* (CDU) in: Feuchte, Quellen, 5. Teil, 264.

der WRV verwandt wurde. Einig war man sich, dass die Schulaufsicht des Abs. 2 nicht den Religionsunterricht umfasst.[7]

Abs. 3 mit seinen Ausführungen zum Erwerb von öffentlich anerkannten Berechtigungen sollte von seiner Intention den Erwerb solcher Berechtigungen an Privatschulen regeln.[8] Auch die Diskussion im VA drehte sich nahezu ausschließlich um die **Abnahme von Prüfungen bei und durch Privatschulen**. Lediglich ein Debattenbeitrag wies – unter Hinweis auf die Abnahme von Schulfremdenprüfungen – darauf hin, dass die Begrenzung auf Privatschulen zu eng sei.[9] Schließlich unterblieb eine ausdrückliche Nennung der Privatschulen in Abs. 3.

4

Bei **Abs. 4** bestand ein parteiübergreifendes Einvernehmen im Blick auf die Elternmitwirkung. Während der VerfERP vorsah, dass die mitwirkenden Elternvertreter gewählt werden,[10] ließ der VerfECDU dies offen. Ebenso blieb offen, ob sich die elterliche Mitwirkung nur auf die Einzelschule (so die SPD) oder auf das ganze Land (so die CDU) beziehen sollte.[11]

5

Die CDU wollte in einen **anzufügenden Abs. 5** festlegen, dass „Schulträger, Lehrkörper und Elternvertretung zusammen [...] hinsichtlich solcher Angelegenheiten der Schule, die nicht ihrer Natur nach einer einheitlichen Behandlung im Lande bedürfen, weitgehend **Freiheit der Entscheidung** genießen" sollen.[12] Damit sollte „eine wirkliche staatspolitische Erziehung unserer Jugend, auch der erwachsenen Jugend, und eine Erziehung zur echten Demokratie" erreicht werden; auch sollte jeder Schein vermieden werden, dass „eine Art Naturschutzpark des Untertanengeistes in Schule und Schulverwaltung" geschaffen wird.[13] Der Antrag der CDU erhielt bei der Abstimmung im verfassungsgebenden Ausschuss keine Mehrheit und wurde bei den weiteren Beratungen nicht mehr gestellt.[14]

6

III. Verfassungsvergleichende Einordnung

Der in **Abs. 1** verwendete Begriff **Duldsamkeit** findet sich nur in wenigen Landesverfassungen (Art. 33 BremVerf, 56 II und III HessLV, 33 RPVerf), der der **sozialen Ethik** in dieser Form in keiner. Soweit mit Duldsamkeit ein **Toleranzgebot** ausgesprochen wird – und zwar sowohl in religiöser als auch in weltanschaulicher Hinsicht – lassen sich in anderen Verfassungen, teils als Erziehungsziele formuliert, Ähnlichkeiten feststellen (vgl. Art. 131 III, 136 I BayVerf, 28 BbgVerf, 26 BremVerf, 101 I SächsVerf, 27 I, II LSAVerf, 22 I ThürVerf).

7

---

7 Abg. *Müller* (CDU), Abg. *Lausen* (SPD), Abg. *Krause* (SPD) in: Feuchte, Quellen, 5. Teil, 264.
8 Die Formulierung des VerfERP stammt wörtlich aus Art. 38 S. 2 VerfWB, der die Privatschulen betraf; s. a. Abg. *Krause* (SPD) in: Feuchte, Quellen, 5. Teil, 267; auch Art. 30 VerfECDU bezog sich ausdrücklich auf Privatschulen.
9 Abg. *Erbe* (FDP/DVP) in: Feuchte, Quellen, 5. Teil, 269.
10 Abg. *Krause* (SPD) in: Feuchte, Quellen, 5. Teil, 271.
11 Abg. *Simpfendörfer* (CDU) und Abg. *Lausen* (SPD) in: Feuchte, Quellen, 5. Teil, 277, 287.
12 Feuchte, Quellen, 7. Teil, 52 (Beilage 875).
13 Abg. *Simpfendörfer* (CDU) in: Feuchte, Quellen, 5. Teil, 279, und 6. Teil, 533.
14 43. Sitzung am 24.6.1953 in: Feuchte, Quellen, 6. Teil, 535.

8 In den meisten **Landesverfassungen** finden sich, wie in **Abs. 2**, ausdrückliche Vorschriften, wonach das Schulwesen unter der **Aufsicht des Staates** steht (Art. 130 I BayVerf, 30 II BbgVerf, 28 II BremVerf, 4 II 2 NdsVerf, 27 II 1 RPVerf, 27 S. 2 SaarlVerf, 103 I SächsVerf, 29 I LSAVerf, 23 II ThürVerf). Alle Länder haben in ihren **Schulgesetzen** Regelungen zur Schulaufsicht. In ihnen wird schwerpunktmäßig beschrieben, auf welche Bereiche sich die Schulaufsicht bezieht (zB §§ 32 SchG; 96 II RPSchG; 86 NRWSchG; 58 SächsSchG) sowie institutionelle Zuständigkeiten festgelegt (§§ 33-35 SchG; 97 RPSchG; 88,89 NRWSchG; 59 SächsSchG). Daneben finden sich aber auch Regelungen zu besonderen Formen der Aufsicht, zB im Blick auf dem Schulträger obliegende Aufgaben (zB §§ 36 SchG; 97 HessSchG) oder zur schulischen Evaluation (§§ 114 SchG; 98 II HessSchG).

9 Nur in einigen wenigen **Landesverfassungen** gibt es ausdrückliche Regelungen zum die **Schulaufsicht wahrnehmenden Personal** (Art. 130 II BayVerf, 67 IV BerlVerf, 8 III 2 NRWVerf, 27 III 2 RPVerf). Während Bayern, Nordrhein-Westfalen und Rheinland-Pfalz in ihren Landesverfassungen fast identische Regelungen wie BW haben, was Vorbildung und Status des Schulaufsichtspersonals angeht, und auch Berlin darauf abstellt, dass hier Beamte tätig werden, regelt Art. 96 III BbgVerf für alle Verwaltungsbereiche, dass neben Beamten auch „Verwaltungsträger" Aufgaben der Verwaltung, also auch schulaufsichtliche Aufgaben, wahrnehmen können. In Hessen wird die Schulaufsicht „hauptamtlich durch Fachkräfte" ausgeübt (Art. 56 I HessVerf). Teils finden sich in den **Schulgesetzen** Anforderungen zur formalen Qualität von Schulaufsichtspersonal (zB §§ 94 III HessSchG und 87 NRW SchG, die jeweils von Beamten sprechen).

10 Eine dem **Abs. 3** entsprechende Regelung zu Prüfungen gibt es in anderen Landesverfassungen nicht. Der der Regelung des **Abs. 4** zur **institutionellen Mitwirkung** der Eltern in der Schule ähnliche Bestimmungen findet sich in einigen wenigen Landesverfassungen (Art. 56 VI HessVerf, 104 I, 10 II NRWVerf, 104 I SächsVerf, 29 II LSAVerf, 23 III ThürVerf).

B. Erläuterungen

I. Gebot der Duldsamkeit und sozialen Ethik (Abs. 1)

1. Allgemeines

11 Der **Begriff der Duldsamkeit** wird meist **synonym mit dem der Toleranz** gebraucht.[15] Unabhängig davon, auf welche Bereiche er sich bezieht (dazu → Rn. 12 ff.), ist ihm eigen, dass Toleranz nicht Folge eigener Überzeugungslosigkeit oder Standpunktlosigkeit ist (denn dann bedarf es keiner Toleranz), sondern sich mit dem Festhalten an der Wahrheit der eigenen Überzeugung verbindet oder verbinden kann. „Toleranz bedeutet Respekt, Akzeptanz und Anerkennung der Kulturen unserer Welt, unserer Ausdrucksformen und Gestaltungsweisen unseres Menschseins in all ihrem Reichtum und ihrer Vielfalt; sie bedeutet für jeden einzelnen Freiheit der Wahl seiner Überzeugungen, aber gleichzeitig auch Anerkennung der glei-

---

15 ZB *Braun*, Art. 17 Rn. 1; *Feuchte* in: Feuchte, Art. 17 Rn. 3; Zur Toleranz als Rechtsbegriff s. Nachweise bei *Huster*, Neutralität, 222 ff. (Fn. 346).

chen Wahlfreiheit für die anderen".[16] Toleranz verlangt jedoch nicht ein Übernehmen der anderen Meinung oder Ansicht als für einen selbst zutreffend, sondern vielmehr Akzeptanz des Habens einer anderen Meinung, eines andern Glaubens, einer anderen Gestaltungsform des Lebens.[17] Das SchG konkretisiert das Gebot der Toleranz in der in § 1 II 2 SchG enthaltenen Verpflichtung, die Schüler „zur Achtung der Würde und der Überzeugung anderer" zu erziehen.[18]

Bei den Verfassungsentwürfen lag bei den insgesamt eher kurzen Aussprachen der Schwerpunkt der Beratungen bei den weltanschaulich-religiösen Aspekten der Toleranz. Das Gebot der Duldsamkeit/Toleranz ist **gerade bei weltanschaulich geprägten Positionen besonders bedeutsam**. Hier muss die Lehrkraft, um diesem Gebot gerecht zu werden, insbesondere drei Aspekte beachten, die im sog. „**Beutelsbacher Konsens**" beschrieben sind:[19]

- Es ist nicht erlaubt, den Schüler – mit welchen Mitteln auch immer – im Sinne erwünschter Meinungen zu überrumpeln und damit an der Gewinnung eines selbstständigen Urteils zu hindern (**Überwältigungsverbot**).
- **Was in Wissenschaft und Politik kontrovers ist, muss auch im Unterricht kontrovers erscheinen.**
- **Der Schüler muss in die Lage versetzt werden, eine politische Situation und seine eigene Interessenlage zu analysieren,** sowie nach Mitteln und Wegen zu suchen, die vorgefundene politische Lage im Sinne seiner Interessen zu beeinflussen.

Mit dem Neutralitäts- und Toleranzgebot soll einerseits der **Erziehungsauftrag des Staates** nach Art. 7 I GG und andererseits das **Recht des Schülers aus Art. 2 I GG auf freie Entfaltung und Entwicklung seiner Persönlichkeit** sowie das **Recht der Eltern aus Art. 6 II 1 GG, Pflege und Erziehung ihrer Kinder nach eigenen Vorstellungen frei zu gestalten,** nach dem Grundsatz der Herstellung praktischer Konkordanz aufeinander abgestimmt und zum Ausgleich zu gebracht werden. Deshalb dürfen Unterricht und Schulbuch nicht als Mittel verwendet werden, Schüler politisch, ideologisch oder weltanschaulich zu indoktrinieren.[20] Mit dem Gebot zur Duldsamkeit/Toleranz zusammenhängend ist die Verpflichtung der Schule, sich in parteipolitischen Fragen neutral zu verhalten.[21]

---

16 Erklärungen von Prinzipien der Toleranz, verabschiedet von den Mitgliedstaaten der UNESCO auf der 28. Generalkonferenz (Paris, 25.10.–16.11.1995), Art. 1 Abs. 1.1 und 1.4, zitiert nach: http://unesco.de/infothek/dokumente/unesco-erklaerungen/erklaerung-toleranz.html (1.11.2017).
17 Ähnlich auch *Huster*, Neutralität, 25: „Für moderne Gesellschaften ist es charakteristisch, dass es ihre Mitglieder miteinander aushalten, obwohl sie in zahlreichen Fragen von Weltanschauung und Lebensführung unterschiedlicher Meinung sind." S. dort auch die Literaturnachweise zum Toleranzbegriff in Fn. 46.
18 S. dazu im Einzelnen *Burk* in: Ebert § 1 Rn. 30 ff.
19 Bei einer Tagung der Landeszentrale für politische Bildung in Beutelsbach 1976 für die politische Bildung vereinbarter Konsens: www.bpb.de/die-bpb/51310/beutelsbacher-konsens (1.11.2107); er gilt für den Bildungsplan 2016 ausdrücklich als Leitlinie; s. dazu *Pant*, Bildungsplan 2016.
20 BVerwGE 79, 298 (300).
21 Zur Frage der Besetzung des Podiums bei von der Schule verantworteten Befragung von Kandidaten vor Parlamentswahlen s. VGH BW, ESVGH 61, 168 (171 f.);

14 Zur Frage der Toleranz gegenüber **religiösen Einstellungen von Schülern** s. → Art. 14 Rn. 44 ff. und → Art. 21 Rn. 10 ff.

2. Sexualerziehung

15 Die Frage der Toleranz spielte bei der Ausgestaltung der seit 2016 für allgemeinbildende Schulen geltenden Bildungspläne eine große Rolle. Insbesondere die – neben anderen – dem Bildungsplan vorangestellte Leitperspektive "Bildung für Toleranz und Vielfalt"[22] war heftiger Kritik ausgesetzt. Die Kritik lief im Kern darauf hinaus, Schüler würden künftig in den Schulen dazu gebracht, die unterschiedlichsten Formen sexueller Vielfalt als für sich richtig zu akzeptieren. Wenn mit der Leitperspektive eine schulische Sexualerziehung beabsichtigt gewesen wäre, die Schüler dazu bringen soll, jede Art sexuellen Verhaltens gleichermaßen zu bejahen oder gar zu befürworten, hätte dies in der Tat gegen das **Zurückhaltungs- und Rücksichtnahmegebot**, welches Art. 4 I, 6 II 1 GG dem Staat bei der Ausgestaltung des Sexualkundeunterrichts auferlegen, verstoßen. Keinen solchen Verstoß stellt es dagegen dar, im Unterricht zu vermitteln, dass „die Menschen einander akzeptieren (sollen) unabhängig von der jeweiligen sexuellen Orientierung und Lebensweise, die sie bei ihrem Gegenüber gegebenenfalls gerade nicht billigen." [...] „Denn die **Anleitung zur Toleranz gegenüber unterschiedlichen sexuellen Orientierungen** und innerhalb der Grenzen der Rechtsordnung ausgeübten sexuellen Verhaltensweisen ist [...] ein legitimes staatliches Erziehungsziel."[23]

3. Soziale Ethik

16 Es ist unklar, was unter dem Begriff der „sozialen Ethik" im Allgemeinen und in Bezug auf den in den Schulen waltenden „Geist der sozialen Ethik" im Besonderen zu verstehen ist. Wenn man **soziale Ethik als Gegensatz zur Individualethik** sieht, dann kann sie sich nur auf gesellschaftlich wünschenswert erachtete Aspekte menschlichen Zusammenlebens- und -wirkens beziehen. Dies steht im Einklang mit Art. 1 I LV, der den Menschen als gemeinschaftsbezogenes und gemeinschaftsgebundenes Individium beschreibt.[24] In einer heterogen Gesellschaft mit unterschiedlichsten Vorstellungen über ein gelingendes und wünschenswertes Leben kann als – zumindest formales – Fundament dessen, was wünschenswertes Verhalten sein soll, das zugrunde gelegt werden, zu dem Schule nach Art. 12 LV gemeinschaftsorientiert erziehen soll. Denn Schule darf nicht zu etwas erziehen, das nicht Erziehungsziel ist und damit darf auch der an einer Schule waltende Geist kein von Erziehungszielen abweichender sein. So verstanden, beschreiben **die in Art. 12 LV formulierten Erziehungsziele** gleichzeitig auch das, was den „Geist der sozialen Ethik" ausmacht.

---

danach verstößt es gegen den Grundsatz der Chancengleichheit der Parteien, die Einladung nur auf im Landtag vertretene Parteien zu beschränken.
22 Vgl. http://www.bildungsplaene-bw.de/,Lde/2128165_3748308_3852292_378695 2 (1.11.2017).
23 BVerwG, DÖV 2008, 775 (776 f.).
24 *Feuchte* in: Feuchte, Art. 17 Rn. 9.

Damit sind die soziale Ethik ebenso wie die Duldsamkeit in Art. 17 I LV ieS keine Erziehungsziele,²⁵ wenn auch das, was damit inhaltlich gemeint ist, Erziehungsziele sind. Art. 17 I LV spricht vielmehr davon, dass „der Geist" der Duldsamkeit und der sozialen Ethik in den Schulen walten soll. Damit wird zum einen eine **Zielbestimmung hinsichtlich des Geistes** vorgenommen, der an Schulen walten soll; zum andern werden damit aber auch **Pflichten für ein bestimmtes Verhalten aller schulischen Akteure** begründet, wobei diese auch für die Schulverwaltung gelten, die durch ihre Festlegungen in besonderem Maße den an Schulen waltenden Geist beeinflussen kann.²⁶

Alle Akteure müssen ihre Handlungen so ausrichten, dass als Ergebnis der „Geist der Duldsamkeit und sozialen Ethik" an der Schule tatsächlich waltet. Es erscheint allerdings nicht überzeugend, aus Art. 17 I LV ein „**Grundrecht auf eine ideologisch tolerante Schule**" ableiten zu wollen.²⁷ Abgesehen davon, dass es eine Verengung ist, das, was Art. 17 I LV beschreibt, auf Toleranz gegenüber Ideologien zu begrenzen, zeigt auch ein Vergleich mit anderen Normen des Abschnitts Erziehung und Unterricht der LV (insbesondere Art. 11 I LV), dass hier keine Rechte begründet werden sollten, sondern – neben der Zielbestimmung – **Pflichten der schulischen Akteure**, die beitragen sollen, den gewünschten Geist der Duldsamkeit und sozialen Ethik tatsächlich an der Schule zu erreichen.²⁸ Dies kann auf der übergreifend steuernden Ebene bezogen auf den Inhalt des Unterrichts insbesondere durch Bildungspläne erreicht werden.²⁹

Art. 17 I LV nimmt für sich in Anspruch, **für alle Schulen** zu gelten. Damit sind zum einen alle in öffentlicher Trägerschaft stehenden Schulen gemeint. Gemeint sind aber zum andern **auch die genehmigten Ersatzschulen**. Dies dürfen zwar eigene Erziehungsziele verfolgen, müssen dabei aber der Wertordnung der Verfassung, insbesondere dem Toleranzgebot, der Achtung der Menschenwürde und den Grundrechten sowie den Verfassungsgrundsätzen des demokratischen und sozialen Rechtsstaats Rechnung tragen.³⁰ Der in Art. 17 I LV zum Ausdruck kommende Wille, dass an allen Schulen der Geist der Duldsamkeit und der sozialen Ethik waltet, ist **Ausdruck einer der Regelung zugrunde gelegten Wertordnung**. Diese Grundentscheidung gilt auch für anerkannte Ergänzungsschulen (§ 15 PSchG), nicht aber für freie Unterrichtseinheiten, die dadurch gekennzeichnet sind, dass sie gerade keinen schulischen Charakter haben (§ 16 PSchG).³¹

---

25 AA *Braun*, Art. 17 Rn. 7.
26 *Braun*, Art. 17 Rn. 7 und Rn. 4.
27 So aber *Oppermann*, Gutachten C für den 51. Deutschen Juristentag 1976, C 95.
28 Im Ergebnis ebenso: *Braun*, Art. 17 Rn. 7; offengelassen: *Feuchte* in: Feuchte, Art. 17 Rn. 4.
29 Dies versucht der Bildungsplan 2016 mit seiner auf alle Fächer bezogenen Leitperspektive „Bildung für Toleranz und Akzeptanz von Vielfalt": http://www.bildungsplaene-bw.de/,Lde/2128165_3748368_3852292_3786952 (13.10. 2016).
30 BVerwGE 145, 333 (344); *Avenarius* in: Avenarius, Rn. 15.621; *Braun*, Art. 17 Rn. 4.
31 AA *Braun*, Art. 17 Rn. 4, der die Anwendbarkeit auf Ergänzungsschulen bejaht.

II. Schulaufsicht, personelle Ausstattung (Abs. 2)

20 Abs. 2 macht lediglich Vorgaben dazu, durch wen die Schulaufsicht ausgeführt werden darf. Er regelt nicht die Schulaufsicht als solche. Hier greift vielmehr Art. 2 I LV, der auch auf Art. 7 I GG verweist und diesen damit formell wie materiell zum Bestandteil der LV macht;[32] danach gilt, dass das **gesamte Schulwesen unter der Aufsicht des Staates** steht. Inhaltlich knüpft die Anforderung sowohl an die fast wortgleiche Regelung des Art. 144 S. 2 WRV sowie an Art. 37 S. 5 VerfWB und 110 S. 2 VerfWH an. Art. 144 WRV wollte mit seinem Satz 2 die „**Verweltlichung**" der Schulaufsicht unterstreichen; der Satz sollte sich gegen die „geistige Schulaufsicht" richten, also gegen die in fast allen deutschen Ländern übliche Praxis, die Schulaufsicht Geistlichen, die dies nebenamtlich handhabten, zu übertragen.[33]

21 Das SchG sieht in § 32 III vor, dass die die Aufsicht wahrnehmenden Personen „fachlich" vorgebildet sein müssen, benutzt also gerade nicht den in der LV – mit Bedacht, s. o. – verwendeten Begriff „fachmännisch". Bei einer verfassungskonformen Auslegung muss der Begriff „fachlich" in § 32 III SchG so verstanden werden, dass bei Schulaufsichtsbeamten neben der fachlichen Vorbildung auch eine fachmännische Vorbildung vorhanden sein muss, also eine über die übliche, durch die fachliche Grundqualifikation hinausreichende, **für die Wahrnehmung von Schulaufsichtstätigkeiten notwendige, besondere Qualifikation**.[34]

22 Art. 17 II LV sieht vor, dass die Aufsicht durch „**Beamte**" erfolgen muss. Eine ausdrückliche Regelung wie die in der VerfBbg, dass neben Beamten auch „Verwaltungsträger" schulaufsichtlich tätig werden können, kennt die LV nicht. Erklären lässt sich das durch den Umstand, dass traditionell Lehrkräfte als Beamte beschäftigt wurden.[35] Wenn aber schon Lehrkräfte als Beamte tätig waren, musste das erst recht auch für Schulaufsichtsbeamte gelten – sicherlich eine Erklärung dafür, dass weder in den Beratungen des VA noch in denen der VLV die Frage, ob auch Nichtbeamte diese Aufgaben wahrnehmen können, aufgeworfen oder gar erörtert wurde.

23 Art. 17 II LV ist aber auf dem Hintergrund des **Funktionsvorbehalts des Art. 33 IV GG** zu sehen, wonach hoheitsrechtliche Befugnisse „in der Regel Angehörigen des öffentlichen Dienstes übertragen sind, die in einem öffentlichen Dienst- und Treueverhältnis stehen", womit Beamte im statusrechtlichen Sinn gemeint sind. Umstritten ist jedoch im Allgemeinen, was unter den in Art. 33 IV GG erwähnten „**hoheitlichen Befugnissen**" zu verstehen ist, im Besonderen, ob Lehrkräfte zumindest überwiegend hoheitliche Tätigkeiten ausüben.[36] Diese Frage kann in Bezug auf Lehrkräfte ohne besondere Funktion hier ebenso dahingestellt bleiben, wie die, ob sich aus der Regelung des Art. 17 II LV im Umkehrschluss ableiten lässt, dass Lehr-

---

32 *Feuchte* in: Feuchte, Art. 2 Rn. 11.
33 *Anschütz*, Art. 144 Nr. 2.
34 So auch: *Feuchte* in: Feuchte, Art. 17 Rn. 13.
35 S. dazu Nachweise bei *Cremer*, Beamtenstatus, Fn. 20.
36 Zum Meinungsstand zB: Gegen eine zwingende Verbeamtung BVerfG, B. v. 19.9.2007 – 2 BvF 3/02 – openJur, Rn. 74; für die Verbeamtung (in der Regel) unter Berufung auf die hM: *Avenarius* in: Avenarius, Rn. 28.21; ebenso: *Cremer*, Beamtenstatus, 23 ff.

kräfte ohne Aufsichtsfunktion nicht Beamte sein müssen.[37] Denn Art. 17 II LV konkretisiert, ohne damit im Widerspruch zu Art. 31 GG zu sein, den Begriff der „hoheitlich geprägten Aufgabe" des Art. 33 IV GG dahin gehend, dass die Tätigkeit der Schulaufsicht eben diese Bedingung erfüllt und damit von Beamten wahrzunehmen ist. Damit trägt die LV dem Umstand Rechnung, dass der Begriff der Aufsicht über das Schulwesen nach Art. 2 I LV iVm Art. 7 I GG umfassend zu verstehen ist (dazu → Rn. 24 ff.). Die Festlegung auf Beamte ist jedoch, um nicht in Widerspruch zu Art. 33 IV GG zu geraten, dahin gehend auszulegen, dass dies nur „in der Regel" der Fall sein muss, **Ausnahmen also möglich sind**.[38]

III. Schulaufsicht (Art. 2 I LV iVm Art. 7 I GG)

„Das gesamte Schulwesen steht unter Aufsicht des Staates."[39] Dieser Satz des Art. 7 I GG, der wörtlich Art. 144 S. 1 HS 1 WRV entspricht, enthält die **klare Absage an die Herrschaft der Kirche über die Schule**.[40] In dieser Hinsicht ist er heute schon deshalb weitgehend bedeutungslos, weil eine kirchliche Schulaufsicht an Schulen in öffentlicher Trägerschaft allenfalls in gewissem Umfang bezüglich des Faches Religionslehre besteht. Weil das so aber auch schon zum Zeitpunkt des Inkrafttretens des GG war, erscheint es nicht naheliegend, aus dieser Regelungsmotivation ableiten zu wollen, der Begriff der Aufsicht müsse eng ausgelegt werden.[41]

24

Kern der Regelung des Art. 7 I GG ist heute, dass damit der Staat – in diesem Fall in erster Linie die für das Schulwesen zuständigen Länder, die hier weitgehende Gestaltungsfreiheit haben[42] – das **Recht und die Verantwortung für die Bildung und Erziehung in der Schule** in Anspruch nimmt und damit eine **verfassungsimmanente Schranke gegenüber dem Erziehungsrecht der Eltern** nach Art. 4 I und II GG und den Grundrechten der Schüler setzt,[43] aber **auch gegenüber dem Recht auf kommunale Selbstverwaltung** nach Art. 28 II GG – dies obgleich Art. 7 I GG im Gegensatz zu Art. 144 I WRV die Gemeinden nicht ausdrücklich im Zusammenhang mit der Schulaufsicht nennt, sie jedoch im GG mit eigenen Rechten ausgestattet hat.[44] Nach den Worten des BVerfG umfasst die Schulaufsicht iSd Art. 7 I GG „die Befugnisse des Staates zur Planung und Organisation des Schulwesens mit dem Ziel, ein Schulsystem zu gewährleisten, das allen jungen Bürgern gemäß ihren Fähigkeiten die dem heutigen gesellschaftlichen Leben ent-

25

---

37 So aber für die fast gleich lautende Regelung des Art. 8 III NRWVerf: LAG Hamm, U. v. 15.2.2012 – 5 SaGa 49/11 – openJur, Rn. 34.
38 Für § 32 III SchG ebenso *Reip* in: Ebert, § 32 Rn. 8; aA unter Hinweis auf den klaren Wortlaut der (fast) gleichlautenden Regelung in Art. 130 BayVerf *Geis in: Meder/Brechmann*, Art. 130 Rn. 22.
39 Zur Geschichte der Schulaufsicht s. die umfassenden Nachweise bei *Füssel* in: Avenarius, Rn. 9.11 (Fn. 4).
40 Ebenso für Art. 144 S. 1 WRV: *Anschütz*, Art. 144 Nr. 1.
41 So aber *Rux* in: Rux/Niehues, Rn. 828, der dann aber im Weiteren davon ausgeht, dass Art. 7 I GG nicht lediglich dazu diene, die religiöse Neutralität des Schulwesens zu sichern.
42 BVerfGE 96, 288 (303); zur Zuständigkeit der Länder bereits in der WRV s. *Kurtz*, Geschichte der Schulaufsicht, 278.
43 *Badura* in: Maunz/Dürig, Art. 7 Rn. 37.
44 BVerfGE 138, 1 (30); aA *Rux* in: Rux/Niehues, Rn. 929.

sprechenden Bildungsmöglichkeiten eröffnet."[45] Das BVerwG stellt, in die gleiche Richtung gehend, fest, dass der Begriff der Aufsicht bei Art. 7 I GG „die Gesamtheit der staatlichen Befugnisse zur Organisation, Planung, Leitung und Beaufsichtigung des Schulwesens" umfasst.[46] Deshalb ist zB die organisatorische Gliederung der Schule, die Entscheidung über die strukturelle Ausgestaltung des Ausbildungssystems und die Festlegung der Ausbildungsgänge und Unterrichtsziele Sache des Staates.[47] Art. 7 I GG gibt dem Staat und damit der ausführenden Schule auch einen eigenständigen Bildungs- aber auch einen Erziehungsauftrag.[48] Der Auftrag der Schule umfasst somit weit mehr als bloße Wissensvermittlung. Er enthält, wie bereits die Erziehungsziele des Art. 12 I LV zeigen, aber auch der in Art. 17 I LV genannte Auftrag zur Ausgestaltung der Schulen, zusätzlich einen **Auftrag zur Erziehung der Kinder und Jugendlichen.**[49]

26 Aufsicht iSv Art. 7 I GG ist damit zunächst die **Lenkung, Koordinierung oder Kontrolle nachgeordneter Einrichtungen,** einschließlich der Dienst- und Fachaufsicht (zB § 32 I Nr 1, 3-6 SchG). Sie umfasst jedoch auch das **Bestimmungsrecht über die Unterrichts- und Erziehungsarbeit** der öffentlichen Schulen und alle damit zusammenhängenden Angelegenheiten (zB Festlegung der Bildungspläne, Festlegung der in einem bestimmten Bildungsgang zu unterrichtenden Fächer; Regelung zur Versetzung und zum Bestehen von Prüfungen) sowie die Beratung der Schulen (vgl. zB § 32 I Nr. 2 SchG). Art. 7 I GG ist mithin **Grundlage für landesrechtliche Regelungen zur Schulaufsicht,** die sowohl die Fachaufsicht, die Rechtsaufsicht als auch die Dienstaufsicht über das an Schulen tätige im Dienst des Landes stehende Personal umfasst.

27 Von dieser grundsätzlich umfassenden Zuständigkeit zu trennen ist die Frage, ob es möglich, notwendig oder zumindest zweckmäßig ist, dass ein Land die Aufsicht über die Schulen auf eine reine **Rechtsaufsicht** begrenzt, also lediglich auf die Überprüfung der Rechtmäßigkeit schulischen Handelns, nicht aber auf die der Zweckmäßigkeit.[50] Inhaltlich begründet wird dieser Ansatz in jüngerer Zeit im Wesentlichen damit, dass ein „zentralistisches" Schulwesen den veränderten Bedingungen einer immer pluralistischer werdenden Welt nicht gerecht werde und überdies nur eine Schule,

---

45 BVerfGE 59, 360, (377); aA *Brosius-Gersdorf* in: Dreier, Art. 7 Rn. 45, die aus Art 7 I lediglich eine Verpflichtung des Staates ableitet, für ein leistungsfähiges Schulsystem zu sorgen, für die Schulen in öffentlicher Trägerschaft jedoch ebenfalls Befugnisse zur Organisation, Planung, Leitung und Kontrolle bejaht.
46 BVerwGE 6, 101 (104); ähnlich auch BVerwGE 47, 201 (204); 107, 75 (78); VGH BW, U. v. 12.8.2014 – 9 S 1755/13 – openJur, Rn. 64.
47 BVerfGE 34, 165 (182); 45, 400 (415); 53, 185 (196); 96, 288 (303); BVerwG, B. v. 10.1.2007 – 6 BN 3.06, Rn. 7.
48 S. dazu die umfangreichen Nachweise bei *Brosius-Gersdorf* in: Dreier Art. 7 Rn. 24, Fußnote 144.
49 Während der Bildungsauftrag unstr. ist, verneint *Brosius-Gersdorf* in: Dreier Art. 7 Rn. 24 (Fn. 144), den Erziehungsauftrag unter Beschränkung des Staates auf einen reinen Bildungsauftrag und „bildungsakzessorische Erziehungsaufgaben".
50 So zB *Rux* in: Rux/Niehues, Rn. 833, der den Staat nicht „unter allen Umständen" daran gehindert sieht, die staatliche Aufsicht auf eine Rechtsaufsicht zu beschränken; *ders.,* Mitbestimmung, 59; *Müller,* Eigenverantwortung und Aufsicht, 89, die eine Beschränkung der Schulaufsicht auf eine Rechtsaufsicht für „überfällig" erachtet.

die selber genug Freiheit zum eigenverantwortlichen Handeln gelassen wird, ihre Schüler individuell – und damit besser – fördert.[51] Internationale Studien bestätigten, dass Staaten mit größerer Schulautonomie durchweg bessere Ergebnisse erzielten.[52] Teils wird auch eine verstärkte Autonomie der Schulen als Strategie gesehen, um eine übermäßige staatliche Einflussnahme auf die Erziehung der Kinder zu verhindern.[53] Neuere internationale Studien zeigen jedoch **keine belastbaren Hinweise auf eine Kausalität zwischen einem Mehr an Autonomie und verbesserten Leistungsergebnissen oder einer Verbesserung von Schul- und Unterrichtsentwicklung.**[54] Auch hat die Möglichkeit der besseren individuellen Förderung nichts mit der Frage einer Rechtsaufsicht zu tun, wie in BW das Beispiel der Gemeinschaftsschule zeigt, deren Konzept ganz wesentlich vom Ansatz der individuellen Förderung geprägt ist.

Tatsächlich ist das Gegensatzpaar Rechtsaufsicht vs. Rechts- und Fachaufsicht zur Auslotung von Optimierungsmöglichkeiten schulischer Arbeit schon deshalb wenig geeignet, weil bei entsprechendem Willen im konkreten Fall ohne größere Schwierigkeiten faktische Fachaufsicht auch im Gewand der Rechtsaufsicht erfolgen könnte. Für mehr Flexibilität der schulischen Arbeit sorgt, wenn **konkrete Bereiche schulischer Arbeit in die Hand der Schule gegeben oder zumindest Freiräume für deren eigene Tätigkeit geschaffen** werden (zB Personalauswahl,[55] Budgethoheit[56] oder Kontingentstundentafeln). 28

Es bleibt gleichwohl die Frage, ob ein Land punktuell oder insgesamt die Schulaufsicht auf eine reine Rechtsaufsicht, mithin auf die Kontrolle der Rechtmäßigkeit des Handelns schulischer Akteure beschränken kann – ggf. in Verknüpfung mit Instrumenten wie „**Schulprogrammen**",[57] deren Inhalt dem Vorbehalt des Gesetzes entsprechen muss oder mit **Zielvereinbarungen**[58] – und gegenüber und zwischen welchen schulischen Akteuren (Lehrkräfte, Schulleitung, schulische Gremien) dies wirken soll. Dabei geht es nicht um die Frage einer völligen Autonomie einer Schule (iS einer Entscheidungsfreiheit über – auch statusbegründende und – verändernde – Festlegungen oder Bestimmung von Erziehungszielen). Eine solche völlige 29

---

51 *Müller*, Eigenverantwortung und Aufsicht, 346, These 3.
52 *Müller*, Eigenverantwortung und Aufsicht, 89, unter Bezugnahme auf „internationale Schulleistungsstudien"; sie räumt aber auch ein (aaO, 343), dass noch keine eindeutigen Aussagen dazu möglich seien, ob eine größere Selbstständigkeit der Schulen zu einer Verbesserung oder Verschlechterung der Schülerleistungen führt.
53 *Rathke*, Schulwesen, 258.
54 S. dazu die Darstellung der – zahlenmäßig spärlichen – Untersuchungen bei *Altrichter/Brauckmann/Lassnigg/Moosbrugger/Gartmann* in: Nationaler Bildungsbericht Österreich 2015, Bd. 2, 275 f.; s. auch *Nikolai/Helbig*, ZfE 2013, 381, wonach die Ergebnisse der Analyse der deutschen nationalen Ergänzungsstudie PISA 2006 keine Hinweise auf einen Zusammenhang von größerer Schulautonomie und höheren Schülerkompetenzen liefern.
55 Vgl. VwV Einstellung von Lehramtsbewerberinnen und Lehramtsbewerbern (für 2017) in: K.u.U. 2017, 8, Nr. 23.
56 Vgl. VwV Personalausgabenbudgetierung, in: K.u.U. 2010, 196; zur Beteiligung schulischer Gremien bei der Anforderung von Haushaltsmitteln s. § 47 III Nr. 7 SchG.
57 S. dazu die Übersicht bei *Nebel*, Schulprogramme, 160 ff. (Fn. 132).
58 Vgl. § 13 EvaluationsVO (GBl. 2008, 206).

Untätigkeit Gesetzgebers würde die Pflicht des Staates verletzen, dafür zu sorgen, dass er dem Recht auf Bildung des Kindes und Jugendlichen – gleich aus welcher Verfassungsnorm des Bundes oder des Landes man es ableitet – gerecht werden kann.[59] Gleiches gilt für seine Verpflichtung, für ein leistungsfähiges und sozial gerechtes Schulwesen zu sorgen.[60] Der Staat ist nach Art. 7 I GG verpflichtet, Aufsicht auszuüben. Es kann deshalb nur um die Frage gehen, ob er sich auf die Rechtsaufsicht beschränken kann, verzichten kann er auf sie nicht.[61]

30 Art. 7 I GG unterstellt zwar die Schulen einer umfassenden staatlichen Aufsicht, lässt aber gleichzeitig Raum für dies ausfüllende Regelungen der Länder, die sich wiederum an den Grundrechtspositionen u. a. von Eltern und Schülern aber auch der Kommunen messen lassen müssen. Aus Art. 7 I GG lässt sich mithin nicht eine bestimmte Art der Schulaufsicht ableiten.[62] Eine – durchaus wünschenswerte – **Stärkung der Eigenverantwortung der Schule** darf jedoch das **Demokratieprinzip** des Art. 20 I und II, 28 I GG nicht verletzen. Die **Ausübung von Staatsgewalt** – auch in der Schule – ist nur dann demokratisch legitimiert, wenn eine **personelle Legitimation der handelnden Personen** gegeben ist und die Amtsträger im Auftrag und auf Weisung der Regierung handeln, diese damit in die Lage versetzt wird, die Sachverantwortung gegenüber dem Parlament zu übernehmen.[63] Dies wäre allerdings auch bei einer bloßen Kontrolle der Rechtmäßigkeit gegeben, da hier ja Rechtsverstöße – notfalls per Weisung – beseitigt werden können. Dies gilt jedenfalls dann, wenn, sofern von der Schule beschlossene Schulprogramme, die sich in den in → Rn. 29 beschriebenen Grenzen halten, einer Genehmigung durch die Schulaufsichtsbehörden bedürfen (s. zB §§ 9 I Nr. 1 BremSchG, 127 b IV HessSchG)[64] und die Beschlüsse sich innerhalb des genehmigten Rahmens halten. Soweit dies nicht erfolgt, muss gewährleistet sein, dass keine substantiellen Entscheidungen ohne – unterschiedlich ausgestaltbare – staatliche Einwirkungsmöglichkeiten erfolgen können.[65] Ist das gewährleistet, ist es nicht zur Herstellung einer personellen

---

59 *Rux* in: Rux/Niehus, Rn. 1006; *Nebel*, Schulprogramme, 114; s. auch → Art. 11 Rn. 18.
60 *Avenarius* in: Avenarius, Tz. 13.23; iE ebenso *Müller*, Eigenverantwortung und Aufsicht, 98.
61 Zweifelnd, ob nicht eine aus Art. 7 I GG sich ergebende Pflicht zur Fachaufsicht besteht, aber letztlich offengelassen: VGH BW, U. v. 12.8.2014 – 9 S 1755/13 – openJur, Rn. 64.
62 AA *Wißmann*, Pädagogische Freiheit, 43, der einerseits eine Beschränkung der Schulaufsicht auf eine bloße Rechtsaufsicht nicht für möglich hält, jedoch eine „Dezentralisierung von Verantwortlichkeiten", andererseits eine Beschränkung der Aufsicht über Lehrkräfte durch Landesrecht auf eine Rechtsaufsicht im Bereich, der von der pädagogischen Freiheit der Lehrkraft umfasst ist, nicht ausschließt (aaO, 147); zu letzterem Aspekt s. auch *Rux*, Pädagogische Freiheit, 233, der unter bestimmten Bedingungen eine solche Beschränkung für möglich erachtet; aA auch *Kotzur* in: Stern/Becker, Art. 7 Rn. 27, der eine Rechtsaufsicht nur bei Schulen in privater Trägerschaft und – eingeschränkt – kommunaler Trägerschaft für möglich hält. Zur Frage einer bloßen „Rechtskontrolle" bei Einrichtung einer Schule s. → Rn. 29.
63 BVerfGE 93, 37 (67); 107, 59 (87 f.).
64 Zur demokratischen Legitimation von Beschlüssen von Schulkonferenzen s. *Nebel*, Schulprogramme, 268 ff.
65 *Brückelmann*, Verfassungsrechtliche Grenzen, 122.

wie auch sachlich-inhaltlichen Legitimation erforderlich, dass die Lehrkräfte in den über die Schulentwicklung entscheidenden, gemischt besetzten Gremien nicht überstimmt werden können.[66]

Bei der „**pädagogischen Freiheit**" der an einer öffentlichen Schule tätigen Lehrkraft[67] handelt es sich weder um ein Grundrecht noch um einen hergebrachten Grundsatz des Berufsbeamtentums iSv Art. 33 V GG.[68] Sie ist eine pflichtgebundene Freiheit, die ihren Grund und ihre innere Rechtfertigung in der Erziehungsaufgabe des Lehrers findet.[69] Die Pflichtgebundenheit bedeutet auch, dass es möglich ist, die Lehrkraft darauf zu verpflichten, sich in ihrem Unterricht im Rahmen bestimmter Unterrichtsziele und -inhalte zu halten,[70] bspw. eine bestimmtes Lehrbuch zu verwenden oder nicht zu verwenden.[71] Die pädagogische Freiheit setzt der Intensität der Aufsicht der Schulaufsichtsbehörden jedoch tatsächliche Grenzen, sie führt aber **nicht zu einer – rechtlich zwingenden – Beschränkung der Fachaufsicht**.[72] Die Lehrkraft hat aber – im Rahmen der geltenden rechtlichen Vorgaben – die unmittelbare pädagogische Verantwortung für die Erziehung und Bildung der Schüler (§ 38 VI SchG). Diese Verantwortung setzt einer Fachaufsicht ebenso Grenzen[73] wie der Einwirkungsmöglichkeit auf die einzelne Lehrkraft durch Beschlüsse von Lehrerkonferenzen (§ 44 II SchG). Diese Beschränkung der Eingriffsmöglichkeiten als subjektives Recht einer Lehrkraft zu verstehen,[74] erscheint den Gehalt der Norm allerdings zu überdehnen. Denn die „pädagogische Freiheit" ist im Schulgesetz Baden-Württembergs gerade nicht als Freiheit ausgestaltet, sondern als unmittelbare pädagogische Verantwortung der Lehrkraft.

Bei Lehrkräften an Schulen in privater Trägerschaft kann die oben dargestellte pädagogische Freiheit wegen der spezifischen Prägung einer solchen Schule in zulässiger Weise arbeitsvertraglich beschränkt werden.[75]

Die staatliche **Schulaufsicht ist eingeschränkt**, soweit übergeordnete Normen des GG ihr Grenzen setzen. Das geschieht nicht nur durch das – sei-

---

66 AA *Müller*, Eigenverantwortung und Aufsicht, 223 die eben dies für notwendig erachtet; s. a. *Avenarius*, RdJB 1994, 256 (268).
67 Zur überaus zahlreichen Literatur s. Nachweise bei *Avenarius* in: Avenarius, 663 (Fn. 162).
68 *Rux* in: Rux/Niehus, Rn. 1003; eingehend: *Müller*, Eigenverantwortung und Aufsicht, 160; *Wißmann*, Pädagogische Freiheit, 83 ff., 91 ff.; *Beaucamp*, RdJB 2015, 145 (151), der für wissenschaftlichen Oberstufenunterricht dann Art. 5 III GG für anwendbar hält; abl. dazu *Rathke*, Schulwesen, 329; aA *Richter*, RdJB 1979, 250 (255); s. hierzu auch die Nachweise bei *Wißmann*, Pädagogische Freiheit, Fn. 374.
69 *Füssel* in: Avenarius, Tz. 29.411.
70 *Boysen* in: v. Münch/Kunig, Art. 7 Rn. 56.
71 BVerwG, NVwZ 1994, 583.
72 *Füssel* in: Avenarius, Tz. 9.212; möglich ist es aber, in Schulgesetzen die Fachaufsicht im Blick auf die pädagogische Freiheit zu begrenzen, s. dazu: *Rux* in: Rux/Niehues, Rn. 1092, und *Beaucamp*, RdJB 2015, 145 (159).
73 *Lambert/Müller/Sutor*, § 38 SchG Rn. 3; mit anderer Begr., aber ähnl. Erg. *Rux* in: Rux/Niehues, Rn. 1089 (Bejahung eines „subjektiven Rechts" auf pädagogische Freiheit), 1102 (Beschränkung durch rechtliche Vorgaben).
74 So aber Rux in: Rux/Niehues, Schulrecht Rn. 1089, der einer Lehrkraft ein subjektives Recht darauf einräumen will, dass die Schulverwaltung und die Schulleitung nur unter den im SchG genannten Voraussetzungen in ihre Unterrichts- und Erziehungstätigkeit eingreifen können.
75 *Loschelder* in: HGR IV, § 110 Rn. 100.

nerseits einschränkbare – **Recht des Schülers auf möglichst ungehinderte Entwicklung seiner Persönlichkeit**, Anlagen und Befähigungen nach Art. 2 I GG[76] und das **elterliche Erziehungsrecht aus Art. 6 II 1 GG**. Grenzen setzt auch das Verbot der Benachteiligung wegen einer Behinderung (Art. 3 III 2 GG).[77] Zu Umfang und Grenzen der Aufsicht bei Schulen in privater Trägerschaft s. → Rn. 41.

33 Grenzen ergeben sich auch aus dem **Recht auf kommunale Selbstverwaltung** nach Art. 28 II GG. Zumindest die Trägerschaft von Schule, die ausschließlich der Erfüllung der allgemeinen Schulpflicht dient (das sind nach BVerfG die „Volksschulen", also die Grund- und Hauptschulen), zählt zu den in Art. 28 II GG garantierten Selbstverwaltungsaufgaben der Gemeinden.[78] Bei ihnen kommt es, so das BVerfG, nicht darauf an, ob sie mit anderen Schularten zusammengelegt sind; der Landesgesetzgeber müsse aber die aus Art. 7 V GG sich ergebende Wertentscheidung für eine grundsätzlich alle Schüler umfassende Volksschule beachten, zB durch den Erhalt der Hauptschule in Form eines eigenständigen „Ausbildungsgangs". Folglich zählen nur die Kassen 5 – 9 der Werkrealschulen/Hauptschulen (§ 6 SchG) zu den Volksschulen, da die Schulpflicht nicht die Klasse 10 der Werkrealschule umfasst (§ 75 II SchG). Ob auch die Gemeinschaftsschule (§ 8 a SchG) zu den Volksschulen zählen, kann (zumindest soweit damit nicht die unten erörterte Frage der gemeinsamen Schulaufsicht zur Diskussion verbunden ist) dahin stehen, da in BW die Gemeinden nach § 28 I iVm § 48 I SchG Schulträger auch der Gemeinschaftsschulen – und der anderen allgemeinbildenden Schularten – sind und diese Aufgabe als weisungsfreie Pflichtaufgabe erfüllen.[79]

34 Die durch Art. 28 II 1 GG gewährleistete Schulträgerschaft umfasst die **äußeren Schulangelegenheiten**, also die räumlichen Voraussetzungen einer Beschulung, einschließlich Errichtung, Änderung und Aufhebung von Schulen, deren Verwaltung sowie die Beschaffung und Bereitstellung der Lernmittel;[80] dazu zählt auch das Recht, der Schule einen Namen zu geben (§ 24 SchG).

35 Fraglich ist, ob damit verbunden ist, dass die Länder und Gemeinden in diesem Bereich die Schulaufsicht gemeinsam ausüben[81] oder aber die Kommunen nicht an der Schulaufsicht beteiligt sind und auch nicht beteiligt werden dürfen.[82] Für die Annahme, dass Kommunen nicht an der Schulaufsicht beteiligt werden dürfen, spricht, dass Art. 7 I GG – anders als Art. 144 S. 1 WRV – die Möglichkeit der Beteiligung von Kommunen an

---

76 BVerfGE 45, 400 (417) mwN.
77 Zu Art. 3 III 2 GG und zum Ganzen: BVerfGE 96, 288 (304).
78 BVerfGE 138, 1 (24).
79 *Reip* in: Ebert, § 48 Rn. 1.
80 BVerfGE 138, 1 (24 f.); zur Rechtslage in BW s. §§ 27 SchG, 15 FAG.
81 BVerfGE 138, 1 (30); zur Rechtslage in BW: zur Pflicht zum Zusammenwirken s. § 27 II SchG; zur Aufsicht § 48 SchG; zum Zusammenwirken bei Einrichtungsverfahren s. *Ulbrich* in: Ebert, § 30 Rn. 1.
82 *Rux* in: Rux/Niehues, Rn. 929; differenziert *Füssel* in: Avenarius, Tz. 9.5, der zwar andere als staatliche Schulaufsicht ausschließt, jedoch die Möglichkeit bejaht, Kommunen an der Schulaufsicht zu beteiligen; s. auch *Badura* in: Maunz/Dürig, Art. 7 Rn. 51; *Feuchte* in: Feuchte, Art. 12 Rn. 26, geht vom alleinigen Aufsichtsrecht des Landes aus.

der Aufsicht gerade nicht nennt, obgleich er im Übrigen den Wortlaut unverändert übernimmt. Zwar ist es richtig, dass das GG die Gemeinden in den Staatsaufbau integriert und mit eigenen Rechten ausgestattet hat, womit ein umfassender staatlicher Machtanspruch ihnen gegenüber auch im Bereich der Schulaufsicht ausgeschlossen ist.[83] Daraus ableiten zu wollen, dass die Schulaufsicht in den äußeren Schulangelegenheiten nur gemeinsam von Staat und Gemeinden ausgeübt werden kann, dehnt den Wortlaut des Art. 7 I GG, ohne das stichhaltig mit einem entsprechenden Willen des Verfassungsgebers begründen zu können. Richtig ist, dass hier – wie an anderer Stelle auch – ein Konflikt zwischen zwei Verfassungsrechtspositionen besteht, hier dem Recht auf kommunale Selbstverwaltung, dort die Verfassungsposition der staatlichen Schulaufsicht. **Das kommunale Selbstverwaltungsrecht ist also durch das in Art. 7 I GG begründete staatliche Schulaufsichtsrecht eingeschränkt, wie das auch umgekehrt der Fall ist.**[84] Daraus folgt, dass bei Ausübung der staatlichen Schulaufsicht das Selbstverwaltungsrecht der Gemeinden hinreichend berücksichtigt werden muss. Der Staat kann also zwar zB im Bereich der regionalen Schulentwicklung Mindestzahlen für die Einrichtung oder Auflösung von Schulen (§ 30 b SchG) oder für die Feststellung eines öffentlichen Bedürfnisses für die Errichtung oder Fortführung von Schulen (§ 27 II SchG) festlegen, oder auch Regelungen treffen zur Schulaufsicht im Bereich der Schulträgeraufgaben (§ 36 SchG).[85] Er muss dabei aber beachten, nur im für die Wahrnehmung der Schulaufsicht notwendigen Maß in das Recht auf kommunale Selbstverwaltung einzugreifen. **Der Gemeinde muss mithin in diesem Bereich ein wirksames Mitentscheidungsrecht zustehen.**[86] Es ist deshalb verfassungsrechtlich unbedenklich, der Gemeinde zwar das Recht auf Einrichtung einer Schule zu geben, die Wirksamkeit des Beschlusses aber an eine staatliche Zustimmung zu knüpfen, zum einen, weil der Staat ja bei einer Schule das Personal stellen muss,[87] zum andern, weil der Staat im Gegensatz zu einer einzelnen Kommune auch über den örtlichen Blickwinkel hinausgehende Gesichtspunkte sowie dem Land zugewiesene Planungsziele berücksichtigen können muss.[88]

Dem Staat steht die Schulplanung und die **Möglichkeit der Einwirkung auf Errichtung, Änderung und Aufhebung der einzelnen öffentlichen Schule** zu.[89] Gerade bei so weitreichenden Organisationsmaßnahmen wie der Errichtung einer Schule wäre es mit Art. 7 I GG schwerlich vereinbar, wenn die Aufsicht auf eine Rechtskontrolle beschränkt wäre.[90] Das Letztentscheidungsrecht einschließlich der Zweckmäßigkeitsbeurteilung ist mithin der staatlichen Schulaufsicht vorbehalten. Dabei müssen die durch das

---

83 BVerfGE 138, 1 (30); aA *Rux* in: Rux/Niehues, Rn. 929.
84 BVerwGE 18, 38 (39).
85 BVerfGE 138, 1 (30); für BW: § 36 SchG.
86 BVerfGE 138, 1 (31).
87 So auch *Rux* in: Rux/Niehues, Rn. 949.
88 VG Stuttgart, U. v. 19.3.2004 – 10 K 3032/02 – abgedruckt bei Bosse/Burk, Rspr., § 30 SchG E 13.
89 BVerfGE 26, 228 (238); OVG M-V, B. v. 30.7.1997 – 1 B 83/97 – Judicialis Rechtsprechung.
90 BVerwGE 18, 38 (29); VGH BW, U. v. 12.8.2014 – 9 S 1722/13 – openJur, Rn. 64.

kommunale Selbstverwaltungsrecht und die Pflicht zu „gemeindefreundlichem Verhalten" gezogenen Grenzen gewahrt werden.[91]

37 Die Schulaufsicht nach Art. 7 I GG bezieht sich auf das gesamte Schulwesen. Nach hM und Rspr. bestimmt sich der Begriff der Schule in Art. 7 I GG **organisatorisch-formal**. Schule ist danach „eine auf gewisse Dauer berechnete, an fester Stätte unabhängig vom Wechsel der Lehrer und Schüler in überlieferten Formen organisierte Einrichtung der Erziehung und des Unterrichts, die durch planmäßige und methodische Unterweisung eines größeren Personenkreises in einer Mehrzahl allgemeinbildender oder berufsbildender Fächer bestimmte Bildungs- und Erziehungsziele zu erreichen bestrebt ist und die nach dem Sprachsinn und allgemeiner Auffassung als Schule angesehen wird".[92] Dagegen stehen vereinzelte Literaturstimmen, die den Schulbegriff entweder rein **funktional** bestimmen wollen[93] oder aber beschränkt auf allgemeinbildende Schularten und auf berufliche Schularten nur insoweit, als sie entweder einen alternativen Weg zum Erwerb eines höheren Bildungsabschlusses eröffnen oder ihnen ein Erziehungsauftrag zugewiesen ist oder ihnen die Aufgabe obliegt, den Schülern über die berufsspezifischen und berufsfeldbezogen Inhalte hinaus Allgemeinbildung zu vermitteln.[94] Beide Ansätze überzeugen nicht.

38 Beim **funktionalen Schulbegriff** wird unter Schule iSv Art. 7 I GG „jede Form der Vermittlung von Bildung und berufsbezogener Erziehung" verstanden, Dieser sehr breite Ansatz wird aber dadurch wieder eingeengt, als sich diese Vermittlung auf „Kinder" beziehen soll, u.a. um ihre spätere Teilhabe an Ausbildung, Studium und Beruf sicherzustellen.[95] Damit wäre zwar eine Kindertagesstätte „Schule" iSv Art. 7 I GG, zumindest soweit sie Bildungsaufgaben wahrnimmt,[96] nicht aber Schulen mit Bildungsgängen, die überwiegend von Erwachsenen besucht werden (wie dies zB bei Fachschulen oder machen Berufsfachschulen oder auch einem Abendgymnasium der Fall ist), da in diesen Fällen das für konstitutiv erklärte Kriterium „Kind" nicht gegeben wäre. Aber selbst wenn man nicht an dem Merkmal Kind festhalten wollte, bliebe die Frage, warum der Verfassungsgeber in Art. 7 I GG den Begriff der Schule und nicht den der Bildungseinrichtung o. ä. gebraucht hat. Im „Sinnzentrum" von Art. 7 I GG steht gerade nicht lediglich die „Vermittlung von Bildung", sondern die Bildung und Erziehung durch und an Schulen.[97]

39 Nur in geringem Maße überzeugen die oben erwähnten Überlegungen zu den berufsbildenden Schulen, die mit der **Zuständigkeitsverteilung im Bun-**

---

91 VGH BW, U. v. 12.8.2014 – 9 S 1755/13 – openJur, Rn. 67.
92 So die Definition von *Heckel*, Deutsches Privatschulrecht, 218; ähnlich (beispielhaft): *Avenarius* in: Avenarius, 3; *Badura* in: Maunz/Dürig, Art. 7 Rn. 11; *Boysen* in: v. Münch/Kunig, Art. 7 Rn. 49; *Geis* in: Friauf/Höfling, Art. 7 Rn. 13; *Hofmann* in: Schmidt-Bleibtreu/Hofmann/Hennecke, Art. 7 Rn. 8; *Sodan* in: Sodan, Art. 7 Rn. 2; *Wolff* in: Hömig/Wolff, Art. 7 Rn. 2; für die Rspr. (beispielhaft): BVerfGE 75, 40; VGH BW, B. v. 14.7.2014 – 9 S 897/14 – openJur, Rn. 25 unter ausdrücklicher Ablehnung eines funktionalen Schulbegriffs; B. v. 18.11.2013 – 9 S 1489/13.
93 *Brosius-Gerdorf* in: Dreier, Art. 7 Rn. 34.
94 *Rux* in: Niehues/Rux, Rn. 839 f.
95 *Brosius-Gerdorf* in: Dreier, Art. 7 Rn. 35.
96 *Brosius-Gerdorf* in: Dreier, Art. 7 Rn. 38.
97 AA *Brosius-Gerdorf* in: Dreier, Art. 7 Rn. 34.

desstaat korrespondieren würden.[98] Dies ist – eingeschränkt – allenfalls für den Bereich der Berufsschulen (§ 10 SchG) zutreffend, sowie für (vollzeit-)schulische berufliche Bildungsgänge, die bundesrechtlich geregelt sind.[99] In diesen Bereichen ist in der Tat das über die Schulaufsicht nach Art. 7 I GG iVm Art. 2 I LV vermittelte inhaltliche Bestimmungsrecht durch die nach Art. 31 GG vorgehenden bundesrechtlichen Regelungen beschränkt, nicht aber ausgeschlossen, soweit den Ländern Regelungsbereiche eröffnet sind. Im Bereich der dualen Ausbildung richtet sich der **betriebliche Teil** der Ausbildung nach den Regelungen des Berufsbildungsgesetzes, der Handwerksordnung und den vom Bund erlassenen Ausbildungs- und Prüfungsordnungen.[100] Insoweit hat der Bund in der Tat eine weitreichende Gesetzgebungskompetenz nach Art. 72 II GG und insbes. Art. 74 Nr. 11 und 12 GG. Das gilt indes nicht für den **schulischen Teil der beruflichen Ausbildung.** Hier sind die berufsbildenden Schulen eigenständiger Teil der beruflichen Bildung (§ 2 II BBiG). Das betrifft nicht nur die allgemeinbildenden Fächer, sondern auch die berufsbezogenen. Denn der schulische Teil der Berufsbildung richtet sich gerade nicht nach den bundesrechtlichen Regelungen, sondern entweder nach in Landesrecht übergeführten KMK-Rahmenlehrplänen oder nach auf der Grundlage dieser Rahmenlehrpläne erstellten Landeslehrplänen, oder – dies im Bereich der nicht dualen beruflichen Ausbildung – nach reinen Landeslehrplänen.[101] Unerheblich ist, dass bei der Erstellung der berufsbezogenen schulischen Lehrpläne auch Vertreter von Arbeitgebern und Arbeitnehmern gehört werden.[102] Denn dies erfolgt auch bei der Erstellung von Bildungsplänen für die allgemeinbildenden Schularten. Vielmehr kommt es darauf an, wer formal verantwortlich ist, denn damit ist auch die **Verantwortung für die Inhalte** verbunden. Im Übrigen verkennt dieser Interpretationsansatz, dass – zumindest in BW – in allen beruflichen Bildungsgängen auch allgemeinbildende Abschlüsse erworben werden können, dieses Abgrenzungsmerkmal also nicht greift. Berufsbildenden Schulen ist im Übrigen, wie jeder Schulart, ein Erziehungsauftrag hinsichtlich der die dortigen Bildungsgänge besuchenden Schüler zugewiesen; auf eine evtl. Volljährigkeit/Minderjährigkeit kommt es dabei nicht an (→ Art. 12 Rn. 28).

Im Ergebnis erstreckt sich nach der hier vertretenen Auffassung der Begriff des „gesamten Schulwesens" des Art. 7 I GG **sowohl auf allgemeinbildende wie auf berufsbildende Schulen,** unabhängig davon, ob bei ihrem Besuch die Schulpflicht bereits erfüllt ist, nicht jedoch auf Kinderkrippen oder Kindertagesstätten.[103]

40

---

98 *Rux* in: Rux/Niehues, Rn. 842.
99 ZB Ausbildung zum/r Altenpfleger/in (Altenpflegegesetz), Bundesaltenpflege-, Ausbildungs- und Prüfungsordnung; zur Regelungskompetenz im Bereich der Altenpflege s. BVerfGE 106, 62; G. über den Beruf des pharmazeutischen Assistenten und Ausbildungs- und Prüfungsordnung.
100 BGBl. 2005 I, 931 mit Änderungen; BGBl. 1998 I, 3074, ber. BGBl. 2006 I, 2095 mit Änderungen.
101 *Ebert* in: Ebert, § 10 Rn. 2.
102 AA *Rux* in: Rux/Niehues, Rn. 842.
103 BVerfGE 75, 40 (77); *Sodan* in: Sodan, Art. 7 Rn. 2; *Wolff* in: Hömig/Wolff, Art. 7 Rn. 2; *Robbens* in: v. Mangoldt/Klein/Starck, Art. 7 Rn. 66.

41 Die Schulaufsicht nach Art. 7 I GG über das „gesamte Schulwesen" erstreckt sich auch auf **Schulen in privater Trägerschaft**.[104] Einschränkungen ergeben sich jedoch durch die in Art. 7 IV GG enthaltene Garantie der Privatschule als Institution (→ Rn. 32, Art. 14 Rn. 24). Dem entsprechend begrenzt § 32 II SchG den Umfang der Schulaufsicht bei Schulen in freier Trägerschaft durch den Hinweis auf Art. 7 GG und die Regelungen des PSchG.

IV. Schulprüfungen (Abs. 3)

42 Wie oben (→ Rn. 4) ausgeführt, soll Abs. 3 mit seinen Ausführungen zum Erwerb von öffentlich anerkannten Berechtigungen von der Intention des Verfassungsausschusses her den **Erwerb solcher Berechtigungen an Privatschulen** regeln. Nachdem aber in der LV eine ausdrückliche Nennung der Schulen in privater Trägerschaft unterblieb, ist er **auch auf Schulfremdenprüfungen anwendbar**.[105]

43 Es verstößt nicht gegen Art. 7 IV und V GG, für Schulen in privater Trägerschaft Beschränkungen bei der Ablegung von Prüfungen vorzusehen, mit denen öffentlich anerkannte Berechtigungen erworben werden; dies bezieht sich auf als Ersatzschulen anerkannte Schulen, da nur sie solche Berechtigungen verleihen können. Art. 7 IV GG verwendet einen Ersatzschulbegriff, mit dem keine Öffentlichkeitsrechte iSd Verleihenkönnens öffentlicher Berechtigungen verbunden ist.[106] Die Verleihung solcher Öffentlichkeitsrechte, mit der die Privatschule als Beliehene hoheitliche Rechte ausüben kann, darf der Gesetzgeber von einer besonderen Anerkennung abhängig machen. Er darf auch für das Landesrecht über die in Art. 7 IV 3 GG gestellten Anforderungen hinaus auch weitere Anforderungen stellen. Das darf aber nicht dazu führen, dass die Privatschule durch solche Anforderungen ohne sachlichen Grund zur Aufgabe ihrer Selbstbestimmung veranlasst würde.[107] Es stellt jedoch keinen Verstoß gegen Art. 7 IV GG dar, dass nach § 10 II PSchG die Schulaufsichtsbehörde – auf der Grundlage der einschlägigen Verordnungen über die Prüfung im jeweiligen Bildungsgang – die Zusammensetzung des Prüfungsausschusses bestimmt, da eine solche Regelung die Privatschule nicht zwingt, sich in einem in der Sache nicht gebotenen Maß an öffentliche Schulen anzupassen.[108]

---

104 BVerfGE 27, 195 (201); *Avenarius* in: Avenarius, Tz. 15.8; *Brosius-Gersdorf* in: Dreier, Art. 7 Rn. 41.
105 Schulfremdenprüfung sind an öffentlichen Schulen abgehaltene Prüfungen, an denen nicht eine öffentliche Schule oder nicht eine öffentliche Schule der betreffenden Schulart besuchende Schüler einen an einer öffentlichen Schulart erwerbbaren Abschluss erreichen können; vgl. zB die AbiturVO Gymnasien der Normalform, 5. Abschnitt; Berufsschulordnung, 2. Abschnitt; s. a. Beschluss der KMK idF v. 14.12.2012 zur Vereinbarung über die Abiturprüfung für Nichtschülerinnen und Nichtschüler entsprechend der Gestaltung der gymnasialen Oberstufe in der Sekundarstufe II.
106 BVerfGE 27, 195 (203).
107 BVerfGE 27, 195 (209).
108 BVerwG, B. v. 1.10.2015 – 6 B 15.15 – openJur, Rn. 14.

V. Das Mitwirkungsrecht der Eltern (Abs. 4)

Art. 17 IV LV beschreibt **nur einen Teil der schulbezogenen Mitwirkung von Eltern**. Elternrechte mit Wirksamkeit im Bereich der Schule sind vor allem in Art. 6 II GG geregelt, der über Art. 2 I LV auch unmittelbar Bestandteil der LV ist. In der LV selbst finden sich an mehreren Stellen Elternrechte: Eltern sind nach Art. 12 II LV – neben anderen – verantwortliche Träger der Erziehung. Sie haben die über Art. 15 III LV vermittelten Rechte (→ Art. 15 Rn. 40 ff.). Sie sind nach Art. 16 III LV bei der Erörterung von Streitfragen zur Auslegung des christlichen Charakters der „Volksschule" zu beteiligen und sie haben nach Art. 18 S. 3 LV grundsätzlich ein Bestimmungsrecht über die Teilnahme ihrer Kinder am Religionsunterricht. 44

Art. 17 IV LV regelt die **institutionelle Mitwirkung** der Eltern am schulischen Leben. Angesichts des breiten Umfangs der – dem Auftrag des 17 II 2 LV folgend – schulgesetzlich beschriebenen Mitwirkungstatbestände der institutionellen Beteiligung von Eltern, die sich – insbesondere im Wege ihrer Einbeziehung in der Schulkonferenz (§ 47 SchG) und auf der Ebene der Landeselternvertretung (§ 60 SchG) – mit Sachverhalten beschäftigen, die zwar Auswirkungen auf die pädagogische Arbeit an der Schule haben, aber auch stark administrativ geprägt sind,[109] erscheint es als zu eng, Art. 17 IV LV als „**pädagogisches Elternrecht**" zu qualifizieren.[110] Da Art. 17 IV LV sich nur auf die institutionelle Mitwirkung bezieht, kann er keine Grundlage dafür sein, auf diesem Weg **individuelle Elternrechte zB aus Art. 15 III LV** einzuschränken.[111] 45

„Mitwirkung" in Art. 17 IV 1 LV beschreibt keine definierte Form der Einbeziehung von Eltern. Zwar sollte er, so die Intention des VerfERP, **in erster Linie die Mitwirkung an der Einzelschule** absichern (→ Rn. 5 f.). Die Regelung **verhindert aber keine über die Einzelschule hinausgehende Mitwirkung** der Eltern, sondern überlässt es dem Gesetzgeber, Näheres zu regeln (Art. 17 IV 2 LV), und die Mitwirkung der Eltern insgesamt auf die Gestaltung des Lebens und der Arbeit von Schulen zu erstrecken.[112] Das ist in BW schulgesetzlich geschehen durch 46

- die Etablierung von Gesamtelternbeiräten (§ 58 I SchG), in denen die Vorsitzenden und je ein stellvertretender Vorsitzender aller Elternbeiräte eines Schulträgers vertreten sind,
- die Ermöglichung zur Bildung überörtlicher Arbeitskreise von Elternvertretungen (§ 58 II SchG),
- die Schaffung eines Landeselternbeirats (§ 60 SchG) und
- die Mitwirkung von Mitgliedern des Landeselternbeirats im Landesschulbeirat (§ 71 SchG). Der Landeselternbeirat berät das KM in allgemeinen Fragen des Erziehungs- und Unterrichtswesens und wird deshalb bspw. zu Entwürfen für Rechtsvorschriften aller Art gehört. Seine

---

109 Als Beispiele: Änderung des Schulbezirks (§ 47 III Nr. 4 b SchG), Durchführung der Schülerbeförderung (§ 47 III Nr. 5 SchG), Anforderung von Haushaltsmitteln (§ 47 III Nr. 7 SchG).
110 S. aber *Feuchte* in: Feuchte, Art. 17 Rn. 17; anders *Braun*, Art. 17 Rn. 22, der diesen Begriff als „missverständlich" bezeichnet.
111 *Braun*, Art. 17 Rn. 27.
112 So auch *Feuchte* in: Feuchte, Art. 17 Rn. 18.

gesetzliche Aufgabe ist es also nicht, Einzelfälle aufzugreifen, soweit sie keine allgemeine Bedeutung haben.

47 Art. 17 IV LV steht einer landesgesetzlichen Regelung nicht entgegen, mit der die Mitwirkung der Eltern anders ausgestaltet werden, als dies gegenwärtig im SchG geregelt ist. Aus Art. 6 II 1 GG können jedoch grundsätzlich **keine konkreten Ansprüche auf Beteiligung der Eltern an der Schulselbstverwaltung** abgeleitet werden.[113]

48 Eine institutionelle Mitwirkung findet ihre verfassungsrechtlichen **Schranken im aus Art. 7 I GG und Art. 2 I LV folgenden Erziehungsauftrag des Staates**, der dem elterlichen Erziehungsrecht aus Art. 6 II GG nicht nachgeordnet, sondern gleichgeordnet ist.[114] Daraus folgt, dass eine Mitwirkungsregelung, die ein Letztentscheidungsrecht der Eltern vorsehen würde, verfassungsrechtlich nicht zulässig wäre.

Artikel 18 [Religionsunterricht]

¹Der Religionsunterricht ist an den öffentlichen Schulen ordentliches Lehrfach. ²Er wird nach den Grundsätzen der Religionsgemeinschaften und unbeschadet des allgemeinen Aufsichtsrechts des Staates von deren Beauftragten erteilt und beaufsichtigt. ³Die Teilnahme am Religionsunterricht und an religiösen Schulfeiern bleibt der Willenserklärung der Erziehungsberechtigten, die Erteilung des Religionsunterrichts der des Lehrers überlassen.

Schrifttum:
Baldus, Religionsunterricht, rechtlich, in: Staatslexikon, Recht – Wirtschaft – Gesellschaft, Bd. 4, 7. Aufl. 1995; *Daiber*, Grenzen staatlicher Zuständigkeit, 2006; *Dreier*, Gilt das Grundgesetz ewig?, 2008; *Fechner*, Islamischer Religionsunterricht an öffentlichen Schulen, NVwZ 1999, 735; *Feuchte/Dallinger*, Christliche Schule im neutralen Staat, DÖV 1967, 361; *Fritsch*, Grundsätzliches und Aktuelles zur Garantie des Religionsunterrichts im Grundgesetz in: ZevKR Bd. 49 (2004), 589; *Heckel*, Der Rechtsstatus des Religionsunterrichts im pluralistischen Verfassungssystem, 2002; *Hildebrandt*, Das Grundrecht auf Religionsunterricht, 2000; *Hollerbach*, Religion – Christentum – Kirche: Die Antwort der Landesverfassung, in: 30 Jahre Verfassung von Baden-Württemberg, 1984, 42; *Jacobs*, Wie viel christliche Prägung ist dem öffentlichen Schulwesen in Baden-Württemberg erlaubt?, VBlBW 2017, 16; *Jestaedt* in: Bodensteiner/ Weidinger, Religionsunterricht in offener Gesellschaft, 2009; *Korioth*, Islamischer Religionsunterricht und Art. 7 III GG, NVwZ 1997, 1041; *ders.*, Der Auftrag des Religionsunterrichts nach Art. 7 Abs. 3 GG, in: Essener Gespräche zum Thema Staat und Kirche, Bd. 49, 2016, 7; *Link*, Religionsunterricht, in: Listl/Pirson, Handbuch des Staatskirchenrechts, 2. Aufl. 1995; *Listl* (Hrsg), Der Religionsunterricht als bekenntnisgebundenes Lehrfach, 1983; *Messinger*, Religionsunterricht an öffentlichen Schulen in Spanien und Deutschland, 2016; *Muckel*, Wann ist eine Gemeinschaft Religionsgemeinschaft? in: Rees, Recht in Kirche und Staat, 2004: *Mückl*: Freiheit kirchlichen Wirkens, in: Handbuch des Staatskirchenrechts, Bd. VII, § 161; *Pieroth*, Religionsunterricht in: Herzog/Kunst/Schlaich/Schneemelcher, Evangelisches Staatslexikon, 3. Aufl. Bd. 2, 1987; *Rees*, Der Religionsunterricht und die katechetische Unterweisung in der kirchlichen und staatlichen Rechtsordnung, 1986; *ders.*, Die kirchenrechtlichen Rahmenbedingungen für den katholischen Religionsunterricht, in: Essener Gespräche zum Thema Staat und Kirche, Bd. 49, 2016, 75; *Schrooten*, Gleichheitssatz und Religionsgemeinschaften, 2015; *Spriewald*, Rechtsfragen im Zusammenhang mit der Einführung von is-

---

113 BVerfGE 59, 360 (381).
114 St. Rspr.: BVerfGE 34, 165, zuletzt BVerfGE 138, 296 (337).

[Religionsunterricht] Artikel 18

lamischem Religionsunterricht als ordentliches Lehrfach an deutschen Schulen, 2003; *Wittreck*, Ein doppelter Reformdiskurs, in: Herder Korrespondenz spezial Glauben lehren? Zur Zukunft des Religionsunterrichts, 2013, 6.

Vergleichbare Regelungen:
Zu Satz 1 (ordentliches Lehrfach): Art. 136 II BayVerf, 57 I HessVerf, 34 RPVerf, 14 I NRWVerf, 105 I SächsVerf, 27 III LSAVerf, 29 SaarlVerf, 25 I ThürVerf.[1]
Zu Satz 3 HS 1: Art. 137 I BayVerf, 35 I RPVerf, 105 I SächsVerf, 27 II LSAVerf, 25 II ThürVerf, 14 IV NRWVerf.[2]

Ergänzende Normen: §§ 96 – 100 SchG; § 100a SchG (Ethikunterricht); VwV Teilnahme am Religionsunterricht; Ordnungen der Kirchen für Schuldekane; Ordnungen der Kirchen für Beauftragte nach § 99 I SchG; VwV Ethikunterricht; VwV Einstellung von Lehramtsbewerberinnen und Lehramtsbewerbern. Vereinbarung über die Ersatzleistungen des Landes für den durch kirchliche Lehrkräfte an öffentlichen Schulen erteilten Religionsunterricht vom 21.5.2015.

Leitentscheidungen: BVerfGE 74, 244; 102, 370; 139, 321; BVerwGE 107, 75; 123, 49.

A. Überblick und Einordnung 1	c) Ordentliches Lehrfach 15
I. Bedeutung 1	2. Geltung nur für die
II. Herkunft, Entstehung,	öffentlichen Schulen 17
Geschichte 2	3. Erfasste Schularten 19
III. Verfassungsvergleichende Einordnung 3	II. Religionsgemeinschaften: Begriff (Satz 2) 23
B. Erläuterungen 10	III. Die Freiwilligkeit der Teilnahme (Satz 3) 25
I. Charakter und Erteilung des Religionsunterrichts	1. Schüler 25
(Satz 1 und 2) 10	2. Lehrkräfte 28
1. Religionsunterricht, Aufsicht des Staates, Ordentliches Lehrfach 10	a) Voraussetzung für die Erteilung von Religionsunterricht 28
a) Konfessionsgebundenheit 10	b) Das Recht, die Erteilung von Religionsunterricht zu verweigern 30
b) Aufsicht des Staates ... 13	

A. Überblick und Einordnung

I. Bedeutung

Die **eigenständige rechtliche Bedeutung des Art. 18 LV ist begrenzt**, da er weitgehend dem entspricht, was in Art. 7 II und III GG geregelt ist. Die Ausnahmeregelung des Art. 141 GG („Bremer Klausel") greift in BW nicht, da zum Stichtag 1.1.1949 in allen Landesteilen nach deren jeweiliger Landesverfassung Religionsunterricht ordentliches Lehrfach war. 1

II. Herkunft, Entstehung, Geschichte

Die Art. 28 II, III VerfLB, 39 VerfWB und 115 VerfWH enthielten Regelungen zum Religionsunterricht und zu seiner Beaufsichtigung durch die Kirchen. Im Gegensatz dazu sah der **VerfERP keine spezielle Bestimmung** 2

---

1 Eine abweichende Regelung enthält Art. 32 III BremVerf; danach kann eine von Kirchen oder Religionsgemeinschaften verantworte religiöse Unterweisung nur außerhalb der Schulzeit stattfinden. Art. 5 III MVVerf und Art 3 II NdsVerf verweisen auf Art. 7 II GG.
2 In Bayern, Hessen und im Saarland ist der Zeitpunkt, zu dem Jugendliche sich eigenständig vom Religionsunterricht abmelden können, auf 18 Jahre festgelegt.

vor. Man ging davon aus, dass nichts zu regeln sei, weil durch Art. 7 GG – durch Inkorporation nach Art. 2 I LV unmittelbar geltendes Recht – alles Regelungsbedürftige bereits geregelt sei.³ **Art. 29 VerfECDU, der eine Regelung in der Tradition der bisherigen landesverfassungsrechtlichen Bestimmungen** vorsah, wurde bei den ersten Beratungen des Verfassungsausschusses weder besprochen noch wurde über ihn abgestimmt. Nachdem insbesondere die beiden evangelischen Landeskirchen die Nichtaufnahme einer speziellen Regelung als Verschlechterung gegenüber der bisherigen Verfassungslage beklagten,⁴ brachte die CDU das Anliegen erneut in die Diskussion.⁵ Um „Zweifel über die Stellung [...], die der Religionsunterricht an den öffentlichen Schulen einnimmt" auszuräumen"⁶ formulierte daraufhin die Regierungskoalition einen eigenen, mit Art. 115 VerfWH fast identischen Antrag.⁷ Er wurde – bei Enthaltung der CDU und der KPD – angenommen.⁸ Von Seiten der SPD war zuvor erklärt worden, dass der Antrag der Regierungsfraktionen „den Kirchen bezüglich des Inhalts und der Beaufsichtigung des Religionsunterrichts volles und uneingeschränktes Recht" gibt.⁹

III. Verfassungsvergleichende Einordnung

3   Art. 18 LV entspricht weitgehend Art. 7 II und III GG, der sich wiederum an Art. 149 WRV orientiert. Er geht insoweit über das GG hinaus, als er ausdrücklich regelt (Art. 18 S. 2 LV), dass der Religionsunterricht von den Beauftragten der Kirchen erteilt und beaufsichtigt wird. **Art. 18 LV umfasst nur einen Teil der Regelungen zur Stellung von Kirchen und Religionsgemeinschaften.** Die grundlegenden Normen dazu finden sich im 2. Abschnitt der LV, wobei über **Art. 5 LV Art. 140 GG** (und damit die Art. 136 – 139 und Art. 141 WRV) in die LV inkorporiert wird.

4   Grundsätzlich bildet Art. 7 III GG den Rahmen, innerhalb dessen die für den Bildungsbereich zuständigen Länder eigene Regelungen treffen können, aber auch müssen.¹⁰ Dabei ist der Staat jedoch auf die **Mitwirkung der Religionsgemeinschaften** angewiesen; der Verzicht einer Religionsgemeinschaft – sie sind nicht zur Mitarbeit verpflichtet –¹¹ steht der Veranstaltung des entsprechenden Religionsunterrichts entgegen.¹²

5   Art. 7 III GG vermittelt den **Religionsgemeinschaften** ein **subjektives Recht** auf Einrichtung eines ihrer Glaubensüberzeugung entsprechenden Religi-

---

3   Abg. *Gönnenwein* (FDP/DVP) in: Feuchte, Quellen, 7. Teil, 536.
4   S. Schreiben des Landesbischofs der Württembergischen Evangelischen Landeskirche v. 22.6.1953, zugleich im Namen der Badischen Evangelischen Landeskirche, in: Feuchte, Quellen, 7. Teil, 387, und den Beschluss des Landeskirchentags der Evangelischen Landeskirche Württemberg v. 17.4.1953, aaO, 636.
5   Feuchte, Quellen, 7. Teil, 52 (Beilage 876).
6   Abg. *Krause* (SPD) in: Feuchte, Quellen, 7. Teil, 537.
7   Feuchte, Quellen, 8. Teil, 14 (Beilage 938).
8   Feuchte, Quellen, 7. Teil, 561.
9   Abg. *Krause* (SPD) in: Feuchte, Quellen, 7. Teil, 538.
10 Die Zuweisung an die Länder war bereits Gegenstand der Beratungen zum GG; s. *v. Mangoldt*, 2. Lesung des Plenums, Der Parlamentarische Rat, Bd. 9 S. 451.
11 *Robbers* in: v. Mangoldt/Kelin/ Starck Art. 7 Abs. 3 Rn. 158.
12 *Korioth*, NVwZ S. 1041 (1044).

onsunterrichts.[13] Ob dies auch für die **Erziehungsberechtigten** und die **Schüler** gilt (davon zu trennen ist die Frage der Besuchs eines eingerichteten Religionsunterrichts), ist umstritten.[14] Überzeugend erscheint, ein solches subjektives Recht zu verneinen, weil es der Staat angesichts der Notwendigkeit der Mitwirkung der Religionsgemeinschaften nicht garantieren kann. Leistungsrechte, die unter der Bedingung eines bestimmten Verhaltens eines anderen Grundrechtsträgers – hier der Religionsgemeinschaften – stehen, sind nicht denkbar[15] bzw. sind in ihrer Begründung widersprüchlich, weil sich dabei der Anspruch nicht nur gegen den Staat, sondern im Ergebnis auch gegen die Religionsgemeinschaft als (anderer) Grundrechtsträger richtet.

Art. 7 III GG ist ein **Verfassungsauftrag**, der die für den Bildungsbereich 6 zuständigen Länder in die Pflicht nimmt, das vom GG vorgegebene Ziel eines konfessionellen Religionsunterrichts an öffentlichen Schulen herbeizuführen.[16] Art. 7 GG im Allgemeinen wie dessen Abs. 3 im Besonderen beschreibt daneben gleichzeitig das Maximum der Schranken, die die Länder bei der Umsetzung berücksichtigen müssen.[17] Deshalb bleibt ihnen innerhalb dieser Schranken eine **beachtliche Bandbreite für umsetzende Regelungen**, zB zur Frage der Versetzungserheblichkeit,[18] der Einstufung als Haupt- oder Nebenfach oder hinsichtlich der Mindestschülerzahl für die Einrichtung von Religionsunterricht.[19] Gebunden sind die Länder an die Festlegung des Art 7 III GG, dass Religionsunterricht an den öffentlichen Schulen (außer an den bekenntnisfreien) angeboten werden muss. Ganz überwiegend wird dies als **institutionelle Garantie des Religionsunterrichts** verstanden.[20] Allerdings wird dagegen – zu Recht – darauf hingewiesen, dass das Recht den Religionsunterricht als solchen nicht institutionell garantieren kann, weil der Staat wegen der notwendigen Mitwirkung der Religionsgemeinschaften, aber auch der Eltern bzw. der religionsmündigen Jugendlichen, gar nicht in der Lage ist, für eine solche Garantie tatsächlich einzustehen.[21] Mit Art. 7 III GG und Art. 18 S. 1 LV garantiert der Staat

---

13 *Geis* in: Friauf/Höfling Art. 7 Rn. 53. *Link* Rn. 53 m. Nachweisen dieser überwiegenden Ansicht in in Fußnote 200. Wegen der Möglichkeit, eine Mindestschülerzahl festzusetzen s. unten Rn. 6.
14 Dafür zB *Braun*, Art. 18 Rn. 5; *Link*, Rn. 54; *Hildebrandt* S. 214 f; *Robbers* in v. Mangoldt/Klein/Starck Art. 7 Rn. 158; *Boysen* in: v. Münch/Kunig Art. 7 Rn. 74. *Loschelder* Rn. 54. *Spriewald* S. 77 f. Dagegen zB *Korioth*, NVwZ S. 1041 (1046) und Essener Gespräche S. 27, *Geis* in Friauf/Höfling Art. 7 Rn. 53; *Wittreck* S. 8. Eher ablehnend *Hofmann* in: Schmidt/Bleibtreu/Klein Art. 7 Rn. 34. *Messinger* S. 81 f bejaht ein subjektives Recht gegen den Staat, das aber die Mitwirkung der Religionsgemeinschaft bedürfe. Das BVerfG scheint eher der Position zuzuneigen, dass es für die Erziehungsberechtigten und die Schüler kein solches subjektives Recht besteht (BVerfGE 74, 244 (251)).
15 *Korioth*, NVwZ S. 1041 (1046).
16 *Hildebrandt*, S. 97.
17 BVerfGE 6, 309 (356); DFR Rn. 224.
18 BVerwGE 42, 346 (349); Jurion Rn. 13.
19 *Korioth*, NVwZ S. 1041 (1043); *Link*, S. 484; a. A. *Badura* in Maunz/Dürig Art. 7 Rn. 75 („*Pflichtfach selbst bei sehr geringer Schülerbeteiligung*").
20 Vgl. zB BVerfGE 74, 244 (252 f); *Geis* in: Friauf/Hofling Art. 7 Rn. 50, der dies als „*einhellige Ansicht*" bezeichnet; ebenso: *Loschelder* in: Merten/Papier § 110 Rn. 43. *Messinger*, S. 49; *Braun*, Art. 18 Rn. 5.
21 *Hildebrandt*, Grundrecht, 152; *Korioth*, NVwZ 1997, 1041 (1044).

vielmehr, die normativen Voraussetzungen dafür zu schaffen, dass die Religionsgemeinschaften das tun können, was sie nach den genannten Normen dürfen,[22] und umgekehrt auch das zu unterlassen, was das eine Realisierung des Dürfens verhindert.

7 Nicht überzeugend ist es, aus Abs. 7 III GG ableiten zu wollen, dass das Grundgesetz zwar grundsätzlich von einer Trennung von Staat und Kirche ausgeht, dies jedoch nicht so verstanden werden dürfe, dass damit eine laizistische Grundposition verankert ist.[23] Art. 7 III GG ist vielmehr ein Paradebeispiel dafür, dass in einem definierten Bereich, hier: „Religionsunterricht", eine Kooperation zwischen Staat und Kirche erfolgt, bei gleichzeitiger klarer Kompetenzabgrenzung.[24] **Die weltlichen Rahmenbedingungen sind vom Staat zu regeln, die religiösen Elemente hingegen von den Religionsgemeinschaften.**[25] Aus dieser speziellen Regelung für einen definierten Bereich lässt sich indes keine Regel für das generelle Verhältnis von Kirche und Staat oder von Neutralitätsgebot und Stellenwert des Religiösen im öffentlichen Bereich ableiten. Art. 31 GG hindert nicht, dass mit Art. 7 II und 3 GG **inhaltsgleiches Landesverfassungsrecht** in Kraft bleibt; dies macht Art. 142 GG deutlich, der auch für solche Landesverfassungen gilt, die nach Inkrafttreten des GG beschlossen wurden.[26]

8 Hinsichtlich des **evangelischen Religionsunterrichts** hat der Evangelische Kirchenvertrag BW v. 17.10.2007 den Vertrag zwischen dem Freistaat Baden und der Vereinigten Evangelisch-protestantischen Landeskirche Badens vom 14.11.1932 und den Vertrag des Freistaates Preußen mit den Evangelischen Landeskirchen vom 11.5.1931 (er galt im Gebiet des ehemaligen preußischen Regierungsbezirks Sigmaringen) ersetzt.[27] Das auch nach Ende des „Dritten Reiches" weiterhin gültige **Reichskonkordat**, das in seinem Art. 21 auch Regelungen zum **katholischen Religionsunterricht** enthält, macht die Länder hinsichtlich der ihre Kompetenzen berührenden Regelungen nicht zu Vertragspartnern und begründet keine Pflicht der Länder gegenüber dem Bund, die Regelungen einzuhalten.[28] Die Bestimmungen des Reichskonkordats gelten als Bundesrecht weiter, dessen Einhaltung der Bund gegenüber den Ländern nicht erzwingen kann,[29] die die Länder aber kraft eigenen Rechts anwenden können. Weiterhin gültig ist Art. XI des **Konkordats zwischen dem Heiligen Stuhl und dem Freistaat Baden** v. 12.10.1932. Dort wird, neben Fragen der Erteilung, Leitung, Überwachung und Prüfung des Religionsunterrichts durch die staatlichen Organe insbesondere festgehalten, dass nach Art. XI der katholische Religionsunterricht nach Maßgabe des Art. 149 WRV ordentliches Lehrfach ist, das in

---

22 Ähnlich *Hildebrandt*, Grundrecht, 154.
23 So aber *Geis* in: Friauf/Höfling, Art. 7 Rn. 50.
24 *Jacobs*, VBlBW 2017, 16.
25 *Heckel*, Rechtsstatus, 34 f.
26 *Link*, Religionsunterricht, 441 mwN zum Meinungsstand (Fn. 20).
27 G. zu dem Evangelischen Kirchenvertrag Baden-Württemberg und zu der Römisch-katholischen Kirchenvereinbarung BW (GBl. 2008, 1).
28 BVerfGE 6, 309 (342 ff.).
29 *Rees*, Religionsunterricht, 244.

[Religionsunterricht] Artikel 18

Übereinstimmung mit den Grundsätzen der katholischen Kirche erteilt wird.[30]

Zu den **Regelungen in den anderen Ländern** s. oben (vergleichbare Regelungen). In den meisten Ländern ist **Ethik** Ersatzfach, in drei Ländern ist ein gleichberechtigtes Nebeneinander von Religionslehre und Ethik mit Wahlrecht vorgesehen (Art. 27 III LSAVerf, Art. 105 I SächsVerf, Art. 25 I ThürVerf).[31] In Berlin wird Ethik für alle Schüler verpflichtend angeboten, sowie als freiwilliges, zusätzliches Angebot ein allein von den Kirchen verantworteter Religionsunterricht. Bremen hat (Art. 141 GG) traditionell einen bekenntnismäßig nicht gebundenen Unterricht in Bibelkunde auf christlicher Grundlage (Art. 32 I BremVerf);[32] In Hamburg gibt es einen freiwilligen interreligiösen Unterricht.[33] 9

B. Erläuterungen
I. Charakter und Erteilung des Religionsunterrichts (Satz 1 und 2)
1. Religionsunterricht, Aufsicht des Staates, Ordentliches Lehrfach
a) Konfessionsgebundenheit

Art. 18 LV garantiert, wie bereits Art. 7 III GG, den an öffentlichen Schulen stattfindenden Religionsunterricht. Dabei ist **nicht jedes Fach, das sich mit religiösen Themenstellungen befasst, Religionsunterricht**. Vielmehr ist Religionsunterricht nach den Worten des BVerfG „keine überkonfessionelle vergleichende Betrachtung religiöser Lehren, nicht bloß Morallehre, Sittenunterricht, historisierende oder relativierende Religionskunde, Religions- oder Bibelgeschichte. Sein Gegenstand ist vielmehr der Bekenntnisinhalt, nämlich die Glaubenssätze der jeweiligen Religionsgemeinschaft. Diese als bestehe Wahrheiten zu verkünden ist seine Aufgabe."[34] 10

Der schulische Bildungsauftrag mit seinem Fundament in Art. 7 I GG und seiner Ausgestaltung u.a. durch Art. 12 LV erlaubt dem Staat, **Religionskundeunterricht** anzubieten oder auch ein Fach, das sich – konfessionell ungebunden – mit ethischen Fragestellungen befasst; beides wäre aber nicht durch die Verfassungsgarantie des Art. 7 III GG bzw. Art. 18 LV gedeckt.[35] Inhaltlich gestattet Art. 4 I und II GG dem Staat bei einem Religionskundeunterricht o. ä. nur eine glaubens- und bekenntnisneutrale Ausgestaltung.[36] Umgekehrt haben die Religionsgemeinschaften kein Recht, ihrerseits den in Art. 7 III GG und Art. 18 LV verbürgten Religionsunterricht in **Religionskundeunterricht** umzuwandeln, obgleich ihnen grundsätzlich das Bestimmungsrecht über die die Inhalte des Religionsunterrichts zu- 11

---

30 Bad. GVBl. 1933, 19, 20, 33; zur Frage der Gültigkeit bzw. Weitergeltung von Verträgen mit der evangelischen und katholischen Kirche im Allgemeinen s. Art. 8 LV.
31 Ähnlich in Brandenburg mit LER (Abmeldemöglichkeit, wenn Religionsunterricht erteilt wird) sowie „Lebenskundeunterricht" (§ 9 II und VIII BbgSchG) in Verantwortung des Humanistischen Verbunds Deutschland.
32 Zu den damit verbundenen Fragestellungen hinsichtlich nicht-christlicher Religionen s. *Schefold* in: Fischer-Lescano, Rinken, u.a. Art. 33 Rn. 15 ff.
33 Kritisch hierzu: *Korioth*, Essener Gespräche, 44.
34 BVerfGE 74, 244 (252); ebenso: BVerwG, DÖV 2014, 930 (931).
35 Für das Fach Ethik: BVerwG 107, 75 (78 f.); *Link*, Religionsunterricht, 491; *Jestaedt*, Religionsunterricht, 44.
36 BVerwGE 107, 75 (80).

Ebert

steht.[37] Denn die **Ausrichtung des Religionsunterrichts „an Glaubenssätzen der jeweiligen Konfession ist der unveränderliche Rahmen, den die Verfassung vorgibt."**[38] Wie allerdings die Religionsgemeinschaften diese Glaubenssätze im Religionsunterricht als bestehende Wahrheiten vermitteln, richtet sich nach ihrem – wandelbaren – Verständnis.[39]

12 Art. 7 III GG wie auch Art. 18 LV bestimmen mit ihren Regelungen zum Religionsunterricht eine **Ausnahme zur in allen anderen Unterrichtsfächern zu beachtenden Neutralitätspflicht des Staates**.[40] Das nicht Neutrale ist Wesenskern dieser Regelungen. Trotzdem hindert Art. 7 III GG ebenso wie Art. 18 LV nicht, dass die Religionsgemeinschaften – also nicht der Staat – festlegen, ob und ggf. inwieweit **konfessionsfremde Schüler** an ihrem Religionsunterricht teilnehmen; beide Normen verlangen keine bekenntnishomogene Zusammensetzung der Teilnehmer.[41] Dies gilt, solange keine „personelle Überfremdung auf Schülerseite" erfolgt.[42] Ist dies nicht mehr gegeben, kann nicht oder nur schwer dem Gebot entsprochen werden, den Religionsunterricht in konfessioneller Positivität und Gebundenheit zu erteilen;[43] der Unterricht würde seine besondere Prägung als konfessionell gebundene Veranstaltung verlieren.[44] **Nicht ausgeschlossen ist, dass sich Religionsgemeinschaften im Blick auf den Religionsunterricht auf einen gemeinsamen Kern ihres jeweiligen Bekenntnisses einigen**; dem Staat steht kein Urteil zu, ob bestimmte religiöse Lehren und Überzeugungen tatsächlich übereinstimmend sind.[45] Er könnte es deshalb nicht verhindern, wenn sie – nicht einzelne Religionslehrkräfte – erklären, beim Religionsunterricht kooperieren zu wollen.[46] Auf der andern Seite darf sich der von den Religionsgemeinschaften verantwortete Religionsunterricht nicht auf Gebete, Ritus, Kult oder Meditation beschränken, denn die Garantie der Art. 7 III GG und 18 LV bezieht sich auf Unterricht.[47]

b) Aufsicht des Staates

13 Auch wenn der Religionsunterricht inhaltlich von den Religionsgemeinschaften bestimmt wird, ist er doch eine **Veranstaltung des Staates** und unterliegt seiner Aufsicht.[48] Aus Art. 18 S. 2 LV, wonach der Religionsunter-

---

37 *Korioth*, Essener Gespräche, 18; *Jestaedt*, Religionsunterricht, 45; zum inhaltlichen Bestimmungsrecht der Religionsgemeinschaften BVerfGE 74, 244 (252); BVerwGE 123, 49 (53); *Hildebrandt*, Grundrecht, 64.
38 BVerfGE 74, 244 (251); ebenso: *Leibholz/Rinck*, Art. 7 Rn. 160; *Badura* in Maunz/Dürig, Art. 7 Rn. 71.
39 *Fritsch*, ZevKR 2004, 589 (623).
40 *Wittreck*, Reformdiskurs, 8.
41 BVerfGE 74, 244 (253 ff.); *Korioth*, Essener Gespräche, 17. *Badura* in: Maunz/Dürig, Art. 7 Rn. 72.
42 *Link*, Religionsunterricht, 495.
43 BVerwGE, DÖV 2014, 930 (931).
44 *Fritsch*, ZevKR 2004, 589 (624).
45 *Korioth*, Essener Gespräche, 43; *Hildebrandt*, Grundrecht, 234 f.; *Robbers* in: v. Mangoldt/Klein/Starck, Art. 7 Rn. 127.
46 *Jacobs*, VBlBW 2017, 16; das Land hat sich mit den vier christlichen Kirchen auf eine Kooperation nach dem Grundsatz einer „*Konfessionalität in ökumenischem Geist*" verständigt, vgl. www.ebfr.de/html/konfessionelle_kooperation903.html (1.11.2017).
47 BVerwGE 74, 244 (253); 107, 75 (88); *Badura* in: Maunz/Dürig, Art. 7 Rn. 70.
48 BVerfGE 74, 244 (251); *Link*, Religionsunterricht, 459.

richt „nach den Grundsätzen der Religionsgemeinschaften und unbeschadet des allgemeinen Aufsichtsrecht des Staates" erteilt wird, kann nicht gefolgert werden, dass die LV ihn als kirchliche Veranstaltung erklären will.[49] Eine solche Auslegung stünde nicht nur im Gegensatz zu dem, was mit dieser Norm vom Verfassungsgeber beabsichtigt war. Dort ging es darum, klar zu machen, dass der Staat zwar die allgemeine Aufsicht über den Religionsunterricht hat, nicht aber ein Bestimmungsrecht über die Inhalte.[50] Sie stünde auch im Gegensatz zu Art. 7 III GG, wonach es sich beim Religionsunterricht um keine Veranstaltung der Kirchen handelt; sie würde somit die von Art. 7 III GG gesetzten Schranken überschreiten mit der Rechtsfolge des Art. 31 GG.[51] Vielmehr handelt es sich beim Religionsunterricht um ein **Zusammenwirken zwischen Staat und Religionsgemeinschaft**, das rechtlich notwendig ist, um die von beiden Seiten verfolgten Zwecke erreichen zu können, mithin um eine „gemeinsame Angelegenheit", eine res mixta, von Staat und Kirche,[52] bei der es zwar eine Pflicht zur Kooperation und Rücksichtnahme gibt, bei der aber die jeweiligen Zuständigkeiten streng voneinander geschieden sind.[53]

Das **Gestaltungsrecht der Religionsgemeinschaften** hinsichtlich des Religionsunterrichts ist also nicht nur **durch den Begriff des verfassungsmäßig verbürgten Religionsunterrichts begrenzt**, sondern **auch durch die Aufsicht des Staates**. Weil der Religionsunterricht ordentliches Lehrfach ist, darf und muss sich die staatliche Aufsicht über ihn darauf beziehen, dass dort keine Inhalte vermittelt werden, die im Widerspruch zu den staatlichen Erziehungszielen stehen.[54] Verfassungsrechtlich bedenklich wäre es deshalb, § 99 II SchG nur auf die dort genannten Bereiche zu erstrecken.[55] Der Staat darf und muss nicht nur auf die Einhaltung von Formalien achten, sondern hat als Ausfluss seines aus Art. 7 I und III 2 GG abzuleitenden umfassenden Aufsichts- und Bestimmungsrechts – auch gegenüber Eltern und Schülern – die Pflicht, die inhaltliche Verfassungsgemäßheit des ordentlichen Lehrfachs Religionsunterricht im Blick zu behalten.[56] Bedenken begegnet daher die Position, die Aufsicht des Staates über den Religionsunterricht müsse sich darauf beschränken dafür Sorge zu tragen, dass dort keine Glaubensgrundsätze verkündet werden, die zum Prinzip der Menschenwürde in Widerspruch stehen oder die gegen die in Art. 79 III GG

14

---

49 So aber *Feuchte/Dallinger*, DÖV 1967, 361 (371); abl. *Hollerbach*, Religion – Christentum – Kirche, 42 (56); ausf. zu dieser Frage *Braun*, Art. 18 Rn. 3.
50 Abg. *Gönnenwein* (FDP/DVP) und Abg. *Krause* (SPD) in: Feuchte, Quellen, 7. Teil, 536-538.
51 *Link*, Religionsunterricht, 460 (Fn. 91).
52 BVerwG, DÖV 2014, 930 (932); *Heckel*, Rechtsstatus, 34; *Sodan* in: Sodan Art. 7 Rn. 7.
53 BVerfGE 44, 244 (251); BVerwG, DÖV 2014, 930 (932).
54 BVerwGE 107, 75 (92); BVerwG, DÖV 2014, 930 (932).
55 § 99 II SchG: „Die allgemeine Aufsicht des Staates erstreckt sich darauf, dass bei der Erteilung des Religionsunterrichts der Stundenplan beachtet, die Unterrichtszeit eingehalten und die Schulordnung gewahrt wird."
56 BVerwG, DÖV 2014, 930 (932); iE ebenso: *Hildebrandt*, Grundrecht, 238; inhaltlich modifizierend *Spriewald*, Rechtsfragen, 224 f.; zu § 99 II SchG *Andrä* in: Ebert, § 99 II Rn. 4.

festgeschriebenen Verfassungsprinzipien verstoßen.[57] Dies ist zwar im Grundsatz richtig, würde aber bedeuten, dass im Religionsunterricht zB – konfessionell untermauert – nicht unterrichtet werden dürfte, eine Monarchie sei die richtige Staatsform oder eine Gliederung Deutschlands in Länder sei falsch, weil beide Ziele in klarem Gegensatz zur verfassungsmäßigen Ordnung stehen (Art. 79 III GG, Art. 20 GG).[58] Andererseits dürften grundsätzliche, in Erziehungszielen verankerte Prinzipien wie Friedensliebe, Brüderlichkeit aller Menschen, Nächstenliebe im Religionsunterricht negiert werden, weil sie – zumindest bei einem engen Verständnis des Art. 79 III GG und des Prinzips der Menschenwürde – davon nicht erfasst sind.[59] Anders ist die Bewertung dann, wenn man all das vom Prinzip der Menschenwürde erfasst ansieht, was als „unverzichtbare Elemente für ein geordnetes gesellschaftliches Zusammenleben, deren Beachtung von jedem einzufordern ist."[60] Dies trifft aber für Erziehungsziele zu. Sie „formulieren und normieren einen Grundkonsens unserer freiheitlichen Demokratie, d. h. sie schreiben ihn für die Erziehung des jungen Menschen fest und vor."[61] **Das staatliche Aufsichtsrecht hat zu gewährleisten, dass mit dem erteilten Religionsunterricht legitime Erziehungs- und Bildungsziele verfolgt werden**, welche mit den staatlichen, für alle Schüler maßgebenden und für richtig erachteten Erziehungs- und Bildungszielen nicht im Widerspruch stehen.[62] Ein Religionsunterricht, der inhaltlich so angelegt ist, dass die Erziehungs- und Bildungsziele lediglich nicht „systematisch beeinträchtigt oder gefährdet" werden, würde dem nicht gerecht.[63]

c) Ordentliches Lehrfach[64]

15 Mit dem Begriff des **ordentlichen Lehrfachs** in Art. 7 III 1 GG und Art. 18 S. 1 LV ist zunächst einmal klargestellt, dass die Erteilung des Religionsunterrichts staatliche Aufgabe ist und er der staatlichen Schulaufsicht unterworfen ist; der Staat muss deshalb gewährleisten, dass er als Pflichtfach in Stellung und Behandlung den anderen ordentlichen Unterrichtsfächern gleich gestellt ist.[65] **Der Religionsunterricht darf also weder bevorzugt noch benachteiligt werden.** Er muss eigenständiges Fach sein, eine bloße Integration von Inhalten des Religionsunterrichts in andere Fächer reicht nicht aus, um ein ordentliches Lehrfach anzunehmen.[66] Nicht ausgeschlossen ist

---

57 So aber *Spriewald*, Rechtsfragen, 226, die es zB für zulässig hält, im Religionsunterricht an der öffentlichen Schule zu vermitteln, die – staatliche – Todesstrafe für Apostasie (Abwendung von der bisherigen Religionszugehörigkeit) sei einzuführen, lediglich der Aufruf zu privater Gewalt sei insoweit unzulässig (aaO, 222).
58 Das BVerfG bejaht diesen Widerspruch für das Propagieren einer „theokratische Herrschaftsordnung", vgl. BVerfGE 102, 370 (395).
59 Zur Problematik des Umfangs der „Ewigkeitsgarantie" des Art. 79 III s. *Dreier*, Gilt das GG ewig, 67 ff.
60 *Sodan* in: Sodan, Art. 7 Rn. 5.
61 *Häberle*, Menschenbild, 46; zum Grundsätzlichen zu Erziehungszielen s. Art. 12.
62 BVerwGE 107, 75 (92).
63 So aber *Fritsch*, ZevKR 2004, 589 (637).
64 Zur Entstehungsgeschichte dieses Begriffs in der WRV und im GG s. *Hildebrandt*, Grundrecht, 44 ff.
65 BVerfGE 74, 244 (251 f.).
66 *Rees*, Der Religionsunterricht, 253; *Link*, Religionsunterricht, 461. *Robbers* in: v. Mangoldt/Klein/Starck, Art. 7 Abs. 3 Rn. 140.

es, wie dies auch bei anderen Pflichtfächern erfolgt, den Religionsunterricht **durch weitere Inhalte zu ergänzen**.[67] Aus der Stellung als ordentliches Lehrfach folgt auch, dass der Staat die **Kosten des Unterrichts** zu tragen hat. Dies bezieht sich sowohl auf die personellen (Lehrpersonal)[68] als auch die sächlichen Kosten (zB Lernmittelfreiheit).[69]

Es liegt an den nach Art. 30, 70 ff., 83 ff. GG zuständigen Ländern im Einzelnen zu regeln, wie sie den Status eines ordentlichen Lehrfachs sicherstellen und ausgestalten. Zwar muss der Unterricht mit einer **angemessen Zahl von Unterrichtsstunden** ausgestattet sein; damit ist aber keine exakte Zahl verbunden.[70] Ein Land kann das Fach **als Neben- oder als Hauptfach** charakterisieren.[71] Es verstößt nicht gegen bundesrechtliche Regelungen, die Note im Fach Religionslehre als versetzungserheblich festzulegen, solange nicht der religiöse Eifer des Schülers, sondern seine Kenntnisse bewertet werden.[72] Die Länder sind jedoch nicht grundsätzlich gezwungen, eine **Versetzungserheblichkeit** vorzusehen.[73] Voraussetzung für eine Ausgestaltung als nicht versetzungsrelevantes Fach ist jedoch, dass die sonstigen Pflichtfächer nicht sämtlich versetzungserheblich sind.[74] Die Stundenausstattung des Fachs (ein- oder mehrstündig) kann nur dann ein Grund für eine Differenzierung bei der Versetzungserheblichkeit sein, wenn auch bei sonstigen Pflichtfächern so verfahren wird.

16

2. Geltung nur für die öffentlichen Schulen

Art. 149 S. 1 WRV legt fest, dass der Religionsunterricht ordentliches Lehrfach der Schulen ist (mit Ausnahme der bekenntnisfreien Schulen). Diese Regelung galt folglich auch für private Schulen.[75] Obgleich sich Art. 7 II und III GG weitgehend an Art. 149 WRV orientiert, beschränkt sich Art. 7 III GG im Unterschied zu Art. 149 WRV darauf, den Religionsunterricht an „öffentlichen Schulen" als ordentliches Lehrfach zu garantieren. Dem folgt Art. 18 S. 1 LV. Schon dies macht deutlich, dass Art. 7 III GG und auch Art. 18 S. 1 LV **nicht für Schulen in privater Trägerschaft – und zwar Ersatzschulen wie Ergänzungsschulen** – gelten können.[76]

17

---

67 In BW bei den Fachschulen für Erzieher mit dem Fach Religionslehre/Religionspädagogik (GBl. 2015, 705, Anl. 1, 2).
68 Vereinbarung über die Ersatzleistungen des Landes für den durch kirchliche Lehrkräfte an öffentlichen Schulen erteilten Religionsunterricht vom 21.5.2015.
69 BVerwGE 110, 326 (333); *Wißmann* in: BK, Art. 7 Rn. 160 mwN (Fn. 465).
70 Zum Sonderfall der Christlichen GMS s. → Art. 15 Rn. 10.
71 *Hildebrandt*, Grundrecht, 49.
72 BVerwGE 42, 346 (347 ff.); *Hildebrandt*, Grundrecht, 49.
73 BVerwGE 42, 346 (349).
74 *Messinger*, Religionsunterricht, 57; *Wißmann* in: BK, Art. 7 III Rn. 161, der ein Recht der Religionsgemeinschaften bejaht, auf die Versetzungserheblichkeit zu verzichten; für eine uneingeschränkte Gestaltungsfreiheit der Länder, *Hildebrandt*, Grundrecht, 49; aA *Loscheder* in: HGR IV, § 110 Rn. 45, der eine Pflicht zur Ausgestaltung als versetzungserhebliches Fach annimmt.
75 *Anschütz*, Art. 149 Nr. 1.
76 *Badura* in: Maunz/Dürig, Art. 7 Rn. 73; *Geis* in: Friauf/Höfling, Art. 7 Rn. 54; *Hildebrandt*, Grundrecht, 51; *Jarass* in: Jarass/Pieroth, Art. 7 Rn. 13; *Kotzur* in: Stern/Becker, Art. 7 Rn. 42; Geis in: Friauf/Höfling, Art. 7 Rn. 50; *Andrä* in: Ebert, § 96 SchG Rn. 4; offen gelassen: VGH BW, U. v. 26.3.2015 – 9 S 516/14 – openJur, Rn. 95.

18 Zweifelhaft ist, ob es landesrechtlich möglich ist, zumindest für Ersatzschulen die Erteilung des Religionsunterrichts vorzuschreiben oder ob Art. 7 III 1 GG und Art. 18 I 1 LV mit ihrer Begrenzung auf öffentliche Schulen dies verhindern.[77] Das kann indes für BW dahinstehen, da – unterstellt dies wäre verfassungsrechtlich zulässig – der Gesetzgeber es jedenfalls unterlassen hat, über § 2 II 2 SchG ausdrücklich zu bestimmen, dass § 96 SchG auch auf Schulen in privater Trägerschaft anzuwenden ist. Angesichts des klaren Wortlauts sowohl von Art. 7 II GG wie auch von Art. 18 S. 1 LV und § 96 SchG lässt sich eine Anwendung des Art. 18 S. 1 LV auf private Schulen auch nicht aus der grundsätzlichen Verpflichtung von Ersatzschulen ableiten, nicht hinter den Lehrzielen der bestehenden öffentlichen Schulen zurückzustehen (§ 18 I 1 a PSchG).[78]

3. Erfasste Schularten

19 Strittig ist, ob der Begriff der öffentlichen Schulen neben den allgemeinbildenden auch alle berufsbildenden Schularten umfasst oder ob dort einige Schularten davon ausgenommen sind.[79] Betrachtet man die Entstehungsgeschichte der Norm, so spricht deutlich mehr dafür, dass **keine Ausnahme für den Bereich der berufsbildenden Schulen beabsichtigt** war. Zwar sollte nach Art. 29 I VerfECDU die Garantie des Religionsunterrichts im Bereich der beruflichen Schulen lediglich für die Berufsfachschulen gelten. Die Aufzählung der Schularten wurde jedoch im Entwurf des Art. 15 c VerfERP (dem späteren Art. 18 LV) durch die Formulierung „öffentliche Schulen" ersetzt. Damit wollte man von Seiten der Regierungsfraktionen u.a. auch an die entsprechende Regelung in Art. 14 II 1 LV zur Schulgeld- und Lernmittelfreiheit anknüpfen,[80] wo von Seiten der CDU zunächst auch eine Beschränkung auf einzelne Schularten vorgesehen war, schließlich aber ebenfalls der Begriff der „öffentlichen Schulen" gewählt wurde. Keine durchgreifenden Argumente lassen sich auch für die Annahme finden, der Verfassungsgeber habe mit dem Begriff „öffentliche Schulen" des Art. 18. I LV (von den Privatschulen abgesehen) einen anderen Kreis von Schulen erfassen wollen als mit dem **Begriff „alle Schulen" des Art. 21 II LV hinsichtlich des Faches Gemeinschaftskunde** (s. dazu → Art. 21 Rn. 25).

---

77 So *Geis* in: Friauf/Höfling, Art. 7 Rn. 50 (Fn. 201); *Wißmann* in: BK, Art. 7 Rn. 173.
78 So aber *Lambert/Müller/Sutor*, § 96 SchG Anm. 3, ebenso *Rees*, Religionsunterricht, 262; wie hier dagegen *Link*, Religionsunterricht, 468 f.; vgl. zur bayr. Rechtslage *de Wall* in: Meder/Brechmann Art. 136 Rn. 11 mwN und zur Rechtslage in Rh-Pf *Pulte* in: Brocker/Droege/Jutzi Art. 34 Rn. 5.
79 Vgl. *Braun*, Art. 18 Rn. 5, der eine Geltung für solche Schulen verneint, „die vom System her auf eine Fach- und Berufsausbildung spezieller Art beschränkt" sind und dazu Berufsfachschulen, Berufskollegs, Berufsaufbauschulen und Fachschulen zählt; iE ähnlich *Link*, Religionsunterricht, 466, und Rees, Religionsunterricht, 261; unklar *Badura* in: Maunz/Dürig, Art. 7 Rn. 73, und *Hildebrandt*, Grundrecht, 51; für die Erfassung der berufsbildenden Schulen insgesamt *Loschelder* in: HGR IV, § 110 Rn. 43, und *Baldus*, Religionsunterricht, 843; *Pieroth*, Religionsunterricht, 2983, sieht dagegen die Fachschulen als nicht als erfasst an; zum Meinungsstand bzgl. der Einbeziehung der damaligen „Fortbildungsschulen/Berufsschulen" in Art. 149 WRV s. *Anschütz*, Art. 149 Fn. 1.
80 Abg. *Krause* (SPD) in: Feuchte Quellen, 7. Teil, 537.

Es gibt auch **keinen stichhaltigen Grund, zwischen den Schularten der be- 20 rufsbildenden Schulen bzgl. des Faches Religionsunterrichts zu differenzieren.** Art. 7 III GG und Art. 18 I LV tragen durch das Gebot, einen staatlich organisierten und verantworteten Religionsunterrichts an den öffentlichen Schulen anzubieten, der sittlichen und kulturellen Bedeutung der Religion Rechnung.[81] Angesichts dieses Regelungsgrundes ist nicht begründbar, warum das verfassungsrechtliche Gebot, Religionsunterricht anzubieten bei den berufsbildenden Schulen hinsichtlich der erfassten Schularten zu guten Teilen von der formalen schulischen Eingangsqualifikation der Schüler abhängen soll (zB Berufsschule, ohne formale schulische Eingangsvoraussetzung, ja; Berufskolleg, Zugang mit mittlerem Schulabschluss, nein) bzw. davon, ob der Bildungsgang in Teilzeitform (Berufsschule) oder Vollzeitform (Berufsfachschule) angeboten wird, zumal bei letzteren inhaltlich zu guten Teilen kein Unterschied besteht.

Grundsätzlich tauglich könnte allenfalls eine Abgrenzung danach sein, ob 21 im jeweiligen Bildungsgang „ausschließlich Spezialunterricht" und keine allgemeinbildende Fächer angeboten werden. Sieht man von den Definitionsschwierigkeiten des Begriffs „Spezialwissen" ab, nützt dieser Ansatz in BW für Abgrenzungen zwischen den Bildungsgängen des beruflichen Schulwesens allerdings nicht, weil hier – mit Ausnahme der Meisterschulen – in allen Bildungsgängen des beruflichen Schulwesens auch das allgemeinbildende Fach Deutsch – teils mit anderer Bezeichnung – und meist auch das Fach Gemeinschaftskunde in der Stundentafel verankert sind, zum Teil auch zusätzlich eine oder mehrere Fremdsprachen. Eine **Ausnahme** von der Verpflichtung, Religionsunterricht anzubieten, ist jedoch dann **denkbar, wenn Bildungsgänge des beruflichen Bereichs ausschließlich der Vorbereitung auf externe berufliche Prüfungen dienen,** wie dies zB bei den Fachschulen für Meister („Meisterschulen") der Fall ist, die auf die idR von den Kammern abzunehmende Meisterprüfung vorbereiten und in denen kein allgemeinbildender Unterricht erteilt wird.

Die Pflicht, Religionsunterricht anzubieten, gilt auch für die Schularten, die 22 **dem zweiten Bildungsweg zuzuordnen sind** (zB Berufsaufbauschulen und Berufsoberschulen gem. § 13 SchG; für sie ist in BW Religionslehre in der StundentafelVO vorgesehen). Sie gilt **grundsätzlich auch für die Schularten des Weiterbildungsbereichs** (Fachschulen gem. § 14 SchG; für sie sehen in BW die Stundentafeln keine Religionslehre vor). Selbst wenn man unterschiedlicher Meinung sein sollte, ob – und ggf. warum – man für angehende Techniker oder Betriebswirte schulischen Religionsunterricht für erforderlich oder überflüssig hält, lassen weder die derzeitige Fassungen von Art. 7 III GG noch die von Art. 18 I LV und von § 96 I SchG es zu, unter Außenvorlassung des Gesetzgebers lediglich auf dem Verordnungsweg über Stundentafelgestaltungen auf diesen Unterricht zu verzichten.

II. Religionsgemeinschaften: Begriff (Satz 2)

Religionsgemeinschaften sind **Grundrechtsträger im Blick auf die Einrich-** 23 **tung von Religionsunterricht an öffentlichen Schulen.** Der Begriff der Reli-

---

81 *Badura* in: Maunz/Dürig, Art. 7 Rn. 66.

gionsgemeinschaft in Art. 7 III 2 GG – wie auch in Art. 18 S. 2 LV – ist gleichbedeutend mit demjenigen in den Bestimmungen der Art. 136 ff. WRV, die gemäß Art. 140 GG Bestandteil des GG sind.[82] **Religionsgemeinschaft ist ein Verband, der die Angehörigen ein und desselben Glaubensbekenntnisses oder mehrerer verwandter Glaubensbekenntnisse zu allseitiger Erfüllung der durch das gemeinsame Bekenntnis gestellten Aufgaben zusammenfasst.**[83] Damit wird deutlich, dass nicht nur die christlichen Religionen gemeint sind. Vielmehr ist auch dieser religionsrechtliche Begriff des Art. 7 III GG – wie der des Art. 18 LV – als „säkularer Sammelbegriff" für alle Religionen zu verstehen.[84] Die Behauptung und das Selbstverständnis, eine Religionsgemeinschaft zu sein, reicht nicht aus, um das Vorliegen einer Religionsgemeinschaft iSv Art. 7 III GG – und damit auch von Art. 18 LV – zu bejahen. Vielmehr muss es sich auch tatsächlich, nach geistigem Gehalt und äußerem Erscheinungsbild, um eine Religionsgemeinschaft handeln. Es obliegt den staatlichen Organen, letztlich den Gerichten, dies im Streitfall zu prüfen und zu entscheiden.[85] Von Art. 7 III GG nicht erfasst – aber den Religionsgemeinschaften gleichgestellt – sind nach Art. 140 GG iVm Art. 137 VII WRV die **Weltanschauungsgemeinschaften.**[86]

24 Der Begriff der Religionsgemeinschaft ist nicht auf eine bestimmte Organisationsstruktur oder Rechtsform festgelegt; es genügt vielmehr **jedes Minimum an Organisation.**[87] Insbesondere ist nicht notwendig, dass die Religionsgemeinschaft als Körperschaft des öffentlichen Rechts anerkannt ist.[88] Allerdings ist eine **gewisse institutionelle Verfestigung im Sinne einer allgemeinen Rechtsfähigkeit** erforderlich, da ansonsten die für Art. 7 III GG notwendige Kooperation nicht möglich ist.[89] Angesichts des mit der Einführung von Religionsunterricht als ordentliches Lehrfach für den Staat verbundenen Planungs- und Kostenaufwands muss die Religionsgemeinschaft durch ihre Verfassung und die Zahl ihrer Mitglieder die **Gewähr der Dauer** bieten.[90] Auch eine **Dachorganisation** kann Religionsgemeinschaft im Sinne von Art. 7 III 2 GG sein, sofern für die Identität einer Religionsgemeinschaft wesentliche Aufgaben auch auf der Dachverbandsebene wahrgenommen werden und die Tätigkeit des Dachverbands so auf die Gläubigen in den örtlichen Vereinen bezogen ist, dass sie sich als Teil eines gemeinsamen, alle diese Gläubigen umfassenden Glaubensvollzugs darstellt.[91] Dies verlangt keine strikte Hierarchie im Sinne eines umfassenden

---

82 BVerwGE 110, 326 (342); 123, 49 (54) mwN.
83 BVerwGE 99, 1 (3); 123, 49 (54).
84 *Heckel*, Rechtsstatus, 6.
85 BVerfGE 123, 341 (353); BVerwGE 123, 49 (54).
86 *Badura* in: Maunz/Dürig, Art. 7 Rn. 88; eingehend dazu *Hildebrandt*, Grundrecht, 225 ff.; zur Unterscheidung der beiden Begriffe vgl. BVerwGE 90, 1 (4); 90, 112 (115).
87 BVerwGE 123, 49 (54 f.).
88 HM, vgl. zB *Hildebrandt*, Grundrecht, 225; Badura in: Maunz/ Dürig, Art. 7 Rn. 88; Link, Religionsunterricht, 500; aA *Korioth*, NVwZ 1997, 1041 (1046 ff.), der allerdings in Essener Gespräche, 7 (19), diese Meinung nicht mehr vertritt.
89 *Hildebrandt*, Grundrecht, 226; *Link*, Religionsunterricht, 500, der eine bürgerlich-rechtliche Rechtsfähigkeit verlangt.
90 BVerwGE 123, 49 (70).
91 BVerwGE 123, 49 (59 f.).

Weisungsrechts des Dachverbands gegenüber der örtlichen Ebene. Notwendig ist jedoch eine Organisationsstruktur, die dem Dachverband eine reale Verwirklichung der im Namen aller Gläubigen getroffenen Grundsatzentscheidungen in Glaubensfragen in jeder örtlichen Glaubensgemeinschaft ermöglicht.[92] Genauso wie eine Religionsgemeinschaft, die den Status einer Körperschaft des öffentlichen Rechts anstrebt, muss eine Religionsgemeinschaft, die die Einführung von Religionsunterricht begehrt, Gewähr dafür bieten, dass ihr künftiges Verhalten die in Art. 79 III GG umschriebenen fundamentalen Verfassungsprinzipien, die dem staatlichen Schutz anvertrauten Grundrechte Dritter sowie die Grundprinzipien des freiheitlichen Religions- und Staatskirchenrechts des GG nicht gefährdet.[93]

III. Die Freiwilligkeit der Teilnahme (Satz 3)
1. Schüler

Religionsunterricht ist zwar als ordentliches Lehrfach **Pflichtfach**. Das Recht auf Teilnahme – aber auch die grundsätzliche Pflicht – ergibt sich aus der **Zugehörigkeit zur jeweiligen Religionsgemeinschaft**, ohne dass diese oder der Staat eine besondere Zulassung aussprechen müssten.[94] Entgegen der ansonsten für Pflichtfächer geltenden schulrechtlichen Regelungen normiert Art. 18 S. 2 LV – wie dies das GG mit der Garantie des elterliche Erziehungsrechts (Art. 6 I GG) und der Bekenntnisfreiheit (Art. 4 I GG) vorgibt – die Möglichkeit, durch entsprechende Erklärung der Erziehungsberechtigten oder des religionsmündigen Jugendlichen den Unterricht nicht besuchen zu müssen.[95] 25

Es begegnet keinen verfassungsrechtlichen Bedenken, für Jugendliche, die vom Religionsunterricht abgemeldet werden bzw. sich abmelden, als verpflichtendes **Ersatzfach** das Fach **Ethik** vorzusehen. Der Ethikunterricht muss allerdings, um in seiner Ausgestaltung als Ersatzfach verfassungsgemäß zu sein, nicht nur als ordentliches Lehrfach erteilt, sondern im Verhältnis zum Religionsunterricht auch als eine **gleichwertige und deshalb uneingeschränkt frei wählbare Alternative** angeboten werden.[96] Streitig ist hier allerdings, ob es sich dabei – wie in BW – bei **Ethik** nur um ein **Ersatzfach für das nicht besuchte Fach Religionslehre** handeln darf, wovon die überwiegende Auffassung ausgeht, oder um ein zusätzliches, von allen Schülern – ggf. zusätzlich zum Religionsunterricht – zu besuchendes Pflichtfach handeln kann.[97] 26

---

92 OVG NRW U. v. 9.11.2017 – 19 A 997/02 Rechtsprechungsdatenbank NRW Rn. 36, das u.a. mit dieser Begründung für den Zentralrat der Muslime in Deutschland e.V und für den Islamrat für die Bundesrepublik Deutschland e.V. die Eigenschaft einer Religionsgemeinschaft verneint.
93 BVerwGE 123, 49 (72 f.); *Badura* in: Maunz/Dürig, Art. 7 Rn. 89.
94 *Badura* in: Maunz/Dürig, Art. 7 Rn. 72.
95 Einfachgesetzlich durch § 100 SchG ausgestaltet, vgl. *Andrä* in: Ebert, § 100.
96 BVerwGE 107, 75 (92). Zu den inhaltlichen Anforderungen an Ethikunterricht s. *Link*, Religionsunterricht, 481 ff.
97 Zum Meinungsstand s. *Wißmann* in: Kahl/Waldhoff/Walter, Bonner Kommentar, Art. 7 Rn. 148 mwN (Fn. 430); s. auch *Robbers* in: v. Mangoldt/Klein/Starck, Art. 7 Abs. 3 Rn. 138, der nur die Ersatzfachlösung für zulässig erachtet.

27 Das BVerfG hat (insoweit mit anderer Tendenz als bei seinem Verständigungsvorschlag zur Beilegung des Streites um die Einführung des Faches LER)[98] in Bezug auf das – ohne Abmeldemöglichkeit für das Fach Religionslehre – in Berlin eingeführte, verpflichtende Fach Ethik keinen Verstoß gegen Art. 4 I, II sowie Art. 6 II GG gesehen. Weil der Gesetzgeber davon ausgehen könne, dass „bei einer Separierung der Schüler nach der jeweiligen Glaubensrichtung und einem getrennt erteilten Religionsunterricht [...] oder der Möglichkeit der Abmeldung von einem Ethikunterricht [...] den verfolgten Anliegen [...] möglicherweise nicht in gleicher Weise Rechnung getragen werden (könne) wie durch einen gemeinsamen Pflicht-Ethikunterricht."[99] Auch das BVerwG vertritt die Auffassung, dass es dem Landesgesetzgeber nicht verwehrt sei, Ethikunterricht – ohne Abmeldemöglichkeit – als für ein alle Schüler verpflichtendes Fach einzuführen.[100] Diese Positionen sind zumindest insoweit zu hinterfragen, als durch sie im Ergebnis dem Landesgesetzgeber zugebilligt wird, organisatorische Regelungen zu treffen, die darauf hinauslaufen, den Religionsunterricht vom ordentlichen zum außerordentlichen Lehrfach werden zu lassen.[101] Ein Anspruch auf Einführung des Faches Ethik ergibt sich weder aus Art. 7 III 1 GG noch aus Art. 3 I GG.[102]

2. Lehrkräfte

a) Voraussetzung für die Erteilung von Religionsunterricht

28 Art. 7 III GG lässt den Ländern viel Raum für die umsetzenden Regelungen (→ Rn. 6). Auf der Ebene der LV nutzt dies Art. 18 S. 2 LV, indem er ausdrücklich normiert, dass der Religionsunterricht von den Beauftragten der Religionsgemeinschaften erteilt wird. Damit soll gewährleistet werden, dass der Unterricht – so Art. 18 S. 2 HS 1 LV – „nach den Grundsätzen" der Religionsgemeinschaften erteilt wird. Es braucht also eine **grundsätzliche Übereinstimmung der Lehrkräfte im Glauben und in Lebensführung mit den Lehren der jeweiligen Religionsgemeinschaft.**[103] Die Lehrkräfte benötigen eine besondere Bevollmächtigung um Religionsunterricht der jeweiligen Religionsgemeinschaft erteilen zu dürfen (vgl. § 97 I, II SchG). Im Bereich der katholischen Kirche ist dies die Missio canonica, die vom zuständigen Bischof nach c. 805 CIC auf Antrag erteilt wird.[104] Im Bereich der evangelischen Kirche ist es die nach den jeweiligen Vokationsordnungen der Landeskirchen erteilte Vocatio; teils verwenden die Landeskirchen andere, inhaltlich jedoch identische Bezeichnungen. Auch für die anderen

---

98 BVerfGE 104, 305.
99 BVerfGK 10, 423 (433 f.).
100 BVerwGE 107, 75 (84 f.).
101 So auch: *Fritsch*, ZevKR 2005, 589 (617 ff.).
102 BVerwG, DÖV 2014, 930 ff.
103 *Rees*, Rahmenbedingungen, 88, für den katholischen Bereich; für den ev. Bereich s. zB § 1II 4 der Vokationsordnung der Ev. Landeskirche Württemberg (ABl. der Evangelischen Landeskirche Württemberg 1990, 280).
104 C 805 CIC: „Der Ortsordinarius hat für seine Diözese das Recht, die Religionslehrer zu ernennen bzw. zu approbieren und sie, wenn es aus religiösen oder sittlichen Gründen erforderlich ist, abzuberufen bzw. ihre Abberufung zu fordern."

Religionsgemeinschaften, die schulischen Religionsunterricht anbieten,[105] gilt das Erfordernis der gesonderten Beauftragung, auch wenn sich dabei das Problem ergeben kann, welche Organisationseinheit anhand welcher Kriterien die Beauftragung auszusprechen befugt ist.

Aus Art. 18 S. 2 LV, wonach der Religionsunterricht von den Beauftragten der Religionsgemeinschaften erteilt wird, folgt nicht, dass diese Lehrkräfte ausnahmslos im Kirchendienst stehen müssen. Dies ergibt sich bereits aus dem **Begriff der Beauftragung**, der nicht ausschließt, dass jemand beauftragt wird, der arbeits- oder statusrechtlich mit einer anderen Einrichtung verbunden ist. Überdies ist diese Regelung im Zusammenhang damit zu sehen, dass der Religionsunterricht eine staatliche Veranstaltung ist. Es ist deshalb **zulässig, auch im Staatsdienst stehende Religionslehrkräfte für den Religionsunterricht einzusetzen**, sie sind dann „beauftragt", wenn sie die notwendige **Bevollmächtigung durch die jeweilige Religionsgemeinschaft** besitzen. Die Bevollmächtigung durch die Religionsgemeinschaft wiederum ist nicht allein ausreichend, um an einer öffentlichen Schule Religionsunterricht erteilen zu dürfen. Vielmehr muss, da es sich um eine „ordentliches Lehrfach" handelt, die entsprechende Lehrkraft die **notwendige fachliche Qualifikation** haben, die – als Anwendungsfall einer „gemeinsamen Angelegenheit" in Kooperation mit den Religionsgemeinschaften[106] – festzulegen Sache des Staates ist und die sowohl an einer kirchlichen wie an einer staatlichen Ausbildungseinrichtung erworben werden kann (§ 97 I, II SchG).[107]

b) Das Recht, die Erteilung von Religionsunterricht zu verweigern

Nach Art. 18 S. 3 HS 2 LV bleibt die **Bereitschaft, Religionsunterricht zu erteilen, der Willenserklärung der jeweiligen Lehrkraft überlassen**; eine Regelung, die sich sprachlich an Art. 149 S. 4 WRV orientiert. Inhaltlich entspricht sie der des Art. 7 III 3 GG, wonach keine Lehrkraft gegen ihren Willen dazu verpflichtet werden kann, Religionsunterricht zu erteilen. Dieses Verweigerungsrecht gilt nur für Lehrkräfte an öffentlichen Schulen; für Privatschulen gilt Art. 7 III 3 GG ebenso wie Art. 18 S. 3 LV nicht.[108] Das ergibt sich aus dem systematischen Zusammenhang der Reglung innerhalb von Art. 7 III GG wie auch in der Verankerung innerhalb von Art. 18 LV, der sich insgesamt nur auf öffentliche Schulen bezieht. Lehrkräfte an Schulen in privater Trägerschaft können sich, wenn sie die Erteilung von Religionsunterricht ablehnen wollen, allenfalls auf die in Art. 4 I und II GG verbürgte Bekenntnis- und Gewissensfreiheit berufen.[109]

---

105 In BW sind das derzeit: Altkatholischer RU, syrisch-orthodoxer RU, jüdischer RU, alevitischer RU, islamischer RU sunnitischer Prägung.
106 Dies gilt auch für islamischen Religionsunterricht, s. dazu auch: *Wissenschaftsrat*, Empfehlungen zur Weiterentwicklung von Theologien und religionsbezogenen Wissenschaften an deutschen Hochschulen, 2010, 78 f., unter www.wissenschaftsrat.de/download/archiv/9678-10-pdf (1.11.2017).
107 Einzelheiten hierzu s. *Andrä* in: Ebert § 97.
108 *Geis* in: Friauf/Höfling, Art. 7 Rn. 70; *Wolff* in: Hömig/Wolff, Art. 7 Rn. 13; *Braun*, Art. 18 Rn. 9; *Loschelder* in: HGR IV, § 110 Rn. 65; *Fritsch*, ZevKR 2004, 589 (605).
109 Zur Konsequenz einer solchen Weigerung *Baldus*, Religionsunterricht, 843, der die Weigerung einer Lehrkraft einer kirchlichen Privatschule, Religionsunterricht

31 Art. 7 III GG trifft ebenso wie Art. 18 S. 1 LV keine Aussage dazu, ob die Lehrkraft ihre **Ablehnung begründen** bzw. ob sie **Gewissensgründe** gelten machen muss. Die Antwort hierauf ist in der Literatur umstritten. Auf der einen Seite wird aus Art. 140 GG iVm Art. 136 III 1 WRV gefolgert, es gebe keine Begründungspflicht.[110] Auf der andern Seite wird darauf hingewiesen, Grundlage und Rechtfertigung einer solchen Ablehnung sei – neben der Regelung des Art. 7 III GG – das Grundrecht auf Glaubens- und Gewissensfreiheit. Dies sei die Rechtfertigung dafür, dass eine im Angestellten- oder Beamtenverhältnis an einer öffentlichen Schule beschäftige Lehrkraft, nicht – wie ansonsten üblich – dienstlichen Anweisungen Folge leisten müsse. Weil nur dies, nicht aber sonstige Überlegungen eine Ablehnung rechtfertigen könnten, bestehe die **Pflicht, angeben zu müssen, dass weltanschauliche Gründe für ihre Haltung maßgeblich sind.**[111] Dieser Ansicht ist zuzustimmen. Auch wenn der Staat nur sehr eingeschränkt Gewissensentscheidungen zu überprüfen vermag und darf,[112] muss doch bedacht werden, dass es hier um die Geltendmachung eines Rechtes von Personen geht, die – aufgrund ihrer eigenen Entscheidung – in einem besonderen Pflichtenverhältnis stehen und die eine **Befreiung von ihrer grundsätzlich bestehenden Weisungsunterworfenheit** begehren. Ein Dienstherr muss darauf bedacht sein, alle seine Beschäftigten möglichst gerecht zu behandeln. Dazu gehört bei Lehrkräften, dass zum einen die Lehrauftragsverteilung innerhalb eines Kollegiums nach sachgerechten Erwägungen erfolgt und zum anderen, dass Maßnahmen, die den Status der Lehrkraft verändern (zB Zurruhesetzungen) oder das Dienstverhältnis beeinflussen (zB Versetzungen) hinreichend begründbar sind. Die bloße Erklärung, keinen Religionsunterricht mehr erteilen zu wollen, kann angesichts der damit verbunden – ggf. auch statusbeeinflussenden – Konsequenzen ebenso wie bei der Vielzahl möglicher Motivationen für eine solche Ablehnung nicht durch eine bloße Ablehnungserklärung erfolgen. Wie bei einem an den Staat gerichteten Ansinnen, in bestimmter Weise von der Religionsfreiheit Gebrauch machen zu wollen, die Offenbarung der grundsätzlichen religiösen Überzeugung erforderlich ist,[113] ist auch hier **zumindest die formale Erklärung notwendig, dass die Ablehnung aus Gewissensgründen erfolgt, ohne dass dafür die Gründe inhaltlich erläutert zu werden brauchen.** Dies kollidiert auch nicht mit dem grundgesetzlich verbürgten Recht (Art. 140 GG iVm Art. 136 III 1 WRV), seine religiöse Überzeugung nicht offenbaren zu müs-

---

zu erteilen als wichtigen Grund zur Kündigung des Dienstverhältnisses einstuft; ebenso *Braun,* Art. 18 Rn. 9 und *Link,* Religionsunterricht, 472, wonach dies zur Beendigung der Beurlaubung eines an die Privatschule beurlaubten Beamten führen kann; *Rees,* Religionsunterricht, 274, hält die Aufnahme einer vertraglichen Auflösungsregelung für möglich.

110 *Geis* in: Friauf/Höfling, Art. 7 Rn. 70; *Kotzur* in: Stern/Becker, Art. 7 Rn. 49; *Robbers* in: v. Mangoldt/Klein/Starck, Art. 7 Rn. 164. *Link,* Religionsunterricht, 470 f.

111 *Rees,* Religionsunterricht, 273; s. auch *Loschelder* in: HGR IV, § 110 Rn. 67, der eine Begründungspflicht für den Fall der Ablehnung während eines laufenden Schuljahres oder der Absicht, eine Versetzung in den Ruhestand zu erreichen, für möglich erachtet.

112 Zum Überprüfungsverfahren bzgl. geltend gemachter Gewissensgründe beim Verfahren der Kriegsdienstverweigerung s. BVerfGE 48, 127 (166).

113 *Daiber,* Zuständigkeit, 307.

sen. Denn mit der formalen Erklärung offenbart die Lehrkraft nicht ihre religiöse Überzeugung, sondern beschreibt lediglich die rechtliche Grundlage, auf die sie sich berufen will.

Artikel 19 [Lehrerausbildung]

(1) ¹Die Ausbildung der Lehrer für die öffentlichen Grund- und Hauptschulen muß gewährleisten, daß die Lehrer zur Erziehung und zum Unterricht gemäß den in Artikel 15 genannten Grundsätzen befähigt sind. ²An staatlichen Einrichtungen erfolgt sie mit Ausnahme der in Absatz 2 genannten Fächer gemeinsam.

(2) Die Dozenten für Theologie und Religionspädagogik werden im Einvernehmen mit der zuständigen Kirchenleitung berufen.

Schrifttum:
Feuchte, Die Verfassungsnovelle zur Lehrerbildung, BWVBl. 1969, 65; *Haug*, Grundlagen des Hochschulrechts in Baden-Württemberg, in: v. Coelln/Haug (Hrsg.), Beck'scher Online-Kommentar Hochschulrecht Baden-Württemberg, Stand 1.2.2017, München; *Hollerbach*, Theologische Fakultäten und staatliche Pädagogische Hochschulen, in: Listl/Pirson (Hrsg.), Handbuch des Staatskirchenrechts der Bundesrepublik Deutschland, Zweiter Band, 2. Aufl., Berlin 1995, § 56; *Kästner*, Die Entwicklung des Staatskirchenrechts seit 1961, in: Anke/Couzinet/Traulsen (Hrsg.), Gesammelte Schriften, Tübingen 2011, 530; *Schlenker*, Die Änderungen der Verfassung des Landes Baden-Württemberg, 2. Teil, VBlBW 1983, 399.

Vergleichbare Regelungen:
Zu Abs. 1 S. 1: Art. 15 NRWVerf.
Zu Abs. 2: Art. 32 IV 3 BbgVerf („im Benehmen"), 60 II 2 HessVerf („zu hören"), 111 II SächsVerf (grundsätzlich „im Benehmen"), 9 III MVVerf und 28 III 2 ThürVerf (jeweils Vereinbarungsvorbehalt).

Ergänzende Normen: Gesetz über die Hochschulen in Baden-Württemberg (Landeshochschulgesetz – LHG); Schulgesetz für BW (SchG); Gesetz für die Schulen in freier Trägerschaft (Privatschulgesetz – PSchG); Gesetz zu dem Evangelischen Kirchenvertrag BW und zu der römisch-katholischen Kirchenvereinbarung BW.

Leitentscheidung: BVerfGE 41, 29 (Simultanschule).

A. Überblick und Einordnung 1	2. „Ausbildung der Lehrer für die öffentlichen Grund- und Hauptschulen" 10
I. Bedeutung 1	
II. Herkunft, Entstehung, Geschichte 2	
1. Vorläufer 2	
2. Entstehung 3	3. „Gemäß den in Artikel 15 genannten Grundsätzen" 11
a) Die Urprungsfassung .. 3	
b) Die Verfassungsänderung 1969 5	II. Grundsatz der gemeinsamen Lehrerausbildung (Abs. 1 S. 2) 16
III. Verfassungsvergleichende Einordnung 8	1. Gemeinsame Lehrerausbildung 17
B. Erläuterung 9	2. Staatliche Ausbildungseinrichtungen 18
I. Ausrichtung der Lehrerausbildung (Abs. 1 S. 1) 9	
1. Inhalt der Vorschrift 9	3. Ausnahme vom Grundsatz der gemeinsamen Lehrerausbildung 19

III. Dozenten für Theologie und
Religionspädagogik (Abs. 2) .. 20
   1. Einvernehmen 21
   2. Berufung 22
   3. Dozenten 25

A. Überblick und Einordnung

I. Bedeutung

1 Art. 19 LV schreibt einen auf Art. 15 I LV (christliche Gemeinschaftsschule badischer Überlieferung) abgestimmten **Ausschnitt der Lehrerausbildung** verfassungsrechtlich fest (Abs. 1 S. 1), ergänzt ihn um den Grundsatz gemeinsamer Lehrerausbildung (Abs. 1 S. 2) und die Mitwirkung der Kirchen bei der Berufung der Theologie- und Religionspädagogikdozenten (Abs. 2).

II. Herkunft, Entstehung, Geschichte
1. Vorläufer

2 **Art. 143 II WRV:** *„Die Lehrerbildung ist nach den Grundsätzen, die für die höhere Bildung allgemein gelten, für das Reich einheitlich zu regeln."* Die südwestdeutschen Verfassungen nach dem Zweiten Weltkrieg enthielten kein Vorbild.

2. Entstehung
a) Die Urprungsfassung

3 Art. 19 bestand bei Verabschiedung der LV nur aus einem Absatz: *„Für die Ausbildung der Lehrkräfte an den Volksschulen werden neben Ausbildungsstätten mit simultanem solche mit konfessionellem Charakter eingerichtet. Näheres regelt ein Gesetz."* Die Vorschrift war, gemeinsam mit Art. 15 LV, **Ergebnis intensiver Erörterung** in VA und VLV. Dieser schreibt die verfassungsmäßige Schulform fest und war „Gegenstand der längsten Beratungen" im VA und die „meistumstrittenste Norm des ganzen Verfassungswerkes".[1] Fundmentaler Unterschied der widerstreitenden Meinungen war, dass die damaligen Regierungsparteien (FDP/DVP, SPD, BHE) die VLV als die gewählte Repräsentanz der Bevölkerung für berechtigt hielten, die Schulform durch demokratische Mehrheitsentscheidung festzulegen, während die CDU dieses Recht bestritt und die Entscheidung ausschließlich der Verantwortung der Eltern überlassen wollte.[2] Zudem bestanden unterschiedliche Anschauungen über die verfassungsmäßige Regelform der Schule (christliche Gemeinschaftsschule/Simultanschule oder Konfessions-/Bekenntnisschule). Im Spannungsfeld dieses sog. **„Schulstreits"** stand auch die (Folge-) Frage der Ausrichtung der Lehrerausbildung. Der Streit konnte im Laufe der Verfassungsgebung erst durch einen Kompromiss der Fraktionen CDU, FDP/DVP, SPD und BHE beigelegt werden („Schulkompromiss").

---

1 Beilage 1103 der VLV (Bericht des VA über den Entwurf einer Verfassung), ausgegeben am 1.9.1953, nach 986 (dort 23); dazu auch *Feuchte*, Geschichte, 207 f.
2 Beilage 1103 der VLV, Fn. 1.

[Lehrerausbildung] Artikel 19

Der **VerfERP**[3] enthielt keine Regelung der Lehrerausbildung, während der VerfECDU[4] in Art. 31 vorsah: 4

„(1) *Die Ausbildung der Lehrkräfte für die Volksschulen ist der Eigenart und den Bedürfnissen der in Art. 28 genannten Schularten anzupassen. (2) Lehrer an Bekenntnisschulen wie an der christlichen Gemeinschaftsschule erhalten einen wesentlichen Teil ihrer Ausbildung auf bekenntnismäßiger Grundlage.*"

Die „Lehrerbildung" wurde im VA eingehend erörtert.[5] Während die CDU-Fraktion die verfassungsrechtliche Sicherung der konfessionellen Lehrerausbildung forderte, beantragte ein SPD-Abgeordneter die Festlegung einer „hochschulmäßigen Grundlage" der Lehrerbildung. Die Anträge von CDU und SPD wurden vom VA mit 13:11:1 bzw. mit 15:8:2 Stimmen abgelehnt. Nach Abschluss der VA-Beratungen, die zu keiner Bestimmung zur Lehrerausbildung gelangten,[6] verlagerte sich der Konflikt auf die Ebene des Plenums der VLV. Gestützt auf einen entsprechenden Antrag[7] legte der Abg. *Brachat* (CDU) in der zweiten Beratung dar,[8] die konfessionelle Lehrerbildung sei Voraussetzung der christlichen Gemeinschaftsschule. Demgegenüber betonten die Abg. *Gönnenwein* (FDP/DVP) und *Feller* (BHE) die Notwendigkeit einer hochschulmäßigen Bildung der Lehrer und sprachen sich gegen eine verfassungsrechtliche Sonderbestimmung für die singuläre Berufsgruppe der Lehrer aus. Für die SPD bekannte sich der Abg. *Krause* zum Grundsatz der simultanen Lehrerausbildung. Nach intensiver Aussprache wurde daher der CDU-Antrag abgelehnt, so dass der LV-Entwurf auch nach zweiter Beratung im Plenum keine Vorschrift zur Lehrerausbildung enthielt.[9] Erst danach reichten die Fraktionen der CDU, FDP/DVP, SPD und BHE einen gemeinsamen Antrag ein („**Schulkompromiss**"),[10] der u.a. Art. 15 a (Erhaltung der bisherigen Volksschulen) und 15 d (Lehrerausbildung) enthielt. In ihrer dritten Beratung stimmte die VLV diesem Antrag zu,[11] weshalb die beiden Artikel – ersterer mit kleiner sprachlicher Änderung – als Art. 15 und 19 Inhalt der LV wurden.[12]

---

3 Beilage 40 der VLV (Entwurf einer Verfassung für …), ausgegeben am 30.6.1952, 45 ff.
4 Beilage 118 der VLV (Entwurf einer Verfassung für BW), ausgegeben am 30.7.1952, 85 ff.
5 Beilage 1103 der VLV, Fn. 1, nach 986 (dort 29–31).
6 Beilage 825 der VLV, ausgegeben am 6.6.1953, 705 ff.; *Spreng* in: Spreng/Birn/Feuchte, 26.
7 Antrag u.a. auf Aufnahme eines Art. 15 e: „(1) Die Ausbildung der Lehrkräfte für die Volksschulen ist der Eigenart und den Bedürfnissen der in Art. 28 [CDU-Entwurf] genannten Schularten anzupassen. (2) Lehrer an Bekenntnisschulen wie an der christlichen Gemeinschaftsschule erhalten einen wesentlichen Teil ihrer Ausbildung auf bekenntnismäßiger Grundlage." (Beilage 876 der VLV, ausgegeben am 16.6.1953, 869).
8 43. Sitzung der VLV am 24.6.1953 (Verhandlungen der VLV, Bd. III, 1929 ff., 1935 ff., 1947, 1949-1968).
9 Beilage 1270 der VLV (Entwurf einer Verfassung nach den Beschlüssen Zweiter Beratung), ausgegeben am 30.10.1953, 1131 ff.
10 Beilage 1165 der VLV, ausgegeben am 7.10.1953, 1073.
11 58. Sitzung der VLV am 4.11.1953 (Verhandlungen der VLV, Bd. III, 2431 ff., 2444 ff., 2452 ff.).
12 Beilage 1315 der VLV, ausgegeben am 10.11.1953, 1263 ff., und Beilage 1319 der VLV (Redaktions-Antrag des VA), ausgegeben am 11.11.1953, 1277 f.

b) Die Verfassungsänderung 1969

Art. 19 LV wurde im Gefolge der **Änderung des Art. 15 LV (Schulform)** geändert. Art. 15 LV wurde 1967[13] geändert und erhielt dadurch seine heutige Fassung:[14] Dort wurde – mit dem GG vereinbar[15] – festgeschrieben, dass die öffentlichen Volksschulen (Grund- und Hauptschulen) die „Schulform der christlichen Gemeinschaftsschule" nach den Grundsätzen und Bestimmungen haben, die am 9.12.1951 – dem Tag der Volksabstimmung über die Bildung des Landes BW – in Baden für die Simultanschule mit christlichem Charakter gegolten haben; damit wurden die Konfessionsschulen aufgehoben und in christliche Gemeinschaftsschulen überführt (→ Art. 15 Rn. 1 ff., 6 ff.).

Erst zwei Jahre später, also 1969,[16] wurde Art. 19 LV an die neue verfassungsmäßige Schulform nach Art. 15 LV **angepasst**: Die Ausbildung der Lehrer für die öffentlichen Grund- und Hauptschulen muss zu Erziehung und Unterricht nach den in Art. 15 genannten Grundsätzen befähigen. Die FDP/DVP-Fraktion hatte zuvor einen Antrag auf Aufhebung von Art. 19 eingebracht, um dem Landesgesetzgeber im Rahmen der übrigen Bestimmungen der LV volle Entscheidungsfreiheit zu verschaffen.[17] Demgegenüber reichte die Landesregierung ihrerseits den Entwurf einer Verfassungsänderung ein, wonach Art. 19 die heutige Fassung erhalten sollte.[18] Zur Begründung führte sie aus, durch die Neufassung der Vorschrift werde der Status der bestehenden Pädagogischen Hochschulen konfessionellen Charakters umgewandelt und für die staatlichen Einrichtungen zur Ausbildung von Volksschullehrern der **Grundsatz der gemeinsamen Ausbildung** in der LV verankert. Zugleich werde die Ausbildung dieser Lehrer mit der durch Art. 15 vorgesehenen Schulform der christlichen Gemeinschaftsschule badischer Tradition verfassungsrechtlich verknüpft. Über die Neufassung des Art. 19 habe mit den Kirchen volle Übereinstimmung erzielt werden können.[19] In der 1. Lesung erläuterte Kultusminister *Hahn* (CDU), die Verfassungsänderung solle den Grundsatz der gemeinsamen Ausbildung in der Verfassung verankern und damit den Status der bestehenden drei Pädagogischen Hochschulen konfessionellen Charakters (katholisch: Freiburg, Weingarten, evangelisch: Heidelberg) umwandeln. Art. 19 II sehe die Übernahme von § 4 IV Lehrerbildungsgesetz in die LV vor, um auch dort klarzustellen, dass die Dozenturen für Theologie und Religionspädagogik kirchengebundene Staatsämter seien, für deren Besetzung es des Einverneh-

---

13 2. LVÄndG v. 8.2.1967, GBl. 7; dazu auch die Bekanntmachung des Kultusministeriums vom 9.11.1967, U II 1186/80 (K.u.U. 1967, 1260), neu erlassen als Verwaltungsvorschrift vom 25.11.1991, II/1-6411.2/12 (K.u.U. 1991, 458).
14 Zum politischen Umfeld im Deutschland jener Zeit, Spiegel, Bericht vom 8.5.1967: www.spiegel.de/spiegel/print/d-46265071.html (1.11.2017).
15 BVerfGE 41, 29.
16 3. LVÄndG v. 11.2.1969, GBl. 15; dazu *Feuchte*, BWVBl. 1969, 65 ff.; *ders.*, Geschichte, 479 ff.
17 LT-Drs. V/20, 1 f.
18 LT-Drs. V/520, 1 ff.
19 LT-Drs. V/520, 3 f.

mens der Kirchenleitung bedürfe.[20] Schließlich wurde die Neufassung des Art. 19 in der 2. und 3. Lesung einstimmig angenommen.[21]

Der verfassungsändernde Gesetzgeber hat damit die „fragwürdig gewordene", auf einem „politischen Kompromiss" beruhende konfessionelle Volksschullehrerausbildung verfassungsrechtlich korrigiert und die „nicht mehr zeitgemäße Verfassungsbestimmung" durch eine neue Regelung ersetzt.[22] Sie hob die Gewährleistung der konfessionellen Ausbildungsstätten nach Art. 19 aF auf und ersetzte sie durch die Gewährleistung des simultanen Charakters der staatlichen Ausbildungsstätten, die gemeinsame Lehrerausbildung.[23] Die **Neuausrichtung der Lehrerausbildung** ist „zu verstehen als Teil der in beiden Verfassungsnovellen zum Ausdruck kommenden Änderung der in der Gesellschaft vertretenen Anschauungen, die Gesellschaft und Kirche in größerer Distanz voneinander erscheinen zu lassen als zuvor".[24] 7

III. Verfassungsvergleichende Einordnung

Das GG enthält keine Regelungen zur Lehrerausbildung und Besetzung der Lehrstühle für Theologie und Religionspädagogik, auch nicht in Art. 7. Immerhin ist die „wissenschaftliche Ausbildung (der) Lehrkräfte" in Art. 7 IV 2 angesprochen. Im Vergleich mit den anderen Landesverfassungen ist Art. 19 I 1 LV eine **baden-württembergische Besonderheit**. Sie findet nur in Art. 15 NRWVerf[25] ein gewisses strukturelles, aber sprachlich und inhaltlich verschiedenes Pendant. Der Grundsatz der gemeinsamen Lehrerausbildung (Art. 19 I 2) ist nur in der LV verankert. Art. 19 II LV entspricht strukturell den Bestimmungen in einigen anderen Landesverfassungen, schreibt den Kirchen jedoch ein stärkeres Recht bei der Besetzung der Lehrstühle für Theologie und Religionspädagogik zu, indem er ihr Einvernehmen (Zustimmung) verlangt, im Unterschied zu anderen Landesverfassungen, die etwa nur ein Anhörungsrecht oder das Benehmen vorsehen. 8

B. Erläuterung

I. Ausrichtung der Lehrerausbildung (Abs. 1 S. 1)

1. Inhalt der Vorschrift

Art. 19 I 1 LV betrifft die Ausbildung der Lehrer für die öffentlichen Grund- und Hauptschulen. Die Vorschrift schreibt ein **Ausbildungsziel** verfassungsrechtlich fest,[26] ohne die Lehrerausbildung und ihre Ziele umfassend und abschließend zu regeln. Art. 19 I 1 LV verbindet die Lehrerausbildung mit der verfassungsmäßigen Schulform des Art. 15 I LV, der christli- 9

---

20 Verhandlungen des LT, 5. Wp., Bd. I, 629-631.
21 Verhandlungen des LT, 5. Wp., Bd. II, 1116, 1119.
22 *Schlenker*, VBlBW 1983, 399 (400).
23 *Braun*, Art. 19 Rn. 3, 5.
24 *Feuchte* in: Feuchte, Art. 19 Rn. 2.
25 „Die Ausbildung der Lehrer erfolgt in der Regel an wissenschaftlichen Hochschulen. Sie berücksichtigt die Bedürfnisse der Schulen; es ist ein Lehrangebot zu gewährleisten, das diesem Erfordernis gerecht wird. Es ist sicherzustellen, daß die Befähigung zur Erteilung des Religionsunterrichts erworben werden kann."
26 Vgl. auch *Schlenker*, VBlBW 1983, 399.

chen Gemeinschaftsschule badischer Überlieferung. Ziel der Lehrerausbildung ist es, die **Befähigung zu Erziehung und Unterricht** an diesen Schulen zu erwerben, wozu die christlichen Bildungs- und Kulturwerte sowie Traditionen gehören (vgl. auch § 1 II, § 38 II 3 SchG).[27] Dieses Ausbildungsziel ist Verfassungsgebot.

2. „Ausbildung der Lehrer für die öffentlichen Grund- und Hauptschulen"

10 Die Vorschrift erfasst nur die Lehrerausbildung für die „öffentlichen Grund- und Hauptschulen" (öffentlichen Volksschulen iSv Art. 15 I, II LV) an öffentlichen oder privaten Ausbildungsstätten.[28] Dadurch grenzt sie sich gegenständlich ab: Sie gilt (a) nicht für andere Schularten als Volksschulen, zB Gymnasien, Realschulen, Berufsschulen (dazu § 4 I SchG) und (b) nicht für private Volksschulen[29] (zu deren Errichtungsvoraussetzungen: § 5 PSchG, Art. 7 IV, V GG).

3. „Gemäß den in Artikel 15 genannten Grundsätzen"

11 Art. 19 I 1 LV verweist auf die in Art. 15 LV genannten Grundsätze. Die Ausbildung der Lehrer muss gewährleisten, dass die Lehrer zu Erziehung und Unterricht **nach diesen Grundsätzen befähigt** sind. Angesprochen sind in erster Linie die Grundsätze des Art. 15 I LV („Grundsätze […], die am 9. Dezember 1951 in Baden für die Simultanschule mit christlichem Charakter gegolten haben"). Nicht explizit in Bezug genommen werden die in Art. 15 I LV ebenfalls angesprochenen „Bestimmungen" des badischen Schulrechts, die nicht mehr gelten, aber Konkretisierungen der angesprochenen Grundsätze enthalten, damit auf diese rückführbar sind.[30]

12 Die Grundsätze, welche die badische Simultanschule hauptsächlich kennzeichneten und die **christliche Gemeinschaftsschule** ausmachten,[31] sind in Art. 28 I 2 und 3 VerfLB[32] und in §§ 34, 40, 41 und 44 des Badischen Schulgesetzes vom 7.7.1910[33] idF des Gesetzes vom 30.3.1926[34] enthalten.[35] Sie bedürfen der wertenden Konkretisierung. Nach dem BVerfG legt Art. 19 I 1 LV „Lehrinhalte und Erziehungsziel nicht auf ein Glaubenschristentum fest. Das gemeinsame christliche Leitbild, welches das Schulleben bestimmt, ist geprägt durch die Anerkennung der Glaubensverschiedenheiten der beiden christlichen Konfessionen und die Offenheit sowie

---

27 *Braun*, Art. 19 Rn. 6, 12.
28 LT-Drs. V/520, 3; *Braun*, Art. 19 Rn. 7; *Feuchte* in: Feuchte, Art. 19 Rn. 11.
29 Ebenso *Feuchte*, BWVBl. 1969, 65 (70).
30 *Feuchte* in: Feuchte, Art. 19 Rn. 4 f.
31 *Feuchte* in: Feuchte, Art. 19 Rn. 6; vgl. auch *ders.*, Geschichte, 68 ff., 196 ff.
32 „An allen Schulen sind beim Unterricht die religiösen Empfindungen aller zu achten. Der Lehrer hat in jedem Fach auf die religiösen und weltanschaulichen Empfindungen aller Schüler Rücksicht zu nehmen und die religiösen und weltanschaulichen Auffassungen sachlich darzulegen."
33 Bad. GVBl. 385.
34 Bad. GVBl. 63.
35 BVerfGE 41, 29 (59 f.); ferner *Feuchte*, BWVBl. 1969, 65 (66); vgl. näher die Kommentierung zu Art. 15 I LV.

Toleranz gegenüber nichtchristlichen Religionen und Weltanschauungen."[36]

Art. 19 I 1 LV **verweist** seinem Wortlaut nach insgesamt auf Art. 15 LV. Da Art. 19 I 1 LV nicht für die Ausbildung der Lehrer an anderen Schulen gilt (→ Rn. 10), hat der Verweis auf Art. 15 II LV keine Bedeutung,[37] jedenfalls nach Umwandlung der dort angesprochenen Bekenntnisschulen Südwürttemberg-Hohenzollerns in „staatlich geförderte private Volksschulen". Ob Art. 19 I 1 LV auch Art. 15 III LV umfasst, ist umstritten, im Ergebnis aber zu bejahen, da Art. 15 III LV die „Gestaltung des Erziehungs- und Schulwesens" anspricht, über Art. 15 I LV hinaus einen weiteren Grundsatz heraushebt (das pädagogische Elternrecht) und die Lehrerausbildung nach Art. 19 I 1 LV auf die Grundsätze des Erziehungs- und Schulwesens ausgerichtet sein muss. Insoweit muss die Lehrerausbildung auch das pädagogische Elternrecht zum Gegenstand haben.[38] Freilich liegt Art. 15 III LV nicht in erster Linie im Blickfeld des Verweises, so dass die Relevanz des Streits nicht allzu groß ist.

13

Art. 19 I 1 LV regelt die Ausbildungsziele nicht umfassend, sondern im Wesentlichen mit christlicher Erziehung und Unterricht **nur einen Teilbereich**. **Weitere Ausbildungsziele** und -inhalte ergeben sich aus anderen Verfassungsnormen, zB Art. 12 I LV (Ehrfurcht vor Gott, Geist der christlichen Nächstenliebe, Brüderlichkeit aller Menschen, Friedensliebe, Liebe zu Volk und Heimat, sittliche und politische Verantwortlichkeit, berufliche und soziale Bewährung, freiheitlich demokratische Gesinnung), 16 I 1 LV (abendländische Bildungs- und Kulturwerte), 17 I LV (Duldsamkeit, soziale Ethik), 21 I (freie und verantwortungsfreudige Bürger) und II LV (Gemeinschaftskunde als ordentliches Lehrfach).[39]

14

Das Land BW und die Evangelischen Landeskirchen schlossen 2007 einen Vertrag,[40] der ergänzende Regelungen zur Ausbildung der Lehrer enthält:

15

„Artikel 5 – Ausbildung der Lehrkräfte; [...]

(1) Die Ausbildung der Lehrkräfte für die öffentlichen Grund- und Hauptschulen muss gewährleisten, dass die Lehrkräfte zur Erziehung und zum Unterricht entsprechend den in Artikel 15 der Verfassung des Landes Baden-Württemberg und Artikel 7 dieses Vertrages genannten Grundsätzen befähigt sind.

(2) Das Land wird dafür sorgen, dass an Universitäten, Pädagogischen Hochschulen und sonstigen Ausbildungsstätten des Landes den Studierenden, die die Lehrbefähigung in Evangelischer Religionslehre anstreben, die wissenschaftliche Vorbildung geboten wird, die sie fachlich und methodisch zur Erteilung des Religionsunterrichts befähigt.

---

36 BVerfGE 41, 29 (59-63, bes. 62 f.).
37 *Feuchte* in: Feuchte, Art. 19 Rn. 3; *ders.*, BWVBl. 1969, 65 (69).
38 In diese Richtung *Feuchte* in: Feuchte, Art. 19 Rn. 3; s. auch *ders.*, BWVBl. 1969, 65 (69); anders *Schlenker*, VBlBW 1983, 399 (400): Verweis nur auf Art. 15 I LV.
39 Vgl. auch BVerfGE 41, 29 (59 f.); *Braun*, Art. 19 Rn. 8, 12.
40 Vertrag des Landes BW mit der Evangelischen Landeskirche in Baden und mit der Evangelischen Landeskirche in Württemberg (Evangelischer Kirchenvertrag BW – EvKiVBW) vom 17.10.2007, GVBl. der Evangelischen Landeskirche in Baden Nr. 13 v. 5.12.2007, 174 ff. Dazu das Gesetz zu dem Evangelischen Kirchenvertrag BW und zu der römisch-katholischen Kirchenvereinbarung BW vom 8.1.2008, GBl. 1, ber. 56.

(3) [...]

(4) Das Nähere wird durch Vereinbarung zwischen dem zuständigen Ministerium und dem zuständigen Evangelischen Oberkirchenrat geregelt.

(5), (6) [...]

Artikel 7 – Christliche Gemeinschaftsschule

(1) Die öffentlichen Volksschulen (Grund- und Hauptschulen) haben die Schulform der christlichen Gemeinschaftsschule nach den Grundsätzen und Bestimmungen, die am 9. Dezember 1951 in Baden für die Simultanschule mit christlichem Charakter gegolten haben.

(2) In christlichen Gemeinschaftsschulen werden die Kinder auf der Grundlage christlicher und abendländischer Bildungs- und Kulturwerte erzogen. Der Unterricht wird mit Ausnahme des Religionsunterrichts gemeinsam erteilt."

II. Grundsatz der gemeinsamen Lehrerausbildung (Abs. 1 S. 2)

16 Nach Art. 19 I 2 LV erfolgt die Lehrerausbildung an staatlichen Einrichtungen grundsätzlich – mit Ausnahme der in Art. 19 II LV genannten Fächer (Theologie, Religionspädagogik) – gemeinsam. Die Vorschrift statuiert damit den **Verfassungsgrundsatz** der gemeinsamen Lehrerausbildung an staatlichen Ausbildungseinrichtungen.

1. Gemeinsame Lehrerausbildung

17 Gemeinsam bedeutet, dass die Lehrerausbildung nicht auf konfessioneller/bekenntnismäßiger, sondern auf gemeinschaftlicher/simultaner, dh **überkonfessioneller Grundlage** erfolgt.[41] Die Vorschrift gibt damit vor, dass staatliche Ausbildungseinrichtungen für Volksschullehrer simultanen Charakter haben müssen[42] und beseitigte so das Gebot, neben simultanen auch konfessionelle Ausbildungsstätten bereitzustellen.[43] Dadurch schaffte sie den konfessionellen Charakter früherer Ausbildungsstätten ab und bildete den verfassungsrechtlichen Rahmen für die Umwandlung der Pädagogischen Hochschulen Freiburg und Weingarten (katholisch) sowie Heidelberg (evangelisch) in simultane Hochschulen.[44] Die bestehenden simultanen Hochschulen (Karlsruhe, Reutlingen, Schwäbisch Gmünd, Esslingen, Ludwigsburg, Lörrach) blieben zunächst unangetastet;[45] die Pädagogischen Hochschulen Esslingen und Lörrach wurden mit Ablauf des 31.3.1984 aufgelöst,[46] ebenso die Pädagogische Hochschule Reutlingen mit Ablauf des 30.9.1987,[47] wobei deren Fachbereich Sonderpädagogik zunächst als Außenstelle der Pädagogischen Hochschule Ludwigsburg erhalten blieb[48] und sich seit dem 1.10.2015 ebenfalls am Standort Ludwigsburg befindet;

---

41 *Feuchte* in: Feuchte, Art. 19 Rn. 8.
42 *Schlenker*, VBlBW 1983, 399 (400).
43 *Schlenker*, VBlBW 1983, 399 (400).
44 *Feuchte* in: Feuchte, Art. 19 Rn. 7.
45 *Feuchte* in: Feuchte, Art. 19 Rn. 1.
46 Gesetz zur Änderung des Gesetzes über die Pädagogischen Hochschulen im Lande BW vom 9.12.1980, GBl. 594; zur Verfassungsmäßigkeit: StGH, ESVGH 31, 241.
47 Art. 1 I des Gesetzes zur Auflösung der Pädagogischen Hochschule Reutlingen vom 21.11.1983, GBl. 718.
48 § 1 II des Gesetzes über die Pädagogischen Hochschulen im Lande BW (PHG) vom 1.2.2000, GBl. 269.

die Berufspädagogische Hochschule Esslingen wurde mit Ablauf des 31.3.1988[49] aufgelöst. In BW bestehen derzeit somit sechs **Pädagogische Hochschulen:** Freiburg, Heidelberg, Karlsruhe, Ludwigsburg, Schwäbisch Gmünd und Weingarten (§ 1 II 1 Nr. 2 HS 1 LHG).

2. Staatliche Ausbildungseinrichtungen

Art. 19 I 2 LV gilt – anders als Art. 19 I 1 LV – ausdrücklich nur für staatliche, **nicht für private Ausbildungsstätten.**[50] Er lässt die Organisations- und Rechtsform der Pädagogischen Hochschulen offen, um Fortentwicklungen zu ermöglichen, zB zu wissenschaftlichen Hochschulen oder durch Angliederung an Universitäten.[51] § 1 II HS 2 LHG qualifiziert die Pädagogischen Hochschulen als „bildungswissenschaftliche Hochschulen universitären Profils mit Promotions- und Habilitationsrecht". 18

3. Ausnahme vom Grundsatz der gemeinsamen Lehrerausbildung

Die Ausbildung in den Fächern Theologie und Religionspädagogik erfolgt demgegenüber getrennt nach Konfessionen (Art. 19 I 2 und II LV).[52] 19

III. Dozenten für Theologie und Religionspädagogik (Abs. 2)

Nach Art. 19 II LV werden die Dozenten für Theologie und Religionspädagogik im Einvernehmen mit der zuständigen Kirchenleitung berufen.[53] Die Vorschrift betrifft das Verfahren zur **Besetzung der Lehrstühle**[54] und ergänzt Art. 10, 20 III LV.[55] 20

1. Einvernehmen

Einvernehmen bedeutet **Zustimmung.** Das bloße Benehmen, also das Anhören mit der Gelegenheit zur Stellungnahme und der gemeinsamen Pflicht, auf eine Einigung hinzuwirken, ohne dass diese erforderlich ist,[56] genügt nicht, wie auch der Vergleich mit Art. 10 LV[57] und anderen Landesverfassungen (→ Rn. 8) zeigt. 21

2. Berufung

Der Wortlaut des Art. 19 II LV bezieht das Einvernehmen auf die Berufung. Berufung ist das **Einweisen in ein Amt** im funktionellen Sinn, nicht die statusrechtliche Ernennung oder Beförderung.[58] Unterschiedlich beurteilt 22

---

49 Art. 1 I des Gesetzes zur Auflösung der Berufspädagogischen Hochschule Esslingen vom 3.2.1986, GBl. 23.
50 Ebenso *Feuchte* in: Feuchte, Art. 19 Rn. 11.
51 Vgl. *Braun*, Art. 19 Rn. 9.
52 S. auch *Braun*, Art. 19 Rn. 12.
53 Vgl. auch VGH BW, NJW 1983, 2592 (2593).
54 *Braun*, Art. 19 Rn. 14; vgl. auch *Feuchte* in: Feuchte, Art. 19 Rn. 9: „Tätigkeit an der Hochschule".
55 *Braun*, Art. 10 Rn. 1, Art. 19 Rn. 13; *Haug*, BeckOK LHG, Grundlagen des Hochschulrechts in BW, Rn. 13.
56 S. auch *Braun*, Art. 10 Rn. 10.
57 „Die Besetzung der Lehrstühle der theologischen Fakultäten geschieht unbeschadet der in Artikel 8 genannten Verträge und unbeschadet abweichender Übung im Benehmen mit der Kirche."
58 *Braun*, Art. 19 Rn. 16.

wird, ob das Einvernehmen auch nach der Berufung fortbestehen muss und die Kirchenleitung im Fall des nicht mehr bestehenden Einvernehmens die Abberufung eines Dozenten verlangen kann.[59] Dafür wird angeführt, die Dozenturen seien „gemeinsame" Einrichtungen von Staat und Kirche („kirchengebundene Staatsämter"[60]).[61] Dem weltanschaulich grundsätzlich neutralen Staat (s. aber die Betonung christlicher Werte in Art. 1 I, 3 I 3, 12 I, 15 I, 16 I, III LV) fehlen für die Beurteilung kirchlicher Lehre und Bekenntnisses die Maßstäbe.[62] Konflikte der Akteure sind soweit als möglich im Geiste von Gespräch und Kooperation (Art. 10, 16 III, 20 III LV)[63] zu befrieden.

23   Das Land BW und die Kirchen schlossen am 4.2.1969 zur Lehrerausbildung eine **Vereinbarung**,[64] die in Nr. 2 das Berufungsverfahren näher ausgestaltete und in der Fassung vom 30.10.1975[65] lautet:

„Die Berufung der Dozenten für Theologie und Religionspädagogik erfolgt im Einvernehmen mit den zuständigen Kirchenleitungen. Bei den Berufungsausschüssen für die Erarbeitung von Vorschlägen für die Besetzung von Dozenturen für Evangelische und Katholische Theologie/Religionspädagogik an Pädagogischen Hochschulen muss in der Gruppe der Professoren/Dozenten die Mehrheit von PH-Professoren/Dozenten für Theologie/ Religionspädagogik der betreffenden Konfession gestellt werden. Dem Dreiervorschlag der Pädagogischen Hochschule an das Kultusministerium ist gesondert das Votum der Fachprofessoren/-dozenten für Theologie und Religionspädagogik der betreffenden Konfession beizufügen.

Nach Einreichung des Dreiervorschlags des Senats einer Pädagogischen Hochschule wird das Kultusministerium zwecks Herstellung des Einvernehmens unverzüglich mit der zuständigen Kirchenleitung Verbindung aufnehmen und mit dem Dreiervorschlag das Votum der Fachprofessoren/-dozenten übersenden. Vor erfolgtem Einvernehmen werden keine Berufungsverhandlungen aufgenommen."

Art. 5 III des Vertrags des Landes BW mit den Evangelischen Landeskirchen (→ Rn. 15) ergänzt dazu:

„Die Dozentinnen und Dozenten für Evangelische Theologie und Religionspädagogik im Sinne von Artikel 19 Abs. 2 der Verfassung des Landes Baden-Württemberg werden im Einvernehmen mit dem zuständigen Evangelischen Oberkirchenrat berufen und eingestellt. Artikel 3 Abs. 2 bis 4 gilt entsprechend. Der Wechsel von einer Pädagogischen Hochschule des Lan-

---

59   *Braun*, Art. 19 Rn. 18 mwN; *Feuchte* in: Feuchte, Art. 19 Rn. 9.
60   LT-Drs. V/520, 4; s. auch → Rn. 6.
61   *Braun*, Art. 19 Rn. 18; *Feuchte*, BWVBl. 1969, 65 (70); s. auch VGH BW, NJW 1983, 2592 (2593); *Hollerbach* in: Listl/Pirson, Staatskirchenrecht, 549 (571 ff.); in der Konsequenz: Art. 3 III des Vertrags des Landes BW mit den Evangelischen Landeskirchen (s. unten).
62   Vgl. *Hollerbach* in: Listl/Pirson, Staatskirchenrecht, 549 (588-591).
63   Dazu → Art. 20 Rn. 53 ff. – s. als Basis gemeinsamer Verfassungstradition („Benehmen") einleitend die Bestimmungen der anderen Landesverfassungen.
64   Archiv für katholisches Kirchenrecht 1969, 227 f.; LT-Drs. V/520, 4 (Anlage).
65   Archiv für katholisches Kirchenrecht 1976, 226 f.; vgl. auch *Kästner* in: Anke/ Couzinet/Traulsen, 530 (561).

des zu einer anderen gilt nicht als Berufung und Einstellung im Sinne dieser Bestimmung."

Art. 3 II bis IV lauten:

„(2) Vor der Berufung und Einstellung einer Hochschullehrerin oder eines Hochschullehrers an einer Evangelisch-Theologischen Fakultät gibt das zuständige Ministerium dem zuständigen Evangelischen Oberkirchenrat hinsichtlich Lehre und Bekenntnis der beziehungsweise des zu Berufenden und Einzustellenden Gelegenheit zur Äußerung. Das zuständige Ministerium stellt sicher, dass gegen ein kirchliches Votum eine Berufung nicht eingeleitet und eine Einstellung nicht vorgenommen wird.

(3) Die Kirchen können Lehre und Bekenntnis einer Hochschullehrerin oder eines Hochschullehrers nachträglich beanstanden. In solchen Fällen stellt das zuständige Ministerium sicher, dass die Hochschullehrerin oder der Hochschullehrer nicht Mitglied der Evangelisch-Theologischen Fakultät bleibt, und sorgt im Einvernehmen mit dem zuständigen Evangelischen Oberkirchenrat für entsprechenden Ersatz.

(4) Studien-, Prüfungs-, Promotions- und Habilitationsordnungen in Evangelischer Theologie bedürfen der Zustimmung des zuständigen Evangelischen Oberkirchenrats unter dem Gesichtspunkt des kirchlichen Amtes und der kirchlichen Lehre."

Im Übrigen bleibt es beim Kirchenvertrag 1975.[66] Das LHG berührt die Verträge mit den Kirchen nicht (§ 74 I LHG).

Aufgrund der Pflicht des Staates zu religiöser Neutralität, namentlich seiner Verpflichtung, auf eine am Gleichheitssatz orientierte Behandlung der verschiedenen Religionsgemeinschaften zu achten,[67] gilt die Garantie des Art. 19 II LV **auch für nichtchristliche Religionen**, was insb. für die Studiengänge zur Islamischen Theologie der Pädagogischen Hochschulen von Bedeutung ist.[68]

3. Dozenten

Art. 19 II LV betrifft nur die Berufung der Dozenten. Die LV beschreibt nicht genau, welcher **Personenkreis** darunter zu verstehen ist. Gemeint sind jedenfalls die Lehrstuhlinhaber (ordentliche Professoren).[69] Dies entspricht auch der Vorstellung des Kirchenvertrags (oben 2.), der neben den Begriff der Dozenten den der Professoren stellt. Art. 19 II LV verwendet nicht die Begriffe Professoren, Lehrstühle (Art. 10 LV) oder Lehrkörper (Art. 20 III LV), sondern den – **umfassenderen** – **Begriff** der Dozenten. Die Vorschrift ist deshalb nicht auf die ordentlichen Professoren beschränkt, sondern umfasst auch andere Formen von Dozenten, etwa Honorarprofessoren, Gastprofessoren, Juniorprofessoren, Privatdozenten und Lehrbeauftragte. Auch

---

66 Das Nähere ist in der Vereinbarung der Landesregierung mit den Kirchenleitungen in BW v. 4.2.1969, geändert durch Vereinbarung vom 30.10.1975, geregelt (Schlussprotokoll zum Evangelischen Kirchenvertrag BW v. 17.10.2007, zu Art. 5 I bis IV).
67 BVerfGE 138, 296 Rn. 109; vgl. auch Art. 4 ff. LV.
68 *Haug*, BeckOK LHG, Grundlagen des Hochschulrechts in BW, Rn. 16 ff.
69 *Braun*, Art. 19 Rn. 14.

insoweit ist das kirchliche Interesse (Art. 137 III WRV, Art. 140 iVm 5 GG) berührt. Die Vorschrift öffnet sich damit den tatsächlichen Entwicklungen und einfach-rechtlichen Ausgestaltungen (zum wissenschaftlichen Personal: §§ 44 ff. LHG).[70]

Artikel 20 [Hochschulfreiheit]

(1) Die Hochschule ist frei in Forschung und Lehre.

(2) Die Hochschule hat unbeschadet der staatlichen Aufsicht das Recht auf eine ihrem besonderen Charakter entsprechende Selbstverwaltung im Rahmen der Gesetze und ihrer staatlich anerkannten Satzungen.

(3) Bei der Ergänzung des Lehrkörpers wirkt sie durch Ausübung ihres Vorschlagsrechts mit.

Schrifttum:

Friesenhahn, Staatsrechtslehrer und Verfassung. Rede zum Antritt des Rektorates der Rheinischen Friedrich-Wilhelms-Universität in Bonn am 5.11.1950, Krefeld 1951, 5; *Geis* (Hrsg.), Hochschulrecht in Bund und Ländern, Loseblattausgabe, Stand 12/2015, Heidelberg; *Gerber*, Hochschulrecht in der modernen Demokratie. Ein Mahnruf zur Verfassungsgestaltung in Baden-Württemberg, DÖV 1953, 33; *ders.*, Der Beschluß des bad.-württembergischen Verfassungsausschusses über die Grundordnung der Hochschulen, DÖV 1953, 142; *Hartmer/Detmer* (Hrsg.), Hochschulrecht. Ein Handbuch für die Praxis, 2. Aufl., Heidelberg 2011; *Haug* (Hrsg.), Das Hochschulrecht in Baden-Württemberg, 2. Aufl., Heidelberg 2009; *ders.*, Grundlagen des Hochschulrechts in Baden-Württemberg, in: v. Coelln/Haug (Hrsg.), Beck'scher Online-Kommentar Hochschulrecht Baden-Württemberg, Stand 1.2.2017, München; *Hesse*, Grundzüge des Verfassungsrechts der Bundesrepublik Deutschland, Neudruck der 20. Aufl., Heidelberg 1999; *Kahl*, Hochschule und Staat. Entwicklungsgeschichtliche Betrachtungen eines schwierigen Rechtsverhältnisses unter besonderer Berücksichtigung von Aufsichtsfragen, Tübingen 2004; *Krausnick*, Staat und Hochschule im Gewährleistungsstaat, Tübingen 2012; *ders.*, Akademische Selbstverwaltung und Hochschulgesetzgebung – Harmonie oder Disharmonie? in: Eppler/Böttcher (Hrsg.), Demokratische Wissenschaftseinrichtung KIT.21 als Modell für Baden-Württemberg? Tagungsbericht einer Fachtagung der Hans-Böckler-Stiftung im Karlsruher Institut für Technologie (KIT) im Juni 2011, 21; *Kühne*, Die Landesverfassungsgarantien hochschulischer Selbstverwaltung – ein unentfaltetes Autonomiepotential, DÖV 1997, 1; *Losch*, Wissenschaftsfreiheit, Wissenschaftsschranken, Wissenschaftsverantwortung. Zugleich ein Beitrag zur Kollision von Wissenschaftsfreiheit und Lebensschutz am Lebensbeginn, Tübingen 1993; *Oppermann*, Kulturverwaltungsrecht. Bildung – Wissenschaft – Kunst, Tübingen 1969; *Sandberger*, Landeshochschulgesetz Baden-Württemberg, Kommentar zum Gesetz über die Hochschulen in Baden-Württemberg (Landeshochschulgesetz – LHG), zum Universitätsklinika-Gesetz (UKG) und zum Gesetz über das Karlsruher Institut für Technologie (KIT-Gesetz), 2. Aufl., Heidelberg 2015; *Siekmann*, Zusammenwirken von Staat und Hochschule bei der Besetzung von Lehrstühlen, DÖV 1979, 82; *Sieweke*, Zur Verfassungsmäßigkeit der Fusion der Universität Karlsruhe mit dem Forschungszentrum Karlsruhe, VBlBW 2009, 290; *Smend*, Das Recht der freien Meinungsäußerung, VVDStRL 4 (1928), 44; *Taupitz*, Biomedizinische Forschung zwischen Freiheit und Verantwortung, Heidelberg 2002; *v. Humboldt*, Über die innere und äussere Organisation der höheren wissenschaftlichen Anstalten in Berlin, um 1810, abgedruckt in: Gebhardt (Hrsg.), Wilhelm von Humboldts politische Denkschriften, Erster Band 1802 – 1810, Berlin 1903 (Nachdruck 1968), 250; *Wagner*, Das KIT-Gesetz verfassungswidrig? – Eine Erwiderung auf den Beitrag von Sieweke, VBlBW 2009, 290 –, VBlBW

---

70 Ebenso *Braun*, Art. 19 Rn. 14.

2010, 133; *ders.*, Das Großexperiment „Karlsruhe Institut für Technologie (KIT)" – Das KIT-Zusammenführungsgesetz, WissR 2009, 300.

Vergleichbare Regelungen:
Zu Abs. 1: Art. 13 EU-GRCh, 5 III 1 GG, 108 BayVerf, 31 I BbgVerf, 21 S. 1 BerlVerf, 11 S. 1, 2 BremVerf, 10 HessVerf, 7 I 1 MVVerf, 5 I NdsVerf, 18 I NRWVerf (Pflege und Förderung der Wissenschaft), 9 I, 39 I 2 RPVerf, 5 II, 33 II 2 SaarlVerf, 21 S. 1, 107 I SächsVerf, 13 I SchlHVerf, 27 I 2 ThürVerf.
Zu Abs. 2: Art. 138 II 1 BayVerf, 32 I BbgVerf, 60 I HessVerf, 7 III 2, 3 MVVerf, 5 III NdsVerf, 16 I NRWVerf, 39 I 1 RPVerf, 33 II 1 SaarlVerf, 107 II SächsVerf, 31 II LSAVerf, 28 I ThürVerf.
Zu Abs. 3: Art. 107 III SächsVerf.

Ergänzende Normen: Gesetz über die Hochschulen in BW (Landeshochschulgesetz – LHG).

Leitentscheidungen: BVerfGE 35, 79 (Hochschulurteil); 93, 85 (Universitätsgesetz Nordrhein-Westfalen); 127, 87 (Hamburgisches Hochschulgesetz); 130, 263 (W-Besoldung); 136, 338 (Hochschulorganisation/Medizinische Hochschule Hannover); StGH, ESVGH 24, 12 (Universitätsklinik); ESVGH 31, 241 (Pädagogische Hochschule); VerfGH, U. v. 14.11.2016 – 1 VB 16/15 – (Rektoratsmitglieder); VGH BW, ESVGH 24, 27 (Kunsthochschule).

A. Überblick und Einordnung 1	b) Subjektives Recht 27
I. Bedeutung 1	aa) Abwehrrecht 28
II. Herkunft, Entstehung, Geschichte 2	bb) Schutz, Förderung, Teilhabe 29
1. Vorläufer 2	c) Objektive Wertentscheidung 32
2. Entstehung 5	4. Schranken 33
III. Verfassungsvergleichende Einordnung 8	5. Verhältnis zu Art. 5 III GG 36
B. Erläuterung 11	II. Selbstverwaltungsrecht der Hochschulen (Abs. 2) 39
I. Wissenschaftsfreiheit (Abs. 1) 11	1. Rechtsnatur der Hochschulen 39
1. Adressaten der Vorschrift 12	2. Grundsatz der Selbstverwaltung 40
a) Hochschulen 12	3. Gesetzesvorbehalt: „im Rahmen der Gesetze" und „staatlich anerkannten Satzungen" 47
b) Adressaten 16	4. Staatliche Aufsicht 51
2. Forschung und Lehre 18	III. Ergänzung des Lehrkörpers (Abs. 3) 53
a) Forschung 19	
b) Lehre 20	
c) Wissenschaft 21	
d) Konkretisierung durch das LHG 25	
3. Inhalte und freiheitliche Dimensionen 26	
a) Bedeutung und Einordnung in den Verfassungskontext 26	

A. Überblick und Einordnung

I. Bedeutung

Der LV liegt mit Art. 20, 85 sowie Art. 2 I LV iVm 5 III GG die **Idee der** 1 **Wissenschaftsfreiheit** zugrunde. Art. 20 LV ergänzt Art. 2 I LV iVm 5 III GG, indem er die Wissenschaftsfreiheit der Hochschulen bekräftigt (Abs. 1), das Selbstverwaltungsrecht der Hochschulen, denen die Vorschrift „besonderen Charakter" zuschreibt, und seine Grenzen statuiert (Abs. 2) sowie – als Ausfluss des Selbstverwaltungsrechts – die Mitwirkung der

Hochschulen bei der Besetzung des Lehrkörpers betont und gestaltet (Abs. 3). Art. 20 verbürgt damit den Hochschulen des Landes verfassungsmäßige Rechte, die sich in erster Linie auf die Abwehr staatlicher Interventionen in den Hochschulbetrieb richten, sich darauf aber nicht beschränken. Zugleich tritt die Vorschrift neben die Bestandsgarantie des Art. 85 LV.

II. Herkunft, Entstehung, Geschichte
1. Vorläufer

2 Art. 20 LV hat in der deutschen Verfassungsgeschichte **zahlreiche Vorläufer** mit unterschiedlichen textlichen Ausformungen und Nuancierungen: Schon § 152 PKV sah vor: *„Die Wissenschaft und ihre Lehre ist frei."* Art. 142 WRV griff die Formulierung auf und ergänzte sie, insb. um eine positive Dimension: *„Die Kunst, die Wissenschaft und ihre Lehre sind frei. Der Staat gewährt ihnen Schutz und nimmt an ihrer Pflege teil."*

3 Auch die **südwestdeutschen Verfassungen** nach dem Zweiten Weltkrieg enthielten Regelungen zur Wissenschaftsfreiheit.

- Art. 12 VerfWB bestimmte: *„Die Kunst, die Wissenschaft und ihre Lehre sind innerhalb der Schranken des für alle geltenden Gesetzes frei."* Ergänzt wurde die Bestimmung durch Art. 40: *„Die Hochschule untersteht der Aufsicht des Staates. Sie hat das Recht der Selbstverwaltung nach Maßgabe der Gesetze sowie das Recht, bei der Ergänzung des Lehrkörpers durch ihre Vorschläge mitzuwirken."*
- Ähnlich regelte Art. 12 VerfLB: *„Die Kunst, die Wissenschaft und ihre Lehre sind im Rahmen der allgemeinen Gesetze frei. Niemand darf in seinem wissenschaftlichen oder künstlerischen Schaffen und in der Verbreitung seiner Werke gehindert werden, es sei denn, daß sie gegen die Sittlichkeit oder gegen die guten Sitten verstoßen. Die Ausübung dieser Freiheiten darf nicht zu beruflichen oder wirtschaftlichen Nachteilen führen."* Art. 30 fügte hinzu: *„Die Hochschule ist frei in Forschung und Lehre. Sie verwaltet ihre Angelegenheiten nach Maßgabe der Gesetze und unter Aufsicht des Staates. An den sie berührenden Angelegenheiten der staatlichen Unterrichtsverwaltung wird sie vom Staate mitbeteiligt; sie wird insbesondere bei der Ergänzung des Lehrkörpers mit ihren Vorschlägen gehört. Die theologische Fakultät an der Hochschule bleibt mit den bisherigen Rechten erhalten. Die Besetzung der Lehrstühle erfolgt im Einvernehmen mit der Kirche."*
- Art. 10 VerfWH lautete: *„Die Kunst, die Wissenschaft und ihre Lehre sind innerhalb der Schranken des für alle geltenden Gesetzes frei."* Und Art. 116 ergänzte: *„Die Hochschulen haben das Recht der Selbstverwaltung nach Maßgabe des Gesetzes. Ist der Lehrkörper zu ergänzen, so haben sie das Recht, Vorschläge zu machen. Bevor ein Lehrstuhl in einer theologischen Fakultät besetzt wird, erhält die kirchliche Behörde Gelegenheit, ein begründetes Bedenken geltend zu machen."*

4 **Art. 5 III GG** bestimmt: *„Kunst und Wissenschaft, Forschung und Lehre sind frei. Die Freiheit der Lehre entbindet nicht von der Treue zur Verfassung."*

2. Entstehung

Schon **Art. 16 VerfERP**[1] enthielt die wesentlichen Elemente des heutigen Art. 20 LV:

"Die Hochschule ist frei in Forschung und Lehre. Sie hat unter der Rechtsaufsicht des Staates das Recht der Selbstverwaltung im Rahmen der Gesetze und der staatlich anerkannten Satzung. Bei der Ergänzung des Lehrkörpers wirkt sie durch ihre Vorschläge maßgeblich mit."

Art. 36 VerfECDU[2] formulierte demgegenüber:

"Die Hochschulen des Landes unterstehen der Aufsicht des Staates. Sie sind frei in Forschung und Lehre. Die Freiheit der Lehre entbindet nicht von der Treue zur Verfassung. Ihr Recht der Selbstverwaltung nach Maßgabe der Gesetze, sowie das Recht, bei der Ergänzung des Lehrkörpers durch Vorschläge mitzuwirken, bleiben gewahrt."

Wenngleich sich die beiden Regelungsentwürfe ähnelten, divergierten sie doch im Einzelnen:[3] So sprach Art. 36 VerfECDU von der Staatsaufsicht, die nach Auffassung von Hochschulvertretern nur insoweit gelten dürfe, als die Hochschulen Anstaltscharakter hätten, während Art. 16 VerfERP demgegenüber nur von der Rechtsaufsicht des Staates über die Hochschulen sprach, wobei dort nur die Forschung und Lehre angesprochen waren, also der Bereich der Hochschulen, in dem sie frei und deshalb autonom sind. Während die Regierungsparteien im VA stärker auf die Freiheit von Forschung und Lehre als vorurteilsfreie Erforschung der Wirklichkeit unter der Autonomie der Wahrheit abstellten, bemängelte die CDU hinsichtlich der Staatsaufsicht eine unzureichende Klarheit in der Abgrenzung von Forschung und Lehre einerseits sowie Verwaltung und Finanzen andererseits. Der VA verständigte sich daher auf die Formulierung des heutigen Art. 20 II LV. Die **Hauptkontroverse** im VA bildete die Frage, wie ein Konflikt zwischen Hochschule und Regierung über die Berufung eines von der Hochschule nicht vorgeschlagenen Hochschullehrers aufzulösen sei. Dass der Gebrauch des letzten Entscheidungsrechts des Staates unter parlamentarischer Verantwortung seltene Ausnahme bleiben werde, weil eine Einigung mit äußerster Anstrengung gesucht werden müsse, war die erklärte Hoffnung und Überzeugung aller Sprecher zu diesem Thema. Deshalb wurden Überlegungen, die Möglichkeit des staatlichen **"Rechts zum Octroi"** in der LV ausdrücklich zu verankern, nicht weiter verfolgt. Vielmehr einigte sich der VA auf der Basis eines CDU-Antrags auf die – gegenüber Art. 16 S. 3 VerfERP als inhaltsgleich angesehene – Formulierung: *"Bei der Ergänzung des Lehrkörpers wirkt sie durch ihre für die Beurteilung der wissenschaftlichen Leistung und Eignung für das Lehramt besonders maßgeblichen Vorschläge mit."* Schließlich wurde die gesamte Bestimmung mit 14:8:3 Stimmen angenommen.[4]

---

1 Beilage 40 der VLV (Entwurf einer Verfassung für …), ausgegeben am 30.6.1952, 45 ff.
2 Beilage 118 der VLV (Entwurf einer Verfassung für BW), ausgegeben am 30.7.1952, 85 ff.
3 Beilage 1103 der VLV (Bericht des VA über den Entwurf einer Verfassung), ausgegeben am 1.9.1953, nach 986 (dort 35–37).
4 Dazu *Gerber*, DÖV 1953, 142 ff.

7 In der **zweiten Beratung** im Plenum der VLV[5] wurde die im VA noch beschlossene Betonung der besonderen Treuepflicht der Hochschullehrer gestrichen, teils wegen der unnötigen Doppelung von Art. 2 I LV iVm 5 III 2 GG, teils wegen eines darin gesehenen unangemessenen Misstrauens. Die heutige Formulierung des Berufungsrechts in Art. 20 III LV ging schließlich auf den Antrag von CDU, SPD, FDP/DVP, BHE zurück,[6] der in der **dritten Beratung** angenommen wurde.[7]

III. Verfassungsvergleichende Einordnung

8 Zu Art. 20 I LV finden sich in Art. 5 III 1 GG und in zahlreichen Landesverfassungen **vergleichbare Bestimmungen**. Zum Teil wird die Wissenschaftsfreiheit – wie in Art. 20 I LV – begrifflich auf die Hochschulen bezogen (so in Art. 39 I 2 RPVerf, 107 I SächsVerf); überwiegend wird sie allgemein gewährleistet (so in Art. 5 III 1 GG, 108 BayVerf, 31 I BbgVerf, 21 S. 1 BerlVerf, 27 I 2 ThürVerf). Dazu treten in einigen Landesverfassungen ausdrückliche Gewährleistungen zu Errichtung, Unterhaltung und Förderung von Hochschulen (Art. 16 I, III 1 MVVerf, 5 II NdsVerf, 31 I 1 LSAVerf; zur Förderung der Wissenschaft – unabhängig von Hochschulen – Art. 140 I, II BayVerf, 18 I NRWVerf). Zum Teil wird die Wissenschaftsfreiheit ausdrücklich unter den verfassungsrechtlichen Vorbehalt der Verfassungstreue gestellt (so Art. 5 III 2 GG, 31 III BbgVerf, 21 S. 2 BerlVerf) oder vereinzelt weiter ausdrücklich begrenzt (Art. 31 II BbgVerf: „Forschungen unterliegen gesetzlichen Beschränkungen, wenn sie geeignet sind, die Menschenwürde zu verletzen oder die natürlichen Lebensgrundlagen zu zerstören"). Für das baden-württembergische Verfassungsrecht folgen entsprechende Weitungen und Begrenzungen im Zusammenwirken mit Art. 2 I LV iVm 5 III 1 und 2 GG und sind auch anderen landesverfassungsrechtlichen Wertentscheidungen zu entnehmen (zB staatlicher Schutz der Menschen, natürlichen Lebensgrundlagen und Tiere, Art. 1 II 2, 3 a I, 3 b LV).

9 Zu Art. 20 II LV enthält das GG keine entsprechende Regelung, jedoch finden sich solche Regelungen in einer Reihe **anderer Landesverfassungen**, die aber **textlich sehr unterschiedlich** gefasst sind. Zum Teil wird den Hochschulen – anders als Art. 20 II LV und (vergleichbar) Art. 107 II 1 SächsVerf – das Recht der Selbstverwaltung ohne verfassungstextliche Einschränkung allgemein gewährleistet (so Art. 138 II 1 BayVerf, 60 I 2 HS 1 HessVerf), zum Teil ausdrücklich unter Gesetzesvorbehalt gestellt (Art. 32 I, V BbgVerf, 5 III NdsVerf, 39 I 1, VI RPVerf, 33 II 1, VI SaarlVerf, 31 II LSAVerf, 28 IV ThürVerf). Zum Teil werden die Studierenden (so Art. 138 II 2 BayVerf, 32 I BbgVerf, 60 I 2 HS 2 HessVerf, 39 II RPVerf, 33 II 3 SaarlVerf, 107 II 2 SächsVerf), Professoren und andere Beschäftigte (Art. 32 I BbgVerf, 28 I 2 ThürVerf: Beteiligung aller Mitglieder) ausdrücklich einbezogen. Vereinzelt werden die Hochschulbestimmungen um weite-

---

5 41. Sitzung der VLV am 18.6.1953 (Verhandlungen der VLV, Bd. III, 1801 ff., 1847-1852).
6 Beilage 1283 der VLV, ausgegeben am 4.11.1953, 1239; vgl. zuvor den Antrag von FDP/DVP in Beilage 1272 der VLV, ausgegeben am 2.11.1953, 1143.
7 58. Sitzung der VLV am 4.11.1953 (Verhandlungen der VLV, Bd. III, 2431, 2454); zur red. Überarbeitung s. Beilage 1319 der VLV, ausgegeben am 11.11.1953, 1277 f.

re Regelungen ergänzt, etwa um den Grundsatz der Staatlichkeit der Hochschulen (Art. 34 S. 2 BremVerf; s. auch Art. 138 I 1 BayVerf), um die Verpflichtung jedes Studenten, neben seinem Fachstudium allgemeinbildende, insb. staatsbürgerkundliche Vorlesungen zu hören (Art. 39 III RPVerf) und das Recht der Studenten, sich an den Hochschulen im Rahmen der für alle geltenden Gesetze zu Vereinigungen zusammenzuschließen (Art. 39 IV RPVerf). Einige Landesverfassungen sprechen auch den Zugang zum Hochschulstudium explizit an (Art. 32 III BbgVerf, 39 V RPVerf: auch Gasthörer, 33 III SaarlVerf).

Zu Art. 20 III LV enthält nur Art. 107 III SächsVerf eine vergleichbare Verfassungsbestimmung. 10

B. Erläuterung

I. Wissenschaftsfreiheit (Abs. 1)

Art. 20 I LV gewährleistet verfassungsrechtlich die Freiheit der Hochschulen in Forschung und Lehre.[8] Die Vorschrift spricht, anders als Art. 5 III 1 GG, ausdrücklich die Hochschulen an. 11

1. Adressaten der Vorschrift

a) Hochschulen

Die Vorschrift definiert den Begriff der Hochschule nicht,[9] sondern setzt ihn voraus. Er ist normhierarchisch aus der Verfassung selbst zu entwickeln („**verfassungsrechtlicher Hochschulbegriff**"),[10] nicht aus dem einfachen Recht. Sonst stünde die Vorschrift zur Disposition des einfachen Gesetzgebers. Der Begriff der Hochschule grenzt sich verfassungssystematisch ab von den „Schulen" iSd Art. 14-19, 21 LV. Die Hochschule ist eine höhere Schule, die an die Ausbildung in den „Schulen" anschließt. Hochschulen sind ferner von den Einrichtungen der Erwachsenenbildung iSd Art. 22 LV abzugrenzen, unter die auch die Volkshochschulen fallen. Aus Art. 85 LV, der Universitäten und Hochschulen mit Promotionsrecht anspricht,[11] folgt zudem, dass die LV den Begriff der Hochschule iSd Art. 20 I LV in einem **umfassenden Sinn** – als Oberbegriff – versteht. Er umfasst die in Art. 85 LV genannten Universitäten und Hochschulen mit Promotionsrecht, beschränkt sich darauf aber nicht, sondern gilt für alle Hochschulen, auch soweit sie kein Promotionsrecht haben.[12] Er erschöpft sich nicht im Bild der traditionellen wissenschaftlichen Hochschulen,[13] sondern ist **entwicklungsoffen**.[14] 12

---

8 § 3 I 1 LHG rezipiert dies einfach-rechtlich, dazu *Sandberger*, § 3 LHG Rn. 2.
9 VGH BW, ESVGH 24, 27 (31).
10 *Haug*, BeckOK LHG, Grundlagen des Hochschulrechts in BW, Rn. 4.
11 Dazu StGH, ESVGH 24, 12 (26 f.); ESVGH 31, 241 (242-244 und 246).
12 VGH BW, ESVGH 24, 27 (31); *Feuchte* in: Spreng/Birn/Feuchte, Art. 20 Tz. 6; vgl. aber auch *ders.*, in: Feuchte, Art. 20 Rn. 4.
13 VGH BW, ESVGH 24, 27 (31); vgl. allg. *Friesenhahn*, 5 (37): „Die Verbindung von Forschung und Lehre ist das Signum der deutschen Universität."
14 *Braun*, Art. 20 Rn. 5; vgl. auch StGH, ESVGH 31, 241 (245): „in die Garantie des Art. 20 LV hineingewachsen".

13 Damit ist der Begriff der Hochschule iSd Art. 20 I LV verfassungsrechtlich noch nicht abschließend bestimmt, weil das **den Hochschulen eigene Wesen** noch nicht positiv beschrieben ist. Hochschulen stehen nach dem Vorstellungsbild des Art. 20 I LV in Zusammenhang mit Forschung und Lehre. Sie sind danach Einrichtungen, die „aufgrund ihres Errichtungszwecks freie Wissenschaft durch Forschung und Lehre betreiben".[15] Das sind zunächst die bei Inkrafttreten der LV bestehenden Universitäten und Hochschulen mit Promotionsrecht, denen Art. 85 LV unbefristet verfassungsrechtlichen Bestandsschutz garantiert.[16] Universitäten in diesem Sinne sind die Eberhard Karls Universität Tübingen, die Ruprecht-Karls-Universität Heidelberg und die Albert-Ludwigs-Universität Freiburg, Hochschulen mit Promotionsrecht die – damals nicht die Bezeichnung Universität führenden – Technischen Hochschulen Stuttgart und Karlsruhe, die Staatliche Wirtschaftshochschule Mannheim und die Landwirtschaftliche Hochschule Hohenheim, später: Universitäten Stuttgart, Karlsruhe, Mannheim und Hohenheim.[17] Im Übrigen bestimmt der Gesetzgeber, welche Einrichtungen wissenschaftlichen Charakter haben.[18] Hier liegt das **dogmatische Grundproblem** und die offene Flanke der Vorschrift: Sie schreibt Einrichtungen verfassungsmäßige Rechte zu, während der Adressat – außerhalb des Art. 85 LV – der Disposition des einfachen Rechts unterliegt.

14 Die Frage hat jedoch für das derzeitige Hochschulrecht keine praktische Relevanz. Denn der Gesetzgeber hat im LHG eine Reihe von Hochschularten definiert[19] und ihnen bestimmte Forschungs- und Lehraufgaben zugewiesen: § 1 II LHG benennt die staatlichen Hochschulen und **unterteilt** sie in Universitäten, Pädagogische Hochschulen, Kunsthochschulen, Hochschulen für angewandte Wissenschaften einschließlich der besonderen Hochschulen für den öffentlichen Dienst und die Duale Hochschule BW (DHBW). § 2 LHG beschreibt ihren jeweiligen Aufgabenbereich. Universitäten sind die Universitäten Freiburg, Heidelberg, Hohenheim, Konstanz, Mannheim, Stuttgart, Tübingen, Ulm sowie das Karlsruher Institut für Technologie (KIT), soweit es die Aufgabe einer Universität nach § 2 KITG[20] wahrnimmt (§ 1 II Nr. 1 LHG). Ihnen obliegt „in der Verbindung von Forschung, Lehre, Studium und Weiterbildung die Pflege und Entwicklung der Wissenschaften" (§ 2 I 3 Nr. 1 LHG). Für die Pädagogischen Hochschulen hat der Landesgesetzgeber bestimmt, dass sie „bildungswissenschaftliche Hochschulen universitären Profils" sind (§ 1 II Nr. 2 HS 2 LHG) und im Rahmen ihrer Aufgaben „Forschung betreiben" (§ 2 I 3

---

15 *Braun*, Art. 20 Rn. 5 mwN; ferner *Feuchte* in: Feuchte, Art. 20 Rn. 4.
16 StGH, ESVGH 24, 12 (26 f.); ESVGH 31, 241 (243 ff.); *Feuchte* in: Feuchte, Art. 20 Rn. 4, Art. 85 Rn. 3, 8; zum Umfang des Bestandsschutzes: StGH, ESVGH 24, 12 (26 f.); *Braun*, Art. 20 Rn. 3.
17 *Feuchte* in: Feuchte, Art. 85 Rn. 2; *Eiselstein* in: Haug, Kap. 1 Rn. 95; *Sieweke*, VBlBW 2009, 290 (293).
18 *Feuchte* in: Feuchte, Art. 20 Rn. 4.
19 Zur Entwicklung des Hochschulwesens einschließlich der Hochschularten: *Oppermann*, 76 ff., 292 ff.; *Feuchte*, Geschichte, 486 ff.; *Kahl*, Hochschule und Staat, 2004.
20 Gesetz über das Karlsruher Institut für Technologie (KIT-Gesetz – KITG) vom 14.7.2009, GBl. 317.

Nr. 2 HS 2 LHG).[21] Kunsthochschulen (§ 1 II Nr. 3 LHG) betreiben im Rahmen ihrer Aufgaben Forschung (§ 2 I 3 Nr. 3 HS 3 LHG);[22] sie können sich insoweit auf Art. 20 I LV berufen, auch wenn die Vorschrift – anders als Art. 5 III 1 GG[23] – die Kunst nicht erwähnt, denn sie schließt die künstlerische Forschung und Lehre ein, die an Kunsthochschulen – außer der Kunstausübung – betrieben werden.[24] Die „Hochschulen für angewandte Wissenschaften" (Fachhochschulen, § 1 II Nr. 4 LHG) betreiben „anwendungsbezogene Forschung und Entwicklung" (§ 2 I 3 Nr. 4 HS 2 LHG).[25] Schließlich betreibt auch die Duale Hochschule (§ 1 II Nr. 5 LHG) Forschung, und zwar „im Zusammenwirken mit den Ausbildungsstätten auf die Erfordernisse der dualen Ausbildung bezogene Forschung (kooperative Forschung)" (§ 2 I 3 Nr. 5 HS 2 LHG).[26] Art. 20 I LV erfasst somit nach geltendem Recht ein weites Feld verschiedener Hochschulen.

Nach einer in der Literatur vertretenen Ansicht[27] unterfallen **private Hochschulen** nicht dem Schutz des Art. 20 I LV, denn Art. 20 I und II LV verwendeten den gleichen Hochschulbegriff und nur staatlichen Einrichtungen käme die Satzungsautonomie der Hochschulen nach Art. 20 II LV zu, weshalb sich private Hochschulen nur auf Art. 2 I LV iVm 5 III 1 GG[28] berufen könnten. Diese Ansicht überzeugt nicht. Denn der Wortlaut von Art. 20 I LV differenziert nicht zwischen Hochschulen in öffentlicher und privater Trägerschaft (anders als Art. 14 II, 15 I, II 1, 18 S. 1, 19 I 1 LV für Schulen). Die Systematik des Art. 20 LV schließt nicht aus, dass Abs. 2 nur einen Teilbereich der unter Art. 20 I LV fallenden Hochschulen erfasst. Auch private Hochschulen unterliegen dem Schutzzwecks des Art. 20 I LV. Sie können sich ebenfalls auf diese Vorschrift berufen.[29] 15

b) Adressaten

Nach dem Verfassungstext des Art. 20 I LV steht die Freiheit von Forschung und Lehre **der Hochschule selbst** zu.[30] Dies legt nahe – gerade auch im Vergleich mit anderen Verfassungsbestimmungen: zB Art. 5 III 1 GG und entsprechenden Bestimmungen anderer Landesverfassungen –, dass 16

---

21 Zum alten PHG StGH, ESVGH 31, 241 (244 f.), obwohl diese Hochschulen seinerzeit aufgrund Art. 19 LV, nicht Art. 20 LV, gegründet wurden; ferner VGH BW, NJW 1983, 2592 (2594). Zur Gesetzeslage vor dem LHG *Feuchte* in: Feuchte, Art. 20 Rn. 5 f.
22 Zur Gesetzeslage vor dem LHG *Feuchte* in: Feuchte, Art. 20 Rn. 8.
23 Und § 3 I 1 LHG, der den Verfassungstext wiederholt und ihn um die „Kunst" ergänzt, im Übrigen leider nur auf Art. 5 III 1 GG verweist, nicht auf die LV.
24 VGH BW, ESVGH 24, 27 (31 f.).
25 Zum alten FHG VGH BW, VBlBW 1986, 426 (427 f.) und nachgehend BVerfG, VBlBW 1986, 415 m. Anm. *Hufen*, JuS 1988, 493; dazu *Herberger* in: Haug, Kap. 2 Rn. 151 f.; *Kempen* in: Hartmer/Detmer, Kap. I Rn. 25; zur Gesetzeslage vor dem LHG *Feuchte* in: Feuchte, Art. 20 Rn. 6. – Vgl. auch BVerfGE 126, 1 (19 ff.); VerfGH, U. v. 14.11.2016 – 1 VB 16/15 – juris, Rn. 72 und *Wendt* in: von Münch/Kunig, Art. 5 Rn. 100, zu Art. 5 III 1 GG.
26 AA *Braun*, Art. 20 Rn. 5 für die früheren Berufsakademien, auf die Art. 20 LV nicht anwendbar sei.
27 *Braun*, Art. 20 Rn. 5.
28 S. auch *Wendt* in: von Münch/Kunig, Art. 5 Rn. 105, zu Art. 5 III 1 GG.
29 Ebenso *Haug*, BeckOK LHG, Grundlagen des Hochschulrechts in BW, Rn. 5.
30 *Haug*, BeckOK LHG, Grundlagen des Hochschulrechts in BW, Rn. 3 spricht von „institutioneller Hochschulautonomie".

Art. 20 I LV gerade den Hochschulen verfassungsmäßige Rechte einräumt. Der VerfGH hat gleichwohl bisher offen gelassen, ob Art. 20 I LV „der Universität als solcher" das Recht auf Wissenschaftsfreiheit gewährleistet, da Art. 20 II LV den Hochschulen das Recht auf eine ihrem besonderen Charakter entsprechende Selbstverwaltung im Rahmen der Gesetze und ihrer staatlich anerkannten Satzungen zuerkennt.[31] Richtigerweise enthält Art. 20 I LV – schon seinem Wortlaut nach – ein subjektives Recht gerade der Hochschulen. Denn der Verfassungstext adressiert gerade sie und hebt sich dadurch von Art. 2 I LV iVm 5 III 1 GG ab, neben welche die Gewährleistung des Art. 20 I LV tritt. Art. 20 I LV macht die Hochschulen zum Träger der Wissenschaftsfreiheit.[32]

17 Art. 20 I LV in der **Auslegung durch den VerfGH** enthält – wie Art. 5 III 1 GG – zudem „für jeden, der in Wissenschaft, Forschung und Lehre tätig ist, ein individuelles Freiheitsrecht".[33] Ob das allerdings mit dem objektiven Rechtsgehalt des Art. 20 I LV und dem subjektiven Willen des Verfassungsgebers (→ Rn. 5 ff.) übereinstimmt, ist fraglich. Denn Art. 20 LV befasst sich gerade mit den Hochschulen. Das spricht dafür, dass die in Forschung und Lehre Tätigen nur als Reflex in den Wirkungsbereich der Vorschrift einbezogen sind. Schutzlücken bestehen nicht. Denn sie werden durch Art. 2 I LV iVm 5 III 1 GG auch landesverfassungsrechtlich geschützt.

2. Forschung und Lehre

18 Art. 20 I LV gewährt den Hochschulen Freiheit in Forschung und Lehre.

a) Forschung

19 Forschung ist „die geistige Tätigkeit mit dem Ziele, in methodischer, systematischer und nachprüfbarer Weise neue Erkenntnisse zu gewinnen".[34] Forschung ist nicht nur Grundlagenforschung, sondern auch anwendungsbezogene Forschung.[35] **Gewährleistet** ist die Freiheit, „die Fragestellung und Methodik einschließlich der praktischen Durchführung eines Forschungsprojektes frei zu bestimmen."[36]

---

31 StGH, ESVGH 31, 241 (244 f.). Im Ergebnis ebenso zu Art. 5 III 1 GG: BVerfGE 35, 79 (116); 51, 369 (381): „Das Bundesverfassungsgericht hat bisher keinen Anlass gehabt, die namentlich in den 20er Jahren viel erörterte Frage zu entscheiden, ob in der verfassungsrechtlichen Gewährleistung der Wissenschaftsfreiheit ein (oder: das) ‚Grundrecht der deutschen Universität' zu erblicken sei." Näher → Rn. 36 ff.
32 Ebenso *Herberger* in: Haug, Kap. 2 Rn. 148; in diese Richtung auch *Feuchte* in: Feuchte, Art. 20 Rn. 18; *Braun*, Art. 20 Rn. 6.
33 StGH, ESVGH 24, 12 (13); folgend: VerfGH, U. v. 14.11.2016 – 1 VB 16/15 – juris, Rn. 70, 83; *Feuchte* in: Spreng/Birn/Feuchte, Art. 20 Tz. 2; *Braun*, Art. 20 Rn. 8; *Haug*, BeckOK LHG, Grundlagen des Hochschulrechts in BW, Rn. 6.
34 Bundesbericht Forschung III, BT-Drs. V/4335, 4; StGH, ESVGH 24, 12 (13); BVerfGE 35, 79 (113).
35 BVerfGE 126, 1 (24); 61, 210 (252).
36 BVerfGE 128, 1 (67); *Jarass* in: Jarass/Pieroth, Art. 5 Rn. 137 f.

b) Lehre

Lehre ist die „wissenschaftlich fundierte Übermittlung der durch die Forschung gewonnenen Erkenntnisse" und das „stattfindende wissenschaftliche Gespräch"[37] einschließlich der Nutzung moderner Medien. Sie „ist nicht nur, was sich als kommuniziertes Resultat eigener Forschung erweist", sondern meint auch „Unterrichtstätigkeiten, die bloße Wissensvermittlung darstellen und die Weitergabe eigener und fremder Forschungsergebnisse"; **Kern der Lehrfreiheit** ist „insbesondere die freie Wahl von Inhalt und Methode der Lehrveranstaltungen".[38] So „liegt die Gestaltung der Lehrveranstaltungen grundsätzlich in der Hand des Hochschullehrers. Es gehört zu seiner Lehrfreiheit und zu der durch das Grundrecht [...] geschützten verfassungsrechtlichen Position, selbst über Inhalt und Ablauf der Lehrveranstaltung bestimmen zu können".[39]

c) Wissenschaft

Anders als Art. 5 III 1 GG und andere Landesverfassungen erwähnt Art. 20 I LV die Wissenschaft nicht. Das ist konsequent. Denn Wissenschaft ist der gemeinsame **Oberbegriff** von Forschung und Lehre,[40] weshalb seine zusätzliche Erwähnung in Art. 5 III 1 GG ein Pleonasmus ist.[41] Er drückt allerdings den engen Bezug von Forschung und Lehre aus.[42]

Wissenschaft ist im *Humboldt'schen* Sinn „etwas noch nicht ganz Gefundenes und nie ganz Aufzufindendes",[43] nach der Rechtsprechung ein „von staatlicher Fremdbestimmung freie(r) Bereich persönlicher und autonomer Verantwortung des einzelnen Wissenschaftlers".[44] Das BVerfG geht von folgenden **Grundsätzen** aus: Kern der Wissenschaftsfreiheit ist „für Hochschullehrer das Recht, ihr Fach in Forschung und Lehre zu vertreten".[45] Die Wissenschaftsfreiheit „umfasst die Freiheit der Forschung, insbesondere die Fragestellung und die Grundsätze der Methodik sowie die Bewertung des Forschungsergebnisses und seine Verbreitung; die Freiheit der Lehre insbesondere deren Inhalt, den methodischen Ansatz und das Recht auf Äußerung von wissenschaftlichen Lehrmeinungen".[46] In diesen Freiheitsraum fallen „vor allem die auf wissenschaftlicher Eigengesetzlichkeit beruhenden Prozesse, Verhaltensweisen und Entscheidungen bei dem Auffinden von Erkenntnissen, ihrer Deutung und Weitergabe."[47] Damit wird zugleich zum Ausdruck gebracht, dass das Grundrecht „nicht eine be-

---

37 StGH, ESVGH 24, 12 (13); BVerfGE 35, 79 (113).
38 BVerfGE 126, 1 (23 f., 27).
39 BVerfGE 55, 37 (68).
40 *Braun*, Art. 20 Rn. 4; *Jarass* in: Jarass/Pieroth, Art. 5 Rn. 136; *Bethge* in: Sachs, GG, Art. 5 Rn. 200; zum Wissenschaftsbegriff näher: *Scholz* in: Maunz/Dürig, Art. 5 III Rn. 85 ff.; *Pernice* in: Dreier, Art. 5 III Rn. 24 ff.; *Wendt* in: von Münch/Kunig, Art. 5 Rn. 100.
41 *Feuchte* in: Feuchte, Art. 20 Rn. 11.
42 StGH, ESVGH 24, 12 (13 f.); BVerfGE 35, 79 (113).
43 *v. Humboldt* in: Gebhardt, 250 (253).
44 StGH, ESVGH 24, 12 (13) unter Zit. von BVerfGE 35, 79 (113); ferner VerfGH, U. v. 14.11.2016 – 1 VB 16/15 – juris, Rn. 83 und BVerfGE 136, 338 (Rn. 56); 127, 87 (115); 111, 333 (354).
45 BVerfGE 126, 1 (19).
46 BVerfGE 35, 79 (113 f.).
47 BVerfGE 35, 79 (112); 127, 87 (115); 128, 1 (40) mwN.

stimmte Auffassung von der Wissenschaft oder eine bestimmte Wissenschaftstheorie schützen will. Seine Freiheitsgarantie erstreckt sich vielmehr auf jede wissenschaftliche Tätigkeit, d. h. auf alles, was nach Inhalt und Form als **ernsthafter planmäßiger Versuch zur Ermittlung der Wahrheit** anzusehen ist. Dies folgt unmittelbar aus der prinzipiellen Unabgeschlossenheit jeglichen wissenschaftlichen Bemühens."[48] Der Grundrechtsschutz „hängt weder von der Richtigkeit der Methoden und Ergebnisse ab noch von der Stichhaltigkeit der Argumentation und Beweisführung oder der Vollständigkeit der Gesichtspunkte und Belege, die einem wissenschaftlichen Werk zugrunde liegen. Über gute und schlechte Wissenschaft, Wahrheit oder Unwahrheit von Ergebnissen kann nur wissenschaftlich geurteilt werden [...]; Auffassungen, die sich in der wissenschaftlichen Diskussion durchgesetzt haben, bleiben der Revision und dem Wandel unterworfen. Die Wissenschaftsfreiheit schützt daher auch Mindermeinungen sowie Forschungsansätze und -ergebnisse, die sich als irrig oder fehlerhaft erweisen. Ebenso genießt unorthodoxes oder intuitives Vorgehen den Schutz des Grundrechts. Voraussetzung ist nur, dass es sich dabei um Wissenschaft handelt".[49]

23 Aus der „Offenheit und Wandelbarkeit von Wissenschaft, von der der Wissenschaftsbegriff [...] ausgeht, folgt aber nicht, dass eine Veröffentlichung schon deshalb als wissenschaftlich zu gelten hat, weil ihr Autor sie als wissenschaftlich ansieht oder bezeichnet. Denn die Einordnung unter die Wissenschaftsfreiheit [...] kann nicht allein von der Beurteilung desjenigen abhängen, der das Grundrecht für sich in Anspruch nimmt. Soweit es auf die Zulässigkeit einer Beschränkung zum Zwecke des Jugendschutzes [...] oder eines anderen verfassungsrechtlich geschützten Gutes [...] ankommt, sind vielmehr auch Behörden und Gerichte zu der Prüfung befugt, ob ein Werk die Merkmale des – **weit zu verstehenden** – **Wissenschaftsbegriffs** erfüllt. Einem Werk kann allerdings nicht schon deshalb die Wissenschaftlichkeit abgesprochen werden, weil es Einseitigkeiten und Lücken aufweist oder gegenteilige Auffassungen unzureichend berücksichtigt. All das mag ein Werk als fehlerhaft im Sinn der Selbstdefinition wissenschaftlicher Standards durch die Wissenschaft ausweisen. Dem Bereich der Wissenschaft ist es erst dann entzogen, wenn es den Anspruch von Wissenschaftlichkeit nicht nur im einzelnen oder nach der Definition bestimmter Schulen, sondern systematisch verfehlt. Das ist insbesondere dann der Fall, wenn es nicht auf Wahrheitserkenntnis gerichtet ist, sondern vorgefassten Meinungen oder Ergebnissen lediglich den Anschein wissenschaftlicher Gewinnung oder Nachweisbarkeit verleiht. Dafür kann die systematische Ausblendung von Fakten, Quellen, Ansichten und Ergebnissen, die die Auffassung des Autors in Frage stellen, ein Indiz sein. Dagegen genügt es nicht, dass einem Werk in innerwissenschaftlichen Kontroversen zwischen verschiedenen in-

---

48 BVerfGE 47, 327 (367f.), zu Art. 5 III GG (Herv. d. Verf.); im Anschluss an *Smend*, VVDStRL 4 (1928), 44 (67): „Was sich als ernsthafter Versuch zur Ermittlung oder zur Lehre der wissenschaftlichen Wahrheit darstellt, ist Forschung und Lehre".
49 BVerfGE 90, 1 (12).

haltlichen oder methodischen Richtungen die Wissenschaftlichkeit bestritten wird."[50]

Für Hochschullehrer ist „**Kern der Wissenschaftsfreiheit** das Recht, ihr 24 Fach in Forschung und Lehre zu vertreten. Die Freiheit wird daher auch durch das ihnen übertragene Amt, nämlich ihren Lehrauftrag, maßgeblich geprägt."[51] Geschützt werden soll, „was sich im Laufe der geschichtlichen Entwicklung in den einzelnen Ländern als unerlässlich für eine freie Betätigung der Universitäten in Wissenschaft, Forschung und Lehre herausgebildet hatte."[52] Demgegenüber sind „Betätigungen, die sich ohne die für wissenschaftliches Tun erforderliche nachprüfbare Methodik mit Gegenständen befassen", von Art. 20 I LV nicht geschützt.[53]

d) Konkretisierung durch das LHG

Das LHG konkretisiert die Begriffe von Forschung und Lehre: Die **Freiheit** 25 **der Forschung** umfasst „insbesondere die Fragestellung, die Grundsätze der Methodik sowie die Bewertung des Forschungsergebnisses und seine Verbreitung" (§ 3 II 1 LHG). „Die Forschung in den Hochschulen dient der Gewinnung wissenschaftlicher Erkenntnisse sowie der wissenschaftlichen Grundlegung und Weiterentwicklung von Lehre und Studium. Gegenstand der Forschung in den Hochschulen können im Rahmen ihrer Aufgabenstellung alle wissenschaftlichen Bereiche sowie die Anwendung wissenschaftlicher Erkenntnisse in der Praxis einschließlich der Folgen sein, die sich aus der Anwendung wissenschaftlicher Erkenntnisse ergeben können" (§ 40 I LHG). Unter **Freiheit der Lehre** versteht das LHG „im Rahmen der zu erfüllenden Lehraufgaben insbesondere die Abhaltung von Lehrveranstaltungen und deren inhaltliche und methodische Gestaltung sowie das Recht auf Äußerung von wissenschaftlichen und künstlerischen Lehrmeinungen. Beschlüsse der zuständigen Hochschulorgane in Fragen der Lehre sind insoweit zulässig, als sie sich auf die Organisation des Lehrbetriebes und auf die Aufstellung und Einhaltung von Studien- und Prüfungsordnungen beziehen; sie dürfen die Freiheit im Sinne von Satz 1 nicht beeinträchtigen" (§ 3 III LHG).[54]

3. Inhalte und freiheitliche Dimensionen

a) Bedeutung und Einordnung in den Verfassungskontext

Die Wissenschaftsfreiheit besitzt eine „Schlüsselfunktion, die einer freien 26 Wissenschaft sowohl für die Selbstverwirklichung des einzelnen, als auch für die gesamtgesellschaftliche Entwicklung zukommt."[55] Art. 20 I LV steht damit in engem, **konkretisierendem Zusammenhang mit Art. 1 LV**: Der Mensch ist berufen, seine Gaben in Freiheit zu entfalten (Art. 1 I LV). Der Staat hat die Aufgabe, den Menschen hierbei zu dienen (Art. 1 II 1

---

50 BVerfGE 90, 1 (13 f.), Herv. d. Verf.; beispielhaft: VGH BW, NJW 1983, 2592 (2594).
51 BVerfGE 122, 89 (105 f.), Herv. d. Verf.
52 BVerfGE 15, 256 (264), zu Art. 5 III 1 GG.
53 *Braun*, Art. 20 Rn. 10; vgl. auch StGH, BWVBl. 1964, 90 (92 f.): Wahrsagen.
54 Dazu *Sandberger*, § 3 LHG Rn. 3 f.
55 StGH, ESVGH 24, 12 (14); BVerfGE 35, 79 (114); 47, 327 (368), zu Art. 5 III GG.

LV), schützt und fördert sie dabei (Art. 1 II 2 LV). Die Wissenschaftsfreiheit dient der Entfaltung des Menschen und ist Ausdruck seiner Persönlichkeit. BW ist **Bildungsstaat** und zusammen mit den Kulturvorschriften (insb. Art. 3 c I, 16 I 1 LV) zugleich „Kulturstaat".[56] Die Hochschulen stehen dazu in besonderer Verantwortung.

b) Subjektives Recht

27 Art. 20 I LV enthält ein subjektives Verfassungsrecht,[57] das vor dem VerfGH mit der **Landesverfassungsbeschwerde** (§§ 55 ff. VerfGHG, Art. 68 I Nr. 4 LV) geltend gemacht werden kann.[58] Auch eine öffentliche Hochschule ist als Rechtssubjekt, soweit sie sich auf Art. 20 I LV beruft, „jeder" iSd § 55 I VerfGHG.

aa) Abwehrrecht

28 Aus Art. 20 I LV folgt zunächst ein Abwehrrecht (*status negativus*),[59] das „Recht auf Abwehr jeder staatlichen Einwirkung auf den Prozess der Gewinnung und Vermittlung wissenschaftlicher Erkenntnisse".[60] Die Vorschrift gewährleistet den Hochschulen „einen gegen jeglichen Eingriff des Staates geschützten Freiraum, der vor allem die auf wissenschaftlicher Eigengesetzlichkeit beruhenden Prozesse, Verhaltensweisen und Entscheidungen bei dem Auffinden von Erkenntnissen, ihrer Deutung und Weitergabe umfasst."[61] Sie schützt „als Abwehrrecht die wissenschaftliche Betätigung gegen staatliche Eingriffe in den Prozess der Gewinnung und Vermittlung wissenschaftlicher Erkenntnisse."[62] Wissenschaftliche Forschung „darf in ihrer Methode und in ihren Ergebnissen nicht durch wissenschaftstranszendente Ziele oder weltanschauliche Apriori gebunden werden."[63]

bb) Schutz, Förderung, Teilhabe

29 Art. 20 I LV begründet nicht nur ein Recht zur Abwehr staatlicher Eingriffe in den Wissenschaftsbetrieb, sondern verpflichtet den Staat auch zu Schutz und Förderung der Hochschulen (*status positivus*).[64] Aufgrund des Zusammenhangs der Wissenschaftsfreiheit mit der Persönlichkeitsentfaltung des Einzelnen und der allgemeinen Schutz- und Förderaufgabe des

---

56 BVerfGE 36, 321 (331); zu Art. 142 WRV: BVerfGE 35, 79 (119): „Kulturautonomie der Wissenschaft"; ferner *Feuchte*, Geschichte, 185 ff: „Kulturverfassung"; zur Kulturstaatlichkeit auch: *Oppermann*, Kulturverwaltungsrecht, 1969; *Lenski*, Öffentliches Kulturrecht, 2013; *Scholz* in: Maunz/Dürig, Art. 5 III Rn. 8.
57 *Braun*, Art. 20 Rn. 8.
58 Früher: grundsätzlich nur verwaltungsgerichtliches Verfahren (§ 40 VwGO), *Feuchte* in: Feuchte, Art. 20 Rn. 21, das auch heute über die Grundsätze der Rechtswegerschöpfung (§ 55 II 1 VerfGHG) und Subsidiarität der Landesverfassungsbeschwerde geboten sein kann.
59 Status-Lehre nach *Jellinek*, System der subjektiven öffentlichen Rechte, Freiburg im Breisgau 1892, 76 ff.
60 BVerfGE 35, 79 (113), zu Art. 5 III 1 GG; *Krausnick*, 89 ff.
61 BVerfGE 43, 242 (267), zu Art. 5 III 1 GG.
62 StGH, ESVGH 24, 12 (13); *Braun*, Art. 20 Rn. 8 mwN.
63 *Hesse*, Rn. 402, zu Art. 5 III 1 GG.
64 Dazu *Braun*, Art. 20 Rn. 6, 9; für Art. 5 III 1 GG: *Krausnick*, 124 ff. – Nach Art. 179 II AEUV unterstützt die EU die Hochschulen bei ihren Bemühungen auf dem Gebiet der Forschung und technologischen Entwicklung von hoher Qualität.

Staates (Art. 1 I und II LV) muss Art. 20 I LV „auch das Einstehen des Staates für die Idee einer freien Wissenschaft und seine Mitwirkung an ihrer Verwirklichung einschließen."[65] Die Vorschrift verpflichtet daher den Staat, schützend und fördernd einer Aushöhlung dieser Freiheitsgarantie vorzubeugen. So ergibt sich aus ihr „die allgemeine Verpflichtung des Staates, jedenfalls der in der Hochschule (Art. 20 I LV) organisierten Wissenschaft hinreichende finanzielle und organisatorische Mittel, insbesondere auch die erforderlichen Institute zur Verfügung zu stellen."[66] Die vom BVerfG im Hochschulurteil niedergelegten Grundsätze gelten auch für den Regelungsbereich des Art. 20 I LV: „Der Staat hat die Pflege der freien Wissenschaft und ihre Vermittlung an die nachfolgende Generation durch Bereitstellung von **personellen, finanziellen und organisatorischen Mitteln** zu ermöglichen und zu fördern. Das bedeutet, dass er funktionsfähige Institutionen für einen freien Wissenschaftsbetrieb zur Verfügung zu stellen hat. Diesem Gebot kommt deswegen besonders Bedeutung zu, weil ohne eine geeignete Organisation und ohne entsprechende finanzielle Mittel, über die im wesentlichen nur noch der Staat verfügt, heute in weiten Bereichen der Wissenschaften, insbesondere der Naturwissenschaften, keine unabhängige Forschung und wissenschaftliche Lehre mehr betrieben werden kann. Der Staat besitzt hinsichtlich dieses Wissenschaftsbetriebs heute weithin ein faktisches Monopol; eine Ausübung der Grundfreiheiten [...] ist hier notwendig mit einer Teilhabe an staatlichen Leistungen verbunden."[67]

Aus der Verpflichtung des Staates, der Wissenschaft hinreichende finanzielle und organisatorische Mittel zur Verfügung zu stellen, entspringt nach dem VerfGH „ein Recht des in die Hochschule eingeordneten Wissenschaftlers auf Teilhabe an diesen die Ausübung von Wissenschaftsfreiheit erst ermöglichenden Leistungen des Staates."[68] Auch insoweit gelten die vom BVerfG entwickelten **Grundsätze** – jedenfalls über Art. 2 I LV iVm 5 III 1 GG: „Im Bereich des mit öffentlichen Mitteln eingerichteten und unterhaltenen Wissenschaftsbetriebs, d. h. in einem Bereich der Leistungsverwaltung, hat der Staat durch geeignete organisatorische Maßnahmen dafür zu sorgen, dass das Grundrecht der freien wissenschaftlichen Betätigung soweit unangetastet bleibt, wie das unter Berücksichtigung der anderen legitimen Aufgaben der Wissenschaftseinrichtungen und der Grundrechte der verschiedenen Beteiligten möglich ist. Daraus ergibt sich einmal, dass auch im Bereich der Teilhabe am öffentlichen Wissenschaftsbetrieb jedenfalls der [...] Kernbereich wissenschaftlicher Betätigung grundsätzlich der Selbstbestimmung des einzelnen Grundrechtsträgers vorbehalten bleiben muss. Insoweit wird das Individualrecht [...] durch den Eintritt in die Korporation der Hochschule nicht verändert. Darüber hinaus verstärkt die Wertentscheidung [...] die Geltungskraft des Freiheitsrechts in Richtung

30

---

65 StGH, ESVGH 24, 12 (14).
66 StGH, ESVGH 24, 12 (14), unter Hinweis auf BVerfGE 35, 79 (114).
67 BVerfGE 35, 79 (114 f.), zu Art. 5 III GG (Herv. d. Verf.); ferner BVerfGE 136, 338 (Rn. 58).
68 StGH, ESVGH 24, 12 (14); VerfGH, U. v. 14.11.2016 – 1 VB 16/15 – juris, Rn. 83; *Braun*, Art. 20 Rn. 9, nach dieses Recht nicht allein aus Art. 20 I LV folgt, sondern zusätzlich aus Art. 1 I, 23 I LV – zur Frage des Adressaten von Art. 20 I LV s. → Rn. 16 f.

auf Teilhabeberechtigungen. Das rechtfertigt sich aus der Überlegung, dass einerseits die Beteiligung am öffentlichen Leistungsangebot zunehmend zur notwendigen Voraussetzung für die Verwirklichung der Wissenschaftsfreiheit wird und dass andererseits nach der (Verfassungskonzeption) auch dem Interesse des Gemeinwesens an einem funktionierenden Wissenschaftsbetrieb am ehesten gedient wird, wenn sich die wissenschaftlich tätige Einzelpersönlichkeit schöpferisch entfalten kann."[69]

31 Der Gesetzgeber muss für die **Organisation** der Wissenschaftsfreiheit „ein Gesamtgefüge schaffen, in dem Entscheidungsbefugnisse und Mitwirkungsrechte, Einflussnahme, Information und Kontrolle so beschaffen sind, dass Gefahren für die Freiheit von Lehre und Forschung vermieden werden"; Organisationsnormen sind dann mit der Wissenschaftsfreiheit unvereinbar, „wenn durch sie ein Gesamtgefüge geschaffen wird, das die freie wissenschaftliche Betätigung und Aufgabenerfüllung strukturell gefährdet".[70] Nach dem VerfGH erstreckt sich die Garantie des Art. 20 I LV „auf alle wissenschaftsrelevanten Entscheidungen. Dies sind nicht nur Entscheidungen über konkrete Forschungsvorhaben oder Lehrangebote, sondern auch über die Planung der weiteren Entwicklung einer Einrichtung und über die Ordnungen, die für die eigene Organisation gelten sollen. Wissenschaftsrelevant sind auch alle den Wissenschaftsbetrieb prägenden Entscheidungen über die Organisationsstruktur und den Haushalt, denn das Grundrecht auf Wissenschaftsfreiheit liefe leer, stünden nicht auch die organisatorischen Rahmenbedingungen und die Ressourcen zur Verfügung, die Voraussetzungen für die tatsächliche Inanspruchnahme dieser Freiheit sind".[71] Soweit sich eine Verfassungsbeschwerde gegen Organisationsnormen für die Wissenschaft wendet, kann nach dem VerfGH der Grundrechtsschutz aus Art. 20 I LV unmittelbar geltend gemacht werden, „wenn eine wissenschaftsinadäquate Organisation eine Grundrechtsgefährdung für den Beschwerdeführer bewirkt".[72]

c) Objektive Wertentscheidung

32 Art. 20 I LV enthält neben den subjektiven Rechtsgarantien „eine objektive, das Verhältnis von Wissenschaft, Forschung und Lehre zum Staat regelnde wertentscheidende Grundsatznorm".[73] Wie Art. 5 III 1 GG besitzt auch Art. 20 I LV eine **„Schlüsselfunktion**, die einer freien Wissenschaft sowohl für die Selbstverwirklichung des Einzelnen als auch für die gesamtge-

---

69 BVerfGE 35, 79 (115 f., zur näheren Herleitung und Differenzierung der Mitwirkungsrechte im Organisationsmodell der Gruppenuniversität: 124 ff.), zu Art. 5 III GG.
70 BVerfGE 136, 338 (Rn. 57); folgend: VerfGH, U. v. 14.11.2016 – 1 VB 16/15 – juris, Rn. 65, 70, 84, 89.
71 VerfGH, U. v. 14.11.2016 – 1 VB 16/15 – juris, Rn. 85 unter Hinweis auf BVerfGE 136, 338; krit. zu dieser Weite *Haug*, BeckOK LHG, Grundlagen des Hochschulrechts in BW, Rn. 6 a ff., da der Begriff der „wissenschaftsrelevanten Entscheidungen" damit seine terminologische Abgrenzungsfunktion verliere.
72 VerfGH, U. v. 14.11.2016 – 1 VB 16/15 – juris, Rn. 74.
73 StGH, ESVGH 24, 12 (13 f.); folgend: VerfGH, U. v. 14.11.2016 – 1 VB 16/15 – juris, Rn. 81 und – zu Art. 5 III 1 GG – die st. Rspr. des BVerfG, s. nur: BVerfGE 35, 79 (112); 93, 85 (95); 127, 87 (114); ferner *Krausnick*, 102 ff.

[Hochschulfreiheit] Artikel 20

sellschaftliche Entwicklung zukommt".[74] „Diese Wertentscheidung bedeutet nicht nur die Absage an staatliche Eingriffe in den […] Eigenbereich der Wissenschaft; sie schließt vielmehr das Einstehen des Staates, der sich als Kulturstaat versteht, für die Idee einer freien Wissenschaft und seine Mitwirkung an ihrer Verwirklichung ein und verpflichtet ihn, sein Handeln positiv danach einzurichten, d.h. schützend und fördernd einer Aushöhlung dieser Freiheitsgarantie vorzubeugen."[75] Der Staat „muss danach für funktionsfähige Institutionen eines freien Wissenschaftsbetriebs sorgen und durch geeignete organisatorische Maßnahmen sicherstellen, dass das individuelle Grundrecht der freien wissenschaftlichen Betätigung so weit unangetastet bleibt, wie das unter Berücksichtigung der anderen legitimen Aufgaben der Wissenschaftseinrichtungen und der Grundrechte der verschiedenen Beteiligten möglich ist. Dabei kann der Gesetzgeber die Organisation der Hochschulen nach seinem Ermessen ordnen, solange gewährleistet ist, dass der Kernbereich wissenschaftlicher Betätigung der Selbstbestimmung des einzelnen Grundrechtsträgers vorbehalten bleibt".[76] Aus Art. 20 I LV erwächst dem Grundrechtsträger „ein Recht auf solche staatlichen Maßnahmen auch organisatorischer Art, die zum Schutz seines grundrechtlich gesicherten Freiheitsraums unerlässlich sind, weil sie ihm freie wissenschaftliche Betätigung überhaupt erst ermöglichen."[77] Die Vorschrift „fordert, dass in der Hochschule freie Wissenschaft möglich ist und ungefährdet betrieben werden kann."[78]

4. Schranken

Das Grundrecht der Wissenschaftsfreiheit nach Art. 20 I LV ist – soweit es über das durch Gesetzesvorbehalt eingeschränkte Selbstverwaltungsrecht des Art. 20 II LV hinausgeht – **vorbehaltlos**, dh ohne Gesetzesvorbehalt, gewährleistet. Allerdings bestehen **immanente Schranken aus kollidierendem Verfassungsrecht**.[79] Verfassungsimmanente Schranken folgen aus dem Forschungs- und Lehrbegriff, auf den das Grundrecht bezogen ist, aus der Funktionsfähigkeit der Hochschulen[80] sowie aus speziellen Bestimmungen der LV. So kann die Wissenschaftsfreiheit etwa mit dem Recht auf Leben und körperliche Unversehrtheit (Art. 2 I LV iVm 2 II 1 GG) sowie mit dem Schutz der natürlichen Lebensgrundlagen und der Tiere (Art. 3a und 3b LV) kollidieren.[81] Ferner ergeben sich verfassungsimmanente Schranken zB aus Art. 11 I LV, wonach jeder junge Mensch das Recht auf eine seiner Be-

33

---

74 BVerfGE 35, 79 (114); 47, 327 (368), zu Art. 5 III GG (Herv. d. Verf.).
75 BVerfGE 35, 79 (114); 127, 87 (114), zu Art. 5 III GG.
76 BVerfGE 93, 85 (95); 127, 87 (114), zu Art. 5 III GG mwN – Zur institutionellen Garantie des Art. 5 III 1 GG: *Scholz* in: Maunz/Dürig, Art. 5 III Rn. 131 ff.; *Bethge* in: Sachs, GG, Art. 5 Rn. 202 f.; *Pernice* in: Dreier, Art. 5 III Rn. 21; *Krausnick*, 112 ff.
77 BVerfGE 35, 79 (116); 43, 242 (267); 130, 263 (299) mwN, zu Art. 5 III GG.
78 BVerfGE 130, 263 (299).
79 VerfGH, U. v. 14.11.2016 – 1 VB 16/15 – juris, Rn. 91.
80 VerfGH, U. v. 14.11.2016 – 1 VB 16/15 – juris, Rn. 91.
81 Vgl. auch *Losch*, 170 ff.; *Taupitz*, 23 ff.; ferner *Jarass* in: Jarass/Pieroth, Art. 5 Rn. 148 f.; *Bethge* in: Sachs, GG, Art. 5 Rn. 221 ff.; *Pernice* in: Dreier, Art. 5 III Rn. 39 ff., 45 ff.

gabung entsprechende Ausbildung hat,[82] und aus Art. 77 I LV, wonach die Ausübung hoheitsrechtlicher Befugnisse als ständige Aufgabe idR Angehörigen des öffentlichen Dienstes zu übertragen ist, die in einem öffentlich-rechtlichen Dienst- und Treueverhältnis stehen.[83] Zudem bestand in den Beratungen des VA und der VLV Einigkeit, dass der Verfassungstreuevorbehalt des Art. 5 III 2 GG über Art. 2 I LV auch für das Landesverfassungsrecht, damit auch für Art. 20 I LV gilt (→ Rn. 7).[84]

34 Zwischen der Hochschulfreiheit und den kollidierenden Werten ist ein verhältnismäßiger Ausgleich im Sinne einer **praktischen Konkordanz**[85] zu finden. Dazu sind anhand der einzelnen Bestimmungen der LV durch Verfassungsauslegung die verfassungsrechtlich geschützten Rechtsgüter, die der Wahrnehmung der Wissenschaftsfreiheit widerstreiten, festzustellen, zu gewichten und in Konkordanz zu dieser zu bringen.[86] Es obliegt zuvorderst dem **demokratischen Landesgesetzgeber**, im öffentlichen Willensbildungsprozess nach Maßgabe der verfassungsrechtlichen „Wertordnung und unter Berücksichtigung der Einheit dieses Wertsystems"[87] sowie unter Berücksichtigung der verschiedenen Auffassungen das Spannungsverhältnis zu lösen und ggf. einen Kompromiss zu suchen (vgl. auch Art. 1 II 2 LV: „bewirkt durch Gesetz und Gebot einen Ausgleich der wechselseitigen Rechte und Pflichten").[88] Der Gesetzgeber hat dazu die erforderlichen gesetzlichen Grundlagen zu schaffen.[89]

35 Art. 20 I LV gilt ferner von vornherein nur nach Maßgabe der **bundesrechtlichen Vorgaben** (Art. 31, 142 GG). Das Landesverfassungsrecht ist an das GG – die Bundesgrundrechte (wie Art. 12 GG für die Hochschulzulassung), die Staatsstrukturprinzipien (Art. 20, 28 I 1 GG) und die weiteren bundesverfassungsrechtlichen Vorgaben (zB die beamtenrechtlichen Regelungen des Art. 33 GG) – gebunden, zudem an einfaches Bundesrecht. Der Bund hatte ursprünglich eine Rahmengesetzgebungskompetenz (Art. 75 GG aF) für die Hochschulen, die er mit dem Hochschulrahmengesetz (HRG) wahrnahm, mit entsprechenden Bindungen der Länder.[90] Die Rahmengesetzgebungskompetenz wurde mit der Föderalismusreform I[91] aufgehoben. Das HRG gilt zwar grundsätzlich fort (Art. 125 a I 1, 125 b I 1 GG), kann aber durch Landesrecht ersetzt werden (einerseits: Art. 125 a I 2 GG, andererseits: Art. 125 b I 3, 72 III 1 Nr. 6 GG). So besitzt der Bund nach Art. 74 I Nr. 33 GG die konkurrierende Gesetzgebungskompetenz für „die Hochschulzulassung und die Hochschulabschlüsse", wobei die Länder nach Art. 72 III 1 Nr. 6 GG abweichen können. Nach Art. 91 b I GG können Bund und Länder zudem aufgrund von Vereinbarungen in Fällen

---

82 VerfGH, U. v. 14.11.2016 – 1 VB 16/15 – juris, Rn. 91; *Braun*, Art. 20 Rn. 17.
83 *Braun*, Art. 20 Rn. 10; zu den hergebrachten Grundsätzen des Berufsbeamtentums als Schranke: VerfGH, U. v. 14.11.2016 – 1 VB 16/15 – juris, Rn. 91.
84 Ebenso *Braun*, Art. 20 Rn. 10.
85 Grundlegend: *Hesse*, Rn. 72; BVerfGE 41, 29 (50 f.).
86 BVerfGE 77, 240 (255).
87 BVerfGE 47, 327 (369); 122, 89 (107).
88 BVerfGE 41, 29 (50 f.).
89 BVerfGE 126, 1 (24); 122, 89 (107), zu Art. 5 III GG.
90 Dazu *Feuchte* in: Feuchte, Art. 20 Rn. 12-14.
91 GG-ÄndG v. 28.8.2006, BGBl. I 2034.

überregionaler Bedeutung bei der Förderung von Wissenschaft, Forschung und Lehre zusammenwirken. Vereinbarungen, die im Schwerpunkt Hochschulen betreffen, bedürfen der Zustimmung aller Länder. Dies gilt nicht für Vereinbarungen über Forschungsbauten einschließlich Großgeräten. Nach Art. 143 c I 1 GG stehen den Ländern ab dem 1.1.2007 bis zum 31.12.2019 für den durch die Abschaffung der Gemeinschaftsaufgaben Ausbau und Neubau von Hochschulen[92] einschließlich Hochschulkliniken und Bildungsplanung jährlich Beträge aus dem Haushalt des Bundes zu.

5. Verhältnis zu Art. 5 III GG

Art. 20 I LV wie Art. 5 III 1 GG statuieren die Freiheit von Forschung und Lehre. Sie sind jedoch **nicht deckungsgleich**. Das folgt schon aus den unterschiedlichen Formulierungen der Verfassungstexte. Art. 20 I LV spricht die Hochschulen direkt an, während Art. 5 III 1 GG die Adressaten nicht benennt und damit Forschung und Lehre auch außerhalb der Hochschulen schützt.[93] Zudem erwähnt Art. 5 III 1 GG auch die Wissenschaft, fasst damit Forschung und Lehre aber nur unter einem Oberbegriff zusammen, ohne zusätzlichen Gewährleistungsgehalt (→ Rn. 21 ff.). Daneben umfasst Art. 5 III 1 GG auch die Kunstfreiheit. Art. 20 I LV tritt für die Wissenschaftsfreiheit zu Art. 2 I LV iVm 5 III 1 GG hinzu, weshalb sich die Frage stellt, in welchem Verhältnis beide Bestimmungen stehen.[94] Richtigerweise enthält Art. 20 I LV ein Grundrecht der Hochschulen (→ Rn. 16 f.), weshalb für das Landesverfassungsrecht offen bleiben kann, ob ein solches schon aus Art. 2 I LV iVm 5 III 1 GG (iVm 19 III GG)[95] folgt. Das BVerfG ließ zunächst „dahinstehen, ob diese Vorschrift sich auch auf die Universitäten als solche bezieht und damit auch auf die Fakultäten, ob sie diese nur in ihrer historisch überkommenen Gestalt durch Gewährung einer institutionellen Garantie schützt oder ob sie ein selbstständiges Grundrecht der Universitäten und Fakultäten auf Freiheit der Wissenschaft, Forschung und Lehre enthält".[96] Für das Landesverfassungsrecht wird diese Frage durch Art. 20 I LV beantwortet: Landesverfassungsrechtlich besteht ein Grundrecht der Hochschulen auf Wissenschaftsfreiheit. Dagegen sprechen auch nicht dogmatische Bedenken, weil öffentliche Hochschulen rechtsfähige Körperschaften des öffentlichen Rechts und zugleich staatliche Einrichtungen sind (s. § 8 I 1 LHG). Das BVerfG hat wiederholt betont, idR könnten „zwar weder der Staat noch seine Einrichtungen Grundrechte als subjektive öffentliche Rechte in Anspruch nehmen, insofern sie nicht gleichzeitig Träger und Adressat von Grundrechten sein können. Dieser Grundsatz gilt jedoch dann nicht, wenn Einrichtungen des Staates Grundrechte in einem Bereich verteidigen, in dem sie vom Staat unabhängig sind. Das ist insbesondere bei den deutschen Universitäten der Fall, die zwar in der Regel

36

---

92 Zum alten Art. 91 a GG *Feuchte* in: Feuchte, Art. 20 Rn. 15.
93 *Feuchte* in: Feuchte, Art. 20 Rn. 16; vgl. auch VerfGH, U. v. 14.11.2016 – 1 VB 16/15 – juris, Rn. 81.
94 Vgl. auch *Kühne*, DÖV 1997, 1 (5 ff.) mwN: „grundrechtsorganisatorische Komplementärgarantie".
95 S. auch *Gerber*, DÖV 1953, 33 (35).
96 BVerfGE 15, 256 (264); 67, 202 (207); die Grundrechtsfähigkeit der Universitäten und Fakultäten bejaht in: BVerfGE 15, 256 (262); 21, 362 (373 f.); 31, 314 (322).

vom Staat gegründet sind und auch von ihm unterhalten werden, aber in Wissenschaft, Forschung und Lehre frei sind. Deshalb muss auch den Universitäten wie den Fakultäten ohne Rücksicht auf ihre allgemeine oder besondere Rechtsfähigkeit die Möglichkeit gegeben sein, dieses von ihnen beanspruchte Grundrecht im Verfahren der Verfassungsbeschwerde geltend zu machen".[97]

37 Unabhängig davon, ob Art. 20 I LV auch die einzelnen Wissenschaftler erfasst (→ Rn. 16 f.), sind sie jedenfalls über Art. 2 I LV landesverfassungsrechtlich geschützt, denn nach dem BVerfG steht das Freiheitsrecht des Art. 5 III 1 GG „jedem zu, der wissenschaftlich tätig ist oder tätig werden will",[98] damit etwa auch wissenschaftlichen Mitarbeitern und Studenten, soweit sie an Forschung und Lehre teilnehmen.[99] Es verleiht den Hochschullehrern „über die allgemeine beamtenrechtliche Regelung hinaus eine weitgehende Unabhängigkeit bei der Ausübung ihres Berufs".[100] Die Wissenschaftsfreiheit der LV wird daher erst **im Zusammenwirken** von Art. 2 I LV iVm 5 III 1 GG und Art. 20 I LV vollständig erfasst.

38 Nach Art. 142 GG bleiben Bestimmungen der LV in Kraft, soweit sie in Übereinstimmung mit Art. 1 bis 18 GG Grundrechte gewährleisten.[101] Art. 5 III 1 GG wird über Art. 2 I LV in das Landesverfassungsrecht **transformiert**[102] und definiert damit auch den landesverfassungsrechtlichen Standard der Wissenschaftsfreiheit.[103] Art. 20 I LV schränkt dieses Recht nicht ein, sondern **tritt hinzu**[104] und betont einen Teilbereich:[105] die Wissenschaftsfreiheit der Hochschulen, akzentuiert und verstärkt es dadurch. Art. 20 I LV bleibt neben Art. 2 I LV iVm 5 III 1 GG in Kraft,[106] zumal nicht davon auszugehen ist, dass der Landesverfassungsgeber zwei wider-

---

97 BVerfGE 15, 256 (262); 21, 362 (373 f.): „bei diesem Grundrecht legt zudem schon der Wortlaut die Ausdehnung auf diejenigen Institutionen nahe, denen Wissenschaft, Forschung und Lehre vornehmlich anvertraut sind"; BVerfGE 68, 193 (207); 111, 226 (264); dazu *Jarass* in: Jarass/Pieroth, Art. 5 Rn. 140 f.; *Bethge* in: Sachs, GG, Art. 5 Rn. 210 f.; *Scholz* in: Maunz/Dürig, Art. 5 III Rn. 123 ff.; *Pernice* in: Dreier, Art. 5 III Rn. 35; *Krausnick*, 96 f.; *Sandberger* in: Geis, Rn. 2; *Kempen* in: Hartmer/Detmer, Kap. I Rn. 22 ff.
98 BVerfGE 35, 79 (112); ferner *Krausnick*, 96.
99 *Eiselstein* in: Haug, Kap. 1 Rn. 66; *Kempen* in: Hartmer/Detmer, Kap. I Rn. 19; ferner VGH BW, NJW 1983, 2592 (2594); VerfGH, U. v. 14.11.2016 – 1 VB 16/15 – juris, Rn. 86, unter Hinweis darauf, dass jedoch das Gewicht ihrer Betroffenheit durch die Hochschulstruktur nicht dem der Betroffenheit der Hochschullehrer vergleichbar sei, die aufgrund ihrer Vorbildung, ihrer meist langjährigen Tätigkeit und Erfahrung in Forschung und Lehre in erster Linie die Hochschule als wissenschaftliche Einrichtung prägten.
100 BVerfGE 3, 58 (151).
101 Dazu *Krappel*, VBlBW 2015, 137 (141).
102 Zur Transformation: s. die Kommentierung zu Art. 2 I LV; StGH, VBlBW 2014, 427 (Ls.), UA S. 79 sowie *Engelken/Braun*, Art. 2 I Rn. 1 ff.; *Krappel*, VBlBW 2013, 121 (128); VBlBW 2015, 137 (140).
103 Nach *Braun*, Art. 20 Rn. 1 schließt Art. 20 I LV als „Spezialnorm" die Transformation der Hochschulfreiheit durch Art. 2 I LV aus.
104 *Kühne*, DÖV 1997, 1 (6 f.) spricht von einem „prozessualen" und „materiellen Plus" der Landesverfassungsgarantien, einer „Verstärkung bzw. Grundrechtseffektuierung" des Art. 5 III 1 GG.
105 *Braun*, Art. 20 Rn. 1: „Teilregelung"; *Haug*, BeckOK LHG, Grundlagen des Hochschulrechts in BW, Rn. 3: „Teilfreiheit".
106 StGH, ESVGH 24, 12 (13).

sprechende Normen schaffen bzw. mit Art. 20 I LV den Gewährleistungsgehalt von Art. 2 I LV iVm 5 III 1 GG einschränken wollte; die Beratungen im VA und in der VLV geben dafür keinen Anhalt. Soweit Art. 20 I LV über Art. 2 I LV iVm 5 III 1 GG hinausgeht, ist dies verfassungsrechtlich grundsätzlich unproblematisch, weil Art. 142 GG weitergehende landesverfassungsrechtliche Verbürgungen nicht ausschließt und Art. 5 III 1 GG nur eine bundesverfassungsrechtliche Mindestgarantie enthält, die landesverfassungsrechtlicher Erweiterung zugänglich ist.[107] Das entspricht der Staatlichkeit des Landes BW und seiner daraus folgenden Verfassungsautonomie,[108] was Sinn und Reiz eigener Landesverfassungsrechte ausmacht. Soweit der Verfassungstext des Art. 20 I LV hinter Art. 5 III GG zurückbleibt, weil er den Vorbehalt der Verfassungstreue (Art. 5 III 2 GG)[109] nicht ausdrücklich ausspricht, bestehen inhaltlich keine Unterschiede. Art. 20 I LV bietet keinen weitergehenden Schutz. Denn der Verfassungstreuevorbehalt des Art. 5 III 2 GG ist dem Gewährleistungsgehalt des Art. 20 I LV immanent, mitzulesen und gilt jedenfalls über Art. 2 I LV auch für ihn (→ Rn. 7 und 33). Soweit es um die Wissenschaftsfreiheit an Hochschulen geht, verdrängt Art. 20 I LV nach dem VerfGH Art. 2 I LV iVm 5 III 1 GG.[110] Die in Art. 20 I LV garantierte Wissenschaftsfreiheit ist gleichwohl im Lichte der Rechtsprechung des BVerfG zu Art. 5 III 1 GG auszulegen.[111]

II. Selbstverwaltungsrecht der Hochschulen (Abs. 2)
1. Rechtsnatur der Hochschulen

Die Hochschulen haben einen „**besonderen Charakter**", wovon Art. 20 II LV ausgeht, was er ausdrücklich ausspricht und den er anerkennt. Art. 20 II LV spricht damit das besondere Verhältnis der Hochschulen zum Staat an – zwischen Nähe und Distanz: Die öffentlichen Hochschulen sind einerseits staatliche Einrichtungen, andererseits sind sie nach dem ursprünglichen Leitbild der *universitas magistrorum et scholarium* eine Gemeinschaft der Lehrenden und Lernenden (*civitas academica*) und stehen insoweit dem Staat gegenüber.[112] Nach Art. 20 II LV hat die Hochschule „das Recht auf eine ihrem besonderen Charakter entsprechende Selbstverwaltung im Rahmen der Gesetze und ihrer staatlich anerkannten Satzungen"; zugleich steht sie unter „staatlicher Aufsicht". Die Rechtsnatur der Hochschulen ist durch Art. 20 II LV nicht vorgegeben. Nach § 8 I 1 LHG sind sie „rechtsfähige Körperschaften des öffentlichen Rechts und zugleich staatliche Einrichtungen".[113]

39

---

107 Vgl. auch *Braun*, Art. 20 Rn. 2, zu Art. 20 II LV; *Krappel*, VBlBW 2015, 137 (141).
108 BVerfGE 34, 342 (361 f.).
109 Zur rechtlichen Einordnung *Jarass* in: Jarass/Pieroth, Art. 5 Rn. 150; *Pernice* in: Dreier, Art. 5 III Rn. 41.
110 VerfGH, U. v. 14.11.2016 – 1 VB 16/15 – juris, Rn. 81.
111 VerfGH, U. v. 14.11.2016 – 1 VB 16/15 – juris, Rn. 82; s. allg. *Krappel*, VBlBW 2015, 137 (141).
112 *Kühne*, DÖV 1997, 1 (3) spricht von einer „verbandlich-korporativen, genossenschaftlichen bzw. körperschaftlichen Grundentscheidung".
113 S. auch die Präambel der Grundordnung der Universität Tübingen vom 18.6.2015, Amtl. Bekanntm. Jgg. 41 – Nr. 13 – 6.8.2015, 449 ff.

2. Grundsatz der Selbstverwaltung

40 Die Vorschrift gewährleistet – basierend auf dem von *Smend* zu Art. 142 WRV als „Grundrecht der deutschen Universität"[114] formulierten **korporativen Ansatz** – das Selbstverwaltungsrecht der Hochschulen.[115] Sie enthält „eine zusätzliche und ausdrückliche Garantie der Freiheit der Hochschule in Forschung und Lehre als Institution",[116] erscheint nach dem BVerfG in den Landesverfassungen „neben der Garantie der Wissenschaftsfreiheit als etwas Zusätzliches"[117] und soll „die Freiheit der Hochschule in Forschung und Lehre auch organisatorisch gegenüber dem einfachen Gesetzgeber und der staatlichen Verwaltung" sichern.[118]

41 Art. 20 II LV sagt nicht ausdrücklich, auf **welche Bereiche** sich das Selbstverwaltungsrecht bezieht.[119] Aus dem Wortlaut („ihrem besonderen Charakter entsprechende Selbstverwaltung") lässt sich jedoch entnehmen, dass die Selbstverwaltung auf den gesamten Bereich von Forschung und Lehre bezogen ist,[120] denn Forschung und Lehre zeichnen die Hochschulen aus (→ Rn. 12 ff.), wofür auch die Systematik spricht, denn Art. 20 II LV knüpft an Art. 20 I LV an,[121] der auch in der VLV als notwendiger Ausgangspunkt für den folgenden Inhalt des Artikels angesehen wurde.

42 Zugleich sind die öffentlichen Hochschulen staatliche Einrichtungen, so dass das Selbstverwaltungsrecht in den **staatlichen Zusammenhang** einzuordnen ist: „Der Doppelcharakter von selbstständiger Korporation und staatlicher Anstalt blieb im Nebeneinander von staatlicher Hochschulverwaltung und akademischer Selbstverwaltung sichtbar. Die Abgrenzung zwischen beiden Bereichen war von den allgemeinen Anschauungen über das höhere Unterrichtswesen und über die Aufgaben des Staates auf dem Gebiet der Wissenschaftspflege abhängig. Leitendes Prinzip blieb jedoch, dass die wissenschaftliche Forschung und Lehre in Inhalt und Methode vom Einfluss der Staatsgewalt möglichst frei sein solle; in der Konzeption *Wilhelm von Humboldts* von der Autonomie der Wissenschaft gewann diese Auffassung eine neue Grundlage. Der Staat sollte sich auf die Regelung der ‚äußeren Angelegenheiten' der Hochschule, namentlich auf ihre Finanzierung im Rahmen des allgemeinen Staatshaushalts, und auf eine allgemeine, die Beachtung der Grundlinien der Staatspolitik sichernde administrative Aufsicht beschränken."[122]

43 Das Selbstverwaltungsrecht bedeutet nach dem VerfGH „keine absolute Bindungsfreiheit der Universität. Die akademische Selbstverwaltung ist vielmehr verfassungsrechtlich nur innerhalb des Rahmens der Hochschulzweckbestimmung abgesichert. Demgemäß ist allgemein anerkannt, dass

---

114 VVDStRL 4 (1928), 44 (56 ff.) mwN; dazu *Kahl*, 48 ff.
115 Vgl. auch *Braun*, Art. 20 Rn. 11.
116 StGH, ESVGH 24, 12 (14).
117 BVerfGE 35, 79 (120).
118 VGH BW, NJW 1972, 1339 (1340).
119 S. *Feuchte* in: Feuchte, Art. 20 Rn. 22; *ders.* in: Spreng/Birn/Feuchte, Art. 20 Tz. 3.
120 Ebenso StGH, ESVGH 31, 241 (244 f.); *Feuchte* in: Feuchte, Art. 20 Rn. 23; *ders.* in: Spreng/Birn/Feuchte, Art. 20 Tz. 3.
121 Vgl. auch *Feuchte* in: Spreng/Birn/Feuchte, Art. 20 Tz. 1.
122 BVerfGE 35, 79 (117 f.).

[Hochschulfreiheit] Artikel 20

die Autonomie der Hochschulen – ebenso wie das Selbstverwaltungsrecht der Gemeinden – nicht schrankenlos ist, sondern dass auch hier nur ein bestimmter Kernbereich akademischer Selbstverwaltung von staatlichen Eingriffen freigehalten werden muss".[123] Daher „bedarf es hier der **Abgrenzung des ‚Kernbereichs'** der von staatlicher Einwirkung freien Selbstverwaltung von dem Aufgabengebiet zulässiger staatlicher Regelungsgewalt. Dabei hat dies in erster Linie unter Zugrundelegung der in Art. 20 I LV und Art. 5 III 1 GG niedergelegten ‚wertentscheidenden Grundsatznorm' zu erfolgen. Danach aber liegen der Sinn und damit auch die Grenzen des Selbstverwaltungsrechts der Hochschulen darin, den Sachbereich Forschung und Lehre als einen Bereich autonomer Verantwortung der Hochschule und des einzelnen Wissenschaftlers von staatlicher Fremdbestimmung freizuhalten und zugleich in diesem Sachbereich durch die Bereitstellung von personellen, finanziellen und organisatorischen Mitteln der Hochschule und den in die Hochschule eingeordneten Wissenschaftlern die Teilhabe am öffentlichen Wissenschaftsbetrieb auch tatsächlich zu ermöglichen. Kriterium für eine verfassungsmäßige Ausgestaltung der akademischen Selbstverwaltung durch den Gesetzgeber ist deshalb, ob die diese Selbstverwaltung konkretisierenden Bestimmungen freie Wissenschaft und deren ungestörte tatsächliche Ausübung ermöglichen."[124] Das Selbstverwaltungsrecht dient damit „der Aufrechterhaltung der grundrechtlich gesicherten Wissenschaftsfreiheit in der Hochschule".[125] Dieser Kernbereich lässt sich „nicht ohne Berücksichtigung der geschichtlichen Entwicklung der akademischen Selbstverwaltung und ihrer hergebrachten Grenzen" festlegen. Es sollte „eben gerade der bei Inkrafttreten der LV in der geschichtlichen Entwicklung der Hochschulen erreichte Zustand der Selbstverwaltung Anknüpfungspunkt für den vom Verfassungsgeber gewollten Umfang der verfassungsrechtlich gewährleisteten Selbstverwaltung sein."[126] Geschützt ist, „was sich im Laufe der geschichtlichen Entwicklung in den einzelnen Ländern als unerlässlich für eine freie Betätigung der Universitäten in Forschung und Lehre tatsächlich herausgebildet hatte".[127] Was zum Kernbereich der Hochschulen gehört, beurteilt sich unter Berücksichtigung des in der geschichtlichen Entwicklung erreichten Grades der Selbstverwaltung der Hochschule danach, „ob und inwieweit durch die gesetzliche Regelung die Freiheit von Forschung und Lehre und ihre organisatorische Grundlage betroffen wird."[128] Danach gehören insb. die Lehrveranstaltungen (Inhalt, Problemstellung, Arbeits- und Lehrmethode) zum Kernbereich des Selbstverwaltungsrechts und sind der staatlichen Einflussnahme entzogen.[129]

Demgegenüber ist die Krankenversorgung in den **Universitätskliniken**, in der die Universität „Trägerin einer gesellschaftlichen Aufgabe" ist, nicht dem Kernbereich akademischer Selbstverwaltung zuzurechnen, so dass in- 44

---

123 StGH, ESVGH 24, 12 (14 f.) mwN; *Braun*, Art. 20 Rn. 22.
124 StGH, ESVGH 24, 12 (15), Herv. d. Verf.
125 *Braun*, Art. 20 Rn. 12.
126 StGH, ESVGH 24, 12 (15) mwN.
127 StGH, ESVGH 24, 12 (15 f.), in Anknüpfung an BVerfGE 15, 256 (264).
128 VGH BW, NJW 1972, 1339.
129 *Braun*, Art. 20 Rn. 12.

Krappel

soweit gegen eine Fachaufsicht und eine Weisungsbefugnis des zuständigen Ministeriums grundsätzlich keine verfassungsrechtlichen Bedenken bestehen. Gleichwohl ist nicht zu verkennen, dass die „dort gewonnenen Erkenntnisse auch eine bedeutsame Grundlage für Forschung und Lehre im medizinischen Bereich bilden", beide Funktionsbereiche (Krankenversorgung einerseits, Wissenschaft andererseits) mithin in spezifischer Weise aufeinander bezogen sind – was eine den untrennbar miteinander verbundenen Aufgabengebieten Rechnung tragende, verzahnte,[130] dh Koordinations- und Kooperationsmöglichkeiten bietende Organisation des medizinischen Gesamtbereichs der Universität bedingt.[131] Nach § 1 I 1 UKG[132] sind die Universitätskliniken grundsätzlich rechtsfähige Anstalten des öffentlichen Rechts der Universitäten und gewährleisten nach § 4 I 2 UKG „in enger Zusammenarbeit mit der Universität die Verbindung der Krankenversorgung mit Forschung und Lehre." Die Universitätskliniken arbeiten eng mit der Universität zusammen und treffen Entscheidungen, die sich auf Forschung und Lehre auswirken, im Benehmen mit der Medizinischen Fakultät (§ 7 I 1 UKG). Gleiches gilt umgekehrt für die Medizinische Fakultät in ihrer Zusammenarbeit mit dem Universitätsklinikum (§ 27 I 1 und 2 LHG).

45 Nach dem VerfGH kann Art. 20 II LV – außerhalb des Art. 85 LV – „**keine Bestandsgarantie** für die einzelne Hochschule und auch kein dem Art. 74 I und 2 LV analoger Bestandsschutz entnommen werden", wobei dies nicht bedeutet, „dass eine Auflösung an keinerlei Schranken gebunden wäre. Der Gleichheitssatz des Art. 3 I GG i. V. mit Art. 2 LV sowie das aus ihm folgende Willkürverbot gelten vielmehr auch hier."[133]

46 **Einfachrechtlich** ist das Recht der Selbstverwaltung in § 8 I 2 LHG gewährleistet: „Die Hochschulen haben das Recht der Selbstverwaltung im Rahmen der Gesetze und erfüllen ihre Aufgaben, auch soweit es sich um Weisungsangelegenheiten handelt, durch eine Einheitsverwaltung; sie handeln in eigenem Namen."

3. Gesetzesvorbehalt: „im Rahmen der Gesetze" und „staatlich anerkannten Satzungen"

47 Das Selbstverwaltungsrecht wird nach Art. 20 II LV **nicht vorbehaltlos** gewährleistet, sondern im Rahmen der Gesetze und staatlich anerkannten Satzungen.

48 Der Gesetzesvorbehalt bedeutet nicht, dass der Gesetzgeber Inhalt und Umfang des Selbstverwaltungsrechts frei bestimmen, insb. beliebig beschränken kann. Art. 20 II LV gewährleistet – wie Art. 28 II 1 GG – einen

---

130 Ebenso BVerfGE 136, 338 (Rn. 58); vgl. auch BVerfGE 57, 70 (100).
131 StGH, ESVGH 24, 12 (16 f.); ferner BVerfGE 57, 70 (95 f. u. 100).
132 Gesetz über die Universitätsklinika Freiburg, Heidelberg, Tübingen und Ulm (Universitätsklinika-Gesetz – UKG) idF vom 15.9.2005, GBl. 625.
133 StGH, ESVGH 31, 241 (246), Herv. d. Verf. Auch BVerfGE 51, 369 (bes. 382) geht von der Möglichkeit der Auflösung einer Hochschule aus. Die Einrichtung Hochschule darf aber nicht institutionell beseitigt werden, *Kühne*, DÖV 1997, 1 (9); *Sieweke*, VBlBW 2009, 290 (293). – Zur Hochschulfusion am Beispiel des KITG: *Sieweke*, VBlBW 2009, 290 ff.; *Wagner*, VBlBW 2010, 133 ff.; *ders.*, WissR 2009, 300 ff.; *Krausnick* in: Eppler/Böttcher, 21 (23 f., 30).

Kernbereich, in den der Gesetzgeber nicht eingreifen darf.[134] Der Gesetzgeber muss den „besonderen Charakter" der Hochschulen – ihren Wesensgehalt – wahren, darf ihn nicht unterlaufen oder aushöhlen.[135] Einschränkungen des Selbstverwaltungsrechts bedürfen **im Übrigen der Abwägung** zwischen staatlichem Interventionsinteresse und selbstverwaltungsrechtlichem Autonomieinteresse. Dabei ist auch zu berücksichtigen, dass der Gesetzgeber „nicht nur das Recht, sondern ggf. auch die Pflicht hat, den Wissenschaftsbetrieb an den Hochschulen den jeweiligen Bedürfnissen der Gesellschaft entsprechend zu gestalten und, wenn nötig, auch umzugestalten".[136] Beispielsweise ist es – determiniert durch Art. 11 I LV und durch Art. 2 I LV iVm 12 I, 3 I GG – verfassungsrechtlich zulässig, wenn der Landesgesetzgeber einen äußeren Rahmen für die Prüfungen und Prüfungsordnungen (§ 32 LHG) setzt.[137]

Einen besonderen Fall der Einschränkung des Selbstverwaltungsrechts sieht Art. 20 II LV selbst vor: Aus der Vorschrift folgt zunächst, dass das Selbstverwaltungsrecht auch das **Recht zur Satzungsgebung** und -änderung („ihrer [...] Satzungen") erfasst. Die Satzungen unterliegen jedoch der staatlichen Anerkennung.[138] Auf die Genehmigung ihrer Satzung hat die Hochschule einen Anspruch, wenn die rechtlichen Voraussetzungen erfüllt sind.[139] § 66 LHG gestaltet die Anerkennungsvoraussetzungen einfachrechtlich aus und normiert dazu insb. verschiedene Versagungsgründe. Nach § 66 II LHG ist die Zustimmung zu versagen, wenn die Satzung gegen Rechtsvorschriften oder gegen Verpflichtungen des Landes gegenüber dem Bund, gegenüber anderen Ländern oder anderen juristischen Personen des öffentlichen Rechts verstößt. Nach § 66 III LHG kann die Zustimmung versagt werden, wenn die Satzung nicht mit den Zielen und Vorgaben des Landes in struktureller, finanzieller und ausstattungsbezogener Hinsicht übereinstimmt. 49

Nach dem VerfGH ist das „Recht des Staates, der Hochschule **zusätzliche Aufgabengebiete** zur Erledigung nach Weisung **zu übertragen**, wenn und soweit dadurch nicht der originär-universitäre Bereich von Forschung und Lehre beeinträchtigt wird, [...] hergebracht und verfassungsrechtlich nicht zu beanstanden. Dieses Recht ist vereinbar mit dem akademischen Selbstverwaltungsrecht".[140] 50

---

134 *Feuchte* in: Feuchte, Art. 20 Rn. 23; *ders.* in: Spreng/Birn/Feuchte, Art. 20 Tz. 3; *Gerber*, DÖV 1953, 33 (35) unter Hinweis auf Art. 19 II GG; *Sandberger*, § 8 LHG Rn. 4; aus der bundesverfassungsgerichtlichen Judikatur: BVerfGE 35, 79 (115); 111, 333 (354). Exemplarisch zum Hochschulrat (§ 20 LHG) *Krausnick* in: Eppler/Böttcher, 21 (28 f.).
135 *Feuchte* in: Feuchte, Art. 20 Rn. 23.
136 StGH, ESVGH 24, 12 (16), unter Hinweis auf BVerfGE 35, 79 (116).
137 *Braun*, Art. 20 Rn. 22; *Gerber*, DÖV 1953, 142 (143).
138 VGH BW, ESVGH 24, 27 (32); *Feuchte* in: Spreng/Birn/Feuchte, Art. 20 Tz. 3; *Gerber*, DÖV 1953, 33 (34).
139 *Feuchte* in: Feuchte, Art. 20 Rn. 23; *ders.* in: Spreng/Birn/Feuchte, Art. 20 Tz. 3.
140 StGH, ESVGH 24, 12 (16) mwN (Herv. d. Verf.); vgl. auch BVerwGE 32, 308 (310 f.).

4. Staatliche Aufsicht

51 Die Hochschulen unterliegen nach Art. 20 II LV der staatlichen Aufsicht. Im Selbstverwaltungsbereich kann die staatliche Aufsicht nur eine **Rechtsaufsicht** sein; sie beschränkt sich auf die Gesetzmäßigkeit der Verwaltung.[141] Die Zweckmäßigkeit (zB Aufnahme bestimmter Vorlesungen in das Vorlesungsverzeichnis und Bestimmung des Zeitumfangs)[142] ist davon nicht umfasst. Außerhalb des Selbstverwaltungsbereichs unterliegt die Hochschule der Fachaufsicht; sie schließt die Prüfung der Zweckmäßigkeit des Handelns ein.[143]

52 **§ 67 LHG gestaltet** die staatliche Aufsicht über die Hochschulen aus. § 67 I LHG sieht vor, dass die Hochschulen ihre Angelegenheiten unter der Rechtsaufsicht des Wissenschaftsministeriums wahrnehmen. § 67 II 1 LHG enthält einen Katalog von Fachaufsichtsbereichen: 1. die Personalangelegenheiten, soweit keine anderen gesetzlichen Regelungen bestehen, 2. die Haushalts- und Wirtschaftsangelegenheiten; soweit diese in Hochschulverträgen und Zielvereinbarungen geregelt sind, nur deren Vollzug, 3. das Haushalts-, Kassen-, Rechnungs- und Gebührenwesen, 4. einheitliche Grundsätze der Kosten- und Leistungsrechnung sowie das Berichtswesen, 5. andere nach § 2 VI und VII LHG übertragene Aufgaben,[144] 6. die Studienjahreinteilung, die Regelung des Hochschulzugangs, die Ermittlung der Ausbildungskapazität und die Festsetzung von Zulassungszahlen.

III. Ergänzung des Lehrkörpers (Abs. 3)

53 Art. 20 III LV schreibt verfassungsrechtlich fest, dass die Hochschulen bei der Besetzung der Lehrstühle ein **Vorschlagsrecht** haben. Die Vorschrift regelt damit einen Teilaspekt aus Art. 20 II LV, das Recht der Hochschulen zur Mitwirkung bei der Besetzung der Professorenstellen.[145] Die Professoren sind einerseits Mitglied der Hochschule. Andererseits sind sie grundsätzlich staatliche Beamte (§§ 49 f. LHG, Art. 33 II ff. GG), so dass ihre beamtenrechtliche Ernennung nach dem Demokratieprinzip (Art. 25 I und III LV) den staatlichen Organen zusteht (nach Art. 51 LV grundsätzlich dem MP).[146] Art. 20 III LV geht deshalb – wie auch Art. 5 III 1 GG[147] – von einem „**Zusammenwirken**" **von Staat und Hochschulen** bei der Besetzung der Lehrstühle aus.[148] Vorschlagsrecht der Fakultäten und staatliches Berufungsrecht sind miteinander verbunden.[149]

---

141 *Feuchte* in: Spreng/Birn/Feuchte, Art. 20 Tz. 3.
142 Beispiele nach *Feuchte* in: Spreng/Birn/Feuchte, Art. 20 Tz. 3; vgl. auch *Gerber*, DÖV 1953, 142 (143).
143 Vgl. *Feuchte* in: Spreng/Birn/Feuchte, Art. 20 Tz. 3.
144 Etwa die Aufgaben der Materialprüfung und des Studienkollegs.
145 *Feuchte* in: Spreng/Birn/Feuchte, Art. 20 Tz. 1.
146 *Feuchte* in: Spreng/Birn/Feuchte, Art. 20 Tz. 4; vgl. auch BVerfGE 3, 58 (141); *Gerber*, DÖV 1953, 33 (35); *Scholz* in: Maunz/Dürig, Art. 5 III Rn. 141, 172.
147 BVerfGE 15, 256 (264).
148 Vgl. auch *Braun*, Art. 20 Rn. 28.
149 BVerfGE 15, 256 (264); vgl. auch VerfGH, U. v. 14.11.2016 – 1 VB 16/15 – juris, Rn. 102, 112 (kein Verbot der Bewertung wissenschaftlicher Qualität und kein Verbot, an die Bewertung Folgen bei der Ressourcenverteilung zu knüpfen).

[Hochschulfreiheit] Artikel 20

Art. 20 III LV verlangt, dass der Hochschule Gelegenheit gegeben wird, ihr 54
verfassungsmäßiges Vorschlagsrecht auszuüben. Andernfalls ist die Besetzung verfassungswidrig.[150] Macht die Hochschule von ihrem Vorschlagsrecht Gebrauch, stellt sich die Frage, ob und inwieweit ihre Vorschläge die staatlichen Entscheidungsträger binden, ob also eine Person ausgewählt werden darf, die nicht auf der Vorschlagsliste steht („staatlicher Oktroi").[151] Die Vorschrift lässt nach dem BVerfG „offen, inwieweit diese Vorschläge verbindlich sind".[152] Der **Begriff „Vorschlag"** bedeutet mehr als Anhörung.[153] Aus der Entstehungsgeschichte (→ Rn. 5 ff.) ergibt sich, dass die Hochschulen bei der Beurteilung der wissenschaftlichen Leistung und der Eignung für das Lehramt besonders maßgeblich mitwirken,[154] wodurch dem Selbstverwaltungsrecht, das hinter Art. 20 III LV steht, Rechnung getragen wird und weshalb insoweit von einer grundsätzlichen Bindung der Vorschläge auszugehen ist.[155] Andererseits kann die Bindung nicht absolut sein, weil dies dem demokratischen Gehalt der Beamtenernennung widerspräche und die Personalhoheit der Exekutive entleerte.[156] Nach dem BVerfG entspricht es allgemeiner Erfahrung, „dass in der Berufungspraxis den Universitätsvorschlägen größte Bedeutung zukommt, da die staatlichen Behörden [...] von der Möglichkeit des ‚Oktroi' kaum Gebrauch machen."[157] Möchten die staatlichen Entscheidungsträger den Vorschlägen gleichwohl im Einzelfall nicht folgen, dürfen sie diese nicht übergehen, sondern müssen sich (a) mit ihnen inhaltlich substantiiert auseinandersetzen, (b) auf hinreichend gewichtige Gründe gegen die Vorschläge stützen, (c) diese darlegen und (d) der Hochschule Gelegenheit geben, dazu Stellung zu nehmen, diese auszuräumen oder ggf. neue Vorschläge anzubringen.[158] Einen Bewerber, der nicht auf der Liste steht, unter Umgehung dieses Verfahrens zu ernennen, wäre unzulässig. Sonst liefe das Vorschlagsrecht leer. Generell sind Staat und Hochschulen jedoch aufgrund der **spezifischen doppelten Entscheidungsstruktur** der Ergänzung des Lehrkörpers und aus kompetenzieller Rücksichtnahme gerade im Konfliktfall in besonderer Weise gehalten, **kooperativ zusammenzuwirken**, mit dem Ziel einer einvernehmlichen Entscheidung.

---

150 Ihre Wirksamkeit richtet sich nach allgemeinen beamtenrechtlichen Grundsätzen, *Feuchte* in: Spreng/Birn/Feuchte, Art. 20 Tz. 4.
151 Vgl. *Feuchte* in: Spreng/Birn/Feuchte, Art. 20 Tz. 4; dagegen: Rektorenkonferenz, 3./5.1.1953 in Berlin, Empfehlung 1 Abschnitt I c), JZ 1953, 126; zum Ganzen: *Siekmann*, DÖV 1979, 82; *Gerber*, DÖV 1953, 33 (35 f.); *ders.*, DÖV 1953, 142 (143 ff.).
152 BVerfGE 15, 256 (264 f.).
153 *Braun*, Art. 20 Rn. 28.
154 S. *Feuchte* in: Spreng/Birn/Feuchte, Art. 20 Tz. 4.
155 In diese Richtung auch *Braun*, Art. 20 Rn. 29.
156 *Braun*, Art. 20 Rn. 29.
157 BVerfGE 35, 79 (133 f.).
158 Vgl. auch *Braun*, Art. 20 Rn. 29; s. ferner BVerwGE 52, 313 (318 f.); *Jarass* in: Jarass/Pieroth, Art. 5 Rn. 151 mwN; *Detmer* in: Hartmer/Detmer, Kap. IV Rn. 82 f. – § 48 II 1 LHG sieht vor, dass die Professoren vom Rektor der Hochschule „im Einvernehmen mit dem Wissenschaftsministerium auf der Grundlage des Berufungsvorschlags" (dazu § 48 III LHG) berufen werden; er kann in begründeten Fällen vom Berufungsvorschlag abweichen.

55 Mit dem LHG 2005 hat das Land – zur Stärkung der Autonomie der Hochschulen[159] – die Berufungszuständigkeit auf die Hochschulen übertragen und für das Wissenschaftsministerium nur eine Einvernehmenserteilung vorgesehen (§ 48 II 1 LHG). Dieser „Rollentausch" ist mit Art. 20 III LV vereinbar, da die ratio legis der Norm auf ein Zusammenwirken von Staat und Hochschule unter Wahrung einer **Mindestmitwirkung** Letzterer zielt. Für die staatliche Seite lässt sich aus Art. 20 III LV nur ein grundsätzliches Beteiligungserfordernis entnehmen, ohne aber die bis 2004 bestandene stärkere staatliche Stellung verfassungsrechtlich zu gebieten. Die Frage des ministeriellen Oktrois hat damit seine Bedeutung in BW zumindest gegenwärtig verloren.[160]

Artikel 21 [Staatsbürgerliche Erziehung]

(1) Die Jugend ist in den Schulen zu freien und verantwortungsfreudigen Bürgern zu erziehen und an der Gestaltung des Schullebens zu beteiligen.[1]

(2) In allen Schulen ist Gemeinschaftskunde ordentliches Lehrfach.

Schrifttum:
Däubler/Hege, Koalitionsfreiheit, Ein Kommentar, 1976; *Däubler/Hjor/Schubert/Wolmerath*, Arbeitsrecht, Handkommentar, 3. Aufl. 2013; *Müller-Glöge/Preis/Schmidt* (Hrsg.), Erfurter Kommentar zum Arbeitsrecht, 16. Aufl. 2016; *Heinig*, Die Verfassung der Religion, 2004; *Huster*, Die ethische Neutralität des Staates, 2002; *Keller/Krampen*, Das Recht der Schulen in freier Trägerschaft, 2014; *Ladeur*, „Burkaverbot" in der Schule – Art. 7 Abs. 1 GG als Grundlage für eine „Religionspolitik" des Staates, RdJB 2016, 379; *Kingreen/Poscher*, Grundrechte, Staatsrecht II, 32. Auflage, 2016; *Wapler*, Religiöse Kindererziehung: Grenzen des Rechts, RdJB 2015, 420; *Zacher*, Aktuelle Probleme der Repräsentationsstruktur der Gesellschaft, Festschrift für Friedrich Berber, 1973, 549.

Vergleichbare Regelungen:
Zu Abs. 1 HS 1 (Erziehungsauftrag): S. hierzu vergleichbare Regelungen bei Art. 12 LV.
Zu Abs. 1 HS 2 (Beteiligung an der Gestaltung des Schullebens): Art. 56 II HessVerf, 29 II LSAVerf, 104 I SächsVerf, 23 III ThürVerf.
Zu Abs. 2 (Gemeinschaftskunde): Keine.

Ergänzende Normen: Schulgesetz, SchulkonferenzVO, SMV-VO, SchülerzeitschriftenVO; LandesschulbeiratsVO.

Leitentscheidungen: BVerfGE 108, 282 Kopftuch I); 138, 296 (Kopftuch II); BVerwGE 141, 223 (Schulfriede als Grenze der Religionsausübung); EuGH, E. v. 14.3.2017, Rs. C-157/15, G4S Secure Solutions (Kopftuch).

A. Überblick und Einordnung	1	B. Erläuterungen		4
I. Bedeutung	1	I. Erziehungsauftrag		
II. Herkunft, Entstehung, Geschichte	2	(Abs. 1 HS 1)		4
		1. Begriff der „Jugend"		4
III. Verfassungsvergleichende Einordnung	3	2. Staatsbürgerliche Erziehung		5

---

159 LT-Drs. 13/3640, 218.
160 *Haug*, BeckOK LHG, Grundlagen des Hochschulrechts in BW, Rn. 8 f.
1 Zur Schülermitverantwortung vgl. §§ 62 ff. SchulG.

II. Beteiligung am Schulleben (Abs. 1 HS 2) 6	III. Gemeinschaftskunde als Unterrichtsprinzip und ordentliches Lehrfach (Abs. 2)................. 24
1. Schülermitverantwortung (SMV), Mitwirkung in Gremien............... 6	1. Ordentliches Lehrfach.... 24
2. Religiös geprägte Verhaltensweisen............... 10	2. Fachschulen............... 26
3. Sonstige Schüleraktivitäten..................... 19	3. Private Schulen.......... 27

A. Überblick und Einordnung

I. Bedeutung

Erziehungsziele sind in der LV vor allem in Art. 12 I und – mittelbar – Art. 17 I, aber auch in Art. 15 I und 16 I LV beschrieben. Wenn Art. 21 I LV einen Teil der **Erziehungsziele wiederholt**, so ist das **im Kontext der gewünschten und zu fördernden Beteiligung von Schülern am Schulleben** zu sehen. Die Erziehung der Schüler zu „freien und verantwortungsfreudigen Bürgern" soll erfolgen, um ihnen eine wirksame Beteiligung am Schulleben zu ermöglichen wie umgekehrt durch die Beteiligung erreicht werden soll, dass sie eben solche Bürger werden. Art. 17 I LV stellt aber auch eine Verpflichtung des Landesgesetzgebers, aller Ebenen der Schulverwaltung sowie der schulischen Akteure vor Ort dar, dafür zu sorgen, dass die genannten Erziehungsziele erreicht werden können und eine Beteiligung der Schüler am Schulleben positiv ermöglicht wird.[2] Auch wenn hier unterschiedliche Ausgestaltungen möglich sind, so wäre es mit Art. 21 II LV jedenfalls nicht vereinbar, Schüler von der Mitwirkung am schulischen Leben auszuschließen. 1

II. Herkunft, Entstehung, Geschichte

Man war sich bei den **Verfassungsberatungen 1952/53** schnell einig, dass mit der Regelung des jetzigen Art. 21 LV dreierlei erreicht werden sollte: Man wollte, dass die staatsbürgerliche Erziehung als Unterrichtsprinzip verankert ist, das Fach Gemeinschaftskunde sollte ordentliches Unterrichtsfach sein und die Schüler sollten zur Mitverwaltung der inneren Schulangelegenheiten angehalten werden.[3] Deshalb konnte bereits am Ende der 41. VA-Sitzung eine einstimmig angenommene Formulierung gefunden werden, die anschließend nur noch redaktionell bearbeitet zu werden brauchte. 2

III. Verfassungsvergleichende Einordnung

Soweit in Abs. 1 **Erziehungsziele** angesprochen sind, finden sich ähnliche Ziele in allen Landesverfassungen, die Erziehungsziele benennen (vgl. dazu → Art. 12 Rn. 12 ff.). Die Verpflichtung, Schüler an der **Gestaltung des Schullebens** zu beteiligen gibt es nur in wenigen Landesverfassungen (Art. 56 II HessVerf, 29 II LSAVerf, 104 SächsVerf, 23 III ThürVerf), teils in den Erziehungszielen angedeutet. **Gemeinschaftskunde** als Fach ist in 3

---

2 Ähnlich: *Braun*, Art. 21 Rn. 4.
3 So die Diskussion zusammenfassend Abg. *Krause* und Abg. *Lausen* (beide SPD) in: Feuchte, Quellen, 5. Teil, 305, 313.

keiner anderen Landesverfassung ausdrücklich erwähnt. In Art. 22 II ThürVerf ist das Fach Geschichte besonders hervorgehoben im Blick auf „die unverfälschte Darstellung der Vergangenheit". Ähnliches findet sich für Geschichte auch in Art. 56 V HessVerf.

B. Erläuterungen

I. Erziehungsauftrag (Abs. 1 HS 1)

1. Begriff der „Jugend"

4   Art. 21 I LV macht es zum **Verfassungsgebot**, „die Jugend" zu freien und verantwortungsfreudigen Bürgern zu erziehen und an der Gestaltung des Schullebens zu beteiligen. Im VA wurde nicht ausdrücklich erörtert, ob mit dem Begriff der Jugend **dieselbe Personengruppe wie in Art. 12 und 13 LV** erfasst sein soll, oder ob man mehr an die „**jungen Menschen**" **des Art. 11 LV** dachte oder an die „**Kinder**" **der Art. 15 und 16 LV**. Wenn man den Begriff Gemeinschaftskunde des Abs. 2 allerdings (auch) als durchgängiges Unterrichtsprinzip versteht (näheres dazu → Rn. 25), das das ganze Schulleben umfassen soll, dann können durch den in Art. 21 I verwandten Begriff Jugend **weder volljährige Schüler ausgeschlossen sein noch solche, die noch nicht Jugendliche sind.**[4]

2. Staatsbürgerliche Erziehung

5   Das in Art. 21 I LV verankerte Ziel, die Jugend zu freien und verantwortungsfreudigen Bürgern zu erziehen, deckt sich inhaltlich weitgehend mit den Erziehungszielen „politische Verantwortlichkeit" und „freiheitlich demokratische Gesinnung" des Art. 12 I LV. Diese inhaltliche Doppelung wäre dann – zumindest gesetzestechnisch – fragwürdig, wenn man die die beiden Halbsätze des Abs. 1 unabhängig voneinander sehen würde. Sie gibt jedoch dann Sinn, wenn die beiden Halbsätze miteinander verknüpft sind und überdies die Garantie des Faches Gemeinschaftskunde in Abs. 2 mitberücksichtigt wird. Im inhaltlichen Mittelpunkt der Norm steht damit nicht der Auftrag an die Schulverwaltung und die Lehrkräfte, die in Abs. 1 genannten Erziehungsziele anzustreben; dies geschieht bereits über Art. 12 I LV. Sinn ist vielmehr, die Beteiligung der Schüler an der Gestaltung des Schullebens zu erreichen; hier liegt also ein **gegenseitiger Wirkungszusammenhang zwischen Erziehungszielen und Beteiligung** vor (s. dazu auch → Rn. 1). Gemeinschaftskunde als Fach wie als Unterrichtsprinzip (s. dazu → Rn. 24 ff.) – kommt dabei die Funktion eines Instruments zur Zielerreichung zu.[5]

---

[4] Wer noch nicht 14 ist, ist Kind, wer über 14, aber noch nicht 18 ist, ist Jugendlicher (§ 1 I JuSchG); anders § 1 II JArbSchG, wo man erst mit 15 Jahren Jugendlicher ist; nach Art. 1 der UN-Kinderrechtskonvention ist Kind, wer noch nicht das 18. Lebensjahr vollendet hat, sofern nicht die Volljährigkeit nach dem auf das Kind anzuwendenden Recht früher eintritt.

[5] Ähnlich: *Braun*, Art. 21 Rn. 2.

[Staatsbürgerliche Erziehung] Artikel 21

II. Beteiligung am Schulleben (Abs. 1 HS 2)
1. Schülermitverantwortung (SMV), Mitwirkung in Gremien

Die Beteiligung der Schülerinnen und Schüler am Schulleben erfolgt zum 6
einen institutionell durch die Schülermitverantwortung (SMV) und die
Mitwirkung in schulischen Gremien. Durch die Etablierung der **Schülermitverantwortung** nach §§ 62 ff. SchG und die SMV-Verordnung (GBl.
1976, 524 m. Änd.) wird die nach Art. 21 I LV gebotene Mitwirkung der
Jugendlichen an der Gestaltung des Schullebens institutionalisiert und näher ausgestaltet.[6] Die Schülermitverantwortung ist von allen am Schulleben
Beteiligten und den Schulaufsichtsbehörden zu unterstützen (§ 62 II SchG).
Die Konkretisierung der Unterstützungspflicht erfolgt insoweit auf der
Ebene der Schule insbesondere durch die **Verbindungslehrer** (§ 68 SchG)
und die Schulleitung (§ 66 II 2 SchG). Die Schulaufsichtsbehörden unterstützen die Arbeit der SMV insbesondere durch die **SMV-Beauftragten der
Regierungspräsidien** und durch die Herausgabe von Informationsschriften.[7]

An **Grundschulen** gibt es noch keine formal verankerte Schülermitverantwortung; die Schüler werden dort auf die Arbeit und die Aufgaben der 7
Schülermitverantwortung dadurch vorbereitet, dass ihre Selbstverantwortung und ihre Selbstständigkeit möglichst früh im Unterricht und durch
Übertragung ihnen angemessener Aufgaben entwickelt und gefördert werden (§ 1 IV SMV-VO).

Für Schüler mit Behinderung, die an einer Sonderschule (nach der Schulgesetzänderung: **Sonderpädagogisches Bildungs- und Beratungszentrum – 8
SBBZ**) unterrichtet wurden, war bis zur Änderung des SchG (GBl. 2015,
645; bereinigt 839) zur Einführung der schulischen Inklusion vorgesehen
(§ 70 II SchG – alt), dass sie die Schülermitverantwortung verwirklichen,
soweit es ihre Eigenart und das Bildungsziel dies zuließen. Diese Regelung
wurde gestrichen. Jetzt kommen die Regelungen zur SMV auch an SBBZ
zur Anwendung; eine generelle Einschränkung in Bezug auf die Verwirklichung der SMV an den SBBZ gibt es nicht mehr. Ausnahmen hiervon sind
nur vorhanden, soweit die Schwere der Behinderung es verhindert, an
einem SBBZ Schülervertreter wählen zu lassen; in diesem Fall müssen die
Schüler entsprechend ihren Möglichkeiten an der Gestaltung des Schullebens beteiligt werden (§ 63 II SchG).

Die Schülermitverantwortung erfolgt auf der **Ebene der Einzelschule** durch 9
die Klassenschülerversammlungen und die Schülervertreter (Klassensprecher, Schülerrat, Schülersprecher). Die Schülersprecher und weitere Schülervertreter sind auch Mitglied in der **Schulkonferenz**, in der nach einer
entsprechenden Gesetzesänderung (GBl. 2014, 365) grundsätzlich – bei
Vorsitz des Schulleiters – die **Drittelparität** zwischen Lehrkräften, Elternvertretern und Schülervertretern gilt. Mit derselben Gesetzesänderung wurde zum einen die bislang bestehende Begrenzung der Mitwirkung in der
Schulkonferenz bei der Besetzung einer Schulleiterstelle auf solche Schülervertreter, die volljährig sind, dahin gehend geändert, dass jetzt schon Schü-

---

6 Einzelheiten zur Schülermitverantwortung s. *Burk* in: Ebert, §§ 62 ff.
7 Zu Inhalten der Informationsschriften s. *Burk* in: Ebert, § 62 Rn. 20.

ler ab vollendetem 16. Lebensjahr mitwirken. Als Vertreter des Schulbeirats können Schüler Mitglied in der Auswahlkommission sein, die der Schulverwaltung einen Vorschlag zur Besetzung der Schulleiterstelle an einer Schule macht (§ 40 II SchG). Auf **Landesebene** wirken Schüler zum einen über den **Landesschülerbeirat** (§ 69 SchG) an der landesweiten Gestaltung der Schullandschaft und der dort geltenden Regelungen mit, zum andern über ihre Vertreter im **Landesschulbeirat** (§ 71 SchG).[8]

2. Religiös geprägte Verhaltensweisen

10 Neben dieser institutionellen Ausgestaltung erfolgt die Beteiligung der Schülerinnen und Schüler durch die Wahrnehmung individueller Rechte. Aufgrund der Grundrechtsfähigkeit der Schüler ist eine **Einschränkung ihrer Grundrechte nur nach den allgemein geltenden Grundsätzen** möglich. Soweit es um Setzungen der öffentlichen Gewalt zum Schulbetrieb geht, kommt in erster Linie das **staatliche Erziehungs- und Gestaltungsrecht nach Art. 7 I GG** (iVm Art. 2 I LV) zum Zuge. Dabei ist – bei aller Gestaltungsfreiheit des Gesetzgebers – zu beachten, dass Art. 21 I LV ausdrücklich gebietet, Schüler an der Gestaltung des Schullebens zu beteiligen.

11 **Gegenüber ihren Erziehungsberechtigten können sich Kinder nicht auf das Grundrecht des Art. 6 II 1 GG berufen.**[9] Auch können Kinder ihre Grundrechte nicht unmittelbar gegen ihre Eltern geltend machen, da diese Privatpersonen sind, sondern nur mittelbar über staatliche Interventionen.[10] Gleichwohl ist das Kind ein Wesen mit eigener Menschenwürde und dem eigenen Recht auf Entfaltung seiner Persönlichkeit.[11] Die zunehmende Selbstbestimmungsfähigkeit des Kindes drängt die im Elternrecht wurzelnden Rechtsbefugnisse zurück, bis sie mit Eintritt der Volljährigkeit des Kindes erlöschen.[12] Diesem Gedanken ist einfachgesetzlich § 1626 II BGB verpflichtet, wonach die Eltern bei der Pflege und Erziehung die wachsende Fähigkeit und das wachsende Bedürfnis des Kindes zu selbstständigem verantwortungsbewusstem Handeln zu berücksichtigen haben.

12 Für einige Bereiche finden sich zur Frage der **Grundrechtsmündigkeit von noch nicht Volljährigen** einfachgesetzliche Regelungen. So trifft § 5 des **Gesetzes über die religiöse Kindererziehung**[13] Festlegungen dazu, zu welchem religiösen Bekenntnis und ab welchem Alter ein Kind gehören will. Es wird dabei festgelegt, ab welchem Alter ein Kind die Religionsmündigkeit hat, es mithin über sein **Recht auf Glaubensfreiheit nach Art. 4 GG** verfügen vermag.[14] Das SchG enthält Altersregelungen zur Teilnahme am Religionsunterricht (§ 100 I 2 SchG iVm § 5 G. über die religiöse Kindererziehung).

---

8 Zur Zusammensetzung des Landesschulbeirats s. § 71 II SchG iVm LSB-VO.
9 BVerfGE 28,104 (112); 59, 360 (382); *Badura* in: Maunz/Dürig, Art. 6 Rn. 135.
10 *Wapler*, Kindererziehung, 421.
11 BVerfGE 24, 119 (144); *Badura* in: Maunz/Dürig, Art. 6 Rn. 135.
12 BVerfG 59, 360 (382).
13 G. über die religiöse Kindererziehung v. 15. 7.1921 in der im BGBl Teil III, Gliederungsnummer 404-9, veröffentlichten bereinigten Fassung, zuletzt geändert durch Art. 63 des G. vom 17.12.2008 (BGBl. I 2586).
14 BVerwGE 141, 223 (225 f.).

Die in Art. 4 I und II GG verbürgte **Religionsfreiheit** steht grundsätzlich 13
auch Schülern zu, die es – wie eben dargelegt – nach Eintritt ihrer **Religionsmündigkeit** selbstständig geltend machen können. Die Religionsmündigkeit erstreckt sich auf alle mit der religiösen Selbstbestimmung im Zusammenhang stehenden Fragen einschließlich der Verrichtung religiöser Handlungen;[15] dazu zählt auch das Tragen religiös geprägter Kleidung (zB Kopftuch, Kippa oder Turban) oder religiöser Symbole (zB Kreuz). Die Religionsfreiheit verbürgt auch der einzelnen Person, ihr gesamtes Verhalten an den Lehren ihres Glaubens auszurichten und dieser Überzeugung gemäß zu handeln, also glaubensgeleitet zu leben; dies betrifft nicht nur imperative Glaubenssätze.[16] Die staatlichen Organe dürfen (so die Rechtsprechung des BVerfG in seiner Kopftuchentscheidung von 2015) prüfen und entscheiden, ob hinreichend substantiiert dargelegt ist, dass sich das Verhalten tatsächlich nach geistigem Gehalt und äußerer Erscheinung in plausibler Weise dem Schutzbereich des Art. 4 GG zuordnen lässt, also tatsächlich eine als religiös anzusehende Motivation hat. Dem Staat sei es aber verwehrt, Glaubensüberzeugungen seiner Bürger zu bewerten oder gar als richtig oder falsch zu bezeichnen; dies gilt insbesondere dann, wenn hierzu innerhalb einer Religion divergierende Ansichten vertreten werden, wie dies z.B. bei Bedeckungsregelungen im Islam der Fall ist.[17] Einschränkungen der Religionsfreiheit müssen sich nach der Rechtsprechung des BVerfG aus der Verfassung selbst ergeben, weil Art. 4 I, II GG keinen Gesetzesvorbehalt enthält. Zu solchen **verfassungsimmanenten Schranken** zählen auch der staatliche Erziehungsauftrag nach Art. 7 I GG (iVm Art. 2 I LV), der unter Wahrung der Pflicht zu weltanschaulich-religiöser Neutralität zu erfüllen ist, das elterliche Erziehungsrecht nach Art. 6 II GG und die negative Glaubensfreiheit der (anderen) Schüler nach Art. 4 I GG.[18]

Zweifelhaft erscheint indes, ob es mit der aus 140 GG in Verbindung mit 14
Art. 136 I, IV, 137 I WRV, Art. 4 I, II, 3 III 1 und 33 II GG resultierenden Pflicht des Staates zur weltanschaulich-religiösen Neutralität[19] vereinbar ist, **jedwede religiösen Betätigungen in der Schule** zu akzeptieren, wenn sie nur mit einem als imperativ empfundenen religiösen Gebot (zB Bekleidungsvorschriften, Ablehnung der Beschulung durch eine Frau oder einen Mann; Weigerung, mit Schülern anderen Glaubens beim Sport dieselben Umkleideräume zu benutzen; Ablehnung bestimmter Lektüre; Verlassen des Unterrichts, um ein Gebet zu verrichten) begründet werden und hier eine Einschränkung erst dann als gerechtfertigt anzusehen, wenn – zumindest solange keine religiöse Verhaltensweisen in der Schule regelnde gesetzliche Grundlage besteht – eine **hinreichend konkrete Gefahr für den zur Erfüllung des Erziehungsauftrags notwendigen Schulfrieden** besteht, die nicht

---

15 BVerwGE 141, 223 (225 f.); *Huber* in: MünchKommBGB; Anhang zu § 1631 § RelKErzG Rn. 2.
16 BVerfGE 138, 296 (329); das BVerfG geht allerdings im Weiteren (aaO, 331 f.) bei der Begründung seiner Abwägungsüberlegungen davon aus, dass die Beschwerdeführerinnen das Bedeckungsgebot als für sich imperativ empfunden haben; BVerfGE 108, 282 (297) mwN.
17 BVerfGE 138, 296 (329 f.).
18 BVerfGE 138, 296 (333); 108, 282 (299).
19 BVerfGE 137, 273 (304).

durch erzieherische Mittel beseitigt werden kann.[20] Der freiheitliche Staat des GG ist in der Tat gekennzeichnet von Offenheit gegenüber der Vielfalt weltanschaulich-religiöser Überzeugungen und gründet dies auf ein Menschenbild, das von der Würde des Menschen und der freien Entfaltung der Persönlichkeit in Selbstbestimmung und Eigenverantwortung geprägt ist.[21] Aber auch wenn man – wie das BVerfG – die dem Staat gebotene weltanschaulich-religiöse Neutralität nicht als eine distanzierende im Sinne einer strikten Trennung von Staat und Kirche versteht, sondern als eine offene und übergreifende, die Glaubensfreiheit für alle Bekenntnisse gleichermaßen fördernde Haltung, folgt daraus nicht, dass jedwede religiös begründete Verhaltensweise in der Schule zu akzeptieren wäre, sofern sie nicht den Schulfrieden konkret stört.[22] Zu Recht stellt das BVerfG in einer neueren Entscheidung fest: „In einem Staat, in dem Anhänger unterschiedlicher religiöser und weltanschaulicher Überzeugungen zusammenleben, kann die friedliche Koexistenz nur gelingen, wenn der Staat selbst in Glaubens- und Weltanschauungsfragen Neutralität bewahrt."[23]

15 Angesichts der zunehmenden religiösen Vielfalt in den Schulen verdient dann aber der Impuls des BVerwG Beachtung, das zu bedenken gibt, ob es nicht angesichts dieser zunehmenden Vielfalt gute Gründe dafür gibt, „der staatlichen Neutralitätspflicht im schulischen Bereich eine striktere und mehr als bisher distanzierende Bedeutung beizumessen und demgemäß **religiöse Bezüge, die von Schülern in die Schule getragen werden, aus der Schule grundsätzlich fernzuhalten."**[24] Das BVerwG stellt in diesem Zusammenhang fest, dass es Aufgabe der Legislative ist, darüber zu entscheiden, wie auf die gewandelten Verhältnisse zu antworten ist, insbesondere, welche **Verhaltensregeln für Schüler zur Wahrung des religiösen Friedens in der Schule** aufgestellt werden sollen; sie habe zu beurteilen, ob von der Verrichtung kultischer Handlungen in der Schule oder der Verwendung von religiösen Symbolen bereits eine **abstrakte Gefährdung des Schulfriedens** ausgeht, und muss gegebenenfalls zu deren Abwehr eine darauf zugeschnittene Rechtsgrundlage schaffen.[25] Mit dieser Position befindet sich das BVerwG in Übereinstimmung mit der Entscheidung des 2. Senats des BVerfG in der Kopftuchentscheidung I.[26] Auch die Entscheidung des EuGH v. 14.3.2017 zur Möglichkeit eines privaten Arbeitgebers, das Tra-

---

20 BVerfGE 138, 296 (341); BVerwGE 141, 223 (235, 239).
21 BVerfGE 138, 296 (339).
22 Theoretisch nachvollziehbar, aber praktisch wenig hilfreich erscheint der Ansatz von *Heinig*, Verfassung, 145, wonach die normative Präferenz des GG für eine offen-kooperative Ausgestaltung des Verhältnisses Staat und Religionsgesellschaften „fallspezifisch zu konkretisieren" sei und „durch beachtliche widerstreitende Gesichtspunkte" konterkariert werden könne.
23 BVerfGE 137, 273 (304).
24 BVerwGE 141, 223 (234); so auch der 2. Senat des BVerfG (E 108, 282) im Blick auf die religiös veranlasste Kopfbedeckung einer Lehrerin (Kopftuch I); für einen vergleichbaren Fall hat der 1. Senat des BVerfG (E 138, 296; bei insoweit abweichendem Votum zweier Richter) diese striktere Beachtung der Neutralitätspflicht nicht angewandt (Kopftuch II); auf dieser Linie liegt auch die Entscheidung des BVerfG (NJW 2017, 381), einer Erzieherin zu gestatten, in einer Kindertagesstätte ein Kopftuch zu tragen.
25 BVerwGE 141, 223 (235).
26 BVerfGE 108, 282 (307).

gen religiös konnotierter Kleidung oder solcher Symbole zu verbieten, liegt auf dieser Linie. Danach ist ein **Verbot, Zeichen politischer, philosophischer oder religiöser Überzeugungen sichtbar zu tragen, zur Gewährleistung der ordnungsgemäßen Anwendung einer Politik der Neutralität geeignet**, sofern diese Politik tatsächlich in kohärenter und systematischer Weise verfolgt wird.[27]

Dem entgegengesetzt ist allerdings die **Kopftuchentscheidung II des 1. Senats des BVerfG, der eine solche gesetzliche Regelung nicht für möglich erachtet**. Es hält ein gesetzliches Verbot religiöser Bekundungen (im konkreten Fall wegen des Tragens eines Kopftuchs), die mit einer bloß abstrakten Eignung zur Begründung einer Gefahr für den Schulfrieden oder die staatliche Neutralität für unverhältnismäßig, sofern das Verhalten nachvollziehbar auf ein als verpflichtend verstandenes religiöses Gebot zurückzuführen ist.[28] Ein solches Verbot, gesetzgeberisch tätig zu werden, beschneidet jedoch den Spielraum des Landesgesetzgebers zu weitgehend.[29] Es ist die Aufgabe des demokratisch legitimierten parlamentarischen Gesetzgebers, auf sich in einer Gesellschaft ergebenden Konfliktsituationen zu reagieren. Für diese Beurteilung verfügt nur der Gesetzgeber über eine Einschätzungsprärogative, die Behörden und Gerichte nicht für sich in Anspruch nehmen können.[30]

16

Diese zunehmende Pluralität kann, im schulischen Bereich genügend weit gedacht, zu einer völligen Fragmentierung eines Klassenverbandes führen, bei dem die Einzelnen u. U. sich widersprechenden religiösen Verhaltensboten verpflichtet erachten. Dem könnte mit einem Ansatz begegnet werden, der – bei strikter Nichtprivilegierung einer religiösen Überzeugung – **zwischen Begründungs- und Wirkungsneutralität unterscheidet** und nur für erstere eine weltanschaulich neutrale Begründung verlangt.[31] Zu bedenken ist indes auch, dass der Staat nach Art. 7 I GG einen eigenständigen und **umfassenden Erziehungs- und Bildungsauftrag hat**. Dieser beinhaltet „**typische, von der Verfassung von vornherein einberechnete Einschränkungen religiöser Erziehungs- oder Verhaltensvorstellungen**" als Begleiterscheinung.[32] Es kann also bei der Frage der Berücksichtigung religiöser Verhaltensgebote weder allein auf einen subjektiv empfundenen „imperativen Charakter" ankommen noch auf eine konkrete Gefährdung des Schulfriedens, sondern vielmehr darauf, ob bei einem Akzeptieren der individuellen, religiös begründeten Verhaltensweise das staatliche Bestimmungsrecht bezüglich der Gestaltung schulischen Unterrichts, wie es insbesondere in den Erziehungs- und Bildungszielen des Art. 12 LV beschrieben ist, in einer

17

---

27 EuGH, Rs. C-157/15, G4S Secure Solutions.
28 BVerfGE 138, 296 (insbes. LS 2).
29 So die abweichende Meinung zweier Richter zu BVerfGE 138, 296.
30 BVerwGE 141, 223 (235).
31 S. dazu insbes. *Huster*, Neutralität, 98 ff., 680 (These 8); aA *Heinig*, Verfassung, 138.
32 BVerwG U. v. 11.9.2013 – 6 C 25.12, zu koedukativem Schwimmunterricht („Burkini"); U. v. 11.9.2013 – 6 C 12.12, zur Teilnahme an einer Vorführung des Films „Krabat".

Weise beschränkt würde, die die Erreichung dieser Ziele konterkarierte.[33] Deshalb gebieten weder die Berufung auf die Religionsfreiheit des Art. 4 I und II GG noch das Recht auf Versammlungsfreiheit nach Art. 8 GG (s. dazu → Rn. 21), Schüler vom Unterricht zu beurlauben, um zB ein Gebet verrichten oder für einen bestimmten Zweck demonstrieren zu können.[34]

18 Was das Tragen von **religiös geprägter Kleidung** angeht, so mögen in der Tat die bei Schülern bislang hier üblichen Varianten (Kopftuch, Kippa, Turban) keinen oder nur geringen Einfluss auf das Erreichen der o.g. Ziele haben. Problematisch wird es indes dann, wenn Kleidung dazu führt, dass dem staatlichen Bestimmungsrecht unterliegende Unterrichtsmethoden (offene Kommunikation, koedukative Unterrichtsgestaltung) nicht mehr praktiziert werden können, wie dies zB der Fall ist, wenn eine Schülerin voll verschleiert den Unterricht besuchen will.[35]

3. Sonstige Schüleraktivitäten

19 Im Bereich des Datenschutzrechtes und dem dort einschlägigen **Recht auf informationelle Selbstbestimmung** nach Art. 2 I GG gibt es in den Datenschutzgesetzen keine ausdrücklichen Altersgrenzen; hier ist auf die Einsichtsfähigkeit des Kindes abzustellen. In BW konkretisiert eine VwV zum Datenschutz an öffentlichen Schulen die Frage der Einsichtsfähigkeit (K.u.U. 2014, 15); danach wird davon ausgegangen, dass mit Vollendung des 16. Lebensjahres in der Regel die notwendige Einsichtsfähigkeit vorliegt. Die EU-Datenschutz-GrundVO[36] bestimmt für ihren Anwendungsbereich (Art. 2) in Art. 8 I, dass eine wirksame Einwilligung zur Datenverarbeitung nicht vor Vollendung des 16. Lebensjahr gegeben werden kann.

20 Schülern steht aus mehreren Gründen **kein Streikrecht** zu. Denn sie sind zum einen insoweit nicht Träger des Grundrechts aus Art. 9 III GG, das auch das Recht des Arbeitskampfs gewährleistet. Grundrechtsträger des Art. 9 III GG sind Arbeitnehmer und Arbeitgeber.[37] Schüler könnten deshalb im Blick auf ein Streikrecht allenfalls dann und insoweit als Arbeitnehmer gelten, als sie – idR als Berufsschüler – auf arbeitsvertraglicher Grundlage in einem beruflichen Ausbildungsverhältnis stehen.[38] Das Streikrecht beschränkt sich aber auch in diesem Fall auf den beruflichen Teil der Ausbildung. Der schulische Teil mit der Schulpflicht und der

---

33 In diese Richtung auch *Ladeur*, RdJB 2016, 379 (385); s. dazu auch → Art. 14 Rn. 47.
34 AA *Rux* in: Rux/Niehus, Rn. 641.
35 So für das Tragen eines gesichtsverhüllenden Schleiers „Niqab" BayVGH, B. v. 22.4.2013 – 7 CS 13.2592, 7 C 13.2593 – openjur, Rn. 32; VG Osnabrück, B. v. 22.8.2016 – 1 B 81/16 – dejure.org; aA für den Fall der offenen Kommunikation *Rux* in: Rux/Niehus, Rn. 646 f.
36 VO (EU) 2016/679 des Europäischen Parlaments und des Rats v. 27. 4 2016 zum Schutz natürlicher Personen bei der Verarbeitung personenbezogener Daten, zum freien Datenverkehr und zur Aufhebung der Richtlinie 95/46/EG (Datenschutz-Grundverordnung).
37 *Scholz* in: Maunz/Dürig, Art. 9 Rn. 178; *Zacher* in: Berber-FS, 549 (571); *Füssel* in: Avenarius, Tz. 21.232; *Rux* in: Rux/Niehus, Rn. 622; aA ohne nähere Begründung: *Däubler/Hege*, Koalitionsfreiheit, Rn. 88.
38 *Koch* in: Erfurter Kommentar, § 5 BetrVG Rn. 6; *Kreuder* in: Däubler/Hjort/Schubert/Wolmath, BGB § 611 Rn. 80.

Schulbesuchspflicht bleiben aus den genannten Gründen unberührt. Das Streikrecht ist zum andern ein durch Art. 9 III GG geschütztes Mittel des Arbeitskampfs zwischen Tarifvertragsparteien und dient der Aushandlung von Tarifverträgen.[39] Das Schulverhältnis wird indes nicht ausgehandelt und in Tarifverträgen festgelegt, sondern durch den Gesetzgeber und auf gesetzlicher Grundlage durch die Verwaltung gestaltet.

Schüler haben in aller Regel **kein Recht, während der Unterrichtszeit an Demonstrationen teilzunehmen.** Zwar hat auch ein Schüler – seine im Blick auf die Versammlungsfreiheit spezifische Grundrechtsmündigkeit vorausgesetzt – das in Art. 2 I LV iVm Art. 8 GG verbürgte Recht auf Versammlungsfreiheit.[40] Dem steht aber die sich aus Art. 7 I GG und Art. 2, 14 I LV sich ergebende Schulpflicht entgegen. Der Konflikt zwischen diesen beiden Positionen kann nicht dadurch gelöst werden, dass einer der beiden Positionen von vornherein der Vorrang eingeräumt wird.[41] Vielmehr ist der Schulpflicht immer dann der Vorrang einzuräumen, wenn sich das mit der Demonstration verfolgte Anliegen ebenso nachhaltig außerhalb der Unterrichtszeit verfolgen lässt.[42] Auf die Wertigkeit des verfolgten Anliegens kommt es dabei nicht an, weil, bei allen unterschiedlichen Auffassungen dazu, was in Art. 8 GG unter dem Begriff der Versammlung fällt, jedenfalls klar ist, dass es bei politisch geprägten Versammlungen darauf nicht ankommt.[43] Zu bedenken ist allerdings, dass durch die zunehmende Einführung von **verpflichtendem Ganztagsunterricht**, zB in der Gemeinschaftsschule, die bei Teilzeitunterricht noch in großem Umfang gegebene Möglichkeit, außerhalb der Unterrichtszeit an Demonstrationen teilzunehmen, in zeitlicher Hinsicht nicht unwesentlich beschränkt wird. **Die Schulpflicht darf nicht dazu führen, dass das in Art. 2 I LV iVm Art. 8 GG – auch für Schüler – verbürgte Demonstrationsrecht faktisch nicht mehr oder allenfalls in stark eingeschränktem Umfang wahrgenommen werden kann.** In Fällen des verpflichtenden schulischen Ganztagsbetriebs ist deshalb daran zu denken, in Ausnahmefällen auch ein Demonstrationsrecht innerhalb der Schulzeit zu bejahen und dies durch eine Beurlaubung schulrechtlich zu ermöglichen.[44]

Schülern steht – auch innerhalb der Schule – das Recht auf **freie Meinungsäußerung** zu (Art. 2 I LV iVm Art. 5 I 1 GG). Es gelten, wie auch bei Meinungsäußerungen außerhalb der Schule, die in Art. 5 II GG genannten Schranken. Außerschulische Meinungsäußerungen, die einen schulischen Bezug haben, können mit Erziehungs- und Ordnungsmaßnahmen nach

---

39 *Kannegießer* in: Schmidt-Bleitreu/Hofmann/Hennecke, Art. 9 Rn. 31.
40 Zur Grundrechtsmündigkeit bei Art. 8 GG s. die umfangreichen Nachweise bei *Depenheuer* in: Maunz/Dürig, Art. 8 Rn. 103 (Fn. 5).
41 VG Hamburg, DÖV 2012, 896.
42 Enger: *Feuchte* in: Feuchte, Art. 21 Rn. 12, der eine Demonstrationsteilnahme während der Unterrichtszeit generell ausschließt; ähnlich wie hier: *Rux* in: Rux/Niehus, Rn. 620.
43 *Depenheuer* in: Maunz/Dürig, Art. 8 Rn. 55; aA VG Hannover, NJW 1991, 1000 (1001), für die Teilnahme an einer Demonstration während der Unterrichtszeit anlässlich des Beginns des Ersten Golfkrieges, das seine Entscheidung im Wesentlichen mit dem Demonstrationsziel, der Wiederherstellung des Friedens, begründet.
44 So auch, jedoch ohne Unterscheidung zwischen Teilzeit- und Ganztagsbetrieb: *Füssel* in: Avenarius, Tz. 21.242.

§ 90 SchG geahndet werden[45] (zB ehrverletzende Darstellung eines Lehrers im Internet[46] oder beleidigende Äußerungen über Mitschülerin im Internet).[47]

23 Bei der **Evaluation an Schulen** (§ 114 SchG) sind, so bestimmt es § 114 I 5 SchG ausdrücklich, zu beteiligen. Schule und das bisher die Fremdevaluation durchführende Landesinstitut für Schulentwicklung haben also darauf hinzuwirken, dass die Schüler ihre Meinung äußern; dazu verpflichtet sind diese allerdings nicht.[48]

III. Gemeinschaftskunde als Unterrichtsprinzip und ordentliches Lehrfach (Abs. 2)

1. Ordentliches Lehrfach

24 Art. 21 II LV verwendet hier den **gleichen Begriff „ordentliches Lehrfach" wie in Art. 18 S. 1 LV**, der wiederum Art. 7 III 1 GG entlehnt ist, eine Regelung, die sich eng an der des Art. 149 I 1 WRV orientiert. Insofern wird auf die Kommentierung zu Art. 18 LV verwiesen. Wie beim Religionsunterricht ist aus dem Begriff des ordentlichen Lehrfachs weder ableitbar, mit wie vielen Wochenstunden das Fach in der Stundentafel des jeweiligen Bildungsgangs verankert sein muss noch ob es versetzungserheblich sein muss oder kann. Ein Unterschied besteht indes im Blick auf die **Verankerung des Lehrfaches Gemeinschaftskunde in den einzelnen Klassenstufen**. Während das Fach Religionslehre nach Art. 18 S. 1 LV (wie auch nach Art. 7 II 1 GG) grundsätzlich auf allen Klassenstufen vorgesehen sein muss, ist das beim Lehrfach Gemeinschaftskunde differenziert zu sehen.

25 Bei den Verfassungsberatungen wurde deutlich, dass mit „Gemeinschaftskunde" sowohl **ein Lehrfach als auch ein Unterrichtsprinzip** verstanden wurde. Das Lehrfach verortete man in den Erörterungen in den „oberen Klassen".[49] Gemeinschaftskunde als Unterrichtsprinzip hingegen sollte zum Ausdruck bringen, „dass der Geist der Schule in der Erziehung zur Demokratie bestehen muss",[50] sie „im besten Sinne des Wortes das ganze Schulleben durchbluten" soll.[51] Man wollte also sicherstellen, dass das **Unterrichtsprinzip Gemeinschaftskunde durchgängig in allen Klassenstufen**, also auch bereits in der Grundschule, praktiziert und gelebt wird, das **Lehrfach Gemeinschaftskunde indes auf jeden Fall in den oberen Klassen**. Es ist deshalb mit Art. 21 II LV vereinbar, in der Grundschule noch kein ausdrückliches Lehrfach Gemeinschaftskunde vorzusehen; nicht mit 21 I LV wäre es indes zu vereinbaren, dort nicht das Unterrichtsprinzip Gemeinschaftskunde anzuwenden. Dies erfolgt im Fach Sachkunde, in dem nach dem Bildungsplan 2016 u.a. inhaltsbezogene Kompetenzen zum Bereich Demokratie und Gesellschaft vermittelt werden. So wird auch der Be-

---

45 AA: *Feuchte* in: Feuchte, Art. 21 Rn. 9, der lediglich eine Würdigung unter „pädagogischen Gesichtspunkten" für möglich hält.
46 VGH BW, B. v. 19.6. 2006 – 9 S 166/06 – openJur.
47 VGH BW, B. v. 12.5.2011 – 9 S 1056/11 – openJur.
48 *Ebert* in: Ebert, § 114 Rn. 14.
49 Abg. *Simpfendörfer* (CDU), Abg. *Krause* und *Haas* (SPD) und Abg. *Diemer* (FDP/DVP) in: Feuchte, Quellen, 5. Teil, 299–302.
50 Abg. *Müller* (CDU) in: Feuchte, Quellen, 5. Teil, 299.
51 Abg. *Lausen* (SPD) in: Feuchte, Quellen, 5. Teil, 299, 300.

[Staatsbürgerliche Erziehung] Artikel 21

schluss der KMK berücksichtigt, dass bereits in der Grundschule die Kinder „an die Grundprinzipien unserer demokratischen Gesellschaftsordnung [...] herangeführt werden" sollen.[52]

2. Fachschulen

Auch die **öffentlichen Fachschulen** müssen das Lehrfach Gemeinschaftskunde anbieten. Aus den Verfassungsberatungen ergeben sich keinerlei Hinweis darauf, dass nach dortigem Verständnis Fachschulen keine **Schulen iSv Art. 21 II LV** sein sollen und deshalb das Fach Gemeinschaftskunde dort nicht angeboten werden muss. Auch das gegen die Schulgeld- und Lernmittelfreiheit an Fachschulen angeführte Argument, die dortigen Schüler befänden sich in einer anderen wirtschaftlichen Lage als die Schüler sonstiger Schularten, hat keinen inhaltlichen Kern, aus dem etwas dafür abgeleitet werden könnte, Gemeinschaftskunde müsse nicht an Fachschulen angeboten werden (→ Art. 14 Rn. 51 ff.). Gleiches gilt für den Hinweis, es handele sich um Einrichtungen des Weiterbildungsbereichs. Beide Argumente geben – gerade auch im Blick auf das mit Art. 21 II LV verfolgte Ziel – keinen Ansatzpunkt, um abweichend vom klaren Auftrag und Wortlaut des Art. 21 II LV bezüglich „aller Schulen" die Fachschulen von der Anwendung des Art. 21 II LV auszunehmen. Möglich ist hingegen, das Fach Gemeinschaftskunde nicht als solches in den Stundentafeln der Fachschule auszuweisen, sondern seine **Inhalte in andere Fächer zu integrieren**, umso besser der dortigen besonderen Schülerklientel gerecht zu werden. 26

3. Private Schulen

Wie Art. 17 I LV verwendet auch Art. 21 LV den Begriff der „Schulen". Es erfolgt begrifflich also – anders als in Art. 18 LV – keine Begrenzung auf die öffentlichen Schulen. Schon daraus kann abgeleitet werden, dass die LV bei Art. 21 LV mit dem Begriff der Schulen zumindest **Ersatzschulen** meint. Dies steht im Übrigen auch im Einklang mit Art. 7 IV GG. Zwar verlangt Art. 7 IV GG für Ersatzschulen lediglich, dass sie in ihren Lehrzielen nicht hinter den öffentlichen Schulen zurückstehen. Die Lehrziele im Sinne von Art. 7 IV 3 GG beziehen sich maßgeblich auf die inhaltliche Seite des Unterrichts; eine Gleichwertigkeit der Lehrziele verlangt jedoch, dass die Ersatzschulen die allgemeinen Bildungs- und Erziehungsziele sowie fachlichen Qualifikationen anstreben müssen, die den ihnen entsprechenden öffentlichen Schulen nach geltendem Recht vorgeschrieben sind.[53] Es müssen also im Kern gleiche Kenntnisse und Fertigkeiten vermittelt und am Ende des jeweiligen Bildungsgangs das Niveau des Bildungsprogramms der öffentlichen Schulen erreicht werden, wobei den Ersatzschulen hinsichtlich der hierbei beschriebenen Wege und eingesetzten Mittel weitgehende Freiheit eingeräumt wird.[54] Eine Ersatzschule muss mithin nicht jahrgangsbezogen den Ausbildungs- und Leistungsstand einer öffentlichen Schule erreichen; 27

---

52 Beschluss der KMK zur Stärkung der Demokratieerziehung v. 6.3.2009: www.kmk.org/fileadmin/Dateien/veroeffentlichungen_beschluesse/2009/2009_03_06-Staerkung_Demokratieerziehung.pdf (1.11.2017).
53 BVerwGE 112, 263 (267 f.).
54 BVerfGK 18, 469 (472); BVerfGE 90,107 (122); *Keller/Hesse/Krampen* in: Keller/Krampen, Kap. 6 Rn. 6.

sie kann vielmehr nach eigenem Ermessen entscheiden, auf welchem Weg sie zum angestrebten Ziel des gleichwertigen Abschlusses gelangt.[55] Insoweit ist sie auch nicht strikt an die für öffentliche Schulen geltenden Stundentafeln mit ihrer Fächerauflistung gebunden.[56] Sie darf jedoch die allgemeinen Erziehungsziele nicht ignorieren. Zu diesen allgemeinen Erziehungszielen zählt auch der in Art. 21 I LV formuliert Auftrag, der ein generelles schulisches Erziehungsziel enthält, das eng mit der freiheitlichen demokratischen Grundordnung und den Grundrechten der Schüler zusammenhängt.[57] Dieses Erziehungsziel gilt auch für anerkannte **Ergänzungsschulen** i. S. v. §§ 13, 15 PSchG, nicht jedoch für **freie Unterrichtseinheiten** (§ 16 PSchG), die – im Gegensatz zu Ergänzungsschulen – keinen schulischen Charakter haben.

28 Bei dem Gebot des Art. 21 II LV, an allen Schulen Gemeinschaftskunde als ordentliches Lehrfach zu führen, ist die **Bindung von Privatschulen allerdings weniger eng**. Zwar wäre bei einer **Ersatzschule** keine Gleichwertigkeit in der Abschlussqualifikation gegeben, wenn eine solche Schule ein an einer öffentlichen Schule vorhandenes Fach nicht anbieten würde. Denn weil sich die Entscheidung über Bestehen und Nichtbestehen des Bildungsgangs wie auch Aufnahmeentscheidungen in eine weiterführende Bildungseinrichtung, die an eine bestimmte Durchschnittsnote geknüpft sind, nach den Noten aller maßgeblichen Fächer richtet, wäre, wenn das Lehrfach komplett entfiele, eine Ungleichbehandlung der Schüler öffentlicher Schulen und privater Ersatzschulen gegeben. Allerdings bewegt es sich im Rahmen der nach Art. 7 IV 3 GG gegebene Gestaltungsfreiheit im Blick auf die Lehrziele, wenn eine Ersatzschule – auch eine nach § 10 PSchG anerkannte Privatschule – die damit auch an öffentlichen Schulen erreichbare Qualifikationen verleihen kann, mehr als die an öffentlichen Schulen geforderten Inhalte und Niveaus verlangt. Auch kann sie Bildungsplaninhalte anders auf Klassenstufen verteilen als öffentliche Schulen. Diese Bindung gilt allerdings von vornherein nicht für **Ergänzungsschulen**, die dadurch gekennzeichnet sind, dass sie Abschlüsse anbieten, die an öffentlichen Schulen nicht erworben werden können.[58] Hier stellt sich die Frage einer Ungleichbehandlung mangels Vergleichbarkeit nicht.

Artikel 22 [Erwachsenenbildung]

Die Erwachsenenbildung ist vom Staat, den Gemeinden und den Landkreisen zu fördern.

---

55 BVerfGK 18, 469 (472); BVerwGE 112, 263 (268).
56 BVerGE 112, 263 (269).
57 *Feuchte* in: Feuchte, Art. 21 Rn. 1.
58 Ausnahmen sind hier die Internationalen Schulen, deren nach den Bestimmungen des „International Baccalaureate Organisation/Office du Baccalauréat International" erworbenes „International Baccalaureate Diploma/Diplome du Baccalauréat International" unter bestimmten Voraussetzungen als Hochschulzugangsqualifikation anerkannt wird (Beschluss der KMK v. 10.3.1986 idF v. 13.12.2013; s dazu auch → Art. 14 Rn. 38).

[Erwachsenenbildung] Artikel 22

Schrifttum:
Becker, Erwachsenenbildung, in: Pfizer (Hrsg.), Baden-Württemberg. Staat Wirtschaft Kultur, Stuttgart 1963, 522; *Eiselstein*, Staatliches Bildungsmonopol und Europäische Menschenrechtskonvention – Art. 2 des Ersten Zusatzprotokolls zur EMRK in der Praxis von Kommission und Gerichtshof, in: Birk/Dittmann/Erhardt (Hrsg.), FS Oppermann, Stuttgart u.a. 1981, 178; *Olbrich*, Geschichte der Erwachsenenbildung in Deutschland, Opladen 2001; *Oppermann*, Kulturverwaltungsrecht. Bildung – Wissenschaft – Kunst, Tübingen 1969; *Tippelt/von Hippel* (Hrsg.), Handbuch Erwachsenenbildung/Weiterbildung, 5. Aufl., Wiesbaden 2011.

Vergleichbare Regelungen: Art. 139 BayVerf, 35 BremVerf, 32 SaarlVerf (Volksbildungswesen), 108 SächsVerf, 33 BbgVerf, 16 IV MVVerf, 17 NRWVerf, 37 RPVerf (Volksbildungswesen), 30 LSAVerf, 29 ThürVerf, 13 III SchlHVerf.

Ergänzende Normen: Gesetz zur Förderung der Weiterbildung und des Bibliothekswesens (Weiterbildungsförderungsgesetz) idF vom 20.3.1980, GBl. 249; Bildungszeitgesetz BW (BzG BW) vom 17.3.2015, GBl. 161.

A. Überblick und Einordnung 1
  I. Bedeutung 1
  II. Herkunft, Entstehung, Geschichte 2
    1. Vorläufer 2
    2. Entstehung 5
  III. Verfassungsvergleichende Einordnung 7
B. Erläuterung 8
  I. Gegenstand und systematische Stellung 8
  II. „Erwachsenenbildung" 10
    1. Bildung 10
    2. „Erwachsenenbildung" ... 14
  III. „Fördern" 17
    1. Grundsätzliches 17
    2. Adressaten 20
    3. Inhalt und Mittel 23
  IV. Konkretisierungsbedürftigkeit und rechtsdogmatische Einordnung 26
  V. Subjektiv-rechtliche Folgen ... 30

A. Überblick und Einordnung

I. Bedeutung

Die Vorschrift enthält das Verfassungsgebot der Förderung der Erwachsenenbildung (Weiterbildung) und schließt damit an die Bildung der Kinder und Jugend sowie – institutionalisiert – an die Ausbildung in Schulen und Hochschulen an, die Gegenstand anderer Verfassungsbestimmungen (Art. 11 ff. LV) sind. Aus der Zusammenschau der Bildungsvorschriften ergibt sich, dass die LV **Bildung als öffentliches Gut** versteht, deren Förderung sie dem Staat als Verfassungspflicht aufgibt. Die Sorge um die Bildung gehört zur Daseinsvorsorge des modernen Staates. BW ist **Bildungsstaat** und zusammen mit den Kulturvorschriften (insb. Art. 3 c I, 16 I 1 LV) zugleich „Kulturstaat" (→ Art. 20 Rn. 26). 1

II. Herkunft, Entstehung, Geschichte

1. Vorläufer

Während § 155 PKV nur die „Bildung der deutschen Jugend" ansprach, erweiterten spätere deutsche Verfassungen das Blickfeld. Die institutionelle Erwachsenenbildung in Deutschland geht zurück auf die seit den 1830er Jahren gegründeten Arbeiterbildungsvereine, die allgemeine, fachliche und 2 politische Bildung vermittelten.[1] Der württemberg-badische Kultusminister *Theodor Bäuerle*, der „Pionier des modernen Volksbildungsgedankens",[2] gründete – nicht zuletzt unter dem Eindruck der kriegsbedingten Mängel der Volksbildung – gemeinsam mit dem Unternehmer *Robert Bosch* am 1.5.1918 den Verein zur Förderung der Volksbildung e.V. in Stuttgart, der eine umfassende Volkshochschularbeit in Stuttgart und den größeren Städten Württembergs etablierte.[3] Diese auf Deutschland ausstrahlende Entwicklung griff **Art. 148 IV WRV** verfassungsrechtlich auf: *„Das Volksbildungswesen, einschließlich der Volkshochschulen, soll von Reich, Ländern und Gemeinden gefördert werden."*

3 Die **südwestdeutschen Verfassungen** der Nachkriegszeit rezipierten diesen Gedanken, formulierten ihn jedoch unterschiedlich, insb. mit verschiedenem Detaillierungsgrad. Art. 42 VerfWB bestimmte: *„Die Erwachsenenbildung einschließlich der Volkshochschulen und des Volksbüchereiwesens wird vom Staat gefördert."* Art. 31 VerfLB lautete: *„Die Bildung der Erwachsenen durch Volkshochschulen, wissenschaftliche Büchereien und Volksbüchereien, öffentliche Theater, Konzerte, Museen und sonstige Bildungsstätten erfährt die staatliche Förderung."* Und Art. 118 VerfWH regelte: *„Der Staat sorgt für die Erwachsenenbildung, insbesondere durch Volkshochschulen und Volksbüchereien. Er nimmt an der Pflege von Kunst und Wissenschaft schützend und fördernd teil."*

4 Art. 22 LV schließt an diese Vorläuferregelungen an. Sie geben – schon aufgrund des engen zeitlichen Entstehungszusammenhangs – **Hinweise** darauf, wie der Verfassungsgeber Art. 22 LV verstanden wissen wollte und wie er zu interpretieren ist.

2. Entstehung

5 Die Vorschrift wurde seit Inkrafttreten der LV nicht geändert, hat daher noch ihren originären Wortlaut. **Art. 18 VerfERP** sah eine Regelung der Erwachsenenbildung vor, die sich textlich an Art. 31 VerfLB anlehnte und lautete: *„Die Bildung der Erwachsenen durch Volkshochschulen, Büchereien, Theater, Konzerte, Museen und sonstige Bildungsstätten ist von Staat und Gemeinden zu fördern."* **Art. 37 VerfECDU** regelte die Materie ebenfalls: *„Die Erwachsenenbildung einschließlich der Volkshochschulen und der Volksbüchereien wird vom Staat gefördert."*

6 Der VA legte seinen Besprechungen diese beiden Entwürfe zugrunde.[4] Den SPD-Antrag, den Artikel – weil „reine Deklamation, ohne effektiven Nutzen" – zu streichen, lehnte der VA ab, weil auch programmatische Verfas-

---

1 Zur Geschichte der Erwachsenenbildung: *Tietgens* in: Tippelt/von Hippel, 25 ff.; *Olbrich*, 27 ff.; *Becker* in: Pfizer, 522 ff.
2 Siehe www2.landesarchiv-bw.de/ofs21/olf/einfueh.php?bestand=6722 (1.11.2017).
3 Er gliederte sich insb. in die Abteilungen Bücherei, Musik, Theater, Bildende Kunst, Presse, Lichtbild, Verlag Silberburg, Heimvolkshochschule für junge Frauen im ehemaligen Kloster Denkendorf und die Städtische Abendvolkshochschule Groß-Stuttgart, Fn. 2; vhs-stuttgart.de/ueber-uns/ueber-uns/geschichte-der-vhs/?kathaupt=236 (1.11.2017); vgl. auch *Becker* in: Pfizer, 522 (524 f.); *Feuchte* in: Feuchte, Art. 22 Rn. 5.
4 Beilage 1103 der VLV (Bericht des VA über den Entwurf einer Verfassung), ausgegeben am 1.9.1953, nach 986 (dort 3).

sungsbestimmungen das „Ideal der staatlichen Zielsetzung" verdeutlichen und Bedeutung für die Spruchpraxis der Gerichte haben.[5] Auf Antrag der FDP/DVP wurde die Vorschrift deutlich gestrafft und die Verpflichteten um die Kreise erweitert. Die so **vom VA verabschiedete Vorschrift**[6] wurde in den folgenden Plenarberatungen der VLV[7] nicht mehr diskutiert.

III. Verfassungsvergleichende Einordnung

Das GG enthält keine Bestimmung zur Erwachsenenbildung. Allerdings 7 sieht Art. 91 b II GG vor, dass Bund und Länder aufgrund von Vereinbarungen zur „Feststellung der Leistungsfähigkeit des Bildungswesens" im internationalen Vergleich und bei diesbezüglichen Berichten und Empfehlungen zusammenwirken können. Die **meisten anderen Landesverfassungen** enthalten **vergleichbare Regelungen**. Teilweise statuieren sie ein allgemeines Recht auf Bildung (so Art. 20 I BerlVerf, 29 BbgVerf, 4 I NdsVerf)[8] oder sprechen das Volksbildungswesen an (Art. 37 RPVerf, 32 SaarlVerf). Zum Teil finden sich Regelungen über die Bildung und Schaffung öffentlicher Bildungseinrichtungen (Art. 29 BbgVerf) sowie den Zugang zu ihnen (Art. 20 I BerlVerf).

B. Erläuterung

I. Gegenstand und systematische Stellung

Gegenstand der Verfassungsnorm ist die **Bildung von Erwachsenen**. Sie 8 steht im III. Abschnitt über „Erziehung und Unterricht", den sie abschließt. Sie ist dort nicht, wie teilweise angenommen wird,[9] ein Fremdkörper. Erwachsenenbildung schließt – auch verfassungssystematisch – an die Bildung der Kinder und Jugend sowie an die Ausbildung in Schulen und Hochschulen an (Art. 11-21 LV). Zudem erfolgt auch sie primär durch Unterricht, wobei die Verfassung den **Begriff „Unterricht"** denkbar weit versteht. Er erschöpft sich nicht im Unterricht nach herkömmlichem Verständnis, schließt andere pädagogische Formen nicht aus, sondern zeigt sich – im Gegenteil – ihnen gegenüber offen.

Die Vorschrift **konkretisiert das allgemeine Verfassungsgebot des Art. 1 LV**, 9 wonach das Land die Aufgabe hat, dem Menschen bei der Entfaltung seiner Gaben (Art. 1 I LV) zu dienen (Art. 1 II 1 LV) und ihn zu fördern

---

5 Beilage 1103, Fn. 4, nach 986 (dort 37–39).
6 Beilage 825 der VLV, ausgegeben am 6.6.1953, 705 ff.; *Spreng* in: Spreng/Birn/Feuchte, 26.
7 Zweite Beratung in der 41. VLV-Sitzung am 18.6.1953 (Verhandlungen der VLV, Bd. III, 1801 ff.) und dritte Beratung in der 58. VLV-Sitzung am 4.11.1953 (Verhandlungen der VLV, Bd. III, 2431 ff., 2454); zur red. Überarbeitung s. Beilage 1319 der VLV, ausgegeben am 11.11.1953, 1277 ff.
8 Vgl. auch das „Recht auf Bildung" in Art. 14 EU-GRCh und Art. 2 EMRK-Zusatzprotokoll vom 20.3.1952; zu letzterem *Eiselstein* in: Birk/Dittmann/Erhardt, 178 ff.
9 *Braun*, Art. 22 Rn. 3.

(Art. 1 II 2 LV). Das gilt nicht nur für die Bildung der Kinder und Jugend, sondern auch für die Erwachsenenbildung.

II. „Erwachsenenbildung"
1. Bildung

10 Die LV unterscheidet „Bildung" (Art. 15 III, 16 I 1, 22 LV) und „Ausbildung" (Art. 9, 11 I, 19 I 1 LV). Während Ausbildung „auf einen im Einzelfall näher bestimmbaren Stand des Wissens und Könnens, der durch fachliche Unterweisung vermittelt und durch Prüfungen nachgewiesen werden kann", zielt, stellt Bildung „keinen mit objektiven Maßstäben messbaren Wert dar. Sie ist nicht an irgendeiner Stelle ‚abgeschlossen', sondern ein sich ständig fortsetzender Vorgang im Innern des Menschen."[10] Bildung ist Prozess – und kann als solcher aufgefasst werden als „eine organisierte und nachhaltige Kommunikation, die zum Lernen führen soll",[11] erfasst aber auch das Selbststudium –, Ergebnis, menschliche Eigenschaft und (insb. kultureller) Wert (Art. 16 I 1 LV). Sie dient der Erhaltung, Erneuerung, Verbesserung oder Erweiterung von Kenntnissen, Fertigkeiten, Entwicklungsmöglichkeiten oder Fähigkeiten.[12] Bildung ist umfassend, inhaltlich und methodisch nicht vorgezeichnet und in die Zukunft hinein offen.

11 Bildung ist thematisch nicht beschränkt, sondern **erfasst alle Lebensbereiche**. Der Inhalt von Bildung ist dementsprechend nicht fest umrissen, sondern dynamisch, dh auf die Entwicklungen der sich ständig verändernden Lebenswirklichkeit bezogen. Erfasst sind neben der Allgemeinbildung besondere Bildungsbereiche, etwa Politik, Wirtschaft, Wissenschaft, Technologie, Kultur, Soziologie, Geschichte.[13] Das Bildungsprogramm der Volkshochschulen verdeutlicht die große Spannweite des heutigen Bildungsbegriffs und -verständnisses. Es umfasst insb. die Bereiche Gesellschaft und Politik, Umwelt und Alltag, Kultur und Gestalten, Gesundheit und Bewegung, Sprachen und Integration, Beruf und Karriere.[14]

12 Bildung betrifft **alle geistigen Disziplinen**, zielt insb. auf den Erwerb von Wissen und Fähigkeiten, ist aber auch Werten zugänglich. Davon geht auch die LV aus, wenn sie in Art. 16 I 1 die „Bildungswerte" hervorhebt. Anhaltspunkte für weitere Bildungsinhalte lassen sich anderen Verfassungsbestimmungen entnehmen, zB Art. 12 I LV, wonach die Jugend „zu sittlicher und politischer Verantwortlichkeit, zu beruflicher und sozialer Bewährung und zu freiheitlicher demokratischer Gesinnung zu erziehen" ist. Bildung hat insoweit auch eine sittliche und ethische Dimension. Für die Erwachsenenbildung steht anstelle der Erziehung der Unterricht.

13 Neben die geistige Bildung tritt die **Entwicklung von praktischen Fertigkeiten** einschließlich des körperlichen Ausgleichs (Gymnastik, Stressbewälti-

---

10 Prägnant *Feuchte* in: Spreng/Birn/Feuchte, Art. 15 (S. 85).
11 Art. 2 lit. d VO (EG) 452/2008 v. 23.4.2008 über die Erstellung und die Entwicklung von Statistiken über Bildung und lebenslanges Lernen, ABl. L 145/227.
12 Vgl. § 1 III BzG BW zur beruflichen Weiterbildung.
13 Vgl. auch die Themenstruktur der Weiterbildung in: Bundesministerium für Bildung und Forschung (BMBF), Weiterbildungsverhalten in Deutschland 2014, Ergebnisse des Adult Education Survey – AES Trendbericht, 44 ff.
14 VHS Stuttgart, Das Programm, 9/2015-2/2016, 4 f.

gung, Entspannung, Fitness), kreativ-künstlerischer Fertigkeiten (Musik, Tanz, Theater, Fotografie, Kochen, Kunst) und Computerwissen.

2. „Erwachsenenbildung"

Der **Begriff „Erwachsene"** ist abzugrenzen von den in der LV an anderen Stellen verwandten Begriffen „Kinder" (Art. 15 III, 16 I LV), „Jugend" (Art. 12, 13 S. 1, 21 I LV) und „junger Mensch" (Art. 11 I LV). Der Verfassungsgeber hat nicht an den Begriff der „Volljährigkeit" angeknüpft, die mit Vollendung des 18. Lebensjahres eintritt (§ 2 BGB), sondern an den Begriff des „Erwachsenen". Er dient dazu, die nachschulische Bildung zu erfassen, die nicht (notwendig) an die Vollendung der Volljährigkeit knüpft. Ihm liegt das empirische Vorstellungsbild zugrunde, dass die schulische Ausbildung – je nach Schulart – bis in das Alter der Volljährigkeit übergehen kann. Bildung ist insoweit ein kontinuierlicher Prozess.   14

Art. 22 LV geht es um die **zweite Bildungsphase**, um die „Fortsetzung oder Wiederaufnahme ‚organisierten Lernens' nach Abschluss oder Unterbrechung der ersten Bildungsphase",[15] um die nachschulische Weiterbildung.[16] § 1 II des Weiterbildungsgesetzes konkretisiert: 15

„Die Weiterbildung hat die Aufgabe, dem einzelnen zu helfen, im außerschulischen Bereich seine Fähigkeiten und Kenntnisse zu vertiefen, zu erweitern oder zu erneuern. Sie umfasst auf der Grundlage des Grundgesetzes und der Landesverfassung die allgemeine Bildung, die berufliche Weiterbildung und die politische Bildung. Die Weiterbildung soll den einzelnen zu einem verantwortlichen Handeln im persönlichen, beruflichen und öffentlichen Bereich befähigen und damit der freien Gesellschaft im demokratischen und sozialen Rechtsstaat dienen."

Nach dem Deutschen Bildungsrat[17] ist **Weiterbildung** „die Fortsetzung oder Wiederaufnahme organisierten Lernens nach Abschluss einer unterschiedlich ausgedehnten ersten Bildungsphase [...] Das Ende der ersten Bildungsphase und damit der Beginn möglicher Weiterbildung ist in der Regel durch den Eintritt in die volle Erwerbstätigkeit gekennzeichnet".[18] Erwachsenenbildung ist der „institutionalisierte Prozess des Einwirkens auf Erwachsene zur Erlangung größerer Befähigung und vielseitiger Informiertheit."[19] Die Vorschrift beruht somit auf dem Gedanken, dass Bildung nicht mit der Schule abgeschlossen ist, sondern ein lebenslanger, dauernder Pro-

---

15 *Feuchte* in: Feuchte, Art. 22 Rn. 3.
16 *Braun*, Art. 22 Rn. 3; *Feuchte* in: Feuchte, Art. 22 Rn. 2.
17 Empfehlungen der Bildungskommission, Strukturplan für das Bildungswesen, 1970.
18 Wiedergegeben in: BMBF, Weiterbildungsverhalten in Deutschland 2014, Ergebnisse des Adult Education Survey – AES Trendbericht, 8 (dort Fn. 6).
19 *Feuchte* in: Feuchte, Art. 22 Rn. 2.

zess bleibt; sie geht damit vom pädagogischen Prinzip „**lebenslangen Lernens**"[20] („lifelong education")[21] aus.[22]

16 Wie der Begriff der Bildung (→ Rn. 10 ff.) ist auch die Erwachsenenbildung sachlich umfassend angelegt, nur personell eingegrenzt. Mit der UNESCO sind **Funktion und Zielrichtung** der Erwachsenenbildung in einem umfassenden Sinn zu verstehen:

„The function of adult education is to develop all sides of human personality. [...] Adult education must therefore develop in people both the capabilities and the sense of responsibility needed for participation in the management of industry and the shaping of society."[23]

III. „Fördern"

1. Grundsätzliches

17 Art. 22 LV verpflichtet dazu, die Erwachsenenbildung „zu fördern". **Fördern bedeutet** ermöglichen, unterstützen, stärken, aktivieren, positiv einwirken.

18 Die Vorschrift konzentriert sich auf eine **Förderpflicht**. Dadurch wird klargestellt, dass Erwachsenenbildung „zunächst einmal eine gesamtgesellschaftliche Aufgabe und keine alleinige Aufgabe des Staates" ist; das „Fördern" der Erwachsenenbildung als „Staatsziel" bedeutet, „dass der Staat diesem Ziel bei all seinen Handlungen ein besonderes Gewicht beizumessen hat."[24] Die **Staatszielbestimmung** ist „gleichzeitig Signal und Handlungsauftrag für die Gemeinden, die Gemeindeverbände und das Land Baden-Württemberg"; die Förderung soll erfolgen durch „Stärkung einer dauerhaften, verschiedene Engagements ermöglichenden Struktur, einem weiteren Ausbau der Anerkennungskultur und einer Sensibilisierung der Menschen für den Wert des bürgerschaftlichen Engagements."[25]

19 Die Förderpflicht wird zum Teil „wegen ihres Zusammenhangs mit dem Erlahmen des geistigen Antriebs gesellschaftlicher Kräfte nicht nur positiv beurteilt".[26] Die **Vorteile staatlicher Förderung** überwiegen: Sie soll das Verantwortungsbewusstsein des Einzelnen nicht schmälern, sondern ermöglichend und aktivierend wirken und dazu die nötigen Rahmenbedingungen schaffen, insb. dort, wo der Einzelne oder die Gemeinschaft dies nicht selbst leisten können.

---

20 Art. 2 lit. e VO (EG) 452/2008, Fn. 11: „alles Lernen während des gesamten Lebens, das der Verbesserung von Wissen, Fähigkeiten und Kompetenzen im Rahmen einer persönlichen, staatsbürgerlichen, sozialen und/oder beschäftigungsbezogenen Perspektive dient".
21 UNESCO, European Conference on Adult Education, Hamburg 1962, Report by Frank W. Jessup, 19.
22 Zu den methodischen Ansätzen und Spielarten der Erwachsenenbildung umfassend: *Tippelt/von Hippel*, Handbuch Erwachsenenbildung/Weiterbildung, 2011.
23 UNESCO, European Conference on Adult Education, Hamburg 1962, Report by Frank W. Jessup, 19 f.
24 LT-Drs. 15/7412, 6 (zum Staatsziel des Art. 3 a II).
25 LT-Drs. 15/7412, 6 (zum Staatsziel des Art. 3 c).
26 *Feuchte* in: Feuchte, Art. 22 Rn. 5 mwN.

2. Adressaten

Art. 22 LV nimmt Staat, Gemeinden und Landkreise in die Pflicht. Die Förderpflicht richtet sich **an alle staatlichen und kommunalen Stellen**. 20

Mit „Staat" ist das Land BW[27] gemeint, nicht der Bund; für eine Inpflichtnahme des Bundes und seiner Stellen hätte das Land keine Kompetenz. Erfasst sind alle staatlichen Stellen, in erster Linie die rechtsetzenden und rechtsanwendenden Stellen: Legislative (Landtag) und Exekutive (Landesregierung einschließlich nachgeordneter Landesverwaltung und mittelbarer Landesverwaltung[28]).[29] 21

Mit der Nennung der Gemeinden und Landkreise ist klargestellt, dass nicht nur staatliche Stellen im engeren Sinn, sondern **auch kommunale Stellen** der Förderpflicht unterliegen. Praktisch stehen als Träger der Erwachsenenbildung – schon seit der WRV – die „als Förderer hervorgehobenen Gemeinden und die Kirchen im Vordergrund."[30] 22

3. Inhalt und Mittel

Art. 22 LV gibt Inhalte und Mittel des Förderns verfassungsrechtlich nicht vor. Das Fördern kann sich auf **alle äußeren Facetten der Bildung** beziehen, insb. die Bildungseinrichtungen, Bildungsinhalte und Bildungsmethoden. Art. 22 LV zielt auf die Förderung „aller Einrichtungen, die Wissen und Allgemeinbildung des Einzelnen und des Volkes vermehren und heben",[31] wie Art. 31 VerfLB beispielhaft aufzählt, etwa die Unterhaltung und Förderung von Volkshochschulen,[32] Büchereien,[33] Theatern, Volksbühnen, Konzerten und Museen, Vorträgen u.ä.[34] Umfasst sind gruppenungebundene Einrichtungen wie Volkshochschulen und gruppengebundene Einrichtungen wie konfessionelle und gewerkschaftliche Einrichtungen.[35] 23

Das Fördern muss für die staatlichen und kommunalen Stellen **tatsächlich und rechtlich möglich** sein. Insoweit ist zwischen den verschiedenen Stellen, ihren Kompetenzen und Handlungsmöglichkeiten zu unterscheiden. Staat und Kommunen steht bei ihrer Entscheidung, ob und welche Einrichtungen gefördert werden sollen, mit welchen Mitteln und in welchem Umfang, grundsätzlich ein weiter Entscheidungsspielraum zu.[36] Art. 22 LV lässt insb. dem Gesetzgeber große **Gestaltungsfreiheit**.[37] Er ist dabei jedoch 24

---

[27] BVerfGE 1, 14 (34).
[28] So hat die (überparteiliche) Landeszentrale für politische Bildung als nichtrechtsfähige Anstalt des öffentlichen Rechts im Geschäftsbereich des Staatsministeriums die Aufgabe, die politische Bildung zu fördern.
[29] Vgl. *Feuchte* in: Feuchte, Art. 22 Rn. 13.
[30] *Feuchte* in: Feuchte, Art. 22 Rn. 5. – § 2 II Weiterbildungsförderungsgesetz ergänzt: „Das Land fördert in Ausführung von Artikel 22 der Landesverfassung nach Maßgabe dieses Gesetzes und des Staatshaushaltsplanes kommunale Bibliotheken und Bibliotheken, die von den Kirchen getragen werden."
[31] *Feuchte* in: Feuchte, Art. 22 Rn. 8; *ders*. in: Spreng/Birn/Feuchte, Art. 22 (S. 105).
[32] *Oppermann*, 271 bezeichnet sie als „Kernstück der Erwachsenenbildung".
[33] Nach *Oppermann*, 273 sind sie die „zweite wesentliche Institution der Erwachsenenbildung".
[34] *Feuchte* in: Spreng/Birn/Feuchte, Art. 22 (S. 105).
[35] *Feuchte* in: Feuchte, Art. 22 Rn. 2.
[36] *Braun*, Art. 22 Rn. 3 f.
[37] *Feuchte* in: Feuchte, Art. 22 Rn. 8.

an die verfassungsrechtlichen Grundsätze gebunden. So muss die Förderung – um die Ziele des Art. 22 LV zu erreichen – **wirkungsvoll**, effektiv und nachhaltig sein. Zudem ist der Gleichbehandlungsgrundsatz (Art. 2 I LV iVm 3 I GG) zu wahren: Die „Pluralität der Erwachsenenbildung ist dadurch gewährleistet, dass Staat und kommunale Körperschaften [...] an die Grundsätze der Gleichbehandlung und der Neutralität gebunden sind".[38]

25 **Maßnahmen des Förderns** können sein: Übernahme der Trägerschaft einer Bildungseinrichtung durch staatliche oder kommunale Stellen, Bereitstellung von Gebäuden, Räumlichkeiten, Sachmitteln und Personal, Gewährung finanzieller Zuwendungen einschließlich der Ausweisung in den Haushaltsplänen[39] und Schaffung finanzieller Anreize, zB steuerlicher Vorteile, soweit Land und Kommunen zuständig sind.[40]

IV. Konkretisierungsbedürftigkeit und rechtsdogmatische Einordnung

26 Art. 22 LV bedarf der Konkretisierung durch die angesprochenen Stellen. Es ist daher die Frage nach der **rechtsdogmatischen Einordnung** der Vorschrift aufgeworfen worden, insb. die Frage, ob sie ein rechtlich bindendes Verfassungsgebot oder nur einen Programmsatz enthält, was schon im VA diskutiert wurde. Sie ist richtigerweise nicht nur Programmsatz, sondern **bindender Verfassungsbefehl**, allerdings ohne im Einzelnen determiniertem Inhalt, sondern eine auf Konkretisierung angelegte Staatszielbestimmung.[41]

27 Der Landesgesetzgeber hat in Wahrnehmung seiner Förderpflicht ein Gesetz zur Erwachsenenbildung beschlossen: das **Weiterbildungsförderungsgesetz**. § 1 I 1 hält fest, dass die Weiterbildung ein eigenständiger, mit Schule, Hochschule und Berufsausbildung gleichberechtigter Teil des Bildungswesens ist. Nach § 1 I 2 ist die Förderung und Entwicklung eines breitgefächerten und flächendeckenden Bildungsangebotes in der Weiterbildung eine öffentliche Aufgabe. § 2 enthält bestimmte Fördergrundsätze. So regelt § 2 I:

„Das Land fördert in Ausführung von Artikel 22 der Landesverfassung nach Maßgabe dieses Gesetzes und des Staatshaushaltsplanes nach gleichen Grundsätzen den Ausbau von Volkshochschulen sowie von Weiterbildungseinrichtungen, die von den Kirchen, Gewerkschaften, der Wirtschaft oder anderen in der Weiterbildung tätigen gesellschaftlichen Gruppen getragen werden."

§ 2 V 1:

„Gemeinden und Landkreise fördern die Erwachsenenbildung in Ausführung von Artikel 22 der Landesverfassung, insbesondere durch die Errichtung und Unterhaltung von Volkshochschulen und kommunalen Bibliotheken."

---

38 *Braun*, Art. 22 Rn. 5; ferner *Feuchte* in: Feuchte, Art. 22 Rn. 5.
39 *Feuchte* in: Spreng/Birn/Feuchte, Art. 22 (S. 105).
40 *Feuchte* in: Feuchte, Art. 22 Rn. 9; vgl. auch *Oppermann*, 273; *Becker* in: Pfizer, 522 (527 f.).
41 *Braun*, Art. 22 Rn. 2.

§ 5 IV:

„*Solange Einrichtungen nach diesem Gesetz gefördert werden können, dürfen sie neben ihrer Bezeichnung den Zusatz führen 'als staatlich förderungswürdig anerkannt'.*"

Weitere Regelungen betreffen insb. die Förderung durch Einrichtungen, Zuwendungen für Einrichtungen, zB für Personalkosten (§ 6 I) und sonstige Zuwendungen (§ 7), für bestimmte Weiterbildungsmaßnahmen (§ 9), Beratung und Unterstützung (§ 12 I) sowie die staatliche Anerkennung von Zertifikaten (§ 16).

Darüber hinaus hat der Landesgesetzgeber das **Bildungszeitgesetz BW** (BzG BW) erlassen, das am 1.7.2015 in Kraft trat. Danach haben die Beschäftigten in BW gegenüber dem Arbeitgeber einen Anspruch auf Bildungszeit (§ 1 I 1 BzG BW), der grundsätzlich bis zu fünf Arbeitstage innerhalb eines Kalenderjahres beträgt (§ 3 I 1 BzG BW). Die Bildungszeit kann für Maßnahmen der beruflichen oder der politischen Weiterbildung sowie für die Qualifizierung zur Wahrnehmung ehrenamtlicher Tätigkeiten beansprucht werden (§ 1 II BzG BW). Berufliche Weiterbildung dient der Erhaltung, Erneuerung, Verbesserung oder Erweiterung von berufsbezogenen Kenntnissen, Fertigkeiten, Entwicklungsmöglichkeiten oder Fähigkeiten (§ 1 III BzG BW; → Rn. 10 ff.). Mit dem Gesetz soll die Weiterbildungsbereitschaft von Beschäftigten in BW erhöht und gefördert werden.[42] In der Gesetzesbegründung heißt es:

28

„*Vor dem Hintergrund der technologischen Entwicklung, des strukturellen Wandels in Wirtschaft und Gesellschaft und der demografischen Veränderungen gewinnt vor allem die berufliche Weiterbildung zunehmend an Bedeutung. Daneben geht es in einem funktionierenden demokratischen Gemeinwesen aber auch um die gesellschaftliche Teilhabe seiner Bürgerinnen und Bürger. Deshalb sind auch die politische Bildung und die Stärkung des ehrenamtlichen Engagements Bestandteil dieses Gesetzes. [...] Die politische Weiterbildung dient der Teilhabe und Mitwirkung am gesellschaftlichen, sozialen und politischen Leben. [...] Vor dem Hintergrund der technologischen Entwicklung, aber auch des strukturellen Wandels in Wirtschaft und Gesellschaft und hier ganz besonders der demografischen Veränderungen gewinnt das lebenslange Lernen zunehmend an Bedeutung. [...] Die berufliche Weiterbildung ist ein zentrales Element dafür, die Beschäftigungsfähigkeit jedes Einzelnen zu erhalten oder zu erhöhen. [...] Zum Bereich der beruflichen Weiterbildung gehört insbesondere die Anpassungs- und die Aufstiegsfortbildung, aber auch der Bereich der Gesundheitsprävention im betrieblichen oder dienstlichen Interesse, der dem Beschäftigten die theoretischen Kenntnisse der Optimierung der Gesundheit am Arbeitsplatz näherbringt. Eine Förderung der beruflichen Entwicklungsmöglichkeiten ist auch dann gegeben, wenn durch die Weiterbildung die Erlangung eines entsprechenden Schulabschlusses ermöglicht wird, sie der Alphabetisierung der Beschäftigten dient oder Sprachkenntnisse erworben werden, die einen beruflichen Bezug haben.*"[43]

---

42 LT-Drs. 15/6403, 1.
43 LT-Drs. 15/6403, 1 f., 10 f., 13.

29 Der Landesgesetzgeber ist zur **weiteren Beobachtung der Entwicklung und ggf. Anpassung** und Fortentwicklung der gesetzlichen Rahmenbedingungen verpflichtet.

V. Subjektiv-rechtliche Folgen

30 Art. 22 LV ist aufgrund seiner normativen Weite auf Konkretisierung angelegt (→ Rn. 17 ff., 26 ff.). Die Vorschrift regelt weder die zu fördernden Einrichtungen noch enthält sie ein bestimmtes Förderprogramm.[44] Ihr fehlt daher die rechtliche Bestimmtheit und Steuerungskraft, um dem Einzelnen einen Anspruch auf Förderung einer bestimmten Veranstaltung mit bestimmten Mitteln und in bestimmtem Umfang zu gewähren.[45] Erforderlich ist eine Konkretisierung ihres Verfassungsgebots. Erst darauf lassen sich klagbare Ansprüche gründen (vgl. etwa die unter IV. genannten Gesetze). Auf Art. 22 LV können Einzelne daher **grundsätzlich keine subjektiven Rechte** stützen, die vor den Verwaltungsgerichten oder vor dem VerfGH geltend gemacht werden können.

31 Denkbar ist ein Anspruch von Verfassungs wegen nur, wenn Staat und Kommunen schlechthin jedwede Förderung unterlassen würden, was praktisch fernliegt. Ob bei Unterschreiten eines gewissen Förderniveaus ein verfassungsrechtlicher Anspruch in Betracht kommt, ist fraglich, da Art. 22 LV dazu keine handhabbaren Maßstäbe enthält. Aber auch dann könnte grundsätzlich kein Anspruch auf bestimmte Förderung (zB einer bestimmten Einrichtung oder Förderung durch bestimmte Mittel) geltend gemacht werden, sondern allenfalls ein **allgemeiner Förderanspruch** mit dem Ziel der Feststellung verfassungswidriger Unterförderung.

32 **Ansprüche auf Förderung** können jedoch aus den verfassungs- und verwaltungsrechtlichen Grundsätzen folgen, an welche die Förderentscheidung rückgebunden ist (→ Rn. 24), zB aus dem Gleichheitssatz oder dem konkretisierenden einfachen Recht.[46]

Zweiter Hauptteil
Vom Staat und seinen Ordnungen

I. Die Grundlagen des Staates

Artikel 23 [Staatsfundamentalnorm, Baden-Württemberg als Gliedstaat]

(1) Das Land Baden-Württemberg ist ein republikanischer, demokratischer und sozialer Rechtsstaat.

(2) Das Land ist ein Glied der Bundesrepublik Deutschland.

---

44 *Braun*, Art. 22 Rn. 2 f.
45 *Braun*, Art. 22 Rn. 2; *Feuchte* in: Feuchte, Art. 22 Rn. 9; *ders.* in: Spreng/Birn/Feuchte, Art. 22 (S. 105).
46 *Feuchte* in: Feuchte, Art. 22 Rn. 9.

Schrifttum:

Baldus, Landesverfassungsrecht und Bundesverfassungsrecht – Wie fügt sich das Gegenstrebige?, in: Die Verfassungsgerichte der Länder Brandenburg, Mecklenburg-Vorpommern, Sachsen, Sachsen-Anhalt und Thüringen (Hrsg.), 20 Jahre Verfassungsgerichtsbarkeit in den neuen Ländern, 2014, 19; *Bartlsperger*, Das Verfassungsrecht der Länder in der gesamtstaatlichen Verfassungsordnung, in: HStR § 128; *Dittmann*, Verfassungshoheit der Länder und bundesstaatliche Verfassungshomogenität, in: HStR § 127; *Dumke*, Die Funktion von Landesverfassungen im modernen Bundesstaat, VR 2010, 299; *Gundel*, Der Status der Länderstaatsverträge im deutschen Bundesstaatsrecht, DÖV 2017, 15; *Herbst*, Gesetzgebungskompetenzen im Bundesstaat, 2014; *Herdegen*, Strukturen und Institute des Verfassungsrechts der Länder, in: HStR § 129; *Küchenhoff*, Die verfassungsrechtlichen Grenzen der Mischverwaltung, 2010; *Leber*, Landesgesetzgebung im neuen Bundesstaat – Handlungsmuster landespolitischer Akteure nach der Föderalismusreform 2006, 2014; *Leunig*, Die Regierungssysteme der deutschen Länder, 2. Aufl. 2012; *Isensee*, Idee und Gestalt des Föderalismus im Grundgesetz, in: HStR § 126; *Lindner*, Aufhebung der Eigenstaatlichkeit der Länder in einer neuen deutschen Verfassung?, BayVBl. 2014, 645; *Menzel*, Landesverfassungsrecht, 2002; *Möstl*, Landesverfassungsrecht – zum Schattendasein verurteilt?, AöR 130 (2005), 350; *Papier*, Bewährung und Reform der bundesstaatlichen Ordnung, 2011; *ders.*, Zur Verantwortung der Landtage für die europäische Integration, ZParl 2010, 903; *Starski*, Der interföderale Verwaltungsakt, 2014.

Vergleichbare Regelungen: Art. 20 I, 28 I 1 GG, 1 I, 2 I 1, 3 I u. 178 BayVerf, 1 I u. II BerlVerf, 1 I u. 2 I BbgVerf, 64 I u. 65 BremVerf, 1 u. 3 HambVerf, 64 f. HessVerf, 1 II u. 2 MVVerf, 1 II NdsVerf, 1 I 1 NRWVerf, 74 I RPVerf, 60 I SaarlVerf, 1 Sächs-Verf, 1 I u. 2 I LSAVerf, 1 SchlHVerf u. 44 ThürVerf.

Ergänzende Normen:
Zum Demokratieprinzip: Art. 25 I LV;
Zum Rechtsstaatsprinzip: Art. 25, 58, 67, 70 I LV;
Zum Sozialstaatsprinzip: Vorspruch, Art. 1 II, 6, 87, 11 I, 12 II, 14 II LV

Leitentscheidungen:
Zum Demokratieprinzip: StGH, ESVGH 11/II, 7 (Hinausschieben von Landtagswahlen); ESVGH 22, 1 (Funktion der Landtagswahl im Vergleich zur Volksabstimmung über Auflösung); ESVGH 24, 155 (Hinausschieben von Gemeinderatswahlen); ESVGH 25, 1; 26, 1; 26, 129 (alle drei: kommunales Demokratiegebot); ESVGH 31, 81 (unzulässige Wahlwerbung der Landesregierung); ESVGH 35, 241 (unzulässige Wahleinmischung der Landesregierung); ESVGH 38, 81 (Aufruf von Landtagsabgeordneten zur Nichtbefolgung eines Bundesgesetzes).
Zum Rechtsstaatsprinzip: StGH, ESVGH 14/I 5 (Gewährleistung der Rechtssicherheit); ESVGH 23, 1 (Anhörung der Kommunen bei kommunaler Neugliederung); ESVGH 25, 1 (Anhörung der Bevölkerung bei Gemeindereform); DÖV 1975, 500 (Wiederholung von Anhörungen bei kommunalen Neugliederungen); ESVGH 26, 1 (Verhältnismäßigkeit bei Eingriffen in kommunale Selbstverwaltungsgarantie); ESVGH 29, 151 (Verwendung unbestimmter Rechtsbegriffe); ESVGH 38, 81 (Gesetzesgebundenheit der Bürger und Abgeordneten); U. v. 17.6.2014 – 1 VB 15/13 – juris (Vertrauensschutz, unechte Rückwirkung); VerfGH, U. v. 30.5.2016 – 1 VB 15/15 – juris (Bindung der Verwaltung an Rechtsverordnungen).
Zum Sozialstaatsprinzip: StGH, ESVGH 25, 1 (Verpflichtungen für die kommunale Selbstverwaltung); ESVGH 31, 241 (Hochschulstandorte).

A. Überblick und Einordnung	1	I. Strukturprinzipien des Landes Baden-Württemberg (Abs. 1)	11
I. Bedeutung	1	1. Verhältnis zum Homogenitätsgebot des Art. 28 I 1 GG	11
II. Herkunft, Entstehung, Geschichte	5		
III. Verfassungsvergleichende Einordnung	10	2. Republik	14
B. Erläuterung	11	3. Demokratie	16
		4. Sozialstaat	20

5. Rechtsstaat.............. 23
II. Gliedstaatlichkeit (Abs. 2).... 32
 1. Bedeutung der Norm..... 32
2. Zur Staatlichkeit des Landes...................... 35

A. Überblick und Einordnung

I. Bedeutung

1 Abs. 1 enthält eine Art. 20 GG vergleichbare **Fundamentalnorm** und setzt für das Land das Homogenitätsgebot des Art. 28 I 1 GG in grundsätzlicher Form um. Die in Art. 23 I LV enthaltenen Prinzipien eines republikanischen, demokratischen und sozialen Rechtsstaates sind einer Änderung durch verfassungsänderndes Gesetz gem. Art. 64 I 2 LV entzogen, eine Änderung der Verfassung darf ihnen nicht widersprechen. Diese landesverfassungsrechtliche Sicherung wird durch die **Ewigkeitsgarantie** auf Bundesebene (Art. 79 III und Art. 20 GG) und das Homogenitätsgebot des Art. 28 I GG verstärkt.[1]

2 Die in Art. 23 I LV enthaltenen Prinzipien bestimmten die strukturelle Ausrichtung des Landes und sind insoweit auf Konkretisierung angewiesen. Dennoch haben sie **Rechtscharakter**, dh sie sind für den Gesetzgeber, die Exekutive und die Rechtsprechung des Landes unmittelbar verbindlich und bei der Rechtsetzung, -auslegung und -anwendung zu beachten. Sie sind insb. Maßstab für die Rechtsprechung des VerfGH. Die in Art. 23 I niedergelegten Grundsätze der **Demokratie** und der **Rechtsstaatlichkeit** werden **durch Art. 25 ergänzt und konkretisiert.**

3 Darüber hinaus legt Abs. 1 zusammen mit dem Vorspruch den **Namen** des Landes fest, das auf der Grundlage eines Neugliederungsgesetz des Bundes gem. Art. 118 GG nach einer Volksabstimmung aus den drei Ländern Baden, Württemberg-Baden und Württemberg-Hohenzollern gebildet wurde.[2]

4 Abs. 2 bezeichnet das Land als ein Glied der Bundesrepublik Deutschland und nimmt damit Bezug auf das in Art. 20 I, Art. 28 I und Art. 30 GG enthaltene Bundesstaatsprinzip. Zugleich bestätigt er (gemeinsam mit dem Vorspruch) die mit der Präambel des GG in der Fassung des Einigungsvertrages v. 31.8.1990 (BGBl II 889) sowie in der Zeit davor in Art. 23 und 118 GG festgelegte **Zugehörigkeit** des Landes **zur Bundesrepublik Deutschland.**[3]

II. Herkunft, Entstehung, Geschichte

5 Die fast wörtliche Wiederholung des Homogenitätsgebots aus Art. 28 I 1 GG in Abs. 1 rührt daher, dass das GG bei der Schaffung der LV 1952/53 bereits in Kraft war. Aus dem gleichen Grund konnte sich das Land in Abs. 2 als Glied der „Bundesrepublik Deutschland" bezeichnen. Hierin unterscheidet sich die LV von Verfassungen anderer Bundesländer, die bei Inkrafttreten des GG am 23.5.1949 bereits vorhanden waren. Deshalb waren auch in den **Verfassungen der drei Vorgängerländer** des „Südwest-Staates" von Art. 23 I LV abweichende Formulierungen zu den **Staatsstrukturprinzi-**

---

1 VerfGH NRW, U. v. 21.11.2017 – VerfGH 9/16 u.a. – juris.
2 Zur Entstehungsgeschichte vgl. BVerfGE 1, 1; 1, 14; 5, 45; 28, 220.
3 *Feuchte* in: ders., Art. 23 Rn. 13; s. auch Vorspruch, → Vor Rn. 25.

pien enthalten. Art. 43 S. 1 VerfWB bezeichnete das Land als einen „demokratischen und sozialen Volksstaat", Art. 1 VerfWH als „freien Volksstaat" sowie Art. 50 VerfLB als „demokratischen und sozialen Freistaat". Bis auf die namentliche Nennung der im weiteren in den Verfassungen jedoch verwirklichten Prinzipien des „Rechtsstaats" u. zT der „Republik" entsprechen sie der Sache nach Art. 23 I LV. „Freistaat" ist ein Synonym für „Republik", „Volksstaat" für „Demokratie". Bereits nach Art. 92 III VerfLB waren die „unerlässlichen Grundbestandteile einer demokratischen Verfassung" einer Verfassungsänderung entzogen.

Die in den **Vorgängerverfassungen** enthaltenen „Gliedstaaten-Klauseln" hatten angesichts der Ungewissheit der künftigen staatsrechtlichen Struktur des deutschen Gesamtstaates deutlich programmatischen, noch auf Erfüllung angelegten Charakter. Art. 50 VerfLB bezeichnete das Land als „ein Glied der Gemeinschaft der deutschen Länder". Art. 43 S. 2 VerfWB bezeichnete das Land als „Glied der deutschen Republik" sowie Art. 1 VerfWH sah das Land als „Glied der deutschen Bundesrepublik". Eine Bezugnahme auf den Begriff „Reich" fehlte – obwohl zunächst zT beabsichtigt[4] – in allen drei Verfassungen. In zwei dieser Vorgängerverfassungen fehlte sogar ein programmatisches Bekenntnis zur Bundesstaatlichkeit eines künftigen deutschen Staates. Dabei wurde jedoch davon ausgegangen, dass das „Deutsche Reich" fortexistiert, jedoch mangels institutionalisierter Organe selbst nicht handlungsfähig war. Mit der späteren Errichtung der Bundesrepublik Deutschland wurde nicht ein neuer westdeutscher Staat gegründet, sondern ein Teil Deutschlands – bis zur Wiedervereinigung provisorisch – neu organisiert.[5]

6

Den Beratungen der **VLV** lagen **zwei Entwürfe** zugrunde. Der VerfERP sah einen Art. 20 als Grundlagennorm vor, der den Namen des künftigen Landes offen ließ und im Übrigen folgenden Wortlaut hatte: „Das Land ... ist ein republikanischer, demokratischer und sozialer Rechtsstaat in der Bundesrepublik Deutschland".[6] Dagegen lautete Art. 1 VerfECDU: „(1) Das Land Baden-Württemberg, in dem die bisherigen Länder Baden, Württemberg-Baden und Württemberg-Hohenzollern zu einem Staat vereinigt sind, ist ein demokratischer und sozialer Volksstaat, der als Grundlage des Volks- und Staatslebens das christliche Sittengesetz anerkennt. (2) Es ist ein Glied der Bundesrepublik Deutschland."[7]

7

Die Frage des **Namens** war in den Beratungen – auch innerhalb der Fraktionen – sehr umstritten. Zwar war in Art. 1 des Überleitungsgesetzes v. 15.5.1992 (GBl. 3) vorläufig der Name „Baden-Württemberg" gewählt worden. Die endgültige Bezeichnung sollte jedoch mit der Verfassung bestimmt werden. Der VA beauftragte zu den Fragen der Namensgebung, des Landeswappens und der Landesfarben die Archive der drei früheren Länder mit der Erstellung von Gutachten, wobei auch Presseveröffentlichungen und Eingaben ausgewertet wurden.[8] Die Gutachten führten zu unter-

8

---

4 *Feuchte*, Geschichte, 106 f.
5 BVerfGE 5, 85 (126); 36, 1 (15 f.).
6 Feuchte, Quellen, 2. Teil, 6.
7 Feuchte, Quellen, 2. Teil, 53.
8 Feuchte, Quellen, 5. Teil, 378 ff.

schiedlichen Ergebnissen. Der VA empfahl den Namen „Rheinschwaben".[9] Die VLV legte den Namen auf „Baden-Württemberg" fest, der sich dort gegen den Namen „Schwaben" durchsetzte.[10] Dabei gab die Mehrheit einem Namen, der auf die in der jüngeren Geschichte entstandenen Landeszugehörigkeiten Rücksicht nahm und insoweit integrierend wirkte, den Vorzug vor einem Namen, der v.a. alt-historische und stammesmäßige Gründe sowie eine gewisse Prägnanz für sich in Anspruch nehmen konnte.

9 Bezüglich der **Grundlagen des Staates und der Gliedstaatenklausel** führten die Beratungen im VA zu einer Verbindung der beiden Entwurfsfassungen. Allerdings sollte die Verfassung nicht – so der Entwurf der CDU – mit den Grundlagen des Staates, sondern – so der Entwurf der Regierungsparteien – mit dem „Menschen und seinen Ordnungen" beginnen. Der im VerfE-CDU enthaltene Verweis auf die Entstehungsgeschichte wurde in der Grundlagennorm gestrichen. Der Verweis auf das „christliche Sittengesetz", der die Abkehr von der Zeit der nationalsozialistischen Herrschaft deutlich machen sollte, fand im Rahmen eines Kompromisses Eingang in Art. 1 I der Fassung des Entwurfs des VA. Bezüglich der Benennung der Grundlagen des Staates bevorzugte der VA entsprechend dem VerfERP eine enge Anlehnung an Art. 28 I 1 GG. Dagegen wurde die im VerfECDU enthaltene „Gliedstaaten-Klausel" für prägnanter und besser gehalten, so dass sie in die vom VA empfohlene Verfassung aufgenommen wurde.[11] Der Vorschlag des VA wurde – nach einer unwesentlichen redaktionellen Änderung – von der VLV als Art. 23 LV beschlossen.[12]

III. Verfassungsvergleichende Einordnung

10 Die Grundlagen des Staates finden sich in der LV – anders als in den meisten anderen Landesverfassungen – nicht zu Beginn der Verfassung. Dieser Platz ist dem „Menschen und seinen Ordnungen" vorbehalten. In dem Ersten Hauptteil der LV finden sich auch die nachträglich eingefügten sonstigen Staatszielbestimmungen, wie der Umwelt- und Tierschutz, die Kultur- und Sportförderung sowie der Denkmalschutz (Art. 3 a ff. LV). In anderen Landesverfassungen sind vergleichbare Staatsziele häufig im Zusammenhang mit den Staatsstrukturprinzipien der Demokratie sowie der Rechts- und Sozialstaatlichkeit normiert (vgl. Art. 3 BayVerf, 65 BremVerf, 1 II NdsVerf). Eine ähnlich eng an Art. 28 I 1 GG angelehnte Formulierung der Staatsstrukturprinzipien wie in Art. 23 I LV findet sich zB noch in Art. 3 I HambVerf. Teilweise enthalten die Landesverfassungen auch keine Art. 28 I 1 oder Art. 20 GG entsprechende Grundlagenbestimmung.[13] Die Bundesstaatlichkeit thematisieren die Landesverfassungen mit unterschiedlichen Formulierungen. Am häufigsten findet sich die Bezeichnung als „Land der

---

9 Feuchte, Quellen, 6. Teil, 515 (519), vgl. zur Debatte den VA-Bericht in: *Feuchte*, Quellen 6. Teil, 533 (611 ff.).
10 Vgl. die Zweite und Dritte Beratung in der 56. und 58. VLV-Sitzung vom 22.10. und 14.11.1953 in: Feuchte, Quellen, 8. Teil, 226 ff. u. 340 ff.
11 Vgl. d. VA-Bericht in: Feuchte, Quellen, 6. Teil, 533 (617 f.).
12 Vgl. Antrag des VA v. 6.6.1953, dort Art. 20 in: Feuchte, Quellen, 6. Teil, 519.
13 Gar keine Selbstdeklaration enthalten etwa die NRWVerf oder die SchlHVerf. Art. 65 HessVerf benennt nur das Republik- und das Demokratieprinzip.

Bundesrepublik Deutschland".[14] Zahlenmäßig danach folgen sog. „Gliedstaatenklauseln".[15] Zwei Verfassungen begnügen sich mit der Bezeichnung als Staat „in der Bundesrepublik Deutschland" (Art. 1 II NdsVerf, 60 I SaarlVerf). Die BayVerf enthält keine bundesstaatsbezogene Selbstbezeichnung. Jedoch findet sich in den Schlussbestimmungen (Art. 178 BayVerf) eine Regelung, wonach Bayern einem „künftigen deutschen demokratischen Bundesstaat" beitreten wird.

B. Erläuterung
I. Strukturprinzipien des Landes Baden-Württemberg (Abs. 1)
1. Verhältnis zum Homogenitätsgebot des Art. 28 I 1 GG

Die Formulierung der in Abs. 1 genannten Staatsstrukturprinzipien folgt dem Wortlaut der Vorgabe des Homogenitätsgebots des Art. 28 I 1 GG. Die dort genannten Verfassungsprinzipien entsprechen inhaltlich den in Art. 20 und Art. 79 III niedergelegten Grundsätzen.[16] Die **Grundsätze des Art. 28 I GG gelten** jedoch nicht in den Ländern, sondern **für die Länder**.[17] Dabei sind sie allein an die Grundsätze, jedoch nicht an deren Ausgestaltung im GG gebunden. Wegen der Eigenstaatlichkeit der Länder,[18] der Selbstständigkeit ihrer Verfassungsräume und der sie auslegenden Verfassungsgerichte fordert das GG auch hinsichtlich der Strukturprinzipien keine Uniformität, sondern nur ein Mindestmaß an Übereinstimmung.[19] Somit hat sich die Auslegung der in Art. 23 I LV enthaltenen Staatsstrukturprinzipien im Kern zwar an die Auslegung von Art. 20 u. 28 I 1 GG durch das BVerfG zu halten. Eigenständige Nuancierungen durch den VerfGH sind damit jedoch nicht ausgeschlossen.[20] Tritt die verfassungsmäßige Ordnung des Landes darüber hinausgehend in Widerspruch zu Art. 28 I 1 GG, sind diese Akte als nichtig anzusehen.[21]

11

Neben den Grundsätzen des Art. 28 I GG finden sich im GG weitere Normen, die ebenfalls für die Länder gelten, ihnen jedoch keinen Ausgestaltungsspielraum lassen und damit zu einer Einschränkung der gliedstaatlichen Verfassungshoheit führen. Diese Normen werden in der Literatur als

12

---

14 Art. 1 II BerlVerf, Art. 1 I BbgVerf, Art. 1 HambVerf, Art. 2 II MVVerf, Art. 1 SächsVerf, Art. 1 I LSAVerf und Art. 44 I 1 ThürVerf.
15 „Glied der deutschen Republik": Art. 64 HessVerf und Art. 64 BremVerf (dort auch: „und Europas"); „Gliedstaat der Bundesrepublik Deutschland": Art. 1 I 1 NRWVerf u. Art. 1 SchlHVerf; „Gliedstaat Deutschlands": Art. 74 I RPVerf.
16 *Dreier* in: ders., Art. 28 Rn. 53; *Tettinger/Schwarz* in: v. Mangoldt/Klein/Starck, Art. 28 Abs. 1 Rn. 37.
17 BVerfGE 1, 208 (236); 6, 104 (111); nach VerfGH NRW, U. v. 21.11.2016 – VerfGH 9/16 u.a. – juris sogar als durch Art. 64 I 2 LV inkorporierte Grenze für Verfassungsänderungen.
18 BVerfGE 1, 14 (34).
19 BVerfGE 36, 342 (361); 41, 88 (118 f.); *Dittmann* in: HStR, § 127 Rn. 11 ff.
20 So schreibt Art. 28 I GG für die Länder zB kein parlamentarisches Regierungssystem vor, vgl. BVerfGE 9, 268 (281); 27, 44; das im VerfECDU vorgesehene präsidentielle System wäre zulässig gewesen. Zu eigenständigen Nuancierungen beim Vertrauensschutz: StGH, U. v. 17.6.2014 – 1 VB 15/13 – juris, Rn. 440 ff.
21 BVerfGE 9, 268 (291); 83, 37 (50); 83, 60 (70); 93, 37 (41, 65 ff.); *Dreier* in: ders., Art. 28 Rn. 73 mwN.

"**Durchgriffsnormen**" bezeichnet.[22] Dazu zählen Art. 1 III iVm Grundrechten, Art. 142, 25, 26, 31, 33 V, Art. 34, 92, 97 u. 101-104 u. 28 II GG.[23] Definitionsgemäß sind Durchgriffsnormen allein Normen des GG und nicht der LV. Daher können sie als solche kein Maßstab für die Rechtsprechung des VerfGH sein.

13 Anders ist dies bei sog. "**Bestandteilsnormen**". Dabei handelt es sich nach der Rechtsprechung des BVerfG um Normen des GG, bei denen es sich um allgemeine verfassungsrechtliche Grundsätze handelt, die zugleich auch Bestandteil der Landesverfassungen sind.[24] Bedeutsam ist dies insb. für **Art. 21 GG**,[25] weil eine entsprechende Bestimmung in der LV fehlt und damit der Streit, ob es sich bei Art. 21 I GG um ein Recht iSv Art. 2 I LV handelt,[26] jedenfalls für die objektiv-rechtliche Anwendung von Art. 21 I GG irrelevant ist. Bestandteil der Landesverfassungen sollen nach dem BVerfG ferner sein: Art. 3, Art. 20 III u. Art. 25 GG[27] sowie die Rundfunkfreiheit aus Art. 5 I GG.[28] Die Erfindung bundesrechtlicher Bestandteile in den Landesverfassungen beeinträchtigt jedoch die "Verfassungsautonomie" der Länder und ist daher restriktiv zu handhaben.[29] Auch die **Kompetenznormen** des GG (**Art. 70 ff. GG**) werden teilweise als Bestandteil der Landesverfassungen angesehen. Dies ist jedoch abzulehnen, insb. folgt dies nicht aus der in Art. 23 II LV festgelegten Gliedstaatlichkeit des Landes (→ Rn. 32 ff.).

2. Republik

14 Mit dem Prinzip der Republik ist zunächst die Staatsform der **Monarchie ausgeschlossen**,[30] wie bereits mit der WRV von 1919 auf Bundes- und Landesebene. So bestimmte Art. 17 I 1 WRV, dass die Länder eine "freistaatliche Verfassung" haben müssen. In dem zum Begriff "Republik" synonym verwendeten Wort "Freistaat", das auch in der VerfWH und der VerfLB enthalten war und in Verfassungen anderer – auch junger – Bundesländer verwendet wird,[31] wird darüber hinaus deutlich, dass mit dem Republik-

---

22 *Tettinger/Schwarz* in: v. Mangoldt/Klein/Starck, Art. 28 Abs. 1 Rn. 30; *Dreier* in: ders., Art. 28 Rn. 44.
23 *Dittmann* in: HStR, § 127 Rn. 33; *Tettinger/Schwarz* in: v. Mangoldt/Klein/Starck, Art. 28 Abs. 1 Rn. 30; *Dreier* in: ders., Art. 28 Rn. 44; zu Art. 28 II GG: BVerfG, U. v. 21.11.2017 – 2 BvR 2177/16 – juris, Rn. 49 Streitig ist die Einordnung des Rechtsstaatsprinzips aus Art. 20 III GG. Die genannte Literatur lehnt den Durchgriffscharakter ab; anders wohl: BVerfGE 2, 380 (403), offen aber: BVerfGE 90, 60 (86).
24 BVerfGE 1, 208 (233); 66, 107 (114).
25 StGH, VBlBW 1981, 136 (144); *Klein* in: Maunz/Dürig, Art. 21 Rn. 148 f.
26 I.E. zu Recht bejahend, aber ohne Problembewusstsein: *Zuck*, Die Landesverfassungsbeschwerde in BW, 2013, Rn. 353 ff.; ferner bejahend: *Braun*, Art. 2 Rn. 11. Allgemein zur Problematik, ob es sich bei Art. 21 GG um ein Grundrecht handelt: *Kluth* in: Epping/Hillgruber, Art. 21 Rn. 92 ff.
27 BVerfGE 1, 208 (233).
28 BVerfGE 13, 54 (80). Für das "Hineinlesen" der Menschenwürdegarantie: BerlVerfGH, NJW 1993, 515 f. (Honecker).
29 BVerfGE 103, 332 (347 ff., 357); abl. auch: *Tettinger/Schwarz* in: v. Mangoldt/Klein/Starck, Art. 28 Abs. 1 Rn. 32; *Dreier* in: ders., Art. 28 Rn. 45.
30 *Dreier* in: ders. Art. 20 (Republik) Rn. 17; *Sommermann* in: v. Mangoldt/Klein/Starck, Art. 20 Abs. 1 Rn. 19.
31 Art. 1 BayVerf, 1 HambVerf, 64 f. BremVerf, 1 1 SächsVerf, 44 I 1 ThürVerf.

prinzip **auch jede Form der Diktatur**, der Räteherrschaft oder des Obrigkeitsstaats eine Absage erteilt wird.[32] Mit dem Republikprinzip ist jede Herrschaft aus eigenem, höherem Recht unvereinbar, die die Freiheit grds. negiert.[33] Streitig ist, ob dem Republikprinzip darüber hinaus weitere Gehalte zu entnehmen sind, insb. ob aus ihm ein Bekenntnis zum Gemeinwohl („res publica") zu entnehmen ist.[34] Soweit es um die Sicherung der **Mitwirkung der Bürger, des *Citoyens*, am Gemeinwesen** geht, ist dem Republikprinzip ein Garantiegehalt beizumessen: In der Republik ist die Wahl Sache des ganzen Volkes und gemeinschaftliche Angelegenheit der Bürger.[35] Bemühungen zur Stärkung der sog. „Zivilgesellschaft" und der „Bürgerbeteiligung" dienen daher auch dem Republikprinzip. Die Ableitung einer *Pflicht* zur Orientierung am **Gemeinwohl** ist dagegen wegen der Gefahr der Einführung eines allgemeinen, inhaltlich unbestimmten Grundrechtsvorbehalts abzulehnen.[36] Die **Förderung ehrenamtlicher Betätigung** durch den Staat – jetzt konkretisiert als Auftrag in Art. 3c I Var. 1 – ist jedoch geeignet, die besondere Bedeutung eines gemeinwohlorientierten Amtsverständnisses und zivilgesellschaftlichen Engagements für das Gelingen einer Republik herauszustellen. Denn die Republik basiert auf der Voraussetzung, dass Bürger bereit sind, Ämter im Staat zu übernehmen, und diese nicht einem Monarchen oder Führer überlassen.

Das Republikprinzip ist nach Art. 64 I 2 **verfassungsänderungsfest**. Die Monarchie könnte in BW nicht eingeführt werden. Möglich wäre es jedoch, wie auf Bundesebene neben dem Regierungschef das Amt eines auf Zeit gewählten Staatspräsidenten zu schaffen.[37]

3. Demokratie

Das Demokratieprinzip ergibt sich im Grundsatz aus Abs. 1, wird jedoch hinsichtlich bestimmter Aspekte durch Art. 25 I LV näher konkretisiert, nämlich hinsichtlich des Grundsatzes der **Volkssouveränität** und des daraus abgeleiteten Erfordernisses der demokratischen Legitimation der Staatsgewalt und ihrer Ausübung durch Wahlen und Abstimmungen im Rahmen eines Systems der parlamentarisch-repräsentativen Demokratie (siehe dazu die Kommentierung zu Art. 25). Weitere **Wesensmerkmale** einer Demokratie im Sinne der LV sind das **Prinzip der Herrschaft auf Zeit**,[38] das Mehr-

---

32 *Dreier* in: ders., Art. 20 (Republik) Rn. 6; *Feuchte* in: ders., Art. 23 Rn. 5; *Gröschner* in: HStR, § 23 Rn. 2 u. 39.
33 So u.a. *Gröschner* in: HStR, § 23 Rn. 39 u. 73; *ders.* in: Linck/Baldus u.a., Art. 44 Rn. 15 ff.; aA, nämlich für eine strikte Begrenzung auf ein Monarchieverbot: ThürVerfGH, U. v. 19.9.2001 – 4/01 – juris, Rn. 142; *Dreier* in: ders., Art. 20 (Republik) Rn. 20 ff.
34 So *Gröschner* in: HStR, § 23 Rn. 34 ff.; *Sommermann* in: v. Mangoldt/Klein/Starck, Art. 20 Abs. 1 Rn. 14 ff.; aA zB ThürVerfGH, U. v. 19.9.2001 – 4/01 – juris, Rn. 142; *Dreier* in: ders., Art. 20 (Republik) Rn. 20 ff.
35 So BVerfGE 123, 39 (69).
36 *Grzeszick* in: Maunz/Dürig, Art. 20 III Rn. 7.
37 *Braun*, Art. 23 Rn. 16; Art. 67 f. VerfECDU sah das Amt eines direkt gewählten Staatspräsidenten vor, allerdings als Regierungschef anstelle des vom Landtag gewählten Ministerpräsidenten, vgl. Feuchte, Quellen, 2. Teil, 52 ff.
38 StGH, ESVGH 31, 81 (84 f.); ESVGH 2, 1 (3); ESVGH 24, 155 (157); ESVGH 11/II, 7 f.; die letzten beiden Entscheidungen auch zur Zulässigkeit der Verschiebung von Wahlterminen und -perioden (dazu auch Art. 93a LV). Aus dem Prinzip

heitsprinzip,[39] der Schutz der parlamentarischen Minderheit,[40] das freie Mandat[41] und das Recht auf effektive Opposition[42] sowie die freie und offene politische Willensbildung.[43] Aus dem Erfordernis einer freien und offenen politischen Willensbildung folgt für die staatlichen Organe eine **Neutralitätspflicht**, welche der staatlichen Öffentlichkeitsarbeit eine Grenze setzt.[44] Die nach dem GG für eine freie politische Willensbildung erforderliche **Parteienfreiheit** und das Gebot der **Chancengleichheit**[45] ergeben sich aus **Art. 21 GG,** der als Bestandteil der Landesverfassungen angesehen wird.[46] Die für eine Demokratie essentiellen[47] **Wahlrechts- und Abstimmungsgrundsätze** sind in Art. 26 I u. IV LV und Art. 72 I 1 LV gesondert niedergelegt.

17 Als **verbindliches Staatsstrukturprinzip** ist das Demokratieprinzip nach Art. 25 II LV Maßstab für jedes staatliche Handeln. Es setzt nach Art. 64 I 2 LV auch **Verfassungsänderungen eine Grenze**. Zudem ist es Auslegungsprinzip für andere Bestimmungen der LV[48] oder einfaches Recht. In Verbindung mit der durch Art. 2 I LV u. Art. 1 I GG geschützten Menschenwürde folgt aus dem Demokratieprinzip ein **Recht des einzelnen Staatsbürgers auf demokratische Teilhabe** an der öffentlichen Gewalt,[49] das im Wahlrecht des Art. 26 I u. IV LV sowie Art. 72 I 1 LV seinen Niederschlag gefunden hat.

18 Das Prinzip der Demokratie steht **in einer engen Verbindung mit dem kommunalen Selbstverwaltungsprinzip**. Die Eigenständigkeit der Gemeinden hat den Sinn, den einzelnen Bürger als Glied der Gemeinschaft zu aktivieren und zu integrieren, den Gegensatz zwischen Gesellschaft und Staat zu überbrücken, die innere Identifikation zwischen Staatsvolk und Staatsgewalt zu fördern und damit eine der wesentlichen Grundlagen für eine funktionsfähige und lebendige Demokratie zu entwickeln.[50] Das kommunale Demokratiegebot ist in Art. 72 I 1 LV und Art. 28 1 2 GG niedergelegt. Danach muss das Volk in den Kreisen und Gemeinden eine aus allgemei-

---

der Herrschaft auf Zeit kann sich unter bestimmten Voraussetzungen auch ein Kündigungsrecht bei Verträgen ergeben, vgl. BayVerfGH, E. v. 25.9.2015 – Vf. 9-VII-13 u.a. – juris, Rn. 126 ff.
39 StGH, ESVHG 38, 81 (84); *Braun*, Art. 25 Rn. 22 ff.; zum Zusammenhang zwischen Mehrheits- und Freiheitsprinzip s. StGH, ESVGH 25, 1 (12).
40 Mehrere Gesetzeslesungen in zeitlichem Abstand nicht erforderlich: BVerfGE 29, 221 (234); VerfGH Saarl., NVwZ-RR 2006, 665 ff.; VerfGH, B. v. 26.9.2017 – 1 GR 27/17 – juris, Rn. 40.
41 StGH, VBlBW 1981, 136 (144); *Braun*, Art. 25 Rn. 19.
42 BVerfGE 142, 25 (55 ff.).
43 *Dreier* in: ders., Art. 20 (Demokratie) Rn. 66 ff.; *Grzeszick* in: Maunz/Dürig, Art. 20 II Rn. 11 ff.
44 BVerfGE 44, 125 (138 ff.); 136, 323; 138, 102 (109); VerfGH Rh-Pf, NVwZ-RR 2014, 665; ThürVerfGH, ThürVBl. 2015, 295.
45 StGH, VBlBW 1981, 136 (144).
46 StGH, VBlBW 1981, 136 (144); BVerfGE 66, 107 (114); 120, 82 (104); *Klein* in: Maunz/Dürig, Art. 21 Rn. 148 f.
47 StGH, VBlBW 1981, 136 (144).
48 Etwa für die Gemeinwohlklausel in Art. 74 I: Das Demokratieprinzip kann zur Vermeidung von „Demokratieverdrossenheit" die Erhaltung von leistungsfähigen Kommunen erfordern, StGH, ESVGH 25, 1 (7 f.).
49 BVerfGE 123, 267; 142, 123 (173 ff., 189 ff.); 144, 20 (208 ff.).
50 StGH, ESVGH 25, 1 (11); BVerfG, U. v. 21.11.2017 – 2 BvR 2177/16 – juris.

nen, unmittelbaren, freien, gleichen und geheimen Wahlen hervorgegangene Vertretung haben. Diese Vorschriften sind dahin zu verstehen, dass eine solche Vertretung nicht nur vorhanden sein muss, sondern dass sie auch für grundlegende Entscheidungen der Gemeinde zuständig sein muss.[51]

Das für die Länder geltende Demokratieprinzip ist nach Art. 79 III, 20 und 28 I 1 GG auch **gegen Verfassungsänderungen des Bundes** geschützt. In Zusammenwirken mit der in Art. 79 III GG ebenfalls „ewig" garantierten Bundestaatlichkeit, der Gliederung des Bundes in Länder, ergibt sich, dass den Ländern ein Kernbereich staatlicher Aufgaben („**Hausgut**") **unentziehbar** bleiben muss,[52] der **weder an** den **Bund noch an** die **EU** übertragen werden darf.[53] Gegen eine Aushöhlung der Mitwirkungsmöglichkeiten des Staatsbürgers auf Landesebene, v.a. seines Wahlrechts aus Art. 26 I LV, kann er sich auf das Recht auf demokratische Teilhabe berufen.[54] Sowohl die Organe des Landes als auch des Bundes sind zum Schutz dieses Teilhaberechts verpflichtet.[55]

4. Sozialstaat

Das verfassungsänderungsfeste (Art. 64 I 2 LV) Sozialstaatsprinzip ist – anders als die übrigen Prinzipien des Art. 23 I LV – keine staatsstrukturprägende Norm, sondern v.a. eine „offene" **Staatszielbestimmung**, die einen Auftrag an den Gesetzgeber enthält.[56] Die Norm ist im Zusammenhang mit dem Vorspruch, der zur Ordnung des Gemeinschaftslebens nach den Grundsätzen der sozialen Gerechtigkeit aufruft, sowie mit Art. 1 II LV, der dem Staat einen sozialen Förderauftrag um des Menschen willen erteilt,[57] zu lesen. Das Sozialstaatsgebot verpflichtet den Staat, **für soziale Sicherheit** und einen **Ausgleich** sozialer Gegensätze zu sorgen.[58] In Verbindung mit den Grundrechten können sich aus dem Sozialstaatsprinzip (Teilhabe-)Ansprüche ergeben. Im Zusammenwirken mit der Garantie der Menschenwürde aus Art. 1 I GG wird aus dem Sozialstaatsgebot die Pflicht zur Sicherstellung des **Existenzminimums** abgeleitet.[59] Ferner soll das Sozialstaatsprinzip die Wahrnehmung grundrechtlich geschützter Freiheiten ermöglichen helfen, dh es fordert vom Staat die Schaffung der wirtschaftlichen und infrastrukturellen **Voraussetzungen für** die **Freiheitsausübung**.[60] Wie der Staat die sich aus dem Sozialstaatsprinzip ergebenden Aufträge erfüllt, ist mangels näherer Konkretisierung dem **Gestaltungsspielraum des Gesetzgebers** überlassen.[61] Für die Rechtsprechung handhabbar wird das Sozialstaatsprinzip v.a. als Auslegungsmaxime. So hat der VerfGH das Sozialstaatsprinzip zB herangezogen, um die Gründe des öffentlichen Wohls nä-

---

51 StGH, ESVGH 26, 129 (140).
52 BVerfGE 34, 9 (19 ff.); 87, 181 (196); ausf. *Isensee* in: HStR, § 126 Rn. 299 ff.
53 BVerfGE 123, 267.
54 Entsprechend: BVerfGE 123, 267 (340 f.); 142, 123 (173 ff., 189 ff.).
55 Entsprechend: BVerfGE 142, 123 (209).
56 BVerfGE 50, 57 (108).
57 *Hollerbach* in: Feuchte, Verfassung, Art. 1 Rn. 9.
58 BVerfGE 100, 271 (284).
59 Zur Grundsicherung für Arbeitsuchende und zur Sozialhilfe: BVerfGE 125, 175 (222) u. 137, 34; zu Leistungen an Asylbewerber: BVerfGE 132, 134 (159 ff.).
60 *Sommermann* in: v. Mangoldt/Klein/Starck, Art. 20 I, Rn. 107 ff.
61 BVerfGE 100, 271 (284).

her zu konkretisieren, die eine Gemeindegebietsänderung nach Art. 74 I LV rechtfertigen.[62]

21 Das Sozialstaatsgebot wird durch Vorschriften der LV für einzelne Lebensbereiche **näher ausgestaltet und konkretisiert**. Der Sozialstaatsauftrag ist **auf den Menschen bezogen** (Art. 1 II LV), er begründet **kein Monopol des Staates**, sondern ist **freiheitlich und subsidiär** ausgestaltet.[63] Für den Erziehungsbereich enthält **Art. 12 II LV** eine Verfassungsgarantie.[64] Die Wohlfahrtspflege der Kirchen, anerkannten Religions- und Weltanschauungsgemeinschaften sowie der freien Wohlfahrtspflege wird durch **Art. 6 und 87 LV** institutionell garantiert.[65] Für den Bildungsbereich ist hier v.a. **Art. 11 I LV** zu nennen, der jedem jungen Menschen ohne Rücksicht auf Herkunft oder wirtschaftliche Lage das Recht auf eine seiner Begabung entsprechende Erziehung oder Ausbildung gewährt.[66] In engem Zusammenhang hiermit steht die durch **Art. 14 II LV** garantierte **Unterrichts- und Lernmittelfreiheit** an öffentlichen Schulen und zT an bestimmten Privatschulen.[67] Das Recht auf Bildung aus Art. 11 I LV und der allgemeine Gleichheitssatz (Art. 2 I LV iVm Art. 3 I GG) in Verbindung mit dem Sozialstaatsprinzip verpflichten den Gesetzgeber, **bei Kapazitätsengpässen** hinsichtlich der (Aus-)Bildung, insb. des **Hochschulzugangs- sowie der Hochschulzulassung**, für die Wahrung gleicher Bildungschancen zu sorgen.[68] Er muss Auswahl und Zugang nach sachgerechten, auch für die Benachteiligten zumutbaren Kriterien regeln. Allgemeine **Studiengebühren** sind mit dem Teilhaberecht auf Zugang zum Hochschulstudium vereinbar, solange sie nicht prohibitiv wirken und sozial verträglich ausgestaltet sind.[69]

22 Das Sozialstaatsbedürfnis trägt dem menschlichen Grundbedürfnis nach Teilhabe insb. an Leistungen der **Daseinsvorsorge** Rechnung. So hat der StGH im Jahr 1975 ausgeführt, dass die Veränderungen der Lebensverhältnisse auf allen Gebieten während der letzten Jahrzehnte, die Entwicklung zur weitgehend industrialisierten Massengesellschaft eine existenzielle Abhängigkeit jedes einzelnen von Leistungen der öffentlichen Hand in allen Bereichen mit sich gebracht haben. Das Schwergewicht öffentlicher Aufgaben und Tätigkeit hat sich demgemäß von der Gefahrenabwehr zur Daseinsvorsorge, von der Eingriffsverwaltung zur Leistungsverwaltung verlagert. Die **kommunale Selbstverwaltung ist** danach **auszurichten** auf eine „bestmögliche Daseinsvorsorge zugunsten aller Einwohner, auf eine hohe Qualität der Verwaltungsleistungen, auf einen hohen Standard der Grund-

---

62 StGH, ESVGH 25, 1 (7).
63 *Isensee*, Subsidiaritätsprinzip und Verfassungsrecht, 2. Aufl. 2001; *Seiler*, Der souveräne Verfassungsstaat zwischen demokratischer Rückbindung und überstaatlicher Einbindung, 2005, 155 ff.
64 *Braun*, Art. 12 Rn. 22.
65 VGH BW, VBlBW 2014, 104.
66 Dazu: VerfGH, U. v. 30.5.2016 – 1 VB 15/15 – juris.
67 Dazu: StGH, U. v. 6.7.2015 – 1 VB 130/13 – juris.
68 VerfGH, U. v. 30.5.2016 – 1 VB 15/15 – juris; BVerfGE 33, 303 (330 f.); 112, 226 (245). An Schulen: HessVGH, B. v. 16.9.2015 – 7 B 1594/15 – juris, Rn. 24; B. v. 27.9.2016 – 7 B 2379/16 – juris, Rn. 21; SächsOVG, B. v. 11.11.2016 – 2 B 205/16 – juris, u. B. v. 22.11.2016 – 2 B 195/16 – juris.
69 BVerfGE 134, 1 (14); zu BW: BVerwG, U. v. 15.12.2010 – 6 C 8/09 –, juris; VGH BW, WissR 2009, 287.

ausstattung, auf ein weites Angebot an Einrichtungen und Veranstaltungen, dies alles bei möglichst geringem Aufwand an Mühen und Kosten für die Bürger, dh verbunden mit möglichst örtlicher Bürgernähe und möglichst wirtschaftlichem Einsatz der von allen Bürgern bereitgestellten Steuermittel."[70]

5. Rechtsstaat

Das landesverfassungsrechtlich über Art. 64 I 2 LV gegen Verfassungsänderungen geschützte Rechtsstaatsprinzip der LV entspricht im Grundsatz dem des GG (Art. 28 I 1). Das Rechtsstaatsprinzip hat nicht nur einen den Staat begrenzenden Gehalt, sondern zielt auch auf die Gewährung von Schutz. Es ist – wie sich aus **Art. 1 II LV** ergibt – **anthropozentrisch**,[71] also dazu bestimmt, dem mit Würde ausgestatteten Menschen zu dienen. Die Geltung von Grundrechten wird im Wesentlichen durch einen dynamischen Verweis[72] auf die Grundrechte des GG sichergestellt (→ Art. 2 Rn. 16 ff.). Ein neben der Menschenwürde und den Grundrechten wichtiger Pfeiler des Rechtsstaatsprinzips ist in **Art. 25 I 2 u. III LV** niedergelegt, der Grundsatz der **Gewaltenteilung**.[73] Eng verbunden mit der Gewaltenteilung sind die Grundsätze **der Verfassungsbindung** aller Gewalten sowie der **Gesetzesbindung** von Exekutive und Rechtsprechung.[74] Sie werden in **Art. 25 II LV** explizit normiert (→ Art. 25 Rn. 29 ff.).

23

Aus dem Rechtsstaatsgebot folgt, dass **Rechtsnormen** zur **Geltungserlangung bekannt zu machen** sind. Eine Norm kann keine Geltung erlangen, wenn sie der Öffentlichkeit nicht in einer Weise zugänglich gemacht wurde, dass die Betroffenen sich verlässlich von ihrem Inhalt Kenntnis verschaffen können.[75] Für Gesetze und Rechtverordnungen folgt dies bereits aus Art. 63 I 1 bzw. II LV. Für Satzungen ist insoweit auf das Rechtsstaatsprinzip zurückzugreifen.[76] Verwaltungsvorschriften bedürfen als bloßes Innenrecht grds. keiner öffentlichen Bekanntmachung.[77] Gleichwohl kann die Verwaltung nach ihrem Ermessen eine Veröffentlichung vorschreiben. Erlangt eine Verwaltungsvorschrift Wirkung im Außenverhältnis oder hat sie Vertrauensschutz begründet, können dagegen ihr Erlass und ihre Änderung aus rechtsstaatlichen Gründen einer Veröffentlichung bedürfen.[78]

24

Nur **in Ausnahmefällen** lassen sich für das Gesetzgebungsverfahren aus dem Rechtsstaatsprinzip über die Bekanntmachungspflicht hinausgehende prozedurale Anforderungen ableiten. Denn grds. folgt das Gesetzgebungs-

25

---

70 StGH, ESVGH 25, 1 (7).
71 Auch *Braun*, Art. 23 Rn. 23.
72 StGH, U. v. 17.6.2014 – 1 VB 15/13 – juris, Rn. 300.
73 *Schmidt-Aßmann* in: HStR, § 26 Rn. 4.
74 StGH, B. v. 6.8.2014 – 1 VB 37/14 – juris, Rn. 9; StGH, B. v. 17.7.2014 – 1 VB 128/13 – juris, Rn. 36. Auch Abgeordnete unterliegen (außerhalb ihrer Gesetzgebungstätigkeit) der Gesetzesbindung, vgl. StGH, ESVGH 38, 81 (dazu näher Art.→ 32 Rn. 45).
75 BVerfGE 65, 283 (291).
76 *Schmidt-Aßmann* in: HStR, § 26 Rn. 78.
77 BVerwGE, 104, 220.
78 Zur Außenwirkung: *Schmidt-Aßmann* in: HStR, § 26 Rn. 78 u. *Braun*, Art. 64 Rn. 36; zur Änderung einer bekanntgemachten VwV: BVerwGE, 104, 220; VGH BW, U. v. 22.5.2013 – 9 S 889/11 – juris, Rn. 47.

verfahren allein Art. 59 ff. LV, die für eine hinreichende Transparenz sorgen. Die LV schreibt nicht vor, was, wie und wann genau im Gesetzgebungsverfahren zu ermitteln, zu begründen und zu berechnen ist. Sie lässt Raum für Verhandlungen und den politischen Kompromiss.[79] Gewährt jedoch die Verfassung unmittelbare Leistungsansprüche, die der Höhe nach unbestimmt sind und der Konkretisierung durch den Gesetzgeber bedürfen, sind – nicht nur soweit es um die amtsangemessene Beamtenbesoldung geht[80] – **prozedurale verfassungsrechtliche Vorgaben** (Begründungs-, Überprüfungs- und Beobachtungspflichten) zu beachten, um die gesetzgeberische Entscheidung für den VerfGH justiziabel zu machen und den Anspruchsberechtigten die Möglichkeit eines effektiven Grundrechtsschutzes zu eröffnen.[81] Die prozeduralen Anforderungen **an den Gesetzgeber** kompensieren die Schwierigkeit, die verfassungsrechtlich gebotene Höhe des Anspruchs anhand materieller Kriterien zu bestimmen. Werden einzelfallbezogene Maßnahmen durch ein Gesetz getroffen, muss der Gesetzgeber den Sachverhalt hinreichend aufklären.[82] Nach Art. 74 II 3 LV sind vor Gemeindegebietsänderungen die Bevölkerung sowie wegen der Selbstverwaltungsgarantie, des Gemeinwohlerfordernisses und des Rechtsstaatsprinzip darüber hinaus die betroffenen Gebietskörperschaften anzuhören.[83] Ob auch Hochschulen bei ihrer Auflösung oder Fusion durch Gesetz anzuhören sind, ist umstritten, wird aber überwiegend abgelehnt.[84] Auch hinsichtlich der Festsetzung der Höhe der Abgeordnetenentschädigung nach Art. 40 LV gilt ein Transparenzgebot, das aber v.a. der demokratischen Kontrolle durch die Öffentlichkeit dient.[85]

26 Die Verlässlichkeit der Rechtsordnung ist eine weitere aus dem Rechtsstaatsprinzip abgeleitete Grundbedingung freiheitlicher Verfassungen.[86] Der damit angesprochene Grundsatz der **Rechtssicherheit** steht in gewissem Spannungsverhältnis zu der im Rechtsstaatsprinzip verankerten Idee der materiellen Gerechtigkeit.[87] Jedoch sind das aus dem Grundsatz der

---

79 VGH BW, U. v. 11.4.2013 – 9 S 233/12 – juris, Rn. 77 u. 79; BVerfGE 132, 134 (162 f.); 137 34 /73 f.); 139, 148 (180); 143, 246 (343 f.).
80 Auch zum kommunalen Finanzausgleich nach Art. 71, 73 LV: StGH, U. v. 10.5.1999 – 2/97 – juris, Rn. 90 ff.
81 StGH, U. v. 8.6.2015 – 1 VB 130/13 – juris, Rn. 124 f.; U. v. 10.5.1999 – 2/97 – juris, Rn. 90 ff. So auch zum Anspruch eines Beamten aus Art. 33 V GG auf amtsangemessene Alimentation der Zweite Senat: BVerfGE 130, 263; 139, 64 (126 f.); 140, 240 (296); weniger streng mittlerweile der Erste Senat zu Leistungen nach SGB II und XII: BVerfGE 137, 34 (73 ff.) sowie zu Leistungen an Asylbewerber: BVerfGE 132, 134, tendenziell abweichend zu BVerfGE 125, 175 (225 f.); wie hier: SächsVerfGH, U. v. 15.11.2013 – Vf. 25-II-12 – juris, Rn. 132 ff.; aA: BbgVerfG, U. v. 12.12.2014 – 31/12 – juris, Rn. 155 f. Zum Ganzen: *Gartz*, Begründungspflicht des Gesetzgebers, 2015.
82 BVerfGE 95, 1 (22 f.) zur Vorbereitung der Abwägung bei Planungen durch Gesetz; *Hebeler*, DÖV 2010, 754 (759).
83 StGH, ESVGH 23, 1 18 ff. mwN; ESVGH 25, 1 (25).
84 BVerfGE 139, 148 (177 ff.); BbgVerfG, U. v. 25.5.2016 – 51/15 – juris, Rn. 171 ff.; wohl auch: StGH, NVwZ 1982, 32; ferner *Haug*, NVwZ 1997, 754; aA BerlVerfGH, NVwZ 1997, 790.
85 BVerfGE 40, 296 (327); VerfGH, B. v. 26.9.2017 – 1 GR 27/17 – juris Rn. 39.
86 BVerfGE 97, 67 (78).
87 StGH, B. v. 17.7.2014 – 1 VB 128/13 – juris, Rn. 34 u. 41; *Schmidt-Aßmann* in: HStR, § 26 Rn. 81.

Rechtssicherheit abgeleitete Bestimmtheitsgebot, der Grundsatz des Vertrauensschutzes und das Erfordernis der Widerspruchsfreiheit der Rechtsordnung[88] notwendige Bedingungen der Freiheit. Der **Bestimmtheitsgrundsatz** verlangt die Messbarkeit und Berechenbarkeit staatlichen Handelns. Hieran fehlt es, wenn Regelungen unklar und widersprüchlich bleiben, so dass die Normbetroffenen die Rechtslage nicht erkennen und ihr Verhalten nicht danach einrichten können.[89] Das Gebot der Normenklarheit verlangt gerade bei Eingriffen in das Recht auf informationelle Selbstbestimmung, den Verwendungszweck der betroffenen Informationen hinreichend präzise zu umgrenzen.[90] Zwischen Datenspeicherung und Verwendungszweck besteht ein unaufhebbarer verfassungsrechtlicher Zusammenhang. Diese materielle Verknüpfung darf auch im Zusammenspiel von Bund und Ländern nicht aufgebrochen werden. Entsprechendes gilt für die Zusammenarbeit der Länder aufgrund staatsvertraglicher Grundlage.[91]

Aus dem Grundsatz der Rechtssicherheit wird, zumeist verstärkt durch die Grundrechte (etwa Art. 2 I LV iVm Art. 14 I GG), der **Grundsatz des Vertrauensschutzes** abgeleitet, der für die Verwaltung (vgl. §§ 48 ff. LVwVfG) wie den Gesetzgeber gilt. Für den Gesetzgeber ergeben sich hieraus insb. bei der echten oder unechten Rückwirkung von Normen Grenzen.[92] Diese wurden vom StGH in einem Fall, in dem es um die Wahl eines Stichtags für Übergangsfristen einer Neuregelung des Spielhallenrechts ging, für die LV eigenständig akzentuiert. Für die Frage des Vertrauensschutzes ist es danach von entscheidender Bedeutung, wann ein Regelungsentwurf, mit dessen Inkrafttreten ernsthaft gerechnet werden muss, von amtlicher Seite erstmals hinreichend konkret öffentlich bekannt gemacht wurde. Bei Staatsverträgen ist dies jedenfalls nach Veröffentlichung eines Entwurfs in einer Landtagsdrucksache gegeben.[93] 27

Aus dem Rechtsstaatsprinzip wird, insb. im Anwendungsbereich von Grundrechten, aber auch etwa bei Beeinträchtigungen der kommunalen Selbstverwaltungsgarantie,[94] der **Verhältnismäßigkeitsgrundsatz** abgeleitet. Er wurzelt in der Idee der materiellen Einzelfallgerechtigkeit und kommt bei Eingriffen als Übermaßverbot[95] und zur Steuerung staatlicher Schutzpflichten als Untermaßverbot zur Geltung.[96] Aus dem Verhältnismäßigkeitsprinzip wird auch das gebührenrechtliche Äquivalenzprinzip abgeleitet, das besagt, dass zwischen der Leistung einer Verwaltung und dem da- 28

---

88 Dazu: StGH, U. v. 17.6.2014 – 1 VB 15/13 – juris, Rn. 320 mwN.
89 StGH, U. v. 17.6.2014 – 1 VB 15/13 – juris, Rn. 404.
90 StGH, U. v. 17.6.2014 – 1 VB 15/13 – juris, Rn. 410, zum Zugriff auf eine Spielersperrdatei der Bundesländer; 120, 378 (407 f.) zur automatischen Kennzeichenerfassung.
91 StGH, U. v. 17.6.2014 – 1 VB 15/13 – juris, Rn. 410; BVerfGE 125, 260.
92 StGH, U. v. 17.6.2014 – 1 VB 15/13 – juris, Rn. 436 ff.
93 U. v. 17.6.2014 – 1 VB 15/13 – juris, Rn. 461 ff.; weniger streng: BVerfG, U. v. 7.3.2017 – 1 BvR 1314/12 u.a. – juris, Rn. 189 ff.
94 So StGH, ESVGH 25, 1 (18 ff.); ESVGH 26, 1 (12 ff.); BVerfG, U. v. 21.11.2017 – 2 BvR 2177/16 – juris, Rn. 80.
95 StGH, U. v. 17.6.2014 – 1 VB 15/13 – juris, Rn. 321.
96 Dazu: *Sommermann in:* v. Mangoldt/Klein/Starck, Art. 20 Abs. 308 ff.; *Schmidt-Aßmann* in: HStR, § 26 Rn. 87 ff.

für in Anspruch genommenen Entgelt kein grobes Missverhältnis bestehen darf.[97]

29 Ein wesentliches Element der Rechtsstaatlichkeit ist die **Pflicht zu staatlicher Justizgewährung**.[98] Zu nennen ist hier die ausdrückliche normierte Rechtsschutzgarantie gegenüber der öffentlichen Gewalt in **Art. 67 I LV**.[99] Da diese Garantie – entsprechend Art. 19 IV GG – auf ein Handeln des Staates beschränkt ist, bei dem er funktional exekutiv und in Erfüllung öffentlicher Aufgaben tätig wird (→ Art. 67 Rn. 26 f.), bedarf es für die übrigen Streitfälle des **allgemeinen, im Rechtsstaatsprinzip verankerten Justizgewährungsanspruchs**.[100] Dies gilt insb. für den weiten Bereich des Zivilrechts. Der allgemeine Justizgewährungsanspruch bildet hier die Kehrseite für das staatliche Gewaltmonopol und das Selbsthilfeverbot. In Verbindung mit den Grundrechten wird aus der objektiven Justizgewährleistungspflicht ein mit der Verfassungsbeschwerde durchsetzbarer subjektiv-rechtlicher Anspruch.[101] Die grundgesetzliche Garantie des Rechtsschutzes umfasst den Zugang zu den Gerichten, die Prüfung des Streitbegehrens in einem förmlichen Verfahren sowie die verbindliche gerichtliche Entscheidung. Im rechtsstaatlichen Kerngehalt unterscheiden sich der allgemeine Justizgewährungsanspruch und die Rechtsweggarantie des Art. 19 IV GG nicht.[102] Der Richter darf ein von der Verfahrensordnung eröffnetes Rechtsmittel nicht durch eine übermäßig strenge Handhabung der Zulässigkeitsanforderungen ineffektiv machen und faktisch leerlaufen lassen.[103] Der Justizgewährungsanspruch gebietet es, bei der Auslegung von Rechtsmittelbegründungen dasjenige als gewollt anzusehen, was nach den Maßstäben der Rechtsordnung vernünftig ist, was also dem recht verstandenen Interesse des Rechtsmittelführers entspricht und am ehesten geeignet ist, seinem Begehren zum Erfolg zu verhelfen. Weitere dem Rechtsstaatsprinzip dienende **Justizstandards** finden sich in **Art. 65 II, 66 LV**, nämlich die Gewährleistung der sachlichen und persönlichen Unabhängigkeit der Richter, oder gelten aufgrund der Verweisung des Art. 2 I LV auf die Justizgrundrechte des Grundgesetzes, insb. auf **Art. 103 I GG**[104] oder **Art. 101 I 2 GG**.[105] Auch das **Willkürverbot** wird nicht nur in Art. 3 I GG, sondern

---

97 StGH, B. v. 17.7.2014 – 1 VB 128/13 – juris, Rn. 33.
98 BVerfGE 107, 395 (401). Ein Recht auf Verfassungsbeschwerde ergibt sich aus dem Rechtsstaatsprinzip nicht: StGH, B. v. 20.9.2000 – GR 6/00 – juris, Rn. 11.
99 StGH, U. v. 23.3.2015 – 1 VB 56/14 – juris; B. v. 17.7.2014 – 1 VB 131/13 u.a – juris, Rn. 28 ff.
100 Dazu: StGH, U. v. 23.3.2015 – 1 VB 1/15 – juris; U. v. 3.11.2014 – 1 VB 8/14 – juris; B. v. 10.6.2014 – 1 VB 19/14.
101 BVerfGE 117, 71 (122); *Uhle* in: HGR, § 129 Rn. 26 ff.
102 BVerfGE 107, 395 (401); 117, 71 (122).
103 StGH, U. v. 23.3.2015 – 1 VB 1/15 –, juris; VBlBW 2015, 150: Im arbeitsgerichtlichen Berufungsverfahren entfalten diese Grundsätze ein besonderes Gewicht, weil der Vorsitzende die Entscheidung über die Zurückweisung der Berufung gem. § 66 II 2 ArbGG allein treffen kann und dieser Beschluss nur dann nach § 77 ArbGG mit der Rechtsbeschwerde angegriffen werden kann, wenn sie ausnahmsweise ausdrücklich zugelassen wurde.
104 StGH, U. v. 23.3.2015 – 1 VB 2/15 – juris, Rn. 22; U. v. 2.2.15 – 1 VB 45/14 – juris; B. v. 4.9.2013 – 1 VB 81/13 – juris.
105 StGH, B. v. 17.7.2014 – 1 VB 131 u.a/13 – juris, Rn. 57 ff.

auch im Rechtsstaatsgebot verankert.[106] Aus dem Rechtsstaatsprinzip ergibt sich in Verbindung mit dem allgemeinen Gleichheitssatz (Art. 2 I LV iVm Art. 3 I GG) weiterhin ein Anspruch auf Rechtsschutzgleichheit. Unbemittelten muss ein weitgehend gleicher Zugang zu Gericht ermöglicht werden. Damit besteht im Grundsatz ein verfassungsrechtlicher Anspruch auf **Prozesskostenhilfe**.[107] Zu den wesentlichen Grundsätzen eines rechtsstaatlichen Verfahrens zählt ferner das **Recht auf ein faires Verfahren**.[108]

Auch für das **Verwaltungsverfahren** und die **Verwaltungsorganisation** ergeben sich aus dem Rechtsstaatsprinzip **Anforderungen**.[109] Zu nennen ist hier das **Recht auf ein faires Verfahren**, aus dem für Verwaltungsverfahren ein Anspruch auf **Gewährung von Gehör** (§ 28 LVwVfG) abgeleitet wird.[110] Des Weiteren gebietet das Rechtsstaatsprinzip in Verbindung mit dem Sozialstaatsprinzip und dem allgemeinen Gleichheitssatz (Art. 2 I LV iVm Art. 3 I GG) für den außergerichtlichen Bereich, dass der Staat Vorkehrungen trifft, damit der Rechtsuchende mit der Wahrnehmung und Durchsetzung seiner Rechte nicht von vornherein an mangelnden Einkünften oder ungenügendem Vermögen scheitert (**Rechtswahrnehmungsgleichheit**, Beratungshilfe).[111] 30

Schließlich folgen auch das Erfordernis der **Amtsermittlung** und der **Bekanntgabe von Entscheidungen** sowie ihre **Bestandskraft** aus dem Rechtsstaatsprinzip.[112] Die Verwaltung ist so zu organisieren, dass Zuständigkeiten und Verantwortung klar zugeordnet werden können (**Verantwortungsklarheit**).[113] 31

II. Gliedstaatlichkeit (Abs. 2)

1. Bedeutung der Norm

Die **Fundamentalnorm** der LV **zur bundesstaatlichen Einbindung** des Landes findet sich in Abs. 2. Sie korrespondiert mit dem Prinzip der Bundesstaatlichkeit des Art. 20 I GG und erkennt für das Land das rechtliche System des GG als verbindlichen bundesstaatlichen Rahmen an.[114] Die Gliedstaatenklausel ist zur Vermeidung von Kollisionen, die zur Rechtsfolge des 32

---

106 StGH, U. v. 21.10.2002 – GR 11/02 – juris, Rn. 91; BVerfGE 21, 362 (372); 76, 130 (139); 89, 132 (141).
107 Im Einzelnen: BVerfGE 81, 347 (356 ff.).
108 BVerfGE 130, 1 (25 f.): Das Recht auf ein faires Verfahren greift nur, wenn keine speziellere Gewährleistung existiert, und umfasst nur das rechtsstaatliche Minimum. Ferner: BVerfGE 26,66 (71); 30, 1 (27); 38, 105 (111); 140, 317 (363 f.). Ebenfalls: Art. 6 EMRK und Art. 47 II EU-GRCh.
109 *Schmidt-Aßmann* in: HStR, § 26 Rn. 75 ff.
110 BVerfGE 101, 397 – auch vor dem Rechtspfleger.
111 BVerfGE 122, 39 (48 ff.); BVerfGK 15, 438; NJW 2015, 2322.
112 *Schmidt-Aßmann* in: HStR, § 26 Rn. 76.
113 BVerfGE 119, 331 (378 f.); *Schmidt-Aßmann* in: HStR, § 26 Rn. 79. Speziell zum föderalen Zusammenwirken der Länder: BayVerfGH, E. v. 25.9.2015 – Vf 9-VII-13 – juris, Rn. 144 u. 209 ff. Auf Gremien, für deren „landesrechtsfreies" Tätigwerden kein einzelnes Bundesland rechtlich einzustehen hat, dürfen auch keine Rechtsetzungsbefugnisse übertragen werden.
114 Zur Differenzierung zwischen Prinzip und System: *Jestaedt* in: HStR, § 29 Rn. 15. Inzwischen ist geklärt, dass das GG von einem zweigliedrigen Bundesstaatsbegriff ausgeht, dh es gibt neben den Länder als „Gliedstaaten" und dem Bund als „Oberstaat" keine dritte Ebene, die den Bund und die Länder als Glieder eines

Art. 31 GG führen, auch so zu verstehen, dass die LV keine Anwendung findet, wenn Bundesrecht – gerade auch einfaches Bundesrecht – entgegenstehende Rechtsbefehle enthält.[115]

33 Die Eingliederung des Landes in den Bund wird durch den Vorspruch bekräftigt. Dort findet sich seit dem 17. LVÄndG v. 15.2.1995 (GBl. 269) auch ein Bekenntnis zum „**vereinten Europa**" und zur grenzüberschreitenden Zusammenarbeit. Damit sowie mit dem damals ebenfalls eingefügten und im 20. LVÄndG v. 7.2.2011 (GBl. 46) in seiner Wirkung erweiterten Art. 34 a LV nimmt die LV Bezug auf den durch die EU bewirkten Staatenverbund[116] der Mitgliedstaaten und schafft die Voraussetzungen, damit das Land als unionsrechtlich anerkannter Teil der deutschen nationalen Identität (Art. 4 II 1 EUV) im Bereich der durch das GG zugewiesenen Kompetenzen insbesondere durch den Landtag die demokratisch legitimierte Integrationsverantwortung ausüben kann.[117]

34 Aus der Gliedstaatlichkeit des Landes kann nicht abgeleitet werden, dass die Verfassung des Bundes pauschal in die LV hineinzulesen ist. Dies widerspräche der Eigenständigkeit der jeweiligen Verfassungsräume.[118] Zudem wäre sonst die besondere Transformationsnorm des Art. 2 I LV für die Grundrechte überflüssig. Auch die **Kompetenzordnung des Bundes (Art. 70 ff. GG)** ist **kein Bestandteil der LV.** Art. 70 ff. GG gelten für das Land und sind – wie von Art. 25 II LV bestätigt – von seinen Organen zu beachten, ohne dass es einer Transformation in die LV bedarf. Sie verbleiben allein Bundesrecht und damit nach Art. 68 LV grds. kein Entscheidungsmaßstab für den VerfGH, anhand dessen er einen Hoheitsakt des Landes verwerfen dürfte.[119] Für die Zulassung eines Volksbegehrens oder eines Volksantrags legen dagegen §§ 29 u. 44 VAbstG ausdrücklich fest, dass die Gesetzesvorlage bzw. der Gegenstand des Volksantrags der LV und dem GG nicht widersprechen dürfen.[120] Wegen dieser gesetzlichen Erweite-

---

„Gesamtstaates" erfassen würde, vgl. BVerfGE 13, 54 (77 ff.); zT noch anders BVerfGE 6, 309 (364).
115 *Wermeckes*, DÖV 2012, 110 ff.; s. auch → Art. 68 Rn. 18.
116 BVerfGE 123, 267 (348); *Pernice*, JöR 48 (1999), 205: „Europäischer Verfassungsverbund".
117 So auch die „Stuttgarter Erklärung", LT-Drs. 14/6554.
118 BVerfGE 99, 1 (7); 103, 332 (347, 350); *Möstl*, AöR 130 (2005), 350 (376 f.). In der Tendenz daher zu weitgehend: BerlVerfGH, NJW 1993, 515 f.
119 Ebenso: BVerfGE 103, 332 (349-358); HessStGH, NVwZ-RR 2004, 713 (720 f.); BremStGH, U. v. 12.4.2013 – St 1/12 – juris, Rn. 58 f.; *Seiler* in: Epping/Hillgruber, Art. 70 Rn. 9; *E. Klein* in: Benda/Klein, Rn. 54; *Dreier* in: ders., Art. 28 Rn. 44; *Rozek* in: v. Mangoldt/Klein/Starck, Art. 70 Abs. 1 Rn. 1; *Nierhaus in:* Sachs, GG, Art. 28 Rn. 6; aA: VerfGH NRW, NVwZ 1993, 57; SächsVerfGH, NVwZ-RR 2012, 873 (874); BerlVerfGH, NVwZ-RR 2014, 577 f.; NVwZ-RR 2014, 825 f.; VerfGH Rh-Pf, NVwZ 2015, 64 (67 f.); *Krappel*, VBlBW 2015, 137 (142 f.). Die Frage des Bestehens einer Verwerfungsbefugnis wurde vom VerfGH bislang offen gelassen, wobei er – wie von Art. 100 I u. III GG vorausgesetzt – zu Recht – von einer, von der Verwerfungsbefugnis zu unterscheidenden Prüfungsbefugnis ausgegangen ist: StGH, U. v. 17.6.2014 – 1 VB 15/13 – juris, Rn. 308; ebenfalls noch offen: SaarlVerfGH, LVerfGE 5, 243 (250 f.) u. LVerfG M-V, LVerfGE 10, 337 (344 f.); unklar: NdsStGH, DVBl. 2005, 1515 f.; für eine Verortung im landesverfassungsrechtlichen Rechtsstaatsprinzip, allerdings ohne Absenkung der Kontrolldichte: BbgVerfG, DVBl. 2003, 938.
120 StGH, ESVGH 36, 161.

rung des Entscheidungsmaßstabs kann der VerfGH hier die Beachtung der Kompetenzordnung prüfen.[121] Kommt es im Übrigen für den VerfGH entscheidungserheblich auf die Frage der Verletzung der Art. 70 ff. GG an, kann er das betreffende Landesgesetz nach Art. 100 I GG dem BVerfG vorlegen, und zwar sowohl dann, wenn das Gesetz selbst Gegenstand des Verfahrens vor dem VerfGH ist, als auch wenn es nur auf der „Vorfrageebene" relevant ist.[122] Lediglich bei **offenkundigen und schwerwiegenden Verletzungen von Bundesrecht** – wozu auch Normen des GG und die EMRK zählen – oder auch **des Unionsrechts** kommt zugleich eine Verletzung des landesverfassungsrechtlichen Rechtsstaatsprinzips – hier des Grundsatzes der Verfassungs- und Gesetzesbindung (Art. 25 II LV) – sowie des in Art. 2 I LV iVm Art. 3 I GG niedergelegten Willkürverbots in Betracht.[123] Würde der in Art. 25 II LV erteilte Bindungsbefehl an die verfassungsmäßige Ordnung in Bund und Land sowie an Gesetz und Recht bei jeder Verletzung des GG bzw. von einfachem Bundesrecht zu einer Verletzung von Art. 25 II führen, würde dies den Rechtsschutzauftrag eines Landesverfassungsgerichts überschreiten.[124]

2. Zur Staatlichkeit des Landes

Das Land ist ein „Staat nach Maßgabe des GG",[125] dh ein **Staat im staatsrechtlichen Sinne**.[126] Auf die völkerrechtliche Definition des Staates oder diejenige der allgemeinen Staatslehre und dort enthaltene „Souveränitätsbegriffe" kommt es insoweit nicht an.[127] So hat das BVerfG in seiner Entscheidung vom 23.10.1951 zur Gründung des Landes BW festgestellt, dass die Länder nach dem GG mit eigener – wenn auch gegenständlich beschränkter – nicht vom Bund abgeleiteter, sondern von ihm anerkannter staatlicher Hoheitsmacht ausgestattet sind.[128] Wie die Geschichte des Lan-

35

---

121 StGH, VBlBW 1986, 335; BerlVerfGH, BeckRS 2013, 50675; ähnlich im Fall BVerfGE 60, 175 (204 f.); zu den kompetenzrechtlichen Grenzen von Volksabstimmungen: BVerfGE 8, 104 (116 ff.).
122 BVerfGE, 69, 112 (117 f.); 36, 342 (356); ThürVerfGH, NVwZ-RR 1999, 282 (284). Entscheidungsmaßstab für den Tenor einer VerfGH-Entscheidung bleibt auch dann die LV. Kaum vertretbar: BremStGH, U. v. 12.4.2013 – St 1/12 – juris, Rn. 74: keine Vorlage nach Art. 100 I GG, da Entscheidungsmaßstab eines Landesverfassungsgerichts allein die LV sei.
123 Ebenso: VerfGH Rh-Pf, U. v. 11.7.2005 – VGH N 25/04 – juris, Rn. 51; BayVerfGH, NVwZ 2014, 141 mwN; E. v. 16.6.2015 – Vf. 12-VII-14; E. v. 25.9.2015 – Vf. 9-VII-13 u.a. – juris, Rn. 134. Für die Anwendbarkeit des Willkürmaßstabs im vergleichbaren Fall der Bindung der Gerichte an die im Range eines Bundesgesetzes geltende EMRK: BVerfGE 74, 102 (128); 111, 307 (328 f.). Zur Notwendigkeit der Evidenz beim Willkürverbot: BVerfGE 89, 132 (141 f.). Zweifelnd, ob diese beschränkte Prüfung im Hinblick auf Art. 28 I GG, die Grundrechte des GG und die in die Landesverfassungen hineinwirkenden Elemente des GG zu eng ist: BVerfG, NVwZ-RR 2016, 521 (523); allerdings differenziert hier das BVerfG nicht hinreichend zwischen der Prüf- und Vorlagepflicht nach Art. 100 GG einer- und dem Verwerfungsrecht des VerfGH andererseits (→ Art. 68 Rn. 17 ff.); krit. auch: *Igloffstein*, BayVBl. 2017, 669.
124 Ebenso: BayVerfGH, NVwZ 2014, 141 mwN, st. Rspr.
125 *Isensee* in: HStR, 126 Rn. 65.
126 BVerfGE 36, 342 (360); *Sommermann in:* v. Mangoldt/Klein/Starck, Art. 20 Abs. 1 Rn. 26.
127 *Isensee* in: HStR, § 126 Rn. 69.
128 BVerfGE 1, 14 (34).

des (vgl. Art. 118 GG) und Art. 29 GG zeigen, kennt das GG für einzelne Länder keine unbedingte Bestandsgarantie.[129] Gleichwohl ergibt sich aus der Ewigkeitsgarantie des Art. 79 III GG, dass es Länder als Gliedstaaten des Bundes geben muss und dass diese bei der Bundesgesetzgebung grds. mitwirken. Die Länder müssen über einen **Mindestbestand an Kompetenzen**, ein sog. „Hausgut" verfügen.[130] Dazu gehört die Autonomie, sich in den Grenzen des Art. 28 I GG eine eigene Verfassung zu geben (**„Verfassungsautonomie"**).[131] Die Existenz einer Verfassung ist „Ausweis der Staatlichkeit"[132] der Länder, nicht jedoch Bedingung.[133] Zum Kernbereich der Staatlichkeit gehört – in den von Art 28 I GG gezogenen Grenzen – die Bildung der Verfassungsorgane, ihrer Funktionen und ihrer Kompetenzen.[134] Zum Kernbestand gehören ferner die Organisationshoheit, die Ämterhoheit, die Personalhoheit und die Finanzhoheit, dh eine der Aufgabenzuweisung entsprechende Finanzausstattung sowie das Recht einer eigenständigen Haushaltspolitik.[135] Zum organisatorischen Kernbereich gehört auch das Kommunalrecht.[136] Darüber hinaus bedarf es weiterer sachlicher Kompetenzen von hinreichendem Gewicht. Denn der Bestand eines eigenständigen Staates rechtfertigt sich nicht allein durch die Selbstorganisation. Nach der gegenwärtig gültigen Kompetenzordnung des Bundes verfügen die Länder über inhaltliche Verantwortung insb. in den Bereichen Polizei, Kultur, Rundfunk, Schule, Hochschule und Landesplanung.[137] Eine immer wieder für diese Gebiete geforderte Rechtsvereinheitlichung durch den Bund ohne substanziellen Ausgleich würde letztlich die Staatlichkeit der Länder beseitigen.

36 Das **Staatsgebiet** des Landes setzt sich nach § 11 des Zweiten Gesetzes über die Neugliederung in den Ländern Baden, Württemberg-Baden und Württemberg-Hohenzollern v. 4.5.1951 (BGBl. I 284) aus den Gebieten dieser ehemaligen Bundesländer zusammen. Deren Gebiete stimmen im Wesentli-

---

129 Zur Frage der Neugliederung des Landes BW nach Art. 29 GG: BVerfGE 5, 34: Danach schließt eine bereits erfolgte Neugliederung nach Art. 118 GG eine erneute Neugliederung nach Art. 29 GG nicht aus; aA *Feuchte* in: ders., Art. 23 Rn. 4 u. *Feuchte*, Geschichte, 287 ff.
130 BVerfGE 34, 9 (19 ff.); 87, 181 (196); ausf. *Isensee* in: HStR, § 126 Rn. 299 ff. Ohne Verlust der Staatlichkeit können punktuell auch Kompetenzen an ländereinheitlich zuständige Stellen übertragen werden, vgl. BayVerfGH, E. v. 25.9.2015 – Vf. 9-VII-13 – juris, Rn. 159.
131 BVerfGE 34, 9 (20); 36, 342 (361 ff.): „Bundesverfassungsrecht bricht inhaltsgleiches Landesverfassungsrecht grds. nicht".
132 *Isensee* in: HStR, § 126 Rn. 80.
133 So verfügte Schleswig-Holstein bis ins Jahr 1990 lediglich über eine „Landessatzung".
134 BVerfGE 1, 14 (34).
135 Art. 109 I GG; *Isensee* in: HStR, § 126 Rn. 306; BVerfGE 34, 9 (20); 72, 330 (383); 86, 148 (213); 101, 158 (225); 116, 327 (380, 382, 385, 386 f.) mit der Konsequenz, grds. für die Folgen haushaltspolitischer Entscheidungen selbst einzustehen. Lediglich bei „extremen Haushaltsnotlagen" sprechen bundesstaatliche Erwägungen für die Pflicht zu finanzieller Hilfe des Bundes. Zur Vereinbarkeit der „Schuldenbremse" in Art. 109 III GG mit Art. 79 III GG: *Christ*, NVwZ 2009, 1333; *Lenz/Burgbacher*, NJW 2009, 2561 (2565 f.); *Seiler*, JZ 2009, 271.
136 *Isensee* in: HStR, § 126 Rn. 306.
137 Nach Art. 23 VI 1 GG sind die ausschließlichen Gesetzgebungskompetenzen im Bereich schulische Bildung, Kultur und Rundfunk im Rahmen der Mitwirkung der Länder auf EU-Ebene besonders geschützt.

chen mit den im 19. Jahrhundert entstandenen Ländern Baden und Württemberg sowie dem im Jahr 1850 preußisch gewordenen Hohenzollern überein.[138] Maßgeblich für die Bestimmung der heutigen Grenzen können damit auch noch Verträge sein, die das Großherzogtum Baden oder das Königreich Württemberg geschlossen haben. Diese können im Verhältnis zu Frankreich, der Schweiz oder Österreich durch Bundesgesetze nach Art. 32 I GG geändert worden sein bzw. werden.[139] Streitig ist, ob hierfür neben der nach Art. 32 II GG vorgeschriebenen Anhörung des Landes auch dessen Zustimmung erforderlich ist.[140] Die Grenzen zu den benachbarten Bundesländern beruhen entweder noch auf Altverträgen der Vorgängerländer oder auf Staatsverträgen zwischen den betroffenen Ländern nach Art. 29 VII GG, der für kleinere Gebietsänderungen gilt.[141]

Das **Staatsvolk** des Landes, von dem nach Art. 25 I LV die Staatsgewalt des Landes ausgeht und das der Vorspruch als das „Volk von Baden-Württemberg" bezeichnet, ist die Summe der Staatsangehörigen des Landes. Das Land hat seine Staatsangehörigkeit nicht geregelt, obwohl es hierfür die ausschließliche Gesetzgebungskompetenz hätte.[142] Allerdings kann es sich beim Volk des Landes nur um einen Volksteil des Bundesvolkes handeln (Art. 28 I 1 u. Art. 20 II 2 GG).[143] Damit gilt für die Bestimmung des Landesvolkes zunächst ebenfalls Art. 116 GG.[144] Staatsvolk des Landes sind somit die deutschen Staatsangehörigen und Statusdeutschen iSv Art. 116 GG, die im Bereich des Landes leben.[145] Wer im Land mit einer die Zugehörigkeit zum Landesvolk begründenden Intensität lebt, ergibt sich mittelbar aus Art. 26 I u. VII LV in Verbindung mit § 7 I 1 Nr. 2 LWG (→ Art. 26 Rn. 19). Die dortigen Bestimmungen zum erforderlichen Wohnsitz oder gewöhnlichen Aufenthalt legen der Sache nach die Staatsangehörigkeit des Landes fest. Allerdings gehören auch die entsprechend im Land lebenden Minderjährigen zum Landesvolk.[146] Aus der Zugehörigkeit zum

37

---

138 Art. 44 VerfWB, 2 VerfWH, 54 VerfLB; *Feuchte* in: ders., Art. 23 Rn. 3.
139 Siehe zur Vertragslage *Braun*, Art. 23 Rn. 4 ff. u. *Birn* in: Spreng/Birn/Feuchte, Art. 23 Rn. 3 b; Grenzänderungen gehören zur „Auswärtigen Gewalt" des Bundes, *v. Vitzthum* in: HStR, § 18 Rn. 35.
140 Für ein Zustimmungserfordernis des betroffenen Landes unter Verweis auf die Rechtslage nach der WRV: *Isensee* in: HStR, § 126 Rn. 31 f.; ferner: *Feuchte* in: ders., Art. 23 Rn. 3; gegen ein Zustimmungserfordernis, jedoch im Umfang d. Art. 29 VII GG für ein Zustimmungsrecht des Bundesrates: *Rojahn* in: v. Münch/Kunig, Art. 32 Rn. 31; ebenso gegen eine Zustimmungserfordernis des Landes, aber für ein solches des Bundesrates nach den allgemeinen Regeln (Art. 59 II 1 GG): *v. Vitzthum* in: HStR, § 18 Rn. 35.
141 BVerfGE 5, 34; zum Verfahren siehe das Ges. über das Verfahren bei sonstigen Änderungen des Gebietsbestandes der Länder nach Art. 29 VII GG v. 30.7.1979 (BGBl. I 1325); die darin genannte Schwelle der betroffenen Einwohnerzahl von 100.000 ist allerdings mangels Anpassung an Art. 29 VII GG nF (BGBl. 1994 I, 3146) nichtig. Siehe zur Vertragslage für BW: *Braun*, Art. 23 Rn. 4 ff. u. *Birn* in: Spreng/Birn/Feuchte, Art. 23 Nr. 3 b.
142 Nach der Streichung der konkurrierenden Gesetzgebungskompetenz des Bundes hierfür im Jahr 1994 (Art. 74 I Nr. 8 GG a.F.).
143 *Isensee* in: HStR, § 126 Rn. 47; BVerfGE 83, 37 (53).
144 BVerfGE 83, 37 (50-53).
145 BVerfGE 83, 37 (53). In anderen Bundesländern ist dies ausdrücklich geregelt, vgl. Art. 2 1 BerlVerf oder Art. 3 I BbgVerf.
146 Insoweit ungenau, aber im Übrigen ähnlich: *Braun*, Art. 25 Rn. 10; wie hier: *Isensee* in: HStR, § 126 Rn. 52 f.; *Herdegen* in: HStR, § 129 Rn. 11 ff.

deutschen Volk ergeben sich im Übrigen eine Reihe von Rechten, die das Land nicht exklusiv für seinen Volksteil vorbehalten darf. Nach Art. 33 I GG hat jeder Deutsche in jedem Lande die gleichen staatsbürgerlichen Rechte und Pflichten. Dies gilt auch für den Zugang zu Ämtern (Art. 33 II GG). Die Freizügigkeit darf nach Art. 11 I GG nicht allein wegen der Zugehörigkeit zu einem Bundesland behindert werden.[147]

38 Das Land verfügt über eine eigenständige **Staatsgewalt**, die allerdings gegenständlich durch das GG und die dort festgelegten Kompetenzen beschränkt ist (Art. 30, 70 ff., 83 ff. und 92 ff. GG).[148] Die Kompetenz-Kompetenz steht dem Bund zu.[149] Die Ausübung der Hoheitsgewalt des Landes ist **grds. auf** sein **Territorium beschränkt**.[150] Erweiterungen bedürfen einer besonderen gesetzlichen, teilweise staatsvertraglich vereinbarten Anordnung, wie etwa im Falle landesgrenzenüberschreitender Polizeitätigkeit nach §§ 78 PolG oder der staatsvertraglich begründeten Stiftung für Hochschulzulassung.[151] Auf staatsvertraglicher Grundlage können einzelne Länderaufgaben und die zur ihrer Erfüllung notwendigen Hoheitsbefugnisse den Behörden eines anderen Landes oder einer Gemeinschaftseinrichtung übertragen werden.[152] Auch muss ein Land Schul- und Hochschulabschlüsse eines anderen Landes nicht ohne Weiteres für sich als gleichwertig gelten lassen. Sind Abschlüsse jedoch gleichwertig, ergibt sich keine Rechtfertigung, die Grundrechte aus Art. 11 LV u. 12 GG insoweit unangemessen zu beschränken. Im Übrigen kann aus den genannten Grundrechten zumindest ein „Verfassungsappell zur Kooperation" der Länder abgeleitet werden.[153] Soweit die Behörden oder Gerichte des Landes auf *bundesgesetzlicher* Grundlage Entscheidungen treffen, ergibt sich aus dem Bundesgesetz implizit, dass die Entscheidungen nicht nur im Land, sondern „transregional", also bundesweit gelten.[154] Bei der Verleihung des Körperschaftsstatus nach Art. 140 GG iVm Art. 137 V 2 WRV an Religionsgemeinschaften handelt es sich aber um einen landesrechtlichen Akt, bei dem

---

147 Zu sog. „Landeskinderklauseln" beim Hochschulzugang: BVerfGE 33, 303 (351 ff.); 134, 1 (21 ff.).
148 BVerfGE 1, 14 (34); 60, 175 (207).
149 BVerfGE 13, 54 (79).
150 BVerfGE 11, 6 (19); 139, 321 (353); BayVerfGH, E. v. 25.9.2015 – Vf. 9-VII-13 – juris, Rn. 141.
151 Staatsvertrag über die Errichtung einer gemeinsamen Einrichtung für Hochschulzulassung vom 5.6.2008 (GBl. 2009, 663). Bei dieser Einrichtung handelt es sich um eine Stiftung nach dem Recht des Landes NRW, die in bestimmten Fällen in allen Ländern geltende Zulassungsentscheidungen trifft.
152 BayVerfGH, E. v. 25.9.2015 – Vf 9-VII-13 – juris, Rn. 141 ff., zu gemeinsamen Glücksspielaufsichtsbehörden. Das rechtsstaatliche Erfordernis der Zuständigkeits- und Verantwortungsklarheit und der demokratische Legitimationszusammenhang müssen jedoch gewahrt bleiben. Ohne Zurechenbarkeit hoheitlichen Handelns zu einem bestimmten Land dürfen keine Hoheitsrechte auf Gemeinschaftseinrichtungen der Länder übertragen werden.
153 Zu dieser streitigen Thematik vgl. *Isensee*, § 126 Rn. 43 ff. mwN.
154 BVerfGE 11, 6 (19); 139, 321 (353); *Isensee*, § 126 Rn. 35 ff.; zum vergleichbaren unionsrechtlichen Konzept des „transnationalen Verwaltungsaktes": *Hofmann*, Rechtsschutz und Haftung im Europäischen Verwaltungsverbund, 2004, 40 ff.; *Schmidt-Aßmann*, Verwaltungsrechtliche Dogmatik, 2013, 88 ff.

kein Bundesgesetz vollzogen wird.[155] Bei der Durchführung von Landesrecht können ferner aufgrund von Bundesrecht bundesweite **Zeugenpflichten** bestehen, wenn der Landesgesetzgeber im Rahmen seiner Kompetenz tätig geworden ist, das von ihm geschaffene Gesetz auch sonst dem GG entspricht und insb. – was die Festlegung von Untersuchungs- und Beweiserhebungsbefugnissen sowie die Begründung von Zeugenpflichten anlangt – den Maßstäben der Erforderlichkeit und Geeignetheit genügt. Solche bundesweiten Zeugenpflichten bestehen auch **gegenüber** einem **Untersuchungsausschuss des Landtags**.[156]

Die verfassungsrechtliche **Möglichkeit zum Abschluss völkerrechtlicher Verträge** der Länder richtet sich nach Art. 32 III GG. Sie unterliegt der Zustimmung der Bundesregierung und ist auf die Bereiche beschränkt, in denen die Länder innerstaatlich Recht setzen dürfen. Streitig ist, ob der Bund in Bereichen der ausschließlichen Gesetzgebungskompetenz der Länder Verträge schließen darf.[157] In der Staatspraxis wird dieser Streit durch die „Lindauer-Absprache" gelöst, die frühzeitige Konsultationen vorsieht (dazu näher – mit Volltext – → Art. 50, Rn. 19 ff.). Für den Bereich der EU-Rechtsetzung gilt Art. 23 V u. VI GG. Als Staaten im staatsrechtlichen Sinne können die Länder **Staatsverträge mit anderen Bundesländern oder mit dem Bund** schließen.[158] Diese Rechtsverhältnisse fallen nicht unter Art. 32 III GG, werden aber nach dem GG ausschließlich durch das Bundesverfassungsrecht bestimmt. Gleichwohl kann das Zustimmungsgesetz des Landes zu einem Staatsvertrag die LV verletzen. Dies kann der VerfGH feststellen. Bei einem Verstoß muss sich das Land bemühen, die vertragsrechtliche Bindung zu beenden.[159]

39

Artikel 24 [Farben und Wappen]

(1) Die Landesfarben sind Schwarz-Gold.

(2) Das Landeswappen wird durch Gesetz bestimmt.

Schrifttum:

Gutachten des *Badischen Generallandesarchivs Karlsruhe*, des *Staatsarchivs Sigmaringen* und der *Württembergischen Archivdirektion* sowie deren Bericht über die drei Gutachten, alle dem VA der VLV vorgelegt in: Feuchte, Quellen, 5. Teil, 377 ff.; *Farny*, Die Wappenteppiche im Haus des Landes Baden-Württemberg in Bonn, 1956; *Lippold*, Die Staatssymbole – ihre rechtliche Begründung und ihr strafrechtlicher Schutz, KritV 1992, 38.

---

155 BVerfGE 139, 321 (353 ff.): Daher kommt auch einer sog. „Zweitverleihung" konstitutive Wirkung zu.
156 BVerwGE 79, 339.
157 Dazu: *Rojahn* in: v. Münch/Kunig, Art. 32 Rn. 41 ff.; *Streinz* in: Sachs, GG, Art. 32 Rn. 31 ff.
158 BayVerfGH, E. v. 25.9.2015 – Vf. 9-VII-13 u.a. – juris, Rn. 124.
159 BVerfGE 34, 216 (231); StGH, U. v. 17.6.2014 – 1 VB 15/13 – juris, Rn. 179 ff.; BayVerfGH, E. v. 25.9.2015 – Vf. 9-VII-13 u.a. – juris, Rn. 109 ff.

Vergleichbare Regelungen: Art. 22 II GG, 1 II u. III BayVerf, 5 BerlVerf, 4 BbgVerf, 68 BremVerf, 5 HambVerf, 66 HessVerf, 1 III MVVerf, 1 III NdsVerf, 1 II NRWVerf, 74 III RPVerf, 62 SaarlVerf, 2 SächsVerf, 1 II LSAVerf u. 44 II ThürVerf.

Ergänzende Normen: Landeshoheitszeichengesetz; Auszeichnungsgesetz; Bekanntmachung des Ministerpräsidenten über die Stiftung des Verdienstordens des Landes BW vom 26.6.2009 (GBl. 269); § 90a StGB; § 124 OWiG.

A. Überblick und Einordnung	1	B. Erläuterung	8
I. Bedeutung	1	I. Landesfarben (Abs. 1)	8
II. Herkunft, Entstehung, Geschichte	2	II. Landeswappen (Abs. 2)	10
III. Verfassungsvergleichende Einordnung	4	III. Weiterer Schutz der Staatssymbole	14

A. Überblick und Einordnung

I. Bedeutung

1 Landesfarben und Landeswappen sind **Symbole für die Einheit des** 1953 gem. Art. 118 GG gegründeten **Landes**. Indem sie Traditionen der früheren Landesteile und der Geschichte der Region aufnehmen, kommt ihnen **Integrationsfunktion** zu.[1] Darüber hinaus dienen die Staatssymbole der Selbstdarstellung des Landes.[2] Sie sollen seine **Staatlichkeit** auch in Abgrenzung zum Bund sichtbar[3] machen und appellieren an die Bürger des Landes, sich mit dessen verfassungsrechtlichen Grundwerten zu identifizieren.[4] Anders als die Bundesfarben „Schwarz-Rot-Gold" (Art. 22 II GG) standen die Landesfarben „Schwarz-Gold" – die Farben der Staufer – von ihrer Tradition her nicht explizit für die Grundwerte der Freiheit, der Demokratie und der Republik sowie der nationalen Einheit.[5] Gleichwohl kann heute – nach über 60 Jahren – angenommen werden, dass sie nun auch für die in Art. 1, 2 und 23 niedergelegten **Grundwerte der LV** stehen, also für einen freiheitlichen, demokratischen und sozialen Rechtsstaat, der die Freiheit und Gleichheit seiner Bürger achtet.[6] Die Verwendung anderer Symbole – gar solcher, die nur von bestimmten Bevölkerungsgruppen verwendet werden[7] – ist dem Land damit grds. untersagt, weil es damit seine der Neutralität und Gleichheit aller Bürger verpflichtete Distanz aufgeben würde.

---

1 Allgemein zur Integrationsfunktion von Staatssymbolen: *Scholz* in: Maunz/Dürig, Art. 22 Rn. 1 mwN; auch der Abg. *Gönnenwein* (FDP/DVP) in der 43. VA-Sitzung am 13.2.1953 in: Feuchte, Quellen, 5. Teil, 548.
2 Vgl. zur Bundesflagge: BVerfGE 81, 278 (293).
3 So der Abg. *Werber* (CDU) in der 8. VA-Sitzung v. 9.7.1952 in: Feuchte, Quellen, 2. Teil, 121.
4 Ebenso zur Bundesflagge: BVerfGE 81, 278 (293).
5 Zur Geschichte und Bedeutung der Bundesfarben: *Scholz* in: Maunz/Dürig, Art. 22 Rn. 11 ff. u. 45; *Wieland* in: Dreier, Art. 22 Rn. 9 ff.; BVerfGE 81, 278 (293 f.).
6 Vgl. zur in der VLV vorhandenen Absicht, den „republikanischen Staatsgedanken" durch die Staatssymbole zu festigen, den VA-Bericht, Beilage 1103 v. 1.9.1953 in: Feuchte, Quellen, 6. Teil, 533 (620).
7 ZB das Hissen der Regenbogenfahne auf dem Finanz- und Wirtschaftsministerium (Neues Schloss, Stuttgart) während einer Veranstaltung vom 26. bis. 29.7.2013.

II. Herkunft, Entstehung, Geschichte

Art. 24 knüpft an die Verfassungen der drei **Vorgängerländer** an. Art. 3 VerfWH legte für das Land Württemberg-Hohenzollern „Schwarz-Rot" als Staatsfarben fest. Das Staatswappen sollte durch Gesetz bestimmt werden. Württemberg-Baden benannte als Staatsfarben „Schwarz-Rot-Gold" (Art. 45 VerfWB); zum Wappen gab es keine Regelung.[8] Die Flagge des Landes Baden bestand aus zwei gelben und einem roten Längsstreifen von gleicher Breite. Das Staatswappen wurde von einem goldenen, mit einem roten rechten Schrägbalken belegten Schild gebildet, der von zwei silbernen Greifen gehalten wurde (Art. 55 VerfLB).

Nach Art. 21 VerfERP sollten die Farben der Flagge auf Schwarz-Rot-Gold festgelegt werden. Ein Vorschlag für ein Landeswappen war in dem Entwurf noch nicht enthalten.[9] Art. 3 VerfECDU sah lediglich vor, dass Landeswappen und -farben durch Gesetz bestimmt werden sollten.[10] Der VA beauftragte die Archive der drei früheren Länder mit der Erstellung von **Gutachten**.[11] Alle drei Gutachten schlugen „Schwarz-Gold" als **Landesfarben** vor, unterschieden sich aber erheblich bei der **Ausgestaltung des Wappens**.[12] Auf der Grundlage dieser Gutachten diskutierte der VA diese Fragen. Weil die Bestimmung des Landesnamens sehr umstritten war und die Frage des Wappens von der diesbezüglichen Entscheidung der VLV abhing, schlug der VA vor, das Wappen in einem Gesetz zu bestimmen. Die Farben sollten nach dem Votum des VA dagegen in der Verfassung auf die **Farben „Schwarz-Gold"** festgelegt werden.[13] Der VA schlug damit eine Norm vor, die abgesehen von einer orthographischen Korrektur der später von der VLV angenommenen Fassung des Art. 24 entsprach.[14]

III. Verfassungsvergleichende Einordnung

Der **Bund** hat in Art. 22 II GG „Schwarz-Rot-Gold" als Bundesflagge bestimmt und damit zugleich auch die Bundesfarben festgelegt. Das Bundeswappen und der Bundesadler sind in einer gesonderten Bekanntmachung vom 20.1.1950 (BGBl. I 26) geregelt.

Wie der Bund und BW haben auch vier weitere **Bundesländer** in ihrer LV nur die Landesfarben festgelegt und die Bestimmung des Wappens dem

---

8 Vgl. zur Gestaltung des Wappens von Württemberg-Baden die Anmerkung von *Feuchte in:* ders., Quellen, 2. Teil, 120 Fn. 26.
9 S. Beilage 40 zu den Beratungen der VLV v. 16.6.1952 in: Feuchte, Quellen, 2. Teil, 1.
10 S. Beilage 118 zu den Beratungen der VLV v. 30.7.1952 in: Feuchte, Quellen, 2. Teil, 52.
11 Feuchte, Quellen 2. Teil, 125 (Auftrag) und 5. Teil, 378 ff. (Gutachten).
12 Zu den Einzelheiten s. Feuchte, Quellen, 5. Teil, 401 ff. (Karlsruhe), 406 ff. (Sigmaringen), 411 ff. (Stuttgart).
13 Vgl. die 43. VA-Sitzung v. 13.2.1953 in: Feuchte, Quellen, 5. Teil, 547-551, die 52. VA-Sitzung v. 29.5.1953, ebd., 6. Teil, 476 u. die 53. VA-Sitzung v. 29.10.1953, ebd., 6. Teil, 248.
14 Vgl. die Beilage 825 v. 6.6.1953 in Feuchte, Quellen, 6. Teil, 515 (519); zum wesentlichen Inhalt der Beratungen: VA-Bericht, Beilage 1103 v. 1.9.1953, ebd., 6. Teil, 533 (618 ff.); zur Annahme in der Zweiten und Dritten Beratung der VLV vgl. das Protokoll von deren 56., 58. u. 61. Sitzung, ebd., 8. Teil, 230, 356 u. 447 ff.

einfachen Gesetz überlassen, nämlich Bayern, Hessen, das Saarland und Sachsen-Anhalt.[15] Andere Länder haben neben den Farben auch das Wappen in ihrer Verfassung geregelt, nämlich Berlin, Brandenburg, Bremen, Hamburg, Niedersachsen, Sachsen und Thüringen.[16] Nordrhein-Westfalen, Rheinland-Pfalz und Schleswig-Holstein haben diese Fragen dagegen ganz dem einfachen Gesetzgeber überantwortet.[17] In Sachsen erlaubt die Verfassung in den sorbischen und schlesischen Landesteilen auch das Führen der Farben und des Wappens der Sorben bzw. Niederschlesiens (Art. 2 IV SächsVerf).

6 Soweit die Landesverfassungen Farben festlegen, haben sie **überwiegend zwei Farben** bestimmt. Niedersachsen und das Saarland führen dagegen als Farben die drei Bundesfarben „Schwarz-Rot-Gold" (Art. 1 III NdsVerf u. 62 SaarlVerf). Auch Rheinland-Pfalz hat einfachrechtlich die Bundesfarben gewählt. In die Flaggen dieser Länder ist das jeweilige Landeswappen integriert. Mecklenburg-Vorpommern hat in der Verfassung sogar vier Landesfarben bestimmt (Art. 1 III). Nordrhein-Westfalen und Schleswig-Holstein haben durch einfaches Gesetz ebenfalls drei Farben gewählt.

7 Einige Landesverfassungen legen – wie seit dem 1.9.2006 nun auch Art. 22 I GG – die **Hauptstadt** fest. Regelungen hierzu finden sich in den Art. 1 III BbgVerf, 1 IV NdsVerf, 2 I SächsVerf, 1 III LSAVerf u. 44 III ThürVerf.

B. Erläuterung

I. Landesfarben (Abs. 1)

8 Wie sich aus der Entstehungsgeschichte des Artikels ergibt, stehen die Farben „Schwarz-Gold" insb. für die **Farben der Staufer**. Zugleich war jeweils eine Farbe hiervon in den Farben der drei Vorgängerländer enthalten. Das Land hat sich bei der Bestimmung an dem heraldischen Grundsatz orientiert, dass eine Trikolore nur von souveränen Staaten geführt wird.[18]

9 Die Farben des Landes bilden die Grundlage für die Landesflagge, die aus einem oberen schwarzen und einem unteren goldfarbenen Querstreifen besteht, wie bei den Landesdienstflaggen (Hißfahne, Hängefahne u. Banner) und der Standarte.[19]

II. Landeswappen (Abs. 2)

10 Das Landeswappen wurde entsprechend dem Verfassungsauftrag in Abs. 2 durch das Gesetz über das Wappen des Landes BW vom 3.5.1954 festgelegt (GBl. 69). **Es zeigt** im goldenen Schild drei schreitende schwarze Löwen mit roten Zungen und wird als großes und kleines Landeswappen geführt. Im großen Landeswappen ruht auf dem Schild eine Krone mit Plaketten der historischen Wappen von Baden, Württemberg, Hohenzollern,

---

15 Art. 1 II u. III BayVerf, 66 HessVerf, 1 III MVVerf, 62 SaarlVerf, 1 II LSAVerf.
16 Art. 5 BerlVerf, 4 BbgVerf, 68 BremVerf, 5 HambVerf, 1 III NdsVerf, 2 SächsVerf u. 44 II ThürVerf.
17 Art. 1 II Verf NRW u. Art. 74 III RPVerf. In der SchlHVerf findet sich gar keine Regelung dazu.
18 So Staatssekretär *Kaufmann* und der Abg. *Müller* (CDU) in der 8. VA-Sitzung v. 9.7.1952 in: Feuchte, Quellen, 2. Teil, 116 u. 120.
19 Vgl. §§ 9 f. des Landeshoheitszeichengesetzes mit Anlage Nr. II.

Pfalz, Franken und Vorderösterreich. Der Schild wird von einem goldenen Hirsch und einem goldenen Greif, die rot bewehrt sind, gehalten. Im kleinen Landeswappen ruht auf dem Schild eine Blattkrone (Volkskrone). Damit entsprechen die Wappen im Wesentlichen den Entwürfen, die im Rahmen der Verfassungsberatungen vom Staatsarchiv Sigmaringen und der Württ. Archivdirektion Stuttgart vorgeschlagen wurden. Entgegen der dortigen Empfehlungen gibt es zwei verschiedene Schilderhalter, den württembergischen Hirschen und den badischen Greif, die sich jedoch – wohl entgegen heraldischer Gepflogenheit – nicht voneinander abwenden, sondern einander anschauen. Die Symbolkraft der Einheit des Landes hat hier heraldische Grundsätze überwunden.

Das Gesetz über das Wappen des Landes BW wurde im G. v. 27.10.2015 (GBl. 865) durch das Landeshoheitszeichengesetz (LHzG) ersetzt.[20] An der Gestaltung des Wappens hat sich jedoch nichts geändert. Anders als bisher finden sich die Regelungen über die **Führung und Verwendung des Landeswappens** und die Gestaltung und Verwendung des Siegels, der Amtsschilder und Dienstflaggen nicht mehr in einer gesonderten Verordnung, sondern ebenfalls im LHzG.   11

Mit dem LHzG wurde der **Katalog derjenigen, die zur Führung des großen Landeswappens berechtigt sind**, erweitert. Wie bisher sind dies der Ministerpräsident, die Landesregierung, die Ministerien, die Vertretungen beim Bund und bei der EU in Brüssel, der VerfGH und die obersten Gerichte des Landes, der Rechnungshof und die Regierungspräsidien sowie nun neu auch der Landtag, die Fraktionen und Abgeordneten, der Landesbeauftragte für den Datenschutz und die von der Landesregierung für bestimmte Aufgabenbereiche beauftragten Personen. Alle übrigen Landesbehörden und Gerichte sowie die Notariate führen das kleine Landeswappen (§ 3 II LHzG).[21]   12

Der Begriff „Führung des Landeswappens" ist vom Begriff „Verwendung des Landeswappens" abzugrenzen. Das Recht zur „Führung" steht den genannten Stellen als originärem Recht zu. Anderen wird durch das Gesetz oder durch Genehmigung das Recht verliehen, das Wappen im Einzelfall oder generell zu verwenden. Grds. bedarf jede Verwendung der Genehmigung des Innenministeriums. § 4 LHzG nennt Voraussetzungen für die Erteilung der Genehmigung. So darf die Verwendung des Landeswappens nicht in einer Weise geschehen, die für dessen Ansehen und Würde abträglich ist, durch die Verwendung darf nicht der Eindruck hoheitlichen Handelns erweckt werden und mit der Verwendung dürfen keine kommerziellen Absichten verfolgt werden. Ausnahmen vom Genehmigungsvorbehalts bestehen hauptsächlich für die Verwendung in der Medienberichterstattung, im Unterricht und nach näherer Festlegung durch die zuständigen Ministerien für Schul- oder Hochschulzeugnisse. Außer in den im Landeshoheitszeichengesetz geregelten Fällen ist die Verwendung des Wappens   13

---

20 Zuletzt geändert durch Art. 1 d. G. v. 29.11.2016 (GBl. 605).
21 Dies gilt auch nach der Auflösung der staatlichen Notariate am 1.1.2018 durch G. v. 29.7. 2010 (GBl. 555). Art. 1 d. G. v. 29.11.2016 (GBl. 605) ließ § 3 II LHzG unberührt.

untersagt. Das Innenministerium stellt die **Einhaltung der Verwendungsbestimmungen** sicher (§ 6 LHzG).

III. Weiterer Schutz der Staatsymbole

14 Die unbefugte Benutzung des Wappens des Bundes oder eines Landes oder des Bundesadlers oder des entsprechenden Teils eines Landeswappens oder einer Dienstflagge des Bundes oder eines Landes ist nach **§ 124 OWiG** mit einem Bußgeld sanktioniert. Darüber hinaus wird nach § 90 a StGB die Verunglimpfung des Staates und seiner Symbole als Vergehen bestraft. Nach dieser Vorschrift sind auch die Farben, die Flagge und das Wappen des Landes gegen eine öffentliche, in einer Versammlung oder durch Verbreiten von Schriften verübte Verunglimpfung geschützt (§ 90 a I Nr. 2 StGB).[22] Bestraft wird auch, wer eine öffentlich gezeigte Flagge des Landes oder ein von einer Behörde öffentlich angebrachtes Hoheitszeichen des Landes entfernt, zerstört, beschädigt, unbrauchbar oder unkenntlich macht oder beschimpfenden Unfug daran verübt (§ 90 a II StGB).

Artikel 25 [Staatsgewalt, Gewaltenteilung]

(1) ¹Die Staatsgewalt geht vom Volke aus. ²Sie wird vom Volke in Wahlen und Abstimmungen und durch besondere Organe der Gesetzgebung, der vollziehenden Gewalt und der Rechtsprechung ausgeübt.

(2) Die Gesetzgebung ist an die verfassungsmäßige Ordnung in Bund und Land, die vollziehende Gewalt und die Rechtsprechung sind an Gesetz und Recht gebunden.

(3) ¹Die Gesetzgebung steht den gesetzgebenden Organen zu. ²Die Rechtsprechung wird durch unabhängige Richter ausgeübt. ³Die Verwaltung liegt in der Hand von Regierung und Selbstverwaltung.

Schrifttum:

Augsberg, Wer ist das Volk? – Die Pluralität demokratischer Entscheidungsverfahren im Bundesstaat als Herausforderung für Verfassungsrecht und Demokratietheorie, ZG 2012, 251; *Bickenbach*, Die Einschätzungsprärogative des Gesetzgebers, 2014; *Brinktrine*, Seniorendemokratie, JöR 61 (2013), 557; *Burkholz*, Teilnahme von Unionsbürgern an kommunalen Bürgerentscheiden? – Zur Zulässigkeit einer Erweiterung landesrechtlicher Partizipationsrechte nach der Änderung des Art. 28 Abs. 1 GG, DÖV 1995, 816; *Christmann*, Die Grenzen direkter Demokratie – Volksentscheide im Spannungsverhältnis von Demokratie und Rechtsstaat, 2013; *Classen*, Demokratische Legitimation im offenen Rechtsstaat, 2009; *Decker*, Zwischen Placebo und Erfolgsmodell. Direkte Demokratie auf der Landesebene, ZParl 2010, 564; *ders.*, Direktwahl der Ministerpräsidenten?, ZParl 2011, 886; *Engelken*, Nochmals – Teilnahme von Unionsbürgern an kommunalen Bürgerentscheiden, DÖV 1996, 737; *ders.*, „In Wahlen und Abstimmungen" – Zur Bedeutung von Art. 20 Abs. 2 Satz 2 GG, DÖV 2013, 301; *v. Erdmann*, Die Verfassung Württembergs von 1919, Entstehung und Entwicklung eines freien Volksstaates, 2013; *Erler/Arndt*, Die Verwaltungsvorschrift Öffentlichkeitsbeteiligung für die Landesverwaltung BW – auf dem Weg zu mehr Bürgerbeteiligung im Planungs-

---

22 Der Meinungsfreiheit ist jedoch bei der Auslegung der Strafnorm Rechnung zu tragen, vgl. BVerfG, NJW 2009, 908 „Schwarz-Rot-Senf": Es ist zwischen einer – wie auch immer verfehlt erscheinenden – Polemik und einer Beschimpfung oder böswilligen Verächtlichmachung zu unterscheiden.

wesen, VBlBW 2014, 81; *Gärditz*, Das Amtsprinzip und seine Sicherung bei Verfassungsorgangen, JöR 64 (2016), 1; *Gard*, Entscheidungen über Aspekte der Flüchtlingshilfe durch das Volk, DÖV 2015, 1038; *Gräbener*, Verfassungsinterdependenzen in der Republik Baden – Inhalt und Bedeutung der badischen Landeskonstitution von 1919 im Verfassungsgefüge des Weimarer Bundesstaates, 2014; *Guckelberger*, Abstimmungsmöglichkeiten von (betroffenen) Bürger/-innen über administrative Planungs- oder Genehmigungsentscheidungen, VerwArch 2015, 1 u. 155; *Haug/Schmid*, Der Ausbau der Bürgerbeteiligung in Baden-Württemberg – eine Zwischenbilanz zur „Politik des Gehörtwerdens", VBlBW 2014, 281; *Hien*, Bürgerbeteiligung im Spannungsfeld der Gewaltenteilung, DVBl. 2014, 495; *Hofmann*, Repräsentative Demokratie und Bürgerbeteiligung in Deutschland und der EU in: Durner u.a. (Hrsg.), FS für Hans-Jürgen Papier, 2013, 83; *Holtmann*, Direkt gewählte Ministerpräsidenten, ZParl 2011, 194; *Holtmann*, Dehnungen der Gewaltenteilung – Politische Grenzüberschreitungen im modernen Staat – Überlegungen aus Sicht der politikwissenschaftlichen Institutionenlehre, JöR 64 (2016), 365; *Huber*, Parlamentarische und plebiszitäre Gesetzgebung im Widerstreit, ZG 2009, 311; *Jung*, "Entspricht der Landtag...dem Volksbegehren" – Probleme eines kupierten direktdemokratischen Verfahrens am Beispiel Brandenburg, ZParl 2013, 315; *Jutzi*, Gendergerechte Demokratie – eine verfassungsrechtliche Repräsentationsanforderung?, LKV 2012, 92; *Kazele*, Arkanbereiche der Exekutive? – Zum Verhältnis der Exekutive zu den anderen Gewalten im demokratischen Rechtsstaat, VerwArch 2010, 469; *Klatt*, Die Zulässigkeit des finanzwirksamen Plebiszits, Der Staat 50 (2011), 3; *Klement*, Das Schwinden der Legalität – Von der Doppelbewegung aus Verrechtlichung und Entrechtlichung, JöR 61 (2013), 115; *Kluth*, Die Integrationsverantwortung der Landesparlamente, LKV 2010, 302; *Kramer*, Die Selbstverwaltung der Dritten Gewalt, NJW 2009, 3079; *Kühling/Wintermeier*, Die Bauleitplanung als Gegenstand plebiszitärer Bürgerbeteiligung, DVBl. 2012, 317; *Lenz*, Volksgesetzgebung als „Minderheitendiktatur"? – Verfassungsrechtliche Vorgaben und rechtspolitische Vorschläge zur Quorengestaltung, ZG 2013, 167; *Leisner*, „Nation" und Verfassungsrecht. Das „integrierte Volk" als demokratischer Souverän in der Migration, Der Staat 55 (2016), 213; *Martini*, Wenn das Volk (mit)entscheidet, 2011; *Minkner*, Die Gerichtsverwaltung in Deutschland und Italien – Demokratie versus technische Legitimation, 2015; *Möllers*, Die drei Gewalten, 2008; *ders.*, Gewaltengliederung, 2005; *Möstl*, Der Streit um Volksbefragungen in Bayern, BayVBl. 2015, 217; *Mosthaf*, Die Präsidialratsverfassung des Landesrichtergesetzes Baden-Württemberg, DRiZ 2012, 88; *Papier*, Zur Selbstverwaltung der Dritten Gewalt, NJW 2002, 2585; *Remmert*, Die Teilnahme von Unionsbürgern an kommunalen Abstimmungen, VBlBW 2017, 415; *Rennert*, Legitimation und Legitimität des Richters, JZ 2015, 529; *Rossi/Lenski*, Treuepflichten im Nebeneinander von plebiszitärer und repräsentativer Demokratie, DVBl. 2008, 416; *Rüthers*, Rechtsdogmatik als Schranke des Richterrechts?, JöR 64 (2016), 309; *Rux*, Direkte Demokratie in Deutschland, 2008; *Sennekamp*, Alle Staatsgewalt geht vom Volke aus! Demokratieprinzip und Selbstverwaltung der Justiz, NVwZ 2010, 213; *Schellenberger*, Zur Zulässigkeit von konsultativen Bürgerbefragungen, VBlBW 2014, 46; *Schnabel/Freund*, Der Kernbereich exekutiver Eigenverantwortung als Schranke der Informationsfreiheit, DÖV 2012, 192; *Scholz*, Parlamentarische Demokratie in der Bewährung, 2012; *Scholz*, Der gesetzgebende Richter, ZG 2013, 105; *Thum*, Zur Einführung von Volksbefragungen in Bayern, BayVBl. 2015, 224; *Trentmann*, Der politische Staatsanwalt?, ZIS 2016, 130; *Tschentscher*, Demokratische Legitimation der Dritten Gewalt, 2006; *Unger*, Sicherung kommunaler Bürgerbegehren – Verwaltungsprozessuale Strategien zur Auflösung des Spannungsverhältnisses zwischen repräsentativer und plebiszitärer Demokratie auf kommunaler Ebene, AöR 139 (2014), 80; VVDStRL 72 (2013), Repräsentative Demokratie in der Krise? – Diverse Beiträge; *Voßkuhle/Sydow*, Die demokratische Legitimation des Richters, JZ 2002, 673; *Voßkuhle,* Die Rolle der Landesparlamente im europäischen Integrationsprozess in: Durner u.a. (Hrsg.), Festschrift für Hans-Jürgen Papier, 2013, 195.

Vergleichbare Regelungen: Art. 20 II u. III GG, 2, 4, 5 u. 7 II BayVerf, 2 u. 3 BerlVerf, 2 IV BbgVerf, 66 f. BremVerf, 3 II 1 HambVerf, 70 f. HessVerf, 3 I u. II u. 4 MVVerf, 2

Artikel 25 [Staatsgewalt, Gewaltenteilung]

NdsVerf, 2 u. 3 NRWVerf, 74 II, 75 u. 77 RPVerf, 61 Saarlverf, 3 SächsVerf, 2 II-IV LSAVerf, 2 SchlHVerf u. 45 u. 47 ThürVerf.

Leitentscheidungen: StGH, ESVGH 20, 194 (Gewaltenteilung, Inkompatibilität); ESVGH 22, 1 (Funktion der Landtagswahl in der repräsentativen Demokratie); ESVGH 23, 135 (politische Staatssekretäre, Gewaltenteilung); ESVGH 25, 1 (Selbstverwaltung als Element vertikaler Gewaltenteilung); ESVGH 26, 129 (kommunales Demokratiegebot); ESVGH 31, 81 (Öffentlichkeitsarbeit der Regierung in Vorwahlzeit); ESVGH 36, 161 (Gewaltenteilung, Kernbereich der vollziehenden Gewalt); ESVGH 38, 81 (Gesetzesbindung von Abgeordneten – „Zählsorge-Telefon"); ESVGH 58, 15 („Haus Baden", Gewaltenteilung, Kernbereich der Exekutive); ESVGH 62, 9 („EnBW", Budgetrecht des Landtags, Bedeutung für Gewaltenteilung und demokratische Legitimation); U. v. 6.7.2015 – 1 VB 130/13 (Wesentlichkeitsgrundsatz bei Ausgestaltung des Ausgleichsanspruchs nach Art. 14 II 3 LV); VerfGH, U. v. 30.5.2016 – 1 VB 15/15 (Bindung der Verwaltung an Rechtsverordnung).

A. Überblick und Einordnung	1
I. Bedeutung	1
II. Herkunft, Entstehung, Geschichte	2
III. Verfassungsvergleichende Einordnung	8
B. Erläuterung	9
I. Demokratie: Legitimation und Ausübung der Staatsgewalt (Abs. 1)	9
1. Volkssouveränität: Legitimation der Staatsgewalt (Satz 1)	10
a) Fundamentalnorm	10
b) Legitimationssubjekt: „Volk"	11
c) Effektive Legitimation der Staatsgewalten	12
aa) Legitimation des Gesetzgebers	14
bb) Legitimation der vollziehenden Gewalt	15
cc) Legitimation der Rechtsprechung	18
2. Ausübung der Staatsgewalt (Satz 2)	22
a) Wahlen	23
b) Abstimmungen	24
c) Repräsentationsprinzip	26
II. Verfassungs- und Gesetzesbindung (Abs. 2)	29
1. Bindung der Gesetzgebung an die verfassungsmäßige Ordnung in Bund und Land (HS 1)	30
2. Bindung von Exekutive und Rechtsprechung an Gesetz und Recht (HS 2)	33
III. Gewaltenteilung (Abs. 3)	41
1. Allgemeines	41
2. Besonderheiten in der parlamentarischen Demokratie	44
3. Trennung und Verschränkung der einzelnen Gewalten	45
a) Landtag	45
b) Vollziehende Gewalt	49
c) Rechtsprechung	55

A. Überblick und Einordnung

I. Bedeutung

1 Die Regelung ist eine Ergänzung der Staatsfundamentalnorm des Art. 23 I LV. Sie formuliert in Abs. 1 S. 1 und 2 das bereits in Art. 23 I GG verankerte Demokratieprinzip näher aus, nämlich die Legitimation und Ausübung der Staatsgewalt, und benennt zwei wichtige Elemente des Rechtsstaatsprinzips, den Gewaltenteilungsgrundsatz in Abs. 1 S. 2 und Abs. 3 sowie den Grundsatz der Verfassungs- und Gesetzesbindung (Abs. 2). Die besondere Hervorhebung des Grundsatzes der Gewaltenteilung sowie seine Verknüpfung mit dem Demokratieprinzip in Abs. 1 S. 2 machen darauf aufmerksam, dass es sich bei der Gewaltenteilung um kein untergeordnetes

Einzelgebot, sondern um ein selbstständiges Strukturprinzip der Verfassung handelt.[1]

II. Herkunft, Entstehung, Geschichte

Erste Ansätze für eine Partizipation der Gesellschaft an der Machtausübung sowie eine Gewaltenteilung fanden sich in der **VerfBad 1818** sowie in der **VerfWü 1819**, die damals beide als besonders fortschrittlich galten.[2] Sie änderten freilich nichts an der Souveränität des Monarchen. Zur Stabilisierung ihrer Macht banden sich jedoch der Großherzog bzw. der König selbst durch eine Konstitution. Dies war auch in Art. 13 der Deutschen Bundes-Akte von 1815 so vorgesehen, der lautete: „In allen Bundesstaaten wird eine Landständische Verfassung stattfinden." Jedoch verweigerten etwa Preußen und Österreich bis 1848 den Erlass von Verfassungen. Dagegen waren die Verfassungen Badens und Württembergs – wie etwa auch Bayerns – besonders fortschrittlich, weil sie nicht rein alt-ständisch, sondern auch als „Repräsentativverfassungen" ausgelegt waren. In den Verfassungen beider Länder teilten sich die „Landstände" in jeweils zwei Kammern, wobei die zweite Kammer in Württemberg zum Teil aus gewählten Abgeordneten und in Baden – als einzigem Land im Deutschen Bund – sogar ausschließlich aus vom Volk über Wahlmänner gewählten Abgeordneten bestand. Wichtigste Befugnis der Stände war das Recht der Steuerbewilligung. Zudem war für den Erlass von Gesetzen die Zustimmung beider Ständekammern erforderlich. Das Initiativrecht lag jedoch beim Monarchen. 2

Nach dem Ende des Kaiserreiches und der Gründung der Weimarer Republik konstituierten sich die Länder Baden und Württemberg als Republiken. Die **VerfBad 1919** enthielt in § 2 dazu folgende Bestimmung: „(1) Träger der Staatsgewalt ist das badische Volk. (2) Die Staatsgewalt betätigt sich in Gesetzgebung, Rechtspflege und Vollziehung und wird ausgeübt nach den Vorschriften dieser Verfassung durch die stimmberechtigten Staatsbürger."[3] Die revidierte **VerfWü 1919** bestimmte in § 3 „Alle Staatsgewalt geht vom Volke aus".[4] Eine Regelung, in der die Gewaltenteilung oder das Prinzip der Verfassungs- und Gesetzesbindung der Gewalten ausdrücklich angesprochen werden, fand sich in ihr nicht. Letzteres galt auch für die VerfBad 1919. 3

Die Art. 25 LV entsprechenden Bestimmungen in den **Verfassungen der drei Vorgängerländer** von 1946 bzw. 1947 enthielten keinen Anflug von Pathos, wie ihn Art. 25 LV oder Art. 20 II GG bezüglich der Ableitung der Staatsgewalt vom Volke kennen. So bestimmte Art. 48 I VerfWB lapidar: „Die Staatsgewalt wird nach den Bestimmungen dieser Verfassung durch die stimm- und wahlberechtigten Staatsbürger und die von ihnen unmittelbar und mittelbar bestellten Organe ausgeübt." Art. 50 S. 2 VerfLB und 4

---

1 Siehe *di Fabio* in: HStR, § 27 Rn. 4.
2 *Braun*, Art. 25 Rn. 7 u. 8; *Gräbener*, Verfassungsinterdependenzen, 33 ff.; *v. Erdmann*, Verfassung Württembergs, 39 mwN; *Menzel*, Landesverfassungsrecht, 2002, 18 ff.; *Wahl* in: HStR, § 2 Rn. 23 ff.
3 Abgedruckt bei: *Gräbener*, Verfassungsinterdepenzen, 473.
4 Abgedruckt bei *v. Erdmann*, Verfassung Württembergs, 263.

Art. 20 VerfWH lauteten „Träger der Staatsgewalt ist das Volk." Art. 51 VerfLB fügte hinzu, dass das Volk seinen Willen durch Wahlen und Abstimmungen kundgibt und dass die Staatsgewalt durch die stimmberechtigten Staatsbürger, die gewählte Volksvertretung und die verfassungsmäßig bestellten Staatsorgane ausgeübt wird. Art. 21 VerfWH enthielt die Ergänzung, dass die Staatsangehörigen ihren Willen durch Abstimmung und Wahl äußern. Mit der Formulierung zur Trägerschaft der Staatsgewalt knüpfte die VerfLB an § 2 I VerfBad 1919 an und machte deutlich, dass das Volk nicht der Ursprung der Staatsgewalt ist, sondern erkannte eine überweltliche Verantwortung an.[5] Auch wenn die aktuelle LV nicht von „Trägerschaft" spricht, ergibt sich aus dem Vorspruch („Im Bewusstsein der Verantwortung vor Gott und den Menschen ..."), dass auch sie die vom Volk abgeleitete Staatsgewalt nicht für absolut hält (s. Vorspruch, → Vor Rn. 19 ff.).[6] Hinsichtlich der Gewaltenteilung findet sich in Art. 48 II VerfWB eine negative, strengere Festlegung: „Die einzelnen Teile der Staatsgewalt – Gesetzgebung, Rechtsprechung und vollziehende Gewalt – dürfen nicht bei einem Organ vereinigt sein."

5 In den **Verfassungsberatungen 1952/53** enthielt der VerfERP mit Art. 22 eine Bestimmung, die weitgehend Art. 20 II und III GG entsprach. Art. 2 VerfECDU sah folgende Formulierung vor:

„(1) Die Staatsgewalt wird vom Volk in Wahlen und Abstimmungen und durch die von ihm unmittelbar oder mittelbar bestellten Organe ausgeübt. (2) Gesetzgebung, Rechtsprechung und Verwaltung dürfen nicht in einem Organ vereinigt sein. Die Gesetzgebung steht den gesetzgebenden Organen zu, die Rechtsprechung obliegt unabhängigen Gerichten, die Verwaltung wird durch die Regierung und die ihr unterstellten Behörden sowie durch die Träger der Selbstverwaltung ausgeübt."

6 In **den Beratungen des VA** wurde von den Vertretern der CDU insb. die in Art. 20 II 1 GG und im VerfERP enthaltene Formulierung „Alle Staatsgewalt geht vom Volke aus" abgelehnt, weil sie seit der französischen Revolution missbraucht worden sei und Anlass zu Missverständnissen gebe. Es gebe Zuständigkeiten und Gewalten, die auch dem Volk nicht zukämen. So könne auch der Rechtsstaat nicht vom Volk beseitigt werden. Im Rahmen eines Kompromisses wurde dann die Formulierung „Alle Staatsgewalt" durch „Die Staatsgewalt" ersetzt. Hinsichtlich der Aussagen zur Gewaltenteilung fand die von der CDU vorgeschlagene strengere, Art. 48 II VerfWB entsprechende Bestimmung im VA keine Mehrheit. Zur Begründung wurde vorgebracht, dass eine schärfere Trennung der Gewalten nicht praxistauglich sei. Gleichwohl bestand Einigkeit, dass der „oft verwischte" Grundsatz der Gewaltenteilung in der LV klar zum Ausdruck kommen solle. Daher wurde Art. 2 II 2 VerfECDU sprachlich neu gegliedert und als Abs. 3 aufgenommen. Bemerkenswert ist hier bezüglich des Bereichs der Exekutive die ausdrückliche Nennung der Selbstverwaltung. Ferner bestand Einig-

---

5 *Birn* in: Spreng/Birn/Feuchte, Art. 25 Nr. 2 a.
6 So auch *Birn* in: Spreng/Birn/Feuchte, Art. 25 Nr. 2 a.

keit über die Aufnahme des von den Regierungsparteien vorgeschlagenen Absatzes über die Verfassungs- und Gesetzesbindung.⁷

Die vom VA vorgeschlagene Fassung entspricht bis auf eine Ausnahme der später von der **VLV** in Kraft gesetzten und heute noch geltenden Fassung. Während der VA in Abs. 3 S. 2 noch formulierte, „Die Rechtsprechung wird durch unabhängige Gerichte ausgeübt" ist in der geltenden Fassung das Wort „Gerichte" durch das Wort „Richter" ersetzt. Die Änderung beruht auf einem Änderungsantrag in der 56. Sitzung der VLV vom 22.10.1953.⁸ Damit sollte ein Gleichklang mit Art. 20 und 92 GG hergestellt werden, wonach die rechtsprechende Gewalt den Richtern und nicht den Gerichten anvertraut ist.

III. Verfassungsvergleichende Einordnung

Entsprechend dem Homogenitätsgebot in Art. 28 I 1 GG finden sich den übrigen Landesverfassungen Art. 25 entsprechende Regelungen. Die Unterschiede in der Wortwahl und Akzentuierung sind bundesrechtlich zulässig.⁹ Eine Abs. 1 S. 1 entsprechende Formulierung zur Volkssouveränität findet sich in Art. 66 I BremVerf. Andere Verfassungen verwenden die Formel, wonach das Volk „Träger" der Staatsgewalt ist.¹⁰ Demgegenüber spricht Art. 2 II 1 LSAVerf aus: „Das Volk ist der Souverän." Die Verfassungen von Berlin, Brandenburg und Rheinland-Pfalz¹¹ definieren das Legitimationssubjekt des Landesvolkes ausdrücklich als die Gesamtheit der Deutschen, die in dem Land ihren Wohnsitz haben. Die Verfassungen gehen alle im Grundsatz von einer repräsentativen Demokratie aus, jedoch kennen alle – anders als das GG¹² – Formen der direkten Demokratie.¹³ In Art. 3 II MVVerf wird die Selbstverwaltung in den Gemeinden und Kreisen ausdrücklich als dem Aufbau der Demokratie von unten nach oben dienlich beschrieben.

B. Erläuterung

I. Demokratie: Legitimation und Ausübung der Staatsgewalt (Abs. 1)

Die Regelung in Abs. 1 konkretisiert wesentliche Merkmale des in Art. 23 I LV niedergelegten Demokratieprinzips der LV. Als Prinzip unterliegt es dem Homogenitätsgebot des Art. 28 I 1 GG und ist vom Schutz der landesverfassungsrechtlichen Ewigkeitsgarantie des Art. 64 I 2 LV erfasst (allg. zur Bedeutung des Demokratieprinzips s. → Art. 23 Rn. 16 ff.). Themen des Abs. 1 sind zum einen die Legitimation der staatlichen Gewalt durch das Prinzip der „Volkssouveränität" (S. 1) und die Modi seiner Ausübung in unmittelbarer und mittelbarer Weise (S. 2).

---

7 Art. 22 VerfEVA, Beilage 825 v. 6.6.1953 in: Feuchte, Quellen, 6. Teil, 515 (519) u. VA-Bericht v. 1.9.1953, ebd., 620 f.; *Braun*, Art. 25 Rn. 29.
8 Siehe das Protokoll und Beilage 913 in: Feuchte, Quellen, 8. Teil, 5 und 230 ff.
9 BVerfGE 36, 342 (361); 41, 88 (118 f.).
10 Art. 2 I 2 BayVerf, 2 1 BerlVerf u. 75 II RPVerf.
11 Art. 2 S. 1 BerlVerf, 3 BbgVerf u. 75 II RPVerf.
12 Abgesehen von den Ausnahmen in Art. 29 u. 146 GG.
13 *Dreier* in: ders., GG, Art. 20 (Demokratie) Rn. 58.

1. Volkssouveränität: Legitimation der Staatsgewalt (Satz 1)

a) Fundamentalnorm

10 S. 1 enthält die Fundamentalnorm jeder Demokratie, wonach sich die Ausübung der gesamten Staatsgewalt – unabhängig von Handlungs- und Organisationform, soweit sie in irgendeiner Weise Entscheidungscharakter hat[14] – auf den Willen des Volkes zurückführen lassen muss.[15] Bereits die Wendung „geht vom Volke aus" macht deutlich, dass das Volk die Herrschaft nicht selbst ausüben muss; es kann sich der in Satz 2 genannten Mittel und Organe bedienen. Volkssouveränität und Repräsentation bilden keine Gegensätze.[16] Gleichwohl ist das Volk **Träger**[17] **und Inhaber der Staatsgewalt**.[18] Damit werden andere mögliche Träger und Inhaber der Staatsgewalt ausgeschlossen, etwa ein Monarch oder nur bestimmte Schichten. Allerdings ist das Volk **nicht allmächtig**. Es ist an die Menschenwürde und das Rechtsstaatsprinzip gebunden (Art. 1 III GG, Art. 64 I 2 LV). Auf diese Grenzen weist die LV in besonderer Weise hin.

b) Legitimationssubjekt: „Volk"

11 **Volk** iSv Satz 1 sind alle Deutschen iSv Art. 116 GG, die in BW leben (vgl. den Vorspruch sowie die Kommentierung zu Art. 23 zum Begriff des „Staatsvolkes").[19] Der Zusammenhang zwischen Legitimation der Staatsgewalt und Volk schließt es aus, dass der Begriff Volk um in BW lebende Menschen erweitert wird, die keine deutschen Staatsangehörigen sind.[20] Dies ist durch Art. 28 I 1 u. 2 GG den Ländern verbindlich vorgegeben,[21] und zwar grds. auch für die Kreise und Gemeinden. Ein **Ausländerwahlrecht** kann daher vom Land weder für die Landtagswahl noch für die Kommunalwahlen eingeführt werden. [22] Entsprechendes gilt für Abstimmungen. Der sich aus dem bundesstaatlichen Demokratieprinzip ergebende Legitimationszusammenhang zwischen Volk und Staatsgewalt ist im Grundsatz nach Art. 79 III GG u. Art. 64 I 2 LV unveränderlich.[23] Allerdings gestattet Art. 28 I 3 GG Unionsbürgern nach Maßgabe von Art. 22 I EUV iVm der RL 94/80/EG die aktive und passive Teilnahme an Kommunalwahlen.[24] Diese Ausnahme von den Grundsätzen des Art. 79 III GG ist möglich, weil es sich mit Blick auf Art. 23 I GG um eine Modifikation han-

---

14 BVerfGE 47, 253 (273); 107, 59 (87); *Böckenförde* in: HStR, § 24 Rn. 12 f.
15 BVerfGE 142, 123 (191).
16 *Dreier* in: ders., Art. 20 (Demokratie) Rn. 85.
17 So zuvor Art. 50 S. 2 VerfLB u. 20 VerfWH.
18 *Böckenförde* in: HStR, § 24 Rn. 10.
19 BVerfGE 107, 59 (87); *Feuchte* in: ders., Art. 25 Rn. 6.
20 BVerfGE 83, 37 (51); 83, 60 (71); *Sommermann* in: v. Mangoldt/Klein/Starck, Art. 20 Abs. 2 Rn. 148 ff.; *Dreier* in: ders., Art. 20 (Demokratie) Rn. 90 ff., u.a. auch zur abw. Meinung von *Bryde*, JZ 1989, 257.
21 Allg. zu 28 I GG: VerfGH NRW, U. v. 21.11.2017 – VerfGH 9/16 u.a. – juris.
22 BVerfGE 83, 37 (53 ff.); 83, 60 (71 ff.).
23 VerfGH 123, 267 (341); VerfGH NRW, U. v. 21.11.2017 – VerfGH 9/16 u.a. – juris; *Sommermann* in: v. Mangoldt/Klein/Starck, Art. 20 Abs. 2 Rn. 153; *Hofmann*, FS Papier, 83 (85 f.); aA *Hain in*: v. Mangoldt/Klein/Starck, Art. 79 Abs. 3 Rn. 79; *Bryde*: v. Münch/Kunig, Art. 70 Rn. 42.
24 RL 94/80/EG v. 19.12.1994 über die Einzelheiten der Ausübung des aktiven und passiven Wahlrechts bei den Kommunalwahlen für Unionsbürger mit Wohnsitz in einem Mitgliedstaat, dessen Staatsangehörigkeit sie nicht besitzen (ABl. L 68

delt, die nicht den Kern der Grundsätze berührt.[25] Die Beteiligung von Unionsbürgern an Abstimmungen auf Kommunalebene, wie etwa Volksentscheiden, ist derzeit unionsrechtlich nicht vorgesehen.[26] Gleichwohl wurde dies vom Land in § 12 I und § 14 GemO sowie Art. 72 I 2 LV zugelassen, wobei Art. 72 I 2 LV auch bezüglich Abstimmungen auf die Maßgaben nach Unionsrecht verweist.[27] Allerdings ist fraglich, ob diese landesrechtliche Erweiterung des „Volkes" auf Kommunalebene mit dem GG vereinbar ist, weil Art. 28 I 3 GG ausdrücklich auf das nach Maßgabe von Unionsrecht gegebene Wahlrecht Bezug nimmt, zumal das Unionsrecht für Abstimmungen gerade keine Regelung enthält, und die Öffnungsklausel des Art. 28 I 3 GG als Ausnahme vom Grundsatz eng auszulegen ist.[28] Geboten und sinnvoll wäre daher eine Erweiterung des Art. 28 I 3 GG.[29]

c) Effektive Legitimation der Staatsgewalten

Zwischen dem Legitimationssubjekt „Volk" und dem Legitimationsobjekt „Staatsgewalt" muss eine ununterbrochene **Legitimationskette** vom Volk zu den mit staatlichen Aufgaben betrauten Organen und Amtswaltern bestehen.[30] In der Literatur wurden für die Beurteilung, ob ein hinreichender Gehalt an demokratischer Legitimation erreicht wird, unterschiedliche Formen der institutionellen, funktionellen, sachlich-inhaltlichen und der personellen Legitimation entwickelt.[31] Aus verfassungsrechtlicher Sicht entscheidend ist jedoch nicht die Form, sondern die **Effektivität;** notwendig ist ein bestimmtes Legitimationsniveau.[32] Die Ausübung von Staatsgewalt ist dann demokratisch legitimiert, wenn sich die Bestellung der Amtsträger – personelle Legitimation vermittelnd – auf das Staatsvolk zurückführen lässt und das Handeln der Amtsträger selbst eine ausreichende sachlich-inhaltliche Legitimation erfährt, also die Amtsträger im Auftrag und nach Weisung der Regierung handeln und die Regierung damit in die Lage versetzen, die Sachverantwortung gegenüber Volk und Parlament zu übernehmen.[33]

12

Die Frage der ausreichenden demokratischen Legitimation wird bei den drei in Abs. 1 S. 2 genannten Gewalten **Gesetzgebung, vollziehende Gewalt und Rechtsprechung** in unterschiedlicher Weise virulent.

13

---

v. 31.12.1994, 38), zuletzt geändert durch RL 2013/19/EU (ABl L 158 v. 10.6.2013, 231).
25 HambVerfG, NVwZ-RR 2010, 129 (131) unter Verweis auf BVerfGE 30, 1 (24) und BVerfGE 85, 155 (179 f.).
26 Art. 1 I u. Art. 2 I lit. b RL 94/80/EG; ebenso *Kluth* in: Calliess/Ruffert, Art. 22 AEUV Rn. 11.
27 Ebenso in NRW, vgl. zum Ganzen: *Hofmann* in: FS Papier, 83 (86).
28 Die Frage offen lassend: BVerfG, NVwZ-RR 2016, 521 (524 f.); krit. auch *Burkholz*, DÖV 1995, 816; aA *Engelken*, DÖV 1996, 737; *Remmert*, VBlBW 2017, 415.
29 So bereits *Hofmann* in: FS Papier, 83 (86).
30 BVerfGE 107, 59 (87); 144, 20 (209).
31 *Böckenförde*, HStR, § 24 Rn. 14 ff.
32 BVerfGE 107, 59 (87); 119, 331 (366).
33 BVerfGE 93, 37 (67); 107, 59 (87 f.).

aa) Legitimation des Gesetzgebers

14 Der Gesetzgeber genießt aufgrund seiner unmittelbaren Ableitung aus einer Wahl grds. einen „**Legitimationsvorsprung**".[34] Er steuert die vollziehende Gewalt und die Rechtsprechung sachlich-inhaltlich (vgl. Abs. 2). **Problematisch** sind im Hinblick auf das Vorhandensein einer hinreichenden demokratischen Legitimation **dynamische Verweisungen** auf Gesetze eines anderen Gesetzgebers – etwa des Bundesgesetzgebers – oder gar auf Regelwerke Privater.[35]

bb) Legitimation der vollziehenden Gewalt

15 Die vollziehende Gewalt – die unmittelbare Staatsverwaltung wie die kommunale Selbstverwaltung, letztere allerdings bezogen auf das „Kommunalvolk"[36] – erfährt ihre personelle Legitimation durch Wahlen und in sachlicher Hinsicht durch die Verfassungs-, Gesetzes- und Rechtsbindung nach Abs. 2 sowie die Bindung an den Haushalt nach Art. 79 ff. LV.[37] Darüber hinaus wird die vollziehende Gewalt im Grundsatz in personeller und sachlicher Hinsicht auf eine **hierarchische Struktur** verpflichtet, welche das Bestehen einer Dienst-,[38] Rechts- und Fachaufsicht verlangt.[39] Dies gilt auch für die Staatsanwaltschaft, die Teil des Exekutive ist (§§ 146 f. GVG).

16 Allerdings gilt dieses **Verbot sog. „ministerialfreier Räume"** nicht unbegrenzt. Ausnahmen können insb. durch Verfassungsrecht zugelassen sein. Auch durch einfaches Gesetz können flexible Legitimationsstrukturen ermöglicht werden, namentlich bei der Errichtung einer sog. „**funktionalen Selbstverwaltung**", also von Körperschaften und Anstalten der nach Art. 71 I 3 LV als Institution garantierten mittelbaren Staatsverwaltung. Dies gilt zB für Zwangsverbände wie berufsständische Kammern oder Verfasste Studierendenschaften. Der Gesetzgeber darf ein wirksames Mitspracherecht der Betroffenen schaffen und verwaltungsexternen Sachverstand aktivieren, einen sachgerechten Interessenausgleich ermöglichen und so dazu beitragen, dass die von ihm beschlossenen Zwecke und Ziele effektiver erreicht werden. Die demokratische Legitimation kann hier auch ohne ein fachliches Weisungsrecht des Ministeriums gesichert werden. Grundrechtseingriffe bedürfen jedoch einer hinreichend bestimmten parlamentarischen Grundlage. Zudem sind eine Rechtsaufsicht durch demokratisch legitimierte Amtswalter sowie institutionelle Vorkehrungen für eine demokratische

---

34 *Dreier* in: ders., Art. 20 (Demokratie) Rn. 116.
35 Im Zweifel für eine Auslegung als statische Verweisung daher: BVerfGE 47, 285 (311 f.); ferner: BVerfGE 143, 38 (56); mit einer Tendenz der Unzulässigkeit eines dynamischen Verweises von Landes- auf Bundesrecht: *Sachs*, NJW 1981, 1651; *Dreier* in: ders., Art. 20 (Demokratie) Rn. 118 f. In der Verfassung selbst sind dagegen dynamische Verweisungen auf das GG zulässig, wie insb. nach Art. 2 I LV auf die Grundrechte des GG, vgl. StGH, U. v. 17.6.2014 – 1 VB 15/13 – juris, Rn. 300.
36 StGH, ESVGH 26, 1 (11).
37 *Braun*, Art. 25 Rn 17.
38 Einem politischen Staatssekretär darf jedoch wegen Art. 2 I LV iVm Art. 33 V GG nicht die Eigenschaft eines Dienstvorgesetzten übertragen werden, vgl. StGH, ESVGH 23, 135 (146 f.).
39 BVerfGE 107, 59 (86 ff.); *Dreier* in: ders., Art. 20 (Demokratie) Rn. 121. Zu den Anforderungen an die demokratische Rückbindung von Entscheidungen durch Gemeinschaftseinrichtungen der Bundesländer: BayVerfGH, E. v. 25.9.2015 – Vf 9-VII-13 – juris, Rn. 147 ff.

Binnen-Partizipation der Betroffenen sicherzustellen, so dass nicht einzelne Interessen bevorzugt werden.[40] Auch bei der **Wahrnehmung öffentlicher Aufgaben in den Formen des Privatrechts** ist eine hinreichende demokratische Legitimation zu wahren, etwa in Form eines Letztentscheidungsrechts der demokratisch legitimierten Vertreter des Gewährträgers.[41]

Das Erfordernis der hinreichenden demokratischen Legitimation von Entscheidungen der Exekutive setzt schließlich auch der **Beteiligung von Personalvertretungsgremien** eine Grenze. Grds. müssen in Kollegialorganen, die Staatsgewalt ausüben, alle Mitglieder demokratisch legitimiert sein.[42] Eine Ausnahme lässt das BVerfG zu, wenn es um die Mitbestimmung des Personals bei innerdienstlichen Maßnahmen geht, soweit dies durch den Schutzzweck gerechtfertigt ist und die Letztentscheidung eines dem Parlament verantwortlichen Verwaltungsträgers gewährleistet ist.[43] Sieht ein Gesetz ein Gremium als Kreationsorgan für die definitive Bestellung eines Amtsträgers vor, das nur teilweise aus personell legitimierten Amtsträgern zusammengesetzt ist, so erhält der zu Bestellende volle demokratische Legitimation jedenfalls nur dadurch, dass die demokratisch legitimierten Vertreter im Konfliktfall ihre Auffassung gemeinsam durchsetzen können; eine bloße Vetoposition der demokratisch legitimierten Vertreter genügt nicht.[44] **Maßnahmen der Personalpolitik**, die den Status von Beamten oder Angestellten betreffen, dürfen dagegen lediglich einer beratenden Mitwirkung der Personalvertretung unterzogen werden.[45] Die Zusammensetzung von Kollegialorganen mit Entscheidungsbefugnissen von Gewicht darf zudem nicht vorgabefrei dem Verordnungsgeber überlassen werden, sondern muss in einem formellen Gesetz im Wesentlichen vorgezeichnet sein.[46]

cc) **Legitimation der Rechtsprechung**

Die demokratische Legitimation der Rechtsprechung ergibt sich **in personeller Hinsicht** durch die Bestellung der Richter. Diese muss hinreichend vom Volk demokratisch legitimiert sein. Da Richter nach ihrer endgültigen Anstellung nach Art. 66 I LV grds. ihr Amt nicht mehr verlieren oder versetzt werden können, ist der Akt der Bestellung in demokratischer Hinsicht

---

40 BVerfGE 107, 59 (86 ff.); 111, 191 (215 ff.); Beschluss vom 12.7.2017 – 1 BvR 2222/12 u.a. – juris, Rn. 113-126; *Hoffmann-Riem* in: Hoffmann-Riem/Schmidt-Aßmann/Voßkuhle, § 10 Rn. 53 ff.
41 BerlVerfGH, NVwZ 2000, 794; BVerfGE 93, 37 (70); ausf.: BVerfG, U. v. 7.11.2017 – 2 BvE 2/11 – juris, Rn. 216 ff.; *Dreier* in: ders., Art. 20 (Demokratie) Rn. 133 ff.; *Sachs* in: ders., GG, Art. 20 Rn. 39; *Wißmann* in: Hoffmann-Riem/Schmidt-Aßmann/Voßkuhle, § 15 Rn. 63 f.
42 Für die Bestellung von Mitgliedern des Verwaltungsrats einer Sparkasse: VerfGH NRW 1987, 211 (212).
43 BVerfGE 93, 37 (72).
44 *Böckenförde* in: HStR, § 24 Rn. 17 ff., auch Fn. 28; bezugnehmend auf die dortige Erwägung, dass für eine demokratische Legitimation einer Entscheidung zusätzlich erforderlich ist, dass diese tatsächlich von den demokratisch verantwortlichen Vertretern eines Gremiums getragen wird („Prinzip der doppelten Mehrheit") auch BVerfGE 93, 37 (72), wobei unklar bleibt, ob die Möglichkeit, die Mehrheit zu erreichen genügt; ferner: BVerfG, U. v. 7.11.2017 – 2 BvE 2/11 – juris, Rn. 224.
45 BVerfGE 93, 37 (72 f., 77 ff.); NJW 1998, 2590 (2592).
46 BbgVerfG, LVerfGE 11, 129 (142 ff.); *Sachs* in: ders., GG, Art. 20 Rn. 40.

von zentraler Bedeutung.[47] Grds. erfolgen Personalentscheidungen durch einen demokratisch legitimierten, dem Parlament insoweit verantwortliche Minister. Personalvertretungsgremien dürfen bei Personalentscheidungen dagegen aus Gründen der demokratischen Legitimation nur empfehlend, nicht mitentscheidend mitwirken.[48] Nach Art. 98 IV GG können die Länder jedoch für sich bestimmen, dass über die Anstellung der Richter der Landesjustizminister gemeinsam mit einem **Richterwahlausschuss** entscheidet.[49] Dabei kann nur eine gleichberechtigte Mitentscheidung des Ausschusses zugelassen werden (ein sog. „Kondominium"). Dem Justizminister muss ein Zustimmungsrecht verbleiben.[50] Zudem muss ein Richterwahlausschuss, dem nicht nur Beratungs-, sondern Mitentscheidungsrechte übertragen wurden, demokratischen Grundsätzen genügen. Art. 98 IV GG suspendiert von diesem sich aus Art. 20 II GG ergebenden Erfordernis nicht.[51] Die Stärkung der demokratischen Legitimation der Richter ist gerade sein Zweck.[52] Über die notwendige Legitimation verfügt der Ausschuss jedenfalls nur, wenn die demokratisch verantwortlichen Mitglieder die Möglichkeit haben, die für die Personalentscheidung erforderliche Mehrheit zu erreichen.[53]

---

47 *Hillgruber* in: Maunz/Dürig, Art. 97 Rn. 98 mwN.
48 BVerfGE 93, 37 (72 f.); BVerfG, NJW 1998, 2590 (2592). Die Mitwirkung von Präsidialräten nach § 43 LRiStAG ist zT von § 74 f. DRiG vorgegeben und für sich betrachtet in dem in BW vorgesehenen Umfang zulässig. Der Präsidialrat verfügt nur über eine Kontrollfunktion, hat aber kein eigenes Auswahlermessen. Er gibt eine schriftlich begründete Stellungnahme über die persönliche und fachliche Eignung des Bewerbers ab, den die oberste Dienstbehörde ernennen oder zur Ernennung vorschlagen will; er kann auch zu anderen Bewerbungen Stellung nehmen und im Rahmen der Bewerbungen Gegenvorschläge machen, vgl. VGH BW, VBlBW 2012, 423.
49 In diesem Fall ergeben sich aus Art. 98 IV GG ebenfalls Modifikationen von Art. 33 II GG: entsprechend BVerfGE 143, 22.
50 BVerfGE 93, 37 (67 f.); NJW 1998, 2590 (2592); *Schulze-Fielitz* in: Dreier, Art. 98 Rn. 43-45; *Detterbeck* in: Sachs, GG, Art. 98 Rn. 23-28; *Hillgruber* in: Maunz/Dürig, Art. 98 Rn. 56; *Papier*, NJW 2002, 2585 (2590); aA *Classen* in: v. Mangoldt/Klein/Starck, Art. 98 Rn. 11-17, der auch Richterbestellungen allein durch Wahlausschüsse für möglich hält, wobei dann der Wahlausschuss selbst komplett demokratisch legitimiert sein muss, was die Mitwirkung von Richtern an der Bestellung ausschließt.
51 *Schulze-Fielitz* in: Dreier, Art. 98 Rn. 43-45; *Detterbeck* in: Sachs, GG, Art. 98 Rn. 23-28; *Hillgruber in:* Maunz/Dürig, Art. 98 Rn. 57 ff.; *Papier*, NJW 2002, 2585 (2590 f.); aA offenbar die Landesregierung in LT-Drs. 15/3161, 18: „nach Art. 98 IV GG privilegierter Richterwahlausschuss". Zur Bindung des Richterwahlausschusses an Art. 33 II GG und die sich hieraus ergebende wechselseitige Treuepflicht zwischen Minister und Wahlausschuss sowie zu Begründungspflichten und Rechtsschutz: BVerfGE 143, 22.
52 *Hillgruber* in: Maunz/Dürig, Art. 98 Rn. 51.
53 BVerfGE 93, 37 (67 f. u. 72); NJW 1998, 2590 (2592); *Böckenförde* in: HStR, § 24 Rn. 17 ff., auch Fn. 28; *Schulze-Fielitz* in: Dreier, Art. 98 Rn. 43-45; *Detterbeck* in: Sachs, GG, Art. 98 Rn. 23-28; *Papier*, NJW 2002, 2585 (2590 f.). Weitergehend könnte nach dem in BVerfGE 93, 37 (67 f.) und *Böckenförde* angesprochenen Prinzip der „doppelten Mehrheit" sogar gefordert sein, dass die Entscheidung tatsächlich von den demokratisch legitimierten Vertretern getragen wird, wobei unklar bleibt, ob für das BVerfG nicht doch die Möglichkeit, die Mehrheit zu bilden, genügt. Bei dem von BVerfGE 24, 268 (274) für verfassungsgemäß befundenen Richterwahlausschuss nach Art. 63 HambVerf sind jedenfalls die der Bürger-

Daher dürfte das **Verfahren zur Auswahl der Richter** nach §§ **43 und 58-60** 19
LRiStAG nicht mehr mit Art. 25 I LV zu vereinbaren sein.[54] Auch wenn gegen den Willen des demokratisch legitimierten Ministers keine Entscheidung über die Berufung in ein Richteramt oder grds. auch über die Versetzung von Richtern getroffen werden kann, ist es ihm nicht möglich, über die nach den Maßstäben des Art. 33 II GG zu treffende Entscheidung letztverantwortlich alleine zu befinden und den nach Art. 33 II GG geeignetsten Kandidaten zu ernennen.[55] Vielmehr kann gegen den Richterwahlausschuss – in dem die demokratisch legitimierten Mitglieder keine hinreichende Mehrheit haben[56] – keine Entscheidung getroffen werden.[57]

Der für die Ernennung von Staatsanwälten seit dem G. v. 16.4.2013 20
(GBl. 77) eingeführte **Staatsanwaltswahlausschuss** (§§ 89 a ff. LRiStAG)[58] genügt zwar ebenfalls nicht den genannten strengen Erfordernissen demokratischer Legitimation. Dies ist jedoch unschädlich, weil hier dem demokratisch legitimierten Minister ein – freilich durch starke Kautelen eingeschränktes – alleiniges Letztentscheidungsrecht verbleibt.[59] Im Übrigen scheidet aus den genannten Gründen eine immer wieder diskutierte **Selbstverwaltung der Justiz** erst recht aus.[60]

In **sachlich-inhaltlicher Sicht** wird die demokratische Legitimation der 21
Rechtsprechung vor allem durch die Verfassungs-, Gesetzes- und Rechtsbindung nach Abs. 2 hergestellt. Eine weitergehende inhaltliche Steuerung durch den Gesetzgeber ist aufgrund des Grundsatzes der Gewaltenteilung nicht möglich. Abs. 3 S. 2 weist insoweit auf die nach Art. 65 II LV und Art. 97 I GG persönliche und sachliche Unabhängigkeit der Richter. Dieses aus rechtsstaatlichen Gründen erforderliche „Legitimationsdefizit" wird durch eine öffentliche Kontrolle der Gerichtsentscheidungen abgefedert.[61]

---

schaft demokratisch verantwortlichen Mitglieder in der deutlichen Mehrheit, vgl. §§ 14 ff. Hamburgisches Richtergesetz.
54 So auch *Hillgruber* in: Maunz/Dürig, Art. 98 Rn. 63; *Böckenförde* in: HStR, § 24 Rn. 17 ff. mit Fn. 26 u. 29; *Wittreck*, ZRP 2013, 72 (73 f.). Zur Haltung des VA zu Wahlausschüssen s. → Art. 66 Rn. 6 f.; zu Regelungen in anderen Bundesländern s. → Art. 66 Rn. 11.
55 Art. 33 II GG zielt auf die „eine richtige Antwort": BVerfGE 143, 22 (33).
56 Die unmittelbar vom Volk legitimierten Abgeordneten und der vom Landtag gewählte Vertreter der Rechtsanwaltschaft sind dort in der Unterzahl (6 u. 1 von 15 Mitgliedern). Die richterlichen Mitglieder des Ausschusses verfügen dagegen über keine hinreichende demokratische Legitimation, weil sie nur von den Richtern und nicht vom Volk oder dem Landtag hierfür gewählt werden. Die Zusammensetzung des Richterwahlausschusses genügt demnach nicht den dargelegten Grundsätzen der demokratischen Legitimation.
57 Der Minister hat kein Letztentscheidungsrecht: VGH BW, VBlBW 2012, 423; *Mosthaf*, DRiZ 2012, 88; *Wagner*, Das Prinzip der Bestenauslese im öffentlichen Recht, 2009, 130.
58 Dazu: LT-Drs. 15/3161, 48 ff. Die Möglichkeit der Beteiligung von Wahlausschüssen nach Art. 98 IV GG gilt für Staatsanwälte nicht, was wegen der im Grundsatz bestehenden Personalhoheit der Regierung ein weiteres verfassungsrechtliches Problem darstellt, vgl. BVerfGE 93, 37 (73); 41, (10). Der Minister muss hier über eine alleiniges Letztentscheidungsrecht verfügen.
59 Vgl. § 89 d II 2 LRiStAG; so auch die Landesregierung in LT-Drs. 15/3161, 51 f.
60 *Sennekamp*, NVwZ 2010, 213 ff.; *Papier*, NVwZ 2002, 2585; kritisch auch *Kramer*; NJW 2009, 3079.
61 *Wittreck*, Die Verwaltung der Dritten Gewalt, 2006, 140 ff.; *Sennekamp*, NVwZ 2010, 213 (215 f.).

Die Öffentlichkeit der Gerichtsverhandlungen dient daher auch der demokratischen Legitimation.[62]

2. Ausübung der Staatsgewalt (Satz 2)

22 Die Regelung in S. 2 betrifft die tatsächliche Ausübung der Staatsgewalt durch das Volk. **In unmittelbarer Weise** handelt das Volk in Wahlen und Abstimmungen. Bei Wahlen und Abstimmungen verwirklicht sich das in der Menschenwürde verankerte demokratische Teilhaberecht.[63] Im Übrigen übt das Volk die Staatsgewalt **mittelbar**, also vermittelt durch besondere Organe der Gesetzgebung, der vollziehenden Gewalt und der Rechtsprechung aus.[64]

a) Wahlen

23 **Wahlen** sind in wiederkehrenden zeitlichen Abständen stattfindende Entscheidungen des Volkes über Personen, denen für eine bestimmte Zeit die Ausübung der Staatsgewalt übertragen wird.[65] Auf **Landesebene** ist eine unmittelbare Wahl allein für den Landtag vorgesehen (Art. 27, 30 LV). Die Wahlen müssen den Grundsätzen des Art. 26 sowie den weiteren Bestimmungen zum Wahlverfahren (Art. 28-30 LV) genügen. Wegen seiner Genese durch eine Wahl kommt dem Landtag gegenüber den anderen Verfassungsorganen ein Legitimationsvorrang zu.[66] Die übrigen Verfassungsorgane leiten ihre demokratische Legitimation vom Landtag ab. Diese mittelbare personelle Legitimation der Regierung ist in der LV stark ausgeprägt.[67] Der Ministerpräsident und die übrige Regierung bedürfen der Wahl bzw. der Bestätigung durch den Landtag (Art. 46 I 1, III u. IV LV). Die Verteilung der Geschäftsbereiche der Regierung unterliegt der Zustimmung des Landtags (Art. 45 III 2 LV). Der Landtag kann den Ministerpräsidenten durch ein konstruktives Misstrauensvotum auswechseln (Art. 54 LV). Mit einer Mehrheit von 2/3 kann der Landtag die Entlassung eines Ministers erzwingen. Die Amtszeit der Regierung endet mit dem Zusammentritt eines neuen Landtags (Art. 55 II LV). Auch die Mitglieder des dritten Verfassungsorgans des Landes, des VerfGH, werden vom Landtag gewählt (Art. 68 I 2 LV). Auf **Kommunalebene** muss nach Art. 72 I 1 LV ebenfalls eine Volksvertretung durch Wahl bestimmt werden, die den dort niedergelegten Wahlrechtsgrundsätzen genügt.[68] In kleinen Gemeinden kann ausnahmsweise an die Stelle einer gewählten Vertretung die Gemeindeversammlung treten (Art. 72 II 3 LV).[69] Nach Maßgabe des einfachen Rechts

---

62 BVerfGE 103, 44 (63); BVerwG, NJW 2015, 807 (809); ferner dazu: *Voßkuhle/Sydow*, JZ 2002, 673 (680 ff.).
63 BVerfGE 123, 267 (340 f.); 142, 123 (173 ff., 189 ff.); 144, 20 (208 f.).
64 So Art. 66 II BremVerf, 71 HessVerf, 45 ThürVerf; *Sachs* in: ders., GG, Art. 20 Rn. 28.
65 StGH, ESVGH 22, 1 (3); ESVGH 31, 81 (84 f.); *Dreier* in: ders., Art. 20 (Demokratie) Rn. 95; *Badura* in: HStR, § 25 Rn. 3 f.
66 *Braun*, Art. 25 Rn. 16.
67 *Braun*, Art. 25 Rn. 17.
68 StGH, ESVGH 24, 155 (157), insb. zur Zulässigkeit der Verschiebung von Wahlterminen.
69 Die Vorschrift ist nach der Gemeindereform wegen der Größe der nun bestehenden Gemeinden bedeutungslos geworden, vgl. *Braun*, Art. 72 Rn. 22. Die nach § 20 a

werden auch die Bürgermeister durch unmittelbare Wahl bestimmt (§ 45 GemO LV). Die Landräte werden dagegen – verfassungsrechtlich zulässig – von den Kreistagen gewählt (§ 39 LKrO).

b) Abstimmungen

Anders als Wahlen sind **Abstimmungen** Entscheidungen des Volkes über Sachfragen.[70] Anders als auf Bundesebene[71] ist dieses Mittel der direkten Demokratie in der LV unter bestimmten Voraussetzungen allgemein zugelassen und hat eine lange Tradition in den Vorgängerverfassungen seit 1919.[72] Eine Erweiterung der in der LV vorgesehenen Formen der direkten Demokratie durch einfaches Gesetz ist nicht möglich.[73] Durch das 21. LVÄndG v. 1.12.2015 (GBl. 1030) wurden die Anforderungen an die direkte Beteiligung der Bürger gesenkt und das Instrument eines Volksantrags (Art. 59 II LV) eingeführt (dazu näher s. → Art. 59 Rn. 9, 14 ff.). Abstimmungen finden nach der LV auf **Landesebene** statt über die Auflösung des Landtags nach Art. 43 II LV, bei der Volksgesetzgebung nach einem durch Volksbegehren in den Landtag eingebrachten Gesetzentwurf (Art. 59 u. 60 I LV) oder auf gemeinsames Betreiben der Landesregierung zusammen mit einem Drittel der Abgeordneten des Landtags (Art. 60 II bis IV LV). Gesetzen, die im Rahmen eines Volksentscheids beschlossen wurden, kommt im Vergleich zu den vom Landtag beschlossenen Gesetzen keine höhere demokratische Legitimation und damit auch kein höherer Rang zu. Sie können vom Landtag in gleicher Weise abgeändert werden wie ein Parlamentsgesetz. Gleichwohl gibt es gewisse Rücksichtnahmepflichten.[74] Unverbindliche, konsultative **Volksbefragungen** sind *de constitutione lata* nicht zulässig, sie können auch nicht durch einfaches Gesetz ermöglicht werden.[75] Die Möglichkeiten der direkten Demokratie werden von der LV abschließend geregelt.[76]

24

GemO vorgesehene Einwohnerversammlung ersetzt den Gemeinderat dagegen nicht, sondern dient nur der Erörterung bestimmter Angelegenheiten.
70 *Dreier* in: ders., Art. 20 (Demokratie) Rn. 99.
71 Dort nach hM *de constitutione lata* nur iRv Art. 29, 118 u. 118a GG bei einer Länderneugliederung und dann auch nicht durch das Bundesvolk; *Sommermann* in: v. Mangoldt/Klein/Starck, Art. 20 Abs. 2 Rn. 161 f.
72 *Braun*, Art. 25 Rn. 12; auf Kommunalebene war BW jahrzehntelang das einzige Land, in dem Bürgerbegehren und Bürgerentscheide möglich waren, vgl. LT-Drs. 15/7265, 18.
73 *Braun*, Art. 25 Rn. 14; *Feuchte* in: ders, Art. 25 Rn. 14.
74 *Hofmann* in: FS Papier, 93 f.; *Rossi/Lenski*, DVBl. 2008, 416 (418, 420 ff.); *Huber*, ZG 2009, 311 (314 ff.).
75 Ebenso: BayVerfGH, NVwZ 2017, 319.
76 *Braun*, Art. 25 Rn. 14; differenzierend: *Feuchte* in: ders., Art. 25 Rn. 17 f., der nur eine vom Landtag initiierte Volksbefragung zur Vorbereitung eines Parlamentsgesetzes für zulässig hält. Allgemein zum Streit über die Zulässigkeit von Volksbefragungen: Dezidiert sogar gegen eine verfassungsrechtliche Einführung *Krause* in: HStR, § 35 Rn. 23 ff.; im Grundsatz offen BVerfGE 8, 104; *Heußner/Pautsch*, NVwZ 2014, 1058 ff., halten eine verfassungsrechtliche Grundlage für möglich, aber auch notwendig; dagegen meint *Dreier* in: ders., Art. 20 (Demokratie) Rn. 107, dass Volksbefragungen sogar durch einfaches Gesetz ermöglicht werden könnten; die faktische Bindung aufgrund der politischen Verantwortung relativierend *Grzeszick* in: Maunz/Dürig, Art. 20 II Rn. 114. Auf Kommunalebene Bürgerbefragungen für zulässig haltend: *Schellenberger*, VBlBW 2014, 46.

25 Auch auf **Gemeindeebene** sind Abstimmungen durch das Volk (Bürgerentscheide, v.a. nach Bürgerbegehren) seit langer Zeit möglich (§ 21 GemO). Deren Zulässigkeit ist in Art. 72 I 2 LV vorausgesetzt und bestimmt sich im Übrigen nach dem einfachen Recht. Die Möglichkeiten zur Bürgerbeteiligung auf kommunaler Ebene wurden mit G. v. 28.10.2015 (GBl. S. 870) ausgeweitet.[77] Eine verfassungsrechtliche Grenze finden Formen der direkten Demokratie auf Kommunalebene in Art. 72 I 1 LV und Art. 28 I 2 GG, die eine Gemeindevertretung vorschreiben, die für die grundlegenden Entscheidungen zuständig ist und der ein wesentlicher Verantwortungsbereich verbleiben muss.[78]

c) Repräsentationsprinzip

26 Bereits aus Abs. 1 S. 2 ergibt sich, dass das Demokratiemodell der LV trotz der Möglichkeit von Abstimmungen **im Grundsatz** von der **repräsentativen Demokratie** ausgeht. Dies wird bestätigt bei einer Gesamtschau der übrigen Vorschriften der LV, insb. über die Gesetzgebung und die Bildung und Kompetenzen der übrigen Staatsorgane,[79] insb. durch Art. 27 I u. III LV.[80] Das Repräsentationsprinzip wird auch durch Art. 28 I 1 u. 20 I, II GG für die Länder insoweit als unveränderbar vorgeben, als ein Übergewicht der Repräsentation bestehen muss.[81] Repräsentation ist bei der Ausübung von Volksherrschaft – in mehr oder minder großem Umfang – eine Sachnotwendigkeit.[82] Das Volk als solches ist kaum handlungsfähig. Eine gewisse Organisation durch ein Organ ist notwendig. Diejenigen, denen die Aktualisierung des Willens der Gesamtheit übertragen ist, müssen über ein gewisses Maß an Entscheidungsbefugnis und damit inhaltlich demokratisch nicht gebundener Macht verfügen.[83] Selbst Modelle, die auf einem imperativen Mandat oder dem Rätesystem beruhen, funktionieren nur dann, wenn sie Abstriche bei der Bindung zu lassen. Zudem besteht bei ihnen die Gefahr, dass es zu Partizipationsdefiziten und der Herrschaft einer Minderheit kommt.[84] Grundbedingung des durch Wahlen übertragenen repräsentativen Mandats ist seine Rückbindung an den Volkswillen. Von besonderer Bedeutung hierfür sind die **Grundsätze des freien Mandats und der Verantwortlichkeit gegenüber dem Wähler** sowie ein durch Transparenz und Rückkoppelung zu sicherndes Vertrauensverhältnis der Wähler in den Gewählten.[85] Aus dem Grundsatz der repräsentativen Demokratie folgt schließlich auch der Grundsatz der **parlamentarischen Öffentlichkeit** (Art. 33 I LV).[86]

---

77 Dazu: LT-Drs. 15/7265.
78 Vgl. StGH, ESVGH 26, 129 (140); *Braun*, Art. 25 Rn. 14.
79 StGH, ESVGH 22, 1 (3), ferner auch *Braun*, Art. 25 Rn. 13; für Art. 20 Abs. 2 GG: *Sommermann* in: v. Mangoldt/Klein/Stark, Art. 20 Abs. 2 Rn. 142; *Badura* in: HStR, § 25 Rn. 34; *Huster/Rux* in: Epping/Hillgruber, Art. 20 Rn. 64 ff.
80 So zu Art. 38 I 2 GG: BVerfGE 130, 318 (342).
81 *Mehde* in: Maunz/Dürig, Art. 28 Rn. 65; *Nierhaus* in: Sachs, GG, Art. 28 Rn. 15; *Braun*, Art. 25 Rn. 2.
82 BVerfGE 5, 85 (195 f.); *Hofmann* in: FS Papier, 83 (89 ff.); *Hain* in: v. Mangoldt/Klein/Starck, Art. 79 Abs. 3 Rn. 81; *Dreier* in: ders., Art. 20 (Demokratie) Rn. 104.
83 *Böckenförde* in: HStR, § 34 Rn. 9 bis 11; *Hofmann* in: FS Papier, 83 (90).
84 *Badura*, Staatsrecht, 6. Aufl. 2015, D Rn. 10; *Hofmann* in: FS Papier, 83 (90).
85 *Hofmann* in: FS Papier, 83 (94 ff.).
86 Vgl. BVerfGE 131, 152 (204 ff.); 142, 123 (212 f.).

[Staatsgewalt, Gewaltenteilung] Artikel 25

Die verfassungsrechtlichen **Grenzen für** eine **Ausweitung der Bürgerbeteiligung** durch Verfassungsänderung ergeben sich aus Art. 64 I 2 LV sowie Art. 28 I u. 2, 79 III GG, insb. dem dort verankerten Demokratieprinzip. Entscheidend hierfür ist, dass moderne Demokratie auf ein funktionierendes repräsentatives Demokratiesystem notwendig angewiesen ist. Daraus ergibt sich das verfassungsänderungsfeste Erfordernis, dass direktdemokratische Elemente keine erheblichen dysfunktionalen Auswirkungen auf das repräsentative System haben dürfen, sondern nur Ergänzungsfunktion.[87] Dem verfassungsändernden Gesetzgeber kommt bei der Ausweitung plebiszitärer Elemente zwar ein Spielraum zu. Gleichwohl bedarf es rechtlicher Vorkehrungen, mit denen das Funktionieren und die Handlungsfähigkeit der repräsentativen Demokratie gesichert werden.[88] Dies kann v.a. durch Einleitungs- und Abstimmungsquoren und Vorschriften zur Sammlung von Unterschriften für ein Volksbegehren geschehen. Die vorhandenen Regelungen müssen insgesamt sicherstellen, dass die Volksgesetzgebung über eine hinreichende demokratische Legitimation und Unterstützung im Volk (sog. **Dignität**) verfügt. Ansonsten besteht die Gefahr, dass kleinere Gruppen – insb. unter Ausnutzung der Medien – die Handlungsfähigkeit der demokratisch gewählten Parlamentsmehrheit beeinträchtigen.[89] 27

Essentiell für eine repräsentativ-parlamentarische Demokratie ist insb. die **Budgethoheit** des Parlaments, die grds. dem Plenum obliegt.[90] Daher wird von allen Landesverfassungen jedenfalls das Staatshaushaltsgesetz der Volksgesetzgebung entzogen.[91] Darüber hinaus wird von vielen Landesverfassungen eine Volksgesetzgebung über sonstige Gesetze, die gewichtige staatliche Einnahmen und Ausgaben auslösen und damit den Haushalt eines Landes wesentlich beeinflussen, für mit dem Demokratieprinzip unvereinbar gehalten.[92] In BW gilt dies nach Art. 59 III 3 LV bereits für Volksbegehren. Teilweise wird diese Grenze sogar im verfassungsänderungsfesten Demokratieprinzip verankert.[93] Ob man so weit gehen kann, ist fraglich,[94] zumal dies die Verfassungswidrigkeit einiger Landesverfassungen zur Folge hätte.[95] Allerdings ist nicht zu übersehen, dass das Parlament nur noch schwer die haushaltspolitische Gesamtverantwortung gegenüber dem Volk 28

---

87 *Hofmann* in: FS Papier, 83 (100 ff.); ThürVerfGH; LKV 2002, 83; BayVerfGH, NVwZ-RR 2000, 401; *Huber*, ZG 2009, 311 (312 ff.); *Rux*, Direkte Demokratie, 242 f. Mit Blick auf die jeweilige Verfassung nehmen ein Gleichrangigkeitsverhältnis an: SächsVerfGH, NVwZ 2003, 472; BbgVerfG, LKV 2002, 77 (79); BerlVerfGH, NVwZ-RR 2010, 169 (171 f.).
88 BerlVerfGH, NVwZ-RR 2010, 169 (171 f.); BayVerfGH, NVwZ-RR 2000, 401.
89 BayVerfGH, NVwZ-RR 2000, 401 (402 ff.); ähnl. ThürVerfGH, LKV 2002, 83; BremStGH, NVwZ-RR 2001, 1; *Hofmann* in: FS Papier, 83 (100 f.); aA *Rux*, Direkte Demokratie, 247 ff.
90 BVerfGE 130, 318 (342 f.); StGH, NVwZ 2012, 300 (301).
91 In BW: Art. 60 VI LV; s. auch SächsVerfGH, NVwZ 2003, 472; BerlVerfGH, NVwZ-RR 2010, 169 (172).
92 BVerfGE 102, 176 (für die SchlHVerf); BayVerfGH, DVBl. 2008, 784; BbgVerfGH, LKV 2002, 77 (80); ThürVerfGH, LKV 2002, 83.
93 BayVerfGH, NVwZ-RR 2000, 401; ThürVerfGH, LKV 2002, 83.
94 SächsVerfGH, NVwZ 2003, 472.
95 Etwa in Sachsen und Berlin, in denen lediglich das Staatshaushaltsgesetz als solches dem Volksentscheid entzogen ist; dazu: *Löwer*, v. Münch/Kunig, Art. 28 Rn. 19; *Klatt*, Der Staat 50 (2011), 3 (37).

tragen könnte,[96] wenn ihm die Möglichkeit zu konzeptioneller politischer Planung und eigener Prioritätensetzung durch häufige Volksentscheide genommen würde.[97] Daher bedarf es bei einer Volksgesetzgebung über sonstige haushaltswirksame Gegenstände zum Schutz der Funktionsfähigkeit der repräsentativen Demokratie der oben genannten Sicherungen durch Einleitungs- und Abstimmungsquoren, die gewährleisten, dass eine punktuell korrigierende Volksgesetzgebung von ausreichender demokratischer Dignität getragen wird.[98]

II. Verfassungs- und Gesetzesbindung (Abs. 2)

29 Abs. 2 enthält eine der Formulierung nach an Art. 20 III GG angelehnte Bestimmung. Anders als zT für Art. 20 III GG angenommen, ist Art. 25 II LV nicht als (alleiniger) Sitz des Rechtsstaatsprinzips der LV anzusehen.[99] Denn das Rechtsstaatsprinzip der LV ist in Art. 23 I LV ausdrücklich als Grundsatz verankert. Art. 25 II LV enthält mit der Verfassungs- und Gesetzesbindung wichtige Ausprägungen des Rechtsstaatsprinzips.

1. Bindung der Gesetzgebung an die verfassungsmäßige Ordnung in Bund und Land (HS 1)

30 Abs. 2 HS 1 bindet den Gesetzgeber an die verfassungsmäßige Ordnung in Bund und Land. Damit wird hinsichtlich der Verfassungsbindung die in Art. 23 II LV angesprochene Gliedstaatlichkeit des Landes im Bund aufgegriffen. Unter „**verfassungsmäßiger Ordnung im Land**" ist die Gesamtheit der in der LV enthaltenen Normen zu verstehen.[100] Zusammen mit der Regelung in HS 2, der Bindung von vollziehender Gewalt und Rechtsprechung an Gesetz und Recht, folgen daraus zugleich der **Vorrang der LV** sowie eine landesverfassungsrechtliche Normenhierarchie. Im Rang auf die LV folgt das Landesgesetz. Diesem unterworfen sind die von staatlichen Exekutiv- oder Selbstverwaltungsorganen aufgrund entsprechender gesetzlicher Ermächtigung erlassenen Rechtsverordnungen oder autonome Satzungen. Folge eines Verstoßes gegen die LV ist im **Grundsatz** die **Nichtigkeit** der Norm. Die Nichtigkeit eines Landesgesetzes wegen Verstoßes gegen die LV kann grds. nur der VerfGH aussprechen (Art. 68 I 1 Nr. 2, 3 LV sowie §§ 55, 59 II VerfGHG).[101] Beruht die Verfassungswidrigkeit auf einem **Fehler im Gesetzgebungsverfahren**, kann ausnahmsweise angenommen werden, dass aus Gründen der Rechtssicherheit nur evidente, wesent-

---

96 Zu deren Bedeutung: BVerfGE 123, 267 (361 f.); 129, 124 (177 ff.); 130, 318 (342 ff.).
97 *Hofmann* in: FS Papier, 83 (101 f.); ThürVerfGH, LKV 2002, 83 (95); BayVerfGH, NVwZ-RR 2000, 401 (403).
98 *Hofmann* in: FS Papier, 83 (101 f.); dies ebenfalls andeutend: ThürVerfGH, LKV2002, 83 (94 f.).
99 BVerfGE 108, 186 (234); 117, 71 (125); abl. zur Annahme, das Rechtsstaatsprinzip sei umfassend in Art. 20 III GG verankert: *Sommermann* in: v. Mangoldt/Klein/Starck, Art. 20 Abs. 3 Rn. 227; *Schulze-Fielitz* in: Dreier, Art. 20 (Rechtsstaat) Rn. 40.
100 In Anlehnung an die Auslegung von Art. 20 III HS 1 GG nach *Sommermann* in: v. Mangoldt/Klein/Starck, Art. 20 Abs. 3 Rn. 250; *Schulze-Fielitz* in: Dreier, Art. 20 (Rechtsstaat) Rn. 83; zu Art. 25 II LV so auch *Braun*, Art. 25 Rn. 53.
101 Zum Verwerfungsmonopol des VerfGH → Rn. 39 f.

liche Fehler zur Nichtigkeit führen.[102] Hiervon zu unterscheiden sind Fälle, in denen der VerfGH – wie das BVerfG – nicht die Nichtigkeit, sondern die bloße **Unvereinbarkeit** des Gesetzes mit der LV ausspricht (→ Art. 68 Rn. 104).

Als Gliedstaat des Bundes ist der Landesgesetzgeber jedoch auch an die **verfassungsmäßige Ordnung des Bundes** gebunden. Diese Bindung ergibt sich bereits aus Bundesrecht, etwa aus Art. 1 III, 20 III, 33, 70 ff. GG. Nach Art. 31 GG genießt **Bundesrecht Vorrang vor Landesrecht.** Daher ist es vom Landesgesetzgeber zu beachten.[103] Landesgesetze, die mit Bundesrecht – sei es dem GG, einem einfachen Bundesgesetz oder einer Bundesrechtverordnung – kollidieren, sind nichtig.[104] Das BVerfG kann diese Rechtsfolge in Verfahren gem. Art. 93 I Nr. 2 oder Art. 100 I 2 GG aussprechen. Die Bedeutung von Unionsrecht, insb. seine unmittelbare Geltung und sein Anwendungsvorrang vor Landesrecht, ergibt sich aus Art. 23 I GG und der Rechtsprechung des EuGH sowie des BVerfG.[105] Völkerrechtliche Verträge des Bundes genießen den gleichen Rang wie der jeweilige Umsetzungsakt des Bundes.[106] Für das Verhältnis der Bundesverfassung zum Landesverfassungsrecht sind die Art. 28 I 1 und Art. 142 GG spezieller als Art. 31 GG.[107]

31

Für den VerfGH wird das einfache Bundesrecht sowie Unionsrecht auch durch Art. 25 II LV iVm Art. 31 bzw. Art. 23 GG nicht zum Maßstab. Dieser ist allein die LV.[108] Ob und inwieweit eine **Verletzung von höherrangigem Bundesrecht** – sei es einfaches Recht oder Verfassungsrecht – oder **Unionsrecht** über das landesverfassungsrechtliche Rechtsstaatsprinzip Maßstab für den VerfGH ist, hat dieser bislang offen gelassen.[109] Einige Landesverfassungsgerichte nehmen dies an, wenn der Widerspruch des Landesrechts zum Bundesrecht offen zutage tritt und darüber hinaus auch inhaltlich nach seinem Gewicht als schwerwiegender Eingriff in die Rechtsordnung zu werten ist.[110] Dem ist zu folgen. Denn bei offenkundigen und schwerwiegenden Verletzungen von Bundesrecht liegt zugleich eine Verlet-

32

---

102 BVerfGE 34, 9 (25); 120, 56 (79 f.); 125, 104 (132): An der Evidenz fehlt es nur solange, wie die Verfahrensanforderungen verfassungsgerichtlich noch nicht geklärt waren. Sind die Anforderungen durch das BVerfG geklärt, sind diese in der Folge evident. Die Verletzung von Anhörungs- und Beteiligungspflichten ist idR wesentlich, vgl. BVerfGE 127, 293 (331 f.).
103 Im Übrigen auch von jedem Landtagsabgeordneten: StGH, ESVGH 38, 81 (84).
104 BVerfGE 121, 317 (349).
105 *Hellermann* in: Epping/Hillgruber, Art. 31 Rn. 4; EuGH, U. v. 15.7.1964 – Rs. 6/64 (Costa/ENEL); BVerfGE 102, 104; 123, 267; 126, 286.
106 *Streinz* in: Sachs, GG, Art. 59 Rn. 60 ff., 81. Für die Allgemeinen Regeln des Völkerrechts gilt Art. 25 GG. Speziell zur Bindung an die EMRK nach Art. 20 III GG u. damit auch nach Art. 25 II LV: BVerfGE 111, 307 sowie zu ihrer Bedeutung für die Auslegung des GG: BVerfGE 128, 326.
107 *Huber* in: Sachs, GG, Art. 31 Rn. 5.
108 Art. 68 I 1 Nr. 2 oder 3 LV sowie § 55 I VerfGHG.
109 StGH, U. v. 17.6.2014 – 1 VB 15/13 – juris, Rn. 308.
110 BayVerfGH, E. v. 25.9.2015 – Vf. 9-VII-13 u.a. – juris, Rn. 134; E. v. 28.6.2013 – Vf. 10-VII-12 u.a. – juris, Rn. 75 f.; bislang offengelassen für Unionsrecht, ebd., Rn. 83 u. BayVerfGH, E. v. 25.9.2015 – Vf 9-VII-13 – juris, Rn. 166; für Übertragung dieses Grundsatzes auf Unionsrecht: VerfGH Rh-Pf, B. v. 24.10.2001 – VGH B 8/01 u.a. – juris, Rn. 86; U. v. 11.7.2005 – VGH N 25/04 – juris, Rn. 51 f. Zweifelnd, ob dies im Hinblick auf Art. 28 I GG, die Grundrechte des GG und

zung des landesverfassungsrechtlichen Rechtsstaatsprinzips – hier des Grundsatzes der Verfassungs- und Gesetzesbindung (Art. 25 II LV) – sowie des in Art. 2 I LV iVm Art. 3 I GG niedergelegten Willkürverbots vor.[111]

2. Bindung von Exekutive und Rechtsprechung an Gesetz und Recht (HS 2)

33 Die Formulierung in HS 2 lehnt sich an Art. 20 III HS 2 GG an, dessen Auslegung jedoch umstritten und vom BVerfG noch nicht hinreichend geklärt ist. Teilweise wird unter „Gesetz" nur das formelle Parlamentsgesetz verstanden.[112] Wohl überwiegend wird dagegen der Begriff „**Gesetz**" auf das gesamte materielle Recht mit Außenwirkung gegenüber dem Bürger bezogen, also auf Parlamentsgesetze, Verordnungen, Satzungen und Gewohnheitsrecht.[113] Ferner werden unmittelbar anwendbares Unionsrecht und innerstaatlich anwendbare völkerrechtliche Verträge wie die EMRK hierzu gezählt.[114] Keine „Gesetze" in diesem Sinne sind Verwaltungsvorschriften, weil sie grds. nur im Innenverhältnis der Verwaltung Bindungskraft entfalten.[115]

34 Mit der ergänzenden Bindung an das „**Recht**" wird Bezug genommen auf eine überpositivistische Idee der Gerechtigkeit.[116] So soll das Bewusstsein aufrecht erhalten werden, dass sich „Gesetz und Recht" nicht immer decken müssen.[117] Allerdings besteht auch Einigkeit darüber, dass innerhalb der grundgesetzlichen Ordnung das Erfordernis eines Rückgriffs auf eine überpositivistische Idee der Gerechtigkeit nicht besteht („Legalität indiziert Legitimität").[118] So ist die Idee der materiellen Gerechtigkeit in Art. 1 II LV, im Rechtsstaatsprinzip nach Art. 23 I LV,[119] in Art. 2 I LV iVm Art 1 I, 3 I GG sowie im Verhältnismäßigkeitsgrundsatz in der LV verankert.[120] Das BVerfG verwendet die Formel „Gesetz und Recht" in der Regel einheitlich.[121]

---

die in die Landesverfassungen hineinwirkenden Elemente des GG zu eng ist: BVerfG, NVwZ-RR 2016, 521 (523); allerdings differenziert hier das BVerfG nicht hinreichend zwischen der Prüf- und Vorlagepflicht nach Art. 100 GG einer- und dem Verwerfungsrecht des VerfGH andererseits (→ Art. 68 Rn. 18 ff.); krit. auch *Igloffstein*, BayVBl. 2017, 669; *Möstl*, BayVBl. 2017, 659; zu Unionsrecht: *Lindner*, BayVBl. 2017, 666.
111 Ebenso: BayVerfGH, NVwZ 2014, 141 mwN; E. v. 16.6.2015 – Vf. 12-VII-14.
112 So *Sommermann* in: v. Mangoldt/Klein/Starck, Art. 20 Abs. 3 Rn. 264; *Schmidt-Aßmann* in: HStR, § 26 Rn. 34, 37.
113 BVerfGE 78, 214 (227); *Grzeszick* in: Maunz/Dürig, Art. 20 VI Rn. 60; *Schnapp* in: v. Münch/Kunig, Art. 20 Rn. 61.
114 BVerfGE 111, 307; *Schulze-Fielitz* in: Dreier, Art. 20 (Rechtsstaat) Rn. 93.
115 BVerfGE 78, 214 (227).
116 BVerfGE 34, 269 (268 f.); *Schmidt-Aßmann* in: HStR, § 26 Rn. 41.
117 BVerfGE 34, 269 (268 f.).
118 *Schnapp* in: v. Münch/Kunig, Art. 20 Rn. 61; BVerfGE 62, 1 (42).
119 StGH, B. v. 6.8.2014 – 1 VB 37/14 –, juris, Rn. 11; BVerfGE 133, 168 (198).
120 *Grzeszick* in: Maunz/Dürig, Art. 20 VI Rn. 67.
121 BVerfGE 34, 269 (286); BVerfGE 122, 248 (268) oder BVerfGE 133, 168 (213).

Aus der Bindung an „Gesetz und Recht" folgt der Grundsatz der „**Gesetz-** 35
mäßigkeit der Verwaltung". Dieser weist zwei Komponenten auf: Die
Grundsätze des Vorrangs des Gesetzes und des Vorbehalts des Gesetzes.[122]

Der **Vorrang des Gesetzes** besagt, dass das Parlamentsgesetz allen Akten 36
der Exekutive vorgeht. Verletzt eine Norm oder ein Verwaltungsakt der
Exekutive das Gesetz, sind diese zwar **rechtswidrig** und an sich nichtig.
Das Parlamentsgesetz kann jedoch unter Bezugnahme auf andere Verfassungsgrundsätze – wie die der Rechtssicherheit, des Vertrauensschutzes,
der Verfahrensbeschleunigung oder der Funktionsfähigkeit der Verwaltung
– trotzdem die Wirksamkeit der Rechtsverordnung, Satzung oder des Verwaltungsakts bzw. die Unbeachtlichkeit des Fehlers sowie Heilungsmöglichkeiten als **Fehlerfolge** anordnen.[123]

Der Grundsatz des **Vorbehalts des Gesetzes** besagt, dass die Exekutive für 37
bestimmte Tätigkeiten einer formell-gesetzlichen Grundlage bedarf. Dies
gilt insb. für den Erlass von Rechtsverordnungen (Art. 61 LV) oder für Eingriffe in Grundrechte.[124] Der Grundsatz des Vorbehalts des Gesetzes ist jedoch unter bestimmten Voraussetzungen auch auf die Gewährung staatlicher Leistungen anwendbar.[125] In **Art. 58 LV** findet sich ein durch die Dogmatik der verfassungsgerichtlichen Rechtsprechung unbedeutend gewordener, zu eng formulierter allgemeiner Gesetzesvorbehalt bei bestimmten
Grundrechtseingriffen.[126] Aus den grundrechtlichen Gesetzesvorbehalten,
dem Rechtsstaats- und dem Demokratieprinzip wird abgeleitet, dass der
Parlamentsgesetzgeber alle **wesentlichen** Fragen selbst regeln muss. Ob sich
der demokratisch-rechtsstaatliche Vorbehalt des Gesetzes, der auch für
vorbehaltlos gewährleistete Grundrechte gilt, zu einem **Parlamentsvorbehalt** verstärkt, lässt sich nur mit Blick auf den jeweiligen Sachbereich und
auf die Eigenart des betroffenen Regelungsgegenstandes beurteilen. Im
grundrechtsrelevanten Bereich kommt es damit darauf an, ob die betreffende Frage wesentlich für die Verwirklichung eines Grundrechts ist. Entscheidend ist dabei vor allem die Intensität, mit der die jeweilige Maßnahme
den Grundrechtsadressaten betrifft.[127] Allerdings schließt der Grundsatz
des Vorbehalts des Gesetzes es nicht aus, dass der Verwaltung Ermessensspielräume oder unter bestimmten Voraussetzungen auch Beurteilungs-

---

122 Zum Aspekt des Vorbehalts: BVerfGE 80, 137 (161); 107, 59 (102); zum Aspekt
des Vorrangs: BVerfGE 111, 307 (325, 330); zum Ganzen: *Sommermann* in: v.
Mangoldt/Klein/Starck, Art. 20 Abs. 3 Rn. 270; *Schnapp* in: v. Münch/Kunig,
Art. 20 Rn. 65.
123 §§ 43 ff. LVwVfG; § 4 Abs. 4 GemO oder §§ 214 f. BauGB; dazu: *Schmidt-Aßmann* in: HStR, § 26 Rn. 62; zum Fortbestand eines Hochschulgremiums bei festgestellten Wahlfehlern: BbgVerfG, U. v. 25.5.2016 – VfgBbg 51/15 – juris,
Rn. 280 f.; VGH BW, DVBl. 2014, 1189.
124 BVerfGE 80, 137 (161).
125 Dazu: *Sommermann* in: v. Mangoldt/Klein/Starck, Art. 20 Abs. 3 Rn. 281.
126 *Braun*, Art. 58 Rn. 2; *Feuchte* in: ders., Art. 58 Rn. 5.
127 Entwickelt v.a. für das Schulrecht: BVerfGE 47, 46 (78 ff.); 98, 218 (251 f.); zur
Beschränkung des freien Mandats: BVerfGE 134, 141 (184 f.); *Sommermann* in:
v. Mangoldt/Klein/Starck, Art. 20 Abs. 3 Rn. 278 f.; *Ossenbühl* in: HStR, § 101
Rn. 41 ff. Weitere Bsp.: Berechnung der Privatschulförderung: StGH, U.
v. 6.7.2015 – 1 VB 130/13 – juris, Rn. 123-125; ThürVerfGH, U. v. 21.5.2014 –
13/11.

spielräume eingeräumt werden.[128] Die LV normiert auch für die Organisation der Verwaltung (**Art. 70 I 1 LV**) sowie der Gerichte (**Art. 65 I LV**) besondere **institutionelle Gesetzesvorbehalte**. Bei wesentlichen Fragen der Verwaltungs- und Gerichtsorganisation bedarf es daher eines Parlamentsgesetzes.[129] Auch die **haushalts- und finanzrechtlichen Gesetzesvorbehalte** in **Art. 79, 81 und 84 LV** dienen – neben der Sicherung der demokratischen Legitimation – der Gewaltenteilung.[130]

38 Der Vorbehalt des Gesetzes und das darin enthaltene Bindungsgebot bezieht sich jedoch nicht nur auf Parlamentsgesetze, sondern auch auf **sonstiges materielles Recht**, wie Rechtsverordnungen oder Satzungen. Normen der Exekutive werden durch Personen oder Gremien erlassen, die über einen engeren demokratischen Legitimationszusammenhang nach Art. 25 I LV verfügen, als der für einzelne Verwaltungsentscheidungen zuständige Amtswalter. Ferner schafft auch die transparente Normierung durch eine Rechtsverordnung Rechtssicherheit und Vorhersehbarkeit für die Normunterworfenen und dient damit der Rechtssicherheit. Schließlich bildet sie ein Grundlage für die Rechtskontrolle der Verwaltung durch die Gerichte.[131]

39 Die Gesetzesbindung der Verwaltung führt dazu, dass diese an förmliche Gesetze gebunden ist, auch wenn sie diese für verfassungswidrig hält. Eine **Verwerfung von Landesgesetzen** steht nur **dem VerfGH oder dem BVerfG zu**.[132] Hält ein Beamter ein Landesgesetz für verfassungswidrig, kann er nur intern darauf drängen, dass die Landesregierung nach Art. 68 I 1 Nr. 2 LV beim VerfGH oder nach Art. 93 I Nr. 2 GG beim BVerfG einen Normenkontrollantrag stellt.[133] Hält die Verwaltung untergesetzliche Normen für verfassungs- oder gesetzeswidrig, ist bislang noch nicht abschließend geklärt, ob sie die betreffende Norm selbst verwerfen darf.[134] Aus Gründen der Rechtssicherheit wird sich eine solche Befugnis jedoch nur in offensichtlichen Fällen ergeben können,[135] insb. wenn ein Gericht bereits die Rechtswidrigkeit der Norm festgestellt hat.[136] Im Übrigen kann die für die Anwendung der Norm zuständige Behörde nach § 47 I Nr. 2 u. II VwGO

---

128 Zu den sich aus Art. 67 I LV u. Art. 19 IV GG ergebenden Grenzen s. → Art. 67 Rn. 40.
129 BVerfGE 2, 307 (316 ff.): bei Änderung von Gerichtsbezirken, auch wegen Art. 101 I 2 GG und Art. 65 II LV; einschränkend: BVerfGE 24, 155 (166).
130 StGH, U. v. 6.10.2011 – 1 GR 2/11 – juris, Rn. 38.
131 VerfGH, U. v. 30.5.2016 – 1 VB 15/15 – juris, Rn. 56.
132 Art. 68, 88 LV; für Bundesgesetze: Art. 100 I, 93 I Nr. 2 GG; dazu → Art. 68 Rn. 109.
133 Für den in der Praxis unbedeutsamen Fall einer offensichtlichen Verfassungswidrigkeit wird eine Ausnahme diskutiert: *Schulze-Fielitz* in: Dreier (Rechtsstaat) Rn. 98. Darüber hinaus können bei Ermessensentscheidungen im Rahmen der Vollstreckung ernste verfassungsrechtliche Zweifel an einer Norm berücksichtigt werden, insb. wenn die Gültigkeit einer Norm von einem Bundesgericht angezweifelt wurde, vgl. BVerfGE 12, 180 (186).
134 Offen lassend: BVerfG, NVwZ 2010, 431 (435); zum Streitstand: *Sachs* in: ders., GG, Art. 20 Rn. 97 mit Fn. 414.
135 BVerwGE 129, 346 – juris, Rn. 28; VerfGH, U. v. 30.5.2016 – 1 VB 15/15 – juris, Rn. 62 f., dort auch zu den Befugnissen der Verwaltung bei Nichterlass einer gesetzlich gebotenen Rechtsverordnung.
136 BVerwGE 112, 373 – juris, Rn. 23; VerfGH, U. v. 30.5.2016 – 1 VB 15/15 – juris, Rn. 62.

[Staatsgewalt, Gewaltenteilung] Artikel 25

u. § 4 AGVwGO gegen eine unter dem Landesgesetz stehende Norm beim VGH einen Normenkontrollantrag stellen. Dagegen können und müssen bei einem evidenten Verstoß gegen Unionsrecht nicht nur Gerichte, sondern sogar Behörden selbst Gesetze und sonstiges Recht unangewendet lassen.[137]

Die **Rechtsprechung** ist nach Abs. 2 ebenfalls an „Gesetz und Recht" gebunden. Dies entspricht der Unterwerfung unter das „Gesetz" nach Art. 65 II LV.[138] Parlamentsgesetze muss der Richter immer anwenden, auch wenn er sie für verfassungswidrig hält. In diesem Fall ist er zur Vorlage nach Art. 100 I GG an das BVerfG oder im Falle einer Verletzung der LV an den VerfGH (Art. 68 I 1 Nr. 3, 88 LV) verpflichtet.[139] Den Verfassungsgerichten steht zur Wahrung der Autorität des Gesetzgebers und der Rechtssicherheit hinsichtlich formeller Gesetze ein Verwerfungsmonopol zu (→ Art. 68 Rn. 109). Für untergesetzliche Normen besteht ein solches **Verwerfungsmonopol** nicht. Vielmehr können die Gerichte, die zur Kontrolle der Verwaltung grds. befugt sind, dem Vorrang des Gesetzes gegenüber Exekutivnormen selbst Geltung verschaffen und diese Normen je nach Verfahrensart allgemein für nichtig erklären (§ 47 VwGO) oder im Einzelfall inzident verwerfen. Des Weiteren beinhaltet die Bindung der Gerichte an „Gesetz und Recht" **Grenzen für die richterliche Rechtsfortbildung und die Gesetzesauslegung (Richterrecht).** Diese werden durch die anerkannten Auslegungsmethoden gezogen. Sie gelten auch für eine Auslegung, die dem Ziel der Herstellung von Verfassungskonformität der Norm dient.[140] Richterliche Rechtsfortbildung darf ferner nicht dazu führen, dass der Richter seine eigene materielle Gerechtigkeitsvorstellung an die Stelle derjenigen des Gesetzgebers setzt.[141] Dies widerspräche dem Demokratieprinzip und dem vom Grundsatz der Gewaltenteilung beherrschten Funktionsgefüge der LV. Eine Überschreitung dieser Grenzen der rechtsprechenden Gewalt kann der VerfGH feststellen, auch wenn er die richtige Anwendung des einfachen Rechts grds. nicht überprüft.[142]

40

III. Gewaltenteilung (Abs. 3)

1. Allgemeines

Der Grundsatz der Gewaltenteilung war **dem Verfassungsgeber** des Jahres 1953 angesichts der staatlichen Gleichschaltung staatlicher Macht während der Zeit des NS-Führerstaates **besonders wichtig.** Daher findet sich für diesen Grundsatz – in Abweichung zum GG, in dem die Gewaltenteilung nebenbei verankert ist (Art. 1 III, 20 II 2 HS 2 GG) – ein eigener Absatz in der LV, der die Funktionen der Gesetzgebung, der Rechtsprechung und der Verwaltung im Grundsatz voneinander getrennten Einheiten zu-

41

---

137 *Streinz* in: Sachs, GG, Art. 23 Rn. 61 mwN; *Kahl* in: Calliess/Ruffert, Art. 4 EUV Rn. 94.
138 Auch: Art. 97 I GG, ferner: *Sommermann* in: v. Mangoldt/Klein/Starck, Art. 20 Abs. 3 Rn. 285; *Schulze-Fielitz* in: Dreier, Art. 20 (Rechtsstaat) Rn. 101.
139 Dazu: BVerfGE 138, 64.
140 BVerfGE 138, 64 (93 f.); 135, 1 (15 f.).
141 BVerfGE 96, 375 (394 f.); 128, 193 (209 ff.); StGH, B. v. 6.8.2014 – 1 VB 37/14 – juris, Rn. 9.
142 BVerfGE 128, 193 (209); StGH, NVwZ 2015, 896 (897 f.).

weist. Der Grundsatz der Gewaltenteilung ist zwar ein Teilelement des Rechtsstaatsprinzips aus Art. 23 I LV. Darüber hinaus ist er jedoch auch ein eigenständiges Verfassungsprinzip, das – wie sich aus Art. 1 II, 25 I 2 LV ergibt – gegenüber dem einzelnen Menschen und dem Volk als Souverän eine schützende Funktion erfüllen soll. Der Grundsatz der Gewaltenteilung dient nicht nur der freiheitssichernden Verhinderung von Machtkonzentration, sondern ist auch ein Mittel für rationales und effektives staatliches Handeln sowie Voraussetzung für Verantwortungszurechnung und Kontrollierbarkeit der öffentlichen Gewalt.[143] Die Trennung der Gewalten verwirklicht sich organisatorisch, funktionell und personell,[144] wobei die personelle Trennung v. a. durch Inkompatibilitätsregelungen hergestellt wird.

42 Die horizontale Teilung der drei klassischen Gewalten wird – dies ist eine wietere Besonderheit der LV – dadurch ergänzt, dass mit Art. 25 III 3 LV die **Selbstverwaltung** der Gemeinden, Kreise und sonstigen Selbstverwaltungskörperschaften, -anstalten und -stiftungen der Bundes- und Landesverwaltung gegenübergestellt wird und damit eine zusätzliche, gleichsam „vertikale" Gewaltenteilung konstituiert wird. Diese Aufteilung der Macht innerhalb der vollziehenden Gewalt, verbunden mit ihrer Dezentralisation (Orts- und Sachnähe), erweitert den Raum der Freiheit. Auf diese Weise ist die Selbstverwaltung eine der Grundlagen für die freiheitliche Demokratie.[145]

43 Das Prinzip der Gewaltenteilung ist jedoch nirgends – und so auch nicht in der LV – rein verwirklicht.[146] Es bestehen zahlreiche Gewaltenverschränkungen und -balancierungen. Nicht absolute Trennung, sondern **gegenseitige Kontrolle, Hemmung und Mäßigung** der Gewalten ist dem Verfassungsaufbau zu entnehmen.[147] Allerdings muss die in der Verfassung vorgenommene Verteilung der Gewichte zwischen den drei Gewalten gewahrt bleiben. Keine Gewalt darf ein von der Verfassung nicht vorgesehenes Übergewicht über eine andere Gewalt erhalten. Keine Gewalt darf der für die Erfüllung ihrer verfassungsmäßigen Aufgaben erforderlichen Zuständigkeiten beraubt werden. Der **Kernbereich** der verschiedenen Gewalten ist unveränderbar.[148] Damit ist ausgeschlossen, dass eine der Gewalten die ihr von der Verfassung zugeschriebenen typischen Aufgaben und die Möglichkeit zu deren adäquater Wahrnehmung verliert.[149] Durch Verschränkungen darf die **Verantwortungsklarheit** und damit die Möglichkeit der Verantwortungszurechnung nicht erheblich beeinträchtigt werden.[150] Daher sind **Mischorgane** grds. unzulässig, es sei denn sie sind nur beratend tätig oder

---

143 BVerfGE 3, 225 (247); 9, 267 (279); 68, 1 (86); *Sommermann* in: v. Mangoldt/Klein/Starck, Art. 20 Abs. 2 Rn. 207; *Schmidt-Aßmann* in: HStR, § 26 Rn. 47 ff.
144 StGH, ESVGH 20, 194 (197); *Grzeszick* in: Maunz/Dürig, Art. 20 V Rn. 9 ff.
145 StGH, ESVGH 25, 1 (8); *Braun*, Art. 25 Rn. 50.
146 BVerfGE 3, 241 (247).
147 So für das GG: BVerfGE 34, 52 (59). Für Art. 25 LV: StGH, ESVGH 20, 194 (197).
148 Auch für Verfassungsänderungen: StGH, ESVGH 36, 161.
149 BVerfGE 95, 1 (15); *Grzeszick* in: Maunz/Dürig, Art. 20 V Rn. 50 ff., 90 ff.
150 BVerfGE 9, 268 (281 f.); *Sommermann* in: v. Mangoldt/Klein/Starck, Art. 20 Rn. 214, 224; *di Fabio* in: HStR, § 27 Rn. 41.

die Entscheidungsprärogative eines der Organe ist durch entsprechende Mehrheitsverhältnisse oder Vetorechte sichergestellt.[151]

2. Besonderheiten in der parlamentarischen Demokratie

Die in der LV verwirklichte Aufgliederung der Staatsgewalt folgt hinsichtlich der Herstellung demokratischer Legitimation dem Modell einer **parlamentarischen Demokratie**. Dies zeigt sich in der Abhängigkeit der Bildung und Beendigung der Landesregierung vom Landtag.[152] Auch die Mitglieder des Verfassungsorgans VerfGH erhalten ihre demokratische Legitimation mit ihrer Wahl durch den Landtag. Dieses parlamentarische Modell ist – wie das Beispiel der US-Verfassung zeigt – nicht zwingend für eine Demokratie;[153] es widerspricht jedoch auch nicht dem Grundsatz der Gewaltenteilung. Aus dem Umstand, dass allein die Mitglieder des Landtags vom Volk gewählt werden, folgt nicht, dass andere Institutionen und Funktionen der Staatsgewalt der demokratischen Legitimation entbehren. Aus dem Prinzip der parlamentarischen Demokratie darf jedoch kein Gewaltenmonismus in Form eines umfassenden Parlamentsvorbehalts abgeleitet werden.[154] Zwar hat die in der parlamentarischen Demokratie gegebene starke Abhängigkeit der Regierung von den Mehrheitsfraktionen im Landtag, welche durch das Prinzip der Parteiendemokratie (Art. 21 GG) gesteigert wird,[155] zur Folge, dass der funktionale Gegensatz zwischen Regierung und Parlament nur eingeschränkt wirksam werden kann. Jedoch kann dieses Defizit dadurch aufgefangen werden, dass die Rechte der parlamentarischen Opposition gegenüber der Landesregierung durch den Grundsatz der Gewaltenteilung verstärkt werden.[156] Aus der Verfassung kann ein **Grundsatz effektiver Opposition** abgeleitet werden, deren zentrale Aufgabe die parlamentarische Kontrolle der Regierung ist.[157] Wie aus dem GG ergeben sich auch aus der LV aber keine explizit (allein) den Oppositionsfraktionen zustehenden Rechte, sondern diverse, für alle gleiche Abgeordneten- und quorengebundene Minderheitenrechte.[158] Die Opposition ist grds. Funktion, nicht Institution (näher → Art. 33 Rn. 30 ff.).[159]

44

3. Trennung und Verschränkung der einzelnen Gewalten

a) Landtag

Die Aufgabe **Gesetzgebung** steht den gesetzgebenden Organen zu. Gesetzgebendes Organ ist nach Art. 27 I, II LV der Landtag als gewählte Vertretung des Volkes. Allerdings ist der Landtag nicht allein für die Setzung ma-

45

---

151 *Braun*, Art. 25 Rn. 47.
152 Art. 46 I 1, III, IV, 45 III, 54, 55 II, 56 LV.
153 *Grzeszick* in: Maunz/Dürig, Art. 20 V Rn. 23.
154 BVerfGE 49, 89 (125 f.).
155 *Braun*, Art. 25 Rn. 41; zu Gefährdungen: *Sachs* in: ders., GG, Art. 20 Rn. 92.
156 StGH, ESVGH 58, 15 (35); *Grzeszick* in: Maunz/Dürig, Art. 20 V Rn. 24; *di Fabio* in: HStR, § 27 Rn. 20.
157 BVerfGE 142, 25 (55 ff.).
158 Insb. aus Art. 27 III, 35 I 1, 68 I 2 Nr. 2, II Nr. 2 LV; BVerfGE 142, 25 (57 ff.).
159 *Dreier* in: ders., Art. 20 (Demokratie), Rn. 59; anders nur Art 18 II SchlHVerf, wonach nach bestimmten Regeln explizit ein „Oppositionsführer" zu bestimmen ist.

teriellen Rechts zuständig. Gesetzesinitiativen können auch von der Regierung oder vom Volk durch Volksbegehren eingebracht werden (Art. 59 I LV). Der Landtag kann durch Gesetz die Regierung oder ihr nachgeordnete Behörden ermächtigen, Rechtsverordnungen zu erlassen (Art. 61 LV). Art. 61 I 2 LV setzt dem jedoch eine Grenze, da das ermächtigende Gesetz Inhalt, Zweck und Ausmaß selbst bestimmen muss. Eine pauschale Übertragung normsetzender Gewalt auf die Exekutive ist mit dem Gewaltenteilungsgrundsatz nicht vereinbar.[160] Die Ermächtigung zum Erlass von Rechtsverordnungen darf in Grenzen, welche den Rechtssatzcharakter und die Verantwortungszurechnung wahren, mit einem Zustimmungsvorbehalt des Landtags verbunden werden.[161] Generell wird der Kern der Gesetzgebungsfunktion des Landtags durch den Parlamentsvorbehalt (Wesentlichkeitsgrundsatz), den Grundsatz der Gesetzmäßigkeit der Verwaltung (→ Rn. 35 ff.), die Gesetzesbindung der Rechtsprechung (→ Rn. 40), den Bestimmtheitsgrundsatz[162] sowie den Zustimmungsvorbehalt für den Abschluss von Staatsverträgen (Art. 50 S. 2 LV) abgesichert. Auch kann der Gesetzgeber gegenüber einer verfassungsgerichtlichen Kontrolle häufig Einschätzungsspielräume für sich in Anspruch nehmen, etwa im Rahmen der Prüfung der Verhältnismäßigkeit.[163] Zur Gesetzgebung gehört auch der Beschluss über den Haushaltsplan durch das Haushaltsgesetz (Art. 79 II 1 LV) sowie das Erfordernis eines Gesetzes zur Kreditaufnahme oder der Übernahme von Gewährleistungen (Art. 84 S. 1 LV). Das Budgetrecht ist ein Kernelement der demokratischen Legitimierung und der Gewaltenteilung.

46 Dem Landtag obliegt zudem die Aufgabe der **Kontrolle der vollziehenden Gewalt des Landes**[164] (Art. 27 II LV), welche ebenfalls eine Kernaufgabe[165] der Legislative, insb. der dortigen Opposition, ist.[166] Neben den klassischen parlamentarischen Kontrollinstrumenten (dazu ausf. → Art. 27 Rn. 29 ff.) zählen dazu auch das Haushaltsbewilligungsrecht (Art. 79 II u. 84),[167] einschließlich des Zustimmungsrechts zu über- oder außerplanmäßigen Ausgaben (Art. 81)[168] und der durch den Rechnungshof unterstützten Finanzkontrolle.

47 Die **organisatorische** Eigenständigkeit des Landtags wird durch den Grundsatz der **Parlamentsautonomie** gewährleistet.[169] Daraus fließen im

---

160 BVerfGE 34, 52 (60).
161 BVerfGE 8, 274 (322 f.); krit. *di Fabio* in: HStR, § 27 Rn. 44; *Sommermann* in: v. Mangoldt/Klein/Starck, Art. 20 Abs. 2 Rn. 224.
162 BVerfGE 13, 153 (160 f.).
163 StGH, U. v. 17.6.2014 – 1 VB 15/13 – juris, Rn. 334, 347, 446; VerfGH Rh-Pf, NVwZ-RR 2015, 761 (764).
164 Zur Begrenzung des Bundestages auf den Zuständigkeitsbereich des Bundes: BVerfGE 139, 194 (225 f.); zu in der Hand des Bundes befindlichen Unternehmen in Privatrechtsform: BVerfG, U. v. 7.11.2017 – 2 BvE 2/11 – juris, Rn. 216 ff.
165 StGH, ESVGH 62, 9 (13).
166 StGH, ESVGH 58, 15 (35); *Grzeszick* in: Maunz/Dürig, Art. 20 V Rn. 35 ff.; vgl. auch Art. 18 SchlHVerf.
167 StGH, ESVGH 62, 9 (13); BVerfGE 119, 96 (118 f.).
168 Dazu: StGH, ESVGH 62, 9 (14 ff., 21 ff.).
169 BVerfGE 70, 324 (360 f.); 102, 224 (235 f.); *Magiera* in: Sachs, GG, Art. 40 Rn. 1.

Wesentlichen die Geschäftsordnungsautonomie (Art. 32 I 2), das Selbstversammlungsrecht (Art. 30 IV), die Wahl eigener Organe (Art. 32 I 1), das Hausrecht und die Polizeigewalt (Art. 32 II), die finanzielle Eigenständigkeit (Art. 32 III) sowie die Eigenschaft als oberste Dienstbehörde (Art. 32 III 4).[170]

In **personeller Hinsicht** verbietet der Grundsatz der Gewaltenteilung nicht, dass Mitglieder der Regierung zugleich ein Abgeordnetenmandat wahrnehmen. Gleiches gilt für politische Staatssekretäre, die nicht Mitglied der Regierung sind (vgl. § 1 PStSG, und → Art. 45 Rn. ff.). Art. 137 I GG statuiert lediglich eine Ermächtigung, aber keine Verpflichtung des Gesetzgebers, Beschränkungen der Wählbarkeit von Amtsträgern in Form von Inkompatibilitäten zu regeln.[171] Weder das GG noch Art. 25 LV begründen dagegen unmittelbar eine Unvereinbarkeit von öffentlichem Amt und Abgeordnetenmandat.[172] Die Verbindung von Ministeramt und Abgeordnetenmandat ist ein Kennzeichen der parlamentarischen Demokratie. Die Kontrollfunktion des Landtags wird dadurch nicht inadäquat beeinträchtigt, weil diese in der parlamentarischen Demokratie vor allem von den Abgeordneten der Opposition wahrgenommen wird. Die Regierung gerät auch nicht in unzulässige Abhängigkeit des Landtags, solange nur eine begrenzte Zahl von Abgeordneten zugleich ein Regierungsamt bekleidet.[173] Gleichwohl können sich aus der Verbindung vom Amt und Mandat aufgrund von Interessenkollisionen Gefahren für die Gewaltenteilung ergeben.[174] Daher finden sich im einfachen Landesrecht in Ausfüllung der Ermächtigung in Art. 137 I GG ergangene Regelungen (dazu ausf. → Art. 29 Rn. 11 ff.).

48

b) Vollziehende Gewalt

Die „Verwaltung" (Abs. 3 S. 3) bzw. die „vollziehende Gewalt" (Abs. 1 S. 2 HS 2) liegt in der Hand von Regierung und Selbstverwaltung. Die **Funktion** der „Verwaltung" bzw. „vollziehenden Gewalt" umfasst **im Kern** das unmittelbare staatliche Tätigwerden, soweit es sich nicht um Rechtsprechung handelt und der Gesetzgeber es nicht für sich beansprucht.[175] Grundaufgabe der Verwaltung ist die **Vollziehung der Gesetze im Einzelfall**.[176] Allerdings ist nicht ausgeschlossen, dass sie aufgrund gesetzlicher Ermächtigung (Art. 61 LV oder Art. 80 I 1 GG) oder als Selbstverwaltungskörperschaft rechtsetzend tätig wird.[177] Darüber hinaus kann sie nach Art. 59 I LV Gesetzesinitiativen in den Landtag einbringen. Staatliche Planung kann nach den typisierenden Merkmalen Vollzug im Einzelfall und Rechtsetzung nicht eindeutig der Exekutive oder der Legislative zugeordnet

49

---

170 BVerfGE 102, 224 (236).
171 StGH, ESVGH 20, 194 (197 ff.); BVerfGE 12, 73 (77 f.); 40, 296 (320); 57, 43 (62); 58, 177 (191 f.).
172 StGH, ESVGH 20, 194 (197 ff.).
173 StGH, ESVGH 23, 135 (143 f.).
174 Dazu: StGH, ESVGH 20, 194 (202).
175 *Schmidt-Aßmann* in: HStR, § 26 Rn. 52; *Grzeszick* in: Maunz/Dürig, Art. 20 V Rn. 103; *Hoffmann-Riem* in: Hoffmann-Riem/Schmidt-Aßmann/Voßkuhle, § 10 Rn. 39 ff., 47.
176 BVerfGE 95, 1 (16).
177 *Schmidt-Aßmann* in: HStR, § 26 Rn. 52.

werden. Planung ist ein komplexer Prozess der Gewichtung, Auswahl und Verarbeitung von Informationen, der Zielsetzung und der Auswahl der einzusetzenden Mittel. Daher kann auch der Gesetzgeber ohne Verletzung des Gebots der funktionalen Gewaltentrennung eine anlagenbezogene Fachplanung durch Gesetz beschließen, wenn es hierfür gute Gründe gibt.[178] Die Planvorbereitung obliegt jedoch auch hier im Grundsatz der Exekutive.[179] Das Verbot von grundrechtseinschränkenden Einzelfallgesetzen (Art. 2 I LV iVm Art. 19 I 1 GG)[180] dient ebenfalls dem Schutz der funktionalen Gewaltenteilung, gilt aber nicht ausnahmslos.[181] Eine gesetzliche Regelung, die die im Einzelfall gebotene Prüfung der Voraussetzungen eines verfassungsrechtlichen Anspruchs[182] dem parlamentarischen Gesetzgeber zuweist und dieser durch Gesetz einen Verwaltungsakt ersetzt, verstößt gegen den Grundsatz der Gewaltenteilung. Dieser gewährleistet mittelbar das grundrechtlich geschützte Recht auf wirkungsvollen Rechtsschutz im Einzelfall.[183]

50 Der Grundsatz der Gewaltenteilung kann in funktionaler Hinsicht auch durch die **Kontrolltätigkeit der Legislative** verletzt werden, insb. wenn es um die Ausübung des Fragerechts oder die Arbeit von Untersuchungsausschüssen geht. Allerdings stellt nicht jede Einflussnahme des Parlaments auf die Exekutive einen Verstoß gegen den Grundsatz der Gewaltenteilung dar. Ein solcher ist erst bei einem Eingriff des Parlaments in den **Kernbereich der Exekutive** gegeben (dazu ausf. → Art. 27 Rn. 40 ff.). Gleichwohl muss die parlamentarische Kontrolle insb. hier wirksam sein. Eine Verletzung des Kernbereichs ist im Einzelfall nach den Kriterien der Funktionsfähigkeit, Organadäquanz und Eigenverantwortlichkeit der Regierung unter **Abwägung** mit der Funktion des parlamentarischen Kontrollrechts, eine demokratischen und rechtsstaatlichen Grundsätzen entsprechende Regierungsfunktion herzustellen, zu bestimmen (auch dazu s. → Art. 27 Rn. 40 ff.).[184] Dagegen existiert hinsichtlich der den Ministerien **nachgeordneten staatlichen Behörden** *kein* dem parlamentarischen Informationsrecht entzogener **Kernbereich exekutiver Eigenverantwortung**. Ihr administratives Handeln unterliegt daher der Kontrolle des Landtags in gleichem Maß wie der Fach- oder Rechtsaufsicht des zuständigen Ministers, der für sie parlamentarisch einzustehen hat. Dies gilt auch für die **Staatsanwaltschaften** bei der Strafverfolgung.[185] Auch die Tätigkeit von in der Hand des Landes befindlichen Unternehmen in Privatrechtsform – zB von Ver-

---

178 Hierzu zählt etwa eine notwendige Beschleunigung. Die Gemeinwohlgründe müssen insb. dann, wenn das Gesetz enteignungsrechtliche Vorwirkungen hat, wegen der durch die Rechtsform „Gesetz" bewirkten Rechtsschutzverkürzung besonders triftig sein, dazu: BVerfGE 95, 1 (16 ff., 21).
179 BVerfGE 95, 1 (16).
180 Zur Transformation in die LV: *Braun*, Art. 2 Rn. 11.
181 BVerfGE 134, 33 (88 f.); 139, 321 (365); *Sachs* in: ders., GG, Art. 19 Rn. 20.
182 Wie des Anspruchs einer Religionsgemeinschaft aus Art. 4 I, II, 140 GG iVm Art. 137 V 2 WRV auf Verleihung des Status einer öffentlich-rechtlichen Person.
183 BVerfGE 139, 321 (364 f.).
184 BVerfGE 110, 199 (219); 124, 78 (120 ff.); 137, 185 (234 ff.); BVerfGE 143, 101 (136 ff.); Bsp. für Abwägungen: StGH, ESVGH 58, 15 (23 ff.); VGH BW, DVBl. 2015, 1383.
185 BayVerfGH, E. v. 17.11.2014 – Vf. 70-VI-14 – juris, insb. Rn. 91.

kehrsbetrieben oder Finanzinstituten – unterliegt der Kontrolle des Landtags.[186]

Zum verfassungsänderungsfesten **Kernbereich** der vollziehenden Gewalt 51
der Regierung gehören nach einer Entscheidung des StGH von 1986 im
Grundsatz auch die **Vorbehalte für den Ministerpräsidenten und die Gesamtregierung in Art. 49 LV**.[187] Die Vorschrift gibt dem Ministerpräsidenten die Vollmacht, die Richtlinien der Politik zu bestimmen. Eine normative Festlegung des materiellen Inhalts für einen Teil dieser Kompetenz durch Gesetz sei – so der StGH – nicht zulässig, weil der Gesetzgeber keinen allumfassenden Vorrang bei grundlegenden Entscheidungen habe. Änderungen an dieser Richtlinienkompetenz seien nur durch Verfassungsänderung und nur dann zulässig, wenn sie nicht in den Kernbereich eingriffen und zu einer erheblichen Verschiebung des Gewaltengewichts führten. Auch die Festlegung der **Stimmabgabe** der Regierung **im Bundesrat** nach Art. 49 II LV gehöre im Grundsatz zum Kernbereich der Regierung.[188] Dieser Rechtsprechung ist nur teilweise zuzustimmen. Zunächst ist die Regierung jedenfalls nachträglich gegenüber dem Landtag für ihr Abstimmverhalten im Bundesrat verantwortlich, ein nachfolgendes konstruktives Misstrauensvotum nach Art. 54 LV nicht ausgeschlossen. Darüber hinaus kann allein mit dem Grundsatz der Gewaltenteilung nicht begründet werden, es sei unzulässig, wenn der Landtag bezüglich einer **Übertragung von Gesetzgebungszuständigkeiten des Landes** an den Bund oder die EU auf verfassungsrechtlicher Grundlage das Abstimmungsverhalten der Mitglieder der Regierung im Bundesrat verbindlich vorschreibt. Problematisch sind solche Weisungen v.a. wegen Art. 51 I GG.[189] Jedoch muss den Ländern aufgrund der in Art. 79 III GG enthaltenen Garantie der Gliederung des Bundes in Länder und der Vorgabe des Art. 28 I 1 GG, dass die Länder demokratischen Grundsätzen genügen, ein Spielraum bei der Gestaltung ihrer Verfassung und des Verhältnisses von Regierung und Landtag bleiben.[190] Die mit **Art. 34a LV** im Jahr 2011 eingeführte Bindung der Regierung im Bundesrat an Weisungen des Landtags für den Fall der Übertragung ausschließlicher Gesetzgebungszuständigkeiten der Länder ermöglicht dem Landtag die Wahrnehmung der „Integrationsverantwortung".[191] Sie dient dem Schutz des nach Art. 79 III, Art. 28 I, Art. 20 II u. Art. 1 I GG sowie Art. 26 I LV auch auf Landesebene gewährten Rechts auf demokratische Teilhabe der Landesbürger. Die genannten Verfassungsbestimmungen sind bei der Auslegung von Art. 51 I GG zu berücksichtigen. Art. 34a LV verstößt damit nicht gegen Art. 51 I LV (dazu ausf. bei → Art. 34a Rn. 17 ff.).[192]

---

186 BVerfG, U. v. 7.11.2017 – 2 BvE 2/11 – juris, Rn. 216 ff., 227 ff., 311 ff.
187 StGH, ESVGH 36, 161.
188 StGH, ESVGH 36, 161.
189 *Korioth* in: Maunz/Dürig, Art. 51 Abs. 3 Rn. 25 f.
190 Siehe auch → Art. 23 Rn. 19.
191 Zu diesem Begriff: BVerfGE 123, 267 (351 ff.), ferner → Art. 23 Rn. 33.
192 So hinsichtlich der EU auch: *Papier*, ZParl 2010, S. 903; ferner: die „Stuttgarter Erklärung" der Landtagspräsidentenkonferenz vom 21.6.2010, LT-Drs. 14/6554; *Kluth*, LKV 2010, S. 302 (305); offen: *Voßkuhle*, FS Papier, S. 195 (200 ff.); BayVerfGH, E. v. 15.2.2017 – Vf. 60-IX-16 – juris Rn. 53 ff.

52 Mit dem Grundsatz der Gewaltenteilung können ferner der Exekutive durch Gesetz eingeräumte **Ermessens- und Beurteilungsspielräume** gerechtfertigt werden, welche den Kontrollauftrag der Gerichte und die Garantie effektiven Rechtsschutzes einschränken.[193] Die Einräumung solcher Spielräume kommt insb. dann in Betracht, wenn die Rechtsprechung und ihre Möglichkeit der Rechtskontrolle an eine Funktionsgrenze stößt.[194] Die richterliche Kontrolle muss sich an rechtlichen Maßstäben ausrichten. Erfolgt sie anhand von Zweckmäßigkeitserwägungen, verletzt sie auch den Gewaltenteilungsgrundsatz.[195]

53 Auch in der parlamentarischen Demokratie, in der die Regierung ihre demokratische Legitimation über das Parlament erfährt, muss der Regierung in **organisatorischer Hinsicht** ein Kernbereich eigenständiger Organisationsgewalt verbleiben. In der LV zeichnet sich die organisatorische Eigenständigkeit der Regierung dadurch aus, dass der Ministerpräsident die Minister, Staatssekretäre und Staatsräte sowie deren Stellvertreter beruft und entlässt (Art. 46 II LV). Ferner bestimmt die Regierung die Geschäftsbereiche ihrer Mitglieder (Art. 45 III LV). Der Umstand, dass beide Befugnisse der Zustimmung des Landtags unterliegen, schließt ein eigenverantwortliches Handeln der Regierung nicht aus. Ein diesbezüglicher allgemeiner Gesetzesvorbehalt wäre jedoch unter dem Gesichtspunkt der Gewaltenteilung problematisch.[196] Die Regierung gibt sich unabhängig vom Landtag eine Geschäftsordnung (Art. 49 I 2 u. 3 LV). Der Aufbau der der Regierung nachgeordneten Verwaltung wird dagegen durch Gesetz geregelt (Art. 70 I 1 LV).

54 In **personeller Hinsicht** wird die Selbstständigkeit der Exekutive durch Inkompatibilitätsvorschriften gesichert. Soweit es um die gleichzeitige Wahrnehmung eines Abgeordnetenmandats geht, wird auf die obigen Ausführungen verwiesen (→ Rn. 48). Zur gleichzeitigen Ausübung eines Richteramts werden die einschlägigen Vorschriften unten näher dargestellt. Soweit es um die Vereinbarkeit eines Regierungsamts mit einer sonstigen beruflichen Tätigkeit geht, finden sich in Art. 53 II LV Einschränkungen.

c) Rechtsprechung

55 Organe der Rechtsprechung sind die **unabhängigen Richter**. Ihnen – und nicht pauschal „den Gerichten", wie Art. 65 I LV unpräzise formuliert[197] – ist die rechtsprechende Gewalt anvertraut (vgl. Art. 92 HS 1 GG). Der Begriff der „rechtsprechenden Gewalt" ist durch die Verfassungsrechtsprechung nicht abschließend geklärt. Ob die Wahrnehmung einer Aufgabe als „Rechtsprechung" iSv Art. 92 GG sowie Art. 25 III, 65 I LV anzusehen ist,

---

[193] *Schmidt-Aßmann* in: HStR, § 26 Rn. 57.
[194] BVerfGE 84, 34 (50); 49, 89 (139 f.); BVerfG, NVwZ 2010, 435 (437 f.).
[195] Zur Beschränkung auf die Rechtmäßigkeit: *Grzeszick* in: Maunz/Dürig, Art. 20 V Rn. 104.
[196] Vgl. *Sommermann* in: v. Mangoldt/Klein/Starck, Art. 20 Rn. 284 mwN; wohl zu weitgehend daher: VerfGH NRW, U. v. 9.2.1999 – 11/98 – juris (zur Zusammenlegung von Justiz- und Innenministerium).
[197] So gehört etwa die „Justizverwaltung" durch die Gerichte zur Exekutive. Entscheidungen von Rechtspflegern dürfen nicht rechtsprechender Natur sein, vgl. BVerfGE 101, 397 (404 f.).

hängt wesentlich von verfassungsrechtlichen Vorgaben sowie von traditionellen oder durch den Gesetzgeber vorgegebenen Qualifizierungen ab (zum Begriff ausf. → Art. 65 Rn. 16 ff.). Der **Kernbereich der Rechtsprechung** kann auch durch einen **parlamentarischen Untersuchungsausschuss beeinträchtigt** werden.[198] Bezieht sich der Untersuchungsauftrag des Landtags auf den bisherigen Verlauf eines anhängigen Strafverfahrens, so dürfen sich die Sachaufklärungsmaßnahmen des Ausschusses nicht auf die Rechtsprechungstätigkeit der Richter erstrecken, welche von jeder politischen Verantwortlichkeit frei und daher der parlamentarischen Untersuchung schlechthin entzogen ist. Die Mitglieder des zuständigen Spruchkörpers dürfen demzufolge auch nicht zu ihren in richterlicher Unabhängigkeit getroffenen Sach- oder Verfahrensentscheidungen befragt werden.

Von **besonderer Bedeutung** für die Gewaltenteilung ist die Aufgabe der **Verwaltungsgerichte und des VerfGH**. Sie haben die Aufgabe der **Kontrolle der anderen** beiden **Gewalten**. So steht nach Art. 67 I, II LV grds. der Rechtsweg zu den Verwaltungsgerichte offen, wenn sich jemand durch die öffentliche Gewalt in seinen Rechten verletzt sieht. Diese landesverfassungsrechtliche Garantie des Rechtsschutzes durch die Verwaltungsgerichte wird durch Art. 19 IV GG und § 40 VwGO nicht beseitigt.[199] Parlamentsgesetze können die Verwaltungsgerichte jedoch nicht selbstständig verwerfen. Diese Befugnis stehen allein dem BVerfG – soweit es um die Verletzung des GG oder von Bundesrecht geht (Art. 100 I GG) – und dem VerfGH – soweit ein Verstoß gegen die LV gegeben ist (Art. 68 I 1 Nr. 2-4, 88 LV sowie §§ 55 ff. VerfGHG) – zu. 56

Zwar erfährt der **VerfGH** seine demokratische Legitimation über die Wahl seiner Mitglieder durch den Landtag (Art. 68 III LV). Gleichwohl ist er ein **eigenständiges Verfassungsorgan**.[200] (dazu → Art. 68 Rn. 5 f.). Die organisatorische Selbstständigkeit der „einfachen" Gerichte des Landes wird durch das GVG, die jeweiligen Prozessordnungen des Bundes sowie die Ausführungsgesetze des Landes zu diesen gewährleistet. Aus Art. 25 III 2, 65 I LV folgt nicht, dass die äußere Gerichtsorganisation vollständig in den Händen der Richter liegen muss. Eine Selbstverwaltung der Justiz ist verfassungsrechtlich nicht geboten.[201] Dies gilt auch für die Ausstattung der Justiz mit der erforderlichen Infrastruktur, etwa mit einem EDV-Netz. Allerdings sind bzgl. des Betriebs des EDV-Netzes durch die Exekutive gewisse Vorgaben zu beachten, damit die richterliche Unabhängigkeit nicht gefährdet wird.[202] Für die dem „einfachen" Gerichte des Landes finden sich solche Vorgaben im Errichtungsgesetz BITBW.[203] 57

Personell wird die Selbstständigkeit der Rechtsprechung und die Unabhängigkeit der Richter durch Bestimmungen zur **Inkompatibilität** gewährleis- 58

---

198 Vgl. BayVerfGH, E. v. 17.11.2014 – Vf. 70-VI-14 – juris, insb. Rn. 53 ff., 65.
199 So auch *Braun*, Art. 67 Rn. 5; *Feuchte* in: ders., Art. 67 Rn. 9.
200 So LT-Drs. 15/5960, 14; ebenso bes BVerfG: *Lenz/Hansel*, § 1 Rn. 8.
201 HessDGH, U. v. 20.4.2010 – DGH 4/08 – juris, Rn. 65.
202 HessDGH, U. v. 20.4.2010 – DGH 4/08 – juris, Rn. 52 ff. (insb. Rn. 84 ff.); BGH, JR 2012, 378; BVerfG (K), NJW 2014, 2102 f.
203 G. v. 12.5.2015 (GBl. 326). Der VerfGH und das für ihn in besonderem Maße geltende Gebot der organisatorischen Selbstständigkeit ist in diesem Gesetz bislang nicht hinreichend berücksichtigt.

tet. Die Mitglieder des VerfGH dürfen weder dem Bundestag, dem Bundesrat, der Bundesregierung noch dem Landtag oder der Landesregierung angehören (Art. 68 III 6 LV). Auch politische Staatssekretäre und politische Beamte könne nicht Mitglied des VerfGH sein (§ 2 a VerfGHG). Für Richter der übrigen Gerichte des Landes gelten §§ 4 und 36 II DRiG. Danach darf ein Richter Aufgaben der gesetzgebenden oder vollziehenden Gewalt – abgesehen von dort ebenfalls geregelten Ausnahme – nicht wahrnehmen. So verstieß die früher im Land bestehende **Gemeindefriedensgerichtsbarkeit** gegen den Grundsatz der Gewaltenteilung, weil sie personell zu eng mit der Gemeindeverwaltung verbunden war.[204]

Artikel 26 [Aktives Wahlrecht, Wahlgrundsätze]

(1) Wahl- und stimmberechtigt ist jeder Deutsche, der im Lande wohnt oder sich sonst gewöhnlich aufhält und am Tage der Wahl oder Abstimmung das 18. Lebensjahr vollendet hat.

(2) (aufgehoben)

(3) Die Ausübung des Wahl- und Stimmrechts ist Bürgerpflicht.

(4) Alle nach der Verfassung durch das Volk vorzunehmenden Wahlen und Abstimmungen sind allgemein, frei, gleich, unmittelbar und geheim.

(5) Bei Volksabstimmungen wird mit Ja oder Nein gestimmt.

(6) Der Wahl- oder Abstimmungstag muß ein Sonntag sein.

(7) [1]Das Nähere bestimmt ein Gesetz. [2]Es kann das Wahl- und Stimmrecht von einer bestimmten Dauer des Aufenthalts im Lande und, wenn der Wahl- und Stimmberechtigte mehrere Wohnungen innehat, auch davon abhängig machen, daß seine Hauptwohnung im Lande liegt.

(8) Für Wahlen und Abstimmungen in Gemeinden und Kreisen gilt Artikel 72.

Schrifttum:

Brinktrine, Seniorendemokratie, JöR 61 (2013), 557; *Decker*, Ist die Fünf-Prozent-Sperrklausel noch zeitgemäß? Verfassungsrechtliche und -politische Argumente für die Einführung einer Ersatzstimme bei Landtags- und Bundestagswahlen, ZParl 2016, 460; *Friehe*, Straßenrechtliche Wahlkampflenkung?, NVwZ 2016, 887; *Haack*, Wahlpflicht und Demokratie, KritV 2011, 80; *Hahlen*, Frauenquote in Kandidatenlisten?, Recht und Politik 2013, 151; *Holtmann*, Direkt gewählte Ministerpräsidenten, ZParl 2011, 194; *Jutzi*, Gendergerechte Demokratie – eine verfassungsrechtliche Repräsentationsanforderung?, LKV 2012, 92; *Klein/Ballowitz/Holderberg*, Die gesellschaftliche Akzeptanz einer gesetzlichen Wahlpflicht in Deutschland. Ergebnisse einer repräsentativen Bevölkerungsumfrage, ZParl 2014, 812; *Labrenz*, Die Wahlpflicht – unbeliebt, aber nicht unzulässig, ZRP 2011, 214; *Lindner*, Der „Auslandsbayer", BayVBl. 2016, 577; *ders.*, Nochmals: Der prekäre status activus des „Auslandsbayern", BayVBl. 2016, 772; *Magsaam*, Mehrheit entscheidet – Ausgestaltung und Anwendung des Majoritätsprinzips im Verfassungsrecht des Bundes und der Länder, 2014; *Müller-Franken*, Familienwahlrecht und Verfassung, 2013; *Morlok*, Kleines Kompendium des Wahlrechts, NVwZ 2012, 913; *Richter*, Wahlen im Internet rechtmäßig gestalten, 2012; *Rupprecht*, Das Wahlrecht für Kinder – Verfassungsrechtliche Zulässigkeit und praktische Durchführbarkeit,

---

204 Vgl. BVerfGE 10, 220 (216 ff.).

[Aktives Wahlrecht, Wahlgrundsätze] Artikel 26

2012; *Schellenberger*, Teilnahme Minderjähriger an kommunalen Wahlen und Abstimmungen in Baden-Württemberg, VBlBW 2015, 497; *Schönberger*, Vom Verschwinden der Anwesenheit in der Demokratie – Präsenz als bedrohtes Fundament von Wahlrecht, Parteienrecht und Parlamentsrecht, JZ 2016, 486; *Schwarz*, Erweiterung des Kreises der Wahlberechtigten für Ausländer auf Landes- und Kommunalwahlebene?, AöR 138 (2013), 411; *Thum*, Zur Territorialbindung des Wahlrechts bei Landtagswahlen, BayVBl. 2016, 579; *ders.*, Zum Verlust des Wahlrechts für Landtagswahlen mit Wegzug ins Ausland, BayVBl. 2016, 774; VVDStRL 72 (2013), Repräsentative Demokratie in der Krise? – Diverse Beiträge; *Wollenschläger/Faber*, Vorgaben des Demokratieprinzips für die Wahltagbestimmung vor dem Hintergrund der Novelle des Sächsischen Wahlgesetzes, LKV 2014, 298.

Vergleichbare Regelungen: Art. 28 I 2, 38 I 1, II, III GG, 14 BayVerf, 39 BerlVerf, 22 BbfVerf, 69, 75 BremVerf, 6 HambVerf, 72-74 HessVerf, 3 III MVVerf, 8 NdsVerf, 31 NRWVerf, 76 RPVerf, 63 f. SaarlVerf, 4 SächsVerf, 42 LSAVerf, 4 SchlHVerf, 46 ThürVerf.

Ergänzende Normen: LWG, v.a. § 7 f. u. § 10 S. 2; LWO, v.a. §§ 10 ff.; LWPrG; VAbstG; LStO.

Leitentscheidungen: StGH, BWVBl 1959, 185 (Verlängerung der Wahlperiode); BWVBl. 1960, 122 (Unterschriftenquorum für Wahlvorschlag); ESVGH 11/II, 25 (Wahlfreiheit, Verbot von Listenverbindungen u. gemeinsamen Wahlvorschlägen); ESVGH 15, 129 (Briefwahl); ESVGH 22, 1 (Anwendbarkeit des Wahlkampfkostengesetzes bei Abstimmungen); ESVGH 24, 155 (Verschiebung von Wahltermin); ESVGH 27, 189 (Zweitausteilung der Landtagsmandate); ESVGH 29, 160 (Kommunalwahl, Verhältniswahl, unechte Teilortswahl); ESVGH 31, 81 (Öffentlichkeitsarbeit der Regierung vor Wahl); ESVGH 35, 241 (Vermerk des Staatsministeriums zur Wahlkampfstrategie); ESVGH 35, 244 (Zweitausteilung der Landtagsmandate); ESVGH 40, 161 (Wahlkreisgröße, Regierungsbezirke, Zweit- und Ausgleichsmandate); VBlBW 1991, 133 (Ausgleichsmandate, Regierungsbezirke); ESVGH 54, 4 (d'Hondt, Regierungsbezirke, Ausgleichsmandate); ESVGH 58, 1 (d'Hondt, Wahlkreiseinteilung, Toleranzgrenze); ESVGH 63, 13 (Wahlkreiseinteilung); VerfGH, U. v. 15.2.2016 – 1 VB 9/16 – juris (Frist für Verfassungsbeschwerde gegen LWG, Reihenfolge auf Stimmzettel); B. v. 9.5.2016 – 1 VB 25/16 – juris (Hilfsstimme).

A. Überblick und Einordnung 1	2. Freiheit der Wahl oder Abstimmung 27
I. Bedeutung 1	3. Gleichheit der Wahl oder Abstimmung 32
1. Inhalt 1	a) Allgemeines 32
2. Verhältnis zu Bundesrecht 2	b) Anwendungsbeispiele 35
3. Rechtsqualität 4	4. Unmittelbarkeit der Wahl oder Abstimmung 47
4. Rechtsschutz 5	5. Geheime Wahl oder Abstimmung 50
II. Herkunft, Entstehung, Geschichte 8	6. Öffentlichkeit der Wahl oder Abstimmung 52
III. Verfassungsvergleichende Einordnung 12	7. Fehlerfolgen 54
B. Erläuterung 14	V. Verfahrensregelungen (Abs. 5 u. 6) 56
I. Anwendungsbereich (Abs. 8) 14	VI. Konkretisierung durch Gesetze (Abs. 7) 58
II. Wahl- und Stimmrecht (Abs. 1) 16	
III. Ausübung des Wahl- und Stimmrechts als Bürgerpflicht (Abs. 3) 23	
IV. Wahl- und Stimmrechtsgrundsätze (Abs. 4) 24	
1. Allgemeinheit der Wahl oder Abstimmung 25	

A. Überblick und Einordnung

I. Bedeutung

1. Inhalt

1   Art. 26 enthält mit der **Normierung des aktiven Wahl- und Stimmrechts** in Abs. 1 und der **Wahl- und Stimmrechtsgrundsätze** in Abs. 4 sowie mit den das Wahl- und Stimmrecht schützenden Bestimmungen in Abs. 5 u. 6 Regelungen, die in einem engen Zusammenhang mit Art. 25 LV stehen, insb. der Ausübung der Staatsgewalt durch das Volk nach Art. 25 I 2 HS 1 LV. Darüber hinaus enthält Art. 26 III LV, der die Ausübung des Wahl- und Stimmrechts als Bürgerpflicht postuliert, eine Norm, die verdeutlicht, dass der Staat zur Gewährleistung der Legitimation seiner Gewaltausübung auf die Mitwirkung der Bürger in Wahlen und Abstimmungen angewiesen ist. Abs. 8 stellt klar, dass für Wahlen und Abstimmungen in Kreisen und Gemeinden Art. 72 LV als Sonderregelung gilt. Das **Wahlsystem und** das **passive Wahlrecht** sind in **Art. 28 LV** normiert.

2. Verhältnis zu Bundesrecht

2   **Art. 38 GG gilt nicht für Wahlen auf Landesebene.** Die Wahlrechtsgrundsätze sind daher bei Wahlen auf Landesebene von der Bundesverfassung nicht subjektiv-rechtlich gewährleistet. Eine analoge Anwendung von Art. 38 GG scheidet mit Rücksicht auf die selbstständigen Verfassungsräume von Bund und Ländern aus. Die Länder gewährleisten den subjektiv-rechtlichen Schutz des Wahlrechts bei politischen Wahlen in ihrem Verfassungsraum allein und abschließend.[1]

3   Die in Art. 26 IV LV u. Art. 72 I 1 LV enthaltenen Wahlrechtsgrundsätze sind jedoch durch die besondere, allein objektiv-rechtlich wirkende **Homogenitätsklausel des Art. 28 I 2 GG** verbindlich für alle Wahlen auf Landes- und Kommunalebene vorgeben. Die Auslegung der in Art. 28 I 2 GG genannten Wahlrechtsgrundsätze orientiert sich an Art. 38 I 1 GG.[2] Die wahlrechtlichen Gleichheitssätze in Art. 28 I 2 u. Art. 38 I 1 GG sind spezielle Regelungen, die mit Blick auf Wahlen einen Rückgriff auf den allgemeinen Gleichheitssatz nach Art. 3 I GG ausschließen.[3] Durch die Vorgabe, dass das „Volk" in den Ländern, Kreisen und Gemeinden eine „Vertretung" haben muss, wird durch das GG – von den in Art. 28 I 3 GG zugelassenen Ausnahmen abgesehen – festgelegt, dass nur Angehörige des deutschen Staatsvolkes das Volk von BW bilden (Art. 25 I 1 LV, s. → Art. 25 Rn. 11) und die Rechte des Art. 26 LV ausüben können. Dementsprechend beschränkt Abs. 1 das Wahl- und Stimmrecht auch auf jeden „Deutschen, der ...". Weitere bundesrechtliche Einschränkungen für Wahlen und Abstimmungen auf Landesebene ergeben sich im Übrigen nur aus der allgemeinen Homogenitätsklausel des Art. 28 I 1 GG und der dortigen Festlegung der Länder auf das Demokratieprinzip.[4]

---

1   BVerfGE 99, 1 (7 u. 17); BVerfG (K), NVwZ-RR 2010, 945.
2   BVerfGE 120, 82 (102); LVerfG SchlH, U. v. 13.9.2013 – LVerfG 9/12 – juris, Rn. 78; VerfGH NRW, U. v. 21.11.2017 – VerfGH 9/16 u.a. – juris.
3   BVerfGE 99, 1 (10 ff.).
4   Dazu: *Tettinger/Schwarz* in: v. Mangoldt/Klein/Starck, Art. 28 Abs. 1 Rn. 70 ff.

3. Rechtsqualität

Das aktive Wahl- und Stimmrecht nach Abs. 1 und die damit verbundenen Wahlrechtsgrundsätze nach Abs. 4 sind wie auch das passive Wahlrecht nach Art. 28 II 1 LV **subjektive Rechte**. Das Wahl- und Stimmrecht ist „das vornehmste Recht des Bürgers im demokratischen Staat".[5] Der Anspruch auf freie und gleiche Teilhabe an der öffentlichen Gewalt ist in der Menschenwürde aus Art. 2 I LV iVm Art. 1 I GG sowie dem Demokratieprinzip (Art. 25 I LV) verankert.[6] Dieses demokratische Teilhaberecht kann zB verletzt sein, wenn das durch freie und gleiche Wahl unmittelbar legitimierte Verfassungsorgan des Landes, der Landtag, keine substanziellen Entscheidungen mehr treffen und damit das Prinzip der repräsentativen Volksherrschaft nicht mehr gewährleistet ist.[7] Aufgrund ihrer Schutzfunktion für die Möglichkeit zur effektiven Ausübung des Wahl- und Stimmrechts sind auch die Regelungen in Abs. 5 (klare Alternativen bei Volksabstimmungen) und in Abs. 6 (Wahlen und Abstimmungen nur an Sonntagen) in Verbindung mit dem Wahl- und Stimmrecht aus Abs. 1 als subjektive Rechte der LV anzusehen. Art. 28 I 2 GG vermittelt dagegen keine mit der Verfassungsbeschwerde zum BVerfG rügefähige subjektive Rechtsposition.[8] Ein Rückgriff auf Art. 3 I GG zur Herleitung der Wahlrechtsgleichheit ist auch mit Blick auf Landtags- und Kommunalwahlen ausgeschlossen.[9]

4

4. Rechtsschutz

Daher gab es vor Einführung der Landesverfassungsbeschwerde keine Möglichkeit für die Bürger, eine Verletzung des Wahl- und Stimmrechts und der Wahl- und Stimmrechtsgrundsätze individuell geltend zu machen.[10] Möglich war insoweit allein eine Wahlprüfung (Art. 31 LV).[11] Seit dem 1.4.2013 können nun jedoch das Wahl- und Stimmrecht und die damit zusammenhängenden Regelungen in Abs. 3 bis 6 mit einer **Verfassungsbeschwerde beim VerfGH** (§ 55 VerfGHG) geltend gemacht werden. Von Relevanz sind insoweit insb. Änderungen des Landtagswahlrechts, die unter Beachtung der für diese geltenden besonderen Zulässigkeitsvoraussetzungen mit der Gesetzesverfassungsbeschwerde angegriffen werden können.[12]

5

Soweit es jedoch um **Entscheidungen und Maßnahmen** (von Wahlorganen und Wahlbehörden) geht, **die sich unmittelbar auf die Vorbereitung und Durchführung einer konkreten Landtagswahl beziehen**, können diese nur mit den im LWG und der LWO vorgesehenen Rechtsbehelfen sowie im **Wahlprüfungsverfahren nach Art. 31 LV** und dem Wahlprüfungsgesetz an-

6

---

5 BVerfGE 1, 14 (33).
6 BVerfGE 123, 267 (341); 142, 123 (173 ff., 189 ff.); 144, 20 (208 f.).
7 So für den Bundestag: BVerfGE 123, 267 (340 f.); s. auch → Art. 23 Rn. 19.
8 BVerfGE 99, 1 (8).
9 BVerfGE 99, 1 (10 ff.), wo die anderslautende bisherige Rechtsprechung geändert wurde.
10 BVerfGE 99, 1 (18 f.).
11 Hier konnte eine Verletzung der Wahlrechtsgrundsätze geltend gemacht werden, zB StGH, ESVGH 40, 161 (164); ESVGH 27, 189 (190).
12 Zur Beschwerdefrist nach § 56 IV VerfGHG: VerfGH, U. v. 15.2.2016 – 1 VB 9/16 – juris.

gefochten werden (§ 54 LWG; näheres dazu s. → Art. 31 Rn. 11 ff., 18 ff.). Eine Verfassungsbeschwerde ist insoweit ausgeschlossen.[13] Problematisch ist insoweit jedoch, dass ein Wahlberechtigter nur dann vor dem VerfGH zu einer Wahlprüfung berechtigt ist, wenn seinem Antrag mindestens 100 Wahlberechtigte beitreten (vgl. § 52 Abs. 1 S. 2 Buchst. b VerfGHG). Die OSZE/ODIHR hat eine entsprechende Regelung auf Bundesebene im Hinblick auf die Gewährung subjektiven Rechtsschutzes in Wahlsachen kritisiert.[14] In der Folge wurde für die Wahlprüfungsbeschwerde nach § 48 BVerfGG das Erfordernis des Unterstützungsquorums gestrichen und auch sonst der subjektive Rechtsschutz in Wahlsachen gestärkt.[15] So wurde ein besonderer Rechtsbehelf zum BVerfG für den Fall der Nichtanerkennung als wahlvorschlagsberechtigte Partei eingeführt (§ 96a BVerfGG). Der Landesgesetzgeber sollte sich überlegen, ob entsprechende Verbesserungen des Rechtsschutzes in Wahlsachen auch auf Landesebene umgesetzt werden.[16]

7 Im Gegensatz zum Wahlrecht kann das sich aus Art. 26 I iVm Art. 60 LV ergebende Stimmrecht **bei Volksabstimmungen** nach § 23 VAbstG mittels **Einspruch** bereits von einem einzelnen Stimmberechtigten geltend gemacht werden. Eine Verfassungsbeschwerde gegen eine konkrete Volksabstimmung ist daneben ausgeschlossen.[17] Bezüglich der Möglichkeit der Initiierung und Mitwirkung an einem **Volksbegehren oder Volksantrag** nach Art. 59 LV gibt es im VAbstG verschiedene **spezielle Rechtsbehelfe zum VerfGH** (§ 29 III, § 39 u. § 44 III VAbstG). Diese demokratischen Mitwirkungsmöglichkeiten sind konkrete Ausformungen des in der Menschenwürde verankerten subjektiven Rechts auf freie u. gleiche demokratische Teilhabe aus Art. 2 I LV iVm Art. 1 I GG u. Art. 25 I LV,[18] auch wenn es aus diesem allgemeinen Teilhaberecht keinen Anspruch auf Einführung der genannten konkreten Mitwirkungsmöglichkeiten gab. Soweit die speziellen Rechtsbehelfe zum VerfGH reichen, ist eine Verfassungsbeschwerde ausgeschlossen.

---

13 Rechtsprechung des VerfGH zur Abgrenzung der Rechtsbehelfe Verfassungsbeschwerde und Wahlprüfung gibt es noch nicht. Allerdings kann insoweit auf die ständige Rechtsprechung des BVerfG zurückgegriffen werden: *Klein* in: Maunz/Dürig, Art. 38 Rn. 149 u. Art. 41 Rn. 54 ff.; BVerfGE 74, 96 (101); Bechler in: Burkiczak/Dollinger/Schorkopf, § 48 Rn. 36 f.; zum abschließenden Charakter der speziellen Wahlrechtsbehelfe auch im Hinblick auf Einsicht in die Wahlunterlagen: BremStGH, U. v. 13.9.2016 – St 2/16 – juris, Rn. 58, 67; VG Freiburg, B. v. 28.4.2016 – 2 K 1334/16 – unveröffentlicht; aA OVG Bremen, B. v. 16.7.2015 – 1 B 135/15 – juris.
14 Vgl. BT-Drs. 17/9391, 6.
15 G. v. 12.7.2012, BGBl. I 1501.
16 Kritisch zum bestehenden Rechtsschutz bereits: Braun, Art. 31 Rn. 24. Mittlerweile kennen die meisten Länder kein Quorum mehr: In Bayern (seit 2013), Brem, Hamb, Hess, Nds (2016), Rh-Pf, dem Saarl (seit 2014), Sachs, LSA (seit 2009) und SchlH kann jeder Wahlberechtigte Wahlprüfungsbeschwerde erheben. Ein Quorum für die Wahlanfechtung durch Verfassungsbeschwerde wie in BW gibt es nur noch in Bbg, M-V und Thür. In NRW setzt bereits der Einspruch beim Landtag 50 Unterstützer voraus; die nachfolgende Beschwerde zum VerfGH NRW dagegen nicht (*Thesling* in: Heusch/Schönenbroicher, Art. 33 Rn. 4).
17 Ein durch Volksabstimmung beschlossenes Gesetz ist dagegen grds. tauglicher Gegenstand einer Verfassungsbeschwerde.
18 BVerfGE 123, 267 (341); 144, 20 (208 f.); BayVerfGH, NVwZ 2017, 319 (321).

II. Herkunft, Entstehung, Geschichte

Die **WRV** bestimmte in Art. 22, dass die Abgeordneten des Reichstags in allgemeiner, gleicher, unmittelbarer und geheimer Wahl von den über zwanzig Jahre alten Männern und Frauen nach den Grundsätzen der Verhältniswahl gewählt werden. Der Wahltag musste ein Sonntag oder öffentlicher Ruhetag sein. In ihrem zweiten Hauptteil über die „Grundrechte und Grundpflichten" gewährleistete sie Wahlfreiheit und Wahlgeheimnis, allerdings nach näherer Konkretisierung durch die Gesetze (Art. 125 WRV). § 3 **VerfBad 1919** und §§ 4 f. **VerfWü 1919** legten das Alter für das aktive Wahlrecht ebenfalls auf 20 Jahre fest, enthielten Wahlrechtsgrundsätze, Bestimmungen über den erforderlichen Wohnsitz sowie zum Wahltag. § 3 II 2 VerfBad 1919 bezeichnete die Ausübung des Wahl- und Stimmrechts als „allgemeine Bürgerpflicht". 8

Auch **Art. 58 VerfLB, 49 VerfWB u. 22 VerfWH von 1946/47** enthielten in unterschiedlicher Dichte Regeln über das Wahl- und Stimmrecht. Dabei ist auffällig, dass in allen drei Verfassungen nur die Wahlrechtsgrundsätze „allgemein, gleich, unmittelbar und geheim" genannt werden, der Grundsatz der Freiheit der Wahl jedoch nicht.[19] Allerdings ist er dem demokratischen Wahlrecht begriffsnotwendig immanent. Ohne Wahlfreiheit kann nicht von einer demokratischen Wahl gesprochen werden.[20] Art. 49 VerfWB u. 22 VerfWH legten das Alter für das aktive Wahlrecht auf 21 Jahre fest und damit um ein Jahr höher als zu Weimarer Zeit. Die VerfLB überließ die Festlegung dem einfachen Gesetzgeber. Alle drei Verfassungen bezogen das Wahlrecht jedoch auf Staatsbürger bzw. das ‚(Staats-)Volk". Anders als die beiden anderen Verfassungen legte Art. 49 VerfWB auch fest, dass stimm- und wahlberechtigt nur ist, wer seit mindestens einem Jahr seinen Wohnsitz im Staatsgebiet hat. Außerdem waren allein in Art. 49 VerfWB Gründe für den Ausschluss von einer Wahl bereits in der Verfassung enthalten. Nach allen drei Verfassungen musste der Wahltag ein Sonntag sein. Die Ausübung des Wahl- und Stimmrechts war gem. Art. 58 II VerfLB wie nach der VerfBad 1919 „allgemeine Staatsbürgerpflicht". 9

Die den Beratungen der **VLV 1952/53** zugrunde liegenden Verfassungsentwürfe (Art. 23 VerfERP, 38 VerfECDU) unterschieden sich der Sache nach nur in wenigen Punkten. Der bedeutendste Unterschied bestand in der Normierung einer Karenzzeit für das aktive Wahlrecht. Nach VerfECDU sollte das aktive Wahlrecht davon abhängen, dass der betreffende Staatsbürger seit mindestens einem Jahr seinen Wohnsitz oder gewöhnlichen Aufenthalt im Staatsgebiet hat. Der VerfERP sah insoweit nur eine Kann-Bestimmung vor. Gegen eine Karenzzeit wurden im VA zwar gleichheitsrechtliche Bedenken vorgebracht. Eine Mehrheit fand dort jedoch eine Regelung, welche eine Karenzzeit ermöglicht.[21] Soweit im VerfERP die Ka- 10

---

19 Er wird von *Trute* in: v. Münch/Kunig, Art. 38 Rn. 35 als der „jüngste" Wahlrechtsgrundsatz bezeichnet.
20 BVerfGE 47, 253 (283); *Trute* in. v. Münch/Kunig, Art. 38 Rn. 35; *Klein* in: Maunz/Dürig, Art. 38 Rn. 107.
21 Heute in Abs. 7 S. 2, zur Diskussion s. den VA-Bericht v. 1.9.1953 in: Feuchte, Quellen, 6. Teil, 533 (621 ff.).

renzzeit nicht nur auf den Wohnsitz im Land, sondern auch auf die Dauer der Staatsangehörigkeit erstreckt wurde, wurde dies mit Blick auf das aktive Wahlrecht wegen erheblicher Bedenken mit eindeutiger Mehrheit im VA gestrichen.[22] Der heute noch geltende Abs. 3 (Ausübung des Wahl- und Stimmrechts als Bürgerpflicht) war in beiden Entwürfen enthalten,[23] wobei die Verbindlichkeit der Pflicht kontrovers diskutiert wurde.[24] Die früher in Abs. 2 enthaltenen Ausschlussgründe waren unstreitig.[25]

Im Rahmen der Plenarberatungen in der VLV wurde Abs. 3 redaktionell geändert (nur „Bürgerpflicht" statt „allgemeine Bürgerpflicht").[26] Die in Abs. 5 enthaltene Regelung wurde erst nach der Zweiten Beratung der VLV durch einen interfraktionellen Antrag vom 4.11.1953[27] vorgeschlagen.[28] Die Norm soll sicherstellen, dass nur klar verständliche, alternativ zu beantwortende Fragen zur Abstimmung gestellt werden und dass das Abstimmungsergebnisses eindeutig ausfällt.[29]

11 Art. 26 wurde **bislang fünfmal geändert**. Durch das 4. LVÄndG. v. 17.3.1970 (GBl. 83) wurde in Abs. 1 das Alter für das aktive Wahl- und Stimmrecht von 21 auf 18 Jahre abgesenkt.[30] Die in Abs. 2 zunächst enthaltene Regelung über den Ausschluss vom Wahl- und Stimmrecht wurde mit dem 8. LVÄndG. v. 16.5.1974 (GBl. 186) hinsichtlich der Begrifflichkeit für den Verlust des Wahl- und Stimmrechts durch Richterspruch (§ 45 V StGB, § 39 II BVerfGG) geändert. Mit dem 14. LVÄndG. v. 11.4.1983 (GBl. 141) erhielten Abs. 1 und Abs. 7 S. 2 den heute noch geltenden Wortlaut. Nach dem ursprünglichen Wortlaut von Abs. 1 war wahl- und stimmberechtigt, wer seinen Wohnsitz im Land hat. Die Ersetzung des Wortes „Wohnsitz" durch das Wort „Wohnung" diente dazu, Deckungsgleichheit von Melde- und Wahlrecht herzustellen.[31] Zudem hatte die vorherige Rechtslage zur Folge, dass Bürger im Land wahlberechtigt waren, obwohl sie hier nur einen Nebenwohnsitz besaßen.[32] Durch den neu gefassten Abs. 7 S. 2 konnte nun durch Gesetz bestimmt werden, dass das Wahl- und Stimmrecht davon abhängt, dass die Hauptwohnung des Bürgers im Lande liegt. Darüber hinaus wurde durch das 14. LVÄndG Abs. 2 neugefasst und an Änderungen des Pflegschaftsrechts angepasst. Durch das 16. LVÄndG. v. 12.2.1991 (GBl. 81) wurde – wie bereits im Jahr 1982 von der Regierung beabsichtigt[33] – Abs. 2 aufgehoben, um die Ausschlussgründe durch

---

22 S. den VA-Bericht v. 1.9.1953 in: Feuchte, Quellen, 6. Teil, 533 (623); ferner: Prot. der 9. VA-Sitzung v. 16.7.1952, ebd., 2. Teil, 154 ff.
23 S. den VA-Bericht v. 1.9.1953 in: Feuchte, Quellen, 6. Teil, 533 (623).
24 S. das Prot. über die 9. VA-Sitzung v. 16.7.1952 in: Feuchte, Quellen, 2. Teil, 163 ff.
25 S. den VA-Bericht v. 1.9.1953 in: Feuchte, Quellen, 6. Teil, 533 (623).
26 Beilage 1319 in: Feuchte, Quellen, 8. Teil, 443 (444).
27 Beilage 1290 in Feuchte, Quellen, 8. Teil, 284.
28 S. das Prot. zur 58. VLV-Sitzung v. 4.11.1953 in: Feuchte, Quellen, 8. Teil, 356 f.
29 *Braun*, Art. 26 Rn. 17.
30 Zugleich war das Alter für das passive Wahlrecht in Art. 28 II 1 LV von 25 auf 21 Jahre abgesenkt worden.
31 *Braun*, Art. 26 Rn. 5.
32 *Braun*, Art. 26 Rn. 5.
33 LT-Drs. 8/2860; *Braun*, Art. 26 Rn. 7.

[Aktives Wahlrecht, Wahlgrundsätze]   Artikel 26

einfaches Gesetz zu regeln.[34] Auch wenn die Ausschlussgründe für den Betroffenen bedeutend sind,[35] ist ihre Verankerung in der Verfassung nicht erforderlich. Die Ausschlussgründe finden sich nun in § 7 II LWG. Die letzte Änderung erfuhr Art. 26 durch das 17. LVÄndG. v. 15.2.1995 (GBl. 269). Dabei wurde Abs. 8 angefügt.[36] Dadurch sollte klargestellt werden, dass die Norm nicht für Kommunalwahlen gilt. Überwiegend wurde dies in Übereinstimmung mit der Auffassung des VA der VLV sowie aufgrund der Systematik (Art. 72 LV) schon bisher so vertreten.[37]

III. Verfassungsvergleichende Einordnung

Die entsprechenden Regelungen im GG (Art. 38 I 1, 28 I 2) sowie in den übrigen Landesverfassungen finden sich zumeist im Zusammenhang mit Regelungen über die Grundlagen des Staates sowie über die jeweiligen Parlamente. In systematischer Hinsicht eine Sonderrolle nimmt die BbgVerf ein. Dort findet sich in dem die Grundrechte betreffenden Teil ein gesonderter Abschnitt über die Politischen Gestaltungsrechte, wozu auch das Wahl- und Stimmrecht gehört (Art. 22 BbgVerf). Allerdings steht der subjektiv-rechtliche Charakter des Wahlrechts in den übrigen Verfassungen trotz anderweitiger **systematischer Verortung** nicht in Frage.   12

Die **Wahlrechtsgrundsätze sind für alle Länder durch Art. 28 I 2 GG verbindlich** vorgegeben.[38] Soweit vereinzelt das Merkmal der „freien" Wahl fehlt,[39] folgt dieser Grundsatz bereits aus dem Demokratieprinzip.[40] Den im Übrigen durch Art. 28 I 1 GG (Demokratieprinzip) gegebenen Spielraum haben die Länder in unterschiedlicher Weise genutzt. So bleibt die Regelung des Wahlalters oder von Wohnsitzerfordernissen teilweise dem einfachen Recht überlassen.[41] Teilweise werden sie, wie in BW, in der Verfassung geregelt, wobei mitunter auch eine Mindestdauer des Wohnsitzes im Land verlangt wird.[42] Das aktive **Wahlalter für die Landtagswahl** ist in einigen Ländern mittlerweile – in Abweichung von Art. 38 II GG – von 18 auf 16 Jahre abgesenkt worden.[43] Das Alter für das passive Wahlrecht   13

---

34 Dazu: LT-Drs. 10/4423.
35 Aus diesem Grund war der StändA 1982 noch gegen eine Streichung der Ausschlussgründe: LT-Drs. 8/3583. Ferner hatte er sich damals gegen eine Übernahme der in § 13 Nr. 3 und 4 BWahlG enthaltenen Ausschlussgründe entschieden. Der heute noch in § 13 Nr. 3 BWahlG enthaltene Ausschlussgrund bei Unterbringung in einem psychiatrischen Krankenhaus (§ 63 StGB) fehlt weiterhin im LWG.
36 Zum Gesetzgebungsverfahren s. v.a. LT-Drs. 11/5326 u. 11/5402.
37 LT-Drs. 11/5326, 6; *Braun*, Art. 26 Rn. 1; *Feuchte* in: ders., Art. 26 Rn. 3; *Feuchte* in: Spreng/Birn/Feuchte, Art. 26 Nr. 1.
38 VerfGH NRW, U. v. 21.11.2017 – VerfGH 9/16 u.a. – juris.
39 Art. 14 BayVerf; dazu: *Möstl* in: Lindner/Möstl/Wolff, Art. 14 Rn. 21, oder Art. 39 BerlVerf, dazu: *Driehaus* in: Driehaus, Art. 39 Nr. 1.
40 BVerfGE 47, 253 (283); *Trute*, in: v. Münch/Kunig, Art. 38 Rn. 35; *Klein* in: Maunz/Dürig, Art. 38 Rn. 107.
41 Art. 14 BayVerf, dazu: *Möstl* in: Lindner/Möstl/Wolff, Art. 14 Rn. 7; ferner: Art. 22 V BbgVerf, 75 I 2 BremVerf, 6 HambVerf, 3 MVVerf, 3 SchlHVerf.
42 Art. 39 BerlVerf, 73 I HessVerf, 8 II u. V NdsVerf, 31 II NRWVerf, 76 II u. III RPVerf, 64 SaarlVerf, 4 II u. III SächsVerf, 42 II u. III LSAVerf, 46 II ThürVerf. Zum „Wohnsitzerfordernis" nach Art. 46 II ThürVerf: ThürVerfGH, NJW 1998, 525.
43 ZB in Brandenburg (Art. 22 BbgVerf), in Bremen (§ 1 des Bremischen Wahlgesetzes), in Hamburg (§ 6 I des Gesetzes über die Wahl zur Hamburgischen Bürger-

folgt zumeist dem aktiven Wahlrecht; eine Absenkung auf 16 Jahre wurde jedoch in keinem Land nachvollzogen. Allein in Hessen werden für das passive Wahlrecht noch 21 Jahre vorausgesetzt (Art. 75 II HessVerf). Die Ausschlussgründe bleiben – wie seit 1991 auch in BW – zumeist dem einfachen Recht vorbehalten.[44] Das Wahlrecht ist in allen Ländern – entsprechend der Vorgabe von Art. 28 I GG – auf deutsche Staatsangehörige beschränkt. Allerdings findet sich in Art. 22 I 2 VerfBbg u. 42 II LSAVerf für Ausländer eine Öffnungsklausel für den Fall, dass das GG irgendwann einmal ein allgemeines Ausländerwahlrecht zulassen sollte, was im Hinblick auf Art. 79 III GG jedoch als ausgeschlossen angesehen werden muss.[45] Der Wahltag wird ebenfalls nur teilweise vorgeschrieben und dann auf den Sonntag und gesetzliche Feiertage oder öffentliche Ruhetage beschränkt.[46] Teilweise wird für Abstimmungen die Alternative Ja/Nein vorgegeben (Art. 69 II BremVerf).

B. Erläuterung

I. Anwendungsbereich (Abs. 8)

14 Mit Abs. 8[47] wird klargestellt, dass Art. 26 LV für **Wahlen und Abstimmungen in Gemeinden und Kreisen** keine Anwendung findet, sondern dass hier **Art. 72 LV** gilt.[48] Für die Wahl der **Regionalversammlung der Region Stuttgart** gilt dagegen der allgemeine Art. 26 LV und nicht Art. 72 LV, da es sich hierbei um keine Gemeinde und keinen Kreis handelt.[49] Art. 72 LV benennt – entsprechend Art. 28 I 2 GG[50] – die auch in Art. 26 IV LV enthaltenen Wahlrechtsgrundsätze für Kommunalwahlen.[51] Ferner findet sich in Art. 72 I 2 LV eine Erweiterung des Wahl- und Stimmrechts auf Unionsbürger, welche durch Art. 28 I 3 GG für kommunale Wahlen vorgegeben ist.[52] Art. 72 II LV legt Grundsätze für das Wahlsystem fest und entspricht damit Art. 28 GG. Art. 72 III LV enthält einen gegenüber Art. 26 VII LV eigenständigen Konkretisierungsauftrag für den Gesetzgeber. Bereits aus diesem

---

schaft) und Schleswig-Holstein (§ 5 I des Wahlgesetzes für den Landtag von Schleswig-Holstein). Für Kommunalwahlen ist in BW das Alter für das aktive Wahlrecht (Bürgerrecht) in § 12 GemO u. § 10 LKrO durch G. v. 16.4.2013 (GBl. 55) ebenfalls auf 16 Jahre abgesenkt worden (vgl. dazu: LT-Drs. 15/3119). Dies ist nach Art. 72 LV zulässig.

44 So in Art. 14 BayVerf, 39 V BerlVerf. Ausnahme: Art. 74 HessVerf.
45 S. → Art. 25 Rn. 11; zur Frage der Nichtigkeit bzw. bundesrechtlichen Verdrängung von Art. 22 I 2 VerfBbg: *Menzel*, 413 f.
46 Art. 69 III, 75 V BremVerf, 6 III HambVerf, 73 II 2 HessVerf, 3 II SchlHVerf, 31 III NRWVerf, 63 II SaarlVerf.
47 Angefügt durch 17. LVÄndG v. 15.2.1995, GBl. 269.
48 LT-Drs. 11/5326, 6. So ergibt sich das subjektive Wahlrecht bei Kommunalwahlen aus Art. 72 I LV iVm dem Demokratieprinzip gem. Art. 23 I, 25 I LV, VerfGH, B. v. 30.8.2016 – 1 VB 59/16 – juris, Rn. 28.
49 *Schellenberger*, VBlBW 2015, 4972 (502) mwN.
50 Zu Art. 28 I 2 GG mit Blick auf Kommunalwahlen: BVerfGE 120, 82 (102); VerfGH NRW, U. v. 21.11.2017 – VerfGH 9/16 u.a. – juris.
51 Der Anspruch auf Chancengleichheit von kommunalen Wählervereinigungen, die keine Parteien sind, ergibt sich bundesrechtlich aus Art. 3 iVm Art. 9 I u. Art. 28 I 2 GG (vgl. BVerfGE 121, 108) bzw. landesrechtlich aus Art. 2 I LV iVm den genannten Bundesgrundrechten sowie Art. 72 I 1 LV.
52 Zu verfassungsrechtlichen Zweifeln, ob die in Art. 72 I 3 LV enthaltene Ausdehnung auf Abstimmungen nach dem GG zulässig ist, s. → Art. 25 Rn. 11.

systematischen Zusammenhang ergibt sich, dass die in Art. 26 I, VII 2 LV enthaltenen Vorgaben für das Wahl- und Stimmrecht, insb. hinsichtlich des **Wahlalters**, für Kommunalwahlen nicht gelten, sondern dass insoweit dem Gesetzgeber ein größerer verfassungsrechtlicher Spielraum eingeräumt ist.[53] Dementsprechend bestehen mit Blick auf Art. 26 I LV keine verfassungsrechtlichen Bedenken gegen die Absenkung des Alters für das aktive Wahlrecht bei Kommunalwahlen durch das G. v. 16.4.2013 (GBl. 55). Zwar könnte man Art. 26 LV aufgrund seiner Stellung in Abschnitt I „Grundlagen des Staates" auch als allgemeine Regelung ansehen.[54] Jedoch ist Art. 72 LV nach der Klarstellung durch den verfassungsändernden Gesetzgeber, der im Jahr 1995 Abs. 8 in Kenntnis der Diskussion um den Anwendungsbereich von Art. 26 LV angefügt hat, als insgesamt speziellere Regelung anzusehen.[55] Die Absenkung des Wahlalters auf 16 Jahre für das aktive Wahlrecht bei der Wahl der Regionalversammlung der Region Stuttgart ist dagegen – da insoweit nicht Art. 72 LV, sondern Art. 26 I LV gilt – als verfassungswidrig anzusehen.[56]

Die in Art. 26 IV, 72 I 1 LV enthaltenen **Wahlrechtsgrundsätze** sind **allgemeine** landesverfassungsrechtliche **Rechtsprinzipien**,[57] die im Demokratieprinzip verankert sind und über den unmittelbaren Anwendungsbereich der Vorschriften hinaus für die Wahl von sämtlichen kommunalen und staatlichen Volksvertretungen sowie Abstimmungen gelten[58] und als solche subjektive Rechte enthalten, die mit der Verfassungsbeschwerde geltend gemacht werden können.[59] So sind die Grundsatz auch auch im Hinblick auf **sonstige öffentlich-rechtliche Körperschaften** zu beachten,[60] wie zB bei den auf Zwangsmitgliedschaft beruhenden Kammern[61] und Verfassten Studierendenschaften.[62] Jenseits der Anwendungsbereiche des Art. 26 IV, 72 LV sind die Grundsätze der Gleichheit und Allgemeinheit der Wahl zudem in Art. 2 I LV iVm Art. 3 I GG verankert.[63] Darüber hinaus gebietet auch 15

---

53 Zu Höchstaltersgrenzen für Kommunalwahlämter: BVerfG, NVwZ 2013, 1540.
54 So angedeutet bei StGH, ESVGH 24, 155 (157); dagegen: LT-Drs. 11/5326, 6.
55 Vgl. zur Diskussion: *Braun*, Art. 26 Rn. 1; *Feuchte* in: ders., Art. 26 Rn 3; wie hier: *Schellenberger*, VBlBW 2015, 497 (499 ff.).
56 Geregelt in § 9 I Nr. 2 GVRS; wie hier auch: *Schellenberger*, VBlBW 2015, 497 (502).
57 Sie gelten nach Art. 21 I 3 GG iVm Art. 38 1 1 GG auch für politische Parteien: Bei ihnen muss gem. dem Verfassungsgebot innerparteilicher Demokratie aus Art. 21 I 3 GG die Ausgestaltung des innerparteilichen Wahlsystems den Wahlrechtsgrundsätzen des Art. 38 I 1 GG entsprechen. Dies schließt allerdings nach verbreiteter Auffassung Quotenregelungen bei der Wahl zu Parteiämtern nicht grundsätzlich aus, vgl. BVerfG (K), B. v. 1.4.2015 – 2 BvR 3058/14 – juris, Rn. 25.
58 Zu Art. 38 I 1, 28 I 2 GG: BVerfGE 47, 253 (276 f.); 13, 54 (91 f.); 28, 220 (224); VerfGH NRW, U. v. 21.11.2017 – VerfGH 9/16 u.a. – juris; *Mehde* in: Maunz/Dürig, Art. 28 Abs. 1 Rn. 87.
59 BVerfGE 13, 54, (91 f.); zum passiven Wahlrecht nach Art. 72 I LV iVm dem Demokratieprinzip aus Art. 25 I LV: VerfGH, B. v. 30.8.2016 – 1 VB 59/16 – juris, Rn. 28.
60 LVerfG LSA, U. v. 27.3.2001 – LVG 1/01 – juris, Rn. 16; BVerfGE 69, 92 (106).
61 Zu Arbeitnehmerkammern: BVerfGE 71, 81 (94 f.); zu Wahlen im Bereich der Sozialversicherung: BVerfGE 30, 227 (246).
62 *Hofmann* in: v. Coelln/Haug, BeckOK LHG, § 65 a Rn. 14 ff.
63 BVerfGE 60, 162 (167); der von Art. 28 I 2, 38 GG erfasste Bereich wurde später von der Geltung des Art. 3 I GG ausgeschlossen; BVerfGE 99, 1 (10 ff.); jedoch für Europawahlen auf Art. 3 I GG zurückgreifend: BVerfGE 129, 300 (317).

Art. 2 I LV iVm Art. 33 I GG eine Gleichbehandlung deutscher Staatsbürger bei staatsbürgerlichen Rechten, wozu sämtliche Wahlen und Abstimmungen gehören, die staatliche Gewaltausübung betreffen.[64] Gleichwohl können gerade bei funktionalen Selbstverwaltungskörperschaften Einschränkungen der Wahlrechtsgrundsätze unter weniger strengen und formalen Voraussetzungen gerechtfertigt sein, als sie insb. für den parlamentarischen Bereich gelten,[65] weil hier die demokratische Legitimation der Ausübung öffentlicher Gewalt auch durch das inhaltlich steuernde Parlamentsgesetz sowie die staatliche Rechtsaufsicht gewährleistet wird. Dies gilt insb. für die Wahl von Selbstverwaltungsorganen der **Hochschule**, bei denen auch die Wissenschaftsfreiheit nach Art. 2 I LV iVm Art. 5 III GG zu berücksichtigen ist.[66] Aber auch bei der Wahl von **Personalvertretungen im öffentlichen Dienst** – etwa richterlichen Präsidialräten – kann aufgrund der besonderen Zielsetzung dieser Wahlen eine Abweichungen von den Wahlrechtsgrundsätzen unter geringeren Anforderungen als beim Landtag gerechtfertigt sein. Die Wahlrechtsgleichheit muss hier nicht zwingend streng formal ausgestaltet sein.[67] Soweit Personalvertretungen keine Gruppenangelegenheiten wahrnehmen, gelten nach Meinung des BVerfG die demokratischen Grundsätze nicht.[68]

II. Wahl- und Stimmrecht (Abs. 1)

16 Das in Abs. 1 enthaltene Wahl- und Stimmrecht ist – wie oben näher dargestellt (→ Rn. 4) – ein **subjektives Verfassungsrecht**. Es ist **unverzichtbar, unübertragbar und höchstpersönlich**.[69] Eine Stellvertretung ist nicht möglich. Sie wäre mit dem auch in der Menschenwürde und dem Demokratieprinzip verankerten Recht auf freie und gleiche Teilhabe an der Staatsgewalt (Art. 2 I LV iVm Art. 1 I GG u. Art. 25 I LV)[70] nicht vereinbar. Demokratische Legitimation kann nur in einem an die wählende Einzelperson gebundenen Kommunikationsprozess mit dem Gewählten entstehen.[71] Daher kann den Eltern für Kinder kein Stellvertretungsrecht oder gar plurales eigenes Wahlrecht (Familienwahlrecht) eingeräumt werden. Eine entsprechende Verfassungsänderung würde gegen Art. 64 I 2 LV u. Art. 28 I 1, 79 III GG verstoßen.[72]

---

64 *Battis* in: Sachs, GG, Art. 33 Rn. 15.
65 BVerfG, Beschluss vom 12.7.2017 – 1 BvR 2222/12 u.a. – juris, Rn. 121 ff. Hat sich der Gesetzgeber für eine Wahl nach dem Verhältniswahlsystem entschieden, muss er sich auch bei funktionalen Selbstverwaltungskörperschaften an dieser Systementscheidung festhalten lassen und ein stärker formalisiertes Gleichheitsgebot beachten: BVerfG 71, 81 (95 f.), zu Arbeitnehmerkammern.
66 BVerfGE 39, 247 (254 f.), VerfGH, U. v. 14.11.2016 – 1 VB 16/15 – juris.
67 BVerfGE 41, 1 (11 ff.); strenger bei sonstigen Personalvertretungen: BVerfGE 60, 162 (167 ff.).
68 BVerfGE 91, 367 (385 f.).
69 *Klein* in: Maunz/Dürig, Art. 38 Rn. 138, *Braun*, Art. 26 Rn. 6; *Morlok* in: Dreier, Art. 38 Rn. 128.
70 BVerfGE 123, 267 (341).
71 So *Klein* in: Maunz/Dürig, Art. 38 Rn. 138.
72 *Klein* in: Maunz/Dürig, Art. 38 Rn. 138; *Trute* in: v. Münch/Kunig, Art. 38 Rn. 103; *Achterberg/Schulte* in: v. Mangoldt/Klein/Starck, Art. 38 Abs. 2 Rn. 155; *Morlok* in: Dreier, Art. 38 Rn. 128 f.

[Aktives Wahlrecht, Wahlgrundsätze] Artikel 26

Das Wahl- und Stimmrecht bezieht sich entsprechend dem in Abs. 8 festgelegten Anwendungsbereich der Norm insb. (vgl. im Übrigen → Rn. 14 f.) auf die aktive Teilnahme an **Wahlen** nach Art. 27 ff. LV und **Abstimmungen** nach Art. 43 II, 59 III, 60, 64 III LV. Seit dem 9. LVÄndG. v. 19.11.1974 (GBl. 454) ist das passive Wahlrecht in Art. 28 II 1 unmittelbar an das aktive Wahlrecht geknüpft. Unterschiede hinsichtlich des jeweils vorausgesetzten Alters bestehen damit nicht mehr. Vom aktiven Wahl- und Stimmrecht erfasst wird nicht allein die **Teilnahme** am Wahl- oder Abstimmvorgang. Es bezieht sich auch auf die **Vorbereitung einer Wahl** oder **Abstimmung sowie deren Auswertung** und gibt damit einen Anspruch auf Aufnahme ins Wählerverzeichnis, unter Umständen auf Erteilung eines Wahlscheins, auf die Mitwirkung bei der Einreichung von Wahlvorschlägen sowie bei Abstimmungen auf die Möglichkeit der Mitwirkung bei der Beantragung eines **Volksbegehrens**, auf dessen Zulassung bei Vorliegen der gesetzlichen Voraussetzungen sowie ggf. auch auf anschließende Durchführung des Volksbegehrens. Für den **Volksantrag** nach Art. 59 I, II LV gilt Art. 26 LV dagegen nicht.[73] Er dient weder der Vorbereitung einer Wahl noch einer Abstimmung.[74] Da eine demokratische Legitimation durch **Wahlen** nur auf Zeit erteilt werden kann, ergibt sich aus Abs. 1 auch ein Recht, dass die Volksvertretungen **in regelmäßigen, im Voraus bestimmten Abständen** abgelöst und legitimiert werden (Art. 30 I LV).[75] Das Wahlrecht darf nicht auf einem in der Verfassung nicht vorgesehenen Weg entzogen oder verkürzt werden.[76] 17

Wahl- oder stimmberechtigt sind nach Abs. 1 nur **Deutsche** iSv Art. 116 I GG. Der durch Art. 25 I, 28 I LV sowie Art. 79 III GG vorgegebene Zusammenhang zwischen dem Legitimationssubjekt Volk und der Ausübung der Staatsgewalt schließt es grds. aus, dass an einer Wahl oder Abstimmung Ausländer beteiligt werden. Eine Änderung ist auch dem verfassungsändernden Gesetzgeber nicht möglich (→ Art. 25 Rn. 11). Für Kommunalwahlen gilt eine nach Art. 28 I 3, 79 III GG zulässige Ausnahme für Unionsbürger (Art. 72 I 2 LV). Abs. 1 regelt in Verbindung mit § 7 I 1 Nr. 2 LWG mittelbar, wer als „Staatsangehöriger des Landes" bezeichnet werden könnte (→ Art. 23 Rn. 37). 18

Nur solche Deutsche bilden das **Landesvolk** und können wahl- und stimmberechtigt sein, die eine hinreichend enge Beziehung zum Land BW besitzen, so dass davon ausgegangen werden kann, dass die Wahl ihrer Kommunikationsfunktion gerecht werden kann und ein Verantwortungszusam- 19

---

73 Vgl. LT-Drs. 15/7178, 8.
74 Gleichwohl ist der Volkantrag nach seiner Einführung über Art. 2 I LV iVm Art. 1 I, 3 I, 33 I GG sowie Art. 25 I LV subjektivrechtlich gesichert. Denn als besonderes Element der „Rückkoppelung" (LT-Drs. 15/7178, 6) dient er dem freien und gleichen Teilhaberecht der Staatsbürger an der öffentlichen Gewalt.
75 BVerfGE 18, 151 (154); *Klein* in: Maunz/Dürig, Art. 38 Rn. 144; StGH, ESVGH 11/II, 7; ESVGH 22, 1 (3); ESVGH 24, 155 (157).
76 BVerfGE 1, 14 (33).

menhang hergestellt wird.[77] Die **enge Beziehung zum Land**[78] kann nach Maßgabe von Abs. 1 u. 7 S. 2 vom Landesgesetzgeber näher definiert werden. Art. 28 I 2 GG verlangt nicht, dass zur Bestimmung der engen Verbindung auf die Geburt im Land anstelle der Ansässigkeit abgestellt wird.[79] Seit einer Verfassungsänderung im Jahr 1983 (GBl. 141) besteht hier ein begrifflicher Gleichklang zum Melderecht, der durch § 11 LWO praktisch wirksam wird.[80] Maßgeblich ist nach § 7 I Nr. 2 LWG, dass der betreffende Deutsche seit mindestens drei Monaten in BW wohnt, bei mehreren Wohnungen hier seine Hauptwohnung hat oder sich sonst gewöhnlich in BW aufhält. Die nach § 7 I LWG Wahlberechtigten sind nach § 21 II LWG in das Wählerverzeichnis einzutragen. Für das **passive Wahlrecht** kann nach Art. 28 II 2 LV neben einer gewissen Dauer des Aufenthalts im Land weitergehend als für das aktive Wahlrecht auch das Vorliegen einer bestimmten Dauer der Staatsangehörigkeit verlangt werden, was in § 9 LWG jedoch nicht umgesetzt wurde.

20 Was unter den Begriffen „Wohnung" und „Hauptwohnung" zu verstehen ist, ergibt sich aus §§ 20 bis 22 Bundesmeldegesetz (BMG). § 11 I LWO führt iVm den in § 27 BMG geregelten Ausnahmen von der Meldepflicht dazu, dass – etwa bei Soldaten – der Bezug einer dienstlichen Unterkunft im Inland unter bestimmten Voraussetzungen nicht zum Verlust des Wahlrechts führt. Auch bei Strafgefangenen – sofern sie nicht vom Wahlrecht ausgeschlossen sind – stellt das Landeswahlrecht auf die melderechtliche Situation außerhalb der JVA sowie hilfsweise auf die JVA ab (§ 11 II 1 LWO). Nicht klar geregelt ist das Wahlrecht von Binnenschiffern. Jedoch ist davon auszugehen, dass auch hier nach § 11 I LWO die melderechtliche Situation (§ 28 BMG) ausschlaggebend ist. Der „**sonstige gewöhnliche Aufenthalt**" kann nur eine Rolle spielen, wenn eine Person keine Wohnung hat, insb. obdachlos ist.[81] Dabei ist für alle drei Alternativen des § 7 I Nr. 2 LWG das Wahlrecht erst nach einer Karenzzeit von drei Monaten gegeben. Die Regelung einer Karenzzeit wurde von der VLV bewusst dem einfachen Recht vorbehalten. Eine angemessene Mindestkarenzdauer, welche den Grundsatz der Allgemeinheit der Wahl berührt, ist nicht nur zur Gewährleistung einer gewissen Verbindung zum Land, sondern vor allem deshalb gerechtfertigt, weil die Organisation einer Wahl eine Vorbereitungszeit benötigt.[82] Anders als zur Bundestagswahl (§ 12 Abs. 2 BWG) sind **allein im Ausland wohnende** ehemalige „**Baden-Württemberger**", etwa wenn sie in Brüssel bei der EU-Kommission arbeiten oder gar als Landesbeamte dorthin abgeordnet wurden und im Land für keine Wohnung mehr gemeldet

---

77 BVerfGE 132, 39 (51 ff.) mit einer Betonung der Kommunikationsfunktion; krit. u. weiter auf ein „Mindestmaß an Bindung" durch einen „Verantwortungszusammenhang" abstellend: *Lübbe-Wolff*, Sondervotum, BVerfGE 132, 39 (60 ff.); zur Erforderlichkeit eines Verantwortungszusammenhangs: BVerfGE 44, 125 (142).
78 Zu diesem Kriterium: BVerfGE 36, 139 (143 f.).
79 BVerfGE 28, 220 (224 ff.); *Mehde* in: Maunz/Dürig, Art. 28 Abs. 1 Rn. 98.
80 *Braun*, Art. 26 Rn. 5.
81 Zur Eintragung ins Wählerverzeichnis auch § 11 II 2 LWO; zur Obdachlosenproblematik auch: VerfGH NRW, NVwZ-RR 1996, 679.
82 S. die 9. VA-Sitzung v. 16.7.1952 in: Feuchte, Quellen, 2. Teil, 154 ff.

sind,[83] nicht mehr im Land wahlberechtigt. Es stellt sich die Frage, ob mit Blick auf den in Art. 28 I 2 GG enthaltenen Grundsatz der Allgemeinheit der Wahl nicht in bestimmten Fällen, namentlich dann, wenn ein hinreichender Kommunikations- und Verantwortungszusammenhang zum Land besteht, Art. 26 I, VII 2 LV geändert werden müsste.[84] Zwingend erscheint dies angesichts des Typisierungsspielraums des Gesetzgebers freilich nicht. Denn die Betroffenheit durch die Ausübung von Staatsgewalt des Landes, deren Schwerpunkt im Kultus- und Polizeibereich liegt, ist typischerweise nicht hinreichend gegeben, wenn jemand nur im Ausland wohnt.

Das **Wahlalter** beträgt seit der Verfassungsänderung aus dem Jahr 1970 (GBl. 83) 18 Jahre (anstelle von 21 Jahren). Bei dieser Festlegung handelt es sich um eine nähere verfassungsrechtliche Konkretisierung des in Abs. 4 enthaltenen Grundsatzes der Allgemeinheit der Wahl.[85] Art. 28 I GG lässt den Ländern bei der Bestimmung des Wahlalters einen Spielraum. Eine Grenze bildet der Grundsatz der Demokratie und die sich daraus ergebende Integrations- und Kommunikationsfunktion von Wahlen.[86] Der Grundsatz der Demokratie verlangt daher für das Bestehen des Wahlrechts, dass der Betreffende an dem für die Herstellung demokratischer Legitimation erforderlichen Diskurs zwischen Wähler und Gewähltem zumindest mit einigem Verständnis teilnehmen kann.[87] Eine Absenkung des Wahlalters auf 16 Jahre – wie etwa für die Kommunalwahlen[88] oder in wenigen Bundesländern auch für die Landtagswahl (→ Rn. 13) – ist jedenfalls kritisch zu sehen angesichts der Wertungen, die der Rechtsordnung insoweit allgemein zu Grunde liegen und in §§ 2, 104 ff., 1303 BGB zum Ausdruck kommen.[89] Eine Absenkung unter 16 Jahre dürfte jedenfalls ausgeschlossen sein. Eine Stellvertretung durch die Eltern ist aufgrund der Höchstpersönlichkeit des Wahlrechts ausgeschlossen. Gegen ein Wahlalter von 18 Jahren bestehen unter dem Gesichtspunkt der Allgemeinheit der Wahl wegen Art. 38 II GG dagegen keine Bedenken.[90]

21

---

83 Nur für den Fall, dass eine Person mehrere Wohnungen im Inland hat, unterscheidet das Melderecht zwischen Haupt- und Nebenwohnung. Wohnungen im Ausland spielen für die melderechtliche Unterscheidung mehrerer Wohnungen im Inland keine Rolle (BayVGH, NVwZ-RR 1998, 648).
84 BVerfGE 36, 139 (142 ff.); am Seßhaftigkeitskriterium zweifelnd: *Trute* in: v. Münch/Kunig, Art. 38 Rn. 23.
85 Zur Vereinbarkeit eines Wahlalters mit dem Grundsatz der Allgemeinheit der Wahl: BVerfGE 36, 139 (141).
86 BVerfGE 132, 39 (50 f.).
87 So *Klein* in: Maunz/Dürig, Art. 38 Rn. 142; *Badura*, E Rn. 5.
88 Für diese gilt Art. 72 LV, der keine Altersgrenze enthält. Jedoch gilt auch insoweit die sich aus Art. 28 I GG ergebende Grenze des Demokratieprinzips. Siehe zur Verfassungsmäßigkeit der Absenkung des Kommunalwahlalters auf 16 Jahre: VGH BW, U. v. 21.7.2017 – 1 S 1240/16 – juris; *Schellenberger*, VBlBW 2015, 497.
89 Gegen eine Absenkung *Klein* in: Maunz/Dürig, Art. 38 Rn. 142; gegen ein „Minderjährigenwahlrecht", wobei die konkrete Grenze unklar bleibt: *Badura*, E Rn. 5; *Achterberg/Schulte* in: v. Mangoldt/Klein/Starck, Art. 38 Abs. 2 Rn. 155; *Morlok* in: Dreier, Art. 38 Rn. 129; *Trute*; in: v. Münch/Kunig, Art. 38 Rn. 103. Eine Absenkung für möglich haltend: VGH BW, U. v. 21.7.2017 – 1 S 1240/16 – juris; *Dreier* in: ders., Art. 28 Rn. 63; *Schellenberger*, VBlBW 2015, 497 (498): nur bis 16 Jahre; *Mehde* in: Maunz/Dürig, Art. 28 Rn. 90; *Menzel*, 416, allerdings mit Blick auf die Kommunalebene.
90 BVerfGE 122, 304 (309).

22 Weitere **Ausschlussgründe**, die bis 1991 (GBl. 81) in Abs. 2 geregelt waren, finden sich nun in § 7 II LWG. Ausgeschlossen ist danach vom Wahlrecht, 1. wer infolge Richterspruchs das Wahlrecht nicht besitzt oder 2. wem zur Besorgung seiner Angelegenheiten ein Betreuer nicht nur durch einstweilige Anordnung bestellt ist; dies gilt nicht, wenn der Aufgabenkreis des Betreuers die in § 1896 Abs. 4 und § 1905 BGB bezeichneten Angelegenheiten nicht erfasst. Auch diese Einschränkung des Grundsatzes der Allgemeinheit der Wahl sind grds. zulässig.[91]

III. Ausübung des Wahl- und Stimmrechts als Bürgerpflicht (Abs. 3)

23 Die Statuierung einer Bürgerpflicht, das Wahl- und Stimmrecht auszuüben, steht in einem Gegensatz zum Grundsatz der Freiheit der Wahl nach Abs. 4 u. Art. 28 I 2 GG.[92] Denn zur Freiheit der Wahl gehört im Grundsatz auch das Recht, nicht an der Wahl teilzunehmen. Welche Bedeutung Abs. 3 also hat, war bereits im Rahmen der Verfassungsberatungen umstritten. Gleichwohl war die Norm in beiden Verfassungsentwürfen enthalten. Eine Mehrheit fand jedoch nur ein Verständnis der Norm, das von einer **nicht mit Zwang** durchsetzbaren allgemeinen Bürgerpflicht ausgeht.[93] Abs. 3 soll die Aktivierung des Wählers und die Allgemeinheit der Wahl oder Abstimmung erreichen. So wird die Norm auch vom VerfGH verstanden. Sie sei „nicht als gesetzliche, sondern als allgemeine Bürgerpflicht aus der Verantwortung für das in der staatlichen Organisationsform zu ordnende Gemeinschaftsleben des Volkes" zu verstehen.[94] Soweit der VerfGH meint, die Pflicht sei „nicht als gesetzliche" zu verstehen, bedeutet dies letztlich nur, dass eine zwangsweise Durchsetzung verboten ist und dass aus der Nichtbeachtung kein Benachteiligung folgen darf. Gleichwohl handelt es sich bei Abs. 3 um eine verfassungs*rechtliche* Pflicht.[95] Im Übrigen fördert die LV die Ausübung des Wahl- und Stimmrechts auch durch allgemeine (Art. 12 LV) und schulische (Art. 21 I LV) Erziehungsziele, wonach die Jugend zu politischer Verantwortlichkeit und zu freien und verantwortungsfreudigen Bürgern zu erziehen ist.

IV. Wahl- und Stimmrechtsgrundsätze (Abs. 4)

24 Wahlen und Abstimmungen auf Landesebene (zum Anwendungsbereich s. → Rn. 14 f.) müssen den in Abs. 4 verbindlich normierten Grundsätzen genügen. Dabei muss die Auslegung der landesverfassungsrechtlichen Grundsätze den in **Art. 28 I 2 GG** enthaltenen, vom BVerfG insb. für Art 38 I GG konkretisierten Wahlrechtsgrundsätzen entsprechen.[96] Daher ist insoweit die Rechtsprechung des BVerfG für die LV zu übernehmen. Dies gilt auch

---

91 BVerfGE 36, 139 (141 f.); 67, 146 (148); *Klein* in: Maunz/Dürig, Art. 38 Rn. 93.
92 *Klein* in: Maunz/Dürig, Art. 38 Rn. 108; *Feuchte* in: Spreng/Birn/Feuchte, Art. 26 Rn. 5; *Braun*, Art. 26 Rn. 9.
93 Vgl. die Äußerungen in der 9. VA-Sitzung v. 16.7.1952, Prot. in: Feuchte, Quellen, 2. Teil, 163 ff.
94 StGH, ESVGH 11/II 25 (28).
95 Der Rechtsordnung sind Rechtspflichten, die zum Schutz eines besonderen Freiheitsrechts nicht durchsetzbar sind, nicht unbekannt, vgl. §§ 1297 I, 1353 I 2 BGB.
96 BVerfGE 28, 220 (224); 120, 82 (102); StGH, ESVGH 40, 161 (164); *Löwer* in: v. Münch/Kunig, Art. 28 Rn. 23; *Mehde* in: Maunz/Dürig, Art. 28 Abs. 1 Rn. 85.

für den neben den in Art. 28 I 2, 38 I 1 GG genannten Grundsätzen entwickelten verfassungsrechtlichen Grundsatz der „Öffentlichkeit der Wahl".[97] Soweit Wahlrechtsgrundsätze miteinander in Kollision treten, muss der Gesetzgeber zwischen ihnen abwägen und eine sachgerechte Entscheidung treffen, die allen Belangen möglichst weitgehend entspricht und eine willkürliche Lösung vermeidet.[98] Auch hier sind vom BVerfG zu Art. 38 I 1 GG getroffene Abwägungsvorgaben zu beachten. Hinsichtlich des **Wahlsystems** (Art. 28 I LV) lässt das GG den Ländern dagegen Spielraum.[99] Ein ausgewähltes Wahlsystem muss jedoch den Wahlrechtsgrundsätzen genügen und zudem folgerichtig ausgestaltet sein.[100]

1. Allgemeinheit der Wahl oder Abstimmung

Der Grundsatz der Allgemeinheit der Wahl oder Abstimmung ist eine konkrete Ausprägung des allgemeinen Gleichheitssatzes.[101] Er sichert die vom Demokratieprinzip vorausgesetzte Egalität der Staatsbürger und **verbietet den Ausschluss bestimmter Gruppen**, insb. aus den in Art. 3 III GG genannten Gründen.[102] Der Grundsatz der Allgemeinheit der Wahl verbürgt die aktive (Abs. 1) und passive (Art. 28 II LV) Wahlberechtigung aller Staatsbürger. Er ist – nicht anders als der Grundsatz der Wahlrechtsgleichheit – im Sinne einer strengen und formalen Gleichheit zu verstehen.[103] Der Grundsatz der Allgemeinheit der Wahl bezieht sich auch auf das Wahlvorschlagsrecht, dessen Monopolisierung bei den Parteien unzulässig ist.[104]

25

Der Grundsatz der Allgemeinheit der Wahl unterliegt keinem absoluten Differenzierungsverbot. Allerdings folgt aus dem formalen Charakter des Grundsatzes, dass dem Gesetzgeber für Einschränkungen des Wahl- und Stimmrechts nur ein eng bemessener Spielraum verbleibt. Differenzierungen bedürfen stets eines besonderen sachlichen Grundes, der seine Legitimation aus der Verfassung bezieht und von mindestens gleichem Gewicht wie die Allgemeinheit der Wahl ist.[105] Dabei darf der Gesetzgeber Vereinfachungen und Typisierungen vornehmen.[106] **Beschränkungen** der Allgemeinheit der Wahl sind insb. die in Abs. 1 u. 28 II 1 LV enthaltenen Altersgrenzen für das aktive und passive Wahlrecht, die nach Abs. 1 u. 7 S. 2 möglichen Bestimmungen über einen Mindestaufenthalt im Land sowie die früher teilweise in Abs. 2 und heute in § 7 II und § 9 II LWG enthaltenen Ausschlussgründe für das aktive und passive Wahlrecht. Diese Einschränkungen sind jedoch im Grundsatz durch zwingende verfassungsrechtliche

26

---

97 BVerfGE 123, 39.
98 StGH, ESVGH 15, 129 (134).
99 *Tettinger/Schwarz* in: v. Mangoldt/Klein/Starck, Art. 28 I Rn. 84 ff.; *Mehde* in: Maunz/Dürig, Art. 28 Abs. 1 Rn. 96.
100 BVerfGE 120, 82 (103 f.) zu Kommunalwahlen.
101 BVerfGE 28, 220 (225); 36, 139 (141); 132, 39 (47).
102 BVerfGE 132, 39 (47); *Klein* in: Maunz/Dürig, Art. 38 Rn. 88; *Braun*, Art. 26 Rn. 11.
103 BVerfGE 132, 39 (47).
104 BVerfGE 41, 399 (417); zur Kommunalwahl: BVerfGE 11, 266; zu Unterschriftenquoren: StGH, BWVBl. 1960, 122 (124 f.).
105 BVerfGE 132, 39 (47 f.); *Klein* in: Maunz/Dürig, Art. 38 Rn. 91 ff.
106 BVerfGE 132, 39 (49).

Erfordernisse gerechtfertigt.[107] Soweit Abs. 1 u. Art. 28 II 1 LV das Wahlrecht nur deutschen Staatsangehörigen vorbehalten, handelt es sich um keine Einschränkung des Grundsatzes der Allgemeinheit. Denn nur deutsche Staatsangehörige können zum Landesvolk iSv Art. 25 I LV, 28 I 2 GG gehören.[108] Der Grundsatz der Allgemeinheit der Wahl gestattet es dem Gesetzgeber, dafür zu sorgen, dass nach Möglichkeit alle Wahlberechtigten ihr Wahlrecht ausüben und erlaubt es insoweit auch, andere Wahlgrundsätze einzuschränken, so etwa durch die Zulassung der Briefwahl oder einer Nachwahl.[109]

2. Freiheit der Wahl oder Abstimmung

27 Demokratische Legitimation wird nur durch freie Wahlen oder Abstimmungen gewährleistet. Dazu gehört die **Freiheit von unzulässigem Druck und Zwang** ebenso wie die Möglichkeit der **Meinungsbildung in einem freien und offenen Prozess**.[110] Der Gewährleistungsbereich der Wahl- und Stimmfreiheit erstreckt sich nicht nur auf den Vorgang der Stimmabgabe selbst, sondern **auch auf die Phase der Vorbereitung** der Wahl oder Abstimmung. Diese Phase schließt bei Wahlen die Aufstellung der Wahlbewerber und ein freies Vorschlagsrecht[111] sowie bei Volksabstimmungen die Vorbereitung durch ein Volksbegehren ein. Eine freie Wahl liegt ferner nur vor, wenn eine Auswahl möglich ist. Steht faktisch oder gesetzlich vorgeschrieben nur noch ein Vorschlag zur Wahl, ist diese grds. nicht frei.[112] Die Wahlfreiheit setzt ferner voraus, dass die Wahlvorschläge rechtzeitig bekanntgemacht werden, damit die Möglichkeit besteht, sich mit ihnen auseinander zu setzen.[113] Einwirkungen der Staatsorgane in den freien und offenen Prozess der Meinungs- und Willensbildung des Volkes sind nur dann zulässig, wenn sie durch einen besonderen, sie verfassungsrechtlich legitimierenden Grund gerechtfertigt werden können.[114]

28 Allerdings gelten für Wahlen und Abstimmungen aufgrund ihrer unterschiedlichen Funktion unterschiedlich strenge Anforderungen. Soll der Willensbildungsprozess **bei Wahlen** frei sein und zudem das Recht auf **Chancengleichheit** der Parteien sowie sonstiger Wahlbewerber (Art. 26 IV iVm Art. 28 II LV und Art. 21 GG) gewährleistet sein, müssen die staatlichen Organe **bei** ihrer **Öffentlichkeitsarbeit** das Gebot der **Neutralität** beachten.[115] Es ist der Regierung daher verwehrt, in amtlicher Funktion durch

---

107 S. dazu → Rn. 21 f.; ferner: *Klein* in: Maunz/Dürig, Art. 38 Rn. 91 ff.
108 S. nur BVerfGE 83, 60 (71) u. *Klein* in: Maunz/Dürig, Art. 38 Rn. 96.
109 BVerfGE 124, 1 (22); 21, 200 (206).
110 StGH, ESVGH 11/II 25 (27); ESVGH 31, 81 (85); BVerfGE 44, 125 (139).
111 BVerfGE 47, 253 (282); 71, 81 (100); 89, 243 (251).
112 BVerfGE 47, 253 (283); StGH, ESVGH 11/II 25 (28). Diese Aussage erfolgte v.a. vor dem Hintergrund von sog. „Einheitslisten", die etwa bei Wahlen in der DDR üblich waren. Anderes muss für den Fall gelten, dass trotz eines freien Prozesses der Wahlvorbereitung nur ein Kandidat antritt; offen: *Klein* in: Maunz/Dürig, Art. 38 Rn. 107 Fn. 7.
113 BVerfGE 79, 161 (166).
114 BVerfGE 20, 56 (99); VerfGH Rh-Pf, NVwZ-RR 2014, 556 (666).
115 Das Recht zur Öffentlichkeitsarbeit ergibt sich aus der Aufgabe der Regierung zur Staatsleitung, BVerfGE 138, 102 (113 f.). Jedoch sind Aufgaben- und Zuständigkeitsbereiche zu beachten: BVerfGE 44, 125 (149); SaarlVerfGH, U.

besondere Maßnahmen auf die Willensbildung bei Wahlen einzuwirken,[116] um dadurch Herrschaftsmacht zu erhalten oder zu verändern. Da alle Staatsbürger ohne Rücksicht auf ihre politischen Anschauungen die finanziellen Mittel für den Staat erbringen, dürfen dessen Organe diese bei der Wahl der Volksvertretung nicht zugunsten oder zulasten von politischen Parteien in parteiergreifender Weise einsetzen.[117] Unzulässig sind ferner amtliche Äußerungen, die als „Schmähkritik" iSd §§ 185 ff. StGB zu qualifizieren sind, willkürliche Verdächtigungen als verfassungsfeindlich sowie Wahlwerbung.[118] Die allgemeine Veröffentlichung von zutreffenden, sachlichen Informationen über alle Parteien verletzt die Wahlfreiheit nicht. Die Grenzziehung zwischen **unzulässiger staatlicher Wahlwerbung** und zulässiger Öffentlichkeitsarbeit der Regierung erfolgt anhand bestimmter von der verfassungsgerichtlichen Rechtsprechung aufgestellter Kriterien. Im Zeitraum des Wahlkampfes – etwa fünf bis sechs Monate vor einer Wahl[119] – ist eine gesteigerte Zurückhaltung der staatlichen Organe geboten.[120] Das Neutralitätsgebot **gilt** jedoch **nur für amtliche Äußerungen**. Die Inhaber staatlicher Ämter dürfen als Bürger am Wahlkampf teilnehmen. Soweit der Inhaber eines Regierungsamtes am politischen Meinungskampf teilnimmt, muss sichergestellt sein, dass ein Rückgriff auf die mit dem Regierungsamt verbundenen Mittel und Möglichkeiten unterbleibt.[121]

Dagegen unterliegen **bei Abstimmungen** die staatlichen Organe oder auch betroffene Kommunen lediglich dem weniger strengen **Sachlichkeitsgebot** (s. auch → Art. 60 Rn. 32).[122] Denn die Abstimmung dient der Entschei- 29

---

v. 1.7.2010 – Lv 4/09 – juris, Rn. 68; VerfGH Rh-Pf, NVwZ-RR 2014, 665 f.; ThürVerfGH, U. v. 3.12.2014 – 2/14 – juris, Rn. 62; U. v. 8.6.2016 – 25/15; U. v. 6.7.2016 – 38/15.

116 Das Verfassen einer Wahlkampfstrategie durch eine Abteilung des Staatsministeriums ist noch kein „Einwirken" mit Außenwirkung, StGH, ESVGH 35, 241 (243).

117 Vgl. StGH, ESVGH 31, 81 (85); BVerfGE 20, 56 (97 ff.); 44, 125 (138 ff.); 63, 230 (242 ff.); 138, 102 (109 ff.).

118 BVerfGE 138, 102 (114 ff.); ThürVerfGH, U. v. 3.12.2014 – 2/14 – juris, Rn. 61 ff.

119 Als ungefähren Anhaltspunkt für den Beginn der sensiblen Zeit für Öffentlichkeitsarbeit hat BVerfGE 44, 125 (53) einmal den Tag genannt, an dem der Bundespräsident nach § 16 BWahlG den Wahltag festlegt. In BW wird der Wahltag nach § 19 LWG von der Regierung bestimmt. Dieser Zeitpunkt ist allerdings deutlicher früher als fünf bis sechs Monate vor der Wahl, die der StGH für entscheidend gehalten hat (ESVGH 31, 81 (86)). So wurde der Tag der Landtagswahl 2016 bereits am 24.3.2015 auf den 13.3.2016 festgelegt. Generell ist festzuhalten, dass die Neutralitätsanforderung graduell zur Nähe des Wahltages steigen: VerfGH Rh-Pf, NVwZ-RR 2014, 665 (666).

120 StGH, ESVGH 31, 81, 85 ff.; VerfGH Rh-Pf, NVwZ-RR 2014, 665; NVwZ 2015, 735; ThürVerfGH, U. v. 3.12.2014 – 2/14 – juris, Rn. 44 ff.; BVerfGE 20, 56 (97 ff.); 44, 125 (138 ff.); 63, 230 (242 ff.); 138, 102 (109 ff.); VGH BW, DVBl. 1985, 170.

121 Auch zur Abgrenzung von amtlicher und privater Äußerung: BVerfGE 63, 230 (242 ff.); 138, 102 (118 ff.); 140, 225 (227 f.); VerfGH Rh-Pf, NVwZ-RR 2014, 665; ThürVerfGH, U. v. 3.12.2014 – 2/14 – v. 8.6.2016 – 25/15 u. v. 6.7.2016 – 38/15 –, alle drei in juris.

122 Siehe § 8 I VAbstG; StGH, B. v. 22.5.2012 – GR (V) 3/11 u. GR (V) 4/11 – beide unveröff.; BVerfG (K), LKV 1996, 333; BayVerfGH, E. v. 19.1.1994 – Vf. 89-III-92 u.a. – juris, Rn. 87 ff.; BremStGH, E. v. 29.7.1996 – St. 3/95 – juris, Rn. 107 ff.; LVerfG M-V, B. v. 1.9.2015 – 6/15 eA – juris, Rn. 29.

dung einer Sachfrage und nicht – wie die Wahl – der Übertragung von Herrschaft. Volksabstimmungen sind Teil des Gesetzgebungsverfahrens. Die gewählten Organe des Landes können sich nach der LV zu vom Volk eingebrachten Gesetzesvorlagen äußern (vgl. Art. 59 II, III 5, IV, 60 I 2 LV). Bei Volksabstimmungen nach Art 60 II, III LV besteht ein Dissens zwischen Landesregierung und Landtagsmehrheit. Die Verfassungsorgane habe ein legitimes Interesse, in angemessener Weise ihre Auffassung über die Vor- und Nachteile der einen oder anderen Lösung zu äußern und ihre Politik darzustellen.[123] Auch pauschale, plakative oder überspitzte Formulierungen sind zulässig, solange wenn ein sachlicher Bezug erkennbar bleibt. Unzulässig sind jedoch eindeutige Abstimmempfehlungen. In den genannten Grenzen dürfen für amtliche Äußerungen auch öffentliche Mittel eingesetzt werden.[124]

30 Bei der **konkreten Ausgestaltung des Landtagswahlrechts** wäre – wie immer wieder diskutiert – mit Blick auf den Grundsatz der Freiheit der Wahl auch ein System mit starren Parteilisten zulässig.[125] Allerdings verstieße eine Landtagswahl, bei der *allein* starre Parteilisten zur Wahl stünden, gegen die Systemvorgabe in Art. 28 I LV (→ Art. 28 Rn. 8 ff.). Ein Verbot von Listenverbindungen und gemeinsamen Wahlvorschlägen ist mit der Wahlfreiheit vereinbar.[126] Eine gesetzlich vorgeschriebene Quotierung für die listenmäßigen Wahlvorschläge der Parteien würde jedoch die Parteienfreiheit aus Art. 21 I GG sowie den Grundsatz der Wahlfreiheit verletzen.[127]

31 Bei der **Gestaltung der Stimmzettel** sind solche Einschränkungen der Freiheit der Wahl und des Grundsatzes der Chancengleichheit gerechtfertigt, welche die äußere Form und das Verfahren der Stimmabgabe betreffen, die sich also auf die notwendige Regelung des Vorgangs der Wahl beziehen und sich im Rahmen der Funktionen des Stimmzettels für die Wahl halten. Einschränkungen der Wahlfreiheit durch die Gestaltung des Stimmzettels aus wahlrechtsbezogenen formalen, den Inhalt der Wahlentscheidung nicht berührenden Gründen, können gerechtfertigt sein, wenn sie das zur Ordnung des Wahlverfahrens notwendige Maß nicht überschreiten.[128] Dementsprechend ist zB die sog. „**Wickelfalzung**" von Stimmzetteln grds. zulässig.[129] Auch die **Reihenfolge** der Wahlvorschläge war schon Gegenstand

---

123 BVerfGE 37, 84 (90 f.). Bsp. aus der Landespolitik BW: „Informationen der Landesregierung Baden-Württemberg zur Volksabstimmung am 27. November 2011".
124 BayVerfGH, E. v. 19.1.1994 – Vf. 89-III-92 u.a. – juris, Rn. 104.
125 BVerfGE 7, 63 (69 f.).
126 StGH, ESVH 11/II, 25 (30); *Braun*, Art. 26 Rn. 12.
127 Dies ist – anders als bei zulässigen Frauenquoten in Parteistatuten – auch nicht wegen Art. 3 II 2 GG gerechtfertigt: So *Klein* in: Maunz/Dürig, Art. 38 Rn. 108 Fn. 4; *Achterber/Schulte* in: v. Mangoldt/Klein/Starck, Art. 38 Abs. 1 Rn. 145 Fn. 308; ebenso: Innen- und Justizministerium BW, LT-Drs. 15/1886, 28.
128 VerfGH Rh-Pf, NVwZ 2014, 1089 (1091 f.); U. v. 13.6.2014 – VGH N 14/14 u.a. – juris, Rn. 49 ff.
129 VerfGH Rh-Pf, NVwZ-RR 2007, 1; LVerfG SchlH, B. v. 20.6.2013 – LVerfG 6/12 – juris, Rn. 20.

verfassungsgerichtlicher Entscheidungen.[130] Die Bedeutung von Wahlbewerbern stellt ein verfassungsrechtlich zulässiges Ordnungskriterium für deren Reihung auf den Stimmzetteln dar.[131] Staatliche Einwirkungen auf den Inhalt des Wählerwillens im Zeitpunkt der Stimmabgabe durch eine Gestaltung des Stimmzettels sind jedoch unzulässig. Das gilt selbst dann, wenn sie die Verwirklichung materieller Verfassungsaufträge fördern sollen und keinen parteiergreifenden Charakter haben. Die dann unbedingte Unzulässigkeit der staatlichen Einwirkung auf die Willensbildung des Wählers folgt in diesem Fall bereits aus ihrem unmittelbaren zeitlichen und räumlichen Zusammentreffen mit dem eigentlichen Wahlakt. Unzulässig sind danach **Aufdrucke auf Stimmzetteln mit Appellcharakter**, welche zB den Inhalt von Art. 3 II 2 GG, den **Geschlechteranteil** in der zu wählenden Vertretungskörperschaft sowie den Geschlechteranteil im jeweiligen Wahlvorschlag enthalten und damit den Wähler beim Wahlakt bedrängen.[132] Die Möglichkeit einer **Nein-Stimme oder einer ausdrücklichen Stimmenthaltung** muss auf dem Wahlzettel nicht enthalten sein.[133]

3. Gleichheit der Wahl oder Abstimmung
a) Allgemeines

Der Grundsatz der Gleichheit der Wahl trägt der vom Demokratieprinzip vorausgesetzten Gleichberechtigung der Staatsbürger Rechnung.[134] Er gebietet, dass alle Staatsbürger das **aktive und passive Wahlrecht** möglichst in gleicher Weise ausüben können. Er ist im Sinne einer **strengen und formalen Gleichheit** zu verstehen.[135] Aus dem formalen Charakter der Grundsatzes der Wahlrechtsgleichheit folgt, dass dem Gesetzgeber nur ein eng bemessener Spielraum für **Differenzierungen** bleibt.[136] Differenzierungen dürfen nur zur Verfolgung gewichtiger, verfassungsrechtlich verankerter Ziele erfolgen und müssen für diesen Zweck geeignet und erforderlich sein sowie in angemessenem Verhältnis zur Intensität des Eingriffs in die Wahlrechtsgleichheit stehen.[137]

32

---

130 Einerseits ThürVerfGH, LKV 2015, 416 u. SaarlVerfGH, U. v. 29.9.2011 – Lv 4/11 – juris, Rn. 171 ff., wonach Differenzierungen in der Reihenfolge die Wahlchancen theoretisch beeinflussen können und daher einer besonderen Rechtfertigung bedürfen, und andererseits BVerfGE 13, 1 (18 f.); 29, 154 (164); LVerfG SchlH, B. v. 20.6.2013 – LVerfG 6/12 – juris, Rn. 14 ff.; HessStGH, NVwZ 1996, 161; BayVerfGH, NVwZ 1984, 642, die vom Leitbild des „mündigen, verständigen und sein Wahlrecht verantwortungsbewusst ausübenden Wahlbürgers" ausgehen und eine Verletzung der Chancengleichheit nur im Fall einer sachwidrigen Regelung annehmen.
131 VerfGH, U. v. 15.2.2016 – 1 VB 9/16 – juris, Rn. 48; LVerfG LSA, LVerfGE 18, 535 (543), beide auch zur Einordnung von Einzelbewerbern am Ende des Stimmzettels.
132 VerfGH Rh-Pf, NVwZ 2014, 1089 (1091 ff.); U.v. 13.6.2014 – VGH N 14/14 u.a. – juris, Rn. 60 ff.
133 BVerfG, NVwZ 2012, 161.
134 BVerfGE 131, 316 (334); 123, 267 (342).
135 BVerfGE 120, 82 (102); 131, 316 (338); StGH, ESVGH 58, 1 (3); ESVGH 63, 13 (15).
136 BVerfGE 131, 316 (338).
137 BVerfGE 95, 408 (418); 129, 300 (320); 131, 316 (338 f.); StGH, ESVGH 58, 1 (3).

33 Der Grundsatz der Gleichheit der Wahl aus Art. 26 IV LV ist spezieller als der allgemeine Gleichheitssatz aus Art. 2 I LV iVm Art. 3 I GG, so dass im **Anwendungsbereich** von Art. 26 IV LV (u. Art. 72 I 1 LV) auf diesen nicht zurückgegriffen werden kann.[138] Zum Anwendungsbereich des formal verstandenen Grundsatzes der Gleichheit der Wahl gehört **auch das „Vorfeld" der politischen Willensbildung**, der Wahlvorbereitung, der Wahlkampfkostenerstattung, der Wettbewerb um Spenden sowie der Bereich der steuerlichen Berücksichtigung von Beiträgen und Spenden an politische Parteien.[139]

34 Ein besonderer Aspekt des Grundsatzes der Gleichheit der Wahl ist das Recht der Wahlbewerber auf **Chancengleichheit** im Wettbewerb um Wählerstimmen als unabdingbares Element des von der Verfassung gewollten freien und offenen Prozesses der Meinungs- und Willensbildung des Volkes.[140] Für Parteien leitet sich der landesverfassungsrechtliche Anspruch auf Chancengleichheit im Zusammenhang mit Wahlen und Abstimmungen aus Art. 26 IV, 28 II LV iVm Art. 21 GG ab, der als Bestandteil der Landesverfassungen angesehen wird.[141] Für die nicht parteigebundenen Wahlbewerber folgt er allein aus Art. 26 IV, 28 II LV. Eine unterschiedliche Behandlung ist nur in engen Grenzen zulässig, wenn gewichtige verfassungsrechtlich legitimierter Gründe vorliegen.[142] Der Grundsatz der Chancengleichheit schützt nicht nur vor tatsächlichen oder rechtlichen Ungleichbehandlungen durch staatliche Organe. Er erstreckt sich auch auf Verfälschungen des Parteienwettbewerbs durch solche staatliche Einwirkungen, die sich rein formal auf alle Parteien erstrecken, jedoch mittelbar unterschiedlich auswirken. Allerdings ist der Staat nicht verpflichtet, bestehende Unterschiede zwischen den Parteien auszugleichen oder zu beseitigen. Das Wahlverfahren muss nicht so gestaltet sein, dass sich Unterschiede in den personellen Ressourcen der einzelnen Parteien nicht auswirken.[143]

b) Anwendungsbeispiele

35 **Für das Wahlgesetz**, dessen Grundlinien durch Art. 28 I LV vorgegeben sind, folgt aus dem Grundsatz der Gleichheit der Wahl, dass die Stimme eines jeden Wahlberechtigten grds. den **gleichen Zählwert** und die **gleiche rechtliche Erfolgschance** haben muss. Alle Wähler sollen mit der Stimme, die sie abgeben, den gleichen Einfluss auf das Wahlergebnis haben. Die Wahlgleichheit wirkt sich im Mehrheits- und im Verhältniswahlsystem jeweils unterschiedlich aus. Dem Zweck der Mehrheitswahl entspricht es, dass nur die für den Mehrheitskandidaten abgegebenen Stimmen zur Mandatszuteilung führen. Die auf die übrigen Kandidaten entfallenden Stim-

---

138 BVerfGE 99, 1 (10); StGH, ESVGH 58, 1 (3); *Klein* in: Maunz/Dürig, Art. 38 Rn. 117.
139 BVerfGE 8, 51 (68); 69, 92 (106 f.); 89, 243 (251); *Trute* in: v. Münch/Kunig, Art. 38 Rn. 56.
140 BVerfGE 44, 125 (145); 138, 102 (109 f.); 120, 82 (105); 135, 259 (285 f.); StGH, ESVGH 35, 244 (248); *Trute* in: v. Münch/Kunig, Art. 38 Rn. 56; *Klein* in: Maunz/Dürig, Art. 38 Rn. 118.
141 StGH, ESVGH 31, 81 (84); BVerfGE 66, 107 (114); 120, 82 (104); bundesrechtlich verstärkt durch Art. 28 I 2 GG.
142 BVerfGE 44, 125 (146.); 131, 316 (339).
143 VerfGH Rh-Pf, NVwZ 2015, 94.

men bleiben hingegen bei der Vergabe der Mandate unberücksichtigt. Die Wahlgleichheit fordert hier über den gleichen Zählwert aller Stimmen hinaus nur, dass bei der Wahl alle Wähler auf der Grundlage möglichst gleich großer Wahlkreise und von daher mit annähernd gleichem Stimmgewicht am Kreationsvorgang teilnehmen können. Hingegen bedeutet Wahlgleichheit bei der Verhältniswahl, dass jeder Wähler mit seiner Stimme den gleichen Einfluss auf die Zusammensetzung der Vertretung haben muss. Ziel des Verhältniswahlsystems ist es, dass alle Parteien in einem möglichst den Stimmenzahlen angenäherten Verhältnis in dem zu wählenden Organ vertreten sind. **Im Verhältniswahlrecht** gebietet die Gleichheit der Wahl **auch die Erfolgswertgleichheit** der Stimmen.[144]

Das **derzeitige Landtagswahlrecht**[145] stellt im Hinblick auf die parteipolitische Zusammensetzung des Landtags,[146] wozu auch die Ermittlung der Zahl der Ausgleichsmandate nach § 2 IV 1 u. 2 LWG gehört,[147] im Grundsatz[148] ein **Verhältniswahlrecht** dar.[149] Hinsichtlich der Vergabe der Erstmandate handelt es sich jedoch um eine **Mehrheitswahl**.[150] Auch bei der Zweitaustellung der übrigen Mandate besteht für die Wähler im jeweiligen Wahlkreis eine Einflussmöglichkeit auf die Vergabe der Mandate, weshalb auch insoweit eine Mehrheitswahl (Persönlichkeitswahl) vorliegt.[151] Daher ergibt sich aus dem Grundsatz der Wahlrechtsgleichheit bezüglich der parteipolitischen Zusammensetzung des Landtags das Erfordernis der Erfolgswertgleichheit der Stimmen. Hinsichtlich der Vergabe der einzelnen Mandate an die Direktkandidaten sowie die Verteilung von Zweit- und Ausgleichsmandaten sind die für die Mehrheitswahl aufgestellten Grundsätze, wie insb. der Grundsatz der Erfolgschancengleichheit zu beachten.[152] Diese Anforderungen können nicht durch den Umstand relativiert werden, dass es sich bei dem geltenden Wahlsystem um ein Mischsystem handelt.[153]

36

Da das Landtagswahlsystem nach Art. 28 I LV Elemente der Verhältniswahl mit einer Persönlichkeitswahl verbindet, besteht die Möglichkeit der Entstehung von **Überhangmandaten**. Denn Ausdruck der Persönlichkeitswahl ist es, dass jedem in seinem Wahlkreis obsiegenden Bewerber dieser

37

---

144 BVerfGE 120, 82 (102 f.); 131, 316 (337 f.); StGH, ESVGH 58, 1 (3 f.); ESVGH 63, 13 (16 f.); ESVGH 40, 161 (164 f.). Kritisch: *Bull*, DVBl. 2014, 1213.
145 Zum Kommunalwahlrecht s. Art 72 II LV sowie StGH, ESVGH 29, 160 ff.
146 Entsprechendes gilt für die Unterverteilung der Sitze an die Parteien in den vier Regierungsbezirken, StGH, ESVGH 40, 161 (165 f.). Hinsichtlich des Regionalproporzes zwischen den Bezirken gilt das Erfordernis der Erfolgswertgleichheit jedoch nicht, StGH, ESVGH 54, 4 (7 f.).
147 StGH, VBlBW 1991, 133 ff.
148 Zu gewissen Einschränkungen der Proportionalität führt die Möglichkeit, dass auch Einzelbewerber ein Landtagsmandat erhalten können. Diese Einschränkung ist durch den Grundsatz der Persönlichkeitswahl gerechtfertigt.
149 StGH, ESVGH 35, 244 (247); ESVGH 40, 161 (165 f.); entsprechendes gilt für die Unterverteilung auf die vier Regierungsbezirke.
150 StGH, ESVGH 35, 244 (247); ESVGH 40, 161 (165); ESVGH 58, 1 (4 u. 7); ESVGH 63, 13 (16).
151 StGH, ESVGH 35, 244 (247); ESVGH 40, 161 (165 ff.); ESVGH 58, 1 (4 f.); *Braun*, Art. 28 Rn. 7 ff.; *Sander* in: Feuchte, Verfassung, Art. 28 Rn. 11.
152 StGH, ESVGH 40, 161 (166 f.); ESVGH 63, 13 (16 f.).
153 StGH, VBlBW 1991, 133.

Sitz im Parlament unabhängig vom Parteienproporz zusteht.[154] Die bei der Landtagswahl **pro Regierungsbezirk** entstehenden Überhangmandate sind jedoch durch zusätzliche Mandate auszugleichen (§ 2 IV LWG). Allerdings führt dieses Verfahren wegen des rechnerischen Vorteils des „letzten Sitzes" nicht zwingend zu einem vollständigen Ausgleich.[155] Nach der Rechtsprechung des BVerfG führen *nicht ausgeglichene* Überhangmandate zu einer Ungleichbehandlung von Wählerstimmen und der Parteien, die nur hingenommen werden kann, soweit sie notwendig ist, das Anliegen einer personalisierten Verhältniswahl zu verwirklichen, die zu einer engen Bindung der persönlich gewählten Abgeordneten zu ihrem Wahlkreis führt. Die Zuteilung zusätzlicher Mandate außerhalb des Proporzes darf nicht dazu führen, dass der Grundcharakter der Wahl als einer Verhältniswahl aufgeben wird.[156] Diese Grenze wird beim derzeit geltenden Landtagswahlrecht nicht überschritten. Der StGH hat § 2 IV LWG, der den Ausgleich von Überhangmandaten in den Regierungsbezirken regelt, mehrfach unbeanstandet gelassen.[157] Weiterhin hat der StGH die durch die **Zwischenschaltung der Regierungsbezirke bei der Sitzverteilung** bewirkte Steigerung der Möglichkeit nicht ausgeglichener Überhangmandate für gerechtfertigt gehalten.[158]

38 Die in § 2 I 2 LWG enthaltene 5 %-Sperrklausel für die **Landtagwahl** ist bereits in Art. 28 III 2, 3 LV angelegt. Sie ist – auch mit Blick auf Art. 28 I 2 GG – mit der Wahlrechtsgleichheit und dem Recht auf Chancengleichheit der Parteien vereinbar und muss nicht durch eine „Hilfsstimme" für den Fall des Scheiterns der Hauptstimme an der Sperrklausel abgemildert werden.[159] Das BVerfG hat die für die Bundestagswahl geltende **5 %-Sperrklausel** im Hinblick auf den Grundsatz der Gleichheit der Wahl mehrfach für zulässig angesehen und seine Aussagen auf Landtagswahlen erstreckt.[160] Die Sperrklausel rechtfertigt sich durch das verfassungslegitime Ziel, die Handlungs- und Entscheidungsfähigkeit des Parlaments zu sichern.[161] Denn wie der Bundestag ist auch der Landtag auf klare Mehrheiten angewiesen, um seiner Gesetzgebungsfunktion sowie der Kreationsfunktion bzgl. der Regierung (Art. 46) genügen zu können (näher dazu → Art. 28 Rn. 21 ff.).[162] Anderes gilt für **Kommunalwahlen**, bei der die jeweilige Funktion des kommunalen Vertretungsorgans zu berücksichtigen ist.[163]

---

154 StGH, ESVGH 58, 1 (5 f.).
155 StGH, ESVGH 58, 1 (5 f.).
156 BVerfGE 131, 316 (357 ff., 360, 367 ff.).
157 ESVGH 58, 1 (12 ff.); ESVGH 54, 4 (8 ff.); VBlBW 1991, 133.
158 ESVGH 40, 161 (171 ff.); VBlBW 1991, 133; ESVGH 54, 4 (10 f.).
159 Zur Hilfsstimme: VerfGH, B. v. 9.5.2016 – 1 VB 25/16 – juris.
160 Zuletzt: BVerfGE 120, 82 (111 f.).
161 BVerfGE 131, 316 (344) mwN.
162 BVerfGE 120, 82 (111).
163 BVerfGE 120, 82 (109 ff.); BremStGH, U. v. 14.5.2009 – 2/08 – juris. Zur Möglichkeit kommunaler Sperrklauseln auf Verfassungsebene: BerlVerfGH, DVBl. 2013, 848; HambVerfG, DVBl. 2016, 248; dagegen: VerfGH NRW, U. v. 21.11.2017 – VerfGH 9/16 u.a. – juris; *Kramer/Bahr/Hinrichsen/Voß*, DÖV 2017, 353.

Soweit § 1 I LWG die **Zahl der Wahlkreise** auf 70 bei insgesamt 120 Landtagsmandaten vorgibt, verletzt dies nicht den Grundsatz der Gleichheit der Wahl, auch wenn dadurch eine größere Wahrscheinlichkeit für den Anfall von Überhangmandaten entsteht. Dies ist gerechtfertigt, weil eine große Zahl direkt gewählter Abgeordneter die Repräsentationsfunktion des Landtags stärkt.[164]

39

Die **Einteilung der Wahlkreise** hinsichtlich Zuschnitts und Größe kann die Grundsätze der Wahlrechtsgleichheit und der Chancengleichheit der Bewerber verletzen.[165] Maßgeblich für die Größe ist grds. die Zahl der Wahlberechtigten.[166] Die Zahl der minderjährigen deutschen Wohnbevölkerung ist nur dann von Bedeutung, wenn sich ihr Verhältnis im Vergleich zu den Wahlberechtigten in den Wahlkreisen nicht unerheblich unterscheidet.[167] Werden Wahlkreise aufgrund einer Analyse des bisherigen Wahlverhaltens zugeschnitten, handelt es sich um eine offensichtliche Wahlmanipulation, die gegen den Grundsatz der Chancengleichheit verstößt (Verbot des sog. „Gerrymandering").[168] Im Übrigen steht dem Gesetzgeber hinsichtlich des **Zuschnitts** der Wahlkreise ein Spielraum zu, der erst überschritten ist, wenn sich für die gewählte Lösung keine sachlichen Gründe finden lassen oder diese offensichtlich fehlerhaft sind. Der Gesetzgeber ist gehalten, die Kriterien und Erwägungen, die der Wahlkreiseinteilung zugrunde liegen, hinreichend zu dokumentieren. Er ist zur regelmäßigen Überprüfung und ggf. Korrektur der Wahlkreiseinteilung verpflichtet.[169] Hierdurch werden die Wahlkreisbewerber prozedural gesichert.[170]

40

Die **Wahlkreisgröße** hat keine Auswirkungen auf die parteipolitische Zusammensetzung des Landtags. Da aber bis zum G. v. 19.10.2009 (GBl. 533) die Zweitausteilung nach der in den Wahlkreisen erzielten Stimmenzahlen erfolgte, war insofern die Chancengleichheit der einzelnen Bewerber berührt. Obwohl diese Ungleichbehandlung vom StGH für verfassungskonform gehalten wurde,[171] stellen § 2 III 2, IV 3 u. V LWG seit 2009 auf den prozentualen Stimmenanteil in den Wahlkreisen ab.[172] **Unterschiede in der Wahlkreisgröße** wirken sich jedoch weiterhin, wenn auch relativ

41

---

164 StGH, ESVGH 58, 1 (6).
165 Dazu auch: VerfGH Rh-Pf, NVwZ-RR 2016, 161.
166 BVerfGE 130, 212 (230); StGH, ESVGH 63, 13 (16).
167 BVerfGE 130, 212 (230 f.).
168 VerfGH Rh-Pf, NVwZ-RR 2016, 151.
169 StGH, ESVGH 63, 13 (15 f.); BVerfGE 130, 212 (227).
170 VerfGH Rh-Pf, NVwZ-RR 2016, 151.
171 Dabei hat der StGH mit Blick auf die aktive Wahlrechtsgleichheit insb. darauf abgestellt, dass diese Ungleichbehandlung durch eine gegenläufige Ungleichbehandlung bei den Erstmandaten ausgeglichen werde, ESVGH 40, 161 (173 ff.); ESVGH 27, 189 (190 f.); ESVGH 35, 244 (247 ff.). Mit Blick auf die passive Wahlrechtsgleichheit sei kein Verstoß gegeben, weil es sachgerecht sei, auf den Stimmenbeitrag des Bewerbers zum Gesamtstimmenergebnis seiner Partei abzustellen, ESVGH 40, 161 (177). Diese Argumentation ist jedoch fragwürdig, weil die Chance des Bewerbers, eine große Stimmzahl zu erreichen, gerade von der rechtlich bestimmten Größe des Wahlkreises abhängt; krit. auch: *Braun*, Art. 26 Rn. 13.
172 Dazu: LT-Drs. 14/4800, 7 ff. Nach StGH, ESVGH 35, 244 (247 f.) ist die Änderung zulässig, wohingegen StGH, ESVGH 40, 161 (177) die alte Regelung präferierte.

schwach und nicht regelmäßig auf die Erfolgschancengleichheit des aktiven Wahlrechts aus.[173] Sie können aber durch das verfassungsrechtlich verankerte **Repräsentationsprinzip** (Art. 27 III 1 LV) und das in Art. 28 I LV grundgelegte Element der **Persönlichkeitswahl** gerechtfertigt sein. Aus der Sicht des Wahlvolkes führt die Direktwahl eines Wahlkreisbewerbers zu einer gesteigerten Identifikation mit diesem Abgeordneten und damit zu einem gesteigerten Interesse an der Arbeit des gesamten Parlaments.[174] Nach der Idee der territorialen Verankerung des im Wahlkreis gewählten Abgeordneten soll jeder Wahlkreis ein zusammengehörendes und abgerundetes Ganzes bilden. Durch die Anknüpfung auch an wirtschaftliche und kulturelle Gegebenheiten wird gewährleistet, dass der Wahlkreisabgeordnete eine in sich geschlossene und unter vielen Gesichtspunkten miteinander verbundene Bevölkerungsgruppe repräsentiert. Auch aus diesem Grund sollen sich historisch verwurzelte Verwaltungsgrenzen nach Möglichkeit mit den Wahlkreisgrenzen decken. Ferner kann nur bei einer gewissen Kontinuität der räumlichen Gestalt des Wahlkreises die für die Erringung eines Erstmandats notwendige persönliche Beziehung der Wahlkreisbewerber zu ihrem Wahlkreis entstehen. Es liefe deshalb den Prinzipien der demokratischen Repräsentation zuwider, wenn Wahlkreise ständig einer Änderung unterzogen würden.[175] Bei der Einteilung der Wahlkreise kommt dem Gesetzgeber ein relativ weiter Gestaltungs- und Beurteilungsspielraum zu, innerhalb dessen er entscheiden muss, ob und inwieweit Abweichungen von einzelnen Wahlrechtsgrundsätzen im Interesse der Einheitlichkeit des ganzen Wahlsystems und zur Sicherung der damit verfolgten staatspolitischen Ziele gerechtfertigt sind.[176] Die **absolute Grenze**, die im Hinblick auf den Grundsatz der Wahlrechtsgleichheit noch hingenommen werden kann, ist eine Abweichung der Wahlkreisgröße vom Durchschnittswert um **plus/minus 25 v. H.**, wobei es dem Gesetzgeber freisteht, die Größenabweichungen der Wahlkreise in einem engeren Rahmen zu halten.[177] Der VerfGH verlangt nicht, dass der Landesgesetzgeber die Grenze, bei deren Überschreiten er grds. eine Neuabgrenzung der Wahlkreise als geboten ansieht, normativ festschreibt, wie dies der Bundesgesetzgeber in § 3 I 1 Nr. 3 BWG getan hat. Er prüft nur, ob sich die konkrete Einteilung im Rahmen des gesetzgeberischen Gestaltungsspielraums hält, sie folgerichtig ist, keine Abwägungsfehler vorhanden sind und ob sie nicht auf sachfremden Erwägungen beruht. Demgegenüber ist der VerfGH nicht befugt, anstelle des Gesetzgebers politisch zu gestalten.[178] **Unterschiede hinsichtlich** der durchschnittlichen **Größe der Wahlkreise in** den vier **Regierungspräsidien** verletzen die Wahlrechtsgleichheit nicht.[179]

---

173 StGH, ESVGH 40, 161 (175 f.); BVerfGE 130, 212 (225 f.).
174 StGH, ESVGH 63, 13 (17); BVerfGE 130, 212 (227 ff.).
175 StGH, ESVGH 58, 1 (7 f.); ESVGH 63, 13 (18); BVerfGE 130, 212 (227 ff.).
176 StGH, ESVGH 63, 13 (18).
177 StGH, ESVGH 63, 13 (18). Soweit sich der Gesetzgeber eine Soll-Grenze von plus/minus 15 v. H. gesetzt hat, kann er hiervon aus sachgerechten Erwägungen im Einzelfall abweichen. Nach StGH, ESVGH 40, 161 (169) galt noch eine Abweichung plus/minus 33 % als zulässig.
178 StGH, ESVGH 63, 13 (18 ff.).
179 StGH, ESVGH 58, 1 (11 ff.); ESVGH 54, 4 (6 ff.).

Das zuletzt bei der Landtagswahl 2006 noch für die Berechnung der **Sitz-** 42
verteilung geltende **d'Hondtsche Höchstzahlverfahren** verletzte das Gebot
der Erfolgswertgleichheit der Stimmen nicht.[180] Dies gilt auch mit Blick auf
die in § 2 II LWG nach diesem Verfahren vorgesehene Unterverteilung der
Sitzkontingente der Parteien auf die Regierungsbezirke. Verfassungswidrig
ist ein vom Gesetzgeber gewähltes Verfahren nur dann, wenn es bei allen
real in Betracht kommenden Fallgestaltungen und jeweils bei jeder Partei,
mithin eindeutig, die schlechteren Ergebnisse bei der Sicherung des gleichen Erfolgswerts der Wählerstimmen liefert.[181] Seit der Landtagswahl
2011 werden die Sitze im Landtag nach dem Verfahren **Sainte-Laguë/Schepers** vergeben.[182]

Die in § 24 II LWG enthaltene Differenzierung hinsichtlich der **Unterzeich-** 43
nung von Wahlvorschlägen zwischen Parteien, die während der letzten
Wahlperiode im Landtag vertreten waren oder nicht, mit der Folge, dass
nur im letztgenannten Fall je Wahlkreis mindestens 150 Unterschriften von
Wahlberechtigten erforderlich sind, ist im Hinblick auf die **Chancengleichheit** der Parteien gerechtfertigt. Es überschreitet nicht den Gestaltungsspielraum des Gesetzgebers, wenn er annimmt, dass erst dann die Ernsthaftigkeit des Wahlvorschlags vermutet werden kann. Dies gilt auch mit Blick
auf Parteien, die zwar nicht im Landtag, jedoch in Kommunalvertretungen,
im Bundestag oder in anderen Landtagen vertreten sind.[183]

Die Chancengleichheit der Parteien und Wahlbewerber kann auch durch 44
die **Gestaltung des Stimmzettels** betroffen sein. Allerdings verletzt nicht jede Differenzierung die Chancengleichheit.[184] Insoweit stellen sich häufig
Fragen, die ähnlich wie diejenigen zu beantworten sind, die sich insoweit
für den Grundsatz der Freiheit der Wahl ergeben (s. dazu → Rn. 31).

Auch durch **staatliche Öffentlichkeitsarbeit** kann die Chancengleichheit der 45
Parteien oder sonstiger Bewerber mit Blick auf Wahlen beeinträchtigt werden. Hier wird dieses Recht verletzt, wenn Staatsorgane als solche parteiergreifend zugunsten oder zulasten einer politischen Partei oder von Wahlbewerbern in den Wahlkampf einwirken. Eine solche Einwirkung verstößt
gegen das **Gebot der Neutralität** des Staates im Wahlkampf und verletzt die
Integrität der Willensbildung des Volkes durch Wahlen.[185] Die Veröffentlichung von zutreffenden, sachlichen Informationen über alle Parteien beein-

---

180 StGH, ESVGH 58, 1 (13 ff.); ESVGH 54, 4 (11); BVerfGE 16, 130 (144).
181 StGH, ESVGH 58, 1 (13).
182 G. v. 7.3.2006 (GBl. 50); seit dem G. v. 16.4.2013 (GBl. 55) gilt dieses Verfahren auch bei der Sitzverteilung in kommunalen Gremien, dazu: LT-Drs. 15/3119, 12 ff.
183 StGH, BWVBl. 1960, 122; BVerfGE 4, 375 (381 ff.); 82, 353 (364). Zu Unterschriftenquoren bei Kommunalwahlen: BVerfG, LKV 1994, 403; LVerfG LSA, DÖV 2001, 556.
184 VerfGH, U. v. 15.2.2016 – 1 VB 9/16 – juris, Rn. 40 ff.; SaarlVerfGH, U. v. 29.9.2011 – Lv 4/11 – juris, Rn. 171 ff.; ThürVerfGH, LKV 2015, 416 (mit: Reihenfolge auf dem Stimmzettel); VerfGH Rh-Pf, NVwZ 2014, 1089 (1091 f.); U. v. 13.6.2014 – VGH N 14/14 u.a. – juris, Rn. 49 ff.; NVwZ-RR 2007, 1 (Wickelfalzung); LVerfG SchlH, B. v. 20.6.2013 – LVerfG 6/12 – juris, Rn. 20.
185 StGH, ESVGH 31, 81 (85); BVerfGE 140, 225; 138, 102 (109 ff.); 44, 125 (144 ff.); VerfGH Rh-Pf, NVwZ-RR 2014, 665; ThürVerfGH, U. v. 3.12.2014 – VerfGH 2/14 – juris.

trächtigt den Parteienwettbewerb und damit die Chancengleichheit allerdings nicht.[186] Für Abstimmungen gilt insoweit nur das schwächere **Sachlichkeitsgebot**.[187] Zu den weiteren Einzelheiten wird auf die diesbezüglichen Ausführungen zur Wahlfreiheit verwiesen (→ Rn. 28 f.).

46 Da der Grundsatz der Chancengleichheit der Parteien mit Blick auf Wahlen aus Art. 26 IV LV iVm Art. 21 GG[188] auch im Vorfeld von Wahlen und den Wahlkampf gilt, entfaltet er auch Einfluss auf die **Vergabe öffentlicher Ressourcen**, wie zB die Zuteilung von **Sendezeiten im öffentlich-rechtlichen Rundfunk**[189] oder beim Zugang zu öffentlichen Einrichtungen.[190] Der landesverfassungsrechtliche Anspruch auf Chancengleichheit wird in seiner Auslegung auch durch den bundesrechtlich vorrangigen § 5 PartG geprägt.

4. Unmittelbarkeit der Wahl oder Abstimmung

47 Der Grundsatz der Unmittelbarkeit **verbietet** mit Blick auf Wahlen eine indirekte Wahl, also die **Zwischenschaltung** einer weiteren Instanz zwischen Wähler und Wahlbewerber nach der Wahlhandlung.[191] Unzulässig ist damit insb. ein **Wahlmännersystem**.[192] Ferner wird aus dem Grundsatz der Unmittelbarkeit das Prinzip der Höchstpersönlichkeit der Wahl abgeleitet.[193] Bei Abstimmungen gilt dies schon deshalb, weil bei ihnen das Volk unmittelbar über eine Sachfrage entscheidet. Würde die Entscheidung über die Sachfrage auf Dritte übertragen, läge keine Abstimmung, sondern eine Wahl vor.

48 Darüber hinaus fordert der Grundsatz der Unmittelbarkeit ein Wahlverfahren, in dem der **Wähler vor dem Wahlakt erkennen kann, welche Personen** sich um ein Abgeordnetenmandat bewerben und wie sich die eigene Stimmabgabe auf Erfolg oder Misserfolg der Wahlbewerber auswirken kann. Jede Stimme muss bestimmten oder bestimmbaren Wahlbewerbern zugerechnet werden.[194] Dies ist zB beim sog. negativen Stimmgewicht nicht gegeben.

49 **Starre Listen** – wie sie zwar nicht bei der Landtagswahl, aber bei der Europawahl Anwendung finden – sind mit Blick auf den Grundsatz der Unmit-

---

186 VerfGH Rh-Pf, NVwZ 2015, 735, zu Informationen des Wahlleiters über den Frauenanteil in Wahlvorschlägen.
187 § 8 I VAbstG; StGH, B. v. 22.5.2012 – GR (V) 3/11 u. GR (V) 4/11 – beide unveröff.; BayVerfGH, E. v. 19.1.1994 – Vf. 89-III-92, Vf. 92-III-92 – juris, Rn. 87 ff., 138 ff.
188 Außerhalb von Wahlen ergibt sich der Anspruch auf Chancengleichheit der Parteien aus Art. 2 I LV iVm Art. 3 I u. Art. 21 GG. Zur Kontoeröffnung bei einer Sparkasse: BGHZ 154, 146.
189 BVerfGE 14, 121; 47, 198 (224 ff.); 48, 271 (277); BVerfG (K), NJW 2002, 2939 zu „TV-Duell"; VGH BW, NVwZ-RR 2001, 622; VBlBW 1997, 101.
190 Zum Zugang zu einer Stadthalle, vgl. BVerfGK 10, 363; StGH, NVwZ 2015, 1286; B. v. 30.10.2014 – 1 VB 56/14 – BeckRS 2014, 58150; zuvor: VGH BW, NVwZ-RR 2015, 148; zur Teilnahme an Podiumsdiskussion in Schule: VGH BW, VBlBW 2011, 227.
191 BVerfGE 47, 253 (279 f.); *Klein* in: Maunz/Dürig, Art. 38 Rn 100.
192 BVerfGE 95, 335 (350); 97, 317 (326); 121, 266 (307).
193 *Klein* in: Maunz/Dürig, Art. 38 Rn. 101.
194 BVerfGE 121, 266 (307 f.).

telbarkeit verfassungsrechtlich unbedenklich.[195] Auch **Listenverbindungen** und gemeinsame Wahlvorschläge verstoßen nicht gegen Grundsatz der Unmittelbarkeit.[196] Bei die Frage der **Mandatsnachfolge** entfaltet der Grundsatz der Unmittelbarkeit allerdings Steuerungskraft. Anders als nach § 48 I 2 BWahlG ist es im geltenden Landtagswahlrecht (§ 47 I 3 LWG) unerheblich, ob ein Bewerber nach der Wahl aus seiner bisherigen Partei ausgetreten oder von dieser ausgeschlossen wurde.[197] Dies entspricht der starken Personalisierung der Wahl, bei der es keine Liste, sondern ausschließlich Wahlkreisbewerber gibt. Das früher teilweise für modern gehaltene **Rotationsprinzip** verletzt zwar nicht den Grundsatz der Unmittelbarkeit der Wahl, wenn der Wähler vor der Wahl die betreffende Selbstfestlegung und die Nachrückkandidaten kennt,[198] wohl aber Art. 30 I 1 LV, wonach die Wahlperiode grds. fünf Jahre dauert.[199] Das während der Dauer der Bekleidung eines Ministeramts **ruhende Mandat** verstößt gegen den Grundsatz der Unmittelbarkeit, weil der Minister hier darüber entscheidet, wann das Mandat seines „Vertreters" endet.[200]

5. Geheime Wahl oder Abstimmung

Das Prinzip der geheimen Wahl oder Abstimmung ist eng mit dem Grundsatz der freien Wahl oder Abstimmung verbunden.[201] Es **schützt** die **demokratische Selbstbestimmung** gegenüber staatlichem oder gesellschaftlichem Zwang vor wie nach der Stimmabgabe. Zudem sichert es die Entscheidungsfreiheit der gewählten Abgeordneten, weil deren Wahl nicht auf bestimmte Wähler zurückgeführt werden kann, so dass der Abgeordnete konkreten Wählern nicht verpflichtet ist.[202] Der Grundsatz der geheimen Wahl oder Abstimmung ist **nicht nur** ein **subjektives (Abwehr-)Recht**, sondern **zugleich ein objektiv-rechtlicher Grundsatz**. Auch wenn die freiwillige Offenbarung vor oder nach der Wahl zulässig ist, darf **bei der Wahlhandlung** selbst **nicht** auf die Wahrung des Wahl- oder Stimmgeheimnisses **verzichtet** werden. Denn die Wahrung des Wahl- oder Stimmgeheimnisses liegt auch im staatlichen Interesse an einer möglichst unbeeinflussten und unbeeinflussbaren Entscheidung.[203] Daraus ergibt sich eine **Schutzpflicht** des Staates mit subjekt-rechtlicher Wirkung für den Wähler.[204] Der Grundsatz der geheimen Wahl oder Abstimmung gilt nicht nur für den Vorgang der Stimmabgabe, sondern erstreckt sich auch auf deren **Vorbereitung**.[205] Al-

50

---

195 BVerfGE 122, 304 (314); 129, 300 (342 f.).
196 StGH, ESVGH 11/II, 25 (30 f.).
197 Zur Zulässigkeit der andauernden Parteimitgliedschaft als Voraussetzung für die Nachfolge: BVerfGE 7, 63 (72); *Klein* in: Maunz/Dürig, Art. 38 Rn. 104; zur Kritik an § 48 I 2 BWahlG: *Trute* in: v. Münch/Kunig, Art. 38 Rn. 30.
198 So *Morlok* in: Dreier, Art. 38 Rn. 77.
199 NdsStGH, NJW 1985, 2319 f.; *Klein* in: Maunz/Dürig, Art. 38 Rn. 105, Art. 39 Rn. 26 f.
200 *Klein* in: Maunz/Dürig, Art. 38 Rn. 105; *Trute* in: v. Münch/Kunig, Art. 38 Rn. 33.
201 BVerfGE 5, 85 (232); 99, 1 (13).
202 BVerfGE 5, 85 (232); *Trute* in: v. Münch/Kunig, Art. 38 Rn. 65.
203 *Trute* in: v. Münch/Kunig, Art. 38 Rn. 69; *Klein* in: v. Maunz/Dürig, Art. 38 Rn. 110.
204 *Klein* in: v. Maunz/Dürig, Art. 38 Rn. 110.
205 BVerfGE 4, 375 (386); 5, 77 (82).

lerdings gelten für die Kandidatenaufstellung durch die Parteien geringere Anforderungen an die Gewährleistung der geheimen Wahl als bei der Wahl der Abgeordneten selbst.[206] Darüber hinaus entfaltet der Grundsatz der geheimen Wahl oder Abstimmung **auch nach der Stimmabgabe** Geltung. Beweiserhebungen über die Stimmabgabe sind unzulässig.[207]

51 Bei Vorliegen eines zwingenden Grundes kann der Grundsatz verhältnismäßigen **Einschränkungen** unterworfen werden. So sind **Unterschriftenquoren** in begrenztem Umfang zulässig, um gänzlich aussichtslose Bewerber fernzuhalten. Zu diesem Zweck darf auch die Echtheit der Unterschriften geprüft werden.[208] Auch der Vermerk der formalen Tatsache der Stimmabgabe im Wählerverzeichnis nach § 34 I 3 LWO ist gerechtfertigt, um eine mehrfache Stimmabgabe zu verhindern. Die nach dem LWG zulässige **Briefwahl** ist zwar gewissen Gefährdungen hinsichtlich der geheimen Stimmabgabe sowie der öffentlichen Kontrolle der Stimmabgabe ausgesetzt.[209] Jedoch dient sie dem Ziel einer möglichst umfassenden Wahlbeteiligung und damit dem Grundsatz der Allgemeinheit der Wahl.[210] Der Gesetzgeber ist jedoch dazu verpflichtet, für eine bestmögliche Gewährleistung der Wahlrechtsgrundsätze bei der Briefwahl zu sorgen und die Entwicklung zu beobachten.[211] Seit der Änderung von § 18 LWO durch VO v. 16.8.2010 (GBl. 732) bedarf es für die Erteilung eines Briefwahlscheins nicht mehr der Angabe eines wichtigen Grundes. Dies entspricht der Rechtslage auf Bundesebene, die das BVerfG bereits gebilligt hat.[212] Briefwahlstimmen dürfen, wenn nur die Wahlumschläge, nicht aber auch die Wahlbriefumschläge unverschlossen waren, nicht als ungültig zurückgewiesen und ausgesondert werden.[213] Auch bei der **Stimmabgabe von Behinderten** können Einschränkungen bzgl. der Geheimheit zulässig sein, zB enn die Stimmabgabe nur mit Hinzuziehung einer Hilfsperson möglich ist (§§ 38 II 2 LWG, 35 LWO). [214]

6. Öffentlichkeit der Wahl oder Abstimmung

52 Der Grundsatz der Öffentlichkeit der Wahl oder Abstimmung ist weder in **Art. 26 IV LV** noch in Art. 38 I 1 GG oder Art. 28 I GG ausdrücklich normiert. Gleichwohl ist er aus diesen Vorschriften **in Verbindung mit den Prinzipien der Demokratie, des Rechtsstaats und der Republik aus Art. 23 I LV** abzuleiten.[215] Der Grundsatz der Öffentlichkeit der Wahl gebietet, dass alle wesentlichen Schritte der Wahl – vom Wahlvorschlagsverfahren über die Wahlhandlung bis hin zur Ermittlung des Wahlergebnisses – **öffentlicher Überprüfbarkeit** unterliegen, soweit nicht andere verfassungsrechtli-

---

206 BayVerfGH, NVwZ-RR 2010, 213.
207 BVerwGE 49, 75; *Trute* in: v. Münch/Kunig, Art. 38 Rn. 67; *Klein* in: v. Maunz/Dürig, Art. 38 Rn. 111.
208 BVerfGE 4, 375 (386); 5, 77 (82).
209 StGH, ESVGH 15, 129 (insb. 133 f.).
210 StGH, ESVGH 15, 129 (134); BVerfGE 59, 119 (125); 134, 25 (30).
211 BVerfGE 59, 119 (127); 134, 25 (32).
212 BVerfGE 134, 25 (30 f.).
213 StGH, ESVGH 15, 129.
214 BVerfGE 21, 200 (206).
215 BVerfGE 121, 266 (291 f.); 123, 39; *Klein in:* Maunz/Dürig, Art. 38 Rn. 113; *Trute* in: v. Münch/Kunig, Art. 39 Rn. 72 a ff.

che Belange eine Ausnahme rechtfertigen.²¹⁶ Eine Ausnahme gilt für die Stimmabgabe selbst, die zur Sicherung der Freiheit der Wahl durch das Wahlgeheimnis geschützt ist. Die Öffentlichkeit der Wahl ist Grundvoraussetzung für eine demokratische Willensbildung. Ein Wahlverfahren, in dem der Wähler nicht zuverlässig nachvollziehen kann, ob seine Stimme unverfälscht erfasst und in die Ermittlung des Wahlergebnisses einbezogen wird und wie die insgesamt abgegebenen Stimmen zugeordnet und gezählt werden, genügt nicht den verfassungsrechtlichen Anforderungen.²¹⁷ Dementsprechend bestimmt § 16 I LWG, dass die Wahlausschüsse und Wahlvorstände in öffentlicher Sitzung verhandeln und entscheiden, und § 39 LWG, dass das Wahlergebnis in öffentlicher Sitzung zu ermitteln und festzustellen ist. Allerdings gebietet es der Grundsatz der Öffentlichkeit nicht zwingend, dass alle Tätigkeiten eines Kreiswahlleiters, mit denen die öffentliche Ermittlung des Wahlergebnisses vorbereitet wird – wie etwa Nachzählungen – in öffentlich angekündigter Sitzung stattfinden.²¹⁸

Beim Einsatz **elektronischer Wahlgeräte** müssen die wesentlichen Schritte der Wahlhandlung und der Ergebnisermittlung vom Bürger zuverlässig und ohne besondere Sachkenntnis überprüft werden können. Der Gesetzgeber unterliegt hinsichtlich des Einsatzes von Wahlcomputern engen Grenzen, die sich aus den Grundsätzen der Geheimheit, Gleichheit und Öffentlichkeit ergeben. Stimmen dürfen nach der Stimmabgabe nicht ausschließlich auf einem elektronischen Speicher abgelegt werden. Der Wähler darf nicht darauf verwiesen werden, nach der elektronischen Stimmabgabe alleine auf die technische Integrität des Systems zu vertrauen.²¹⁹ Ausgehend hiervon erscheinen Wahlen oder Abstimmungen über das Internet nur schwer möglich.²²⁰ Allerdings ist im derzeitigen Landtagswahlrecht der Einsatz von Wahlgeräten nicht vorgesehen. Wollte der Landesgesetzgeber im Rahmen der vom BVerfG eng gesteckten Vorgaben dennoch den Einsatz von Wahlgeräten ermöglichen, müssten die wesentlichen Fragen durch Gesetz geregelt werden.²²¹ 53

7. Fehlerfolgen

Eine Verletzung der Wahlrechtsgrundsätze durch eine Norm führt zur **Verfassungswidrigkeit der betreffenden Norm**. Trotz § 1 III LWPrG kann ein Verstoß des Wahlgesetzes oder der Wahlordnung gegen die Verfassung vom VerfGH bei der Wahlprüfungsbeschwerde berücksichtigt werden.²²² Für die Feststellung eines Verfassungsverstoßes durch eine Norm kommt es nicht darauf an, ob dieser Mandatsrelevanz besitzen kann.²²³ Die Frage, ob eine mandatsrelevanter Fehler vorliegt, stellt sich erst, wenn es um die **Gültigkeit einer konkreten Wahl** geht. Hier kommt es darauf an, ob die 54

---

216 BVerfGE 123, 39.
217 BVerfGE 123, 39 (68 ff., 76).
218 BVerfGE 121, 266 (291 ff.).
219 BVerfGE 123, 39 (73).
220 *Hofmann* in: FS Papier, 83 (94) mwN in Fn. 81.
221 BVerfGE 123, 39 (78 f.).
222 StGH, ESVGH 63, 13 (14 f.); ESVGH 40, 161 (163); ESVGH 11/II, 25 (29 f.).
223 ThürVerfGH, LKV 2015, 416 (418); SaarlVerfGH, U. v. 29.9.2011 – Lv 4/11 – juris, Rn. 175 u. 187 ff.

Verletzung von Wahlrechtsgrundsätzen möglicherweise Einfluss auf die Mandatsverteilung hatte (hierzu → Art. 31 Rn. 37 ff.).[224]

55 Werden bei einer **Abstimmung** Fehler iSv § 23 IV VAbstG festgestellt, ist die Abstimmung nur dann für ungültig zu erklären, wenn die Fehler möglicherweise Auswirkungen auf das Abstimmergebnis hatten. Ist dies ausgeschlossen, bleibt die Abstimmung gültig.[225] Noch nicht hinreichend geklärt ist, ob die in Art. 26 IV LV enthaltenen Stimmrechtsgrundsätze zu den nach § 23 IV VAbstG vom VerfGH auf eine Anfechtung hin zu prüfenden Fehlern gehören. Der Wortlaut sollte insoweit nicht zu eng verstanden werden, um verfassungswidrige Abstimmungen zu vermeiden.[226] Vielmehr können die Abstimmungsgrundsätze in das Stimmrecht in § 3 VAbstG und das Sachlichkeitsgebot des § 8 VAbstG hineingelesen werden.[227] Die Verfassungsmäßigkeit des zur Abstimmung stehenden Gesetzentwurfs ist im Verfahren nach § 23 IV VAbstG dagegen irrelevant.[228]

V. Verfahrensregelungen (Abs. 5 u. 6)

56 Abs. 5 gilt nur für Volksabstimmungen nach Art. 43 II, 59 III, 60 I, II, III, 64 III LV und nicht für kommunale Abstimmungen (vgl. Abs. 8) und Anhörungen nach Art. 74 II 3 LV. Das Erfordernis einer klaren Abstimmungsalternative, die mit „Ja" oder „Nein" beantwortet werden kann, ist eine besondere Ausprägung des **Bestimmtheitsgrundsatzes**. Es dient dem Interesse der Stimmberechtigten, eine freie und in ihren Folgen voraussehbare Entscheidung treffen zu können. Damit wird zugleich die Eindeutigkeit des Entscheidungsergebnisses gesichert.[229] Das in Abs. 5 enthaltene Erfordernis einer eindeutig bestimmten Entscheidungsalternative **strahlt auch auf** die zur Volksabstimmung gestellte **Fragestellung aus**. Auch diese muss so klar und bestimmt gestellt werden, dass die Entscheidung über sie von den Stimmbürgern und nicht später im Wege der Auslegung der Fragestellung durch die staatlichen Organe getroffen wird. **Alternative Gesetzentwürfe** können nach Art. 60 I 2 LV zur Volksabstimmung gebracht werden.

57 Nach Abs. 6 muss **Wahl- oder Abstimmungstag** ein **Sonntag** sein. Eine Briefwahl, die der Sicherung der Allgemeinheit der Wahl dient, ist gleichwohl zulässig. An staatlich anerkannten Feiertagen (Art. 3 I 2 LV), die keine Sonntage sind, kann nicht gewählt werden. Da Sonntage durch Art. 3 I 1 LV u. Art. 140 GG iVm Art. 139 WRV besonders geschützt sind, fördert Abs. 6 die Allgemeinheit der Wahl und die Ausübung der Bürgerpflicht

---

224 StGH, ESVGH 11/II, 25 (36 f.); BVerfGE 29, 154 (165); 59, 119 (123); 123, 39 (87).
225 BVerfGE 37, 84 (92); BayVerfGH, E. v. 19.1.1994 – Vf. 89-III-92 u.a. – juris, Rn. 137 ff.; BremStGH, E. v. 29.7.1996 – St. 3/95 – juris, Rn. 73.
226 Etwas zu eng: StGH, B. v. 22.5.2012 – GR (V) 1/11 – u. GR (V) 4/11 – (beide unveröff.), wonach über die in § 23 IV VAbstG genannten Gründe hinaus selbst eine Verfassungswidrigkeit des „materiellen Volksabstimmungsrechts" unerheblich sei.
227 So wohl auch StGH, B. v. 22.5.2012 – GR (V) 3/11 – unveröff.
228 StGH, B. v. 22.5.2012 – GR (V) 1/11 u. GR (V) 3/12 – beide unveröff. Anders bei der Anfechtung der Nichtzulassung eines Volksbegehrens oder -antrags (§§ 29 bzw. 44 VAbstG), dazu StGH, ESVGH 36, 161. Dort ist die Verfassungsmäßigkeit des Gegenstands des Volksbegehrens bzw. -antrags zu prüfen.
229 *Braun*, Art. 26 Rn. 17.

nach Abs. 3.[230] In den Verfassungsberatungen wurde zwar diskutiert, ob neben Sonntagen auch gesetzliche Ruhetage zulässige Wahltage sein sollen. Dieses Ansinnen wurde jedoch von einer großen Mehrheit abgelehnt, die am Sonntag als traditionellem Wahltag festhielt. Der Begriff sei zu unbestimmt. Zudem sollte vermieden werden, dass eine Wahl zB am 1. Mai möglich wäre.[231] Der Wahl- oder Abstimmungstag wird von der Regierung bestimmt und im Staatsanzeiger bekannt gemacht (§§ 19 1 LWG, 6 f. VAbstG). Bei der **Bestimmung des Wahltages** ist auch Art. 30 II LV zu beachten, wonach die Neuwahl vor Ablauf der Wahlperiode und im Falle der Auflösung des Landtags binnen 60 Tagen stattfinden muss. Der Regierung kommt bei der Bestimmung ein Entscheidungsermessen zu. Dieses kann vom VerfGH nur darauf überprüft werden, ob sie gegen spezielle Rechtsnormen oder gegen allgemeine verfassungsrechtliche Grundsätze, etwa das Recht auf Chancengleichheit der politischen Parteien oder das Willkürverbot verstoßen hat.[232] Die Änderung einer einmal getroffen Terminbestimmung ist möglich. Dabei ist der Grundsatz des Vertrauensschutzes zu beachten.[233]

VI. Konkretisierung durch Gesetze (Abs. 7)

Die **Bedeutung** des Konkretisierungsauftrags in Abs. 7 **ist** aufgrund weiterer Regelungsaufträge in der LV **für das Wahl- und Abstimmungsrecht begrenzt**. Für das Wahlsystem, das Wahlverfahren und die Eingrenzung des Kreises der Wählbaren gilt der Konkretisierungsauftrag in Art. 28 III 1 LV. Soweit durch solche Regelungen die in Abs. 4 genannten Wahlrechtsgrundsätze konkretisiert oder eingeschränkt werden sollen, gilt vorrangig Art. 28 III LV als Grundlage.[234] Für die weitere Ausgestaltung des Wahlprüfungsverfahrens findet sich in Art. 31 III LV eine eigenständige Grundlage. 58

Auch das VAbstG war bislang allein auf Art. 26 VII LV gestützt, was mit Blick auf Volksbegehren streitig war. Seit dem 21. LVÄndG v. 1.12.2015 (GBl. 1030) gibt es nun in Art. 59 V LV eine Regelungsbefugnis zur weiteren Ausgestaltung von Volksantrag und Volksbegehren. Die neue Rechtsgrundlage soll insoweit für Klarheit sorgen. Hinsichtlich Volksantrag und Volksbegehren können nach Art. 59 V LV insb. Regelungen zu Frist und Form der Einholung der erforderlichen Antrags- und Unterstützungsunterschriften erlassen werden. Die übrigen Regelungen zur Volksabstimmung, die ja nicht nur nach einem Volksbegehren (Art. 60 I LV), sondern auch in den Fällen des Art. 60 II, III, 43 II, 60 III 1 LV stattfindet, stützten sich mangels anderweitiger Rechtsgrundlage weiterhin auf den Konkretisierungsauftrag in Abs. 7.[235] 59

---

230 Weitergehend: *Schellenberger*, VBlBW 2015, 497 (501), der die Notwendigkeit des Sonntags als Wahltag bereits vom Grundsatz der Allgemeinheit garantiert sieht.
231 S. Prot. der 9. VA-Sitzung v. 16.7.1952 in: Feuchte, Quellen, 2. Teil, 164 f., 171, 174, 185.
232 VerfGH Rh-Pf, NVwZ 1984, 574 f.
233 VerfGH Rh-Pf, NVwZ 1984, 574 ff.
234 *Braun*, Art. 26 Rn. 19.
235 Vgl. LT-Drs. 15/7178, 8.

60 Einen ausdrücklichen Verfassungsauftrag zur Regelung weiterer Einzelheiten enthält S. 2. Er bezieht sich auf die **Voraussetzungen für das aktive Wahl- und Stimmrecht nach Abs. 1** und ermöglicht insb. die Festlegung einer bestimmten **Karenzzeit** nach einer Aufenthaltsbegründung im Land. Seit der Änderung von Art. 26 LV im 14. LVÄndG. v. 11.4.1983 (GBl. 141) besteht hinsichtlich des Begriffs „Wohnung" bzw. „wohnen" ein Gleichklang mit dem Melderecht. S. 2 lässt es nun zu, dass das Wahlrecht – wie in § 7 I 1 Nr. 2 LWG geschehen – von einer Mindestdauer des Wohnens oder des sonstigen Aufenthalts abhängt. Ferner kann seit dieser Verfassungsänderung auch das Vorhandensein einer **Hauptwohnung** im Sinne des Melderechts verlangt werden. Dadurch kann ausgeschlossen werden, dass ein Bürger in mehreren Bundesländern wahlberechtigt ist.

61 Nach der Streichung der **Wahlrechtsausschlussgründe** in Abs. 2 durch G. v. 12.2.1991 (GBl. S. 81) besteht nun auch insoweit Regelungsspielraum für den einfachen Gesetzgeber. Ergänzende Regelungen zu Abs. 3 und 5 sind kaum denkbar.[236] Gleiches gilt für das „Sonntagsgebot" in Abs. 6. Ergänzende Regelungen zum Wahltag sind im Übrigen jedoch zulässig.[237]

II. Der Landtag

Artikel 27 [Landtagsfunktionen, Freies Mandat]

(1) Der Landtag ist die gewählte Vertretung des Volkes.

(2) Der Landtag übt die gesetzgebende Gewalt aus und überwacht die Ausübung der vollziehenden Gewalt nach Maßgabe dieser Verfassung.

(3) ¹Die Abgeordneten sind Vertreter des ganzen Volkes. ²Sie sind nicht an Aufträge und Weisungen gebunden und nur ihrem Gewissen unterworfen.

Schrifttum:

Allgemein: *Bagehot*, The English Constitution, 1867 (Neuaufl. 2009); *v. Beyme*, Wandlungen des Parlamentarismus: Von Weimar nach Bonn, in: Schneider/Zeh, § 3; *Eisele*, Landesparlamente – (k)ein Auslaufmodell, 2006; *Friedrich*, Entwicklung und gegenwärtige Lage des parlamentarischen Systems in den Ländern, in: Schneider/Zeh, § 63; *Haug*, Die Föderalismusreform – Zum Ringen von Bund und Ländern um die Macht im Staat, DÖV 2004, 190; *Klein*, Die Funktion des Parlaments im politischen Prozess, ZG 1997, 209; *Magiera*, Parlament und Staatsleitung in der Verfassungsordnung des Grundgesetzes, 1979; *Meyer*, Die Stellung der Parlamente in der Verfassungsordnung des Grundgesetzes, in: Schneider/Zeh, § 4; *Morlok*, Volksvertretung als Grundaufgabe, in: ders./Schliesky/Wiefelspütz, § 3; *Papier*, Zur Verantwortung der Landtage für die europäische Integration, ZParl 2010, 903; *Schäfer*, Der Bundestag, 4. Aufl. 1982; *Schliesky*, Parlamentsfunktionen, in: Morlok/ders./Wiefelspütz, § 5; *Sinner*, Der Deutsche Bundestag als zentrales Verfassungsorgan nach der neueren Rechtsprechung des Bundesverfassungsgerichts, ZParl 2012, 313; *Storr*, Die neuen Landtage, ZG 2000, 116.

Zur Kontrollfunktion: *v. Achenbach,* Parlamentarische Informationsrechte und Gewaltenteilung in der neueren Rechtsprechung des Bundesverfassungsgerichts, ZParl 2017, 491; *v. Arnim*, Die Strategien der Macht und das Problem ihrer Kontrolle, NVwZ 2014, 846; *Birk/Wernsmann*, Beteiligungsrechte des Parlaments bei der Veräußerung von Staatsvermögen, insbesondere Unternehmensbeteiligungen, DVBl. 2005, 1; *Cancik*, Der „Kernbereich exekutiver Eigenverantwortung" – zur Relativität eines suggestiven

---

236 *Braun*, Art. 26 Rn. 19.
237 *Braun*, Art. 26 Rn. 19.

Topos, ZParl 2014, 885; *Dietrich*, Reform der parlamentarischen Kontrolle der Nachrichtendienste als rechtsstaatliches Gebot und sicherheitspolitische Notwendigkeit, ZRP 2014, 205; *Dolde/Porsch*, Die globale Minderausgabe zwischen Budgethoheit des Parlaments, Haushaltsgrundsätzen und flexiblem Haushaltsvollzug, DÖV 2002, 232; *Droege*, die Budgetinitiative der Regierung und parlamentarische Kontrollrechte – Konturen eines Kernbereichs exekutiver Eigenverantwortung im Haushaltsverfassungsrecht, DVBl. 2015, 937; *Edinger*, Privatisierung und parlamentarische Verantwortung, ZG 2000, 132; *Herbeck*, Die Aktenvorlage als Instrument parlamentarischer Kontrolle, DVBl. 2015, 471; *Klenke*, Stärkung der Informationsrechte des Landesparlaments in Bezug auf beabsichtigtes Regierungshandeln, 2009; *Krappel/Siever*, Kann der Landtag Einsicht in Regierungsakten verlangen?, VBlBW 2011, 272; *Kroll*, Das Teilhaushaltsgesetz: Ein verfassungskonformes Instrument im Zusammenspiel zwischen exekutivischem Gestaltungsdrang und parlamentarischem Budgetrecht; *Magiera*, Rechte des Bundestages und seiner Mitglieder gegenüber der Regierung, in: Schneider/Zeh, § 52; *Meinel*, Organisation und Kontrolle im Bereich der Regierung, DÖV 2015, 717; *Meyn*, Kontrolle als Verfassungsprinzip, 1982; *Steffani*, Formen, Verfahren und Wirkungen der parlamentarischen Kontrolle, in: Schneider/Zeh, § 49; *Trute*, Parlamentarische Kontrolle in einem veränderten Umfeld – am Beispiel der Informationsrechte der Abgeordneten, in: Die Verfassungsgerichte der Länder Brandenburg, Mecklenburg-Vorpommern, Sachsen, Sachsen-Anhalt und Thüringen (Hrsg.), 20 Jahre Verfassungsgerichtsbarkeit in den neuen Ländern, 2014, 19 ff.; *Vetter*, Zur Frage der Aktenvorlagepflicht der Exekutive gegenüber Parlamentsausschüssen, DÖV 1986, 590; *Warg*, Die Grenzen parlamentarischer Kontrolle am Beispiel des Staatswohls, NVwZ 2014, 1263; *Wolff*, Parlamentarisches Budgetrecht und Wirksamkeit zivilrechtlicher Verträge – Der „EnBW-Fall" als aktuelles Beispiel, NJW 2012, 812.

Zu Abgeordnetenmandat und Fraktionen: *Arndt*, Fraktion und Abgeordneter, in: Schneider/Zeh, § 21; *Austermann*, Verfassungsrechtliche Abgeordnetenpflichten nach dem Grundgesetz, DÖV 2011, 352; *ders.*, Das Abgeordnetenbild des Bundesverfassungsgerichts, ZParl 2012, 719; *Badura*, Die Stellung des Abgeordneten nach dem Grundgesetz und den Abgeordnetengesetzen in Bund und Ländern, in: Schneider/Zeh, § 15; *Besch*, Rederecht und Redeordnung, in: Schneider/Zeh, § 33; *Cremer*, Anwendungsorientierte Verfassungsauslegung – Der Status des Bundestagsabgeordneten im Spiegel der Rechtsprechung des Bundesverfassungsgerichts, 2000; *Demmler*, Der Abgeordnete im Parlament der Fraktionen, 1994; *Hagelstein*, Die Rechtsstellung der Fraktionen im deutschen Parlamentswesen, 1992; *Hamm-Brücher*, Abgeordneter und Fraktion, in: Schneider/Zeh, § 22; *Hölscheidt*, Die Finanzen der Bundestagsfraktionen, DÖV 2000, 712; *ders.*, Das Recht der Parlamentsfraktionen, 2001; *ders.*, Der Gruppenstatus als Zwitterstatus, DÖV 2015, 266; *Ipsen*, Rechtsschutz gegen Fraktionsausschluss, NVwZ 2005, 361; *Isensee*, Fraktionsdisziplin und Amtsgewissen: Verfassungsrechtliche Garantie des Freiheit des Mandats im politischen Prozess, FS für Heinrich Oberreuter, 2007, 254; *Jekewitz*, Politische Bedeutung, Rechtsstellung und Verfahren der Bundestagsfraktion, in: Schneider/Zeh, § 37; *Klein/Krings*, Fraktionen, Gruppen und fraktionslose Abgeordnete – Status, Rechte und Pflichten, in: Morlok/Schliesky/Wiefelspütz, 2. Abschnitt; *Kretschmer*, Die Öffentlichkeitsarbeit der Fraktionen im Spannungsbogen von Idealtypik und Realitätsdruck, ZG 2003, 1; *Kreutz*, Der Fall Tauss oder: Wie weit darf ein Abgeordneter bei Recherchen gehen?, DÖV 2010, 599; *Lenski*, Regierungs- und Fraktionsarbeit als Parteiarbeit, DÖV 2014, 585; *Morlok*, Parlamentarisches Geschäftsordnungsrecht zwischen Abgeordnetenrechten und politischer Praxis, JZ 1989, 1035; *ders./Sokolov*, Beobeachtung von Abgeordneten durch den Verfassungsschutz, DÖV 2014, 405; *Sauer*, Rechtsschutz des Abgeordneten, in: Morlok/Schliesky/Wiefelspütz, § 16; *Schmidt*, Der Fraktionsausschluss als Eingriff in das freie Mandat des Abgeordneten, DÖV 2003, 846; *ders.*, Das Abstandsgebot zwischen Fraktionen und Gruppen, DÖV 2015, 261; *Steinbach*, Spiegelbildlichkeit als Proporzprinzip, DÖV 2016, 286; *Stevens*, Die Rechtsstellung der Bundestagsfraktionen, 2000; *Warg*, Man muss Extremist sein wollen – Das BVerfG und die Abgeordnetenbeobachtung, NVwZ 2014, 36; *Wiefelspütz*, Abgeordnetenmandat, in: Morlok/Schliesky/ders., § 12.

Vergleichbare Regelungen:
Zu Abs. 1 (Repräsentationsfunktion): Art. 38 I BerlVerf, 55 I BbgVerf, 20 I 1 MVVerf, 7 S. 1 NdsVerf, 79 I RPVerf, 65 I SaarlVerf, 39 I SächsVerf, 41 I 1 LSAVerf.

Zu Abs. 2 (Gesetzgebungs- und Kontrollfunktion): Art. 20 I 3 MVVerf, 7 S. 2 NdsVerf, 79 I RPVerf, 65 II, III SaarlVerf, 39 II SächsVerf, 41 I 2, 4 LSAVerf, 16 I 3 SchlHVerf, 49 II ThürVerf.
Zu Abs. 3 (Abgeordnetenmandat): Art. 38 I 2 GG, 13 II BayVerf, 38 IV BerlVerf, 56 I BbgVerf, 83 I BremVerf (mit Treuepflicht), 7 I HambVerf, 77 HessVerf (teilweise), 22 I MVVerf, 12 NdsVerf, 30 II NRWVerf, 79 II RPVerf, 66 II 1 SaarlVerf, 39 III SächsVerf, 41 II LSAVerf, 17 I SchlHVerf, 53 I ThürVerf.

Ergänzende Normen: AbgG BW, FraktionsG, GO LT.

Leitentscheidungen: BVerfGE 10, 4 (Redezeit); 20, 56 (Parteien- und Fraktionsfinanzierung); 43, 142 (Gruppen- und Fraktionsstatus); 67, 100 (Flick-UA/Kernbereich exekutiver Eigenverantwortung); 70, 324 (Haushaltskontrolle der Nachrichtendienste); 80, 188 (Wüppesahl/fraktionsloser Abg.); 84, 304 (Gruppenrechte); 96, 264 (Fraktions- und Gruppenstatus); 110, 199 (Kernbereich exekutiver Eigenverantwortung); 124, 161 (Abg.-Überwachung); 130, 318 (Repräsentationsfunktion); 134, 141 (Ramelow/Abg.-Überwachung); 137, 185 (Fragerecht und Antwortpflicht); BVerfG, U. v. 7.11.2017 – 2 BvE 2/11 – juris (Informationsrecht des Parlaments); StGH, ESVGH 38, 81 (Fraktionstelefon); ESVGH 47, 1 (Globale Minderausgabe); ESVGH 51, 8 (Fraktionsrechte); ESVGH 58, 15 (Badische Kulturgüter/Kernbereich exekutiver Eigenverantwortung); ESVGH 62, 9 (EnBW-Deal/Budgetrecht).

A. Überblick und Einordnung 1	c) Geheimhaltungsinteressen 49
I. Bedeutung 1	aa) Öffentliche Interessen: Staatswohl 50
1. Stellung von Art. 27 im Verfassungskontext 1	bb) Private Interessen: Grundrechte 54
2. Bedeutung des Landtags in der Verfassungsordnung 4	IV. Das Abgeordnetenmandat (Abs. 3) 57
II. Herkunft, Entstehung, Geschichte 8	1. Bedeutung 57
	a) Repräsentationsprinzip und freies Mandat 57
III. Verfassungsvergleichende Einordnung 12	b) Einzelrechte 62
B. Erläuterung 14	c) Grenzen 65
I. Vertretung des Volkes (Repräsentationsfunktion) – Abs. 1 .. 14	d) Beginn und Ende 68
II. Ausübung der gesetzgebenden Gewalt (u.a. Funktionen) – Abs. 2 17	2. Fragerecht und Auskunftspflicht 69
1. Gesetzgebungsfunktion ... 17	a) Grundlagen des Fragerechts 69
2. Budgetfunktion 22	b) Korrespondierende Antwortpflicht der Regierung 74
3. Kreationsfunktion 25	
III. Überwachung der Ausübung der vollziehenden Gewalt (Kontrollfunktion) – Abs. 2 ... 26	c) Grenzen des Fragerechts bzw. der Antwortpflicht 79
1. Bedeutung der Kontrollfunktion 26	d) Begründungspflicht bei Antwortverweigerung 83
2. Kontrollinstrumente 29	e) Statistische Angaben (7.–15. Wahlperiode: 1976–2016) 87
a) Allgemeines 29	
b) Geschriebene Kontrollrechte 30	
c) Ungeschriebene Kontrollinstrumente 33	3. Rechte zur innerparlamentarischen Mitwirkung 88
3. Grenzen der parlamentarischen Kontrollrechte 40	a) Beratungsrecht 88
a) Verantwortungsbereich der Regierung ... 40	b) Rederecht 89
b) Kernbereich exekutiver Eigenverantwortung .. 43	c) Initiativrecht 94
	d) Stimmrecht 97

[Landtagsfunktionen, Freies Mandat] Artikel 27

4. Beobachtung von Abgeordneten 100	2. Fraktionsbinnenrecht 125
5. Prozessuale Geltendmachung der Abgeordnetenrechte 104	a) Bildung, Auflösung und interne Willensbildung 125
a) Organstreitverfahren .. 104	b) Fraktionsgeschlossenheit 129
b) Verfassungsbeschwerde 107	c) Fraktionsausschluss ... 132
6. Abgeordnetenpflichten ... 109	3. Fraktionsrechte 136
V. Fraktionen und Gruppen 111	a) Parlamentarische Mitwirkungsrechte 136
1. Grundfragen 111	
a) Verfassungsrechtliche Grundlage 111	b) Insbesondere: Gleichbehandlungsanspruch und das Gebot der Spiegelbildlichkeit 139
b) Begriff und Rechtscharakter 115	
c) Funktionen 118	c) Finanzierung 142
d) Fraktion und Partei ... 120	4. Gruppen 146
e) Statistische Angaben (8.–15. Wahlperiode: 1980–2016) 124	5. Fraktionslose Abgeordnete 149
	6. Prozessuale Rechte im Organstreitverfahren 152

A. Überblick und Einordnung

I. Bedeutung

1. Stellung von Art. 27 im Verfassungskontext

Mit Art. 27 LV beginnt der mit „Der Landtag" überschriebene zweite Abschnitt des Zweiten Hauptteils der LV. Nachdem im vorangegangenen ersten Abschnitt („Die Grundlagen des Staates") die Grundfragen der staatlichen Organisation geregelt sind, beginnt die LV die Regelungen über die Organe und Gewalten mit dem Landtag; sie betont mit dieser Systematik die besondere Bedeutung des Landtags, die diesem als dem einzigen unmittelbar demokratisch legitimierten Staatsorgan zukommt. Trotz der daraus folgenden **politischen Vorrangstellung** – wie sie auch rechtlich in der Wesentlichkeitstheorie und im allgemeinen Gesetzesvorbehalt gem. Art. 58 LV zum Ausdruck kommt[1] – ist der Landtag aber in verfassungsrechtlicher Hinsicht den anderen Verfassungsorganen gleichgestellt, weil Gewaltenteilung die Dominanz einer Gewalt ausschließt.[2]   1

Als Eingangsnorm des Abschnitts bestimmt Art. 27 LV die Rechtsstellung des Landtags, indem die Bestimmung **die Bedeutung und wichtigsten Aufgaben des Landtags sowie seiner Mitglieder** umreißt. So benennen Abs. 1 die Repräsentationsfunktion und Abs. 2 die Gesetzgebungs- und Kontrollfunktion des Parlaments, bevor in Abs. 3 das repräsentative und freie Man-   2

---

1 Danach müssen alle wesentlichen Entscheidungen – insbesondere bei Grundrechtseingriffen – vom Gesetzgeber getroffen werden oder auf ihn zurückgeführt werden können (s. auch Art. 58 LV), BVerfGE 40, 237 (249); s. dazu auch *Morlok* in: ders./Schliesky/Wiefelspütz, § 3 Rn. 96 f.; *Feuchte* in: Feuchte, Art. 27 Rn. 15; *Trute* in: v. Münch/Kunig, Art. 38 Rn. 7, spricht von „Legitimationsvorrang".
2 StGH, ESVGH 36, 161 (162); BayVerfGH, E. v. 6.6.2011 – Vf. 49-IVa-10 – juris, Rn. 97; *Klein*, HStR § 50 Rn. 2; dafür sprechen außerdem die institutionelle Einordnung in das Gesamtkonzept der Staatsorganisation und die ebenfalls (wenngleich mittelbare) demokratische Legitimation der anderen Organe, vgl. *Catrein/Flasche* in Wendt/Rixecker, Art. 65 Rn. 9; *Klein* in: Maunz/Dürig, Art. 38 Rn. 38 f.; *Butzer* in: Epping/ders. u.a., Art. 7 Rn. 1; *Braun*, Art. 27 Rn. 16.

dat der einzelnen Abgeordneten in der im deutschen Verfassungsrecht üblichen Diktion umschrieben wird. Anders als im GG ist damit nicht die Aufzählung der Wahlrechtsgrundsätze verbunden (vgl. Art. 26 IV LV).

3 Mit dieser Vorschrift konkretisiert die LV ihr in Art. 25 I LV angelegtes Bekenntnis zur **parlamentarischen Demokratie als Staatsform** des Landes BW und betont den Repräsentationsanspruch des Parlaments für das Volk. Dadurch kommt dem Landtag die Bedeutung als „unentbehrliche technisch-organisatorische Hülse des demokratischen Prinzips" zu.[3] Die in Art. 27 I, II genannten **Parlamentsfunktionen** sind dabei nicht abschließend zu verstehen. Neben der Repräsentations-, Gesetzgebungs- und Kontrollfunktion zählen hierzu auch die Demokratie- und Legitimationsfunktion (Art. 25 I, 33 II LV), die Kreationsfunktion (Bildung anderer Verfassungsorgane, vgl. Art. 46 I, III, 68 I 2 LV), die Selbstorganisationsfunktion (Art. 32 LV) und die Öffentlichkeitsfunktion (Art. 33 I LV).[4]

2. Bedeutung des Landtags in der Verfassungsordnung

4 Die Bedeutung des Landtags bzw. des Landesparlamentarismus wird in verschiedener Hinsicht bedroht. Ein Grund dafür ist die zunehmende **Unitarisierung der deutschen Gesetzgebung**. Seit 1871 ist eine kontinuierliche Entwicklung zulasten der Gesetzgebungskompetenzen der Länder zu beobachten. Vor allem in den 60er und 70er Jahren des vergangenen Jahrhunderts haben die Länder zunehmend Gesetzgebungskompetenzen verloren, wozu auch der Aufwuchs an Gemeinschaftsaufgaben beigetragen hat.[5] *Roman Herzog* sprach angesichts der kontinuierlichen Kompetenzverschiebung in jener Zeit von einer ständigen „Einbahnstraße von der Landeszuständigkeit zur Bundeszuständigkeit".[6] Hinzu kommen die exzessive Ausschöpfung aller konkurrierenden Kompetenzmaterien durch den Bund, die sehr bundesfreundliche Rechtsprechung des BVerfG zu ungeschriebenen Gesetzgebungskompetenzen des Bundes[7] und schließlich die zunehmend extensive Rechtssetzung der EU. Diese Entwicklung trägt die Gefahr in sich, dass sich die Länder – heute schon weit überwiegend mit administrativen Aufgaben befasst – immer stärker dem Charakter von Verwaltungsbezirken annähern, deren Anspruch auf Staatsqualität iSv Art. 79 III GG schwächer zu werden droht.[8] Diesem Unitarisierungstrend haben allerdings erst die Verfassungsreform von 1994 (Einführung des justiziablen Erforderlichkeitsfilters in Art. 72 II, 93 I Nr. 2 a GG) und später die Föderalismusreform I von 2006 (Rückführung von Kompetenzmaterien und

---

3 *Oppermann*, VVDStRL 33 (1975), 7 (19).
4 Das klassische Verständnis der Parlamentsfunktionen geht auf *Bagehot*, Constitution, 99 ff., zurück und wird um hinzugekommene Funktionen ergänzt (so die Europa- oder Integrationsfunktion, vgl. *Morlok* in: ders./Schliesky/Wiefelspütz, § 3 Rn. 88 f.); eine umfassende Funktionenlehre findet sich bei *Schliesky* in: Morlok/ders./Wiefelspütz, § 5; zum Begriff der Parlamentsfunktionen und seiner Unschärfe vgl. *Morlok* aaO, § 3 Rn. 72 f.
5 Vgl. im Einzelnen *Haug*, DÖV 2004, 190 (190–192); zum selben Befund gelangen *Eisele*, Landesparlamente, 21, und *Feuchte*, Geschichte, 347.
6 *Herzog* in: Maunz/Dürig (Stand 2/2003), Art. 20 IV Rn. 2 f.
7 *Klatt* in: Schneider/Zeh, § 67 Rn. 25.
8 Vgl. *Feuchte* in: Feuchte, Art. 23 Rn. 14.

[Landtagsfunktionen, Freies Mandat] Artikel 27

Schaffung begrenzter Abweichungsrechte der Länder, Art. 72 III GG) ein wenig entgegen gewirkt.

Einen weiteren Grund für die Schwächung des Landesparlamentarismus stellt die **Gouvernementalisierung** dar. Hierzu zählt zunächst die Exekutivlastigkeit des deutschen Föderalismus. Dies lässt sich hauptsächlich an der **Beschickung des Bundesrates durch die Landesregierungen** anstelle der Landtage festmachen (Art. 51 I GG).[9] Zwar gibt es für diese Ausgestaltung gute Gründe: Da die Landesverwaltungen für die Ausführung der meisten Bundesgesetze gem. Art. 83 f. GG zuständig sind, müssen sie ihre Umsetzungsexpertise via Bundesrat in den Gesetzgebungsprozess einspeisen können.[10] Aber diese Ausgestaltung hat eben auch den Nachteil, dass der Landtag – dem mit Ausnahme bestimmter EU-Angelegenheiten gem. Art. 34a II 1, 2 LV (→ Art. 34a Rn. 17 ff.) ausdrücklich kein Weisungsrecht gegenüber der Regierung bezüglich des Abstimmungsverhaltens im Bundesrat zukommt[11] – von wichtigen Entscheidungsprozessen weitgehend abgekoppelt ist.

Des Weiteren zeigt sich die Gouvernementalisierung auch darin, dass verbliebene Gestaltungsspielräume der Landtage faktisch oft durch die Regierungen wahrgenommen werden. So werden durch **Staatsverträge und Fachministerkonferenz-Beschlüsse** maßgebliche landespolitische Entscheidungen geprägt. Durch die damit verbundene starke **Tendenz zur Parallelgesetzgebung** tragen die Länder auch dem erheblichen Anpassungs- und Harmonisierungsdruck auf den ihnen noch verbliebenen Kompetenzfeldern (dazu → Rn. 17 f.) Rechnung.[12] Und schließlich führen die hohe Komplexität vieler Gestaltungsfragen und die Größe der Ministerialbürokratie auch auf Landesebene zu einem erheblichen Kenntnis- und Informationsgefälle zwischen Regierung und Abgeordneten, wodurch die Landtage weiter geschwächt werden.[13]

Trotz dieser Rahmenbedingungen behandelt der Landtag von BW ein weites thematisches Spektrum einschließlich einer intensiven Auseinandersetzung mit Bundes- und Unionsthemen, um auf Entscheidungsprozesse auf höherer Ebene Einfluss zu nehmen. Gleichwohl handelt es sich alles in allem um eine „oft gestaltungsarme Arbeit".[14] Unabhängig davon sind aber die Landtage als Vermittlungsorgane demokratischer Legitimation

---

9 *Papier*, ZParl 2010, 903 (903 f.); *Schliesky* in: Morlok/ders./Wiefelspütz, § 51 Rn. 25, spricht in diesem Zusammenhang sogar von einer zunehmenden Existenzbedrohung für den Landesparlamentarismus.
10 In den USA gilt demgegenüber das Prinzip der Deckungsgleichheit von Gesetzgebungs- und -umsetzungskompetenz, weshalb hier die föderale Kammer (Senat) durch volksgewählte Vertreter der Gliedstaaten beschickt wird.
11 Vgl. dazu die Überlegungen von *Schliesky* in: Morlok/ders./Wiefelspütz, § 51 Rn. 28, de constitutione ferenda (Einführung eines Weisungsrechts durch Ergänzung von Art. 51 GG).
12 *Klatt* in: Schneider/Zeh, § 67 Rn. 58; *Schneider*, Gesetzgebung, Rn. 169 ff.; *Eisele*, Landesparlamente, 18 ff.; *Storr*, ZG 2000, 116 (118 f.).
13 *Feuchte*, Geschichte, 347; vgl. zur Entparlamentarisierungsdebatte auf Bundesebene *Klein* in: Maunz/Dürig, Art. 38 Rn. 56 ff.
14 Zu diesen Ergebnissen gelangt *Eisele*, Landesparlamente, 150 f., 242, 245, 288 f., 372, bei seiner Untersuchung des Arbeitsprofils und der Arbeitsweise des LT BW in der 12. WP (1996–2001).

selbst dann bedeutsam, wenn der **Schwerpunkt ihrer Arbeit auf der Kreations- und Kontrollfunktion** und weniger auf der aktiven Gestaltungs- und Gesetzgebungsfunktion liegt.

II. Herkunft, Entstehung, Geschichte

8   Art. 27 LV geht auf Art. 24 VerfERP zurück, der als solcher ohne wesentliche Diskussionen im VA und im Plenum der VLV behandelt wurde.[15] Vergleicht man die Norm mit ihren Vorgängerinnen in den drei **Verfassungen von 1946/47**, fällt eine starke Ähnlichkeit von Abs. 1 und 2 mit Art. 50 VerfWB und Art. 24 VerfWH sowie von Abs. 1 mit Art. 60 S. 1 VerfLB auf.

9   Es spricht daher viel dafür, dass Art. 24 VerfERP dadurch inspiriert war:[16]

- Art. 60 S. 1 VerfLB: „Der Landtag ist die vom ganzen Volk unmittelbar gewählte Volksvertretung."
- Art. 50 VerfWB: „Der Landtag ist die vom ganzen Volk gewählte Volksvertretung. Er beschließt die Gesetze und überwacht ihre Ausführung."
- Art. 24 VerfWH: „Der Landtag ist die von den Staatsangehörigen gewählte Volksvertretung. Er beschließt die Gesetze und überwacht ihre Ausführung."

10 Auch Art. 27 III LV hat **Vorläuferbestimmungen** in allen drei Vorgängerverfassungen:

- Art. 61, S. 1 u. 2 VerfLB: „Die Abgeordneten sind Vertreter des ganzen Volkes. Sie sind nur ihrem Gewissen unterworfen und an Aufträge nicht gebunden."
- Art. 51 S. 2 u. 3 VerfWB: „Die Abgeordneten sind Vertreter des ganzen Volkes. Sie sind nur ihrem Gewissen unterworfen und an Aufträge nicht gebunden."
- Art. 37 VerfWH: „Die Abgeordneten sind Vertreter des ganzen Volkes. Gewissenhafte Erwägung ist maßgebend für ihre Abstimmung und für jede Äußerung, die sie in Ausübung ihres Berufes machen. Kein Auftrag bindet sie."

11 So unstreitig die Grundlagennorm zum Landtagsabschnitt bei den Verfassungsberatungen war, so heftig war die Diskussion um die von der oppositionellen CDU-Fraktion in der VLV geforderte **Einführung eines Zweikammersystems**. Nach den Vorstellungen der Art. 59 – 66 VerfECDU[17] sollte dem Landtag ein **Senat** zur Seite gestellt werden, dem Vertreter der Justiz, der Wissenschaft, der Kirchen, der Kommunen und der Wirtschaft angehö-

---

15 Vgl. *Feuchte*, Quellen: 2. Teil, 193 (1. Lesung VA), 5. Teil, 695 (2. Lesung VA), 6. Teil, 477 (redaktionelle Überarbeitung: Teilung von Abs. 3 in 2 Sätze ohne inhaltliche Bedeutung), 7. Teil, 606 f. (2. Lesung VLV), 8. Teil, 357 (3. Lesung VLV), 8. Teil, 447 f. (redaktionelle Korrektur unmittelbar vor der Schlussabstimmung – Ersetzung von „Er" in Abs. 2 durch „Der Landtag" – auf Vorschlag des VA, vgl. Beil. 1319 in: Feuchte, Quellen, 8. Teil, 443–445).
16 Vgl. oben, Vorspruch Fn. 21.
17 *Feuchte*, Quellen, 2. Teil, 52 (65–68).

ren sollten. Anders als der frühere bayerische Senat[18] sollte sich diese zweite Kammer nicht auf eine Beratungsfunktion beschränken, sondern ein echtes Mitgestaltungsorgan darstellen. Zu seinen Rechten sollten ein Gesetzesinitiativrecht (Art. 63 III VerfECDU), Zustimmungsvorbehalte beim Haushalt und bei Verfassungsänderungen (Art. 64 II 1 VerfECDU) sowie ein Einspruchsrecht bei sonstigen Gesetzen mit der Folge eines Vermittlungsverfahrens (Art. 64 II 2 u. 3, 65 VerfECDU) zählen. Die CDU begründete ihren Standpunkt mit dem Minderheitenschutz, dem Zwang zu erhöhter Sorgfalt in der Gesetzgebung, der Ausgleichsfunktion eines retardierenden Elements, der Kompensation des (damals schon) geringen Ansehens der politischen Parteien durch eine andersartig strukturierte Vertretung („Vervollständigung der Repräsentation"), der Aktivierung von Bürgern im beruflichen Kontext und dem Kontinuitätselement gegenüber der politischen Dynamik im Landtag.[19] Die Regierungsmehrheit war in mehreren Debatten sowohl im VA als auch im Plenum der VLV[20] dafür nicht zu gewinnen. Ausschlaggebend dafür waren sowohl verfassungsrechtliche als auch politisch-praktische Gründe. So wurde der mit Entscheidungskompetenzen ausgestattete, aber aus keinen unmittelbaren Wahlen hervorgegangene Senat schon als Verstoß gegen das Homogenitätsgebot des Art. 28 I GG angesehen;[21] außerdem befürchtete man eine erhebliche Verlangsamung und Verteuerung der Gesetzgebungsverfahren, was gerade einem im Aufbau befindlichen jungen Land mehr schaden als nutzen würde.[22]

III. Verfassungsvergleichende Einordnung

Im GG und in einem Teil der Landesverfassungen findet sich keine **generelle Vorschrift zur Rechtsstellung des Parlaments**. Hingegen ist das in Art. 27 III LV geregelte Abgeordnetenmandat in Art. 38 I 2 GG und auch in allen anderen Landesverfassungen – mit Einschränkung in Hessen[23] – enthalten. Während Art. 27 LV dem Landtag **keine verfassungsrechtliche Vorrangstellung** einräumt,[24] wird die besondere Bedeutung des Parlaments in Art. 79 I

12

---

18 Dazu *Lindner* in: ders./Möstl/Wolff, Art. 34 – 42; Bayern war das einzige Land mit einer (wegen fehlenden Entscheidungskompetenzen aber nur unechten) zweiten Kammer, die durch Volksentscheid seit dem 1.1.2000 abgeschafft ist.
19 Abg. *Simpfendörfer* (CDU) in: Feuchte, Quellen, 2. Teil, 516 ff.
20 VA: 12. Sitzung am 17.9.1952 in: Feuchte, Quellen, 2. Teil, 478 (516 ff.); Plenum: 44. Sitzung am 30.6.1953 in: Feuchte, Quellen, 8. Teil, 39 ff. (79 ff.).
21 Abg. *Gönnenwein* (FDP/DVP) in: Feuchte, Quellen, 2. Teil, 518 ff.; die Gegenargumentation des CDU-Sprechers und späteren BVerfG-Präsidenten *Gebhard Müller* hatte zum einen Art. 28 I GG so zu verstehen versucht, dass darin nur von „einer" unmittelbar demokratischen Volksvertretung die Rede sei, was weitere Vertretungsorgane nicht ausschließe; zum anderen hatte er aus dem Bundesratsmodell auf Bundesebene ein für das Homogenitätsgebot relevante Offenheit des GG für ein Zweikammermodell abgeleitet (in: Feuchte, Quellen, 2. Teil, 521, 531); mehr spricht aber für die Annahme, dass das GG keine mit Gesetzgebungsbefugnissen ausgestattete Volksvertretungen auf Landesebene ohne unmittelbare demokratische Legitimation zulassen wollte.
22 Abg. *Gönnenwein* (FDP/DVP) in: Feuchte, Quellen, 2. Teil, 518 ff.; s. auch *Feuchte*, Geschichte, 212.
23 Art. 77 HessVerf enthält nur ein Bekenntnis zum repräsentativen, nicht aber zum freien Mandat, von dessen Existenz der HessStGH NJW 1977, 2065 (2071), als „Strukturelement einer demokratischen Verfassung" gleichwohl ausgeht.
24 So auch *Feuchte* in: Feuchte, Art. 27 Rn. 4.

1 RPVerf, 16 I 1 SchlHVerf, 48 I ThürVerf durch die Bezeichnung als „oberstes Organ der politischen (bzw. demokratischen) Willensbildung" betont. Daraus wird eine „relative Suprematie" des Parlaments gegenüber den übrigen Verfassungsorganen abgeleitet.[25] Aber auch in diesen Ländern kommt dem Landtag keine Übergriffs-Kompetenz in den Bereich der anderen Staatsorgane zu, weshalb die – hier auch verfassungsrechtlich betonte – Vorrangstellung letztlich darin besteht, anderen Verfassungsorganen demokratische Legitimation zu vermitteln.[26]

13 Bezüglich der **Rolle und Funktionen des Landtags** finden sich in einigen anderen Landesverfassungen weiterführende Aussagen, die – wenngleich ohne ausdrückliche Erwähnung im Verfassungstext – auch für BW gelten. Hierzu zählen die Rolle als „Stätte der politischen Willensbildung" (Art. 20 I 2 MVVerf, 39 II SächsVerf) und die Behandlung öffentlicher Angelegenheiten (Art. 41 I 4 LSAVerf, 20 I 4 MVVerf, 79 I 2 RPVerf, 16 I 1, 4 SchlHVerf, 48 II ThürVerf). Einige Landesverfassungen haben sich erkennbar darum bemüht, an dieser Stelle eine vollständige Zusammenfassung über die Landtagsfunktionen zu geben (Art. 41 I LSAVerf, 48 II ThürVerf), was besonders umfassend Art. 79 I 2 RPVerf gelingt: „Er vertritt das Volk, wählt den Ministerpräsidenten und bestätigt die Landesregierung, beschließt die Gesetze und den Landeshaushalt, kontrolliert die vollziehende Gewalt und wirkt an der Willensbildung des Landes mit in der Behandlung öffentlicher Angelegenheiten, in europapolitischen Fragen und nach Maßgabe von Vereinbarungen zwischen Landtag und Landesregierung."[27] Die hiervon in Art. 27 LV nicht genannten Funktionen finden sich bei den jeweiligen Einzelvorschriften (Art. 46 I, III, 34 a LV).

B. Erläuterung

I. Vertretung des Volkes (Repräsentationsfunktion) – Abs. 1

14 Art. 27 I LV betont die Repräsentationsfunktion des Landtags. Damit trägt die LV dieser für das Organisationssystem einer parlamentarischen Demokratie zentralen Parlamentsfunktion Rechnung (→ Rn. 3).[28] Zugleich spinnt diese Bestimmung den Leitfaden von Art. 25 I LV, der das Prinzip der Volkssouveränität enthält und zur Ausübung der Staatsgewalt besondere Organe vorsieht, in staatsorganisatorischer Hinsicht weiter: Indem der Landtag „die" Volksvertretung darstellt, ist (nur) er zur Vertretung des (selbst nur sehr eingeschränkt handlungsfähigen)[29] Souveräns berufen. Folglich liegt bei ihm das **Zentrum materieller Legitimationsvermittlung** – sowohl an andere Verfassungsorgane (institutionell) als auch an die inhaltliche Ausübung der Staatsgewalt (sachlich), v.a. durch den Erlass von Ge-

---

25 *Perne* in: Brocker/Droege/Jutzi, Art. 79 Rn. 8–10; *Linck* in: ders./Baldus u.a., Art. 48 Rn. 21 f.
26 ThürVerfGH, U. v. 2.2.2011 – VerfGH 20/09 – juris Rn. 38 f.; *Perne* in: Brocker/Droege/Jutzi, Art. 79 Rn. 9; *Linck* in: ders./Baldus u.a., Art. 48 Rn. 22.
27 Art. 79 RPVerf wurde im Jahr 2000 auf Empfehlung der Enquete-Kommission „Parlamentsreform" vollständig neu – und wesentlich ausführlicher – gefasst (Gesetz v. 8.3.2000, GVBl. RP 65), vgl. *Wagner* in: Grimm/Caesar, Art. 79 Rn. 2.
28 Ausführlich dazu *Morlok* in: ders./Schliesky/Wiefelspütz, § 3 Rn. 75 f.
29 Bei den Landtagswahlen (Art. 28 LV) sowie bei Volksentscheiden (Art. 60, 64 III LV) handelt der Souverän ausnahmsweise selbst.

setzen.³⁰ Die Stellung als Volksvertretung ist daher nicht iS zivilrechtlicher Vertretungsregelungen zu verstehen, sondern als politische Beauftragung und Legitimationsübertragung. Deshalb wird das Handeln des Landtags rechtlich auch nicht dem Volk, sondern dem Land zugerechnet.³¹ Zugleich erfüllt der mit Art. 27 LV beginnende Abschnitt die grundgesetzliche Vorgabe aus Art. 28 I 2 GG, wonach das Volk u.a. in den Ländern eine Vertretung haben muss, die aus allgemeinen, unmittelbaren, freien, gleichen und geheimen Wahlen hervorgegangen ist (Art. 26 IV LV).³²

Außerdem sind die Repräsentationsfunktion und die **Öffentlichkeitsmaxime** untrennbar miteinander verbunden (Art. 33 I LV), weil nur durch eine öffentliche Willensbildung im Parlament der über den Wahlakt hinausgehende wechselseitige Kommunikationsprozess zwischen dem Volk und seiner Vertretung kontinuierlich stattfinden kann. Der Landtag ist folglich das zentrale **Forum, um die verschiedenen Interessen einer heterogenen Gesellschaft zu artikulieren, abzubilden und zu einem Ausgleich zu bringen**.³³ Nur so kann der Landtag seine Entscheidungen dem Volk vermitteln und seine Repräsentationsverantwortung wahrnehmen; umgekehrt kann nur so das Volk den Landtag in der Ausübung seiner Vertretungsaufgabe kontrollieren.³⁴ 15

Die Aufgabe der Volksvertretung wird hauptsächlich, aber nicht ausschließlich vom Plenum wahrgenommen; auch in Ausschüssen, die aus Komplexitätsgründen Vor- und Detailarbeiten leisten, wird die Repräsentationsfunktion erfüllt.³⁵ Aus der Rolle der Vertretung des Souveräns folgt zudem die **besondere Würde** („Hohes Haus"), **Vertrauenswürdigkeit und Integrität** des Parlaments als Vorbedingungen seiner Funktions- und Arbeitsfähigkeit, zu deren Wahrung auch Regelungen gegenüber den einzelnen Abgeordneten (unter Beachtung des freien Mandats, Art. 27 III LV) zulässig sind.³⁶ 16

II. Ausübung der gesetzgebenden Gewalt (u.a. Funktionen) – Abs. 2
1. Gesetzgebungsfunktion

Der besonderen Stellung des Landtags im Verfassungsgefüge trägt die (vorbehaltlich Art. 59 IV und 62 I LV) exklusive Zuweisung der Zuständigkeit für die Gesetzgebung Rechnung. Damit obliegen dem Landtag die Entscheidung der zahlreichen Fragen, für die die LV einen **Gesetzesvorbehalt** anordnet. Dies gilt neben dem allgemeinen Gesetzesvorbehalt in Art. 58 LV namentlich für 17

---

30 S. auch *Morlok* in: ders./Schliesky/Wiefelspütz, § 3 Rn. 1–4; *Klein* in: Maunz/Dürig, Art. 38 Rn. 42.
31 *Braun*, Art. 27 Rn. 3, 31; *Klein* in: Maunz/Dürig, Art. 38 Rn. 41 f.
32 *Feuchte* in: Feuchte, Art. 27 Rn. 4.
33 *Trute* in: v. Münch/Kunig, Art. 38 Rn. 8.
34 *Braun*, Art. 27 Rn. 14.
35 BayVerfGH, E. v. 21.2.2002 – Vf. 13-VIII-00 – juris, Rn. 63; s. auch BVerfGE 130, 318, LS 1.
36 BVerfGE 94, 351 (367 f.); 99, 19 (32); ThürVerfGH, U. v. 1.7.2009 – VerfGH 38/06 – juris, Rn. 76; LVerfG M-V, LVerfGE 5, 203 (225); hierzu zählt insbesondere das parlamentarische Ordnungsrecht.

- die Bestimmung der staatlich anerkannten Feiertage (Art. 3 I 2),
- das Schulrecht (Art. 11 IV),
- Erstattungsansprüche von Privatschulen (Art. 14 II 4),
- den Mittelersatz durch die Schulgeld- und Lernmittelfreiheit (Art. 14 III 3),
- die Umwandlung öffentlicher Volksschulen in privat getragene Bekenntnisschulen in Südwürttemberg-Hohenzollern (Art. 15 II 2),
- die Mitwirkung der Erziehungsberechtigten an der Gestaltung des Lebens und der Arbeit der Schule (Art. 17 IV 2),
- die Festlegung des Landeswappens (Art. 24 II),
- das Wahlrecht (Art. 26 VII 1, 28 III 1),
- das Wahlprüfungsrecht (Art. 31 III),
- das Anwesenheits- und Rederecht der Regierungsmitglieder im Landtag (Art. 34 II 3),
- die Unterrichtung und Beteiligung des Landtags in Angelegenheiten der EU (Art. 34 a III),
- die Einsetzung, die Befugnisse und das Verfahren der Untersuchungsausschüsse (Art. 35 IV 1),
- die Befugnisse des Petitionsausschusses (Art. 35 a II),
- die Entschädigung und das Freifahrtrecht der Abgeordneten (Art. 40 S. 3),
- die Übertragung von Ernennungszuständigkeiten des Ministerpräsidenten auf andere Behörden (Art. 51 S. 2),
- einen allgemeinen Straferlass und eine allgemeine Niederschlagung anhängiger Strafverfahren (Art. 52 II),
- das Amtsverhältnis der Regierungsmitglieder (Art. 53 I),
- Volksbegehren und -entscheide (Art. 59 V LV),
- die Ermächtigung zum Erlass von Rechtsverordnungen (Art. 61 I 1),
- Änderungen der Verfassung (Art. 64 I 1),
- die Entlassung, Amtsenthebung oder Zurruhesetzung von hauptamtlichen Richtern gegen ihren Willen (Art. 66 I) sowie die übrige Rechtsstellung von Richtern und deren Amtseid (Art. 66 III),
- die Umsetzung der Rechtsweggarantie (Art. 67 IV),
- die Zuständigkeiten, die Verfassung, das Verfahren und die Gesetzeskraft von Entscheidungen des Verfassungsgerichtshofs (Art. 68 I 2 Nr. 4, IV),
- Aufbau, räumliche Gliederung und Zuständigkeiten der Landesverwaltung (Art. 70 I 1),
- die Grenzen der kommunalen Selbstverwaltung und der sonstiger öffentlich-rechtlicher Körperschaften und Anstalten (Art. 71 II),
- die Übertragung bestehender oder neuer öffentlicher Aufgaben auf die Gemeinden oder Gemeindeverbände unter Regelung der Kostendeckung (Art. 71 III),
- das Kommunalwahlrecht (Art. 72 III),
- die Beteiligung der Gemeinden und Gemeindeverbände an den Steuereinnahmen des Landes (Art. 73 III),

- die Auflösung von Gemeinden gegen deren Willen oder von Landkreisen sowie nähere Regelungen zur Änderung von Gemeindegebieten oder -verbänden (Art. 74 II 2, III 2, IV),
- staatliche Zustimmungsvorbehalte bei bestimmten vermögensrelevanten Maßnahmen von Gemeinden und Gemeindeverbänden (Art. 75 I 2),
- vorbehaltene Weisungsrechte des Landes bei der Übertragung staatlicher Aufgaben auf Gemeinden oder Gemeindeverbände (Art. 75 II),
- die Feststellung des Haushaltsplans (Art. 79 II),
- die Erhebung von Steuern, Abgaben und sonstigen Einnahmen (Art. 80 II 1),
- die Stellung und Aufgaben des Rechnungshofs (Art. 83 II 5),
- die Ermächtigung der Regierung zur Aufnahme von Krediten oder jede Übernahme von Bürgschaften, Garantien oder sonstigen Gewährleistungen sowie das Nähere zu Kreditaufnahmen (Art. 84) und
- die Organisation der Polizei (Art. 90).

Trotz dieser beeindruckenden Auflistung stellt das inhaltlich überschaubare Spektrum der Gesetzgebungskompetenzen des Landtags die Achillesferse des Landesparlamentarismus dar. Denn die Ausübung der gesetzgebenden Gewalt des Landtags unterliegt den Grenzen der **Verbandskompetenz**, wie sie sich aus den Kompetenzverteilungsregeln der Art. 70 ff. GG ergeben. Denn obwohl Art. 70 I GG eine generelle Zuständigkeitsvermutung zugunsten der Länder enthält, verbleibt den Ländern auch nach verschiedenen Föderalismusreformen nur ein begrenzter Spielraum (→ Rn. 4). Dieser umfasst im Wesentlichen das Schul- und Hochschulrecht, das Kommunalrecht, das Polizeirecht, das Recht der Landesorganisation und der Landesbediensteten, das Versammlungsrecht, das Bauordnungsrecht, das Friedhofsrecht, in Teilen das Umwelt- und Raumordnungsrecht (kraft der Abweichungskompetenzen in Art. 72 III 1 Nr. 2–5 GG) und das Medienrecht sowie in geringen Teilen das Wirtschaftsrecht (zB das Ladenschluss-, Gaststätten-, Spielhallen- und Marktrecht, vgl. Art. 74 I Nr. 11 GG), das Sozialrecht (Wohnraumförderung) und schließlich das Selbstorganisationsrecht der Länder.[37]

Innerhalb der Landeskompetenz kommt dem Gesetzgeber gem. Art. 25 II LV eine grundsätzliche **Allzuständigkeit** zu. Danach kann er jede Frage an sich ziehen, soweit nicht die verfassungsmäßige Ordnung in Bund oder Land entgegensteht.[38] Nur ausnahmsweise wird die Gesetzgebungszuständigkeit des Landtags durch seine Organkompetenz begrenzt, weshalb er sich im Verhältnis zu den anderen Gewalten und Organen in Gesetzesform keine Rechte zumessen kann, die ihm von Verfassungs wegen nicht zustehen; dies zB für Eingriffe in den Kernbereich exekutiver Eigenverantwortung (dazu ausf. Rn. 43 ff.), namentlich für Weisungen in einzelfallbezogenen Sachfragen (die zur vollziehenden Gewalt zählen) oder zur Stimmabga-

---

37 Vgl. auch *Feuchte* in: Feuchte, Art. 27 Rn. 13 (freilich zur Rechtslage von vor der Föderalismusreform I).
38 *Braun*, Art. 27 Rn. 19; enger *Klein* in: Maunz/Dürig, Art. 38 Rn. 39.

be der Landesregierung im Bundesrat.[39] Zulässig sind auf diesem Feld aber grundsätzlich die in der Praxis stark verbreiteten „Ersuchen" des Landtags an die Landesregierung (in Form schlichter Parlamentsbeschlüsse), die zwar keine rechtliche Bindung entfalten, aber dennoch politisch großes Gewicht haben.[40]

20 Die Gesetzgebungskompetenz des Landtags steht diesem **als Kollegialorgan insgesamt** zu, nicht seinen einzelnen Mitgliedern oder den Fraktionen; diese haben als solche insoweit keine eigenen Rechte.[41] Insbesondere ist das Gesetzesinitiativrecht, das auch Abgeordneten zusteht (vgl. Art. 59 I LV, § 53 I GO LT), von der Gesetzgebungskompetenz – also von der Zuständigkeit für die Entscheidung, was zum Gesetz erhoben wird – zu unterscheiden (sonst wäre auch die ebenfalls initiativberechtigte Regierung ein Gesetzgebungsorgan, was dem Gewaltenteilungsprinzip widerspräche). Auch ist für die Verfassungsmäßigkeit eines Gesetzes nicht die (offengelegte) Motivation einzelner Abgeordneter maßgeblich, sondern lediglich der „im Gesetz zum Ausdruck gelangte normative Willensinhalt".[42] Eine nähere Präzisierung der konkret-prozeduralen Funktion des Landtags im Rahmen des Gesetzgebungsverfahrens enthalten die Art. 59 ff. LV.

21 Die quantitative Seite der Gesetzgebungsfunktion kommt in den folgenden **statistischen Angaben (7.–15. Wahlperiode: 1976–2016)** zum Ausdruck:[43]

Wahlperiode	15	14	13	12	11	10	9	8	7
Dauer	5 Jahre				4 Jahre				
Gesetzentwürfe	197	180	171	158	168	157	93	129	121
■ der Regierung	157	137	113	107	91	81	61	73	75
■ aus der Mitte des Landtags	40	43	58	51	77	76	32	56	46
Verabschiedete Gesetze	170	152	132	120	105	92	70	84	87

2. Budgetfunktion

22 Auch ohne ausdrückliche eigene Nennung in Art. 27 LV zählt das (in Gesetzesform ausgeübte) Budgetrecht ebenfalls zu den zentralen Funktionen des Landtags, dessen Wahrnehmung in Art. 79 LV näher geregelt ist.[44] Die

---

39 StGH, ESVGH 36, 161 ff.; ThürVerfGH, U. v. 2.2.2011 – VerfGH 20/09 – juris Rn. 40; *Feuchte* in: Feuchte, Art. 23 Rn. 20 u. Art. 27 Rn. 19.
40 *Feuchte* in: Feuchte, Art. 27 Rn. 19; *Lorz/Richterich* in: Morlok/Schliesky/Wiefelspütz, § 35 Rn. 90.
41 BVerfGE 91, 246 (251); SaarlVerfGH, U. v. 12.12.2005 – Lv 4/05 – juris, Rn. 17; BerlVerfGH, B. v. 21.10.1999 – VerfGH 71/99 – juris, Rn. 23.
42 StGH, ESVGH 23, 1 (LS 12).
43 Pl.-Prot. 9/86, 7257-7263 (7.–9. WP); Pl.-Prot. 12/105, 8322-8324 (10./11. WP); LT-Drs. 14/7701 (12./13. WP); LT-Drs. 15/8124 (14./15. WP).
44 *Morlok* in: ders./Schliesky/Wiefelspütz, § 3 Rn. 79; *Schliesky* in: Morlok/ders./ Wiefelspütz, § 5 Rn. 105 ff.; *Bagehot*, Constitution, 102 f. lehnt es dagegen ab, eine gesonderte Budgetfunktion anzuerkennen, weil diese für ihn nur ein Teilaspekt der Gesetzgebungsfunktion darstellt.

herausgehobene Bedeutung dieses Rechts (auch „Königsrecht des Parlaments" genannt) betonen auch die Verfassungsgerichte in Bund und Land in ihrer Rechtsprechung. Das BVerfG sieht darin eine der „Grundlagen der demokratischen Selbstgestaltungsfähigkeit" und ein „zentrales Element der demokratischen Willensbildung". Der StGH zählt das parlamentarische Budgetrecht zum **Kernbestand der demokratischen Legitimierung und Gewaltenteilung** und hält es für ein besonders wichtiges Kontrollinstrument gegenüber der Regierung (vgl. unten, Art. 79 Rn. 45 ff.).[45] Deshalb bedingt die haushaltspolitische Gesamtverantwortung des Parlaments, dass wesentliche Haushaltsentscheidungen **grundsätzlich nicht delegierbar** sind. Lediglich für solche Fälle, in denen wegen besonderer Eilbedürftigkeit oder Vertraulichkeit eine sachangemessene Entscheidung des Plenums ausgeschlossen erscheint, kann das Parlament zur Wahrung seiner Funktionsfähigkeit im Rahmen seiner Selbstorganisationsgewalt eng umschriebene Ausnahmen davon vorsehen.[46]

Aus der **parlamentarischen Suprematie in Haushaltsfragen** folgt die **Nachrangigkeit des Notbewilligungsrechts des Finanzministers** gem. Art. 81 LV. Dabei handelt es sich zwar um ein eigenständiges Bewilligungsrecht, das aber nicht gleichrangig neben dem parlamentarischen Budgetrecht steht. Vielmehr stellt das exekutive Bewilligungsrecht nur eine subsidiäre Kompetenz für Notfälle dar, um die staatliche Handlungsfähigkeit sicherstellen zu können. An die Voraussetzungen eines „unvorhergesehenen und unabweisbaren Bedürfnisses" sind daher strenge Anforderungen zu stellen (→ Art. 81 Rn. 16 ff.).[47] Auch die Entscheidung darüber, ob eine rechtzeitige parlamentarische Entscheidung getroffen werden kann, steht im Zweifel dem Landtag selbst zu. Sowohl wegen der parlamentarischen Haushaltshoheit als auch aus dem Grundsatz der Rücksichtnahmepflicht unter Verfassungsorganen ist der Finanzminister verfassungsrechtlich (sowie gem. § 47a III GO LT auch geschäftsordnungsrechtlich) dazu verpflichtet, hierzu den Landtag proaktiv zu konsultieren.[48] Auch Geheimhaltungsabsprachen mit Vertragspartnern des Landes können unter keinen Umständen eine außerparlamentarische Bewilligung, sondern allenfalls – in besonderen Ausnahmefällen – ein vertrauliches Beratungsverfahren (etwa in Analogie zur Behandlung geheimdienstlicher Angelegenheiten) im Landtag rechtfertigen.[49] Daneben bedingt der Parlamentsvorrang, dass der **Haushalt grundsätzlich vor Beginn der Haushaltsperiode beschlossen** sein muss, weshalb Art. 80 LV insoweit nur einen Ausnahmecharakter haben kann (vgl. § 30 LHO; → Art. 79 Rn. 101 ff.).[50]

23

---

45 BVerfGE 70, 324 (356); 130, 318 (343); StGH, U. v. 6.10.2011 – GR 2/11 – juris, Rn. 38.
46 BVerfGE 130, 318 (345, 358 f.).
47 StGH, U. v. 11.10.2007 – GR 1/07 – juris, LS 1 u. Rn. 41 ff.; StGH, U. v. 6.10.2011 – GR 2/11 – juris, Rn. LS 1 u. Rn. 38; ebenso LVerfG LSA, LVerfGE 17, 493 (LS 2); ThürVerfGH, U. v. 10.7.2013 – VerfGH 10/11 –, LS 1 u. Rn. 46 sowie LS 2 u. Rn. 51 ff.; VerfGH Rh-Pf, NVwZ-RR 1998, 1, LS 2.
48 BVerfG 45, 1 (LS 3); StGH, U. v. 6.10.2011 – GR 2/11 – juris, Rn. 40, 42; LVerfG LSA, LVerfGE 17, 493 (505) mwN.
49 StGH, U. v. 6.10.2011 – GR 2/11 – juris, LS 4 u. Rn. 81 f.
50 Vgl. BVerfGE 45, 1 (32 f.).

24 Wie das Gesetzgebungsrecht steht auch das Budgetrecht nur dem Landtag als Gesamtorgan, nicht jedoch seinen Fraktionen oder einzelnen Mitgliedern zu.[51] Dies schließt jedoch weder eine prozessstandschaftliche Geltendmachung durch eine Fraktion – soweit nicht gegen den Landtag als solchen gerichtet[52] – noch die Wahrnehmung der üblichen innerparlamentarischen Mitwirkungsrechte (→ Rn. 88 ff.) aus.[53] Das Budgetrecht des Landtags wird sogar gegenüber dem Volk geschützt, indem Haushaltsentscheidungen der direkten Demokratie entzogen sind (Art. 60 VI LV); Grund dafür ist, dass die parlamentarische Mehrheit ihr durch die Wahl legitimiertes Programm auch in finanzieller Hinsicht umsetzen können soll.[54]

3. Kreationsfunktion

25 Zu den nicht ausdrücklich in Art. 27 LV genannten Parlamentsfunktionen gehört des Weiteren die Kreationsfunktion, also v.a. die Bildung anderer Verfassungsorgane. Bezieht sich die Gesetzgebungsfunktion primär auf die inhaltliche Seite der Legitimation staatlichen Handelns, erfüllt die Kreationsfunktion die Legitimationsweitergabe in personeller Hinsicht. Dadurch entsteht die von der Volkswahl abgeleitete **Legitimationskette** als unverzichtbarer Bestandteil demokratisch-legitimierten Staatshandelns.[55] Dies umfasst allen voran die Wahl des Ministerpräsidenten (Art. 46 I 1, 54 I LV), die Bestätigung der Regierung (Art. 46 III LV) und die Wahl der Mitglieder des VerfGH (Art. 68 II 2 LV). Aber auch die einfachgesetzlich vorgesehenen vom Landtag vorzunehmenden Wahlen von Beauftragten (etwa des Landesbeauftragten für den Datenschutz gem. § 26 I LDSG oder des Bürgerbeauftragten gem. 9 I BürgBG) und sonstiger Funktionsträger (wie zB des Vorstands der Landesmedienanstalt gem. § 36 I LMedienG) zählen hierzu.[56] Maßgebliches Leitkriterium ist dabei das parlamentarische Mehrheitsprinzip (Art. 33 II LV), wobei zur Sicherstellung einer hinreichenden persönlichen Unabhängigkeit der Gewählten von der (meist nur einfachen) Regierungsmehrheit Zweidrittel-Mehrheiten vorgeschrieben werden können (§ 36 I 1 LMedienG).[57] Parlamentsinterne Wahlen – etwa des Präsidiums – dagegen unterfallen nicht der Kreationsfunktion, sondern der Selbstorganisationsfunktion des Parlaments (→ Art. 32 Rn. 1). Denn sie dienen nicht der Legitimationsvermittlung an andere Institutionen, sondern der Sicherstellung der eigenen Arbeits- und Funktionsfähigkeit.[58]

---

51 StGH ESVGH 47, 1 (LS 2); BerlVerfGH, B. v. 22.11.1993 – VerfGH 18/93 – juris, Rn. 19; B. v. 8.4.1997 – VerfGH 78/96 – juris, LS 2 a; VerfGH NRW, U. v. 19.8.2008 – VerfGH 7/07 – juris, Rn. 235.
52 So die klassische Lehre, von der das BVerfG allerdings jüngst abgerückt ist, vgl. → Rn. 154.
53 BerlVerfGH, B. v. 22.11.1993 – VerfGH 18/93 – juris, Rn. 19; LVerfG LSA, LVerfGE 17, 493, 502; BVerfGE 70, 324 (356).
54 BbgVerfG, LVerfGE 12, 119 (137 f.); vgl. dazu *Haug/Pautsch*, Rechtliche Machbarkeit, in: Baden-Württemberg Stiftung (Hrsg.), Beteiligungshaushalt auf Landesebene. Eine Machbarkeitsstudie am Beispiel von Baden-Württemberg, 2017, 159 ff.
55 *Morlok* in: ders./Schliesky/Wiefelspütz, § 3 Rn. 81 f.; s. auch BVerfGE 137, 185 (Rn. 131); *Klein* in: Maunz/Dürig, Art. 38 Rn. 42.
56 *Feuchte* in: Feuchte, Art. 27 Rn. 21; s. auch *Klein* in: Maunz/Dürig, Art. 38 Rn. 50.
57 StGH, LVerfGE 16, 3.
58 *Feuchte* in: Feuchte, Art. 27 Rn. 22.

III. Überwachung der Ausübung der vollziehenden Gewalt (Kontrollfunktion) – Abs. 2
1. Bedeutung der Kontrollfunktion

Die parlamentarische Kontrollfunktion stellt das Gegenstück der Verantwortlichkeit der Regierung dar; beide Prinzipien wurzeln im Demokratieprinzip[59] und beziehen sich auf die klassische institutionelle Bipolarität von Parlament und Regierung. Das gewaltengeteilte demokratische System beruht auf einem Ausgleich von „checks and balances", wonach jede der Gewalten durch die anderen im Zaum gehalten wird. Ganz besonders gilt dies für die vollziehende Gewalt, weil diese den Schwerpunkt der Ausübung staatlicher Gewalt darstellt. Sie unterliegt deshalb in herausgehobener Weise sowohl der (verfassungs-)gerichtlichen als auch der parlamentarischen Kontrolle. Während die Erstgenannte nur fallweise und punktuell eingreift, bildet die Letztgenannte den Aktionsrahmen für die Alltagskontrolle des Regierungshandelns. Diesen **klassischen** („**alten**") **Dualismus** zwischen Legislative und Exekutive hat der erste (während der Verfassungsberatungen amtierende) Justizminister des Landes *Viktor Renner* in einer pointierten Kommentierung des ersten Verfassungsentwurfs besonders betont:

26

„Es sollte klargestellt werden, dass das Parlament gegenüber der Exekutive ein unbeschränktes Recht auf Auskunft und Rechenschaft hat, und dass es andrerseits ein Weisungsrecht nicht hat. In der Praxis versucht sich immer wieder die Exekutive ein vormundschaftliches Recht auf Geheimhaltung vor dem Parlament, das Parlament ein oberherrliches Recht auf Lenkung der Exekutive beizulegen."[60]

Hinzu kommt der **politische** („**neue**") **Dualismus** zwischen Regierungsmehrheit und Opposition innerhalb des Parlaments, weshalb die parlamentarische Kontrollfunktion gesplittet wahrgenommen wird.[61] So gibt es auf der einen Seite die öffentliche – wenn nicht gar lautstarke – Kontrolle seitens der parlamentarischen Opposition, und auf der anderen Seite die meistens wesentlich geräuschärmere, aber mindestens so wirkungsvolle Kontrolle der Regierung durch die sie tragenden Fraktionen. Denn während die Regierung die Oppositionsangriffe vergleichsweise pauschal abwehren kann, ist sie auf eine fortdauernde Unterstützung und Zustimmung „ihrer" Mehrheitsabgeordneten angewiesen. Die Regierung muss deshalb diese Abgeordneten und Fraktionen ganz anders umwerben, für ihre Absichten gewinnen, mit Informationen versorgen und deren Anliegen aufgreifen. Wegen der zwischen Abgeordneten und Regierungsmitgliedern strukturell bestehenden Interessenunterschiede kommt es auch bei einer grundlegenden politischen Übereinstimmung des Öfteren zu (meist aber in-

27

---

59 BVerfGE 137, 185 (Rn. 131).
60 Bemerkungen des Justizministeriums zum Verfassungsentwurf vom 3.3.1953 in: Feuchte, Quellen, 6. Teil, 104 (118).
61 Vgl. BVerfGE 49, 70 (86); *Lorz/Richterich* in: Morlok/Schliesky/Wiefelspütz, § 35 Rn. 7.

tern bleibenden) Spannungen und Auseinandersetzungen.[62] Trotz dieser unterschiedlichen Wahrnehmung bleibt die Kontrollaufgabe eine (zentrale) Zuständigkeit des Gesamtparlaments und nicht einzelner Abgeordneter oder Fraktionen, und auch nicht (allein) der Opposition.[63]

28 Die parlamentarische Regierungskontrolle umfasst **verschiedene Handlungsstränge**. Zum Ersten geht es um den (zwischen Opposition und Regierung ausgetragenen) grundlegenden politischen Richtungsstreit, zum Zweiten um die Zweckmäßigkeit einzelner Maßnahmen der Regierung im Alltag und zum Dritten um die Überprüfung der Rechtmäßigkeit und Haushaltskonformität des Regierungshandelns.[64] Dies betrifft folglich nicht nur politisches, sondern auch administratives Handeln, weshalb die Ministerien auch in ihrer Eigenschaft als oberste Dienstbehörden der parlamentarischen Kontrolle unterliegen.[65]

2. Kontrollinstrumente

a) Allgemeines

29 Die **klassischen Instrumente** der parlamentarischen Regierungskontrolle umfassen Unterrichtungspflichten der Regierung, Fragerechte und Ansprüche der Landtagsabgeordneten auf Vorlage von Akten und auf Zutritt zu Landeseinrichtungen, das Zitierrecht gegenüber Regierungsmitgliedern sowie – als besonders scharfes Schwert – das Recht einer qualifizierten Minderheit des Landtags auf Einsetzung von Untersuchungsausschüssen. Während das Zitierrecht und das Recht der Untersuchungsausschüsse in allen Verfassungen geregelt sind, sieht nur ein Teil der Landesverfassungen darüber hinaus konkrete Bestimmungen zu einzelnen Kontrollinstrumenten vor, nämlich

- über eine **proaktive Unterrichtungspflicht der Regierung** in Art. 31 HambVerf, 39 MVVerf, 89 b RPVerf, 25 NdsVerf, 50 SächsVerf, 28 SchlHVerf, 67 IV ThürVerf,
- über das **Fragerecht der Abgeordneten** in Art. 45 I BerlVerf, 25 HambVerf, 40 I, II MVVerf, 24 I NdsVerf, 89 a RPVerf, 51 SächsVerf, 53 I, II LSAVerf, 29 I SchlHVerf, 67 I – III ThürVerf,
- über den **Anspruch auf Aktenvorlage** in Art. 40 II MVVerf (auf Verlangen der Mehrheit der Mitglieder), 53 III LSAVerf, 29 II SchlHVerf (jeweils auf Verlangen eines Viertels der Mitglieder), Art. 30 HambVerf, 24 II NdsVerf (jeweils auf Verlangen eines Fünftels der Mitglieder), Art. 45 II BerlVerf, 56 III, IV BbgVerf (individuell),
- und über ein **Zutrittsrecht zu öffentlichen Einrichtungen des Landes** in Art. 56 III BbgVerf, 53 III LSAVerf (auf Verlangen eines Viertels der Mitglieder) und in Art. 24 II NdsVerf (auf Verlangen eines Fünftels der Mitglieder).

---

62 Vgl. *Morlok* in: ders./Schliesky/Wiefelspütz, § 3 Rn. 86 f.; *Lorz/Richterich* ebenda, § 35 Rn. 112 ff.; *Klein* in: Maunz/Dürig, Art. 38 Rn. 53; s. auch BT-Drs. 17/12500, 12.
63 *Klein* in: Maunz/Dürig, Art. 38 Rn. 53.
64 *Morlok* in: ders./Schliesky/Wiefelspütz, § 3 Rn. 85.
65 StGH, ESVGH 35, 161 (163).

b) Geschriebene Kontrollrechte

Sowohl das GG als auch die LV kennen derartige Einzelvorschriften nicht. 30
Während das GG nicht einmal ausdrücklich die Kontrollfunktion des Bundestages erwähnt, weist Art. 27 II LV dem Landtag die Aufgabe zu, die Ausübung der vollziehenden Gewalt zu überwachen. Allerdings erfolgt dies nicht als pauschale Zuweisung einer umfassenden Kontrollkompetenz, in die die genannten Einzelrechte hineingelesen werden könnten. Vielmehr ist die Kontrollfunktion gem. Art. 27 II LV ausdrücklich durch den **Zusatz „nach Maßgabe dieser Verfassung"** eingeschränkt. Damit reduziert sich diese Verfassungsbestimmung zu einer **Verweisnorm auf die einzelnen in der LV ausbuchstabierten Kontrollrechte.**[66]

Dabei handelt es sich um 31

- das Zitierrecht gem. Art. 34 I LV,
- der Unterrichtungsanspruch in Angelegenheiten der EU gem. Art. 34 a LV
- das Recht der Untersuchungsausschüsse gem. Art. 35 LV,
- das Petitionsrecht gem. Art. 35 a iVm Art. 2 LV iVm Art. 17 GG,
- das Misstrauensvotum gegen den Ministerpräsidenten gem. Art. 54 LV und gegen einzelne Regierungsmitglieder gem. Art. 56 LV,
- die Ministeranklage gem. Art. 57 LV,
- die Rechnungslegungspflicht des Finanzministers gem. Art. 83 I LV und
- die unmittelbare Berichtpflicht des Rechnungshofes gem. Art. 83 II 4 LV.

Streitig ist, ob dem Maßgabe-Zusatz darüber hinaus eine Sperrwirkung 32
dergestalt zukommt, dass dadurch **einfachgesetzliche Kontrollinstrumente ohne verfassungsrechtliche Fundierung** ausgeschlossen sein sollen.[67] Angesichts der demokratiesystemischen Bedeutung der parlamentarischen Kontrolle erscheint es jedoch überzeugender, dass die Einschränkung nur eine pauschale Kontrollkompetenzgrundlage auf Verfassungsebene ausschließen wollte, nicht aber Kontrollrechte auf einfachgesetzlicher Ebene. Deshalb begegnen einfachgesetzliche Instrumente wie das Parlamentarische Kontrollgremium und seine besonderen Rechte (vgl. §§ 15 c, 15 d LVSG) keinen verfassungsrechtlichen Bedenken.[68] Hierzu zählen auch regelmäßige Berichts- oder Vorlagepflichten in Landesgesetzen oder parlamentarische Zustimmungsvorbehalte zu Exekutivakten (zB die Veräußerung wertvoller Grundstücke gem. § 64 II LHO). Freilich können solche Instrumente keine verfassungsrechtliche Dignität beanspruchen, weshalb das Parlamentarische Kontrollgremium seine Rechte auch nicht vor dem VerfGH, sondern nur vor den Verwaltungsgerichten durchsetzen kann (§ 15 e II 3 LVSG).

---

66 Vgl. *Feuchte* in: Feuchte, Art. 27 Rn. 16 f.; *Krappel*, VBlBW 2011, 272; *Braun*, Art. 27 Rn. 20 f.
67 So *Braun*, Art. 27 Rn. 22.
68 Auch auf Bundesebene war das Parlamentarische Kontrollgremium (bzw. die Parlamentarische Kontrollkommission) schon lange vor seiner erst 2009 erfolgten verfassungsrechtlichen Verankerung in Art. 45 d GG anerkannt, vgl. *Uerpmann-Wittzack* in: v. Münch/Kunig, Art. 45 d Rn. 1; *Christopeit/Wolff*, ZG 2010, 77 (87 f.); implizit BVerfGE 70, 324 ff.; zur verfassungsrechtlichen Kritik s. *Klein* in: Maunz/Dürig, Art. 45 d Rn. 29.

c) Ungeschriebene Kontrollinstrumente

33 Im Umkehrschluss folgt daraus, dass es grundsätzlich keine darüber hinausgehenden – also ungeschriebenen – Kontrollinstrumente gibt. Eine **Ausnahme zugunsten ungeschriebener Kontrollrechte** kann nur dann vorliegen, wenn das rechtliche Instrument für den Landtag derart bedeutsam ist, dass er ansonsten seine Aufgaben nicht mehr erfüllen könnte oder seine Funktionsfähigkeit in Gefahr wäre.[69] In diesen Fällen ergibt sich der Anspruch des Landtags unmittelbar aus Art. 27 I LV iVm Art. 25 I 2 LV.

34 **Unterrichtungsanspruch:** Zwar gibt es von Verfassungs wegen keinen umfassenden und allgemeinen Anspruch des Landtags auf proaktive Unterrichtung durch die Landesregierung.[70] Allerdings ist die Berichtspflicht der Regierung über den Vollzug der Landtagsbeschlüsse für die Funktionsfähigkeit des Parlaments so essentiell, dass § 37 GO LT dies nur deklaratorisch zum Ausdruck bringt. Von Belang ist in diesem Zusammenhang, dass sich die Landesregierung – zur Abwehr eines darauf gerichteten Antrags zur Änderung der LV – 1978 freiwillig bereit erklärt hat, von sich aus über Gegenstände von besonderer politischer Bedeutung zu berichten.[71] Von der Frage einer verfassungsrechtlichen Unterrichtungspflicht der Landesregierung zu unterscheiden sind **Berichtspflichten aus anderen Rechtsgründen**, die selbstverständlich jederzeit in den u.g. Grenzen der Kontrolltätigkeit des Parlaments möglich sind (zB über die Tätigkeit des Landesamtes für Verfassungsschutz, § 15 c I LVSG). Hierzu zählen bundesrechtlich statuierte Informationspflichten ebenso wie von der Regierung in Vereinbarungen mit dem Landtag freiwillig abgegebene Berichtszusagen.[72]

35 **Fragerecht:** Die wichtigste Fallgruppe eines ungeschriebenen Kontrollrechts stellt das Fragerecht der Abgeordneten dar. Denn ohne Fragerecht wäre eine sachgerechte Erfüllung der Abgeordnetenaufgaben überhaupt nicht möglich. Damit dient es der Funktionsfähigkeit des Parlaments über die bloße Unterstützung der Kontrollfunktion hinaus. Folglich wird das Fragerecht (ungeachtet seiner großen Bedeutung für die Kontrollfunktion des Parlaments)[73] in erster Linie auf das **freie Abgeordnetenmandat** gem. Art. 27 III LV iVm Art. 25 I 2 LV gestützt. Dies entspricht der vom BVerfG in ständiger Rechtsprechung auf Bundesebene vorgenommenen Verankerung des Fragerechts in Art. 38 I 2 GG iVm Art. 20 II 2 GG.[74] Wegen dieser umfassenden Bedeutung des Fragerechts für die Rechtsstellung der Ab-

---

69 Vgl. BayVerfGH, E. v. 6.6.2011 – Vf. 49-IVa-10 – juris, Rn. 92; vgl. in ähnlichem Zusammenhang VGH BW, U. v. 15.10.1996 – 10 S 176/96 – juris, Rn. 54.
70 Die Unterrichtungspflicht aus Art. 34 a LV bezieht sich nur auf Belange im Zusammenhang mit der EU und ist deshalb nicht umfassend; unzutreffend insoweit daher *Lorz/Richterich* in: Morlok/Schliesky/Wiefelspütz, § 35 Rn. 92.
71 *Braun*, Art. 27 Rn. 48; *Schlenker*, VBlBW 1984, 12 (13).
72 *Braun*, Art. 27 Rn. 23; vgl. zB Ziff. 5.3.3 der Verwaltungsvorschrift der Landesregierung und der Ministerien zur Erarbeitung von Regelungen (VwV Regelungen), wonach der Landtagspräsident und die Fraktionen über Referentenentwürfe der Regierung mit Beginn des Anhörungsverfahrens zu unterrichten sind.
73 Vgl. BVerfGE 137, 185 (Rn. 130); SaarlVerfGH, U. v. 31.10.2002 – Lv 1/02 – juris, Rn. 84; LVerfG LSA, U. v. 25.1.2016 – LVG 6/15 – juris, Rn. 58; HambVerfG, U. v. 20.5.2003 – Az. HVerfG 9/02 – juris, Rn. 70; *Droege*, DVBl. 2015, 937 (938).
74 BVerfGE 137, 185 (Rn. 129); VerfGH NRW, U. v. 19.8.2008 – VerfGH 7/07 – juris, Rn. 244; BayVerfGH, E. v. 17.7.2001 – Vf. 56-IVa-00 – juris, LS 1; E.

geordneten sind weitere und nähere Erläuterungen hierzu unter IV.2. (→ Rn. 69 ff.) zu finden.

Akteneinsichts- und Zutrittsrecht zu öffentlichen Einrichtungen: Die Möglichkeit der Akteneinsicht und des Zutritts zu Einrichtungen des Landes oder unter Aufsicht des Landes dient – wie das Fragerecht – der Ermöglichung, dass die Abgeordneten ihre aus dem Abgeordnetenmandat folgenden Aufgaben sachgerecht und sinnvoll erfüllen können.[75] Bereits § 38 I VerfBad 1919 sah das individuelle Recht eines jeden Abgeordneten auf „freie Einsicht in die gesamte Staatsverwaltung nach Maßgabe der Geschäftsordnung des Landtags" vor. Bislang wird ein ungeschriebenes Akteneinsichts- und Zutrittsrecht von Abgeordneten im juristischen Schrifttum zurückhaltend bewertet.[76] Dennoch spricht einiges dafür, diese Rechte für die Abgeordneten als Vertreter des ganzen Volkes im Zeitalter der Informationsfreiheitsgesetze und der Verwaltungstransparenz positiver in den Blick zu nehmen. Wenn schon jeder Bürger einen grundsätzlichen Informationsanspruch gegen die Behörden unabhängig von eigener Betroffenheit hat, wäre es nur stimmig, dass die mit der Kontrolle der öffentlichen Verwaltung im Land betrauten Abgeordneten weitergehende Rechte wie Akteneinsichts- und Zutrittsrecht haben. Als verfassungsrechtliche Grundlage käme wegen der o.g. Unterstützungsfunktion für die Mandatsausübung Art. 27 III LV in Betracht.[77] Für die UAe ist ein solches Akteneinsichts- und Zutrittsrecht einfachgesetzlich geregelt (§§ 14, 15 UAG). 36

Unabhängig davon besteht ein **einfachgesetzliches Akteneinsichts- und Zutrittsrecht** für das Parlamentarische Kontrollgremium bezüglich des Landesamts für Verfassungsschutz gem. § 15 d I LVG, das auch nur verwaltungsgerichtlich geltend gemacht werden kann (§ 15 e II 3 LVSG). Außerdem sieht § 36 GO LT die Möglichkeit vor, dass die Mehrheit des Landtags oder eines Ausschusses über den Präsidenten die Regierung „ersuchen" kann, bestimmte Akten vorzulegen; sowohl die Formulierung als auch die begrenzte Außenwirkung der GO LT (→ § 32 Rn. 19) sprechen aber dafür, dass dies keinen durchsetzbaren Herausgabeanspruch darstellt. 37

---

v. 26.7.2006 – Vf. 11-IVa-05 – juris, Rn. 413; E. v. 6.6.2011 – Vf. 49-IVa-10 – juris, Rn. 90 f., 94; SaarlVerfGH, U. v. 31.10.2002 – Lv 1/02 – juris, Rn. 69; HambVerfG, U. v. 20.5.2003 – Az. HVerfG 9/02 – juris, Rn. 70; *Klein* in: Maunz/Dürig, Art. 43 Rn. 82 ff. mwN.; *Kluth* in: Schmidt-Bleibtreu/Hofmann/Henneke, Art. 43 Rn. 18 ff.; *Kirchner*, ZParl 2012, 362 (364 ff.); zur älteren Lehre (sog. „Konkretisierungsthese"), die das Fragerecht auf Art. 43 GG stützt, vgl. *Lorz/Richterich* in: Morlok/Schliesky/Wiefelspütz, § 35 Rn. 69; Kirchner, ZParl 2012, 362 (363 f.).

75 LVerfG M-V, eA v. 27.8.2015 – LVerfG 4/15 – juris, Rn. 23; auch die MVVerf enthält keine Regelung zu einem Zutrittsrecht; aA *Krappel*, VBlBW 2011, 272 (273).

76 Zum Akteneinsichtsrecht vgl. *Lorz/Richterich* in: Morlok/Schliesky/Wiefelspütz, § 35 Rn. 94; *Herbeck*, DVBl. 2015, 471 ff.; *Krappel*, VBlBW 2011, 272 ff.; *Vetter*, DÖV 1986, 590 ff.

77 Dagegen kommt das Zitierrecht in Art. 34 I LV als Rechtsgrundlage für ein Aktenvorlage- oder Zutrittsrecht nicht in Frage, weil dies ein Mehrheitsrechtsrecht darstellt, das sich zudem nicht an die Regierung als Kollegium, sondern einzelne Regierungsmitglieder richtet; vgl. dazu auch *Lorz/Richterich* in: Morlok/Schliesky/Wiefelspütz, § 35 Rn. 68 f., 94; insgesamt zurückhaltend *Kluth* in: Schmidt-Bleibtreu/Hofmann/Henneke, Art. 43 Rn. 26.

38 In Ländern mit einem geschriebenen Akteneinsichtsrecht wird der **Aktenbegriff** materiell und umfassend verstanden. Er bezeichnet „alle willentlich zusammengeführten Unterlagen und elektronischen Dokumente, die eine bestimmte Angelegenheit betreffen und sich im Verfügungsbereich der Landesregierung befinden, unabhängig von der Art und dem Ort der Aufbewahrung und der Speicherung".[78] Dies schließt auch **E-Mails von Regierungsmitgliedern oder -mitarbeitern** mit ein, wenn diese (rückblickend) erkennbar willentlich einer Akte zugeordnet worden sind.[79] Zudem wird ein Regelvorrang des Akteneinsichtsrechts gegenüber davon betroffenen datenschutzrechtlichen Belangen bejaht.[80] Ebenso kann dann das Zutrittsrecht auch Gespräche mit dortigen Mitarbeitern oder sonstigen Betroffenen (zB Häftlingen) miteinschließen, soweit damit nicht das Auskunftsrecht der Regierung unterlaufen wird.[81]

39 Bejaht man ein Akteneinsichts- und Zutrittsrecht, unterliegt es aufgrund des Fehlens einer konkreten Verfassungsbestimmung der näheren Ausgestaltung, mit welchem **Quorum** und welchem **Anmeldeverfahren** von diesen Rechten Gebrauch gemacht werden kann. Solange entsprechende Festlegungen (zB in der GO LT) fehlen, ist im Zweifel von einer individuellen Rechtsausübung auszugehen (arg. Art. 27 III LV),[82] die über den Landtagspräsidenten bei der Landesregierung als Adressatin dieser Kontrollrechte[83] geltend gemacht werden muss. Die Regelung der einzelnen Modalitäten obliegt dann der Regierung, etwa ob die Akteneinsicht nur in Diensträumen gestattet oder zu welchem Zeitpunkt der Besuch einer Landeseinrichtung ermöglicht wird.[84]

3. Grenzen der parlamentarischen Kontrollrechte

a) Verantwortungsbereich der Regierung

40 Die Kontrollrechte korrespondieren mit den zuständigkeitsbedingten Grenzen des Verantwortungsbereichs der Regierung, da sich die parlamentarische Kontrolle der Regierung nur darauf beziehen kann, wofür die Regierung auch Verantwortung trägt.[85] Die äußerste Begrenzung dafür stellt die **Verbandskompetenz des Landes** dar.[86] Allerdings ist im Hinblick auf die

---

78 NdsStGH, U. v. 24.10.2014 – StGH 7/13 – juris, LS 1 u. Rn. 63; *Bogan* in: Epping/Butzer u.a., Art. 24 Rn. 16.
79 NdsStGH, U. v. 24.10.2014 – StGH 7/13 – juris, Rn. 69.
80 Vgl. BbgVerfG, LVerfGE 4, 179 (186 ff.); U. v. 15.3.2007 – VfGBbg 42/06 – juris, Rn. 31; HambVerfG, LVerfGE 3, 194, LS 5 u. S. 208; etwas anders gilt natürlich für die Verwendung personenbezogener Daten in öffentlicher Verhandlung von Plenum oder Ausschüssen, HambVerfG, aaO, LS 6–8.
81 BbgVerfG, U. v. 28.7.2007 – VfGBbg 53/06 – juris, Rn. 71 ff.; LVerfG M-V, eA v. 27.8.2015 – LVerfG 4/15 – juris, Rn. 25.
82 LVerfG M-V, eA v. 27.8.2015 – LVerfG 4/15 – juris.
83 Dies ergibt sich aus der Natur dieses ungeschriebenen Kontrollrechts (wie beim Fragerecht) und ist in Ländern mit entsprechenden ausdrücklichen Regelungen unstr., vgl. BbgVerfG, LVerfGE 15, 124 (128 f.).
84 BbgVerfG, U. v. 28.7.2007 – VfGBbg 53/06 – juris, Rn. 74 f.
85 BVerfGE 124, 161 (188 f.); BVerfG, U. v. 7.11.2017 – 2 BvE 2/11 – juris, LS 3 u. Rn. 214; LVerfG LSA, LVerfGE 24, 445 (459); BbgVerfG, B. v. 16.11.2000 – VfGBbg 31/00 – juris, Rn. 52; SaarlVerfGH, U. v. 31.10.2002 – Lv 1/02 – juris, Rn. 88.
86 BVerwG, B. v. 13.8.1999 – 2 VR 1/99 – juris, LS 4 u. Rn. 33.

Bedeutung des Kontrollrechts von einem weit gefassten Verantwortungsbegriff auszugehen, der keineswegs nur das klassisch-hoheitliche Staatshandeln umfasst, sondern vielmehr **jede der Exekutive zuzurechnende Tätigkeit** bis hin zur reinen Fiskalverwaltung.

Hat der Staat bei privaten Unternehmen einen beherrschenden (oder gar alleinigen) Einfluss, unterfällt auch das gesamte Agieren des Unternehmens als solches der parlamentarischen Kontrolle; ansonsten gilt dies nur für das Agieren staatlicher Vertreter in den Organen des Unternehmens.[87] Denn auch hier gilt das aus der Grundrechtsdogmatik bekannte Prinzip „**keine Flucht ins Privatrecht**" insofern, dass die Regierung nicht durch Privatisierungen, Mittelvergaben durch Stiftungen des Landes (sog. Nebenhaushalte)[88] oder andere Formen des Outsourcings öffentlicher Aufgaben die parlamentarische Kontrolle einschränken, umgehen oder aushebeln kann. Dieses Kontrollrecht kann auch nicht dadurch substituiert werden, dass einzelne Abgeordnete in Aufsichtsgremien von landesbeherrschten Gesellschaften oder Stiftungen entsandt werden. Denn zum einen sind diese Abgeordneten dann in ihrer Aufsichtsfunktion den Interessen der beaufsichtigten Einrichtung verpflichtet, was die Unabhängig der Kontrolle gefährdet. Zum anderen handelt es sich beim Kontrollrecht um ein grundsätzlich nicht delegierbares Recht des Gesamtparlaments.[89]

Darüber hinaus können auch private **Empfänger von Landesmitteln** (wie zB Privatschulen)[90] sowie private Zuwendungen an Regierungsmitglieder Gegenstand der parlamentarischen Regierungskontrolle sein.[91] Dasselbe gilt wegen der personellen Regierungsverantwortung auch für **Äußerungen von Regierungsmitgliedern** jedenfalls dann, wenn diese inhaltlich im weitesten Sinne politischer Natur sind; lediglich ausschließlich als privat einzuordnende Äußerungen unterliegen nicht der Regierungsverantwortung.[92]

b) Kernbereich exekutiver Eigenverantwortung

Aus dem Gewaltenteilungsprinzip (Art. 25 I 2, II LV) folgt die Pflicht aller Verfassungsorgane, die originäre Eigenverantwortung der anderen Organe zu respektieren. Insbesondere handelt es sich bei der Regierung – auch wenn sie aus dem Parlament und dortigen Wahl- und Bestätigungsakten hervorgeht – nicht um einen besonderen Exekutivausschuss des Parlaments, sondern um ein eigenständiges Verfassungsorgan. Die parlamentarische (Kontroll-)Einwirkung auf die Regierung darf deshalb nicht so weit gehen, dass ihre eigenständige politische Entscheidungsgewalt, ihre Funktionsfähigkeit zur Erfüllung ihrer verfassungsmäßigen Aufgaben und die Wahrnehmung ihrer Verantwortung gegenüber Parlament und Volk gefährdet sind. Um dies sicherzustellen, verfügt die Regierung über einen Kernbe-

---

87 BVerfG, U. v. 7.11.2017 – 2 BvE 2/11 – juris, LS 3 u. Rn. 216 ff.; BayVerfGH, E. v. 26.7.2006 – Vf. 11-IVa-05 – juris, LS 3 u. Rn. 431 f.; VerfGH NRW, U. v. 19.8.2008 – VerfGH 7/07 – juris, LS 1 u. Rn. 246.
88 Vgl. insoweit § 112 a LHO Rh-Pf.
89 Vgl. die „Entschließung Privatisierung und parlamentarische Kontrolle" der Landtagspräsidentenkonferenz von 1999 nach *Edinger*, ZG 2000, 132 (137).
90 VG Stuttgart, B. v. 12.10.2010 – 12 K 3829/10 – juris, Rn. 7.
91 StGH, ESVGH 42, 7 (LS 2).
92 BayVerfGH, E. v. 22.5.2014 – Vf. 53-IVa-13 – juris, Rn. 35.

reich exekutiver Eigenverantwortung, der einen **grundsätzlich nicht ausforschbaren Initiativ-, Beratungs- und Handlungsbereich** einschließt.[93] Da ein solcher Kernbereich die Wahrnehmung eigenständiger Verantwortung auf Seiten der Regierung erst ermöglicht, ist er zugleich eine denklogische Voraussetzung für das Kontrollrecht auf Seiten des Parlaments.[94]

44 Konkret folgt daraus, dass die **Willensbildung innerhalb der Regierung** im Kabinett und in der Spitze einzelner Ressorts einschließlich ihrer unmittelbaren Vorbereitungshandlungen davon geschützt ist. Dies umfasst insbesondere auch die ressortübergreifenden und -internen Abstimmungsprozesse. Nicht von diesem Schutz erfasst sind jedoch vorbereitende Unterlagen (sog. Entscheidungsgrundlagen), die noch keinen Rückschluss auf den Meinungsbildungsprozess in der Regierung zulassen. Hierzu zählen zB Sachverhaltsdarstellungen, Auflistungen von Handlungsalternativen oder sog. Resonanzstudien, die Aufschlüsse über die Resonanz bestimmter Themen in der Bevölkerung geben.[95] Dasselbe gilt für hochrangige Beamtenbesprechungen, die den Kabinettsberatungen nicht gleichgestellt werden können.[96] Denn der Kernbereichsschutz bezieht sich auf die Funktionsfähigkeit der Regierung als Verfassungsorgan und nicht auf die gesamte Ministerialbürokratie.[97] Schließlich gilt der Schutz nicht für das „ob" und den Inhalt von bereits getroffenen Entscheidungen.[98] **Schutzgut dieser Schranke** parlamentarischer Kontrollrechte ist die „Freiheit und Offenheit der Willensbildung innerhalb der Regierung" als Voraussetzung für die Funktionsfähigkeit der Regierung. Denn die Sorge des späteren Bekanntwerdens bestimmter Äußerungen oder Argumente einzelner Akteure im Entscheidungsprozess kann dazu führen, dass eine sachdienliche und ehrliche Kommunikation der Beteiligten nicht stattfindet, sondern im Verborgenen und mit Scheinargumenten gearbeitet wird.[99]

45 Außerdem beinhaltet der eigenständige Handlungsbereich das **Gebot der Verantwortungsreife**. Danach muss es sich beim Gegenstand der Kontrolle um einen abgeschlossenen Entscheidungsprozess (etwa in Gestalt einer getroffenen Kabinettsentscheidung) oder sonstigen abgeschlossenen (Regierungs-)Vorgang handeln. Andernfalls bestünde die Gefahr einer derart starken Beeinflussung des noch laufenden Regierungshandelns durch das Par-

---

93 BVerfGE 67, 100 (139); 110, 199 (214); 124, 78 (120); 137, 185 (Rn. 136); StGH, U. v. 26.7.2007 – GR 2/07 – juris, Rn. 94; VerfGH NRW, U. v. 15.12.2015 – VerfGH 12/14 – Rechtsprechungsdatenbank NRW, LS 4 u. Rn. 112 ff.; BayVerfGH, E. v. 6.6.2011 – Vf. 49-IVa-10 – juris, Rn. 98; *Lorz/Richterich* in: Morlok/Schliesky/Wiefelspütz, § 35 Rn. 99; für eine einengende Interpretation des Kernbereichs *Cancik*, ZParl 2014, 885 (891 ff.); *Droege*, DVBl. 2015, 937 (939).
94 StGH, U. v. 26.7.2007 – GR 2/07 – juris, Rn. 94.
95 VerfGH NRW, U. v. 15.12.2015 – VerfGH 12/14 – Rechtsprechungsdatenbank NRW, Rn. 119; BayVerfGH, E. v. 6.6.2011 – Vf. 49-IVa-10 – juris, LS 4.; VGH BW, U. v. 30.6.2014 – 1 S 1352/13 – juris, Rn. 95.
96 BVerfGE 124, 78 (137 f.).
97 NdsStGH, U. v. 24.10.2014 – StGH 7/13 – juris, Rn. 83.
98 ThürVerfGH, U. v. 19.12.2008 – VerfGH 35/07 – juris, LS 2.
99 BVerfGE 110, 199 (221, 223); VerfGH NRW, U. v. 15.12.2015 – VerfGH 12/14 – Rechtsprechungsdatenbank NRW, Rn. 113; vgl. auch StGH, U. v. 26.7.2007 – GR 2/07 – juris, Rn. 94; krit. *v. Achenbach*, ZParl 2017, 491 (514), die darin eine zu starke Einschränkung des demokratie- und rechtsstaatsbasierten Öffentlichkeitsprinzips der parlamentarischen Kontrolle sieht.

lament, dass dieses der Regierung das „wann" und „wie" von Entscheidungen weitgehend aus der Hand nehmen und damit letztlich mitregieren würde.[100] Damit wären die Grenzen des gewaltengeteilten Systems zwischen Legislative und Exekutive überschritten, weshalb das Regel-Ausnahme-Verhältnis von Kontroll- und Ablehnungsrecht in diesen Fällen umgekehrt ist.[101] Aber auch **nach Abschluss eines Regierungsvorgangs** besteht kein ungehinderter Zugriff auf Regierungsinterna, weil die Willensbildung der Regierung sonst wegen einengender Vorwirkungen durch das Wissen um spätere Zugriffe beeinträchtigt wäre (→ Rn. 48).[102] Allerdings ist der Kernbereichsschutz dann schwächer, weil die Gefahr des Mitregierens nicht mehr besteht, und wiegt deshalb im Rahmen der Abwägung weniger schwer.[103]

Des Weiteren zählen zum Kernbereich exekutiver Eigenverantwortung die **Sicherheitsmaßnahmen**, die die Regierung zum Schutz ihrer Mitglieder ergriffen hat. Denn angesichts vielfältiger Bedrohungen sowohl von terroristisch motivierten als auch von psychisch erkrankten Attentätern zählt ein belastbares Sicherheitskonzept zu den unverzichtbaren Voraussetzungen für die Funktionsfähigkeit der Regierung.[104] 46

Der Kernbereichsschutz ist nicht absoluter Natur, sondern unterliegt der **Abwägung** im jeweils konkreten Fall zwischen dem Aufklärungs- und Kontrollinteresse des Parlaments einerseits und dem Vertraulichkeitsinteresse der Regierung andererseits. Denn die parlamentarische Regierungskontrolle und die Eigenverantwortung der Regierung stellen keine voneinander abgeschotteten Bereiche dar, sondern sind vielmehr stark miteinander verflochten. Deshalb gibt es auch im Regelfall **kein „alles-oder-nichts-Prinzip"**, sondern eine Abstufung der Kontrollbefugnisse je nach Ergebnis des Abwägungsvorgangs.[105] Nur wenn das Zentrum des Kernbereichs betroffen ist – die interne politische Willensbildung innerhalb des Ministerrats oder laufendes Regierungshandeln –, ist für parlamentarische Kontrollmaßnahmen regelmäßig kein Raum mehr. Denn der exekutiven Eigenverantwortung kommt umso mehr Gewicht zu, desto zeitlich jünger und desto 47

---

100 BVerfGE 67, 100 (139); 110, 199 (214 f.); 124, 78 (120 f.); 137, 185 (Rn. 136 f.); StGH, U. v. 26.7.2007 – GR 2/07 – juris, Rn. 94, 96 mwN; BbgVerfG, DVBl. 2017, 1232 (1233); VerfGH NRW, U. v. 15.12.2015 – VerfGH 12/14 – Rechtsprechungsdatenbank NRW, Rn. 113; BayVerfGH, E. v. 6.6.2011 – Vf. 49-IVa-10 – juris, Rn. 98; BerlVerfGH, U. v. 14.7.2010 – VerfGH 57/08 – juris, Rn. 99; bzgl. Unterrichtungspflichten vgl. insoweit BVerfGE 131, 152 (LS 4 u. S. 210); SächsVerfGH, U. v. 23.4.2008 – Vf. 87-I-06 – juris, Rn. 113, 115, 139 f.; vgl. auch *Böckenförde*, AöR 103 (1978), 1 (17); krit. *v. Achenbach*, ZParl 2017, 491 (508 f.).
101 *Droege*, DVBl. 2015, 937 (940).
102 Vgl. BVerfGE 110, 199 (223); VGH BW, U. v. 30.6.2014 – 1 S 1352/13 – juris, Rn. 95; krit. *Cancik*, ZParl 2014, 885 (897); ebenso *v. Achenbach*, ZParl 2017, 491 (509 ff.).
103 NdsStGH, U. v. 24.10.2014 – StGH 7/13 – juris, Rn. 85 f.
104 So i.E. HambVerfG, U. v. 20.5.2003 – HVerfG 9/02 – juris, LS 4 u. Rn. 79 f.
105 NdsStGH, U. v. 24.10.2014 – StGH 7/13 – juris, Rn. 84 f.; ähnlich *Cancik*, ZParl 2014, 885 (890 f.).

näher an der Gubernative der in Rede stehende Kontrollgegenstand ist.[106] Dem parlamentarischen Kontrollrecht kommt demgegenüber dann ein besonders starkes Gewicht zu, wenn es um Rechtsverletzungen oder andere Missstände auf Seiten der Regierung geht.[107]

48 Die **Geltendmachung** der Kontrollschranke des Kernbereichs exekutiver Eigenverantwortung steht naturgemäß der Regierung zu. Dieser kommt hierbei eine begrenzte Entscheidungsprärogative zu; sie ist dabei jedoch von Verfassungs wegen gehalten, ihre Funktionsfähigkeit – insbesondere die Offenheit ihrer internen Willensbildung – nicht zu gefährden. Der Entscheidungsspielraum kann sich auf Null reduzieren, wenn es um den Kernbereich einer Vorgängerregierung handelt. Dies gilt insbesondere dann, wenn die amtierende Regierung von Parteien getragen ist, die unter der Vorgängerregierung noch in der Opposition waren. Ansonsten müsste jede Regierung befürchten, dass ihre vom Kernbereich geschützten Entscheidungsprozesse im Falle eines Regierungswechsels preisgegeben werden. Gäbe es keinen **Kernbereichsschutz auf der Zeitachse über Regierungswechsel hinweg**, entstünden Vorwirkungen im völligen Gegensatz zum o.g. Schutzgut der gesamten Kernbereichslehre.[108]

c) Geheimhaltungsinteressen

49 Da parlamentarische Kontrolle naturgemäß grundsätzlich mit Publizität verbunden ist, können ihr im Einzelfall Geheimhaltungsinteressen entgegenstehen. Hierbei ist zwischen öffentlichen und privaten Interessen zu unterscheiden.

aa) Öffentliche Interessen: Staatswohl

50 Parlamentarische Kontrollzugriffe, deren Erfüllung mit der Preisgabe geheimhaltungsbedürftiger Informationen verbunden wären, sind dann unzulässig, wenn dadurch das Wohl des Bundes, des Landes oder eines anderen Landes gefährdet wird. Im Gegensatz zu anderen Schranken des Kontrollrechts ist der Topos der Staatswohlgefährdung abwägungsfest und damit absoluter Natur.[109] Da die Staatsleitung aber der Landesregierung und dem Landtag zur gesamten Hand übertragen ist,[110] obliegt das Staatswohl nicht allein der Regierung, sondern ebenso dem Landtag. Daher liegt im Regelfall keine Gefährdung des Staatswohls vor, soweit durch geeignete Geheimhaltungsvorschriften – hier: die Richtlinien für die Behandlung geheimhaltungsbedürftiger Angelegenheiten im Bereich des Landtags[111] – iVm

---

106 BVerfGE 67, 100 (139); 110, 199 (218 f., 221); 124, 78 (121 ff.); VerfGH NRW, U. v. 15.12.2015 – VerfGH 12/14 – Rechtsprechungsdatenbank NRW, Rn. 114, 116 f.; VGH BW, U. v. 30.6.2014 – 1 S 1352/13 – juris, Rn. 94.
107 BVerfGE 110, 199 (LS 2); 124, 78 (123); NdsStGH, U. v. 24.10.2014 – StGH 7/13 – juris, LS 3 u. Rn. 87; *Lorz/Richterich* in: Morlok/Schliesky/Wiefelspütz, § 35 Rn. 101; *Sinner*, ZParl 2012, 313 (314), leitet daraus ein Regel-Ausnahme-Verhältnis zugunsten des parlamentarischen Zugriffsrechts bei abgeschlossenen Vorgängen ab; ebenso *Cancik*, ZParl 2014, 885 (896).
108 Vgl. *Reinhardt*, NVwZ 2014, 991 (994); aA *Cancik*, ZParl 2014, 885 (901 ff.).
109 *v. Achenbach*, ZParl 2017, 491 (513).
110 *Lorz/Richterich* in: Morlok/Schliesky/Wiefelspütz, § 35 Rn. 2, 103.
111 Richtlinien vom 23.1.1981 gem. § 32 V GO LT, abgedruckt im Landtagshandbuch, Ord.-Nr. 3/4.

§ 353 b II StGB eine **vertrauliche Behandlung der geheimhaltungsbedürftigen Informationen** sichergestellt ist.[112] Nur in Extremfällen kann eine völlige Kontrollverweigerung der Regierung möglich sein, etwa wenn erhebliche Nachteile für die nationale Sicherheit oder die Außenbeziehungen der Bundesrepublik zu wichtigen auswärtigen Mächten zu befürchten sind.[113] Zuvor ist jedoch noch zu prüfen, ob als milderes Mittel zur Vollverweigerung die Einbeziehung nur einer konsensual bestimmten sachkundigen Person („Ombudsmann-Prinzip") oder des Vorsitzenden eines Untersuchungsausschusses bzw. des Parlamentarischen Kontrollgremiums, evtl. mit seinem Stellvertreter („Vorsitzendenverfahren"), in Betracht kommen kann.[114]

Der schillernde Begriff des „Staatswohls" oder des „Wohls des Bundes oder eines Landes" stellt einen **unbestimmten Rechtsbegriff** dar, der der uneingeschränkten gerichtlichen Kontrolle unterliegt. Mangels einer gesetzlichen oder allgemein anerkannten Definition gehen die Deutungen des Begriffs weit auseinander: § 353 b I StGB spricht von „wichtigen öffentlichen Interessen", §§ 49 II SaarLandtagsG, § 15 III 1 UAG LSA von der „Sicherheit des Staates"[115] und § 15 e II 3 LVSG vom „Schutz des Nachrichtenzugangs oder der Arbeitsweise des Landesamts für Verfassungsschutz". Mit dem Schutz des Nachrichtenzugangs kann der Notwendigkeit von Quellenschutz – insbesondere bezüglich der Identität bestimmter Informationszuträger – angemessen Rechnung getragen werden.[116] 51

Somit umfasst das „Staatswohl" eine **Sammlung verschiedener Fallgruppen**.[117] Hierzu zählen die Aufrechterhaltung der inneren Sicherheit etwa gegenüber organisierter Kriminalität, hochrangige Grundrechte wie Leben, Gesundheit oder Freiheit von Einzelpersonen oder Personengruppen, aber auch der äußere Bedeutungsanspruch des Staates im internationalen Verkehr, wozu neben der Wehr- und Bündnisfähigkeit auch die zwischenstaatliche Zusammenarbeit von Nachrichtendiensten zählt. Darunter fällt insbesondere die sog. „third-party-rule", wonach die Mitteilung von Informationen, die ein ausländischer Dienst an deutsche Behörden weitergegeben hat, nicht ohne dessen Zustimmung zulässig ist.[118] Weitere Staatswohlbelange stellen auch das fiskalische Interesse des Staates am Schutz vertraulicher Informationen seiner Beteiligungsunternehmen, die Funktionsfähigkeit der staatlichen Aufsicht über Finanzinstitute und die Stabilität des Finanzmarktes dar.[119] Generell gilt aber, dass das Staatswohl erst bei Erreichung einer gewissen Bedrohungsschwelle betroffen ist. Daher reichen blo- 52

---

112 BVerfGE 67, 100 (LS 3 b u. S. 135); 124, 78 (123 f.); 137, 185 (Rn. 149); BVerfG, U. v. 7.11.2017 – 2 BvE 2/11 – juris, LS 1 u. Rn. 206 ff.; *Kirchner*, ZParl 2012, 362 (367 f.); SächsVerfGH, U. v. 5.11.2010 – Vf. 35-I-10 – juris, LS 1 u. Rn. 24; VerfGH NRW, U. v. 19.8.2008 – VerfGH 7/07 – juris, LS 2; *Warg*, NVwZ 2014, 1263 (1268); *Feuchte* in: Feuchte, Art. 35 Rn. 23.
113 BVerfGE 124, 78 (124).
114 Näher dazu *Warg*, NVwZ 2014, 1263 (1268 f.) mwN.
115 *Warg*, NVwZ 2014, 1263 (1266).
116 *Warg*, NVwZ 2014, 1263 (1266).
117 *Warg*, NVwZ 2014, 1263 (1266 ff.).
118 Vgl. *Warg*, NVwZ 2014, 1263 (1268), der bezüglich dieser Regel von völkergewohnheitsrechtlicher Geltung ausgeht.
119 BVerfG, U. v. 7.11.2017 – 2 BvE 2/11 – juris, LS 6 u. Rn. 281 ff., 312 ff.

ße Unannehmlichkeiten oder Irritationen nicht aus; vielmehr müssen konkrete aufgaben- oder personenbezogene Nachteile zu erwarten sein.[120]

53 Daher erfasst das parlamentarische Kontrollrecht auch grundsätzlich die Tätigkeit der Nachrichtendienste. Angesichts der Bedeutung des Einsatzes verdeckter Quellen liegt allerdings regelmäßig dann eine Staatswohlgefährdung (und eine Gefährdung der Grundrechte der Betroffenen) vor, wenn die Preisgabe von Informationen eine Enttarnung der ermittelnden Personen möglich macht.[121] Obwohl es (seit 2015) mit dem **Parlamentarischen Kontrollgremium** gem. §§ 15 ff. LVSG für die Verfassungsschutzkontrolle ein gesondertes Landtagsgremium gibt,[122] kann sich die Regierung im Übrigen bei geheimdienstrelevanten Themen nicht auf dort abgegebene Stellungnahmen zurückziehen. Denn das Kontrollrecht stellt eine Kompetenz des gesamten Parlaments dar und soll durch besondere Kontrollgremien nicht reduziert, sondern vielmehr erweitert werden.[123] Etwas anderes ist es, wenn das Parlament selbst seine Kontrolle so organisiert, dass bestimmte Fragen – etwa die Beratung besonders sensibler Haushaltsposten – nichtöffentlich in einem gesonderten Gremium behandelt werden. Die darin liegende Einschränkung der Stellung von Abgeordneten außerhalb dieses Gremiums kann durch die Geheimhaltungsbedürftigkeit (iVm der parlamentarischen Selbstorganisationsautonomie) gerechtfertigt sein.[124]

bb) Private Interessen: Grundrechte

54 Außerdem können im Einzelfall der Ausübung des parlamentarischen Kontrollrechts private Interessen in Gestalt grundrechtlicher Positionen der von einer Kontrollmaßnahme unmittelbar oder mittelbar betroffenen Bürger entgegenstehen. Da sowohl das Kontrollrecht als auch die Grundrechte auf verfassungsrechtlicher Ebene angesiedelt sind, stehen sie sich grundsätzlich gleichrangig gegenüber. Daher bedarf es für den in einer Auskunftserteilung liegenden Grundrechtseingriff keiner (zusätzlichen) Ermächtigungsgrundlage.[125] Vielmehr sind in diesen Fällen das Aufklärungs- und Kontrollinteresse des Landtags bzw. seiner Mitglieder und das betroffene Grundrecht unter besonderer Berücksichtigung der Eingriffsintensität **im konkreten Fall gegeneinander abzuwägen**.[126] Von besonderer praktischer

---

120 *Warg*, NVwZ 2014, 1263 (1267).
121 BVerfG, B. v. 13.6.2017 – 2 BvE 1/15 – juris, LS 1-4 u. Rn. 110 ff.
122 Die Bezeichnung als Kontroll-„Gremium" ist dabei so zu verstehen, dass es sich dabei nicht um einen Ausschuss des Landtags iSd §§ 18 ff. GO LT, sondern um ein parlamentarisches Hilfsorgan sui generis handelt, vgl. BT-Drs. 16/12412, 5; *Klein* in: Maunz/Dürig, Art. 45 d Rn. 24 f.; *Kluth* in: Schmidt-Bleibtreu/Hofmann/Henneke, Art. 45 d Rn. 11; *Christopeit/Wolff*, ZG 2010, 77 (83 f.); *Huber*, NVwZ 2009, 1321; zur Einführung des PKGr s. LT-Drs. 15/6746 (Gesetzentwurf aller Fraktionen zur Stärkung der parlamentarischen Kontrolle des Verfassungsschutzes); vgl. auch BbgVerfG, U. v. 19.2.2016 – VfGBbg 57/15 – juris, Rn. 32 mwN.
123 BVerfGE 124, 161 (191); BayVerfGH, E. v. 21.2.2002 – Vf. 13-VIII-00 – juris, Rn. 64; VerfGH NRW, B. v. 30.6.2015 – VerfGH 25/13 – juris, Rn. 24 f.; *Warg*, NVwZ 2014, 1263 (1264).
124 BVerfGE 70, 324 (LS 5 u. Rn. 358 f.).
125 BVerfG, U. v. 7.11.2017 – 2 BvE 2/11 – juris, LS 7 u. Rn. 244.
126 BayVerfGH, E. v. 26.7.2006 – Vf. 11-IVa-05 – juris, LS 5; VG Stuttgart, B. v. 12.10.2010 – 12 K 3829/10 – juris, Rn. 6; *Lorz/Richterich* in: Morlok/Schlies-

Bedeutung sind hierbei die durch Art. 2 I LV iVm Art. 12 I, 14 I GG geschützten Betriebs- und Geschäftsgeheimnisse. Der Begriff umfasst „alle auf ein Unternehmen bezogenen Tatsachen, Umstände und Vorgänge [...], die nicht offenkundig, sondern nur einem begrenzten Personenkreis zugänglich sind und an deren Nichtverbreitung der Rechtsträger ein berechtigtes Interesse hat".[127]

So steht zB das bundesrechtlich statuierte Steuergeheimnis (§ 30 AO) einer auf entsprechende Informationen gerichteten parlamentarischen Kontrollmaßnahme nicht zwangsläufig entgegen, sondern nur dann, wenn dem allgemeinen Persönlichkeitsrecht des betroffenen Steuerzahlers auf informationelle Selbstbestimmung im konkreten Abwägungsfall höheres Gewicht zukommt.[128] Dasselbe gilt für den bundesgesetzlichen Schutz von Sozialdaten nach §§ 67 ff. SGB X. Denn die parlamentarische Kontrolle unterliegt nicht dem **Kompetenzdualismus von Bund und Land**, sondern allein dem Landesverfassungsrecht; hinzukommt, dass das insoweit leitende Demokratieprinzip auch im Bundesrecht vorrangig ist.[129] Lediglich bei Betroffenheit des absolut geschützten Kernbereichs privater Lebensgestaltung (Intimsphäre) sind die privaten Belange stets vorrangig.[130] 55

Andere – nicht grundrechtlich fundierte – Interessen Dritter berechtigen dagegen grundsätzlich nicht zur Ablehnung einer Kontrollmaßnahme. Insbesondere sind **Verschwiegenheitszusagen der Landesregierung** gegenüber Dritten dann im Verhältnis zum Parlament unbeachtlich, wenn es an einer grundrechtlichen Fundierung fehlt. Dafür spricht, dass es naturgemäß nicht im Belieben der Regierung stehen kann, sich durch entsprechende Vereinbarungen der parlamentarischen Kontrolle zu entziehen.[131] 56

IV. Das Abgeordnetenmandat (Abs. 3)

1. Bedeutung

a) Repräsentationsprinzip und freies Mandat

Art. 27 III LV betont die Stellung eines jeden Abgeordneten als Vertreter des ganzen Volkes und konkretisiert damit die Repräsentationsfunktion gem. Art. 27 I LV auf den einzelnen Abgeordneten. Gleichzeitig garantiert Art. 27 III LV die Freiheit und Unabhängigkeit des Mandats. Die dafür formulierte doppelte Freistellung von Aufträgen und Weisungen stellt eine Tautologie dar, mit der die Mandatsfreiheit besonders betont werden soll- 57

---

ky/Wiefelspütz, § 35 Rn. 107; *Warg*, NVwZ 2014, 1263 (1265 f.); *Kluth* in: Schmidt-Bleibtreu/Hofmann/Henneke, Art. 43 Rn. 25.
127 BVerfGE 115, 205 (229 f.); 137, 185 (Rn. 153); BerlVerfGH, U. v. 20.12.2011 – VerfGH 159/10 – juris, Rn. 25; VerfGH NRW, U. v. 19.8.2008 – VerfGH 7/07 – juris, Rn. 248 mwN; BayVerfGH, E: v. 26.7.2006 – Vf. 11-IVa-05 – juris, Rn. 456, geht insoweit sogar von einer generellen Höherrangigkeit des demokratischen Kontrollrechts aus.
128 BVerfGE 67, 100 (LS 5 b u. S. 142 f.).
129 BayVerfGH, E. v. 11.9.2014 – Vf. 67-IVa-13 – juris, LS 2 u. Rn. 36; LVerfG LSA, U. v. 25.1.2016 – LVG 6/15 – juris, Rn. 77.
130 *Kirchner*, ZParl 2012, 362 (368 ff.); *Warg*, NVwZ 2014, 1263 (1268), spricht in diesem Zusammenhang von einer „absoluten Schranke" des Kontrollrechts.
131 BVerfG, U. v. 7.11.2017 – 2 BvE 2/11 – juris, LS 2 u. Rn. 212 f.; SächsVerfGH, U. v. 28.1.2016 – Vf. 63-I-15 – juris, Rn. 57.

te.[132] Das repräsentative und freie Mandat stellt die auf den Abgeordneten bezogene institutionelle Konsequenz aus dem Demokratieprinzip dar, weshalb es von der Ewigkeitsgarantie des Art. 64 I 2 LV vor Änderungen geschützt ist.[133] Zugleich umschreibt es den Rechtskreis des Abgeordneten als **Inhaber eines öffentlichen Amtes** (vgl. Art. 29 II LV).[134] Darunter ist freilich kein beamtenartiges Dienst- und Treueverhältnis mit Gehorsamspflicht zu verstehen,[135] sondern eine Qualifizierung als hoheitliche Tätigkeit eigener Art. Der Schutz des freien Mandats ist die unabdingbare Voraussetzung dafür, dass die Abgeordneten gegenüber den Wählern die uneingeschränkte Verantwortung für ihr Mandatshandeln übernehmen können. Insbesondere kann sich niemand hinter einer fremden Entscheidung (etwa von Partei oder Fraktion) verstecken. Denn die Entscheidung trifft wegen der Mandatsfreiheit jeder Abgeordnete selbst und eigenverantwortlich.[136]

58 Diese Mandatsgarantie hat mehrere Konsequenzen: Zunächst dürfen die Abgeordneten ihr Mandat – zumindest in rechtlicher Hinsicht – nicht auf Partikularinteressen verengen. Insbesondere sind sie keine Vertreter ihrer jeweiligen Partei, ihres jeweiligen Wahlkreises (auch nicht die Inhaber von Direktmandaten) oder einer bestimmten Klientel.[137] Mit Blick auf die Entstehungsgeschichte des Landes BW hatte diese Aussage in den ersten Jahrzehnten der Landesexistenz auch ihre besondere Relevanz für die einzelnen Landesteile, die noch lange im Bewusstsein der Abgeordneten präsent waren.[138] Dabei korrespondiert die Weisungsfreiheit auf der einen Seite mit der Gewissensbindung auf der anderen Seite. Entgegenstehende Vereinbarungen oder Instruktionen bzgl. mandatsbezogener Handlungen sind rechtlich nichtig (§ 134 BGB).[139] Natürlich ist auch der LV nicht fremd, dass Abgeordnete in ein vielfältiges Interessen- und Abhängigkeitsgeflecht – besonders in ihrer Partei und Fraktion – eingebunden sind.[140] Aber sie erhebt mit der Betonung der umfassenden Vertretung des Volkes den Anspruch, dass die Abgeordneten ihre Entscheidungen am **Maßstab des Allgemein-**

---

132 *Klein* in: Maunz/Dürig, Art. 38 Rn. 194; *Trute* in: v. Münch/Kunig, Art. 38 Rn. 86.
133 Vgl. *Braun*, Art. 27 Rn. 28 f.
134 BVerfGE 40, 296 (314); krit. zur „Verdienstrechtlichung" des Abgeordnetenstatus das Sondervotum von *Seuffert*, BVerfGE 40, 296 (335), das eher einen freiberuflichen Ansatz vertritt (aaO, 336); *Klein* in: Maunz/Dürig, Art. 38 Rn. 191, Art. 48 Rn. 22 ff.
135 *Kreutz*, DÖV 2010, 599 (601).
136 *Klein* in: Maunz/Dürig, Art. 38 Rn. 191, 195, 204.
137 *Braun*, Art. 27 Rn. 32; *Klein* in: Maunz/Dürig, Art. 38 Rn. 10; *Trute* in: v. Münch/Kunig, Art. 38 Rn. 77; vgl. bereits Art. 29 RV, 21 WRV; den Parteiaspekt betont Art. 13 II 1 BayVerf ausdrücklich.
138 Vgl. *Trute* in: v. Münch/Kunig, Art. 38 Rn. 77; *Feuchte* in: Feuchte, Art. 27 Rn. 8.
139 *Braun*, Art. 27 Rn. 35, 37; *Klein* in: Maunz/Dürig, Art. 38 Rn. 194; *Wiefelspütz* in: Morlok/Schliesky/ders., § 12 Rn. 13 f., 18.
140 *Klein* in: Maunz/Dürig, Art. 38 Rn. 197; *Trute* in: v. Münch/Kunig, Art. 38 Rn. 74.

wohls[141] ausrichten und erteilt jeder Form eines imperativen Mandats (etwa durch Parteitags- oder Fraktionsbeschlüsse) eine klare Absage.[142]

Eine weitere Konsequenz besteht darin, dass alle Abgeordneten gleichrangig sind, weil jeder einzelne Abgeordnete Vertreter desselben ganzen Volkes ist. Dieses strikte **Egalitätsgebot** ergibt sich zudem aus dem egalitären Prinzip der Demokratie: Die Abgeordneten sind aus Wahlen hervorgegangen, die u.a. dem Grundsatz der Gleichheit der Wahl (Art. 26 IV LV) verpflichtet sind. Diese Wahlgleichheit erledigt sich nach dem Wahlakt nicht, sondern wirkt auf der Folgeebene der Rechtsstellung der so Gewählten fort. Deshalb haben alle Abgeordneten die gleichen Mitwirkungsrechte und -pflichten, insbesondere aber das Recht auf gleiche Teilhabe an der parlamentarischen Willensbildung.[143] Diese Egalität ist nur durch vorrangige andere Verfassungsrechtsgüter – wie zB die Funktions- und Arbeitsfähigkeit des Gesamtparlaments – begrenzt. So gilt sie zB nicht für die Vergabe innerparlamentarischer Funktionsämter (zB Schriftführer o.ä.).[144] 59

Der Mandatsschutz dient der **Ermöglichung einer aktiven und eigenverantwortlichen Ausübung der mit dem Abgeordnetenmandat verbunden Aufgaben**. Diese ergeben sich aus der Rolle, die die LV dem Abgeordneten als Vertreter des Volkes und als Teil des Parlaments zuweist, insbesondere die damit verbundene Gestaltungs- und Kontrollfunktion (nicht dagegen die Vorbereitung des nächsten Wahlkampfes).[145] Zugleich bedingt der Mandatsschutz die Respektierung dieser Rechtsstellung durch die anderen Verfassungsorgane, wozu nicht nur die Regierung, sondern auch das Gesamtparlament zählt. Eine Verletzung dieses Gebots liegt jedenfalls dann vor, wenn die Regierung die Einlösung oder Anerkennung von Abgeordnetenrechten von ihrer Bewertung der politischen Tätigkeit eines Abgeordneten oder einer Fraktion abhängig macht.[146] 60

Der Mandatsschutz ist nicht auf den innerparlamentarischen Wirkungskreis beschränkt, sondern erfasst die **gesamte politische Tätigkeit des Abgeordneten**.[147] Denn zum einen lassen sich die meisten politischen Tätigkeiten und Äußerungen nicht trennscharf in Kategorien der Landtagszugehörigkeit, der Parteimitgliedschaft oder der privaten homo politicus einordnen, weil in den allermeisten Fällen die verschiedenen Bezüge miteinander zusammenhängen. Zum anderen fordert die Mandatsausübung „den ganzen Menschen", weshalb eine Aufteilung in verschiedene Teilpersön- 61

---

141 So expressis verbis in der Parallelbestimmung der NRWVerf (Art. 30 II: „Volkswohl"); *Klein* in: Maunz/Dürig, Art. 38 Rn. 191, betont freilich die Offenheit des Begriffs als Ergebnis eines politischen Prozesses.
142 *Feuchte* in: Feuchte, Art. 27 Rn. 39; *Braun*, Art. 27 Rn. 37; *Klein* in: Maunz/Dürig, Art. 38 Rn. 11, 189; *Wiefelspütz* in: Morlok/Schliesky/ders., § 12 Rn. 7, 17.
143 BVerfGE 80, 188 (LS 2 c u. S. 218); 84, 304 (321); 112, 118 (133 f.); 130, 318 (LS 2 u. S. 342); SaarlVerfGH, U. v. 3.12.2007 – Lv 12/07 – juris, Rn. 36; *Trute* in: v. Münch/Kunig, Art. 38 Rn. 78, 93 f.; *Wiefelspütz* in: Morlok/Schliesky/ders., § 12 Rn. 22.
144 SächsVerfGH, B. v. 2.11.2006 – Vf. 72-I-06 – juris, Rn. 17; SaarlVerfGH, U. v. 3.12.2007 – Lv 12/07 – juris, Rn. 39.
145 LVerfG M-V, U. v. 24.2.2011 – LVerfG 7/10 – juris, LS 3 u. Rn. 31.
146 BbgVerfG, U. v. 28.7.2007 – VfGBbg 53/06 – juris, Rn. 79.
147 Enger *Braun*, Art. 27 Rn. 34; *Klein* in: Maunz/Dürig, Art. 38 Rn. 196.

lichkeiten widersprüchlich wäre.[148] Schließlich gebietet die Verankerung des freien Mandats im Demokratieprinzip eine besondere Effizienz seines Schutzes, die nur bei einem umfassenden Verständnis gewährleistet ist.

b) Einzelrechte

62 Die **nähere Umschreibung der Stellung der Abgeordneten** in der LV ist sehr lückenhaft. So werden – in anderen Artikeln – einige Abgeordnetenrechte genannt, wie

- der Anspruch auf Wahlvorbereitungsurlaub für Kandidaten (Art. 29 I),
- das Behinderungsverbot für die Mandatsannahme und -ausübung und das damit zusammenhängende Entlassungsverbot (Art. 29 II),
- der Entschädigungs- und Freifahrtanspruch (Art. 40 S. 1 u. 2),
- das Recht zur Wahlablehnung und zum Mandatsverzicht (Art. 41 I 2, II),
- die Indemnität und die Immunität (Art. 37, 38),
- das Zeugnisverweigerungsrecht und das damit zusammenhängende Beschlagnahmeverbot (Art. 39 S. 1 u. 3),
- das Antragsrecht zur Feststellung der Beschlussunfähigkeit (Art. 33 II 3) und eine Reihe von Rechten zur Mitantragstellung (zB auf Einberufung des Landtags gem. Art. 30 IV 3, zum Ausschluss der Öffentlichkeit im Plenum gem. Art. 33 I 2, zur Einsetzung eines Untersuchungsausschusses gem. Art. 35 I 1, auf Erhebung einer Abgeordnetenanklage gem. Art. 42 II 1 oder einer Ministeranklage gem. Art. 57 II 1 und auf Selbstauflösung des Landtags gem. Art. 43 I 1).

63 Dennoch werden – anders als in anderen Landesverfassungen[149] – die einzelnen Facetten der Mandatsstellung hier nicht ausbuchstabiert. Da aber die funktionsgerechte Wahrnehmung der Freiheit und Gleichheit des Mandats eine Reihe von Einzelrechten bedingt, ergeben sich aus der Pauschalnorm des Art. 27 III LV eine Reihe von – unmittelbar verfassungsrechtlich (und nicht etwa nur geschäftsordnungsrechtlich) fundierten – Rechten eines jeden einzelnen Abgeordneten. Hierzu zählen **grundlegende Statusrechte** wie das Fragerecht, das Rederecht, das Initiativ- und Beratungsrecht, das Stimm- und Mitentscheidungsrecht und das Fraktionsbildungsrecht.[150]

64 Daneben hat sich in der Rechtsprechung der Verfassungsgerichte eine gewisse **Kasuistik für weitere Rechte**, die vom Mandatsschutz erfasst sind, entwickelt:

- Dies gilt für den direkten **mandatsbezogenen Kontakt zwischen Abgeordneten und den Bürgern** – zB durch Bürgertelefone oder interaktive Chat-Angebote mithilfe vom Landtag gestellten Ressourcen, aber auch durch Bürgersprechstunden und Veranstaltungen –, „da sich nur auf diese Weise der parlamentarische Grundauftrag der Vertretung des Vol-

---

148 BVerfGE 134, 141 (174); *Morlok/Sokolov*, DÖV 2014, 405 (407).
149 So sehen zB Art. 45 BerlVerf und Art. 56 II – IV BbgVerf detaillierte Rede-, Frage- und Einsichtsrechte (tlw. fristbewehrt) vor; auch Art. 56 IV LSAVerf, 17 II SchlH-Verf regeln ausdrücklich das Rede- und Stimmrecht, Art. 53 II ThürVerf darüber hinaus auch das Antragsrecht.
150 BVerfGE 80, 188 (218); 130, 318 (342); SächsVerfGH, U. v. 3.12.2010 – Vf. 12-I-10 – juris, Rn. 46; VerfGH NRW, U. v. 4.10.1993 – VerfGH 15/92 – juris, Rn. 96 f.; U. v. 15.6.1999 – VerfGH 6/97 – juris, Rn. 64 f.

kes sinnvoll wahrnehmen lässt".[151] Aber selbstverständlich ist dabei die „verfassungsmäßige Gesetzesbefolgungspflicht" zu beachten. Daher dürfen diese Kommunikationsinstrumente nicht dazu missbraucht werden, zum Boykott eines demokratisch beschlossenen (Bundes-)Gesetzes aufzurufen, ohne den Mandatsschutz insoweit zu verlieren.[152]

- Außerdem unterliegt dem Mandatsschutz die freie **Auswahl von (auf Landtagskosten finanzierten) Mitarbeitern** im Rahmen des dafür jedem Abgeordneten eingeräumten Budgets, weil eine sinnvolle Aufgabenwahrnehmung auch ein belastbares Vertrauensverhältnis zu Hilfspersonen voraussetzt.[153] Eine pauschale Regelung, wonach Vorbestrafte nicht als Abgeordnetenmitarbeiter zugelassen sind, verstößt hiergegen.[154]
- Des Weiteren hat ein Abgeordneter kraft seines Mandats einen grundsätzlichen Teilnahmeanspruch bei allen **Veranstaltungen des Landtags**, soweit diese der politischen Willensbildung dienen; hiervon dürfen weder Fraktionen noch einzelne Abgeordnete ausgeschlossen werden, ohne dass dies (zB geschäfts- oder hausordnungsrechtlich) gerechtfertigt ist.[155]

c) Grenzen

Die aus der Mandatsstellung folgenden Rechte sind freilich nicht schrankenlos. In Ermangelung näherer verfassungsrechtlicher Vorgaben besteht bei der näheren Ausgestaltung und Begrenzung dieser Rechte ein **Handlungsspielraum**, der die Bedeutung des freien und gleichen Mandats sowie dessen Aktions- und Funktionsfähigkeit beachten und sicherstellen muss.[156] Einschränkungen von Abgeordnetenrechten sind deshalb nur zulässig, soweit sie durch andere überwiegende Rechtsgüter – die ebenfalls Verfassungsrang haben – gerechtfertigt sind; hierzu zählt insbesondere die Funktions- und Arbeitsfähigkeit des Landtags.[157] Von diesem Handlungsspielraum haben der Gesetzgeber mit dem AbgG BW und dem FraktionsG sowie der Geschäftsordnungsgeber mit der GO LT Gebrauch gemacht.

Hierzu zählen insbesondere

- **Mandatssicherungsregeln** wie das Verbot zur Annahme von Vergütungen für mandatsbezogene Dienste (§ 4a I AbgG BW), die Offenlegungsregeln gem. § 8 a u. Anl. 1 GO LT iVm § 4a II AbgG BW,

---

151 StGH, ESVGH 38, 81 (82); ähnl. BVerfGE 134, 141 (LS 1 u. S. 172 f.).
152 StGH, ESVGH 38, 81 (83 f.).
153 Aber auch dieses Recht kann Grenzen unterliegen, wie sie in den Richtlinien für die Übernahme von Aufwendungen der Mitglieder des Landtags für Mitarbeiter oder mandatsbedingte Werk- oder Dienstleistungen – zB die Ausschlussgründe für enge Angehörige gem. Ziff. 4 – enthalten sind; zur bayerischen „Verwandtenaffäre" vgl. *Oberreuter*, ZParl 2014, 314.
154 SächsVerfGH, LVerfGE 19, 428 (LS 2 u. S. 439-442), anerkennt zwar insoweit das Schutzgut der Vertrauenswürdigkeit und Integrität des Parlaments, verlangt insoweit aber zumindest Differenzierungen.
155 SächsVerfGH, U. v. 14.1.2011 – Vf. 87-I-10 – juris, Rn. 33, 37.
156 LVerfG SchlH, U. v. 30.9.2013 – LVerfG 13/12 – juris, Rn. 48; SächsVerfGH, LVerfGE 4, 287 (302); dieser Spielraum besteht auch ohne ausdrücklichen Gesetzesvorbehalt, LVerfG M-V, LVerfGE 5, 203 (224).
157 BVerfGE 130, 318 (348); *Klein* in: Maunz/Dürig, Art. 38 Rn. 218 ff.; *Wiefelspütz* in: Morlok/Schliesky/ders., § 12 Rn. 29.

- die näheren **Entschädigungsregelungen** gem. Art. 40 S. 3 LV (§§ 5 – 25 AbgG BW),
- **Unvereinbarkeitsregeln** bzw. Regeln zum Ruhen der Rechte aus einem Beschäftigungsverhältnis im öffentlichen Dienst gem. Art. 137 I GG (§§ 26 – 37 AbgG BW),
- **Regeln über die Bildung von Fraktionen** (§§ 1 I FraktionsG, 17 I GO LT) und die Rechte fraktionsloser Abgeordneter (§ 17 II GO LT),
- **Initiativ- und Antragsrechte** (Antragsrecht gem. §§ 52 ff. GO LT, Entschließungsanträge gem. § 49 a GO LT),
- **Regeln über das Rede- und Beratungsrecht** (§§ 82 ff. GO LT regeln Wortmeldungen, Zwischenfragen und Kurzinterventionen, persönliche Erklärungen, den Grundsatz der freien Rede, Redezeitbegrenzungen, Eröffnung und Schluss der Beratung),
- **Regeln zur Sicherstellung der parlamentarischen Ordnung** (Sachruf gem. § 90 GO LT; Ordnungsruf gem. § 91 GO LT; Wortentziehung gem. § 91 a GO LT; Sitzungsausschluss gem. § 92 GO LT u.a.),
- **Regeln zur Ausübung des Stimmrechts** (§§ 96 – 100 GO LT regeln das Abstimmungsverfahren und Abstimmungsarten wie Wahlen oder namentliche Abstimmungen bis hin zum Recht zur Abgabe von Erklärungen zur Abstimmung),
- **Fragerechte** (Aktuelle Stunde gem. § 58 GO LT; Kleine Anfragen gem. § 61 GO LT; Abgeordnetenbriefe an Ministerien gem. § 61 a GO LT; Große Anfragen gem. §§ 62 – 64 GO LT),
- **Konkretisierungen von Rechten zur Mitantragstellung** durch Quoren (Herbeirufung eines Regierungsmitglieds, § 38 II GO LT; Einbringung von Gesetzentwürfen, § 53 I GO LT) und
- Regeln zur **Sicherstellung der Arbeitsfähigkeit** der einzelnen Abgeordneten (Arbeitsunterlagen gem. § 39 GO LT, Benutzung landtagseigener Akten gem. § 40 GO LT, Inanspruchnahme des Landtagsinformationsdienstes gem. § 41 GO LT).

67 Die Wahrnehmung der Rechte aus dem **Landtagsmandat ist höchstpersönlicher Natur**[158] und folglich nicht auf andere Personen – grundsätzlich auch nicht auf andere Abgeordnete – delegierbar. Weder könnte ein Abgeordneter aus Termingründen eine Rede im Plenum durch seinen Büroleiter halten lassen, noch seine Stimme für eine Abstimmung auf einen anderen Abgeordneten (mit der Folge eines Mehrfachstimmrechts) übertragen. Davon zu unterscheiden sind die im Rahmen der inneren Parlamentsautonomie zulässigen Stellvertreterregelungen für die Sitzungsteilnahme in Ausschüssen (§ 19 II GO LT) und die Inanspruchnahme von Mitarbeitern zur Unterstützung der Mandatsausübung.

d) Beginn und Ende

68 Die Abgeordnetenstellung gem. Art. 27 III LV beginnt mit der Annahme der Wahl – also ggf. noch vor Beginn der Wahlperiode – (Art. 41 I 1 LV, § 46 I LWG) und endet mit dem Verzicht auf das Mandat (Art. 41 II LV), dem Verlust der Wählbarkeit, der Aberkennung des Mandats (Art. 42 LV),

---

158 In Art. 61 S. 3 VerfLB und bereits zuvor in Art. 40 S. 2 VerfBad 1919 war dies noch ausdrücklich geregelt.

dem Tod (vgl. § 47 II LWG) oder dem Ablauf der Wahlperiode (wenn nicht zuvor eine Erneuerung eingetreten ist).

2. Fragerecht und Auskunftspflicht

a) Grundlagen des Fragerechts

Die **Funktion des parlamentarischen Fragerechts** besteht darin, den Abgeordneten durch den damit eröffneten Informationszugriff die sachgerechte und sinnvolle Wahrnehmung ihrer Aufgaben als Vertreter des Volkes zu ermöglichen.[159] Damit dient es weder einem Selbstzweck noch dem persönlichen Interesse des Abgeordneten, sondern allein der öffentlichen Aufgabe der Mandatserfüllung. Da sich die Tätigkeit des Landtags weitgehend auf Themenfelder und (Landes-)Einrichtungen bezieht, die von der Landesregierung im Rahmen ihrer operativen Staatsleitung bearbeitet bzw. betreut werden, verfügt die Regierung über den allergrößten Teil der für die Parlamentstätigkeit notwendigen Informationen.[160] Dabei setzt die eigenverantwortliche Mandatsausübung voraus, nicht nur mit denjenigen Informationen arbeiten zu müssen, die die Regierung von sich aus zur Verfügung stellt, sondern auch selbst die Themen von Regierungsmitteilungen und nachfolgend von parlamentarischen Debatten vorgeben und definieren zu können.[161]

69

Inhaber des Fragerechts sind sowohl die einzelnen Abgeordneten als auch die Fraktionen als Zusammenschlüsse von Abgeordneten.[162] Zwar handelt es sich dabei um ein parlamentarisches Recht, dieses steht jedoch nicht allein dem Parlament als Ganzes (bzw. seiner Mehrheit) zu. Dies folgt aus der verfassungsrechtlichen Verankerung im individuellen Mandatsstatus eines jeden Abgeordneten, wodurch zugleich der parlamentarische Minderheitenschutz und damit auch das Recht auf Bildung und Ausübung der Opposition gestärkt werden.[163] **Adressatin des Fragerechts** ist die Landesregierung als Kollegialorgan. Dies schließt es nicht aus, dass sie die Beantwortung namentlich von Berichtsanträgen und Kleinen Anfragen in der Alltagspraxis auf das zuständige oder federführende Ministerium delegiert und § 61a GO LT auch das Instrument des Abgeordnetenschreibens an einzelne Regierungsmitglieder kennt, solange die Regierung eine Angele-

70

---

159 BVerfGE 70, 324 (LS 3 u. S. 355); SächsVerfGH, LVerfGE 8, 288, 297 f.; BayVerfGH, E. v. 26.7.2006 – Vf. 11-IVa-05 – juris, Rn. 415; E. v. 6.6.2011 – Vf. 49-IVa-10 – juris, Rn. 92; VerfGH NRW, U. v. 4.10.1993 – VerfGH 15/92 – juris, Rn. 100; BbgVerfG, B. v. 16.11.2000 – VfGBbg 31/00 – juris, Rn. 53; LVerfG M-V, U. v. 19.12.2002 – LVerfG 5/02 – juris, Rn. 70; ThürVerfGH, U. v. 19.12.2008 – VerfGH 35/07 – juris, Rn. 156; LVerfG LSA, LVerfGE 24, 445 (457 f.); NdsStGH, U. v. 29.1.2016 – StGH 1-3/15 – juris, LS 2; HambVerfG, U. v. 6.11.2013 – HVerfG 6/12 – juris, Rn. 72; ebenso *Kluth* in: Schmidt-Bleibtreu/Hofmann/Henneke, Art. 43 Rn. 19.
160 SaarlVerfGH, U. v. 31.10.2002 – Lv 1/02 – juris, Rn. 69; *Lorz/Richterich* in: Morlok/Schliesky/Wiefelspütz, § 35 Rn. 4, 56; *Morlok* in: Dreier, Art. 44 Rn. 12; *v. Achenbach*, ZParl 2017, 491 (499 f.).
161 VerfGH NRW, U. v. 4.10.1993 – VerfGH 15/92 – juris, Rn. 100.
162 BayVerfGH, E. v. 26.7.2006 – Vf. 11-IVa-05 – juris, Rn. 411.
163 VerfGH NRW, U. v. 4.10.1993 – VerfGH 15/92 – juris, Rn. 102 mwN.

genheit jederzeit an sich ziehen kann (Art. 45 I LV).[164] Als Vorgang im parlamentarischen Raum entfalten sowohl die Fragestellung als auch – insbesondere – die amtliche Antwort der Regierung grundsätzlich keine über das staatliche Innenverhältnis hinausgehende rechtliche Außenwirkung.[165]

71 Da das Fragerecht in der LV (wie im GG) nicht explizit genannt ist, liegt die **verfassungsrechtliche Grundlage des Fragerechts** unmittelbar im freien Abgeordnetenmandat gem. Art. 27 III LV iVm Art. 25 I 2 LV (→ Rn. 35). Ist das „ob" des Fragerechts damit dem Geschäftsordnungsgeber entzogen, hat dieser dennoch im Rahmen der Geschäftsordnungsautonomie die Gestaltungsfreiheit bezüglich des **„wie" bei der Ausübung** des Fragerechts.[166] Dies gilt insbesondere für die der Funktionsfähigkeit der Verfassungsorgane dienenden Einschränkungen in der GO LT (zB Obergrenze der Einzelfragen bei einer Kleinen Anfrage gem. § 61 II, Einreichungsquorum für Große Anfragen gem. § 62 II 2, Richtlinien für die Fragestunde gem. Anl. 2, Richtlinien für die Regierungsbefragung gem. Anl. 3).

72 Wegen der geschilderten hohen Bedeutung des Fragerechts kommt ihm ein **inhaltlich äußerst weit gefasster Spielraum** zu, der sich in zahlreichen Judikaten der Landesverfassungsgerichte niedergeschlagen hat. So kann das Fragerecht

- sich unter bestimmten Voraussetzungen auf Verhaltensweisen von Regierungsmitgliedern beziehen, ohne dass diese einen direkten Bezug zur Regierungstätigkeit aufweisen,[167]
- die Tätigkeit des Landesamts für Verfassungsschutz auch dann betreffen, wenn es dafür ein gesondertes Kontrollgremium gibt,[168]
- sich mit Angelegenheiten in privatrechtlichen Unternehmen befassen, auf die das Land einen beherrschenden Einfluss hat,[169]
- sowie Inhalt und Umgang der Landesregierung mit anonymen Zuschriften auch dann betreffen, wenn darin keine öffentlichen Angelegenheiten thematisiert sind.[170]

73 Auch muss sich die Frage nicht zwingend auf einen objektivierbaren Sachverhalt beziehen, sondern kann hypothetischer Natur sein, auf Prognosen zielen[171] oder auf eine bloße **Meinungserkundung** gerichtet sein (etwa auf den politischen Standpunkt der Regierung zu einer bestimmten Frage) und damit einen politischen Diskurs anstoßen. Hat die Regierung (als Kollegium) sich die erfragte Meinung noch nicht gebildet, kann sie schlicht darauf verweisen, dass es diese (noch) nicht gibt.[172]

---

164 Vgl. dazu LVerfG LSA, LVerfGE 24, 445 (456 f.), vor dem Hintergrund der ausdrücklichen Regelung in Art. 53 I, II LSAVerf.
165 BVerfGE 13, 123 (125 f.); BVerfGE 57, 1 (5, 8).
166 LVerfG M-V, B. v. 18.12.2014 – LVerfG 5/14 – juris, Rn. 34.
167 BayVerfGH, E. v. 22.5.2014 – Vf. 53-IVa-13 – juris, LS 2 u. Rn. 28, 49 (sog. bayerische „Verwandtschaftsaffäre").
168 BayVerfGH, E. v. 20.3.2014 – Vf. 72-IVa-12 – juris, LS 2 u. Rn. 72 f., 75.
169 BayVerfGH, E. v. 26.7.2006 – Vf. 11-IVa-05 – juris, LS 3; VerfGH NRW, U. v. 19.8.2008 – VerfGH 7/07 – juris, LS 1 u. Rn. 246.
170 HambVerf, U. v. 6.11.2013 – HVerfG 6/12 – juris, LS 3 u. Rn. 53, 68.
171 ThürVerfGH, U. v. 19.12.2008 – VerfGH 35/07 – juris, LS 1.
172 ThürVerfGH, U. v. 4.4.2003 – VerfGH 8/02 – juris, LS 1/Rn. 44 ff. u. LS 3/Rn. 55 f.; HambVerfG, U. v. 21.12.2010 – HVerfG 1/10 – juris, Rn. 54, 59 (wo-

b) Korrespondierende Antwortpflicht der Regierung

Liegt eine als solche erkennbare[173] parlamentarische Frage eines oder mehrerer Abgeordneten vor, entsteht dadurch eine korrespondierende Pflicht der Regierung, die Frage **umfassend und wahrheitsgetreu** zu beantworten.[174] Umfassend ist die Antwort dann, wenn sie nach bestem Wissen und vollständig erfolgt ist (vgl. insofern Art. 51 I 1 SächsVerf). Außerdem folgt aus der Funktion des Fragerechts, dass der Zeitraum zur Beantwortung nicht im Belieben der Regierung liegen kann, sondern die Antwort **zügig** erteilt werden muss.

74

Eine Antwort ist dann **nach bestem Wissen** erteilt, wenn sie alle Informationen enthält, die der Landesregierung vorliegen. Soweit ihr Informationen nicht vorliegen, aber ihr Verantwortungsbereich betroffen ist, muss sie die mit zumutbarem Aufwand erlangbaren Informationen (zB durch Befragung ehemaliger Regierungsmitglieder zur Erhebung von Erinnerungswissen)[175] beschaffen. Insbesondere kann sich die Regierung innerhalb ihres Verantwortungsbereichs nicht auf Nichtwissen berufen.[176] Auch bei einer Beantwortung durch ein einzelnes Ministerium kommt es auf den Kenntnisstand der gesamten Regierung an, weshalb das antwortende Haus die Einbindung mitberührter Ressorts sicherstellen muss.[177] Soweit Unterlagen oder Daten entsprechend rechtlicher Vorgaben vernichtet bzw. gelöscht wurden, besteht allerdings keine Pflicht zur Rekonstruktion.[178]

75

Für die **Vollständigkeit der Antwort** kommt es darauf an, dass weder bekannte oder erlangbare Informationen zurückgehalten werden, noch eine ausweichende Antwort gegeben wird. Allerdings begrenzt die formulierte ausdrückliche Fragestellung die Reichweite der zu gebenden Informationen: Weder müssen besonders kleinteilige Detailinformationen gegeben werden, noch thematisch naheliegende Informationen, wenn danach nicht gezielt gefragt worden ist oder dies nicht zumindest aus der Frageformulierung klar erkennbar von Interesse ist.[179] Ebenso ist es zulässig, Fragen nach lange zurückliegenden Sachverhalten je nach Stärke der aktuellen Bezüge weniger umfangreich und mit geringerer Intensität zu beantworten. Auch darf sich die Regierung bei Fragen nach **allgemein öffentlich zugänglichen Informationen** – etwa im Internet oder in früheren Landtagsdruck-

76

---

nach der Beantwortungsspielraum bei Meinungserkundigungen größer sein soll als bei Sachfragen).
173 VerfGH NRW, U. v. 15.12.2015 – VerfGH 12/14 – Rechtsprechungsdatenbank NRW, Rn. 71; danach reichen einseitige Meinungsäußerungen oder Stellungnahmen nicht aus, wenn diese nicht erkennbar auf Beantwortung angelegt sind.
174 VerfGH NRW, U. v. 4.10.1993 – VerfGH 15/92 – juris, LS 1 u. Rn. 98 f. mwN; SaarlVerfGH, U. v. 31.10.2002 – Lv 1/02 – juris, Rn. 71, 84; BayVerfGH, E. v. 17.7.2001 – Vf. 56-IVa-00 – juris, LS 1; E. v. 6.6.2011 – Vf. 49-IVa-10 – juris, Rn. 94.
175 HambVerfG, U. v. 21.12.2010 – HVerfG 1/10 – juris, LS 4 b u. Rn. 84.
176 BayVerfGH, E: v. 26.7.2006 – Vf. 11-IVa-05 – juris, Rn. 423 ff.
177 SächsVerfGH, LVerfGE 8, 288 (297); NdsStGH, U. v. 22.10.2012 – StGH 1/12 – juris, LS 4.
178 BayVerfGH, E. v. 20.3.2014 – Vf. 72-IVa-12 – juris, LS 3 u. Rn. 76.
179 SächsVerfGH, LVerfGE 8, 288 (297); BbgVerfG, B. v. 16.11.2000 – VfGBbg 31/00 – juris, Rn. 51; LVerfG M-V, U. v. 19.12.2002 – LVerfG 5/02 – juris, Rn. 49; BayVerfGH, E. v. 17.7.2001 – Vf. 56-IVa-00 – juris, LS 3.

sachen – auf den Verweis unter Quellenangabe beschränken.[180] Darüber hinaus gilt auch hier, dass Unklarheiten zulasten des Erklärenden gehen. Die Regierung muss deshalb bei **unpräzisen Fragestellungen** nicht zu allen denkbaren Gesichtspunkten Stellung nehmen. Vielmehr obliegt es dann dem Fragesteller, bei einer ihn nicht zufriedenstellenden Beantwortung entsprechend (präziser) nachzufragen.[181]

77 Soweit das Fragerecht in anderen Landesverfassungen explizit ausgestaltet ist, wird der **zeitliche Aspekt** regelmäßig mit „unverzüglich" umschrieben (zB Art. 24 I NdsVerf, 51 I SächsVerf).[182] Da eine solche Bestimmung in der LV fehlt, liegt die Ausgestaltung des zeitlichen Elements beim Geschäftsordnungsgeber. Dabei ist das politische Informationsinteresse der Abgeordneten mit naturgemäß häufiger Eilbedürftigkeit einerseits und die administrative Leistungsfähigkeit der Ministerialverwaltung mit ihren notwendigen internen Abstimmungs- und Entscheidungsprozessen andererseits in einen angemessenen Ausgleich zu bringen. Unter diesen Gesichtspunkten erscheinen die Fristen in der GO LT angemessen: drei Wochen bei Kleinen Anfragen und Abgeordnetenschreiben (§§ 61 V, 61 a I GO LT) und sechs Wochen bei Großen Anfragen (§ 63 III GO LT).

78 Innerhalb dieser Vorgaben verbleibt der Regierung ein **Einschätzungsspielraum**, wie sie die Beantwortung anlegt.[183] So kommt ihr zunächst eine primäre Auslegungszuständigkeit des objektiven Inhalts der Frage zu, an die allerdings der VerfGH in einem späteren verfassungsgerichtlichen Streitfall nicht gebunden ist.[184] Außerdem steht der Regierung eine (nur beschränkt gerichtlich überprüfbare) **Organisationsprärogative** unter Zugrundelegung des objektiv erkennbaren Interesses des Fragestellers zu, soweit das Vollständigkeitsgebot und die Fristvorgabe naturgemäß miteinander kollidieren.[185] Allerdings ist es der Regierung nicht gestattet, die Frage oder ihre Zielsetzung politisch oder unter Zweckmäßigkeitsgesichtspunkten zu bewerten oder umzuinterpretieren, soweit kein klarer Fall eines Missbrauchs des Fragerechts vorliegt.[186] Anders verhält es sich nur dann, wenn die Fragestellung erkennbar auf einem Irrtum beruht; dann folgt aus dem Gebot der gegenseitigen Unterstützung von Verfassungsorganen die Pflicht der Regierung, den Fragesteller über den Irrtum aufzuklären.[187]

---

180 BayVerfGH, E. v. 17.7.2001 – Vf. 56-IVa-00 – juris, LS 4 u. Rn. 38 f.; E. v. 26.7.2006 – Vf. 11-IVa-05 – juris, Rn. 441; E. v. 6.6.2011 – Vf. 49-IVa-10 – juris, Rn. 102; SächsVerfGH, U. v. 28.1.2016 – Vf. 63-I-15 – juris, Rn. 51–53 (mit besonderen Anforderungen an die fortbestehende Abrufbarkeit einer angegebenen Internetquelle); VerfGH NRW, U. v. 4.10.1993 – VerfGH 15/92 – juris, Rn. 111; LVerfG LSA, U. v. 25.1.2016 – LVG 6/15 – juris, Rn. 67.
181 BayVerfGH, E. v. 17.7.2001 – Vf. 56-IVa-00 – juris, Rn. 39.
182 Dazu instruktiv NdsStGH, U. v. 29.1.2016 – StGH 1-3/15 – juris, LS 1 u. Rn. 42-44.
183 BerlVerfGH, B. v. 18.2.2015 – VerfGH 92/14 – juris, LS 4 u. Rn. 40; BayVerfGH, E. v. 17.7.2001 – Vf. 56-IVa-00 – juris, Rn. 36; VerfGH NRW, U. v. 4.10.1993 – VerfGH 15/92 – juris, LS 2 u. Rn. 104, 111 (unter Einschluss des Zeitpunkts der Beantwortung); BayVerfGH, E. v. 6.6.2011 – Vf. 49-IVa-10 – juris, Rn. 101 f.
184 NdsStGH, U. v. 22.10.2012 – StGH 1/12 – juris, LS 6.
185 NdsStGH, U. v. 29.1.2016 – StGH 1-3/15 – juris, LS 3 u. Rn. 46-52.
186 LVerfG M-V, U. v. 19.12.2002 – LVerfG 5/02 – juris, LS 3 u. Rn. 61; LVerfG LSA, LVerfGE 24, 445 (458).
187 SaarlVerfGH, U. v. 31.10.2002 – Lv 1/02 – juris, Rn. 92-94 mwN.

c) Grenzen des Fragerechts bzw. der Antwortpflicht

Wie jedes Recht unterliegt auch das Fragerecht Grenzen, die bei einer Überschreitung zum Wegfall der Antwortpflicht führen.[188] Die Landesregierung darf daher prüfen, ob ein Ablehnungsgrund vorliegt, der sie von der Beantwortung ganz oder teilweise befreit; ein darüber hinausgehendes Ermessen zum „ob" einer Beantwortung hat sie nicht.[189] Aufgrund der Bedeutung des Fragerechts hat die Regierung nach dem **Grundsatz „so viel Antwort wie möglich"** eine Teilantwort zu geben, wenn ein vorliegender Ablehnungsgrund nicht zwingend die gesamte Anfrage betrifft.[190] Im Wesentlichen gelten für das Fragerecht die bereits oben beschriebenen **allgemeinen Grenzen für Kontrollinstrumente** (→ Rn. 40 ff.). Deshalb werden nachfolgend nur wenige ergänzende Anmerkungen gemacht.

79

Funktionale Grenzen: Wegen des unmittelbaren Bezugs des Fragerechts zur öffentlichen Aufgabe der Mandatserfüllung (→ Rn. 69) sind Erkundigungen ohne jeden Bezug zu aktuellen öffentlichen Angelegenheiten nicht mehr vom parlamentarischen Fragerecht gedeckt.[191] Da das Fragerecht der Beschaffung konkreter Informationen zu dienen bestimmt ist, gilt dasselbe für pauschale Ausforschungsanfragen, die in umfassender Weise auf die politischen Erwägungen und Gestaltungsabsichten der Landesregierung gerichtet sind,[192] und für Fragen nach der Bewertung von Aussagen Dritter durch die Regierung (sog. „Dreiecksfragen"). Erst recht kann sich das Fragerecht funktional nicht mehr auf Themen außerhalb der Zuständigkeiten der Landesregierung beziehen. Damit scheiden **Themen der parlamentseigenen Verantwortung,** Handlungsweisen des Landtagspräsidenten[193] sowie Angelegenheiten anderer Länder oder der ausschließlichen Bundeskompetenz als Gegenstand des Fragerechts eines baden-württembergischen Landtagsabgeordneten aus.[194]

80

Zumutbarkeit: Aus dem Prinzip der Gewaltenteilung folgt die Verpflichtung aller Verfassungsorgane, auf die gegenseitigen Belange Rücksicht zu nehmen. Daraus ergibt sich auch eine natürliche Begrenzung des parlamentarischen Fragerechts. So dürfen parlamentarische Anfragen keine offenkundig sachfremden Erwägungen verfolgen, nur um die Regierungsarbeit zu behindern.[195] Ebenso darf eine Anfrage nur auf solche Informationen gerichtet sein, die der Regierung vorliegen oder von ihr in der vorgegebenen Zeit überhaupt oder mit zumutbarem Aufwand beschafft werden kön-

81

---

188 Zusammenfassend hierzu BerlVerfGH, B. v. 18.2.2015 – VerfGH 92/14 – juris, LS 2 u. Rn. 38.
189 HambVerfG, U. v. 20.5.2003 – HVerfG 9/02 – juris, LS 2.
190 HambVerfG, U. v. 21.12.2010 – HVerfG 1/10 – juris, LS 3 u. Rn. 100.
191 BayVerfGH, E. v. 20.3.2014 – Vf. 72-IVa-12 – juris, Rn. 70, 124 (betreffend eine Anfrage auf Beobachtungstätigkeiten des Verfassungsschutzes seit 1950); ähnl. VerfGH NRW, U. v. 4.10.1993 – VerfGH 15/92 – juris, Rn. 100.
192 VerfGH NRW, U. v. 15.12.2015 – VerfGH 12/14 – Rechtsprechungsdatenbank NRW, Rn. 111.
193 LVerfG M-V, B. v. 18.12.2014 – LVerfG 5/14 – juris, Rn. 38.
194 BVerfGE 137, 185 (Rn. 134) bzgl. des Fragerechts im Bundestag.
195 HambVerfG, U. v. 28.11.2013 – HVerfG 1/13 – juris, Rn. 52; SaarlVerfGH, U. v. 31.10.2002 – Lv 1/02 – juris, Rn. 90.

nen.[196] Nicht selten werden parlamentarische Anfragen (insbesondere in ihrer Summe) in den Ministerien als **erhebliche Arbeitsbelastung mit starker Ressourcenbindung** wahrgenommen. Doch zählt diese Tätigkeit zu den Kernaufgaben der Regierung. Daher sind an eine Ablehnung, die sich auf eine Überschreitung der diesbezüglichen Zumutbarkeitsgrenze stützt, wegen der hohen Bedeutung der Regierungskontrolle in der gewaltengeteilten Demokratie äußerst strenge Anforderungen zu stellen.[197]

82 **Abwägung mit kollidierenden Belangen:** Generell gilt, dass das Informationsinteresse des Fragestellers mit dem Gewicht des entgegenstehenden Belangs in jedem Einzelfall abzuwägen ist.[198] Dem Informationsinteresse kommt beispielsweise dann ein erhebliches Gewicht zu, wenn die Frage auf verfassungsschutzamtliche Beobachtungsmaßnahmen gegenüber Abgeordneten gerichtet ist, weil dadurch die Kommunikationsbeziehung zwischen Mandatsträgern und Volk sowie die ungestörte politische Willensbildung besonders betroffen sind.[199] Auf der anderen Seite sind Fragen, die auf den inneren Bereich der Willensbildung der Regierung zielen (statt bloß auf die Ergebnisse dieser Willensbildung) wegen des Eingriffs in den Kernbereich exekutiver Eigenverantwortung (dazu → Rn. 43 ff.) nur dann zulässig, wenn ausnahmsweise ein besonderes Informationsinteresse das Vertraulichkeitsinteresse der Regierung überwiegt.[200] Des Weiteren sind die Grundrechte von V-Leuten des Verfassungsschutzes besonders intensiv berührt, wenn die Beantwortung ihre wahre Identität verrät oder Rückschlüsse darauf ermöglicht.[201] In die Abwägung geht auch der **Öffentlichkeitsgrad der Antwort** ein, der bei Grundrechtsrelevanz deshalb – als milderes Mittel zur Antwortverweigerung – ausnahmsweise reduziert werden kann (durch Verzicht auf öffentliche Drucklegung dieses Teils der Antwort oder Anwendung der Geheimhaltungsvorschriften).[202]

d) Begründungspflicht bei Antwortverweigerung

83 Die korrespondierende Antwortpflicht beinhaltet die Verpflichtung der Landesregierung, die vollständige oder teilweise Verweigerung einer Antwort plausibel und nachvollziehbar zu begründen. Hierbei sind die dafür maßgeblichen tatsächlichen wie rechtlichen Argumente darzulegen.[203] Dies

---

196 BVerfG, U. v. 7.11.2017 – 2 BvE 2/11 – juris, LS 8 u. Rn. 249 f. (unter Hinweis auf die Möglichkeit einer Fristverlängerung als milderes Mittel gegenüber einer Nichtbeantwortung); VerfGH NRW, U. v. 19.8.2008 – VerfGH 7/07 – juris, Rn. 247; HambVerfG, U. v. 6.11.2013 – HVerfG 6/12 – juris, Rn. 55.
197 LVerfG M-V, U. v. 23.1.2015 – LVerfG 8/13 – juris, Rn. 32, 36 f.
198 BVerfGE 124, 161 (189).
199 BayVerfGH, E. v. 20.3.2014 – Vf. 72-IVa-12 – juris, LS 6 u. Rn. 115.
200 BVerfGE 137, 185 (Rn. 135); VerfGH NRW, U. v. 19.8.2008 – VerfGH 7/07 – juris, Rn. 247; VerfGH NRW, U. v. 15.12.2015 – VerfGH 12/14 – Rechtsprechungsdatenbank NRW, Rn. 116 f.
201 BayVerfGH, E. v. 20.3.2014 – Vf. 72-IVa-12 – juris, LS 5.
202 BayVerfGH, E. v. 11.9.2014 – Vf. 67-IVa-13 – juris, Rn. 38; zu pauschal insoweit LVerfG LSA, LVerfGE 24, 445 (459 f.).
203 BVerfG, U. v. 7.11.2017 – 2 BvE 2/11 – juris, LS 9 u. Rn. 253 ff.; HambVerfG, U. v. 28.11.2013 – HVerfG 1/13 – juris, Rn. 57; SächsVerfGH, LVerfGE 8, 282 (LS 1 u. S. 287); U. v. 5.11.2010 – Vf. 35-I-10 – juris, LS 2; LVerfG M-V, U. v. 19.12.2002 – LVerfG 5/02 – juris, LS 2 u. Rn. 58; BayVerfGH, E. v. 20.3.2014 – Vf. 72-IVa-12 – juris, LS 7.

ergibt sich aus dem **Regel-Ausnahme-Verhältnis von Antwortpflicht und Ablehnungsgrund**.[204] Zudem ist die Regierung wegen ihrer starken Stellung und des Rücksichtnahmegebots unter den Verfassungsorganen dazu verpflichtet, den Abgeordneten eine effektive Wahrnehmung ihrer Aufgaben zu ermöglichen.[205] Nur bei völliger Evidenz – woran hohe Anforderungen zu stellen sind – kann ausnahmsweise die Begründungspflicht entfallen.[206]

Der **Substantiierungsgrad der Begründung** muss so weit reichen, dass der Fragesteller sich ein Bild darüber verschaffen kann, ob eine nachfolgende politische Diskussion oder eine verfassungsgerichtliche Überprüfung der Ablehnung sinnvoll bzw. erfolgversprechend erscheint.[207] Daher reicht ein pauschaler Verweis auf eine der Fallgruppen, die eine Antwortverweigerung ermöglichen, nicht aus. Dies gilt gerade auch bei Fällen von Geheimhaltungsbedürftigkeit.[208] Ebenso ist eine inhaltsleere oder formelhafte Begründung unzureichend. Vielmehr muss die Begründung erkennbar auf den konkreten Einzelfall in spezifischer Weise eingehen und überprüfbare Anknüpfungstatsachen benennen.[209] Namentlich bei behaupteter Unzumutbarkeit einer (fristgerechten) Beantwortung ist der Verwaltungsaufwand zu beschreiben oder die Beeinträchtigung der Funktionsfähigkeit von Regierung oder Verwaltung im Einzelnen zu belegen; soweit auf Kosten rekurriert wird, sind diese zu beziffern.[210] 84

Wegen ihrer Bedeutung für eine eventuelle verfassungsgerichtliche Überprüfung der Ablehnung kann die Begründung dafür auch **nicht erst im Verfassungsprozess** nachgeholt oder ergänzt werden. Dafür spricht auch die Funktion der Verfassungsgerichtsbarkeit, Meinungsverschiedenheiten zu einem zurückliegenden Sachverhalt zu entscheiden, statt als Erfüllungsort streitiger Pflichten in das Streitverhältnis nachträglich hineingezogen zu 85

---

204 LVerfG M-V, U. v. 19.12.2002 – LVerfG 5/02 – juris, LS 4; VerfGH NRW, U. v. 19.8.2008 – VerfGH 7/07 – juris, Rn. 245; BayVerfGH, E. v. 6.6.2011 – Vf. 49-IVa-10 – juris, Rn. 96.
205 BVerfGE 124, 161 (193); HambVerfG, U. v. 6.11.2013 – HVerfG 6/12 – juris, Rn. 59.
206 BVerfGE 124, 161 (193); 137, 185 (Rn. 156); HambVerfG, U. v. 28.11.2013 – HVerfG 1/13 – juris, Rn. 56, 68.
207 BVerfGE 124, 161 (193); 137, 185 (Rn. 156); BerlVerfGH, B. v. 18.2.2015 – VerfGH 92/14 – juris, Rn. 39; HambVerfG, U. v. 6.11.2013 – HVerfG 6/12 – juris, Rn. 61 f.; U. v. 28.11.2013 – HVerfG 1/13 – juris, Rn. 33; BayVerfGH, E. v. 11.9.2014 – Vf. 67-IVa-13 – juris, Rn. 39.
208 BVerfGE 124, 161 (193); BayVerfGH, E. v. 6.6.2011 – Vf. 49-IVa-10 – juris, LS 5 u. Rn. 99; HambVerfG, U. v. 28.11.2013 – HVerfG 1/13 – juris, LS 3 u. Rn. 54 ff., 72; BbgVerfG, B. v. 16.11.2000 – VfGBbg 31/00 – juris, Rn. 53; *Cancik*, ZParl 2014, 885 (900); Art. 29 III SchlHVerf sieht für diesen Konfliktfall einen Parlamentarischen Einigungsausschuss vor, der die Regierung vorbehaltlich einer anderslautenden Entscheidung des LVerfG SchlH zur Informationspreisgabe verpflichten kann.
209 HambVerfG, U. v. 21.12.2010 – HVerfG 1/10 – juris, LS 2 b u. Rn. 89; U. v. 6.11.2013 – HVerfG 6/12 – juris, Rn. 60; SächsVerfGH, U. v. 28.1.2016 – Vf. 81-I-15 – juris, Rn. 19-21; U. v. 27.10.2016 – Vf. 23-I-16 – juris, Rn. 43; BayVerfGH, E. v. 6.6.2011 – Vf. 49-IVa-10 – juris, Rn. 99.
210 LVerfG LSA, U. v. 25.1.2016 – LVG 6/15 – juris, LS 5 u. Rn. 81 f.

werden. Die Heilung eines Begründungsdefizits ist demnach nur durch eine ausdrückliche Berichtigung im parlamentarischen Verfahren möglich.[211]

86 Wird eine Abgeordnetenanfrage nicht ordnungsgemäß beantwortet, ohne dass ein Ablehnungsgrund vorliegt und begründet dargelegt wird, verletzt die Regierung den verfassungsrechtlichen Anspruch des Fragestellers. Dies ändert sich auch dann nicht, wenn die Regierung eine andere Anfrage, die inhaltlich auf die gleiche Antwort gerichtet ist, ordnungsgemäß beantwortet.[212] Zur Durchsetzung des Fragerechts kann der Fragesteller auf eine Befassung des Plenums mit dem Umstand der Nichtbeantwortung hinwirken und dadurch **öffentlichen und politischen Druck auf die Regierung** ausüben; teilweise erfolgt dies kraft geschäftsordnungsrechtlicher Regelungen auch automatisch (vgl. zB §§ 61 V, VI, 61 a II, 63 III GO LT). Daneben[213] steht jedem Abgeordneten auch der **Rechtsweg im Organstreitverfahren** vor dem VerfGH gem. Art. 68 I 2 Nr. 1 LV offen (näher dazu → Rn. 104 ff.).[214]

e) Statistische Angaben (7.–15. Wahlperiode: 1976–2016)[215]

87

Wahlperiode	15	14	13	12	11	10	9	8	7
Dauer	5 Jahre				4 Jahre				
Fragestunden	40	41	42	44	31	34	35	38	36
■ mit Mündlichen Anfragen	234	162	152	206	199	284	299	268	155
Große Anfragen	64	101	82	82	120	62	57	66	72
■ davon in Ausschüssen behandelt (§ 63 a GO LT)	7	23	17	24	23	12	8	15	8
Kleine Anfragen	2.200	2.117	929	1.266	2.137	1.487	1.551	1.294	1.216
Selbstständige Anträge (§ 54 GO LT)	2.893	2.952	2.269	2.655	2.999	3.329	2.554	1.637	1.248

---

211 SächsVerfGH, U. v. 5.11.2010 – Vf. 35-I-10 – juris, LS 3 u. Rn. 32 ff.; HambVerfG, U. v. 21.12.2010 – HVerfG 1/10 – juris, LS 2 a; U. v. 6.11.2013 – HVerfG 6/12 – juris, Rn. 63; ähnlich LVerfG LSA, U. v. 25.1.2016 – LVG 6/15 – juris, Rn. 73; BayVerfG, E. v. 11.9.2014 – Vf. 67-IVa-13 – juris, Rn. 40; VerfGH NRW, U. v. 15.12.2015 – VerfGH 12/14 – Rechtsprechungsdatenbank NRW, LS 7; BbgVerfG, LVerfGE 15, 124 (LS 4).
212 SächsVerfGH, LVerfGE 8, 288 (LS 2).
213 Zum diesbezüglichen Konkurrenzverhältnis der Inanspruchnahme verfassungsgerichtlicher Hilfe und geschäftsordnungsrechtlichem Instrumentarium vgl. LVerfG LSA, U. v. 25.1.2016 – LVG 6/15 – juris, Rn. 53; LVerfG M-V, B. v. 18.12.2014 – LVerfG 5/14 – juris, Rn. 38-42 und ebenso im U. v. 21.6.2007 – LVerfG 19/06 – juris, LS 1 u. Rn. 52, verlangt dagegen für die Bejahung des Rechtsschutzbedürfnisses, dass der Ast. zunächst versucht hat, auf parlamentarischem Wege dem Rechtsverstoß abzuhelfen; dies überzeugt jedoch nicht, weil das politische Durchsetzungsinstrumentarium für einzelne Abgeordnete wesentlich schwächer ist, als verfassungsgerichtliche Hilfe.
214 BbgVerfG, B. v. 16.11.2000 – VfGBbg 31/00 – juris, LS 2 u. Rn. 53; LVerfG M-V, U. v. 19.12.2002 – LVerfG 5/02 – juris, Rn. 56.

[Landtagsfunktionen, Freies Mandat]   Artikel 27

Wahlperiode	15	14	13	12	11	10	9	8	7
Dauer	5 Jahre				4 Jahre				
Unselbstständige Anträge[216]	430	515	586	702	347	416	519	500	838
Dringliche Anträge (§ 57 GO LT)	10	10	31	9	22	40	56	72	4

3. Rechte zur innerparlamentarischen Mitwirkung

a) Beratungsrecht

Aus dem Mandatsstatus folgt das Recht eines jeden Abgeordneten, an den Beratungen des Landtags teilzunehmen. Dies gilt zum einen für den politischen Diskurs im Plenum und zum anderen für die Mitwirkung in den Ausschüssen. Deshalb kann keinem Abgeordneten die Mitarbeit in (mindestens) einem Ausschuss vorenthalten werden. Der Landtag unterliegt daher bei der Bestellung der Ausschüsse gem. §§ 18 I, 19 I, II GO LT der verfassungsrechtlichen **Pflicht zur fairen Verteilung von innerparlamentarischen Partizipationsmöglichkeiten**. Insbesondere haben ungeachtet des Vorschlagsrechts der Fraktionen (§ 19 II 1 GO LT) auch fraktionslose Abgeordnete einen Anspruch auf beratende Mitwirkung in einem Ausschuss (dazu → Rn. 150).[217] Gegenständlich umfasst das Beratungsrecht nicht nur das Rede-, Antrags- und Stimmrecht (vgl. nachfolgend), sondern auch einen grundsätzlichen Anspruch auf argumentativen Austausch und auf gleichberechtigte Teilhabe an den mit Sitzungsunterlagen rechtzeitig zur Verfügung gestellten Informationen.[218]

88

b) Rederecht

Das Parlament ist ein Ort institutionalisierten Diskurses. Deshalb ist das Rederecht eines der vornehmsten Rechte, die aus dem Abgeordnetenstatus folgen. Für eine (zusätzliche) verfassungsrechtliche Fundierung des Rederechts im Landtag durch Art. 2 I iVm Art. 5 I GG besteht kein Raum. Denn das parlamentarische Rederecht stellt ein **organschaftliches Statusrecht innerhalb der staatlichen Verfassungsordnung** dar, das der Erfüllung staatlicher Aufgaben dient, und kein Recht im Außenrechtsverhältnis von Bürger und Staat.[219] Etwas anderes gilt für Reden außerhalb des parlamentarischen Wirkungskreises (etwa bei Parteiveranstaltungen). Die nähere Ausgestaltung des parlamentarischen Rederechts findet sich in den Vorschriften zur Sitzungsordnung (§§ 71–95 GO LT), namentlich in den §§ 82 ff. GO LT. Danach darf sich die Rede nur an den Landtag selbst richten (§ 82 VI GO LT) und muss „grundsätzlich in freiem Vortrag" gehalten werden (§ 83 GO LT).

89

---

215 Pl.-Prot. 9/86, 7257-7263 (7. – 9. WP); Pl.-Prot. 12/105, 8322-8324 (10./11. WP); LT-Drs. 14/7701 (12./13. WP); LT-Drs. 15/8124 (14./15. WP).
216 Anträge zu Gesetzen und Großen Anfragen (vgl. § 64 GO LT).
217 BVerfGE 80, 188 (224 ff.); *Kluth* in: Schmidt-Bleibtreu/Hofmann/Henneke, Art. 38 Rn. 85; *Wiefelspütz* in: Morlok/Schliesky/ders., § 12 Rn. 25.
218 SaarlVerfGH, U. v. 12.12.2005 – Lv 4/05 – juris, Rn. 22.
219 BVerfGE 10, 4 (LS 2 u. S. 12); 60, 374 (LS 2 u. S. 380); LVerfG M-V, U. v. 27.1.2011 – LVerfG 4/09 – juris, Rn. 32; LVerfGE 5, 203 (220 f.).

90 Grundsätzlich kann sich jeder Abgeordnete zu Wort melden (§ 82 I 1 GO LT), ohne dass dies (formal) an ein Vorschlagsrecht der Fraktionen gebunden wäre. Zwar bewirkt das Instrument der Fraktionsredezeiten (→ Rn. 92), dass die Fraktionen faktisch über die Verteilung ihrer Redezeit personell und quantitativ (also wer und wie lange) entscheiden. Aber daraus folgt **kein ausschließliches Verfügungsrecht der Fraktionen (bzw. ihrer Führungen) über die Redezeit.** Vielmehr muss der Landtagspräsident jede nach § 82 I GO LT zulässige Worterteilung prüfen und dabei insbesondere die Parlamentsfunktion von Rede und Gegenrede[220] sowie den Umstand berücksichtigen, welche Bedeutung die Rede für die Mandats- und Gewissensfreiheit des betroffenen Abgeordneten hat. In besonderen Fällen kann deshalb ein Abgeordneter einen Anspruch haben, auch außerhalb der Fraktionsredezeit einen von der eigenen Fraktion abweichenden Standpunkt vorzutragen.[221]

91 Kommt ein angemeldeter Redner trotz seiner Eintragung in die Rednerliste nicht mehr zu Wort, weil der Landtag vor dem Aufruf des Redners den **Schluss der Beratung** beschlossen hat, greift das Plenum in das Statusrecht dieses Abgeordneten ein. Dieser Eingriff ist jedoch durch die innere Parlamentautonomie und das sie tragende Prinzip der Arbeits- und Funktionsfähigkeit des Landtags jedenfalls dann gerechtfertigt, wenn alle Fraktionen die Gelegenheit zur Darlegung ihres Standpunktes hatten (§ 85 I GO LT). Denn dann ist die grundsätzliche Aufgabe des Parlaments, Forum für Rede und Gegenrede zu sein, zumindest im Wesentlichen erfüllt.[222]

92 Nach § 83 a GO LT kann das Präsidium „**Redezeiten für die Fraktionen** und für die einzelnen Redner festlegen oder die Beratungsdauer eines Gegenstandes begrenzen" (Abs. 1 S. 1), was durch das Verfassungsrechtsgut der Funktionsfähigkeit des Landtags gerechtfertigt ist.[223] Die Fraktionen erhalten dann eine einheitliche Grundredezeit unabhängig von der Fraktionsgröße, um ihren jeweiligen Standpunkt darlegen zu können (Abs. 2 S. 1). Aber auf Verlangen einer Fraktion müssen Zusatzredezeiten entsprechend dem jeweiligen Stärkeverhältnis eingeräumt werden, die aber maximal die Hälfte der jeweiligen Grundredezeit betragen dürfen (Abs. 2 S. 2). Die damit verbundene **erhebliche Privilegierung kleiner Fraktionen** beeinträchtigt den Mandatsstatus der Abgeordneten größerer Fraktionen in empfindlicher Weise. Zwar ist eine gewisse Privilegierung kleinerer Fraktionen üblich und geboten, damit diese ebenfalls ihren Standpunkt darlegen können. Gleichwohl begegnet der massive Unterschied der durchschnittlichen Redezeiten von Abgeordneten größerer und kleinerer Fraktio-

---

220 BVerfGE 98, 264 (284).
221 BVerfGE 10, 4 (15 f.); VerfGH, U. v. 27.10.2017 – 1 GR 35/17 – juris, Rn. 43 f.; *Wiefelspütz* in: Morlok/Schliesky/ders., § 12 Rn. 32; deshalb würde ein starres Fraktionsbenennungsrecht gegen den Abgeordnetenstatus gem. Art. 27 III LV verstoßen; im Bundestag wurde genau das (letztlich folgenlos) diskutiert, nachdem Bundestagspräsident *Lammert* Rednern das Wort erteilte, die von ihren Fraktionen nicht angemeldet waren und gegen den Mehrheitsstandpunkt ihrer Fraktionen sprachen.
222 BVerfGE 10, 4 (LS 3 u. S. 13).
223 BVerfGE 10, 4 (LS 3 u. S. 13 ff.).

nen angesichts des Egalitätsprinzips (s. o., Rn. 59) starken Bedenken.[224] Soweit man eine Rechtfertigung noch für möglich halten mag, könnte sich dies nur aus dem Charakter des Landtags als Forum des Meinungsaustausches sowie dem Prinzip von Rede und Gegenrede ergeben. Eine stärker am Proportionalitätsprinzip orientierte Redezeitverteilung wäre verfassungsrechtlich mindestens unproblematisch, wenn nicht sogar geboten.[225]

Kein Abgeordneter hat einen Anspruch darauf, seine Rede ungestört vorzutragen. Es entspricht dem Charakter des Landtags als politische Arena, dass von anderen Abgeordneten **Zwischenrufe** gemacht werden können (solange der Redner noch zu verstehen ist). Ebenso zulässig sind **Zwischenfragen und -bemerkungen (Kurzinterventionen)**, wenn der Redner dem zustimmt; in diesen Fällen obliegt es dem Präsidenten, den Redner zu unterbrechen und nach seinem Einverständnis zu fragen (§ 82a GO LT). Dem Präsidenten steht außerdem das Recht zu, den Redner – etwa für verfahrensleitende Hinweise – zu unterbrechen. Erst wenn dies zu einer signifikanten Störung der Rede (zB durch wiederholtes Dazwischenreden oder mehrfache kommentierende Bemerkungen) führt oder über das für die Sitzungsleitung Gebotene hinausgeht, ist der Abgeordnete in seinem Statusrecht verletzt. Solange solche Unterbrechungen ohne Tadel, andere Konsequenzen oder deren Ankündigung erfolgt, handelt es sich dabei nicht um ordnungsrechtliche Eingriffe (dazu → Art. 32 Rn. 31 ff.).[226] 93

c) Initiativrecht

Aus dem Mandatsstatus folgt des Weiteren ein Initiativrecht. Hierzu zählt das Recht, inhaltliche Initiativen einzubringen (insbesondere beim Gesetzgebungsverfahren), und bei Wahlen personelle Vorschläge zu machen.[227] Auch hier gilt der Grundsatz, dass eine nähere Konkretisierung dem Gesetz- und Geschäftsordnungsgeber überantwortet ist. Deshalb sind **Mindestquoren für bestimmte Initiativen** (sog. Kooperationspflichten)[228] zulässig, solange sie vom Verfassungsrechtsgut der Funktionsfähigkeit des Parlaments getragen sind. Hierzu zählen zB das Initiativrecht für Gesetzentwürfe (acht Abg./eine Fraktion, § 53 GO LT) oder selbstständige Anträge ohne Gesetzentwurf (fünf Abg./eine Fraktion, § 54 GO LT). 94

Das Initiativrecht des Abgeordneten führt zu einer grundsätzlichen **Befassungspflicht** des Parlaments mit dem gestellten Antrag. Auch wenn keine Aussicht besteht, dafür eine Mehrheit zu bekommen, kann der Antragsteller im Rahmen eines parlamentarischen Diskurses eine Auseinandersetzung mit seinem inhaltlichen Anliegen und eine Positionierung der anderen Ab- 95

---

224 Im Bundestag gelten deshalb zu Recht wesentlich stärker am Proportionalitätsgrundsatz orientierte Redezeiten, vgl. die Übersicht zur 12.–18. Wahlperiode unter www.bundestag.de/blob/196288/dac46e4464ebf275361cba97229096e2/kapitel_07_11_regelungen_zur_debattendauer-data.pdf (1.11.2017).
225 Vgl. insoweit BVerfGE 96, 264 (284 f.).
226 LVerfG M-V, U. v. 31.5.2001 – LVerfG 2/00 – juris, Rn. 39 f.
227 Vgl. BayVerfGH, E. v. 6.6.2011 – Vf. 49-IVa-10 – juris, Rn. 92; *Klein* in: Maunz/Dürig, Art. 38 Rn. 233.
228 *Kluth* in: Schmidt-Bleibtreu/Hofmann/Henneke, Art. 38 Rn. 91.

geordneten bzw. Fraktionen dazu einfordern.[229] Allerdings beinhaltet der Behandlungsanspruch **kein Abänderungsverbot** zu dem gestellten Antrag. Vielmehr können andere Abgeordnete oder Fraktionen zu diesem Antrag Änderungsanträge in ihrem Sinne stellen; ebenso ist es möglich, durch konkurrierende Anträge auf eine Erledigung des ursprünglichen Antrags zu zielen, wenn damit über das Anliegen dieses Antrags inhaltlich entschieden wird.[230] Unzulässig hingegen sind solche Änderungs- oder Zusatzanträge, mit denen der begehrten Sachentscheidung ausgewichen oder durch die der ursprüngliche Antrag in ein aliud verwandelt werden soll.[231] Keine Befassungspflicht besteht dagegen bei Initiativen, die thematisch außerhalb der (Verbands-)Kompetenz des Landtags liegen. Diese sind zwar im Regelfall zulässig (soweit das Gebot der Bundestreue nicht verletzt wird), aber ihre Behandlung unterliegt der Verfahrenshoheit der parlamentarischen Mehrheit.[232]

96 Bei innerparlamentarischen Wahlen haben die Abgeordneten nicht nur ein Vorschlagsrecht, sondern korrespondierend dazu auch das **Recht zur Kandidatur**,[233] wenngleich die parlamentarischen Funktionen regelmäßig über die Fraktionen vergeben werden (vgl. zB § 4 I 2 GO LT für die Präsidiumsmitglieder).[234] Übt der Landtag bei der Wahl parlamentsexterner Organe oder Funktionsträger sein Kreationsrecht aus (s. o., → Rn. 25), kann das Recht einer Eigenkandidatur durch die dafür geltenden gesetzlichen Bestimmungen eingeschränkt sein. So liegen beispielsweise die Vorschlagsrechte für den Landesdatenschutzbeauftragten und für den Bürgerbeauftragten bei der Landesregierung (§§ 26 I 1 LDSG, 9 I 1 BürgBG).

d) Stimmrecht

97 Ebenfalls zu den Statusrechten gem. Art. 27 III LV zählt das Recht eines jeden Abgeordneten, an den Wahlen und Abstimmungen des Landtags teilzunehmen. Dieses Stimmrecht unterliegt wegen der Mandatsegalität dem **Grundsatz der Stimmrechtsgleichheit** entsprechend dem Grundsatz der Wahlrechtsgleichheit gem. Art. 26 IV LV (→ Art. 26 Rn. 32 ff.).[235] Das Stimmrecht umfasst nicht nur das Recht auf Abgabe der Stimme, sondern auch auf korrekte Zählung derselben. Eine unrichtige Feststellung des Abstimmungsergebnisses stellt daher einen Eingriff in das Stimmrecht des einzelnen Abgeordneten dar, wenn sich dieser an der betreffenden Abstimmung beteiligt hat.[236]

98 Das Stimmrecht besteht **unabhängig von einer etwaigen Betroffenheit** des Abgeordneten selbst oder einer nahestehenden Person; es unterscheidet

---

229 BVerfGE 1, 144 (LS 3 b); VerfGH NRW, U. v. 15.6.1999 – VerfGH 6/97 – juris, Rn. 73.
230 VerfGH NRW, U. v. 15.6.1999 – VerfGH 6/97 – juris, LS 2 a u. Rn. 78 ff.
231 VerfGH NRW, U. v. 15.6.1999 – VerfGH 6/97 – juris, LS 2 b, 2 c u. Rn. 82.
232 Vgl. BbgVerfG, U. v. 28.1.1999 – VfGBbg 2/98 – juris, LS 2 – 4 u. Rn. 39 f.; BbgVerfG, B. v. 28.3.2001 – VfGBbg 46/00 – juris, Rn. 43 ff.
233 BerlVerfGH, B. v. 2.2.1996 – VerfGH 91, 91A/95 – juris, LS 2 u. Rn. 20; *Kluth* in: Schmidt-Bleibtreu/Hofmann/Henneke, Art. 38 Rn. 92.
234 *Kluth* in: Schmidt-Bleibtreu/Hofmann/Henneke, Art. 38 Rn. 92.
235 SächsVerfGH, LVerfGE 18, 479 (LS 3).
236 BerlVerfGH, B. v. 25.3.1999 – VerfGH 58/98 – juris, Rn. 20.

sich dadurch vom Stimmrecht in kommunalen Vertretungskörperschaften (vgl. §§ 18 GemO, 14 LKrO).[237] Zum **Stimmrecht** gehört auch der Anspruch darauf, über den Gegenstand und die Formulierung des zu Beschließenden informiert zu werden. Deshalb sieht § 96 IV GO LT vor, dass über während der Beratung gestellte Anträge erst abgestimmt werden kann, wenn deren Wortlaut jedem schriftlich vorliegt.[238] Dagegen beinhaltet das Stimmrecht **keinen Anonymitätsanspruch**. Vielmehr kann die nähere Ausgestaltung in der Geschäftsordnung sowohl eine offene Abstimmung (§ 97 I GO LT) als auch die Möglichkeit der namentlichen Abstimmung (§ 99 GO LT) ebenso vorsehen, wie die regelmäßig geheime Durchführung von Wahlen (§§ 97a I, 2 GO LT). Grundsätzlich muss die Wahl- oder Abstimmungshandlung als solche öffentlich durchgeführt werden.

Das Stimmrecht beinhaltet auch das Recht, davon keinen Gebrauch zu machen. Dies hat besondere praktische Relevanz bei sog. **Pairing-Absprachen**, bei denen jeweils gleichviel Abgeordnete der regierungstragenden und oppositionellen Fraktionen vereinbaren, der Abstimmung fernzubleiben. Damit werden die Mehrheitsverhältnisse gewahrt, wenn auf beiden Seiten wegen anderweitigen Verpflichtungen, Krankheit o.ä. nicht allen Abgeordneten die Sitzungs- und Abstimmungsteilnahme möglich ist. Aus verfassungsrechtlicher Sicht ist gegen die Zulässigkeit solcher Absprachen nichts einzuwenden. Allerdings kann wegen der Mandatsfreiheit niemand zur Beteiligung an einem Pairing verpflichtet werden (auch nicht von der Fraktionsführung oder -mehrheit).[239] Außerdem kommt einer solchen Verständigung nur eine politische, aber **keine rechtliche Bindungswirkung** zu. Nimmt ein Abgeordneter entgegen einer Pairing-Absprache an der Abstimmung doch teil, sind sowohl seine Stimmabgabe als auch das Abstimmungsergebnis – ungeachtet des politischen Vertrauensbruchs – in ihrer rechtlichen Wirksamkeit unberührt. 99

4. Beobachtung von Abgeordneten

Damit ein Abgeordneter seine Funktion als Transformationsorgan zwischen Volk und staatlichen Institutionen erfüllen kann, muss es ihm ungestört möglich sein, einen intensiven kommunikativen Austausch mit seinen Wählern pflegen zu können (→ Rn. 64). Daher beinhaltet der Mandatsstatus auch eine „von staatlicher Beeinflussung freie Kommunikationsbeziehung zwischen dem Abgeordneten und den Wählerinnen und Wählern sowie die **Freiheit des Abgeordneten von exekutiver Beobachtung, Beaufsichtigung und Kontrolle**".[240] Die Beobachtung von Landtagsmitgliedern durch den Verfassungsschutz stellt genau eine solche Beobachtung dar, weil sie zu empfindlichen Beeinträchtigungen des kommunikativen Kontakts führen kann: Nicht jeder sucht das Büro oder die Sprechstunde eines Abgeordneten auf, von dem bekannt ist, dass er unter besonderer Beobachtung 100

---

237 *Klein* in: Maunz/Dürig, Art. 38 Rn. 231; auf Ausschussebene muss ein Abg. allerdings in bestimmten Fällen auf die Eigenbetroffenheit hinweisen, vgl. Ziff. III. der Offenlegungsregeln.
238 Vgl. BVerfG, U. v. 22.9.2015 – 2 BvE 1/11 – juris, Rn. 111.
239 *Kluth* in: Schmidt-Bleibtreu/Hofmann/Henneke, Art. 38 Rn. 77 mwN; *Klein* in: Maunz/Dürig, Art. 38 Rn. 210.
240 BVerfGE 134, 141 (LS 1 u. S. 172 f.).

steht. Manche Kommunikation findet dann nicht statt, andere suchen sich konspirativere Formen. Hinzu kommt – je nach Bekanntheitsgrad der Beobachtungstätigkeit – eine Stigmatisierungsgefahr für den betroffenen Abgeordneten mit Einschränkungen für die persönliche Entscheidungsfreiheit und wahrscheinlichen Nachteilen im politischen Wettbewerb.[241]

101 Folglich stellt die Beobachtungstätigkeit (auch ohne nachrichtendienstliche Mittel) einen Eingriff in den Mandatsstatus gem. Art. 27 III LV dar. Dies gilt nicht nur für Tätigkeiten des Landesamtes für Verfassungsschutz, sondern wegen der Verankerung des freien Mandats im Demokratieprinzip gem. Art. 20 II GG und der unmittelbaren Geltung von Art. 38 I 2 GG für die Landtagsabgeordneten auch für das Bundesamt und die Verfassungsschutzämter anderer Länder.[242] Eine solche Beobachtungstätigkeit begegnet gleich **zwei Paradoxien**: Zum einen kontrolliert hier eine der Exekutive zuzurechnende Behörde ein Mitglied des Parlaments, das seinerseits die verfassungsrechtlich verankerte Pflicht hat, diese Exekutive zu kontrollieren (vgl. §§ 15 ff. LVSG).[243] Zum anderen greift eine Behörde, deren gesetzlicher Auftrag im Schutz der freiheitlichen demokratischen Grundordnung besteht (§ 1 LVSG), in eine Mandatsstellung ein, die in erster Linie zur Sicherung des Demokratieprinzip verfassungsrechtlich geschaffen worden ist.

102 Die Möglichkeiten eines Zugriffs der Exekutive auf Mitglieder des Landtags ist in Art. 37 LV geregelt, aber in erheblichem Umfang der Mitwirkungsbereitschaft des Landtags unterstellt. Deshalb bedürfen auch andere Zugriffe wie die Beobachtung eines Abgeordneten durch den Verfassungsschutz einer **formellgesetzlichen Grundlage**. Denn nur dann verbleibt die Entscheidungshoheit beim Landtag, selbst über die Reichweite und Voraussetzungen der Kontrolle seiner Mitglieder zu befinden.[244] Problematisch ist insofern, dass die Ermächtigungsnormen des LVSG keine speziell auf Abgeordnete bezogene Vorgaben enthalten (vgl. §§ 5 ff. LVSG).[245] Damit gelten auch die Regeln für die Beobachtung mit nachrichtendienstlichen Mitteln (§ 6 LVSG) gleichermaßen für Abgeordnete mit besonderem verfassungsrechtlichen Status wie für alle anderen Bürger, die einen solchen Status nicht haben.

103 Umso bedeutender ist es, dass die besondere Bedeutung des Mandatsschutzes eine **strikte Beachtung des Verhältnismäßigkeitsgrundsatzes** gebietet. Hierfür muss im konkreten Einzelfall die Gefahr für die freiheitlich-demokratische Grundordnung so gewichtig sein, dass sie gegenüber dem Mandatsschutz des betroffenen Abgeordneten überwiegt. Das ist etwa dann der Fall, wenn der Abgeordnete sein Mandat zu verfassungsfeindlichen Zwecken missbraucht oder die freiheitlich-demokratische Grundordnung aktiv

---

241 *Morlok/Sokolov*, DÖV 2014, 405 (408 f.); dort heißt es außerdem: „Beobachtung verändert das beobachtete Verhalten".
242 BVerfGE 134, 141 (170, 172, 177).
243 BVerfGE 134, 141 (179); *Morlok/Sokolov*, DÖV 2014, 405 (406).
244 BVerfGE 134, 141 (185); *Wiefelspütz* in: Morlok/Schliesky/ders., § 12 Rn. 16.
245 Für die Notwendigkeit solcher Vorgaben *Morlok/Sokolov*, DÖV 2014, 405 (410 f.).

und aggressiv bekämpft.²⁴⁶ Dies ist durch das grundgesetzlich verankerte Prinzip der wehrhaften Demokratie gerechtfertigt, das über Art. 28 I GG auch für das Demokratieprinzip in den Ländern eine prägende Wirkung entfaltet.²⁴⁷ Allerdings reicht die bloße Zugehörigkeit zu einer Organisation, in der verfassungsfeindliche Ziele verfolgt werden, noch nicht aus.²⁴⁸

5. Prozessuale Geltendmachung der Abgeordnetenrechte

a) Organstreitverfahren

Die aus Art. 27 III LV folgenden Rechte stehen den Abgeordneten zu und können deshalb von diesen (einzeln oder in Zusammenschlüssen, also auch als Fraktionen) im **Organstreitverfahren** gem. Art. 68 I Nr. 1 LV geltend gemacht werden.²⁴⁹ Die Verfahrensart der Verfassungsbeschwerde (§§ 55 – 59 VerfGHG) kommt dagegen nicht in Betracht, soweit es um die Durchsetzung staatsorganisatorischer Rechte im rechtlichen Innenverhältnis des Landes geht und nicht um (Grund-)Rechte im Außenverhältnis von Bürger und Staat.²⁵⁰ In anderen Fallkonstellationen kann eine Verfassungsbeschwerde statthaft sein (→ Rn. 107 f.).   104

Die Zulässigkeit eines solchen prozessualen Antrags ist auf die behauptete **Verletzung der teilorganschaftlichen Rechte** des oder der antragstellenden Abgeordneten beschränkt. Wird dagegen ausschließlich eine Verletzung von Rechten anderer Abgeordneter,²⁵¹ des Gesamtparlaments oder der Fraktion des Antragstellers behauptet, ohne dass zumindest daneben auch spezifische Rechte aus der Mandatsstellung des oder der Antragsteller berührt erscheinen, fehlt es dem Abgeordneten an der Antragsbefugnis.²⁵² Erst recht würde eine generelle Rüge darüber hinaus eigene Verfassungsverletzungen im Ergebnis auf eine „allgemeine Verfassungsaufsicht" hinauslaufen, die nicht zum Rechtskreis der Abgeordnetenstellung gehört und für die der Organstreit deshalb keine statthafte Verfahrensart sein kann.²⁵³   105

Maßgeblich für die **Beteiligtenfähigkeit** eines Abgeordneten ist der Zeitpunkt, in dem er den Antrag beim VerfGH anhängig macht (§ 9 III VerfGHG).²⁵⁴ Daher entfallen weder die Beteiligtenfähigkeit noch das Rechtsschutzinteresse, wenn während des Gerichtsverfahrens eine Neuwahl des Landtags stattfindet. Dies gilt nicht nur bei bloßer Neukonstituierung der Streitparteien (Fraktion auf der einen und Regierung auf der anderen Seite), sondern auch dann, wenn ein Abgeordneter als Einzel-Antrag-   106

---

246 BVerfGE 134, 141 (188 f.); nach *Warg*, NVwZ 2014, 36 (37), ist zudem ein Vorsatz in Form des dolus directus 1. Grades erforderlich.
247 BVerfGE 134, 141 (LS 2 u. S. 179–182).
248 BVerfGE 134, 141 (188 f.); *Morlok/Sokolov*, DÖV 2014, 405 (411 f.).
249 BVerfGE 64, 301 (312); StGH, ESVGH 38, 81 (82).
250 BVerfGE 64, 301 (312); 108, 251 (267); 134, 141 (169 f.); LVerfG M-V, LVerfGE 5, 203 (220 f.); SaarlVerfGH, U. v. 3.12.2007 – Lv 12/07 – juris, Rn. 36.
251 An einer Betroffenheit der eigenen Statusrechte fehlt es beispielsweise, wenn die fraktionsinterne Verteilung von Fraktionszulagen in einer anderen Fraktion als der des Antragstellers angegriffen wird, LVerfG M-V, LVerfGE 24, 325 (331).
252 BVerfGE 2, 143 (LS 8: Gesamtparlament); 70, 324 (LS 2 u. S. 354: Fraktion); *Klein* in: Maunz/Dürig, Art. 38 Rn. 236.
253 StGH, U. v. 9.3.2009 – GR 1/08 – juris, Rn. 77; VerfGH, B. v. 26.9.2017 – juris, Rn. 30, 39.
254 LVerfG M-V, U. v. 27.5.2003 – LVerfG 10/02 – juris, LS 1 u. Rn. 24.

steller dem neuen Landtag nicht mehr angehört. Denn in diesem Verfahren geht es nicht nur um die Durchsetzung der Rechte des oder der Antragsteller, sondern auch um die objektive Klärung einer verfassungsrechtlichen Streitfrage.[255] Die **Antragsfrist** (§ 45 III VerfGHG) beginnt für einen neu gewählten Abgeordneten erst mit dem Tag der Mandatsannahme, weil dieser zuvor keine Aktivlegitimation für einen Organstreit vorweisen konnte und die vorgefundene (Rechts-)Lage nicht hinzunehmen verpflichtet ist.[256]

b) Verfassungsbeschwerde

107 Wegen des organschaftlichen Charakters der Statusrechte kommt eine Verfassungsbeschwerde nur in Ausnahmefällen in Betracht. Dies ist nicht schon dann der Fall, wenn neben organschaftlichen Rechten auch Grundrechte als verletzt angegeben werden.[257]

- Eine Ausnahme wird bei Personen als zulässig angesehen, die als Kandidaten (oder Gewählte vor Annahme der Wahl, Art. 41 I 1 LV) noch kein Mandat haben und eine Beeinträchtigung ihres passiven Wahlrechts rügen, oder als ehemalige Abgeordnete kein Mandat mehr haben und gegen ihre Altersversorgung aus dem Mandat vorgehen wollen; denn in diesen Fällen besteht der **organschaftliche Status noch nicht oder nicht mehr**, weshalb der Organstreit ausscheidet.[258]
- Aber auch während eines bestehenden Abgeordnetenmandats ist eine Verfassungsbeschwerde möglich, wenn der Rechtsstreit nicht die internen Interorgan-Rechtsbeziehungen betrifft, sondern im **Außenrechtsverhältnis** angesiedelt ist. Das ist der Fall, wenn ein Abgeordneter – insofern einem anderen Berufsgeheimnisträger vergleichbar – sein Zeugnisverweigerungsrecht und das damit zusammenhängende Beschlagnahmeverbot (Art. 39 LV) in einem fachgerichtlichen Verfahren, also nicht gegenüber einem anderen Staatsorgan, geltend machen will.[259]

108 In seiner Ramelow-Entscheidung über die Beobachtung eines Abgeordneten durch das Bundesamt für Verfassungsschutz hat das BVerfG die Grenzen zugunsten der Verfassungsbeschwerde in teilweise bedenklicher Weise weiter verschoben:

- Das freie Mandat soll nicht nur ein Statusrecht, sondern zugleich ein **grundrechtsgleiches Recht** darstellen, das von seinen Inhabern gegen die staatliche Gewalt geltend gemacht werden kann.[260] Mit dieser

---

255 StGH, U. v. 6.10.2011 – GR 2/11 – juris, Rn. 29 (bzgl. Fraktionen); BayVerfGH, E. v. 11.9.2014 – Vf. 67-IVa-13 – juris, LS 1 u. Rn. 30, 32; LVerfG M-V, U. v. 27.5.2003 – LVerfG 10/02 – juris, LS 2 u. Rn. 25, 30; enger allerdings BVerfGE 136, 190 (Rn. 4, 6) im Fall der 2013 aus dem Bundestag ausgeschiedenen FDP-Fraktion.
256 LVerfG SchlH, U. v. 30.9.2013 – LVerfG 13/12 – juris, LS 1.
257 BVerfGE 118, 277 (320 mwN); differenzierter dazu *Klein* in: Maunz/Dürig, Art. 38 Rn. 236 a.
258 BVerfGE 64, 301 (313); tlw. krit. *Sauer* in: Morlok/Schliesky/Wiefelspütz, § 16 Rn. 13-15.
259 BVerfGE 108, 251 (LS 1 u. S. 266 f.); BbgVerfG, U. v. 28.7.2007 – VfGBbg 53/06 – juris, Rn. 58; krit. *Sauer* in: Morlok/Schliesky/Wiefelspütz, § 16 Rn. 18–20, der davor warnt, die Verfassungsbeschwerde nicht zum „Auffangrechtsbehelf für unzulässige Organstreitverfahren" werden zu lassen.
260 BVerfGE 134, 141 (170).

Rechtsprechung werden die klaren Konturen von Innen- und Außenrechtskreis in problematischer Weise verwischt, denn ein Abgeordneter ist als Träger des freien Mandats gem. Art. 27 III LV ein staatlicher Funktionsträger und kein außerhalb der staatlichen Gewalt stehender Bürger.

- Außerdem soll sich jeder Landtagsabgeordnete dann direkt auf Art. 38 I 2 GG iVm Art. 28 I GG im Wege der Verfassungsbeschwerde vor dem BVerfG berufen können, wenn es um einen **Eingriff durch eine Bundesbehörde** geht.[261] Dies ist insofern schlüssig, als ein Landtagsabgeordneter im Organstreit nur gegen „seine" Landesregierung vorgehen kann, die aber für das Handeln einer Bundesbehörde nicht verantwortlich ist.
- Aber das BVerfG hat dies auch für das Verhältnis eines Bundestagsabgeordneten gegenüber dem Bundesamt für Verfassungsschutz bejaht, weil dessen Handeln der Bundesregierung als aufsichtsführende Behörde nicht zuzurechnen sei.[262] Dementsprechend könnte sich dann auch die Landesregierung von der Verantwortung für das Landesamt für Verfassungsschutz freizeichnen. Dabei wird aber verkannt, dass die Regierung im Organstreit nicht als Behörde, sondern als Verfassungsorgan – dem selbstverständlich sämtliches exekutives Handeln zuzurechnen ist – in Anspruch genommen wird.

6. Abgeordnetenpflichten

Wenngleich für die Abgeordneten kein formaler Pflichtenkanon im beamten- oder arbeitsvertragsrechtlichen Sinne gilt, unterliegen sie dennoch der ungeschriebenen **Verfassungserwartung einer aktiven Mandatsausübung**.[263] Gerade indem ein Abgeordneter die ihm eingeräumten Rechte ausübt, leistet er seinen Beitrag zur Erfüllung der Aufgaben des Gesamtparlaments etwa in den Bereichen Gesetzgebung, Kontrolle der Regierung oder öffentlicher Diskurs.[264] Die mit der Mandatsstellung verbundene Freiheit bezieht sich nicht auf das „ob", sondern nur auf das (inhaltliche) „wie" der Repräsentation. Folglich ist es mit dem Repräsentationsprinzip unvereinbar, das Mandat aus eigenem Entschluss nicht wahrzunehmen.[265]

109

Deshalb gehört es zum **Ausgestaltungsspielraum von Gesetz- und Geschäftsordnungsgeber**, eine Pflicht zur Teilnahme an den Sitzungen (§ 74 GO LT), Fragen der Befreiung von dieser Teilnahmepflicht (§ 75 GO LT)

110

---

261 BVerfGE 134, 141 (177); *Wolff*, JZ 2014, 93 f.
262 BVerfGE 134, 141 (195 f.).
263 Art. 97 III BremVerf bringt diese Erwartung (im Zusammenhang mit der Vereinbarkeit des Mandats mit einer Berufstätigkeit) expressiv verbis zum Ausdruck, indem die Abg. zur gewissenhaften Pflichterfüllung angehalten werden; noch deutlicher wird Art. 53 III ThürVerf, wonach jeder Abg. die Pflicht hat, „die Verfassung zu achten und seine Kraft für das Wohl des Landes und aller seiner Bürger einzusetzen"; zu Abgeordnetenpflichten s. auch *Austermann*, DÖV 2011, 352.
264 BVerfGE 80, 188 (218).
265 BVerfGE 118, 277 (325 f.); aA die andere (die Entscheidung nicht tragende) Senatshälfte, die vor der Entwicklung zum „Mandatsbediensteten" warnt und für mehr Vertrauen in die eigenverantwortliche Mandatsausübung der Abgeordneten wirbt, aaO (348 f.); ebenfalls krit. *Klein* in: Maunz/Dürig, Art. 38 Rn. 223 c, der in der Entscheidung eine Förderung von Parteisoldatentum sieht; zust. dagegen *Trute* in: v. Münch/Kunig, Art. 38 Rn. 78 a.

und eine Kürzung der Kostenpauschale bei Nichteintragung in die Anwesenheitsliste (§ 7 AbgG) vorzusehen. Auch der Umfang der erwarteten Mandatsausübung unterliegt einer näheren gesetzlichen Ausgestaltung. Hierbei sind allerdings die Komplexität der zu treffenden Entscheidungen und der Aufgabenumfang des Landtags zu berücksichtigen. Insbesondere bedingt die Freiheit des Mandats – jedenfalls in einer hochkomplexen Wirtschafts- und Industriegesellschaft – kein Leitbild einer freiberuflich oder unternehmerisch wahrzunehmenden Mandatsausübung.[266] Selbst im kleinsten Bundesland ist festgelegt, dass die Abgeordneten ihre Tätigkeit „mindestens mit der Hälfte der üblichen wöchentlichen Arbeitszeit" ausüben (Art. 97 II BremVerf). Der baden-württembergische Gesetzgeber hat sich seit 2011 für das **Prinzip des Vollzeitparlaments** und damit für die Hauptberuflichkeit des Mandats entschieden (dazu und insbes. zur Frage von Nebentätigkeiten → Art. 40 Rn. 8 ff.).

V. Fraktionen und Gruppen

1. Grundfragen

a) Verfassungsrechtliche Grundlage

111 Die LV kennt – wie das GG – keine explizite Rechtsgrundlage für die Fraktionen, sondern nur eine singuläre beiläufige Erwähnung (Art. 37 I LV; im GG: Art. 53 a S. 2). Dies zeigt, dass die LV von der Existenz der Landtagsfraktionen ausgeht und diesen damit Verfassungsrang zuspricht, ohne aber eine vertiefte Kompetenzgrundlage dafür zu geben.[267] Sie sind unentbehrliche Einrichtungen des Verfassungslebens und dienen als Bestandteil der parlamentarischen Demokratie der politischen Willensbildung des Landtags (§ 1 I FraktionsG).[268] Das Recht zur Bildung einer Parlamentsfraktion (oder einer Gruppe) – ebenso wie das Recht zum Ein- und Austritt – folgt aus dem **Assoziationsrecht**[269] als **Statusrecht gem. Art. 27 III LV**.[270] Zudem stellt das Fraktions- und Gruppenbildungsrecht die **parlamentarische Ausformung der parteienstrukturierten Demokratie gem. Art. 21 GG** – der in die LV hineingelesen wird und damit den verfassungsrechtlichen Status der Parteien auch auf Landesebene regelt[271] – dar. Damit ergänzt Art. 21 GG aus einer politisch-korporatistischen Sicht den individuellen Ansatz von Art. 27 III LV zugunsten eines politisch entscheidungs- und handlungsfähigen Landtags.[272] Eine eigenständige Rechtsposition, die vom Mandat ihrer

---

266 BVerfGE 118, 277 (327); das traditionellere Mandatsbild stellt dagegen auf die gesellschaftliche Einbindung des Abgeordneten durch eine Berufstätigkeit ab und verneint den klaren Mandatsvorrang, auch wegen der damit verbundenen höheren Abhängigkeit des Abgeordneten von Partei und Mandat, vgl. BVerfGE 118, 227 (340 ff.).
267 Vgl. *Herzog/Klein* in: Maunz/Dürig, Art. 53 a Rn. 19; *Krebs* in: v. Münch/Kunig, Art. 53 a Rn. 9.
268 BVerfGE 80, 188 (219 f.); 112, 118 (135); StGH, ESVGH 47, 1 (2); *Klein* in: Morlok/Schliesky/Wiefelspütz, § 17 Rn. 1, 2.
269 Zum Begriff s. *Morlok* in: Dreier, Art. 38 Rn. 151.
270 BVerfGE 43, 142 (149); 80, 188 (LS 3 b u. S. 220); 112, 118 (135).
271 StGH, ESVGH 31, 81 (84); BVerfGE 1, 208 (227); *Hölscheidt*, Parlamentsfraktionen, 294 f.
272 *Klein* in: Maunz/Dürig, Art. 38 Rn. 197 ff.

Mitglieder unabhängig wäre, wird aber den Fraktionen weder durch Art. 21 GG noch durch die Erwähnung in Art. 37 I LV vermittelt.

Diese Janusköpfigkeit der verfassungsrechtlichen Grundlage schlägt unmittelbar auf die Rechtsstellung der Fraktionsmitglieder durch: Einerseits steigen durch die Zugehörigkeit zu einer Fraktion die **Wirkungsmöglichkeiten der Mandatsausübung**, etwa durch besseren Informationsfluss, umfangreichere Ressourcen (Mitnutzung einer Presse- und Geschäftsstelle u.a.), mehr Einfluss (durch die Einwirkung auf den Meinungsbildungsprozess der Fraktion und Unterstützung durch die Fraktionskollegen) und höheres politisches Gewicht.[273] Andererseits wird die Individualität des Mandats durch die **Einbindung in vielfältige Rücksichtnahmen und kollektive Meinungsbildungsprozesse** im Interesse der Handlungsfähigkeit von Fraktion und Landtag mediatisiert und relativiert (bis hin dazu, sich einer nicht befürworteten Mehrheitsmeinung im Rahmen der Fraktionsdisziplin unterzuordnen, s. → Rn. 129 ff.).[274] 112

Die Mandatsrelevanz des Fraktionsbildungsrechts hat zur Folge, dass jeder **Eingriff in die Rechte der Fraktionen und der ihnen angehörenden Abgeordneten** den individuellen Mandatsstatus des oder der betroffenen Abgeordneten tangiert. Hierzu zählen zum einen Einschränkungen durch das Gesamtparlament gegenüber einer Fraktion wie etwa eine Anerkennungsverweigerung, oder durch den Präsidenten bei einer Vorenthaltung von Fraktionsmitteln. Zum anderen gehören hierzu ebenso Einschränkungen der mitgliedschaftlichen Rechte des einzelnen Abgeordneten durch seine Fraktion, wie zB eine Suspendierung von Rechten oder ein Ausschluss. Die aus Art. 27 III LV folgenden Rechte sowohl der Fraktion als Ganzes (zusammengesetzt aus dem Mandatsstatus ihrer Mitglieder) als auch des einzelnen Fraktionsmitglieds sind nicht unbegrenzt. **Wesentliche Grenzen** bilden hierbei für die Gesamtfraktion die Funktionsfähigkeit des Parlaments und für das einzelne Fraktionsmitglied die Arbeitsfähigkeit der Fraktion und der Mandatsstatus der anderen Fraktionskollegen. 113

Die **nähere Ausgestaltung der Rechte der Fraktionen** und der ihnen angehörenden Abgeordneten regeln das FraktionsG, die GO LT sowie die Satzungen der jeweiligen Fraktionen.[275] Auch hier gilt, dass in Ermangelung näherer Bestimmungen in der LV ein erheblicher Ausgestaltungsspielraum von Gesetzgeber, Geschäftsordnungsgeber und der jeweiligen Fraktionen als Satzungsgeberinnen besteht, dessen Ausfüllung sich jedoch bei Einschränkungen und Eingrenzungen von Rechten stets am Prinzip des Art. 27 III LV messen lassen muss. Wegen des unmittelbaren Bezugs zur LV handelt es sich bei allen genannten Ausgestaltungsregelungen um materielles 114

---

273 BVerfGE 43, 142 (149); 80, 188 (232); 112, 118 (135); BbgVerfG, U. v. 20.6.1996 – VfGBbg 14/96 EA – juris, Rn. 22; LVerfG M-V, B. v. 16.9.2002 – LVerfG 8/02 – juris, Rn. 15; BerlVerfGH, U. v. 22.11.2005 – VerfGH 53/05 – juris, Rn. 45.
274 BVerfGE 43, 142 (149); 112, 118 (134 f.), spricht insoweit von einem Spannungsverhältnis.
275 LVerfG M-V, B. v. 16.9.2002 – LVerfG 8/02 – juris, Rn. 13.

Verfassungsrecht, weshalb Rechtsstreitigkeiten darüber stets verfassungsrechtlicher Natur sind.[276]

b) Begriff und Rechtscharakter

115 Der **verfassungsrechtliche Fraktionsbegriff** bezeichnet Zusammenschlüsse von Abgeordneten desselben Parlaments, die durch eine gemeinsame Programmatik verbunden sind.[277] Denn ohne eine gleichgerichtete politische Grundhaltung können die Fraktionen nicht ihre Koordinations- und Bündelungsfunktion wahrnehmen.[278] Der Zweck des Zusammenschlusses muss darin bestehen, sich gegenseitig in der Wahrnehmung des Mandats zu unterstützen.[279] Die nähere Ausgestaltung ist dem Gesetz- und Geschäftsordnungsgeber überlassen, aber zumindest weitgehend[280] verfassungsgerichtlich überprüfbar.[281]

116 § 17 I 1 GO LT versteht darunter „Vereinigungen von mindestens sechs Abgeordneten, die derselben Partei angehören oder aufgrund von Wahlvorschlägen derselben Partei in den Landtag gewählt wurden". Die zahlenmäßige **Untergrenze von sechs Abgeordneten** entspricht 5 % der Mindestmandatszahl gem. § 1 I LWG, die – in Anlehnung an die wahlrechtliche Sperrklausel (vgl. Art. 28 III 3 LV, § 2 I 2 LWG) – die im deutschen Parlamentsrecht übliche und anerkannte Fraktionsschwelle darstellt (vgl. zB § 10 I GO BT) und keinen verfassungsrechtlichen Bedenken begegnet.[282] Anders sieht es mit dem **Gebot der gemeinsamen Parteimitgliedschaft** aus, auch wenn dies im März 2017 durch die alternative Bezugnahme auf die Wahlvorschläge etwas gelockert worden ist. Die notwendige gemeinsame Programmatik muss sich nicht zwingend in einer einheitlichen Parteimitgliedschaft aller Fraktionsangehörigen niederschlagen, weil dies eine zu starke Einschränkung des freien Assoziationsrechts der Abgeordneten darstellt (näher dazu u., Rn. 121 f.).[283] Aber ein Zusammenschluss mit einer bloß

---

276 LVerfG M-V, B. v. 16.9.2002 – LVerfG 8/02 – juris, Rn. 13; BerlVerfGH, U. v. 22.11.2005 – VerfGH 53/05 – juris, Rn. 43.
277 BerlVerfGH, U. v. 15.1.2014 – VerfGH 67/12 – juris, Rn. 102; *Hölscheidt*, Parlamentsfraktionen, 700, spricht von „politischer Homogenität" und hält diese für kein zwingendes Fraktionsmerkmal (421).
278 BbgVerfG, LVerfGE 2, 201 (208).
279 *Klein* in: Morlok/Schliesky/Wiefelspütz, § 17 Rn. 12.
280 BbgVerfG, U. v. 22.7.2016 – VfGBbg 70/15 – juris, Rn. 163, bejaht einen gewissen der verfassungsgerichtlichen Überprüfung entzogenen Beurteilungsspielraum, wie der Landtag seine Arbeit möglichst effizient organisieren und strukturieren will.
281 BVerfGE 84, 304 (322); BbgVerfG, LVerfGE 2, 201 (205 f., 211 f.); *Hölscheidt*, Parlamentsfraktionen, 408.
282 *Klein* in: Morlok/Schliesky/Wiefelspütz, § 17 Rn. 10; zur noch uneinheitlichen Dogmatik einer zahlenmäßigen Einhegung des Fraktionsbegriffs vgl. *Hölscheidt*, Parlamentsfraktionen, 408 ff.; die Obergrenze einer zulässigen Mindestzahl wäre aber jedenfalls dann erreicht, wenn das Recht des einzelnen Abg. auf Mitwirkung an der parlamentarischen Willensbildung und Entscheidungsfindung in Frage gestellt würde, BVerfGE 84, 304 (221 f.).
283 So auch *Hölscheidt*, Parlamentsfraktionen, 419 f. mwN; etwas großzügiger und nach BbgVerfG, LVerfGE 2, 201 (LS 2 u. S. 211), verfassungskonform ist die brandenburgische Regelung, wonach neben der gemeinsamen Mitgliedschaft einer Partei oder politischen Vereinigung auch die einer Listenvereinigung möglich ist und außerdem die Wahlaufstellung auch ohne Mitgliedschaft als ausreichend angesehen wird (§ 1 I 1 BbgFraktionsG).

abstrakt behaupteten gemeinsamen politischen Ausrichtung (um Ressourcen und eine stärkere geschäftsordnungsrechtliche Stellung in Anspruch nehmen zu können) reicht nicht aus. Ob die erforderliche gemeinsame Programmatik vorliegt, ist bei fehlender gemeinsamer Parteimitgliedschaft im Zweifel durch die gemeinsame Satzung sowie durch politische Äußerungen und Bekundungen der Fraktionsmitglieder zu ermitteln.[284]

Die Fraktionen sind (anders als der Landtag als Ganzes, s. → Rn. 14) rechtsfähig und nehmen unter ihrem Namen am allgemeinen Rechtsverkehr teil (vgl. § 1 IV FraktionsG). Sie haben ihre eigene Wirtschaftsführung, schließen Arbeits-, Miet- und Kaufverträge ab, um ihre eigene Personal- und Organisationsstruktur aufzubauen und zu unterhalten. Die **Qualität als eigenständiges Rechtssubjekt** besteht auch nach Eintritt der Diskontinuität (oder sonstiger Auflösung der Fraktion ohne Rechtsnachfolgerin) als Liquidationssubjekt bis zum Abschluss der Abwicklungserfordernisse fort.[285] So unstreitig die Rechtsfähigkeit der Fraktionen ist, so vielfältig ist der Meinungsstreit über die **typologische Einordnung** dieser Rechtssubjekte. Das Spektrum reicht von privatrechtlichen Vereinen über Gesellschaften bürgerlichen Rechts, Parteiorganen oder -teilen, öffentlich-rechtlichen Körperschaften oder Vereinen bis hin zu (Teil-)Organen.[286] Da die Fraktionen als Einrichtungen des Verfassungslebens eine staatstragende Rolle haben, scheiden privatrechtliche Ansätze aus.[287] Dasselbe gilt für die organisationsrechtliche Inkorporation in politische Parteien, da Fraktionen eine andere Aufgabenstellung haben und auch unabhängig von Parteien – zumindest theoretisch – denkbar sind (→ Rn. 120 f.).[288] Viel spricht daher für die Einordnung als **parlamentarisches Teilorgan** oder als „juristische Personen des Parlamentsrechts".[289]

117

c) Funktionen

Die Kernfunktion von Fraktionen und Gruppen ist eine doppelte: Auf der einen Seite besetzen sie bestimmte Themen iSd parlamentarischen Kommunikationsfunktion. Als „maßgebliches politisches Gliederungselement"[290] des Landtags organisieren und koordinieren sie Meinungsbildungsprozesse im parlamentarischen Raum bis hin zur Entscheidungsreife, indem sie die unterschiedlichen Meinungen, Vorstellungen und Ziele filtern und bündeln. Mit dieser Vorbereitungsarbeit im parlamentarischen Willensbildungsprozess leisten sie einen unverzichtbaren Beitrag zur Arbeits- und Handlungsfähigkeit des Landtags als Verfassungsorgan (**organbezogene**

118

---

284 Vgl. OVG NRW, B. v. 24.1.2005 – 15 B 2713/04 – juris, Rn. 14 bezüglich Fraktionen auf kommunaler Ebene.
285 BremStGH, U. v. 19.10.1996 – St. 1/95 – juris, LS 2 u. Rn. 50; s. auch BbgVerfG, B. v. 20.2.2003 – VfGBbg 112/02 – juris, Rn. 17.
286 Siehe im Einzelnen *Hölscheidt*, Parlamentsfraktionen, 303 ff.
287 *Hölscheidt*, Parlamentsfraktionen, 306; für die Vereinslösung jedoch BremStGH, U. v. 19.10.1996 – St. 1/95 – juris, Rn. 53, mit der Folge der Anwendbarkeit von §§ 21 ff. BGB; ähnl. *Ipsen*, NVwZ 2005, 361 (363), mit einer auf § 46 I AbgG gestützten „Doppelnatur-These".
288 *Hölscheidt*, Parlamentsfraktionen, 308, 312 f.
289 *Hölscheidt*, Parlamentsfraktionen, 316 ff., 325 f. mwN.
290 BremStGH, U. v. 5.11.2004 – St 3/03 – juris, LS 2 u. Rn. 111.

Funktion).²⁹¹ Auf der anderen Seite unterstützen sie durch die Umsetzung des Prinzips der Arbeitsteiligkeit ihre Mitglieder in der Wahrnehmung ihres Mandats und kanalisieren die Ausübung ihrer Rechte zugunsten einer größeren politischen Schlagkraft (**mandatsbezogene Funktion**), vgl. auch § 1 I, II FraktionsG.²⁹² In dieser zweifachen Aufgabenstellung liegt zugleich die Rechtfertigung – ja die Gebotenheit – ihrer staatlichen Finanzierung (dazu näher → Rn. 142 ff.).²⁹³

119 Daneben stellen Fraktionen und Gruppen in der Parlamentspraxis eine notwendige Voraussetzung dafür dar, dass das **Recht auf Bildung und Ausübung einer Opposition** (dazu → Art. 33 Rn. 30 ff.) überhaupt wirksam wahrgenommen werden kann.²⁹⁴

d) Fraktion und Partei

120 Die Fraktion ist – zumindest verfassungsrechtlich – kein verlängerter Arm der Partei im Parlament, sondern ein eigenständiges Teilorgan des Landtags mit eigenen Rechten und Pflichten.²⁹⁵ Ihr kommt aber die **Funktion eines Scharniers zwischen dem Parlament und den Parteien** zu.²⁹⁶ Sie wird daher zu Recht als parlamentarische Repräsentation ihrer jeweiligen Partei wahrgenommen.²⁹⁷ Gleichwohl gibt es erhebliche Unterschiede in der Aufgabenstellung: Politische Parteien wirken im zivilgesellschaftlichen Außenrechtsverhältnis an der politischen Willensbildung der Bevölkerung mit (Art. 21 I GG), was sich vor allem in der Teilnahme an Wahlen und den ihnen vorgelagerten Wahlkämpfen niederschlägt.²⁹⁸ Fraktionen dagegen sind auf die organ- und mandatsbezogenen Aufgaben im parlamentarischen Raum beschränkt und gehören dem staatsorganisatorischen Innenbereich an.²⁹⁹ Daraus ergeben sich auch Grenzen für die **Öffentlichkeitsarbeit**: Während die Parteien politische Wahl- und Themen-Werbung bis hin zur Agitation betreiben können, dürfen Fraktionen und Gruppen nur über ihre parlamentarische Tätigkeit (und dabei eingenommene Standpunkte) berichten.³⁰⁰ Hierbei haben sie auch einen gewissen Grad an Sachlichkeit zu wahren (vgl. hierzu § 1 III FraktionsG). Wenngleich sich diese beiden

---

291 BVerfGE 80, 188 (219 f.); 112, 118 (135); LVerfG SchlH, U. v. 30.9.2013 – LVerfG 13/12 – juris, Rn. 54; BremStGH, U. v. 5.11.2004 – St 3/03 – juris, LS 2 u. Rn. 111, 126; HambVerfG, U. v. 11.7.1997 – HVerfG 1/96 – juris, Rn. 63; BbgVerfG, U. v. 20.6.1996 – VfGBbg 14/96 EA – juris, Rn. 22, 27; LVerfG M-V, B. v. 16.9.2002 – LVerfG 8/02 – juris, Rn. 15.
292 StGH, LVerfGE 11, 23 (29); BbgVerfG, LVerfGE 2, 201 (208); HessStGH, U. v. 9.10.2013 – P. St. 2319 – juris, Rn. 121.
293 BremStGH, U. v. 5.11.2004 – St 3/03 – juris, Rn. 112, 126.
294 BremStGH, U. v. 5.11.2004 – St 3/03 – juris, LS 3 (allerdings vor dem Hintergrund eines ausdrücklichen Oppositionsartikels in der BremVerf).
295 Vgl. *Ipsen*, NVwZ 2005, 361 (362).
296 Sondervotum *Mahrenholz*, BVerfGE 70, 324 (374 f.); BremStGH, U. v. 5.11.2004 – St 3/03 – juris, Rn. 112.
297 BbgVerfG, LVerfGE 2, 201 (208).
298 Deshalb haben Fraktionen, anders als Parteien, in Wahlrechtsstreitigkeiten keine Aktivlegitimation, vgl. BVerfGE 1, 208 (LS 5).
299 BVerfGE 20, 56 (104 f.); ähnl. VerfGH Rh-Pf, U. v. 11.10.2010 – VGH O 23/10 – juris, Rn. 42; vgl. auch *Lenski*, DÖV 2014, 585 (588).
300 BVerfGE 44, 125 (147); VerfGH Rh-Pf, U. v. 19.8.2002 – VGH O 3/02 – juris, LS 3 u. Rn. 40, 48; § 1 III 2 FraktionsG; ausf. dazu *Kretschmer*, ZG 2003, 1; krit. zu einer zu starken Einengung *Hölscheidt*, DÖV 2000, 712 (716).

Sphären in der Praxis mitunter überlappen mögen, bleibt der Bezug der Fraktionsarbeit zur Tätigkeit des Landtags unabdingbar.[301] Dies gilt auch für die Grenzen der Verbandskompetenz, weshalb einer Landtagsfraktion – im Gegensatz zum Landesverband ihrer Partei – Äußerungen zu bundes- oder europapolitischen Themen ohne Landesbezug regelmäßig verwehrt sind.

Ebenso besteht **kein Automatismus von Partei- und Fraktionsmitgliedschaft**. Wenngleich hier im Regelfall eine Deckungsgleichheit besteht, ist diese nicht verfassungsrechtlich geboten. Vielmehr folgt aus dem Assoziationsrecht als individuelles Recht eines jeden Abgeordneten, dass Parteilose (zB von einer anderen Fraktion Übergetretene oder ohne Parteibuch aufgestellte Parteikandidaten) einer Fraktion angehören können.[302] In Extremfällen ist es auch denkbar, dass Mitglieder einer konkurrierenden Partei aus deren Fraktion übertreten, ohne (sofort) ihre bisherige Parteimitgliedschaft aufzugeben. Damit umzugehen ist Angelegenheit sowohl der aufnehmenden Fraktion als auch der bisherigen Partei des Übertretenden, aber keine Frage einer unzulässigen Ausübung des Assoziationsrechts. Umgekehrt führt ein Parteiausschluss weder automatisch zum Fraktionsausschluss, noch stellt dieser einen Pauschalgrund für die Zulässigkeit eines Fraktionsausschlusses dar (→ Rn. 132 ff.).[303] Vor diesem Hintergrund kann die in § 17 I GO LT (ähnlich § 10 I GO BT) vorausgesetzte Mitgliedschaft aller Fraktionsmitglieder in derselben Partei nur als Regelsatz gelten, wenn die Vorschrift nicht gegen Art. 27 III LV verstoßen soll. 121

Ebenso wenig kann es eine Pflicht geben, dass alle auf dem Wahlvorschlag derselben Partei gewählten Abgeordneten für die Dauer der gesamten Wahlperiode eine gemeinsame Fraktion bilden müssen. Vielmehr kann es immer politisch gewichtige Gründe geben, dass sich eine Gruppe von einer Fraktion abspaltet oder sich eine Fraktion in zwei Fraktionen aufteilt (**Fraktionsspaltung**). Dieses vom individuellen Mandatsstatus eines jeden beteiligten Abgeordneten geschützte Recht kann wegen seiner verfassungsrechtlichen Verankerung auch nicht durch einfaches oder Geschäftsordnungsrecht konterkariert werden.[304] Von diesem Recht ist freilich die sog. **Fraktionsvermehrung** zu unterscheiden. Damit wird der Missbrauchsfall 122

---

301 Was bei einer reinen Sympathiewerbung für den Fraktionsvorsitzenden nicht mehr gewahrt ist, vgl. VerfGH Rh-Pf, U. v. 19.8.2002 – VGH O 3/02 – juris, LS 4 u. Rn. 64.
302 Vgl. *Hölscheidt*, Parlamentsfraktionen, 419 f., 481.
303 Weshalb entsprechende „Automatik-Klauseln" in Fraktionssatzungen verfassungswidrig sind.
304 AA *Lenz/Morlok/Nettesheim*, www.landtag-bw.de/files/live/sites/LTBW/files/dokumente/rechtliche_grundlagen/Gutachten_Zul%c3%a4ssigkeit%20und%20Grenzen%20der%20Bildung%20von%20Parallelfraktionen.pdf (1.11.2017), 33 f., die ein geschäftsordnungsrechtliches Verbot von mehreren Fraktionen mit Mitgliedern derselben Partei auch dann für zulässig halten, wenn ein politischer Dissens vorliegt, ohne dass sich einzelne Abgeordneten aus ihrer Partei austreten; die Rechtfertigung des Eingriffs in das Assoziationsrecht soll in der „Förderung der Repräsentativität der Entscheidungsfindungsprozesse im Landtag" bestehen; da aber nur Verfassungsrechtsgüter wie die Funktions- und Arbeitsfähigkeit des Parlaments – die durch eine Fraktionsspaltung regelmäßig nicht in Gefahr ist – den Eingriff in die verfassungsrechtliche Abgeordnetenstellung rechtfertigen können, erscheint der angebotene Rechtfertigungsgrund zu schwach.

beschrieben, dass sich eine (gemeinsam gewählte) Fraktion zur Optimierung von Ressourcen, Redezeiten und Antragsrechten in mehrere Fraktionen aufteilt, ohne dass es dafür einen hinreichend gewichtigen politischen Sezessionsgrund gibt. Eine solche Fraktionsvermehrung ist unzulässig.[305]

123 Aus der Mandatsfreiheit gem. Art. 27 III LV folgt auch, dass das Mandat stets dem einzelnen Abgeordneten und nicht der Fraktion (oder Partei) „gehört". Denn die Mandatsfreiheit beruht darauf, dass immer konkrete Menschen in das Parlament gewählt worden sind, keine Parteidelegierten. Dies gilt gerade auch dann, wenn die Wahl eines Abgeordneten auf Vorschlag einer Partei im Wahlkreis oder auf einer Parteiliste erfolgt ist. Folglich kann eine Fraktion den **Fraktionsaustritt oder -wechsel eines Abgeordneten** nicht verhindern. Insbesondere kann sie in einem solchen Fall weder den Betreffenden aus dem Mandat abberufen (sog. „Recall") noch von ihm die „Rück"-Gabe des Mandats (rechtlich) einfordern.[306]

e) Statistische Angaben (8.–15. Wahlperiode: 1980–2016)[307]

124

Wahlperiode	15	14	13	12	11	10	9	8
Dauer	5 Jahre				4 Jahre			
Anzahl der Fraktionen	4	4	4	5	5	4	4	4
Sitzungen der Fraktionen	704	645	622	708	533	452	477	369
Sitzungen der Arbeitskreise	2.343	1.569	952	1.057	873	953	916	977

2. Fraktionsbinnenrecht

a) Bildung, Auflösung und interne Willensbildung

125 Die **Bildung der Fraktion** beruht auf der von der Mandatsfreiheit umfassten freiwilligen Entscheidung der ihr angehörenden Abgeordneten, in dieser Weise ihr Assoziationsrecht auszuüben.[308] Ihre Gründung setzt zweierlei voraus: Zum einen müssen ihre Mitglieder Mandatsträger sein, also die Wahl gem. Art. 41 I 1 LV angenommen und dadurch die Abgeordnetenrechte erworben haben. Zum anderen muss der Landtag, dessen „Bruchteil" (lat. fractio) eine solche Fraktion darstellt, rechtlich existieren. Dies setzt zwar nicht seine Konstituierung, aber den Beginn der Wahlperiode voraus. Im davorliegenden Zeitraum bilden die Gewählten eine sog. „Vor-Fraktion", der noch keine verfassungsrechtliche Stellung zukommt.[309] Kor-

---

305 *Hölscheidt*, Parlamentsfraktionen, 48, 406, 700; *Klein* in: Morlok/Schliesky/Wiefelspütz, § 17 Rn. 11.
306 BbgVerfG, U. v. 16.10.2003 – VfGBbg 4/03 – juris, Rn. 27; s. auch *Feuchte* in: Feuchte, Art. 27 Rn. 41 f.; *Klein* in: Maunz/Dürig, Art. 38 Rn. 198, 208; *Trute* in: v. Münch/Kunig, Art. 38 Rn. 85.
307 Pl.-Prot. 9/86, 7257-7263 (8./9. WP); Pl.-Prot. 12/105, 8322-8324 (10./11. WP); LT-Drs. 14/7701 (12./13. WP); LT-Drs. 15/8124 (14./15. WP).
308 BVerfGE 80, 188 (LS 3 b); 84, 304 (324); 93, 195 (203); BerlVerfGH, U. v. 22.11.2005 – VerfGH 53/05 – juris, Rn. 44; SaarlVerfGH, U. v. 16.4.2013 – Lv 10/12 – juris, Rn. 66–73.
309 *Hölscheidt*, Parlamentsfraktionen, 423 f.

respondierend zur Gründungsfreiheit steht es auch jedem Fraktionsmitglied jederzeit frei, seine Fraktion zu verlassen.[310]

Die **Mindestgrenzen für die Größe einer Fraktion** sind – soweit die Grenzen des freien Mandats einerseits und der parlamentarischen Funktionsfähigkeit andererseits gewahrt bleiben – gestaltbar, müssen dann aber einheitlich für alle Fraktionen gelten (näher hierzu → Rn. 116). Insbesondere können Oppositionsgruppierungen mit einer geringeren Mitgliederzahl keinen privilegierten Zugang zum Fraktionsstatus beanspruchen, woran auch das Recht der Opposition auf Chancengleichheit nichts ändert.[311] 126

Der **Regelfall einer Fraktionsauflösung** ist der Ablauf der Wahlperiode. Denn als parlamentarische Suborganisationen unterliegen die Fraktionen ebenso wie das Gesamtparlament der Diskontinuität (s. dazu → Art. 30 Rn. 13 ff.), weshalb sich auch alle fraktionsinternen Ämter und Funktionen mit dem Ende der Wahlperiode automatisch erledigen.[312] Eine Auflösung liegt ferner dann vor, wenn die Voraussetzungen für die Fraktionsbildung nachträglich entfallen (etwa, wenn die Mindestzahl willkürfrei erhöht wird oder durch Austritte/Ausschlüsse unterschritten wird).[313] 127

Die **fraktionsinterne Willensbildung und Funktionsstruktur** muss demokratischen Grundsätzen entsprechen. Das oberste Entscheidungsgremium ist demnach das Fraktionsplenum.[314] Hier sind sowohl Probeabstimmungen als auch Stimmempfehlungen möglich und zulässig, solange in angemessenem Umfang Raum zur Diskussion besteht und keine strikte Befolgung der Empfehlung eingefordert wird.[315] Der Fraktionsvorstand bedarf der demokratischen Legitimation durch die Fraktionsgemeinschaft.[316] Die Regelung der Einzelheiten ist den Fraktionssatzungen überlassen. 128

b) Fraktionsgeschlossenheit

Mit Blick auf ihre Bündelungs- und Koordinierungsfunktion stellt es ein legitimes Ziel von Fraktionen dar, auf ein geschlossenes politisches Erscheinungsbild hinzuwirken. Verfassungsrechtlich wird dies durch (den auch im Landesverfassungsrecht geltenden)[317] Art. 21 GG untermauert. Zwar folgt daraus nicht, dass Fraktionen eine völlige Exklusivität im Handeln ihrer Mitglieder einfordern können. Auch fraktionsgebundene Abgeordnete sind frei, in fraktionsunabhängigen Zusammenschlüssen mit Kollegen aus anderen Fraktionen oder ohne Fraktionsbindung innerparlamentarische Intiativen zu ergreifen, zB Anträge oder Anfragen zu stellen.[318] Gleichwohl wird oft von den Fraktionsangehörigen erwartet, sich bei Abstimmungen und 129

---

310 LVerfG M-V, U. v. 27.5.2003 – LVerfG 10/02 – juris, Rn. 44.
311 BerlVerfGH, U. v. 28.7.1994 – VerfGH 47/92 – juris, Rn. 46; BbgVerfG, LVerfGE 2, 201 (210 f.).
312 BremStGH, U. v. 19.10.1996 – St. 1/95 – juris, Rn. 48; *Hölscheidt*, Parlamentsfraktionen, 468, 705; *Klein* in: Morlok/Schliesky/Wiefelspütz, § 17 Rn. 13.
313 *Hölscheidt*, Parlamentsfraktionen, 705.
314 Vgl. *Hölscheidt*, Parlamentsfraktionen, 431–433; *Krings* in: Morlok/Schliesky/Wiefelspütz, § 17 Rn. 27.
315 StGH, ESVGH 23, 1 (16).
316 *Krings* in: Morlok/Schliesky/Wiefelspütz, § 17 Rn. 35 ff.
317 StGH, ESVGH 31, 81 (84); BVerfGE 1, 208 (227); *Hölscheidt*, Parlamentsfraktionen, 294 f.
318 BerlVerfGH, U. v. 15.1.2014 – VerfGH 67/12 – juris, Rn. 102.

130 Redebeiträgen im Plenum der Mehrheitsmeinung in der Fraktion anzuschließen und so ihre **Solidarität mit der Gemeinschaft** (der der einzelne Abgeordnete ja freiwillig angehört) zu zeigen. Diese Solidaritäts- und Loyalitätserwartung ist gemeinschaftsimmanent und korrespondiert mit der Wirkungsverstärkung des einzelnen Mandats durch die Fraktionszugehörigkeit.[319] Denn wer anderen folgt, kann auch Gefolgschaft erwarten.

130 Die Loyalitätserwartung wird regelmäßig von den Fraktionsführungen mit den verschiedensten Instrumenten durchzusetzen versucht. Hierzu zählen Überredungsbemühungen mit „intensiver Seelenmassage"[320] bis hin zu einer halböffentlich-bloßstellenden Kritik in einer Fraktionssitzung. Zudem haben Abweichler tendenziell geringere Aussichten, als Redner benannt zu werden, in den gewünschten Ausschuss entsandt zu werden, in Sprecher- oder Vorsitzfunktionen gewählt zu werden oder – im Extremfall – bei der nächsten Wahl wieder als Kandidat der Partei aufgestellt zu werden. So kann ein Druck aufgebaut werden, der zu einem Spannungsverhältnis mit dem individualisierten Leitbild des Abgeordnetenmandats gem. Art. 27 III LV führt. Solange solche Maßnahmen aber ohne konkret angedrohte Sanktionen bleiben und ihre Erfolglosigkeit im Einzelfall auch hingenommen wird, zählen sie noch zur **Fraktionsdisziplin**, die im Ausgleich von Art. 21 GG und Art. 27 III LV zur Sicherung der Funktionsfähigkeit des Parlaments verfassungsrechtlich hingenommen wird.[321] Wenn aber durch die Androhung von empfindlichen Sanktionen (wirtschaftlicher, politischer oder sonst beruflicher Natur) versucht wird, ein Fraktionsmitglied zu einer konkreten Mandatsausübung (insbesondere des Stimmrechts, aber auch des Rederechts) in einem ganz bestimmten Sinn zu verpflichten, ist die Grenze zum verfassungswidrigen **Fraktionszwang** wegen Verletzung von Art. 27 III LV überschritten.[322]

131 Kein Fall des Fraktionszwangs liegt aber vor, wenn eine Fraktion aus einem (häufigeren) Abweichungsverhalten eines Mitglieds Konsequenzen zieht. In extremen Fällen notorischer Abweichler kann dies sogar bis zum **Fraktionsausschluss** reichen, wenn in der Summe eine Zusammenarbeit nicht mehr als zumutbar angesehen wird (→ Rn. 134). Dem sind jedoch iSd Verhältnismäßigkeitsprinzips mildere Mittel „vorgeschaltet" wie etwa die zeitweilige Nichtbenennung als Redner, der zeitweilige oder dauerhafte Rückruf aus einem Ausschuss (der anders als im Bundestag die Zustimmung des Plenums erfordert)[323] oder der Entzug von Fraktionsfunktionen (nach Maßgabe der jeweiligen Fraktionssatzung). Wegen der Verfassungsbindung des Landtags, die sich auf die Fraktionen als dessen Gliederungen

---

319 *Klein* in: Maunz/Dürig, Art. 38 Rn. 203; vgl. auch VerfGH, U. v. 27.10.2017 – 1 GR 35/17 – juris, Rn. 48.
320 *Hölscheidt*, Parlamentsfraktionen, 458.
321 *Klein* in: Maunz/Dürig, Art. 38 Rn. 214; *Hölscheidt*, Parlamentsfraktionen, 458.
322 VerfGH, U. v. 27.10.2017 – 1 GR 35/17 – juris, Rn. 49; *Klein* in: Maunz/Dürig, Art. 38 Rn. 215 f.; ausf. *Hölscheidt*, Parlamentsfraktionen, 446 ff., insbes. 457 f.
323 § 57 II 1 GO BT sieht keine Wahl der Ausschussmitglieder, sondern ein abschließendes Benennungsrecht der Fraktionen vor; dieses umfasst als actus contrarius auch ein Rückrufrecht; zu dieser Praxis krit. *Hölscheidt*, Parlamentsfraktionen, 463–467, 704 f.; *Klein* in: Maunz/Dürig, Art. 38 Rn. 217; *Achterberg/Schulte* in: v. Mangoldt/Klein/Starck, Art. 38 Rn. 44–47.

erstreckt, sind bei solchen Maßnahmen namentlich das Anhörungsgebot (in formeller Hinsicht) und das Willkürverbot (in materieller Hinsicht) zu beachten.[324] Werden diese Mittel – insbesondere die Nichtbenennung als Redner und die Nichtentsendung in einen Ausschuss – jedoch über einen längeren Zeitraum oder unbefristet eingesetzt, kann ein **faktischer Fraktionsausschluss** vorliegen. An diesen sind deshalb die nachfolgend geschilderten Anforderungen, wie sie für den regulären Fraktionsausschluss gelten, zu stellen.

c) Fraktionsausschluss

Wenngleich aus Art. 27 III LV kein Anspruch auf Aufnahme in eine bestimmte Landtagsfraktion besteht, gewährt die Bestimmung doch einen Schutz auf Verbleib eines Abgeordneten in einer Fraktion, weil die Fraktionsmitgliedschaft eine zentrale Wirkungsverstärkung des Abgeordnetenmandats darstellt. Daraus folgt auch die verfassungsprozessuale Antragsbefugnis eines vom Fraktionsausschluss bedrohten Abgeordneten.[325] Dieser Schutz findet seine Grenze erst im Mandatsstatus der anderen Fraktionsmitglieder und in den Verfassungsrechtsgütern der Effektivität des Parlamentsbetriebs und damit der Funktionsfähigkeit der Fraktion.[326] Als Gegenstück der Freiwilligkeit des Zusammenschlusses bei der Fraktionsbildung muss eine Fraktion auch die Möglichkeit haben, diese Gemeinschaft bezüglich eines Mitglieds zu beenden.[327] Gleichwohl sind die **Anforderungen an den Fraktionsausschluss vergleichsweise hoch**. Die nähere Ausgestaltung ist den Fraktionsgeschäftsordnungen überantwortet (§ 1 V 2 FraktionsG).

132

Zu den verfassungsrechtlich gebotenen **Eckpunkten eines Ausschlussverfahrens** zählen die wesentlichen demokratischen und rechtsstaatlichen Prinzipien:[328]

133

- Die Verfahrenseinleitung muss aus der Fraktion – nicht aus der Partei – kommen.
- Die Entscheidung über den Ausschluss kann wegen der großen Bedeutung nur beim Fraktionsplenum liegen.
- Die Fraktion muss darüber angemessen beraten können, was sowohl eine hinreichende Ladungsfrist unter Nennung des Ausschlussantrags, die Übersendung einer aussagekräftigen Vorlage über den Ausschlussgrund und die Gewährung rechtlichen Gehörs für den vom Ausschluss Bedrohten voraussetzt.
- Der Ausschlussbeschluss setzt mindestens eine absolute Mehrheit voraus; üblich sind jedoch qualifizierte Mehrheiten von zwei Dritteln oder drei Vierteln.

---

324 VerfGH, U. v. 27.10.2017 – 1 GR 35/17 – juris, LS 1 u. 2, Rn. 53 ff.
325 BbgVerfG, U. v. 16.10.2003 – VfGBbg 4/03 – juris, Rn. 27; BerlVerfGH, U. v. 22.11.2005 – VerfGH 53/05 – juris, Rn. 45; aA Ipsen, NVwZ 2005, 361 (363 f.).
326 Vgl. BbgVerfG, U. v. 16.10.2003 – VfGBbg 4/03 – juris, Rn. 28.
327 LVerfG M-V, U. v. 27.5.2003 – LVerfG 10/02 – juris, Rn. 44, 46.
328 Ausf. *Lenz*, NVwZ 2005, 364 (366-368), und *Schmidt*, DÖV 2003, 846 (847-849); s. auch BerlVerfGH, U. v. 22.11.2005 – VerfGH 53/05 – juris, Rn. 50 ff.; LVerfG M-V, U. v. 27.5.2003 – LVerfG 10/02 – juris, LS 4 u. Rn. 45-47.

- Ob die Abstimmung zwingend geheim erfolgen muss, ist umstritten. Angesichts der Bedeutung und des mit einer solchen Entscheidung verbundenen Drucks auf die übrigen Fraktionsmitglieder spricht allerdings viel dafür.[329]

134 Daneben setzt ein Fraktionsausschluss einen **wichtigen Grund** voraus. Dies ist zB der Fall, wenn es am erforderlichen Mindestmaß an politischer Übereinstimmung mit dem Betroffenen fehlt und deshalb der Meinungsbildungsprozess in der Fraktion strukturell gestört ist.[330] Ebenso liegt ein wichtiger Grund vor, wenn die Fortsetzung der Fraktionsgemeinschaft mit dem Betroffenen für die übrigen Fraktionsmitglieder unzumutbar erscheint. Dies bedingt eine entsprechend „**nachhaltige Störung des Vertrauensverhältnisses**" und kann sowohl politische als auch in der Persönlichkeit des Betroffenen liegende Ursachen haben,[331] etwa wenn er durch sein Verhalten das Ansehen der Fraktion und damit aller übrigen Fraktionsmitglieder erheblich beschädigt hat.[332] Ein **Parteiaustritt oder -ausschluss** kann demgegenüber wegen der rechtlichen Eigenständigkeit der Fraktion gegenüber der Partei nicht automatisch zum Fraktionsausschluss führen; vielmehr muss der dafür maßgebliche Konflikt gerade auch für die Fraktionszusammenarbeit relevant sein. Umgekehrt setzt ein Fraktionsausschluss einen Parteiausschluss nicht voraus.[333]

135 Die Einhaltung der verfahrensrechtlichen Mindestanforderungen und das Vorliegen des wichtigen Grundes unterliegen der verfassungsgerichtlichen Überprüfung im Organstreitverfahren.[334] Wegen des autonomen **Beurteilungsspielraums der Fraktion** beschränkt sich diese jedoch auf eine Evidenz- und Willkürprüfung.[335] Diese umfasst die Überprüfung, ob die Ausschlussentscheidung nach verfahrensmäßig demokratischen und rechtsstaatlichen Grundsätzen getroffen wurde sowie ob ihr ein hinreichend vollständig aufgeklärter und zutreffender Sachverhalt zugrundelag.[336]

---

329 So *Lenz*, NVwZ 2005, 364 (367), und *Schmidt*, DÖV 2003, 846 (849); großzügiger BerlVerfGH, U. v. 22.11.2005 – VerfGH 53/05 – juris, Rn. 56, wonach eine offene Abstimmung dann zulässig sein soll, wenn eine geheime Abstimmung auf Wunsch von nur einem Fraktionsmitglied durchgeführt worden wäre.
330 BerlVerfGH, U. v. 22.11.2005 – VerfGH 53/05 – juris, LS 1 u. Rn. 58, 61, wonach ein Fraktionsausschluss zulässig ist, „wenn der Betroffene in der Öffentlichkeit eine Konfrontation mit Polizisten gesucht, einen als Feigling beschimpft und so eine für die gesamte Fraktion nach innen und außen schädliche Presseresonanz verursacht hat".
331 *Lenz*, NVwZ 2005, 364 (368); *Schmidt*, DÖV 2003, 846 (849 ff.).
332 BerlVerfGH, U. v. 22.11.2005 – VerfGH 53/05 – juris, Rn. 58.
333 *Lenz*, NVwZ 2005, 364 (369); LVerfG M-V, U. v. 27.5.2003 – LVerfG 10/02 – juris, LS 5 u. Rn. 53.
334 *Hölscheidt*, Parlamentsfraktionen, 480 mwN; krit. *Ipsen*, NVwZ 2005, 361 (364), der offenbar – analog zum Parteiausschluss – einem zivilgerichtlichen Verfahren zuneigt.
335 *Lenz*, NVwZ 2005, 364 (369); BerlVerfGH, U. v. 22.11.2005 – VerfGH 53/05 – juris, LS 2 u. Rn. 59; BbgVerfG, U. v. 20.6.1996 – VfGBbg 14/96 EA – juris, Rn. 25; U. v. 16.10.2003 – VfGBbg 4/03 – juris, Rn. 32.
336 LVerfG M-V, U. v. 27.5.2003 – LVerfG 10/02 – juris, Rn. 49; s. auch *Klein* in: Maunz/Dürig, Art. 38 Rn. 252.

3. Fraktionsrechte

a) Parlamentarische Mitwirkungsrechte

Die Rechtsstellung der Fraktion als Zusammenschluss von Abgeordneten umfasst dieselben Rechte wie die einzelnen Mandatsträger, weil sie sich **aus dem Status ihrer Mitglieder ableiten** lassen.[337] Eine darüber hinausgehende eigene Rechtsstellung, die vom Mandat ihrer Mitglieder unabhängig wäre, kommt den Fraktionen im Landtag von Baden-Württemberg von Verfassungs wegen nicht zu. Hierfür wäre eine gesonderte Verfassungsbestimmung über die Rechtsstellung von Fraktionen erforderlich, wie dies in anderen Ländern der Fall ist (zB Art. 40 II BerlVerf, 67 I BbgVerf, 77 II BremVerf, 25 II MVVerf, 85a II, III RPVerf, 47 II LSAVerf).[338] Dies war vom Justizministerium im Rahmen der Verfassungsberatungen – bereits damals verbunden mit einem gedeckelten Finanzierunganspruch – erfolglos angeregt worden.[339] Eine vom Mandat ihrer Mitglieder **unabhängige eigene Rechtsstellung** haben die Fraktionen als solche nur kraft Geschäftsordnungsrechts. Hierzu zählen Rechte wie zB das Vorschlagsrecht bei Ausschusswahlen (§ 19 II GO LT), die Beantragung Aktueller Debatten (§ 59 GO LT), die Einbringung von Gesetzentwürfen (§ 53 I GO LT) oder die Stellung Großer Anfragen (§ 62 II GO LT).[340] Ein Eingriff in die verfassungsrechtliche Rechtsstellung liegt aber immer erst dann vor, wenn damit (zugleich) ein aus dem Abgeordnetenstatus der Mitglieder herrührendes Recht betroffen ist. 136

Zu den verfassungsrechtlichen Fraktionsrechten zählen folglich die üblichen innerparlamentarischen Mitwirkungsrechte in Gestalt des **Beratungs-, Frage-, Rede-, Initiativ- und Stimmrechts**. So folgt zB aus dem Beratungsrecht das Recht, bei der Ausübung des Budgetrechts des Landtags eine Debatte über Einsparungen – allerdings ohne Anspruch auf einen Erfolg im Sinne eines Aufgreifens von Anregungen – führen zu können. Dieses Recht wird durch das Instrument geringer globaler Minderausgaben (bis zu rund 2 %) noch nicht verletzt.[341] Ein Eingriff in die Mitwirkungsrechte läge aber zB vor, wenn eine Fraktion daran gehindert würde, bestimmte Anträge zu stellen oder an einer Abstimmung teilzunehmen.[342] 137

Generell erschöpfen sich die innerparlamentarischen Rechte in der **Teilhabe am parlamentarischen Willensbildungsprozess**. Die Ergebnisse solcher Prozesse sind davon dagegen nicht erfasst, sondern unterliegen dem Mehrheitsprinzip.[343] Weder durch das außerparlamentarische Verhalten von Re- 138

---

337 BVerfGE 70, 324 (363); SächsVerfGH, LVerfGE 4, 287 (295 f.); B. v. 2.11.2006 – Vf. 72-I-06 – juris, Rn. 17; BayVerfGH, E. v. 17.7.2001 – Vf. 56-IVa-00 – juris, Rn. 26; SaarlVerfGH, U. v. 31.10.2002 – Lv 1/02 – juris, Rn. 75; NdsStGH, U. v. 22.10.2012 – StGH 1/12 – juris, Rn. 49.
338 Zur dortigen Rechtslage s. LVerfG M-V, U. v. 31.5.2001 – LVerfG 2/00 – juris, Rn. 69.
339 Bemerkungen des Justizministeriums zum Verfassungsentwurf vom 3.3.1953 in: Feuchte, Quellen, 6. Teil, 104 (123).
340 Dazu ausf. *Hölscheidt*, Parlamentsfraktionen, 331 ff.
341 StGH, ESVGH 47, 1 (LS 2 u. S. 3 f.) zur GMA iHv 0,7 oder 1,0 %; BerlVerfGH, B. v. 22.11.1993 – VerfGH 18/93 – juris, Rn. 19 (zur GMA iHv 2,29 %).
342 BerlVerfGH, B. v. 22.11.1993 – VerfGH 18/93 – juris, Rn. 19.
343 HessStGH, U. v. 9.10.2013 – P. St. 2319 – juris, Rn. 116, 118 ff. mwN.

gierungsmitgliedern (etwa bei Wahrnehmung vom Landtag nicht genehmigter Leitungs- und Aufsichtsfunktionen in wirtschaftlichen Unternehmen) noch durch einen sachlich rechtswidrigen Landtagsbeschluss ist dieses Teilhaberecht verletzt.[344] Anders wäre es nur dann, wenn eine vorgeschriebene Beteiligung des Landtags „aus sachfremden Gründen verzögert oder dem Landtag die zur Sachbehandlung nötigen Informationen vorenthalten werden",[345] weil dann in das Recht der Fraktionen auf eine zeit- und sachgerechte Beratung eingegriffen wird. In besonderen Fällen einer Behinderung einer Fraktion bei der Wahrnehmung ihrer Rechte durch außerparlamentarische Einwirkungen (zB staatsanwaltschaftliche Ermittlungen) verdichtet sich das Mitwirkungsrecht in einen Schutzanspruch gegen den Landtag, an der Klärung der Befugnisse der Fraktion mitzuwirken.[346]

b) Insbesondere: Gleichbehandlungsanspruch und das Gebot der Spiegelbildlichkeit

139 Aufgrund des abgeleiteten Charakters ihrer Rechtsstellung gilt für die Fraktionen ebenfalls das Egalitätsprinzip, weshalb sie in der Ausübung ihrer Funktionen die gleichen Rechte und Pflichten haben. Daraus folgt auch ein grundsätzlicher **Gleichbehandlungsanspruch**; Differenzierungen müssen verfassungsrechtlich gerechtfertigt sein.[347] Insbesondere kein zulässiger Differenzierungsgrund ist es, ob eine Fraktion zur parlamentarischen Mehr- oder Minderheit zählt.[348] Daher haben alle Fraktionen proportional zu ihrer Größe einen gleichberechtigten Anspruch auf Teilhabe an der Fraktionsfinanzierung und auf **Zugang zu den Ausschüssen und parlamentarischen Gremien**, die deshalb eine spiegelbildliche Abbildung des Plenums darstellen müssen.[349] Wie das **Gebot der Spiegelbildlichkeit** umgesetzt wird, obliegt dem aus der Parlamentautonomie folgenden Selbstorganisationsrecht des Landtags, solange dieser sich eines anerkannten Proportionalverfahrens (etwa wie bei der Sitzverteilung im Wahlrecht, s. → Art. 28 Rn. 9) bedient.[350] Dabei dürfen keine mehrheitsverändernden Rundungen vorgenommen werden. So darf eine Fraktion, deren Anteil am Plenum knapp unterhalb von 50 % liegt, nicht die Hälfte der Ausschusssitze erhalten, weil damit eine überproportionale Blockademöglichkeit verbun-

---

344 StGH, LVerfGE 11, 23 (LS 1, 2).
345 StGH, LVerfGE 11, 23 (30).
346 VerfGH Rh-Pf, U. v. 19.8.2002 – VGH O 3/02 – juris, LS 2.
347 BVerfGE 93, 195 (203 f.); 112, 118 (133); SächsVerfGH, B. v. 24.2.2005 – Vf. 121-I-04 – juris, Rn. 15; HessStGH, U. v. 9.10.2013 – P. St. 2319 – juris, Rn. 112; *Klein* in: Maunz/Dürig, Art. 38 Rn. 253.
348 SächsVerfGH, U. v. 27.10.2016 – Vf. 134-I-15 – juris, Rn. 45 f.
349 Vgl. § 19 III GO LT; in Berlin sogar auf Verfassungsebene geregelt in Art. 44 II 1 BerlVerf; BVerfGE 70, 324 (362 f.); 84, 304 (LS 3 a); 112, 118 (133, 135); U. v. 22.9.2015 – 2 BvE 1/11 – juris, Rn. 93; HessStGH, U. v. 9.10.2013 – P. St. 2319 – juris, Rn. 114 f.; BayVerfGH, E. v. 26.11.2009 – Vf. 32-IVa-09 – juris, LS 1 u. 2, Rn. 42; SächsVerfGH, U. v. 5.11.2010 – Vf. 28-I-10 – juris, Rn. 32; *Versteyl* in: v. Münch/Kunig, Art. 43 Rn. 18; zum Spannungsverhältnis zwischen Spiegelbildlichkeit und parlamentarischer Effizienz vgl. *Steinbach*, DÖV 2016, 286 ff.
350 BVerfGE 130, 318 (354 f.); U. v. 22.9.2015 – 2 BvE 1/11 – juris, Rn. 96; SächsVerfGH, B. v. 24.2.2005 – Vf. 121-I-04 – juris, Rn. 24; im Landtag gilt dafür gem. § 17 a I GO LT das Höchstzahlverfahren nach Sainte-Laguë/Schepers, wonach die Teilung nur durch die ungeraden Zahlen erfolgt.

den ist. Hier kann der Landtag verfassungsrechtlich gehalten sein, ungerade Sitzzahlen in den Ausschüssen vorzusehen.[351] Soweit einer Fraktion das Vorschlagsrecht für einen oder mehrere Sitze in parlamentarischen Gremien zusteht, hat sie bei dessen Ausübung einen personalpolitischen Ermessensspielraum. Nur in besonderen Fällen können vom übrigen Parlament besondere persönliche Anforderungen – etwa ein besonderes Maß persönlicher Integrität oder spezifischer Sachkunde – verlangt werden.[352]

Abweichungen vom Gebot der Spiegelbildlichkeit sind nur zulässig, soweit dies zur Sicherung der Funktionsfähigkeit des Parlaments erforderlich ist. Hierzu zählt insbesondere die Wahrung einer ggf. sehr knappen Regierungsmehrheit auch auf Ausschussebene, weil sonst das politisch-fachliche Zusammenspiel von Ausschüssen und Plenum empfindlich gestört wäre.[353] Keine zulässige Ausnahme liegt dagegen vor, wenn eine Fraktion wegen verfassungspolitischer Unzuverlässigkeit aus dem Parlamentarischen Kontrollgremium ausgeschlossen wird.[354] Zwar haben besonders kleine Fraktionen oder Gruppen keinen Anspruch auf ein „Grundmandat" dergestalt, dass sie mit mindestens einem Abgeordneten in jedem Ausschuss vertreten sein müssten.[355] Allerdings darf der Landtag die Ausschüsse nicht grundlos so klein halten, dass eine kleine Fraktion außen vor bleiben muss; vielmehr bedarf eine geringe Ausschussgröße einer Rechtfertigung, deren Anforderungen mit sinkender Größe steigen.[356] Solange aber eine hinreichende sachliche Rechtfertigung vorliegt, kann es Gremien mit einer derart geringen Sitzzahl geben, dass besonders kleine Fraktionen nach dem spiegelbildlichen Verteilungsschlüssel nicht mehr berücksichtigt werden. Dies ist insbesondere dann der Fall, wenn wegen besonderer Sensibilität und Vertraulichkeit der Beratungsgegenstände der Kreis der Informationsträger möglichst eng gehalten werden soll.[357] 140

Die Geltung des verfassungsrechtlich unterlegten Gebots der Spiegelbildlichkeit besteht uneingeschränkt bei der Bildung innerparlamentarischer Gremien. Darüber hinaus ist es auch bei parlamentarischen Wahlen und Bestellungsakten für **Vertreter des Landtags in außerparlamentarischen Gremien** zu beachten, wenn diese Vertreter dort die (politischen Integrations-)Belange und Interessen des Landtags wahrzunehmen haben (zB in diversen Aufsichtsgremien und Kuratorien).[358] Keine (verfassungsrechtliche) Geltung kommt dem Gebot der Spiegelbildlichkeit dagegen bei solchen 141

---

351 BayVerfGH, E. v. 26.11.2009 – Vf. 32-IVa-09 – juris, LS 3 u. Rn. 40, 51.
352 BVerfGE 70, 324 (LS 8 u. S. 365), bzgl. eines besonderen haushaltsrechtlichen Gremiums; BbgVerfG, U. v. 19.2.2016 – VfGBbg 57/15 – juris, LS 2, bzgl. des Parlamentarischen Kontrollgremiums.
353 BVerfGE 112, 118 (136 f., 140 f.); 130, 318 (355); U. v. 22.9.2015 – 2 BvE 1/11 – juris, Rn. 100.
354 SächsVerfGH, LVerfGE 4, 287 (LS 1, 3).
355 BVerfGE 84, 304 (332 f.).
356 BVerfG, U. v. 22.9.2015 – 2 BvE 1/11 – juris, Rn. 97 f.
357 BVerfGE 70, 324 (LS 9 u. S. 364); SächsVerfGH, B. v. 24.2.2005 – Vf. 121-I-04 – juris, LS 1 u. Rn. 35; BayVerfGH, E. v. 21.2.2002 – Vf. 13-VIII-00 – juris, LS 1 u. Rn. 45, 52; BbgVerfG, U. v. 19.2.2016 – VfGBbg 57/15 – juris, Rn. 43 f.; vgl. auch *Kluth* in: Schmidt-Bleibtreu/Hofmann/Henneke, Art. 43 Rn. 6.
358 BVerfGE 112, 118 (133 ff.) bzgl. des Vermittlungsausschusses von Bundestag und Bundesrat.

Wahlen zu, die der **Kreationsfunktion** des Parlaments zuzuordnen sind (zB Wahl des Ministerpräsidenten, des Datenschutzbeauftragten, des Bürgerbeauftragten, der Mitglieder des VerfGH oder des LfK-Vorstands) oder nicht der Wahrnehmung parlamentarischer Belange in anderen Organisationen dienen. Freilich steht es dem Gesetz- und Geschäftsordnungsgeber dessen ungeachtet frei, unterhalb der Verfassungsebene vergleichbare Proporzregelungen aufzustellen (vgl. § 17 a II GO LT).

c) Finanzierung

142 Die Landtagsfraktionen erhalten **Zuschüsse gem. § 2 ff. FraktionsG**. Daneben können die Fraktionen **Beiträge ihrer Mitglieder** erheben, was durch das FraktionsG nicht ausgeschlossen ist. Auch verfassungsrechtlich spricht nichts dagegen, solange die Beiträge nicht so hoch sind, dass die verbleibende Abgeordnetenentschädigung für eine amtsangemessene Lebensführung nicht mehr ausreicht.[359] Die **öffentliche Finanzierung** besteht aus einem größenunabhängigen Grundbetrag für jede Fraktion, aus einem Kopfbetrag pro Mitglied und aus einem Zuschlag für die Oppositionsfraktion(en), § 3 I FraktionsG.[360] Der rechtliche Charakter der öffentlichen Fraktionsfinanzierung ist staatsrechtlicher – und nicht verwaltungsrechtlicher – Natur, weil sie an Fraktionen als Teilorgane eines Verfassungsorgans geleistet werden.[361] Soweit aber nicht verfassungsrechtliche Ansprüche (etwa auf Gleichbehandlung), sondern die Anwendung des einfachgesetzlichen FraktionsG im Streit steht, ist der Verwaltungsrechtsweg eröffnet; denn dann streiten Verfassungs-(Teil-)Organe um nicht-verfassungsrechtliche Normen (§ 40 I VwGO).[362]

143 Der **Oppositionszuschlag** rechtfertigt sich dadurch, dass damit Informations- und Ressourcenvorteile der regierungstragenden Fraktionen wegen deren direkten informellen Zugriffs auf die Regierungsmitglieder und damit auch auf die Ministerien kompensiert werden. Hinzu kommt, dass die politische Visibilität der Regierungsparteien durch ihre in der öffentlichen Wahrnehmung hervorgehobenen Funktionsträger (insbes. die Regierungsmitglieder) einen Ausgleich zugunsten der Opposition erforderlich macht, damit diese sich überhaupt als Alternative angemessen präsentieren kann.[363] Die öffentlichen Mittel unterliegen einem **einengenden Verwendungszweck**. Sie sind von den Fraktionen „nur zur Wahrnehmung ihrer politischen Aufgaben sowie zur Organisation und Aufrechterhaltung ihres Geschäftsbetriebs" (§ 3 II 1 FraktionsG) – also beschränkt auf ihren originären Aufgabenbereich – einzusetzen. Dabei umfassen die „politischen Aufgaben" nur solche der fraktionsspezifischen Koordinierungs-, Bündelungs- und Unterstützungsfunktion für den parlamentarischen Arbeitspro-

---

359 *Hölscheidt*, Parlamentsfraktionen, 654–657.
360 Zur historischen Entwicklung vgl. *Hölscheidt*, Parlamentsfraktionen, 509 ff.; bes. ausf. LT-Drs. 14/3531 (Beratende Äußerung des RH über die Zuschüsse und sonstigen Leistungen an die Fraktionen des Landtags in der 13. WP).
361 BremStGH, U. v. 19.10.1996 – St. 1/95 – juris, LS 1 u. Rn. 44.
362 LVerfG M-V, U. v. 26.2.2015 – LVerfG 2/14 – juris, LS 1, 2 u. Rn. 22 ff.
363 BremStGH, U. v. 5.11.2004 – St 3/03 – juris, LS 3 u. Rn. 120 f.; zust. *Brocker/Messer*, NVwZ 2005, 895 (898); zur Entstehungsgeschichte des Oppositionszuschlags in BW vgl. *Schneider*, Parlamentarische Opposition, 281 f.

zess.³⁶⁴ Denn nur dieser Umstand erlaubt die finanzielle Förderung aus öffentlichen Mitteln.³⁶⁵

Der einengende Verwendungszweck beim Einsatz der öffentlichen Mittel ist v.a. relevant zur **Abgrenzung zur jeweiligen Partei**, um eine indirekte Parteienfinanzierung zu verhindern (daher explizit § 3 II 2 FraktionsG). So dürfen Fraktionsmittel – und folglich auch die daraus bezahlten Mitarbeiter – insbesondere nicht für Wahlkampf- oder Wahlwerbezwecke eingesetzt werden (zur zulässigen Öffentlichkeitsarbeit vgl. § 1 III FraktionsG).³⁶⁶ Soweit aber fraktionsbezogene Öffentlichkeitsarbeit mit einem angesichts der politischen Nähe von Partei und Fraktion unvermeidbaren Werbe-Nebeneffekt verbunden ist, liegt noch kein Verstoß gegen die Zweckbindung der Mittel vor.³⁶⁷ Denn die Fraktionen sind, auch soweit sie dafür öffentliche Mittel in Anspruch nehmen, nicht dem **Gebot politischer Neutralität** unterworfen (§ 1 III 4 FraktionsG). Denn es entspricht gerade ihrer Funktion der Meinungsbündelung, in politischen Fragen – die für das Parlament relevant sind – Position zu beziehen.³⁶⁸ Soweit allerdings eine Maßnahme der Öffentlichkeitsarbeit nur noch der Sympathiewerbung für Funktionsträger der Fraktion (insbes. für den Fraktionsvorsitzenden) dient, fehlt es am hinreichenden Bezug zu den Fraktionsaufgaben.³⁶⁹ 144

Zweckwidrig eingesetzte Mittel sind (unabhängig von Strafzahlungen für die Partei gem. §§ 31a ff. PartG) zurückzuzahlen, § 4 FraktionsG. Zudem kann bei einem – trotz der Nähe von Partei und Fraktion – besonders extremen Missbrauchsfall eine Strafbarkeit wegen Untreue in Betracht kommen.³⁷⁰ Aus der Rechtsbindung aller staatlichen Gewalt gem. Art. 25 II LV folgt zudem die **Rechnungslegungspflicht** über die Verwendung öffentlicher Mittel,³⁷¹ die in §§ 5 ff. FraktionsG konkretisiert wird. Schließlich unterliegt die Mittelverwendung der Rechnungsprüfung des Rechnungshofs, § 9 FraktionsG. 145

4. Gruppen

Das Assoziationsrecht der Abgeordneten erfasst auch **Zusammenschlüsse von Abgeordneten, die die zahlenmäßige Anforderung an Fraktionen nicht erfüllen**.³⁷² Während diese im Bundestag gem. § 10 IV GO BT als Gruppen anerkannt werden können, kennt die GO LT als Abgeordnetenzusammen- 146

---

364 BremStGH, U. v. 19.10.1996 – St 1/95 – juris, LS 4 u. Rn. 67, 74 ff.
365 BVerfGE 20, 56 (104); 80, 188 (213 f., 231).
366 VerfGH Rh-Pf, U. v. 19.8.2002 – VGH O 3/02 – juris, LS 3 u. Rn. 40; VerfGH NRW, B. v. 16.7.2013 – VerfGH 17/12 – Rechtsprechungsdatenbank NRW, 8–10.
367 VerfGH Rh-Pf, U. v. 19.8.2002 – VGH O 3/02 – juris, Rn. 47.
368 VerfGH Rh-Pf, U. v. 19.8.2002 – VGH O 3/02 – juris, Rn. 55; aA zumindest für den Einsatz von öffentlichen Fraktionsmitteln in der Vorwahlzeit VerfGH NRW, B. v. 16.7.2013 – VerfGH 17/12 – Rechtsprechungsdatenbank NRW, 9; vgl. außerdem BVerfGE 44, 125 zum Neutralitätsgebot für die Regierung oder Tätigkeiten in amtlicher Funktion.
369 VerfGH Rh-Pf, U. v. 19.8.2002 – VGH O 3/02 – juris, LS 4 u. Rn. 64.
370 VerfGH Rh-Pf, U. v. 19.8.2002 – VGH O 3/02 – juris, LS 5.
371 BremStGH, U. v. 19.10.1996 – St 1/95 – juris, LS 5.
372 BVerfGE 84, 304 (LS 2 u. S. 322); *Hölscheidt*, Parlamentsfraktionen, 426 f.; *Klein* in: Morlok/Schliesky/Wiefelspütz, § 18 Rn. 10; *Schmidt*, DÖV 2015, 261 (266).

schlüsse nur Fraktionen.[373] Das FraktionsG sieht dagegen zumindest Zusammenschlüsse mehrerer fraktionsloser Abgeordneter vor (§ 10 I). Angesichts der verfassungsunmittelbaren Fundierung des Assoziationsrechts in Art. 27 III LV können sich auch ohne Nennung in der GO LT mehrere Abgeordnete, die keiner Fraktion angehören, zusammenschließen. Allerdings kann der Landtag zur Sicherung seiner Funktionsfähigkeit eine unterhalb der Fraktionsgröße liegende **Mindestgröße für Gruppen** festlegen; umso besser die Rechtsposition des einzelnen fraktionslosen Abgeordneten ausgestaltet ist, desto höher kann die Gruppenmindestgröße sein.[374] Die Obergrenze einer zulässigen Mindestgröße ist erreicht, sobald ein solcher Zusammenschluss rechnerisch einen Ausschusssitz beanspruchen kann.[375] Unabhängig davon bedarf aber eine Gruppe (wie die Fraktion, s. → Rn. 116) einer gemeinsamen politischen Grundausrichtung.[376]

147 Eine Gruppe hat einen **Anspruch auf Anerkennung durch den Landtag**.[377] Daraus folgt das **Recht einer Namensführung** (vgl. insoweit § 10 IV 2 GO BT), auf einen gemeinsamen Sitzungsraum und – soweit baulich möglich – auf Büros der Mitglieder in räumlicher Nähe zueinander. Soweit die Fraktionen aus dem Staatshaushalt gefördert werden, haben auch Gruppen einen Anspruch auf eine **Unterstützung mit finanziellen und personellen Ressourcen** (vgl. § 10 I FraktionsG).[378] Diese kann aber gegenüber der Fraktionsförderung deutlich – dh mehr als proportional – abgestuft sein, weil der Beitrag einer Gruppe zur Willensbildung und Entscheidungsfindung des Landtags erheblich geringer ist.[379]

148 Aus dem Egalitätsprinzip folgt auch der Anspruch auf **Einräumung von Ausschusssitzen**, wenn die Anzahl ihrer Mitglieder dies nach dem Proportionalitätsprinzip rechtfertigt.[380] Dies gilt aber nicht für parlamentarische Funktionsstellen wie zB Ausschussvorsitze.[381] Außerdem steht Gruppen eine **geschäftsordnungsrechtliche Stellung** zu, die ihrer Größe hinreichend Rechnung trägt.[382] Insbesondere haben Gruppen einen Anspruch auf eine proportionale Berücksichtigung bei der Verteilung von Redezeiten, jedenfalls solange dem die Funktionsfähigkeit des Parlaments nicht entgegen-

---

373 In früheren Zeiten gab es auch die „Gruppe" in der GO LT mit mindestens sechs Mitgliedern, was heute der Fraktionsmindestgröße entspricht; vgl. *Feuchte* in: Feuchte, Art. 27 Rn. 36.
374 *Hölscheidt*, DÖV 2015, 266 (268 f.); zum Beurteilungsspielraum des Landtags s. BbgVerfG, U. v. 22.7.2016 – VfGBbg 70/15 – juris, Rn. 163.
375 *Hölscheidt*, DÖV 2015, 266 (270); BVerfGE 84, 304 (323 f.).
376 *Hölscheidt*, Parlamentsfraktionen, 428 f.; *Klein* in: Morlok/Schliesky/Wiefelspütz, § 18 Rn. 11.
377 BVerfGE 84, 304 (323 f.).
378 BVerfGE 84, 304 (LS 3 c); BbgVerfG, U. v. 22.7.2016 – VfGBbg 70/15 – juris, Rn. 167-171.
379 *Schmidt*, DÖV 2015, 261 (265 f.); für eine stärkere Angleichung an die Fraktionssätze *Hölscheidt*, Parlamentsfraktionen, 429 f.; *Klein* in: Morlok/Schliesky/Wiefelspütz, § 18 Rn. 19 (analoge Anwendung des FraktionsG); jedenfalls gegen eine zu starke Herabsetzung (auf 20 % der Finanzierung einer Fraktion) BbgVerfG, U. v. 22.7.2016 – VfGBbg 70/15 – juris, Rn. 172-176.
380 BVerfGE 84, 304 (LS 3 b).
381 BVerfGE 84, 304 (328); *Klein* in: Morlok/Schliesky/Wiefelspütz, § 18 Rn. 20.
382 BVerfGE 84, 304 (322 f.); *Klein* in: Morlok/Schliesky/Wiefelspütz, § 18 Rn. 19.

steht.³⁸³ Eine geschäftsordnungsrechtliche Gleichstellung mit Fraktionen können sie dagegen – aus dem bereits genannten Grund ihres deutlich geringen Beitrags zur Funktions- und Arbeitsfähigkeit des Landtags – nicht verlangen.³⁸⁴

5. Fraktionslose Abgeordnete

Fraktionslose Abgeordnete verfügen nicht über die Ressourcen und politische Wirkungsverstärkung von Fraktionen oder Gruppen. Da sowohl die Sitze in den Ausschüssen als auch die Redezeiten im Plenum über die Fraktionen vergeben werden, bliebe einem fraktionslosen Abgeordneten nur noch das Initiativ- und Stimmrecht im Plenum. Damit aber wären diese Mandatsträger wesentlicher innerparlamentarischer Mitwirkungsrechte beraubt, was sie zu Abgeordneten zweiter Klasse machen würde. Dies verstößt jedoch gegen das **Egalitätsgebot** (→ Rn. 59), weil es sich auch bei fraktionslosen Abgeordneten um Vertreter des ganzen Volkes handelt. Aus diesen Gründen ist seit der Wüppesahl-Entscheidung ein Minimum an Mitwirkungsrechten fraktionsloser Abgeordneter anerkannt, das eine ausreichende Partizipation am innerparlamentarischen Willensbildungs- und Entscheidungsprozess ermöglicht.³⁸⁵ 149

Hierzu zählt zum einen die **Mitarbeit in einem Ausschuss**, weil hier der Schwerpunkt der eigentlichen Sacharbeit des Landtags liegt. Allerdings kann hier ein Fraktionsloser zur Wahrung der Mehrheitsverhältnisse nur ein beratendes Stimmrecht beanspruchen.³⁸⁶ Die übrigen Statusrechte (v.a. Antrags- und Rederecht) stehen ihm dagegen ungeschmälert zu.³⁸⁷ Die Auswahl des betreffenden Ausschusses liegt beim Landtag bzw. beim Präsidium nach Anhörung des Abgeordneten; dessen Wünsche, Neigung und Fähigkeiten sind im Rahmen des Möglichen zu berücksichtigen.³⁸⁸ Zum anderen wird dem fraktionslosen Abgeordneten ein **fraktionsunabhängiges Rederecht im Plenum** zugestanden, das jedoch im Hinblick auf die Funktions- und Arbeitsfähigkeit des Gesamtparlaments zeitlich stark limitiert ist. Bei der Entscheidung über die Länge der Redezeit ist neben der Komplexität des Themas und der Gesamtdauer der Aussprache zu berücksichtigen, ob der betreffende Abgeordnete auch für andere Fraktionslose spricht.³⁸⁹ 150

---

383 BVerfGE 96, 264 (285); BbgVerfG, U. v. 22.7.2016 – VfGBbg 70/15 – juris, Rn. 178-193.
384 BVerfGE 96, 264 (278 f., 287); BbgVerfG, U. v. 22.7.2016 – VfGBbg 70/15 – juris, Rn. 165.
385 *Klein* in: Morlok/Schliesky/Wiefelspütz, § 18 Rn. 32, attestiert dem fraktionslosen Abgeordneten dennoch zutreffend nur die Möglichkeit einer „politischen Randexistenz".
386 AA Sondervotum *Mahrenholz*, BVerfGE 80, 188 (235 ff.), da das Stimmrecht im Ausschuss angesichts der Bedeutung der dort geleisteten inhaltlichen Arbeit zu den Mandatsrechten zähle; ihm folgend *Schulte/Kloos* in: Baumann-Hasske/Kunzmann, Art. 46 Rn. 8.
387 BVerfGE 80, 188 (LS 4 c u. S. 222 ff.), aA Sondervotum *Mahrenholz* aaO, 237, wonach das Stimmrecht wegen seines unauflöslichen Zusammenhangs mit dem Rederecht im Ausschuss zu gewähren ist.
388 BVerfGE 80, 188 (226).
389 BVerfGE 80, 188 (LS 5 u. S. 228 f.).

151 **Weitergehende Rechte** – etwa auf eine Mitarbeit in weiteren parlamentarischen Funktionen oder Gremien, etwa in Enquete-Kommissionen, als Schriftführer oder im Präsidium – stehen fraktionslosen Abgeordneten nicht zu.[390] Wenn ein Abgeordneter erst im Lauf der Wahlperiode fraktionslos wird, können ihm entsprechende Funktionen auch durch Abwahl entzogen werden.[391] **Zusätzliche Ressourcen** – über diejenigen hinaus, die jedes Landtagsmitglied erhält – wie zB die Fraktionszuschüsse oder der Oppositionszuschlag[392] kann ein fraktionsloser Abgeordneter nicht beanspruchen.[393] Soweit aber den fraktionsangehörigen Abgeordneten über die Fraktionsfinanzierung Vorteile zufließen, die auch für die individuelle Mandatsausübung genutzt werden können (zB politisch aufbereitete Informationen), kann ein fraktionsloser Abgeordneter als entsprechenden Ausgleich Unterstützung und Zuarbeit durch die Landtagsverwaltung (unter Wahrung deren parteipolitischer Neutralität) beanspruchen.[394]

6. Prozessuale Rechte im Organstreitverfahren[395]

152 Da die Fraktionen in der GO LT mit eigenen Rechten ausgestattet sind (zB §§ 33 S. 1, 49a I, 53 I, 59 I, 62 II, 64), erfüllen sie die Voraussetzungen eines „anderen Beteiligten" iSv Art. 68 I 2 Nr. 1 LV und sind daher im Organstreitverfahren antragsberechtigt.[396] Für die prozessuale Stellung der Fraktionen gelten im Organstreitverfahren die obigen Ausführungen zur Geltendmachung der Abgeordnetenrechte (→ Rn. 104 ff.) wegen des von diesen Rechten abgeleiteten Charakters entsprechend. Insbesondere können die Fraktionen als Zusammenschlüsse von Abgeordneten **verfassungsgerichtliche Hilfe gegen Verletzungen von kollektiven Statusrechten ihrer Mitglieder** in Anspruch nehmen.[397] In ihrer verfassungsprozessualen Stellung eines laufenden Verfahrens werden die Fraktionen über die Diskontinuität hinaus als fortbestehend fingiert, wenn das Rechtsschutzbedürfnis fortbesteht.[398]

153 Für die Antragsbefugnis muss die Möglichkeit einer Verletzung der innerparlamentarischen Mitwirkungsrechte geltend gemacht werden; eine Ausweitung auf eine abstrakte Normenkontrolle ist in dieser Verfahrensart nicht möglich.[399] Außerdem kann jede Fraktion grundsätzlich nur die **Verletzung eigener Rechte** geltend machen. Stellt zB der Präsident fehlerhaft die Ablehnung eines Antrags fest, kann dagegen aber nicht nur die antrag-

---

390 BVerfGE 80 188 (227, 230); SaarlVerfGH, U. v. 3.12.2007 – Lv 12/07 – juris, Rn. 51 ff.
391 SaarlVerfGH, U. v. 3.12.2007 – Lv 12/07 – juris, Rn. 51 ff.
392 BremStGH, U. v. 5.11.2004 – St 3/03 – juris, Rn. 119 ff.
393 BVerfGE 80, 188 (231).
394 BVerfGE 80, 188 (LS 6 u. S. 231 f.).
395 Daneben sind die Fraktionen auch noch anfechtungsberechtigt gegen Wahlprüfungsentscheidungen des Landtags, § 52 I 2 lit. c) VerfGHG, Art. 31 II LV.
396 Anders als ad-hoc-Zusammenschlüsse von Abgeordneten, die sich nur fallweise bilden, um durch die Erfüllung eines Quorums irgendein Verfahrensrecht wahrnehmen zu können, BVerfGE 2, 143 (LS 6 u. S. 160).
397 NdsStGH, U. v. 22.10.2012 – StGH 1/12 – juris, LS 1.
398 StGH, U. v. 6.10.2011 – GR 2/11 – juris, Rn. 29, 34.
399 HessStGH, U. v. 9.10.2013 – P. St. 2319 – juris, LS 1–3; BerlVerfGH, B. v. 21.10.1999 – VerfGH 71/99 – juris, LS 3 a u. 3 b.

stellende Fraktion vorgehen, sondern auch jede andere Fraktion, die an der Abstimmung teilgenommen hat (s. o., → Rn. 97).[400] Auch Rechtsverstöße eines Abstimmungs- oder Wahlverfahrens können von einer Fraktion nur bei Verletzung ihrer vom Mandat ihrer Mitglieder abgeleiteten Rechte dem VerfGH vorgelegt werden, weil aus ihren Mitwirkungsrechten kein allgemeiner Anspruch auf Teilnahme an einem objektiv fehlerfreien Verfahren folgt.[401]

Allerdings ist anerkannt, dass eine Fraktion als Teilorgan des Landtags berechtigt ist, **Rechte des Landtags in Prozessstandschaft** geltend zu machen, wenn und soweit dieser es nicht selbst tut. So kann eine Oppositionsfraktion eine fehlende oder verspätete Unterrichtung des Landtags durch die Regierung über Vorhaben der EU iSv Art. 34 I LV rügen.[402] Damit wird insbesondere die Rechtsposition der Minderheitsfraktionen gestärkt, weil diese nicht durch eine Billigung oder Hinnahme der Rechtsverletzung durch die parlamentarische Mehrheit an der Geltendmachung der Rechte des Gesamtparlaments gehindert ist.[403] Lange Zeit galt als geklärt, dass sich ein solcher Antrag in Prozessstandschaft nicht gegen den Landtag als Antragsgegner richten kann, weil dieser in einem kontradiktorischen Verfahren wie dem Organstreit nicht materiell gleichzeitig auf beiden Seiten des streitigen Rechtsverhältnisses stehen kann.[404] In allerjüngster Zeit hat das BVerfG aber eine Kursänderung vorgenommen und die Prozessstandschaft einer Fraktion gegen das Parlament zugelassen, um die Minderheit gegen die die Regierung tragende Mehrheit und damit die Kontrollfunktion der Opposition zu stärken.[405]

154

Die vorstehenden Ausführungen gelten entsprechend auch für **Gruppen**. Als eine auf Dauer angelegte Untergliederung des Landtags kommt einem solchen Zusammenschluss die Antragsberechtigung als anderer Beteiligter im Organstreitverfahren iSv Art. 68 I 2 Nr. 1 LV ebenfalls zu, obwohl er weder in der LV noch in der GO LT ausdrücklich vorgesehen ist.[406] Denn zumindest der Anerkennungsanspruch eines solchen Zusammenschlusses (→ Rn. 147) ergibt sich mittelbar aus der LV. In der Sache werden dann – soweit es nicht um den Anerkennungsanspruch bzw. die sich daraus ergebenden Rechte geht –, wie bei Fraktionen, die Rechte aus der Mandatsstel-

155

---

400 Enger BerlVerfGH, B. v. 25.3.1999 – VerfGH 58/98 – juris, Rn. 18, wonach nur die Antragsteller rügeberechtigt sein sollen.
401 LVerfG M-V, U. v. 28.10.2010 – LVerfG 5/10 – juris, LS 2; in Rn. 36 u. LS 3 wird – wenig überzeugend – zwischen den (engeren) Fraktionsrechten und (weiteren) Individualrechten der Abgeordneten differenziert.
402 So entsprechend auf Bundesebene BVerfGE 131, 152.
403 BVerfGE 1, 351 (LS 1 u. S. 359); 45, 1 (29 f.); 131, 152 (190); 142, 25 (Rn. 66); StGH, ESVGH 47, 1 (4); BremStGH, U. v. 5.3.2010 – St 1/09 – juris, Rn. 39; s. auch BerlVerfGH, B. v. 21.10.1999 – VerfGH 71/99 – juris, LS 4 a.
404 StGH, ESVGH 47, 1 (LS 3 u. S. 5); LVerfGE 11, 23 (LS 3); BerlVerfGH, B. v. 21.10.1999 – VerfGH 71/99 – juris, LS 4 b; LVerfG M-V, U. v. 27.8.2015 – LVerfG 1/14 – juris, LS 3 u. Rn. 79 ff. mwN.
405 BVerfGE 142, 25 (Rn. 67, 69).
406 BVerfGE 84, 304 (LS 1); auch auf Bundesebene gesteht die GO BT den Gruppen keine über den Anerkennungsanspruch hinausgehenden Rechte zu; vgl. auch BbgVerfG, U. v. 22.7.2016 – VfGBbg 70/15 – juris, Rn. 132; BerlVerfGH, U. v. 28.7.1994 – VerfGH 47/92 – juris, LS 1; *Klein* in: Morlok/Schliesky/Wiefelspütz, § 18 Rn. 22.

lung der Mitglieder geltend gemacht. Entsprechendes gilt für die Durchsetzung der Rechte fraktionsloser Abgeordneter.

Artikel 28 [Wahlsystem, Wählbarkeit]

(1) Die Abgeordneten werden nach einem Verfahren gewählt, das die Persönlichkeitswahl mit den Grundsätzen der Verhältniswahl verbindet.

(2) [1]Wählbar ist jeder Wahlberechtigte. [2]Die Wählbarkeit kann von einer bestimmten Dauer der Staatsangehörigkeit und des Aufenthalts im Lande abhängig gemacht werden.

(3) [1]Das Nähere bestimmt ein Gesetz. [2]Es kann die Zuteilung von Sitzen davon abhängig machen, daß ein Mindestanteil der im Lande abgegebenen gültigen Stimmen erreicht wird. [3]Der geforderte Anteil darf fünf vom Hundert nicht überschreiten.

Schrifttum:
v. Arnim, Kritisches zur Kritik der Sperrklausel-Rechtsprechung des BVerfG, DVBl. 2014, 1489; *Bull*, Verfassungsunmittelbare Sperrklauseln, ZRP 2014, 214; *ders.*, Erfolgswertgleichheit – eine Fehlkonstruktion im deutschen Wahlrecht, DVBl. 2014, 1213; *Damm*, Die Nebenstimme bei Bundestagswahlen: Wer A sagt, darf auch B sagen?, DÖV 2013, 913; *Däubler*, Das Einstimmen-Mischwahlsystem bei baden-württembergischen Landtagswahlen: Wie fehlende Listen zur ungleichen deskriptiven Repräsentation von Stadt und Land in den Fraktionen beitragen, ZParl 2017, 141; *Grzeszick*, Weil nicht sein kann, was nicht sein darf: Aufhebung der 3 %-Sperrklausel im Europawahlrecht durch das BVerfG und dessen Sicht auf das Europäische Parlament, NVwZ 2014, 537; *Haug*, Muss wirklich jeder ins Europäische Parlament? Kritische Anmerkungen zur Sperrklausel-Rechtsprechung aus Karlsruhe, ZParl 2014, 467; *Hermsdorf*, Erfolgswertgleichheit als Maßstab für die Sitzverteilung in Parlamenten, ZParl 2015, 858; *Ipsen*, Wahlrecht im Spannungsfeld von Politik und Verfassungsgerichtsgarkeit, DVBl. 2013, 265; *Kleinert*, Anmerkungen zum Wahlrechtsstreit – Ein Problem gelöst, ein anderes bleibt. Oder: Ein Blick über die Grenzen lehrt Gelassenheit, ZParl 2012, 185; *Krüper*, Verfassungsunmittelbare Sperrklauseln – Maßstab, Modelle und Folgen einer Beschränkung der Wahlrechtsgleichheit im Grundgesetz, ZRP 2014, 130; *Meyer*, Wahlsystem und Verfassungsordnung, 1973; *Nohlen*, Wahlrecht und Parteiensystem – Zur Theorie und Empirie der Wahlsysteme, 7. Aufl. 2013; *Rauber*, Das Ende der Höchstzahlen? – Zuteilungsmethodik für Parlaments- und Ausschusssitze auf dem verfassungsrechtlichen Prüfstand, NVwZ 2014, 626; *Sacksofsky*, Wahlrecht und Wahlsystem, in: in: Morlok/Schliesky/Wiefelspütz, § 6; *Strohmeier*, Kann man sich auf Karlsruhe verlassen? Eine kritische Bestandsaufnahme am Beispiel des Wahlrechts, ZParl 2013, 629; *Wendt*, Sperrklauseln im Wahlrecht?, in: Schröder-FS 2012, 431.

Vergleichbare Regelungen:
Zu Abs. 1 (Wahlsystem): Art. 80 I RPVerf, 66 I 2 SaarlVerf, 41 I 2 SächsVerf, 16 II 1 SchlHVerf, 49 I ThürVerf; gemeinsam mit den Wahlrechtsgrundsätzen in Art. 14 I BayVerf, 22 III BbgVerf, 20 II 2 MVVerf, 42 I LSAVerf.
Zu Abs. 2 (Passives Wahlrecht): Art. 38 II 2 GG; 14 II BayVerf, 39 IV BerlVerf, 22 I BbgVerf, 75 II HessVerf, 31 II 2 NRWVerf, 80 II RPVerf, 66 II 2 SaarlVerf, 41 II SächsVerf, 42 II LSAVerf, 46 II ThürVerf.
Zu Abs. 3 S. 1 (Regelungsauftrag): Art. 38 III GG, 14 V BayVerf, 39 V BerlVerf, 22 V BbgVerf, 75 I 2, II BremVerf, 6 IV 1 HambVerf, 75 III 1 HessVerf, 20 II 4 MVVerf, 8 V NdsVerf, 31 IV NRWVerf, 80 IV 1 RPVerf, 41 III SächsVerf, 42 III LSAVerf, 16 II 2 SchlHVerf, 49 IV ThürVerf.
Zu Abs. 3 S. 2, 3 (Sperrklausel): Art. 14 IV BayVerf, 39 II BerlVerf, 75 III BremVerf, 6 II 2 HambVerf, 75 III 2 HessVerf, 8 III NdsVerf, 80 IV 2 RPVerf, 49 II ThürVerf.

[Wahlsystem, Wählbarkeit] Artikel 28

Ergänzende Normen: LWG, LWO.

Leitentscheidungen: BVerfGE 1, 208; 51, 222; 82, 322; 107, 286; 120, 82; 129, 300 (alle zur 5%-Hürde); 97, 317 (Ersatzbewerber); 131, 316 (Überhangmandate); StGH, ESVGH 11/II, 8; ESVGH 27, 189; ESVGH 35, 244; ESVGH 40, 161; ESVGH 54, 4 (alle zum Wahlsystem); ESVGH 58, 1 (Wahlkreise).

A. Überblick und Einordnung	1	2. Umsetzung im geltenden Landtagswahlrecht	12
I. Bedeutung	1	3. Reformüberlegungen	17
II. Herkunft, Entstehung, Geschichte	2	II. Passives Wahlrecht (Abs. 2)	19
III. Verfassungsvergleichende Einordnung	5	III. Regelungsauftrag und Sperrklausel (Abs. 3)	21
B. Erläuterung	8		
I. Wahlsystem (Abs. 1)	8		
1. Konsequenzen aus der Systementscheidung	8		

A. Überblick und Einordnung

I. Bedeutung

Gemeinsam mit Art. 26 LV operationalisiert Art. 28 LV die direktdemokratische Legitimation des Landtags. Während in Art. 26 LV das aktive Wahlrecht (Abs. 1, 7), die Wahlpflicht (Abs. 3) und die Wahlrechtsgrundsätze (Abs. 4) für die Landtagswahl geregelt sind, enthält Art. 28 LV Aussagen zum Wahlsystem (Abs. 1), zum passiven Wahlrecht (Abs. 2) und – neben der Ermächtigung des Landesgesetzgebers zur näheren Ausgestaltung des Wahlrechts im LWG – zur fakultativen Sperrklausel von bis zu 5% (Abs. 3). Im Hinblick v.a. auf Abs. 1 und 3 kann Art. 28 LV (neben Art. 26 IV LV) als die **zentrale Norm für das Wahlverfassungsrecht** angesehen werden. Denn anders als das GG trifft die LV die Systementscheidung im Wahlrecht selbst und klärt damit **Grundfragen der politischen Machtverteilung**,[1] während auf Bundesebene vom Mehrheits- über das Graben- bis hin zum reinen Verhältniswahlrecht von Verfassungs wegen alles möglich ist.[2]   1

II. Herkunft, Entstehung, Geschichte

Die **Entscheidung für eine Systemaussage** verfügt in BW über eine längere Verfassungstradition. Bereits in den Verfassungen von 1919 sahen sowohl § 10 II VerfWü 1919 als auch § 25 S. 1 VerfBad 1919 ein Wahlrecht nach   2

---

1 Abg. *Gönnenwein* FDP/DVP wertete im VA das Fehlen einer Wahlsystementscheidung als Gesichts- und Substanzlosigkeit einer Verfassung, vgl. *Feuchte*, Quellen, 2. Teil, 196; *Meyer*, Wahlsystem, 167 ff., sieht im Wahlsystem die „Wettbewerbsordnung für die Parteien".
2 Zum historischen Hintergrund der fehlenden Systementscheidung im GG vgl. *Meyer*, Wahlsystem, 25–46; das BVerfG betont in st. Rspr. für den Bund die Freiheit des Wahlrechtsgesetzgebers, sich für eine Mehrheits-, Verhältnis- oder Grabenwahl entscheiden zu können, zuletzt BVerfG 131, 316 (335 f.); teilweise wird versucht, aus dem Wahlrechtsgrundsatz der gleichen Wahl doch eine mittelbare Systementscheidung für die Verhältniswahl abzuleiten – vgl. *Morlok* in: Dreier, Art. 38 Rn. 106; der Tendenz nach ähnlich (argumentativ mit der Legitimationsfunktion des Wahlrechts verstärkt) *Meyer*, aaO, 194-206 –, dem aber *Klein* in: Maunz/Dürig, Art. 38 Rn. 160, überzeugend entgegentritt.

den Grundsätzen der Verhältniswahl vor.³ Nach dem 2. Weltkrieg griff Art. 52 I 1 VerfWB dies wieder auf. Trotz dieser relativ homogenen Vorgeschichte kam es im VA und sogar im Plenum der VLV zu intensiven Diskussionen über die Systemaussage. Während die Regierungsparteien in Art. 25 I VerfERP – den historischen Vorlagen folgend – ein **reines Verhältniswahlrecht** vorsahen, drängte die CDU-Opposition von Anfang an – bereits in der Ersten Beratung in der VLV – auf ein möglichst starkes Persönlichkeitselement im Wahlrecht,⁴ worunter allseitig ein **Mehrheitswahlsystem** verstanden wurde.⁵ In ihrem eigenen Verfassungsentwurf blieb die CDU aber (wie das GG) ohne Wahlsystemaussage, weil sie dies auf die einfachgesetzliche Ebene delegieren wollte.⁶ Es liegt auf der Hand, dass diese Systemdebatte von erwarteten parteipolitischen Vorteilen geprägt war. Während die CDU als klar dominierende Partei in den meisten Wahlkreisen die relative Mehrheit erwarten konnte, waren die Regierungsparteien FDP, SPD und BHE von einem starken Verhältnisausgleich abhängig. Letztlich konnte man sich bereits in der ersten Beratung im VA auf eine Verbindung von Persönlichkeits- und Verhältniswahl als Mischsystem verständigen.⁷ Denn so ist einerseits sichergestellt, dass der Landtag „wirklich ein Spiegelbild der politischen Kräfte" darstellt und eine lebendige politische Kultur ohne völlige Dominanz einer Mehrheitspartei ermöglicht wird, aber andererseits auch eine „engere Verbindung der Abgeordneten mit ihren Wahlkreisen" strukturell angelegt ist.⁸

3 Regelungen zum **passiven Wahlrecht** sind in allen Vorgängerverfassungen enthalten. Die Altersgrenze dafür lag in der Weimarer Zeit bei 20 Jahren (§ 10 I iVm § 4 II VerfWü 1919) bzw. bei 25 Jahren (§ 3 IV VerfBad 1919) und nach dem 2. Weltkrieg einheitlich bei 25 Jahren (Art. 60 S. 3 VerfLB, 52 II VerfWB, 25 I VerfWH). Art. 28 II LV sah zunächst hierfür eine (gegenüber dem aktiven Wahlrecht höhere) **Altersgrenze** von 25 Jahren vor, die in der VLV unstreitig war (Art. 25 II 1 VerfERP, 40 VerfECDU) und von 1953 bis 1970 galt. Durch das 4. LVÄndG wurde die Altersgrenze auf 21 Jahre gesenkt, bevor 1974 durch das 9. LVÄndG eine Streichung von Art. 28 II 1 HS 2 LV und damit der gesonderten Altersgrenze erfolgte.⁹ Seither verweist Art. 28 II 1 LV auch bezüglich des Mindestalters auf Art. 26 I LV (18 Jahre). Die Anknüpfung an eine **bestimmte Dauer des**

---

3 Zur historischen Genese von der Mehrheits- zur Verhältniswahl im deutschen Verfassungsrecht vgl. *Meyer*, Wahlsystem, 99-110.
4 Feuchte, Quellen, 2. Teil, 47 – Abg. *Gurk*.
5 Feuchte, Quellen, 2. Teil, 194 ff.
6 Feuchte, Quellen, 2. Teil: 194 – Abg. *Simpfendörfer;* 195 u. 201 f. – Abg. *Müller*.
7 Auf Antrag der SPD-Abg. *Pflüger* und *Lausen*, vgl. Feuchte, Quellen, 2. Teil, 210 u. 212; der Versuch der CDU, dieses Ergebnis zugunsten einer reinen Mehrheitswahl in der zweiten Beratung im VA zu Fall zu bringen, blieb ohne Erfolg, vgl. Feuchte, Quellen, 5. Teil, 695-698; dasselbe gilt für den weiteren Vorstoß der CDU in der zweiten Plenarberatung, der auf eine Herausnahme der Systementscheidung gerichtet war, vgl. Feuchte, Quellen, 7. Teil, 607-624.
8 Feuchte, Quellen, 2. Teil: 296 – Innenminister *Ulrich;* 203 – Abg. *Haußmann* FDP/DVP.
9 4. LVÄndG v. 17.3.1970, GBl. 83; 9. LVÄndG v. 19.11.1974, GBl. 454; zu den Hintergründen siehe *Schlenker*, VBlBW 1983, 399 (401).

[Wahlsystem, Wählbarkeit] Artikel 28

Aufenthalts im Land war bis 1983 als Wohnsitzbindung formuliert.[10] Damit sollte die Möglichkeit eines Wahl-Tourismus zwischen den Bundesländern vermieden und eine hinreichende Nähe der Wähler zur Landespolitik gefördert werden.[11]

Die **Sperrklausel-Regelung** gem. Art. 28 III LV war von Anfang an unstrittig. Die württembergisch-badische Vorläuferverfassung enthielt in Art. 52 II 2 bereits eine (allerdings erst bei 10 % gedeckelte) entsprechende Vorschrift. Art. 25 III VerfERP sah zunächst eine zwar fakultative, in der Höhe aber starre 5 %-Klausel vor, während Art. 41 S. 2 VerfECDU eine fakultative Sperrklausel mit einer Obergrenzendeckelung von 5 % enthielt. Um dem Wahlrechtsgesetzgeber mehr Flexibilität zu geben, entschied sich der VA in seiner zweiten Beratung dazu, insoweit dem CDU-Vorschlag zu folgen.[12] 4

III. Verfassungsvergleichende Einordnung

Die Länder sind, soweit die Wahlrechtsgrundsätze gem. Art. 28 I 2 GG gewahrt sind, in der Ausgestaltung ihres Wahlsystems frei und insbesondere nicht an das (im Übrigen nur einfachgesetzlich festgelegte) Wahlsystem des Bundes gebunden.[13] Insgesamt zehn Bundesländer (einschließlich BW) haben eine **verfassungsrechtliche Systementscheidung zum Wahlrecht** getroffen. Dabei haben vier Länder den identischen Wortlaut wie Art. 28 I LV (Art. 22 III 3 BbgVerf, 41 I 2 SächsVerf, 42 I LSAVerf, 16 II 1 SchlHVerf) und drei weitere Länder die sachlich gleiche Regelung (Art. 20 II 2 MV-Verf, 80 I RPVerf, 49 I ThürVerf). Damit verfügen insgesamt **acht Länder** über ein **Mischsystem von Persönlichkeits- und Verhältniswahl** im Landtagswahlrecht. Zwei Länder haben sich ohne die Persönlichkeitskomponente auf ein reines (oder wie in der BayVerf formuliert: „verbessertes") Verhältniswahlsystem festgelegt (Art. 14 I 1 BayVerf, 66 I 2 SaarlVerf). Sechs Länder – Berlin, Bremen, Hamburg, Hessen, Niedersachsen und NRW[14] – haben sich wie der Bund gegen eine verfassungsrechtliche Regelung des Wahlsystems entschieden. 5

Das **passive Wahlrecht** wird im GG und in den meisten Landesverfassungen ausdrücklich angesprochen, meistens aber nur hinsichtlich der Altersgrenze. Hier wird teilweise mit einer Verweisung auf die (bürgerlich-rechtliche) Volljährigkeit (Art. 38 II GG, 31 II 2 NRWVerf, 80 II RPVerf, 66 II 2 SaarlVerf) oder auf das aktive Wahlrecht (Art. 28 II 1 LV, 14 II BayVerf, 39 IV BerlVerf, 41 II 1 SächsVerf) gearbeitet. Die Altersgrenze liegt mittlerweile auch für das passive Wahlrecht in den meisten Ländern bei 18 Jahren; dies gilt auch in Brandenburg, das die Altersgrenze für das aktive Wahlrecht auf 16 Jahre gesenkt hat (Art. 22 I BbgVerf). Lediglich Hessen sieht noch ein Mindestalter von 21 Jahren vor (Art. 75 II HessVerf). Die Option für zusätzliche Anforderungen gibt es nur in Sachsen (bezüglich 6

---

10 14. LVÄndG v. 11.4.1983, GBl. 141; dabei handelte es sich um eine Folgeänderung zu Art. 26 I, VI LV, vgl. LT-Drs. 8/2860, 8.
11 Feuchte, Quellen, 2. Teil, 688 ff. – insbes. Abg. *Müller* CDU.
12 Feuchte, Quellen, 5. Teil, 695 ff.
13 LVerfG SchlH, U. v. 30.8.2010 – LVerfG 1/10 – juris, Rn. 95 mwN.
14 Vgl. *Soffner* in: Epping/Butzer u.a., Art. 8 Fn. 38 f.

einer Mindestdauer des Aufenthalts im Land, Art. 41 II 2 SächsVerf) sowie zusätzlich bezüglich einer Mindestdauer der Staatsangehörigkeit in BW und LSA (Art. 28 II 2 LV, 42 III 2 LSAVerf). Ausdrückliche **Inkompatibilitätsregeln** gibt es in Art. 8 IV NdsVerf, wonach Mitglieder des Bundestages, der Bundesregierung und des Europäischen Parlaments nicht zugleich dem Landtag angehören dürfen; dasselbe gilt für Mitglieder des Landtags und der Regierung eines anderen Bundeslandes. Eine ausdrückliche Ermächtigung zu Einschränkungen des passiven Wahlrechts von Angehörigen des öffentlichen Dienstes enthalten einige Landesverfassungen (Art. 22 V 3 BbgVerf, 13 II HambVerf, 71 III MVVerf, 61 NdsVerf, 46 III NRWVerf, 91 II LSAVerf), was aber wegen Art. 137 I GG deklaratorischer Natur ist (str., s. → Art. 29 Rn. 11).

7 Bezüglich einer **verfassungsrechtlichen Sperrklausel** lassen sich unter Bund und Ländern verschiedene Gruppen ausmachen.

- Der Bund und NRW haben – ihrer Abstinenz bei der Wahlsystemfrage konsequent folgend – **keine Sperrklauselregelung** (die denklogisch eine Verhältniswahl voraussetzt) in der Verfassung vorgesehen. Mit Brandenburg, Mecklenburg-Vorpommern, Saarland, Sachsen, Sachsen-Anhalt und Schleswig-Holstein kennen weitere sechs Länder ebenfalls keine verfassungsrechtliche Sperrklauselregelung, obwohl sie ein (ggf. modifiziertes) Verhältniswahlsystem in ihrer Verfassung vorsehen.
- Demgegenüber haben Berlin, Bremen, Hamburg und Niedersachsen zwar auf Verfassungsebene keine Bestimmung über das Wahlsystem, aber eine **zwingende 5 %-Sperrklausel**. Daher kann man in diesen vier Ländern von einer mittelbaren Systementscheidung zugunsten der Verhältniswahl sprechen.[15] Von den Ländern mit einer verfassungsrechtlichen Festlegung des Wahlsystems verfügen Bayern und Thüringen zugleich über eine verfassungsunmittelbare und zwingende 5 %-Hürde.
- Einen Mittelweg beschreitet die RPVerf, die eine **fakultative (in der Höhe aber starre)**[16] **Sperrklausel von 5 %** vorsieht.
- Lediglich Hessen und BW kennen eine **fakultative und in ihrer Höhe bis 5 % flexible Sperrklausel** auf Verfassungsebene. Da in Hessen die Systemfrage ebenfalls nicht in der Verfassung geregelt ist, folgt aus dem fakultativen Charakter, dass der dortige Wahlrechtsgesetzgeber damit auch nicht auf ein Verhältniswahlsystem festgelegt ist.

Ungeachtet dieser Unterschiede in den verfassungsrechtlichen Grundlagen sehen sowohl der Bund (§ 6 III BWahlG) als auch alle Länder (ggf. nur einfachgesetzlich) eine 5 %-Hürde im Parlamentswahlrecht vor.

B. Erläuterung

I. Wahlsystem (Abs. 1)

1. Konsequenzen aus der Systementscheidung

8 Die Systementscheidung für ein Wahlrecht, „das die Persönlichkeitswahl mit den Grundsätzen der Verhältniswahl verbindet", kann als relativ offen angesehen werden. Insbesondere enthält die LV keine näheren Regelungen

---

15 Vgl. *Krüper*, ZParl 2014, 130 (132).
16 AA *Wagner* in: Grimm/Caesar, Art. 80 Rn. 37.

zur Ausgestaltung des Wahlsystems (ganz anders insoweit Art. 14 I 2-6 BayVerf). Art. 28 I LV bedingt daher (nur), dass **Persönlichkeits- bzw. Mehrheitswahlelemente und Verhältniswahlelemente als prägende Merkmale des Wahlrechts** zu erkennen sind. Ausgeschlossen sind damit zunächst Lösungen, die einseitig oder stark dominierend auf nur einen Wahlsystemtypus abstellen: Sowohl ein reines Verhältniswahlrecht auf Listenbasis als auch ein reines Mehrheitswahlrecht mit in den Wahlkreisen jeweils mehrheitlich gewählten Abgeordneten (etwa nach britischem Vorbild) wären mit Art. 28 I LV nicht kompatibel.

Der Begriff der **Verhältniswahl** bezeichnet ein Verfahren der Umrechnung von Stimmen in Sitze, wodurch „das Parlament im Grundsatz ein getreues Spiegelbild der parteipolitischen Gruppierung der Wählerschaft, in dem jede politische Richtung in der Stärke vertreten ist, die dem Gesamtanteil der für sie im Wahlgebiet abgegebenen Stimmen entspricht", darstellt.[17] Dabei bezieht sich dieser Verhältnisausgleich **auf den gesamten Landtag**,[18] weshalb ein sog. „**Grabenwahlrecht**"[19] **unzulässig** wäre. Denn der Wortlaut von Art. 28 I LV spricht dafür, dass das (gesamte) Wahlverfahren „mit den Grundsätzen der Verhältniswahl" verbunden sein muss und deshalb keine Mandatszuteilung außerhalb dieser Grundsätze möglich ist. Gerade das Verb „verbinden" macht deutlich, dass die beiden Wahlsysteme nicht voneinander losgelöst nebeneinander stehen, sondern „sachgerecht zusammenwirken" sollen.[20] Die Persönlichkeits- bzw. Mehrheitswahlelemente können danach nicht außerhalb eines überwölbenden Verhältnisausgleichs stehen. Auch die historische Diskussion in der VLV ging von einem umfassenden Verhältnisausgleich aus, zumal ein Grabenwahlrecht weder vor 1953 noch bis heute in Deutschland je praktiziert worden ist. Schließlich ließe sich in einem solchen System auch die 5 %-Hürde (Art. 28 III 2 LV) nicht mehr in Reinform verwirklichen, weil sie dann auf die durch Mehrheitswahl vergebenen Mandate keine Anwendung finden könnte. Verfassungsrechtlich nicht vorgegeben ist allerdings das **mathematische Verteilungsprinzip**. Hier sind mehrere Rechenmodelle – die durchaus zu unterschiedlichen Ergebnissen gelangen können – anerkannt und verfassungsgerichtlich akzeptiert,[21] weil es kein mathematisch perfektes System ohne unberücksichtigte Reststimmenanteile gibt.[22]

9

---

17 VerfGH, U. v. 15.2.2016 – 1 VB 9/16 – juris, Rn. 43; LVerfG SchlH, U. v. 30.8.2010 – LVerfG 1/10 – juris, Rn. 99.
18 StGH, ESVGH 27, 189, wonach das Verhältniswahlrecht bezüglich der Parteien und das Mehrheitswahlrecht bezüglich der konkreten Abgeordneten gilt.
19 Hier würde ein Teil der Sitze nach dem Persönlichkeits- und Mehrheitswahlsystem vergeben werden (etwa die Direktmandate in den Wahlkreisen) und ein anderer Teil nach den prozentualen Stimmenanteilen der Parteien (zB über dafür aufgestellte Landes- oder Bezirkslisten), vgl. *Klein* in: Maunz/Dürig, Art. 38 Rn. 155.
20 LVerfG SchlH, U. v. 30.8.2010 – LVerfG 1/10 – juris, LS 4 u. Rn. 100, 102.
21 Dies gilt für Proportionalverfahren (Hare-Niemeyer), Höchstzahlenverfahren (d'Hondt) und Divisorverfahren (Sainte-Laguë/Schepers), vgl. BVerfG, NVwZ 1982, 34 (Hare-Niemeyer/d'Hondt); StGH, ESVGH 28, 7 (LS 2 u. S. 10: d'Hondt); *Wagner* in: Grimm/Caesar, Art. 80 Rn. 41–43 mwN; *Achterberg/Schulte* in: v. Mangoldt/Klein/Starck, Art. 38 Rn. 159, *Klein* in: Maunz/Dürig, Art. 38 Rn. 154; s. auch *Versteyl* in: v. Münch/Kunig, Art. 43 Rn. 19 f.
22 Bes. instruktiv zu den Verzerrungseffekten verschiedener Rechenmodelle BayVerfGH, E. v. 15.2.1961 – Vf. 23-VII-60 –, abgedr. ohne die einzelnen Rechenbsp.

10 Innerhalb dieses Rahmens muss allerdings eine **Persönlichkeitswahl** stattfinden. Darunter ist zu verstehen, dass zumindest ein wesentlicher Teil der Mandate durch die unmittelbare Wahl einzelner Personen – was nur nach dem Mehrheitsprinzip erfolgen kann[23] – vergeben wird.[24] Dies ist entweder dadurch möglich, dass **Wahlkreiskandidaten** unmittelbar gewählt werden, oder – alternativ dazu – durch ein Wahlsystem **offener Kandidatenlisten**, bei denen die Wähler individuelle Personen auswählen und ihnen ihre Stimme(n) geben können.[25] Damit soll einem dominierenden Einfluss von Parteiführungen (etwa bei Listenaufstellungen) entgegengewirkt werden: Die Parteien werden gezwungen, zumindest für einen Teil der Sitze solche Kandidaten aufzustellen, die für die Wahlbevölkerung unmittelbar attraktiv und damit im Wettbewerb mit den Kandidaten anderer Parteien vorzuziehen sind. Dieses Wahlrechtselement wird entstehungsgeschichtlich wahlkreisbezogen verstanden. Denn die Verfassungseltern wollten damit ein enges Band der Verantwortlichkeit und Ansprechbarkeit zwischen der Wahlkreisbevölkerung und dem direkt gewählten Abgeordneten knüpfen.[26]

11 Wegen des überwölbenden Prinzips der Verhältniswahl müssen aber die durch Persönlichkeits- bzw. Mehrheitswahl vergebenen Sitze in den Verhältnisausgleich einbezogen werden. Sollte eine Partei mehr „Persönlichkeitssitze" als „Verhältnissitze" erlangen, entstehen sog. **Überhangmandate**. Ein Ausgleich dieser Mandate ist von Verfassungs wegen zulässig, aber nicht generell geboten.[27] Insbesondere ist die in dieser Frage (mittlerweile) strengere Rechtsprechung des BVerfG auf BW nicht übertragbar: Während nämlich das BVerfG damit argumentiert, dass im Bund ein (im Prinzip reines) Verhältniswahlsystem bestehe,[28] sieht Art. 28 I LV ausdrücklich ein Mischsystem beider Wahlsystemtypen vor.[29] Deshalb sind trotz des grundsätzlich für alle Sitze geltenden Verhältniswahlprinzips „überschießende" Sitze aus dem damit verbundenen Mehrheitswahlsystem zulässig. Allerdings darf das Wahlrecht nicht gezielt auf eine hohe Zahl von Überhangmandaten angelegt sein; wesentliche Faktoren sind in diesem Zusammenhang die Möglichkeit eines Stimmensplittings und das Verhältnis von Direkt- und Zweitmandaten. Daher wäre bei einem Überwiegen der Direkt-

---

in DÖV 1961, 310 (311); s. auch *Rauber*, NVwZ 2014, 626; *Hermsdorf*, ZParl 2015, 858.
23 *Reich*, Art. 42 Rn. 1 aE.
24 *Braun*, Art. 28 Rn. 9.
25 Siehe *v.d. Weiden* in: Linck/Baldus u.a., Art. 49 Rn. 10; aA VerfGH Rh-Pf, E. v. 30.10.1987 – VGH 7/87 – juris, wonach aus der (mit Art. 28 I LV sachlich übereinstimmenden) Regelung in Art. 80 I RPVerf zwingend eine wahlkreisbezogene Mandatsverteilung abzuleiten sei.
26 Vgl. auch StGH, LVerfGE 18, 3 (16); LVerfG SchlH, U. v. 30.8.2010 – LVerfG 1/10 – juris, Rn. 98.
27 Ebenso für Rh-Pf *Wagner* in: Grimm/Caesar, Art. 80 Rn. 16; aA jedoch StGH, U. v. 12.12.1990 – GR 1/90 – juris, Rn. 64 ff.; Art. 16 II 2 SchlHVerf ordnet ausdrücklich den Ausgleich von Überhangmandaten an.
28 BVerfGE 131, 316 (357); zust. *Ipsen*, DVBl. 2013, 265 (266), wonach sich Mehrheits- und Verhältniswahlrecht gegenseitig ausschließen.
29 StGH, ESVGH 40, 161 (LS 3 u. S. 168); U. v. 12.12.1990 – GR 1/90 – juris, Rn. 67-71, hält trotzdem den Ausgleich der Überhangmandate für zwingend; zu stark auf ein „reines Verhältniswahlrecht" abzielend *Sander* in: Feuchte, Art. 28 Rn. 11.

mandate (wie gegenwärtig mit 70 von 120)[30] iVm einem Zweitstimmenwahlrecht ein Ausgleich der Überhangmandate wesentlich eher geboten.

2. Umsetzung im geltenden Landtagswahlrecht

Seit 1956 besteht im Kern das heute (noch) gültige Landtagswahlrecht (zur verfassungsrechtlichen Zulässigkeit s. auch oben, → Art. 26 Rn. 24 ff.).[31] Es basiert auf einer Größe des Landtags von mindestens 120 Sitzen,[32] von denen 70 in den Wahlkreisen direkt nach relativer Mehrheit vergeben werden (§§ 1 I, 2 III 1 LWG). Dabei haben die Wähler anders als im Bund und in den meisten Ländern nur eine einzige Stimme, die gleichzeitig für den Kandidaten im Wahlkreis und für seine Partei im Land abgegeben wird.[33] In einem ersten Schritt (**Oberverteilung**) werden die 120 Sitze nach dem Höchstzahlenverfahren von Sainte-Laguë/Schepers[34] auf alle Parteien, die landesweit die 5 %-Sperrklausel überwinden konnten, verteilt (§ 2 I 1 LWG). In einem zweiten Schritt (**Unterverteilung**) werden die jeder Partei zugeteilten Sitze parteiintern – wiederum nach dem Höchstzahlenverfahren von Sainte-Laguë/Schepers – auf die vier Regierungsbezirke verteilt (§ 2 II LWG).[35] Im dritten Schritt wird nun pro Regierungsbezirk abgeglichen, wieviele dieser Mandate einer Partei bereits durch Direktmandate im Bezirk „belegt" sind und wieviele für die Zweitauszählung noch zur Verfügung stehen. Sowohl auf Landesebene (zur Überwindung der 5 %-Hürde) als auch auf Wahlkreisebene (zur leichteren Durchsetzung eines Kandidaten) sind **Listenverbindungen bzw. gemeinsame Wahlvorschläge** unzulässig (§ 3 LWG), weil sonst wegen Zuordnungsunklarheiten der politische Wille der Wähler weniger klar erkennbar wird.[36]

12

Hat eine Partei in einem Bezirk mehr Direktmandate errungen, als ihr in diesem Bezirk nach der Unterverteilung zustehen, findet eine **Bezirksausgleichsberechnung** statt. Dafür werden die in diesem Bezirk abgegebenen Stimmen für die in den Landtag eingezogenen Parteien nochmals (wie bei der Oberverteilung auf Landesebene) im Höchstzahlenverfahren in Mandate umgerechnet, bis die letzte Höchstzahl auf das letzte Überhangmandat entfallen ist.[37] Soweit andere Parteien dadurch mehr Mandate erhalten ha-

13

---

30 Zur grundsätzlichen Zulässigkeit der über 50 % der Mandate liegenden Zahl der Direktmandate vgl. StGH, LVerfGE 18, 3 (LS 1 u. S. 16).
31 *Feuchte*, Geschichte, 339.
32 In Ermangelung einer verfassungsrechtlichen Vorgabe zur (Mindest-)Sitzzahl des LT ist der Gesetzgeber insoweit frei; anders Art. 16 II SchlHVerf, vgl. LVerfG SchlH, U. v. 30.8.2010 – LVerfG 1/10 – juris, LS 3 u. Rn. 90.
33 Zur verfassungsrechtlichen Zulässigkeit vgl. VerfGH NRW, B. v. 23.4.1996 – VerfGH 25/95 – juris, Rn. 8.
34 Seit 2011; zuvor galt das d'Hondtsche Höchstzahlenverfahren, das trotz einer leichten Tendenz zur Bevorzugung größerer Parteien (vgl. SaarlVerfGH, U. v. 18.3.2013 – Lv 12/12 – juris, Rn. 48; *Rauber*, NVwZ 2014, 626) als verfassungsrechtlich zulässig angesehen wurde, vgl. StGH, LVerfGE 18, 3 (24 f.).
35 Vgl. die Verwendung der Begriffe „Oberverteilung" und „Unterverteilung" auch in StGH, ESVGH 54, 4 (6); zur entstehungsgeschichtlichen und landsmannschaftlich-kulturellen Rechtfertigung des Abstellens auf die Regierungsbezirke vgl. StGH, ESVGH 11/II, 8 (21); ESVGH 40, 161 (LS 4 u. S. 171 f.).
36 StGH, ESVGH 11 II, 25 (30 ff.).
37 Dieser „Vorteil des letzten Sitzes" (StGH, ESVGH 54, 4, 9) begünstigt die Partei mit den meisten Überhangmandaten, mithin die stärkste Partei; da oft in mehreren

ben, als ihnen nach der Unterverteilung in diesem Bezirk zustehen, handelt es sich dabei um Ausgleichsmandate (§ 2 IV LWG). Die Bezirksausgleichsberechnung hat also zur Folge, dass der davon betroffene Bezirk nicht nur bezüglich der Überhangmandate, sondern zusätzlich bezüglich der Ausgleichsmandate überproportional im Landtag vertreten ist. Dies hat der StGH jedoch verfassungsrechtlich akzeptiert, weil der Wahlrechtsgleichheitssatz auf die parteipolitische und nicht auf die regionale Zusammensetzung des Landtags gerichtet ist.[38]

14 Mandate, die einer Partei in einem Bezirk über ggf. errungene Direktmandate hinaus zustehen, werden anschließend im Weg der **Zweitauszählung** an die „besten Wahlkreisverlierer"[39] vergeben. Auch dieser Verteilungsschritt erfolgt pro Bezirk und Partei. Dafür werden alle Wahlkreiskandidaten einer Partei im betroffenen Bezirk, die kein Direktmandat bekommen haben, in der Reihenfolge ihres erzielten prozentualen Stimmenanteils[40] berücksichtigt, bis die zur Verfügung stehende Mandatszahl erschöpft ist (§ 2 III 2 LWG).[41] Diese Regelung hat zur Folge, dass in den Landtag stets nur ein Bewerber einziehen kann, der in einem Wahlkreis angetreten ist.[42]

15 Nimmt ein Bewerber die Wahl nicht an oder scheidet er während der Wahlperiode aus, rückt der wahlkreisbezogene **Ersatzbewerber** gem. §§ 47 I 1, 1 II 1 LWG nach, wenn er als solcher bereits bei der Wahl mitgewählt worden ist; eine Nachnominierung nach der Wahl ist mangels Einbeziehung in den demokratischen Legitimationsakt der Wahl nicht möglich.[43]

16 Mit diesem Wahlrecht setzt das LWG die Systemvorgaben aus Art. 28 I LV geradezu idealtypisch um.[44] Zum einen wird das **Persönlichkeitselement** nicht auf die Direktmandate beschränkt, sondern auch auf die Zweitauszählung erstreckt. Wer keine Aussicht auf ein Direktmandat hat, muss sich nicht fernab von den Wählern in einem innerparteilichen Kampf um einen guten Listenplatz durchsetzen, sondern muss als Persönlichkeit im Wahlkreis bei den Wählern um Akzeptanz werben, um ein besseres Wahlergebnis als die Parteifreunde in den anderen Wahlkreisen im Bezirk zu erzielen. Freilich ist diese Erstreckung nicht von Verfassungs wegen geboten: Auch eine Vergabe der Zweitmandate auf der Basis von Landes- oder Bezirkslis-

---

Bezirken eine Ausgleichsberechnung nötig wird, addiert sich dieser Effekt entsprechend. Dennoch ist nach StGH, U. v. 12.12.1990 – GR 1/90 – juris, Rn. 64 ff., 80 ff., ein landesweites Ausgleichsverfahren nicht verfassungsrechtlich zwingend.
38 StGH, ESVGH 54, 4 (LS 2 u. S. 7).
39 *Däubler*, ZParl 2017, 141 (142).
40 Bis zur Wahl 2006 waren hierfür nicht die prozentualen Stimmenanteile, sondern die absoluten Stimmenzahlen maßgeblich; damit war eine damals durchaus intendierte Bevorzugung größerer Wahlkreise verbunden (StGH, ESVGH 40, 161, 177); zur verfassungsrechtlicher Zulässigkeit sowohl des absoluten als auch des relativen Erfolgsmaßstabs StGH, ESVGH 27, 189 (191); ESVGH 35, 244 (247); ESVGH 40, 161 (LS 5 u. S. 174).
41 Der StGH hat daher die Zweitauszählung als „Akt der Mehrheitswahl im Regierungsbezirk" bezeichnet, ESVGH 35, 244 (247).
42 StGH, ESVGH 40, 161 (168).
43 BVerfGE 97, 317 (LS 1 u. S. 323); steht der Ersatzbewerber nicht zur Verfügung, geht das Mandat an den nächsten Direktkandidaten über, der bei der Zweitauszählung nicht mehr berücksichtigt worden ist, § 47 I LWG.
44 Daher verfassungsrechtlich unbeanstandet in StGH, ESVGH 27, 189 (190); ESVGH 40, 161 (LS 1).

ten wäre zulässig, weil auch allein mit den Direktmandaten (die mit 70 sogar mehr als die Hälfte der Mindestsitzzahl ausmachen) dem verfassungsrechtlichen Gebot einer Persönlichkeitswahl hinreichend Rechnung getragen wäre.[45] Dementsprechend sieht das Wahlrecht in allen anderen Ländern mit wortidentischer oder sachlich übereinstimmender Verfassungsvorgabe (s.o., → Rn. 5) eine jeweils ca. hälftige Vergabe der Mandate durch Direktwahl in den Wahlkreisen einerseits und aufgrund von (geschlossenen) Landeslisten andererseits vor (vgl. §§ 1 I BbgLWahlG, 1 II SächsWahlG, 1 I LWG LSA, 1 I LWahlG SchlH). Eine noch stärkere Umsetzung des Persönlichkeitselements wäre nur noch dergestalt denkbar, dass die bislang einheitliche Stimmabgabe für Person und Partei aufgelöst und (wie bei der Bundestagswahl) eine reine Persönlichkeitsstimme neben der Parteistimme vorgesehen wird. Doch auch diese Frage ist nicht verfassungsrechtlich determiniert, sondern fällt in den Gestaltungsspielraum des Gesetzgebers gem. Art. 28 III 1 LV. Auch der **Verhältniswahlgrundsatz** wird oberobligatorisch umgesetzt, indem nicht nur die Oberverteilung nach den prozentualen Stimmenanteilen erfolgt, sondern außerdem durch die Bezirksausgleichsberechnungen die Überhangmandate ausgeglichen werden. Dies ist aber (wie oben dargelegt, vgl. Rn. 11) landesverfassungsrechtlich nicht geboten.

3. Reformüberlegungen

Gleichwohl wirft auch das geltende Wahlrecht Probleme auf, die sich im Wesentlichen an der **Ausgestaltung der Zweitauszählung** festmachen lassen. So hat die Zweitauszählung keine ausgeglichene Repräsentanz der Wahlkreise im Blick, was zu **regionalen Unwuchten** führt. Denn wegen des parteiinternen Wettbewerbs kommt es nicht darauf an, wieviele (andere) Abgeordnete in einem Wahlkreis erfolgreich waren. Deshalb entsenden manche Wahlkreise bis zu vier Abgeordnete, während andere nur einen Vertreter (den Inhaber des Direktmandats) im Landtag haben.[46] Seit die Zweitauszählung nicht mehr anhand der absoluten Stimmenzahl, sondern der erzielten Stimmenanteile erfolgt, ist auch die tendenzielle Bevorzugung größerer Wahlkreise (weil dort absolut mehr Stimmen anfallen)[47] hinfällig: Nun kann auch ein Wahlkreis mit relativ wenigen Wählern viele Abgeordnete entsenden, während ein großer Wahlkreis unter Umständen nur den direkt gewählten Abgeordneten nach Stuttgart schickt.[48] Eine weitere Folge sind gefühlte Ungerechtigkeiten innerhalb einzelner Wahlkreise. So kommt es häufig vor, dass ein Bewerber mit einem niedrigen – für seine

17

---

45 AA insoweit *Braun*, Art. 28 Rn. 11, wonach „möglichst alle Abg. nach der Persönlichkeitswahl gewählt werden" sollen.
46 So ist im 16. LT ein Wahlkreis mit vier Abg. (Heilbronn) vertreten und 15 Wahlkreise haben drei Abg., 40 haben zwei Abg. und 14 haben nur einem Abg., vgl. www.landtagswahl-bw.de/abgeordnete_16_landtag.html (1.11.2017); s. auch *Däubler*, ZParl 2017, 141 (146 ff.), zur Stadt-Land-Disproportionalität in den verschiedenen Fraktionen.
47 *Feuchte*, Geschichte, 339.
48 Im 16. LT ist zB auffällig, dass die vier Wahlkreise der Landeshauptstadt zusammen nur fünf Abg. entsenden, während die drei Wahlkreise des etwas bevölkerungskleineren Nachbarkreises Esslingen insgesamt sieben Vertreter im Landtag haben.

(idR kleinere) Partei aber vergleichsweise guten – Ergebnis berücksichtigt wird, während ein Bewerber einer anderen (idR größeren) Partei mit einem höheren Stimmenanteil leer ausgeht, weil sein Ergebnis innerhalb seiner Partei vergleichsweise schwach ist.[49]

18 Schließlich besteht eine Kehrseite des sehr starken Persönlichkeitselements bei der Zweitauszählung darin, dass die Parteien in ihrem Personalangebot von den Nominierungen in den Wahlkreisversammlungen abhängig sind und deshalb so gut wie keinen personalstrategischen Einfluss auf die Zusammensetzung ihrer Landtagsfraktionen nehmen können. Darin wird eine wesentliche Ursache dafür gesehen, dass der baden-württembergische Landtag den **bundesweit geringsten Frauenanteil** aufweist.[50] Auch besondere Sachverständige können damit wesentlich schlechter für ein Landtagsmandat akquiriert werden. Aus diesen Gründen war bereits im 1. Landtag die Umstellung auf Landeslisten erwogen, in 3. Lesung aber doch abgelehnt worden. Grund hierfür war ein Abgeordnetenleitbild, das nicht primär auf besonderer Expertise, sondern auf einer umfassenden politischen Urteilsfähigkeit aufbaut.[51] Nach der Wahl des 16. Landtags ist jedoch – fast 60 Jahre später – wieder ernsthaft Bewegung in das Thema gekommen; nicht zuletzt deshalb, weil das Wahlergebnis jahrzehntealte Gewissheiten (wie die klare CDU-Dominanz bei den Direktmandaten) erschüttert hat. Die Regierungskoalition 2016 hat daher vereinbart, **„ein personalisiertes Verhältniswahlrecht mit einer geschlossenen Landesliste"** unter Beibehaltung des Einstimmenwahlrechts einzuführen.[52] Dies würde bedeuten, dass die jeder Partei nach Abzug eventueller Direktmandate zustehenden Sitze (oder zumindest ein Teil davon) nicht mehr durch das bisherige Zweitauszählungsverfahren vergeben werden, sondern aufgrund von Landeslisten (die „geschlossen" sind, also in ihrer Reihenfolge nicht zur Disposition der Wähler stehen).[53]

II. Passives Wahlrecht (Abs. 2)

19 Art. 28 II 1 LV verweist bezüglich des passiven Wahlrechts auf das aktive Wahlrecht gem. Art. 26 I LV. Danach muss ein Landtagskandidat am Wahltag **18 Jahre alt** sein und im Land wohnen oder sich sonst gewöhnlich aufhalten (so auch § 7 Abs. 1 Nr. 1 LWG). Wie das aktive Wahlrecht stellt auch das passive Wahlrecht ein subjektives und unübertragbares Verfassungsrecht iS eines grundrechtsgleichen Rechts dar (→ Art. 26 Rn. 4, 16).[54] Dieses Recht umfasst nicht nur die Kandidatur als solche und den Anspruch auf **Wahlchancengleichheit** – insbesondere darauf, im Wahlkampf

---

49 *Feuchte*, Geschichte, 339.
50 Der 16. LT hat einen Frauenanteil von 24,5 %, während sich der der anderen Landesparlamente zwischen 26,4 % (LSA) und 40,6 % (Thür) bewegt, vgl. www.lpb-bw.de/frauenanteil_laenderparlamenten.html (1.11.2017).
51 *Feuchte*, Geschichte, 341 mwN.
52 Koalitionsvertrag zwischen Bündnis 90/Die Grünen und CDU 2016 – 2021, 68; die Beibehaltung des Einstimmenwahlrechts findet sich in den Nebenabreden, vgl. www.cdu-bw.de/uploads/media/2016-07-18-SCAN-Nebenabreden.pdf (1.11.2017), 4.
53 *Wagner* in: Grimm/Caesar, Art. 80 Rn. 18, spricht stattdessen von „starren" Listen.
54 *Wagner* in: Grimm/Caesar, Art. 80 Rn. 21 mwN.

nicht einseitig benachteiligt zu werden –,⁵⁵ sondern auch das in Art. 29 LV näher ausbuchstabierte **Recht zur ungestörten Mandatsausübung**.⁵⁶ In diesen Kontext gehört auch die Frage von Inkompatibilitäten zwischen einem Landtagsmandat und anderen Tätigkeiten (→ Art. 29 Rn. 11 ff.).

Von der Option zusätzlicher Anforderungen in Art. 28 II 2 LV macht der Landesgesetzgeber nur teilweise Gebrauch. So knüpft § 7 I LWG bezüglich der **Staatsangehörigkeit** nur an ihr Vorliegen, nicht aber an eine Mindestdauer an. Deshalb kann sich jeder zur Landtagswahl aufstellen lassen, der (erst) am Wahltag über die deutsche Staatsangehörigkeit verfügt. Allerdings muss dies zum Zeitpunkt der Zulassung des Wahlvorschlags bereits feststehen, weil sonst das Rechtsgut der ungestörten und rechtssicheren Durchführung der Landtagswahl gefährdet wäre. Bezüglich der **Aufenthaltsdauer im Land** verlangt § 7 I Nr. 2 LWG dagegen einen Zeitraum, der am Wahltag mindestens drei Monate umfassen muss. Eine solche Regelung zur Sesshaftigkeit im Wahlgebiet zählt zu den „traditionellen Begrenzungen der Allgemeinheit der Wahl" und begegnet keinen (bundes-)verfassungsrechtlichen Bedenken.⁵⁷ Hierbei sind kurze vorübergehende Wohnungsaufgaben oder Aufenthaltsunterbrechungen unschädlich, wenn der Aufenthalt im Land danach wieder fortgesetzt werden soll und auch wird. Denn der Sinn der Regelung ist nicht formaler Natur, sondern soll eine hinreichende Identifikation und Vertrautheit mit dem Land und seinen Gegebenheiten sicherstellen.⁵⁸ 20

III. Regelungsauftrag und Sperrklausel (Abs. 3)

Dem obligatorischen Regelungsauftrag für das Wahlrecht trägt der Landesgesetzgeber mit dem LWG Rechnung. Hierbei unterliegt er den o.g. **Grenzen der Systementscheidung gem. Art. 28 I LV und der Wahlrechtsgrundsätze** gem. Art. 28 I GG, 26 IV LV.⁵⁹ Außerdem sind die verfassungsrechtlichen Grundentscheidungen für ein Mehrparteiensystem (Art. 21 GG) und für die Ausübung einer wirksamen Opposition (als Folge aus dem Demokratieprinzip) zu beachten.⁶⁰ Innerhalb dieses Rahmens hat der Gesetzgeber einen Gestaltungsspielraum, um die Funktionsfähigkeit des Parlaments, die integrative Repräsentanz und die Wahlrechtsgebote zu einem angemessenen Ausgleich zu bringen. Soweit die dabei gefundene Lösung die o.g. Grenzen wahrt, unterliegt diese hinsichtlich ihrer Zweckmäßigkeit oder rechtspolitischen Opportunität keiner verfassungsgerichtlichen Kontrolle.⁶¹ Dies gilt zB für den Zuschnitt der Wahlkreise.⁶² 21

---

55 VerfGH Rh-Pf, B. v. 30.10.2015 – VGH B 14/15 – juris, Rn. 23.
56 *Wagner*, in: Grimm/Caesar, Art. 80 Rn. 22.
57 BVerfGE 36, 139 (142) bzgl. der BT-Wahl; NVwZ 1993, 55 f. (bzgl. des bayr. Kommunalwahlrechts); in Sachsen beträgt dieser Zeitraum sogar ein ganzes Jahr, § 14 Nr. 2 SächsWahlG.
58 SächsVerfGH, B. v. 25.11.2005 – Vf. 60-V-05 – juris, LS u. Rn. 1 (Wohnungsaufgabe für acht Tage); *Schulte/Kloos* in: Baumann-Hasske/Kunzmann, Art. 41 Rn. 4.
59 StGH, ESVGH 40, 161 (LS 2 u. S. 164, 170).
60 *Braun*, Art. 28 Rn. 6.
61 BVerfGE 95, 408 (420); StGH, LVerfGE 18, 3 (14); LVerfG SchlH, U. v. 13.9.2013 – LVerfG 7/12 – juris, LS 4 mwN.
62 StGH, U. v. 22.5.2012 – GR 11/11 – juris, Rn. 41–47.

22 Art. 28 III 2, 3 LV ermöglicht dem Landesgesetzgeber die Einführung einer Sperrklausel von maximal 5 %, was eine lex-specialis-Regelung zum Grundsatz der gleichen Wahl in Art. 26 IV LV darstellt.[63] Durch die Formulierung „Mindestanteil der *im Lande* abgegebenen gültigen Stimmen" sind regionale – etwa bezirksbezogene – Sperrklauseln ausgeschlossen.[64] In Ausschöpfung dieses Handlungsspielraums sieht das Landtagswahlrecht **seit 1955**[65] **eine 5 %-Hürde** vor (§ 2 I 2 LWG). Aufgrund ihrer verfassungsunmittelbaren Absicherung stellt sich auf landesverfassungsrechtlicher Ebene die Frage nach ihrer Kompatibilität mit dem wahlrechtlichen Gleichheitssatz nicht, da Art. 28 III 2 LV insofern eine gegenüber Art. 26 IV LV speziellere und damit vorrangige Norm darstellt. Angesichts der **zunehmenden Überbetonung der Wahlrechtsgleichheit in der Rechtsprechung des BVerfG**,[66] der zuerst die kommunalen (2008)[67] und schließlich die europawahlrechtlichen Sperrklauseln (2014 sogar mit nur 3 %)[68] zum Opfer gefallen sind, ist jedoch das Risiko für die landesrechtlichen Zugangshürden im Wahlrecht gestiegen. So wird man nicht völlig sicher sein können, ob das BVerfG nicht eines Tages das für die Landesverfassungen verbindliche Homogenitätsgebot in Art. 28 I 2 GG ebenfalls so verstehen wird, dass die traditionellen Rechtfertigungsargumente der Regierungsstabilität und der Vermeidung einer zu starken Parlamentszersplitterung[69] den Eingriff in die Gleichheit der Wahl bei den Landtagen nicht mehr zu rechtfertigen vermögen.[70] Denn dann hilft auch die gegenüber Art. 28 I 2 GG nachrangige landesverfassungsrechtliche Absicherung nicht mehr.[71]

23 Eine gegenteilige vorherige Rechtsprechung hat das Gericht weder beim kommunalen noch beim EU-Wahlrecht von einer Kehrtwende abgehalten.[72] So betont das BVerfG stets die Verpflichtung des Gesetzgebers (bezüglich der nur einfachgesetzlichen Sperrklausel), die Rechtfertigung im-

---

63 *Wendt* in: Schröder-FS, 431 (432 f.); *Krüper*, ZParl 2014, 130 (132 f.), sieht in der verfassungsunmittelbaren Sperrklausel sogar ein prägendes Merkmal des verfassungsrechtlichen Demokratieverständnisses, das in den Schutzbereich der Ewigkeitsklausel (vgl. Art. 64 I 2 LV) fällt.
64 *Braun*, Art. 28 Rn. 16.
65 *Feuchte*, Geschichte, 343.
66 Vgl. die grundlegende Kritik von *Bull*, DVBl. 2014, 1213.
67 BVerfGE 120, 82.
68 BVerfGE 135, 259; zuvor (2011) für die 5 %-Hürde BVerfGE 129, 300; zust. dazu u.a. *Ehlers*, ZG 2012, 188; *Morlok*, JZ 2012, 76; *Roßner*, NVwZ 2012, 22; krit. dagegen u.a. *Haug*, ZParl 2014, 467; *Schönberger*, JZ 2012, 80; *Wernsmann*, JZ 2014, 23.
69 Seit BVerfGE 1, 208 (247 f.) st. Rspr., zuletzt in BVerfGE 135, 259 (286); vgl. auch BerlVerfGH, B. v. 16.11.1996 – VerfGH 72 A/95 – juris, Rn. 8; BayVerfGH, E. v. 18.7.2006 – Vf. 9-VII-04 – juris, Rn. 21.
70 Vgl. zur Reichweite von Art. 28 I GG BVerfGE 1, 208 (LS 3); 83, 60 (LS 1); zum Erfordernis einer regelmäßigen und unabhängigen Überprüfung der Notwendigkeit der Sperrklausel *Meyer*, Wahlsystem, 225-236.
71 So hat bereits der VerfGH NRW (U. v. 21.11.2017 – VerfGH 9/16 – juris, LS 1–4) eine *verfassungsunmittelbare* 2,5 %-Hürde für kommunale Volksvertretungen wegen Verstoßes gegen das Homogenitätsgebot in Art. 28 I 2 GG iVm der landesverfassungsrechtlichen Ewigkeitsgarantie für verfassungswidrig erklärt.
72 Zur Zulässigkeit der 5 %-Hürde bei Kommunalwahlen vgl. BVerfGE 6, 104; 107, 286 (v.a. 292 f.), und zur Wahl des Europäischen Parlaments BVerfGE 51, 222 (237 f.); bes. krit. daher *Strohmeier*, ZParl 2013, 629, zur fehlenden wahlrechtlichen Zuverlässigkeit des BVerfG.

mer wieder aufs Neue zu überprüfen.[73] In der rechtswissenschaftlichen Literatur hinterfragen einige Stimmen deshalb zumindest die **Erforderlichkeit der Höhe von 5 %**.[74] Auch wird über eine Einführung von Neben-, Ersatz- oder Alternativstimmen nachgedacht, die dann zählen sollen, wenn sich die Hauptstimme des betreffenden Wählers wegen der 5 %-Hürde nicht in der Zusammensetzung des Parlaments niederschlagen kann.[75] Kleinstparteien sind jedoch heute wie vor 60 Jahren geeignet, die Arbeits- und Funktionsfähigkeit des Parlaments zu gefährden, ohne dass ihnen eine unverzichtbare Bedeutung für den politischen Integrationsvorgang der Wahl zukommt.[76] Daher sollte man auch nach Jahrzehnten stabiler Regierungen deren Wert nicht gering achten.[77] Diese Notwendigkeit gilt ungeachtet geringerer Gesetzgebungskompetenzen gerade auch für die Landesebene, wo der Landtag bei nicht termingerechter Bildung einer Regierung automatisch aufgelöst wird (Art. 47 LV) und damit die Handlungsfähigkeit des Landes insgesamt erheblich beeinträchtigt wäre.[78] Außerdem ist ein Ausschluss „gewichtiger Anliegen im Volke"[79] durch eine 5 %-Hürde nicht zu erkennen, weshalb nach wie vor sehr viel mehr für die verfassungsrechtliche Zulässigkeit dieser Sperrklausel spricht als dagegen.[80]

Artikel 29 [Wahlvorbereitung, Behinderungsverbot]

(1) Wer sich um einen Sitz im Landtag bewirbt, hat Anspruch auf den zur Vorbereitung seiner Wahl erforderlichen Urlaub.

---

73 Besonders relevant bei der ersten gesamtdeutschen Wahl, vgl. BVerfGE 82, 322 (LS 2 a, 2 b); vgl. auch BVerfGE 120, 82 (108); 129, 300 (321 f.); VerfGH NRW, B. v. 28.8.2001 – VerfGH 14/00 – juris, Rn. 46; SaarlVerfGH, U. v. 18.3.2013 – Lv 12/12 – juris, Rn. 26 ff.
74 *Meyer* in: HStR, § 46 Rn. 36 ff.; *Achterberg/Schulte* in: v. Mangoldt/Klein/Starck, Art. 38 Rn. 137; *Morlok* in: Dreier, Art. 38 Rn. 112; *Trute* in: v. Münch/Kunig, Art. 38 Rn. 59.
75 *Sacksofsky* in: Morlok/Schliesky/Wiefelspütz, § 6 Rn. 66; *Pünder*, VVDStRL 72 (2012), 218; ausf. *Damm*, DÖV 2013, 913; zur Hilfsstimme s. auch: VerfGH, B. v. 9.5.2016 – 1 VB 25/16 – juris; krit. wegen zu hoher Komplexität *Wagner* in: Grimm/Caesar, Art. 80 Rn. 20; ebenfalls krit. *Wendt* in: Schröder-FS, 431 (455 f.).
76 So auch *Wendt* in: Schröder-FS, 431 (436 f., 451–454); *Bull*, DVBl. 2014, 1213 (1214), weist zutreffend darauf hin, dass Wahlen „nicht staatlich organisierte Demoskopie, sondern Akte der Staatsbildung" sind.
77 Vgl. *Bull*, ZParl 2014, 214 (215).
78 *Wendt* in: Schröder-FS, 431 (439–443).
79 BVerfGE 95, 408 (419); instruktiv zu den in BVerfGE 129, 300 (340), angesprochenen „Ein-Themen-Parteien" SaarlVerfGH, U: v. 22.3.2012 – Lv 3/12 – juris, Rn. 45 f.
80 Zutr. hält BayVerfGH, E. v. 10.10.2014 – Vf. 25-III-14 – juris, LS u. Rn. 22 f., auch angesichts nicht berücksichtigter 14 % der Stimmen bei der bayr. LT-Wahl 2013 und der Entscheidungen des BVerfG zur EP-Sperrklausel daran fest; ebenso LVerfG SchlH, U. v. 13.9.2013 – LVerfG 7/12 – juris, LS 5 u. Rn. 108 ff., v.a. 112 ff. unter Zurückweisung des Arguments minderer Bedeutung der Landesgesetzgebung; *Klein* in: Maunz/Dürig, Art. 38 Rn. 126-128; *Kluth* in: Schmidt-Bleibtreu/Hofmann/Henneke, Art. 38 Rn. 63; *Pünder*, VVDStRL 72 (2012), 191 (216 f.); *Wendt* in: Schröder-FS, 431 (436–438).

(2) ¹Niemand darf gehindert werden, das Amt eines Abgeordneten zu übernehmen und auszuüben. ²Eine Kündigung oder Entlassung aus einem Dienst- oder Arbeitsverhältnis aus diesem Grunde ist unzulässig.

Schrifttum:

Bertermann, Der Einfluß eines Abgeordnetenmandats auf Dienst-, Arbeits- und Gesellschaftsverträge, BB 1967, 270; *Feuchte*, Zur Geschichte und Auslegung des Behinderungsverbots in Art. 48 Abs. 2 des Grundgesetzes, AöR 111 (1986), 325; *Giesing*, Abgeordnetenmandat und Gesellschaftsvertrag, DÖV 1967, 401; *Konzen*, Gesellschafterpflicht und Abgeordnetenmandat, AcP 172 (1972), 317; *Kühne*, Kündigung freiberuflich beschäftigter Mandatsbewerber, ZParl 1986, 347; *Medding*, Der Wahlvorbereitungsurlaub eines Bewerbers um einen Sitz im Deutschen Bundestag, VR 1990, 161; *ders.*, Das Verbot der Abgeordnetenbehinderung nach Art. 48 Abs. 2 GG, DÖV 1991, 494; *Menzel*, Unvereinbarkeit von Amt und Mandat in den Ländern nach Art. 137 Abs. 1 GG und Landesverfassungsrecht, DÖV 1996, 1037; *Plüm*, Die arbeitsrechtliche Stellung des Abgeordneten, 1976; *Spoerhase*, Probleme des grundgesetzlichen Verbots der Abgeordnetenbehinderung (Art. 48 Abs. 1 und 2 GG), 1980; *Steiner*, Der verfassungsrechtliche Schutz des parlamentarischen Mandats als Grenze kirchlicher Inkompatibilitätsgesetzgebung, Der Staat 14 (1975), 491.

Vergleichbare Regelungen:
Zu Abs. 1 (Urlaubsanspruch): Art. 48 I GG, 22 IV 1 BbgVerf, 76 I HessVerf, 23 I MVVerf, 13 I NdsVerf, 46 II NRWVerf, 96 I 1 RPVerf, 84 S. 2 SaarlVerf, 42 I SächsVerf, 56 I LSAVerf, 51 I ThürVerf.
Zu Abs. 2 (Behinderungsverbot): Art. 48 II GG, 22 IV 2, 3 BbgVerf, 82 II BremVerf, 13 III HambVerf, 76 I HessVerf, 23 II MVVerf, 13 II NdsVerf, 46 I NRWVerf, 91 I 2, 3 RPVerf, 42 II SächsVerf, 56 II LSAVerf, 51 II ThürVerf.

Ergänzende Normen: §§ 2 f., 26 ff. AbgG BW.

Leitentscheidungen: BVerfGE 38, 326; 48, 64; 57, 43; 98, 145 (alle zu Art. 137 I GG); BVerfGE 42, 312 (Kirchliche Inkompatibilitäten); StGH, ESVGH 20, 194 (Inkompatibilitäten).

A. Überblick und Einordnung 1
   I. Bedeutung 1
   II. Herkunft, Entstehung, Geschichte 2
   III. Verfassungsvergleichende Einordnung 4
B. Erläuterung 5
   I. Anspruch auf Wahlvorbereitungsurlaub (Abs. 1) 5
   II. Behinderungsverbot (Abs. 2) 8
   III. Inkompatibilitäten 11
     1. Angehörige des öffentlichen Dienstes (Art. 137 I GG) 11
       a) Zulässigkeit, Reichweite und Rechtfertigung 11
       b) Landesrechtliche Umsetzung 14
     2. Sonstige Unvereinbarkeiten 18

A. Überblick und Einordnung

I. Bedeutung

1 Art. 29 LV stellt spezifische **Schutzregelungen im beruflichen Kontext von Mandatsbewerbern und -trägern** auf und sichert damit gleichermaßen das passive Wahlrecht (Art. 28 II LV) und das freie Mandat (Art. 27 III LV) v.a.

in arbeits- und dienstrechtlicher Hinsicht ab.¹ Damit soll der Zugang zum Parlament auch solchen Personen offengehalten werden, die aus beruflichen Gründen nicht frei über ihre Zeit verfügen können.² Weil erst die Rechte des Art. 29 LV das aktive und passive Wahlrecht in Freiheit und Gleichheit ermöglichen und damit eine Ausgestaltung des Demokratieprinzips darstellen, sind diese materiell durch Art. 28 I 2 GG bereits bundesverfassungsrechtlich vorgegeben.³ Sowohl der Urlaubsanspruch als auch das Behinderungsverbot stellen – insofern den Grundrechten vergleichbar – gleichzeitig subjektiv-öffentliche Rechte und eine objektive Wertentscheidung der Verfassung dar.⁴ Die damit verbundene Ausstrahlung in das Zivil-, Arbeits- und Dienstrecht ist kompetenzrechtlich unproblematisch, weil der Schwerpunkt im allein dem Landesgesetzgeber vorbehaltenen Landesparlamentsrecht liegt.⁵ Relevant in diesem Zusammenhang ist auch die in der LV nicht angesprochene Thematik der Unvereinbarkeit von Amt und Mandat.

II. Herkunft, Entstehung, Geschichte

Die Frage einer Bewerbungs- und Mandatsbeurlaubung reicht zurück in 2
das konstitutionelle Zeitalter, als die Regierungen Beamte am Parlamentseintritt hinderten oder diesen zumindest erschwerten.⁶ Auch in den **ersten republikanischen Verfassungen** war das Thema präsent. So sah Art. 39 WRV für die Bewerbungsphase einen Urlaubsanspruch und für die Mandatsphase die ausdrückliche Entbehrlichkeit einer Beurlaubung vor; beides galt jedoch nur für Beamte und Soldaten. Eine inhaltlich identische Regelung – zwar „insbesondere" für Beamte, Angestellte und Arbeiter, letztlich aber für jedermann – enthielt § 41 VerfBad 1919, der aber darüber hinaus bereits ein Behinderungsverbot vorsah. Enger war die Regelung in § 23 I VerfWü 1919, wonach nur alle öffentlich Bediensteten von der Notwendigkeit einer Beurlaubung bei ausdrücklicher Lohnfortzahlung für die Mandatsphase freigestellt waren, während § 23 II VerfWü 1919 einen Urlaubsanspruch für die Bewerbungsphase vorsah. Die **Verfassungen von 1946/47** sahen dann übereinstimmend das Behinderungsverbot (Art. 69 I VerfLB, 68 I VerfWB, 40 II VerfWH) vor, wenngleich das ausdrückliche Entlassungs- und Kündigungsverbot in Art. 40 II 3 VerfWH ebenfalls nur für öffentlich Bedienstete galt. Auch der Urlaubsanspruch für die Wahlvorbereitung und die Urlaubsfreistellung für die Mandatsphase war in den Ländern mit württembergischer Beteiligung noch auf Beamte, Angestellte und Arbeiter beschränkt (Art. 68 II, III VerfWB, 40 I, II 1 VerfWH), während Art. 69 II VerfLB bereits einen generellen Anwendungsbereich für den

---

1 BVerfGE 118, 277 (344); B. v. 5.6.1998 – 2 BvL 2/97 – juris, Rn. 52; *Klein* in: Maunz/Dürig, Art. 48 Rn. 22 ff.
2 *Trute* in: v. Münch/Kunig, Art. 48 Rn. 3; *Braun*, Art. 29 Rn. 1.
3 Vgl. zum Behinderungsverbot BVerfG, B. v. 5.6.1998 – 2 BvL 2/97 – juris, Rn. 46, 52; *Klein* in: Maunz/Dürig, Art. 48 Rn. 46; generell *Braun*, Art. 29 Rn. 1; s. auch *Feuchte* in: Feuchte, Art. 29 Rn. 4.
4 *Kluth* in: Schmidt-Bleibtreu/Hofmann/Henneke, Art. 48 Rn. 1; *Braun*, Art. 29 Rn. 2.
5 *Braun*, Art. 29 Rn. 3; differenzierend *Feuchte* in: Feuchte, Art. 29 Rn. 4.
6 Ausf. Darstellung bei *Klein* in: Maunz/Dürig, Art. 48 Rn. 7 ff.; s. auch *Feuchte* in: Feuchte, Art. 29 Rn. 1.

Wahlvorbereitungsanspruch und keine Regelung für die Mandatsphase – wie heute Art. 29 LV – vorsah.

3 Art. 29 LV entspricht Art. 26 I, II VerfERP; Art. 58 VerfECDU hatte demgegenüber vorgeschlagen, das Kündigungs- und Entlassungsverbot (wie in Art. 48 II 2 GG) nicht auf Dienst- und Arbeitsverhältnisse zu beschränken. In der 2. Lesung im VA wurde darüber diskutiert, Abs. 2 auf (gewählte) Abgeordnete zu beschränken und die tautologisch empfundene Nennung von „Kündigung oder Entlassung" zu reduzieren. Letztlich setzten sich diese Änderungsvorschläge aber vor allem deshalb nicht durch, weil den Verfassungseltern die **Geltung auch für die Wahlbewerber wichtig** war.[7] Bei allen übrigen Beratungen und Abstimmungen wurde die Vorschrift ohne Erörterung gebilligt.[8] Im Zusammenhang mit Art. 28 LV wurde im VA zudem darüber diskutiert, eine **fakultative Wählbarkeitsbeschränkung für Beamte** vorzusehen (Art. 73 II VerfERP). Ungeachtet der für und wider eine solche Beschränkung sprechenden Argumente (dazu → Rn. 13) wurde davon v.a. deshalb abgesehen, weil Art. 137 I GG dies bereits ermögliche.[9]

III. Verfassungsvergleichende Einordnung

4 Neben dem GG enthalten auch die Verfassungen auf Landesebene **meist inhaltlich identische Regelungen** in überwiegend wortgleichen oder ähnlichen Formulierungen wie Art. 29 LV. Lediglich die Verfassungen in Bayern, Berlin und Schleswig-Holstein sehen derartige Rechte für Mandatsbewerber und -träger nicht vor. Art. 76 I HessVerf formuliert das Anliegen abstrakter, indem anstelle eines Urlaubsanspruchs von Bewerbern jedem die Möglichkeit gewährleistet wird, in den Landtag gewählt zu werden. Bemerkenswert ist Art. 96 II RPVerf, der ausdrücklich Geistliche und Ordensleute vom Anwendungsbereich des Urlaubsanspruchs und Behinderungsverbots (Art. 96 I RPVerf) ausnimmt. Diese Regelung korrespondiert mit dem ausdrücklichen Verbot einer staatlichen Bevormundung der Kirchen in Art. 41 II 2 RPVerf (zur Inkompatibilität kirchlicher Bediensteter → Rn. 18).[10]

B. Erläuterung

I. Anspruch auf Wahlvorbereitungsurlaub (Abs. 1)

5 **Anspruchsinhaber** der Rechte von Art. 29 LV sind alle Landtagskandidaten (Abs. 1) und -Mitglieder (Abs. 2), die in einem abhängigen Beschäftigungsverhältnis im öffentlichen Dienst oder in der Privatwirtschaft stehen.[11] Aus dem personellen Anwendungsbereich fallen daher Selbstständige, Werkun-

---

7 Vgl. 52. Sitzung des VA am 29.5.1953 in: Feuchte, Quellen, 6. Teil, 372 (478 f.).
8 Zweite Lesung in der VLV am 24.6.1953, Feuchte, Quellen, 7. Teil, 624; dritte Lesung in der VLV am 4.11.1953, Feuchte, Quellen, 8. Teil, 357.
9 Feuchte, Quellen, 2. Teil, 214-225.
10 *Glauben* in: Grimm/Caesar, Art. 96 Rn. 11.
11 Art. 29 LV gilt nicht für Mandatsbewerber und -träger auf der kommunalen Ebene; dort gibt es aber mit §§ 32 II GemO, 26 II LKrO eine Art. 29 II LV inhaltlich entsprechende Vorschrift; vgl. *Feuchte* in: Feuchte, Art. 29 Rn. 5.

ternehmer, Arbeitslose und Häftlinge von vornherein heraus.[12] **Anspruchsgegner** sind die jeweiligen Arbeitgeber oder Dienstherren.[13]

Der Anspruch auf Wahlvorbereitungsurlaub entsteht mit dem **Status als offizieller Landtagskandidat**. Dies gilt nicht erst ab der Einreichung der Bewerbung bei den zuständigen staatlichen Wahlorganen. Bei einem Parteikandidaten ist dies vielmehr ab seiner Nominierung im Wahlkreis (bzw. bei Listenwahlen ab seiner Wahl auf einen konkreten Listenplatz) und bei einem Einzelkandidaten ab seiner öffentlichen und ernsthaften Erklärung, sich um ein Mandat zu bewerben, der Fall.[14] Von der Anspruchsentstehung ist allerdings der Anspruchsumfang zu unterscheiden. Der nach Art. 29 I LV „erforderliche" Urlaub ist nach den politischen Gepflogenheiten und den Notwendigkeiten eines ernsthaften Wahlkampfs zu bestimmen. Die in § 3 I AbgBW deshalb vorgesehenen letzten zwei Monate vor dem Wahltermin dürften diesem praktischen Bedürfnis hinreichend Rechnung tragen und deshalb eine verfassungskonforme Ausgestaltung des maximalen Anspruchsumfangs darstellen.[15] Auf die **Erfolgsaussichten der Kandidatur** kommt es für den Urlaubsanspruch nicht an.[16] Er gilt jedoch nicht für die **Ersatzbewerber** gem. § 1 II 1 LWG, da diese – solange der Erstbewerber im Rennen ist – (jedenfalls wahlrechtlich) nur eine Reservefunktion haben. 6

Der Anspruch auf Beurlaubung – dh Freistellung von einer dienstrechtlich oder arbeitsvertraglich geschuldeten Leistungspflicht[17] – stellt nur ein **Recht, nicht aber eine Pflicht** dar. Er kann deshalb nur solange und soweit eingelöst werden, wie er vom Kandidaten geltend gemacht wird; eine Zwangsbeurlaubung ist – selbst unter Lohnfortzahlung – unzulässig.[18] Allerdings kann der Anspruchsgegner eine Teilbeurlaubung (zB Reduzierung der Arbeitszeit auf halbtags) ablehnen, wenn dies in den dienstlichen oder betrieblichen Abläufen nicht vernünftig darstellbar ist. Dann muss sich der Kandidat zwischen einer Vollbeurlaubung oder keiner Beurlaubung entscheiden. Der Anspruch schießt eine Lohnfortzahlung nicht ein, weshalb der Anspruchsgegner frei darin ist, die Urlaubszeit nicht zu vergüten (§ 3 I 2 AbgG BW).[19] 7

---

12 *Trute* in: v. Münch/Kunig, Art. 48 Rn. 5 f.; *Klein* in: Maunz/Dürig, Art. 48 Rn. 49 ff.
13 *Trute* in: v. Münch/Kunig, Art. 48 Rn. 7; *Klein* in: Maunz/Dürig, Art. 48 Rn. 55.
14 Ähnlich *Trute* in: v. Münch/Kunig, Art. 48 Rn. 4; danach wird der der Nominierung vorgelagerte parteiinterne Bewerbungsprozess noch nicht vom Schutzbereich des Art. 29 I LV erfasst; ebenso *Klein* in: Maunz/Dürig, Art. 48 Rn. 57 f.; *Braun*, Art. 29 Rn. 5.
15 *Trute* in: v. Münch/Kunig, Art. 48 Rn. 8, geht für den BT-Wahlkampf von mindestens vier Wochen und höchstens zwei Monaten aus.
16 *Kluth* in: Schmidt-Bleibtreu/Hofmann/Henneke, Art. 48 Rn. 3; *Trute* in: v. Münch/Kunig, Art. 48 Rn. 4; *Klein* in: Maunz/Dürig, Art. 48 Rn. 59.
17 Vgl. *Feuchte*, Art. 29 Rn. 6; *Braun*, Art. 29 Rn. 6.
18 *Klein* in: Maunz/Dürig, Art. 48 Rn. 63; *Schulze-Fielitz* in: Dreier, Art. 48 Rn. 13; *Braun*, Art. 29 Rn. 7.
19 BVerfGE 42, 312 (328); *Trute* in: v. Münch/Kunig, Art. 48 Rn. 8; *Klein* in: Maunz/Dürig, Art. 48 Rn. 67 ff.; *Achterberg/Schulte* in: v. Mangoldt/Klein/Starck, Art. 48 Rn. 17 f.; *Braun*, Art. 29 Rn. 8.

II. Behinderungsverbot (Abs. 2)

8 Ein **Anspruchsinhaber** muss zwei Voraussetzungen erfüllen: Zum einen muss es sich um einen Kandidaten für ein Landtagsmandat handeln, dessen Wahl zum Abgeordneten amtlich feststeht. Dies gilt auch schon vor der Mandatsannahme, weil die LV ausdrücklich mit der ausdrücklichen Bezugnahme auf die Übernahme des Mandats auch die Willensfreiheit für die Annahmeentscheidung schützen will.[20] Der **Geltungszeitraum** wird im Hinblick auf die ratio von Art. 29 II LV darüberhinaus auf die davor liegende Bewerbungsphase iSv Abs. 1 (ab dem offiziellen Kandidatenstatus, s.o. Rn. 6) und einen nachwirkenden Zeitraum im Anschluss an die Mandatsausübung erstreckt.[21] Systematisch besser wäre es deshalb gewesen, Art. 29 II 1 LV als umfassende Schutzklausel an den Beginn von Art. 29 LV zu setzen.[22] Streitig ist die zweite Voraussetzung, ob der Anspruchsinhaber ebenfalls ein **abhängig Beschäftigter** (wie bei Abs. 1, s. → Rn. 5) sein muss, oder ob auch Selbstständige darunter fallen. Da Art. 29 II 2 LV verdeutlicht, dass der Anspruchsgegner über den (ganzen) beruflichen Arbeitsplatz des Anspruchsinhabers verfügen können muss, ist von einem engen Begriffsverständnis auszugehen. Dafür spricht auch die wesentlich höhere Schutzbedürftigkeit von abhängig Beschäftigten, weil die Entziehung einzelner Aufträge oder Mandate bei einem Selbstständigen mit einer Entziehung der wirtschaftlichen Existenzgrundlage regelmäßig nicht zu vergleichen ist.[23] Dem Behinderungsverbot liegt das Leitbild eines neben dem Mandat – zumindest untergeordnet – berufstätigen Abgeordneten zugrunde, weshalb ein **gesetzliches Berufsverbot** trotz Entscheidung für das „Vollzeitparlament" gegen Art. 29 II LV verstoßen würde.[24]

9 Der **sachliche Anwendungsbereich** des Behinderungsverbots gilt nicht nur für die in Art. 29 II 2 LV beispielhaft genannten (Extrem-)Fälle einer Kündigung oder Entlassung, sondern auch für **alle anderen beruflichen Benachteiligungen** des Anspruchsinhabers (zB Versetzung an einen anderen – womöglich außerhalb des Wahlkreises liegenden – Ort,[25] ungünstige Arbeitszeiten, Ausschluss von Aufstiegsmöglichkeiten).[26] Entscheidend ist dabei, ob sich eine Maßnahme als Behinderung der Mandatsübernahme oder -ausübung auswirkt; ob der Anspruchsgegner eine Behinderung bezweckt, kann dagegen nicht entscheidend sein (so aber die „Absichtsformel" des BVerfG).[27] Unstreitig enthält Art. 29 II LV ein gesetzliches Verbot für Absprachen jeder Art, wonach jemand für den Landtag nicht kandidiert oder

---

20 *Klein* in: Maunz/Dürig, Art. 48 Rn. 75 f.
21 Allg. Auffassung, vgl. *Trute* in: v. Münch/Kunig, Art. 48 Rn. 11; *Klein* in: Maunz/Dürig, Art. 48 Rn. 48, 76; *Schulze-Fielitz* in: Dreier, Art. 48 Rn. 14.
22 *Braun*, Art. 29 Rn. 9.
23 So BGH, U. v. 2.5.1985 – III ZR 4/84 – juris, Rn. 17 ff.; aA *Klein* in: Maunz/Dürig, Art. 48 Rn. 79 f.
24 *Klein* in: Maunz/Dürig, Art. 48 Rn. 95.
25 Ausdrücklich erwähnt in der insofern etwas konkreteren Parallelnorm des Kommunalrechts, § 32 II 2 GemO.
26 *Trute* in: v. Münch/Kunig, Art. 48 Rn. 14; *Achterberg/Schulte* in: v. Mangoldt/Klein/Starck, Art. 48 Rn. 35 f.; *Braun*, Art. 29 Rn. 9.
27 *Klein* in: Maunz/Dürig, Art. 48 Rn. 84 ff.; *Trute* in: v. Münch/Kunig, Art. 48 Rn. 12; aA BVerfGE 42, 312 (329); *Achterberg/Schulte* in: v. Mangoldt/Klein/Starck, Art. 48 Rn. 28; *Feuchte* in: Feuchte, Art. 29 Rn. 7.

ein errungenes Mandat nicht annimmt oder ausübt; entsprechende Vereinbarungen sind gem. § 134 BGB nichtig.[28] Ebenso stellt Art. 29 II LV ein Schutzgesetz iSv § 823 II BGB dar, weshalb der Kandidat bzw. Abgeordnete gegen den Behinderer nicht nur einen Unterlassungs-, sondern auch einen Schadenersatzanspruch haben kann.[29] Auch ohne ausdrückliche Nennung folgt aus Art. 29 II LV zugleich ein völliger oder – soweit betrieblich oder dienstlich sinnvoll möglich – teilweiser **Freistellungsanspruch** des Gewählten für die Mandatsausübung, weil ein Festhalten am Arbeitsvertrag eine Behinderung darstellen kann, andererseits aber die Kündigung verwehrt ist.[30]

Vom Anwendungsbereich nicht erfasst sind allerdings solche **Benachteiligungen, die sachlich zu rechtfertigen und mandatsunabhängig sind**. Hierfür kommen insbesondere betriebliche oder dienstliche Erfordernisse in Betracht, so dass das Mandat nicht den Grund für die behindernde Maßnahme bildet. Dies kann von Verfassungs wegen bis hin zu einer (zB betriebsbedingten) Kündigung reichen.[31] Allerdings geht § 2 III 2 AbgG BW über Art. 29 II 2 LV hinaus, indem darin eine mandatsunabhängige Kündigung nur aus wichtigem Grund für zulässig erklärt wird. Damit wird die Prüfung vereinfacht, ob der geltend gemachte Grund nur vorgeschoben und in Wahrheit doch die politische Tätigkeit ursächlich ist.[32] Ebenfalls zulässig sind objektiv behindernde Maßnahmen, die zwar in der Mandatsübernahme wurzeln, aber dennoch sachlich gerechtfertigt sind. Hierzu zählt beispielsweise das gesetzliche Beförderungsverbot für (wegen der Mandatswahrnehmung beurlaubte) Beamte gem. § 31 AbgG BW oder die Einbehaltung des Gehaltes nach Geltendmachung und Erfüllung des Freistellungsanspruchs des Mandatsträgers.[33]

III. Inkompatibilitäten

1. Angehörige des öffentlichen Dienstes (Art. 137 I GG)

a) Zulässigkeit, Reichweite und Rechtfertigung

Von besonderer praktischer Bedeutung ist die weder in Art. 28 II LV noch in Art. 29 LV geregelte Möglichkeit einer Einschränkung zulasten der Mitarbeiter des öffentlichen Dienstes. Angesichts des Umstandes, dass **Art. 137 I GG**[34] bereits eine solche **Option ausdrücklich auch für die Länder** enthält, hat die VLV von einer solchen Regelung abgesehen (→ Rn. 3). Teil-

---

28 *Klein* in: Maunz/Dürig, Art. 48 Rn. 109; *Feuchte* in: Feuchte, Art. 29 Rn. 10; diff. *Braun*, Art. 29 Rn. 10, wonach bei komplexeren Verträgen ein Leistungsverweigerungsrecht ausreichen soll.
29 *Klein* in: Maunz/Dürig, Art. 48 Rn. 109; *Braun*, Art. 29 Rn. 10.
30 *Klein* in: Maunz/Dürig, Art. 48 Rn. 99.
31 *Klein* in: Maunz/Dürig, Art. 48 Rn. 91, 102; *Trute* in: v. Münch/Kunig, Art. 48 Rn. 13; *Achterberg/Schulte* in: v. Mangoldt/Klein/Starck, Art. 48 Rn. 31.
32 *Welti* in: Austermann/Schmahl, § 2 Rn. 34 f.; *Achterberg/Schulte* in: v. Mangoldt/Klein/Starck, Art. 48 Rn. 43, leiten aus der allg. Lebenserfahrung eine entsprechende Beweislastumkehr zulasten des Anspruchsverpflichteten ab.
33 VorlStGH, U. v. 17.3.1953 – GR 2/52 – unveröff., 5 ff.; *Feuchte* in: Feuchte, Art. 29 Rn. 8.
34 Der Parlamentarische Rat hat diese Norm nur widerstrebend auf erheblichen Druck der Alliierten – die sogar eine Inelegibilitätsregelung forderten – in das GG aufgenommen, vgl. *Klein* in: Maunz/Dürig, Art. 137 Rn. 2–5; der alliierte Druck

weise wird allerdings der Standpunkt vertreten, Art. 137 I GG wende sich nicht direkt an den einfachen Landesgesetzgeber, sondern an den dazwischen stehenden Landesverfassungsgeber. Dieser müsse Art. 137 I GG in das Landesverfassungsrecht aufnehmen, um ihm Wirksamkeit zu verschaffen, weil die Inkompatibilität in das landesverfassungsrechtlich gewährleistete passive Wahlrecht eingreift.[35] Diese an ein beamtenrechtliches Dienstwegverständnis erinnernde Argumentation überzeugt jedoch nicht: Zum einen beschränkt sich der Vorrang des GG gegenüber den Landesverfassungen nicht allein auf Art. 28 I GG und zum anderen spricht der Wortlaut von Art. 137 I GG völlig klar von der Möglichkeit einer „gesetzlichen" Beschränkung in den Ländern ohne Einschränkung auf eine bestimmte Normebene. Auf Verfassungsebene ist in der LV nur eine Inkompatibilität mit den Mitgliedern des VerfGH geregelt (Art. 68 III 6 LV). Da der Landesverfassungsgeber die Option des Art. 137 I GG im Übrigen aber nicht negativ aufgreift – nämlich ausschließt oder einschränkt –, ist insoweit der Handlungsspielraum des einfachen Landesgesetzgebers eröffnet.[36] Eine Verpflichtung, Unvereinbarkeitsregelungen aufzustellen, folgt daraus aber nicht.[37]

12 Der persönliche Anwendungsbereich von Art. 137 I GG umfasst ein weites Begriffsverständnis von Mitarbeitern des öffentlichen Dienstes. Deshalb zählen zu den dort (neben Beamten, Richtern u.a.) genannten **Angestellten des öffentlichen Dienstes** auch die leitenden Angestellten von privaten Unternehmen, die vom Land beherrscht werden.[38] Zugleich ist die Norm – als Ausnahmevorschrift zum Grundsatz des passiven Wahlrechts (der durch die Gleichheit der Wahl zusätzlich gestützt wird)[39] – abschließend zu verstehen.[40] Allerdings ermöglicht Art. 137 I GG keine **Inelegibilitätsregelungen**, die die Wählbarkeit von vornherein ausschließen würden.[41] Denn die mit einer solchen Vorschrift verbundene völlige Aufhebung des passiven Wahlrechts wäre weder mit Art. 38 GG noch mit Art. 28 II LV vereinbar.[42]

---

wirkte auch bei den baden-württembergischen Verfassungsberatungen noch nach, vgl. 9. Sitzung des VA bei Feuchte, Quellen, 2. Teil, 214 ff.
35 BbgVerfG, NVwZ 1996, 590 (591 f.); *Menzel*, DÖV 1996, 1037 (1041).
36 So *Klein* in: Maunz/Dürig, Art. 137 Rn. 81 f., der außerdem auf eine Reihe von Entscheidungen des BVerfG hinweist, in denen einfachgesetzliche Landesregelungen auf dem Prüfstand standen, ohne dass eine mangelnde Ermächtigung in der Landesverfassung gerügt worden wäre; dies gilt zB für BVerfGE 38, 326 (LS 1 u. S. 336) bezüglich des SaarlLT, ohne dass die SaarlVerf eine Regelung dazu getroffen hätte; s. auch *Waechter* in: Epping/Butzer u.a., Art. 61 Rn. 6.
37 StGH, ESVGH 20, 194 (201); *Sander* in: Feuchte, Art. 28 Rn. 15.
38 BVerfGE 38, 326 (LS 3 u. S. 338 f.); 48, 64 (86 f.); die dortigen Mitarbeiter ohne Leitungsfunktion können dagegen nicht mehr dazu gezählt werden, weil hier mangels Entscheidungsbefugnissen keine Interessenkollision droht, BVerfGE 48, 64 (LS 2 u. S. 84 f.); zudem liegt bei einer entsprechenden landesgesetzlichen Regelung auch kein unzulässiger Kompetenzübergriff in das Aktien- und Gesellschaftsrecht vor, weil sie dem Landeswahl- und -abgeordnetenrecht zuzurechnen ist, BVerfG, B. v. 5.6.1998 – 2 BvL 2/97 – juris, Rn. 41–44, 55, 59-61.
39 BVerfG, B. v. 5.6.1998 – 2 BvL 2/97 – juris, Rn. 52.
40 BVerfGE 57, 43 (57 f.).
41 BVerfGE 48, 64 (88); 57, 43 (LS 3 u. S. 66 f.); BbgVerfG, B. v. 17.9.1998 – VfGBbg 30/98 – juris, Rn. 20; *Klein* in: Maunz/Dürig, Art. 137 Rn. 67-69 mwN.
42 *Versteyl* in: v. Münch/Kunig, Art. 137 Rn. 43, spricht insoweit von „verfassungswidrigem Verfassungsrecht".

Möglich sind vielmehr nur **Inkompatibiltätsnormen**, die einer Kandidatur und Wahl nicht entgegenstehen, aber eine gleichzeitige Ausübung der Funktionen untersagen. Der Gewählte muss sich dann zwischen der Annahme der Wahl und der Beibehaltung der bisherigen inkompatiblen Funktion entscheiden, ist aber nicht zu deren Aufgabe schon vor der Wahl verpflichtet.[43] Um diese Entscheidungsfreiheit zu wahren, muss der Landesgesetzgeber auch faktische Inelegibilitätsregelungen nach aller Möglichkeit zu vermeiden suchen.[44] Sind diese Grenzen des Art. 137 I GG als lex specialis gegenüber der Berufsfreiheit gewahrt, berührt die damit verbundene Einschränkung der weiteren Ausübung des bisherigen Berufs den Gewährleistungsbereich von Art. 12 I GG nicht.[45]

Für eine solche Einschränkung spricht – jedenfalls bei Landesbediensteten[46] – das **Konfusionsargument**, wonach man nicht in derselben Körperschaft eine dienende und eine bestimmende Rolle als Staatsdiener und Vertreter des Souveräns wahrnehmen kann, ohne dass die Gefahr möglicher Interessenkonflikte entsteht.[47] Hierfür kann außerdem das Gewaltenteilungsargument angeführt werden,[48] wenngleich dieses angesichts der Parlamentszugehörigkeit der meisten Regierungsmitglieder eher schwach ist.[49] Für leitende Kommunalbeamte wird angeführt, dass sie nicht gleichzeitig der Beaufsichtigung durch Landesbehörden unterstehen und im Land eine bestimmende Funktion ausüben können.[50] Gleichwohl sprechen auch gewichtige Argumente für eine sehr zurückhaltende Nutzung der Einschränkungsoption: Zum einen sind viele Landesbeamte (zB Lehrer) gar nicht in den von Regierung und Landtag dominierten Verwaltungsaufbau unmittelbar integriert. Zum anderen können gerade Beamte – v.a. leitende Kommunalbeamte wie Landräte oder Bürgermeister – wegen ihrer internen Kenntnisse und Erfahrungen einen **besonderen Sachverstand** in den Landtag einbringen. Zudem werden durch eine Einschränkung des passiven Wahlrechts die staatsbürgerlichen Rechte von Angehörigen des öffentlichen Dienstes verringert und die Tendenz zu einem apolitisch-passiven Beamtentum gestärkt.[51]

---

43 BVerfGE 57, 43 (67); BVerfG, B. v. 5.6.1998 – 2 BvL 2/97 – juris, Rn. 58; *Versteyl* in: v. Münch/Kunig, Art. 137 Rn. 43.
44 BVerfGE 48, 64 (88); BVerfG, B. v. 5.6.1998 – 2 BvL 2/97 – juris, Rn. 39.
45 BVerfG, B. v. 5.6.1998 – 2 BvL 2/97 – juris, Rn. 62.
46 Feuchte, Quellen, 2. Teil, 215 (Abg. *Lausen* SPD) u. 222 f. (Abg. *Huber* CDU).
47 BVerfGE 38, 326 (338 f.); 48, 64 (82); 57, 43 (62); BVerfG, B. v. 5.6.1998 – 2 BvL 2/97 – juris, Rn. 54 f.
48 *Versteyl* in: v. Münch/Kunig, Art. 137 Rn. 1; *Klein* in: Maunz/Dürig, Art. 137 Rn. 19.
49 Weshalb die Wählbarkeitsbeschränkung auch nicht unmittelbar aus dem Gewaltenteilungsprinzip abzuleiten ist, StGH, ESVGH 20, 194 (197 ff.).
50 Vgl. zum strukturell ähnlichen Verhältnis zwischen Gemeinde- und Kreisebene BbgVerfG, B. v. 17.9.1998 – VfGBbg 30/98 – juris, Rn. 23–25.
51 Feuchte, Quellen, 2. Teil, 217 (Abg. *Müller* CDU), 218 (Abg. *Möller* SPD) 220 (Abg. *Kühn* CDU) u. 222 (Abg. *Gog* CDU), in der 9. Sitzung des VA am 16.7.1952; ein (partei-)politisch neutralisiertes Beamtentum war aufgrund der Erfahrungen in der Weimarer Republik und in der NS-Diktatur gerade das Ziel der Alliierten gewesen, vgl. *Klein* in: Maunz/Dürig, Art. 137 Rn. 3.

b) Landesrechtliche Umsetzung

14 Seit 2016 macht BW von dieser Option ungeachtet der Gegenargumente weitreichenden Gebrauch. Im Rahmen der 2008 beschlossenen Parlamentsreform wurden die Inkompatibilitäten für Angehörige des öffentlichen Dienstes ab der 16. Wahlperiode (2016) erheblich ausgeweitet und damit den strikten Regelungen auf Bundesebene und in den meisten Ländern angeglichen.[52] Von einem baden-württembergischen Landtagsmandat sind nun **sämtliche Beamte iSv § 1 LBG – worunter auch die der Kommunen fallen –, anderer Länder und des Bundes** (§ 26 I AbgG BW) ausgeschlossen, während dies zuvor nur für baden-württembergische Beamte vom Range eines Amtsmanns aufwärts bei obersten und oberen Landesbehörden sowie bei den Regierungspräsidien galt (§ 26 I AbgG BW aF). Ebenfalls inkompatibel mit einem Landtagsmandat ist die **Tätigkeit eines Richters** (§ 26 II AbgBW). Da Richter nicht nur hoheitliche Handlungen im Rahmen einer anderen staatlichen Gewalt vornehmen, sondern darin – anders als Beamte – unabhängig und weisungsfrei sind, spricht in diesem Fall das Gewaltenteilungsargument uneingeschränkt für die Unvereinbarkeit.

15 Mit der Einbeziehung anderer Beamte als diejenigen des Landes hat sich der Gesetzgeber für **ebenenübergreifende Wählbarkeitsbeschränkungen** entschieden. In diesen Fällen entfällt mit dem Konfusions- und Gewaltenteilungsargument eine zentrale Rechtfertigung dieses Wahlrechtseingriffs, was auch das BVerfG bereits problematisiert hat.[53] Deshalb dürfe der Gesetzgeber – unter Ausschöpfung eines Einschätzungsspielraums – nur solche Tätigkeiten inkompatibel stellen, bei denen die Möglichkeit von Interessen- und Entscheidungskonflikten zumindest möglich erscheint.[54] Ebenfalls von einem Landtagsmandat ausgeschlossen sind erstmals **Vorstandsmitglieder und leitende Angestellte von juristischen Personen**, die (öffentlich-rechtlich) unter der Aufsicht des Landes stehen oder (privatrechtlich) vom Land unmittelbar oder mittelbar mit mehr als 50 % der Anteile beherrscht werden.

16 Besonders gravierend an dieser Ausweitung der Unvereinbarkeitsregelung ist der **Einbezug sämtlicher Kommunalbeamter**, die von § 1 LBG ebenfalls erfasst werden. Dahinter verbirgt sich der Parlamentsausschluss insbesondere kommunaler Wahlbeamter wie Landräte, Oberbürgermeister und Bürgermeister.[55] Begründet wird dies mit der Verlagerung originär staatlicher Aufgaben auf die kommunale Ebene im Rahmen der Verwaltungsreform 2005; dadurch sei eine „Vermischung exekutiver und legislativer Aufgaben bei den Abgeordneten mit kommunalen Ämtern" eingetreten.[56] Allerdings waren die Landkreise und Großen Kreisstädte auch davor schon in erheblichem Umfang für staatliche Aufgaben zuständig, und auf Bürgermeister

---

52 Vgl. die tabellarische Übersicht nach *Leppek* in: Austermann/Schmahl, § 5 Rn. 32.
53 BVerfGE 40, 296 (320).
54 BVerfG, B. v. 5.6.1998 – 2 BvL 2/97 – juris, Rn. 56; BbgVerfG, B. v. 17.9.1998 – VfGBbg 30/98 – juris, Rn. 22; krit. *Klein* in: Maunz/Dürig, Art. 137 Rn. 48, dem andere mögliche Zielsetzungen – etwa die Förderung der Integrität des öffentlichen Dienstes – ausreichen.
55 Für zulässig gehalten von LVerfG LSA, LVerfGE 7, 261.
56 LT-Drs. 14/2500, 3.

kreisangehöriger Gemeinden trifft das Argument überhaupt nicht zu. In jedem Fall aber hat sich der Landtag durch den Beschluss des neuen § 26 AbgG BW einen empfindlichen Kompetenzverlust zugefügt.

Von den anderen Beamtengruppen, die bis 2016 im Landtag vertreten sein durften (insbes. Lehrer), ist nur eine einzige übriggeblieben: Lediglich **Professoren und Juniorprofessoren** iSv § 44 I 1 Nr. 1 LHG dürfen neben einem Landtagsmandat begrenzte Aufgaben im aktiven Dienst ausüben (§ 32 a AbgG). Dies gilt für Tätigkeiten in Forschung und Lehre sowie die Betreuung von Doktoranden und Habilitanden, nicht aber für Tätigkeiten in der akademischen Selbstverwaltung oder für Studierendenbetreuung außerhalb der Lehrveranstaltungen (vgl. § 46 I LHG). Den Umfang dieser Tätigkeit, der auch die Grundlage für die anteilige Besoldung aus dem Professorenamt darstellt, bestimmt der betroffene Abgeordnete selbst. Allerdings ist die Besoldung auf 25 % der Professorengehaltes gedeckelt (§ 32 a S. 3 AbgG BW). 17

2. Sonstige Unvereinbarkeiten

Aus dem **Selbstbestimmungsrecht der Kirchen gem. Art. 140 GG iVm Art. 137 III WRV** hat das BVerfG abgeleitet, dass diese das Recht haben, in ihrem autonomen Dienstrecht Inkompatibilitäten mit einem Abgeordnetenmandat für ihre Bediensteten vorzusehen (BVerfGE 42, 312). Anlass der Entscheidung war eine kirchenrechtliche Regelung, wonach „Pfarrer oder Kirchenbeamte" für die Dauer eines Landtagsmandats zwangsweise als beurlaubt gelten. Während das BVerfG diese Regelung für gerechtfertigt hält, sprechen sich im Schrifttum viele Stimmen zumindest für eine Differenzierung zwischen Geistlichen und anderen Kirchenbeamten aus.[57] 18

Ebenfalls zulässig sind gesetzliche **Doppelmandatsverbote**, weil Art. 29 II LV diese Konstellation nach den Worten des BVerfG „nicht im Auge" hat.[58] Somit könnte der Landesgesetzgeber die Landtagsmitgliedschaft für unvereinbar mit einem BT- oder EP-Mandat erklären. Da eine solche Doppelbelastung kaum eine seriöse Wahrnehmung beider Mandate erlauben würde und daher absehbar Gegenstand kritischer öffentlicher Begleitung wäre, hat es insofern bislang keiner gesetzlichen Regelung bedurft. Ebenso hat das Gericht anerkannt, dass **internationale Führungsfunktionen** (zB UN-Generalsekretär o.ä.) im Völker(vertrags)recht für unvereinbar mit der Zugehörigkeit zu einem nationalen Parlament erklärt werden können.[59] 19

Artikel 30 [Wahlperiode, Zusammentreten]

(1) ¹Die Wahlperiode des Landtags dauert fünf Jahre. ²Sie beginnt mit dem Ablauf der Wahlperiode des alten Landtags, nach einer Auflösung des Landtags mit dem Tage der Neuwahl.

---

57 *Klein* in: Maunz/Dürig, Art. 48 Rn. 93 mwN.
58 BVerfGE 42, 312 (327); *Klein* in: Maunz/Dürig, Art. 48 Rn. 96 f.
59 BVerfGE 42, 312 (327); *Klein* in: Maunz/Dürig, Art. 48 Rn. 98.

(2) Die Neuwahl muß vor Ablauf der Wahlperiode, im Falle der Auflösung des Landtags binnen sechzig Tagen stattfinden.

(3) ¹Der Landtag tritt spätestens am sechzehnten Tage nach Beginn der Wahlperiode zusammen. ²Die erste Sitzung wird vom Alterspräsidenten einberufen und geleitet.

(4) ¹Der Landtag bestimmt den Schluß und den Wiederbeginn seiner Sitzungen. ²Der Präsident kann den Landtag früher einberufen. ³Er ist dazu verpflichtet, wenn ein Viertel der Mitglieder des Landtags oder die Regierung es verlangt.

Schrifttum:

Droege, Herrschaft auf Zeit: Wahltage und Übergangszeiten in der repräsentativen Demokratie, DÖV 2009, 649; *Hömig/Stoltenberg*, Probleme der sachlichen Diskontinuität, DÖV 1973, 689; *Jekewitz*, Der Grundsatz der Diskontinuität in der parlamentarischen Demokratie, JöR N.F. 27 (1978), 57; *Klein/Giegerich*, Grenzen des Ermessens bei der Bestimmung des Wahltages, AöR 112 (1987), 544; *Krech*, Möglichkeiten und Grenzen der Verlängerung von laufenden Wahlperioden, VR 1993, 401; *Michael*, Folgen der Beendigung: Elemente der Diskontinuität und Kontinuität, in: Morlok/Schliesky/Wiefelspütz, § 49; *Payandeh*, Konstituierung des Parlaments, in: Morlok/Schliesky/Wiefelspütz, § 7; *Scheuner*, Vom Nutzen der Diskontinuität zwischen Legislaturperioden, DÖV 1965, 510; *Versteyl*, Beginn und Ende der Wahlperiode, Erwerb und Verlust des Mandats, in: Schneider/Zeh, § 14.

Vergleichbare Regelungen:
Zu Abs. 1 (Dauer und Beginn der WP): Art. 39 I 1, 2 GG, 16 I 1, 2 BayVerf, 54 I BerlVerf, 62 I 1 BbgVerf, 75 I 1 BremVerf, 10 I 1 HambVerf, 79, 1 HessVerf, 27 I 1 MVVerf, 9 I 1 NdsVerf, 34, 1 NRWVerf, 83 I 1 RPVerf, 67 I 1 SaarlVerf, 44 I SächsVerf, 43, 1 LSAVerf, 19 I 1 SchlHVerf, 50 I 1 ThürVerf.
Zu Abs. 2 (Neuwahl): Art. 39 I 3, 4 GG, 16 I 3, 18 IV BayVerf, 54 I 3, 54 IV BerlVerf, 62 I 2, 62 III BbgVerf, 75 IV, V, 76 III BremVerf, 10 II, 11 II, 12 I HambVerf, 79, 2, 81 HessVerf, 27 I 3, II 3 MVVerf, 9 II NdsVerf, 34, 2, 35 III NRWVerf, 83 II 1, 84 II RPVerf, 67 I 3, 4 SaarlVerf, 44 II SächsVerf, 43, 3 LSAVerf, 19 I 3, III SchlHVerf, 50 I 2, II 3 ThürVerf.
Zu Abs. 3 (Konstituierung): Art. 39 II GG, 16 II BayVerf, 54 V 2 BerlVerf, 62 IV BbgVerf, 81, 1 BremVerf, 12 III HambVerf, 83 II, III HessVerf, 28 MVVerf, 9 III, 21 III NdsVerf, 37, 38 II NRWVerf, 83 II 2 RPVerf, 67 II SaarlVerf, 44 III SächsVerf, 45 I 1 LSAVerf, 19 IV SchlHVerf, 50 III 2 ThürVerf.
Zu Abs. 4 (Einberufung): Art. 39 III GG, 17 BayVerf, 42 I, II BerlVerf, 64 I 1, 2 BbgVerf, 88 BremVerf, 22 HambVerf, 83 IV, V HessVerf, 21 II NdsVerf, 38 III, IV NRWVerf, 83 III, IV RPVerf, 68 SaarlVerf, 44 IV SächsVerf, 45 I 1, II LSAVerf, 57 II 1, 2 ThürVerf.

Ergänzende Normen: Art. 93 a LV, §§ 1–3 GO LT.

Leitentscheidung: StGH, U. v. 7.9.1959 – GR 2/59 = BWVBl 1959, 185.

A. Überblick und Einordnung	1	B. Erläuterung	9
I. Bedeutung	1	I. Periodizität (Abs. 1)	9
II. Herkunft, Entstehung, Geschichte	3	1. Wahlperiode	9
		2. Diskontinuität	13
III. Verfassungsvergleichende Einordnung	5	II. Wahltermin (Abs. 2)	18
1. Periodizität	5	III. Erstmaliger Zusammentritt und Konstituierung (Abs. 3)	22
2. Konstituierung und Einberufung	7	IV. Selbstversammlungsrecht und Einberufung (Abs. 4)	27

[Wahlperiode, Zusammentreten] Artikel 30

A. Überblick und Einordnung

I. Bedeutung

Art. 30 LV behandelt zwei wesentliche Themen: Zum einen regelt die Norm die **Periodizität des Landtags** als Ausfluss des Demokratieprinzips, wonach die Ausübung staatlicher Gewalt stets nur auf Zeit übertragen werden kann und in regelmäßigen Abständen einer Legitimationserneuerung durch Rückkoppelung zum Souverän bedarf.[1] Zugleich folgt daraus das Diskontinuitätsprinzip der umfassenden personellen, institutionellen und sachlichen Erneuerung des parlamentarischen Verfassungsorgans. In diesem Kontext bestimmt Abs. 1 die Dauer der Wahlperioden sowie in abstrakter Weise deren Beginn und Ende; die dazu gehörende kalendermäßige Konkretisierung erfolgt durch Art. 93 a LV. In diesen sachlichen Regelungszusammenhang gehört auch die Vorschrift über die regelmäßig notwendige Neuwahl des Landtags in Abs. 2. 1

Das zweite Thema betrifft die **Autonomie des Landtags in der Herstellung seiner Arbeits- und Handlungsfähigkeit,** die er beim ersten Mal durch die Konstituierung unter Leitung des Alterspräsidenten (Abs. 3) und danach durch seine Entscheidungen über Beginn und Ende seiner Verhandlungen wahrnimmt (Abs. 4). Um ein Maximum an Flexibilität und Handlungsfähigkeit sicherzustellen, kann der Landtag auch unabhängig von seinen Beschlüssen einberufen werden. Die Berechtigung dazu weist Abs. 4 dem Präsidenten sowie materiell einer parlamentarischen Minderheit von einem Viertel der Mitglieder sowie der Regierung zu (dann operationalisiert durch den dazu verpflichteten Präsidenten). 2

II. Herkunft, Entstehung, Geschichte

Mit Ausnahme der Länge der Wahlperiode geht Art. 30 inhaltlich vollständig – überwiegend sogar wörtlich – auf Art. 27 VerfERP zurück. In der 1. Lesung im VA wurde darüber diskutiert, ob der **Zeitpunkt für die konstituierende Sitzung** an den Beginn der Wahlperiode (so Art. 30 III 1 LV) oder an den Wahltag (so heute Art. 39 II GG) anknüpfen sollte. So hat einerseits die kalendarische Definition der Wahlperioden (vgl. Art. 93 a iVm 30 I LV) einen gegenüber dem Wahltag eher abstrakten Charakter. Andererseits aber wäre es bei einer Anknüpfung an den Wahltag möglich, dass die konstituierende Sitzung noch während der Vorgängerperiode und vor Beginn der eigenen Wahlperiode stattfinden müsste – je nachdem, wie weit der Wahltag vom Ende der Vorgängerperiode entfernt wäre. Aus diesem Grund ist es bei der Anknüpfung an den Beginn der Wahlperiode geblieben.[2] 3

Seit 1996 (12. WP) beträgt die Dauer der Wahlperiode fünf Jahre. Die Änderung in Art. 30 I 1 LV erfolgte durch das 17. LVÄndG v. 15.2.1995 (GBl. 269) gemeinsam mit der Einführung des Selbstauflösungsrechts (vgl. Art. 43 I LV). Mit der **Verlängerung der Wahlperiode** sollten die Kontinuität und Effizienz der parlamentarischen Arbeit gestärkt werden. Insbesondere sollte der Zeitdruck bei aufwändigen Gesetzgebungsvorhaben zuguns- 4

---

1 *Droege*, DÖV 2009, 649 (656).
2 9. Sitzung des VA am 16.7.1952: Feuchte, Quellen, 2. Teil, 225–228.

ten vertiefter Beratungen und Anhörungen reduziert werden. Außerdem sollten neugewählte Abgeordnete nach ihrer Einarbeitung mehr Gelegenheit bekommen, sich parlamentarisch zu betätigen. Schließlich bewegte sich diese Änderung im Geleitzug der meisten übrigen Länder; zum Zeitpunkt der Verlängerung in BW kannten bereits sieben andere Länder fünfjährige Wahlperioden (Bbg, NRW, Rh-Pf, Saarl, Sachs, Thür und ab 1998 Nds).[3]

III. Verfassungsvergleichende Einordnung
1. Periodizität

5 Da die Periodizität des Parlaments als Ausfluss des Demokratieprinzips (s.o.) ein zentrales Element des deutschen Staatsorganisationsrechts darstellt, enthalten das GG und alle Landesverfassungen Regelungen über den Beginn und die Dauer der jeweiligen Wahlperioden. Während der Bund und Bremen vierjährige Perioden kennen, beträgt deren Dauer in allen anderen Bundesländern (mittlerweile) fünf Jahre. Bezüglich der Regelung von Beginn und Ende einer Wahlperiode gibt es in den Verfassungen unterschiedliche Ansätze. Im Bund und den meisten Ländern gilt eine „**Scharnierlösung**", wonach immer (erst) mit der Konstituierung des neuen Parlaments die vorhergehende Periode endet (Art. 39 I 2 GG) und die neue Periode beginnt (zB Art. 16 I 1 BayVerf, 9 I 2 NdsVerf).[4] In diesen Fällen ist eine parlamentslose Zeit – auch bei außerplanmäßigen Neuwahlen aufgrund einer Parlamentsauflösung – denklogisch ausgeschlossen. Anders dagegen gilt in BW, Bremen und Hessen eine „**kalendarische Fixregelung**", wonach Beginn und Ende der Wahlperiode unabhängig von der Konstituierung kalendermäßig festgelegt sind. Hier beginnt eine neue Wahlperiode im nahtlosen Anschluss an das Ende der vorherigen Periode, soweit diese planmäßig abgeschlossen wird (Art. 75 IV, 81 BremVerf, 82 HessVerf). Ist aber das Parlament vorzeitig aufgelöst worden, endet die Wahlperiode außerplanmäßig mit dem Auflösungsbeschluss, während die Folgeperiode erst mit dem Tag der Neuwahl beginnen kann. Folglich gibt es dann zwischen dem Auflösungsbeschluss und der Neuwahl eine parlamentslose Zeit, die in diesen Ländern maximal 60 (Art. 30 II LV, 81 HessVerf) oder 77 (Art. 76 III BremVerf) Tage betragen darf. In BW nimmt in dieser Zeit der Ständige Ausschuss gem. Art. 36 LV einen Teil der Rechte des Landtags wahr.

6 Auch bei den **Regelungen über den Wahltermin** unterscheiden sich die verschiedenen Verfassungen. Während die meisten Verfassungen mit der Scharnierlösung (s.o.) einen Zeitraum in Abhängigkeit von der Konstituierung des Vorgängerparlaments als Beginn der Wahlperiode[5] oder vom vor-

---

3 LT-Drs. 11/5326, 1, 6; vgl. auch den bereits zuvor eingebrachten FDP-Antrag in LT-Drs. 11/3839.
4 Vgl. *Soffner* in: Epping/Butzer u.a., Art. 9 Rn. 8.
5 Art. 39 I 3 GG (46–48 Monate), 62 I 2 BbgVerf (57–60 Monate), 27 I 2 MVVerf (57–59 Monate), 9 II NdsVerf (56–59 Monate), 83 II 1 RPVerf (58–60 Monate), 67 I 3 SaarlV (57–60 Monate), 43, 3 HS 1 LSAVerf (57–59 Monate), 19 I 3 SchlHVerf (58–60 Monate), 50 I 1 ThürVerf (57–61 Monate).

hergehenden Wahltermin[6] vorsehen, bestimmen die Verfassungen mit der kalendarischen Fixregelung ihrer Wahlperioden den Wahltag in Abhängigkeit vom Ende der Wahlperiode.[7] Dabei schränkt Art. 75 IV BremVerf den Spielraum auf den letzten Monat der vorhergehenden Periode ein. Art. 30 II LV, 79, 2 HessVerf verlangen dagegen lediglich, dass der Wahltermin vor dem Ende der Vorgängerperiode liegen muss.[8] Im Fall einer vorzeitigen Parlamentsauflösung sehen die Verfassungen eine mit der Auflösungsentscheidung beginnende Frist zwischen 42 und 90 Tagen für die Neuwahl vor;[9] am häufigsten ist die Frist von 60 Tagen wie in Art. 30 II LV.[10] Die Zuständigkeit für die Entscheidung über den konkreten Wahltag ist – wie in Art. 30 II LV – in den meisten Verfassungen nicht geregelt.[11]

2. Konstituierung und Einberufung

Ein ähnlich buntes Bild bieten die Regelungen über die Konstituierung des Parlaments. Dies fängt bei der Frist an, innerhalb derer das neugewählte Parlament erstmals zusammentreten muss. Im Bund und in den meisten Ländern knüpft die Frist an den Wahltag an und liegt zwischen 20 und 60 Tagen;[12] üblich sind 30 Tage.[13] Die Länder mit der kalendarischen Fixregelung beziehen sich dagegen – wie Art. 30 III 1 LV – auf das Ende der vorausgegangenen Wahlperiode.[14] Noch heterogener sind die Vorgaben über die **Einberufung und Leitung** der konstituierenden Sitzung. In vielen Verfassungen gibt es hierzu gar keine Regelungen (GG, Bay, Bbg, Brem, Hess, Rh-Pf, Saarl, Thür). Nach altem Brauch sind dann der Präsident des Vorgängerparlaments für die Einberufung und das lebensälteste Mitglied des neuen Parlaments („Alterspräsident") für die Sitzungsleitung (bis zur Wahl des neuen Präsidenten) zuständig.[15] Seit 2017 wird der Alterspräsident im Bund (wie in Schleswig-Holstein) nicht mehr nach dem Lebens-, sondern

7

---

6 Art. 16 I 3 BayVerf (59–62 Monate), 54 I 3 BerlVerf (56–59 Monate), 10 II HambVerf (57–60 Monate).
7 So allerdings auch Art. 34, 2 NRWVerf (im letzten Vierteljahr) und Art. 44 II SächsVerf, obwohl Art. 36 NRWVerf, 44 I SächsVerf Beginn und Ende der Wahlperioden nach der Scharnierlösung regeln.
8 Zu den vielfältigen Regelungen im Einzelnen vgl. *Droege*, DÖV 2009, 649 (652).
9 18 IV BayVerf (42 Tage), 54 IV BerlVerf (56 Tage), 62 III BbgVerf (70 Tage), 76 III BremVerf (77 Tage), 11 II HambVerf (70 Tage), 27 II 3 MVVerf (60–90 Tage), 9 II NdsVerf (2 Monate), 84 II RPVerf (42 Tage), 19 III SchlHVerf (70 Tage), 50 II 3 ThürVerf (70 Tage).
10 Art. 39 I 4 GG, 81 HessVerf, 35 III NRWVerf, 67 I 4 SaarlVerf, 44 II SächsVerf, 43,3 HS 2 LSAVerf.
11 Anders aber Art. 11 II 2, 12 I HambVerf, 62 I 3 BbgVerf, 19 II SchlHVerf.
12 16 I BayVerf (22 Tage), 54 V 2 BerlVerf (42 Tage), 12 III HS 1 HambVerf (21 Tage), 37 NRWVerf (20 Tage, aber nicht vor Ablauf der fünf Jahre seit der Konstituierung des Vorgängerlandtags, vgl. Art. 36 NRWVerf), 83 II 2 RPVerf (60 Tage).
13 Art. 39 II GG, 62 IV 1 BbgVerf, 28, 1 MVVerf, 9 III NdsVerf, 67 II SaarlVerf, 44 III 1 SächsVerf, 45 I 2 LSAVerf, 19 IV 1 SchlHVerf, 50 III 2 ThürVerf.
14 Art. 30 III 1 LV (16 Tage), 81, 1 BremVerf (1 Monat), 83 II, III HessVerf (18. Tag nach der Wahl, aber erst einen Tag nach Ende der WP).
15 *Maunz/Klein* in: Maunz/Dürig, Art. 39 Rn. 42, 44–46; *Versteyl* in: v. Münch/Kunig, Art. 39 Rn. 35; *Möstl* in: Lindner/ders./Wolff, Art. 16 Rn. 8; *Glauben* in: Grimm/Caesar, Art. 83 Rn. 12; *Catrein* in: Wendt/Rixecker, Art. 67 Rn. 11; *Dette* in: Linck/Baldus u.a., Art. 50 Rn. 15 f.; *Lieber* in: ders./Iwers/Ernst, Art. 62 Ziff. 3.

nach dem Dienstalter ermittelt (§§ 1 GO BT, 1 II 2 GO SchlHLT).[16] Andere Verfassungen ordnen – nur – die Einberufungszuständigkeit dem bisherigen bzw. „amtierenden" Präsidenten oder Vorstand zu,[17] weshalb auch hier die Sitzungsleitung – meist geschäftsordnungsrechtlich festgelegt – durch den Alterspräsidenten erfolgt.[18] Auch soweit umgekehrt nur die Sitzungsleitung durch den Alterspräsidenten ausdrücklich geregelt ist (Art. 54 V 2 BerlVerf), liegt die Einberufungszuständigkeit beim bisherigen Präsident.[19] Anders verhält es sich in NRW, wo das bisherige Präsidium „bis zur Wahl des neuen Präsidiums" die Geschäfte weiterführt (Art. 38 II NRWVerf). Hierunter ist sowohl die Einberufung des neuen Landtags als auch die Leitung der konstituierenden Sitzung bis zur Präsidentenwahl zu verstehen,[20] was eine verfassungsrechtlich angeordnete Ausnahme zum institutionellen Diskontinuitätsgrundsatz darstellt.[21] Umgekehrt legen Art. 30 III 1 LV und Art. 44 III 2 SächsVerf die Zuständigkeit des Alterspräsidenten sowohl für die Einberufung als auch für die Sitzungsleitung (bis zur Wahl des neuen Präsidenten) ausdrücklich fest; demnach ist nur in BW und Sachsen eine wie auch immer geartete Einwirkung des Vorgängerparlaments auf den neuen Landtag ausgeschlossen.

8 In Abkehr vom monarchischen Privileg der **Einberufung, Eröffnung und Schließung von Parlamentssitzungen und Sitzungsperioden** sehen die Verfassungen seit 1919 ein autonomes Selbstversammlungsrecht der Volksvertretungen vor,[22] was aufgrund des damaligen Souveränitätswechsels von der Krone auf das Volk ebenso konsequent wie zwingend war. Wegen der Verankerung des Selbstversammlungsrechts in Art. 20 II GG ist eine ausdrückliche verfassungsrechtliche Normierung wie in Art. 30 IV 1 LV und Art. 39 III 1 GG nicht zwingend erforderlich und auch nicht in allen Verfassungen erfolgt (Berl, Bbg, Hamb, M-V, NRW, LSA, SchlH, Thür). Dagegen ist die Einberufungskompetenz des Präsidenten ebenso wie das **Recht der jeweiligen Regierung und einer qualifizierten parlamentarischen Minderheit auf Einberufung** des Parlaments im Bund und nahezu in allen Ländern ausdrücklich verfassungsrechtlich niedergelegt; lediglich Mecklenburg-Vorpommern und Schleswig-Holstein kennen keine entsprechenden Regelungen. Unterschiede gibt es allerdings bei der Höhe des Minderhei-

---

16 Für diese Regelung wird die uU wesentlich größere parlamentarische Erfahrung des Betroffenen ins Feld geführt, vgl. www.bundestag.de/presse/pressemitteilungen/2017/pm-170323-alterspraesident/499892 (1.11.2017).
17 Art. 81, 2 BremVerf, 12 III HS 2 HambVerf, 28, 2 MVVerf, 21 III 1 NdsVerf, 45 I 2 LSAVerf, 19 IV 2 SchlHVerf.
18 *Soffner* in: Epping/Butzer u.a., Art. 9 Rn. 8; *Reich*, Art. 45 Rn. 2; *Tebben* in: Classen/Litten/Wallerath, Art. 28 Rn. 4.
19 *Driehaus* in: ders., Art. 54 Rn. 4 (m.V. auf § 10 I GO des Berliner Abg.-Hauses).
20 *Thesling* in: Heusch/Schönenbroicher, Art. 38 Rn. 17.
21 Ob die bloße Einberufung schon eine Durchbrechung darstellt, ist streitig, da in allen Ländern mit „Scharnierlösung" das Vorgängerparlament bis zum Beginn der konstituierenden Sitzung – also insbesondere auch in deren Vorfeld – amtiert und für allfällige Amtshandlungen zuständig ist, vgl. *Dette* in: Linck/Baldus u.a., Art. 50 Rn. 15, aber auch *Reich*, Art. 45 Rn. 2; ggf. soll die Durchbrechung durch Verfassungsgewohnheit gerechtfertigt sein, vgl. *Payandeh* in: Morlok/Schliesky/Wiefelspütz, § 7 Rn. 9.
22 Näher dazu *Maunz/Klein* in: Maunz/Dürig, Art. 39 Rn. 62 ff.

tenquorums. Am häufigsten wird ein Viertel[23] (sieben Länder) oder ein Fünftel[24] (vier Länder) der Mitglieder für das Einberufungsbegehren verlangt; seltener ein Drittel[25] (zwei Länder und der Bund) und einmal reicht bereits ein Zehntel (Art. 22 HambVerf). Neben dem Fünftelquorum eröffnet Art. 57 II 2 ThürVerf auch jeder Fraktion (also potenziell einem Zwanzigstel) dieses Einberufungsverlangen. Das entsprechende Recht der jeweiligen Regierung steht nur im Bund und im Saarland allein dem Regierungschef zu, während es ansonsten dem Kollegialorgan vorbehalten ist.

B. Erläuterung

I. Periodizität (Abs. 1)

1. Wahlperiode

Die Wahlperiode beträgt fünf Jahre und ist Ausdruck der zeitlichen Limitierung demokratischer Herrschaftsübertragung und -erneuerung. Während dieses Zeitraums übt der konkret gewählte Personenverband die Rechte des Landtags iSd LV aus.[26] Nicht nur die Periodizität als solche, sondern auch die **Angemessenheit der Länge der Wahlperioden** ist eine zentrale Voraussetzung für demokratische Legitimation und Kontrolle.[27] Hierbei sind das durchschnittliche Erinnerungs- und Bewertungsvermögen von Wählern, demografisch-personelle Veränderungen in der Wählerschaft, aber auch die Komplexität parlamentarischer Verfahren und die eingeschränkte parlamentarische Arbeitsfähigkeit in der Anfangs- und Endphase einer Periode (wegen Einarbeitung bzw. Vorwahlkampf) wichtige Kriterien.[28] Die fünfjährige Dauer ist jedenfalls dann unter demokratischen Maßstäben als noch angemessen anzusehen, wenn daneben „plebiszitäre Elemente von einigem Gewicht" bestehen;[29] teilweise wird auch eine sechsjährige Periodendauer noch als denkbar angesehen.[30]

9

Die Wahlperiode wird **kalendarisch bestimmt**; sie beginnt seit 2011 im Normalfall am 1.5. eines Wahljahres und endet nach Ablauf der fünf Jahre am 30.4. des folgenden Wahljahres (Art. 93 a iVm Art. 30 I 2 LV). Zuvor hatte sie – seit 1960 – am 1.6. begonnen um am 31.5. geendet (Art. 93 a LV aF),[31] nachdem die zweite Wahlperiode vom 1.4.1956 – 31.3.1960 gedauert hatte (Art. 93 II iVm Art. 30 I 2 LV). Eine **Verkürzung der Wahlperiode** kann durch eine vorzeitige Landtagsauflösung erfolgen (Selbstauflösung, Art. 43 I LV; Auflösung durch das Volk, Art. 43 II LV; ausbleibende termingerechte Regierungsbildung, Art. 47 LV). Da im Falle eines Staatsnotstandes iSv Art. 62 I LV alle Wahlen durch eine entsprechende Feststel-

10

---

23 Art. 30 IV 3 LV, 88 II BremVerf, 21 II NdsVerf, 38 IV NRWVerf, 68, 3 SaarlVerf, 44 IV 3 SächsVerf, 45 II LSAVerf.
24 Art. 42 II BerlVerf, 64 I 2 BbgVerf, 83 V Hess Verf, 57 II 2 ThürVerf.
25 Art. 39 III 2 GG, 17 II BayVerf, 83 III RPVerf.
26 *Feuchte* in: Feuchte, Art. 30 Rn. 2.
27 BVerfGE 13, 54 (91); StGH, ESVGH 24, 155 (157); LVerfG M-V, U. v. 26.6.2008 – LVerfG 4/07 – juris, Rn. 58.
28 *Morlok* in: Dreier, Art. 39 Rn. 10.
29 LVerfG M-V, U. v. 26.6.2008 – LVerfG 4/07 – juris, LS 4.
30 *Maunz/Klein* in: Maunz/Dürig, Art. 39 Rn. 23, unter Verweis auf Regelungen im Ausland.
31 Art. 93 a LV aF war durch LVÄndG v. 7.12.1959 (GBl. 171) eingefügt worden.

lung des Landtags ausgesetzt werden (Art. 62 II LV), ist von Verfassungs wegen auch eine **Verlängerung der Wahlperiode** möglich. Bislang ist es aber noch nie zu einer solchen Verkürzung oder Verlängerung einer Wahlperiode gekommen. Bis zum Ende der Wahlperiode kann der Landtag – auch nach bereits erfolgter Wahl des Nachfolgeparlaments gem. Art. 30 II HS 1 LV – sämtliche Rechte dieses Verfassungsorgans beanspruchen, wirksame Beschlüsse fassen und insbesondere auch Gesetze verabschieden.[32]

11 Wegen ihrer unmittelbaren Verankerung im Demokratieprinzip gem. Art. 20 II GG, 23 I LV steht eine **Ausweitung der Dauer einer laufenden Wahlperiode nicht zur Disposition eines amtierenden Landtags** und würde sowohl gegen Art. 64 I 2 LV als auch gegen Art. 28 I GG verstoßen.[33] Eine auf Verlängerung der Wahlperiode gerichtete Verfassungsänderung ist daher frühestens für das noch nicht gewählte Folgeparlament möglich. Denn die zeitliche Reichweite des in der Wahl erteilten Mandats muss am Wahltag feststehen und kann nicht im Nachhinein verlängert werden.[34] Etwas anderes kann allenfalls für geringfügige Verlängerungen (zB zwei Monate) gelten, weil der „Anspruch des Volks auf aktive Mitwirkung an den Staatsaufgaben nur unwesentlich beeinträchtigt" wird, wenn sie durch gewichtige Gründe des Gemeinwohls gerechtfertigt sind.[35] Als solche Gründe hat der StGH für das Jahr 1960 die Erschwerung einer ungehinderten Wahlteilnahme wegen Belegung aller in Betracht kommenden Wahlsonntage mit Konfirmations- oder Faschingsfeierlichkeiten sowie wegen der Gefahr starken Schneefalls im Hochschwarzwald anerkannt.[36] Weniger problematisch wäre eine **verfassungsändernde Verkürzung einer laufenden Wahlperiode**. Während dies im Bund als unzulässige Umgehung des fehlenden Selbstauflösungsrechts gilt,[37] stellt sich das Problem in BW wegen des Selbstauflösungsrechts gem. Art. 43 I LV nicht.

12 Durch die Regelung in Art. 30 I 2 LV, wonach der Beginn der Folgeperiode an das Ende der Vorgängerperiode geknüpft ist, kann es **im Normalfall keine parlamentslose Zeit** geben. Auch in der maximal 16-tägigen Zeit zwischen Beginn der Wahlperiode und erstem Zusammentritt existiert bereits ein (neuer) Landtag, der im Bedarfsfall seine Konstituierung auch nach vorne verlagern und bereits am ersten Tag der Wahlperiode durchführen kann. Tut er das nicht, nehmen solange aus dem Vorgänger-Landtag der Ständige Ausschuss einen Großteil der parlamentarischen Rechte (Art. 36 LV) und der Präsident die ihm zugewiesenen Aufgaben (Art. 32 IV LV) unter besonderer Prolongation ihrer Rechtsstellung gem. Art. 44 LV wahr. Bei einer **vorzeitigen Landtagsauflösung** endet die Wahlperiode jedoch mit dem entsprechenden Beschluss (Art. 43 LV) oder mit dem Ablauf der für die Regierungsbildung gesetzten dreimonatigen Frist (Art. 47 LV).

---

32 *Kluth* in: Schmidt-Bleibtreu/Hofmann/Henneke, Art. 39 Rn. 19.
33 *Morlok* in: Dreier, Art. 39 Rn. 18.
34 *Kluth* in: Schmidt-Bleibtreu/Hofmann/Henneke, Art. 39 Rn. 12.
35 StGH, U. v. 7.9.1959 – GR 2/59 = BWVBl 1959, 185 (LS 1 u. 2); *Feuchte* in: Feuchte, Art. 30 Rn. 4.
36 StGH, U. v. 7.9.1959 – GR 2/59 = BWVBl 1959, 185.
37 BVerfGE 62, 1 (44); anders allenfalls bei „unabweisbaren Gründen", vgl. *Maunz/Klein* in: Maunz/Dürig, Art. 39 Rn. 25; *Morlok* in: Dreier, Art. 39 Rn. 20; *Kluth* in: Schmidt-Bleibtreu/Hofmann/Henneke, Art. 39 Rn. 12.

Die Folgeperiode beginnt erst mit dem Tag der Neuwahl (Art. 30 I 2 HS 2 LV), die binnen 60 Tagen stattfinden muss. In diesen maximal 60 Tagen existieren folglich weder der alte noch der neue Landtag, weshalb in einem solchen Fall – anders als bei der Scharnierlösung (→ Rn. 5), bei der das aufgelöste Parlament bis zum ersten Zusammentritt des Folgeparlaments weiter amtiert – eine **parlamentslose Zeit** eintritt.[38] Auch in diesem Fall obliegt es dem Ständigen Ausschuss und dem Präsidenten des aufgelösten Landtags, den Großteil der parlamentarischen Rechte bis zum ersten Zusammentritt des Folgelandtags zu wahren und die Geschäfte weiterzuführen (Art. 36, 32 IV LV).

2. Diskontinuität

Auch wenn der Landtag als Verfassungsorgan dauerhaft institutionell eingerichtet ist (Grundsatz der Organkontinuität), kann er nur als konkret gewählter Personenverband handeln. Da dieser Personenverband durch eine Wahl nur für eine bestimmte Wahlperiode gebildet wird, stellen die einzelnen – aufeinander folgenden – **Landtage rechtlich zu unterscheidende Entscheidungsträger** dar.[39] So greift zwischen einem Vorgänger- und einem Nachfolgeparlament zwar keine organbezogene, aber eine personelle Zäsur ein. Die wesentliche Bedeutung des Endes einer Wahlperiode liegt deshalb in der damit verbundenen Diskontinuität. Dieser Grundsatz geht auf das Recht der ständischen Repräsentation zurück,[40] gilt – wegen fehlender unmittelbarer verfassungsrechtlicher Ausformung[41] – kraft langer verfassungsrechtlicher Anerkennung zumindest als Verfassungsgewohnheitsrecht[42] und lässt sich in eine sachliche, personelle und institutionelle Dimensionen einteilen.[43] Damit soll dem neuen Landtag ein von den vom Vorgängerparlament hinterlassenen Strukturen und Arbeitsthemen befreiter Start ermöglicht und eine Fremdbestimmung des neuen Landtags durch seinen Vorgänger ausgeschlossen werden.[44] Wegen dieser Eigenbestimmungssicherung fußt der Diskontinuitätsgrundsatz auf der Parlamentsautonomie und dem Demokratieprinzip. Allerdings sind damit auch Nachteile verbunden, insbesondere eine geringere Qualität der Gesetzgebung bei eilig am Ende der Wahlperiode zum Abschluss gebrachten Verfahren („Aufräumungsarbeiten")[45] und die in der Sache unnötigen Wiederho-

13

---

38 So auch *Feuchte* in: Feuchte, Art. 30 Rn. 12; *Klein/Giegerich*, AöR 112 (1987), 544 (567 f.).
39 *Maunz/Klein* in: Maunz/Dürig, Art. 39 Rn. 48; *Kluth* in: Schmidt-Bleibtreu/Hofmann/Henneke, Art. 39 Rn. 5.
40 *Scheuner*, DÖV 1965, 510 (511).
41 LVerfG M-V, U. v. 27.5.2003 – LVerfG 10/02 – juris, Rn. 26.
42 StGH, ESVGH 40, 14 (16); ebenso *Maunz/Klein* in: Maunz/Dürig, Art. 39 Rn. 61; *Hömig/Stoltenberg*, DÖV 1973, 689 (690); *Braun*, Art. 39 Rn. 17, nur zur sachlichen Diskontinuität (der sich zugleich kritisch zu positiv-rechtlichen Begründungsversuchen äußert); gleichwohl grundlegend krit. *Michael* in: Morlok/Schliesky/Wiefelspütz, § 49 Rn. 34–45, der Diskontinuität und Kontinuität als ambivalente Ausprägungen desselben Demokratieprinzips ansieht.
43 *Morlok* in: Dreier, Art. 39 Rn. 24; *Michael* in: Morlok/Schliesky/Wiefelspütz, § 49 Rn. 23.
44 *Scheuner*, DÖV 1965, 510 (512 f.).
45 LVerfG M-V, U. v. 27.5.2003 – LVerfG 10/02 – juris, Rn. 27; *Versteyl* in: v. Münch/Kunig, Art. 39 Rn. 27; *Michael* in: Morlok/Schliesky/Wiefelspütz, § 49 Rn. 22.

lungsarbeiten eines neuen Parlaments beim Aufgreifen unabgeschlossener Vorgänge.[46] Selbst wenn der neue Landtag es wollte, wäre ihm eine Anknüpfung an den im Vorgängerparlament erreichten Verfahrensstand verfassungsrechtlich verwehrt.[47] Der Diskontinuitätsgrundsatz findet seine Grenze in der **Organkontinuität des Landtags**, weshalb er nur für innerparlamentarische Fragen und nicht abgeschlossene Willensbildungs- und Legitimierungsprozesse gilt. Soweit dagegen der Landtag solche Prozesse mit nach außen wirkenden Entscheidungen abgeschlossen hat, liegt ein institutionelles Organhandeln vor, das auch die Folgeparlamente – ggf. bis auf Widerruf – bindet.[48]

14 Die **sachliche Diskontinuität** bedeutet die automatische Beendigung aller innerparlamentarisch anhängigen Vorgänge und Verfahren, insbesondere auch Gesetzgebungsverfahren. Eine verfassungsrechtliche Ausnahme besteht für

- Petitionen iSv Art. 2 I LV iVm Art. 17 GG, weil hier der Bürger einen verfassungsrechtlichen Beantwortungsanspruch hat, der sich an das Organ und nicht an den konkreten Personenverband richtet,[49]
- von der Regierung unterbreitete Vorlagen von Volksbegehren, weil diese einen Anspruch auf die Entscheidung des Landtags über die Annahme bzw. Anberaumung eines Abstimmungstermins (Art. 60 I LV) haben und
- den Entlastungsbeschluss für die Regierung nach Rechnungslegung gem. Art. 83 I LV.[50]

Hat der Landtag ein Gesetz verabschiedet, das sich noch im Schlussverfahren (Ausfertigung und Veröffentlichung) befindet, besteht wegen des Abschlusses des parlamentarischen Verfahrens kein Raum mehr für die sachliche Diskontinuität.[51]

15 § 51 GO LT hat darüber hinaus

- Regierungsvorlagen, die keiner Beschlussfassung bedürfen, und zu Berichten und Gutachten des Rechnungshofs,
- Berichte und Gutachten des Rechnungshofs sowie
- Berichte und Gutachten des Landesbeauftragten für den Datenschutz

von der sachlichen Diskontinuität ausgenommen.[52] Dies war trotz des Vorrangs dieses auf Verfassungsebene angesiedelten Grundsatzes vor der GO

---

46 *Versteyl* in: v. Münch/Kunig, Art. 39 Rn. 43.
47 *Hömig/Stoltenberg*, DÖV 1973, 689 (690).
48 *Morlok* in: Dreier, Art. 39 Rn. 23; *Kluth* in: Schmidt-Bleibtreu/Hofmann/Henneke, Art. 39 Rn. 5.
49 Vgl. *Hömig/Stoltenberg*, DÖV 1973, 689 (693).
50 Vgl. *Feuchte* in: Feuchte, Art. 30 Rn. 11; bzgl. Petitionen s. auch *Maunz/Klein* in: Maunz/Dürig, Art. 39 Rn. 57.
51 *Kluth* in: Schmidt-Bleibtreu/Hofmann/Henneke, Art. 39 Rn. 7 f.; *Maunz/Klein* in: Maunz/Dürig, Art. 39 Rn. 53 f.
52 Vertritt man allerdings mit der traditionellen Auffassung (→ Art. 32 Rn. 19) den Standpunkt, dass die GO nur für den Landtag gelten kann, der sie beschlossen hat, kann sie das Nachfolgeparlament überhaupt nicht binden; § 51 GO LT muss man dann, soweit die Vorschrift nicht deklaratorischer Natur ist (wie bei den verfassungsrechtlich vorgegebenen Ausnahmen von der sachlichen Diskontinuität), für wesensmäßig unwirksam halten; vgl. *Feuchte* in: Feuchte, Art. 39 Rn. 10.

LT möglich, weil die genannten Vorgänge allesamt nicht innerparlamentarischer Natur sind und damit dem Diskontinuitätsgrundsatz gar nicht unterliegen.

Die **institutionelle Diskontinuität** erfasst alle innerparlamentarischen Organe und Funktionen, insbesondere die Ausschüsse – auch die Untersuchungsausschüsse[53] – und Fraktionen. Dies gilt auch für die von der LV vorgesehenen Pflichtausschüsse (Art. 35 a, 36 LV).[54] Ausnahmen gelten für den Ständigen Ausschuss und für das Präsidium, die über das Ende der Wahlperiode hinaus – bis zum Zusammentritt des neuen Landtags – kraft gesonderter verfassungsrechtlicher Anordnung für maximal 16 Tage fortbestehen (Art. 36, 32 IV, 44 LV). Keine Geltung entfaltet die institutionelle Diskontinuität für parlamentarisch beschickte Gremien außerhalb des Landtags wie zB Verwaltungsräte, Kuratorien etc.; auch die Landesregierung besteht über das Ende der Wahlperiode hinweg, verliert aber mit dem ersten Zusammentritt des neuen Landtags ihre Legitimation und ist dann nur noch geschäftsführend im Amt (Art. 55 II HS 1 LV).[55] 16

Die **personelle Diskontinuität** bezeichnet schließlich die zeitliche Begrenzung der Legitimation und Rechtsstellung der Abgeordneten, die mit dem Ablauf der Wahlperiode automatisch erlischt. Rechtzeitig vor Eintritt der Diskontinuität eingeleitete Verfassungsgerichtsprozesse bleiben – auch im Fall des Ausscheidens von Antragstellern[56] – aber dann wirksam, wenn sie sich auf diskontinuitätsunabhängige Sachverhalte beziehen; dies ist bei einer Normenkontrolle der Fall,[57] bei der Geltendmachung von Minderheitenrechten eines mit der Diskontinuität untergegangenen Untersuchungsausschusses dagegen nicht.[58] 17

II. Wahltermin (Abs. 2)

Im **Fall regulärer Neuwahlen** muss der Wahltag vor dem Ende der Wahlperiode des Vorgänger-Landtags stattfinden, also derzeit vor dem 30.4. eines Wahljahres. Auch wenn Art. 30 II LV keine Angabe zu einem **frühestmöglichen Zeitpunkt** macht, ist der Zeitraum für einen verfassungskonformen Termin eingeschränkt. So wird aus dem Demokratieprinzip abgeleitet, dass zwischen der Wahl und der Aktivierung der damit verbundenen demokratischen Legitimation kein allzulanger Zeitraum liegen darf. Denn die Ausübung der Staatsgewalt muss „noch konkret erfahrbar und praktisch wirksam" sein.[59] Umso länger der Abstand ist, desto schwächer wird die vom neuen Landtag zu erfüllende Integrationsleistung.[60] Die genaue Länge des Zeitraums ist streitig; Autoren, die sich mit der Frage vertieft befasst ha- 18

---

53 StGH, ESVGH 35, 161 (163); ESVGH 40, 14 (16).
54 *Kluth* in: Schmidt-Bleibtreu/Hofmann/Henneke, Art. 39 Rn. 6.
55 *Braun*, Art. 30 Rn. 32 f.
56 Maßgeblich ist die Antragsberechtigung zum Zeitpunkt der Antragstellung, weshalb eine später – aber vor Prozessende – eintretende personelle oder institutionelle Diskontinuität bei Abg. oder Fraktionen unschädlich ist, LVerfG M-V, U. v. 27.5.2003 – LVerfG 10/02 – juris, LS 2 u. Rn. 25 ff.
57 BVerfGE 79, 311 (327); 82, 286 (297); BbgVerfG, LVerfGE 2, 201 (LS 1 u. S. 205).
58 StGH, ESVGH 40, 14 (15 f.).
59 VerfGH NRW, U. v. 18.2.2009 – VerfGH 24/08 – juris, Rn. 47.
60 *Klein/Giegerich*, AöR 112 (1987), 544 (574).

ben, wollen ihn auf die für die Herstellung der Arbeitsfähigkeit des neuen Landtags notwendigen Zeitraum[61] beschränken und votieren daher für einen Monat.[62] Andere sehen (teilweise in Anlehnung an Art. 39 I 3 GG aF) einen Dreimonatszeitraum als maximalen zeitlichen Abstand zwischen Wahl und Konstituierung an.[63]

19 Folglich muss die Wahl im **Zeitraum Februar bis April** stattfinden. Zudem gibt Art. 26 VI LV vor, dass der Wahltag ein Sonntag sein muss. Zugleich ist damit ausgeschlossen, dass die Wahlen auf mehrere Tage verteilt werden können.[64] Seit der Gründung des Landes wurden die Landtagswahlen nahezu immer an einem Sonntag im März oder April abgehalten,[65] was – auch für die Wahlen zwischen 1960 und 2006, bei denen die Wahlperiode erst einen Monat später geendet hat – als zulässig anzusehen ist. Wird die Wahl in einem zu großen Abstand vom Ende der Wahlperiode durchgeführt (also nach hier vertretener Auffassung im Januar oder im Vorjahr), ist sie wegen Verstoßes gegen das Demokratieprinzip verfassungswidrig und ungültig; erfolgt sie dagegen zu spät – also erst nach dem Ende der Wahlperiode – ist sie auch verfassungswidrig, aber gültig, da eine verfassungskonforme Wahl dann nicht mehr möglich ist.[66]

20 Bei **Neuwahlen infolge einer vorzeitigen Landtagsauflösung** muss die Wahl binnen 60 Tagen ab der Auflösungsentscheidung – ebenfalls an einem Sonntag – stattfinden. Für die Fristberechnung sind die §§ 187 ff. BGB maßgeblich,[67] weshalb der Auflösungstag selbst bei den 60 Tagen nicht mitgezählt wird (§ 187 I BGB). Als Auflösungstag ist bei Art. 43 I LV der Tag des Landtagsbeschlusses und bei Art. 43 II LV der Tag der Volksabstimmung anzusehen. Im Fall des Art. 47 LV gilt dies für den Tag, an dem

---

61 Wofür die früher in NRW vorgesehene 20-Tage-Frist als nicht ausreichend angesehen wurde, vgl. *Klein/Giegerich*, AöR 112 (1987), 544 (581) mwN.
62 Mit beachtlichen Argumenten *Droege*, DÖV 2009, 649 (656); siehe auch *Klein/Giegerich*, AöR 112 (1987), 544 (580 ff.), die sich zwar gegen eine strikte Zeitgrenze aussprechen, aber von einem steigenden Rechtfertigungsdruck bei wachsendem Zeitabstand ausgehen.
63 So sah Art. 39 I 3 GG aF vor, dass die Wahl im letzten Vierteljahr der Wahlperiode stattfinden muss, woraus ein entsprechender demokratischer Standard abgeleitet wurde, vgl. *Feuchte* in Feuchte, Art. 30 Rn. 13; ebenfalls für maximal drei Monate VerfGH NRW, U. v. 18.2.2009 – VerfGH 24/08 – juris, Rn. 50-53 (zwar vor kommunalrechtlichem Hintergrund, aber mit verfassungsrechtlicher Argumentation); *Klein/Giegerich*, AöR 112 (1987), 544 (551–560) halten eine valide verfassungsrechtliche Begründung des Dreimonatszeitraums (etwa aus einer Analogie zu Art. 39 I GG oder aus gemeindeutschem Verfassungsgewohnheitsrecht) für nicht möglich.
64 *Maunz/Klein* in: Maunz/Dürig, Art. 39 Rn. 33 f. (instruktiv auch zu möglichen Ausnahmen).
65 Als die Wahlperiode bis zum 31.3. reichte, fanden die Wahlen am 9.3.1952 und 4.3.1956 statt; nach der Verlängerung der Wahlperiode bis zum 31.5. wurde am 15.5.1960, 26.4.1964, 28.4.1968, 23.4.1972, 4.4.1976, 16.3.1980, 25.3.1984, 20.3.1988, 5.4.1992, 24.3.1996, 25.3.2001 und am 26.3.2006 gewählt; seit der Verkürzung der Wahlperiode auf den 30.4. waren die Wahltermine der 27.3.2011 und 13.3.2016, vgl. https://de.wikipedia.org/wiki/Landtagswahlen_in_Baden-Württemberg (1.11.2017).
66 *Maunz/Klein* in: Maunz/Dürig, Art. 39 Rn. 39.
67 *Feuchte* in: Feuchte, Art. 30 Rn. 14; *Maunz/Klein* in: Maunz/Dürig, Art. 39 Rn. 30; *Payandeh* in: Morlok/Schliesky/Wiefelspütz, § 7 Rn. 17.

die Dreimonatsfrist nach der Erledigung des Amtes des Ministerpäsidenten abläuft.

Die **Festlegung des Wahltermins** stellt nach den Worten des BVerfG einen 21
„staatsorganisatorischen Akt mit Verfassungsfunktion" dar, den Art. 30 II
LV voraussetzt und der im Organstreitverfahren angegriffen werden
kann.[68] Besondere Bedeutung kommt dieser Entscheidung auch deshalb zu,
weil damit auch der Kreis der aktiv und passiv Wahlberechtigten festgelegt
wird.[69] Die Zuständigkeit für diese Entscheidung ist in der LV nicht geregelt,
weshalb sie vom einfachen Gesetzgeber der Landesregierung übertragen
worden ist (§ 19, 1 LWG).[70] Sie verfügt bei der Ausübung dieser Kompetenz
über einen Ermessensspielraum, um die Verwirklichung der Wahlrechtsgrundsätze
und die Wahlbeteiligung zu fördern.[71] Zugleich ist das
pflichtgemäße Ermessen aber auch verfassungsrechtlich stark eingehegt: So
muss die Festlegung des Wahltermins willkürfrei erfolgen und darf insbesondere
nicht mit spezifischen Vor- oder Nachteilen für einzelne Parteien
verbunden sein, was aus dem Grundsatz der Chancengleichheit politischer
Parteien (Art. 21 GG iVm Art. 2 I LV iVm Art. 3 GG) folgt.[72] Auch ist aus
dem Gebot der Organloyalität die Erhaltung der Funktionsfähigkeit des
(alten) Landtags zu beachten, der ab dem Wahltag einen Autoritätsverlust
erleidet.[73] Ein bereits festgelegter Wahltermin kann bei Vorliegen gewichtiger
Gründe (zB Unruhen, Naturkatastrophen, Seuchen oder eine streikbedingte
Lahmlegung der wahlrelevanten Infrastruktur) – innerhalb der von
Art. 30 II LV vorgegebenen Grenzen – vorgezogen oder hinausgeschoben
werden.[74]

III. Erstmaliger Zusammentritt und Konstituierung (Abs. 3)

Der erstmalige Zusammentritt eines neugewählten Landtags, der regelmä- 22
ßig mit der Konstituierung einhergeht, kann frühestens am ersten und
muss spätestens am 16. Tag nach Beginn der Wahlperiode erfolgen. Die
Festlegung dieser Frist dient der zeitnahen Aktivierung der in der Wahl gespendeten
demokratischen Legitimation und darf deshalb nicht zu weit
vom Wahltag entfernt liegen (als Maximum werden drei Monate angenommen,
s.o. Rn. 18). Zugleich sichert sie das verfassungsrechtlich anerkannte
Interesse daran, in überschaubarer Zeit nach dem Wahltag die endgültige
Zusammensetzung des Landtags geklärt zu bekommen.[75] Anders
als in den meisten Ländern mit Scharnierlösung (→ Rn. 5) beträgt diese
Frist in BW nicht nur 30 Tage. Denn da die Wahl regelmäßig schon in der
2. Märzhälfte stattfindet, obwohl die neue Wahlperiode (bis 2006 erst am

---

68 BVerfGE 62, 1 (31).
69 *Droege*, DÖV 2009, 649 (653); *Klein/Giegerich*, AöR 112 (1987), 544 (548).
70 Eine Anhörung der politischen Parteien ist nicht erforderlich, vgl. *Klein/Giegerich*,
AöR 112 (1987), 544 (548); erfolgt diese jedoch, darf sie nicht auf die im Landtag
vertretenen Parteien beschränkt sein.
71 *Klein/Giegerich*, AöR 112 (1987), 544 (550, 582 mwN).
72 *Droege*, DÖV 2009, 649 (653); *Klein/Giegerich*, AöR 112 (1987), 544 (560 f.);
Achterberg/Schulte in: v. Mangoldt/Klein/Starck, Art. 39 Rn. 17.
73 *Klein/Giegerich*, AöR 112 (1987), 544 (565–572).
74 *Achterberg/Schulte* in: v. Mangoldt/Klein/Starck, Art. 39 Rn. 18; *Maunz/Klein* in:
Maunz/Dürig, Art. 39 Rn. 38.
75 BVerfGE 85, 148 (159); 123, 39 (77).

1.6. und) seit 2011 am 1.5. beginnt (und damit die 16-Tage-Frist von Art. 30 III 1 LV), ergibt sich in der Praxis meist ein **Zeitraum von** (früher drei und mittlerweile) ca. **zwei Monaten zwischen der Wahl und dem ersten Zusammentritt**.

23 Auch hier gelten für die **Fristberechnung** die §§ 187 ff. BGB:[76] Fällt also der 16. Tag der neuen Wahlperiode (derzeit: 16.5.) auf einen Sams-, Sonn- oder Feiertag, kann der erste Zusammentritt auch noch am nächstfolgenden Werktag verfassungskonform erfolgen (§ 193 BGB).[77] Eine erst nach Ablauf der Frist erfolgende Konstituierung wäre zwar verfassungswidrig, aber dennoch (mangels sinnvoller Alternativen) wirksam.[78] Äußerst ambitioniert ist die 16-Tage-Frist im Fall einer vorausgegangenen vorzeitigen Landtagsauflösung; denn dann beginnt die neue Wahlperiode bereits mit dem Wahltag (der nach § 187 II BGB mitgezählt werden muss),[79] so dass der erste Zusammentritt am 15. Tag nach der Neuwahl erfolgen muss.

24 Sowohl die Einberufung als auch die Leitung der konstituierenden Sitzung obliegen – bis zur Wahl des neuen Präsidenten – gem. Art. 30 III 2 LV dem Alterspräsidenten, also dem ältesten Mitglied des neuen Landtags, das dazu bereit ist. Diese Zuständigkeit umfasst als praktisch bedeutsamstes Recht die **Festlegung des Zeitpunkts der konstituierenden Sitzung**. Anders als im Bund und in den allermeisten Ländern liegt diese Entscheidung nicht beim Präsidenten des vorherigen Landtags, sondern beim ältesten Mitglied des neuen Landtags. Die Vorschrift dient daher der dem verlässlichen Ausschluss jeglicher Fremdbestimmung durch andere oder vorherige Organe.

25 Wenngleich der Alterspräsident in dieser Entscheidung über ein grundsätzlich freies Ermessen verfügt, unterliegt er regelmäßig **praktischen und politischen Einhegungen**: So nimmt die endgültige Feststellung nicht nur des Wahlergebnisses, sondern auch der konkreten personellen Zusammensetzung des Landtags einige Zeit in Anspruch; insbesondere müssen die gewählten Abgeordneten nicht nur feststehen, sondern auch die Wahl angenommen bzw. die Gelegenheit zur Ablehnung der Wahl gehabt haben (Art. 41 I 2 LV). Außerdem ist es politisch zweckmäßig, den Tag der Konstituierung mit den Fraktionen abzusprechen, um eine reibungslose Wahl des Präsidiums – der entsprechende Klärungen innerhalb der Fraktionen bzgl. deren Vorschlagsrechte vorausgehen müssen – sicherzustellen.[80] Im Übrigen wird das Ermessen des Alterspräsidenten durch Art. 30 IV 3 LV eingeschränkt, wonach er zur Einberufung verpflichtet ist, wenn ein Viertel der Abgeordneten oder die Regierung es verlangen; denn anders als im Bund, wo die hM die Anwendung der entsprechenden Norm (Art. 39 III 3

---

76 *Maunz/Klein* in: Maunz/Dürig, Art. 39 Rn. 41.
77 § 59 I LWG findet hier keine Anwendung, weil es sich nicht um eine in „diesem Gesetz" (sondern in Art. 30 III 1 LV) bestimmte Frist handelt.
78 *Payandeh* in: Morlok/Schliesky/Wiefelspütz, § 7 Rn. 8.
79 Zwar findet die Wahl selber erst im Lauf des Tages statt, was für § 187 I BGB sprechen würde (so *Braun*, Art. 44 Rn. 2); doch stellt Art. 30 I 2 LV ausdrücklich auf den Wahltag als solchen iSv § 187 II BGB und nicht auf ein in dessen Verlauf stattfindendes Ereignis ab; auch die Formulierung „beginnt ... mit" spricht für eine klare Zuordnung des Wahltages zur neuen Wahlperiode.
80 S. auch *Payandeh* in: Morlok/Schliesky/Wiefelspütz, § 7 Rn. 10.

GG) auf den ersten Zusammentritt verneint,[81] ist der Landtag nicht erst ab dem Zusammentritt, sondern ab dem davon unabhängigen ersten Tag der Wahlperiode rechtlich existent.[82]

Die zwingenden **Elemente der Konstituierung** ergeben sich aus dem Zweck 26 der Sitzung, die Arbeitsfähigkeit des Parlaments als Gesamtorgan herzustellen. Hierfür bedarf es der Feststellung der Beschlussfähigkeit, der (vorläufigen) Beschlussfassung über die Geschäftsordnung[83] und der Wahl der Leitungsorgans des Parlaments, also des Präsidiums (Art. 32 I 1 LV), sowie der Schriftführer.[84] Üblicherweise beginnt der Alterspräsident die konstituierende Sitzung mit der Begrüßung besonderer Gäste und einer gemeinsinnorientierten Ansprache, bevor er vorläufige Schriftführer bestellt (§ 3 III GO LT), einen Beschluss über die vorläufige Übernahme der (ggf. interfraktionell modifizierten) Geschäftsordnung des Vorgängerlandtags herbeiführt (§ 3 II GO LT), die Beschlussfähigkeit des Landtags feststellt (§ 3 IV GO LT) und schließlich die Wahl des neuen Präsidenten aufruft.[85] Sobald diese erfolgt ist, übergibt er die Sitzungsleitung an den gewählten Präsidenten (§ 4 V GO LT), der dann mit der Wahl der oder des Vizepräsidenten sowie der übrigen Präsidiumsmitglieder und der Schriftführer fortfährt. Damit ist die Konstituierung abgeschlossen. In der Praxis wird jedoch in der konstituierenden Sitzung auch noch ein allgemeiner Genehmigungsbeschluss in Immunitätsangelegenheiten gefasst.[86] Auch erste inhaltliche Arbeitspunkte sind in der ersten Sitzung – nach abgeschlossener Konstituierung – rechtlich grundsätzlich möglich.[87] Kann die Konstituierung nicht vollständig abgeschlossen werden (etwa wegen noch nicht erfolgter Wahl einzelner Präsidiumsmitglieder), ist der in Art. 30 III 1 LV geforderte erste Zusammentritt dennoch erfüllt.[88]

IV. Selbstversammlungsrecht und Einberufung (Abs. 4)

Das grundsätzliche **Recht des Landtags zur Festlegung von Schluss und** 27 **Wiederbeginn seiner Verhandlungen** gem. Art. 30 IV 1 LV folgt im demokratischen Staat aus seiner Stellung als Volksvertretung und der damit einhergehenden Parlamentsautonomie (Art. 20 II GG).[89] Dieses sog. **Selbstver-**

---

81 *Maunz/Klein* in: Maunz/Dürig, Art. 39 Rn. 43.
82 So iE auch *Feuchte* in: Feuchte, Art. 30 Rn. 17, aA *Braun*, Art. 39 Rn. 37.
83 Jedenfalls, soweit der traditionellen Auffassung (BVerfGE 1, 144, 148) zu folgen ist, wonach die Vorgänger-GO der Diskontinuität unterliegt und deshalb nicht bis auf Widerruf automatisch für das Folgeparlament gelten soll; krit. dazu *Haug*, Bindungsprobleme und Rechtsnatur parlamentarischer Geschäftsordnungen, 78 ff.; *Payandeh* in: Morlok/Schliesky/Wiefelspütz, § 7 Rn. 11.
84 *Payandeh* in: Morlok/Schliesky/Wiefelspütz, § 7 Rn. 16; vgl. auch Art. 62 I 3 VerfLB.
85 Im Bundestag wird die Übernahme der GO erst nach der Wahl des Präsidenten beschlossen (vgl. *Payandeh* in: Morlok/Schliesky/Wiefelspütz, § 7 Rn. 13; *Maunz/Klein* in: Maunz/Dürig, Art. 39 Rn. 46); bei Zugrundelegung der traditionellen Auffassung findet dann die Präsidentenwahl noch ohne geschäftsordnungsrechtliche Grundlage statt.
86 Vgl. zB Plenarprotokoll 16/1 vom 11.5.2016.
87 LVerfG M-V, U. v. 21.6.2007 – LVerfG 19/06 – juris, LS 4.
88 *Payandeh* in: Morlok/Schliesky/Wiefelspütz, § 7 Rn. 16.
89 *Maunz/Klein* in: Maunz/Dürig, Art. 39 Rn. 65; *Versteyl* in: v. Münch/Kunig, Art. 39 Rn. 37; *Morlok* in: Dreier, Art. 39 Rn. 29; *Achterberg/Schulte* in: v. Man-

sammlungsrecht hat eine zeitliche (Sitzungsbeginn und -ende), örtliche (Sitzungsort) und inhaltliche (Tagesordnung) Komponente. In **zeitlicher Hinsicht** bedingt das Selbstversammlungsrecht entsprechende Plenarbeschlüsse, die freilich nicht ausdrücklich gefasst werden müssen. Die Feststellung des Präsidenten, dass sich gegen den von ihm bzw. dem Präsidium vorgeschlagenen Terminplan kein Widerspruch erhebt, reicht dafür aus. In der Praxis beschließt das Präsidium jährlich im Voraus einen Sitzungsplan. Soweit kein gesonderter Beschluss bzw. eine abweichende Angabe vorliegt, finden die Sitzungen **örtlich** im Plenarsaal des Stuttgarter Landtagsgebäudes statt. Die **inhaltliche Komponente** des Selbstversammlungsrechts schließt der Landtag aus, indem er eine entsprechende Tagesordnung beschließt. Dies kann ebenfalls konkludent dadurch erfolgen, dass der Landtag in die angekündigte und vom Präsidium beschlossene Tagesordnung rügelos eintritt.

28 Aufgrund der systematischen Nachordnung des **Einberufungsrechts des Landtagspräsidenten** in S. 2 ist dieses nicht als eigenständige Organkompetenz anzusehen, sondern als dienende Umsetzungszuständigkeit zur Aktivierung des Selbstversammlungsrechts;[90] mindestens aber ist das präsidiale Einberufungsrecht gegenüber dem Selbstversammlungsrecht subsidiär.[91] Dasselbe gilt für alle Komponenten dieses Rechtes, auch für die Tagesordnung als inhaltliche Seite.[92] Unabhängig von der rechtlichen Einordnung des Einberufungsrechts in Art. 30 IV 2 LV wird der Landtagspräsident davon sinnvollerweise nur in ganz besonders gelagerten Ausnahmefällen und in Abstimmung mit den Fraktionsführungen Gebrauch machen.[93]

29 Eine echte Einschränkung des Selbstversammlungsrechts (als Mehrheitsrecht, Art. 33 II 1 LV) stellen dagegen die bindenden **Einberufungsansprüche einer parlamentarischen Minderheit von einem Viertel der Mitglieder sowie der Regierung** gem. Art. 30 IV 3 LV dar. Ein solches Einberufungsverlangen ist an den Landtagspräsidenten zu richten. Seine Wirksamkeit setzt zunächst – was sich von selbst versteht – die Angabe (mindestens) eines Beratungsgegenstandes, um dessentwillen das Begehren gestellt wird, voraus.[94] Des Weiteren ist die Geltendmachung des Rechts nur außerhalb einer laufenden Sitzung möglich, weil das Verlangen sonst auf etwas gerichtet wäre, das gerade stattfindet.[95] Während der laufenden Sitzung ist vielmehr mit geschäftsordnungsrechtlichen Mitteln auf eine entsprechende

---

goldt/Klein/Starck, Art. 39 Rn. 24; *Thesling* in: Heusch/Schönenbroicher, Art. 38 Rn. 20.
90 *Maunz/Klein* in: Maunz/Dürig, Art. 39 Rn. 67; *Achterberg/Schulte* in: v. Mangoldt/Klein/Starck, Art. 39 Rn. 27; *Mielke* in: Epping/Butzer u.a., Art. 21 Rn. 27.
91 *Achterberg/Schulte* in: v. Mangoldt/Klein/Starck, Art. 39 Rn. 26; aA *Braun*, Art. 39 Rn. 37, der das Einberufungsrecht des Präsidenten als Abweichung von Art. 39 IV 1 LV ansieht.
92 *Maunz/Klein* in: Maunz/Dürig, Art. 39 Rn. 68 f.; die Ermächtigungen in § 77 IV GO LT an den Präsidenten und in § 78 II GO LT an das Präsidium sind Ausfluss des dienenden Charakters dieser Zuständigkeit, wie in § 78 IV GO LT deutlich wird.
93 *Maunz/Klein* in: Maunz/Dürig, Art. 39 Rn. 70.
94 *Mielke* in: Epping/Butzer u.a., Art. 21 Rn. 28.
95 *Maunz/Klein* in: Maunz/Dürig, Art. 39 Rn. 71; *Mielke* in: Epping/Butzer u.a., Art. 21 Rn. 29.

Ergänzung der Tagesordnung hinzuwirken. Schließlich wird zu verlangen sein, dass der Anspruch in schriftlicher Form geltend gemacht wird. Soweit er von einem Viertel der Mitglieder erhoben wird, ist die Unterschrift der entsprechenden Zahl von Abgeordneten erforderlich.[96] Bei einem Einberufungsverlangen der Regierung ist ein förmlicher Beschluss des Kollegialorgans erforderlich, der mit Schreiben des Ministerpräsidenten dem Landtagspräsidenten mitzuteilen ist.[97]

Einem **wirksamen Einberufungsverlangen** muss der Landtagspräsident umgehend entsprechen und den Landtag zum baldmöglichst sinnvollen Zeitpunkt einberufen; der ihm dabei zustehende Spielraum ist sehr eng und allein begrenzter zeitlicher Natur.[98] Aus der verfassungsrechtlichen Verankerung dieser Einberufungsansprüche folgt zudem, dass sich der Landtag **dem begehrten Beratungsgegenstand stellen** muss. Zwar kann ihm keine Entscheidung abverlangt werden, aber er darf auch nicht durch sofortige Vertagung der Beratung oder Schluss der Sitzung völlig ausweichen.[99] Denn Art. 30 IV 3 LV geht dem Selbstversammlungsrecht als speziellere (Ausnahme-)Regelung und dem Vertagungs- oder Sitzungsschließungsrecht (vgl. §§ 99 III b, 79 GO LT) als höherrangige Norm vor. Zudem würde eine Nicht-Beratung sowohl das parlamentarische Minderheitenrecht als auch das Interorganrecht der Regierung nicht angemessen würdigen. Denn das Einberufungsrecht der Regierung korrespondiert (ebenso wie das jederzeitige Zutrittsrecht gem. Art. 34 II 1 LV) mit ihrer parlamentarischen Verantwortlichkeit, die sie jederzeit – etwa durch die Beantragung von unaufschiebbaren Entscheidungen – wahrnehmen können muss.[100]

30

Artikel 31 [Wahlprüfung]

(1) ¹Die Wahlprüfung ist Sache des Landtags. ²Er entscheidet auch, ob ein Abgeordneter seinen Sitz im Landtag verloren hat.

(2) Die Entscheidungen können beim Verfassungsgerichtshof angefochten werden.

(3) Das Nähere bestimmt ein Gesetz.

Schrifttum:
Arndt, Ungültigerklärung der Wahl zur Hamburgischen Bürgerschaft, NVwZ 1993, 1066; *Bechler/Neidhardt*, Verfassungsgerichtlicher Rechtsschutz für Parteien vor der Bundestagswahl: Die Nichtanerkennungsbeschwerde zum BVerfG, NVwZ 2013, 1438; *Ewer*, Wahlprüfung, in: Morlok/Schliesky/Wiefelspütz, § 8; *Frau*, Effektiver Rechts-

---

96 Erheblich großzügiger ist offenbar die Praxis im Bundestag, wo die Geltendmachung durch den Parlamentarischen Geschäftsführer einer hinreichend großen Fraktion erfolgen kann, vgl. *Versteyl* in: v. Münch/Kunig, Art. 39 Rn. 39.
97 Vgl. *Braun*, Art. 39 Rn. 37; *Mielke* in: Epping/Butzer u.a., Art. 21 Rn. 30 mwN.
98 *Maunz/Klein* in: Maunz/Dürig, Art. 39 Rn. 74 („unverzüglich"); die NdsGO LT sieht dafür maximal zwei Wochen vor, vgl. *Mielke* in: Epping/Butzer u.a., Art. 21 Rn. 31.
99 AA für den Bund *Maunz/Klein* in: Maunz/Dürig, Art. 39 Rn. 72; *Versteyl* in: v. Münch/Kunig, Art. 39 Rn. 39 unter Bezugnahme auf § 20 III 2 GO BT; ebenso für Nds *Mielke* in: Epping/Butzer u.a., Art. 21 Rn. 29 f.
100 *Maunz/Klein* in: Maunz/Dürig, Art. 39 Rn. 75; *Morlok* in: Dreier, Art. 39 Rn. 29.

schutz für Kleinstparteien? – Nichtanerkennungsbeschwerden bei der Bundestagswahl 2013, DÖV 2014, 421; *Hoppe*, Die Wahlprüfung durch den Bundestag (Art. 41 Abs. 1 Satz 1 GG) – ein „Wahlprüfungsverhinderungsverfahren"?, DVBl. 1996, 344; *Huber*, Der Prüfungsmaßstab von Wahlorganen bei der Zulassung von politischen Parteien und Wählervereinigungen, DÖV 1991, 220; *Koch*, „Bestandsschutz" für Parlamente? – Überlegungen zur Wahlfehlerfolgenlehre, DVBl. 2000, 1093; *Koenig*, Mandatsrelevanz und Sanktionen im verfassungsgerichtlichen Wahlbeschwerdeverfahren, ZParl 1994, 241; *Kretschmer*, Wahlprüfung, in: Schneider/Zeh, § 13; *Mager*, Die Kontrolle der nnerparteilichen Kandidatenaufstellung im Wahlprüfungsverfahren, DÖV 1995, 9; *Meyer*, Wahlgrundsätze, Wahlverfahren, Wahlprüfung, in: HStR, § 46; *Morlok/Bäcker*, Zugang verweigert: Fehler und fehlender Rechtsschutz im Wahlzulassungsverfahren, NVwZ 2011, 1153; *Olschewski*, Wahlprüfung und subjektiver Wahlrechtsschutz, 1970; *Puttler*, Landeswahlprüfung durch ein Gericht: Art. 19 Abs. 4 GG, die Länderautonomie und die hessischen Wahlprüfungsbestimmungen, DÖV 2001, 849; *Rauber*, Wahlprüfung in Deutschland, 1995; *Schreiber*, Das Bundesverfassungsgericht als Wahlprüfungsgericht, DVBl. 2010, 609; *Wolf*, Das negative Stimmgewicht als wahlgleichheitswidriger Effekt – Auswirkungen, Bewertung und Chancen einer Neuregelung, 2016.

Vergleichbare Regelungen: Art. 41 GG, 33 BayVerf, 63 BbgVerf, 9 HambVerf, 21 MV-Verf, 11 II-IV NdsVerf, 33 NRWVerf, 82 RPVerf, 75 SaarlVerf, 45 SächsVerf, 44 LSAVerf, 4 III SchlHVerf, 49 III, IV ThürVerf; anders Art. 78 HessVerf.

Ergänzende Normen: Landeswahlprüfungsgesetz, §§ 52 VerfGHG, 6, 7 I GO LT.

Leitentscheidungen: BVerfGE 4, 370 (Mandatsrelevanz); 40, 11 (Wahlprüfung); 89, 243 (Kandidatenaufstellung); 103, 111 (Wahlprüfung); StGH, ESVGH 47, 241; ESVGH 53, 9 (Wahlbeschwerde); HambVerfG, DVBl. 1993, 1070 (= NVwZ 1993, 1083); LVerfG SchlH, LVerfGE 21, 434 (Wahlfehler).

A. Überblick und Einordnung 1	III. Wahlprüfungsbeschwerde
I. Bedeutung 1	beim VerfGH (Abs. 2) 18
II. Herkunft, Entstehung,	1. Zulässigkeit 18
Geschichte 3	2. Begründetheit 27
III. Verfassungsvergleichende Einordnung 5	IV. Gesetzgebungsauftrag (Abs. 3) und materielles
B. Erläuterung 7	Wahlprüfungsrecht 30
I. Grundsätze des zweistufigen	1. LWPrG und
Wahlprüfungsverfahrens 7	§ 52 VerfGHG 30
II. Wahlprüfungsverfahren beim	2. Wahlrechts- und Wahlge-
Landtag (Abs. 1) 11	schehensfehler 33
1. Allgemeine Wahlprüfung	3. Wahlfehlerfolgen 37
(Abs. 1 S. 1) 11	
2. Individuelle Wahlprüfung	
(Abs. 1 S. 2) 16	

A. Überblick und Einordnung

I. Bedeutung

1 Die Wahlprüfung sichert die Legalität und damit die unverfälschte Abbildung des politischen Willens des Volkes im Wahlergebnis. Damit garantiert die Wahlprüfung die **Legitimität der Wahl**, weshalb sie wie das Wahlrecht selbst im **Demokratieprinzip** gem. Art. 25 I LV wurzelt.[1] Daher gilt der daraus abgeleitete Öffentlichkeitsgrundsatz auch nicht nur für die Wahldurchführung und die Ergebnisermittlung, sondern ebenso für die Wahl-

---

[1] *Klein* in: Maunz/Dürig, Art. 41 Rn. 7; *Soffner* in: Epping/Butzer u.a., Art. 11 Rn. 4.

[Wahlprüfung] Artikel 31

prüfung (vgl. § 7 I LWPrG; siehe aber auch § 9 I 1 LWPrG).² Nach dem Regelungskonzept des Art. 31 LV erfolgt die Wahlprüfung nicht von Amts wegen, sondern **nur auf Antrag** (sog. Anfechtungsprinzip).³ Zur Stellung eines Wahlprüfungsantrags sind u.a. alle wahlberechtigten Stimmbürger befugt (vgl. ie § 2 LWPrG), was wegen der Verbindung von Wahlprüfung und Gewährleistung der Wahlrechtsgleichheit auch grundrechtlich abgesichert ist.⁴ Trotzdem handelt es sich bei der Wahlprüfung um ein **rein objektives Verfahren**, das nur der gesetzmäßigen Zusammensetzung des Landtags und nicht dem Schutz subjektiver Rechte auf eine ordnungsgemäße Durchführung der Wahl dient.⁵ Eine etwaige subjektive Betroffenheit eines Wählers kann nur Anlass, nicht aber Gegenstand der Wahlprüfung sein, weil es bei dieser um die Bewertung des integrierenden Wahlvorgangs aller beteiligten Stimmbürger gehen muss.⁶

Dazu korrespondiert, dass Art. 31 LV den Charakter einer **lex-specialis-Vorschrift gegenüber der allgemeinen Rechtsweggarantie** (Art. 67 I LV) hat, jedenfalls soweit es um die Frage der Gültigkeit einer Wahl geht. Unter dieser Prämisse besteht gegen wahlrechtliche Handlungen und Maßnahmen – auch nach Abschluss der eigentlichen Wahl⁷ – deshalb nur ein Rechtsschutz im Rahmen von Art. 31 LV und dem LWPrG. Außerhalb des Anwendungsbereichs von Art. 31 LV ist die Rechtsschutzgarantie von Art. 67 I LV auch im wahlrechtlichen Kontext – entgegen der hM ⁸ – jedoch nicht verdrängt. Hier kann ein Wähler gegen eine Verletzung seiner subjektiven Rechte durch Verwaltungsmaßnahmen (zB fehlerhafte Nichteintragung in das Wählerverzeichnis) verwaltungsgerichtlichen Rechtsschutz in Anspruch 2

---

2 BVerfGE 123, 39 (LS 1); VerfGH NRW, NVwZ 1991, 1175 (LS 4 u. S. 1179); *Ewer* in: Morlok/Schliesky/Wiefelspütz, § 8 Rn. 1.
3 *Klein* in: Maunz/Dürig, Art. 41 Rn. 10; ausdrücklich in Art. 11 II NdsVerf, 44 I LSAVerf.
4 BVerfGE 85, 148 (LS 1).
5 BVerfGE 1, 430 (432 f.); 37, 84 (89); 40, 11 (29); 48, 271 (280); 66, 369 (378); StGH, ESVGH 47, 241 (LS 1); StGH, VerfGH 13, 3 (7); SaarVerfGH, U. v. 16.4.2013 – Lv 10/12 – juris, Rn. 51; auf Bundesebene ist der rein-objektive Charakter seit 2012 gelockert: Nach § 1 I WPrG befasst sich die Wahlprüfung nicht mehr allein mit der Gültigkeit der Bundestagswahl, sondern auch mit der „Verletzung von Rechten bei der Vorbereitung oder Durchführung der Wahl, soweit sie der Wahlprüfung nach Artikel 41 des Grundgesetzes unterliegen" (vgl. Gesetz zur Verbesserung des Rechtsschutzes in Wahlsachen v. 12.7.2012, BGBl. I, 1501); vgl. auch *Ewer* in: Morlok/Schliesky/Wiefelspütz, § 8 Rn. 8-11; *Klein* in: Maunz/Dürig, Art. 41 Rn. 47-53.
6 BVerfGE 22, 277 (281); StGH, ESVGH 47, 241 (242); BbgVerfG, B. v. 17.7.2015 – VfGBbg 25/15 – juris, Rn. 8.
7 BVerfGE 28, 214 (219 f.).
8 Vgl. unten (*Hofmann*), Art. 67 Rn. 29; BVerfGE 14, 154 (155); 16, 128 (129 f.); BVerfGE 22, 277 (281); 28, 214 (218 f.); 46, 196 (198); B. v. 24.8.2009 – 2 BvQ 50/09 – juris, Rn. 4; insbesondere wird auch kein zusätzlicher Rechtsschutz seitens des BVerfG gesehen, vgl. dessen B. v. 18.10.2010 – 2 BvR 2174/10 – juris, Rn. 5; vgl. auch StGH, ESVGH 47, 241 (242); lVerfGE 13, 3 (LS 1); BremStGH, U. v. 13.9.2016 – St 2/16 – juris, LS 2 u. Rn. 58; *Kluth* in: Schmidt-Bleibtreu/Hofmann/Henneke, Art. 41 Rn. 25, 28; letztlich zust. *Ewer* in: Morlok/Schliesky/Wiefelspütz, § 8 Rn. 5.; die hM bezieht diesen Ausschluss auch ausdrücklich auf die Verfassungsbeschwerde, vgl. BVerfG NVwZ 1994, 893 (894) nwN; ihm folgend BerlVerfGH, LVerfGE 11, 68 (71); *Kluth* in: Schmidt-Bleibtreu/Hofmann/Henneke, Art. 41 Rn. 27; *Ewer* in: Morlok/Schliesky/Wiefelspütz, § 8 Rn. 6.

nehmen. Bei Verletzung des grundrechtsgleichen subjektiven Wahlrechts steht dem Betroffenen auch die Verfassungsbeschwerde offen (§ 55 I VerfGHG). Freilich können diese subjektiven Rechtsbehelfe allesamt nicht zur teilweisen oder ganzen Ungültigkeitserklärung der Wahl führen, weil dies allein dem Verfahren gem. Art. 31 LV vorbehalten ist.[9]

II. Herkunft, Entstehung, Geschichte

3   Das Wahlprüfungsrecht geht auf die Frühzeit des Parlamentarismus zurück und wurde zunächst als **Eigenprüfung iS eines parlamentarischen Selbstbestimmungsaktes** in Abgrenzung zu einer fremdbestimmten (zB monarchischen) Prüfung verstanden.[10] Bereits die Paulskirchenverfassung (§ 112) und die RV (Art. 27) sahen deshalb eine entsprechende Regelung vor.[11] In der Weimarer Republik wurde das Selbstprüfungsrecht dagegen auf Reichsebene eingeschränkt. Während Art. 31 WRV als Mittelweg zwischen reiner Selbstprüfung und gerichtsförmiger Überprüfung[12] ein beim Reichstag zu bildendes Wahlprüfungsgericht (bestehend aus drei Abgeordneten und zwei richterlichen Mitgliedern) enthielt, sah § 14 VerfWü 1919 die Feststellung des Rechts der Mitgliedschaft durch den Landtag und die Entscheidung im Streitfall durch den StGH vor. § 39 II 1 VerfBad 1919 wies dagegen die Entscheidung über die „Vollmacht seiner Mitglieder" allein dem Landtag zu. Nach dem 2. Weltkrieg änderte sich im Land zunächst nichts: Die beiden Länder mit württembergischer Beteiligung übernahmen die Regelung aus § 14 VerfWü 1919 (Art. 55 I 2, II VerfWB, 27 VerfWH), während Art. 67 VerfLB die Regelung von § 39 II 1 VerfBad 1919 beibehielt.

4   Der heute geltende Art. 31 LV entspricht mit geringfügigen sprachlichen Modifikationen Art. 28 VerfERP und brachte eine wesentliche Neuerung: War bisher (in WB und WH) nur eine routinemäßige Überprüfung der Vollmachten durch den Landtag vorgenommen und die Angelegenheit im Streitfall sofort an den StGH abgegeben worden, sieht Art. 31 I LV nun eine **„echte" erste Stufe mit einem eigenen Entscheidungsrecht des Landtags im Streitfall** vor.[13] Wenngleich im VA darüber diskutiert wurde, ob nicht direkt eine StGH-Befassung vorgesehen werden sollte, kam es zu keinen Änderungsanträgen und keinen kontroversen Abstimmungen über Art. 31 LV.[14]

---

9   *Versteyl* in: v. Münch/Kunig, Art. 41 Rn. 17 f.; *Sander* in: Feuchte, Art. 31 Rn. 10; *Braun*, Art. 31 Rn. 23; *Morlok* in: Dreier, Art. 41 Rn. 8, 12 f.; *Meyer* in: HStR, § 46 Rn. 104; vgl. auch *Puttler*, DÖV 2001, 849 (851 f.).
10 Der Abg. *Lausen* (SPD) sprach in diesem Zusammenhang im VA von einer Frage der Souveränität des Parlaments, vgl. Feuchte, Quellen, 2. Teil, 228 (230).
11 *Hatschek*, 406; *Morlok* in: Dreier, Art. 41 Rn. 1; *Kluth* in: Schmidt-Bleibtreu/Hofmann/Henneke, Art. 41 Rn. 2; *Klein* in: Maunz/Dürig, Art. 41 Rn. 18–21.
12 BVerfGE 103, 111 (138 f.).
13 Dies betonte der Abg. *Pflüger* (SPD) während der 1. Beratung im VA, vgl. Feuchte, Quellen, 2. Teil, 228.
14 Feuchte, Quellen, 2. Teil, 228 ff. (1. Lesung, 9. Sitzung am 16.7.1952); dies gilt auch für die Folgeberatungen in der 2. Lesung (46. Sitzung am 13.4.1953 – Feuchte, Quellen, 5. Teil, 699 f.; 52. Sitzung am 29.5.1953 – Feuchte, Quellen, 6. Teil, 481) und in der 2. und 3. Plenarberatung (Feuchte, Quellen, 7. Teil, 627 f. und 8. Teil, 357).

III. Verfassungsvergleichende Einordnung

Im Bund und in acht Ländern bestehen **nahezu deckungsgleich formulierte Verfassungsbestimmungen zur Wahlprüfung** wie in Art. 31 LV. Der jeweils erste Absatz stellt die Zuständigkeit des Parlaments für die Wahlprüfung (S. 1) und für die Frage, ob ein Abgeordneter sein Mandat verloren hat (S. 2), fest. In Abs. 2 wird die Beschwerde- oder Anfechtungsmöglichkeit beim jeweiligen Verfassungsgericht eingeräumt und Abs. 3 enthält den Regelungsauftrag an den Gesetzgeber für die Einzelheiten, Art. 41 GG, 63 BbgVerf, 9 HambVerf (mit Regelungsauftrag in Abs. 2), 31 MVVerf, 33 NRWVerf (mit gesondertem Abs. für den Mandatsverlust), 45 SächsVerf, 44 LSAVerf (unter Einbeziehung des Mandatsverzichts in Abs. 2), ebenso – allerdings ohne ausdrücklichen Regelungsauftrag an den Gesetzgeber – Art. 33 BayVerf, 75 SaarlVerf. Eine ähnliche Verfassungsrechtslage sieht die ThürVerf vor, in der die Beschwerdezuständigkeit allerdings nicht bei der Wahlprüfung (Art. 49 III, IV), sondern nur bei den Verfahrensarten des VerfGH (Art. 80 I Nr. 8) geregelt ist. Ähnliches gilt für Art. 4 III, 51 II Nr. 6 SchlHVerf, die aber – anders als alle anderen Verfassungen – auch Abstimmungen in den Anwendungsbereich einbeziehen. Bei ansonsten inhaltlich identischen Regelungen sieht Art. 11 II NdsVerf die Möglichkeit vor, die Wahlprüfungszuständigkeit des Landtags durch Gesetz auf einen **Ausschuss oder den Präsidenten** zu übertragen, um die Schwerfälligkeit des Verfahrens zu reduzieren.[15] Noch einen Schritt weiter geht Art. 82 S. 1 RPVerf, wonach ein beim Landtag gebildeter Wahlprüfungsausschuss für die erste Stufe abschließend zuständig ist.

Einen grundlegend anderen Weg gehen Hessen, Berlin und Bremen. So sieht Art. 78 HessVerf die Bildung eines **Wahlprüfungsgerichtes** vor, das aus drei Abgeordneten und zwei richterlichen Mitgliedern besteht (Art. 78 III HessVerf). Dieses Modell entspricht dem in Art. 31 WRV und dürfte dort seine Wurzel haben. Das BVerfG hat aber klargestellt, dass diesem Gremium keine gerichtliche Qualität iSv Art. 92 ff. GG zukommt. Denn der Umstand, dass hier Abgeordnete (sogar mit überwiegendem Gewicht) über die sie selbst legitimierende Wahl entscheiden können, verträgt sich nicht mit dem rechtsstaatlichen Grundsatz der Unabhängigkeit und Unparteilichkeit von Gerichten, weshalb niemand zum **Richter in eigener Sache** berufen sein kann.[16] Da aber das BVerfG eine gerichtliche Überprüfbarkeit von Wahlprüfungsentscheidungen für geboten hält,[17] war das hessische Modell nur zu halten, weil gegen Entscheidungen des sog. „Wahlprüfungsgerichts" die Grundrechtsklage beim HessStGH zulässig ist.[18] Sowohl die BerlVerf als auch die BremVerf sehen weder bei den wahlrechtlichen Vorschriften noch bei den verfassungsgerichtlichen Zuständigkeiten (vgl. Art. 84 II BerlVerf, 140 BremVerf) eine Wahlprüfung vor. Angesichts ihrer Verankerung im Demokratieprinzip ist eine **Verfassungsrechtslage ohne**

---

15 Die Erleichterung war vorrangig für das Mandatsverlustverfahren vorgesehen gewesen, ist jedoch bislang nicht in Anspruch genommen worden (§§ 7 f. NdsWG, 10 NdsWPrG), vgl. *Soffner* in: Epping/Butzer u.a., Art. 11 Rn. 47.
16 BVerfGE 103, 111 (139 ff.); so bereits zuvor HessStGH NJW 2000, 2891.
17 *Klein* in: Maunz/Dürig, Art. 41 Rn. 33 f. unter Bezugnahme auf BVerfGE 99, 1.
18 BVerfGE 103, 111 (138 f.); HessStGH NJW 2000, 2891 (LS 2); näher dazu – unter krit. Auseinandersetzung mit dem BVerfG – *Puttler*, DÖV 2001, 849.

Wahlprüfung jedoch nicht mit Art. 28 I GG vereinbar.[19] Denkbar wäre deshalb eine Lückenschließung durch eine analoge Anwendung von Art. 41 GG oder durch gemeindeutsches Verfassungsrecht; die bestehenden einfachgesetzlichen Regelungen (§§ 14 Nr. 2, 40 ff. BerlVerfGHG, 37 – 39 BremWahlG) bedürfen insoweit einer verfassungsrechtlichen Fundierung.[20]

B. Erläuterung

I. Grundsätze des zweistufigen Wahlprüfungsverfahrens

7 Die Ausgestaltung des Wahlprüfungsverfahrens in Art. 31 LV folgt der im Bund und nahezu allen Ländern übereinstimmend vorgesehenen **Zweistufigkeit**. Danach obliegt die Wahlprüfung zunächst dem Parlament, dessen Wahl durch Wahlprüfungsbeschwerden angegriffen wird (Art. 31 I LV). Diese unter Befangenheitsgesichtspunkten verwunderliche Regelung ist durch das historische Selbstprüfungsrecht als Teil der Parlamentsautonomie zu verstehen (→ Rn. 3).[21] Aber auch heute begegnet diese Regelung unter rechtsstaatlichen Gesichtspunkten deshalb keinen Bedenken, weil der Beschwerdeführer die Wahlprüfungsentscheidung des Parlaments in der zweiten Stufe vor dem jeweils zuständigen Verfassungsgericht anfechten kann (Art. 31 II LV).[22] Damit werden die Vorteile der größeren **Sachnähe des Parlaments** und der **Unparteilichkeit des Gerichts** verfahrensmäßig miteinander verbunden.[23] Freilich handelt es sich dabei um kein besonders zügiges Vorgehen; aber in der Gesamtabwägung ist die Entscheidung der Verfassungseltern, die der Gründlichkeit Vorrang vor der Schnelligkeit eingeräumt haben, angesichts der Stellung einer gewählten Volksvertretung verständlich.[24]

8 Aus der systematischen Stellung im Landtagsabschnitt (anstelle etwa von Art. 26 LV) folgt, dass dieses in Art. 31 LV geregelte zweistufige Überprüfungsverfahren **auf die Landtagswahl beschränkt** ist und für Abstimmungen iSv Art. 26 V LV nicht gilt[25] (anders Art. 4 III 1 SchlHVerf). Allerdings steht Art. 31 LV der einfachgesetzlichen Regelung über die Anfechtbarkeit einer Volksabstimmung vor dem VerfGH auch nicht entgegen (vgl. § 23 VAbstG). Des Weiteren gilt die Wahlprüfung nicht für Wahlen, die der Landtag (innerparlamentarisch oder in Ausübung seiner Kreationsfunktion) vornimmt, sondern nur für die Wahl des Landtags selbst.[26]

9 Aufgrund des formal-egalitären Charakters einer demokratischen Wahl ist der Prüfungsmaßstab der Wahlprüfung auf beiden Stufen ohne Ermessens-

---

19 BVerfGE 103, 111 (134 f.).
20 *Rinken* in: Fischer-Lescano/Rinken u.a., Art. 140 Rn. 55, stützt das Wahlprüfungsverfahren insoweit auf die allgemeine Rechtsweggarantie gem. Art. 19 IV GG, 141 BremVerf.
21 *Kluth* in: Schmidt-Bleibtreu/Hofmann/Henneke, Art. 41 Rn. 1 f.; Reformbedarf sieht insoweit *Sander* in: Feuchte, Art. 31 Rn. 4.
22 LVerfG SchlH, B. v. 23.10.2009 – LVerfG 5/09 – juris, Rn. 26; *Schreiber*, DVBl. 2010, 609.
23 *Klein* in: Maunz/Dürig, Art. 41 Rn. 8.
24 Vgl. *Klein* in: Maunz/Dürig, Art. 41 Rn. 11.
25 Ebenso *Braun*, Art. 31 Rn. 1.
26 *Klein* in: Maunz/Dürig, Art. 41 Rn. 5; *Kluth* in: Schmidt-Bleibtreu/Hofmann/Henneke, Art. 41 Rn. 7.

spielräume auf die Rechtmäßigkeit der Wahl beschränkt.[27] Die Wahlprüfung erfolgt ausschließlich als **Kontrollverfahren im Nachgang zur betroffenen Wahl**, weshalb vor Abschluss der Wahl kein Rechtsmittel gegen rechtswidrige Handlungen der Wahlorgane besteht. Der Grund für die gebündelt nachlaufende Wahlprüfung liegt darin, dass Wahlen im großräumigen Flächenstaat unzählige Einzelmaßnahmen von Wahlorganen bedingen, woraus sich eine hohe Fehleranfälligkeit ergibt. Würde man hier immer sofortigen Rechtsschutz gewährleisten, wäre die reibungslose Durchführung der Landtagswahl kaum mehr leistbar.[28] Gleichwohl wurde 2012 auf Bundesebene in begrenztem Umfang – nämlich v.a. gegen die Nichtanerkennung als Partei für die Bundestagswahl durch den Bundeswahlausschuss – ein subjektiver Wahlrechtsschutz mit einer Ergänzung des GG (Art. 93 I Nr. 4c GG) sowie Änderungen des BWahlG, des WPrG und des BVerfGG eingeführt.[29] In BW ist dies dagegen bislang nicht der Fall, weshalb es bei der ausschließlich nachlaufenden Kontrollmöglichkeit verbleibt (vgl. → Rn. 20).[30]

Da die Wahlprüfung auf die rechtmäßige Zusammensetzung des Landtags 10 gerichtet ist, wird sie im Fall einer **Landtagsauflösung** gegenstandslos. Dies gilt sowohl im Stadium der Wahlanfechtung (mit der sich auch nicht etwa der Folgelandtag befassen muss oder kann) als auch im Stadium der Wahlbeschwerde, da sich das Verfahrensziel dann erledigt hat.[31] Gleichwohl kann bei strukturell relevanten Wahlfehlern ein öffentliches Interesse an einer verfassungsgerichtlichen Entscheidung bestehen.[32] Hierfür kommt namentlich bei Wahlrechtsfehlern das Interesse an einem verfassungskonformen Wahlrecht in Betracht.

II. Wahlprüfungsverfahren beim Landtag (Abs. 1)
1. Allgemeine Wahlprüfung (Abs. 1 S. 1)

Unter der allgemeinen Wahlprüfung – teilweise als „im engeren Sinn" 11 bezeichnet[33] – wird die im Anschluss an die Wahl erfolgende **Überprüfung der ordnungsgemäßen Durchführung der (gesamten) Wahl** verstanden. Diese

---

27 VerfGH NRW, NVwZ 1991, 1175 (LS 2 u. S. 1177f.).
28 BVerfGE 14, 154 (155); 16, 128 (129f.); B. v. 24.8.2009 – 2 BvQ 50/09 – juris, Rn. 5; *Kluth* in: Schmidt-Bleibtreu/Hofmann/Henneke, Art. 41 Rn. 26.
29 GGÄndG (Artikel 93), v. 11.7.2012, BGBl. I, 1478, und Gesetz zur Verbesserung des Rechtsschutzes in Wahlsachen v. 12.7.2012, BGBl. I, 1501; zur Begründung vgl. BT-Drs. 17/9891; umfassend krit. zur vorherigen Rechtslage im Bund *Morlok/Bäcker*, NVwZ 2011, 1153; zu den ersten Nichtanerkennungsbeschwerden nach Art. 93 I Nr. 4c GG vgl. *Bechler/Neidhardt*, NVwZ 2013, 1438; *Frau*, DÖV 2014, 421.
30 VerfGH, B. v. 15.2.2016 – 1 GR 11/16 – juris, Rn. 11; BerlVerfGH, B. v. 21.2.2000 – VerfGH 122/99 – juris, Rn. 11; zur früheren Rechtslage im Bund ebenso BVerfG, B. v. 24.8.2009 – 2 BvQ 50/09 – juris, Rn. 7.
31 BVerfGE 22, 277 (280f.); HessStGH, B. v. 26.6.2009 – P. St. 2224 – juris, LS 1.
32 BVerfGE 122, 304 (LS u. S. 305 f.); dagegen ausdrücklich offen gelassen in HessStGH, B. v. 26.6.2009 – P. St. 2224 – juris, LS 2 u. 3; *Klein* in: Maunz/Dürig, Art. 41 Rn. 68.
33 Zur Begrifflichkeit vgl. SaarlVerfGH, U. v. 16.4.2013 – Lv 10/12 – juris, Rn. 41; *Versteyl* in: v. Münch/Kunig, Art. 41 Rn. 6; *Morlok* in: Dreier, Art. 41 Rn. 6; den Begriff „allgemeine" Wahlprüfung verwenden *Kluth* in: Schmidt-Bleibtreu/Hofmann/Henneke, Art. 41 Rn. 3, und *Schreiber*, DVBl. 2010, 609.

umfasst die Wahlvorbereitungsmaßnahmen, die Wahlhandlung als solche und die Ermittlung des Wahlergebnisses. Das Verfahren wird (nur) auf Antrag durchgeführt (§ 1 II 1 LWPrG). Zum **Einspruch berechtigt** sind alle Wahlberechtigten, jede an der Wahl beteiligte Partei, jeder Unterzeichner eines parteilosen Wahlvorschlags und der Landeswahlleiter (§ 2 LWPrG). Ungeachtet des materiell objektiven Charakters der Wahlprüfung erwächst aus dieser Einspruchsberechtigung ein subjektiv-rechtlicher Anspruch auf die Durchführung des Verfahrens und eine Entscheidung über den Einspruch innerhalb einer angemessenen Frist.[34]

12 Ein zulässiger Wahleinspruch setzt neben der subjektiven Einspruchsberechtigung die Einhaltung der **Einspruchsfrist** voraus. Diese beginnt mit der amtlichen Bekanntgabe des Wahlergebnisses im Staatsanzeiger für BW[35] zu laufen und beträgt einen Monat (§ 3 II LWPrG). Die relativ kurze Frist rechtfertigt sich durch das große öffentliche Interesse, rasch Klarheit über die Rechtmäßigkeit der Zusammensetzung des Landtags zu erhalten, und umfasst auch den wesentlichen Teil der Begründung (vgl. § 7 IV LWPrG).[36] Da die Frist im LWPrG geregelt ist, findet die ausdrücklich auf die LWG-Fristen beschränkte Regelung des § 59 I LWG hier keine Anwendung. Fällt das Fristende also auf einen Sams-, Sonn- oder Feiertag, verlängert sich die Frist bis zum ersten folgenden Werktag (§ 193 BGB), ohne dass dies verfassungsrechtlich geboten wäre.[37]

13 Das im LWPrG im Einzelnen geregelte **Verfahren** sieht vor, dass die Entscheidung des Landtags über die zulässig erhobenen Wahleinsprüche durch den **Wahlprüfungsausschuss** (bestehend aus sieben ordentlichen Mitgliedern sowie je einem beratenden Mitglied der in ihm sonst nicht vertretenen Fraktionen, § 4 II 1 LWPrG) vorbereitet wird (§§ 4 I 2 LWPrG, 6 I GO LT). Dieser Entscheidungsvorbereitung geht ihrerseits eine Vorprüfung durch einzelne Berichterstatter im Wahlprüfungsausschuss voraus (§ 5 LWPrG). Hierbei ist eine Zuarbeit von Gerichten und Behörden – insbesondere des Landeswahlleiters – ausdrücklich zulässig (§ 5 IV LWPrG).[38] Das Ausschussverfahren ist gerichtsähnlich ausgestaltet und umfasst eine öffentlich durchzuführende mündliche Verhandlung (§ 7 I LWPrG) sowie eine geheime Beratung über den Entscheidungsvorschlag an das Plenum (§ 9 I LWPrG).

14 Die Vorlage an das Plenum muss wegen der besonderen Bedeutung der Wahlprüfung eine nachvollziehbare **Begründung des Entscheidungsvorschlags** enthalten, um Grundlage der gerichtlich nachprüfbaren Landtagsentscheidung sein zu können.[39] Allerdings sind die Anforderungen an die Begründung nicht zu überspannen; bei durchweg unsubstantiierten Rügen

---

34 SaarlVerfGH, U. v. 31.1.2011 – Lv 13/10 – juris, Rn. 72-95.
35 Vgl. VerfGH Rh-Rf, E. v. 24.9.1996 – VGH W 7/96 – juris, Rn. 13.
36 StGH, LVerfGE 13, 3 (6); VorlStGH, U. v. 28.10.1953 – GR 1/52 – unveröff., S. 17 des Umdrucks.
37 BayVerfGH, E. v. 10.5.2010 – Vf. 49-III-09 – juris, Rn. 27-34.
38 LVerfG SchlH, U. v. 30.8.2010 – LVerfG 1/10 – juris, Rn. 39 f.; darin liegt auch keine unzulässige Fremdbestimmung durch die Landesregierung, da der Landeswahlleiter wie alle Wahlorgane – ungeachtet seiner Bestellung durch das Innenministerium – zur unparteiischen Wahrnehmung seines Amtes verpflichtet ist (§§ 11 II, 16 II LWG), vgl. auch LVerfG SchlH aaO, Rn. 45.
39 LVerfG SchlH, U. v. 30.8.2010 – LVerfG 1/10 – juris, Rn. 41.

kann eine pauschale Zurückweisung den Mindestanforderungen an die erforderliche Begründung genügen.[40] Der Landtag trifft seine Wahlprüfungsentscheidung mit einfacher Mehrheit (§ 11 I 1 LWPrG). Er kann den Vorschlag des Wahlprüfungsausschusses annehmen oder ablehnen, was einer Zurückverweisung gleichkommt; ein Modifikationsrecht steht dem Plenum dagegen nicht zu (§ 11 II LWPrG). Das parlamentarische Wahlprüfungsverfahren unterliegt wegen der Eigenbetroffenheit einerseits und des Vorstufencharakters für das verfassungsgerichtliche Verfahren andererseits einem strikten **Zügigkeitsgebot**, dessen Wahrung ggf. beim VerfGH überprüft werden kann. Während das BVerfG die Dauer von über einem Jahr noch akzeptiert hat, war nach Auffassung des SaarlVerfGH bei einem rund 17 Monate nach der Wahl noch nicht abgeschlossenen Wahlprüfungsverfahren das Zügigkeitsgebot verletzt.[41]

Die **Begründetheitsprüfung im parlamentarischen Einspruchsverfahren** umfasst – über § 1 I LWPrG hinaus – sämtliche Wahlgeschehensfehler (→ Rn. 33 ff.) sowie das Wahlfehlerfolgenrecht. Allerdings gibt es eine besondere **Präklusion für Wahlbewerber**: Diese können eine Wahlanfechtung nicht auf solche Rechtsverstöße stützen, gegen die sie bereits vor der Wahl hätten rechtlich (auf dem Verwaltungsrechtsweg) vorgehen können (zB Wahlkampfbehinderungen durch eine Gemeinde oÄ). Ein Aktivbürger ist insoweit für die rechtskonforme Wahlvorbereitung mitverantwortlich, dass er einen noch abwendbaren Wahlfehler nicht kampflos hinnehmen darf, um ihn dann im nachträglichen Wahlprüfungsverfahren geltend machen zu können.[42] Des Weiteren kann der Landtag **keine Wahlrechtsfehler** prüfen, weil er im gewaltengeteilten Staat über keine verfassungsrechtliche Verwerfungs- oder Missachtungskompetenz für die von ihm erlassenen Gesetze verfügt.[43] Er kann sie lediglich – für die Zukunft – ändern, was für die Prüfung der zurückliegenden Wahl naturgemäß ohne Belang ist. Da dies in der ersten Stufe unbefriedigend ist, sollten ausschließlich auf Wahlrechtsfehler gestützte Anfechtungen de lege ferenda direkt beim VerfGH erhoben werden können.[44]

15

---

40 BVerfGE 89, 291 (300).
41 SaarlVerfGH, U. v. 31.1.2011 – Lv 13/10 – juris, Rn. 72-95; *Klein* in: Maunz/Dürig, Art. 41 Rn. 74; *Schreiber*, DVBl. 2010, 609 (614) mwN; substantiiert krit. zur Verfahrensdauer im Bundestag *Hoppe*, DVBl. 1996, 344 (344 f.), der neben dem demokratieprinzipbasierten Interesse an einer raschen Klärung der gesetzmäßigen Zusammensetzung des Parlaments auch das Rücksichtnahmegebot zwischen den Verfassungsorganen zur Begründung anführt, da das BVerfG durch eine überlange Wahlprüfung im Bundestag unter unangemessenen Zeitdruck kommt (347).
42 BremStGH, U. v. 5.11.2004 – St 3/04 – juris, LS 3 u. Rn. 63 f.; LVerfG LSA, LVerfGE 18, 535 (LS 1 u. S. 540).
43 BVerfGE 122, 304 (307); *Kluth* in: Schmidt-Bleibtreu/Hofmann/Henneke, Art. 41 Rn. 21; *Klein* in: Maunz/Dürig, Art. 41 Rn. 73; *Morlok* in: Dreier, Art. 41 Rn. 16; *Ewer* in: Morlok/Schliesky/Wiefelspütz, § 8 Rn. 13 spricht insoweit jedoch von einer wahrzunehmenden Prüfungskompetenz; für ein Recht des Landtags, auch das Wahlrecht zu überprüfen, votiert *Sander* in: Feuchte, Art. 31 Rn. 7, unter Verweis auf die Notwendigkeit identischer Prüfungsmaßstäbe von Landtag und VerfGH.
44 *Klein* in: Maunz/Dürig, Art. 41 Rn. 74.

2. Individuelle Wahlprüfung (Abs. 1 S. 2)

16 Der individuelle **Mandatserwerb** erfolgt im Anschluss an die Wahl nicht durch den Landtag, sondern durch die Wahlorgane. So prüft der Landeswahlausschuss das Mandat eines jeden einzelnen Abgeordneten, bevor der Landeswahlleiter den Gewählten zur Erklärung über die Mandatsannahme auffordert (§§ 44 II 1, 45, 2 LWG).[45] Allerdings schließt dies eine individuelle Wahlprüfung im Rahmen der allgemeinen Wahlprüfung im Landtag nicht (verfassungsrechtlich) aus. In der Praxis findet eine Prüfung des individuellen Mandatserwerbs nur statt, wenn er erst nach Ablauf der Anfechtungsfristen für die allgemeine Wahlprüfung zweifelhaft wird oder der Abgeordnete als Ersatzbewerber erst später in den Landtag nachrückt.[46] Eine solche Prüfung kann dann aber nur noch durch den Landtagspräsidenten (obligatorisch auf Verlangen von einem Viertel der Landtagsmitglieder) oder den Landeswahlleiter veranlasst werden (§ 12 II LWPrG).

17 Daneben bezieht Art. 31 I 2 LV aber auch den **nachträglichen Mandatsverlust** – zu unterscheiden von der Mandatsaberkennung gem. Art. 42 LV[47] – in den systematischen Zusammenhang der Wahlprüfung ein (teilweise als „Wahlprüfung im weiteren Sinn" bezeichnet). Dabei handelt es sich aber nicht mehr um die Frage, ob der betreffende Abgeordnete das Mandat rechtmäßig erworben hat. Denn das Wort „verloren" setzt sprachlich voraus, dass dieser Erwerb zuvor erfolgt sein muss. Hier geht es vielmehr darum, ob die **für die Mandatsausübung dauerhaft erforderlichen Voraussetzungen** (insbes. das passive Wahlrecht gem. Art. 28 II LV) vorliegen und fortbestehen (sog. „nachträgliche Wahlprüfung", § 12 LWPrG). Wegen der systematischen Einbindung des Mandatsverlusts in das Wahlprüfungsrecht (Art. 31 I LV) kommt als Rechtsbehelf gegen eine solche Maßnahme – wie bei der allgemeinen Wahlprüfung – nur die Wahlprüfungsbeschwerde gem. Art. 31 II LV in Betracht. Der betroffene Abgeordnete kann sich daher in einem solchen Fall (nur) mit diesem Rechtsbehelf zur Wehr setzen, was § 52 I lit. a VerfGHG ausdrücklich bestätigt. Wegen der lex-specialis-Wirkung von Art. 31 II LV ist insoweit kein Raum für ein Organstreitverfahren.[48]

---

[45] Vgl. *Versteyl* in: v. Münch/Kunig, Art. 41 Rn. 35; deshalb zählt *Schreiber*, DVBl. 2010, 609, die Mandatserwerbsprüfung ausdrücklich nicht zur Wahlprüfung iSv Art. 41 GG.
[46] *Kluth* in: Schmidt-Bleibtreu/Hofmann/Henneke, Art. 41 Rn. 3.
[47] *Sander* in: Feuchte, Art. 31 Rn. 8.
[48] *Braun*, Art. 31 Rn. 27; so aber ThürVerfGH, LVerfGE 11, 503 (LS), was vor dem Hintergrund der insoweit anderen Verfassungsrechtslage verständlich ist: Die ThürVerf enthält keine Art. 31 II LV entsprechende – also auch die Mandatsaberkennung systematisch mitumfassende – Bestimmung, sondern sieht nur in Art. 80 I Nr. 8 (bei den Zuständigkeiten des ThürVerfGH) eine Zuständigkeit des ThürVerfGH für Wahlanfechtungen „der Gültigkeit der Landtagswahl" (also nur im Ganzen, nicht aber für die Aberkennung einzelner Mandate) vor; die Zuständigkeit des ThürVerfGH für die Mandatsaberkennung ist deshalb auch nur einfachgesetzlich in § 48 I 1 ThürVerfGHG (gestützt auf Art. 80 II ThürVerf) geregelt, vgl. hierzu *Jutzi* in: Linck/Baldus u.a., Art. 80 Rn. 124.

III. Wahlprüfungsbeschwerde beim VerfGH (Abs. 2)
1. Zulässigkeit

Bei der Wahlprüfungsbeschwerde handelt es sich um eine **verfassungsrechtliche Streitigkeit**. Dies gilt auch dann, wenn sie von einem Wahlberechtigten erhoben wird, da dieser als solcher funktional am Verfassungsleben beteiligt ist und in § 52 I 2 VerfGHG einer Fraktion oder einem Zehntel der Landtagsmitglieder gleichgestellt wird.[49] Wegen des rein objektiv-rechtlichen Charakters der Wahlprüfung kommt der Wahlprüfungsbeschwerde nur eine **Initialfunktion** zu. Ist der VerfGH mit einer solchen Beschwerde befasst worden, wird diese durch Rücknahme seitens des Beschwerdeführers nicht automatisch unzulässig. Denn das Verfahrensziel – die Sicherung einer rechtmäßigen Zusammensetzung des Landtags – erledigt sich damit nicht. Vielmehr hat der VerfGH dann zu prüfen, ob das öffentliche Interesse an einer Sachentscheidung besteht und das Verfahren deshalb fortzuführen ist.[50]

18

Die **Berechtigung zur Erhebung einer Wahlprüfungsbeschwerde** steht gem. Art. 31 III LV iVm § 52 I 2 VerfGHG

19

- jedem (zunächst für gewählt erklärten)[51] Abgeordneten, dessen Mitgliedschaft durch die Entscheidung des Landtags (nicht eines Beschwerdeführers)[52] bestritten ist,
- jeder Fraktion,
- einer Minderheit des Landtags von mindestens einem Zehntel der Abgeordneten sowie
- jedem Wahlberechtigten oder einer Gruppe von Wahlberechtigten, deren Einspruch vom Landtag verworfen worden ist,

zu.

Im letztgenannten Fall besteht ein **Beitrittserfordernis von mindestens 100 weiteren Wahlberechtigten** (§ 52 I 2 lit. b VerfGHG), um ein hinreichendes Gewicht des Rechtsmittels sicherzustellen. Das Erfordernis gilt für jede einzelne solche Wahlprüfungsbeschwerde, weshalb eine Addition der Beitrittserklärungen mehrerer Wahlprüfungsbeschwerden unzulässig ist.[53] Dies gilt nur dann nicht, wenn als Beschwerdeführerin eine Gruppe von Wahlberechtigten auftritt, die bei der Wahl einen zugelassenen Wahlvorschlag eingereicht hat (§ 52 II VerfGHG). Im Hinblick auf die objektive Schutzfunktion der Wahlprüfung für das Wahlrecht wird diese Verfahrenshürde noch als sowohl mit dem Verfassungsrecht[54] als auch mit dem Recht auf wirksa-

20

---

49 SaarlVerfGH, U. v. 31.1.2011 – Lv 13/10 – juris, Rn. 58–66; krit. wegen der fehlenden doppelten Verfassungsunmittelbarkeit *Ewer* in: Morlok/Schliesky/Wiefelspütz, § 8 Rn. 2 mwN; ebenso *Meyer* in: HStR, § 46 Rn. 102, der den verwaltungsrechtlichen Charakter des von Wahlorganen und -behörden durchgeführten Wahlverfahrens betont.
50 BVerfGE 89, 291 (LS 1 u. S. 299); SaarlVerfGH, U. v. 16.4.2013 – Lv 10/12 – juris, Rn. 51.
51 BVerfGE 58, 172 (173).
52 *Klein* in: Maunz/Dürig, Art. 41 Rn. 82.
53 BVerfGE 66, 311 (312 f.).
54 BVerfGE 1, 430 (432); 66, 232 (233); 66, 311 (311–313); B. v. 12.12.2011 – 2 BvC 16/11 – juris, Rn. 2 f.; StGH, ESVGH 47, 241 (LS 2 u. 3); LVerfGE 13, 3 (LS 1 u. S. 5); BbgVerfG, B. v. 17.7.2015 – VfGBbg 25/15 – juris, Rn. 7 f.

me Beschwerde gem. Art. 13 EMRK[55] vereinbar angesehen. Dennoch haben in jüngerer Zeit auf Druck der OSZE sowohl der Bund als auch einige Länder diese Hürde im Verfassungsprozessrecht beseitigt, weshalb auch im VerfGHG eine Streichung anzuraten ist (näher dazu oben, → Art. 26 Rn. 6).

21 Hierbei ist eine **Frist von einem Monat** ab der (öffentlichen) Beschlussfassung des Landtags einzuhalten (§ 52 I 1 VerfGHG). Dieses Fristerfordernis schließt die Begründung als Teil des Antrags (vgl. § 15 I VerfGHG) ebenso mit ein, wie die ggf. erforderlichen 100 Beitrittserklärungen.[56] Andernfalls könnten das Interesse an einer zügigen Klärung der rechtmäßigen Zusammensetzung des Landtags und der objektiv-rechtliche Charakter des Verfahrens unterlaufen werden.[57] Aus denselben Gründen ist die Frist auch ohne ausdrücklichen Ausschluss der Wiedereinsetzung in den vorigen Stand als **Ausschlussfrist** anzusehen.[58] Nach Feststellung des StGH reicht der Zeitraum von einem Monat für einen substantiierten Vortrag ebenso aus wie für die ggf. erforderliche Sammlung von 100 Beitrittserklärungen, weshalb die Frist im Interesse des zeitkritischen Klärungsinteresses ebenfalls verfassungsrechtlich unbedenklich ist. Daran ändert auch der Umstand nichts, dass die Frist auf Bundesebene zwei Monate beträgt und keine Beitrittserklärungen mehr erforderlich sind (§ 48 I BVerfGG).[59] Für die Fristwahrung ist ein termingerechter Eingang beim VerfGH maßgeblich; eine Einreichung bei einer anderen Stelle (zB beim Landtagspräsidenten) genügt dafür nicht.[60]

22 § 11 IV LWPrG sieht eine **Rechtsbehelfsbelehrung als Abschluss des parlamentarischen Prüfverfahrens** vor. Hier muss sowohl auf diese Frist als auch – soweit der Einspruch von Wahlberechtigten einzeln oder gruppenweise erhoben worden ist – auf die Notwendigkeit der Beibringung von 100 Beitrittserklärungen hingewiesen werden. Aber in Ermangelung einer Verweisung auf § 58 VwGO ist es im Hinblick auf den objektiv-rechtlichen Charakter des Verfahrens und die verfassungsrechtliche Bedeutung einer raschen Klärung der ordnungsgemäßen Zusammensetzung des Landtags vertretbar, die Rechtsmittelerklärung als bloße Obliegenheit anzusehen, deren Nichteinhaltung keine Fristverlängerung zur Folge hat.[61]

23 **Gegenstand des Wahlbeschwerdeverfahrens** kann nur eine Wahlprüfungsentscheidung des Landtags iSv § 11 LWPrG sein, durch die ein Einspruch gegen die Wahl zurückgewiesen wird. Folglich ist die Erhebung der Wahl-

---

55 SaarlVerfGH, B. v. 26.6.2012 – Lv 5/12 – juris, LS u. Rn. 10–12.
56 BVerfGE 1, 430 (432); 21, 359 (361); 58, 172 (172 f.); StGH, ESVGH 20, 194 (205); BremStGH, U. v. 13.9.2016 – St 1/16 – veröff. unter www.bremen.de als St_1_16_Urteil_Internet.pdf, 6 f. (1.11.2017).
57 BVerfGE 21, 359 (361).
58 BremStGH, U. v. 22.5.2008 – St 1/08 – juris, Rn. 33-40 mwN und Hinweisen auf die Rechtslage in den einzelnen Ländern und im Bund; ebenso *Braun*, Art. 31 Rn. 13; *Klein* in: Maunz/Dürig, Art. 41 Rn. 88.
59 StGH, LVerfGE 13, 3 (LS 1 u. S. 5 f.); zur Aufhebung des Beitrittserfordernisses im Jahr 2012 auf Bundesebene vgl. BT-Drs. 17/9391, 6 f.
60 BVerfGE 1, 430 (431).
61 Vgl. BbgVerfG, U. v. 12.10.2000 – VfGBbg 19/00 – juris, LS 2 u. Rn. 19 f.; BremStGH, U. v. 13.9.2016 – St 1/16 – veröff. unter www.bremen.de als St_1_16_Urteil_Internet.pdf, 6 (1.11.2017).

prüfungsbeschwerde (einschließlich der Geltendmachung einstweiligen Rechtsschutzes) vor Abschluss des parlamentarischen Verfahrens unzulässig,[62] soweit nicht nur eine unangemessene Verfahrensverzögerung seitens des Landtags gerügt werden soll (→ Rn. 14). Eine Endentscheidung des Landtags liegt auch dann vor, wenn dieser sich bei einem auf die Verfassungswidrigkeit des einfachgesetzlichen Wahlrechts gestützten Wahleinspruch für nicht befugt erklärt, inhaltlich entscheiden zu können.[63] Die gegenständliche Beschränkung der Wahlprüfungsbeschwerde erfasst auch die geltend gemachten Rügen und die Begründung. Deshalb ist die Erhebung von Rügen, die im parlamentarischen Verfahren noch nicht vorgetragen wurden und deshalb auch nicht in die Wahlprüfungsentscheidung des Landtags Eingang gefunden haben können, im Wahlbeschwerdeverfahren ebenso unzulässig wie das Nachschieben von Gründen (materielle Präklusion).[64] Allerdings muss der Beschwerdeführer wegen des objektiv-rechtlichen Charakters des Verfahrens grundsätzlich nicht mit dem (erfolglosen) Einspruchsführer identisch sein.[65] Eine Ausnahme gilt kraft gesetzlicher Anordnung nur für einzelne Wahlberechtigte und Gruppen von Wahlberechtigten (§ 52 I 2 VerfGHG).

Die Wahlprüfungsbeschwerde unterliegt gem. § 15 VerfGHG einem Substantiierungsgebot. Damit wird ein Ausgleich zwischen dem Interesse an einer flächendeckend rechtskonform erfolgten Wahl einerseits (was eine besonders intensive Wahlprüfung nahelegt) und dem Interesse an einer funktions- und handlungsfähigen Volksvertretung andererseits (was ein zeitlich überschaubares Wahlprüfungsverfahren erfordert) hergestellt.[66] Um diesen Ausgleich praktisch leisten zu können, stellt der VerfGH **hohe Anforderungen an die Erfüllung des Substantiierungsgebots**. So gilt es nicht nur für die relevanten tatsächlichen Gesichtspunkte, sondern auch für die wesentlichen rechtlichen Erwägungen. Deshalb muss in einer Wahlprüfungsbeschwerde „ein Wahlfehler substantiiert dargelegt und erläutert werden, inwiefern dieser die Mandatsverteilung beeinflusst haben kann".[67] Nach dem Vortrag des Beschwerdeführers müssen das Vorliegen eines wesentlichen Wahlfehlers und dessen Mandatsrelevanz (dazu näher → Rn. 37 ff.) zumindest möglich erscheinen.[68] Eine bloße Bezugnahme auf Schriftsätze oder Begründungen in anderen Verfahren oder im vorgängigen parlamentarischen Einspruchsverfahren reicht dafür ebenso wenig aus, wie bloße Andeutungen von Wahlfehlern oder nicht belegte Vermutungen. Denn der Vortrag des Beschwerdeführers prägt notwendigerweise das ge-

24

---

62 BVerfGE 14, 154 (155); 63, 73 (76); 134, 135 (Rn. 4); VerfGH, B. v. 15.2.2016 – 1 GR 11/16 – juris, Rn. 12, 15; StGH, B. v. 8.8.1977 – GR 3/76 – unveröff., S. 7; ESVGH 47, 241 (LS 1); LVerfG SchlH, B. v. 23.10.2009 – LVerfG 5/09 – juris, LS 1 u. 2, Rn. 23, 28.
63 BVerfGE 2, 300 (LS).
64 BVerfGE 16, 130 (144); StGH, ESVGH 35, 244 (246); ESVGH 54, 4 (LS 1); U. v. 22.5.2012 – GR 11/11 – juris, Rn. 28; *Klein* in: Maunz/Dürig, Art. 41 Rn. 89; *Schreiber*, DVBl. 2010, 609 (614).
65 SaarlVerfGH, U. v. 16.4.2013 – Lv 10/12 – juris, Rn. 44.
66 VerfGH NRW, NVwZ 1991, 1175 (1178).
67 StGH, B. v. 25.4.2012 – GR 12/11 – https://verfgh.baden-wuerttemberg.de/de/entscheidungen/, 6 (1.11.2017).
68 SaarlVerfGH, U. v. 16.4.2013 – Lv 10/12 – juris, Rn. 47.

richtliche Prüfprogramm, weil eine umfassende Prüfung einer Wahl unter jedem theoretisch denkbaren Gesichtspunkt nicht leistbar wäre.[69]

25 Das Substantiierungsgebot gilt ebenso bei einem **knappen Wahlergebnis**. Eine Nachzählung kann daher grundsätzlich nur für solche Wahlbezirke angeordnet werden, deren Ergebnisse substantiiert gerügt wurden; Ausnahmen sind nur unter „besonders engen Voraussetzungen möglich".[70] Auch **tatsächliche Schwierigkeiten** einzelner Wahlberechtiger oder politischer Parteien, Wahlfehler hinreichend substantiiert zu ermitteln, rechtfertigen keine Lockerung des Substantiierungsgebots. Denn die Wahlprüfung dient ja nicht der Durchsetzung subjektiver Rechte, sondern dem Schutz des Wahlrechts, dem durch die besseren Ermittlungsmöglichkeiten des Landeswahlleiters – der ebenfalls zum Wahleinspruch berechtigt ist (§ 2 LWPrG) – hinreichend Rechnung getragen ist.[71]

26 Die Zulässigkeit der Wahlprüfungsbeschwerde beschränkt sich auf das Vorliegen der vorgenannten prozessualen Voraussetzungen für diesen Rechtsbehelf. Ob der zugrunde liegende **Wahleinspruch seinerseits zulässig** war, gehört demgegenüber zur Begründetheitsprüfung, nämlich ob die Wahlprüfungsbeschwerde auch in der Sache erfolgreich ist.[72]

2. Begründetheit

27 Beim gerichtlichen Wahlbeschwerdeverfahren prüft der VerfGH sämtliche in Betracht kommenden Wahlgeschehens- und Wahlrechtsfehler (→ Rn. 33 ff.). Er ist deshalb im Rahmen der Wahlprüfungsbeschwerde zur **Inzidentkontrolle des LWG und des AbgG BW** befugt.[73] Die Wahlprüfungsbeschwerde erstreckt sich außerdem auf die **korrekte Anwendung des Wahlrechts** (vgl. insoweit § 1 I lit. a LWPrG) und damit auf die (einfachrechtliche) Gesetzmäßigkeit der zu prüfenden Wahl. Dies folgt aus dem objektiv-rechtlichen Charakter der Wahlprüfung, die eine rechtskonforme Zusammensetzung des Landtags zum Ziel hat. Als verfassungsrechtlicher Maßstab kommen nicht nur die maßgeblichen Normen der LV, sondern auch die über Art. 2 I LV inkorporierten Grundrechte des GG und weitere GG-Normen, die sich inhaltsgleich in der LV finden (insbes. das Wahlrecht als grundrechtsgleiches Recht), in Betracht. Deshalb ist es unschädlich, wenn eine Wahlprüfungsbeschwerde allein auf GG-Normen gestützt wird.[74]

---

69 BVerfGE 48, 271 (276); 58, 175 (175 f.); 66, 369 (378 f.); 79, 50; 85, 148 (159 f.); StGH, B. v. 25.4.2012 – GR 12/11 – https://verfgh.baden-wuerttemberg.de/de/entscheidungen/, 6; HessStGH, B. v. 14.6.2006 – P. St. 1910 – juris, LS 2 u. Rn. 49; BayVerfGH, E. v. 17.2.2005 – Vf. 99-III-03 – juris, Rn. 98; LVerfG LSA, LVerfGE 18, 535 (539); SaarlVerfGH, U. v. 16.4.2013 – Lv 10/12 – juris, Rn. 47; vgl. auch *Schreiber*, DVBl. 2010, 609 (613).
70 BremStGH, U. v. 22.5.2008 – St 1/07 – juris, LS 3 u. Rn. 94–96, unter Bezugnahme auf BVerfGE 85, 148, 160 f.
71 BVerfGE 40, 11 (32); VerfGH NRW, NVwZ 1991, 1175 (1176).
72 StGH, ESVGH 20, 194 (195).
73 BVerfGE 16, 130 (LS 1 u. S. 135 f.); 122, 304 (307); StGH, ESVGH 20, 194 (196, 203); U. v. 22.5.2012 – GR 11/11 – juris, Rn. 28.
74 StGH ESVGH 35, 244 (245).

Eine **Verletzung der Vorschriften des LWPrG** durch das Verfahren im Landtag reicht hingegen für eine erfolgreiche Wahlprüfungsbeschwerde regelmäßig nicht aus, da diese nicht mehr dem wahlrechtlichen Prüfungsmaßstab zuzurechnen sind und die Rechtsverletzung nicht die Gültigkeit der Wahl tangiert. Auch eine Zurückverweisung an den Landtag kommt in einem solchen Fall mangels einer entsprechenden Verfahrensnorm nicht in Betracht. Etwas anderes kann nur ausnahmsweise dann gelten, wenn es sich um so gravierende Verstöße handeln würde, dass der Wahlprüfungsbeschluss des Landtags keine hinreichende Grundlage mehr hätte. Dies kann zB bei einer völlig unzulänglichen Sachaufklärung durch den Landtag der Fall sein.[75]

28

Im Erfolgsfall der Wahlprüfungsbeschwerde ist der VerfGH zur umfassenden oder teilweisen **Ungültigkeitserklärung der geprüften Landtagswahl** befugt (vgl. § 1 I LWPrG), woraufhin die Landesregierung einen zeitnahen Termin für Neuwahlen festzulegen hat. Auch wenn die Ungültigkeitserklärung keine Auflösung iSv Art. 30 II HS 2 LV darstellt, wird man die dort genannte 60-Tage-Frist analog anwenden können. Dies gilt auch für die Dauer der Amtsstellung des Landtags, dessen Wahl für ungültig erklärt worden ist: Er übt die Funktion der Volksvertretung bis zum Tag der Neuwahl (Art. 30 I 2 LV analog) aus, weshalb auch alle von ihm gefassten Beschlüsse uneingeschränkt wirksam bleiben. Dafür spricht insbesondere der Respekt vor dem in der fehlerhaften Wahl zum Ausdruck gekommenen Wählerwillen.[76] Beschränkt sich der Wahlfehler auf die Ergebnisermittlung in einzelnen Stimmbezirken, kann der VerfGH nach dem Verbesserungsprinzip **Nachzählungen** anordnen, um Zweifel an der Richtigkeit des Wahlergebnisses auszuräumen.[77] Weitere Rechte kommen dem VerfGH bei Bejahung eines erheblichen Wahlfehlers (dazu nachfolgend) nicht zu. Insbesondere ist es dem VerfGH verwehrt, bei Wahlrechtsfehlern die fraglichen Bestimmungen durch eigene – für verfassungskonform erachtete – Lösungen zu ersetzen.[78]

29

IV. Gesetzgebungsauftrag (Abs. 3) und materielles Wahlprüfungsrecht
1. LWPrG und § 52 VerfGHG

Art. 31 III LV weist dem einfachen Gesetzgeber die nähere Ausgestaltung des Wahlprüfungsrechts zu. Dies ist in BW für das parlamentarische Verfahren gem. Art. 31 I LV mit dem Erlass des **LWPrG** erfolgt, das ausschließlich die erste Stufe der Wahlprüfung regelt. Bezüglich des gerichtlichen Verfahren gem. Art. 31 II LV ist der Regelungsauftrag durch **§ 52 VerfGHG** umgesetzt worden. Wenngleich der Fokus bei beiden Rechtsgrundlagen auf den Zulässigkeits- und Verfahrensfragen liegt, benennt § 1

30

---

75 BVerfGE 89, 243 (249); 89, 291 (LS 2 u. S. 299); LVerfG SchlH, U. v. 30.8.2010 – LVerfG 1/10 – juris, LS 1 u. Rn. 35 f.; *Ewer* in: Morlok/Schliesky/Wiefelspütz, § 8 Rn. 26.
76 Vgl. *Kluth* in: Schmidt-Bleibtreu/Hofmann/Henneke, Art. 41 Rn. 16, 30; *Klein* in: Maunz/Dürig, Art. 41 Rn. 113; aA (für ex-tunc-Wirkung der Ungültigkeitserklärung) *Braun*, Art. 31 Rn. 19.
77 BVerfGE 85, 148 (LS 2 b u. S. 160 f.); zu den Grenzen vgl. BremStGH, U. v. 13.9.2016 – St 2/16 – juris, LS 4, 5 u. Rn. 65.
78 StGH, ESVGH 27, 189 (191 f.).

I LWPrG (anders als § 52 VerfGHG) eine Reihe von Fallgruppen, die im Fall einer möglichen Beeinflussung der Mandatsverteilung zur vollständigen oder teilweisen Aufhebung der Wahl führen. Dabei handelt es sich durchgängig um sog. Wahlgeschehensfehler, die im Zusammenhang mit dem Wahlvorbereitungs- oder Wahldurchführungsverfahren auftreten können.

31 Im Einzelnen werden als **Ungültigkeitsgründe** genannt:
- Die Missachtung oder unkorrekte Anwendung „zwingende[r] Vorschriften des Wahlgesetzes oder der Wahlordnung",
- fehlerhafte Entscheidungen der Wahlorgane bei der (Nicht-)Zulassung von Wahlvorschlägen oder bei der Ergebnisermittlung und -feststellung und
- die Begehung von Straftaten der §§ 107–108 b, 108 d S. 2, 240 StGB (Wahlbehinderung, Fälschung der Wahl oder von Wahlunterlagen, Verletzung des Wahlgeheimnisses, Wählernötigung, -täuschung und -bestechung).

32 Obwohl § 1 I LWPrG keine Öffnungsklausel für weitere Aufhebungsgründe enthält (zB ein „insbesondere"), ist die **Bestimmung nicht abschließend**, weil sich – so der StGH – aus „gemeindeutschem Wahlprüfungsrecht" eine wesentlich umfangreichere Prüfungsreichweite ergibt.[79] Dafür spricht die verfassungsrechtliche Qualität des wesentlichen Teils des Wahlfehlerfolgenrechts, das auf Wahlrechtsgrundsätzen sowie der Funktionsfähigkeit des Parlaments und dem Respekt vor einer demokratischen Entscheidung als Ausfluss des Demokratieprinzips beruht.[80] Bis heute fehlt in Deutschland eine umfassende Kodifizierung des materiellen Wahlprüfungsrechts, das deshalb durch Rspr. und Lehre ausgeformt worden ist.[81]

2. Wahlrechts- und Wahlgeschehensfehler

33 Der **Begriff des Wahlfehlers** umfasst jeden Verstoß gegen wahlrechtliche Vorgaben. Hierzu zählen vorrangig die Wahlrechtsgrundsätze gem. Art. 26 IV LV, aber auch alle anderen (insbes. einfachgesetzlichen) Wahlrechtsvorschriften. Eine zentrale Unterscheidung lässt sich danach vornehmen, ob ein Wahlrechts- oder Wahlgeschehensfehler vorliegt.[82] Während erstere nur durch den Gesetz- oder Verordnungsgeber begangen werden können, können letztere von Wahlorganen, politischen Parteien oder anderen Trägern von Wahlvorschlägen sowie sonstigen Akteuren verursacht werden.[83]

34 Unter **Wahlrechtsfehlern** werden Mängel verstanden, die bereits in den Wahlrechtsvorschriften angelegt sind. Hierzu zählen Normen des Wahlrechts auf der Ebene einfacher Gesetze und von Verordnungen, die gegen

---

79 StGH, ESVGH 20, 194 (196); *Braun*, Art. 31 Rn. 4.
80 Zum landesgesetzlichen Spielraum bei der Ausgestaltung des materiellen Wahlprüfungsrechts vgl. BVerfGE 103, 111 (134 f.).
81 Vgl. *Schreiber*, DVBl. 2010, 609 (610), der dies angesichts der Bedeutung des Wahlrechts für ein gesetzgeberisches Handlungsdefizit hält (616 f.); einen konkreten Normierungsvorschlag macht *Koenig*, ZParl 1994, 241 (252 f.).
82 In Anknüpfung an *Koch*, DVBl. 2000, 1093 (1096/1098).
83 BayVerfGH, E. v. 23.10.2014 – Vf. 20-III-14 – juris, Rn. 26 f.; *Braun*, Art. 31 Rn. 10 f.

Normen der LV – namentlich gegen die Wahlrechtsgrundsätze gem. Art. 26 IV LV – verstoßen. Deshalb prüft der VerfGH – wie das BVerfG – in stRspr auch die Verfassungskonformität des Wahlrechts.[84] Dies gilt beispielsweise für die Frage der Notwendigkeit und der Ausgestaltung des Ausgleichssystems für Überhangmandate, für den Zuschnitt der Wahlkreise oder für die Angemessenheit der Höhe der Sperrklausel (→ Art. 26 Rn. 38).[85] **Wahlgeschehensfehler** sind dagegen solche Rechtsverstöße, die im Zusammenhang mit dem Wahlgeschehen passieren und nicht schon normativ-strukturell vorgegeben sind. Dies kann die Wahlvorbereitung, die Wahldurchführung und die Ermittlung des Wahlergebnisses betreffen.[86]

Zu möglichen Fehlern im **Stadium der Wahlvorbereitung** zählt insbesondere die fehlerhafte Kandidatenaufstellung einer Partei. Dabei handelt es sich um einen Vorgang an der Nahtstelle zwischen parteiinternen Entscheidungen und staatlicher Wahlvorbereitung, bei dem ein Kernbestand an Verfahrensgrundsätzen eingehalten werden muss (insbesondere das Gebot der demokratischen Binnenorganisation). Dieser Kernbestand ist dann verletzt, wenn der Kandidatenvorschlag „schlechterdings nicht Grundlage eines demokratischen Wahlvorschlags sein kann".[87] 35

Zu den elementaren Regeln eines demokratischen Verfahrens bei der Kandidatenaufstellung zählt das BVerfG die organisatorisch zumutbare Einladung aller mit Hauptwohnsitz im Wahlgebiet lebenden Parteimitglieder und im Regelfall die Möglichkeit einer hinreichenden personellen und programmatischen Vorstellung der Bewerber.[88] Wird ein solcher Wahlvorschlag von den staatlichen Organen zur Wahl zugelassen – wobei es auf deren positive Kenntnis von der Regelverletzung nicht ankommt –, liegt ein Wahlfehler vor.[89] Sind dagegen nur weniger elementare Regelungen (etwa der Parteisatzung) verletzt, kann daraus noch kein Wahlfehler erwachsen.[90] Weitere Fehler im Stadium der Wahlvorbereitung liegen vor, wenn Wahlorgane anderweitig rechtswidrige Zulassungs- oder Zurückweisungsentscheidungen über Wahlvorschläge treffen, die Stimmzettelgestaltung wahlrechtswidrig ist (zB unterschiedliche Schriftgrößen oder fehlerhafte Reihenfolge der Wahlvorschläge),[91] eine wahlrechtswidrige Herausgabe oder Nichtherausgabe von Wählerdaten erfolgt (vgl. § 50 I BMG) oder eine unzulässige Wahlbeeinflussung – etwa durch regierungsamtliche Wahl-

---

84 BayVerfGH, E. v. 23.10.2014 – Vf. 20-III-14 – juris, Rn. 28.
85 Vgl. auch LVerfG SchlH, U. v. 30.8.2010 – LVerfG 1/10 – juris, LS 3 u. 5.; zu Bsp. für Wahlrechtsfehler vgl. *Ewer* in: Morlok/Schliesky/Wiefelspütz, § 8 Rn. 24–42.
86 Zu Bsp. für Wahlgeschehensfehler vgl. *Ewer* in: Morlok/Schliesky/Wiefelspütz, § 8 Rn. 27-33; *Kluth* in: Schmidt-Bleibtreu/Hofmann/Henneke, Art. 41 Rn. 19 f.; *Versteyl* in: v. Münch/Kunig, Art. 41 Rn. 9–11.
87 BVerfGE 89, 243 (LS 1, 2 a u. S. 252 f.).
88 BVerfGE 89, 243 (LS 3 a, 3 b, 4).
89 Zur Kontrolldichte der Wahlorgane bezüglich der Wahlvorschläge – für eine reine Evidenzkontrolle eintretend – *Huber*, DÖV 1991, 229 (234 ff.).
90 BVerfGE 89, 243 (LS 2 b u. S. 253 f.); vgl. auch *Mager*, DÖV 1995, 9 (11 ff.), die für eine Differenzierung zwischen einer Zuordnung zum Parteienrecht einerseits und zum Wahlrecht andererseits eintritt und für eine fehlerhafte Kandidatenaufstellung letzteres bejaht.
91 ThürVerfGH, B. v. 9.7.2015 – VerfGH 9/15 – juris, Rn. 61 f.

werbung, Kirchen, Arbeitgeberverbände, Gewerkschaften oder die Presse[92] – stattfindet.

36 Denkbare Fehler im **Stadium der Wahldurchführung** sind eine offene Stimmabgabe im Wahllokal, unzulässige Wahlwerbung am Wahltag in unmittelbarer Nähe zu einem Wahllokal oder die Bekanntgabe von Ergebnissen aus Wählernachbefragungen vor der Schließung der Wahllokale (§ 35 I, II LWG). Schließlich sind Fehler im **Stadium der Ergebnisermittlung und -feststellung** denkbar, wie zB Zutrittshürden für die interessierte Öffentlichkeit bei der Stimmauszählung oder bei den Sitzungen der Wahlausschüsse. Auch eine unrichtige Bewertung von Stimmen – sowohl bezüglich ihrer Gültigkeit als auch bezüglich ihrer Zuordnung zu einer bestimmten Partei – fällt in diese Kategorie.

3. Wahlfehlerfolgen

37 Entgegen der Formulierung von § 1 I LWPrG führt nicht jeder Wahlfehler zu einer Voll- oder Teilaufhebung einer Wahl. Vielmehr bewegt sich das Wahlfehlerfolgenrecht zwischen zwei widerstreitenden Prinzipien: Auf der einen Seite steht der **Grundsatz der richtigen Abbildung des Wählerwillens** und der korrekten Einhaltung des Wahlrechts (auf allen rechtlichen Ebenen). Dem steht das **Bestandsschutzprinzip** gegenüber, wonach eine einmal gewählte Volksvertretung einen besonderen Bestandsschutz genießt (insbesondere bei Wahlfehlern, die von nichtstaatlicher Seite verursacht worden sind). Dieses Prinzip stützt sich zum einen auf das Demokratieprinzip, das einen hohen Respekt vor einer getroffenen Wahlentscheidung fordert, außerdem auf das Verhältnismäßigkeitsprinzip und zum Dritten auf das Verfassungsrechtsgut der Funktions- und Arbeitsfähigkeit des Landtags.[93] Hinzu kommt, dass Wahlen nicht im „politischen Reinlabor" stattfinden und deshalb die historische Situation eines Wahltages ohnehin nicht exakt reproduzierbar ist.

38 Folglich muss ein zur Wahlaufhebung führender Wahlfehler so gravierend sein, dass er die das Bestandsschutzprinzip tragenden Argumente zu überwiegen vermag. Dies setzt zum einen voraus, dass der Wahlfehler überhaupt erheblich ist, also eine sog. **„Mandatsrelevanz"** aufweist.[94] Danach muss es konkret wahrscheinlich sein, dass ohne den oder die Wahlfehler eine andere Mandatsverteilung erfolgt wäre; umso klarer die zur Mandatsverteilung führenden Mehrheiten sind, desto gravierender muss folglich der Wahlfehler sein.[95] Während diese Erheblichkeit bei Wahlrechtsfehlern we-

---

92 *Braun*, Art. 31 Rn. 11; ausf. zu Wahlbeeinflussungen *Klein* in: Maunz/Dürig, Art. 41 Rn. 119-126.
93 BVerfGE 89, 243 (253); 103, 111 (135); NdsStGH, U. v. 24.2.2000 – St 2/99 – juris, Rn. 22; VerfGH NRW, B. v. 16.7.2013 – VerfGH 17/12 – Rechtsprechungsdatenbank NRW, 8; *Kluth* in: Schmidt-Bleibtreu/Hofmann/Henneke, Art. 41 Rn. 23; *Klein* in: Maunz/Dürig, Art. 41 Rn. 105-107.
94 *Koch*, DVBl. 2000, 1093 (1095 mwN); *Kluth* in: Schmidt-Bleibtreu/Hofmann/Henneke, Art. 41 Rn. 24 mwN; zur Kritik an der Lehre von der Mandatsrelevanz vgl. *Versteyl* in: v. Münch/Kunig, Art. 41 Rn. 3 mwN; *Klein* in: Maunz/Dürig, Art. 41 Rn. 110.
95 BVerfGE 4, 370 (LS u. S. 372 f.); 29, 154 (164 f.); 40, 11 (29); 89, 243 (254); 89, 291 (304); BayVerfGH, E. v. 23.10.2014 – Vf. 20-III-14 – juris, Rn. 26; HessStGH, B. v. 14.6.2006 – P. St. 1910 – juris, Rn. 49; ThürVerfGH, B. v. 9.7.2015 – VerfGH

gen ihrer strukturellen Auswirkungen regelmäßig zu bejahen ist, scheitern die meisten Wahlgeschehensfehler bereits an dieser Hürde.[96] Aber auch das Vorliegen der Mandatsrelevanz reicht alleine für die Ungültigkeitserklärung einer gesamten Wahl nicht aus. Vielmehr muss der Wahlfehler von solchem Gewicht sein, „dass ein **Fortbestand der in dieser Weise gewählten Volksvertretung unerträglich** erschiene";[97] dies ist auch bei Wahlrechtsfehlern oft nicht der Fall.[98] Die Aufhebung einer gesamten Landtagswahl stellt demnach die absolute ultima ratio des Wahlfehlerfolgenrechts dar.[99]

Diese hohe Hürde prägt die **verfassungsgerichtliche Spruchpraxis**. So hat das BVerfG trotz der verfassungsrechtlichen Beanstandung des negativen Stimmgewichts im Bundestagswahlrecht die mit der Wahlprüfungsbeschwerde angegriffene Wahl des 16. Bundestags nicht für ungültig erklärt und darüber hinaus sogar mit einer relativ großzügigen mehrjährigen Neuregelungsfrist noch eine weitere Bundestagswahl auf der Grundlage des für verfassungswidrig erkannten Wahlrechts ermöglicht.[100] Ebenso hat der NdsStGH bei Wahlkreiszuschnitten, wonach der kleinste Wahlkreis 38 % unter und der größte Wahlkreis 50 % über dem Durchschnitt der Wahlbevölkerung lag, eine offensichtliche Verletzung der Wahlrechtsgleichheit und die Mandatsrelevanz bejaht, aber den Bestandsschutz für vorrangig erachtet.[101] Eine auf einen Wahlbezirk beschränkte Ungültigkeitserklärung hat der BremStGH vorgenommen, nachdem die ausgefüllten Stimmzettel dort durch einen unbeobachteten Transport ungezählt und unversiegelt in die Räume des Wahlamtes verbracht worden waren. Darin erkannte das Gericht – vor dem Hintergrund eines sehr knappen Wahlergebnisses – ein für Manipulationsgefahren anfälliges Kontrollvakuum sowie eine Verletzung des Transparenzgebotes der Ergebnisermittlung als Basis der Vertrauenswürdigkeit des Wahlergebnisses.[102] 39

Die **Unerträglichkeitshürde** ist bislang deutschlandweit in nur zwei Fällen bejaht worden. So hat das LVerfG SchlH einen unzureichenden Ausgleich von Überhangmandaten im Wahlgesetz als Verstoß gegen die Wahlrechtsgleichheit angesehen und die Mandatsrelevanz sowie die Unerträglichkeit des Fortbestands bejaht, aber entsprechend dem ultima-ratio-Prinzip den 40

9/15 – juris, Rn. 55; VerfGH NRW, B. v. 16.7.2013 – VerfGH 17/12 – Rechtsprechungsdatenbank NRW, 7; dazu ausf. *Koenig*, ZParl 1994, 241 (243 ff.).
96 *Koch*, DVBl. 2000, 1093 (1098); so zB bei BVerfGE 89, 291 (302 ff.) bzgl. behaupteter Verletzungen des Öffentlichkeitsprinzips bei Sitzungen des Bundeswahlausschusses, ebenso VerfGH NRW, B. v. 16.7.2013 – VerfGH 17/12 – Rechtsprechungsdatenbank NRW, 11 f., bzgl. einer unzulässigen Wahlwerbeaktion der FDP-Bundestagsfraktion vor einer Landtagswahl.
97 HessStGH, B. v. 14.6.2006 – P. St. 1910 – juris, LS 3; *Ewer* in: Morlok/Schliesky/Wiefelspütz, § 8 Rn. 44; krit. zu den hohen Anforderungen der Verfassungsrechtsprechung *Meyer* in: HStR, § 46 Rn. 97.
98 *Koch*, DVBl. 2000, 1093 (1100) hält dagegen eine am Bestandsschutz der Volksvertretung orientierte Abwägung bei Wahl*rechts*fehlern für unzulässig, weil sonst „dezisionistische[r] Willkür Tür und Tor" geöffnet sei.
99 *Klein* in: Maunz/Dürig, Art. 41 Rn. 114.
100 BVerfGE 121, 266; ausführlich zur Rechtfertigung *Wolf*, Das negative Stimmgewicht, 62 ff., 91 ff.; krit. *Versteyl* in: v. Münch/Kunig, Art. 41 Rn. 4.
101 NdsStGH, U. v. 24.2.2000 – St 2/99 – juris, Rn. 18, 22; krit. dazu *Koch*, DVBl. 2000, 1093.
102 BremStGH, U. v. 22.5.2008 – St 1/07 – juris, Rn. 80.

Landtag nicht aufgelöst, sondern nach dem Prinzip des schonendsten Ausgleichs die Wahlperiode von noch vier Jahren auf 20 Monate verkürzt, um die Schaffung eines verfassungskonformen Wahlrechts vor der nächsten Wahl zu ermöglichen.[103] Als bislang einziger Fall hat das HambVerfG eine Bürgerschaftswahl in Gänze und mit sofortiger Wirkung für ungültig erklärt, nachdem die Parteiführung der Hamburger CDU durch eine Kombination von Blockwahl, untersagter Diskussion und Beschränkung von Gegenvorschlägen ungebührlich massiven Einfluss auf die Kandidatenaufstellung für die Bürgerschaftswahl genommen hatte. Hier hatte das Gericht „schwere Demokratieverstöße" bejaht, die zu nicht hinnehmbaren Legitimationseinbußen der Bürgerschaft und einer potenziellen „Gefährdung für die Demokratie selbst" geführt haben.[104]

Artikel 32 [Landtagspräsidium, Geschäftsordnung]

(1) ¹Der Landtag wählt seinen Präsidenten und dessen Stellvertreter, die zusammen mit weiteren Mitgliedern das Präsidium bilden, sowie die Schriftführer. ²Der Landtag gibt sich eine Geschäftsordnung, die nur mit einer Mehrheit von zwei Dritteln der anwesenden Abgeordneten geändert werden kann.

(2) ¹Der Präsident übt das Hausrecht und die Polizeigewalt im Sitzungsgebäude aus. ²Ohne seine Zustimmung darf im Sitzungsgebäude keine Durchsuchung oder Beschlagnahme stattfinden.

(3) ¹Der Präsident verwaltet die wirtschaftlichen Angelegenheiten des Landtags nach Maßgabe des Haushaltsgesetzes. ²Er vertritt das Land im Rahmen der Verwaltung des Landtags. ³Ihm steht die Einstellung und Entlassung der Angestellten und Arbeiter sowie im Einvernehmen mit dem Präsidium die Ernennung und Entlassung der Beamten des Landtags zu. ⁴Der Präsident ist oberste Dienstbehörde für die Beamten, Angestellten und Arbeiter des Landtags.

(4) Bis zum Zusammentritt eines neugewählten Landtags führt der bisherige Präsident die Geschäfte fort.

Schrifttum:

zu Präsident und Präsidium: *Blum*, Leitungsorgane, in: Morlok/Schliesky/Wiefelspütz, § 21; *Bücker*, Präsident und Präsidium, in: Schneider/Zeh, § 27; *Carstens*, Die Stellung des Parlamentspräsidenten nach deutschem Parlamentsrecht, Hanauer-FS 1978, 121; *Dietrich*, Der Schutz der Verfassungsorgane des Bundes im Versammlungsrecht, DÖV 2010, 683; *M. Fuchs/A. Fuchs/K. Fuchs*, Verfassungs- und parlamentsrechtliche Probleme beim Wechsel der Wahlperiode, DÖV 2009, 232; *Edinger*, Abwahl einer Schriftfüh-

---

103 LVerfG SchlH, U. v. 30.8.2010 – LVerfG 1/10 – juris, LS 5 u. 6, Rn. 181–184.
104 HambVerfG, U. v. 4.5.1993 – HVerfG 3/92 – juris, Rn. 113 f., 117, 127-130, 139 f., 143–146, 155–157, 164; krit. Sondervotum aaO, Rn. 201; ebenfalls krit. *Arndt*, NVwZ 1993, 1066, der wegen der nicht gewürdigten Stellung der ordnungsgemäß aufgestellten und gewählten Abg. der anderen Parteien den Fortbestand des Parlaments unter ersatzlosem Wegfall nur der CDU-Mandate (wegen unrechtmäßiger Erlangung) für den Rest der Wahlperiode für die angemessenere Lösung hält; auch krit. *Mager*, DÖV 1995, 9 (14 f.), zur Argumentation bezüglich des Vorliegens der Mandatsrelevanz der fehlerhaften Listenaufstellung.

rerin nach Austritt aus ihrer Fraktion, ZParl 2009, 155; *Igel/Feldkamp*, Die Polizei des Bundestagspräsidenten in parlamentsgeschichtlicher Perspektive, ZParl 2013, 126; *Jekewitz*, Organisation und Funktion der Verwaltung des Deutschen Bundestages, DVBl. 1969, 513; M. *Köhler*, die Rechtsstellung der Parlamentspräsidenten in den Ländern der Bundesrepublik Deutschland und ihre Aufgaben im parlamentarischen Geschäftsgang, 2000; G. M. *Köhler*, Die staatsrechtliche Stellung des Präsidenten des Bayerischen Landtags, BayVBl. 1988, 33; *ders.*, Die Polizeigewalt des Parlamentspräsidenten im deutschen Staatsrecht, DVBl. 1992, 1577; *Leinius*, Zum Verhältnis von Sitzungspolizei, Hausrecht, Polizeigewalt, Amts- und Vollzugshilfe, NJW 1973, 448; *Lovens*, Der Bundestag zwischen Wahl und Entsendung zu seinem Präsidium: die Causa Bisky, ZParl 2008, 18; *Ohler*, Verfassungsrechtliche Grenzen staatsanwaltschaftlicher Durchsuchungen im Bundestag, NVwZ 2004, 696; *Uhlitz*, Zur Frage der Abberufbarkeit der Parlamentspräsidenten, AöR 87 (1962), 296.

Zum Geschäftsordnungsrecht: *Achterberg*, Die Deutung der Rechtsnatur der Parlamentsgeschäftsordnung als Folge des Staatsverständnisses, in: Broermann-FS 1982, 317; *Borowy*, Parlamentarisches Ordnungsgeld und Sitzungsausschluss: Verfassungsrechtliche Aspekte, ZParl 2012, 635; *Bücker*, Das Parlamentsrecht in der Hierarchie der Rechtsnormen, ZParl 1986, 324; *ders.*, Das parlamentarische Ordnungsrecht, in: Schneider/Zeh, § 34; *Cancik*, Rechtsquellen des Parlamentsrechts, in: Morlok/Schliesky/Wiefelspütz, § 9; *Dhungel/Linhart*, Interessenvermittlung in den Ausschüssen des Deutschen Bundestages, ZParl 2014, 743; *Dreier*, Regelungsform und Regelungsinhalt des autonomen Parlamentsrechts, JZ 1990, 310; *Franke*, Ordnungsmaßnahmen der Parlamente, 1990; *Haug*, Bindungsprobleme und Rechtsnatur parlamentarischer Geschäftsordnungen, 1994; *Ingold/Lenski*, Ordnungsgeld und Sitzungsausschluss als Ordnungsmaßnahmen gegen Bundestagsabgeordnete, JZ 2012, 120; Jacobs, Die Wahrung der parlamentarischen Ordnung – Ordnungsmaßnahmen des Parlamentspräsidenten im Deutschen Bundestag und in den Landtagen, DÖV 2016, 563; *Kretschmer*, Geschäftsordnungen deutscher Volksvertretungen, in: Schneider/Zeh, § 9; *Lang*, Zur Bindung der Mitglieder des Bundesrates und ihrer Beauftragten gemäß Art. 43 Abs. 2 GG in der parlamentarische Ordnung des Deutschen Bundestages, ZParl 2004, 295; *Pietzcker*, Schichten des Parlamentsrechts: Verfassung, Gesetze und Geschäftsordnung, in: Schneider/Zeh, § 10; *Roll*, Geschäftsordnung des Deutschen Bundestages, Kommentar; *Schmidt*, Die Geschäftsordnungen der Verfassungsorgane als individuell-abstrakte Regelungen des Innenrechts, AöR 128 (2003), 608; *Schürmann*, Plenardebatte, in: Morlok/Schliesky/Wiefelspütz, § 20; *Schulze-Fielitz*, Parlamentsbrauch, Gewohnheitsrecht, Observanz, in: Schneider/Zeh, § 11.

Vergleichbare Regelungen:
Zu Abs. 1 S. 1 (Wahl von Präsident und Präsidium): Art. 40 I 1 GG, 20 I BayVerf, 41 II BerlVerf, 69 I BbgVerf, 86 BremVerf, 18 I 1 HambVerf, 84 HessVerf, 29 I 1 MVVerf, 18 I NdsVerf, 38 I 1 NRWVerf, 85 II 1 RPVerf, 70 II SaarlVerf, 47 I SächsVerf, 49 I LSAVerf, 20 I 1 SchlHVerf, 57 I ThürVerf.
Zu Abs. 1 S. 2 (Erlass und Änderung der GO): Art. 40 I 2 GG, 20 III BayVerf, 41 I BerlVerf, 68 BbgVerf, 106 BremVerf, 18 I 2 HambVerf, 99 HessVerf, 29 I 2 MVVerf, 21 I NdsVerf, 38 I 2 NRWVerf, 85 I RPVerf, 70 I SaarlVerf, 46 I, IV SächsVerf, 46 I LSAVerf, 20 I 2 SchlHVerf, 57 V ThürVerf.
Zu Abs. 2 (Hausrecht, Polizeigewalt, Durchsuchung, Beschlagnahme): Art. 40 II GG, 21 I, 29 II BayVerf, 41 IV BerlVerf, 69 IV 3, 4 BbgVerf, 92 II, 96 II BremVerf, 18 II 1, III HambVerf, 86 S. 4, 97 II HessVerf, 29 III 2, IV MVVerf, 18 II NdsVerf, 39 II 3, 49 NRWVerf, 85 III 4, 95 II RPVerf, 71 II SaarlVerf, 47 III SächsVerf, 49 II 2, 50 II LSAVerf, 20 III 2, 32 SchlHVerf, 57 III 2, 3 ThürVerf.
Zu Abs. 3 (Landtagsverwaltung): Art. 21 II BayVerf, 41 V BerlVerf, 69 IV 1, 2, 5 BbgVerf, 92 III, IV BremVerf, 18 II 1 HS 1, S. 2, 3 HambVerf, 86 S. 1-3 HessVerf, 29 III 1, V, VI MVVerf, 18 III NdsVerf, 39 I, II 1, 2 NRWVerf, 85 III 1-3 RPVerf, 71 I SaarlVerf, 47 IV SächsVerf, 49 III LSAVerf, 20 III, IV SchlHVerf, 57 III 1, IV ThürVerf.
Zu Abs. 4 (Geschäftsführung nach Ablauf der Wahlperiode): Art. 20 II BayVerf, 85 S. 1 HessVerf, 85 II 2 HS 1 RPVerf.

Ergänzende Normen: GO LT.

Leitentscheidungen: BVerfGE 1, 144 (GO-Autonomie); 60, 374 (Rede- und Ordnungsrecht); 70, 324 (Rechtsformwahl); 80, 188 (Ausschussfunktionen); 108, 251 (Durchsuchung); 130, 318 (Plenarvorbehalt); StGH, ESVGH 38, 81 (Polizeigewalt).

A. Überblick und Einordnung 1	b) Parlamentarisches Ordnungsrecht 31
I. Bedeutung 1	III. Einzelne Zuständigkeiten des Präsidenten 41
II. Herkunft, Entstehung, Geschichte 2	1. Schutz der äußeren Parlamentsautonomie (Abs. 2) 41
1. Parlamentsrechtliche Ursprünge 2	a) Rechtliche Einordnung der Präsidialkompetenzen zum Schutz der äußeren Parlamentsautonomie 41
2. Entstehungsgeschichte von Art. 32 LV 3	
III. Verfassungsvergleichende Einordnung 7	
B. Erläuterung 12	b) Hausrecht und Polizeigewalt (Abs. 2 S. 1) 43
I. Präsident und Präsidium (Abs. 1 S. 1) 12	c) Zustimmung zu Durchsuchungen und Beschlagnahmen (Abs. 2 S. 2) 47
II. Geschäftsordnung (Abs. 1 S. 2) 18	
1. Funktion, Geltung und Rechtsqualität der GO ... 18	2. Leitung der Landtagsverwaltung (Abs. 3) 49
2. Spielräume des GO-Gebers, Handhabung, Änderung und gerichtliche Überprüfung der GO 24	3. Fortführung der Geschäfte nach Ende der Wahlperiode (Abs. 4) 51
3. Wesentliche Inhalte 30	
a) Parlamentarische Arbeitsweise 30	

A. Überblick und Einordnung

I. Bedeutung

1 Art. 32 LV ist die zentrale – wenngleich nicht abschließende[1] – Norm zur **Regelung der Parlamentsautonomie** als Ausdruck der Eigenständigkeit des Landtags als selbstbestimmtes Verfassungsorgan und seiner Unabhängigkeit gegenüber den anderen Organen und Staatsgewalten, insbesondere der Regierung und der Justiz. Dieser starke Abgrenzungsdrang geht auf die monarchische Suprematie im konstitutionellen Frühparlamentarismus zurück, hat aber auch im gewaltengeteilten demokratischen Rechtsstaat – nun als Ausdruck der Volkssouveränität – seine gewandelte Berechtigung.[2] Mit dem Recht zur Selbstorganisation und zum Erlass der Geschäftsordnung sowie mit der Personalhoheit werden in Abs. 1 und 3 zentrale Punkte der inneren Parlamentsautonomie geregelt,[3] während in Abs. 2 mit dem Hausrecht, der Polizeigewalt und dem Durchsuchungs- bzw. Beschlagnahmevorbehalt die äußere Parlamentsautonomie umschrieben ist. Hinzu kommen das Selbstversammlungsrecht (Art. 30 IV LV), die erste Stufe des

---

[1] Vgl. *Feuchte* in: Feuchte, Art. 27 Rn. 29.
[2] *Klein* in: Maunz/Dürig, Art. 40 Rn. 18; *Morlok* in: Dreier, Art. 40 Rn. 1 u. 5; *Kluth* in: Schmidt-Bleibtreu/Hofmann/Henneke, Art. 40 Rn. 1 f.; *Igel/Feldkamp*, ZParl 2013, 126 (128 f.).
[3] VerfGH Rh-Pf, U. v. 19.8.2002 – VGH O 3/02 – juris, Rn. 26; BayVerfGH, E. v. 26.11.2009 – Vf. 32-IVa-09 – juris, Rn. 33.

Wahlprüfungsrechts (Art. 31 I LV) sowie die Immunität und Indemnität der Abgeordneten (Art. 37 f. LV).[4]

II. Herkunft, Entstehung, Geschichte
1. Parlamentsrechtliche Ursprünge

Das Recht zur Selbstorganisation und autonomer Verfahrens- und Disziplinarordnung wurde in der Frühzeit des modernen Parlamentarismus der monarchischen Exekutive abgerungen und hat eine lange parlamentsrechtliche Tradition.[5] Auf Reichsebene sah bereits die **Paulskirchenverfassung** das Recht zur selbstbestimmten Wahl des Präsidenten, seiner Stellvertreter und der Schriftführer sowie zur Regelung der eigenen Geschäftsordnung vor (§§ 110, 116 S. 1 PKV), ebenso Art. 27 S. 2 RV und Art. 26 WRV. Sah auf Landesebene § 164 III **VerfWü 1819** noch vor, dass die zweite Kammer dem König drei Personen für das Präsidentenamt zur Auswahl vorschlagen musste, wurde 1874 durch eine Verfassungsänderung die selbstbestimmte Wahl des Präsidenten und das Recht zur eigenständigen Regelung der GO eingeführt (§§ 164 nF, 164 a)[6] und in den republikanischen **Verfassungen von 1919** (§§ 17 f. VerfWü 1919, 39 II 2 VerfBad 1919) und nach dem 2. Weltkrieg (Art. 29 I, II VerfWH, 56 VerfWB, 62 I 3 VerfLB) fortgeführt.[7] Die **Verfassungen von 1946/47** enthielten dann auch erstmalig Rechte des Präsidenten gegenüber anderen Staatsgewalten und -organen wie das Hausrecht und die Polizeigewalt (Art. 66 I 2 VerfLB) und den Beschlagnahmevorbehalt (Art. 66 I 3 VerfLB, 41 II VerfWH, 67 II VerfWB). Regelungen zur Personalhoheit des Landtags und zur Dienstaufsicht des Präsidenten gab es erstmals in § 25 VerfWü 1919 und – erweitert um die Haushaltsführung und Außenvertretung – in Art. 66 II VerfLB.

2. Entstehungsgeschichte von Art. 32 LV

Der Art. 32 LV zugrunde liegende Vorschlag des Art. 29 VerfERP wurde sowohl im Verfassungsgebungsverfahren als auch im Jahr 1984 modifiziert. Dies gilt zunächst für die **GO-Kompetenz in Abs. 1**, der zunächst kein erhöhtes Änderungsquorum vorsah. Um aber zu verhindern, dass die Regierungsmehrheit ad-hoc-Änderungen der GO durchsetzen kann, hat der VA bereits in der 1. Lesung auf Anregung der (damals regierenden!) SPD mit Unterstützung der CDU das Änderungsquorum eingefügt.[8] Im VA bestand Einigkeit, dass sich das Quorum nicht auf den GO-Beschluss zu Beginn einer Wahlperiode, sondern nur auf spätere Änderungen beziehen sollte.[9] Eine solche Erschwerung der GO-Änderung war aus den Verfassungen der Altländer mit württembergischer Beteiligung bekannt: Sowohl

---

4 Vgl. BVerfGE 70, 324 (360 f.); 102, 224 (236); *Morlok* in: ders./Schliesky/Wiefelspütz, § 3 Rn. 52; *Klein* in: Maunz/Dürig, Art. 40 Rn. 7; *Versteyl* in: v. Münch/Kunig, Art. 40 Rn. 1.
5 *Klein* in: Maunz/Dürig, Art. 40 Rn. 10 ff.
6 Vgl. *Dürig/Rudolf*, Texte zur deutschen Verfassungsgeschichte, 2. Aufl. 1979, 52 f.
7 Mit nur im impliziter Nennung der GO in Art. 72 VerfLB.
8 Vgl. die Wortmeldungen der Abg. *Krause* (SPD), *Lausen* (SPD) und *Simpfendörfer* (CDU) in der 10. Sitzung des VA am 17.7.1952 in: Feuchte, Quellen 2. Teil, 343.
9 Vgl. die Wortmeldung des Abg. *Lausen* (SPD) mit Zustimmung des Abg. *Simpfendörfer* (CDU) und von StS *Kaufmann*, vgl. Feuchte, Quellen 2. Teil, 344 f.

Art. 56 S. 4 VerfWB als auch Art. 29 II 2 VerfWH sahen optional – also nach Maßgabe eines entsprechenden Landtagsbeschlusses – ein solches 2/3-Quorum vor. Anders als 1946/47 wollte der VA den Oppositionsschutz noch stärker absichern und hat deshalb das Quorum nicht mehr optional, sondern zwingend ausgestaltet.[10]

4 Erheblichen Diskussionen war der letztlich aber unveränderte **Abs. 2** ausgesetzt, weil es große Unsicherheit zur **Reichweite der Polizeigewalt des Landtagspräsidenten** gab. Teilweise wurde vertreten, aus der ausdrücklichen Nennung von Beschlagnahme und Durchsuchung folge im Umkehrschluss, dass andere repressive Maßnahmen – gedacht war v.a. an die Verhaftung eines Abgeordneten im Landtagsgebäude – nicht dem Zustimmungsvorbehalt des Präsidenten unterlägen. Der Antrag, auch die Verhaftung von Abgeordneten im Landtagsgebäude ausdrücklich diesem Vorbehalt zu unterstellen, wurde jedoch bei zahlreichen Enthaltungen abgelehnt.[11]

5 Auch die Debatten zu Abs. 3 waren von juristischen Befürchtungen geprägt. Gegen eine erfolglose Beantragung der Streichung von Abs. 3 bzw. die Verlagerung seines Regelungsgehaltes in die GO LT (wie es auf Bundesebene der Fall ist) wurde erfolgreich die Sorge ins Feld geführt, dass ansonsten die Regierung **Personalzuständigkeiten im Landtag** beanspruchen könnte.[12] Die ursprünglich als Benehmensregelung ausgestaltete Bindung der beamtenrechtlichen Personalhoheit des Präsidenten an das übrige Präsidium wurde auf Vorschlag aus der FDP/DVP zu einer Einvernehmensbindung verschärft. Dies geschah mit ausdrücklicher Unterstützung des Präsidenten der VLV, für den dies in der Praxis ohnehin zwingend war.[13] Ebenso konsensual wurde die **Außenvertretung des Präsidenten** vom Landtag auf das Land als Rechtsträger bei gleichzeitiger Beschränkung auf die Angelegenheiten des Landtags im VA abgeändert.[14]

6 Durch eine **Parlamentsorganisationsreform im Jahr 1984** wurde Art. 32 I LV in seine heute geltende Fassung geändert.[15] Hatte das Präsidium nach S. 1 aF noch aus dem Präsidenten, seinen Stellvertretern und den Schriftführern bestanden, wurden nun die „weiteren Mitglieder" (also Führungspersonal der Fraktionen) auf- und die Schriftführer herausgenommen. Hintergrund war, dass die bisher getrennte Arbeit von Präsidium (hauptsächlich zuständig für Fragen der Landtagsverwaltung) und Ältestenrat als Lenkungsorgan im parlamentarischen Geschehen wegen der engen wechselseitigen Aufgabenverflechtungen in einem Leitungsorgan zusammengeführt

---

10 Vgl. Abg. *Lausen* (SPD) und *Müller* (CDU) in: Feuchte, Quellen 2. Teil, 345 f.
11 Vgl. Abg. *Gog* (CDU) und ähnlich Abg. *Brandenburg* (FDP/DVP) in: Feuchte, Quellen 2. Teil, 350-355.
12 Vgl. die Wortmeldungen der Abg. *Lausen* (SPD), *Müller* (CDU) und von Präsident *Neinhaus* (CDU) in: Feuchte, Quellen, 2. Teil, 355-361.
13 Vgl. Abg. *Menges* (FDP/DVP) und Präsident *Neinhaus* (CDU) in: Feuchte, Quellen, 2. Teil, 357 f.; Abg. *Müller* (CDU) in der 2. Plenarberatung, 43. Sitzung der VLV am 24.6.1953 in: Feuchte, Quellen, 7. Teil, 628.
14 Vgl. Abg. *Gurk* und *Müller* (beide CDU) in: Feuchte, Quellen, 2. Teil, 356 f., 363.
15 15. LVÄndG v. 14.5.1984, GBl. 301.

werden sollte. Dieses Leitungsorgan stellt seither das politisch breiter aufgestellte Präsidium dar.[16]

III. Verfassungsvergleichende Einordnung

Alle deutschen Verfassungen enthalten eine Regelung über die **Wahl des Präsidenten** und seiner Stellvertreter, teilweise auch der Schriftführer (vgl. Art. 40 I 1 GG), die in einigen Ländern das verfassungsrechtlich definierte **Präsidium** (bzw. Vorstand) bilden (Art. 20 I BayVerf, 86 BremVerf, 18 I NdsVerf). In zwei Ländern ist – anders als in BW – die Zahl der Vizepräsidenten von Verfassungs wegen vorgegeben (Art. 41 II 1 BerlVerf, 49 I LSA-Verf: jeweils zwei). In sieben Ländern – einschließlich BW – kommen weitere Abgeordnete dazu (Art. 41 II 1 BerlVerf, 69 I 1 BbgVerf, 84 HessVerf, 38 I 1 NRWVerf, 70 II SaarlVerf, 47 I SächsVerf), deren Zahl nicht in der Verfassung (sondern dann in der GO) geregelt ist.[17] Dann kann das Präsidium die Funktionen übernehmen, die zB im Bundestag vom Ältestenrat wahrgenommen werden. Bei den weiteren Personen dürfte es sich dann regelmäßig um die Fraktionsvorsitzenden und die Parlamentarischen Geschäftsführer handeln. Konsequenterweise statuiert Art. 69 I 2 BbgVerf einen Vertretungsanspruch jeder Fraktion im Präsidium (ähnlich Art. 70 II SaarlVerf). Einige Verfassungen enthalten schließlich auch Regelungen über die **Abwahl des Präsidenten**, der Vizepräsidenten und teilweise der übrigen Präsidiumsmitglieder (Art. 41 III BerlVerf, 69 II BbgVerf, 29 II MVVerf, 18 IV NdsVerf, 49 V LSAVerf, 20 II SchlHVerf), wofür in allen Fällen eine 2/3-Mehrheit der Mitglieder verlangt wird.[18]

Die Ermächtigungsgrundlage für den Erlass einer eigenen – von keinem anderen Verfassungsorgan zu genehmigenden – **Geschäftsordnung** durch das Parlament ist in allen deutschen Verfassungen enthalten und zählt zum Hausgut des Parlamentsrechts. Lediglich im Saarland wird zudem von Verfassungs wegen eine gesetzliche Regelung gefordert (Art. 70 I SaarlVerf). Eine gewisse Besonderheit stellt Art. 32 I 2 HS 2 LV dar, wonach jede **Änderung** der einmal beschlossenen GO einer 2/3-Mehrheit der anwesenden Abgeordneten bedarf. Allein Sachsen verfügt über eine identische Verfassungsbestimmung (Art. 46 IV SächsVerf), womit die Änderung einem gleichen Quorum unterliegt, wie eine Abweichung.

Die wesentlichen **Kompetenzen des Präsidenten** umfassen sowohl im Bund als auch in allen Ländern die Sitzungsleitung, das Hausrecht, die Polizeigewalt, die Genehmigung von Durchsuchungen und Beschlagnahmen sowie die Leitung der Parlamentsverwaltung – unabhängig davon, ob alle diese Aufgaben ausdrücklich in der Verfassung genannt werden. So ist die Sitzungsleitung nur in einigen Landesverfassungen dem Präsidenten ausdrücklich zugewiesen (vgl. Art. 92 I BremVerf, 29 III 1 MVVerf, 47 II

---

16 LT-Drs. 8/4757, 1 u. 3; mit der damit verbundenen Abschaffung des Ältestenrates wurden die für ihn geltenden Bestimmungen entbehrlich und gestrichen (vgl. §§ 15 f. GO LT).
17 Eine GO-Regelung, die die verfassungsrechtlich geforderten zusätzlichen Mitglieder ausschließt, ist verfassungswidrig, vgl. *Thesling* in: Heusch/Schönenbroicher, Art. 38 Rn. 17.
18 In NRW besteht diese Möglichkeit auf GO-Ebene, vgl. *Thesling* in: Heusch/Schönenbroicher, Art. 38 Rn. 18.

SächsVerf, 49 II 1 LSAVerf, 57 II 3 ThürVerf), was sich aber auch aus dem Begriff „Präsident" iSv „Vorsitzender" ableiten lässt. Das Hausrecht, die Polizeigewalt und der Genehmigungsvorbehalt bei Durchsuchungen und Beschlagnahmen sind dagegen sowohl im GG als auch in den Verfassungen aller Länder als Recht des Präsidenten ausgestaltet.

10 Auch die Zuständigkeit für die **Leitung der Landtagsverwaltung** ist in allen Landesverfassungen geregelt. Lediglich Art. 40 GG verzichtet auf entsprechende Bestimmungen, weshalb sich die Funktion des Bundestagspräsidenten als Behördenchef aus §§ 129 BBG, 7 IV 1 GO BT ergibt. Wie in Art. 32 III 1, 2 LV finden sich die Zuständigkeiten für die wirtschaftlichen Angelegenheiten bzw. den Vollzug des Parlamentshaushalts und die Außenvertretung für den Rechtsträger Land, soweit die Landtagsverwaltung betroffen ist – bei teilweise unterschiedlichen Formulierungen – inhaltlich übereinstimmend auch in den anderen Landesverfassungen (Art. 21 II BayVerf, 41 V 1, 2 BerlVerf, 69 IV 1, 5 BbgVerf, 92 III BremVerf, 18 II 2 HambVerf, 86 S. 1, 3 HessVerf, 29 V, VI 1 MVVerf, 18 III 1 NdsVerf, 39 I 1, 2 NRWVerf, 85 III 1, 3 RPVerf, 71 I 1, 4 SaarlVerf, 47 IV 1, 2 SächsVerf, 49 III 1 LSAVerf, 20 III 1, 2 SchlHVerf, 57 III 1, IV 1 ThürVerf). Dabei wird dem Präsidenten teilweise ausdrücklich die Aufgabe der Leitung der Landtagsverwaltung zugewiesen (vgl. Art. 18 II 1 HS 2 HambVerf, 18 III 1 Nds-Verf, 71 I 2 SaarlVerf, 49 III 1 LSAVerf, 57 IV 1 ThürVerf), was sich für die anderen Länder aus einer Gesamtschau dieser Zuständigkeiten ebenfalls ergibt.

11 In allen Ländern mit Ausnahme Bayerns ist auch die mit der Leitungsfunktion verbundene **Zuständigkeit für das Landtagspersonal** näher geregelt und in Teilen an Be- oder Einvernehmensvorbehalte im Präsidium bzw. Vorstand gebunden. Während der Parlamentspräsident in sieben Ländern alle Personalentscheidungen alleine treffen kann, (Art. 41 V 3 BerlVerf, 69 IV 2 BbgVerf, 18 II 3 HambVerf, 29 VI 2 MVVerf, 49 III 2 LSAVerf, 20 III 3 SchlHVerf, 57 IV 2 ThürVerf), bedarf er bei der Ernennung und Entlassung der Beamten in fünf Ländern des Einvernehmens (Art. 32 III 3 LV) oder des Benehmens (Art. 86 S. 2 HessVerf, 39 II 1 NRWVerf, 47 IV 3 SächsVerf; ähnlich[19] Art. 18 III 3 NdsVerf) des Präsidiums. In zwei Ländern ist der Präsident bei allen Personalentscheidungen an das Benehmen des Präsidiums gebunden (Art. 85 III 2 RPVerf, 71 I 3 SaarlVerf). Aus dieser Personalhoheit des Präsidenten ergibt sich auch seine Stellung als oberste Dienstbehörde bzw. seine Zuständigkeit für die Dienstaufsicht, die ihm in einigen Ländern – wie in Art. 32 III 4 LV – ausdrücklich zugewiesen wird (Art. 86 S. 2 HessVerf, 29 VI 3 MVVerf, 39 II 2 NRWVerf, 85 III 2 RPVerf, 47 IV 4 SächsVerf, 49 III 1 LSAVerf, 20 III 4 SchlHVerf, 57 IV 2 ThürVerf). Lediglich in Bremen obliegen sämtliche Personalentscheidungen immer dem Vorstand als Ganzem, der konsequenterweise auch die Funktion des Dienstvorgesetzten kollektiv wahrnimmt (Art. 92 IV BremVerf).

---

19 Art. 18 III 3 NdsVerf spricht von „wichtigen" Personalentscheidungen, worunter die Statusentscheidungen verstanden werden, vgl. *Lontzek* in: Epping/Butzer u.a., Art. 18 Rn. 32.

B. Erläuterung

I. Präsident und Präsidium (Abs. 1 S. 1)

Obwohl § 4 II 2 GO LT ausdrücklich ein zahlenmäßig unbeschränktes Vorschlagsrecht zugunsten jedes einzelnen Abgeordneten vorsieht, wurde bislang der **Landtagspräsident** – deutschem Parlamentsbrauch folgend[20] – stets auf Vorschlag der größten Landtagsfraktion gewählt, unabhängig davon, ob diese die Regierung trägt oder – wie 1952/53 und 2011–2016 – zur Opposition zählt.[21] Die nach § 4 II GO LT geheim durchzuführende Wahl in der konstituierenden Sitzung (vgl. Art. 30 III LV u. § 3 GO LT, s. o. → Art. 30 Rn. 26) ist erfolgreich, wenn ein Kandidat die absolute Mehrheit der abgegebenen gültigen Stimmen erhält (§ 4 III GO LT). Die zentrale Aufgabe des Landtagspräsidenten besteht darin, durch die operative Handhabung der Geschäftsordnung die Arbeits- und Funktionsfähigkeit des Landtags und damit die effektive Wahrnehmung des individuellen Mandats seiner Mitglieder zu sichern.[22] Die Anzahl der im gleichen Verfahren getrennt zu wählenden **Vizepräsidenten** ist in Art. 32 I 1 LV nicht festgelegt; auch lässt sich sprachlich aus „dessen Vizepräsidenten" keine Verfassungsentscheidung für einen Plural entnehmen (anders zwar §§ 4 I 2, VI GO LT, wobei § 11 I 2 GO LT von der Möglichkeit auch nur eines Vizepräsidenten ausgeht). Bislang waren meist zwei oder drei Vizepräsidenten üblich, die auf Vorschlag der beiden stärksten Fraktionen gewählt wurden. 12

Unstreitig ist, dass für den Präsidenten und seine Stellvertreter – mangels Eigenschaft als Kollegialorgan – das **Spiegelbildlichkeitsgebot** nicht von Verfassungs wegen gilt, weil es keinen – etwa auf Art. 27 III LV gestützten – Rechtsanspruch von Fraktionen auf eine bestimmte Anzahl an Vizepräsidenten gibt.[23] Streitig ist aber, ob dies in der GO – wie in vielen Ländern und im Bund (vgl. § 2 I 2 GO BT) – vorgesehen werden kann oder ob dies das demokratisch-egalitäre Vorschlagsrecht des einzelnen Abgeordneten verletzt.[24] Die GO LT verfolgt einen Mittelweg: Sie unterwirft den Präsidenten und die Vizepräsidenten ausdrücklich nicht dem Fraktionsproporz, weil nur für die weiteren Präsidiumsmitglieder ein Fraktionsvorschlagsrecht besteht (§ 4 VII 1 GO LT). Aber sie rechnet den Präsidenten und die Vizepräsidenten auf den jeweiligen Fraktionsproporz gem. § 4 I 2 GO LT an, indem sie dort das gesamte Präsidium dem Spiegelbildlichkeitsgebot unterstellt. Unabhängig davon gibt es aber keinen Anspruch einer vorschlagsberechtigten Fraktion auf die Befolgung eines bestimmten Vorschlags durch die anderen Fraktionen.[25] 13

---

20 *Versteyl* in: v. Münch/Kunig, Art. 40 Rn. 3; *Fuchs/Fuchs/Fuchs*, DÖV 2009, 232 (235) mwN; in einigen Ländern ist dies sogar ausdrücklich geschäftsordnungsrechtlich festgelegt, vgl. M. *Köhler*, Parlamentspräsidenten, 21 mwN.
21 *Schreiner* in: Schneider/Zeh, § 18 Rn. 27.
22 VerfGH Rh-Pf, U. v. 19.8.2002 – VGH O 3/02 – juris, Rn. 26; LVerfG M-V, U. v. 23.1.2014 – LVerfG 3/13 – juris, Rn. 30.
23 SächsVerfGH, U. v. 5.11.2010 – Vf. 28-I-10 – juris, LS 2 u. Rn. 37.
24 So BerlVerfGH, B. v. 2.2.1996 – VerfGH 91, 91A/95 – juris, Rn. 21, aA Sondervotum *Dittrich/Körting*, aaO, Rn. 28 ff. mwN.
25 Besonders publikumswirksam war das vierfache Scheitern des PDS-Kandidaten *Bisky* bei der Konstituierung des 16. Deutschen Bundestages 2005, bevor die PDS – nun mit Erfolg – einen anderen Personalvorschlag für den ihr (nach damaliger

14 Das **Präsidium** besteht nach Art. 32 I 1 LV aus dem Präsidenten, den Vizepräsidenten und weiteren Mitgliedern. Bei Verhinderung des Präsidenten wird er in allen Amtsgeschäften – also auch in Ausübung der Kompetenzen gem. Art. 32 II-IV LV – vom erstgewählten Vizepräsidenten vertreten. Ist auch dieser verhindert, geht die Stellvertretung an den nächstgewählten Vizepräsidenten weiter (§ 11 I GO LT). Davon zu unterscheiden ist die Sitzungsleitung, die vom Präsidenten und seinen Stellvertretern in einem vereinbarten Turnus wahrgenommen wird (§ 11 II 1 GO LT). Die Zahl der **„weiteren Mitglieder"** ist verfassungsrechtlich nicht vorgegeben und damit der Geschäftsordnungsautonomie überantwortet. § 4 I 2 GO LT orientiert sich idR an der jeweiligen Mitgliederzahl der Ausschüsse (die von Wahlperiode zu Wahlperiode schwankt, aber meist um die Zahl 20 herum liegt).

15 Da das Präsidium den Präsidenten nicht nur bei der Verwaltung des Landtags, sondern auch bei der Führung der parlamentarischen Geschäfte unterstützt sowie den Arbeitsplan des Landtags sowie seine Haushaltsvoranschläge feststellt (§ 13 GO LT), kommt ihm die Funktion des einzigen **Lenkungsorgans des Landtags sowohl in administrativer als auch in politisch-organisatorischer Hinsicht** zu. Dabei ist das Präsidium an die durch GO übertragenen Kompetenzen gebunden. Daher steht ihm nicht das Recht zu, bei der Aufstellung der Tagesordnung (§ 78 GO LT) eine inhaltliche Prüfung (etwa der rechtlichen Zulässigkeit) von Verhandlungsgegenständen vorzunehmen.[26] Wegen seiner politischen Steuerungsfunktion unterliegt das Präsidium verfassungsrechtlich dem Spiegelbildlichkeitsgebot (→ Art. 27 Rn. 139), weshalb die geschäftsordnungsrechtliche Vorgabe des Fraktionsproporzes nur deklaratorischer Natur ist. Ferner folgt aus dieser Aufgabenstellung, dass sich die weiteren Mitglieder zur Sicherstellung einer hohen Akzeptanz der Präsidiumsentscheidungen aus den Fraktionsführungen rekrutieren dürften. Schließlich nimmt an den Präsidiumssitzungen der Direktor beim Landtag als Protokollant teil, ohne ihm jedoch mitgliedschaftlich anzugehören (§ 14 III GO LT). Die Leitung und Einberufung der Präsidiumssitzungen obliegt dem Landtagspräsidenten (§ 14 I GO LT). Er ist zur Einberufung verpflichtet, wenn mindestens drei Mitglieder oder zwei Fraktionen dies verlangen (§ 14 II 1 GO LT). Die Beschlussfähigkeit des Präsidiums setzt die Anwesenheit mindestens der Hälfte der Mitglieder voraus (§ 14 II 2 GO LT).

16 Die **Schriftführer** zählen dagegen nicht mehr zum Präsidium. Auch ihre Zahl ist verfassungsrechtlich offen gelassen und entspricht idR der Zahl der Mitglieder eines Ausschusses; ihre Wahl erfolgt auf Vorschlag und nach dem Proporz der Fraktionen (§ 4 VIII GO LT). Jeweils zwei von ihnen bilden gemeinsam mit dem amtierenden Präsidenten den jeweiligen **Sitzungsvorstand**.[27] Sie sitzen links und rechts vom Präsidenten, den sie bei der Sitzungsleitung – insbesondere durch Führung der Rednerliste und Durchführung des Namensaufrufs etwa bei namentlichen Abstimmungen – unter-

---

Festlegung der GO BT) zustehenden Vizepräsidenten-Posten machte, vgl. BT-Plenarprotokolle 16/1, 12 f., 14, 14 f.; 16/2, 42; 16/33, 2783; hierzu im Einzelnen *Lovens*, ZParl 2008, 18 ff.; *Fuchs/Fuchs/Fuchs*, DÖV 2009, 232 (236 f.).
26 BbgVerfG, U. v. 28.1.1999 – VfGBbg 2/98 – juris, LS 1 u. Rn. 32 f.
27 *M. Köhler*, Parlamentspräsidenten, 77–79.

stützen (§ 12 I GO LT). Sind der Präsident und alle Stellvertreter verhindert, wird die Sitzung vom ältesten anwesenden Abgeordneten geleitet (§ 11 II 2 GO LT).

Weder die LV noch die GO LT sehen (anders als in anderen Ländern, → Rn. 7) eine **Abwahlmöglichkeit** für die Präsidiumsmitglieder oder Schriftführer vor. Ohne Rechtsgrundlage aber kann ein solches Recht nicht als „actus contrarius" aus der Wahlzuständigkeit des Landtags abgeleitet werden.[28] Folglich werden diese innerparlamentarischen Funktionen für die Dauer der gesamten Wahlperiode (bzw. bei Nachwahlen für die restliche Dauer) vergeben und können nur von ihren Inhabern vorzeitig zur Verfügung gestellt werden. Lediglich dann, wenn ein Präsidiumsmitglied aus seiner Fraktion austritt oder ausgeschlossen wird, könnte aus dem dann nicht mehr gewahrten Spiegelbildlichkeitsgebot gem. § 4 I 2 GO LT ein Recht auf Abwahl und erneute Ausübung des Vorschlagsrechts der betroffenen Fraktion – die dafür ggf. einen entsprechenden Antrag stellen müsste – abgeleitet werden.[29]

17

II. Geschäftsordnung (Abs. 1 S. 2)
1. Funktion, Geltung und Rechtsqualität der GO

Art. 32 I 2 LV räumt dem Landtag das Recht zum Erlass einer eigenen Geschäftsordnung ein. Dieses Privileg dient in erster Linie der Herstellung und Sicherung der Funktions- und Arbeitsfähigkeit des Parlaments.[30] Dazu zählt insbesondere, die aus dem freien Mandat fließenden Statusrechte der einzelnen Abgeordneten in einem arbeitsteilig organisierten Kollegialorgan „einander zuzuordnen sowie aufeinander abzustimmen".[31] Wegen der damit verbundenen Effektivierung des Mandats der einzelnen Abgeordneten sind auch die dazu korrespondierenden Einhegungen der Mandatsausübung wesensmäßig notwendig und gerechtfertigt.[32] Aus dieser Leitfunktion lassen sich verschiedene Teilfunktionen der GO LT ableiten: So dient sie zunächst der **Ermöglichung eines allseits akzeptierten Verfahrens**, wozu Regelungen über die Sitzungsordnung (§§ 71 ff. GO LT) und die Abstimmungen (§§ 96 ff. GO LT) zählen. Mit dieser Funktion hängt die **Regelung der geschäftsmäßigen Behandlung von Vorgängen** (Unterrichtung von Abgeordneten gem. §§ 39 ff. GO LT, Vorlagen gem. §§ 42 ff. GO LT, Anträge gem. §§ 52 ff. GO LT, Anfragen gem. §§ 58 ff. GO LT, Petitionen gem. §§ 65 ff. GO LT) eng zusammen. Eine weitere Funktion ist die **innerparlamentarische Selbstorganisation**, wie sie in der Bildung und Aufgabenbe-

18

---

28 *Härth*, ZParl 1985, 490 (492 f.); *Uhlitz*, AöR 87 (1962), 296 (306 f.), der allerdings – nur – für die Schriftführer eine Abwahlmöglichkeit bejaht (aaO, 308); aA *Versteyl*, in: v. Münch/Kunig, Art. 40 Rn. 4; *Morlok* in: Dreier, Art. 40 Rn. 24.
29 Aus der zuarbeitend-unterstützenden Funktion der Präsidiumsmitglieder sowie der Schriftführer folgt, dass eine Abwahl kein Eingriff in das freie Mandat des betroffenen Abg. darstellt, vgl. SaarlVerfGH, U. v. 3.12.2007 – Lv 12/07 – juris, Rn. 24 f.; B. v. 4.9.2007 – Lv 11/07 eA – juris, Rn. 11 f.
30 LVerfG M-V, U. v. 31.5.2001 – LVerfG 2/00 – juris, Rn. 66.
31 BVerfGE 130, 318 (348); HambVerfG, U. v. 15.1.2013 – HVerfG 3/12 – juris, Rn. 78.
32 BVerfGE 80, 188 (LS 3 a, S. 218 f.); 84, 304 (321); 130, 318 (349); SächsVerfGH, U. v. 3.12.2010 – Vf. 12-I-10 – juris, Rn. 48; LVerfG M-V, U. v. 23.1.2014 – LVerfG 3/13 – juris, Rn. 30 f.

schreibung des Präsidiums (§§ 9 ff. GO LT), der Fraktionen (§§ 17 f. GO LT) und der Ausschüsse (§§ 18 ff. GO LT) zum Ausdruck kommt. Schließlich dient die GO auch – in Ergänzung der LV und zB des UAG – der **Gewährleistung eines belastbaren Minderheitenschutzes**, indem über die ganze GO LT verteilt Einzel- und Minderheitenrechte niedergelegt sind (zB §§ 52 II, 53 I, 54 I, 55 S. 1, 56, 58 I GO LT).[33]

19 Nach klassischer Auffassung gilt die GO nur für die Abgeordneten, die sie für sich beschlossen haben (personell),[34] keinesfalls für andere Verfassungsorgane wie etwa Regierungsvertreter (institutionell) und auch nur für die Dauer der Wahlperiode des beschließenden Parlaments (zeitlich). Diese stark aus den konstitutionellen Anfängen des modernen Parlamentarismus gespeiste Lehre ist weder verfassungsdogmatisch noch verfassungspraktisch haltbar, weshalb die Staatspraxis – mindestens faktisch – zunehmend zu einem weiteren Geltungsverständnis übergegangen ist.[35] Berücksichtigt man die o.g. Funktion der GO, die Funktionsfähigkeit des Landtags zu sichern, kann die **personelle bzw. institutionelle Geltung** nicht auf die Abgeordneten beschränkt sein. Denn auch andere Akteure – insbes. Regierungsvertreter, Rechnungshofvertreter, Journalisten und Zuschauer – nehmen rollenspezifisch an der parlamentarischen Verhandlung teil und wirken auf den Geschäftsablauf (mit unterschiedlichem Intensitätsgrad) ein. Deshalb gelangt ein funktionales Verständnis der GO zu einer „**Drittwirkung**" gegenüber allen Personen und Vertretern von Institutionen, die in den **parlamentarischen Funktions- und Machtbereich** eintreten.[36] Freilich bedingt dies – wie bei allen gegenüber Dritten wirkenden Normen – eine ordnungsgemäße Veröffentlichung der GO und ihrer Änderungen.[37]

20 Für die **Regierungsvertreter** ergibt sich dies (anders als auf Bundesebene) bereits unmittelbar aus Art. 34 II 2 LV, wonach sie der Ordnungsgewalt des Präsidenten bzw. der Ausschussvorsitzenden unterstehen. Für alle anderen Akteure hingegen folgt diese Einordnung (nur) aus der GO LT, wie dies § 95 GO LT für die dem Landtag nicht angehörenden **Sitzungsteilneh-**

---

33 Zu den wesentlichen GO-Funktionen vgl. BVerfGE 80, 188 (218 f.); 96, 264 (278); 102, 224 (236); 130, 318 (348 f.).
34 HambVerfG, U. v. 15.1.2013 – HVerfG 3/12 – juris, Rn. 68 mwN; *Braun*, Art. 32 Rn. 22; *Klein* in: Maunz/Dürig, Art. 43 Rn. 165; *Lang*, ZParl 2004, 295 (298 f.).
35 Beispiele: In BW hat der amtierende Präsident *Birzele* gegenüber Ministerpräsident *Teufel* (in der 24. Sitzung der 12. Wahlperiode am 23.4.1997) während dessen Rede ohne Widerspruch darauf hingewiesen, dass das Gebot der freien Rede gem. § 83 GO LT gleichermaßen für Regierungsmitglieder wie Abgeordnete gilt, vgl. Plenarprotokoll, 1687; in Hessen hat der amtierende Präsident *Quanz* den von Ministerpräsident *Koch* in einer Rede verwendeten Begriff „Sauerei" (in der 46. Sitzung der 18. Wahlperiode am 20.5.2010) als „unangemessen" gerügt, vgl. Plenarprotokoll, 3191; im Bundestag ist sogar einem durch Art. 43 II 2 GG privilegierten Redner (Bundesratsmitglied *Schill*) in der 251. Sitzung der 14. Wahlperiode am 29.8.2002 das Wort entzogen worden, vgl. Pl.-Prot. 14/251, 25443 (25446); dazu krit. *Klein* in: Maunz/Dürig, Art. 43 Rn. 168; zust. dagegen *Lang*, ZParl 2004, 295 (304 f.).
36 *Kluth* in: Schmidt-Bleibtreu/Hofmann/Henneke, Art. 40 Rn. 39 f.; *Haug*, Geschäftsordnungen, 110-115 (Bürger, insbes. Medienvertreter), 116-131 (andere Staatsorgane) und 131–141 (parlamentsinterne und -nahe Organe wie zB Rechnungshof oder Datenschutzbeauftragter); ähnlich *Queng*, JuS 1998, 610 (613).
37 *Schmidt*, AöR 128 (2002), 608 (626–628).

mer und die **Zuhörer** expressis verbis zum Ausdruck bringt. Dies hat insbesondere zur Folge, dass bspw. auch Redner, die der Regierung angehören und ebenso gut wie Abgeordnete die parlamentarische Funktionsfähigkeit beeinträchtigen können, dem parlamentarischen Ordnungsrecht – und nicht dem nur dem Präsidenten zustehenden Hausrecht, das die überkommene Auffassung als Hilfskrücke bemüht[38] – unterliegen.

Ebenso kann die **zeitliche Geltung** der GO nicht auf die jeweilige Wahlperiode beschränkt sein. Denn diese endet stets noch vor dem ersten Zusammentritt eines neugewählten Landtags (Art. 30 I, II LV), der sich dann bis zum Beschluss zur vorläufigen Übernahme der alten GO in einem geschäftsordnungslosen Zustand befände. Zwar regelt § 3 II GO LT die Geltung der GO aus der vorangegangenen Wahlperiode bis zum Übernahmebeschluss. Wäre die hM aber zutreffend, könnte § 3 II GO LT diese Rechtswirkung mangels Geltung gar nicht erzeugen, sondern wäre die geschäftsordnungsrechtliche Variante des Barons von Münchhausen, der sich an den eigenen Haaren aus dem Sumpf gezogen haben will. Folglich reicht die zeitliche Geltung der GO bis zu dem Zeitpunkt, an dem ein neugewählter Landtag sich eine neue GO gibt. Wegen des Selbstbestimmungsrechts des neuen Landtags stellt dies bei seiner erstmaligen Beschlussfassung keine Änderung iSv Art. 32 I 2 LV – für die eine Mehrheit von zwei Dritteln der Anwesenden nötig wäre – dar.[39]

Die GO LT stellt neben den einschlägigen Verfassungsbestimmungen (v.a. Art. 27–44 LV), gesetzlichen Regelungen wie AbgG BW, FraktionsG, LWG u.a. eine zentrale Rechtsquelle des Parlamentsrechts dar, weshalb sie materiell von verfassungsrechtlicher Qualität ist. Da ihr aber die äußere Form eines Gesetzes – und erst recht der Verfassung – fehlt, der Landtag aber andererseits keine rechtlich eigenständige Selbstverwaltungskörperschaft darstellt, begegnet ihre **Einordnung in die Typologie der Rechtsnaturformen** erheblichen Schwierigkeiten. Daher gibt es kaum eine Rechtsnatur, die nicht als einschlägig angesehen wird: Vom formellen Verfassungsrecht über die Qualität als formelles Gesetz, als Rechtsverordnung, als Amtsrecht, als öffentlichrechtliche Vereinbarung, als parlamentarische Innenrechtsnorm oder – normqualitätsbestreitend – als Verwaltungsvorschrift wird alles vertreten. Wer sich gar nicht entscheiden kann, votiert für eine Rechtsnorm sui generis.[40]

Derweil hat sich der überwiegende Teil der Stimmen auf eine **Satzungsqualität** verständigt. Dies korrespondiert mit dem weitgehenden Konsens, dass die GO im Rang nicht nur der Verfassung, sondern auch dem formellen

---

38 Was aus mehreren Gründen nicht überzeugt, instruktiv dazu *Lang*, ZParl 2004, 295 (300 f.); ebenso *Morlok* in: Dreier, Art. 40 Rn. 13; *Braun*, Art. 32 Rn. 7 (jew. nur bzgl. Zuhörer); *Haug*, Geschäftsordnungen, 120; *Röper*, ZParl 1991, 189 (jew. grdsl. für Regierungsmitglieder).
39 *Braun*, Art. 32 Rn. 24; *Haug*, Geschäftsordnungen, 84–90; *Schmidt*, AöR 128 (2002), 608 (635 f.).
40 Vgl. *Haug*, Geschäftsordnungen, 173-184 mwN; *Schmidt*, AöR 128 (2002), 608 (610-613).

Gesetz untergeordnet ist, aber Normqualität besitzt.[41] Aber auch bezüglich der Satzungsart bestehen Meinungsunterschiede: Die historisch geprägte hM sieht darin – ausgehend von einer Vergleichbarkeit des Parlaments mit einem Verein – eine sog. „autonome" Satzung, weil sie (wie im allgemeinen Vereinsrecht) eine selbstgesetzte Regelung interner Art darstelle.[42] Diese Auffassung kann insoweit als konsequent angesehen werden, weil die überkommene hM auch davon ausgegangen ist, dass die Geschäftsordnung ausschließlich für die sie beschließenden Abgeordneten Geltung entfalten kann. Folgt man aber der hier vertretenen Auffassung einer weitergehenden (funktionalen) Geltung (→ Rn. 19), ist darin – wegen der formell-verfassungsrechtlichen Ermächtigungsgrundlage und der materiell-verfassungsrechtlichen Qualität – eine in der Geltung weiterreichendere **Verfassungssatzung** zu sehen.[43]

2. Spielräume des GO-Gebers, Handhabung, Änderung und gerichtliche Überprüfung der GO

24 Aus der Einordnung der GO als Verfassungssatzung folgt, dass die Spielräume des GO-Gebers durch die LV und gesetzliche Bestimmungen eingeschränkt sind. Im Übrigen kommt dem Landtag aber ein **grundsätzlich weiter Ermessensspielraum** zu, wie er seine Binnenstruktur, seinen Geschäftsgang und seine Arbeitsweise im Einzelnen ausgestaltet. Dies umfasst auch die Ausübung der Abgeordnetenrechte, soweit diese durch die Anknüpfung an Fraktions- und Gruppenstrukturen kanalisiert wird, und die Wahrung der Würde und Arbeitsfähigkeit des Parlaments durch ein ordnungsrechtliches Sanktionssystem.[44] Aufgrund des mit der GO-Autonomie verbundenen Selbstorganisationsrechts kann auch die nähere Festlegung von Fraktionsmindestgrößen oder der Rechtsstellung von Gruppen – schon in Ermangelung konkreter verfassungsrechtlicher Vorgaben hierzu – durch die GO LT erfolgen (vgl. § 17 GO LT).[45]

25 Allerdings stellen die aus der Mandatsstellung fließenden **Mitwirkungs- und Beteiligungsrechte aller Abgeordneten** an den Aufgaben des Landtags **die äußere Grenze des Gestaltungsspielraums im Rahmen der GO-Autonomie** dar. Diese Rechte dürfen (und müssen) durch die GO zwar ausgestaltet und eingehegt werden („wie"-Gestaltung), dürfen aber dem einzelnen Abgeordneten nicht entzogen oder in Frage gestellt werden (keine „ob"-Gestaltung).[46] Soweit dies ausnahmsweise der Fall ist, bedarf die zugrunde liegende GO-Regelung deshalb einer über die Geschäftsordnungsautonomie hinausgehenden gesonderten Rechtfertigung durch andere Schutzgüter

---

41 BVerfGE 1, 144 (148); 44, 308 (315); *Morlok* in: Dreier, Art. 40 Rn. 17; für eine rangmäßige Gleichordnung von Gesetz und GO dagegen *Schmidt*, AöR 128 (2002), 608 (637 f.), und *Kluth* in: Schmidt-Bleibtreu/Hofmann/Henneke, Art. 40 Rn. 43.
42 BVerfGE 1, 144 (148); *Versteyl* in: v. Münch/Kunig, Art. 40 Rn. 17.
43 Ausf. dazu *Haug*, Geschäftsordnungen, 194-196; ähnlich bereits *Frost*, AöR 95 (1970), 38 (50 f.).
44 BVerfGE 80, 188 (LS 3 c u. S. 220); 84, 304 (321); LVerfG M-V, LVerfG 20, 255 (LS 2, 3); SächsVerfGH, SächsVerfGH, U. v. 5.11.2010 – Vf. 28-I-10 – juris, LS 1; U. v. 3.12.2010 – Vf. 12-I-10 – juris, LS 1 u. Rn. 50.
45 BerlVerfGH, U. v. 28.7.1994 – VerfGH 47/92 – juris, LS 2, 3 u. Rn. 46, 49.
46 BVerfGE 80, 188 (LS 3 a u. S. 219); 84, 304 (321 f.); 130, 318 (349).

von Verfassungsrang (zB Funktionsfähigkeit des Parlaments), wobei in concreto strenge Anforderungen daran zu stellen sind.[47]

Die Freiheit des Landtags (als zentrales Gesetzgebungsorgan) umfasst auch die Freiheit, materiell geschäftsordnungsrechtliche Fragen (zB besondere Ausschussverfahrensregelungen o.ä.) in **Gesetzesform** zu regeln, soweit die in Art. 32 I 2 LV proklamierte Parlamentsautonomie gewahrt bleibt. Dies ist der Fall, wenn der Regierung kein substanzieller Einfluss auf die Regelung zukommt, etwa wenn die Gesetzesinitiative aus der Mitte des Landtags erfolgt ist. Ein wesentlicher Vorteil einer gesetzlichen Regelung liegt dann in der über die Wahlperioden hinweg bestehenden zeitlichen Geltung.[48] 26

Aus ihrer Funktion folgt, dass die GO als Integrationsinstrument gehandhabt werden muss und deshalb keine Ausgrenzungsfunktion haben darf.[49] Bei ihrer **Handhabung und Auslegung** sind neben den allgemeinen juristischen Auslegungsmethoden die parlamentarische Tradition und Praxis vor allem im Landtag selbst, hilfsweise aber auch im Bundestag oder anderen Ländern, besonders zu berücksichtigen.[50] Die Zuständigkeit für die Auslegung liegt im Einzelfall beim Präsidenten, bei grundsätzlichen Fragen muss darüber auf Antrag von mindestens fünf Abgeordneten und erst nach Prüfung des zuständigen Ausschusses im Plenum entschieden werden (§ 104 GO LT). 27

Eine im Ländervergleich (→ Rn. 8) eher ungewöhnliche Regelung enthält Art. 32 I 2 LV, indem eine **Änderung der GO LT während einer laufenden Wahlperiode** an ein qualifiziertes Mehrheitsquorum von zwei Dritteln der anwesenden Abgeordneten geknüpft wird (ohne dass damit individuelle Rechte einzelner Abgeordneter begründet würden).[51] Damit wird es der dieses Quorum regelmäßig nicht erreichenden Regierungsmehrheit verunmöglicht, zulasten der parlamentarischen Minderheit Veränderungen herbeizuführen. Damit greift die LV den minderheitsschützenden Gedanken auf, der im deutschen Parlamentsrecht für punktuelle und ad hoc erfolgende Abweichungen von der GO allgemein anerkannt ist. Denn in diesen Fällen ist ein Mehrheitserfordernis von zwei Dritteln allgemein üblich (vgl. §§ 126 GO BT, 105 I GO LT).[52] Zugleich beugt die Regelung wechselnden Mehrheiten in der GO-Ausgestaltung vor und sichert so eine besondere Bestandsstabilität dieser Norm.[53] Weitere Hürden einer GO-Änderung sieht § 107 GO LT vor, indem ein entsprechender Antrag von mindestens fünf Abgeordneten eingebracht und vor der Entscheidung vom für GO-Fragen zuständigen Ausschuss geprüft werden muss. 28

---

47 BVerfGE 130, 318 (350).
48 BVerfGE 70, 324 (LS 6 u. S. 361); 130, 318 (349 f.); *Kluth* in: Schmidt-Bleibtreu/Hofmann/Henneke, Art. 40 Rn. 28 f.; *Morlok* in: Dreier, Art. 40 Rn. 15 f.; *Bücker*, ZParl 1986, 324 (329–333); aA Sondervoten *Mahrenholz* und *Böckenförde*, BVerfGE 70, 324 (376–379, 386–388).
49 BVerfGE 1, 144 (149); 84, 304 (332).
50 BVerfGE 1, 144 (148 f.); s. auch *Schmidt*, AöR 128 (2002), 608 (628-631); *Kluth* in: Schmidt-Bleibtreu/Hofmann/Henneke, Art. 40 Rn. 48 f.
51 SächsVerfGH, LVerfGE 18, 479 (LS 1 u. S. 486).
52 Näher dazu *Roll*, GO BT, § 126 Rn. 1–4.
53 SächsVerfGH, LVerfGE 18, 479 (486) mwN.

29 Da die GO kein formelles Verfassungsrecht darstellt (→ Rn. 22 f.), kann eine Verletzung ihrer Vorschriften als solche nicht verfassungsgerichtlich – etwa im Organstreit – geltend gemacht werden. Insbesondere folgt aus dem Mandatsstatus des einzelnen Abgeordneten **kein verfassungsrechtlicher Anspruch auf Einhaltung** der GO. Ein verfassungsgerichtlicher Rechtsbehelf ist nur dann möglich, wenn die GO-Verletzung zugleich einen Verfassungsverstoß darstellt.[54] Daher kann eine „einfache" (dh nicht zugleich Verfassungsrecht betreffende) GO-Verletzung nur vor dem örtlich zuständigen VG Stuttgart geltend gemacht werden. Denn dabei handelt es sich dann um eine öffentlich-rechtliche Streitigkeit, an der zwar Verfassungs(teil)organe (formell) beteiligt sind, ohne aber (materiell) über Verfassungsrecht zu streiten (§ 40 VwGO). Davon zu unterscheiden ist die **Vereinbarkeit der GO mit der LV**; solche Fragen unterliegen stets der Überprüfung des VerfGH.[55]

3. Wesentliche Inhalte

a) Parlamentarische Arbeitsweise

30 Die GO LT regelt zunächst die allgemeinen Grundsätze der parlamentarischen Arbeit. Dies umfasst insbesondere die **Behandlung von Vorlagen**. Bei Gesetzesinitiativen sind dafür regelmäßig zwei Lesungen (mit einer dazwischen liegenden Befassung der betroffenen Ausschüsse) und eine Schlussabstimmung vorgesehen. Drei Lesungen werden nur bei Verfassungsänderungen, Haushaltsvorlagen oder entsprechenden Verfahrensbeschlüssen im Einzelfall durchgeführt (§ 42 I 1 GO LT).[56] Ebenfalls von wesentlicher Bedeutung sind das **Antragsrecht** (§§ 52–57 GO LT) und die **Sitzungs- und Redeordnung** gem. §§ 71–89 GO LT, durch die einzelne Statusrechte der Abgeordneten und die Sitzungsleitungsfunktion des (amtierenden) Präsidenten näher ausbuchstabiert werden.[57] Dabei begegnet es im Interesse der Arbeitsfähigkeit des Landtags keinen verfassungsrechtlichen Bedenken, dass für verschiedene Antragsformen Mindestquoren mehrerer Abgeordneter vorgeschrieben sind und insoweit kein individuell auszuübendes Antragsrecht besteht.[58] Bezüglich der Redeordnung fällt § 83 a II GO LT auf, wonach die Grundredezeit der Fraktionen nicht nach deren Stärke gestaffelt eingeteilt wird, sondern für alle Fraktionen gleich ist. Lediglich die auf Verlangen einer Fraktion einzuräumende Zusatzredezeit ist von der Fraktionsstärke abhängig, doch darf diese die Hälfte der Grundredezeit nicht übersteigen (zur Problematik der Übernivellierung der Fraktionen in der Redeordnung → Art. 27 Rn. 92). Schließlich zählen die **Abstimmungsregeln** zum Kernbestand der GO. Dies betrifft insbesondere die erforderliche

---

54 SächsVerfGH, LVerfGE 18, 479 (LS 2); SaarlVerfGH, U. v. 12.12.2005 – Lv 4/05 – juris, Rn. 16; U. v. 3.12.2007 – Lv 12/07 – juris, Rn. 23 f.; HessStGH, U. v. 9.10.2013 – P. St. 2319 – juris, Rn. 133 f.
55 HambVerfG, U. v. 15.1.2013 – HVerfG 3/12 – juris, LS 2 u. Rn. 69 f.
56 Diese Verfahrensregelungen stellen konstitutives GO-Recht dar, das nicht verfassungsrechtlich geboten ist, vgl. BVerfGE 1, 144 (LS 3 a u. S. 152); SaarlVerfGH, U. v. 12.12.2005 – Lv 4/05 – juris, Rn. 23 f.; zum diesbezüglichen Spielraum des GO-Gebers vgl. LVerfG M-V, U. v. 21.6.2007 – LVerfG 19/06 – juris, LS 5 u. Rn. 90.
57 LVerfG M-V, U. v. 21.6.2007 – LVerfG 19/06 – juris, LS 2; zur Sitzungsleitungsfunktion ausf. *M. Köhler*, Parlamentspräsidenten, 102-174.
58 BerlVerfGH, U. v. 15.1.2014 – VerfGH 67/12 – juris, LS 3 u. Rn. 97, 100.

Fragestellung (§ 96 GO LT), die Reihenfolge abzustimmender Anträge (§ 97 V, VI GO LT) sowie die Abstimmungsarten bis hin zur namentlichen Abstimmung (§§ 97–99 GO LT). Soweit die GO LT auch **Kontrollinstrumente** (insbes. Anfragen) regelt und damit die Kontrollfunktion des Landtags unterstützt, wird auf die Kommentierung zu Art. 27 (→ Rn. 26 ff.) verwiesen.

b) Parlamentarisches Ordnungsrecht

Um die **Würde und das Ansehen des Parlaments**[59] als Vertretung des Souveräns wahren und die mit der politischen Auseinandersetzung oft verbundene Leidenschaft der Akteure in geordnete Bahnen lenken zu können, bedarf der Präsident (bzw. die Ausschussvorsitzenden) eines sanktionenbewehrten Instrumentariums, um als Sitzungsleiter die innerparlamentarische Ordnung durchsetzen zu können.[60] Dabei geht der Ordnungsbegriff über die Regeln der GO hinaus und umfasst auch außerrechtliche Bräuche und Usancen, die sich zur Unterstützung eines gedeihlichen Beratungsverlaufs herausgebildet und bewährt haben (zB die Unstatthaftigkeit von Widerspruch oder gar Kritik gegenüber dem amtierenden Präsidenten oder Höflichkeitsstandards wie die gebührende Anrede des Präsidenten zu Beginn einer Rede).[61] 31

Zwar wird mit dem Sanktionensystem in die **Mandatsfreiheit des einzelnen Abgeordneten** (Art. 27 III LV)[62] bzw. in das jederzeitige **Rederecht von Regierungsvertretern** (Art. 34 II LV) eingegriffen. Doch sind diese Eingriffe durch die damit erzielte Sicherung der Arbeits- und Funktionsfähigkeit sowie der Wahrung der Würde des Parlaments gerechtfertigt.[63] Hinzu kommt, dass es sich beim Ordnungsrecht um ein Korrektiv des außerparlamentarischen Verfolgungsverbots gem. Art. 37 LV handelt.[64] Allerdings setzt diese Rechtfertigung voraus, dass das Ordnungsrecht in angemessener Weise, unparteiisch und insbesondere nicht zur Zensur inhaltlicher Positionen (selbst bei objektiver Unrichtigkeit), sondern nur gegen eine unstatthafte Art ihrer Darstellung eingesetzt wird.[65] Der aus der Artikulationsfunktion des Landtags folgende Inhaltsschutz von Redebeiträgen hat auch zur Folge, dass dem Präsidenten kein eigener Interpretationsspielraum von 32

---

59 SächsVerfGH, LVerfGE 21, 353 (LS 2).
60 Vgl. *Borowy*, ZParl 2012, 635 (637).
61 LVerfG M-V, LVerfGE 20, 255 (265); SächsVerfGH, B.v. 22.6.2012 – Vf. 58-I-12 – juris, Rn. 34; LVerfG M-V, U. v. 23.1.2014 – LVerfG 3/13 – juris, Rn. 31; wesentlich restriktiver (wegen des rechtsstaatlichen Bestimmtheitsgebots) *Ingold/Lenski*, JZ 2012, 120 (122 f.).
62 Zum Wortentzug so LVerfG M-V, U. v. 25.6.2015 – LVerfG 8/14 – juris, Rn. 102.
63 SächsVerfGH, U. v. 3.11.2011 – Vf. 30-I-11 – juris, Rn. 30 f.; LVerfG M-V, v. 25.6.2015 – LVerfG 10/14 – juris, Rn. 117 f.; LVerfG SchlH, U. v. 17.5.2017 – LVerfG 1/17 – juris, LS 1; *Borowy*, ZParl 2012, 635 (639 f., 643 ff.); *Jacobs*, DÖV 2016, 563 (564).
64 LVerfG M-V, LVerfGE 20, 255 (265, 266); B. v. 25.3.2010 – LVerfG 3/09 – juris, Rn. 51; U. v. 23.1.2014 – LVerfG 5/13 – juris, Rn. 35; U. v. 25.6.2015 – LVerfG 10/14 – juris, Rn. 119.
65 LVerfG M-V, B. v. 25.3.2010 – LVerfG 3/09 – juris, Rn. 55 f.; U. v. 23.1.2014 – LVerfG 5/13 – juris, Rn. 37; U. v. 25.6.2015 – LVerfG 10/14 – juris, Rn. 121 f.; U. v. 25.6.2015 – LVerfG 8/14 – juris, Rn. 115; SächsVerfGH, U. v. 3.12.2010 – Vf. 12-I-10 – juris, Rn. 56.

inhaltlich mehrdeutigen Äußerungen eines Abgeordneten zu dessen Lasten zusteht.[66] Allerdings können Äußerungen zum Gegenstand von Ordnungsmaßnahmen gemacht werden, die außerhalb des Parlaments von der Meinungsfreiheit noch gedeckt wären, weil es bei der Ausübung staatsorganisatorischer Statusrechte nicht auf Grundrechte ankommt.[67] Umgekehrt wird im Hinblick auf die Korrektivfunktion gegenüber dem Indemnitätsprivileg eine Disziplinarmaßnahme spätestens dann immer zulässig sein, wenn eine nicht verfolgungsfähige Straftat begangen oder eine sonst die Menschenwürde individualisierbarer Personen angreifende Bezeichnung verwendet wird.[68]

33 Die **Anwendbarkeit des Ordnungsrechts** ist im Wesentlichen auf Störungen beschränkt, die während Plenar- bzw. Ausschusssitzungen begangen werden. Nur ausnahmsweise ist – bei besonders gravierender Verletzung der Würde des Hauses, die neben der Funktionsfähigkeit als Beratungs- und Entscheidungsorgan zum Schutzgut des Ordnungsrechts zählt – eine erweiterte Anwendung auf sonstige Veranstaltungen des Landtags (zB Festakte, Ausstellungseröffnungen) möglich.[69] Je nach Ausgestaltung der Fraktionssatzung ist auch eine (auf den fraktionsinternen Wirkungskreis beschränkte) Erstreckung des Ordnungsrechts auf Fraktionssitzungen denkbar.

34 Das mildeste ordnungsrechtliche Disziplinarmittel stellt der **Sachruf** gem. § 90 GO LT dar. Danach kann der Präsident einen vom jeweiligen Beratungsgegenstand abweichenden Redner auffordern, zum aufgerufenen Tagesordnungspunkt zu sprechen. Schwächere Maßnahmen wie ein Hinweis auf die Wahrung parlamentarischer Gepflogenheiten, die parlamentarische Rüge eines Begriffs als „unparlamentarischen" Sprachgebrauch oder gar eine bloße Unterbrechung der Rede (zB für den Hinweis auf die abgelaufene Redezeit) sind in der GO LT nicht geregelt und zählen nicht zu den förmlichen Disziplinarmitteln.[70]

35 Ebenfalls auf der untersten Stufe der Disziplinarmittel steht der **Ordnungsruf** gem. § 91 GO LT. Dieser setzt voraus, dass ein Abgeordneter die parlamentarische Ordnung verletzt hat. Meistens betrifft dies den jeweiligen Redner, etwa wenn er die Würde des Hauses verletzende Kraftausdrücke oder gar Beleidigungen gebrauchte, während bloße Überspitzungen oder polemische Formulierungen als der politischen Leidenschaft und der Funktion des Landtags als Forum von Rede und Gegenrede geschuldet hinzunehmen sind.[71] Häufige Anwendungsfälle parlamentarischer Ordnungsrufe

---

66 SächsVerfGH, U. v. 3.12.2010 – Vf. 12-I-10 – juris, Rn. 58; LVerfGE 22, 463 (LS 1, 2); LVerfGE 25, 498 (LS 1).
67 LVerfG M-V, B. v. 25.3.2010 – LVerfG 3/09 – juris, Rn. 57 f.
68 SächsVerfGH, U. v. 3.12.2010 – Vf. 12-I-10 – juris, Rn. 56; LVerfGE 25, 498 (LS 2 u. juris, Rn. 30: „Asylschmarotzer"); LVerfG M-V, U. v. 23.1.2014 – LVerfG 4/13 – juris, Rn. 49 ff. („blühende Fantasie" eines „aus dem Orient zugereisten" Abg. mit Migrationshintergrund).
69 So kann in besonders gelagerten Fällen in der auf die Veranstaltung folgenden Plenarsitzung eine ordnungsrechtliche Maßnahme wegen schwerer Verletzung der Würde des Hauses verhängt werden; enger aber SächsVerfGH, U. v. 14.1.2011 – Vf. 87-I-10 – juris, Rn. 39.
70 BVerfGE 60, 374 (LS 1 u. S. 381 f.); LVerfG M-V, LVerfGE 20, 255 (263).
71 LVerfG M-V, U. v. 25.6.2015 – LVerfG 10/14 – juris, Rn. 124; SächsVerfGH, U. v. 3.12.2010 – Vf. 12-I-10 – juris, Rn. 55.

[Landtagspräsidium, Geschäftsordnung] Artikel 32

sind wie auch immer geartete Vergleiche aktueller Personen oder Vorgänge mit solchen während der NS-Diktatur. Ebenso kann die Würde des Hauses durch ein besonders respektloses Auftreten gegenüber den anderen Abgeordneten oder der Sitzungsleitung verletzt sein.[72] Aber auch im Saal anwesende Abgeordnete können, ohne Redner zu sein, ordnungswidrig handeln, etwa durch inhaltlich ungehörige (insbes. beleidigende) oder ständige und lautstarke Zwischenrufe, eine grobe Missachtung von Kleidungsstandards,[73] demonstrationsähnliche Auftritte im Plenarsaal oder – neuerdings – das Sitzungsklima stark belastende Äußerungen über soziale Netzwerke, die von anderen Abgeordneten registriert werden.[74] Ein Ordnungsruf kann auch erst nachträglich erteilt werden, etwa weil die Ordnungsverletzung zunächst akustisch untergegangen ist, ein ad-hoc ausgesprochener Ordnungsruf die Störung noch verstärken würde oder der Präsident seine Reaktion in Ruhe abwägen möchte.[75] Die Ordnungsmaßnahme muss allerdings in einem dem Klärungsbedarf angemessenen zeitlichen Zusammenhang zum Ordnungsverstoß verhängt werden (zB in der nächstfolgenden Plenarsitzung).

Bereits erheblich gravierender ist der **Wortentzug**, weil dieser das statusmäßige Recht für die gesamte Dauer des in Rede stehenden Tagesordnungspunktes suspendiert (§ 91 a III GO LT). Diese Sanktion steht dem Präsidenten zur Verfügung, wenn ein Redner einen besonders groben Ordnungsverstoß begeht (§ 91 a I GO LT). Dasselbe gilt, wenn ein Redner in derselben Rede einen dritten Sach- oder Ordnungsruf erhält und zuvor vom Präsidenten auf diese Konsequenz hingewiesen worden ist (§ 91 a II GO LT). 36

Das stärkste förmliche Disziplinarmittel stellt schließlich der **Sitzungsausschluss** dar, weil er alle Mitwirkungsrechte erfasst. Diese Maßnahme soll besonders gravierende Ordnungsverstöße nachhaltig sanktionieren und weitere vergleichbare Beeinträchtigungen der Funktionsfähigkeit des Landtags sowie der Autorität des Präsidenten vermeiden.[76] Sie setzt daher einen derart schweren Ordnungsverstoß voraus, dass ein Ordnungsruf oder eine Wortziehung zur Ahndung nicht ausreichen. Dafür kommen besonders grobe Beleidigungen, Handgreiflichkeiten, fortdauernde Störungen der Sitzung uÄ in Betracht.[77] Verfassungsrechtliche Einwände gegen das Instrument des Sitzungsausschlusses – etwa wegen der damit vorübergehend entzogenen Möglichkeit zur Ausübung von Statusrechten wie das Beratungs-, Rede- und Stimmrecht – greifen nicht durch, weil diese Rechtsausübung 37

---

72 LVerfG M-V, U. v. 23.1.2014 – LVerfG 3/13 – juris, Rn. 33.
73 Vgl. SächsVerfGH, B.v. 22.6.2012 – Vf. 58-I-12 (eA) – juris, Rn. 32 (Tragen der Bekleidungsmarke „Thor Steinar"); s. auch *Jacobs*, DÖV 2016, 563 (565), der die in den letzten Jahrzehnten eingetretenen Lockerungen beschreibt.
74 Vgl. *Jacobs*, DÖV 2016, 563 (566), der einen bereits 2009 erfolgten Vorfall durch einen Tweet (im nds. Landtag) schildert, aber hohe Hürden für die ordnungsrechtliche Ahndung derartiger Erscheinungen postuliert.
75 LVerfG M-V, U. v. 23.1.2014 – LVerfG 3/13 – juris, Rn. 42 f.; U. v. 23.1.2014 – LVerfG 5/13 – juris, Rn. 41; etwas enger („grundsätzlich unmittelbar") *Jacobs*, DÖV 2016, 563 (565).
76 SächsVerfGH, U. v. 3.12.2010 – Vf. 77-I-10 – juris, LS 6.
77 *Borowy*, ZParl 2012, 635 (655).

von störenden Handlungen nicht getrennt werden kann.[78] Der betroffene Abgeordnete muss den Sitzungssaal umgehend verlassen; tut er dies trotz Aufforderung des Präsidenten nicht, wird die Sitzung unterbrochen und der Abgeordnete für mindestens drei weitere Sitzungstage ausgeschlossen (§ 92 I GO LT).[79] In besonders gravierenden Fällen oder Wiederholungsfällen (bezogen auf die laufende Wahlperiode) kann der Präsident im Einvernehmen mit dem Präsidium einen mehrtägigen Ausschluss (bis zu maximal zehn Sitzungstagen) verfügen (§ 92 II GO LT). Die Dauer eines Plenarausschlusses gilt auch für alle in diesem Zeitraum stattfindenden Ausschusssitzungen (§ 92 III GO LT).

38 Die Verhängung der genannten Ordnungsmaßnahmen obliegt dem amtierenden Präsidenten, dem dabei ein **Ermessensspielraum** zukommt.[80] Da zudem das Opportunitätsprinzip gilt, ist er auch nicht bei jeder Störung zu einer Reaktion verpflichtet. Denn er muss in der jeweiligen Situation ad hoc entscheiden, welche Reaktion ihm angemessen erscheint und einem gedeihlichen Sitzungsverlauf am meisten dient.[81] Allerdings reduziert sich der Ermessensspielraum des Präsidenten mit dem zunehmenden Gewicht des gewählten Disziplinarmittels wegen des damit entsprechend ansteigenden Eingriffs in den Mandatsstatus des betroffenen Abgeordneten. Daraus folgt, dass der Sitzungsausschluss als gravierendstes Disziplinarmittel nur eine ultima ratio-Funktion haben kann.[82]

39 Gegen die Sanktionen Ordnungsruf, Wortentziehung und Sitzungsausschluss steht dem Betroffenen ein **Einspruchsrecht** – ohne aufschiebende Wirkung – zu, das bis zum Beginn der nächsten Sitzung beim Präsidenten schriftlich geltend gemacht werden muss. Dann entscheidet darüber der Landtag ohne Aussprache (§ 93 GO LT). Kann der Präsident die Sitzungsordnung bei **grober oder anhaltender Störung** überhaupt nicht mehr aufrecht erhalten, kann er – notfalls durch Verlassen des Präsidentenstuhls – die Sitzung unterbrechen oder aufheben (§ 94 GO LT). Stören **Zuhörer** die parlamentarische Ordnung – etwa durch Beifalls- oder Missbilligungskundgaben, laute Äußerungen, das Streuen von Flugblättern in den Sitzungsbereich, das Hochhalten von Transparenten o.ä. etc. – können Sie auf Anordnung des Präsidenten „entfernt" werden, was die Anwendung physischer Gewalt unter Wahrung des Verhältnismäßigkeitsgrundsatzes mit einschließt. Sind Störungen aus dem Zuhörerbereich nicht nur auf wenige Einzelpersonen zurückzuführen, kann der Präsident die Zuhörertribüne auch in Gänze räumen lassen (§ 95 II GO LT); zur Auswirkung auf den Öffentlichkeitsgrundsatz → Art. 33 Rn. 15.

40 Die Ausübung des Ordnungsrechts unterliegt wegen seiner Eingriffswirkung in die freie Mandatswahrnehmung der **verfassungsgerichtlichen**

---

78 *Borowy*, ZParl 2012, 635 (652 ff.); *Jacobs*, DÖV 2016, 563 (568); iE ebenso SächsVerfGH, U. v. 3.12.2010 – Vf. 77-I-10 – juris, Rn. 31; krit. *Ingold/Lenski*, JZ 2012, 120 (123 f.), erst recht für den mehrtägigen Sitzungsausschluss, aaO (124).
79 Dieser in der SächsGOLT ebenso enthaltene Automatismus begegnet keinen verfassungsrechtlichen Bedenken, vgl. SächsVerfGH, U. v. 3.12.2010 – Vf. 77-I-10 – juris, Rn. 31, 49.
80 *M. Köhler*, Parlamentspräsidenten, 182; aA *Ingold/Lenski*, JZ 2012, 120 (122).
81 *Borowy*, ZParl 2012, 635 (642).
82 LVerfG M-V, LVerfGE 20, 255 (267, 268).

Nachprüfung im Wege des Organstreits gem. Art. 68 I 1 Nr. 1 LV. Als ein in der LV (Art. 30 III) und in der GO LT (§§ 9, 91 ff.) mit eigenen Rechten ausgestattetes Teilorgan ist der Landtagspräsident der Antragsgegner. Es kommt insoweit nicht auf den Landtag als Träger der Ordnungsgewalt, sondern auf den Präsidenten (auch bei Handeln eines Vizepräsidenten, dessen Handeln dem Teilorgan Präsident zugerechnet wird)[83] als das die Ordnungsgewalt exekutierende Organ an.[84] Die **Prüfungsdichte** wird durch zwei widerstreitende Pole geprägt, nämlich die grundlegende Bedeutung des freien Abgeordnetenmandats einerseits und die ebenfalls verfassungsrechtlich gewährleistete Parlamentsautonomie andererseits. Daraus folgt, dass sich die Prüfung einerseits nicht auf eine bloße Evidenz- oder Willkürkontrolle beschränkt, aber andererseits auch nicht dieselbe Stringenz wie bei einer verwaltungsbehördlichen Entscheidung aufweist. Deshalb steht dem VerfGH eine „gelockerte" Verhältnismäßigkeitsprüfung, die dem Präsidenten bei der Angemessenheitsfrage einen gewissen Entscheidungs- und Bewertungsspielraum einräumt, zu.[85] Dieser Spielraum ist allerdings dann verletzt, wenn die Ordnungsmaßnahme „auf einer Verkennung der aus dem Abgeordnetenstatus resultierenden Rechte beruht".[86] Knüpft eine Ordnungsmaßnahme stärker an inhaltliche Aussagen des Abgeordneten als an sein Verhalten an, nimmt auch die Intensität der verfassungsgerichtlichen Prüfung zu.[87]

III. Einzelne Zuständigkeiten des Präsidenten
1. Schutz der äußeren Parlamentsautonomie (Abs. 2)
a) Rechtliche Einordnung der Präsidialkompetenzen zum Schutz der äußeren Parlamentsautonomie

Dem Präsidenten ist in Art. 32 II LV die Ausübung des Hausrechts und der Polizeigewalt sowie ein Zustimmungsvorbehalt bei Durchsuchungen und Beschlagnahmen im Sitzungsgebäude übertragen. Hierbei handelt es sich um **originäre Kompetenzen des Präsidenten**, die nicht vom Landtag oder der Geschäftsordnung abgeleitet sind; § 9 II 4 GO LT ist insoweit lediglich deklaratorischer Natur.[88] Der Landtag hat auch nicht das Recht, dem Präsidenten bei der Ausübung dieser Kompetenzen Vorgaben zu machen oder seine diesbezüglichen Entscheidungen oder Maßnahmen zu modifizieren.[89] Bei der Ausübung dieser Kompetenzen kommt dem Präsidenten auch ge-

41

---

83 Vgl. VerfGH NRW, U. v. 15.6.1999 – VerfGH 6/97 – juris, Rn. 56.
84 BVerfGE 60, 374 (379); SächsVerfGH, U. v. 3.12.2010 – Vf. 12-I-10 – juris, Rn. 41 f.; U. v. 3.12.2010 – Vf. 77-I-10 – juris, Rn. 15; LVerfG M-V, LVerfGE 20, 255 (262); s. auch *Igel/Feldkamp*, ZParl 2013, 126.
85 LVerfG M-V, LVerfGE 20, 255 (LS 4 u. S. 267); U. v. 23.1.2014 – LVerfG 3/13 – juris, Rn. 29 f., 32; SächsVerfGH, U. v. 3.12.2010 – Vf. 77-I-10 – juris, Rn. 48; U. v. 3.12.2010 – Vf. 12-I-10 – juris, LS 4 u. R. 61; ähnlich *Jacobs*, DÖV 2016, 563 (567).
86 LVerfG M-V, B. v. 25.3.2010 – LVerfG 3/09 – juris, Rn. 54; U. v. 23.1.2014 – LVerfG 3/13 – juris, Rn. 32.
87 LVerfG M-V, U. v. 23.1.2014 – LVerfG 3/13 – juris, Rn. 36; SächsVerfGH, U. v. 3.12.2010 – Vf. 12-I-10 – juris, Rn. 61; LVerfG SchlH, U. v. 17.5.2017 – LVerfG 1/17 – juris, LS 4.
88 BVerfGE 108, 251 (273); *G.M. Köhler*, DVBl. 1992, 1577 (1584).
89 *Igel/Feldkamp*, ZParl 2013, 126 (127); *Klein* in: Maunz/Dürig, Art. 40 Rn. 146 f.

genüber Abgeordneten (wie beim Ordnungsrecht, → Rn. 40) ein nur begrenzt gerichtlich überprüfbarer Beurteilungsspielraum zu.[90] Allerdings darf der Präsident hierbei den aus Art. 27 III LV fließenden **Mandatsstatus des einzelnen Abgeordneten** und (abgeleitet) der Fraktionen nicht „grob verkennen".[91] Daraus kann sich in besonders gelagerten Fällen sogar eine positive Schutzpflicht des Präsidenten für eine Fraktion oder Abgeordnete ergeben, wenn diese durch ungerechtfertigte Vorwürfe bezüglich ihres parlamentarischen Verhaltens in ihrer mandatsbezogenen Arbeitsfähigkeit empfindlich beeinträchtigt sind.[92] Zudem unterliegt die Ausübung des öffentlich-rechtlichen (dazu → Rn. 43) Hausrechts und der polizeilichen Befugnisse den allgemeinen rechtlichen Schranken und Vorgaben, insbesondere dem Verhältnismäßigkeitsprinzip, dem Grundsatz des rechtlichen Gehörs und der Willkürfreiheit.[93]

42 Die **räumliche Beschränkung** auf das „Sitzungsgebäude" bezieht sich nicht nur auf das eigentliche Haus des Landtags, in dem sich der Plenarsaal befindet. Da diese Präsidialkompetenzen dem Zweck dienen, die äußere Parlamentsautonomie zu wahren und Eingriffe anderer Staats- oder Verfassungsorgane unterbinden zu können, gelten sie für alle der Arbeit des Landtags gewidmeten Gebäude bzw. Räumlichkeiten einschließlich der umgebenden Grundstücke.[94] Hierzu zählen auch aus Mitteln des Landtags bzw. über die Landtagsverwaltung angemietete Büroflächen der Fraktionen und der Abgeordneten,[95] nicht aber deren Wahlkreisbüros vor Ort.[96] Nicht mehr umfasst von diesen Kompetenzen ist außerdem die sog. **Bannmeile** rund um den Landtag, innerhalb deren Fläche öffentliche Versammlungen grundsätzlich verboten sind (§ 16 VersG iVm § 1 BannMG). Hier entscheidet der Innenminister – freilich im Einvernehmen mit dem Landtagspräsidenten – über Ausnahmen vom Versammlungsverbot (§ 2 I BannMG).[97]

---

90 SächsVerfGH, U. v. 14.1.2011 – Vf. 87-I-10 – juris, Rn. 43–45; danach durfte im zugrunde liegenden Fall der Landtagspräsident einen Abg., der einen Festakt anlässlich des Antrittsbesuchs des Bundespräsidenten mit einem Plakat gestört hatte, von der weiteren Veranstaltung ausschließen.
91 BVerfGE 108, 251 (LS 3).
92 VerfGH Rh-Pf, U. v. 19.8.2002 – VGH O 3/02 – juris, Rn. 29–31.
93 BVerfGE 108, 251 (LS 3); StGH, ESVGH 38, 81 (85); VG Berlin, NJW 2002, 1063 (LS 1, 1064).
94 *Versteyl* in: v. Münch/Kunig, Art. 40 Rn. 25; *G.M. Köhler*, DVBl. 1992, 1577 (1582); *Ohler*, NVwZ 2004, 696 (697); § 9 II 4 GO LT spricht daher weniger missverständlich von „den Räumen des Landtags".
95 Das Hausrecht der Fraktionen bzw. Abgeordneten in „ihren" Räumen ist dem des Landtagspräsidenten nachgeordnet, *Igel/Feldkamp*, ZParl 2013, 126 (127); vgl. dazu BerlVerfGH, U. v. 22.2.1996 – VerfGH 17/95 – juris, LS 1, 2 u. Rn. 31–37: Missbrauchen Dritte die einer Fraktion für die parlamentarische Arbeit zur Verfügung gestellten Räume (hier: Durchführung eines Hungerstreiks), kann der Präsident diese Personen auch gegen den Willen der betroffenen Fraktion des Gebäudes verweisen.
96 *Klein* in: Maunz/Dürig, Art. 40 Rn. 165; *M. Köhler*, Parlamentspräsidenten, 247 f.
97 AA – nämlich insoweit eine räumliche Ausdehnung des Hausrechts bejahend – *M. Köhler*, Parlamentspräsidenten, 248; zur Rechtslage auf Bundesebene *Dietrich*, DÖV 2010, 683; *Klein* in: Maunz/Dürig, Art. 40 Rn. 166.

b) Hausrecht und Polizeigewalt (Abs. 2 S. 1)

Das **Hausrecht** ist (unbeschadet seiner privatrechtlichen Wurzel) öffentlich-rechtlicher Natur, da es nicht primär der Ausübung zivilrechtlicher Eigentums- bzw. Besitzrechte dient, sondern der Abwehr von außen (oder innen)[98] kommender Störungen der Arbeits- und Funktionsfähigkeit des Landtags als öffentlich-rechtliches Verfassungsrechtsgut.[99] Zudem sind die betroffenen Liegenschaften der Nutzung durch den Landtag und damit öffentlich-rechtlich gewidmet.[100] Die ältere hM, die das Hausrecht zivilrechtlich qualifiziert, ist deshalb ebenso wenig überzeugend, wie die für Verwaltungsgebäude entwickelte Rechtsprechung, die Rechtsnatur des Hausrechts vom Zutrittszweck der hausrechtswidrig handelnden Person abhängig zu machen.[101] Das Hausrecht stellt ein **präventives Schutzinstrument** und kein repressives Sanktionsrecht dar. Deshalb bedingt die Verhängung eines (künftigen) Hausverbots wegen einer erfolgten Verletzung des Hausfriedens, dass überhaupt die Gefahr einer (weiteren) Hausrechtsverletzung besteht.[102]

43

Das dem Präsidenten zugewiesene Hausrecht ist von der dem Landtag via Geschäftsordnungsautonomie zugewiesenen **Ordnungsgewalt** zu trennen: Während die Ordnungsgewalt sachlich auf die Ausübung der in der GO LT enthaltenen hoheitlichen Rechte (etwa Räumung der Zuhörertribüne gem. § 95 II 3 GO LT) sowie zeitlich und örtlich auf laufende Sitzungen des Plenums und der Ausschüsse beschränkt ist, erfasst das Hausrecht alle sonstigen hausrechtsüblichen Maßnahmen (zB die Entscheidung über den Zutritt, Erlass einer Hausordnung[103] oder die Aufforderung, bestimmte Räume oder das Gebäude zu verlassen).[104] Die von der älteren hM vorgenommene Abgrenzung nach den betroffenen Personen (wonach nur die Abgeordneten und die Regierungsvertreter und -beauftragten – vgl. Art. 34 II 2 LV – der Ordnungsgewalt unterliegen sollen, nicht aber sonstige Sitzungsteilnehmer) ist abzulehnen, weil sie die Funktion dieser rechtlichen Instrumente verkennt (→ Rn. 19 f.).

44

Durch die Übertragung der räumlich begrenzten **Polizeigewalt** auf den Landtagspräsidenten erhält dieser kraft Verfassungsrecht die Stellung einer besonderen Polizeibehörde („Polizeipräsident im Bereich des Landtags").[105] Art. 32 II 1 LV knüpft damit an den **materiellen Polizeibegriff** an

45

---

98 SächsVerfGH, U. v. 14.1.2011 – Vf. 87-I-10 – juris, Rn. 40; BerlVerfGH, U. v. 22.2.1996 – VerfGH 17/95 – juris, LS 2 u. Rn. 31; ThürVerfGH, U. v. 25.5.2000 – VerfGH 6/00 – juris, Rn. 37 f.
99 *Morlok* in: Dreier, Art. 40 Rn. 35; *Braun*, Art. 32 Rn. 7; deshalb können auch Eingriffe in Grundrechte dadurch gerechtfertigt sein, vgl. VG Berlin, NJW 2002, 1063 (LS 2, 1065) zum Hausverbot gegen einen Journalisten.
100 *Igel/Feldkamp*, ZParl 2013, 126 (127); *Klein* in: Maunz/Dürig, Art. 40 Rn. 141 f., 144.
101 *Klein* in: Maunz/Dürig, Art. 40 Rn. 139 f., 143.
102 VG Berlin, NJW 2002, 1063 (LS 3, 1065 f.).
103 Vgl. die Allgemeine Anordnung des Präsidenten des Landtags über das Betreten des Landtagsgebäudes sowie über das Verweilen und die Ordnung und Sicherheit im Landtagsgebäude v. 13.5.1975, abgedruckt im Landtagshandbuch, Ord.-Nr. 8/2.
104 SächsVerfGH, U. v. 14.1.2011 – Vf. 87-I-10 – juris, Rn. 43.
105 *M. Köhler*, Parlamentspräsidenten, 252; *Leinius*, NJW 1973, 448 (449).

und erfasst alle präventiven hoheitlichen Maßnahmen zur Abwehr von Gefahren für die öffentliche Sicherheit und Ordnung.[106] Wenngleich diese Kompetenz des Präsidenten primär ein nach außen gerichtetes Schutzrecht darstellt, kann sie sich – allerdings unter erhöhten Anforderungen – **auch gegen Fraktionen oder Abgeordnete** des eigenen Hauses richten. Dies ist etwa der Fall, wenn der Landtagspräsident den Telefonanschluss eines Abgeordneten sperren lässt, weil diese Nummer im Rahmen eines Aufrufs zum Boykott eines demokratisch beschlossenen Gesetzes als Hotline angegeben wird. Indem Angehörige eines Gesetzgebungsorgans in dieser Weise gegen ein demokratisch-parlamentarisch beschlossenes Gesetz vorgehen, verletzten diese erheblich ihre aus dem parlamentarischen Status folgenden Pflichten und gefährden damit die öffentliche Ordnung.[107] Darüber hinaus erfasst die Polizeigewalt einschlägige **verwaltungspolizeiliche Aufgabenbereiche** wie zB die bauordnungsrechtliche Zuständigkeit. So ist es dem Baurechtsamt der Landeshauptstadt Stuttgart verwehrt, Räumlichkeiten des Landtags (zB wegen unzureichender Brandschutzmaßnahmen) baupolizeilich zu sperren.[108]

46 Trotz der gemeinsamen Ratio, den Landtag vor Übergriffen von außen zu schützen, gibt es **zwischen der Polizeigewalt und dem Hausrecht keine Schnittmengen**: Während das Hausrecht der Sicherung einer ungestörten Parlamentstätigkeit dient, zielt die Polizeigewalt auf Gefahrenabwehr und Ausübung des staatlichen Gewaltmonopols. Eine Verbindung zwischen beiden Kompetenzen besteht aber insoweit, als die Polizeigewalt zur gewaltsamen Durchsetzung des Hausrechts notwendig werden kann. Zur Ausübung der Polizeigewalt bedient sich der Landtagspräsident im Wege der Amtshilfeanforderung gem. § 5 I Nr. 2 LVwVfG des – insoweit dann ihm unterstellten – Polizeivollzugsdienstes des Landes, da der Landtag – anders als der Bundestag[109] – über keine eigene Hauspolizei verfügt.[110] Übt der Landtagspräsident das öffentlich-rechtliche Hausrecht oder die Polizeigewalt in den Räumen des Landtags aus, ist dagegen grundsätzlich der **Verwaltungsrechtsweg** eröffnet.[111] Richtet sich allerdings eine solche Maßnahme gegen die freie Mandatsausübung von Abgeordneten, ist der **VerfGH** zuständig, weil dann Verfassungs(teil)organe über verfassungsrechtliche Kompetenzen streiten.[112]

c) Zustimmung zu Durchsuchungen und Beschlagnahmen (Abs. 2 S. 2)

47 Während die Polizeigewalt die Autonomie des Landtags gegenüber der Exekutive schützt, dient der Zustimmungsvorbehalt gem. Art. 32 II 2 LV

---

106 *G.M. Köhler*, DVBl. 1992, 1577 (1579).
107 StGH, ESVGH 38, 81 (LS 2 u. S. 83-86); zust. *M. Köhler*, Parlamentspräsidenten, 277 f.
108 *Igel/Feldkamp*, ZParl 2013, 126 (128); *Klein* in: Maunz/Dürig, Art. 40 Rn. 153 f.; *M. Köhler*, Parlamentspräsidenten, 260-262; *G.M. Köhler*, DVBl. 1992, 1577 (1580).
109 Dazu näher *Igel/Feldkamp*, ZParl 2013, 126 (129-136); s. auch *Friehe*, DÖV 2016, 521, der dafür eine gesonderte gesetzliche Rechtsgrundlage für erforderlich hält.
110 *M. Köhler*, Parlamentspräsidenten, 270-272; *Braun*, Art. 32 Rn. 8.
111 BVerfGE 108, 251 (271); VG Berlin, NJW 2002, 1063; *Braun*, Art. 32 Rn. 16.
112 StGH, ESVGH 38, 81 (82).

[Landtagspräsidium, Geschäftsordnung] — Artikel 32

der **Abwehr von Übergriffen seitens der Justiz**.[113] Denn wegen des präventiven Charakters der Polizeigewalt erfasst diese nicht die repressive Strafverfolgungstätigkeit von Gerichten und Staatsanwaltschaften.[114] Die Benennung von Durchsuchungen und Beschlagnahmen ist deshalb nicht abschließend zu verstehen. Auch förmliche Vernehmungen, Maßnahmen der Zwangsvollstreckung oder – erst recht – Verhaftungen oder vorläufige Festnahmen sind in den Räumlichkeiten des Landtags nur mit Zustimmung des Präsidenten (und vorbehaltlich der Art. 37 f. LV) möglich.[115] Dabei stellt der Zustimmungsvorbehalt keinen Ersatz, sondern nur eine **funktionelle Ergänzung des Immunitätsrechts** gem. Art. 38 LV dar, ohne damit den Schutzzweck oder -umfang für den einzelnen Abgeordneten zu verändern.[116] Damit vervollständigt der – rechtssystematisch dem Hausrecht zuzuordnende[117] – Zustimmungsvorbehalt bei Durchsuchungen und Beschlagnahmen das „**Herr-im-Haus**"-Prinzip von Art. 32 II LV. Ausnahmen vom Zustimmungsvorbehalt sind nur in sehr engen Grenzen (etwa bei unmittelbarer Gefahr für Leib und Leben) denkbar.[118]

Der Zustimmungsvorbehalt dient ebenfalls der Parlamentsautonomie in Form der (ungestörten) Arbeit des Landtags und insbesondere der Repräsentativfunktion. Aus diesem Regelungszweck folgt, dass die **Zustimmung vorab** erteilt werden muss und deshalb als Einwilligung (vgl. § 183 BGB) zu verstehen ist.[119] Zudem steht das kollektive Schutzgut der Parlamentsautonomie (insbesondere der Repräsentativfunktion des Landtags) einer Dispositionsfreiheit einzelner Abgeordneter oder Fraktionen bezüglich der ihnen vom Landtag zur Verfügung gestellten Räume entgegen.[120] Der Landtagspräsident muss bei seiner Ermessensentscheidung über die Erteilung der Zustimmung zwar die **Mandatsstellung eventuell betroffener Abgeordneter**, deren Immunität gem. Art. 38 LV, deren Zeugnisverweigerungsrecht gem. Art. 39, 1 LV und das Beschlagnahmeverbot gem. Art. 39, 3 LV berücksichtigen. Da aber die Zustimmung vor einer Durchsuchung und damit in der Regel erst recht vor einer möglichen Beschlagnahme erfolgen muss, steht zu diesem Zeitpunkt oft noch gar nicht hinreichend fest, ob das Beschlagnahmeverbot greifen wird und ob der betroffene Abgeord-

48

---

113 Vgl. BVerfGE 108, 251 (271, 274).
114 *G.M. Köhler*, DVBl. 1992, 1577 (1579); ein Kompetenzkonflikt mit der Bundeszuständigkeit zur Regelung des Strafverfahrens- und -ermittlungsrechts (Art. 74 I Nr. 1 GG) besteht nicht, weil die hier geschützte äußere Parlamentsautonomie auf Landesebene einen Ausfluss des über Art. 28 I GG für die Länder verbindlichen Demokratieprinzips darstellt, vgl. Gutachten des Staatsministeriums v. 3.11.1952, vgl. Feuchte, Quellen, 5. Teil, 659 (664).
115 *Klein* in: Maunz/Dürig, Art. 40 Rn. 175 f.; *Kluth* in: Schmidt-Bleibtreu/Hofmann/Henneke, Art. 40 Rn. 63; *M. Köhler*, Parlamentspräsidenten, 247; zurückhaltender noch das Gutachten des Staatsministeriums v. 3.11.1952, vgl. Feuchte, Quellen, 5. Teil, 659 (663), wonach sich der Zustimmungsvorbehalt nur auf das „wie", nicht aber das „ob" der Festnahme beziehe.
116 BVerfGE 108, 251 (274, 275 f.).
117 BVerfGE 108, 251 (273 f.).
118 *Versteyl* in: v. Münch/Kunig, Art. 40 Rn. 27; *M. Köhler*, Parlamentspräsidenten, 246 f.
119 BVerfGE 108, 251 (273); *Kluth* in: Schmidt-Bleibtreu/Hofmann/Henneke, Art. 40 Rn. 63; *M. Köhler*, Parlamentspräsidenten, 246.
120 BVerfGE 108, 251 (274); *Klein* in: Maunz/Dürig, Art. 40 Rn. 178.

nete überhaupt von seinem Zeugnisverweigerungsrecht Gebrauch macht. Dann aber muss der Präsident diese ungewissen Szenarien auch nicht antizipieren. Erst wenn für ihn erkennbar ist, dass ein Abgeordneter evident ungerechtfertigt durch die Justiz verfolgt wird, muss er seine Zustimmung zu den Verfolgungsmaßnahmen versagen.[121]

2. Leitung der Landtagsverwaltung (Abs. 3)

49 Art. 32 III LV weist dem Landtagspräsidenten die Leitung der Landtagsverwaltung und damit eine behördliche Verwaltungsfunktion zu, indem ihm die wirtschaftlichen Angelegenheiten des Landtags in S. 1, die Außenvertretung des Landtags in S. 2 und die (teilweise an das Einvernehmen mit dem Präsidium gebundene) Personalhoheit in S. 3, 4 übertragen werden.[122] Zu den vom Präsidenten zu verwaltenden **wirtschaftlichen Angelegenheiten** gehört insbesondere der Vollzug des Staatshaushalts im Bereich des Landtags (Einzelplan 01), wozu die Berechnung und Auszahlung der Diäten, Aufwandspauschalen und Personalmittel der Abgeordneten (Art. 40 LV) sowie der Fraktionsmittel gem. §§ 2 ff. FraktionsG und die Geltendmachung von Rückgewähransprüchen gem. § 4 FraktionsG zählen,[123] nicht hingegen die bei ihm ebenfalls angesiedelte Behördenzuständigkeit für die Wahlkampfkostenerstattung gem. § 52 I LWG (weil es insoweit am unmittelbaren Bezug zur verfassungsrechtlichen Teilorganstellung fehlt).[124]

50 In Ermangelung einer eigenen Außenrechtsfähigkeit des Landtags (→ Art. 27 Rn. 14), wirkt die **Außenvertretungsbefugnis** des Präsidenten in zivil- und verwaltungsrechtlichen Fragen zulasten des Landes als Rechtsträger des Parlaments. In verfassungsrechtlichen Streitigkeiten hingegen ist der Landtag parteifähig, weshalb hier der Präsident das Parlament als solches rechtlich vertritt.[125] Die **Personalhoheit des Landtagspräsidenten** ist im Bereich der Beamten dadurch eingeschränkt, dass er für Ernennungen und Entlassungen des Einvernehmens – dh der Zustimmung – des Präsidiums bedarf. Dabei deckt der Begriff der „Ernennung" auch Beförderungen ab, da auch diese beamtenrechtlich als Ernennungen zu qualifizieren sind (§ 20 I LBG).[126] Alle anderen Personalentscheidungen bei Beamten – insbesondere die Aufgabenzuweisung, Beurteilungen, Abordnungen, Versetzungen, disziplinarische Maßnahmen und Zurruhesetzungen – sowie die Personalhoheit bei allen übrigen Bediensteten[127] des Landtags stehen dem Prä-

---

121 BVerfGE 108, 251 (275, 276), s. auch *G.M. Köhler*, DVBl. 1992, 1577 (1581); *Ohler*, NVwZ 2004, 696 (698).
122 Vgl. zu Struktur und Aufgaben der Landtagsverwaltung iE *M. Köhler*, Parlamentspräsidenten, 281–296.
123 LVerfG M-V, U. v. 26.2.2015 – LVerfG 2/14 – juris, Rn. 30.
124 BVerfGE 27, 152 (157); StGH, BWVBl. 70, 169, und bekräftigend ESVGH 22, 1 (2).
125 *Klein* in: Maunz/Dürig, Art. 40 Rn. 98.
126 So StS *Kaufmann* und Abg. *Müller* (CDU) in der 10. Sitzung des VA am 17.7.1952 in Feuchte, Quellen, 2. Teil, 362 f. auch für Zurruhesetzungen, die aber beamtenrechtlich weder als Ernennung oder (gar) als Entlassung zu qualifizieren sind, vgl. § 45 I LBG.
127 Art. 32 III LV verwendet die mittlerweile dienstrechtlich überwundene begriffliche Differenzierung zwischen Angestellten und Arbeitern, die heute alle als Angestellte firmieren.

sidenten alleine zu. Das wird ihn im Alltag aber nicht davon abhalten, das Präsidium zumindest über wichtigere Personalentwicklungen und -maßnahmen informiert zu halten. Mit der ausdrücklichen Zuweisung der Funktion der **obersten Dienstbehörde** (vgl. § 3 II LBG) aller Landtagsbediensteten betont Art. 32 III 4 LV, dass der Landtagspräsident in dieser behördlichen Tätigkeit keiner anderen Stelle (etwa dem Innenministerium oder Staatsministerium) nachgeordnet ist.

3. Fortführung der Geschäfte nach Ende der Wahlperiode (Abs. 4)

Im **Regelfall** endet die Wahlperiode zum 30.4. eines Wahljahres (vgl. oben, Art. 30 Rn. 10), womit der alte Landtag – und eigentlich auch alle seine Organe – aufhört, rechtlich zu existieren. Aber der neue Landtag konstituiert sich erst binnen 16 Tagen danach. Er ist in diesem zeitlichen Zwischenraum zwar bereits existent, aber noch nicht handlungsfähig. Um die Sicherung der Parlamentsautonomie und der Arbeitsfähigkeit der Parlamentsverwaltung in diesem Zeitraum aufrechtzuerhalten, ordnet Art. 32 IV LV (in enger Verbindung mit Art. 36 und 44 LV) die Fortführung der Geschäfte durch den Präsidenten (und im Verhinderungsfall durch seinen Stellvertreter)[128] an.[129] Erst recht gilt dies im Fall eines **außerplanmäßigen Endes der Wahlperiode** wegen einer vorzeitigen Auflösung des Landtags gem. Art. 43, 47 LV, weil hier sogar eine echte parlamentslose Zeit entsteht (→ Art. 30 Rn. 12).

51

Artikel 33 [Verhandlungen und Beschlüsse]

(1) ¹Der Landtag verhandelt öffentlich. ²Die Öffentlichkeit wird ausgeschlossen, wenn der Landtag es auf Antrag von zehn Abgeordneten oder eines Mitglieds der Regierung mit einer Mehrheit von zwei Dritteln der anwesenden Abgeordneten beschließt. ³Über den Antrag wird in nichtöffentlicher Sitzung entschieden.

(2) ¹Der Landtag beschließt mit der Mehrheit der abgegebenen Stimmen, sofern die Verfassung nichts anderes bestimmt. ²Für die vom Landtag vorzunehmenden Wahlen kann die Geschäftsordnung Ausnahmen zulassen. ³Der Landtag gilt als beschlußfähig, solange nicht auf Antrag eines seiner Mitglieder vom Präsidenten festgestellt wird, daß weniger als die Hälfte der Abgeordneten anwesend sind.

(3) Für wahrheitsgetreue Berichte über die öffentlichen Sitzungen des Landtags und seiner Ausschüsse darf niemand zur Verantwortung gezogen werden.

---

128 Vgl. Diskussion in der 10. Sitzung des VA am 17.7.1952 in: Feuchte, Quellen, 2. Teil, 366.
129 *Braun*, Art. 44 Rn. 1, erstreckt Art. 32 IV LV auf das gesamte Präsidium, was Art. 44 LV zwar nahelegt, aber vom Wortlaut des Art. 32 IV LV – zumal Art. 32 I LV den Begriff des Präsidiums nicht nur kennt, sondern sogar definiert – nicht mehr gedeckt ist.

Schrifttum:

Beckermann/Weidemann, Unkontrollierbare Regierung – Rechte der Opposition, ZRP 2014, 90; *Binder,* Die „Öffentlichkeit" nach Art. 42 Abs. 1 Satz 1, 44 Abs. 1 Satz 1 GG und das Recht der Massenmedien zur Berichterstattung, DVBl. 1985, 1112; *Buchstein,* Lostrommel oder Wahlurne – Losverfahren in der parlamentarischen Demokratie, ZParl 2013, 384; *Cancik,* Oppositionszugehörigkeit als Anspruchsvoraussetzung: Das Definitionsproblem der neuen Oppositionsregelungen, AöR 123 (1998), 623; *dies.,* Wirkungsmöglichkeiten parlamentarischer Opposition im Falle einer qualifizierten Großen Koalition, NVwZ 2014, 18; *Dreier,* Das Mehrheitsprinzip im demokratischen Verfassungsstaat, ZParl 1986, 94; *Flick,* Der Einfluss der Landesverfassungsgerichte auf das Parlamentsrecht der deutschen Bundesländer, ZParl 2011, 587; *Gusy,* Das Mehrheitsprinzip im demokratischen Staat, AöR 106 (1981), 329; *Hillgruber,* Die Herrschaft der Mehrheit, AöR 127 (2002), 460; *Hölscheidt,* Die Rechte der Opposition im 18. Deutschen Bundestag, ZG 2015, 246; *Hofmann/Dreier,* Repräsentation, Mehrheitsprinzip und Minderheitenschutz, in: Schneider/Zeh, § 5; *Kissler,* Parlamentsöffentlichkeit: Transparenz und Artikulation, in: Schneider/Zeh, § 36; *Klein,* Mehr Schein als Sein? – Gefährdungen der parlamentarischen Demokratie in der Mediengesellschaft, in: Oberreuter-FS, 2007, 158; *Krüper,* Parlament und Öffentlichkeit, in: Morlok/Schliesky/Wiefelspütz, § 39; *Maagsam,* Mehrheit entscheidet. Ausgestaltung und Anwendung des Majoritätsprinzips im Verfassungsrecht des Bundes und der Länder, 2014; *Martenson,* Parlament, Öffentlichkeit und Medien, in: Schneider/Zeh, § 8; *Plöhn,* Der Oppositionsstatus der PDS nach dem Urteil des Landesverfassungsgerichts Sachsen-Anhalt, ZParl 1997, 558; *Roßner,* Verfahren der Mehrheitsbestimmung: Wahl und Abstimmungsverfahren, in: Morlok/Schliesky/Wiefelspütz, § 41; *Schneider,* Die parlamentarische Opposition im Verfassungsrecht der Bundesrepublik Deutschland, Band 1, 1974; *ders.,* Verfassungsrechtliche Bedeutung und politische Praxis der parlamentarischen Opposition, in: Schneider/Zeh, § 38; *Schnökel,* Die Öffentlichkeit von Verhandlungen in Repräsentativorganen, DÖV 2007, 876; *Schwarz,* Unkontrollierbare Regierung – Die Rechte der Opposition bei der Bildung einen Großen Koalition im Deutschen Bundestag, ZRP 2013, 226; *Volkmann,* Hat das Verfassungsrecht eine Theorie der Opposition – und braucht es eine?, ZParl 2017, 473; *Waack,* Parlamentarische Opposition, in: Morlok/Schliesky/Wiefelspütz, § 22.

Vergleichbare Regelungen:
Zu Abs. 1 (Öffentlichkeitsprinzip): Art. 42 I GG, 22 I BayVerf, 42 III, IV BerlVerf, 64 II BbgVerf, 91 BremVerf, 21 HambVerf, 89 Hess Verf, 31 I MVVerf, 22 I NdsVerf, 42 NRWVerf, 86 RPVerf, 72 SaarlVerf, 48 I SächsVerf, 50 I, II LSAVerf, 21 I SchlHVerf, 60 I, II ThürVerf.
Zu Abs. 2 (Mehrheitsprinzip, Beschlussfähigkeit): Art. 42 II GG, 23 BayVerf, 43 BerlVerf, 65 BbgVerf, 89, 90 BremVerf, 19, 20 HambVerf, 87, 88 HessVerf, 32 I, III MVVerf, 21 IV NdsVerf, 44 NRWVerf, 88 RPVerf, 74 SaarlVerf, 48 II, III SächsVerf, 51 LSAVerf, 22 I-III SchlHVerf, 61 ThürVerf.
Zu Abs. 3 (Berichterstattung): Art. 42 III GG, 22 II BayVerf, 52 BerlVerf, 64 III BbgVerf, 93 BremVerf, 16 HambVerf, 90 HessVerf, 31 II MVVerf, 22 II NdsVerf, 43 NRWVerf, 87 RPVerf, 73 SaarlVerf, 48 IV SächsVerf, 50 IV LSAVerf, 21 II SchlHVerf, 60 III ThürVerf.

Ergänzende Normen: §§ 32 (Nichtöffentlichkeitsgrundsatz in Ausschüssen), 96 – 100 (Abstimmungen) GO LT.

Leitentscheidungen: BVerfGE 44, 308 (Beschlussfähigkeit); 70, 324 (Öffentlichkeitsprinzip); 142, 25 (Opposition); RGSt 18, 207 (Berichterstatterprivileg).

A. Überblick und Einordnung	1	I. Öffentlichkeitsgrundsatz (Abs. 1)	11
I. Bedeutung	1	1. Grundsatz der öffentlichen Verhandlung (Abs. 1 S. 1)	11
II. Herkunft, Entstehung, Geschichte	3		
III. Verfassungsvergleichende Einordnung	7	2. Ausschluss der Öffentlichkeit (Abs. 1 S. 2, 3)	16
B. Erläuterung	11		

II. Mehrheitsprinzip			a) Minderheitenrechte...	27
(Abs. 2 S. 1, 2)................	19		b) Opposition............	30
1. Mehrheit..................	19	III. Beschlussfähigkeit		
a) Mehrheitsbegriff......	19	(Abs. 2 S. 3)..................		34
b) Verfassungsvorbehalt	22	IV. Verantwortungsfreiheit wahr-		
c) Wahlen................	24	heitsgetreuer Berichte		
2. Minderheit................	27	(Abs. 3)........................		37

A. Überblick und Einordnung

I. Bedeutung

Art. 33 LV regelt die zentralen Prinzipien der parlamentarischen Verhandlung und Entscheidung. So folgt der in Abs. 1 postulierte **Öffentlichkeitsgrundsatz** aus dem Wesen des Parlaments als öffentliches Forum von Rede und Gegenrede zur Integration der verschiedenen Standpunkte in einer heterogenen Gesellschaft.[1] Daraus folgt die in Abs. 3 deklarierte **Verantwortungsfreiheit für die wahrheitsgemäße Berichterstattung**. Denn nur dadurch kann die parlamentarische Verhandlung einer breiten Öffentlichkeit zur Kenntnis gelangen und die vom Öffentlichkeitsgrundsatz intendierte Rückkoppelung mit dem Volk als Träger der Staatsgewalt erfolgen.[2] So gelten nicht wenige rhetorische Feuerwerke im Plenum nicht dazu, andere Abgeordnete oder Fraktionen zu überzeugen, sondern sich unmittelbar dem Wahlvolk selbst zu präsentieren (sog. „Fensterreden").[3]

1

Des Weiteren stellt das in Abs. 2 niedergelegte **Mehrheitsprinzip** das egalitär-quantitative Entscheidungsinstrument der demokratischen und parlamentarischen Willensbildung dar und zählt deshalb zu den fundamentalen Grundsätze der Demokratie.[4] Es beinhaltet damit unausgesprochen – um materielle Legitimität beanspruchen zu können – den **Grundsatz eines angemessenen Minderheitenschutzes**.[5] Da die LV – wie das GG, aber anders als viele andere Landesverfassungen – keine Benennung der Opposition und ihrer Rechtsstellung enthält, wird man an dieser Stelle auch das Oppositionsrecht verfassungsrechtlich verankern müssen.

2

II. Herkunft, Entstehung, Geschichte

Sowohl der Öffentlichkeitsgrundsatz als auch das Prinzip der Abstimmungsmehrheit haben eine lange **Verfassungstradition**, die sich bis auf die französische Revolution zurückführen lässt und bereits von den frühkonstitutionellen Verfassungen Badens und Württembergs aufgegriffen wurde (§§ 167 f., 176 VerfWü 1819; §§ 74, 78 VerfBad 1818, allerdings mit

3

---

1 BVerfGE 70, 324 (355); 130, 318 (344); StGH, U. v. 6.10.2011 – GR 2/11 – juris, Rn. 81, namentlich zu Budgetentscheidungen; s. auch *Versteyl* in: v. Münch/Kunig, Art. 42 Rn. 1; *Schnöckel*, DÖV 2007, 676 (679 f.), diskutiert zudem (allerdings mit kritischer Tendenz) die korruptionsbekämpfende Wirkung des Öffentlichkeitsprinzips.
2 *Edlinger* in: Grimm/Caesar, Art. 86 Rn. 1; *Binder*, DVBl. 1985, 1112 (1114 f.).
3 *Binder*, DVBl. 1985, 1112 (1113 f.) mwN; *Klein* in: Maunz/Dürig, Art. 42 Rn. 28, sieht gerade darin den Sinn des Öffentlichkeitsgrundsatzes.
4 BVerfGE 29, 154 (165); *Gusy*, AöR 106 (1981), 329 (332 f.).
5 *Hillgruber*, AöR 127 (2002), 460 (465); *Gusy*, AöR 106 (1981), 329 (335); *Klein* in: Maunz/Dürig, Art. 42 Rn. 74, 93.

Mitgliedermehrheit).[6] Entsprechende Vorschriften enthalten auch alle Vorgängerverfassungen des GG (§§ 89 I, 111 PKV; Art. 22, 28 RV, 29, 32 I WRV). Auch das Berichterstatterprivileg war bereits in Art. 30 RV, 30 WRV enthalten. Deshalb verwundert es nicht, dass sich Art. 33 LV sehr eng an Art. 42 GG anlehnt. Die konkrete Formulierung geht für Abs. 1 auf Art. 50 I VerfECDU und für Abs. 2, 3 auf Art. 30 II, III VerfERP zurück, wobei es eine Reihe von Diskussionspunkten und Veränderungen während der Beratungen gab.

4 So wurde beim **Öffentlichkeitsgrundsatz** in Abs. 1 diskutiert, wie die **Antragsberechtigung für den Öffentlichkeitsausschluss** im Einzelnen ausgestaltet werden soll. Dies betraf sowohl das Abgeordnetenquorum (feste Zahl oder Prozentwert, ggf. dessen Bezugsgröße) als auch – v.a. – die Frage, ob die Antragsberechtigung auf Regierungsseite am Kollegium oder einzelnen Regierungsmitgliedern festzumachen sei. Vor allem die oppositionelle CDU setzte sich im VA für die letztgenannte und schließlich mehrheitlich angenommene Lösung ein, weil ein Antrag des Regierungskollegiums einen Kabinettsbeschluss bedinge, der in einer konkreten Sitzungssituation erst einmal wirksam herbeigeführt werden müsste.[7] Dies entspricht auch der Verfassungstradition, da die Vorgängerverfassungen mit württembergischer Beteiligung ebenfalls auf ein einzelnes Regierungsmitglied (§ 21, 2 VerfWü 1919, Art. 32 II VerfWH, 59, 2 VerfWB) und im Übrigen auf eine unbestimmte Zahl von Regierungsvertretern (§ 51, 1 VerfBad 1919, Art. 74 I 2 VerfLB) – nie aber auf das Kollegium – abgestellt hatten.

5 Das **Mehrheitsprinzip** war so unstreitig, dass darüber im VA gar nicht diskutiert wurde. Da aber Art. 120 III VerfLB bereits eine klare Regelung über die Aufgaben der Opposition enthielt,[8] erstaunt es, dass die Aufnahme einer solchen Bestimmung von keiner Seite angesprochen wurde. Auch das in § 48 I 2 VerfBad 1919 vorgesehene ausschlaggebende Stimmgewicht des Präsidenten bei Stimmengleichheit wurde nicht mehr diskutiert. Dagegen war bei Abs. 2 umstritten, ob überhaupt und ggf. in welcher Weise die **Beschlussfähigkeit auf Verfassungsebene** geklärt werden sollte, obwohl dies bereits sowohl in den Verfassungen von 1919 (§§ 19 I 1 VerfWü 1919, 48 II VerfBad 1919) als auch von 1946/47 (Art. 33 VerfWH, 61, 1 VerfWB, 71 II VerfLB) enthalten gewesen war (freilich überwiegend noch ohne die Fiktionslösung). Während die Regierungsparteien (wie im Bund) nun allein auf die GO setzen wollten, forderte die CDU-Opposition mit Erfolg eine Regelung in der LV. Zur Begründung wurde v.a. die hohe praktische Bedeutung der Beschlussfähigkeit für die Legitimität von Mehrheitsentscheidungen hervorgehoben.[9]

---

6 *Klein* in: Maunz/Dürig, Art. 42 Rn. 18 f.
7 Vgl. die Beiträge der Abg. *Lausen* (SPD), *Müller* (CDU) und *Erbe* (FDP/DVP) und das Abstimmungsergebnis (15 gegen 8) in der 10. VA-Sitzung am 17.7.1952 in: Feuchte, Quellen, 2. Teil, 366 (367–371).
8 „Stehen sie [Parteien] in Opposition zur Regierung, so obliegt es ihnen, die Tätigkeit der Regierung und der an der Regierung beteiligten Parteien, zu verfolgen und nötigenfalls Kritik zu üben. Ihre Kritik muß sachlich, fördernd und aufbauend sein. Sie müssen bereit sein, gegebenenfalls die Mitverantwortung in der Regierung zu übernehmen."; dazu näher *Schneider*, Parlamentarische Opposition, 182–186.
9 Vgl. Feuchte, Quellen, 2. Teil, 373–386.

Die **Verantwortungsfreistellung der Berichterstattung** war in den Beratungen des VA dem Grunde nach unstreitig, nachdem diese bereits in § 42 II VerfBad 1919 und in den Verfassungen von 1946/47 (Art. 34 VerfWH, 60 VerfWB, 74 II VerfLB) enthalten war. Diskutiert wurde allerdings darüber, ob deren **Beschränkung auf öffentliche Sitzungen** angemessen sei. Dagegen wurde ins Feld geführt, dass die Berichterstattung aus nichtöffentlichen (Ausschuss-)Sitzungen durch Abgeordnete geschäftsordnungsrechtlich vorgesehen sei (vgl. § 32 III GO LT). Da dies aber nur für Abgeordnete relevant wäre, die ohnehin dem Schutz der Art. 37, 38 LV unterliegen, und sowohl die Vorgängerregelungen als auch das Vorbild von Art. 42 III GG auf öffentliche Sitzungen beschränkt waren, entschied sich der VA letztlich mehrheitlich für eine Beschränkung der Privilegierung auf öffentliche Sitzungen.[10] In der 2. Plenarberatung der VLV erfolgte eine erneute Diskussion darüber, ohne jedoch zu einer Privilegierung nichtöffentlicher Ausschusssitzungen zu gelangen.[11] 6

III. Verfassungsvergleichende Einordnung

Entsprechend seiner Bedeutung ist der Öffentlichkeitsgrundsatz in allen deutschen Verfassungen enthalten. Dasselbe gilt für die Verantwortungsfreiheit für die wahrheitsgetreue Berichterstattung (vgl. auch § 37 StGB). Ebenso sehen aber auch alle Verfassungen die Möglichkeit vor, die **Öffentlichkeit fallweise auszuschließen**, wenn unterschiedlich anspruchsvoll ausgestaltete Hürden erreicht sind. Dies umfasst zum einen eine **qualifizierte Antragsberechtigung**, die nur 7

- einer größeren Zahl von Abgeordneten (Art. 33 I 2 LV, 89, 2 HessVerf, 42, 2 NRWVerf, 86, 2 RPVerf, 60 II 1 ThürVerf: 10 Abg.; Art. 48 I 2 SächsVerf: 12 Abg., 22 I 2 BayVerf: 50 Abg.; Art. 42 I 2 GG, 21, 2 HambVerf, 22 I 2 NdsVerf: 1/10 der Mitgl.; Art. 42 IV BerlVerf: 1/5 der Mitgl.; Art. 31 I 2 MVVerf, 50 II 1 LSAVerf: 1/4 der Mitgl.; Art. 91 II 1 BremVerf: 1/3 der Mitgl.),
- einer Fraktion (Art. 86, 2 RPVerf, 60 II 1 ThürVerf),
- oder der Regierung (Art. 22 I 2 BayVerf, 42 IV BerlVerf, 91 II 1 BremVerf, 21, 2 HambVerf, 89, 2 HessVerf, 31 I 2 MVVerf, 22 I 2 NdsVerf, 42, 2 NRWVerf, 86, 2 RPVerf, 72 II 2 SaarlVerf, 50 II 1 LSAVerf, 60 II 1 ThürVerf) bzw. in zwei Ländern jedem einzelnen Regierungsmitglied (Art. 33 I 2 LV, 48 I 2 SächsVerf)

zusteht. Nur in drei Ländern ist jeder einzelne Abgeordnete antragsberechtigt (Art. 64 II BbgVerf, 72 II SaarlVerf, 21 I 2 SchlHVerf).

Vor allem aber bedarf der Öffentlichkeitsausschluss in fast allen Ländern einer **qualifizierten Mehrheit** von zwei Dritteln der anwesenden Mitglieder[12] (Art. 42 I 2 GG, Art. 33 I 2 LV, 22 I 2 BayVerf, 64 II 2 BbgVerf, 91 II 1 BremVerf, 89, 2 HessVerf, 31 I 2 MVVerf, 22 I 2 NdsVerf, 42, 2 8

---

10 Vgl. Feuchte, Quellen, 2. Teil, 386–391.
11 43. Sitzung der VLV am 24.6.1953, vgl. Feuchte, Quellen, 7. Teil, 629–635.
12 Die Bezugsgröße der 2/3-Mehrheit ist in Art. 42 I 2 GG und in Art. 86, 2 RPVerf zwar nicht ausdrücklich genannt, wird aber wegen des fehlenden Bezugs zur Mitgliederzahl zugunsten der Anwesenden verstanden, vgl. *Versteyl* in: v. Münch/Kunig, Art. 42 Rn. 17; *Edlinger* in: Grimm/Caesar, Art. 86 Rn. 9.

NRWVerf, 86, 2 RPVerf, 72 II 1 SaarlVerf, 48 I 2 SächsVerf, 50 II 1 LSA-Verf,[13] 60 II 1 ThürVerf), in einem Land sogar der Mehrheit von zwei Dritteln der Mitglieder (Art. 21 I 2 SchlHVerf). Lediglich in zwei Ländern reicht die einfache Abstimmungsmehrheit (Art. 42 IV BerlVerf, 21, 2 HambVerf). In zwei Ländern ist im Fall des Öffentlichkeitsausschlusses zudem der **Umgang mit der Öffentlichkeit** näher geregelt: Nach Art. 72 II 4 SaarlVerf muss der Landtag darüber entscheiden, ob und ggf. wie er die Öffentlichkeit über das nichtöffentlich beratene Thema informieren will, und in Art. 64 II 4 BbgVerf ist sogar zwingend vorgeschrieben, dass ein Ausschluss der Öffentlichkeit öffentlich begründet werden muss.

9 In allen deutschen Verfassungen knüpft der Regelmehrheitsbegriff an die **Stimmenmehrheit** an. Ebenfalls alle Verfassungen kennen den Ausnahmemehrheitsbegriff der **Mitgliedermehrheit**, der in einigen Verfassungen auch ausdrücklich legaldefiniert ist (etwa Art. 121 GG, 92 LV, 32 II MVVerf). Auch die in Art. 33 II 2 LV vorgesehene Ausnahmeermächtigung bei Wahlen ist weit verbreitet; lediglich Bayern, Berlin, Hamburg, Hessen und NRW kennen diese Bestimmung nicht. Allerdings erstreckt sich die Ausnahmeermächtigung in den meisten Ländern ausdrücklich auch auf formelle Gesetze (Art. 65, 2 BbgVerf, 90, 2 BremVerf, 32 I 2 MVVerf,[14] 21 IV 2 NdsVerf, 88 II 2 RPVerf, 74 II 2 SaarlVerf, 51 I 2 LSAVerf, 22 II SchlHVerf, 61 II 2 ThürVerf), während im Bund sowie in BW und Sachsen die Ermächtigung nur für die GO erteilt wird (Art. 42 II 2 GG, 33 II 2 LV, 48 III 2 SächsVerf). In Niedersachsen gilt die Ermächtigung zudem gegenständlich nicht nur für Wahlen, sondern auch für das parlamentarische Verfahren (Art. 21 IV 2 NdsVerf).

10 Anders als das GG, das zur **Beschlussfähigkeit** kein Wort verliert, nehmen sich nahezu alle Landesverfassungen wie Art. 33 II 3 LV dieses Themas – allerdings in unterschiedlicher Weise – an. Allein Brandenburg folgt der Vorgehensweise des Bundes, der die Beschlussfähigkeit allein in der GO BT (§ 45) geregelt und dafür den Segen des BVerfG erhalten hat.[15] Noch am ähnlichsten ist die Regelung in Art. 21 IV 3 NdsVerf, die zwar keine inhaltliche Aussage zur Beschlussfähigkeit trifft, damit aber immerhin ausdrücklich den Geschäftsordnungsgeber beauftragt. Alle übrigen Länder regeln die Beschlussfähigkeit auf Verfassungsebene und lassen sich in zwei Gruppen einteilen. Während die Länder der einen Gruppe nur eine Beschlussfähigkeitsgrenze (bei der Hälfte oder der Mehrheit der Mitglieder) definieren (Art. 23 II BayVerf, 43 I BerlVerf, 87 I HessVerf, 32 III MVVerf, 44 I NRWVerf, 88 I RPVerf, 74 I SaarlVerf, 22 III SchlHVerf), sehen die anderen Länder – wie Art. 33 II 3 LV – zusätzlich eine **Beschlussfähigkeitsfiktion** vor. Danach ist die Beschlussfähigkeit auch dann gegeben, wenn oder solange ihr (tatsächlich vorliegendes) Fehlen nicht gerügt wird (Art. 89 I BremVerf, 20 I HambVerf, 48 II SächsVerf, 51 II LSAVerf, 61 I ThürVerf;

---

13 Hier muss die 2/3-Mehrheit der Anwesenden zugleich die absolute Mitgliedermehrheit erreichen.
14 Diese Bestimmung betont ausdrücklich, dass die Ermächtigung nur zugunsten höherer Mehrheiten gilt, während sonst nur von „Ausnahmen" von der Regelmehrheit die Rede ist.
15 BVerfGE 44, 308.

inhaltlich iE ebenso § 45 II GO BT). Eine singuläre Bestimmung enthält schließlich Art. 89 II BremVerf, wonach eine geringere Anwesenheit in (entsprechend angekündigten) Dringlichkeitsfällen oder auf Antrag des Senats der Wirksamkeit eines Beschlusses nicht entgegensteht.

B. Erläuterung
I. Öffentlichkeitsgrundsatz (Abs. 1)
1. Grundsatz der öffentlichen Verhandlung (Abs. 1 S. 1)

Art. 33 I 1 LV legt den Öffentlichkeitsgrundsatz für den Landtag als wesentliche Verhandlungsmaxime fest. Das damit umgesetzte **Transparenzgebot** steht jedenfalls dem Grundsatz nach als Ausfluss des Demokratieprinzips nicht zur Disposition des verfassungsändernden Gesetzgebers (Art. 28 I GG, 64 I 2 LV). Denn ohne grundsätzlich öffentliche Parlamentsberatung ist keine Rückkoppelung zum Volk als Träger der Staatsgewalt möglich („Legitimation durch Transparenz").[16] Als Öffentlichkeit in diesem Sinne gelten alle Personen, die nicht in amtlicher oder dienstlicher Eigenschaft zugegen sind,[17] insbesondere die Vertreter von Presse, Rundfunk und Fernsehen.

Das Öffentlichkeitsgebot ist auf die **Verhandlungen** – also das gesamte mündliche Beratungsgeschehen im Landtag (einschließlich Anträge, Erklärungen, Zwischenrufe etc.) – bezogen. Auch Abstimmungen zählen hierzu, wenngleich bei geheimen Abstimmungen (v.a. Wahlen) zwischen der nichtöffentlichen Stimmabgabe und dem öffentlichen Abstimmungsverfahren zu unterscheiden ist.[18] Nicht mehr automatisch vom Verhandlungsbegriff erfasst sind alle der Beratungsvorbereitung dienenden schriftlichen Dokumente.[19] Etwas anderes wird man nur für solche Unterlagen anerkennen müssen, ohne die ein sinnvolles Verständnis der Beratungen nicht möglich ist. Außerdem schließt der Grundsatz der Verhandlungsöffentlichkeit auch die öffentliche Ankündigung der Sitzungen und die Möglichkeit zur nachträglichen Einsicht in die Sitzungsprotokolle mit ein.[20] Zugleich stellt Art. 33 I 1 LV die Ermächtigungsgrundlage für die **Öffentlichkeitsarbeit des Landtags** dar, die sich in zahlreichen Publikationen, regelmäßigen Pressemitteilungen und einem umfangreichen Internetauftritt niederschlägt.[21]

11

12

---

16 *Braun*, Art. 33 Rn. 3; *Morlok* in: Dreier, Art. 42 Rn. 20; zudem schützt der Öffentlichkeitsgrundsatz u.a. den öffentlichen Status des Abg., vgl. SächsVerfGH, LVerfGE 18, 479 (487 f.); das Rückkoppelungsprinzip schildert *Schnöckel*, DÖV 2007, 676 (679); ausf. zu den verschiedenen Öffentlichkeitsfunktionen *Klein* in: Maunz/Dürig, Art. 42 Rn. 26-29.
17 *Versteyl* in: v. Münch/Kunig, Art. 42 Rn. 12, 18; *Feuchte* in: Feuchte, Art. 33 Rn. 9; *Braun*, Art. 33 Rn. 6, 8.
18 *Klein* in: Maunz/Dürig, Art. 42 Rn. 37; *Versteyl* in: v. Münch/Kunig, Art. 42 Rn. 13; *Morlok* in: Dreier, Art. 42 Rn. 22 f.
19 *Kluth* in: Schmidt-Bleibtreu/Hofmann/Henneke, Art. 42 Rn. 5; anders aber ausdrücklich Art. 50 III LSAVerf.
20 *Schnöckel*, DÖV 2007, 676.
21 *Braun*, Art. 27 Rn. 5; *Klein* in: Maunz/Dürig, Art. 42 Rn. 46 a; stärker differenzierend zwischen Öffentlichkeit der Parlamentsarbeit und Öffentlichkeitsarbeit des Parlaments *Versteyl* in: v. Münch/Kunig, Art. 42 Rn. 12.

13 Unter dem „Landtag" wird nicht jedes ihm zurechenbare (Teil-)Organ, sondern nur das **Plenum** verstanden (s. dazu unten, Art. 34 Rn. 8). Damit erstreckt sich die Öffentlichkeitsmaxime nicht auf die **Ausschüsse**,[22] was angesichts der Bedeutung dieser Maxime einerseits und der Ausschussarbeit andererseits im Schrifttum vielfach Kritik erfährt.[23] Für die Möglichkeit der grundsätzlichen Nichtöffentlichkeit sprechen aber die höhere Effizienz und das kompromissfördernde Klima, die damit regelmäßig einhergehen, als Ausprägungen des Verfassungsrechtsguts der parlamentarischen Funktionsfähigkeit.[24] Ausnahmen iS eines grundsätzlichen Öffentlichkeitsgebots bestehen für Beweiserhebungen in Untersuchungsausschüssen (Art. 35 II LV) und die mündliche Verhandlung im parlamentarischen Wahlprüfungsverfahren (§ 7 I LWPrG).[25] Im Übrigen ist die Beratungsweise der Geschäftsordnungsautonomie (Art. 32 I 2 LV) überlassen und – mit Sonderbestimmungen für den Ständigen Ausschuss (§ 19 a II GO LT) und für das Notparlament (§ 19 b IV GO LT) – im Sinne einer grundsätzlichen Nichtöffentlichkeit geregelt (§ 32 GO LT). Dies ist jedenfalls – trotz des meist vorentscheidenden Einflusses der Ausschüsse – solange verfassungsrechtlich unbedenklich, wie die Ausschüsse nur eine Vorbereitungsfunktion für das dann öffentlich tagende Plenum wahrnehmen.[26] Kritisch wird es allerdings dann, wenn in Ausschussberatungen strukturell abschließende Entscheidungen namens des Landtags getroffen werden.

14 Die Verhandlungsöffentlichkeit lässt sich in die „**Sitzungsöffentlichkeit**" und in die „**Berichterstattungsöffentlichkeit**" unterteilen,[27] wie es durch die verschiedenen Tribünen im Plenarsaal abgebildet wird (der eigentliche Sitzungsbereich ist stets nichtöffentlich, § 72 GO LT): Oberhalb des Plenarbereichs befindet sich hinter dem Präsidenten und der Regierung die Pressetribüne, ihr gegenüber – also hinter den Fraktionen – die Zuhörertribüne. Hinzu kommen die auf der Plenarebene nur durch Glasscheiben vom Plenarsaal getrennten Studios für Rundfunk- und Fernsehanstalten. Von allen diesen Plätzen kann das Geschehen im Sitzungsbereich unmittelbar optisch und akustisch verfolgt werden. Der (durch Abs. 3 zusätzlich geschützten) Berichterstattungsöffentlichkeit kommt in der Praxis die entscheidende Bedeutung zu. Denn ohne **mediale Transformation** geht in einer modernen Massengesellschaft das Öffentlichkeitsprinzip weitestgehend ins Leere.[28] Damit wären insbesondere die Möglichkeiten der parlamentarischen Min-

---

22 *Versteyl* in: v. Münch/Kunig, Art. 42 Rn. 2 f.
23 *Morlok* in: Dreier, Art. 42 Rn. 24; *Versteyl* in: v. Münch/Kunig, Art. 42 Rn. 4–8, wonach zumindest bei Fällen der Selbstbefassung (dazu s.u. Art. 34 Rn. 14) anstelle einer Plenarbehandlung der Öffentlichkeitsgrundsatz gem. Art. 33 I 1 LV analog anzuwenden wäre (aaO, Rn. 9).
24 *Braun*, Art. 33 Rn. 5, und iE auch *Klein* in: Maunz/Dürig, Art. 42 Rn. 43–45; *Schnöckel*, DÖV 2007, 676 (680-682), erörtert einige Nachteile der öffentlichen Verhandlung, etwa die zu frühe Festlegung auf einen Standpunkt und die geringere Bereitschaft zur Positionsänderung.
25 *Feuchte* in: Feuchte, Art. 33 Rn. 3.
26 *Feuchte* in: Feuchte, Art. 33 Rn. 6; *Kluth* in: Schmidt-Bleibtreu/Hofmann/Henneke, Art. 42 Rn. 11.
27 *Kluth* in: Schmidt-Bleibtreu/Hofmann/Henneke, Art. 42 Rn. 4; *Morlok* in: Dreier, Art. 42 Rn. 27.
28 Zu den damit auch verbundenen Schattenseiten der Mediendemokratie vgl. die differenzierte Betrachtung von *Klein*, Oberreuter-FS, 158 (162 ff.).

derheit, ihre abweichende Sichtweise der Bevölkerung nahezubringen, erheblich eingeschränkt. Daraus folgt entgegen einer älteren Auffassung, dass den Vertretern von Rundfunk-, Fernseh- und Presseorganen aus Art. 33 I 1 LV iVm Art. 2 I LV, 5 I 1 GG ein verfassungsrechtlicher Zugangsanspruch zu den Parlamentsverhandlungen einschließlich einer grundsätzlichen Berechtigung zur Direktübertragung erwächst.[29]

Eine diskriminierungsfreie Einschränkung des Zutrittsrechts – insbesondere gegenüber Medienvertretern – ist nur aus zwingenden Sachgründen nach den allgemeinen Grundsätzen bei Mangelverteilungsfragen möglich. So steht der Öffentlichkeitsgrundsatz weder einer **Zutrittsregulierung** (etwa über ein Akkreditierungssystem oder – allerdings zwingend kostenlose – Eintrittskarten) noch einer **Zutrittsablehnung im Einzelfall** entgegen, solange dies nach sachlichen Kriterien und willkürfrei erfolgt. Gründe dafür können sowohl in der begrenzten Kapazität als in der Person einzelner Zuhörer (Kleidung, Auftreten etc.) liegen.[30] Da Art. 33 I 1 LV als subjektives Jedermann-Recht anzusehen ist, kann dieses bei einer rechtswidrigen Zutrittsablehnung vor dem VG Stuttgart eingeklagt werden.[31] Auch bei einer vollständigen Räumung der Zuhörertribüne gem. § 95 II GO LT ist der Öffentlichkeitsgrundsatz noch gewahrt, solange die Berichterstattungsöffentlichkeit fortbesteht. 15

2. Ausschluss der Öffentlichkeit (Abs. 1 S. 2, 3)

Durch relativ hohe formelle Hürden sichert Art. 33 I 2, 3 LV den Ausnahmecharakter eines Öffentlichkeitsausschlusses, der deshalb praktisch nicht stattfindet.[32] So steht die **Antragsberechtigung** nur einer Gruppe von mindestens zehn Abgeordneten sowie einem Regierungsmitglied iSv Art. 45 II LV – also dem Ministerpräsidenten, jedem Minister und jedem Staatsrat und Staatssekretär[33] (→ Art. 45 Rn. 24 ff.) – zu; eine Begründung ist möglich, aber nicht zwingend.[34] Des Weiteren bedarf der Beschluss über den Ausschluss der Öffentlichkeit einer **Mehrheit von zwei Dritteln der anwesenden Abgeordneten** (weshalb Stimmenthaltungen hier wie Nein-Stimmen zählen). Das Gebot der Nichtöffentlichkeit für die Abstimmung (Art. 33 I 3 LV) schließt die dafür ggf. erforderliche Beratung mit ein. Dies folgt aus der Natur eines Antrags auf Ausschließung der Öffentlichkeit, der in der 16

---

29 *Binder*, DVBl. 1985, 1112 (1115 f.); *Morlok* in: Dreier, Art. 42 Rn. 27; aA *Klein* in: Maunz/Dürig, Art. 42 Rn. 35 f.
30 *Feuchte* in: Feuchte, Art. 33 Rn. 7; *Braun*, Art. 33 Rn. 6 f.; *Kluth* in: Schmidt-Bleibtreu/Hofmann/Henneke, Art. 42 Rn. 9; *Morlok* in: Dreier, Art. 42 Rn. 26.
31 *Braun*, Art. 33 Rn. 6.
32 Das Datenhandbuch von *Schindler* (Band II, 1638; Band III, 3692 f.) weist auf Bundesebene von 1949–1994 null Fälle aus; auch im LT BW gab es bislang – nach Befragung von langjährigen Mitarbeitern der Landtagsverwaltung seit 1974 definitiv und davor mit sehr hoher Wahrscheinlichkeit – keinen Öffentlichkeitsausschluss iSv Art. 33 I 2 LV.
33 Staatssekretär iSv Art. 45 II LV ist jedoch kein „politischer Staatssekretär" gem. § 1 des Gesetzes über die Rechtsverhältnisse der politischen Staatssekretäre.
34 *Klein* in: Maunz/Dürig, Art. 42 Rn. 52; *Braun*, Art. 33 Rn. 16; im Hinblick auf die Bedeutung des Öffentlichkeitsgrundsatzes für eine zumindest kursorische Begründung *Versteyl* in: v. Münch/Kunig, Art. 42 Rn. 14, und *Morlok* in: Dreier, Art. 42 Rn. 29.

Beratung diskutiert werden können muss, ohne den Ausschließungszweck zu konterkarieren.[35] Einschränkungen des Öffentlichkeitsausschlusses (zB ein im Nachgang zu veröffentlichender Bericht) müssen bereits im Beschluss enthalten sein, weil nur dann das Vertrauen der Abgeordneten auf die Nichtöffentlichkeit insoweit eingeschränkt ist.[36]

17 Inhaltliche Voraussetzungen für eine solche Entscheidung enthält die LV nicht. Angesichts der hohen Bedeutung des Öffentlichkeitsprinzips kann dies aber keine inhaltlich freie Ermessenentscheidung des Landtags sein. Vielmehr wird ein hinreichender sachlicher Grund dafür zu fordern sein.[37] In Anlehnung an die Schranken einer öffentlichen Regierungskontrolle durch den Landtag stellen **gewichtige öffentliche (Staatswohl) oder private (Grundrechte) Interessen** (vgl. → Art. 27 Rn. 49 ff.) hier ungeschriebene inhaltliche Voraussetzungen für den Öffentlichkeitsausschluss dar (vgl. insoweit auch die Anforderungen in § 35 I 2 GemO für die Nichtöffentlichkeit in Gemeinderäten).[38] Die Entscheidung über die Ausschließung der Öffentlichkeit unterliegt der gerichtlichen Nachprüfung, die von Abgeordneten, Fraktionen oder der Regierung im verfassungsgerichtlichen Organstreitverfahren und von Angehörigen der Öffentlichkeit auf dem Verwaltungsrechtsweg herbeigeführt werden kann.

18 Die **Rechtsfolgen von Art. 33 I LV** sind zweierlei: Zum einen sind alle Beschlüsse des Landtags, die ohne Ausschluss der Öffentlichkeit oder nach einem verfassungswidrigen Ausschluss der Öffentlichkeit nichtöffentlich gefasst werden, wegen Verstoßes gegen Art. 33 I LV nichtig.[39] Zum anderen müssen, soweit gem. Art. 33 I 3 LV oder nach einem Ausschließungsbeschluss nichtöffentlich beraten wird, alle der Verhandlungs- und Berichterstattungsöffentlichkeit zuzurechnenden Personen den Sitzungssaal (insbes. die Tribünen) verlassen. Die im Haus übliche akustische Übertragung ist einzustellen und alle Sitzungsteilnehmer sind zur Verschwiegenheit über die Beratung verpflichtet. Das entsprechende Sitzungsprotokoll bleibt unter Verschluss.[40]

II. Mehrheitsprinzip (Abs. 2 S. 1, 2)

1. Mehrheit

a) Mehrheitsbegriff

19 Mehrheit ist nicht Wahrheit, aber dennoch das **einzige praktikable Entscheidungsformat in einer Demokratie**.[41] Denn ein Einstimmigkeitsprinzip würde in Streitfällen stets versagen und den Staat bzw. seine Organe weit-

---

35 *Versteyl* in: v. Münch/Kunig, Art. 42 Rn. 19; *Feuchte* in: Feuchte, Art. 33 Rn. 12; *Braun*, Art. 33 Rn. 19.
36 *Feuchte* in: Feuchte, Art. 33 Rn. 13.
37 *Feuchte* in: Feuchte, Art. 33 Rn. 12.
38 Ebenso *Braun*, Art. 33 Rn. 22; aA *Morlok* in: Dreier, Art. 42 Rn. 29; *Klein* in: Maunz/Dürig, Art. 42 Rn. 51, der die formellen Sicherungen als ausreichend ansieht.
39 Bezüglich Gesetzesbeschlüssen *Braun*, Art. 33 Rn. 23 f.; *Klein* in: Maunz/Dürig, Art. 42 Rn. 55; allgemein *Morlok* in: Dreier, Art. 42 Rn. 28.
40 *Braun*, Art. 33 Rn. 21.
41 *Gusy*, AöR 106 (1981), 329 (337 ff.), spricht von einer (inhaltlichen) Richtigkeitsvermutung einer (formellen) Entscheidungsregel.

gehend handlungsunfähig machen. Eine Regel-Suprematie der Minderheit würde eine mit dem demokratischen Prinzip unvereinbare Fremdbestimmung der Mehrheit bedeuten.[42] Die einzelnen denkbaren Mehrheitsbegriffe stellen stets eine Kombination von zwei wesensmäßig unterschiedlichen Variablen dar. Die eine bezeichnet die Bezugsgröße (Mitglieder, Anwesende, Abstimmende) und die andere das darauf bezogene Quorum (relativ, absolut, qualifiziert wie zB zwei Drittel).

Der in Art. 33 II 1 HS 1 LV ausbuchstabierte Regelmehrheitsbegriff für Entscheidungen des Landtags verlangt eine absolute Mehrheit, deren Bezugsgröße die Anzahl der „abgegebenen Stimmen" darstellt (sog. **Abstimmungsmehrheit**) und mehr als die Hälfte dieser Bezugszahl voraussetzt.[43] Bei Stimmengleichheit von Ja- und Nein-Stimmen ist die Mehrheit nicht erreicht und die beantragte Entscheidung nicht zustande gekommen.[44] Dieser Mehrheitsbegriff gilt für alle „**Beschlüsse**", dh alle Formen parlamentarischer Abstimmungen iSv Entscheidungsakten des Kollegialorgans, also Gesetzesbeschlüsse, schlichte (dh rechtlich unverbindliche, idR politisch motivierte)[45] Parlamentsbeschlüsse, Wahlen und landtagsinterne Verfahrens-, Organisations- oder Geschäftsordnungsentscheidungen.[46] Die **Stimmabgabe** erfolgt entweder durch Erheben von den Sitzen, durch Handzeichen oder durch Namensaufruf (§ 97 I GO LT). Bei Wahlen schreibt § 97 a I GO LT eine grundsätzlich geheime Wahl mit Stimmzetteln vor. Soweit keine verfassungsrechtlichen, einfachgesetzlichen oder geschäftsordnungsrechtlichen Sonderbestimmungen (zB Art. 46 I 1 LV, § 97 a III GO LT) entgegenstehen, kann die Wahl offen erfolgen, wenn kein Abgeordneter widerspricht (§ 97 a II GO LT). 20

Fraglich ist, ob für die Mehrheitsberechnung **Stimmenthaltungen** mitzuzählen sind. Dafür spricht, dass auch ein sich enthaltender Abgeordneter an der Abstimmung aktiv teilnimmt (durch Handzeichen, sich Erheben oder Zuruf) und deshalb nicht einem abwesenden Abgeordneten gleichzustellen ist. Dagegen spricht jedoch, dass mitgezählte Stimmenthaltungen sich im Ergebnis wie Nein-Stimmen auswirken, weil dann die positive Mehrheit die Zahl der Nein-Stimmen und der Enthaltungen übersteigen muss. Damit aber wird den Stimmenthaltungen eine inhaltliche Aussage beigegeben, die der mit Enthaltung votierende Abgeordnete gerade vermeiden will. Daraus folgt, dass der Begriff „Stimme" nur als inhaltliche Positionierung für oder gegen den Abstimmungsgegenstand verstanden werden kann und deshalb Stimmenthaltungen gerade nicht erfasst (erst recht un- 21

---

42 *Hillgruber*, AöR 127 (2002), 460 (461 f.); *Braun*, Art. 33 Rn. 28 f.
43 Vgl. zur Abgrenzung zur Mitglieder- und Anwesendenmehrheit *Magsaam*, Mehrheit, 67–69.
44 Daher ist auch eine anderweitige GO-Regelung (zB Stichentscheid des Vorsitzenden oder Losentscheid) nicht zulässig, soweit nicht andere Rechtsgüter von Verfassungsrang (zB Funktionsfähigkeit des Parlaments) eine Abweichung rechtfertigen oder nach Art. 33 II 2 LV Wahlen betroffen sind (vgl. § 4 IV 4 GO LT); zu Alternativen vgl. *Magsaam*, Mehrheit, 93–102; speziell zum Losentscheid *Buchstein*, ZParl 2013, 384.
45 ThürVerfGH, U. v. 2.2.2011 – VerfGH 20/09 – juris, Rn. 41–44, 57; *Braun*, Art. 33 Rn. 26.
46 *Morlok* in: Dreier, Art. 42 Rn. 32; *Klein* in: Maunz/Dürig, Art. 42 Rn. 79–81; enger aber *Versteyl* in: v. Münch/Kunig, Art. 42 Rn. 20; *Magsaam*, Mehrheit, 157 f.

gültige Stimmen).⁴⁷ Dies bringt § 97 III GO LT so zum Ausdruck, was aber nur deklaratorische Bedeutung haben kann, weil die GO nicht zur verbindlichen Auslegung der LV berufen ist.⁴⁸

b) Verfassungsvorbehalt

22 Der Verfassungsvorbehalt in Art. 33 II 1 HS 2 LV macht deutlich, dass es sich bei der Abstimmungsmehrheit nur um einen Regelmehrheitsbegriff handelt. Soweit die LV punktuell andere Mehrheiten anordnet, ist kein Raum mehr für Art. 33 II 1 LV. Am häufigsten ist die **Mitgliedermehrheit**, die (wie in Art. 121 GG) in Art. 92 LV definiert ist (zu den Anwendungsfällen → Art. 92 Rn. 7 ff.). Daneben kennt die LV auch die **Zwei-Drittel-Mehrheit**, sowohl

- bezogen auf die abgegebenen Stimmen in Art. 15 II 2 LV (Gesetz zur Umwandlung von Volksschulen in Bekenntnisschulen),⁴⁹
- als auch auf die anwesenden Abgeordneten mit der Folge, dass hier Stimmenthaltungen mitzuzählen sind, in Art. 32 I 2 LV (Änderung der GO LT während der Wahlperiode), Art. 33 I 2 LV (Ausschluss der Öffentlichkeit im Landtagsplenum) und Art. 60 II 2 LV (Gesetzesbeschluss zur Abwendung einer Volksabstimmung).

23 Eine besondere Mehrheitskonstruktion ist schließlich diejenige einer Zweidrittelmehrheit der anwesenden Abgeordneten bei einer gleichzeitigen **Mindestanwesenheitsvorgabe von zwei Dritteln** der gesetzlichen Mitgliederzahl, zudem kombiniert mit der absoluten Mitgliedermehrheit (dreifach qualifizierter Mehrheitsbegriff). Diese Mehrheit findet sich in Art. 42 II 2 LV (Erhebung der Abgeordnetenanklage), Art. 57 II 2 LV (Erhebung der Ministeranklage) und Art. 64 II LV (Verfassungsänderungen). Schließlich gibt es auch die **Zweidrittelmehrheit bezüglich der gesetzlichen Mitgliederzahl** gem. Art. 92 LV in Art. 56 LV (Ministerentlassung), Art. 43 I 1 LV (Selbstauflösung des Landtags) und Art. 62 II 2 LV (Feststellung der Nichtabhaltung von Wahlen und Abstimmungen).

c) Wahlen

24 Darüberhinaus erlaubt Art. 33 II 2 LV dem Geschäftsordnungsgeber, für vom Landtag vorzunehmende Wahlen „Ausnahmen" zuzulassen. Der Begriff der Wahl bezeichnet Abstimmungen im Rahmen von Personalauswahlentscheidungen. Teilweise werden darunter auch noch andere Auswahlentscheidungen – zB über Sitzstädte von Behörden (vgl. § 98 GO LT)

---

47 *Magsaam*, Mehrheit, 65; *Achterberg/Schulte* in: v. Mangoldt/Klein/Starck, Art. 42 Rn. 38; *Morlok* in: Dreier, Art. 42 Rn. 34; aA *Versteyl* in: v. Münch/Kunig, Art. 42 Rn. 25; deutlicher ist die Regelung in Art. 88 HessVerf, die nur die Ja- und Nein-Stimmen gegenüberstellt.
48 Nach *Jellinek* in: Kraus-FS, 88, galten Stimmenthaltungen nach § 76 III GO WürttLT von 1926 ausdrücklich als Nein-Stimmen, was der Autor für eine „württembergische Eigentümlichkeit" hält, „vielleicht zusammenhängend mit der Bedächtigkeit dieses Volksstammes", ohne vom StGH für das Deutsche Reich als verfassungswidrig beanstandet worden zu sein (RGZ 128, Anh. 46 ff.).
49 Das Umwandlungsgesetz ist längst beschlossen, vgl. Gesetz zur Ausführung von Art. 15 Abs. 2 der Verfassung v. 8.2.1967, GBl. 7; vgl. auch → Art. 15 Rn. 32 ff.

– verstanden, was aber als Sachentscheidung zu qualifizieren ist.[50] Fraglich ist, ob diese Ausnahmeregelung eine zweite Ausnahme vom Regelmehrheitsbegriff (neben dem Verfassungsvorbehalt in S. 1) darstellen soll. Dann müsste man diese Ausnahmen als geschlossene Gesamtregelung ansehen, die mangels Erwähnung der Gesetzesform (anders als in den meisten anderen Ländern, → Rn. 9) keinen mehrheitsbezogenen **Regelungsspielraum für den einfachen Gesetzgeber** zuließe.

Diese Sichtweise wird jedoch weder der dem Geschäftsordnungsgeber mindestens gleichrangigen Bedeutung des Gesetzgebers (→ Art. 32 Rn. 22 f.) noch der Systematik von Art. 33 II LV gerecht. Vielmehr ist der Verfassungsvorbehalt in S. 1 nicht abschließend, sondern vorrangig iS einer lex-specialis-Regelung zu verstehen. Damit sagt Art. 33 II LV, dass in den Fällen anderweitiger Verfassungsregelungen der allgemeine Mehrheitsbegriff zurücksteht, um verfassungsinternen Widersprüchen vorzubeugen. Der Ausnahmevorbehalt zugunsten der Geschäftsordnung ist dagegen in einem gesonderten Satz und mit einer anderen Formulierung ausgestaltet. Dies spricht dagegen, darin eine zweite Ausnahme neben dem Verfassungsvorbehalt zu sehen. Vielmehr ist davon auszugehen, dass durch die Bezugnahme auf die GO und Wahlen ein **rein innerparlamentarischer Anwendungsbereich** dieses Satzes bezweckt ist. Deshalb gilt Art. 33 II 2 LV nur für Wahlen innerhalb des Organs Landtag, nicht aber für die von ihm vorzunehmenden nach außen wirkenden Wahlen (Kreationsakte), die – soweit nicht verfassungsrechtliche Sonderregelungen bestehen – auch einfachgesetzlich geregelt werden können (zB der Losentscheid und die relative Mehrheit bei der Wahl von Richtern des VerfGH gem. § 2 I, II VerfGHG, oder die Zweidrittelmehrheit bei der Wahl der Vorstandsmitglieder der LfK gem. § 36 I 1 LMedienG).[51]

Zudem wird teilweise vertreten, die von Art. 33 II 2 LV erlaubten Ausnahmen dürften **nur strengere Mehrheitsbegriffe** enthalten, weil ansonsten die Verfassung ohne förmliche Änderung umgangen werden könnte.[52] Dies überzeugt aber zum einen deshalb nicht, weil der Anwendungsbereich – wie gezeigt – auf innerparlamentarische Wahlen beschränkt ist, zum anderen aber auch, weil gerade die Verfassung diesen Spielraum für Ausnahmen dem Geschäftsordnungsgeber ohne Wertungseinschränkung einräumt.

2. Minderheit

a) Minderheitenrechte

Die LV enthält eine ganze Reihe von Rechten, die der parlamentarischen Minderheit (insbesondere der Opposition) eine **Durchsetzung von verfahrensmäßigen Ansprüchen** ermöglichen, nämlich auf:

---

50 *Magsaam*, Mehrheit, 384; *Morlok* in: Dreier, Art. 42 Rn. 38 mwN; *Luch* in: Morlok/Schliesky/Wiefelspütz, § 10 Rn. 10; *Roßner* in: Morlok/Schliesky/Wiefelspütz, § 41 Rn. 9 ff.; zweifelnd *Achterberg/Schulte* in: v. Mangoldt/Klein/Starck, Art. 42 Rn. 44 mwN.
51 *Klein* in: Maunz/Dürig, Art. 42 Rn. 92; eingeschränkt auf mehrheitserhöhende Anforderungen *Versteyl* in: v. Münch/Kunig, Art. 42 Rn. 31.
52 *Versteyl* in: v. Münch/Kunig, Art. 42 Rn. 31.

- Einberufung des Landtags (Art. 30 IV 3 LV/ein Viertel der Mitglieder),
- Einsetzung eines Untersuchungsausschusses (Art. 35 I 1 LV/ein Viertel der Mitglieder),[53]
- Erhebung einer Abgeordneten- oder Ministeranklage (Art. 42 II 1, 57 II 1 LV/ein Drittel der Mitglieder),
- Überprüfung der Zulässigkeit von Verfassungsänderungen durch den VerfGH (Art. 64 I 3 LV/ein Viertel der Mitglieder),
- Durchführung eines abstrakten Normenkontrollverfahrens vor dem VerfGH (Art. 68 I 1 Nr. 2, II Nr. 2 LV/ein Viertel der Mitglieder).

28 Hinzu kommen **minderheitsschützende Sperrminoritäten** wegen qualifizierter Mehrheitserfordernisse bei

- Änderungen der Geschäftsordnung während der laufenden Wahlperiode (Art. 32 I 2 LV/zwei Drittel der Anwesenden),
- einem Ausschluss der Öffentlichkeit im Plenum (Art. 33 I 2 LV/zwei Drittel der Anwesenden),
- der Auflösung des Landtags (Art. 43 I 1 LV/zwei Drittel der Mitglieder),
- Verfassungsänderungen (Art. 64 II LV/zwei Drittel der Anwesenden bei Anwesenheit von mindestens zwei Dritteln der Mitglieder).

29 Zudem enthält auch die **GO LT** eine Reihe von Schutzvorschriften zugunsten der parlamentarischen Minderheit wie

- das mündliche und schriftliche Fragerecht an die Regierung (§§ 58, 58a, 61, 61a GO LT/jeder Abg.),
- das Agendasetting in der Aktuellen Debatte (§ 59 GO LT/jede Fraktion),
- das Stellen Großer Anfragen (§ 62 GO LT/15 Abg. oder eine Fraktion),
- das Widerspruchsrecht gegen kurzfristige Erweiterungen der Tagesordnung (§ 78 IV GO LT/fünf Abg.),
- die Durchsetzung einer namentlichen Abstimmung (§ 99 I GO LT/fünf Abg.),
- das vorgängige Überpüfungsrecht (fünf Abg.) und das qualifizierte Quorum (zwei Drittel der Abstimmenden) bei Abweichungen von der GO LT (§ 105 GO LT).

b) Opposition

30 Die LV enthält keine Regelung über das Vorhandensein und die Aufgaben einer Opposition (wie auch das GG). Unter dem **Begriff der parlamentarischen Opposition** verstehen vorhandene Verfassungsnormen anderer Länder diejenigen Fraktionen oder Abgeordneten, die die Regierung „nicht stützen" (vgl. Art. 16a BayVerf, 26 I MVVerf, 19 II 1 NdsVerf, 85b II 1 RPVerf, ähnl. Art. 40, 2 SächsVerf, 48 I LSAVerf) oder die sich durch Kritik am Regierungsprogramm als „politische Alternative zur Regierungsmehrheit" profilieren (Art. 24 II HambVerf, ähnl. Art. 18 I 3 SchlHVerf). Nach diesen Definitionen zählen Fraktionen, die die Regierung ohne förmliche Einbindung in das politische Regierungsbündnis tolerieren (sog. „un-

---

53 Auf einfachgesetzlicher Ebene weiter gelockert zugunsten von zwei Fraktionen, auch wenn diese zusammen das 25 %-Quorum nicht erreichen, vgl. § 2 III 1 UAG.

echte" Opposition), nicht zur Opposition, weil sie die Regierung zumindest im Kern politisch stützen und weil sie mangels Entwicklung eines Alternativprogramms nicht auf die Ablösung der Regierung hinarbeiten.[54] Ein insofern weiteres Begriffsverständnis liegt jedoch der einfachgesetzlichen Regelung in § 3 I 2 FraktionsG zugrunde, wonach jede in der Regierung nicht vertretene Fraktion zur Opposition zählt; dies trifft auch auf die unechte Opposition zu. Praktische Relevanz hat dieser Meinungsstreit vor allem im Rahmen der Fraktionsfinanzierung, die für die Oppositionsfraktionen einen Zuschlag vorsieht (§ 3 I 2 FraktionsG).

Zwar ist eine Opposition nicht verfassungsrechtlich vorgeschrieben, weshalb es in den Anfangsjahren des Landes Allparteienregierungen (mit Ausnahme der 1956 verbotenen KPD) gab.[55] Gleichwohl ist das **Recht auf Bildung und Ausübung einer Opposition** als unmittelbarer Ausfluss des Demokratieprinzips und Rechtsstaatsprinzips verfassungsrechtlich gewährleistet, da die demokratieimmanente Chance auf einen Machtwechsel sonst nicht zu verwirklichen wäre.[56] Gerade im dualistischen System parlamentarischer Demokratien kommt der parlamentarischen Minderheit eine besondere (allerdings nicht alleinige)[57] Bedeutung dafür zu, die parlamentarische Kontrolle der Regierung sicherzustellen (s. auch oben, → Art. 27 Rn. 27).[58] Zur Erfüllung ihrer Aufgaben muss sie in der Lage sein, ihre alternativen Vorstellungen in personeller und inhaltlicher Hinsicht der Regierungspolitik wahrnehmbar gegenüber zu stellen.[59] 31

In Ermangelung einer verfassungsrechtlichen Gewährleistung der Opposition als solcher stellt diese keinen eigenständigen – gar verfassungsprozessual antragsberechtigten – Teil des Landtags dar und hat folglich auch **keine organschaftliche Qualität**.[60] Eine Zuweisung besonderer Rechte an Oppositionsfraktionen oder -abgeordnete wäre mit dem egalitären Mandatssta- 32

---

54 Vgl. *Schneider* in: Schneider/Zeh, § 38 Rn. 33, 37 f.; aA LVerfG LSA, LVerfGE 6, 281 (LS 2 u. S. 319), wonach „stützen" – zu eng – als eine koalitionsähnliche Vertrauensgabe verstanden wird und es keine begriffsimmanente Pflicht zum Regierungssturz gebe (aaO, LS 5 u. S. 322); *Cancik*, AöR 123 (1998), 623 (644); *Waack* in: Morlok/Schliesky/Wiefelspütz, § 22 Rn. 44 f.; krit. auch *Plöhn*, ZParl 1997, 558 (570 f.).
55 Vgl. *Feuchte* in: Feuchte, Art. 27 Rn. 9 f.; *Schneider*, Parlamentarische Opposition, 15 f.; *Waack* in: Morlok/Schliesky/Wiefelspütz, § 22 Rn. 49 f.
56 BVerfGE 142, 25 (LS 1 u. Rn. 85-87); BremStGH, U. v. 5.11.2004 – St 3/03 – juris, Rn. 120; VerfG Rh-Pf, U. v. 11.10.2010 – VGH O 24/10 – juris, Rn. 43; ausf. *Schneider*, Parlamentarische Opposition, 299–329 (§ 11); eine unzureichende verfassungstheoretische Fundierung von „Opposition" beklagt *Volkmann*, ZParl 2017, 473 (479 ff.).
57 Vgl. die ausdrückliche Betonung der Kontrollfunktion des Gesamtparlaments in Art. 27 II LV; *Schneider*, Parlamentarische Opposition, 280 f., spricht von einer „institutionelle Schwäche" der Minderheit im LT BW.
58 *Schneider* in: Schneider/Zeh, § 38 Rn. 41 f.; *Braun*, Art. 27 Rn. 38 f., 43.
59 VerfG Rh-Pf, U. v. 11.10.2010 – VGH O 24/10 – juris, Rn. 43, spricht zudem gar von einem „Wächteramt" der Opposition bezüglich der Regierungskontrolle.
60 BVerfGE 142, 25 (Rn. 92); dies gilt selbst dann, wenn „die Opposition" eine ausdrückliche landesverfassungsrechtliche Erwähnung gefunden hat, vgl. BbgVerfG, U. v. 22.7.2016 – VfGBbg 70/15 – juris, Rn. 216-219; dasselbe gilt für die „Mehrheit" als solche, vgl. BVerfGE 2, 143 (LS 10 u. S. 163); *Waack* in: Morlok/Schliesky/Wiefelspütz, § 22 Rn. 47; *Klein* in: Maunz/Dürig, Art. 42 Rn. 95; *Braun*, Art. 27 Rn. 44.

tus der den Regierungsfraktionen angehörenden Abgeordneten im Wesentlichen unvereinbar.[61] Deshalb ist die Opposition zur wirksamen Wahrnehmung ihrer Aufgaben in aller Regel auf die **verfassungs- oder geschäftsordnungsrechtlichen Minderheitenrechte** verwiesen (→ Rn. 27 ff.). Freilich kann die Opposition oder ein entsprechender Oppositionsteil diese Rechte – auch vor dem VerfGH – nur dann geltend machen, wenn sie die jeweiligen Quoren von ein oder zwei Fraktionen bzw. einer bestimmten Anzahl von Abgeordneten erfüllt.[62] Auch eine übermächtige („ganz große") Regierungskoalition führt iVm mit dem Recht auf Bildung und Ausübung der Opposition nicht dazu, dass die Quoren anzupassen wären.[63] Da diese Quoren außerdem nur Untergrenzen definieren, stehen alle diese Rechte (natürlich) auch der parlamentarischen Mehrheit zur Verfügung.

33 Eine gezielte **Privilegierung der Opposition** als solche ist deshalb nur möglich und zulässig, soweit die im neuen Dualismus (→ Art. 27 Rn. 27) maßgebliche **Gegenüberstellung von Regierungsmehrheit und oppositioneller Minderheit** relevant ist. Dies gilt zum einen für die damit verbundenen unterschiedlichen Arbeitsmöglichkeiten der Fraktionen, weshalb hier eine finanzielle Besserstellung der Opposition zulässig ist (§ 3 I FraktionsG; → Art. 27 Rn. 143). Ebenso gilt dies für geschäftsordnungsrechtliche Sonderrechte wie

- das Antwortrecht der Vorsitzenden aller Oppositionsfraktionen bei Redebeiträgen des Ministerpräsidenten (§ 82 IV 1 GO LT),
- die Soll-Pflicht der Regierung zur Zurverfügungstellung des Textes einer Regierungserklärung oder einer kurzfristigen Information 48 Stunden vor der maßgeblichen Plenarsitzung (§ 83 a III 2 GO LT),
- die Eröffnung einer Debatte über eine Regierungerklärung oder eine kurzfristige Information durch einen Oppositionsredner (§ 83 a III 3 GO LT).

III. Beschlussfähigkeit (Abs. 2 S. 3)

34 Die Beschlussfähigkeit des Landtags setzt grundsätzlich die **Anwesenheit von mindestens der Hälfte aller ihm angehörenden Abgeordneten** voraus. Diese Bezugsgröße umfasst die Zahl aller Mandatsinhaber zum maßgeblichen Zeitpunkt, weshalb vorübergehend unbesetzte Mandate hier (anders als bei der gesetzlichen Mitgliederzahl gem. Art. 92 LV) nicht mitgezählt werden.[64]

---

61 BVerfGE 142, 25 (LS 3 u. Rn. 95-105); *Schwarz*, ZRP 2013, 226 (227 f.); s. auch die diesbezügliche Kritik an der Redezeitregelung gem. § 83 a GO LT bei → Art. 27 Rn. 92.
62 *Feuchte* in: Feuchte, Art. 27 Rn. 11; *Braun*, Art. 27 Rn. 48; ebenso für das GG BVerfGE 142, 25 (LS 2 u. Rn. 91 f.).
63 BVerfGE 142, 25 (LS 2 u. Rn. 91 ff.); *Schwarz*, ZRP 2013, 226 (227 f.); *Brocker*, DÖV 2014, 475 (475 f.); *Hölscheidt*, ZG 2015, 246 (259); aA *Cancik*, NVwZ 2014, 18 (21 f.), die im Wege der teleologischen Auslegung – entgegen dem ausdrücklichen Verfassungswortlaut – eine Einsetzungspflicht für Untersuchungsausschüsse auf Verlangen einer unter 25 % der Abg. liegenden Opposition bejaht (vgl. dazu BVerfG, aaO, Rn. 109); *Beckermann/Weidemann*, ZRP 2014, 90 f.
64 Ebenso *Braun*, Art. 92 Rn. 5, der allerdings (mit der hM) dies auch für Art. 92 LV gelten lassen will (→ Art. 92 Rn. 5).

Zugleich enthält Art. 33 III 3 LV eine **Fiktionsregelung**, wonach die Beschlussfähigkeit auch bei tatsächlichem Nichtvorliegen als gegeben gilt, solange die fehlende Beschlussfähigkeit von keinem Mitglied gerügt und daraufhin vom amtierenden Präsidenten festgestellt wird (näher dazu § 80 I GO LT). Übergeht der Präsident die Rüge eines Mitglieds, verletzt er insoweit den verfassungsrechtlichen Status des Abgeordneten. Ist die Beschlussunfähigkeit festgestellt, wirkt diese ex nunc. Es können dann keine wirksamen Beschlüsse mehr gefasst werden; die Sitzung wird dann aufgehoben (§ 80 II GO LT). Zuvor gefasste Beschlüsse sind dagegen noch von der Fiktion gedeckt und wirksam.[65] Diese Regelung entspricht allgemeiner parlamentarischer Übung, wie sie auf Bundesebene (nur) in § 45 I, II GO BT ebenfalls geregelt ist.[66] Die Fiktion des Art. 33 III 3 LV ermöglicht es, dass der Landtag auch in nur sehr geringer Besetzung grundsätzlich handlungs- und entscheidungsfähig ist. Somit können auch weitreichende Entscheidungen (zB Gesetzesbeschlüsse) von nur sehr wenigen Abgeordneten gefasst werden. Allerdings gilt die Fiktion nicht, wenn die Abgeordneten wegen tatsächlicher Hindernisse oder der Ausübung von Drohungen oder Zwang an der Sitzungsteilnahme gehindert sind.[67] 35

Dennoch begegnet Art. 33 II 3 LV keinen Bedenken im Hinblick auf das Homogenitätsgebot des Art. 28 I GG oder im Hinblick auf Art. 64 I 2 LV wegen einer möglichen **Verletzung des Demokratieprinzips**. Zwar bedingt die demokratische Bildung des Staatswillens die Mitwirkung des repräsentierten Volkes in Gestalt des von ihm gewählten Landtags als Gesamtorgan, woraus grundsätzlich die Mitwirkung aller Abgeordneten folgt. Aber gleichzeitig beruht der moderne Parlamentarismus in hochkomplexen Gesellschaften auf arbeitsteilig organisierten Prozessen und Personen mit verschiedenem spezifischem Sachverstand, weshalb die **Repräsentationsleistung nicht nur im Plenum erbracht** wird. Vielmehr kann sich die Mitwirkung in den Ausschusssitzungen in fachlicher und in den Fraktionssitzungen in politischer Hinsicht wesentlich stärker auswirken, als im Plenum. Unter Abwägung dieser gegenläufigen Prinzipien ist dem demokratischen Repräsentationsprinzip dann hinreichend Rechnung getragen, wenn allen Abgeordneten die Mitwirkung im Plenum seitens des Landtags zumindest im Regelfall ermöglicht wird.[68] 36

IV. Verantwortungsfreiheit wahrheitsgetreuer Berichte (Abs. 3)

Wenngleich das – zeitlich unbefristete – Berichterstattungsprivileg de jure für jede Form von Berichten (also zB auch für Erzählungen von Zuhörern) gilt,[69] dient es doch in allererster Linie der Absicherung der Meinungsfreiheit der Medien gem. Art. 2 I LV iVm Art. 5 I 1 GG und damit der **Berichterstattungsöffentlichkeit als Effektivierung des Öffentlichkeitsgrundsatzes** 37

---

65 *Feuchte* in: Feuchte, Art. 33 Rn. 20; *Braun*, Art. 33 Rn. 36.
66 Das BVerfG hat diese Regelung als von der GO-Autonomie umfasst angesehen, E 44, 308 (314 f.).
67 *Braun*, Art. 33 Rn. 38.
68 BVerfGE 44, 308 (LS 3–5 u. S. 315–320).
69 *Klein* in: Maunz/Dürig, Art. 42 Rn. 65; *Kluth* in: Schmidt-Bleibtreu/Hofmann/Henneke, Art. 42 Rn. 24; *Bogan* in: Epping/Butzer u.a., Art. 22 Rn. 19.

in Art. 33 I 1 LV.[70] Die – auf öffentliche Plenar- und Ausschusssitzungen des Landtags beschränkte – Verantwortungsfreiheit gem. Art. 33 III LV hat zwei zentrale Voraussetzungen: Es muss sich um einen „Bericht" handeln, und dieser muss „wahrheitsgetreu" sein. Für den **Berichtscharakter** ist dessen Objektivität und Sachlichkeit maßgebend.[71] Ein Bericht ist daher auf die Darstellung nachprüfbarer Tatsachen – also das Referieren von Inhalten und Äußerungen einer stattgefundenen Sitzung im Landtag – beschränkt. Enthält eine Schilderung dagegen eigene – insbesondere zustimmende – Wertungen des Darstellenden, macht dieser sich Standpunkte von Abgeordneten und Fraktionen zu eigen, was zum Verlust des Berichterstattungsprivilegs führt.[72] **Wahrheitsgetreu** ist der Bericht dann, wenn er sachlich zutreffende Angaben enthält und keinen falschen Eindruck (etwa durch gezieltes Weglassen relevanter Gesichtspunkte) erweckt.[73]

38 Soweit diese Voraussetzungen gewahrt sind, können Dritte insbesondere solche Äußerungen von Abgeordneten, die (ggf. ohne Indemnität) strafbar wären oder zivilrechtliche Haftungsansprüche auslösen würden (zB Beleidigungen oder Aufforderungen zu Straftaten), wiedergeben, ohne eine eigene **Strafbarkeit oder Haftung** befürchten zu müssen.[74] Ebenso sind **polizei- oder disziplinarrechtliche Sanktionen** unzulässig.[75] Eine Verletzung der dem Bund vorbehaltenen Gesetzgebungskompetenz auf den Gebieten des Straf- und Zivilrechts (Art. 74 I Nr. 1 GG) liegt darin schon deshalb nicht, weil § 37 StGB einen Art. 33 III LV sachlich gleichlautenden Rechtfertigungsgrund[76] enthält; außerdem steht diese Regelung in einem unmittelbaren Zusammenhang mit der Eigenorganisation der Landesstaatlichkeit, weshalb die Norm zu dem in Art. 28 I GG garantierten eigenständigen Verfassungsraum des Landes zählt.[77]

Artikel 34 [Regierungsanwesenheit]

(1) Der Landtag und seine Ausschüsse können die Anwesenheit eines jeden Mitglieds der Regierung verlangen.

(2) ¹Die Mitglieder der Regierung und ihre Beauftragten haben zu den Sitzungen des Landtags und seiner Ausschüsse Zutritt und müssen jederzeit gehört werden. ²Sie unterstehen der Ordnungsgewalt des Präsidenten und der Vorsitzenden der Ausschüsse. ³Der Zutritt der Mitglieder der Regie-

---

70 Abg. *Lausen* in: Feuchte, Quellen, 2. Teil, 389; *Klein* in: Maunz/Dürig, Art. 42 Rn. 65; *Kluth* in: Schmidt-Bleibtreu/Hofmann/Henneke, Art. 42 Rn. 22.
71 RGSt 18, 207 (210); *Kluth* in: Schmidt-Bleibtreu/Hofmann/Henneke, Art. 42 Rn. 23.
72 *Bogan* in: Epping/Butzer u.a., Art. 22 Rn. 18.
73 *Kluth* in: Schmidt-Bleibtreu/Hofmann/Henneke, Art. 42 Rn. 24.
74 *Feuchte* in: Feuchte, Art. 33 Rn. 23.
75 *Klein* in: Maunz/Dürig, Art. 42 Rn. 71.
76 *Klein* in: Maunz/Dürig, Art. 42 Rn. 71; *Braun*, Art. 33 Rn. 42; dagegen sieht RGSt 18, 207 (214) darin nur einen Strafausschließungsgrund, was wegen des damit vorausgesetzten Unrechtscharakters der verfassungsrechtlichen Wertung nicht gerecht wird.
77 Ebenso *Braun*, Art. 33 Rn. 41; ähnlich auch *Feuchte* in: Feuchte, Art. 33 Rn. 24.

rung und ihrer Beauftragten zu den Sitzungen der Untersuchungsausschüsse und ihr Rederecht in diesen Sitzungen wird durch Gesetz geregelt.

Schrifttum:
Bernzen, Rechtliche Stellung des Vorsitzenden eines parlamentarischen Ausschusses, ZParl 1977, 36; *Brüning*, Der informierte Abgeordnete, Der Staat 43 (2004), 511; *Dach*, Das Ausschussverfahren nach der Geschäftsordnung und in der Praxis, in: Schneider/Zeh, § 40; *Frost*, Die Parlamentsausschüsse, ihre Rechtsgestalt und ihre Funktionen, dargestellt an den Ausschüssen des Deutschen Bundestages, AöR 95 (1970), 38; *Haug*, Bindungsprobleme und Rechtsnatur parlamentarischer Geschäftsordnungen, 1994; *Hölscheidt*, Information der Parlamente durch die Regierungen, DÖV 1993, 593; *Kasten*, Plenarvorbehalt und Ausschussfunktion, DÖV 1985, 222; *Kese*, Das Zugriffsverfahren bei der Bestimmung parlamentarischer Ausschussvorsitzender, ZParl 1993, 613; *Kirchner*, Auskunftsverweigerung der Bundesregierung über Panzerlieferungen nach Saudi-Arabien: bewusster Verfassungsverstoß, ZParl 2012, 82; *Kretschmer*, Zur Organisationsgewalt des Deutschen Bundestages im parlamentarischen Bereich, ZParl 1986, 334; *Linck*, Zur Informationspflicht der Regierung gegenüber dem Parlament, DÖV 1983, 957; *Lorz/Richterich*, Regierung im Parlament, in: Morlok/Schliesky/Wiefelspütz, § 35; *Meier*, Zitier- und Zutrittsrecht im parlamentarischen Regierungssystem, 1982; *Queng*, Das Zutritts- und Rederecht nach Art. 43 Abs. 2 GG, JuS 1998, 610; *Röper*, Parlamentarische Ordnungsmaßnahmen gegenüber Regierungsmitgliedern, ZParl 1991, 189; *Schürmann*, in: Morlok/Schliesky/Wiefelspütz, Plenarvorbehalt, § 19; *Wiefelspütz*, Das Primat des Parlaments. Zum Danckert/Schulz-Urteil des Bundesverfassungsgerichts zur Europäischen Finanzstabilitätsfazilität, ZParl 2012, 227; *Winkelmann*, in: Morlok/Schliesky/Wiefelspütz, Parlamentarische Ausschussarbeit, § 23; *Zeh*, Das Ausschusssystem im Bundestag, in: Schneider/Zeh, § 39.

Vergleichbare Regelungen: Art. 43 GG, 24 BayVerf, 49 BerlVerf, 66 BbgVerf, 98 BremVerf, 23 HambVerf, 91 HessVerf, 38 MVVerf, 23 NdsVerf, 45 NRWVerf, 89 RPVerf, 76 SaarlVerf, 49 SächsVerf, 52 LSAVerf, 27 SchlHVerf, 66 ThürVerf.

Ergänzende Normen: § 10 UAG; §§ 18 – 32 (Ausschüsse), 38 (Zitierrecht), 72 (Zutritt zum Plenarsaal), 81 II, 83 a I 4 (Redebeiträge der Regierung) GO LT.

Leitentscheidungen: BVerfGE 10, 4 (Rederecht von Regierungsvertretern).

A. Überblick und Einordnung	1	II. Zitierrecht (Abs. 1)	17
I. Bedeutung	1	III. Rechtsstellung der Regierungsmitglieder und ihrer Beauftragten (Abs. 2)	20
II. Herkunft, Entstehung, Geschichte	3	1. Zutritts- und Rederecht (Abs. 2 S. 1)	20
III. Verfassungsvergleichende Einordnung	6	2. Ordnungsgewalt (Abs. 2 S. 2)	23
B. Erläuterung	8	3. Gesetzliche Sonderregelung bei Untersuchungsausschüssen (Abs. 2 S. 3)	24
I. Plenum und Ausschüsse	8		
1. Plenum	8		
2. Ausschüsse	9		
3. Statistische Angaben (7.–15. Wahlperiode: 1976–2016)	16		

A. Überblick und Einordnung

I. Bedeutung

Art. 34 LV stellt die zentrale **Regelung des Verhältnisses von Landtag und Landesregierung** dar, indem ihre aufeinander bezogenen Kernrechte und -pflichten normiert werden. Indem der Landtag und seine Ausschüsse gem. 1

Abs. 1 jedes Regierungsmitglied herbeizitieren können, wird der Informationsanspruch des Landtags konkretisiert und handhabbar gemacht. Dazu korrespondiert die Pflicht der Regierung, dem Landtag Rede und Antwort zu stehen, was eine wesentliche Voraussetzung zur Erfüllung der parlamentarischen Kontrollfunktion gem. Art. 27 II LV darstellt. Demgegenüber räumt Abs. 2 der Landesregierung eine starke Rechtsstellung im Parlament ein, indem ihre Mitglieder und Beauftragten zu nahezu allen Sitzungen ein uneingeschränktes Zutrittsrecht sowie dort auch ein jederzeitiges Rederecht haben. Hier ist es nun der Landtag, der diese Einschränkung seiner Parlamentsautonomie hinnehmen und die Regierung an seinen Beratungen teilhaben lassen und ihr ggf. zuhören muss.[1] Diese starke Position der Regierung ist unbeschadet ihrer konstitutionellen Wurzeln auch im demokratischen Verfassungsstaat gerechtfertigt, weil sie vom Vertrauen des Landtags abhängt und deshalb dort ihre Position jederzeit darlegen und verteidigen können muss.[2] Zudem bringt diese Gegenüberstellung der korrespondierenden Rechte und Pflichten von Landtag und Regierung (sog. Korrespondenztheorie)[3] die formale Gleichordnung dieser beiden gemeinsam mit der Staatsleitung beauftragten Verfassungsorgane zum Ausdruck.

2 Die praktische Bedeutung der beiden Absätze fällt jedoch stark auseinander: Da es sich beim Zitierrecht (und damit auch bei den daraus abgeleiteten Informationsrechten) des Abs. 1 um ein **Mehrheitsrecht sowohl des Landtags als auch der Ausschüsse** handelt, kommt es im parlamentarischen Regierungssystem wegen des sog. neuen Dualismus (→ Art. 27 Rn. 27) nur extrem selten zur Anwendung.[4] Denn dafür müsste die parlamentarische Mehrheit ihre „eigene" Regierung entsprechend desavouieren.[5] Allerdings kommt es dazu auch deshalb nicht, weil es völlig üblich ist, dass die Regierung unaufgefordert im Plenum und in den Ausschüssen zu jeder Sachfrage ihren Standpunkt darlegt.[6] Daraus folgt zugleich die umgekehrt **erhebliche praktische Bedeutung von Abs. 2**: Von diesen Rechten wird tagtäglich in großer Zahl sowohl von Regierungsmitgliedern als auch von ihren Beauftragten Gebrauch gemacht.[7]

II. Herkunft, Entstehung, Geschichte

3 Da die formale Gleichordnung von Parlament und Regierung dem **frühkonstitutionellen Verständnis** fremd war, finden sich in den Verfassungen

---

1 *Versteyl* in: v. Münch/Kunig, Art. 43 Rn. 1.
2 BVerfGE 10, 4 (17 f.); *Lorz/Richterich* in: Morlok/Schliesky/Wiefelspütz, § 35 Rn. 11.
3 *Frost*, AöR 95 (1970), 38 (47 f., 62); *Kirchner*, ZParl 2012, 362 (363 f.); krit. *Lorz/Richterich* in: Morlok/Schliesky/Wiefelspütz, § 35 Rn. 12; ebenfalls zurückhaltend *Klein* in: Maunz/Dürig, Art. 43 Rn. 122.
4 Das Datenhandbuch von *Schindler* (Band I, 1265) weist auf Bundesebene von 1949–1994 insgesamt lediglich 16 erfolgreiche Fälle aus; vgl. auch *Klein* in: Maunz/Dürig, Art. 43 Rn. 39 f., wonach der Existenz des Zitierrechts dessen Anwendung weitgehend überflüssig macht; *Hölscheidt*, DÖV 1993, 593 (593 f.).
5 *Lorz/Richterich* in: Morlok/Schliesky/Wiefelspütz, § 35 Rn. 64, sprechen daher von einer „Reservefunktion".
6 *Braun*, Art. 43 Rn. 2.
7 Vgl. *Lorz/Richterich* in: Morlok/Schliesky/Wiefelspütz, § 35 Rn. 13; *Klein* in: Maunz/Dürig, Art. 43 Rn. 124; s. auch *Meier*, Zitier- und Zutrittsrecht, 61 f.

[Regierungsanwesenheit] Artikel 34

aus dieser Epoche nur die Eingriffsrechte der Regierung zulasten des Parlaments. Denn aus der übergeordneten Stellung der vom monarchischen Souverän ernannten Regierung ergab sich denklogisch deren jederzeitiges Zutritts- und Rederecht in dem „nur" das Volk vertretenden Parlament (§§ 169 VerfWü 1819, 76 VerfBad 1818).[8] Umso bemerkenswerter ist es, dass das Zutrittsrecht auf Ausschussebene („ständische Commissionen") in § 169 VerfWü 1819 von einer Einladung abhängig war. Das Zitierrecht fand dagegen erstmalig mit § 122 PKV – neben dem Zutritts- und Rederecht der Regierung in § 121 PKV – Eingang in eine deutsche Verfassung. Während die RV von 1871 wieder nur das Zutrittsrecht (allerdings nur für den Reichskanzler in seiner Eigenschaft als Vorsitzender des Bundesrates, Art. 9, 15 I RV) und kein Zitierrecht kannte, sah Art. 33 WRV nun in neuer Reihenfolge zunächst das Zitier- und dann das Zutritts- und Rederecht vor. Besonders deutlich wurde der **Souveränitätswechsel** schließlich dadurch, dass die Regierungsmitglieder nun auch ausdrücklich der Ordnungsgewalt des Vorsitzenden unterstellt wurden (Art. 33 IV WRV). So mutig waren die ersten republikanischen Verfassungen in Baden und Württemberg nicht, aber sie sahen wie in der PKV das Zutritts- und Rederecht sowie das Zitierrecht korrespondierend vor (§§ 50 VerfBad 1919, 20 VerfWü 1919). Die **Nachkriegsverfassungen** von 1946/47 sahen dann teils die umgekehrte Reihenfolge (Art. 64 VerfWB, 36 VerfWH) und teils die ausdrückliche Erstreckung des Ordnungsrechts (Art. 73 VerfLB) vor.

In den **VA-Beratungen** des heutigen Art. 34 LV, der (ohne Abs. 2 S. 3) nahezu wörtlich auf Art. 31 VerfERP beruht, wurden zwei Aspekte diskutiert. Zum einen wurde die Notwendigkeit hinterfragt, ein Zitierrecht vorzusehen, da die Anwesenheit der Regierung in der parlamentarischen Regierungsform ohnehin selbstverständlich sei. Außerdem sahen einige Abgeordnete die Ordnungsgewalt des Präsidenten bzw. Ausschussvorsitzenden auch ohne gesonderte Verfassungsbestimmung als gegeben an (wie diese Kommentierung, → Art. 32 Rn. 19). Da es aber in Württemberg-Baden oft praktische Probleme mit fehlender Regierungspräsenz gegeben hatte und von Vertretern der klassischen Lehre die Ordnungsgewalt ohne gesonderte Regelung bestritten wurde, erfolgte die Konsentierung der Norm letztlich einvernehmlich.[9] 4

Die Option einer gesetzlichen Einschränkung des **Zutrittsrechts der Regierung zu Untersuchungsausschüssen** in Art. 34 II 3 LV kam erst 1976 dazu.[10] Hintergrund war zum einen die damals geplante erstmalige Kodifizierung des Untersuchungsausschussrechts und zum anderen das Bedürfnis, zumindest bestimmte (mutmaßlich vom Untersuchungsgegenstand betrof- 5

---

8 *Queng*, JuS 1998, 610 (611); zurückhaltender *Klein* in: Maunz/Dürig, Art. 43 Rn. 6.
9 Vgl. die 1. Lesung im VA, insbes. die Wortmeldungen der Abg. *Ebert* (SPD), *Kuhn* (CDU) und *Müller* (CDU), in dessen 10. Sitzung am 17.7.1952, in: Feuchte, Quellen, 2. Teil, 395–398; in den Folgeberatungen gab es wieder im VA (46. Sitzung vom 13.4.1953 und 52. Sitzung vom 29.5.1953 – Feuchte, 5. Teil, 702, und 6. Teil, 483) noch in der VLV (43. Sitzung vom 24.6.1953, 44. Sitzung vom 30.6.1953 und 58. Sitzung vom 4.11.1953 – Feuchte, 7. Teil, 602, und 8. Teil, 41, 357) weitere Diskussionen über Art. 34 LV.
10 12. LVÄndG v. 3.3.1976, GBl. 176.

Haug

fene) Regierungsvertreter aus den Sitzungen fernhalten zu können. Vorausgegangen war dieser Verfassungsänderung ein noch weitergehender Antrag der damals oppositionellen FDP-Fraktion, wonach (durch eine Änderung in Art. 35 II LV) nicht nur Regierungsmitglieder, sondern sogar dem UA nicht angehörende Abgeordnete ausgeschlossen werden können sollten (was sich wohl gegen Regierungsmitglieder mit Mandat richtete), um das parlamentarische Kontrollrecht zu stärken.[11] Gleichwohl hat die Landesregierung gegen diese Verfassungsänderung heftigen Widerstand geleistet und sich auf „das Prinzip der permanenten Kooperation zwischen Parlament und Regierung und auf das Prinzip der ‚Waffengleichheit' bei der Beweisaufnahme" berufen.[12]

III. Verfassungsvergleichende Einordnung

6 Wenngleich sowohl das Zitierrecht als auch das Zutritts- und Rederecht grundsätzlich in sämtlichen deutschen Verfassungen enthalten sind, zeigen sich im Detail doch einige Besonderheiten. So fällt auf, dass das **Zitierrecht** in drei Ländern als bindendes Minderheitenrecht ausgestaltet ist (Art. 66 I BbgVerf: ein Fünftel der anwesenden Abgeordneten im Plenum oder ein Drittel der Mitglieder eines Ausschusses; Art. 38 I MVVerf, 27 I SchlH-Verf: ein Drittel bzw. ein Viertel der Mitglieder sowohl auf Plenar- als auch Ausschussebene).[13] Des Weiteren benennt allein Art. 76 I SaarlVerf ausdrücklich die damit zusammen hängende Auskunftserteilungspflicht. Bezüglich des **Zutrittsrechts** gibt es im Wesentlichen nur die Variation der Einschränkung oder Einschränkbarkeit bei Untersuchungsausschüssen wie in Art. 34 II 3 LV, nämlich in Art. 49 IV BerlVerf, 66 III BbgVerf, 98 III 2 BremVerf, 23 I 2 HambVerf, 38 II 2 MVVerf, 45 III NRWVerf, 49 III SächsVerf, 27 II 2 SchlHVerf, 66 II 3 ThürVerf. Zusätzlich schließen Art. 23 III NdsVerf, 52 III LSAVerf den Zutrittsanspruch für den Wahlprüfungsausschuss und den Ausschuss zur Vorbereitung der Richterwahl für das jeweilige Landesverfassungsgericht (ebenso Art. 38 II 2 MVVerf) bzw. sogar für alle mit Wahlen und Wahlvorbereitungen betrauten Ausschüsse aus.

7 Verschiedene Einschränkungen kennen die Bestimmungen über das **Rederecht**. So sieht Art. 98 III BremVerf gar keinen verfassungsrechtlich verbrieften Redeanspruch vor (obgleich verfassungsrechtlich anerkannt und in § 41 GO der Bürgerschaft niedergelegt),[14] während dieser in Art. 66 II 2 ThürVerf auf die Regierungsmitglieder und deren Stellvertreter beschränkt ist. Eine vermittelnde Lösung findet sich in Art. 38 III MVVerf, 52 II LSA-Verf, 27 III SchlHVerf, wonach das Rederecht im Plenum nur Regierungsmitgliedern und in den Ausschüssen auch deren Beauftragten zusteht. Dies dürfte auch der Praxis in allen deutschen Parlamenten entsprechen. Teilweise ist das Rederecht ausdrücklich auf die bestehende Tagesordnung bezogen (Art. 49 II 2 BerlVerf), teilweise aber auch außerhalb davon (Art. 91,

---

11 LT-Drs. 6/1224, 2.
12 *Feuchte*, Geschichte, 371 mwN; *Schlenker*, VBlBW 1983, 399 (403).
13 Zur verfassungspolitischen Kritik daran vgl. *Klein* in: Maunz/Dürig, Art. 43 Rn. 44 f.
14 *Klein* in: Maunz/Dürig, Art. 43 Rn. 28.

3 HessVerf, 45 I 3 NRWVerf, 89 III RPVerf). In mehreren Verfassungen sind die Regierungsvertreter wie in Art. 34 II 2 LV zudem ausdrücklich der **Ordnungsgewalt des Präsidenten bzw. Ausschussvorsitzenden** (Art. 49 V BerlVerf, 23 II 2 HambVerf, 91, 4 HessVerf, 23 II 3 NdsVerf, 45 I 2 NRWVerf, 89 IV RPVerf, 49 II 2 SächsVerf, 52 II 3 LSAVerf) oder in ihrem Rederecht der näheren Ausgestaltung der Geschäftsordnung (Art. 66 II 3 BbgVerf) unterworfen.

B. Erläuterung

I. Plenum und Ausschüsse

1. Plenum

Da die LV in Art. 34 (nach einer eher beiläufigen Erwähnung in Art. 33 III LV) das Begriffspaar „Landtag und seine Ausschüsse" mit Kompetenzen ausstattet, kann darin auch die verfassungsrechtliche Verbürgung dieser beiden zentralen Ebenen der parlamentarischen Arbeit gesehen werden. Verwendet die LV den Begriff „der Landtag", ist damit das Plenum als Vollversammlung aller aktiven Mandatsträger gemeint. Zwar ist die Gesamtheit der Abgeordneten aufgrund ihrer Größe schwerfälliger als kleinere Einheiten, dafür wird nur hier der Wählerwille in seiner ganzen Breite vollständig abgebildet. Denn dieser umfasst nicht nur die parteipolitische Fraktionsbildung, sondern auch die soziologische Zusammensetzung des Landtags nach Alter, Geschlecht, Beruf, Bildung und Konfession bzw. Weltanschauung und die Repräsentation der unterschiedlichen Regionen und Teilregionen des Landes.[15] Daraus folgt die **Funktion des Plenums als öffentliche Bühne des argumentativen politischen Wettstreits**, weshalb hier die eigentliche politische Integrationsleistung erbracht wird. Daher kann nur im Plenum eine umfassende Legitimation von Entscheidungen vermittelt werden. Deshalb sind dem Plenum grundsätzlich alle wichtigen Entscheidungen des Landtags vorbehalten (Plenarvorbehalt; zu den Delegationsspielräumen → Rn. 12).[16]

8

2. Ausschüsse

Da das Plenum aber völlig überfordert wäre, die Quantität und Komplexität politischer Entscheidungen einer modernen heterogenen Gesellschaft ohne Vorarbeiten zu bewältigen, sind die **Ausschüsse als fachliche Arbeitsebene** des Landtags für die erfolgreiche Bewältigung der parlamentarischen Aufgaben nicht minder bedeutsam. Im Zentrum steht dabei die Vorbereitungsfunktion gegenüber dem Plenum. Die Hauptaufgaben der einzelnen Fachausschüsse bestehen darin, die in ihr Aufgabengebiet fallenden Gesetzentwürfe zu beraten und das ihnen jeweils gegenüberstehende Fachministe-

9

---

15 *Schürmann* in: Morlok/Schliesky/Wiefelspütz, § 19 Rn. 20; s. etwa überproportional viele Ausschussmitglieder mit hoher eigener Affinität zu den Ausschussthemen (sog. „Verbandsdichte"), vgl. *Versteyl* in: v. Münch/Kunig, Art. 43 Rn. 22.
16 Die Bedeutung orientiert sich an Kriterien wie die politische Bedeutung und den Grad der Außenwirkung, vgl. *Schürmann* in: Morlok/Schliesky/Wiefelspütz, § 19 Rn. 16; *Braun*, Art. 43 Rn. 26.

rium zu kontrollieren.[17] Auf dieser Ebene bestehen wesentliche Möglichkeiten der **Einflussnahme auf die Entscheidungen des Landtags** und der Ausübung der Informations- und Kontrollfunktionen des Landtags.[18]

10 Der **Ausschussbegriff** von Art. 34 I LV ist – schon wegen der Paaranordnung mit dem Plenum und wegen des Possessivpronomens „seine" – dahin gehend zu verstehen, dass er personell ausschließlich aus Mandatsträgern bestehende Gremien erfasst, die inhaltlich eine (meist fachliche) Aufgabenstellung für das Gesamtparlament wahrzunehmen haben. Folglich scheiden solche Gremien, die teilweise mit Nichtabgeordneten besetzt sind (vgl. §§ 56 GO BT, 34 II GO LT),[19] ebenso aus wie politische Untergliederungen (Fraktionen und deren Substrukturen) oder das Präsidium als internes Organ der Selbstverwaltung.[20] Damit hängt eng das aus dem Mandatsstatus ihrer Mitglieder abgeleitete Recht der Fraktionen zusammen, in den Ausschüssen porportional ebenso stark vertreten zu sein, wie im Plenum (Gebot der Spiegelbildlichkeit, s. → Art. 27 Rn. 139 ff.). Ebenso muss jeder Abgeordnete (auch ohne Fraktionszugehörigkeit) die Möglichkeit zur Mitarbeit in mindestens einem Ausschuss haben. Nur aus „gewichtige[n], an der Funktionstüchtigkeit des Parlaments orientierte[n] Gründe[n]" ist ein völliger Ausschluss eines Abgeordneten von der Ausschussarbeit denkbar.[21] Aus der Natur der Ausschüsse als unselbstständige Untergliederungen des Landtags folgt, dass kein Ausschuss Befugnisse beanspruchen kann, die über die des ganzen Parlaments hinausgehen (sog. Korrolartheorie).[22]

11 Die LV beschränkt sich darauf, drei Pflichtausschüsse – nämlich den Petitionsausschuss gem. Art. 35 a I LV, den Ständigen Ausschuss gem. Art. 36 LV und das Notparlament gem. Art. 62 I LV – vorzusehen. Durch die Kompetenzzuweisung in Art. 34 I, II LV an „die Ausschüsse" macht die LV aber zugleich deutlich, dass sie eine entsprechende Substruktur des Landtags voraussetzt. Hinzu kommen einfachgesetzliche Erwähnungen von Landtagsausschüssen, deren Bildung damit ebenfalls vorgegeben ist (zB Wahlprüfungsausschuss gem. § 4 LWPrG). Sowohl die Bildung weiterer Ausschüsse wie auch die Wahl, Zusammensetzung oder Arbeitsweise der Ausschüsse ist der **Geschäftsordnungsautonomie** gem. Art. 32 I 2 LV überantwortet.[23] Dabei hat der StGH eine Übereinstimmung des geschäftsordnungsrechtlichen und des in der LV verwendeten Ausschussbegriffs

---

17 *Dhungel/Linhart*, ZParl 2014, 743 (749); *Kluth* in: Schmidt-Bleibtreu/Hofmann/Henneke, Art. 43 Rn. 8.
18 BVerfGE 80, 188 (222); 130, 318 (351); VerfGH, U. v. 27.10.2017 – 1 GR 35/17 – juris, Rn. 42; BayVerfGH, E. v. 26.11.2009 – Vf. 32-IVa-09 – juris, Rn. 39; BbgVerfG, U. v. 19.2.2016 – VfGBbg 57/15 – juris, Rn. 30.
19 StGH, LVerfGE 13, 8 (24); *Schmidt-Jortzig* in: Morlok/Schliesky/Wiefelspütz, § 32 Rn. 5.
20 *Frost*, AöR 95 (1970), 38 (40 f.); *Versteyl* in: v. Münch/Kunig, Art. 43 Rn. 34; *Klein* in: Maunz/Dürig, Art. 43 Rn. 54, 59; aA bzgl. Enquete-Kommissionen *Morlok* in: Dreier, Art. 43 Rn. 9; *Feuchte* in: Feuchte, Art. 43 Rn. 3 f.; *Meier*, Zitier- und Zutrittsrecht, 124–127.
21 BVerfGE 80, 188 (LS 4 b u. S. 221); VerfGH, U. v. 27.10.2017 – 1 GR 35/17 – juris, Rn. 42; SaarlVerfGH, U. v. 3.12.2007 – Lv 12/07 – juris, Rn. 40.
22 NdsStGH, U. v. 24.10.2014 – StGH 7/13 – juris, Rn. 57; *Morlok* in: Dreier, Art. 44 Rn. 19; *Winkelmann* in: Morlok/Schliesky/Wiefelspütz, § 23 Rn. 26.
23 BVerfGE 130, 318 (350); BayVerfGH, E. v. 26.11.2009 – Vf. 32-IVa-09 – juris, LS 1 u. Rn. 33.

(Art. 33 III, 34 I, II 1, 2, 35 a I 2, 37 LV) festgestellt.[24] Da die Ausschüsse in der GO LT mit eigenen Rechten ausgestattet sind, handelt es sich bei ihnen um im Organstreitverfahren gem. Art. 68 I 1 Nr. 1 LV parteifähige Verfassungsteilorgane, soweit es um ein ihnen zurechenbares Verhalten geht.[25]

Soweit keine verfassungsrechtlich vorgebenen Plenarvorbehalte (zB Wahl des Ministerpräsidenten gem. Art. 46 I 1 LV) eingreifen, umfasst das Selbstorganisationsrecht das Recht, **Delegationsmöglichkeiten** des Plenums an Ausschüsse oder auch die Einsetzung von Unterausschüssen durch Ausschüsse vorzusehen. Dabei muss aber zumindest grundsätzlich eine geeignete Form der Rückkoppelung an das Plenum sichergestellt bleiben, weil im Normalfall weder einerseits sich der Landtag seiner **Verantwortung für seine Substrukturen** begeben kann, noch andererseits die Ausschüsse und Unterausschüsse eine vom Landtag unabhängige Organstellung haben und ohne Zurechnung zum Plenum rechtlich nicht existieren können. Dies gilt insbesondere – aber nicht nur – für die Bindung an die GO, da Art. 32 I 2 LV nur dem Landtag als Gesamtorgan die Geschäftsordnungsautonomie verleiht (vgl. insoweit § 20 GO LT).[26] Eine **abschließende und plenarersetzende Delegation von Entscheidungskompetenzen** ist dagegen – in Ermangelung einer ausdrücklichen Delegationsermächtigung in der LV (wie sie in Art. 105 III BremVerf enthalten ist)[27] – nur in äußerst engen Grenzen zulässig, was in formeller Hinsicht durch die Zweidrittelmehrheit in § 26 IV 2 GO LT zum Ausdruck kommt. Denn damit wird in das aus dem Mandatsstatus fließende Teilhaberecht der in diesem Gremium nicht vertretenen Abgeordneten eingegriffen. Ausnahmen sind folglich nur dann möglich, wenn dies zur Wahrung von Verfassungsrechtsgütern erforderlich ist, denen gleiches Gewicht wie dem Teilhaberecht der Abgeordneten zukommt. Dies ist namentlich für die Funktionsfähigkeit des Parlaments anerkannt.[28] Weitere Ausnahmetatbestände können besondere Eilbedürftigkeit (wenn eine Plenarentscheidung rechtzeitig gar nicht zu bekommen wäre) oder Fälle legitimen Geheimnisschutzes darstellen.[29] Ersteres ist ausdrücklich für die meist kurzfristig abzugebenden Stellungnahmen in EU-Angelegenheiten in § 26 IV 3 GO LT vorgesehen (zur Problematik abschließender Entscheidungen auf Ausschussebene in EU-Angelegenheiten → Art. 34 a Rn. 16).

In der parlamentarischen Praxis werden die meisten Ausschüsse (freilich ohne – auch nur gewohnheitsmäßige – Rechtspflicht) **korrespondierend zu den Ressorts der Landesregierung** gebildet, wofür die damit verbundenen Erleichterungen in organisatorischer Hinsicht und die Vermeidung mögli-

---

24 StGH, LVerfGE 13, 8 (24).
25 ThürVerfGH, U. v. 25.5.2000 – VerfGH 6/00 – juris, LS 1.
26 LVerfG M-V, U. v. 31.5.2001 – LVerfG 2/00 – juris, LS u. Rn. 62 ff. (v.a. Rn. 78); *Kluth* in: Schmidt-Bleibtreu/Hofmann/Henneke, Art. 43 Rn. 8.
27 Dort sind nur die Gesetzgebung, Wahlen und Ausschusseinsetzungen von der Möglichkeit zur endgültigen Delegation ausgenommen, vgl. *Baer* in: Fischer-Lescano/Rinken u.a., Art. 105 Rn. 20 f.
28 BVerfGE 130, 318 (353 f.); *Schürmann* in: Morlok/Schliesky/Wiefelspütz, § 19 Rn. 26; *Kasten*, DÖV 1985, 222 (225 f.); großzügiger *Wiefelspütz*, ZParl 2012, 227 (234 f.), wonach sachliche Notwendigkeit und Funktionsgerechtigkeit ausreichend sein sollen.
29 *Schürmann* in: Morlok/Schliesky/Wiefelspütz, § 19 Rn. 28-30.

cher Kontrolllücken sprechen.[30] Eine Ausnahme bildet der Europaausschuss, der im Hinblick auf Art. 34 a LV als eigenständiges Gremium eingerichtet ist. Die **Wahl der Ausschüsse** erfolgt durch den Landtag (§ 18 I GO LT), der hierfür in § 19 II, III iVm § 17 a GO LT das verfassungsrechtlich fundierte Spiegelbildlichkeitsgebot (→ Art. 27 Rn. 139 ff.) durch eine proportionale Aufteilung der jeweiligen Ausschusssitze auf die einzelnen Fraktionen einschließlich des zu beachtenden Vorschlagsrechts der Fraktionen zugrundegelegt hat. Auch die Funktionen der Ausschussvorsitzenden und ihrer Stellvertreter werden proportional unter den Fraktionen verteilt (§ 19 III GO LT),[31] ohne dass dies allerdings von Verfassungs wegen vorgegeben wäre.[32]

14 Für die **Zuständigkeitsgrenzen** und für die Arbeitsweise sind die §§ 26, 27, 32 GO LT von besonderer Bedeutung. So regelt § 26 I GO LT, dass die Ausschüsse nur über solche Gegenstände beschließen dürfen, „die ihnen durch gesetzliche Vorschrift, vom Landtag oder vom Präsidenten aufgrund der Geschäftsordnung oder eines Beschlusses des Landtags zur Behandlung überwiesen werden". Soweit diese Aufgaben zügig erledigt werden (§ 26 II GO LT), darf jeder Ausschuss darüber hinaus andere Themen aus dem jeweiligen fachlichen Aufgabenbereich im Wege der Selbstbefassung (auf Antrag eines Viertels der Mitglieder oder von zwei Fraktionen) behandeln und dem Landtag zur Entscheidung vorlegen (§ 26 III GO LT).[33] Für die Arbeitsweise legt § 27 ein **Berichterstattersystem** fest, wonach jeder Beratungsgegenstand durch idR ein Mitglied des Ausschusses vorzubereiten ist. § 32 schreibt schließlich den **Grundsatz der nichtöffentlichen Beratungsweise** der Ausschüsse fest (dazu → Art. 33 Rn. 13). Dieser ist allerdings dadurch stark gelockert, dass bereits auf Antrag von zwei Fraktionen eine öffentliche Beratung zu erfolgen hat (§ 32 I 2 Nr. 3 GO LT). Darüber hinaus finden die fakultativ anzuberaumenden Anhörungen von Sachverständigen, Interessenvertretern oder anderen Auskunftspersonen stets öffentlich statt, soweit nicht eine Zweidrittelmehrheit das Gegenteil beschließt (§ 32 II GO LT).

15 **Weitere GO-Regelungen zu den Ausschüssen** betreffen das Teilnahmerecht der nicht zum jeweiligen Ausschuss zählenden Abgeordneten (§ 19 IV GO LT), die sinngemäße Anwendung der GO auch auf die Ausschusssitzungen (was insbesondere für das Ordnungsrecht gilt, § 20 GO LT), die Konstituierung der Ausschüsse durch das jeweils lebensälteste Mitglied (§ 21 GO LT), die Ladungsformalitäten einschließlich des (insoweit Art. 30 IV 3 LV nachgebildeten) Anspruchs einer Minderheit von einem Viertel der Mitglie-

---

30 Vgl. *Feuchte* in: Feuchte, Art. 27 Rn. 31; ausf. *Fuchs*, DVBl. 2015, 1337 (1338 f.).
31 Können sich die Fraktionen nicht einigen, findet ein Zugriffsverfahren nach Stärke der Fraktionen statt; näher dazu *Kese*, ZParl 1993, 613 (617 ff.); üblich ist zudem, dass der Vorsitz im Finanzausschuss stets von einem Vertreter einer Oppositionsfraktion wahrgenommen wird.
32 Wegen des Gebots zur neutralen Amtsführung (§§ 20, 9 I 2 GO LT) ist die Funktion eines (stv.) Ausschussvorsitzenden organisationsrechtlicher Natur ohne direkten Zusammenhang mit den Statusrechten der Abg. (Rede-, Antrags-, Beratungs- und Stimmrecht), aus denen sich das Spiegelbildlichkeitsgebot ableitet (→ Art. 27 Rn. 139); insofern gilt hier dasselbe wie für das „engere Präsidium" von Präsident und Vizepräsident(en), → Art. 32 Rn. 13 mwN.
33 *Winkelmann* in: Morlok/Schliesky/Wiefelspütz, § 23 Rn. 26–28.

der oder von zwei Fraktionen auf Anberaumung einer Sitzung (§ 22 I GO LT), die Leitungszuständigkeit des Vorsitzenden (§ 22 II GO LT), die Beschlussfähigkeit (§ 24 I GO LT), das Prinzip der einfachen Mehrheit (§ 24 II GO LT), die Niederschriften (§ 25 GO LT) und die Zuziehung von Sachverständigen (§ 30 GO LT) sowie die Teilnahmerechte des Rechnungshofs, des Landesdatenschutzbeauftragten und von Kommunen (§§ 31 a, 31 b GO LT).

3. Statistische Angaben (7.–15. Wahlperiode: 1976–2016)[34]

Wahlperiode	15	14	13	12	11	10	9	8	7
Dauer	5 Jahre				4 Jahre				
Plenarsitzungen	150	112	109	105	81	86	86	84	96
Aktuelle Debatten	230	109	92	133	102	80	59	50	60
Sitzungen der Fachausschüsse	585	584	690	581	614	516	425	362	473
Ausschussanhörungen	51	30	25	34	38	25	28	34	40

II. Zitierrecht (Abs. 1)

Die **Berechtigung zur Ausübung des Zitierrechts** ist sowohl dem Plenum als auch den Ausschüssen übertragen. Auf beiden Ebenen ist für diese Ausübung zunächst ein wirksamer Antrag erforderlich, was auf Plenarebene die Unterstützung durch fünf Abgeordnete bedingt (§ 38 II GO LT). Auf Ausschussebene kann dagegen (in Ermangelung einer konkreten Vorgabe in § 31 GO LT) bereits ein einzelner Abgeordneter den Antrag stellen. Da das Zitierrecht als **Mehrheitsrecht** ausgestaltet ist, bedarf es für die wirksame Geltendmachung einer Abstimmungsmehrheit iSv Art. 33 II 1 LV sowohl im Plenum als auch in den Ausschüssen.

Adressat des Zitierrechts ist nicht die Regierung als Kollegium, sondern das im Herbeirufungsbeschluss konkret zu benennende Regierungsmitglied iSv Art. 45 II LV. Dies gilt unabhängig von der regierungsinternen Zuständigkeitsverteilung.[35] Das Zitierrecht erfasst alle Regierungsmitglieder iSv Art. 45 II LV, also (entgegen der insoweit missverständlichen Überschrift von § 38 GO LT: „Herbeirufung von Ministern") nicht nur die Minister, sondern auch den Ministerpräsidenten sowie die Staatssekretäre und Staatsräte. Keine Regierungsmitglieder sind dagegen die politischen Staatssekretäre (vgl. § 1 PStSG) oder Ministerialdirektoren, weshalb die parlamentarische Verantwortung für diese beim zuständigen Minister liegt.[36] Das herbeigerufene Regierungsmitglied ist nach einer entsprechenden Beschlussfassung höchstpersönlich dazu verpflichtet, unverzüglich – mithin ohne schuldhaftes Zögern – vor dem herbeirufenden Gremium zu erscheinen. Eine Nichtbefolgung der Zitierung (oder als milderes Mittel die Ent-

---

34 Pl.-Prot. 9/86, 7257-7263 (7.–9. WP); Pl.-Prot. 12/105, 8322-8324 (10./11. WP); LT-Drs. 14/7701 (12./13. WP); LT-Drs. 15/8124 (14./15. WP).
35 *Klein* in: Maunz/Dürig, Art. 43 Rn. 60 f.
36 *Braun*, Art. 43 Rn. 6.

sendung eines Vertreters) kann nur bei gravierenden Verhinderungsgründen in Betracht kommen, etwa bei Unmöglichkeit (zB wenn sich das Regierungsmitglied auf einer Auslandsreise befindet) oder Unzumutbarkeit (zB bei Erkrankung des Zitierten).[37] In Ermangelung verfassungsrechtlicher Sanktionen steht dem Landtag bei Nichterfüllung dieser Pflichten das Recht zu, das Verhalten des Regierungsmitglieds durch Beschluss förmlich zu missbilligen.[38] Auch kann im Rahmen eines Organstreitverfahrens eine solche Verfassungsverletzung eines Regierungsmitglieds vom VerfGH festgestellt werden.[39]

19 Das Zitierrecht erschöpft sich nicht im physischen Erscheinen des Zitierten. Vielmehr folgt aus dem telos der Herbeirufungsmöglichkeit auch ohne ausdrückliche Erwähnung in Art. 34 I LV ein Anspruch der Herbeirufungsmehrheit, von dem zitierten Regierungsmitglied auch Auskünfte zu verlangen, das deshalb **zur Erteilung der erbetenen Informationen verpflichtet** ist (vorbehaltlich der allgemeinen Grenzen parlamentarischer Kontrollrechte, s. → Art. 27 Rn. 40 ff.).[40] Insofern stellt das Zitierrecht auch eine spezielle Ausprägung des allgemeinen Informationsrechts des Landtags und seiner Ausschüsse im Rahmen der allgemeinen Kontrollfunktion gem. Art. 27 II LV dar. Wegen seines Charakters als Mehrheitsrecht kann aus Art. 34 I LV dagegen **nicht das Fragerecht parlamentarischer Minderheiten oder gar einzelner Abgeordneter** abgeleitet werden. Außerdem richtet sich dieses sog. Interpellationsrecht an die Regierung als Gesamtorgan und nicht – wie Art. 34 I LV – nur an einzelne Mitglieder.[41] Die verfassungsrechtliche Grundlage hierfür bildet vielmehr Art. 27 II, III LV iVm dem Demokratieprinzip gem. Art. 25 I LV (→ Art. 27 Rn. 35, 71).[42]

III. Rechtsstellung der Regierungsmitglieder und ihrer Beauftragten (Abs. 2)

1. Zutritts- und Rederecht (Abs. 2 S. 1)

20 **Inhaber des Zutritts- und Rederechts** des Art. 34 II 1 LV sind alle Regierungsmitglieder iSv Art. 45 II LV und deren Beauftragte. Bei Letzteren handelt es sich im Regelfall um Ministerialbeamte, die sich auf einen unmittelbar oder mittelbar von „ihrem" Regierungsmitglied erteilten Auftrag beru-

---

37 *Lorz/Richterich* in: Morlok/Schliesky/Wiefelspütz, § 35 Rn. 59; *Kluth* in: Schmidt-Bleibtreu/Hofmann/Henneke, Art. 43 Rn. 17; *Klein* in: Maunz/Dürig, Art. 43 Rn. 64–67; *Braun*, Art. 43 Rn. 7; *Meier*, Zitier- und Zutrittsrecht, 133 f.
38 *Morlok* in: Dreier, Art. 43 Rn. 16; *Versteyl* in: v. Münch/Kunig, Art. 43 Rn. 31.
39 *Meier*, Zitier- und Zutrittsrecht, 103–107.
40 VerfGH NRW, U. v. 4.10.1993 – VerfGH 15/92 – juris, Rn. 93; *Kirchner*, ZParl 2012, 362 (363 f.); *Lorz/Richterich* in: Morlok/Schliesky/Wiefelspütz, § 35 Rn. 60; *Kluth* in: Schmidt-Bleibtreu/Hofmann/Henneke, Art. 43 Rn. 17; *Versteyl* in: v. Münch/Kunig, Art. 43 Rn. 26; *Morlok* in: Dreier, Art. 43 Rn. 11, 15; *Klein* in: Maunz/Dürig, Art. 43 Rn. 69-74; *Braun*, Art. 43 Rn. 4; *Feuchte* in: Feuchte, Art. 43 Rn. 6; aA *Meier*, Zitier- und Zutrittsrecht, 134-146.
41 VerfGH NRW, U. v. 4.10.1993 – VerfGH 15/92 – juris, Rn. 94; *Kirchner*, ZParl 2012, 362 (363 f.); *Meier*, Zitier- und Zutrittsrecht, 99 f.
42 *Lorz/Richterich* in: Morlok/Schliesky/Wiefelspütz, § 35 Rn. 69 ff. mwN; *Kirchner*, ZParl 2012, 362 (364 ff.); *Kluth* in: Schmidt-Bleibtreu/Hofmann/Henneke, Art. 43 Rn. 18; *Morlok* in: Dreier, Art. 43 Rn. 12; *Klein* in: Maunz/Dürig, Art. 43 Rn. 79-86.

fen können, an bestimmten Sitzungen im Landtag teilzunehmen. Die Beauftragung kann generell (zB Landtagsreferenten) oder im Einzelfall erfolgen und ist jederzeit widerruflich. Im Zweifel kann die Landtagsverwaltung (etwa in Gestalt der Sitzungsdiener im Plenum) einen Nachweis für die Beauftragung fordern. **Gegenstand des Zutritts- und Rederechts** sind die (auch nichtöffentlichen) Plenar- und Ausschusssitzungen im Landtag, nicht jedoch sonstige Gremien, die nicht den Ausschussbegriff (→ Rn. 10) erfüllen. In konsequenter Umsetzung von Art. 34 II 1 LV sieht § 72 GO LT ein Zutrittsrecht der Regierungsmitglieder und deren Beauftragter zum Plenarsaal nicht auf der Ebene der Tribünen, sondern zum unmittelbaren Plenarbereich vor. Dort stehen auf der Regierungsbank jedem Ministerium zwei hintereinander liegende Plätze zu, von denen der Vordere dem jeweiligen Regierungsmitglied vorbehalten ist.

Das **Rederecht** steht sowohl im Plenum als auch in den Ausschüssen formal den Regierungsmitgliedern und ihren Beauftragten zu. In der parlamentarischen Praxis wird das Rederecht im Plenum aber nahezu ausschließlich von Regierungsmitgliedern und Politischen Staatssekretären (und nur höchst ausnahmsweise von Ministerialdirektoren) in Anspruch genommen, während die in den Ausschüssen häufig – teilweise auf ausdrückliche Weiterleitung durch das zuständige Regierungsmitglied – auch Fachbeamte zu Wort melden. Das Rederecht ist mangels einer Einschränkbarkeit in Art. 34 II 1 LV zeitlich unbegrenzt gewährt, weshalb weder die GO LT noch Redezeitabsprachen im Ältestenrat eine Limitierung bei Regierungsvertretern herbeiführen können.[43] Aber auch eine Anrechnung von Regierungsbeiträgen auf die **Redezeiten** der Regierungsfraktionen sieht die Redeordnung gem. § 83 a GO LT nicht vor (anders als im Bundestag).[44] Übersteigt allerdings die Gesamtdauer der Regierungsbeiträge die Hälfte der Redezeit aller Fraktionen, ist der Präsident gem. § 83 a I 4 GO LT gehalten, die Fraktionsredezeiten zu verlängern. Da das Rederecht außerdem ausdrücklich „**jederzeitiger**" Natur ist, durchbricht es eine vorhandene Rednerliste bzw. kann es auch **außerhalb der Tagesordnung** in Anspruch genommen werden.[45] Damit trägt die LV dem Umstand Rechnung, dass sich aus der Regierungsfunktion der operativen Staatsleitung Notwendigkeiten ergeben können, den Landtag oder einen Ausschuss unmittelbar mit einem Sachverhalt oder einer getroffenen Regierungsentscheidung bekannt zu machen. 21

Um die **Beratungs- und Reaktionsfähigkeit des Landtags** zu wahren, sieht § 81 II GO LT auf Antrag von mindestens zehn Abgeordneten eine Besprechung über die Wortmeldung des Regierungsmitglieds oder -beauftragten 22

---

43 *Queng*, JuS 1998, 610 (612).
44 Was auch nicht verfassungsrechtlich (etwa aus Gründen des Minderheitenschutzes) vorgegeben wäre, vgl. BVerfGE 10, 4 (19); vgl. dazu auch *Haug*, Geschäftsordnungen, 128 f.; aA iS einer Gebotenheit von Regelungen zur Minderung oppositionsbenachteiligender Redezeitverteilungen *Morlok* in: Dreier, Art. 43 Rn. 25.
45 Dazu i.E. *Lorz/Richterich* in: Morlok/Schliesky/Wiefelspütz, § 35 Rn. 25, 27; *Meier*, Zitier- und Zutrittsrecht, 175–177; *Versteyl* in: v. Münch/Kunig, Art. 43 Rn. 38; *Klein* in: Maunz/Dürig, Art. 43 Rn. 147; *Queng*, JuS 1998, 610 (612); krit. zur Rednerlistedurchbrechung *Kluth* in: Schmidt-Bleibtreu/Hofmann/Henneke, Art. 43 Rn. 31 mwN.

vor. Entgegen einer früher vertretenen Auffassung schließt das Rederecht **kein Antragsrecht** ein, weil dies der Wortlaut nicht intendiert und dadurch zudem die Selbstbestimmung des Landtags in der Gestaltung seiner Beratungen zu stark beeinträchtigt würde.[46] Auch sind spontane parlamentstypische Debatteneingriffe wie Zwischenrufe oder -fragen nicht von der Redeprivilegierung umfasst und deshalb nur den Abgeordneten vorbehalten.[47]

2. Ordnungsgewalt (Abs. 2 S. 2)

23 Art. 34 II 2 LV unterwirft den von S. 1 privilegierten Personenkreis der Ordnungsgewalt des Präsidenten bzw. der Ausschussvorsitzenden, soweit diese von ihrem Zutritts- und Rederecht Gebrauch machen. Einer Abgrenzung der Amts- und Mandatssphäre bei Regierungmitgliedern mit Abgeordnetenmandat bedarf es hierbei nicht, da diese auch als Abgeordnete der Ordnungsgewalt unterliegen. Diese verfassungsrechtliche Klarstellung entspricht dem hier vertretenen funktionalen Geltungsverständnis der (gesamten) Geschäftsordnung (→ Art. 32 Rn. 19 f.). Schutzgut dieser Regelung ist Aufrechterhaltung der Funktionsfähigkeit des Landtags und seiner Ausschüsse sowie der störungsfreie Ablauf der dortigen Verhandlungen. Dies hat zur Folge, dass der Sitzungsleiter die **ordnungsrechtlichen Sanktionen der §§ 90–92 GO LT** (in den Ausschüssen iVm § 20 GO LT) unterschiedlos gegen Regierungsvertreter wie Abgeordnete verhängen kann.[48] Eine Ausnahme gilt nur für den Sachruf, wenn sich der Regierungsvertreter auf sein Recht bezieht, außerhalb der Tagesordnung zu sprechen.[49] Zu den anwendbaren Sanktionen zählen auch der Wortentzug oder gar der ein- oder mehrtägige **Sitzungsausschluss**, da das Ordnungsrecht auch eine vorübergehende Suspendierung des Zutritts- und Rederecht gem. S. 1 zur Folge haben kann. Denn diese rechtliche Privilegierung regelt nur das grundsätzliche „ob", nicht aber das „wie" iSd näheren Ausgestaltung.[50] Das Schutzgut des Zutritts- und Rederechts sind nicht Sitzungsstörungen von einzelnen Regierungsvertretern,[51] sondern ist auf die Aktions- und Sprechfähigkeit der Regierung als Verfassungsorgan im Landtag bezogen. Im Fall eines Sitzungsausschlusses eines Regierungsvertreters ist es der Regierung ohne Weiteres möglich und zumutbar, sich zumindest vorübergehend eines anderen Mitglieds oder Beauftragten zu bedienen.[52]

---

46 *Versteyl* in: v. Münch/Kunig, Art. 43 Rn. 40 mwN; *Klein* in: Maunz/Dürig, Art. 43 Rn. 145; *Queng*, JuS 1998, 610 (611 f.).
47 *Klein* in: Maunz/Dürig, Art. 43 Rn. 146.
48 I.E. zu Sachruf und Ordnungsruf *Röper*, ZParl 1991, 189 (190–193).
49 *Lorz/Richterich* in: Morlok/Schliesky/Wiefelspütz, § 35 Rn. 27.
50 *Haug*, Geschäftsordnungen, 123; *Morlok* in: Dreier, Art. 40 Rn. 14; s. auch *Röper*, ZParl 1991, 189 (195 f.).
51 Auch ohne Ordnungsrechtsklausel im GG hat das BVerfG schon früh eine Missbrauchsgrenze anerkannt, vgl. E 10, 4 (LS 4).
52 *Haug*, Geschäftsordnungen, 126.

3. Gesetzliche Sonderregelung bei Untersuchungsausschüssen (Abs. 2 S. 3)

Der Regelungsauftrag in Art. 34 II 3 LV dient der Ermöglichung von Einschränkungen des grundsätzlich unbeschränkten Zutritts- und Rederechts der Regierungsvertreter. Die Umsetzung ist in § 10 UAG erfolgt. Danach wird zwischen Beweiserhebungen (dh Zeugenvernehmungen und Anhörungen von Sachverständigen) einerseits und (bewertenden) Beratungen andererseits unterschieden. So haben die Regierungsvertreter **bei den Beweiserhebungen ein grundsätzliches Teilnahmerecht**, das nur unter engen Voraussetzungen durch einen Ausschließungsbeschluss suspendiert werden kann. So ist dafür in formeller Hinsicht eine Zweidrittelmehrheit der anwesenden Abgeordneten erforderlich (§ 10 III UAG). Materiell muss der Ausschluss zudem notwendig sein, um überwiegende Interessen eines Zeugen oder Sachverständigen zu schützen oder um eine wahrheitsgemäße Aussage zu erhalten (§ 10 I 1 UAG). Soweit das Teilnahmerecht nicht suspendiert ist, haben die Regierungsvertreter nach pflichtgemäßem Ermessen des Ausschussvorsitzenden auch die Möglichkeit, an der Befragung aktiv teilzunehmen. 24

Schwächer ist die Rechtsstellung der Regierungsmitglieder bei den **Beratungen**, weil hier idR die politische Bewertung und Einordnung der Untersuchungsergebnisse (nicht selten Regierungshandeln betreffend) erfolgt. So geht § 10 II UAG von einem **grundsätzlichen Zutrittsverbot** aus, das nur durch einen positiven Mehrheitsbeschluss im Untersuchungsausschuss aufgehoben werden kann (was idR im Rahmen der Ausschusskonstituierung erfolgt). Selbst bei einer Zutrittsgewährung besteht jedoch kein unbedingtes Rederecht. Vielmehr obliegt es auch hier dem pflichtgemäßen Ermessen des Ausschusses (idR ausgeübt durch den Vorsitzenden), ob dem Redewunsch eines Regierungsvertreters stattgegeben wird (§ 10 II 2 UAG). Davon unberührt bleibt aber das Recht der Regierung, in geeigneter Weise zu den Ergebnissen der Beweisaufnahme aus Ihrer Sicht Stellung zu nehmen (§ 10 II 3 UAG). 25

Artikel 34 a [Landtagsbeteiligung in EU-Angelegenheiten]

(1) ¹Die Landesregierung unterrichtet den Landtag zum frühestmöglichen Zeitpunkt über alle Vorhaben der Europäischen Union, die von erheblicher politischer Bedeutung für das Land sind und entweder die Gesetzgebungszuständigkeiten der Länder betreffen oder wesentliche Interessen des Landes unmittelbar berühren. ²Sie gibt dem Landtag Gelegenheit zur Stellungnahme.

(2) ¹Sollen ausschließliche Gesetzgebungszuständigkeiten der Länder ganz oder teilweise auf die Europäische Union übertragen werden, ist die Landesregierung an Stellungnahmen des Landtags gebunden. ²Werden durch ein Vorhaben der Europäischen Union im Schwerpunkt ausschließliche Gesetzgebungszuständigkeiten der Länder unmittelbar betroffen, ist die Landesregierung an Stellungnahmen des Landtags gebunden, es sei denn, erhebliche Gründe des Landesinteresses stünden entgegen. ³Satz 2 gilt auch

für Beschlüsse des Landtags, mit denen die Landesregierung ersucht wird, im Bundesrat darauf hinzuwirken, dass entweder der Bundesrat im Falle der Subsidiaritätsklage oder die Bundesregierung zum Schutz der Gesetzgebungszuständigkeiten der Länder eine Klage vor dem Gerichtshof der Europäischen Union erhebt. [4]Im Übrigen berücksichtigt die Landesregierung Stellungnahmen des Landtags zu Vorhaben der Europäischen Union, die Gesetzgebungszuständigkeiten der Länder wesentlich berühren.

(3) Die Einzelheiten der Unterrichtung und Beteiligung des Landtags werden durch Gesetz geregelt.

Schrifttum:

Baach, Parlamentarische Mitwirkung in Angelegenheiten der Europäischen Union. Die Parlamente Deutschlands und Polens im europäischen Verfassungsverbund, 2008; *Böhm*, Gesetz über die Beteiligung des Landtags in Angelegenheiten der Europäischen Union (EULG) – Erste Erfahrungen in der 15. Wahlperiode des Landtags von Baden-Württemberg (2011–2016), in: EZFF (Hrsg.), Föderalismusjahrbuch 2016, 199; *Brand*, Europapolitische Kommunikation zwischen Bundestag und Bundesregierung. Die Umsetzung der parlamentarischen Mitwirkungs- und exekutiven Kooperationspflicht nach Art. 23 Abs. 2 und Abs. 3 GG, 2015; *Calliess*, Subsidiaritätskontrolle durch Bundestag, Bundesrat und Landesparlamente, in: Kluth/Krings, § 23; *Dann*, Parlamente im Exekutivföderalismus, 2004; *Freundorfer*, Die Beteiligung des Deutschen Bundestages an der Sekundärrechtssetzung der Europäischen Union, 2008; *Hauck*, Mitwirkungsrechte des Bundestages in Angelegenheiten der europäischen Union, 1999; *Hempfer*, Zur Mitwirkung des Landtags von Baden-Württemberg in Angelegenheiten der Europäischen Union, in: FS Jürgen Schwarze, 2014, 63; *Kluth*, Die Integrationsverantwortung der Landesparlamente, in: ders./Krings, § 22 VI; *Lang*, Die Mitwirkungsrechte des Bundesrates und des Bundestages in Angelegenheiten der Europäischen Union gemäß Art. 23 Abs. 2 bis 7 GG, 1997; *Mellein*, Subsidiaritätskontrolle durch nationale Parlamente, 2007; *Müller*, Das Frühwarnsystem zur Subsidiaritätskontrolle: Bilanz nach einem Jahr des Bestehens des neuen Instruments, in: EZFF (Hrsg.), Föderalismusjahrbuch 2011, 471; *Papier*, Zur Verantwortung der Landtage für die europäische Integration, ZParl 2010, 903; *Schröder*, Das novellierte Gesetz über die Zusamenarbeit von Bundesregierung und Deutschem Bundestag in Angelegenheiten der Europäischen Union (EUZBBG), ZParl 2013, 803; *Uerpmann-Wittzack*, Frühwarnsystem und Subsidiaritätsklage im deutschen Verfassungssystem, EuGRZ 2009, 461; *Wittreck*, Wächter wider Willen – Probleme bei der Beteiligung von Parlamenten am europäischen Integrationsprozess auf Bundes und Landesebene, ZG 2011, 122.

Vergleichbare Regelungen: Art. 23 II-VII, 45 GG, 70 IV BayVerf, 50 BerlVerf, 94 BbgVerf, 79 II, III BremVerf, 31 (I Nr. 5) HambVerf, 39 MVVerf, 25 NdsVerf, 89 b (I Nr. 7) RPVerf, 76 a SaarlVerf, 62 LSAVerf, 28 SchlHVerf, 67 IV ThürVerf.

Ergänzende Normen: EULG, EUZBLG, IntVG, Subsidiaritätsprotokoll.[1]

Leitentscheidungen: BVerfGE 8, 104 (Einwirkung auf Regierungsagieren im Bundesrat); 131, 152 (Unterrichtungspflicht).

A. Überblick und Einordnung	1	B. Erläuterung	9
I. Bedeutung	1	I. Unterrichtungspflicht der Regierung über wesentliche EU-Angelegenheiten (Abs. 1)	9
II. Herkunft, Entstehung, Geschichte	4		
III. Verfassungsvergleichende Einordnung	7	1. Unterrichtung zum frühestmöglichen Zeitpunkt	9

---

1 Protokoll (Nr. 2) über die Anwendung der Grundsätze der Subsidiarität und der Verhältnismäßigkeit, BGBl. 2008 II, 1038 (1094).

2. Relevante Vorhaben der
Europäischen Union 13
3. Gelegenheit zur Stellungnahme 16
**II. Bindung der Regierung an
Stellungnahmen des Landtags
(Abs. 2)** 17
1. Strikte Bindung bei Übertragung von Gesetzge-
bungskompetenzen
(Abs. 2 S. 1) 17
2. Grundsätzliche Bindung
bei Betroffenheit von
Gesetzgebungskompeten-
zen und Erhebung der
Subsidiaritätsklage
(Abs. 2 S. 2 u. 3) 20
3. Berücksichtigungspflicht
bei wesentlicher Berüh-
rung von Gesetzgebungs-
kompetenzen (Abs. 2 S. 4) 24
**III. Regelungsauftrag (Abs. 3):
Das EULG** 25

A. Überblick und Einordnung

I. Bedeutung

Kaum ein Politikbereich wird nicht zumindest teilweise oder mittelbar 1
durch das europäische Unionsrecht geprägt oder zumindest beeinflusst.
Diese zunehmende Bedeutung unionsrechtlicher Rechtsakte sowie die stark
exekutive Prägung der unionalen Willensbildung[2] tangieren nicht allein die
Bundesgesetzgebung und dort die Rechtsstellung von Bundestag und Bundesrat, sondern auch die administrativen und legislativen Zuständigkeiten
der Länder und hier insbesondere die **Rechte der Landesparlamente**. Während die Landesregierungen über den Bundesrat noch Einwirkungsmöglichkeiten auf das Agieren der Bundesregierung auf europäischer Ebene haben und in Kompensation der integrationsbedingten Kompetenzverluste
durch die Regelungen von Art. 23 II-VII GG gestärkt wurden, sind die
Landtage von diesen wichtigen Entscheidungsprozessen weitgehend abge-
schnitten.[3]

Die Funktion von Art. 34 a LV besteht nun darin, den Landtag durch ent- 2
sprechende Verpflichtungen der Landesregierung an diese **Willensbildungs-
und Entscheidungskette anzubinden** und ihm insbesondere die Möglichkeit
zu geben, seine Gesetzgebungskompetenzen als originäres Hausgut seiner
Aufgaben verteidigen zu können. Zugleich wird der Landtag damit in die
Integrationsverpflichtung des Landes und mittelbar des Bundesrates eingebunden.[4] Allerdings darf man die Erwartungen nicht zu hoch schrauben:
Eine im Landtag mehrheitsfähige Position muss eine Reihe von Hürden bewältigen – zunächst auf nationaler Ebene im Bundesrat, dann in der Bundesregierung und zuletzt auf europäischer Ebene in Parlament und Ministerrat –, um wirklich Einfluss nehmen zu können.[5] Trotzdem hat sich der
Landtag in BW dank Art. 34 a LV als europapolitischer Akteur etablieren

---

2 BVerfGE 131, 152 (197-199).
3 Vgl. LT-Drs. 14/7338, 4; Papier, ZParl 2010, 903 (904); *Hempfer*, Schwarze-FS, 63 (64); ausf. zum Entparlamentarisierungsphänomen des europäischen Integrationsprozesses *Abels/Eppler*, Föderalismusjahrbuch 2011, 457.
4 LT-Drs. 14/7338, 5; *Kluth* in: Kluth/Krings, Gesetzgebung, § 22 Rn. 64 f.; *Brechmann* in: Meder/ders., Art. 70 Rn. 29; besonders betont vom Abg. *Hofelich* (SPD) in
der 1. Lesung am 15.12.2010, Pl.-Prot. 14/106, 7585 (7586), der eine „Europäisierung der Landtagsarbeit" erwartete; die vom BVerfG in der Lissabon-Entscheidung
(E 123, 267) angemahnte Integrationsverantwortung bezog sich unmittelbar nur auf
die Bundesorgane, vgl. *Papier*, ZParl 2010, 903 (905).
5 Deshalb eher resignierend *Linck* in: ders./Baldus u.a., Art. 67 Rn. 60.

können und auch schon mehrfach eine Subsidiaritätsrüge erhoben.[6] Schließlich dient Art. 34 a LV auch der **Absicherung der parlamentarischen Verantwortung der Landesregierung** und der Effektivierung der Kontrollfunktion des Landtags (Art. 27 II LV) in Fragen der EU.[7]

3 Abs. 1 S. 1 schafft dafür die Voraussetzungen, indem er der Landesregierung weitgehende **Unterrichtungspflichten** gegenüber dem Landtag bei wichtigen EU-Angelegenheiten auferlegt und damit die Erstreckung des Informationsflusses von der Union über die Bundesregierung, den Bundesrat (vgl. Art. 23 II 2 GG) und damit der Landesregierung auf den Landtag sicherstellt. Korrespondierend dazu räumt Art. 34 a I 2 LV dem Landtag ein **Stellungnahmerecht** ein und weist ihm damit die Rolle eines aktiven Akteurs in EU-Angelegenheiten zu. Abs. 2 regelt darauf aufbauend in einem gestuften System die **Bindung der Landesregierung** bezüglich ihres Agierens im Bundesrat an diese Stellungnahme des Landtags. Dies stellt eine bedeutsame Ausnahme von der Regel dar, dass der Landtag ansonsten der Landesregierung für ihre Mitwirkung im Bundesrat keine Vorgaben machen darf.

II. Herkunft, Entstehung, Geschichte

4 Der „Europaartikel" wurde 1995 als Art. 34 a in die LV aufgenommen, zusammen mit einem Bekenntnis zur europäischen Integration und zur grenzüberschreitenden Zusammenarbeit im Vorspruch (→ Vorspruch Rn. 11, 26 f.).[8] Ein wesentlicher Auslöser dafür war der Maastricht-Vertrag von 1992, durch den der unionsrechtliche Einfluss auf die Gesetzgebung und Verwaltung des Landes verstärkt wurde.[9] Zwar war die Struktur dieser **Erstfassung von Art. 34 a LV** mit der heutigen identisch (Abs. 1: Unterrichtungspflicht der Landesregierung und Stellungnahmerecht des Landtags, Abs. 2: Bindung der Landesregierung, Abs. 3: Nähere Umsetzung). Aber im Einzelnen waren die Vorschriften noch deutlich zurückhaltender formuliert: In Abs. 1 fehlte noch die Bezugnahme auf die Gesetzgebungszuständigkeiten der Länder, Abs. 2 sah nur eine bloße Berücksichtigungspflicht der Landesregierung hinsichtlich der Stellungnahme des Landtags bei wesentlicher Berührung der Gesetzgebungszuständigkeiten (und keine „harte" Bindung) vor, und Abs. 3 sprach nur von einer „Vereinbarung zwischen Landesregierung und Landtag"[10] und noch nicht von einem Gesetz.

5 Im Zuge der weiteren europäischen Integration, aber auch im Hinblick auf die erstmalige Anerkennung der Bedeutung der regionalen Ebene im EU-Primärrecht durch den Lissabon-Vertrag, forderten die Präsidentinnen und Präsidenten der deutschen Landesparlamente auf ihrer Stuttgarter Konferenz 2010 in einer unter baden-württembergischer Federführung entstandenen „**Stuttgarter Erklärung**" eine stärkere Mitsprache der Landesparla-

---

6 *Hempfer*, Schwarze-FS, 63 (68, 79).
7 *Uerpmann-Wittzack* in: v. Münch/Kunig, Art. 23 Rn. 76.
8 17. LVÄndG v. 15.2.1995, GBl. 269.
9 LT-Drs. 11/5326, 6.
10 Siehe die „Vereinbarung zwischen Regierung und Landtag von Baden-Württemberg in Ausführung von Artikel 34 a Abs. 3 Landesverfassung in der Fassung vom 15. Februar 1995", Bekanntmachung vom 2.1.1996, GBl. 65.

mente ein: „In dem Maße, in dem die Europäische Union geographisch, gesellschaftlich, kulturell, aber auch administrativ größer und komplexer geworden ist, halten sie die Teilnahme der Landesparlamente für ein notwendiges und unverzichtbares Element eines bürgernahes Europas der Regionen."[11] Insbesondere sprachen sie sich für eine landesverfassungsrechtliche „Bindung der Landesregierung beim Stimmverhalten im Bundesrat und bei der Erhebung von Verfassungsklagen auf Bundesebene" aus (Ziff. 5 der „Stuttgarter Erklärung").

In Umsetzung dieser Forderungen erfolgte im Jahr 2011 eine „**General-überholung**" von **Art. 34 a LV**, wodurch er seine heutige Fassung erhielt.[12] So wurden die Informationsrechte weiter gestärkt, indem der Anwendungsbereich der Unterrichtungspflichten erweitert wurde: Nicht nur Angelegenheiten von „herausragender politischer Bedeutung" sind nun berichtspflichtig, sondern auch solche von (nur) „erheblicher politischer Bedeutung" für das Land. Zudem wurden nun die Gesetzgebungskompetenzen des Landes ausdrücklich vollständig einbezogen.[13] In Abs. 2 wurde die pauschale Berücksichtigungspflicht in ein gestuftes System überführt, wonach die Regierung je nach Thema an die Landtagsstellungnahme strikt gebunden, grundsätzlich gebunden oder zur Berücksichtigung verpflichtet ist. Schließlich wurde in Abs. 3 die Regelung des Interorganverhältnisses von Landtag und Landesregierung bezüglich EU-Angelegenheiten vom bisherigen Vereinbarungscharakter auf die Ebene des formellen Gesetzes gehoben.[14]

III. Verfassungsvergleichende Einordnung

Soweit ersichtlich war **BW das erste Bundesland**, das die Einbindung des Landesparlaments in den unionsbezogenen Willensbildungsprozess auf Verfassungsebene konkret geregelt hat.[15] Heute kennen zwar fast alle Landesverfassungen Regelungen über eine Unterrichtungspflicht der Regierung, die auch EU-Angelegenheiten umfasst, allerdings in den meisten Fällen nicht mit dem klaren unionsbezogenen Fokus des Art. 34 a LV. Allein im Saarland gibt es mit Art. 76 a SaarlVerf ebenfalls einen landtagsbezogenen Europaartikel,[16] dessen Wortlaut dem von Art. 34 a LV aF (vor 2011) entspricht.[17] Ähnliches gilt für Art. 70 IV BayVerf, der ebenfalls infolge der „Stuttgarter Erklärung" nach dem Vorbild von Art. 34 a LV erarbeitet wurde und 2014 in Kraft getreten ist[18] und neben der Option einer gesetzlichen Bindung der Staatsregierung nur eine Pflicht der „maßgeblichen" Be-

---

11 Ziff. 4 der „Stuttgarter Erklärung", in: LT-Drs. 14/6554, 4; s. auch *Hempfer*, Schwarze-FS, 63 (69 f.).
12 20. LVÄndG v. 7.2.2011, GBl. 46.
13 LT-Drs. 14/7338, 5 f.
14 LT-Drs. 14/7338, 1.
15 Vgl. *Edinger* in: Grimm/Caesar, Art. 89 b Rn. 2 (2000 eingeführt).
16 Daneben gibt es staatszielartige Europaartikel wie zB Art. 74 a RPVerf, die sich zur Rolle des Landtags aber nicht äußern.
17 Art. 76 a wurde nach dem Vorbild aus BW im Jahr 2001 in die SaarlVerf aufgenommen, vgl. *Catrein/Flasche* in Wendt/Rixecker, Art. 76 a Rn. 1.
18 *Brechmann* in: Meder/ders., Art. 70 Rn. 5, 30.

rücksichtigung vorsieht.[19] Damit kennen heute nur Bayern (freilich mit der höheren Hürde eines durchzuführenden Gesetzgebungsverfahrens) und BW die Möglichkeit einer strikten Bindung der Staats- bzw. Landesregierung bei ihrem Stimmverhalten im Bundesrat bei bestimmten EU-Angelegenheiten.[20]

8 In fast allen anderen Ländern ist diese Thematik dagegen regelmäßig **eingebettet in allgemeine Informationspflichten der Landesregierungen**, zB über alle grundsätzlichen Angelegenheiten des Landes, Staatsverträge, Gesetzgebungsvorhaben des Bundes (Art. 50 I, II BerlVerf), Gesetzgebungsvorhaben der Regierung, Grundsatzfragen der Raumordnung, der Standortplanung und Durchführung von Großvorhaben, die Mitwirkung im Bundesrat (Art. 94 BbgVerf, 79 BremVerf, 39 MVVerf, 31 I HambVerf, 25 I NdsVerf, 89 b I RPVerf, 62 LSAVerf, 28 I SchlHVerf, 67 I ThürVerf). Kehrseite dieser Regelungen ist es jedoch zum einen, dass den Informationspflichten oft die üblichen Auskunftsverweigerungsrechte wie exekutiver Kernbereich und Staatswohl (→ Art. 27 Rn. 40 ff., 79 ff.) ausdrücklich entgegenstehen (zB Art. 25 II iVm 24 III 1 NdsVerf, 89 b II RPVerf)[21] und außerdem die **klaren Berücksichtigungs- und Bindungspflichten der Regierung im Bundesrat fehlen**. Von den genannten Verfassungen schreibt nur Art. 79 III 1 BremVerf für die über das Land hinausgehenden bedeutsamen Vorhaben ein Stellungnahmerecht des Landtags und eine Berücksichtigungspflicht des Senats – mit Begründungspflicht bei abweichendem Stimmverhalten im Bundesrat – vor.[22] Auch die Frühzeitigkeit der Unterrichtung ist nicht in allen Ländern vorgesehen, sondern fehlt in Art. 70 IV 1 BayVerf, 50 I 1 BerlVerf, 94 BbgVerf, 31 HambVerf; Art. 62 I LSAVerf, 67 IV ThürVerf sprechen dafür von „rechtzeitiger" Unterrichtung. Überhaupt keine (europabezogene) Unterrichtungspflichten enthalten die Verfassungen in Hessen, NRW und Sachsen.[23]

B. Erläuterung

I. Unterrichtungspflicht der Regierung über wesentliche EU-Angelegenheiten (Abs. 1)

1. Unterrichtung zum frühestmöglichen Zeitpunkt

9 Die Unterrichtung und Beteiligung des Landtags in Angelegenheiten der EU beruhte vor Inkrafttreten von Art. 34 a GG auf einem Landtagsbeschluss vom 16.3.1989 und einem dazu korrespondierenden Schreiben des Ministerpräsidenten vom 21.4.1989.[24] Der **Unterrichtungsbegriff** entspricht von seiner ratio her grundsätzlich dem in Art. 23 II GG. Denn auch

---

19 Womit die Letztverantwortung insoweit bei der Staatsregierung verbleibt, vgl. *Brechmann* in: Meder/ders., Art. 70 Rn. 40.
20 Zur führenden Rolle Baden-Württembergs bereits bei Geltung von Art. 34 a LV aF *Wittreck*, ZG 2011, 122 (128).
21 Dazu näher *Wittreck*, ZG 2011, 122 (131 f.).
22 Näher dazu *Koch* in: Fischer-Lescano/Rinken u.a., Art. 79 Rn. 6, 19.
23 In NRW gibt es wenigstens eine geschäftsordnungsrechtliche Regelung, die insoweit aber die Regierung nicht zu verpflichten vermag und deshalb deren Unterrichtungstätigkeit nur voraussetzen kann (§ 85 V, VI GO LT NRW); vgl. außerdem *Wittreck*, ZG 2011, 122 (127 f.).
24 LT-Drs. 11/5326, 7.

bei Art. 34 a I LV geht es darum, dem Landtag eine wirkungsvolle Ausübung der in Art. 34 a I 2, II LV eingeräumten Mitwirkungsrechte zu ermöglichen. Deshalb ist der Landtag als Gesamtorgan – und keine Fraktionen, Ausschüsse oder Einzelabgeordnete – Adressat der regelmäßig schriftlich vorzunehmenden Unterrichtung.[25] Aus der Unterrichtungspflicht folgt freilich **kein Unterrichtungsmonopol**. Es bleibt dem Landtag und seinen Mitgliedern unbenommen, sich anderweitig über EU-Vorhaben zu informieren, etwa durch Einladung von Mitgliedern der EU-Kommission und des Europäischen Parlaments (v.a. in den Europaausschuss) oder durch Delegationsreisen nach Brüssel.[26]

Eine erste Einschränkung gegenüber Art. 23 II GG besteht allerdings darin, dass das **Attribut „umfassend"** in Art. 34 a I 1 LV nicht genannt ist. Jedoch folgt bereits aus der Unterrichtungspflicht als solcher, dass sie „wahrheitsgemäß und vollständig"[27] erfolgt. Lediglich die Anforderungen an den Vollständigkeitsgrad sind etwas weniger strikt. Darüber hinaus gibt es einen weiteren – wesentlicheren – **Unterschied zu Art. 23 II GG**: Die dort zur Unterrichtung verpflichtete Bundesregierung ist (im EU-Ministerrat) selbst maßgeblicher Akteur auf der europäischen Ebene, während die Landesregierung über ihre Vertretung im Bundesrat im Wesentlichen nur Informationsempfänger ist. Insofern erfasst die Unterrichtungspflicht zunächst die **Weitergabe der erhaltenen Informationen**, soweit die Bundesregierung ihrer Verpflichtung aus Art. 23 II GG nachkommt. Tut die Bundesregierung dies nicht, ist die Landesregierung zur Erfüllung ihrer eigenen Pflichten aus Art. 34 a I LV zumindest in offenkundigen Fällen verpflichtet, die Bundesregierung zur ordnungsgemäßen Unterrichtung aufzufordern und nötigenfalls auf einen entsprechenden Beschluss des Bundesrates hinzuwirken. Hinzu kommt die Verpflichtung der Landesregierung, dem Vorhaben eine **landespolitische Einschätzung** – namentlich über dessen Vereinbarkeit mit dem Subsidiaritäts- und Verhältnismäßigkeitsgrundsatz sowie die zu erwartenden Folgen für das Land, insbesondere zu Kosten, Verwaltungsaufwand, Umsetzungsbedarf und Kommunalverträglichkeit (§ 2 II EULG) – beizugeben.

10

Die **Fixierung auf den „frühestmöglichen Zeitpunkt"** bedeutet, dass die Landesregierung die – idR über den Bundesrat – bei ihr eingegangen Informationen unverzüglich an den Landtag weiterleitet. Der Zeitraum zwischen Eingang und Weitergabe darf nicht länger dauern, als eine kursorische Prüfung des Vorliegens der Voraussetzungen von Art. 34 a I LV benötigt.[28] Da die Landesregierung wie erwähnt an der Vorbereitung von EU-

11

---

25 BVerfGE 131, 152 (202 f., 212-214); *Schröder*, ZParl 2013, 803 (805); *Catrein/Flasche* in Wendt/Rixecker, Art. 76 a Rn. 4; gegen ein Regelerfordernis der Schriftlichkeit *Edinger* in: Grimm/Caesar, Art. 89 b Rn. 4, dafür *Wollenschläger* in: Dreier, Art. 23 Rn. 127.
26 *Uerpmann-Wittzack* in: v. Münch/Kunig, Art. 23 Rn. 80.
27 *Uerpmann-Wittzack* in: v. Münch/Kunig, Art. 23 Rn. 75; vgl. dazu auch BVerfGE 131, 152 (207 f.).
28 BVerfGE 131, 152 (212 f.).

Vorhaben selbst nicht beteiligt ist,[29] kann sie aber – anders als die Bundesregierung – keine diesbezüglichen Informationen weitergeben, bevor sie ihr zugegangen sind. Etwas anderes gilt nur für interne Meinungsbildungsprozesse der Landesregierung selbst, namentlich über das beabsichtigte Abstimmungsverhalten im Bundesrat. Hier bedingt der exekutive Kernbereich, dass diese Willensbildung erst nach ihrem Abschluss dem Landtag mitgeteilt werden muss.[30] Auf der anderen Seite meint „frühestmöglich" mindestens „rechtzeitig", damit der Landtag auf die Willensbildung im Bundesrat noch praktischen Einfluss nehmen kann. Dies schließt im Regelfall die Möglichkeit zu einer (zumutbar zügig zu organisierenden) Beratung auf Ausschuss- und Plenarebene ein.[31] Daher soll die Unterrichtung vor dem Beginn dieses Prozesses – also vor den Ausschussberatungen im Bundesrat – und muss spätestens vor der abschließenden Plenarsitzung des Bundesrates erfolgen.[32]

12 Weil die Zeitfenster für eine Mitwirkung wegen des Zeitdrucks im üblichen 3-Wochen-Rhythmus der Bundesratsarbeit ohnehin extrem eng sind, kann die Landesregierung die Unterrichtung über ein EU-Vorhaben im Regelfall **nicht im Hinblick auf die zu erstellende eigene Bewertung zurückhalten**.[33] Vielmehr wird sie regelmäßig den Landtag vorab über das Vorhaben zu unterrichten und ihre Bewertung im Nachgang dazu zuzuleiten haben. Insofern dürften die Regelungen in § 2 I, II EULG den Anforderungen von Art. 34 a I LV nicht genügen, soweit sie die Unterrichtung erst gemeinsam mit dem Berichtsbogen, der die erste Einschätzung der Landesregierung enthält, vorsehen.[34] (Primärer) Gegenstand der Unterrichtungspflicht ist nämlich nicht die Einschätzung der Landesregierung, sondern das zugrunde liegende EU-Vorhaben.

2. Relevante Vorhaben der Europäischen Union

13 Der **Ausgangsbegriff der „Vorhaben der Europäischen Union"** ist enger als der der „Angelegenheiten" der EU iSv Art. 23 II GG,[35] zugleich aber weiter als der der EU-Rechtssetzungsakte iSv Art. 23 III GG.[36] Denn der Vorhabenbegriff enthält einen Projektbezug, der bei Angelegenheiten nicht zwingend ist. Folglich umfasst er neben Rechtssetzungsakten auch – zB – Erweiterungsvorschläge der EU, Verhandlungsmandate für die EU-Kommission zu Verhandlungen über völkerrechtliche Verträge, Grün- und Weißbücher,

---

29 Daher kommen die vom BVerfG der Bundesregierung zugestandenen Grenzen der Unterrichtungspflicht aus dem Gewaltenteilungsprinzip (E 131, 152, LS 4 u. S. 210) auf Landesebene nicht zum Tragen.
30 *Brechmann* in: Meder/ders., Art. 70 Rn. 34.
31 *Edinger* in: Grimm/Caesar, Art. 89 b Rn. 5.
32 So die Gesetzesbegründung zu § 1 EULG, LT-Drs. 14/7339, 7.
33 So aber die Meinung der Landesregierung, vgl. die Protokollerklärung von Europaminister *Reinhart* in der 1. Lesung am 15.12.2010, Pl.-Prot. 14/106, 7588 (7590), der von „Verzögerungen von maximal einer Woche" spricht.
34 Dasselbe gilt für § 3 I EULG, soweit die darin genannte Dreiwochenfrist nicht nur die Bewertung, sondern auch die Übermittlung der Frühwarndokumente selbst erfasst.
35 Ebenso *Brechmann* in: Meder/ders., Art. 70 Rn. 32.
36 AA *Brechmann* in: Meder/ders., Art. 70 Rn. 39, der insoweit für eine begriffliche Identität von Vorhaben und Rechtssetzungsakten eintritt.

Kommissionsempfehlungen, Aktionspläne und Politische Programme, die Haushalts- und Finanzplanung oder Entwürfe zu völkerrechtlichen Verträgen, wenn sie in einem besonderen Näheverhältnis zur EU stehen[37] (vgl. die einfachgesetzliche Legaldefinition des Vorhabenbegriffs in § 5 I, II EUZBBG). Aber die vom Begriff der Angelegenheiten ebenfalls erfassten Beteiligungen an EuGH-Verfahren oder sonstige Aktivitäten der Landesregierung oder des Bundes gegenüber der EU[38] fallen aus dem engeren Vorhabenbegriff heraus.

Die von der Unterrichtungspflicht erfassten Vorhaben der EU müssen zum Ersten bestimmte **gegenständlich-thematische Anforderungen** erfüllen. So müssen sie entweder **Landesgesetzgebungszuständigkeiten** betreffen oder „**wesentliche Interessen des Landes**" unmittelbar berühren". Ersteres ist nicht nur der Fall, wenn ausschließliche Länderkompetenzen gem. Art. 70 GG betroffen sind, da hier – anders als in Abs. 2 S. 1 – der Zusatz „ausschließlich" fehlt. Daher zählen hierzu auch Materien der konkurrierenden Gesetzgebungskompetenz, von denen der Bund (zB wegen des Erforderlichkeitsfilters gem. Art. 72 II GG) keinen Gebrauch gemacht hat, und die Abweichungskompetenzen gem. Art. 72 III GG.[39]   14

Ist einer der beiden Themenkreise gegenständlich betroffen, entsteht die Unterrichtungspflicht nur dann, wenn zum Zweiten eine **qualitative Anforderung** erfüllt ist: So müssen die relevanten Vorhaben stets von „**erheblicher politischer Bedeutung für das Land**" sein. Mit diesem Filter werden eher technische, politisch weniger bedeutende EU-Vorhaben aus dem Anwendungsbereich der Unterrichtungspflicht herausgenommen. Als erheblich landespolitisch bedeutsam sind regelmäßig die zentralen Landeskompetenzfelder wie Bildung, Kultur, Medien, Kommunalsystem, Daseinsvorsorge und Polizeiwesen anzusehen.[40] Durch die Herabstufung von „herausragender" zu „erheblicher" politischer Bedeutung hat der verfassungsändernde Gesetzgeber deutlich gemacht, dass keine allzu hohen Anforderungen an den Erheblichkeitsbegriff zu stellen sind. Im Zweifel ist daher vom Vorliegen der qualitativen Voraussetzung auszugehen.[41] In der Regel erfüllen Kommissionsvorschläge für Rechtsakte der EU dieses Kriterium ebenso wie Grün- und Weißbücher sowie Mitteilungen über politische Aktionen und (Förder-)Programme, soweit das Land davon profitieren kann (zB Landwirtschafts- oder Hochschulförderprogramme).[42] Unabhängig davon steht es dem Europaausschuss frei, im Rahmen seines Selbstbefassungsrechts gem. § 26 III GO LT auch über solche EU-Vorhaben zu beraten, über die die Regierung mangels erheblicher politischer Bedeutung nicht berichtet hat.   15

---

37 BVerfGE 131, 152 (LS 1 u. S. 199 f.).
38 Vgl. dazu *Uerpmann-Wittzack* in: v. Münch/Kunig, Art. 23 Rn. 70.
39 LT-Drs. 14/7338, 5 f.
40 *Edinger* in: Brocker/Droege/Jutzi, Art. 89 b Rn. 11.
41 Ebenso *Catrein/Flasche* in Wendt/Rixecker, Art. 76 a Rn. 4.
42 LT-Drs. 14/7338, 6; LT-Drs. 14/7339, 7 f.

3. Gelegenheit zur Stellungnahme

16 Mit dem Stellungnahmerecht gem. Art. 34 a I 2 LV kann sich der Landtag aktiv in den Willensbildungsprozess zu einem EU-Vorhaben einklinken, ohne freilich dazu verpflichtet zu sein.[43] Da die Bundesregierung ihrerseits dem Bundesrat vor der Festlegung ihrer Verhandlungsposition zu einem EU-Vorhaben Gelegenheit zu einer Stellungnahme einräumen muss (Art. 23 II 1 GG, § 3 EUZBLG), kann der Landtag über die Landesregierung auf eine solche Bundesratsstellungnahme Einfluss zu nehmen versuchen. Wegen der hohen Eilbedürftigkeit der meisten EU-Angelegenheiten im Hinblick auf das weitere Bundesratsverfahren werden die meisten Stellungnahmen iSv Art. 34 a I 2 LV nicht vom Landtag (als Plenum), sondern in seinem Namen vom **Europaausschuss** (oder bei besonderer fachlicher Betroffenheit und früherem Sitzungsdatum von einem Fachausschuss) verabschiedet. So sachlich berechtigt und nachvollziehbar diese – durch § 26 IV 3 GO LT geschäftsordnungsrechtlich unterlegte – Praxis ist, so sehr ist sie verfassungsrechtlich bedenklich. Denn der Landtag kann die ihm verfassungsrechtlich zugewiesenen Aufgaben nicht abschließend auf die Ausschüsse übertragen. Besonders schwerwiegend ist dabei die grundsätzlich nichtöffentliche Beratungsweise der Ausschüsse, weil dann die parlamentarische Willensbildung intransparent bleibt (→ Art. 33 Rn. 13), wenngleich der Europaausschuss in der Praxis meist von der Option Gebrauch macht, die Öffentlichkeit zuzulassen (§ 32 I 2 Nr. 3 GO LT). Es wäre daher zur rechtlichen Absicherung der bestehenden Praxis sinnvoll, eine Art. 45 S. 2 GG entsprechende Sonderermächtigung zugunsten des Europaausschusses verfassungsrechtlich zu verankern.

II. Bindung der Regierung an Stellungnahmen des Landtags (Abs. 2)

1. Strikte Bindung bei Übertragung von Gesetzgebungskompetenzen (Abs. 2 S. 1)

17 Eigentlich zählt das **Abstimmungsverhalten der Landesregierung im Bundesrat** zu ihrer vom Landtag unabhängigen **Kernkompetenz** gem. Art. 49 II LV, weshalb das BVerfG und der StGH es abgelehnt haben, Weisungsrechte des Landesgesetzgebers bezüglich des Verhaltens der Regierung im Bundesrat zuzulassen. Die im Bundesrat erfolgende Bildung von Bundesstaatswillen kann nicht durch einen Prozess zur Bildung von Landesstaatswillen (teilweise) ersetzt werden.[44] Insofern bewegt sich Art. 34 a II LV mit den darin statuierten Bindungspflichten auf einem schmalem Grat.[45] Die Gesetzesbegründung stellt in diesem Zusammenhang darauf ab, dass Art. 34 a II LV nur landesverfassungsrechtliche Pflichten der Regierung statuiere, die allein in der landesinternen Sphäre gelten könnten. Weil das Außenverhält-

---

43 *Scholz* in: Maunz/Dürig, Art. 23 Rn. 161.
44 BVerfGE 8, 104 (LS 8 u. S. 120 f.); StGH, ESVGH 36, 161 (LS 2 u. S. 163); ebenso die hM im Schrifttum, vgl. statt vieler *Krebs* in: Münch/Kunig, Art. 51 Rn. 14; *Bauer* in: Dreier, Art. 51 Rn. 26.
45 Dessen war sich der verfassungsändernde Gesetzgeber bewusst, wie die Debatte in der 1. Lesung der Verfassungsänderung von 2010/11 zeigt: Europaminister *Reinhart* hat in seiner Protokollerklärung von einem „verfassungsrechtlichen Wagnis" gesprochen, das er aber angesichts des „größtmöglichen Eingriffs in die Hoheit des Landtags" für vertretbar hält, vgl. Pl.-Prot. 14/106, 7588 (7589).

nis zum Bundesorgan Bundesrat davon folglich nicht erfasst sei, erfolge **kein (unzulässiges) Hinübergreifen in die Sphäre der bundesstaatlichen Willensbildung.** Deshalb sei auch ein bindungswidriges Abstimmungsverhalten der Landesregierung im Bundesrat wirksam. Aber landesverfassungsrechtlich könne die Regierung dafür dann zur Verantwortung gezogen werden.[46]

Diese Argumentation überzeugt im Ergebnis, jedoch nicht in der Begründung: Dem Bundesrat gehört gar nicht „die" Landesregierung als Kollegialorgan an, sondern vielmehr aus ihrer Mitte entsandte Mitglieder (Art. 51 I 1 GG). Das Abstimmungsverhalten dieser Bundesratsmitglieder in ihrer bundesorganschaftlichen Qualität ist unabhängig von Weisungen immer wirksam, solange die Stimmen einheitlich abgegeben werden.[47] Dies gilt auch, wenn die Weisung – was unstreitig zulässig ist – vom Regierungskollegium gekommen ist. Deshalb liegt das verfassungsrechtliche Problem nicht auf der Beziehung zwischen Innen- und Außenverhältnis, sondern im Gewaltenteilungsprinzip im Innenverhältnis und in der Bindung durch Art. 51 I GG im Außenverhältnis. Bezüglich des Gewaltenteilungsprinzips ist entscheidend, dass es sich bei Art. 34 a II LV – anders als in den beiden Verfassungsgerichtsentscheidungen – um kein einfaches Gesetz, sondern um eine Verfassungsnorm handelt. Diese kann im Innenverhältnis begrenzte **Verschiebungen in der Gewaltenteilung** vornehmen und stellt deshalb eine Ausnahme zu Art. 49 II LV dar. Aber auch im Außenverhältnis verstößt die in Art. 34 a II LV ausnahmsweise festgeschriebene Bindung der Regierung nicht gegen Art. 51 I GG, weil Art. 28 I GG **eigene Verfassungsräume der Länder** anerkennt und eine demokratische Ordnung in den Ländern vorgibt.[48] Dies beinhaltet zuvörderst die **landesinterne Regelung der Rechtsbeziehungen der Verfassungsorgane** und bedingt geradezu eine hinreichend starke Stellung des Landtags bei der Ausübung der Rechte des Landes gem. Art. 23 II-VIII GG, weil hier gerade maßgeblich auf die Landesgesetzgebungskompetenzen und damit die parlamentarischen Kernkompetenzen abgestellt wird. Deshalb geht es letztlich um die Wahrung des Demokratieprinzips auf Landesebene und um die Sicherung der Ländereigenstaatlichkeit iSv Art. 79 III GG.[49] Diesem Spannungsverhältnis trägt das abgestufte System in Art. 34 a II LV angemessen Rechnung (vgl. dazu auch oben, → Art. 25 Rn. 51).

18

Die **strikte Bindung der Landesregierung** gem. Art. 34 a II 1 LV setzt voraus, dass *ausschließliche* Gesetzgebungszuständigkeiten der Länder auf die

19

---

46 LT-Drs. 14/7338, 5.
47 *Krebs* in: Münch/Kunig, Art. 51 Rn. 14; *Bauer* in: Dreier, Art. 51 Rn. 26.
48 LT-Drs. 14/7338, 6; *Löwer* in: Münch/Kunig, Art. 28 Rn. 2 f.; *Dreier* in: ders., Art. 28 Rn. 42.
49 Instruktiv *Papier*, ZParl 2010, 903 (906-908) mit folgender Zusammenfassung aE: „Es geht doch um nicht mehr, aber auch nicht um weniger, als die Existenz der parlamentarischen Demokratie auf der Ebene der deutschen Bundesländer, also letztlich um deren Staatsqualität und damit um unverzichtbare Existenzbedingungen der föderalen Ordnung in der Bundesrepublik Deutschland überhaupt." (aaO, 908); vgl. dazu die Pro-/Contra-Darstellung bei *Abels/Eppler*, Föderalismusjahrbuch 2011, 457 (466 f.), *Brechmann* in: Meder/ders., Art. 70 Rn. 41–43 sowie bei *Hempfer*, Schwarze-FS, 63 (72-76); aA *Ruffert* in: Morlok/Schliesky/Wiefelspütz, § 42 Rn. 76, der auch nach Lissabon keinen Anlass für eine Neubewertung sieht.

EU gem. Art. 23 I 2 GG übertragen – also endgültig abgegeben – werden sollen. Die Formulierung knüpft an die Terminologie der Art. 70 ff. GG an und erfasst deshalb nur die den Ländern nach Art. 70 I GG zustehenden Kompetenzen, nicht aber konkurrierende oder Abweichungskompetenzen. Aus dem Umkehrschluss zu S. 2 folgt, dass der verfassungsändernde Gesetzgeber in den Fällen von S. 1 ausdrücklich kein Hintertürchen für Ausnahmen offen lassen wollte. Die Norm ist daher so zu verstehen, dass die Bindung ausnahmslos gilt. Da sich die Bindungswirkung nicht unmittelbar an die Bundesratsvertreter des Landes richten kann (s.o.), sondern nur im Innenverhältnis von Landtag und Landesregierung besteht, stellt die Regierung als Kollegialorgan die Bindungsadressatin dar. Sie muss durch Beschluss des Ministerrats eine Weisung an die Bundesratsmitglieder erteilen, die mit der Stellungnahme des Landtags identisch ist. Erfolgt keine oder eine andere Weisung, verstößt die Regierung gegen Art. 34a II 1 LV, was im Organstreitverfahren gerügt werden kann.[50]

2. Grundsätzliche Bindung bei Betroffenheit von Gesetzgebungskompetenzen und Erhebung der Subsidiaritätsklage (Abs. 2 S. 2 u. 3)

20 In Abstuftung zur strikten Bindung in S. 1 sehen die S. 2 u. 3 nur eine grundsätzliche Bindung vor. Hier darf die Landesregierung von der Stellungnahme des Landtags abweichen, wenn **„erhebliche Gründe des Landesinteresses"** entgegenstehen. Sowohl der Terminus der „erheblichen Gründe" als auch des „Landesinteresses" sind unbestimmte Rechtsbegriffe. Deren Auslegung durch Landesregierung unterliegt zwar im Streitfall einer verfassungsgerichtlichen Nachprüfung, die aber wegen der originär politischen Dimension auf eine Willkürprüfung begrenzt ist. Damit wird der Landesregierung eine Einschätzungsprärogative eingeräumt, der hauptsächlich ihre Kompromiss- und Koordinationsfähigkeit im länderübergreifenden Entscheidungsprozess auf Bundesratsebene erhalten soll.[51] In jedem Fall aber folgt aus dieser eng gefassten Ausnahme, dass die Regierung im Abweichungsfall zu einer substantiierten und schriftlichen Begründung gegenüber dem Landtag verpflichtet ist (vgl. § 9 III EULG).

21 Der Anwendungsbereich dieser grundsätzlichen Bindung der Landesregierung umfasst zwei Fallkonstellationen. Zum einen betrifft dies eine **schwerpunktmäßige und unmittelbare Betroffenheit von ausschließlichen Gesetzgebungskompetenzen der Länder**. Wie bei S. 1 geht es also nur um Kompetenzen aus Art. 70 I GG. Eine unmittelbare Betroffenheit liegt dann vor, wenn ein geplanter Rechtsakt des EU einen kompetenzwidrigen Übergriff in die Landeskompetenz beinhaltet oder aber die Union im Rahmen geteilter Zuständigkeiten gem. Art. 4 AEUV eine Rechtssetzungskompetenz nutzen will, die nach der internen Kompetenzordnung der Bundesrepublik den Ländern zusteht. Die weitere Einschränkung auf einen Schwerpunkt des

---

50 *Brechmann* in: Meder/ders., Art. 70 Rn. 38.
51 LT-Drs. 14/7338, 6; ebenso die Protokollerklärung von Europaminister *Reinhart* in der 1. Lesung am 15.12.2010, Pl.-Prot. 14/106, 7588 (7589), und der Redebeitrag des Abg. *Noll* (FDP/DVP), aaO, 7587 (7588); ähnlich *Brechmann* in: Meder/ders., Art. 70 Rn. 40, zur „maßgeblichen Berücksichtigung" gem. Art. 70 IV 3 BayVerf.

EU-Vorhabens reduziert den Anwendungsbereich auf die Fälle, in denen eine solche Kompetenzbetroffenheit einen wesentlichen Teil des EU-Vorhabens ausmacht. Die Bindungswirkung soll dagegen nicht schon dann eintreten, wenn ausschließliche Landeskompetenzen nur durch randständige oder singuläre Elemente des EU-Vorhabens betroffen sind.[52]

Die zweite Fallkonstellation der grundsätzlichen Bindungswirkung betrifft Beschlüsse des Landtags, mit denen die Landesregierung beauftragt wird, sich auf Bundesebene für eine gerichtliche Verteidigung von Landeskompetenzen gegenüber der EU einzusetzen. Die hierfür in Betracht kommenden Optionen sind die Subsidiaritätsklage und die Nichtigkeitsklage. Die Erhebung einer **Subsidiaritätsklage** setzt eine Verletzung des unionsrechtlichen Subsidiaritätsprinzips gem. Art. 5 III EUV durch die EU voraus. Sie steht gem. Art. 8 des Subsidiaritätsprotokolls iVm Art. 23 Ia 1 GG sowohl dem Bundestag als auch dem Bundesrat zu (vgl. auch § 12 IntVG). Wenngleich nur die Klageerhebung im Bundestag in Art. 23 Ia GG als Minderheitenrecht ausgestaltet ist, haben sich die Länder in einer informellen Verständigung vom 14.4.2005 darauf geeinigt, die Subsidiaritätsklage als faktisches Einzelklagerecht zu handhaben. Soweit nicht vitale Interessen eines anderen Landes entgegenstehen, reicht deshalb die Antragstellung eines Landes im Bundesrat für eine positive Beschlussfassung über die Klageerhebung regelmäßig aus.[53] Die **Nichtigkeitsklage** gem. Art. 263 II AEUV setzt voraus, dass ein EU-Organ gegen Vorgaben der EU-Verträge, die Zuständigkeitsordnung, wesentliche Formvorschriften oder das Verbot von Ermessensmissbrauch verstößt. Die Klageerhebung steht u.a. den Mitgliedstaaten und daher wegen ihrer Außenvertretungsbefugnis der Bundesregierung zu. Diese ist dazu aber innerstaatlich nach § 7 I EUZBLG verpflichtet, wenn der Bundesrat dies wegen Betroffenheit von Ländergesetzgebungskompetenzen verlangt. 22

Durch Art. 34 a II 3 LV kann der Landtag die Landesregierung in diesen beiden Fällen grundsätzlich dazu verpflichten, im Bundesrat alle erforderlichen Schritte zu ergreifen, um dort einen **Beschluss zur Erhebung der Subsidiaritätsklage oder zur Aufforderung der Bundesregierung gem. § 7 EUZBLG** herbeizuführen.[54] Aufgrund der klaren Beschränkung des Verfassungswortlauts auf diese beiden Klageszenarien ist die Subsidiaritätsrüge gem. Art. 6 f. des Subsidiaritätsprotokolls und § 11 IntVG (sog. Frühwarnsystem)[55] hiervon nicht erfasst (siehe aber auf einfachgesetzlicher Ebene § 6 II EULG). 23

3. Berücksichtigungspflicht bei wesentlicher Berührung von Gesetzgebungskompetenzen (Abs. 2 S. 4)

Die letzte und schwächste Bindungskategorie stellt die Berücksichtigungspflicht nach Abs. 2 S. 4 dar. Der Begriff der „Berücksichtigung" bedeutet, 24

---

52 LT-Drs. 14/7338, 6; *Uerpmann-Wittzack* in: v. Münch/Kunig, Art. 23 Rn. 97.
53 LT-Drs. 14/7339, 10.
54 Vgl. zu den beiden Klageinstrumenten *Uerpmann-Wittzack* in: v. Münch/Kunig, Art. 23 Rn. 62 f.; s. auch LT-Drs. 14/7338, 6 f.
55 Zur praktischen Bedeutung und den relevanten Fallgruppen der Subsidiaritätsrüge im ersten Jahr ihres Bestehens s. *Müller*, Föderalismusjahrbuch 2011, 471.

dass die Landesregierung die Stellungnahme des Landtags in ihren internen Abwägungsprozess zur Willensbildung über ihr Verhalten im Bundesrat einbezieht. Meint aber die Regierung, gute Gründe für ein anderes Vorgehen zu haben, ist sie inhaltlich an die Position des Landtags nicht gebunden. Insoweit gilt für den Berücksichtigungsbegriff nichts anderes als in Art. 23 II 1 GG.[56] Diese Kategorie gilt für alle Fälle einer wesentlichen Berührung von Gesetzgebungszuständigkeiten der Länder. Der **Begriff der Berührung** ist schwächer als der der Betroffenheit und setzt nur eine thematische – nicht unbedingt aber normative – Überschneidung voraus. Durch das Wesentlichkeitserfordernis wird aber auch hier klargestellt, dass nicht jede nur randständige oder geringfügige Berührung für die Berücksichtigungspflicht ausreicht. Gegenstand der Berührung sind alle Gesetzgebungskompetenzen der Länder, also auch konkurrierende oder Abweichungskompetenzen (→ Rn. 14). Die **Begrenzung auf die legislativen Zuständigkeiten** entspricht der grundlegenden Aufgabenteilung zwischen gesetzgebender und vollziehender Gewalt: Sind Gesetzgebungskompetenzen nicht oder nur unwesentlich berührt, können dennoch Landesinteressen im Verwaltungsbereich – etwa durch Vollzugspflichten – stark betroffen sein. Hierzu kann der Landtag zwar auch eine Stellungnahme abgeben, weil dieses Recht in Abs. 1 S. 2 für sämtliche relevanten EU-Vorhaben gilt. Aber die Regierung hat hier keine verfassungsrechtliche Pflicht, sich damit im Einzelnen auseinanderzusetzen, da exekutive Angelegenheiten in ihre originäre Zuständigkeit fallen.

III. Regelungsauftrag (Abs. 3): Das EULG

25 Der Regelungsauftrag gem. Art. 34 a III LV wurde zeitgleich mit dem Inkrafttreten der Verfassungsänderung durch das EULG umgesetzt. Dieses Gesetz präzisiert die Informationspflicht der Landesregierung in zeitlicher Hinsicht („unverzüglich", § 1 I) und in der verfahrensmäßigen **Umsetzung durch Berichtsbögen mit einer ersten Einschätzung der Landesregierung** (§§ 2 f.). Weitere Regelungsthemen sind die Unterrichtung über das Arbeitsprogramm der EU-Kommission (§ 4), die Prioräten des jeweiligen EU-Ratsvorsitzes (§ 7) und über Fälle, in denen die Verhandlungsführung für die Bundesrepublik gem. Art. 23 VI GG auf einen Ländervertreter übertragen wird (§ 5), sowie die Unterrichtung über beabsichtigte Vertragsänderungen oder Inanspruchnahme der Flexibilitätsklausel gem. Art. 352 AEUV, soweit dem Bundesrat im dafür erforderlichen Bundesgesetzgebungsverfahren ein Zustimmungsvorbehalt oder ein Weisungsrecht im Rahmen des Notbremsemechanismus (§ 6 iVm §§ 8 f. IntVG) zusteht. Schließlich regelt § 9 III das Verfahren im Falle einer Abweichung der Landesregierung von der Stellungnahme des Landtags iSv Art. 34 a II 2, 3 LV.[57]

---

56 *Uerpmann-Wittzack* in: v. Münch/Kunig, Art. 23 Rn. 86; *Catrein/Flasche* in Wendt/Rixecker, Art. 76 a Rn. 6.
57 Näher *Hempfer*, Schwarze-FS, 63 (76 f.); *Böhm*, Föderalismusjahrbuch 2016, 199 (202 ff.).

Artikel 35 [Untersuchungsausschüsse]

(1) ¹Der Landtag hat das Recht und auf Antrag von einem Viertel seiner Mitglieder die Pflicht, Untersuchungsausschüsse einzusetzen. ²Der Gegenstand der Untersuchung ist im Beschluß genau festzulegen.

(2) ¹Die Ausschüsse erheben in öffentlicher Verhandlung die Beweise, welche sie oder die Antragsteller für erforderlich erachten. ²Beweise sind zu erheben, wenn sie von einem Viertel der Mitglieder des Ausschusses beantragt werden. ³Die Öffentlichkeit kann ausgeschlossen werden.

(3) Gerichte und Verwaltungsbehörden sind zur Rechts- und Amtshilfe verpflichtet.

(4) ¹Das Nähere über die Einsetzung, die Befugnisse und das Verfahren der Untersuchungsausschüsse wird durch Gesetz geregelt. ²Das Briefgeheimnis sowie das Post- und Fernmeldegeheimnis bleiben unberührt.

(5) Die Gerichte sind frei in der Würdigung und Beurteilung des Sachverhalts, welcher der Untersuchung zugrunde liegt.

Schrifttum:

Böckenförde, Parlamentarische Untersuchungsausschüsse und kommunale Selbstverwaltung, AöR 103 (1978), 1; *Brocker*, Uneidliche Falschaussage und Meineid vor dem parlamentarischen Untersuchungsausschuss, JZ 2011, 716; *ders.*, Die „Splitterenquete": Rechte der nicht qualifizierten („einfachen") Minderheit im parlamentarischen Untersuchungsverfahren, DÖV 2014, 475; *ders.*, Die Gerichtsfreiheit von Berichten parlamentarischer Untersuchungsausschüsse, NVwZ 2014, 1357; *ders.*, Untersuchungsausschüsse, in: Morlok/Schliesky/Wiefelspütz, § 31; *Cancik*, Der „Kernbereich exekutiver Eigenverantwortung" – zur Relativität eines suggestiven Topos, ZParl 2014, 885; *Caspar*, Zur Einsetzung parlamentarischer Untersuchungsausschüsse: Voraussetzungen, Minderheitsbefugnisse und Folgen rechtswidriger Einsetzungsbeschlüsse, DVBl. 2004, 845; *Gärditz*, Parlamentarische Untersuchungsausschüsse als informationspflichtige Stellen?, NVwZ 2015, 1161; *Geis*, Untersuchungsausschüsse, in: HStR, § 55; *Glauben*, Parlamentarische Aufarbeitung mutmaßlichen politischen und rechtlichen Fehlverhaltens von Regierungs- und Parlamentsmitgliedern, DVBl. 2014, 894; *ders./Brocker*, Das Recht der parlamentarischen Untersuchungsausschüsse in Bund und Ländern, 3. Aufl. 2016; *Heiland/Jaeger*, E-Mails im Visier von parlamentarischen Untersuchungsausschüssen, VBlBW 2017, 99; *Hempfer*, Zur Änderungsbefugnis der Parlamentsmehrheit bei Minderheitsanträgen auf Einsetzung von Untersuchungsausschüssen, ZParl 1979, 295; *Hilf*, Untersuchungsausschüsse vor den Gerichten, NVwZ 1987, 537; *Hoffmann-Riem/Ramcke*, Enquete-Kommissionen, in: Schneider/Zeh, § 47; *Lopacki*, Das Recht der parlamentarischen Untersuchungsausschüsse auf Personalaktenvorlage, DÖD 2009, 85; *Masing*, Parlamentarische Untersuchungen privater Sachverhalte, 1998; *Peters*, Untersuchungsausschussrecht – Länder und Bund, 2012; *ders.*, Die Rechte der Minderheit im parlamentarischen Untersuchungsverfahren, ZParl 2012, 831; *ders.*, Der öffentlich Bedienstete als Zeuge vor einem parlamentarischen Untersuchungsausschuss, DÖV 2014, 10; *Pofalla*, Das Bepackungsverbot gemäß § 2 Abs. 2 PUAG am Beispiel des „Lügenuntersuchungsausschusses", DÖV 2004, 335; *Reinhardt*, Der Untersuchungsausschuss – Funktionen, Funktionswandel und Instrumentalisierung, NVwZ 2014, 991; *Roßbach*, Der Auslandszeuge im parlamentarischen Untersuchungsausschuss, JZ 2014, 975; *Schliesky*, Art. 44 GG – Zulässigkeit der Änderung des Untersuchungsgegenstandes gegen den Willen der Einsetzungsminderheit, AöR 126 (2001), 244; *Schmidt-Jortzig*, Enquetekommissionen, in: Morlok/Schliesky/Wiefelspütz, § 32; *Schneider*, Die hilflosen Aufklärer. Macht und Ohnmacht im parlamentarischen Untersuchungsausschuss, NJW 2000, 3332; *Schröder*, Untersuchungsausschüsse, in: Schneider/Zeh, § 46; *Schüttemeyer*, Öffentliche Anhörungen, in: Schneider/Zeh, § 42; *Szabó*, Der zwingende Minderheitsantrag zur Einsetzung eines Parlamentarischen Untersuchungsausschusses: eine deutsche Erfindung, die nur in Deutschland funktionsfähig ist?, ZParl 2015, 328; *Waldhoff*/

Gärditz (Hrsg.), Gesetz zur Regelung des Rechts der Untersuchungsausschüsse des Deutschen Bundestages, Kommentar, 2015; *Weber*, Parlament und Regierung im neugeordneten Deutschland (Mai 1918), in: *ders.*, Gesammelte politische Schriften, 3. Aufl. 1971, 306; *Wiefelspütz*, Untersuchungsausschuss und öffentliches Interesse, NVwZ 2002, 10; *ders.*, Der Eid im Untersuchungsausschuss, ZRP 2002, 14; *ders.*, Die Änderung des Untersuchungsauftrags von Untersuchungsausschüssen, DÖV 2002, 803.

Vergleichbare Regelungen: Art. 44 GG, 25 BayVerf, 48 BerlVerf, 72 BbgVerf, 105 V BremVerf, 26 HambVerf, 92 Hess Verf, 34 MVVerf, 27 NdsVerf, 41 NRWVerf, 91 RPVerf, 79 SaarlVerf, 54 SächsVerf, 54 LSAVerf, 24 SchlHVerf, 64 ThürVerf.

Ergänzende Normen: UAG, §§ 33, 34 GO LT.

Leitentscheidungen: BVerfGE 49, 70 (Bepackungsverbot); 67, 100 (Grenzen des Untersuchungsrechts); 76, 363 (Zwangsmittel); 77, 1 (nichtstaatliche Betroffene); 105, 197 (Minderheitenrechte); 113, 113 (Diskontinuität); 124, 78 (Grenzen des Untersuchungsrechts); StGH, ESVGH 27, 1 (Kultusverwaltung); 42, 7 (Zuwendungen an Regierungsmitglieder); 53, 15 (Atomaufsicht); 58, 15 (Badische Kulturgüter).

A. Überblick und Einordnung 1	4. Änderung des Einsetzungsantrags (insbesondere der Minderheit) 33
I. Bedeutung 1	
II. Herkunft, Entstehung, Geschichte 7	II. Beweiserhebung im Untersuchungsausschuss (Abs. 2) 36
III. Verfassungsvergleichende Einordnung 12	1. Begriff, Gegenstand und Grenzen der Beweiserhebung 36
B. Erläuterung 16	2. Verfahrensherrschaft und Minderheitenrechte im Ausschuss 39
I. Einsetzung eines Untersuchungsausschusses (Abs. 1) ... 16	
1. Formelle Voraussetzungen und Zusammensetzung ... 16	
2. Materielle Voraussetzungen 20	3. Öffentlichkeit der Beweiserhebung und Zutrittsrecht der Regierung 45
a) Bestimmtheitsgebot ... 20	4. Beweismittel 46
b) Erfüllbarkeit 21	5. Rechtsstellung des Betroffenen 53
c) Einhaltung der Verbands- und Organkompetenzen des Landtags 22	III. Rechts- und Amtshilfe (Abs. 3) 55
d) Rechtsstaatsprinzip und Grundrechte 25	IV. Regelungsauftrag und Wahrung des Brief-, Post- und Fernmeldegeheimnisses (Abs. 4) 57
e) Wahrung des innerparlamentarischen Mandatsschutzes (Kollegialenquete) 28	
3. Verfassungsrechtliche Prüfung durch die Mehrheit 30	V. Bewertungsfreiheit der Justiz (Abs. 5) 61

A. Überblick und Einordnung

I. Bedeutung

1 Untersuchungsausschüsse sind vorübergehend („ad hoc") eingesetzte Hilfsorgane des Landtags, durch die er einen von ihm für aufklärungsbedürftig angesehenen Sachverhalt eigenständig – also unabhängig von Organen der Exekutive und Judikative – mit hoheitlichen (Zwangs-)Mitteln aufklären

kann.¹ Damit stellt das in Art. 35 LV ausbuchstabierte parlamentarische Untersuchungsrecht das zentrale **Instrument der (unmittelbaren) Selbstinformation des Landtags** dar. Denn anders als beim Frage-, Interpellations-, Zitier- und Unterrichtungsrecht ist er hier nicht auf die (Fremd-)Information der Landesregierung verwiesen, sondern verschafft sich ein eigenes Bild.² Da das Untersuchungsverfahren als politisches Instrument mit justiziellen Mitteln ausgestaltet ist, stehen hierbei die Sachverhaltsaufklärung einerseits und die meist kontroverse politische Bewertung des Sachverhalts andererseits in einem Spannungsverhältnis, das einer rein objektiven Aufklärung tendenziell entgegensteht.³

Art. 35 LV stellt das **wichtigste Kontrollrecht des Landtags gegenüber der Regierung** dar, ohne dass der Einsetzung eines UA eine Sperrwirkung für andere Kontrollinstrumente zukäme.⁴ Darüber hinaus dient das Untersuchungsrecht auch der Gesetzgebungsfunktion des Landtags. Denn das Untersuchungsrecht kann sowohl problematische Sachverhalte, insbesondere fehlerhaftes Regierungshandeln (**Missstands- oder Skandalenquete**), als auch komplexe Fragestellungen zur Vorbereitung gesetzgeberischer Aktivitäten (**Sach- oder Gesetzgebungsenquete**) betreffen.⁵ Zwar verfolgen die zuletzt genannten Ausschüsse ein anderes Arbeitsziel, indem sie nicht als unmittelbare Beschlussvorbereitungsorgane für das Plenum, sondern als „Instrumente politischer Grundlagenforschung" eingesetzt werden.⁶ Aber trotz des unterschiedlichen politischen Gepräges – hier die politische Kampfarena, dort die fach- und sachbezogene Grundlagenarbeit –, werden alle Formen von UAen in Art. 35 I LV zusammengefasst, weil sie der Verwirklichung des parlamentarischen Untersuchungsrechts dienen.⁷ Wird bei Sach- oder Gesetzgebungsenqueten gem. § 34 GO LT von der Möglichkeit der Einbindung von Nichtabgeordneten Gebrauch gemacht, spricht man von **Enquetekommissionen**. Da diese wegen ihrer teilweise externen Mit-

2

---

1 BVerfGE 49, 70 (85); 67, 100 (125); BGH, B. v. 17.8.2010 – 3 Ars 23/10 – juris, Rn. 16; HessStGH, U. v. 9.12.1998 – P. St. 1297 – juris, Rn. 26; U. v. 13.4.2011 – P. St. 2290 – juris, Rn. 86; BayVerfGH, E. v. 10.10.2006 – Vf. 19-VIa-06 – juris, Rn. 30; VerfGH NRW, U. v. 17.10.2000 – VerfGH 16/98 – juris, Rn. 56; VerfG Rh-Pf, U. v. 11.10.2010 – VGH O 24/10 – juris, Rn. 39; *Caspar*, DVBl. 2004, 845; *Kluth* in: Schmidt-Bleibtreu/Hofmann/Henneke, Art. 44 Rn. 3.
2 BVerfGE 124, 78 (114).
3 BGH, B. v. 17.8.2010 – 3 Ars 23/10 – juris, Rn. 17; *Klein* in: Maunz/Dürig, Art. 44 Rn. 4, spricht von einem Zurücktreten der Aufklärungstendenz hinter die Agitationstendenz; ähnlich *Kluth* in: Schmidt-Bleibtreu/Hofmann/Henneke, Art. 44 Rn. 1; *Versteyl* in: v. Münch/Kunig, Art. 44 Rn. 49–51.
4 *Brocker* in: Morlok/Schliesky/Wiefelspütz, § 31 Rn. 6 f.
5 StGH, ESVGH 42, 7 (15); *Kluth* in: Schmidt-Bleibtreu/Hofmann/Henneke, Art. 44 Rn. 41; *Masing*, Parlamentarische Untersuchung, 353, spricht sich dagegen aus, Art. 44 GG und damit Art. 35 LV (mit den weitreichenden Durchsetzungsmöglichkeiten) als „Generalaufklärungsinstrument" anzusehen, sondern sieht darin nur den Ausschnitt des staatsgerichteten Kontrollrechts aus dem gesamten Enqueterecht; folglich gesteht er dem übrigen Enqueterecht die Privilegierungen der Art. 44 GG, 35 LV nicht zu.
6 LVerfG M-V, U. v. 31.5.2001 – LVerfG 2/00 – juris, Rn. 73; *Klein* in: Maunz/Dürig, Art. 44 Rn. 30–33; ausf. dazu *Schmidt-Jortzig* in: Morlok/Schliesky/Wiefelspütz, § 32.
7 StGH, ESVGH 42, 7 (15).

gliederstruktur keine Ausschüsse iSd LV darstellen (→ Art. 34 Rn. 10),[8] handelt es sich bei ihnen auch nicht um UAe iSv Art. 35 LV, weshalb sie nicht die spezifischen Rechte aus Art. 35 LV in Anspruch nehmen können.

3 Grund für die große Wirkungsmacht des parlamentarischen Untersuchungsrechts ist die mehrfach **privilegierte Rechtsstellung**, die den UAen zusteht. Denn diese erheben in gerichtsähnlicher Weise in grundsätzlich öffentlicher Sitzung Beweise, wofür idR die **Vorschriften der StPO sinngemäß** anzuwenden sind (Art. 35 IV 1 LV iVm § 13 VII UAG). Dies schließt die **Möglichkeit von Zwangsmitteln zur Durchsetzung von Beweisbeschlüssen** mit ein (§ 16 UAG). Da diese Beweiserhebung grundsätzlich neben der (ggf. eidlichen) Vernehmung von Regierungsmitgliedern und -mitarbeitern auch die Vorlage aller thematisch einschlägigen „sächlichen Beweismittel" (v.a. Akten) der Regierung und der ihr unterstellten Behörden umfasst (vgl. 14 UAG), hat der Landtag mit seinen UAen eine singuläre Möglichkeit, selbstbestimmt Einblick in das Regierungshandeln zu nehmen. Das Verhältnis zu den anderen Staatsgewalten ist so ausgestaltet, dass Exekutive und Judikative einerseits zur Rechts- und Amtshilfe verpflichtet sind (Art. 35 III LV), aber andererseits die Gerichte nicht an die (politische oder rechtliche) Bewertung des Beweisergebnisses, wie der Landtag sie vornimmt, gebunden sind (Art. 35 V LV).

4 In der praktischen Bedeutung überwiegt die hauptsächlich der **Regierungskontrolle dienende Misstands- oder Skandalenquete**,[9] was v.a. daran liegt, dass das **Untersuchungsrecht als Minderheitenrecht** ausgestaltet ist. So kann ein Viertel der Landtagsmitglieder (Art. 35 I LV) bzw. können zwei Fraktionen, deren Mitglieder verschiedenen Parteien angehören (§ 2 III UAG), von der Parlamentsmehrheit einen Pflichtbeschluss zur Einsetzung eines UA mit einem vorgegebenen Untersuchungsthema verlangen (Minderheitenenquete).[10] Damit hat die Opposition ein wirkungsvolles Instrument, eine öffentliche Diskussion von Angelegenheiten zu erzwingen und so ein der Mehrheit gleichrangiges Publizitätsgewicht zu erlangen.[11] Diese Privilegierung der Einsetzungsminderheit setzt sich im Verfahren dadurch fort, dass auch ihre **Beweisanträge für die Mehrheit bindend** sind (Art. 35 II 1, 2 LV). Diese starke Stellung der parlamentarischen Minderheit korrespondiert zum Mehrheitsprinzip in Art. 33 II 1 LV.[12] Zwar kann auch die Mehrheit des Landtags einen UA einsetzen lassen (Mehrheitsenquete).[13] Doch bewirkt die Verbindung der Durchsetzungsstärke des Untersuchungs-

---

8 Vgl. Art. 77 II 2 SaarlVerf, 55 S. 2 LSAVerf; BVerfGE 80, 188 (230), spricht in diesem Zusammenhang von einer Tätigkeit „im Vorfeld der parlamentarischen Willensbildung"; vgl. auch *Feuchte* in: Feuchte, Art. 35 Rn. 7, 9.
9 *Versteyl* in: v. Münch/Kunig, Art. 44 Rn. 2 ff. mit Übersicht der UAe im Bundestag ab der 11. WP.
10 *Caspar*, DVBl. 2004, 845 (848 f.); *Schliesky*, AöR 126 (2001), 244 (246); nach den Berechnungen von *Szabó*, ZParl 2015, 328 (343), gehen 87 % der Enqueten im Bund von 1949-2013 auf Minderheitsanträge zurück.
11 *Szabó*, ZParl 2015, 328 (328 f.); ähnlich *Morlok* in: Dreier, Art. 44 Rn. 13.
12 BVerfGE 105, 197 (222 f.); StGH, LVerfGE 13, 8 (LS 4); HessStGH, U. v. 9.12.1998 – P. St. 1297 – juris, Rn. 29; HambVerfG, LVerfGE 17, 175 (189); *Schliesky*, AöR 126 (2001), 244 (257).
13 Was – zu weitgehend – politikwissenschaftlich „eher als Missbrauch betrachtet" wird, vgl. *Szabó*, ZParl 2015, 328 (331).

rechts mit dem Charakter als Minderheitenrecht, dass das Recht zur Einsetzung von UAen unter den Gesetzmäßigkeiten des neuen Dualismus (→ Art. 27 Rn. 27) ein besonders interessantes und wichtiges Kontrollinstrument der parlamentarischen Minderheit gegen die von der Mehrheit getragene Regierung darstellt und deshalb als „**schärfstes Schwert der Opposition**" bezeichnet wird.[14]

Aus dem Charakter als Hilfsorgan des Landtags folgt nicht nur die strikte Bindung an den Untersuchungsauftrag, sondern auch, dass der UA nur eine vorbereitende Funktion für vom Plenum zu treffende Entscheidungen hat. Deshalb zielt die Arbeit eines UA im Ergebnis „nur" auf die **Erstellung eines Abschlussberichts** (ggf. mit Minderheits- und Sondervoten), der auf der Basis des Untersuchungsauftrags die gewonnenen Aufklärungsergebnisse darstellt und politisch bewertet (vgl. § 23 UAG). Ob und ggf. welche Konsequenzen daraus zu ziehen sind, ist dann nicht mehr Sache des UA, sondern des Landtags im Rahmen seiner Beratung über den erstatteten Bericht.[15]

Die quantitative Bedeutung von Untersuchungsausschüssen und Enquetekommissionen kommt in den folgenden **statistischen Angaben (9.–15. Wahlperiode: 1984–2016)** zum Ausdruck:[16]

Wahlperiode	15	14	13	12	11	10	9
Dauer	5 Jahre				4 Jahre		
Untersuchungsausschüsse							
Anzahl[17]	3	2	3	1	3	0	3
Sitzungen	91	24	71	24	60	0	66
Enquetekommissionen							
Anzahl[18]	2	1	2	4	2	-	-
Sitzungen	21	12	38	88	42	-	-

---

14 Vgl. BVerfGE 49, 70 (85, 86); 105, 197 (222); BGH, B. v. 17.8.2010 – 3 Ars 23/10 – juris, Rn. 16; StGH, LVerfGE 13, 8 (26); HessStGH, U. v. 13.4.2011 – P. St. 2290 – juris, Rn. 86; U. v. 16.11.2011 – P. St. 2323 – juris, Rn. 135; BayVerfGH, E. v. 10.10.2006 – Vf. 19-VIa-06 – juris, Rn. 30; VerfGH NRW, U. v. 17.10.2000 – VerfGH 16/98 – juris, Rn. 57; *Brocker* in: Morlok/Schliesky/Wiefelspütz, § 31 Rn. 2.
15 *Feuchte* in: Feuchte, Art. 35 Rn. 5; *Braun*, Art. 35 Rn. 6.
16 Pl.-Prot. 9/86, 7257-7263 (7.–9. WP); Pl.-Prot. 12/105, 8322-8324 (10./11. WP); LT-Drs. 14/7701 (12./13. WP); LT-Drs. 15/8124 (14./15. WP).
17 15. WP: EnBW-Deal, Polizeieinsatz Schlossgarten II, Rechtsterrorismus/NSU BW; 14. WP: Amoklauf Winnenden, Polizeieinsatz Schlossgarten I; 13. WP: Atomaufsicht, FlowTex, Sinsheimer Messen; 12. WP: Förderpraxis bei der ländlichen Sozialberatung der Bauernverbände; 11. WP: Überwachung des Telefonverkehrs, Kernkraftwerk Obrigheim, Steuerverwaltungspraxis im Fall Stefanie/Peter Graf; 9. WP: Parteienfinanzierung, Sondermüll, Psychiatrische Landeskrankenhäuser.
18 15. WP: Pflege, Entwicklung des Rechtsextremismus; 14. WP: Aus- und Weiterbildung an beruflichen Schulen; 13. WP: Demografischer Wandel, Neue Steuerungsinstrumente; 12. WP: Rundfunk-Neuordnung, Jugend-Arbeit-Zukunft, Familienunternehmen, Neue Steuerungsinstrumente; 11. WP: Kinder in BW, neue Informations- und Kommunikationstechnologien.

II. Herkunft, Entstehung, Geschichte

7 Die historischen Ursprünge des parlamentarischen Untersuchungsrechts liegen in Britannien und in den USA. Dort hat sich – allerdings ohne positive verfassungsrechtliche Verankerung – schon früh ein praktisch bedeutsames und durchsetzungskräftiges Instrumentarium gebildet.[19] In Deutschland hingegen war die Vorstellung einer gegen die monarchische Regierung gerichteten Untersuchung der Volksvertretung dem konstitutionellen Denken fremd, weshalb weder die **Vormärz-Verfassungen** noch die **RV 1871** ein solches Recht kannten. Eine Ausnahme bildete Art. 82 der preußischen Verfassung von 1850 („Untersuchung von Thatsachen"), die – wie § 99 PKV („Erhebung von Thatsachen") – ein grundsätzliches Untersuchungsrecht, freilich als Mehrheitsrecht, kannte.[20]

8 Das ausdrücklich mit hoheitlichen Zwangsmitteln ausgestattete Untersuchungsrecht, das bereits von einer parlamentarischen Minderheit in Anspruch genommen werden kann, geht auf einen 1918 veröffentlichten Aufsatz von *Max Weber* zurück, der bei dem kurz darauf in Kraft getretenen **Art. 34 WRV** maßgeblich Pate gestanden hat.[21] Ähnlich war auch § 38 VerfBad 1919 ausgestaltet, wobei das Minderheitenrecht – in konsequenter Umsetzung der Logik des neuen Dualismus – noch auf regierungsgerichtete UAe beschränkt war.[22] Wesentlich knapper und zugleich offener sah § 8 VerfWü 1919 ein allgemeines Untersuchungsrecht auf Verlangen von einem Fünftel der Abgeordneten vor.[23] Allerdings fehlte diesen neuen Minderheitenrechten mangels verfassungsgerichtlichen Rechtsschutzes noch die juristische Durchsetzbarkeit.[24] **Nach dem 2. Weltkrieg** führten Art. 35 I VerfWH, 62 I VerfWB das Untersuchungsrecht als Minderheitenrecht (mit erhöhtem Quorum auf ein Viertel) fort, wobei Art. 62 II 1 VerfWB mit der ausdrücklichen Nennung des Vereidigungsrechts und des Zeugniszwangsverfahrens die Hoheitlichkeit des Untersuchungsverfahrens besonders betonte.[25] Auch Art. 75 VerfLB sah das Einsetzungs- und Beweiserhebungsrecht von UAen vor, allerdings ohne Ausgestaltung als Minderheitenrecht.

9 Die Ursprungsfassung von Art. 35 LV geht in Abs. 1 auf Art. 52 I VerfE-CDU zurück, was insbesondere für die ausdrückliche Nennung des Be-

---

19 *Klein* in: Maunz/Dürig, Art. 44 Rn. 5 f.
20 *Klein* in: Maunz/Dürig, Art. 44 Rn. 9–14.
21 *Weber*, Parlament und Regierung, 306 (352-355), spricht davon, dass der Reichstag „geflissentlich außerstande gesetzt [ist], sich die zur Verwaltungskontrolle erforderlichen Kenntnisse zu verschaffen, also, außer zum Dilettantismus, auch zur Unwissenheit verurteilt" ist; *Klein* in: Maunz/Dürig, Art. 44 Rn. 15–17; *Masing*, Parlamentarische Untersuchungen, 44–46; zur Verbreitung dieser „deutschen Erfindung" in andere europäische Staaten vgl. *Szabó*, ZParl 2015, 328 (332 ff.).
22 § 38 II 1 VerfBad 1919 lautete: „Der Landtag hat das Recht und auf Verlangen von einem Fünftel seiner Mitglieder die Pflicht, Ausschüsse zur Untersuchung von Tatsachen einzusetzen, wenn die Gesetzlichkeit oder Lauterkeit von Regierungshandlungen angezweifelt wird."
23 § 8 II 1 VerfWü 1919 lautete: „Der Landtag ist berechtigt und auf Antrag eines Fünftels seiner Mitglieder verpflichtet, Untersuchungsausschüsse einzusetzen."
24 *Szabó*, ZParl 2015, 328 (330).
25 Art. 62 II 1 VerfWB lautete: „Diese Ausschüsse und die von ihnen ersuchten Behörden können in entsprechender Anwendung der Strafprozeßordnung alle erforderlichen Beweise erheben, insbesondere Zeugen und Sachverständige vorladen, vernehmen, vereidigen, und das Zeugniszwangsverfahren gegen sie durchführen."

stimmtheitsgrundsatzes gilt. Die übrigen Absätze lassen sich dagegen auf Art. 32 II-V VerfERP zurückführen. In den Beratungen setzte sich die oppositionelle CDU wegen schlechter Erfahrungen mit der parlamentarischen Aufklärungstätigkeit in der Vergangenheit[26] ebenso engagiert wie erfolglos für ein **starkes justizielles Element im parlamentarischen Untersuchungsverfahren** ein. So sollten der Vorsitz und die Schriftführung im UA externen Richtern übertragen werden (vgl. Art. 52 II VerfECDU), um politisch motivierte Einseitigkeiten im Untersuchungsablauf zu vermeiden.[27] Die Vertreter von SPD und FDP/DVP traten dem v.a. mit dem Hinweis entgegen, dass der Landtag dieses wichtige Selbstinformationsrecht nicht partiell aus der Hand geben könne und außerdem das Verfahren primär nach politischen Notwendigkeiten betrieben werden müsse.[28] Auch nach einer Einschränkung des CDU-Anliegens auf das Stadium der Beweisaufnahme – mit Unterstützung des SPD-geführten Justizministeriums[29] – und auf ein bloßes Optionsrecht kam es in einer weiteren Beratung des VA zu keiner Einigung. Die anderen Fraktionen sahen die Beweisaufnahme als den entscheidenden und nicht delegierbaren Teil der Untersuchungstätigkeit an und befürchteten bei einer Hereinnahme von Richtern in die politische Arena wegen der unterschiedlichen Logiken sogar eine Beschädigung des Ansehens der Justiz. Daher wurde der CDU-Antrag auf optionale Richterhinzuziehung bei der Beweisaufnahme schließlich knapp abgelehnt.[30] Ein nochmaliger Vorstoß in der 2. Plenarberatung blieb – auch wegen der mit dem CDU-Vorschlag verbundenen problematischen Durchbrechung des Gewaltenteilungsprinzips – erfolglos.[31]

Ein weiteres Diskussionsthema war die **Formulierung des Bestimmtheitsgrundsatzes** in Art. 35 I 2 LV, was v.a. am Wort „genau" lag. Sowohl dessen Streichung als auch seine Ersetzung durch „näher", „bestimmt" oder „im Einzelnen" wurden vorgeschlagen. Dahinter stand die Sorge, dass der UA zu wenig Handlungsspielraum hat, um „die materielle Wahrheit zu erforschen" (Abg. *Mocker*). Der spätere Ministerpräsident und Bundesverfassungsgerichtspräsident *Müller* hielt als Sprecher der CDU-Fraktion dagegen, dass gerade der schädlichen Praxis einer kontinuierlichen Ausweitung der Untersuchungen ein klarer Riegel vorgeschoben werden solle; erforderlichenfalls bleibe es dem UA ja unbenommen, vom Plenum eine Auf-

---

26 Zur selbstzerstörerischen Wirkung des parlamentarischen Untersuchungsrechts, soweit es in der Weimarer Zeit von systemfeindlichen Kräften gegen die freiheitlich-demokratische Ordnung eingesetzt wurde, *Klein* in: Maunz/Dürig, Art. 44 Rn. 19.
27 Vgl. die Beiträge der Abg. *Kühn* und *Müller* (beide CDU), in der 10. VA-Sitzung am 17.7.1952, in: Feuchte, Quellen, 2. Teil, 399–402, 407 f.
28 Vgl. die Gegenbeiträge der Abg. *Lausen* (SPD), *Gönnenwein* (FDP/DVP) und *Ebert* (SPD), in: Feuchte, Quellen, 2. Teil, 399 f., 402 f., 405 f., 411.
29 Bemerkungen des Justizministeriums zum Verfassungsentwurf vom 3.3.1953 in: Feuchte, Quellen, 6. Teil, 104 (124-126).
30 Vgl. die Beratungsfortsetzung in der 32. VA-Sitzung am 12.12.1952 in Feuchte, Quellen, 4. Teil, 328 ff., insbesondere die Beiträge der Abg. *Rimmelspacher* (SPD, 345), *Lausen* (SPD, 345 f.), *Mocker* (BHE, 352 f.) und *Diemer* (FDP/DVP, 363 f.) sowie das Abstimmungsergebnis (12 Ja- und 13 Nein-Stimmen, 365).
31 Vgl. 44. Sitzung der VLV am 30.6.1953, in: Feuchte, Quellen, 8. Teil, 41 ff., insbes. die Beiträge der Abg. *Kühn* (CDU, 41 ff.), *Pflüger* (SPD, 46 ff.), *Diemer* (FDP/DVP, 48 f.) und *Müller* (CDU, 49 ff.) sowie die Abstimmung (aaO, 60).

tragserweiterung zu erbitten. Letztlich setzte sich der Bestimmtheitsgrundsatz mit dem Wort „genau" (16 Ja- und 9 Nein-Stimmen) durch.[32]

11 Durch eine **Verfassungsänderung im Jahr 1976**[33] wurden die Abs. 2 und 4 geändert und in ihre heute geltende Fassung gebracht. Zum einen wurde in Abs. 2 S. 2 eingefügt, der das **Beweiserzwingungsrecht** (von den Antragstellern in S. 1) auf ein von den Antragstellern unabhängiges Quorum iH eines Viertels der Ausschussmitglieder erstreckt und damit das Minderheitenrecht weiter stärkt.[34] Zum anderen erfolgte eine grundlegende **Neuordnung der Rechtsgrundlage für die einfachrechtliche Verfahrensregelung und -ausgestaltung**. Hatte Art. 35 II 3 LV aF – trotz Bedenken des Justizministeriums in der Phase der Verfassungserarbeitung hinsichtlich der rechtlichen Tragfähigkeit[35] – dies zunächst der GO überantwortet, war in Art. 35 IV 1 LV aF der weit verbreitete Verweis auf die sinngemäße Anwendung der StPO enthalten gewesen. Diese beiden Vorschriften wurden gestrichen und durch Art. 35 IV 1 LV nF ersetzt, wonach die Einzelheiten der Einsetzung, der Befugnisse (einschließlich der StPO-Anwendbarkeit) und des Verfahrens durch formelles Gesetz zu regeln sind. Im Rahmen dieser Verfassungsänderung wurde auch durch Einfügung von Art. 34 II 3 LV das **Zutrittsrecht der Regierung zu UAen** durch einen Gesetzesvorbehalt optional eingeschränkt (dazu näher o., Art. 34 Rn. 24 f.). Gleichwohl blieb die Novellierung hinter den Vorschlägen der Bundestags-Enquetekommission Verfassungsreform zurück, wonach auf Verfassungsebene zwischen Missstands- und Sachstandsenqueten hätte differenziert und präzise Vorlagepflichten der Regierung hätten aufgenommen werden sollen.[36]

III. Verfassungsvergleichende Einordnung

12 Das parlamentarische Untersuchungsrecht ist als integraler Bestandteil des Parlamentsrechts in allen deutschen Verfassungen, angefangen beim GG (Art. 44), enthalten. Dies umfasst auch dem Grunde nach seine zentralen Wesensmerkmale, zu denen die ungewöhnliche Durchsetzungskraft des Untersuchungsrechts und die Ausgestaltung als Minderheitenrecht zählen. Auf der Detailebene gibt es allerdings einige Unterschiede: So beträgt das **Einsetzungsquorum** in sieben Ländern und im Bund ein Viertel (Art. 44 I 1 GG, 35 I 1 LV, 48 I BerlVerf, 105 V 1 BremVerf, 26 I 1 HambVerf, 34 I 1 MVVerf, 79 I SaarlVerf, 54 I LSAVerf), während in neun Ländern bereits ein Fünftel der Mitglieder ausreicht (Art. 25 I BayVerf, 72 I BbgVerf, 92 I 1 HessVerf, 27 I 1 NdsVerf, 41 I 1 NRWVerf, 91 I 1 RPVerf, 54 I 1 SächsVerf, 24 I 1 SchlHVerf, 64 I 1 ThürVerf).

---

32 Vgl. 32. VA-Sitzung am 12.12.1952, in: Feuchte, Quellen, 4. Teil, 328 ff., insbes. die Beiträge von StS *Kaufmann* (336, 339 f.) und der Abg. *Müller* (CDU, 336, 338 f.), *Mocker* (BHE, 337 f.) und *Gönnenwein* (FDP/DVP, 340 f.) sowie die Abstimmung, aaO, 341.
33 12. LVÄndG v. 3.3.1976, GBl. 176.
34 *Feuchte*, Geschichte, 371.
35 Bemerkungen des Justizministeriums zum Verfassungsentwurf vom 3.3.1953 in: Feuchte, Quellen, 6. Teil, 104 (126).
36 *Feuchte*, Geschichte, 372; BT-Drs. 6/3829, 15 ff.; *Schlenker*, VBlBW 1983, 399 (403).

Weiter ausdifferenziert ist das **Minderheitenrecht bei der Stellung von bin-** 13
denden Beweisanträgen. Einige Länder haben dieses Recht – wie Art. 35 II
1, 2 LV – sowohl den Antragstellern als auch einem davon unabhängigen
Quorum von Ausschussmitgliedern von einem Viertel (Art. 54 II 1 LSA-
Verf) oder Fünftel (Art. 48 II 2 BerlVerf, 72 III 2 BbgVerf, 24 III 1 SchlH-
Verf) eingeräumt. Andere Länder haben das bindende Antragsrecht nur
den Antragstellern (Art. 92 I 2 HessVerf, 41 I 2 NRWVerf), wiederum andere nur bestimmten Quoren von Abgeordneten eingeräumt (ein Viertel:
Art. 26 I 3 HambVerf, 34 III 1 MVVerf; ein Fünftel: Art. 25 IV 1 BayVerf,
27 II 2 NdsVerf, 54 III SächsVerf, 64 III 1 ThürVerf). Eine besondere Regelung gilt in Bayern, wonach bei Meinungsverschiedenheiten zwischen der
antragstellenden Minderheit und der Ausschussmehrheit über die Zulässigkeit des Beweisantrags das Plenum darüber entscheidet, wogegen dann
wiederum gerichtliche Hilfe des BayVerfGH in Anspruch genommen werden kann (Art. 25 IV 2, 3 BayVerf). Keine ausdrückliche Regelung über ein
Minderheitenrecht bei Beweisanträgen enthalten Art. 105 V BremVerf, 91
RPVerf, 79 SaarlVerf sowie Art. 44 II GG; da sich dieses Recht aber aus
dem (ansonsten weitgehend leer laufenden) Minderheitenrecht zur UA-Einsetzung ergibt, folgt daraus in der Sache keine andere Rechtslage.[37]

Im Bund und in den meisten Ländern ordnen die Verfassungen den **Öffent-** 14
lichkeitsgrundsatz nur für die Beweiserhebung an, weshalb dann für die Beratung über die daraus zu ziehenden Schlüsse der für die allgemeine Ausschussarbeit geltende Grundsatz der Nichtöffentlichkeit einschlägig ist
(Art. 44 I GG, 35 II LV, 26 I 2 HambVerf, 92 I 2 HessVerf, 34 I 2 MVVerf,
27 III 1, 2 NdsVerf, 41 I 3 NRWVerf, 91 II RPVerf, 79 II 1 SaarlVerf, 54 II
1 SächsVerf, 54 III 1 LSAVerf, 24 I 2 SchlHVerf, 64 III 1 ThürVerf). Der
Ausschluss der Öffentlichkeit ist teilweise an verfahrensmäßige (Zweidrittelmehrheit, Art. 92 I 3 HessVerf, 79 II 2 SaarlVerf, 54 II 2 SächsVerf, 24 I
4 SchlHVerf, 64 III 3 ThürVerf) oder inhaltliche Hürden (Gefahr für
Staatswohl oder schutzwürdige Interessen Dritter, Art. 54 III 2 LSAVerf)
gebunden. Dagegen sieht Art. 25 V BayVerf die **öffentliche Beratungsweise**
generell für die Verhandlungen des UA – also auch für die Beratungen –
vor; in Berlin sind sogar alle Ausschussberatungen grundsätzlich öffentlich
(Art. 44 I 2 BerlVerf). Umgekehrt kennen die BbgVerf und die BremVerf
kein Öffentlichkeitsgebot für UAe, also auch nicht für die Beweiserhebungen.[38] Das Zutrittsrecht der Regierung ist unterschiedlich geregelt: Während es in fünf Ländern keine Einschränkung gibt, haben die anderen Länder in oder (wie Art. 34 II 3 LV) aufgrund der Verfassung Ausschlussmög-
lichkeiten vorgesehen.[39]

---

37 BVerfGE 105, 197 (LS 1) mit ausdrücklicher Erweiterung auch auf mehrheitseinge-
setzte UAe (aaO, LS 2); das Minderheitenrecht bei Beweisanträgen ist in §§ 17 II
PUAG, 13 II RPUAG (sogar für jedes einzelne Mitglied), 20 II SaarlLtG einfachgesetzlich abgesichert.
38 Gleichwohl findet in Brandenburg die Beweiserhebung ebenfalls idR in öffentlicher
Sitzung statt, vgl. *Lieber* in: ders./Iwers/Ernst, Art. 72 Ziff. 4; in Bremen ist dies
einfachgesetzlich so angeordnet, vgl. *Baer* in: Fischer-Lescano/Rinken u.a.,
Art. 105 Rn. 45.
39 *Klein* in: Maunz/Dürig, Art. 44 Rn. 45.

15 Die Verfassungen von zehn Ländern enthalten ausdrückliche **Regelungsaufträge an den einfachen Gesetzgeber**, die Umsetzung des parlamentarischen Untersuchungsrechts im Einzelnen zu regeln (Art. 35 IV 1 LV, 72 V BbgVerf, 34 VII MVVerf, 41 I 6 NRWVerf, 54 VI 1 SächsVerf, 54 VIII LSAVerf, 24 VI SchlHVerf, 64 VII ThürVerf), in Art. 26 III HambVerf unter kumulativer und in Art. 27 VI 1 NdsVerf unter alternativer Einbeziehung des GO-Gebers. Das Fehlen einer solchen Ermächtigung hat aber den Bund und andere Länder (Bay, Berl, Rh-Pf) nicht davon abgehalten, ein solches UA-Gesetz zu erlassen, [40] weshalb nur Hessen und Niedersachsen über keine einfachgesetzliche Regelung des UA-Rechts verfügen; das Saarland hat entsprechende Bestimmungen in das Landtagsgesetz integriert.[41] In der Praxis haben sich viele Länder vor Erlass ihrer UA-Gesetze an den sog. IPA-Regeln orientiert, die von der Interparlamentarischen Arbeitsgemeinschaft 1968 als ein Entwurf für ein Gesetz über Einsetzung und Verfahren von UAen des Bundestages verabschiedet worden waren.[42] Art. 44 II 1 GG und neun Landesverfassungen erklären die StPO für sinngemäß anwendbar (Art. 44 II 1 GG, 25 III 1 BayVerf, 105 V 2 BremVerf, 26 II 1 HambVerf, 92 III HessVerf, 34 V MVVerf, 27 VI 2 NdsVerf, 91 IV RPVerf, 79 IV SaarlVerf, 64 III 2 ThürVerf), wenngleich in allen Verfassungen außer in Berlin (wo aber auch der StPO-Verweis fehlt) das Brief-, Post- und Telekommunikationsgeheimnis davon ausdrücklich ausgenommen ist.

B. Erläuterung

I. Einsetzung eines Untersuchungsausschusses (Abs. 1)

1. Formelle Voraussetzungen und Zusammensetzung

16 Ein **bindender Einsetzungsantrag** setzt zunächst in formeller Hinsicht die Erfüllung des Minderheitenquorums voraus. Hierbei ist zwischen dem verfassungsrechtlichen Quorum von einem Viertel der Mitglieder (Art. 35 I 1 LV) und dem einfach-gesetzlichen zusätzlichen Quorum von zwei Fraktionen (§ 2 III 1 UAG) zu unterscheiden. Eine diese Quoren nicht erreichende Minderheit kann ebenfalls einen UA beantragen, wenn sie aus mindestens fünf Abgeordneten oder einer Fraktion besteht (§ 33 GO LT), hat aber keine rechtliche Durchsetzungs- und Gestaltungsmacht (Splitter- oder Kann-Enquete).[43] Das **Verfassungsquorum von einem Viertel** bezieht sich auf die gesetzliche Mitgliederzahl iSv Art. 92 LV, wie sie sich aus der für die betroffene Legislaturperiode maßgeblichen Wahl ergeben hat, nicht auf die in

---

40 Eine formellgesetzliche Regelung parlamentsrechtlicher Themen kann mit der GO-Kompetenz des Parlaments konfligieren; da aber das PUAG eher als Verfassungsinterpretation des Gesetzgebers anzusehen ist und folglich nicht den Kern der GO-Autonomie tangiert, sowie keine wesentliche Einflussnahme anderer Verfassungsorgane erfolgt ist (das PUAG unterlag insbesondere nicht der Zustimmung des Bundesrates), sieht die hM das Gesetz auch ohne verfassungsrechtliche Ermächtigung als zulässig an, vgl. *Klein* in: Maunz/Dürig, Art. 44 Rn. 26–28.
41 *Klein* in: Maunz/Dürig, Art. 44 Rn. 36.
42 *Klein* in: Maunz/Dürig, Art. 44 Rn. 25; in Hessen wird bis heute mit den IPA-Regeln gearbeitet, wo ihnen allenfalls gewohnheitsrechtliche Qualität im Rang von einfachem GO-Recht zuerkannt wird, vgl. HessStGH, U. v. 13.4.2011 – P. St. 2290 – juris, Rn. 84, und HessVGH, ESVGH 46, 81 (85 f.).
43 *Brocker*, DÖV 2014, 475 (476); *Kluth* in: Schmidt-Bleibtreu/Hofmann/Henneke, Art. 44 Rn. 13.

§ 1 I LWG genannte Mindestmandatszahl.[44] Wegen seiner Anknüpfung an eine Zahl einzelner Abgeordneter (statt Fraktionen) bedingt dieses Quorum außerdem die persönliche Unterstützung des Einsetzungsantrags durch die erforderliche Zahl von Mandatsträgern, weshalb hierbei eine allgemeine Vertretung aller Fraktionsangehörigen durch ihre Fraktionsführung nicht ausreichend ist.[45] Das einfachgesetzliche Quorum verlangt **mindestens zwei Fraktionen** für einen bindenden Minderheitsantrag, die aber das verfassungsrechtliche Quorum nicht erfüllen müssen. Die beiden Fraktionen müssen eigenständig sein und dürfen nicht auf eine unzulässige Fraktionsvermehrung (→ Art. 27 Rn. 122) zurückgehen. So verlangt § 2 III UAG ausdrücklich, dass die Mitglieder der beiden Fraktionen verschiedenen Parteien angehören müssen (zum Zusammenhang von Partei- und Fraktionsmitgliedschaften siehe aber oben, → Art. 27 Rn. 116, 121). Der entscheidende Zeitpunkt für das Vorliegen des Einsetzungsquorums ist nicht der der Antragstellung, sondern der der Entscheidung des Landtags. Dafür spricht die bis dahin bestehende Möglichkeit der Nachbesserung und der Rücknahme.[46]

Da die parlamentarische Mehrheit die Minderheitenquoren erst recht stets erfüllt, kann auch sie die Einsetzung eines UA beantragen (sog. **Mehrheitsenquete**).[47] Die Zuständigkeit für die Entscheidung über den Einsetzungsantrag – also für den **Einsetzungsbeschluss** – liegt stets beim „Landtag", also beim Plenum (→ Art. 34 Rn. 8).[48] Auch ein zulässiger Minderheitenantrag macht den mit Mehrheit zu fassenden Einsetzungsbeschluss nicht hinfällig, sondern nur ggf. mit verfassungsgerichtlicher Hilfe durchsetzbar. Denn die Bindungswirkung hat zur Folge, dass die Mehrheit nicht gegen den qualifizierten Minderheitenantrag stimmen darf (Enthaltungen sind dagegen zulässig).[49] Damit bleibt auch eine Minderheitsenquete ein Untersuchungsvorhaben des gesamten Landtags, weshalb der Mehrheit die **Verfahrenshoheit** unbeschadet verschiedener Minderheitenrechte zusteht (→ Rn. 39 ff.).[50] Allerdings hat das Antragsrecht der qualifizierten Minderheit zur Folge, dass die Beschlussfassung über den Antrag zeitnah zu erfolgen hat. Deshalb sieht § 2 IV UAG eine Entscheidungsfrist von maximal drei Wochen (bei verfassungsrechtlicher Überprüfung) vor. 17

Für die **Zusammensetzung** gilt – wie für alle anderen Ausschüsse – das Gebot der Spiegelbildlichkeit (→ Art. 27 Rn. 139 ff.).[51] Zugleich sieht § 4 II 2 UAG ein Beteiligungsrecht jeder Fraktion an den in § 4 I UAG regelmäßig vorgesehenen zehn Mitgliedern vor. Dadurch sind sehr kleine Fraktionen (mit deutlich unter 10 % der Abgeordneten) zwar etwas überrepräsentiert. 18

---

44 StGH, U. v. 26.7.2007 – GR 2/07 – juris, Rn. 72.
45 StGH, U. v. 26.7.2007 – GR 2/07 – juris, Rn. 75 f., 87; *Klein* in: Maunz/Dürig, Art. 44 Rn. 75.
46 VerfGH, U. v. 13.12.2017 – 1 GR 29/17 – juris, LS 1; ebenso die Landtagsverwaltung in LT-Drs. 16/730, 11 f.
47 *Klein* in: Maunz/Dürig, Art. 44 Rn. 73.
48 *Versteyl* in: v. Münch/Kunig, Art. 44 Rn. 13; *Klein* in: Maunz/Dürig, Art. 44 Rn. 87.
49 *Braun*, Art. 35 Rn. 32.
50 BVerfGE 113, 113 (121 f.).
51 *Versteyl* in: v. Münch/Kunig, Art. 44 Rn. 28.

Aber angesichts der Bedeutung des parlamentarischen Untersuchungsrechts folgt aus der Mandatsstellung ihrer Mitglieder ein **Anspruch auf Teilhabe an wesentlichen Vorgängen** im Landtag.[52] Abgeordnete, die an dem aufzuklärenden Sachverhalt „persönlich und unmittelbar beteiligt" sind, können dem UA nicht angehören und sind ggf. zu ersetzen (§ 5 UAG). Handelt es sich um eine Enquetekommission mit externen Mitgliedern, gilt nicht das UAG, sondern § 34 GO LT. Danach wird die interne und (maximal gleich hohe) externe Mitgliederzahl im Einsetzungsbeschluss festgelegt. Für die internen Mitglieder gilt das Spiegelbildlichkeitsgebot unmittelbar (§ 34 III 2 GO LT) sowie für die Vorschlagsrechte bezüglich der Externen, wenn keine konsensuale Verständigung der Fraktionen erzielt wird (§ 34 III 3 GO LT).

19 Des Weiteren folgt aus dem Spiegelbildlichkeitsgebot, dass **Veränderungen des Fraktionsproporzes** während einer laufenden Untersuchung in geeigneter Weise im UA nachvollzogen werden müssen.[53] Gegen eine solche Umbesetzung im laufenden Verfahren kann insbesondere nicht das Prinzip des gesetzlichen Richters eingewandt werden, weil das parlamentarische Untersuchung kein gerichtliches Verfahren darstellt und insbesondere nicht mit einem vollstreckbaren Urteil endet.[54] Von besonderer Sensibilität ist außerdem die Frage der B**esetzung des Ausschussvorsitzes**. Deshalb wechselt das Vorschlagsrecht für diese Funktion von Einsetzungsbeschluss zu Einsetzungsbeschluss zwischen den Fraktionen in Abhängigkeit von ihrer Stärke (§ 6 II UAG; vgl. auch Art. 25 II BayVerf, 34 II 3 MVVerf, 24 II 3 SchlH-Verf), während bei Enquetekommissionen keine solche Automatik besteht, der Vorsitzende aber ein Abgeordneter sein muss (§ 34 IV 1 GO LT). Der Vorsitzende ist zur neutralen Sitzungsleitung unter besonderer Berücksichtigung des Mitgestaltungsanspruchs der qualifizierten Minderheit (→ Rn. 39 ff.) verpflichtet (§§ 20, 9 I 2 GO LT).[55]

2. Materielle Voraussetzungen

a) Bestimmtheitsgebot

20 Eine unmittelbare Verfassungsvorgabe inhaltlicher Art ist das Bestimmtheitsgebot gem. Art. 35 I 2 LV, das sich zudem auch aus dem Rechtsstaatsprinzip und den Grundrechten ergibt.[56] Dieses Gebot gilt nicht nur für den **Einsetzungsbeschluss** selbst, sondern auch für den ihm vorausgehenden **Minderheitsantrag**, da dieser eine die Mehrheit grundsätzlich bindende Wirkung hat.[57] Insbesondere kommt der Mehrheit nicht die Aufgabe zu, durch eine Konkretisierung die Beschlussreife des Antrags herbeizuführen (vgl. dazu → Rn. 32).[58] Wenngleich es typisch für Untersuchungsaufträge ist, dass bei ihrer Erteilung noch nicht alle Einzelheiten abschätzbar sind

---

52 Vgl. dazu Art. 34 II 1 MVVerf, 64 II ThürVerf.
53 SächsVerfGH, B. v. 2.11.2006 – Vf. 72-I-06 – juris, LS 1/Rn. 18, LS 2/Rn. 29.
54 SächsVerfGH, B. v. 2.11.2006 – Vf. 72-I-06 – juris, Rn. 21.
55 StGH, LVerfGE 13, 8 (LS 2 u. S. 23, LS 4); s. auch *Klein* in: Maunz/Dürig, Art. 44 Rn. 96.
56 *Caspar*, DVBl. 2004, 845 (847).
57 StGH, ESVGH 27, 1 (LS 4 u. S. 6 f.); *Hempfer*, ZParl 1979, 295 (304); *Klein* in: Maunz/Dürig, Art. 44 Rn. 85.
58 StGH, ESVGH 27, 1 (LS 5 u. S. 8).

und deshalb noch ein gewisser Bewegungsspielraum des UA anzuerkennen ist, müssen die aufzuklärenden Sachverhalte und ggf. Missstände eine klare Abgrenzbarkeit aufweisen. Denn das Bestimmtheitsgebot dient ebenso der operativen Handhabbarkeit des Untersuchungsauftrags wie dem Abstecken der **Grenzen der Kompetenzen des UA**, der nicht selbst über Untersuchungsgegenstand oder Ermittlungsziel disponieren kann.[59] So hat der StGH einen Antrag auf Untersuchung von „Verwaltungsabläufen und Organisation" eines Ministeriums ebenso wie von „Missständen bei der Ausübung von Nebentätigkeiten" aller Klinika als zu unbestimmt angesehen.[60] Andererseits kann eine Erweiterung des Untersuchungsauftrags auf alle Mitglieder zweier Landesregierungen ebenso noch dem Bestimmtheitsgebot genügen wie eine Verbindung von Missstands- und Sachstandsaspekten in einem gemeinsamen Untersuchungsauftrag.[61]

b) Erfüllbarkeit

Des Weiteren setzt die Zulässigkeit des Untersuchungsauftrags voraus, dass 21 er **realistische Aussichten auf Erfüllung** hat. In inhaltlicher Hinsicht folgt daraus, dass dem Untersuchungsauftrag **keine unzutreffenden tatsächlichen Annahmen** zugrunde liegen dürfen, weil dann die entsprechenden Teilaufträge gar nicht erfüllbar wären.[62] In zeitlicher Hinsicht muss dem UA zum Zeitpunkt seiner Einsetzung noch genügend Zeit für seine Aufklärungsarbeit zur Verfügung stehen. Da die UAe der institutionellen Diskontinuität des Landtags (→ Art. 30 Rn. 16) unterliegen,[63] müssen sie mit einem **zeitlichen Mindestvorlauf vor dem absehbaren Ende der Wahlperiode** (von zumindest einigen Monaten) eingesetzt werden. Um die untersuchungsfreien Zeiträume aber so knapp wie nötig zu halten, dürfen die Anforderungen an die verbleibende Zeitspanne nicht überhöht werden: Solange es nicht ausgeschlossen erscheint, dass – unter Zugrundelegung einer rechtsstaatlich korrekten Arbeitsweise – zumindest Teilergebnisse oder ein aussagekräftiger Zwischenbericht vorgelegt werden können, steht die Diskontinuität der Einsetzung nicht entgegen.[64] Der für das Ende des maßgeblichen Zeitraums entscheidende Termin ist dabei nicht der (oft Monate frühere) Wahltag (vgl. Art. 30 II LV), sondern das Ende der Wahlperiode.[65]

c) Einhaltung der Verbands- und Organkompetenzen des Landtags

Der Untersuchungsauftrag muss „funktional auf ein Tätigwerden des 22 Landtages gerichtet sein"[66] und sich folglich **im Rahmen der verfassungsrechtlichen Kompetenzen des Landtags** – dessen Hilfsorgan der UA ja ist – bewegen (§ 1 II UAG).[67] Das parlamentarische Untersuchungsrecht reicht

---

59 BVerfGE 124, 78 (119); StGH, ESVGH 27, 1 (9); SaarlVerfGH, U. v. 28.3.2011 – Lv 15/10 – juris, Rn. 113 f.
60 StGH, ESVGH 27, 1 (10–12).
61 StGH, ESVGH 42, 7 (LS 3 u. S. 14–17).
62 StGH, U. v. 26.7.2007 – GR 2/07 – juris, LS 4.
63 *Morlok* in: Dreier, Art. 44 Rn. 35; *Klein* in: Maunz/Dürig, Art. 44 Rn. 67; krit. *Versteyl* in: v. Münch/Kunig, Art. 44 Rn. 32.
64 StGH, ESVGH 27, 1 (LS 7 u. S. 13); 40, 14 (16); 42, 7 (19).
65 HessStGH, B. v. 13.7.2016 – P. St. 2431 – juris, LS 2 u. Rn. 74 f.
66 SaarlVerfGH, B. v. 31.10.2002 – Lv 2/02 – juris, Rn. 22.
67 StGH, ESVGH 42, 7 (12).

nicht weiter als die Befugnisse des Landtags als Träger dieses Rechts (sog. Korollartheorie).[68] Diese Befugnisse sind in verbands- und organkompetenzrechtlicher Hinsicht beschränkt. Daraus folgt zum einen, dass der Landtag die föderale Zuständigkeitsverteilung sowohl gegenüber dem Bund als auch gegenüber den anderen Ländern zu achten hat und keine Angelegenheiten untersuchen darf, die nicht zu den **Aufgaben des Landes BW** zählen.[69] Zu diesen Aufgaben zählen allerdings auch Fragestellungen oder Missstände im **kommunalen Bereich** und im Bereich der kommunalen Selbstverwaltungsgarantie gem. Art. 28 II GG, soweit sie der Aufsicht des Landes unterliegen.[70] Denn bei kommunaler Verwaltungstätigkeit handelt es sich um die mittelbare Ausübung „landesgegründeter" Staatsgewalt. Außerdem gibt es auf kommunaler Ebene kein entsprechendes Untersuchungsrecht.[71] Zum anderen ist dem Landtag die Untersuchung von Sachverhalten verwehrt, die der ausschließlichen **Organkompetenz anderer Verfassungsorgane** unterliegen. In verfassungsrechtlicher Hinsicht stellen damit das Föderalismus- und das Gewaltenteilungsprinzip die wesentlichen Kompetenzschranken des parlamentarischen Untersuchungsrechts dar.[72]

23 Die **Organkompetenzgrenze im Verhältnis zur Regierung**, deren Handeln (neben anderem) durch das parlamentarische Untersuchungsrecht kontrolliert werden soll, ist durch den nicht umfassend ausforschbaren Kernbereich exekutiver Eigenverantwortung gekennzeichnet. Hierzu zählt zum einen die **Meinungsbildung der Regierung** (→ Art. 27 Rn. 44).[73] Zum anderen darf der Landtag nicht über das Untersuchungsrecht in die operativ laufende Regierungstätigkeit eingreifen, weil damit die Regierung in der Wahrnehmung ihrer verfassungsmäßigen Kernaufgabe behindert würde. Eine solche Gefahr des gewaltenteilungswidrigen „Mitregierens" besteht dann, wenn das zu untersuchende Regierungshandeln noch nicht (zumindest in Form von klar abschichtbaren Teilschritten) abgeschlossen und damit „verantwortungsreif" ist (→ Art. 27 Rn. 45).[74] Folglich sind noch laufende Verhandlungen und Entscheidungsvorbereitungsprozesse der parlamentarischen Untersuchung entzogen, v.a. dann, wenn die Verhandlungen ergebnislos aufgegeben werden oder die Entscheidungsvorbereitung nicht zu einer Entscheidung führt.[75]

---

68 Zurückgehend auf *Egon Zweig*, vgl. *Klein* in: Maunz/Dürig, Art. 44 Rn. 99 mwN; *Versteyl* in: v. Münch/Kunig, Art. 44 Rn. 23; *Morlok* in: Dreier, Art. 44 Rn. 19; ausf. u. tlw. krit. bzgl. zu geringer Begrenzungswirkung *Masing*, Parlamentarische Untersuchung, 167 ff.
69 *Versteyl* in: v. Münch/Kunig, Art. 44 Rn. 23; *Brocker* in: Morlok/Schliesky/Wiefelspütz, § 31 Rn. 19-21.
70 *Böckenförde*, AöR 103 (1978), 1 (11 f., 13 f., 24–31), mit Beispielsfällen (20 f.).
71 *Masing*, Parlamentarische Untersuchung, 325; *Brocker* in: Morlok/Schliesky/Wiefelspütz, § 31 Rn. 11; *Feuchte* in: Feuchte, Art. 35 Rn. 4.
72 BVerfGE 77, 1 (44); StGH, ESVGH 27, 1 (6); ESVGH 42, 7 (LS 2).
73 StGH, ESVGH 42, 7 (13); U. v. 26.7.2007 – GR 2/07 – juris, Rn. 94.
74 *Klein* in: Maunz/Dürig, Art. 44 Rn. 147–154.
75 StGH, U. v. 26.7.2007 – GR 2/07 – juris, LS 5 u. Rn. 94 f. mwN, 114; *Böckenförde*, AöR 103 (1978), 1 (17); zu eng *Cancik*, ZParl 2014, 885 (886), die darin typischerweise nur eine Schranke der Beweiserhebung, nicht aber des Untersuchungsauftrags sieht.

Keine Verletzung des Gewaltenteilungsprinzips liegt dagegen vor, wenn 24
sich der Untersuchungsauftrag auf Sachverhalte bezieht, die gerichtlich verarbeitet werden oder worden sind (zB in Form abgeschlossener Strafverfahren). Denn darin liegt noch keine gewaltenteilungsverletzende **Anmaßung richterlicher Tätigkeit und Entscheidungsgewalt** durch den Landtag. Dies schließt auch die **Möglichkeit zeitlich paralleler Ermittlungen** ein, wobei es weder für den Landtag noch für die Justiz eine Vorrangstellung gibt. Allerdings folgt aus dem **Grundsatz der Verfassungsorgantreue**, dass gegenseitige Behinderungen der Ermittlungen vermieden werden müssen. So darf zB nicht durch das vorzeitige Bekanntwerden von Verdachtsmomenten in einer parlamentarischen Untersuchung eine seitens der Justiz bereits konkret geplante Beweissicherungsmaßnahme (zB Durchsuchung) konterkariert werden. Vielmehr haben im Fall solcher Parallelermittlungen der Ausschussvorsitzende und der zuständige Richter oder Staatsanwalt in einem engen Austausch den maximalen Erfolg der Ermittlungen beider Institutionen sicherzustellen. Allerdings können **Entscheidungen der Justiz** (zB Einstellungsverfügungen, Strafbefehle, Urteile, aber auch Beweisbeschlüsse oÄ) grundsätzlich nicht Gegenstand von parlamentarischen Untersuchungen oder gar Bewertungen sein;[76] eine Ausnahme gilt lediglich in Fällen exekutiver Einwirkung auf die Staatsanwaltschaft.[77]

d) Rechtsstaatsprinzip und Grundrechte

Da der Landtag durch die Arbeit des UA öffentliche Gewalt ausübt,[78] gilt 25
dafür das Rechtsstaatsprinzip. Von besonderer verfassungsrechtlicher Bedeutung ist dabei das **Erfordernis öffentlichen Interesses** bei jeder parlamentarischen Untersuchung.[79] Dafür reicht das Interesse am Untersuchungsgegenstand allein nicht aus; vielmehr muss sich das öffentliche Interesse auch **darauf beziehen, die Angelegenheit parlamentarisch aufzuklären**.[80] Insofern ist die entsprechende Aussage in § 1 I UAG deklaratorischer Natur.[81] Der unbestimmte Rechtsbegriff des öffentlichen Interesses ist nicht faktisch, sondern materiell nach einem „objektivierbaren Bezug zum Gemeinwohl" zu bestimmen.[82] Davon ausgehend ist stets vom Vorliegen

---

76 *Klein* in: Maunz/Dürig, Art. 44 Rn. 166.
77 BayVerfGH, E. v. 17.11.2014 – Vf. 70-VI-14 – juris, LS 5, aber generell für die Untersuchungsfähigkeit der Staatsanwaltschaften wegen des Weisungsrechts der Exekutive (aaO, LS 6).
78 BVerfGE 67, 100 (142); 77, 1 (40); *Klein* in: Maunz/Dürig, Art. 44 Rn. 102.
79 SaarlVerfGH, B. v. 31.10.2002 – Lv 2/02 – juris, Rn. 22; einige Verfassungen bringen das explizit zum Ausdruck, vgl. Art. 34 I 1 MVVerf, 27 I 1 NdsVerf, 24 I 1 SchlHVerf; von der Notwendigkeit geht auch das PUAG aus, ohne sie ausdrücklich zu erwähnen, vgl. *Wiefelspütz*, NVwZ 2002, 10 (12 f.) mwN; ebenso iE zust. *Böckenförde*, AöR 103 (1978), 1 (14 f.); *Versteyl* in: v. Münch/Kunig, Art. 44 Rn. 27; *Brocker* in: Morlok/Schliesky/Wiefelspütz, § 31 Rn. 16 f.; *Masing*, Parlamentarische Untersuchungen, 190 ff., versteht den Begriff wegen mangelnden materiellen Gehalts als „Grenzbegriff" (206 ff.); krit. wegen fehlender Bestimmtheit *Klein* in: Maunz/Dürig, Art. 44 Rn. 114, und *Caspar*, DVBl. 2004, 845 (847); zur Diskussion über das Erfordernis des öffentlichen Interesses s. auch *Wiefelspütz*, aaO, 11.
80 StGH, U. v. 26.7.2007 – GR 2/07 – juris, Rn. 124.
81 StGH, ESVGH 42, 7 (12).
82 Instruktiv *Wiefelspütz*, NVwZ 2002, 10 (13 f.).

des öffentlichen Interesses auszugehen, wenn der Untersuchungsauftrag das Handeln der Regierung betrifft.[83]

26 In engem Zusammenhang damit verwehrt das Rechtsstaatsprinzip im Verbund mit dem freiheitlichen Ansatz von GG und LV dem Untersuchungsrecht grundsätzlich den **Zugriff auf private Sachverhalte**, da die Bürger und private Unternehmen – auch bei erheblicher gesellschaftlicher oder ökonomischer Bedeutung – als solche keiner parlamentarischen Verantwortlichkeit unterliegen.[84] Keine solche Privatheit können jedoch solche Unternehmen beanspruchen, die zwar privatrechtlich organisiert sind, an denen aber entweder die öffentliche Hand in einem nicht nur geringfügigen Umfang (ca. ab 25 %) unmittelbar oder mittelbar beteiligt ist, oder die (etwa wegen gemeinwirtschaftlicher Zielsetzung) in erheblichem Umfang öffentliche Mittel oder eine besondere steuerliche Begünstigung erhalten. Dasselbe gilt für Beliehene[85] und wird auch – teilweise mit Einschränkungen – für politische Parteien vertreten.[86]

27 Zum materiellen Rechtsstaatsbegriff zählt auch die **Gewährleistung der Grundrechte**. Für gewöhnlich stellt sich die Frage von Grundrechtseingriffen erst bei einzelnen Beweiserhebungs- und insbesondere Zwangsmaßnahmen innerhalb einer parlamentarischen Untersuchung. Schafft ein Einsetzungsbeschluss nur die Voraussetzung für Grundrechtseingriffe im weiteren Untersuchungsverfahren, steht dies dem Einsetzungsbeschluss noch nicht entgegen.[87] In besonders gelagerten Fällen kann aber bereits der **Einsetzungsantrag als solcher grundrechtlich relevant** sein. So ist das allgemeine Persönlichkeitsrecht betroffen, wenn der Name einer bestimmten Person ausdrücklich in einen unmittelbaren Zusammenhang mit dem öffentlichen Untersuchungsauftrag gestellt wird, insbesondere durch **Verwendung des Namens in der Kurzbezeichnung des UA**. Hier besteht wegen der Einbeziehung eines Grundrechtsträgers in einen potenziell ehrenrührigen oder gar rechtswidrigen Kontext die Gefahr einer Rufschädigung und Vorverurteilung. Deshalb kommt in solchen Fällen (gerade bezüglich der Namensnennung) dem **Verhältnismäßigkeitsgrundsatz** erhebliche Bedeutung zu. Die Namensnennung bedarf daher einer besonderen Rechtfertigung. Maßgebliche Kriterien der Erforderlichkeits- und Angemessenheitsprüfung sind das Gewicht der zugrunde liegenden tatsachengestützten Erkenntnisse und Verdachtsmomente sowie der Grad öffentlicher Exponierung des Betroffenen, also ob er Privatperson oder Inhaber eines öffentlichen oder gar parlamen-

---

83 *Reinhardt*, NVwZ 2014, 991 (992).
84 *Klein* in: Maunz/Dürig, Art. 44 Rn. 119 ff.; *Masing*, Parlamentarische Untersuchungen, 238–254; *Szabó*, ZParl 2015, 328 (331); *Morlok* in: Dreier, Art. 44 Rn. 21.
85 BVerfGE 76, 363 (381 f.); 77, 1 (LS 1/44 f. – Neue Heimat); *Masing*, Parlamentarische Untersuchungen, 326–329; *Kluth* in: Schmidt-Bleibtreu/Hofmann/Henneke, Art. 44 Rn. 10; *Klein* in: Maunz/Dürig, Art. 44 Rn. 124–126.
86 Für einen umfassenden Ausschluss *Klein* in: Maunz/Dürig, Art. 44 Rn. 127-133; aA bezüglich des Finanzgebarens von Parteien *Morlok* in: Dreier, Art. 44 Rn. 21, und die Staatspraxis (Parteispenden-UA).
87 BayVerfGH, E. v. 17.11.2014 – Vf. 70-VI-14 – juris, LS 3.

tarisch verantwortlichen Amtes ist.[88] Der Betreffende kann gegen einen durch den Einsetzungsbeschluss erfolgten Eingriff in sein Persönlichkeitsrecht unmittelbar die (Landes-)Verfassungsbeschwerde ergeben, da der Verwaltungsrechtsweg wegen des verfassungsrechtlichen Charakters des Rechtsstreits nicht eröffnet ist. Denn in diesem Fall geht es nicht um einzelne Beweiserhebungsmaßnahmen des UA, für die zunächst die Verwaltungsgerichte zuständig sind, sondern um einen Grundrechtseingriff unmittelbar durch einen nichtlegislativen Parlamentsakt.[89]

e) Wahrung des innerparlamentarischen Mandatsschutzes (Kollegialenquete)

Das Untersuchungsrecht ist nicht exklusiv regierungsgerichtet, sondern kann sich auch auf landtagsinterne Vorgänge beziehen (sog. Kollegialenquete), da die parlamentarische Selbstkontrolle gleichwertig neben der Regierungskontrolle steht.[90] Deshalb geht § 5 I UAG zutreffend von der Möglichkeit aus, dass auch Abgeordnete selbst Gegenstand einer Untersuchung sein können. Aber parlamentsgerichtete Untersuchungen finden ihre Grenze im Mandatsstatus der betroffenen Abgeordneten oder (kumuliert) der betroffenen Fraktionen.[91] Insbesondere darf das parlamentarische Untersuchungsrecht nicht als **politisches Kampfinstrument der Mehrheit gegen die Minderheit** eingesetzt werden, wenn dadurch der Minderheitenschutz konterkariert wird. Das ist der Fall, wenn das Verhalten oder Personen von Oppositionsfraktionen in einer Weise untersucht werden, die die **Wahrnehmung der Oppositionsaufgaben** weitgehend unmöglich macht. So darf der fraktionsinterne Initiativ-, Beratungs- und Handlungsbereich – wozu auch Fragen der Oppositionsstrategie gehören – nicht ausgeforscht werden. Auch darf die Opposition nicht unter einen derart massiven Untersuchungsdruck gebracht werden, dass sie alle Kräfte auf die Abwehr von Angriffen konzentrieren muss und darüber ihre eigentliche Aufgabe des Aufzeigens politischer Alternativen zur Regierung nicht mehr wahrnehmen kann.[92]

28

Daher bedürfen Kollegialenqueten – insbesondere gegenüber Fraktionen oder Abgeordneten der Opposition – einer besonderen **Rechtfertigung, Begrenzung und verfahrensmäßigen Berücksichtigung der Mandatsstellung der Betroffenen**.[93] Bei einem hinreichend erheblichen Gewicht konkreter, tatsachengestützter Verdachtsmomente bei Rechtsverstößen kann das öffentliche Aufklärungsinteresse die Mandatsrechte einzelner Abgeordneter

29

---

88 StGH, ESVGH 42, 7 (14 f.); U. v. 26.7.2007 – GR 2/07 – juris, Rn. 98; SaarlVerfGH, B. v. 31.10.2002 – Lv 2/02 – juris, Rn. 23 ff., 39 ff.; s. auch BayVerfGH, E. v. 17.11.2014 – Vf. 70-VI-14 – juris, LS 2; vgl. auch *Caspar*, DVBl. 2004, 845 (848).
89 BayVerfGH, E. v. 17.11.2014 – Vf. 70-VI-14 – juris, LS 1 u. Rn. 33-39; *Schenke*, Verwaltungsprozessrecht, 14. Aufl. 2014, Rn. 130; *Rennert* in: Eyermann, § 40 Rn 29; aA *Huber* in: Meder/Brechmann, Art. 25 Rn. 7.
90 VerfG Rh-Pf, U. v. 11.10.2010 – VGH O 24/10 – juris, LS 1 u. Rn. 62, 69; *Glauben*, DVBl. 2014, 894 (898 ff.).
91 *Klein* in: Maunz/Dürig, Art. 44 Rn. 158, 162–165 a.
92 VerfG Rh-Pf, U. v. 11.10.2010 – VGH O 24/10 – juris, Rn. 45, 56; *Glauben*, DVBl. 2014, 894 (899 f.).
93 *Glauben*, DVBl. 2014, 894 (900 f.).

oder von Fraktionen überwiegen. Das ist etwa der Fall, wenn wegen des begründeten Verdachts einer Fehlverwendung öffentlicher Fraktionsmittel das Ansehen und damit auch die Funktionsfähigkeit des Landtags gefährdet sind.[94] Von diesen oppositionsgerichteten Untersuchungen sind die Fälle zunächst zu unterscheiden, bei denen der Untersuchungsgegenstand das **Handeln einer nicht mehr im Amt befindlichen Regierung** darstellt.[95] War diese Regierung aber von mittlerweile in der Opposition befindlichen Fraktionen getragen gewesen, liegt ein zur Verfassungswidrigkeit führender Missbrauch des Untersuchungsrechts vor, wenn die Angriffe der Mehrheit politisch statt auf die vormaligen Regierungsmitglieder auf die jetzige Opposition zielen.[96]

3. Verfassungsrechtliche Prüfung durch die Mehrheit

30 Da die UA-Einsetzung durch den gesamten Landtag erfolgt, übernimmt nicht nur (im Fall der Minderheitsenquete) die Einsetzungsminderheit die Verantwortung für die Erfüllung aller formeller und materiellen Voraussetzungen. Vielmehr steht die den Einsetzungsbeschluss tragende Mehrheit nicht minder in der Verantwortung dafür, dass der Landtag keine verfassungswidrigen Beschlüsse fasst (Art. 25 II LV).[97] Deshalb hat die Mehrheit nicht nur ein Recht, sondern sogar eine **Pflicht zur verfassungsrechtlichen Prüfung der Einsetzungsanträge über offensichtliche Verfassungsverstöße hinaus** und unabhängig von ihrer Herkunft.[98] Daher sieht § 1 III UAG bereits bei Zulässigkeitszweifeln eine Überweisung an den für Rechtsfragen zuständigen Ausschuss vor, was im Hinblick auf den Regelungsauftrag in Art. 35 IV 1 LV noch vom Gestaltungsspielraum des Gesetzgebers gedeckt ist.[99]

31 Da aber das (Minderheiten-)Recht der Antragsteller nicht durch **Verzögerungen im Prüfungsverfahren** konterkariert werden darf, ist diese Prüfung unverzüglich – dh maximal binnen einer Woche – durchzuführen und abzuschließen (§§ 1 III 2, 2 IV 2 UAG).[100] Im Fall einer Ablehnung hat die Einsetzungsminderheit zudem einen Anspruch auf eine **qualifizierte Begründung**, um den Einsetzungsantrag durch entsprechende Änderungen

---

94 VerfG Rh-Pf, U. v. 11.10.2010 – VGH O 24/10 – juris, LS 2/Rn. 48 f., LS 3/Rn. 53 f., LS 4.
95 *Brocker* in: Morlok/Schliesky/Wiefelspütz, § 31 Rn. 3.
96 Etwas großzügiger (trotz attestierter Missbrauchsgefahr) *Cancik*, ZParl 2014, 885 (889, 905); nicht zu beanstanden sind insoweit die von den jeweiligen Regierungsfraktionen beantragten Mehrheitsenqueten zur Untersuchung der Neuen Heimat (dazu BVerfGE 77, 1) und der CDU-Parteispendenaffäre im Bund (dazu BVerfGE 105, 197), weil sie sich beide nicht direkt gegen die jeweilige Opposition gerichtet haben; krit. dagg. *Reinhardt*, NVwZ 2014, 991 (993 f.), zum Landtags-UA zur zweiten Untersuchung des Polizeieinsatzes vom 30.9.2010 im Stuttgarter Schlossgarten.
97 StGH, ESVGH 42, 7 (12); U. v. 26.7.2007 – GR 2/07 – juris, Rn. 98; *Caspar*, DVBl. 2004, 845 (849); *Brocker* in: Morlok/Schliesky/Wiefelspütz, § 31 Rn. 37.
98 StGH, U. v. 26.7.2007 – GR 2/07 – juris, Rn. 92; VerfGH NRW, U. v. 17.10.2000 – VerfGH 16/98 – juris, LS 1/Rn. 53; eine solche Überprüfung ist in Art. 64 I 2 ThürVerf auf Antrag von einem Fünftel der Abg. ausdrücklich vorgesehen.
99 StGH, ESVGH 27, 1 (2 f.); *Caspar*, DVBl. 2004, 845 (849).
100 *Brocker* in: Morlok/Schliesky/Wiefelspütz, § 31 Rn. 39.

verfassungsrechtlich zulässig zu machen oder aber die Aussichten einer verfassungsgerichtlichen Klage abschätzen zu können.[101]

Beschränkt sich die verfassungsrechtliche **Unzulässigkeit nur auf einen Teil des beantragten Untersuchungsauftrags** (zB weil einzelne Fragen oder Sachverhaltskomplexe noch nicht abgeschlossenes Regierungshandeln oder Justizentscheidungen betreffen), ist die Mehrheit zur Ablehnung des gesamten Antrags berechtigt und im Regelfall auch verpflichtet.[102] Denn zum einen folgt aus dem Minderheitenrecht, dass der Mehrheit Änderungen des Antrags grundsätzlich verwehrt sind (→ Rn. 33 f.), und zum anderen ist es nicht die Aufgabe der Landtagsmehrheit, einem politischen Angriff gegen die von ihr getragene Regierung zum Durchbruch zu verhelfen. Einfachgesetzlich spricht zudem § 3 II UAG dagegen.[103] Lassen sich aber ausnahmsweise die unzulässigen Teile klar vom übrigen Untersuchungsauftrag trennen oder umformulieren, ohne den Kern oder Sachzusammenhang des Einsetzungsantrags zu beeinträchtigen, wäre die Mehrheit von Verfassungs wegen berechtigt, den beantragten UA unter Streichung bzw. Änderung der unzulässigen Fragen einzusetzen.[104] In ganz besonders gelagerten Fällen ist sie sogar dazu verpflichtet, nämlich wenn die Änderungen nur – aus der objektivierten Sicht der Antragsteller – völlig randständige Teile des Antrags betreffen und die Ablehnung rechtsmissbräuchlich wäre.[105] 32

4. Änderung des Einsetzungsantrags (insbesondere der Minderheit)

Das Minderheitenrecht bezieht sich nicht nur auf die formale Antragstellung als Verfahrensrecht, sondern auch auf den Antragsgegenstand als inhaltliche Umschreibung des Untersuchungsauftrags. Deshalb steht das Minderheitenrecht einer **Veränderung des Untersuchungsgegenstandes durch die den Einsetzungsbeschluss fassende Mehrheit** grundsätzlich entgegen, soweit die Antragsteller damit nicht einverstanden sind (so auch § 3 II UAG).[106] Bis zum Einsetzungsbeschluss behalten die Antragsteller die Verfahrensherrschaft, indem sie ihren Antrag ändern oder ganz oder teilweise zurücknehmen können.[107] Nach erfolgter Einsetzung des UA kann jedoch auch die Einsetzungsminderheit nicht mehr von der Mehrheit gegen deren Willen eine Änderung des Untersuchungsauftrags verlangen, soweit dies zu 33

---

101 *Caspar*, DVBl. 2004, 845 (850); *Klein* in: Maunz/Dürig, Art. 44 Rn. 79.
102 *Brocker* in: Morlok/Schliesky/Wiefelspütz, § 31 Rn. 36.
103 StGH, ESVGH 27, 1 (LS 5 u. S. 8); U. v. 26.7.2007 – GR 2/07 – juris, Rn. 126-128; VerfGH NRW, U. v. 17.10.2000 – VerfGH 16/98 – juris, LS 2 a u. Rn. 55, 59 f.
104 StGH, ESVGH 27, 1 (5, 14).
105 StGH, U. v. 26.7.2007 – GR 2/07 – juris, Rn. 127; VerfGH NRW, U. v. 17.10.2000 – VerfGH 16/98 – juris, LS 2 a u. Rn. LS 2 b u. Rn. 62; ähnlich BVerfGE 83, 175 (180), wenn die Unzulässigkeit erst im Verlauf der Untersuchung zutage tritt.
106 BVerfGE 49, 70 (LS u. S. 86 f.); HambVerfG, LVerfGE 17, 175 (LS 1); HessStGH, U. v. 13.4.2011 – P. St. 2290 – juris, LS 2 b u. Rn. 87; VerfGH NRW, U. v. 17.10.2000 – VerfGH 16/98 – juris, Rn. 61; s. auch Art. 34 III 2 MVVerf, 54 I 3 SächsVerf, 26 III 2 SchlHVerf; *Schliesky*, AöR 126 (2001), 244 (251–253); *Pofalla*, DÖV 2004, 335 (339).
107 *Braun*, Art. 35 Rn. 29.

einer Gefährdung des dem gesamten Landtag zustehenden Untersuchungs- und Kontrollrechts führen könnte.[108]

34 Dieses Änderungsverbot gilt nicht nur für teilweise **Streichungen oder Änderungen** bezüglich des von der Minderheit eingebrachten Untersuchungsgegenstandes. Vielmehr steht das Minderheitenrecht auch Erweiterungen des Untersuchungsauftrags entgegen, durch die der Untersuchungsauftrag qualitativ verändert wird, die Untersuchungsinteressen der Minderheit an den Rand gedrängt werden oder erhebliche zeitliche Verzögerungen des Untersuchungsverfahrens – womöglich bis hin zur Diskontinuitätsgrenze – verursacht werden können (sog. **Bepackungsverbot**).[109] Etwas anderes gilt nur in eng umgrenzten Ausnahmefällen, wenn die Auftragserweiterung zur Erlangung eines hinreichend objektiven und aussagekräftigen Gesamtbildes des Untersuchungsgegenstandes offenkundig unumgänglich ist.[110] Im Übrigen kann die Mehrheit selbstverständlich ein zusätzliches Aufklärungsinteresse in einem gesonderten UA weiterverfolgen.[111] Umgekehrt kann die qualifizierte Minderheit auch Änderungen oder Ergänzungen des Untersuchungsgegenstands einer Mehrheitsenquete verlangen, wenn dadurch das Aufklärungsinteresse der Mehrheit nicht ungebührlich beeinträchtigt wird. Denn ein genereller Zwang der Minderheit zur Beantragung eines eigenen UA zum selben Untersuchungsgegenstand hätte eine behindernde Fragmentierung der parlamentarischen Arbeit zur Folge.[112]

35 Die Einsetzungsminderheit kann als solche – da von Art. 35 I 1 LV mit eigenen Rechten ausgestattet – ihre Rechte im **Organstreitverfahren** gem. Art. 68 I 2 Nr. 1 LV durchsetzen. Diese wird nach Eintritt der Diskontinuität als fortbestehend fingiert, wenn ihr Rechtsschutzbedürfnis fortdauert. Ein solches kann sich aus einem Rehabilitationsinteresse ergeben, soweit es um die Zulässigkeit des Untersuchungsantrags im Kontext wechselseitiger Vorwürfe des „Missbrauchs verfassungsrechtlicher Institutionen" geht.[113] Das Minderheitenrecht von Art. 35 I 1 LV verlangt außerdem keine vollständige Identität zwischen den Antragstellern der Minderheitenenquete und den Antragstellern im Organstreitverfahren, weshalb die Rechte der Einsetzungsminderheit auch durch Fraktionen, die zusammen das Minderheitenquorum (ebenfalls) erfüllen, im Organstreit geltend gemacht werden können. Insbesondere müssen nicht alle Antragsteller des Einsetzungsantrags den Organstreitantrag unterzeichnet haben, solange das verfassungsrechtliche Quorum noch erfüllt ist.[114]

---

108 *Schliesky*, AöR 126 (2001), 244 (249-251).
109 HambVerfG, LVerfGE 17, 175 (LS 2 u. S. 189 f.); vgl. auch Art. 27 I NdsVerf.
110 BVerfGE 49, 70 (87); HessStGH, U. v. 13.4.2011 – P. St. 2290 – juris, LS 2 c u. Rn. 89; ähnlich StGH, ESVGH 27, 1 (7 f.); *Pofalla*, DÖV 2004, 335 (339); krit. wegen potenzieller Gefährdung des Untersuchungsziels der Minderheit *Hempfer*, ZParl 1979, 295 (299); ebenfalls zurückhaltend *Morlok* in: Dreier, Art. 44 Rn. 38; abl. *Klein* in: Maunz/Dürig, Art. 44 Rn. 80.
111 BVerfGE 49, 70 (87).
112 BVerfGE 105, 197 (LS 2 u. S. 224 f.); *Schliesky*, AöR 126 (2001), 244 (259–266).
113 StGH, ESVGH 27, 1 (5).
114 StGH, ESVGH 42, 7 (LS 1 u. S. 8 f.); U. v. 26.7.2007 – GR 2/07 – juris, LS 1 u. Rn. 70 f., LS 2; BayVerfGH, E. v. 10.10.2006 – Vf. 19-VIa-06 – juris, LS 1.

II. Beweiserhebung im Untersuchungsausschuss (Abs. 2)
1. Begriff, Gegenstand und Grenzen der Beweiserhebung

Der Begriff der Beweiserhebung iSv Art. 35 II 1 LV umfasst **alle Teile des Beweiserhebungsvorgangs,** von der Beschaffung über die Sicherung bis zur Auswertung und setzt einen förmlichen **Beweisbeschluss** voraus (§ 13 I UAG).[115] Dieser Beschluss enthält die Beweismittel und lässt das Beweisziel nachvollziehbar erkennen, muss aber – anders als im Strafprozess – keine Beweisbehauptung enthalten. Denn der parlamentarische Untersuchungsauftrag dient gerade der Erhellung noch nicht im Einzelnen bekannter Sachverhalte, während dem Strafprozess regelmäßig umfangreiche Ermittlungen von Polizei und Staatsanwaltschaft vorausgegangen sind und deshalb (in Form der Anklageschrift) ein angenommener Sachverhalt zugrunde liegt. Allerdings dürfen auch UA-Beweisbeschlüsse nicht „völlig ins Blaue hinein" zielen.[116] Durch die Beweiserhebung eines UA übt der Landtag in hoheitlicher Weise öffentliche Gewalt aus, wozu die UA-Mitglieder auch legitimiert sind.[117]

36

Die Arbeitsweise des UA ist vom **Effizienzgebot** geprägt,[118] was auch die Pflicht zu einer zügigen Konstituierung und Arbeitsaufnahme einschließt.[119] Die **Grenzen der Beweiserhebung** ergeben sich zunächst aus dem **Untersuchungsauftrag,** der die rechtliche Grundlage der Tätigkeit des UA darstellt.[120] Daraus folgt, dass Beweiserhebungen außerhalb des Untersuchungsauftrags oder auf der Grundlage eines verfassungswidrigen Untersuchungsauftrags unzulässig sind und einem Beweiserhebungsverbot unterliegen.[121] Bei der Erfüllung des Untersuchungsauftrags sind das Aufklärungsinteresse von Mehrheit und (Einsetzungs-)Minderheit im Wesentlichen gleichrangig, weshalb beide Seiten im Verfahrensablauf Akzente setzen können müssen. Beweisanträge sind daher erst dann unzulässig, wenn sie außerhalb des Untersuchungsauftrags liegen oder zu unverhältnismäßigen Verzögerungen führen. Entsprechende Minderheitsanträge können deshalb von der Mehrheit verfassungskonform abgelehnt werden, während die Minderheit gegen entsprechende Mehrheitsanträge verfassungsgerichtliche Hilfe in Anspruch nehmen kann.[122]

37

Weitere Grenzen des Beweiserhebungsrechts ergeben sich aus dem **UAG und der entsprechenden Anwendung der StPO** (dazu → Rn. 57 ff.). Danach sind gem. § 13 II 2-5 UAG Beweiserhebungen unzulässig, wenn

38

- sie wegen Offenkundigkeit überflüssig sind,
- die zu beweisende Tatsache bedeutungslos oder schon erwiesen ist,

---

115 BVerfGE 124, 78 (115); BayVerfGH, E. v. 10.10.2006 – Vf. 19-VIa-06 – juris, Rn. 35; VG Sigmaringen, U. v. 20.5.2015 – 5 K 5439/14 – juris, Rn. 61.
116 BVerfGE 124, 78 (115 f.); HessStGH, U. v. 16.11.2011 – P. St. 2323 – juris, LS 3 u. Rn. 193–198.
117 BVerfGE 76, 363 (381); 77, 1 (LS 2 u. S. 40 f.).
118 BayVerfGH, E. v. 10.10.2006 – Vf. 19-VIa-06 – juris, Rn. 31.
119 *Brocker* in: Morlok/Schliesky/Wiefelspütz, § 31 Rn. 40.
120 BVerfGE 124, 78 (118 f.); *Caspar*, DVBl. 2004, 845.
121 *Caspar*, DVBl. 2004, 845 (851), außerdem differenziert zur eingeschränkten Verwertbarkeit von zuvor erhobenen Beweisen nach herbeigeführter Zulässigkeit des (modifizierten) Untersuchungsauftrags aaO, 852 ff.
122 HessStGH, U. v. 13.4.2011 – P. St. 2290 – juris, LS 4a-c u. Rn. 100–102.

- das Beweismittel völlig ungeeignet oder unerreichbar ist,
- sie eine Verschleppungsabsicht verfolgen,
- bei Sachverständigenvernehmungen die Sachkunde im UA selbst vorhanden ist oder bereits ein gegenteiliges mangelfreies Gutachten vorliegt, oder
- die Einnahme eines Augenscheins zur Wahrheitsfindung nicht erforderlich ist.

Des Weiteren gelten für das Beweiserhebungsrecht, soweit es sich gegen die Regierung richtet, die **Grenzen parlamentarischer Kontrollrechte** wie etwa der Kernbereich exekutiver Eigenverantwortung oder das Staatswohl (→ Art. 27 Rn. 40 ff.; s. außerdem §§ 13 VII UAG, 96 StPO). Bezieht sich die Regierung auf eine dieser Schranken, ist sie wie beim allgemeinen Fragerecht begründungspflichtig (→ Art. 27 Rn. 83 ff.).[123] Schließlich greifen Maßnahmen der Beweiserhebung häufig in **Grundrechtspositionen von Zeugen oder Betroffenen** ein, die deshalb im Einzelfall mit dem parlamentarischen Aufklärungsinteresse abzuwägen und einander so zuzuordnen sind, dass beiden Verfassungsanliegen größtmögliche Wirkung zukommt sowie das Gebot der Verhältnismäßigkeit erfüllt ist.[124] Besondere praktische Relevanz hat dabei das allgemeine Persönlichkeitsrecht, v.a. die Fallgruppe des Rechts auf informationelle Selbstbestimmung (zB im Zusammenhang mit dem Steuergeheimnis gem. § 30 AO, s. dazu → Art. 27 Rn. 55, oder mit der Vorlage von Personalakten).[125] Wenngleich ein absoluter Vorrang entsprechender Datenschutzvorschriften (vgl. § 2 V LDSG) der Bedeutung des parlamentarischen Untersuchungsrechts widerspräche, unterliegen **Daten mit „streng persönlichem Charakter"** nur eingeschränkt der Beweiserhebung im UA.[126] Soweit eine Aussonderung solcher Daten nicht bereits durch eine richterliche Durchsicht bei beschlagnahmten oder anderweitig sichergestellten sächlichen Beweismitteln gem. § 13a UAG (→ Rn. 46)[127] erfolgt, bedarf es einer strikten Beachtung der Geheimschutzvorschriften des Landtags (s. auch § 9 IV, 23a UAG) und der Möglichkeit des Öffentlichkeitsausschlusses bei der Beweiserhebung (→ Rn. 45).[128]

2. Verfahrensherrschaft und Minderheitenrechte im Ausschuss

39 Die **Verfahrensherrschaft** und damit insbesondere die **Dispositionshoheit über den konkreten Ablauf des Untersuchungsverfahrens** liegt bei der

---

123 BVerfGE 124, 78 (128 f.).
124 BVerfGE 67, 100 (142 ff.); 76, 363 (382, 388); 77, 1 (44, 47); *Klein* in: Maunz/Dürig, Art. 44 Rn. 216; *Heiland/Jaeger*, VBlBW 2017, 99 (102).
125 Vgl. Art. 34 I 3 MVVerf; BVerfGE 67, 100 (142-144); 77, 1 (46 f.); VGH BW, B. v. 7.8.2015 – 1 S 1239/15 – juris, LS 4; zum Abwägungserfordernis bei Eingriffen in das Personalaktengeheimnis s. *Lopacki*, DÖD 2009, 85 (87 f.).
126 BVerfGE 76, 363 (388); 77, 1 (47); HambVerfG, LVerfGE 3, 194 (207); VGH BW, B. v. 7.8.2015 – 1 S 1239/15 – juris, LS 5 u. Rn. 46, 57-59, 75; VG Sigmaringen, U. v. 20.5.2015 – 5 K 5439/14 – juris, Rn. 57–60, 72; vgl. auch *Heiland/Jaeger*, VBlBW 2017, 99 (100) zum lex-specialis-Verhältnis von UA-Recht und LDSG.
127 BVerfGE 77, 1 (LS 2b u. S. 38); die Neuschaffung von § 13a UAG stellt auch eine Reaktion auf VGH BW, B. v. 7.8.2015 – 1 S 1239/15 – juris, LS 7 u. Rn. 61, 81, dar.
128 BVerfGE 67, 100 (LS 5c); 77, 1 (47 f.).

Mehrheit des UA.[129] Diese ist allerdings gehalten, das Verfahren missbrauchsfrei durchzuführen und insbesondere auf die effektive Erfüllung des Untersuchungsauftrags auszurichten.[130] Zudem erwächst der qualifizierten[131] Minderheit aus ihrer privilegierten Rechtsstellung ein **gleichgewichtiges Mitgestaltungsrecht**, das die Mehrheit aus dem Gebot der Verfassungsorgantreue zu beachten hat.[132] Dies gilt umso stärker, desto näher eine verfahrensleitende Entscheidung das „ob" einer Beweiserhebung betrifft. So muss die qualifizierte Minderheit keine Maßnahmen hinnehmen, die zur Gefährdung ihres Aufklärungsinteresses führen können.[133] Umgekehrt sind eher technische Entscheidungen über die Reihenfolge oder die Art der Durchführung (zB Gegenüberstellungen) von Beweiserhebungen und Sitzungsterminen von der Minderheit hinzunehmen, solange damit keine Aushöhlung des Minderheitenrechts (→ Rn. 33 f., 40 f.) oder eine Gefährdung des Untersuchungsauftrags verbunden ist.[134] Allerdings wendet § 13 VI UAG die GO-Regeln über die Redner-Reihenfolge auf die Abfolge der Zeugen- und Sachverständigenvernehmungen an, wenn dies von einer qualifizierten Minderheit verlangt wird. Dadurch wird die Verfahrensherrschaft der Mehrheit insoweit einfach-gesetzlich eingeschränkt.

40 Ein die **Mehrheit bindendes Minderheits-Beweisantragsrecht** steht kraft Art. 35 II 1 LV zunächst den Antragstellern iSv Art. 35 I 1 LV – also der qualifizierten Einsetzungsminderheit – zu, damit das Einsetzungsrecht nicht im konkreten Untersuchungsverfahren unterlaufen werden kann.[135] Ebenso kann nach Art. 35 II 2 LV jede Minorität von mindestens einem Viertel der Ausschussmitglieder einen bindenden Beweisantrag stellen. Dies gilt auch in Mehrheitsenqueten – sogar dann, wenn die Einsetzung gegen die Stimmen der potenziell einsetzungsberechtigten Minderheit erfolgt ist.[136] Ein einfachgesetzliches Antragsrecht spricht schließlich § 13 II 1 UAG zwei Fraktionen (durch ihre Sprecher im UA) zu.

41 Durch diese Rechte wird das **Minderheitenrecht zur Einsetzung auf der operativen Untersuchungsebene fortgeführt und abgesichert:** Die Minderheit im Ausschuss kann sich gegen drohende Aushöhlungen ihres Beweiserhebungsrechts – etwa durch Untätigkeit bzw. Verzögerung oder Blockierung von für notwendig gehaltenen Beweiserhebungen – mit dem **Beweiser-**

---

129 BVerfGE 105, 197 (222); BayVerfGH, E. v. 10.10.2006 – Vf. 19-VIa-06 – juris, LS 3.
130 BGH, B. v. 17.8.2010 – 3 Ars 23/10 – juris, Rn. 18; SächsVerfGH, U. v. 30.1.2009 – Vf. 99-I-08 – juris, Rn. 7 f.
131 Wird das Quorum nicht erreicht, besteht auch kein entsprechender Mitgestaltungsanspruch, vgl. Rn. 35; BbgVerfG, B. v. 19.2.2009 – VfGBbg 44/08 – juris, Rn. 20 f.
132 BVerfGE 105, 197 (LS 1 u. S. 223 f.); StGH, LVerfGE 13, 8 (27); LS 4 spricht von dem „Gebot zur Loyalität der Mehrheit gegenüber der Minderheit".
133 SächsVerfGH, LVerfGE 18, 469 (LS 3 u. S. 476 f.).
134 BGH, B. v. 17.8.2010 – 3 Ars 23/10 – juris, Rn. LS u. Rn. 25; StGH, LVerfGE 13, 8 (27 f.); HessStGH, U. v. 16.11.2011 – P. St. 2323 – juris, Rn. 208; BayVerfGH, E. v. 10.10.2006 – Vf. 19-VIa-06 – juris, LS 4; SächsVerfGH, U. v. 30.1.2009 – Vf. 99-I-08 – juris, LS 2, 3 u. Rn. 75; *Peters*, ZParl 2012, 831 (838 f.), sieht daher relativ hohe Hürden für die (verfassungsrechtliche) Sitzungserzwingung; *Brocker* in: Morlok/Schliesky/Wiefelspütz, § 31 Rn. 48.
135 StGH, LVerfGE 13, 8 (LS 3).
136 BVerfGE 105, 197 (LS 2 u. S. 224 f.).

zwingungsrecht in Art. 35 II 2 LV wirkungsvoll zur Wehr setzen.[137] Art. 35 II 1 LV fordert – anders als Art. 44 I 1 GG – keine objektive Erforderlichkeit der Beweiserhebung, sondern verwendet einen – auf die Antragsteller bezogenen – **subjektivierten Erforderlichkeitsbegriff**, für den nur die Missbrauchsgrenze gilt. Folglich steht der Mehrheit eine Überprüfung der Erforderlichkeit eines Beweisantrags nicht zu.[138] Allerdings ist die Mehrheit ausnahmsweise dann zur **Ablehnung eines Beweisantrags** einer qualifizierten Minderheit berechtigt (und verpflichtet), wenn die Beweiserhebung die Grenzen des Untersuchungsauftrags überschreitet, rechtsmissbräuchlich oder sonst unzulässig (→ Rn. 20 ff.) ist.[139] Allerdings hat die Minderheit dann einen **Anspruch auf eine überprüfbare und nachvollziehbare Begründung** der Entscheidung, die belegt, dass die Mehrheit den ihr eröffneten Wertungsrahmen – v.a. bei der Auslegung des Untersuchungsauftrags – vertretbar ausgefüllt hat.[140]

42 Wegen des weit zu verstehenden Begriffs der Beweiserhebung (→ Rn. 36) folgt aus dem Beweiserhebungsrecht nicht nur der **Anspruch der Minderheit, dass ihr Beweisantrag zum Beweisbeschluss erhoben** wird, sondern dann auch (**vollständig**) **vollzogen wird.**[141] Ergänzt wird dieses Beweiserzwingungsrecht auf einfachgesetzlicher Ebene durch eine Erstreckung des Minderheitenrechts auf die **Bestellung eines Ermittlungsbeauftragten** gem. § 12a I UAG. Einzelne Abgeordnete oder **Minderheiten unterhalb der Quorenschwelle** können dagegen lediglich – gestützt auf ihre Statusrechte aus Art. 27 III LV – eine willkürfreie Entscheidung über ihre Beweis-, Verfahrens- und Sachanträge verlangen sowie vom Recht eines eigenen Votums zum Abschlussbericht Gebrauch machen, das § 23 II UAG jedem einzelnen Abgeordneten einräumt.[142]

43 Droht durch eine entsprechende Gestaltung der Sitzungstermine eine Aushöhlung des Beweiserhebungsrechts, wird der einfachgesetzliche **Einberufungsanspruch** der Minderheit gem. § 6a I 2 UAG durch Art. 35 II 2 LV verstärkt und damit verfassungsgerichtlich einklagbar. Denn dann dient der Einberufungsanspruch der verfahrensmäßigen Absicherung des verfassungsrechtlichen Beweiserzwingungsrechts.[143] Gerät der UA gegen Ende der Wahlperiode unter erheblichen Zeitdruck, muss die Minderheit bei der

---

137 StGH, LVerfGE 13, 8 (LS 5 u. S. 28); BayVerfGH, E. v. 10.10.2006 – Vf. 19-VIa-06 – juris, Rn. 31.
138 HessStGH, U. v. 16.11.2011 – P. St. 2323 – juris, Rn. 147-149; zur objektiven Erforderlichkeit vgl. SaarlVerfGH, U. v. 28.3.2011 – Lv 15/10 – juris, Rn. 112.
139 BVerfGE 105, 197 (225); *Kluth* in: Schmidt-Bleibtreu/Hofmann/Henneke, Art. 44 Rn. 24; *Morlok* in: Dreier, Art. 44 Rn. 46; *Brocker* in: Morlok/Schliesky/Wiefelspütz, § 31 Rn. 47.
140 BVerfGE 105, 197 (LS 4 u. S. 225 f.); StGH, LVerfGE 13, 8 (28); BbgVerfG, B. v. 19.2.2009 – VfGBbg 44/08 – juris, Rn. 20; HessStGH, U. v. 16.11.2011 – P. St. 2323 – juris, Rn. 152-154; SaarlVerfGH, U. v. 28.3.2011 – Lv 15/10 – juris, Rn. 113.
141 SächsVerfGH, LVerfGE 18, 469 (LS 2 u. S. 476); BayVerfGH, E. v. 10.10.2006 – Vf. 19-VIa-06 – juris, Rn. 35; BbgVerfG, B. v. 19.2.2009 – VfGBbg 44/08 – juris, Rn. 20; HessStGH, U. v. 16.11.2011 – P. St. 2323 – juris, LS 1/Rn. 155 sowie LS 4/Rn. 216-219 zum Anspruch auf Fortsetzung einer noch nicht abgeschlossenen Zeugenvernehmung.
142 *Brocker*, DÖV 2014, 475 (477).
143 StGH, LVerfGE 13, 8 (LS 6 u. S. 28 f.).

Festlegung und Abarbeitung des restlichen Arbeitsprogramms einen ihrer Rechtsstellung angemessenen Einfluss nehmen können.[144] Insbesondere darf die UA-Arbeit nicht schon im Hinblick auf ein mögliches vorzeitiges Ende der Wahlperiode eingeschränkt werden, sondern erst, wenn darüber Sicherheit besteht. Ein für die Mehrheit politisch opportuner Abbruch ist ohne Zustimmung der Einsetzungsminderheit vor dem Ablauf der Periode unzulässig (vgl. auch § 22 UAG).[145] Schließlich prägt die besondere Rechtsstellung der Minderheit auch die Regeln zur **Erstellung des Abschlussberichts**. So kann die Mehrheit ihre Sichtweise nicht gegen den Willen der Minderheit zum alleinigen Bericht des UA erheben. Vielmehr hat (mindestens) die qualifizierte Minderheit einen verfassungsrechtlichen Anspruch darauf, ihre ggf. abweichende Bewertung als Minderheitsbericht dem Mehrheitsbericht beizufügen.[146]

Die **prozessuale Geltendmachung der Beweiserhebungsrechte** der Minderheit steht deren Inhabern zu (nicht aber Minderheiten unterhalb der Quorumsgrenze).[147] Außerdem haben BVerfG und StGH den „Fraktionen im Ausschuss" (also jeweils den Mitgliedern derselben Fraktion innerhalb des UA) die Rügerechte zugestanden, die ihren Fraktionen auf Plenarebene zustehen, solange kein erkennbarer Dissens zwischen der Fraktion und ihren Vertretern im UA besteht.[148] Darüberhinaus können die Einsetzungsminderheit und die das Minderheitenquorum erfüllenden Fraktionen (ggf. gemeinsam) – nicht aber die „Fraktionen im Ausschuss" – die **Durchsetzung des Untersuchungsrechts als Recht des Gesamtparlaments in Prozessstandschaft** für den Landtag verfassungsrechtlich geltend machen.[149] Dies gilt sowohl für antragswidrig nicht gefasste Beweisbeschlüsse als auch für nicht vorgenommene Vollziehungen von Beweisbeschlüssen. **Antragsgegner** im Organstreitverfahren ist idR der UA, dessen Tun oder Unterlassen Gegenstand des Verfassungsrechtsstreits ist.[150] Materieller Maßstab des Verfahrens ist der Anspruch auf effektive Durchführung der Untersuchung, weshalb die verfassungsgerichtliche Kontrolldichte auf eine Plausibilitäts-, Missbrauchs- und Willkürkontrolle beschränkt ist.[151]

44

3. Öffentlichkeit der Beweiserhebung und Zutrittsrecht der Regierung

Art. 35 II 1 LV schreibt den Öffentlichkeitsgrundsatz für die Beweiserhebung vor; es gilt insoweit **derselbe Öffentlichkeitsbegriff wie in Art. 33 I 1 LV** (dazu → Art. 33 Rn. 14). § 8 I UAG räumt dem Vorsitzenden die Entscheidung über die Zulassung von Ton- und Bildaufzeichnungen und

45

---

144 BVerfGE 105, 197 (234 f.); SächsVerfGH, U. v. 30.1.2009 – Vf. 99-I-08 – juris, Rn. 74.
145 BVerfGE 105, 197 (LS 4, 5); 113, 113 (125-127).
146 *Peters*, ZParl 2012, 831 (842); *Brocker*, DÖV 2014, 475 (479).
147 BbgVerfG, B. v. 19.2.2009 – VfGBbg 44/08 – juris, Rn. 18.
148 BVerfGE 105, 197 (220); 113, 113 (120 f.); StGH, LVerfGE 13, 8 (LS 1 u. S. 21).
149 BVerfGE 67, 100 (125); 105, 197 (221); StGH, LVerfGE 13, 8 (22); LVerfG M-V, U. v. 24.9.2015 – LVerfG 5/15 – juris, Rn. 29.
150 BVerfGE 105, 197 (220); SächsVerfGH, U. v. 30.1.2009 – Vf. 99-I-08 – juris, Rn. 65; aA (für Gesamtparlament als Agg.) HessStGH, U. v. 13.4.2011 – P. St. 2209 – juris, Rn. 77 f., weil der UA nur als Hilfsorgan „unterstützend und vorbereitend für das Parlament" tätig ist.
151 *Peters*, ZParl 2012, 831 (851 ff.).

-übertragungen ein, der hierbei die Rechte der Medien aus Art. 2 I LV iVm Art. 5 I GG (vgl. oben, Art. 33 Rn. 14) situationsabhängig mit den entgegenstehenden (Grund-)Rechten anderer Beteiligter, insbesondere mit dem Persönlichkeitsrecht von Privatpersonen, abzuwägen hat.[152] Nach Art. 35 II 3 LV kann die Öffentlichkeit ausgeschlossen werden. Es handelt sich dabei um eine **Entscheidung des Ausschusses**, für die die LV keine näheren Vorgaben macht. Allerdings setzt § 8 III UAG für den Öffentlichkeitsausschluss eine Zweidrittelmehrheit der anwesenden Ausschussmitglieder voraus. Zudem normiert § 8 II UAG materielle Kriterien für die Ausschlussentscheidung, nämlich überragende Interessen der Allgemeinheit, überwiegende Interessen eines Einzelnen oder die Erforderlichkeit zur Erlangung einer wahrheitsgemäßen Aussage. Keine Regelung trifft die LV für die Beratungen, in denen die Beweisergebnisse politisch bewertet und der Abschlussbericht erarbeitet werden. Allerdings statuiert auch hier das UAG die Nichtöffentlichkeit der Beratungen (§ 8 IV). Die **Landesregierung** kann sich bei UAen nicht auf ihr gewöhnliches Zutritts- und Rederecht gem. Art. 34 II 1 LV berufen, weil Art. 34 II 3 LV insoweit eine gesetzliche Sonderregelung für UAe verlangt, die mit § 10 UAG erlassen worden ist (näher dazu → Art. 34 Rn. 24 f.).

4. Beweismittel

46 Zu den **zulässigen Beweismitteln** zählen wegen des Regelungsvorbehalts in Art. 35 IV 1 LV

- beschlagnahmte oder sonst sichergestellte sächliche Beweismittel grundsätzlich nach richterlicher Durchsicht, soweit sie untersuchungsrelevante Informationen enthalten und keinen streng persönlichen Charakter aufweisen (§ 13 a UAG),
- die Vorlage von sächlichen Beweismitteln – v.a. Akten[153] – und die Erteilung von Auskünften von Behörden des Landes und anderer Rechtsträger, die der Landesaufsicht unterliegen (§ 14 UAG) sowie
- das übrige Arsenal der StPO iVm § 13 VII UAG, von der Zeugenvernehmung (§§ 48 ff. StPO), Sachverständigen und Augenschein (§§ 72 ff. StPO) bis hin zu Urkunden und Schriftstücken (§§ 249 ff. StPO).[154]

47 Soweit sich ein **Beweismittel- oder Aktenvorlageersuchen an die Landesregierung** richtet, handelt es sich nicht um einen Fall der Amtshilfe iSv Abs. 3, sondern um die unmittelbare Ausübung der parlamentarischen Kontrollfunktion, weshalb insoweit die dafür geltenden Grenzen maßgeblich sind (→ Art. 27 Rn. 40 ff.) und § 14 UAG nur deklaratorische Bedeutung hat. Keinen Verweigerungsgrund stellt aber die datenschutzrechtswidrige Unterlassung der Löschung elektronischer Daten dar.[155] Der Heraus-

---

152 *Kluth* in: Schmidt-Bleibtreu/Hofmann/Henneke, Art. 44 Rn. 21.
153 Der Begriff der sächlichen Beweismittel ist nicht auf den Aktenbegriff allein beschränkt, sondern umfasst auch andere Dokumentationsformen wie zB E-Mails, vgl. *Heiland/Jaeger*, VBlBW 2017, 99 (101); zur besonderen (datenschutzrechtlichen) Problematik bei der Vorlage von Personalakten s. *Lopacki*, DÖD 2009, 85.
154 BVerfGE 76, 363 (382); 77, 1 (49); 124, 78 (115); *Versteyl* in: v. Münch/Kunig, Art. 44 Rn. 39.
155 VGH BW, B. v. 7.8.2015 – 1 S 1239/15 – juris, LS 3.

gabeanspruch bezieht sich auf sämtliche Unterlagen, die in einem auch nur lockeren Zusammenhang mit dem Untersuchungsgegenstand stehen. Die Prüfung, ob und inwieweit sie tatsächlich relevantes Material enthalten, obliegt dem UA und nicht der Regierung. Da das Regierungshandeln primär in Akten dokumentiert ist, stellt deren Vorlage das praktisch wichtigste Beweismittel bei regierungsgerichteten Missstandsenqueten dar.[156]

Die **Heranziehung von Untersuchungspersonen** unterliegt wegen deren Eigenschaft als Grundrechtsträger engeren Grenzen. So hat der StGH bei Missstandsenqueten tatsächliche Anhaltspunkte für ein Näheverhältnis der Untersuchungsperson zum Untersuchungsgegenstand verlangt, die eine reine Ausforschung („Schuss ins Dunkle") ausschließen. Dies folgt angesichts der Beweiserzwingungsinstrumente gem. §§ 16 ff. UAG aus dem Verhältnismäßigkeitsgrundsatz. Allerdings müssen die tatsächlichen Anhaltspunkte noch nicht das Gewicht eines strafprozessualen Anfangsverdachts haben. Bei Sachstandsenqueten hat der StGH zumindest eine persönliche oder berufliche Beziehung der Untersuchungsperson zum Untersuchungsgegenstand (zB als ressortmäßig zuständiges Regierungsmitglied) vorausgesetzt.[157] 48

Die Erfüllung der **Auskunfts- und Zeugnispflicht als Zeuge** in einem UA stellt eine allgemeine Staatsbürgerpflicht dar.[158] Gleichwohl stehen einem Zeugen die Zeugnisverweigerungsrechte (von Angehörigen eines Betroffenen, Berufsgeheimnisträgern und Berufshelfern) gem. §§ 52 – 53 a StPO zu (§ 17 UAG), auch bei parallelem Vorliegen der Betroffenenstellung (§ 19 V UAG).[159] Handelt es sich bei Zeugen um **Regierungsmitglieder bzw. -mitarbeiter**, unterliegt deren Aussage einer vorherigen Genehmigung durch das Kabinett (§§ 13 VII UAG, 54 II StPO iVm § 6 II MinG) bzw. durch die oberste Dienst- oder Aufsichtsbehörde (§§ 13 VII UAG, 54 I StPO iVm §§ 37 IV BeamtStG, 4 IV LBG), deren Versagung oder Einschränkung nur zum Schutz von dem parlamentarischen Untersuchungsrecht gleichrangigen Verfassungsrechtsgütern zulässig und außerdem begründungspflichtig ist.[160] § 14 II 3 UAG nennt insoweit deklaratorisch und nicht abschließend das Staatswohl und entgegenstehende Gesetze; hinzu kommen der Untersuchungsauftrag, der Kernbereich exekutiver Eigenverantwortung und die Grundrechte des Zeugen.[161] Soweit es zur Erfüllung des zwingend landesbezogenen Untersuchungsauftrags (→ Rn. 22) erforderlich ist, können auch **Bedienstete des Bundes oder anderer Länder** als Zeugen (bei Vorliegen einer Aussagegenehmigung seitens ihrer Dienstherren) geladen werden, 49

---

156 BVerfGE 67, 100 (128 f., 132); 124, 78 (116 f.); *Brocker* in: Morlok/Schliesky/Wiefelspütz, § 31 Rn. 63, zählt die Aktenvorlage zum „Wesenskern des parlamentarischen Untersuchungsrechts".
157 StGH, ESVGH 42, 7 (LS 4 u. S. 16–18).
158 BVerfGE 124, 78 (117 f.).
159 Was namentlich bei Missstandsenqueten zu einer erheblichen Relativierung der Durchschlagskraft parlamentarischer Ermittlungen führt, vgl. *Schneider*, NJW 2000, 3332, mit Lösungsansätzen (3333 f.).
160 BVerfGE 124, 78 (118); *Glauben*, DVBl. 2014, 894 (897); ausführlich zur Erforderlichkeit, zur Erteilungszuständigkeit, zu den Entscheidungsanforderungen, zu den Ablehnungsgründen und zu den Begründungsanforderungen *Peters*, DÖV 2014, 10 (11 ff.).
161 *Peters*, DÖV 2014, 10 (16).

solange dabei keine Interna des Bundes bzw. eines anderen Landes erörtert werden.[162]

50 Um eine **unbeeinflusste Aussage** zu erhalten, sind Zeugen während Beweiserhebungen oder Erörterungen im Zusammenhang mit dem Aussagegegenstand in den Abstand zu verweisen, was auch für grundsätzlich zugangsberechtigte Fraktionsmitarbeiter gilt (Art. 35 IV 1 LV, §§ 13 VII UAG, 58 I StPO).[163] **Gegenüberstellungen** sind wegen ihres Missbrauchspotenzials nur zulässig, soweit der Untersuchungsauftrag dies geboten erscheinen lässt (Art. 35 IV 1 LV, §§ 13 VII UAG, 58 II StPO), etwa wenn Widersprüche zwischen Aussagen aufzuklären sind.[164] Die Stellung als Zeuge endet (entsprechend zur StPO) erst mit der förmlichen Beschlussfassung über dessen Entlassung, andernfalls durch den Beschluss über den Abschlussbericht oder eine sonstige Beendigung des Untersuchungsverfahrens.[165] Bis zu diesem Zeitpunkt stehen dem Zeugen die ihm gebührenden Verfahrensrechte – namentlich die einer strafmildernden oder -befreienden Aussagekorrektur (§ 158 StGB) – zu.[166] **Sachverständigengutachten** können – anders als im gerichtlichen Verfahren – inländische Rechtsfragen zum Gegenstand haben, da der Grundsatz „iura novit curia" nicht für die keine Gerichtsqualität aufweisenden UAe gilt.[167]

51 § 18 UAG lässt die **Vereidigung von Zeugen und Sachverständigen** durch einen UA zu, verweist in diesem Zusammenhang aber ausdrücklich auf die StPO. Daher gelten die dort genannten Einschränkungen des Vereidigungsrechts. Hierzu zählen die wesentliche Bedeutung der Aussage (§ 59 I 1 StPO), die Vereidigungsverbote für Minderjährige oder Tatverdächtige (§ 60 StPO) und das Recht zur Eidesverweigerung für Angehörige von Betroffenen (§ 61 StPO).[168] Hinzu kommen die Vereidigungsverbote gem. § 18, 3 UAG bei Gefahr einer Abgeordneten- oder Ministeranklage.[169] Die Zuständigkeit zur Durchführung der Eidesabnahme liegt beim amtierenden Vorsitzenden für den UA. Sind die Voraussetzungen einer Vereidigung erfüllt, steht der qualifizierten Minderheit im Ausschuss ein grundsätzlich bindendes Antragsrecht auf Vereidigung zu. Eine Ablehnung durch die Mehrheit muss unter Bezugnahme auf die Vereidigungshindernisse vertretbar sein.[170] Das Recht zur Vereidigung hat erheblich an Bedeutung verloren, seit § 162 II StGB[171] für Aussagen vor parlamentarischen UAen nur noch die Strafbarkeit wegen uneidlicher Falschaussage (§ 153 StGB), nicht

---

162 BVerwG, NJW 2000, 160 (LS 2–5 u. S. 162-164); *Peters*, DÖV 2014, 10 (15); *Versteyl* in: v. Münch/Kunig, Art. 44 Rn. 24.
163 BVerfGE 93, 195 (205 f.).
164 BGH, B. v. 17.8.2010 – 3 Ars 23/10 – juris, Rn. 22; BayVerfGH, E. v. 10.10.2006 – Vf. 19-VIa-06 – juris, Rn. 41.
165 HessStGH, U. v. 16.11.2011 – P. St. 2323 – juris, LS 5 u. Rn. 222–230.
166 HessStGH, U. v. 16.11.2011 – P. St. 2323 – juris, Rn. 234–241.
167 HessStGH, U. v. 16.11.2011 – P. St. 2323 – juris, LS 2 u. Rn. 161–171, 185 ff.
168 *Brocker*, JZ 2011, 716 (720).
169 Zur geringen Zahl von praktischen Anwendungsfällen vgl. *Wiefelspütz*, ZRP 2002, 14 (14 f.).
170 HessStGH, U. v. 9.12.1998 – P. St. 1297 – juris, LS 5 u. Rn. 32.
171 Gesetz v. 31.10.2008, BGBl. I, 2149, Art. 1 Ziff. 3 b, 5; man darf füglich bezweifeln, dass der Gesetzgeber die Tragweite dieser Änderung erkannt hat, da die Bundesregierung in ihrer Begründung des Gesetzentwurfs ausdrücklich von einer

mehr aber wegen Meineids (§ 154 StGB), zulässt. Eine Vereidigung führt daher im Fall einer Falschaussage in strafrechtlicher Hinsicht nicht mehr zu einer Verschärfung.[172]

Weitergehende Zwangsmittel zur Erlangung von Zeugen- und Sachverständigenaussagen stellen nach § 16 II UAG **Ordnungsgeld, Ordnungshaft oder Erzwingungshaft** gem. §§ 51, 70, 77 I StPO sowie nach § 16 III UAG die zwangsweise Vorführung eines Zeugen dar. Hinzu kommen die Möglichkeiten der **Beschlagnahme** und der **Durchsuchung** gem. § 16 IV UAG, wenn notwendige Beweise anderweitig nicht zu erlangen sind. Damit ermöglicht das UAG dem parlamentarischen Untersuchungsrecht die effektive Durchsetzung seines verfassungsrechtlich geschützten Aufklärungsziels. In allen diesen Fällen kann aber der UA mangels Gerichtsqualität das Zwangsmittel nicht selbst anordnen, sondern muss einen Antrag beim AG Stuttgart stellen, das dann eine beschwerdefähige Entscheidung trifft (§§ 16 VI UAG, 304 ff. StPO). Hierbei sind neben den gesetzlichen Voraussetzungen in § 16 UAG die Grundrechte der Adressaten und der Verhältnismäßigkeitsgrundsatz besonders zu berücksichtigen.[173] Bei **beschlagnahmten oder sonst sichergestellten sächlichen Beweismitteln** erfolgt deshalb – auch vor dem Hintergrund der rasch öffentlich werdenden Erörterung von Beweisergebnissen in parlamentarischen Untersuchungsverfahren – grundsätzlich keine direkte Herausgabe an den UA, sondern zunächst eine **richterliche Durchsicht**, ob die Beweismittel untersuchungsfremde oder streng persönliche Informationen enthalten (§ 13 a I UAG). Dies gilt besonders, wenn der äußere Anschein dies bereits nahelegt.[174] 52

5. Rechtsstellung des Betroffenen

Unter den **Betroffenenbegriff** fallen gem. § 19 I UAG alle Personen, zu denen der UA-Bericht Aussagen hinsichtlich persönlicher Verfehlungen beabsichtigt. Dies gilt insbesondere für Regierungsmitglieder, Abgeordnete oder Richter im Zusammenhang mit einer auf Amtsenthebung gerichteten Klage (Art. 42, 57, 66 II LV). 53

Aus dem Grundsatz des fairen Verfahrens folgen verschiedene **Verfahrensrechte** des vom Untersuchungsauftrag Betroffenen. Hierzu zählen, wie in § 19 III, VI UAG einfachgesetzlich ausbuchstabiert, 54

Anpassung „ohne sachliche Änderung" spricht, vgl. BT-Drs. 16/3439, 8, und auch der Ausschussbericht insoweit weder eine Änderung noch eine Diskussion zu erkennen gibt, vgl. BT-Drs. 16/9646; zu Recht krit. zu dieser Gesetzesänderung *Brocker*, JZ 2011, 716 (717).

172 Daraus hat HessStGH, U. v. 16.11.2011 – P. St. 2323 – juris, LS 7 u. Rn. 252–268, die generelle Unzulässigkeit der Eidesabnahme durch UAe abgeleitet, weil sich die Bedeutung einer Vereidigung in der höheren Strafdrohung erschöpfe und damit die Legitimation dafür entfallen sei; weil es sich aber insoweit um eine Auslegung der HessVerf (und der Reichweite des StPO-Verweises) handelt, kann dem angesichts der klaren Normenkette von Art. 35 IV 1 LV iVm § 18 UAG für BW nicht gefolgt werden; hinzu kommt die außerhalb des Strafrechts liegende Appellfunktion der Vereidigung, vgl. *Brocker*, JZ 2011, 716 (722).

173 BVerfGE 76, 363 (LS u. S. 383–386); 77, 1 (48–54).

174 BVerfGE 77, 1 (54–57); zur verfassungsrechtlichen Gebotenheit *Klein* in: Maunz/Dürig, Art. 44 Rn. 186.

- das Anhörungsrecht einschließlich des Rechts zu einer zusammenhängenden Gesamtdarstellung,
- das grundsätzliche Anwesenheitsrecht bei der Beweisaufnahme (mit Ausnahmen in § 19 VII UAG),[175]
- das Einsichtsrecht in alle erhobenen sächlichen Beweise,
- das Recht zu einer abschließenden Stellungnahme nach Ende der Beweisaufnahme[176] und
- das Recht auf Beiziehung eines (anwaltlichen) Beistandes, der (ohne eigenes Antrags-, Frage- und Erklärungsrecht) auch für seinen Mandanten sprechen und grundsätzlich am gesamten Verfahren teilnehmen kann.[177]

III. Rechts- und Amtshilfe (Abs. 3)

55 Die in Art. 35 III LV niedergelegte Amtshilfeverpflichtung stellt eine eigenständige – also von UAG und StPO unabhängige – **Anspruchsgrundlage** auf Herausgabe von sächlichen Beweismitteln (insbes. Akten) und die Übermittlung erbetener Informationen in mündlicher und schriftlicher Form (vgl. § 14 I UAG) dar; dazu zählen auch Beweiserhebungsersuchen (vgl. §§ 13 V, 20 UAG sowie Art. 91 III 2, 3 RPVerf, 79 III SaarlVerf).[178] Auch ohne gesonderte Erwähnung (anders Art. 105 V 4, 5 BremVerf, 26 IV 2, 27 III HambVerf) dürften Personalanforderungen zur Unterstützung der parlamentarischen Arbeit jedenfalls bei komplexeren Untersuchungsaufträgen ebenfalls vom Amtshilfeanspruch erfasst sein. Unmittelbare **Anspruchsgegner** sind alle Behörden und Gerichte des Landes BW und seiner Aufsicht unterstehenden Rechtsträger.[179] Der Amtshilfeanspruch gem. Art. 35 III LV kann sich aber iVm Art. 35 I GG auch an Behörden und Gerichte anderer Länder richten, solange der Untersuchungsauftrag auf eine interne Angelegenheit des Landes beschränkt ist.[180] Lediglich bei einer Anforderung an die dem Landtag gegenüber verantwortliche Regierung und ihre Ministerien liegt kein Fall von Amtshilfe, sondern von parlamentarischer Kontrolltätigkeit vor (→ Art. 27 Rn. 26 ff.).[181]

---

175 Ohne verfassungsrechtliche Unterlegung, vgl. OVG Hamburg, B. v. 3.2.2010 – 5 Bs 16/10 – juris, LS 1 u. Rn. 14–17 vor dem Hintergrund der insofern engeren einfachgesetzlichen Regelung in Hamburg.
176 Mit verfassungsrechtlicher Unterlegung, vgl. OVG Hamburg, B. v. 3.2.2010 – 5 Bs 16/10 – juris, LS 3 u. Rn. 18.
177 Vgl. dazu SaarlVerfGH, DVBl. 2003, 664 (666 f.) mit zust. Anm. *Brocker* (aaO, 667 ff.); enger OVG Hamburg, B. v. 3.2.2010 – 5 Bs 16/10 – juris, Rn. 25, wonach der Betroffene nur die Mitwirkung bei seiner eigenen Befragung verlangen kann.
178 Vgl. die insoweit konkreteren Formulierungen in Art. 35 I 3, 4 VerfWH (inhaltlich ebenso in Art. 75 II 2 VerfLB, § 38 II 2, 4 VerfBad 1919): „Die Gerichte und Verwaltungsbehörden sind verpflichtet, dem Ersuchen eines Ausschusses um Beweiserhebung zu folgen. Akten der Behörden, die den Gegenstand der Untersuchung betreffen, sind ihm auf Verlangen vorzulegen."
179 NdsStGH, U. v. 24.10.2014 – StGH 7/13 – juris, Rn. 59; HambVerfG, LVerfGE 3, 194 (204 f.).
180 Vgl. *Glauben*, DVBl. 2014, 894 (897 f.), für das Verhältnis der Länder gegenüber einem UA des Bundestages.
181 *Versteyl* in: v. Münch/Kunig, Art. 44 Rn. 45.

Die **Zulässigkeitsgrenzen von Beweiserhebungen** (→ Rn. 37 f.) **und Kon-** 56
trollmaßnahmen (→ Art. 27 Rn. 40 ff.) sind von der Amtshilfeverpflichtung unberührt und können ihr deshalb entgegen gehalten werden (s. insbes. § 14 II UAG: Staatswohl und entgegenstehende Gesetze). Darüber hinaus wohnen dem Amtshilfeprinzip als innere Grenzen das **Verhältnismäßigkeitsprinzip** und **vorrangige Interessen der ersuchten Stelle** inne.[182] Beruft sich die adressierte Stelle auf ein Verweigerungsrecht, ist dies zu begründen (§ 14 III UAG). Um keinen Fall von gerichtlicher Amtshilfe, sondern einer eigenständigen Entscheidungszuständigkeit, handelt es sich bei der in § 16 VI UAG vorgesehenen Prüfung von Anträgen eines UA auf Anordnung bestimmter Zwangsmittel bei der Beweiserhebung durch das AG Stuttgart.

IV. Regelungsauftrag und Wahrung des Brief-, Post- und Fernmeldegeheimnisses (Abs. 4)

Mit der Aufnahme des Regelungsauftrags in Art. 35 IV LV wurde im Jahr 57
1976 das UAG erlassen. Es beschränkt sich nicht darauf, verfassungsrechtliche Vorgaben zu wiederholen oder zu konkretisieren (zB § 3, Untersuchungsgegenstand), sondern enthält auch **konstitutive Normen**, die darüber hinaus gehen. Soweit letzteres der Fall ist, kommt diesen Rechten **keine verfassungsrechtliche Dignität** und folglich auch keine verfassungsgerichtliche Durchsetzbarkeit zu, weshalb dafür das VG Stuttgart zuständig ist.[183] Dies gilt zB für das Antragsrecht von zwei Fraktionen, soweit diese (zusammen) das verfassungsrechtliche Quorum von einem Viertel der Abgeordneten nicht erfüllen (§ 2 III 1 UAG).

Wesentliche Regelungsgegenstände des UAG sind zunächst Fragen der **Aus-** 58
schussbildung und -konstituierung wie die Aufgabenstellung, die Einsetzung und der Untersuchungsgegenstand des UA (§§ 1–3) und die Zusammensetzung, das Ausscheiden betroffener Mitglieder und die Auswahl des Vorsitzenden (§§ 4–6). Einen weiteren Block bildet das **Sitzungsrecht** mit Regelungen zur Einberufung, zur Beschlussfassung und -fähigkeit, zur Sitzungsöffentlichkeit, zur Information der Öffentlichkeit über Sitzungen und Unterlagen sowie zur Ordnungsgewalt und Protokollierung (§§ 7–9, 11 f.). In § 10 wird in Umsetzung der Regelungsoption von Art. 34 II 3 LV die Stellung der Regierung im UA ausbuchstabiert (dazu → Art. 34 Rn. 24 f.). Schließlich folgt das eigentliche Herzstück des UAG, in dem die **Aufklärungsarbeit näher geregelt** wird: Dies beginnt mit dem Ermittlungsbeauftragten (§ 12 a) und findet mit den Vorschriften über die Beweiserhebung und -mittel einschließlich der Zwangsmittel seine Fortsetzung (§§ 13–18). Nach der Regelung der Rechtsstellung des Betroffenen (§ 19) folgen Vorschriften zum Rechtshilfeersuchen, zur Verlesung von Protokollen und Schriftstücken, zur Aussetzung und Einstellung des Verfahrens sowie zum Abschlussbericht (§§ 20–23), bevor das UAG mit Regelungen zum Geheim- und Datenschutz sowie der Kosten- und Auslagenerstattung (§§ 23 a, 24) abschließt.

---

182 HambVerfG, LVerfGE 3, 194 (207).
183 StGH, LVerfGE 13, 8 (30); BayVerfGH, E. v. 10.10.2006 – Vf. 19-VIa-06 – juris, Rn. 34; VG Stuttgart, U. v. 16.5.2003 – 18 K 4270/02 – unveröff., 9 f.

59 Der verfassungsrechtliche Regelungsauftrag für das UAG führte zum Wegfall des in Art. 35 IV 1 LV aF enthaltenen **Verweises auf die entsprechende Anwendung der StPO**. Der Verweis wurde jedoch subsidiär zu den UAG-Vorschriften zur Beweisaufnahme einfachgesetzlich in § 13 VII UAG verankert. Dieser dynamische Verweis erfasst alle StPO-Vorschriften – wegen des Effizienzgebots auch diejenigen, die erst nach Verabschiedung des UAG in Kraft getreten sind –,[184] die unter Berücksichtigung der UAG-Vorgaben zur effektiven Erfüllung des Untersuchungsauftrags erforderlich sind. Dies betrifft befugnisbegründende Vorschriften (wie zB Beschlagnahmungen durch den zuständigen Richter) ebenso wie Befugnisbegrenzungen (wie zB das Verbot bestimmter Vernehmungsmethoden gem § 136a StPO).[185] Deren Anwendung erfolgt jedoch **nur „entsprechend"**, also nach Maßgabe ihrer Eignung zur Unterstützung des parlamentarischen Untersuchungsvorgangs, der sich funktional und strukturell von einem Strafverfahren unterscheidet. So zielt die parlamentarische Untersuchung auf die Aufklärung eines politisch relevanten Sachverhalts, während das Strafverfahren die Schuld einer konkreten Person überprüft.[186] Aus dieser Unterschiedlichkeit folgt zB, dass die Landesregierung bei einer Untersuchung von Regierungshandeln die Herausgabe von Akten nicht unter Hinweis auf eine Selbstbelastungsgefahr verweigern kann.[187]

60 Wie schon der frühere StPO-Verweis unterliegt auch der UAG-Regelungsauftrag einer besonderen verfassungsrechtlichen Begrenzung: Anders als in der StPO (§§ 99 ff.) darf das parlamentarische Untersuchungsrecht nicht in das **Brief-, Post- und Fernmeldegeheimnis** eingreifen, also auch nicht mittels UAG von der Möglichkeit des Art. 2 I LV iVm Art. 10 II GG Gebrauch machen. Sowohl aus der Regelungssystematik (als Folgesatz zum Regelungsauftrag) als auch aus dem teleologischen Zusammenhang mit dem UA-Recht folgt, dass Art. 35 IV 2 LV nicht als bloßer Hinweis auf Art. 10 GG und damit auf die dortigen Einschränkungsmöglichkeiten angesehen werden kann. Damit sind dem UA **Beschlagnahmen von Postsendungen, das Abhören von Telefonaten oder verdeckte Zugriffe auf die Internetkommunikation verwehrt**.[188] Da der Eingriffsbegriff von Art. 10 GG nicht auf die Informationsbeschaffung beschränkt ist, sondern auch die Kenntnisnahme der Informationen umfasst,[189] steht Art. 35 IV 2 LV grundsätzlich auch der Verwertung von Erkenntnissen entgegen, die aus anderen Gründen (etwa im Rahmen einer Strafverfolgungsmaßnahme) rechtmäßig erfasst worden sind, weil damit die Eingriffswirkung durch die Vergrößerung der kenntnisnehmenden Personen erweitert würde. Allerdings hat das BVerfG hier großzügiger entschieden und nur für rechtswidrig erlangte

---

184 BVerfGE 76, 363 (385 f.); *Kluth* in: Schmidt-Bleibtreu/Hofmann/Henneke, Art. 44 Rn. 7; *Brocker* in: Morlok/Schliesky/Wiefelspütz, § 31 Rn. 12; *Heiland/Jaeger*, VBlBW 2017, 99 (100 f.).
185 BVerfGE 67, 100 (133); 76, 363 (382, 387); *Brocker* in: Morlok/Schliesky/Wiefelspütz, § 31 Rn. 68.
186 BVerfGE 124, 78 (116); BayVerfGH, E. v. 10.10.2006 – Vf. 19-VIa-06 – juris, Rn. 40.
187 BVerfGE 67, 100 (128, 137 f.); HessStGH, U. v. 9.12.1998 – P. St. 1297 – juris, Rn. 30; U. v. 16.11.2011 – P. St. 2323 – juris, Rn. 137, 141, 197 f.
188 BVerfGE 124, 78 (126 f.).
189 *Durner* in: Maunz/Dürig, Art. 10 Rn. 121.

oder aufbewahrte Erkenntnisse eine Einzelfallprüfung im Hinblick auf die Zielsetzung der parlamentarischen Untersuchung eingefordert.[190]

V. Bewertungsfreiheit der Justiz (Abs. 5)

Art. 35 V LV dient der **Auflösung des Spannungsverhältnisses von parlamentarischem und gerichtlichem Untersuchungsrecht**. Diese Beziehung hat zwei Dimensionen, von denen die erste gerichtsschützender Natur ist: So darf die politische Bewertung eines Sachverhalts oder von Beweisergebnissen nicht die Gerichte in ihrer anderweitig orientierten Bewertung binden, weil dies sonst einen **unzulässigen Übergriff des Landtags in die Sphäre der rechtsprechenden Gewalt** darstellen würde. Genau dies ist auch die Aussage von Art. 35 V LV, ebenso wie von Art. 44 IV 2 GG: Die Justiz darf auf parlamentarisch erhobene und festgestellte Sachverhalte aufbauen, ist aber in der Bewertung und Entscheidung über Konsequenzen daraus frei.[191]

61

Das Gegenstück dazu ist parlamentsschützender Natur und untersagt den Gerichten, die UA-Beschlüsse ihrerseits zu erörtern. Auf diesen in Art. 44 IV 1 GG geregelten Aspekt verzichtet Art. 35 V LV, weil im VA eine bloße Erörterung von UA-Beschlüssen durch die Gerichte als unproblematisch angesehen wurde.[192] Das Erörterungsverbot wird jedoch darüber hinaus als **Rechtswegausschluss bezüglich der UA-Abschlussberichte** verstanden, wie Art. 72 IV 1 BbgVerf explizit zum Ausdruck bringt. Dadurch wird die autonome Abfassung des Abschlussberichts – zulasten etwaiger betroffener Grundrechte Dritter – geschützt und einer allein politischen Verantwortung unterstellt.[193] Da sich ein solcher Vorrang der autonomen Berichterstellung gegenüber den Grundrechten Dritter nicht aus dem parlamentarischen Untersuchungsrecht ergibt,[194] bedeutet das Fehlen des Rechtswegausschlusses in Art. 35 V LV, dass insoweit die allgemeine Vorschrift der **Rechtsweggarantie gem. Art. 67 I LV** greift. Folglich sind nicht nur UA-Beschlüsse bei Eingriffswirkungen in die Rechtssphäre Dritter (v.a. bei Beweiserhebungen) uneingeschränkt justiziabel, sondern auch die Abschlussberichte (vgl. auch → Art. 67 Rn. 29).[195]

62

---

190 BVerfGE 124, 78 (127 f.); wie hier aber *Versteyl* in: v. Münch/Kunig, Art. 44 Rn. 44; ebenfalls (zumindest grundsätzlich) für ein Verbot der „Zweitverwertung" *Brocker* in: Morlok/Schliesky/Wiefelspütz, § 31 Rn. 69.
191 *Klein* in: Maunz/Dürig, Art. 44 Rn. 229; *Braun*, Art. 35 Rn. 38.
192 Daher wurde Art. 32 V 1 VerfERP, der die UA-Beschlüsse der richterlichen Erörterung entziehen wollte, gestrichen, vgl. 32. VA-Beratung am 12.12.1952, in: Feuchte, Quellen, 4. Teil, 367 f.
193 HambVerfG, U. v. 15.9.2015 – HVerfG 5/14 – juris, LS 1, 2 u. Rn. 27; *Kluth* in: Schmidt-Bleibtreu/Hofmann/Henneke, Art. 44 Rn. 39; *Morlok* in: Dreier, Art. 44 Rn. 57, 63; *Klein* in: Maunz/Dürig, Art. 44 Rn. 234.
194 HambVerfG, U. v. 15.9.2015 – HVerfG 5/14 – juris, Rn. 44–50.
195 Ebenso für BW *Brocker*, NVwZ 2014, 1357 (1359); *Braun*, Art. 35 Rn. 36; das HambVerfG bejaht in seinem U. v. 15.9.2015 – HVerfG 5/14 – juris, LS 3, 4 u. Rn. 66 f., allerdings trotz dortiger Geltung des Erörterungsverbots gem. Art. 26 V 1 HambVerf eine begrenzte Justiziabilität des Abschlussberichts bei Grundrechtsverletzungen; so schon zuvor OVG Hamburg, NVwZ 2014, 1386, weil der Landesverfassungsgeber nicht die Rechtsweggarantie gem. Art. 19 IV GG einschränken könne (LS 1, 2) – dazu zu Recht krit. *Brocker*, aaO, 1361.

Artikel 35 a [Petitionsausschuss]

(1) ¹Der Landtag bestellt einen Petitionsausschuß, dem die Behandlung der nach Artikel 2 Abs. 1 dieser Verfassung und Artikel 17 des Grundgesetzes an den Landtag gerichteten Bitten und Beschwerden obliegt. ²Nach Maßgabe der Geschäftsordnung des Landtags können Bitten und Beschwerden auch einem anderen Ausschuß überwiesen werden.

(2) Die Befugnisse des Petitionsausschusses zur Überprüfung von Bitten und Beschwerden werden durch Gesetz geregelt.

Schrifttum:

Blaser/Kuckuck, Zur Entwicklung der parlamentarischen Petitionspraxis aus Verwaltungssicht, BWVPr 1984, 194; *Feuchte*, Bitte und Beschwerden an die Volksvertretung, BWVPr 1980, 126; *Finger*, Petitionsausschuss, in: Morlok/Schliesky/Wiefelspütz, § 26; *Jungherr/Jürgens*, E-Petitionen in Deutschland: Zwischen niedrigschwelligem Partizipationsangebot und quasi-plebiszitärer Nutzung, ZParl 2011, 523; *Guckelberger*, Der europäische Bürgerbeauftragte und die Petitionen zum Europäischen Parlament, 2004; *Hablitzel*, Petitionsinformierungsrecht des Parlaments und Auskunftspflicht der Regierung, BayVBl. 1986, 97; *Haug*, Begriffs- und Zulässigkeitsvoraussetzungen einer EU-Petition, JZ 2015, 1042; *ders./Hirzel*, Der baden-württembergische Bürgerbeauftragte im föderalen Vergleich, VBlBW 2016, 492; *Hempfer*, Das Petitionsrecht in der parlamentarischen Praxis. Dargelegt am Beispiel des Landtags von Baden-Württemberg, in: Schwarze/Vitzthum (Hrsg.), Grundrechtsschutz im nationalen und internationalen Recht, 1983, 69; *Lindner/Riehm*, Modernisierung des Petitionswesens und der Einsatz neuer Medien, ZParl 2009, 495; *Pietzner*, Petitionsausschuss und Plenum, 1973; *Röper*, Notwendiger Inhalt der Berichte des Petitionsausschusses, NVwZ 2002, 53; *ders.*, Bundestagsbeschlüsse in Petitionssachen: Plädoyer für mehr Öffentlichkeit und effektivere Umsetzung, ZParl 2016, 904; *Schlenker*, Die Änderungen der Verfassung des Landes Baden-Württemberg, 2. Teil, VBlBW 1983, 399; *Stöhr*, Anhörungen vor dem Petitionsausschuss als Kontrollinstrument der Opposition?, ZParl 1989, 87; *Thierfelder*, Die Tätigkeit des Petitionsausschusses des Landtags von Baden-Württemberg auf den Rechtsgebieten des § 40 Abs. 1 VwGO, BWVBl. 1971, 161; *Vitzthum/März*, Der Petitionsausschuss, in: Schneider/Zeh, § 45.

Vergleichbare Regelungen: Art. 45 c GG, 46 BerlVerf, 71 BbgVerf, 105 VI BremVerf, 28 HambVerf, 35 MVVerf, 41 a NRWVerf, 90 a RPVerf, 78 SaarlVerf, 53 SächsVerf, 61 LSAVerf, 25 SchlHVerf, 65 ThürVerf.

Ergänzende Normen: PetAG, §§ 65–70 GO LT.

Leitentscheidungen: BVerfGE 2, 225 (Petitionsbescheid).

A. Überblick und Einordnung	1		2. Petitionsbegriff und Zulässigkeitsanforderungen	12
I. Bedeutung	1			
II. Herkunft, Entstehung, Geschichte	5		II. Das Petitionsverfahren in der Geschäftsordnung	14
III. Verfassungsvergleichende Einordnung	6		1. Verfahrensablauf	14
B. Erläuterung	9		2. Überweisung an einen anderen Ausschuss (Abs. 1 S. 2)	20
I. Bestellung und Aufgaben des Petitionsausschusses (Abs. 1 S. 1)	9		III. Die Befugnisse des Petitionsausschusses (Abs. 2)	21
1. Stellung des Petitionsausschusses	9			

A. Überblick und Einordnung

I. Bedeutung

Die Bestimmung des Art. 35 a LV erhebt den PetA zum **Pflichtausschuss** des Landtags und ordnet ihm grundsätzlich exklusiv die Zuständigkeit zur Bearbeitung der gem. Art. 2 I LV iVm Art. 17 GG beim Landtag erhobenen Petitionen zu. Damit stellt die LV dem materiellen Grundrecht eine institutionelle Umsetzungsstruktur zur Seite und stärkt beide. Darüber hinaus beauftragt Art. 35 a II LV den Gesetzgeber damit, die nach außen gerichteten Befugnisse des Ausschusses im Zusammenhang mit seiner Ermittlungstätigkeit infolge der Petitionen zu regeln. Dadurch kann der PetA über die Beschränkung des GO-Rechts auf den parlamentarischen Funktionsbereich (→ Art. 32 Rn. 19) hinaus in die **Sphäre anderer Verfassungsorgane, Behörden und privater Einrichtungen und Personen** ausgreifen. 1

Damit dient Art. 35 a LV im Zusammenwirken mit dem Petitionsrecht der Einwohner dem Kontrollrecht des Landtags gem. Art. 27 II LV (vgl. die ausdrückliche Betonung in Art. 28 II 1 HambVerf)[1] sowie – außerdem – in besonderer Weise der Integrationsfunktion des Parlaments, das in Gestalt des PetA eine wichtige **Kümmerer- und Mittleraufgabe als „soziales Frühwarnsystem"**[2] zwischen Bürgern und Staat erfüllt.[3] Hinzu kommt schließlich eine Integrationsfunktion wegen des partizipatorischen Charakters von Popularpetitionen, die auch Gesetzgebungsvorschläge enthalten können.[4] Wegen dieses „Breitbandcharakters" des Petitionsrechts eignet sich die Mitgliedschaft im PetA in besonderem Maß für neugewählte Abgeordnete, um wertvolle Erfahrungen sammeln zu können.[5] Die wichtigsten inhaltlichen Themenfelder von Petitionen waren in der 15. WP Bausachen (9,41 %), der Justizvollzug (6,8 %), das Ausländer- und Asylrecht (6,56) sowie das Medienrecht und Rundfunkwesen (5,4 %).[6] 2

Die quantitative Bedeutung des Petitionsrechts und -ausschusses kommt in den folgenden **statistischen Angaben (6. – 15. Wahlperiode: 1972 – 2016)** zum Ausdruck, wenngleich der Zenit überschritten zu sein scheint:[7] 3

---

1 *Kluth* in: Schmidt-Bleibtreu/Hofmann/Henneke, Art. 45 c Rn. 5; *Braun*, Art. 35 a Rn. 6-9; *Röper*, NVwZ 2002, 53 (54); allerdings ohne Sonderrechte für die parlamentarische Minderheit, vgl. *Stöhr*, ZParl 1989, 87 (92-94).
2 BT-Drs. 7/5924, 64.
3 BT-Drs. 6/3829, 29; LT-Drs. 7/2715, 1; *Braun*, Art. 35 a Rn. 2; da damit auch die Gefahr einer Sonderbehandlung von Petenten gegenüber vergleichbaren anderen Fällen verbunden ist, konstatieren *Blaser/Kuckuck*, BWVPr 1984, 194 (196 f.) aus Verwaltungssicht eine desintegrierende Wirkung „parlamentarischer Wohltaten" gegenüber dem „steinigen Weg vom Ausgang her ungewisser Verwaltungs- und Gerichtskontrolle" mit schädigenden Folgen für das Ansehen des Rechtsstaats (198).
4 *Hempfer*, Petitionsrecht, 69 (72, 98-101).
5 Vgl. auch *Bauer* in: Dreier, Art. 45 c Rn. 12; *Hempfer*, Petitionsrecht, 69 (101).
6 Pl.-Prot. 15/147, 8841 f.
7 Sitzungszahlen: Pl.-Prot. 9/86, 7263 (6.–9. WP); Pl.-Prot. 12/105, 8324 (10.–12. WP); LT-Drs. 15/8124, 4; Anhörung von Regierungsvertretern, soweit abweichend: Pl.-Prot. 12/102, 8054 (10.–12. WP), Pl.-Prot. 15/147, 8846 (13.–15. WP).

Wahlperiode	15	14	13	12	11	10	9	8	7	6
Dauer	5 Jahre					4 Jahre				
Eingeg. Petitionen[8]	5.720	5.576	6.722	8.569	7.878	8.866	8.978	9.313	10.504	6.183
Sitzungen des PetA	44	46	42	42	36	45	34	35	46	57
Kommissionssitzungen	63	108	100	119	105	117	190	370	333	41
Anhörung v. Reg.-Vertr.	489	481	568	741	656	1.176	1.168	478	344	70

4 Vom parlamentarischen Petitionsrecht und dessen Operationalisierung durch den PetA sind die **behördlichen Petitionsrechte** – die Art. 2 I LV iVm Art. 17 GG ebenfalls verbürgt – zu unterscheiden. Dies gilt in besonderer Weise für den 2016 eingerichteten **Bürgerbeauftragten**, der zwar organisatorisch dem Landtag zugeordnet ist (§ 12 I BürgBG), aber eine eigenständige „besondere Petitionsbehörde" darstellt.[9]

II. Herkunft, Entstehung, Geschichte

5 Während das Petitionswesen eine lange Tradition aufweisen kann (vgl. bereits das mittelalterliche Supplikationsrecht und später die §§ 36 – 38 VerfWü 1819),[10] ist die verfassungsrechtliche Absicherung der institutionellen Umsetzungsstruktur noch vergleichsweise jung.[11] Nach einer **Empfehlung der Landtagspräsidenten von 1968** zur Stärkung der Rechtsstellung des PetA erfolgte zunächst eine Verankerung von Rechten in der GO LT, deren mittelbare Außenwirkung gegenüber der Regierung durch eine ergänzende Absprache zwischen Landtag und Landesregierung sichergestellt wurde. Schließlich sprach sich auf Bundesebene die **Enquetekommission Verfassungsreform** sowohl in ihrem Zwischenbericht 1972 und im Kapitel „Parlamentarische Kontrolle" ihres Schlussberichts Ende 1976 mit klaren Worten für eine verfassungsrechtliche Verankerung des PetA aus, v.a. um ihm durchgreifende Ermittlungskompetenzen bis hin zu Auskunftsrechten gegenüber Dritten zu verschaffen.[12] Im Zusammenhang mit diesen Beratungen wurde mit der Aufnahme von Art. 45 c in das GG dieses Anliegen umgesetzt.[13] Infolge dieser Entwicklungen und angesichts der Schwächen der Absprache zwischen Landtag und Regierung (wegen der Unverfügbarkeit staatsrechtlicher Kompetenzen) erfolgte Anfang 1979 die Einfügung von Art. 35 a in die LV.[14] Parallel dazu hatte eine interfraktionelle

---

8 LT-Drs. 15/8124 (15. WP); Pl.-Prot. 15/147, 8840 (8846).
9 S. i.E. *Haug/Hirzel*, VBlBW 2016, 492; *Bauer* in: Dreier, Art. 45 c Rn. 9-11.
10 *Klein* in: Maunz/Dürig, Art. 17 Rn. 4.
11 Nicht aber ihre Existenz, da es bereits im Reichstag des Hl. Röm. Reiches Deutscher Nation einen Supplikationsausschuss gab, vgl. *Klein* in: Maunz/Dürig, Art. 45 c Rn. 1.
12 BT-Drs. 6/3829, v. 21.9.1972, 29 f., 31; 7/5924 v. 9.12.1976, 63 f.; *Klein* in: Maunz/Dürig, Art. 45 c Rn. 4–7; *Feuchte*, Geschichte, 374–377.
13 32. GGÄndG v. 15.7.1975, BGBl. I, 1901.
14 13. LVÄndG v. 6.2.1979, GBl. 65; *Hempfer*, Petitionsrecht, 69 (79); *Schlenker*, VBlBW 1983, 399 (404).

[Petitionsausschuss] | Artikel 35 a

Kommission zur Ausarbeitung von Vorschlägen zur Weiterentwicklung des Petitionswesens den Entwurf für das wenige Tage später beschlossene PetAG[15] erstellt, um dem PetA erweiterte Aufklärungsrechte an die Hand zu geben und der kontinuierlich gestiegenen Bedeutung der Parlamentspetition Rechnung zu tragen.[16]

III. Verfassungsvergleichende Einordnung

Sowohl die Enquetekommission Verfassungsreform auf Bundesebene als auch die Empfehlung der Landtagspräsidenten von 1968 bewirkten bundesweit zahlreiche Verfassungsergänzungen um das Instrument und die Kompetenzen des – natürlich schon seit geraumer Zeit bestehenden – Petitionsausschusses. Nur **drei Länder** kennen bis heute **keine verfassungsrechtliche Absicherung des Petitionsausschusses**: Art. 115 II BayVerf enthält nur einen Gesetzesvorbehalt zur Handhabung der Petitionen im Landtag, die dort durch Fachausschüsse mit Ermittlungsrechten (Art. 6 BayPetG) idR abschließend (Art. 5 II BayPetG) behandelt werden.[17] Noch schwächer ist die Bestimmung des Art. 94 HessVerf, die nur ein Überweisungs- und Auskunftsrecht des Landtags (vgl. → Rn. 22 f.) bezüglich der bei ihm eingegangen Anträge und Beschwerden kennt. Ebenfalls keine institutionelle Privilegierung des Petitionsausschusses findet sich schließlich in Art. 26 NdsVerf, wonach die Behandlung der Petitionen „dem Landtag" obliegt und sich dafür vom „nach der Geschäftsordnung zuständigen Ausschuss" zuarbeiten lassen kann.[18] 6

Das GG und die übrigen 13 Landesverfassungen enthalten demgegenüber eine ausdrückliche institutionelle Absicherung des jeweiligen PetA. Diese Bestimmungen lassen sich hinsichtlich der Ausgestaltung der einzelnen PetA-Kompetenzen in zwei Gruppen einteilen: Zum einen gibt es Normen, die sich im Wesentlichen **auf den Gesetzesvorbehalt beschränken**, aber zu Umfang und Reichweite der Kompetenzen des PetA keine näheren Angaben enthalten – also dies der einfachgesetzlichen Ausgestaltung überlassen. Hierzu zählen Art. 45 c GG und Art. 35 a LV sowie Art. 53 II SächsVerf, der den Gesetzesvorbehalt durch die ausdrückliche Erwähnung des Zutrittsrechts und Aktenvorlageanspruchs angereichert hat. Die meisten Länder dagegen nehmen bereits unmittelbar **auf Verfassungsebene eine Beschreibung der Eingriffsrechte des PetA** vor. Üblich sind die Aktenvorlage- und Auskunftspflicht der Regierung, aller ihr unterstellten Behörden und der vom Land beaufsichtigten Körperschaften, wozu insbesondere die Kommunen zählen, sowie ein Zutrittsrecht des PetA zu diesen Behörden, ebenso ein Anhörungs- bzw. Vernehmungs- und teilweise Vereidigungsrecht (Art. 46 BerlVerf, 71 II BbgVerf, 35 II MVVerf, 105 VI 2 BremVerf, 41 A I, II NRWVerf, 90 a II RPVerf, 61 II, III LSAVerf, 25 II SchlHVerf, 65 II ThürVerf; etwas pauschaler Art. 78 II SaarlVerf). Da aber zumindest nahezu alle diese Rechte im PetitionsG des Bundes und im PetAG BW eben- 7

---

15 Gesetz über den Petitionsausschuss des Landtags v. 20.2.1979, GBl. 85.
16 LT-Drs. 7/2815, 3; *Braun*, Art. 35 a Rn. 1; → Rn. 3.
17 *Huber* in: Meder/Brechmann, Art. 115 Rn. 8 f.
18 *Bogan* in: Epping/Butzer u.a., Art. 26 Rn. 13 f., wonach die NdsGOLT dafür einen Petitionsausschuss vorsieht.

falls vorgesehen sind, haben die Unterschiede in der Regelungsdichte auf Verfassungsebene letztlich für die juristische Praxis wenig Bedeutung.

8 Hinzu kommen einige **landesspezifische Zusatzregelungen:** So erstreckt Art. 46 S. 4 BerlVerf diese Pflichten auch auf Private, soweit sie unter einem „maßgeblichen Einfluss des Landes" stehen und öffentliche Aufgaben wahrnehmen. Nach Art. 71 II BbgVerf besteht die Auskunftspflicht auch für Gerichte. Art. 41 a NRWVerf enthält in Abs. 2 – wie beim UA – den ausdrücklichen Verweis auf die StPO (mit der Unantastbarkeit des Post-, Brief- und Fernmeldegeheimnisses) sowie in Abs. 3 eine Möglichkeit der **Delegation von Beweiserhebungsmaßnahmen** auf einzelne Ausschussmitglieder (wie Art. 25 II 2 SchlHVerf) oder auf Beamte der Landtagsverwaltung. Art. 90 a III RPVerf enthält zudem mit zwingenden Geheimhaltungsgründen, der Besorgnis von Nachteilen für den Bund oder ein Bundesland oder der Verursachung erheblicher und irreversibler Schäden Dritter **Schrankenregelungen für die Ermittlungsrechte** des PetA. Ähnliche Schranken enthält auch der Verweis von Art. 61 II 2 LSAVerf auf Art. 53 III, IV LSAVerf, wodurch auch einer qualifizierten Minderheit von einem Viertel Auskunftsansprüche eingeräumt werden. Auffällig ist schließlich, dass Art. 90 a IV RPVerf keinen Gesetzes-, sondern lediglich einen GO-Vorbehalt kennt und damit keine über Art. 90 a II RPVerf hinausgehenden Ermittlungsrechte zulässt.[19]

B. Erläuterung

I. Bestellung und Aufgaben des Petitionsausschusses (Abs. 1 S. 1)

1. Stellung des Petitionsausschusses

9 Art. 35 a I 1 LV verpflichtet den Landtag zur Einsetzung eines Petitionsausschusses und gibt ihm damit das „ob" in dieser Frage vor. Bezüglich der Zusammensetzung ist der Landtag dagegen frei, solange der verfassungsrechtliche Ausschussbegriff (→ Art. 34 Rn. 10) gewahrt bleibt. Dadurch wird namentlich eine mitgliedschaftliche Einbeziehung von Nichtabgeordneten ausgeschlossen. Soweit das PetAG und die GO LT keine besondere Vorgaben zur Stellung, Zusammensetzung und Arbeitsweise des PetA enthalten, gelten die **für alle Ausschüsse geltenden Vorschriften** gem. §§ 18 ff. GO LT (insbes. die grundsätzlich nichtöffentliche Beratungsweise gem. § 32 GO LT),[20] aber auch gem. Art. 34 LV (Zitierrecht des PetA und Zutritts- und Rederecht von Regierungsvertretern). Insbesondere kommt dem PetA dieselbe Teilorganqualität wie den anderen Ausschüssen zu: Er ist ein **Hilfsorgan des Landtags zur Vorbereitung von dessen Entscheidungen**.[21] Insbesondere ist aus der Verfassungsformulierung, wonach dem PetA die „Behandlung" (und nicht die Erledigung) der Petitionen obliegt, kein

---

19 *Brocker* in: Grimm/Caesar, Art. 90 a Rn. 3, meldet in diesem Zusammenhang Bedenken gegen die einfachgesetzliche Normierung von Ermittlungskompetenzen ohne verfassungsrechtliche Ausformung, wie sie im Bund und in BW bestehen, an.
20 Krit. zur „Geheimniskrämerei" und „Öffentlichkeitsscheu" der Petitionsausschüsse *Röper*, ZParl 2016, 904 (906 f.).
21 *Braun*, Art. 35 a Rn. 11; *Kluth* in: Schmidt-Bleibtreu/Hofmann/Henneke, Art. 45 c Rn. 4; *Klein* in: Maunz/Dürig, Art. 45 c Rn. 15; weitergehend *Hernekamp* in: in: v. Münch/Kunig, Art. 45 c Rn. 10, wonach der PetA mangels Überweisungsabhängigkeit vom Plenum ein eigenständiges Organ des Parlaments darstellen soll.

Ausschluss des allgemeinen Plenarvorbehalts (→ Art. 34 Rn. 12) abzuleiten.[22] Anders als im Bund[23] hat sich im Land bislang keine Tradition entwickelt, den Vorsitz einem Oppositionsabgeordneten zu übertragen; im Gegenteil lag der Vorsitz in den zurückliegenden Jahrzehnten immer bei einem Abgeordneten der größten Regierungsfraktion.

Die **Zuständigkeit des PetA** erfasst die Bearbeitung der Petitionen, worin zugleich ihre Begrenzung liegt. Denn die Arbeit des PetA ist dadurch auf die Aufklärung der Petitionssachverhalte beschränkt und kann nicht auf die weitergehende fachlich-politische Bearbeitung der durch die Petitionen tangierten Themenfelder ausgreifen, weil diese den anderen (Fach-)Ausschüssen obliegt.[24] Anders sieht es freilich bei einer politischen Popularpetition aus, weil der Petitionsgegenstand dann ein abstraktes Anliegen darstellt; hier wird es aber für die Akzeptanzbildung im Plenum wichtig sein, die fachlich betroffenen Ausschüsse mittels Stellungnahmen gem. § 67 III GO LT in den zu erarbeitenden Beschlussvorschlag einzubinden. 10

Umstritten ist schließlich, ob der PetA auch abschließend entscheiden kann. Zwar enthält Art. 35 a I 1 LV den **Plenarvorbehalt** nicht – wie andere Verfassungen (vgl. zB Art. 78 I SaarlVerf, 65 I 2 ThürVerf) – ausdrücklich, doch ergibt sich dieser aus der Aufgabenstellung und Funktion des PetA als Parlamentsausschuss. Zudem betont Art. 35 a I 1 LV, dass es sich um Petitionen handelt, die an den Landtag – also das Gesamtorgan – gerichtet sind. Dennoch ist eine **Delegation von Entscheidungsrechten** im Rahmen der GO-Autonomie grundsätzlich möglich, solange die Rückholmöglichkeit des Plenums gewahrt bleibt (→ Art. 34 Rn. 12).[25] Gleichwohl sieht § 68 I GO LT für alle zulässigen Petitionen eine formal abschließende Entscheidung des Plenums vor, indem der PetA idR mehrere Petitionen jeweils mit Entscheidungsvorschlag und Bericht dem Plenum in einer Sammeldrucksache vorlegt, die dann auf die Plenartagesordnung gesetzt und im Normalfall ohne Diskussion gebilligt wird. Dabei enthält der jeweilige Bericht – einer kurzen Verwaltungsgerichtsentscheidung vergleichbar – eine selbsterklärende Sachverhaltsschilderung und die wesentlichen Gründe für den Entscheidungsvorschlag.[26] 11

2. Petitionsbegriff und Zulässigkeitsanforderungen

Der Petitionsbegriff iSv Art. 35 a LV umfasst alle „Bitten und Beschwerden" gem. Art. 2 I LV iVm Art. 17 GG, soweit sie an den Landtag gerichtet bzw. ihm von unzuständigen Stellen zugeleitet worden sind. Diese können „in eigener Sache, für andere oder im allgemeinen Interesse vorgetragen 12

---

22 *Feuchte* in: Feuchte, Art. 35 a Rn. 5; *Klein* in: Maunz/Dürig, Art. 45 c Rn. 24; *Hernekamp* in: in: v. Münch/Kunig, Art. 45 c Rn. 9; ähnl. *Braun*, Art. 35 a Rn. 11.
23 *Bauer* in: Dreier, Art. 45 c Rn. 20.
24 *Stöhr*, ZParl 1989, 87 (89).
25 Zum diesbezüglichen Meinungsstreit vgl. *Kluth* in: Schmidt-Bleibtreu/Hofmann/Henneke, Art. 45 c Rn. 4 mwN.
26 *Röper*, NVwZ 2002, 53 (54).

werden"[27] und setzen in Art. 17 GG ausdrücklich die Schriftform voraus.[28] Unter **Bitten** werden „Forderungen und Vorschläge für ein Handeln oder Unterlassen von staatlichen Organen, Behörden oder sonstigen Einrichtungen, die öffentliche Aufgaben wahrnehmen" verstanden, während der Begriff der **Beschwerde** als reaktive Rüge angelegt ist und „Beanstandungen, die sich gegen ein Handeln oder Unterlassen" der genannten Einrichtungen richten, umfasst.[29] Beide Petitionsformen können sowohl individuelle Einzelfälle betreffen, als auch allgemeine Interessen und politische Anliegen (sog. Popularpetition) bis hin zum Tätigwerden des Landtags als Gesetzgeber.[30] Schließlich enthalten Petitionen ein kommunikatives Element, weshalb sie **auf eine Reaktion des Landtags angelegt** sein müssen; dies kann auch Auskunftsersuchen beinhalten.[31] Eingaben, die dagegen nach äußerlicher Gestalt, sprachlichem Duktus oder Inhalt als bloß einseitige Äußerungen „ohne materielles Verlangen" anzusehen sind (wie zB Mitteilungen, Belehrungen, Vorwürfe oder Anerkennungen), stellen keine Bitten oder Beschwerden iSv Art. 17 GG, 35a I LV dar.[32] Solche **„Nicht-Petitionen"**[33] können vom Landtag durch einfache Kenntnisnahme erledigt werden (§ 67 I 2 GO LT).

13 Eine inhaltliche Befassung des PetA und des Landtags mit solchen Bitten und Beschwerden setzt darüber hinaus deren **Zulässigkeit** voraus. Diese bedingt zunächst die Nennung des Absenders mit seiner Anschrift, weil ihm sonst nicht geantwortet werden kann, und die Abfassung in deutscher Sprache.[34] Des Weiteren folgt aus der föderalen Kompetenzordnung, dass das geltend gemachte Anliegen in der **Verbandszuständigkeit des Landes** (und nicht der EU, des Bundes oder eines anderen Landes) liegen muss. Hierzu zählen auch Privatunternehmen, an denen das Land maßgeblich beteiligt ist oder die mit öffentlichen Aufgaben beliehen sind.[35] Außerdem darf die Petition keinen rechtswidrigen Eingriff in die **Entscheidungshoheit der Judikative** verlangen, weil sonst das Gewaltenteilungsprinzip verletzt wäre. Dies schließt ein parallel zum Gerichtsprozess laufendes Petitionsver-

---

27 Vgl. Grundsätze des PetA BT „über die Behandlung von Bitten und Beschwerden (Verfahrensgrundsätze)": www.bundestag.de/ausschuesse18/a02/grundsaetze/verfa hrensgrundsaetze/260564 (1.11.2017), Ziff. 2.1 Abs. 1.
28 Was nach dem „in dubio pro libertate"-Prinzip weit zu verstehen ist und regelmäßig einfache E-Mails einschließt, vgl. *Uerpmann-Wittzack* in: v. Münch/Kunig, Art. 17 Rn. 14; zur Online-Petition → Rn. 14.
29 Verfahrensgrundsätze (vgl. vorstehende Fn.), Ziff. 2.1 Abs. 2, 3; ähnlich *Kluth* in: Schmidt-Bleibtreu/Hofmann/Henneke, Art. 45c Rn. 9 f.
30 *Hempfer*, Petitionsrecht, 69 (72); *Haug*, JZ 2015, 1042 (1043); *Finger* in: Morlok/Schliesky/Wiefelspütz, § 26 Rn. 6–9.
31 *Hempfer*, Petitionsrecht, 69 (74).
32 *Haug*, JZ 2015, 1042 (1044) mwN.
33 *Kluth* in: Schmidt-Bleibtreu/Hofmann/Henneke, Art. 45c Rn. 15; *Klein* in: Maunz/Dürig, Art. 45c Rn. 36.
34 Näher dazu *Uerpmann-Wittzack* in: v. Münch/Kunig, Art. 17 Rn. 15 (außerdem mit dem für BW nicht relevanten Hinweis auf die Zulässigkeit einer anderen als Amtssprache zugelassenen Minderheitssprache); aA (großzügiger) *Hempfer*, Petitionsrecht, 69 (74).
35 BremStGH, LVerfGE 4, 211 (LS 2); *Hernekamp* in: in: v. Münch/Kunig, Art. 45c Rn. 6.

fahren nicht aus,[36] aber wohl eine Petition über eine gerichtliche Entscheidung. Ebenso darf die Petition keine strafbare Handlung darstellen oder zum Ziel haben; das BVerfG hat über § 67 II GO LT auch Zuschriften beleidigenden, herausfordernden oder erpresserischen Inhalts als unzulässige Petitionen angesehen.[37] Schließlich ist eine **Wiederholungspetition** unzulässig, die einer bereits vom Landtag verbeschiedenen Petition inhaltlich „ohne wesentliches neues Vorbringen" entspricht.[38] Liegt eines der genannten Zulässigkeitshindernisse vor, weist der Ausschuss die Petition ohne Plenarbefassung idR zurück oder gibt sie an das andere zuständige Parlament ab (§ 67 II GO LT).[39] Ist die Petition dagegen zulässig, kann und muss sich der PetA damit inhaltlich auseinandersetzen, weil aus der Behandlungskompetenz iVm Art. 2 I LV, 17 GG eine Behandlungspflicht folgt.[40]

II. Das Petitionsverfahren in der Geschäftsordnung
1. Verfahrensablauf

Während die Befugnisse mit Außenwirkung in Umsetzung von Art. 35 a II LV im PetAG geregelt sind, finden sich die Normen zum Verfahren des PetA in den §§ 67 f. GO LT. Dies ist auch ohne gesonderte Erwähnung in Art. 35 a LV durch die allgemeine GO-Kompetenz gem. Art. 32 I 2 LV (einschließlich des damit verbundenen weiten autonomen Gestaltungsspielraums) gedeckt.[41] Das Petitionsverfahren beginnt mit der **Einlegung einer Petition**, was nicht nur in klassischer Schriftform, sondern auch (ohne explizite normative Grundlage) elektronisch über das **Online-Petitions-Formular** auf der Webseite des Landtags erfolgen kann.[42] Allerdings ist damit keine zusätzliche Publizität wie bei der öffentlichen E-Petition beim Bundestag verbunden. Dort können andere User Petitionen kommentieren und mitzeichnen, was bei großer Resonanz sogar zu einer Auftrittsgelegenheit des Petenten im PetA führt.[43] Diesen Weg hat der Landtag noch nicht beschritten, obwohl klassische Parlamentspetitionen bei gleichzeitig steigender Attraktivität privater „Petitions"-Plattformen im Internet mit zuneh-

14

---

36 Dazu ausf. aus verwaltungsgerichtlicher Perspektive *Thierfelder*, BWVBl. 1971, 161 (162 f.).
37 BVerfGE 2, 225 (229); zur insoweit großzügigeren Praxis in BW vgl. *Hempfer*, Petitionsrecht, 69 (84 f.).
38 Vgl. BVerfGE 2, 225 (LS 2).
39 In der 15. WP wurden von 5.720 Petitionen 277 an den Bundestag oder einen anderen Landtag abgegeben (4,8 %) und 477 (= 8,3 %) wegen Wiederholung (214), privater Angelegenheit (66) oder rechtswidrigen Eingriffs in die Gerichtsbarkeit (197) zurückgewiesen, vgl. Pl.-Prot. 15/147, 8841.
40 VG Stuttgart, B. v. 18.11.2013 – 11 K 2073/13 – juris, Rn. 5.
41 BayVerfGH, E. v. 23.4.2013 – Vf. 22-VII-12 – juris, LS 1.
42 Diese Möglichkeit besteht seit kurz nach Beginn der 15. WP; von den 5.720 Petitionen in der 15. WP wurden nach Auskunft der Landtagsverwaltung 816 (= 14,3 %) online eingereicht.
43 Vgl. die Richtlinie öffentliche Petitionen gem. Ziff. 7.1 (4) der Verfahrensgrundsätze, abgedruckt in BT-Drs. 18/4990, 140 f.; näher dazu *Jungherr/Jürgens*, ZParl 2011, 523; *Lindner/Riehm*, ZParl 2009, 495; *Bauer* in: Dreier, Art. 45 c Rn. 32 ff.

mender politischer Durchschlagskraft[44] seit einigen Jahren tendenziell rückläufig sind (→ Rn. 3).[45]

15 Die erste bedeutsame Verfahrensregelung stellt die **exklusive Überweisungszuständigkeit des Präsidenten** gem. § 67 I 1 GO LT ohne Mitwirkung oder nur Kenntnisnahme des Plenums dar. Der PetA prüft anschließend zunächst die Zulässigkeit (→ Rn. 13) und weist bei deren Fehlen die Petition unter entsprechender Benachrichtigung des Petenten zurück (§ 67 II 2 GO LT). Ist die Petition zulässig, steigt der PetA in die inhaltliche Prüfung ein. Soweit das Handeln oder Nichthandeln einer dem Land zuzurechnenden Behörde betroffen ist, holt der PetA dafür zunächst eine **Stellungnahme der Regierung** dazu ein, wofür ein Zeitraum von zwei Monaten mit (rege genutzter)[46] Verlängerungsmöglichkeit vorgesehen ist (§ 67 V GO LT). Aufgrund eines informellen **„Stillhalteabkommens"** zwischen Landtag und Regierung ergreift Letztere idR keine den Petitionsgegenstand betreffenden (weiteren) Vollzugsmaßnahmen, bevor das Petitionsverfahren abgeschlossen ist. In Ausnahmefällen überwiegender Interessen der Allgemeinheit oder Dritter unterrichtet das zuständige Ministerium den Ausschussvorsitzenden. Damit kommt Petitionen de facto eine aufschiebende Wirkung zu, um den Entscheidungsspielraum des Landtags zu wahren.[47] Eine weitere Besonderheit des Petitionsverfahrens besteht darin, dass es – anders als der PetA – nicht der **Diskontinuität** unterliegt, weil die Ausübung des Petitionsrechts gegenüber dem Landtag als Organ und nicht in seiner konkreten Zusammensetzung erfolgt (§ 51 S. 3 GO LT; s. auch → Art. 30 Rn. 13).[48]

16 Der PetA **empfiehlt dem Plenum** idR gem. § 68 II GO LT, die Petition

- für erledigt zu erklären, was zumindest eine teilweise Abhilfe voraussetzt (19,4 %),[49]
- ihr nicht abzuhelfen (51,2 %),
- dem Petenten zunächst die Ausschöpfung des Rechtswegs anheimzugeben (0,1 %),
- der Regierung (nur) zur Kenntnisnahme, als Material oder zur Erwägung zu überweisen und damit in den Entscheidungsspielraum der Regierung nicht einzugreifen (0,7 %) oder
- der Regierung zur Berücksichtigung oder zur Veranlassung bestimmter Maßnahmen zu überweisen (0,7 %), was idR einer (Teil-)Abhilfe des Petitionsanliegens entspricht und nach Beschlussfassung im Landtag eine parlamentarische Aufforderung zu einem bestimmten Handeln oder Unterlassen der Regierung darstellt.

In selteneren Fällen kann der PetA auch eine in Petitionsform eingegangene Anregung zu einem Gesetzgebungsverfahren aufgreifen und dem Plenum

---

44 *Röper*, ZParl 2016, 904 (907); vgl. zB „openPetition", „Avaaz", „Compact", „Change.org".
45 Für den Bund siehe die Zahlen bei *Lindner/Riehm*, ZParl 2009, 495 (506-508).
46 *Hempfer*, Petitionsrecht, 69 (88).
47 *Hempfer*, Petitionsrecht, 69 (88 f.); *Röper*, ZParl 2016, 904 (905).
48 *Kluth* in: Schmidt-Bleibtreu/Hofmann/Henneke, Art. 45 c Rn. 5; *Braun*, Art. 35 a Rn. 14, 30.
49 Die Prozentzahlen beziehen sich auf die 15. WP (2011/16), vgl. Pl.-Prot. 15/147, 8841.

eine entsprechende Resolution vorschlagen.[50] Wird eine Petition der Regierung nicht nur zur Kenntnisnahme oder als Material überwiesen, hat diese grundsätzlich binnen zwei Monaten dem Landtag über ihre weiteren Maßnahmen in der Petitionsangelegenheit zu berichten (§ 68 III GO LT).[51]

Beabsichtigt der PetA, dem Landtag zu empfehlen, der **Petition ganz oder teilweise stattzugeben** und deshalb der Regierung zur Berücksichtigung oder zur Veranlassung bestimmter Maßnahmen zu überweisen, muss er der Regierung über die abgegebene Stellungnahme hinaus Gelegenheit geben, ihren Standpunkt im PetA mündlich darzulegen. Aus den eingangs genannten Zahlen ergibt sich, dass dies trotz der Regierungsmehrheit im PetA gar nicht selten der Fall ist (→ Rn. 3). Will die Regierung der Petition nicht im Sinne des PetA abhelfen, muss hierfür der zuständige Minister (allenfalls vertreten durch den politischen Staatssekretär oder durch den Ministerialdirektor) persönlich erscheinen und die Regierungsposition darlegen.[52] Andernfalls ist sie (politisch) verpflichtet, dem späteren Landtagsbeschluss Folge zu leisten (§ 67 VI GO LT). Beschließt der PetA gegen den **Widerspruch des Ministers** dennoch, dem Landtag eine Abhilfe zu empfehlen, und folgt das Plenum diesem Vorschlag, entscheidet schlussendlich der Ministerrat ohne parlamentarische Bindung über den Umgang der Regierung mit dem Landtagsbeschluss.[53] 17

Die Verpflichtung der Regierung zur Abgabe einer Stellungnahme und eines Berichts gem. §§ 67 V, 68 III GO LT ist vom institutionellen **Petitionsinformations- und -überweisungsrecht** des Landtags – das als Annex zu Art. 17 GG von Art. 35a I LV vorausgesetzt wird – gedeckt[54] und ist im Streitfall vom Landtag oder vom PetA (als in der LV und in der GO LT mit eigenen Rechten ausgestattetes Teilorgan) im Organstreitverfahren geltend zu machen.[55] Keine verfassungsrechtliche Fundierung haben dagegen die in § 67 VI GO LT enthaltenen Bindungen der Regierung.[56] Da die regierungsseitige Behandlung von Petitionen bzw. Landtagsbeschlüssen nicht mehr dem parlamentarischen Funktions- und Machtbereich zuzurechnen ist (→ 18

---

50 *Feuchte* in: Feuchte, Art. 35a Rn. 3.
51 Zur Bedeutung dieser Berichtspflicht auch im Hinblick auf die Kontrollfunktion des Petitionsrechts vgl. *Röper*, ZParl 2016, 904 (908).
52 Zu den Einzelheiten vgl. *Feuchte*, BWVPr 1980, 126 (128).
53 *Braun*, Art. 35a Rn. 27; in der 15. WP gab es bei 5.720 Petitionen insgesamt 16 Berücksichtigungsfälle, davon drei mit Widerspruch (Pl.-Prot. 15/147, 8841).
54 BVerfGE 67, 100 (129) spricht von einer „Verpflichtung der Exekutive zur Zusammenarbeit mit dem Parlament bei der Behandlung von Bitten und Beschwerden", die sich unmittelbar aus Art. 45c GG (dh Art. 35a LV) ergebe; BremStGH, LVerfGE 4, 222 (219f.); ausf. *Hablitzel*, BayVBl 1986, 97 (97-99), auch zu den Grenzen des Petitionsinformationsrechts (aaO, 102-104); *Kluth* in: Schmidt-Bleibtreu/Hofmann/Henneke, Art. 45c Rn. 11f.; *Klein* in: Maunz/Dürig, Art. 45c Rn. 49-53; *Uerpmann-Wittzack* in: v. Münch/Kunig, Art. 17 Rn. 23; *Bauer* in: Dreier, Art. 45c Rn. 25f.; *Braun*, Art. 35a Rn. 21.
55 *Braun*, Art. 35a Rn. 32.
56 Zwar enthält auch § 66 GO LT Vorgaben für die Regierung, nämlich zum Umgang mit Petitionen von zwangsweise untergebrachten Personen; allerdings stellt diese Vorschrift nur eine deklaratorische Umsetzung des Petitionsrechts aus Art. 2 I LV, 17 GG dar, wonach der Petitionsanspruch eines Häftlings eine von der Regierung nicht kontrollierte oder gar zensierte Kommunikation mit dem PetA umfasst; vgl. dazu *Uerpmann-Wittzack* in: v. Münch/Kunig, Art. 17 Rn. 5.

Art. 32 Rn. 19), vermag die GO LT die Regierung nicht entsprechend festzulegen. Vielmehr handelt es sich um eine Regelung des **Interorganverhältnisses**, die der GO mangels einer gesonderten Ermächtigungsgrundlage in der LV kompetenziell nicht zusteht.[57] Auch eine Normierung im PetAG wäre problematisch, weil es sich hierbei nicht mehr um Befugnisse „zur Überprüfung von Bitten und Beschwerden", sondern um die Konsequenzen daraus handelt.[58] Auch die zugrunde liegende Vereinbarung in Gestalt eines Schriftwechsels von Ministerpräsident und Landtagspräsident kann wegen der Unverfügbarkeit von Verfassungskompetenzen nur eine politische Bindung entfalten.[59] Allenfalls im Umstand, dass die Regierung die genannten GO-Bestimmungen aufgrund der Vereinbarung seit fast 40 Jahren respektiert und beachtet, könnte ein Ansatzpunkt für die Bildung von Verfassungsgewohnheitsrecht gesehen werden.

19 Den **Abschluss des Petitionsverfahrens** bildet der Landtagsbeschluss gem. § 68 II GO LT, über den der PetA-Vorsitzende den Petenten in Erfüllung dessen Anspruchs auf Verbescheidung der Petition[60] unterrichtet (§ 68 IV GO LT). Da damit ein grundrechtlich unterlegter Rechtsanspruch erfüllt wird, handelt es sich dabei um einen rechtserheblichen Parlamentsbeschluss und nicht – schon wegen fehlender Behördeneigenschaft – um einen Verwaltungsakt.[61] Allerdings folgen aus dem Petitionsanspruch des Petenten gem. Art. 2 I LV, 17 GG weder **weitere subjektive Verfahrensrechte** – etwa auf Einsichtnahme in die Akten des PetA (einschl. Stellungnahme der Regierung), persönliche Anhörung oder eine bestimmte Art der Verfahrensdurchführung[62] – noch (erst recht) auf ein bestimmtes inhaltliches Verfahrensergebnis.[63]

2. Überweisung an einen anderen Ausschuss (Abs. 1 S. 2)

20 Art. 35 I 2 LV ermächtigt den GO-Geber, die Behandlung von Petitionen fallweise auch durch **andere Ausschüsse** zu regeln. In diesen Fällen agiert aber der betroffene Ausschuss **nicht als Petitionsausschuss** iSv Art. 35 a I LV, sondern im Rahmen seiner üblichen Befugnisse. Namentlich sind die besonderen Befugnisse nach dem PetAG (dazu → Rn. 23) ausschließlich dem PetA vorbehalten.[64] Die GO LT macht in § 70 von der Ermächtigung des Art. 35 a I 2 LV zugunsten des Präsidenten in zwei Fällen Gebrauch:

---

57 *Feuchte*, BWVPr 1980, 126 (127, 128) sieht darin eine „politische Absichtserklärung"; *Hempfer*, Petitionsrecht, 69 (82) spricht deshalb von einer bewusst gewollten „politischen Bindung", die einer rechtlichen Bindung „im Ergebnis gleichkommt".
58 Vgl. auch *Hernekamp* in: in: v. Münch/Kunig, Art. 45 c Rn. 13.
59 *Braun*, Art. 35 a Rn. 27; zum Schriftwechsel von Ministerpräsident und Landtagspräsident v. 14./22.2.1979 vgl. *Feuchte*, BWVPr 1980, 126 (127 Fn. 21).
60 *Uerpmann-Wittzack* in: v. Münch/Kunig, Art. 17 Rn. 6 f.; *Braun*, Art. 35 a Rn. 29.
61 *Hempfer*, Petitionsrecht, 69 (96 f.); *Kluth* in: Schmidt-Bleibtreu/Hofmann/Henneke, Art. 45 c Rn. 22; vgl. BVerfGE 2, 225 (LS 1).
62 VG Stuttgart, B. v. 18.11.2013 – 11 K 2073/13 – juris, LS 2 u. Rn. 9, 12; danach besteht mangels Behördeneigenschaft des PetA auch kein Auskunftsanspruch gem. IFG; s. auch *Hempfer*, Petitionsrecht, 69 (97 f.); *Klein* in: Maunz/Dürig, Art. 45 c Rn. 67.
63 BerlVerfGH, B. v. 12.1.1994 – VerfGH 16/93 – juris, LS; *Uerpmann-Wittzack* in: v. Münch/Kunig, Art. 17 Rn. 6.
64 LT-Drs. 7/2715, 3; *Feuchte* in: Feuchte, Art. 35 a Rn. 6.

Zum einen hat er eine Petition einem anderen (Fach-)Ausschuss zur Behandlung zuzuleiten, wenn der Gegenstand dieser Petition zum Zeitpunkt ihres Eingangs beim Landtag in diesem Ausschuss bereits bearbeitet wird; dies gilt namentlich für Eingaben zu laufenden Gesetzgebungsvorhaben.[65] Während der Präsident insoweit gebunden ist, eröffnet ihm die zweite Fallgruppe einen Ermessensspielraum: Hier kann er eine Petition einem „fachlich zuständigen Ausschuss" zuleiten, wenn die Behandlung der Petition der besonderen (Aufklärungs-)Befugnisse des PetA „offensichtlich nicht bedarf" (§ 70 I GO LT). In beiden Fällen hat der betroffene Fachausschuss ebenfalls die **internen Verfahrensvorgaben zur Behandlung von Petitionen** (§§ 67 II, III, 68 II GO LT) einzuhalten (§ 70 II GO LT).

III. Die Befugnisse des Petitionsausschusses (Abs. 2)

Soweit Befugnisse des PetA **landtagsinterner Natur** sind, reichen Regelungen in der GO LT dafür als Rechtsgrundlage aus. So kann der PetA Stellungnahmen anderer Ausschüsse einholen (§ 67 III GO LT) oder Ortstermine durchführen[66] bzw. durch eine von ihm gebildete Kommission oder den Berichterstatter durchführen lassen (§ 67 IV GO LT), worüber die Regierung lediglich zu informieren ist. 21

Betreffen aber Aufklärungsmaßnahmen des PetA den **Rechtskreis außerhalb des Landtags stehender Personen oder Einrichtungen,** bedarf es hierfür wegen des allgemeinen Gesetzesvorbehalts einer formellgesetzlichen Grundlage, zu deren Erlass Art. 35a II LV den Gesetzgeber verpflichtet. Auch soweit damit das grundsätzlich verfassungsrechtlich zu regelnde **Interorganverhältnis von Landtag und Regierung** betroffen ist, reicht der Verfassungsauftrag aus, weil sich einerseits aus dem systematischen Zusammenhang mit Art. 35 und 35a LV die regierungskontrollierende Tendenz ergibt und andererseits durch die sprachliche Engführung auf die „Überprüfung von Bitten und Beschwerden" eine hinreichende Bestimmtheit sichergestellt ist.[67] Anders als im Bund ist der Verfassungsauftrag nicht auf die Überprüfung der Beschwerden beschränkt (vgl. Art. 45c II GG), sondern bezieht die Überprüfung der Bitten mit ein. Damit erspart sich der baden-württembergische Gesetzgeber schwierige Abgrenzungsdiskussionen.[68] 22

Die im PetAG geregelten „Außenbefugnisse" des PetA umfassen hauptsächlich einen Anspruch gegen alle Landesbehörden sowie alle anderen Rechtsträger, soweit diese der Landesaufsicht unterstehen, auf **Aktenvorlage, Auskunftserteilung, Zutritt und Erscheinen eines Behördenvertreters im PetA** (§ 1 I PetAG) sowie auf **Rechts- und Amtshilfe** durch alle Gerichte und Verwaltungsbehörden im Land (§ 4 PetAG). Hinzu kommt das Recht 23

---

65 *Hempfer*, Petitionsrecht, 69 (88).
66 Zu deren Bedeutung s. *Hempfer*, Petitionsrecht, 69 (70), wegen der Einbeziehung der örtlichen Medien.
67 Ebenso iE *Braun*, Art. 35a Rn. 17; *Schlenker*, VBlBW 1983, 399 (405); zu den Bedenken auf Bundesebene vgl. *Bauer* in: Dreier, Art. 45c Rn. 4.
68 LT-Drs. 7/2715, 3; *Hempfer*, Petitionsrecht, 69 (73); der Bund befürchtete offenbar einen entgrenzten Zuständigkeitsbereich des PetA, wodurch dieser zu einem allgemeinen Gesetzgebungsausschuss mutieren könnte, vgl. *Schlenker*, VBlBW 1983, 399 (405); *Kluth* in: Schmidt-Bleibtreu/Hofmann/Henneke, Art. 45c Rn. 18; *Hernekamp* in: in: v. Münch/Kunig, Art. 45c Rn. 12.

zur Anhörung (nicht aber der Vereidigung) von **Auskunftspersonen und Sachverständigen** (§ 3 PetAG), ohne dies jedoch zwangsweise durchsetzen zu können.[69] Eine **Verweigerung** der Aktenvorlage, Auskunftserteilung oder des Zutritts kann nur durch die oberste Dienstbehörde entschieden werden und bedarf einer Begründung sowie nötigenfalls einer persönlichen Rechtfertigung durch den zuständigen Minister (§ 2 II PetAG). Sie ist nur bei zwingenden Geheimhaltungsgründen zulässig (§ 2 I PetAG), was wegen des äußerst eingeschränkten Geheimnisschutzes gegenüber dem Landtag (→ Art. 27 Rn. 49 ff.) nur in sehr engen Grenzen denkbar ist;[70] insoweit kann auf die Ausführungen zum UA verwiesen werden (→ Art. 35 Rn. 38). Wollen der Landtag oder der PetA diese Rechte gerichtlich geltend machen, steht insoweit – mangels verfassungsrechtlicher Dignität – der Verwaltungsrechtsweg offen.[71]

Artikel 36 [Ständiger Ausschuss]

(1) [1]Der Landtag bestellt einen Ständigen Ausschuß, der die Rechte des Landtags gegenüber der Regierung vom Ablauf der Wahlperiode oder von der Auflösung des Landtags an bis zum Zusammentritt eines neugewählten Landtags wahrt. [2]Der Ausschuß hat in dieser Zeit auch die Rechte eines Untersuchungsausschusses.

(2) Weitergehende Befugnisse, insbesondere das Recht der Gesetzgebung, der Wahl des Ministerpräsidenten sowie der Anklage von Abgeordneten und von Mitgliedern der Regierung, stehen dem Ausschuß nicht zu.

Schrifttum:
Busch, Parlamentsauflösung 1972, ZParl 1973, 213; *Kremer*, Die Rechtsstellung der Mitglieder des Bundestages nach dessen Auflösung, in: ders., 33; *Reiter*, Verfassungsrechtliche Erwägungen zu der parlamentslosen Zeit nach der Bundestagsauflösung, in: Kremer, 89; *Sandtner*, Entwicklung, Wesen und Befugnisse des Ständigen Ausschusses, in: Kremer, 63; *Schneider*, Die Fortführung der Geschäfte des Bundestages zwischen zwei Wahlperioden in der Geschäftsordnung des Deutschen Bundestages, DÖV 1953, 369; *Versteyl*, Art. 45, in: v. Münch (Hrsg.), Grundgesetz-Kommentar, 1976.

Vergleichbare Regelungen: Art. 26 BayVerf, 93 HessVerf, 40 NRWVerf, 92 RPVerf.

Ergänzende Normen: Art. 44 LV, § 19 a GO LT.

A. Überblick und Einordnung......	1	B. Erläuterung....................	6
I. Bedeutung....................	1	I. Amtszeit, Rechtsstellung und Arbeitsweise des Ständigen Ausschusses.....................	6
II. Herkunft, Entstehung, Geschichte....................	3		
III. Verfassungsvergleichende Einordnung.....................	5	II. Befugnisse des Ständigen Ausschusses.....................	10

---

69 Ebenso auf Bundesebene, vgl. *Klein* in: Maunz/Dürig, Art. 45 c Rn. 18; *Hernekamp* in: in: v. Münch/Kunig, Art. 45 c Rn. 15.
70 *Feuchte* in: Feuchte, Art. 35 a Rn. 12.
71 *Braun*, Art. 35 a Rn. 32.

[Ständiger Ausschuss] Artikel 36

A. Überblick und Einordnung
I. Bedeutung

Gemeinsam mit den Art. 32 IV, 44 LV dient Art. 36 LV der **Sicherung der** 1
Handlungsfähigkeit des Verfassungsorgans Landtag zwischen dem Ende
der Wahlperiode des alten und der Konstituierung des neuen Landtags. Für
diesen Zeitraum von idR nur rund zwei Wochen (→ Rn. 6) überträgt
Art. 36 I LV die Wahrnehmung der Rechte des Landtags gegenüber der Regierung einem „Ständigen Ausschuss" als Reserveorgan, den der alte Landtag dafür zu bilden hat. Es handelt sich dabei also auch – wie beim PetA –
um einen Pflichtausschuss, der allerdings entgegen seiner Bezeichnung als
solcher gerade nicht ständig tagt, sondern nur in engen Zeitfenstern.[1] Denn
soweit der StändA während der laufenden Wahlperiode entsprechend der
traditionellen Praxis des Landtags die **Aufgaben des Justiz- und Verfassungsausschusses** wahrnimmt, tut er dies nicht als StändA iSv Art. 36 LV,
sondern als normaler Fachausschuss.[2] Abzugrenzen ist der StändA schließlich vom **Notparlament** gem. Art. 62 LV, § 19 b GO LT, das im Falle einer
Verhinderung des Landtags bei Notfällen dessen Aufgaben (nahezu vollständig, s.u. Art. 62 Rn. 19 ff.) übernimmt; hierbei handelt es sich um ein
verfassungsrechtlich anderes Organ.[3]

Art. 36 LV enthält eine **verfassungsrechtliche Modifikation des institutio-** 2
nellen Diskontinuitätsprinzips, indem der Ständige Ausschuss nicht – wie
„sein" Landtag – am Ende der Wahlperiode untergeht, sondern (im Normalfall) während der bereits bestehenden Existenz des neuen Landtags dessen Aufgaben eingeschränkt (→ Rn. 10 ff.) ausübt und damit den noch
nicht handlungsfähigen neuen Landtag – soweit überhaupt erforderlich –
„vertritt". Erst mit dem Ende seines Auftrags, also mit der Konstituierung
des Folgelandtags, geht auch dieser Ausschuss unter. Wegen der bisher immer sehr kurzen und im Vorfeld bekannten Amtszeit des StändA ist seine
praktische Bedeutung äußerst gering, weil der alte Landtag für gewöhnlich
alle dringenden bzw. eilbedürftigen Angelegenheiten noch vor Ablauf seiner Wahlperiode klärt, bevor maximal 16 Tage später der neue Landtag arbeitsfähig ist.[4]

II. Herkunft, Entstehung, Geschichte

Das Instrument von „Zwischenausschüssen" entstammt den frühkonstitu- 3
tionellen Wurzeln des deutschen Parlamentarismus, als die Vertretungsorgane nur in größeren Abständen für einige Wochen zu **Sitzungsperioden**
zusammenkamen (Art. 30 IV 1 LV enthält noch einen Anklang daran). In
den Zeiträumen zwischen diesen Perioden nahm ein besonderer Ausschuss

---

1 *Braun*, Art. 36 Rn. 1; *Glauben* in: Grimm/Caesar, Art. 92 Rn. 3; *Versteyl* in: v.
 Münch, GG, Art. 45 Rn. 4; *Sandtner*, Ständiger Ausschuss, 63 (67 f.); daher in anderen Verfassungen „Zwischenausschuss" (Art. 26 I 1 BayVerf, 92 RPVerf) oder
 „Hauptausschuss" (Art. 93, 1 HessVerf, 40, 1 NRWVerf) sowie inoffiziell in der
 Weimarer Zeit „Überwachungsausschuss" genannt, vgl. *Anschütz*, Art. 35 Ziff. 4;
 Stier-Somlo in: Anschütz/Thoma, § 37, Band 1, 410.
2 Ebenso *Feuchte* in: Feuchte, Art. 36 Rn. 9; *Braun*, Art. 36 Rn. 1.
3 Vgl. auch *Braun*, Art. 36 Rn. 1.
4 So iE auch *Feuchte* in: Feuchte, Art. 36 Rn. 2; ebenso für die frühere Rechtslage im
 Bund *Versteyl* in: v. Münch, GG, Art. 45 Rn. 1.

stellvertretend für das Parlament diejenigen Aufgaben wahr, „deren Besorgung von einem Landtage zum andern zur ununterbrochenen Wirksamkeit der Repräsentation des Landes nothwendig ist" (§ 187 VerfWü 1819); daher die Bezeichnung als „ständig".

4 Insbesondere war auch damals schon das Gesetzgebungsrecht davon ausgenommen (§ 189 VerfWü 1819).[5] Auch Art. 35 WRV sah zwei ständige Ausschüsse vor, von denen einer „für die Zeit außerhalb der Tagung und nach Beendigung einer Wahlperiode" die „Rechte der Volksvertretung gegenüber der Reichsregierung" (Art. 35 II WRV) wahrzunehmen hatte. Nach dem 2. Weltkrieg sahen Art. 63 VerfWB, 65 VerfLB jeweils einen Ausschuss mit diesen Aufgaben für die beiden beschriebenen Zeiträume vor.[6] Ähnliches gilt für Art. 39 IV VerfWH, der aber weniger ausbuchstabiert und nur auf die „Zeit zwischen zwei Wahlzeiträumen" bezogen war.

III. Verfassungsvergleichende Einordnung

5 Da sowohl das GG als auch die meisten Landesverfassungen die sog. „Scharnierlösung" beim Wechsel der Wahlperioden vorsehen (womit die alte Wahlperiode erst mit der Konstituierung des neuen Parlaments endet, → Art. 30 Rn. 5), stellt sich hier das Problem eines zeitweilig nicht handlungsfähigen Parlaments oder gar einer parlamentslosen Zeit nicht (mehr). Folglich sind „Zwischenausschüsse" im deutschen Verfassungsrecht selten geworden. Allerdings deckt sich ihre Existenz nicht mit den Ländern, in denen Beginn und Ende der Wahlperiode unabhängig von der Konstituierung geregelt sind (Art. 30 I LV, 75 IV, 81 BremVerf, 82 HessVerf). So kennen einerseits Art. 26 BayVerf, 92 RPVerf einen Zwischenausschuss, ohne dass es dafür eine Notwendigkeit gäbe,[7] und andererseits verfügt die BremVerf über keine Art. 36 LV entsprechende Regelung, obwohl Art. 81 BremVerf eine nahezu einmonatige Phase ohne handlungsfähiges Parlament zulässt.[8] Eine in diesem Zusammenhang bemerkenswerte Regelung enthält Art. 12 IV HambVerf, wonach die alte (gesamte!) Bürgerschaft die Geschäfte bis zur Konstituierung der Folgebürgerschaft weiterführt.

---

5 Die damals noch erhebliche praktische Bedeutung ist am Umfang der dafür getroffenen Regelungen zu erkennen (Art. 187–192 VerfWü 1819).
6 Art. 63 VerfWB bezog die „Behandlung dringlicher Staatsangelegenheiten" mit ein, schloss aber ebenfalls das Gesetzgebungsrecht und das Recht zum Vertrauensentzug gegenüber der Regierung aus; noch weitergehender regelte Art. 65 II VerfLB den völligen Ausschluss der Ministerverantwortlichkeit gegenüber dem Ausschuss.
7 Vgl. zu Bayern *Huber* in: Meder/Brechmann, Art. 26 Rn. 2; die praktische Bedeutung des Zwischenausschusses reduziert sich daher auf den Zeitraum „außerhalb der Tagung" iSv Art. 17 III BayVerf, was wegen der mittlerweile permanenten Tagung nur noch zwischen der letzten Sitzung des alten (aber weiterhin handlungsfähigen) Landtags und der konstituierenden Sitzung des neuen Landtags der Fall ist, vgl. *Huber* aaO, Rn. 1; vgl. zu Rheinland-Pfalz *Glauben* in: in: Brocker/Droege/Jutzi, Art. 92 Rn. 1.
8 Vgl. *Buse* in: Fischer-Lescano/Rinken u.a., Art. 81 Rn. 5.

B. Erläuterung

I. Amtszeit, Rechtsstellung und Arbeitsweise des Ständigen Ausschusses

Der Anwendungsbereich von Art. 36 LV erfasst die Zeiträume, in denen kein handlungsfähiger Landtag besteht. Dies gilt zum einen – als Regelfall – für die **"unechte"** parlamentslose Zeit, die zwischen dem Ende der alten Wahlperiode (idR am 30.4. des Wahljahres, s. → Art. 30 Rn. 10) und der konstituierenden Sitzung des neuen Landtags liegt. Da sich die neue Wahlperiode im Normalfall unmittelbar an die vorherige anschließt (Art. 30 I 2 LV), ist der neue Landtag zwar schon rechtlich existent, aber mangels Konstituierung noch nicht handlungsfähig. Der hierfür relevante Zeitraum beträgt **maximal 15 Tage**, weil spätestens am 16. Tag die Konstituierung erfolgen muss (Art. 30 III 1 LV).

6

Zum anderen amtiert der StändA auch im Fall einer **"echten" parlamentslosen Zeit**, die bei einer vorzeitigen Auflösung nach Art. 43, 47 LV zwischen dem Wirksamwerden der Auflösung und dem Tag der Neuwahl besteht (→ Art. 30 Rn. 12) und maximal 60 Tage dauern darf (Art. 30 II LV).[9] Aber auch in diesem Fall gilt Art. 36 I LV darüber hinaus für den Zeitraum zwischen dem Beginn der Wahlperiode (Tag der Neuwahl, Art. 30 I 2 LV) und der konstituierenden Sitzung des neuen Landtags spätestens am 15. Tag[10] danach. Hier beträgt der für Art. 36 relevante Zeitraum folglich **maximal 74 Tage**.[11] In beiden Fällen endet die Amtszeit des StändA mit der Erklärung des Alterspräsidenten, dass die erste Sitzung eröffnet ist.

7

Anders als die anderen Ausschüsse handelt es sich beim StändA um kein Hilfsorgan des Landtags, weil „sein" Landtag während der Organphase des StändA nicht mehr existiert. Da der neue Landtag ihn nicht eingesetzt hat, kann er auch diesem nicht (etwa als Hilfsorgan) zugerechnet werden. Daher handelt es sich beim StändA – aber nur während der beschriebenen Amtszeit – um ein **eigenständiges** (vom einsetzenden Landtag dann unabhängiges) **Verfassungsorgan**, das mittelbar gewählt und damit ebenfalls demokratisch legitimiert ist.[12] *Feuchte* spricht gar von einem „Ersatzparlament minderen Rechts",[13] was aber angesichts der erheblichen Aufgabenbeschränkungen (→ Rn. 10 ff.) zu weitgehend erscheint. Von dieser Besonderheit abgesehen muss der StändA aber auch den **verfassungsrechtlichen Ausschussbegriff** (→ Art. 34 Rn. 10) erfüllen, was insbesondere die Beach-

8

---

9   *Reiter*, Verfassungsrechtliche Erwägungen, 89 (90-93), hält eine parlamentslose Zeit für systemwidrig, aber verfassungskonform.
10 Der 15. Tag nach dem Wahltag ist der 16. Tag der neuen WP, da der Wahltag bereits als deren 1. Tag gilt (→ Art. 30 Rn. 23).
11 Zu den 60 Tagen kommen maximal 14 Tage hinzu, denn hierbei zählen weder der bereits in den 60 Tagen enthaltene Wahltag („binnen") noch der Tag der Konstituierung mit. Unberücksichtigt sind hierbei lediglich etwaige „Wochenend- oder Feiertagseffekte" gem. § 193 BGB.
12 *Sandtner*, Ständiger Ausschuss, 63 (68-71); *Kremer*, Rechtsstellung, 33 (35); *Braun*, Art. 36 Rn. 2–4; *Huber* in: Meder/Brechmann, Art. 26 Rn. 4; *Möstl* in: Lindner/ders./Wolff, Art. 26 Rn. 1, 4; *Glauben* in: in: Brocker/Droege/Jutzi, Art. 92 Rn. 1, 3, 10; aA *Versteyl* in: v. Münch, GG, Art. 45 Rn. 5 (Hilfsorgan).
13 *Feuchte* in: Feuchte, Art. 36 Rn. 6; dazu *Sandtner*, Ständiger Ausschuss, 63 (70 f.).

tung des Spiegelbildlichkeitsgebots (→ Art. 27 Rn. 139 f.) und den Ausschluss von Nichtabgeordneten (zB Kandidaten für den Folgelandtag) zur Folge hat.[14]

9 Die landtagsvertretende Rolle des StändA bildet § 19 a GO LT dadurch ab, dass die **Einberufung** weitgehend analog zu Art. 30 IV LV ausgestaltet ist: Der Vorsitzende beruft den StändA ein, wozu er auf Antrag eines Viertels der Ausschussmitglieder, von zwei Fraktionen oder der Regierung verpflichtet ist (§ 19 a I GO LT). Zudem tagt er entsprechend Art. 33 I LV **grundsätzlich öffentlich** mit einer Ausschlussoption, wofür eine Zweidrittelmehrheit erforderlich ist (§ 19 a II GO LT).[15] Im Übrigen richtet sich das Verfahren des StändA nach der GO „seines" Landtags, die er mangels Relevanz für die Rechtsstellung des Landtags gegenüber der Regierung auch nicht ändern kann. Soweit die GO LT bestimmte Antragsquoren vorsieht, sind sie bei prozentualer Ausgestaltung auf den StändA anstelle des Plenums bezogen; bei absoluten Zahlen reichen im StändA stets zwei Abgeordnete (§ 19 a III GO LT). Parallel zum StändA amtiert auch der **Präsident des alten Landtags** über dessen Wahlperiode hinaus (Art. 32 IV LV), was aber auf die verfassungsrechtlichen Präsidialkompetenzen (Art. 32 II, III LV) bezogen ist und nicht zwingend die Leitung des StändA einschließt.[16] Die **Rechtsstellung der Mitglieder** des StändA ist – wie die der Präsidiumsmitglieder – über Art. 44 LV weitgehend abgesichert (→ Art. 44 Rn. 7 f.).

II. Befugnisse des Ständigen Ausschusses

10 Der StändA stellt eine Ausnahme zum Regelfall eines handlungsfähigen Parlaments dar, weshalb seine Befugnisse im Zweifel restriktiv auszulegen sind.[17] Art. 36 LV sieht **keine umfassende Vertretungsbefugnis** für den nicht existenten oder nicht handlungsfähigen Landtag vor, sondern nur einen Ausschnitt davon. Diese Kompetenzen des StändA leiten sich aber nicht vom vertretenen Landtag, sondern unmittelbar aus der LV ab.[18] Dies gilt zunächst für die Beschränkung auf die Wahrung der „**Rechte des Landtags gegenüber der Regierung**" in Art. 36 I 1 LV, wozu v.a. das Kontrollrecht gem. Art. 27 II LV zählt. Damit wird in Umsetzung des Demokratieprinzips gem. Art. 23 I, 25 I LV vermieden, dass es für die Regierung eine kontrollfreie Zeit geben kann.[19] Deshalb ist es konsequent, dass Art. 36 I 2 LV dem StändA auch die Rechte eines UA zuspricht. Aber andere Rechte, die nicht das dialogische Verhältnis von Landtag und Regierung betreffen, sind damit aus dem Aufgabenkatalog des StändA herausgenommen. Dies bekräftigt Art. 36 LV in Abs. 2, indem dem StändA ausdrücklich keine „weiter gehende Befugnisse" eingeräumt werden. Beispielhaft werden die

---

14 *Huber* in: Meder/Brechmann, Art. 26 Rn. 3.
15 Zur verfassungsrechtlichen Gebotenheit vgl. *Sandtner*, Ständiger Ausschuss, 63 (74 f.).
16 Was aufgrund der Vertretungsfunktion des StändA für den Gesamt-LT dennoch naheliegend ist und im BT zuletzt dem Parlamentsbrauch entsprach, vgl. *Sandtner*, Ständiger Ausschuss, 63 (73).
17 *Glauben* in: in: Brocker/Droege/Jutzi, Art. 92 Rn. 4.
18 *Braun*, Art. 36 Rn. 4.
19 *Braun*, Art. 36 Rn. 3; *Glauben* in: Grimm/Caesar, Art. 92 Rn. 1; *Möstl* in: Lindner/ders./Wolff, Art. 26 Rn. 7.

Gesetzgebung (Art. 27 II LV) und die Abgeordnetenanklage (Art. 42 LV) genannt, was sich bereits aus Art. 36 I 1 LV ergibt, da diese Rechte nicht dem Verhältnis von Regierung und Parlament zuzuordnen sind.[20]

Der **Gesetzgebungsausschluss** ist umfassend zu verstehen und erfasst daher auch die Zustimmung zu Staatsverträgen oder die Behandlung von Volksbegehren bzw. die Einleitung von Volksabstimmungen (Art. 60 I-IV LV).[21] Beantragt hingegen die Landesregierung die Zustimmung zu einer landtagsseitig zustimmungspflichten Rechtsverordnung iSv Art. 61 LV, kann diese der StändA – soweit erforderlich – erteilen. Denn ein parlamentarischer Zustimmungsvorbehalt zu einer Regierungsmaßnahme, wozu auch der Erlass von Rechtsverordnungen zählt, dient gerade der Wahrung der Rechte des Landtags gegenüber der Regierung, die dem StändA übertragen ist.[22] Auch handelt es sich bei der Zustimmung zur Rechtsverordnung (trotz der systematischen Einbindung von Art. 61 LV in Abschnitt IV der LV) nicht um die Ausübung eines eigenen Gesetzgebungsrechts des Landtags iSv Art. 36 II LV, sondern nur um die Ermöglichung exekutiver Rechtssetzung. 11

Darüber hinaus nennt Art. 36 II LV aber auch die Wahl des Ministerpräsidenten (Art. 46 I, 54 I LV) und die Ministeranklage (Art. 57 I-III LV), die von der Generalklausel des Abs. 1 noch erfasst wären und deshalb zusätzliche Einschränkungen darstellen. Im Umkehrschluss folgt jedoch daraus, dass der StändA im Übrigen bei **Mitwirkung an der Regierungsbildung** nicht eingeschränkt ist. Er kann also mit Zweidrittelmehrheit eine Ministerentlassung (Art. 56 LV) bewirken und neue Regierungsmitglieder bestätigen (Art. 46 III LV) und dadurch zum Erhalt der Handlungsfähigkeit der Regierung namentlich im Fall einer Regierungskrise beitragen.[23] 12

Zu den im Mittelpunkt seiner Befugnisse stehenden Kontrollrechten des StändA gehören alle **Instrumente der parlamentarischen Kontrolle**,[24] vom Fragerecht über das Zitierrecht bis hin zur Ausübung der Rechte des Petitionsausschusses.[25] Eine besondere Betonung erfährt das Untersuchungsrecht, das dem StändA gem. Art. 36 I 2 LV als solchem unmittelbar zusteht und deshalb insbesondere keine Konstituierung als UA voraussetzt.[26] Allerdings vermag der StändA nicht, die Arbeit eines anderen UA – der am En- 13

---

20 *Glauben* in: in: Brocker/Droege/Jutzi, Art. 92 Rn. 5.
21 *Huber* in: Meder/Brechmann, Art. 26 Rn. 4; *Glauben* in: in: Brocker/Droege/Jutzi, Art. 92 Rn. 5.
22 AA *Thesling* in: Heusch/Schönenbroicher, Art. 40 Rn. 4.
23 Ebenso *Huber* in: Meder/Brechmann, Art. 26 Rn. 4; aA *Braun*, Art. 36 Rn. 7; ebenso *Feuchte* in: Feuchte, Art. 36 Rn. 3, 8 bzgl. der Ministerentlassung und zust. bzgl. der Bestätigung von Regierungsmitgliedern (aaO, Rn. 4); aA auch *Glauben* in: Brocker/Droege/Jutzi, Art. 92 Rn. 6, zu Art. 92 RPVerf, der allerdings die Einschränkung von Art. 36 II LV nicht kennt.
24 Einschränkend aber StGH, BWVBl 1959, 185 (186), wonach „die Kontrollbefugnisse des Ständigen Ausschusses gegenüber denjenigen des Parlaments selbst stark eingeschränkt sind".
25 *Braun*, Art. 36 Rn. 6; *Glauben* in: in: Brocker/Droege/Jutzi, Art. 92 Rn. 7; *Sandtner*, Ständiger Ausschuss, 63 (75 f.).
26 *Glauben* in: in: Brocker/Droege/Jutzi, Art. 92 Rn. 8; anders ist die Rechtslage in Bay, weil Art. 26 II BayVer nur einen Verweis auf den UA-Artikel und keine unmittelbare Zuweisung der UA-Rechte enthält, vgl. *Huber* in: Meder/Brechmann, Art. 26 Rn. 5.

de der Wahlperiode der Diskontinuität verfällt – fortzuführen, sondern nur eigene Untersuchungen mit den Rechten des UA durchzuführen.[27] Dies schließt die Minderheitenrechte gem. Art. 35 I, II LV mit ein. Daneben steht dem StändA die unterstützende oder kritische – auch öffentlichkeitswirksame – **Begleitung der Regierungstätigkeit** zu, da er als parlamentarisches Organ politisch agieren und insoweit zB Resolutionen beschließen darf.[28] Soweit es das Verhältnis des Landtags zur Regierung betrifft, kann der StändA außerdem verfassungsgerichtliche Verfahren gem. Art. 68 LV einleiten.[29] Auch die Aufhebung der nach Art. 44 LV fortgeltenden **Immunität** bzw. die Geltendmachung des nachlaufenden Immunitätsschutzes gem. Art. 38 II LV ist von den Aufgaben des StändA umfasst. Denn dieses Schutzrecht zur Sicherstellung der parlamentarischen Arbeitsfähigkeit (→ Art. 38 Rn. 7) betrifft den Rechtskreis des Landtags gegenüber der Exekutive.[30]

Artikel 37 [Indemnität der Abgeordneten]

Ein Abgeordneter darf zu keiner Zeit wegen seiner Abstimmung oder wegen einer Äußerung, die er im Landtag, in einem Ausschuß, in einer Fraktion oder sonst in Ausübung seines Mandats getan hat, gerichtlich oder dienstlich verfolgt oder anderweitig außerhalb des Landtags zur Verantwortung gezogen werden.

Schrifttum:

Friesenhahn, Zur Indemnität der Abgeordneten in Bund und Ländern, DÖV 1981, 512; *Graul*, Indemnitätsschutz für Regierungsmitglieder?, NJW 1991, 1717; *Härth*, Die Rede- und Abstimmungsfreiheit der Parlamentsabgeordneten in der Bundesrepublik Deutschland, 1983; *Jung*, Indemnität gegenüber zivilrechtlichen Ansprüchen, JuS 1983, 434; *Kewenig/Magiera*, Umfang und Regelung der Indemnität von Abgeordneten insbesondere bei schriftlichen Fragen, ZParl 1981, 223; *Klein*, Indemnität und Immunität, in: Schneider/Zeh, § 17; *Meyer-Hesemann*, Indemnitätsprivileg und kleine Anfragen von Abgeordneten, DÖV 1981, 288; *Roll*, Indemnitätsschutz gegenüber zivilrechtlichen Ansprüchen, NJW 1980, 1439; *Ruland*, Indemnität und Amtshaftung für Abgeordnete, Der Staat 14 (1975), 457; *Schröder*, Rechtsfragen des Indemnitätsschutzes, Der Staat 21 (1982), 25; *Warnecke*, Keine Indemnität eines Landtagsabgeordneten bei der Publizierung einer schriftlichen Anfrage, ZParl 1980, 540; *Wiefelspütz*, Indemnität und Immunität, in: Morlok/Schliesky/ders., § 13; *Wolfrum*, Indemnität im Kompetenzkonflikt zwischen Bund und Ländern, DÖV 1982, 674.

---

27 *Huber* in: Meder/Brechmann, Art. 26 Rn. 5; *Möstl* in: Lindner/ders./Wolff, Art. 26 Rn. 8.
28 *Versteyl* in: v. Münch, GG, Art. 45 Rn. 10; *Feuchte* in: Feuchte, Art. 36 Rn. 4; *Braun*, Art. 36 Rn. 6; s. aber auch *Kremer*, Rechtsstellung, 33 (36 f.), wonach der Begriff des „Wahrens" nur abwehrende Befugnisse vermitteln kann, nicht aber eine „aktive" Tätigkeit.
29 *Braun*, Art. 36 Rn. 6.
30 Davon gingen auch die Verfassungseltern im VA aus, wie auf Rückfrage des Abg. *Krause* (SPD) einvernehmlich festgestellt wurde, vgl. 12. VA-Sitzung am 17.9.1952, in: Feuchte, Quellen, 2. Teil, 507; Art. 32 II BayVerf erwähnt dies sogar ausdrücklich; ebenso *Braun*, Art. 36 Rn. 6.

[Indemnität der Abgeordneten] Artikel 37

Vergleichbare Regelungen: Art. 46 I GG, 27 BayVerf, 51 I BerlVerf, 57 BbgVerf, 94 BremVerf, 14 HambVerf, 95 HessVerf, 24 I MVVerf, 14 NdsVerf, 47 NRWVerf, 93 RPVerf, 81 SaarlVerf, 55 I SächsVerf, 57 LSAVerf, 31 I SchlHVerf, 55 I ThürVerf.

Ergänzende Normen: Art. 44 LV, § 36 StGB.

A. Überblick und Einordnung	1	B. Erläuterung	7
I. Bedeutung	1	I. Reichweite des Indemnitäts-	
II. Herkunft, Entstehung, Geschichte	2	schutzes	7
		II. Rechtsfolge	11
III. Verfassungsvergleichende Einordnung	4		

A. Überblick und Einordnung

I. Bedeutung

Die in Art. 37 LV niedergelegte Indemnität (oder „berufliche" bzw. „materielle" Immunität)[1] zählt zu den Einzelnormen der Ausgestaltung des Abgeordnetenstatus' (neben Art. 29, 38–41 LV) und dient damit als „Sonderrecht des Parlaments"[2] der Ausformung der Mandatsfreiheit gem. Art. 27 III LV.[3] Gemeinsam mit den Art. 38 und 39 LV bildet Art. 37 LV einen Normenverbund zum Schutz der Abgeordneten vor Übergriffen der Justiz und der Exekutive.[4] So schützt die Indemnität die Abgeordneten vor jeder Form von **außerparlamentarischer Verfolgung**, insbesondere in straf-, zivil- oder dienstrechtlicher Weise, für in der Ausübung des Mandats gemachte Äußerungen oder Abstimmungshandlungen. Dieses Privileg wird allerdings durch das **parlamentarische Ordnungsrecht** (→ Art. 32 Rn. 31 ff.) teilweise kompensiert. So werden Äußerungen oder Abstimmungen, die im Außenverhältnis verfolgungswürdig wären, im parlamentarischen Innenverhältnis regelmäßig sanktioniert. Unmittelbares Schutzgut der Indemnität ist die **Unbefangenheit der Mandatsausübung** des einzelnen Abgeordneten („nicht jedes Wort auf die Goldwaage legen zu müssen"). Dies gilt insbesondere für die Wahrnehmung der Rede- und Abstimmungsfreiheit als wesentliche Elemente des freien Mandats gem. Art. 27 III LV (→ Art. 27 Rn. 89 ff., 97 ff.) und „notwendige Bedingung parlamentarischer Repräsentation".[5] Daneben schützt die Indemnität mittelbar auch die dadurch unterstützte **Funktionsfähigkeit des Parlaments**.[6] Der Indemnitätsschutz steht wegen dieses doppelten Schutzzwecks weder zur Disposition des Landtags, noch des betroffenen Abgeordneten, und ist folglich weder aufhebbar noch verzichtbar.[7]

1

II. Herkunft, Entstehung, Geschichte

Wegen ihres engen Zusammenhangs mit der parlamentarischen Redefreiheit handelt es sich bei der Indemnität um ein **traditionsreiches Instrument**

2

---

1 *Feuchte* in: Feuchte, Art. 38 Rn. 2.
2 Ausf. zu zivilgerichtlichen Maßnahmen *Schröder*, Der Staat 21 (1982), 25 (44).
3 *Klein* in: Maunz/Dürig, Art. 46 Rn. 2.
4 *Huber* in: Meder/Brechmann, Art. 27 Rn. 1.
5 *Klein* in: Maunz/Dürig, Art. 46 Rn. 31.
6 BVerfG, U. v. 17.1.2017 – 2 BvB 1/13 – juris, Rn. 568.
7 *Klein* in: Maunz/Dürig, Art. 46 Rn. 33; *Linck* in: ders./Baldus u.a., Art. 55 Rn. 15.

des **Parlamentsrechts**, das sich in Großbritannien bis ins 17. Jahrhundert zurückverfolgen lässt und über die Revolutionsverfassungen Frankreichs nach Deutschland kam.[8] Insofern erstaunt es nicht, dass dieses Privileg schon im **Frühkonstitutionalismus** zu finden ist: Bereits 1819 enthielt § 185 VerfWü 1819 eine Indemnitätsvorschrift, die allerdings noch eine Ausnahme für Beleidigungen und Verleumdungen vorsah. Einschränkungslose Indemnitätsregelungen stellten dagegen § 120 PKV und § 48 a, 1 VerfBad 1818 (ab 1867)[9] dar, ebenso später die Art. 30 RV, 36 WRV, 42 VerfBad 1919 sowie nach dem 2. Weltkrieg die Art. 68 I VerfLB, 65 VerfWB, 38 VerfWH – freilich stets unter Betonung des exklusiv außerparlamentarischen Wirkungskreises der Indemnität.

3 Die Formulierung von Art. 37 LV geht auf Art. 34, 1 VerfERP zurück. Die in Art. 34, 2 VerfERP – in Anlehnung an Art. 46 I 2 GG – enthaltene **Ausnahme für verleumderische Beleidigungen** hat dagegen keine Aufnahme in den Verfassungstext gefunden. Grund dafür war die Sorge häufiger Verwicklungen von Abgeordneten in Strafverfahren, weil die Grenzen zwischen (bewusst) verleumderischen Aussagen und fahrlässig aufgestellten (dh nicht beweisbaren) Behauptungen als fließend angesehen wurden.[10] Daneben bildete die **Reichweite des von der Indemnität geschützten Raums** das zentrale Diskussionsthema. Auf starkes Drängen der CDU geht Art. 37 LV – anders als Art. 46 I GG – über parlamentarische Gremien hinaus und erfasst auch die sonstige Mandatsausübung.[11] Allerdings war man im VA der Auffassung, dass die Nennung von Landtag, Ausschuss und Fraktion zu einer engen Auslegung der „sonstigen" Mandatsausübung führe: So seien Wahlversammlungen noch von der Indemnität erfasst, nicht mehr jedoch eher private Äußerungen am Biertisch (dazu → Rn. 10).[12] Der in einem späteren Stadium der Verfassungserarbeitung eingebrachte Vorschlag des Justizministeriums, die Indemnität auch auf **Äußerungen von Nichtabgeordneten** im Landtag und seinen Ausschüssen auszudehnen (um die Regierungsvertreter in keine „auffällig ungünstigere Rechtsposition" zu versetzen),[13] wurde indes nicht aufgegriffen.

---

8 *Klein* in: Maunz/Dürig, Art. 46 Rn. 10, 12; ausf. zur historischen Entwicklung in Deutschland *Härth*, Rede- und Abstimmungsfreiheit, 15-76.
9 Vgl. www.verfassungen.de/de/bw/baden/baden18-index.htm (1.11.2017).
10 Vgl. v.a. den Beitrag des Abg. *Müller* (CDU) während der 11. VA-Sitzung am 16.9.1952 in: Feuchte, Quellen, 2. Teil, 435 f.; die Streichung des Satzes zur Herausnahme verleumderischer Beleidigungen erfolgte bei nur einer Gegenstimme (aaO, 441); s. auch die Äußerung des Abg. *Huber* (CDU) als Berichterstatter in: Feuchte, Quellen, 7. Teil, 603 f., wonach damit letztlich nur eine unnötige Vermehrung von Immunitätsfällen vermieden werde.
11 Dagegen wurde – v.a. von Seiten der SPD – die Sorge einer „Verrohung des politischen Lebens" geltend gemacht, vgl. in Feuchte, Quellen, 2. Teil, die Beiträge der Abg. *Pflüger, Lausen, Rimmelspacher* und *Kalbfell* (alle SPD, 437–440) sowie des Abg. *Müller* (CDU, 444 f.); daher erfolgte die Aufnahme der sonstigen Mandatsausübung mittels streitiger Abstimmung bei 14 Ja- und 9 Nein-Stimmen (aaO, 447).
12 S. dazu va die Beiträge des Abg. *Erbe* (FDP/DVP) in Feuchte, Quellen, 2. Teil, 439–444.
13 Bemerkungen des Justizministeriums zum Verfassungsentwurf vom 3.3.1953 in: Feuchte, Quellen, 6. Teil, 104 (123).

III. Verfassungsvergleichende Einordnung

Die Indemnität ist in allen gegenwärtigen deutschen Verfassungen ausdrücklich geschützt. Dies gilt unterschiedslos für **parlamentarische Abstimmungen**. Bezüglich des zweiten Anwendungsbereichs, der Äußerungen, lassen sich die einzelnen Regelungen sowohl hinsichtlich ihres räumlichen Anwendungsbereichs als auch in ihrer inhaltlichen Reichweite unterscheiden. Lediglich Art. 27 BayVerf bleibt hier außen vor, weil die Norm gar keinen Indemnitätsschutz für Äußerungen (sondern nur für Abstimmungen) vorsieht.[14] 4

In **räumlicher Hinsicht** gibt es eine Gruppe, die den Indemnitätsschutz auf das Parlament und seine Untergliederungen (Ausschüsse, teilweise sind auch Fraktionen[15] genannt) beschränkt. Hierzu zählen neben dem Bund sechs Länder (Bbg, Hamb, M-V, Nds, LSA, SchlH).[16] Von den übrigen Ländern beziehen fünf den Äußerungsschutz entweder pauschal und ohne Erwähnung parlamentarischer Gremien auf die Mandatsausübung oder Abgeordnetentätigkeit (Berl, Brem, Hess, NRW, Rh-Pf), während BW und drei weitere Länder (Saarl, Sachs, Thür) zwar ebenfalls die Mandatsausübung insgesamt schützen, dies aber mit parlamentarischen Gremien als Hauptanwendungsfälle verbinden. 5

Der inhaltlich bedeutsame Unterschied besteht darin, ob der Indemnitätsschutz auch **verleumderische Beleidigungen** iSv § 187 StGB umfasst oder ausdrücklich ausschließt. Einen solchen Ausschluss enthalten das GG (Art. 46 I 2) sowie zehn Landesverfassungen (Art. 51 I 2 BerlVerf, 57, 2 BbgVerf, 24 I 2 MVVerf, 14, 2 NdsVerf, 47, 2 NRWVerf, 81 I 2 SaarlVerf, 55 I 2 SächsVerf, 57, 2 LSAVerf, 31 I 2 SchlHVerf, 55 I 2 ThürVerf). In vier Ländern gilt dagegen ein weitergehender Äußerungsschutz ohne Ausschluss verleumderischer Beleidigungen (BW, Brem, Hess, Rh-Pf). Auch Art. 14 II HambVerf enthält keinen „harten" Ausschluss, ermöglicht aber die Strafverfolgung verleumderischer Beleidigungen mit Genehmigung der Bürgerschaft. 6

B. Erläuterung

I. Reichweite des Indemnitätsschutzes

Die **personelle Reichweite** erfasst alle amtierenden Inhaber eines Landtagsmandats, was sich nicht zuletzt aus der systematischen Stellung von Art. 37 im Landtagsabschnitt ergibt. Wegen des klaren Wortlauts ist eine Erstreckung auf Regierungsmitglieder oder gar deren Beauftragte iSv Art. 34 II 1 7

---

14 *Huber* in: Meder/Brechmann, Art. 27 Rn. 2, verweist zur Begründung auf die Missbrauchsgefahren, die mit einer allzu freien parlamentarischen Rede verbunden sind; allerdings bejaht er den Äußerungsschutz des § 36 StGB auch für die Mitglieder des Bayerischen Landtags, aaO Rn. 5 f.
15 Art. 57, 1 BbgVerf, 14, 1 NdsVerf; die hM subsumiert die Fraktionen auch ohne ausdrückliche Erwähnung wegen deren institutionellen und funktionellen Einbindung in das Parlament unter dessen Nennung, vgl. *Klein* in: Maunz/Dürig, Art. 46 Rn. 43; *Trute* in: v. Münch/Kunig, Art. 46 Rn. 12; *Kluth* in: Schmidt-Bleibtreu/Hofmann/Henneke, Art. 46 Rn. 6; *Härth*, Rede- und Abstimmungsfreiheit, 114 f.; krit. aber *Roll*, NJW 1980, 1439 (1440).
16 Für eine funktional-erweiternde Auslegung von Art. 46 I GG *Kluth* in: Schmidt-Bleibtreu/Hofmann/Henneke, Art. 46 Rn. 8.

LV nicht möglich, obwohl auch diese der kompensierenden Ordnungsgewalt des Landtags bzw. Ausschusses unterstehen (Art. 34 II 2 LV).[17] Dasselbe gilt für sonstige Personen wie Sachverständige oÄ, die in den parlamentarischen Funktionsbereich eintreten.[18] Soweit ein Regierungsmitglied zugleich ein Abgeordnetenmandat innehat, kommt es darauf an, in welcher Eigenschaft die betreffende Person gehandelt hat.[19] Dies muss im Zweifel unter Würdigung aller Umstände (Ort, Zeit, Ankündigung, Äußerungsinhalt) ermittelt werden. Praktisch relevant wird es v.a. dann, wenn Mandatsinhaber mit Regierungsamt außerhalb des Landtags – namentlich bei Parteiveranstaltungen – öffentlich auftreten. Ist der Betreffende dort als Minister oÄ angekündigt (was den Regelfall darstellt), kann er sich nicht auf den Indemnitätsschutz berufen.[20]

8 In **zeitlicher Hinsicht** sind alle mandatsbezogenen Abstimmungen und Äußerungen für die gesamte Mandatszeit erfasst. Dieser Zeitraum beginnt mit der Annahme der Wahl (Art. 41 I 1 LV) und damit schon teilweise viele Wochen vor der konstituierenden Sitzung[21] und endet mit dem Ausscheiden aus dem Landtag (zu den verschiedenen Fallgruppen → Art. 41 Rn. 6 ff.).[22] Dabei kann sich eine (idR kurze) Mandatsverlängerung aus Art. 44 LV ergeben, in der die Fortgeltung der Indemnität ausdrücklich angeordnet ist.

9 Der **gegenständliche Anwendungsbereich** des Art. 37 erfasst alle Abstimmungen und Äußerungen. Als Abstimmungen sind alle Formen von Meinungsbildungsprozessen gemeint, was auch Vorstufen wie Probeabstimmungen oder die Erhebung von Meinungsbildern, aber auch Entscheidungen im Umlaufverfahren, einschließt.[23] Der Äußerungsbegriff ist ebenfalls sehr weit zu verstehen[24] und erfasst nicht nur Reden, Zwischenrufe, Diskussionsbeiträge oder Pressegespräche, sondern auch schriftliche Äußerungen etwa in parlamentarischen Anfragen, Abgeordnetenschreiben oder Pressemitteilungen.[25] Aber auch Gebärden oder konkludente Handlungen können bereits als Äußerungen iSv Art. 37 LV anzusehen sein.[26] In Ermangelung eines Art. 46 I 2 GG vergleichbaren Ausschlusses gilt die Indemnität

---

17 *Trute* in: v. Münch/Kunig, Art. 46 Rn. 7; *Schulze-Fielitz* in: Dreier, Art. 46 Rn. 11.
18 *Glauben* in: Grimm/Caesar, Art. 93 Rn. 5.
19 *Klein* in: Maunz/Dürig, Art. 46 Rn. 35 f.; krit. *Kluth* in: Schmidt-Bleibtreu/Hofmann/Henneke, Art. 46 Rn. 12; ebenso *Graul*, NJW 1991, 1717 (1718 f.), die auf die Möglichkeit von Fällen der Personalunion beider Funktionen abstellt.
20 *Linck* in: ders./Baldus u.a., Art. 55 Rn. 11.
21 Wegen der klaren Regelung in Art. 41 I 1 LV ist kein Raum für eine weitergehende Auslegung wie zB die Anknüpfung an die Feststellung des Wahlergebnisses; so aber *Payandeh* in: Morlok/Schliesky/Wiefelspütz, § 7 Rn. 19.
22 *Trute* in: v. Münch/Kunig, Art. 46 Rn. 6.
23 *Trute* in: v. Münch/Kunig, Art. 46 Rn. 9; *Schulze-Fielitz* in: Dreier, Art. 46 Rn. 13; *Schulte/Kloos* in: Baumann-Hasske/Kunzmann, Art. 55 Rn. 4.
24 AA *Feuchte* in: Feuchte, Art. 37 Rn. 3, der in der Indemnität eine Ausnahmeregelung zum Rechtsstaats- und Gleichbehandlungsprinzip sieht und deshalb für eine restriktive Auslegung votiert.
25 Zur engeren Rechtslage in Bay und § 36 StGB vgl. BGH, U. v. 18.12.1979 – VI ZR 240/78 – juris, Rn. 20-30, sowie dazu *Roll*, NJW 1980, 1439 (1440).
26 *Kluth* in: Schmidt-Bleibtreu/Hofmann/Henneke, Art. 46 Rn. 3.

auch für verleumderische Beleidigungen.[27] Aber darüber hinaus gehende Tätlichkeiten sind nicht mehr von der Indemnität geschützt.[28]

Der **räumliche Indemnitätsschutz** gilt für Abstimmungen im Landtag und seinen Substrukturen, da außerhalb davon keine Abstimmungen mit dem erforderlichen Mandatsbezug denkbar sind. Äußerungen dagegen sind nicht nur in parlamentarischen Gremien und Sitzungen wie Landtag, Ausschüsse, Fraktionen oder deren Substrukturen geschützt. Diese werden zwar iS einer Regelbeispieltechnik genannt, aber der maßgebliche Oberbegriff ist der der **sonstigen Mandatsausübung**, der alle von Art. 27 III LV umfassten Rechte und Tätigkeiten (→ Art. 27 Rn. 61 ff.), auch außerhalb des Landtags und seiner Gremien, umfasst.[29] Hierzu zählen zB Äußerungen in der Wahlkreisarbeit (Bürgersprechstunden) ebenso wie Vorträge über im Landtag behandelte Themen (auch bei Parteiveranstaltungen).[30] Dasselbe gilt für die Tätigkeit als vom Landtag entsandtes Mitglied in außerparlamentarischen Gremien,[31] nicht aber für Auftritte im Zusammenhang mit der Mandatserlangung (Nominierung, Wahlkampf), weil diese nicht mehr unter die Ausübung des Mandats fallen.[32] Im Zweifel ist auch hier unter Würdigung aller Umstände festzustellen, ob ein hinreichender Bezug einer inkriminierten Äußerung zur Mandatsausübung vorliegt. 10

II. Rechtsfolge

Liegt ein Fall des Indemnitätsschutzes vor, gilt ein **absolutes und zeitlich unbefristetes Verfolgungshindernis**[33] **für alle öffentlichen Stellen.** Dies gilt auch für Gerichte und Behörden des Bundes und der anderen Länder. Teilweise wird hierfür – zumindest für den Schutz vor strafrechtlicher Verfolgung[34] – § 36 StGB herangezogen. Doch ist dieser Art. 46 I GG nachgebildet und bleibt deshalb hinter dem landesverfassungsrechtlichen Indemnitätsschutz in zweifacher Hinsicht zurück: Zum einen gilt er ausdrücklich nicht für verleumderische Beleidigungen, und zum anderen beschränkt sich der räumliche Geltungsbereich auf Sitzungen des Landtags und seiner Substrukturen. Aber unabhängig vom unterschiedlichen Anwendungsbereich 11

---

27 Krit. *Renner*, DVBl. 1954, 1 (2).
28 *Braun*, Art. 37 Rn. 12.
29 Ebenso schon das Gutachten des Staatsministeriums vom 28.10.1952 in: Feuchte, Quellen, 6. Teil, 7; dadurch entfallen in BW die in anderen Ländern geführten Abgrenzungsdiskussionen zwischen innerhalb und außerhalb des Parlaments, vgl. zB *Versteyl*, ZParl 1975, 290 (Berlin), und *Warnecke*, ZParl 1980, 540, und *Meyer-Hesemann*, DÖV 1981, 288 (Bayern).
30 Was unter der Geltung des insoweit vergleichbaren Art. 36 WRV durchaus strittig war, vgl. Gutachten des Staatsministeriums v. 28.10.1952 in: Feuchte, Quellen, 6. Teil, 2 ff.
31 AA *Braun*, Art. 37 Rn. 13, *Friesenhahn*, DÖV 1981, 512 (514), und *Härth*, Rede- und Abstimmungsfreiheit, 115-119, die die Mandatsausübung zumindest im Wesentlichen auf die Tätigkeit in den parlamentarischen Gremien reduzieren, obwohl Art. 37 ausdrücklich die Mandatsausübung an die Nennung der Gremien mit den Worten „oder sonst" anschließt und damit additiv versteht.
32 *Feuchte* in: Feuchte, Art. 37 Rn. 7; *Braun*, Art. 37 Rn. 14.
33 Folglich ohne tatbestands- oder unrechtsausschließende Wirkung, vgl. *Klein* in: Maunz/Dürig, Art. 46 Rn. 32; *Schulze-Fielitz* in: Dreier, Art. 46 Rn. 10; *Feuchte* in: Feuchte, Art. 37 Rn. 11; *Braun*, Art. 37 Rn. 1, 9.
34 Für ein weitergehendes Verständnis *Walter*, JZ 1999, 981 (984–986).

ist die Kompetenzgrundlage des § 36 StGB äußerst fraglich, da aus dem Grundsatz der eigenständigen Verfassungsräume der Länder deren (ausschließliche) Gesetzgebungskompetenz für ihr eigenes Parlamentsrecht folgt.[35] Daher haben die **öffentlichen Stellen des Bundes und der anderen Länder** das Verfolgungshindernis des Art. 37 LV als Ausdruck der Eigenständigkeit des baden-württembergischen Verfassungsraums zu respektieren (wie selbstverständlich auch umgekehrt; vgl. Art. 75 NdsVerf). Dies folgt aus der dem Gebot bundestreuen Verhaltens innewohnenden Rücksichtnahmepflicht und damit aus dem Bundesstaatsprinzip gem. Art. 20 I, 28 I GG.[36]

12 Folglich schließt der Indemnitätsschutz jede wie auch immer geartete außerparlamentarische Beeinträchtigung eines Abgeordneten durch eine öffentliche Stelle wegen dessen innerparlamentarischen Abstimmungs- oder Redeverhaltens aus.[37] Eine solche ausgeschlossene Beeinträchtigung liegt bei einer **strafrechtlichen oder dienstrechtlichen Verfolgungsmaßnahme** ebenso vor wie bei **zivilgerichtlichen Maßnahmen**, die zwar idR von privater Seite initiiert, aber durch staatliche Gerichte vorgenommen werden (insbes. Schadensersatz- oder Unterlassungsklagen).[38] Anders sieht es dagegen bei rein privaten Maßnahmen wie zB Parteiausschlussverfahren,[39] Vertragskündigungen, gesellschaftlicher Boykott[40] oder Abmahnungen (zB wegen einer Urheberrechtsverletzung in einer Abgeordnetenrede) aus. Da Letztere allerdings keine Vorstufe zu einem gerichtlichen Verfahren darstellen können, bleiben sie de jure wirkungslos.

13 Des Weiteren schließt der Indemnitätsschutz es nicht aus, dass Äußerungen von Abgeordneten ihrer Partei im **Parteiverbotsverfahren** (als „Verhalten ihrer Mitglieder") zugerechnet werden können, obwohl dies im Falle eines Verbots zum Mandatsverlust führt und damit ebenfalls eine Beeinträchtigung darstellt. Soweit die Äußerungen aber überhaupt maßgebend kausal für eine Verbotsentscheidung sind, erfordern hier ausnahmsweise das gleichrangige Prinzip der wehrhaften Demokratie und die Durchführbar-

---

35 *Braun*, Art. 37 Rn. 4; *Feuchte* in: Feuchte, Art. 37 Rn. 6; *Friesenhahn*, DÖV 1981, 512 (513); *Schröder*, Der Staat 21 (1982), 25 (44–50), und *Härth*, Rede- und Abstimmungsfreiheit, 98 ff. (106 f.), gelangen deswegen konsequenterweise zur Nichtigkeit von § 36 StGB.
36 Ebenso iE *Klein* in: Maunz/Dürig, Art. 46 Rn. 25; *Feuchte* in: Feuchte, Art. 37 Rn. 6, 11; *Thesling* in: Heusch/Schönenbroicher, Art. 47 Rn. 2 mwN; *Glauben* in: Grimm/Caesar, Art. 93 Rn. 15; *Wolfrum*, DÖV 1982, 674 (679); aA *Braun*, Art. 37 Rn. 4, soweit die überlagernde Bundeskompetenz für ihn vorrangig ist; ähnlich aA *Kewenig/Magiera*, ZParl 1981, 223 (232), und *Walter*, JZ 1999, 981 (983 f.).
37 BVerfG, U. v. 17.1.2017 – 2 BvB 1/13 – juris, Rn. 568.
38 *Kluth* in: Schmidt-Bleibtreu/Hofmann/Henneke, Art. 46 Rn. 13; *Klein* in: Maunz/Dürig, Art. 46 Rn. 46; *Feuchte* in: Feuchte, Art. 37 Rn. 13; *Braun*, Art. 37 Rn. 7 f.; *Roll*, NJW 1980, 1439 (1440); ausf. zu zivilgerichtlichen Maßnahmen *Schröder*, Der Staat 21 (1982), 25 (36-38); *Ruland*, Der Staat 14 (1975), 457, bezweifelt die Anwendbarkeit der Indemnität auf zivilrechtliche Ansprüche (486), spricht sich aber zumindest für die Anwendbarkeit der staatlichen Amtshaftung auf schadensverursachende Äußerungen von Abg. (466–479) – allerdings ohne Rückgriffsrecht des Staates (489) – aus.
39 *Klein* in: Maunz/Dürig, Art. 46 Rn. 48.
40 *Schulze-Fielitz* in: Dreier, Art. 46 Rn. 20.

keit des grundgesetzlich vorgesehenen Verbotsverfahrens eine Verwertbarkeit der Äußerungen.[41]

Artikel 38 [Immunität der Abgeordneten]

(1) Ein Abgeordneter kann nur mit Einwilligung des Landtags wegen einer mit Strafe bedrohten Handlung oder aus sonstigen Gründen zur Untersuchung gezogen, festgenommen, festgehalten oder verhaftet werden, es sei denn, daß er bei Verübung einer strafbaren Handlung oder spätestens im Laufe des folgenden Tages festgenommen wird.

(2) Jedes Strafverfahren gegen einen Abgeordneten und jede Haft oder sonstige Beschränkung seiner persönlichen Freiheit ist auf Verlangen des Landtags für die Dauer der Wahlperiode aufzuheben.

Schrifttum:

Andriof, Rechtfertigung und praktische Bedeutung der Immunität der Abgeordneten, 1969; *Bartmann*, Die Justiziabilität von Immunitätsentscheidungen des Deutschen Bundestages, 1976; *Borchert*, Der Abgeordnete des Deutschen Bundestages im G 10-Verfahren, DÖV 1992, 58; *Bornemann*, Die Immunität der Abgeordneten im Disziplinarverfahren, DÖV 1986, 93; *Brocker*, Umfang und Grenzen der Immunität von Abgeordneten im Strafverfahren, GoltdA 2002, 44; *Giesing*, Grundsätze in Immunitätsangelegenheiten der Abgeordneten der Landesparlamente, DRiZ 1964, 161; *Glauben*, Immunität – auch für die Abgeordneten mehr „Plage als Wohltat", DRiZ 2003, 51; *ders.*, Immunität der Parlamentarier – Relikt aus vordemokratischer Zeit?, DÖV 2012, 378; *Härth*, Berührt ein ausländisches Strafverfahren die Immunität eines deutschen Parlamentsabgeordneten?, NStZ 1987, 109; *Klein*, Indemnität und Immunität, in: Schneider/Zeh, § 17; *Lieber/Rautenberg*, Wider das herrschende Immunitätsrecht!, DRiZ 2003, 56; *Ranft*, Staatsanwaltliche Ermittlungstätigkeit und Immunität der parlamentarischen Abgeordneten, ZRP 1981, 271; *Rautenberg*, Immune Abgeordnete, NJW 2002, 1090; *Rosen*, Immunität und Durchsuchung, ZRP 1974, 80; *Schulz*, Neue Variationen über ein Thema: Abgeordnetenimmunität und Zwangsmaßnahmen im strafrechtlichen Ermittlungsverfahren, DÖV 1991, 448; *T. Walter*, Indemnität für Landtagsabgeordnete – zum Regelungsgehalt des § 36 StGB, JZ 1999, 981; *W. Walter*, Ausländische Strafverfahren und die Immunität deutscher Parlamentsabgeordneter, NStZ 1987, 396; *Wiefelspütz*, Die Immunität und Zwangsmaßnahmen gegen Abgeordnete, NVwZ 2003, 38; *ders.*, Das Immunitätsrecht der Abgeordneten des Bundestages nach dem Pofalla-Urteil des BVerfG, ZParl 2003, 754; *ders.*, Indemnität und Immunität, in: Morlok/Schliesky/ders., § 13.

Vergleichbare Regelungen: Art. 46 II-IV GG, 28 BayVerf, 51 III, IV BerlVerf, 58 BbgVerf, 95 BremVerf, 15 HambVerf, 96 HessVerf, 24 II MVVerf, 15 NdsVerf, 48 NRWVerf, 94 RPVerf, 82 SaarlVerf, 55 II, III SächsVerf, 58 LSAVerf, 31 II SchlH-Verf, 55 II, III ThürVerf.

Ergänzende Normen: Art. 44 LV, §§ 152 a StPO, 78 b II StGB, 44 III, 57 I Nr. 1, 82 VIII GO LT.

Leitentscheidungen: BVerfGE 104, 310 (Pofalla).

A. Überblick und Einordnung	1	II. Herkunft, Entstehung,	
I. Bedeutung	1	Geschichte	3

---

[41] BVerfG, U. v. 17.1.2017 – 2 BvB 1/13 – juris, LS 5 c u. Rn. 569.

| III. Verfassungsvergleichende Einordnung 5
| B. Erläuterung 7
| I. Funktion und Regelungskompetenz 7
| II. Anfänglicher Verfolgungsschutz (Abs. 1) 10
| 1. Reichweite des Verfolgungsschutzes 10
| 2. Einwilligung des Landtags 13
| III. Nachlaufender Verfolgungsschutz (Abs. 2) 19

A. Überblick und Einordnung

I. Bedeutung

1 Die in Art. 38 LV enthaltenen Immunitätsregeln zählen zu den Einzelnormen der Ausgestaltung des Abgeordnetenstatus' (neben Art. 29, 37, 39–41 LV) und dienen damit der Ausformung der Mandatsfreiheit gem. Art. 27 III LV.[1] Gemeinsam mit den Art. 37 und 39 LV bildet Art. 38 LV einen Normenverbund zum Schutz der Abgeordneten vor Übergriffen der Justiz und der Exekutive.[2] So schützt die Immunität gem. Art. 38 LV (auch „außerberufliche" oder „formelle" Immunität genannt)[3] die Abgeordneten vor **strafrechtlicher und anderweitiger staatlicher Verfolgung**, mit Ausnahme einer Festnahme auf frischer Tat oder am Folgetag bei Straftaten.

2 Freilich haben sich seit den Anfängen des Immunitätsrechts (→ Rn. 3) **grundlegende Rahmenbedingungen verändert**: Die Exekutivaufgaben werden nicht mehr von einer monarchischen Obrigkeit, sondern von einer vom parlamentarischen Vertrauen abhängigen Administration wahrgenommen. Auch haben Qualität und Intensität des Rechtsstaates einen erheblichen Ausbau zu verzeichnen. Doch obwohl damit ein Bedeutungsrückgang der Abgeordnetenimmunität verbunden ist, kommt es auch in unseren Tagen noch vor, dass im politischen Leben stehende Abgeordnete ohne hinreichende Grundlage – und womöglich aus (partei-)politischen Motiven (also „tendenziös" oder „politisch infiziert")[4] – strafrechtlicher Verfolgung ausgesetzt sind. Deshalb ist der Immunitätsschutz auch heute noch zur Absicherung des Mandats und damit des Repräsentationsprinzips von Bedeutung und keineswegs überholt.[5]

II. Herkunft, Entstehung, Geschichte

3 Wie die Indemnität hat auch die Immunität ihre historischen **Wurzeln im britischen und US-amerikanischen Verfassungsrecht**, bevor sie über die französischen Revolutionsverfassungen und Belgien Eingang in das deutsche Parlamentsrecht gefunden hat.[6] Auch hier kam dem deutschen Südwesten eine Vorreiterrolle zu: So enthielt **bereits § 49 VerfBad 1818** ein

---

1 *Klein* in: Maunz/Dürig, Art. 46 Rn. 2.
2 *Huber* in: Meder/Brechmann, Art. 27 Rn. 1.
3 *Feuchte* in: Feuchte, Art. 38 Rn. 2.
4 *Andriof*, Immunität, 63-66.
5 BVerfGE 104, 310 (328 f.); *Ranft*, ZRP 1981, 271 (275); *Glauben*, DÖV 2012, 378 (379); *Klein* in: Maunz/Dürig, Art. 46 Rn. 102; *Wiefelspütz* in: Morlok/Schliesky/ders., § 13 Rn. 14–17; *Schulze-Fielitz* in: Dreier, Art. 46 Rn. 3, 22, spricht von einer „Reservefunktion"; aA *Andriof*, Immunität, 89–96, wonach die Immunität keine Berechtigung mehr habe, soweit es sich nicht um Äußerungsdelikte handele.
6 *Klein* in: Maunz/Dürig, Art. 46 Rn. 10-19; BVerfGE 104, 310 (326).

[Immunität der Abgeordneten] Artikel 38

Verhaftungsverbot von Ständegliedern während der Sitzungsphasen „ohne ausdrückliche Erlaubniß der Kammer" – schon damals mit der Geltungsausnahme bei Fällen „der Ergreifung auf frischer Tat bey begangenen peinlichen Verbrechen". Diese Regelung wurde in den §§ 117–119 PKV um das Recht des Parlaments erweitert, die Freilassung von verhafteten Mitgliedern bis zum Ende der laufenden Sitzungsperiode zu verlangen. Die ansonsten inhaltlich vergleichbaren Bestimmungen der Art. 31 RV, 37 WRV erstreckten sich zudem auf das Untersuchungsverfahren und die „Civilhaft" bzw. **jede „Beschränkung der persönlichen Freiheit"**. Dasselbe gilt für § 43 VerfBad 1919 und Art. 68 II VerfLB, 66 I, II VerfWB, während in Art. 39 II VerfWH eine zusätzliche Geltungsausnahme solche Verbrechen erfasst, die „sich unmittelbar gegen den inneren Bestand oder die äußere Sicherheit des Staates" richten.

Die relativ schlanke Formulierung von Art. 38 LV geht auf Art. 38 I, II VerfECDU zurück, während Art. 35 VerfERP etwas umständlicher gefasst war. Durch die sehr weite Formulierung in Art. 38 I LV wollten die Verfassungseltern sicherstellen, dass die Norm **alle Formen staatlicher Freiheitsbeschränkungen** – insbesondere auch die vorläufige Festnahme – umfasst.[7] In den Beratungen wurde über die von Art. 35 VerfERP vorgesehene Einbeziehung des Verfahrens gem. Art. 18 GG (Grundrechtsverwirkung) und über eine Ausdehnung des Anwendungsbereichs auf die Mitglieder anderer Landesparlamente (vgl. Art. 96 III HessVerf) diskutiert, ohne diesen Überlegungen letztlich näher zu treten. Letzteres wurde auch deshalb nicht aufgenommen, weil man davon ausging, dass die landesrechtliche Immunität ohnehin in den anderen Ländern gelte oder zumindest respektiert werde.[8]

4

III. Verfassungsvergleichende Einordnung

Im Kern stimmen die Immunitätsregelungen im Bund und den Ländern überein, indem sie dem jeweiligen Parlament die Hoheit darüber einräumen, ob und inwieweit seine Mitglieder v.a. strafrechtlich verfolgt werden. Bei näherer Betrachtung zeigen sich gleichwohl zahlreiche Unterschiede. Am auffälligsten ist die Abweichung der **brandenburgischen Regelung**: Anders als im Bund und in allen anderen Ländern gibt es dort **keinen von vornherein bestehenden – ggf. vom Landtag aufzuhebenden – Immunitätsschutz**, sondern dieser kann erst nach Einleitung eines strafrechtlichen Ermittlungsverfahrens von seiten des Landtags hergestellt werden (Art. 58 BbgVerf).[9] In Hamburg besteht der anfängliche Immunitätsschutz nur für Freiheitsbeschränkungen (Art. 15 I HambVerf), während er bei vorgelagerten Ermittlungen von der Bürgerschaft erst nachträglich zu aktivieren ist

5

---

7 Vgl. die Beratung in der 11. VA-Sitzung am 16.9.1952 in: Feuchte, Quellen, 2. Teil, 449 f.
8 Vgl. die Beratung in der 11. VA-Sitzung am 16.9.1952 in: Feuchte, Quellen, 2. Teil, 449-453, insbes. die Beiträge der Abg. *Gönnenwein* und *Brandenburg* (beide FDP/DVP).
9 Nach *Lieber* in: ders./Iwers/Ernst, Art. 58 Ziff. 2, stellt die BbgVerf damit „das Immunitätsrecht vom Kopf auf die Füße"; s. auch die Schilderung der dadurch vermiedenen praktischen Probleme, die mit einer „Immunität a priori" verbunden sind, bei *Lieber/Rautenberg*, DRiZ 2003, 56 (59–65).

(Art. 15 II HambVerf).[10] Dieses sog. Anforderungs- oder Reklamationsrecht[11] des Parlaments gilt dagegen in Bayern nicht, soweit dem Betroffenen ein **„unpolitisches Verbrechen"** vorgeworfen wird; zur Vermeidung von Missbrauchsgefahren obliegt die Entscheidung über diese Qualifizierung dem Landtag (Art. 28 III 2, 3 BayVerf).[12]

6 Weder anfänglichen noch nachlaufenden Immunitätsschutz gewähren Art. 95 IV Brem, 96 IV HessVerf gegen die Verfolgung wegen einer Straftat, die der Betroffene als verantwortlicher **Schriftleiter einer Zeitung oder Zeitschrift** begangen haben soll, und – womit dasselbe gemeint ist – Art. 82 IV SaarlVerf bei Straftaten, deren unbeschränkte gerichtliche **Verfolgbarkeit für die Ausübung eines Berufes gesetzlich vorgeschrieben** ist und in Ausübung dieses Berufs begangen worden sein sollen (vgl. § 9 I Nr. 4 SaarlPresseG).[13] Ebenso versagt Art. 48 I NRWVerf den anfänglichen Immunitätsschutz bei verleumderischen Beleidigungen. Umgekehrt erweitert Art. 15 II, III NdsVerf den anfänglichen und nachlaufenden Immunitätsschutz über strafrechtliche Verfolgungsmaßnahmen hinaus auf **Verfahren gem. Art. 18 GG** (Grundrechtsverwirkung). Die einzige in diesem Zusammenhang zu nennende Besonderheit von Art. 38 LV besteht darin, dass der Schutzbereich der anfänglichen Immunität auch Untersuchungsverfahren „aus sonstigen Gründen", mithin über den strafrechtlichen Rahmen hinaus, umfasst (→ Rn. 11).[14] § 152 a StPO stellt schließlich sicher, dass die unterschiedlichen Regelungen in den einzelnen Verfassungen für die jeweils davon betroffenen Abgeordneten **von allen Strafverfolgungsbehörden und Gerichten in Deutschland zu beachten** sind, was nach hier vertretener Auffassung lediglich die einfachgesetzliche Umsetzung einer aus dem Bundesstaatsprinzip folgenden Verfassungspflicht darstellt (→ Art. 37 Rn. 11).

B. Erläuterung

I. Funktion und Regelungskompetenz

7 Das Verfolgungshindernis der Immunität dient als „Schutzrecht des Hauses"[15] in erster Linie der **Sicherung der Repräsentativität und Funktionsfähigkeit des Parlaments**.[16] Denn nicht nur jeder einzelne Abgeordnete ist dazu berufen, an der Arbeit des Landtags teilzunehmen, sondern auch der Landtag kann als Summe aller seiner Mitglieder auf keines verzichten, oh-

---

10 Vgl. *Klein* in: Maunz/Dürig, Art. 46 Rn. 22.
11 *Schulze-Fielitz* in: Dreier, Art. 46 Rn. 42; *Feuchte* in: Feuchte, Art. 38 Rn. 12; *Braun*, Art. 38 Rn. 13.
12 *Huber* in: Meder/Brechmann, Art. 28 Rn. 18, geht insoweit von einem Ermessensspielraum des Landtags aus, der nur unter dem Willkürgesichtspunkt justiziabel ist.
13 *Zeyer/Grethel* in: Wendt/Rixecker, Art. 82 Rn. 12; damit wollte man ein Berufsverbot als Journalisten für Abg. vermeiden.
14 Krit. dazu *Braun*, Art. 38 Rn. 10, mit einer entsprechend verengenden Auslegung.
15 *Graf zu Dohna* in: Anschütz/Thoma, § 39, Band 1, 445.
16 *Kluth* in: Schmidt-Bleibtreu/Hofmann/Henneke, Art. 46 Rn. 16; *Wiefelspütz* in: Morlok/Schliesky/ders., § 13 Rn. 8; aA stärker iS eines Doppelcharakters sowohl individueller als auch institutioneller Natur *Trute* in: v. Münch/Kunig, Art. 46 Rn. 22 f.; früher war auch das Ansehen des Parlaments als Schutzgut angesehen worden, vgl. *Andriof*, Immunität, 18–21.

ne in seiner Funktionsfähigkeit beeinträchtigt zu sein.[17] Daher verschafft Art. 38 LV dem Landtag die erforderliche Entscheidungshoheit darüber, ob ein Abgeordneter dem Druck staatlicher Verfolgung ausgesetzt sein und ggf. der parlamentarischen Tätigkeit entzogen werden soll. Denn Abgeordnete unter Verfolgungsdruck sind in ihrer Aktionsfreiheit zumindest eingeschränkt, was bereits Auswirkungen auf die Arbeitsfähigkeit des Landtags haben kann.[18] Erst recht gilt dies bei der Inhaftierung von Abgeordneten, die stets zu einer Schmälerung der Repräsentativität des Landtags führt, sowie – bei größerer Zahl – die Erreichung zB der Beschlussfähigkeit (Art. 33 II 3 LV) oder der Mitgliedermehrheit (Art. 92 LV) erschwert. Nachdem dieser institutionenbezogene Fokus lange Zeit als einziger Schutzzweck angesehen wurde, hat das BVerfG in seiner Pofalla-Entscheidung eine **untergeordnete subjektiv-rechtliche Komponente** zugunsten des einzelnen Abgeordneten hinzugefügt (dazu näher → Rn. 15).[19]

Solange und soweit die Immunität besteht oder wieder hergestellt wird (Abs. 2), besteht ein absolutes Verfahrenshindernis.[20] Wer dies als ein an Strafverfahren mitwirkender Amtsträger missachtet, macht sich nach § 344 StGB strafbar. Außerdem unterliegen immunitätswidrig durchgeführte Ermittlungen, Beweiserhebungen o.Ä. einem strafprozessualen Verwertungsverbot.[21] Aufgrund der hauptsächlich institutionenbezogenen Ratio unterliegt die Immunität des einzelnen Abgeordneten allein der **Disposition des Landtags**, während ein **Verzicht durch den Betroffenen** nicht möglich ist.[22] Da jeder Abgeordneter mit dem Ausscheiden aus dem Landtag auch den Mandats- und Immunitätsschutz verliert, kann die Strafverfolgung spätestens dann aufgenommen werden. In diesem Zusammenhang sieht § 78 b II StGB ein Ruhen der Verjährung für die Dauer des Verfolgungshindernisses ab Kenntnisnahme von der Tat und der Person des Täters durch die Polizei oder Staatsanwaltschaft vor. 8

Die **Regelungskompetenz des Verfassungsgebers** zu dieser ihrer Natur nach hauptsächlich strafprozessualen Schutznorm folgt aus der in Art. 28 I GG anerkannten Eigenständigkeit der Verfassungsräume der Länder. Diese umfassen ua die verfassungsrechtliche Ausgestaltung der Verfassungsorgane und ihrer Mitglieder, insbesondere also der Parlamentsabgeordneten. Da Art. 38 LV als Flankierung der Mandatsstellung der Abgeordneten untrennbar mit dem Landesparlamentsrecht verbunden ist, zählt auch diese Norm zum von Art. 28 I GG gewährleisteten Gestaltungsspielraum des Landesverfassungsgebers. Als dafür speziellere Norm geht Art. 28 I GG der Kompetenzzuweisung in Art. 74 I Nr. 1 GG für das Strafprozessrecht vor. Daher ergibt sich die Pflicht aller öffentlichen Stellen (auch des Bundes und der anderen Länder) zur Respektierung von Art. 38 LV für die baden-würt- 9

---

17 BVerfGE 104, 310 (329 f.).
18 BVerfGE 104, 310 (329) mwN.
19 BVerfGE 104, 310 (LS); *Wiefelspütz*, NVwZ 2003, 38 (39).
20 Vgl. *Braun*, Art. 38 Rn. 4.
21 Während dies im verfassungsrechtlichen Schrifttum überwiegend bejaht wird – s. zB *Brocker*, GoltdA 2002, 44 (52–54) –, steht die strafprozessuale Zunft dem ablehnend gegenüber, vgl. *Klein* in: Maunz/Dürig, Art. 46 Rn. 88 mwN.
22 BVerfGE 104, 310 (327) mwN; *Kluth* in: Schmidt-Bleibtreu/Hofmann/Henneke, Art. 46 Rn. 17.

tembergischen Landtagsmitglieder aus dem Gebot der Bundestreue (→ Art. 37 Rn. 11), weshalb § 152 a StPO nur deklaratorische Bedeutung hat.[23] **Außerhalb des Geltungsbereichs des GG** können Immunitätsregelungen in deutschen Verfassungen dagegen keine Beachtung beanspruchen, sehr wohl aber bei innerstaatlichen Rechtshilfemaßnahmen infolge eines ausländischen Verfahrens gegen ein Mitglied des Landtags. Wegen der Verschiedenheit der Rechtsordnungen reichen dabei allgemein erteilte Einwilligungen nicht aus.[24]

II. Anfänglicher Verfolgungsschutz (Abs. 1)
1. Reichweite des Verfolgungsschutzes

10 In **personeller und zeitlicher Hinsicht** gilt der Verfolgungsschutz des Art. 38 I LV für alle Landtagsabgeordneten, während sie das Mandat innehaben (zum Zeitraum → Art. 41 Rn. 4 ff.). Folglich sind davon auch sog. „**mitgebrachte Verfahren**" erfasst, die gegen den Betroffenen vor der Annahme der Wahl zulässigerweise geführt wurden, deren Fortführung aber mit Mandatsbeginn dem Einwilligungsvorbehalt des Landtags gem. Art. 38 I LV unterfallen.[25]

11 In der Sache schützt die Immunität vor strafrechtlicher und sonstiger – also insbesondere zivil-, disziplinar-,[26] polizei-[27] und verwaltungsrechtlicher – Verfolgung durch staatliche Organe. Sie erfasst zum einen alle möglichen **Aufhebungen der persönlichen Freiheit**, wobei die genannten Fälle der Festnahme, des Festhaltens und der Verhaftung weit zu verstehen sind. Hierzu zählen zB freiheitsentziehende Maßnahmen der Sicherung und Besserung gem. §§ 61 ff. StGB, die polizeirechtliche Ingewahrsamnahme gem. § 28 I PolG, die Ordnungshaft gem. §§ 177 f. GVG, 890 I ZPO, die zwangsweise Vorführung als Zeuge, die Zwangshaft und der persönliche Arrest gem. §§ 380 II, 888, 933 ZPO, die Erzwingungshaft gem. § 96 OWiG und die zwangsweise Unterbringung gem. § 1906 I BGB oder § 13 I PsychKHG.[28] Zum anderen schützt die Immunität bereits vor den idR vor-

---

23 Vgl. *Kluth* in: Schmidt-Bleibtreu/Hofmann/Henneke, Art. 46 Rn. 15, der insoweit von einer „ausführenden Funktion" der §§ 78 b II StGB, 97, 152 a StPO spricht; s. auch *Feuchte* in: Feuchte, Art. 38 Rn. 6; aA *Braun*, Art. 38 Rn. 3 (Vorrang des Bundesrechts); aA *Klein* in: Maunz/Dürig, Art. 47 Rn. 9, 11 (konstitutive Bedeutung).
24 *Härth*, NStZ 1987, 109 f.; zur Gegenansicht, wonach das Immunitätsrecht auf Rechtshilfeersuchen nicht anwendbar sein sollen, vgl. *Walter*, NStZ 1987, 396-398.
25 *Glauben*, DÖV 2012, 378 (380); *Brocker*, GoltdA 2002, 44 (50 f.); *Klein* in: Maunz/Dürig, Art. 46 Rn. 71; *Feuchte* in: Feuchte, Art. 38 Rn. 5; *Braun*, Art. 38 Rn. 14.
26 Da Art. 38 I LV nicht (wie Art. 46 II GG) auf „mit Strafe bedrohte Handlungen" beschränkt ist, sondern auch „sonstige Gründe" der Verfolgung einbeziet, kommt es hier auf die Frage nicht mehr an, ob das Disziplinarrecht vom Strafrecht wesensmäßig zu unterscheiden ist, wie das BVerwG, U. v. 23.4.1985 – 2 WD 42/84 –, LS 1, und ihm zust. *Bornemann*, DÖV 1986, 93 (95 f.), meinen.
27 Hierzu zählen auch die der Gefahrenabwehr dienenden Verfahren nach dem G 10-Gesetz, die gegen Abgeordnete nur mit Einwilligung des Landtags geführt werden dürfen; vgl. zur insoweit engeren Rechtslage auf Bundesebene *Borchert*, DÖV 1992, 58 (59 f.).
28 *Klein* in: Maunz/Dürig, Art. 46 Rn. 74; *Lenz* in: Epping/Butzer u.a., Art. 15 Rn. 27; *Feuchte* in: Feuchte, Art. 38 Rn. 13, verengt Abs. 1 ohne Anknüpfung an den Ver-

gelagerten **Untersuchungsmaßnahmen**, wozu jedes auf eine Sanktion gerichtete staatliche Verfahren zählt.[29] Dies gilt insbesondere für strafrechtliche Ermittlungsverfahren (§ 160 I StPO) einschließlich aller dafür zu Gebote stehenden Zwangsmaßnahmen wie Durchsuchungen,[30] Beschlagnahmen, Telefonüberwachungen etc., aber auch zB für Bußgeldverfahren nach dem OWiG.[31] Außen vor bleiben lediglich sog. Vorermittlungen zur Klärung der Frage, ob überhaupt ein Verfahren eingeleitet werden soll.[32]

Eine **Ausnahme** vom Immunitätsschutz gem. Art. 38 I LV gilt nur im strafrechtlichen Bereich, wenn der Abgeordnete **auf frischer Tat oder spätestens am Folgetag** (mithin an diesem bis 24 Uhr) festgenommen wird (auch hier gilt der umfassende Festnahmebegriff).[33] Dies setzt freilich eine Tat voraus, die eine Festnahme ihrer Natur nach und im konkreten Fall rechtfertigt.[34] Grund für diese Ausnahme ist, dass in solchen Fällen die Gefahr einer tendenziösen Verfolgung kaum bestehen kann.[35]

2. Einwilligung des Landtags

Mit dem Begriff der Einwilligung haben die Verfassungseltern das Erfordernis der **Vorherigkeit der Zustimmung** bewusst hervorgehoben (vgl. § 108 I BGB).[36] Der Immunitätsschutz nach Abs. 1 steht also solange und soweit staatlichen Untersuchungs- oder Verfolgungsmaßnahmen entgegen, bis der Landtag diesen Schutz ganz oder auf bestimmte Maßnahmen beschränkt aufgehoben hat. Erst danach dürfen die Behörden im genehmigten Umfang gegen den Abgeordneten vorgehen. Dies schließt eine auf bestimmte Fallgruppen beschränkte, **abstrakte Globalermächtigung** (mit Anzeigepflicht) nicht aus, wie sie der Landtag in seinem Beschluss „Genehmigungsverfahren in Immunitätsangelegenheiten" für strafrechtliche Ermittlungsverfahren (mit Ausnahmen für Beleidigungen politischen Charakters), Verfahren nach dem OWiG, dienstrechtliche Disziplinarverfahren und Verfahren zur vorläufigen Entziehung der Fahrerlaubnis regelmäßig in der

---

fassungstext auf förmliche „Freiheitsentziehungen" und ordnet deshalb die hier genannten Freiheitsbeschränkungen lediglich Art. 38 II LV zu; wie hier dagegen *Braun*, Art. 38 Rn. 11.
29 Nach *Brocker*, GoltdA 2002, 44 (46–48), gilt der Immunitätsschutz auch für auf eine Einstellung gem. §§ 170 II, 153 StPO gerichtete Verfahren.
30 Dazu vor dem Hintergrund eines konkreten Falles *Rosen*, ZRP 1981, 80 f.
31 *Trute* in: v. Münch/Kunig, Art. 46 Rn. 33; *Brocker*, GoltdA 2002, 44 (48-50); etwas enger *Feuchte* in: Feuchte, Art. 38 Rn. 7, und *Braun*, Art. 38 Rn. 10; ebenso – mit einem auf richterliche Maßnahmen beschränkten Verständnis des Untersuchungsbegriffs – *Ranft*, ZRP 1981, 271 (274 f.) mwN; abl. *Wiefelspütz*, NVwZ 2003, 38 (40 ff.) vor dem Hintergrund der insoweit aber enger formulierten Rechtslage auf Bundesebene.
32 *Klein* in: Maunz/Dürig, Art. 46 Rn. 91; vgl. zur Verfahrensregistrierung (Js/AR) *Rautenberg*, NJW 2002, 1090-1092, und *Lieber/Rautenberg*, DRiZ 2003, 56 (59–61).
33 *Glauben*, DRiZ 2003, 51 (52).
34 *Kluth* in: Schmidt-Bleibtreu/Hofmann/Henneke, Art. 46 Rn. 26.
35 *Ranft*, ZRP 1981, 271 (275).
36 Vorschlag des Abg. *Simpfendörfer* (CDU) in der 11. VA-Sitzung am 16.9.1952 in: Feuchte, Quellen, 2. Teil, 454.

konstituierenden Sitzung vornimmt.[37] Damit wird die negative Publizität eines konkreten Einwilligungsverfahrens einschließlich möglicher Vorverurteilungen – weshalb viele Abgeordnete die Immunität nicht als Privileg, sondern als Belastung empfinden – vermieden.[38]

14 Da das primäre Schutzgut der Immunität nicht der einzelne Abgeordnete (und dessen Arbeitsfähigkeit) ist, sondern die Funktions- und Arbeitsfähigkeit des Landtags insgesamt, kommen dem betroffenen Abgeordneten grundsätzlich **keine materiellen subjektiven Rechte** gegenüber dem Landtag hinsichtlich der Entscheidung über die Immunitätsaufhebung zu. Insbesondere kann der Betroffene nicht verlangen, dass seine individuelle Interessenlage und die für ihn nachteiligen Konsequenzen der Einwilligungsentscheidung vom Landtag besonders berücksichtigt werden.[39] Vielmehr bemisst sich die mit einem weiten Ermessensspielraum ausgestattete Entscheidung des Landtags nach der **Abwägung zwischen den eigenen Belangen des Parlaments und dem staatlichen Verfolgungsinteresse.**[40]

15 Der Abgeordnete hat lediglich – quasi als mandatsbezogenen Reflex des organbezogenen Schutzzwecks der Immunität[41] – einen Anspruch darauf, dass sich der Landtag bei seiner Entscheidung **nicht von sachfremden, willkürlichen Motiven leiten lässt** bzw. keine offenkundig willkürliche Verfolgungsmaßnahme erlaubt und damit den repräsentativen Status des Betroffenen grob verkennt.[42] Insofern gelten dieselben Maßstäbe wie bei der Ausübung des Zustimmungsvorbehalts des Präsidenten bei Durchsuchungs- oder Beschlagnahmemaßnahmen gem. Art. 32 II 2 LV (→ Art. 32 Rn. 48).[43] Aufgrund des parlamentsinternen Frontverlaufs zwischen Mehrheit und Minderheit ist darauf besonders zu achten, wenn es sich beim Betroffenen um einen Oppositionsabgeordneten handelt.[44] Keinesfalls aber hat der Landtag eine Pflicht, die Vorwürfe oder Ansprüche gegen den Betroffenen im Einzelnen juristisch zu prüfen und zu bewerten.[45]

---

37 Ziff. 1 Abs. 1, abgedruckt im Landtagshandbuch, Ord.-Nr. 3/2; nach Abs. 2 ausdrücklich nicht umfasst sind u.a. die Erhebung einer strafrechtlichen Klage oder die Beantragung eines Strafbefehls; s. auch *Kluth* in: Schmidt-Bleibtreu/Hofmann/Henneke, Art. 46 Rn. 24 zur entsprechenden Praxis des Bundestags; zur verfassungsrechtlichen Zulässigkeit und den Grenzen solcher Globalermächtigungen *Ranft*, ZRP 1981, 271 (276 f.); *Schulz*, DÖV 1991, 448 (450); krit. *Glauben*, DÖV 2012, 378 (382 f.), weil die Globalermächtigung die Verfassungsentscheidung praktisch konterkariere.
38 *Glauben*, DRiZ 2003, 51 (53); *Ranft*, ZRP 1981, 271 (271, 273).
39 VerfGH NRW, B. v. 29.7.2005 – VerfGH 8/05 – juris, Rn. 11; BVerfGE 104, 310 (333).
40 BVerfGE 104, 310 (332); *Wiefelspütz* in: Morlok/Schliesky/ders., § 13 Rn. 20; *Schulze-Fielitz* in: Dreier, Art. 46 Rn. 36, mahnt allerdings auch die untergeordnete Berücksichtigung des individuellen Immunitätsrechts an.
41 *Kluth* in: Schmidt-Bleibtreu/Hofmann/Henneke, Art. 46 Rn. 17.
42 BVerfGE 104, 310 (LS u. S. 332-334); VerfGH NRW, B. v. 29.7.2005 – VerfGH 8/05 – juris, Rn. 11; vgl. bereits *Graf zu Dohna* in: Anschütz/Thoma, § 39, 445, wonach der Reichstag zu prüfen habe, „ob nicht etwa eine schikanöse behördliche Maßnahme vorliege, durch welche ein Abgeordneter ohne genügenden Grund seiner parlamentarischen Tätigkeit entzogen werden solle".
43 BVerfGE 108, 251 (276).
44 BVerfGE 104, 310 (330).
45 *Kluth* in: Schmidt-Bleibtreu/Hofmann/Henneke, Art. 46 Rn. 38; *Schulze-Fielitz* in: Dreier, Art. 46 Rn. 37, spricht von einer vorzunehmenden Plausibilitätsprüfung.

[Immunität der Abgeordneten] Artikel 38

Das **Verfahren zur Einwilligung** des Landtags beginnt mit der Einreichung 16
des Antrags der zuständigen Verfolgungsbehörde, des zuständigen Gerichts, des Privatklägers im Privatklageverfahren oder des Gläubigers im zivilprozessualen Vollstreckungsverfahren[46] beim Landtagspräsidenten. Dieser leitet ihn dann unmittelbar an den zuständigen Ausschuss (StändA) weiter (§ 44 III GO LT), der einen Entscheidungsvorschlag erarbeitet. Nach einem sog. vereinfachten Verfahren gilt dieser Vorschlag bereits als Entscheidung des Landtags, wenn nicht innerhalb von sieben Tagen mindestens ein Abgeordneter schriftlich Widerspruch erhebt.[47] Ansonsten wird der Vorgang im Plenum als dringlicher Antrag iSv § 57 II Nr. 1 GO LT auf die Tagesordnung der nächsten Sitzung gesetzt. Die Entscheidung teilt schließlich der Präsident dem Justizministerium mit.

Sowohl im Ausschuss als auch im Plenum soll der betroffene Abgeordnete 17
nicht zur Sache sprechen (§ 82 VIII GO LT, ggf. iVm § 20 GO LT). Diese bedingt gebundene Regelung ist einerseits vor dem Hintergrund des aus dem Abgeordnetenstatus fließenden Rede- und Teilhaberechts problematisch, da dem Parlamentsrecht Befangenheitsregeln fremd sind (wie zB Art. 40 LV zeigt).[48] Außerdem wird damit dem betroffenen Abgeordneten zumindest grundsätzlich das **rechtliche Gehör** zu einer ihn betreffenden Entscheidung verwehrt. Angesichts seines Anspruchs auf Willkürfreiheit (→ Rn. 15) spricht jedoch viel dafür, dass ein Abgeordneter bezüglich der Entscheidung über die Aufhebung seiner Immunität zumindest dann rechtliches Gehör beanspruchen kann, wenn keine zwingenden Gründe entgegenstehen (wie zB die Gefahr der Vereitelung eines Untersuchungserfolgs).[49]

Die Entscheidungen des Landtags über die (Nicht-)Einwilligung in Immu- 18
nitätsbeschränkungen unterliegen bezüglich der Wahrung der äußeren Grenzen des parlamentarischen Ermessensspielraums (Willkürverbot) der **gerichtlichen Kontrolle**. Während betroffenen Abgeordneten das Organstreitverfahren dafür offensteht, können tangierte Außenstehende (Gläubiger, Privatkläger o.Ä.) Landesverfassungsbeschwerde gem. § 55 VerfGHG

---

46 *Kluth* in: Schmidt-Bleibtreu/Hofmann/Henneke, Art. 46 Rn. 35 f.
47 Ziff. 2 Abs. 2 des LT-Beschlusses „Genehmigungsverfahren in Immunitätsangelegenheiten" in: Landtagshandbuch, Ord.-Nr. 3/2; für die Zulässigkeit der Delegation im vereinfachten Verfahren *Wiefelspütz*, ZParl 2003, 754 (759) mwN; krit. dagegen *Braun*, Art. 38 Rn. 15; Art. 94 IV RPVerf, 55 IV ThürVerf sehen ausdrücklich eine Delegationsmöglichkeit an den zuständigen Ausschuss mit einer Rückholmöglichkeit des Plenums vor.
48 *Klein* in: Maunz/Dürig, Art. 46 Rn. 96 u. Art. 48 Rn. 150 mwN; *Schulze-Fielitz* in: Dreier, Art. 46 Rn. 36; *Vogel*, ZG 1992, 293 (294 f.); krit. *Achterberg/Schulte* in: v. Mangoldt/Klein/Starck, Art. 46 Rn. 49 mwN.
49 *Klein* in: Maunz/Dürig, Art. 46 Rn. 93; *Schulze-Fielitz* in: Dreier, Art. 46 Rn. 41; *Braun*, Art. 38 Rn. 5; mit ähnlicher Tendenz *Wiefelspütz* in: Morlok/Schliesky/ders., § 13 Rn. 53; offen gelassen in BVerfGE 104, 310 (335); aA *Achterberg/Schulte* in: v. Mangoldt/Klein/Starck, Art. 46 Rn. 49 unter Verweis auf die parlaments- statt abgeordnetenbezogene Ratio der Immunität; ähnlich *Lieber/Rautenberg*, DRiZ 2003, 56 (61).

– gestützt auf Art. 2 I LV iVm Art. 3 GG – erheben. Dasselbe gilt für Entscheidungen im nachlaufenden Verfolgungsschutz.[50]

III. Nachlaufender Verfolgungsschutz (Abs. 2)

19 Der nachlaufende Verfolgungsschutz hat einen gegenüber Abs. 1 etwas anderen Anwendungsbereich. Einerseits ist er enger, weil **nur Strafverfahren und Freiheitsbeschränkungen** erfasst sind, hingegen keine Untersuchungsmaßnahmen außerhalb eines Strafverfahrens (zB präventiv-polizeilicher, disziplinarrechtlicher oder verwaltungsbehördlicher Natur). Andererseits ist er weiter, weil er für jede Form einer Freiheitsbeschränkung – und nicht nur Festnahme, Festhalten und Verhaftung – gilt, also auch für jede sonstige Einschränkung der körperlich-räumlichen Bewegungsfreiheit des Betroffenen wie zB Aufenthaltsbeschränkungen oder Personendurchsuchungen.[51]

20 Des Weiteren setzt die Bestimmung eine **bereits andauernde Verfolgungsmaßnahme** voraus, was in vier Fällen gegeben sein kann: Erstens, wenn eine Strafverfolgung gegen einen Abgeordneten zulässigerweise eingeleitet worden ist, weil seine Festnahme auf frischer Tat oder am Folgetag erfolgt ist. Zweitens kann es sich um eine von Abs. 1 nicht erfasste Form der Freiheitsbeschränkung handeln, drittens gilt Art. 38 II LV für die Fälle, in denen eine Verfolgungsmaßnahme unzulässigerweise ohne die nach Abs. 1 erforderliche Einwilligung eingeleitet, fortgeführt oder vorgenommen worden ist und schließlich kann der Landtag viertens auch im Fall einer bereits erteilten Einwilligung nach Abs. 1 wegen neuer Lagebeurteilung die Freigabe des Betroffenen verlangen.[52]

21 In allen diesen Fällen liegt die **Verfahrensinitiative** nicht wie bei Abs. 1 bei der für die fragliche Verfolgungsmaßnahme zuständigen Stelle, sondern **beim Landtag**, der auch bei diesem Verfahren den Anspruch des Betroffenen auf willkürfreie Entscheidung zu beachten hat.[53] Dieser muss ein entsprechendes Verlangen beschließen, das über die Regierung an die zuständige Stelle weiterzuleiten ist. Das Verlangen kann sich auf die **gesamte Restlaufzeit der Wahlperiode** beziehen, wovon bei einer fehlenden zeitlichen Begrenzung auszugehen ist. Der Landtag kann aber das Verlangen auch auf einen kürzeren Zeitraum beschränken, zB weil der Abgeordnete als Berichterstatter in einem laufenden Verfahren noch in besonderer Weise benötigt wird. Rechtsfolge der Landtagsentscheidung ist die sofortige Freilassung des Abgeordneten bzw. das Ruhen des Verfahrens.[54]

---

50 *Bartmann*, Justiziabilität, 127-129 (Betroffene), 153 (Fraktion des Betroffenen) und 202-205 (Außenstehende); *Klein* in: Maunz/Dürig, Art. 46 Rn. 101; *Feuchte* in: Feuchte, Art. 38 Rn. 15; *Braun*, Art. 38 Rn. 16.
51 Vgl. *Kluth* in: Schmidt-Bleibtreu/Hofmann/Henneke, Art. 46 Rn. 28, der sogar die Beobachtung durch den Verfassungsschutz hierzu zählt (aaO, Rn. 30).
52 Vgl. *Klein* in: Maunz/Dürig, Art. 46 Rn. 82.
53 *Klein* in: Maunz/Dürig, Art. 46 Rn. 85.
54 *Trute* in: v. Münch/Kunig, Art. 46 Rn. 39; *Schulze-Fielitz* in: Dreier, Art. 46 Rn. 45.

Artikel 39 [Zeugnisverweigerungsrecht der Abgeordneten]

¹Die Abgeordneten können über Personen, die ihnen in ihrer Eigenschaft als Abgeordnete oder denen sie als Abgeordnete Tatsachen anvertraut haben, sowie über diese Tatsachen selbst das Zeugnis verweigern. ²Personen, deren Mitarbeit ein Abgeordneter in Ausübung seines Mandats in Anspruch nimmt, können das Zeugnis über die Wahrnehmungen verweigern, die sie anläßlich dieser Mitarbeit gemacht haben. ³Soweit Abgeordnete und ihre Mitarbeiter dieses Recht haben, ist die Beschlagnahme von Schriftstücken unzulässig.

Schrifttum:
Bachmaier, Grenzen für Strafermittler im Parlament, ZParl 2004, 310; *Borchert*, Der Abgeordnete des Deutschen Bundestages im G 10-Verfahren, DÖV 1992, 58; *Dach*, Zur Kontrolle von Abgeordnetenpost durch den Verfassungsschutz, ZRP 1992, 1; *Hebenstreit*, Beschlagnahme beim Abgeordnetenmitarbeiter, in: Boetticher (Hrsg.), Sonderheft für Gerhard Schäfer, 2002, 33; *Neumann*, Das berufliche Zeugnisverweigerungsrecht des Abgeordneten: ein Essentiale der Opposition, ZParl 2000, 797; *Ohler*, Verfassungsrechtliche Grenzen staatsanwaltschaftlicher Durchsuchungen im Bundestag, NVwZ 2004, 696; *Schulte*, Volksvertreter als Geheimnisträger, 1987; *Wiefelspütz*, Zeugnisverweigerungsrecht und Beschlagnahmeverbot, in: Morlok/Schliesky/ders., § 14.

Vergleichbare Regelungen: Art. 47 GG, 29 I BayVerf, 51 II BerlVerf, 59 BbgVerf, 96 I BremVerf, 17 HambVerf, 97 I HessVerf, 24 III MVVerf, 16 NdsVerf, 49 I NRWVerf, 95 I RPVerf, 83 SaarlVerf, 56 SächsVerf, 59 I LSAVerf, 31 III SchlHVerf, 56 ThürVerf.

Ergänzende Normen: Art. 32 II 2, 44 LV, §§ 53 I Nr. 4, 53a I, 97 IV, 160a I, III-V StPO.

Leitentscheidungen: BVerfGE 108, 251 (Abgeordnetenbüro).

A. Überblick und Einordnung	1	B. Erläuterung	6
I. Bedeutung	1	I. Zeugnisverweigerungsrecht (Satz 1, 2)	6
II. Herkunft, Entstehung, Geschichte	2	II. Beschlagnahmeverbot (Satz 3)	10
III. Verfassungsvergleichende Einordnung	4		

A. Überblick und Einordnung
I. Bedeutung

Die in Art. 39 LV niedergelegten Rechte der Zeugnisverweigerung und des Beschlagnahmeverbots zählen zu den Einzelnormen der Ausgestaltung des Abgeordnetenstatus' (neben Art. 29, 37, 38, 40, 41 LV) und dienen damit der Ausformung der Mandatsfreiheit gem. Art. 27 III LV.[1] Gemeinsam mit den Art. 37 und 38 LV bildet Art. 39 LV einen Normenverbund zum Schutz der Abgeordneten vor Übergriffen der Justiz und der Exekutive.[2]

1

---

1 *Klein* in: Maunz/Dürig, Art. 46 Rn. 2; deshalb kann der betroffene Abg. diese Rechte gegen staatliche Ermittlungsorgane mittels Verfassungsbeschwerde geltend machen, vgl. BVerfGE 108, 251 (266); vgl. dazu *Ohler*, NVwZ 2004, 696 (696 f.).
2 *Huber* in: Meder/Brechmann, Art. 27 Rn. 1.

Durch Art. 39 LV werden die Abgeordneten und deren Mitarbeiter zu **Berufsgeheimnisträgern** (vgl. § 160a StPO), indem ihnen ein individuelles und subjektiv-öffentliches[3] Zeugnisverweigerungsrecht und in diesem Umfang auch ein Beschlagnahmeschutz gewährt wird. Schutzgut der Norm sind die Kommunikation und das Vertrauensverhältnis zwischen Abgeordneten und Bürgern bezüglich der Weitergabe sensibler Informationen, um die Unabhängigkeit der Mandatsausübung (nicht zuletzt gegenüber der Regierung) weiter zu stärken.[4] Zur Regelungskompetenz des Verfassungsgebers zu diesen genuin parlamentsrechtlichen Normen mit strafprozessualer Wirkung → Art. 38 Rn. 9, und zur Beachtungspflicht durch alle öffentlichen Stellen, auch des Bundes und der anderen Länder, → Art. 37 Rn. 11.[5]

II. Herkunft, Entstehung, Geschichte

2 Wie die Indemnität und die Immunität hat auch das Zeugnisverweigerungsrecht der Abgeordneten britische Vorläufer, die das revolutionäre Frankreich übernommen hat. Gleichwohl war die **Rezeption im deutschen Verfassungsrecht** demgegenüber sehr viel zurückhaltender, weshalb weder die PKV noch die RV entsprechende Abgeordnetenrechte kannten.[6] Erst mit Art. 38 I WRV und § 44 I VerfBad 1919 fand dieses Instrument Eingang in das deutsche und südwestdeutsche Parlamentsrecht. Nach dem 2. Weltkrieg übernahmen Art. 70 VerfLB, 67 I VerfWB, 41 I VerfWH und später auch Art. 47 GG die entsprechenden Vorschriften.

3 Die Formulierung von Art. 39 LV beruht auf dem Art. 47 GG nachgebildeten Art. 36 VerfERP, der dementsprechend **zunächst kein Zeugnisverweigerungsrecht für die Mitarbeiter** der Abgeordneten vorsah. In den Beratungen des VA spielten die Anregungen des Justizministeriums, auch Fraktions- und Abgeordnetenmitarbeiter einzubeziehen sowie als „Gegenstück" zum Zeugnisverweigerungsrecht auch ein Recht der Abgeordneten aufzunehmen, gegen die verfassungsmäßige Ordnung verstoßende Staatsgeheimnisse bekannt zu machen (was dem damaligen § 100 III StGB entsprach), keine Rolle.[7] Erst in der 3. Plenarberatung wurde auf Antrag des Abg. *Vortisch* (FDP/DVP) der heutige S. 2 zugunsten der Abgeordnetenmitarbeiter aufgenommen. Zur Begründung machte *Vortisch* geltend, dass Mitarbeiter ansonsten nicht mit sensiblen Vorgängen befasst werden könnten, was eine Behinderung der Mandatsausübung zur Folge hätte. Insbesondere solle sich der baden-württembergische Verfassungsgeber nicht vom einfachen

---

3 Vgl. *Schulze-Fielitz* in: Dreier, Art. 47 Rn. 7; *Klein* in: Maunz/Dürig, Art. 47 Rn. 15, 29; *Wiefelspütz* in: Morlok/Schliesky/ders., § 14 Rn. 4; *Braun*, Art. 39 Rn. 5.
4 BVerfGE 108, 251 (268f.); *Schulze-Fielitz* in: Dreier, Art. 47 Rn. 5; *Kluth* in: Schmidt-Bleibtreu/Hofmann/Henneke, Art. 47 Rn. 1; *Feuchte* in: Feuchte, Art. 39 Rn. 2.
5 Ebenso *Feuchte* in: Feuchte, Art. 39 Rn. 6; aA *Neumann*, ZParl 2000, 797 (802), der lapidar die Schutzlosigkeit der Abg. in den anderen Ländern konstatiert, solange weder dortige Verfassungsbestimmungen noch Staatsverträge diesen Schutz herstellen.
6 *Klein* in: Maunz/Dürig, Art. 47 Rn. 3–5; *Schulze-Fielitz* in: Dreier, Art. 47 Rn. 1.
7 Bemerkungen des Justizministeriums zum Verfassungsentwurf vom 3.3.1953 in: Feuchte, Quellen, 6. Teil, 104 (123, 124); 11. VA-Sitzung vom 16.9.1952 (1. Lesung) in: Feuchte, Quellen, 2. Teil, 456f., und 47. VA-Sitzung vom 14.4.1953 (2. Lesung) in: Feuchte, Quellen, 6. Teil, 23.

Bundesgesetzgeber abhängig machen, indem er nur wegen entsprechender StPO-Regeln von einer solchen Verfassungsregelung absähe.[8]

III. Verfassungsvergleichende Einordnung

Das Zeugnisverweigerungsrecht der Abgeordneten und das darauf bezogene Beschlagnahmeverbot finden sich in allen deutschen Verfassungen. Vergleichsweise selten ist dagegen die **Erstreckung auf die Mitarbeiter der Abgeordneten**, die nur **fünf Landesverfassungen** kennen (Art. 39, 2 LV, 16 II NdsVerf, 56 II SächsVerf, 59 I 3 LSAVerf, 56 II ThürVerf). Da alle anderen dieser Verfassungen erst Anfang der 90er Jahre erlassen wurden,[9] kommt der LV bezüglich der Mitarbeitereinbeziehung eine Vorreiterrolle zu. Während Sachsen und Sachsen-Anhalt wie Art. 39, 2 LV die Rechtsstellung der Mitarbeiter unabhängig von „ihren" Abgeordneten formuliert haben, machen Art. 16 II NdsVerf, 56 II 2 ThürVerf die Berechtigung eines Mitarbeiters zur Ausübung des Zeugnisverweigerungsrecht grundsätzlich von der Entscheidung seines vorgesetzten Abgeordneten abhängig.[10] Dies entspricht der bundesrechtlichen Regelung in § 53a II StPO, die mit dem Zeugnisverweigerungsrecht in S. 1 für die Mitarbeiter in allen Ländern ohne entsprechende verfassungsrechtliche Absicherung gilt und deshalb diesbezüglich eine weitgehende **Harmonisierung der Rechtslage** herbeiführt.[11] 4

Darüber hinaus ordnen Art. 59, 2 BbgVerf, 56 III SächsVerf im Umfang des Zeugnisverweigerungsrechts nicht nur das Beschlagnahme-, sondern ausdrücklich auch ein **Durchsuchungsverbot** an. Einige Verfassungen beschränken zudem das **Beschlagnahmeverbot nicht nur auf „Schriftstücke"**, sondern sind bezuglos formuliert (Art. 16 III NdsVerf, 83, 2 SaarlVerf) oder nennen zusätzlich „andere Informationsträger" (Art. 56 III SächsVerf, 59 I 2 LSAVerf) bzw. „andere Datenträger und Dateien" (Art. 56 III ThürVerf). Auch hier bewirkt das einfachgesetzliche Bundesrecht mit dem Begriff von „Gegenständen" gem. §§ 97 IV, 53 I 1 Nr. 4 StPO eine weitgehende Nivellierung der Rechtslage in Bund und Ländern.[12] 5

B. Erläuterung

I. Zeugnisverweigerungsrecht (Satz 1, 2)

Das Zeugnisverweigerungsrecht gilt zunächst gem. Art. 39, 1 LV für **alle Abgeordneten** des Landtags. Wie bei Art. 38 LV spricht der Wortlaut zunächst dafür, dieses Recht nur auf den Zeitraum der Mandatsstellung zu beziehen, weil ein **ehemaliger Abgeordneter** eben kein Abgeordneter (mehr) ist. Allerdings greift diese Sichtweise zu kurz: Der dem Zeugnisver- 6

---

8 Vgl. die Begründungsrede des Abg. *Vortisch* und die Beschlussfassung in der 58. VLV-Sitzung am 4.11.1953 in: Feuchte, Quellen, 8. Teil, 357–360.
9 Dies gilt nicht nur für die Verfassungen der sog. neuen Länder, sondern auch die NdsVerf von 1993, vgl. *Butzer* in: Epping/ders. u.a., Entstehung des Landes und Entwicklung des Verfassungsrechts seit 1946, Rn. 21 ff.
10 Vgl. *Radtke* in: Epping/Butzer u.a., Art. 16 Rn. 11.
11 Unabhängig davon unterstellt die hM die Mitarbeiter auch dann dem verfassungsrechtlichen Zeugnisverweigerungsrecht, wenn diese nicht ausdrücklich genannt sind, vgl. *Trute* in: v. Münch/Kunig, Art. 47 Rn. 3; *Kluth* in: Schmidt-Bleibtreu/Hofmann/Henneke, Art. 47 Rn. 13; *Schulze-Fielitz* in: Dreier, Art. 47 Rn. 6.
12 *Klein* in: Maunz/Dürig, Art. 47 Rn. 9.

weigerungsrecht – wie bei allen anderen Berufsgeheimnisträgern auch – zugrunde liegende Quellenschutz wäre im Fall einer Preisgabepflicht nach Beendigung des Mandats derart empfindlich beeinträchtigt, dass er seine **Funktion der Erlangung wichtiger Informationen** nicht mehr erfüllen könnte. Somit folgt aus der Ratio des Art. 39, 1 LV ein anderes Verständnis: Der Begriff des Abgeordneten bezieht sich auf die Informationserlangung, nicht aber auf das damit zusammenhängende Zeugnisverweigerungsrecht und Beschlagnahmeverbot. Folglich kann sich jedes ehemalige Landtagsmitglied zeit Lebens auf diese Rechte bezüglich aller Quellen und Informationen berufen, die ihm während der aktiven Mandatszeit in seiner Abgeordneteneigenschaft anvertraut worden sind (so ausdrücklich Art. 59, 3 BbgVerf).[13] Der Charakter des Zeugnisverweigerungs*rechts* schließt Zeugnisverweigerungs*pflichten* (iS einer Schweigepflicht wie in Art. 83 II BremVerf) ebenso aus, wie einen Schutzanspruch des Informanten.[14]

7 Den zweiten Personenkreis mit Zeugnisverweigerungsrecht stellen gem. Art. 39, 2 LV die **Mitarbeiter der Abgeordneten** dar. Ausweislich des Wortlauts der Bestimmung fallen darunter alle Personen, deren Mitarbeit ein (amtierender) Abgeordneter in Ausübung des Mandats in Anspruch nimmt, was ein mindestens informell geregeltes und idR vergütetes Beschäftigungsverhältnis – in Abgrenzung zur punktuellen Gefälligkeit – voraussetzt.[15] Dazu zählen zB Büroleiter, Referenten, Assistenten, Sekretariatskräfte und Praktikanten unabhängig vom zeitlichen Umfang ihrer Inspruchnahme.[16] Auch das **Personal der Fraktionen** fällt als mittelbare Mitarbeiter der fraktionsangehörigen Abgeordneten in den Kreis der zeugnisverweigerungsberechtigten Personen, weil sich die Rechtsstellung der Fraktionen allein aus der Mandatsstellung ihrer Mitglieder ableitet (→ Art. 27 Rn. 111). Zwar stellt Art. 39, 2 LV auf eine konkrete Beschäftigungsbeziehung zwischen Abgeordnetem und Mitarbeiter ab, doch besteht ein solches Verhältnis auch zwischen Abgeordneten mit Fraktionsfunktionen und den dafür von der Fraktion angestellten Personen.[17] Dagegen kommen **Mitarbeiter der Landtagsverwaltung** nur in besonderen Ausnahmekonstellationen – etwa bei vorübergehender Zuweisung an einen Abgeordneten oder

---

13 *Kluth* in: Schmidt-Bleibtreu/Hofmann/Henneke, Art. 47 Rn. 6; *Trute* in: v. Münch/Kunig, Art. 47 Rn. 5; *Klein* in: Maunz/Dürig, Art. 47 Rn. 25; *Feuchte* in: Feuchte, Art. 39 Rn. 9; *Braun*, Art. 39 Rn. 7.
14 *Linck* in: ders./Baldus u.a., Art. 56 Rn. 5; *Kluth* in: Schmidt-Bleibtreu/Hofmann/Henneke, Art. 47 Rn. 4; *Trute* in: v. Münch/Kunig, Art. 47 Rn. 4; *Klein* in: Maunz/Dürig, Art. 47 Rn. 20; zur Möglichkeit einer rechtsgeschäftlich begründeten Schweigepflicht vgl. *Schulte*, Geheimnisträger, 25 f., 75-79.
15 Großzügiger *Linck* in: ders./Baldus u.a., Art. 56 Rn. 7, der auch externe Gutachter und Berater darunter fallen lässt; ebenso *Feuchte* in: Feuchte, Art. 39 Rn. 9 (ehrenamtlich Tätige); ähnlich *Klein* in: Maunz/Dürig, Art. 47 Rn. 17, *Schulze-Fielitz* in: Dreier, Art. 47 Rn. 6, und *Neumann*, ZParl 2000, 797 (800), wonach nicht auf ein Arbeitsverhältnis ankommen soll; dies ist aber weder mit dem Begriff der „Mitarbeit", der ein Direktionsrecht des Abg. zumindest andeutet, kompatibel, noch darf das Zeugnisverweigerungsprivileg einem im konkreten Fall schwer zu ermittelnden Personenkreis zustehen.
16 *Radtke* in: Epping/Butzer u.a., Art. 16 Rn. 10; *Schulze-Fielitz* in: Dreier, Art. 47 Rn. 6.
17 *Wiefelspütz* in: Morlok/Schliesky/ders., § 14 Rn. 17; iE auch *Kluth* in: Schmidt-Bleibtreu/Hofmann/Henneke, Art. 47 Rn. 13; *Schulze-Fielitz* in: Dreier, Art. 47 Rn. 6.

eine Fraktion – für Art. 39, 2 LV in Betracht.[18] Kein aus Art. 39 LV ableitbares Zeugnisverweigerungsrecht steht schließlich dem **Lebenspartner** und anderen Vertrauenspersonen des betroffenen Abgeordneten zu.[19]

Wenngleich der Verfassungstext die **Ausübung des Zeugnisverweigerungsrechts des Mitarbeiters** nicht ausdrücklich von der **Entscheidung des vorgesetzten Abgeordneten** abhängig macht, besteht eine solche Konditionierung. Dies folgt aus Sinn und Zweck dieses Rechts, der Mandatsausübung des Abgeordneten zu dienen. Denn nur dann kann der Abgeordnete die Unterstützungsfunktion seiner Mitarbeiter auch bei der Wahrung von Berufsgeheimnissen nutzen und der praxiswidrigen Mühe entgehen, ihm anvertraute Informationen im eigenen Büro ggf. geheimzuhalten.[20] Könnte der Mitarbeiter aus eigenem Recht entscheiden und entgegen der Weisung des Abgeordneten vertrauliche Informationen offenbaren, wäre dieser Zweck nicht zu erreichen. Folglich entscheidet über die Ausübung der Rechte des Mitarbeiters nicht dieser selbst, sondern der Abgeordnete, dem die fragliche Information anvertraut worden ist (ebenso § 53 a I 2 StPO).[21]   8

In **sachlicher Hinsicht** können Abgeordnete und deren Mitarbeiter das Zeugnis sowohl bezüglich der Identität der Informanten als auch hinsichtlich der von diesen übermittelten Informationen verweigern. Voraussetzung ist allerdings zum einen, dass der Informant seine Informationen dem Abgeordneten gerade in dieser Eigenschaft – und nicht zB als Inhaber eines Zivilberufs, als Freund, als Vereinskamerad oder in sonstiger privater Eigenschaft – übermittelt hat.[22] Zum anderen müssen die Informationen Tatsachen – also keine bloßen Werturteile – darstellen, die dem Abgeordneten überdies „**anvertraut**" (und nicht mitgeteilt oder bekannt gegeben)[23] wurden, was eine erkennbare Erwartung einer vertraulichen Behandlung beinhaltet.[24] Die Übergabe von Gegenständen ohne kommunikativ-informationsbezogenen Inhalt (wie zB Geldbeträge als Parteispenden) fällt darunter nicht.[25] Wegen der in Art. 39, 1 LV verwendeten Vergangenheitsform muss der Prozess des Anvertrauens bereits beendet sein, womit ungeachtet des kommunikationsbezogenen Schutzzwecks diejenigen Informationen aus dem Schutz des Art. 39, 1 LV heraus fallen, die sich noch **im Kommunikationsprozess des Anvertrauens** befinden. Zwar unterliegen gezielte Eingriffe gegen Abgeordnete dem Einwilligungserfordernis des Landtags gem.   9

---

18 Großzügiger *Kluth* in: Schmidt-Bleibtreu/Hofmann/Henneke, Art. 47 Rn. 13, wonach alle Verwaltungsmitarbeiter in einem „dienstleistungsorientierten" Verständnis der parlamentarischen Hilfsdienste darunter fallen; ob dies mit der geschützten Abg.-Mitarbeiter-Beziehung noch in Einklang zu bringen ist, erscheint jedoch fraglich.
19 *Kluth* in: Schmidt-Bleibtreu/Hofmann/Henneke, Art. 47 Rn. 5.
20 *Heitzer*, NJW 1952, 89 f.
21 *Feuchte* in: Feuchte, Art. 39 Rn. 8; *Hebenstreit*, Beschlagnahme, 33.
22 *Ohler*, NVwZ 2004, 696 (698).
23 *Hebenstreit*, Beschlagnahme, 33 (34).
24 Vgl. *Feuchte* in: Feuchte, Art. 39 Rn. 2; *Braun*, Art. 39 Rn. 8; *Ohler*, NVwZ 2004, 696 (698); zu weitgehend – weil nicht mehr von der ratio legis erfasst – aber *Schulte*, Geheimnisträger, 92-95, wonach auch amtliche Informationen von staatlichen Stellen (die der Geheimhaltungspflicht unterliegen) als anvertraute Tatsachen angesehen werden können.
25 Mit anderer Begründung iE ebenso *Wiefelspütz* in: Morlok/Schliesky/ders., § 14 Rn. 9-11.

Art. 38 I LV, nicht aber zB gegen Dritte gerichtete Untersuchungsmaßnahmen nach dem G 10-Gesetz, von denen ein Abgeordneter berührt ist.[26] Bei den Mitarbeitern der Abgeordneten kommt hinzu, dass sie von diesen Angaben gerade **„anlässlich dieser Mitarbeit"** Kenntnis erlangt haben müssen, also in einem entsprechenden dienstlichen Kontext.

II. Beschlagnahmeverbot (Satz 3)

10 Das Beschlagnahmeverbot sichert das Zeugnisverweigerungsrecht gem. S. 1, 2 gegen Umgehungsgefahren ab und steht deshalb in einem akzessorischen Verhältnis („soweit") dazu.[27] Es erfasst – auch ohne ausdrückliche Nennung im Verfassungstext – die vorgelagerten Durchsuchungen oder Abhörmaßnahmen, wenn diese auf mögliche Beschlagnahmemaßnahmen iS der Erlangung von Beweismitteln angelegt sind.[28] Art. 39, 3 LV schränkt damit den Entscheidungsspielraum des Landtagspräsidenten über Durchsuchungen und Beschlagnahmen in den Räumlichkeiten des Landtags (Art. 32 II 2 LV) ein, weil auch er dieses Verbot zu beachten hat (zum entsprechenden Anspruch des betroffenen Abgeordneten auf eine willkürfreie Entscheidung → Art. 32 Rn. 48). Das Beschlagnahmeverbot gilt ebenso für **präventive wie für repressive Hoheitshandlungen**, was auch einfachgesetzlich (deklaratorisch) niedergelegt ist (§§ 9 a I, II PolG, 97 IV StPO).[29] Bezugsobjekt des Verbots sind **„Schriftstücke"**, was teleologisch auszulegen ist und deshalb alle hinreichend nachhaltig verkörperten Gedankenäußerungen auf der Grundlage von Schriftzeichen – mithin auch elektronische Dokumente oder E-Mails – umfasst.[30] Der verbotenen Beschlagnahme (iS einer hoheitlichen Ingewahrsamnahme möglicher Beweismittel) stehen funktionsgleiche Handlungen – insbes. Lesen oder die Anfertigung von Kopien – gleich.[31]

11 Der **räumliche Schutzbereich** des Beschlagnahmeverbots setzt voraus, dass der Abgeordnete bzw. sein Mitarbeiter **Gewahrsam** an dem Schriftstück hat.[32] Bezüglich des Abgeordneten gilt dies für alle von ihm mit (ggf. untergeordnetem) Hausrecht kontrollierbaren Räume (das BVerfG spricht vom „funktionellen Herrschaftsbereich des Abgeordneten"),[33] also neben den ihm und seinen Mitarbeitern zugewiesenen Büros im Landtag auch sein Wahlkreisbüro und seine Privatwohnung, nicht aber private Räume seiner

---

26 AA *Borchert*, DÖV 1992, 58 (60 f.).
27 *Klein* in: Maunz/Dürig, Art. 47 Rn. 28; *Schulte/Kloos* in: Baumann-Hasske/Kunzmann, Art. 57 Rn. 6.
28 *Klein* in: Maunz/Dürig, Art. 47 Rn. 31; *Kluth* in: Schmidt-Bleibtreu/Hofmann/Henneke, Art. 47 Rn. 11.
29 *Schulze-Fielitz* in: Dreier, Art. 47 Rn. 14.
30 *Trute* in: v. Münch/Kunig, Art. 47 Rn. 12; *Kluth* in: Schmidt-Bleibtreu/Hofmann/Henneke, Art. 47 Rn. 10; *Schulze-Fielitz* in: Dreier, Art. 47 Rn. 11; *Klein* in: Maunz/Dürig, Art. 47 Rn. 30; noch weiter geht *Feuchte* in: Feuchte, Art. 39 Rn. 10, wonach der Schutz auch für Ton- und Bildträger gelten soll; vgl. insoweit § 11 III StGB, der jedoch eine ausdrückliche Bezugnahme voraussetzt.
31 *Schulze-Fielitz* in: Dreier, Art. 47 Rn. 14; *Klein* in: Maunz/Dürig, Art. 47 Rn. 31; *Wiefelspütz* in: Morlok/Schliesky/ders., § 14 Rn. 32; *Dach*, ZRP 1992, 1.
32 *Klein* in: Maunz/Dürig, Art. 47 Rn. 32 f.; aA *Hebenstreit*, Beschlagnahme, 33 (34), bezüglich der im Kommunikationsprozess befindlichen Schriftstücke.
33 BVerfGE 108, 251 (269).

Mitarbeiter.[34] Dasselbe gilt entsprechend für die Mitarbeiter, die lediglich in ihrem eigenen dienstlichen Büro (nicht in dem des Abgeordneten) und in ihren Privaträumen Gewahrsam haben können.

Allerdings gilt das Verbot keineswegs für alle mandatsbezogenen Unterlagen eines Abgeordneten, sondern nur für solche, die vom Zeugnisverweigerungsrecht umfasst sind, also Angaben über dem Abgeordneten anvertraute Tatsachen oder deren Übermittler enthalten. Ist dagegen der **Abgeordnete selbst Beschuldigter und nicht Zeuge**, können das Zeugnisverweigerungsrecht und folglich auch das Beschlagnahmeverbot bezüglich anvertrauter Informationen denklogisch nicht mehr greifen, was im Hinblick auf das Schutzgut eines vertrauensvollen Verkehrs zwischen Abgeordneten und Wählern problematisch ist.[35] Dem tragen aber der Umstand, dass dann eine Einwilligung des Landtags gem. Art. 38 I LV erforderlich ist, sowie das dann bestehende allgemeine Aussageverweigerungsrecht von Beschuldigten in noch vertretbarem Maße Rechnung.[36] 12

Eine **Beschuldigteneigenschaft des Mitarbeiters** hingegen hebt das Zeugnisverweigerungsrecht des Abgeordneten und damit das Beschlagnahmeverbot in den ihm und seinen Mitarbeitern zugewiesenen Räumen nicht auf.[37] Dagegen sind in den Privaträumen eines beschuldigten Mitarbeiters befindliche Unterlagen nicht mehr vom Beschlagnahmeverbot erfasst, weil sie sich nicht im Herrschaftsbereich des zeugnisverweigerungsberechtigten Abgeordneten befinden und der Mitarbeiter selbst als Beschuldigter kein Zeugnisverweigerungsrecht hat.[38] Entgegen Art. 39, 3 LV beschlagnahmte Beweismittel unterliegen einem **Beweisverwertungsverbot**, was sich sowohl aus der verfassungsrechtlichen Dignität des Verbots als auch aus § 9 a I 2 PolG ergibt.[39] 13

Artikel 40 [Entschädigung der Abgeordneten]

¹Die Abgeordneten haben Anspruch auf eine angemessene Entschädigung, die ihre Unabhängigkeit sichert. ²Sie haben innerhalb des Landes das Recht der freien Benutzung aller staatlichen Verkehrsmittel. ³Näheres bestimmt ein Gesetz.

---

34 *Klein* in: Maunz/Dürig, Art. 47 Rn. 34; *Wiefelspütz* in: Morlok/Schliesky/ders., § 14 Rn. 25 f.; *Kluth* in: Schmidt-Bleibtreu/Hofmann/Henneke, Art. 47 Rn. 14; *Ohler*, NVwZ 2004, 696 (697); *Dach*, ZRP 1992, 1 (2 f.), will – entgegen der auf dem Abg.-Gewahrsam bestehenden hM – auch an den Abg. gerichtete Post einbeziehen, solange sich diese (noch) nicht im Gewahrsam des Abg. befindet, und führt dafür die kommunikationsschützende Ratio des Art. 47 GG (bzw. Art. 39 LV) an.
35 *Kluth* in: Schmidt-Bleibtreu/Hofmann/Henneke, Art. 47 Rn. 3.
36 BVerfGE 108, 251 (269); *Klein* in: Maunz/Dürig, Art. 47 Rn. 16.
37 *Kluth* in: Schmidt-Bleibtreu/Hofmann/Henneke, Art. 47 Rn. 12.
38 BVerfGE 108, 251 (LS 2 b und S. 269 f.); aA *Hebenstreit*, Beschlagnahme, 33 (35).
39 BVerfGE 44, 353 (383), allgemein zu (aus anderen Gründen) verfassungswidrigen Beschlagnahmen; ebenso *Schulze-Fielitz* in: Dreier, Art. 47 Rn. 9, 15; *Klein* in: Maunz/Dürig, Art. 47 Rn. 36.

Schrifttum:

v. Arnim, Entschädigung und Amtsausstattung, in: Schneider/Zeh, § 16; *ders.,* Die Besoldung von Politikern – Der Zusammenhang mit ihrer Rekrutierung und der Leistungs- und Handlungsfähigkeit der Politik, ZRP 2003, 235; *ders.,* Abgeordnetenmitarbeiter: Reservearmee der Parteien?, DÖV 2011, 345; *Austermann,* Spenden an Abgeordnete, ZParl 2010, 527; *ders.,* Die Anrechnungsbestimmungen im Abgeordnetenrecht des Bundes und der Länder, 2011; *Badura,* Das politische Amt des Abgeordneten und die Frage seiner Entschädigung, ZSE 2005, 167; *Brocker/Messer,* Funktionszulagen für Abgeordnete und Oppositionszuschläge – Fortentwicklung der verfassungsgerichtlichen Rechtsprechung durch den BremStGH, NVwZ 2005, 895; *Brugger,* Ein amerikanischer Vorschlag zur Kontrolle von Diätenerhöhungen, ZRP 1992, 321; *Enzensperger,* Zum Recht der Abgeordnetenentschädigung in Baden-Württemberg, VBlBW 2017, 451; *Eyermann,* Die ewigen Diätenquerelen, ZRP 1992, 201; *Hölscheidt,* Funktionszulagen für Abgeordnete, DVBl. 2000, 1734; *Käß,* Das Verbot gegenleistungsloser Zahlungen an Abgeordnete (§ 44 a Abs. 2 AbgG)[1] nach der Rechtsprechung des Bundesverfassungsgerichts, VerwArch 2010, 457; *Krönke,* Verfassungsmäßigkeit von Funktionszulagen im Deutschen Bundestag, DVBl. 2013, 1492; *Laubach,* Das 2. Diätenurteil des Bundesverfassungsgerichts, ZRP 2001, 159; *Oberreuter,* Von der Affäre zur Reform. Wandlungen des Abgeordnetenrechts in Bayern, ZParl 2014, 314; *v. Pestalozza,* Die Staffeldiät oder: Das Parlament als Dunkelkammer, NJW 1987, 828; *Röper,* Funktionszulagen versus Freiheit und Gleichheit der Abgeordneten, DÖV 2002, 655; *Roth,* Die Abgeordnetenentschädigung als Verdienstausfallentschädigung, AöR 129 (2004), 219; *Rupp,* Legitimation der Parlamente zur Entscheidung in eigener Sache, ZG 1992, 285; *Schlaich/Schreiner,* Die Entschädigung der Abgeordneten, NJW 1979, 673; *Schmahl,* Funktionszulagen – ein Verstoß gegen Mandatsfreiheit und Gleichheit der Abgeordneten, AöR 130 (2005), 114; *Schneider,* Teil- oder Vollzeitabgeordnete in den Landtagen? Ist das „Stuttgarter Modell" verallgemeinerungsfähig?, ZParl 1978, 456; *Vogel,* Entscheidungen des Parlaments in eigener Sache, ZG 1992, 293; *Welti,* Die soziale Sicherung der Abgeordneten des Deutschen Bundestages, der Landtage und der deutschen Abgeordneten im Europäischen Parlament, 1998; *ders.,* Funktionszulagen im Konflikt mit Freiheit und Gleichheit der Abgeordneten?, DÖV 2001, 705; *Wiefelspütz,* Entschädigungsanspruch und Versorgung des Abgeordneten, in: Morlok/Schliesky/ders., § 15.

Vergleichbare Regelungen: Art. 48 III GG, 31 BayVerf, 53 BerlVerf, 60 BbgVerf, 82 BremVerf, 13 I HambVerf, 98 HessVerf, 22 III MVVerf, 13 III NdsVerf, 50 NRWVerf, 97 RPVerf, 42 III, IV SächsVerf, 56 V, VI LSAVerf, 17 III SchlHVerf, 54, 105 a ThürVerf.

Ergänzende Normen: Art. 44 LV, §§ 5–25 AbgG BW, AbgEntG.

Leitentscheidungen: BVerfGE 40, 296 (1. Diäten-Urteil); 76, 256 (Anrechnungsregeln); 102, 224 (2. Diäten-Urteil); 118, 277 (Offenlegungsregeln).

A. Überblick und Einordnung 1	2. Ratio der Sicherung der Unabhängigkeit 10
I. Bedeutung 1	3. Die einzelnen Leistungen an Abgeordnete 13
II. Herkunft, Entstehung, Geschichte 4	a) Personenbezogene Leistungen 13
III. Verfassungsvergleichende Einordnung 6	b) Mandatsbezogene Leistungen 15
B. Erläuterung 8	4. Problem der Funktionsvergütungen 18
I. Entschädigungsanspruch (Satz 1) 8	II. Freifahrtrecht (Satz 2) 23
1. Historische Entwicklung vom Teilzeit- zum Vollzeitmandat 8	III. Regelungsauftrag (Satz 3) 24

---

1 Entspricht § 4 a I 3 AbgG BW.

[Entschädigung der Abgeordneten] Artikel 40

A. Überblick und Einordnung

I. Bedeutung

Der in Art. 40 LV verbriefte Entschädigungsanspruch sichert die **materielle** 1 **Grundlage der Mandatstätigkeit**. Damit zählt Art. 40 LV zu den Einzelnormen der Ausgestaltung der Abgeordnetenstellung (neben Art. 29, 37–39, 41 LV), indem er die Mandatsfreiheit gem. Art. 27 III LV durch die ermöglichte wirtschaftliche Unabhängigkeit faktisch absichert.[2] Zugleich dient Art. 40 LV dem Repräsentationsprinzip und der passiven Wahlrechtsgleichheit, weil dadurch jeder in die Lage versetzt wird, ein Mandat unabängig von seiner wirtschaftlichen Situation auszuüben.[3] Aus diesen Gründen stellt Art. 40 LV zugleich ein subjektiv-öffentliches und ein objektives (dh nicht verzichtbares) Recht dar.[4]

Die Entwicklung vom „Honoratioren"-Parlamentarismus zur modernen 2 Volksvertretung in einer heterogenen Wirtschafts- und Industriegesellschaft mit komplexen Interessenlagen hat längst – selbst in Teilzeitparlamenten – zur **Etablierung des Berufspolitikers** geführt.[5] Deshalb muss die Höhe der Abgeordnetenentschädigung – zB unter entsprechender Anwendung des Alimentationsgrundsatzes[6] – so bemessen sein, dass sie den Abgeordneten eine für die freie Mandatsausübung hinreichende finanzielle Unabhängigkeit ermöglicht.[7] Weitere Kriterien der erforderlichen Angemessenheit der Bezahlung und Ausstattung von Abgeordneten sind ihre Stellung und Rolle in der Verfassungsordnung, ihre Verantwortung und die mit der Mandatsausübung verbundene Belastung,[8] nicht aber etwaige finanzielle Zusagen der Abgeordneten an ihre Fraktionen und Parteien.[9] Der **Entschädigungsbegriff** war früher von Verdienstausfall und Kostenaufwand wegen der Mandatsausübung geprägt und umfasst heute monatlich wiederkehrende Leistungen für die private Lebensführung einerseits und für die mandatsbezogenen Aufgaben andererseits.[10]

Die Abgeordneten erhalten die Entschädigung als **Inhaber eines öffentli-** 3 **chen Amtes** (vgl. Art. 29 II LV), sind aber weder Beamte (und unterliegen damit nicht den hergebrachten Grundsätzen des Berufsbeamtentums gem. Art. 33 V GG),[11] noch schulden sie bestimmte Gegenleistungen in einem

---

2 BVerfGE 4, 144 (LS 1); *Klein* in: Maunz/Dürig, Art. 46 Rn. 2; *Trute* in: v. Münch/Kunig, Art. 48 Rn. 18.
3 *Trute* in: v. Münch/Kunig, Art. 48 Rn. 18, 20; *Roth*, AöR 2004, 219 (231).
4 *Kluth* in: Schmidt-Bleibtreu/Hofmann/Henneke, Art. 48 Rn. 1, 10; *Braun*, Art. 40 Rn. 7.
5 BVerfGE 32, 157 (LS 1 u. S. 164); 40, 296 (312 f.); *Oberreuter*, ZParl 2014, 314 (317).
6 Was aber für Abg. nicht zwingend ist, vgl. BVerfGE 76, 256 (341–343); dezidiert gegen die Anwendbarkeit des Alimentationsprinzips auf Abg. *Roth*, AöR 2004, 219 (227 f.).
7 BVerfGE 40, 296 (LS 2 b); *Kluth* in: Schmidt-Bleibtreu/Hofmann/Henneke, Art. 48 Rn. 13, 18; *Welti*, Soziale Sicherung, 176.
8 *Trute* in: v. Münch/Kunig, Art. 48 Rn. 24.
9 *Schulze-Fielitz* in: Dreier, Art. 48 Rn. 27.
10 *Welti*, Soziale Sicherung, 143 f.; dagegen hält *Roth*, AöR 2004, 219 (222-224) am historischen Verständnis allen eingetretenen Veränderungen zum Trotz fest.
11 Zu den grundlegenden statusrechtlichen Unterschieden zwischen Abg. und Beamte vgl. BVerfGE 76, 256 (341); *Sinner* in: Austermann/Schmahl, § 11 Rn. 23.

arbeitsrechtlichen Sinne.[12] Da die nähere Ausgestaltung der sog. Diäten durch Gesetz erfolgen muss, obliegt es dem Landtag als zentralem Gesetzgebungsorgan, über die Höhe und Ausgestaltung der Vergütung seiner Mitglieder zu befinden. Diese „Gesetzgebung in eigener Sache" steht unter besonders kritischer Betrachtung der Öffentlichkeit, deren Diskussionen nicht immer die Bedeutung des Parlaments und die Verantwortung der einzelnen Abgeordneten für ein funktionierendes demokratisches Gemeinwesen angemessen abbilden.[13]

II. Herkunft, Entstehung, Geschichte

4 Der bis heute übliche **Begriff der „Diäten"** geht auf den Begriff „dies" (lat.) bzw. „dieta" (mittellat.) für „Tag" zurück,[14] weil die Abgeordnetenentschädigung in ihren frühkonstitutionellen Anfängen aus **Tage- und Reisegeldern** bestand (vgl. § 194 II VerfWü 1819).[15] Auch § 95 PKV sah eine solche Diätengewährung vor. Dennoch statuierte Art. 32 RV – trotz weit verbreiteter Diätenregelungen in den Ländern – bis 1906 ein apodiktisches **Vergütungs- und Entschädigungsverbot**, das insofern einen Rückschritt der staatsrechtlichen Entwicklung bedeutete[16] und zum antiparlamentarischen Charakter der RV beitrug.[17] Diese wirtschaftliche Zugangshürde zum Reichstag erklärt sich hauptsächlich durch die Bismarck'sche Politik der Zurückdrängung von Sozialismus und Sozialdemokratie, um die finanzschwachen Bevölkerungsteile in ihrer parlamentarischen Teilhabe zu behindern.[18] Hinzu kommt allerdings die im 19. Jahrhundert weit verbreitete Auffassung, dass sich die Bedeutung und Würde des ehrenamtlich verstandenen Abgeordnetenmandats nicht mit einer pekuniären Maßstäben folgenden Vergütung (als „Kommerzialisierung des Allgemeinwohls") vereinbaren lasse.[19]

5 In der Weimarer Zeit sahen Art. 40 WRV, §§ 28 VerBad 1919, 24 VerfWü 1919 einen Entschädigungsanspruch der Abgeordneten ebenso vor, wie nach dem 2. Weltkrieg Art. 64 II VerfLB, 51, 4 VerfWB, 43 VerfWH und schließlich Art. 48 III GG. Die **Beratungen im Verfassungsgebungsprozess** zu Art. 40 LV verliefen ohne Kontroversen, da die beiden Verfassungsentwürfe insoweit inhaltlich deckungsgleich waren (Art. 37 VerfERP, 42

---

12 BVerfGE 20, 56 (103); 40, 296 (LS 1 u. S. 316).
13 Besonders anschaulich ist zB die Schilderung der medialen und öffentlichen Rezeption des Berichts der vom Bundestag eingesetzten Unabhängigen Kommission zu Fragen des Abgeordnetenrechts bei *Patzelt*, ZParl 2014, 282 (286 ff., 292 ff.), der in seiner Bewertung „antiparlamentarische Affekte" iVm einer „Verstetigung einer generalisierenden Neiddebatte" konstatiert (aaO, 300, 301); vgl. auch den Hinweis von *Enzensperger*, VBlBW 2017, 451, auf den mit der Abgeordnetentätigkeit verbundenen hohen Verantwortungsgrad und Zeitaufwand.
14 *Austermann* in: Austermann/Schmahl, vor § 11 Rn. 2.
15 *Hatschek*, 604, spricht vom „Zehrgeld", dessen Höhe vom „effektiven Konsum" abhängig ist.
16 BVerfGE 20, 56 (103 f.).
17 *Welti*, Soziale Sicherung, 138.
18 *Klein* in: Maunz/Dürig, Art. 48 Rn. 1–6, 110; *Welti*, Soziale Sicherung, 137.
19 BVerfGE 4, 144 (149 f.); *Kluth* in: Schmidt-Bleibtreu/Hofmann/Henneke, Art. 48 Rn. 2.

VerfECDU). Lediglich der Begriff der „staatlichen Verkehrsmittel" wurde kurz diskutiert, ohne dass es zu Veränderungen gekommen ist.[20]

III. Verfassungsvergleichende Einordnung

Das GG und die Verfassungen in 15 Ländern sehen eine Absicherung des Entschädigungsanspruchs der Abgeordneten vor, während die SaarlVerf dies als selbstverständlich und demnach nicht regelungsbedürftig ansieht.[21] Das zentrale Ziel der Anspruchsgewährung besteht in der **Sicherung der Unabhängigkeit der Abgeordneten**, wie Art. 48 III 1 GG und zehn Landesverfassungen ausdrücklich betonen (Art. 40, 1 LV, 60 BbgVerf, 13 I 1 HambVerf, 22 III 1 MVVerf, 13 III 1 NdsVerf, 97 I RPVerf, 42 III 1 SächsVerf, 56 V 1 LSAVerf, 17 III 1 SchlHVerf, 54 I 1 ThürVerf). Die Höhe muss angemessen (zB Art. 48 III 1 GG, 40, 1 LV) bzw. der Verantwortung der Abgeordneten entsprechend (Art. 60 BbgVerf) festgelegt sein. Art. 13 II HambVerf garantiert die Vereinbarkeit von Mandat und Berufstätigkeit, womit ein Bekenntnis zum Teilzeitparlamentarismus verbunden ist. 6

Zum sensiblen Thema der **Diätenerhöhung** sehen Art. 82 II 2 BremVerf, 54 II ThürVerf eine Anpassung entsprechend der allgemeinen Einkommens- und Kostenentwicklung vor, während Art. 56 V 2 LSAVerf die Beratung durch eine unabhängige Kommission vorgibt. Im Bund und in fünf Ländern erhalten die Abgeordneten außerdem einen **Freifahrtanspruch mit allen staatlichen Verkehrsmitteln** innerhalb des jeweiligen Staatsgebietes (Art. 48 III 2 GG, 40, 2 LV, 31 BayVerf, 98 I HessVerf, 42 III 2 SächsVerf; allein Art. 50, 1 NRWVerf spricht von der „Deutschen Bundesbahn"), der in den übrigen Ländern einfachgesetzlich niedergelegt ist.[22] In wiederum fünf Landesverfassungen wird der **Verzicht auf diese Rechte** ausdrücklich für unzulässig erklärt (Art. 98 II HessVerf, 22 III 2 MVVerf, 50, 2 NRWVerf, 97 II RPVerf, 17 III 2 SchlHVerf), um finanzkräftigen Kandidaten und Abgeordneten keinen Vorteil als „günstigere Abgeordnete" zu verschaffen.[23] Da dies bereits aus dem objektivrechtlichen Charakter des Entschädigungsanspruchs folgt (→ Rn. 1), sind entsprechende einfachgesetzliche Regelungen wie auf Bundesebene und in BW (§§ 31 AbgG, 23 AbgG BW) nur deklaratorischer Natur. Schließlich regeln lediglich drei Landesverfassungen dem Grunde nach den Anspruch der Abgeordneten auf eine **angemessene Arbeitsausstattung** (Art. 97 I RPVerf, 56 V 1 LSAVerf, 54 III ThürVerf), der sich freilich bereits aus dem Mandatsstatus ergibt. 7

B. Erläuterung

I. Entschädigungsanspruch (Satz 1)

1. Historische Entwicklung vom Teilzeit- zum Vollzeitmandat

Bis 2011 verstand sich der Landtag BW als **Teilzeitparlament**,[24] was insbesondere für Angehörige des öffentlichen Dienstes an großzügigen Kompati- 8

---

20 Vgl. die 1. Lesung in der 11. VA-Sitzung am 16.9.1952 in: Feuchte, Quellen, 2. Teil, 458-463.
21 *Zeyer/Grethel* in: Wendt/Rixecker, Art. 84 Rn. 7.
22 *Austermann*, ZParl 2014, 270 (280 f.).
23 Vgl. *Berger* in: Austermann/Schmahl, § 31 Rn. 8.
24 *Feuchte* in: Feuchte, Art. 40 Rn. 8; *Braun*, Art. 40 Rn. 11.

blitätsregelungen und an der Ermöglichung einer reduzierten beruflichen Tätigkeit neben dem Mandat zu erkennen war.[25] Zur Begründung wurden die damit verbundene größere Bürgernähe und (infolge eigener anderweitiger Berufstätigkeit) höhere Unabhängigkeit angeführt. Gleichwohl war das Modell für kleine Fraktionen nachteilig, da diese mit sehr viel weniger Abgeordneten dasselbe landespolitische Themenspektrum zu bearbeiten hatten.[26] Entsprechend diesem Selbstverständnis sah das nach Art. 40, 3 LV erforderliche Gesetz lange Zeit lediglich eine **steuerfreie Aufwandsentschädigung** vor, die jeweils monatlich eine Grundentschädigung iH eines Viertels eines Ministergehalts und einen Unkostenbeitrag enthielt; hinzu kamen Sitzungstagegelder, Reisekostenentschädigungen und Übernachtungsgelder (§§ 1 II, 2 I AbgEntG). Zudem konnte ein konkreter Verdienstausfall bzw. familiärer Betreuungsaufwand geltend gemacht werden (§§ 7, 2 III AbgEntG). Dieses Vergütungssystem wurde nach dem 1. Diätenurteil des BVerfG ab der 8. Wahlperiode (1980) durch ein **Gehaltsmodell** ersetzt, das auf einer **steuerpflichtigen Mandatsvergütung** basierte und mit dem AbgG BW[27] eine vollständig neue Kodifizierung bekam, aber nach wie vor am Teilzeitmandat festhielt (sog. „Stuttgarter Modell").[28]

9 Im Rahmen der Parlamentsreform 2008 hat sich der baden-württembergische Gesetzgeber mit Wirkung ab 2011 für das **Prinzip des Vollzeitmandats** entschieden. Zur Begründung wird die gestiegene zeitliche Arbeitsbelastung der Abgeordneten angeführt.[29] Dies hat zu einer spürbaren Anhebung der Entschädigung (von zuvor 5.047 EUR auf derzeit 6.462 EUR monatlich, § 5 AbgG BW) geführt. Diese ist nun so bemessen, dass damit – ohne weitere Einkünfte – ein der Stellung eines Landtagsabgeordneten angemessener Lebensunterhalt bestritten werden kann. Daraus folgt dann aber auch die verfassungsrechtliche Pflicht des Abgeordneten, sich dem **Mandat mit hauptberuflichem Anspruch** zu widmen.[30] Konnte man zu Zeiten des Teilzeitparlaments noch von einer grundsätzlichen Gleichrangigkeit von Beruf und Mandat sprechen,[31] kommt dem Mandat nun ein klarer Vorrang zu, während eine weitergeführte Berufstätigkeit nur noch als Nebentätigkeit anzusehen ist. In Konfliktfällen zwischen der hauptberuflichen Mandatsausübung und einer beruflichen Nebentätigkeit ist der Abgeordnete demnach dazu verpflichtet, den Mandatsbelangen Vorrang einzuräumen.[32] Zu Beginn des Jahres 2017 wurde zudem die Mandatsausstattung

---

25 *Welti*, Soziale Sicherung, 169.
26 *Feuchte*, Geschichte, 366 f.
27 G. v. 12.9.1978, GBl. 473.
28 Näher zum „Stuttgarter Modell", seiner Entstehungsgeschichte und der damaligen zeitlichen Inanspruchnahme der Abg. *Schneider*, ZParl 1978, 456.
29 LT-Drs. 14/2500, 2 f.; vgl. hierzu die Angaben bei *Oberreuter*, ZParl 2014, 314 (319), zB für Mitglieder des bayerischen Landtags mit 70 Wochenstunden in den Sitzungswochen und 50 in den übrigen Wochen.
30 BVerfGE 118, 277 (325); insofern bedarf es einer ausdrücklichen gesetzlichen Regelung – wie die „Mittelpunktregelung" in § 44 a AbgG des Bundes – über dieses Vorrangverhältnis nicht.
31 Vgl. Art. 13 II 1 HambVerf, wonach ausdrücklich die Vereinbarkeit von Beruf und Mandat gewährleistet wird; allerdings handelt es sich bei Hamburg auch nur um einen Stadtstaat, der seine Mandatsträger nicht im gleichen Umfang beansprucht, wie ein großes Flächenland.
32 BVerfGE 118, 277 (333).

durch eine Erhöhung der monatlichen Kostenpauschale von 1.548 EUR auf 2.160 EUR und der Personalmittel von rund 5.500 EUR auf rund 10.500 EUR erheblich angehoben.[33]

2. Ratio der Sicherung der Unabhängigkeit

Der **Unabhängigkeitsbegriff** der Abgeordneten ist umfassend zu verstehen: Gegenüber dem Staat, der Partei, der Fraktion, den Lobbyisten und allen anderen, die auf die Mandatsfreiheit eines Abgeordneten mit pekuniären Instrumenten einzuwirken versuchen.[34] Diese Unabhängigkeit wird zum einen „positiv" durch den Entschädigungsanspruch gem. Art. 40, 1 LV gesichert, indem der Abgeordnete in die Lage versetzt wird, für seinen wirtschaftlichen Unterhalt aus eigener Kraft zu sorgen und nicht auf Finanzierungen von anderer Seite angewiesen zu sein.[35] Zugleich aber wird die Unabhängigkeit „negativ" dadurch geschützt, dass durch Zuwendungen Dritter an Abgeordnete keine ungerechtfertigten Vorteile insbes. politischer Natur (wie zB ein bestimmtes Abstimmungsverhalten) „gekauft" werden dürfen (vgl. § 4 a I AbgG BW).[36] Daher stellt § 108 e StGB die **Bestechung von Abgeordneten** unter Strafe. Anders aber als § 44 a II 4 AbgG enthält § 4 a I AbgG BW keine Aussage über die Zulässigkeit von Abgeordnetenspenden zur Unterstützung im Wahlkampf und in der politischen Arbeit. Gleichwohl geht Ziff. II.2 der Transparenzregeln (Anlage 1 GO LT) mit einer Anzeige- und Rechnungsführungspflicht für derartige Spenden von deren Zulässigkeit aus.[37] 10

Um unabhängigkeitsgefährdende Interessenverflechtungen der Abgeordneten erkennen zu können, müssen diese nach den „Regeln über die Offenlegung der beruflichen Verhältnisse der Abgeordneten" (Anl. 1 GO LT) ihre neben dem Mandat (zulässigerweise)[38] bestehenden **beruflichen Tätigkeiten und vergüteten oder ehrenamtlichen Funktionen in Unternehmen oder Verbänden** zur Aufnahme in das Handbuch angeben (§ 4 a II AbgG BW).[39] Anders aber als in § 1 III der Verhaltensregeln für Mitglieder des Deutschen Bundestages (Anl. 1 GO BT) besteht für die Mitglieder des Landtags BW (noch)[40] keine Pflicht zur Angabe von daraus bezogenen Einkünften und deren Höhe. 11

---

33 G. v. 22.2.2017, GBl. 77.
34 BVerfGE 20, 56 (103).
35 *Trute* in: v. Münch/Kunig, Art. 48 Rn. 21; *Enzensperger*, VBlBW 2017, 451 (452 f.), leitet aus dem Gebot der Unabhängigkeitssicherung zudem eine über dem Durchschnittsverdienst der Bevölkerung liegende Höhe der Abgeordnetenentschädigung ab.
36 Vgl. zur entsprechenden Bundesregelung (§ 44 a II, III AbgG) *Käß*, VerwArch 2010, 457 (462–465); *Raue* in: Austermann/Schmahl, § 44 a Rn. 9–48.
37 Zur entsprechenden Rechtslage im Bund vor Aufnahme in § 44 a II 4 AbgG vgl. *Raue* in: Austermann/Schmahl, § 44 a Rn. 50; zu den diffizilen Abgrenzungsproblemen zu Parteispenden und zu unzulässigen Zuwendungen gem. § 4 a I AbgG BW ausf. *Austermann*, ZParl 2010, 527.
38 *Badura*, ZSE 2005, 167 (176 f.).
39 BVerfGE 40, 296 (LS 5).
40 Vgl. *Wetzel*, Nebeneinkünfte sollen ans Licht, Stuttgarter Zeitung v. 20.4.2017, 5.

12 Solche **Transparenz- und Offenlegungsregeln** stellen unter dem Leitbild eines Vollzeitparlaments und bei entsprechender gesetzlicher Grundlage[41] keine Verletzung der Mandatsfreiheit dar. Sie dienen sowohl der Unabhängigkeit der Mandatsträger vor intransparenten Verpflichtungen, als auch dem demokratischen Öffentlichkeitsprinzip und der Einlösung des Anspruchs des Volkes zu wissen, „von wem – und in welcher Größenordnung – seine Vertreter Geld oder geldwerte Leistungen annehmen".[42] Das private Interesse des Abgeordneten, die Vertraulichkeit seiner nebenberuflichen Tätigkeit (etwa als Rechtsanwalt) zu wahren, und seine davon berührte Berufsfreiheit gem. Art. 2 I LV iVm Art. 12 I GG müssen demgegenüber zurücktreten. Freilich kann dies dazu führen, dass eine sinnvolle Berufstätigkeit neben dem Mandat nicht mehr möglich ist, was die Abhängigkeit des Abgeordneten von seiner Partei (für die Wiederaufstellung) erhöht und nach dem Ausscheiden aus dem Landtag (nach einer im Durchschnitt nur rund 13jährigen Verweildauer)[43] die Rückkehr in das bürgerliche Berufsleben erschwert.[44]

3. Die einzelnen Leistungen an Abgeordnete

a) Personenbezogene Leistungen

13 Zu den Leistungen an die Abgeordneten zählt zunächst eine Grundentschädigung iHv 6.462 EUR im Monat als **Mandatsvergütung** (§ 5 I AbgG BW), die aus Gründen der Gleichbehandlung der allgemeinen Steuerpflicht unterliegt.[45] Die Höhe dieser Entschädigung wird jährlich zum 1.7. auf der Grundlage des Nominalindex für BW im Vorjahr entsprechend der allgemeinen Einkommensentwicklung fortgeschrieben und liegt Ende 2017 bei 7.776 EUR (Stand 1.7.2017).[46] Erhält ein Abgeordneter neben dem Mandat Bezüge aus einem Amtsverhältnis (insbes. als Mitglied der Regierung oder Politischer Staatssekretär), wird die Mandatsvergütung halbiert. Wei-

---

41 Bis 2008 waren die Offenlegungsregeln nur geschäftsordnungsrechtlich vorgesehen; wegen des damit verbundenen (aber gerechtfertigten) Eingriffs in den Mandatsstatus erfolgte die Schaffung einer gesetzlichen Grundlage, vgl. LT-Drs. 14/2500, 15; Rechtsgrundlage der Offenlegungsregeln ist freilich nicht Art. 40, 3 LV, sondern das Selbstorganisationsrecht des LT gem. Art. 32 I 2 LV, vgl. *Kluth* in: Schmidt-Bleibtreu/Hofmann/Henneke, Art. 48 Rn. 28.
42 BVerfGE 118, 277 (354); allerdings nur in einer 4:4-Entscheidung mit entsprechend geringer Klärungswirkung, vgl. *Kluth* in: Schmidt-Bleibtreu/Hofmann/Henneke, Art. 48 Rn. 27; s. auch BVerwG, U. v. 30.9.2009 – 6 A 1/08 – juris, zum Spannungsverhältnis zwischen Offenlegungsregeln und anwaltlicher Schweigepflicht bzgl. der Identität von Mandanten.
43 Auskunft der Landtagsverwaltung (Stand Frühjahr 2017).
44 BVerfGE 118, 277 (378), weshalb die die Entscheidung nicht tragende Senatshälfte eine möglichst große Freiheit zur Berufstätigkeit neben dem Mandat als integralen Teil der Mandatsfreiheit selbst ansieht; ähnl. *Klein* in: Maunz/Dürig, Art. 38 Rn. 223 c.
45 BVerfGE 40, 296 (LS 3 u. S. 327); *Schulze-Fielitz* in: Dreier, Art. 48 Rn. 29; *Klein* in: Maunz/Dürig, Art. 48 Rn. 194 f.
46 Vgl. https://www.landtag-bw.de/files/live/sites/LTBW/files/dokumente/aktuelles/Bekanntmachung%20der%20Landtagspr%c3%a4sidentin%20vom%2030.%20Mai%202017.pdf (1.11.2017); bereits im Jahr 2003 lagen die Mandatsgehälter in den anderen Ländern mit sechs Bundesratsstimmen zwischen 4.807 EUR (NRW) und 5.861 EUR (Bay), während BW damals noch bei 4.557 EUR lag – vgl. die Zusammenstellung in LT-Drs. 13/2046, 7.

tere Anrechnungsregeln betreffen parallele Versorgungs- oder Rentenbezüge sowie Übergangsgeldansprüche anderer Parlamente (§ 21 AbgG).[47]

Hinzu kommt ein den beamtenrechtlichen Beihilfevorschriften entsprechender Anspruch auf **Zuschüsse zu notwendigen Kosten in Krankheits-, Pflege-, Geburts- und Todesfällen** bzw. auf Bezuschussung von Krankenversicherungsbeiträgen (§ 19 I, II AbgG BW). Zusätzlich bekommen alle Abgeordneten (solange sie kein Regierungsamt innehaben) als „nachgelagerten Unabhängigkeitsschutz"[48] einen steuerpflichtigen **Vorsorgebeitrag** iHv 1.720 EUR (Stand 1.7.2017), wenn und soweit sie diesen nachweislich für eine **private Altersvorsorge** einsetzen.[49] Auch dieser Beitrag unterliegt der jährlichen Anpassung (§ 11 AbgG BW). Daneben sehen die §§ 14, 16 AbgG BW Regeln für den **Arbeitsunfähigkeits- und Todesfall eines Abgeordneten** sowie ein **Überbrückungsgeld für Hinterbliebene** vor. 14

b) Mandatsbezogene Leistungen

Neben die vorstehend genannten personenbezogenen Leistungen treten eine Reihe verschiedener Leistungen zur Unterstützung der Mandatsausübung, die ebenfalls von Art. 40, 1, 27 III LV dem Grunde nach erfasst sind. So erhält jeder Abgeordnete eine steuerfreie[50] **Kostenpauschale** iHv 2.169 EUR (Stand 1.7.2017) zur Abgeltung des mandatsbedingten Aufwands, wie er etwa durch die Wahlkreisbetreuung und die dafür erforderliche (Büro-)Infrastruktur entsteht. Diese Pauschale kann sich durch die Mitgliedschaft im PetA oder einem UA um bis zu 20 % erhöhen und wird bei Abgeordneten mit Amtsbezügen um 30 % reduziert. Auch diese Pauschale wird jährlich nach der allgemeinen Kostenentwicklung fortgeschrieben (§ 6 I-III AbgG BW). Außerdem zählt zur Ausstattung eines Abgeordneten auch die Nutzung eines eingerichteten Büros am Sitz des Landtags einschließlich eines Budgets für die Nutzung von IuK-Dienstleistungen (§ 6 V AbgG). 15

Die dritte – ebenfalls praktisch sehr wichtige – Komponente stellen die **Personalmittel** dar (§ 6 IV AbgG BW): So stehen jedem Abgeordneten auf Nachweis für Mitarbeiter oder mandatsbedingte Werk- und Dienstleistungen Mittel im Umfang einer E15- und einer E13-Stelle in den Stufen 5 bzw. 4 zur Verfügung, wobei die Art der Verwendung und Streuung dieser Mittel (auf maximal fünf Personen) weitgehend in das Belieben des jeweiligen 16

---

47 Zur Gebotenheit von Anrechnungsregeln s. BVerfGE 40, 296 (329 f.); 76, 256 (343); zu den Anrechnungsregeln auf Bundesebene vgl. *Austermann*, DÖV 2013, 187.
48 BT-Drs. 17/12500, 14.
49 Bei dieser Unterstützung der Altersabsicherung handelt es sich nach BVerfGE 32, 157 (LS 2 u. S. 165) um einen „Annex" der Abgeordnetenbesoldung; zum Erfordernis der Angemessenheit ihrer Höhe vgl. ThürVerfGH, U. v. 16.12.1998 – VerfGH 20/95 – juris, LS 5; zu den verschiedenen Modellen einer Altersabsicherung für Abg. vgl. BT-Drs. 17/12500, 24–30.
50 Zu der damit verbundenen Privilegierung von Abg. gegenüber anderen Steuerpflichtigen BFH, NJW 2009, 940; *Trute* in: v. Münch/Kunig, Art. 48 Rn. 34; *Klein* in: Maunz/Dürig, Art. 48 Rn. 197, betont das Verbot verdeckter Einkommenselemente.

Abgeordneten gestellt sind.[51] Hierbei sind allerdings vom Präsidenten ergänzend erlassene Richtlinien zu beachten, die u.a. einen Stunden-Höchstsatz (34,48 EUR), abgedeckte Nebenleistungen und insbesondere Ausschlusstatbestände für Ehe- bzw. Lebenspartner und nahe Angehörige vorsehen.[52] Daraus ergibt sich auch, dass das mit diesen Mitteln beschäftigte Personal nicht beim Landtag angestellt ist, sondern im Rahmen eines privatrechtlichen Arbeitsverhältnisses beim jeweiligen Abgeordneten, dessen Kosten vom Landtag übernommen werden.[53]

17 Schließlich erhalten alle Abgeordneten nach ihrem Ausscheiden aus dem Landtag ein **Übergangsgeld** in Höhe der Grundentschädigung. Die Bezugsdauer hängt von der Dauer der Mitgliedschaft im Landtag ab und liegt zwischen drei Monaten (ein Jahr Mitgliedschaft) und zwei Jahren (22 Jahre Mitgliedschaft und länger). Auf das Übergangsgeld werden Altersbezüge aus öffentlichen Kassen sowie alle Formen beruflichen Einkommens angerechnet (§ 10 I, II AbgG BW). Eine Altersentschädigung ist seit Einführung der Vorsorgebeiträge ab 2011 nicht mehr vorgesehen.

4. Problem der Funktionsvergütungen

18 Der **Präsident** und die **Fraktionsvorsitzenden** erhalten (unabhängig von der Größe ihrer Fraktion) eine Amtszulage iHv 125 % der Grundentschädigung. Ebenso bekommen der oder die Vizepräsident(en) sowie **pro Fraktion ein Geschäftsführer** eine Amtszulage iHv 50 % der Grundentschädigung (§ 5 II AbgG BW). Hierbei handelt es sich um (steuerpflichtige) **Einkommensbestandteile**.

19 Hinzu kommen steuerfreie **Aufwandsentschädigungen**, die im Fall des Präsidenten und der Fraktionsvorsitzenden 50 % der Kostenpauschale und im Fall des bzw. der Vizepräsidenten, jeweils eines Fraktionsgeschäftsführers, der Ausschussvorsitzenden und des stv. Vorsitzenden des PetA 25 % der Kostenpauschale sowie im Fall des PetA-Vorsitzenden zusätzliche 7 % der Kostenpauschale betragen (§ 6 VII AbgG). Darüber hinaus dürfen die **Fraktionen** aus ihren Mitteln[54] eine Aufwandsentschädigung an ihre stellvertretenden Vorsitzenden und an die Vorsitzenden ihrer fachlichen Arbeitskreise – maximal aber an 30 % der Fraktionsmitglieder – bezahlen

---

51 Während *v. Arnim*, DÖV 2011, 345 (351), die Notwendigkeit personeller Unterstützung eher bezweifelt, legt *Oberreuter*, ZParl 2014, 314 (322 f.) zahlreiche Gründe dafür dar und hält die bisherige Ausstattung eher für zu gering; beide konstatieren allerdings Schwierigkeiten bei der Abgrenzung von mandatsbedingter und parteibezogener Tätigkeit der Mitarbeiter.
52 Richtlinien für die Übernahme von Aufwendungen der Mitglieder des Landtags für Mitarbeiterinnen und Mitarbeiter oder mandatsbedingte Werk- oder Dienstleistungen (www.landtag-bw.de/files/live/sites/LTBW/files/dokumente/rechtliche_grundlagen/Richtlinien%20zu%20%c2%a7%206%20Abs.%204%20AbgG%20M%c3%a4rz%202016.pdf; 1.11.2017); zur bayr. „Verwandtenaffäre" vgl. *Oberreuter*, ZParl 2014, 314.
53 Ziff. 6 der zuvor genannten Richtlinien.
54 Der Anteil der Summe dieser Zulagen an allen Fraktionsausgaben ist tendenziell rückläufig und unterscheidet sich zwischen den Fraktionen erheblich: So lag der Anteil im Geschäftsjahr 2010/11 bei 23,3 % (CDU), 4,7 % (GRÜ), 11,3 % (SPD) und 10,8 % (FDP), vgl. LT-Drs. 15/1086, und im Geschäftsjahr 2013/14 bei 10,7 % (CDU), 2,7 % (GRÜ), 9,1 % (SPD) und 2,1 % (FPD), vgl. LT-Drs. 15/6224.

[Entschädigung der Abgeordneten] Artikel 40

(§ 3 III 2 FraktionsG).[55] Die Höhe muss „angemessen" sein, was insbesondere eine Orientierung am tatsächlich typischerweise entstehenden Mehraufwand sowie eine Einpassung in das System der Aufwandsentschädigungen gem. § 6 AbgG BW bedingt.

Dieses Vergütungs- und Entschädigungssystem findet seine verfassungsrechtliche Grundlage im Selbstorganisationsrecht des Landtags.[56] Doch so sinnvoll und funktionsnotwendig die zusätzlichen Vergütungen und Aufwandsentschädigungen für den parlamentarischen Betrieb sind, so kritisch steht ihnen – zumindest den zusätzlichen Vergütungen – das BVerfG gegenüber. Aus der im Demokratieprinzip und im Grundsatz der Wahlgleichheit wurzelnden **Egalität des Abgeordnetenmandats** (→ Art. 27 Rn. 59) leitet es ein striktes Gebot der gleichen Bezahlung ab. Nach Auffassung des Gerichts kann und darf es nicht darauf ankommen, ob ein Abgeordneter stärker oder weniger stark durch das Mandat in Anspruch genommen ist.[57] Insbesondere schließe die Mandatsegalität eine beamtenähnliche „Abgeordnetenlaufbahn" aus, weil die Ausrichtung auf die Erreichung der nächsthöheren Einkommensstufe die Mandatsfreiheit beeinträchtige.[58] Im ersten Diätenurteil hat es daher lediglich für den Präsidenten und die Vizepräsidenten und im zweiten Diätenurteil außerdem für die Fraktionsvorsitzenden eine höhere Vergütung akzeptiert, weil diese eine derart herausgehobene Position haben und zahlenmäßig so gering sind, dass keine Gefahr einer Abgeordnetenlaufbahn besteht.[59] In Zulagen für stellvertretende Fraktionsvorsitzende, Fraktionsgeschäftsführer und Ausschussvorsitzende hat das BVerfG aber auch beim zweiten Diätenurteil ausdrücklich einen Verstoß gegen die Mandatsfreiheit gesehen.[60] Zwar beziehen sich diese Urteile auf landesspezifische Gegebenheiten (Saarland bzw. Thüringen), basieren aber beide auf der Situation eines (im Verhältnis zum Bundestag kleineren) Landtags mit Vollzeitparlamentariern, wie das (inzwischen) auch in BW der Fall ist.[61]

Diese strikte Rechtsprechung des BVerfG hat in einem Sondervotum,[62] im rechtswissenschaftlichen Schrifttum[63] und nicht zuletzt in einer vor weni-

20

21

---

55 Zur Historie dieser Regelung s. StGH, U. v. 9.3.2009 – GR 1/08 – juris, Rn. 4 ff.
56 BVerfGE 102, 224 (242).
57 BVerfGE 40, 296 (LS 2 a u. S. 317 f.).
58 BVerfGE 102, 224 (239, 242 f.).
59 BVerfGE 40, 296 (318); 102, 224 (LS 3 u. S. 233, 241).
60 BVerfGE 102, 224 (244).
61 Vgl. dazu BremStGH, U. v. 5.11.2004 – St 3/03 – juris, Rn. 105; *Hölscheidt*, DVBl. 2000, 1734 (1741).
62 Das aar vom Senatsvorsitzenden, Vizepräsident *Seuffert*, stammt: BVerfGE 40, 296 (330 ff.).
63 Vgl. zB *Stern* in: Stern, § 24 II 1 („egalitärer Rigorismus"); *Schmahl*, AöR 130 (2005), 114 (131 ff.); *Feuchte*, Geschichte, 369; *Laubach*, ZRP 2001, 159 (162); *Jutzi*, ZParl 2014, 307 (308, 313); *Klein* in: Maunz/Dürig, Art. 48 Rn. 169 f.; *Sinner* in: Austermann/Schmahl, § 11 Rn. 56-61; *Wiefelspütz* in: Morlok/Schliesky/ders., § 15 Rn. 18; *Braun*, Art. 40 Rn. 10; *Hölscheidt*, DVBl. 2000, 1734 (1738 ff.); *Welti*, DÖV 2001, 705 (707-710); aA *Röper*, DÖV 2002, 655, der unter Verweis auf die vielfältigen politischen Vorerfahrungen von Verfassungsrichtern (656) eine rechtstreue Beachtung der BVerfG-Rechtsprechung anmahnt.

gen Jahren vom Bundestag eingesetzten Expertenkommission[64] zu Recht heftigen Widerspruch gefunden. Auch die Landesgesetzgeber[65] und die Landesverfassungsgerichte[66] waren bzw. sind sehr bemüht, andere Lösungen zu finden. Denn das BVerfG verkennt den **Unterschied zwischen dem Mandat** auf der einen Seite, das selbstverständlich unabhängig vom Einsatz und der Motivation des einzelnen Abgeordneten egalitär vergütet werden muss, **und zusätzlichen Funktionen in Parlament und Fraktion** auf der anderen Seite, die zwar die Mandatsstellung voraussetzen, aber über die Mandatsausübung hinausgehen und auf gesonderten und eigenständigen Wahl- und Bestellungsakten des Landtags bzw. der Fraktionen beruhen.[67]

22 Allerdings betrifft die Rechtsprechung des BVerfG (bislang) nur das Abgeordnetengehalt aus der Staatskasse. Damit gilt sie zum einen noch nicht für **aus Fraktionsmitteln finanzierte Gehaltsbestandteile**, wobei diese bei Anwendung der strikten Maßstäbe des BVerfG ebenfalls als weitgehend unzulässig anzusehen wären.[68] Zum anderen erfasst die Judikatur noch nicht das weite Feld der **funktionsspezifischen Aufwandspauschalen**, deren Zulässigkeit freilich einen zusätzlichen typischen funktionsabhängigen (finanziellen) Aufwand voraussetzt (zB Fahrtkosten oder Fachliteratur).[69] Nach der hier vertretenen Auffassung sind gehaltsrelevante Funktionsvergütungen unabhängig von ihrer Herkunft aus der Staats- oder Fraktionskasse dann zulässig, wenn sie sich auf eine überschaubare – aber nicht verschwindend geringe – Zahl **herausgehobener politischer Funktionen** beziehen (bis ca. 25 %).[70] Hierzu können neben dem Präsidenten, dem oder den Vizepräsidenten und den Fraktionsvorsitzenden auch die stellvertretenden Fraktionsvorsitzenden,[71] die Fraktionsgeschäftsführer,[72] die Ausschussvorsitzenden und die Arbeitskreisvorsitzenden zählen.[73]

---

64 Bericht und Empfehlungen der Unabhängigen Kommission zu Fragen des Abgeordnetenrechts, BT-Drs. 17/12500, 32-36.
65 *Klein* in: Maunz/Dürig, Art. 48 Rn. 168.
66 HambVerfG, U. v. 11.7.1997 – HVerfG 1/96 – juris; ThürVerfGH, U. v. 14.7.2003 – VerfGH 2/01 – juris; LVerfG SchlH, U. v. 30.9.2013 – LVerfG 13/12 – juris; BremStGH, U. v. 5.11.2004 – St 3/03 – juris; keine inhaltliche Aussage liegt dagegen vom VerfGH vor, da die Sachanträge in der einzigen Diätenentscheidung als unzulässig zurückgewiesen wurden, vgl. StGH, U. v. 9.3.2009 – GR 1/08 – juris.
67 *Seuffert* in: BVerfGE 40, 296 (339 f.); ThürVerfGH, U. v. 14.7.2003 – VerfGH 2/01 – juris, LS 2.
68 *Welti*, DÖV 2001, 707 (710 f.), *Schmahl*, AöR 130 (2005), 114 (144 f.); *Brocker/Messer*, NVwZ 2005, 895 (896 f.).
69 ThürVerfGH, U. v. 14.7.2003 – VerfGH 2/01 – juris, LS 3-6 sowie Rn. 51, 65, 69, 71, 88; *Welti*, DÖV 2001, 707 (712).
70 LVerfG SchlH, U. v. 30.9.2013 – LVerfG 13/12 – juris, LS 2, 3.
71 Ebenso BremStGH, U. v. 5.11.2004 – St 3/03 – juris, LS 1 u. Rn. 108-113, und HambVerfG, U. v. 11.7.1997 – HVerfG 1/96 – juris, LS 2 u. Rn. 61, jeweils unter Betonung des landesspezifischen Charakters als Teilzeitparlament.
72 LVerfG SchlH, U. v. 30.9.2013 – LVerfG 13/12 – juris, LS 4 u. Rn. 65; *Brocker/Messer*, NVwZ 2005, 895 (897); *Schmahl*, AöR 130 (2005), 114 (137 f.).
73 Zu allen genannten Funktionen BT-Drs. 17/12500, 34–36; außerdem HambVerfG, U. v. 11.7.1997 – HVerfG 1/96 – juris, LS 3, für Fraktionsfunktionen; *Brocker/Messer*, NVwZ 2005, 895 (897), für Aufwandspauschalen.

II. Freifahrtrecht (Satz 2)

Das Freifahrtrecht gem. Art. 40, 2 LV bezieht sich auf alle staatlichen (also 23 nicht kommunalen) Verkehrsmittel. Da das Land BW keine eigenen Verkehrsmittel unterhält – gedacht ist dabei vielmehr an die Deutsche Bahn AG –, und sich dieser Anspruch mangels Bindungskraft der LV nicht unmittelbar gegen den Bund oder die Bahn richten kann, bedeutet diese Verfassungsbestimmung einen **Freistellungsanspruch gegenüber dem Land** von den der Bahn zu bezahlenden Fahrtkosten.[74] Dieser Anspruch ist einfachgesetzlich in § 6 VI AbgG niedergelegt und wird durch eine auf den Geltungsbereich des Landes begrenzte NetzCard 1. Klasse eingelöst.[75] Über Art. 40, 2 LV hinaus werden nach dieser Bestimmung auch Kosten für kommunale Verkehrsmittel in Stuttgart sowie für Reisen über die Landesgrenzen hinaus nach Bonn, Berlin und Brüssel erstattet, soweit sie aus Anlass der parlamentarischen Tätigkeit entstehen.

III. Regelungsauftrag (Satz 3)

Die Regelungspflicht des Gesetzgebers gem. Art. 40, 3 LV korrespondiert 24 mit dem **Demokratie- und Rechtsstaatsprinzip**, wonach über Art und Höhe der Abgeordnetenentschädigung vor den Augen der Öffentlichkeit beraten und entschieden sowie ein **transparentes Regelungssystem** geschaffen werden muss.[76] Dies gilt nicht nur für das eigentliche Abgeordnetengehalt, sondern für sämtliche Komponenten der Abgeordnetenentschädigung bis hin zu Aufwandspauschalen, die deshalb alle formell-gesetzlich zu regeln sind.[77] Dieses besondere Transparenz- und Öffentlichkeitsgebot folgt aus dem Charakter als „**Gesetzgebung in eigener Sache**" wegen des damit strukturell verbundenen Missbrauchsrisikos.[78]

Diese Vorgaben betreffen nicht nur die erstmalige Festlegung, sondern 25 auch die regelmäßig angezeigten Erhöhungen. Sie stehen damit vielfältigen Versuchen entgegen, die mit den wiederkehrenden Erhöhungsdiskussionen verbundene negative Publizität zu vermeiden.[79] Daher sind weder **Outsourcing-Strategien** (zB Übertragung der Entscheidung auf eine Expertenkommission)[80] zulässig, noch starre **Anbindungen der Abgeordnetenentschädi-**

---

74 So schon Abg. *Gönnenwein* (FDP/DVP) in der 11. VA-Sitzung am 16.9.1952 in: Feuchte, Quellen, 2. Teil, 458; *Braun*, Art. 40 Rn. 19.
75 Auskunft der Landtagsverwaltung.
76 BVerfGE 40, 296 (LS 5 u. S. 316f., 327); ThürVerfGH, U. v. 14.7.2003 – VerfGH 2/01 – juris, Rn. 57-59; *Klein* in: Maunz/Dürig, Art. 48 Rn. 148; *Badura*, ZSE 2005, 167 (182f.).
77 VerfGH NRW, U. v. 16.5.1995 – VerfGH 20/93 – juris, LS 2 u. Rn. 42.
78 BVerfGE 40, 296 (327); *Trute* in: v. Münch/Kunig, Art. 48 Rn. 28; *Schulze-Fielitz* in: Dreier, Art. 48 Rn. 34; *Wiefelspütz* in: Morlok/Schliesky/ders., § 15 Rn. 2.
79 *Brugger*, ZRP 1992, 321, verweist zur Vermeidung des Anscheins von Selbstbedienung auf die us-amerikanische Regelung, die Erhöhungen immer erst für die nächste Wahlperiode wirksam werden zu lassen (freilich bezogen auf die nur zweijährigen Wahlperioden des Repräsentantenhauses); ebenso für einen solchen Wahlperiodenvorbehalt *Vogel*, ZG 1992, 293 (300, 301).
80 Vgl. den Vorschlag von *Vogel*, ZG 1992, 293 (300 f.), der sich de constitutione ferenda für eine solche Relativierung des parlamentarischen Gesetzgebungsmonopols ausspricht; krit. dagegen *Rupp*, ZG 1992, 285 (291), der auf die Gefahren einer Überforderung und eines Alibi-Charakters für politische Entscheidungsschwäche hinweist.

gung an andersartige Besoldungsstrukturen von Beamten oder Richtern (sog. Koppelungsverbot).[81] Auch der „Trick", zu Beginn einer Wahlperiode bereits quasi „auf Vorrat" alle (jährlichen oder zweijährlichen) Erhöhungen für die ganze Periode zu beschließen (sog. „**Staffeldiäten**") und den Ärger nur einmal durchstehen zu müssen, begegnet verfassungsrechtlichen Einwänden.[82]

26 Auch die grundsätzlichen Entscheidungen über das „ob" und die Höhe von Zulagen und Aufwandspauschalen dürfen nicht hinter verschlossenen Türen in Präsidium oder Fraktionsvorständen getroffen werden, sondern bedürfen der gesetzlichen Festlegung.[83] Zulässig sind jedoch **Indexierungsregelungen**, wonach die Entwicklung der Höhe von Gehalt und Zulagen von allgemeinen und sachgerechten Kostenindizes abhängig gemacht wird (vgl. § 5 III AbgG BW).[84] Der Landtag muss gegenüber seinen Mitgliedern und der Öffentlichkeit die Verantwortung für das Entschädigungssystem uneingeschränkt übernehmen. Eine besondere **Begründungspflicht** ist damit jedoch nicht verbunden.[85] Im Übrigen hat der Landtag bei der gesetzlichen Ausgestaltung des Entschädigungsanspruchs einen **weiten Gestaltungsspielraum**.[86]

27 Abgeordnete können Verfassungsverstöße der Entschädigungsregelung im **Organstreitverfahren** gegen den Landtag rügen.[87] Dies gilt aber nur dann, wenn die Verstöße mit einem möglichen Eingriff in das freie Mandat eines Abgeordneten verbunden sind. So kann eine als überhöht angesehene Entschädigung nicht – etwa vor dem Hintergrund der objektiv-rechtlichen Gebote der Wirtschaftlichkeit und Sparsamkeit – im Wege des Organstreitverfahrens gerügt werden. Denn hierbei handelt es sich um eine für den Abgeordneten rechtlich ausschließlich vorteilhafte Regelung, die nicht in die subjektive Rechtsstellung eingreift. Damit ist für ein Organstreitverfahren, das nicht der „allgemeinen Verfassungsaufsicht" dient, kein Raum mehr.[88] Geht es dagegen um die administrative Umsetzung der entsprechenden Bestimmungen des AbgG durch den (insoweit als Behörde handelnden) Präsi-

---

81 BVerfGE 40, 296 (316 f.); *Kluth* in: Schmidt-Bleibtreu/Hofmann/Henneke, Art. 48 Rn. 12; krit. dazu *Eyermann*, ZRP 1992, 201 (203); *Klein* in: Maunz/Dürig, Art. 48 Rn. 163-166; eine verantwortungsbezogene Orientierung der Angemessenheit an Besoldungsstufen ist dadurch nicht ausgeschlossen, vgl. *Sinner* in: Austermann/Schmahl, § 11 Rn. 26 f.
82 *Pestalozza*, NJW 1987, 818 (820), sieht darin eine „Verdunkelung" entgegen dem Transparenzgebot.
83 VerfGH NRW, U. v. 16.5.1995 – VerfGH 20/93 – juris, Rn. 52; großzügiger insoweit HambVerfG, U. v. 11.7.1997 – HVerfG 1/96 – juris, Rn. 73, wonach eine pauschale Ermächtigung der Fraktionen zur Zulagengewährung für besondere Funktionen ausreichen soll.
84 ThürVerfGH, U. v. 16.12.1998 – VerfGH 20/95 – juris, LS 2; *Wiefelspütz* in: Morlok/Schliesky/ders., § 15 Rn. 12-14; *Badura*, ZSE 2005, 167 (175); *Enzensperger*, VBlBW 2017, 451 (453).
85 ThürVerfGH, U. v. 14.7.2003 – VerfGH 2/01 – juris, LS 1; aA *Schulze-Fielitz* in: Dreier, Art. 48 Rn. 35.
86 BVerfGE 76, 256 (342); *Kluth* in: Schmidt-Bleibtreu/Hofmann/Henneke, Art. 48 Rn. 11; *Schulze-Fielitz* in: Dreier, Art. 48 Rn. 21; *Klein* in: Maunz/Dürig, Art. 48 Rn. 160, 181.
87 BVerfGE 64, 301 (LS 1).
88 VerfGH, B. v. 26.9.2017 – 1 GR 27/17 – juris, Rn. 30 u. 34.

denten, fehlt es wegen des einfach-gesetzlichen Streitgegenstandes an der doppelten Verfassungsunmittelbarkeit, weshalb der **Verwaltungsrechtweg** eröffnet ist.[89]

Artikel 41 [Erwerb und Verlust des Mandats]

(1) ¹Wer zum Abgeordneten gewählt ist, erwirbt die rechtliche Stellung eines Abgeordneten mit der Annahme der Wahl. ²Der Gewählte kann die Wahl ablehnen.

(2) ¹Ein Abgeordneter kann jederzeit auf sein Mandat verzichten. ²Der Verzicht ist von ihm selbst dem Präsidenten des Landtags schriftlich zu erklären. ³Die Erklärung ist unwiderruflich.

(3) Verliert ein Abgeordneter die Wählbarkeit, so erlischt sein Mandat.

Schrifttum:
Frank/Stober (Hrsg.), Rotation im Verfassungsstreit, 1985; *Jekewitz*, Der Ausschluss vom aktiven und passiven Wahlrecht zum Deutschen Bundestag und zu den Volksvertretungen der Länder aufgrund richterlicher Entscheidung, GoltdA 1977, 161; *Moewes*, Das Ruhen des Mandats, Ad Legendum 2016, 56; *Nelles*, Statusfolgen als „Nebenfolgen" einer Straftat (§ 45 StGB), JZ 1991, 17; *Sauer*, Beginn und Ende der Rechtsstellung als Abgeordneter, in: Morlok/Schliesky/Wiefelspütz, § 11; *Schmitt*, Der Verlust des Abgeordnetenmandats in den politischen Volksvertretungen der Bundesrepublik Deutschland, 1955; *Stein*, „Wer die Wahl hat …". Der Grundsatz der Allgemeinheit der Wahl und der Ausschluss vom Wahlrecht wegen strafgerichtlicher Verurteilung, GoltdA 2004, 22; *Versteyl*, Beginn und Ende der Wahlperiode, Erwerb und Verlust des Mandats, in: Schneider/Zeh, § 14.

Vergleichbare Regelungen:
Zu Abs. 1 (Mandatsbeginn): Art. 11 I NdsVerf, 43 I SächsVerf, 56 III LSAVerf, 52 I ThürVerf.
Zu Abs. 2 u. 3 (Mandatsverzicht und -erlöschen): Art. 19 BayVerf, 80 S. 1 BremVerf, 8 HambVerf, 81 RPVerf, 43 II, III SächsVerf, 44 II 1 LSAVerf, 52 II, III ThürVerf.

Ergänzende Normen: Art. 42 LV, §§ 1 AbgG BW, 46–49 LWG, 8 GO LT.

A. Überblick und Einordnung	1	II. Ende der Abgeordnetenstellung	6
I. Bedeutung	1	1. Mandatsverzicht (Abs. 2)	6
II. Herkunft, Entstehung, Geschichte	2	2. Erlöschen des Mandats (Abs. 3)	8
III. Verfassungsvergleichende Einordnung	3	3. Weitere Beendigungsgründe	9
B. Erläuterung	4		
I. Beginn der Abgeordnetenstellung (Abs. 1)	4		

A. Überblick und Einordnung

I. Bedeutung

Art. 41 LV regelt den Beginn und einige Fallgruppen der Beendigung eines 1 Landtagsmandats und umreißt damit den **zeitlichen Geltungsbereich der**

---

89 SächsVerfGH, LVerfGE 19, 428 (LS 1 u. S. 435 f.).

Statusrechte eines Abgeordneten (vgl. Art. 27 III, 29, 37–40 LV). So ist für den Mandatserwerb der Zeitpunkt der Annahme der Wahl maßgeblich. Eine Mandatsbeendigung tritt „planmäßig" mit dem Ende der Wahlperiode oder „außerplanmäßig" mit dem Mandatsverzicht (Abs. 2), dem Erlöschen des Mandats wegen Verlusts des passiven Wahlrechts (Abs. 3), der Mandatsaberkennung (Art. 42), der Feststellung der Verfassungswidrigkeit der Partei (§ 49 LWG) oder dem Tod des Mandatsinhabers ein.

II. Herkunft, Entstehung, Geschichte

2 Die Regelung von Mandatserwerb und -verlust hat im südwestdeutschen Raum eine **lange Tradition** und findet sich bereits in den §§ 153, 158 VerfWü 1819, 39 VerfBad 1818 (ab 1904),[1] 27 II VerfBad 1919 sowie in allen unmittelbaren Vorgängerverfassungen der LV (Art. 64 I VerfLB, 54 VerfWB, 26 VerfWH). Entsprechend unstreitig verliefen die Beratungen im VA, weshalb Art. 41 LV auf Plenarebene in der VLV ohne Diskussion gebilligt wurde.[2]

III. Verfassungsvergleichende Einordnung

3 Obwohl Beginn und Ende des Mandats von essentieller Bedeutung für den Abgeordnetenstatus sind, regeln der Bund und zahlreiche Länder diese Fragen im Wesentlichen nur auf einfachgesetzlicher Ebene (vgl. Art. 38 III GG iVm §§ 45–47 BWahlG). In der Sache sind die **Unterschiede überschaubar**. So ist der Beginn des Mandatsverhältnisses in Art. 11 I NdsVerf, 43 I 2 SächsVerf nicht nur an die Annahme der Wahl geknüpft, sondern kumulativ auch an den Beginn der Wahlperiode bzw. die Konstituierung des Landtags. Damit wird eine Überschneidung von altem und neuem Mandat sowohl innerhalb derselben Person (eines Wiedergewählten) als auch bei verschiedenen Personen – anders als in BW – vermieden.[3] Die Regelungen in Abs. 2 und 3 dürften eher **deklaratorischer und klarstellender Natur** sein. Denn die Möglichkeit, die Wahl nicht anzunehmen und auf das Mandat jederzeit zu verzichten, ergibt sich auch ohne verfassungsrechtliche Erwähnung aus dem Wesen des freien Mandats (vgl. §§ 45 I 2, 46 III BWahlG). Auch die Akzessorietät des Mandats zum passiven Wahlrecht folgt bereits aus der Natur des Letzteren.

B. Erläuterung

I. Beginn der Abgeordnetenstellung (Abs. 1)

4 Die Gewählten werden vom Landeswahlleiter über ihre Wahl offiziell unterrichtet und aufgefordert, sich binnen einer Woche zur Annahme der Wahl schriftlich zu erklären (§ 45, 2 LWG). Da es sich bei dieser Erklärung um eine empfangsbedürftige einseitige öffentlich-rechtliche **Willenserklärung mit Gestaltungwirkung** handelt, wird die Annahme der Wahl mit dem form- und fristgerechten Eingang der Erklärung beim Landeswahlleiter un-

---

1 Vgl. www.verfassungen.de/de/bw/baden/baden18-index.htm (1.11.2017).
2 Vgl. die 11., 47. und 52. VA-Sitzung am 16.9.1952, am 14.4. und am 29.5.1953 in: Feuchte, Quellen, 2. Teil, 463–466, 6. Teil, 24 u. 485, sowie die 44. und 58. VLV-Sitzung am 30.6. und 4.11.1953, aaO, 8. Teil, 63 u. 360.
3 Vgl. SaarlVerfGH, U. v. 16.4.2013 – Lv 10/12 – juris, Rn. 78.

widerruflich wirksam (§ 46 I 1, 4 LWG).[4] Ansonsten tritt diese Wirkung mit dem Ablauf der einwöchigen Frist gem. § 45, 2 LWG ein, soweit keine Ablehnung der Wahl erfolgt ist (§ 46 I 2 LWG). Diese Fiktion der Wahlannahme begegnet jedenfalls dann keinen Bedenken, wenn der Gewählte im Rahmen seiner Unterrichtung über diese Rechtsfolge des erklärungslosen Fristablaufs belehrt worden ist.[5] Der Zeitpunkt der Annahme der Wahl ist nach Art. 41 I 1 LV für den **Beginn der rechtlichen Stellung als Abgeordneter** maßgeblich. Es kommt folglich für den Mandatserwerb weder auf den Beginn der Wahlperiode, noch auf die Konstituierung des Landtags, noch auf eine fortbestehende Parteimitgliedschaft[6] an. Der Landeswahlleiter stellt dem Gewählten nach der Mandatsannahme eine Wahlurkunde aus (§ 46 II LWG). Zudem erhält er vom Präsidenten einen Abgeordnetenausweis (§ 8 GO LT). Lehnt der Gewählte dagegen innerhalb der Frist die Wahl ab oder erklärt er seine Annahme unter einem Vorbehalt, ist die Wahl endgültig und unwiderruflich abgelehnt (§ 46 I 3, 4 LWG).

Dasselbe Verfahren gilt im Fall der Nachwahl gem. § 51 LWG sowie des **Nachrückens eines Ersatzbewerbers** (§§ 1 II 1, 47 LWG), dessen Mandatsstellung deshalb nicht schon im Moment des Ausscheidens des zunächst gewählten Hauptbewerbers beginnt, sondern erst nach erfolgter Annahme des Mandats. Erklärt freilich der Vorgänger seinen Mandatsverzicht mit einem zeitlichen Vorlauf, kann dieses Verfahren für den Nachrücker entsprechend vorgezogen werden. In diesem Fall aber beginnt die Mandatsstellung erst dann, wenn der Nachrücker das Mandat angenommen hat und dieses auch frei geworden ist.[7] Hat ein Ersatzbewerber zwischen Wahl und Eintritt des Nachrückfalles die ihn vorschlagende Partei verlassen, ändert dies nichts daran, dass die Person am Wahltag mitgewählt worden ist[8] und deshalb eine nun zum Vollrecht erstarkende Anwartschaft erworben hat.[9] Ob eine gegenteilige gesetzliche Regelung möglich ist, ist umstritten.[10] 5

II. Ende der Abgeordnetenstellung
1. Mandatsverzicht (Abs. 2)

Die Möglichkeit des Mandatsverzichts folgt aus der Freiheit des Mandats.[11] Wie die Erklärung zur Annahme der Wahl stellt auch die Verzichtserklärung eine empfangsbedürftige einseitige öffentlich-rechtliche Willenserklärung mit Gestaltungswirkung dar. Sie ist **jederzeit nach dem Mandatsbeginn** möglich (Art. 41 II 1 LV) und muss gegenüber dem Präsidenten als einzige empfangszuständige Stelle sowie **zwingend schriftlich** iSv § 126 I 6

---

4 Theoretisch kann die Wahl schon vor der Unterrichtung durch den Wahlleiter (freilich aber erst nach der Wahl selbst) angenommen oder abgelehnt werden; ansonsten würden die einfachgesetzlichen Vorgaben im Verhältnis zu Art. 41 I LV zu eng verstanden, vgl. *Feuchte* in: Feuchte, Art. 41 Rn. 2; aA *Braun*, Art. 41 Rn. 3.
5 *Soffner* in: Epping/Butzer u.a., Art. 11 Rn. 15.
6 SaarlVerfGH, U. v. 16.4.2013 – Lv 10/12 – juris, LS 2 u. Rn. 55, 59.
7 *Soffner* in: Epping/Butzer u.a., Art. 11 Rn. 22.
8 BVerfGE 97, 317 (LS 1 u. S. 323).
9 SaarlVerfGH, U. v. 16.4.2013 – Lv 10/12 – juris, Rn. 80 f.
10 *Meyer* in: HStR, § 46 Rn. 17; aA BVerfGE 7, 63 (72 f.).
11 *Wagner* in: Grimm/Caesar, Art. 81 Rn. 2.

BGB – also insbesondere mit handschriftlicher Unterzeichnung – erfolgen.[12] Damit wird sichergestellt, dass der Abgeordnete sich der Tragweite seines Handelns bewusst ist und keiner spontanen Erregung folgt. Außerdem ist die Erklärung **höchstpersönlicher Natur**, da sie nur von „ihm selbst" abgegeben werden kann (Art. 41 II 2 LV),[13] und wegen ihres Gestaltungscharakters **unwiderruflich** (Art. 41 II 3 LV) und nur vorbehaltlos möglich.[14] Des Weiteren setzt die Wirksamkeit des Verzichts voraus, dass dieser **selbstbestimmt und freiwillig** erklärt worden ist. Etwaige Vereinbarungen oder Satzungsregelungen (von Partei oder Fraktion) mit der Rechtsfolge eines Mandatsverzichts (zB im Rahmen eines Rotationsmodells) verstoßen gegen Art. 41 II LV mit der Folge ihrer Nichtigkeit.[15] Der Mandatsverzicht ist nicht begründungspflichtig,[16] weshalb der Landtagspräsident zu keiner Motivforschung befugt ist. Hat er jedoch Zweifel am Vorliegen der genannten Voraussetzungen eines wirksamen Verzichts, kann er damit den Wahlprüfungsausschuss befassen.[17]

7 Ein **Ruhen des Mandats** („Verzicht auf Zeit") – etwa während der Ausübung eines Regierungsamtes – ist weder vorgesehen noch möglich. Denn dem stehen die Bedingungsfeindlichkeit von Gestaltungserklärungen, die Unmittelbarkeit und Gleichheit der Wahl sowie das freie Mandat des Nachrückers (dessen Beendigung dem völligen Belieben des ursprünglichen Mandatsinhabers unterläge) entgegen.[18]

2. Erlöschen des Mandats (Abs. 3)

8 Die rechtliche Fähigkeit, zum Abgeordneten gewählt zu werden, stellt bei Gewählten ein fortdauerndes Erfordernis der Mandatsausübung dar. Dies umfasst nicht nur die in Art. 28 II LV iVm § 7 I Nr. 1, 2 LWG benannten Wahlrechtsbedingungen der **Staatsangehörigkeit und Sesshaftigkeit** in BW (→ Art. 28 Rn. 20), sondern auch die in § 7 II LWG enthaltenen Ausschlussgründe vom Wahlrecht: Hierzu zählt zum einen der **Verlust der Wählbarkeit infolge Richterspruchs**, wie er bei einer strafrechtlichen Verurteilung wegen eines Verbrechens zu einer Freiheitsstrafe von einem Jahr oder mehr für die Dauer von fünf Jahren eintritt oder bei bestimmten Delikten mit besonderer gesetzlicher Anordnung nach gerichtlichem Ermessen[19] für die Dauer von zwei bis fünf Jahren eintreten kann (§ 45 I, II

---

12 Andernorts wird sogar eine Erklärung zur Niederschrift des Präsidenten oder eines Notars verlangt, vgl. § 46 III BWahlG, Art. 56 II 1 BayLWG.
13 Abg. *Müller* in der 11. VA-Sitzung am 16.9.1952 in: Feuchte, Quellen, 2. Teil, 463.
14 *Wagner* in: Grimm/Caesar, Art. 81 Rn. 8.
15 *Huber* in: Meder/Brechmann, Art. 19 Rn. 2; *Möstl* in: Lindner/ders./Wolff, Art. 19 Rn. 4; *Wagner* in: Grimm/Caesar, Art. 81 Rn. 10; *Versteyl* in: Schneider/Zeh, § 14 Rn. 33-35; *Sauer* in: Morlok/Schliesky/Wiefelspütz, § 11 Rn. 8.
16 *Versteyl* in: Schneider/Zeh, § 14 Rn. 33.
17 *Wagner* in: Grimm/Caesar, Art. 81 Rn. 13; *Sauer* in: Morlok/Schliesky/Wiefelspütz, § 11 Rn. 9.
18 HessStGH, U. v. 7.7.1977 – P. St. 783 – juris, LS 2, 4 u. Rn. 81 ff. (Unmittelbarkeit), 95 ff. (Gleichheit), 113 ff. (freies Mandat); *Dette* in: Linck/Baldus u.a., Art. 52 Rn. 6; *Huber* in: Meder/Brechmann, Art. 19 Rn. 6; *Möstl* in: Lindner/ders./Wolff, Art. 19 Rn. 11; *Moewes*, Ad Legendum, 2016, 56 (58).
19 Da nach *Nelles*, JZ 1991, 17 (21), weder maßregel- noch straforientierte Kriterien für die Ausübung dieses richterlichen Ermessens sachgerecht sind, votiert sie bezüglich des passiven Wahlrechts für wahlrechtsbezogene Maßstäbe (aaO, 22).

StGB). Zur zweiten ("fakultativen") Fallgruppe zählt zB eine Verurteilung zu einer Freiheitsstrafe von mindestens sechs Monaten wegen Friedensverrat, Hochverrat und Gefährdung des demokratischen Rechtsstaates (§§ 80–91 iVm § 92 a StGB), Landesverrat und Gefährdung der äußeren Sicherheit (§§ 93–100 a iVm § 101 StGB), Wahlbehinderung und -fälschung sowie Wählernötigung und -bestechung (§§ 107 f., 108 f. iVm § 108 c StGB) oder Bestechlichkeit (§ 108 e V StGB).[20] Auch eine Grundrechtsverwirkung kann diese Folge nach sich ziehen (Art. 18 GG, § 39 II BVerfGG). Außerdem verliert zum anderen die Wählbarkeit, wer zur Besorgung aller seiner Angelegenheiten unter **Betreuung gem. § 1896 ff. BGB** gestellt worden ist. Dasselbe gilt schließlich bei **Übernahme eines inkompatiblen Amtes** (→ Art. 29 Rn. 11 ff.).[21] Für jeden dieser Fälle des Verlusts des passiven Wahlrechts ordnet Art. 41 III LV das Erlöschen des Mandats an. Im Streitfall prüfen dies zunächst der Landtag und dann der VerfGH gem. Art. 31 I 2, II LV (→ Art. 31 Rn. 17).

3. Weitere Beendigungsgründe

Aus der LV und dem LWG ergeben sich noch weitere Gründe für eine Beendigung der Abgeordnetenstellung. Dies gilt zunächst für den "normalen Regelfall" des **Ablaufs der (ggf. verkürzten) Wahlperiode** im Fall keiner erfolgten Wiederwahl (sog. personelle Diskontinuität, → Art. 30 Rn. 17). Hinzu kommen einige Sonderfälle einer vorzeitigen Mandatsbeendigung wie der **Mandatsverlust infolge einer Korrektur des Wahlergebnisses** im Rahmen der Wahlprüfung gem. Art. 31 I LV (→ Art. 31 Rn. 16) und die **Mandatsaberkennung gem. Art. 42 LV** (s. dortige Kommentierung). Auch der **Tod des Mandatsinhabers** führt zur Beendigung der Abgeordnetenstellung (§ 47 II Nr. 1 LWG). Der **Austritt aus der Partei**, auf deren Vorschlag hin ein Abgeordneter gewählt worden ist, stellt dagegen keinen Beendigungsgrund für die Abgeordnetenstellung dar, weil ein solcher Schritt von der Freiheit des Mandats umfasst ist (→ Art. 27 Rn. 121).[22]

9

Ebenso führt gem. § 49 LWG ein vom BVerfG gem. Art. 21 II GG ausgesprochenes **Parteiverbot** zum Mandatsverlust bei denjenigen Abgeordneten, die zum Zeitpunkt der Stellung des Verbotsantrags gem. § 43 I BVerfGG oder zum Zeitpunkt der Urteilsverkündung der betroffenen Partei angehören. Aufgrund der Fundierung in Art. 21 II GG[23] muss dies auch für diejenigen Abgeordneten gelten, die auf Vorschlag der verbotenen Partei gewählt worden sind, ihr aber mittlerweile nicht mehr angehören.

10

---

20 *Stein*, GoltdA 2004, 22 (27-32), sieht darin zumindest für das aktive Wahlrecht eine Verletzung des Wahlrechtsgrundsatzes der allgemeinen Wahl; kritisch auch für das passive Wahlrecht *Jekewitz*, GoltdA 1977, 161 (169 f., 177 f.).
21 Gegen einen solchen Automatismus und für ein Wahlrecht *Sauer* in: Morlok/Schliesky/Wiefelspütz, § 11 Rn. 13, was aber zu rechtlich nicht gewollten Hängepartien führen kann.
22 SaarlVerfGH, U. v. 16.4.2013 – Lv 10/12 – juris, Rn. 58, 73; *Sauer* in: Morlok/Schliesky/Wiefelspütz, § 11 Rn. 27.
23 BVerfGE 2, 1 (72 ff.); 5, 85 (392).

Artikel 42 [Abgeordnetenanklage]

(1) Erhebt sich der dringende Verdacht, daß ein Abgeordneter seine Stellung als solcher in gewinnsüchtiger Absicht mißbraucht habe, so kann der Landtag beim Verfassungsgerichtshof ein Verfahren mit dem Ziel beantragen, ihm sein Mandat abzuerkennen.

(2) [1]Der Antrag auf Erhebung der Anklage muß von mindestens einem Drittel der Mitglieder des Landtags gestellt werden. [2]Der Beschluß auf Erhebung der Anklage erfordert bei Anwesenheit von mindestens zwei Dritteln der Mitglieder des Landtags eine Zweidrittelmehrheit, die jedoch mehr als die Hälfte der Mitglieder des Landtags betragen muß.

Schrifttum:

Becker, Korruptionsbekämpfung im parlamentarischen Bereich, 1998; *Freund*, Die Anklageverfahren vor den Landesverfassungsgerichten, in: Starck/Stern (Hrsg.), Landesverfassungsgerichtsbarkeit, 1983, Band 2, 307; *Kratzsch*, Befugnis der Länderparlamente zur Aberkennung des Abgeordnetenmandats bei Unwürdigkeit und Mandatsmissbrauch, DÖV 1970, 372; *Roll*, Verhaltensregeln, in: Schneider/Zeh, § 19.

Vergleichbare Regelungen: Art. 61 BayVerf, 61 BbgVerf, 85 I BremVerf, 7 II HambVerf, 17 NdsVerf, 85 SaarlVerf, 118 SächsVerf.

Ergänzende Normen: §§ 43, 30–38 VerfGHG.

A. Überblick und Einordnung	1	B. Erläuterung	5
I. Bedeutung	1	I. Materielle Voraussetzungen der Abgeordnetenanklage (Abs. 1)	5
II. Herkunft, Entstehung, Geschichte	2		
III. Verfassungsvergleichende Einordnung	3	II. Verfahren der Anklageerhebung (Abs. 2)	7

A. Überblick und Einordnung

I. Bedeutung

1 Die Abgeordnetenanklage stellt ein eigenständiges verfassungsrechtliches Verfahren zur Herbeiführung eines Mandatsverlusts dar.[1] Es soll der **parlamentarischen Selbstreinigung** dienen,[2] indem eine Zweidrittelmehrheit des Landtags im Zusammenwirken mit dem VerfGH einem des gewinnsüchtigen Mandatsmissbrauchs dringend verdächtigen Abgeordneten das Mandat aberkennen kann. Aufgrund der öffentlichen Kontrolle aller Abgeordneten ist es aber unter Berücksichtigung der Eigengesetzlichkeiten der Politik wenig wahrscheinlich, dass sich ein unter einem solchen Verdacht stehender Abgeordneter überhaupt im Mandat würde halten können. Daher ist das Instrument faktisch **funktions- und bedeutungslos** und dementsprechend sowohl in BW als auch in allen übrigen Ländern mit entsprechenden Regelungen niemals praktisch relevant geworden.[3] Etwas an-

---

[1] *Zeyer/Grethel* in: Wendt/Rixecker, Art. 85 Rn. 1.
[2] Vgl. den Beitrag des Abg. *Müller* (CDU) in der 11. VA-Sitzung am 16.9.1952 in: Feuchte, Quellen, 2. Teil, 469, der von der Wahrung der „Sauberkeit des Landtags und der Abgeordneten" spricht.
[3] Für BW: *Braun*, Art. 42 Rn. 1, *Feuchte* in: Feuchte, Art. 42 Rn. 2, und eine aktuelle Bestätigung der Landtagsverwaltung; für Bayern: *Müller* in: Meder/Brechmann,

deres gilt lediglich für Sachsen, wo es aber nicht um eine Form des Mandatsmissbrauchs ging, sondern um den dortigen Sonderfall einer früheren Tätigkeit für die DDR-Staatssicherheit.[4] Gleichwohl kann in der Existenz der Abgeordnetenanklage ein „erfreulicher Tribut an die politische Kultur" gesehen werden.[5]

II. Herkunft, Entstehung, Geschichte

Die §§ 199, 195 VerfWü 1819 kannten bereits ein Anklageinstrument zur Sanktionierung von Verfassungsverstößen, das auch für Abgeordnete galt. Dagegen finden sich in den Vorgängerverfassungen der LV – sowohl von 1919 als auch von 1946/47 – keine Regelungen über eine Abgeordnetenanklage, ebenso wenig in der RV und WRV (anders allerdings zumeist im Hinblick auf die Exekutive).[6] Umso erstaunlicher mutet es an, dass in den Beratungen zur LV beide Entwürfe ein solches Instrument vorsahen (Art. 39 VerfERP, 56 VerfECDU). Vorbilder waren die entsprechenden Regelungen in Bayern und Niedersachsen.[7] Im Mittelpunkt der Diskussionen stand die **Frage der erforderlichen Anklagemehrheit** im Landtag, für die die CDU angesichts der abschließenden Entscheidung des StGH und der faktisch kaum erreichbaren Zweidrittelmehrheit eine absolute Mehrheit für ausreichend hielt. Dagegen wurden von Vertretern der SPD der erforderliche Oppositionsschutz und die bereits mit der Anklageerhebung verbundene Stigmatisierungsgefahr eingewendet, weshalb der entsprechende CDU-Antrag mit Stimmengleichheit abgelehnt wurde. Ein weiteres Gesprächsthema war die Überlegung einer möglichen Verfahrenseinleitung des betroffenen Abgeordneten selbst, der aber nicht nähergetreten wurde.[8]

2

III. Verfassungsvergleichende Einordnung

Insgesamt acht Länder kennen Mandatsaberkennungen. Ein ähnlich gelagertes Verfahren findet sich im GG lediglich hinsichtlich des nicht abwählbaren und parlamentarisch nicht verantwortlichen Bundespräsidenten (Art. 61 GG). Während Bremen und Hamburg – in Anlehnung an § 114 PKV – ein parlamentarisches Ausschlussverfahren vorsehen, kommt in den übrigen sechs Ländern (neben BW: Bay, Bbg, Nds, Saarl, Sachs) dem Parlament nur eine Initialfunktion durch die Anklageerhebung zu, während die Entscheidung über die Mandatsaberkennung beim jeweiligen Verfassungsgericht liegt. Bei den **Anklageverfahren** sehen alle Verfassungen ein An-

3

Art. 61 Rn. 1; für Niedersachsen (und allg.): *Radtke* in: Epping/Butzer u.a., Art. 17 Rn. 19; für das Saarland: *Zeyer/Grethel* in: Wendt/Rixecker, Art. 85 Rn. 8.
4 Vgl. SächsVerfGH, B. v. 2.11.2006 – Vf. 55-IX-06 – juris, mit Verweis auf SächsVerfGH, Beschlüsse v. 6.11.1998 in den Vf. 16-IX-98, 17-IX-98 u. 18-IX-98.
5 *Becker*, Korruptionsbekämpfung, 98.
6 *Freund*, Anklageverfahren, 307 (323–327).
7 *Feuchte* in: Feuchte, Art. 42 Rn. 1; *Braun*, Art. 42 Rn. 1.
8 S. die Beiträge der Abg. *Müller* und *Werber* sowie des Präsidenten *Gurk* (alle CDU), außerdem der Abg. *Lausen* und *Kalbfell* (beide SPD) in der 11. VA-Sitzung am 16.9.1952 in: Feuchte, Quellen, 2. Teil, 466-471 (Mehrheitsfrage) u. 472–475 (Selbstanzeige), sowie die Abstimmung aaO, 477; in den weiteren Beratungen wurde Art. 42 LV nicht mehr inhaltlich diskutiert (47./52. VA-Sitzung am 14.4./29.5.1953, aaO, 6. Teil, 24/485, und 44./58. VLV-Sitzung am 30.6./4.11.1953, aaO, 8. Teil, 63, 360).

tragsquorum von einem Drittel und eine qualifizierte Mehrheit von zwei Dritteln (idR der Mitglieder) für die Anklageerhebung vor. Lediglich Art. 61 IV 2 BayVerf kennt die Möglichkeit der Antragstellung durch den Betroffenen. Bei den **Ausschlussverfahren** beträgt das Antragsquorum im Bremen ein Viertel und das Ausschlussquorum in beiden Fällen drei Viertel der Mitglieder (Art. 85 I 2, 4 BremVerf, 7 II 2 HambVerf).[9]

4 In materieller Hinsicht dominiert der Anklagetatbestand **eines Mandatsmissbrauchs in gewinnsüchtiger Absicht** iSv Art. 42 I LV (ebenso: Art. 61 III BayVerf, 61 I BbgVerf, 7 II 1 Nr. 1 HambVerf, 17 I NdsVerf, 85 I 1 SaarlVerf). Eine baden-württembergische Besonderheit stellt hierbei die geringere Anklagehürde dar, für die bereits ein dringender Verdacht ausreicht. **Weitere Anklage- bzw. Ausschlussgründe** sind in anderen Ländern die Verletzung von Geheimhaltungspflichten (Art. 61 III BayVerf, 85 I BremVerf, 7 II 1 Nr. 3 HambVerf, 85 I 2 SaarlVerf), die beharrliche bzw. gröbliche Nichterfüllung bzw. Vernachlässigung der Abgeordnetenpflichten (Art. 85 I BremVerf, 7 II 1 Nr. 2 HambVerf) und Verstöße gegen die Grundsätze der Menschlichkeit oder Rechtsstaatlichkeit sowie eine frühere Tätigkeit für die DDR-Staatssicherheit[10] (Art. 118 I SächsVerf).

B. Erläuterung

I. Materielle Voraussetzungen der Abgeordnetenanklage (Abs. 1)

5 Eine Abgeordnetenanklage setzt materiell den dringenden Verdacht voraus, dass der Betroffene seine Abgeordnetenstellung in gewinnsüchtiger Absicht missbraucht hat. Die **mangelnde Bestimmtheit** dieses Tatbestands ist – auch vor dem Hintergrund von Art. 103 II GG – noch hinnehmbar, da Art. 42 LV keine Strafrechtsnorm darstellt und nicht auf die Erteilung eines sozialethischen Tadels gerichtet ist.[11] Der Begriff des **„dringenden Verdachts"** verlangt erheblich mehr als einen bloßen Anfangsverdacht, nämlich eine relativ erdrückende Beweislage.[12] Nicht erforderlich ist hingegen eine bereits erfolgte – gar rechtskräftige – Verurteilung.

6 Der Mandatsmissbrauch ist auf die gewinnsüchtige Absicht beschränkt und erfasst daher keine anderen denkbaren Missbrauchsfälle. Ein **„Missbrauch" der Abgeordnetenstellung** liegt bei einem zweck- und funktionswidrigen[13] Einsatz der damit verbundenen Entscheidungskompetenzen (insbesondere über die eigene Stimmabgabe), sonstiger besonderer Rechte eines Abgeordneten, des mandatsvermittelten Einflusses bzw. Ansehens oder der dadurch erlangten Kenntnisse vor (zB durch das Verkaufen von Geheiminformationen oder die zweckwidrige Verwendung sensibler De-

---

9 Dennoch dazu krit. *Sauer* in: Morlok/Schliesky/Wiefelspütz, § 11 Rn. 29.
10 Dazu näher *Kunzmann* in: Baumann-Hasske/ders., Art. 118 Rn. 4 f.; interessanterweise ist die Vorschrift in der SächsVerf unter die Übergangs- und Schlussbestimmungen eingereiht worden, was auf die Erwartung einer begrenzten Bedeutungsdauer hindeutet.
11 *Radtke* in: Epping/Butzer u.a., Art. 17 Rn. 7.
12 Vgl. *Braun*, Art. 42 Rn. 4.
13 Angesichts der Mandatsfreiheit hält *Becker*, Korruptionsbekämpfung, 94 f., die dafür erforderliche Eingrenzung des Aufgabenbereichs eines Abg. für nicht leistbar und deshalb das materielle Tatbestandsmerkmal allenfalls in offensichtlichen Extremfällen für anwendbar (aaO, 98).

tails eines Petitionsverfahrens).¹⁴ Der Begriff der „**gewinnsüchtigen Absicht**" setzt voraus, dass es dem Betroffenen gerade um eine private Vorteils-, insbesondere Vermögensmehrung in einer sittlich anstößig übersteigerten Weise gegangen sein muss, ohne diese aber unbedingt erreicht zu haben.¹⁵ Da damit eine „Kapitalisierung des Mandats" verhindert werden soll, weist der materielle Tatbestand eine rechtsdogmatische **Nähe zur Abgeordnetenbestechung** (§ 108e StGB) auf, ohne damit aber gleichgesetzt werden zukönnen.¹⁶ Dasselbe gilt für die „verwandtschaftliche" Nähe zu den Offenlegungsregeln, deren Verletzung aber regelmäßig noch keine Abgeordnetenanklage rechtfertigen dürfte. Umgekehrt setzt Art. 42 LV mangels entsprechender Nennung – anders als in anderen Ländern – keine besondere Ansehensminderung des Landtags voraus.

II. Verfahren der Anklageerhebung (Abs. 2)

Die Anklageerhebung erfolgt im Landtag und setzt einen **Antrag** voraus, der von einem Drittel der gesetzlichen Mitgliederzahl des Landtags gestellt wird. Dies rechtfertigt sich insbesondere dadurch, dass bereits die Verfahrenseröffnung eine erhebliche Beeinträchtigung für die Mandatsausübung des Betroffenen darstellt.¹⁷ Wegen dieser Auswirkungen ist bereits im parlamentarischen Verfahren auf die **strikte Einhaltung rechtsstaatlicher Grundsätze** – wie zB die Gewährung rechtlichen Gehörs und sonstiger Antrags-, Beteiligungs- und Verteidigungsrechte¹⁸ – zu achten. Es empfiehlt sich, die für den Fraktionsausschluss entwickelten Verfahrensgrundsätze (→ Art. 27 Rn. 133) entsprechend heranzuziehen. Dies gilt namentlich für das Erfordernis einer umfassenden Beratungs- und Entscheidungsgrundlage für alle Abgeordneten und die hinreichende Bestimmtheit des Vorwurfs in der Anklageschrift.¹⁹ Für den **Beschluss über die Anklageerhebung** sieht Art. 42 II 2 LV einen doppelten Mehrheitsbegriff vor, der eine Stimmenmehrheit von zwei Dritteln und zugleich die absolute Mitgliedermehrheit iSv Art. 92 LV verlangt. Da es keine Befangenheit im Parlament gibt, kann auch der Betroffene selbst an dieser Abstimmung teilnehmen. 7

Mit der abschließenden **Entscheidungskompetenz des VerfGH** über die Mandatsaberkennung gem. Art. 42 I LV begründet die Vorschrift eine weitere verfassungsgerichtliche Verfahrensart. Bezüglich des entsprechenden Verfahrens verweist § 43 VerfGHG auf die Vorschriften zur Ministeranklage (§§ 30–38 VerfGHG), weshalb an dieser Stelle auf die entsprechende Kommentierung zu Art. 57 LV verwiesen wird (→ Art. 57 Rn. 16 ff.).²⁰ In 8

---

14 *Lieber* in: ders./Iwers/Ernst, Art. 61 Ziff. 1.1.
15 *Müller* in: Meder/Brechmann, Art. 61 Rn. 5; *Zeyer/Grethel* in: Wendt/Rixecker, Art. 85 Rn. 2 f.; *Radtke* in: Epping/Butzer u.a., Art. 17 Rn. 10; *Feuchte* in: Feuchte, Art. 42 Rn. 5, 7; *Braun*, Art. 42 Rn. 2 f.; *Becker*, Korruptionsbekämpfung, 96 f.
16 Vgl. *Becker*, Korruptionsbekämpfung, 92.
17 Dies gilt auch für das zwar sanktionslose, aber ebenfalls mit Tadelcharakter durchgeführte Untersuchungsverfahren gem. § 44c AbgG wegen früherer Tätigkeiten für die DDR-Staatssicherheit, vgl. *Sauer* in: Morlok/Schliesky/Wiefelspütz, § 11 Rn. 30.
18 Vgl. BVerfGE 94, 351 (LS 2); *Sauer* in: Morlok/Schliesky/Wiefelspütz, § 11 Rn. 28.
19 *Lieber* in: ders./Iwers/Ernst, Art. 61 Ziff. 2.
20 Zur Jahresfrist gem. §§ 43, 31 S. 2 VerfGHG s. SächsVerfGH, B. v. 2.11.2006 – Vf. 55-IX-06 – juris, Rn. 44–51.

diesem Verfahren ist insbesondere festzustellen, ob sich der anklagebegründende Verdacht mit hinreichender Sicherheit bestätigt hat. Gleichwohl folgt bejahendenfalls die Mandatsaberkennung nicht iS einer strikt gebundenen Rechtsfolge, da Art. 42 I LV insoweit nur von einem Verfahrensziel spricht. Vielmehr steht dem VerfGH ein begrenzter Entscheidungsspielraum zur Prüfung des **Verhältnismäßigkeitsgrundsatzes** und der Schuldangemessenheit der Sanktion zu.[21] Deshalb ist im Tenor neben dem Vorliegen des Mandatsmissbrauchs auch die Aberkennung des Mandats ausdrücklich festzustellen.[22]

9 Streitig ist, ob in diesem Verfahren **einstweilige Anordnungen** gem. § 25 VerfGHG möglich sind, da mit der zeitweiligen Suspendierung des Betroffenen die gesamtparlamentarische Repräsentation und das politische Kräfteverhältnis – uU sogar die Mehrheitsfrage – beeinträchtigt sind. Als allgemeine Verfahrensvorschrift muss § 25 VerfGHG aber dem Grunde nach – allerdings wegen der genannten Gründe nur mit einer sehr hohen Hürde im konkreten Fall – anwendbar sein, dh wenn ansonsten besonders schwere Gefährdungen anderer Rechtsgüter von Verfassungsrang – zB die Arbeits- und Funktionsfähigkeit des Landtags – zu befürchten sind (was bei der Fortdauer der Mandatsausübung eines Abgeordneten wenig vorstellbar sein dürfte).[23] Verliert der Betroffene das Mandat während des Verfahrens aus einem anderen Grund – zB Verzicht oder Diskontinuität –, liegt ein zur Einstellung zwingendes **Verfahrenshindernis** vor, da das Ziel nicht mehr erreicht werden kann: Wer kein Mandat (mehr) hat, dem kann es auch nicht aberkannt werden (vgl. § 36 II 1. Alt. VerfGHG).[24]

Artikel 43 [Landtagsauflösung]

(1) ¹Der Landtag kann sich auf Antrag eines Viertels seiner Mitglieder vor Ablauf seiner Wahlperiode durch eigenen Beschluß, der der Zustimmung von zwei Dritteln seiner Mitglieder bedarf, selbst auflösen. ²Zwischen Antrag und Abstimmung müssen mindestens drei Tage liegen.

(2) Der Landtag ist ferner aufgelöst, wenn die Auflösung von zehn vom Hundert der Wahlberechtigten verlangt wird und bei einer binnen sechs Wochen vorzunehmenden Volksabstimmung die Mehrheit der Stimmberechtigten diesem Verlangen beitritt.

---

21 *Zeyer/Grethel* in: Wendt/Rixecker, Art. 85 Rn. 7; ebenso *Kunzmann* in: Baumann-Hasske/ders., Art. 118 Rn. 6, zu anderen Tatbestandsvoraussetzungen; ähnlich *Herzog* in: Maunz/Dürig, Art. 61 Rn. 62, für die Amtsenthebung des Bundespräsidenten.
22 AA *Radtke* in: Epping/Butzer u.a., Art. 17 Rn. 18.
23 *Braun*, Art. 42 Rn. 6; aA *Feuchte* in: Feuchte, Art. 42 Rn. 11.
24 *Lieber* in: ders./Iwers/Ernst, Art. 61 Ziff. 3; anders aber *Radtke* in: Epping/Butzer u.a., Art. 17 Rn. 5, unter Verweis auf die einfachgesetzliche Rechtslage in Niedersachsen.; zur Möglichkeit der Erhebung von Abgeordnetenanklagen erst nach Ablauf des Mandats in anderen Ländern vgl. *Freund*, Anklageverfahren, 307 (336).

[Landtagsauflösung] Artikel 43

Schrifttum:
Bull, Parlamentsauflösung – Zurückverweisung an den Souverän, ZRP 1972, 201; *Busse*, Auflösung des Bundestages als Reformproblem, ZRP 2005, 257; *Engelken*, Änderung der Landesverfassung unter der Großen Koalition, VBlBW 1996, 121; *Hahn*, Zur verfassungssystematischen Konsistenz eines Selbstauflösungsrechts des Bundestages, DVBl. 2008, 151; *Höfling*, Das Institut der Parlamentsauflösung in den deutschen Landesverfassungen, DÖV 1982, 889; *Kremer*, Die Auswirkungen der Bundestagsauflösung auf den Bundestag und seine Organe sowie die Gremien mit Abgeordneten, in: ders., 47; *Kretschmer*, Wege zur Parlamentsauflösung nach deutschem Bundes- und Landesrecht, in: Kremer, 1; *Ley*, Die Auflösung der Parlamente im deutschen Verfassungsrecht, ZParl 1981, 367; *Michael*, Auflösung des Parlaments, in: Morlok/Schliesky/Wiefelspütz, 10. Teil; *Niclauß*, Auflösung oder Selbstauflösung?, ZParl 2006, 40; *Pieper*, Das Selbstauflösungsrecht für den Bundestag als Korrektur des Art. 68 GG?, ZParl 2007, 287; *Rehmet*, Volksbegehren zur vorzeitigen Landtagsauflösung, https://nrw.mehr-demokratie.de/fileadmin/pdf/verfahren08-lt-aufloesung.pdf (1.11.2017); *Schlenker*, Die Änderungen der Verfassung des Landes Baden-Württemberg, 2. Teil, VBlBW 1983, 399; *Starke*, Recht und Sinn der Parlamentsauflösung, zugleich ein Beitrag zur Reform des Grundgesetzes, 1972; *Steiger*, Selbstauflösungsrecht für den Bundestag, in: FS für Erwin Stein, 1983; *Umbach*, Parlamentsauflösung in Deutschland, 1989; *Wettig-Danielmeier*, Die erste Selbstauflösung eines Parlaments, ZParl 1970, 269.

Vergleichbare Regelungen:
Zu Abs. 1 (Selbstauflösung): Art. 18 I BayVerf, 54 II BerlVerf, 62 II BbgVerf, 76 I a) BremVerf, 11 I HambVerf, 80 HessVerf, 27 II MVVerf, 10 NdsVerf, 35 I NRWVerf, 84 I RPVerf, 69 SaarlVerf, 58 SächsVerf, 60 LSAVerf, 19 II SchlHVerf, 50 II 1 Nr. 1 ThürVerf.
Zu Abs. 2 (Auflösung durch Volksentscheid): Art. 18 III BayVerf, 54 III, 63 III BerlVerf, 76 I, 77 I BbgVerf, 76 I b), II BremVerf, 109 I Nr. 2 RPVerf; mittelbar Art. 68 III NRWVerf.

Ergänzende Normen: GO LT, VAbstG.

Leitentscheidungen: BVerfGE 62, 1; 114, 121 (beide allerdings mit Schwerpunkt auf der auflösungsgerichteten Vertrauensfrage); 114, 107 (Betroffenheit politischer Parteien).

A. Überblick und Einordnung	1	B. Erläuterung		9
I. Bedeutung	1	I. Selbstauflösung (Abs. 1)		9
II. Herkunft, Entstehung, Geschichte	3	II. Auflösung durch das Volk (Abs. 2)		13
III. Verfassungsvergleichende Einordnung	7	III. Rechtsschutz		17

A. Überblick und Einordnung
I. Bedeutung

Die in Art. 43 LV geregelte Möglichkeit einer vorzeitigen Auflösung des Landtags geht von zwei Fallgruppen aus. Während Abs. 1 dem Landtag als äußersten Akt seiner Selbstorganisation[1] das Recht zu dessen **Selbstauflösung** einräumt, ermöglicht Abs. 2 dem **Volk als Auftraggeber** (vgl. Art. 28 LV) eine vorzeitige Abberufung seiner Vertretung. Die Kombination beider Auflösungsinstrumente schließt die Gefahr aus, dass der Landtag eine Regierungskrise oder Selbstblockade einfach auszusitzen versucht, weil dann 1

---
1 Was natürlich eine formale Sichtweise darstellt, da es bei der Selbstauflösung in politischer Hinsicht v.a. um die vorzeitige Beendigung des Regierungsmandats geht, vgl. *Engelken*, VBlBW 1996, 121 (132 f.).

das Volk aktiv werden kann.[2] Die gegenüber dem GG erleichterte Parlamentsauflösung ist vom **Gestaltungsspielraum des Landesverfassungsgebers** gedeckt und verstößt nicht gegen das Homogenitätsgebot gem. Art. 28 I GG.[3] Ungeachtet zweier Auflösungsverfahren (→ Rn. 16) ist der Landtag BW bislang noch nie vorzeitig aufgelöst worden.

2 Mit der **Auflösung** verliert der Landtag seine rechtliche Existenz und damit auch seine Handlungsfähigkeit. Zugleich bewirkt sie die vorzeitige Beendigung der Wahlperiode. Während diese Rechtsfolge bei der Selbstauflösung mit der Feststellung des Beschlusses durch den Präsidenten eintritt,[4] bedarf es hierfür bei der Auflösung durch das Volk der Bekanntmachung des Abstimmungsergebnisses. Darüber hinaus tritt eine Auflösung des Landtags nach Art. 47 LV ein, wenn er nicht binnen drei Monaten nach einer Erledigung des Amtes des Ministerpräsidenten (v.a. Konstituierung des Landtags, vgl. Art. 55 II LV) einen neuen Ministerpräsidenten gewählt und seine Regierung bestätigt hat (vgl. dortige Kommentierung). In jedem Auflösungsfall hat dann gem. Art. 30 II LV binnen sechzig Tagen die **Neuwahl** zu erfolgen. Gleichzeitig beginnt eine „echte" **parlamentslose Zeit** (→ Art. 30 Rn. 12), in der der StändA gem. Art. 36 LV mit einer allerdings stark eingeschränkten Rechtsstellung die Rechte des Landtags gegenüber der Regierung wahrt (→ Art. 36 Rn. 6 ff.).

II. Herkunft, Entstehung, Geschichte

3 Historisch lag das Auflösungsrecht zunächst allein bei der (monarchischen) Exekutive als Inhaber der Souveränitätsgewalt. Dementsprechend sahen die §§ 42 VerfBad 1818, 186 II VerfWü 1819 ein uneingeschränktes und unkonditioniertes **Auflösungsrecht des Großherzogs bzw. des Königs** vor,[5] wovon in beiden Ländern mehrfach Gebrauch gemacht wurde.[6] Auf Reichsebene wurde das Auflösungsrecht vom Bundesrat (als Versammlung der Landesfürsten und damit Träger der Souveränität)[7] mit Zustimmung des Kaisers ausgeübt (Art. 24 S. 2 RV), das nach der Revolution von 1918/19 auf den Reichspräsidenten überging (Art. 25 I WRV). Demgegenüber war auf Landesebene mit dem Souveränitätsübergang konsequenterweise auch eine **Verschiebung der Auflösungskompetenz** verbunden. Nach § 16 II VerfWü 1919 stand nun das Recht zur Auflösung dem Volk zu, das entweder einen entsprechenden Antrag der Regierung oder ein Volksbegeh-

---

2 Beide Selbstauflösungen in Berlin (1981, 2001) kamen erst auf einen entsprechenden öffentlichen Druck und die Androhung einer Auflösung durch das Volk zustande, vgl. *Niclauß*, ZParl 2006, 40 (46).
3 *Huber* in: Meder/Brechmann, Art. 18 Rn. 1; *Möstl* in: Lindner/ders./Wolff, Art. 18 Rn. 3; *Schulte/Kloos* in: Baumann-Hasske/Kunzmann, Art. 58 Rn. 1; *Mielke* in: Epping/Butzer u.a., Art. 10 Rn. 5.
4 *Thesling* in: Heusch/Schönenbroicher, Art. 35 Rn. 4.
5 Zur Entstehungsgeschichte sowie zum verfassungsrechtlichen Gehalt beider Normen s. *Umbach*, Parlamentsauflösung, 26–36 (§ 186 VerfWü 1819), und 54–66 (§§ 42–44 VerfBad 1818).
6 *Umbach*, Parlamentsauflösung, berichtet über zehn Fälle in Württemberg (36–53) und drei Fälle in Baden (66–84), die alle zwischen 1818/19 und 1871 erfolgten; während des Kaiserreichs gab es keine Landtagsauflösungen in Baden und Württemberg mehr.
7 *Umbach*, Parlamentsauflösung, 215-217.

ren von 20 Prozent der Stimmberechtigten voraussetzte. Ebenso konnten in Baden 80.000 Stimmberechtigte die Auflösung des Landtags verlangen, worüber binnen eines Monats mit absoluter Mehrheit aller Stimmberechtigten zu entscheiden war (§ 46 VerfBad 1919). **Nach dem 2. Weltkrieg** führten die Länder mit badischer Beteiligung die Möglichkeit der Landtagsauflösung durch Volksentscheid fort, wofür ein Antrag von einem Viertel der Stimmberechtigten (Art. 63 II VerfLB) oder von 100.000 Stimmberechtigten (Art. 58 I VerfWB) erforderlich war. Art. 42 I VerfWH sah dagegen lediglich eine vorzeitige Auflösung von oben vor, nämlich durch den Staatspräsidenten mit Zustimmung einer parlamentarischen Minderheit von zwei Fünfteln der Mitglieder.[8]

Die von der VLV verabschiedete Fassung von Art. 43 LV enthielt nur die Möglichkeit der Auflösung durch das Volk. Während über das Instrument als solches Einigkeit bestand, wurde erbittert über das erforderliche **Abstimmungsquorum** gestritten. Nach dem Trauma einer gegen sie erfolgten Regierungsbildung 1952 war es der oppositionellen CDU ein zentrales Anliegen, die Hürde für die Auflösung durch das Volk nicht zu hoch zu legen und deshalb eine einfache (also quorenlose) **Abstimmungsmehrheit** für die Landtagsauflösung ausreichen zu lassen (vgl. Art. 43 III VerfECDU). Damit vermochte sie sich aber nicht gegen die damaligen Regierungsparteien durchzusetzen, die in Art. 40 I VerfERP die **Mehrheit der Wahlberechtigten** vorsahen. Zur Begründung wurde auf die noch instabile Konstitution des neugegründeten Bundeslandes und die geringen Abstimmungsbeteiligungen bei Volksabstimmungen verwiesen.[9] 4

Trotz des als eher zu niedrig angesehenen **Antragsquorums von 200.000 Wahlberechtigten** – was keinen fünf Prozent der Wahlberechtigten entsprach – erhielt der Antrag einer Erhöhung auf 500.000 in den ursprünglichen Verfassungsberatungen keine Mehrheit.[10] Allerdings hob der verfassungsändernde Gesetzgeber nach den Erfahrungen mit dem gescheiterten Volksentscheid von 1971 (→ Rn. 16) das für das Verlangen erforderliche Quorum 1974 auf **ein Sechstel der Stimmberechtigten** (mithin über 1 Mio.) an.[11] Im Jahr 1995 wurde die ursprünglich vorgesehene Umsetzungsfunktion der Regierung – die nach einer erfolgreichen Volksabstimmung den Landtag aufzulösen hatte – gestrichen, so dass die Auflösungswirkung bereits mit der Bekanntgabe eines erfolgreichen Ergebnisses der Volksabstimmung eintritt.[12] Schließlich erfolgte 2015 im Zuge der Stärkung der plebis- 5

---

8 Zur Entstehungsgeschichte der drei Normen s. *Umbach*, Parlamentsauflösung, 418–429.
9 *Feuchte*, Geschichte, 216; vgl. die Beiträge der Abg. *Müller, Werber, Kühn und Gurk* (alle CDU), *Pflüger* und *Haas* (beide SPD) sowie *Vortisch* und *Erbe* (beide FDP/DVP) in der zunehmend werdenden 12. VA-Sitzung am 17.9.1952 in: Feuchte, Quellen, 2. Teil, 479-502, und die Abstimmungen, aaO, 503 f.; s. außerdem die Debatte in der 2. Plenarberatung (44. VLV-Sitzung am 30.6.1953) in: Feuchte, Quellen, 8. Teil, 63–76, an deren Ende auch der Kompromissvorschlag der CDU eines Drittelquorums abgelehnt wurde.
10 Vgl. die Beiträge der Abg. *Pflüger* und *Krause* (beide SPD) in der 12. VA-Sitzung am 17.9.1952 in: Feuchte, Quellen, 2. Teil, 479 f., 487, und die Abstimmung, aaO, 503 f.
11 8. LVÄndG v. 16.5.1974, GBl. 186.
12 17. LVÄndG v. 15.2.1995, GBl. 269.

zitären Elemente auf Landes- und Kommunalebene eine Absenkung des Quorums auf **ein Zehntel der Stimmberechtigten** (in Harmonisierung mit parallelen Absenkungen in Art. 59 LV).[13]

6 Ein weiteres (erfolgloses) Anliegen der CDU war in den Verfassungsberatungen von 1952/53 die Möglichkeit einer Selbstauflösung mit der Mehrheit von zwei Dritteln der Mitglieder (Art. 43 II VerfECDU). Nach erfolglosen Vorstößen im VA, bei denen der CDU-Vorschlag als „**Harakiri- oder Selbstmordartikel**" (Abg. *Gönnenwein*, FDP/DVP) bezeichnet wurde und die CDU der Regierungsmehrheit „Angst vor dem Volk" (Abg. *Simpfendörfer*) vorwarf,[14] stellte die CDU in der 2. Plenarberatung einen entsprechenden Antrag. Damit sollte veränderten politischen Verhältnissen, die nicht mehr vom Wählerauftrag gedeckt sind, Rechnung getragen werden können; zugleich sollte mit dem qualifizierten Mehrheitsvotum Vorsorge gegen destruktive Mehrheiten getroffen werden. Die Regierungsparteien hielten dem entgegen, dass der Landtag nicht „einer ihm unangenehmen Situation entgehen" können soll und lehnten den CDU-Antrag ab.[15] Erst **1995** nahm der verfassungsändernde Gesetzgeber die Möglichkeit der Selbstauflösung in die LV auf.[16] Zur Begründung wurde auf entsprechende Regelungen in nahezu allen anderen Ländern und den Charakter als „Gegenstück" zur Verlängerung der Wahlperiode von vier auf fünf Jahren verwiesen.[17]

III. Verfassungsvergleichende Einordnung

7 Das **Selbstauflösungsrecht** enthalten sämtliche Landesverfassungen, nicht jedoch das GG (dazu → Rn. 10). Ein verfassungsrechtliches **Antragsquorum** kennen sieben Länder, davon drei mit einem Viertel (Art. 43 I 1 LV, 11 I 2 HambVerf, 60 II LSAVerf) und vier mit einem Drittel (Art. 76 I a) BremVerf, 27 II 1 MVVerf, 10 II 1 NdsVerf, 50 II 1 Nr. 1 ThürVerf). Dieselben sieben Länder sehen auch **Bedenkensfristen** in ihren Verfassungen vor. Dabei stellen einige auf den Zeitraum zwischen Antragstellung und Entscheidung ab (Art. 43 I 2 LV: drei Tage; Art. 76 I a) BremVerf, 11 I 2 HambVerf: zwei Wochen), während andere auf den Zeitraum zwischen dem Ende der Aussprache über den Antrag und der Entscheidung Bezug nehmen; in den letztgenannten Fällen sind auch stets zeitliche Obergrenzen definiert (Art. 27 II 2 MVVerf: eine Woche bis ein Monat; Art. 10 III NdsVerf, 60 III LSAVerf, 50 II 2 ThürVerf: 11. bis 30. Tag). Die für die Auflösung **erforderliche Mehrheit** liegt in fünf Ländern nur bei der absoluten Mitgliedermehrheit (Art. 18 I BayVerf, 11 I 3 HambVerf, 80 HessVerf, 35 I 2 NRWVerf, 84 I RPVerf), was ein gewisses Gefahrenpotenzial politisch opportuner Parlamentsauflösungen durch die die Regierung tragende

---

13 21. LVÄndG v. 1.12.2015, GBl. 1030; zur Motivation vgl. LT-Drs. 15/7178, 1, 5 f.
14 Vgl. die Debatte in der 12. VA-Sitzung am 17.9.1952 in: Feuchte, Quellen, 2. Teil, 507–514, und die knappe Abstimmung mit 12 gegen 13 Stimmen, aaO, 515, sowie die erneute Abstimmung (8 gegen 13) in der 2. Lesung (47. VA-Sitzung am 14.4.1953) in Feuchte, Quellen, 6. Teil, 24.
15 43. Sitzung der VLV am 24.6.1953: Feuchte, Quellen, Teil 7, 525 ff. (625-627) – Abg. *Gog* (CDU), Abg. *Krause* (SPD).
16 17. LVÄndG v. 15.2.1995, GBl. 269.
17 LT-Drs. 11/5326, 8; *Engelken*, VBlBW 1996, 121 (132).

Mehrheit in sich trägt.[18] Zehn Länder fordern daher eine Zweidrittelmehrheit der Mitglieder (Art. 43 I 1 LV, 54 II BerlVerf, 62 II BbgVerf, 76 I a) BremVerf, 27 II 1 MVVerf, 69, 1. Alt. SaarlVerf, 58 SächsVerf, 60 I 1 LSA-Verf, 19 II SchlHVerf, 50 II 1 Nr. 1 ThürVerf). Einen Mittelweg beschreitet Art. 10 II 2 NdsVerf, wonach eine Doppelmehrheit von zwei Dritteln der Stimmen und der Mitgliedermehrheit erforderlich ist. Im Gesamtvergleich der Länder zählt Art. 43 I LV damit zu den Normen, die eine eher höhere Hürde zur Selbstauflösung des Landtags enthalten.

In **nur sechs Ländern** (einschl. BW) – darunter nur vier Flächenländer – gibt es zudem die (unmittelbare) **Auflösung des Parlaments durch das Volk**. Die fünf anderen Verfassungen sehen ein Antragsquorum einem Fünftel (Art. 63 III 2 BerlVerf, 76 I b) BremVerf) bzw. einer Million (Art. 18 III BayVerf, ca. 10,5 %), 300.000 (Art. 109 III 1 RPVerf, ca. 9,7 %) oder 150.000 (Art. 76 I 3 BbgVerf, ca. 7,5 %) vor, womit sich das Zehntelquorum in Art. 43 II LV in einer ähnlichen Größenordnung wie in den anderen Flächenländern bewegt. Während Bayern kein Zustimmungs- oder Teilnahmequorum kennt,[19] verlangen Art. 63 III 3 BerlVerf, 109 IV 3 RPVerf eine Mindestbeteiligung von 50 bzw. 25 Prozent der Berechtigten an der Abstimmung. Wie Art. 43 II LV sieht Art. 76 II BremVerf das Erfordernis einer Mehrheit aller Abstimmungsberechtigten für die Parlamentsauflösung vor, Art. 78 III 1 BbgVerf zusätzlich eine Abstimmungsmehrheit von zwei Dritteln. Trotz einiger Anläufe (v.a. in Berlin) ist bislang noch nie ein deutsches Parlament durch Volksentscheid aufgelöst worden.[20]

B. Erläuterung

I. Selbstauflösung (Abs. 1)

Die Möglichkeit einer parlamentarischen Selbstauflösung lädt gerne zur Kontroverse über ihre Sinnhaftigkeit und ihr **mögliches Gefährdungspotenzial für die Stabilität von Staat und Regierung** ein. So wird gegen die Möglichkeit der Selbstauflösung gerne vorgebracht, dem Parlament werde dadurch eine Flucht vor seiner Aufgabe, sich zusammenzuraufen und seiner Verantwortung gerecht zu werden, ermöglicht.[21] Häufig wird dabei auch auf die zahlreichen Auflösungen des Reichstags in der Weimarer Republik verwiesen (in der das Auflösungsrecht freilich gar nicht beim Parlament selbst, sondern allein beim Reichspräsidenten lag, vgl. Art. 25 I WRV).[22]

---

18 *Glauben* in: Grimm/Caesar, Art. 84 Rn. 1, 3 f.; *Höfling*, DÖV 1982, 889 (890). Ausf. zum pro und contra der Quoren *Mielke* in: Epping/Butzer u.a., Art. 10 Rn. 16 f.
19 S. dazu *Huber* in: Meder/Brechmann, Art. 18 Rn. 4; *Möstl* in: Lindner/ders./Wolff, Art. 18 Rn. 6.
20 *Rehmet*, Volksbegehren, 4–7.
21 Abg. *Lausen* (SPD) in der 12. VA-Sitzung am 17.9.1952 in: Feuchte, Quellen, 2. Teil, 508; *Klein* in: Maunz/Dürig, Art. 39 Rn. 82; *Zapfe* in: Classen/Litten/Wallerath, Art. 27 Rn. 8 mwN; s. auch die Zusammenstellung der Argumente bei *Busse*, ZRP 2005, 257 (258); *Starke*, Parlamentsauflösung, 24 f., sieht darin ein „Votum des Parlaments gegen die Wählerschaft, die es selbst entsandt hat" und daher ein „antidemokratisches Element".
22 Die Darstellung der Weimarer Auflösungspraxis von *Umbach*, Parlamentsauflösung, 285–330, benennt sechs Auflösungsfälle innerhalb von weniger als zehn Jahren (13.3.1924, 20.10.1924, 31.3.1928, 18.7.1930, 4.6.1932 und 12.9.1932); in

Aus diesen Gründen konnte sich der baden-württembergische Verfassungsgeber 1952/53 auch nicht dafür entscheiden, dieses Instrument in die LV aufzunehmen; erst 1995 erhielt der Landtag das Selbstauflösungsrecht (→ Rn. 6). Gegen einen zu leichtfertigen Umgang mit dem Instrument der Selbstauflösung spricht indes die nicht geringe Hemmschwelle der Mitglieder eines jeden Parlaments, sich quasi selbst das Misstrauen auszusprechen und vorzeitig einer ungewissen Mandatserneuerung zu stellen.[23]

10 Auf Bundesebene, wo das GG eine Selbstauflösung (eigentlich) nicht kennt, konnte der Bundestag bereits dreimal durch eine mehr (1982, 2005) oder weniger (1972) starke „manipulative Überlistung"[24] des Instruments der Vertrauensfrage seine Auflösung initiieren.[25] Auch wenn die hierfür zusätzlich erforderliche Mitwirkung des Bundeskanzlers und des Bundespräsidenten nicht verkannt werden dürfen,[26] kommt die vom BVerfG mittlerweile anerkannte Figur der „auflösungsgerichteten Vertrauensfrage"[27] in der **Staatspraxis** einem Selbstauflösungsrecht schon sehr nahe. Zugleich ist zu konstatieren, dass auf Landesebene von dem überall bestehenden Selbstauflösungsrecht bislang deutlich seltener Gebrauch gemacht worden ist: Auf 16 Länderparlamente entfallen bislang – soweit ersichtlich – nur 14 Fälle (davon die Hälfte allein in Hamburg und Hessen, wo einfache Mitgliedermehrheiten ausreichen).[28] Somit zeigt die Praxis in Bund und Ländern neben einer vergleichsweise hohen Stabilität der gewählten Parlamente ein Bedürfnis nach dem Instrument der Selbstauflösung nur in besonderen Fallkonstellationen, ohne dass damit Stabilitätsverluste einhergehen. Vielmehr ermöglicht es in den seltenen Fällen zB einer tiefgreifenden Regierungskrise (infolge des Scheiterns einer Koalition), der Selbstblockade oder der Delegitimation einen sauberen Ausweg durch Rückkoppelung zum Volk als Auftraggeber.[29]

Baden und Württemberg fanden in der Weimarer Zeit dagegen keine Parlamentsauflösungen statt, weil diese nur plebiszitär möglich gewesen wären (*Umbach*, aaO, 342).
23 *Engelken*, VBlBW 1996, 121 (132); *Starke*, Parlamentsauflösung, 24, attestiert der Selbstauflösung deshalb geringe Effizienz.
24 *Pietzner*, EvStL 1987, Sp. 328 (341).
25 Vgl. die instruktive Zusammenstellung jeweils aller relevanten Daten bei *Versteyl* in: v. Münch/Kunig, Art. 39 Rn. 17, 20, 21.
26 BVerfGE 114, 121 (LS 4 c u. S. 157 f.); s. den auf dieser Grundlage entwickelten Vorschlag eines Auflösungsrechts unabhängig von der Vertrauensfrage von *Busse*, ZRP 2005, 257 (259 f.).
27 BVerfGE 114, 121 (151).
28 Berlin (1981, 2001), Bremen (1995), Hamburg (1982, 1987, 2003, 2010), Hessen (1983, 1987, 2008), Niedersachsen (1970; zur Vorgeschichte und zum Ablauf *Wetting-Danielmeier*, ZParl 1970, 269), Noordrhein-Westfalen (2012), Saarland (1994, 2012); vgl. auch die Angaben bei *Müller-Terpitz* in: Löwer/Tettinger, Art. 35 Rn. 6, bei *Mielke* in: Epping/Butzer u.a., Art. 10 Rn. 6, sowie von *Pestalozza* in einem Interview des Deutschlandradios Kultur am 26.8.2005 unter www.deutschlandradiokultur.de/selbstaufloesungsrecht-ist-nicht-lebensnotwendig.945.de.html?dram:article_id=132087 (1.11.2017); unberücksichtigt bleiben hier die Selbstauflösung des SaarlLT vom 29.10.1955 (vgl. *Catrein* in Wendt/Rixecker, Art. 69 Rn. 9), weil das Saarland zu diesem Zeitpunkt noch nicht der Bundesrepublik beigetreten war, und die vom HambVerfG verfügte Auflösung der HambBS 1993 (dazu → Art. 31 Rn. 40).
29 Weshalb es auf Bundesebene an Plädoyers für eine „echte" (dh unmittelbare und voraussetzungslose) Selbstauflösungsoption im GG nicht mangelt, vgl. zB Ab-

Zur Vermeidung der beschriebenen Gefahren sieht Art. 43 I LV **drei verfahrensmäßige Sicherungen** vor: Dies beginnt mit einem **Antragsquorum**, wonach nur ein Viertel der Landtagsmitglieder einen Auflösungsantrag einbringen kann. Dies ist jederzeit ab der Konstituierung des Landtags möglich[30] und setzt angesichts der Bedeutung des Antrags handschriftliche Unterzeichnungen voraus.[31] Zum Zweiten müssen **zwischen Antragstellung und Auflösungsbeschluss drei Tage** liegen. Damit soll eine „Spontanauflösung" vermieden und jedem Abgeordneten eine ausreichende Bedenkensfrist gewährt werden, um die Tragweite der Entscheidung mit den dafür angeführten Gründen besonnen abwägen zu können. Der Umstand, dass die Frist des Art. 43 I 2 LV nicht nach Stunden (wie zB in Art. 68 II GG), sondern nach Tagen bemessen ist, spricht iVm der Schutzratio dafür, darunter drei volle kalendarische Tage zu verstehen. Dabei zählen dann weder der Tag der Antragstellung noch der Tag der Beschlussfassung mit. Vielmehr läuft die Frist ab 0 Uhr des der Antragstellung folgenden Tages und endet um 24 Uhr des dritten Tages. Die dritte Vorkehrung gegen eine leichtfertige Selbstauflösung stellt schließlich das einer Verfassungsänderung gleichgestellte **Beschlussquorum von zwei Dritteln der gesetzlichen Mitgliederzahl** iSv Art. 92 LV dar. Mit diesem qualifizierten Mehrheitsquorum wird nicht nur – wie schon in der VLV diskutiert – Vorsorge gegen eine destruktive Mehrheit getroffen. Vielmehr wird damit die Entscheidung über Neuwahlen der Disposition einer einfachen (Regierungs-)Mehrheit entzogen, weshalb die Regierung im Normalfall nicht zu einem ihr politisch opportun erscheinenden Zeitpunkt Wahlen ansetzen kann.[32]

Neben diesen formellen Anforderungen gibt es **keine (etwa ungeschriebenen) materiellen Voraussetzungen** für eine wirksame Selbstauflösung des Landtags wie zB eine Regierungskrise, eine Selbstblockade oder ähnliche Problemkonstellationen. Vielmehr kommt dem Landtag bei dieser staatsleitenden Entscheidung ein weites politisches Ermessen zu, das nur durch die äußerste Willkür- und Missbrauchsgrenze beschränkt ist.[33] Ein getroffener Auflösungsbeschluss ist wegen dessen Gestaltungscharakters bedin-

---

schlussbericht der Enquetekommission Verfassungsreform, BT-Drs. 7/5924, 40–42 (1976); Bericht der Gemeinsamen Verfassungskommission, BT-Drs. 12/6000, 86-88 (1993); *Bull*, ZRP 1972, 201; *Hahn*, DVBl. 2008, 151; krit. *Pieper*, ZParl 2007, 287 (293–297).

30 Vgl. *Mielke* in: Epping/Butzer u.a., Art. 10 Rn. 20, wonach eine umgehende Selbstauflösung dann sinnvoll sein kann, wenn der Wahlvorgang wegen diverser Mängel erheblich umstritten war, bei großen Teilen der Bevölkerung keine Akzeptanz findet und eine Hängepartie bis zu einer verfassungsgerichtlichen Entscheidung vermieden werden soll.

31 *Zapfe* in: Classen/Litten/Wallerath, Art. 27 Rn. 10; eine Vertretung insbesondere durch die Fraktionsführung reicht dafür deshalb nicht aus.

32 Vielmehr wird ein auf Neuwahlen gerichteter Konsens der maßgeblichen Kräfte im Landtag – und damit mittelbar auch des Ministerpräsidenten – dafür erforderlich sein, weshalb *Engelken*, VBlBW 1996, 121 (133 f.), dieses Auflösungsrecht politisch gar nicht weit von dem des Art. 47 LV entfernt sieht.

33 BerlVerfGH, B. v. 8.10.2001 – VerfGH 137 A/01 – juris, Rn. 26-35; *Huber* in: Meder/Brechmann, Art. 18 Rn. 2; *Driehaus* in: ders., Art. 54 Rn. 5; *Glauben* in: in: Brocker/Droege/Jutzi, Art. 84 Rn. 1, 5; *Mielke* in: Epping/Butzer u.a., Art. 10 Rn. 14; daher kann eine Selbstauflösung nur wenige Monate vor dem regulären Ende der Wahlperiode erfolgen, um den Wahltermin mit dem des Bundestages zusammenzulegen (Saarland 1994), vgl. *Catrein* in Wendt/Rixecker, Art. 69 Rn. 4.

gungs- und befristungsfeindlich (weshalb der Beschluss nicht mit Wirkung eines späteren Zeitpunkts möglich ist) sowie unwiderruflich.[34]

II. Auflösung durch das Volk (Abs. 2)

13 Die Möglichkeit der Auflösung des Landtags durch das Volk (sog. Recall) ordnet sich in die von Anfang an vorhandenen plebiszitären Instrumente der LV ein und ist deshalb im Zusammenhang mit der Volksgesetzgebung der Art. 59 f. LV zu sehen (vgl. Art. 59 II 3 LV). Deshalb bedient sich Art. 43 II LV der aus Art. 59 II, 60 V LV bekannten Zweistufigkeit von Volksbegehren und -entscheid. Die erste Stufe stellt das **„Auflösungsverlangen" von zehn Prozent der Wahlberechtigten** dar, das im Volksgesetzgebungsverfahren dem Begehren entspricht. Deshalb finden hierauf die §§ 25–40 iVm § 1 VAbstG entsprechende Anwendung. Folglich bedarf das zum „Auflösungsverlangen" führende Verfahren der Zulassung durch das Innenministerium, die einen schriftlichen Antrag mit mindestens 10.000 Unterschriften von Wahlberechtigten voraussetzt (§ 25 I, II, IV VAbstG). Hieran schließt sich ein Zeitraum zur Sammlung von Unterstützern des Verlangens von drei Monaten (amtliche Sammlung) bzw. sechs Monaten (freie Sammlung) an. Das Verlangen ist zustande gekommen, wenn es von zehn Prozent der Wahlberechtigten – mithin knapp 770.000 – unterstützt wird, was der Landesabstimmungsausschuss ermittelt und verbindlich feststellt (§ 37 II VAbstG). Anders aber als beim Volksbegehren im Rahmen des Gesetzgebungsverfahrens bedarf es im Fall des Art. 43 II LV naturgemäß keiner Einschaltung des Landtags iSv Art. 59 III 4 LV, dem gleichwohl unbenommen ist, durch eine Selbstauflösung gem. Abs. 1 der Auflösung durch das Volk zuvorzukommen.

14 Nach der Bekanntgabe der positiven Entscheidung des Landesabstimmungsausschusses im Staatsanzeiger hat die Regierung unverzüglich den Tag für die **Volksabstimmung über die Auflösung des Landtags** auf einen Sonntag innerhalb der auf die Bekanntgabe folgenden sechs Wochen festzusetzen (§ 5 I, III VAbstG). Während des anschließenden Abstimmungskampfes unterliegt die Regierung jedoch – wie bei Landtagswahlen – dem politischen Neutralitätsgebot.[35] Die Volksabstimmung ist erfolgreich, wenn die **absolute Mehrheit der Wahlberechtigten** der Auflösung zustimmt. Zwar handelt es sich dabei um ein der Bedeutung der Entscheidung durchaus angemessenes Quorum, doch dürfte dieses faktisch auch bei hoher Mobilisierung kaum jemals zu erreichen sein.[36] Bereits das Drittelquorum gem. Art. 60 V 2 LV aF galt als so gut wie nicht erreichbar und wurde deshalb auf das erheblich geringere Fünftelquorum abgesenkt.[37]

---

34 *Möstl* in: Lindner/ders./Wolff, Art. 18 Rn. 4; *Thesling* in: Heusch/Schönenbroicher, Art. 35 Rn. 4; vgl. auch Art. 10 I 2 NdsVerf.
35 *Feuchte* in: Feuchte, Art. 43 Rn. 5.
36 Ebenso *Braun*, Art. 43 Rn. 6 („nahezu ausgeschlossen"); deshalb sprach der Abg. *Werber* (CDU) in der 44. VLV-Sitzung am 30.6.1953 in: Feuchte, Quellen, 8. Teil, 71 ff., zu Recht von einem Ventil, dass so dicht gemacht werde, „dass es praktisch überhaupt nicht zu öffnen ist"; daher meint *Renner*, DVBl. 1954, 1 (4), dass man „auf dieses hölzerne Eisen [...] besser verzichtet" hätte; aber auch der verfassungsändernde Gesetzgeber hat 2015 ausdrücklich daran festgehalten, LT-Drs. 15/7178, 6.
37 LT-Drs. 15/7178, 8.

Folglich kommt Art. 43 II LV keine praktisch ernstzunehmende Bedeutung zu. Der StGH hat in Art. 43 II LV deshalb folgerichtig eine bloße „Ventilfunktion für den Fall, dass während einer Legislaturperiode die Mehrheit der Wahlberechtigten mit der Zusammensetzung des Parlaments oder seiner politischen Arbeit nicht mehr harmoniert", gesehen – und kein reales Handlungsinstrument des Volkes.[38]

Den Initianten des Volksbegehrens steht – wie auch deren Gegnern im Abstimmungskampf – **kein verfassungsrechtlicher Kostenerstattungsanspruch** zu. Daher handelt es sich beim erfolgsabhängigen Erstattungsanspruch für bestimmte Verfahrenskosten (v.a. Antragskosten, Herstellung und Versendung der Eintragungslisten) um eine einfachgesetzliche Gewährung (§ 39 II VAbstG). Eine Analoganwendung der Wahlkampfkostenerstattung hat der StGH wegen der wesensmäßigen Unterschiede zwischen einer auf Landtagsauflösung gerichteten Volksabstimmung und der Landtagswahl abgelehnt.[39]

Bislang gab es in BW **zwei Verfahren nach Art. 43 II LV**, die beide vor dem Hintergrund der Kommunalreform und angesichts der damals noch fehlenden Instrumente der Volksgesetzgebung stattgefunden haben. Der erste Anlauf (1971) überwand mit 217.067 Unterstützern die damalige Hürde für ein Auflösungsverlangen von 200.000 Abstimmungsberechtigten, während der Volksentscheid mit einer Beteiligung von nur 16 % bei einer Zustimmung von 54,4 % (mithin 8,6 % aller Stimmberechtigten) weit hinter dem erforderlichen Zustimmungsquorum zurückblieb. Beim zweiten Anlauf (1973) wurde bereits die erste Hürde verfehlt.[40]

III. Rechtsschutz

Wegen der unmittelbaren und weitreichenden Auswirkungen einer vorzeitigen Landtagsauflösung auf die **Mandatsstellung der einzelnen Abgeordneten** können diese gegen eine rechtswidrige – dh die jeweiligen Voraussetzungen nicht vollständig erfüllende – Auflösung verfassungsgerichtliche Hilfe in Anspruch nehmen.[41] Hierfür steht in beiden Fällen des Art. 43 LV das **Organstreitverfahren** gem. Art. 68 I Nr. 1 LV zur Verfügung. Während dies bei der Selbstauflösung noch evident ist (Antragsgegner ist hier der Landtag als Gesamtorgan), stellt sich dies bei der Auflösung durch das Volk etwas schwieriger dar. Da aber die LV dem Volk neben der Landtagsauflösung auch andere Organkompetenzen wie das Gesetzesinitiativrecht gem. Art. 59 I LV eingeräumt hat, darf man auch im Volk (nicht nur den Souverän, sondern) selbst ein Verfassungsorgan sehen. Dieses wird im Organstreitverfahren wegen einer Landtagsauflösung durch den Landesabstimmungsausschuss treuhänderisch vertreten, weil dieser den Volksentscheid operativ umsetzbar macht. **Politische Parteien** haben dagegen – auch

---

38 StGH, ESVGH 22, 1 (3).
39 StGH, ESVGH 22, 1 (3); *Feuchte* in: Feuchte, Art. 43 Rn. 6; *Braun*, Art. 43 Rn. 9.
40 *Höfling*, DÖV 1982, 889 (891); *Rehmet*, Volksbegehren, 4 f.; *Feuchte* in: Feuchte, Art. 43 Rn. 1; *Braun*, Art. 43 Rn. 1, 6.
41 BVerfGE 62, 1 (32); 114, 121 (148 f.); B. v. 5.5.2011 – 2 BvR 2599/10 – juris, LS 2 u. Rn. 10; BerlVerfGH, B. v. 8.10.2001 – VerfGH 137 A/01 – juris, Rn. 22; *Kluth* in: Schmidt-Bleibtreu/Hofmann/Henneke, Art. 39 Rn. 24; *Huber* in: Meder/Brechmann, Art. 18 Rn. 2.

vor dem Hintergrund ihres Rechts auf Chancengleichheit – unabhängig davon, ob sie bereits im Landtag vertreten sind oder nicht, keine im Ergebnis erfolgreiche Handhabe gegen eine vorzeitige Landtagsauflösung, weil Art. 43 GG nicht dem Schutz ausreichend langer Wahlkampagnenvorbereitung zu dienen bestimmt ist.[42]

18 Im Fall der Auflösung durch das Volk sind aber auch die **Initiativ- und Stimmrechte der einzelnen Stimmbürger** gesichert: Gegen die Ablehnung der Zulassung des zum Verlangen führenden Verfahrens können die Vertrauensleute der Antragsteller binnen zwei Wochen nach Zugang der Entscheidung den VerfGH anrufen (§ 27 III VAbstG). Gegen die Feststellung über das Zustandekommen des Verlangens und gegen die Feststellung des Abstimmungsergebnisses kann jeder Stimmberechtigte Einspruch beim VerfGH erheben (§§ 38, 21 VAbstG).

Artikel 44 [Zwischen zwei Landtagen]

Die Vorschriften der Artikel 29 Abs. 2, 37, 38, 39 und 40 gelten für die Mitglieder des Präsidiums und des Ständigen Ausschusses sowie deren erste Stellvertreter auch für die Zeit nach Ablauf der Wahlperiode oder nach Auflösung des Landtags bis zum Zusammentritt eines neugewählten Landtags.

Schrifttum:

Kremer, Die Rechtsstellung der Mitglieder des Bundestages nach dessen Auflösung, in: ders., 33; *Rauball*, Art. 49, in: v. Münch (Hrsg.), Grundgesetz-Kommentar, 1976.

Vergleichbare Regelungen: Art. 32 BayVerf, 85 S. 2, 93 S. 5 HessVerf, 40 S. 6 NRWVerf, 85 II 2, 92 S. 2 RPVerf.

Ergänzende Normen: Art. 32 IV, 36 LV.

A. Überblick und Einordnung 1	B. Erläuterung 4
I. Bedeutung 1	I. Zeitlicher und persönlicher Geltungsbereich 4
II. Herkunft, Entstehung, Geschichte 2	II. Inhaltliche Reichweite 7
III. Verfassungsvergleichende Einordnung 3	

A. Überblick und Einordnung

I. Bedeutung

1 Mit dem Ende der Wahlperiode verlieren alle Mitglieder des zu Ende gegangenen Landtags ihre Abgeordnetenstellung und damit die sich daraus ergebenden Rechte. Um aber die beschränkte **Fortführung der Arbeit des Landtags** zwischen dem Ende der Wahlperiode und der Konstituierung des neuen Landtags **statusrechtlich abzusichern**, ordnet Art. 44 LV die Fortgeltung bestimmter Rechte für die Mitglieder des Präsidiums (Art. 32 IV LV)

---

[42] BVerfGE 114, 107 (114 f.); BerlVerfGH, B. v. 18.10.2001 – VerfGH 152 A/01 – juris, Rn. 11 f.; SaarlVerfGH, U. v. 22.3.2012 – Lv 3/12 – juris, Rn. 32.

und des Ständigen Ausschusses (Art. 36 LV) an, weil diese sie in diesem Zeitraum mangels Existenz des alten Landtags nicht mehr dessen Mitglieder – sondern allenfalls „Quasi-Abgeordnete"[1] – sein können.[2] Gleichwohl ist strittig, ob eine ausdrückliche Verfassungsnorm erforderlich gewesen wäre oder aber sich der Inhalt von Art. 44 LV aus den Art. 32 IV (zumindest für den Präsidenten), 36 (zumindest für die ordentlichen Mitglieder des StändA) LV als „selbstverständlich" ergibt.[3]

II. Herkunft, Entstehung, Geschichte

Art. 44 LV entsprechende Regelungen waren bereits in **Art. 40 a WRV** (seit 1926)[4] sowie in den Art. 39 IV 1 VerfWH, 66 III VerfWB enthalten, nicht jedoch in der VerfLB (trotz Regelungen über einen namenlosen Zwischenausschuss in Art. 65 und die Weiterführung der Präsidialgeschäfte in Art. 66 I 1). Auch das GG sah bis zum Wegfall des ständigen Ausschusses gem. Art. 45 im Jahr 1976[5] mit **Art. 49 GG** eine Vorschrift zur Verlängerung bestimmter Abgeordnetenrechte vor. Die sich eng daran anlehnende Formulierung von Art. 44 LV geht auf Art. 41 VerfERP zurück und wurde weder im VA noch in der VLV näher diskutiert.[6] Die in der redaktionellen Schlussphase eingebrachte Überlegung, die ersten Stellvertreter aus dem Anwendungsbereich auszunehmen, wurde nicht mehr aufgegriffen.[7]

2

III. Verfassungsvergleichende Einordnung

Da sowohl die Weiterführung der Geschäfte durch den Präsidenten als auch die Einrichtung eines Ständigen Ausschusses **nur in wenigen Ländern vorgesehen** sind (→ Art. 32 Rn. 51, Art. 36 Rn. 5), haben nur wenige Verfassungen Anlass zur Regelung der Rechtsstellung der davon betroffenen Abgeordneten über das Ende ihrer Wahlperiode hinaus. Soweit aber entsprechende Regelungen getroffen sind, unterscheiden sie sich von Art. 44 LV im Wesentlichen weder bezüglich des Personenkreises, noch bezüglich der ausdrücklich fortgeltenden Rechte. Lediglich das Behinderungsverbot des Art. 29 II LV ist in den Verweisen von Art. 85 S. 2, 93 S. 5 HessVerf, 40 S. 6 NRWVerf nicht enthalten.

3

---

1 *Kremer*, Rechtsstellung, 33 (38).
2 *Kremer*, Rechtsstellung, 33 (34); *Glauben* in: in: Brocker/Droege/Jutzi, Art. 92 Rn. 10.
3 So *Anschütz*, Art. 35 Anm. 6, bereits vor der Einführung von Art. 40 a WRV; aA *Glauben* in: Brocker/Droege/Jutzi, Art. 92 Rn. 10.
4 Eingefügt durch G. v. 22.5.1926, RGBl. I, 243.
5 Die Aufhebung von Art. 49 GG erfolgte im 33. GGÄndG. v. 23.8.1976, BGBl. I 2381 (2382).
6 Vgl. die 1. Lesung in der 12. VA-Sitzung am 17.9.1952, in: Feuchte, Quellen, 2. Teil, 506 f., und die 2. Lesung in der 47. VA-Sitzung am 14.4.1953, in: Feuchte, Quellen, 6. Teil, 24, sowie die Plenarberatungen in der 44. und 58. VLV-Sitzung am 30.6. und 4.11.1953, in: Feuchte, Quellen, 8. Teil, 78, 360.
7 52. VA-Sitzung am 29.5.1953, in: Feuchte, Quellen, 6. Teil, 486 f.

B. Erläuterung
I. Zeitlicher und persönlicher Geltungsbereich

4 In zeitlicher Hinsicht entfaltet Art. 44 LV seine Wirkung nur in den idR maximal 15 Tagen zwischen dem Ende einer Wahlperiode und der Konstituierung des Folgelandtags. Nur im Ausnahmefall einer vorzeitigen Parlamentsauflösung kann der Zeitraum bis zu 74 Tage umfassen (→ Art. 36 Rn. 7). Der persönliche Geltungsbereich von Art. 44 LV erfasst zum einen die **Mitglieder des Präsidiums**, das seit der diesbezüglichen Organisationsreform auch die Ältestenratsfunktion ausübt und deshalb neben dem Präsidenten und dem oder den Vizepräsidenten auch die „weiteren Mitglieder" (Fraktionsvertreter) und damit ca. 20 Mitglieder umfasst (§ 4 I 2 GO LT; → Art. 32 Rn. 14). Aufgrund der klaren Definition in Art. 32 I 1 LV zählen dazu jedoch nicht die Schriftführer, die lediglich dem Sitzungsvorstand angehören (→ Art. 32 Rn. 16).[8]

5 Zum anderen gilt Art. 44 LV für die **Mitglieder des StändA gem. Art. 36 LV sowie deren erste Stellvertreter**. Letztere beziehen sich nur auf den StändA, da die Ausschüsse – anders als das Präsidium – durchgehend mit ordentlichen und bis zu jeweils drei stellvertretenden Mitgliedern besetzt sind (§ 19 II GO LT). Da die GO LT den Begriff von „ersten" Stellvertretern (übernommen aus Art. 40 a I WRV) nicht kennt, sind diese bei der Wahl gesondert auszuweisen.[9] Geschieht dies nicht, gilt dies je Fraktion für die der Sitzzahl entsprechende Anzahl der erstgenannten Stellvertreter.[10] Ausgehend von einer Ausschussmitgliederzahl von ca. 20 (§ 19 I GO LT) sind davon rd. 40 Abgeordnete betroffen.

6 Folglich erfasst Art. 44 LV (ohne Doppelungen) ca. 60 Mitglieder des Landtags und damit in etwa die **knappe Hälfte des Hauses**. Die praktische Bedeutung ist aber erheblich geringer: Denn gerade von diesem Personenkreis gehört regelmäßig ein hoher Anteil auch dem Folgelandtag an. Zum Zeitpunkt des Endes der alten Wahlperiode haben (soweit keine vorzeitige Landtagsauflösung vorliegt) aber alle Neugewählten die Wahl in den neuen Landtag idR bereits angenommen und damit die (umfassende) Rechtsstellung eines Abgeordneten erneut erworben, da diese weder vom Beginn der Wahlperiode noch von der Konstituierung abhängt (Art. 41 I LV).

II. Inhaltliche Reichweite

7 Die Fortgeltung gem. Art. 44 LV bezieht sich nicht auf alle Abgeordnetenrechte, sondern beschränkt sich auf fünf besondere Verfassungsbestimmungen, nämlich auf die Art. 29 II (**Behinderungsverbot**), 37 (**Indemnität**), 38 (**Immunität**), 39 (**Zeugnisverweigerungsrecht und Beschlagnahmeverbot**) und 40 (**Entschädigungsanspruch und Benutzung staatlicher Verkehrsmittel**). Bezüglich der inhaltlichen Einzelheiten dieser Rechte wird auf die jeweiligen Kommentierungen verwiesen. Zum Entschädigungsanspruch gem.

---

8 Ebenso die frühere Rechtslage im Bund, vgl. *Rauball* in: v. Münch, GG, Art. 49 Rn. 5.
9 *Feuchte* in: Feuchte, Art. 44 Rn. 2.
10 Was de facto die im Alphabet vorne stehenden Abg. betrifft, vgl. Pl.-Prot. 16/6 v. 9.6.2016, 109.

Art. 40, 1 LV ist allerdings anzumerken, dass die finanziellen Leistungen – mit Ausnahme für den Präsidenten und den (ersten) Vizepräsidenten – nur dann gewährt werden, wenn das Präsidium bzw. der StändA im fraglichen Zeitraum eine Sitzung abgehalten hat und damit offiziell tätig geworden ist (§ 22 I 3 AbgG BW). Obwohl damit der Entschädigungsanspruch im Normalfall faktisch suspendiert ist, dürfte dies als sachlich angemessene Regelung vom Regelungsvorbehalt gem. Art. 40, 3 LV noch gedeckt sein. Eine weitere Bemerkung gilt dem Zeugnisverweigerungsrecht: Soweit dieses Abgeordnetenmitarbeitern gem. Art. 39, 2 LV zusteht, handelt es sich gleichwohl zugleich ein mittelbares Schutzrecht zugunsten des jeweiligen Abgeordneten selbst und deshalb auch von Art. 44 LV umfasst, soweit der Abgeordnete zum betroffenen Personenkreis zählt.

Keine Erwähnung in Art. 44 LV findet hingegen **Art. 27 III LV als „Mutternorm" der gesamten Mandatsstellung eines Abgeordneten**. Die erfassten Mitglieder des Landtags sollen aber ihre Abgeordnetentätigkeit in einer funktional reduzierten Form fortführen, indem sie im Präsidium oder StändA die diesen Gremien zugewiesenen Aufgaben wahrzunehmen haben. Dies setzt daher die Fortgeltung aller Rechte voraus, die für diese Aufgabenerfüllung erforderlich ist. Deshalb haben die Betroffenen im Präsidium bzw. StändA in diesem Umfang ihre aus Art. 27 III LV abgeleiteten Statusrechte.[11] Dies gilt namentlich für das Rede-, Antrags- und Stimmrecht aller Betroffenen und darüber hinaus im StändA – der in erster Linie der Regierungskontrolle dient (→ Art. 36 Rn. 13) – auch für die Frage- und Interpellationsrechte (→ Art. 27 Rn. 69 ff.). 8

III. Die Regierung

Artikel 45 [Regierungsfunktion, Zusammensetzung]

(1) Die Regierung übt die vollziehende Gewalt aus.

(2) ¹Die Regierung besteht aus dem Ministerpräsidenten und den Ministern. ²Als weitere Mitglieder der Regierung können Staatssekretäre und ehrenamtliche Staatsräte ernannt werden. ³Die Zahl der Staatssekretäre darf ein Drittel der Zahl der Minister nicht übersteigen. ⁴Staatssekretären und Staatsräten kann durch Beschluß des Landtags Stimmrecht verliehen werden.

(3) ¹Die Regierung beschließt unbeschadet des Gesetzgebungsrechts des Landtags über die Geschäftsbereiche ihrer Mitglieder. ²Der Beschluß bedarf der Zustimmung des Landtags.

(4) Der Ministerpräsident kann einen Geschäftsbereich selbst übernehmen.

Schrifttum:
Böckenförde, Die Organisationsgewalt im Bereich der Regierung. Eine Untersuchung zum Staatsrecht der Bundesrepublik Deutschland, 2. Aufl. 1998; *Ellwein*, Regierung und Verwaltung 1. Teil. Regierung als politische Führung, 1970; *von Erdmann*, Die Verfassung Württembergs von 1919, 2013; *Frotscher*, Regierung als Rechtsbegriff. Ver-

---

11 Ohne funktionale Einschränkung ebenso *Feuchte* in: Feuchte, Art. 44 Rn. 1, und *Braun*, Art. 44 Rn. 4.

fassungsrechtliche und staatstheoretische Grundlagen unter Berücksichtigung der englischen und französischen Verfassungsentwicklung, 1975; *Jarass*, Politik und Bürokratie als Elemente der Gewaltenteilung, 1975; *Kölble*, Ist Art. 65 GG (Ressortprinzip) im Rahmen von Kanzlerrichtlinien und Kabinettsentscheidungen überholt?, DÖV 1973, 1; *Loewenberg*, Parlamentarismus im politischen System der Bundesrepublik Deutschland, 1969; *Magiera*, Parlament und Staatsleitung in der Verfassungsordnung des Grundgesetzes, 1979; *Menzenbach*, Die Parlamentarischen. Parlamentarische Staatssekretärinnen und Staatssekretäre im Bund und in den Ländern: Rechtsgrundlagen, Status, Funktionen, 2015; *Oldiges*, Die Bundesregierung als Kollegium. Eine Studie zur Regierungsorganisation nach dem Grundgesetz, 1983; *Rausch*, Parlament und Regierung in der Bundesrepublik Deutschland, 6. Aufl. 1981; *Scheuner*, Der Bereich der Regierung, in: FS Rudolf Smend, 1952, 253 ff.; *Schneider*, Ministerpräsidenten. Profil eines politischen Amtes im deutschen Föderalismus, 2001.

Vergleichbare Regelungen: Art. 62 GG, 43 BayVerf, 55 BerlVerf, 82 BbgVerf, 107 BremVerf, 33 HambVerf, 100 HessVerf, 41 MVVerf, 28 I, II NdsVerf, 51 NRWVerf, 98 RPVerf, 86 SaarlVerf, 59 SächsVerf, 64 LSAVerf, 33 SchlHVerf, 70 ThürVerf.

Ergänzende Normen: Gesetz über die Rechtsverhältnisse der Mitglieder der Regierung (Ministergesetz) idF vom 20.8.1991, GBl. 1991, 533, 611, geändert durch Art. 6 des Gesetzes v. 24.7.2012, GBl. 482, 486; Bekanntmachung der Landesregierung über die Abgrenzung der Geschäftsbereiche der Ministerien vom 24.7.2001 (GBl. 590), zuletzt geändert mit Bekanntmachung vom 26.7.2016 (GBl. 456).

Leitentscheidungen: BVerfGE 11, 77; 26, 338; 100, 249 (Bundesregierung); 9, 268 (ministerialfreie Räume); StGH, ESVGH 23, 135 (Staatssekretäre, insbesondere politische Staatssekretäre).

A. Überblick und Einordnung 1
   I. Bedeutung 1
   II. Herkunft, Entstehung, Geschichte 6
   III. Verfassungsvergleichende Einordnung 9
B. Erläuterung 13
   I. Die Regierung im System der Gewaltenteilung (Abs. 1) 13
     1. Allgemeines 13
     2. Regierung und vollziehende Gewalt 17
       a) Begriff von „Regierung" 17
       b) Regierung mehr als nur „Vollzug" 20
   II. Die Regierungsmitglieder (Abs. 2) 24
     1. Zusammensetzung der Regierung 24
       a) Allgemeines 24
       b) Ministerpräsident 29
       c) Minister 32
         aa) Allgemeines 32
         bb) Geschäftsbereich „unter eigener Verantwortung" als Voraussetzung für das Ministeramt ... 35
       d) Staatssekretäre 37
         aa) Staatssekretäre mit Kabinettsrang 37
         bb) Beamtete Staatssekretäre 42
         cc) Politische Staatssekretäre 44
       e) Staatsräte 47
       f) Beauftragte der Regierung 50
   III. Geschäftsbereiche der Minister (Abs. 3) 55
     1. Allgemeines 55
     2. Rolle des Landtags 56
     3. Vorgaben 58
       a) Keine „ressortfreien" Bereiche 58
       b) Sonderstellung einzelner Minister? 60
       c) Richtlinienkompetenz und Geschäftsabgrenzung 61
   IV. Geschäftsbereich für den Ministerpräsidenten (Abs. 4) 66

[Regierungsfunktion, Zusammensetzung] Artikel 45

A. Überblick und Einordnung

I. Bedeutung

Mit der Bestimmung wird der der Regierung gewidmete Abschnitt des Zweiten Hauptteils der LV „Vom Staat und seinen Ordnungen" in systematischer Weise eingeleitet. Nachdem Art. 27 II LV dem Landtag die „gesetzgebende Gewalt" übertragen hat, geht es nun in der für parlamentarische Demokratien typischen Reihenfolge um die **„vollziehende Gewalt"**. Anders als im Familienrecht wird der Begriff „Gewalt" im staatsrechtlichen Schrifttum – soweit ersichtlich – bislang nicht in Frage gestellt, obwohl dafür durchaus Anlass bestünde. Die Übersetzung der französischen „séparation des pouvoirs" mit „Gewaltenteilung" war von Anfang an nicht geglückt. 1

Bemerkenswert ist, dass – wie in anderen Verfassungstexten – von einer **„Regierung"** ausgegangen wird, ohne genauer zu sagen, was zu ihren Aufgaben gehört. Lediglich Teilaspekte angesprochen sind mit den der Regierung als Kollegium in Art. 49 II LV verfahrensmäßig übertragenen Aufgaben (Gesetzesvorlagen, Bundesrat). Der materielle Regierungsbegriff bleibt auch in der LV ungeklärt. Demgegenüber wird die Regierung institutionell in BW weit aufgefächert: Zu Ministerpräsident und Ministern können als baden-württembergische Sonderheiten noch Staatssekretäre und ehrenamtliche Staatsräte, mit denen eine schöne südwestdeutsche Tradition fortlebt, treten. 2

Gleich zu Beginn wird deutlich, dass dem **Landtag** nach der baden-württembergischen Verfassungskonzeption eine **besondere Rolle** zukommt: Er ist es, der Staatssekretären und Staatsräten in der Landesregierung das Stimmrecht verleihen kann, und er muss der Geschäftsverteilung der Landesregierung zustimmen. In beiden Fällen bewegen wir uns in dem, was üblicherweise zum engeren Bereich der Organisationsgewalt der Regierung oder des Ministerpräsidenten gezählt wird. Bis 1970 war es sogar exklusiv der Landtag, der in Gesetzesform über die Geschäftsverteilung zu bestimmen hatte. Auch die heutige Regelung ist noch ein Beispiel dafür, dass von einer strikten Gewaltenteilung in der Bundesrepublik im Allgemeinen, für BW im Besonderen, kaum gesprochen werden kann. Wir haben es mit einer **Gewaltenverschränkung**[1] zu tun, die durch die regelmäßige Gleichgerichtetheit der politischen Kräfte in Regierung und der sie im Landtag tragenden Mehrheit überformt wird. 3

Insgesamt ist für die LV ein besonders **enger Bezug des Landtags zur Regierung** kennzeichnend. Er wählt nicht nur – wie allgemein üblich – den Ministerpräsidenten, sondern hat auch die von ihm gebildete Regierung zu bestätigen. Für die Berufung eines neuen Regierungsmitglieds ist die Zustimmung des Landtags erforderlich. Umgekehrt kann er vom Ministerpräsidenten auch die Entlassung eines Regierungsmitglieds verlangen oder sogar zur Ministeranklage (Art. 57 LV) schreiten. 4

---

[1] Kritisch dazu zB *Blankart*, Wirtschafts- und Finanzpolitik aus der Sicht eines Ökonomen, 12 (2016), 28.

5 Die Möglichkeit des Ministerpräsidenten, einen **eigenen Geschäftsbereich** zu übernehmen (Art. 45 IV LV), wird angesichts seiner zahlreichen sonstigen Aufgaben kaum praktisch. Fraglich ist, ob die ihm in der Staatspraxis anvertrauten Rundfunkangelegenheiten einen solchen bilden. Es handelt sich vielleicht nur um eine **Erinnerung an alte Zeiten**, in denen Sparsamkeit auch bei der Zahl der Kabinettsmitglieder möglicherweise eine besonders schwäbische Tugend war.

II. Herkunft, Entstehung, Geschichte

6 In **VerfBad 1919 und VerfWü 1919** waren als Regierung ein „Staatsministerium" unter Leitung eines „Staatspräsidenten" enthalten. § 52 VerfBad 1919 sah vor, dass „Zahl und Geschäftskreis" der Minister durch Gesetz geregelt wurden. Auch nach § 26 II VerfWü 1919 wurden „Zahl der Minister, der Geschäftskreis der Ministerien und die Zuständigkeiten des Staatsministeriums" durch Gesetz bestimmt. In den drei **Verfassungen von 1946/47** fand sich die Regelung der aktuellen LV bereits weitgehend vorgeformt. Art. 69 VerfWB und Art. 44 VerfWH sprachen bereits von der Ausübung der vollziehenden Gewalt durch die Regierung, die aus dem Ministerpräsidenten bzw. Staatspräsidenten und den Ministern bestand. Art. 76 VerfLB nannte den „Staatspräsidenten, der gleichzeitig auch Ministerpräsident ist", und die Minister. Dort waren auch, einer badischen Tradition folgend, Mitglieder der Landesregierung „ohne eigenen Geschäftskreis (Staatsräte)" vorgesehen. Für den Staatspräsidenten bestand die Möglichkeit, einen eigenen Geschäftsbereich zu übernehmen. Die Zahl der Minister und Geschäftsbereiche wurden nach Art. 76 VerfLB durch Gesetz geregelt. Eine entsprechende Regelung bestand in Art. 69 VerfWB.

7 Bei den **Verfassungsberatungen** 1952/53[2] gingen an dieser Stelle die Vorstellungen der Verfassungsentwürfe der Regierungsparteien und der CDU am weitesten auseinander. Art. 68 VerfECDU sah einen unmittelbar vom Volke – ggf. in zwei Wahlgängen – auf sechs Jahre gewählten „Staatspräsidenten" vor. Dieser sollte die Minister und Staatssekretäre berufen, die vom Landtag mit Mehrheit hätten bestätigt werden müssen. Dieses Modell – nach dem plastischen Ausdruck eines Kritikers „eine Art rocher de bronce in Gestalt des Staatspräsidenten"[3] – wurde von der Mehrheit der den anderen Parteien angehörenden Mitgliedern der VLV nicht aufgegriffen.[4]

8 Umstritten war – insbesondere vor dem Hintergrund damals aktueller politischer Entwicklungen – die Einrichtung von Staatssekretären. Bis zuletzt umstritten war ebenfalls die Frage des Stimmrechts für diese Regierungsmitglieder.[5] Erst gegen Ende der Beratungen wurde auch der ehrenamtliche Staatsrat, der auf eine vor allem badische Tradition[6] zurückgeht, akzeptiert.[7] In beiden Entwürfen übereinstimmend war vorgesehen, dass Zahl

---

2 Übersicht zum Gang der Verfassungsberatungen dieses Abschnitts bei Feuchte, Quellen, 2. Teil, XIII-XIV.
3 Abg. *Gönnenwein* (FDP/DVP) in: Feuchte, Quellen, 8. Teil, 147.
4 Feuchte, Quellen, 6. Teil, 646, und 8. Teil, 140 ff.
5 Feuchte, Quellen, 6. Teil, 646, und 8. Teil, 140.
6 Feuchte, Quellen, 2. Teil, 561 ff.
7 Feuchte, Quellen, 8. Teil, 140 f., 146, 361.

der Minister und „Geschäftskreis" der Ministerien durch Gesetz bestimmt werden sollten, wobei es in den Verfassungsberatungen durchaus unterschiedliche Auffassungen über die Zweckmäßigkeit einer solchen Festlegung gab.[8] Sie fand indes Eingang in den Verfassungstext[9] und wurde erst durch das 5. LVÄndG v. 17.11.1970 (GBl. 492) geändert. Seitdem ist es die Regierung, die unbeschadet des Gesetzgebungsrechts des Landtags über die Geschäftsbereiche ihrer Mitglieder zu beschließen hat.

III. Verfassungsvergleichende Einordnung

Ohne nähere Einzelheiten wird der Regierung von der LV die **„vollziehende Gewalt"** zugeordnet. Andere Landesverfassungen sind da präziser. So ist zB von der „obersten leitenden und vollziehenden Behörde des Staates" (Art. 43 I BayVerf) die Rede, von der „Spitze der vollziehenden Gewalt" (Art. 41 I MVVerf) oder vom „obersten Leitungs-, Entscheidungs- und Vollzugsorgan" (Art. 33 I SchlHVerf). Inhaltlich führen diese Formulierungen im Hinblick auf eine materielle Definition der Regierungstätigkeit allerdings nicht weiter. Terminologisch gibt es gewisse Unterschiede, allerdings ohne inhaltlichen Gehalt, wenn in anderen Verfassungen die Regierung „Staatsregierung" oder „Landesregierung" genannt wird. Besonderheiten gelten traditionell in den Stadtstaaten, wo die Regierung als „Senat" bezeichnet wird. 9

Bemerkenswert ist die **„Typenvielfalt"** innerhalb der **baden-württembergischen Regierung** mit Ministern, Staatssekretären und Staatsräten. Staatssekretäre kennen ansonsten noch Bayern, Saarland und Sachsen, Staatsräte – allerdings als leitende Beamte – Bremen und Hamburg. Neu eingeführt wurde der Titel „Staatsrätin" 2015 für die Chefin der Staatskanzlei in Bayern. In einzelnen Landesverfassungen ist die **Zahl der Regierungsmitglieder** festgeschrieben (zB mit 17 Staatsministern und Staatssekretären in Art. 43 II BayVerf und „bis zu acht Senatoren" gem. Art. 55 II BerlVerf) oder sie wird durch Gesetz festgelegt (zB in den Hansestädten). Die LV kennt keine zahlenmäßigen Vorgaben, weder nach oben noch nach unten. Nur die Zahl der Staatssekretäre darf ein Drittel der Zahl der Minister nicht übersteigen. 10

In den meisten Ländern gilt, wie in BW, die Regelung, dass die Regierung über die **Geschäftsbereiche** beschließt. Art. 49 BayVerf überlässt diese Aufgabe dem Ministerpräsidenten. 11

Eine Besonderheit in neu gefassten Verfassungen ist die **geschlechtsneutrale Bezeichnung** wie in Niedersachsen, wo die Landesregierung „aus der Ministerpräsidentin oder dem Ministerpräsidenten und den Landesministerinnen und Landesministern" besteht (Art. 28 II NdsVerf), und in Schleswig-Holstein (Art. 33 I SchlHVerf). 12

---

8 Feuchte, Quellen, 6. Teil, 646.
9 „Die Zahl der Minister und die Geschäftsbereiche der Ministerien werden durch Gesetz bestimmt." (Art. 45 III LV aF).

B. Erläuterung
I. Die Regierung im System der Gewaltenteilung (Abs. 1)
1. Allgemeines

13 Mit Art. 45 LV beginnt, nach 20 Artikeln, die den Landtag regeln, der der **Regierung** gewidmete Abschnitt der LV mit insgesamt 13 Artikeln. Der Regelungskomplex ist etwas ausgiebiger als der entsprechende Abschnitt des GG, in dem sich neun Artikel mit der Bundesregierung befassen. Dazu kommt allerdings mit den Art. 54 ff. GG eine Reihe von Bestimmungen im Zusammenhang mit dem Amte des Bundespräsidenten, deren Gegenstück sich in der LV im Abschnitt der Regierung finden lässt.

14 Mitunter wird die Frage gestellt, ob es auf der Ebene eines Landes überhaupt so etwas wie eine „Regierung" geben kann. Begründet wird dies mit einem schmaleren Wirkungskreis, der sich vornehmlich auf Verwaltung in einem engeren Sinne beschränke.[10] Richtig daran mag sein, dass es in der Tat in einem Land nicht derart zentral um einen „geistigen Lebensprozess, in dem bewusstes menschliches Handeln eine Kollektiveinheit über den Wechsel der Individuen und der Zeit hinweg zu einheitlichem Wirken vereint", nicht um eine „integrierende Selbstgestaltung des Staates" im *Smend*schen Sinne, geht.[11] Regierung, verstanden als „politische Weichenstellung und Orientierung" für die Nation, vollzieht sich sicher in erster Linie auf der Ebene des Bundes. In entgegengesetztem Sinne hervorgehoben wird allerdings eine **Priorität der Staatstätigkeit der Länder** durch Art. 30 GG, wonach die „Ausübung der staatlichen Befugnisse und die Erfüllung der staatlichen Aufgaben" Sache der Länder ist. Zwar führt der Vorbehalt einer anderweitigen Regelung, von dem im GG ausgiebig Gebrauch gemacht wird, dann wieder zu einer Schmälerung eigenständiger Gestaltungsmöglichkeiten der Länder. Nach dem GG wird indes Staatlichkeit – sogar prioritär – von den Ländern verkörpert, ging in der Bundesrepublik deren Staatlichkeit sogar zeitlich voraus. Zum Staat gehört wiederum zwingend eine Regierung.

15 Die Handlungsmöglichkeiten einer Regierung auf Landesebene dürfen nicht allein am – doch recht schmalen – Katalog der Gesetzgebungszuständigkeiten, die das GG den Ländern überlässt, gemessen werden. Regierungshandeln auf Landesebene vollzieht sich in vielen Formen und ist nicht auf die Gesetzgebung beschränkt. Dazu kommen Möglichkeiten politischer (Mit)Gestaltung auf Bundes- und europäischer Ebene. Die viel zitierte, in der Bundesrepublik herrschende **„Politikverflechtung"**[12] muss insoweit nicht nur negativ gesehen werden. Zwar erfolgt vieles im „Geleitzug" von Bund und Ländern, die Regierungen der Länder stehen dabei der Bundesregierung jedoch auf Augenhöhe gegenüber. Die Möglichkeiten von – vielleicht auch der Bedarf an – landesspezifischen Regelungen wurde in der

---

10 Statt vieler: *Friesenhahn*, Parlament und Regierung im modernen Staat, VVDtSRL 16 (1958), 50: „im wesentlichen nur Verwaltungskörperschaften".
11 *Scheuner*, Smend-FS 1952, 253 (271).
12 Immer noch lesenswert: *Scharpf/Reisert/Schnabel*, Politikverflechtung: Theorie und Empirie des kooperativen Föderalismus in der Bundesrepublik, 1976; dass das Thema noch weiter aktuell ist, zeigt *Scharpf*, Föderalismusreform. Kein Ausweg aus der Politikverflechtungsfalle, 2009.

[Regierungsfunktion, Zusammensetzung] Artikel 45

Vergangenheit zwar geringer, dafür nahmen die Einwirkungsmöglichkeiten im gesamtstaatlichen Bereich zu. Die Geschichte der Bundesrepublik zeigt, dass die Länder mit ihren Regierungen immer auch **gesamtstaatliche Verantwortung** tragen.

Festzuhalten ist, dass – zugegebenermaßen mit anderen Schwerpunkten und in insgesamt anderer Art und Weise – die Länder in der Bundesrepublik ein gutes Stück **eigener Staatlichkeit** wahrnehmen oder zumindest wahrnehmen können. Nicht zu verkennen sind allerdings Unterschiede zwischen den einzelnen Ländern, die sich nicht allein auf deren Größe zurückführen lassen. Hier scheint es eine „longue durée" eigenverantwortlicher Staatsgestaltung zu geben. BW, hervorgegangen im Wesentlichen aus zwei in der napoleonischen Ära geschaffenen Mittelstaaten, steht unzweifelhaft in einer solchen Tradition von Staatlichkeit.[13] In diesem Sinne ist es dann an der **Landesregierung**, die mit der spezifisch politischen Mission betraut ist, die um vieles über die eines Verwaltungsrates oder einer Behördenleitung hinausgeht, eine soziale Gesamtheit mit eigenen südwestdeutschen Akzenten zu gestalten. Diese vornehmste Aufgabe der Regierung sollte auch im Drang der Tagesgeschäfte im Auge behalten und nicht den sog. Nichtregierungsorganisationen – bei all ihrer Bedeutung für bürgerschaftliche Partizipation, die sich im Regelfall aber räumlich oder thematisch nur sektoriell entfaltet – überlassen bleiben. Die Geschichte des Landes und seiner Vorgängerstaaten zurück bis in die beginnende Neuzeit gibt hierfür schöne Beispiele. 16

2. Regierung und vollziehende Gewalt

a) Begriffe von „Regierung"

Die Literatur unterscheidet zwischen einem **institutionellen, einem materiellen und einem formellen Begriff** der Regierung. **Institutionell** ist die Regierung in der LV klar beschrieben: Art. 45 LV definiert – ausführlicher als Art. 62 GG – gleich zu Beginn des Abschnittes die Mitglieder der Regierung. Offen bleiben kann, ob sie ein Gesamtorgan darstellt und Ministerpräsident, Regierungsmitglieder und Kabinett nur Teilorgane, oder ob jede Institution für sich als eigenes Verfassungsorgan anzusehen ist.[14] Unbestritten sind alle drei **Träger eigener verfassungsrechtlicher Pflichten und Rechte**. Sie sind insbesondere in der Lage, nach Art. 68 I 1 LV einen Organstreit anzustrengen. 17

Demgegenüber ist es verfassungsrechtlich schwierig, einen **materiellen Begriff** dessen, was „**Regieren**" ausmacht, zu definieren. Der Inhalt lässt sich jedenfalls nicht unmittelbar aus den Verfassungstexten entnehmen, wenn man nicht nur (negativ) zusammenfasst, was an Befugnissen **nicht** Gesetz-

---

13 *Hölzle*, Das Alte Recht und die Revolution. Württemberg im Zeitalter Napoleons, 2 Bde. 1931/137; *Schwarzmaier u.a.* (Hrsg.), Handbuch der baden-württembergischen Geschichte, Bd. 3: Vom Ende des Alten Reichs bis zum Ende der Monarchie, 1992; *ders.*, Baden. Dynastie – Land – Staat, 2005; *Paul*, Württemberg 1797–1816/19. Quellen und Studien zur Entstehung des modernen württembergischen Staates, 2 Bde. 2005.
14 Kritisch zu dieser auf *Böckenförde* zurückgehenden Auffassung *Oldiges*, Die Bundesregierung, 137 ff.

Clostermeyer

gebung und Rechtsprechung überantwortet ist.[15] Auch die in Art. 49 I 1 LV aufgeführten „Richtlinien der Politik" sind nicht näher bestimmt und führen zunächst inhaltlich nicht weiter. Tief in die Zeit des Konstitutionalismus zurückgreifend wird mit *Rudolf Smend* von der Regierungstätigkeit als „**Staatsleitung**"[16] gesprochen, was aber das Problem nur verschiebt.

18 Über einen **formellen Begriff** der Regierung kommt also auch die LV nicht hinaus.[17] Dieser umfasst die „Gesamtheit der Aufgaben, die die Regierung im institutionellen Sinne wahrnimmt."[18] Als Regierungsfunktionen wahrgenommen werden Aufgaben der materiellen Regierung – bei all ihren Ungewissheiten –, Normsetzung und Verwaltung in ihren verschiedenen Formen. Es gibt Aufgaben, die die Regierung erfüllen **muss**, die sie erfüllen **darf** und – ein weites Feld – erfüllen **kann**. Begrifflich besteht eine Unterscheidungsmöglichkeit zwischen der **Gubernative**, der Regierung im engeren, und der **Exekutive**, der Regierung in einem weiteren Sinne. Eine andere Lesart ist die Zusammenfassung von Regierung ieS („**Politik**") auf der einen und Verwaltung („**Bürokratie**")[19] auf der anderen Seite.[20]

19 Die Regierung – gleich ob als Gesamtheit oder als Organvielfalt – ist ein **eigenständiges Verfassungsorgan** auch gegenüber dem Landtag. Sie ist nicht dessen Exekutivausschuss und nicht lediglich ein Unterorgan des Parlaments. Es gilt der **Grundsatz der prinzipiellen Gleichordnung** der Verfassungsorgane.[21] Die „Regierung" ist eine der drei Säulen des Systems der Gewaltenteilung, das nicht nur funktional-organisatorisch, sondern in erster Linie freiheitssichernd zu verstehen ist.[22]

b) Regierung mehr als nur „Vollzug"

20 Die in der Verfassung genannte Aufgabe der Regierung, die „**vollziehende Gewalt**" auszuüben, beschreibt ihr Tätigkeitsfeld materiell nicht näher. Am Begriff der „Gewalt" sollte man sich nicht stören, es handelt sich, wie Art. 25 I LV regelt, um Aspekte der traditionell sogenannten „Staatsgewalt", die vom Volke ausgeht und „durch besondere Organe der Gesetzgebung, der vollziehenden Gewalt und der Rechtsprechung ausgeübt" wird (Art. 20 II GG). Art. 25 II LV normiert, dass die „vollziehende Gewalt" sowie die Rechtsprechung „an Gesetz und Recht",[23] die Gesetzgebung demgegenüber an „die verfassungsmäßige Ordnung in Bund und Land" gebun-

---

15 Kritisch zu dieser „Subtraktionsmethode" zB *Magiera*, Parlament und Staatsleitung, 242.
16 Unter Hinweis auf administrative Aufgaben gegen die Fixierung auf „staatsleitende" Befugnisse zB *Schröder* in: HStR, § 64 Rn. 4.
17 Zum Problem im GG: *Herzog* in: Maunz/Dürig, Art. 62 Rn. 51 ff.
18 *Schenke* in: BK, Art. 62 Rn. 12.
19 Dazu: *Wunder*, Bürokratie: Die Geschichte eines politischen Schlagworts, 1987.
20 *Jarass*, Politik und Bürokratie, 120: „Komplementarität" von Politik und Bürokratie.
21 BVerfGE 49, 89 (124); *Katz* in: Feuchte, Art. 45 Rn. 31; *Herzog* in: Maunz/Dürig, Art. 62 Rn. 65.
22 Mit dem Pathos der amerikanischen Verfassungsväter 1787/88 ausgedrückt: „Die Konzentration aller legislativen, exekutiven und judikativen Befugnisse in denselben Händen ... kann zu Recht als die wahre Definition der Tyrannei bezeichnet werden." (*Hamilton/Madison/Jay*, Die Federalist Papers, 2007, 301).
23 Eine gewisse Inkonsistenz kann darin gesehen werden, dass die Regierungsmitglieder – wie nach Art. 78 LV im Übrigen auch die Beamten – bei ihrem Amtsantritt

den ist. Anders als nach dem GG, wo Bundespräsident und Bundesregierung sich die vollziehende Gewalt teilen, wird diese nach der LV allein von der Landesregierung wahrgenommen.

Auch wenn der Regierung die „vollziehende Gewalt" in diesem Sinne zugeordnet ist, sind ihre Aufgaben mit einer schlichten Umsetzung („Vollzug") dessen, was die Legislative vorgegeben hat, keinesfalls genügend beschrieben. Die Beschränkung auf den einfachen Gesetzes**vollzug**, zumindest die Wahrung des Gesetzesvorbehalts, sind Ansätze, die aus der Zeit des Konstitutionalismus stammen. Ursprünglich zur Sicherung vor Eingriffen in Freiheit und Eigentum gedacht, ist mit dem Gesetzesvorbehalt nur ein **Teilaspekt** heutiger Regierungstätigkeit angesprochen.[24] Nicht erst durch die Politikwissenschaft weiß man, dass Verwaltungshandeln keineswegs auf die schlichte Umsetzung gesetzlicher Vorgaben beschränkt ist. Noch weniger ist dies für die Regierung ieS zutreffend, der in Art. 49 II LV insbesondere auch die Beschlussfassung und Einbringung von Gesetzesvorlagen zugewiesen wird. Regierungshandeln bedeutet bereits von Verfassungswegen mehr als den „Vollzug" von Gesetzen. Noch nicht einmal angesprochen ist ihre nicht in Gesetzesform organisierte Tätigkeit mit Planung, Programmen, Initiativen auf Bundesebene, usw.[25]   21

Keineswegs kann für die Regierungstätigkeit ein „**Totalvorbehalt**" des Gesetzes konstruiert werden. Weder aus Demokratie-, Sozialstaats- oder Rechtsstaatsprinzip lässt sich ein solcher ableiten.[26] Hinzuweisen ist jedoch auf den sog. institutionellen Gesetzesvorbehalt für die Schaffung juristischer Personen des öffentlichen Rechts und auf den verfassungsrechtlichen Gesetzesvorbehalt für den Staatshaushalt (Art. 79 II LV) sowie den Abschluss von Staatsverträgen Art. 50 LV). Schwierig ist es, dem gegenüber allgemeine **Vorbehaltsbereiche der Regierung**, die dem Zugriff des Gesetzgebers verwehrt sind, zu identifizieren. Die einzelnen Kompetenzen der Verfassung müssten darauf hin untersucht werden, inwieweit sie sich „zu Vorbehaltsbereichen verdichten lassen."[27] Ermittelt werden können so die Konturen einer eigenständigen Regierungsgewalt, von der auch das BVerfG ausgeht.[28] Dies betrifft insbesondere die Rechte, die der Regierung gegenüber dem Landtag eingeräumt sind.[29]   22

Versuche, bei den der vollziehenden Gewalt im Lande aufgegebenen **Bindungen** zwischen „Gesetz" und „Recht" zu differenzieren, dürften kaum weiterführen, sofern nicht die Diskussion um eine der Legalität übergeordnete oder zumindest gleichermaßen zu berücksichtigende Legitimität begonnen wird. Es handelt sich im Kern um eine fast wörtliche Übernahme von Art. 20 III GG. Für die Gesetzgebung ist nach Art. 25 II LV die verfassungsmäßige Ordnung „in Bund **und Land**" maßgeblich. Trotz der Homo-   23

---

demgegenüber auf die Wahrung von „**Verfassung** und Recht" (Art. 48 LV) vereidigt werden.
24 *Frotscher*, Regierung, 235.
25 *Schröder* in: HStR, § 64 Rn. 6 f.
26 *Schenke* in: BK, Art. 62 Rn. 46 ff.; *Brenner* in: HStR, § 44 Rn. 26: kein „Parlamentsabsolutismus".
27 *Schröder* in: HStR, § 64 Rn. 12.
28 BVerfGE 9, 268 (281); 67, 100 (139).
29 Darstellung bei *Ruffert* in: Linck/Baldus u.a., Art. 70 Rn. 7.

genitätsklausel von Art. 28 I GG können daraus für die „gesetzgebenden Organe" (Art. 25 III 1 LV), zu denen gemeinsam mit dem Landtag die Regierung gehört (→ Art. 25 Rn. 45), durchaus zusätzliche – landesspezifische – Verpflichtungen erwachsen. Gesehen werden sollte darin nicht nur eine Beschränkung, sondern ein **Aufruf an den Landesgesetzgeber**, sich nicht in bundesstaatlichem Gleichmaß zu erschöpfen, sondern kreativ die Verfassungsordnung des Landes mit Leben zu erfüllen. Jedoch ist die Abstimmungspraxis unter den Ländern, aber auch zwischen Bund und Ländern – insbesondere im Rahmen der Fachministerkonferenzen –, die bis zu „Musterentwürfen" für wichtige Gesetzesvorhaben führt, eine allgemeine Erscheinung. Diese Entwicklung korrespondiert mit Homogenitätswünschen in der Öffentlichkeit und den Medien.[30] Zu bedauern ist, dass das im Wirtschaftsleben allgemein akzeptierte Wettbewerbsprinzip auf staatlicher Ebene mit größtem Misstrauen betrachtet wird, ein Wettbewerbs- oder Konkurrenzföderalismus in der Bundesrepublik nachgerade als Schreckgespenst herhalten muss.

II. Die Regierungsmitglieder (Abs. 2)
1. Zusammensetzung der Regierung
a) Allgemeines

24 Während Art. 62 GG die Zusammensetzung der Bundesregierung „aus dem Bundeskanzler und aus den Bundesministern" festlegt, bietet Art. 45 II LV ein wesentlich **vielfältigeres Bild der Regierung**. Es handelt sich um eine Legaldefinition mit **abschließender Festlegung** der Zusammensetzung dieses Verfassungsorgans. Neben den in der Bestimmung genannten kann es keine weiteren Mitglieder der Regierung geben. Dies gilt insbesondere für die politischen Staatssekretäre, deren Zulässigkeit der StGH zwar festgestellt hat,[31] die aber gerade nicht Mitglieder der Regierung sind. Ohne Berufung als Minister, Staatssekretär oder Staatsrat kann es zB auch keine „Beauftragten" als Mitglieder der Regierung geben. Die Verleihung des Titels eines „Staatsministers" an einen herausgehobenen Beamten dürfte zulässig sein, ohne aber zur Mitgliedschaft in der Regierung zu führen.

25 Hinzuweisen ist darauf, dass Ministerpräsident, Regierung und Ministerien nach § 7 LVG zugleich **oberste Landesbehörden** sind und damit an der Spitze der gesamten hierarchischen Verwaltungsorganisation mit ihren über 300.000 Landesbediensteten stehen.

26 Eine Besonderheit der LV ist, dass die Mitgliedschaft in der Regierung sich nicht zwingend über das **Stimmrecht im Kabinett** definiert. Staatssekretären und Staatsräten „kann" dieses nach Art. 45 II 4 LV vom Landtag verliehen werden, was allerdings Staatspraxis ist. Im Gegensatz zur Bundesregierung wäre eine **rein beratende Mitgliedschaft** in der Landesregierung möglich. Keine Aussage getroffen wird in der LV über die **Teilnahme an**

---

30 Traditionell besonders stark ausgeprägt für den schulischen Bereich; ein Beispiel aus jüngerer Zeit ist die Diskussion um unter den Ländern leicht abweichende Regelungen des Nichtraucherschutzes. Ein wenig ermutigendes Bild zeigen auch Untersuchungen wie die der Bertelsmann Stiftung „Bürger und Föderalismus" (2008).
31 StGH, ESVGH 22, 135.

den Sitzungen der Landesregierung und deren Abstimmungsmodalitäten. Nach wechselnder Staatspraxis regelt diese Frage erst seit einiger Zeit die GO LReg (dort § 7).

Mit parallelen Formulierungen zum GG sind als Mitglieder der Regierung zuerst einmal **Ministerpräsident und Minister** festgehalten. Darauf folgen allerdings gleich die baden-württembergischen Besonderheiten: Als weitere Mitglieder genannt werden **Staatssekretäre und ehrenamtliche Staatsräte**, denen durch Beschluss des Landtags „Stimmrecht" – gemeint ist im Kabinett – verliehen werden kann. 27

Wenn in der LV auf die „Regierung" (der Begriff „Landesregierung" in Art. 34a LV, der auf eine Ergänzung der LV im Jahre 1995 zurückgeht, entspricht nicht der sonstigen Begrifflichkeit der LV) Bezug genommen wird, ist die **Regierung als Kollegium** gemeint. Geht es um andere Regelungen, muss geklärt werden, wer berufen ist: Ministerpräsident, Minister, die Regierung als Kollegium oder sogar lediglich die Ministerien als oberste Landesbehörden. Im Rahmen ihrer Aufgaben treten Ministerpräsident und Minister allerdings nach außen – insbesondere gegenüber dem Landtag – durchweg als „Regierung" auf.[32] 28

b) Ministerpräsident

An verschiedenen Stellen der LV werden dem **Ministerpräsidenten** besondere Befugnisse in der Regierung zugewiesen: Nach Art. 46 II LV beruft und entlässt er die anderen Regierungsmitglieder und bestellt einen Stellvertreter, nach Art. 49 I LV bestimmt er die Richtlinien der Politik. Er führt den Vorsitz in der Regierung und leitet ihre Geschäfte, er vertritt das Land nach außen, ernennt die Richter und Beamten des Landes und übt das Gnadenrecht aus. Nach Art. 63 I LV werden Gesetze vom Ministerpräsidenten ausgefertigt und verkündet und müssen von ihm (und mindestens der Hälfte der Minister) unterzeichnet werden. Nur gegen ihn kann sich nach Art. 54 I LV ein Misstrauensvotum richten. 29

Der Ministerpräsident – diese Bezeichnung des Amtes verwenden die Verfassungen aller deutschen Flächenländer – ist **Staatsoberhaupt und Regierungschef zugleich**. Angesichts der zahlreichen Prärogativen des Ministerpräsidenten, die in Teilen denen des Bundespräsidenten entsprechen, kann nicht die Regierung als „kollektives Staatsoberhaupt" gelten. Für Landesverfassungen, die diese besonderen Aufgaben der Regierung zuweisen, mag dies anders zu sehen sein. Eine **spezifisch badische und württembergische Verfassungstradition** ist es, die Aufgaben des Regierungschefs mit denen des „Staatspräsidenten" zu verbinden. Insoweit ist seine Stellung – trotz parlamentarischer Legitimierung und besonderer Kompetenzen der Regierung – im Gefüge der LV in der Summe keineswegs schwächer als die des Bundeskanzlers nach dem GG. Er ist es, der die Regierungsmitglieder beruft und entlässt, er gibt die Richtlinien der Politik vor und verfügt dazuhin über Rechte, die das GG dem Bundespräsidenten vorbehält. Zusam- 30

---

32 So schon *Nebinger*, Kommentar zur Verfassung für Württemberg-Baden, 1948, 211.

menarbeitserfordernisse mit dem Staatsoberhaupt, die das GG dem Bundeskanzler auferlegt, gibt es für ihn nicht.

31 In der VLV wurde allerdings der Vorschlag der CDU, das Amt im Sinne einer präsidentiellen Regierungsform als vom Volke gewählten „Staatspräsidenten" auszugestalten, nicht aufgegriffen. Auch lediglich als Ehrentitel für den Ministerpräsidenten – so wie in der BadVerf 1919 – fand der „Staatspräsident" (wohl aus bundesstaatlicher Bescheidenheit der Nachkriegszeit) keine Mehrheit. Mit seiner Amtsbezeichnung bewegt sich der Ministerpräsident indes durchaus angemessen auch im Kreise der Regierungschefs souveräner Staaten (zB des italienischen Presidente del Consiglio dei Ministri oder des Minister president in den Niederlanden). Art. 49 I LV macht deutlich, dass der Ministerpräsident nicht nur ein primus inter pares ist. Allerdings wird seine Stellung nach dem Willen der Verfassungsgeber eingehegt durch eine im Vergleich zur Bundesregierung stärkere Betonung des Kabinetts und der Ressortminister sowie des Parlaments, wobei die Gewichtsverteilung in diesem **„Kräfteparallelogramm"** sich von Legislaturperiode zu Legislaturperiode immer wieder neu definiert. Möglich ist dies vor dem Hintergrund teilweise gegenläufiger Vorstellungen zur Staatsleitung, die in die LV Eingang gefunden haben. Staats- und politische Praxis haben so im Laufe der Jahrzehnte trotz (oder vielleicht auch wegen) sehr unterschiedlicher politischer Temperamente der Amtsinhaber das Gewicht des Ministerpräsidenten tendenziell gestärkt.

c) Minister
aa) Allgemeines

32 Weitere Mitglieder der Regierung sind die **Minister**, nicht „Landesminister", wie es in der Bundeshauptstadt gerne heißt. Andere Landesverfassungen verwenden diesen Begriff allerdings. Über die Zahl der Minister findet sich – anders als in Bayern, wo die Verfassung eine Höchstgrenze von 17 Ministern und Staatssekretären bestimmt, und in früheren Verfassungen, die die einzelnen Ressorts namentlich aufführten – keine Festlegung in der LV. Im Hinblick auf die Handlungs- und Beschlussfähigkeit wird es jedoch sicher eine Grenze geben, oberhalb der aus dem Kollegium eine Versammlung würde. Diese wurde in der Geschichte des Landes noch nie überschritten. In der 16. LP wurden zehn Minister berufen. Auch nach unten gibt es Grenzen, die vom Kollegialprinzip, für das es mindestens drei Personen geben muss („tres faciunt collegium"),[33] und von einer wirksamen Wahrnehmung parlamentarischer Verantwortung gezogen werden. Eine „Alleinregierung" des Ministerpräsidenten nur mit den Amtschefs der Ministerien wäre nicht zulässig.

33 Die Minister üben ein **öffentliches Amt** aus und sind nicht Beamte wie nach früherem württembergischen Recht.[34] In Vielem ist ihre Rechtsstellung im Ministergesetz allerdings in Anlehnung an das Beamtenrecht ausgestaltet. Auch § 11 I Nr. 2 b) StGB stellt sie den Beamten gleich. Politisch immer wieder eine Rolle spielt in diesem Zusammenhang die **Annahme**

---

33 *Kölble*, DÖV 1973, 1 (7).
34 *Nebinger*, Kommentar zur Verfassung für Württemberg-Baden, 1948, 210.

von Geschenken. Zwar sind Minister nicht vom beamtenrechtlichen Verbot, Belohnungen oder Geschenke in Bezug auf ihr Amt anzunehmen, erfasst. Aber auch für sie gilt der Straftatbestand der Vorteilsannahme des § 331 StGB, da sie Amtsträger im Sinne der Bestimmung sind. Dieser Tatbestand ist sehr weit gefasst. Vorteile, die gemeinnützigen Zwecken zu Gute kommen sollen, sind grundsätzlich nicht ausgenommen. § 331 III StGB schränkt die Strafbarkeit ein, wenn die Annahme eines nicht geforderten Vorteils **genehmigt** wird. Der Ministerrat hat zu diesen Fragen am 20.12.1999, erneuert am 31.5.2005, eine **Regelung** getroffen. Danach haben Mitglieder der Landesregierung und politische Staatssekretäre dem Ministerrat Geschenke, die sie in Bezug auf ihr Amt erhalten haben und deren Wert 150 EUR übersteigt, zur Genehmigung der Annahme anzuzeigen. Ehrenkarten für Veranstaltungen, deren Besuch zu den Repräsentationspflichten eines Regierungsmitglieds gehört, unterfallen der Genehmigungspflicht nicht. Weiter besonders hinzuweisen ist auch auf die den Ministern mit § 6 MinG auferlegte und durch § 353 b I Nr. 1 StGB sanktionierte **Amtsverschwiegenheit**. Hier besteht ein zunehmend schwierig zu beurteilendes Spannungsverhältnis zu Informationsansprüchen von Parlament und Medien sowie gesellschaftlichen Transparenzforderungen, die sich auch in der Gesetzgebung niederschlagen.[35]

Die Minister tragen für ihren Geschäftsbereich unmittelbar **politische Verantwortung** gegenüber dem Parlament.[36] Hier besteht ein Unterschied zu den Bundesministern, die nur über den Bundeskanzler parlamentarisch verantwortlich sind.[37] Dies begründet sich aus den insgesamt stärkeren Beziehungen zwischen Ministern und Landtag, die die LV insbesondere mit Art. 45 III (Zustimmung zur Geschäftsbereichsabgrenzung), 46 III (Bestätigung der Regierung), 56 (Entlassungsbeschluss) und 57 LV (Ministeranklage) festlegt.

bb) Geschäftsbereich „unter eigener Verantwortung" als Voraussetzung für das Ministeramt

Bei den Ministern – dies ergibt sich aus Abs. 3 – muss es sich um **Ressortminister** handeln. Den „**Minister ohne Geschäftsbereich**" kennt die LV nicht.[38] Relevant wird die Frage nach einem Ressort für die seit einiger Zeit im Staatsministerium bestellten Minister, zuletzt wiederholt zuständig für **Bundes- und Europaangelegenheiten**. In den Medien werden diese oft als „Staatsminister" bezeichnet, was jedoch keine Stütze in der LV findet. „Staatsminister" ist die Bezeichnung der Minister in einer Reihe anderer Länder (Bayern, Rheinland-Pfalz, Sachsen). 2016 wurde dieser Titel in BW an den Chef der Staatskanzlei – des Staatsministeriums – vergeben.

Nach hM handelt es sich mangels eines eigenen Geschäftsbereichs bei den im Staatsministerium angesiedelten Ministern um **Staatssekretäre mit der**

---

35 Dazu: *Linke*, Ministerielle Amtsverschwiegenheit vs. ressortbezogene Informationshoheit, AöR 141 (2016), 317.
36 *Katz* in: Feuchte, Art. 49 Rn. 12.
37 *Herzog* in: Maunz/Dürig, Art. 65 Rn. 63 ff.; *Brockmeyer* in: Schmidt-Bleibtreu/Klein, Art. 65 Rn. 8.
38 *Braun*, Art. 45 Rn. 12; *Katz*, Verwaltungsführung, 102; aA *Menzenbach*, Die Parlamentarischen, 149 ff.

Amtsbezeichnung „Minister".[39] Art. 49 I 4 LV geht davon aus, dass „jeder Minister seinen Geschäftsbereich selbstständig unter eigener Verantwortung" leitet. Dass auf Bundesebene auf der Grundlage einer entsprechenden Formulierung des Art. 65 S. 2 GG auch Minister ohne Geschäftsbereich bestellt werden können, ist angesichts der grundlegend anderen verfassungsrechtlichen Konstruktion der Landesregierung kein Gegenargument. Für solche Fälle kennt die LV den Staatssekretär oder den Staatsrat als Regierungsmitglied. Die baden-württembergische **Staatspraxis** ist jedoch eine andere, indem diesen Ministern im Rahmen der Aufgaben des Staatsministeriums ein (Teil-) Geschäftsbereich zugewiesen wird. Dort sind diese Minister allerdings den Weisungen des Ministerpräsidenten unterworfen. Dies ist mit der Selbstständigkeit eines Ressortministers nur schwer vereinbar. So wird auch auf Bundesebene der „Kanzleramtsminister" als durchaus verfassungsrechtlich problematisch angesehen,[40] jedenfalls soweit er mit seinen Aufgaben über die Zuarbeit für Regierungschef und Kabinett hinausgehen sollte.

d) Staatssekretäre
aa) Staatssekretäre mit Kabinettsrang

37 U.a. für Sonderaufgaben und zur Unterstützung von Ministern mit großen Geschäftsbereichen[41] kennt Art. 45 II LV **Staatssekretäre**, deren Zahl ein Drittel der Zahl der Minister nicht übersteigen darf. Baden-württembergische Staatssekretäre sind – anders als in den Bundesministerien – nicht ressortleitende Beamte, sondern **Regierungsmitglieder**. Die Rolle des baden-württembergischen Staatssekretärs, die sich vergleichbar am ehesten in der Bayrischen Landesverfassung findet, ist nicht ganz einfach verfassungsrechtlich einzuordnen. In der VLV war seine Einführung – auch vor dem Hintergrund damals aktueller politischer Vorkommnisse – bis zuletzt umstritten. Sie rechtfertigt sich mit Sonderaufgaben, der Entlastung der Ressortminister sowie praktisch-politisch, mit größeren Spielräumen bei der Kabinettsbildung. Die Benennung von Staatssekretären ist nicht zwingend, aber **Staatspraxis**. Ihre Rechtsstellung wird nicht in einem „eigenen" Gesetz geregelt, sondern das Ministergesetz findet entsprechende Anwendung.

38 Unter Gewaltenteilungsgesichtspunkten sowie im Hinblick auf die Organisationshoheit der Regierung ist es nicht unbedingt systematisch, dass nicht der Ministerpräsident, sondern der Landtag nach Art. 45 II 4 LV den Staatssekretären das **Stimmrecht im Kabinett** verleihen kann. Zu erklären ist dies aus der Entstehungsgeschichte. Bei den Verfassungsberatungen war das Stimmrecht im Kabinett umstritten.[42] Ursprünglich wurde die Notwendigkeit eines Staatssekretärs als Regierungsmitglied vorrangig im Hinblick auf Art. 51 GG gesehen, wonach für die Stimmabgabe im Bundesrat ein Regierungsmitglied notwendig ist. Voraussetzung für die Verleihung des Stimmrechts ist sicher ein **Vorschlag des Ministerpräsidenten**, dies folgt aus

---

39 *Katz*, Verwaltungsführung, 115; aA *Menzenbach*, Die Parlamentarischen, 149.
40 *Schenke* in: BK, Art. 62 Rn. 16; *Hermes* in: Dreier, Art. 62 Rn. 18, *Epping* in: Epping/Butzer u.a., Art. 28 Rn. 17, hält dagegen einen „Landesminister" als Chef der Staatskanzlei nicht für ausgeschlossen.
41 Vgl. den Bericht des VA in: Feuchte, Quellen, 6. Teil, 646.
42 Feuchte, Quellen, 6. Teil, 646; StGH, ESVHG 23, 135 (137).

seinem Kabinettsbildungsrecht. Ein Beschluss der Regierung dazu ist nicht erforderlich.

Nach Art. 45 III LV beschließt die Regierung über die Geschäftsbereiche „ihrer Mitglieder". Damit bestünde die Möglichkeit, auch einem Staatssekretär einen eigenen **Geschäftsbereich** zu übertragen. In der Staatspraxis wird einem Staatssekretär indes eher ein Aufgabenbereich innerhalb eines von einem Minister geleiteten Geschäftsbereichs oder im Staatsministerium zugewiesen. Der StGH sieht als Aufgaben für die Staatssekretäre allgemein „das ganze Spektrum des sachlichen Amtsbereichs des Ministers, einschließlich des Kontaktes zu Parlament und Regierung, der Koordination mit anderen Ressorts, der Verbindung zur Presse und die Repräsentation."[43] Der konkrete Aufgabenzuschnitt wechselt von Ressort zu Ressort und hängt ebenso wie die damit verbundenen Befugnisse sehr vom Einzelfall ab. 39

Im Regelfall werden dem Staatssekretär, soweit er einem Ressort zugeordnet ist, bestimmte abgegrenzte Aufgabenbereiche zugewiesen, die sich in der Abteilungsstruktur des Ministeriums abbilden (zB Polizei, Verkehr). Dass hier ein gewisses Spannungsverhältnis zum „Amtschef" des Ministeriums – dem Ministerialdirektor – besteht, der nach baden-württembergischer Praxis in umfassender Weise unter dem Minister die Geschäfte des Hauses zu leiten hat, ist naheliegend. Verfassungsrechtlich ist indes eine unmittelbare Zuordnung des von einem Staatssekretär geleiteten Teil-Geschäftsbereichs zum Minister nicht zu beanstanden.[44] Die feinsinnige Unterscheidung, die auf Bundesebene zwischen einem (beamteten) Staatssekretär „im" Ministerium und einem Parlamentarischen Staatssekretär „beim" Minister getroffen wird, ist der baden-württembergischen Staatspraxis fremd. 40

Für ihren Aufgabenbereich tragen Staatssekretäre als Regierungsmitglieder – im Rahmen der Gesamtverantwortung des Ressortministers – gegenüber dem Landtag eine **gewisse politische Verantwortung**.[45] Anders als bei den politischen Staatssekretären bestehen Weisungsbefugnisse des Ministers lediglich „bis zu einem gewissen Grad". Als Regierungsmitglied hat der Staatssekretär „das Recht und die Pflicht, zu allen Fragen, die die Regierung zu beraten und zu entscheiden hat, seine Auffassung eigenverantwortlich vorzutragen." Dies ist ein grundlegender Unterschied zum Amt des politischen Staatssekretärs, das dem des Ministers akzessorisch ist.[46] 41

bb) Beamtete Staatssekretäre

Von den Staatssekretären mit oder ohne Stimmrecht in der Landesregierung zu unterscheiden ist der in BW vereinzelt vorkommende **beamtete Staatssekretär**.[47] § 42 I Nr. 1 LBG erwähnt nunmehr, nachdem die Staatspraxis seit den 90er Jahren vorgearbeitet hatte, ausdrücklich „die Staatssekretärin als Chefin der Staatskanzlei oder den Staatssekretär als Chef der 42

---

43 StGH, ESVGH 23, 135 (140); DÖV 1973, 673.
44 *Herzog* in: Maunz/Dürig, Art. 62 Rn. 48 ff.
45 *Braun*, Art. 45 Rn. 13.
46 StGH, ESVHG 23, 135 (140).
47 Seine Zulässigkeit wird nicht in Frage gestellt, vgl. StGH, ESVGH 23, 135 (139).

Staatskanzlei" als ständige Einrichtung. Er oder sie wird gem. Anlage 2 zu § 28 LBesG nach Besoldungsgruppe B 10 besoldet. Die Geschäftsordnung der Landesregierung gibt ihm oder ihr, allerdings ohne Stimmrecht, ein Teilnahmerecht an den Sitzungen des Ministerrats. 2016 kam im Rahmen der Regierungsbildung in § 42 I Nr. 2 LBesG „die Staatssekretärin oder der Staatssekretär bei der obersten Landesbehörde, deren Geschäftsbereich die stellvertretende Ministerpräsidentin oder der stellvertretende Ministerpräsident leitet", dazu.

43 Die Vergabe der **Amtsbezeichnung „Staatssekretär"** durch den Ministerpräsidenten ist darüber hinaus nach § 56 I 3 LBG möglich. Hiervon wird vereinzelt – mit zunehmender Tendenz – für politisch besonders ausgewiesene Ministerialdirektoren Gebrauch gemacht. Ebenfalls auf Grundlage dieser Bestimmung wurde zu Beginn der 16. LP im Jahre 2016 dem Staatssekretär als Chef der Staatskanzlei die Amtsbezeichnung **„Staatsminister"** verliehen. Diese ist ansonsten für die Parlamentarischen Staatssekretäre im Bundeskanzleramt und im Auswärtigen Amt sowie für Regierungsmitglieder in einer Reihe anderer Länder gebräuchlich. Eine Mitgliedschaft in der Landesregierung ist in BW damit nicht verbunden.

cc) Politische Staatssekretäre

44 Seit dem Jahre 1972 besteht die Möglichkeit, dem Ministerpräsidenten und den Ministern zur Unterstützung einen Staatssekretär, der nicht Mitglied der Landesregierung ist (**„politischer Staatssekretär"**), beizugeben. Der StGH hat im Hinblick auf Entstehungsgeschichte, Wortlaut sowie Sinn und Zweck festgestellt, dass dessen Einrichtung nicht gegen Art. 45 II LV verstößt. Diese Bestimmung regle nur, „was innerhalb der Regierungsebene, nicht aber auch was außerhalb oder unterhalb der Regierungsebene sein soll oder nicht sein soll."[48] Der StGH hat hier weder Verstöße gegen das Prinzip der Gewaltenteilung nach Art. 25 I 2 LV[49] noch gegen Art. 77 I LV und die hergebrachten Grundsätze des Berufsbeamtentums feststellen können.

45 Die Rechtsstellung der politischen Staatssekretäre, die in § 2 des Gesetzes über die politischen Staatssekretäre (PStSG) als „öffentlich-rechtliches Amtsverhältnis" beschrieben wird, ist – ähnlich der der vergleichbaren Parlamentarischen Staatssekretären auf Bundesebene – nicht einfach zu bestimmen. Ihre Stellung unterscheidet sich deutlich von der des Staatssekretärs nach Art. 42 II LV. Ihr Amt ist in jeder Art und Weise dem des Ministers akzessorisch: Alle ihre Handlungen müssen vom Minister gebilligt sein und seinen Weisungen entsprechen. Sie sind insoweit – wie alle Behördenangehörigen – lediglich **„Gehilfen des Ministers".**[50] Die GO LReg gibt den politischen Staatssekretären eine Teilnahmemöglichkeit an den Sitzungen des Ministerrats, allerdings ohne Stimmrecht. Hervorzuheben ist weiter die aus § 7 II Nr. 4 GO LReg zu schließende Vertretung bei Verhinderung des Ministers. Wenn in einem Ressort kein politischer Staatssekretär bestellt

---

48 StGH, ESVGH 23, 135 (139).
49 Entscheidend ist für den StGH (23, 135,144), dass die Zahl der politischen Staatssekretäre durch die Zahl der Minister, denen sie zugeordnet sind, beschränkt ist.
50 StGH, ESVGH 23, 135 (141, 146).

[Regierungsfunktion, Zusammensetzung] Artikel 45

ist, nimmt diese Aufgabe der Ministerialdirektor wahr. Die politischen Staatssekretäre sind im Regelfall Mitglieder des Landtages. Nicht verkannt werden kann ein gewisses „Spannungsverhältnis zwischen Freiheit des Mandats und Einbindung in die Regierungsorganisation".[51] Bei unüberwindbaren Konflikten besteht die Möglichkeit, das Amt niederzulegen.

Politische Staatssekretäre sind nicht Mitglieder der Landesregierung, sondern gehören der **Verwaltung** an. Ihre Wirkungsmöglichkeiten hängen stark vom Führungsstil des Ministerpräsidenten und der jeweiligen Minister ab. Die Zuweisung von Aufgaben erfolgt in Absprache mit dem Minister. Unterschiede gibt es bei ihrer Rolle in der Ministerialorganisation. Dies betrifft zB Akteneinsichtsrechte, Unterrichtungen und Weisungsbefugnisse.[52] Gerade letztere sind – soweit nicht förmlich vom Minister bestätigt – nicht unumstritten, aber wohl zulässig.[53] Ihre Aufgaben sollten indes „von geringerer rechtlicher und politischer Tragweite" sein. Die Leitung einer Abteilung, auch wenn diese Fachaufgaben wahrnimmt, ist möglich. Nur auf abgegrenzten Aufgaben- und Sachgebieten können sie im Ministerium hoheitliche Aufgaben, für die Art. 77 LV grundsätzlich Angehörige des öffentlichen Dienstes vorsieht, wahrnehmen.[54] Personalrechtliche Befugnisse sind ihnen verwehrt.[55] 46

e) Staatsräte

Eine weitere Besonderheit in BW ist der ehrenamtliche **Staatsrat**. In der deutschen Verfassungsgeschichte des 19./20. Jahrhunderts verbinden sich mit dem Titel durchaus unterschiedliche Funktionen. Nicht verwechselt werden dürfen diese baden-württembergischen Regierungsmitglieder mit den Staatsräten in den Hansestädten, die als leitende Beamte und ständige Vertreter der Senatoren – bis auf den Bremer Bevollmächtigten beim Bund – kein Stimmrecht im Senat haben. Seit kurzem führt auch die (beamtete) Chefin der Bayerischen Staatskanzlei diesen Titel. 47

Besonders in Baden kann diese Funktion auf eine **lange Tradition** zurückblicken.[56] Auch in Württemberg wurde 1811 von König Friedrich I. ein „Staatsrat" eingerichtet, in den neben den Ministern, dem Staatsministerium, 30 herausgehobene Beamte als „Staats-Räthe" berufen wurden. Das Gremium diente der persönlichen Unterrichtung und Beratung des Monarchen unter teilweiser Umgehung des Kabinetts.[57] Fortgeführt wurde es von 1816 bis 1911 als „Geheimer Rat". Noch die letzte württembergische Regierung der Weimarer Republik hatte einen Staatsrat als Regierungsmitglied.[58] In Württemberg-Hohenzollern wirkte Carlo Schmid ab 1945 mit dem Titel „Staatsrat" als Regierungschef. 48

---

51 *Menzenbach*, Die Parlamentarischen, 115.
52 *Menzenbach*, Die Parlamentarischen, 284.
53 *Herzog* in: Maunz/Dürig, Art. 62 Rn. 50.
54 StGH, ESVGH 23, 135 (143-146).
55 *Braun*, Art. 45 Rn. 15; *Katz* in: Feuchte, Art. 49 Rn. 14.
56 § 52 VerfBad 1919 sah ausdrücklich Staatsräte als Regierungsmitglieder „ohne eigenen Geschäftskreis" vor.
57 *Eckert*, Zeitgeist auf Ordnungssuche. Die Begründung des Königreichs Württemberg 1797–1819, 2016, 254.
58 Johannes Rath (DVP), vormals Bürgermeister von Lustnau bei Tübingen.

49 Anders als bei den Staatssekretären ist die **Zahl der Staatsräte nicht beschränkt**. Nachdem in den 50er Jahren noch mehrere Staatsräte gleichzeitig bestellt waren, sieht die heutige Praxis nur einen einzigen Staatsrat pro Legislaturperiode vor. Nachdem Staatsräte in den Anfangsjahren des Landes als ausgewiesene Politiker wie Minister ohne Geschäftsbereich fungiert hatten, wurden seit den 80er Jahren im Regelfall Fachleute für besondere Aufgabengebiete berufen, die Spiegelbild aktueller politischer Herausforderungen oder vorrangiger gesellschaftspolitischer Anliegen des Regierungschefs waren. Beispiele waren bzw. sind Kulturfragen, Lebenswissenschaften, „Demographischer Wandel und Senioren", „Interkultureller und interreligiöser Dialog sowie gesellschaftliche Wertentwicklung", „Zivilgesellschaft und Bürgerbeteiligung". Trotz Ansiedlung mit einem kleinen Stab im Staatsministerium ist es für die Staatsräte nicht leicht, mit ihren Themen Profil zu gewinnen.

f) Beauftragte der Regierung

50 Nicht per se Mitglieder der Regierung und in der LV nicht geregelt[59] sind **förmlich von der Regierung benannte Beauftragte**. Diese werden für politische Themen bestellt, die besonders hervorgehoben werden sollen. Sie wirken für die Landesregierung im Wesentlichen in der Öffentlichkeit und sind nicht mit dem „Beauftragten" nach Art. 34 II 1 LV (→ Art. 34 Rn. 20) und Art. 43 II GG zu verwechseln. Bei jenen handelt es sich um vor den parlamentarischen Gremien auftretende Mitarbeiter (im Regelfall) der Ministerien. Die Praxis der „förmlichen" Beauftragten ist uneinheitlich. Beauftragte wurden in der Vergangenheit auch von einzelnen Ministern (zB „Europabeauftragter des Wirtschaftsministers") benannt.

51 Es lässt sich die Frage stellen, wie sich diese Beauftragung mit dem **Ressortprinzip** vereinbaren lässt, das dem Minister die verantwortliche Leitung seines Geschäftsbereichs zuweist. In Einzelfällen deckt sich die Beauftragteneigenschaft mit der Mitgliedschaft in der Regierung und dürfte – sofern die Ressortgrenzen dabei nicht überschritten werden – Konflikte weitgehend ausschließen. Ansonsten ist zu verlangen, dass sich die Tätigkeit des oder der Beauftragten nicht in Widerspruch zur Linie des zuständigen Ministers setzen darf. Dies dürfte nach der Aufgabenbeschreibung bei den Beauftragten ohne Kabinettsrang dadurch gesichert sein, dass sie in erster Linie lediglich als Ansprechpartner für die interessierten Kreise dienen. Die Bearbeitung von dabei anfallenden Fragen erfolgt durch das zuständige Ressort.

52 In der 15. LP waren fünf Beauftragte bestellt:[60] Der Ministerpräsident persönlich war **„Kirchenbeauftragter der Landesregierung"** und pflegte in dieser Eigenschaft „regelmäßige Kontakte zu den beiden (Erz-)Diözesen, den

---

59 Demgegenüber sah § 37 VerfWü 1919 weitergehend vor, dass den Ministerien „Beiräte" angegliedert werden, „denen insbesondere Vertreter der Berufs- und Erwerbskreise angehören sollen."
60 Die Schar der Landesbeauftragten war mit acht Köpfen in der 14. LP um einiges stattlicher, in der sich Beauftragte um Vertriebene, Aussiedler und Flüchtlinge, Angelegenheiten der Streitkräfte, Ehrenamt und Weiterbildung, Chancengleichheit, Kinderbetreuung, Belange behinderter Menschen, Bürokratieabbau und die Kirchen zu kümmern hatten.

beiden Landeskirchen, den jüdischen Gemeinden, muslimischen Verbänden und weiteren religiösen und weltanschaulichen Gruppierungen. Darüber hinaus äußert er sich zu grundsätzlichen und aktuellen Fragestellungen im Verhältnis zwischen Kirche und Staat."[61] Hier handelte es sich offensichtlich um einen Teilaspekt der vom Ministerpräsidenten wahrgenommenen Richtlinien der Politik, die auf diese Art und Weise besonders hervorgehoben werden sollten. Andernfalls würde sich möglicherweise ein Spannungsverhältnis zu den nach der Geschäftsabgrenzung dem Kultusminister übertragenen „Beziehungen des Staates zu den Kirchen und sonstigen Religionsgemeinschaften, Staatsleistungen, Kirchensteuerrecht"[62] ergeben.

Weiter war die Staatssekretärin im Ministerium für Verkehr und Infrastruktur als „**Lärmschutzbeauftragte der Landesregierung**" bestellt. Hier stellten sich Fragen im Verhältnis zu den Aufgaben anderer Ressorts, die ebenfalls Zuständigkeiten für den Lärmschutz haben. Bei Meinungsverschiedenheiten wäre – soweit nicht die Richtlinienbefugnis des Ministerpräsidenten greift – ggf. eine Entscheidung der Regierung gem. Art. 49 II LV herbeizuführen gewesen. Für die Sorge um **Mittelstand und Handwerk** war ein politischer Staatssekretär im Ministerium für Finanzen und Wirtschaft beauftragt. Auf Vorschlag der Sozialministerin wurde vom Ministerpräsidenten eine Persönlichkeit zum „**Beauftragten der Landesregierung für die Belange von Menschen mit Behinderungen**" bestellt, und die fünfte Beauftragte der 15. LP war eine „**Landesbeauftragte für Tierschutz**". 53

In der 16. LP wirkte der Ministerpräsident weiter als **Kirchenbeauftragter**, der Innenminister war zugleich „**Landesbeauftragter für Spätaussiedler und Flüchtlinge**". Außerhalb der Regierung wurden ein „**Beauftragter der Landesregierung für die Belange der Menschen mit Behinderung**", eine **Tierschutzbeauftragte** und ein „**Landesbeauftragter für Lärmschutz**" bestellt. Ein Ministerialdirektor im Innenministerium war als „**Beauftragter der Landesregierung für Informationstechnologie**" mit der Steuerung der IT-Strategie der Landesverwaltung betraut. Dem Staatssekretär in der Vertretung des Landes wurde die Aufgabe des „**Bevollmächtigten beim Bund**" übertragen. 54

III. Geschäftsbereiche der Minister (Abs. 3)
1. Allgemeines

Ministerstellung, stimmberechtigte Mitgliedschaft in der Regierung, und **Geschäftsbereich**, ein selbstständig geleiteter Verwaltungszweig („Ressort") mit einem Ministerium als oberster Landesbehörde, gehören nach der LV untrennbar zusammen. Anders als zB in Großbritannien vereinigen sich grundsätzlich die Mitwirkung in der Regierung und die Leitung eines Ressorts. Allerdings behält die LV Geschäftsbereiche nicht nur den Ministern vor. Nach dem Wortlaut von Art. 45 III LV sind – jenseits der klassischen Ministerialorganisation mit nachgeordneten Verwaltungseinheiten – ebenfalls Geschäftsbereiche, wenn auch vielleicht nur kleinere, für die an- 55

---

61 Webseite der Landesregierung unter www.baden-wuerttemberg.de.
62 Art. 1 III Nr. 6 der Bekanntmachung der Landesregierung zur Änderung der Bekanntmachung über die Abgrenzung der Geschäftsbereiche der Ministerien (Stand v. 8.12.2015, GBl. 1071).

deren Regierungsmitglieder, für Staatssekretäre und Staatsräte, denkbar. Die LV weist hier Besonderheiten auf: Es ist nicht der Ministerpräsident, sondern die **Regierung**, die nach Abschluss der Regierungsbildung endgültig über die Geschäftsbereiche ihrer Mitglieder beschließt. Zu diesem Beschluss ist die Zustimmung des **Landtags** notwendig.

2. Rolle des Landtags

56 Bei der Abgrenzung der Geschäftsbereiche der Regierungsmitglieder geht es um einen Teilaspekt der **Organisationsgewalt**, der „Zusammenfassung von Aufgaben, Befugnissen und Personen".[63] Der ursprünglich in der LV vorgesehenen Wahrnehmung derartiger Organisationsgewalt durch das Parlament[64] begegnen verschiedene Bedenken. Zwar ist im Grundsatz die vollziehende Gewalt eine durch den Gesetzgeber „bind- und beschränkbare Gewalt".[65] Dies umfasst auch ein „Zugriffsrecht" der Volksvertretung auf die Organisationsgewalt.[66] Da jedoch die Geschäftsbereiche nach der Aufgabenstruktur des Landes tief in die Verwaltung hineinreichen, bestehen Zweifel, ob nicht Kernbereiche der Exekutivkompetenzen berührt werden.[67] Noch etwas Weiteres spricht gegen eine umfassende Kompetenz des Gesetzgebers für die Festlegung der Geschäftsbereiche der Regierungsmitglieder: Eine gesetzliche Fixierung von Zahl und Aufgabenbereichen würde eine unnötige Statik mit sich bringen, die sich ändernden Verhältnissen nicht angemessen wäre. Dies gilt auch und gerade für die Landesebene.[68]

57 Mit dem Erfordernis (lediglich) einer Zustimmung des Landtags zum Beschluss der Regierung wurde eine **adäquate Lösung** gefunden: Der Landtag hat die Möglichkeit, der von der Regierung festgelegten Geschäftsabgrenzung zuzustimmen oder sie abzulehnen. An die Stelle der Regierung kann er sich aber nicht setzen. Bei einem ablehnenden Votum hat die Regierung die Möglichkeit, die Anliegen des Landtags aufzugreifen. Darüber hinaus bleibt das Gesetzgebungsrecht des Landtags, mit dem nach Art. 70 I LV die Struktur der Landesverwaltung geregelt werden kann, unberührt. Überdies besteht im Rahmen der Fachgesetzgebung für den Landtag die Möglichkeit von Zuständigkeitsregelungen im Einzelnen.

3. Vorgaben

a) Keine „ressortfreien" Bereiche

58 Aus dem Prinzip der parlamentarischen Verantwortung folgt der Grundsatz, dass es **keine „ressortfreien" Bereiche** geben darf. Fragen stellen sich im Land im Hinblick auf die unabhängige Stellung des Rechnungshofs, des Datenschutzbeauftragten, des Bürgerbeauftragten, der Landesanstalt für Kommunikation sowie der Landeszentrale für politische Bildung. Bei diesen verbindet sich Autonomie mit einer unmittelbaren Zuordnung zum Landtag in verschiedenen Formen, insbesondere durch die Wahl der Behör-

---

63 *Böckenförde*, Organisationsgewalt, 30.
64 Feuchte, Quellen, 6. Teil, 646.
65 *Böckenförde*, Organisationsgewalt, 84.
66 *Böckenförde*, Organisationsgewalt, 286.
67 Hinweis bei *Böckenförde*, Organisationsgewalt,107.
68 Andeutungen in eine andere Richtung bei *Böckenförde*, Organisationsgewalt,193.

denleitung. Wie in der kommunalen Selbstverwaltung handelt es sich bei diesen Persönlichkeiten um für eine bestimmte Zeit – unabhängig von der Legislaturperiode – gewählte Amtsträger. Soweit die Unabhängigkeit auf verfassungsrechtliche Verbürgungen zurückgeht (Datenschutz, Rundfunkfreiheit), dürfte das Fehlen einer politisch verantwortlichen Ressortleitung zu akzeptieren und sogar notwendig und sein. Durch die Wahl der Leitung und teilweise auch organisatorische Zuordnung zum Landtag ist das demokratische Element gewahrt. Dazu kommt, dass diese Einrichtungen nicht durch die Regierung, sondern unmittelbar durch den Gesetzgeber geschaffen werden.[69] Umgekehrt ist allerdings ungeklärt, **bis zu welcher Grenze** der Gesetzgeber auf diese Art und Weise der Regierung Aufgaben entziehen kann. Die Annahme eines „unantastbaren Vorbehaltsbereich" der Regierung ist heute zwar überholt, Grenzen setzt aber das Gewaltenteilungsprinzip (dazu → Art. 25 Rn. 41 ff.). Es beschränkt die Möglichkeiten der Schaffung größerer, unmittelbar dem Landtag zugeordneter Verwaltungseinheiten, die parallel zu den Ministerien arbeiten.

Die Forderung nach Vermeidung ressortfreier Bereiche wirkt noch in eine andere Richtung: Bei der Geschäftsverteilung ist darauf zu achten, dass – zumindest subsidiär oder als Auffangzuständigkeit – **alle Lebenssachverhalte**, auch sich neu entwickelnde, abgedeckt werden. Deshalb besteht eine **Auffangzuständigkeit des Innenministeriums**, zu dessen Geschäftsbereich „alle Geschäfte der Staatsverwaltung gehören, für die nicht ein anderes Ministerium zuständig ist".[70] 59

b) Sonderstellung einzelner Minister?

Für die Art und Weise der Geschäftsbereichsabgrenzung besteht mit einer Einschränkung größte Freiheit. Art. 81 und 83 LV sehen – wie Art. 112 und 114 GG – einen **Finanzminister** mit haushaltsrechtlichen Befugnissen und Aufgaben vor. Anders als in Art. 96 II 4 GG ist in der LV demgegenüber der Geschäftsbereich des **Justizministers** nicht ausdrücklich verankert. Jedoch setzt Art. 98 V GG das Vorhandensein eines „Landesjustizministers" für Personalentscheidungen gemeinsam mit einem Richterwahlausschuss voraus. Die auf Bundesebene sogenannten „Verfassungsressorts" **Inneres und Justiz** sind zwar nicht im GG, jedoch in der Geschäftsordnung der Bundesregierung, mit besonderen Rechten ausgestattet.[71] Eine vergleichbare Hervorhebung besteht im Lande nicht, obwohl auch hier sowohl Innen- als auch Justizministerium für das Verfassungsrecht zuständig sind, nach Staatspraxis das Innenministerium für Landesverfassungsrecht, 60

---

69 Vgl. zB § 26 II LDSG für den Datenschutzbeauftragten („in Ausübung seines Amtes völlig unabhängig und nur dem Gesetz unterworfen"); § 1 RHG für den Rechnungshof („selbständige, nur dem Gesetz unterworfene oberste Landesbehörde"); vgl. *Herzog* in: Maunz/Dürig, Art. 65 Rn. 99 ff.
70 Art. 1 V der Bekanntmachung der Landesregierung über die Abgrenzung der Geschäftsbereiche der Ministerien.
71 § 26 II GO BReg sieht vor, dass der BMJ oder der BMI gegen einen Gesetz- oder Verordnungsentwurf oder eine Maßnahme der Bundesregierung wegen ihrer Unvereinbarkeit mit geltendem Recht Widerspruch erheben kann. Über die Angelegenheit ist dann in einer weiteren Sitzung der Bundesregierung erneut abzustimmen.

das Justizministerium für das GG. Darüber hinaus sehen weder die LV noch bislang die GO LReg Prärogativen für einzelne Ressortminister vor.[72]

c) Richtlinienkompetenz und Geschäftsabgrenzung

61 Für die Geschäftsabgrenzung gilt die **Richtlinienkompetenz** des Ministerpräsidenten nach Art. 49 I 1 LV. Soweit notwendig, benötigen politische Schwerpunkte auch organisatorische Festlegungen, die sich in der Geschäftsverteilung widerspiegeln.

62 Nach Zustimmung durch den Landtag wird die Geschäftsbereichsabgrenzung als **Bekanntmachung der Landesregierung** veröffentlicht. Nach § 9 LVG gehen die in Gesetzen, Rechtsverordnungen und Verwaltungsvorschriften bestimmten Zuständigkeiten bei Änderungen der Abgrenzung der Geschäftsbereiche automatisch auf das nach der Neuabgrenzung jeweils zuständige Ministerium über. In der Bekanntmachung findet sich auch eine Festlegung zur **Reihenfolge der Ministerien**. In der Vergangenheit machten die „klassischen Ressorts" für Inneres, Kultus, Finanzen und Justiz den Anfang. In der 15. LP wurde die Reihe vom Ministerium für Finanzen und Wirtschaft angeführt, in der 16. dann wieder vom „Ministerium für Inneres, Digitalisierung und Migration". Bemerkenswert war in der 15. LP eine „Herabstufung" des „klassischen" Justizministeriums auf den neunten Platz hinter Umwelt- und Sozialministerium, in der 16. dann nach Sozialministerium und Ministerium für Ländlichen Raum.

63 Die LV enthält keine besonderen Vorgaben für die Geschäftsabgrenzung, die von Legislaturperiode zu Legislaturperiode immer wieder deutlichen Veränderungen unterworfen ist und wo für die Regierung größte Freiheiten bestehen (Zusammenlegung und Trennung von Geschäftsbereichen, Schaffung neuer Geschäftsbereiche wie zB des Integrationsministeriums in der 15. LP, Zuordnung von Abteilungen zu anderen Geschäftsbereichen). Eine Rolle spielen dabei neben den sachlich-praktischen sicher auch personelle Gesichtspunkte. Zu fordern ist allerdings eine gewisse **Mindestgröße des Geschäftsbereichs**, was Aufgaben und Verwaltungskapazitäten angeht. Die Haushaltsgrundsätze von Sparsamkeit und Wirtschaftlichkeit sind zwar auf dieser Ebene nicht unmittelbar anwendbar, dürften aber zumindest in der politischen Debatte eine Rolle spielen.

64 Im Hinblick auf das **Finanzministerium** ein nicht mehr ganz akademischer Streit ist die Frage, ob diesem wegen seiner verfassungsrechtlich vorgegebene besonderen Rolle im Haushaltsrecht noch **weitere Aufgaben** zugewiesen werden können. Befürchtet werden könnte ein Verlust an Strenge und Unparteilichkeit, wenn es um eigene finanzielle Wünsche des Ministeriums geht. Das Thema hat sich in der 15. LP durch die Zusammenlegung mit dem Wirtschaftsministerium gestellt. In dieselbe Richtung geht die Diskussion, ob der Finanzminister zugleich ein weiteres Ressort übernehmen kann. Einwände dagegen sind jedoch **nicht begründet**. Verfassungsrechtlich gefordert wird nur die Existenz eines mit Haushaltsfragen befassten Ministeriums, weitere Vorgaben enthält die LV dazu nicht. Zur Wahrung seiner

---

72 Vgl. dagegen die Sonderregelungen für die Bundesministerin für Familie, Senioren, Frauen und Jugend sowie den Bundesminister für Verbraucherschutz, Ernährung und Landwirtschaft gem. § 15 a GO BReg.

Autorität gegenüber den Kabinettskollegen ist der Finanzminister aber sicher gut beraten, auch gegenüber Wünschen des eigenen Hauses strenge Maßstäbe anzulegen.[73]

Die Zusammenfassung „eines **herkömmlichen Innenministeriums** und eines **herkömmlichen Justizministeriums**" hat der VerfGH NRW als verfassungswidrig angesehen, jedenfalls soweit sie durch schlichten Organisationsakt erfolgen sollte.[74] 65

IV. Geschäftsbereich für den Ministerpräsidenten (Abs. 4)

In Art. 45 IV LV ist vorgesehen, dass der **Ministerpräsident einen Geschäftsbereich selbst übernehmen kann**. Nicht gemeint ist damit, dass als „Geschäftsbereich" die dem Ministerpräsidenten in der LV überantworteten Befugnisse zusammengefasst werden. Diese ergeben sich unmittelbar aus der LV, etwa die Vertretung nach außen gemäß Art. 50, die Ernennung von Richtern und Beamten nach Art. 51 und die Ausübung des Gnadenrechts nach Art. 52 LV. Dazu kommen weitere Gegenstände, die sich kraft Herkommens auf die Befugnisse des Ministerpräsidenten als Staatsoberhaupt zurückführen lassen. Diese Kompetenzen sind – sonst wäre Art. 45 IV LV überflüssig – nicht gemeint. Zu einem „Geschäftsbereich" werden auch nicht Gegenstände gebündelt, für die der Ministerpräsident seine Richtlinienkompetenz geltend macht. Als Inhaber eines Geschäftsbereichs wäre er insoweit nur Leiter eines Ressorts. Bei Meinungsverschiedenheiten mit anderen Ressorts müsste er nach Art. 49 II LV eine Entscheidung des Ministerrats herbeiführen. Dies ist gerade nicht im Sinne der Richtlinienbefugnis. 66

Ein Blick auf die Geschäftsbereichsabgrenzung der 16. Wahlperiode für das StM bestätigt den Befund. Dieses verantwortet keinen eigenen Geschäftsbereich, sondern unterstützt den Ministerpräsidenten bei der Wahrnehmung seiner originären Befugnisse. Zugewiesen waren dem StM die Bundes-, Europa- und internationalen Angelegenheiten, die unter die Außenvertretungskompetenz von Art. 50 LV fallen. Dazu kamen, entsprechend den Zuständigkeiten gem. Art. 51 und 52 LV, „Beamtenernennungen, soweit der Ministerpräsident zuständig ist und die damit zusammenhängenden grundsätzlichen Fragen" sowie „Gnadensachen, soweit der Ministerpräsident zuständig ist". Zu den Aufgaben des Ministerpräsidenten als Staatsoberhaupt zu zählen sind weiter die dem StM zugewiesenen Protokollangelegenheiten und das Konsulatswesen (einschlägig ist wieder Art. 50 LV) sowie Angelegenheiten der Gedenkstätten und Erinnerungskultur. 67

Darüber hinaus fallen **„Medienpolitik, Medienrecht und Rundfunkwesen"** in der Zuständigkeit des StM ins Auge. Diese Aufgaben finden sich in allen Staats- und Senatskanzleien. Bei dieser Einzelaufgabe von einem „Geschäftsbereich", der sicher über eine gewisse Breite und einen administrati- 68

---

73 Auf dass es nicht wie bei *Heine* (Deutschland. Ein Wintermärchen) heiße „Ich kenne die Weise, ich kenne den Text, Ich kenn auch die Herren Verfasser; Ich weiß, sie tranken heimlich Wein Und predigten öffentlich Wasser."
74 VerfGH NRW, NJW 1999, 1243.

ven Unterbau verfügen muss, zu sprechen, erscheint überzogen. Zu sehen ist darin vielmehr eine nach Verfassungsgewohnheitsrecht aufgrund der besonderen politischen Sensibilität in toto unter die Richtlinienkompetenz fallende Materie. Weiter ergibt sich aufgrund der weitgehenden Regelung des Rundfunkwesens durch Staatsverträge unter den Ländern ein Bezug zur Kompetenz des Ministerpräsidenten nach Art. 50 LV.

69 Mit dem Geschäftsbereich, den der Ministerpräsident selbst übernehmen kann, ist vor allem an **Sondersituationen** gedacht, zB an den „Ausfall" eines Ressortministers, insbesondere bei einer geschäftsführenden Regierung, oder den Rückzug von Ministern nach einem Koalitionsbruch. Vorstellbar erscheint ein eigener Geschäftsbereich für den Ministerpräsidenten auch im Falle einer ganz **besonderen Expertise**. Eine größere Rolle dürfte die Bestimmung allerdings auch in Zukunft nicht spielen, da die Aufgaben als Regierungschef den Ministerpräsidenten (anders als eventuell in sehr viel kleineren Bundesländern) hinreichend beanspruchen. Die Regelung reflektiert die Rechtslage von 1919, als die Höchstzahl der Minister gesetzlich (in Baden mit sieben, in Württemberg mit fünf) festgelegt war. So nahm zB Staatspräsident Eugen Bolz von 1928 bis 1933 zugleich das Amt des Innenministers wahr. Heute fehlt indes eine derartige Beschränkung.

Artikel 46 [Regierungsbildung]

(1) ¹Der Ministerpräsident wird vom Landtag mit der Mehrheit seiner Mitglieder ohne Aussprache in geheimer Abstimmung gewählt. ²Wählbar ist, wer zum Abgeordneten gewählt werden kann und das 35. Lebensjahr vollendet hat.

(2) ¹Der Ministerpräsident beruft und entläßt die Minister, Staatssekretäre und Staatsräte. ²Er bestellt seinen Stellvertreter.

(3) ¹Die Regierung bedarf zur Amtsübernahme der Bestätigung durch den Landtag. ²Der Beschluß muß mit mehr als der Hälfte der abgegebenen Stimmen gefaßt werden.

(4) Die Berufung eines Mitglieds der Regierung durch den Ministerpräsidenten nach der Bestätigung bedarf der Zustimmung des Landtags.

Schrifttum:

Busse, Regierungsbildung und Regierungswechsel nach niedersächsischem Verfassungsrecht, 1992; *Friauf*, Zur Problematik des verfassungsrechtlichen Vertrags, AöR 1963, 257; Gassert/Hennecke (Hrsg.), Koalitionen in der Bundesrepublik. Bildung, Management und Krise von Adenauer bis Merkel, 2017; *Häberle*, Die Koalitionsvereinbarungen im Lichte des Verfassungsrechts, ZParl 65, 293; *Herrfahrdt*, Die Kabinettsbildung nach der Weimarer Verfassung unter dem Einfluss der politischen Praxis, 1927; *Kewenig*, Zur Rechtsproblematik der Koalitionsvereinbarungen, AöR 1965, 182; *Kröger*, Die Ministerverantwortlichkeit in der Verfassungsordnung der Bundesrepublik Deutschland, 1972; *Kropp/Sturm*, Koalitionen und Koalitionsvereinbarungen, 1998; *Linck*, Geheime Wahlen der Ministerpräsidenten, DVBl. 2005, 793; *Marcic*, Die Koalitionsdemokratie, 1966; *von Münch*, Rechtliche und politische Probleme von Koalitionsregierungen, 1993; *Pflaum*, Inkompatibilitätsprobleme bei der Bildung bzw Umbildung der Bundesregierung, DVBl. 1958, 452; *Sasse*, Koalitionsvereinbarung und Grundgesetz, JZ 1961, 719; *Scheidle*, Die staatsrechtlichen Wirkungen einer Koalitionsvereinbarung bei der Bildung der Bundesregierung, 1965; *Schenke*, Die Bildung der

[Regierungsbildung] Artikel 46

Bundesregierung Jura 1982, 57; *Schneider*, Ministerpräsidenten. Profil eines politischen Amtes im deutschen Föderalismus, 2001; *Schüle*, Koalitionsvereinbarungen im Lichte des Verfassungsrechts. Eine Studie zur deutschen Lehre und Praxis mit einem Dokumenten-Anhang, 1964; *Wahl*, Stellvertretung im Verfassungsrecht, 1971; *Weber*, Der Koalitionsvertrag, 1965.

Vergleichbare Regelungen:
Zu Abs. 1 (Wahl MP): Art. 63 GG, 44 I BayVerf, 56 I BerlVerf, 83 BbgVerf, 107 II BremVerf, 34 I HambVerf, 101 HessVerf, 42 MVVerf, 29 I NdsVerf, 52 NRWVerf, 98 II RPVerf, 87 I SaarlVerf, 60 SächsVerf, 65 LSAVerf, 33 SchlHVerf, 70 ThürVerf.

Zu Abs. 2 (Ministerernennung): Art. 64 I GG, 45 BayVerf, 56 BerlVerf, 84 BbgVerf, 107 II BremVerf, 34 II HambVerf, 101 II HessVerf, 43 MVVerf, 29 NdsVerf, 52 III NRWVerf, 98 II RPVerf, 87 I SaarlVerf, 60 IV SächsVerf, 65 III LSAVerf, 33 II SchlH-Verf, 70 IV ThürVerf.
Zu Abs. 3, 4 (Landtagsbestätigung): Art. 45 BayVerf, 101 IV HessVerf, 29 III NdsVerf, Art. 98 II 3 RPVerf.

Ergänzende Normen: § 97a GO LT; § 1 AbgG iVm §§ 7, 9 LWG; Gesetz über die Rechtsverhältnisse der Mitglieder der Regierung (Ministergesetz) in der Fassung der Bekanntmachung vom 20.8.1991 (GBl. 533, 611), zuletzt geändert durch Gesetz vom 1.12.2015 (GBl. 1030 f.); Gesetz über die Rechtsverhältnisse der politischen Staatssekretäre (Staatssekretärsgesetz) vom 19.7.1972 (GBl. 392) zuletzt geändert durch Gesetz vom 3.3.1976 (GBl. 230).

Leitentscheidungen: StGH, DÖV 1961, 744 (Waiblinger Wahlabsprache).

A. Überblick und Einordnung 1	a) Voraussetzungen 29
I. Bedeutung 1	b) Verfahren 33
II. Herkunft, Entstehung, Geschichte 4	II. Kabinettsbildung (Abs. 2) 42
	1. Regierungsmitglieder 42
III. Verfassungsvergleichende Einordnung 6	a) Größe des Kabinetts .. 42
	b) Festlegungen zu den Geschäftsbereichen 44
B. Erläuterung 9	c) Einzelfragen 46
I. Wahl des Ministerpräsidenten (Abs. 1) 9	2. Stellvertreter 49
1. Allgemeines 9	a) Allgemeines 49
2. Koalitionsvereinbarungen als Grundlage der Regierungsbildung 12	b) Rechtsstellung und Befugnisse 52
	c) Weitere Formen der Vertretung 55
a) Allgemeines 12	III. Bestätigung durch den Landtag (Abs. 3) 57
b) Rechtsnatur und „Vertrags"parteien 15	1. Allgemeines 57
c) Verfahren 18	2. Verfahren 58
d) Inhalt 22	IV. Berufung weiterer Regierungsmitglieder (Abs. 4) 59
e) Tragweite 28	
3. Wahl des Ministerpräsidenten 29	

A. Überblick und Einordnung

I. Bedeutung

Bei der Wahl des Ministerpräsidenten und der Bestätigung der von ihm gebildeten Regierung haben wir es mit einem „pièce de résistance" der parlamentarischen Demokratie zu tun, der **Legitimation der Regierung** durch das Vertrauen des vom Volk gewählten Landtags. Diese ist in BW besonders stark ausgeprägt: Nicht nur der Regierungschef, wie im GG, sondern

1

die gesamte Regierung bedarf eines Vertrauensvotums des Parlaments (Abs. 3). Dieses bezieht sich allerdings nur auf das Kollegium als Ganzem, dem Ministerpräsidenten kann grundsätzlich kein Minister aufgezwungen oder „gekippt" werden. Anders ist dies nur bei der nachträglichen Berufung eines (zusätzlichen) Regierungsmitglieds. In politischer Hinsicht ist fast mehr noch als die viel zitierte Richtlinienkompetenz die Befugnis des Ministerpräsidenten von Bedeutung, die anderen Regierungsmitglieder zu berufen und ggf. zu entlassen (Abs. 2).

2 Bemerkenswert ist das **Alterserfordernis** von 35 Jahren für den Ministerpräsidenten. Die Verfassungsgeber waren also offensichtlich einem „Jugendlichkeitswahn" nicht verfallen. Nur Bayern geht mit der Altersgrenze von 40 Jahren noch ein Stück weiter.[1] Nicht stärker ausgebaut wurde die durch den Bezug auf die Wählbarkeitsvoraussetzungen für Abgeordnete (Art. 28 II LV) gegebene Möglichkeit, einen längeren vorherigen Aufenthalt im Land zu fordern. Deutliche Akzente setzt insoweit der nachbarliche Freistaat, in dem nur „Bayern" wählbar sind.

3 Von Interesse sind die **gestaffelten Mehrheitserfordernisse und Wahlmodalitäten**. Während der Ministerpräsident vom Landtag mit absoluter Mehrheit gewählt wird, genügt für die Regierung als Kollegium eine einfache Mehrheit. Auch wird der Ministerpräsident in **geheimer Wahl** gewählt, die Regierung in **offener Abstimmung** bestätigt. Anders als nach dem GG und anderen Landesverfassungen besteht in BW keine Möglichkeit, von diesen Mehrheitserfordernissen abzuweichen. Kommen die Mehrheiten für den Ministerpräsidenten und die Regierung nicht zustande, führt dies nach drei Monate zur automatischen Auflösung des Landtags gem. Art. 47 LV.

II. Herkunft, Entstehung, Geschichte

4 Nach § 52 VerfBad 1919 wurden die Minister vom Landtag gewählt und der Staatspräsident „alljährlich" vom Landtag ernannt. Ebenfalls vom Landtag gewählt wurden „nach Bedarf Mitglieder ohne eigenen Geschäftskreis", die Staatsräte. Diese hatten Sitz und Stimme in der Regierung. Im **freien Volksstaat Württemberg** wurde der Ministerpräsident, „der die Amtsbezeichnung Staatspräsident führt" (§ 26 I VerfWü 1919), nach § 27 I VerfWü 1919 ebenfalls vom Landtag gewählt. Er konnte die Minister berufen und entlassen. In allen drei **Verfassungen der Nachkriegszeit** musste der Staats- bzw. Ministerpräsident vom Landtag mit absoluter Mehrheit gewählt werden (Art. 78 VerfLB, Art. 70 VerfWB, Art. 45 VerfWH). Die anderen Regierungsmitglieder wurden vom Regierungschef „berufen" (Art. 79 VerfLB), „ernannt und entlassen" (Art. 70 II VerfWB), „berufen und entlassen" (Art. 52 VerfWH). Alle drei Verfassungen sahen eine Bestätigung der Regierung durch den Landtag vor (Art. 79 II VerfLB, 51 VerfWH: „Vertrauen des Landtags", Art. 70 VerfWB: „Bestätigung des Landtags").

5 Bei den **Verfassungsberatungen von 1952/53** setzte sich das von den Regierungsparteien vorgeschlagene „ministerpräsidentielle" Modell einer Wahl

---

1 Auch Art. 54 I GG fordert für den Bundespräsidenten die Vollendung des vierzigsten Lebensjahres, für den Bundeskanzler fehlt eine vergleichbare Bestimmung.

durch den Landtag durch. Gemeinsam war beiden Entwürfen die Bestätigung der Regierung durch den Landtag, eine baden-württembergische Besonderheit, die von der Regelung des GG abweicht. Art. 43 IV VerfERP hatte zunächst ausdrücklich noch die Möglichkeit einer Wiederholung des Wahl- und Bestätigungsverfahrens geregelt. Die vorgesehene Möglichkeit eines Auflösungsbeschlusses des Landtags bei gescheiterter Regierungsbildung und, wenn auch dieser nicht gelingen sollte, eine Wahl des Ministerpräsidenten mit einfacher Mehrheit (Art. 44 VerfERP), wurde in den Beratungen des VA nicht weiter verfolgt. Das Zustimmungsbedürfnis des Landtags für die Berufung eines weiteren Regierungsmitglieds nach der Bestätigung der Landesregierung war Ergebnis bereits der ersten Beratung im VA.[2]

III. Verfassungsvergleichende Einordnung

Die Wahl des Regierungschefs ist als ein **Kernstück der parlamentarischen Demokratie** in allen Verfassungen präzise geregelt.[3] Kleinere Besonderheiten gibt es bei den Wählbarkeitsvoraussetzungen. Ein Mindestalter und den Wohnsitz im Lande kennt neben BW nur noch Bayern. Genau in die Gegenrichtung zielen die Hansestädte, die ausdrücklich auf eine tiefergreifende Verbindung zur Stadt verzichten (Art. 107 IV 2 BremVerf: „braucht weder seine Wohnung noch seinen Aufenthalt in der Freien Hansestadt Bremen gehabt zu haben"). 6

Ansonsten lassen sich die Verfassungen in Deutschland diesbezüglich in **zwei Kategorien** einteilen: Erstens Verfassungen, die – wie BW – für die Wahl des Regierungschefs eine **absolute Mehrheit** fordern und davon auch keinen Dispens geben. Zweitens Verfassungen, die – wenn eine Wahl an der absoluten Mehrheit scheitert – sich schlussendlich mit einer **einfachen Mehrheit** zufrieden geben. Beispiele für Letztere sind Art. 63 IV 3 GG, wonach die Ernennung des Bundeskanzlers in diesem Falle im Ermessen des Bundespräsidenten steht, sowie Art. 83 II BbgVerf, 30 II 2 NdsVerf, 52 II 2 NRWVerf (Stichwahl), 65 II 5 LSAVerf, 33 IV 2 SchlHVerf, 70 III 3 ThürVerf. 7

Die Berufung der Minister und eines Stellvertreters durch den Regierungschef ist allgemein Verfassungslage. Die in BW notwendige Bestätigung der Landesregierung durch den Landtag ist dagegen nur vereinzelt vorgesehen, so in Art. 45 BayVerf (Zustimmung zur Berufung und Entlassung der Staatsminister), 101 IV HessVerf, 29 III NdsVerf, Art. 98 II 3 RPVerf. 8

---

2 Feuchte, Quellen, 2. Teil, 605.
3 *Blankart*, Wirtschafts- und Finanzpolitik aus der Sicht eines Ökonomen, 12 (2016), 9 f. sieht als es „Dilemma", dass die Abgeordneten mit ihrem freien Mandat für den von der Partei vorgeschlagenen Kandidaten stimmen sollen; ohne eine starke Parteiführung befürchtet er Stabilitätsrisiken, wie sie in der Weimarer und der französischen 4. Republik zum Ausdruck kamen.

B. Erläuterung
I. Wahl des Ministerpräsidenten (Abs. 1)
1. Allgemeines

9 Wesentliches Element der Regelung ist die **Kreationsfunktion des Landtags**. Sein Vertrauen ist für die Regierung konstituierend. Es wird nur für einen bestimmten Zeitraum ausgesprochen und muss regelmäßig erneuert werden. Die Wahl des Ministerpräsidenten durch den Landtag ist eine für die parlamentarische Demokratie **zentrale Bestimmung**.[4] Unterstrichen wird mit ihr zugleich die **hervorgehobene Stellung des Ministerpräsidenten** in der Regierung. Art. 20 I und II iVm Art. 28 I 1 GG stellen insoweit eine bindende Vorgabe des GG für die LV dar. Modifizierungen bei der Ausformung der parlamentarischen Legitimation der Regierung und ihres Chefs sind jedoch möglich. Notwendig ist auf jeden Fall eine auf die Parlamentswahl zurückgehende Legitimation der Regierung.

10 In Verwirklichung dieser Prinzipien enthält der Art. 46 LV eine ganze Reihe – zum Teil spezifisch baden-württembergischer – Festlegungen. Wie in Art. 63 I GG steht am Anfang der Bestimmung und auch an der Spitze der Regierung der Regierungschef, der **Ministerpräsident**. Im Vergleich mit dem GG ist bemerkenswert, dass der Artikel zugleich die Regierungsbildung unter **Beteiligung des Landtags** regelt. Die Alleinstellung, die das GG dem Bundeskanzler zumisst und zum Begriff der „Kanzlerdemokratie" geführt hat, ist der LV fremd. Der Ministerpräsident ist allerdings eindeutig hervorgehoben als derjenige, der die Regierung bildet und später auch ihre Zusammensetzung ändern kann. Mit dem **Bestätigungserfordernis der Regierung** durch den Landtag erhält diese – anders als die Bundesregierung – indes ein eigenes Stück durch das Parlament vermittelter demokratischer Legitimität.

11 Die Mehrheitserfordernisse für die Wahl dienen zugleich der **Stabilität der Regierung**. Die nach Art. 47 LV bei Scheitern der Regierungsbildung drohende Landtagsauflösung ist als „Damoklesschwert" geeignet, die Fraktionen des Landtags für die Regierungsbildung zusammenzuführen und die politische Kompromissbereitschaft zu steigern. Insgesamt handelt es sich um ein **dreistufiges Verfahren,** in dem zunächst der Ministerpräsident gewählt, von ihm die Regierung gebildet und diese dann vom Landtag bestätigt wird. In der politischen Praxis erfolgen alle drei Schritte im Regelfall in engem zeitlichem Zusammenhang. Um die geforderten Mehrheiten im Landtag zu erreichen, ist eine intensive – in der Verfassung nicht geregelte – **politische Vorarbeit** notwendig.

2. Koalitionsvereinbarungen als Grundlage der Regierungsbildung
a) Allgemeines

12 Im Unterschied zum GG, das sich in Art. 38 GG bemerkenswerterweise über das Wahlsystem ausschweigt und lediglich in Abs. 3 auf ein Bundesgesetz verweist, sieht Art. 28 I LV ein Verfahren vor, „das die Persönlichkeitswahl mit den Grundsätzen der Verhältniswahl verbindet." Konsequenz des

---

4 *Schröder* in: v. Mangoldt/Klein/Starck, Art. 63 Rn. 10: „Herzstück".

in der kontinentaleuropäischen Verfassungstradition stehenden Verhältniswahlrechts ist, von wenigen Ausnahmen abgesehen, das Zusammengehen von **Koalitionspartnern** als Voraussetzung für die Regierungsbildung. Anders ist dies in den auf dem Mehrheitswahlrecht beruhenden angelsächsischen Regierungssystemen, bei denen Koalitionsregierungen die Ausnahme bilden. Drittes Modell sind Präsidialsysteme, wo die Regierung von Fall zu Fall parlamentarische Mehrheiten suchen muss (zB in den USA). Ähnlich ist dies im Sonderfall der Europäischen Union, bei der die Kommission von Fall zu Fall im Europäischen Parlament Mehrheiten für die von ihr vorgeschlagenen Rechtsakte suchen muss.

Es besteht **kein Anspruch der größten Partei auf die Führung bei der Regierungsbildung**.[5] Im Regelfall ist jedoch eine sich aus verschiedenen Umständen ergebende „Hegemonialpartei" der naheliegende „Kristallisationspunkt" der Regierungsbildung.[6] Möglicherweise eine spezifisch „bundesrepublikanische" Erscheinung – für die es in Geschichte und Mentalität Gründe geben kann – sind Koalitionsregierungen sogar dann, wenn eine Partei auch alleine über die absolute Mehrheit verfügen würde. Beispiele finden sich auf Bundesebene zwischen 1953 und 1961. Anders war dies in BW zwischen 1972 und 1992 mit von christdemokratischen Ministerpräsidenten geführten Alleinregierungen. 13

Ausdruck eines vielleicht spezifisch südwestdeutschen, auch politisch auf Kompromiss angelegten Charakters ist die Tatsache, dass in der verfassungsgerichtlichen Rechtsprechung zu Koalitionsfragen als erstes eine „Waiblinger Absprache" auftaucht.[7] Mit dem aus BW stammenden Bundeskanzler *Kurt Georg Kiesinger* verbindet sich dann der 1967 für die Abstimmung innerhalb der ersten Großen Koalition auf Bundesebene eingerichtete „Kressbronner Kreis". In diesen Kontext passt der vom ersten baden-württembergischen Ministerpräsidenten *Reinhold Maier* überlieferte Satz „Prinzipiell ist eine Koalition nie prinzipiell."[8] 14

b) Rechtsnatur und „Vertrags"parteien

Eine Koalitionsvereinbarung ist – obwohl auch in der 15. und 16. LP wieder als Koalitions**vertrag** bezeichnet und trotz zunehmend rechtsförmlicher Gestaltung – kein Vertrag, weder des Privat- noch des Verfassungsrechts.[9] Angestrebt – und erreicht – wird keine rechtlich bindende Norm für zukünftiges Verhalten, das auch ggf. gerichtlich einzufordern wäre. Weit hergeholt scheinen Analogien zu völkerrechtlichen Formen des sog. soft law oder zu aufeinander abgestimmten Verhaltensweisen des Wettbewerbs- 15

---

5 So kam die CDU 1952, obwohl größte Fraktion, bei der denkwürdigen ersten Regierungsbildung des neuen Südweststaates unter Reinhold Maier nicht zum Zuge; gleiches geschah beim Regierungswechsel 2011.
6 *Friesenhahn*, VVDtSRL 16 (1958), 53.
7 StGH, DÖV 1961, 744; vgl. dazu näher unten, Fn. 88.
8 Zitiert bei *von Münch*, Koalitionsregierungen, 31.
9 *Schüle*, Koalitionsvereinbarungen, 64; *Schenke* in: Bonner Kommentar, Art. 63 Rn. 22; *Herzog* in: Maunz/Dürig, Art. 63 Rn. 12, hält es für „eine reine Geschmacksfrage, ob man bereit ist, rechtsverbindliche Vereinbarungen anzuerkennen, aus denen nicht vor staatlichen Gerichten geklagt werden kann", verneint aber letztlich eine rechtliche, nicht aber moralische Verbindlichkeit.

rechts.[10] Koalitionsabsprachen können als **Erklärung einer „faktisch-politischen Gebundenheit"**[11] gesehen werden, deren Inhalte sich allerdings an Recht und Gesetz, vor allem auch am Verfassungsrecht, messen lassen müssen. Ein Rechtsweg ist aber weder nach Art. 68 I 1 LV noch im Rahmen der allgemeinen Justizgewährungsgarantie des Art. 67 I LV.[12] eröffnet. Verfassungsrechtliche Bedenken gegen die Koalitionsabsprachen, die Richtlinienkompetenz, Ressortverantwortlichkeit, Personalhoheit und Organisationsgewalt berühren können, bestehen, sofern Recht und Gesetz gewahrt sind, grundsätzlich nicht.[13]

16 In Konsequenz der mit dem GG (Art. 21 I GG) erreichten verfassungsrechtlichen Inkorporiertheit sieht die hM die **Parteien** als „Vertragspartner" der Koalitionsvereinbarung an, genauer deren Gliederungen auf Bundes- bzw. Landesebene. Denkbar wären allerdings auch andere „Vertragsparteien": Nach Art. 21 I GG wirken die Parteien „bei der politischen Willensbildung des Volkes mit". Wenn es aber dann um die Regierungsbildung geht, hat sich dieser Wille bereits gebildet und ist in der Wahl zum Ausdruck gekommen. Nun ist es an den **Abgeordneten**, als „Vertreter des ganzen Volkes" (Art. 27 III LV) den von der Verfassung vorgegebenen Rahmen mit Leben zu erfüllen. Somit wäre es naheliegend, dass die **Fraktionen** des Landtags ihre Zusammenarbeit mit dem Koalitionsvertrag regeln.[14]

17 Die angedeutete Unsicherheit zeigt sich auch in der Praxis: So haben 2011 die Koalitionsvereinbarung für die 15. LP außer den Parteivorsitzenden von BÜNDNIS 90/GRÜNEN und SPD auch deren Fraktionsvorsitzende sowie der künftige Ministerpräsident unterschrieben. Ins Spiel kommt mit ihm als dritter potenzieller Akteur die (künftige) **Regierung**, die die Abmachungen umsetzen soll. Würde diese überhaupt keine Rolle spielen, wäre der Koalitionsvertrag ein „Vertrag zulasten Dritter". Unter Berücksichtigung dieser Gesichtspunkte war es folgerichtig, dass 2016 beim „Koalitionsvertrag" für die 16. LP insgesamt neun Unterschriften geleistet wurden: Neben dem zukünftigen Ministerpräsidenten waren dies die Vorsitzenden der beteiligten Parteien und Fraktionen sowie vier weitere Persönlichkeiten, die auf Seiten des kleineren Koalitionspartners beteiligt waren und später teilweise in die Regierung berufen wurden.

c) Verfahren

18 Der Weg zur Koalitionsvereinbarung spielt sich in einem halböffentlichen Bereich ab. Vorläufer ist die in Medien und Öffentlichkeit, aber auch im Wahlkampf speziell von den kleineren Parteien, geforderte **Koalitionsaussage**.[15] Nach Vorliegen des Wahlergebnisses beginnt regelmäßig ein Prozess

---

10 *Schüle*, Koalitionsvereinbarungen, 75.
11 *Schüle*, Koalitionsvereinbarungen, 80.
12 *Epping* in: Epping/Butzer u. a., Art. 29 Rn. 25.
13 *Herzog* in: Maunz/Dürig, Art. 63 Rn. 9.
14 AA *von Münch*, Koalitionsregierungen, 15.
15 Einen Sonderfall stellt die Wahlabsprache dar, die der Entscheidung des StGH (DÖV 1961, 744) zugrunde lag. Damals hatten CDU und FDP/DVP nicht für die beiden Waiblinger Wahlkreise Listenkandidaten aufgestellt, sondern jeweils nur für einen. Die Wähler wurden von beiden Parteien aufgefordert, diese Listenkandidaten zu wählen. Der StGH hat diese Absprache als Verpflichtung, der anderen Partei

mit ersten **Sondierungen**, der nach Rückkoppelung in den Parteigremien zur Aufnahme von förmlichen **Koalitionsverhandlungen** mit dem oder den als passend beurteilten Partner(n) führt. Eine politische „Friedenspflicht" besteht in dieser Zeit nicht,[16] ist aber naheliegend, wenn die Verhandlungen erfolgreich sein sollen.

Bemerkenswert ist der sich in den letzten Jahren herauskristallisierende Prozess der Strukturierung und Institutionalisierung der Verhandlungen in **Ausschüssen und Gremien**. Einen vorläufigen Höhepunkt erreichte diese Entwicklung mit den Koalitionsverhandlungen auf Bundesebene 2013 und 2017/18, die – was zeitliche Dauer,[17] Zahl der Teilnehmer und Breite des Verhandlungsprozesses[18] betraf – an ein Vorparlament erinnert haben. Entsprechend detailliert waren die Ergebnisse. Die Koalitionsvereinbarung der 18. WP im Bund hatte 185 Seiten. Aber auch der Koalitionsvertrag für die 15. WP im Land von 2011 mit 93 Seiten und die 16. WP von 2016 mit 133 Seiten können sich sehen lassen.[19] Mit der in der LV vorgesehenen zwingenden Auflösung des Landtags nach drei Monaten, wenn keine Regierung zustande kommt, werden zeitlich überbordende Koalitionsverhandlungen, wie auf Bundesebene in der 19. WP verhindert. 19

Der Einigung in den Verhandlungen folgt eine **Paraphierung** der schriftlich fixierten Ergebnisse, die den **Gremien der Parteien** – möglicherweise sogar der Mitgliederschaft – zur Billigung vorgelegt werden. Über die Art und Weise wird je nach politischen Gegebenheiten parteiintern entschieden. Die – oft in feierlicher Form gehaltene – **Unterzeichnung** mit anschließender **Veröffentlichung** bildet den endgültigen Abschluss. 20

Die in den Jugendjahren der Bundesrepublik praktizierte Geheimhaltung stellt heute im Grundsatz kein Problem mehr dar. Die Veröffentlichung der Koalitionsvereinbarung ist notwendig und auch Praxis. Allerdings ist immer wieder von (zunächst) **geheim gehaltenen Nebenabreden** zu hören. Eine besondere Rolle haben solche Nebenabsprachen bei der Koalitionsvereinbarung 2016 gespielt. Nachdem ihre Existenz in der Presse bekannt geworden war, wurden sie ebenfalls veröffentlicht. Geheime Nebenabreden dürften da, wo Vertraulichkeit angezeigt ist (zB bei Personalien) – trotz der immer weiter gestiegenen Anforderungen an die Transparenz politischen Handelns – zulässig sein. Eine Grenze wäre aber sicher dann überschritten, wenn durch Nebenabreden Festlegungen des veröffentlichten Koalitionsvertrags konterkariert würden. 21

d) Inhalt

Eine Koalitionsvereinbarung gliedert sich üblicherweise in **vier Teile** mit Präambel, Sachprogramm, allgemeinen Festlegungen zur Arbeitsweise in 22

---

die eigenen Anhänger zuzuführen, beanstandet. Zu Recht kritisiert *Seifert* (DÖV 1961, 751) diese Entscheidung: Der Gesetzgeber habe sich „bewusst nicht in den Dschungel der taktischen Wahlvereinbarungen begeben" wollen.
16 *Von Münch*, Koalitionsregierungen, 18.
17 Vom 23.10. bis 17.12.2013; die Bundestagwahl fand bereits am 22.9.2013 statt.
18 Organisiert in „Kleiner Runde", „Großer Runde" und zwölf Arbeitsgruppen mit Unterarbeitsgruppen.
19 Anders war dies noch in den Jugendjahren des Landes: „1960 genügten dreieinhalb Seiten" (Stuttgarter Zeitung v. 29.4.2016).

Parlament, Regierung und zwischen den Koalitionspartnern sowie Personalien.

23 Zur **Präambel** gilt stärker noch das, was allgemein zu Präambeln gesagt wird.[20] Da eine einklagbare rechtliche Bindung der Koalitionsvereinbarung fehlt, stehen allgemeine Aussagen über die politische Bedeutung der Regierungszusammenarbeit im Vordergrund. Sie dient der Dokumentation und hält Ziele und Motive der Koalitionspartner fest. Beim **Sachprogramm** hat in der Vergangenheit verfassungsrechtlich die Kompetenzfrage eine Rolle gespielt. Zu Koalitionsvereinbarungen auf Landesebene umstritten waren Aussagen zu Themen, die in die **Zuständigkeit des Bundes** fielen.[21] Hier kommt es allerdings auf die richtige Formulierung an. Im Hinblick auf die Mitwirkung der Länder über den Bundesrat „bei der Gesetzgebung und Verwaltung des Bundes und in Angelegenheiten der Europäischen Union" (Art. 50 GG) lassen sich wohl alle diesbezüglichen Anliegen in die Form von geplanten Initiativen des Landes in diesem Verfassungsorgan des Bundes kleiden.

24 Verfassungsrechtlich interessant ist das, was in Koalitionsvereinbarungen das Parlament und die Abgeordneten betrifft. Dabei geht es vor allem um Festlegungen zu **Geschlossenheit und Stimmverhalten** im Landtag, wo die Balance mit dem freien Mandat der Abgeordneten gehalten werden muss.[22] Ein wichtiges Thema ist immer auch das Abstimmungsverhalten im **Bundesrat**. Hier kann es angesichts der steigenden Zahl „nichtkonformer Regierungskoalitionen"[23] auf Bundes- und Landesebene zu Konflikten kommen. Nicht ganz zu Unrecht wird von einem – jedenfalls politischen – „Kernelement der Koalitionsvereinbarung"[24] gesprochen. Zur typischen **Bundesratsklausel** siehe die Kommentierung bei Art. 49 II LV.

25 Besondere Bedeutung für die Staatspraxis haben inzwischen die **Koalitionsausschüsse** als praeter constitutionem geschaffene **Verbindungsglieder zwischen Regierungsfraktionen, Parteien und Regierung** erlangt. Richtigerweise kann deren Funktion als „Interpretationsorgan des Koalitionsabkommens […] oder als Krisenmanagementinstrument bei daraus entstehenden Konflikten" beschrieben werden. Vor diesem Hintergrund sind für den Ministerpräsidenten heute „Moderatoreneigenschaften und Kooperationskompetenz"[25] besonders wichtig. Jenseits verfassungsrechtlicher Regelungen – aber selbstverständlich im Rahmen solcher Bindungen – bewegen wir uns hier in den „Korridoren der Macht",[26] die wohl einem politischen Bedürfnis entsprechen, von außen jedoch trotz aller aktuellen Transparenzbemühungen nur schwer einsehbar sind. Diese Gremien, in denen im allerkleinsten Kreise „Politik gemacht" wird, haben inzwischen **überragende Bedeutung** gewonnen, die offenbar von den nicht beteiligten Regierungs-

---

20 BVerfGE 77, 137, 149.
21 BVerfGE 8, 104.
22 *Von Münch*, Koalitionsregierungen, 28.
23 *Kropp/Sturm*, Koalitionen, 116; *Schneider*, Ministerpräsidenten, 218 ff.
24 *Kropp/Sturm*, Koalitionen, 116.
25 *Schneider*, 221.
26 Begriff von *C.P. Snow (1963)*.

und Fraktionsmitgliedern hingenommen wird.[27] Bemerkenswert ist, dass der Koalitionsvertrag der 16. LP – wie seine Vorgänger – dieses bedeutsame Gremium recht lapidar behandelt. Festgelegt ist lediglich, dass er unter Vorsitz des Ministerpräsidenten „regelmäßig und auf Antrag eines Koalitionspartners" zusammentritt. Offen bleibt, wer diesen Antrag stellen kann. Einzelheiten über die **Zusammensetzung** des Koalitionsausschusses enthält der Vertrag ebenfalls nicht.[28] Die vereinzelt abgelehnte Einschaltung des Koalitionsausschusses im Gesetzgebungsverfahren[29] ist eher theoretischer Natur: Nachdem entscheidende Festlegungen („Eckpunkte") in diesem Gremium getroffen sind, ist seine formelle Einschaltung bei Umsetzung der gesetzgeberischen Maßnahmen durch Ressorts, Regierung und Landtag kaum mehr erforderlich.

Einen delikaten Aspekt stellen **Personalien** dar. Über die Verteilung der Ressorts auf Vertreter der Koalitionspartner hinaus werden dazu wohl auch informelle Absprachen getroffen. Dies betrifft rechtlich zulässigerweise die sogenannten politischen Beamten.[30] Dazuhin geht es um die Wahrnehmung zahlreicher Gremien, deren Besetzung der Landesregierung obliegt (zB Gremien der Rundfunkanstalten, Aufsichts- und Verwaltungsräte). Kritisch zu sehen wäre ein **abgesprochener Rücktritt** eines Regierungsmitglieds.[31] 26

Die Koalitionsvereinbarung hat sich zeitlich auf die **Legislaturperiode** zu beschränken. Festlegungen für künftige Legislaturperioden würden dem Demokratieprinzip zuwiderlaufen.[32] Eine gewisse Nachwirkung entspricht jedoch nicht nur politischem Anstand,[33] sondern auch politischer Vernunft. 27

e) Tragweite

Positiv können Koalitionsabsprachen als Ausdruck **vorausschauender politischer Planung** gesehen werden und der **Vermeidung von Konflikten** dienen. Kritisch anzumerken ist, dass dieses System Regierung und Parlament 28

---

27 Ein in seiner Bedeutung kaum zu überschätzendes, in noch restriktiverer Zusammensetzung tagendes Gremium der beiden letzten Legislaturperioden ist die **Haushaltsstrukturkommission** aus dem Ministerpräsidenten und seinem Stellvertreter, dem Finanzminister sowie den Fraktionsvorsitzenden und finanzpolitischen Sprechern der Regierungsfraktionen, in der die Weichenstellungen für den Staatshaushalt, den „nervus rerum" der Landespolitik getroffen werden.
28 Er bleibt insoweit hinter dem „Geheimen Rat" des Königreichs Württemberg zurück, dessen Zusammensetzung durch Verordnung König **Wilhelms I.** vom 8.11.1816 publiziert wurde. Auch der Koalitionsvertrag auf Bundesebene von 2013 (S. 184) enthielt zu dieser Frage keine näheren Details. Festgelegt wurde nur, dass sich die Koalitionsparteien einvernehmlich auf die Besetzung des Koalitionsausschusses verständigen (www.bundesregierung.de). Schon weiter war man da 2009, wo auf S. 131 folgende Zusammensetzung des Koalitionsausschusses festgelegt wurde: „Ihm gehören an die Parteivorsitzenden, die Fraktionsvorsitzenden, die Generalsekretäre, die 1. Parlamentarischen Geschäftsführer, der Chef des Bundeskanzleramtes, der Bundesfinanzminister und ein weiteres von der FDP zu benennendes Mitglied an." (www.bmi.bund.de).
29 *Schüle*, Koalitionsvereinbarungen, 124.
30 *Schüle*, Koalitionsvereinbarungen, 130.
31 *Schüle*, Koalitionsvereinbarungen, 98.
32 *Schüle*, Koalitionsvereinbarungen, 89.
33 *Von Münch*, Koalitionsregierungen, 31.

Zwängen einer – eher bürokratisch geprägten – „Abarbeitung der Koalitionsvereinbarung" unterwirft und bei dieser Routine Möglichkeiten politischer Gestaltung und auch neue Herausforderungen vernachlässigt werden könnten. Die Behauptung, dass ein Projekt nicht in der Koalitionsvereinbarung stehe, gerät leicht zu einem „Totschlagsargument". Bei allem Verdienst um die Reduktion politischer Komplexität und um die Vorbeugung gegen politischen Streit – und damit um die Sicherung der Handlungsfähigkeit der Regierung – sollten daher in den Absprachen **Spielräume** offengehalten werden. Das ist nicht nur staatspolitisch wünschenswert, sondern auch verfassungsrechtlich geboten. Nicht vergessen werden darf Art. 49 LV, wonach der Ministerpräsident die Richtlinien der Politik bestimmt und dafür die Verantwortung trägt. Eine Präjudizwirkung der Koalitionsvereinbarung für diesen „Kern der Regierung"[34] wäre problematisch. Dies könnte – je nach „Grad und Schärfe der Festlegung" [35] zur Verfassungswidrigkeit einer Koalitionsvereinbarung führen.[36]

3. Wahl des Ministerpräsidenten

a) Voraussetzungen

29 Art. 46 LV regelt zu Anfang Einzelheiten der **Wahl des Ministerpräsidenten**. Vorgesehen ist, was in der VLV noch heftig umstritten war, eine Wahl durch den **Landtag**. Die von der CDU damals vertretene Alternative war die Volkswahl eines „Staatspräsidenten".[37] An anderer Stelle geregelt sind die **Voraussetzungen** für diese Wahl, nämlich die **Erledigung des Amtes** des bisherigen Ministerpräsidenten auf die eine oder andere Weise: Wichtigster Fall ist Art. 55 II LV, wonach das Amt des Ministerpräsidenten und der übrigen Mitglieder der Regierung mit dem Zusammentritt eines neuen Landtags endet. Möglich ist auch der Rücktritt des früheren Ministerpräsidenten allein oder zusammen mit seiner Regierung nach Art. 55 I LV. Darüber hinaus gibt es nach Art. 55 II LV noch andere – glücklicherweise bislang eher theoretische – Formen der „Erledigung des Amtes des Ministerpräsidenten", wie Aberkennung des Amtes nach Art. 57 III LV durch den VerfGH, Verlust oder Aberkennung der Fähigkeit zur Bekleidung öffentlicher Ämter, Verlust der Wählbarkeit zum Abgeordneten, physische oder psychische Unmöglichkeit der Amtsführung oder Tod.

30 Für die **Wählbarkeit** übernimmt Art. 46 I LV die Voraussetzungen für die Wählbarkeit zum Abgeordneten nach Art. 28 II LV, wobei Art. 28 III LV wiederum eine einfachgesetzliche Regelung vorsieht. § 1 AbgG BW verweist dann auf § 9 LWG. Danach ist **jeder Wahlberechtigte** wählbar, sofern er nicht infolge Richterspruchs die Wählbarkeit oder die Fähigkeit zur Bekleidung öffentlicher Ämter verloren hat. Art. 28 II LV sieht darüber hinaus vor, dass die Wählbarkeit „von einer bestimmten Dauer der Staatsangehörigkeit und des Aufenthalts im Lande" abhängig gemacht werden

---

34 *Schüle*, Koalitionsvereinbarungen, 90.
35 *Schüle*, Koalitionsvereinbarungen, 96.
36 *Schüle*, Koalitionsvereinbarungen, 83.
37 Feuchte, Quellen, 8. Teil, 143 ff.; vgl. dazu auch die aktuelle Diskussion von *Decker*, ZParl 2011, 886 und ZParl 2013, 296 (pro Direktwahl), und *Holtmann*, ZParl 2011, 194 und *Zeh*, ZParl 2013, 675 (contra Direktwahl).

kann. Der Gesetzgeber hat von dieser Möglichkeit nur minimal Gebrauch gemacht. Nach §§ 9 I, 7 I LWG genügen drei Monate Wohnung oder gewöhnlicher Aufenthalt im Land. Ein **Abgeordnetenmandat** ist, wie für den Bundeskanzler, **nicht** Voraussetzung für die Wahl zum Ministerpräsidenten.[38] Es ist dies ein markanter Unterschied zur englischen Verfassungstradition. Ein Abgeordnetenmandat stellt allerdings auch in BW die Regel dar. Das Mandat kann nach der Wahl zum Ministerpräsidenten beibehalten werden. Zusätzliches Erfordernis für die Wahl ist die **Vollendung des 35. Lebensjahres**. Die LV – andere Landesverfassungen bis auf Bayern (40 Jahre) kennen ein solches Erfordernis nicht – ist insoweit restriktiver als das GG, das für die Wählbarkeit zum Bundeskanzler keine speziellen altersmäßigen Voraussetzungen vorsieht. Ein **Höchstalter** ist in der LV demgegenüber nicht festgelegt. Unstreitig ist die Anwendbarkeit von § 7 LWG, wonach nur der wählbar ist, der am Wahltage **Deutscher** im Sinne des Art. 116 I GG ist und das 18. Lebensjahr vollendet hat sowie nicht vom Wahlrecht ausgeschlossen ist oder infolge Richterspruchs die Wählbarkeit oder die Fähigkeit zur Bekleidung öffentlicher Ämter nicht besitzt. Eine weitere Staatsangehörigkeit zusätzlich zur deutschen hat – anders als in anderen Staaten – keinen Einfluss auf die Wählbarkeit.

Zu beachten sind bei Annahme der Wahl die **Inkompatibilitätsvorschriften** 31 von Art. 53 LV, insbesondere auch im Hinblick auf andere Staatsämter. Solche Inkompatibilitäten machen die Wahl indes nicht ungültig, sondern verlangen nur das Aufgeben bzw. Ruhenlassen anderer Tätigkeiten innerhalb angemessener Frist. Unvereinbar bereits kraft Verfassungsrechts ist die Wahl zum Ministerpräsidenten für den Bundespräsidenten (Art. 55 I GG) und die Richter des Bundesverfassungsgerichts (Art. 94 I GG).

Auf Bundesebene – vor allem im Hinblick auf ein Prüfungsrecht des Bun- 32 despräsidenten – wird die Frage der **Verfassungstreue** als weitere Wählbarkeitsvoraussetzung diskutiert.[39] Dieses Erfordernis begründet sich nach hM mit dem Inhalt des Amtseides, der die Wahrung und Verteidigung des GG (Art. 56 GG) einschließt. Entsprechendes gilt für die Wahl des Ministerpräsidenten. Anwendbar sind jedoch nicht die im Beamtenrecht entwickelten Grundsätze. Der Ministerpräsident ist nicht Beamter, sondern hat nach Art. 53 I LV ein öffentliches Amt inne. Die Verfassungstreue ist eine im „Ernstfall" möglicherweise schwierig zu entscheidende Frage der politischen Einschätzung, die dem Wahlkörper Landtag obliegt[40] und nicht justiziabel ist.[41] Anders verhält es sich mit der Mitgliedschaft in einer nach Art. 21 II GG für verfassungswidrig erklärten Partei. Diese schließt die Wählbarkeit aus.

b) Verfahren

Notwendig für eine erfolgreiche Wahl ist die **Mehrheit der Mitglieder des** 33 **Landtags**. Es genügt nicht eine Mehrheit der anwesenden oder abstimmenden Mitglieder. Es handelt sich um die absolute Mitgliedermehrheit, die

---

38 Anders Art. 52 I NRWVerf.
39 *Schröder* in: v. Mangoldt/Klein/Starck, Art. 63 Rn. 21.
40 *Epping* in: Epping/Butzer u. a., Art. 29 Rn. 19.
41 *Busse* in: Friauf/Höfling, Art. 63 Rn. 4.

auf Bundesebene „Kanzlermehrheit" genannt wird. Diese wird nach Art. 92 LV „nach der gesetzlichen Zahl der Mitglieder des Landtags" berechnet (dazu näher → Art. 92 Rn. 4 f.). Eine solche qualifizierte Mehrheit bringt unzweifelhaft das Vertrauen zwischen Parlament und Ministerpräsident zum Ausdruck und schafft stabile Verhältnisse.

34 Im Gegensatz zum Grundsatz in Art. 33 I LV, wonach der Landtag „öffentlich verhandelt", ist für die Wahl des Ministerpräsidenten **„geheime Abstimmung"** vorgesehen.[42] In § 97a I GO LT sind dazu die Einzelheiten geregelt (Aufruf der Abgeordneten mit Namen zur Abgabe der Stimmzettel). Ein Verstoß würde zur Ungültigkeit der Wahl führen. Zum **Zeitpunkt der Wahl** und deren Ingangsetzung innerhalb der Dreimonatsfrist von Art. 47 LV enthält die LV keine weiteren Vorgaben. Auszugehen ist jedoch von einer verfassungsrechtlichen Pflicht des Landtags, die Wahl **sobald als möglich** anzuberaumen.

35 Die GO LT sieht für die Ministerpräsidentenwahl keine besonderen Regelungen vor. Es handelt sich um eine Wahl nach § 97a GO LT. Grundlage ist (mindestens) ein **Wahlvorschlag** aus der Mitte des Landtags. Die Auffassung, dass Wahlvorschläge nicht erforderlich seien,[43] geht an der politischen Realität vorbei und ist nicht praktikabel. In der Staatspraxis kommt der Vorschlag **mündlich** in der Sitzung von dem oder der Vorsitzenden der künftigen Regierungsfraktion, die den Ministerpräsidenten stellen will. Die Auffassung, es handele sich im Kern dann um eine Abstimmung über den Wahlvorschlag,[44] beruht auf der besonderen Konstruktion des GG, wonach bei der Kanzlerwahl im ersten Wahlgang über einen Vorschlag des Bundespräsidenten abgestimmt wird (Art. 63 I GG). Auf Landesebene ist die Situation anders.[45] Für die nach Art. 63 III GG ggf. folgenden Wahlgänge ist dies auch für die Bundeskanzlerwahl anerkannt. Stimmzettel der auf den Wahlvorschlag folgenden geheimen Wahl, auf denen andere Namen vermerkt sind, sind somit **nicht ungültig**.[46] Denkbar – bei prekären Mehrheitsverhältnissen möglicherweise weiterführend – sind **Gegenvorschläge** aus der Mitte des Landtages. Eine Frist für die Vornahme der Wahlhandlung besteht nach LV oder GO LT nicht, sie ist aber **unverzüglich** vorzunehmen.[47]

36 Zwar nicht verfassungsrechtlich zwingend vorgegeben, aber praktisch-politisch **selbstverständliche Voraussetzung** für den Wahlakt ist das **Einverständnis** des Vorgeschlagenen.[48] Anders als die Annahme der Wahl wird dieses nicht förmlich festgestellt. Es genügt, wenn sich die Bereitschaft aus den Umständen ergibt.

---

42 Krit. dazu angesichts aktueller Vorkommnisse im Hinblick auf fehlende Transparenz *Lincke*, DVBl. 2005, 793; *ders.*, FAZ vom 4.11.2009: „Triumph der Feigheit".
43 *Braun*, Art. 46 Rn. 11; *Busse*, Regierungsbildung, 25.
44 *Herzog* in: Maunz/Dürig, Art. 63 Rn. 26.
45 *Braun*, Art. 46 Rn. 11.
46 *Busse*, Regierungsbildung, 25; *Epping* in: Epping/Butzer u.a., Art. 29 Rn. 11.
47 So auch für die Wahl des Bundeskanzlers *Herzog* in: Maunz/Dürig, Art. 63 Rn. 25.
48 AA *Herzog* in: Maunz/Dürig, Art. 23 Rn. 30.

[Regierungsbildung] Artikel 46

Die Wahl des Ministerpräsidenten ist – anders als im Bund wegen des präsidialen Vorschlagsrechts – eine **rein parlamentarische Angelegenheit**. Besondere verfahrensmäßige Konsequenzen hat das Verfehlen der absoluten Mehrheit für den Vorschlag zunächst nicht, es führt insbesondere nicht zu anderen Verfahrensgestaltungen oder Mehrheitserfordernissen. Die LV bietet keine Möglichkeit, von der „Ministerpräsidentenmehrheit" abzurücken, indem sie in späteren Wahlgängen eine relative Mehrheit genügen ließe, wie dies das GG und andere Landesverfassungen tun. Die **Wahlversuche** bei Nichterreichen des Quorums oder in dem (unwahrscheinlichen) Falle, dass die Wahl nicht angenommen wird, sind nicht zahlenmäßig, sondern nur zeitlich durch die Frist von drei Monaten nach dem Zusammentritt des neugewählten Landtags oder einer sonstigen Erledigung des Amts des Ministerpräsidenten, beschränkt.[49] Insbesondere steht ein Scheitern weiteren Wahlgängen mit demselben Kandidaten nicht entgegen. Ein zweiter (dann erfolgreicher) Wahlversuch noch in derselben Sitzung des Landtags mit demselben Kandidaten fand am 12. Juni 1996 statt.[50] 37

Nach allgemeinem Verständnis zum Schutz der Autorität des Amtes, möglicherweise auch des Ansehens der Person des Kandidaten, ist von Verfassungswegen **keine Aussprache zulässig**.[51] Zur Begründung dieser Vorkehrung wird auch argumentiert, die Abgeordneten sollten nicht gezwungen werden, sich nach außen zu einem Kandidaten zu bekennen, was die geheime Wahl konterkarieren könnte. Es ist allerdings davon auszugehen, dass über die Person des möglichen Kandidaten sowie seine programmatischen (und personellen) Vorstellungen bereits im Vorfeld ausgiebig – öffentlich und intern – diskutiert worden ist. In der Sitzung selbst ist dies ausgeschlossen. Möglich ist eine **Geschäftsordnungsdebatte**. Ein Verstoß gegen das Verbot einer Aussprache führt nach hM aber nicht zur Unwirksamkeit der folgenden Wahl.[52] 38

Zu ihrem Wirksamwerden ist – eine weitere, nicht in der Verfassung geregelte Selbstverständlichkeit – die **Annahme der Wahl** notwendig. Eine förmliche **Ernennung**, wie die des Bundeskanzlers durch den Bundespräsidenten, ist nicht vorgesehen. Voraussetzung für den Amtsantritt ist dann die **Eidesleistung** nach Art. 48 LV. Beide Schritte erfolgen im Regelfall unmittelbar im Anschluss an die Bekanntgabe des positiven Wahlergebnisses. Ab diesem Zeitpunkt handelt es sich um einen **designierten Ministerpräsidenten**, wobei der bisherige Ministerpräsident und seine Regierung parallel dazu nach Art. 55 III LV weiter geschäftsführend tätig bleiben. 39

Für die endgültige **Amtsübernahme** des Ministerpräsidenten ist die **Bestätigung der gesamten Regierung** durch den Landtag erforderlich. Wird diese nicht erreicht, ist das weitere Verfahren nicht geregelt. Scheitert die Bestätigung, steht es dem designierten Ministerpräsidenten frei, nach weiteren po- 40

---

49 Auffassung bereits des VA (Feuchte, Quellen 6, 29).
50 Von 83 der künftigen Koalition angehörenden Abgeordneten stimmten damals im ersten Wahlgang nur 77 für den vorgeschlagenen Kandidaten, wodurch die Mehrheit verfehlt wurde, vgl. *Kropp/Sturm*, Koalitionen, 31; mit insgesamt vier erfolglosen Wahlgängen scheiterte demgegenüber die Wiederwahl von Ministerpräsidentin Heide Simonis in Schleswig-Holstein im Jahr 2005.
51 Äußerst kritisch zu diesem „Fremdkörper" *Busse*, Regierungsbildung, 32.
52 *Epping* in: Epping/Butzer u. a. Art. 29 Rn. 10.

litischen Abklärungen dieselbe „Mannschaft" erneut zur Bestätigung vorzuschlagen, oder aber vor einer nächsten Abstimmung deren Mitglieder ganz oder teilweise auszuwechseln. Eine Grenze für die Zahl der Wiederholungsversuche besteht innerhalb der Dreimonatsfrist des Art. 47 LV grundsätzlich nicht. Gelingt die Regierungsbildung nicht, besteht für den designierten Ministerpräsidenten die Möglichkeit eines **Rücktritts**. Der Landtag seinerseits kann zur **Abwahl** des designierten und zur Wahl eines anderen Ministerpräsidenten schreiten (argumentum e maiore ad minus aus Art. 54 LV).[53] Gelingt die Regierungsbildung in der Dreimonatsfrist nicht, ordnet Art. 47 LV unmittelbar die **Auflösung des Landtages** an. Die Auflösung geschieht kraft Verfassung, ein weiterer förmlicher Akt ist nicht notwendig.

41 Die Wahl zum Ministerpräsidenten erfolgt, ohne dass dies Art. 46 LV ausdrücklich regelt, längstens für die Zeit **bis zum Zusammentritt eines neuen Landtages** (Art. 55 II LV), also für die 1995 auf **fünf Jahre** verlängerte Wahlperiode des Landtags nach Art. 30 I LV. Aber auch danach wirkt das durch die Wahl zum Ausdruck gebrachte Vertrauen – der zentrale Begriff im Verhältnis von Parlament und Regierung – ggf. für eine geschäftsführende Regierungsführung weiter. Eine Amtszeitbegrenzung, die eine anschließende **Wiederwahl** verhindern würde, kennt die LV nicht.

II. Kabinettsbildung (Abs. 2)
1. Regierungsmitglieder
a) Größe des Kabinetts

42 Die Bestimmung regelt das (materielle und formelle) **Kabinettsbildungsrecht des Ministerpräsidenten**. Er ist es, der nach seinem freien Ermessen – tatsächlich aber in weitgehender politischer Gebundenheit, insbesondere durch innerparteiliche Verhältnisse und die Koalitionsvereinbarung – die Minister, Staatssekretäre und Staatsräte „beruft und entlässt". Fast mehr noch als durch seine Richtlinienkompetenz sichert der Ministerpräsident damit die Umsetzung seiner politischen Vorstellungen. **Zahlenmäßig** ist er bei der Zusammenstellung des Kabinetts – bis auf die Zahl der Staatssekretäre, die ein Drittel der Zahl der Minister nicht übersteigen darf – nicht beschränkt.[54] Auszugehen ist jedoch von mehreren Regierungsmitgliedern (die LV spricht von den Regierungsmitgliedern im Plural). Eckpunkte sind eine Mindestgröße, die eine kollegiale Beratung ermöglicht, und eine Höchstzahl, bei deren Überschreiten diese unmöglich wäre.[55] Die in Art. 51 III 1 GG eingeräumte Befugnis, so viele Mitglieder in den Bundesrat zu entsenden, wie das Land dort Stimmen hat (BW sechs), ist als Unter-

---

53 *Busse*, Regierungsbildung, 66.
54 Demgegenüber sah Art. 1 II des Gesetzes über das Staatsministerium und die Ministerien in Ausführung von § 26 II VerfWü 1919 (RegBl. 1926, 239) eine Höchstzahl von fünf Regierungsmitgliedern vor.
55 Nach einem Pressebericht hält hier den derzeitigen „Rekord" die Regierung von Sri Lanka mit 52 Kabinettsmitgliedern (NZZ vom 19.12.2016).

grenze irrelevant, da alle Stimmen von einem Vertreter zusammen abgegeben werden (Art. 51 III 2 GG).[56]

Die Bildung einer Regierung durch Berufung weiterer Regierungsmitglieder ist nicht nur Recht, sondern auch **Pflicht** des Ministerpräsidenten. Eine „Alleinregierung" nur mit den Amtschefs der Ministerien (wie zu Bismarcks Zeiten) ist nicht zulässig. Dies ergibt sich bereits aus dem Verfassungstext, nach dem der Ministerpräsident „**die** Minister" beruft. Deren Vorhandensein wird also vorausgesetzt. Nicht zwingend ist die Berufung von Staatssekretären und Staatsräten. Art. 45 I 2 LV sieht lediglich vor, dass diese ernannt werden „können". Für diese „**Berufung**" der einzelnen Regierungsmitglieder ist zunächst eine Beteiligung des Landtags nicht vorgesehen. Diese wird nach Abs. 3 erst zum Zeitpunkt der Amtsübernahme für die gesamte Regierung notwendig. 43

b) Festlegungen zu den Geschäftsbereichen

Verbunden mit der Berufung der Minister ist auch die Wahrnehmung einer **Organisationskompetenz**,[57] da nach Art. 49 I 4 LV jeder Minister „seinen Geschäftsbereich" haben muss. Ausgeschlossen ist damit ein reines Kollegialsystem in allen Regierungsangelegenheiten.[58] Es besteht insoweit eine gewisse Inkongruenz, da nach Art. 45 III LV erst die (dann gebildete) Regierung über die Geschäftsbereiche ihrer Mitglieder beschließt. Im Hinblick auf diese Spannungslage ist davon auszugehen, dass für die Berufung der Regierungsmitglieder der ihnen zugedachte Geschäftsbereich (Ministerium und nachgeordneter Bereich) lediglich **in grober Form** festgelegt wird (Innenminister, Justizminister, Finanzminister usw.).[59] Der Ministerpräsident kann dabei je nach seinen politischen Prioritäten vorgehen und „neue" eigenständige Geschäftsbereiche schaffen (wie zB in der 15. LP ein Integrationsministerium) oder mehrere, früher eigenständige Geschäftsbereiche zusammenfassen (so ebenfalls in der 15. LP ein Ministerium für Finanzen und Wirtschaft). Möglich ist es auch, einem Minister in Personalunion **mehrere Geschäftsbereiche** zuzuweisen, ohne dass ein einheitliches Ministerium geschaffen würde.[60] Mit der Bestätigung der Regierung billigt der Landtag über das Personal hinaus bereits im Grundsatz auch diese Organisation. 44

Die genauen **Einzelheiten der Geschäftsbereiche** bedürfen dann gem. Art. 45 III LV eines Beschlusses der Regierung nach ihrer Amtsübernahme, der dem Landtag zur Zustimmung vorzulegen ist und nach Staatspraxis anschließend im Gesetzblatt veröffentlicht wird (dazu näher → Art. 45 Rn. 55 ff.). Die auf Bundesebene geläufige Unterscheidung der **Bezeichnung** zwischen „klassischen" (Bundesministerium **des** …) und anderen Ressorts (Bundesministerium **für** …) ist der Staatspraxis im Lande fremd. Angesichts oft längerer Bezeichnungen der Ressorts – mit denen auch eine ge- 45

---

56 AA *Busse*, Regierungsbildung, 40, der die Stimmenzahl im Bundesrat als Mindestgröße ansieht.
57 *Schröder* in: v. Mangoldt/Klein/Starck, Art. 64 Rn. 1.
58 *Herzog* in: Maunz/Dürig, Art. 64 Rn. 2.
59 Vgl. LT-Pl.-Prot. 15/3.
60 *Schenke* in: BK, Art. 62 Rn. 15.

wisse Programmatik verbunden ist – legt die Landesregierung Kurzbezeichnungen (zB „Wirtschaftsministerium" statt des sperrigen „Ministerium für Wirtschaft, Arbeit und Wohnungsbau") und Abkürzungen (zB WM) fest, die in der Verwaltungspraxis verwendet werden.

c) Einzelfragen

46 Obwohl die LV hierzu keine weiteren Festlegungen enthält, ist davon auszugehen, dass die allgemeinen **Wählbarkeitsvoraussetzungen**, die für den Ministerpräsidenten gelten, auch für die Minister einschlägig sind. Ein Landtagsmandat ist nicht notwendig. Die besondere Wählbarkeitsvoraussetzung des Art. 46 I LV (35. Lebensjahr) gilt für die anderen Regierungsmitglieder nicht. Für den Justizminister wäre die Befähigung zum Richteramt naheliegend, sie ist aber nicht zwingend.[61] Dem Minister ist die politische Leitung des Ressorts anvertraut, wobei er sich seiner Beamten bedient.

47 In zeitlichem Zusammenhang mit der Regierungsbildung – verfassungsrechtlich aber nicht zwingend – erfolgt regelmäßig auch die **Berufung der politischen Staatssekretäre**, die den Ministern beigegeben werden. Die förmliche Ernennung kann nach § 3 PStSG erst nach Amtsübernahme der Minister erfolgen, da der Minister, dem der politische Staatssekretär beigeordnet wird, sein Einvernehmen geben muss.

48 Das Gegenstück zur Berufung – die **Entlassung** eines Regierungsmitglieds – verfügt der Ministerpräsident ebenfalls nach seinem freien Ermessen. Eine Begründung ist nicht notwendig. Statt einer Entlassung dürfte der (gesichtswahrende) **Rücktritt** die Regel sein. Auch nach dem Rücktritt eines Regierungsmitglieds, das nur noch geschäftsführend tätig ist, ist eine Entlassung möglich. Eine Beteiligung des Landtags ist dafür nicht vorgesehen.

2. Stellvertreter

a) Allgemeines

49 Für den Ministerpräsidenten besteht laut Art. 46 II 2 LV die **Verpflichtung**, einen **Stellvertreter** zu benennen. Mehrere Stellvertreter sind nach dem eindeutigen Verfassungswortlaut nicht zulässig. Systematischer als in Art. 69 I GG ist diese Verpflichtung in unmittelbarem Zusammenhang mit der Regierungsbildung geregelt. Mit einem Stellvertreter soll sichergestellt werden, dass die Aufgaben des Ministerpräsidenten auch bei – kürzerer oder längerer – Verhinderung kontinuierlich wahrgenommen werden. Es handelt sich nicht um eine Stellvertretung im zivilrechtlichen Sinne (§§ 164 ff. BGB), die aufgrund einer Vollmacht des Vertretenen und im Namen und mit Wirkung für diesen erfolgt. Die Stellvertretung bezieht sich auf das Amt und nicht die Person des Ministerpräsidenten.[62] Sie wird im Falle der **vorübergehenden oder dauerhaften Verhinderung** des Amtsinhabers wirksam. Die mitunter verwendete Bezeichnung „Stellvertretender Ministerprä-

---

61 In anderen Ländern hat dies mitunter zu Diskussionen geführt. Es verhält sich hier aber genauso wie in anderen Ressorts, wo z. B. der Kultusminister kein Pädagoge und der Gesundheitsminister kein Arzt sein muss.
62 *Epping* in: v. Mangoldt/Klein/Starck, Art. 69 Abs. 1 Rn. 3: „Fall organschaftlicher Vertretung".

sident" ist irreführend, da die Stellvertretereigenschaft kein eigenes, auf Dauer angelegtes Amt ist.[63] Sie wird indes – auch in Rechtstexten[64] – gerne gebraucht. Obwohl – anders als in Art. 69 I GG – nicht ausdrücklich geregelt, ist aufgrund des Zusammenhangs mit der Bestimmung über die Regierungsbildung zwingend davon auszugehen, dass der Stellvertreter ein anderes Regierungsmitglied sein muss. Vorstellbar ist angesichts der Bedeutung des Amtes nur ein **Minister**.[65] Ein nur geschäftsführender Minister kann nicht Stellvertreter sein. Das Einverständnis des zu Berufenden ist (selbstverständlich) erforderlich. Im Regelfall wird bei einer Koalitionsregierung Stellvertreter ein Repräsentant des kleineren Koalitionspartners sein, dem so eine herausgehobene Teilhabe an der Regierungsarbeit eingeräumt wird.

Die Bestellung des Stellvertreters darf nicht hinausgeschoben werden[66] und hat im Zusammenhang mit der Regierungsbildung durch den Ministerpräsidenten zu erfolgen. Die Regierung ist dabei nicht zu beteiligen. Die Auffassung, die Bestellung des Stellvertreters sei auch erst später möglich, widerspricht gerade bei einer so wichtigen Funktion Sinn und Zweck des Bestätigungserfordernisses der Regierung durch den Landtag.[67] Die unterschiedliche Terminologie – „Berufung" der Regierungsmitglieder und „Bestellung" des Stellvertreters – hat nur stilistische Gründe. Sie ist **formlos** möglich[68] und wird von der Bestätigung der Regierung durch den Landtag nach Art. 46 III LV umfasst. Inkompatibilitäten mit einem bestimmten Ressort bestehen nicht. Nicht zwingend ist die Verbindung mit einem besonders gewichtigen Ressort („Superministerium"). Das Ressort des Stellvertreters wird von der Stärke des Koalitionspartners abhängen. 50

Scheidet der Stellvertreter aus der Regierung aus, ist ein neuer Stellvertreter zu benennen. Die **Abberufung** eines Stellvertreters und die Übertragung dieser Aufgabe auf ein anderes Regierungsmitglied, ohne dass der bisherige Stellvertreter aus der Regierung ausscheidet, ist – ohne dass dies ausdrücklich geregelt wäre – aufgrund des Kabinettsbildungsrechts des Ministerpräsidenten zulässig.[69] Mangels ihrer Nennung in Art. 46 IV LV bedarf eine solche Neubestellung nicht der Zustimmung des Landtags. 51

b) Rechtsstellung und Befugnisse

Für den **Eintritt des Vertretungsfalles** trifft die LV keine Regelung. Diese Festlegung obliegt grundsätzlich dem Ministerpräsidenten persönlich, soweit sie sich nicht aus der Natur der Sache (Tod) ergibt. In Zweifelsfällen (geistige Umnachtung) wäre die Frage notfalls im Wege eines Organstreits nach Art. 68 I 1 LV zu klären. Antragsberechtigt wären der Stellvertreter oder die Regierung als Kollegium. Bei den Rechten des Stellvertreters kann zwischen einer – kaum vorkommenden – **Gesamtvertretung** (auch Ersatzvertretung) bei völligem Ausfall des Ministerpräsidenten und einer – in der 52

---

63 So auch *Epping* in: v. Mangoldt/Klein/Starck, Art. 69 Abs. 1 Rn. 3 zum sog. „Vizekanzler".
64 § 42 I Nr. 2 LBesG.
65 AA *Braun*, Art. 45 Rn. 13.
66 *Busse*, Regierungsbildung, 51.
67 *Busse*, Regierungsbildung, 58.
68 *Braun*, Art. 46 Rn. 11; *Busse*, Regierungsbildung, 52.
69 *Busse* in: Friauf/Höfling, Art. 69 Rn. 3.

Praxis gebräuchlichen – **Teilvertretung** für bestimmte Aufgaben (zB Leitung einer Kabinettsitzung, Wahrnehmung von Terminen) unterschieden werden. Zu letzterer können auch andere Regierungsmitglieder herangezogen werden, soweit es nicht um spezifische, dem Regierungschef vorbehaltene Rechte geht.

53 Voraussetzung der Stellvertretung ist eine **tatsächliche Verhinderung des Ministerpräsidenten**. Sein Rücktritt zieht demgegenüber zusammen mit dem der anderen Regierungsmitglieder auch den des Stellvertreters nach sich. Genauso wie der Ministerpräsident und die anderen Regierungsmitglieder ist in dieser Situation auch der Stellvertreter nurmehr geschäftsführend tätig. Im Falle der bei gänzlicher Verhinderung des Ministerpräsidenten notwendigen Gesamtvertretung rückt der Stellvertreter umfassend **in die Rechtsstellung des Ministerpräsidenten** als Regierungschef ein.[70] Er kann so insbesondere von der Richtlinienbefugnis Gebrauch machen. Umstritten ist, ob er das Recht hat, Minister zu entlassen oder die Regierung umzubilden.[71] Dies muss jedoch im Hinblick auf die mit der Stellvertretung intendierte Erhaltung der Handlungsfähigkeit der Regierung möglich sein.[72] In der LV keine Stütze findet die Forderung nach Zurückhaltung bei der Wahrnehmung der Stellvertretung.[73] Die Art und Weise der Amtsführung des Stellvertreters wird insgesamt von der (politischen) Situation abhängen. Dem Ministerpräsidenten ist es unbenommen, sich soweit möglich wieder – auch nur punktuell – in die Amtsgeschäfte einzuschalten. Denkbar sind vorab Richtlinien für die Wahrnehmung der Vertretungsbefugnisse. Soweit eine Vertretung vorliegt, arbeitet das **StM**, nicht sein Ressort, dem Stellvertreter zu.

54 Die Entfernung des Stellvertreters durch ein **konstruktives Misstrauensvotum** nach Art. 54 I LV ist nicht möglich, weil dieser zusammen mit der gesamten Regierung vom Landtag bestätigt wurde. Der Vertrauensentzug im Wege des konstruktiven Misstrauensvotums kann sich als Gegenstück zur Wahl nach Art. 46 I LV nur auf den Ministerpräsidenten beziehen. Sollte mit einem Beschluss des Landtags nach Art. 56 LV (vom verhinderten Ministerpräsidenten) die Entlassung des Stellvertreters gefordert werden, ist eine Lösung nur schwer denkbar. Sofern dem Stellvertreter die Möglichkeit der Entlassung eines Regierungsmitglieds zugestanden wird, müsste er sich also selbst entlassen.

c) Weitere Formen der Vertretung

55 Sollte der Ministerpräsident dauerhaft an der Wahrnehmung der Geschäfte verhindert sein und dasselbe für den von ihm bestellten Vertreter nach Art. 46 II 2 LV gelten, wird die **Ersatzstellvertretung** nach § 1 V GO LReg von den Ministern „in der vom Ministerpräsidenten bestimmten Reihenfolge wahrgenommen". Diese Reihenfolge ergibt sich aus der dem Landtag vom

---

70 AA *Kröger*, Ministerverantwortlichkeit, 67.
71 *Epping* in: v. Mangoldt/Klein/Starck, Art. 69 Abs. 1 Rn. 12, sieht diese Möglichkeit durch die „staatstragende Zielsetzung" von Art. 69 I GG begründet; abgelehnt wird dies von *Herzog* in: Maunz/Dürig, Art. 69 Rn. 20 „Kabinett des Kanzlers".
72 *Busse* in: Friauf/Höfling, Art. 69 Rn. 12.
73 So aber *Herzog* in: Maunz/Dürig, Art. 69 Rn. 21 ff.

Ministerpräsidenten zur Bestätigung vorgelegten Ministerliste. Die Frage, ob in diesem Falle das Kabinett einen neuen Stellvertreter zu bestimmen hat,[74] stellt sich für das Land also nicht. Möglich ist, dass der Ministerpräsident für einzelne Aufgaben – zB protokollarische Anlässe – eines der Regierungsmitglieder mit seiner Stellvertretung betraut („**Nebenvertretung**").[75] Die Wahl wird im Regelfall auf ein Regierungsmitglied fallen, dessen Geschäftsbereich oder Aufgaben eine gewisse Sachnähe aufweisen. Sollte der Vertreter dabei seine internen Befugnisse überschreiten, bleiben die Amtshandlungen nach außen wirksam.

Die **Stellvertretung der Minister** ist nicht in der Verfassung geregelt. § 7 II Nr. 4 GO LReg sieht vor, dass diese Aufgabe bei den Sitzungen der Regierung von dem politischen Staatssekretär, wenn ein solcher nicht vorhanden ist vom Ministerialdirektor, wahrgenommen wird. Im und für das Ministerium hat der Ministerialdirektor, vorbehaltlich einer anderen Regelung für einzelne Bereiche, diese Aufgabe. 56

III. Bestätigung durch den Landtag (Abs. 3)
1. Allgemeines

Eine Besonderheit der baden-württembergischen LV im Vergleich zum GG ist, dass die Amtsübernahme der Regierung eine **Bestätigung durch den Landtag** erfordert. Diese Bestätigung bezieht sich gleichermaßen auf den Ministerpräsidenten und die weiteren Regierungsmitglieder („Doppelbestätigung").[76] Die Landesregierung ist somit eine parlamentarische Regierung, nicht „nur" das Kabinett des Ministerpräsidenten. Zum Ausdruck kommt damit zugleich eine stärkere Abhängigkeit der Regierung vom Parlament. Die Bestätigung kann – anders als in den Stadtstaaten – nur **zur Regierung insgesamt** ergehen. Dem Ministerpräsidenten kann kein einzelner Minister aus dem Kabinett „herausgeschossen" und auch nicht aufgezwungen werden. Anders verhält es sich bei der nachträglichen Berufung eines weiteren Regierungsmitglieds (Art. 46 IV LV), die vom Landtag bestätigt werden muss. In seiner Entscheidung über die Bestätigung der Regierung ist der Landtag frei. Er **muss** dabei rechtliche (zB Wählbarkeitsvoraussetzungen), **kann** (und wird) aber auch politische Gesichtspunkte berücksichtigen. Der Landtag hat, da die Ministerliste mit den Geschäftsbereichen verbunden ist, in dieser Phase Einfluss nicht nur auf das Personal, sondern auch die **Organisation der Regierung**.[77] Der Beschluss der vom Landtag bestätigten Regierung über die Geschäftsbereiche und die dazu erforderliche Zustimmung des Landtags nach Art. 45 III LV stellt eine darauf folgende „Feinabstimmung" dar.[78] 57

---

74 *Busse* in: Friauf/Höfling, Art. 69 Rn. 3.
75 *Herzog* in: Maunz/Dürig Art. 69 Rn. 14, der alternativ auch von „Einzelvertretung" spricht.
76 *Braun*, Art, 46 Rn. 12.
77 *Busse*, Regierungsbildung, 47; aA *Weis*, Regierungswechsel in den Bundesländern, 1980, 54, der die Ressortverteilung von der Bestätigung trennen will.
78 *Busse*, Regierungsbildung, 47.

2. Verfahren

58 Im Gegensatz zur geheimen Wahl des Ministerpräsidenten geschieht die Bestätigung der Regierung in **öffentlicher Abstimmung** nach § 97 GO LT, bei der „durch Erheben von den Sitzen oder durch Handzeichen" abgestimmt wird. Einer **Aussprache** über die Regierung steht die LV nicht entgegen.[79] Das Ausspracheverbot (Art. 46 I 1 LV) gilt ausdrücklich nur für die Wahl des Ministerpräsidenten. Die Bestätigung erfolgt in der Regel in der auf die Wahl und Vereidigung des Ministerpräsidenten folgenden Sitzung des Landtages noch am selben Tage. Für den Beschluss genügt die **relative Mehrheit** von „mehr als der Hälfte der abgegebenen Stimmen". Angesichts der Schwierigkeiten bei der Zusammenstellung eines Kabinetts, bei der naturgemäß manche Wünsche unerfüllt bleiben, dient dieses Quorum der Handlungsfähigkeit des Ministerpräsidenten und erleichtert die Regierungsbildung. Wird die absolute Mehrheit verfehlt, ist die Stabilität der Regierung nicht gefährdet, da ihre Abberufung durch Entzug des Vertrauens gegenüber dem Ministerpräsidenten nur mit absoluter Mehrheit erfolgen kann. Mit der Bestätigung der neuen Regierung **endet das Amt der bisherigen (geschäftsführenden) Regierung**. Nach der Bestätigung sind die Regierungsmitglieder verpflichtet, den **Amtseid** nach Art. 48 LV abzulegen. Für die **Amtsübernahme** ist dann nichts Weiteres mehr notwendig, insbesondere kommt es nicht auf die Aushändigung der in § 3 MinG vorgesehenen Ernennungsurkunde an. Diese hat lediglich deklaratorischen Charakter für den Beginn des öffentlich-rechtlichen Amtsverhältnisses. Die Amtsübernahme vollzieht sich im Regelfall mit der tatsächlichen Übergabe der Amtsgeschäfte durch den Vorgänger.

IV. Berufung weiterer Regierungsmitglieder (Abs. 4)

59 Während die Entlassung eines Regierungsmitglieds kein Zusammenwirken mit dem Landtag erfordert, benötigt der Ministerpräsident für die **Berufung eines neuen Mitglieds** der Regierung nach deren Bestätigung die Zustimmung des Landtags für den **Einzelfall**, also nicht mehr für die dann veränderte gesamte Regierung. Die Gründe für eine solche Neuberufung können vielfältig sein: Rücktritt, Entlassung oder Tod eines Ministers oder aber eine Kabinettsumbildung. Wenn damit auch größere organisatorische Veränderungen verbunden sind, ist ggf. die Zustimmung des Landtags nach Art. 45 III 2 LV herbeizuführen. Die sich dem Landtag bei dieser Gelegenheit bietenden Möglichkeiten sind weitergehend als bei der ursprünglichen Regierungsbildung. Mit der Verweigerung seiner Zustimmung kann er dem Ministerpräsidenten ggf. einen anderen Minister aufzwingen.

60 Ein Bestätigungsbeschluss ist **nicht** notwendig, wenn einem der amtierenden Regierungsmitglieder ein **neuer oder weiterer Geschäftsbereich** zugewiesen wird, da Art. 46 IV LV auf die Person des Regierungsmitglieds abstellt.[80] Anders ist dies, wenn es zu einer **Verschiebung von Kompetenzen** zwischen den Ressorts kommt. Sofern es dabei nicht lediglich um margina-

---

79 *Busse*, Regierungsbildung, 49.
80 Wie hier: *Epping* in: Epping/Butzer u.a., Art. 29 Rn. 53; *Gärditz* in: Brocker/Droege/Jutzi, Art. 98 Rn. 20; aA *Braun*, Art. 46 Rn. 31; *Busse*, Regierungsbildung, 117; *Katz* in: Feuchte, Art. 46 Rn. 14.; ein Antrag der CDU, jegliche Veränderung

le technische Änderungen geht, sind nach Art. 45 III LV ein Beschluss der Regierung und die Zustimmung des Landtags erforderlich.

Artikel 47 [Misslungene Regierungsbildung]

Wird die Regierung nicht innerhalb von drei Monaten nach dem Zusammentritt des neugewählten Landtags oder nach der sonstigen Erledigung des Amtes des Ministerpräsidenten gebildet und bestätigt, so ist der Landtag aufgelöst.

Schrifttum:
Bull, Parlamentsauflösung – Zurückverweisung an den Souverän, ZRP 1972, 201; *Höfling*, Das Institut der Parlamentsauflösung in den deutschen Landesverfassungen, DÖV 1982, 889; *Kremer* (Hrsg.), Parlamentsauflösung. Praxis – Theorie – Ausblick, 1974; *Ley*, Die Auflösung der Parlamente im deutschen Verfassungsrecht, ZParl 1981, 367; *Pokorni*, Die Auflösung des Parlaments. Bedeutungswandel und Zurücktreten eines Verfassungsinstituts, 1967, *Umbach*, Parlamentsauflösung in Deutschland. Verfassungsgeschichte und Verfassungsprozess, 1989; *Zeh*, Bundestagsauflösung und Neuwahlen, Der Staat 1983, 1.

Vergleichbare Regelungen: Art. 63 IV GG, 44 V BayVerf, 83 III BbgVerf, 42 II MVVerf, 29 V, 30 I NdsVerf, 87 IV SaarlVerf, 60 III SächsVerf, 65 II LSAVerf.

A. Überblick und Einordnung	1	B. Erläuterung		5
I. Bedeutung	1	I. Allgemeines		5
II. Herkunft, Entstehung, Geschichte	2	II. Probleme zu Beginn und während der Legislaturperiode		6
III. Verfassungsvergleichende Einordnung	4	III. Auflösung des Landtags		10

A. Überblick und Einordnung

I. Bedeutung

Die LV gibt drei Monate Zeit, um einen Ministerpräsidenten zu wählen **und** die Regierung zu bestätigen. Eine baden-württembergische Besonderheit ist es, dass die **Auflösung** des Landtags **kraft Verfassung** erfolgt, wenn die Regierungsbildung nicht gelingt. Es ist also nicht der Landtag oder die Exekutive, die über eine Auflösung beschließen. Die Bestimmung gilt nicht nur für den Beginn einer Legislaturperiode, sondern in allen Fällen eines Wegfalls des Ministerpräsidenten. 1

II. Herkunft, Entstehung, Geschichte

VerfBad 1919 und die VerfWü 1919 kannten keine Regelung über die Folgen einer fehlgeschlagenen Wahl des Ministerpräsidenten. § 46 VerfBad 1919 sah eine Auflösung des Landtags durch das Staatsministerium auf der Grundlage einer Volksabstimmung vor. Auch die **Verfassungen der Nachkriegszeit** enthielten keine Regelungen über die Auflösung des Landtags nach gescheiterter Regierungsbildung. 2

---

der Regierung einem neuen Vertrauensvotum zu unterziehen, fand in der VLV keine Mehrheit (Feuchte, Quellen, 8. Teil, 150 ff.).

3   Bei den **Verfassungsberatungen 1952/53** war die Regelung der Folgen einer misslungenen Regierungsbildung – v.a. vor dem Hintergrund von Erfahrungen der Weimarer Republik – Gegenstand lebhaftester Diskussionen. Art. 44 VerfERP sah ein zweistufiges Verfahren vor: Sollte die Mehrheit für eine Regierung nicht erreicht werden, hätte der Landtag über seine Auflösung beschließen können. Sofern ein solcher Beschluss nicht zustande gekommen wäre, wäre eine Wahl des Ministerpräsidenten mit einfacher Mehrheit möglich gewesen. Art. 70 IV VerfECDU sah bei fehlender Bestätigung der Regierung eine Pflicht des Staatspräsidenten vor, den Landtag aufzulösen. Die Beratung der Entwürfe drehte sich insbesondere um die Frage einer Minderheitsregierung sowie um die Fristen für die Auflösung des Landtags.[1] Die Frage war, ob Neuwahlen nach kürzerer Zeit klare Verhältnisse schaffen könnten. Die Auflösung des Landtages nach gescheiterter Regierungsbildung kraft Verfassung war schließlich das Ergebnis der zweiten Beratung des Verfassungsausschusses. Zunächst war vorgesehen, dass in diesem Falle die geschäftsführende Regierung den Landtag aufzulösen hatte.[2]

III. Verfassungsvergleichende Einordnung

4   Die Auflösung des Parlaments nach fehlgeschlagener Regierungsbildung wird in verschiedener Weise geregelt. Während diese Folge in BW nach drei Monaten automatisch eintritt, sieht Art. 63 IV 3 GG eine Ermessensentscheidung des Bundespräsidenten vor. Die Landesverfassungen enthalten **unterschiedliche Fristen und Prozeduren**, wobei ein Zusammenhang mit teilweise abnehmenden Mehrheitserfordernissen für die Wahl des Ministerpräsidenten besteht. Andere Landesverfassungen sehen kürzere Fristen bei der Wahl des Regierungschefs vor. So sieht zB Art. 42 II MVVerf nach insgesamt sechs Wochen, Art. 30 I NdsVerf nach insgesamt 43 Tagen, Art. 60 III SächsVerf allerdings erst nach vier Monaten einen Auflösungsbeschluss des Landtags vor. Einige Verfassungen, die sich bei der Wahl des Regierungschefs mit der Mehrheit der abgegebenen Stimmen begnügen, enthalten keine spezielle Regelung der Konsequenzen einer fehlgeschlagenen Wahl (zB Berlin, Bremen).

B. Erläuterung

I. Allgemeines

5   Während andere Landesverfassungen – unter Umständen auch das GG – als letzte Möglichkeit eine Minderheitsregierung ins Amt kommen lassen wollen,[3] verschließt sich die LV dieser Lösung. Für die Bestätigung der Regierung ist nach Art. 46 III LV ohne Wenn und Aber mehr als die Hälfte der abgegebenen Stimmen erforderlich. Kommt eine solche Mehrheit letztlich nicht zustande, „so ist der Landtag aufgelöst" (Art. 47 LV). Ziel der Regelung ist eine Regierung, die von einer sicheren Mehrheit im Landtag gestützt wird. Die zwangsläufige Folge einer Auflösung des Landtags soll in erster Linie als „Damoklesschwert" Druck auf die Einigungsbemühun-

---

1 Feuchte, Quellen, 6. Teil, 646 f., und 8. Teil, 141 f.
2 Feuchte, Quellen, 6. Teil, 649.
3 Art. 52 II 2 NRWVerf, 30 II NdsVerf, 60 II SächsVerf.

gen der Fraktionen ausüben und so die Kompromissbereitschaft stärken. Ansonsten dürfte eine Neuwahl nach kurzer Zeit kaum klarere Mehrheitsverhältnisse erwarten lassen.[4] Die Bestimmung richtet sich damit, obwohl Teil des Abschnitts über die Regierung, in erster Linie an den Landtag. Gleichzeitig dient sie der Stabilität der Regierung im weiteren Verlauf der Legislaturperiode.

II. Probleme zu Beginn und während der Legislaturperiode

Art. 47 LV hat **zwei Alternativen** im Blick: Erstens die „Standardsituation" zu Beginn der Legislaturperiode, zweitens den Wegfall des Ministerpräsidenten, der aus verschiedenen Gründen möglich ist, während einer laufenden Legislaturperiode. 6

Zu **Beginn der Legislaturperiode** unterscheidet Art. 47 LV wiederum **zwei Varianten**: Zum einen ein Scheitern der **Regierungsbildung**, weil es nicht gelingt, dem Landtag einen Ministerpräsidenten zur Wahl vorzuschlagen oder es diesem nicht gelingt, eine Ministerliste zusammenzustellen, die er dem Landtag mit Erfolg zur Bestätigung vorlegen kann. Bei dieser Variante spielt sich das Geschehen noch **außerhalb des Landtages** ab. Die andere Variante setzt eine gescheiterte **Wahl** des Ministerpräsidenten oder die fehlende **Bestätigung** der von ihm gebildeten Regierung **im Landtag** voraus. 7

Die **zweite Alternative** von Art. 47 LV ist eine Situation, in der der Ministerpräsident seines Amtes verlustig gegangen ist („sonstige Erledigung des Amtes"). Zu denken ist an den Rücktritt der Regierung als Kollegium oder den des Ministerpräsidenten nach Art. 55 I LV, die Aberkennung des Amts des Ministerpräsidenten nach Art. 57 III LV, den Tod des Ministerpräsidenten (§ 8 I MinG) oder den Verlust der Fähigkeit zur Bekleidung öffentlicher Ämter nach § 39 II BVerfGG, Art. 18 GG sowie § 45 IV StGB. 8

Bei beiden Alternativen steht ein **Zeitfenster von drei Monaten** für die Bestätigung der Regierung einschließlich der Wahl des Ministerpräsidenten zur Verfügung. Man wird eine verfassungsrechtliche Pflicht des Landtages annehmen müssen, sich während dieser Zeit mit dem Erreichen einer Regierung zu befassen. Möglich sind in diesem Zeitraum **mehrere Wahlgänge**,[5] auch mit unterschiedlichen Kandidaten. 9

III. Auflösung des Landtags

Kommt es innerhalb der Frist nicht zu einer vom Landtag bestätigten Regierung, so ist der Landtag **kraft Verfassung** aufgelöst. Anders als beim Bundestag ist **kein weiterer Staatsorganisationsakt** („Verfassungsrechtsakt")[6] notwendig. Die Auflösung ist – die LV schweigt sich darüber aus – zu publizieren. An das auf diese Weise festgehaltene Datum schließt sich die Sechzig-Tage-Frist für eine Neuwahl nach Art. 30 II LV an. Die bisherige Regierung hat in diesem Fall ihr Amt **geschäftsführend** weiterzuführen, bei einem Ausfall des Ministerpräsidenten unter Leitung von dessen Stellvertreter. Als parlamentarisches Gremium nimmt der StändA nach Art. 36 10

---

4 *Herzog* in: Maunz/Dürig, Art. 63 Rn. 42.
5 So ausdrücklich bei den Verfassungsberatungen; vgl. Feuchte, Quellen, 6. Teil, 29.
6 Begriffe bei *Epping* in: v. Mangoldt/Klein/Starck, Art. 68 Rn. 37.

I LV „die Rechte des Landtags gegenüber der Regierung" wahr. Ansonsten führt die Auflösung des Landtags sowohl zu personeller als auch sachlicher Diskontinuität (dazu näher → Art. 30 Rn. 13 ff.). Zu den anderen Möglichkeiten einer vorzeitigen Landtagsauflösung (Selbstauflösungsrecht, Auflösung durch Volksentscheid) vgl. die Kommentierung zu Art. 43 LV.

Artikel 48 [Amtseid]

[1]Die Mitglieder der Regierung leisten beim Amtsantritt den Amtseid vor dem Landtag. [2]Er lautet: „Ich schwöre, daß ich meine Kraft dem Wohle des Volkes widmen, seinen Nutzen mehren, Schaden von ihm wenden, Verfassung und Recht wahren und verteidigen, meine Pflichten gewissenhaft erfüllen und Gerechtigkeit gegen jedermann üben werde. So wahr mir Gott helfe."
[3]Der Eid kann auch ohne religiöse Beteuerung geleistet werden.

Schrifttum:

Friesenhahn, Der Eid auf die Verfassung nach der Verordnung des Reichspräsidenten vom 14. August 1919. Inhalt und Grenzen der Verpflichtung aus dem politischen Eide. Diss. Jur. Bonn 1928 (Neudruck 1979); *Haensle*, Amtseid à la Obama – Verfassungsrechtliche Grundfragen und Probleme des Amtseids nach dem Grundgesetz, Jura 2009, 670; *Müller*, Eid und Ehre: Politische Eidesleistungen zwischen christlicher Tradition und zivilreligiösem Bekenntnis, in: Hildebrandt/Brocker/Behr, Säkularisierung und Resakralisierung in westlichen Gesellschaften, 2001, 203; *Wetzel*, Eid und Gelöbnis im demokratischen, weltanschaulich neutralen Staat, 2001.

Vergleichbare Regelungen: Art. 54 II iVm Art. 56 GG, Art. 56 BayVerf, 88 BbgVerf; 109 BremVerf, 38 HambVerf; 111 HessVerf, 44 MVVerf, 31 NdsVerf, 53 NRWVerf, 100 RPVerf, 89 SaarlVerf, 61 SächsVerf, 66 LSAVerf, 35 SchlHVerf, 71 ThürVerf.

Leitentscheidungen: BVerfGE 33, 23; 79, 69; BayVGH, DÖV 1965, 134.

A. Überblick und Einordnung	1	B. Erläuterung		6
I. Bedeutung	1	I. Allgemeines		6
II. Herkunft, Entstehung, Geschichte	2	II. Inhalt		7
		III. Wirkung		11
III. Verfassungsvergleichende Einordnung	4	IV. Verfahren		14

A. Überblick und Einordnung

I. Bedeutung

1 Die Regierungsmitglieder sind verpflichtet, zu Beginn ihrer Tätigkeit den traditionellen Amtseid abzulegen. Es handelt sich in erster Linie um eine **symbolische Selbstdarstellung** der Repräsentanten des Staates. Materieller Gehalt kann dem Eid allenfalls in extremsten Krisensituationen zukommen. Inhaltlich wird im Wesentlichen Selbstverständliches versprochen. Die Wahrung von „Verfassung und Recht" weicht leicht von der in Art. 25 II LV enthaltenen Bindung der Exekutive an „Gesetz und Recht" ab. Der Verfassungsgeber hat der Versuchung widerstanden, die Eidesformel mit gerade zeitgemäßen Anliegen zu „modernisieren". Die religiöse Beteuerung

[Amtseid] Artikel 48

ist grundsätzlich Teil des Eides, der aber weggelassen werden kann. Das Regel-/Ausnahmeverhältnis ist in anderen Verfassungen umgekehrt. Insgesamt berührt die Eidesleistung nach allgemeinem Verständnis die Religionsfreiheit nicht.[1]

II. Herkunft, Entstehung, Geschichte

Die **Verfassungen von 1919** enthielten keine Regelung über den Amtseid. Die **Verfassungen der Nachkriegszeit** sahen übereinstimmend eine Eidesleistung der Mitglieder der Landesregierung vor. Art. 46 VerfLB enthielt auch inhaltliche Festlegungen für die Eidesformel und machte die Vereidigten „für die Erfüllung dieser Pflichten verantwortlich und haftbar". Der Amtseid war weiter in den Art. 71, 96 VerfWB, 53 VerfWH („Eid auf die Verfassung") vorgesehen. 2

In der **VLV** war die Eidesformel Gegenstand einer lebhaften Diskussion. Während der VerfERP noch die Wahrung von GG und LV und der VerfECDU die von Verfassung und Gesetzen **des Landes** vorgeschlagen hatten, setzte sich im VA die allgemeinere Formel „Verfassung und Recht" durch.[2] 3

III. Verfassungsvergleichende Einordnung

Allen Verfassungen in der Bundesrepublik (bis auf die Berliner) gemeinsam ist die Eidesleistung der Regierungsmitglieder zum Amtsantritt. Überwiegend bereits in der Verfassung geregelt ist die **Eidesformel**, bei der es viele Gemeinsamkeiten gibt. Eine Besonderheit ist das zusätzliche „Bekenntnis" zu den „Grundsätzen eines freiheitlichen, republikanischen, demokratischen, sozialen und dem Schutz der natürlichen Lebensgrundlagen verpflichteten Rechtsstaats", das Art. 31 S. 1 NdsVerf den Mitgliedern der Landesregierung abverlangt. 4

Eine große Variationsbreite besteht dagegen bei der **religiösen Beteuerung**, die manchmal grundsätzlich vorgesehen ist, aber abbedungen, oder manchmal nicht vorgesehen ist und hinzugefügt werden kann. Wahlfreiheit lassen Art. 44 II MVVerf und Art. 31 II NdsVerf. Gar keine religiöse Beteuerung ist lediglich in Art. 111 HessVerf vorgesehen. 5

B. Erläuterung

I. Allgemeines

Die Eidesleistung bei Amtsantritt hat eine **lange Tradition**. In alten Zeiten diente sie der Vereinigung von göttlicher und weltlicher Macht, aber auch der Bekräftigung von Bindungen, die dem oder den Regierenden (zB in den Freien Reichsstädten)[3] auferlegt waren. In einem demokratischen Rechts- 6

---

1 BVerfGE 33, 23 (27), spricht von einem „besonders ernsten, jedenfalls aber rein weltlichem" Gelöbnis.
2 Feuchte, Quellen Teil 6, 36 und 490.
3 Als letzten Nachklang haben wir zB heute in der ehemals Freien Reichsstadt Ulm (wenn auch nur noch in Formen der Folklore) den „Schwörmontag". Dabei gelobt der Oberbürgermeister, „Reichen und Armen ein gemeiner Mann zu sein in allen gleichen, gemeinsamen und redlichen Dingen ohne allen Vorbehalt"; ähnlich inzwischen auch (wieder) die ebenfalls vormals Freien Reichsstädte Esslingen am Neckar und Reutlingen.

staat hat sich die religiöse Symbolik weitgehend aufgelöst, wenn sie nicht säkularisiert als Bezugnahme auf ein (auch christlich geprägtes) Naturrecht gedeutet werden.[4] Positiv-rechtliche Folgen zeitigt die Eidesleistung nicht. Heutzutage kann sie als die Wahrung einer Tradition gesehen werden, die in feierlichem Rahmen gegenüber der Öffentlichkeit der **Selbstdarstellung des Staates** dient.[5] Auf diese Weise ist die Eidesleistung bei Amtsantritt ein Stück politische Kultur, das – soweit ersichtlich – auch kaum in Frage gestellt wird.[6] Wenn man will, kann man in der Eidesleistung, die der weltanschaulich neutrale Staat fordert, einen „inneren Sanktionsmechanismus" sehen, mit dem der Schwörende „seine Amtsführung so an sein innerstes Selbstverständnis und an den Kern seiner Persönlichkeit" bindet.[7] Ob der Eid möglicherweise in Krisensituationen als Rückenstärkung Wirkung entfalten kann, mag dahingestellt bleiben. Nicht zu übersehen ist allerdings, dass in schwierigen politischen Situationen in der Öffentlichkeit immer wieder an den Amtseid mit der Forderung, Schaden abzuwenden, erinnert wird.

II. Inhalt

7 Der Eid bedeutet ein **nicht zu brechendes Versprechen**.[8] Die in Art. 48 LV vorgeschriebene **Eidesformel** weicht inhaltlich nur wenig von der in Art. 56 GG ab. Während auf Bundesebene die Kraft der Amtsträger dem Wohle des „deutschen Volkes" zu widmen ist, wird nach Art. 48 LV allgemein der Einsatz für das „Volk" – nicht speziell das „baden-württembergische Volk" – versprochen. Allgemein verpflichtet der **Inhalt** des Eides zu tatkräftigem Handeln. Mit dem „Wohl des Volkes" wird auf das **Demokratieprinzip** von Art. 25 I LV Bezug genommen. Zwar wird in anderem Zusammenhang heute der Bezug der Staatstätigkeit zum „Volk" durchaus kontrovers diskutiert. An dessen Stelle soll die (Wohn-)„Bevölkerung" gesetzt werden.[9] Im Hinblick auf das Demokratieprinzip, das hinter der gewählten Regierung steht, ist das (Wahl-)Volk allerdings der logische Bezug für die Eidesleistung der Regierungsmitglieder.

8 Die Mehrung des „Nutzens" und die Abwendung von „Schaden" lässt eine **utilitaristische Ethik** erkennen: Der „Nutzen" soll möglichst Vielen zugutekommen, „Schaden" sollen möglichst wenige erleiden. Utilitaristisch geht es um die „größte Summe der Befriedigung für die Gesamtheit" der Mitglieder der Gesellschaft.[10] Dieser Ansatz ist moralphilosophisch durchaus nicht unumstritten,[11] hat aber für den politischen Bereich seine Logik.

---

4 *Fink* in: v. Mangoldt/Klein/Starck, Art. 56 Rn. 2.
5 *Herzog* in: Maunz/Dürig, Art. 56 Rn. 4.
6 Krit. gegenüber solcher „ritualisierter Staatssymbolik" *Gärditz* in: Brocker/Droege/Jutzi, Art. 100 Rn. 2, der aber vermutet, dass auch der Demokratie „ihre eigene Ikonographie" benötigt.
7 *Herzog* in: Maunz/Dürig, Art. 56 Rn. 10.
8 Neudeutsch ein „absolutes Commitment".
9 Vgl. die von *Hans Haacke* 1999/2000 geschaffene Installation „Der Bevölkerung" in einem Innenhof des Berliner Reichstagsgebäudes.
10 *Rawls*, Gerechtigkeit, 40, der diesen Ansatz aber kritisch sieht.
11 *Rawls*, Gerechtigkeit, 159 ff., konstruiert einen „Urzustand", in dem die gesellschaftliche Ordnung ungeachtet konkreter Einzelinteressen „hinter einem Schleier des Nichtwissens" geschaffen wird.

Dasselbe gilt für den Bezug auf das „Volk": Moralphilosophisch kann ethisches Verhalten wohl nur universell gedacht werden. Die von den Regierungsmitgliedern geforderte **politische Ethik** wird sich nach herkömmlicher Vorstellung aber in erster Linie auf das eigene Gemeinwesen zu beziehen haben.

Weiter enthält die Eidesformel Verpflichtungen, die das **Rechtsstaatsprinzip** von Art. 20 III GG ansprechen.[12] Während Bundespräsident und Mitglieder der Bundesregierung „das Grundgesetz und die Gesetze des Bundes" zu wahren haben, sind dies für die Mitglieder der Regierung des Landes allgemeiner „Verfassung und Recht". Es handelt sich um die Gesamtheit der geltenden Rechtsvorschriften des Bundes und des Landes, aber auch die (unmittelbar wirkenden) Rechtsakte der EU und die allgemeinen Regeln des Völkerrechts (Art. 25 GG). Über die (selbstverständliche) Wahrung des Rechts hinaus wird auch dessen „Verteidigung", also ein **aktives Eintreten** für den Rechtsgehorsam, versprochen. Die allgemeiner gefasste Formulierung der LV liegt zur Vermeidung eines partikularistischen Anscheins nahe. Allerdings ist umgekehrt zu bedauern, dass dem Amtsträger auf Bundesebene nicht auch die Wahrung der „Gesetze der Länder" aufgetragen ist. 9

Die Eidesleistung hat dem in der Verfassung festgelegten **Text** zu folgen. Lediglich ein Verzicht auf die **religiöse Beteuerung** ist im Sinne der Religionsfreiheit von Art. 2 I LV iVm Art. 4 I GG freigestellt. In Art. 42 WRV waren die Verhältnisse genau umgekehrt: Hier stand es dem Eidesleistenden frei, die religiöse Beteuerung hinzuzufügen. Auch andere Landesverfassungen sehen die religiöse Beteuerung nicht als Regel, sondern als möglichen Zusatz. Noch weiter ausgebaut ist diese demgegenüber in Art. 100 RPVerf mit einer Anrufung von „Gott dem Allmächtigen und Allwissenden". Ist der Eid erst einmal in der vorgeschriebenen Form geleistet, scheint ein derartiger **persönlicher Zusatz** auch in BW möglich. Die religiöse Beteuerung ist in ihrer Allgemeinheit auch für **Angehörige anderer monotheistischer Religionen** als der christlichen möglich. 10

III. Wirkung

Der Eid ist nicht konstitutiv für das Amt und die Eidesleistung hat **keine positiv-rechtlichen Folgen**. Sie überträgt den Regierungsmitgliedern weder Rechte noch Pflichten, die sie nicht durch andere Bestimmungen der Verfassung und die Gesetze hätten. Dies gilt insbesondere auch für ein (v.a. für den Bundespräsidenten diskutiertes)[13] materielles Prüfungsrecht vor Ausfertigung und Verkündung von Gesetzen. Ein solches Prüfungsrecht des Ministerpräsidenten bei der ihm nach Art. 63 I LV aufgetragenen Ausfertigung der Gesetze – so es denn besteht – kann und muss nicht auf den Amtseid gestützt werden.[14] 11

---

12 Auch hier krit. zum „spezifischen Kommunikationsgehalt" des Eides und einem dem Recht vorgelagerten „Gemeinwohl" *Gärditz* in: Brocker/Droege/Jutzi, Art. 100 Rn. 9 f.
13 Zahlreiche Nachweise bei *Herzog* in: Maunz/Dürig, Art. 82.
14 *Herzog* in: Maunz/Dürig, Art. 82 Rn. 169 mwN.

12 Zwar zeitigt die Eidesleistung keine Rechtsfolgen, wohl aber möglicherweise ihre **Verweigerung**. Die Eidesleistung ist verfassungsrechtlich zwingende Pflicht in Folge der Annahme der Wahl des Ministerpräsidenten bzw. der Zustimmung zur Berufung als Regierungsmitglied. Eine Verweigerung hat keine unmittelbaren Rechtsfolgen, kann aber Gegenstand einer **Organklage** nach Art. 68 I Nr. 1 LV vor dem VerfGH oder sogar einer **Ministeranklage** nach Art. 57 LV werden. Der Ministerpräsident wird als verpflichtet angesehen werden müssen, einen Minister, der die Eidesleistung ablehnt, zu entlassen.[15] Ein Verzicht auf die Eidesleistung kann nicht auf die **Glaubensfreiheit** gemäß Art. 4 I und Art. 140 GG iVm Art. 136 IV WRV[16] gestützt werden. Vertreter der gegenteiligen Auffassung lassen die Möglichkeit, auf die religiöse Beteuerung zu verzichten, nicht genügen, weil allein das Beschwören des Eides schon religiös konnotiert sei. Für den Zeugeneid ist dem das BVerfG gefolgt, den von Mitgliedern eines Verfassungsorgans zu leistenden Eid hat das Gericht allerdings im Hinblick auf die Notwendigkeit der „vollkommenen Identifizierung des Gewählten mit den in der Verfassung niedergelegten Wertungen" ausgenommen. Die Verpflichtung, den Amtseid abzulegen, erwachse aus dem freiwillig gefassten Entschluss, das Amt eines Verfassungsorgans anzunehmen und damit „den Staat in besonders ausgeprägter Weise unmittelbar zu repräsentieren."[17]

13 Es besteht ein grundlegender **Unterschied** zwischen dem Amtseid und den im Zivil- oder Strafrecht vorgesehenen Eidesleistungen, die die Richtigkeit eines Sachverhalts beschwören (**assertorischer Eid**). Der von Mitgliedern eines Verfassungsorgans abzulegende Eid ist demgegenüber ein Gelöbnis, das Versprechen für zukünftiges Verhalten (**promissorischer Eid**). Verletzungen dieses Eides, ein „Eidbruch", ist im Gegensatz dazu **nicht** gem. § 154 StGB als Meineid **strafbewehrt**.[18] Auch die Ministeranklage nach Art. 57 LV knüpft nicht an eine Verletzung des Eides an.

IV. Verfahren

14 Die Eidesleistung ist „beim" Amtsantritt zu leisten. Gemeint ist damit die Übernahme des Amtes und die damit verbundene Aufnahme der Amtsgeschäfte.[19] Art. 46 III LV wiederum setzt die Bestätigung durch den Landtag für die „**Amtsübernahme**" der Regierung voraus. Die Begriffe werden weitgehend synonym verwendet. Wenn ein Unterschied gemacht werden soll, so vielleicht in dem Sinne, dass die **Amtsübernahme** mit der Bestellung für ein Amt und die Begründung des öffentlich-rechtlichen Status, der **Amtsantritt** mit der tatsächlichen Aufnahme der Amtsgeschäfte im Ministerium

---

15 *Braun*, Art. 48 Rn. 3.
16 „Niemand darf zu einer kirchlichen Handlung oder Feierlichkeit oder zur Teilnahme an religiösen Übungen oder zur Benutzung einer religiösen Eidesform gezwungen werden."
17 BVerfGE 33, 23 (31).
18 *Gärditz* in: Brocker/Droege/Jutzi, Art. 100 Rn. 6; *Herzog* in: Maunz/Dürig Art. 56 Rn. 4; missverständlich *Epping* in: Epping/Butzer Art. 31 Rn. 25, der davon ausgeht, dass der promissorische Eid „traditionell einem Meineid gleichsteht".
19 Im GG ist die Terminologie für diesen Sachverhalt uneinheitlich. Für Bundeskanzler und Bundesminister spricht Art. 64 II GG für die Eidesleistung vom Zeitpunkt der „Amtsübernahme", Art. 56 GG beim Bundespräsidenten dagegen vom „Amtsantritt".

gleichgesetzt wird. Da nach baden-württembergischer Staatspraxis Bestätigung durch und Eidesabnahme vor dem Landtag in unmittelbarem zeitlichem Zusammenhang erfolgen, stellt sich die auf Bundesebene diskutierte Frage, ob Hoheitsakte vor der Eidesleistung vorgenommen werden dürfen und wie diese rechtlich zu qualifizieren sind, im Land nicht. Aus dem zum zur Wirkung des Amtseids Gesagten ist indes naheliegend, dass **Amtshandlungen,** sollten sie vor der Eidesleistung vorgenommen werden, nicht unwirksam sind.[20]

Ebenso wie Art. 64 GG fasst Art. 48 LV die **Eidesleistung sämtlicher Mitglieder der Regierung** zusammen. Gedanklich notwendig setzt die Regierungsbildung jedoch bereits einen im Amte befindlichen Ministerpräsidenten voraus.[21] In der Staatspraxis wird so verfahren, dass zuerst der Ministerpräsident gewählt und vereidigt wird. Im Anschluss daran stellt er in einer weiteren Sitzung des Landtags – in der Regel am selben Tage – die Ministerliste vor und der Landtag beschließt über die Bestätigung. Erst im Anschluss daran folgt dann die Vereidigung der anderen Regierungsmitglieder. 15

Fragen lässt sich, ob bei **Wiederwahl oder Wiederernennung** eines Regierungsmitglieds ein erneuter Amtseid erforderlich ist. Die Literatur auf Bundesebene geht überwiegend davon aus, dass für den wieder gewählten Bundespräsidenten keine erneute Eidesleistung erforderlich ist, es soll dies auch Staatspraxis sein.[22] In der LV findet eine solche Auffassung keine Stütze. Nach Art. 55 II GG endet das Amt des Ministerpräsidenten und der übrigen Mitglieder der Regierung mit dem Zusammentreten eines neuen Landtags. Selbst bei seiner Wiederwahl und der Bestätigung der von ihm gebildeten Regierung tritt er ein neues Amt an, das eine Eidesleistung erfordert. Das bisherige ist ja zu einem Ende gekommen.[23] Nicht notwendig ist eine erneute Vereidigung bei **Übernahme eines anderen Ressorts** durch ein bisheriges Regierungsmitglied während der laufenden Legislaturperiode. Ein neu in die Regierung berufenes Mitglied muss demgegenüber nach seiner Bestätigung durch den Landtag den Amtseid ablegen. 16

Der Amtseid ist „vor dem Landtag", dh in einer **Plenarsitzung des Landtags,** abzulegen. Insoweit symbolisiert er die sich (aus der Verfassung ergebende) Verantwortlichkeit der Regierung gegenüber dem Parlament. In der Praxis geschieht dies unmittelbar nach der Wahl des Ministerpräsidenten und der Annahme der Wahl durch ihn, für die anderen Regierungsmitglieder nach der Bestätigung der Regierung durch den Landtag. Besondere Formalien sind dafür nicht vorgesehen. Die Eidesformel wird vorgesprochen und dann mit den Worten „Ich schwöre" (mit oder ohne religiöse Be- 17

---

20 *Fink* in: v. Mangoldt/Klein/Starck, Art. 56 Rn. 4.
21 Hinweis bei *Weckerling-Wilhelm* in: Umbach/Clemens, Art. 64 Rn. 22.
22 *Fink* in: v. Mangoldt/Klein/Starck, Art. 56 Rn. 12; *Herzog* in: Maunz/Dürig Art. 56 Rn. 18 tritt demgegenüber für eine Wiedervereidigung ein.
23 Die Diskussion über die Notwendigkeit einer zweiten Eidesleistung des Bundespräsidenten beruht wohl auf der besonderen Regelung in Art. 54 II GG, in dem ausdrücklich eine „anschließende Wiederwahl" geregelt ist. Die beiden Amtszeiten des Bundespräsidenten können somit als Einheit gesehen werden, wodurch sich eine zweite Eidesleistung erübrigen könnte.

teuerung) lediglich bestätigt.[24] Problemen durch Versprecher, wie zB bei der Amtseinführung des US-Präsidenten im Jahre 2009, ist damit weitestgehend vorgebeugt.[25] Das Aufheben der Hand ist – anders als in § 64 IV StPO – von der Verfassung nicht gefordert, aber Praxis. Ein Verzicht darauf würde die Gültigkeit des Eides nicht berühren. Bemerkenswert ist insgesamt die **Schlichtheit der Zeremonie**, die sich auf dem Präsidentenpodium des Plenarsaales ohne Zuhilfenahme weiterer Symbole (zB Landesverfassung) abspielt. Keine Aussage enthält die LV zur **Person, die den Eid abzunehmen** hat. Zu denken wäre (im Hinblick auf die im Eid versprochene Wahrung und Verteidigung von Verfassung und Recht) an den Präsidenten des VerfGH.[26] In der Staatspraxis wird diese Amtshandlung indes vom **Landtagspräsidenten** vorgenommen.[27] Bemerkenswert ist, dass dieser selbst – wie auch die anderen Mitglieder des Landtags – nicht vereidigt wird, obwohl manches, das zur Begründung für die Eidesleistung der Regierung angeführt wird, auch für das Parlament Geltung beanspruchen dürfte. Erklärlich ist dies aber vor dem historischen Hintergrund des Konstitutionalismus, wo die Verpflichtung auf die Verfassung zugleich der Monarchie galt.[28]

Artikel 49 [Richtlinien der Politik, Aufgabenverteilung, Beschlussfassung]

(1) ¹Der Ministerpräsident bestimmt die Richtlinien der Politik und trägt dafür die Verantwortung. ²Er führt den Vorsitz in der Regierung und leitet ihre Geschäfte nach einer von der Regierung zu beschließenden Geschäftsordnung. ³Die Geschäftsordnung ist zu veröffentlichen. ⁴Innerhalb der Richtlinien der Politik leitet jeder Minister seinen Geschäftsbereich selbständig unter eigener Verantwortung.

(2) Die Regierung beschließt insbesondere über Gesetzesvorlagen, über die Stimmabgabe des Landes im Bundesrat, über Angelegenheiten, in denen ein Gesetz dies vorschreibt, über Meinungsverschiedenheiten, die den Geschäftskreis mehrerer Ministerien berühren, und über Fragen von grundsätzlicher oder weittragender Bedeutung.

(3) ¹Die Regierung beschließt mit Mehrheit der anwesenden stimmberechtigten Mitglieder. ²Jedes Mitglied hat nur eine Stimme, auch wenn es mehrere Geschäftsbereiche leitet.

Schrifttum:

Böckenförde, Die Organisationsgewalt im Bereich der Regierung. Eine Untersuchung zum Staatsrecht der Bundesrepublik Deutschland, 2. Aufl. 1998; *Epping*, Die Willens-

---

24 Vgl. Plenarprotokoll 16/2.
25 Voraussetzung ist, dass der Vereidigende die Formel korrekt vorspricht. Zu Problemen kam es bei der Vereidigung des sächsischen Ministerpräsidenten im Jahre 2014, die zu einer Wiederholung zwangen, vgl. SächsLT, Pl.-Prot. 6/2, 27 f.
26 In den USA nimmt im Regelfall der Oberste Bundesrichter (Chief Justice) den Amtseid gem. Art. II, Sec. 1 Abs. 6 US-Const. ab.
27 Nach § 9 I GO LT vertritt der Präsident den Landtag.
28 *Herzog* in: Maunz/Dürig, Art. 56 Rn. 3.

[Richtlinien der Politik, Aufgabenverteilung, Beschlussfassung]   Artikel 49

bildung von Kollegialorganen, DÖV 1995, 719; *Katz*, Politische Verwaltungsführung in den Bundesländern. Dargestellt am Beispiel der Landesregierung Baden-Württemberg, 1975; *Kölble*, Ist Art. 65 GG (Ressortprinzip) im Rahmen von Kanzlerrichtlinien und Kabinettsentscheidungen überholt?, DÖV 1973, 1; *Kröger*, Die Ministerverantwortlichkeit in der Verfassungsordnung der Bundesrepublik Deutschland, 1972; *Kropp/Sturm*, Koalitionen und Koalitionsvereinbarungen, 1998; *von Münch*, Rechtliche und politische Probleme von Koalitionsregierungen, 1993; *Oldiges*, Die Bundesregierung als Kollegium. Eine Studie zur Regierungsorganisation nach dem Grundgesetz, 1983; *Pfister*, Regierungsprogramm und Richtlinien der Politik, 1974; *Reuter*, Praxishandbuch Bundesrat, 2. Aufl., 2007; *Schenke*, Die Bundesrepublik als Kanzlerdemokratie – zur Rechtsstellung des Bundeskanzlers nach dem Grundgesetz, JZ 2015, 1012; *Scheuner*, Das Wesen des Staates und der Begriff des Politischen in der neueren Staatslehre, in: FS Rudolf Smend, 1962, 225 ff.; *Schmidt*, Die Geschäftsordnungen der Verfassungsorgane als individuell-abstrakte Regelungen des Innenrechts, AöR 128 (2003), 608; *Schmitt*, Verfassungslehre, 5. Aufl. 1970; *Schneider*, Die Bedeutung der Geschäftsordnungen oberster Staatsorgane für das Verfassungsleben, in: FS Rudolf Smend, 1952, 303; *Schneider*, Ministerpräsidenten. Profil eines politischen Amtes im deutschen Föderalismus, 2001; *Schuett-Wetschky*, Richtlinienkompetenz des Bundeskanzlers, demokratische Führung und Parteiendemokratie, ZfP 2003, 1897; *Thiele*, Regel und Verfahren der Entscheidungsfindung innerhalb von Staaten und Staatenverbindungen, 2008.

Vergleichbare Regelungen: Art. 65 GG, 47, 53 f. BayVerf, 89 f. BbgVerf, 117, 120, 118 I 1 BremVerf, 42 HambVerf, 104 HessVerf, 46 MVVerf, 37 NdsVerf, 54 f. NRWVerf, 104 f. RPVerf, 90 f. SaarlVerf, 63 f. SächsVerf, 68 LSAVerf, 36 SchlHVerf, 76 ThürVerf.

Ergänzende Normen: Geschäftsordnung der Regierung des Landes BW v. 6.3.2007 (gO LReg, GBl. 185) idF v. 27.7. 2010 (GBl. 529); Gesetz über die Zusammenarbeit von Bund und Ländern in Angelegenheiten der Europäischen Union v. 12.3.1993 (EuZBLG, BGBl. I, 313) idF vom 22.9.2009 (BGBl. I, 3031); Geschäftsordnung der Bundesregierung (gO BReg) vom 11.5.1951 (GMBl. 137) idF vom 21.11.2002 (GMBl. 848).

Leitentscheidungen: BVerfGE 49, 89 (kein Vorrang des Gesetzgebers vor den Befugnissen des Ministerpräsidenten); 8, 104 (120); 91, 148 (Umlaufverfahren); 100, 249 (Verwaltungsvorschriften); 106, 310 (gespaltene Stimmabgabe); 115, 118 (Luftsicherheitsgesetz); StGH, DÖV 1986, 794 (keine Festlegung der Stimmabgabe im Bundesrat durch das Parlament); ESVGH 52, 1 (zum Erlass einer gO LReg); ESVGH 58, 37; VGH BW, VBlBW 1990, 342 (Zuständigkeiten der Regierung); VBlBW 1991, 370 (Richtlinienkompetenz).

A. Überblick und Einordnung 1	2. Parlamentarische Verantwortung des Ministerpräsidenten 25
I. Bedeutung 1	
II. Herkunft, Entstehung, Geschichte 5	3. Vorsitz und Geschäftsleitung in der Regierung 27
III. Verfassungsvergleichende Einordnung 8	4. Geschäftsordnung 30
B. Erläuterung 11	a) Allgemeines 30
I. Befugnisse des Ministerpräsidenten und der Minister (Abs. 1) 11	b) Inhalt 36
	5. Ressortprinzip 40
1. Richtlinien der Politik 11	a) Allgemeines 40
a) Allgemeines 11	b) Befugnisse der Ressortleitung 43
b) Adressaten der Richtlinien 18	6. Mitgliedschaft in der Regierung 48
c) Umfang der Richtlinienbefugnis 20	II. Befugnisse der Regierung (Abs. 2) 52
	1. Allgemeines 52
	2. Kabinettsausschüsse 59

3. Gesetzesbeschlüsse 61
4. Bundesrat 66
   a) Besetzung 66
   b) Stimmabgabe 72
   c) „Bundesratsklausel" .. 77
   d) Beteiligung des Landtags 80
5. Gesetzlich vorgeschriebene Fälle 81
6. Meinungsverschiedenheiten zwischen den Ministerien 82
7. Fragen von grundsätzlicher oder weittragender Bedeutung 84
III. Beschlussfassung im Kabinett (Abs. 3) 86
   1. Allgemeines 86
   2. Abläufe 87

A. Überblick und Einordnung

I. Bedeutung

1 Mit Art. 49 LV beginnt innerhalb des der Regierung gewidmeten Abschnitts der LV ein neues **Bündel von Regelungen**. Ging es bisher um Zusammensetzung und Bildung, die Konstruktion der Regierung, so regeln Art. 49 bis 52 LV die Regierung in Aktion, ihr Handeln unter Verteilung der Aufgaben und Kompetenzen zwischen Ministerpräsident, Regierung als Kollegium und Ressortministern. Man kann Art. 49 LV deshalb auch als **„Magna Charta" der Regierungstätigkeit** beschreiben. Verfassungsrechtlich begeben wir damit uns auf ein offenes Feld, auf dem exakte Grenzziehungen nicht ohne Weiteres möglich sind. Hier wird es immer wieder um eine Vermessung der politischen Kräfteverhältnisse gehen: Der Gesetzgeber kann die Aufgaben der Regierung erweitern oder begrenzen, der Ministerpräsident in die Ressortzuständigkeiten hineinwirken.[1]

2 Am Beginn steht die Richtlinienkompetenz des Ministerpräsidenten und die dafür von ihm zu tragende Verantwortung. Aus dem Zusammenhang ist klar, dass es um die Verantwortung gegenüber dem Landtag geht. In diesem Rahmen leiten die Minister eigenständig ihren Geschäftsbereich. Ergänzt wird das Profil des Ministerpräsidenten durch den Vorsitz in der Regierung und die Leitung ihrer Geschäfte.

3 Weiter wird eine Reihe von – nicht abschließenden – **Zuständigkeiten der Regierung** als Kollegium hervorgehoben. Die LV ist dabei wesentlich großzügiger als das GG und andere Landesverfassungen. Fast eine Generalklausel stellen die „Fragen von grundsätzlicher oder weittragender Bedeutung" dar. Nicht nur im Hinblick darauf klärungsbedürftig ist das Verhältnis der Richtlinienkompetenz des Ministerpräsidenten zu den Aufgaben der Regierung.

4 Für die **Beschlussfassung im Ministerrat** ist das Mehrheitsprinzip verankert. Es fehlt allerdings die vom BverfG geforderte Festlegung eines Quorums sowie die Festlegung einer vorherigen Information. Die Frage eines Stichentscheids des Ministerpräsidenten wurde in der LV bewusst offen gelassen. Weniger der Verfassungsauftrag an die Landesregierung, nach einer **Geschäftsordnung** vorzugehen, ist bemerkenswert als die Tatsache, dass

---

[1] *Herzog* in: Maunz/Dürig, Art. 62 Rn. 16 ff.

über Jahrzehnte hinweg ohne eine solche – durchaus mit Erfolg – regiert wurde.

II. Herkunft, Entstehung, Geschichte

In § 55 **VerfBad 1919** waren Entscheidungen der Regierung „in kollegialer Form mit einfacher Mehrheit" bei Stichentscheid des Staatspräsidenten vorgesehen. Dieser leitete die Verhandlungen und vertrat die Regierung nach außen. In § 31 S. 1 **VerfWü 1919** waren Beschlüsse der Regierung mit Stimmenmehrheit vorgesehen. Soweit keine Zuständigkeit des Staatsministeriums – der Regierung – gegeben war, führten die Minister nach § 36 die Geschäfte „unter eigener Verantwortlichkeit". In § 30 war die Berechtigung des Staatsministeriums über die Einbringung von „Gesetzesvorschlägen" beim Landtag vorgesehen.   5

Die drei **Verfassungen der Nachkriegszeit** enthielten bereits wichtige Elemente der Regelungen der aktuellen LV zur Regierungstätigkeit. Art. 81 VerfLB sah den Vorsitz des Staatspräsidenten in der Landesregierung und seine Geschäftsleitung nach einer von ihr beschlossenen Geschäftsordnung vor. Auch die „Richtlinien der Politik" finden sich bereits hier. Ähnliches gilt für Art. 72 VerfWB (dort allerdings keine Geschäftsordnung), Art. 52 III VerfWH („Ziel und Richtung der Staatsführung") sowie Art. 55 VerfWH (Geschäftsordnung). Als Aufgaben der Landesregierung waren in Art. 83 VerfLB festgelegt: Beschlüsse über Gesetzentwürfe, Angelegenheiten, in denen dies durch Verfassung oder Gesetz vorgeschrieben war, sowie Fälle von „Meinungsverschiedenheiten über Fragen, die den Geschäftsbereich mehrerer Ministerien berühren". Entsprechende Zuständigkeiten der Landesregierung fanden sich auch in Art. 77 VerfWB, 56 VerfWH. Bei letzterer tauchte zusätzlich die später auch in die aktuelle LV übernommene „Frage von grundsätzlicher oder weittragender Bedeutung" auf. Art. 78 VerfWB, 55 VerfWH enthielten eine Regelung über Mehrheitsbeschlüsse der Landesregierung mit Stichentscheid des Ministerpräsidenten. Art. 55 VerfWH machte darüber hinaus die Vorgabe, dass kein anwesender Minister sich der Stimme enthalten durfte. Die Ressortzuständigkeit war in Art. 81 VerfLB, Art. 72 II VerfWB und Art. 52 III VerfWH (in Baden und Württemberg-Hohenzollern „in eigener Verantwortung gegenüber dem Landtag") festgelegt.   6

In der **VLV** waren Alternativen für die Zuständigkeiten der Landesregierung eine Generalklausel oder – wie letztlich beschlossen – ein detaillierter Katalog.[2] Lebhaft diskutiert wurden die **Zuständigkeiten der Landesregierung als Kollegium gegenüber der Richtlinienbefugnis des Ministerpräsidenten**.[3] Die Stimmabgabe des Landes im Bundesrat als Befugnis der Landesregierung war zunächst nur in Art. 74 III VerfECDU vorgesehen, wurde aber in der zweiten Beratung vom Plenum aufgegriffen. Dort war noch die Beschlussfassung über Gesetzentwürfe vorgesehen, in der Endfassung wurden daraus „Gesetzesvorlagen".[4] Für Abstimmungen in der Landesregierung war in beiden Entwürfen ein Stichentscheid des Vorsitzenden vorgese-   7

---

2 Feuchte, Quellen, 6. Teil, 650 f.
3 Feuchte, Quellen, 8. Teil, 364 ff.
4 Feuchte, Quellen, 8. Teil, 526 f.

hen (Art. 46 III VerfERP, 75 II VerfECDU), der im endgültigen Text wegfiel. Diese Frage sollte der Geschäftsordnung oder einer Koalitionsvereinbarung überlassen bleiben.[5] Der Stichentscheid des Ministerpräsidenten ist nunmehr in der GO Lreg festgehalten.

III. Verfassungsvergleichende Einordnung

8 Richtlinienbefugnis sowie Vorsitz und Geschäftsleitung sind in allen Verfassungen Kern der **Prärogativen des Regierungschefs**, in deren Rahmen die eigenständige Ressortleitung wahrgenommen wird. Besonderheiten enthalten die Berliner Verfassung, wo die „Richtlinien der Regierungspolitik" der Billigung durch das Abgeordnetenhaus bedürfen, und die Bremer Verfassung, die „von der Bürgerschaft gegebene Richtlinien" vorsieht.

9 Die Aufgaben der Regierung sind in BW deutlich breiter angelegt und exakter gefasst als die der Bundesregierung, der Art. 65 S. 3 GG zunächst einmal nur die Befugnis zuweist, über „Meinungsverschiedenheiten zwischen den Bundesministern" zu entscheiden. Das Recht zur Gesetzesinitiative findet sich davon getrennt in Art. 76 I GG unter den Bestimmungen zur Gesetzgebung. Auch andere Landesverfassungen stellen die Aufgaben der Regierung nicht in derartig klarer Weise heraus.

10 Der Verweis auf eine von der Regierung zu beschließende **Geschäftsordnung** ist weitestgehend verfassungsrechtlicher Standard. Anders als in BW teilweise bereits in der Verfassung festgeschrieben ist ein **Stichentscheid des Regierungschefs** bei Stimmengleichheit im Kabinett (zB Art. 54 S. 2 BayVerf, 39 II 3 NdsVerf, 54 I 2 NRWVerf). Vereinzelt findet sich auch ein Verbot der Stimmenthaltung bei den Kabinettsberatungen (Art. 54 S. 4 BayVerf, 39 II 2 NdsVerf). Unterschiedlich ausgeprägt sind die der Regierung zur gemeinsamen Beschlussfassung überantworteten **Befugnisse**. Die LV verwirklicht hier einen guten mittleren Standard.

B. Erläuterung

I. Befugnisse des Ministerpräsidenten und der Minister (Abs. 1)

1. Richtlinien der Politik

a) Allgemeines

11 Wortgleich mit Art. 65 1 GG wird in Art. 49 I 1 LV dem Ministerpräsidenten die „Bestimmung der Richtlinien der Politik" übertragen, für die er die Verantwortung trägt. Diese sind ein stehender Begriff. Präziser wäre ein Verweis auf die **Regierungspolitik** (vgl. Art. 76 I ThürVerf). Bei der Politik des Landes insgesamt hat der Landtag ein gewichtiges, letztlich entscheidendes, Wort mitzusprechen. Ergänzt wird die Befugnis zur Richtlinienbestimmung durch den Vorsitz in der Regierung und ihre Geschäftsleitung. Diese drei **Prärogativen** konturieren die (starke) Stellung des Ministerpräsidenten in und gegenüber „seiner" Regierung. Der Ministerpräsident ist für die Regierung richtig verstanden aber nicht nur Chef, sondern zugleich auch Moderator.[6]

---

5 Feuchte, Quellen, 8. Teil, 158 ff.
6 Angesprochen sind hier zwei unterschiedliche Aspekte der Regierungsleitung; In einem Interview hob der frühere Bundeskanzler *Helmut Kohl* diese als „die Fähig-

[Richtlinien der Politik, Aufgabenverteilung, Beschlussfassung] Artikel 49

Beim Begriff der „**Politik**", für die der Ministerpräsident die Richtlinien vorzugeben hat, handelt es sich um einen Rechtsbegriff, der **alle Aspekte staatsleitender Tätigkeit** umfasst und sich kaum abstrakt eingrenzen lässt, ohne sich in grundsätzlichen Fragen der Rolle des Staates und des Verhältnisses zwischen Staat und Gesellschaft zu verlieren. Im besten Sinne widersetzt Politik sich der Verwaltung von Sachzwängen, sucht Alternativen und nutzt Möglichkeiten souveräner Gestaltung. Zu warnen ist lediglich vor einer Überhöhung in rechtsfreie Dimensionen. Gesprochen wird – wenn auch ein wenig altertümelnd – von einem „in steter Bewegung und Neugestaltung befindlichen Lebensprozess". Politik kann – bei aller Unschärfe – unter dem „Gedanken des handelnden Eintretens, der Entscheidung, des Ringens um die Macht, aber auch deren Handhabung"[7] definiert werden. Diese Aufgaben stellen sich sowohl der Regierung als auch dem Parlament. Für die Regierung sind sie in erster Linie dem Ministerpräsidenten anvertraut und die LV gibt ihm dafür die notwendigen Instrumente in die Hand.

Die vom Ministerpräsidenten der Politik vorzugebenden „**Richtlinien**" sind – insbesondere in Abgrenzung zur Ressortzuständigkeit der Minister und den Befugnissen der Regierung als Kollegium – seit längerem Gegenstand einer lebhaften verfassungsrechtlichen Debatte, ohne aber bislang die Verfassungsgerichtsbarkeit erreicht zu haben. Obwohl weit überwiegend wird die Auffassung vertreten, diese Richtlinien hätten normativen Charakter, waren sie noch nicht Gegenstand eines Organstreitverfahrens (Art. 68 I 1 LV). Ein Grund dafür mag sein, dass diese Fragen sinnvollerweise nicht verfassungsgerichtlich geklärt werden können.[8] 12

Damit soll keineswegs die Bedeutung dieser Bestimmung bestritten werden, im Gegenteil. Sie ist der Hebel, um die politische Diskussion zum gewünschten Ziel zu führen. Zusammen mit dem Kabinettsbildungsrecht nach Art. 46 II LV bietet die Richtlinienkompetenz die **Grundlage für tatkräftiges Regieren** eines Ministerpräsidenten. Seine Möglichkeiten, einen unbotmäßigen Minister nach Art. 46 II LV notfalls zu entlassen, ist dann die „fleet in being", die ihm notfalls zur Verfügung steht, wenn es um die Durchsetzung seiner Politik geht. Die Wahrnehmung der Richtlinienbefugnis ist als geringer Eingriff gerechtfertigt.[9] 13

Die Richtlinienbefugnis kann in Breite und Tiefe – ganz zu schweigen von den zahlreichen politischen Rahmenbedingungen – sicherlich **nicht für „Alles und Jedes"** in Anspruch genommen werden. Exakte Grenzziehungen sind aber kaum möglich, neben einer Gesamtschau kommt es auf den Einzelfall an. Auch im Verhältnis des StM zu den Ressorts darf es keine Überdehnung der dem Ministerpräsidenten eingeräumten Befugnisse geben. Die Festlegung einer umfassenden „domaine réservé", wie sie die französische Staatspraxis für den Staatspräsidenten kennt, ist der Richtlinienbefugnis verwehrt. Sollte ein derartiges Anliegen bestehen, steht es dem Minister- 14

---

keit zu entscheiden und die Fähigkeit zu integrieren, zusammenzufassen" hervor (DER SPIEGEL Nr. 35 vom 23.8.1976).
7 *Scheuner*, Smend-FS 1952, 253 (259).
8 *Schmitt*, Verfassungslehre, 348, bezeichnet es als „Torheit", die Richtlinien der Politik justizförmig bestimmen zu wollen.
9 *Herzog* in: Maunz/Dürig, Art. 65 Rn. 7.

präsidenten frei, gem. Art. 45 IV LV einen eigenen Geschäftsbereich zu übernehmen.

15 Unabhängig von ihrer verfassungsrechtlichen Einordnung muss die **Richtlinienkompetenz als einer von drei Polen** gesehen werden, auf den die Nadel eines politischen Kompasses zeigt, mit dem das Kräftefeld einer Regierung bestimmt wird. Neben der Richtlinienkompetenz des Ministerpräsidenten sind dies die **Ressortverantwortung der Minister** und die **kollegiale Beschlussfassung im Kabinett**. Es handelt sich um eine Gemengelage[10] in der Verfassung, die letztlich nicht mit zwingender Kraft das politische Leben automatisch und eindeutig strukturiert. Genauso wie zwischen Regierung und Parlament bleibt die Kräfteverteilung innerhalb der Regierung offen für die politische Praxis.[11] Es hängt von einer Vielzahl von Umständen ab, welche Kraft letztlich staatsleitend wirkt. Es müssen nicht unbedingt persönliche Charakterzüge der jeweiligen Inhaber der Staatsämter sein, die den Ausschlag geben. Hier gibt es zahlreiche Faktoren. So ist es zB naheliegend, dass der von einer Großen Koalition gestützte Regierungschef sich wohl besonders selbstbewussten, dem Koalitionspartner angehörenden Ministern gegenübersehen wird. Aber auch bei den seiner eigenen Partei angehörenden Regierungsmitgliedern wird der Ministerpräsident behutsam mit politischen Schwergewichten umzugehen haben. Zudem geht es im Verhältnis von Ministerpräsident zu Ministern **nicht um die Über- und Unterordnung eines Beamtenverhältnisses**. Regierungsarbeit gehorcht nicht der „Normativität einer Prozessordnung", die „Bestimmung der Richtlinien der Politik heißt nicht Befehlen sondern Führen".[12] Die Richtlinienkompetenz vollzieht sich „weder in Form von einsamen Entschlüssen noch als Knüppel-aus-dem-Sack-Taktik".[13]

16 In Koalitionsregierungen wird vom kleineren Partner gerne die Auffassung vertreten, die Richtlinienbefugnis sei bereits mit dem **Koalitionsvertrag** (vorab) erledigt. Das mag für bestimmte, dort eindeutig geregelte Vorhaben zutreffen. Auch in solchen Fällen ist eine anders lautende Richtlinienentscheidung – wenn auch möglicherweise mit der Folge eines Koalitionsbruchs – ohne Weiteres verfassungsrechtlich möglich. Dieser Fall ist bereits – wenn auch selten – in BW vorgekommen, ohne dass deswegen die Koalition aufgekündigt wurde. Darüber hinaus zeigen sich im Laufe einer Legislaturperiode regelmäßig neue Herausforderungen.[14] Auch steckt bei aller vorausschauenden Planung eines Koalitionsvertrages der Teufel immer wieder im Detail. Dies mag vielleicht für die Landespolitik, die auf enger umschriebenen Feldern tätig ist, nicht ganz so stark zutreffen wie für die Bundespolitik. Eine Apostrophierung des Koalitionsausschusses als erstem und letztem Richtliniengeber würde zu kurz greifen und findet in der Verfassung keine Stütze.

---

10 *Ellwein*, Regierung und Verwaltung, 160, hält die nicht eindeutig vorgegebene Aufgabe der politischen Führung für „systemimmanent durchaus konsequent".
11 *Schmitt*, Verfassungslehre, 347.
12 *Schmitt*, Verfassungslehre, 346.
13 *Von Münch*, Koalitionsregierungen, 24 f.
14 Beispiele bei *Kropp/Sturm*, Koalitionen, 117.

[Richtlinien der Politik, Aufgabenverteilung, Beschlussfassung]   Artikel 49

Die Richtlinienbefugnis hat auch dann ihre Bedeutung, wenn Politik unter den Verhältnissen heutigen Regierens in erster Linie demokratisches Aushandeln zwischen Regierung und den sie tragenden Parteien und Fraktionen ist. Die ausdrückliche Erklärung einer Angelegenheit zur Richtlinie wird in der politischen Praxis kaum vorkommen und ist auch nicht notwendig. Es genügt, dass der Wille zur Leitung durch Erklären oder Handeln deutlich gemacht wird.[15] Vielleicht ist schon der „Mythos von der Richtlinienkompetenz"[16] etwas, das dem Wirken eines Regierungschefs das notwendige Gewicht verleiht. Einem Ministerpräsidenten ist es, sofern er klare politische Ziele hat, idR auch ohne Rückgriff auf seine formale Kompetenz möglich, Entscheidungen in die von ihm gewünschte Richtung zu lenken. 17

b) Adressaten der Richtlinien

Richtlinien wenden sich in erster Linie an den zuständigen **Ressortminister**. Dieser hat das Anliegen im Rahmen seines Weisungsrechts im Ministerium und ggf. im nachgeordneten Bereich umzusetzen.[17] Umstritten ist, ob auch die **Regierung als Kollegium** mit ihren in Art. 49 II LV festgelegten Zuständigkeiten unter die Richtlinienkompetenz des Ministerpräsidenten fällt. Dagegen spricht zwar auf den ersten Blick der Aufbau der Bestimmung des Art. 49 LV, der in zwei Absätzen zwischen den Befugnissen des Ministerpräsidenten und denen der Regierung trennt. Allerdings überträgt bereits Abs. 1 dem Ministerpräsidenten Vorsitz und Geschäftsleitung in der Regierung, beide Bereiche sind also bereits im Verfassungstext in der Person des Ministerpräsidenten verzahnt. Angesichts der zahlreichen Aufgaben der Regierung in Abs. 2, die zudem nicht abschließend aufgeführt sind („insbesondere"), bliebe von der Richtlinienbestimmung bei einer generellen Ausnahme der Regierung als Kollegium wenig übrig.[18] Im Auge behalten werden muss, dass der Ministerpräsident die **politische Verantwortung für die Regierungsarbeit** insgesamt trägt. Der Befund ändert sich nicht dadurch, dass die LV die Befugnisse des Kabinetts detaillierter als andere Verfassungen regelt und sowohl die Regierung (durch den Bestätigungsbeschluss) als auch die einzelnen Minister (mit der Möglichkeit des Landtags, ihre Entlassung zu verlangen) eigenständiger demokratisch legitimiert. Von Verfassungswegen sind Beschränkungen der Richtlinienbefugnis nicht vorgesehen, sie wird insbesondere auch nicht vorbehaltlich der Befugnisse der Regierung ausgeübt. Die in Abs. 2 vorgesehenen Beschlüsse der Regierung liegen **auf einer anderen Ebene** als die Richtlinien der Politik und formen sie gegebenenfalls aus. Folglich besteht die Richtlinienbefugnis grundsätzlich auch gegenüber dem Kabinett.[19] Besonders naheliegend ist dies im Falle von „**Meinungsverschiedenheiten, die den Geschäftskreis mehrerer Minis-** 18

---

15 *Ruffert* in: Linck/Baldus u.a., Art. 76 Rn. 7.
16 *Schuett-Wetschky*, ZfP 2003, 1897; 2004, 5.
17 *Herzog* in: Maunz/Dürig, Art. 65 Rn. 18.
18 Für die Zuständigkeiten der Regierung nach Art. 49 II LV geht der VerfGH wie selbstverständlich davon aus, dass diese sich innerhalb der Richtlinien der Politik zu bewegen haben (StGH, DÖV 1986, 794).
19 *Stern* in: Stern II, § 31 IV 2, 304; aA *Busse* in: Friauf/Höfling, Art. 65 Rn. 8; *Oldiges*, Bundesregierung, 462.

terien berühren".[20] Das Kabinett agiert dabei nicht in erster Linie unter der für ein Kollegium kennzeichnenden umfassenden Abwägung aller Gesichtspunkte, auch geht es nicht um die einem Kabinettsbeschluss innewohnende „größere Solennität",[21] sondern lediglich um eine Konfliktlösungsinstanz. Naheliegend ist eine Richtlinienbefugnis auch im Hinblick auf die Beschlussfassung über **Gesetzesvorlagen**. Die Gesetzgebung ist in heutigen Zeiten eine Essenz der gesamten Regierungstätigkeit. Dem Ministerpräsidenten diesen Bereich zu entziehen, würde ihn ganz wesentlicher Gestaltungsmöglichkeiten berauben.[22]

19 Ein **Selbstentscheidungsrecht** an Stelle des Kabinetts kommt dem Ministerpräsidenten allerdings nicht zu. Angesichts der klaren Verfassungslage beschließt die Regierung insbesondere über Gesetzesvorlagen und die Stimmabgabe im Bundesrat. Der Ministerpräsident kann jedoch im Rahmen seiner Richtlinienbefugnis auf die Regierungsmitglieder einwirken, damit der Beschluss in seinem Sinne zustande kommt. Sollten über die Tragweite der Richtlinienbefugnis **Meinungsverschiedenheiten** entstehen, ist es nicht Sache des Kabinetts, über diese zu entscheiden. Abs. 2 sieht ausdrücklich Kabinettsentscheidungen nur bei Meinungsverschiedenheiten zwischen den Ministerien, nicht zwischen Ministern und Ministerpräsident vor. In der Praxis wird es allerdings zu einem solchen Konflikt nicht kommen, da eine derartige Auseinandersetzung ein Scheitern der Regierung bedeuten würde. Ist allerdings erst einmal ein Kabinettsbeschluss gefasst, kann der Ministerpräsident sich nicht im Rahmen seiner Richtlinienkompetenz darüber hinwegsetzen.[23] Beschlüsse der Landesregierung binden, soweit sie ordnungsgemäß zustande gekommen sind, nicht nur die Minister, sondern auch den Ministerpräsidenten. Er hat insoweit **kein „Revisions- oder Kassationsrecht".**[24] Allenfalls kann er im Rahmen seiner Geschäftsleitung eine erneute Befassung des Kabinetts veranlassen.

c) Umfang der Richtlinienbefugnis

20 Der Wortsinn der **Richt**linie (ähnlich wie in den Europäischen Verträgen) deutet **Spielräume** für die Umsetzung an. Zu denken wäre an eine Analogie zur früheren Rahmengesetzgebung nach Art. 75 GG. Weitgehende Einigkeit besteht aber darin, dass Richtlinien sich nicht auf allgemeine Regelungen – vergleichbar abstrakt-generellen Gesetzen – beschränken müssen.[25] Auch **Einzelfälle** haben das Potenzial, hochpolitische Dimensionen anzunehmen. Das Allgemeine kann sich im Einzelnen konkretisieren. Beispielsweise kann es um eine Personalie im Geschäftsbereich eines Ministers gehen. In einem solchen Fall kann eine Richtlinie nur darauf hinauslaufen, den Minister aufzufordern, die Personalentscheidung in diesem oder jenem Sinne zu treffen.

---

20 *Herzog* in: Maunz/Dürig, Art. 65 Rn. 78; *Knöpfle*, DVBl. 1965, 928.
21 *Herzog* in: Maunz/Dürig, Art. 65 Rn. 78.
22 Hinweis bei *Schenke*, JZ 2015, 1012.
23 *Busse* in: Friauf/Höfling, Art. 65 Rn. 11.
24 *Oldiges*, Bundesregierung, 464.
25 Statt vieler *Epping* in: Epping/Butzer u.a., Art. 37 Rn. 10.

21 Teilweise wird vertreten, dass die Richtlinie nicht in Form einer **Weisung** an den zuständigen Minister ergehen kann.[26] Der VGH BW hat indes festgestellt, dass die Richtlinienkompetenz „auch die Befugnis zu Einzelweisungen (umfasst), wenn das politisch richtungsweisende Element gerade darin besteht, dass der Ministerpräsident in einer Angelegenheit, die von besonderer politischer Bedeutung ist, Maßnahmen zur Zielverwirklichung ergreift."[27] Eine bindende Vorgabe des Ministerpräsidenten gegenüber einem Regierungsmitglied ist im Vergleich zu einer ansonsten „fälligen" Entlassung zumindest als schonenderes Mittel zu rechtfertigen. Allerdings scheidet ein **Selbsteintritts- oder Durchgriffsrecht** des Ministerpräsidenten in ein Ressort aus.[28] Weisungen sind indes nicht im Hinblick auf die besonderen **Befugnisse** von **Finanzminister und Justizminister** möglich.[29] In den Verfassungsbestimmungen, die diese Minister aufführen, geht es nicht allein um eine institutionelle, sondern aus guten Gründen auch um eine kompetenzielle Absicherung, die als „Garantenstellung"[30] gesehen werden kann (Haushaltsdisziplin, Unabhängigkeit der Justiz). Sollte es darüber Differenzen geben, steht dem Ministerpräsidenten die Möglichkeit einer Entlassung des unbotmäßigen Ministers als letztes Mittel zur Verfügung, diesem der Rücktritt.

22 Die Richtlinienbefugnis übt der Ministerpräsident nach **freiem politischen Ermessen** aus, wobei er selbstverständlich an Gesetz und Recht (Art. 25 II LV) gebunden ist. Bei einem Verstoß dagegen ist der Richtlinienempfänger, der als Regierungsmitglied selbst Gesetz und Recht zu wahren hat, nicht gebunden. Wenig realistisch erscheint allerdings eine Klärung der Reichweite der Richtlinienbefugnis durch einen Organstreit gem. Art. 68 I Nr. 1 LV. Auch hier sind Entlassung bzw. Rücktritt die naheliegenderen Konsequenzen. Die **Formen** einer so verstandenen Richtlinienbestimmung durch den Ministerpräsidenten sind mannigfaltig. Von offiziellen Anlässen, wie einer Regierungserklärung im Landtag, einer Rede im Bundesrat oder sogar vor dem Deutschen Bundestag, über Interviews und Namensbeiträge in den Medien, Ansprachen in der Öffentlichkeit und Äußerungen im Kabinett, bis hin zu Gesprächen im größeren oder kleineren Kreis und Telefonaten, ist die Formenvielfalt schier unerschöpflich.

23 Richtlinien beziehen sich nicht nur auf die politische Sacharbeit, sondern umfassen auch die **Organisationsgewalt** der Regierung.[31] Die Errichtung der Ministerien und die Abgrenzung ihrer Kompetenzen wird zu Recht als Ergänzung der dem Regierungschef anvertrauten „Festlegung und Führung der Gesamtpolitik"[32] gesehen. Auch die Organisation seiner **Zuarbeit** fällt unter diese Befugnis des Ministerpräsidenten. Dies betrifft zunächst einmal

---

26 *Brockmeyer* in: Schmidt-Bleibtreu/Klein, Art. 65 Rn. 4; *Kölble*, DÖV 1973, 1 (8).
27 VGH BW, VBlBW 1991, 370 (Stilllegung eines Kernkraftwerks).
28 *Epping* in: Epping/Butzer u.a., Art. 37 Rn. 11, 15.
29 AA *Epping* in: Epping/Butzer u.a., Art. 37 Rn. 17; *Schenke*, JZ 2015, 1012.
30 *Böckenförde*, Organisationsgewalt, 184.
31 *Böckenförde*, Organisationsgewalt, 139 ff.
32 *Böckenförde*, Organisationsgewalt, 140.

seine Behörde, das **StM**[33] – die Staatskanzlei des Landes –, die ihm die notwendigen Informationen verschafft und Vorschläge zu seinem Vorgehen entwickelt.[34] Ihrer Bedeutung entsprechend ist die Staatskanzlei in Art. 52 BayVerf ausdrücklich aufgeführt. Die **Minister** sind für die Vorbereitung von Richtlinienentscheidungen zur Zuarbeit verpflichtet.[35] Entscheidungen des Ministerpräsidenten, wie darüber hinaus seine Beratung organisiert werden soll, fallen unter seine Organisationsgewalt. Fachkongresse, Beraterkreise,[36] die Anhörung von Experten – auch im Kabinett – sind Beispiele. Bindende Entscheidungen können in diesen Gremien allerdings nicht getroffen werden. Dies gilt auch und gerade in schwierigen Situationen, in denen „Krisenstäbe" oder „Runde Tische" einberufen werden. Auch von diesen Gremien können nur Empfehlungen ausgesprochen werden, die dann ggf. der Beschlussfassung der Regierung oder der Entscheidung des zuständigen Ressortministers unterliegen. Nicht primär der Beratung des Ministerpräsidenten dienen **Kabinettsausschüsse**.[37] Deren Rolle liegt in erster Linie in der Vorbereitung und Erleichterung der Kabinettsarbeit.

24 Zu Recht wird von der überwiegenden Meinung abgelehnt, dass die Richtlinien der Politik als eine Prärogative des Ministerpräsidenten gegenüber dem **Parlament** Wirkung haben. Vorrang und Vorbehalt des Gesetzes „stechen" gegenüber der Richtlinienbefugnis.[38] Nachdem die Vorbereitung von Gesetzen heutzutage praktisch in der Hand der Regierung und der ihr zuarbeitenden Ministerien liegt, scheint ein gewisses Spannungsverhältnis zur Prärogative des Parlaments zu bestehen, das aber durch die Verzahnung von Regierung und die sie im Landtag tragende(n) Fraktion(en) aufgehoben wird. Der Ministerpräsident wird in der Lage sein, die Regierungsfraktion(en) für seine Vorstellungen zu gewinnen, wie er umgekehrt auch deren gewichtige Anliegen zu den seinen machen wird. Anerkannt ist so seit langem, dass wir es in der Bundesrepublik mit einer **„Staatsleitung zur gesam-**

---

33 „Staatsministerium" ist die baden-württembergische Bezeichnung für die Staatskanzlei. Mit diesem Namen wird eine auf das Jahr 1817 (in Baden) und 1876 (in Württemberg) zurückgehende Tradition fortgeführt. In diesem Zusammenhang ist zu bedauern, dass die ebenso traditionsreiche Bezeichnung des „Staatsgerichtshofs", der für die lange rechtsstaatliche Tradition des deutschen Südwestens steht, inzwischen aufgegeben wurde. Das Staatsministerium war in der Vergangenheit der Begriff für die Regierung unter Vorsitz des Monarchen, bestehend „aus den Ministern und Chefs der Verwaltungs-Departements" (*Göz*, Das Staatsrecht des Königreichs Württemberg, 1908, 160). Ähnlich war dies in Baden, wo aber zusätzlich zu den Staatsministern „außerordentliche Mitglieder" – Vorläufer der Staatsräte – an den Beratungen mitwirken durften. Von klassischer Schönheit ist die Aufgabenbeschreibung des badischen Staatsministeriums: „Die Zuständigkeit des Staatsministeriums erstreckt sich auf alle Gebiete des Staatslebens." (*Walz*, Das Staatsrecht des Großherzogtums Baden, 1909, 101). Das heutige StM entspricht den „zur Bearbeitung der Geschäfte und zur Teilnahme an den Beratungen" in Württemberg beigegebenen „ständigen Räten" (*Göz*, aaO, 160). Schlanker war hingegen die badische Regelung, wonach die „Kanzleigeschäfte ... von Beamten eines Ressortministeriums im Nebenamte besorgt" wurden (*Walz*, aaO, 100).
34 *Katz*, Verwaltungsführung, 211 ff.
35 *Kölble*, DÖV 1973, 1 (4).
36 Kritisch zu einer „unverantwortlichen Nebenregierung" beratender Gremien wie dem Sachverständigenrat *Heinze*, Der Staat, 1967, 433 ff.
37 *Herzog* in: Maunz/Dürig, Art. 65 Rn. 25.
38 *Herzog* in: Maunz/Dürig, Art. 65 Rn. 29 ff.

ten Hand"[39] zu tun haben. Sie ist ein „kooperativer Prozess zwischen Parlament und Regierung",[40] bei dem sich im Idealfall der „Informationsvorsprung" der Regierung mit einem „Wertungsvorsprung" des Parlaments ergänzen kann.[41] Dieser Befund bestätigt sich auf Landesebene fast noch stärker als der des Bundes.

2. Parlamentarische Verantwortung des Ministerpräsidenten

Gegenstück und Rechtfertigung der Richtlinienbefugnis ist die „Verantwortung", die der Ministerpräsident trägt. Der Begriff wird – anders als in Art. 56 I WRV, übereinstimmend aber mit Art. 65 S. 1 GG – nicht näher definiert. Es bleibt offen, wem gegenüber diese Verantwortung geschuldet ist. Es muss primär von einer **parlamentarischen Verantwortung** ausgegangen werden. Geltend gemacht wird diese heute im Regelfall von der parlamentarischen Opposition. Es geht um eine politische, nicht zivil- oder strafrechtliche Verantwortung. In einem weiteren Sinne besteht diese Verantwortung aber letztlich gegenüber dem **Staatsvolk**,[42] das diese dann bei der Landtagswahl einfordert. Obwohl Art. 49 I 1 LV nur von der Verantwortung des Ministerpräsidenten bei Wahrnehmung der Richtlinienbestimmung spricht, ist davon auszugehen, dass er die **politische Verantwortung für die Regierungsarbeit insgesamt** zu tragen hat. Um diese Verantwortung wirksam wahrnehmen zu können, ist ihm insbesondere mit Art. 49 I 2 LV die Befugnis der Geschäftsleitung der Regierung verliehen. Ansonsten würde sich eine Lücke der parlamentarischen Verantwortung zwischen der des Ministerpräsidenten und der der Minister für ihre Ressortangelegenheiten nach Art. 49 I 4 LV, die bis hin zu einem Entlassungsbeschluss nach Art. 56 LV führen kann, auftun. Zudem richtet sich ein Misstrauensvotum nach Art. 54 LV nicht nur gegen den Ministerpräsidenten, sondern zugleich gegen die Regierung in ihrer Gesamtheit.

LV und GO LT geben dem Landtag die notwendigen Instrumente an die Hand, um diese Verantwortung zur Geltung zu bringen. Erinnert sei nur an die **Rechte des Landtags** – seines Plenums und der Ausschüsse – nach Art. 34 I LV auf Anwesenheit der Regierungsmitglieder, die Befugnisse des Petitionsausschusses nach Art. 35 a LV sowie als schärfste Waffe das Recht zur Einsetzung eines Untersuchungsausschusses gem. Art. 35 I LV. Hinzu kommt die Rechnungsprüfung, die der Rechnungshof nach Art. 83 II LV für den Landtag durchzuführen hat. Weitergehend als das GG gibt Art. 56 LV dem Landtag das Recht, ggf. auch die **Entlassung** eines einzelnen Mitglieds der Regierung zu verlangen oder sogar nach Art. 57 I LV eine **Ministeranklage** zu erheben. Die LV baut damit die parlamentarische Verantwortung des Ministerpräsidenten und seiner Regierung deutlich weiter aus als das GG. Durchsetzen kann der Landtag seine Rechte gegenüber der Regierung ggf. im Wege eines **Organstreits** nach Art. 68 I 1 LV vor dem VerfGH. Abgerundet werden diese „harten" Kontrollrechte durch die Möglichkeiten zur Einforderung der Regierungsverantwortung im Rahmen parlamen-

---

39 *Friesenhahn*, VVDtSRL 16 (1958), 38.
40 *Magiera*, Parlament und Staatsleitung, 218.
41 *Magiera*, Parlament und Staatsleitung, 232 ff.
42 *Herzog* in: Maunz/Dürig, Art. 65 Rn. 51.

tarischer Debatten und Anfragen (dazu näher → Art. 27 Rn. 69 ff. Die Regierung ihrerseits kann ihre Auffassungen dem Landtag und damit der Öffentlichkeit in Form von **Regierungserklärungen** nahebringen.

3. Vorsitz und Geschäftsleitung in der Regierung

27 Ergänzt werden nicht nur verfahrensmäßige, sondern auch inhaltlichen Gestaltungsmöglichkeiten des Ministerpräsidenten durch den in Satz 2 festgelegten **Vorsitz in der Regierung und ihre Geschäftsleitung**. Beim „Vorsitz" geht es um **Leitung und Gestaltung der Kabinettsitzungen**, die „Geschäftsleitung" meint die inhaltliche und verfahrensmäßige **Vor- und Nacharbeit dieser Sitzungen**. Gibt es über die Wahrnehmung dieser Rechte Meinungsverschiedenheiten, entscheidet angesichts der eindeutigen Festlegung in der Verfassung der Ministerpräsident.[43]

28 Bereits Art. 45 II LV hebt den Ministerpräsidenten gegenüber den weiteren Regierungsmitgliedern hervor. Anders als beim Bundeskanzler[44] weist schon die Amtsbezeichnung des Minister**präsidenten** auf den Vorsitz in der Runde der Regierungsmitglieder hin. Ausdrücklich festgehalten ist dieser in Satz 2. Beim **Vorsitz** geht es nicht nur um die sitzungsordnungsmäßige Leitung der Kabinettssitzung mit Aufruf der Tagesordnungspunkte, Worterteilung und – ganz entscheidend – Zusammenfassung der Ergebnisse. Dazu gehören auch weitere, mit einem Vorsitz zusammenhängende Aufgaben. Zu nennen sind zB die Terminierung der Kabinettssitzungen,[45] die Erstellung der Tagesordnung („Tagesordnungshoheit") und die Gestaltung der Kabinettssitzungen im Einzelnen (Klausursitzungen, auswärtige Sitzungen, Sitzungen zusammen mit anderen Landesregierungen, Beiziehung von Externen). Insbesondere die Entscheidung über die Aufnahme von Vorlagen der Ressorts auf die Tagesordnung des Kabinetts ist ein Mittel, mit dem der Ministerpräsident seinen Anliegen – ggf auch bei anderen Themen – Nachdruck verleihen kann.

29 Die dem Ministerpräsidenten weiter zugewiesene „Geschäftsleitung" hat ihr Feld im Wesentlichen **vor und nach der Kabinettssitzung**.[46] Sie ist keinesfalls nur auf Technisches beschränkt sondern zielt – ergänzend zu den „Richtlinien" auf „Einheitlichkeit der Politik.[47] Neben dem Anstoß von Vorhaben, der im Wesentlichen durch die Richtlinienkompetenz abgedeckt ist, stehen dabei koordinierende Aufgaben im Mittelpunkt. Dazu kommt die Umsetzung der von der Regierung getroffenen Entscheidungen. Bei der Geschäftsleitung geht es insbesondere um die Herstellung einer einheitli-

---

43 *Stern* in: Stern II, § 31 IV 2, 306.
44 Der Begriff des „Kanzlers" verbindet sich üblicherweise mehr mit einer administrativen Tätigkeit. So kennt die schweizerische Bundesverfassung zB den Bundeskanzler gegenüber dem Kollegialorgan Bundesrat nur als leitenden Beamten, vergleichbar dem Chef des Bundeskanzleramts.
45 In BW ist dafür traditionell der Dienstagvormittag üblich. Ein früherer Ministerpräsident hat die Kabinettssitzungen allerdings zeitweise auf den Montag vorverlegt, um vor den anderen Landesregierungen handlungsfähig sein zu können.
46 *Schröder* in: v. Mangoldt/Klein/Starck, Art. 65 Rn. 43, zählt dazu auch Zuständigkeiten innerhalb der Sitzung des Kabinetts.
47 *Kröger*, Die Ministerverantwortlichkeit in der Verfassungsordnung der Bundesrepublik Deutschland, 1977, 53; die Geschäftsleitung beschränken auf die „Vollziehung der Beschlüsse" der Regierung will H.-P. Schneider in: AK-GG, Art. 65 Rn. 6.

chen Linie bei widerstrebenden Ressortauffassungen und die Verfahrenssteuerung. Da eine Aufsetzung auf die Tagesordnung des Kabinetts grundsätzlich nur bei abgestimmten Vorlagen erfolgt, stellen sich für das **StM als Behörde des Ministerpräsidenten** wichtige Aufgaben. Bei Vorbereitung und Umsetzung von Kabinettsentscheidungen wird das StM zugleich als **Sekretariat der Regierung** – zB mit der Zuleitung von Gesetzesentwürfen und von Antworten auf Große Anfragen an den Landtag oder der Einbringung von Initiativen in den Bundesrat – tätig.[48]

4. Geschäftsordnung

a) Allgemeines

Parallel zu Art. 65 S. 4 GG ist in Art. 49 I 2 LV die Leitung der Geschäfte durch den Ministerpräsidenten „nach einer von der Regierung zu beschließenden Geschäftsordnung" vorgesehen. Es war eine der Besonderheiten baden-württembergischer Staatspraxis, dass diesem **Verfassungsauftrag** über viele Jahrzehnte **nicht nachgekommen** wurde. Ein Versuch der Fraktion Die Republikaner in der 12. WP, die Regierung dazu mit einem Organstreitverfahren nach Art. 68 I 2 Nr. 1 LV im Hinblick auf Transparenz und Kontrolle der Regierungstätigkeit zu veranlassen, scheiterte. Der StGH verwarf den Antrag seinerzeit wegen Versäumens der für das Organstreitverfahren vorgesehenen Sechsmonatsfrist als unzulässig. Die Landesregierung hatte eine Rechtspflicht im Hinblick auf die Geschäftsordnungsautonomie der Landesregierung abgelehnt. Für die Kontrollaufgabe des Landtages bestünden in der LV und der GO LT zahlreiche Einzelrechte.[49]

30

Diese Argumentation mag im Hinblick auf das **Parlament** zutreffend sein. Der Verzicht auf eine Geschäftsordnung hatte über die praktischen Geschäftsabläufe hinaus jedoch Fragen der **Regierungsarbeit** im Verhältnis von Ministerpräsident, Ministern und Regierung sowie der Entscheidungsfindung in der Schwebe gelassen. Die Geschäftsordnung einer Regierung darf nicht „im abschätzigen Sinne als bloß technische Reglementierung"[50] missverstanden werden. Weitergehend konkretisiert sie die verfassungsrechtlichen Vorgaben und trägt zur verfahrensrechtlichen Legitimation[51] des Regierungshandelns bei. Insgesamt handelt es sich bei der Geschäftsordnung um **„ergänzendes Verfassungsrecht"**, das von der Regierung zu gestalten ist und nicht zur Disposition des Gesetzgebers steht.[52] Das BVerfG hat in diesem Sinne als drei Prinzipien für die Beschlussfassung der Bundesregierung die **Information** der Regierungsmitglieder, die Festlegung eines **Quorums** der Sitzungsteilnehmer und den Grundsatz der **Majorität** hervorgehoben.[53] Diese Prinzipien sind auch den Beschlüssen der Landesregierung zugrunde zu legen.

31

---

48 Ein äußerst lebendiges – manchmal auch indiskretes – Bild der Tätigkeit des Staatsministeriums zeichnet *Zach*, Monrepos oder Die Kälte der Macht, 9. Aufl. 2012.
49 StGH, ESVGH 52, 1.
50 *Schneider*, Smend-FS 1952, 303 (304).
51 Allgemein dazu *Luhmann*, Legitimation durch Verfahren, 6. Aufl. 2001.
52 *Böckenförde*, Organisationsgewalt, 119 ff.
53 BVerfGE 91, 184 (169).

32 In der Koalitionsvereinbarung für die 14. WP wurde 2006 (wohl auf Wunsch des kleineren Koalitionspartners) festgelegt, den Verfassungsauftrag umzusetzen. Mit der **Geschäftsordnung der Regierung des Landes BW** vom 6. März 2007 ist dies mit zwölf Paragrafen in recht schlanker Art und Weise geschehen, wobei zusätzlich zum Verfahren bei den Kabinettssitzungen die Aufgaben des Europaministers und des Bevollmächtigten beim Bund sowie der Geschäftsverkehr der Ministerien mit dem Bund und der Europäischen Union geregelt wurden. In der LV ist vorgesehen, dass die Geschäftsordnung veröffentlicht wird, ohne jedoch eine Festlegung über den Ort der Veröffentlichung zu enthalten. Angesichts des überschaubaren Kreises der Betroffenen würde eine schlichte Bekanntmachung genügen. Anders als die GO BReg ist die GO LReg jedoch sogar im Gesetzblatt veröffentlicht.[54]

33 Trotz **unterschiedlicher Einordnungen** der GO BReg als „autonomes Satzungsrecht", „Verfassungssatzung" oder „innerkorporatives Satzungsrecht"[55] besteht Einigkeit, dass diese nur für die Regierungsmitglieder sowie die anderen darin erwähnten Personen und nicht nach außen Wirkung entfaltet. Dritte können folglich aus der Geschäftsordnung keine Ansprüche ableiten. Gleiches gilt für die GO LReg. Umstritten ist weiter, ob die GO LReg entsprechend der parlamentarischen Diskontinuität von jeder Regierung neu beschlossen werden muss, allenfalls konkludent weiterwirkt, oder **unbegrenzte Geltungsdauer** erlangt. Von letzterem ist auszugehen. Das BVerfG hat klargestellt, dass der Grundsatz der Diskontinuität **nicht** für die GO BReg gilt.[56] Die GO kann von der Regierung allerdings jederzeit geändert werden. Darüber hinaus entwickelt sich ohne ausdrückliche Festlegungen in der GO auch eine **weitergehende Praxis**, die vom jeweiligen Regierungschef und seinen Regierungsmitgliedern geformt wird. Soweit sie nicht im Widerspruch zur GO LReg steht, ist eine solche Praxis unbedenklich.

34 **Abweichungen von der GO** sind – soweit sie abschließende Regelungen enthält – nicht zulässig, auch nicht bei Eilbedürftigkeit. Auch der Ministerpräsident kann im Rahmen seiner Richtlinienbefugnis nicht anders vorgehen.[57] Er hat allerdings die Möglichkeit, auf Änderungen der GO hinzuwirken, die aber wiederum vom Kabinett beschlossen und veröffentlicht werden müssen. **Verstöße** gegen die GO als Regierungsinnenrecht führen indes nicht zu einer Unwirksamkeit der Beschlüsse nach außen. Anders ist dies, soweit es sich um Regelungen handelt, die die GO aus der LV übernommen hat. Typisches **Problem der Praxis** ist immer wieder die rechtzeitige Übermittlung der Kabinettsvorlagen. Im Hinblick auf die vom BVerfG festgelegten Grundsätze ist zweifelhaft, ob hierauf einvernehmlich verzichtet werden kann. Zu fordern ist zumindest eine grundsätzliche Orientierung – ggf. auch aus anderen Zusammenhängen – über den Beratungsstoff.

35 Als unmittelbar aus der LV abgeleitet, besteht **keine Einwirkungsmöglichkeit des Landtages** auf Inhalt und Handhabung der GO LReg. Eine dem

---

54 GBl., 185, geändert durch Beschluss vom 27.7.2010, GBl., 529.
55 *Schenke* in: BK, Art. 65 Rn. 142.
56 BVerfGE 91, 148 (167 f.).
57 *Busse* in: Friauf/Höfling, Art. 95 Rn. 19.

Art. 65 S. 4 GG vergleichbare Genehmigungspflicht besteht auf Landesebene nicht.

b) Inhalt

Über die Wiedergabe der einschlägigen Verfassungsbestimmungen hinaus sind folgende Festlegungen der Geschäftsordnung besonders hervorzuheben:

- das Prinzip der **Kabinettssolidarität**, wonach Beschlüsse der Landesregierung „im Regelfall" in Landtag und Öffentlichkeit einheitlich zu vertreten sind;
- die **Vertretung des Ministerpräsidenten** durch den stellvertretenden Ministerpräsidenten, sofern er dauerhaft an der Wahrnehmung der Geschäfte verhindert ist, bei dessen Verhinderung von den Ministern in ihrer Reihenfolge;
- die fortlaufende **Unterrichtung des Ministerpräsidenten** aus den Ministerien „über alle Maßnahmen, die für die Richtlinien der Politik und die Leitung der Regierungsgeschäfte von Bedeutung sind", dazu auch das Recht, von den Ministern Auskünfte sowie wesentliche Unterlagen zu verlangen;
- **Aufgaben des StM** für den Ministerpräsidenten bei der „Führung seiner Geschäfte";
- „ständige Wahrnehmung der Aufgaben und Interessen des Landes" gegenüber der EU durch den „**Minister des Staatsministeriums und für Europäische Angelegenheiten**";[58] entsprechendes Tätigwerden des „**Bevollmächtigten des Landes beim Bund**" gegenüber dem Bund, dieser allerdings nur „nach Weisung des Ministerpräsidenten";
- Beschlussfassung der Landesregierung nach **mündlicher Beratung** im Ministerrat, in Eil- und weniger wichtigen Fällen im **Umlaufverfahren**;
- **Abstimmung** von Angelegenheiten, die die Geschäftsbereiche mehrerer Ministerien berühren, vor ihrer Beratung durch die Landesregierung zwischen den Ressorts; bei Meinungsverschiedenheiten Vorlage erst nach einem **Verständigungsversuch auf Ministerebene**;
- Erörterung von Kabinettsvorlagen, die für die Richtlinien der Politik und die Leitung der Regierungsgeschäfte von Bedeutung sein können, mit dem **StM**;
- Vorbereitung der Sitzung des Ministerrats durch die **Vorkonferenz der Ministerialdirektoren** unter Vorsitz des beamteten Staatssekretärs des StM;
- neben den Mitgliedern der Regierung **Teilnahme** des beamteten Staatssekretärs des StM, der politischen Staatssekretäre und der Abteilungsleiter des StM an den Sitzungen des Ministerrats;
- **Vertretung eines Regierungsmitglieds**, dessen Ressort über keinen politischen Staatssekretär verfügt, im Verhinderungsfall durch den Ministerialdirektor;

36

---

58 Diese Bestimmung gilt sinngemäß auch für den Justiz- und Europaminister der 16. LP, da damit das Verhältnis der dem Minister in der Geschäftsbereichsabgrenzung v. 26.7.2016 (GBl. 456, 460) zugewiesenen „Fragen in Bezug auf die Europäische Union" (Art. 1 X Nr. 12) zur verfassungsrechtlich exklusiven Außenvertretungskompetenz des Ministerpräsidenten nach Art. 50 LV geregelt wird.

- Beschlussfassung mit **Stimmenmehrheit**, **Stichentscheid** des Ministerpräsidenten;
- Möglichkeit der Einrichtung von **Kabinettsausschüssen** zur Vorbereitung von Kabinettsentscheidungen unter Vorsitz des Ministerpräsidenten; dieser kann auf ein anderes Mitglied der Landesregierung übertragen werden;
- **unmittelbarer Verkehr der Ministerien mit Bund und EU**, soweit die Angelegenheit nicht in ihrer Bedeutung über den Verantwortungsbereich des einzelnen Ministeriums hinausgeht.

37 In der Summe handelt es sich bei dieser knapp gefassten GO LReg um eine **Fixierung der jahrzehntelangen Staatspraxis**. Bemerkenswert erscheinen allerdings einige Punkte. Die in der VLV offen gebliebene Frage des **Stichentscheids des Ministerpräsidenten** wurde mit § 8 II GO LReg positiv beantwortet. Die in anderen Verfassungen angesprochene Frage einer **Stimmenthaltung** ist nicht geregelt und folglich möglich. Anders als auf Bundesebene bestehen **keine**, auch nicht aufschiebende, Vetorechte einzelner Kabinettsmitglieder wie des Justiz-, Innen- oder Finanzministers. Die **Kabinettssolidarität** gilt nicht uneingeschränkt, da die Beschlüsse der Landesregierung lediglich „im Regelfall" im Landtag und Öffentlichkeit einheitlich zu vertreten sind. Damit bleiben in Koalitionsregierungen Spielräume für abweichende Meinungsäußerungen erhalten.

38 Nicht umfassend beschrieben ist in der GO LReg die **Rolle des StM**, das in der Staatspraxis nicht „nur" Behörde des Ministerpräsidenten ist, sondern zugleich auch das Sekretariat der Regierung. Zum Ausdruck kommt diese Funktion in den Aufgaben des beamteten Staatssekretärs des StM bei der Vorbereitung und für die Niederschrift über die Sitzungen des Ministerrats. Die anwesenden Abteilungsleiter des Staatsministeriums beteiligen sich nicht an den Beratungen;[59] ihre Aufgabe ist es, sich ein Bild vom Meinungsstand im Kabinett zu verschaffen und ihm bei den weiteren Arbeiten Geltung zu verschaffen. Im Rahmen seines Vorsitzes kann der Ministerpräsident weiteren Personen die Teilnahme an den Kabinettssitzungen erlauben und ihnen auch das Wort erteilen. Angesichts der routinemäßigen Unterrichtung der Landespressekonferenz nach den Kabinettssitzungen sowie der dem Landtag möglichen Regierungsbefragung können sich die **Vertraulichkeitsbestimmungen** („streng vertraulich") über die Sitzung und deren Ergebnisse nur auf den Beratungsverlauf und nicht in Beschlussform fixierte Ergebnisse beziehen. Über Art und Weise der **Protokollierung** der Sitzungen findet sich nicht Näheres. Insgesamt keine Erwähnung finden die **Aufgaben des Regierungssprechers** im Zusammenhang mit der Regierungsarbeit.

39 Bemerkenswert ist – über eine Regierungsgeschäftsordnung hinausgehend – die ausdrückliche Festschreibung dreier Funktionen: des „**beamteten Staatssekretärs des Staatsministeriums**", des „**Europaministers**" sowie des „**Bevollmächtigten des Landes beim Bund**". Während der „Europaminister" **in eigener Zuständigkeit** „unbeschadet des Vertretungsrechts des Mi-

---

59 Die französische Sprache kennt für die Teilnahme den feinen Unterschied zwischen „participer" und „assister".

nisterpräsidenten nach Außen" tätig wird, unterliegt der Bevollmächtigte der **Weisung** des Ministerpräsidenten. Fragen offen lässt das Verhältnis zwischen den Aufgaben des „Europaministers" und des „Bevollmächtigten des Landes beim Bund" mit dem Recht der Ministerien, unmittelbar mit Bund und EU zu verkehren. Zumindest eine **nachrichtliche Beteiligung** des Europaministeriums bzw. der Vertretung des Landes beim Bund bei derartigen Kontakten erscheint angebracht und ist im Hinblick auf einen wirkungsvollen Auftritt des Landes in Brüssel und Berlin sogar zwingend. Allerdings bestehen in – nicht näher definierten – „politisch" bedeutsamen Fällen Einwirkungsmöglichkeiten über die in § 11 GO LReg vorgesehene Beteiligung des StM bei derartigen Aktivitäten.

5. Ressortprinzip

a) Allgemeines

Entsprechend der Regelung für die Bundesminister in Art. 65 S. 2 GG wird am Ende des Absatzes das **Ressortprinzip** verankert. Als Gegenstück zu den Rechten des Ministerpräsidenten fungiert die Befugnis der Minister, ihren Geschäftsbereich „selbstständig unter eigener Verantwortung" zu leiten. Diese steht nach deutscher Tradition neben dem kollegialen **Mitentscheidungsrecht der Minister im Kabinett**. Die Amtsbezeichnung lautet nach dem eindeutigen Verfassungstext „**Minister**", nicht – wie in anderen Landesverfassungen und den Medien häufiger als Gegenstück zum Bundesminister – „Landesminister". 40

Die den Ministern zugewiesene Leitung ihres „**Geschäftsbereichs**" – Art. 49 II 1 LV spricht etwas altertümelnd vom **Geschäftskreis** – bedeutet eine **umfassende Leitungsbefugnis**. Zum Geschäftsbereich (Ressort) gehören neben dem Ministerium idR Landesober-, Mittel- und untere Behörden. Anders als beim Bund – wo die Art. 87 ff. GG Vorgaben machen – sind aufgrund der grundsätzlichen Verwaltungszuständigkeit des Landes Anzahl und Aufgaben dieser Behörden grundsätzlich nicht begrenzt. Festlegungen dazu werden im Einzelnen nach Art. 70 I LV vom Landtag getroffen. Entscheidend werden die Aufgaben eines Ministers in seinem Ressort durch eine Vielzahl von Regelungen des Landes und des Bundes – von Allgemeinen Verwaltungsvorschriften bis hin zum GG, wo an mehreren Stellen die „obersten Landesbehörden" angesprochen sind[60] – bestimmt. Besondere Aufmerksamkeit genießt im GG der **Justizminister**.[61] Für den **Finanzminister** bestehen besondere Befugnisse im Haushaltsrecht unmittelbar aufgrund der LV (Art. 81, 83 I LV). 41

Art. 63 I 2 LV legt für die **Ausfertigung von Gesetzen** die Unterzeichnung durch „mindestens die Hälfte der Minister" fest, Art. 70 II LV sieht **Verordnungsermächtigungen** auch für die Minister vor. Wenn in Gesetzen und anderen Regelungen die „Regierung" angesprochen ist, ist jeweils im Einzelfall zu prüfen, ob damit das Kollegialorgan oder der einzelne Minister 42

---

60 ZB in Art. 84 III (Entsendung von Beauftragten zu den obersten Landesbehörden), 84 V (Einzelweisungen), 85 III GG (Weisungen im Rahmen der Auftragsverwaltung), 120 a I (Landesausgleichsämter) GG.
61 Art. 95 II (Richterwahlausschuss für oberste Gerichtshöfe), 98 IV (Richterwahlausschuss in den Ländern) GG.

gemeint ist. Das sich hieraus ergebende Bild ist allerdings unvollständig und um die zahlreichen, nicht weiter normierten Aktivitäten in den Bereichen von **Planung und Daseinsvorsorge**, die der „Staat der Industriegesellschaft"[62] erfordert, zu ergänzen.

b) Befugnisse der Ressortleitung

43 Der Minister ist in seinem Geschäftsbereich „Inhaber der höchsten **Entscheidungsgewalt und Weisungsbefugnis**".[63] Er steht an der Spitze einer großen „Weisungspyramide",[64] die das Ministerium in Stuttgart und den nachgeordneten Bereich umfasst. Die Befugnisse des Ministers erstrecken sich insbesondere auf **drei Bereiche**.

44 Der Minister trifft Entscheidungen in **Sachfragen** entweder selbst oder gibt dazu Weisungen, die vom Ministerium umgesetzt werden. Er ist dabei – selbstverständlich im Rahmen von Recht und Gesetz (Art. 25 II LV) – nicht auf Allgemeines und Grundsätzliches beschränkt. Seine Weisungsrechte, denen die Gehorsamspflicht seiner Beamten und anderen Beschäftigten korrespondiert, können für **Einzelfälle** genauso wie für **umfassende Regelungen** geltend gemacht werden. Auch die **Selbstentscheidung** in Angelegenheiten, die er an sich zieht, gehört zur Leitung seines Geschäftsbereichs. Er unterliegt jedoch ggf. der Richtlinienbefugnis des Ministerpräsidenten sowie Beschlüssen des Kabinetts. Im Mittelpunkt aber stehen die **Leitung der Ressortarbeit** und die **Kontrolle der Verwaltung** durch den Minister als politisch Verantwortlichem.[65] Nicht zu vergessen und in der Praxis eine ganz besondere Rolle spielen die ministeriellen Befugnisse im **Haushaltsrecht** sowohl bei Aufstellung als auch Vollzug des Staatshaushaltsplans.

45 Ein zweiter Aspekt des Ressortprinzips ist die **Organisationsgewalt**. Sie steht – vorbehaltlich der Richtlinienkompetenz des Ministerpräsidenten (zB eine Verwaltungsreform) – dem Minister sowohl für sein Ministerium als oberster Landesbehörde als auch die nachgeordneten Behörden zu. Beachtet werden muss allerdings Art. 70 I LV, nach dem „Aufbau, räumliche Gliederung und Zuständigkeit der Landesverwaltung" durch Gesetz geregelt werden. Nach Art. 70 II LV „obliegt" die Einrichtung der staatlichen Behörden im Einzelnen der Regierung, „aufgrund einer von der Regierung erteilten Ermächtigung" aber den Ministern. Es geht hier um die tatsächliche Bildung und Ausstattung der Behörden der Landesverwaltung.

46 Drittes Element ist die **Personalhoheit** des Ministers, die allerdings durch die Befugnisse des Ministerpräsidenten für die Ernennung der Richter und Beamten nach Art. 51 LV eingeschränkt ist. Staatspraxis in BW ist darüber hinaus, dass die Berufung von Spitzenbeamten (ab B 3) und vergleichbaren Angestellten dem Ministerrat zur Kenntnis gegeben wird. Es ist aber der Ressortminister, der dem Ministerpräsidenten im Hinblick auf Eignung, Befähigung und fachliche Leistung der Personen Vorschläge macht, von denen bei zutreffender Beurteilung kaum abgewichen werden kann.

---

62 *Forsthoff*, Der Staat der Industriegesellschaft. Dargestellt am Beispiel der Bundesrepublik Deutschland, 1971.
63 *Kölble*, DÖV 1973, 1 (4).
64 *Herzog* in: Maunz/Dürig, Art. 65 Rn. 59.
65 *Herzog* in: Maunz/Dürig, Art. 65 Rn. 61.

[Richtlinien der Politik, Aufgabenverteilung, Beschlussfassung] Artikel 49

Vertreten wird der Minister innerhalb seines Ressorts durch den **Ministerialdirektor**, gegenüber dem Landtag durch seinen **politischen Staatssekretär**. Steht ein solcher nicht zur Verfügung, wird die Vertretung durch die Regierung in Vorbereitung der Landtagssitzungen geregelt. Feste Stellvertretungsregelungen (zB der Justizminister durch den Innenminister) bestehen in BW bislang nicht. 47

6. Mitgliedschaft in der Regierung

Nach deutscher Tradition ist der Minister nicht nur Leiter eines Geschäftsbereichs, seines Ressorts, sondern zugleich in die **Regierungsarbeit** eingebunden. Er hat eine „Doppelstellung als Regierungsmitglied und Politiker einerseits und als Chef nicht nur einer diesem Amt entsprechenden Regierungsbehörde, sondern auch des gesamten zugehörigen Verwaltungszweigs".[66] Dies bringt unterschiedliches mit sich: Zum einen bestehen Einwirkungsmöglichkeiten auf das Regierungsmitglied durch die Befugnisse des **Ministerpräsidenten** für die Richtlinien der Politik und die Geschäftsleitung. Einwirkungsmöglichkeiten der **Regierung als Kollegium** auf die Ressortleitung sind in Art. 49 II LV normiert, insbesondere die Beschlussfassung „über Meinungsverschiedenheiten, die den Geschäftskreis mehrerer Ministerien berühren". Eine Grenze findet das Ressortprinzip auch in der **Kabinettssolidarität** (einem freundlicheren Begriff für den „Kabinettszwang"),[67] dem gemeinsamen Einstehen für die Beschlüsse der Regierung, als eines Unterfalls der Verfassungsorgantreue. 48

Der Ressortminister ist jedoch nicht lediglich Objekt solcher Einwirkungen, sondern gestaltet sie selbst aktiv mit. So ist der Ministerpräsident bei der **Vorbereitung von Richtlinienentscheidungen** aufgrund ihrer Sachkompetenz auf die Unterstützung der Minister und der ihnen unterstellten Ministerien angewiesen. In gleicher Weise bereiten die Ressortminister durch **Kabinettsvorlagen Entscheidungen der Regierung** als Kollegium vor und wirken an der Beschlussfassung mit. In weitem Maße sind es auch die Minister, die im Landtag als Vertreter der Regierung, oft kurz als „Regierung" bezeichnet, auftreten.[68] 49

Gegenstück zur Leitungsbefugnis ist die **Verantwortlichkeit** des Ministers für seinen Geschäftsbereich. Diese besteht nicht lediglich und in erster Linie gegenüber dem **Ministerpräsidenten**, sondern v.a. auch gegenüber dem **Landtag**. Dies ist ein besonderer Akzent, den die LV im Vergleich zum Bund setzt, wo die Verantwortung gegenüber dem Bundeskanzler im Vordergrund steht.[69] Anders als im GG besteht in der LV eine besondere Legitimationsbeziehung zwischen Ministern und Parlament (Art. 46 III und 56 LV). Die „Verantwortlichkeit" des Ministers impliziert **nicht pflichtwidriges oder persönlich verwerfliches Handeln,** sondern erwächst aus dem 50

---

66 *Kölble*, DÖV 1973, 1 (7).
67 *Schmidt-Jortzig*, Die Pflicht zur Geschlossenheit der kollegialen Regierung (Regierungszwang), 1973.
68 Sein Ministerium nimmt Stellung zu Anträgen nach § 54 GO LT, der Minister oder sein politischer Staatssekretär beantwortet Mündliche Anfragen in der Fragestunde nach § 58 GO LT und stellt sich ggf. einer Regierungsbefragung nach § 58 a GO LT.
69 *Schenke* in: BK, Art. 65 Rn. 105.

Amt. Der Minister ist verpflichtet, im Landtag Rechenschaft abzuleisten und für seinen Zuständigkeitsbereich einzustehen (**Rechenschafts- und Einstands-[Prästations]pflicht**).[70] Konsequenz dieser Verantwortlichkeit ist neben der – gegebenenfalls vom Landtag verlangten – Abberufung durch den Ministerpräsidenten auch der **Rücktritt eines Ministers** aufgrund von Vorgängen in seinem Ressort, ein in der politischen Geschichte des Landes allerdings seltener Vorgang.[71] Bisher ist in BW kein Fall bekanntgeworden von der weiteren Möglichkeit eines **Rücktritts aus politischen Gründen**, dh bei schwerwiegender Nichtübereinstimmung mit von Ministerpräsident oder Regierung getroffenen Entscheidungen.[72]

51 Es gilt der Grundsatz des „responsible government",[73] das durch weitestgehende Öffentlichkeit als „tiefster Rechtfertigung des heutigen Parlamentarismus" erreicht wird.[74] Diesen Zwecken dient das **Zitierrecht** nach Art. 34 I LV, das dem Landtag und seinen Ausschüssen zusteht und mit dem die Anwesenheit eines jeden Mitglieds der Regierung verlangt werden kann (näher dazu → Art. 34 Rn. 17 ff.). Bei Verhinderung kann ein Regierungsmitglied in diesen Fällen nur durch ein anderes Regierungsmitglied, nicht den politischen Staatssekretär oder den Ministerialdirektor, vertreten werden.[75] Ebenfalls in diesen Kontext gehört die Antwortpflicht der Regierung auf **parlamentarische Anfragen** (näher dazu → Art. 27 Rn. 74 ff.). Die **unmittelbare Verantwortlichkeit der Minister** gegenüber dem **Landtag** ist – anders als im GG – in Art. 56 LV klar geregelt (dazu näher die Kommentierung zu Art. 56).

II. Befugnisse der Regierung (Abs. 2)
1. Allgemeines

52 Nach der Regelung der Befugnisse des Ministerpräsidenten und der Minister im ersten Absatz widmet sich der folgende den Aufgaben der **Regierung als Kollegium**. Die LV sieht – unbeschadet der Prärogativen des Ministerpräsidenten – die Regierung für den Regelfall als „zentrales politisches Führungsorgan"[76] mit einem umfangreichen Aufgabenkatalog. Nicht zu übersehen ist eine „Führungskonkurrenz"[77] zum Regierungschef. Insgesamt kann – anders als unter der WRV – grundsätzlich davon ausgegangen

---

70 *Katz* in: Feuchte, Art. 49 Rn. 3; *Kröger*, Die Ministerverantwortlichkeit in der Verfassungsordnung der Bundesrepublik Deutschland 1972, 7.
71 So zB der Rücktritt von Justizminister *Traugott Bender* im Jahre 1977 wegen der Geschehnisse in der Vollzugsanstalt Stammheim, wo auch der damalige Oppositionsführer *Erhard Eppler* keine Zweifel an der persönlichen Integrität des Ministers sah.
72 Ein (seltenes) Beispiel dafür ist der Rücktritt des in Karlsruhe politisch beheimateten Bundesfinanzministers *Alex Möller* im Jahre 1971, dem es nicht gelang, bei seinen Bemühungen um einen ausgeglichenen Haushalt den Rückhalt der Ressorts – insbesondere des Bundesverteidigungsministeriums unter *Helmut Schmidt* – zu erhalten. 1972 erfolgte aus ähnlichen Gründen der Rücktritt seines Nachfolgers *Karl Schiller*.
73 *Kröger*, Ministerverantwortlichkeit, 26.
74 *Kröger*, Ministerverantwortlichkeit, 29.
75 *Epping* in: Epping/Butzer u.a., Art. 28 Rn. 23.
76 *Oldiges*, Bundesregierung, 421.
77 *Oldiges*, Bundesregierung, 429.

[Richtlinien der Politik, Aufgabenverteilung, Beschlussfassung]   Artikel 49

werden, dass „Regierung" in der LV, ebenso wie „Bundesregierung" im GG,[78] das aus dem Regierungschef und den weiteren Regierungsmitgliedern zusammengesetzte **Kollegium** meint.[79] Die Pluralisierung der Regierung ist heutzutage eine Tatsache. Auf dieser Grundlage liegt bei den Beschlüssen der Regierung ihre besondere Leistung in der **Einbeziehung unterschiedlicher Standpunkte und Sichtweisen**, in der „Herstellung von Einheit und Solidarität"[80] in einer auch nach außen sinnfälligen Weise.

Art. 49 II LV regelt **fünf Zuständigkeiten der Regierung**. Es handelt sich – wie im GG – um **keinen Numerus clausus**.[81] Dies wird durch das einleitende „insbesondere" deutlich. Der Bedeutung entsprechend steht bei den Befugnissen der Regierung als Kollegium die Beschlussfassung über **Gesetzesvorlagen** ganz an der Spitze. Gleich an zweiter Stelle folgt die „**Stimmabgabe im Bundesrat**", nach Auffassung des Verfassungsgebers, aber auch in der Staatspraxis, eine politisch besonders bedeutsame Kompetenz. Es folgt die Beschlussfassung im Kabinett, **soweit dies ein Gesetz „vorschreibt"**. Hier stellen sich möglicherweise Fragen im Hinblick sowohl auf Richtlinien- als auch Ressortkompetenz. Die **Schlichtung von Meinungsverschiedenheiten** zwischen den Ressorts entspricht der Regelung für die Bundesregierung in Art. 65 S. 3 GG. Weit darüber hinaus geht die Beschlussfassung zu „**Fragen von grundsätzlicher oder weittragender Bedeutung**". Deutlich wird hier bereits auf den ersten Blick eine mögliche Konkurrenz zur **Richtlinienkompetenz** des Ministerpräsidenten. Auf der anderen Seite dürfen solche Kabinettsentscheidungen auch nicht die **Ressortkompetenz** aushöhlen. 53

Über diese Fälle hinaus ist eine durch Kabinettsbeschluss herbeigeführte **freiwillige Selbstbindung der Regierungsmitglieder** denkbar.[82] In der Staatspraxis sind zahlreiche derartige Kabinettsbeschlüsse zu verzeichnen, mit denen das vorlegende Ressort – auch nach außen – die Wichtigkeit eines Themas hervorheben oder die Ausgangsbasis für die nächsten Haushaltsverhandlungen verbessern will, ohne dass einer der Fälle des Abs. 2 gegeben wäre. Bedenken gegen diese Praxis bestehen grundsätzlich nicht. Es ist am Ministerpräsidenten, im Rahmen seines Vorsitzes und der Geschäftsleitung überbordenden Kabinettstagesordnungen entgegenzuwirken. 54

Eine **Gesamtschau** der Zuständigkeiten der Regierung ergibt sich über Art. 49 II LV hinaus im Zusammenhang mit anderen Bestimmungen der LV. Hinzuweisen ist auf Art. 45 III LV für die **Festlegung der Geschäftsbereiche**, auf Art. 49 I 2 LV mit dem Beschluss über die **Geschäftsordnung** und Art. 59 I LV, wonach **Gesetzesvorlagen** von der Regierung in den Landtag eingebracht werden. Besonders wichtig ist der Beschluss der Regierung über den Entwurf des **Haushaltsgesetzes**. Beschlüsse des Landtags, welche die im Haushaltsplan festgesetzten Ausgaben erhöhen oder neue Ausgaben bedürfen der Zustimmung der Regierung (Art. 82 I LV). **Staatsverträge** benötigen ebenfalls die Zustimmung der Regierung (Art. 50 S. 2 55

---

78 BVerfGE 26, 338 (395 f.).
79 *Epping* in: Epping/Butzer u.a., Art. 28 Rn. 15.
80 *Oldiges*, Bundesregierung, 434.
81 *Herzog* in: Maunz/Dürig, Art. 65 Rn. 72.
82 *Busse* in: Friauf/Höfling, Art. 65 Rn. 10.

LV). Weiter kann die Regierung nach Art. 60 II, III LV vom Landtag beschlossene oder abgelehnte Gesetze zur **Volksabstimmung** bringen. Nach Art. 61 II LV erlässt sie **Rechtsverordnungen**, nach Art. 64 I LV kann sie beim **VerfGH** eine beabsichtigte Änderung der LV überprüfen lassen. Mit dem Landtag teilt sich die Regierung ein Stück Organisationsgewalt für die Landesverwaltung. Die **Einrichtung der staatlichen Behörden** ist nach Art. 70 II LV ihre Aufgabe. Es geht dabei um Bildung und Ausstattung von Behörden mit Personal- und Sachmitteln.[83]

56 Als Gesetzgeber ist es dem Landtag unbenommen, der Regierung als Kollegialorgan **weitere Befugnisse** zu übertragen.[84] Grenzen findet diese Möglichkeit verfassungsrechtlich in Aufgaben, die nur mit einem entsprechenden Verwaltungsunterbau (Ressort) bewältigt werden können.[85] Auch darf einem Minister dadurch nicht die Ressortkompetenz entzogen werden.

57 Nicht über jeden Zweifel erhaben erscheint die Auffassung des VGH BW, der aufgrund eines „allgemeinen Grundsatzes des Zuständigkeitsrechts" von einem **Selbsteintrittsrecht der Regierung** ausgehen will, wonach sie als in der hierarchischen Verwaltungsorganisation oberste Landesbehörde Angelegenheiten an sich ziehen und selbst entscheiden darf, soweit nicht gesetzliche Vorschriften entgegenstehen.[86] Demgegenüber ist an das Ressortprinzip zu erinnern, das genauso wenig vom Ministerpräsidenten wie von der Regierung ausgehöhlt werden darf.

58 Über die landesrechtlich geregelten **Befugnisse der Regierung** hinaus ergeben solche sich auch **aufgrund Bundesrechts**. Unmittelbar im **GG** sind die „Landesregierungen" angesprochen, wenn es um Ermächtigungen zum Erlass von Rechtsverordnungen geht (Art. 80 I 1 GG). Allerdings ist dann die Verfassungsordnung der Länder für den richtigen Adressaten einschlägig.[87] Dasselbe gilt, wenn ganz allgemein von den „Ländern"[88] die Rede ist. In diesen Fällen müssen landesintern die Zuständigkeiten geregelt werden. Von den „Regierungen der Länder" spricht im Zusammenhang mit dem Bundesrat Art. 51 f. GG. In die Nachkriegszeit zurück führt Art. 127 GG, wo die „Regierungen der beteiligten Länder" (u.a. Baden und Württemberg-Hohenzollern) im Hinblick auf die „Rechtsangleichung in der französischen Zone" erwähnt werden. „Oberste Landesbehörden" sind in zahlreichen Grundgesetzbestimmungen aufgeführt (Art. 84 III, 84 V, 85 III 2, 120 a I GG). Weiter zu erwähnen sind die „nach Landesrecht zuständigen Stellen" in Art. 129 II GG.

---

83 VGH BW, VBlBW 1990, 342, wo allerdings die Gestaltung der Dienst- und Arbeitsverhältnisse ausdrücklich ausgenommen und der Landesregierung für diese Fälle lediglich ein Selbsteintrittsrecht aufgrund allgemeiner Grundsätze des Zuständigkeitsrechts zugebilligt wird; zu „Errichtung" und „Einrichtung" von Behörden *Böckenförde*, Organisationsgewalt, 45 ff.
84 *Herzog* in: Maunz/Dürig, Art. 62 Rn. 17.
85 *Epping* in: Epping/Butzer u.a., Art. 37 Rn. 27.
86 VGH, VBlBW 1990, 342 Rn. 45 (Arbeitszeitregelung im öffentlichen Dienst des Landes); VGH 40, 277 (Mittagspausenregelung); kritisch dazu *Schenke*, VBlBW 1990, 326.
87 BVerfGE 11, 77 (88); *Oldiges*, Bundesregierung, 147.
88 Art. 32 II, III (auswärtige Beziehungen), 84 I, IV (landeseigene Verwaltung), 85 I (Auftragsverwaltung), 89 II (Schifffahrtsverwaltung), 90 II (Bundesstraßen), 91 (innerer Notstand), 118 (Neugliederung von Baden und Württemberg) GG.

2. Kabinettsausschüsse

Zur Unterstützung und Entlastung der Regierungsarbeit, insbesondere auch um politische Schwerpunkte zu markieren, ist die Einrichtung von **Kabinettsausschüssen** mit wechselnden Themen Staatspraxis. Diese Gremien vereinen die mit einem bestimmten Themenkreis befassten Minister als ständige Mitglieder. Den Vorsitz kann der Ministerpräsident persönlich oder ein vorrangig berührter Minister übernehmen.[89] Wichtig ist, dass Kabinettsausschüsse **nur vorbereitend** wirken können. Eine bindende Beschlussfassung anstelle des Kabinetts – über die einvernehmliche Selbstkoordination der beteiligten Ministerien hinaus – ist ihnen angesichts der eindeutigen Verfassungslage verwehrt. In § 10 I GO LReg ist dementsprechend ausdrücklich vorgesehen, dass Kabinettsausschüsse lediglich „an der Vorbereitung von Kabinettsentscheidungen" mitwirken. Diese Festlegung dürfte allerdings zu eng gefasst sein: Im Einzelfall können Beratungsergebnisse – je nach Tragweite – durch Richtlinienentscheidungen, Kabinettsbeschlüsse oder im Rahmen der Ressortzuständigkeiten umzusetzen sein. Wegen des lediglich empfehlenden Charakters der Ausschussarbeit ist die Teilnahme von **Nicht-Regierungsmitgliedern** zulässig.

Nachdem in früheren Legislaturperioden bereits ein „**Kabinettsausschuss für Ländlichen Raum**" bestanden hatte, wurde in der 14. LP ein „**Kabinettsausschuss Integration**" unter Vorsitz des Justizministers, der zugleich zum „Integrationsbeauftragten der Landesregierung" bestellt wurde, eingesetzt. Der Integrationsbeauftragte sollte für alle Menschen im Land mit Migrationshintergrund, unabhängig von der Staatsangehörigkeit, zuständig sein. Ein „**Kabinettsausschuss für Bürgerbeteiligung**" unter Vorsitz der Staatsrätin für Zivilgesellschaft und Bürgerbeteiligung im Staatsministerium mit sieben beteiligten Ministerien wurde in der 15. LP eingerichtet und in der 16. fortgesetzt. Der Ausschuss tagt zwei Mal im Jahr. Weiter wurde in dieser Legislaturperiode ein „**Kabinettsauschuss Digitalisierung**" unter Vorsitz des Innenministers eingerichtet.

3. Gesetzesbeschlüsse

Die Beschlussfassung über **Gesetzesvorlagen** ist eine zentrale Zuständigkeit der Regierung. Die Bestimmung korrespondiert mit dem Recht zur Gesetzesinitiative nach Art. 49 I LV. Regierung und Landtag haben als Gesetzgebungsorgane des Landes zusammen zu wirken. Die Bedeutung dieser Zuständigkeit für die Regierungstätigkeit ergibt sich – trotz des ganz deutlichen Übergewichts der Bundesgesetzgebung, die vom Land lediglich umzusetzen ist – aus dem Grundsatz, dass Regierung heute im Wesentlichen im Wege der Gesetzgebung ausgeübt wird („**government by legislation**"). Zwar sieht Art. 59 I LV vor, dass Gesetzesvorlagen auch von Abgeordneten oder vom Volk durch Volksbegehren eingebracht werden können. Heutzutage sind aber Gesetzesvorlagen der Regierung absolut dominierend, mehr noch als auf Bundesebene, wo der Bundesrat immer wieder zu Gesetzesinitiativen schreitet. Soweit Gesetzesinitiativen von Regierungsfraktionen

---

89 Art. 10 II GO LReg; Zweifel an der dauerhaften Übertragung des Vorsitzes auf Minister bei *Kröger*, Ministerverantwortlichkeit, 64.

eingebracht werden, gehen diese idR auf sog. „Formulierungshilfen" der Regierung zurück.[90]

62 Insgesamt ist die Beschlussfassung über Gesetzesvorlagen ein **vielstufiger Prozess**, der sich im Einzelnen aus der **VwV Regelungen**[91] ergibt. Vom federführenden Ressort wird dazu der **Gesetzesentwurf in einer Kabinettsvorlage** verbunden mit einem „Vorblatt", das eine kurze zusammenfassende Information enthält, sowie einer Begründung zur Verabschiedung als Regierungsentwurf vorgelegt (Nr. 5.4 VwV Regelungen). Zu diesem Zeitpunkt sind die vom federführenden Ministerium – diese Zuständigkeit ergibt sich aus der Geschäftsverteilung – zu leistenden Vorarbeiten bereits weit gediehen. Im Regelfall wird sich der Ministerrat schon zweimal mit dem Vorhaben befasst haben: Mit den **Eckpunkten** des Gesetzgebungsvorhabens und dann – nach Vorliegen eines Entwurfs – mit der **Freigabe zur Anhörung der Verbände**. Praxis ist vor Beschlüssen des Kabinetts dazuhin eine **Abstimmung mit den Regierungsfraktionen**.

63 Nach der VwV Regelungen sind vor einem Gesetzesbeschluss ggf. durchzuführen

- eine **Regelungsfolgenabschätzung** über die fachbezogenen und fachübergreifenden Wirkungen und Nebenwirkungen (Nr. 4.3.1),
- ein „**Nachhaltigkeitscheck**" auf der Basis eines „Leitfadens Nachhaltigkeitscheck" (Nr. 4.3.2),
- gegebenenfalls eine Vorentscheidung des Ministerrats (Nr. 5.1.2) zu den **Eckpunkten** des Gesetzesvorhabens,
- die **Beteiligung anderer Ministerien**, deren Geschäftsbereich berührt ist (Nr. 5.2.1),
- eine **ressortinterne Gegenprüfung** von einer fachlich unabhängigen Stelle im federführenden Ministerium sowie eine Prüfung durch den **Normenprüfungsausschuss** mit je einer Person des Innenministeriums und des Justizministeriums (früher war hier auch das StM beteiligt) (Nr. 5.2.2),
- die Prüfung durch die „**Stelle für Bürokratieabbau**" im Innenministerium (Nr. 5.2.3) im Hinblick auf Bürokratieabbau, Deregulierung und Aufgabenabbau,
- eine Beteiligung des **Landesbeauftragten für den Datenschutz** (Nr. 5.2.4),
- die Beteiligung des **Beauftragten für die Belange von Menschen mit Behinderungen** (5.2.3),
- eine Vorlage an den Ministerrat zur **Freigabe der Anhörung** (5.2.5),
- die **Anhörung** der kommunalen Landesverbände, wenn die Regelung die Belange von deren Mitgliedern berührt, sowie von Industrie- und

---

90 Dieses hauptsächlich auf Bundesebene zu beobachtende Phänomen ist dort nicht unumstritten, da dadurch die bei Gesetzesvorlagen der Bundesregierung notwendige Stellungnahme des Bundesrates vor der Bundestagsbefassung gem. Art. 76 II GG entfällt.
91 VwV der Landesregierung und der Ministerien zur Erarbeitung von Regelungen vom 27.7.2010, GABl. 277; geändert durch VwV v. 9.6.2015, GABl. 370; interessante Einblicke in die Praxis finden sich bei *Birkert*, Aus der Küche der Gesetzgebung in: Sander/Scheel/Esposito, Öffentliches Recht im Wandel. Liber amicorum Armin Dittman, 2015, 151 ff.

Handelskammertag und Handwerkstag, wenn Belage der gewerblichen Wirtschaft, und der Gewerkschaften, wenn Interessen der Arbeitnehmer unmittelbar berührt sind, ggf. die **Anhörung** weiterer Behörden, Körperschaften und Verbände (Nr. 5.3.1),
- die Zuleitung des Gesetzesentwurfs an den **Landtagspräsidenten und die Geschäftsstellen der Fraktionen** und eine Veröffentlichung im „**Dienstleistungsportal**" des Landes (Nr. 5.3.4).

In der **Kabinettsvorlage** des Ressorts, die als Grundlage für den Beschluss der Regierung dient, werden – soweit bis dahin gediehen – die wesentlichen Ergebnisse der Prozedur dargestellt. Der endlich beschlossene Regierungsentwurf wird vom **StM** dem Landtag zur weiteren Behandlung übermittelt. 64

Ergänzend zur Zuständigkeit für die Beschlussfassung über Gesetzesvorlagen ist auf Art. 62 II LV hinzuweisen, wonach **Rechtsverordnungen** aufgrund gesetzlicher Ermächtigung im Regelfall ebenfalls von der Regierung erlassen werden. 65

4. Bundesrat

a) Besetzung

Eine unter politischen Gesichtspunkten herausragende Kompetenz der Länder ist die über den Bundesrat eröffnete Mitwirkung bei Gesetzgebung und Verwaltung des Bundes und in Angelegenheiten der Europäischen Union nach Art. 50 GG. Gerade in Zeiten zunehmend „nichtkonformer Regierungskoalitionen"[92] auf Bundes- und Länderebene kann dem Vorgehen im Bundesrat über bundesstaatliche Belange hinaus eine eminent politische Bedeutung zukommen. In verschiedenen Kombinationen überlagert so der „Eigensinn der Landespolitik"[93] die Entscheidungen auf Bundesebene. Die „Mitglieder des Bundesrates" vertreten ihr Land als Organwalter. 66

Die Bestellung von Mitgliedern des Bundesrates ist eine **bundesstaatliche Pflicht** der Regierung. Im Hinblick auf das Prinzip der einheitlichen Stimmabgabe ist die Bestellung einer der Stimmenzahl des Landes entsprechenden Anzahl von Mitgliedern nicht zwingend, allerdings Staatspraxis.[94] Von der Regierung werden so gemäß Art. 51 I 1, III 1 GG **sechs ordentliche Mitglieder des Bundesrates** bestellt. Das GG überlässt die Einzelheiten dem Land. Die LV enthält dazu keine näheren Vorgaben.[95] Bei der Entscheidung über die Benennung spielen politische Gesichtspunkte, vor allem aber die Bedeutung des Bundesrechts für den jeweiligen Geschäftsbereich, eine Rolle. Die **stellvertretenden Mitglieder des Bundesrates** können in unbeschränkter Zahl nach Art. 51 I II GG aus dem Kreise der übrigen Regierungsmitglieder bestellt werden. In dieser Eigenschaft sind sie aus eigenem Recht zum Zutritt berechtigt.[96] Das Handeln der stellvertretenden Mitglieder im Bundesrat ist nicht auf den Vertretungsfall für ein ordentliches Mit- 67

---

92 *Kropp/Sturm*, Koalitionen, 116.
93 *Lehmbruch*, Parteienwettbewerb im Bundesstaat, 3. Aufl. 2000, 175.
94 *Reuter*, Bundesrat, Art. 51 GG Rn. 20.
95 Art. 37 II Nr. 2 NdsVerf sieht dies ausdrücklich als Aufgabe der Landesregierung vor.
96 *Reuter*, Bundesrat, Art. 50 GG Rn. 87.

glied beschränkt. Praktisch werden die stellvertretenden Mitglieder wie ordentliche behandelt (vgl. § 46 GO BRat).

68 Weiter werden von der Landesregierung Mitglieder und stellvertretende Mitglieder für die sechzehn **Ausschüsse des Bundesrates** bestellt. Die Ausschüsse des Bundesrates decken – parallel zu denen des Deutschen Bundestages – alle Staatsaufgaben ab. So hat der Bundesrat auch einen Auswärtigen und einen Verteidigungsausschuss, die auf hochrangiger politischer Ebene wahrgenommen werden. In der Praxis sind es ansonsten Ministerialbeamte, die für das Land an den Ausschusssitzungen teilnehmen. Eine Ausnahme stellt der Finanzausschuss dar, der im Regelfall nach Vorbereitung auf Beamtenebene mit den Finanzministern zusammentritt. Da der Bundesrat passenderweise über 16 Ausschüsse verfügt, kann jedes Land den Vorsitz in einem Ausschuss stellen. Bereits eine Tradition ist es, dass der „Europaminister" von BW zum Vorsitzenden des **Ausschusses für Fragen der Europäischen Union** gewählt wird.

69 Besondere Bedeutung haben die Benennungen für den **Vermittlungsausschuss** nach Art. 77 II GG. Dieser Ausschuss wird im Regelfall vom **Ministerpräsidenten** wahrgenommen, zu seinem Stellvertreter wird ein vom Koalitionspartner benanntes Regierungsmitglied – ggf. der **Stellvertreter des Ministerpräsidenten** – bestellt. Der Vertreter des Landes ist – wie die anderen Mitglieder dieses Ausschusses – an Weisungen nicht gebunden. Die Wahrnehmung der Sitzungen des in den Räumen des Bundesrates unter vierteljährlich wechselndem Vorsitz eines Vertreters des Bundestages und des Bundesrates vertraulich tagenden Gremiums ist höchstpersönlich. Veränderungen in der Besetzung sind im Laufe der Legislaturperiode des Bundestages nur viermal möglich. Weiter erfolgen durch die Regierung Benennungen für den **Gemeinsamen Ausschuss** von Bundestag und Bundesrat nach Art. 53 a GG, für die **Europakammer** des Bundesrates nach Art. 52 IIIa GG und die **Parlamentarische Versammlung der NATO**. Darüber hinaus entsendet die Regierung Mitglieder in die **Deutsch-Französische** und die **Deutsch-Russische Freundschaftsgruppe** des Bundesrates.

70 Die von der Landesregierung bestellten Bundesratsmitglieder sowie ihre Beauftragten (alle von ihnen benannten Mitarbeiterinnen und Mitarbeiter) haben ein **Zutritts- und Anhörungsrecht** zu den Sitzungen des Deutschen Bundestages und seiner Ausschüsse nach Art. 43 II GG. So kommt es auch durchaus immer wieder vor, dass der Ministerpräsident oder ein Minister vor dem Plenum des Bundestages spricht.[97] Die Redezeit wird – nicht unumstritten – den entsprechenden Fraktionen angerechnet. Mitarbeiterinnen und Mitarbeiter der Vertretung des Landes beim Bund nehmen auf dieser Grundlage an den Ausschusssitzungen des Bundestages teil und berichten darüber den Ministerien in Stuttgart. Weiter wird ihnen die Teilnahme an Fraktions- und Arbeitsgruppensitzungen der Parteien ihrer Minister ermöglicht.

---

97 *Clostermeyer/Exo*, Bundesstaatsprinzip und parlamentarische Debatte: Zu den Beteiligungsrechten des Bundesrates im Bundestag, Jahrbuch des Föderalismus 11 (2010), 212 ff.

Staatspraxis und in der GO LReg vorgesehen ist weiter die Benennung eines **„Bevollmächtigten des Landes beim Bund"**. Diese Institution, die auf die Gesandten und Bundesratsbevollmächtigten der Länder des Deutschen Reichs von 1871 (mit älteren Vorläufern) zurückgeht,[98] ist an keiner Stelle näher definiert. § 9 I GO BRat stellt lediglich als Tatsache fest, dass beim Präsidium des Bundesrates ein **„Ständiger Beirat"** besteht, dem die „Bevollmächtigten der Länder" angehören. Aufgabe des Ständigen Beirats ist es, den Präsidenten und das Präsidium des Bundesrates zu unterstützen und „bei der Aufrechterhaltung der laufenden Verbindung zwischen Bundesrat und Bundesregierung" gem. Art. 53 GG mitzuwirken. Als „Bevollmächtigte" des Landes werden idR Minister oder Staatssekretäre bestellt, die als Regierungsmitglieder zugleich Mitglieder des Bundesrates und damit dort stimmberechtigt sind.[99] Staatspraxis ist allerdings, dass auch Beamte abstimmen können, sofern ein Bundesratsmitglied des Landes im Sitzungssaal anwesend ist.

71

b) Stimmabgabe

Die Mitglieder des Bundesrates sind – bis auf die Mitglieder des Vermittlungsausschusses – bei der **Stimmabgabe nicht frei**. Es ist die Landesregierung, die darüber zu beschließen hat. Die das Land im Bundesrat vertretenden Regierungsmitglieder – im Regelfall zumindest der Ministerpräsident und der Stimmführer (soweit bestellt der „Bundesratsminister" oder ein anderes Regierungsmitglied) – haben insoweit zivilrechtlich gesehen „Boteneigenschaft". Die (sechs) Stimmen des Landes können nur einheitlich abgegeben werden. Votieren aber mehrere Mitglieder in der Sitzung des Bundesrates unterschiedlich, ist die Stimmabgabe des Landes ungültig.[100] Aufgrund der Abstimmungsregeln des Bundesrates, nach denen Beschlüsse mit der (absoluten) Mehrheit der Stimmen gefasst werden, wirkt dies wie eine Ablehnung.[101] Entgegen einer vereinzelt vertretenen Auffassung[102] kann hier nicht die Stimme des Regierungschefs gegenüber der eines anderen Regierungsmitglieds maßgeblich sein. Denn Art. 51 III GG unterscheidet in keiner Weise zwischen den Mitgliedern des Bundesrates, verlangt aber, dass die Stimmen eines Landes „nur einheitlich" abgegeben werden. Weisungswidrig abgegebene Stimmen sind **gültig**.

72

Festlegungen zur **Wahrnehmung der Stimmführung** sind Sache des Landes, obwohl es um die Mitwirkung in einem Verfassungsorgan des Bundes geht.[103] Die Entscheidung über die **Stimmabgabe** erfolgt im Regelfall in der Ministerratssitzung zu Beginn der Woche, in der der Bundesrat tagt. Möglich ist auch eine Beschlussfassung im Umlaufverfahren. Dieser Tagesordnungspunkt ist – nicht nur im Falle einer Koalitionsregierung – oft der am meisten „politische" einer Kabinettsitzung. Immer wieder gibt es zu den –

73

---

98 *Bickhoff*, „Gestatten, Exzellenzen." Die württembergische Gesandtschaft in Berlin, 2014.
99 Eine Ausnahme stellt die 16. LP mit einem (beamteten) nicht stimmberechtigten Staatssekretär dar.
100 BVerfGE 106, 310.
101 *De Wall* in: Friauf/Höfling, Art. 51 Rn. 26.
102 *Stern* in: Stern II, § 27 III 2 a), 137.
103 BVerfGE 106, 310 (330).

Artikel 49 [Richtlinien der Politik, Aufgabenverteilung, Beschlussfassung]

teilweise über 100 Punkte umfassenden – Tagesordnungen des Bundesrates eine intensive Debatte. Eine Rolle spielen dabei gleichermaßen politische Präferenzen als auch unterschiedliche Ressortstandpunkte. Von der Zuständigkeit des Ministerrats umfasst ist – obwohl in Art. 49 II LV nicht ausdrücklich geregelt – auch die **Einbringung von Initiativen des Landes** – insbesondere Gesetzentwürfen und Entschließungsanträgen – in den Bundesrat. Die vom Kabinett beschlossenen Initiativen werden vom StM dem Bundesrat zugeleitet.

74 Den Beschlüssen des Kabinetts zu Bundesratsvorlagen liegt eine umfangreiche Vorarbeit zugrunde. Staatspraxis in BW ist, dass für die vorbereitende Behandlung in den **Ausschüssen** des Bundesrates – von hochpolitischen Ausnahmen abgesehen – das **Ressortprinzip** gilt. Die – im Regelfall beamteten – Sitzungsvertreter des Landes votieren dort nach Weisung ihres Ministeriums. Verbunden mit den **Abstimmungsregeln in den Ausschüssen** des Bundesrates, wo nach der Zahl der Länder abgestimmt wird (nicht wie im Plenum mit einer gewichteten Stimmenzahl), kann dies zu auf den ersten Blick nicht unmittelbar verständlichen Ergebnissen führen. So können zB bei der Stellungnahme zu einem Gesetzentwurf der Bundesregierung gegenläufige Ausschussempfehlungen jeweils mit der Stimme des Landes beschlossen werden.

75 Anscheinend unumstößliche – im Hinblick auf **eine** Wahrnehmung der Verhandlungen des Bundesrates in der Öffentlichkeit allerdings eher ungünstige – Staatspraxis ist es, dass die im Regelfall elf ordentlichen Sitzungen des Bundesrates an einem Freitag zu Ende einer Sitzungswoche des Deutschen Bundestages stattfinden. Es handelt sich durchweg um äußerst umfangreichen Beratungsstoff mit Gesetzesbeschlüssen des Bundestages, Initiativen der Länder, Gesetzentwürfen der Bundesregierung, um Vorlagen der Europäischen Union, Rechtsverordnungen, Allgemeine Verwaltungsvorschriften, Verfahren vor dem BVerfG, Personalien. Grundlage für die Beschlussfassung der Landesregierung, die im Regelfall am Dienstag vor der Sitzung stattfindet, sind die öffentlichen, vom Sekretariat des Bundesrates erstellten Drucksachen (sog. „Strichdrucksachen"), in denen die – sich oft widersprechenden – **Beschlussempfehlungen der Ausschüsse** zusammengestellt sind. Vorbereitet wird die Entscheidung des Ministerrats in einer **Besprechung der Bundesratsreferenten** der Ressorts unter Vorsitz des Staatsministeriums. Für den weit überwiegenden Teil der Ausschussempfehlungen geschieht dies einvernehmlich. Nur wenige Streitfragen werden – soweit sie nicht in der Vorkonferenz der Ministerialdirektoren ausgeräumt werden können – dem Ministerrat zur Entscheidung überantwortet.

76 In Fällen, bei denen weiterer Abstimmungsbedarf mit anderen Ländern und ggf. der Bundesregierung besteht, wird vom Ministerrat ggf. „**Freie Hand**" für die Stimmführung festgelegt. In den im Laufe der Woche der Bundesratssitzung stattfindenden Koordinierungsgesprächen wird dann eine Klärung versucht. Die Wahrnehmung der Interessen des Landes bei diesen Besprechungen ist eine zentrale Aufgabe der Vertretung des Landes

beim Bund in Berlin.[104] Letzte Entscheidungen zu den umstrittenen Vorlagen werden dann vom Stimmführer, bei Koalitionsregierungen im Regelfall nach Abstimmung des Ministerpräsidenten mit seinem Stellvertreter, getroffen. Verfassungsrechtliche Bedenken bestehen gegen diese Praxis, die der Ministerrat mit seiner Vorgabe „Freie Hand" ermöglicht, nicht. In einem **verfassungsrechtlichen Grenzbereich** bewegt sich dagegen die Stimmabgabe zu nach der Kabinettssitzung kurzfristig eingehenden Vorlagen (Anträgen anderer Länder, eilbedürftige Gesetzesvorlagen und -beschlüsse von Bundesregierung und Bundestag). Diese erfolgt im Regelfall nach Rücksprache mit dem oder den zuständigen Ressortministern bzw. dem Ministerpräsidenten und seinem Stellvertreter. Es ist davon auszugehen, dass nach ständiger Staatspraxis das Kabinett die Entscheidungen in diesen Fällen **delegiert** hat.

c) „Bundesratsklausel"

Soweit eine Einigung im Kabinett nicht möglich ist, greift die in Koalitionsverträgen in den Ländern übliche **„Bundesratsklausel"**. Etwas praeter constitutionem ist dort oft geregelt, dass „die Koalitionspartner" das Abstimmungsverhalten des Landes im Bundesrat festlegen. Gemeint sind offensichtlich die den Koalitionsparteien angehörenden Regierungsmitglieder. Als Maßstäbe für die Entscheidung festgehalten sind die „Interessen und das Wohl des Landes und der Inhalt der Koalitionsvereinbarung". Die entscheidende Formulierung lautet dann aber: „Wird im Kabinett zwischen den Koalitionspartnern keine Übereinkunft über das Abstimmungsverhalten erzielt, so enthält sich das Land im Bundesrat." [105] Diese Stimmenthaltung kann zu **völlig unterschiedlichen Ergebnissen** führen: Bei Zustimmungsgesetzen bedeutet sie faktisch eine Ablehnung des Gesetzes. Bei Einspruchsgesetzen, zu denen der Vermittlungsausschuss einberufen bzw. Einspruch eingelegt werden kann, führt die Stimmenthaltung demgegenüber dazu, dass das Gesetz passieren kann.

Die „Bundesratsklauseln" könnten zu Problemen führen. Angesichts der Geschäftsordnung des Bundesrates, die für einen Beschluss auf eine positive Fragestellung eine **Mehrheit von 35 Stimmen** erfordert, kann der Fall eintreten, dass – wenn nur genügend Länder sich der Stimme enthalten – ein Beschluss nicht zustande kommt und damit möglicherweise ein zustimmungsbedürftiges Gesetzesvorhaben blockiert wird. In solchen Fällen könnte die Anwendung der Bundesratsklauseln dem Grundsatz der **Verfassungsorgantreue**[106] – der Pflicht zur Selbstbeschränkung und zu loyaler Rücksichtnahme, zwischen Bundesrat, Bundestag und Bundesregierung – widersprechen. Bundesregierung und Bundestag haben indes keinen An-

---

104 Zur Landesvertretung *Zeller*, Die Geschichte der Landesvertretung Baden-Württemberg in Bonn und ihrer Vorläufer (1619–1985), 1985.
105 Koalitionsvertrag 2016-2021, 133, Webseite der Landesregierung (www.baden-wuerttemberg.de); für Fälle einer Uneinigkeit in der Koalition wurde vor Jahren in Rheinland-Pfalz eine Lösungsmöglichkeit eigener Art entwickelt, die aber – soweit ersichtlich – keine Nachahmer gefunden hat: Dort wurde durch Losentscheid bestimmt, welche Seite die Entscheidung trifft. Beim nächsten strittigen Punkt sollte dann die aber andere zum Zuge kommen, vgl. *Kropp/Sturm*, Koalitionen, 193 f.
106 Zu diesem Begriff BVerfGE 45, 1 (39); 89, 155 (191).

spruch auf Zustimmung zu den von ihnen vorgelegten Gesetzen. Stimmenthaltungen im Bundesrat zeigen, dass die politischen Bewertungen geteilt sind, wobei es nicht nur um die Verfolgung von spezifischen Länderinteressen gehen muss. Als Bundesorgan ist der Bundesrat gleichermaßen zu einer politischen Bewertung aufgerufen. Wenn ein Gesetz deshalb nicht zustande kommt, muss dies als Ergebnis eines lebendigen politischen Prozesses akzeptiert werden.[107] An Bundesregierung und Bundestag ist es, die Gesetze im Bundesrat zustimmungsfähig zu machen.[108] In der Gesamtschau und vom Ergebnis her ist eine Kritik an angeblichen Blockaden durch den Bundesrat unberechtigt. Über die Jahre hinweg lassen sich endgültig am Bundesrat gescheiterte Gesetzesvorhaben nach Kennern der Materie an einer Hand abzählen.[109] Auffallend ist demgegenüber, wie selten vom Bundesrat beschlossene und wohl begründete Gesetzesinitiativen vom Deutschen Bundestag aufgegriffen werden.

79 Eine nicht ganz unproblematische Tradition ist es, dass im Bundesrat die Abstimmung der einzelnen Länder **nicht protokolliert,** sondern lediglich vom Präsidenten nach persönlichem Augenschein und Zählung der durch Handaufheben abgegebenen Stimmen „Mehrheit" oder „Minderheit" festgestellt wird. Einer elektronischen Stimmzählung hat sich der Bundesrat bislang verweigert. Die Regierung von Baden-Württemberg publiziert jedoch seit der 15. LP ihr Stimmverhalten nach Abschluss der Sitzung auf ihrer Webseite.

d) Beteiligung des Landtags

80 Verfassungsrechtlich geklärt ist die Frage einer **Mitwirkung des Landtags** bei der Festlegung des Stimmverhaltens im Bundesrat. Anknüpfungspunkt für Diskussionen war die Fassung von Art. 50 GG, nach dem „die Länder" im Bundesrat mitwirken. **Wer** diese Aufgabe für das Land wahrnimmt, ist somit in dieser Bestimmung bundesverfassungsrechtlich zunächst nicht eindeutig geregelt. Dieser vorläufige Befund ändert sich mit Blick auf Art. 51 I GG, wonach der Bundesrat „aus Mitgliedern der Regierungen der Länder" besteht. Damit ist es nur folgerichtig, dass die **Regierungen** auch über die Stimmabgabe entscheiden. Diese Auffassung hat bereits früh das BVerfG bestätigt.[110] Danach ist eine **„Instruktion" der Mitglieder** im Hinblick auf die „eigenartige Struktur" des Bundesrates ausgeschlossen. Dies gilt auch für **Volksabstimmungen** in Bezug auf im Bundesrat zu behandelnde Vorhaben. Der StGH hat sich dem für die LV ausdrücklich angeschlossen. Die Stimmabgabe im Bundesrat ist danach – im Rahmen der Richtlinien der Politik – von der Regierung als Kollegialorgan zu beschließen. Selbst nur die „generelle Linie der Stimmabgabe" entziehe sich der Einwirkung des

---

107 *Schenke*, Die Verfassungsorgantreue, 1977, 72.
108 Etwa durch die Aufteilung von Gesetzen in Einspruchs- und Zustimmungsgesetze, soweit dem kein zwingender Sachzusammenhang entgegensteht: Wenn sich keine Mehrheit für den Einspruch findet, kann zumindest dieser Teil in Kraft treten.
109 Siehe die (diesbezüglich leider nicht ganz aussagekräftige) Statistiken auf der Webseite des Bundesrates www.bundesrat.de/DE/dokumente/statistik/statistik-node.html.
110 BVerfG 8, 104 (120); vgl. dazu → Art. 34 a Rn. 17 ff.).

[Richtlinien der Politik, Aufgabenverteilung, Beschlussfassung] Artikel 49

Gesetzgebers. Eine Verfassungsbestimmung, die dies ändern wollte, wäre unzulässig, „weil die Landesverfassung nicht gegen das GG bestimmen kann, dass Bundesangelegenheiten durch Länderparlamente gestaltet werden."[111] Im Übrigen aber hat der Landtag in Bundesratsangelegenheiten alle **politischen Möglichkeiten**, seinen Einfluss auf die Regierungsentscheidungen geltend zu machen. Sowohl mit parlamentarischen Initiativen vor als auch mit den Instrumenten parlamentarischer Kontrolle im Anschluss an die Sitzungen des Bundesrates kann er auf das Vorgehen der Landesregierung einwirken.

5. Gesetzlich vorgeschriebene Fälle

Ein Beschluss der Landesregierung ist weiter erforderlich, wenn ein **Gesetz** dies vorschreibt. Einschlägig dafür sind nicht nur einfachgesetzliche Regelungen sondern – und gerade – auch **Verfassungsrecht**. Bedeutsam ist insbesondere Art. 80 I 1 GG, wonach die „Landesregierungen" ermächtigt werden können, Rechtsverordnungen zu erlassen. Auch in der LV sind zahlreiche Fälle vorgesehen, in denen ein Beschluss der „Regierung", eindeutig im Sinne des Kollegialorgans, gefordert wird. Hinzuweisen ist auf Befugnisse wie in Art. 60 II, III LV (Volksabstimmungen über Gesetze), 61 II LV (Erlass von Rechtsverordnungen und Verwaltungsvorschriften), Art. 70 II LV (Einrichtung der staatlichen Behörden), Art. 80 I LV (Haushaltsvorgriff), Art. 82 LV (Zustimmung zu Ausgabenerhöhungen). Darüber hinaus finden sich in zahlreichen Gesetzen Bestimmungen, die einen Beschluss der Regierung vorsehen.[112] Hier muss jedoch jeweils im Einzelfall geklärt werden, ob das Kollegialorgan oder ein Minister tätig werden soll.

81

6. Meinungsverschiedenheiten zwischen den Ministerien

In dem in Art. 49 II LV genannten Fall von Meinungsverschiedenheiten, die den Geschäftsbereich mehrerer Ministerien berühren, kann das Kollegialprinzip **streitschlichtend** wirken. Fachliche und politische Gesichtspunkte können im Kompromisswege akzeptanzfördernd zusammen geführt werden. Voraussetzung für die Kabinettsbefassung sind Fragen, die nach der **Geschäftsverteilung** mehrere Ressorts berühren. Nicht einschlägig ist die Bestimmung, wenn die Frage in die Zuständigkeit nur eines Ressorts fällt und es lediglich in der Sache unterschiedliche persönliche Meinungen der Regierungsmitglieder gibt. Dasselbe gilt für Streitigkeiten, die sich im Verhältnis zwischen Richtlinienbefugnis und Ressortkompetenz ergeben.[113] Die Richtlinienbefugnis ist kein „Geschäftskreis" im Sinne von Art. 49 II LV. Die Differenzen zwischen den Ministerien müssen akut sein. Aus der Entscheidungsbefugnis des Kabinetts bei Meinungsverschiedenheiten kann keine Koordinierungszuständigkeit im Vorfeld abgeleitet werden. Nicht in diese Kategorie fallen **Kompetenzstreitigkeiten** zwischen den Ressorts.[114] Hier ist die Geschäftsleitung des Ministerpräsidenten, ggf. auch eine Richtlinienentscheidung, gefordert.

82

---

111 StGH, DÖV 1986, 794.
112 *Braun*, Art. 49 Rn. 14.
113 *Schenke* in: BK, Art. 65 Rn. 114.
114 *Schenke* in: BK, Art. 62 Rn. 80; aA *Herzog* in: Maunz/Dürig, Art. 65 Rn. 75.

83 In der Staatspraxis ist eine streitige Entscheidung im Ministerrat die **absolute Ausnahme**. Zwischen den Ministerien streitige Vorlagen werden nur in seltenen Ausnahmefällen auf die Tagesordnung der Kabinettsitzung gesetzt. Zwar sieht § 5 II GO LReg diese Möglichkeit vor, „wenn ein Verständigungsversuch zwischen den beteiligten Ministern ohne Erfolg geblieben ist". Angesichts der Unwägbarkeiten eines solchen Vorgehens setzen die Beteiligten jedoch im Regelfall alles daran, eine streitige Entscheidung zu vermeiden. Eine wichtige Rolle kommt dabei der **Vorkonferenz der Ministerialdirektoren** unter Leitung des Staatssekretärs im StM zu, möglicherweise ergänzt um unmittelbare Kontakte des Ministerpräsidenten mit und zwischen den beteiligten Ministern. Zu beachten ist auch in diesen Fällen die **Richtlinienkompetenz** des Ministerpräsidenten.

7. Fragen von grundsätzlicher oder weittragender Bedeutung

84 Ein weites Feld für kollegiale Entscheidungen der Landesregierung eröffnet die letzte Fallgruppe, die „**Fragen von grundsätzlicher oder weittragender Bedeutung**". Im Hinblick darauf werden in der Praxis zahlreiche Vorhaben, die eigentlich gut auf Ressortebene erledigt werden könnten, dem Ministerrat vorgelegt. Erwartet wird dadurch möglicherweise eine höhere Verbindlichkeit oder Würde, vielleicht aber auch ein besonderes Entgegenkommen bei der Aufstellung des nächsten Haushaltsplans. In diese Kategorie fallen in der Kabinettspraxis zB Zukunftspläne, Landeskonzepte, Aktionspläne, Strategien und Berichte zu wichtigen Vorhaben. Angesichts der expliziten Regelung erübrigt sich für die LV die für das Bundesverfassungsrecht geführte Diskussion über **Planungsentscheidungen**. Die Einordnung von Planung entspricht geradezu idealtypisch den Attributen von „grundsätzlicher und weittragender Bedeutung". Soweit die Ziele im Rahmen der Richtlinienkompetenz vorgegeben sind, bietet sich für die Maßnahmen- und Ressourcenplanung durch den Ministerrat ein weites Feld.[115]

85 Es handelt sich hier um ein Gegenstück zu den vom Ministerpräsident zu bestimmenden „**Richtlinien der Politik**". Wie auch in den anderen Fällen stellt sich die Frage, wie sich diese zu den in Abs. 2 vorgesehenen Beschlüssen der Regierung verhalten. Angesichts der sehr weit gespannten Kompetenzen, die der Regierung mit dieser Bestimmung eingeräumt werden, muss davon ausgegangen werden, dass die Richtlinienbefugnis auch hier gilt, da sie ansonsten praktisch keine Bedeutung hätte. Die genannten Kriterien „grundsätzlich" und „weittragend" dürften im Regelfall gerade den Geltungsbereich von richtig verstandenen und ausgeübten „Richtlinien der Politik" beschreiben. Beide Befugnisse müssen **komplementär** gesehen werden, wobei den Richtlinien die Priorität zukommt: Diese bestimmen die Richtung der Vorhaben, die dann ggf. in grundsätzlicher und weittragender Weise vom Ministerrat ausgeformt werden. Eine andere Interpretation des Verhältnisses würde der vorrangigen parlamentarischen Verantwortlichkeit des Ministerpräsidenten für seine Richtlinien der Politik nach Art. 54 I LV nicht entsprechen. Umgekehrt setzen sich Kabinettsentscheidungen aber gegenüber dem **Ressortprinzip** durch. Voraussetzung dafür ist

---

115 *Herzog* in: Maunz/Dürig, Art. 65 ff.

selbstverständlich, dass die dargestellten Tatbestände für ein Tätigwerden des Kabinetts vorliegen. Das Kabinett darf nicht in ein Ressort „hineinregieren".

III. Beschlussfassung im Kabinett (Abs. 3)
1. Allgemeines

In der Verfahrensregelung von Art. 49 III LV ist das Prinzip „one man, one vote" verankert: Im Kabinett stimmen die anwesenden **stimmberechtigten Personen** ab, nicht die Geschäftsbereiche. Die Bestimmung hat in der Staatspraxis allerdings nur geringe Bedeutung, da förmliche Abstimmungen äußerst selten stattfinden. Der Ministerpräsident stellt im Regelfall auf Grundlage der Beschlussempfehlungen der Vorkonferenz und der Beratungen zusammenfassend die Entscheidung des Kabinetts fest. Die in der VLV offen gebliebene Frage des **Stichentscheids des Ministerpräsidenten** bei Stimmengleichheit ist nun in § 8 II GO LReg positiv geregelt.[116] Für den **Stellvertreter** des Ministerpräsidenten nach Art. 46 II 2 LV ist im Falle seiner Sitzungsleitung in der GO LReg ein Stichentscheid nicht ausdrücklich vorgesehen. Da er aber im Verhinderungsfalle voll und ganz in die Stellung des Ministerpräsidenten einrückt (→ Art. 46 Rn. 53), muss dies dann auch für ihn gelten.

86

2. Abläufe

Vorgesehen ist, dass Beschlüsse der Landesregierung im Regelfall nach **mündlicher Beratung** in einer Sitzung des Ministerrats gefasst werden (§ 4 I GO LReg). In Eilfällen oder in Angelegenheiten, in denen eine mündliche Beratung nicht erforderlich ist, kann der Beschluss auch im **Umlaufverfahren** herbeigeführt werden. Für solche Verfahren gab es in der Vergangenheit Änderungen in Folge der Rechtsprechung des BVerfG: Zu einer Beschlussfassung reicht nun nicht mehr das Verschweigen aus. Notwendig sind nunmehr eine **positiv (schriftlich) festgestellte Mehrheit** und die Einhaltung des **Quorums**.[117] An der früheren Praxis des Bundeskanzleramts hatte das Gericht gerügt, dass ansonsten Nichtteilnahme an der Abstimmung, Stimmenthaltung oder Zustimmung nicht zu unterscheiden wären.

87

In § 6 GO LReg ist vorgesehen, dass **Termine und Tagesordnungen** der Sitzungen des Ministerrats durch den Staatssekretär im StM „nach näherer Anweisung des Ministerpräsidenten" festgesetzt werden. Im Regelfall findet außerhalb der Ferienzeiten in jeder Woche, seit vielen Jahren Dienstagvormittag, eine Sitzung statt. Zu diesen Festlegungen gehört, ohne ausdrücklich genannt zu sein, auch der **Ort** der Sitzung. Üblicherweise ist dies der Kabinettssaal im 1. Stock der „Villa Reitzenstein". Es sind aber auch auswärtige Kabinettssitzungen möglich. Tradition haben gemeinsame Sitzungen mit Regierungen von Nachbarländern sowie Sitzungen in der Bundeshauptstadt und in Brüssel. Die **Tagesordnung** wird bis zur Mitte der Vorwoche erstellt und enthält im Regelfall (in der Reihenfolge der Ressorts) **Kabinettsvorlagen** zu den verschiedensten Themen, **mündliche Be-**

88

---

116 Gegen verfassungsrechtliche Zweifel *Schenke* in: BK, Art. 62 Rn. 33.
117 BVerfGE 91, 148, 168 ff.

richte, **Personalien**, über die ebenfalls nur mündlich berichtet wird, sowie den Tagesordnungspunkt „**Verschiedenes**". Gerade „Mündliche Berichte" erlauben wegen der weniger strengen Vorarbeiten eine freiere Diskussion. Ein Grundsatz – bei dem die Gefahr besteht, dass gegen ihn im Drang der Geschäfte verstoßen wird – ist der einer rechtzeitigen **vorherigen Information**, damit bis zur Sitzung eine sachliche Prüfung der Vorlagen durch die Regierungsmitglieder möglich ist.[118] Gute Praxis ist es daher, Tagesordnungspunkte nur dann aufzunehmen, wenn die Kabinettsvorlagen, vom Minister unterzeichnet, im Staatsministerium und den Ressorts eingetroffen sind. Staatspraxis ist es, dass die Vorsitzenden der Regierungsfraktionen über Kabinettstagesordnungen und -vorlagen unterrichtet werden.

89 Vorberaten wird die Tagesordnung in der sog. „**Vorkonferenz**" der **Ministerialdirektoren** der Ressorts unter Leitung des Staatssekretärs im StM. Dabei werden ggf. noch bestehende Meinungsverschiedenheiten zwischen den Ressorts so weit wie möglich ausgeräumt und unproblematische Vorlagen für eine **pauschale Beschlussfassung** im Kabinett vorgesehen.

90 An den **Sitzungen des Kabinetts** unter Vorsitz des Ministerpräsidenten – bei Verhinderung: seines Stellvertreters – nehmen zusätzlich zu den Regierungsmitgliedern – allerdings ohne Stimmrecht – der beamtete Staatssekretär des StM, die politischen Staatssekretäre und die Abteilungsleiter des StM teil (§ 7 II GO LReg). Praxis ist auch, dass die Leiter der Büros des Ministerpräsidenten und – soweit vorhanden – des Ministers im Staatsministerium anwesend sind. Zulässig ist dies im Rahmen der dem Ministerpräsidenten zukommenden Vorsitzfunktion. Soweit ein Regierungsmitglied, dessen Ressort über keinen politischen Staatssekretär verfügt, verhindert ist, wird es durch den Ministerialdirektor (ohne Stimmrecht) vertreten. Die Vertretung durch ein anderes Regierungsmitglied (die die Frage aufwerfen würde, ob dieses dann über zwei Stimmen verfügt)[119] ist in der GO LReg nicht vorgesehen. Ist der Ressortminister nicht anwesend, kann sein Vertreter nur mit Argumenten auf die Beschlussfassung einwirken. Auch wenn Vertretung durch ein anderes Regierungsmitglied in der GO vorgesehen wäre, bliebe es angesichts der klaren Regelung von Art. 49 III LV bei der einen Stimme des anwesenden Regierungsmitglieds.

91 Zur **Beschlussfähigkeit** ist die Hälfte der stimmberechtigten Regierungsmitglieder notwendig, **Beschlüsse** werden mit Mehrheit der Anwesenden gefasst (Art. 49 III LV, § 8 GO LReg). Stimmenthaltung ist – anders als in anderen Ländern (vgl. Art. 54 S. 4 BayVerf, 39 II 2 NdsVerf) – nicht ausgeschlossen. Das Ergebnis der Beratungen wird – in der Regel ohne förmliche Abstimmung – durch Zusammenfassung der Ergebnisse vom Ministerpräsidenten unter Verweis auf die in der Vorkonferenz abgestimmten Beschlussvorschläge festgestellt. Der Beschluss bindet alle Regierungsmitglieder, auch wenn sie dagegen gestimmt haben. Die vom Staatssekretär des StM erstellte und mit den Kabinettsmitgliedern abgestimmte **Niederschrift** enthält die Beschlüsse sowie die Teilnehmer der Sitzung. Ein Verlaufsprotokoll wird nicht geführt.

---

118 *Schenke* in: BK, Art. 62 Rn. 24.
119 *Epping* in: Epping/Butzer u.a., Art. 28 Rn. 24.

Über wichtige Punkte der Kabinettsitzung informiert der Ministerpräsident 92
gemeinsam mit dem Regierungssprecher und ggf. dem zuständigen Minister unmittelbar in der Folge die **Landespressekonferenz (LPK)**. Diese wurde 1954 als unabhängige Arbeitsgemeinschaft landespolitischer Journalisten und Journalistinnen gegründet. Die Pressekonferenzen, die früher am Sitz des Ministerpräsidenten (Villa Reitzenstein) durchgeführt wurden, finden seit den 90er Jahren in Räumen des Landtages statt. Kabinettsthemen sind auch Gegenstand der in Sitzungswochen des Landtags am folgenden Tage stattfindenden **Regierungsbefragung** nach § 58 a GO LT. Dazu teilt das StM dem Präsidenten des Landtags unmittelbar nach der Sitzung „die zentralen Themen der Kabinettsitzung" mit.

Artikel 50 [Vertretung nach außen]

¹Der Ministerpräsident vertritt das Land nach außen. ²Der Abschluß von Staatsverträgen bedarf der Zustimmung der Regierung und des Landtags.

Schrifttum:
Beyerlin/Lejeune (Hrsg.), Sammlung der internationalen Verträge der Länder der Bundesrepublik Deutschland, 1994; *Blanke,* Föderalismus und Integrationsgewalt, 1991; *Busch,* Die Lindauer Vereinbarung und die Ständige Vertragskommission der Länder, 1969; *Clostermeyer,* Die deutschen Länder und Europa, in: Mestmäcker/Möschel/Nettesheim, Verfassung und Politik im Prozess der europäischen Integration, 2008, 183; *Clostermeyer,* „Politische Feinmechanik mit Gangreserve" – Formen der Zusammenarbeit unter den deutschen Ländern, in: EZFF (Hrsg.), Jahrbuch des Föderalismus 2014, 131; *Clostermeyer/Lehr,* Ländermitwirkung bei völkervertraglichem Handeln auf EU-Ebene. Brauchen wir ein „Lindau II"?, DÖV 1998, 148; *Fassbender,* Der offene Bundesstaat. Studie zu auswärtiger Gewalt und zur Völkerrechtssubjektivität bundesstaatlicher Teilstaaten in Europa, 2007; *Grawert,* Verwaltungsabkommen zwischen Bund und Ländern in der Bundesrepublik Deutschland, 1967; *Hartung,* Die Praxis des Lindauer Abkommens, 1984; *Leunig,* Intergouvernementale Beziehungen im Bundesstaat in: Dettelbeck/Renzsch/Schieren (Hrsg.), Föderalismus in Deutschland, 2010, 171; *Schümer,* Die Stellung der Ministerpräsidenten im Vergleich, 2006; *Seidel,* Der Bundespräsident als Träger der auswärtigen Gewalt, 1972; *Winkelmann,* Innerstaatliche Kompetenzverteilung bei Vertragsabschlüssen in Angelegenheiten der Europäischen Union, DVBl 1993, 1128.

Vergleichbare Regelungen: Art. 59 GG, 47 III und 72 I BayVerf, 91 BbgVerf, 43 HambVerf, 103 I HessVerf, 47 MVVerf, 35 NdsVerf, 57, 66 NRWVerf, 101 RPVerf, 95 SaarlVerf, 65 SächsVerf, 69 LSAVerf, 37 SchlHVerf, 77 ThürVerf.

Ergänzende Normen: Gesetz über die Beteiligung des Landtags in Angelegenheiten der Europäischen Union v. 17.2.2011 (EULG, GBl. 77); Gesetz über Auszeichnungen des Landes BW v. 23.6.2009 (Auszeichnungsgesetz – AuszG, GBl. 251); Bekanntmachung des Ministerpräsidenten über die Festlegung des Ehrentitels Professor, das Verfahren und die Voraussetzungen seiner Verleihung v. 26.6.2009 (GBl. 270); Bekanntmachung des Ministerpräsidenten über die Stiftung des Verdienstordens des Landes BW v. 26.6.2009 (GBl. 269); Anordnung der Landesregierung über die Vertretung des Landes in gerichtlichen Verfahren und förmlichen Verfahren vor den Verwaltungsbehörden v. 17.1.1955 (GBl. 8) idF vom 25.9.2001 (GBl. 552).

Leitentscheidungen: BVerfGE 1, 372; 2, 347 (Kehler Hafenvertrag); 6, 309 (Konkordat); 68, 1 (Atomwaffen); 90, 286 (Bundeswehreinsatz).

A. Überblick und Einordnung 1
　I. Bedeutung 1
　II. Herkunft, Entstehung,
　　　Geschichte 4
　III. Verfassungsvergleichende Einordnung 6
B. Erläuterung 8
　I. Außenvertretung des Landes und Staatsverträge 8
　　1. Der Ministerpräsident als Staatspräsident 8
　　2. Außenvertretung des Ministerpräsidenten 14

　II. Staatsverträge 19
　　1. Verträge mit ausländischen Partnern 19
　　2. Verträge mit innerstaatlichen Partnern 27
　III. Verwaltungsabkommen 32
　IV. Verfahren 35
　V. Beteiligung an Abkommen des Bundes 40
　VI. Mitwirkung in Angelegenheiten der Europäischen Union .. 46
　　1. Beteiligungsrechte des Landes 46
　　2. Beteiligung des Landtags 49

A. Überblick und Einordnung

I. Bedeutung

1 Die Bestimmung über die **Außenvertretung** steht am Beginn der in den Art. 50 bis 52 LV festgelegten Befugnisse des Ministerpräsidenten als „**Staatsoberhaupt**" des Landes, zu denen insbesondere noch die Ausfertigung von Gesetzen nach Art. 63 I LV zählt. Dazu kommen weitere – geschriebene und ungeschriebene – Befugnisse, zB im Protokollwesen. Die **Außenbeziehungen** sind dem Ministerpräsidenten **umfassend** überantwortet. Es geht dabei nicht in erster Linie, wie beim Bundespräsidenten, um die völkerrechtliche Vertretung (Art. 59 I GG). Art. 32 III GG eröffnet zwar auch dem Lande die Möglichkeit, **völkerrechtliche Verträge** abzuschließen. In der Praxis ist aber die Außenvertretung des Ministerpräsidenten gegenüber dem **Bund und den anderen Ländern** zentral.

2 In den „internationalen Beziehungen" des Landes spielen die seit langem institutionalisierten **grenzüberschreitenden Kontakte** an Oberrhein, Hochrhein und Bodensee mit benachbarten Regionen, Kantonen und Bundesländern eine besondere Rolle. Seit den 80er Jahren hat zudem die **interregionale Zusammenarbeit**, bei der das Land mit den „Vier Motoren für Europa" (Katalonien, Lombardei, Rhône-Alpes) Vorreiter war, zunehmende Bedeutung erlangt. Heute besteht ein dichtes Netz von partnerschaftlichen Beziehungen des Landes zu zahlreichen Regionen auf fast allen Kontinenten. In der Praxis wird angesichts der Vielzahl von Außenbeziehungen des Landes von einer konkludenten **weitgehenden Delegation** fachlicher Kontakte an die Regierungsmitglieder auszugehen sein.

3 Geregelt wird in der Bestimmung auch das Zustandekommen von **Staatsverträgen** als eine rechtsförmliche Form der Zusammenarbeit mit auswärtigen Partnern. Für ihre Wirksamkeit ist ein doppeltes Erfordernis – die Zustimmung von Regierung und Landtag, ggf. in Gesetzesform – vorgesehen. Unterschieden werden müssen diese von **Verwaltungsabkommen** auf Regierungs- und Ressortebene.

II. Herkunft, Entstehung, Geschichte

4 § 55 VerfBad 1919 sah die Vertretung der Regierung „nach außen" durch den Staatspräsidenten vor. In Württemberg regelte § 32 **VerfWü 1919**, dass der Staatspräsident „den Staat nach außen" vertrat. Der Abschluss von

Staatsverträgen bedurfte der Zustimmung des Staatsministeriums (der Regierung) und des Landtags. Von den drei **Verfassungen der Nachkriegszeit** regelten Art. 74 VerfWB, 47 VerfWH die Außenvertretung durch Minister- bzw. Staatspräsident sowie das Zustimmungsbedürfnis von Regierung und Landtag für den Abschluss von Staatsverträgen.

Bei den **Verfassungsberatungen 1952/53** wurde die Bestimmung, die der württembergischen Regelung von 1919 folgt, wörtlich aus den insoweit übereinstimmenden Verfassungsentwürfen von Regierungsparteien und CDU übernommen (Art. 47 VerfERP, 76 VerfECDU, dort allerdings zusätzlich noch mit der Zustimmung des Senats). 5

III. Verfassungsvergleichende Einordnung

Die meisten Verfassungen sehen wie die LV die Außenvertretung des Landes durch den Regierungschef (auf Bundesebene durch den Bundespräsidenten), vereinzelt durch die Regierung, vor (zB Art. 57 NRWVerf, wonach in erster Linie die Landesregierung berufen ist, diese Befugnisse aber auf den Ministerpräsidenten oder andere Regierungsmitglieder übertragen kann). 6

Staatsverträge benötigen wie in der LV im Regelfall die Zustimmung des Parlaments. Interessant sind nähere Bestimmungen zur Vertragsschlusskompetenz in Art. 37 II SchlHVerf, wo ausdrücklich unterschieden wird zwischen „Verträgen mit der Bundesrepublik oder mit anderen Ländern", die der Zustimmung der Landesregierung bedürfen, und solchen, die „Gegenstände der Gesetzgebung betreffen", für die die Zustimmung des Landtags vorgesehen ist. Die in der LV geregelte Zustimmung auch der Landesregierung zu Staatsverträgen kommt nur ganz vereinzelt vor (Art. 65 II SächsVerf, Art. 37 II SchlHVerf). 7

B. Erläuterung

I. Außenvertretung des Landes und Staatsverträge

1. Der Ministerpräsident als Staatspräsident

Art. 50 LV regelt zwei unterschiedliche Sachverhalte: Die allgemeine **Außenvertretungskompetenz** des Ministerpräsidenten sowie das **Verfahren beim Abschluss von Staatsverträgen**. Die Bestimmung steht am Anfang mehrerer Befugnisse des Ministerpräsidenten, die deutliche Parallelen zu denen des **Bundespräsidenten** aufweisen. Dies gibt Anlass, der Frage nachzugehen, ob dem Ministerpräsidenten im Land eine entsprechende Funktion zukommt. Aufgabe des Staatsoberhaupts ist die Repräsentation von Existenz, Legitimität und Einheit des Staates.[1] Er ist das „Organ der Vertrauensbildung" und der **„Integration des Staatsvolkes"**, das gerade in einer pluralistischen Demokratie für die Einheit des Gemeinwesens steht.[2] Man könnte die Frage stellen, inwieweit ein Gemeinwesen wie das Land überhaupt eines Staatsoberhauptes bedarf und ob nicht für allgemeine Zwecke der Bundespräsident ausreicht und für das Land ansonsten nur eine tüchtige Regierung vonnöten ist. 8

---

1 *Herzog* in: Maunz/Dürig Art. 54 Rn. 97.
2 *Herzog* in: Maunz/Dürig Art. 54 Rn. 98 f.

9 In der Bundesrepublik Deutschland mit einer derart ausgeprägten föderalen Tradition, die Staatlichkeit auch unterhalb der Bundesebene kennt und dieser historisch sogar vorausgegangen ist – stellen sich **Repräsentation und Integration des Gemeinwesens** als Aufgaben auch auf Landesebene. Von Bevölkerungszahl und Wirtschaftskraft her, mit Institutionen und Rechtsordnung, Geschichte, kulturellem Reichtum und Bürgersinn, kann BW sich mit vielen souveränen Staaten messen. Angesichts des Verzichts auf ein eigenes Organ in der LV – wie in allen Verfassungen der Länder – sind die Akzente für das Staatsoberhaupt jedoch etwas andere als beim Bundespräsidenten. Die Repräsentation des Gemeinwesens in einem staatspolitischen Sinne steht hier im Vordergrund. Weder gibt es „Marktlücken" zu schließen und auch als „Legitimitätsreserve" steht auf Länderebene kein weiteres Verfassungsorgan zur Verfügung.[3]

10 Bei der Klärung der Frage, welchem Organ diese Aufgabe in BW nun von Verfassungswegen zukommt, sprechen viele Argumente für den **Ministerpräsidenten**.[4] Zwar sieht die LV nach dem Willen der VLV im Vergleich zum GG eine eher stärkere Rolle des Kollegialorgans Regierung, der Ressortminister und des Landtags gegenüber dem Regierungschef vor. Ausdrücklich sind allerdings dem Ministerpräsidenten – und nicht der Regierung – die Befugnisse zugewiesen, die üblicherweise solche eines Staatsoberhauptes sind: Die Vertretung des Landes nach außen gem. Art. 50 1 LV, das Recht zur Ernennung von Richtern und Beamten in Art. 51 LV, das Gnadenrecht in Art. 52 I LV und die Ausfertigung von Gesetzen nach Art. 63 I LV. Alle diese Befugnisse weisen deutliche **Parallelen zu Rechten des Bundespräsidenten** auf, zur völkerrechtlichen Vertretung nach Art. 59 I GG, zur Beamtenernennung nach Art. 60 I GG, zum Begnadigungsrecht nach Art. 60 II GG, zur Ausfertigung von Gesetzen nach Art. 82 I GG. Auch vom Grundansatz her lässt sich ein „kollektives Staatsoberhaupt" in Form der Regierung kaum vorstellen. Integration und Einheit des Gemeinwesens sind nur schwer mit einem notwendigerweise – nicht nur bei Koalitionsregierungen – pluralistisch zusammengesetzten Organ zu verbinden.

11 Kein Zufall ist es, dass ein Idealbild des Ministerpräsidenten – wohl nicht nur in BW – der „**Landesvater**" ist.[5] Parteipolitische Neutralität, wie vom Bundespräsidenten erwartet, kann vom Ministerpräsidenten, der oft auch Vorsitzender seiner Partei ist und dem verfassungsrechtlich die Bestimmung der Richtlinien der Politik aufgegeben ist, aber nicht verlangt werden.[6]

12 Ausdruck der „präsidentiellen" Außenvertretungskompetenz des Ministerpräsidenten ist – ebenfalls parallel zu den Befugnissen des Bundespräsidenten bei der Akkreditierung ausländischer Diplomaten – die Mitwirkung im

---

3 *Herzog* in: Maunz/Dürig Art. 54 Rn. 100 f.
4 So auch für die insoweit vergleichbare RPVerf *Gärditz* in: Brocker/Droege/Jutzi, Art. 101 Rn. 1.
5 Möglicherweise handelt es sich hier um einem späten Nachklang des römischen „pater patriae", an den v.a. im 18. Jahrhundert des aufgeklärten Absolutismus zB eines Herzog Carl Eugen („Bußerklärung" von 1778) angeknüpft wurde.
6 Eine entsprechende „pouvoir neutre"-Funktion ist auch nicht denklogisch mit dem Staatsoberhaupt verbunden, wie andere Systeme einer Personalunion von Staats- und Regierungschef (zB USA) zeigen.

[Vertretung nach außen] Artikel 50

Exequaturverfahren. Es geht dabei um die Erlaubnis zur Ausübung konsularischer Funktionen innerhalb des Landes BW durch die Leiter konsularischer Vertretungen (Generalkonsuln und Konsuln) ausländischer Staaten. Vor Erteilung des Exequatur bittet das Auswärtige Amt nach ständiger Staatspraxis um Zustimmung des Ministerpräsidenten. Es ist der Ministerpräsident, der **Staatsgäste** der Bundesrepublik Deutschland bei einem Besuch in BW empfängt und – nicht nur für solche Personen – **Staatsempfänge** gibt und **Staatsakte** anordnet. Hierzu stehen dem Ministerpräsidenten besondere Räume im Mitteltrakt des Neuen Schlosses in Stuttgart zur Verfügung. In diesen Zusammenhang passt auch die von ihm anzuordnende Beflaggung von Dienstgebäuden des Landes.

Unterstützung findet die hier vertretene Auffassung in der **Staatspraxis und in Regelungen unterhalb der LV**. Gerade wenn es – in einem gut verstandenen Sinne – um die Repräsentation des Gemeinwesens nach innen und außen geht, spielt Protokollarisches eine besondere Rolle. Von Kritikern manchmal belächelt, darf die Wirkung dieser Instrumente – im Großen wie im Kleinen – nicht gering geschätzt werden. In den einschlägigen Regelungen finden wir den Ministerpräsidenten als maßgebliches Organ. Hinzuweisen ist beispielsweise auf das **Auszeichnungsgesetz (AuszG)**.[7] Festgelegt ist in Art. 2 AuszG das Recht des Ministerpräsidenten, den Ehrentitel „Professorin" oder „Professor" sowie andere **Titel** zu verleihen.[8] Orden werden nach § 3 AuszG ebenfalls vom Ministerpräsidenten gestiftet und von ihm oder jedenfalls mit seiner Zustimmung verliehen. Von dieser Befugnis hat der Ministerpräsident mit der Stiftung des **Verdienstordens des Landes BW** Gebrauch gemacht.[9] In § 3 ist dort festgehalten, dass der Verdienstorden vom Ministerpräsidenten verliehen wird und er persönlich es ist, der über Vorschläge entscheidet. Für den Ministerrat ist lediglich eine Anhörung vorgesehen. Nur für Ehrenzeichen und Ehrenerweise (§§ 4 f. AuszG) bestehen konkurrierende Zuständigkeiten von Ministerpräsident, Landesregierung und den Mitgliedern der Landesregierung.

2. Außenvertretung des Ministerpräsidenten

Der Artikel umfasst **zwei Regelungsgegenstände**, die aufeinander aufbauen: In Satz 1 die Festlegung, dass der Ministerpräsident das Land allgemein „nach außen" vertritt. Satz 2 enthält dann eine Verfahrensregelung für einen besonderen Anwendungsfall dieser Kompetenz, den Abschluss von Staatsverträgen. Diese benötigen zusätzlich die Zustimmung sowohl der Regierung – eine Besonderheit, die das Land mit Sachsen und Schleswig-Holstein teilt – als auch des Landtags.

---

7 Gesetz über Auszeichnungen des Landes Baden-Württemberg (AuszG) vom 23.6.2009, GBl. 251; dazu: LT-Drs. 14/4366; *Klein*, Titel, Orden und Ehrenzeichen auf gesetzlicher Grundlage – Das Auszeichnungsgesetz des Landes Baden-Württemberg, VBlBW 2010, 63 ff.
8 Bekanntmachung des Ministerpräsidenten über die Festlegung des Ehrentitels Professor, das Verfahren und die Voraussetzungen seiner Verleihung vom 26.6.2009, GBl. 270.
9 Bekanntmachung des Ministerpräsidenten über die Stiftung des Verdienstordens des Landes Baden-Württemberg vom 26.7.2009, GBl. 269.

15 Dem Ministerpräsidenten sind in der Bestimmung die **„auswärtigen Angelegenheiten"** des Landes übertragen. Angesprochen ist damit seine Repräsentativfunkion **gegenüber anderen, vornehmlich staatlichen Trägern außerhalb Baden-Württembergs**, nicht die politische Repräsentation des Staates nach innen, gegenüber Gesellschaft und Bürgern.[10] Diese ist in der LV nicht explizit geregelt, ergibt sich aber aus Tradition, Natur der Sache und einzelnen gesetzlichen Regelungen (zB Protokoll, Ordenswesen). Nicht gemeint ist mit der Außenvertretung im Sinne von Art. 50 I LV auch die rechtsgeschäftliche und prozessuale Vertretung sowie hoheitliches Handeln in Formen des öffentlichen Rechts. Die prozessuale Vertretung des Landes ist in der „Anordnung der Landesregierung über die Vertretung des Landes in gerichtlichen Verfahren und förmlichen Verfahren vor den Verwaltungsbehörden" geregelt. Einzelheiten ergeben sich aus der auf dieser Grundlage ergangenen „Bekanntmachung der Ministerien über die Vertretung des Landes in gerichtlichen Verfahren und förmlichen Verfahren vor den Verwaltungsbehörden".[11]

16 Unübersehbar ist der Anklang an Art. 59 I 1 GG, wonach der Bundespräsident den Bund **„völkerrechtlich"** vertritt. Diese Außenvertretung durch den Präsidenten[12] steht in der deutschen Verfassungstradition. Trotz der mit Art. 32 III GG grundsätzlich gegebenen Befugnisse des Landes im Völkerrechtsverkehr liegt der Schwerpunkt der Außenvertretung des Ministerpräsidenten aber eindeutig in den (staatsrechtlichen) **Beziehungen zum Bund und den anderen Ländern**.[13] Auf „multilateraler" Ebene ist diese Zusammenarbeit in der **Ministerpräsidentenkonferenz (MPK)**, den in der Regel vier jährlichen Treffen der Regierungschefs der Länder, davon zwei mit dem Bundeskanzler oder der Bundeskanzlerin, organisiert. Der Vorsitz der MPK wechselt jährlich unter den Ländern. Behandelt wird eine Vielzahl gemeinsam interessierender Themen bis hin zu Fragen der europäischen Integration. Vorbereitet wird die MPK durch Besprechungen der Chefs der Staats- und Senatskanzleien (CdS) sowie erforderlichenfalls die Fachministerkonferenzen. Im Hinblick auf die Kulturhoheit der Länder besonders wichtig ist die bereits 1948 eingerichtete Kultusministerkonferenz („Ständige Konferenz der Kultusminister der Länder in der Bundesrepublik Deutschland"), die über ein eigenes Sekretariat in Bonn und Berlin verfügt. Auch für alle anderen Ressorts besteht eine „zuständige" Fachministerkonferenz mit wechselndem Vorsitz. Nicht unter die Außenvertretungskompetenz des Ministerpräsidenten fällt die Mitwirkung im Bundesrat. Hier handelt es sich um die grundgesetzlich eingeräumte Mitwirkungsmöglichkeit in einem **Bundesorgan**.

17 Entgegen dem üblichen Wortgebrauch ist mit dieser Vertretung **kein Handeln in fremdem Namen** gemeint. Der Ministerpräsident handelt – wie der Bundespräsident – „auf der Grundlage einer organschaftlichen Rechtsbeziehung, in der ihm die Kompetenz zur formellen Repräsentation zugewie-

---

10 *Ruffert* in: Linck/Baldus u.a., Art. 77 Rn. 5.
11 Zuletzt vom 1.3.2010, GBl., 329 ff.
12 *Kempen* in: v. Mangoldt/Klein/Starck Art. 59 Abs. 1 Rn. 1.
13 Dazu im Einzelnen *Leunig*, Intergouvernementale Beziehungen, 171 ff.; *Clostermeyer*, Formen der Zusammenarbeit, 131 (134 ff.).

sen ist."[14] Bei dieser Außenvertretung für das Land ist der Ministerpräsident – selbstverständlich im Rahmen von Gesetz und Recht (Art. 25 II LV) – grundsätzlich nicht beschränkt. Umstritten ist, ob der Gesetzgeber ihm für die Wahrnehmung dieser Aufgaben Vorgaben machen kann. Solche Regelungen würden indes nach außen keine Wirkung entfalten.[15] Es geht dabei um im weitesten Sinne **rechtlich relevantes** Handeln für das Land als Ganzem. Möglich bleibt ein nach außen wirkendes Handeln in rechtlich nicht verbindlichen Formen durch andere Regierungsmitglieder, aber auch verbindlichere Aktivitäten, die sich erkennbar nur auf einen Ressortbereich beziehen. § 11 GO LReg überlässt den Ministern so für ihren „Verantwortungsbereich" den **Geschäftsverkehr mit dem Bund und der Europäischen Union.** Lediglich in „politisch bedeutsamen Fällen" ist das StM als Behörde des Ministerpräsidenten zu beteiligen. Nachdem die Außenvertretungskompetenz des Ministerpräsidenten berührt ist, bestehen gewisse Zweifel daran, ob diese Regelung in der GO LReg getroffen werden kann. Trotz gewisser Zweifel an dieser Staatspraxis ist angesichts der Überfülle von Außenkontakten und bei der zunehmenden Vernetzung aller Lebensbereiche in einem „offenen Bundesstaat"[16] für viele Fälle zumindest von einer **stillschweigenden Delegation** auszugehen. Die Einwände, die dagegen im Hinblick auf die Befugnisse des Bundespräsidenten gemacht werden, gelten in diesem Maße nicht für die Verhältnisse auf Landesebene. Auch die Zusammenarbeit mit der EU hat sich zunehmend zu einer „europäischen Innenpolitik" entwickelt. Eine solche **Delegation** der Befugnisse des Ministerpräsidenten ist – obwohl in der LV im Gegensatz zu anderen „präsidentiellen" Befugnissen nicht ausdrücklich vorgesehen – zulässig.[17] Mit der Delegation wird die Befugnis übertragen, unmittelbar für das Land zu handeln. Darüber hinaus ist eine förmliche Bevollmächtigung einzelner Regierungsmitglieder mit der **Stellvertretung des Ministerpräsidenten** in auswärtigen Angelegenheiten möglich.

Eine große Rolle spielen bei den von den Ministerien wahrgenommenen Außenbeziehungen die **Fachministerkonferenzen,** in denen die Länderminister – im Regelfall zusammen mit dem zuständigen Bundesminister – gemeinsam interessierende Fragen behandeln und Absprachen treffen. Ebenfalls im Wesentlichen auf Ressortebene ist die Zusammenarbeit des Landes mit der EU im Rahmen der zahlreichen **EU-Programme** organisiert. Dabei gehen die Ministerien teilweise mit der von der EU geforderten Kofinanzierung finanzielle Verpflichtungen von erheblicher Tragweite ein.

18

Verfassungsrechtlich zulässig sind internationale – vor allem interparlamentarische – Kontakte des **Landtages,**[18] soweit sie unter der Schwelle bindender Festlegungen, die der Außenvertretungsbefugnis des Ministerpräsidenten zukommen, bleiben.

---

14 *Kempen* in: v. Mangoldt/Klein/Starck Rn. 8.
15 *Gärditz* in: Brocker/Droege/Jutzi, Art. 101 Rn. 12.
16 Begriff von *Fassbender*, Der offene Bundesstaat, 2007.
17 *Braun* Art. 50 Rn. 6; *Katz* in: Feuchte Art. 50 Rn. 6; aA *Kempen* in: v. Mangoldt/Klein/Starck Art. 59 Abs. 1 Rn. 1.
18 Beispiel ist der „Oberrheinrat"; vgl. LT-Drs. 16/3, 22.

II. Staatsverträge
1. Verträge mit ausländischen Partnern

19 Ohne dies ausdrücklich festzulegen, geht die LV von der Kompetenz des Ministerpräsidenten für den **Abschluss von Staatsverträgen** aus. Geregelt werden in der LV lediglich Art und Weise der Beteiligung von Regierung und Landtag bei der Wahrnehmung dieser Befugnis. Die Vertragsschlusskompetenz des Ministerpräsidenten umfasst auch das **Kündigungsrecht**[19] für Staatsverträge. Der Landtag ist dabei angesichts des eindeutigen Wortlauts der Bestimmung nicht zu beteiligen.

20 Der **Begriff des Staatsvertrags** ist in der LV nicht genauer festgelegt. Staatsverträge gelten als Gemeingut des deutschen Landesverfassungsrechts. Regelungen dazu waren bereits in Vorgängerverfassungen enthalten. Die Bezeichnung eines Vertragswerks ist für die rechtliche Einordnung allenfalls ein Indiz, aber nicht ausschlaggebend. Von der Wortbedeutung her wird man fordern müssen, dass der Vertragspartner **Staatsqualität** hat. Unterschieden werden muss zwischen Staatsverträgen völkerrechtlichen Charakters mit **ausländischen Vertragspartnern** und Staatsverträgen **innerhalb der Bundesrepublik**, mit dem Bund und anderen Ländern. Zu fordern ist für die Vertragspartner zumindest eine „Gleichordnungsebene mit dem Land".[20]

21 **Völkerrechtliches Gewicht** haben nach Art. 32 III GG Verträge, die das Land mit „**auswärtigen Staaten**" abschließen kann, soweit die Länder für die Gesetzgebung zuständig sind. Die Vertragsschlusskompetenz der Länder erfasst über einzelne Staaten hinaus alle Arten von **Völkerrechtssubjekten**. Die Länder werden dabei im eigenen Namen, nicht in Vertretung des Bundes, tätig. Die Länder verfügen insoweit über eine **partielle Völkerrechtsfähigkeit**. Die Kompetenz bezieht sich nicht nur auf in Gesetzesform zu regelnde Materien, sondern umfassend auf alle Sachverhalte, die im **Zuständigkeitsbereich der Länder** liegen. Dies kann – heute ein eher theoretischer Fall – auch im Bereich ausschließlicher Gesetzgebungszuständigkeiten des Bundes möglich sein: Art. 71 GG geht davon aus, dass die Länder zur Gesetzgebung auf diesem Gebiet „ausdrücklich ermächtigt" werden können. In Fällen der konkurrierenden Gesetzgebung können die Länder solche Verträge schließen, solange und soweit der Bund von seiner Gesetzgebungszuständigkeit nicht durch Gesetz Gebrauch gemacht hat (Art. 72 I GG). Es muss bei Verträgen der Länder nicht nur um untergeordnete und technische Angelegenheiten gehen. Das BVerfG hat die Möglichkeit gesehen, dass der Vertrag eines Landes im Rahmen seiner Zuständigkeiten „politische Folgen für das Land selbst oder den Bund hat."[21] In der Praxis ist es jedoch im Regelfall der **Bund**, der auf diesen Gebieten mit ausländischen Partnern Abkommen schließt, was vom Land auch akzeptiert wird.[22]

---

19 BVerfGE 60, 162.
20 *Gärditz* in: Brocker/Droege/Jutzi, Art. 101 Rn. 13.
21 BVerfGE 2, 347 (379).
22 Beispiel ist das „Karlsruher Abkommen" über die grenzüberschreitende Zusammenarbeit zwischen Gebietskörperschaften und örtlichen Stellen v. 23.1.1996, BGBl. 1997 II, 1159, das Fragen der kommunalen Zusammenarbeit – mithin ein-

Hinzuweisen ist auf die vorherige **Zustimmungsbedürftigkeit der Bundesregierung** zu Abkommen mit ausländischen Partnern, zu denen auch Verwaltungsabkommen zählen.[23] Es handelt sich um eine „Regierungsangelegenheit gegenüber dem Lande", bei der sich die Bundesregierung „von den wohlerwogenen Interessen des Bundes leiten zu lassen hat."[24] Es stellt sich die Frage, ob Abkommen, die **ohne die notwendige Zustimmung** der Bundesregierung geschlossen wurden, nach innen und nach außen wirksam sind. **Innerhalb** der Bundesrepublik fehlen ihnen, da im Widerspruch zu deutschem Recht abgeschlossen, die Gültigkeitsvoraussetzungen. Zweifel anzumelden sind jedoch an der Auffassung, sie seien auch im **Außenverhältnis** gegenüber dem Vertragspartner nicht bindend, da offenkundig unter Verletzung innerstaatlichen Rechts zustande gekommen.[25] Der Blick ins GG zeigt dem ausländischen Vertragspartner gerade, dass die Länder über eine gewisse Völkerrechtsfähigkeit verfügen. Ebenso wie eine möglicherweise fehlende parlamentarische Beteiligung bewegt sich die Zustimmung der Bundesregierung in einem innerstaatlichen Bereich, der von außen nicht unbedingt eingesehen werden kann.

22

Ein Stück Verfassungsgeschichte auf diesem Gebiet geschrieben hat das ehemalige Land Baden mit dem „**Kehler Hafenvertrag**" vom 19.10.1951. Das BVerfG hat diesen Vertragsschluss nicht mit einem auswärtigen Staat – und so der Einflussnahme des Bundes entzogen – angesehen. Vertragspartner war der „Port Autonome de Strasbourg", eine französische Körperschaft öffentlichen Rechts. Abkommen mit „öffentlich-rechtlichen Gebilden", die nicht Staaten oder nicht staatengleich (wie internationale Organisationen) sind, fallen danach nicht unter den Zustimmungsvorbehalt des Art. 32 III GG. Der Vertrag war auch von der Zuständigkeit des Landes gedeckt, da er sich nur auf Gegenstände bezog, „die der alleinigen Verfügungsmacht des Landes Baden unterstanden."[26] Insoweit sind vertragliche Abmachungen des Landes mit **Gebietskörperschaften in anderen Staaten** – insbesondere in der Zusammenarbeit mit anderen **Regionen** – ohne Weiteres möglich. Soweit ersichtlich wird dabei allerdings in der Regel auf vertragliche Bindungen im engeren Sinne verzichtet und die Zusammenarbeit durch – rechtlich nicht verbindliche – „Gemeinsame Erklärungen", „Absichtserklärungen" o. ä. begründet. Vor allem seit den 80er Jahren haben sich so zahlreiche Partnerschaften mit anderen Regionen – grenzüberschreitend an Oberrhein, Hochrhein und Bodensee und in größeren internationalen Zusammenhängen – entwickelt.[27] Wichtige grenzüberschreitende Einrichtungen sind insbesondere die Oberrheinkonferenz und die Internationale Bodenseekonferenz. Weiter besonders hervorzuheben ist die Partnerschaft des Landes mit den „Vier Motoren" Katalonien, Lombardei und Rhone-Alpes. Nur beispielshaft erwähnt seien im internationa-

23

---

deutige Länderangelegenheiten – regelt; dazu *Gutt*, Grenzüberschreitende kommunale Zusammenarbeit nach dem Karlsruher Übereinkommen, 1999.
23 BVerfGE 2, 347 (369 f.).
24 BVerfGE 2, 347 (370).
25 *Lenz* in: Epping/Butzer u.a., Art. 35 Rn. 34.
26 BVerfGE 2, 347 (376).
27 Dazu näher Fischer/Frech (Hrsg.), Baden-Württemberg und seine Partnerregionen, 2001.

len Bereich Beziehungen zu den Provinzen Liaoning und Jiangsu in der VR China und zum indischen Bundesstaat Maharashtra. Dazu kommen zahlreiche Formen fachlicher Zusammenarbeit mit ausländischen Partnern auf Ressortebene.

24 Nicht einzelne Regionen, sondern die **nationalen Regierungen** sind dem gegenüber Partner des Landes bei den nach dem Fall des „Eisernen Vorhangs" mit zahlreichen Staaten Mittel- und Osteuropas – beginnend 1991 mit Ungarn – eingerichteten sog. „Gemischten Kommissionen", die unter Leitung des StM zusammentreten und Kooperationsprojekte in vielen Ressortbereichen organisieren.

25 Bislang noch nicht aktuell geworden ist die mit Art. 24 I a GG eröffnete Möglichkeit der **Übertragung von Hoheitsrechten** (Durchgriffsmöglichkeiten auf die Landesebene) auf grenznachbarschaftliche Einrichtungen.[28] Notwendig hierfür wäre, ohne dass das GG dies ausdrücklich gebietet, sicher eine gesetzliche Ermächtigung durch den Landtag.[29]

26 Verbunden mit der Vertragsschlusskompetenz besteht ein **Verhandlungs- und Verkehrsrecht** mit den auswärtigen Staaten. Diese Rechte bestehen auch außerhalb vertraglicher Beziehungen und deren Anbahnung. Soweit überhaupt notwendig, kann dafür das argumentum e maiore ad minus herangezogen werden. Es handelt sich dabei jedenfalls um langjähriges Verfassungsgewohnheitsrecht, wobei eine **enge Abstimmung mit der Bundesregierung** selbstverständlich ist.[30]

2. Verträge mit innerstaatlichen Partnern

27 Als Partner für staatsvertragliche Beziehungen des Landes sind in erster Linie der **Bund,** vor allem aber andere **Länder** relevant. Staatsverträge unter allen Ländern liegen zB vor im Rundfunk- und Medienrecht (ZDF-Staatsvertrag, Rundfunkstaatsverträge), Hochschulrecht (Vergabe von Studienplätzen) und Lotteriewesen (Glücksspielstaatsvertrag). Möglich sind auch dreiseitige Verträge mit anderen Ländern und dem Bund. Beispiel aus jüngerer Zeit ist der „Staatsvertrag zur Ausführung von Art. 91 c GG" zur Errichtung des IT-Planungsrats aus dem Jahre 2010 (GBl. 314). Hinzuweisen ist weiter auf Verträge des Landes mit einem oder mehreren anderen Ländern. Beispiele sind Staatsverträge des Landes mit dem Freistaat Bayern über Änderungen der Landesgrenze (BGBl. 1979 I, 473; GBl. 750) oder mit Rheinland-Pfalz über den Südwestrundfunk (GBl. 2013, 314; 2015, 747).

28 Für **Streitigkeiten**, die sich aus Staatsverträgen mit dem Bund unter föderalen Gesichtspunkten ergeben, besteht eine Zuständigkeit des BVerfG gem. Art. 93 I Nr. 3 GG, ansonsten des BVerwG gem. § 50 I Nr. 1 VwGO. Danach entscheidet das BVerwG im ersten und letzten Rechtszug über öffentlich-rechtliche Streitigkeiten nicht verfassungsrechtlicher Art zwischen

---

28 *Schwarze*, Die Übertragung von Hoheitsrechten auf grenznachbarschaftliche Einrichtungen iSd Art. 45 Abs. 1 a GG in: FS Benda, 1995, 311; *Rennert*, Grenznachbarschaftliche Zusammenarbeit in: FS Böckenförde, 1995, 199.
29 Dazu grundsätzlich BVerfG 1, 372.
30 Zu eng *Gärditz* in: Brocker/Droege/Jutzi, Art. 101 Rn. 9, der diese Möglichkeiten lediglich „ausnahmsweise kraft Annexkompetenz" sieht.

Bund und Ländern. Damit ist für solche Streitigkeiten „ein anderer Rechtsweg gegeben" und die Zuständigkeit der Bundesverfassungsgerichts nach Art. 93 I Nr. 4 GG läuft insoweit leer.

Im Hinblick auf unterschiedliche verfassungsrechtliche Vorgaben stellt sich die Frage der Abgrenzung von Staatsverträgen zu Verwaltungsabkommen. Vertragsgegenstände, die wegen des Gesetzesvorbehalts oder des Vorrangs des Gesetzes zur Umsetzung eines **formellen Gesetzes** bedürfen, sind als **Staatsverträge** zu regeln. Genauso verhält es sich bei Änderungen an bestehenden Staatsverträgen. In Entsprechung zu Art. 59 II 1 GG werden darüber hinaus auch Vereinbarungen von **erheblicher politischer Bedeutung** als Staatsverträge abzuschließen sein. Es geht dabei allgemein um grundlegende, „staatsleitende" Festlegungen. Die Beschränkung auf Gegenstände der Gesetzgebung wie Art. 45 WRV sieht die LV nicht vor. Staatsverträge sind weiter nach der ausdrücklichen Regelung in Art. 29 VII GG Abkommen die **Änderungen des Gebietsbestandes** des Landes und nach Art. 29 VIII GG eine Neugliederung des Landes. Weitere Fälle sind im Hinblick auf den institutionellen Gesetzesvorbehalt die **Bildung oder Auflösung öffentlich-rechtlicher Körperschaften und Anstalten**.[31] 29

Der Begriff des Staatsvertrages wird – ob im Vertragstext selbst oder in der öffentlichen Diskussion – oft in einem weiteren Sinne verwendet. Mangels Staatsqualität handelt es sich bei den **Verträgen mit den Religionsgemeinschaften** im Lande jedoch nicht um Staatsverträge.[32] Eine solche Qualität haben jedoch **Konkordate**. Im Rahmen seiner staatskirchenrechtlichen Zuständigkeit kann das Land ohne Beteiligung des Bundes Konkordate mit dem Heiligen Stuhl als Völkerrechtssubjekt abschließen.[33] Ein solcher Staatsvertrag des Landes ist als vorkonstitutionelles Recht das „Konkordat zwischen dem Heiligen Stuhle und dem Freistaate Baden" (Badisches Konkordat) von 1932. 30

Keine Staatsverträge sind **Verordnungsabkommen**, wo der Gesetzgeber die Zuständigkeit bereits auf die Exekutive übertragen hat, **Finanzierungsabkommen**, die nach Haushaltsrecht zulässig sind, und **Parallelabkommen**, die bereits gesetzlich geregelte Fälle enthalten.[34] 31

III. Verwaltungsabkommen

Verwaltungsabkommen unterscheiden sich von Staatsverträgen sowohl was die Abschlusskompetenz als auch den Inhalt angeht.[35] Unstreitig ist, dass von der Bezeichnung allein **nicht** – weder in die eine noch die andere Richtung – auf einen Staatsvertrag oder ein Verwaltungsabkommen geschlossen werden kann. Für die Abgrenzung müssen mehrere Gesichtspunkte kombiniert werden. Der materielle Inhalt, die Beantwortung der Frage, ob das Abkommen einem materiellen Gesetz entsprechen würde 32

---

31 StGH VBlBW 1981, 389 (391).
32 Römisch-katholische Kirchenvereinbarung BW von 2007; Evangelischer Kirchenvertrag BW von 2007; Vertrag mit der israelitischen Religionsgemeinschaft Baden und der israelitischen Religionsgemeinschaft Württemberg von 2010.
33 BVerfGE 6, 309 (362).
34 *Braun*, Art. 50 Rn. 11 ff.
35 *Grawert*, 31 ff.

oder politische Bedeutung hat, ist Indiz für einen Staatsvertrag. Ein Verwaltungsabkommen weist demgegenüber Nähe zu Verwaltungsakten und -vorschriften auf. Man kann von einem „**Subtraktionsverfahren**"[36] sprechen, nach dem von einem Verwaltungsabkommen auszugehen ist, wenn die Tatbestände von Art. 59 II GG (politische Beziehungen und Gegenstände der Bundesgesetzgebung) **nicht** gegeben sind. Zu unterscheiden sind dann weiter **Regierungsabkommen**, die von und für die Regierung abgeschlossen werden, und **Ressortabkommen** im Geschäftsbereich eines Ministeriums.

33 Für Verwaltungsabkommen mit auswärtigen Staaten ist umstritten, ob die Länder solche Abkommen lediglich im Rahmen ihrer Gesetzgebungszuständigkeiten oder umfassend auch im Bereich ihrer Aufgaben für die Verwaltung schließen können. Letztere Auffassung ist zutreffend, da Art. 32 III GG sich nicht auf die Gesetzgebungskataloge des GG sondern auf die **Zuständigkeiten der Länder** bezieht.[37]

34 Grundsätzlich fallen auch Verwaltungsabkommen in die Zuständigkeit des Ministerpräsidenten, der sie aber im Regelfall – ausdrücklich oder konkludent – **delegiert** hat. Eine **Beteiligung des Landtags** ist bei diesen Abkommen nur notwendig, wenn sie erhebliche politische oder finanzielle Bedeutung haben. Verbindlich werden Verwaltungsabkommen im Lande ansonsten grds. mit der **Zustimmung des zuständigen Organs**. Ein gesonderter Vollzugsbefehl durch Rechtsverordnung, Verwaltungsvorschrift oder Verwaltungsakt ist nicht erforderlich.[38]

IV. Verfahren

35 Die in Satz 2 vorgesehene **Zustimmung des Landtags** zu Staatsverträgen greift tief in den Bereich der Exekutive ein, da die Außenbeziehungen traditionell eine der Regierungsdomänen darstellen. Das BVerfG hat festgestellt, dass es sich bei einem Vertragsgesetz um einen „Regierungsakt" handelt und dem Bundestag insoweit eine „Funktion der Regierung" übertragen ist.[39] Rechtfertigen lässt sich dies in erster Linie im Hinblick auf Notwendigkeiten einer Umsetzung durch den Gesetzgeber. Dieser soll nicht präjudiziert werden. Der Zustimmungsvorbehalt des Landtags ist nach Landesverfassungsrecht jedoch nicht auf die Fälle einer gesetzlichen Umsetzungsnotwendigkeit beschränkt.[40]

36 Der Abschluss eines Staatsvertrages ist ein **vielstufiger Vorgang**, der sich – über die Regelung von Art. 50 S. 2 LV hinaus – im Laufe der Zeit in Zusammenarbeit zwischen Regierung und Landtag entwickelt hat. Staatspraxis ist in der Zwischenzeit, dass der Landtag im Hinblick auf seine Zustimmung nicht erst nach Abschluss der Verhandlungen, sondern bereits in

---

36 *Grawert*, 46.
37 BVerfGE 2, 369 f.; *Braun*, Art. 50 Rn. 34.
38 *Nettesheim* in: Maunz/Dürig Art. 59 Rn. 189.
39 BVerfGE 1, 372 (394 f.); 90, 286 (357).
40 *Nettesheim* in: Maunz/Dürig Art. 59 Rn. 93ff verbindet mit dem Vertragsgesetz „Kontrollfunktion", „Ermächtigungsfunktion", „Übernahmefunktion" und „Rangordnungsfunktion".

[Vertretung nach außen] Artikel 50

einem früheren Stadium beteiligt wird.[41] Festgehalten ist dies in der folgenden **Zusicherung der Landesregierung:**

„a) Auf den Beschluss des Landtags vom 25. Oktober 1979 (Plenarprotokoll 7/85 S. 5876) hat sich die Regierung bereit erklärt, dem Landtag Staatsverträge und sonstige Abkommen von erheblicher politischer oder finanzieller Bedeutung rechtzeitig vor dem Abschluss zuzuleiten. Die Vorlage erfolgt nach einer weiteren Zusicherung so frühzeitig, dass dem Landtag eine ausreichende Beratungszeit zur Verfügung steht.
b) Die Zuleitung der Staatsvertragsentwürfe lässt das spätere Zustimmungsverfahren nach Art. 50 Satz 2 LV unberührt.
c) Soweit Staatsverträge oder sonstige Vereinbarungen mit dem Bund oder einem Land erhebliche haushaltsmäßige Auswirkungen haben, ist gem. § 10 Abs. 4 Landeshaushaltsordnung dem Landtag vor der Unterzeichnung rechtzeitig Gelegenheit zur Stellungnahme zu geben. Diese gesetzliche Bestimmung überschneidet sich zum Teil mit der unter a) genannten Zusicherung."

Auf Grundlage dieser Zusicherung hat der Landtag Gelegenheit, noch vor bindenden Festlegungen auf den Inhalt eines Abkommens einzuwirken. Er entkommt damit der „**Ratifikationssituation**", in der nur die Wahl zwischen Zustimmung und Ablehnung des gesamten Vertragswerks bleibt. Der richtige Zeitpunkt für die Zuleitung ist gekommen, wenn über den Vertragstext Einigkeit erzielt ist. Gegenüber dem Vertragspartner darf noch keine Bindung eingegangen werden, die daran hindern würde, Änderungswünschen des Landtags nachzukommen. Nicht zu verkennen ist allerdings, dass damit möglicherweise Schwierigkeiten für die Verhandlungsposition des Landes verbunden sind. Einen besonderen Fall stellen Vereinbarungen mit dem Bund oder einem Land dar, soweit diese erhebliche **haushaltsmäßige Auswirkungen** haben können. Hier erhält der Landtag nach § 10 IV LHO rechtzeitig Gelegenheit zur Stellungnahme. 37

Das Verfahren gestaltet sich so, dass zunächst die **Verhandlungen** vom StM, soweit die Zuständigkeiten des Ministerpräsidenten oder der Regierung berührt sind, oder dem Ministerium, in dessen Geschäftsbereich die Materie fällt, geführt werden. Nach deren Abschluss erfolgt die **Paraphierung** durch die Verhandlungsführer. Diese Abzeichnung bedeutet, dass der Abkommenstext vorläufig festgelegt ist. Anschließend werden die Entwürfe, soweit es sich um Staatsverträge oder sonstige Abkommen von erheblicher politischer oder finanzieller Bedeutung handelt, dem **Landtag** zugeleitet. Ergibt sich daraus kein Änderungsbedarf, der in weiteren Verhandlungen zu verfolgen wäre, und hat bei Abkommen mit auswärtigen Staaten auch die Bundesregierung gem. Art. 32 III GG zugestimmt, wird der Entwurf vom StM oder dem federführenden Ressort dem **Ministerrat** vorgelegt. Dies ist eine in der Verfassungstradition begründete Besonderheit der LV, die ansonsten nur die Landesverfassungen von Sachsen (nach baden- 38

---

41 Typischerweise in einem neueren Verfassungstext ist dies in Art. 67 IV ThürVerf ausdrücklich vorgesehen.

württembergischen Vorbild) und Schleswig-Holstein kennen.[42] Auf Grundlage der Zustimmung des Ministerrats erfolgt die **Unterzeichnung** durch den Ministerpräsidenten bzw. durch seinen Vertreter. Davor ist eine Unterzeichnung nur unter Zustimmungsvorbehalt möglich. Anschließend geht es um die **Zustimmung des Landtages**, die in unterschiedlicher Art und Weise erfolgen kann. Soweit eine Umsetzung durch Gesetz erforderlich ist, wird der Abkommensentwurf zusammen mit einem von der Regierung nach Art. 49 II LV beschlossenen Gesetzentwurf dem Landtag zugeleitet. Ein Gesetzesinitiativrecht des Landtags besteht in diesem Falle nicht.[43] Soweit zur Umsetzung des Abkommens kein Gesetz notwendig ist, fasst der Landtag auf Antrag der Regierung[44] nach § 42 I GO LT in einer Beratung Beschluss über die Zustimmung. Änderungen am Vertragswerk sind ihm verwehrt. Es besteht in dieser Situation nur die Möglichkeit der Zustimmung oder Ablehnung jeweils im Ganzen. Durch die Zustimmung des Landtags wird der Staatsvertrag in das Landesrecht **transformiert**. Mit dem Gesetzes- bzw. Zustimmungsbeschluss sind zugleich die Voraussetzungen für die **Ratifikation** des Abkommens gegeben.[45] Dabei wird dem Vertragspartner mitgeteilt, dass das Abkommen nunmehr für das Land verbindlich ist. Wenn diese Voraussetzung auch auf der anderen Seite geschaffen ist, tritt die **Wirksamkeit** der vertraglichen Abmachung ein. Im Vertrag üblicherweise geregelt ist das Inkrafttreten in Verbindung mit der Hinterlegung der Ratifikationsurkunden an einem bestimmten Ort. Staatsverträge, die der Transformation durch ein Gesetz bedürfen, sind im Gesetzblatt zusammen mit diesem Gesetz zu **veröffentlichen**. Ggf. wird ein späteres Inkrafttreten nach der Ratifikation durch den Vertragspartner gesondert bekannt gegeben.[46]

39 Eine Ratifikation unter **Verletzung der Zustimmung** durch den Landtag ist innerstaatlich unwirksam, nach außen aber bindend, soweit der Mangel nicht offenkundig ist. Nachträgliche **Änderungen des Zustimmungsgesetzes** sind innerhalb des Landes zu beachten, würden aber dazu führen, dass das Land im Außenverhältnis vertragsbrüchig würde und vom Vertragspartner in Anspruch genommen werden könnte.[47] Das Zustimmungsgesetz wird gegenstandslos, wenn der Vertrag aufgelöst wird oder sonst (zB durch Befristung) ausläuft. **Änderungen des Vertrags** machen erneut eine Zustimmung des Landtags erforderlich, nicht aber eine **Kündigung** oder einvernehmliche Auflösung.[48] Das Zustimmungserfordernis von Regierung und Landtag bezieht sich nur auf einen positiven Vertragsschluss.

---

42 Art. 65 II SächsVerf; Art. 37 II SchlHVerf sieht sie das Erfordernis der Zustimmung der Landesregierung für Verträge mit der Bundesrepublik oder mit anderen Ländern vor.
43 *Gärditz* in: Brocker/Droege/Jutzi, Art. 101 Rn. 18.
44 *Epping* in: Epping/Butzer u.a., Art. 35 Rn. 56.
45 Eine Verpflichtung zur Ratifikation erwächst aus diesen Beschlüssen aber nicht, vgl. *Gärditz* in: Brocker/Droege/Jutzi, Art. 101 Rn. 16.
46 Ein Beispiel ist der SWR-Staatsvertrag, GBl. 2015, 747.
47 *Gärditz* in: Brocker/Droege/Jutzi, Art. 101 Rn. 125.
48 AA *Braun*, Art. 27 Rn. 27.

V. Beteiligung an Abkommen des Bundes

Soweit Abkommen, die der Bund im Rahmen der ihm nach Art. 32 I GG überantworteten „Pflege der Beziehungen zu auswärtigen Staaten" schließt, die **„die besonderen Verhältnisse des Landes berühren"**, ist das Land nach Art. 32 II GG rechtzeitig – d. h. noch vor der Paraphierung, spätestens aber vor der Ratifikation – anzuhören. Es handelt sich um einen **unbestimmten Rechtsbegriff**. Die Anhörung des Landes steht nicht im Ermessen der Bundesregierung und kann nötigenfalls verfassungsgerichtlich eingefordert werden.[49] Notwendig für die Anhörung ist ein förmliches Verfahren, in dem sich die Bundesregierung an den Ministerpräsidenten zu richten hat. Die Anhörung des Landes bedeutet **kein Zustimmungserfordernis**. Gefordert werden muss dies aber für den heute nicht mehr geregelten Fall von **Gebietsänderungen**,[50] für den Art. 78 III WRV noch ausdrücklich „die Zustimmung des beteiligten Landes" vorgesehen hat. Hier ist eine Essenz der Länderstaatlichkeit berührt, über die der Bund sich nicht einseitig hinwegsetzen kann. Zu berücksichtigen ist bei vom Bund zu schließenden Abkommen allgemein der Grundsatz der (gegenseitigen) **Bundestreue**.[51] Der Bund darf nicht einseitig Anliegen eines Landes „opfern", das Land hat aber ebenfalls gesamtstaatliche Verantwortung zu tragen. Eine Anhörung ist nicht notwendig, wenn **alle Länder gleichermaßen** betroffen sind.[52] Geltend machen können die Länder ihre Anliegen in diesen Fällen über die Beteiligung des Bundesrates am Vertragsgesetz gem. Art. 59 II GG sowie ggf. im Rahmen des Verfahrens nach dem „Lindauer Abkommen". 40

In der jungen Bundesrepublik war die Reichweite der Vertragskompetenz des Bundes heftig umstritten, soweit es um **Materien geht, die innerstaatlich in die Zuständigkeit** der Länder fallen. Dabei handelt es sich insbesondere um Kulturabkommen, die von der Bundesrepublik mit einer Vielzahl von Staaten geschlossen werden und die den kulturellen Austausch regeln. Pièce de résistance war insbesondere die Frage der Transformation in innerstaatliches Recht. Während der Bund im Hinblick auf die ihm übertragene ausschließliche Zuständigkeit für die auswärtigen Angelegenheiten nach Art. 73 I Nr. 1 GG eine umfassende Vertragsabschlusskompetenz für sich in Anspruch nehmen wollte, haben einige – wenn auch nicht alle – Länder diese auf Gebiete beschränkt gesehen, in denen er auch innerstaatlich Gesetzgebungszuständigkeiten hat. Der Streit wurde durch eine Verfahrensregelung, das sogenannte **„Lindauer Abkommen"**, die „Verständigung zwischen der Bundesregierung und den Staatskanzleien der Länder über das Vertragsschließungsrecht des Bundes" vom 14.11.1957, beigelegt.[53] Unter Aufrechterhaltung ihrer gegenteiligen Rechtsauffassungen haben darin die Länder dem Bund den Abschluss von Verträgen, bei denen **ausschließliche Zuständigkeiten der Länder** in Frage stehen, unter der Vor- 41

---

49 *Sannwald* in: Schmidt-Bleibtreu/Klein, Art. 32 Rn. 32.
50 *Braun*, Art. 50 Rn. 26; aA die Kommentarliteratur zum GG.
51 BVerfGE 92, 203 (231); allgem. *Bayer*, Die Bundestreue, 1961; *Bauer*, Die Bundestreue 1992; *Bleckmann*, Zum Rechtsinstitut der Bundestreue, JZ 1991, 900.
52 *Schmidt-Bleibtreu/Klein*, Art. 32 Rn. 30.
53 Dazu *Papier*, Abschluss völkerrechtlicher Verträge und Föderalismus – Lindauer Abkommen, DÖV 2003, 265.

aussetzung gestattet, dass vorher das Einvernehmen mit ihnen hergestellt wird. Weiter hat der Bund sich verpflichtet, die Länder auch über Verträge, welche ihre **wesentlichen Interessen** berühren, frühzeitig zu unterrichten. Als Ansprechpartner und Koordinierungsstelle eingesetzt ist eine **„Ständige Vertragskommission der Länder"**, der von der Bundesregierung alle einschlägigen Vertragsentwürfe vorgelegt werden. Hauptanwendungsfall sind Kulturabkommen, die die Bundesrepublik mit anderen Staaten schließt.

42 Wegen ihrer grundlegenden Bedeutung für die Staatsqualität der Länder ist die Absprache hier wiedergegeben.[54]

„1. Der Bund und die Länder halten an ihren bekannten Rechtsauffassungen über die Abschluss- und Transformationskompetenz bei völkerrechtlichen Verträgen, die ausschließlich Kompetenzen der Länder berühren, fest.

2. Die Länder halten ein Entgegenkommen bei der Anwendung der Art. 73 Ziff. 1 und 5 und 74 Ziff. 4 des GG für möglich. Eine Zuständigkeit des Bundes könnte danach zB für

a) Konsularverträge

b) Handels- und Schifffahrtsverträge, Niederlassungsverträge sowie Verträge über den Waren- und Zahlungsverkehr,

c) Verträge über den Beitritt zu oder die Gründung von internationalen Organisationen

auch insoweit anerkannt werden, als diese Verträge Bestimmungen enthalten, bei denen es zweifelhaft sein könnte, ob sie im Rahmen eines internationalen Vertrages unter die ausschließliche Landesgesetzgebung fallen, wenn diese Bestimmungen

a) für solche Verträge typisch und in diesen Verträgen üblicherweise enthalten sind oder

b) einen untergeordneten Bestandteil des Vertrages bilden, dessen Schwerpunkt im Übrigen zweifelsfrei im Bereich der Zuständigkeit des Bundes liegt.

Hierzu gehören Bestimmungen über Privilegien bei auswärtigen Staaten und internationalen Einrichtungen hinsichtlich des Steuer-, Polizei- und Enteignungsrechts (Immunitäten) sowie über die nähere Ausgestaltung der Rechte von Ausländern in Handels-, Schifffahrts- und Niederlassungsverträgen.

3. Beim Abschluss von Staatsverträgen, die nach Auffassung der Länder deren ausschließliche Kompetenz berühren und nicht nach Ziff. 2 durch die Bundeskompetenz gedeckt sind, insbesondere also bei Kulturabkommen, wird wie folgt verfahren:
Soweit völkerrechtliche Verträge auf Gebieten der ausschließlichen Zuständigkeit der Länder eine Verpflichtung des Bundes oder der Länder begründen sollen, soll das Einverständnis der Länder herbeigeführt werden. Dieses Einverständnis soll vorliegen, bevor die Verpflichtung völkerrechtlich verbindlich wird. Falls die Bundesregierung einen solchen Vertrag dem Bundesrat gemäß Artikel 59 Absatz 2 GG

---

54 BT-Drs. 7/5924, 236.

> *zuleitet, wird sie die Länder spätestens zum gleichen Zeitpunkt um die Erteilung des Einverständnisses bitten.*
> *Bei den in Absatz 1 Satz 1 genannten Verträgen sollen die Länder an den Vorbereitungen für den Abschluss möglichst frühzeitig, in jedem Fall rechtzeitig vor der endgültigen Festlegung des Vertragstextes beteiligt werden.*
> 4. *Es wird weiter vereinbart, dass bei Verträgen, welche wesentliche Interessen der Länder berühren, gleichgültig, ob sie die ausschließliche Kompetenz der Länder betreffen oder nicht,*
>   a) *die Länder möglichst frühzeitig über den beabsichtigten Abschluss derartiger Verträge unterrichtet werden, damit sie rechtzeitig ihre Wünsche geltend machen können,*
>   b) *ein ständiges Gremium aus Vertretern der Länder gebildet wird, das als Gesprächspartner für das Auswärtige Amt oder die sonst zuständigen Fachressorts des Bundes im Zeitpunkt der Aushandlung internationaler Verträge zur Verfügung steht,*
>   c) *durch die Information dieses Gremiums und die von ihm abgegebenen Erklärungen die Vereinbarung nach Ziff. 3 nicht berührt wird.*
> 5. *Der Sonderfall des Art. 32 Abs. 2 wird durch Ziffer 4 nicht erfasst."*

Die im Rahmen der „Lindauer Vereinbarung" abzugebende Zustimmung ist Sache des **Ministerpräsidenten**. Nach Prüfung des Abkommensentwurfs in der Ständigen Vertragskommission (seit längerem unter bayerischem Vorsitz), in der alle Länder vertreten sind, gibt diese eine Empfehlung ab. Nach weiterer Prüfung durch die im Lande berührten Ministerien erfolgt die Zustimmung des Landes. Wahrgenommen wird diese Aufgabe für den Ministerpräsidenten seit längerem durch die Vertretung des Landes beim Bund. Die Zustimmung ist durchweg der Regelfall, nur in seltenen Ausnahmefällen kommt es zu einer Kontroverse mit dem Bund. Unberührt von diesem Verfahren bleibt die **Transformation**, wenn Materien geregelt werden, die in die Gesetzgebungszuständigkeit der Länder fallen.[55] 43

Umstritten ist die Reichweite des Verfahrens bei völkerrechtlichen Abkommen, die innerstaatlich **nur einzelne Länder** betreffen. Beispiele sind völkerrechtliche Abkommen der Bundesrepublik mit Nachbarstaaten über grenzüberschreitende Fragen (zB der polizeilichen Zusammenarbeit). Hier muss die Zustimmung der Länder, deren Gebiet von den Abmachungen betroffen ist, genügen. Die Praxis ist allerdings eine andere: Auch mit solchen Abkommen befasst sich die Ständige Vertragskommission. 44

Ergänzend zur „Lindauer Absprache" geregelt sind die „Stellung und Aufgaben von Persönlichkeiten aus dem Länderbereich in internationalen Verhandlungen des Bundes" in der **Kramer-Heubl-Absprache** aus dem Jahre 1968.[56] 45

---

55 *Braun*, Art. 50 Rn. 16.
56 Abgedruckt in *Morawitz*, Die Zusammenarbeit von Bund und Ländern bei Vorhaben der Europäischen Union, 1981, 87 ff.

VI. Mitwirkung in Angelegenheiten der Europäischen Union
1. Beteiligungsrechte des Landes

46 Von der Außenvertretung des Ministerpräsidenten nur teilweise erfasst sind die **Beziehungen zur Europäischen Union**. Hier ist Art. 23 GG mit der Mitwirkung des Bundesrates lex specialis, soweit es um „Angelegenheiten der Europäischen Union" geht. Hauptanwendungsfall sind Rechtsakte der Europäischen Union. Im Laufe der Zeit wurde hierfür seit den späten 80er Jahren (Einheitliche Europäische Akte vom 1.7.1987)[57] ein differenziertes System der Mitwirkung der Länder aufgebaut, das im Wege der **Organleihe über den Bundesrat** abgewickelt wird.[58] Für diese Fragen ist auf Landesebene somit Art. 49 II LV einschlägig, wonach die Regierung über die Stimmabgabe des Landes im Bundesrat beschließt. Im Einzelnen geregelt ist die Mitwirkung der Länder in EU-Angelegenheiten inzwischen mit dem „Gesetz über die Wahrnehmung der Integrationsverantwortung des Bundestages und des Bundesrates in Angelegenheiten der Europäischen Union" (Integrationsverantwortungsgesetz – IntVG vom 22.9.2009),[59] dem „Gesetz über die Zusammenarbeit von Bund und Ländern in Angelegenheiten der Europäischen Union" (EuZBLG vom 12.3.1993)[60] sowie einer darauf gestützten „Vereinbarung zwischen der Bundesregierung und den Regierungen der Länder zu Regelungen weiterer Einzelheiten der Zusammenarbeit von Bund und Angelegenheiten der Europäischen Union (§ 9 Satz 2 EuZBLG)" vom 10.6.2010.[61] Vorgesehen sind darin – wie in Art. 23 GG – neben Unterrichtungspflichten der Bundesregierung **gestaffelte Mitwirkungsrechte** der Länder, die bis zur Verhandlungsführung im Rat der Europäischen Union gehen können, wenn im Schwerpunkt ausschließliche Länderzuständigkeiten berührt sind. Ansonsten berücksichtigt die Bundesregierung, im Falle von Gesetzgebungszuständigkeiten der Länder sogar „maßgeblich", die vom Bundesrat beschlossenen Stellungnahmen zu den EU-Vorhaben. Schwierigkeiten bestehen mitunter, den „Schwerpunkt" eines EU-Vorhabens im Hinblick auf die Länderzuständigkeiten zu ermitteln.

47 Unabhängig von der Mitwirkung an der EU-Rechtsetzung, die über den Bundesrat abgewickelt wird, sind **bilaterale Kontakte** des Landes auf allen Ebenen mit den Organen und Institutionen der EU ständige Praxis. Das Land unterhält zu diesen Zwecken in Brüssel eine „**Vertretung des Landes BW bei der Europäischen Union**".[62]

---

57 *Hrbek/Läufer*, Die Einheitliche Europäische Akte: Das Luxemburger Reformpaket, Europa-Archiv 41 (1986), 173 ff.
58 *Clostermeyer*, Die Mitwirkung in EG-Angelegenheiten in: Borkenhagen/Bruns-Klöss/Memminger/Stein (Hrsg.), Die Deutschen Länder in Europa, 1992, 171 ff.; *ders.*, Die Europäische Union als Handlungsebene: Ein Praxisbericht in: Frech/Hüttmann/Weber (Hrsg.), Handbuch Europapolitik, 2009, 32 ff.; *Müller-Terpitz*, Die Beteiligung des Bundesrates am Willensbildungsprozess der Europäischen Union, 1999.
59 BGBl. I, 3022, geändert durch Art. 1 des Gesetzes v. 1.12.2009, BGBl. I, 3822.
60 BGBl. I, 313, zuletzt geändert durch Gesetz v. 22.9.2009, BGBl. I, 3031.
61 Eine Zusammenstellung dieser Vorschriften findet sich regelmäßig in dem vom Bundesrat für das Geschäftsjahr herausgegebenen „Handbuch des Bundesrates".
62 Die Bezeichnung als „Vertretung" des Landes wird vom Auswärtigen Amt kritisch gesehen, da eine Verwechslungsgefahr mit der „Ständigen Vertretung der Bundesre-

Für die Wahrnehmung der Mitgliedschaft in dem mit dem Vertrag von Maastricht eingerichteten **Ausschuss der Regionen** nach Art. 305 AEUV hat sich in BW eine Staatspraxis entwickelt, nach der – je nachdem, ob von Amtszeit zu Amtszeit dem Land ein oder zwei Sitze zustehen – neben einem Vertreter der Regierung auch ein Mitglied des Landtags in diese Institution entsandt wird. 48

2. Beteiligung des Landtags

Parallel zu den Regelungen über die Mitwirkungsrechte der Länder in europäischen Angelegenheiten in Art. 23 GG und den darauf fußenden Bestimmungen wurden mit Art. 34 a LV differenzierte **Unterrichtungs- und Beteiligungsrechte des Landtags** in der LV verankert und durch das Gesetz über die Beteiligung des Landtags in Angelegenheiten der Europäischen Union (EULG) vom 17.2.2011 näher ausgestaltet. Zu den Einzelheiten s. die Kommentierung zu Art. 34 a. 49

Artikel 51 [Richter- und Beamtenernennung]

[1]Der Ministerpräsident ernennt die Richter und Beamten des Landes. [2]Dieses Recht kann durch Gesetz auf andere Behörden übertragen werden.

Schrifttum:
Belau, Das Recht des Bundespräsidenten zur Ernennung von Bundesbeamten und Bundesrichtern, DÖV 1951, 339; *Busse*, Die Ernennung der Bundesrichter durch den Bundespräsidenten, DÖV 1965, 469.

Vergleichbare Regelungen: Art. 60 I GG, 55 Nr. 4 BayVerf, 93 BbgVerf, 45 HambVerf, 103 HessVerf, 48 MVVerf, 38 II NdsVerf, 58 NRWVerf, 102 RPVerf, 92 SaarlVerf, 66 SächsVerf, 70 LSAVerf, 38 SchlHVerf, 78 I ThürVerf.

Ergänzende Normen: Landesbeamtengesetz (LBG) vom 9.11.2010 (GBl., 793, zuletzt geändert durch Gesetz vom 28.10.2015, GBl., 870); Deutsches Richtergesetz idF der Bekanntmachung vom 19.4.1972 (BGBl. I, 713, zuletzt geändert durch Artikel 132 der VO v. 31.8.2015, BGBl. I, 1474); Gesetz über die Ernennung der Richter und Beamten des Landes (Ernennungsgesetz – ErnG) vom 29.1.1992 (GBl., 141 zuletzt geändert durch Art. 3 des Gesetzes vom 12.5.2015, GBl., 326, 330).

A. Überblick und Einordnung	1	B. Erläuterung		5
I. Bedeutung	1	I. Allgemeines		5
II. Herkunft, Entstehung, Geschichte	2	II. Anwendungsbereich		8
		III. Ernennung		12
III. Verfassungsvergleichende Einordnung	4	IV. Gesetzesvorbehalt		18

---

publik Deutschland" befürchtet wird. Die Bezeichnung hat sich inzwischen jedoch durchgesetzt.

A. Überblick und Einordnung

I. Bedeutung

1 Art. 51 LV stellt – wie Außenvertretung und Gnadenrecht – ein weiteres, der dem Ministerpräsidenten zustehenden „präsidentiellen" Prärogativrechte dar. Die Bestimmung regelt die **Ernennungsbefugnis des Ministerpräsidenten** für (Berufs-)Richter und Beamte. Dabei geht es nicht nur um die formelle Übergabe der Urkunden, sondern der Ministerpräsident hat – auf Vorschlag des zuständigen Ministers – die Personalentscheidungen zu treffen. Angesprochen sind nicht nur die „Ernennungen" im engeren Sinne, sondern auch andere statusbezogene Maßnahmen. Vorgesehen ist die Möglichkeit einer gesetzlichen Übertragung dieser Zuständigkeit auf andere Behörden, von der angesichts der Größe des öffentlichen Dienstes des Landes in erheblichem Umfang Gebrauch gemacht wurde. Vom Ministerpräsidenten unmittelbar wahrgenommen wird die Ernennungsbefugnis für die höheren Ränge der Richter- und Beamtenschaft[1] sowie die Beamten und Beamtinnen des StM.

Mit der Verankerung in der LV wird die Bedeutung der Beamtenschaft für die Staatstätigkeit, die auch historisch am Beginn des modernen Staatswesens stand, hervorgehoben.[2] In Württemberg wurden hier nach Schließung der zur Ausbildung künftiger Staatsdiener in Stuttgart eingerichteten „Hohen Karlsschule"[3], die 1781 zur Universität erhoben wurde, mit dem Ausbau der „Staatswissenschaften" als akademischem Fach an der Universität Tübingen durch *Friedrich List* (1817) und *Robert von Mohl* (1828) besondere Akzente gesetzt.[4] Auch heute noch sind Ausbildung und Prüfung der künftigen Beamten in BW stärker noch als in anderen Ländern eigenständig geregelt.[5]

II. Herkunft, Entstehung, Geschichte

2 § 58 VerfBad 1919 regelte die „Anstellung der Beamten" durch das Staatsministerium (die Regierung). Diese Befugnis konnte gesetzlich delegiert werden. Im **freien Volksstaat Württemberg** sah § 60 VerfWü vor, dass die

---

1 Beamte ab Besoldungsgruppe A 15, Richter ab R 2 sowie hauptamtliche Rektoratsmitglieder nach der W-Besoldung. Nach Auskunft des StM handelte es sich im Jahr 2016 um über 1300 Personalfälle.
2 *Eckert*, Zeitgeist auf Ordnungssuche. Die Begründung des Königreichs Württemberg 1797-1819, 2016; *Wunder*, Privilegierung und Disziplinierung. Die Entstehung des Berufsbeamtentums in Bayern und Württemberg (1780–1825), 1978.
3 Über die von deren Zögling *Georges Cuvier* vorgeschlagene „Ecole supérieure d'administration" führt eine Traditionslinie zur französischen „Ecole Nationale d'Administration (ENA)"; dazu: *Thuiller*, Stendal, Cuvier et l'Ecole Nationale d'Administration, Revue administrative, 18 (1965), 254 ff.
4 An der Universität Freiburg wirkten in derselben Zeit in liberalem Sinne als „politische Professoren" *Karl von Rotteck*, der 1818 den Lehrstuhl für „Vernunftrecht und Staatswissenschaft" übernahm, und seit 1823 *Karl Theodor Welcker* („Staatslexikon" 1834–1843). Weniger klar waren demgegenüber – trotz oder wegen seiner großen Gelehrsamkeit – die Positionen des seit 1807 in Heidelberg lehrenden *Carl Salomo Zachariä* („Vierzig Bücher vom Staate" 1820–1831).
5 ZB Ausbildungs- und Prüfungsordnung für den höheren bautechnischen Verwaltungsdienst vom 23.12.2014, GBl. 2015, 52. In den anderen Ländern – bis auf Bayern – werden diese Aufgaben von einer Sonderbehörde des Bundes (Oberprüfungsamt in Bonn) wahrgenommen.

[Richter- und Beamtenernennung] Artikel 51

„Staatsbeamten" auf Vorschlag des zuständigen Ministers vom Staatspräsidenten zu ernennen und zu entlassen waren. Ministerialbeamte wurden allein vom Staatspräsidenten ernannt und entlassen. In den drei **Verfassungen der Nachkriegszeit** war die Beamtenernennung unterschiedlich geregelt. Nach Art. 84 VerfLB war dafür die Landesregierung zuständig. Art. 75 VerfWB sah dafür den Ministerpräsidenten und Art. 48 VerfWH den Staatspräsidenten vor.

In der **VLV** war die Beamtenernennung in beiden Verfassungsentwürfen als Zuständigkeit des Staats- bzw. Ministerpräsidenten vorgesehen (Art. 48 VerfERP, 77 VerfECDU). Art. 7 VerfECDU beinhaltete zusätzlich ein Vorschlagsrecht des zuständigen Ministers und die Erörterung der Ernennung „oberster Beamter" in der Regierung. Im Zuge der Beratungen und ihrer sich herauskristallisierenden besonderen Rolle wurde die Ernennung der Richter hinzugefügt.[6] 3

III. Verfassungsvergleichende Einordnung

Die Ernennungsbefugnis des Ministerpräsidenten ist der entsprechenden Zuständigkeit des Bundespräsidenten in Art. 60 I GG nachgebildet. In einigen Ländern ist die Ernennungszuständigkeit – im Gegensatz zur LV – der Regierung übertragen (Art. 53 BbgVerf, 108 HessVerf, 58 NRWVerf). Art. 48 MVVerf und Art. 38 SchlHVerf regeln neben dem Ernennungsrecht des Ministerpräsidenten für Beamte und Richter auch die Einstellung von Angestellten und Arbeitern. Wie in anderen Fällen hat der Freistaat Bayern eine interessante Sonderregelung, indem die Staatsregierung die „Leitenden Beamten der Staatsministerien und die Vorstände der den Ministerien unmittelbar untergeordneten Behörden" ernennt, andere Beamte dagegen (mit Delegationsmöglichkeit) die „zuständigen Staatsminister" (Art. 55 Nr. 4 BayVerf). 4

B. Erläuterung

I. Allgemeines

Trotz der unübersehbaren Parallelen zu den Befugnissen des Bundespräsidenten sind manche Fragen, die sich dort im Verhältnis zwischen Bundespräsident und Bundesregierung stellen, für BW im Hinblick auf die Vereinigung der Funktionen von Staats- und Regierungschef in einem Amt anders zu würdigen. Hervorzuheben ist, dass es der **Ministerpräsident** ist, dem die LV das Ernennungsrecht überträgt und nicht – wie eine Mehrzahl der Landesverfassungen – der Regierung. Dies muss bei der Betrachtung des Umfangs des Ernennungsrechts angemessen berücksichtigt werden. 5

Das Ernennungsrecht des Ministerpräsidenten fügt sich in den größeren Zusammenhang des **Demokratieprinzips** ein (Art. 23 I LV). Dazu gehört eine nicht unterbrochene Legitimationskette für die Ausübung von Hoheitsgewalt. Diese wird für Justiz und Öffentlichen Dienst über den vom Landtag gewählten Ministerpräsidenten vermittelt. Im Hinblick auf die weitgehende Normierung des Rechts des öffentlichen Dienstes handelt es sich auch um eine Konkretisierung des **Rechtsstaatsprinzips**. In der dem 6

---

6 Feuchte, Quellen, 8. Teil, 162 f.

Clostermeyer

Ministerpräsidenten durch die Verfassung überantworteten Berechtigung könnte weiter eine inhaltliche Aussage über die **Bedeutung des Berufsbeamtentums** gesehen werden. Eine solche Auslegung wäre jedoch zu weitgehend, hier ist Art. 77 LV sedes materiae. Allerdings geht der Verfassungsgeber offensichtlich ganz selbstverständlich von **Beamten als den verantwortlichen Mitarbeitern der Regierung** aus.

7 Angesichts der Komplexität des in Art. 33 V GG verankerten Rechts des öffentlichen Dienstes, das auf den hergebrachten Grundsätzen des Berufsbeamtentums aufbaut, ist die Regelung des Ernennungsrechts in der LV eher knapp ausgefallen und daher für Interpretation und nähere Ausgestaltung – auch durch die Staatspraxis – offen. Die **Bedeutung des Beamtenrechts für das Land** wird durch die Neuregelung im Rahmen der ersten Föderalismusreform unterstrichen, mit der die Zuständigkeit für dieses Rechtsgebiet weitgehend vom Bund auf die Länder verlagert wurde. Dem Bund sind neben der Regelung des Rechts seiner Beamten (Art. 73 Nr. 8 GG) nurmehr die grundlegenden Statusangelegenheiten aller Beamten (Art. 74 I Nr. 27 GG) verblieben.

II. Anwendungsbereich

8 Art. 51 LV spricht recht lapidar von „**Richtern und Beamten des Landes**", die der Ministerpräsident ernennt. Die Reihenfolge korrespondiert mit der in Art. 60 I GG, wo die „Bundesrichter" ebenfalls vor den „Bundesbeamten" stehen, obwohl letztere zahlenmäßig das weitaus größere Kontingent stellen. Klar und deutlich ist die Aussage, dass es sich um Richter und Beamte „**des Landes**" handelt. Unterschiede – etwa im Hinblick auf Laufbahn- und Besoldungsgruppen – macht die LV nicht. Anders als Art. 60 III GG sieht die LV eine **Delegation** der Ernennungsbefugnis des Ministerpräsidenten auf andere Behörden vor. Mit dem **Ernennungsgesetz** wurde von dieser Ermächtigung Gebrauch gemacht.

9 Das Ernennungsrecht des Ministerpräsidenten betrifft nicht alle Beamtinnen und Beamte im Geltungsbereich des LBG, sondern nur die im **unmittelbaren Landesdienst** Stehenden. Nicht erfasst sind Beamtinnen und Beamten der Gemeinden und Gemeindeverbände sowie der sonstigen, der Aufsicht des Landes unterstehenden Körperschaften, Anstalten und Stiftungen des öffentlichen Rechts (Art. 71 I LV). Bei diesen unterliegt die Beamtenernennung der **Selbstverwaltung**. Aber auch bei den im Landesdienst stehenden Beamtinnen und Beamten gibt es Ausnahmen: Art. 72 III 3 LV überträgt dem **Präsidenten des Landtags** im Einvernehmen mit dem Präsidium des Landtags (Art. 32 I 1 LV) die Ernennung und Entlassung der **Beamten des Landtags**. Eine weitere Besonderheit gilt für den **Rechnungshof**: Nach § 10 des Rechnungshofgesetzes[7] benötigt der Ministerpräsident für die Ernennung des Präsidenten und des Vizepräsidenten des Rechnungshofes die Zustimmung des Landtags. Die weiteren Mitglieder bestellt der Ministerpräsident auf Vorschlag des Präsidenten nach Anhörung des Senats des Rechnungshofs. Besonderheiten gelten weiter für **Hochschulen und Schulen**. Vorgesehen ist eine Mitwirkung der Kirchen bei der Beset-

---

7 Gesetz über den Rechnungshof BW v. 19.10.1971, GBl. 426.

[Richter- und Beamtenernennung] Artikel 51

zung der Lehrstühle der Theologischen Fakultäten (Art. 10 LV)[8] und im Hinblick auf die Dozenten für Theologie und Religionspädagogik an Lehrerbildungseinrichtungen (Art. 19 II LV). Bei der Berufung von Hochschullehrern („Ergänzung des Lehrkörpers") räumt Art. 20 III LV den Hochschulen ein Vorschlagsrecht ein. Der **Landesbeauftragte für den Datenschutz** wird nach § 26 I 1 LDSchG auf Vorschlag der Landesregierung vom Landtag mit der Mehrheit seiner Mitglieder gewählt.

Von der Ernennungsbefugnis des Ministerpräsidenten sind angesichts des eindeutigen Wortlauts – anders als in neueren Landesverfassungen – die **sonstigen Beschäftigten** im Landesdienst **nicht** erfasst. Es besteht hier ein Unterschied zu Beschäftigten des Landtags. In Art. 32 III 3 LV sind auch „Einstellung und Entlassung der Angestellten und Arbeiter" durch den **Landtagspräsidenten** vorgesehen. Dies erscheint unbefriedigend im Hinblick auf die Bedeutung des Arbeitnehmerbereichs sowie angesichts der Tatsache, dass gerade für Spitzenfunktionen in den Ministerien öfter Angestellte als enge Mitarbeiter der Minister eingestellt werden, das förmliche Ernennungsrecht des Ministerpräsidenten nicht „greift". Angesichts des eindeutigen Wortlauts von Art. 52 LV muss indes davon ausgegangen werden, dass es sich dabei um eine **Ressortzuständigkeit der Minister** für ihren Geschäftsbereich (Art. 49 I 4 LV) handelt. Grenzen setzt allerdings Art. 77 I LV, der – parallel zu Art. 33 IV GG – einen Funktionsvorbehalt zur Erfüllung hoheitsrechtlicher Befugnisse durch Beamte enthält. Das BVerfG hat darauf hingewiesen, dass es sich bei anderen Beschäftigten nur um Ausnahmefälle handeln kann.[9] In der Praxis ist dies Anlass für die „Verbeamtung" von Angestellten. Staatspraxis ist, dass die Einstellung übertariflich vergüteter Angestellter – in Abstimmung mit dem Finanzministerium – wie die von Beamten ab B 3 dem **Kabinett** vorgelegt wird. Auch dem Landtag wird darüber berichtet. 10

Die Ernennungsbefugnis des Ministerpräsidenten für die Richter bezieht sich auf **Berufsrichter** an den Gerichten des Landes, nicht auf ehrenamtliche Richter (Schöffen im Strafprozess, Handelsrichter an den Kammern für Handelssachen und ehrenamtliche Richter zB in der Arbeits-, Sozial- und Verwaltungsgerichtsbarkeit). 11

III. Ernennung

Mit der dem Ministerpräsidenten zugewiesenen „Ernennung" ist nicht nur die erstmalige Begründung eines Beamtenverhältnisses, sondern es sind **alle Veränderungen des Amtes im statusrechtlichen**,[10] nicht aber im funktionalen **Sinne**, erfasst. Neben der Anstellung, der Begründung des Dienstverhältnisses, geht es um Änderungen des Beamtenverhältnisses (auf Probe, auf Zeit, auf Widerruf), Laufbahnwechsel, den Aufstieg in die nächsthöhere Laufbahn sowie die Beförderung nach § 20 LBG. Versetzung und Abordnung von Beamten nach §§ 24 f. LBG fallen zunächst nicht darunter.[11] 12

---

8 Zulässig im Hinblick auf die „Bekenntnisgemäßheit theologischer Lehre" (BVerfGE 122, 89).
9 BVerfGE 9, 268 (284).
10 *Waldhoff/Grefrath* in: Friauf/Höfling, Art. 80 Rn. 4.
11 AA *Braun*, Art. 51 Rn. 4.

Clostermeyer

Allerdings gibt das **Ernennungsgesetz** dem Ministerpräsidenten dieses Recht. Die Ernennung der Beamten erfolgt – soweit es sich nicht um Beamte des StM handelt – auf **Vorschlag eines Ressorts,** das über die nötigen Kenntnisse des Personals und der wahrzunehmenden Aufgaben verfügt. Baden-württembergische Staatspraxis ist es darüber hinaus, dass Ernennungen von Spitzenbeamten ab der Besoldungsgruppe B 3 dem **Ministerrat zur Kenntnis** gegeben werden.[12] Die Behandlung im Ministerrat ist allerdings rein informatorischer Art.[13]

13 Umstritten ist, ob zur Ernennungsbefugnis des Ministerpräsidenten auch die **Entlassung** – in den verschiedensten Formen – gehört. Anders als in Art. 60 I GG ist in Art. 51 1 LV die Entlassung **nicht** aufgeführt. Aus den Verfassungsberatungen lässt sich entnehmen, dass die Regelung der Entlassung dem Gesetzgeber überlassen bleiben sollte.[14] In Art. 32 III 3 LV sind demgegenüber „Ernennung und Entlassung der Beamten des Landtags" durch den Landtagspräsidenten im Einvernehmen mit dem Präsidium vorgesehen. Es muss davon ausgegangen werden, dass die Entlassung – die Beendigung des Beamtenverhältnisses – einfachgesetzlich geregelt werden kann. § 31 I LBG sieht als Grundsatz vor, dass die Entlassung von der Stelle verfügt wird, die für die Ernennung der Beamtin oder des Beamten zuständig wäre. Sofern der Ministerpräsident für die Ernennung zuständig wäre, nimmt die oberste Dienstbehörde die Aufgaben im Zusammenhang mit der Beendigung des Beamtenverhältnisses wahr.

14 Im Bundesverfassungsrecht umstritten ist die Frage, ob der Bundespräsident über Ernennung und Entlassung aufgrund **eigenen Ermessens** entscheiden darf oder ob er einer **rechtlichen Bindung** an die ihm unterbreiteten Vorschläge unterliegt, ihm allenfalls eine **Evidenzkontrolle** oder eine **Ablehnung aus Rechtsgründen** möglich ist. Die dazu in der Literatur angestellten Überlegungen sind für die Verhältnisse auf Landesebene nicht unmittelbar einschlägig, da die Ernennungsbefugnis allein beim Regierungschef liegt und damit ein möglicher Konflikt zwischen zwei Verfassungsorganen ausgeschlossen ist. Die Frage kann sich auf Landesebene allenfalls im Hinblick auf das Verhältnis zwischen dem Ministerpräsidenten und dem eine Personalie vorschlagenden Ressortminister stellen, bleibt also innerhalb der Regierung. Es geht bei der Ernennung durch den Ministerpräsidenten nicht lediglich um die formelle Übergabe der Ernennungsurkunde, sondern dem Ministerpräsidenten obliegt kraft Verfassung die **materielle Personalentscheidung.**[15] Angesichts des eindeutigen Wortlauts ist es der Ministerpräsident allein, der über die Ernennung zu befinden hat. Das Ressortprinzip gem. Art. 49 I 4 LV kann hiergegen nicht in Stellung gebracht werden. Eine Bindung an den Vorschlag des Ministers oder an die Zustimmung des Kabinetts scheiden somit aus. Fraglos ist aber im Verhältnis zum

---

12 In dieser Staatspraxis ein Nachklang von Art. 77 I VerfECDU, wonach vor der Ernennung oberster Beamter „der Vorschlag in der Regierung zu erörtern" sein sollte.
13 AA *Braun*, Art. 51 Rn. 7, der darin eine Frage von grundsätzlicher oder weittragender Bedeutung iSd Art. 49 II LV sieht, über die sich der Ministerpräsident allenfalls im Rahmen seiner Richtlinienkompetenz hinwegsetzen kann.
14 Feuchte, Quellen, 8. Teil, 41, 651 f.
15 *Braun*, Art. 51 Rn. 6.

[Richter- und Beamtenernennung] Artikel 51

vorschlagenden Minister ein **organschaftliches Zusammenwirken** geboten, bei dem dessen Wünsche mit denen des Ministerpräsidenten – eventuell im Rahmen größerer „Pakete" – zusammengeführt werden.

Die Ernennungsbefugnis bedeutet **keine ungebundene Entscheidung** des Ministerpräsidenten. Nach Art. 33 II GG sind beim Zugang zu einem öffentlichen Amte „Eignung, Befähigung und fachliche Leistung" zu Grunde zu legen. Im Hinblick auf Beförderungen schlagen sich diese Kriterien in den Beurteilungen der Beamtinnen und Beamten nieder.[16] Insgesamt hat die Rechtsprechung im Rahmen von Konkurrentenklagen sehr differenzierte Vorgaben für die Auswahlentscheidungen entwickelt.[17] Diese sind bei Ernennungen durch den Ministerpräsidenten zu wahren. Angesichts der Komplexität der von der Rechtsprechung geforderten Abwägungsgesichtspunkte sind allerdings Fehler auf Ressortebene nicht ausgeschlossen, die dann im Rahmen der Ernennung durch den Ministerpräsidenten korrigiert werden müssen. Denkbar scheint eine weitergehende Prüfungsbefugnis gegenüber den Ressortvorschlägen auch im Hinblick auf **übergeordnete Gesichtspunkte**. Überholt ist wohl die Bestimmung in Art. 91 LV, wonach in Ministerien und sonstigen obersten Landesbehörden **Beamte aus den bisherigen Ländern** (Baden, Württemberg-Baden und Württemberg-Hohenzollern) in angemessenem Verhältnis verwendet werden. Näherliegend erscheint in heutiger Zeit ein Eingreifen des Ministerpräsidenten im Hinblick auf die Ziele des **Chancengleichheitsgesetzes**.[18] Möglich wäre auch eine übergreifende **Personalentwicklungsstrategie**, mit der einem personalwirtschaftlich manchmal engem Ressortdenken entgegengewirkt werden kann. Der Ministerpräsident ist wie kein anderer dazu berufen, den personalwirtschaftlichen Gesamtzusammenhang der Justiz und der Verwaltung des Landes zu wahren. Aus dem Zusammenfallen von (präsidentieller) Ernennungs- und Richtlinienbestimmungsbefugnis als Regierungschef ergibt sich auch die Zuständigkeit des Ministerpräsidenten für die Versetzung von sog. **politischen Beamten** (§§ 30 BeamtStG, 42 LBG) in den einstweiligen Ruhestand (Chef der Staatskanzlei, Ministerialdirektoren und Regierungspräsidenten).

Beteiligungsrechte, die sich auf die Ernennungsbefugnis des Ministerpräsidenten beziehen, sind verfassungsrechtlich zulässig. So sieht Art. 98 IV GG ausdrücklich vor, dass die Länder bestimmen können, dass über die Anstellung der Richter in den Ländern der „Landesjustizminister" gemeinsam mit einem **Richterwahlausschuss** entscheidet. Das Ernennungsrecht des Ministerpräsidenten wird damit gem. Art. 31 GG überlagert. Das Land hat mit §§ 46 bis 61 LRiStAG von dieser Möglichkeit Gebrauch gemacht. Der Justizminister entscheidet danach in strittigen Personalien ggf. gemeinsam mit diesem Gremium. Zur insoweit durchaus nicht unumstrittenen Stellung des Richterwahlausschusses vgl. die Kommentierung bei Art. 25 LV (→ Art. 35 Rn. 18 f.).

---

16 VO der Landesregierung über die dienstliche Beurteilung der Beamtinnen und Beamten v. 16.12.2014, GBl. 2015, 778.
17 BVerwGE 145, 112.
18 Gesetz zur Verwirklichung der Chancengleichheit von Frauen und Männern im öffentlichen Dienst des Landes BW v. 22.10.2005, GBl. 650.

17 Die Mitbestimmung der **Personalräte** nach §§ 73, 75 LPVG ist verfassungsrechtlich unbedenklich. Hinzuweisen ist aber darauf, dass die Verantwortlichkeit der Regierung, die auf Demokratie- und Rechtsstaatsprinzip beruht, verhindert, dass Aufgaben von politischem Gewicht, zu denen die Beamtenernennung zu zählen ist, auf Stellen übertragen werden, die von Regierung und Parlament unabhängig sind.[19] Soweit Personalvertretung und Einigungsstelle in die Willensbildung einbezogen sind, können diese nur Empfehlungen aussprechen soweit es um den Rechtsstatus von Beschäftigten des öffentlichen Dienstes geht.[20] Die in früheren Kommentierungen angesprochene Frage des Verhältnisses zu den Kompetenzen des **Landespersonalausschusses** ist durch Streichung des 4. Teils des Landesbeamtengesetzes zum 31.12.2010 gegenstandslos geworden.

IV. Gesetzesvorbehalt

18 Vorgesehen ist, dass das Ernennungsrecht des Ministerpräsidenten **durch Gesetz auf andere Behörden übertragen** werden kann. Einschränkungen sieht der Gesetzesvorbehalt nicht vor. Verfassungsrechtlich ist dies unbedenklich, soweit nicht der Wesensgehalt der dem Ministerpräsidenten mit Art. 51 LV übertragenen Ernennungsbefugnis angetastet wird. Maßgeblich dafür ist sicher nicht die Zahl, sondern die Bedeutung der vom Ministerpräsidenten zu entscheidenden Personalfälle. Exakte Schranken lassen sich aber materiell nicht einfach begründen.[21] Bedenken bestehen insoweit gegen die Regelungen des Ernennungsgesetzes nicht. § 1 ErnG regelt das Recht des Ministerpräsidenten, die Richter, Beamtinnen und Beamten zu ernennen und zu versetzen, soweit dieses Recht nicht nach den folgenden §§ 2 bis 4 übertragen ist. § 2 ErnG überträgt den Ministerien und dem Präsidenten des Rechnungshofs insbesondere Rechte im Hinblick auf Richter und Beamte des höheren Dienstes bis einschließlich der Besoldungsgruppen A 14 und A 15.

Artikel 52 [Gnadenrecht, Amnestien, Abolitionen]

(1) [1]Der Ministerpräsident übt das Gnadenrecht aus. [2]Er kann dieses Recht, soweit es sich nicht um schwere Fälle handelt, mit Zustimmung der Regierung auf andere Behörden übertragen.

(2) Ein allgemeiner Straferlaß und eine allgemeine Niederschlagung anhängiger Strafverfahren können nur durch Gesetz ausgesprochen werden.

Schrifttum:

Birkhoff/Lemke, Gnadenrecht – Ein Handbuch, 2012; *Maurer*, Das Begnadigungsrecht im modernen Verfassungs- und Kriminalrecht, Diss. jur, 1979; *Merten*, Rechtsstaatlichkeit und Gnade, 1978; *Mikisch*, Die Gnade im Rechtsstaat, 1996; *Schätzler*, Handbuch des Gnadenrechts. Gnade – Amnestie – Bewährung, 1992.

---

19 BVerfGE 9, 268 (283 f.).
20 BVerfGE 93, 37.
21 *Waldhoff/Grefrath* in: Friauf/Höfling, Art. 60 Rn. 12.

Vergleichbare Regelungen: Art. 60 II GG, 47 IV BayVerf, 92 BbgVerf, 121 BremVerf, 44 HambVerf, 109 HessVerf, 49 MVVerf, 36 NdsVerf, 59 NRWVerf, 103 RPVerf, 93 SaarlVerf, 57 SächsVerf, 39 SchlHVerf, 78 II-IV ThürVerf.

Ergänzende Normen: Anordnung des Ministerpräsidenten über die Ausübung des Gnadenrechts vom 25.9.2001 (GBl. 567); Anordnung des Justizministeriums BW über das Verfahren in Gnadensachen (Gnadenordnung – GnO) vom 20.9.2001 (Die Justiz, 506); Gemeinsame Anordnung der Ministerien zur Übertragung des Gnadenrechts in Bußgeldsachen auf die Regierungspräsidien vom 22.7.1970 (GABl. 486, zuletzt geändert durch VwV v. 23.11.1983, GABl. 1209).

Leitentscheidungen: BVerfGE 25, 352 (keine Justiziabilität von Gnadenentscheidungen); 30, 108 (Justiziabilität des Widerrufs von Gnadenentscheidungen).

A. Überblick und Einordnung 1	c) Gerichtliche Überprüfung 21
I. Bedeutung 1	aa) Ablehnende Gnadenentscheidungen 21
II. Herkunft, Entstehung, Geschichte 3	
III. Verfassungsvergleichende Einordnung 6	bb) Widerruf von Gnadenentscheidungen 25
B. Erläuterung 7	
I. Das Begnadigungsrecht des Ministerpräsidenten (Abs. 1) 7	II. Amnestie und Abolition (Abs. 2) 26
1. Allgemeines 7	1. Allgemeines 26
2. Einzelfragen 11	2. Einzelheiten 30
a) Befugnis des Ministerpräsidenten 11	3. „Weihnachtsamnestien" .. 32
b) Anwendungsbereich ... 14	

A. Überblick und Einordnung

I. Bedeutung

Parallel zur Zuständigkeit des Bundespräsidenten nach Art. 60 II GG übt der Ministerpräsident für das Land das **Begnadigungsrecht** aus. Trotz Zweifeln in der Literatur hat dieses Rechtsinstitut auch heute noch seine Bedeutung und kann in seiner aktuellen Ausformung auch im Verfassungskontext gegenüber Rechtsstaatsprinzip und Gleichheitssatz bestehen. Das Begnadigungsrecht ist weitgehend auf andere Behörden übertragen. 1

Allgemeiner Straferlass und allgemeine Niederschlagung (Amnestie und Abolition) sind nicht abgeleitete, sondern **originär dem Land zustehende Hoheitsrechte**. Das BVerfG sah hier im Hinblick auf den Rechtszustand vor der Föderalismusreform I eine konkurrierende Zuständigkeit des Bundes im Hinblick auf Strafrecht und Strafvollzug. Obwohl bislang nicht von praktischer Bedeutung, wäre diese Rechtsprechung angesichts der aktuellen Rechtslage (Übertragung der Zuständigkeit für den Strafvollzug auf die Länder) zumindest für die Amnestie zu überprüfen. 2

II. Herkunft, Entstehung, Geschichte

Auf eine gewisse Art und Weise erscheint das Gnadenrecht wie ein „Rechtsaltertum" aus längst vergangenen Zeiten. Gerade weil das „Rechtsinstitut der Gnade"[1] auf eine ehrwürdige Tradition seit der Antike 3

---

1 *Birkhoff/Lemke*, 1.

zurückblicken kann, wird mitunter die Frage gestellt, ob es in den heutigen Rechtsstaat noch passt. Mittelalterlich als aus göttlicher Herrschaft abgeleitete christliche Tugend der Barmherzigkeit gehörte die Gnade seit Beginn des 17. Jahrhunderts als landesherrliches Regal zu den Majestätsrechten des absoluten Souveräns. **Gerichtsbarkeit und Gnade** fanden sich in einer Hand vereint. Erst mit Verwirklichung des Gewaltenteilungsgrundsatzes von Montesquieu im Konstitutionalismus des 19. Jahrhunderts trennten sich beider Wege. Mit dem preußischen Allgemeinen Landrecht (ALR) blieb das Gnadenrecht allein und ausschließlich beim Staatsoberhaupt zurück. Das konkurrierende kirchliche Asylrecht blieb nach § 150 II 11 ALR in diesem Prozess ganz auf der Strecke. Mit § 484 der Strafprozessordnung vom 1.2.1877 lag im Prinzip schon die auch heute maßgebliche Aufteilung des Gnadenrechts in Deutschland vor: Danach stand dem Reich – wahrgenommen durch den Kaiser – das Begnadigungsrecht in Sachen zu, in denen das Reichsgericht in erster Instanz erkannt hatte, im Übrigen und für die Mehrzahl der Fälle den einzelnen Landesfürsten. Nach Art. 49 I WRV kam das Begnadigungsrecht für das Reich dem Reichspräsidenten zu, die Landesverfassungen sahen dazu im Regelfall den jeweiligen Staatsminister vor. Gnadengründe waren insbesondere „Wohlverhalten des Verurteilten in der Haft, frühere Verdienste um das Vaterland und eine ungerechtfertigte Härte der Strafe im Einzelfall".[2] Während des Nationalsozialismus wurden Richteramt und Begnadigungsrecht wieder in absolutistischer Weise beim „Führer und Reichskanzler" als „oberstem Gerichtsherrn" zusammengefasst.

4 Auf Landesebene enthielt die **VerfBad 1919** keine Vorschrift über das Begnadigungsrecht, während § 33 I **VerfWü 1919** für den Staatspräsidenten „das Recht der Einzelbegnadigung und auf Vorschlag des Staatsministeriums auch der Niederschlagung eines Strafverfahrens" vorsah. Nach § 33 II VerfWü 1919 war eine Amnestie oder ein allgemeiner Straferlass nur durch Gesetz möglich. Alle drei **Verfassungen der Nachkriegszeit** enthielten das Begnadigungsrecht, Art. 85 VerfLB, 76 VerfWB für die Regierung, Art. 49 VerfWH für den Staatspräsidenten. Alle drei Verfassungen sahen übereinstimmend gesetzliche Regelungen für Amnestien vor.

5 Bei den **Verfassungsberatungen 1952/53** sah Art. 78 I VerfECDU abweichend von Art. 49 VerfERP, der das Gnadenrecht insgesamt der Regierung überantworten wollte, eine Anhörung der Regierung nur für den Fall eines weitergehenden Gnadenerweises, als vom vorlegenden Minister befürwortet, vor. Die Regelung der Amnestie geht – ohne inhaltliche Unterschiede – weitgehend auf Art. 78 II VerfECDU zurück.

III. Verfassungsvergleichende Einordnung

6 Beim Begnadigungsrecht gibt es im Vergleich zur LV kleine Unterschiede, je nachdem ob der Regierungschef (im Bund der Bundespräsident) oder die Regierung (Hansestädte) tätig werden können. Für eine Amnestie ist – soweit vorgesehen – immer ein Gesetz notwendig. Vereinzelt ist als Ausnahme vom Begnadigungsrecht der Exekutive vorgesehen, dass dieses im Falle

---

2 *Birkhoff/Lemke*, 5.

von Regierungsmitgliedern vom Landtag ausgeübt wird (Art. 59 II Hess-Verf, 59 I 3 NRWVerf).

B. Erläuterung
I. Das Begnadigungsrecht des Ministerpräsidenten (Abs. 1)
1. Allgemeines

Um „Wesen und Inhalt von Gnade, Gnadenentscheidung und Gnadeninstitut" gibt es eine durchaus heftig ausgetragene Kontroverse.[3] Dies betrifft zunächst die **rechtliche Einordnung**: Es steht die Behauptung der **Verfassungswidrigkeit** im Raum, eine Einstufung zumindest als „**Fremdkörper**"[4] im Rechtsstaat, aber auch die Überzeugung von der **Verfassungsnotwendigkeit** dieses Rechtsinstituts. Streit gibt es auch um die **Art und Weise der Ausübung** des Begnadigungsrechts, wo die Auffassungen zwischen völliger Freiheit und engster Bindung der Entscheidung changieren. Dazu kommt eine Kontroverse über die **gerichtliche Überprüfbarkeit** von Gnadenentscheidungen. Eher akademisch erscheint demgegenüber die in der Literatur umstrittene Frage, ob das Gnadenrecht der Legislative, der Judikative, der Exekutive oder der „Staatsgewalt in ihrer Ganzheit"[5] zuzuordnen ist. Spiegelbild dieser allgemeinen Schwierigkeiten ist letztlich auch der – bei Stimmengleichheit zurückweisende – grundlegende Beschluss des 2. Senats des BVerfG vom 23.4.1969. Festgehalten ist darin, dass der Grundgesetzgeber in Art. 60 II GG „das Institut des Begnadigungsrechts in seinem **historisch überkommenen Sinn** übernommen" habe. Dasselbe gilt nach dem BVerfG auch für die Landesverfassungen. Das Gnadenrecht umfasse die „Befugnis, im Einzelfall eine rechtskräftige erkannte Strafe ganz oder teilweise zu erlassen, sie umzuwandeln oder ihre Vollstreckung auszusetzen".[6] 7

Historisch zeigt sich ein **enger Zusammenhang zwischen Gnade und Rechtsauffassung**, insbesondere dem Strafrecht.[7] Der Gnade kam gegenüber einem strikt am Vergeltungsgedanken orientierten Strafrecht eine größere Rolle zu, als im heutigen, auf Resozialisierung angelegten System. Kritische Stimmen sehen das Gnadenrecht daher manchmal als Relikt längst vergangener Zeiten, als letztes Übrigbleibsel monarchischer Prärogativen, und verweisen demgegenüber auf **Rechtsstaatsprinzip und Gleichheitssatz**. Nachdem das heutige Strafrecht nicht mehr mit der unerbittlichen Strenge vergangener Zeiten zu vergleichen sei, wird, sofern nicht gleich die Abschaffung des Gnadenrechts gefordert wird, zumindest rechtspolitisch auf Änderungen gedrungen. Hierzu ist festzustellen, dass der Verfassungsgeber – auf Bundes- wie auf Landesebene – das Gnadenrecht gerade angesichts dieser Verfassungsprinzipien verankert und damit seine Geltung gesichert hat. Überdies ist die „Gnade" heute in einem hohen Maße verrechtlicht.[8] 8

---

3 *Maurer*, Begnadigungsrecht, 13.
4 *Arnauld* in: v. Münch/Kunig, Art. 60 Rn. 8; *Steinkühler* in: Brocker/Droege/Jutzi, Art. 103 Rn. 4.
5 *Birkhoff/Lemke*, Gnadenrecht, 42.
6 BVerfGE 25, 352 (358).
7 *Birkhoff/Lemke*, Gnadenrecht, 9 ff.
8 Gerade gegen diese Juridifizierung der Gnade *Reimer* in: BK, Art. 60 Rn 69.

Die in bemerkenswerter Weise differenzierten Gnadenordnungen in Bund und Ländern[9] legen davon Zeugnis ab.

9 Wenn das Gnadenrecht mitunter überholt erscheint, so ist daran zu erinnern, dass es immer wieder den **Vorreiter für Innovationen** im Straf- und Strafprozessrecht sowie im Strafvollzugsrecht gespielt hat. Diese Entwicklung geht weit zurück und hat noch die Strafrechtsreform 1969 beeinflusst. Zahlreiche, heute selbstverständliche Regelungen des Strafrechts gehen ursprünglich auf Gnadenerweise zurück. Erinnert sei nur an Anrechnungsbestimmungen, Wiederaufnahme, Anpassungsmöglichkeiten bei Geldstrafen und bei Maßregeln der Sicherung und Besserung, Strafaussetzung auf Bewährung, zeitliche Begrenzung von lebenslanger Strafe, Milderungen im Strafvollzug. Sie haben die Tragweite des Gnadenrechts eingeschränkt, ohne dass es aber seine Funktion verloren hat. Von dem etwas altfränkischen Begriff der „Gnade" sollte man sich nicht täuschen lassen. Vielleicht wäre es aber an der Zeit, eine andere Begrifflichkeit zu suchen. Das Gnadenrecht hat sich im Laufe seiner Geschichte immer weiterentwickelt und entspricht durchaus heutigen Anforderungen des Rechtsstaats. Trotz aller Differenzen im Einzelnen nicht bestritten werden kann die **Rechts- und Grundrechtsbindung** des heute stark durchnormierten Gnadenverfahrens. Die Beibehaltung dieses Instituts unterliegt allerdings der Disposition des (Verfassungs-)Gesetzgebers.[10]

10 Die Möglichkeit von Gnadenentscheidungen kann als „**Sicherheitsventil**" (*v. Jhering*)[11] angesehen werden, das bei Verwerfungen in Rechtsprechung oder Gesetzgebung in Funktion tritt. In dieser Eigenschaft entfaltet das Begnadigungsrecht seine **Bedeutung sowohl für den Einzelnen als auch die Rechtsordnung** in ihrer Gesamtheit. Hinzuweisen ist darauf, dass die Gnadenentscheidung die Sanktionen gerade nicht in Frage stellt, sondern diese voraussetzt: Die Sanktionen bleiben bestehen, lediglich ihr **Vollzug** wird aufgehoben. Richtigerweise kann in einer Gesamtschau von einem „**condominium von Gesetz und Gnade**"[12] gesprochen werden, in dem der Sachverhalt von zwei unterschiedlichen Seiten angegangen wird.

2. Einzelfragen

a) Befugnis des Ministerpräsidenten

11 Entsprechend zu Art. 60 II GG, wonach der Bundespräsident „im Einzelfalle" für den Bund das „Begnadigungsrecht" ausübt, überträgt Art. 52 I LV dem **Ministerpräsidenten** das „Gnadenrecht". Der Begriff der LV weicht von der Begrifflichkeit im GG und anderen Landesverfassungen ab. Zutreffender wäre es, auch hier vom „**Begnadigungsrecht**" des Ministerpräsidenten zu sprechen, während das „Gnadenrecht" die Gesamtheit der die Materie regelnden Vorschriften bezeichnet. Materiell besteht kein Unterschied. Das „Gnadenrecht" des Ministerpräsidenten ist ein originäres, nicht vom Bund abgeleitetes **Hoheitsrecht des Landes**. Es bezieht sich auf Entscheidungen, die in erster Instanz von Einrichtungen – im wesentlichen

---

9 *Birkhoff/Lemke*, Gnadenrecht, 202 ff.
10 *Maurer*, Begnadigungsrecht, 199.
11 *Reimer* in: BK, Art. 60 Rn. 67.
12 *Maurer*, Begnadigungsrecht, 97.

Gerichten – im Hoheitsbereich des Landes getroffen wurden, auch wenn Bundesgerichte (BGH, BVerwG) als Rechtsmittelinstanz angerufen worden sind. Angeknüpft wird an die **Trägerschaft des Gerichts**, nicht an das zugrundeliegende Recht.

Es besteht ein Unterschied zu früheren Verfassungen, wo dieses Recht der Regierung eingeräumt wurde.[13] Ein letztes Relikt dieser älteren Rechtslage ist vielleicht Art. 52 I 2 LV, wonach für die Übertragung dieser Befugnis auf andere Behörden die **Zustimmung der Regierung** notwendig ist. 12

Es handelt sich um eine **Zuständigkeitsnorm**, die nicht unmittelbar eine Verpflichtung des Ministerpräsidenten bedeutet. Sie gibt ihm die **Befugnis**, in abgeschlossene Verfahren einzugreifen.[14] Im Kontext von Menschenwürde und Rechtsstaat wird man aber grds. von einer Verpflichtung zur Prüfung von Anträgen – sofern damit nicht Missbrauch getrieben wird – auszugehen haben.[15] Diese Aufgabe kommt dem Ministerpräsidenten als Staatsoberhaupt des Landes zu. Weder Regierung noch Landtag können ihm dieses Recht streitig machen und baden-württembergische Ministerpräsidenten haben davon immer wieder in beherzter Weise Gebrauch gemacht. 13

b) Anwendungsbereich

Der Inhalt dieser Befugnis ist – angesichts ihrer Tragweite eigentlich bemerkenswert – in der Verfassung nicht weiter präzisiert. Es bleibt der Tradition überlassen, auf welche Entscheidungen das Begnadigungsrecht angewandt und in welcher Weise es zur Wirkung gebracht wird. Im Wesentlichen handelt es sich um **gerichtliche** und – eingeschränkt – **behördliche Sanktionen**. Die Versagung einer Genehmigung oder ein anderer belastender Verwaltungsakt können nicht Gegenstand einer Gnadenentscheidung sein. Ziel der Begnadigung ist es, **Härten und Unbilligkeiten oder veränderte Verhältnisse** zu berücksichtigen, die nach Eintritt der Rechts- oder Bestandskraft von Entscheidungen in Strafrecht, Ordnungswidrigkeitenrecht, Disziplinarrecht, der Berufs- und Ehrengerichtsbarkeit und bei der Verhängung von Ordnungsmitteln in ihren verschiedenen Formen aufgetreten sind. Es geht darum, „da helfend und korrigierend einzugreifen, wo die Möglichkeiten des Gerichtsverfahrens nicht genügen."[16] 14

Im Strafrecht, dem wohl bedeutsamsten Anwendungsgebiet, kann das Begnadigungsrecht sowohl bei **Freiheits-** als auch **Geld- und Nebenstrafen** wirksam werden, nicht aber bei Maßnahmen der Sicherung und Besserung.[17] Bei **Gesamtstrafen**, die aus Einzelstrafen, die von Gerichten verschiedener Ländern verhängt wurden, gebildet wurden, ergibt sich die Zuständigkeit nach dem die Gesamtstrafe bildenden Gericht. Zu unterscheiden ist die Begnadigung von der Wiederaufnahme von Verfahren, die pro- 15

---

13 Art. 85 VerfLB, 76 VerfWB; demgegenüber hatte Art. 49 VerfWH den Staatspräsidenten mit dieser Aufgabe betraut.
14 *Reimer* in: BK Art. 60 Rn. 78.
15 *Steinkühler* in: Brocker/Droege/Jutzi, Art. 103 Rn. 14, zieht (allerdings nicht ganz zutreffend) Parallelen zum Petitionsrecht.
16 BVerfGE 25, 352 (361).
17 *Herzog* in: Maunz/Dürig, Art. 60 Rn. 27; *Weißer* in: Epping/Butzer u.a. Art. 36 Rn. 11; aA *Reimer* in: BK, Art. 60 Rn. 72.

zessual geregelt ist. Ausdrücklich gesetzlich geregelt ist die Zuständigkeit des Ministerpräsidenten für die Ausübung des Gnadenrechts im Hinblick auf **disziplinarrechtliche Entscheidungen** in § 43 Landesdisziplinargesetz.[18]

16 Die Begnadigung bezieht sich auf **natürliche Personen** und dort nur auf den **konkret-individuellen Einzelfall**. Insoweit ist sie von der in Abs. 2 geregelten allgemeinen Amnestie zu unterscheiden. Die Gnadenentscheidung kann sich nur auf in **abgeschlossenen Verfahren** ausgesprochene Sanktionen beziehen. In laufende Verfahren kann auf diese Art und Weise nicht eingegriffen werden. Der Ausspruch selbst wird durch die Gnadenentscheidung nicht aufgehoben, lediglich die ausgesprochene **Rechtsfolge**. Der Gnadenakt erfasst nur die **unmittelbar** verhängten Maßnahmen, nicht ggf. weitere Folgerungen zB zivilrechtlicher Art oder im Arbeits- oder Disziplinarrecht. Ein **Antrag** auf Begnadigung ist nicht notwendig, der Gnadenakt kann von Amts wegen ergehen. In diesem Falle ist jedoch eine Anhörung des Betroffenen zu fordern. Für die Entscheidung ist Schriftform notwendig und sie ist dem Betroffenen **bekanntzugeben**.[19] Zur Rechtnatur des Gnadenaktes s. → Rn. 24.

17 Zu den **Maßstäben**, die bei der Gnadenentscheidung anzulegen sind, schweigt sich die Verfassung aus. Hier schwanken die Meinungen zwischen einer freien Gewissensentscheidung und einem stark verfassungsrechtlich eingehegten Ermessen. Das BVerfG hält – auch für die Landesverfassungen – fest, dass „eine Bindung und Beschränkung ... nicht zulässig wäre". Für das Gericht ist die „komplexe Motivation der Gnadenentscheidung ... einer normativen Erfassung entzogen."[20] Unstreitig gilt aber das Willkürverbot, wobei die Setzung der Maßstäbe dem Gnadenträger überlassen bleibt.

18 Insgesamt umfasst das Gnadenrecht des **Ministerpräsidenten** bei **strafrechtlichen Sanktionen die weit überwiegende Zahl** potenzieller Anwendungsfälle. In die Zuständigkeit des **Bundespräsidenten** nach Art. 60 II GG fallen strafrechtlich im Wesentlichen die Staatsschutzdelikte, für die die Gerichte der Länder nach Art. 96 V GG „Gerichtsbarkeit des Bundes" ausüben. Dazu kommen von **Bundesgerichten und -behörden** ausgesprochene Sanktionen (ein wichtiger Fall sind Disziplinarentscheidungen gegen Bundesbeamte und Soldaten). Auch europarechtlich begründete Sanktionen scheiden für das Begnadigungsrecht des Ministerpräsidenten aus.

19 Der Ministerpräsident hat nach Art. 52 I 2 LV das Recht, seine Befugnisse mit Zustimmung der Regierung auf andere Behörden zu **übertragen**, verpflichtet ist er dazu nicht. Übertragen werden kann nur die **Ausübungsbefugnis**, der Ministerpräsident **bleibt Inhaber des Begnadigungsrechts**. Formen schreibt die Verfassung für die Übertragung nicht vor, weshalb die allgemeinen rechtsstaatlichen Grundsätze gelten. Bemerkenswert – und nicht unbedingt systematisch – ist die dafür vorgesehene Zustimmung der Regierung. Die Übertragung ist jederzeit rückholbar.[21] Der Gesetzgeber hat kei-

---

18 Landesdisziplinargesetz vom 14.10.2008, GBl. 343.
19 *Reimer* in: BK, Art. 60 Rn. 79.
20 BVerfGE 25, 352 (361, 365).
21 *Reimer* in: BK, Art. 60 Rn. 93.

ne Einwirkungsmöglichkeiten. Der Ministerpräsident hat mit der „Anordnung des Ministerpräsidenten über die Ausübung des Gnadenrechts"[22] von dieser Möglichkeit Gebrauch gemacht. In § 1 I hat er sich die Ausübung des Gnadenrechts für eine Reihe von Sanktionen (zB Freiheitsstrafen von mehr als vier Jahren) vorbehalten. Im Übrigen hat er die Ausübung des Gnadenrechts den Ministern (in Disziplinarsachen auch dem Präsidenten des Rechnungshofs) für ihren Geschäftsbereich mit der Befugnis übertragen, sie weiter zu übertragen. Für „Fälle von besonderer Bedeutung" hat sich der Ministerpräsident die Entscheidung vorbehalten. Die Stellen, an die die Gnadenbefugnisse übertragen wurden, legen solche Fälle vor ihrer Entscheidung vor. Vorbereitet werden Gnadenentscheidungen des Ministerpräsidenten durch die Ministerien.

Die größte Bedeutung bei der Ausübung des übertragenen Gnadenrechts hat die **Anordnung des Justizministeriums über das Verfahren in Gnadensachen** (GnO)[23]. Daneben besteht eine gemeinsame Anordnung der Ministerien zur Übertragung des Gnadenrechts in Bußgeldsachen auf die Regierungspräsidien. Die Übertragung bezieht sich auf Fälle, in denen Geldbußen unter 10.000 DM festgesetzt worden sind. Ausgenommen sind Fälle von besonderer Bedeutung. 20

c) Gerichtliche Überprüfung
aa) Ablehnende Gnadenentscheidungen

Für das BVerfG handelt es sich beim Begnadigungsrecht um einen „**Eingriff der Exekutive in die rechtsprechende Gewalt**". Diese, auf eine „Gestaltung besonderer Art" zurückgehenden – positiven wie ablehnenden – Gnadenakte seien einer **gerichtlichen Nachprüfung nicht zugänglich**.[24] An dieser Feststellung setzt die Kritik im Sondervotum zur Entscheidung des BVerfG,[25] in der Rechtsprechung einzelner Landesverfassungsgerichte und der überwiegenden Literatur an. Gegen das Argument des BVerfG, der Grundgesetzgeber habe die „historisch überkommene Gestaltung des Begnadigungsrechts"[26] übernommen, wird auf Systematik und Gesamtgefüge des GG – insbesondere auf die Art. 1 I und 20 III GG, die nach Art. 28 I GG auch für die verfassungsmäßige Ordnung der Länder Wirkung entfalten – hingewiesen. Andere Stimmen betonen demgegenüber, dass Art. 19 IV GG (bzw. Art. 67 I LV) zwar grundsätzlich den Rechtsweg eröffne, dies aber das Vorhandensein von Rechten voraussetze. 21

Der HessStGH und der BayVerfGH gehen in ständiger Rechtsprechung von einer **Überprüfbarkeit der ablehnenden Gnadenentscheidung** im Hinblick auf das **Willkürverbot** aus.[27] Der HessStGH stellt insbesondere darauf ab, dass jede Befugnis der LV, so auch das in Art. 109 I HessVerf dem Ministerpräsidenten „namens des Volkes" übertragene Recht der Begnadi- 22

---

22 Anordnung des Ministerpräsidenten über die Ausübung des Gnadenrechts vom 25.9.2001, GBl. 567.
23 Anordnung des JuM über das Verfahren in Gnadensachen (Gnadenordnung – GnO) vom 20.9.2001, Die Justiz, 506.
24 BVerfGE 25, 352 (358).
25 BVerfGE 25, 352 (363).
26 BVerfGE, 25, 352 (361).
27 HessStGH, DÖV 1974, 128 (129); NJW 1974, 791; BayVerfGE 14, 73 (75).

gung, nur unter Wahrung der in der Verfassung niedergelegten unabänderlichen Grundrechte ausgeübt werden könne. Im Hinblick darauf könne die Gnadenentscheidung auf **Ermessensmissbrauch** hin überprüft werden. Das Gericht verweist dazu insbesondere auf die – wenn auch nicht in Gesetzesform – umfassend geregelte Materie. Der BayVerfGH bezieht sich insbesondere auf das in Art. 118 I BayVerf enthaltene **Willkürverbot**. Wenn die in der Gnadenordnung geregelten Rechtsbehelfe erschöpft sind, sei Rechtsschutz durch das Verfassungsgericht möglich.

23 Richtigerweise ist davon auszugehen, dass Art. 19 IV GG bzw. Art. 67 I LV **umfassend Rechtschutz** gegenüber Maßnahmen der „öffentlichen Gewalt", in welcher Form auch immer, gewähren will. Dies gilt grds. auch für das Handeln des Ministerpräsidenten. Eine Ausnahme als rein politischen Regierungsakt kann heutzutage für das Gnadenrecht nicht mehr angenommen werden. Die inzwischen starke Verrechtlichung der Gnadenentscheidung ist augenfällig. Sollte bei Begnadigungsentscheidungen nach Art. 60 II GG der Rechtsweg ausgeschlossen sein, so hätte dies nach der Systematik des GG wie in anderen Bestimmungen ausdrücklich geregelt werden müssen. Beispiele dafür sind Art. 10 II 2 GG (Brief-, Post- und Fernmeldegeheimnis), auf den ausdrücklich in Art. 19 IV 3 GG hingewiesen wird, sowie Art. 44 IV 1 GG (Untersuchungsausschüsse). Auch die Begnadigungsentscheidung ist dem **Willkürverbot** von Art. 3 I GG unterworfen. Gerade im Hinblick auf die umfangreiche Regelung durch die Gnadenordnungen besteht ein subjektives Recht auf fehlerfreie – wenn auch weite – Ermessensentscheidung.

24 Was den **Rechtsweg** angeht, wird – wenn die Justiziabilität anerkannt wird – unterschieden: Geht es um eine **ablehnende Gnadenentscheidung strafrechtlichen Bezugs**, handelt es sich um Justizverwaltungsakte, für die die **Oberlandesgerichte** gem. §§ 23 ff. EGGVG zuständig sind. Geht es demgegenüber um eine **Sanktion im Bereich des öffentlichen Rechts** (Disziplinarrecht), ist die allgemeine **Verwaltungsgerichtsbarkeit** nach § 40 I 1 VwGO anzurufen. Allerdings wird auch die Auffassung vertreten, bei der Übertragung des Gnadenverfahrens auf Justizbehörden gehe es um einen Akt der Exekutive, bei dem der Verwaltungsrechtsweg eröffnet sei. Dagegen spricht die Tatsache, dass der Ministerpräsident nicht als Verwaltungs- sondern als Verfassungsorgan handelt.[28] Anders kann dies für die Fälle gesehen werden, in denen er seine Befugnisse delegiert hat. Da Art. 2 I LV auf die im GG festgelegten Grundrechte und staatsbürgerlichen Rechte Bezug nimmt, kommt insoweit nach Erschöpfung des Rechtswegs auch eine **Verfassungsbeschwerde** nach § 55 VerfGH in Betracht.

bb) Widerruf von Gnadenentscheidungen

25 Im Gegensatz zu seiner sonstigen Rechtsprechung zum Rechtsschutz bei Begnadigungsentscheidungen anerkennt das BVerfG die **Justiziabilität des Widerrufs** einer solchen Entscheidung.[29] Anders als beim Antrag auf einen Gnadenerweis erhalte der Verurteilte mit dem erfolgten Gnadenerweis eine Rechtsstellung, die durch Widerruf oder Rücknahme beeinträchtigt werde.

---

28 BVerwGE 14, 73 (75).
29 BVerfGE 30, 108.

Nach dieser Rechtsprechung wird Rechtsschutz, da es sich um Justizverwaltungsakte handelt, gem. §§ 23 ff. EGGVG, gewährt. Nach § 41 GnO ist zunächst eine Beschwerde gegen eine solche Maßnahme statthaft. Sofern die Gnadenbehörde der Beschwerde im Rahmen ihrer Befugnisse nicht abhelfen kann, wird die Beschwerde in Strafsachen unmittelbar dem Justizminister vorgelegt.

II. Amnestie und Abolition (Abs. 2)

1. Allgemeines

Das Begnadigungsrecht nach Art. 60 II GG kann ausdrücklich nur für den Einzelfall ausgeübt werden. Anders als das GG trifft Art. 52 II LV Festlegungen auch zu einem „**allgemeinen Straferlass**" (Amnestie) und einer „**allgemeinen Niederschlagung**" (Abolition). Eine Amnestie bewirkt „für eine unbestimmte Vielzahl von Fällen den Erlass und (oder) die Milderung rechtskräftig erkannter Strafen (und anderer strafrechtlicher und quasi-strafrechtlicher Rechtsfolgen) ... sowie die Niederschlagung anhängiger und die Nichteinleitung neuer Verfahren".[30] Anders als die Begnadigung im Einzelfall, die in Korrelation zur Striktheit des allgemein geltenden Strafrechts gesehen werden kann,[31] ist die Amnestie aufs engste nicht nur mit der Rechts- sondern auch der **politischen Geschichte** verbunden.[32] Gerechtfertigt und angebracht sein kann eine Amnestie nach der Lehre von der „justa causa". Zu unterscheiden sind die „**Schlussstrichamnestie**" (nach schweren Zeiten), die „**Befriedungsamnestie**" (nach politischen Auseinandersetzungen) und die „**Rechtskorrekturamnestie**" (Änderungen des materiellen Rechts).[33]

26

Das für eine Amnestie notwendige Gesetz ist ein **Zweck- und Zeitgesetz**. Der Zweck wird üblicherweise in einer Präambel dokumentiert, der zeitliche Rahmen mit einem Stichtag. Dieser kann auch in der Zukunft liegen, um einen Anreiz zu geben, bis dahin bestimmte Rechtspflichten zu erfüllen („**Appell-Amnestie**"). Die Tragweite der Amnestie bestimmt sich durch den – positiven wie negativen – Straftatenkatalog und eine Strafgrenze, bis zu der die Amnestie greifen soll. Zur Milderung oder dem Erlass von Strafen durch eine Amnestie tritt üblicherweise die **Niederschlagung** („Abolition") anhängiger Verfahren sowie die Anordnung, neue Verfahren nicht mehr einzuleiten.[34]

27

In der Geschichte der Bundesrepublik sind Amnestien etwas Seltenes geblieben. Nachdem „**Jubelamnestien**" (1888 Regierungsantritt von Kaiser Friedrich, 1896 Deutsches Reich 25 Jahre, 1906 Königsenkel geboren)[35] längst der fernen Vergangenheit angehören, gibt es aber auch heutzutage durchaus erwägenswerte Gründe für Amnestien. Bedeutende Amnestien auf Bundesebene stellten das Straffreiheitsgesetz 1970 (BGBl. I, 509) dar, in das neben Straftaten nach aufgehobenen Vorschriften auch Straftaten im

28

---

30 *Schätzler*, Gnadenrecht, 208.
31 *Maurer*, Begnadigungsrecht, 97 ff.
32 Hinweis von *Schätzler*, Gnadenrecht, 219.
33 *Schätzler*, Gnadenrecht, 213 f.
34 BVerfGE 2, 213 (221).
35 *Schätzler*, Gnadenrecht, 220.

Zusammenhang mit Demonstrationen von 1965 bis 1969 einbezogen wurden, und die mit Art. 17 des Steuerreformgesetzes 1990 (BGBl. 1988 I, 1093) verbundene Amnestie für Steuerschuldner, die bisher Kapitalvermögen und -zinsen verschwiegen hatten. Insgesamt wurden durch die Straffreiheitsgesetze 1949, 1954, 1968 und 1970 weit über eine Million Strafen erlassen bzw. Verfahren eingestellt, die weit überwiegende Mehrzahl mit den beiden ersten Amnestien.[36]

29 In Württemberg-Baden fand die erste der Amnestien der Nachkriegszeit mit dem Gesetz Nr. 210 über die Gewährung von Straffreiheit vom 8. Mai 1947 statt. Sie bezog sich auf „Straftaten aus Not". Es folgten „Wiedergutmachungsamnestien" in Württemberg-Baden, Baden und Württemberg-Hohenzollern.[37] **In BW kam es bislang noch nicht zu einer Amnestie oder Abolition.** Angedacht war eine solche wohl im Zuge der Auseinandersetzungen um das Kernkraftwerk Wyhl. In der sog. „Offenburger Vereinbarung" vom 31.1.1976 zwischen Land, Bürgerinitiativen und dem Kernkraftwerk Süd KWS war u. a. vorgesehen, dass „alle Strafverfahren eingestellt" werden.[38] Landespolitisch von Interesse waren Anträge der damaligen Oppositionsfraktionen im Jahre 1982 zu hochschulpolitisch motivierten Straftaten,[39] die aber nicht in ein Gesetz mündeten.

2. Einzelheiten

30 Straferlass und Niederschlagung sind unabhängig vom Strafrecht zu sehende **Hoheitsrechte des Landes**. Sie können nur durch Gesetz erfolgen. Eine solche gesetzliche Regelung wird gerade auch von Kritikern individueller Gnadenentscheidungen akzeptiert, da durch ein abstrakt-generelles Amnestiegesetz dem Gleichheitssatz eher Genüge getan werde.[40] Der wesentliche Unterschied zur Begnadigung liegt darin, dass **eine unbestimmte Zahl von Fällen**, die auch noch nicht entschieden, nicht einmal entdeckt, sein müssen, erfasst wird. Ein solches Straffreiheitsgesetz hat unmittelbar konstitutive Wirkung, es erfordert aber eine Rechtsanwendung im Einzelfall. Bei einer strafrechtlichen Amnestie haben Staatsanwaltschaft und Gericht zu entscheiden, inwieweit ein Sachverhalt dem Straffreiheitsgesetz unterfällt. Abzulehnen ist die Auffassung, die Abolition sei als Eingriff in laufende Strafverfahren im Hinblick auf das Rechtsstaatsprinzip unzulässig. Dieser Grundsatz, verbunden mit dem Gleichheitssatz, fordert gerade, dass im Falle einer Amnestie auch noch nicht abgeschlossene Verfahren eingestellt werden. Aufgezwungen werden kann eine Amnestierung nicht: Für einen Betroffenen kann durchaus ein Interesse daran bestehen, ein anhängiges Verfahren zu Ende zu führen, gerade um seine Unschuld und die Tatsache zu dokumentieren, dass man nicht unter die Amnestie fällt.

31 Während unter der Geltung der WRV die **Gesetzgebungskompetenz** für Amnestien zwischen Reich und Ländern strittig war, ist die Situation heute

---

36 Genaue Aufschlüsselung bei *Schätzler*, Gnadenrecht, 265.
37 *Schätzler*, Gnadenrecht, 238.
38 Darstellung dazu anlässlich des 40. Jahrestages in der „Badischen Zeitung" vom 30.1.2016.
39 LT-Drs. 8/2171 v. 11.12.1981; 8/2533 v. 29.3.1982.
40 *Waldhof/Grefrath* in: BK, Art. 60 Rn. 24.

klarer. Das BVerfG[41] hat eine konkurrierende Gesetzgebungszuständigkeit des Bundes nach Art. 74 I 1 iVm Art. 72 II 3 GG gesehen – für die Niederschlagung im Hinblick auf das **Strafverfahren**, für die Amnestie im Hinblick auf den **Strafvollzug**. Durch die Änderung des GG im Rahmen der Föderalismusreform I (BGBl. 2006 I, 2034), mit der der **Strafvollzug** aus der Liste der konkurrierenden Gesetzgebungszuständigkeiten gestrichen wurde, steht die Zuständigkeit für die Amnestierung rechtskräftiger Entscheidungen heute allein den Ländern zu. Im Hinblick auf die konkurrierende Gesetzgebungszuständigkeit für das **Strafrecht** nach Art. 74 I Nr. 1 GG muss der Landesgesetzgeber im Falle einer Niederschlagung anhängiger Verfahren prüfen, ob der Bund von seiner Zuständigkeit Gebrauch gemacht hat.[42]

3. „Weihnachtsamnestien"

Die sogenannten „**Weihnachtsamnestien**"[43] stellen keine Straffreiheitsgesetze dar. Es handelt sich um Sammelbegnadigungen, zu denen die Gnadenbehörden regelmäßig zur Weihnachtszeit vom Justizminister ermächtigt und angewiesen werden. Trotz dieser Vorgaben wird allgemein davon ausgegangen, dass es sich dabei nicht um generelle Entscheidungen handelt, für die ein Gesetz notwendig wäre, sondern nur um eine Vielzahl konkret-individueller Entscheidungen.[44] Die mit einer solchen „Weihnachtsamnestie" verfolgten **Ziele** sind unterschiedlich. Neben dem (naheliegenden) Interesse des Strafgefangenen an Freiheit in dieser – immer noch – emotional aufgeladenen Zeit, geht es für den Strafvollzug ganz praktisch um den Abbau von Überbelegungen und die Entschärfung von Konfliktpotenzial in dieser auch von Urlaubswünschen der Justizbediensteten geprägten Zeit. Verfassungsrechtliche Bedenken gegen diese „Amnestien" bestehen nicht,[45] auch wenn die Entlassungszeiträume von Jahr zu Jahr oder von Land zu Land schwanken. 2015 umfasste die „Weihnachtsamnestie" in BW die Zeit zwischen 26. November und 6. Januar. Strafgefangene, die in dieser Zeit zu entlassen waren, wurden bereits am 25. November aus der Strafhaft entlassen. Auch die Freiheit der Religionsausübung ist nicht berührt, da es sich um „keine vorrangig religiös motivierte Zielrichtung"[46] handelt. Gegebenenfalls besteht bei so begründeten Einwänden für betroffene Strafgefangene die Möglichkeit, der Entlassung nicht zuzustimmen.

---

41 BVerfGE 2, 213.
42 *Ruffert* in: Linck/Baldus u.a., Art. 78 Rn. 8; aA *Weißer* in: Epping/Butzer, Art. 36 Rn. 39 ff, der sowohl allgemeinen Straferlass als auch die Niederschlagung von Strafsachen dem materiellen Strafrecht zuordnen will.
43 *Birkhoff/Lemke*, Gnadenrecht, 175 ff.
44 *Reimer* in: BK, Art. 60 Rn. 77.
45 *Birkhoff/Lemke*, Gnadenrecht, 184.
46 *Birkhoff/Lemke*, Gnadenrecht, 186.

Artikel 53 [Ministergesetz, Inkompatibilität]

(1) Das Amtsverhältnis der Mitglieder der Regierung, insbesondere die Besoldung und Versorgung der Minister und Staatssekretäre, regelt ein Gesetz.

(2) ¹Die hauptamtlichen Mitglieder der Regierung dürfen kein anderes besoldetes Amt, kein Gewerbe und keinen Beruf ausüben. ²Kein Mitglied der Regierung darf der Leitung oder dem Aufsichtsorgan eines auf wirtschaftliche Betätigung gerichteten Unternehmens angehören. ³Ausnahmen kann der Landtag zulassen.

Schrifttum:

Badura, Das politische Amt des Ministers, in: FS Quaritsch, 2000, 295; *Dittmann*, Unvereinbarkeit von Regierungsamt und Abgeordnetenmandat, ZRP 1978, 52; *Frenzel*, Das öffentlich-rechtliche Amtsverhältnis und das Recht des öffentlichen Dienstes. Abschied vom Prinzipiellen, ZBR 2008, 241; *Golz*, Minister in Aufsichtsräten von Wirtschaftsunternehmen?, DÖV 1958, 757; *Morlok/Krüper*, Ministertätigkeit im Spannungsfeld von Privatinteresse und Gemeinwohl, NVwZ 2003, 573; *v. Münch*, Minister und Abgeordneter in einer Person, NJW 1998, 34; *Schmidt-Jortzig*, Die Bundestagszugehörigkeit der Bonner Minister, ZParl 1974, 313; *Tsatsos*, Unvereinbarkeiten von Mandat und anderen Funktionen, in: Schneider/Zeh, § 23; *Veen*, Die Vereinbarkeit von Regierungsamt und Aufsichtsratsmandat in Wirtschaftsunternehmen, 1996.

Vergleichbare Regelungen: Art. 66 GG, 57 f. BayVerf, 95 BbgVerf, 109 BremVerf, 40 f. sowie 39 HambVerf, 105 HessVerf, 45 MVVerf, 34 NdsVerf, 64 NRWVerf, 106 RPVerf, 62 SächsVerf, 67 LSAVerf; 40 f. SchlHVerf, 72 ThürVerf.

Ergänzende Normen: Gesetz über die Rechtsverhältnisse der Mitglieder der Regierung (Ministergesetz) in der Fassung der Bekanntmachung vom 20.8.1991 (GBl. 533, ber. 611); Gesetz über die Rechtsverhältnisse der politischen Staatssekretäre vom 19.7.1972, geändert durch Gesetz vom 3.3.1976 (GBl. 230).

Leitentscheidungen: StGH, ESVGH 20, 194 (keine Unvereinbarkeit von öffentlichem Amt und Abgeordnetenmandat).

A. Überblick und Einordnung 1	2. Besoldetes Amt 13
I. Bedeutung 1	3. Staatsämter 15
II. Herkunft, Entstehung, Geschichte 2	4. Gewerbe und Beruf 23
III. Verfassungsvergleichende Einordnung 4	5. Unternehmensleitung oder Mitgliedschaft in einem Aufsichtsorgan 26
B. Erläuterung 5	6. Sonstige wirtschaftliche Betätigung 29
I. Amtsverhältnis der Regierungsmitglieder (Abs. 1) 5	
II. Inkompatibilitäten (Abs. 2) ... 9	
1. Allgemeines 9	

A. Überblick und Einordnung

I. Bedeutung

1 Die Bestimmung enthält Zweierlei und recht Verschiedenes: Für **Amtsverhältnis, Besoldung und Versorgung** wird in Abs. 1 auf eine gesetzliche Regelung verwiesen, die mit dem Ministergesetz getroffen wurde. Obwohl Regierungsmitglieder keine Beamten sind (ausdrücklich festgehalten ist dies zB in Art. 34 I 1 NdsVerf), lehnen sich die diesbezüglichen Regelungen

weitgehend an das Beamtenrecht an. In Abs. 2 wird eine Reihe von **Inkompatibilitäten** geregelt, wobei die LV eigene Akzente setzt. Unterschieden wird zwischen hauptamtlichen Mitgliedern der Regierung, die kein anderes besoldetes Amt und keinen anderen Beruf ausüben dürfen, und allen Regierungsmitgliedern (also einschließlich der Staatsräte), die weder der Leitung, noch dem Aufsichtsorgan eines auf wirtschaftliche Betätigung gerichteten Unternehmens angehören dürfen. Im Vergleich zur Regelung für die Bundesregierung ist die Bestimmung weiter gefasst: Nicht nur der „Aufsichtsrat", sondern jedes „Aufsichtsorgan" ist den baden-württembergischen Regierungsmitgliedern verwehrt und dies nicht nur bei Erwerbsunternehmen, sondern bei jedem Wirtschaftsunternehmen (also auch gemeinnützigen Unternehmen). Die Befugnis des Landtags, **Ausnahmen** zuzulassen, wird vor allem für Unternehmen mit Landesbeteiligung praktiziert.

II. Herkunft, Entstehung, Geschichte

§ 54 **BadVerf 1919** regelte für die Minister ein „im Staatsvoranschlag bestimmtes Gehalt". Ein Anspruch auf Ruhegehalt und Hinterbliebenenversorgung bestand nicht, soweit nicht im Einzelfall etwas anderes durch Gesetz bestimmt war. Festgelegt war die Unvereinbarkeit des Amtes „mit einer anderen festbesoldeten Stelle oder der Ausübung eines besonderen Berufes oder Gewerbes". § 34 II **VerfWü 1919** sah eine Regelung von Ruhegehalt sowie „Witwen- und Waisenrente" durch Gesetz vor. Nach § 44 I **VerfWü 1919** durften Minister „ein anderes besoldetes Amt, einen Beruf oder ein Gewerbe nicht ausüben". Unter den **Verfassungen der Nachkriegszeit** sah Art. 82 VerfLB Gehaltsansprüche der Regierungsmitglieder vor, verweigerte aber – soweit nicht ausnahmsweise durch Gesetz geregelt – Ansprüche auf Ruhegehalt und Hinterbliebenenversorgung. Die Bestimmung enthielt auch eine Regelung zu den Inkompatibilitäten. In der VerfWB und VerfWH fehlten entsprechende Bestimmungen.

2

Bei den **Verfassungsberatungen 1952/53** waren die für die für Regierungsmitglieder geltenden Inkompatibilitäten Gegenstand intensiver Debatten.[1] Beide Entwürfe (Art. 50 II VerfERP, 80 III VerfECDU) schlossen zunächst Leitung und Aufsichtsrat „eines auf Erwerb gerichteten Unternehmen" aus. In der Folge richtete sich das Augenmerk auf gemeinnützige Unternehmen (zB Baugenossenschaften). Bereits in der ersten Beratung des VA wurde der Text daher geändert. Angesprochen wurden nun Mandate in „auf wirtschaftliche Betätigung gerichtete Unternehmen". Nachdem Art. 80 III VerfECDU auch den Verwaltungsrat aufgeführt hatte, wurde aus dem „Aufsichtsrat" das allgemeinere „Aufsichtsorgan". Während Art. 80 III VerfECDU der Regierung die Gestattung von Ausnahmen „hinsichtlich solcher Unternehmen, an denen das Land beteiligt ist", vorgesehen hatte, wurde diese Befugnis letztlich in allgemeinerer Art und Weise dem Landtag übertragen.

3

---

1 Feuchte, Quellen, 2. Teil, 676 bis 699 (!), und 8. Teil, 653 f.

III. Verfassungsvergleichende Einordnung

4 Interessant sind im Detail unterschiedliche Abgrenzungen der von der Inkompatibilität betroffenen Unternehmen und Funktionen im GG und den Landesverfassungen. Unterschiede gibt es auch bei den für Ausnahmeregelungen zuständigen Verfassungsorganen (Regierung oder Parlament). In mehreren Verfassungen ausdrücklich vorgesehen sind solche Ausnahmen insbesondere für Beteiligungsunternehmen des Landes. Anders als in den Verfassungen der Hansestädte ist in BW keine **Inkompatibilität mit einem Parlamentsmandat** festgelegt. Es fehlt auch eine ausdrückliche Regelung der Inkompatibilität **mit anderen politischen Ämtern**, wie Art. 64 IV NRWVerf („nicht gleichzeitig Mitglied des Bundestags oder der Bundesregierung") und Art. 28 III NdsVerf („Mitglieder des Bundestages, des Europäischen Parlaments und der Volksvertretungen anderer Länder dürfen der Landesregierung nicht angehören.") sie kennen.

B. Erläuterung
I. Amtsverhältnis der Regierungsmitglieder (Abs. 1)

5 Dem Verfassungsauftrag folgend ist das **Amtsverhältnis** der Mitglieder der Regierung – in etwa entsprechend zum Beamtenrecht – im Einzelnen mit dem Ministergesetz geregelt. Die Regierungsmitglieder sind jedoch nicht Beamte, sondern stehen nach § 1 Ministergesetz zum Land in einem „**öffentlich-rechtlichen Amtsverhältnis**" eigener Art, „das durch verfassungsrechtlich verliehene Entscheidungsgewalt und die Verantwortung gegenüber dem Landtag geprägt ist."[2] § 22 I MinG sieht vor, dass ein hauptamtliches Regierungsmitglied, das bisher Beamter oder Richter war, aus seinem Amt ausscheidet. Nach Ende der Amtszeit ist eine Rückkehr möglich. **Strafrechtlich** werden Amtsträger indes nach § 11 I Nr. 2 b) StGB wie Beamte oder Richter behandelt.

6 Für den **Ministerpräsidenten** beginnt das Amtsverhältnis mit der Annahme seiner Wahl, das der übrigen **Mitglieder der Regierung** mit der Bestätigung der Regierung bzw. der Zustimmung zur Berufung durch den Landtag (Art. 46 III, IV LV). Die Aushändigung der Ernennungsurkunde durch den Ministerpräsidenten an die Regierungsmitglieder ist nach § 3 MinG, ebenso wie die Eidesleistung, nicht konstitutiv. Nach § 8 MinG endet das Amtsverhältnis – außer durch Tod – mit der Bestätigung der neuen Regierung durch den Landtag. Dies gilt auch für Personen, die der bisherigen Regierung angehört haben und erneut berufen worden sind. Eine Entlassungsurkunde ist in § 8 I MinG nicht vorgesehen.

7 Es kann sich eine **Diskrepanz zwischen Amtsverhältnis und dem Regierungsamt** ergeben, das nach Art. 55 IV LV bereits mit dem (ersten) Zusammentritt des neu gewählten Landtags endet. Wenn nicht bereits in derselben Sitzung der neue Ministerpräsident gewählt und die Regierung bestätigt wird, dauert das Amtsverhältnis für die Mitglieder der geschäftsführenden Regierung nach Art. 55 III LV weiter.

---

2 *Leydecker* in: Epping/Butzer u.a., Art. 34 Rn. 8.

[Ministergesetz, Inkompatibilität]

§ 10 MinG enthält des Weiteren Regelungen zu den **Amtsbezügen** (für Staatsräte wird eine Entschädigung im Haushaltsplan festgesetzt) und zur **Versorgung** der hauptamtlichen Mitglieder der Regierung und ihrer Hinterbliebenen (Übergangsgeld, Ruhegehalt, Altersehrensold, Hinterbliebenenversorgung). Letztere Ansprüche waren in früheren Verfassungen ausdrücklich ausgeschlossen. Die **Rechtsverhältnisse der politischen Staatssekretäre** bestimmen sich nach in einem eigenen Gesetz (PStSG), das aber im Wesentlichen auf das MinG verweist.

II. Inkompatibilitäten (Abs. 2)

1. Allgemeines

Die Bestimmung regelt – parallel zu Art. 66 GG, mit allerdings doch signifikanten Unterschieden – **Betätigungs- und Zugehörigkeitsverbote** (Inkompatibilitäten) für die Mitglieder der Regierung. Die Bestimmung beinhaltet zweierlei: Die **organschaftliche** Inkompatibilität (eigentliche, echte oder Amtsinkompatibilität) im öffentlichen Bereich und die **wirtschaftliche** (uneigentliche, unechte) in Beruf und Unternehmen.[3] Hierfür besteht ein ganzes Bündel von Gründen, von denen der eine oder andere je nach Fallgestaltung stärker ins Gewicht fällt. Zu nennen ist insbesondere der Grundsatz der **Gewaltenteilung**, der sich mit der organschaftlichen Inkompatibilität auch personell ausdrücken soll. Weitere Argumente für solche Verbote sind mögliche **Interessenkonflikte**, die die „Reinheit der Amtsführung"[4] beeinträchtigten könnten, aber auch ganz einfach die **Arbeitsbelastung**, die eine zusätzliche Tätigkeit des Regierungsmitglieds sinnvollerweise nicht zulässt. Dazu kommt bei Satz 2 die Besorgnis einer möglichen **Verquickung von politischer und wirtschaftlicher Macht**, wenn zugleich Leitungsfunktionen in Großunternehmen wahrgenommen werden. Letzteres Thema spielt heutzutage allerdings angesichts der zunehmend getrennten Sphären von Politik und Wirtschaft – anders als noch in der jungen Bundesrepublik – keine besondere Rolle mehr. Im Gegensatz zu Art. 55 I GG für den Bundespräsidenten und Art. 28 III NdsVerf[5] sind Inkompatibilitäten mit **politischen Wahlämtern** nicht ausdrücklich geregelt. Diese Frage muss nach Sinn und Zweck der Inkompatibilitätsregelungen im Einzelnen geklärt werden.

Von der Inkompatibilität zu unterscheiden ist die **Ineligibilität**, das Fehlen des passiven Wahlrechts. Liegt ein solcher Fall vor, ist bereits die **Wahl ungültig**. Bei Vorliegen einer Inkompatibilität ist die Wahl gültig. Notwendig ist aber – sofern Rechtsfolgen nicht kraft Gesetzes eintreten (Bundespräsident, Bundesverfassungsrichter) – die Entscheidung für das eine oder andere Amt oder zwischen Amt und Beruf bzw. wirtschaftlicher Betätigung.[6]

Bis auf Ausnahmen (Art. 55 I GG verbietet dem Bundespräsidenten, einer Landesregierung oder einem Landtag, Art. 94 I 3 GG den Mitgliedern des BVerfG, einem anderen Verfassungsorgan auf Bundes- oder Landesebene

---

3 *Leydecker* in: Epping/Butzer u. a. Art. 34 Rn. 15.
4 *Epping* in: v. Mangoldt/Klein/Starck, Art. 66 Rn. 1.
5 Danach sind Abgeordnete des Europäischen Parlaments, des Bundestages und anderer Landesparlamente von einer Mitgliedschaft in der Landesregierung ausdrücklich ausgeschlossen.
6 *Epping* in: v. Mangoldt/Klein/Starck, Art. 66 Rn. 2.

anzugehören) treten Konsequenzen einer Inkompatibilität nicht kraft Gesetzes ein, sondern erfordern ein **aktives Handeln** der Betroffenen, um die Situation zu bereinigen. Liegen Tatbestände vor, die auf Inkompatibilitäten schließen lassen, sind diese möglichst **vor Amtsübernahme** zu klären und zumindest **in angemessener Frist** zu bereinigen.[7] Die in der verfassungsrechtlichen Regelung enthaltenen Verbote sind eindeutig. Das potenzielle Regierungsmitglied hat daher aus der Leitung bzw. einem Aufsichtsorgan auszuscheiden. Für Beamte und Richter regelt § 22 I MinG ein Ausscheiden aus dem bisherigen Amt „mit dem Beginn des Amtsverhältnisses" als Minister und das Ruhen des Dienstverhältnisses. Regierungskandidaten, die ein Gewerbe oder einen Beruf ausüben, haben in geeigneter Weise auf eine Freistellung oder ein Ausscheiden in angemessener Frist hinzuwirken.[8]

12 **Sanktionen** bei Inkompatibilitätsverstößen sieht die LV unmittelbar nicht vor. Es ist Aufgabe des Ministerpräsidenten, auf die Einhaltung dieser Bestimmungen durch die von ihm berufenen Regierungsmitglieder zu achten. Für den Landtag besteht, soweit die Ausnahmebestimmung von Art. 53 II 3 LV berührt ist, die Möglichkeit eines **Organstreitverfahrens** vor dem VerfGH nach Art. 68 I Nr. 1 LV. Ansonsten hat er mangels Antragsbefugnis keine Möglichkeit, gerichtlich vorzugehen.[9] Allenfalls könnte gem. Art. 56 LV die Entlassung eines fehlbaren Regierungsmitglieds verlangt oder – wohl eher theoretisch – zu einem Misstrauensvotum geschritten werden.

2. Besoldetes Amt

13 Das Verbot der Ausübung eines anderen besoldeten Amtes richtet sich nur an die **hauptamtlichen Mitglieder** der Regierung, dh den Ministerpräsidenten, die Minister und die Staatssekretäre (mit oder ohne Stimmrecht). Nicht angesprochen sind – was im Hinblick auf auch hier denkbare Interessenkonflikte in der VLV zu Kritik geführt hat – die ehrenamtlichen Staatsräte. Ebenfalls nicht erfasst sind die politischen Staatssekretäre. Die für sie geltende Inkompatibilität leitet sich aus § 2 II PStSG iVm § 5 I MinG her. Ihre Einbeziehung, die in die Berufsfreiheit eingreift, ist nach Sinn und Zweck der Regelung zulässig und geboten.

14 „Amt" meint zunächst einmal ein **öffentliches Amt**, so wie es Beamte, Richter und Soldaten, die in einem besonderen Treueverhältnis zu einer juristischen Person des öffentlichen Rechts stehen, innehaben. Auch öffentlich-rechtlich ausgestaltete Kirchenämter fallen darunter.[10] „Ämter" in Parteien, Stiftungen, Verbänden und Vereinen sind demgegenüber durch Art. 53 II LV nicht ausgeschlossen, sofern sie nicht beruflich ausgeübt werden (zB geschäftsführendes Vorstandsmitglied eines Verbandes). Kein „Amt" üben sonstige Beschäftigte im öffentlichen Dienst aus, für die aber das Verbot einer Berufstätigkeit greift. Über die verfassungsrechtliche Re-

---

7 *Leydecker* in: Epping/Butzer u. a., Art. 35 Rn. 35, fordert die Aufgabe eines Sitzes in einem Aufsichtsgremium „zum nächstmöglichen Zeitpunkt, spätestens nach Ablauf eines Jahres". Diese Frist erscheint sehr großzügig bemessen.
8 Instruktiv dazu die Stellungnahme der Landesregierung in der LT-Drs. 16/466 v. 25.8.2016.
9 *Epping* in: v. Mangoldt/Klein/Starck, Art. 66 Rn. 44.
10 *Epping* in: v. Mangoldt/Klein/Starck, Art. 66 Rn. 4.

gelung hinaus, die ein Amt nur dann verbietet, wenn es besoldet ist, legt § 5 III MinG fest, dass Regierungsmitglieder während ihrer Amtszeit auch kein **öffentliches Ehrenamt** bekleiden „sollen". Wichtige Anwendungsfälle sind ehrenamtliche Tätigkeiten als Gemeinderat (§ 15 I GO) oder Kreisrat (§ 11 I LKrO). Hiervon kann die Regierung aber Ausnahmen zulassen. Nicht erfasst, da kein **öffentliches** Ehrenamt, sind zB Tätigkeiten für Wohltätigkeitsorganisationen (zB Rotes Kreuz, Caritas, Arbeiterwohlfahrt). Auch eine **Aufwandsentschädigung**, die über den Ersatz von Auslagen (Auslagenvergütung) hinausgeht, ist „**Besoldung**" iSv Art. 53 II LV.[11]

3. Staatsämter

Unsicherheiten bestehen im Hinblick auf mögliche Inkompatibilitäten zu 15
anderen Staats- und Verfassungsämtern in Vertretungskörperschaften und auf anderen bundesstaatlichen Ebenen (**verfassungsorganschaftliche Inkompatibilität**). In Art. 53 II LV findet sich dazu – ebenso wie in Art. 66 GG – keine klare Aussage. Nach Sinn und Zweck, aber auch Systematik und Genese, bezieht sich das Verbot des Art. 53 II LV grundsätzlich **auch auf andere Verfassungsämter**.[12] An verschiedenen Stellen des GG und der LV sowie in anderen staatsorganisatorischen Normen lassen sich – teilweise im Umkehrschluss – derartige Unvereinbarkeiten feststellen.

Für Mitglieder der Landesregierung spiegelbildlich ausgeschlossen ist 16
durch Art. 55 I GG das Amt des **Bundespräsidenten**. Eine Kandidatur unter Beibehaltung des Regierungsamtes ist möglich und führt nicht zur Ungültigkeit der Wahl. Nach Übernahme der Bundespräsidentschaft erlischt die Mitgliedschaft in der Landesregierung kraft Verfassung. Ein Mitglied der Landesregierung kann ebenso wenig Mitglied der Bundesregierung (§ 4 BMinG), des BVerfG (Art. 94 I 3 GG) oder des VerfGH (Art. 68 III 6 LV) sein. Die Kandidatur für das Amt eines Verfassungsrichters ist möglich, nach der Wahl erledigt sich das Regierungsamt. Obwohl unionsrechtlich nicht zwingend, ordnet § 22 II Nr. 12 EuWG die Annahme der Wahl oder die Ernennung zum Mitglied in einer Landesregierung als Verlustgrund für ein Mandat im **Europäischen Parlament** an.

Fraglich ist, ob für ein baden-württembergisches Regierungsmitglied eine 17
Mitgliedschaft im **Deutschen Bundestag** ausscheidet. Zwar erscheint eine solche Unvereinbarkeit verfassungspolitisch nicht zwingend: So hatte zB unter Geltung der WRV der langjährige Minister und Staatspräsident Eugen Bolz von 1920 bis 1933 einen Sitz im Reichstag inne. Das Thema wurde in der Frühzeit der Bundesrepublik noch durchaus unterschiedlich gesehen und in der Bundesregierung beraten, ohne dass die von Bundeskanzler *Konrad Adenauer* geforderte „bundesrechtliche Regelung" zustande gekommen wäre.[13] Ein Fall aus dieser Zeit war der Bundestagsabgeordnete *Carlo Schmid*, der als Justizminister und Stellvertreter des Staatspräsidenten von Württemberg-Hohenzollern bis 30. April 1950 zugleich Bundes-

---

11 *Epping* in: v. Mangoldt/Klein/Starck, Art. 55 Rn. 29; Herzog in: Maunz/Dürig, Art. 66 Rn. 22.
12 So zu Art. 66 GG: *Epping* in: v. Mangoldt/Klein/Starck, Art. 66 Rn. 6 ff.
13 44. Kabinettssitzung vom 10.2.1950; *Bundesarchiv,* Edition „Die Kabinettsprotokolle der Bundesregierung", www.bundesarchiv.de/kabinettsprotokolle.

tagsabgeordneter war. Umgekehrt wird für Mitglieder der Bundesregierung teilweise ein gleichzeitiges Landtagsmandat für möglich gehalten, da Bundesregierung und Länderparlamente „nicht in unmittelbarer Beziehung zueinander" stünden. Lediglich die Einordnung als „besoldetes Amt" oder „Beruf" könne zu einem anderen Ergebnis führen.[14] Nicht unmittelbar einschlägig ist für Regierungsmitglieder die auf Art. 137 I GG gestützte Einschränkung der Wählbarkeit nach § 5 I AbgG, da Minister keine Beamten sind. Da allerdings die bundesstaatliche Ordnung mit „eigenständigen Verfassungsräumen von Bund und Ländern"[15] eine **personelle Trennung** nicht nur von Parlamentsmandaten, sondern auch von Parlamentsmandaten und Regierungsämtern erfordern dürfte, spricht viel für eine verfassungsrechtliche Unvereinbarkeit von Mitgliedschaften in der Landesregierung und im Bundestag (ebenso in der Bundesregierung und im Landtag). In jedem Fall aber besteht für Regierungsmitglieder eine Unvereinbarkeit mit einem Abgeordnetenmandat im Bundestag im Hinblick auf ihre **Mitgliedschaft im Bundesrat**. Ausdrücklich ist dies in § 2 GO BRat festgehalten. Bei der Wahl eines Mitglieds des Bundesrates in den Bundestag muss dem Präsidenten des Bundesrates „in angemessener Frist" mitgeteilt werden, welches der beiden Ämter niedergelegt wird. Dies gilt umgekehrt auch für die Berufung eines Mitglieds des Bundestages in die Landesregierung.

18 Angesichts der bundesverfassungsrechtlichen Zulassung in Art. 51 I GG ist die Mitgliedschaft von Regierungsmitgliedern im **Bundesrat** demgegenüber nicht nur zulässig, sondern zwingend. Dasselbe gilt für den Gemeinsamen Ausschuss nach Art. 53 a I 3 GG. Regierungsmitglieder können nach Art. 54 III GG vom Landtag in die **Bundesversammlung** gewählt werden.

19 Trotz kritischer Äußerungen in der Literatur[16] wird die Mitgliedschaft in der Landesregierung mit einem **Mandat als Landtagsabgeordneter** herkömmlicherweise verfassungsrechtlich **nicht beanstandet**. Zwar spricht Art. 40 S. 1 LV von einer Entschädigung (nicht einer Besoldung), was auf ein Ehrenamt deuten könnte. Allerdings kennt auch BW seit der Parlamentsreform von 2008 den entsprechend vergüteten Vollzeitparlamentarier (näher dazu → Art. 40 Rn. 9), was als ein „besoldetes Amt" gem. Art. 53 II LV gelten könnte.[17] Zudem spricht Art. 29 II 1 LV vom „Amt" des Abgeordneten. Die **Verbindung der Mitgliedschaft in der Regierung mit einem Landtagsmandat** war in hohem Maße bereits in der VLV **umstritten**. Art. 80 II VerfECDU sah eine Inkompatibilität vor. Einwände bestehen im Hinblick auf die (personelle) Gewaltenteilung und die Kontrollaufgaben des Parlaments. Eine gleichzeitige Mitgliedschaft bedeute eine Verbindung von Kontrollierenden und Kontrollierten. Gerade bei der kleineren Mitgliedszahl des Landtages im Vergleich zum Deutschen Bundestag würden dadurch die Kontrollmöglichkeiten merklich reduziert. Dazu komme ein Spannungsverhältnis zwischen Kabinettszwang und freiem Mandat. Auch

---

14 *Epping* in: v. Mangoldt/Klein/Starck, Art. 66 Rn. 26.
15 *Tsatsos* in: Schneider/Zeh, § 23 Rn. 64.
16 Kritische Auseinandersetzung mit der hM bei *Epping* in: v. Mangoldt/Klein/Starck, Art. 66 Rn. 17 ff.; *Epping* in: Epping/Butzer u.a., Art. 28 Rn. 33 ff.
17 § 5 I AbgG BW sieht derzeit eine monatliche Entschädigung in Höhe von 6.462 EUR vor.

die Arbeitsbelastung lasse die vollwertige und gleichzeitige Wahrnehmung beider Aufgaben heutzutage kaum zu.

Die sogenannte „**Ministerkompatibilität**" ist in Deutschland indes auch auf Landesebene (bis auf die Hansestädte) unstreitig parlamentarische Tradition, die offensichtlich bislang nicht zu Fehlentwicklungen geführt hat. In der englischen Verfassungstradition wäre eine Regierungsmitgliedschaft ohne ein Parlamentsmandat sogar völlig undenkbar.[18] Zu berücksichtigen sind dabei die Gesetzlichkeiten der parlamentarischen Demokratie, die die „klassische" Gewalteinteilung, die Exekutive und Legislative in getrennten Lagern sieht, überformt haben. Die Kontrolle der Regierung ist nunmehr Privileg der Opposition („neuer Dualismus", → Art. 27 Rn. 27). Ein Abgeordnetenmandat ist für Regierungsmitglieder unter politischen Gesichtspunkten von Bedeutung. Auch wenn ein Regierungsmitglied als Teil der Exekutive sich in anderer Weise als der „einfache" Abgeordnete an der Parlamentsarbeit beteiligt und er – als Regierungsmitglied – den Richtlinien des Ministerpräsidenten und der Kabinettsolidarität unterworfen ist, führt die enge Einbeziehung in die Parlamentsarbeit durch ein Abgeordnetenmandat zu „osmotischen" Einwirkungen auf die Regierung, die sicher von Nutzen sind.

Inkompatibilitäten können des Weiteren auch **innerhalb der Regierung** bestehen. Anzunehmen ist dies im Verhältnis zwischen Ministerpräsident und Finanzminister, wegen dessen besonderen Befugnissen nach Art. 81 I, 83 LV. Die LV geht nicht lediglich vom Vorhandensein eines Finanzministers, sondern von einem (durchaus auch kontrollierenden) Nebeneinander von Regierungschef und Finanzminister („Vier-Augen-Prinzip") aus. Weitere Inkompatibilitäten dürften nicht bestehen, insbesondere auch nicht im Hinblick auf das Amt des **Justizministers**, der nach deutscher Verfassungstradition nicht als weitgehend unabhängiger Staatsnotar ausgestaltet ist.

Eine Inkompatibilität mit der Mitwirkung in **kommunalen Vertretungskörperschaften** (Gemeinderäten, Kreistagen) und anderen Selbstverwaltungskörperschaften ist auf den ersten Blick nicht zwingend. So handelt es sich bei kommunalen Vertretungsorganen nicht um „gesetzgebende Körperschaften" und auch Interessenkonflikte sind nicht unmittelbar ersichtlich.[19] In Frankreich ist der „cumul des mandats" geradezu Inbegriff der unteilbaren Nation. Dieselbe Logik, die Mitgliedern der Bundesregierung die Mitwirkung in einer Landesregierung – der nächsten Ebene im Bundesstaat – untersagt, spricht aber dafür, dass den Regierungsmitgliedern des Landes **kommunale Gremien schon von Verfassungswegen verschlossen** sind. Es greift überdies § 5 III MinG, wonach Regierungsmitglieder während ihrer Amtszeit **kein öffentliches Ehrenamt** bekleiden sollen, wobei Ausnahmen jedoch zugelassen werden können.

20

21

22

---

18 *Herzog* in: Maunz/Dürig, Art. 63 Rn. 22.
19 Zur Diskussion über entsprechende Bindungen des Bundespräsidenten vgl. *Fritz* in: BK, Art. 55 Rn. 23; *Jekewitz* in: AK-GG, Art. 55 Rn. 4, gegen Inkompatibilität; *Hein* in: Dreier, Art. 55 Rn. 5; *Niehaus* in: Sachs, GG, Art. 55 Rn. 9 für Inkompatibilität.

4. Gewerbe und Beruf

23 Das Verbot, ein Gewerbe (selbstständige Tätigkeit) oder einen Beruf (unselbstständige Tätigkeit) auszuüben, rechtfertigt sich insbesondere im Hinblick auf die **Arbeitsbelastung** eines Regierungsmitglieds sowie auf mögliche **Interessenkonflikte**. Die Formulierung ist im Hinblick auf die weite Fassung des „Berufs" nach Art. 12 I GG heutzutage redundant. Ein Verbot allein der Berufsausübung würde genügen. Die Frage, ob – über die Terminologie des Gewerberechts hinausgehend – eine freiberufliche Tätigkeit sowie eine Tätigkeit in der Urproduktion (Bergbau, Landwirtschaft und Fischerei) erfasst sind, ist deshalb müßig. Erfasst ist sowohl der Hauptberuf als auch eine nebenberufliche Tätigkeit, gleichermaßen ein in Voll- als auch in Teilzeit ausgeübter Beruf. Anders als Bundesebene[20] ist die Frage einer **Nachwirkung der Inkompatibilität** bei Ausscheiden aus der Regierung auf Landesebene bislang nicht geregelt, weshalb sie weiterhin politischem Feingefühl und einer aufmerksamen Opposition überlassen bleibt.

24 Nach dem klaren Wortlaut der Bestimmung ist nur die „**Ausübung**" – die aktive Berufstätigkeit – untersagt. Möglich ist es daher, die Berufsausübung **ruhen** zu lassen. Ausdrücklich vorgesehen ist dies in § 22 I MinG für Beamte oder Richter des Landes. Dieses Thema war im Hinblick auf die Freien Berufe Gegenstand einer intensiven Debatte in der VLV.[21] Zulässig ist, dass ein Regierungsmitglied, dessen Berufstätigkeit ruht, äußerlich sichtbar mit seinem Unternehmen, seiner Kanzlei oder Praxis, verbunden bleibt (Firmenname, Kanzleischild).[22] Politische Ämter sind Ämter auf Zeit, bei denen eine Berufstätigkeit vorher und nachher unter vielen Aspekten durchaus sinnvoll ist.

25 **Nebentätigkeiten**, zB wissenschaftlicher, schriftstellerischer oder künstlerischer Art, sind für die Regierungsmitglieder – soweit sie sich nicht zu einem Beruf entwickeln – zulässig. Fingerspitzengefühl ist dabei aber angesagt.

5. Unternehmensleitung oder Mitgliedschaft in einem Aufsichtsorgan

26 Das Verbot, der Leitung oder dem Aufsichtsorgan einem auf wirtschaftliche Betätigung gerichteten Unternehmen anzugehören, richtet sich an **alle Mitglieder der Regierung**, also auch an die ehrenamtlichen Staatsräte. Anknüpfend an **Unternehmen mit „wirtschaftlicher Betätigung"** zieht die LV den Kreis weiter, als die „auf Erwerb gerichteten Unternehmen" von Art. 66 GG. Erfasst sind alle am Wirtschaftsleben beteiligten Unternehmen, auch wenn – wie bei gemeinnützigen Unternehmen (zB Genossenschaften, Stiftungen) – der Erwerbszweck nicht im Vordergrund steht. Die **Unternehmensleitung** kann sich in vielfältigen rechtlichen Formen abspie-

---

20 Mit dem Gesetz zur Änderung des BMinG und des ParlStG v. 17.7.2015 (BGBl. I 1322) gilt inzwischen für 18 Monate nach dem Ausscheiden eine Anzeigepflicht für Beschäftigungen außerhalb des öffentlichen Dienstes, wenn Interessenkonflikte zu befürchten sind. In diesem Falle besteht die Möglichkeit einer Untersagung. Abgefedert wird dies ggf. durch ein Übergangsgeld für denselben Zeitraum (§§ 6 a–d BMinG, 11 ParlStG).
21 Feuchte, Quellen, 2. Teil, 683 ff.
22 *Leydecker* in: Epping/Butzer u.a. Art. 34 Rn. 22.

len. Sie beschränkt sich nicht auf die Leitungsorgane von Kapitalgesellschaften (Vorstand), wie es § 5 I BMinG (auch im Hinblick auf die etwas andere Abgrenzung in Art. 66 GG zu eng) vorsieht. Andere leitende Aufgaben – zB die Geschäftsführung einer Personengesellschaft – sind nach Sinn und Zweck der Vorschrift, bei der es um die Verhinderung einer Verquickung von politischer und wirtschaftlicher Macht geht, gleichermaßen als Unternehmensleitung anzusehen. Anders als in Art. 66 GG ist in Art. 53 II LV nicht von einem „Aufsichtsrat", sondern in allgemeinerer Form von einem „**Aufsichtsorgan**" die Rede. Auch damit wird der Bereich von Aktiengesellschaften verlassen. Aufsichtsorgan in diesem Sinne kann zB ein Verwaltungsrat sein. Ein lediglich beratender Beirat fällt demgegenüber nicht unter die Regelung. Zur Abgrenzung der Betätigungsverbote kommt es insgesamt auf eine Würdigung des gesellschaftsrechtlich organisierten wirtschaftlichen Einflusses an.

Die genannten Tätigkeiten sind für Regierungsmitglieder ausgeschlossen, solche Mandate müssen **niedergelegt** werden. Ein Ruhenlassen, wie in den Fällen von Satz 1, ist nicht möglich. Allerdings sind sowohl für die Unternehmensleitung als auch die Mitwirkung in einem Aufsichtsorgan **Ausnahmen** möglich, die der Landtag zulassen kann. Hintergrund dieser Regelung ist § 65 I 3 LHO, wonach sich das Land an Unternehmen u. a. nur beteiligen soll, wenn es „einen angemessenen Einfluss, insbesondere im Aufsichtsrat oder einem entsprechenden Überwachungsorgan erhält". Ausnahmen werden daher vom Landtag im Regelfall für die Wahrnehmung von Mandaten in Unternehmen erteilt, an denen das Land beteiligt ist. Liegen die Voraussetzungen vor, **ist** die Genehmigung (trotz des „kann") zu erteilen. Ein Ermessen besteht für den Landtag nicht. Die Ausnahmegenehmigung des Landtags gilt nach dem Grundsatz der Diskontinuität **bis zum Ende der Legislaturperiode**. 27

Gewisse Zweifel ergeben sich im Hinblick auf mögliche **Interessenkonflikte** bei Unternehmen, die Gegenstand staatlicher Maßnahmen (zB Genehmigungen, Aufsichtsmaßnahmen, aber auch Subventionen) sein können. So spricht – auf den ersten Blick widersinnig – einiges dafür, dass trotz besonderer Sachkenntnis gerade nicht der „zuständige" Ressortminister in ein Aufsichtsgremium einzieht. Darüber hinaus ist im Einzelfall nach § 20 I Nr. 5 LVwVfG derjenige in einem Verwaltungsverfahren ausgeschlossen, der bei einem Beteiligten „als Mitglied des Vorstands, des Aufsichtsrats oder eines gleichartigen Organs tätig ist". 28

6. Sonstige wirtschaftliche Betätigung

In der politischen Diskussion mitunter aufgeworfen wird die Frage möglicher Interessenkonflikte durch die **Vermögensverwaltung von Regierungsmitgliedern**, zB von Aktien oder Beteiligungen an Gesellschaften. Soweit es sich nicht um eine berufliche Tätigkeit handelt, bedeutet Art. 53 II LV **kein Verbot** einer damit zusammenhängenden Teilnahme an Haupt- bzw. Gesellschafterversammlungen (§§ 118–147 AktG, 48 GmbHG, 116 II HGB) – trotz einer, je nach Größe des Aktienpakets bzw. der Anteile, möglicherweise maßgebenden Einwirkungsmöglichkeit. Nach allgemeinem Sprachge- 29 brauch handelt es sich hierbei weder um „Leitung" noch Mitgliedschaft im „Aufsichtsorgan" eines Unternehmens.

30 Mögliche **Interessenkonflikte**,[23] die auch im Hinblick auf frühere beruflichen Tätigkeiten diskutiert werden, bleiben Gegenstand einer **politischen Beurteilung**. Von Verfassungswegen gefordert ist lediglich die Aufgabe der Berufstätigkeit bzw. die Niederlegung von Organmitgliedschaften. Anzeigepflichten, wie sie für die Abgeordneten des Deutschen Bundestages das AbgG iVm den „Verhaltensregeln" vorsieht,[24] kennt das MinG nicht.

31 Die wirtschaftliche **Nutzung von Insiderwissen**, „nicht öffentlich bekannten präzisen Informationen" (Art. 7 MarktmissbrauchsVO – MMVO),[25] die Regierungsmitglieder in Erfüllung ihrer Aufgaben erhalten, ist nach Art 14 MMVO verboten. Es geht hier um Insidergeschäfte, die Empfehlung oder Anstiftung Dritter, solche Geschäfte zu tätigen, sowie die unrechtmäßige Offenlegung von Insiderinformationen. Letzteres fällt auch unter die in Art. 6 MinG festgelegte Amtsverschwiegenheit. Die in Art. 7 der MarktmissbrauchsRL[26] geforderten strafrechtlichen Sanktionen sind in Deutschland mit dem 1. Finanzmarktnovellierungsgesetz umgesetzt.[27]

Artikel 54 [Konstruktives Misstrauensvotum]

(1) Der Landtag kann dem Ministerpräsidenten das Vertrauen nur dadurch entziehen, daß er mit der Mehrheit seiner Mitglieder einen Nachfolger wählt und die von diesem gebildete Regierung gemäß Artikel 46 Abs. 3 bestätigt.

(2) Zwischen dem Antrag auf Abberufung und der Wahl müssen mindestens drei Tage liegen.

Schrifttum:

Berthold, Das konstruktive Mißtrauensvotum und seine Ursprünge in der Weimarer Staatsrechtslehre, Der Staat 1997, 87; *Birke*, Das konstruktive Mißtrauensvotum in den Verfassungsverhandlungen der Länder und des Bundes, Zparl 1977, 77; *Brandt*, Die Bedeutung parlamentarischer Vertrauensregelungen, 1981; *Busse*, Regierungsbildung und Regierungswechsel nach niedersächsischem Verfassungsrecht, 1992; *Küchenhoff*, Mißtrauensantrag und Vertrauensfrage-Ersuchen, DÖV 1967, 116; *Lippert*, Bestellung und Abberufung des Regierungschefs und ihre funktionale Bedeutung für das parlamentarische Regierungssystem, 1973; *Müller*, Das konstruktive Mißtrauensvotum, Zparl 1971, 275; *Sellmann*, Der schlichte Parlamentsbeschluß, 1966; *Weis*, Regierungswechsel in den Bundesländern, 1980.

---

23 Dazu allgemein: *Krienke*, Interessenkonflikte der Regierungsmitglieder des Bundes und der Länder, 2003.
24 Dazu: BVerfGE 118, 277.
25 Verordnung (EU) Nr. 596/2014 des Europäischen Parlaments und des Rates vom 16.4.2014, ABl. L 173 vom 12.6.2014.
26 Richtlinie 2014/57/EU des Europäischen Parlaments und des Rates vom 16.4.2014 über strafrechtliche Sanktionen bei Marktmanipulation (Marktmissbrauchsrichtlinie), ABl. L 173 vom 12.6.2014.
27 Erstes Gesetz zur Novellierung von Finanzmarktvorschriften auf Grund europäischer Rechtsakte (Erstes Finanzmarktnovellierungsgesetz – 1. FiMaNoG) v. 30.6.2016, BGBl. I, 1514.

[Konstruktives Misstrauensvotum] Artikel 54

Vergleichbare Regelungen: Art. 67 GG, 44 III 2 BayVerf, 57 BerlVerf, 86 BbgVerf, 110 BremVerf, 35 HambVerf, 114 HessVerf, 50 II, III MVVerf, 32 NdsVerf, 61 NRWVerf, 99 RPVerf, 88 SaarlVerf, 69 SächsVerf, 72 LSAVerf, 42 SchlHVerf, 73 ThürVerf.

Ergänzende Normen: § 55 GO LT.

Leitentscheidungen: BVerfGE 62, 1; 114, 121.

A. Überblick und Einordnung	1	B. Erläuterung	6
I. Bedeutung	1	I. Allgemeines	6
II. Herkunft, Entstehung, Geschichte	2	II. Vertrauen	8
		III. Andere Formen der Kritik	11
III. Verfassungsvergleichende Einordnung	4	IV. Verfahren	14

A. Überblick und Einordnung

I. Bedeutung

Die Bestimmung regelt das sog. „konstruktive Misstrauensvotum". Aufgrund von Erfahrungen der Weimarer Republik soll verhindert werden, dass eine Parlamentsmehrheit, die sich nur im Destruktiven einig ist, eine Regierung stürzt, aber keine Nachfolge zustande kommt. Die Bestimmung ist eine ultima ratio, wenn die zahlreichen anderen Instrumente des Landtags, auf die Regierungspolitik Einfluss zu nehmen, nicht fruchten. Neben der parlamentarischen Kontrolle dient die Bestimmung – paradoxerweise – aber auch der Stabilität der Regierung, indem ein leichtfertiger Regierungssturz unterbunden wird. Diesen Zweck verfolgt auch die – allerdings knappe – Drei-Tages-Frist zwischen Antrag und Wahl eines neuen Ministerpräsidenten. Entsprechend der baden-württembergischen Verfassungssystematik gehört zu einem erfolgreichen Misstrauensvotum neben der Wahl eines neuen Ministerpräsidenten auch die Bestätigung der neuen Regierung. In der Staatspraxis hat ein Regierungssturz mittels dieser Bestimmung angesichts stabiler politischer Verhältnisse in BW – anders als im Bund[1] und in anderen Ländern[2] – bislang keine Rolle gespielt.[3]   1

II. Herkunft, Entstehung, Geschichte

Sowohl der **VerfBad 1919** als auch der **VerfWü 1919** kannten nur das „destruktive" Misstrauensvotum: § 53 VerfBad 1919 gab dem Landtag das Recht, jederzeit mit absoluter Mehrheit die Regierung oder einzelne Regierungsmitglieder abzuberufen. § 28 VerfWü 1919 sah das Recht des Landtags vor, das Staatsministerium (die Regierung) abzuberufen oder die Entlassung einzelner Minister zu verlangen. Die drei **Verfassungen der Nach-**   2

---

[1] *Rainer Barzel* gegen *Willy Brandt* 1972 (erfolglos); *Helmut Kohl* gegen *Helmut Schmidt* 1982 (erfolgreich).
[2] ZB in Niedersachsen *Gerhard Schröder* gegen *Ernst Albrecht* 1988 (erfolglos); in NRW *Fritz Steinhoff* gegen *Karl Arnold* 1956 (erfolglos) und *Heinz Kühn* gegen *Franz Meyers* 1966 (erfolgreich).
[3] Zu vermerken ist lediglich ein „Misstrauensvotum" der SPD-Fraktion gegen eine stellvertretende Landtagspräsidentin im Jahre 2004 (LT-Drs. 13/2874), sowie die Androhung eines solchen gegen den Landtagspräsidenten im Jahre 2011, dem er durch seinen Rücktritt zuvorgekommen ist.

kriegszeit zogen Konsequenzen aus den politischen Krisen der Weimarer Republik. Art. 80 VerfLB ermöglichte ein Misstrauensvotum, mit dem die Landesregierung zum Rücktritt gezwungen werden konnte. Wirksam wurde dieses allerdings erst, „sobald der Landtag einer neuen Landesregierung das Vertrauen ausgesprochen hat." Die gleiche Konstruktion fand sich in Art. 73 VerfWB und 51 I VerfWH.

3 Auch in dieser Frage bestanden **1952/53** deutliche Unterschiede zwischen den Verfassungsentwürfen der Regierungsparteien und der CDU: Während Art. 51 VerfERP das „positive Misstrauensvotum" im Wesentlichen wie später im Verfassungstext übernommen ausgeformt hatte, wollte die CDU in Konsequenz ihres präsidialen Modells durch Landtagsbeschluss mit Zwei-Drittel-Mehrheit eine Volksabstimmung über die Abberufung des Staatspräsidenten ermöglichen (Art. 71 VerfECDU).

III. Verfassungsvergleichende Einordnung

4 Bei der Ausgestaltung parlamentarischer Verantwortlichkeit haben die Länder Spielräume, sofern nur eine gewisse Homogenität gewahrt bleibt.[4] Entgegen landläufiger Auffassung, die die im GG verankerten Konsequenzen aus „Weimar" vor Augen hat, ist so nicht in allen Landesverfassungen das Misstrauensvotum als ein **konstruktives** verankert. Gegenbeispiel ist Art. 114 HessVerf. Dort ist nur die Verpflichtung des Ministerpräsidenten geregelt, bei einem für ihn „ungünstigen Beschluss des Landtags" zurückzutreten. Falls dann keine neue Regierung zustande kommt, ist der Landtag aufgelöst. Auch Art. 88 SaarlVerf sieht ein Ausscheiden der Regierungsmitglieder nach einer gescheiterten Vertrauensfrage oder einem erfolgreichen Misstrauensvotum vor. Im Detail gibt es allerdings Unterschiede. Neben dem (automatischen) Amtsende gibt es die Verpflichtung zum Rücktritt (zB Art. 99 II RPVerf). In Bayern ist der Ministerpräsident zum Rücktritt verpflichtet, „wenn die politischen Verhältnisse ein vertrauensvolles Zusammenarbeiten zwischen ihm und dem Landtag unmöglich machen" (Art. 44 III 2 BayVerf). Bis zur Neuwahl eines Ministerpräsidenten vertritt der Landtagspräsident das Land nach außen, kommt eine solche innerhalb von vier Wochen nicht zustande, muss der Landtagspräsident den Landtag auflösen.

5 Im Gegensatz zum GG (Art. 68 GG) und vielen anderen Landesverfassungen (zB Art. 87 BbgVerf, 43 SchlHVerf) kennt BW **keine Vertrauensfrage**, mit der der Regierungschef eine Auflösung des Parlaments herbeiführen kann.

B. Erläuterung

I. Allgemeines

6 Art. 54 LV stellt das **Gegenstück zu Art. 46 LV** dar. Mit der Wahl durch den Landtag wird dem Ministerpräsidenten das Vertrauen bekundet, mit dem (konstruktiven) Misstrauensvotum kann es ihm wieder entzogen werden. Für den konsensorientierten Politikstil in BW ist vielleicht typisch, dass im Übrigen – anders als in Art. 67 I GG – nicht das „Misstrauen" aus-

---

4 BVerfGE 9, 268 (279); 27, 44 (56).

gesprochen, sondern lediglich das „Vertrauen" entzogen wird. Die Bestimmung leitet eine Reihe von Vorschriften ein, die – konsequent am Ende des der Regierung gewidmeten Abschnitts – Regelungen für eine Beendigung der Regierung bzw. eines Regierungsamtes enthalten.

In der Bestimmung ist das sog. **„konstruktive Misstrauensvotum"** verankert, das eine „unechte, nur im Negativen einige Mehrheit"[5] nicht zum Zuge kommen lassen will. Die Bestimmung entspricht im Wesentlichen der von Art. 67 GG. Im Gegensatz dazu lassen andere Landesverfassungen teilweise ein zunächst „destruktives" Misstrauensvotum zu, das in einem zweiten Schritt, wenn die Neuwahl nicht gelingt, entweder seine Wirksamkeit verliert oder aber zur Auflösung des Landtags führt. Zusätzlich zur Wahl des Nachfolgers als Ministerpräsident ist in der LV noch die **Bestätigung der von ihm gebildeten Regierung** vorgesehen. Dies ist im Hinblick auf die nach Art. 46 III LV generell notwendige Bestätigung der Regierung systematisch zwingend. Ein Verstoß gegen das Homogenitätsgebot des Art. 28 I GG ist – wie bei Art. 46 III LV – nicht auszumachen. 7

II. Vertrauen

Das **Vertrauen** des Parlaments ist in der parlamentarischen Demokratie für die Regierung essentiell. Es stellt ein ständiges Bindeglied zwischen der aus der Volkswahl hervorgegangenen Parlamentsmehrheit und der von ihr getragenen Regierung dar. Der in der LV verwendete Begriff des „Vertrauens" hat **nichts persönlich-psychologisches** und der Vertrauensentzug enthält auch **nichts Ethisches** und **keinen Vorwurf** mangelnder Pflichterfüllung. „Vertrauen" im staatsrechtlichen Sinne beschreibt schlicht die Tatsache der Unterstützung der Regierung durch die parlamentarische Mehrheit.[6] Das Vertrauen stellt eine kontinuierliche „parlamentarische Legitimitätsermittlung"[7] dar. Dieses ist unzweifelhaft auch bei einer Stimme Mehrheit gegeben.[8] Nichts anderes – wenn auch politisch hoch umstritten – kann gelten, wenn es bei knappen Mehrheitsverhältnissen zu Fraktionswechseln kommt, die die Regierungsmehrheit verändern.[9] In der Praxis wird es dann aber zu vorgezogenen Neuwahlen kommen (vgl. Art. 43 I LV).[10] Verfassungsrechtlich zwingend ist dies nicht und kann auch nicht mit einer Verfälschung des Wählermandats begründet werden, da mit der Wahl des oder der Abgeordneten unmittelbar noch keine Festlegung der künftigen Regierung sowie deren politischen Kurses verbunden ist. 8

Das Misstrauensvotum dient als **schärfstes Schwert der parlamentarischen Kontrolle** der Regierung, das zwar kaum angewandt wird, aber beständig die parlamentarische Verantwortlichkeit der Regierung in Erinnerung hält. Es entspricht seiner herausgehobenen Stellung, dass sich das Misstrauens- 9

---

5 *Katz* in: Feuchte, Art. 54 Rn. 1.
6 BVerfGE, 62, 1 (36).
7 *Gärditz* in: Brocker/Droege/Jutzi, Art. 99 Rn. 5.
8 In einem Satz gesagt: „Wenn ich eine Stimme Mehrheit habe, bin ich Bundeskanzler und regiere." (*Helmut Kohl*, DER SPIEGEL Nr. 35 vom 23.8.1976).
9 *Eschenburg*, Wem gehört das Mandat?, DIE ZEIT Nr. 18 vom 5.5.1972: „Es gibt auch in der Medizin für manche Krankheiten keine wirksame Therapie. Das gilt ebenso für die politische Pathologie."
10 Bundestagswahl 1972; Wahl des Niedersächsischen Landtags 2017.

votum primär gegen den Ministerpräsidenten richtet. Auch noch in einem anderen Sinne dient das konstruktive Misstrauensvotum einer funktionsfähigen Demokratie: Das Erfordernis, eine Mehrheit für eine Nachfolgeregierung zu erreichen, schützt die amtierende Regierung vor möglicherweise übereiltem parlamentarischem Zugriff. Aufgrund der Erfahrungen der Weimarer Republik ging es um „die Konstruktion eines größtmöglichen Zwanges zur Stabilität, Kontinuität und zeitlich vollen Ausschöpfung der Legislaturperiode."[11] Verstärkt wird dieser Schutz in der LV durch das Erfordernis, nicht nur einen neuen Ministerpräsidenten zu wählen, sondern auch die von ihm gebildete Regierung zu bestätigen. Gegen eine **geschäftsführende Regierung** ist ein Misstrauensvotum nicht möglich, da diese nicht mehr aufgrund des Vertrauens des Parlaments, sondern kraft Auftrags der Verfassung im Amt ist.[12]

10 Der starken Stellung, die die LV dem Landtag einräumt, entspricht es, dass die Regierung nicht über das Gegenmittel der **Parlamentsauflösung** (jedenfalls der Drohung damit) nach gescheiterter **Vertrauensfrage** (Art. 68 GG) verfügt.[13] Zu einer von der Regierung angestoßenen Auflösung des Landtags führt nur ein Rücktritt der Regierung nach Art. 55 I LV iVm Art. 47 LV, wenn es nicht innerhalb von drei Monaten nach dieser „Erledigung des Amtes des Ministerpräsidenten" zu Regierungsbildung und -bestätigung kommt. Grundsätzlich dürfte indes – allerdings ohne die rechtlichen Folgen des Art. 68 GG – eine nicht förmliche (also rechtsfolgenlose) Vertrauensfrage der Landesregierung an den Landtag zulässig sein.[14]

III. Andere Formen der Kritik

11 Es stellt sich die Frage, ob die Regelung des konstruktiven Misstrauensvotums in Art. 54 LV andere Formen der Bekundung mangelnden Vertrauens durch den Landtag ausschließt. Dazu lässt sich der LV unmittelbar nichts entnehmen. Auszugehen ist davon, dass, wenn das Vertrauen gestört ist, dennoch nicht zur Wahl eines Nachfolgers geschritten werden kann oder soll, ein **Missbilligungsbeschluss** des Landtags möglich ist. Dies begründet sich aus den allgemeinen parlamentarischen Kontrollaufgaben. Art. 54 LV ist zwar der „Königsweg" zu einer neuen Regierung. Nicht übersehen werden darf jedoch, dass eine Regierung, die sich nicht mehr auf das Vertrauen des Parlaments stützen kann, nach Art. 55 I LV selbst ihren Rücktritt erklären kann. Missbilligungsbeschlüsse können besondere Aspekte der Regierungsführung kritisieren aber auch in allgemeiner Form die gesamte Regierungsarbeit. Sie können sich gegen den Ministerpräsidenten, gegen die gesamte Regierung und einzelne Regierungsmitglieder richten. Eine Grenze ziehen zu wollen zwischen einer (verfassungsrechtlich zulässigen) Tadelsmotion bis hin zur Rücktrittsaufforderung und einem (verfassungsrechtlich unzulässigen) **„unbewehrten Misstrauensvotum"** ist kaum möglich. Alle solche Anträge – dabei wird es im Regelfall wohl bleiben – sind parlamen-

---

11 BVerfGE, 62, 1 (68).
12 *Braun*, Art. 54 Rn. 8 unter Bezug auf die Beratungen des VA (vgl. Feuchte, Quellen, 8. Teil, 654).
13 *Herzog* in: Maunz/Dürig, Art. 67 Rn. 12 spricht von einem „Gegenangriff".
14 *Braun*, Art. 54 Rn. 15.

tarisch-politisch als Instrumente v.a. der Opposition zulässig.[15] Verfassungsrechtlich **relevant** ist indes nur das Misstrauensvotum, wie es Art. 54 LV vorsieht. Unzulässig ist demgegenüber die mitunter diskutierte **Streichung der Amtsbezüge**[16] von unliebsamen Regierungsmitgliedern.

Für die Auseinandersetzung mit der Regierungspolitik stehen dem Landtag ansonsten die **Anwesenheits- und Informationsrechte** gegenüber der Regierung nach Art. 34 I LV und das Recht nach Art. 35 I LV zur Verfügung, **Untersuchungsausschüsse** einzusetzen. Durch einen Beschluss mit Zweidrittelmehrheit kann der Landtag nach Art. 56 LV die **Entlassung** eines Mitglieds der Regierung erreichen. Letztes – angesichts der parlamentarischen Entwicklung allerdings heutzutage obsoletes – Mittel wäre eine **Ministeranklage** nach Art. 57 LV wegen Verfassungs- oder Gesetzesbruchs. 12

Über diese Instrumente verfügt der Landtag – es wird im Regelfall die Opposition sein –, um Druck auf die Regierung ausüben. Diese selbst kann nach Art. 55 I LV **zurücktreten**, wenn sie die politische Unterstützung verloren hat. Die Möglichkeit besteht sowohl für die Regierung als Kollegium als auch für jedes ihrer Mitglieder, damit auch den Ministerpräsidenten. In dessen Folge würde dann nach Art. 55 II LV das Amt der anderen Regierungsmitglieder ebenfalls enden. 13

IV. Verfahren

§ 55 GO LT legt fest, dass ein Antrag, dem Ministerpräsidenten das Vertrauen zu entziehen, der Unterstützung durch ein Viertel der Mitglieder des Landtags oder zweier Fraktionen bedarf. Diese Geschäftsordnungsregel bedeutet eine verfassungsrechtlich nicht zu beanstandende **Ernsthaftigkeitskontrolle**.[17] Der Antrag richtet sich **gegen den Ministerpräsidenten**, damit aber mittelbar zugleich nach Art. 55 II LV gegen die gesamte Regierung. Gegen **einzelne Minister** kann der Landtag sich – allerdings mit einem erhöhten Mehrheitserfordernis – nach Art. 56 LV wenden. Der Antrag muss **klar tenoriert** sein. Die Formulierung von Kritik, auch scharfer Kritik, genügt nicht. Notwendig ist, dass die Erklärung des Misstrauens mit dem Vorschlag eines namentlich benannten Kandidaten für die Nachfolge verbunden ist.[18] Nach dem Wortlaut der Bestimmung wäre nicht einmal ein expliziter Vertrauensentzug notwendig, es würde die schlichte Neuwahl eines Nachfolgers genügen. Mehrere **konkurrierende Anträge** sind möglich.[19] Während die GO LT sich dazu ausschweigt, sieht § 97 II 1 GO BT dafür einen einzigen Wahlgang vor. Dies ist nicht sinnvoll, da für die Abgeordneten die Möglichkeit besteht, ihre Stimme zunächst einem Kandidaten „erster Wahl" zu geben. Sollte dieser keine Mehrheit auf sich vereinigen, könnte dann in einem weiteren Wahlgang für einen Kandidaten „zweiter Wahl" gestimmt werden.[20] Dies ergibt sich aus der Logik von Art. 54 LV, dessen 14

---

15 *Braun*, Art. 54 Rn. 16 f.; aA *Herzog* in: Maunz/Dürig, Art. 67 Rn. 42; *Busse*, Regierungsbildung, 121.
16 *Busse*, Regierungsbildung, 130.
17 *Epping* in: v. Mangoldt/Klein/Starck, Art. 67 Rn. 9.
18 *Epping* in: v. Mangoldt/Klein/Starck, Art. 67 Rn. 10.
19 *Braun*, Art. 54 Rn. 9.
20 *Herzog* in: Maunz/Dürig, Art. 67, Rn. 36.

Ziel es ja gerade ist, dass eine einmal gewählte Regierung nicht ohne Not aus dem Amt gedrängt wird.

15 Art. 54 II LV sieht eine **Dreitagesfrist** für die früheste Beschlussfassung vor, die vor Übereilung in der Hitze des politischen Gefechts schützen soll. Die Zeit wird auch nötig sein, um abwesenden Abgeordneten eine Teilnahme zu ermöglichen. Sie kann für politische Abklärungen genutzt werden. Im Hinblick auf das Homogenitätsgebot von Art. 28 I 1 GG (Art. 67 II GG sieht 48 Stunden vor) ist die Frist nicht zu beanstanden. Die Länder haben hier Gestaltungsmöglichkeiten, die sie unterschiedlich genutzt haben. Die Frist beginnt mit der schriftlichen (§ 52 I GO LT) **Einbringung des Antrags** beim Präsidenten. Der Ablauf der Frist bestimmt sich nach §§ 187 I, 188 I BGB, wonach die Dreitagesfrist am Folgetag der Einbringung des Antrags beginnt und somit mit Ablauf des vierten Tages endet. Es handelt sich um eine **Mindestfrist**, die Neuwahl kann zu einem späteren Zeitpunkt, wobei es sicher **Grenzen** geben wird, erfolgen. Eine Regierung während mehrerer Monate unter dem „Damoklesschwert" eines nicht entschiedenen Misstrauensantrags ist schwer vorstellbar. Der Antrag ist bis zu einer endgültigen positiven oder negativen Entscheidung **rücknehmbar**.

16 Da es sich um die Wahl des Nachfolgers handelt, findet nach § 97a GO LT über den Antrag eine **geheime Abstimmung** statt. Notwendig ist – wie bei der Wahl des Ministerpräsidenten nach Art. 46 I LV – die (absolute) Mehrheit der Mitglieder des Landtags (Art. 92 LV). Für die Bestätigung der dann gebildeten Regierung gilt demgegenüber Art. 33 I LV, wonach der Landtag **öffentlich** verhandelt. Notwendig für den Beschluss ist die Hälfte der abgegebenen Stimmen. Die Festlegung auf eine **geheime Abstimmung** ist in diesem Falle allerdings verfassungspolitisch nicht zwingend. So sieht zB die Art. 99 III RPVerf ausdrücklich eine namentliche Abstimmung vor. Auch dies stellt ein Mittel dar, um einen unbedachten Regierungssturz zu verhindern.

17 Anders als bei der Wahl des Ministerpräsidenten nach Art. 46 I LV, bei der keine Aussprache vorgesehen ist, ist eine **Aussprache** über den Misstrauensantrag möglich.[21] Öffentlichkeit ist essentiell für das parlamentarische Verfahren, Ausnahmen müssen besonders geregelt sein. Dies ist hier nicht der Fall. Ohnedies „schreit" die politische Ausnahmesituation eines Misstrauensvotums geradezu nach einer Klarlegung der maßgeblichen Gesichtspunkte in öffentlicher Debatte.

18 Der Entzug des Vertrauens für den bisherigen Ministerpräsidenten und die Neuwahl des Nachfolgers haben in **einem** Beschluss zu erfolgen.[22] Eine Besonderheit in BW stellt die Verbindung der Neuwahl des Ministerpräsidenten mit der **Bestätigung der von ihm gebildeten Regierung** dar. Beide Voraussetzungen müssen für ein erfolgreiches konstruktives Misstrauensvotum erfüllt sein. Diese Frage war im VA umstritten.[23] Es stellt sich die Frage, was geschieht, wenn zwar ein neuer Ministerpräsident (in geheimer Wahl) gewählt wird, es in der (offenen) Abstimmung aber nicht zur Bestätigung

---

21 *Epping* in: v. Mangoldt/Klein/Starck, Art. 67 Rn. 12.
22 *Herzog* in: Maunz/Dürig, Art. 67 Rn. 21.
23 Feuchte, Quellen, 8. Teil, 654 f.

seiner Regierung kommt. Art. 47 LV sieht auch für Fälle „der sonstigen Erledigung des Amts des Ministerpräsidenten" eine Dreimonatsfrist für Bildung und Bestätigung der Regierung vor. Der aus einem Misstrauensvotum hervorgegangene Ministerpräsident kann diese Frist für mehrere Versuche nutzen. Verstreicht sie erfolglos, ist der Landtag aufgelöst. Die politisch nur schwer vorstellbare Alternative wäre, dass ohne Bestätigung der neuen Regierung das Misstrauensvotum gescheitert ist und der frühere Ministerpräsident, der ja offensichtlich nicht mehr das Vertrauen des Landtags genießt, ins Amt zurückkehrt.

Anders als nach dem GG, wo der Bundespräsident eine Entlassungsurkunde auszuhändigen hat, ist ein erfolgreiches Misstrauensvotum nach der LV **unmittelbar konstitutiv** für die Amtsbeendigung des Ministerpräsidenten und seiner Regierung. Eine Entlassung wie nach Art. 67 I GG oder ein Rücktritt wie in anderen Landesverfassungen (zB Art. 99 II RPVerf). Auf dieser Grundlage findet dann die Vereidigung des Nachfolgers und seiner Regierung statt. Voraussetzung dafür ist selbstverständlich, dass bei diesen die Wählbarkeitsvoraussetzungen vorliegen. Bis zur Regierungsbildung des aus einem konstruktiven Misstrauensvotum hervorgegangenen Ministerpräsidenten haben die bisherigen Mitglieder der Regierung nach Art. 55 III LV ihr Amt geschäftsführend weiter zu führen. 19

Die aus einem konstruktiven Misstrauensvotum hervorgegangene neue Regierung ist **keine Regierung zweiter Güte**,[24] sondern sie verfügt über alle von der Verfassung eingeräumten Rechte und Möglichkeiten. Selbstverständlich kann ein derartig einschneidender politischer Umschwung während der Legislaturperiode nur als krisenhafte Situation gedacht werden. 20

Artikel 55 [Rücktritt, Amtsbeendigung, geschäftsführende Regierung]

(1) Die Regierung und jedes ihrer Mitglieder können jederzeit ihren Rücktritt erklären.

(2) Das Amt des Ministerpräsidenten und der übrigen Mitglieder der Regierung endet mit dem Zusammentritt eines neuen Landtags, das Amt eines Ministers, eines Staatssekretärs und eines Staatsrats auch mit jeder anderen Erledigung des Amtes des Ministerpräsidenten.

(3) Im Falle des Rücktritts oder einer sonstigen Beendigung des Amtes haben die Mitglieder der Regierung bis zur Amtsübernahme der Nachfolger ihr Amt weiterzuführen.

Schrifttum:
Groß, Zur geschäftsführenden Regierung, DÖV 1982, 1008; *Kröger*, Die Ministerverantwortlichkeit in der Verfassungsordnung der Bundesrepublik Deutschland, 1972; Lutz, Die Geschäftsregierung nach dem Grundgesetz, 1969; *Oldiges*, Die interimisti-

---

[24] Andeutung dazu im Sondervotum *Zeidler* zu BVerfGE 62, 1 (69), der bei einem durch ein Konstruktives Misstrauensvotum nach Art. 67 GG ins Amt gekommene Bundeskanzler die Gefahr sieht, dass „durch den Ruch ‚eines Kanzlers zweiter Güte' die politische Handlungsfähigkeit gelähmt" wird.

sche Weiterführung der Amtsgeschäfte des Bundeskanzlers durch den Vizekanzler, DVBl. 1975, 79; *Peine,* Parlamentsneuwahl und Beendigung des Amtes des Regierungschefs, Der Staat 1982, 335, *Schnapauff,* Die geschäftsführende Bundesregierung, VR 1983, 77; *Weis,* Regierungswechsel in den Bundesländern, 1980.

Vergleichbare Regelungen: Keine Regelung im GG, 44 BayVerf, 56 III BerlVerf, 85 BbgVerf, 35 II HambVerf, 113 HessVerf, 50 MVVerf, 33 NdsVerf, 62 NRWVerf, 98 III RPVerf, 87 V SaarlVerf, 68 SächsVerf, 71 LSAVerf, 34 SchlHVerf, 75 ThürVerf.

Ergänzende Normen: § 8 II MinG.

A. Überblick und Einordnung	1	I. Allgemeines	8
I. Bedeutung	1	II. Rücktritt (Abs. 1)	9
II. Herkunft, Entstehung, Geschichte	5	III. Sonstige Beendigung des Amtes (Abs. 2)	14
III. Verfassungsvergleichende Einordnung	6	IV. Geschäftsführende Regierung (Abs. 3)	16
B. Erläuterung	8		

A. Überblick und Einordnung

I. Bedeutung

1 Im Hinblick auf die **Freiwilligkeit des politischen Amtes** eröffnet Art. 55 LV der Regierung als Kollegium, aber auch jedem einzelnen ihrer Mitglieder (einschließlich des Ministerpräsidenten), die Möglichkeit, den Rücktritt zu erklären. Das Ausscheiden aus dem Amte erfolgt dann kraft Verfassung ohne weitere Maßnahmen.

2 Nach der Verfassung ist die Regierung im Sinne der parlamentarischen Demokratie untrennbar mit dem Landtag verbunden und folgt ihm in der Diskontinuität. Ihr Amt endet somit auf jeden Fall mit dem **Zusammentritt eines neuen Landtags,** der nach Art. 30 III LV spätestens am 16. Tage nach Beginn der Wahlperiode zu erfolgen hat.

3 Das **Amt des Ministerpräsidenten** kann noch auf verschiedene andere Weise enden. Hinzuweisen ist neben dem Rücktritt auf das konstruktive Misstrauensvotum, aber auch auf eine tatsächliche Verhinderung, das Amt auszuüben (Krankheit, Tod). Das Amt von Ministern, Staatssekretären und Staatsräten wiederum ist akzessorisch mit dem Amt des Ministerpräsidenten verbunden. Scheidet er – aus dem einen oder anderen Grunde – aus, erledigen sich automatisch auch die anderen Regierungsämter.

4 Um die Handlungsfähigkeit des Staates zu sichern, ist festgelegt, dass sowohl nach einem Rücktritt als auch jeder anderen Beendigung des Amtes die Regierung bis zur Amtsübernahme der Nachfolger **geschäftsführend tätig** bleibt.

II. Herkunft, Entstehung, Geschichte

5 §§ 53 VerfBad 1919, 29 VerfWü 1919 sahen die Möglichkeit des Ministerrücktritts sowie die Verpflichtung vor, die Geschäfte bis zur Bildung einer neuen Regierung weiterzuführen. Unter den **Verfassungen der Nachkriegszeit** waren der Rücktritt von Regierungsmitgliedern und die Verpflichtung, bis zur Bestellung eines Amtsnachfolgers die Geschäfte weiterzuführen, in Art. 73 II VerfWB, 51 II VerfWH zusammenhängend geregelt. Den Rück-

[Rücktritt, Amtsbeendigung, geschäftsführende Regierung] Artikel 55

tritt von Regierungsmitgliedern sah Art. 80 VerfLB vor. Bei den **Verfassungsberatungen 1952/53** wurde Art. 52 VerfERP im Wesentlichen (mit nur einer kleinen sprachlichen Änderung) übernommen. Der VerfECDU baute demgegenüber auf dem von ihm vorgeschlagenen Staatspräsidenten auf.

III. Verfassungsvergleichende Einordnung

Die Rücktrittsmöglichkeit von Regierungsmitgliedern ist **verfassungsrechtliches Gemeingut auf Bundes- und Länderebene,** auch wenn das GG dies – im Gegensatz zu vielen Länderverfassungen (klassische Formulierung in Art. 113 HessVerf: „Der Ministerpräsident und die Minister können jederzeit zurücktreten", ähnlich Art. 33 NdsVerf, 62 NRWVerf, vorausgesetzt in Art. 98 III RPVerf, 87 V SaarlVerf, 68 I SächsVerf, 34 SchlHVerf) – nicht ausdrücklich regelt. 6

Allen Verfassungen in der Bundesrepublik gemeinsam ist die **untrennbare Verbindung des Amtes des Ministerpräsidenten und seiner Regierung mit dem Parlament** (zB Art. 69 II HS 1 GG) sowie der **Regierungsmitglieder mit dem Regierungschef** (zB Art. 69 II letzter Halbsatz GG). Weitere Gemeinsamkeit ist die Verpflichtung, im Falle eines Rücktritts oder einer sonstigen Beendigung des Amtes die Geschäfte weiterzuführen (zB Art. 69 III GG). Einen Sonderfall stellt Art. 44 III 4 BayVerf dar, wonach nach einem Rücktritt des Ministerpräsidenten bis zur Neuwahl die Vertretung des Landes nach außen auf den Landtagspräsidenten übergeht. 7

B. Erläuterung

I. Allgemeines

Die Bestimmung spricht eine ganze Reihe wesentlicher **Prinzipien der parlamentarisch-demokratischen Staatsordnung** an: Freiwilligkeit der Übernahme politischer Ämter, zugleich aber auch die Verpflichtung, diese im Hinblick auf die Kontinuität der Staatsführung so lange weiterzuführen, bis die Nachfolger das Amt übernehmen. Dazu kommt als ein Kernstück der parlamentarischen Demokratie heutiger Prägung die **Bindung der Regierung an die gewählte Volksvertretung**: Das parlamentarische Diskontinuitätsprinzip wirkt sich personell auch auf die Regierungsmannschaft aus. Ergänzend regelt die Bestimmung staatsorganisatorisch, dass die Ämter der Regierungsmitglieder in Abhängigkeit zu dem des Ministerpräsidenten stehen und ggf. zusammen mit jenem hinfällig werden. 8

II. Rücktritt (Abs. 1)

Im **Gegensatz zum GG**[1] befasst sich die LV explizit mit dieser Frage. Ob das Schweigen des GG der Bedeutung von Rücktritten in der Praxis angemessen ist, mag dahingestellt bleiben. Immerhin sind bislang drei Bundeskanzler auf diese Weise aus diesem Amte geschieden. Obwohl mit ganz un- 9

---

1 *Herzog* in: Maunz/Dürig, Art. 64 Rn. 51 hält dies für eine bewusste Entscheidung des GG; für einen Bundesminister bestehe nur die Möglichkeit, gegenüber dem Bundeskanzler ein Rücktrittsgesuch vorzubringen. Nach § 9 II 2 BMinG können Bundesminister jedoch „ihre Entlassung jederzeit verlangen".

terschiedlichen Folgen verbunden, werden der Rücktritt der Regierung als Ganzer und der ihrer Mitglieder – damit auch des Ministerpräsidenten – in **einer** Bestimmung der LV geregelt.

10 Der **Rücktritt des Ministerpräsidenten** richtet sich an den Landtag und kann nach § 9 I GO LT entweder schriftlich oder mündlich gegenüber dem Landtagspräsidenten oder durch Erklärung in einer Sitzung des Landtages erfolgen. Die auf Bundesebene nach Presseberichten vorkommende Rücktrittsdrohung eines Regierungschefs gegenüber „seiner" Regierung oder Fraktion hat in BW wohl noch keine Rolle gespielt. Sie ist ein politisches Instrument, rechtlich aber zunächst nicht relevant. Der Rücktritt des Ministerpräsidenten ist aus sich selbst heraus als einseitige verfassungsorgangestaltende Erklärung **wirksam**, bedarf weder Begründung, Annahme noch Genehmigung und kann nicht mehr zurückgenommen werden.[2] Er zieht das Ende der gesamten Regierung nach sich (Art. 55 II LV).

11 Adressat der **Rücktrittserklärung von Regierungsmitgliedern** (Ministern, Staatssekretären und Staatsräten) ist der Ministerpräsident, nicht der Landtag. Es ist zu unterscheiden von dem in der politischen Praxis vorkommenden **Rücktrittsangebot oder -gesuch**, über das der Ministerpräsident zu befinden hat und das erst mit seiner Annahme wirksam wird. In solchen Fällen stellen sich mitunter Fragen, so zB, wenn ein solches Angebot eher rhetorisch verwendet wird. Festzuhalten ist allerdings, dass es dafür keine Formvorschriften gibt. Die auf Bundesebene gemachte weitere Unterscheidung zwischen Angebot und Wunsch eines Rücktritts ist für BW nicht weiter relevant. In beiden Fällen wird die Entlassung in die Entscheidung des Ministerpräsidenten gestellt. Ansonsten besteht für die Regierungsmitglieder immer die Möglichkeit, von sich aus zurückzutreten. Die **Erklärung des Rücktritts** wird unmittelbar mit dem Zugang wirksam. Auch sie bedarf nicht der Annahme durch den Ministerpräsidenten und kann auch nicht zurückgenommen werden.[3] Das zurückgetretene Regierungsmitglied ist verpflichtet, die Geschäfte bis zur Amtsübernahme des Nachfolgers weiterzuführen.

12 Das **Amtsverhältnis** des Ministerpräsidenten endet im Falle seines Rücktritts mit der Amtsübernahme der neuen Regierung. Bei den anderen Regierungsmitgliedern endet das Amtsverhältnis mit der Aushändigung oder öffentlichen Bekanntmachung der vom Ministerpräsidenten vollzogenen **Entlassungsurkunde**, spätestens jedoch mit der Zustimmung des Landtags zur Berufung des Nachfolgers (§ 8 II MinG).

13 **Politische Staatssekretäre** können nach § 6 II PStSG jederzeit ihre **Entlassung** verlangen. Entsprechend zur Ernennung wird dieses Verlangen an den Ministerpräsidenten gerichtet, der diesem im Benehmen mit dem Minister, dem der politische Staatssekretär beigegeben ist, entsprechen wird. Anders als für die Mitglieder der Regierung ist eine geschäftsführende Tätigkeit bis zur Ernennung eines Nachfolgers nicht vorgesehen. Dies ist im Hinblick auf die Verschiedenheit der Aufgaben von parlamentarischen Staatssekretären, die sich ändern können, konsequent.

---

2 *Katz* in: Feuchte, Art. 56 Rn. 4.
3 *Braun*, Art. 55 Rn. 8; *Busse*, Regierungsbildung, 98.

III. Sonstige Beendigung des Amtes (Abs. 2)

Kraft Verfassung „endet" das Amt des Ministerpräsidenten und der übrigen Regierung mit **Zusammentritt des neuen Landtags**. Dieser erfolgt nach Art. 30 III LV spätestens am 16. Tage nach Beginn der Wahlperiode. Damit verzichtet die LV auf eine Rücktrittsfiktion, wie sie zB Art. 33 II NdsVerf kennt. Verbunden damit endet auch das Amt der anderen Regierungsmitglieder. Ebenso führt auch jede andere „**Erledigung des Amtes des Ministerpräsidenten**" zum Amtsverlust der Regierungsmitglieder. Zu nennen ist die Abwahl des Ministerpräsidenten durch ein konstruktives Misstrauensvotum nach Art. 54 I LV, bei dem eine neue Regierung gewählt wird, und die Amtsenthebung nach Art. 57 III LV. Weitere – ebenfalls noch nie einschlägig gewordene – Fälle können der Verlust der Wählbarkeit (Art. 46 I 2, 28 II, 26 I LV), die Aberkennung oder der Verlust der Fähigkeit zur Bekleidung öffentlicher Ämter (§ 45 StGB, § 39 II BVerfGG) sowie gar die Anordnung einer Betreuung (§§ 1896 ff. BGB) sein. Auch der Todesfall würde zur „anderen Erledigung des Amtes" führen. Ein **strafrechtliches Ermittlungsverfahren** führt demgegenüber noch nicht unmittelbar zur Beendigung des Amtsverhältnisses.[4] Hier ggf. Konsequenzen zu ziehen, wäre Aufgabe des Landtages. Auch **Entführung oder Gefangennahme** erledigen das Amt nicht.[5]

14

Dazuhin besteht die Möglichkeit, dass der Ministerpräsident gemäß Art. 46 II LV die **Entlassung** eines Regierungsmitglieds verfügt. Verpflichtet dazu ist er nach Art. 56 LV aufgrund eines mit Zweidrittelmehrheit gefassten Beschlusses des Landtags.

15

IV. Geschäftsführende Regierung (Abs. 3)

Ziel von Abs. 3 ist es, einen regierungslosen Zustand zu verhindern. Anders als in Art. 69 III GG, sollen nicht die „Geschäfte" sondern das „Amt" weiter geführt werden. Inhaltlich handelt es sich aber ebenfalls um eine **Geschäftsführung**. Ihr Eintritt erfolgt automatisch. Anders als nach Art. 69 III GG ist **kein Ersuchen von dritter Seite** erforderlich, die Amtsgeschäfte weiterzuführen. Die Übernahme eines politischen Amtes erfolgt zwar freiwillig, die Überbrückung einer Vakanz indes ist Pflicht,[6] zugleich aber auch Ermächtigung für die weitere Amtsführung. Fraglich ist, ob diese Pflicht bei einer Weigerung erzwungen werden kann. Vieles spricht dafür, dies als **sanktionslose Verpflichtung** anzusehen.

16

Beim **Wegfall eines Regierungsmitglieds** hat der Ministerpräsident ein anderes Regierungsmitglied mit der Geschäftsführung zu beauftragen und alsbald – mit Zustimmung des Landtags – einen Nachfolger zu berufen,[7] es sei denn, er überträgt den Geschäftsbereich einem anderen Regierungsmitglied oder er ordnet die Geschäftsbereiche neu. In der LV nicht geregelt ist eine Geschäftsführung durch die **politischen Staatssekretäre**. Diese bleiben zusammen mit „ihren" Ministern geschäftsführend im Amt.

17

---

4 *Busse* in: Friauf/Höfling, Art. 67 Rn. 12.
5 *Herzog* in: Maunz/Dürig, Art. 67 Rn. 9.
6 *Goethe*, Faust I: „Das Erste steht uns frei, beim Zweiten sind wir Knechte."
7 *Braun*, Art. 55 Rn. 11 sieht hier eine Lücke in der LV.

18 Die geschäftsführende Regierung hat die **gleichen Befugnisse und Kompetenzen** wie die ursprünglich vom Landtag Bestätigte. Ihr Handeln ist nicht auf unaufschiebbare Entscheidungen oder die laufenden Geschäfte begrenzt. Ob allerdings von ihr auch Angelegenheiten besonderer politischer Bedeutung entschieden werden sollten, ist eine Frage des politischen Taktes.[8] Rechtliche Einschränkungen würden der Intention von Abs. 3 widersprechen, die Handlungsfähigkeit des Staates sicher zu stellen. Insoweit wirkt die parlamentarische Legitimation nach, mit der die Regierung ins Amt gekommen ist. Während die geschäftsführende Regierung sachlich in der Amtsführung nicht eingeengt ist, so ist sie es doch **organisatorisch**. Die geschäftsführende Regierung beschränkt sich grundsätzlich auf den Personenkreis, der der amtierenden Regierung angehört hat. Eine Umbildung der geschäftsführenden Regierung hat sich grundsätzlich auf den Kreis der bisherigen Regierungsmitglieder (sog. **Versteinerungsprinzip**) zu beschränken.[9]

19 Probleme entstehen dann, wenn aus zwingenden Gründen ein Regierungsmitglied nicht mehr zur Verfügung steht. Die **Berufung eines neuen Mitglieds** in die geschäftsführende Regierung scheidet aus, auch wenn der Landtag seine Zustimmung nach Art. 46 IV LV gibt. In einem solchen Falle würden Regierungsmitglieder zweier Qualitäten entstehen: Die geschäftsführende Regierung mit dem geschäftsführenden Ministerpräsidenten an der Spitze und das neu berufene Mitglied im Glanze voller parlamentarischer Legitimation. Lösungen, um diese Situation zu verhindern, wie zB die Rückstufung in einer „logischen Sekunde" zu einem ebenfalls nur geschäftsführenden Mitglied, erscheinen gekünstelt.[10] Es sollte dabei bleiben: Die geschäftsführende Regierung ist notwendig, um die Handlungsfähigkeit des Staates zu sichern, sie ist aber möglichst bald durch eine neu gewählte Regierung zu ersetzen. Flickwerk, um diese Situation zu verlängern, ist wenig sinnvoll und auch nicht nötig.

20 Die **Entlassung** des Mitglieds einer geschäftsführenden Regierung ist theoretisch möglich, führt in der Konsequenz allerdings – sofern keine besonderen Umstände (s. u.) vorliegen – nur zu einer erneuten Beauftragung mit der Geschäftsführung.[11]

21 Art. 55 III LV statuiert eine unbedingte Pflicht zur Geschäftsführung, eine **subjektiv** begründete Weigerung ist nur ganz ausnahmsweise zulässig.[12] Allerdings mag es **objektive** Gründe geben, die die Erfüllung dieser Aufgabe unmöglich machen, wie zB Tod oder schwere Erkrankung. Anders als auf Bundesebene, wo dem Bundespräsidenten mit seinem Ersuchen an die betreffenden Personen ein Ermessen eingeräumt ist, sieht die LV für solche Fälle **keine explizite Lösung** vor. Man wird aber de constitutione lata davon ausgehen müssen, dass eine **Entbindung von der Geschäftsführung**

---

8 *Busse*, Regierungsbildung, 221.
9 *Herzog* in: Maunz/Dürig, Art. 69 Rn. 57; aA *Braun*, Art. 55 Rn. 18, der die Berufung (neuer) geschäftsführender Regierungsmitglieder – ohne Bestätigung durch den Landtag – für zulässig hält.
10 AA *Weis*, 176 f.; im Ergebnis auch *Busse*, Regierungsbildung, 225.
11 AA *Busse*, Regierungsbildung, 223.
12 *Epping* in: v. Mangoldt/Klein/Starck, Art. 69 Abs. 3 Rn. 44 will diese ganz ausschließen.

[Rücktritt, Amtsbeendigung, geschäftsführende Regierung]   Artikel 55

möglich ist. Zu denken ist zB an die mit der Berufung eines Regierungsmitglieds in die Bundesregierung oder das BVerfG verbundene Inkompatibilität. Es mag aber auch weitere Fälle von **objektiver oder subjektiver Unmöglichkeit** geben, geschäftsführend weiter in der Regierung tätig zu sein. Eine Geschäftsführung scheidet aus verständlichen Gründen bei Aberkennung oder Verlust der Fähigkeit zur Bekleidung öffentlicher Ämter aus. Dasselbe gilt für eine Amtsenthebung nach Art. 57 LV mit Rechtskraft des Urteils.

Keine Verpflichtung zur Geschäftsführung besteht bei der **Entlassung eines Ministers** nach Art. 46 II LV. Der Wortlaut der Bestimmung spricht zwar nicht dagegen, wohl aber der Charakter der Maßnahme, die eine weitere konstruktive Zusammenarbeit kaum möglich erscheinen lässt. Auch dem Ministerpräsidenten kann keine geschäftsführende Weiterführung des betreffenden Regierungsmitglieds aufgezwungen und zugemutet werden. Es besteht in diesem Fall eine Verpflichtung des Ministerpräsidenten, alsbald einen Nachfolger zu benennen oder durch eine Neuordnung der Geschäftsbereiche eine lückenlose Wahrnehmung der Regierungsverantwortung sicher zu stellen. Das Kabinettbildungsrecht nach Art. 46 II überlässt dem Ministerpräsidenten diese Entscheidung. Eine Änderung der Geschäftsverteilung würde eine Zustimmung des Landtags nach Art. 45 III LV notwendig machen. Der Ministerpräsident kann aber nach Art. 44 IV LV den frei gewordenen Geschäftsbereich selbst übernehmen. 22

Umstritten ist, ob bei einer **Unmöglichkeit für den Regierungschef**, die Geschäfte weiterzuführen – zu denken wäre an Tod oder schwere Krankheit – sein **Stellvertreter** in diese Position „aufrückt". Grundsätzlich wird man davon ausgehen müssen, dass die angestrebte Kontinuität auch die Aufgaben des Ministerpräsidenten umfasst. Sollte dem Ministerpräsidenten eine geschäftsführende Amtstätigkeit unmöglich sein, muss der von ihm nach Art. 46 II 2 LV bestellte Stellvertreter, der zusammen mit der ganzen Regierung vom Landtag bestätigt wurde, diese Aufgaben übernehmen können.[13] Im Hinblick auf die mit der Aufgabe des Stellvertreters bezweckte Absicherung der Regierungsführung müsste er dann innerhalb der Landesregierung selbst wieder einen (geschäftsführenden) Stellvertreter bestellen. 23

Insgesamt dürfte es eine **zeitliche Grenze** für die Geschäftsführung geben. Es besteht eine Pflicht aller Verfassungsorgane, die Situation möglichst rasch zu beenden.[14] Zu denken wäre an eine analoge Anwendung der Dreimonatsfrist des Art. 47 LV, die die Verfassung für die Regierungsbildung mit einer parallel dazu noch tätigen geschäftsführenden Regierung vorsieht. 24

Im Interesse der Kontinuität der Regierung ist in Art. 55 III LV geregelt, dass die Geschäftsführung „bis zur **Amtsübernahme** der Nachfolger" zu erfolgen hat. Art. 69 III GG sieht dagegen eine Verpflichtung zur Geschäftsführung nur „bis zur **Ernennung** seines Nachfolgers" vor. Nach Art. 63 GG liegt die Ernennung vor der Amtsübernahme mit Eidesleistung. Nach 25

---

13 *Busse*, Regierungsbildung, 226 ff. unter Verweis auf entsprechende Fälle in Niedersachsen und Schleswig-Holstein.
14 *Busse* in: Friauf/Höfling, Art. 69 Rn. 19.

Landesverfassungsrecht endet demgegenüber die geschäftsführende Regierungstätigkeit richtigerweise erst dann, wenn die Nachfolger ihre Arbeit tatsächlich aufgenommen haben.

26 Auch gegenüber der geschäftsführenden Regierung bestehen die üblichen **parlamentarischen Kontrollrechte**. Lediglich das Misstrauensvotum nach Art. 54 LV ist denknotwendigerweise gegen eine geschäftsführende Regierung nicht möglich, da eine solche gerade nicht mehr auf der Grundlage des Vertrauens des Landtages, sondern aufgrund der Verpflichtung gem. Art. 55 III LV amtiert. Auch ein Entlassungsbeschluss nach Art. 56 LV scheidet aus.

Artikel 56 [Entlassungszwang]

Auf Beschluß von zwei Dritteln der Mitglieder des Landtags muß der Ministerpräsident ein Mitglied der Regierung entlassen.

Schrifttum:

Dauster, Die Stellung des Ministers zwischen Regierungschef, Parlament und Regierung nach dem Verfassungsrecht der Länder, 1984; *Kröger,* Die Ministerverantwortlichkeit in der Verfassungsordnung der Bundesrepublik Deutschland, 1972; *Mehde,* Die Ministerverantwortlichkeit nach dem Grundgesetz, DVBl. 2001, 13; *Schreiber,* Inkongruenz von parlamentarischer Kanzler- und parlamentarischer Ministerverantwortlichkeit im Bereich der Nachrichtendienste, DVBl. 1986, 974.

Vergleichbare Regelungen: Art. 110 IV BremVerf, 99 II RPVerf.

Ergänzende Normen: § 56 GO LT.

A. Überblick und Einordnung	1	III. Verfassungsvergleichende Einordnung	3
I. Bedeutung	1	B. Erläuterung	4
II. Herkunft, Entstehung, Geschichte	2		

A. Überblick und Einordnung

I. Bedeutung

1 Die Bestimmung ist eine Besonderheit der LV, indem sie dem Landtag die Möglichkeit gibt, mit Zweidrittel-Mehrheit vom Ministerpräsidenten die **Entlassung eines Regierungsmitglieds** zu verlangen. Der Ministerpräsident muss dieser Aufforderung nachkommen. Angesichts des Mehrheitserfordernisses ist die Bestimmung bislang nicht praktisch geworden.

II. Herkunft, Entstehung, Geschichte

2 Die Möglichkeit für den Landtag, die Abberufung einzelner Minister zu verlangen, war in § 53 **VerfBad 1919** und § 28 **VerfWü 1919** vorgesehen. Von den **Verfassungen der Nachkriegszeit** sah nur Art. 80 VerfLB die Verpflichtung eines Regierungsmitglieds zum Rücktritt aufgrund eines Mehrheitsbeschlusses des Landtages vor. Die heutige Bestimmung geht auf **Art. 70 III VerfECDU** zurück, der bereits in der ersten Beratung des VA aufgegriffen wurde. Der VerfERP enthielt keine solche Regelung.

[Entlassungszwang] Artikel 56

III. Verfassungsvergleichende Einordnung

Indem sie dem Landtag das Recht gibt, ein missliebiges Regierungsmitglied zu entfernen, bietet die LV etwas ganz Besonderes. Nur **Bremen und Rheinland-Pfalz** kennen ähnliche Regelungen. Das Mehrheitserfordernis von zwei Dritteln zeigt, dass die Bestimmung aus älteren Schichten des Verfassungsrechts stammt, in denen die Regierung lediglich auf das Vertrauen des Monarchen gestützt war und das Parlament als Ganzes sich in einer Oppositionsrolle befinden konnte. Die parlamentarische Verankerung der Regierung und die Gesetzmäßigkeiten des Parteienstaates haben die Regelung obsolet gemacht.

3

B. Erläuterung

Die LV bemüht sich im Verhältnis zum Landtag um ein **Gleichgewicht zwischen Regierungschef, Ressortministern und Regierungskollegium**. Gegenüber der Regelung des GG erhalten die Regierungsmitglieder durch die Bestätigung der Regierung nach Art. 46 III LV bzw. die Zustimmung zur späteren Berufung nach Art. 46 IV LV eine eigene demokratische Legitimität, die sich nicht allein vom Regierungschef ableitet. Das mit einer Bestätigung der Berufung zum Ausdruck kommende Vertrauen des Landtags kann – ebenso wie das Verhältnis zum Regierungschef – im Laufe der Amtszeit Störungen unterliegen. Seitens des **Landtags** kann in dieser Situation in verschiedener Art und Weise vorgegangen werden. Zu erinnern ist an das Zitierrecht nach Art. 34 I LV und das (Minderheiten-)Recht nach Art. 35 I LV, einen Untersuchungsausschuss einzusetzen. Ein **Regierungsmitglied** – Minister, Staatssekretär oder Staatsrat – wiederum, das sich für seine politische Arbeit nicht mehr vom Vertrauen des Landtags getragen weiß, hat nach Art. 55 I LV die Möglichkeit, seinen Rücktritt zu erklären oder der Ministerpräsident kann den Betreffenden nach Art. 46 II LV – so er nicht freiwillig geht – entlassen. Sofern die Problematik nicht auf diese Art und Weise bereinigt werden kann, gibt Art. 56 LV dem Landtag die Möglichkeit, die **Entlassung eines Regierungsmitglieds durch den Ministerpräsidenten** zu verlangen. Dieser Aufforderung hat der Ministerpräsident, sofern ein Beschluss mit der notwendigen Mehrheit zustande kommt, nachzukommen, indem er von seinem Recht nach Art. 46 II LV Gebrauch macht. Gleichwohl ist eine solche Situation bei einem auf eine parlamentarische Mehrheit gestützten Ministerpräsidenten **mehr als unwahrscheinlich**.

4

Unklar ist, ob das entlassene Regierungsmitglied zur **Geschäftsführung** verpflichtet ist. Art. 55 III LV sieht dies pauschal auch für alle Fälle „einer sonstigen Beendigung" vor. Danach ist – sofern nicht besondere Gründe dagegen sprechen – von einer Verpflichtung auszugehen, die Geschäfte bis zur Amtsübernahme durch den Nachfolger weiterzuführen. Die Entlassung ist daher dem betreffenden Regierungsmitglied zunächst erst zu erklären.[1] Umgesetzt wird die Entlassung dann nach § 8 II MinG mit der Aushändigung oder öffentlichen Bekanntmachung der vom Ministerpräsidenten vollzogenen Entlassungsurkunde.

5

---

1 *Braun*, Art. 56 Rn. 4.

6 Die LV normiert für das Parlament ein Recht, das mangels einer entsprechenden Bestimmung im GG auf Bundesebene durchaus umstritten ist. Das „Herausschießen" eines Ministers kann als Eingriff in die Personalhoheit des Regierungschefs gesehen werden. Die Regelung der LV ist indes im Hinblick auf das Bestätigungserfordernis durch den Landtag (Art. 46 III LV) und damit eigener parlamentarischer Legitimation der Regierungsmitglieder **konsequent**. Angesichts des hohen Quorums von zwei Dritteln der Mitglieder des Landtags (Art. 92 LV) ist bei einer parlamentarischen Mehrheit der Regierung ein solcher Antrag, der von der Opposition gestellt werden würde, wenig erfolgversprechend und eher zur Demonstration gegenüber der Öffentlichkeit geeignet.[2]

7 Nicht ausgeschlossen sind durch Art. 56 LV im Übrigen schlichte **Missbilligungsbeschlüsse** des Landtags. Diese können sich auf einzelne Amtshandlungen oder die gesamte Amtsführung eines Regierungsmitglieds beziehen.[3] Möglich ist auch eine Aufforderung an das in der Kritik stehende Regierungsmitglied, selbst den Rücktritt zu erklären oder an den Ministerpräsidenten, von seinem Recht nach Art. 46 II LV Gebrauch zu machen und den Betreffenden zu entlassen. Kommt der Ministerpräsident einem solchen Beschluss nicht nach, könnte dies die Grundlage für ein Misstrauensvotum nach Art. 54 LV bilden.

8 Nach § 56 GO LT muss der Antrag, um Missbrauch zu vermeiden, von einem Viertel der Mitglieder des Landtags beim Präsidenten eingereicht werden. Für eine Beschlussfassung sind dann zwei Drittel der gesetzlichen Mitglieder des Landtags notwendig (Art. 56, 92 LV). Der Antrag kann sich gegen Minister, Staatssekretäre und Staatsräte richten, nicht aber gegen politische Staatssekretäre (weil diese keine Regierungsmitglieder sind).[4] Der Ministerpräsident ist in der Folge verfassungsrechtlich verpflichtet, das Regierungsmitglied gemäß Art. 46 II LV zu entlassen. Sollte er dieser Verpflichtung nicht nachkommen, kann vom Landtag ein **Organstreitverfahren** nach Art. 68 I Nr. 1 LV angestrengt werden. Mit der Entlassung wird die Amtszeit des Regierungsmitglieds beendet, ggf. hat er aber seine Aufgaben nach Art. 55 III LV bis zur Amtsübernahme des Nachfolgers geschäftsführend wahrzunehmen.

9 Gegen **Mitglieder einer geschäftsführenden Regierung** nach Art. 55 III LV ist ein Entlassungsantrag **nicht** möglich, da diese nicht mehr aufgrund parlamentarischen Vertrauens im Amte sind und Konsequenz auch lediglich eine erneute Geschäftsführung wäre (→ Art. 55 Rn. 26).

---

2 So forderten die Oppositionsfraktionen – stets im Ergebnis erfolglos – die Entlassung zB von Kultusminister Wilhelm Hahn 1973 (Pl.-Prot 6/13 v. 14.12.1972, 569), von Wissenschaftsminister Peter Frankenberg 2009 (Pl.-Prot. 14/72 v. 29.7.2009, 5162 ff.) oder von Finanzminister Willi Stächele 2010 (Pl.-Prot. 14/98 v. 28.7.2010, 6957 ff.).
3 *Braun*, Art. 56 Rn. 6.
4 *Braun*, Art. 56 Rn. 4.

Artikel 57 [Ministeranklage und Vorwurfskontrolle]

(1) Die Mitglieder der Regierung können wegen vorsätzlicher oder grobfahrlässiger Verletzung der Verfassung oder eines anderen Gesetzes auf Beschluß des Landtags vor dem Verfassungsgerichtshof angeklagt werden.

(2) ¹Der Antrag auf Erhebung der Anklage muß von mindestens einem Drittel der Mitglieder des Landtags unterzeichnet werden. ²Der Beschluß erfordert bei Anwesenheit von mindestens zwei Dritteln der Mitglieder des Landtags eine Zweidrittelmehrheit, die jedoch mehr als die Hälfte der Mitglieder des Landtags betragen muß. ³Der Verfassungsgerichtshof kann einstweilen anordnen, daß das angeklagte Mitglied der Regierung sein Amt nicht ausüben darf. ⁴Die Anklage wird durch den vor oder nach ihrer Erhebung erfolgten Rücktritt des Mitglieds der Regierung oder durch dessen Abberufung oder Entlassung nicht berührt.

(3) Befindet der Verfassungsgerichtshof im Sinne der Anklage, so kann er dem Mitglied der Regierung sein Amt aberkennen; Versorgungsansprüche können ganz oder teilweise entzogen werden.

(4) Wird gegen ein Mitglied der Regierung in der Öffentlichkeit ein Vorwurf im Sinne des Abs. 1 erhoben, so kann es mit Zustimmung der Regierung die Entscheidung des Verfassungsgerichtshofs beantragen.

Schrifttum:

Dauster, Die Ministeranklage im deutschen Landesverfassungsrecht, in: FS für Wilhelm Karl Geck, 1989, 123; *Kröger*, Die Ministerverantwortlichkeit in der Verfassungsordnung der Bundesrepublik Deutschland, 1972; *Kühne*, Verfassungsanklagen gegen Gubernativspitzen – Rechtstatsächliche und vergleichende Brauchbarkeitserwägungen, in: Festgabe für Tsatsos, 2003, 279; *Mehde*, Die Ministerverantwortlichkeit nach dem Grundgesetz. Dogmatischer Kernbestand und aktuelle Herausforderungen, DVBl. 2001, 13; *Scholzen*, Der Begriff des Vorsatzes in Art. 61 GG und entsprechenden landesrechtlichen Bestimmungen, Würzburg 1970; *Steinbarth*, Das Institut der Präsidenten- und Ministeranklage in rechtshistorischer und rechtsvergleichender Perspektive, 2011; *Wuttke*, Die Verantwortlichkeit von Regierungsmitgliedern in Deutschland und Frankreich, 2005.

Vergleichbare Regelungen: Art. 61 GG (gegenüber dem Bundespräsidenten), 59 BayVerf, 111 BremVerf, 115 HessVerf, 40 NdsVerf, 63 NRWVerf, 94 SaarlVerf.

Ergänzende Normen: §§ 30 bis 42 VerfGHG.

A. Überblick und Einordnung	1	B. Erläuterung	6	
I. Bedeutung	1	I. Allgemeines	6	
II. Herkunft, Entstehung, Geschichte	2	II. Voraussetzungen	12	
III. Verfassungsvergleichende Einordnung	5	III. Verfahren (Abs. 2)	16	
		IV. Folgen (Abs. 3)	20	
		V. Vorwurfskontrolle (Abs. 4)	21	

A. Überblick und Einordnung

I. Bedeutung

Es handelt sich um eine **verfassungsrechtliche Antiquität** von fastgar musealer Bedeutung, wenn nicht gar um einen Anachronismus, der nur noch in den älteren Landesverfassungen aufbewahrt wird. Sie stammt aus der 1

Zeit der Verfassungskämpfe des Konstitutionalismus, in der die Regierung allein vom Vertrauen des Monarchen abhängig war. In diesen bewegten Zeiten gab die Ministeranklage dem Parlament ein Instrument in die Hand, um ein fehlbares Regierungsmitglied zu entfernen. Bei der Abfassung des GG wurde auf die Aufnahme einer Art. 59 WRV entsprechenden Bestimmung bewusst verzichtet. Die Verfassungsordnung der parlamentarischen Demokratie bietet dem Parlament heute zahlreiche Möglichkeiten, missliebige Regierungsmitglieder zu entfernen. In BW ist die Ministeranklage bisher noch nie angewandt worden. Das Verfahren wird über den VerfGH abgewickelt und kann bis zur Aberkennung des Amtes und der Entziehung der Versorgungsansprüche führen. Eine Besonderheit stellt die Möglichkeit dar, dass ein angegriffenes Regierungsmitglied mit Zustimmung der Regierung ein **„Selbstreinigungsverfahren"** gegen sich selbst anstrengen kann.

II. Herkunft, Entstehung, Geschichte

2 Wurzel des Rechtsinstituts ist das im 14. Jahrhundert im englischen Recht entwickelte **Impeachment**, das es den Commons erlaubte, die Räte des Königs vor dem House of Lords zur Verantwortung zu ziehen. Grundlage dafür waren allerdings noch die allgemeinen Straftatbestände, die mit Kriminalstrafen sanktioniert waren. Die Anklage musste sich nicht auf die Spitzen der Gubernative beschränken, sondern konnte sich gegen alle Amtsträger richten.[1] Erst im monarchischen Konstitutionalismus bildete sich neben der allgemeinen straf- und zivilrechtlichen Verantwortlichkeit eine **„amtsspezifische Ministerverantwortlichkeit"**[2] heraus. Sanktioniert wurden damit Schlechtberatung des Monarchen oder eine fehlerhafte Gegenzeichnung von dessen Regierungsakten. Weitergehend wurde im alten Württemberg auch die Verantwortung für originäres Ministerhandeln kodifiziert (§ 52 VerfWü 1819). Verantwortlich gemacht werden konnte der Departements-Vorstand im Hinblick auf das mit dem Direktorialprinzip verbundene Weisungsrecht. Umstritten war dabei, ob Maßstab für das Fehlverhalten allein die Verfassung oder auch andere Gesetze sein sollten. Ausgehend von den USA trat in einem nächsten Schritt in den deutschen Staaten die **Amtsenthebung** als Sanktion gegenüber den Kriminalstrafen in den Vordergrund (§ 67 a VerfBad 1818, 203 VerfWü 1819).[3] In diesem Zuge kam es zu relativ kurzen Verjährungsfristen.[4] Alternativen für die Durchführung der Verfahren waren ein Parlamentsgerichtshof, ein Hoch- oder Staatsgerichtshof (§ 196 VerfWü 1819) oder das höchste ordentliche Strafgericht.

3 **Art. 59 S. 1 WRV** gab dem Reichstag die Möglichkeit, den Reichspräsidenten, den Reichskanzler und die Reichsminister vor dem Staatsgerichtshof für das Deutsche Reich wegen schuldhafter Verletzung der Reichsverfas-

---

1 *Steinbarth*, Präsidenten- und Ministeranklage, 70.
2 *Steinbarth*, Präsidenten- und Ministeranklage, 146; vgl. § 67 VerfBad 1818, 124 VerfWü 1819; *von Mohl*, Die Verantwortlichkeit des Ministers in Einherrschaften mit Volksvertretung, 1837.
3 Ein Hinweis auf einen diesbezüglichen, allerdings erfolglosen Verfahrensanlauf gegen den württembergischen Finanzminister *Weckerlin* im Jahre 1832 findet sich bei *Steinbarth*, Präsidenten- und Ministeranklage, 121.
4 § 67 f. VerfBad 1818 (drei Jahre ab Bekanntwerden).

sung oder eines Reichsgesetzes anzuklagen. Festgestellt werden konnte die schuldhafte Tatbestandsverwirklichung, fakultativ die Amtsenthebung verfügt werden. Vergleichbare Regelungen bestanden in Baden und Württemberg:[5] Der Ministeranklage vor dem StGH widmete die **VerfBad 1919** bemerkenswerterweise einen eigenen Abschnitt mit fünf Paragrafen (§§ 60 bis 64). In der **VerfWü 1919** war die Ministeranklage demgegenüber recht bescheiden in § 38 geregelt.

Die drei Verfassungen der **Nachkriegszeit** regelten die Ministeranklage vor dem (in Baden: Hohen) StGH in Art. 87 f. VerfLB, 80 VerfWB, 57 VerfWH. 1952/53 enthielten die Verfassungsentwürfe der Regierungsparteien und der CDU mehr oder weniger ausführlich die Ministeranklage. Die Möglichkeit der Vorwurfskontrolle beruht auf Art. 53 IV VerfERP. 4

III. Verfassungsvergleichende Einordnung

Das GG hat in Art. 61 GG die Präsidentenanklage vor dem BVerfG nur für den Bundespräsidenten, nicht für Bundeskanzler und Bundesminister, übernommen und die Verantwortlichkeit auf Vorsatz eingeschränkt. **Ältere Landesverfassungen** haben die Ministeranklage aus den Restbeständen des Konstitutionalismus aufbewahrt. Im Regelfall handelt es sich um relativ knappe Formulierungen, neuere Verfassungen verzichten ganz auf dieses Rechtsinstitut. Der LV kommt, was die Detailliebe bei der Ausgestaltung der Regelung anbelangt, eine Sonderstellung zu. Mit der „Selbstreinigungsmöglichkeit" für angegriffene Regierungsmitglieder wird ein besonderer Akzent gesetzt. 5

B. Erläuterung

I. Allgemeines

Bei der kurz „**Ministeranklage**" genannten Bestimmung (die allerdings auch alle anderen Regierungsmitglieder, einschließlich des Ministerpräsidenten, betreffen kann) fällt auf, dass es sich um den **umfangreichsten Artikel** im Abschnitt über die Regierung handelt. Für die Regierungsarbeit wesentlich bedeutsamere Bestimmungen sind demgegenüber von lapidarer Kürze. Ein Grund dafür dürfte darin liegen, dass es sich um ein **Übrigbleibsel** aus älteren Schichten gemeineuropäischen und deutschen Staatsrechts handelt, bei dem, aus welchen Gründen auch immer, auf eine zeitgemäße Überarbeitung verzichtet wurde. Allerdings wurde – mit etwas anderer Zielsetzung – erst 1993 in Konsequenz mehrerer politischer Affären in Frankreich der Cour de justice de la République mit 15 Mitgliedern (zwölf Parlamentarier, drei Berufsrichter) neu geschaffen, der von jedermann mit dem Vorwurf eines Verbrechens oder Vergehens eines Regierungsmitglieds während seiner Amtszeit angerufen werden kann. Die Einrichtung stößt jedoch unter verschiedenen Gesichtspunkten auf Kritik,[6] eine vom früheren 6

---

5 § 60 VerfBad 1919: Bei Verurteilung Entlassung des Angeklagten aus seinem Amte; § 38 VerfWü 1919: Zwingende Entlassung aus dem Staatsdienst bei Schuldspruch.
6 Eingefügt durch die Loi constitutionelle no 93-952 vom 27.7.1993 in Art. 68 der Verfassung der Französischen Republik (www.legifrance.gouv.fr); die Kritik zielt u. a. auf die Tatsache einer Sondergerichtsbarkeit für die Regierungsmitglieder sowie die geringe Effizienz: Seit Inkrafttreten haben 1237 Beschwerden zu lediglich 6 Ver-

Staatspräsident Hollande 2014 angekündigte Reform ist bislang nicht realisiert worden.

7 Mit guten Gründen kann die Auffassung vertreten werden, dass es sich hier um ein „papierernes Schwert" aus der „verfassungsrechtlichen Mottenkiste" handelt.[7] Zubilligen kann man der Ministeranklage heutzutage allenfalls eine (allerletzte) Reservefunktion,[8] sie als „letzte Sicherung"[9] ansehen. Gegenüber dem Bundespräsidenten kann die Anklage nach Art. 61 GG angesichts sonst mangelnder Möglichkeiten einer rechtsförmlichen Amtsenthebung gerechtfertigt werden. Ähnlich sind die Verhältnisse in den USA, wo das Impeachment als gewaltenbeschränkendes Gegengewicht zur parlamentarischen Unabsetzbarkeit des Präsidenten wirkt. In der parlamentarischen Demokratie bestehen demgegenüber zahlreiche andere Möglichkeiten des Parlaments, die politische Verantwortlichkeit der Regierung geltend zu machen und sie nötigenfalls aus dem Amt zu entfernen. Wenn von der Ministeranklage als „Erfüllungsgarantie der Ministerverantwortung"[10] gesprochen wird, so ist dies tief im 19. Jahrhundert verhaftet.

8 Wesentlich zeitgemäßer ist da insbesondere ein **Organstreitverfahren** nach Art. 68 I Nr. 1 LV, das auch von einer einzelnen Fraktion des Landtags beim VerfGH angestrengt werden kann. Gegenüber einer amtierenden Regierung bestehen die Möglichkeiten des **Misstrauensvotums** nach Art. 54 LV oder eines Beschlusses nach Art. 56 LV, ein Mitglied der Regierung **zu entlassen**. Die Ministeranklage zielt allerdings weitergehend auf eine Gesetzesverletzung sowie die Feststellung schuldhaften Handelns ab. Dazu kommt, dass mit der Ministeranklage nicht nur die Rechtsverletzung festgestellt, sondern das fehlbare Regierungsmitglied gleich auch aus dem Amt entfernt werden kann. Die Ministeranklage weist, sofern sie sich gegen den Ministerpräsidenten richtet, den Charakter eines (**destruktiven**) **Misstrauensvotums** auf, das die Absetzung des Regierungschefs ohne gleichzeitige Neuwahl eines Nachfolgers ermöglicht.

9 Die Ministeranklage ist – soweit durch einen solchen Antrag nicht lediglich politischer Druck aufgebaut werden soll – sowohl im Hinblick auf die subjektiven Tatbestandsvoraussetzungen als auch das Verfahren für die parlamentarische Praxis **wenig geeignet**. Dies gilt insbesondere für die **Mehrheitserfordernisse**, die denen einer Verfassungsänderung nach Art. 64 II LV entsprechen (Zweidrittel-Mehrheit bei Anwesenheit von mindestens zwei Dritteln der Mitglieder des Landtags, die jedoch mehr als die Hälfte der Mitglieder betragen muss). Dazu kommt das weitere Mehrheitserfordernis für eine Entscheidung des VerfGH. Eine für den Angeklagten negative Entscheidung benötigt eine Mehrheit von sechs (von neun) Stimmen, also eine Zweidrittel-Mehrheit. Es ist vielleicht ein Zeichen für einen föderalen Kon-

---

fahren mit kaum nennenswerten Resultaten geführt (vgl. *Guerin-Bargues*, Cour de justice de la République: pour qui sonne le glas?, Jus Politicum 11, 2013).
7 *Kollreutter*, zitiert nach *Wolfrum* in: BK, Art. 61 Rn. 2.
8 *Steinbarth*, Präsidenten- und Ministeranklage, 243.
9 *Busse*, Regierungsbildung, 115; *Herzog* in: Maunz/Dürig, Art. 61 Rn. 1 sieht einen Anwendungsfall allenfalls in einer „staatsstreichähnlichen Situation".
10 *Anschütz*, 332.

servativismus, dass die Hälfte der Landesverfassungen trotzdem an diesem Instrument festgehalten hat.

Praktische Bedeutung hat die Bestimmung in der Geschichte des Landes BW nicht erlangt. Der einzige Fall, in dem seitens der Opposition versucht wurde, auf diese Art und Weise vorzugehen, hat nicht zum Ziel geführt.[11] Entsprechendes gilt für die Präsidentenanklage auf Bundesebene. Bestätigt wird der Befund durch Entwicklungen nach dem Regierungswechsel im Jahr 2011, in dessen Folge es eine scharfe politische Auseinandersetzung um Entscheidungen der früheren Landesregierung gab. Die Thematik wurde indes nicht mit dem Instrument des Art. 57 LV, sondern in Untersuchungsausschüssen nach Art. 35 LV aufgearbeitet.

Die Anklage hat **verfassungsrechtlichen, nicht strafrechtlichen** Charakter. Allerdings weist die Möglichkeit, die Anklage auch nach Ausscheiden des angegriffenen Regierungsmitglieds zu erheben, in letztere Richtung.[12] Ginge es nur um das Verhältnis zwischen Regierung und Landtag, wäre die Situation an und für sich mit dem Ausscheiden erledigt. Auch für die Tatbestandsmerkmale und das Verfahren bestehen Entsprechungen zum Strafrecht. In anderen Verfassungsordnungen werden gubernative und strafrechtliche Verantwortlichkeit in einem Verfahrensgang verbunden.[13] Die Konstruktion der Ministeranklage im deutschen Verfassungsrecht auf Bundes- und Länderebene lässt demgegenüber **straf- und zivilrechtliche Verantwortlichkeiten** bestehen. Es gilt hier nicht der Grundsatz „ne bis in idem".[14]

II. Voraussetzungen

Voraussetzung für die Anklage ist eine **vorsätzliche oder grobfahrlässige Verletzung der Verfassung oder eines anderen Gesetzes** durch Mitglieder der Regierung. Politische Fehler allein können nicht Gegenstand der Anklage werden. Die Vorschrift geht weiter als die Präsidentenanklage nach Art. 61 GG, wo nur wegen einer vorsätzlichen Begehung angeklagt werden kann. Die baden-württembergische Rechtslage entspricht Art. 59 WRV, wonach jede Verschuldensform ausreichend war. Unter rechtsstaatlichen Gesichtspunkten ist die Vorschrift angesichts des sehr weit gefassten Tatbestandes insgesamt **restriktiv** auszulegen.

Die Anklage kann abzielen auf den Ministerpräsidenten und die Minister sowie Staatssekretäre und Staatsräte. Nicht angeklagt werden können, da nicht Regierungsmitglieder nach Art. 45 II LV, die politischen Staatssekretäre. Aus dem Gesamtzusammenhang (Art. 25 II LV; vgl. auch „Verfassung und Recht" beim Amtseid der Mitglieder der Regierung nach Art. 48 LV) wird deutlich, dass es bei der Anklage sowohl um Verletzungen der **LV als auch des GG** gehen kann, obwohl mit „Verfassung", ansonsten im Regelfall die LV gemeint ist (vgl. Art. 64 LV). Auch die Verletzung ungeschriebe-

---

11 Es ging um einen Antrag der Opposition gegen den damaligen Kultusminister und Stellvertreter des Ministerpräsidenten *Wilhelm Hahn* im Jahre 1977, vgl. LT-Drs. 7/2103 u. Pl.-Prot. 7/31, 1958 ff.
12 *Wolfrum* in: BK, Art. 61 Rn. 3.
13 *Steinbarth*, Präsidenten- und Ministeranklage, 222.
14 *Herzog* in: Maunz/Dürig, Art. 61 Rn. 9.

nen Verfassungsrechts, jedenfalls soweit es in der Rechtsprechung der Verfassungsgerichte herausgearbeitet wurde, kann zum Gegenstand einer Ministeranklage gemacht werden.[15] Freilich würde es hier um diffizile Abgrenzungsfragen gehen. Die „**Gesetze**" umfassen den Gesamtbestand an formellen Gesetzen des Bundes und der Länder. Untergesetzliche Rechtsvorschriften (Rechtsverordnungen, Satzungen) fallen, angesichts dieses bereits sehr weitgehenden Anknüpfungspunktes, nicht unter die Bestimmung. Angreifbar ist sowohl ein **Handeln** als auch ein pflichtwidriges **Unterlassen**.

14 Zur Erfüllung des **subjektiven Tatbestands** ist Vorsatz oder grobe Fahrlässigkeit erforderlich. Herangezogen werden hier mangels eigener verfassungsrechtlicher Regelungen – bei Berücksichtigung der Unterschiedlichkeit der Normstrukturen[16] – strafrechtliche Grundsätze, Zu berücksichtigen sind so, wie im Strafrecht, **Schuldausschließungsgründe** (zB fehlende Schuldfähigkeit, entschuldigender Notstand) sowie – in differenzierter Weise – **Irrtumsregeln** sowie mögliche **Rechtfertigungsgründe**. Zu Recht wird gefordert, dass die Rechtsverletzung, um die Voraussetzung für einen so schwerwiegenden Schritt wie die Ministeranklage abzugeben, eine gewisse **Erheblichkeit** aufweisen muss.[17] Zu beachten ist dabei stets das allgemeine rechtsstaatliche **Verhältnismäßigkeitsprinzip**.[18]

15 Die Anklage kann sich sowohl gegen amtierende als auch bereits ausgeschiedene Mitglieder der Regierung richten (Art. 57 II 4 LV). Umstritten ist, ob und welcher **Bezug zum Amt** notwendig ist[19] oder auch – jedenfalls wenn besonders gewichtig – Verstöße im **privaten Bereich**[20] relevant werden können. Ein Amtsbezug besteht nicht nur – wie im Organstreit – bei der Verletzung spezifischer Amtspflichten des Regierungsmitglieds, sondern umfasst alle Verfassungsbestimmungen und Gesetze, auch solche, die allgemein für jeden Staatsbürger gelten. Zwingend ist allerdings, dass ihre Verletzung „im Amte" und nicht in der Privatsphäre erfolgt. Im Hinblick auf den besonderen Charakter des Verfahrens, in dem es um eine staatsrechtliche Verantwortung geht, reichen private Verfehlungen des Regierungsmitglieds richtigerweise **nicht** aus.[21]

III. Verfahren (Abs. 2)

16 Wie oben bereits angedeutet, enthält die Bestimmung ein detailliertes Verfahren, das in den §§ 30 bis 38 VerfGHG im Einzelnen geregelt ist. Die GO LT enthält, anders als für das Misstrauensvotum, keine besonderen Bestimmungen zu diesem Thema. Das Verfahren beginnt mit der Einreichung eines schriftlichen, von mindestens einem **Drittel der Mitglieder** un-

---

15 *Herzog* in: Maunz/Dürig, Art. 61 Rn. 19.
16 *Radtke* in: Epping/Butzer u.a., Art. 40 Rn. 17, weist zu Recht darauf hin, dass es bei hier in Rede stehenden Rechtsverstößen nicht wie im Strafrecht im Regelfall um Verhaltensnormen (Handlungsverbote und Handlungsgebote) geht.
17 *Katz* in: Feuchte, Art. 57, Rn. 4.
18 *Herzog* in: Maunz/Dürig, Art. 61 Rn. 20.
19 *Braun*, Art. 57 Rn. 6.
20 *Katz* in: Feuchte, Art. 57 Rn. 4.
21 *Hemmrich* in: v. Münch/Kunig, Art. 61 Rn. 5; *Herzog* in: Maunz/Dürig, Art. 61 Rn. 18; *Niehaus* in: Sachs, Art. 61 Rn. 8; aA *Wolfrum* in: BK, Art. 61 Rn. 7.

terzeichneten **Antrags** beim Landtagspräsidenten auf Erhebung der Klage. Die Regierung selbst hat kein Initiativrecht.[22] Für einen **Beschluss** ist – wie bei einer Verfassungsänderung – bei Anwesenheit von mindestens zwei Dritteln der Mitglieder eine Zweidrittel-Mehrheit mit mehr als der Hälfte der Mitglieder des Landtags erforderlich.[23] Regierungsmitglieder können sich, soweit sie Abgeordnete sind, an der Beschlussfassung beteiligen. Dem **Ständigen Ausschuss** steht nach Art. 36 II LV das Recht auf Klageerhebung nicht zu. Für das **Notparlament** ist dieses Recht, nachdem Art. 62 I LV sich hierzu ausschweigt, nicht ausgeschlossen.

Die Anklage ist vom Landtag „innerhalb eines Jahres, nachdem ihm die verletzende Handlung mitgeteilt wurde" (§ 31 VerfGHG), zu erheben. **Fünf Jahre** nach Begehen der Handlung erlischt das Recht zur Ministeranklage. Ein Überschreiten dieser Fristen macht die Anklage unzulässig und der VerfGH hat mit Urteil die Einstellung des Verfahrens zu beschließen. Unklar ist die für den Beginn der Frist vorausgesetzte „Mitteilung" an den Landtag. Vom Wortsinn her wäre an eine förmliche Benachrichtigung zu denken. Nicht gesagt wird jedoch, von wem diese „Mitteilung" kommen soll – aus der Mitte des Landtags, von Gerichten oder Staatsanwaltschaften (nachdem Regierungsmitglieder keine Beamte sind, ist die Anordnung über die Mitteilungen in Straf- bzw. Zivilsachen nicht einschlägig) oder von einzelnen Bürgern. Da es ein formelles Mitteilungswesen an den Landtag nicht gibt, wird man davon ausgehen müssen, dass das Bekanntwerden von Vorwürfen **aus welcher Quelle auch immer**, vorzugsweise den Medien, ausreicht,[24] um die Frist laufen zu lassen. 17

Die **Anklageschrift** ist vom Landtagspräsidenten dem VerfGH innerhalb eines Monats zu übersenden (§ 30 VerfGHG). Es handelt sich um eine Ordnungsvorschrift. Eine Überschreitung der Frist führt nicht zur Unzulässigkeit der Anklage.[25] Mit Eingang der Klageschrift beim VerfGH ist die Klage **erhoben**. Eine Zulassung der Klage durch den Gerichtshof ist nicht notwendig. Auch wenn die Anklage wegen Fristversäumnis unzulässig sein sollte, wird erst mit dem Urteil die Einstellung des Verfahrens beschlossen. Ausdrücklich vorgesehen ist in Art. 57 II 3 LV eine **einstweilige Anordnung** des VerfGH, mit der dem angeklagten Regierungsmitglied die Ausübung des Amtes untersagt wird. Der Ministerpräsident wird hier das Recht haben, ein anderes Regierungsmitglied mit der Geschäftsführung zu beauftragen. Einzelheiten des Verfahrens (Inhalt der Anklageschrift, Anklagevertretung, Vorermittlungen, mündliche Verhandlung) sind in den §§ 30 ff. VerfGHG geregelt. 18

Ein **Rücktritt** oder ein sonstiges Ausscheiden des angegriffenen Regierungsmitglieds machen die eingereichte Klage nicht hinfällig, auch nicht die **Beendigung der Wahlperiode** des Landtags. Dieser Bruch mit dem Diskontinuitätsprinzip rechtfertigt sich durch die Tatsache, dass die Verfahrensherrschaft nach Einreichung der Klage beim VerfGH liegt. Die **Rücknahme des** 19

---

22 *Herzog* in: Maunz/Dürig, Art. 61 Rn. 36.
23 Für die Anklage des Bundespräsidenten nach Art. 61 I GG ist das Mehrheitserfordernis (zwei Drittel der Mitglieder des Bundestages) noch deutlich höher.
24 *Epping* in: v. Mangoldt/Klein/Starck, Art. 61 Rn. 22.
25 *Epping* in: v. Mangoldt/Klein/Starck, Art. 61 Rn. 21.

Antrags ist durch Beschluss des Landtags bis zur mündlichen Verhandlung mit denselben Mehrheitserfordernissen wie für die Anklage möglich (§ 32 I StGHG). Mit dem Mehrheitserfordernis wird verhindert, dass die Ministeranklage Gegenstand taktischer Manöver wird.

IV. Folgen (Abs. 3)

20 Der VerfGH entscheidet durch **Urteil**. Darin sind Einstellung des Verfahrens, Freispruch oder eine Feststellung im Sinne der Anklage möglich. Mit der Entscheidung im Sinne der Anklage „**kann**" (nicht muss) der VerfGH dem Regierungsmitglied sein **Amt aberkennen** und kann ihm seine **Versorgungsansprüche ganz oder teilweise entziehen**. Der Gerichtshof entscheidet über diese Sanktionen nach seinem Ermessen. Dieses ist aber nicht unbeschränkt, sondern unter Wahrung von Verhältnismäßigkeit und Schuldangemessenheit auszuüben. Für eine negative Entscheidung sind nach § 36 III VerfGHG mindestens sechs Stimmen (von neun), also eine Zweidrittel-Mehrheit erforderlich. **Andere Sanktionen** (zB eine Kürzung der Bezüge, befristete Suspendierung) sind angesichts der eindeutigen verfassungsrechtlichen Regelung unzulässig. Auch die dauerhafte Aberkennung der Amtsfähigkeit, die das Impeachment nach Art. II, Sec. 4 der US-Verfassung kennt, ist nicht vorgesehen.[26]

V. Vorwurfskontrolle (Abs. 4)

21 Ein Regierungsmitglied, das sich in der Öffentlichkeit Vorwürfen iSv Abs. 1 ausgesetzt sieht, kann selbst eine Entscheidung des VerfGH beantragen (**Selbstanklage, Selbstreinigungsverfahren**). Notwendig ist hierfür eine Zustimmung des Regierungskollegiums. Diese Möglichkeit ist eine Besonderheit von Art. 57 IV LV, die ansonsten nur noch Art. 40 III NdsVerf kennt. In Bayern kann ein Mitglied der Staatsregierung beim Landtag beantragen, dass Anklage erhoben wird (Art. 61 IV 2 BayVerf). Wird wegen derselben Tat, für die ein Selbstreinigungsverfahren eingeleitet wurde, Ministeranklage erhoben, wird ersteres Verfahren **eingestellt**. Stellt sich im Selbstreinigungsverfahren heraus, dass der Vorwurf unbegründet ist, kann wegen dieser Tat eine Ministeranklage nur erhoben werden, wenn nach der Strafprozessordnung eine **Wiederaufnahme zuungunsten des Angeklagten** zulässig wäre (§ 42 VerfGHG).

IV. Die Gesetzgebung

Artikel 58 [Allgemeiner Vorbehalt des Gesetzes bei Belastungen des Bürgers]

Niemand kann zu einer Handlung, Unterlassung oder Duldung gezwungen werden, wenn nicht ein Gesetz oder eine auf Gesetz beruhende Bestimmung es verlangt oder zuläßt.

---

26 *Heine*, Das Impeachment-Verfahren gegen Richter und den Präsidenten im US-amerikanischen Verfassungsrecht, 2009, 263.

[Allgemeiner Vorbehalt des Gesetzes bei Belastungen des Bürgers] Artikel 58

Schrifttum:
Apelt, Geschichte der Weimarer Verfassung, 2. Aufl. 1964; *von Bogdandy*, Gubernative Rechtsetzung – Eine Neubestimmung der Rechtsetzung und des Regierungssystems unter dem Grundgesetz in der Perspektive gemeineuropäischer Dogmatik –, 2000; *Hesse*, Grundzüge des Verfassungsrechts der Bundesrepublik Deutschland, 20. Aufl. 1999; *Herdegen*, Strukturen und Institute des Verfassungsrechts der Länder, in: HStR VI, § 129; *E. R. Huber*, Das Kaiserreich als Epoche verfassungsstaatlicher Entwicklung, in: HStR I, § 14; *Kirchhof*, Die Steuerung des Verwaltungshandelns durch Haushaltsrecht und Haushaltskontrolle, NVwZ 1983, 505 ff.; *Krebs*, Vorbehalt des Gesetzes und Grundrechte – Vergleich des traditionellen Eingriffsvorbehalts mit den Grundrechtsbestimmungen des Grundgesetzes, 1975; *Kunig*, Das Rechtsstaatsprinzip – Überlegungen zu seiner Bedeutung für das Verfassungsrecht der Bundesrepublik Deutschland, 1986; *H. Maurer*, Verfassungsrecht, in: Maurer/Hendler, 27; *V. Maurer*, Verfassung des Landes (1. Teil), in: Bretzinger, 19; *Reimer*, Das Parlamentsgesetz als Steuerungsmittel und Kontrollmaßstab, in: Hoffmann-Riem/Schmidt-Aßmann/Voßkuhle, Band I, § 9; *Schmidt-Aßmann*, Der Rechtsstaat, in: HStR II, § 26; *Wolff*, Ungeschriebenes Verfassungsrecht unter dem Grundgesetz, 2000.

Vergleichbare Regelungen: Das GG enthält keine explizite Regelung zum Vorbehalt des Gesetzes (ergänzend gelten Art. 2 I, II, Art. 19, 20 Abs. II 1, 2, III, Art. 80, 103, 104 GG); Art. 70 I BayVerf, 59 I BerlVerf, 41 NdsVerf, jeweils parallel zu Art. 58 LV an die Vorgaben zur Gesetzgebung anknüpfend; Art. 2 RPVerf, 2 II HessVerf, 3 III BremVerf, 2 S. 1 SaarlVerf, die in den Kontext der allgemeinen Handlungsfreiheit eingebettet sind.

Leitentscheidungen: BVerfGE 13, 261 (Rückwirkung Steuerbelastung); 33, 1 (Strafgefangene); 33, 125 (Facharzt); 33, 303 (numerus clausus); 34, 165 (Hessische Förderstufe); 40, 237 (Strafvollzug); 41, 251 (Speyer-Kolleg); 47, 46 (Sexualkundeunterricht); 49, 89 (Kalkar); 53, 30 (Mühlheim-Kärlich); *57, 295* (3. Rundfunkurteil); 58, 257 (Schulausschluss); 61, 260 ff. (Hochschulgesetz); 83, 130 (Josephine Mutzenbacher); 98, 218 (Rechtschreibreform); 108, 282 (Kopftuchverbot).

A. Überblick und Einordnung	1	I. Allgemein	9
I. Bedeutung	1	II. Vorbehalt parlamentarischer Regelung	10
II. Herkunft, Entstehung, Geschichte	7	III. Leistungsvorbehalt	16
III. Verfassungsvergleichende Einordnung	8	IV. Sonderstatusverhältnisse	18
B. Erläuterung	9	V. Gewohnheitsrecht	21

A. Überblick und Einordnung
I. Bedeutung

Art. 58 LV normiert einen Ausschnitt aus dem Grundsatz des **Vorbehalts** 1 **des Gesetzes**[1] und stellt sich damit in eine historische Tradition,[2] die bis in das Kaiserreich[3] und die Weimarer Republik[4] zurückreicht. Bereits unter der WRV war der Vorbehalt des Gesetzes als „ungeschriebener Grundsatz"

---
1 *Göbel*, Verfassung, 69; *Wolff*, Ungeschriebenes Verfassungsrecht, 263 f.
2 So *Herdegen*, HStR VI, § 129 Rn. 55: „dem konstitutionellen Staatsdenken des (vor-)letzten Jahrhunderts verhaftet".
3 Hier galt der Grundsatz des Gesetzesvorbehalts bereits in der sog. Freiheits- und Eigentumsformel, wonach Einzelakte, durch die in Freiheit oder Eigentum des Bürgers eingegriffen wurde, nur auf Grund einer gesetzlichen Ermächtigung ergehen durfte (hierzu *Grzeszick* in: Maunz/Dürig, Art. 20 Rn. 77 ff.; *Krebs*, Vorbehalt des Gesetzes, 17 Fn. 3). Zur (beachtlichen) legislativen Gewalt des kaiserzeitlichen Parlaments *Huber*, HStR I, § 14 Rn. 43 f.
4 Hierzu *Krebs*, Vorbehalt des Gesetzes, 23 f.

Artikel 58 [Allgemeiner Vorbehalt des Gesetzes bei Belastungen des Bürgers]

anerkannt.[5] Der Gedanke entspringt daher historisch der „freiheitssichernden Wirkung"[6] des nunmehr in Art. 20 III 2. Alt. GG beschriebenen[7] **Rechtsstaatsprinzips.**[8] Auch in der baden-württembergischen Verfassung ist der Verweis auf das Rechtsstaatsprinzip in Art. 23 I und Art. 25 II LV enthalten. Art. 58 LV wurde daher bereits während der Verfassungsberatungen „teils als entbehrlich, teils als problembefrachtet beurteilt".[9] Die Funktion des Vorbehalts des Gesetzes geht – anders als der Grundsatz des **Gesetzesvorrangs**[10] – jedoch über die Sicherung von Rechtsstaatlichkeit hinaus, wie im Weiteren noch zu zeigen sein wird. Art. 58 LV besitzt daher eine eigenständige Funktion (hierzu noch unter → Rn. 6).[11]

2 Das **Rückwirkungsverbot** ergänzt den Grundsatz des Vorbehalts des Gesetzes in seiner rechtsstaatlichen (konkret: vertrauensschützenden) Funktion.[12] Für den Bereich des Strafrechts verbieten Art. 103 II GG, 2 I LV daher rückwirkende Strafgesetze jeder Art. Im Übrigen wird eine **Rückwirkung belastender Regelungen** differenziert betrachtet. Das BVerfG hat in seinen beiden Senaten eine begrifflich differenzierte, jedoch im Ergebnis konvergierende Rechtsprechung entwickelt. Hierbei wird zwischen unechter und echter Rückwirkung einerseits (2. Senat) und tatbestandlicher Rückanknüpfung und Rückbewirkung andererseits (1. Senat) unterschieden. Grundsätzlich unzulässig ist daher der als echte Rückwirkung qualifizierte „nachträglich ändernd(e)" Eingriff „in abgewickelte, der Vergangenheit angehörende Tatbestände"[13] ebenso wie die Rückbewirkung, bei welcher die Rechtsfolgen einer Norm für einen bestimmten Zeitraum eintreten, der vor der Verkündung liegt.[14] Eine unechte Rückwirkung, also die zukünftige Einwirkung „auf gegenwärtige, noch nicht abgeschlossene Sachverhalte und Rechtsbeziehungen",[15] oder die tatbestandliche (Rück-)Anknüpfung einer Norm an Umstände aus der Zeit vor der Verkündung der Norm[16] sind grundsätzlich zulässig, stehen aber ebenfalls unter dem Vorbehalt des Vertrauensschutzes.[17] Begrifflichkeiten und Anwen-

---

5 *Apelt*, Weimarer Verfassung, 253 f.
6 Diese betont *Feuchte* in: Feuchte, Art. 58 Rn. 6.
7 Zu den unterschiedlichen dogmatischen Herleitungen des Rechtsstaatsprinzips: *Schmidt-Aßmann*, HStR II, § 26 Rn. 2 ff., insbes. 3; *Jarass/Pieroth*, Art. 20 GG Rn. 37; *Kunig*, Rechtsstaatsprinzip, 63 ff.; *Sachs* in: Sachs, GG, Art. 20 Rn. 75 f.; *Reimer* in: Hoffmann-Riem/Schmidt-Aßmann/Voßkuhle, § 9 Rn. 31; *Stern* in: Stern I, 779 f. Nach anfänglicher Offenheit – BVerfGE 2, 380 (403); 25, 269 (290); 45, 187 (246); 52, 131 (144 f.) – bezieht sich das BVerfG nunmehr auf Art. 20 III GG, s. BVerfGE 103, 271 (287); 109, 133 (180).
8 So BVerfGE 40, 237 (248 f.).
9 So die Analyse bei *Braun*, Art. 58 Rn. 1.
10 Der Grundsatz des Gesetzesvorrangs lässt sich daher in Art. 23 I und Art. 25 II LV verorten; vgl. zur parallelen Rechtslage in Rheinland-Pfalz *Windoffer* in: Brocker/Droege/Jutzi, Art. 2 Rn. 15.
11 So *Windoffer* in: Brocker/Droege/Jutzi, Art. 2 Rn. 2 zur parallelen Rechtslage in Rheinland-Pfalz; aA *Braun*, Art. 58 Rn. 2; wohl auch eher krit. *Mehde* in: Epping/Butzer, u.a., Art. 41 Rn. 15 ff. zur ähnlichen Rechtslage in Niedersachsen.
12 Siehe auch *Feuchte* in: Feuchte, Art. 58 Rn. 23.
13 BVerfGE 11, 139 (145 f.); 30, 367 (386).
14 BVerfGE 72, 200 (242); 97, 67 (78).
15 BVerfGE 11, 139 (146); 30, 367 (386); 30, 392 (402).
16 BVerfGE 31, 275 (292 ff.); 72, 200 (242); 97, 67 (79).
17 BVerfGE 30, 392 (402).

dungsbereiche beider Fallgruppen konvergieren in der aktuellen Rechtsprechung.[18]

Unter der Geltung des Grundgesetzes erfährt die demokratische Komponente des Vorbehalts des Gesetzes zunehmende Bedeutung.[19] Als **Bestandteil des Demokratieprinzips** betont der Vorbehalt den „**Grundsatz der Selbstgesetzgebung**",[20] welche die Steuerung der Ausübung von Staatsgewalt in die Hand des demokratischen Souveräns legt. Aus dieser Perspektive wurde der Vorbehalt des Gesetzes zum Parlamentsvorbehalt weiterentwickelt (→ Rn. 11 ff.). Dies schließt die Verwendung unbestimmter Rechtsbegriffe zunächst ebenso wenig aus wie die Einführung von Ermessensnormen.

Soweit damit das Verhältnis der legislativen zur exekutiven und judikativen Gewalt beschrieben wird, ist der Grundsatz auch Konkretisierung des **Gewaltenteilungsgrundsatzes**,[21] indem er die Funktionen der drei Gewalten in ihrem Zusammenspiel beschreibt. Die funktionsadäquate Zuordnung von Entscheidungsbefugnissen bedeutet, „dass staatliche Entscheidungen [...] von denjenigen Organen getroffen werden, die dafür nach ihrer Organisation, Zusammensetzung, Funktion und Verfahrensweise über die besten Voraussetzungen verfügen."[22] Der Legislative obliegt die **Steuerung**, welche durch die **Anwendung** der Exekutive realisiert und die **Kontrolle** der Judikative ergänzt wird.[23] Um die Steuerungsobliegenheit auszufüllen, ohne welche der parlamentarische Gesetzesbefehl nicht verwirklicht werden kann, bedarf es hinreichend bestimmter Normbefehle. Dies gilt im Hinblick auf die Gestalt, die Dichte und die Weite des Normbefehls. In ihrer Gestalt sind Ermächtigungsnormen regelmäßig durch eine konditionale Normstruktur geprägt, die allerdings Ermessen und Beurteilungsspielräume nicht von vornherein ausschließt. Der Vorbehalt des Gesetzes verlangt „kein(en) Gewaltenmonismus in Form eines umfassenden Parlamentsvorbehalts".[24] Ebenso wie die Wahl finaler Normstrukturen handelt es sich hierbei um die bewusste Überlagerung von Entscheidungskompetenzen auf die Exekutive, die sich aus der Natur des Regelungsgegenstandes ergibt. Im Hinblick auf die Dichte und Weite der Regelung geben der Bestimmtheitsgrundsatz und der Wesentlichkeitsgrundsatz wichtige Hinweise (→ Rn. 11 ff.).

Hinzu tritt der **grundrechtliche Gesetzesvorbehalt**. Dieser wird – auch begrifflich bewusst als ‚Gesetzesvorbehalt' bezeichnet – teilweise[25] vom Vorbehalt des Gesetzes streng getrennt: „Der ... allgemeine Vorbehalt des Ge-

---

18 BVerfG, NVwZ 2016, 682 (684).
19 So BVerfGE 40, 237 (249); 49, 89 (126); 61, 260 (275); 83, 130 (142); 105, 279 (304); 108, 282 (311); 134, 33 (89); BVerwGE 98, 324 (327); 116, 347 (349); *Reimer*, Hoffmann-Riem/Schmidt-Aßmann/Voßkuhle, § 9 Rn. 31, 46.
20 *Feuchte* in: Spreng/Birn/Feuchte, 168.
21 BVerfGE 68, 1 (87); 98, 218 (251 f.).
22 *Windoffer* in: Brocker/Droege/Jutzi, Art. 2 Rn. 3.
23 Insgesamt hierzu *Reimer* in: Hoffmann-Riem/Schmidt-Aßmann/Voßkuhle, § 9 Rn. 1 ff.
24 BVerfGE 68, 1 (87); 98, 218 (251 f.).
25 Siehe aber andererseits *Jarass* in: Jarass/Pieroth, Art. 20 Rn. 70, der den grundrechtlichen Gesetzesvorbehalt (lediglich) als einen Sonderfall des allgemeinen Vorbehalts des Gesetzes ansieht.

setzes darf – entgegen einer verbreiteten Gleichsetzung – nicht mit den in den einzelnen Grundrechtsbestimmungen vorgesehenen (speziellen) Gesetzesvorbehalten verwechselt werden [...]. Denn während letztere ungeachtet der verfassungsrechtlichen Verpflichtung auf eine gesetzliche Grundlage als Grundrechtsschranken fungieren, mithin zugleich Ermächtigungen und ggf. auch Regelungsaufträge an den Gesetzgeber enthalten, ist der allgemeine rechtsstaatliche Vorbehalt des Gesetzes ausschließlich auf eine Beschränkung staatlichen Handelns ausgerichtet, stellt sich mithin grundrechtsdogmatisch als ‚Schranken-Schranke' dar."[26] Weitergehend führt *Sachs* daher aus: „Der Vorbehalt des Gesetzes hat von der normativen Grundaussage und dem Normadressaten her mit den Gesetzesvorbehalten der Grundrechte im Ansatz nichts gemein. Während die grundrechtlichen Gesetzesvorbehalte als gegenüber der Grundrechtsbindung wirksame Erlaubnisnormen für die Gesetzgebung an sich verbotenes Staatshandeln zulassen, bedeutet der rechtsstaatliche Vorbehalt des Gesetzes als Verbotsnorm für die vollziehende Gewalt gerade umgekehrt das Verbot, ohne wirksam gewordene gesetzliche Grundlage tätig zu werden. Die verbreitete Verwendung von ‚Gesetzesvorbehalt' im Sinne des Vorbehalts des Gesetzes kann demgegenüber nur verwirren; die Gemeinsamkeit besteht lediglich darin, dass Staatshandeln ohne gesetzliche Grundlage ausgeschlossen ist, aber eben durch den Vorbehalt des Gesetzes und trotz der Gesetzesvorbehalte [deutlicher womöglich die Beschreibung: wegen des Gesetzesvorbehalts und aufgrund des Vorbehalts des Gesetzes; Anm. der Verf.]"[27]erlaubt.

6   Mit Blick auf das GG, dem eine entsprechende Regelung fehlt, wird Art. 58 LV als überflüssig beurteilt.[28] Diese Einschätzung ändert sich, wenn man den Streit über die normative Anbindung der Vorschrift näher in den Blick nimmt, scheint doch keine der angebotenen Normen die **Dimensionen des Gesetzesvorbehalts in seiner Gänze** aufzunehmen. Auch auf der Bundesebene besteht keine Einigkeit darüber, wo der Vorbehalt des Gesetzes zu verorten ist: Neben Art. 20 III HS 2 GG[29] stehen Art. 28 GG und ein „ungeschriebener Verfassungsgrundsatz"[30] zur Verfügung.[31] Art. 58 LV stellt daher auf landesverfassungsrechtlicher Ebene eine normative Verortung des vielfältigen und facettenreichen Grundsatzes dar. Dies darf jedoch nicht darüber hinwegtäuschen, dass die Auslegung der Vorschrift maßgeb-

---

26 *Windoffer* in: Brocker/Droege/Jutzi, Art. 2 Rn. 4.
27 *Sachs* in: ders., GG, Art. 20 Rn. 113.
28 *Braun*, Art. 58 Rn. 2.
29 Zur Verortung in Art. 20 III HS 2 GG: BVerfGE 40, 237 (248); 133, 33 (89) – mit gleichzeitigem Verweis auf das Demokratieprinzip –; *Sachs in:* ders., GG, Art. 20 GG Rn. 114; krit. hingegen *Windoffer* in: Brocker/Droege/Jutzi, Art. 2 Rn. 2. Zur Ableitung des Grundsatzes des Vorbehalts des Gesetzes aus den Grundrechten *Krebs*, Vorbehalt des Gesetzes, 32 ff.
30 *Wolff*, Ungeschriebenes Verfassungsrecht, 263 f.
31 Vor einer „auf einzelne Regelungen beschränkte(n) argumentative(n) Engführung", die vom „verfassungsrechtlichen Gesamtkontext" ablenkt, warnend *Grzeszick* in: Maunz/Dürig, Art. 20 Rn. 80.

lich durch die bundesverfassungsgerichtliche Rechtsprechung vorgeprägt ist.[32]

II. Herkunft, Entstehung, Geschichte

Art. 58 LV hat Vorläufer in Art. 90 VerfLB, Art. 2 III, IV VerfWB sowie Art. 68 I VerfWH.[33] Im Verfassungsausschuss wurde eine entsprechende Regelung, die in Art. 54 VerfERP mit ähnlichem Wortlaut vorgesehen war,[34] zunächst als entbehrlich weggelassen,[35] da der Vorbehalt des Gesetzes Allgemeingut des deutschen Staatsrechts sei und eine ausdrückliche Regelung die Bildung von Gewohnheitsrecht zum Teil unmöglich mache. In der dritten Lesung des Plenums wurde – nach Ankündigung in der Zweiten Beratung[36] – die Norm jedoch wieder eingefügt.[37]

III. Verfassungsvergleichende Einordnung

Art. 58 LV lehnt sich im Wortlaut an **Art. 2 II HessVerf** an.[38] Anders als das GG kennen die landesverfassungsrechtlichen Regelungen vielfach eine explizite Verortung des Grundsatzes des Vorbehalts des Gesetzes. Teilweise werden diese allerdings auch im Kontext der allgemeinen Handlungsfreiheit normiert (hierzu bereits die Nachw. zu den vergleichbaren Regelungen).

B. Erläuterung

I. Allgemein

Seinem Wortlaut nach[39] bindet Art. 58 LV nur den Zwang zu einem Handeln, Dulden oder Unterlassen, wobei die Formulierung „auch und gerade ... die der Zwangsausübung vorangehende Anordnung der betreffenden Handlung, Duldung oder Unterlassung" mitumfasst,[40] an den Vorbehalt des Gesetzes. Damit beschreibt die Norm grundrechtsbeeinträchtigendes

---

32 *Mehde* in: Epping/Butzer u.a., Art. 41 Rn. 15 ff., insbes. 16 zur ähnlichen niedersächsischen Verfassungsnorm.
33 Vorläufer dieser Vorschrift in Gestalt der „Freiheit- und Eigentumsformel" fanden sich sogar bereits in §§ 13, 65 VerfBad 1818, 26, 30 VerfWü 1819, § 30 idF v. 20.12.1888.
34 Hiernach: „Allgemein verbindliche Anordnungen der Staatsgewalt, durch die Rechte oder Pflichten begründet, geändert oder aufgehoben werden, bedürfen der Form des Gesetzes."
35 16. VA-Sitzung v. 3.10.1952, in: Feuchte, Quellen, 3. Teil, 23 ff. (S. 31: Zurückstellung von Beratung und Beschlussfassung); 32. VA-Sitzung v. 12.12.1952, in: Feuchte, Quellen, 4. Teil, 368-376 (Streichung); 47. VA-Sitzung v. 14.4.1953, in: Feuchte, Quellen, 6. Teil, 53 (Aufrechterhaltung der Streichung); 52. VA-Sitzung VA, in: Feuchte, Quellen, 6. Teil, 495 (Aufrechterhaltung der Streichung). Hierzu auch Bericht des VA v. 1.9.1953, in: Feuchte, Quellen, 6. Teil, 657.
36 Beitrag des Abg. *Gönnenwein*, 53. VA-Sitzung v. 8.10.1953, in: Feuchte, Quellen, 8. Teil, 166.
37 59. VLV-Sitzung v. 5.11.1953, in: Feuchte, Quellen, 8. Teil, 383 (dazu Beilagen 1274 und 1297).
38 So explizit Abg. *Gönnenwein*, 59. VLV-Sitzung v. 5.11.1953, in: Feuchte, Quellen, 8. Teil, 383.
39 Hierauf hinweisend *Maurer* in: Maurer/Hendler, 27 (47).
40 So *Windoffer* in: Brocker/Droege/Jutzi, Art. 2 Rn. 13 zur parallelen Rechtslage in Art. 2 RPVerf, der explizit befehlende Verwaltungsakte und gerichtliche Entscheidungen benennt.

staatliches Handeln im Sinne des „klassischen"[41] Grundrechtseingriffs.[42] In dieser Eingrenzung musste sie mit der Fortentwicklung der Dogmatik des Eingriffsbegriffs einerseits und des Grundsatzes des Vorbehalts des Gesetzes andererseits über die letzten Jahrzehnte als überholt gelten.[43] Aus der Formulierung des Art. 58 LV bleibt insbesondere auch der Aspekt der **Leistungsverwaltung** ausgeklammert: „Die Vorschrift erfaßt […] den Gesetzesvorbehalt im Sinne der Wesentlichkeitstheorie und -rechtsprechung nicht in vollem Umfange. Denn diese bezieht nicht nur Eingriffe und die Auferlegung von Pflichten, sondern wenigstens tendenziell auch die Gewährung von Leistungen und Chancen durch staatliches Handeln, soweit es für eine Existenz in Freiheit bedeutungsvoll ist, in den Gesetzesvorbehalt ein."[44] Seine Bedeutung erfährt Art. 58 LV daher zunächst als „verpflichtendes Denkmal der verfassungsgeschichtlichen Entwicklung".[45] Andererseits ist die Norm entwicklungsfähig: die dogmatischen Fortentwicklungen sind in der Norm hinreichend abgebildet.[46]

II. Vorbehalt parlamentarischer Regelung

10 Die Vorschrift wird zunächst so gelesen, dass alle Maßnahmen, die (egal wie) in die Rechtsstellung der Menschen eingreifen, alleine vom Gesetzgeber getroffen oder zugelassen werden müssen.[47] Sie wird mithin zur Sicherung größtmöglichen Grundrechtsschutzes auf den **modernen Eingriffsbegriff**[48] erweitert.

11 Weiter wird der Gesetzesvorbehalt – unter dem Einfluss des Demokratieprinzips, des Gewaltenteilungsgrundsatzes und der Grundrechte – nicht mehr nur als Eingriffsschranke, sondern als „Vorbehalt für die Entscheidung grundlegender, einer Normierung im Gesetzgebungsverfahren zugänglicher Fragen durch den Gesetzgeber"[49] verstanden. Das BVerfG legt daher mit dem **Wesentlichkeitsgrundsatz** alle (insbesondere: für die Verwirklichung der Grundrechte) wesentlichen Entscheidungen in die Hand

---

41 Zu dessen Merkmalen: *Herdegen* in: Maunz/Dürig, Art. 1 Abs. 3 Rn. 39. Die klassische Definition des Eingriffs bezieht sich auf einen hoheitlichen Rechtsakt, der final und unmittelbar die Grundrechtssubstanz beeinträchtigt.
42 *Windoffer* in: Brocker/Droege/Jutzi, Art. 2 Rn. 12 zur ähnlichen Formulierung in Art. 2 RPVerf. Weiter die Formulierung in Art. 41 NdsVerf, die begrifflich auch Raum für die Integration der Leistungsverwaltung bereithält; jedoch krit. zu einer Erweiterung des „Leistungsvorbehalts" über die bundesverfassungsgerichtlichen Anforderungen hinaus *Mehde* in: Epping/Butzer u.a., Art. 41 Rn. 11.
43 Mit diesem Ergebnis *Braun*, Art. 58 Rn. 2 in detaillierter Aufschlüsselung.
44 *Feuchte* in: Feuchte, Art. 58 Rn. 5.
45 *Feuchte* in: Feuchte, Art. 58 Rn. 5.
46 So z.B. *Maurer* in: Maurer/Hendler, 27 (47); *Windoffer* in: Brocker/Droege/Jutzi, Art. 2 Rn. 12 ff. zu dem vergleichbaren Art. 2 RPVerf in sehr ausführlicher Analyse; im Ergebnis ebenso *Michaelis-Merzbach* in: Driehaus, Art. 59 Rn. 1. AA bspw. *Braun*, Art. 58 Rn. 2: „inhaltlich unvollkommen".
47 Aus rechtsvergleichender Perspektive zu Art. 2 RPVerf *Windoffer* in: Brocker/ Droege/Jutzi, Art. 2 Rn. 12.
48 Zu dessen Merkmalen: *Herdegen* in: Maunz/Dürig, Art. 1 Abs. 3 Rn. 39. Der weite Eingriffsbegriff erfasst jede – wie auch immer geartete – Verkürzung von Grundrechtssubstanz.
49 *Hesse*, Grundzüge, Rn. 508.

des parlamentarischen Gesetzgebers.⁵⁰ Damit wird eine besondere demokratische Rückbindung sichergestellt: Entscheidungen von großer (insbesondere gesellschaftlicher [und man könnte und sollte ergänzen: verfassungsideeller und grundrechtlicher]) Tragweite sollen „aus einem Verfahren hervorgehen, das der Öffentlichkeit Gelegenheit bietet, ihre Auffassungen auszubilden und zu vertreten, und die Volksvertretung dazu anhält, Notwendigkeit und Ausmaß von Grundrechtseingriffen in öffentlicher Debatte zu klären".⁵¹ In diesem Sinne ist die Wesentlichkeitstheorie „das Gelenk, welches die materiellen Verfassungsprinzipien mit der Staatsorganisation verknüpft".⁵²

Diese Grundsätze müssen auch mit Blick auf die Auslegung des Art. 58 LV gelten.⁵³ Die **Anforderungen des Wesentlichkeitsvorbehalts** richten sich dabei zugleich nach dem Regelungsgegenstand und seiner Bedeutung für die Bürger und das Staatswesen wie auch nach der Intensität der Regelungen.⁵⁴ In der Rechtsprechung erlangt der Wesentlichkeitsgrundsatz etwa Bedeutung, wenn es um den Ausgleich zwischen verschiedenen Grundrechtsträgern geht,⁵⁵ wenn eine für das Gemeinwesen besonders bedeutsame Rechtsmaterie betroffen ist,⁵⁶ wenn das Gebot staatlicher Neutralität berührt wird⁵⁷ oder wenn der Staat in den Prozess der öffentlichen Meinungs- und Willensbildung eingreift.⁵⁸ In diesen Fällen wird der im Wesentlichkeitsgrundsatz enthaltene **Bezug auf das Demokratieprinzip** besonders deutlich. Von der Zielrichtung des Art. 58 LV ausgehend gilt der Wesentlichkeitsvorbehalt nur im Verhältnis zwischen Bürger und Staat und erfasst nicht staatsorganisationsrechtliche Verhältnisse.⁵⁹

Für **Organisations- und Dienstvorschriften** normiert Art. 70 I 1 LV (daher) den Gesetzesvorbehalt explizit.

Der Wesentlichkeitsgrundsatz schließt eine **Delegation von Rechtsetzungsbefugnissen** nicht aus, wie sie Art. 61 I LV für Rechtsverordnungen vorsieht. Der Landesverfassungsgeber hat aber die exekutive Rechtssetzungsgewalt über Art. 61 I 1, 2 LV explizit an die parlamentsgesetzliche Ermäch-

---

50 St. Rspr., nur beispielhaft BVerfGE 33, 125 (157); 33, 303 (334 ff.); 34, 165 (192 f.); 40, 237 (249); 41, 251 (259 ff.); 49, 89 (126 f.); 53, 30 (56); 57, 295 (320 ff.); 58, 257 (268); 61, 260 (275); 83, 130 (142, 152 ff.); 108, 282 (311); 139, 19 (45); vgl. auch die Nachw. in Fn. 62.
51 BVerfG, NJW 2008, 1505 (1509); BVerfGE 85, 386 (403 f.); 108, 282 (312).
52 *Von Bogdandy*, Gubernative Rechtsetzung, 186.
53 So wohl schon *V. Maurer* in: Bretzinger, Rn. 88; ebenso *H. Maurer* in: Maurer/Hendler, 27 (47). So auch zu den vergleichbaren Vorschriften der RPVerf *Windoffer* in: Brocker/Droege/Jutzi, Art. 2 Rn. 18 ff. sowie der BerlVerf *Michaelis-Merzbach* in: Driehaus, Art. 59 Rn. 1.
54 *Braun*, Art. 58 Rn. 11.
55 BVerfGE 83, 142 (13): Ausgleich von vorbehaltlos gewährleisteter Kunstfreiheit und Belangen des Kinder- und Jugendschutzes im Rahmen der Indizierung als jugendgefährdende Schrift (Josephine Mutzenbacher).
56 BVerfGE 49, 89 (127): ausreichende Rechtsgrundlage für die Genehmigung von Kernkraftwerken des Typs „Schneller Brüter".
57 BVerwGE 90, 112 (122 f.): staatliche Förderungsmaßnahmen für einen privaten Verein, der die Öffentlichkeit vor dem Wirken bestimmter Religions- oder Weltanschauungsgemeinschaften warnen soll.
58 OVG BerlBbg, DVBl. 1975, 905: Subventionierung bestimmter Presseerzeugnisse.
59 Vgl. *Michaelis-Merzbach* in: Driehaus, BerlVerf, Art. 59 Rn. 4.

tigung gebunden. Die Delegationsfähigkeit staatlicher Steuerungshoheit an die Exekutive ist daher im Einklang mit der Rechtsprechung des BVerfG zu bewerten. Hinsichtlich der Vorgaben zu Inhalt, Zweck und Ausmaß → Art. 61 Rn. 12. Aus demokratischen, aber auch gewaltenteiligen Erwägungen[60] ist der parlamentarische Gesetzgeber verpflichtet, für die Verwirklichung der Grundrechte wesentliche Fragen selbst zu regeln und nicht der Regelungshoheit der Exekutive zu überlassen. Insbesondere im schulrechtlichen Bereich werden viele Regelungen im Hinblick auf die betroffenen Grundrechte[61] als wesentlich eingestuft.[62] Eine ähnliche Entwicklung ist auch für die gesetzliche Ermächtigung zum autonomen Satzungsrecht zu beobachten.[63]

15 Rechtsverordnungen und Satzungen bilden **Gesetze im materiellen Sinne**, also abstrakt-generelle Anordnungen, die nicht durch Parlamentsbeschluss ergangen sind.[64] Abstrakt-generelle Anordnungen, die durch eine gesetzgebende Körperschaft erlassen werden, werden hingegen als **Gesetze im formellen Sinne** bezeichnet.[65] Bei der Rechtsverordnung wird staatliche Rechtsetzungsgewalt (nach den Maßstäben des Art. 61 I 2 LV) delegiert, während die Satzungsbefugnis einen Raum für originäre Rechtsetzung schafft. Die Befugnis zum Satzungserlass resultiert prinzipiell aus der Verleihung von Autonomie[66] (und kann daher speziell für Kommunen aus Art. 71 I 1, 2 LV, 28 II 1 GG abgeleitet werden); die Regelungsbefugnis ist aber zugleich durch den „Zweck der Autonomie" begrenzt.[67] Die Satzungsbefugnis ist daher sachlich auf den Aufgaben- und Zuständigkeitsbereich der juristischen Person und personell auf die Mitglieder der Körperschaft oder Benutzer der Anstalt beschränkt.[68] Hieraus resultiert ein **Satzungsrecht** (nur) zur Regelung der eigenen Angelegenheiten. Soweit in Satzungen außenwirksame – grundrechtsbeschränkende – Regelungen enthalten sind, bleiben diese dem Gesetzgeber vorbehalten. Dann bedarf es einer expliziten gesetzlichen Ermächtigung, an deren Bestimmtheit aufgrund des Bezugs zur kommunalen Selbstverwaltung abgeschwächte Anforderungen

---

60 *Windoffer* in: Brocker/Droege/Jutzi, Art. 2 Rn. 18.
61 Die staatlichen Entscheidungen bewegen sich hier in einem Spannungsverhältnis von staatlichem Erziehungsauftrag (Art. 7 I GG), Elternrecht (Art. 6 II GG) und Persönlichkeitsrechten des Kindes (Art. 2 I GG).
62 Nur beispielhaft: Hessische Förderstufe (BVerfGE 34, 165 [192 f.]); Speyer-Kolleg (BVerfGE 41, 251 [259 f.]); Neuordnung der gymnasialen Oberstufe in Hessen (BVerfGE 45, 400 [417 f.]); Einführung des Sexualkundeunterrichts (BVerfGE 47, 46 [78 ff., 80]); Versetzung von Schülern (BVerwGE 56, 155 [157]); Schulausschluss (BVerfGE 58, 257 [268 ff., 275 ff.]); Kopftuchverbot (BVerfGE 108, 282 [311 ff.]).
63 Siehe hierzu noch unter → Rn 15.
64 *Feuchte* in: Feuchte, Art. 58 Rn. 10.
65 *Feuchte* in: Spreng/Birn/Feuchte, Art. 58 Anm. 2: „Einem Gesetz im formellen Sinne ist aber auch eine Rechtsverordnung gleichzusetzen, die im Staatsnotstand auf Grund des Art. 62 erlassen wird. Auch eine solche Rechtsverordnung an Gesetzes Statt kann daher in Grundrechte eingreifen, sofern ein solcher Eingriff der Landesgesetzgebung gestattet ist."
66 *Feuchte* in: Feuchte, Art. 61 Rn. 27.
67 *Feuchte* in: Feuchte, Art. 58 Rn. 10.
68 *Feuchte* in: Feuchte, Art. 61 Rn. 29.

gestellt werden.⁶⁹ Die in den Gemeindeordnungen (bspw. § 4 GO BW) enthaltene generalklauselartige Satzungsermächtigung ermächtigt dennoch – aufgrund ihrer Weite und Unbestimmtheit – nicht zu Grundrechtseingriffen.⁷⁰ Damit bleibt – in Fortentwicklung des Gedankens des Wesentlichkeitsvorbehalts – die Rückkoppelung an den *parlamentarischen* Gesetzgeber gesichert.

III. Leistungsvorbehalt

Aus der Formulierung des Art. 58 LV bleibt auch der Aspekt der **Leistungsverwaltung** ausgeklammert. Dies erklärt sich aus der historischen Funktion des Gesetzesvorbehalts, die Rechtssphäre des Bürgers zu schützen.⁷¹ Ein – auch – demokratisches Verständnis, wie es sich erst im Laufe der grundgesetzlichen Historie etablieren konnte, muss auch die Zuteilung und Verteilung staatlicher Mittel in die Hand des parlamentarischen Souveräns legen. Wenn das BVerfG⁷² – und mit ihm der VGH BW⁷³ bzw. der VerfGH (vormals StGH)⁷⁴ – alle für die Verwirklichung der Grundrechte wesentlichen Entscheidungen in die Hand des parlamentarischen Gesetzgebers legen, so gilt dies zumindest auch „wenn Rechtspositionen der Empfänger oder von Konkurrenten wesentlich gefördert oder beeinträchtigt werden, wenn es sich um Vorgänge von großer finanzieller Bedeutung handelt, wenn die Wirtschafts- oder Lebensverhältnisse intensiv beeinflußt werden oder wenn die Maßnahmen durch die große Zahl der Betroffenen oder durch die Dauer des staatlichen Handelns erhebliche Wirkungen haben werden."⁷⁵ In diesem Sinne ist auch Art. 58 LV zu interpretieren.⁷⁶ 16

Zwar wird im Rahmen der Leistungsverwaltung häufig ein **„abgespeckter" Gesetzesvorbehalt** zugrunde gelegt: Als ausreichend werden Regelungen in Haushaltsplänen und – diese konkretisierend – Verwaltungsvorschriften (Vergabe- oder Förderrichtlinien iVm mit Art. 3 I GG)⁷⁷ angesehen. Dies gilt allerdings nicht mehr, wo die finanzielle Förderung unmittelbar und fi- 17

---

69 Zu deren Bestimmtheit BVerwGE 6, 247 (252 f.): „Keinesfalls hat Art. 28 Abs. 2 GG die Autonomie der Gemeinden, auch soweit sie spezialgesetzlicher Ermächtigung bedarf, dadurch eingeschränkt, daß er für die Ermächtigung eine größere Bestimmtheit als bisher vorgeschrieben hat. Die gegenteilige Annahme würde offensichtlich dem Zweck und der Tendenz des Art. 28 Abs. 2 GG widerstreiten. Durch Art. 28 Abs. 2 GG ist den Gemeinden die Befugnis eingeräumt, im Rahmen der Reichs- und Landesgesetze, insbes. auch im Rahmen des GG, örtliches Recht zu setzen, ohne daß die formalen Beschränkungen des Art. 80 Abs. 1 GG zur Anwendung kämen."
70 So BVerwGE 90, 359 ff.; 148, 133 ff. – jeweils für Einschränkungen der Berufsfreiheit.
71 So – allerdings mit anderem funktionalen Fokus – *Maurer* in: Bretzinger, Rn. 88.
72 Siehe hierzu die Nachw. in Fn. 50, 55 f., 62.
73 Siehe nur VGH BW, NVwZ-RR 2013, 370 (371); VGH BW, BeckRS 2009, 42290.
74 Siehe nur StGH, U. v. 6.7.2015, BeckRS 2015, 48651; U. v. 17.6.2014, BeckRS 2014, 52775.
75 *Braun*, Art. 58 Rn. 13.
76 Ebenso zu Art. 2 RPVerf *Windoffer* in: Brocker/Droege/Jutzi, Art. 2 Rn. 19; zurückhaltend zu Art. 41 NdsVerf *Mehde* in: Epping/Butzer u.a., Art. 41 Rn. 11.
77 BVerwGE 58, 45 (48); 104, 220 (222); VGH BW, ESVGH 14, 208, 209 ff.; OVG BerlBbg, NVwZ 2012, 1265 ff.; BbgVerfG, NVwZ-RR 2012, 577 (581); OVG RhPf, AS 43, 103 (105); hierzu auch *Kirchhof*, NVwZ 1983, 505 (510).

nal in die Grundrechtssphäre Dritter hineinwirkt[78] oder diese im Ergebnis den Gebrauch der Grundrechte unmöglich macht oder beträchtlich erschwert, etwa bei der Zuteilung von Pressesubventionen[79] oder Zuwendungen an die Jugendorganisationen politischer Parteien.[80] Diese Einschränkung gilt hingegen nicht bereits, wenn ein grundrechtssensibler Bereich berührt wird.[81]

IV. Sonderstatusverhältnisse

18 Die im 19. Jahrhundert entwickelte **Lehre vom besonderen Gewaltverhältnis** ging von einer eingeschränkten Geltung bzw. sogar von einer Suspendierung der Grundrechte – und damit von der Nichtgeltung des Grundsatzes des Gesetzesvorbehalts – in solchen Konstellationen aus, in denen zwischen Bürger und Staat spezifische Beziehungen bestehen, die durch eine zwangsweise oder freiwillige Einordnung in bestimmte Verwaltungsbereiche begründet wurden. Spätestens seit der Strafgefangenen-Entscheidung des BVerfG, das die Anwendbarkeit der Grundrechte auch in besonderes ‚staatsnahen' Verhältnissen bejaht,[82] ist diese Auffassung überholt. *Braun* geht sogar davon aus, dass „die Ermächtigung zu belastenden Regelungen in besonderen Gewaltverhältnissen [...] vorkonstitutionell sein (dürften)".[83]

19 Grundrechte dürfen also auch **im staatsnahen Bereich nur insoweit begrenzt werden**, als dies **verfassungsrechtlich zugelassen** ist. Beispielhaft erfolgt dies durch Art. 104 GG im Hinblick auf die Freiheitsbeschränkungen, Art. 17a I GG für Soldaten und Ersatzdienstleistende, Art. 33 IV, V GG für Beamte. Im Hinblick auf Schüler und Hochschulangehörige verdeutlichen Art. 5 III GG und Art. 7 GG die Bedeutung der Funktionsfähigkeit von Schulen und Hochschulen. Besonderheiten gegenüber dem allgemeinen „Gewaltverhältnis" gelten also nur im Hinblick auf die Eigenart des Zwecks des jeweiligen **Sonderstatusverhältnisses**.

20 Bis heute hält sich die Auffassung, dass der Gesetzesvorbehalt nur eingeschränkt in **Sonderstatusverhältnissen** gilt.[84] „Diese Vorstellungen passen heute allerdings nicht mehr in die verfassungsrechtliche Denkordnung."[85] Nach einer noch heute vertretenen Ansicht in der Literatur ist zwischen **Grundverhältnis und Betriebsverhältnis** innerhalb des Sonderstatusverhältnisses zu differenzieren. Dabei soll das Betriebsverhältnis die innere Regelung der betroffenen Einrichtung, etwa Organisationsmaßnahmen, betreffen, während dem Grundverhältnis die Akte zuzurechnen sind, die unmit-

---

78 BVerwGE 90, 112 (126).
79 OVG BerlBbg, DVBl. 1975, 905. Zur Vereinbarkeit der finanziellen Förderung mit der Pressefreiheit siehe BVerfGE 80, 124 ff.
80 OVG BerlBbg, NVwZ 2012, 1265 (1266 f.) mit ausführlichem Rückbezug auf das Demokratieprinzip.
81 Zur finanzieller Förderung jüdischer Religionsgemeinschaften BbgVerfG, NVwZ-RR 2012, 577 (581 f.); zur Förderung parteinaher Stiftungen OVG Bln-Bbg, NVwZ-RR 2016, 847 (847).
82 BVerfGE 33, 1 (9 ff.); 34, 165 (192 f.); 41, 251 (259 f.); 47, 46 (78 ff.).
83 *Braun*, Art. 58 Rn. 18.
84 Hierzu bereits *Feuchte* in: Spreng/Birn/Feuchte, Art. 58 Anm. 2.
85 *Braun*, Art. 58 Rn. 12.

telbar die persönliche Rechtsstellung des im Sonderstatusverhältnis Stehenden betreffen. Für die Betroffenheit des Grundverhältnisses spricht der Einzelfallcharakter der Maßnahme, während Maßnahmen im Betriebsverhältnis alle im Sonderstatusverhältnis Stehenden gleich treffen. Teilweise wird das Begriffspaar Grundverhältnis/Betriebsverhältnis heute auch durch das Paar persönliche Rechtsstellung/betriebliche Rechtsstellung ersetzt, wobei zumeist dieselben Ergebnisse erzielt werden. Auch die Differenzierung zwischen Grund- und Betriebsverhältnis ist nicht immer eindeutig und im Übrigen ebenfalls nur bedingt mit den Anforderungen des GG vereinbar. Insofern ist von einer **umfassenden Grundrechtsgeltung** auch in solchen Fällen auszugehen, in denen der Bürger in der beschriebenen spezifischen Beziehung zum Staat steht. Gerade in den Bereichen, in denen der Bürger dem Staat besonders nahe steht, ihm zuweilen ausgeliefert ist, muss der Grundrechtsschutz umfassend bestehen. Auch soweit der Gesetzgeber in den Sonderrechtsverhältnissen gesetzliche Einschränkungen vornimmt, muss dem Betroffenen stets effektiver Rechtsschutz zustehen.[86]

V. Gewohnheitsrecht

Ausweislich seines Wortlauts steht Art. 58 LV einer gewohnheitsrechtlichen Ermächtigungsgrundlage entgegen.[87] Dies entspricht auch der Wahrnehmung des Verfassungsausschusses,[88] der unter anderem aus diesem Grund eine Streichung der Vorschrift vorgeschlagen hatte. Dass Art. 58 LV dennoch Eingang in die Verfassung gefunden hat, bestätigt das hier gefundene Ergebnis. Fraglich ist, was dies für die (Weiter-)Geltung von Gewohnheitsrecht bedeutet. Es kann als altes Recht gewertet werden, das entsprechend Art. 88, 94 III LV weitergilt.[89]

21

---

86 BVerfG, NJW 2002, 2699 (2700).
87 *Braun*, Art. 58 Rn. 18. *Göbel*, Verfassung, 69, lässt hingegen die Frage, ob Art. 58 LV der Bildung neuen Gewohnheitsrechts entgegensteht, noch offen. Überzeugend hingegen *Braun*, aaO: „(D)ie Bildung der Rechtsüberzeugung, daß Zwang zu Handlungen, Unterlassungen oder Duldungen ohne gesetzgeberische Willensentscheidung ausgeübt werden kann, ist nicht mehr vorstellbar."
88 Siehe die Einwände von *Feuchte* in der 32. VA-Sitzung VA v. 12.12.1952, in: Feuchte, Quellen, 4. Teil, 373; siehe weiterhin unter Rn. 35.
89 *Göbel*, Verfassung, 69. In diesem Sinne iE auch *Braun*, Art. 58 Rn. 18; aA der Abgeordnete *G. Müller* in der 32. VA-Sitzung v. 12.12.1952, in: Feuchte, Quellen, 4. Teil, 373.

Artikel 59 [Gesetzesvorlagen, Volksbegehren, Gesetzesbeschlüsse]

(1) Gesetzesvorlagen werden von der Regierung, von Abgeordneten oder vom Volk durch Volksantrag oder Volksbegehren eingebracht.

(2) ¹Das Volk kann die Befassung des Landtags mit Gegenständen der politischen Willensbildung im Zuständigkeitsbereich des Landtags, auch mit einem ausgearbeiteten und mit Gründen versehenen Gesetzentwurf, beantragen. ²Der Landtag hat sich mit dem Volksantrag zu befassen, wenn dieser von mindestens 0,5 vom Hundert der Wahlberechtigten gestellt wird. ³Die Auflösung des Landtags bestimmt sich nach Artikel 43.

(3) ¹Dem Volksbegehren muss ein ausgearbeiteter und mit Gründen versehener Gesetzentwurf zugrunde liegen. ²Gegenstand des Volksbegehrens kann auch ein als Volksantrag nach Absatz 2 Satz 2 eingebrachter Gesetzentwurf sein, dem der Landtag nicht unverändert zugestimmt hat. ³Über Abgabengesetze, Besoldungsgesetze und das Staatshaushaltsgesetz findet kein Volksbegehren statt. ⁴Das Volksbegehren ist zustande gekommen, wenn es von mindestens zehn vom Hundert der Wahlberechtigten gestellt wird. ⁵Das Volksbegehren ist von der Regierung mit ihrer Stellungnahme unverzüglich dem Landtag zu unterbreiten.

(4) Die Gesetze werden vom Landtag oder durch Volksabstimmung beschlossen.

(5) Das Nähere bestimmt ein Gesetz.

Schrifttum:

Büttner, Weimar – Die überforderte Republik 1918-1933 – Leistung und Versagen in Staat, Gesellschaft, Wirtschaft und Kultur, 2008; *Ennuschat*, Besonderheiten des Gesetzgebungsverfahrens in den Ländern, in: Kluth/Krings, § 26; *ders.*, Volksgesetzgebung in den Ländern, in: Kluth/Krings, § 27; *Feuchte*, Die verfassungsrechtliche Entwicklung im Land Baden-Württemberg 1971 bis 1978, JöR 1978, 167; *ders.*, Die verfassungsrechtliche Entwicklung im Land Baden-Württemberg 1978 bis 1987, JöR 1987, 315; *Geitmann*, Volksbegehren und -abstimmungen nur auf dem Papier?, VBlBW 2008, 121; *Gensior/Krieg/Grimm*, Volksbegehren und Volksentscheid in Nordrhein-Westfalen, 3. Aufl. 1978; *Hartmann*, Amtshaftung für Volksgesetzgebung, VerwArch 98 (2008), 500 ff.; *Haug*, Volksgesetzgebung auf verfassungsrechtlichem Neuland – Rechtsfragen im Zusammenhang mit der baden-württembergischen Volksabstimmung über das „S21-Kündigungsgesetz", ZParl 2012, 446; *Ipsen*, Niedersächsische Verfassung, 2011; *Jung*, Stuttgart 21 und die Direkte Demokratie – Kritische Anmerkungen zum Umgang mit dem Ergebnis der Volksabstimmung, Recht und Politik 2012, 11; *Kirchhof*, Gutachtliche Stellungnahme zum Antrag der Fraktion der SPD im Landtag von Baden-Württemberg für eine Volksabstimmung über Stuttgart 21 und die Neubaustrecke Wendlingen-Ulm erstattet im Auftrag der Regierung des Landes Baden-Württemberg, www.baden-wuerttemberg.de/fileadmin/redaktion/dateien/Altdaten/202/101005_Anlage_Kirchhof_Gutachten.pdf, 2010; *Kühne*, Gesetzgeberisches Neuland für Niedersachsen: Das Volksabstimmungsgesetz auf Grundlage des Art. 50 Abs. 2 NV, NdsVBl 1995, 25; *Lange*, Das Konnexitätsprinzip und die kommunale Verfassungsbeschwerde gegen gesetzgeberisches Unterlassen, DÖV 2014, 793; *H. Maurer*, Verfassungsrecht, in: Maurer/Hendler, 27; *V. Maurer*, Verfassung des Landes (1. Teil), in: Bretzinger, 19; *Meermagen/Schultzky*, Das Verfahren der Gesetzgebung vor dem Bundesverfassungsgericht, VerwArch 101 (2010), 539 ff.; *Möstl*, Elemente direkter Demokratie als Entwicklungsperspektive, VVDStRL 72 (2013), 355 ff.; *Pestalozza*, Der Popularvorbehalt – Direkte Demokratie in Deutschland –, 1981; *Preuß*, Das Landesvolk als Gesetzgeber – Verfassungsrechtliche Anmerkungen zum Volksgesetzgebungsverfahren aus Anlaß eines baden-württembergischen Volksbegehrens, DVBl. 1985, 710; *Renner*, Entstehung und Aufbau des Landes Baden-Württemberg, JöR 1958, 197; *Rommelfan-*

[Gesetzesvorlagen, Volksbegehren, Gesetzesbeschlüsse] Artikel 59

ger, Das konsultative Referendum – Eine verfassungstheoretische, -rechtliche und -vergleichende Untersuchung, 1988; *Schlenker,* Die Änderungen der Verfassung des Landes Baden-Württemberg – 30 Jahre Landesverfassung 1953–1983, VBlBW 1983, 353, 399; VBlBW 1984, 12, 56; *ders.*, Das Landesvolk als Gesetzgeber – Zum Verfahren nach § 27 des Volksabstimmungsgesetzes, VBlBW 1988, 121, 167; *C. Schmitt,* Volksentscheid und Volksbegehren – Ein Beitrag zur Auslegung der Weimarer Verfassung und zur Lehre von der unmittelbaren Demokratie –, 1927; *Schuler-Harms,* Elemente direkter Demokratie als Entwicklungsperspektive, VVDStRL 72 (2013), 417 ff.

Vergleichbare Regelungen: Art. 17, 29, 76 I, 77 I, 146 GG, 70, 71, 72 I, 74 BayVerf, 75, 76, 77 BbgVerf, 59, 60, 61, 62 BerlVerf, 87, 123 I, II BremVerf, 48, 50 HambVerf, 116, 117, 124 I HessVerf, 55, 59, 60 MVVerf, 42 I, III, 47, 48 NdsVerf, 65, 66, 67 a NRWVerf, 108, 108 a, 109 I-III RPVerf, 98, 98 a, 99 SaarlVerf, 70 SächsVerf; 80, 81 I, II, 77 LSAVerf, 44, 48, 49 SchlHVerf, 81, 82 I ThürVerf.

Ergänzende Normen: Geschäftsordnung des Landtags von Baden-Württemberg (GO LT); Gesetz über Volksabstimmung, Volksbegehren und Volksantrag (VAbstG); VO des Innenministeriums zur Durchführung des Volksabstimmungsgesetzes (LStO).

Leitentscheidungen:
Zum Initiativrecht: BVerfGE 1, 144 (Geschäftsordnungsautonomie); 84, 304, 328 ff. (Rechtsstellung einzelner Abgeordneter).
Zur Volksgesetzgebung: BVerfGE 8, 104 (Volksbefragung); 8, 122 (Volksbefragung Hessen); 13, 54 (Neugliederung Hessen); 60, 175 (Startbahn West); BVerfG, NVwZ 2002, 67 (Landeshaushalt); StGH, ESVGH 36, 161 (Gewaltenteilung); BayVerfGH, NVwZ-RR 2000, 65 (Quorum); NVwZ-RR 2000, 401 (Budgethoheit); BremStGH, NVwZ-RR 2001, 1 (Quorum); HessStGH, NJW 1982, 1141 (Startbahn West); SächsVerfGH, NVwZ 2003, 472 (Landeshaushalt); ThürVerfGH, LKV 2002, 83.

A. Überblick und Einordnung 1	a) Allgemeines 33
I. Bedeutung 1	b) Regierung (Abs. 1) 41
II. Herkunft, Entstehung,	c) Abgeordnete (Abs. 1) .. 42
Geschichte 6	d) Direktdemokratisch:
III. Verfassungsvergleichende Einordnung 10	Volksbegehren oder Volksantrag
B. Erläuterung 13	(Abs. 1–3) 43
I. Regelungssystematik 13	aa) Volksbegehren 45
1. Volksbegehren und Volksantrag 13	bb) Volksantrag 60
2. Gesetzliche Konkretisierung 31	2. Beratungen 67
II. Das Gesetzgebungsverfahren 33	3. Gesetzesbeschluss (Abs. 4) 71
1. Gesetzesinitiative	4. Abschluss des Verfahrens 78
(Abs. 1–3) 33	5. Rechtsfolge von Verfahrensfehlern 79

A. Überblick und Einordnung
I. Bedeutung

Im Bereich der Gesetzgebungskompetenz der Länder (Art. 70 ff. GG) haben diese die Befugnis, das **Verfahren der Gesetzgebung** zu regeln. Die Länderverfahren nähern sich – mit Blick auf das Homogenitätsprinzip des Art. 28 I 1 GG – dem Bundesverfahren an; gleichzeitig ist eine deutliche Stärkung der Volksgesetzgebung im Vergleich zur Bundesebene zu beobachten. Die baden-württembergische Verfassung regelt das Verfahren in den Art. 59, 60 und – für Verfassungsänderungen – Art. 64 LV. Die drei Ar-   1 tikel sind „ineinander verwoben"[1] und daher für das Verfahren zusammen zu lesen.

2 Durch zwei Verfassungsänderungen – die jüngste erst aus dem Jahre 2015 – wurde eine deutliche **Stärkung der direkten Demokratie** auf der Landesebene und der kommunalen Ebene vorangetrieben. Insbesondere die erhebliche Neugestaltung des Art. 59 LV (und die damit zusammenhängende Änderung des Volksabstimmungsgesetzes) ist wohl auch eine Reaktion darauf, dass BW laut dem im Jahre 2013 von der Initiative mehr-demokratie.de durchgeführten Volksentscheid-Ranking auf der Landesebene mit der Note 5,3 (mangelhaft) auf den letzten Platz der 16 Bundesländer verwiesen und das Verfahren als „bürgerfeindlich und prohibitiv" charakterisiert wurde.[2] Besondere Kritik erfuhren die hohen Quoren. Die jüngst eingeführten Erleichterungen fußen auch auf der Erkenntnis, dass das 1974 eingeführte Instrumentarium der Volksgesetzgebung bis zum Jahre 2013 kein einziges Mal (erfolgreich) angewendet worden ist. Die Verfahren scheiterten entweder an den Eingangsquoren oder an der inhaltlichen Beschränkung.[3] Damit steht Baden-Württemberg auch im bundesweiten Vergleich schlecht da,[4] obwohl politische Anstoßwirkungen zu beobachten waren.[5] Die Vereinbarungen des grün-roten Koalitionsvertrags von 2011 wurden dennoch nur teilweise umgesetzt. Angestrebt war nämlich eine gänzliche Streichung der Zustimmungsquoren für einfache Gesetze.[6]

3 Der **Begriff der Volksgesetzgebung** wird in Anlehnung an *Carl Schmitt* und bestätigt durch das BVerfG gemeinhin dadurch gekennzeichnet, dass „alle wesentlichen Akte der Gesetzeswerdung von der Gesetzesinitiative bis zum Gesetzesbeschluß grundsätzlich in der Hand des Volkes liegen".[7] Seine Besonderheit liegt darin, dass „ein Gesetz anders zustande kommt, als in dem offenbar als normal vorausgesetzten Verfahren der Gesetzgebung"[8] nach dem Grundgesetz (durch Initiative und Bundestagsbeschluss). Das BVerfG ergänzt diese Vorgaben dahin gehend, dass von „Volksgesetzgebung" ieS nur gesprochen wird, wenn Volksbegehren und Volksentscheid „aufeinander bezogen"[9] sind, wie es in Art. 59 II, 60 I, 64 III 2 LV vorgesehen ist. „Die Verbindung von Volksbegehren und Volksabstimmung über die begehrte Gesetzesvorlage begründet nach dem Vorbild der Weimarer Reichsverfassung [Art. 73 III WRV; Anm. der Verf.] eine außerordentliche Form

---

1 *Feuchte* in: Feuchte, Art. 59 Rn. 3.
2 S. www.mehr-demokratie.de/fileadmin/pdf/volksentscheids-ranking_2013.pdf (1.11.2017), 8, 48. Mit der Note 4,5 auf Platz 14 fällt die Bewertung auf der kommunalen Ebene noch ein wenig besser aus. Damit reicht es in der Gesamtwertung zur Note 4,9 und ebenfalls Platz 16.
3 Hierzu *Geitmann*, VBlBW 2008, 121 (121) mit Darstellungen der verschiedenen „Anläufe".
4 S. www.mehr-demokratie.de/fileadmin/pdf/volksentscheids-ranking_2013.pdf (1.11.2017), 8.
5 Hierzu näher *Geitmann*, VBlBW 2008, 121 (121) sowie *Feuchte*, JöR 27 (1976), 167 (177).
6 S. www.mehr-demokratie.de/fileadmin/pdf/volksentscheids-ranking_2013.pdf (1.11.2017), 48.
7 *Schlenker*, VBlBW 1988, 121 (121).
8 *Schmitt*, Volksentscheid und Volksbegehren, 14.
9 BVerfGE 13, 54 (87).

des Gesetzgebungsverfahrens, für die Carl Schmitt den Namen Volksgesetzgebungsverfahren geprägt hat."[10] Ergo: Von einem Volksgesetzgebungsverfahren (ieS) könne man nur sprechen, wenn der Volksentscheid über das Volksbegehren befindet, es verwirft oder zum Gesetz erhebt. Diese Definition vorausgesetzt sieht die LV Verfahren der Volksgesetzgebung wie der Parlamentsgesetzgebung sowie verschiedene Verknüpfungen[11] vor.

Gemäß Art. 25 I LV geht alle Staatsgewalt vom Volke aus und wird von diesem in Wahlen und Abstimmungen und durch besondere Organe der Gesetzgebung, der vollziehenden Gewalt und der Rechtsprechung ausgeübt. In den Vorgang der Gesetzgebung ist das Volk über Art. 59, 60 LV nicht nur durch Abstimmungen, sondern auch als „besonderes Organ" der Gesetzgebung[12] eingebunden. Das gilt sowohl für die Ausübung des Initiativrechts des Art. 60 I LV als auch für die Ausübung der Entscheidungsbefugnis nach Art. 60 I, 64 III LV. Art. 27 I LV bewirkt insofern **keine Monopolisierung der gesetzgebenden Gewalt beim Landtag;**[13] die Verfassung selbst regelt die Begrenzung der hierin enthaltenen Zuweisung. Das Volk als Gesetzgeber iSd Art. 59 und 60 LV ist „konstituiertes Gesetzgebungsorgan"[14] und damit zugleich Verfassungsorgan des Landes.[15] Dieses versteht man als ein Organ, das in der Verfassung selbst konstituiert ist und dessen Kompetenzen sich unmittelbar aus der Verfassung ergeben.[16] Diese Stellung ist aber erst ab zustande gekommenem Volksbegehren anzunehmen, da erst dieses Verfahren in der Verfassung normiert wird. Der **Antragsteller eines Antrags auf Zulassung eines Volksbegehrens** findet hingegen nur im Volksabstimmungsgesetz Erwähnung. Dennoch begreift ihn *Preuß* als nicht institutionell formierten und nicht körperschaftlich organisierten Teil des Gesetzgebungsorgans Volk[17] und würdigt daher die Prüfung des Antrags nach § 27 VAbstG durch das Innenministerium kritisch (dazu auch → Rn. 50).

Die **verfassungspolitische Bewertung** der Volksgesetzgebung auf Landesebene erfolgt zumeist positiv.[18] Die Beteiligung des Volkes soll einen Akzeptanzgewinn bei gesellschaftlich wie politisch umstrittenen Vorhaben schaffen, indem sie auf Bürgerseite den Eindruck einer stärkeren Berücksichtigung privater und öffentlicher Belange begründet. Hierdurch sollen Gefühle unzureichender Partizipation im Wahlakt kompensiert werden. Vom Ideal der Diskurstheorie ausgehend soll die Volksbeteiligung ein Forum für den Austausch von Sachargumenten bereitstellen. Jedoch stellt sich die Frage, inwieweit diese Perspektive zu idealistisch bzw. schlichtweg überholt ist. Gegenwärtig lässt sich stattdessen begründen, dass Volksgesetzgebung (auch) die Einbettung – im digitalen Zeitalter – erweiterter Be-

---

10 *Schlenker*, VBlBW 1988, 121 (121).
11 *Maurer* in: Maurer/Hendler, 27 (82).
12 *Preuß*, DVBl. 1985, 710 (711).
13 In diesem Sinne auch *Preuß*, DVBl. 1985, 710 (711).
14 *Preuß*, DVBl. 1985, 710 (711).
15 *Schlenker*, VBlBW 1988, 167 (167).
16 *Schlenker*, VBlBW 1988, 167 (167).
17 *Preuß*, DVBl. 1985, 710 (711).
18 Hierzu bspw. *Braun*, Art. 59 Rn. 34. Kritisch hingegen die Einschätzung bei *Kirchhof*, Gutachtliche Stellungnahme, 14. Einen Überblick über die Diskussion verschafft *Möstl*, VVDStRL 72 (2013), 355 (357 ff.).

teiligungsformen und neuer Ausdrucksformen des Wutbürgers in einen organisierten, demokratisch geleiteten Prozess meint.[19]

II. Herkunft, Entstehung, Geschichte

6 Art. 59 LV geht auf **Art. 55 VerfERP** sowie **Art. 82 VerfECDU** zurück. In seiner ersten Fassung bestand die Vorschrift nur aus zwei Absätzen, die sich mit der Gesetzesinitiative (heutiger Abs. 1) und dem Gesetzesbeschluss (heutiger Abs. 4) beschäftigten.[20] Der Gesetzesbeschluss durch Volksabstimmung war bereits vorgesehen. Obwohl bereits in den §§ 21 ff. VerfBad 1919, 41 I 1, 44, 45 VerfWü 1919 – als Vorläufer zur Weimarer Reichsverfassung (hierzu noch unten) – und nach dem Zweiten Weltkrieg in den Art. 93 IV VerfLB, 71, 72 VerfWH (nicht jedoch in der VerfWB)[21] das Instrument der Volksgesetzgebung vorgesehen war, sah Art. 59 LV in seiner Ausgangsfassung (damals noch: Art. 55)) lediglich ein Initiativrecht für Regierung und Abgeordnete vor.[22] Ein im Plenum von der CDU gestellter[23] – und der KPD unterstützter[24] – Antrag auf Einführung eines Volksbegehrens wurde von der Koalition aus SPD, FDP/DVP und BHE abgelehnt.[25] Lediglich wurden Volksabstimmungen zur Auflösung des Landtags und in den Fällen des Art. 60 II, III (heutige Fassung) befürwortet (hierzu noch → Art. 60 Rn. 13 ff.).

7 Die **Möglichkeit eines Volksbegehrens** wurde erst mit dem 8. LVÄndG v. 16.5.1974 (GBl. 186) eingeführt. Das durch die Weimarer Erfahrungen geschürte Misstrauen wurde durch das – in den Jahren nach 1965 aufkeimende – Bedürfnis nach politischer Mitbestimmung und „Mündigkeit" abgelöst.[26] Die Verfassungsänderung beruhte auf einem Gesetzesentwurf der regierenden CDU-Fraktion, welcher einen zuvor eingebrachten SPD-Entwurf[27] insbesondere im Hinblick auf das **Unterschriftenquorum** verschärfte: Statt dem von der SPD geforderten Zehntel und dem von der CDU aus Sorge vor „demagogischen Missbräuchen"[28] geforderten Fünftel[29] einigte man sich auf einen Kompromiss bei einem Sechstel,[30] so dass die Verfassungsnovelle einstimmig beschlossen werden konnte.[31] Das Volksabstimmungsgesetz wurde entsprechend angepasst.[32]

---

19 *Möstl*, VVDStRL 72 (2013), 355 (370) spricht bildhaft von einer „Kanalisierung gestiegener Partizipationsbedürfnisse".
20 16. VA-Sitzung v. 3.10.1952, in: Feuchte, Quellen, 3. Teil, 53; 47. VA-Sitzung v. 14.4.1953, in: Feuchte, Quellen, 6. Teil, 54; 52. VA-Sitzung vom 29.5.1953, in: Feuchte, Quellen, 6. Teil, 495; 59. VLV-Sitzung VLV v. 5.11.1953, in: Feuchte, Quellen, 8. Teil, 384.
21 Die ursprüngliche Regelung des Art. 59 LV lehnte sich daher eng an Art. 83 VerfWB an; siehe auch *Braun*, Art. 59 Rn. 26.
22 16. VA-Sitzung v. 3.10.1952, in: Feuchte, Quellen, 3. Teil, 53.
23 Hierzu Beilage 1082, abgedr. in Feuchte, Quellen, 8. Teil, 27.
24 Hierzu Beilage 970, abgedr. in: Feuchte, Quellen, 8. Teil, 19.
25 53. Sitzung der VLV am 8.10.1953, in: Feuchte, Quellen, 8. Teil, 168 ff.
26 Abg. *Geisel* (SPD) vor dem Landtag am 9.5.1974, Pl.-Prot. 3451.
27 LT-Drs. 6/1115; Pl.-Prot. 6/16, 807-815.
28 Abg. *Volz* (CDU) am 9.5.1974, Pl.-Prot. 3453.
29 LT-Drs. 6/2521, Pl.-Prot. 6/30, 1739-1742.
30 Ausschusskompromissempfehlung LT-Drs. 6/4828; Pl.-Prot 6/54, 3451-3456.
31 Schlussabstimmung am 9.5.1974, Pl.-Prot. 3456; LT-Drs. 5/5065.
32 LT-Drs. 6/7260, 7958, 8224, 8290; Pl.-Prot. 6/83, 94; GBl. 1975, 680.

Mit dem 21. LVÄndG v. 1.12.2015 (GBl. 1030) wurde Art. 59 grundlegend 8
neu gefasst. Die Änderung beruhte auf einer Vereinbarung der interfraktionellen Arbeitsgruppe „Bürgerbeteiligung" vom 19.12.2013, in welcher CDU, Bündnis 90/Die Grünen, SPD und FDP/DVP vertreten waren. Die Verfassungsänderung, die auch eine Änderung des Art. 60 mit sich brachte, diente dem Ziel, die Einflussnahme des Volks auf das Parlament durch die **Einführung eines Volksantrags** zu erweitern und die Möglichkeit zur unmittelbaren Entscheidung durch Volksbegehren und Volksentscheid – insbesondere durch **Absenkung der notwendigen Quoren** (jeweils um 40 v.H. des ursprünglichen Quorums) – zu erleichtern.[33] Sie erging in Reaktion auf die anhaltende Kritik der bestehenden Gesetzesfassung, die hohe Hürden für die Durchführung einer Volksabstimmung aufstellte.

Zudem wurde die bereits bisher bestehende Möglichkeit eines Volksbegehrens durch das Instrument des Volksantrags ergänzt; der bisherige Abs. 2 wurde daher – mit einigen Änderungen (→ Rn. 46) – in der Neufassung zu Abs. 3. Als Folgeänderung wurde der bisherige Absatz 3 unverändert zu Abs. 4.[34] 9

III. Verfassungsvergleichende Einordnung

Das **Grundgesetz** kennt keine Gesetzgebungsinitiative des Volkes und nur 10
in sehr beschränkten Ausnahmefällen eine direkte Beteiligung des Volkes (vgl. Art. 29 II-VI, 146 GG); die Ausübung von Staatsgewalt erfolgt hiernach regelmäßig indirekt über Wahlen (Art. 20 II 2 GG). Dies ist Folge der Erfahrungen mit der Volksgesetzgebung unter der Weimarer Verfassung (so in Art. 73, 76 WRV),[35] obwohl einschränkend zu betonen ist, dass in der kurzen zeitlichen Phase der Weimarer Republik kein einziges Volksgesetzgebungsverfahren erfolgreich[36] durchgeführt wurde.[37] Unter nationalsozialistischer Herrschaft degenerierten Plebiszite dann allerdings zum reinen „Akklamationsinstrument".[38] In der Folge entschieden sich die Mütter und Väter des Grundgesetzes – auch unter dem Eindruck der stark parlamentszentrierten angelsächsischen Regierungssysteme – weitgehend gegen direktdemokratische Elemente.[39]

---

33 LT-Drs. 15/7178, 1 f.
34 LT-Drs. 15/7178, 8.
35 Zur Missbrauchsanfälligkeit dieses Instrument in Weimar *Feuchte*, Geschichte, 216 f. Allerdings ist zu beachten, dass Art. 73 I WRV auch die Möglichkeit vorsah, dass der Reichspräsident gegen jedes vom Reichstag beschlossene Gesetz einen Volksentscheid anordnen kann, wodurch die politische Legitimation des Parlaments deutlich ausgehöhlt wurde. Das in Art. 73 WRV vorgesehene Volksgesetzgebungsverfahren wurde in der Weimarer Republik zudem nicht erfolgreich angewandt: *Feuchte*, Geschichte, 217; *ders* in: Spreng/Birn/Feuchte, Art. 59 Anm. 2.
36 Konkret wurden Volksentscheide zur Frage der „Enteignung der Fürstenvermögen" im Jahre 1926 sowie gegen den Young-Plan im Jahre 1929 durchgeführt, die jedoch jeweils am erforderlichen Beteiligungsquorum scheiterten; hierzu ausf. *Büttner*, Weimar, 354 ff., 375 ff.
37 *Hartmann*, VerwArch 98 (2007), 500 (502).
38 *Möstl*, VVDStRL 72 (2013), 355 (356).
39 Siehe hierzu *Theodor Heuss*, Plenum Parl. Rat, Sten.Ber., 43; *Katz* und *v. Mangoldt*, Hauptaussch. Parl. Rat, 264, 246.

11 Die **Konzeptionen der Landesverfassungen** stehen der unmittelbaren Volksbeteiligung hingegen offener gegenüber.[40] Die Landesverfassungen kennen regelmäßig die Möglichkeit des Volksbegehrens bzw. des Volksentscheids; dem stehen – auch mit Blick auf Art. 28 I 1 GG – keine verfassungsrechtlichen Bedenken entgegen, solange dem parlamentarischen Gesetzgeber eine vorrangige Bedeutung zukommt.[41] Dies ist im Hinblick auf die baden-württembergische Verfassung zweifelsohne anzunehmen. Das Gesetzgebungsverfahren nach Art. 59 II, III sowie Art. 60 I-III ist schwerfällig und langsam; die Volksabstimmung nach Art. 60 I-III sowie Art. 64 III ist stets „nachstufiges Entscheidungselement".[42]

12 Auch die Volksinitiative (in BW als Volksantrag bezeichnet) konnte sich mittlerweile in den meisten Landesverfassungen durchsetzen. Tlw. ist sie notwendige Vorstufe des Volksbegehrens, so in Hamburg,[43] Brandenburg[44] und Schleswig-Holstein.[45] Dann handelt es sich um ein sog. **dreistufiges Verfahren** (→ Rn. 18). In Baden-Württemberg ist hingegen ein **zweistufiges Verfahren** vorgesehen: Volksbegehren und Volksentscheid können unabhängig von einem vorherigen Volksantrag angestoßen werden.

B. Erläuterung

I. Regelungssystematik

1. Volksbegehren und Volksantrag

13 Unter einem **Volksbegehren** i.S.d. Art. 59 I, III LV versteht man das „Begehren von Wahlberechtigten nach einer gesetzlichen Regelung, sei es der Erlaß, die Änderung oder die Aufhebung eines einfachen Gesetzes".[46] Es ist zu unterscheiden von der **Volksabstimmung**, d.h. „der Entscheidung der Stimmberechtigten über die Annahme einer durch Volksbegehren oder auf andere Weise eingebrachten Gesetzesvorlage [...] oder ihre Ablehnung", die in Art. 60 I-III LV geregelt ist.[47]

14 Das Volksbegehren wird nun durch einen **Volksantrag** ergänzt. Dieser kann – anders als das Volksbegehren – nicht nur Gesetzesentwürfe, sondern jegliche „Gegenstände der politischen Willensbildung im Zuständigkeitsbereich des Landtags" (Abs. 2) enthalten und soll daher als „Seismograph für die Belange und Anliegen des Volkes"[48] dienen. Im Abschnitt über die Gesetzgebung wurde der Volksantrag dennoch – ausweislich der Gesetzesbegründung – „wegen des engen Zusammenhangs mit dem Volksbegehren und der Volksabstimmung als althergebrachte direktdemokrati-

---

40 *Stern*, StaatsR I, 455 spricht vom „Kontrapunkt zum pronounciert antiplebiszitären Grundgesetz".
41 Statt vieler BVerfGE 60, 175 (207 f.); *Möstl*, VVDStRL 72 (2013), 355 (366 ff.); *Weber*, DÖV 1985, 179 (179). Hierzu sehr ausf. *Mehde* in: Maunz/Dürig, Art. 28 Abs. 1, Rn. 64 ff., zu notwendigen Mindestanforderungen *ders.*, aaO., Rn. 67 ff.
42 *Braun*, Art. 59 Rn. 27.
43 Art. 50 HambVerf.
44 Art. 76 f. BbgVerf.
45 Art. 48 f. SchlHVerf.
46 *Braun*, Art. 59 Rn. 30. Hier auch zu Unterscheidung zwischen *direkten* und *indirekten* Volksbegehren.
47 *Braun*, Art. 59 Rn. 31.
48 LT-Drs. 15/7178, 6.

sche Instrumente"[49] eingefügt. Beide Instrumente stehen gleichberechtigt nebeneinander.[50]

Während eine durch **Volksbegehren** eingebrachte Gesetzesvorlage nach Art. 60 I LV zur **Volksabstimmung** zu bringen ist,[51] wenn der Landtag dieser nicht unverändert zustimmt,[52] entfaltet ein **Volksantrag** keine andere Bindungswirkung, als dass der Landtag verpflichtet wird, sich mit dem Gegenstand des Volksantrags (innerhalb angemessener Zeit) zu befassen.[53] Dies bedeutet die **Diskussion** und **Beschlussfassung**. § 50 e II 1 GO LT verlangt entsprechend, dass Volksanträge so gefasst werden, „dass sie zum Beschluss erhoben werden können".[54] Je nach Gegenstand muss es sich hierbei wohl zumindest um eine abschließende Stellungnahme handeln. Damit unterscheidet sich der Volksantrag explizit von einer „Massenpetition",[55] welche die erforderlichen Quoren auch nicht erklären könnte. Gemäß § 50 e V GO LT werden Volksanträge in der Regel in einer Beratung erledigt.[56] Nach Zulassung des Volksantrags befasst sich der Landtag innerhalb von drei Monaten mit dem Volksantrag und entscheidet über diesen (§ 50 e VIII GO LT). Bleibt der Volksantrag erfolglos, so bleibt u.U. nach Art. 59 III 2 LV die Möglichkeit, ein Volksbegehren einzuleiten.

15

Weder die LV noch das VAbstG oder die GO LT sehen vor, innerhalb welcher Frist diese Befassung zu erfolgen hat. Soll die aus Art. 59 II LV resultierende Befassungspflicht nicht ausgehöhlt werden, bedarf es dennoch einer **zeitlichen Begrenzung**. Diese kann mit Blick auf andere verfassungsrechtliche und gesetzliche Regelungen erfolgen: So finden sich in den anderen Bundesländern Fristenregelungen von drei,[57] vier,[58] fünf[59] oder sechs[60] Monaten.[61] Mindestens die weiteste Frist von sechs Monaten ist daher auch für das baden-württembergische Verfahren zu Grunde zu legen. Über-

16

---

49 LT-Drs. 15/7178, 6.
50 Anders etwa in Brandenburg, Hamburg und Schleswig-Holstein, wo die Durchführung eines Volksantrags Voraussetzung für die Durchführung eines Volksbegehrens ist (vgl. hierzu oben Fn. 42, 43 & 44).
51 *Ennuschat* in: Kluth/Krings, § 27 Rn. 10 spricht von einem „Devolutiveffekt".
52 Stimmt der Landtag unverändert zu, haben die Initianten ihr Ziel erreicht. Aus „Gründen der Zweckmäßigkeit" wird dann „von der mit erheblichem Aufwand und Kosten verbundenen Volksabstimmung abgesehen" (*Schlenker*, VBlBW 1988, 121 [122] mit Verweis auf *C. Schmitt*, 11).
53 *Kühne* bezeichnet dieses Verfahren daher auch als „Befassungserzwingungsverfahren" (NdsVBl 1995, 25 [26 f.]).
54 Entsprechend geht § 50 e VIII 1 GO LT von einer *Entscheidung* des Landtags aus.
55 Krit. zu dieser Begrifflichkeit u.a. *Ipsen*, NdsVerf, Art. 47 Rn. 9; siehe hierzu auch die Gegenüberstellung bei NdsLT-Drs. 12/5840, 28.
56 Dies gilt auch, wenn sie einen Gesetzentwurf zum Gegenstand haben (§ 50 e V GO LT).
57 § 4 V 1 Volksinitiative-Verfahrensgesetz NRW; Art. 108 a II 2 RPVerf, § 60 f IV 1 LWahlG RP; § 9 I VAbstG LSA, wenn Volksinitiative keinen Gesetzentwurf zum Inhalt hat; § 9 I, II VaG M-V.
58 § 9 I AbstG Berl; Art. 77 I BbgVerf, § 12 II 1 VAbstG Bbg; Art. 50 II 4 HambVerf; Art. 49 I 1 SchlHVerf; § 8 S. 2 ThürBVVG.
59 3 Monate (§ 3 I 1 SaarlVAbstG) + 2 Monate (§ 3 II 1 SaarlVAbstG).
60 Art. 72 I 1 SächsVerf; § 9 III VAbstG LSA, wenn Volksinitiative einen Gesetzentwurf zum Inhalt hat.
61 Die Nichtannahme des Parlaments innerhalb der Frist ermächtigt in der Folge ein Volksbegehren in Gang zu setzen (so Art. 72 I 1 SächsVerf; Art. 62 III 2, IV 1 BerlVerf, § 18 I 1 AbstG Berl; Art. 108 a II 3 RPVerf, § 60 f VI 1 LWahlG RP; Art. 77 I

schreitet der Landtag diese Frist ohne eine Befassung, ist von einer bloßen Verzögerung der Angelegenheit auszugehen, die nicht mehr von sachlichen Gründen getragen ist.

17 Lehnt der Landtag als Ergebnis die weitergehende Beschäftigung mit der politischen Thematik (wenn auch nur durch einfaches Unterlassen innerhalb der oben genannten Frist) oder die Annahme eines durch Volksantrag eingebrachten Gesetzes ab, so bleibt die Möglichkeit, sofern es sich um einen ausgearbeiteten und mit Gründen versehenen Gesetzesentwurf handelt, diesen **in Gestalt eines Volksbegehrens einzureichen** (Art. 59 III 2 LV),[62] über welchen dann gegebenenfalls nachgeordnet eine Volksabstimmung durchgeführt werden kann. Der „Umweg" über Art. 59 II, III 2 LV kann sich mit Blick darauf anbieten, dass das Antragsquorum des Volksantrags im Vergleich zum Volksbegehren deutlich reduziert ist.[63]

18 Soweit der Weg über das Volksbegehren nach Abs. 3 S. 3 versperrt ist, ist das Anliegen hingegen endgültig gescheitert.[64] Es handelt sich bei dem Volksantrag also um eine **„imperfekte" (= folgenlose, unverbindliche) Volkskompetenz,**[65] die „behutsam" und „schadlos-experimentell", gleichzeitig aber durchaus politisch bedeutungsschwer wirken kann.[66] Es handelt sich dabei um ein Novum bürgerschaftlicher Politikbeteiligung, welches mittlerweile in den meisten Landesverfassungen als Volksantrag[67] oder häufiger als Volksinitiative[68] bekannt ist. Die Ausgestaltung im Einzelnen differenziert.[69] So lässt sich insbesondere zwischen einem zwei- und einem dreistufigen Verfahren unterscheiden: Bei letzteren eröffnet erst die Ablehnung der Volksinitiative den Weg zum Volksbegehren; so die Fassung in Brandenburg[70], Hamburg[71] und Schleswig-Holstein.[72] BW geht hingegen – wie etwa auch Niedersachsen[73] und die meisten anderen Bundesländer – den Weg, den Volksantrag als eigenständiges Verfahren auszugestalten, so dass das Volksbegehren auch ohne vorgelagerten Volksantrag durchgeführt werden kann.

BbgVerf; Art. 50 II 4 HambVerf; Art. 100 I 1 SaarlVerf, § 16 I 1 SaarlVAbstG). Tlw. ist die erfolglose Durchführung der Volksinitiative Voraussetzung für die Durchführung des Volksbegehrens (→ Rn. 139).
62 So auch nach Art. 108 a II 3 RPVerf.
63 0,5 Prozent im Vergleich zu 10 Prozent der Wahlberechtigten.
64 LT-Drs. 15/7178, 7.
65 Zum Begriff *Pestalozza*, Popularvorbehalt, 25; *Rommelfanger*, Referendum, 49 f.
66 *Pestalozza*, Popularvorbehalt, 25, 26 mit Bsp. aus Österreich.
67 Ebenso wie Art. 60 LV spricht auch § 67 a NRWVerf vom „Volksantrag"; Art. 87, 123 I BremVerf kennt den „Bürgerantrag". Irreführend allerdings die Bezeichnung in Art. 71 SächsVerf: dem dort genannten „Volksantrag" muss enger ein „mit Gründen versehener Gesetzentwurf zugrunde liegen"; es handelt sich hierbei im eigentlichen Sinne um eine Vorstufe zum Volksbegehren.
68 Art. 61 BerlVerf (sog. Einwohnerinitiative); Art. 47 NdsVerf, 108 a RPVerf, 80 SchlHVerf, 76 BbgVerf, 50 HambVerf (nicht zu verwechseln mit der Volkspetition nach Art. 29 HambVerf); Art. 59 MVVerf, 48 SchlHVerf, 98 a SaarlVerf (eingefügt durch Gesetz Nr. 1805 vom 15.5.2013, ABl. I 178).
69 Zu weiteren Details *Hebeler* in: Brocker/Droege/Jutzi, Art. 108 a Rn. 4.
70 Art. 76, 77 I BbgVerf.
71 Art. 50 HambVerf.
72 Art. 48, 49 I SchHVerf.
73 Art 47 NdsVerf.

Vermissen[74] lassen eine solche Regelung lediglich die Verfassungen Bayerns, Thüringens und Hessens.[75] BW schließt daher mit der Einführung des Volksantrags eine Lücke. Die bisher in der LV bekannten **Instrumente des Volksbegehrens bzw. der Volksabstimmung** sind hingegen mit bindender, nicht nur konsultativer Wirkung ausgestattet und daher als „**perfekte**" (= **folgenreiche**) **Volkskompetenz** zu bezeichnen.[76]

Inhalt des Volksantrags kann – und darin stimmen die Landesverfassungen im Wesentlichen überein – **jeder Gegenstand der politischen Willensbildung im Zuständigkeitsbereich des Landtags** sein. Es handelt sich hierbei um einen „unbestimmten Rechtsbegriff des Verfassungsrechts".[77] Darunter fallen „Gegenstände, die der Landtag in Plenarsitzungen behandelt und über die ein Beschluss herbeigeführt werden kann".[78] Der Gegenstand muss also „der Meinungs- und damit auch der Mehrheitsbildung im Parlament zugänglich"[79] und zugleich politisch „von Belang" sein.[80] Fraglich ist, wieweit der eingebrachte „Gegenstand" bestimmt sein muss. *Hebeler*[81] bejaht dies mit Blick auf die abweichende Formulierung in Art. 108a I 1 RPVerf.[82] Allerdings ist zu berücksichtigen, dass der Gegenstand der Volksinitiative bzw. eines Volksantrags gerade nicht „einer gesetzlichen Regelung zugänglich sein muss",[83] sondern das Verfahren lediglich eine Befassungspflicht des Landtags auslöst (Art. 59 II 1 LV). Die hierdurch eröffnete Möglichkeit, den demokratischen Willensbildungsprozess anzustoßen, plädiert vielmehr für ein weites Verständnis.[84] Eine hinreichende Konkretisierung ist allerdings dann erforderlich, wenn in das Verfahren des Volksbegehrens eingetreten wird.

Neben dem Gesetzentwurf können **Gegenstand eines Volksantrags** bspw. Begehren eines schlichten Parlamentsbeschlusses, Missbilligungsanträge gegen Mitglieder der Landesregierung/Ministerentlassungsbeschluss (Art. 56), Einleitung eines Misstrauensvotums,[85] auch die Kabinettskompe-

---

74 Hier bleibt nur die Möglichkeit einer Petition (so nach Art. 115 I BayVerf; Art. 16 HessVerf; Art. 14 ThürVerf).
75 Letztere soll gegenwärtig zwar umfassend umgestaltet werden; eine Einführung weiterer direktdemokratischer Elemente ist zum gegenwärtigen Zeitpunkt jedoch nicht vorgesehen.
76 *Rommelfanger*, Referendum, 46 ff.
77 *Stender-Vorwachs* in: Epping/Butzer u.a., Art. 47 Rn. 10.
78 *Stender-Vorwachs* in: Epping/Butzer u.a., Art. 47 Rn. 10. Im Ergebnis ebenso *Litten* in: Classen/Litten/Wallerath, Art. 59 Rn. 4.
79 *Stender-Vorwachs* in: Epping/Butzer u.a., Art. 47 Rn. 10.
80 So bei *Stender-Vorwachs* in: Epping/Butzer u.a., Art. 47 Rn. 10.
81 *Hebeler* in: Brocker/Droege/Jutzi, Art. 108a Rn. 5. Zu unbestimmt erscheint ihm bspw. eine Volksinitiative, „die zum Inhalt hat, die LReg möge einem breiten Politikfeld (etwa: dem Ausbau der Energiegewinnung auf regenerativen Quellen) stärkere Aufmerksamkeit schenken".
82 Nach Art. 108a I 1 RPVerf haben Staatsbürger „das Recht, den Landtag im Rahmen seiner Entscheidungszuständigkeit mit *bestimmten* Gegenständen der politischen Willensbildung zu befassen". Siehe auch die parallelen Formulierung in Art. 61 I 1 BerlVerf sowie Art. 47 NdsVerf.
83 So aber *Hebeler* in: Brocker/Droege/Jutzi, Art. 108a Rn. 5.
84 Nach *Litten* in: Classen/Litten/Wallerath, Art. 59 Rn. 4 sind etwa auch „Meinungsäußerungen allg. Art, Aufträge an die LReg" taugliche Gegenstände politischer Willensbildung.
85 So die Aufzählung bei *Stender-Vorwachs* in: Epping/Butzer u.a., Art. 47 Rn. 10.

tenz über die Stimmabgabe im Bundesrat nach Art. 49 II LV (sehr str., siehe hierzu → Rn. 27 sowie → Art. 49 Rn. 72 ff.) und die Kompetenz des Ministerpräsidenten zum Abschluss von Staatsverträgen nach Art. 50 LV sein. Hierbei handelt es sich um Materien, die mangels Gesetzgebungsbefugnis (!) nicht vom Volksbegehren umfasst sind.[86]

22 Allerdings eröffnet Abs. 2 nicht die Möglichkeit, die **Landtagsauflösung** zum Gegenstand eines Volksantrags nach Art. 59 II LV zu machen. Dies stellt Abs. 2 S. 3 definitiv klar.[87] Für diesen Fall gilt weiterhin Art. 43 II LV.

23 Anders als bei einem Volksbegehren können auch **Abgabengesetze, Besoldungsgesetze und das Staatshaushaltsgesetz** Gegenstand eines Volksantrags sein. Eine diesbezügliche Einschränkung ist – anders als in anderen Landesverfassungen[88] – gerade nicht erwähnt. Dies entspricht auch der Gesetzesbegründung: Die „Letztentscheidung über diese Gesetze – und damit das uneingeschränkte Budgetrecht – verbleibt wie bisher dem Parlament, da eine Beschlussfassung des Volkes über diese Gesetze" (in Gestalt von Volksbegehren und nachfolgenden Volksabstimmungen) ausgeschlossen ist.[89] Die weite Fassung ist unschädlich, da hieran keine über die bloße „Befassung"[90] hinausgehende Verpflichtung des Parlaments geknüpft ist. Die sachadäquate Aufstellung eines umfassenden Staatshaushaltsgesetzes durch das Volk erscheint allerdings – anders als die Aufstellung eines Gemeindehaushalts – letztlich unwahrscheinlich und wenig erfolgversprechend.

24 **Träger des Volksantrags** (wie des Volksbegehrens) ist ausweislich des Verfassungswortlauts das „Volk". Der Wortlaut verweist nicht zwingend nur auf deutsche Staatsbürger.[91] Da der *Volksantrag* keinen Teil der Volksgesetzgebung darstellt (zu dieser bereits unter Rn. 3), handelt es sich hierbei nicht um die „Ausübung von Staatsgewalt" iSd Art. 20 II 2 GG, so dass auch das Demokratieprinzip keine solche Beschränkung verlangt. Art. 22 I BbgVerf sieht etwa vor, dass „Bürger"[92] und „andere Einwohner"[93] das Recht haben, sich an Volksinitiativen zu beteiligen, worin eine Entkoppelung von der Staatsangehörigkeit liegt. Einer solchen weiten Ausgestaltung ist eine demokratie- und integrationsfördernde Wirkung zu bescheinigen, soweit das Beteiligungsrecht auch Ausländern mit ständigem Aufenthalt zugestanden wird.[94] Für BW sieht das VAbstG in § 42 III hingegen nur die Beteiligung „der bei der letzten Landtagswahl oder Volksabstimmung Wahlberechtigten, die im Zeitpunkt der Unterzeichnung zum Landtag

---

86 So bereits *Braun*, Art. 59 Rn. 41.
87 LT-Drs. 15/7178, 7.
88 Siehe im Vergleich etwa § 108 a I RPVerf.
89 LT-Drs. 15/7178, 7.
90 Siehe hierzu auch LT-Drs. 15/7178, 7.
91 Vgl. hierzu Art. 28 I 3 GG; Art. 72 I 2 LV. Anders verhält es sich etwa bei Art. 108 a I 1 RPVerf, wonach die Initiative von „Staatsbürgern" ausgehen kann, was nach Art. 75 II 1 RPVerf alle Deutschen sind, die in Rheinland-Pfalz wohnen oder sich sonst gewöhnlich dort aufhalten.
92 Nach Art. 3 I 1 BbgVerf „alle Deutschen im Sinne des Artikels 116 Absatz 1 des Grundgesetzes mit ständigem Wohnsitz im Land Brandenburg."
93 Nach Art. 3 I 2 BbgVerf „alle Personen mit ständigem Wohnsitz im Land Brandenburg, unabhängig von der Staatsangehörigkeit."
94 So auch *Litten* in: Classen/Litten/Wallerath, Art. 59 Rn. 3.

wahlberechtigt sein müssen", vor. Einer Erweiterung der Beteiligungsfähigkeit stünden aber wie gesehen jedenfalls keine verfassungsrechtlichen Bedenken entgegen.

Der **Gegenstand eines Volksbegehrens** muss im Rahmen der Zuständigkeiten zur Gesetzgebung liegen; er muss also Bestandteil der Landeskompetenz und – anders als der Volksantrag – **Bestandteil der Gesetzgebungskompetenz** des Landes sein. Problematisch war das in der Vergangenheit bei einem Volksbegehren, das die Landesregierung verpflichten sollte, „im Rahmen der ihr durch Grundgesetz und Landesverfassung zugewiesenen Aufgaben und Befugnisse" die Stationierung von Massenvernichtungswaffen auf dem Landesgebiet von BW zu verhindern und auf die Beseitigung der dort bereits gelagerten Mittelstreckenraketen hinzuwirken.[95] Wegen Verstoßes gegen den Grundsatz der Gewaltenteilung hatte das Innenministerium die Zulassung des Volksbegehrens abgelehnt, der StGH hatte diese Entscheidung bestätigt.[96] Inhaltlich betraf das Volksbegehren den Bereich der auswärtigen Beziehungen und der Verteidigung des Bundes; beide liegen gem. Art. 73 Nr. 1 GG in der ausschließlichen Zuständigkeit des Bundes – konkret in der Entscheidungsgewalt der Bundesregierung. Formell war die Initiative darauf ausgerichtet, die grundsätzlich der Regierung nach Art. 25 LV zugewiesene Funktion der vollziehenden Gewalt zu beschränken. Strittig ist, ob zu deren Kernbereich[97] die Vorbehalte für den Ministerpräsidenten und die Gesamtregierung in Art. 49 LV, damit auch die Richtlinienkompetenz (so Abs. 1) und die Entscheidung über die Stimmabgabe im Bundesrat (so Abs. 2) gehören sollen (zur Problematik noch unter → Rn. 27; s. auch → Art. 49 Rn. 72 ff.).

Befassungsfähig sind im Rahmen des **Volksantrags** nur Gegenstände, die sich im **Zuständigkeitsbereich des Landtags** bewegen. Auch diese Formulierung bezieht sich – wie die obige Einschränkung – auf die **vertikale wie die horizontale Gewaltenteilung**. Ausgenommen sind daher zum einen Beratungs- und Beschlussgegenstände, die sich außerhalb der Landeskompetenz bewegen. So liegen die Gesamtkonzeption der Verteidigung und ihre Weiterentwicklung alleine in der Verantwortung und Zuständigkeit des Bundes.[98] Zum anderen wird über diese Beschränkung die Kompetenz des Landtags von jener der Exekutive und der Rechtsprechung abgegrenzt (im Rahmen des Volksbegehrens erfolgt dies über das Erfordernis der Gesetzgebungskompetenz; vgl. Art. 25 I 2 LV). Der Volksantrag erfasst darüber hinaus auch nicht-gesetzgeberische Handlungen des Landtags.

Auf der horizontalen Ebene fehlt es an einer überschneidungsfreien Abgrenzbarkeit der Gewalten; insbesondere die Zuständigkeiten von Exekutive und Legislative überschneiden sich partiell: es liegt gerade auch in der Kompetenz des Gesetzgebers die Exekutive durch gesetzliche Regelungen zu steuern. Ein Verstoß gegen den Grundsatz der Gewaltenteilung wird da-

---

95 Hierzu *Preuß*, DVBl. 1985, 710 ff.
96 StGH, ESVGH 36, 161 ff. mit – nicht zum Ergebnis, jedoch zur Begründung – kritischer Anmerkung *Arndt*, VBlBW 1986, 416 ff.
97 *Insoweit* kritisch in detailreicher Auseinandersetzung mit der verfassungsrechtlichen Literatur *Arndt*, VBlBW 1986, 416 (417).
98 Siehe hierzu BVerfGE 8, 104 (116); 8, 122 (138).

her erst angenommen, wenn ein Eingriff in den **Kernbereich exekutiver Entscheidungshoheit** vorliegt (s. dazu auch → Art. 27 Rn. 19, 43 ff.). Wann dieser vorliegt, ist im Einzelnen umstritten; dies betrifft insbesondere die Einflussnahme auf das Abstimmungsverhalten der Landesregierung im Bundesrat.[99] Dagegen kann vor allem die abweichende Rechtslage in Bremen und Berlin[100] vorgebracht werden.[101] Auch im Hinblick auf die niedersächsische Verfassung findet sich – mit Verweis auf die Gesetzgebungsgeschichte[102] – dezidiert diese Auffassung.[103] Damit kann jedoch keine Bindung der Exekutive verbunden sein.[104]

28 Verfassungspolitisch bestehen an dieser – auch den anderen landesverfassungsrechtlichen Bestimmungen entnommenen – Beschränkung durchaus Zweifel, ist doch schließlich „das ungeteilte Volk der Souverän [...], (der) über seinen Organen steht und auch auf die Exekutive Einfluss nehmen kann".[105] Hier wird – länderübergreifend – die Chance vertan, über den Volksantrag auch eine Anstoßfunktion für sonstige Gewalten auf Landesebene entfalten zu können.

29 Der Gegenstand des Volksbegehrens muss auch im Übrigen verfassungsgemäß sein. Dies bedeutet im Einzelnen, dass der Gesetzentwurf **grundrechtskonform** sein muss. Zugleich muss er sich am Maßstab des Art. 19 GG (Zitiergebot, Verbot des Einzelfallgesetzes,[106] Wesensgehaltsgarantie) messen lassen und darf nicht gegen das Rückwirkungsverbot verstoßen. Dies erklärt sich daraus, dass auch der Volksgesetzgeber hoheitliche Gewalt ausübt[107] und daher i.S.d. Art. 1 Abs. 3, Art. 20 Abs. 3 GG, Art. 25 Abs. 2 LV an die verfassungsmäßige Ordnung in Bund und Land gebunden ist.[108] Die Befürchtung, dass das personelle Zusammentreffen von Grundrechtsberechtigtem und Grundrechtsverpflichtetem die „Geltungs- und Gestaltungskraft der Grundrechte" schwäche,[109] verkennt die funktionale Wirkung der Grundrechte, die weniger akteurs- als vielmehr entscheidungsbezogen sind. So ist die Mehrheit der Stimmberechtigten in gleichem Maße

---

99 Einen Eingriff annehmend *Haug*, ZParl 2012, 446 (454 ff.) m.w.N.
100 Hier sprechen die Landesverfassungen den Landesparlamenten entscheidenden Einfluss auf die Bundesratsarbeit zu; vgl. Art. 118 I 1 BremVerf; Art. 58 II 2 BerlVerf.
101 *Arndt*, VBlBW 1986, 416 (417).
102 NdsLT-Drs. 12/5840, 29.
103 Siehe *Stender-Vorwachs* in: Epping/Butzer u.a., Art. 47 Rn. 12; aA *Ipsen*, NdsVerf, Art. 47 Rn. 7.
104 So auch *Stender-Vorwachs* in: Epping/Butzer u.a., Art. 47 Rn. 12, der darauf verweist, dass auch das Parlament nicht gehindert sei, „seine Auffassung zum Abstimmungsverhalten durch Beschluss darzulegen". In diesem Sinne dann auch wiederum *Ipsen*, NdsVerf, Art. 47 Rn. 7.
105 *Geitmann*, VBlBW 2008, 121 (127).
106 Zur Problematik eines möglichen Verstoßes gegen Art. 19 I 1 GG (Einzelfallgesetz) im Zusammenhang mit S 21 *Haug*, ZParl 2012, 446 (452), der stattdessen vom Vorliegen eines Maßnahmegesetzes ausgeht.
107 Siehe hierzu *Ennuschat* in: Kluth/Krings, § 27 Rn. 18; *Hartmann*, VerwArch 98 (2008), 500 (508 f.) mwN.
108 Nach StGH, B. v. 22.5.2012, GR (V) 3/12, S. 8 (https://verfgh.baden-wuertemberg.de/fileadmin/redaktion/m-stgh/dateien/120522_Beschluss-GR_V_3-12-Endfassung_anonymisiert.pdf) resultiert hieraus eine Prüfungspflicht des Volkes.
109 So *Kirchhof*, Gutachtliche Stellungnahme, 14.

wie ein staatlicher Entscheidungsträger verpflichtet, die grundrechtlichen Freiheiten insbesondere der Minderheit zu schützen.

Die Einhaltung der inhaltlichen und formalen Voraussetzungen (zu letzteren noch unter→ Rn. 45 ff. für das Volksbegehren und → Rn. 60 ff. für den Volksantrag) wird im Rahmen der **Zulassungsentscheidung durch das Innenministerium** geprüft. 30

2. Gesetzliche Konkretisierung

Gemäß Abs. 5 regelt „das Nähere" ein Gesetz. Von dieser Konkretisierungsbefugnis hat der Gesetzgeber durch eine Änderung des Volksabstimmungsgesetzes Gebrauch gemacht, das bereits bisher das Verfahren zu Volksbegehren und Volksabstimmungen innerhalb des Verfassungsrahmens (bislang auf der Grundlage des Art. 26 VII LV)[110] konkretisiert hat. Die Geltung dieser Norm war schon für das Volksbegehren umstritten; nicht anwendbar ist sie in jedem Fall auf den Volksantrag. „Durch die Anfügung des neuen Absatzes 5 soll klar normiert werden, dass der einfache Gesetzgeber auch die Regelungen über den Volksantrag und das Volksbegehren [...] konkretisieren darf."[111] Im Volksabstimmungsgesetz wird die **nähere Ausgestaltung der plebiszitären Elemente** (u.a. Form und Frist der Unterschriftensammlungen) geregelt, um „die Landesverfassung schlank und prägnant zu halten und nicht mit Detailregelungen zu überfrachten".[112] Die Notwendigkeit einer gesetzlichen Regelung folgt „aus ihrer Bedeutung für ein rechtlich abgesichertes Verfahren zur Verwirklichung der verfassungsmäßigen Rechte der Bürger" und ist damit **Ausdruck des Wesentlichkeitsvorbehalts** (→ Art. 58 Rn. 10 ff.).[113] 31

Das Volksabstimmungsgesetz hat durch die verfassungsrechtlichen Änderungen im Hinblick auf direktdemokratische Elemente einen deutlichen Änderungsbedarf erfahren, dem durch die Neufassung des Gesetzes vom 20.6.2016 genügt wurde. Das Gesetz musste zugleich dem Landtagswahlrecht angepasst werden: Das Volksabstimmungsrecht ist **im Grundsatz dem Landtagswahlrecht nachgebildet**. Während das Landtagswahlrecht mehrfach, zuletzt im Jahre 2010, geändert wurde, sind bei dem ursprünglich aus dem Jahre 1984 stammenden Volksabstimmungsrecht keine entsprechenden Anpassungen erfolgt. Aufgrund der Änderungen des Landtagswahlrechts waren die Verweisungen im Volksabstimmungsgesetz in Teilen nicht mehr zutreffend.[114] 32

II. Das Gesetzgebungsverfahren
1. Gesetzesinitiative (Abs. 1–3)
a) Allgemeines

Gesetzesinitiativrecht meint das Recht, beim Parlament Gesetzesvorlagen einbringen zu können, über welche dieses in einem förmlichen Gesetzge- 33

---

110 So *Feuchte* in: Feuchte, Art. 59 Rn. 4; *Schlenker*, VBlBW 1988, 121 (122).
111 LT-Drs. 15/7178, 8.
112 LT-Drs. 15/7178, 5.
113 *Feuchte* in: Feuchte, Art. 59 Rn. 18.
114 LT-Drs. 15/7330, 18.

bungsverfahren beraten und abschließend Beschluss fassen muss.[115] Eine Gesetzesvorlage erfordert einen vollständig ausformulierten, in schriftlicher oder elektronischer Form (vgl. § 126 III BGB) verfassten Gesetzentwurf, den der Bundestag ohne Weiteres beschließen kann.[116] Dieses Recht kommt nach Art. 59 I LV der Regierung, Abgeordneten oder dem Volk durch Volksbegehren oder Volksantrag zu. Der **Begriff des Einbringens** umfasst den Akt der Übergabe einer Gesetzesvorlage an den Landtag, verbunden mit dem Antrag, den Entwurf geschäftsordnungsgemäß zu beraten.[117] Neben dieser verfahrensrechtlichen Beschreibung wird der Gesetzesinitiative auch eine materiellrechtliche Bedeutung zugesprochen: Auch wenn der Initiant nicht zugleich der Verfasser des Gesetzesentwurfs sein muss, so muss er doch wenigstens „hinter dem Entwurf stehen", also von dem Willen getragen sein, das Gesetzgebungsverfahren erfolgreich abzuschließen.[118] Praktische Relevanz konnte diese Abgrenzung im Zusammenhang mit dem sog. S 21-Kündigungsgesetz erlangen. Dieses wurde in erster Linie eingebracht, um nach Ablehnung durch das Parlament eine Volksabstimmung nach Art. 60 III LV herbeiführen zu können. Dieses Vorgehen wurde tlw. als verfassungswidriger Missbrauch des Initiativrechts der Landesregierung angesehen.[119]

34 Das in Abs. 1, 2 des Art. 59 LV geregelte Gesetzesinitiativrecht wurde nachträglich durch das 8. LVÄndG v. 16.5.1974 um die **Möglichkeit eines Volksbegehrens** und durch 21. LVÄndG v. 1.12.2015 um die **Möglichkeit eines Volksantrags** erweitert. Die drei Initiativrechte von Regierung, Abgeordneten und Volk stehen gleichberechtigt nebeneinander.[120] Sie begründen eine Beratung- und Beschlussfassungspflicht;[121] ihre Ausübung steht jedoch regelmäßig im politischen Ermessen des handelnden Akteurs.

35 Eine Ausnahme bildet das **Staatshaushaltsgesetz**, welches durch die Regierung[122] eingebracht werden muss (dazu näher unten → Art. 79 Rn. 45 ff.).[123] Hier wird der Ausgleich von „check und balances"[124] dadurch gewahrt, dass „der gesamte Prozeß der Aufstellung und der Vollzug des Haushalts grundsätzlich Sache der Exekutive und die Kritik, die Korrektur des Entwurfs, die Feststellung des Haushalts sowie die Kontrolle und Entlastung grundsätzlich Aufgabe des Parlaments ist".[125] Dies begrenzt auch das aus den Reihen des Parlaments auszuübende Initiativrecht (→ Rn. 42). Für Volksbegehren ist nunmehr der Sachbereich des Haushaltsgesetzes gemäß Abs. 3 S. 3 ausdrücklich ausgeschlossen, was auch der

---

115 So zu Art. 76 I GG *Masing* in: v. Mangoldt/Klein/Starck, Art. 76 Rn. 56.
116 So die Def. bei *Brosius-Gersdorf* in: Dreier, Art. 76 GG Rn. 28.
117 So zu Art. 76 I GG: BVerfGE 1, 144 (153); *Masing* in: v. Mangoldt/Klein/Starck, Art. 76 Rn. 64.
118 Allerdings sehr zurückhaltend hierzu die Kommentierungen zu Art. 76 I GG; dezidiert aA *Hebeler* in: Friauf/Höfling, Art. 76 Rn. 23, der Art. 76 GG „einen rein formalen Charakter" attestiert.
119 *Dolde/Porsch*, Gutachterliche Stellungnahme, 22.
120 *Braun*, Art. 59 Rn. 10; *Feuchte* in: Feuchte, Art. 59 Rn. 12.
121 *Braun*, Art. 59 Rn. 4; *Maurer* in: Bretzinger, Rn. 92.
122 *Braun*, Art. 59 Rn. 1 mit Verweis auf Art. 79, 60 VI LV.
123 *Feuchte* in: Feuchte, Art. 59 Rn. 10; *Maurer* in: Bretzinger, Rn. 92.
124 *Stern* in: Stern II, 527, 529; insbesondere zum Haushaltsrecht 1187 ff.
125 *Feuchte* in: Feuchte, Art. 79 Rn. 6.

[Gesetzesvorlagen, Volksbegehren, Gesetzesbeschlüsse]   Artikel 59

früheren Literaturauffassung entspricht (→ Rn. 25). Bei der Einbringung des Haushaltsgesetzes sind die Vorgaben des Art. 79 III LV einzuhalten.

Eine **Handlungspflicht der Regierung** kann sich weiterhin **aus Bundesrecht oder aus vertraglichen**[126] **Verpflichtungen** ergeben, wenn ohne Regierungsinitiative eine Erfüllung der Verpflichtung des Landes nicht möglich ist.[127] Gleichermaßen kann eine Verpflichtung durch **Entscheidungen der Verfassungsgerichte** entstehen (Art. 31 I BVerfGG, § 23 VerfGHG),[128] wenn die Nichtigerklärung eine unvertretbare Lücke lässt. Pflichtgemäßes Unterlassen ist durch die anderen Verfassungsorgane im Wege des Organstreitverfahrens nach Art. 68 I Nr. 1 LV, § 44 ff. VerfGHG einklagbar.[129] Herausfordernd ist insbesondere die Geltendmachung der potenziellen Verletzung oder der unmittelbaren Gefährdung von eigenen (Verfassungs-)Rechten. Auch die Fristbestimmung kann im Einzelnen problematisch sein. 36

Eine inhaltlich unbestimmte Handlungspflicht kann sich auch aus den **Grundrechten oder den Staatszielbestimmungen** ergeben. Im Hinblick auf ihren Inhalt sind diese Pflichten von „mannigfaltigen wirtschaftlichen, politischen und haushaltsrechtlichen Gegebenheiten" abhängig. Eine richterliche Nachprüfung ist damit regelmäßig ausgeschlossen.[130] Teilweise wird daher bereits eine entsprechende Pflicht abgelehnt.[131] 37

Inhaltlich beschränkt wird das Initiativrecht durch die Vorgaben der Verfassung sowie für Verfassungsänderungen durch Art. 64 I LV (→ Art. 64 Rn. 9 ff.). 38

Gesetzesinitiativen können prinzipiell bis zur Schlussabstimmung **zurückgenommen** werden.[132] Die Rücknahme bedarf als *actus contrarius* zur Einbringung deren formeller Voraussetzungen.[133] Für die Rücknahme von Volksbegehren gilt § 31 I 1 VAbstG (vgl. hierzu auch S. 2, 3): Eine Zurücknahme des Zulassungsantrags ist nur bis zum achten Tag vor dem Beginn der freien Sammlung möglich.[134] Ist das Volksbegehren zustande gekommen, kann es nicht mehr zurückgenommen werden.[135] 39

Mit Ablauf der Legislaturperiode gilt der **Grundsatz der sachlichen Diskontinuität** (vgl. hierzu § 51 GO LT): Mit dem Ablauf der Wahlperiode 40

---

126 Dabei kann es sich insbesondere um völkerrechtliche Verträge oder Länderabkommen handeln.
127 *Braun*, Art. 59 Rn. 7 f.; *Feuchte* in: Feuchte, Art. 59 Rn. 10.
128 So bspw. StGH, BWVPr. 1979, 182 (186).
129 *Bethge* in: Maunz/Schmidt-Bleibtreu, § 64 Rn. 37 ff., 134 mit Nachw. zu Gegenstimmen. Zur Möglichkeit der Erhebung einer kommunalen Verfassungsbeschwerde *Lange*, DÖV 2014, 793 ff.
130 *Feuchte* in: Feuchte, Art. 86 Rn. 12.
131 Siehe *Braun*, Art. 59 Rn. 6.
132 So entspricht es auch der h.M. auf der Bundesebene; hierfür statt vieler *Bryde* in: v.Münch/Kunig, Art. 76 GG Rn. 7; aA hingegen *Kersten* in: Maunz/Dürig, Art. 76 Rn. 59.
133 Siehe *Dietlein* in: Epping/Hillgruber, Art. 76 GG Rn. 11; *Mann* in: Sachs, Art. 76 GG Rn. 37.
134 Die Zurücknahme muss dem Innenministerium durch gemeinsame schriftliche Erklärung der Vertrauensleute mitgeteilt werden (S. 2). Als Zurücknahme gilt auch die schriftliche Zurückziehung so vieler Unterschriften, dass dadurch die Zahl der Unterzeichner unter 10.000 sinkt (S. 3).
135 *Braun*, Art. 59 Rn. 12.

finden die beim Parlament eingebrachten Gesetzesvorlagen (aber auch Anträge, Anfragen usw.) automatisch ihre Erledigung, so dass der neue Landtag mit ihnen nur befasst werden kann, wenn sie formgerecht neu eingebracht werden.[136] Der Grundsatz der sachlichen Diskontinuität soll den Landtag „von allen vor dem Ende der Wahlperiode nicht erledigten Vorhaben entlasten, die das neue Parlament womöglich gar nicht in Angriff genommen haben würde" (näher hierzu → Art. 30 Rn. 13 ff.).[137] Anderes gilt für die direktdemokratischen Initiativrechte: Wie in § 51 S. 4 GO LT bestätigt, unterfällt das Volksbegehren nicht dem Grundsatz der Diskontinuität, „da sein eigentliches Ziel nicht die Entscheidung durch den Landtag, sondern durch das Volk im Wege der Volksabstimmung ist".[138] Dies gilt auch für das durch Volksantrag ausgeübte Initiativrecht (§ 51 S. 5 GO LT).[139]

b) Regierung (Abs. 1)

41 Das Initiativrecht der Regierung wird durch **Beschluss gemäß Art. 49 II LV** – also durch die Regierung als Kollegialorgan – ausgeübt. Der von der Regierung beschlossene Gesetzesentwurf wird dem Präsidenten des Landtags durch den Ministerpräsidenten übersandt (vgl. § 9 I GO LT).[140] Nach Art. 71 IV LV besteht eine Pflicht zur Anhörung der Gemeinden, soweit deren Rechte durch den Gesetzentwurf berührt werden (→ Art. 71 Rn. 66 ff.). Die Entwürfe werden den Landtagsfraktionen bereits zu Beginn der Anhörungen zugeleitet.[141] Der Landtag hat nicht nachzuprüfen, ob ein Regierungsbeschluss ordnungsgemäß zustande gekommen ist, kann jedoch die Beratung ablehnen, wenn feststeht, dass dies nicht der Fall ist.[142]

c) Abgeordnete (Abs. 1)

42 Das Gesetzesinitiativrecht kann auch aus der Mitte der Volksvertretung – durch Abgeordnete – erfolgen, wobei § 53 I GO LT das Gesetzesinitiativrecht verfassungskonform[143] von der **Unterzeichnung durch acht Abgeordnete oder eine Fraktion** abhängig macht.[144] Der Gesetzentwurf ist gemäß § 52 I GO LT beim Präsidenten schriftlich einzubringen und nach § 53 II GO LT mit einer Begründung zu versehen. Dieses Initiativrecht gilt nicht für das Haushaltsgesetz (siehe hierzu bereits → Rn. 5).[145]

d) Direktdemokratisch: Volksbegehren oder Volksantrag (Abs. 1–3)

43 Als direktdemokratische Elemente sieht Art. 59 LV in den Abs. 1-3 den Anstoß des Gesetzgebungsverfahrens durch Volksbegehren oder Volksantrag

---

136 *Klein* in: Maunz/Dürig, Art. 39 Rn. 53.
137 *Klein* in: Maunz/Dürig, Art. 39 Rn. 52.
138 *Braun*, Art. 59 Rn. 49, Art. 60 Rn. 7.
139 Vgl. auch *Mehde* in: Epping/Butzer u.a., Art. 42 Rn. 26.
140 *Maurer* in: Bretzinger, Rn. 93.
141 *Maurer* in: Bretzinger, Rn. 96.
142 *Feuchte* in: Feuchte, Art. 59 Rn. 5.
143 *Feuchte* in: Spreng/Birn/Feuchte, Art. 59 Anm. 2; *ders.* in: Feuchte, Art. 59 Rn. 6. Andernfalls wird angenommen, dass der Entwurf keine Aussicht auf die erforderliche Unterstützung hat.
144 Nach *Braun*, Art. 59 Rn. 3, genügt nach dem Parlamentsbrauch die Unterzeichnung durch den Fraktionsvorsitzenden.
145 *Feuchte* in: Feuchte, Art. 59 Rn. 10 (offen), Art. 79 Rn. 6; *ders.* in: Spreng/Birn/Feuchte, Art. 59 Anm. 2.

vor. Das Volk agiert hier als „**konstituiertes Gesetzgebungsorgan des Landes**" und ist damit gleichsam „besondere(s) Organ der Gesetzgebung" i.S.d. Art. 25 I LV.[146] Art. 27 II 1. Alt. LV, wonach „der Landtag […] die gesetzgebende Gewalt aus(übt)", begründet daher kein Gesetzgebungsmonopol.[147] Auch bei Ausübung der Abstimmungskompetenz nach Art. 60 I, Art. 64 III LV handelt das Volk als Gesetzgebungsorgan.

Die Organeigenschaft setzt jedoch eine gewisse **institutionelle Formierung und/oder körperschaftliche Organisation** voraus, die sich erst im Laufe des Gesetzgebungsprozesses herausbildet.[148] Dies geschieht insbesondere durch Bezeichnung der Vertrauensleute[149] und Inkenntnissetzen von Landtag und Regierung als staatsleitenden Organen.[150] „Denn die sozialen Erscheinungsformen des Volksbegehrens stellen ein Kontinuum dar, dessen Extreme durch den gänzlich uniformierten öffentlichen Meinungsbildungsprozeß grundrechtlich geschützter Bürger am Anfang und durch das staatsorganschaftliche Handeln des abstimmenden Volkes am Ende bezeichnet werden."[151]   44

aa) Volksbegehren

Die dritte – erst nachträglich eingeführte – Möglichkeit des Volksbegehrens wird in Abs. 3[152] näher konkretisiert. Danach muss dem Volksbegehren ein ausgearbeiteter (beschlussfähiger) und mit Gründen versehener **Gesetzentwurf** zugrunde liegen (Abs. 3 S. 1),[153] dessen Inhalt Neuerlass, Änderung oder Aufhebung eines Gesetzes sein kann. Ziel und Motiv des Gesetzes müssen klar erkennbar sein.[154] Der Gesetzesentwurf muss im Rahmen der Zuständigkeiten zur Gesetzgebung liegen – schließlich führt ein erfolgreiches Volksbegehren unmittelbar zur Volksabstimmung; er muss also Bestandteil der Landeskompetenz und – anders als der Volksantrag – Bestandteil der **Gesetzgebungskompetenz des Landes** sein (hierzu bereits detailliert → Rn. 25).[155] Er darf zudem nicht gegen Bundesrecht oder gegen sonstiges Bundes- oder Landesverfassungsrecht verstoßen;[156] allerdings kann Gegenstand des Volksbegehrens **auch eine Verfassungsänderung** nach Art. 64 III 2 LV sein (→ Art. 64 Rn. 19 ff.). Der Gesetzentwurf muss des-   45

---

146 *Preuß*, DVBl. 1985, 710 (711). Zur Frage, ab wann von einem Gesetzgebungsorgan ‚Volk' gesprochen werden kann, siehe bereits → Rn. 4.
147 *Preuß*, DVBl. 1985, 710 (711). In diesem Sinne auch *Braun*, Art. 27 Rn. 17 sowie *Feuchte* in: Spreng/Birn/Feuchte, Anm. 1 zu Art. 27 („nicht unerhebliche Einschränkung" der parlamentarischen Zuständigkeit).
148 *Preuß*, DVBl. 1985, 710 (711).
149 Hierzu *Gensior/Krieg/Grimm*, Volksbegehren und Volksentscheid, 25.
150 *Preuß*, DVBl. 1985, 710 (711 f.), der allerdings bis zum Beginn des eigentlichen Volksbegehrens noch keine Organstellung im eigentlichen Sinne annimmt (siehe S. 712).
151 *Preuß*, DVBl. 1985, 710 (711).
152 Nach dem 21. LVÄndG v. 1.12.2005, GBl. 1030; zuvor wurde die Vorschrift als Abs. 2 geführt.
153 Die formalen Anforderungen sind allerdings nicht hoch anzusetzen, da Abs. 3 S. 1 sonst eine Ausschlusswirkung entfaltet; siehe auch *Braun*, Art. 59 Rn. 44.
154 *Feuchte* in: Feuchte, Art. 59 Rn. 8.
155 Dies war str. im Rahmen des „S21-Kündigungsgesetzes"; → Art. 60 Rn. 48 f.
156 *Braun*, Art. 59 Rn. 42; *Feuchte* in: Feuchte, Art. 59 Rn. 8; *Maurer* in: Bretzinger, Rn. 95; zum Gewaltenteilungsgrundsatz StGH, DÖV 86, 794.

halb auch dem Rechtsstaatsprinzip (Art. 23 I Verf.) und hier insbesondere dem Bestimmtheitsgebot bzw. dem Grundsatz der Normenklarheit[157] entsprechen und darf nicht widersprüchlich oder unsinnig sein.[158] Sind Teile des Gesetzentwurfs unzulässig, so erfasst dies im Regelfall das ganze Volksbegehren.[159]

46 Das Volksbegehren ist zustande gekommen, wenn es von mindestens einem **Zehntel der Wahlberechtigten** gestellt wird. Erst durch das 21. LVÄndG v. 1.12.2015 wurde das in Abs. 3 S. 4 festgelegte Unterstützungsquorum für das Zustandekommen eines Volksbegehrens von einem Sechstel (ca. 1,3 Mio.) auf ein Zehntel (ca. 760.000) der Wahlberechtigten abgesenkt (→ Rn. 8). Ausweislich der Gesetzesbegründung[160] ist dies auch dem Umstand geschuldet, dass es aufgrund der hohen Hürden bisher nur wenige Anträge auf Zulassung eines Volksbegehrens gab. Weitere Erleichterungen sind im Volksabstimmungsgesetz vorgesehen (→ Rn. 31 f.). Das Volksbegehren ist von der Regierung mit ihrer Stellungnahme unverzüglich **dem Landtag zu unterbreiten.** Ein erfolgreiches Volksbegehren verpflichtet zur Durchführung einer Volksabstimmung, wenn der Landtag der Vorlage nicht unverändert zustimmt (Art. 60 I LV; → Rn. 12, 25).

47 Entsprechend Art. 60 VI wird in Art. 59 III 3 klargestellt, dass über **Abgabengesetze, Besoldungsgesetze und das Staatshaushaltsgesetz** kein Volksbegehren stattfindet. Zuvor fehlte für Volksbegehren eine ausdrückliche Regelung, so dass die entsprechende Anwendung nicht unumstritten war.[161] „Ein etwaiges Bedürfnis nach einem Volksbegehren über Abgabengesetze, Besoldungsgesetze und das Staatshaushaltsgesetz als Anstoß für die politische Debatte besteht jedenfalls nicht mehr, weil für den Volksantrag ein Themenausschluss nicht vorgesehen ist und sich das Ziel der Befassung des Landtags über das neue Instrument des Volksantrags viel leichter als über ein Volksbegehren erreichen lässt."[162] Zum Inhalt dieser Einschränkungen siehe → Art. 60 Rn. 40 ff.

48 Gegenstand des Volksbegehrens kann auch ein als Volksantrag nach Abs. 2 S. 2 eingebrachter Gesetzentwurf sein, dem der Landtag nicht unverändert zugestimmt hat (Abs. 3 S. 2).

49 Das Verfahren der Volksgesetzgebung beginnt mit dem schriftlichen **Antrag auf Zulassung,** der einfach-gesetzlich in § 27 VAbstG geregelt ist.[163] Damit

---

157 Hierzu StGH, ESVGH 36, 161 (165 a.E.), wonach der Gedanke der Normenklarheit der Umdeutung eines verfassungswidrigen Gesetzes in ein verfassungskonformes Gesetz entgegensteht.
158 *Braun,* Art. 59 Rn. 42.
159 Hier *Braun,* Art. 59 Rn. 43.
160 LT-Drs. 15/7178, 7 f.
161 Für eine Erstreckung des Volksbegehrens auf Abgaben und Besoldungsgesetze siehe nur *Feuchte* in: Feuchte, Art. 59 Rn. 7, Art. 60 Rn. 10; *Maurer* in: Bretzinger, Rn. 96; *ders.* in: Maurer/Hendler, 27 (84); *Braun,* Art. 59 Rn. 40; aA wohl *Pestalozza,* Popularvorbehalt, 27.
162 LT-Drs. 15/7178, 7.
163 In dieser Vorschrift sind auch noch weitere formale Voraussetzungen bekannt. Dem Antrag ist ein ausgearbeiteter und mit Gründen versehener Gesetzentwurf beizufügen (Abs. 3). Zugleich ist mitzuteilen, in welchen Gemeinden Eintragungslisten aufgelegt werden sollen (Abs. 2 S. 2). Das Nähere regelt die Stimmordnung (Abs. 5).

verlassen die Antragsteller den grundrechtlich geschützten und betreten den staatsorganisationsrechtlich überformten Bereich.[164] Das Volk ‚als Gesetzgeber' entspricht damit in seiner Funktion – wenn auch nicht Institutionalisierung und Organisation – dem Landtag. Der Antrag bedarf nach § 27 IV 1 VAbstG der **Unterschrift durch 10.000 Wahlberechtigte**.[165] In dem Antrag sollen zwei **Vertrauensleute** benannt werden; geschieht dies nicht, gelten die beiden ersten Unterzeichner als Vertrauensleute (§ 27 V 1, 2 VAbstG). Im Falle eines vorgelagerten Volksantrags gelten die Vertrauensleute des Volksantrags auch als Vertrauensleute des Volksbegehrens (§ 48 I 3 VAbstG).

Nach § 27 I 1 VAbstG bedarf die Durchführung eines Volksbegehrens der **Zustimmung des Innenministeriums**. Dies dient der rechtzeitigen Prüfung der Verfassungs- und Gesetzmäßigkeit des Vorhabens. Obwohl das Zulassungsverfahren nicht in den verfassungsrechtlichen Normen erwähnt ist, besteht grundsätzlich Zustimmung zur Durchführung eines **Vorverfahrens, dass das Volksbegehren auf seine verfassungsrechtliche Zulässigkeit prüft**. Kritik wird allerdings tlw. an der Art und Weise des Vorverfahrens geübt. Dies betrifft insbesondere die Tatsache, dass die Prüfung beim Innenministerium als einer Verwaltungsbehörde und nicht bei einem Staatsorgan – namentlich der Landesregierung[166] oder dem Ministerpräsidenten – oder dem Staats- bzw. Verfassungsgerichtshof[167] angesiedelt ist.[168] Im Ergebnis bedeutet dies nämlich, dass das Volk ‚als Gesetzgeber' dem Innenministerium als „einer der Regierung nachgeordneten Verwaltungsbehörde untergeordnet" wird.[169] 50

Gemäß § 27 I VAbstG hat das Innenministerium das Volksbegehren daher auch (binnen einer Frist von drei Wochen) zuzulassen, wenn der Antrag vorschriftsmäßig gestellt ist[170] und die Gesetzesvorlage dem GG und der LV nicht widerspricht; ein Ermessen besteht nicht. 51

Ein im Jahre 1985 mit 110.000 Unterschriften eingereichter Antrag auf Zulassung eines Volksbegehrens, das die Landesregierung gesetzlich verpflichten wollte, die Stationierung von Massenvernichtungswaffen in BW zu verhindern, wurde vom Innenministerium „aus verfassungsrechtlichen Gründen" zurückgewiesen (hierzu näher Rn. 25). Im Zurückweisungsfalle kann die Initiative (durch die Vertrauensleute) binnen zwei Wochen den VerfGH anrufen (§ 29 III VAbstG iVm § 8 I VerfGHG), der die Vereinbarkeit mit der LV – deren Bestandteil auch die grundgesetzliche Kompetenz- 52

---

164 Hierzu überzeugend *Preuß*, DVBl. 1985, 710 (712), der darauf verweist, dass der Zulassungsantrag andernfalls „dem Verdikt der Verfassungswidrigkeit wegen Verstoßes gegen das Zensurverbot des Art. 5 Abs. 1 S. 3 verfallen" müsse.
165 Mit deutlicher Kritik an diesem Quorum *Geitmann*, VBlBW 2008, 121 (124 f.). Die Formalien der Unterzeichnung sind in § 25 LStO (iVm § 27 IV VAbstG) geregelt.
166 So in NRW (siehe § 10 I 3 1. Hs. VIVBVEG – Gesetz über das Verfahren bei Volksinitiative, Volksbegehren und Volksentscheid NRW).
167 So in Bayern (Art. 64 I 1 LWG – Landeswahlgesetz Bayern).
168 So insbes. *Geitmann*, VBlBW 2008, 121 (125); *Preuß*, DVBl. 1985, 710 (710 ff., 714).
169 So ausführlich *Preuß*, DVBl. 1985, 710 (713).
170 Zu Nachbesserungsmöglichkeiten *Braun*, Art. 59 Rn. 46.

ordnung ist[171] – prüft.[172] In der Zuweisung an den Verfassungsgerichtshof manifestiert sich die Anerkennung des Streits als **Verfassungsstreit**, wenngleich wohl **nicht als Organstreit**.[173] Auch wenn das im Sinne der Art. 59 f. LV handelnde Volk letztlich als Verfassungsorgan im materiellrechtlichen Sinne zu betrachten ist (→ Rn. 4), so ist es nicht zugleich Verfassungsorgan im prozessrechtlichen Sinne.[174]

53 Eine **Klagemöglichkeit einzelner (das Verfahren unterstützender) Bürger** ist zu verneinen.[175] „Das Staatsvolk – als Summe der Aktivbürger – ist zwar in manchen Ländern partiell an der Ausübung der Staatsgewalt auch außerhalb des Wahlakts beteiligt (Volksbegehren und Volksentscheide im legislativen Bereich). Das Staatsvolk hat insofern eine andere Stellung als im Bund und mag wohl als Staatsorgan betrachtet werden. Es ist aber dennoch mangels Organisation und funktionsfähiger Struktur nicht in einem gerichtlichen Verfahren parteifähig. Dann kann es aber auch der einzelne Aktivbürger als Teil hiervon nicht sein."[176]

54 Die **Sammlung der Unterstützungsunterschriften** für das Volksbegehren kann nach Neufassung des VAbstG nicht mehr nur in amtlicher Sammlung über in der Regel nur 14 Tage (so noch § 25 I 2, 3 aF),[177] sondern in amtlicher Sammlung über drei Monate und in freier Sammlung über sechs Monate (§ 27 I 2, 3) eingeholt werden. Diese Änderungen resultieren aus der beachtlichen Abschreckungswirkung, welche das überkommene Verfahren entfaltet hat. Der Landesgesetzgeber versucht mit der neuen Regelung, die bestehenden Hürden zu beseitigen und zugleich die hinreichende Legitimation des Vorhabens sicherzustellen: Beides gelingt ihm mit den – in der Zusammenschau zu betrachtenden Anforderungen – „an die Höhe der Quoren sowie den Zeitraum und die Art der Sammlung".[178]

55 In Satz 4 (nF) wird das **Unterstützungsquorum für ein erfolgreiches Volksbegehren** auf zehn v.H. der Wahlberechtigten abgesenkt. Nach der früheren Rechtslage war ein Volksbegehren zustande gekommen, wenn es von mindestens einem Sechstel der Wahlberechtigten unterstützt wurde. Diese offenkundig hohe Hürde sollte mit der jüngsten Verfassungsänderung abgebaut werden. Die Zahl der erforderlichen Stimmen wurde im Ergebnis um 40 Prozent des ursprünglichen Quorums verringert.[179] Ist diese Zahl erreicht, stellt der Landesabstimmungsausschuss das Zustandekommen des Volksbegehrens fest (§ 38 II 1 VAbstG). Es folgt die öffentliche Bekanntmachung der Zulassung des Volksbegehrens (hierzu § 30 VAbstG). In

---

[171] HessStGH, NJW 1982, 1141 (1142 f.).
[172] *Braun*, Art. 59 Rn. 46.
[173] Anders *Preuß*, DVBl. 1985, 710 (714, 715), der dem Volk den Status als Verfassungsorgan zusprechen möchte.
[174] Siehe hierzu BVerfGE 13, 54 (84 ff., 87, 89); 60, 175 (201 f.).
[175] Vgl. etwa BVerfGE 60, 175 (201 f.); StGH, BW B. v. 17.10.2011, 5/11 (https://verfgh.baden-wuerttemberg.de/fileadmin/redaktion/m-stgh/dateien/111017_Beschlussausfertigung_anonym_5-11.pdf). Eine solche hingegen begrüßend *Preuß*, DVBl. 1985, 710 (712).
[176] *Benda/Klein*, § 31 Rn. 1142 (zum Binnenländerstreitverfahren).
[177] Hierzu – mit deutlicher Kritik an der früheren Rechtslage – *Geitmann*, VBlBW 2008, 121 (125).
[178] LT-Drs. 15 / 7330, 17.
[179] LT-Drs. 15/7178, 8.

§§ 39, 38 II iVm § 23 II 1 lässt das VAbstG den Einspruch eines jeden Stimmberechtigten beim Verfassungsgerichtshof gegen die Feststellung zu, ob ein Volksbegehren zustande gekommen ist.

Das Volksbegehren muss durch **Vermittlung der Regierung** dem Landtag unterbreitet werden – es ist also **indirekt ausgestaltet**.[180] Die Stellungnahme der Regierung ist beizufügen.[181] Das Volksbegehren ist aber nicht nur eine an den Landtag gerichtete Petition auf Erlass eines Gesetzes.[182] Die Initianten „haben einen verfassungsrechtlichen Anspruch, daß der von ihnen eingebrachte Gesetzentwurf in dem von Verfassung und Gesetz geregelten Verfahren behandelt wird."[183] Die Abgeordneten sind bei der **Behandlung des Gesetzesentwurfs** an die Fassung des Volksbegehrens gebunden. Sie können lediglich die Volksabstimmung mit der Abstimmung über einen eigenen Gesetzentwurf verbinden (Art. 60 I 2 Verf; siehe → Art. 60 Rn. 25, 27). „In diesem Fall greifen die plebiszitäre und die parlamentarische Gesetzgebung ineinander."[184]   56

§ 40 VAbstG regelt die **Kostentragung**. Die Antragsteller tragen die Kosten des Zulassungsantrags, der freien Sammlung, der Eintragungslisten und ihrer Versendung an die Gemeinden. Die Kostenregelungen belasten Initiatoren nicht unerheblich.[185] Auch hiermit ist eine nicht zu unterschätzende Abschreckungswirkung verbunden, die – soweit die Ernstlichkeit des Vorhabens in Frage steht – als gewollt anzusehen ist.   57

Beschließt der Landtag während des Verfahrens des Volksbegehrens ein Gesetz, das dem Gesetzentwurf des Volksbegehrens inhaltlich entspricht, so wird das Volksbegehren unzulässig. Wird der Zulassungsantrag nicht zurückgenommen (§ 31 I VAbstG), so kann der Antrag nach § 29 I VAbStG abgelehnt werden, da es an einem regelungsfähigen Gegenstand fehlt.[186]   58

Mit Blick auf Art. 26 V LV ist das Volksbegehren so zu formulieren, dass es mit „Ja" oder „Nein" beantwortet werden kann (→ Rn. 72; s. auch → Art. 26 Rn. 56).   59

bb) Volksantrag

Erst mit dem 21. LVÄndG v. 1.12.2015 wurde die Möglichkeit eröffnet, das Gesetzesinitiativrecht auch durch Volksantrag auszuüben. Diese Möglichkeit wird in Abs. 2 konkretisiert. Hiernach können 0,5 v.H. (ca. 38.000) der Wahlberechtigten[187] den Landtag verpflichten, sich mit bestimmten **Gegenständen der politischen Willensbildung** im Zuständigkeitsbereich des Landtags einschließlich ausgearbeiteter und mit Gründen verse-   60

---

180 *Braun*, Art. 59 Rn. 36.
181 *Braun*, Art. 59 Rn. 48.
182 So explizit *Schlenker*, VBlBW 1988, 121 (121). Siehe auch *Stern* in: Stern II, 13: „para-parlamentarische Teilnahme (des Volkes) an der Gesetzgebung in Form eines Initiativaktes".
183 *Schlenker*, VBlBW 1988, 121 (122).
184 *Schlenker*, VBlBW 1988, 121 (122).
185 *Braun*, Art. 59 Rn. 46.
186 *Braun*, Art. 59 Rn. 47.
187 Für das Beteiligungsrecht wird wie beim Volksbegehren (Abs. 3 S. 4 neu) an die Wahlberechtigung nach Art. 26 I LV angeknüpft (LT-Drs. 15/7178, 7).

hener Gesetzentwürfe zu befassen.[188] Unter einem **Gesetzentwurf** versteht man „einen verständlichen, schriftlich niedergelegten, endgültig gemeinten und beschlussfähigen Textvorschlag."[189] Zu den möglichen Gegenständen eines Volksantrags siehe bereits oben unter → Rn. 14.

61 Absatz 3 Satz 2 stellt klar, dass ein **ganz oder teilweise gescheiterter Volksantrag**, dessen Gegenstand ein Gesetzentwurf ist, unverändert zum **Gegenstand eines Volksbegehrens** gemacht werden kann, allerdings nur, wenn über das Thema auch nachfolgend eine Volksabstimmung stattfinden kann (vgl. S. 3).

62 Das Verfahren beginnt regelmäßig mit einer **Unterschriftensammlung**, welche zwei Wochen vor Beginn der Sammlung dem Landtag schriftlich anzuzeigen ist (§ 42 Abs 1 S. 5 VAbstG). Der Volksantrag bedarf einer Unterstützung von 0,5 Prozent der Wahlberechtigten, die nach § 42 III S. 3 VAbstG innerhalb eines Jahres zu leisten ist. Der Zulassungsantrag ist innerhalb der **Jahresfrist nach Beginn der Sammlung** von Antragsunterschriften zu stellen (§ 48 I 3 VAbstG). Er wird (abweichend vom Volksbegehren) vom Landtag beschieden (§ 42 I 1 VAbstG). Ein mögliches nachgelagertes Volksbegehren ist erneut zu beantragen, wobei die Entscheidungskompetenz beim Innenministerium verortet ist (§ 48 I 1 VAbstG).

63 Der Volksantrag wird – nicht zu Unrecht – als **„qualifizierte Petition"**[190] bezeichnet. Er nähert sich der Petition nach Art. 2 I LV iVm Art. 17 GG, Art. 35 a LV dahin gehend an, dass kein institutionalisiertes Verfahren in Gang gesetzt wird. Qualifiziert ist das Ansinnen durch die Beschränkung der Trägerschaft auf Stimmberechtigte (→ Rn. 24), das erforderliche Quorum[191] sowie die nachfolgende Befassungspflicht (→ Rn. 15).

64 Der Volksantrag ist zuzulassen, wenn der Antrag vorschriftsmäßig gestellt ist, der Gegenstand des Volksantrags im Zuständigkeitsbereich des Landtags liegt (→ Rn. 20 f.) und dem Grundgesetz und der Landesverfassung nicht widerspricht (§ 44 I 1 VAbstG). Der Landtag hat über den Antrag innerhalb von drei Monaten nach seinem Eingang zu entscheiden.

65 Die Kostentragungspflicht entspricht der Regelung beim Volksbegehren (§ 46 iVm § 40 I VAbstG).

66 Stimmt der Landtag einem Volksantrag, der einen Gesetzentwurf zum Gegenstand hat, nicht unverändert zu, können die Vertrauensleute innerhalb von drei Monaten nach Beschlussfassung des Landtags (beim Innenministerium) die **Durchführung eines Volksbegehrens zu dem unveränderten Gegenstand des Volksantrags** beantragen (§ 48 I 1 VAbstG). Dem Antrag ist der ausgearbeitete und mit Gründen versehende Gesetzentwurf beizufügen, der Gegenstand des Volksantrags war (§ 48 I 2 VAbstG).

---

188 LT-Drs. 15/7178, 1.
189 *Hebeler* in: Brocker/Droege/Jutzi, RPVerf, Art. 108 a Rn. 8.
190 *Kühne*, NdsVBl 1995, 25 (26). Ungenauer die Bezeichnung als „Massenpetition"; daher auch krit. *Ennuschat* in: Kluth/Krings, § 27 Rn. 16 (Fn. 41).
191 Dies verdeutlicht sich in § 8 I 1 VAbstG LSA, wonach Volksinitiativen, die nicht die erforderliche Unterschriftenzahl erreichen, von dem Landtagspräsidenten an den Petitionsausschuss überwiesen werden.

2. Beratungen

Beratung und Beschlussfassung müssen „innerhalb einer angemessenen Frist erfolgen".[192] Dies ist grundgesetzlich – „deklaratorisch" und „unsystematisch"[193] – alleine für Bundesratsvorlagen in Art. 76 III 6 GG normiert. Gesetzesvorlagen, die durch Volksbegehren eingebracht sind, sind **idR innerhalb von drei Monaten** nach der Unterbreitung zu erledigen (§ 50 d III GO LT → Art. 60 Rn. 23). Mit dieser Fristvorgabe soll ein zügiges Gesetzgebungsverfahren gewährleistet und einer Verfahrensverschleppung vorgebeugt werden.[194] 67

Um der Ausuferung bürokratischer Entwicklungen Einhalt zu gebieten, wurde mit Beschluss der Landesregierung vom 20.2.1979 ein Normprüfungsausschuss eingerichtet, der eingebrachte Gesetzentwürfe daraufhin zu überprüfen hat, ob für sie eine rechtliche Notwendigkeit und ein politisches Bedürfnis besteht. 68

Die Beratungen müssen sich in erster Linie nach den verfassungsrechtlichen Vorgaben richten. Hervorzuheben ist Art. 33 I LV, wonach der Landtag öffentlich verhandelt. Die Öffentlichkeit wird ausgeschlossen, wenn der Landtag es auf Antrag von zehn Abgeordneten oder eines Regierungsmitglieds mit einer Mehrheit von zwei Dritteln der anwesenden Abgeordneten beschließt. Über den Antrag wird in nichtöffentlicher Sitzung entschieden. Im Übrigen gelten die Vorschriften des Art. 33 LV über die Beschlussfähigkeit und die erforderlichen Mehrheiten (hierzu im Einzelnen noch unter → Rn. 73 f.; s. auch → Art. 33 Rn. 19 ff., 34 ff.).[195] Die Einzelheiten des im Übrigen nur „rudimentär"[196] in der Verfassung vorgegebenen Verfahrens werden in den §§ 42 ff. GO LT iVm Art. 32 I 2 LV geregelt. Die Beratungen erfolgen regelmäßig in zwei, – bei Änderungen der LV und Haushaltsvorlagen in drei – Lesungen (§ 42 I 1 GO LT). Bei der **Ersten Beratung** von Gesetzentwürfen, Haushaltsvorlagen und Staatsverträgen werden nur die Grundsätze der Vorlage besprochen (§ 43 I GO LT). In der Regel wird der Entwurf in der ersten Beratung nach § 43 III GO LT einem Ausschuss überwiesen, dessen Bericht und Anträge in die **Zweite Beratung** miteinfließen. Werden mehrere Ausschüsse tätig, ist einer als federführend zu bestimmen (§ 43 III S. 2 GO LT). In der Zweiten Beratung (§ 45 GO LT) findet zunächst eine allgemeine Aussprache statt; Ausschussanträge bilden – soweit sie vorliegen – den Gegenstand der Beratung. Beratung und Beschlussfassung finden über jede Einzelbestimmung statt. Eine Zurückverweisung an den Ausschuss ist möglich.[197] Werden alle Teile der Vorlage abgelehnt, so ist das Verfahren beendet (§ 45 VI GO LT). Andernfalls kann das Verfahren – soweit vorgesehen – noch in die **Dritte Beratung** eintreten (§ 47 GO LT). Am Schluss der letzten Beratung wird über die Vorlage im Ganzen abgestimmt (§ 49 I 1 GO LT). Anhörungspflichten nach der Ver- 69

---

192 *Kersten* in: Maunz/Dürig, Art. 76 Rn. 65.
193 *Kersten* in: Maunz/Dürig, Art. 76 Rn. 62.
194 *Kersten* in: Maunz/Dürig, Art. 76 Rn. 65.
195 *Maurer* in: Maurer/Hendler, 27 (82).
196 *Ennuschat* in: Kluth/Krings, § 26 Rn. 14.
197 *Maurer* in: Bretzinger, Rn. 98.

fassung (Art. 71 IV LV) oder nach gesetzlichen Bestimmungen wird in § 50a GO LT Rechnung getragen.

70 Das Verfahren gilt gleichermaßen auch für Gesetzesvorlagen, die durch Volksbegehren eingebracht sind (§ 50d II GO LT).

3. Gesetzesbeschluss (Abs. 4)

71 Gemäß Art. 59 IV LV werden Gesetze vom Landtag oder durch Volksabstimmung beschlossen. Damit beschreibt die Verfassung zutreffend, aber äußerst knapp den positiven Gesetzesbescheid (und unterschlägt damit zugleich sonstige Verlaufsformen). Der Beschluss enthält die **Feststellung des Gesetzesinhalts und den Gesetzesbefehl**. Parlaments- und Volksgesetzgeber üben hierdurch **hoheitliche Gewalt** aus.

72 Zunächst beschließt der Landtag über alle Gesetzesinitiativen – auch wenn sie auf einem Volksbegehren oder Volksantrag nach Abs. 1 beruhen. Nach § 96 I 1, 2 GO LT stellt der Landtagspräsident nach Abschluss der Beratungen die Fragen, über die der Landtag zu scheiden hat. Sie werden so gefasst, dass sie mit „Ja" oder „Nein" beantwortet werden können. Liegen dem Landtag mehrere Gesetzesentwürfe zur selben Materie vor, so kann der Präsident die Beratung verbinden. Die **Abstimmung** erfolgt dann über alle Anträge. Abgestimmt wird in der Regel durch Erheben von den Sitzen oder durch Handzeichen (§ 97 I 1 GO LT). In Zweifelfällen wird die Abstimmung zunächst wiederholt und dann durch Namensaufruf festgestellt (§ 97 I 2, 3 GO LT).

73 Der Beschluss erfolgt durch die **Mehrheit der abgegebenen Stimmen** nach Art. 33 II 1 LV, soweit die Verfassung nicht anderes festlegt. Stimmenthaltungen werden hierbei nicht mitgezählt (§ 97 III GO LT). Wird gemeinsam über mehrere Gesetzesentwürfe abgestimmt, gilt die Abstimmungsregel des § 97 II GO LT:[198] Werden zwei Entwürfe mit gleich vielen Ja- und Nein-Stimmen bedacht, gelten beide als nicht angenommen.

74 Der Landtag muss zudem **beschlussfähig** sein. Gemäß Art. 33 II 3 gilt der Landtag als beschlussfähig, solange nicht auf Antrag eines seiner Mitglieder vom Präsidenten festgestellt wird, dass weniger als die Hälfte der Abgeordneten anwesend sind. Wird die Beschlussfähigkeit bezweifelt und vom Präsidenten weder bejaht noch verneint, so wird sie gemäß § 80 I 2 GO LT durch Namensaufruf festgestellt. Stimmenthaltungen werden mitgezählt (§ 97 III GO LT).

75 Beschließt der Landtag den Gesetzentwurf mit oder ohne Änderungen, so erlangt das Gesetz mit **Ausfertigung und Verkündung** nach Art. 63 LV Wirksamkeit. Zuvor kann die Regierung das Gesetz jedoch auf Antrag eines Drittels der Mitglieder des Landtags zur **Volksabstimmung** bringen, sofern kein Fall des Art. 60 VI LV vorliegt und der Landtag das Gesetz nicht mit einer 2/3-Mehrheit bestätigt (Art. 60 II LV).

76 Lehnt der Landtag den **von Regierung oder Abgeordneten eingebrachten Gesetzesentwurf** ab, so ist das Verfahren hiermit grundsätzlich beendet. Im Fall des Regierungsentwurfs kann die Regierung jedoch auf Antrag eines

---

198 *Feuchte* in: Feuchte, Art. 59 Rn. 12.

Drittels der Mitglieder des Landtags die Gesetzesvorlage zur Volksabstimmung bringen (Art. 60 III LV).[199]

Beruht der Gesetzentwurf hingegen auf einem **Volksbegehren**, so ist das Gesetz (nur) bei **unveränderter Zustimmung** des Landtags beschlossen. Auch der Beschluss der Änderung der Vorlage gilt als Ablehnung (§ 50 d I 2 GO LT), so dass die Gesetzesvorlage – ebenso wie bei der Ablehnung durch den Landtag – zur Volksabstimmung zu bringen ist. Der Landtag kann dem Volk dann einen eigenen Gesetzentwurf zur Entscheidung mit vorlegen (Art. 60 I 2 LV). Im Fall des Beschlusses einer Änderung der Vorlage gilt die geänderte Vorlage als der eigene Gesetzentwurf des Landtags (§ 50 d I 3 GO LT). 77

4. Abschluss des Verfahrens

Das Verfahren wird mit der **Ausfertigung und Verkündung** der Gesetze nach Art. 63 LV abgeschlossen. 78

5. Rechtsfolge von Verfahrensfehlern

Treten im Verfahren Fehler auf, so können sich diese auf die Gültigkeit des Gesetzesbeschlusses auswirken. Dies betrifft in erster Linie die **in der LV enthaltenen Verfahrensvorschriften**, „deren Auslegung auch von den Grundsätzen des Bundesrechts, vor allem des Demokratiegebots her beeinflusst sein kann".[200] Hierunter fallen unter anderem[201] Gesetzesvorlagen, die ohne Gesetzesinitiative oder von einem nicht Initiativberechtigten eingebracht wurden,[202] unfreie parlamentarische Beschlussfassungen,[203] Beschlüsse, die nicht der verfassungsrechtlich vorgeschriebenen Mehrheit (Art. 33 II 1 LV, Art. 60 II 2 LV, Art. 64 II LV) genügen,[204] die Verletzung verfassungsrechtlicher Anhörungsrechte,[205] Verstöße gegen das Öffentlichkeitsprinzip des Art. 33 I LV oder Behinderungen des Abgeordneten nach Art. 29 II LV.[206] Unerheblich ist hingegen ein Verstoß gegen sog. bloße Ordnungsvorschriften. 79

Bei **Verstößen gegen die GO LT** ist hingegen zu differenzieren: Sie führen nicht zwingend zur Ungültigkeit des Gesetzesbeschlusses, sondern nur soweit sie der Verwirklichung von Verfassungsnormen dienen.[207] Dabei ist zu 80

---

199 Dieser Verfahrensweg wurde zur Ermöglichung der Volksabstimmung über das S21-Kündigungsgesetz beschritten, → Art. 60 Rn. 18.
200 *Feuchte* in: Feuchte, Art. 59 Rn. 14. Siehe hierzu auch BVerfGE 44, 308 (313): Verstoß gegen zwingendes Verfassungsrecht und Beruhen des Gesetzesbeschlusses auf diesem Verstoß; so auch *Brosius-Gersdorf* in: Dreier, Art. 76 Rn. 101 (Fn 216); *Kersten* in: Maunz/Dürig, Art. 76 Rn. 117; enger die Auffassung bei BVerfGE 34, 9 (25); 91, 148 (175); 120, 56 (79), wonach Evidenz erforderlich ist.
201 So die Aufzählung bei *Braun*, Art. 59 Rn. 21.
202 *Braun*, Art. 59 Rn. 18.
203 StGH, ESVGH 23, 1 (16 f.); *Braun*, Art. 59 Rn. 20.
204 *Braun*, Art. 59 Rn. 22.
205 StGH, DÖV 1975, 500, 502; *Braun*, Art. 59 Rn. 23.
206 *Feuchte* in: Feuchte, Art. 59 Rn. 14.
207 Hierzu mit Blick auf die grundgesetzlichen Regelungen *Brosius-Gersdorf* in: Dreier, Art. 76 Rn. 101; *Kersten* in: Maunz/Dürig, Art. 76 Rn. 117; *Meermagen/Schultzky*, VerwArch 101 (2010), 539 (550 ff.).

berücksichtigen, dass die Normen der GO LT auch der Verwirklichung des Demokratieprinzips oder dem Prinzip des freien Mandats dienen können.

81 Mängel des Verfahrens im Landtag sind unerheblich, wenn das Gesetz nachträglich durch eine **gesetz- und verfassungsgemäß durchgeführte Volksabstimmung** angenommen oder abgelehnt wird.[208]

82 Derartige Mängel können durch den Ministerpräsidenten oder die Minister vor Ausfertigung und Verkündung des Gesetzes nach Art. 63 LV (→ Art. 63 Rn. 6) oder im verfassungsgerichtlichen Verfahren geltend gemacht werden.[209] In Betracht kommt ein Verfahren der abstrakten Normenkontrolle iSd Art. 68 I Nr. 2 LV iVm §§ 48 ff. VerfGHG oder der konkreten Normenkontrolle iSd Art. 68 I Nr. 3 LV iVm § 51 VerfGHG oder ein Verfahren nach Art. 76 LV. Behörden oder Gerichte haben im Übrigen keine Verwerfungskompetenz.

Artikel 60 [Volksabstimmung über Gesetze]

(1) ¹Eine durch Volksbegehren eingebrachte Gesetzesvorlage ist zur Volksabstimmung zu bringen, wenn der Landtag der Gesetzesvorlage nicht unverändert zustimmt. ²In diesem Fall kann der Landtag dem Volk einen eigenen Gesetzentwurf zur Entscheidung mitvorlegen.

(2) ¹Die Regierung kann ein vom Landtag beschlossenes Gesetz vor seiner Verkündung zur Volksabstimmung bringen, wenn ein Drittel der Mitglieder des Landtags es beantragt. ²Die angeordnete Volksabstimmung unterbleibt, wenn der Landtag mit Zweidrittelmehrheit das Gesetz erneut beschließt.

(3) Wenn ein Drittel der Mitglieder des Landtags es beantragt, kann die Regierung eine von ihr eingebrachte, aber vom Landtag abgelehnte Gesetzesvorlage zur Volksabstimmung bringen.

(4) ¹Der Antrag nach Absatz 2 und Absatz 3 ist innerhalb von zwei Wochen nach der Schlußabstimmung zu stellen. ²Die Regierung hat sich innerhalb von zehn Tagen nach Eingang des Antrags zu entscheiden, ob sie die Volksabstimmung anordnen will.

(5) ¹Bei der Volksabstimmung entscheidet die Mehrheit der abgegebenen gültigen Stimmen. ²Das Gesetz ist beschlossen, wenn mindestens zwanzig vom Hundert der Stimmberechtigten zustimmen.

(6) Über Abgabengesetze, Besoldungsgesetze und das Staatshaushaltsgesetz findet keine Volksabstimmung statt.

Schrifttum:

Dolde/Porsch, Gutachterliche Stellungnahme zur Verfassungsmäßigkeit der Initiative der SPD für eine Volksabstimmung über Stuttgart 21 und die Neubaustrecke Wendlingen-Ulm durch die Prozessvertreter der Landesregierung, www.baden-wuerttemberg.de

---

208 *Feuchte* in: Feuchte, Art. 59 Rn. 16.
209 Die gerichtliche Verwerfungskompetenz ist gemäß Art. 100 I GG, Art. 68 I 2 Nr. 2, 3, Art. 88 LV auf die Verfassungsgerichte beschränkt (*Feuchte* in: Feuchte, Art. 59 Rn. 17).

[Volksabstimmung über Gesetze] Artikel 60

/fileadmin/redaktion/dateien/Altdaten/202/101005_Anlage_Dolde_Gutachten.pdf; *Haug*, Volksgesetzgebung auf verfassungsrechtlichem Neuland – Rechtsfragen im Zusammenhang mit der baden-württembergischen Volksabstimmung über das „S21-Kündigungsgesetz", ZParl 2012, 446; *Hermes/Wieland*, Rechtliche Möglichkeiten des Landes Baden-Württemberg, die aus dem Finanzierungsvertrag „Stuttgart 21" folgenden Verpflichtungen durch Kündigung oder gesetzliche Aufhebung auf der Grundlage eines Volksentscheides zu beseitigen, Gutachten im Auftrag der SPD-Fraktion im Landtag Baden-Württemberg, www.boa-bw.de/downloads/frei/380eb0ef-7c36-4cb7-b8c2-fd967 b24eb1f/0/spdnet.sozi.info/bawue/dl/Hermes_Wieland_Gutachten_Okt_2010_zu_Stutt gart_21; *Jung*, „Die rebellierende Vertretung" (H. Nawiasky). Darf das Parlament ein vom Volk beschlossenes Gesetz (ohne Weiteres) kassieren? Zum Vorgehen des Schleswig-Holsteinischen Landtags im September 1999 (Fall „Rechtschreibreform"), in: Bovenschulte/Grub/Löhr/Schwanenflügel/Wietschel (Hrsg.), Demokratie und Selbstverwaltung in Europa, Festschrift für Dian Schefold zum 65. Geburtstag, 2001, 145 ff.; *ders.*, Direkte Demokratie – vom Kopf auf die Füße gestellt, LKV 2003, 308 ff.; *ders.*, Volksgesetze und parlamentarische Konterlegislatur, in: Schrenk/Soldner (Hrsg.), Analyse demokratischer Regierungssysteme, 2010, 427 ff.; *Kaltenborn/Lenz*, Zur Zulässigkeit des Bürgerbegehrens gegen das Projekt „Stuttgart 21", VBlBW 2008, 128; *Kämmerer/Ernst/Winter*, Das Referendum: Rechtliche und politische Betrachtungen zum staatlich initiierten Volksentscheid, ZG 2015, 349 ff.; *Kirchhof*, Gutachtliche Stellungnahme zum Antrag der Fraktion der SPD im Landtag von Baden-Württemberg für eine Volksabstimmung über Stuttgart 21 und die Neubaustrecke Wendlingen-Ulm erstattet im Auftrag der Regierung des Landes Baden-Württemberg, www.baden-wuerttemberg. de/fileadmin/redaktion/dateien/Altdaten/202/101005_Anlage_Kirchhof_Gutachten.pdf, 2010; *Kropp*, „Stuttgart 21": Prellbock für den Bundesstaat? Zur Vereinbarkeit von kooperativem Föderalismus und nicht-repräsentativen Formen der Demokratie, Jahrbuch des Föderalismus 2011, 192 ff.; *H. Maurer*, Verfassungsrecht, in: Maurer/Hendler, 27; *V. Maurer*, Verfassung des Landes (1. Teil), in: Bretzinger, 19; *Peine*, Volksbeschlossene Gesetze und ihre Änderung durch den parlamentarischen Gesetzgeber, Der Staat 18 (1979), 375 ff.; *Pestalozza*, Der Popularvorbehalt – Direkte Demokratie in Deutschland –, 1981; *Renner*, Entstehung und Aufbau des Landes Baden-Württemberg, JöR 1958, 197; *Rommelfanger*, Das konsultative Referendum – Eine verfassungstheoretische, -rechtliche und -vergleichende Untersuchung, 1988; *C. Schmitt*, Volksentscheid und Volksbegehren – Ein Beitrag zur Auslegung der Weimarer Verfassung und zur Lehre von der unmittelbaren Demokratie –, 1927; *Siekmann*, Zur Verfassungsmäßigkeit einer Streichung von Art. 68 I 4 VerfNW, in: Neumann/Raumer, Die verfassungsrechtliche Ausgestaltung der Volksgesetzgebung, 1999, 181 ff.; *Stüer/Buchsteiner*, Stuttgart 21: Eine Lehre für die Planfeststellung? – Großprojekte mit verstärkter Öffentlichkeitsbeteiligung oder: „gehe zurück auf Los"?, UPR 2011, 335; *Weber*, Direkte Demokratie im Landesverfassungsrecht, DÖV 1985, 179 ff.; *Winkler*, Die Verfassungsmäßigkeit der Bundestagsauflösung, AöR 131 (2006), 441.

Vergleichbare Regelungen: Art. 73, 74 BayVerf, 78 BbgVerf, 62 IV BerlVerf, 71 BremVerf, 50 HambVerf, 60 MVVerf, 124 II, III HessVerf, 49 NdsVerf, 68 NRWVerf, 109 IV, 115 RPVerf, 100 SaarlVerf, 72 SächsVerf, 81 III LSAVerf, 49 SchlHVerf, 82 VII ThürVerf.

Ergänzende Normen: Geschäftsordnung des Landtags von Baden-Württemberg (GO LT); Gesetz über Volksabstimmung, Volksbegehren und Volksantrag (Volksabstimmungsgesetz, VAbstG); Gesetz über die Landtagswahlen (LWG).

Leitentscheidungen: Siehe die Nachw. unter Art. 59 LV zur Volksgesetzgebung.

A. Überblick und Einordnung	1	I. Regelungssystematik	10
I. Bedeutung	1	1. Initiierte Volksabstimmung (Abs. 1)	12
II. Herkunft, Entstehung, Geschichte	5	2. Referendum (Abs. 2–4)	13
III. Verfassungsvergleichende Einordnung	9	a) Allgemeines	13
		b) Anwendungsfälle	16
B. Erläuterung	10	c) Fristen	22

II. Verfahren und Wirkung der Volksabstimmung	23	2. Kompetenz des Landessouveräns	48
1. Verfahren	23	3. Verfassungsmäßigkeit des Antragsgegenstandes	51
2. Abstimmungsmehrheit und Quorum	35	IV. Rechtsschutz	52
3. Wirkungsdauer	39		
III. Gegenstand der Volksabstimmung	40		
1. Themenausschlüsse	40		

A. Überblick und Einordnung

I. Bedeutung

1 Die LV verwirklicht den **Grundsatz unmittelbarer Demokratie** weitreichend. Insbesondere ist dieser – neben der Abberufung des Landtags nach Art. 43 II LV und dem Volksentscheid über Verfassungsänderungen nach Art. 64 III LV – in Art. 59, 60 LV verwirklicht. Diese Vorschriften konkretisieren den in Art. 25 I LV normierten Grundsatz, dass alle Staatsgewalt vom Volke ausgeht und vom Volk in Wahlen und Abstimmungen und durch besondere Organe der Gesetzgebung, der vollziehenden Gewalt und der Rechtsprechung ausgeübt wird. Dies geschieht zunächst in Gestalt des plebiszitären Initiativrechts, das in Art. 59 LV – nunmehr weitreichend neu gefasst – normiert wird (→ Art. 59 Rn. 43 ff.). Hinzu tritt die **Volksabstimmung**, welcher nach der Regelung des Art. 60 LV verschiedene – häufig nebeneinander tretende – Funktionen übernehmen kann:[1]

Zunächst ist die Volksabstimmung auf eine **Entscheidung des Volkes über eine Sachfrage** ausgerichtet; diese Funktion kommt besonders zum Tragen im Falle einer Meinungsverschiedenheit der obersten Verfassungsorgane (Regierung und Landtag) – so im Falle des Art. 60 II und III LV. Zugleich kommt dem Volksentscheid eine **Kontrollfunktion** über das höchste Verfassungsorgan zu, welches bei „Abweichungen des Willens der Volksvertretung vom wahren Willen des Volkes"[2] zum Einsatz kommen soll; dies wird besonders dort deutlich, wo die Verfassung eine Vetofunktion (der Landtagsminderheit) vorsieht – so ebenfalls bei Art. 60 II und III LV. Die eigentliche **Referendumsfunktion** – die Bestätigung oder Nichtbestätigung eines Gesetzesbeschlusses – bleibt daneben immer erhalten. Im Falle der Volksgesetzgebung (dh Initiative nach Art. 59 II, III LV und Abstimmung nach Art. 60 I LV; → Art. 59 Rn. 3) werden die Entscheidungs- und Kontrollfunktionen durch das vorgelagerte Volksbegehren noch verstärkt.

2 Zum Zeitpunkt der Entstehung der LV wurde die Idee einer Volksgesetzgebung aufgrund der **Erfahrungen der Weimarer Republik und des Nationalsozialismus** (→ Art. 59 Rn. 6, 10) sehr verhalten betrachtet. Direktdemokratische Elemente wurden daher zunächst nur in beschränktem Maße eingeführt. Aufgrund verschiedener Modifikationen (→ Rn. 7 f.; → Art. 59, Rn. 7) hat sich die landesverfassungsrechtliche Situation jedoch deutlich von der **Konzeption des GG** entfernt, das – in Reaktion auf die Weimarer Verfassungslage – Formen unmittelbarer Demokratie nur in Art. 29 II GG

---

1 Hierzu C. *Schmitt*, Volksentscheid und Volksbegehren, 11 ff.
2 C. *Schmitt*, Volksentscheid und Volksbegehren, 12.

und Art. 146 GG kennt. Art. 28 I 1 GG steht einer Einführung von plebiszitären Elementen in der LV dennoch nicht entgegen, solange dem parlamentarischen Gesetzgeber eine vorrangige Bedeutung zukommt. Dies ist im Hinblick auf die baden-württembergische Verfassung zweifelsohne anzunehmen (→ Art. 59 Rn. 11).

Die erste – (verfassungs-)rechtlich zulässige – Volksbeteiligung wurde in BW im Jahre 2011 gestartet: Es handelte sich um die – medial und politisch mit großer Aufmerksamkeit beobachtete – Volksabstimmung zum sog. **S21-Kündigungsgesetz**.[3] Hintergrund war die geplante Umgestaltung des Stuttgarter Bahnhofs im Rahmen des Infrastruktur- und Stadtentwicklungsprojekts Stuttgart 21.[4] Nachdem ein vorgelagertes kommunales Bürgerbegehren nach § 21 III GemO scheiterte,[5] der politische Widerstand aber im Wachsen begriffen war, wurde nach einer verfassungsrechtlichen Möglichkeit gesucht, die Volksbeteiligung zu ermöglichen. In der Landtagswahl 2011 warben insbesondere DIE GRÜNEN mit einer angekündigten Volksbefragung zu dem betreffenden Projekt. Da die Infrastrukturmaßnahmen jedoch bereits rechtlich bindend an private Investoren vergeben worden waren, blieb nach der Wahl für die grün-rote Koalition nur die Möglichkeit, die privatrechtlichen Verträge zu kündigen. Am 27.7.2011 wurde daher durch die Landesregierung ein Gesetz auf den Weg gebracht, das den Ausstieg des Landes aus der Finanzierung von Stuttgart 21 zum Inhalt hatte, konkret: die Landesregierung verpflichten sollte, die Finanzierungsverträge zu kündigen.[6] Der Gesetzentwurf scheiterte – wie vorgesehen – im Landtag und konnte daher Gegenstand einer Volksabstimmung nach Art. 60 III LV werden. 3

Dieses Vorgehen sah sich jedoch **verschiedenen verfassungsrechtlichen Vorbehalten** ausgesetzt. Dies betrifft zunächst das Vorgehen über Art. 60 III (→ Rn. 18 ff.). Eine Gesetzesinitiative für ein S21-„Ausstiegsgesetz" verstieße zudem nach überwiegender Auffassung gegen Art. 60 VI LV, wonach über das Staatshaushaltsgesetz und über den in ihm festgestellten Haushaltsplan keine Volksabstimmung stattfinden kann (→ Rn. 47).[7] Auch die Gesetzgebungskompetenz des Landes war umstritten (→ Art. 59 Rn. 48 f.). Die Entscheidung über den Ausstieg aus dem Infrastrukturprojekt fällt nach einer Auffassung nach Art. 73 I Nr. 6 a GG in die ausschließliche Gesetzgebungskompetenz des Bundes.[8] Schließlich fehle dem Land auch die notwendige Verwaltungskompetenz für die Durchführung der Projekte; 4

---

3 Hierzu *Haug*, ZParl 2012, 446 ff., insbesondere zum Procedere S. 447 f.; *Jung*, Recht und Politik 2012, 11 ff.
4 Detailliert zum Projektablauf *Stüer/Buchsteiner*, UPR 2011, 335 (335 f.).
5 Hierzu mit ausführlicher Begründung *Kaltenborn/Lenz*, VBlBW 2008, 128 ff. (zusammenfassend 134). Siehe auch BVerwGE 155, 230 ff.
6 Äußerst fraglich war bereits, ob eine solche Kündigung wirksam wäre: § 15 I 2 des Vertrags hatte eine ordentliche Kündigung ausdrücklich ausgeschlossen. Kündigungsmöglichkeiten nach § 60 I 1 LVwVfG (wegen Wegfalls der Geschäftsgrundlage) oder § 60 I 1 LVwVfG (bei schweren Nachteilen für das Gemeinwohl) kamen ebenfalls nicht in Betracht (hierzu mit Einzelheiten *Stüer/Buchsteiner*, UPR 2011, 335 (338)).
7 *Stüer/Buchsteiner*, UPR 2011, 335 (337 f.).
8 *Stüer/Buchsteiner*, UPR 2011, 335 (338) unter Verweis auf *Dolde/Porsch*, Gutachterliche Stellungnahme.

diese unterlägen vielmehr nach Art. 87 e GG der ausschließlichen Verwaltungskompetenz des Bundes.[9] Zuletzt könnte man einwenden, die Frage nach der Ausübung eines Kündigungsrecht sei missverständlich oder irreführend, da es rechtlich mehr als fragwürdig ist, ob ein solches Kündigungsrecht überhaupt besteht (→ Rn. 28).

II. Herkunft, Entstehung, Geschichte

5 Die Regelung des Art. 60 LV geht auf **Art. 56 f. VerfERP** sowie **Art. 83 f. VerfECDU** zurück. Die Regierungsparteien und die CDU stimmten im Prozess der Verfassungsentstehung darin überein, dass die Regierung ein vom Landtag beschlossenes Gesetz zur Volksabstimmung bringen kann, wenn ein Drittel der Mitglieder es beantragt, dass hingegen die Volksabstimmung unterbleibt, wenn der Landtag mit Zweidrittel-Mehrheit erneut das Gesetz beschließt (jetziger Abs. 2).[10] Der von der CDU initiierte Vorschlag des jetzigen Abs. 3 wurde im Ausschuss nur mit knapper Mehrheit (12 zu 11 Stimmen bei 2 Enthaltungen),[11] im Plenum aber mit überwiegender Mehrheit angenommen.[12]

6 Der heutige Abs. 4 wurde bereits von Beginn an inhaltlich gleich – und in sprachlich nur geringfügig modifizierter Form – beschlossen. Der heutige Abs. 6 wurde – in begrifflicher Anlehnung an Art. 73 Abs. 4 WRV[13] – in der noch heute geltenden Form beschlossen.[14] Die Regelung des heutigen Abs. 5 (noch in der Fassung des Art. 57 I) enthielt zunächst noch die Vorgabe, dass mit Ja oder Nein gestimmt werden kann.[15] Diese Regelung findet sich nunmehr in Art. 26 V LV.

7 Der von der CDU eingebrachte Antrag, auch ein **Volksbegehren** zu ermöglichen, wurde durch die VLV abgelehnt (hierzu unter Art. 59 LV). Auch eine **volksinitiierte Volksabstimmung** kam daher zum damaligen Zeitpunkt nicht in Betracht. Der jetzige Abs. 1 (die Durchführung einer Volksabstimmung aus Anlass eines Volksbegehrens) wurde erst mit dem 8. LVÄndG v. 16.5.1974 (GBl. 186) eingeführt, das gleichzeitig erstmals – in Art. 59 LV – die Möglichkeit eines Volksbegehrens vorsah[16] und – in Art. 64 III 2 LV – die Möglichkeit der Verfassungsänderung durch volksinitiierte Volksabstimmung (iSd Art. 60 I LV) einführte. Beibehalten wurde die Vorgabe, dass die Mehrheit der abgegebenen gültigen Stimmen entscheidet. Neu eingeführt wurde hingegen ein **Quorum**: Das Gesetz war nur beschlossen, wenn mindestens **ein Drittel der Stimmberechtigten** zustimmt (so die Rege-

---

9 *Stüer/Buchsteiner*, UPR 2011, 335 (338) unter Verweis auf *Dolde/Porsch*, Gutachterliche Stellungnahme.
10 16. VA-Sitzung v. 3.10.1952, in: Feuchte, Quellen, 3. Teil, 32 ff. Siehe weiterhin 47. VA-Sitzung v. 14.4.1953, in: Feuchte, Quellen, 6. Teil, 54 f.; 59. VLV-Sitzung v. 5.11.1953, in: Feuchte, Quellen, 8. Teil, 384.
11 16. VA-Sitzung v. 3.10.1952, in: Feuchte, Quellen, 3. Teil, 48; hierzu weiter 47. VA-Sitzung v. 14.4.1953, in: Feuchte, Quellen, 6. Teil, 54; Bericht des VA v. 1.9.1953, in: Feuchte, Quellen, 6. Teil, 659.
12 53. VLV-Sitzung v. 8.10.1953, in: Feuchte, Quellen, 8. Teil, 173.
13 „Über den Haushaltplan, über Abgabengesetze und Besoldungsordnungen kann nur der Reichspräsident einen Volksentscheid veranlassen."
14 16. VA-Sitzung v. 3.10.1952, in: Feuchte, Quellen, 3. Teil, 51 f.
15 16. VA-Sitzung v. 3.10.1952, in: Feuchte, Quellen, 3. Teil, 54.
16 LT-Drs. 6/1115.

lung in Art. 60 V S. 2 aF). Durch dieses Quorum soll sicherstellt werden, dass die Entscheidung einem repräsentativen Teil der stimmberechtigten Bürgerinnen und Bürger entspringt und nicht der Durchsetzung von Partikularinteressen einer Minderheit dient.[17] Die schon zuvor gegebenen Möglichkeiten einer Volksabstimmung auf Initiative des Landtags oder der Regierung blieben bestehen und wurden lediglich in die Abs. 2 und 3 verschoben. Bestehen blieben ebenso die Ausnahmen, dass über Abgabengesetze, Besoldungsgesetze oder das Staatshaushaltsgesetz keine Volksabstimmung stattfindet.

Mit dem 21. LVÄndG v. 1.12.2015 (GBl. 1030) wurde das in Art. 60 V 2 eingeführte **Quorum von einem Drittel auf zwanzig Prozent** „im Interesse einer Stärkung der direktdemokratischen Elemente"[18] **abgesenkt**. Die Zahl der erforderlichen Stimmen wird damit im Ergebnis um 40 v.H. des ursprünglichen Quorums verringert. Unberührt bleibt „angesichts der überragenden Bedeutung der Landesverfassung das Zustimmungsquorum einer Volksabstimmung über ein verfassungsänderndes Gesetz".[19] Hierfür bleibt nach Art. 64 III 3 LV unverändert die Zustimmung der Mehrheit der Stimmberechtigten erforderlich.

III. Verfassungsvergleichende Einordnung

Verfahren der Volksabstimmungen sind zwar nicht im Grundgesetz, jedoch in den anderen Landesverfassungen bekannt. Deren Konzeption entspricht im Wesentlichen jener der LV. Unterschiede zeigen sich insbesondere im Hinblick auf das erforderliche Quorum (siehe → Rn. 35 ff.).

B. Erläuterung

I. Regelungssystematik

Art. 60 I-IV LV unterscheiden zwei Wege der Volksabstimmung: Eine solche, die im **bottom up-Verfahren** durch ein Volksbegehren initiiert wird (Abs. 1, hierzu Rn. 12); zudem eine solche, die im **top down-Wege** von der Regierung angeordnet wird (Abs. 2 und 3, hierzu → Rn. 13 ff.).[20] Begrifflich lässt sich auch zwischen Initiative und (fakultativem) Referendum unterscheiden; im ersten Fall ist das Volk Herr des Gesetzgebungsverfahrens; im zweiten Fall überweist das Referendum dem Volk einen fremden Entwurf zur Entscheidung.[21]

Zu unterscheiden ist zudem der **obligatorische Volksentscheid**, in dem die Verfassung zwingend die Volksabstimmung vorsieht (vgl. Art. 60 I LV; Art 64 III 2 LV: bedingt obligatorisch),[22] von dem **fakultativen Volksentscheid**, der einem Staatsorgan ein Ermessen über die Durchführung der Volksab-

---

17 Dies bestätigend LT-Drs. 15/7178, 8.
18 LT-Drs. 15/7178, 8.
19 LT-Drs. 15/7178, 8 f.
20 Zu diesen Begrifflichkeiten *Haug*, ZParl 2012, 446 (447).
21 *Pestalozza*, Popularvorbehalt, 19.
22 Die dem Volksbegehren nachfolgende Volksabstimmung ist nur erforderlich, dann aber auch zwingend, wenn der Landtag nicht unverändert zustimmt. So die Begrifflichkeit bei *Braun*, Art. 59 Rn. 4, 31; *Schlenker*, VBlBW 1988, 121 (122).

stimmung einräumt (vgl. Art. 60 II, III LV; Art 64 III 2 LV).[23] Unbedingt obligatorische[24] und konsultative[25] Gesetzesreferenden kennt die LV nicht.

1. Initiierte Volksabstimmung (Abs. 1)

12 Bislang gibt es **noch keine erfolgreich „von unten" ausgelöste Volksabstimmung**.[26] Es handelt sich hierbei um einen Teil des Volksgesetzgebungsverfahrens, dass sich aus Art. 59 I-II und Art. 60 I LV zusammensetzt. Grundlage ist ein **„starres" Volksbegehren**, das im Rahmen der Volksabstimmung nicht modifiziert, sondern lediglich mit einem Alternativentwurf des Landtags verbunden werden kann.[27]

2. Referendum (Abs. 2–4)

a) Allgemeines

13 Die – schon in der Ursprungsfassung der Verfassung enthaltenen – Abs. 2 und 3 greifen **Konfliktfälle zwischen Regierung und Landtagsmehrheit** auf, deren Entscheidung dem Volk überantwortet werden kann. Die ursprüngliche Vermutung, Anwendungsfälle dieser Norm seien nicht zu erwarten,[28] hat sich nur bedingt[29] bestätigt.

14 Die Norm wird als **„wirklichkeitsfremd"** kritisiert, da sie eine „Zusammenarbeit der Regierung mit der Opposition gegen die eigene Mehrheit" bedeutet und ihre Anwendung die Regierung „der Gefahr eines konstruktiven Mißtrauensvotums (Art. 54 LV) aussetzen" würde.[30] Auch aus demokratietheoretischer Perspektive wird Kritik geäußert: „Wenn die zuständige Mehrheit rechtlich einwandfrei entschieden hat, sollte die Minderheit nicht mehr einen Instanzenzug erzwingen können. Das ordentliche Gesetzgebungsverfahren ist durchgeführt, eine Mehrheit hat sich formiert, damit ist in der Demokratie die Sache entschieden."[31] Jüngere Entwicklungen haben jedoch gezeigt, dass die Regelungen auch Raum für eine weiterentwickelte

---

23 Zur Differenzierung siehe *Braun*, Art. 59 Rn. 31, Art. 60 Rn. 6.
24 Der Gesetzesbeschluss des Parlaments muss dem Volk vorgelegt werden (*Pestalozza*, Popularvorbehalt, 23).
25 Staatlich organisierte, im Ergebnis jedoch unverbindliche Befragung der Wahlberechtigten zu einem gegenständlich beschränkten Thema (*Rommelfanger*, Referendum, 28 ff.).
26 Im Vergleich die politische Lage in den anderen Bundesländern www.mehr-demokratie.de/fileadmin/pdf/volksentscheids-ranking_2013.pdf, 12.
27 *Braun*, Art. 59 Rn. 36.
28 *Göbel*, Verfassung, 70. Ähnlich *Kämmerer/Ernst/Winter*, ZG 2015, 349 (358): „höchst selten".
29 Eine Ausnahme stellt die Volksabstimmung zum S21-Kündigungsgesetz dar.
30 *Maurer* in: Bretzinger, Rn. 99; ähnlich *Braun*, Art. 60 Rn. 15: „unrealistisch". Siehe auch *Renner*, JöR 1958, 196 (214): „[...] äußerst problematisch. Die Landtagsmehrheit [...] kann der Volksabstimmung immer dadurch zuvorkommen, daß sie dem Ministerpräsidenten das Mißtrauen ausspricht, einen neuen wählt und von diesem ernannte Regierung bestätigt." *Kämmerer/Ernst/Winter*, ZG 2015, 349 (358) bezeichnen die Regelung des Abs. 3 als eine „Spielart des Gesetzgebungsnotstands, bei welcher das Volk eine ähnliche Rolle einnimmt wie bei Art. 81 GG der Bundesrat".
31 So *Pestalozza*, Popularvorbehalt, 24 – explizit zu Art. 60 II LV.

Responsivität des Gesetzgebers bieten, der auf diesem Wege Äußerungen des Unbehagens aufgreifen kann.³²

Die Regelungen in den Abs. 2 und 3 ermöglichen der Regierung, gegen den Landtagsentscheid – im Wege eines **Verhinderungsreferendums** (so im Falle des Abs. 2) oder im Wege eines **Ermöglichungsreferendums** (so im Falle des Abs. 3)³³ – das Volk anzurufen. Absatz 4 regelt das Procedere. 15

b) Anwendungsfälle

Abs. 2 beschreibt den Fall einer angenommenen, Abs. 3 den Fall einer abgelehnten Gesetzesvorlage. Gemäß Abs. 2 kann ein Drittel der gesetzlichen Mitgliederzahl des Landtags (Art. 92 LV) beantragen, dass die Regierung ein vom Landtag beschlossenes Gesetz vor seiner Verkündung zur Volksabstimmung bringen kann, unabhängig davon, wer das Gesetz eingebracht hat.³⁴ Ob sie dies tut, steht im **politischen Ermessen der Regierung** („kann"). Eine angeordnete Volksabstimmung unterbleibt dann trotzdem, wenn der Landtag mit einer Zweidrittelmehrheit der abgegebenen Stimmen (Art. 60 II 2 LV) das Gesetz neu beschließt. 16

Gemäß Abs. 3 kann **ein Drittel der gesetzlichen Mitgliederzahl des Landtags** (Art. 92 LV) beantragen, dass die Regierung eine Volksabstimmung veranlasst, wenn die von der Regierung eingebrachte Gesetzesvorlage vom Landtag abgelehnt oder „so wesentlich verändert wird, daß sie das angestrebte Ziel nicht mehr erreicht".³⁵ Die Regierung entscheidet auch hier nach **politischem Ermessen**. Der Landtag kann – ohne dass dies ausdrücklicher Erwähnung bedarf – in diesem Fall die Volksabstimmung vermeiden, indem er mit einfacher Mehrheit das Gesetz beschließt.³⁶ Der die Struktur des Art. 60 II, III LV beherrschende Konflikt zwischen Regierung und Landtag wird in diesem Fall bereits durch den Gesetzesbeschluss aufgelöst. 17

Praktische Anwendung fand Abs. 3 bei der **Volksabstimmung zum sog. S21-Kündigungsgesetz**. Hier wurde die Volksabstimmung durch die Regierung bewusst über das Verfahren des Abs. 3 in Gang gesetzt, um in einer hochstrittigen politischen Frage die Entscheidung des Souveräns herbeizuführen.³⁷ Bei der entscheidenden Abstimmung stimmten neben den Abgeordneten der Oppositionsfraktionen (CDU und FDP) auch Abgeordnete der Regierungskoalition (SPD) gegen das Kündigungsgesetz.³⁸ 18

Umstritten war insbesondere, ob tatsächlich ein Dissens von Regierung und Landtagsmehrheit vorlag bzw. zur Anwendung des Art. 60 III LV vorliegen muss. Die Diskussion erinnert an eine vergleichbare Frage im Rahmen der Bundestagsauflösung nach Art 68 GG: Genügt hier das formale Abstimmungsergebnis oder bedarf es einer „materiellen Auflösungsla- 19

---

32 *Möstl*, VVDStRL 72 (2013), 355 (378).
33 Zu den Begrifflichkeiten *Haug*, ZParl 2012, 446 (447).
34 Nur exemplarisch *Feuchte* in: Feuchte, Art. 60 Rn. 5.
35 *Feuchte*, Art. 60 Rn. 6.
36 *Feuchte* in: Feuchte, Art. 60 Rn. 6; *ders.* in: Spreng/Birn/Feuchte, Art. 60 Anm. 3; aA *Braun*, Art. 60 Rn. 16.
37 Abweichend hiervon hatte *Braun* mögliche Fallgestaltungen des Abs. 3 als unrealistisch eingestuft (*Braun*, Art. 60 Rn. 16).
38 Zum Procedere *Haug*, ZParl 2012, 446 (447 f.).

ge"?[39] Das BVerfG hat hierzu in zwei Urteilen[40] entschieden, dass eine Auflösung des Bundestages nur gerechtfertigt ist, wenn die Handlungsfähigkeit der parlamentarisch legitimierten Bundesregierung verloren gegangen ist, weil diese keine parlamentarische Mehrheit mehr hinter sich vereinigen kann. Zunächst spricht vieles dafür, im Falle des Art. 60 III LV zu einem ähnlichen Ergebnis zu kommen.[41] Aus dem Wortlaut („aber") erwächst der Eindruck, dass Art. 60 III LV einen Dissens zwischen Landesregierung und Landtag lösen soll.[42] Dies bestätigt auch die Gesetzgebungsgeschichte.[43] Systematisch stellt Art. 60 III LV ein machtpolitisches **Instrument der Landesregierung** dar, welches dieser ermöglicht, **ihren politischen Willen gegen die Landtagsmehrheit durchzusetzen**:[44] Umgekehrt besteht keine Möglichkeit des Landtags, ein Gesetz oder eine Gesetzesvorlage zum Gegenstand einer Volksabstimmung zu machen. Auch liegt die Entscheidung über die Durchführung der Volksabstimmung im Ermessen der Landesregierung. Diese Systematik würde ausgehebelt, würde eine Landtagsminderheit die Regierung zur Durchführung einer Volksabstimmung instrumentalisieren. Dieser Interpretation entspricht auch der Zweck des Art. 60 III LV, der Regierung die Volksabstimmung nur als letztes (in den wenigsten Fällen einsetzbares) Instrument in die Hand zu geben.[45] Ein „konstruierter Dissens"[46] könnte nach all dem nicht genügen.

20 Legt man diese Bewertung zugrunde, so bleibt in der *causa* Stuttgart 21 fraglich, ob hier eine entsprechende **materielle Kollisionslage** vorlag. Dafür könnte sprechen, dass die Herbeiführung der Volksabstimmung bereits während des Wahlkampfs angekündigt, also die notwendigen Voraussetzungen hierfür offenkundig bewusst herbeigeführt wurden. Andererseits war ein politischer Konflikt tatsächlich gegeben: alle Abgeordneten stimmten entsprechend ihrer – auch vor der vorgängigen Landtagswahl geäußerten – politischen Überzeugung.[47] Ein politischer Konflikt ist so betrachtet zu bejahen: Die Regierungsinitiative spiegelte die (Mehrheits-)Meinung der Regierung wider.[48] Allerdings ist Gegenstand des Abstimmungsverfahrens eine Initiative von Seiten der Regierung, die nicht gänzlich deren politische Haltung widerspiegelt; ein Konflikt zwischen Landesregierung und Parla-

---

39 Zur Problematik *Winkler*, AöR 131 (2006), 441 ff.
40 BVerfGE 62, 1 ff.; 114, 121 ff.
41 So im Ergebnis *Dolde/Porsch*, Gutachterliche Stellungnahme, 20 ff. AA *Hermes/Wieland*, Gutachten, 40 ff.
42 So *Dolde/Porsch*, Gutachterliche Stellungnahme, 20.
43 Siehe VLV BW, Beil. 1103, 62: „Gerade wenn Gesetzesvorlagen der Regierung nur mit geringer oder einer nicht konformen Mehrheit abgelehnt würde, wenn bei der Abstimmung die Meinungsverschiedenheiten quer durch alle Parteien gingen ..., empfehle sich bei einer Ablehnung durch das Parlament die Anrufung des Volkes als obersten Gesetzgeber."
44 *Dolde/Porsch*, Gutachterliche Stellungnahme, 22.
45 So *Kirchhof*, Gutachtliche Stellungnahme, 9 ff. Gegen eine solche restriktive Interpretation wenden sich explizit *Hermes/Wieland*, 40 f.
46 So die Bezeichnung durch *Steinberg*, Das Volk und die direkte Demokratie, FAZ vom 16.2.2012, 7.
47 In diesem Sinne *Haug*, ZParl 2012, 446 (448).
48 So *Haug*, ZParl 2012, 446 (448) („wenn auch nur mehrheitlich, was bei Kollegialorganen rechtlich ohne Belang ist").

ment bestand so gesehen zu keiner Zeit.[49] Vielmehr lässt sich der Konflikt als **interner Konflikt zwischen Regierungspartnern** beschreiben.[50]

Gerade diese jüngere Entwicklung hat vor Augen geführt, dass sich über die vom Verfassungsgeber explizit in den Blick genommenen – und wenig realistischen – Anwendungsfälle hinaus ein politisches Bedürfnis ergeben kann, dem Volk bestimmte Sachfragen zur Entscheidung ‚zuzuspielen' – gerade wenn eine Sachfrage gesellschaftlich *und* auf der politischen Ebene hochkontrovers diskutiert wird. Dieses Bedürfnis ist Ausdruck einer verstärkten „Responsivität"[51] des parlamentarischen Gesetzgebers, die mit einer stärkeren (Wieder-)Annäherung an direktdemokratische Elemente einhergeht.[52] Die Regelungen in Art. 60 II, III LV könnten dafür den Rahmen bieten, soweit man die Regelung weit interpretiert, insbesondere das Erfordernis eines tatsächlich bestehenden Konflikts entfallen lässt. Dem steht auch die Gesetzgebungsgeschichte nicht entgegen, denn jenseits obiger Anwendungsfälle wollte der Verfassungsgeber Art. 60 III LV gerade auch bei „wichtigen Fragen" etwa auf kulturellem oder schulischem Gebiet zur Anwendung bringen.[53] Eine solche weitergehende Interpretation enthebt schließlich von der Notwendigkeit, eine von außen schlechterdings nicht immer einsehbare Konfliktlage zu überprüfen.[54] Zusammenfassend entspricht ein solches Verständnis dem Gedanken einer lebendigen Verfassungsinterpretation, die auch politische und gesellschaftliche Veränderungen berücksichtigt. 21

c) Fristen

Art. 60 IV LV regelt die Fristen für die Antragstellung der unterlegenen Landtagsminderheit. Der Antrag ist innerhalb von zwei Wochen nach der Schlussabstimmung zu stellen, die Regierung muss ihre Entscheidung innerhalb von zehn Tagen nach Antragseingang treffen (hierzu noch → Rn. 26). 22

II. Verfahren und Wirkung der Volksabstimmung

1. Verfahren

Abs. 1 regelt für den Fall der durch Volksbegehren eingebrachten Gesetzesvorlage die **Pflicht des Landtags, über den Antrag Beschluss zu fassen**. Dies hat – entsprechend der Überlegungen zu Art. 59 I, IV LV (→ Rn. 67) – „**innerhalb angemessener Frist**"[55] zu geschehen. Entsprechend verlangt § 50 d III GO LT in der Regel die Erledigung des durch Volksbegehren eingebrachten Gesetzentwurfs innerhalb von drei Monaten nach der Unterbrei- 23

---

49 *Kirchhof*, Gutachtliche Stellungnahme, 50 ff.
50 *Dolde/Porsch*, Gutachterliche Stellungnahme, 24 f.
51 *Möstl*, VVDStRL 72 (2013), 355 (378).
52 Dementsprechend relativiert sich auch die Befürchtung des Missbrauchs der verfassungsrechtlichen Möglichkeiten; vgl. hierzu *Hermes/Wieland*, Gutachten, 44 f.
53 VLV BW, Beil. 1103, 62; hierauf verweisen *Hermes/Wieland*, Gutachten, 41 f.
54 Dies betonend mit Verweis auf die bundesverfassungsgerichtliche Rechtsprechung *Hermes/Wieland*, 42 ff.
55 *Braun*, Art. 60 Rn. 7.

tung.[56] Bei verfassungswidriger Verzögerung ist eine Entscheidung über die Rechtsverletzung im Organstreit nach Art. 68 I Nr. 1 möglich, wenn ein Beteiligter nach § 44 VerfGHG zulässigerweise einen Antrag stellen kann (§ 45 I VerfGHG). Dasselbe gilt, wenn der LT ein Volksbegehren nicht abschließend behandelt, da er es für verfassungswidrig hält.[57] In diesen Fällen ist die Entscheidung analog zur Ablehnung des Antrags auf Zulassung des Volksbegehrens zu treffen. Fraglich ist, ob das **das Initiativrecht nach Art. 59 I LV ausübende Wahlvolk** iSd § 44 VerfGHG **„Verfassungsorgan"** ist (→ Art. 59 Rn. 52).[58]

24 Dem Volksbegehren kann zudem ein **Volksantrag** vorgeschaltet sein, so dieser bereits einen „mit Gründen versehenen Gesetzentwurf" (Art. 59 II 1 LV) enthält. Sofern der Landtag diesem nicht unverändert zustimmt (Art. 59 III 2 LV), kann der Gesetzentwurf zum Gegenstand eines Volksbegehrens werden, so dass das oben beschriebene Verfahren gilt. Wie in § 51 S. 4 GO LT bestätigt, unterfällt das Volksbegehren nicht dem **Grundsatz der Diskontinuität** (vgl. → Art. 59 Rn. 40).

25 Die Volksabstimmung entfällt bei **unveränderter Annahme der Gesetzesvorlage durch den Landtag** (auch bei verfassungsändernden Gesetzen nach Art. 64 III 2 LV) – anders jedoch bei jeder noch so geringfügigen Änderung, sofern sie nicht lediglich redaktioneller Natur ist.[59] Die geänderte Vorlage ist dann nach § 50d I 3 GO LT der eigene, zur Entscheidung dem Volk nach Art. 60 I 2 LV mit vorzulegende Gesetzentwurf.

26 Der Antrag nach Abs. 2 und Abs. 3 ist innerhalb von **zwei Wochen nach der Schlussabstimmung** zu stellen. Die Regierung hat sich innerhalb von **zehn Tagen nach Eingang des Antrags** zu entscheiden, ob sie die Volksabstimmung anordnen will (Art. 60 IV LV). Diese engen Fristen sind dem Umstand geschuldet, dass Gesetze nach Art. 63 I LV binnen Monatsfrist verkündet werden: Mit der Verkündung ist das Gesetzgebungsverfahren jedoch abgeschlossen, so dass eine Volksabstimmung nicht mehr möglich ist.[60] Bereits wenn ein zulässiger Antrag von einem Drittel der Landtagsabgeordneten vorliegt, darf das Gesetz daher nicht mehr verkündet werden. Dies gilt auch, wenn ein Antrag nach Abs. 2 oder Abs. 3 „ernsthaft angekündigt" wird. Hat der Landtag andererseits die Dringlichkeit nach Art. 63 I 3 LV beschlossen, so muss die Landtagsminderheit sofort über die Antragstellung entscheiden.[61]

---

56 Im Vergleich: nach § 15 II 1 VBegEntschG Hessen beträgt die Frist ein Monat; nach § 24 I BbgVAbstG, Art. 100 I 1 SaarlVerf und § 16 I 1 SaarlVAbstG 2 Monate; nach Art. 109 IV 1 RPVerf und § 77 I Nr. 1 RPLWG, Art. 74 V 1 BayVerf und Art. 73 I 1 BayLWG 3 Monate; nach Art. 62 III 2, IV 1 BerlVerf und § 18 I 1 BerlAbstG; Art. 81 III 1 LSAVerf; Art. 50 III 3 HambVerf, § 21 II – IV BremVolksentG 4 Monate; nach Art. 49 I 1 Nds, Art. 60 III 1 MVVerf sowie Art. 82 VII 1 Thür-Verf und § 19 ThürBVVG 6 Monate.
57 *Braun*, Art. 60 Rn. 7.
58 Siehe auch BVerfGE 60, 175 ff., welches die Parteifähigkeit des das Initiativrecht ausübenden Wahlvolks offengelassen hat.
59 Siehe Beratungen des StändA, Bericht Nr. 136, 2.
60 So die Erwägungen in der 16. VA-Sitzung v. 3.10.1952, in: Feuchte, Quellen, 3. Teil, 51 f.
61 *Feuchte* in: Feuchte, Art. 60 Rn. 7.

Gemäß Art. 26 V LV erfolgt die Abstimmung mit „**Ja**" oder „**Nein**":[62] 27
„Der Gesetzesbeschluss muss sich [...] direkt und unmittelbar sowie in eindeutiger Weise auf das zu beschließende Gesetz beziehen. Grund dafür ist, das der Gesetzesbeschluss eine Feststellungsfunktion bezüglich des Gesetzesinhalts erfüllen muss und zugleich den Gesetzesbefehl erteilt."[63] Der Landtag kann gemäß Art. 60 I 2 LV einen eigenen Entwurf als Alternative zur Entscheidung stellen.

Zu vermeiden sind desgleichen **tendenziöse oder missverständliche Fragestellungen**.[64] Dies war im Rahmen der Abstimmung zu Stuttgart 21 durchaus problematisch, da hier nach der Ausübung eines Kündigungsrechts gefragt wurde, das – nach überzeugender Auffassung – gar nicht bestand.[65] 28

Entsprechend Abs. 5 S. 1 entscheidet bei der Volksabstimmung die **Mehrheit der abgegebenen gültigen Stimmen** (zu dem erforderlichen Quorum siehe noch unter → Rn. 35). **Abstimmungsberechtigt** ist gemäß Art. 26 I LV jeder Deutsche (bei Bürgerbegehren auf kommunaler Ebene: nach Art. 26 VIII iVm Art. 72 I LV jeder Unionsbürger), der das 18. Lebensjahr vollendet hat, seit mindestens drei Monaten in BW seine Wohnung und bei mehreren Wohnungen seine Hauptwohnung hat oder sich sonst gewöhnlich dort aufhält (Art. 26 VII LV iVm § 2 I VAbstG iVm § 7 I LWG) und nicht nach § 7 II LWG vom Wahlrecht ausgeschlossen ist. Die Ausübung des Stimmrechts ist an die Eintragung in das Stimmrechtsverzeichnis oder die Innehabung eines Stimmscheins gekoppelt (§ 2 II VAbstG). Bei Versagung der Eintragung ist eine Anfechtungs- oder Verpflichtungsklage zulässig.[66] 29

Haben bei einer Abstimmung über mehrere – den gleichen Gegenstand betreffende – Gesetzesvorlagen **mehrere Vorlagen die nach Art. 60 V LV erforderliche Mehrheit erlangt**, so ist das Gesetz beschlossen, für das die meisten Ja-Stimmen abgegeben wurden; bei Gleichheit der Ja-Stimmen, ist die Differenz zu den Nein-Stimmen zu ermitteln (§ 20 VAbstG). Die Feststellung, ob das **Volksbegehren zustande gekommen** ist, kann durch Einspruch beim VerfGH angefochten werden (§ 39 VAbstG; vgl. Art. 68 I 2 Nr. 4 LV). Einspruchsberechtigter ist jeder Stimmberechtigte, in amtlicher Eigenschaft auch der Abstimmungsleiter. 30

Alle nach der Verfassung vorzunehmenden Abstimmungen sind **allgemein, frei, gleich, unmittelbar und geheim** durchzuführen (Art. 26 IV LV). Der Stimmberechtigte kann seine Stimme daher nur persönlich abgeben (hierzu § 18 II VAbstG). Zugleich haben die Gemeinden für die Bereitstellung und Ausstattung der Abstimmungsräume zu sorgen und das erforderliche Be- 31

---

62 In der Fassung des Regierungskoalitionsentwurfs war dies in Art. 57 I LV explizit festgeschrieben (s. auch 16. VA-Sitzung v. 3.10.1952, in: Feuchte, Quellen, 3. Teil, 54 f.).
63 *Haug*, ZParl 2012, 446 (450) mit Verweis auf *Braun*, Art. 59 Rn. 15; *Maunz* in: Maunz/Dürig, Art. 77 Rn. 3, jedoch mit Zweifeln an der heutigen Sinnhaftigkeit der herkömmlichen Unterscheidung.
64 Zu Problemen im Zusammenhang mit der S21-Volksabstimmung *Haug*, ZParl 2012, 446 (449 f.).
65 Hierzu *Haug*, ZParl 2012, 446 (456 ff.) mit sehr ausführlicher und überzeugender Begründung.
66 *Feuchte* in: Feuchte, Art. 59 Rn. 19.

dienungspersonal zu stellen (§ 12 I VAbstG); hierdurch wird die Allgemeinheit der Wahl sichergestellt. Diese Vorgaben gelten auch für das Verfahren bis zur Abstimmung.

32 Die Landesregierung soll[67] die Stimmberechtigten durch eine **amtliche Mitteilung des Ministeriums, in dessen Geschäftsbereich der Gegenstand der Volksabstimmung überwiegend fällt,** unterrichten (§ 8 II 1 VAbstG). „Als dem Sachlichkeitsgebot verpflichtetes exekutives Staatsorgan ist die Landesregierung/das Staatsministerium anders als die zu absoluter Neutralität verpflichtete Abstimmungsleitung, die auch sonst nicht mit materiellen Inhalten befasst ist, die geeignete Herausgeberin einer amtlichen Mitteilung."[68] Der Landtag nimmt als Ganzes oder nach Fraktionen getrennt, im Umfang entsprechend der Sitzverteilung der Fraktionen im Landtag Stellung (§ 6a II 2 VAbstG). Zudem können die Landesregierung, die sonstigen öffentlichen Stellen des Landes, die Gemeinden und Gemeindeverbände sowie deren Amtsträger, soweit sie weder Mitglieder von Abstimmungsorganen noch sonst unmittelbar mit der Vorbereitung und Durchführung der Volksabstimmung befasst sind, innerhalb ihres Zuständigkeitsbereichs **im Rahmen des verfassungsrechtlichen Sachlichkeitsgebots** zu einer bevorstehenden Volksabstimmung äußern und die Stimmberechtigten darüber unterrichten (§ 6a I VAbstG). Damit bestätigt der einfache Gesetzgeber[69] den verfassungsrechtlichen Äußerungsanspruch.[70]

33 Die zur **Wahrung des Abstimmungsgeheimnisses** erforderlichen Vorkehrungen regelt die Stimmordnung. Der Stimmbezirksvorsteher und der Vorsteher für die Briefabstimmung haben die Einhaltung dieser Bestimmungen zu überwachen.

34 Der **Abstimmungstag** muss ein Sonntag sein (Art. 26 V LV; § 6 I 2 VAbstG). Er ist von der Regierung unverzüglich zu bestimmen, sobald die Voraussetzungen für eine Volksabstimmung eingetreten sind (§ 6 I 1 VAbstG). Dabei sind die in § 6 II VAbstG enthaltenen Vorgaben einzuhalten. Der Abstimmungstag, der Gegenstand der Volksabstimmung sowie der Inhalt des Stimmzettels sind unverzüglich nach der Festsetzung im Staatsanzeiger für BW bekanntzugeben (§ 7 I VAbstG). Gesetzesvorlagen oder Gesetze sind in ihrem Wortlaut bekanntzugeben. Er ist den Stimmberechtigten vor dem Abstimmungstag zuzusenden (§ 7 I VAbstG).

2. Abstimmungsmehrheit und Quorum

35 Nach Abs. 5 entscheidet die **Mehrheit der abgegebenen gültigen Stimmen.** Das Gesetz ist jedoch erst beschlossen, wenn mindestens **20 Prozent der**

---

67 Die Soll-Vorschrift bezeichnet eine grundsätzliche Pflicht, von der nur in atypischen Fällen ausnahmsweise abgewichen werden darf (LT-Drs. 15/7330, 21).
68 LT-Drs. 15/7330, 20 f.
69 Siehe hierzu LT-Drs. 15/7330, 20.
70 HambVerfG HmbJVBl. 2012, 26 (41); hierzu auch StGH, B. v. 22.5.2012, GR (V) 3/12, S. 11 ff. (https://verfgh.baden-wuerttemberg.de/fileadmin/redaktion/m-stgh/dateien/120522_Beschluss-GR_V_3-12-Endfassung_anonymisiert.pdf) unter Berücksichtigung der Grundsätze der Wahlrechtsgleichheit und der Chancengleichheit der Parteien.

Stimmberechtigten zustimmen. Das erst nachträglich 1974 eingeführte[71] Quorum wurde im Rahmen der Verfassungsreform 2015 von einem Drittel auf 20 v.H. – und damit von ca. 2,5 Mio auf 1,5 Mio Stimmen – abgesenkt. Dies ist dem Umstand geschuldet, dass das Quorum – insbesondere aus demokratietheoretischer Perspektive – weitreichende Kritik erfährt (→ Rn. 36). Der verfassungsändernde Gesetzgeber hat am Erfordernis des Quorums dennoch grundsätzlich festgehalten, um eine „hinreichende Legitimation der vom Volk ausgehenden gesetzgebenden Gewalt" sicherzustellen und zugleich zu verhindern, dass „Minderheiten ihre Partikularinteressen durchsetzen können".[72] Angesichts der überragenden Bedeutung der Landesverfassung blieb das Zustimmungsquorum für ein verfassungsänderndes Gesetz unberührt (→ Art. 64 Rn. 15).

Im bundesweiten Verfassungsvergleich zeigt sich, dass die **Anforderungen in BW vergleichsweise hoch** sind. So sehen Bayern, Hessen und Sachsen kein Zustimmungsquorum vor; in Rheinland-Pfalz (25 %), NRW (15 %) und Hamburg (20 %) liegt das Zustimmungsquorum zumindest unter der früheren Grenze. So kommt es auch, dass die Kritik an der Beibehaltung eines Quorums im Allgemeinen und an der Einführung in BW im Besonderen nicht verhallt.[73] Politisch kritisiert wird die Möglichkeit zum „Foulspiel", die sich darin begründet, dass der Wahlgang erschwert wird.[74] „Der Nein-Sager kann getrost zu Hause bleiben, der Befürworter muß zur Abstimmung [...]." Ohne Zustimmungsquorum „kommt auch auf den Nein-Sagern eine heilsame Stimmlast zu".[75] Anders als bei Wahlen widerspreche dem Quorum bei Abstimmungen der Sachbezug der Abstimmungsmaterie: „Gesetze gelten zwar für alle, berühren aber nicht alle Menschen in gleicher Weise. Die künftige Ordnung des Schulsystems muss ältere Menschen nicht mehr unbedingt interessieren. Deswegen ist es bei der Sachentscheidung legitim, sich der Stimme zu enthalten und die Entscheidung denen zu überlassen, die sich in der anstehenden Frage eine Meinung bilden konnten."[76] Umgekehrt verlangten daher Wahlen, „die alle in gleicher Weise betreffen", viel eher die Berücksichtigung der Nichtbeteiligung.[77] Zudem wirke sich ein Quorum negativ auf die Förderung der Diskussionsbereitschaft insbesondere der Gegner des Volksbegehrens aus: diese seien durch ein Quorum vielmehr verleitet, „die Aufmerksamkeit und damit die Beteiligung durch potenzielle Befürworter gering zu halten."[78]

---

71 8. LVÄndG v. 16.5.1974, GBl. 186; auch eine Mindestbeteiligung war daher zunächst nicht Voraussetzung der Gültigkeit des Volksentscheids; *Göbel*, Verfassung, 71; das Quorum sollte daher sichern, dass ein Gesetzesbeschluss nicht trotz geringer Wahlbeteiligung zustande kommt.
72 In diesem Sinne auch *Feuchte*, JöR 27 (1978), 167 (177) zur Verfassungsänderung von 1974: „stärker legitimiert als [...] bei den bisher zugelassenen Fällen einer Volksabstimmung."
73 Zur verfassungsrechtlichen Notwendigkeit eines Unterstützungs- und Beteiligungsquorums ausf. BremStGH, NVwZ-RR 2001, 1 ff.; ThürVerfGH, LKV 2002, 83 ff.
74 Vgl. hierzu www.mehr-demokratie.de/fileadmin/pdf/volksentscheids-ranking_2013.pdf, 11.
75 *Pestalozza*, Popularvorbehalt, 33.
76 *Geitmann*, VBlBW 2008, 121 (126).
77 So *Geitmann*, VBlBW 2008, 121 (126).
78 *Geitmann*, VBlBW 2008, 121 (126).

37 Doch auch auf der Gegenseite finden sich bedenkenswerte Argumente: Ausgehend von der **grundsätzlichen Entscheidung des GG für eine repräsentative Demokratie** müssen für durch Volksabstimmung zustande gekommene Gesetze „vergleichbare Maßstäbe hinsichtlich ihrer Orientierung am Allgemeinwohl gelten" wie für Parlamentsgesetze.[79] Im Hinblick auf letztere bietet das parlamentarische Gesetzgebungsverfahren „Möglichkeiten zum Ausgleich unterschiedlicher partikularer Interessen und damit regelmäßig auch zur Gemeinwohlkonkretisierung, die bei der Volksgesetzgebung nicht in demselben Maße zur Verfügung stehen."[80] Die Gesamtschau von Unterstützungsquorum und Zustimmungsquorum soll daher als „Test der Ernsthaftigkeit"[81] – oder vielleicht besser: **„Test der Kompromissfähigkeit"** – herhalten.

38 Anders gestaltet sich die Diskussion für ein Quorum bei Verfassungsänderungen (→ Art. 64 Rn. 15).

3. Wirkungsdauer

39 Eine noch ungelöste Frage bleibt, ob oder wann das Parlament einen **Volksentscheid abändern** kann. Dazu enthält die LV – anders als die kommunale Ebene[82] – keine Vorgaben. Die Annahme eines Gesetzesentwurfs im Verfahren der Volksabstimmung ersetzt die parlamentarische Entscheidung. Volksgesetze entsprechen im Rang den Parlamentsgesetzen,[83] sie sind also weder höherrangig[84] noch niederrangig im Verhältnis zu Parlamentsgesetzen.[85] Insbesondere sind sie nicht stärker legitimiert als Parlamentsgesetze; schließlich hat sich der Verfassungsgeber für den Grundsatz der repräsentativen Demokratie entschieden (Art. 25 I 2 LV). Auch die Annahme, ein Volksgesetz könne nur durch ein anderes Volksgesetz als *actus contrarius* aufgehoben werden, findet keine Bestätigung in der Landesverfassung. Eine Bindungswirkung des Volksgesetzes ist daher abzulehnen.[86] Die Frage nach der Abänderbarkeit des Volksgesetzes durch das Parlament ist daher zunächst politisch zu beantworten: „Die Frage, ob und wie lange das Parlament an ein vom Volk beschlossenes Gesetz gebunden ist oder es ändern kann, wäre bei ausreichendem Respekt vor dem

---

79 *Mehde* in: Maunz/Dürig, Art. 28 Abs. 1, Rn. 67 mit Verweis auf BremStGH, NVwZ-RR 2001, 1 (2).
80 *Mehde* in: Maunz/Dürig, Art. 28 Abs. 1, Rn. 67.
81 *Mehde* in: Maunz/Dürig, Art. 28 Abs. 1, Rn. 67.
82 Innerhalb einer Drei-Jahres-Frist kann ein Bürgerentscheid nur durch einen neuen Bürgerentscheid abgeändert werden (§ 21 VIII 2 GemO).
83 *Ehlers* in: Ehlers/Pünderi (Hrsg.), AllgVerwR, 15. Aufl. 2015, § 2 Rn. 38; *Mehde* in: Maunz/Dürig, Art. 28 Abs. 1, Rn. 67. So bereits *Carl Schmitt*, Verfassungslehre, 98.
84 So auch *Braun*, Art. 60 Rn. 18; *Schlenker*, VBlBW 1988, 121 (122); aA *Peine*, Der Staat 18 (1979), 375 ff.; krit. auch *Mangoldt*, AöR 77 (1951/52), 376 (378) unter Verweis auf *Thoma/Jellinek*, Handbuch des Dt. Staatsrechts II, 114 ff., 181 f. Von einer Abänderbarkeit erst in der nächsten Wahlperiode geht hingegen *Feuchte* in: Feuchte, Art. 60 Rn. 11 aus; ausf. Nachw. aus der Weimarer Literatur bei *Schlenker*, VBlBW 1988, 121 (122, Fn. 21).
85 So explizit *Stender-Vorwachs* in: Epping/Butzer u.a., Art. 47 Rn. 25.
86 Siehe hingegen auch *Jung* in: Schrenk/Soldner, 427 (), der den Vorrang der Volksgesetze aus der verfassungsrechtlichen Zuweisung einer Konfliktlösungskompetenz ableitet.

Souverän am besten dem politischen Fingerspitzengefühl zu überlassen, weil auf diese Weise viel differenzierter als mit einer starren Frist abgewogen werden kann, ob eine wesentliche Veränderung der Verhältnisse eine Gesetzesänderung rechtfertigt. Respektloser Umgang des Parlaments mit Volksentscheiden […] geben jedoch Anlass, eine Bremse einzubauen."[87] Eine parlamentarische Änderung sollte daher **nur nach angemessenem Zeitablauf oder im Falle einer wesentlichen Änderung der Sach- oder Rechtslage**[88] angedacht werden. Eine hohe praktische Relevanz der Fragestellung lädt dazu ein, die Grenzen der Konterlegislatur verfassungsrechtlich zu normieren.[89]

III. Gegenstand der Volksabstimmung
1. Themenausschlüsse

Von der Volksgesetzgebung sind gemäß Art. 60 VI LV – nach der Verfassungsänderung 2015 in Einklang mit Art. 59 III 3 LV – die Gegenstände der **Abgabengesetze, Besoldungsgesetze und das Staatshaushaltsgesetz** ausgenommen.[90] Ähnlich – im Detail jedoch variierend – sieht die Rechtslage in den anderen Bundesländern aus. Der baden-württembergische Verfassungsgeber hat damit eine Ausnahmetrias formuliert, die sich an die Regelung der Weimarer Verfassung anlehnt.[91]

40

Unter die **Abgabengesetze** fallen alle Gesetze, die „Geldleistungen des Bürgers in der Form von Steuern, Beiträgen, Gebühren oder anderen Abgaben an öffentlichen Haushalten festsetzen."[92] **Besoldungsgesetze** sind solche, welche die Beamtenbesoldung regeln, also „alle Leistungen, die der Beamte von seinem Dienstherrn in Erfüllung von dessen Alimentationspflicht erhält."[93] Darunter fallen nicht Diätengesetze für die Landtagsabgeordneten;[94] diese wurzeln allerdings bereits historisch in der Kompetenz der Parlamentarier zur Selbstorganisation.[95]

41

---

87 *Geitmann*, VBlBW 2008, 121 (126 f.).
88 Hierzu *Geitmann*, VBlBW 2008, 121 (127).
89 Hierzu ausführlich mit Nachw. aus der Rspr. *Jung* in: Schrenk/Soldner, 427 ff.; *ders.*, FS Schefold, 145 ff.
90 Vgl. *Göbel*, Verfassung, 71: „Es ist in Deutschland herkömmlich, diese heiklen Gebiete, wo der Egoismus des einzelnen seine Abstimmung entscheidend beeinflussen wird, nicht der Volksabstimmung zu unterwerfen." Allerdings steht die Verfassung einer Streichung dieser Ausnahmetrias nicht entgegen; hierzu *Siekmann* in: Neumann/Raumer, 181 ff.; krit. jedoch BayVerfGH, NVwZ-RR 2000, 401 ff.
91 Vgl. Art. 73 Abs. 4 WRV: „Über den Haushaltsplan, über Abgabengesetze und Besoldungsordnungen kann nur der Reichspräsident einen Volksentscheid veranlassen."
92 *Braun*, Art. 59 Rn. 40.
93 *Wittreck* in: Dreier, Art. 74 Rn. 137, mit weiteren Konkretisierungen, wobei einschränkend zu beachten ist, dass Art. 60 VI LV nur solche Gesetze meint, die haushaltsrelevante Auswirkungen entfalten. Dies gilt etwa nicht – grundgesetzlich unter den Besoldungsbegriff fallende – Regelungen für die Bewertung der Ämter oder der Dienstposten (so bei *Wittreck* aaO). Der landesverfassungsrechtliche Begriff des Art. 60 VI LV ist daher enger zu fassen als der grundgesetzliche Besoldungsbegriff des Art. 74 I Nr. 27 GG.
94 *Braun*, Art. 59 Rn. 40.
95 Hierzu BVerfGE 40, 296 (316 f., 327).

42 Die Erwähnung des **Staatshaushaltsgesetzes** bezieht sich auf den „ein- oder zweijährigen Haushaltsplan mit sämtlichen Einnahmen und Ausgaben des Landes", wie ihn Art. 79 II LV vorsieht.[96] In das Haushaltsgesetz dürfen nur Vorschriften aufgenommen werden, die sich auf die Einnahmen und Ausgaben des Landes und auf den Zeitraum beziehen, für den das Haushaltsgesetz beschlossen wird (Art. 79 III 1 LV). Erfasst werden auch Ermächtigungen zur Übernahme von Bürgschaften, Garantien oder sonstigen Gewährleistungen (Art. 79 II 2 iVm Art. 84 S. 1 LV).

43 Der Begriff des Staatshaushaltsgesetzes erstreckt sich hingegen **nicht bereits auf Gesetze, die gewichtige Einnahmen oder Ausgaben auslösen** und damit den Haushalt des Landes wesentlich beeinflussen.[97] Gegen letzteres spricht bereits, dass ein so weites Verständnis der Ausschlusstatbestände die Nennung von Abgaben- und Besoldungsgesetzen überflüssig machte.[98] In die gleiche Richtung zielt die verfassungsgesetzliche Formulierung der Vorschrift, die einerseits den Begriff des Staatshaushaltsgesetzes, andererseits den bestimmten Artikel („dem") verwendet.[99] Damit wird explizit auf das vom Verfassungsgeber genau definierte (vgl. → Rn. 42) Staatshaushaltsgesetz Bezug genommen; es ist gerade nicht der Staatshaushalt[100] gemeint. Ein verfassungsvergleichender Blick bestätigt dieses Ergebnis:[101] So spricht § 68 I 4 Verf NRW explizit von „Finanzfragen"; Art. 99 I 3 SaarlVerf erwähnt „Staatsleistungen". Den Landesverfassungsgebern ist die Diskussion um die Reichweite des Ausschlusses bekannt, und sie wird in verschiedener Weise gelöst. Dabei verdeutlichen sich zwei unterschiedliche Verfassungstraditionen: Während Art. 60 VI LV der Weimarer Reichsverfassung nachempfunden ist,[102] stehen die letztgenannten Regelungen – insbesondere die nordrhein-westfälische – in der Tradition des Art. 6 Abs. 3 der preußischen Verfassung vom 30.11.1920, der ebenfalls den Begriff „Finanzfragen" verwendet. Diese historische Sichtweise wird letztlich durch eine funktionale gestützt: Eine sehr weite Interpretation der Ausschlussklausel würde Volksentscheide weitgehend unmöglich machen.[103]

44 Die Gegenauffassung verweist stattdessen auf den Sinn und Zweck der Vorschrift, „die Etathoheit des Landtags und die Leistungsfähigkeit des Staates und seiner Verwaltung vor Eingriffen durch den Gesetzgeber zu si-

---

96 So explizit *Haug*, ZParl 2012, 446 (450 f.).
97 In diesem Sinne u.a. SächsVerfGH, LKV 2003, 327 (329) (zu Art. 73 I SächsVerf, der seine Wurzeln in Art. 60 VI LV hat); BerlVerfGH, NVwZ-RR 2010, 169 ff.; *Braun*, Art. 59 Rn. 40; *Ennuschat* in: Kluth/Krings, § 27 Rn. 14 (Fn. 33); *Feuchte* in: Feuchte, Art. 60 Rn. 10; *Haug*, ZParl 2012, 446 (450 f.); *Jung*, LKV 2003, 308 ff.; *Kropp*, Jahrbuch des Föderalismus 2011, 192 (201). Zu anderen Auffassungen vgl. noch die Nachw. in Fn. 104.
98 *Haug*, ZParl 2012, 446 (450).
99 *Haug*, ZParl 2012, 446 (450 f.) mwN für die Für- und Gegenansicht.
100 Zu dieser begrifflichen Differenzierung BerlVerfGH, NVwZ-RR 2010, 169 (170).
101 Auf die landesverfassungsgerichtliche Rechtsprechung kann daher nur bedingt Bezug genommen werden.
102 Hierzu bereits unter → Rn. 6; die Auslegung des Begriffs war auch unter Geltung der WRV umstr.; es ist daher davon auszugehen, dass der Verfassungsgeber einen klarstellenden Begriff gewählt hätte, so er einen weiten Anwendungsbereich gewollt hätte.
103 *Kropp*, Jahrbuch des Föderalismus 2011, 192 (201).

chern".[104] Zudem findet sich der Verweis auf die Regelungen in Art. 79 ff. LV,[105] welche eine Beteiligung des Volksgesetzgebers an der Etatgesetzgebung ohnehin ausschließen, so dass die obige Interpretation des Begriffs des Staatshaushaltsgesetzes nurmehr deklaratorische Wirkung entfalten kann.[106] Dies schließt jedoch eine derartige Interpretation nicht aus. Vielmehr ist davon auszugehen, dass sich Art. 60 VI LV und Art. 79 ff. LV gegenseitig bekräftigen.

Die mit Verweis auf das parlamentarische Budgetrecht auf den ersten Blick nachvollziehbare Einschränkung lässt sich **demokratietheoretisch durchaus kritisieren**, sofern man eine andere Perspektive einnimmt: „Im Unterschied zu anderen Staaten entspricht dies zwar der durch die WRV begründeten und damit relativ kurzen deutschen Rechtstradition, ist aber ein Verkehrung des Demokratieprinzips. [...] Was die Parlamente im 19. Jahrhundert stellvertretend für das Volk dem Monarchen abgetrotzt haben, wenden sie jetzt als Privileg um 180° gegen das Volk."[107] 45

Bedenklich erscheint die Beschränkung jedenfalls mit Blick auf die Anwendung bei Gesetzesreferenden nach Art. 60 II oder III LV, da in diesen Fällen das Volk kein – der Regierung zuzusprechendes – Initiativrecht, sondern nur das – dem Parlament zukommende – Kontrollrecht ausüben würde;[108] ein solches ist nicht in allen Landesverfassungen bekannt – so fehlt es etwa in der nordrhein-westfälischen sowie rheinland-pfälzischen Verfassung. Hier erscheint eine Verfassungsmodifikation wünschenswert, welche die Budgetverantwortung auf den demokratischen Souverän verlagert. 46

Politische und rechtliche Bedeutung hat die Ausschlussklausel in der Vergangenheit vornehmlich im Zusammenhang mit der politischen **Auseinandersetzung um das Infrastrukturprojekt „Stuttgart 21"** erlangt (→ Rn. 4). So wurde verschiedentlich vertreten, die Gesetzesinitiative für ein „Ausstiegsgesetz" verstieße gegen Art. 60 VI LV.[109] Dies setzt die Annahme voraus, dass eine Volksabstimmung auch über solche Gesetze ausgeschlossen ist, die gewichtige Einnahmen oder Ausgaben auslösen und damit den Haushalt des Landes wesentlich beeinflussen (→ Rn. 42 ff.). 47

Auf der Grundlage dieser Ansicht war im Hinblick auf den Ausstieg aus dem Projekt „Stuttgart 21" zu differenzieren. Einerseits: die Verpflichtung der Landesregierung, die Finanzierungsverträge zu kündigen, war ohnehin ohne haushaltsrechtlichen Belang ist. Andererseits: die Abstimmung über

---

104 *Dolde/Porsch*, Gutachterliche Stellungnahme, 40. In diese Richtung verläuft auch die Argumentation in BVerfGE 102, 176 (185 ff.), allerdings zu einer schleswig-holsteinischen Regelung mit anderem Wortlaut (hierauf weist *Haug*, ZParl 2012, 446 [451] richtigerweise hin); das BVerfG war in diesem Fall in der Funktion als Verfassungsgericht des Landes Schleswig-Holstein tätig (vgl. Art. 99 GG). Ebenfalls eine weite Auslegung befürwortend *Stüer/Buchsteiner*, UPR 2011, 335 (338).
105 Zur Gesetzgebungsinitiative bei der Haushaltsplanung siehe bereits Art. 59 Rn. 35.
106 *Dolde/Porsch*, Gutachterliche Stellungnahme, 40.
107 *Geitmann*, VBlBW 2008, 121 (127).
108 *Pestalozza*, Popularvorbehalt, 28. In diese Richtung auch *Kämmerer/Ernst/Winter*, ZG 2015, 349 (362).
109 So *Stüer/Buchsteiner*, UPR 2011, 335 (337 f.); *Kirchhof*, Gutachtliche Stellungnahme, 20 ff.

den Widerruf der landesgesetzlichen Ermächtigung zur Ausgabe der für das Projekt benötigten Landesmittel in den Finanzierungsverträgen vom 2.4.2009 wäre – nach Auffassung der Landtagsfraktionen von CDU und FDP im Einklang mit der oben dargestellten Auffassung in Literatur und Rechtsprechung – als Abstimmung über ein Staatshaushaltsgesetz unzulässig.[110]

2. Kompetenz des Landessouveräns

48 Der **Gegenstand der Volksabstimmung** muss **in der Kompetenz des Landesgesetzgebers** liegen (→ Art. 59 Rn. 25). Es muss sich also um eine Landeskompetenz handeln und es muss sich um eine Kompetenz des Gesetzgebers handeln; Art. 60 LV ermöglicht nicht die Umgehung des Gewaltenteilungsgrundsatzes.

49 Auch die Einhaltung dieser Vorgaben war im Hinblick auf Stuttgart 21 problematisch. Dagegen könnte Art. 73 I Nr. 6 a GG sprechen, wonach gesetzgeberische **Entscheidungen über die Eisenbahninfrastruktur** – und damit auch die Bahnhöfe[111] – in der Kompetenz des Bundes liegen. Gegenstand des Volksbegehrens war daher auch nicht das „Bahnprojekt" Stuttgart 21, sondern das S21-Kündigungsgesetz, also die „Ausübung von (etwaigen) Kündigungsrechten des Landes im Rahmen der multilateralen Finanzierungsvereinbarung, die der Projektfinanzierung und -durchführung zugrunde liegt".[112] Die Entscheidung hierüber kann jedoch nur das Land treffen.[113]

50 Nach dem Wortlaut des Art. 59 III 1, 60 I-III LV sind nur **Gesetzentwürfe** taugliche Gegenstände einer Volksabstimmung. Diskutiert wird – gerade mit Blick auf Stuttgart 21 – eine **Erweiterung um sonstige Gegenstände der politischen Willensbildung**. In BW ist der Möglichkeit des Volksantrags der Anwendungsbereich der Bürgerbeteiligung partiell erweitert worden. Dies betrifft allerdings nicht den Bereich der Volksabstimmung nach Art. 60 LV.[114] Diskutabel wäre auch eine **Erweiterung um Gegenstände der Exekutive** (→ Art. 59 Rn. 28).[115] In diesem Sinne definiert *Pestalozza* direkte Demokratie in Form von Abstimmungen als „Mitwirkung der Nichtfunktionäre an öffentlichen Sachentscheidungen", „gleichgültig um welche Staatsfunktionen es geht".[116]

3. Verfassungsmäßigkeit des Antragsgegenstandes

51 Der Antragsgegenstand muss auch im Übrigen verfassungsgemäß sein. Dies bedeutet im Einzelnen, dass der Gesetzentwurf grundrechtskonform sein muss (→ Art. 59 Rn. 29). Zugleich muss er sich am Maßstab des Art. 19

---

110 So auch *Dolde/Porsch*, Gutachterliche Stellungnahme, 41 ff.
111 *Pieroth* in: Jarass/Pieroth, Art 73 Rn. 23 mwN.
112 *Haug*, ZParl 2012, 446 (452).
113 In diesem Sinne *Haug*, ZParl 2012, 446 (452) sowie *Dolde/Porsch*, Gutachterliche Stellungnahme, 55 f.
114 Zur Problematik *Geitmann*, VBlBW 2008, 121 (127).
115 Eine solche Beteiligung aus der ausführenden Gewalt ist auf kommunaler Ebene längst bekannt; die Ersetzung von Gemeinderatsbeschlüssen durch Bürgerentscheid (vgl. etwa § 28 VIII 2 GO BW) stellt letztlich einen exekutiven Akt dar.
116 *Pestalozza*, Popularvorbehalt, 8.

GG (Zitiergebot, Verbot des Einzelfallgesetzes,[117] Wesensgehaltsgarantie) messen lassen und darf nicht gegen das Rückwirkungsverbot verstoßen.

IV. Rechtsschutz

Die Volksabstimmung kann beim VerfGH durch **Einspruch** angefochten werden (§ 23 VAbstG). Einspruchsberechtigt ist jeder Stimmberechtigte sowie in amtlicher Eigenschaft auch der Landesabstimmungsleiter. Die Prüfungsgegenstände sind in § 23 IV VAbStG abschließend aufgezählt; nicht hierzu gehört die Frage der Verfassungswidrigkeit des Abstimmungsgegenstandes, die nachgelagert in einem Verfahren der Verfassungsbeschwerde oder der abstrakten oder konkreten Normenkontrolle überprüft werden kann.[118] Wird im Anfechtungsverfahren die Volksabstimmung ganz oder teilweise für ungültig erklärt, so ist sie in dem in der Entscheidung bestimmten Umfang zu wiederholen (§ 25 I VAbstG). 52

Artikel 61 [Rechtsverordnungen, Verwaltungsvorschriften]

(1) ¹Die Ermächtigung zum Erlaß von Rechtsverordnungen kann nur durch Gesetz erteilt werden. ²Dabei müssen Inhalt, Zweck und Ausmaß der erteilten Ermächtigung bestimmt werden. ³Die Rechtsgrundlage ist in der Verordnung anzugeben.

(2) Die zur Ausführung der Gesetze erforderlichen Rechtsverordnungen und Verwaltungsvorschriften erläßt, soweit die Gesetze nichts anderes bestimmen, die Regierung.

Schrifttum:

von Bogdandy, Gubernative Rechtsetzung – Eine Neubestimmung der Rechtsetzung und des Regierungssystems unter dem Grundgesetz in der Perspektive gemeineuropäischer Dogmatik –, 2000; *Haas,* Landesverordnungen aufgrund bundesgesetzlicher Ermächtigung, DVBl. 1954, 241; *Martini,* Normsetzungsdelegation zwischen parlamentarischer Steuerung und legislativer Effizienz – auf dem Weg zu einer dritten Form der Gesetzgebung?, AöR 133 (2008), 155; *H. Maurer,* Verfassungsrecht, in: Maurer/Hendler, 27; *V. Maurer,* Verfassung des Landes (1. Teil), in: Bretzinger, 19; *Ossenbühl,* Verwaltungsvorschriften und Grundgesetz, 1968; *ders.,* in: Isensee/Kirchhof, Handbuch des Staatsrechts V, § 103 (Rechtsverordnung); *Pleyer,* Die gesetzesändernde Änderungsverordnung, JA 2001, 226 ff.; *Seiler,* Parlamentarische Einflussnahmen auf den Erlass von Rechtsverordnungen im Lichte der Formenstrenge, ZG 2001, 50; *Uhle,* Die Rechtsverordnung, in: Kluth/Krings, § 24.

Vergleichbare Regelungen:
Art. 80 I, 84 II, 85 II, 86 und 108 VI GG, 55 Nr. 2 BayVerf, 80 BbgVerf, 64 BerlVerf, 124 BremVerf, 53 HambVerf, 107, 118 HessVerf, 57 MVVerf, 43 NdsVerf, 70 NRWVerf, 110 RPVerf, 104 SaarlVerf, 75 SächsVerf, 79 LSAVerf, 45 SchlHVerf, 84 ThürVerf.

---

117 Zur Problematik eines möglichen Verstoßes gegen Art. 19 I 1 GG (Einzelfallgesetz) im Zusammenhang mit S 21 *Haug,* ZParl 2012, 446 (452), der stattdessen vom Vorliegen eines Maßnahmegesetzes ausgeht.
118 StGH, B. v. 22.5.2012, GR (V) 3/12, S. 6 ff. (https://verfgh.baden-wuerttemberg.de/fileadmin/redaktion/m-stgh/dateien/120522_Beschluss-GR_V_3-12-Endfassung_anonymisiert.pdf) mit ausführlicher Begründung.

Artikel 61 [Rechtsverordnungen, Verwaltungsvorschriften]

Leitentscheidungen: BVerfGE 1, 14 (Südweststaat); 8, 274 (Preisbildung); 18, 407 (Verordnung als Landesrecht); 34, 52 (Hessisches Richtergesetz); 58, 257 (Schulentlassung); 101, 1 (Hennenhaltungsverordnung); 114, 196, 233 ff. (Änderung der Rechtsverordnung).

A. Überblick und Einordnung	1	B. Erläuterung	8
I. Bedeutung	1	I. Regelungssystematik	8
II. Herkunft, Entstehung, Geschichte	4	II. Rechtsverordnungen	10
III. Verfassungsvergleichende Einordnung	7	III. Verwaltungsvorschriften	26

A. Überblick und Einordnung

I. Bedeutung

1 Artikel 61 I LV knüpft unmittelbar an das Demokratieprinzip, den Grundsatz der Gewaltenteilung (Art. 25 I 2 LV) und – diese konkretisierend – den Grundsatz des Vorbehalts des Gesetzes (→ Art. 58 Rn. 1 ff.) an, indem die Vorschrift regelt, unter welchen Voraussetzungen die **Kompetenz zum Erlass abstrakt-genereller Normen an die Exekutive delegiert** werden darf.

2 Die Regulierung des Delegationsvorgangs beruht auf folgenden Funktionen, die *Bauer* prägnant zusammenfasst:[1] Sie ermöglicht erstens die Delegation; damit verbunden ist eine **Entlastungs- und Flexibilitätswahrungsfunktion**: Der parlamentarische Gesetzgeber wird entlastet und die beschleunigte, kurzfristige Anpassung des Rechts wird ermöglicht.[2] Solchermaßen ermöglicht die Delegation auch den Vollzug[3] – dies gilt insbesondere bei komplexen Rechtsmaterien: Das Gesetz wird durch die Konkretisierung erst im eigentlichen Sinne anwendbar. Die Regulierung des Delegationsvorgangs begrenzt zweitens die Delegation: Ihr ist somit zugleich eine **Funktionssicherungsfunktion** eigen, die sicherstellt, dass sich der Gesetzgeber nicht seiner Verantwortung als gesetzgebende Körperschaft entäußern darf.[4]

3 Die in Abs. 2 aufgegriffenen Regelungen zum Erlass von Verwaltungsvorschriften passen systematisch nicht zu Abs. 1. Die Zusammenfassung beider Regelungen in einem Artikel lässt sich mit Zufälligkeiten der Entstehungsgeschichte erklären.

II. Herkunft, Entstehung, Geschichte

4 Eine besondere gesetzliche Ermächtigung für Verordnungen mit Rechtssatzcharakter, die der Ausführung von Gesetzen dienen, wurde erstmals in der Weimarer Zeit verlangt. In Reaktion auf die Erfahrungen aus Weimar und dem Dritten Reich, wo Art. 48 WRV als Schlupfloch für ein ausgreifendes exekutives Verordnungsrecht missbraucht wurde, wurde nach dem 2. Weltkrieg „eine straffe **Begrenzung des Verordnungsrechts**" verfolgt, die „zunächst in den Länderverfassungen, dann insbesondere in Art. 80 I

---

1 *Bauer* in: Dreier, Art. 80 Rn. 12.
2 So auch BVerfGE 101, 1 (35).
3 *Uhle* in: Kluth/Krings, § 24 Rn. 10, spricht daher auch von der Vollzugsermöglichungsfunktion.
4 BVerfGE 78, 249 (272).

[Rechtsverordnungen, Verwaltungsvorschriften] Artikel 61

und 129 III GG zum Ausdruck kam".[5] Die zeitlich spätere baden-württembergische Verfassung konnte dann Art. 80 I GG als Vorbild heranziehen. Beide Normen dienen der **Legislativfunktion des Parlaments** und der **Vorhersehbarkeit der Normsetzung** durch die Exekutive.[6]

Der Artikel entspricht weitgehend den Vorschlägen in **Art. 58 I-III VerfERP** 5
und Art. 87 I, II VerfECDU.[7] Besondere Betonung fand in den Verhandlungen die Rückkoppelung der Verordnungskompetenz an die Ermächtigung des Gesetzgebers, um den in der Vergangenheit erfahrbaren „Mißbrauch" mit Verordnungsrecht zu verhindern.[8] Abs. 1 S. 2 und 3 lehnen sich an Art. 80 I 2, 3 GG an, der zunächst für unmittelbar anwendbar gehalten wurde, wie in den Stellungnahmen der Abgeordneten *Gönnenwein* und *G. Müller* zum Ausdruck kommt.[9] Abs. 2 findet seinen Vorgänger in Art. 15 II des Überleitungsgesetzes vom 17.5.1952 (GBl. 3), der auf Art. 86 VerfWB sowie Art. 73 VerfWH zurückgeht.

Die Vorschrift hat seit der Verfassungsgebung **keine Änderung** erfahren. 6

III. Verfassungsvergleichende Einordnung

Art. 61 LV entspricht im Wesentlichen den Vorgaben der übrigen Landes- 7
verfassungen. Das Grundgesetz kennt mit Art. 80 GG eine Norm, welche die Delegation an den Verordnungsgeber regelt; Verwaltungsvorschriften finden hier keine Erwähnung.

B. Erläuterung

I. Regelungssystematik

Abs. 1 des Art. 61 LV betrifft nur Rechtsverordnungen, während Abs. 2 8
auch Verwaltungsvorschriften erfasst. **Rechtsverordnungen** sind „Rechtssätze, die ohne Gesetz im formellen Sinne zu sein, von einer zur Normensetzung befugten Stelle ausgehen und sich mit Geboten oder Verboten an die Allgemeinheit wenden".[10] Sie sind daher Gesetze im materiellen Sinne.[11] **Verwaltungsvorschriften** sind hingegen Anordnungen, die von übergeordneten Verwaltungsinstanzen oder Behörden an nachgeordnete Behörden oder von Vorgesetzten an Bedienstete gerichtet sind und die Verwaltungsorganisation oder das Verhalten der Verwaltung (auch bei der Durchführung der Gesetze) bestimmen.[12] Im Gegensatz zu Rechtsverordnungen

---

5 *Feuchte* in: Spreng/Birn/Feuchte, Art. 61 Anm. 2.
6 BVerfGE 34, 52 (59 ff.); BVerwGE 56, 155 ff.
7 Hierzu 16. VA-Sitzung v. 3.10.1952, in: Feuchte, Quellen, 3. Teil, 55; 47. VA-Sitzung v. 14.4.1953, in: Feuchte, Quellen, 6. Teil, 55 ff.; 52. VA-Sitzung v. 29.5.1953, in: Feuchte, Quellen, 6. Teil, 496; 53. VLV-Sitzung v. 8.10.1953, in: Feuchte, Quellen, 8. Teil, 173; 59. VLV-Sitzung v. 5.11.1953, in: Feuchte, Quellen, 8. Teil, 384 f.
8 So der Abgeordnete *G. Müller* in der 6. VLV-Sitzung v. 15.5.1952, in: Feuchte, Quellen, 1. Teil, 649.
9 6. VLV-Sitzung v. 15.5.1952, in: Feuchte, Quellen, 1. Teil, 649 f.
10 *Feuchte* in: Spreng/Birn/Feuchte, Art. 61 Anm. 1.
11 *Feuchte* in: Feuchte, Art. 61 Rn. 5; *ders.* in: Spreng/Birn/Feuchte, Art. 61 Anm. 1; *Maurer* in: Bretzinger, Rn. 105.
12 *Wolff/Bachof/Stober/Kluth*, VerwR I, 13. Aufl., S. 264 ff.

genießen sie daher regelmäßig nur verwaltungsinterne Verbindlichkeit.[13] In diesem Rahmen wirken sie als abstrakt-generelle Weisungen. Sie stellen daher auch nicht im engeren Sinne „Gesetzgebung" im Sinne dieses Verfassungsabschnitts dar (wenn sie auch rechtssetzend wirken können);[14] regelungstechnisch wirken sie daher eher als Fremdkörper.[15] → Rn. 3 sowie bereits unter → Art. 58 Rn. 17.

9 Die Auslegung der beiden Absätze wird dadurch erschwert, dass die beiden Absätze **verschiedenen Vorbildern entnommen** sind (hierzu bereits in der Entstehungsgeschichte → Rn. 5).[16] Sie sind wohl dergestalt zu trennen, dass Abs. 1 eine **Ermächtigungsregel** für Rechtsverordnungen entnommen wird,[17] während Abs. 2 nur die **Zuständigkeit** zum Erlass von Rechtsverordnungen und Verwaltungsvorschriften betrifft.[18] Dies ergibt sich insbesondere daraus, dass die Ermächtigungsfrage für Rechtsverordnungen bereits in Abs. 1 geregelt ist und der Erlass von Verwaltungsvorschriften nach allgemeiner Auffassung grundsätzlich[19] keiner gesetzlichen Ermächtigung bedarf.[20]

II. Rechtsverordnungen

10 Abs. 1 der Vorschrift regelt in weitgehender Übereinstimmung mit Art. 80 I GG[21] (für den Bundesgesetzgeber) die **Möglichkeit der Delegation von Rechtsetzungskompetenzen (durch den Landesgesetzgeber)** an die Exekuti-

---

13 *Feuchte* in: Spreng/Birn/Feuchte, Art. 61 Anm. 1. Dennoch kann die Abgrenzung im Einzelnen schwierig sein; hierzu *Braun*, Art. 61 Rn. 9. Zu den Einzelheiten noch unter → Rn. 26 ff.
14 Siehe auch VerwG, ESVGH 11 I 5, 7.
15 *Feuchte* in: Feuchte, Art. 61 Rn. 3.
16 *Feuchte* in: Feuchte, Art. 61 Rn. 1.
17 So auch explizit *Feuchte* in: Feuchte, Art. 61 Rn. 15, 17.
18 *Maurer* in: Maurer/Hendler, 27 (85); *Feuchte* in: Feuchte, Art. 61 Rn. 15, der in Abs. 2 zugleich die Ermächtigungsnorm für Verwaltungsvorschriften erblickt. Weiter *Braun*, Art. 61 Rn. 20, der in Art. 61 II LV eine Ermächtigungsnorm für „Ausführungsverordnungen" erblickt, mit Verweis auf Art. 55 Nr. 2 BayVerf, 107 HessVerf.
19 Eine Ausnahme besteht, soweit die Verwaltungsvorschriften an Behörden anderer Verwaltungsträger gerichtet sind (sog. intersubjektive Verwaltungsvorschriften); vgl. hierzu bspw. Art. 84 II GG, 85 II GG, 86 S. 1 GG; in diesem Sinne auch *Feuchte* in: Feuchte, Art. 61 Rn. 18 f.
20 *Braun*, Art. 61 Rn. 10, 23, 26 (mit Verweis auf Art. 25 III 3, Art. 69 LV); *Maurer* in: Maurer/Hendler, 27 (84); für die Verwaltungsvorschriften: „Hausgut der Verwaltung". So auch bereits der Abg. *Gönnenwein*, 47. VA-Sitzung v. 14.4.1953, in: Feuchte, Quellen, 6. Teil, 59.
21 Zum Gestaltungsspielraum des Landesverfassungsgebers siehe BVerfGE 34, 52 (58 f.) einerseits: „Art. 80 Abs. 1 Satz 2 GG ist *eine* Möglichkeit der Konkretisierung dieses Verfassungsprinzips [des Prinzips der Gewaltenteilung; Anm. der Verf.]; er gilt nur für den Bereich der Bundesgesetzgebung" mit Verweis auf die gleichlautende Rspr. in BVerfGE 12, 319 (325); 19, 253 (266); 26, 228 (237); 32, 346 (360 f.). – andererseits: BVerfGE 55, 207 (226) in Fortführung von BVerfGE 41, 251 (266): „Zwar scheidet die unmittelbare Anwendung des Art. 80 Abs. 1 GG auf die Landesgesetzgebung aus […]; die dargestellten, aus dem rechtsstaatlichen und demokratischen Verfassungssystem folgenden Grundsätze sind aber auch für die Landesgesetzgebung verbindlich."

ve. Darin liegt eine Modifikation[22] des Grundsatzes der Gewaltenteilung (Art. 25 I 2 LV), die sich aus einem Bedürfnis rechtfertigt, den parlamentarischen Gesetzgeber von zahlreichen Einzelfallregelungen zu entlasten und eine rasche Anpassung an sich ändernde Verhältnisse zu ermöglichen und gleichzeitig die notwendige parlamentarische Anbindung sicherzustellen. *Bogdandy* beschreibt diese Zergliederung treffend als „gestufte Problembewältigung", bei der „jedes Rechtssetzungsverfahren das ihm eigene Potential aktualisieren kann."[23] Wieweit der Verordnungsgeber in diesem Prozess auf einen Akt der Rechtsanwendung verwiesen ist oder darüber hinaus rechtssetzend/politikgenerierend tätig wird,[24] bemisst sich nach der Wesentlichkeitstheorie (zu dieser bereits → Art. 58 Rn. 3, 10 ff.). Besondere Relevanz erlangt diese Regelungstechnik im Bereich technischer und umweltschutzrechtlicher Regelungen.

Entsprechend Art. 80 I GG normiert auch Art. 61 I LV eine **enge parlamentarische Anbindung**. Das Letztentscheidungsrecht verbleibt beim Gesetzgeber, der mit hinreichender Bestimmtheit die Übertragung der Rechtssetzungsbefugnisse zu normieren hat: „Nur das Parlament besitzt die demokratische Legitimation zur **politischen Leitentscheidung. Es darf sich seiner Verantwortung als gesetzgebende Körperschaft nicht dadurch entziehen, daß es einen Teil seiner Gesetzgebungsmacht der Exekutive überträgt, ohne dabei die Grenzen der übertragenen Kompetenzen genau zu bestimmen.**"[25]   11

Art. 61 I LV enthält daher drei Aussagen:[26] Erstens: Jede Rechtsverordnung bedarf einer **Ermächtigung**. Zweitens: Diese Rechtsermächtigung kann **nur durch Gesetz** erteilt werden (S. 1). Drittens: Das Gesetz muss **Inhalt, Zweck und Ausmaß der Ermächtigung genau bestimmen** (S. 2). Als Ausdruck des Demokratieprinzips verpflichtet diese Einschränkung den demokratisch legitimierten parlamentarischen Gesetzgeber die Breite und Zielrichtung der Rechtssetzungsdelegation erschöpfend zu bestimmen. Dabei genügt es jedoch, wenn sich diese Konkretisierungen aus dem Gesamtgesetz und nicht nur der Ermächtigungsklausel ergeben.[27] **Inhalt** meint die Regelung, nicht das zu regelnde Gebiet.[28] **Zweck** ist „das Programm, dass staatspolitische, rechtspolitische, sozialpolitische, kulturpolitische Ziel, das der Verordnungsgeber erreichen soll".[29] Das **Ausmaß** „steckt die Grenzen ab, innerhalb deren die Regelung der Verordnung sich halten muss".[30] Insgesamt[31] muss dem Regelungsadressaten daher offenkundig sein, „in wel-   12

---

22 BVerfGE 18, 52 (59) spricht sogar noch deutlicher von Durchbrechung; BVerfGE 24, 184 (197); BVerfGE 34, 52 (58 f.); *Braun*, Art. 61 Rn. 1; *Feuchte* in: Feuchte, Art. 61 Rn. 6. Strenger *ders.* in: Spreng/Birn/Feuchte, Art. 61 Anm. 2.
23 *von Bogdandy*, Gubernative Rechtsetzung, 314.
24 Zu dieser Abgrenzung *von Bogdandy*, Gubernative Rechtsetzung, 317 ff.
25 *Feuchte* in: Feuchte, Art. 61 Rn. 6 (Hervorhebung im Org.).
26 So der Abg. *G. Müller*, 16. VA-Sitzung VA v. 3.10.1952, in: Feuchte, Quellen, 3. Teil, 62.
27 *Feuchte* in: Spreng/Birn/Feuchte, Art. 61 Anm. 4; *Wolff*, AöR 78 (1951/1952), 194 (200).
28 *Wolff*, AöR 78 (1951/1952), 194 (196).
29 *Wolff*, AöR 78 (1951/1952), 194 (197).
30 *Feuchte* in: Spreng/Birn/Feuchte, Art. 61 Anm. 4.
31 Der StGH (jetzt: VerfGH) spricht daher bildhaft von einer „Konkretisierungskompensation" (StGH, VBlBW 1980, 18 (19)).

chen Fällen und mit welcher Tendenz" von der Ermächtigung Gebrauch gemacht wird und „welchen Inhalt" die erlassenen Verordnungen haben können.[32] Inhaltlich ähnlich verlangt der **Parlamentsvorbehalt**, dass die für die Verwirklichung der Grundrechte wesentlichen Fragen durch den parlamentarischen Gesetzgeber entschieden und gar nicht auf den exekutiven Verordnungsgeber übertragen werden. Die Grenze zur Wesentlichkeit verläuft dabei fließend und ist insbesondere von der Funktion des Parlamentsvorbehalts bestimmt, die Entscheidung im öffentlichen Rahmen und unter Einflussnahme des öffentlichen Diskurses zu treffen (→ Art. 58 Rn. 11). Ein solcher Parlamentsvorbehalt kann – wie im Falle der Art. 71 II 1, III 1 LV[33] – auch unmittelbar in der Verfassung normiert sein und sperrt dann gleichermaßen die Ermächtigung zum Erlass einer Rechtsverordnung.[34]

13 In Art. 61 I LV findet gleichsam der mit dem Parlamentsvorbehalt eng verwandte **Grundsatz der Normenbestimmtheit** Erwähnung.[35] Dieser sichert die hinreichende Steuerungsintensität parlamentarischer Regelungen und spiegelbildlich hinreichende Handlungsmaßstäbe auf Seiten der Exekutive: Die Leine zwischen Rechtssetzer und Rechtsanwender ist – bildlich gesprochen – eng zu spannen (→ Art. 58 Rn. 4). Der damit zugleich gewährleisteten Rechtsklarheit und Rechtssicherheit des Bürgers entspricht auch die Verdichtung des Rechtsschutzes.[36] Die Verwendung von Ermessensnormen und unbestimmten Rechtsbegriffen ist damit jedoch nicht ausgeschlossen.

14 Der Anwendungsbereich des Art. 61 LV umfasst nur Rechtsverordnungen, die **aufgrund eines Landesgesetzes** ergehen. Rechtsverordnungen, welche die Landesregierung in Ausübung ihrer Verwaltungszuständigkeit auf der Grundlage eines Bundesgesetzes erlässt, richten sich demgegenüber nach Art. 80 I GG. Umstritten ist, ob letztere als Bundesrecht[37] oder als Landesrecht[38] zu qualifizieren sind. Nach überzeugender hM handelt es sich hierbei um Landesgesetze, bestimmt doch das GG in Art. 30, 83, dass die Länder die Bundesgesetze grundsätzlich als eigene Angelegenheiten ausführen.[39] Die Frage wirkt sich insbesondere auf die **verfassungsgerichtliche Überprüfbarkeit** aus. Landesrechtliche Rechtsverordnungen können sowohl vom BVerfG im Rahmen der abstrakten Normenkontrolle auf ihre Vereinbarkeit mit dem GG oder mit sonstigem Bundesrecht nach Art. 93 I Nr. 2 GG als auch vom VerfGH auf die Vereinbarkeit von Landesrecht mit der LV nach Art. 68 I Nr. 2 LV geprüft werden.[40] Landesrechtliche Rechtsverordnungen können darüber hinaus durch den VGH BW nach § 47 Nr. 2 iVm § 5 AG VwGO BW oder in sonstigen verwaltungsgerichtlichen Verfahren inzident geprüft werden, wenn die Verfassungs- oder Gesetzmä-

---

32 BVerfGE 1, 14 (60); 29, 198 (210 mwN).
33 Hiernach können den Gemeinden Aufgaben nur durch förmliches Gesetz entzogen oder übertragen werden, soweit Bundesrecht nichts anderes vorsieht.
34 *Braun*, Art. 61 Rn. 7.
35 Hierzu *Windoffer* in: Brocker/Droege/Jutzi, Art. 2 Rn. 6.
36 Zu diesen Funktionen BVerfGE 110, 33 (54 f.); 113, 348 (376 f.); BVerfG, NJW 2008, 1505 (1509).
37 So *Wolff*, AöR 78 (1951/1952), 194 (215 f.).
38 So BVerfGE 18, 407 ff.; *Feuchte* in: Feuchte, Art. 61 Rn. 9; *ders.* in: Spreng/Birn/Feuchte, Art. 61 Anm. 7.
39 *Feuchte* in: Spreng/Birn/Feuchte, Art. 61 Anm. 7.
40 *Feuchte* in: Feuchte, Art. 61 Rn. 9.

ßigkeit der Rechtsverordnung entscheidungserheblich ist.[41] Zugleich resultiert hieraus jedoch die Abänderbarkeit durch den Landesgesetzgeber.[42]

Die Ermächtigung zum Erlass von Rechtsverordnungen kann nur durch ein Gesetz im formellen Sinne erteilt werden (Art. 61 I 1 LV), wobei eine im Staatsnotstand von der Regierung erlassene Rechtsverordnung einem formellen Gesetz gleichzustellen ist.[43] Art. 61 LV äußert sich nicht zur **Möglichkeit der Weiterübertragung im Verordnungswege**; entsprechend Art. 80 I 4 GG (und anderen landesverfassungsrechtlichen Regelungen) ist jedoch davon auszugehen, dass diese zulässig ist, soweit das formelle Gesetz Entsprechendes vorsieht.[44] Obwohl eine Art. 80 I 4 GG entsprechende Bestimmung im Verfassungsausschuss gestrichen wurde, ging der Verfassungsgeber davon aus, dass der Gesetzgeber den Verordnungsgeber in der Regel unmittelbar bestimme.[45] 15

In Einzelfragen problematisch ist das **Verhältnis von Rechtsverordnungen und parlamentarischem Gesetzesrecht**. Dies betrifft insbesondere die Frage sog. gesetzesvertretender Rechtsverordnungen, die als gesetzesändernde oder gesetzesergänzende Verordnungen auftreten. **Gesetzesvertretende Rechtsverordnungen** ieS, also solche, die Gesetzesrang haben, sind nach der Verfassung nicht vorgesehen. Dies schließt allerdings nicht notwendig die Existenz gesetzesvertretender Rechtsverordnungen im materiellen Sinne aus, welche gesetzliche ‚Leerstände' ausfüllen; sie finden ihre Grenze in Art. 61 I LV (hierzu bereits → Rn. 10). Für vorkonstitutionelle Gesetze (vgl. Art. 94 III 1 LV) gilt hingegen Art. 129 III (iVm Art. 123 I) GG. Hieraus lässt sich kein Rückschluss auf die Zulässigkeit „neuer" gesetzesvertretender Rechtsverordnungen ziehen.[46] 16

Hoch problematisch ist auch die Frage, ob eine **Rechtsverordnung durch förmliches Gesetz geändert** werden kann.[47] Die Diskussion knüpft zumeist an die Vorfrage an, wie eine solche geänderte Rechtsverordnung regelungstechnisch einzuordnen wäre. Nach Auffassung des BVerfG[48] ist das Normengebilde insgesamt als Verordnung zu qualifizieren: Der wirkliche Status der einzelnen Bestimmungen könnte andernfalls nur mit erheblichem Aufwand ermittelt werden. Ein solcher ist jedoch mit Art. 20 III GG und dem darin enthaltenen Grundsatz der Normenklarheit unvereinbar. Stattdessen ist – nach Auffassung des BVerfG – auf den Eindruck abzustellen, den die Überschrift und die Einleitung (Verweis auf genau bezeichnete Ermächtigungsgrundlage nach Art. 80 I 3 GG) hinterlassen. Nur dieses Ergebnis genüge dem erforderlichen Schutz der Rechtsmittelklarheit und der Effizienz des Rechtsschutzes. Andernfalls sei Art. 19 IV GG berührt, da die Erfolgsaussichten einer Klage von der komplexen Frage abhingen, ob die 17

---

41 Der verfassungsgerichtliche Vorbehalt nach Art. 100 I GG gilt nur für Gesetze im formellen Sinne.
42 Differenzierend daher *Haas*, DVBl. 1954, 241 ff.
43 *Feuchte* in: Spreng/Birn/Feuchte, Art. 61 Anm. 2.
44 *Feuchte* in: Spreng/Birn/Feuchte, Art. 61 Anm. 2.
45 Beil. 1103, 62.
46 *Feuchte* in: Spreng/Birn/Feuchte, Art. 61 Anm. 4; *Wolff*, AöR 78 (1951/52), 194, 200 ff.
47 Offen gelassen durch StGH, VBlBW 1980, 18 f.
48 BVerfGE 114, 196 ff.

jeweilige Norm über §§ 43, 47 VwGO oder über Art. 93 I Nr. 2, 100 GG anzugreifen ist. Die (in der Literatur zumeist vertretene) Gegenauffassung, der sich auch ein Sondervotum zu dem obigen Bundesverfassungsgerichtsurteil angeschlossen hat, versucht hingegen eine Aufspaltung der Norm in die Bestandteile mit Gesetzesrang und die Bestandteile mit Verordnungsrang.[49] Dies verlange der Grundsatz der Normenhierarchie, der zwischen Parlamentsgesetzen und exekutiven Verordnungen unterscheidet. Andernfalls würden die gesetzlich abgeänderten Teile der Rechtsverordnung der Änderungskompetenz des Verordnungsgebers überantwortet, der dann parlamentarisch gesetztes Recht abändern könnte. Hierdurch werde der Vorrang des parlamentarischen Gesetzgebers „unterspült". Der Grundsatz der Normenklarheit beziehe sich zudem nur auf den Inhalt, nicht aber auf die Kennzeichnung und den Rang einer Norm. Zudem könne der Rang einzelner Bestimmungen idR den Verkündungsblättern entnommen werden, so dass ausreichende Rechtssicherheit bestehe. Dies kann zu dem Ergebnis führen, dass die Rechtsverordnung nach Änderung durch Gesetzesrecht zu einem Mixtum wird, das sich nicht mehr eindeutig in die Formentypik des Grundgesetzes einordnen lässt. Die Änderung der Rechtsverordnung durch förmliches Gesetz wäre dann unzulässig.[50]

18 Teilweise[51] wird jedoch – damit im Ergebnis an die Rechtsprechung des BVerfG angenähert[52] – angenommen, dass eine Änderung der Rechtsverordnung durch förmliches Gesetz weiterhin zulässig bleibt. Zur Begründung wird entweder vorgetragen, dass kein Verstoß gegen Art. 20 III GG bestehe, da die Norm insgesamt als Rechtsverordnung zu werten ist (so das BVerfG), oder dass auch das aufgespaltete Normengebilde ausreichende Rechtssicherheit gewähre (so die aA).

19 Daraus resultiert in Anwendung der bundesverfassungsgerichtlichen Rechtsprechung auf das landesverfassungsrechtliche Verfahren Folgendes:[53] a) Der parlamentarische Gesetzgeber ist an das Verfahren nach Art. 59, 63 LV gebunden. b) Der parlamentarische Gesetzgeber ist an die Grenzen der Ermächtigungsgrundlage (Art. 61 I 2 LV) gebunden; hierin sieht die oben genannte abweichende Auffassung einen verfassungsrechtlichen Widerspruch, da der parlamentarische Gesetzgeber nicht an sein selbstgesetztes Recht gebunden sein kann. c) Die im Verfahren förmlicher Gesetzgebung geänderten/eingefügten Teile der Rechtsverordnung stehen der Änderung durch die Exekutive offen. d) Der Gesetzgeber ist nicht an das Zitiergebot des Art. 61 I 3 LV gebunden.[54]

20 Die **Befugnis zum Erlass der Rechtsverordnungen** liegt regelmäßig bei der Regierung (Abs. 2).[55] Damit ist das Kollegialorgan i.S.d. Art. 45 I, II 1 LV gemeint. Die Zuständigkeit ist daher grundsätzlich enger gefasst als in Art. 80 I 1 GG. Allerdings kann der Landesgesetzgeber den **Adressaten der**

---

49 Siehe ausf. *Martini*, AöR 133 (2008), 155 (177 ff.).
50 *Seiler*, ZG 2001, 50 (63 ff.).
51 *Martini*, AöR 133 (2008), 155 (177 ff.).
52 BVerfGE 114, 196 (233 ff.).
53 So explizit BVerfGE 114, 196.
54 Zur umgekehrten Situation der „gesetzesändernden Rechtsverordnung" vgl. *Pleyer*, JA 2001, 226 ff.
55 Hierzu *Feuchte* in: Spreng/Birn/Feuchte, Art. 61 Anm. 8.

Ermächtigung im Einzelfall innerhalb der Landesexekutive frei wählen, die Ermächtigung also insbesondere an Ministerien – aber auch nachgeordnete Behörden – adressieren. Eine Ermächtigung von außerstaatlichen Stellen ist unzulässig.[56]

Art. 61 LV schließt die **Bindung der Rechtsverordnung an die Zustimmung des Landtags** nicht aus.[57] Der Charakter einer Rechtsverordnung bleibt dennoch bestehen.[58]

Eine gesetzliche **Erweiterung des Zustimmungserfordernisses nach Art. 80 II GG** auf von Landesregierungen erlassene Verordnungen ist „aus föderativen Gründen" nicht möglich.[59]

Gemäß Art. 61 I 3 LV ist in der Rechtsverordnung ihre **Ermächtigungsgrundlage anzugeben**, wobei der Verweis auf die ermächtigende Norm genügt, also „jene Gesetzesnorm, die einem bestimmten Adressaten die Befugnis zur Rechtsetzung durch Rechtsverordnung verleiht".[60] Sinn und Zweck der Regelung ist zum einen die Kontrolle der ermächtigten Stelle, die hierdurch angehalten wird, die Grenzen ihrer Befugnis einzuhalten, und zum anderen der Rechtsschutz des Bürgers, der die Einhaltung des gesetzlichen Rahmens erleichtert prüfen kann.[61] Ein Verstoß hiergegen führt zur Nichtigkeit der Rechtsverordnung.[62]

Jede Rechtsverordnung muss auf einer **einfachgesetzlichen Ermächtigungsgrundlage** beruhen. Diese kann im Einzelfall **nachträglich entfallen oder geändert werden**. Das BVerfG geht in diesen Fällen davon aus, dass sich die Rechtsverordnung nach ihrem Erlass so weit aus ihrer Gesetzesanbindung löst, dass sie trotz Wegfalls[63] oder Änderung der Ermächtigungsgrundlage[64] in ihrer Wirksamkeit unberührt bleibt.[65] Die Gegenauffassung verweist auf die enge „funktionale Einheit" von Ermächtigungsgrundlage und Rechtsverordnung und möchte daher die Wirksamkeit der Rechtsverordnung von jener der gesetzlichen Grundlage abhängig machen.[66] Allerdings bezieht sich Art. 61 LV – ebenso wie Art. 80 I GG – dem Wortlaut nach nur auf den *Erlass* einer Rechtsverordnung. Zum Erlasszeitpunkt muss daher eine wirksame Ermächtigungsgrundlage existieren. Über den weiteren Verlauf sagt Art. 61 GG hingegen nichts aus. Damit bleibt es bei dem Grundsatz, dass ein Rechtssatz so lange gilt, bis er außer Kraft gesetzt wird.[67]

---

56 *Braun*, Art. 61 Rn. 12.
57 *Braun*, Art. 61 Rn. 14. Vgl. auch zur Rechtslage auf Bundesebene BVerfGE 8, 274 (319 ff.); *Sachs* in: Sachs, GG, Art. 80 Rn. 41 f.
58 BVerfGE 8, 274 (322); 24, 184 (199.).
59 *Bauer* in: Dreier, Art. 80 Rn. 59.
60 *Feuchte* in: Feuchte, Art. 61 Rn. 10.
61 *Feuchte* in: Feuchte, Art. 61 Rn. 11.
62 *Maurer* in: Bretzinger, Rn. 106.
63 So BVerfGE 9, 3 (12); 12, 341 (346 f.); 78, 179 (198).
64 BVerfGE 14, 245 (249).
65 Ebenso BVerwGE 104, 331 (333); *Mann* in: Sachs, Art. 80 GG Rn. 7; *Remmert* in: Maunz/Dürig, Art. 80 GG Rn. 51 ff.
66 *Ossenbühl* in: HStR V, § 133 Rn. 77; so im Erg. auch *Feuchte* in: Spreng/Birn/Feuchte, Art. 61 Anm. 3.
67 So auch mit ausführlicher Begründung *Remmert* in: Maunz/Dürig, Art. 80 GG Rn. 52 ff. Im Ergebnis ebenso *Braun*, Art. 61 Rn. 19: Änderung oder Erlöschen der

25 Für Rechtsvorschriften, die als Landesrecht fortgelten, gilt Art. 129 II, III GG.[68] Im Hinblick auf die Ausfertigung und Verkündigung und das Inkrafttreten der Rechtsverordnungen siehe Art. 63 II, IV LV.

III. Verwaltungsvorschriften

26 Verwaltungsvorschriften können ganz unterschiedlicher Art sein.[69] Insbesondere sind **organisatorische Vorschriften**, welche in erster Linie das interne Verfahren, die Dienstordnung oder Zuständigkeiten regeln, von **sog. selbstständigen**[70] **Verwaltungsvorschriften und von gesetzesanwendungsorientierten Vorschriften** zu unterscheiden. Erstere werden in Art. 70 LV aufgegriffen und stellen einen erheblichen Teil der Regelungsgegenstände unter Gesetzesvorbehalt.[71] Letztere bilden den Anwendungsbereich des Art. 61 II LV, welcher sich auf Verwaltungsvorschriften bezieht, die „zur Ausführung von Gesetzen" erlassen werden.

27 Die **Zuständigkeit zum Erlass von Verwaltungsvorschriften** liegt nach Art. 61 II LV grundsätzlich bei der **Landesregierung**; dies ergibt sich aus dem Aufbau der Verwaltung (vgl. Art. 69, 70 LV) und wird in Abs. 2 bestätigt. Der Gesetzgeber kann jedoch eine abweichende Zuständigkeitsregelung treffen, wie in § 28 LVG geschehen. Zudem beschränkt sich der Anwendungsbereich des Art. 61 II LV auf Verwaltungsvorschriften, die „zur Ausführung von Gesetzen" erlassen werden.

28 Regelmäßig wenden sich die Verwaltungsvorschriften **an die eigenen Behörden und Beamten**. In diesen Fällen ist eine gesetzliche Ermächtigung nicht erforderlich. Ist Adressat die **Behörde eines anderen Rechtsträgers**, bedarf es hingegen einer unmittelbaren verfassungsrechtlichen oder einfach-gesetzlichen Ermächtigung (→ Rn. 9). Eine solche besteht bspw. im Verhältnis zu den Gemeinden bei der Übertragung von Pflichtaufgaben nach § 2 II, III GemO (Art. 75 II LV). Die dort genannten „Weisungen" können Einzelweisungen oder abstrakt-generelle Verwaltungsvorschriften sein.[72]

29 Die gesetzesausführenden Verwaltungsvorschriften sind als gesetzesauslegenden und ermessenslenkende Vorschriften denkbar. **Ermessenslenkende Verwaltungsvorschriften** bestimmen, in welcher Weise von einem der Behörde eingeräumten Ermessen Gebrauch gemacht wird; auf diesem Wege dienen sie dem Zweck, eine gleichmäßige Ausübung des Ermessens sicherzustellen. Sie gewinnen über den Gleichheitssatz **mittelbare rechtliche Außenwirkung**.[73] Über Art. 3 I GG (bzw. Art. 2 I LV iVm Art. 3 I GG) verbietet sich der Verwaltung von der Verwaltungsvorschrift im Einzelfall ohne

---

Ermächtigung führt idR nicht zur Aufhebung der Rechtsverordnung. Vielmehr „versteinert" die Rechtsverordnung, sodass sie nur noch durch förmliches Gesetz geändert (oder aufgehoben) werden kann.
68 Hierzu *Feuchte* in: Spreng/Birn/Feuchte, Art. 61 Anm. 6.
69 Siehe hierzu auch *Feuchte* in: Feuchte, Art. 61 Rn. 20.
70 Hierunter fallen insbesondere Subventionsrichtlinien; siehe auch *Braun*, Art. 61 Rn. 24.
71 *Braun*, Art. 61 Rn. 30.
72 *Feuchte* in: Feuchte, Art. 61 Rn. 19.
73 *Feuchte* in: Feuchte, Art. 61 Rn. 18, 25; umfassend hierzu *Ossenbühl*, Verwaltungsvorschriften, 514 ff.

sachlich gerechtfertigten Grund abzuweichen.[74] Allerdings bestimmt sich der Inhalt der Verwaltungsvorschrift allein nach der tatsächlichen Ausübung des Ermessens durch die Behörde, also die durch die Verwaltungsvorschrift geprägte Verwaltungsübung.[75]

Verwaltungsvorschriften, die **innerhalb eines der Behörde eingeräumten Beurteilungsspielraums** ergehen, entfalten nach der Rechtsprechung des BVerwG **normkonkretisierende Funktion**.[76] Im Gegensatz zu lediglich norminterpretierenden Verwaltungsvorschriften[77] haben diese **unmittelbare Außenwirkung** – auch im Verhältnis zu den Gerichten.[78] Die Verwaltungsgerichte dürfen solche Verwaltungsvorschriften daher nur auf eine Überschreitung des Beurteilungsspielraums kontrollieren, sind im Übrigen aber an diese gebunden. Hieraus resultiert – aus Gründen der Rechtssicherheit – eine Bekanntgabepflicht (→ Art. 63 Rn. 15).[79] Praktische Relevanz gewinnen solche normkonkretisierenden Verwaltungsvorschriften insbesondere im umwelt- und technikrechtlichen Bereich,[80] wenn sie schwierige technische Fragen im Hinblick auf die Gesetzesanwendung regeln. Gleiche Wirkung entfalten **gesetzesvertretende (selbstständige) Verwaltungsvorschriften** (zB Subventionsrichtlinien), die insbesondere im Bereich der Leistungsverwaltung die fehlenden oder nur rudimentär vorhandenen gesetzlichen Regelungen ersetzen oder ergänzen.[81] Vereinzelt wird auch **verbindlichen Zuständigkeitsvorschriften** Außenwirkung zugesprochen.[82]

30

Artikel 62 [Staatsnotstand, Notparlament]

(1) ¹Ist bei drohender Gefahr für den Bestand oder die freiheitliche demokratische Grundordnung des Landes oder für die lebensnotwendige Versorgung der Bevölkerung sowie bei einem Notstand infolge einer Naturkatastrophe oder eines besonders schweren Unglücksfalls der Landtag verhindert, sich alsbald zu versammeln, so nimmt ein Ausschuß des Landtags als Notparlament die Rechte des Landtags wahr. ²Die Verfassung darf durch

---

74 BVerwGE 34, 278 (281); *Maurer* in: Bretzinger, Rn. 110.
75 BVerwG, Buchholz 421.0, Prüfungswesen Nr. 144; *Maurer* in: Bretzinger, Rn. 110.
76 Hierzu insbesondere BVerwGE 72, 300 (320 f.); 107, 338 (341); 129, 209 ff.; BVerwG, NVwZ 1988, 824 (825 f.); NVwZ 2000, 440.
77 Hierzu BVerwGE 34, 278 ff., das eine unmittelbar wie mittelbar bindende Wirkung in diesem Fall ausschließt; dies würde andernfalls der Verwaltungspraxis und mittelbar der Verwaltungsvorschrift eine „das objektive Recht derogierende Wirkung" zusprechen (so *Feuchte* in: Feuchte, Art. 61 Rn. 22).
78 Siehe hierzu die Rechtsprechungsnachweise in Fn. 76; noch aA *Feuchte* in: Feuchte, Art. 61 Rn. 23 f.
79 Dazu reicht eine selektive, erläuternde Wiedergabe des Inhalts der Verwaltungsvorschrift nicht aus (BVerwGE 122, 264 ff, im Anschluss an BVerfGE 40, 237 (252 f., 255) [für Allgemeinverfügungen]).
80 Für das Atomrecht BVerwGE 72, 300 (320 f.); für das Wasserrecht BVerwGE 107, 338 (341); für das Immissionsschutzrecht, insbes. TA Luft, BVerwG, NVwZ 1988, 824 (825 f.); NVwZ 2000, 440 – noch nicht zur Einschätzung als „antizipiertes Sachverständigengutachten" BVerwGE 55, 250 ff.
81 BVerwGE 58, 45 (48); 104, 220 (222); VGH BW, ESVGH 14, 208, 209 ff.; OVG BerlBbg, NVwZ 2012, 1265 ff.; BbgVerfG, NVwZ-RR 2012, 577 (581); OVG RhPf, AS 43, 103 (105); hierzu auch *Kirchhof*, NVwZ 1983, 505 (510).
82 So etwa *Maurer* in: Bretzinger, Rn. 110.

ein von diesem Ausschuß beschlossenes Gesetz nicht geändert werden. ³Die Befugnis, dem Ministerpräsidenten das Vertrauen zu entziehen, steht dem Ausschuß nicht zu.

(2) ¹Solange eine Gefahr für den Bestand oder die freiheitliche demokratische Grundordnung des Landes droht, finden durch das Volk vorzunehmende Wahlen und Abstimmungen nicht statt. ²Die Feststellung, daß Wahlen und Abstimmungen nicht stattfinden, trifft der Landtag mit einer Mehrheit von zwei Dritteln seiner Mitglieder. ³Ist der Landtag verhindert, sich alsbald zu versammeln, so trifft der in Absatz 1 Satz 1 genannte Ausschuß die Feststellung mit einer Mehrheit von zwei Dritteln seiner Mitglieder. ⁴Die verschobenen Wahlen und Abstimmungen sind innerhalb von sechs Monaten, nachdem der Landtag festgestellt hat, daß die Gefahr beendet ist, durchzuführen. ⁵Die Amtsdauer der in Betracht kommenden Personen und Körperschaften verlängert sich bis zum Ablauf des Tages der Neuwahl.

(3) Die Feststellung, daß der Landtag verhindert ist, sich alsbald zu versammeln, trifft der Präsident des Landtags.

Schrifttum:
H. Maurer, Verfassungsrecht, in: Maurer/Hendler, 27; *V. Maurer,* Verfassung des Landes (1. Teil), in: Bretzinger, 19.

Vergleichbare Regelungen: Art. 35, 91, 87a IV, 115a sowie Art. 80a GG, 125 HessVerf, 44 NdsVerf, 60 NRWVerf, 111 RPVerf, 113 SächsVerf.

Ergänzende Regelungen des Landesrechts: Geschäftsordnung des Landtags von Baden-Württemberg (GO LT).

A. Überblick und Einordnung 1	c) Notstand infolge einer Naturkatastrophe oder eines besonders schweren Unglücksfalles 16
I. Bedeutung 1	
II. Herkunft, Entstehung, Geschichte 2	
III. Verfassungsvergleichende Einordnung 6	2. Verhinderung des Landtags, sich zu versammeln 17
B. Erläuterung 8	II. Folgen 19
I. Voraussetzungen des Staatsnotstandes 8	1. „Wahrnehmung der Rechte des Parlaments" durch ein Notparlament .. 19
1. Notstandssituationen 9	a) Allgemeines 19
a) Drohende Gefahr für den Bestand oder die freiheitliche demokratische Grundordnung eines Landes 12	b) Gesetzgebungsfunktion 24
	c) Kreationsfunktion 30
	d) Weitere Rechte 32
b) Drohende Gefahr für die lebensnotwendige Versorgung der Bevölkerung 15	2. Wahlen (Abs. 2) 33
	III. Beendigung des Notstands ... 38

A. Überblick und Einordnung

I. Bedeutung

Die praktische Bedeutung des Art. 62 LV ist gering. Und sie sollte es in einem funktionierenden demokratischen Gemeinwesen auch sein. Art. 62 LV beschreibt die Abweichung, den Ausnahmefall, den Notfall und gibt für diesen strenge Maßstäbe vor.

II. Herkunft, Entstehung, Geschichte

In Reaktion auf den Missbrauch des Art. 48 WRV, der als Notstandsartikel in der Zeit der Weimarer Republik eine ordnungsgemäße Regierung weitgehend aushebelte und den Weg in die nationalsozialistische Herrschaft ebnete, blieben die in der jungen Bundesrepublik neu gedachten Verfassungen weitgehend **zurückhaltend in der Konzeption von Notstandsartikeln**. Art. 79 VerfWB sah daher „nur ein dem Grundsatz nach auf eine Woche wirkendes Notstandsgesetzgebungsrecht der Regierung vor, während Art. 124 der Verfassung von Südbaden dem Staat lediglich in bestimmtem Umfang Notwehrhandlungen gestattete und das Grundgesetz nur den sog. Gesetzgebungsnotstand nach Art. 81 GG kennt; weiter ging allerdings die Verfassung für Württemberg-Hohenzollern in Art. 50".[1]

Die LV bekannte sich – trotz deutlichen Widerstandes von Seiten der KPD[2] – dennoch zu einer Notstandsgesetzgebung. Der VA stellte dem Ergreifen von Einzelmaßnahmen die ‚offizielle' **Verkündigung des Notstandes durch die Regierung** voraus, die ein Warnsignal für alle Beteiligten enthalten sollte.[3] Die zunächst vorgesehene – an Art. 79 VerfWB angelehnte – Befugnis der Regierung, für die Dauer des Staatsnotstandes „Grundrechte vorübergehend einschränken oder außer Kraft setzen" zu können,[4] wurde im VA gestrichen.[5] Im Weiteren wurde die Vorschrift während der Verfassungsberatungen nicht geändert.[6]

Der jetzige Abs. 2 der Vorschrift **verbietet die Durchführung von Wahlen** während der Dauer des Staatsnotstandes, da andernfalls die Gefahr des Missbrauchs, insbesondere die **Vorbereitung eines Staatsstreichs durch die Regierung**, befürchtet wurde.[7] Daher wurde auch die in der ersten Ausschussberatung gewählte Formulierung, dass die Regierung während der Dauer des Staatsnotstands politische Wahlen verschieben „kann", im obigen Sinne abgeändert.[8]

---

1 *Göbel*, Verfassung, 72.
2 Abg. *Bechtle* in der 53. VLV-Sitzung v. 8.10.1953, in: Feuchte, Quellen, 8. Teil, 174 (mit Verweis auf Beilage 973) sowie *ders.* in der 59. VLV-Sitzung v. 5.11.1953, aaO, 384 f.
3 Bericht des VA v. 1.9.1953, in: Feuchte, Quellen, 6. Teil, 661.
4 17. und 18. VA-Sitzung, in: Feuchte, Quellen, 3. Teil, 120: Annahme mit 20 gegen 3 Stimmen bei 1 Enthaltung.
5 47. VA-Sitzung v. 14.4.1953, in: Feuchte, Quellen, 6. Teil, 60 f.
6 52. VA-Sitzung v. 29.5.1953, in: Feuchte, Quellen, 6. Teil, 496; 53. VLV-Sitzung v. 8.10.1953, in: Feuchte, Quellen, 8. Teil, 174.
7 So die Stellungnahme des Abg. *Lausen* in der 47. VA-Sitzung v. 14.4.1953, in: Feuchte, Quellen, 6. Teil, 61.
8 47. VA-Sitzung v. 14.4.1953, in: Feuchte, Quellen, 6. Teil, 61 ff.

5 Durch das 10. LVÄndG v. 4.11.1975 (GBl. 726), das auf eine Gesetzesinitiative der SPD zurückgeht,[9] wurde die Konzeption der Vorschrift (daher) grundlegend geändert,[10] um die **Stellung des Parlaments gegenüber der Vorläuferregelung zu stärken**.[11] Die entsprechenden Befugnisse stehen nunmehr einem Ausschuss des Landtags zu, der als **Notparlament** die entscheidenden Vollmachten hat: „Ziel und Zweck seiner Schaffung war es, auch im Notstandsfall die Rechte des Parlaments möglichst ungeschmälert einem parlamentarischen Organ zu erhalten. Die Vorstellung einer modernen parlamentarischen Demokratie erforderte nach Meinung aller Parteien die Zurückdrängung der Regierung im Notstandsfalle."[12]

III. Verfassungsvergleichende Einordnung

6 Deutlich weitergehend als das GG ist die Regelung des Art. 62 LV. Diese sieht zudem anders als Art. 81 GG keinen „politischen", sondern regelmäßig einen „technischen"[13] Notstand vor, in dem die öffentliche Sicherheit und Ordnung gefährdet ist. In letzterem Fall können sich die gesetzgebenden Organe wegen äußerer Einwirkungen nicht mehr frei versammeln.[14] Obwohl diese Regelung der Konzeption des GG widerspricht, wird ihre **Verfassungsmäßigkeit nicht angezweifelt**. In ihrer Ursprungsfassung weist sie das Recht, den Staatsnotstand auszusprechen und weitere Maßnahmen zu treffen, der Regierung zu, und räumt der Regierung hiermit weitere Rechte als in anderen Bundesländern oder dem Bund zu.[15] Der verfassungspolitische Vorwurf eines „obrigkeitsstaatlichen Rudiments"[16] stand daher im Raum. Der Verfassungsgeber reagierte schließlich mit der Verfassungsänderung von 1975, in der er diese Rechte einem Parlamentsausschuss zuspricht.

7 Die Voraussetzungen des Art. 62 LV knüpfen an **Tatbestände des äußeren und des inneren Notstands** an, die im GG in den Art. 35, 91, 87a IV, 115a sowie Art. 80a geregelt sind.[17] Die Regelungen unterscheiden sich maßgeblich hinsichtlich der Frage, welches Organ mit der Feststellung des Notstandsfalles betraut wird.[18]

---

9 LT-Drs. 6/3382 v. 3.10.1973.
10 Hierzu 36. LT-Sitzung der 6. WP v. 18.10.1973 (Pl.-Prot. 2105-2108); 92. LT-Sitzung v. 24.9.1975 (Pl.-Prot. 6223-6232, 6240-6250) sowie 95. LT-Sitzung v. 16.10.1975 (Pl.-Prot. 6501-6508, LT-Drs. 6/8219 – Änderungsantrag der CDU-Fraktion).
11 Zu den Einzelheiten *Braun*, Art. 62 Rn. 6 ff.
12 *Braun*, Art. 62 Rn. 14 mit Nachw. in Fn. 16.
13 Zu den Begrifflichkeiten *Feuchte* in: Spreng/Birn/Feuchte, Art. 62 Anm. 1.
14 *Feuchte* in: Spreng/Birn/Feuchte, Art. 62 Anm. 1.
15 *Braun*, Art. 62 Rn. 1, spricht daher von der „Stunde der Exekutive"; weiter *ders.*, aaO, Rn. 2 ff. mit rechtsvergleichender Darstellung.
16 Abg. *Schieler* und *Geisel*, 5. WP, 36. LT-Sitzung, Pl.-Prot. 2106; 92. LT-Sitzung, Pl.-Prot. 6229.
17 Eine vergleichende Übersicht der Tatbestandsvoraussetzungen und Rechtsfolgen hat *Feuchte* in: Feuchte, Art. 62 Rn. 2 (S. 520 f.) zusammengestellt.
18 Vgl. Art. 125 I HessVerf: Feststellung durch den LT mit 2/3-Mehrheit; Art. 44 I NdsVerf: Feststellung durch den LT-Präsidenten; Art. 60 I NRWVerf: mehrheitlicher Beschluss des engeren Landtagspräsidiums.

B. Erläuterung
I. Voraussetzungen des Staatsnotstandes

Die Voraussetzungen und Folgen des Staatsnotstands werden in Art. 62 I, II LV geregelt. Der Begriff des Staatsnotstands in Art. 62 LV umfasst sowohl den **inneren als auch den äußeren Notstand**. Beide werden im GG in unterschiedlichen Bestimmungen geregelt, welche die landesverfassungsrechtlichen Regelungen ändern oder ergänzen können. Im Falle des inneren Notstandes sind Art. 35 II 2, 3 GG, Art. 91 I, II GG sowie Art. 87a IV GG zu beachten. Im Falle des äußeren Notstandes werden die landesverfassungsrechtlichen Bestimmungen durch Art. 80a I GG, Art. 115c I, III GG sowie Art. 115h, 115i GG tlw. überlagert.[19]

8

1. Notstandssituationen

Die **Voraussetzungen für den Staatsnotstand** sind seit der ersten Fassung begrifflich erheblich erweitert worden. Dort galt ein Staatsnotstand nur bei „unmittelbarer Gefahr für den Bestand des Staates"; nunmehr genügt auch die „drohende Gefahr für den Bestand oder für die freiheitliche demokratische Grundordnung des Landes oder für die lebensnotwendige Versorgung der Bevölkerung" oder eine Naturkatastrophe oder ein besonders schwerer Unglücksfall. Im Ergebnis liegt hierin jedoch keine Veränderung der Rechtslage (→ Rn. 12 ff.).

9

Einschränkend muss dieser Notfall immer eine **Versammlung des Landtags verhindern**. Das war bereits in der ersten Fassung Voraussetzung der Handlungslegitimation der (nach Abs. 1 S. 2 aF noch zuständigen) Regierung. Diese Voraussetzung wurde mit der Verfassungsänderung von 1975 aufrechterhalten, jedoch in den Katalog der Voraussetzungen für den Staatsnotstand nach Abs. 1 S. 1 aufgenommen.

10

Das Vorliegen dieser Voraussetzungen stellt das Notparlament fest (Abs. 3), dass innerhalb der verfassungsrechtlichen Grundlage des Art. 62 LV einen Einschätzungsspielraum hat, „der sich aus dem politischen Charakter der drohenden Gefahr ergibt."[20] Die Feststellung der Voraussetzungen durch den Landtagspräsidenten hat demnach nur bestätigende und klarstellende Bedeutung.[21] Damit liegt es – anders als in der Ausgangsfassung – nicht mehr in der Hand der Regierung, den Notstand festzustellen. Der Verfassungsgeber hat sich mit der Verfassungsänderung schließlich an die Rechtslage in den anderen Bundesländern angepasst.

11

a) Drohende Gefahr für den Bestand oder die freiheitliche demokratische Grundordnung eines Landes

Bereits die in der ursprünglichen Formulierung geforderte „Gefahr für den Bestand des Landes" wurde weit verstanden: Darunter wurden etwa **politische Unruhen, Angriffe von außen, Naturkatastrophen oder Seuchen** ge-

12

---

19 Zu den Details *Braun*, Art. 62 Rn. 11 f.
20 *Feuchte* in: Feuchte, Art. 62 Rn. 4.
21 *Feuchte* in: Feuchte, Art. 62 Rn. 6; eine andere Einschätzung findet sich bei *Braun*, Art. 62 Rn. 17: Das Notparlament hat nicht das Recht zur Selbstinvestitur. Die Feststellung trifft der Landtagspräsident.

fasst.[22] Zumindest letztere haben nun mit der dritten Alternative einen eigenen Oberpunkt erhalten. Die begriffliche Erweiterung durch die Verfassungsänderung hat daher letztlich nur klarstellende Funktion.[23]

13 Das Merkmal der „drohenden Gefahr für den Bestand oder die freiheitlich demokratische Grundordnung" des Landes knüpft die Art. 62 LV an die Formulierungen in Art. 91, 87a IV, Art. 11 II GG an. Über die dort genannten Bereiche des **inneren Notstandes** bezieht sich Art. 62 I 1. Alt. LV jedoch auch auf den **äußeren Notstand**, der als Spannungs- oder Verteidigungsfall in Art. 80a, 115a ff. GG aufgegriffen wird.[24] Drohende Gefahr ist „das objektive, ernstliche Bevorstehen einer konkreten Verletzung des geschützten Rechtsguts".[25] Parallel zur polizeirechtlichen Definition beschreibt dies „eine Sachlage, die bei ungehindertem Ablauf zu einem Schaden führen würde, wobei eine hohe Wahrscheinlichkeit, eine besondere Nähe der Gefährdung zu fordern ist."[26] **„Bestand des Landes"** ist die territoriale Integrität (soweit Veränderungen nicht aufgrund von Art. 29 GG erfolgen) sowie die souveräne Handlungsfreiheit des Landes nach innen wie nach außen, ergo: der „Grundbestand der staatlichen Existenz".[27]

14 Den **Begriff der freiheitlich demokratischen Grundordnung** hat das BVerfG – mit Bezug auf Art. 21 II GG – bereits in der Entscheidung BVerfGE 2, 1 (2. Ls.) umfassend bestimmt: Dies meint eine rechtsstaatliche Herrschaftsordnung unter Ausschluss jeglicher Gewalt- und Willkürherrschaft auf der Grundlage der Selbstbestimmung des Volkes nach dem Willen der jeweiligen Mehrheit und auf der Grundlage von Freiheit und Gleichheit. Grundlegende Prinzipien dieser Ordnung sind mindestens: „die Achtung vor den im Grundgesetz konkretisierten Menschenrechten, vor allem vor dem Recht der Persönlichkeit auf Leben und freie Entfaltung, die Volkssouveränität, die Gewaltenteilung, die Verantwortlichkeit der Regierung, die Gesetzmäßigkeit der Verwaltung, die Unabhängigkeit der Gerichte, das Mehrparteienprinzip und die Chancengleichheit für alle politischen Parteien mit dem Recht auf verfassungsmäßige Bildung und Ausübung einer Opposition".[28] Dies umfasst die Grundsätze des republikanischen, demokratischen und sozialen Rechtsstaats,[29] wie er in Art. 64 I 2 LV sowie Art. 20 I-III, 79 III, 91 GG in Bezug genommen wird.

b) Drohende Gefahr für die lebensnotwendige Versorgung der Bevölkerung

15 Die „**lebensnotwendige Versorgung der Bevölkerung**" umfasst insbesondere die Sicherung der Versorgung mit Nahrungsmitteln, lebensnotwendigen Wirtschaftsgütern und Verkehrsangeboten.[30]

---

22 *Feuchte* in: Spreng/Birn/Feuchte, Art. 62 Anm. 2.
23 *Feuchte* in: Feuchte, Art. 62 Rn. 3.
24 *Feuchte* in: Feuchte, Art. 62 Rn. 4.
25 *Braun*, Art. 62 Rn. 24.
26 Beratungen des StändA, Bericht Nr. 188, 2.
27 *Braun*, Art. 62 Rn. 24.
28 BVerfGE 2, 1 (2. Ls.) – SRP-Verbot.
29 *Braun*, Art. 62 Rn. 25.
30 *Braun*, Art. 62 Rn. 26.

c) Notstand infolge einer Naturkatastrophe oder eines besonders schweren Unglücksfalles

Die Begriffe der Naturkatastrophe und des besonders schweren Unglücksfalls finden auch in Art. 35 II 2 GG (sowie Art. 11 GG) Verwendung. Unter **Naturkatastrophen** sind Katastrophen zu verstehen, die Auswirkungen elementarer Naturgewalten darstellen oder jedenfalls auf natürliche Ursachen zurückgehen.[31] **Besonders schwere Unglücksfälle** sind demgegenüber Katastrophen technischen Ursprungs, etwa schwere Eisenbahn- oder Flugzeugunglücke, Explosionen, Atomunfälle etc., die in ihren Ausmaßen den zuvor genannten Katastrophen gleichkommen.[32] Darunter fallen auch vorsätzlich herbeigeführte Unglücksfälle, wie insbesondere Terroranschläge.[33]

16

2. Verhinderung des Landtags, sich zu versammeln

Diese Voraussetzung tritt kumulativ zu den vorgenannten alternativen Voraussetzungen. Dass der Landtag verhindert ist, sich zu versammeln, ist in erster Linie anzunehmen, wenn ein so **erheblicher Anteil der Abgeordneten tatsächlich an seinem Erscheinen gehindert** ist, dass eine beschlussfähige Mehrheit (Art. 33 II LV) nicht mehr hergestellt werden kann.[34] Sie wird auch dann angenommen, wenn der Landtag in seinen Entschlüssen nicht mehr frei ist (etwa wenn er „unter dem Druck der Straße" verhandelt)[35] oder wenn Abgeordnete einer bestimmten politischen Richtung gesetzeswidrig vom Erscheinen abgehalten werden,[36] so dass „unverfälschte politische Entscheidungen" nicht mehr möglich sind.[37] Eine Verhinderung wird zudem auch angenommen, wenn einem Zusammentreten rechtlich die Auflösung des Landtages (Art. 43, 47 LV) entgegensteht.[38]

17

Der **Landtagspräsident** trifft die Feststellung, dass der Landtag verhindert ist, sich alsbald zu versammeln. Dies ist der Erkenntnis geschuldet, dass der Präsident faktisch zur Beurteilung der Situation am besten geeignet ist.[39] Üblicherweise hat dieser auch den Vorsitz im Notparlament inne. Allerdings sind Verfassung und GO LT der Empfehlung der Landtagspräsidentenkonferenz vom 25.4.1974, wonach der Parlamentspräsident den Vorsitz von Amts wegen einnehmen soll, nicht gefolgt.

18

---

31 *v. Danwitz* in: v. Mangoldt/Klein/Starck, Art. 35 Rn. 70 benennt unter Verweis auf den Erlass des Bundesverteidigungsministeriums über Hilfeleistungen der Bundeswehr bei Naturkatastrophen oder besonders schweren Unglücksfällen und im Rahmen der dringenden Nothilfe unter anderem „Erdbeben, Hochwasser, Eisgang, Unwetter, Wald- und Großbrände durch Selbstentzündung oder Blitze, Dürre oder Massenerkrankungen".
32 *Durner* in: Maunz/Dürig, Art. 11 Rn. 147.
33 *V. Danwitz* in: v. Mangoldt/Klein/Starck, Art. 35 Rn. 70.
34 *Braun*, Art. 62 Rn. 28; *Feuchte* in: Feuchte, Art. 62 Rn. 5; *ders.* in: Spreng/Birn/Feuchte, Art. 62 Anm. 3.
35 *Feuchte* in: Spreng/Birn/Feuchte, Art. 62 Anm. 3; siehe auch *Braun*, Art. 62 Rn. 28, mit Verweis auf Art. 27 II 2 LV (gemeint ist wohl Abs. 3 der Vorschrift, der in S. 2 das freie Mandat regelt).
36 *Feuchte* in: Feuchte, Art. 62 Rn. 5; ähnlich *Braun*, Art. 62 Rn. 28: „nicht unwesentlicher Teil".
37 *Feuchte* in: Feuchte, Art. 62 Rn. 5.
38 *Feuchte* in: Spreng/Birn/Feuchte, Art. 62 Anm. 3.
39 Vgl. bereits zur Vorgängerregelung *Feuchte* in: Spreng/Birn/Feuchte, Art. 62 Anm. 2.

II. Folgen
1. „Wahrnehmung der Rechte des Parlaments" durch ein Notparlament
a) Allgemeines

19 Nach dem Wortlaut des Abs. 1 der Vorschrift wird ein Ausschuss des Landtags ermächtigt, die „Rechte des Parlaments" wahrzunehmen. Das **Notparlament** ist damit **oberstes Landesorgan**, das mit den Beschränkungen des Art. 62 I 2, 3 LV Parlamentsfunktionen wahrnimmt.[40] Seine Gestaltung lehnt sich an den Gemeinsamen Ausschuss des GG (Art. 53 a, 115 e GG) an.[41] Zu den Details gibt der Beschluss der Landtagspräsidenten vom 25.4.1974 zu den Grundsätzen zur Stellung der Länderparlamente im Notstandsfalle genauere Empfehlungen.

20 Funktional bedeutet die (geänderte) Regelung des Abs. 1 eine deutliche Erweiterung gegenüber der ursprünglichen Ermächtigung zu „zur Aufrechterhaltung oder Wiederherstellung der öffentlichen Sicherheit und Ordnung erforderlichen Maßnahmen". Zu den **Kompetenzen dieses Notparlaments** gehören nun das Recht der Gesetzgebung (→ Rn. 24 ff.), das Kontrollrecht gegenüber der Regierung und die Kreationsfunktionen des Landtags (→ Rn. 30 f.). Der Ausschuss wird vom Vorsitzenden einberufen (§ 19 b V 1 iVm § 19 a I 1 GO LT). Dieser teilt zu Beginn der Sitzung mit, ob die Feststellung getroffen wurde, dass der Landtag verhindert ist, sich alsbald zu versammeln (§ 19 b III GO LT). Die Beratungen und Beschlüsse[42] des Ausschusses sind **grundsätzlich nichtöffentlich** (§ 19 b IV GO LT), soweit nicht mit einer Mehrheit von zwei Dritteln der anwesenden Abgeordneten die Öffentlichkeit beschlossen wird.[43] Die (nur beratende) Teilnahme von Abgeordneten, die dem Ausschuss nicht angehören, ist nach § 19 b IV iVm §§ 19 IV, 29 GO LT ausgeschlossen.[44]

21 Das Notparlament, das **nicht mit dem Ständigen Ausschuss** des Art. 36 LV, § 19 a GO LT **identisch ist**,[45] wird zu Beginn der Legislaturperiode für die Dauer der Wahlperiode durch den Landtag bestellt (§ 18 I, II GO LT) und besteht aus der für alle Ausschüsse üblichen Zahl von (idR ca. 20) Mitgliedern und der gleichen Zahl von Stellvertretern (§ 19 b I GO LT). Bei der Besetzung der Ausschüsse sowie bei der Wahl der Ausschussvorsitzenden und ihrer Stellvertreter werden die Fraktionen nach ihrer Mitgliederzahl beteiligt (§ 19 III iVm § 17 a GO LT). Beschlüsse des Notparlaments, die im Rahmen seiner Zuständigkeit ergangen sind, haben **dieselbe Wirkung wie Beschlüsse des Plenums** und können daher nur durch das Notparlament selbst oder das Plenum aufgehoben werden;[46] die **Kompetenzen anderer Staatsorgane** bleiben auch im Notstand unberührt. Der Ausschuss

---

40 *Braun*, Art. 62 Rn. 18; aus grundgesetzlicher Perspektive *Herzog/Klein* in: Maunz/Dürig, Art. 53 a (55. Lfg. 2009) Rn. 10.
41 *Braun*, Art. 62 Rn. 13 mit Nachw. aus der Gesetzgebungsgeschichte.
42 Zu letzterem argumentativ überzeugend *Feuchte* in: Feuchte, Art. 62 Rn. 14.
43 Zur Frage der verfassungsrechtlichen Rechtfertigung dieser Regelung *Feuchte* in: Feuchte, Art. 62 Rn. 13 f.
44 Mit verfassungsrechtlichen Bedenken *Feuchte* in: Feuchte, Art. 62 Rn. 16.
45 Zum kompetenziellen Verhältnis der beiden Ausschüsse *Feuchte* in: Feuchte, Art. 62 Rn. 9 f.
46 *Feuchte* in: Feuchte, Art. 62 Rn. 8.

wird von seinem Vorsitzenden einberufen, der hierzu auf Verlangen der Regierung oder eines Viertels der Mitglieder oder zwei Fraktionen verpflichtet ist (§ 19 b V iVm § 19 a I GO LT).

Die Rechte nach Art. 62 LV kommen dem Notparlament nur im Notstandsfall zu, wenn der Landtagspräsident festgestellt hat, dass der Landtag verhindert ist, sich zu versammeln (zu den Details → Rn. 8 ff.), zu. Jenseits dessen sieht § 19 b VI GO LT das routinemäßige Zusammentreffen des Ausschusses vor. Danach lässt sich der Ausschuss in der Regel einmal jährlich von der Regierung über ihre Planungen für den Notstandsfall unterrichten. Der Ausschuss agiert demnach stets als **Ersatzparlament, nicht als Landtagsausschuss** im förmlichen Sinne. Dies bestätigt auch § 19 b V, der auf § 19 a III GO LT verweist.[47]

Das Notparlament besteht – auch ohne ausdrückliche Erwähnung in der LV – bis zur Bestellung eines Notparlaments des neu gewählten Landtags fort.[48] Die Kompetenz zur Wahrnehmung der parlamentarischen Rechte **endet mit der Beendigung des Notstands**, sobald der Landtag in der Lage ist, sich alsbald zu versammeln, und wenn der Landtagspräsident die Feststellung, dass der Landtag verhindert ist, sich alsbald zu versammeln, widerruft.[49]

b) Gesetzgebungsfunktion

Das Notparlament ist zuvörderst dazu ermächtigt, Gesetze zu erlassen.[50] Unter früherer Rechtslage war noch die Rede von „Notstandsverordnungen",[51] mit der Verlagerung der Zuständigkeit auf einen Parlamentsausschuss ist es jedoch richtiger, von „Gesetzen" zu sprechen[52] – der Erlass von Verordnungen mit Gesetzeskraft ist durch das 10. LVÄndG v. 4.11.1975 (GBl. 726) zugunsten der **Normsetzung durch das Notparlament** weggefallen.[53]

Das **Gesetzgebungsverfahren ist verkürzt**: Das Antragsrecht kann von nur zwei Abgeordneten ausgeübt werden (§ 19 b V 1 iVm § 19 a III 2 iVm § 53 I GO LT).[54] Gesetzesentwürfe sind – wie auch alle sonstigen Vorlagen – **in einer Beratung** zu erledigen (§ 19 b V 2 GO LT).[55] Die Fristbestimmung des § 42 II GO LT gilt nicht (§ 19 b V 3 GO LT). Im Übrigen richtet sich

---

47 *Braun*, Art. 62 Rn. 16.
48 Hierzu ausführlich *Braun*, Art. 62 Rn. 20.
49 *Braun*, Art. 62 Rn. 19.
50 Diese stehen im Rang den von dem ordentlichen Parlament erlassenen Gesetzen gleich. Der Verfassungsgeber hat sich daher auch gegen ein besonderes Kassationsrecht des Plenums entschieden (siehe im Vergleich dazu Art. 62 II LV aF sowie LT-Drs. 6/3382, 1), hingegen Bericht Nr. 188 S. 3.
51 *Feuchte* in: Spreng/Birn/Feuchte, Art. 62 Anm. 3.
52 Siehe hierzu *Maurer* in: Maurer/Hendler, 27 (85).
53 Es besteht auch kein Notverordnungsrecht der Regierung, wenn (auch) das Notparlament verhindert ist, sich zu versammeln. In den Verhandlungen wurde die praktische Notwendigkeit einer solchen Regelung verneint; siehe Bericht Nr. 188 S. 3.
54 Das Antragsrecht von Abgeordneten, die nicht dem Notparlament angehören, und von Fraktionen nach § 53 I GO LT besteht fort (siehe hierzu *Herzog* in: Maunz/Dürig, Art. 115 e Rn. 43).
55 Solange sich der Landtag trotz Notstandssituation noch versammeln kann, ist § 50 c GO LT anzuwenden.

das Verfahren nach den für den Landtag geltenden Bestimmungen (§ 19 b V 1 iVm § 19 a III 1 GO LT); dies betrifft insbesondere das Mehrheitserfordernis nach Art. 33 II 1 LV. Für die Verkündung der Gesetze trifft Art. 63 III LV eine Sonderregelung (→ Art. 63 Rn. 16).

26 Bereits unter der ursprünglichen Gesetzesfassung bestand Einigkeit, dass durch derartige Rechtssetzungsakte zwar in Grundrechte eingegriffen werden kann,[56] **Grundrechte jedoch nicht außer Kraft** gesetzt werden können.[57] Ersteres gilt, obwohl Grundrechte unter dem Vorbehalt formeller Gesetze stehen; Verordnungen mit Gesetzeskraft iSv Art. 62 LV stehen diesen jedoch gleich. Ein Außerkraftsetzen der Grundrechte, das deren Geltung verneint, wurde hingegen bereits im Entstehungsprozess der Verfassung abgelehnt: Eine – auf die erste Beratung des Verfassungsausschusses zurückgehende – Formulierung, wonach Grundrechte vorübergehend „außer Kraft gesetzt" werden konnten, wurde gestrichen (→ Rn. 3).

27 Art. 62 I 2 GG – der insoweit Art. 115 e II 1 GG entspricht – stellt zudem fest, dass es **außerhalb der Kompetenzen** des Notparlaments liegt, die **Verfassung zu ändern**. Dies bestätigt zugleich das oben (→ Rn. 26) gefundene Ergebnis, da eine Außerkraftsetzung der Grundrechte zugleich eine Verfassungsänderung bedeuten würde.

28 Die vom Notparlament beschlossenen Gesetze haben denselben Rang wie Gesetze, die das Plenum des Landtags beschlossen hat. Sie können durch den VerfGH im Rahmen einer **Normenkontrolle** nach Art. 68 I Nr. 2 LV und Art. 100 GG iVm Art. 68 I Nr. 3 LV auf ihre Verfassungsmäßigkeit geprüft werden. Inzident werden hierbei auch die Einberufung des Notparlaments und seine verfassungsmäßige Besetzung geprüft.[58]

29 Die Gesetzgebungskompetenz des Landes kann über Art. 115 c I 1 GG stark eingeschränkt sein.[59] Diese Vorschrift schreibt dem Bund für den **Verteidigungsfall** die **konkurrierende Gesetzgebungskompetenz** auch für jene Sachbereiche zu, die im ‚Normalfall' zur Zuständigkeit der Länder gehören. Die Rechte des Landes können auch entsprechend der Maßgaben des Art. 91 II GG eingeschränkt werden.

c) Kreationsfunktion

30 Die Kreationsfunktion des Landtags, die ebenfalls von dem Notparlament ausgeübt werden kann, umfasst die Bestätigung der Regierung nach Art. 46 III LV, die Zustimmung zur Berufung von Regierungsmitgliedern nach Art. 46 IV LV, den Ministerentlassungsbeschluss nach Art. 56, die Wahl der Verfassungsrichter nach Art. 68 III 2 LV sowie die Zustimmung zur Ernennung des Präsidenten und des Vizepräsidenten des Rechnungshofs nach Art. 83 II LV.[60]

---

56 *Feuchte* in: Spreng/Birn/Feuchte, Art. 62 Anm. 3, der bspw. auf Beschränkungen des Grundrechts der Freiheit der Person nach Art. 2 II GG oder der Versammlungsfreiheit nach Art. 8 II GG verweist.
57 *Feuchte* in: Spreng/Birn/Feuchte, Art. 62 Anm. 3 mit Verweis auf die Gesetzgebungsgeschichte.
58 *Feuchte* in: Feuchte, Art. 62 Rn. 24.
59 *Braun*, Art. 62 Rn. 14.
60 *Braun*, Art. 62 Rn. 16; *Feuchte* in: Feuchte, Art. 62 Rn. 7.

Daneben kann das Notparlament auch den **Ministerpräsidenten wählen** 31 (Art. 46 I LV). Verwehrt ist es ihm allerdings entsprechend Art. 62 I 3 LV, dem Ministerpräsidenten das Vertrauen nach Art. 54 LV zu entziehen. In Betracht kommt eine Neuwahl aber dennoch nach Rücktritt (Art. 55 I LV), durch Tod oder mit dem Zusammentritt eines neuen Landtags.[61]

d) Weitere Rechte

Weiterhin kommen dem Notparlament **Kontrollrechte**, insbes. das Zitierrecht nach Art. 34 I LV, geschäftsordnungsrechtliche Interpellationsrechte sowie das Recht zu, einen Untersuchungsausschuss einzusetzen (Art. 35 I LV). Das Notparlament kann darüber hinaus sein Selbstorganisationsrecht, insbes. § 18 IV GO LT, ausüben. 32

2. Wahlen (Abs. 2)

Periodische Wahlen sind ein Wesensmerkmal der Demokratie; ihre Aufhebung oder Aufschiebung verlangt daher **besondere demokratische Wachsamkeit** und war insoweit auch reger Gegenstand der Diskussionen im VA und der VLV (→ Rn. 4). Ausschlaggebend für die gewählte Regelung war schließlich die Erwägung, dass im Falle des Art. 62 II LV Wahlen nicht nur undurchführbar sind, sondern – umgekehrt – ihre Durchführung sogar in hohem Grade missbrauchsanfällig ist. Die jetzige Regelung des Art. 62 II LV ähnelt den Vorgaben des Art. 115 h GG. 33

Wahlen und Abstimmungen finden daher nach Abs. 2 S. 1 nicht statt, solange eine **Gefahr für den Bestand oder die freiheitliche demokratische Grundordnung des Landes** droht, da in dieser Situation „der Wille des Volkes nicht unverfälscht zur Geltung käme".[62] Nicht erforderlich ist, dass der Landtag an seiner Versammlung verhindert ist. Abs. 2 S. 3 sieht vielmehr vor, dass die Feststellung, dass Wahlen und Abstimmungen nicht stattfinden, vom Landtag selbst mit einer Zweidrittelmehrheit getroffen werden müssen, wobei ein erheblicher politischer Einschätzungsspielraum besteht.[63] Ist er an seiner Versammlung verhindert, so trifft der Landtagsausschuss (Abs. 1 S. 1) die Feststellung ebenfalls mit Zweidrittelmehrheit (Abs. 2 S. 3). Kann auch das Notparlament nicht zusammentreten, so verbietet sich die Durchführung von Wahlen und Abstimmungen nach den allgemeinen Grundsätzen des Demokratiegebots und der Art. 26 IV, 72 LV.[64] 34

Das Verbot von Wahlen und Abstimmungen gilt nicht bei **Naturkatastrophen und Unglücksfällen**. 35

Betroffen sind alle – vom Landesrecht vorgesehenen – durch das Volk „unmittelbar"[65] vorzunehmenden Wahlen und Abstimmungen, auf die auch Art. 26 IV LV verweist. Hierunter fallen insbesondere die **Landtagswahlen und Wahlen zu den Kreis- und Gemeindevertretungen** (Art. 72 II LV), **Ortschaftsratswahlen** (§ 69 I GemO), eventuell auch die **Wahlen von Bürger-** 36

---

61 *Feuchte* in: Feuchte, Art. 62 Rn. 7.
62 So die eingängige Begründung bei *Feuchte* in: Spreng/Birn/Feuchte, Art. 62 Anm. 4; ähnlich *ders.* in: Feuchte, Art. 62 Rn. 19.
63 *Feuchte* in: Feuchte, Art. 62 Rn. 17.
64 *Feuchte* in: Feuchte, Art. 62 Rn. 18.
65 *Feuchte* in: Spreng/Birn/Feuchte, Art. 62 Anm. 4.

meistern und Landräten.⁶⁶ Über die erste Fassung der Vorschrift hinausgehend ist nunmehr klargestellt, dass **auch Abstimmungen** (namentlich nach Art. 43, 60, 64, Art. 74 II LV, § 21 GO BW) hierunter fallen. **Volksbegehren** und **Volksabstimmungen** müssen nach der ratio der Vorschrift ebenfalls erfasst sein.⁶⁷

37 Die verschobenen Wahlen und Abstimmungen sind innerhalb von sechs Monaten, nachdem der Landtag festgestellt hat, dass die Gefahr beendet ist, durchzuführen (Abs. 2 S. 4). Die **Sechs-Monats-Frist** entspringt der Erkenntnis, dass eine Vorbereitung der Wahlen während des Staatsnotstandes kaum möglich ist.⁶⁸ Damit korrespondiert zugleich eine Verpflichtung des Landtags diese Feststellung zu treffen, sobald dies mit hinreichender Sicherheit möglich ist.⁶⁹ Die Amtsdauer der in Betracht kommenden Personen und Körperschaften (namentlich der Landtagsabgeordneten, der Gemeinde- und Kreisräte und der Bürgermeister) verlängert sich dann bis zum Ablauf des Tages der Neuwahl (Abs. 2 S. 5). Mittelbar betroffen ist auch die Regierung, da ihre Amtszeit gemäß Art. 55 II LV erst mit dem Zusammentritt eines neuen Landtags endet.

III. Beendigung des Notstands

38 Abs. 2 S. 4 setzt voraus, dass der Landtag feststellen kann, dass die Gefahr beendet ist. Dies betrifft nicht nur das Aufschieben von Wahlen, sondern wirkt auch auf die Befugnisse nach Abs. 1. Dies ist praktisch immer dann der Fall, **wenn der Landtag sich wieder versammeln kann und der Landtagspräsident die Feststellung widerruft, dass der Landtag verhindert ist, sich alsbald zu versammeln.** Zu keinem Zeitpunkt dürfen Landtag und Notparlament zugleich befugt sein, nebeneinander gleiche Befugnisse auszuüben.⁷⁰

Artikel 63 [Ausfertigung, Verkündung]

(1) ¹Die verfassungsmäßig zustande gekommenen Gesetze werden durch den Ministerpräsidenten ausgefertigt und binnen Monatsfrist im Gesetzblatt des Landes verkündet. ²Sie werden vom Ministerpräsidenten und mindestens der Hälfte der Minister unterzeichnet. ³Wenn der Landtag die Dringlichkeit beschließt, müssen sie sofort ausgefertigt und verkündet werden.

(2) Rechtsverordnungen werden von der Stelle, die sie erläßt, ausgefertigt und, soweit das Gesetz nichts anderes bestimmt, im Gesetzblatt verkündet.

---

66 Differenzierend *Feuchte* in: Feuchte, Art. 62 Rn. 19: im ersten Fall ja, im zweiten Fall nein, weil keine Unmittelbarkeit besteht.
67 Zu Ersteren *Feuchte* in: Feuchte, Art. 62 Rn. 21.
68 Ein CDU-Entwurf, wonach sich die Amtsdauer (nur) bis zur Beendigung des Staatsnotstandes verlängert, wurde daher abgelehnt. Der frühere Art. 62 LV, dem eine explizite Fristbestimmung fehlte, wurde demgegenüber in dem Sinne ausgelegt, dass „zurückgestellte Wahlen sofort nach Beendigung des Staatsnotstandes veranlaßt werden müssen" (*Feuchte* in: Spreng/Birn/Feuchte, Art. 62 Anm. 5).
69 *Feuchte* in: Feuchte, Art. 62 Rn. 23.
70 *Braun*, Art. 62 Rn. 19.

[Ausfertigung, Verkündung] Artikel 63

(3) ¹Gesetze nach Artikel 62 werden, falls eine rechtzeitige Verkündung im Gesetzblatt nicht möglich ist, auf andere Weise öffentlich bekanntgemacht. ²Die Verkündung im Gesetzblatt ist nachzuholen, sobald die Umstände es zulassen.

(4) ¹Gesetze und Rechtsverordnungen sollen den Tag bestimmen, an dem sie in Kraft treten. ²Fehlt eine solche Bestimmung, so treten sie mit dem vierzehnten Tage nach Ablauf des Tages in Kraft, an dem das Gesetzblatt ausgegeben worden ist.

Schrifttum:
Belz, Zum neuen Verkündungsgesetz für Baden-Württemberg, VBlBW 1983, 393; *Giese*, Der Zeitpunkt der „Verkündung" eines Gesetzes durch „Ausgabe" des Gesetzesblattes, DÖV 1953, 45; *Lehngut*, Die Verweigerung der Ausfertigung von Gesetzen durch den Bundespräsidenten und das weitere Verfahren, DÖV 1992, 439 ff.; *H. Maurer*, Verfassungsrecht, in: Maurer/Hendler, 27 ff.; *V. Maurer*, Verfassung des Landes (1. Teil), in: Bretzinger, 19; *Ossenbühl*, Verwaltungsvorschriften und Grundgesetz, 1968; *Schiedermair*, Bundespräsident verhindert Verbraucherinformationsgesetz, DÖV 2007, 726 ff.; *Wolff*, Die Ermächtigung zum Erlass von Rechtsverordnungen nach dem Grundgesetz, AöR 78 (1951/52), 194.

Vergleichbare Regelungen: Art. 82 GG, 76 BayVerf, 81 BbgVerf, 60 II BerlVerf, 123 III, 126 BremVerf, 52, 54 HambVerf, 120, 121, 122 HessVerf, 58 MVVerf, 45 NdsVerf, 71 NRWVerf, 113 RPVerf, 102, 103 SaarlVerf, 76 SächsVerf, 81 LSAVerf, 46 SchlH-Verf, 85 ThürVerf.

Ergänzende Regelungen: Gesetz über die Verkündung von Rechtsverordnungen (Verkündungsgesetz – VerkG) vom 11.4.1983 (GBl. 131); Geschäftsordnung des Landtags von Baden-Württemberg (GO LT).

Leitentscheidungen: BVerfGE 7, 330 (Gesetzgebungsakt); 14, 245 (Beseitigung von Unstimmigkeiten); 16, 6 (Verkündungszeitpunkt); 34, 9 (Prüfungsrecht); 42, 263 (Inkrafttreten); 48, 1 (Grenzen der Berichtigungsbefugnis); 63, 343 (Verkündung, Inkrafttreten und Rückwirkung); 65, 283 (Anforderungen an Verkündung); 105, 313 (Berichtigung).

A. Überblick und Einordnung 1	III. Ausfertigung und Verkündung von Rechtsverordnungen (Abs. 2) 14
I. Bedeutung 1	
II. Herkunft, Entstehung, Geschichte 2	IV. Bekanntmachung von Notstandsgesetzen (Abs. 3) 16
III. Verfassungsvergleichende Einordnung 4	V. Inkrafttreten von Gesetzen und Rechtsverordnungen (Abs. 4) 17
B. Erläuterung 5	
I. Systematik 5	
II. Ausfertigung und Verkündung von Gesetzen (Abs. 1) ... 6	

A. Überblick und Einordnung

I. Bedeutung

Ausfertigung und Verkündung schließen den Gesetzgebungsprozess ab und tragen den innerstaatlichen Akt der Rechtserzeugung ‚nach außen'. In ihnen ist die endgültige Feststellung des Norminhalts enthalten. Ihre besondere Bedeutung gewinnen diese Handlungsakte aus der Perspektive von Rechtssicherheit und Vertrauensschutz. 1

II. Herkunft, Entstehung, Geschichte

2 Art. 60 VerfERP und Art. 86, 87 VerfECDU stimmten im Wesentlichen überein und unterschieden sich lediglich in dem **Grad der Genauigkeit der Formulierung**.[1] Art. 63 I LV lehnt sich nunmehr wortgleich an Art. 82 VerfWB an.[2]

3 Die Vorschrift wurde in Abs. 3 durch das 10. LVÄndG v. 4.11.1975 (GBl. 726) lediglich begrifflich verändert: Der Begriff der „Verordnung" wurde in Anlehnung an die Änderung des Art. 62 LV (→ Art. 62 Rn. 24) durch den **Begriff „Gesetz"** ersetzt.

III. Verfassungsvergleichende Einordnung

4 Die landesverfassungsrechtliche Vorgabe entspricht der Regelung des Art. 82 GG. Auch die übrigen Landesverfassungen sehen entsprechende Regelungen vor.

B. Erläuterung

I. Systematik

5 Art. 63 LV beschreibt mit Ausfertigung und Verkündung der Gesetze den **Abschluss des Gesetzgebungsverfahrens**, der notwendig ist, um den Gesetzen Existenz zu vermitteln,[3] und ergänzt damit die vorstehenden Art. 59–62 LV, die den Prozess der politischen Entscheidungsfindung verfassungsrechtlich normieren. Die Vorschrift gilt auch für die verfassungsändernden Gesetze nach Art. 64 LV und ergänzt die Regelungen des Art. 61 LV für Rechtsverordnungen, gilt jedoch nicht für Verwaltungsvorschriften.[4]

II. Ausfertigung und Verkündung von Gesetzen (Abs. 1)

6 Die **verfassungsmäßig zustande gekommenen Gesetze** werden durch den Ministerpräsidenten durch Unterzeichnung ausgefertigt (Abs. 1 S. 1, 2). Durch die Unterzeichnung werden die **Authentizität des Textes** (Übereinstimmung der Ausfertigung mit dem vom Gesetzgeber beschlossenen Gesetz) und die **Verfassungsmäßigkeit des Gesetzes** bekundet.[5] Der Ministerpräsident hat ein **Prüfungsrecht** (und eine Prüfungspflicht)[6] hinsichtlich des verfassungsmäßigen Zustandekommens.[7] Zum Prüfungsumfang zählen zunächst die formellen Voraussetzungen, also insbesondere die Einhaltung der Zuständigkeit des Landesgesetzgebers nach der Kompetenzordnung des Grundgesetzes (Art. 70 ff. GG) sowie die Einhaltung der nach Art. 59, 60, 62, 64 LV erforderlichen Mehrheiten und der in Art. 30-33, 59, 60, 62

---

1 Hierzu 47. VA-Sitzung v. 14.4.1953, in: Feuchte, Quellen, 6. Teil, 67 ff.; 52. VA-Sitzung v. 29.5.1953, in: Feuchte, Quellen, 6. Teil, 496 f.; 53. VLV-Sitzung VLV v. 8.10.1953, in: Feuchte, Quellen, 8. Teil, 174; 59. VA-Sitzung v. 5.11.1953, in: Feuchte, Quellen, 8. Teil, 385.
2 Zum Inhalt der VerfWH und der VerfLB im Detail siehe *Feuchte* in: Feuchte, Art. 63 Rn. 1.
3 Vgl. hierzu BVerfGE 34, 9 (23).
4 *Feuchte* in: Feuchte, Art. 63 Rn. 2, 4, 5.
5 *Feuchte* in: Feuchte, Art. 63 Rn. 10; *Maurer* in: Bretzinger, Rn. 100.
6 *Feuchte* in: Feuchte, Art. 63 Rn. 10 mit Verweis auf BVerfGE 34, 9 (23).
7 Allgemeine Auffassung; siehe nur *Feuchte* in: Feuchte, Art. 63 Rn. 7, 9; *Feuchte* in: Spreng/Birn/Feuchte, Art. 63 Anm. 1.

LV festgelegten Verfahrensvorschriften.[8] Daneben wird zumeist ein umfassendes materielles Prüfungsrecht angenommen:[9] Hier gelten dieselben Gründe, die auch für ein Prüfungsrecht des Bundespräsidenten sprechen.[10] Insbesondere ist darauf zu verweisen, dass dem Ministerpräsidenten angesichts der Bindung an das Rechtsstaatsprinzip kein bewusster Verfassungsverstoß zugemutet werden kann. Das Gegenargument, dass der Ministerpräsident bereits am vorhergehenden Gesetzgebungsverfahren mitwirkt und dort entsprechende verfahrensinterne Einwirkungsmöglichkeiten hat,[11] greift nicht, soweit der Ministerpräsident offensichtlich erfolglos geblieben ist. Anderes gilt im Falle der Verfassungsänderung, da hier die **Möglichkeit der präventiven Normenkontrolle nach Art. 64 I 4 LV** offensteht;[12] dieser Weg ist primär zu beschreiten.

Die Prüfung bezieht sich auf Verstöße gegen Normen des Verfassungsrechts. Die Einhaltung der Bestimmungen der GO LT ist nur relevant, soweit diese der Umsetzung der Verfassung dienen (→ Art. 59 Rn. 79 ff.). Die Prüfung sollte sich allerdings auf **offenkundige und zweifelsfreie Verfassungsverstöße** beschränken,[13] um Kompetenzkonflikte mit dem Bundestag und dem Bundesverfassungsgericht zu vermeiden.[14] Dies gilt insbesondere mit Blick darauf, dass das Amt des Ministerpräsidenten weniger neutral als das des Bundespräsidenten ausgestaltet ist.[15] Diese Auslegung entspricht auch der Verfassungspraxis auf Bundesebene. 7

Unter Umständen kann der Landtag gegen eine ablehnende Entscheidung des Ministerpräsidenten **Organklage beim VerfGH** nach Art. 68 I Nr. 1 LV erheben. Umgekehrt kann auch der Ministerpräsident im Wege der Organklage die Feststellung begehren, dass er nicht zur Ausfertigung und Verkündung verpflichtet ist. Nach Ausfertigung und Verkündung[16] kann die Landesregierung eine **abstrakte Normenkontrolle** erheben (Art. 68 I Nr. 2 LV, Art. 93 I Nr. 2 GG). Die Prüfung der Verfassungsmäßigkeit durch den Ministerpräsidenten (und ggf. die Minister; → Rn. 10) kann daher nur eine vorläufige sein.[17] 8

Die Gesetze werden zugleich durch **mindestens die Hälfte der Minister**[18] unterzeichnet (Abs. 1 S. 2). Diesen Akt, der der Verkündung vorangehen 9

---

8 *Feuchte* in: Feuchte, Art. 63 Rn. 7.
9 *Feuchte* in: Feuchte, Art. 63 Rn. 7, 9; *Maurer* in: Bretzinger, Rn. 100; dies gilt zumindest für die Prüfung einer verfassungsändernden Wirkung und deren Rechtsfolgen; *Feuchte* in: Spreng/Birn/Feuchte, Art. 63 Anm. 1.
10 Umfänglich zu Pro- und Contra-Argumenten *Butzer* in: Maunz/Dürig, Art. 82 (73. Lfg. 2014), Rn. 115 ff.
11 So *Ennuschat* in: Kluth/Krings, § 26 Rn. 12.
12 Hierauf weist *Ennuschat* in: Kluth/Krings, § 26 Rn. 12 hin.
13 Hierzu *Brenner* in v. Mangoldt/Klein/Starck, GG, Art. 82 Rn. 27; *Lehnguth* DÖV 1992, 439 (443); *Schiedermair*, DÖV 2007, 726 (728).
14 Zu Gegenansichten auch hier *Butzer* in: Maunz/Dürig, Art. 82 (73. Lfg. 2014), Rn. 200 ff.
15 So der einschränkende Verweis bei *Ennuschat* in: Kluth/Krings, § 26 Rn. 12.
16 Dies ist regelmäßig Voraussetzung für die Erhebung einer abstrakten Normenkontrolle.
17 So explizit *Feuchte* in: Feuchte, Art. 63 Rn. 14.
18 Diese können durch die stimmberechtigten Staatssekretäre und Staatsräte vertreten werden (*Feuchte* in: Spreng/Birn/Feuchte, Art. 63 Anm. 1).

muss,[19] kann man als Teil der Ausfertigung oder als **Gegenzeichnung**[20] betrachten. Das Gesetz schweigt zu der Frage, welche Minister die Unterzeichnung konkret übernehmen sollen;[21] praktisch werden dies immer alle Minister sein, die in der Kabinettssitzung anwesend sind.[22]

10 Ihre **Verfahrensstellung** ist **zweifelhaft**. Dies betrifft insbesondere die Frage, ob auch den Ministern ein **Prüfungsrecht** zukommt. Überwiegend wird dies angenommen.[23] Die Regelung „durch den Ministerpräsidenten ausgefertigt" und „vom Ministerpräsidenten und mindestens der Hälfte der Minister unterzeichnet" ist zwar „sowohl inhaltlich als auch verfassungsdogmatisch fraglich und umstritten." Jedenfalls ist sie aber so zu verstehen, dass „die Ausfertigung durch die Regierung erfolgt, was durch entsprechende Unterschriften einschließlich der des Ministerpräsidenten zu dokumentieren ist."[24] Das heißt dann auch: „Die Regierung ist berechtigt und verpflichtet, das auszufertigende Gesetz auf seine Gültigkeit, d.h. nicht nur auf seine Vereinbarkeit mit der Landesverfassung, sondern auch auf seine Vereinbarkeit mit dem Bundesrecht, insbesondere dem Grundgesetz, zu prüfen und im Falle eines Widerspruchs zu verwerfen."[25]

11 Nicht vom Prüfungsumfang umfasst ist die **sachliche Richtigkeit oder Zweckmäßigkeit** des Gesetzes.[26] Anders als andere Landesverfassungen sieht Art. 63 LV keine Möglichkeit vor, bei sachlichen Einwänden ein (suspensives) Veto einzulegen.[27]

12 Nach der Ausfertigung werden die Gesetze im **Gesetzblatt**[28] des Landes BW verkündet. Das Verfahren ist mit der Auslieferung der ersten Exemplare des Gesetzblattes abgeschlossen.[29] Erst mit der Verkündung wird das Gesetz rechtlich existent[30] (für das Inkrafttreten siehe → Rn. 17 ff.). Bereits zum Zeitpunkt der Ausfertigung müssen jedoch alle rechtlichen Voraussetzungen für den Gesetzeserlass vorliegen, da dies der letzte Akt ist, „in dem über den Inhalt des Gesetzes und seine Verfassungsmäßigkeit reflektiert und entschieden wird".[31]

---

19 Verwirrend daher die systematische Anordnung des Art. 63 I 1, 2 LV.
20 So *Feuchte* in: Feuchte, Art. 63 Rn. 11.
21 *Feuchte* in: Feuchte, Art. 63 Rn. 1.
22 *Feuchte* in: Feuchte, Art. 63 Rn. 12.
23 *Feuchte* in: Feuchte, Art. 63 Rn. 9: „Die Pflicht zur Ausfertigung schließt die Pflicht und das Recht des Ministerpräsidenten und der unterzeichnenden Minister ein, das verfassungsmäßige Zustandekommen des Gesetzes zu prüfen"; siehe auch *ders.*, aaO, Rn. 11; aA *Feuchte* noch in: Spreng/Birn/Feuchte, Art. 63 Anm. 1: „Die Unterschrift der Hälfte der Minister ist für den Vorgang der Ausfertigung nicht wesentlich."
24 *Maurer* in: Maurer/Hendler, 27 (82).
25 *Maurer* in: Maurer/Hendler, 27 (82).
26 *Feuchte* in: Feuchte, Art. 63 Rn. 8 f.
27 Hierauf der Hinweis bei *Maurer* in: Maurer/Hendler, 27 (82 f.).
28 Das Gesetzblatt des Landes erscheint seit dem 12.1.1946. Im Gesetzblatt erscheinen auch sämtliche Unterschriften; *Feuchte* in: Spreng/Birn/Feuchte, Art. 63 Anm. 1. Zu weiteren formalen Einzelheiten *Feuchte* in: Feuchte, Art. 63 Rn. 23.
29 *Feuchte* in: Feuchte, Art. 63 Rn. 22; *Maurer* in: Bretzinger, Rn. 100.
30 *Maurer* in: Maurer/Hendler, 27 (83).
31 *Feuchte* in: Feuchte, Art. 63 Rn. 19 (mit Ausnahmen in Rn. 20); dies gilt daher gleichermaßen auch für Rechtsverordnungen (siehe → Rn. 14 f.).

Für die **Verkündung** im Gesetzblatt gilt regelmäßig eine **Monatsfrist** ab dem Zeitpunkt des Gesetzesbeschlusses bzw. ab dem Zeitpunkt der Durchführung der Volksabstimmung. Für die Fristberechnung gilt § 188 BGB.[32] Die Frist ist jedoch nach Abs. 1 S. 3 verkürzt, wenn der Landtag die Dringlichkeit beschließt. Dieser Beschluss liegt im politischen Ermessen des Landtags. In diesem Fall sind Ausfertigung und Verkündung „sofort" – nicht nur „unverzüglich" iSd § 121 BGB – durchzuführen. Dies ändert nichts an dem Prüfungsrecht und der Prüfungspflicht des Ministerpräsidenten,[33] das dennoch praktisch stark verringert ist.[34]

III. Ausfertigung und Verkündung von Rechtsverordnungen (Abs. 2)

Rechtsverordnungen werden von der erlassenden Stelle ausgefertigt[35] und regelmäßig ebenfalls im Gesetzblatt des Landes BW verkündet. Durch allgemein oder im Einzelfall geltende Gesetze kann von dieser Regel abgewichen werden.[36] Allgemein geregelt ist die Verkündungspraxis durch das **Gesetz über die Verkündung von Rechtsverordnungen** (VerkG).[37] Danach bleibt es im Normalfall[38] bei der Verkündung im Gesetzblatt (§ 2), welche durch die Möglichkeit einer „Notverkündung" (§ 4)[39] durch öffentliche Bekanntmachung „in anderer geeigneter Weise" ergänzt wird. **Rechtsverordnungen der Gemeinden** werden in der für die öffentliche Bekanntmachung von Satzungen bestimmten Form verkündet (§ 5): Nach § 4 III Satz 1 GemO sind Satzungen öffentlich bekannt zu machen. Öffentliche Bekanntmachungen können nach § 1 I 1 Nr. 1 DVOGemO, soweit keine sondergesetzlichen Bestimmungen bestehen, durch Einrückung in das eigene Amtsblatt der Gemeinde durchgeführt werden. Satzungen sind nach § 1 II 1 DVOGemO mit ihrem vollen Wortlaut bekanntzumachen. **Verkündungsmängel** – etwa die fehlende oder fehlerhafte Bekanntmachung des Wortlauts[40] – führen zur **Nichtigkeit der Verordnung**. Für Pläne, Karten oder andere zeichnerische Darstellungen, die Bestandteil einer Rechtsverordnung sind, sowie die damit verbundenen Texte tritt eine „**Ersatzverkündung**" nach § 3 VerkG hinzu: Diese verlangt die öffentliche Auslegung bei der Behörde, die die Rechtsverordnung erlässt, und bei den unteren Verwaltungsbehörden, auf deren Bezirk sich der Geltungsbereich der Rechts-

---

32 *Feuchte* in: Spreng/Birn/Feuchte, Art. 63 Rn. 1; *ders.* in: Feuchte, Art. 63 Rn. 6, der weiter auf §§ 186 ff. BGB verweist.
33 *Feuchte* in: Spreng/Birn/Feuchte, Art. 63 Anm. 1.
34 *Feuchte* in: Feuchte, Art. 63 Rn. 15; *ders.*, aaO: Eine Dringlichkeitserklärung allein zu dem Zweck, das Prüfungsrecht zu verkürzen, wäre allerdings verfassungswidrig.
35 *Feuchte* in: Feuchte, Art. 63 Rn. 24 weist richtigerweise daraufhin, dass der Begriff der Ausfertigung hier enger als in Art. 63 I LV zu verstehen ist, da sich die erlassende Stelle die Legalität ihres Handelns im Falle des Abs. 2 nicht selbst bestätigen kann.
36 *Feuchte* in: Feuchte, Art. 63 Rn. 25; *ders.* in: Spreng/Birn/Feuchte, Art. 63 Anm. 2.
37 Hierzu *Belz*, VBlBW 1983, 393 ff.
38 So bei Rechtsverordnungen von obersten Landesbehörden, Landesoberbehörden, Regierungspräsidien und höheren Sonderbehörden.
39 Soweit eine rechtzeitige Verkündung in der vorgeschriebenen Form nicht möglich ist.
40 Siehe hierzu VGH BW, VBlBW 2014, 292 ff.

verordnung erstreckt,[41] auf die Dauer von mindestens zwei Wochen zur kostenlosen Einsicht durch jedermann während der Sprechzeiten. In diesem Fall ist der gesamte Verkündungsvorgang erst mit dem Ablauf der zweiwöchigen Auslegungsfrist abgeschlossen, da die öffentliche Auslegung „einen konstitutiven Bestandteil der Verkündung" bildet.[42]

15 Die Vorschriften über die Verkündung von Rechtsverordnungen gelten nicht für **Verwaltungsvorschriften**. Diese sind dennoch so bekanntzugeben, dass die beteiligten Behörden von ihnen Kenntnis erlangen.[43] Verwaltungsvorschriften mit Außenwirkung sind darüber hinaus so bekanntzumachen, dass die Betroffenen davon Kenntnis nehmen können:[44] „Das trifft besonders zu bei Richtlinien für die Vergabe von Subventionen. Hier würde es dem Gleichheitssatz widersprechen, wenn nicht alle Betroffenen gleiche Chancen hätten, von der Subventionsvergabe und den Bedingungen rechtzeitig Kenntnis zu erhalten."

IV. Bekanntmachung von Notstandsgesetzen (Abs. 3)

16 Für Notstandsgesetze nach Art. 62 LV gilt **bezüglich der Ausfertigung keine Besonderheit**. Das weiterhin bestehende Prüfungsrecht des Ministerpräsidenten (und ggf. der Minister) erstreckt sich auch auf das ordnungsgemäße Zusammentreten des Notparlaments.[45] Notstandsgesetze können, falls eine rechtzeitige Verkündung im Gesetzblatt nicht möglich ist, auch **auf andere Weise öffentlich bekanntgemacht** werden (Abs. 3 S. 1). Dabei ist darauf zu achten, dass eine möglichst weite Verbreitung und Kenntnisnahme sichergestellt wird. Die Verkündung im Gesetzblatt ist nachzuholen, sobald die Umstände es zulassen (Abs. 3 S. 2). Unterbleibt dies, so wird das Gesetz unwirksam.

V. Inkrafttreten von Gesetzen und Rechtsverordnungen (Abs. 4)

17 Abs. 4 sieht eine landeseinheitliche Regelung für den **Zeitpunkt des Inkrafttretens von Gesetzen und Rechtsverordnungen** vor. Das Gesetz tritt **14 Tage nach Ausgabe des Gesetzblattes** in Kraft (S. 2),[46] soweit im Gesetz nichts anderes bestimmt ist (S. 1). So soll es allerdings im Regelfall sein; diese explizite Bestimmung im Gesetz dient der Rechtsklarheit.[47] Als Ausgabe wird überwiegend die „Ablieferung der ersten Exemplare des Gesetzblattes bei

---

41 Dabei sind bei jeder unteren Verwaltungsbehörde die zeichnerischen Darstellungen in vollem Umfang auszulegen (VGH BW, NVwZ-RR 1989, 403).
42 So explizit die Gesetzesbegründung, siehe LT-Drs. 8/3110, 12; dieser folgend VGH BW, NVwZ-RR 2000, 277 (279); *Belz*, VBlBW 1983, 393 (397).
43 *Feuchte* in: Feuchte, Art. 61 Rn. 27 mit detailreichen Bsp.: Bekanntmachung in den Amtsblättern der Ministerien, dem Staatsanzeiger oder den Verkündungsorganen der Gemeinden; hierzu auch VGH BW, ESVGH 23, 90 (96): bei Betroffenheit eines Personenkreises, der innerhalb der Verwaltung steht, reicht ein Amtsblatt aus; ausf. zur Publikation von Verwaltungsvorschriften *Ossenbühl*, Verwaltungsvorschriften, 462 ff.
44 *Braun*, Art. 61 Rn. 34; *Feuchte* in: Feuchte, Art. 61 Rn. 27. Hierzu bereits unter → Art. 61 Rn. 30.
45 *Feuchte* in: Feuchte, Art. 63 Rn. 16.
46 Unerheblich ist das Ausgabedatum auf dem Gesetzblatt (siehe *Feuchte* in: Spreng/Birn/Feuchte, Art. 63 Anm. 3).
47 *Feuchte* in: Feuchte, Art. 63 Rn. 27.

der zuständigen Poststelle"⁴⁸ verstanden. Zur Fristberechnung bestimmt S. 2, dass der Ausgabetag nicht mitgerechnet wird („nach Ablauf des Tages"), der vierzehnte Tag dann jedoch bereits der Tag des Inkrafttretens ist („mit dem vierzehnten Tage"). Ein Rückgriff auf Vorschriften des BGB zur Fristberechnung ist daher regelmäßig entbehrlich.

Die **Möglichkeit eines rückwirkenden Inkrafttretens** (vgl. zur Rückwirkung → Art. 58 Rn. 2) ist eine Frage der materiellen Verfassungsmäßigkeit.⁴⁹   18

Eine **Rechtsverordnung** kann nicht in Kraft treten, bevor das **zugrunde liegende Gesetz** in Kraft getreten ist;⁵⁰ sie können daher frühestens in derselben Ausgabe des Gesetzesblattes verkündet werden wie das ermächtigende Gesetz.⁵¹ Es genügt dann, wenn das Inkrafttreten der Verordnung nicht vor dem Inkrafttreten des Gesetzes liegt.   19

Artikel 64 [Verfassungsänderung, Verbot der Verfassungsdurchbrechung]

(1) ¹Die Verfassung kann durch Gesetz geändert werden. ²Ein Änderungsantrag darf den Grundsätzen des republikanischen, demokratischen und sozialen Rechtsstaats nicht widersprechen. ³Die Entscheidung, ob ein Änderungsantrag zulässig ist, trifft auf Antrag der Regierung oder eines Viertels der Mitglieder des Landtags der Verfassungsgerichtshof.

(2) Die Verfassung kann vom Landtag geändert werden, wenn bei Anwesenheit von mindestens zwei Dritteln seiner Mitglieder eine Zweidrittelmehrheit, die jedoch mehr als die Hälfte seiner Mitglieder betragen muß, es beschließt.

(3) ¹Die Verfassung kann durch Volksabstimmung geändert werden, wenn mehr als die Hälfte der Mitglieder des Landtags dies beantragt hat. ²Sie kann ferner durch eine Volksabstimmung nach Artikel 60 Abs. 1 geändert werden. ³Das verfassungsändernde Gesetz ist beschlossen, wenn die Mehrheit der Stimmberechtigten zustimmt.

(4) Ohne vorherige Änderung der Verfassung können Gesetze, welche Bestimmungen der Verfassung durchbrechen, nicht beschlossen werden.

Schrifttum:

Hesse, Grundzüge des Verfassungsrechts der Bundesrepublik Deutschland, 20. Aufl., 1999; *Jellinek*, Verfassungsänderung und Verfassungswandlung – Eine staatsrechtlich-politische Abhandlung, 1906; *Laband*, Wandlungen der deutschen Reichsverfassung, 1895; *H. Maurer*, Verfassungsrecht, in: Maurer/Hendler, 27 ff.; *V. Maurer*, Verfassung des Landes (1. Teil), in: Bretzinger, 19 ff.; *Schlenker*, Die Änderungen der Verfassung des Landes Baden-Württemberg – 30 Jahre Landesverfassung 1953-1983, VBlBW 1983,

---

48 *Feuchte* in: Spreng/Birn/Feuchte, Art. 63 Anm. 3; sehr ausführlich zur Frage des entscheidenden Zeitpunkts *Giese*, DÖV 1953, 45 ff.
49 Siehe hierzu auch BVerfGE 34, 9 (23): „Der Zeitpunkt des Inkrafttretens ist Teil des *Inhalts* des Gesetzes, nicht Teil des Gesetzgebungsverfahrens." (Hervorhebung im Org.).
50 *Feuchte* in: Feuchte, Art. 63 Rn. 28.
51 *Feuchte* in: Spreng/Birn/Feuchte, Art. 61 Anm. 3; *Wolff*, AöR 78 (1951/52), 194 (221); aA *Braun*, Art. 61 Rn. 17 unter Bezug auf BVerfGE 32, 199 (212).

353, 399; *Schmitt*, Die legale Weltrevolution – Politischer Mehrwert als Prämie auf juristische Legalität und Superlegalität, Der Staat 17 (1978), 321 ff.; *Schneider*, Das Ermächtigungsgesetz vom 24.3.1933 – Bericht über das Zustandekommen und die Anwendung des Gesetzes, 2. Aufl. 1961.

Vergleichbare Regelungen: Art. 79 GG, 75 BayVerf, 79 BbgVerf, 100 BerlVerf, 125 BremVerf, 51 HambVerf, 123 HessVerf, 56 MVVerf, 69 NRWVerf, 46 NdsVerf, 129 RPVerf, 101 SaarlVerf, 74 SächsVers, 78 LSAVerf, 47 SchlHVerf, 83 ThürVerf.

Ergänzende Regelungen des Landesrechts Geschäftsordnung des Landtags von Baden-Württemberg (GO LT).

Leitentscheidungen: BVerfGE 30, 1 (Abhörurteil); 84, 90 (Verfassungstextänderung); 89, 155 (Maastricht); 94, 12 (Ewigkeitsgarantie); 109, 279 (Ewigkeitsgarantie); 123, 267 (Lissabon); StGH, BWVBl. 1959, 185 (Ewigkeitsgarantie); BayVerfGH, NVwZ-RR 2000, 65 (Quorum).

A. Überblick und Einordnung 1
   I. Bedeutung 1
   II. Herkunft, Entstehung, Geschichte 5
   III. Verfassungsvergleichende Einordnung 8
B. Erläuterung 9
   I. Änderungsfeste Inhalte 9
   II. Beschlussfähigkeit und Abstimmungsmehrheit (Abs. 2) 12
   III. Verfassungsänderung durch Volksabstimmung 16
     1. Das fakultative Verfassungsreferendum (Abs. 3 S. 1) 17
     2. Die Verfassungsinitiative (Abs. 3 S. 2) 19

A. Überblick und Einordnung

I. Bedeutung

1 Auch Verfassungen müssen in Reaktion auf neue Herausforderungen flexibel und anpassbar sein. Als grundlegende Dokumente des staatlichen Gemeinwesens fordern sie jedoch auch eine **Dignität**, die leichtfertige Veränderungen ausschließen muss. Art. 64 LV regelt die Möglichkeiten und Grenzen der **Verfassungsänderung**, also die Änderung des Verfassungstextes, die abzugrenzen ist von dem **Verfassungswandel**[1] und der **Verfassungsdurchbrechung** (zu letzterer noch unter → Rn. 4, 5).

2 Die Landesverfassung kann

- vom Landtag mit besonders qualifizierter Mehrheit (Abs. 2; → Rn. 12 ff.) oder
- durch einfach Mehrheit der Landtagsmitglieder und nachfolgender Volksabstimmung (Abs. 3 S. 1; → Rn. 17 f.) oder
- durch Volksabstimmung nach Art. 60 I LV (Abs. 3 S. 2, → Rn. 19 ff.) geändert werden.

---

1 Der Verfassungswandel bewirkt im Wege der Auslegung ein verändertes Textverständnis, ohne dass damit eine Textänderung einhergeht; *Feuchte* in: Feuchte, Art. 64 Rn. 3; hierzu bereits *Jellinek*, Verfassungsänderung und Verfassungswandlung, 1906, 3, der hierunter eine Änderung versteht, „die diese Texte formell unverändert bestehen läßt und durch Tatsachen hervorgerufen wird, die nicht von der Absicht oder dem Bewußtsein einer solchen Änderung begleitet sein müssen"; ähnlich *Laband*, Wandlungen der deutschen Reichsverfassung, 1895, 2 f.

Die Regelung entfernt sich deutlich von der Konzeption des Grundgesetzes, das in diesem Rahmen keine direktdemokratischen Elemente vorsieht.

Im **Verfahren nach Art. 60 III LV** kommt eine Verfassungsänderung allerdings nicht in Betracht,[2] da andernfalls das Mehrheitserfordernis des Art. 64 III 1 LV (Landtagsmitglieder) sowie des Art. 64 III 3 LV (Mehrheit der Stimmberechtigten) ausgehebelt würde.

In Übereinstimmung mit der Regelung des Art. 79 I GG (und in Anlehnung an Art. 85 VerfWB) bestimmt Abs. 4, dass Gesetze, die die Bestimmungen der Verfassung durchbrechen, ohne vorherige Änderung der Verfassung nicht beschlossen werden dürfen. Diese Regelung soll „**unbemerkten oder verheimlichten Verfassungsänderungen**" entgegenwirken.[3] Die Regelung ist eine unmittelbare Reaktion auf die Erfahrungen unter der Weimarer Verfassung, welche die Verfassungsänderung durch jedes Gesetz oder Plebiszit erlaubte, das mit den erforderlichen Mehrheiten zustande kam. Dies ermöglichte die Bildung einer „Nebenverfassung". Mit Beginn der nationalsozialistischen Ära erfolgten dann weitreichende Änderungen – besonders augenscheinlich im Ermächtigungsgesetz vom 24.3.1933[4] –, welche „elementare Verfassungssubstanz (zerstören konnten; Anm. der Verf.), ohne dies im Verfassungstext auszuweisen".[5]

II. Herkunft, Entstehung, Geschichte

Bereits Art. 85 I 2 VerfWB stellte den Grundsatz auf, dass Verfassungsänderungen dem „**Geist der Verfassung**" **nicht widersprechen** dürfen (und enthielt zugleich das Verbot der Verfassungsdurchbrechung). Dem folgte der Entwurf der Regierungsparteien. Der VA übernahm dann allerdings die Fassung des CDU-Entwurfs, wonach der Änderungsantrag den Grundsätzen des republikanischen, demokratischen und sozialen Rechtsstaats nicht widersprechen darf.[6] Diese Formulierung lehnt sich an Art. 92 III VerfLB an, wonach die unerlässlichen Bestandteile einer demokratischen Verfassung auch durch eine Verfassungsänderung nicht verletzt werden dürfen.

Diskussionsbedarf ergab sich im Hinblick auf die Verfassungsänderung durch Volksabstimmung.[7] Von Seiten der CDU sollte die **Mehrheit der Abstimmenden** genügen;[8] die Regierungsparteien setzten demgegenüber eine „**Mehrheit der Abstimmungsberechtigten**" durch.[9] Das (Gegen)Argument, das Volk könne nur mehrheitlich beschließen, eine qualifizierte Mehrheit

---

2 *Feuchte* in: Feuchte, Art. 64 Rn. 11, 16; *ders.* in: Spreng/Birn/Feuchte, Art. 64 Anm. 3.
3 *Maurer* in: Bretzinger, Rn. 104.
4 Zum Zustandekommen siehe *Schneider,* Ermächtigungsgesetz, 2. Aufl. 1961; *Schmitt,* Der Staat 17 (1978), 321 (333 ff.).
5 *Herdegen* in: Maunz/Dürig, Art. 79 Rn. 22.
6 52. VA-Sitzung v. 29.5.1953, in: Feuchte, Quellen, 6. Teil, 497.
7 Siehe hierzu Bericht des VA v. 1.9.1953, in: Feuchte, Quellen, 6. Teil, 660.
8 Siehe hierzu die Beiträge des Abg. *Gog* am 8.10.1953, in: Feuchte, Quellen, 8. Teil, 175, sowie des Abg. *Gurk,* in der 59. VLV-Sitzung vom 5.11.1953, in: Feuchte, Quellen, 8. Teil, 386.
9 53. VLV-Sitzung am 8.10.1953, in: Feuchte, Quellen, 8. Teil, 179 f.; namentliche Abstimmung in 59. VLV-Sitzung v. 5.11.1953, aaO, 394 f.: Ablehnung der Änderung mit 58 zu 41 Stimmen bei 5 Enthaltungen.

bei einer Volksabstimmung sei „schon ein Widerspruch in sich selbst",[10] konnte sich nicht durchsetzen. Nach Mehrheitsauffassung sollte das qualifizierte Änderungserfordernis verhindern, dass „Augenblicksbedürfnisse" die Verfassung ändern können.[11]

7 Berechtigt bleibt der Einwand der CDU, dass die normierten Qualifikationen (zunächst Mitgliedermehrheit des Landtags, dann Mehrheit der Abstimmungsberechtigten) „eine Verfassungsänderung durch Volksabstimmung praktisch unmöglich" machen.[12]

III. Verfassungsvergleichende Einordnung

8 Die Möglichkeit der Verfassungsänderung durch Volksabstimmung ist **abweichend von den Vorgaben des Grundgesetzes** in den Ländern durchaus vorgesehen. Abweichungen ergeben sich hinsichtlich der Frage mit welchen Mehrheiten welche Abstimmungsberechtigten entscheiden können.

B. Erläuterung
I. Änderungsfeste Inhalte

9 Nach Art. 23 I LV ist – im Einklang mit Art. 28 I 1 GG – die baden-württembergische Landesverfassung den **Grundsätzen des republikanischen, demokratischen und sozialen Rechtsstaats** verpflichtet. Art. 64 I 2 LV erweitert diesen Verfassungsauftrag – in sachlicher Übereinstimmung mit Art. 79 III GG – dahin gehend, dass diese Grundsätze änderungsfest sind. Auch diese Festlegung stellt eine unmittelbare Reaktion auf die herrschende Weimarer Staatslehre dar,[13] für die exemplarisch *Anschütz* formulierte: „Die Befugnis zur Änderung der Weimarer Verfassung umfasst Verfassungsänderungen jeder Art, „[...] nicht nur minder bedeutsame, mehr durch technische als durch politische Erwägungen bedingte, sondern auch bedeutsame, einschließlich solcher, die sich auf die Rechtsnatur des Reichsganzen (Bundesstaat), die Zuständigkeitsverteilung zwischen Reich und Ländern, die Staats- und Regierungsform des Reichs und der Länder (Republik, Demokratie, Wahlrecht, Parlamentarismus, Volksentscheid, Volksbegehren) und andere prinzipielle Fragen (Grundrechte) beziehen. Die durch Art. 76 den hier bezeichneten qualifizierten Mehrheiten des Reichstags, des Reichsrats und des Volkes übertragene verfassungsändernde Gewalt ist **gegenständlich unbeschränkt.**"[14] Insbesondere der Erlass des Ermächtigungsgesetzes vom 24.3.1933 (→ Rn. 4) gestaltet sich als Abschaffung grundsätzlicher rechtsstaatlicher Prinzipien (insbesondere der Gewaltenteilung). In den Debatten um die Neugestaltung der LV wurde dann auch besonderer Wert auf eine restriktive Regelung gelegt. Art. 64 I 2 LV dient daher dem Ziel, den lega-

---

10 Abg. *Gog* am 8.10.1953, in: Feuchte, Quellen, 8. Teil, 175.
11 Abg. *Gönnenwein* am 8.10.1953, in: Feuchte, Quellen, 8. Teil, 178; nach Auffassung des Abg. *Erbe* in der 59. VLV-Sitzung v. 5.11.1953, aaO, 393, ziele diese Abänderung darauf hin, die in Art. 15 a II LV verankerte Zweidrittel-Mehrheit für ein Schulgesetz durch einfache Mehrheit im Volk zu beseitigen; in diese Richtung auch die Zwischenrufe der Abg. *Lausen* und *Möller*: „Das ist des Pudels Kern!".
12 Abg. *Gog* am 8.10.1953, in: Feuchte, Quellen, 8. Teil, 175.
13 Eine umfangreiche Darstellung findet sich bei *Herdegen* in: Maunz/Dürig, Art. 79 Rn. 64 ff.
14 *Anschütz*, Art. 76 Anm. 3 (Hervorhebung durch Verf.).

[Verfassungsänderung, Verbot der Verfassungsdurchbrechung] Artikel 64

len Weg zur Unterwanderung der staatlichen Grundprinzipien abzuschneiden.[15] Konsequent ist daher die Annahme, die Unantastbarkeitsklausel sei selbst unantastbar.[16]

Die Formulierung „Änderungsantrag" in Art. 64 I 2 LV bringt zum Ausdruck, dass schon die sachliche Beratung eines soweit verfassungswidrigen Antrags unterbleiben muss.[17] Möglich ist allein die **Diskussion über die Zulässigkeit**. Bestehen Zweifel an der Zulässigkeit der Verfassungsänderung, so entscheidet auf Antrag der Regierung oder eines Viertels der Mitglieder des Landtags der VerfGH (Art. 64 I 3 iVm Art. 68 I 2 Nr. 4 LV) im Wege der **vorbeugenden Normenkontrolle**[18] über den Änderungsantrag.[19] Dies ermöglicht, eine verfassungswidrige Verfassungsänderung bereits im Vorfeld zu verhindern und nicht erst nachträglich durch Nichtigerklärung zu beseitigen.[20] Eine solche Entscheidung ist bisher einmal bei der Einfügung des Art. 93a aF in die Landesverfassung beantragt und getroffen worden. Gegen die Ablehnung eines im Landtag gestellten Änderungsantrags wegen Verstoßes gegen Art. 64 I 2 LV könnte ein **Organstreitverfahren** nach Art. 68 I 2 Nr. 1 LV erhoben werden. Im Rahmen dieses Verfahrens müsste inzident der Verstoß gegen die Verfassungsnorm geprüft werden.[21] Zudem kann nachträglich gegen eine zustande gekommene Verfassungsänderung der Verfassungsgerichtshof gemäß Art. 68 I 2 Nr. 2 LV angerufen werden. 10

Der Schutz des Art. 64 I 2 LV bezieht sich auf die **Grundsätze** der Republik, der Demokratie, des Sozialstaats und des Rechtsstaats. Betroffen ist daher **nicht jede Regelung**, die eines dieser Prinzipien berührt; Art. 64 I 2 LV greift vielmehr erst ein, wenn der **„materiale Kern" der LV** betroffen ist.[22] Wo diese Grenze erreicht ist, ist „nicht ohne Weiteres zu beantworten, weil die Gestalt der demokratischen, rechtsstaatlichen und bundesstaatlichen Ordnung des Grundgesetzes sich erst aus dem Zusammenhang einer Fülle von Einzelbestimmungen ergibt und es darauf ankommt, inwieweit diese Bestimmungen für jenen Kern von solcher Bedeutung sind, daß sie dem Änderungsverbot unterfallen."[23] Dies betrifft insbesondere die „freiheitliche demokratische Grundordnung, die Gewaltenteilung und die Mehrzahl der Grundrechte in ihrem Wesensgehalt."[24] Ein unzweifelhafter Verstoß wäre daher die **Einführung der Monarchie** (als Verstoß gegen das 11

---

15 Hierzu *Schmitt*, Der Staat 17 (1978), 321 ff., insbes. 332 ff.
16 *Braun*, Art. 64 Rn. 25 mit Nachw. zur hM im Hinblick auf die Auslegung des Grundgesetzes.
17 *Maurer* in: Maurer/Hendler, 27 (84); *Feuchte* in: Spreng/Birn/Feuchte, Art. 64 Anm. 1.
18 Braun, Art. 64 Rn. 29. Siehe aber auch *Feuchte* in: Spreng/Birn/Feuchte, Art. 63 Anm. 1: „Sonderfall der sog. Verfassungsstreitigkeiten im Sinne des Art. 68 I Nr. 1".
19 „Änderungsantrag" iSd Abs. 1 S. 2 ist sowohl der im Landtag eingebrachte Gesetzesentwurf als auch eine nach Art. 59, 60 I LV durch Volksbegehren eingebrachte Gesetzesvorlage (*Feuchte* in: Feuchte, Art. 64 Rn. 9).
20 *Maurer* in: Maurer/Hendler, 27 (84); siehe auch StGH, BWVBl. 1959, 185.
21 *Feuchte* in: Feuchte, Art. 64 Rn. 10.
22 *Hesse*, Grundzüge, Rn. 702.
23 *Hesse*, Grundzüge, Rn. 703.
24 *Feuchte* in: Feuchte, Art. 64 Rn. 6.

Winkler

Republikprinzip),[25] die **Abschaffung von Wahlen** oder die **Übertragung der Rechtsprechung auf Organe der Exekutive**,[26] die **Abschaffung einer das Existenzminimum sichernden Grundsicherung**. „Ferner bilden den materialen Kern der Verfassung alle diejenigen inhaltlichen und verfahrensmäßigen Voraussetzungen der demokratischen Ordnung [...], die neben den Grundrechten die Legitimation der Herrschaft durch die Mehrheit des Volkes, die gleiche Chance und den Schutz der Minderheiten, den freien und offenen politischen Prozeß der Demokratie gewährleisten [...]. Zu ihnen gehören die zeitliche Begrenzung der Legitimation der Organe politischer Gesamtleitung und Willensbildung, die Wahlrechtsgrundsätze des Art. 38 I GG, die Mitwirkung der Parteien bei der politischen Willensbildung, das Mehrparteienprinzip, die Gründungsfreiheit und die Chancengleichheit der politischen Parteien, die parlamentarische Kontrolle und das Recht auf parlamentarische Opposition sowie das Budgetrecht des Parlaments."[27] Zu den **Grundlagen der rechtsstaatlichen Ordnung** gehören „im besonderen die Bindung aller staatlichen Gewalten an die verfassungsmäßige Ordnung (und) die Bindung der vollziehenden und rechtsprechenden Gewalt an Gesetz und Recht (Art. 20 III GG)".[28] Der Grundsatz der Gleichheit der Wahl ist insbesondere in seinem Wesensgehalt verletzt, soweit eine verfassungswidrige Sperrklausel vorgesehen ist.[29]

II. Beschlussfähigkeit und Abstimmungsmehrheit (Abs. 2)

12 Abs. 2 ermöglicht die Verfassungsänderung durch **qualifizierten Landtagsbeschluss**. Eine Qualifikation besteht hinsichtlich der **Beschlussfähigkeit** (Anwesenheit von mindestens zwei Drittel der gesetzlichen Mitglieder; Art. 92 LV) und der **Abstimmungsmehrheit**: Erforderlich ist die Zustimmung von mindestens zwei Drittel der (anwesenden) Abgeordneten, welche im Ergebnis mehr als die Hälfte der gesetzlichen Mitglieder ausmachen müssen. Hierdurch wird sichergestellt, dass sich die Verfassungsänderung auf den Rückhalt des demokratischen Souveräns stützen kann.[30] Im Vergleich zur Regelung des GG, welches in Art. 79 II eine Zwei-Drittel-Mehrheit der gesetzlichen Mitglieder von Bundestag und Bundesrat verlangt, ist die baden-württembergische Regelung dennoch abgemildert.

---

25 Das Republikprinzip enthält in jedem Fall eine Absage an die Monarchie (siehe *Grzeszick* in: Maunz/Dürig, Art. 20 Rn. 249; darüber hinaus kann es in unterschiedlicher Weise inhaltlich angereichert werden.
26 Beispiele nach *Hesse*, Grundzüge, Rn. 703.
27 *Hesse*, Grundzüge, Rn. 705. Zur Frage der sachgerechten Verschiebung des Wahltermins StGH, BWVBl. 1959, 185 ff.
28 *Hesse*, Grundzüge, Rn. 705.
29 Hierzu VerfGH NRW, 24.10.2017, VerfGH 16/16; 21.11.2017, VerfGH 9/16, 11/16, 15/16, 17-18/16, 21/16.
30 Verfassungshistorisch geht diese Vorschrift auf Art. 85 II, III VerfWB zurück (*Feuchte* in: Spreng/Birn/Feuchte, Art. 64 Anm. 2), die allerdings eine Zweidrittelmehrheit der abgegebenen Stimmen für die Änderung verlangte. Die dann vom Ausschuss beschlossene Vorschrift legte stattdessen den Schwerpunkt auf das Erfordernis der Wahlbeteiligung.

Die qualifizierte Mehrheit muss bei der **Schlussabstimmung** gegeben sein.[31] 13
Nach § 99 II GO LT muss über Verfassungsänderungen in der Schlussabstimmung namentlich abgestimmt werden.

Gegen den Beschluss nach Art. 64 II LV kann die Regierung nach Art. 60 II 14
LV eine **Volksabstimmung** in Gang setzen, wenn ein Drittel der Landtagsmitglieder es beantragt.[32] Dies eröffnet der überstimmten Minderheit „den Appell an das Volk gegen das beschlossene Gesetz".[33] Die praktische Umsetzung ist jedoch wegen Art. 60 II 2 LV äußerst fraglich. Die Frage, welches Mehrheitserfordernis gilt (Art. 60 V oder Art. 64 III 3 LV)[34] kann daher letztlich wohl offen bleiben.

Angesichts der „überragenden Bedeutung der Landesverfassung"[35] blieb 15
das Zustimmungsquorum einer Volksabstimmung über ein verfassungsänderndes Gesetz – abweichend von der Rechtslage in Art. 60 V LV – unverändert. Abweichend von der Bewertung bei einfachen Gesetzen spricht bei Volksabstimmungen über Verfassungsänderungen die **Werthaftigkeit und „Dignität"**[36] **der Regelungen** für ein Abstimmungsquorum. Ein 50%-Quorum, wie es in BW vorgesehen ist, wird aber dennoch als „unüberwindbar hoch" kritisiert.[37]

III. Verfassungsänderung durch Volksabstimmung

Dahinter verbirgt sich die Verfassungskompetenz als „Grundausstattung 16
der direkten Demokratie"[38] – in Gestalt von **Initiative und Referendum**.

1. Das fakultative Verfassungsreferendum (Abs. 3 S. 1)

Abs. 3 sieht ein **fakultatives Verfassungsreferendum** vor, das durch Antrag 17
von mehr als der Hälfte der Mitglieder des Landtags beantragt werden muss. Fakultativ bedeutet, dass die Einleitung des Referendums im **Ermessen eines Staatsorgans** (hier: der Landtagsmehrheit) liegt.[39] Anders kennen bspw. die hessische und bayerische Verfassung ein obligatorisches Referendum; ein bedingt obligatorisches Referendum ist in NRW und Bremen vorgesehen.

Wird das Gesetz mit den in Art. 64 II LV vorgesehenen Mehrheiten nachträglich beschlossen, so unterbleibt die Volksabstimmung.[40] 18

2. Die Verfassungsinitiative (Abs. 3 S. 2)

Die Verfassung kann ferner durch eine **Volksabstimmung nach Art. 60 I LV** 19
geändert werden. Dies ist der Fall, wenn der Landtag einer durch Volksbe-

---

31 *Schlenker*, VBlBW 1983, 353 (355).
32 *Feuchte* in: Spreng/Birn/Feuchte, Art. 64 Anm. 3.
33 *Feuchte* in: Feuchte, Art. 64 Rn. 12.
34 Zur Anwendbarkeit der letzteren *Feuchte* in: Feuchte, Art. 64 Rn. 13.
35 LT-Drs. 15/7178, 8 f.
36 So die Rspr. des BayVGH, NVwZ-RR 2000, 65 ff.; krit. hierzu etwa *Geitmann*, VBlBW 2008, 121 (126).
37 *Geitmann*, VBlBW 2008, 121 (126).
38 *Pestalozza*, Popularvorbehalt, 19.
39 *Pestalozza*, Popularvorbehalt, 21.
40 *Feuchte* in: Feuchte, Art. 64 Rn. 14.

gehren eingebrachten Vorlage auf Verfassungsänderung nicht unverändert zustimmt und bei der Volksabstimmung die Mehrheit der Stimmberechtigten der Verfassungsänderung zustimmt. Hier gilt abweichend von Art. 60 V LV (Mehrheit der abgegebenen gültigen Stimmen) das Mehrheitserfordernis nach Art. 64 III 3 LV (Mehrheit der Stimmberechtigten). Eine Verfassungsänderung durch Volksabstimmung ist bisher noch nicht erfolgt.

V. Die Rechtspflege

Artikel 65 [Unabhängigkeit der rechtsprechenden Gewalt]

(1) Die rechtsprechende Gewalt wird im Namen des Volkes durch die Gerichte ausgeübt, die gemäß den Gesetzen des Bundes und des Landes errichtet sind.

(2) Die Richter sind unabhängig und nur dem Gesetz unterworfen.

Schrifttum:

Diestelkamp, Die historischen Wurzeln der deutschen Rechtsstaatskonzeption, Der Staat 51 (2012), 591; *Forkel*, Erledigungszahlen unter (Dienst-)Aufsicht!, DRiZ 2013, 132; *Fuchs*, Verfassungsmäßigkeit und Umsetzbarkeit von Modellen für eine selbstverwaltete Justiz in Deutschland, 2013; *Gärditz*, Richterwahlausschüsse für Richter im Landesdienst – Funktion, Organisation, Verfahren und Rechtsschutz, ZBR 2011, 109; *Jeschke*, Justizielle Autonomie in Europa, 2016; *Kirchhoff*, Erledigung als Dienstpflicht, Betrifft Justiz 2013, 63; *Minkner*, Die Gerichtsverwaltung in Deutschland und Italien – Demokratie versus technische Legitimation, 2015; *Müller*, Richterliche Unabhängigkeit und Unparteilichkeit nach Art. 6 EMRK, 2015; *Papier*, Richterliche Unabhängigkeit und ihre Schranken, NJW 2001, 1089; *Rautenberg*, Deutscher Widerstand gegen eine weisungsunabhängige Staatsanwaltschaft, ZRP 2016, 38; *Rennert*, Was ist ein guter Richter? – Fünfzehn Thesen für eine Annäherung, JZ 2013, 297; *ders.*, Legitimation und Legitimität des Richters, JZ 2015, 529; *Scholz*, Der gesetzgebende Richter, ZG 2013, 105; *Stammler*, Der Richter, unveränderter Nachdruck von 1924 mit Vorwort von Winfried Kluth, 2014; *Trentmann*, Der politische Staatsanwalt?, ZIS 2016, 130; *Tschentscher*, Demokratische Legitimation der Dritten Gewalt, 2006; *Wittreck*, Die Verwaltung der Dritten Gewalt, 2006; *ders*, Der Präsidialrat als „Garant einer unabhängigen Dritten Gewalt"? – Der Entwurf zur Änderung des baden-württembergischen Landesrichtergesetzes, ZRP 2013, 72; *ders.*, Erledigungszahlen unter (Dienst-)Aufsicht?, DRiZ 2013, 60; *Zado*, Privatisierung der Justiz – Zur Bedeutung und verfassungsrechtlichen Zulässigkeit von Privatisierungen in Rechtsprechung, Strafvollzug, Zwangsvollstreckung und Handelsregister, 2013.

Vergleichbare Regelungen: Art. 92 u. 97 I GG, 5, 85, 88, 89 BayVerf, 79 BerlVerf, 108 BbgVerf, 135 BremVerf, 62 u. 64 HambVerf, 126 HessVerf, 76 I u. II MVVerf, 51 NdsVerf, 3 III, 72 NRWVerf, 121 u. 123 RPVerf, 109 f. SaarlVerf, 77 SächsVerf, 83 LSAVerf, 50 I SchlHVerf, 86 ThürVerf.

Ergänzende Normen: Landesrichter- und Staatsanwaltsgesetz; Gerichtsorganisationsgesetz; Gesetz zur Ausführung des Gerichtsverfassungsgesetzes und von Verfahrensgesetzen der ordentlichen Gerichtsbarkeit (AGGVG); Gesetz zur Ausführung der Verwaltungsgerichtsordnung (AGVwGO); Ausführungsgesetz zum Sozialgerichtsgesetz (AGSGG); Gesetz über die Gerichte für Arbeitssachen (GGArb); Gesetz zur Ausführung der Finanzgerichtsordnung (AGFGO).

[Unabhängigkeit der rechtsprechenden Gewalt] Artikel 65

A. Überblick und Einordnung	1	B. Erläuterung	14
I. Bedeutung	1	I. Gerichtsvorbehalt (Abs. 1)	14
1. Staatsstrukturbestimmung	1	1. Rechtsprechende Gewalt im Namen des Volkes	15
2. Verhältnis zum Bundesrecht	2	2. Ausübung durch die Gerichte	20
3. Objektiv-rechtliche Garantie mit subjektiv-rechtlichen Ausstrahlungen	4	3. Errichtung gemäß den Gesetzen des Bundes und des Landes	25
II. Herkunft, Entstehung, Geschichte	7	II. Unabhängigkeit und Gesetzesbindung der Richter (Abs. 2)	27
III. Verfassungsvergleichende Einordnung	11	1. Gesetzesbindung	28
		2. Unabhängigkeit	29

A. Überblick und Einordnung

I. Bedeutung

1. Staatsstrukturbestimmung

Art. 65 LV konkretisiert die in Art. 23 I u. 25 LV enthaltenen Staatsstrukturprinzipien der Rechtsstaatlichkeit und der Gewaltenteilung. Bereits in Art. 25 I u. III 2 LV wird die Rechtsprechung als getrennte Staatsgewalt konstituiert und unabhängigen Richtern zugewiesen. Diese der Idee der **Gewaltenteilung** immanenten Vorgaben werden in Art. 65 I u. II LV wiederholt und weitergeführt.[1] Der in Art. 77 I LV enthaltene Funktionsvorbehalt für die Ausübung öffentlicher Gewalt gilt nur für die Exekutive.[2] Art. 65 I LV ist für die Rechtsprechung spezieller. Soweit in Art. 65 I LV die rechtsprechende Gewalt Gerichten zugewiesen wird, bedeutet dies nichts anderes als in Art. 25 III 2 LV u. 92 GG, eine Zuweisung der Rechtsprechung an Richter.[3] Die in Art. 65 II LV enthaltene Garantie der Unabhängigkeit ist jedoch nicht nur im Grundsatz der Gewaltenteilung verankert, sondern auch im **Rechtsstaatsprinzip** (Art. 23 I LV). Besondere Aspekte der persönlichen Unabhängigkeit sind in Art. 66 LV normiert. Eine effektive staatliche **Justizgewähr** ist **nur durch unabhängige Richter** denkbar.[4] Wenn in Art. 65 II LV neben der sachlichen Unabhängigkeit der Richter auf die bereits in Art. 25 II LV angesprochene **Gesetzesbindung** hingewiesen wird, wird dadurch die verfassungsgemäß garantierte Unabhängigkeit nicht berührt.[5] Wäre der Richter – von bestimmten Vorlage- und Verwerfungsmöglichkeiten abgesehen – nicht Gesetz und Recht unterworfen, wäre der Bürger seiner Willkür ausgeliefert.[6] Die in Art. 65 LV enthaltenen Regelungen sind in ihrem Kerngehalt nach Art. 64 I 2 LV einer Verfassungsänderung entzogen.[7]

1

---

1 So auch *Braun*, Art. 65 Rn. 2.
2 *Braun*, Art. 77 Rn. 2; *Feuchte* in: ders., Art. 77 Rn. 7.
3 So der Abg. *Gog* (CDU) in der 54. VLV-Sitzung v. 14.10.1953, Prot. in: Feuchte, Quellen, 8. Teil, 184.
4 *Papier* in: HStR, § 176 Rn. 8.
5 BVerfGE 18, 52 (59); 111, 307 (325).
6 *Hillgruber* in: Maunz/Dürig, Art. 92 Rn. 9.
7 *Braun*, Art. 65 Rn. 2.

2. Verhältnis zum Bundesrecht

Auch wenn **Art. 65 LV** Bestimmungen enthält, die sich in entsprechender Weise in **Art. 92 u. 97 GG** finden, ist er als landesverfassungsrechtliche Bestimmung **gültig**. Da die Bundesländer Staatsqualität besitzen, kann jedes Land in eigener Verantwortung Staatsfundamentalnormen artikulieren. Kein Land muss eine Amputation von Staatsfundamentalnormen durch den Gesamtstaat hinnehmen mit der Folge, dass seine Verfassung in Wahrheit ein Verfassungstorso wird. Art. 28 I GG fordert nur ein Mindestmaß an Homogenität. Landesverfassungsrecht, das mit Bundesverfassungsrecht übereinstimmt, wird nach Art. 31 GG nicht gebrochen.[8] Nach **Art. 101 II GG** können die Länder auf gesetzlicher Grundlage auch **Sondergerichte** errichten.[9]

Die Fortgeltung von mit Bundesverfassungsrecht übereinstimmenden Landesverfassungsrecht hat zur Folge, dass der **VerfGH** das entsprechende Landesverfassungsrecht **als Maßstab für seine Entscheidungen** heranziehen kann.[10] Entsprechendes gilt für die in Art. 66 garantierte persönliche Unabhängigkeit der Richter.[11] Maßstabswirkung kann die LV jedoch nur gegenüber der öffentlichen Gewalt des Landes entfalten. Da im Bereich der Justiz – der **Gerichtsverfassung und der gerichtlichen Verfahren** – nach Art. 74 I Nr. 1 u. 72 I GG die Möglichkeit zu einer weitgehenden konkurrierenden Gesetzgebung des Bundes besteht und genutzt wurde, ist die Bedeutung des Art. 65 LV als Maßstab nur von eingeschränkter Bedeutung. Als Maßstab für den Landesgesetzgeber kommt Art. 65 LV in Betracht, soweit der Bund seine **konkurrierende Gesetzgebung nicht abschließend wahrgenommen** hat (zB in AGGVG oder AGVwGO). Ferner ist Art. 65 LV von Bedeutung für die nach **Art. 92 Hs. 2 GG** den Ländern zugewiesene **Organisationsgewalt im Bereich der Gerichte**. Diese bezieht sich auf die Trägerschaft der Gerichte, insb. die Einrichtung und Auflösung einzelner Gerichte, die Entscheidung über die Besetzung der Richterämter, die Einstellung des sonstigen Personals sowie die sachliche Ausstattung.[12] Schließlich kann Art. 65 LV maßstäblich sein für die **Anwendung des** nach Art. 74 I Nr. 1 GG ergangenen **Bundesrechts**.[13] Dann muss jedoch Art. 65 LV in jedem Fall inhalts- und ergebnisgleich mit Art. 92 u. 97 GG verstanden werden.[14]

---

8 BVerfGE 36, 342 (360 ff.).
9 BVerfGE 10, 200 (212 f.) zu den früheren Friedensgerichten in BW, die wegen Verletzung von Art. 101 I 2 GG verfassungswidrig waren.
10 BVerfGE 36, 342 (368 f.).
11 *Detterbeck* in: Sachs, GG, Art. 97, Rn. 7.
12 BVerfGE 96, 345 (366); *Classen* in: v. Mangoldt/Klein/Starck, Art. 92 Rn. 36; *Detterbeck* in: Sachs, GG, Art. 92 Rn. 31.
13 BVerfGE 96, 345; StGH, U. v. 2.11.2015 – 1 VB 28/15 – juris, Rn. 50.
14 BVerfGE 96, 345.

3. Objektiv-rechtliche Garantie mit subjektiv-rechtlichen Ausstrahlungen

Art. 65 LV enthält keine Grundrechte, sondern unmittelbar nur eine objektiv-rechtliche Garantie.[15] Sie stellt jedoch ein „funktionales Privileg zum Schutz der Funktionsfähigkeit der Rechtspflege"[16] dar, weshalb aus ihr Abwehrrechte[17] sowie staatliche Schutzpflichten zugunsten der Richter folgen.[18] Der Bürger kann eine Verfassungsbeschwerde nicht (allein) auf Art. 65 LV stützen.   4

Ein **gesetzlicher Richter** iSv Art. 2 I LV iVm **Art. 101 I 2 GG** ist jedoch nur ein solcher Richter, der den Anforderungen des Art. 65, 66 I u. 77 II LV bzw. Art. 92 u. 97 GG genügt.[19] Art. 101 I 2 GG verleiht den Prozessparteien das subjektive, verfassungsbeschwerdefähige Recht darauf, dass diese Garantien gewahrt sind, dass also Richter entscheiden, die unabhängig und unparteilich sind und Gewähr für Neutralität und Objektivität bieten.[20] Außerdem garantiert der **Anspruch auf** effektive staatliche **Justizgewähr** aus Art. 2 I iVm Art. 2 I GG u. Art. 23 LV bzw. 67 I LV Rechtsschutz durch unabhängige Richter.[21]   5

Auch **für Richter** selbst stellt Art. 65 LV kein Grundrecht dar. Allerdings gehört die sachliche und persönliche richterliche Unabhängigkeit zu den hergebrachten Grundsätzen des richterlichen Amtsrechts, die dem Schutz des Art. 33 V GG unterfallen.[22] **Art. 33 V GG** ist ein staatsbürgerliches Recht, das nach **Art. 2 I LV** auch landesverfassungsrechtlich garantiert ist[23] und vor dem VerfGH mit der Verfassungsbeschwerde geltend gemacht werden kann. In diesem Zusammenhang kann ein Richter die Verletzung von Art. 65 LV mit der Verfassungsbeschwerde rügen.   6

II. Herkunft, Entstehung, Geschichte

Eine erstmalige Garantie der richterlichen Unabhängigkeit im Gebiet des heutigen Landes enthielten die VerfBad 1818 (§ 14) und die VerfWü 1819 (§ 93).[24]   7

---

15 So *Schulze-Fielitz* in: Dreier, Art. 97 Rn. 16 u. 17; anders *Detterbeck* in: Sachs, Art. 97 Rn. 7: „zwar subjektive öffentliche Rechte, aber keine Grundrechte".
16 *Schulze-Fielitz* in: Dreier, Art. 97 Rn. 17.
17 *Hillgruber* in: Maunz/Dürig, Art. 97 Rn. 4 u. 75 ff.
18 *Schulze-Fielitz* in: Dreier, Art. 97 Rn. 17; *Hillgruber* in: Maunz/Dürig, Art. 97 Rn. 93.
19 BVerfGE 10, 200 (213); 82, 286 (298); *Schulze-Fielitz in:* Dreier, Art. 101 Rn. 27.
20 *Degenhart* in: Sachs, GG, Art. 101 Rn. 9; BVerfG, B. v. 27.6.2017 – 2 BvR 1333/17 – juris, Rn. 49. Die landesverfassungsrechtliche Pflicht zur Neutralität folgt aus Art. 77 II LV, *Braun*, Art. 77 Rn. 7.
21 *Papier* in: HStR, § 176 Rn. 8; BVerfGE 107, 395 (402 f.); 54, 277 (291).
22 BVerfGE 12, 81 (88); 55, 372 (391 f.); NJW 1996, 215 (zu einem Eingriff in die richterliche Unabhängigkeit durch den Präsidenten des VG Freiburg); NJW 2016, 3711; BGH NJW 2005, 905 f.; *Detterbeck* in: Sachs, GG, Art. 97 Rn. 7; *Meyer* in: v. Münch/Kunig, Art. 97 Rn. 2, beide auch zur Möglichkeit einer Berufung auf Art. 12 I GG.
23 StGH, ESVGH 23, 135 (146); VerfGH, B. v. 11.5.2016 – 1 VB 42/16 – juris, Rn. 6: zu den hergebrachten Grundsätzen des Berufsbeamtentums.
24 Zur Geschichte der Unabhängigkeit der Richter: *Hillgruber* in: Maunz/Dürig, Art. 97 Rn. 10 ff.

8 In den **Verfassungen der drei Vorgängerländer** finden sich ausführlichere Regelungen zum Bereich Rechtspflege als in der LV, die in Kenntnis und erst bei Geltung des GG erlassen wurde. So gab es in den Vorgängerverfassungen – anders als nun in der LV – auch Regelungen, wie sie in Art. 101 GG enthalten sind (Art. 59 VerfWH, 115 VerfLB). Teilweise fanden sich dort auch justizielle Garantien, die weder im GG noch in der LV ausdrücklich benannt werden, wie den Grundsatz der Öffentlichkeit (Art. 117 VerfLB). Die Vorgängerverfassungen enthielten jedoch auch Art. 65 LV entsprechende Regelungen, welche aussprachen, dass die richterliche Gewalt durch unabhängige und nur dem Gesetz unterworfene Gerichte bzw. Richter ausgeübt wird (Art. 58 I VerfWH, 87 VerfLB, 56 III VerfWB). In Art. 58 II VerfWH war hinzugefügt, dass die Gerichte im Namen des Volkes urteilen. In allen drei Vorgängerverfassungen war die Mitwirkung „des Volkes" bzw. von „Laien" an der Rechtsprechung vorgesehen (Art. 88 V u. 89 VerfWB, 61VerfWH, 109 II u. 111 II VerfLB). In Art. 114 VerfLB und 92 VerfWB fanden sich besonders ausführliche Regelungen zur Prüfungs- und Verwerfungsbefugnis der Gerichte hinsichtlich Rechtsnormen.

9 Die in den **Verfassungsentwürfen** enthaltenen Regelungen unterschieden sich kaum. In beiden fand sich jedoch eine Bestimmung, wonach die Gerichte in den durch das Gesetz bestimmten Fällen auch mit Laienrichtern besetzt sind (Art. 62 II VerfERP) bzw. wonach neben den Berufsrichtern in den durch Gesetz bestimmten Fällen Laienrichter an der Rechtsprechung mitwirken (Art. 88 III VerfECDU). Zudem war im VerfECDU ein Hinweis darauf enthalten, dass die Gerichte gem. den Gesetzen des Bundes und des Landes errichtet werden. In den **Beratungen des VA** wurde betont, dass die Richter als Person – nicht die Gerichte als solche – unabhängig sind und dass die Gerichte ihre Stellung von den Richtern ableiten.[25] Am Ende wurde die Fassung des VerfECDU einstimmig angenommen und dem Plenum vorgeschlagen.[26] Im **Plenum der VLV** wurde darauf hingewiesen, dass kein Unterschied zu Art. 92 GG bestehe, wenn in Art. 65 I LV die Funktion der Rechtsprechung den „Gerichten" und nicht den „Richtern" zugewiesen werde.[27] Allerdings wurde später Art. 25 III 2 LV umformuliert, so dass dort nun die Rechtsprechung ausdrücklich den „Richtern" und nicht „Gerichten" anvertraut ist.[28] Zudem beschloss das Plenum mehrheitlich, die Mitwirkung von Laienrichtern nicht in der LV zu regeln, weil dies eine Materie sei, die in die konkurrierende Gesetzgebungskompetenz des Bundes falle und die Begriffe „Laienrichter" und „Berufsrichter" bzw. „hauptamtliche Richter" nicht eindeutig seien.[29]

10 Nach seinem **Inkrafttreten** wurde Art. 65 LV **nicht geändert**.

---

25 So der Abg. *Brandenburg* (DVP/FDP) in der 18. VA-Sitzung am 10.10.1952, Prot. in Feuchte, Quellen, 3. Teil, 174.
26 Art. 62 VerfEVA, zit. nach: Feuchte, Quellen, 6. Teil, 515 (526).
27 So der Abg. *Gog* (CDU) in der 54. VLV-Sitzung v. 14.10.1953, Prot. in: Feuchte, Quellen, 8. Teil, 184.
28 S. Prot. zur 56. Sitzung v. 22.10.1953 und Beilage 913, beide in: Feuchte, Quellen, 8. Teil, 5 und 230 ff., ferner → Art. 25 Rn. 7.
29 S. Prot. der 54. Sitzung der VLV v. 14.10.1953 in: Feuchte, Quellen, 8. Teil, 184 ff.

III. Verfassungsvergleichende Einordnung

In Art. 92 u. 97 I GG finden sich Regelungen, die denjenigen in Abs. 1 u. 2 entsprechen.[30] Einen **Gerichtsvorbehalt** wie in Abs. 1 und die Garantie der **sachlichen Unabhängigkeit** der Richter wie in Abs. 2 enthalten auch alle anderen Verfassungen. **Vereinzelt** wird im Zusammenhang mit der sachlichen Unabhängigkeit der Richter und der Gesetzesbindung an das **richterliche Ethos** appelliert und der Grundsatz aufgestellt, dass die Rechtspflege „im Geist der Verfassung und des sozialen Verständnisses" (Art. 78 BerlVerf,), „im Geiste der Menschenrechte und sozialer Gerechtigkeit" (Art. 134 BremVerf) oder „im Geiste des demokratischen und sozialen Rechtsstaates" (Art. 110 S. 2 SaarlVerf) auszuüben ist.[31]

Die meisten Verfassungen schreiben auch vor, dass im Rahmen der Gesetze **Laien** oder „Männer und Frauen aus dem Volk" an der Rechtsprechung zu beteiligen sind,[32] wobei deren Tätigkeit in Art. 110 BbgVerf durch besondere Garantien gegen Nachteile abgesichert wird.

Die **Weisungsabhängigkeit der Staatsanwaltschaft** wird in Art. 89 BayVerf ausdrücklich vorgeschrieben. Zudem ist in Art. 90 BayVerf, 52 IV 2 BbgVerf u. 78 III 2 SächsVerf der Grundsatz der **Öffentlichkeit von Gerichtsverhandlungen** ausdrücklich normiert. Art. 83 III LSAVerf benennt – wie Art. 95 GG – die **fünf Gerichtsbarkeiten** (was für BW aus Art. 95 GG folgt).

B. Erläuterung

I. Gerichtsvorbehalt (Abs. 1)

Abs. 1 weist die rechtsprechende Gewalt den Gerichten oder präziser den Richtern zu und enthält einen institutionellen Gesetzesvorbehalt.

1. Rechtsprechende Gewalt im Namen des Volkes

Die „rechtsprechende Gewalt" geht ebenso wie alle übrige Staatsgewalt nach Art. 25 I 1 LV vom Volke aus. Sie wird jedoch durch besondere Organe der Rechtsprechung ausgeübt (Art. 25 I 2 LV). Die in Abs. 1 verwendete Formel **„im Namen des Volkes"** nimmt Bezug auf die den Richtern vom Volk übertragene **Legitimation**,[33] wobei die Übertragung den Erfordernissen des Demokratieprinzips genügen muss (→ Art. 25 Rn. 18 ff.). Zugleich ermahnt die Formulierung die sachlich unabhängigen, jedoch an Gesetz und Recht gebundenen Richter, nicht im eigenen Namen Recht zu sprechen, und verdeutlicht gegenüber den Adressaten einer Gerichtsentscheidung sowie der Öffentlichkeit die Ableitung der Rechtsprechungsgewalt.

---

30 Zur Wirksamkeit von Art. 65 → Rn. 2.
31 Die Vorschriften sind vor dem Hintergrund des Versagens der Justiz im „Dritten Reich" zu sehen. Sie begründen keine subjektiven Rechte (*Michaelis-Merzbach* in: Driehaus, Art. 78 Rn. 1 ff.).
32 Art. 88 BayVerf, 79 II BerlVerf, 108 II BbgVerf, 135 II BremVerf, 62 S. 2 HambVerf, 76 II MVVerf, 51 II NdsVerf, 72 II NRWVerf, 123 RPVerf, 77 III SächsVerf, 83 I LSAVerf u. 86 III ThürVerf.
33 *Braun*, Art. 65 Rn. 7.

16 Der Reichweite des **Begriffs der "rechtsprechenden Gewalt"** ist durch die Verfassungsrechtsprechung noch nicht abschließend geklärt. Ob die Wahrnehmung einer Aufgabe als „Rechtsprechung" iSv Art. 92 GG sowie Art. 25 III, 65 I LV anzusehen ist, hängt wesentlich von verfassungsrechtlichen Vorgaben sowie von traditionellen oder durch den Gesetzgeber vorgegebenen Qualifizierungen ab; um **Rechtsprechung** handelt es sich nicht immer schon dann, wenn eine Aufgabe unabhängigen Richtern übertragen ist.[34] Vielmehr ist der Begriff materiell geprägt. Rechtsprechung liegt jedenfalls dann vor, wenn bestimmte hoheitsrechtliche Befugnisse den Richtern bereits **durch die Verfassung zugewiesen** sind, nämlich durch **Rechtsweggarantien** (zB Art. 31 II, 67 II u. 68 I 2 Nr. 1 u. 2 LV sowie Art. 13 IV 2, 14 III 4, 15 2, 19 IV 1 u. 2, 34 S. 3 und 104 II 2GG).[35]

17 Verfassungsrechtliche **Richtervorbehalte** (Art. 42, 57 u. 64 I 3, 66 II sowie 68 I 2 Nr. 3 LV u. Art. 13 II, III, IV 1 u. V, 18 2, 21 II 2, 98 V, 100 I u. 104 II 1 GG)[36] oder gar einfachrechtliche Richtervorbehalte (wie nach § 81 a II oder § 98 StPO) begründen nach Meinung des Plenums des BVerfG dagegen keine rechtsprechende, sondern funktional vollziehende Gewalt.[37] In diesen Fällen handeln die Gerichte zwar in voller richterlicher Unabhängigkeit, aber nicht in ihrer typischen Funktion als Instanzen der unbeteiligten Streitentscheidung. Vielmehr nehmen sie auf Antrag eigenständig einen Eingriff vor, der im Interesse eines besonderen rechtsstaatlichen Schutzes nicht allein der Exekutive überlassen werden soll. Im Unterschied zur spruchrichterlichen Tätigkeit ist in diesen Verfahren häufig die Gewährung rechtlichen Gehörs ausgeschlossen. Umso wichtiger ist die Garantie anschließender gerichtlicher Kontrolle nach Art. 67 I LV bzw. 19 IV GG.[38]

18 Darüber hinaus liegt Rechtsprechung vor, wenn es sich um einen traditionellen **Kernbereich** der Rechtsprechung handelt. Dazu gehören die bürgerliche Rechtspflege und die Ausübung der Strafgerichtsbarkeit.[39] Allerdings ist nicht alles, was zurzeit zu den Aufgaben der Gerichte gehört, **materielle Rechtsprechung**, die nach Art. 65 I LV u. 92 GG den Richtern vorzubehalten ist. In bestimmten Grenzen sind Änderungen möglich. Der Kernbereich ist jedoch den Gerichten unentziehbar.[40] Daneben ist rechtsprechende Gewalt **auch gegeben, wenn der Gesetzgeber** für einen Sachbereich eine **Ausgestaltung wählt**, die **bei funktioneller Betrachtung nur der rechtsprechenden Gewalt** zukommen kann. Möglich ist dies, wenn der betreffende Sach-

---

34 BVerfGE 103, 111 (136 f.).
35 *Detterbeck* in: Sachs, GG, Art. 92 Rn. 5 f.; *Schulze-Fielitz* in: Dreier, Art. 92 Rn. 30.
36 Für die Entfernung eines Beamten aus dem Dienst besteht – anders als bei Richtern – nach Art. 33 V GG kein Richtervorbehalt: BVerwGE 155, 6.
37 BVerfGE 107, 395 (406); zust.: *Schmidt-Aßmann* in: Maunz/Dürig, Art. 19 Abs. 4 Rn. 100; aA: *Detterbeck* in: Sachs, GG, Art. 92 Rn. 5 f.; *Schulze-Fielitz* in: Dreier, Art. 92 Rn. 31 f.; umfassende Streitdarstellung: *Hillgruber* in: Maunz/Dürig, Art. 92 Rn. 33 ff.
38 BVerfGE 107, 395 (406); 139, 245 (265-268, 279), wonach der aufgrund v. Art. 13 II GG eine Durchsuchung anordnende Richter „Eingriffsrichter" ist.
39 BVerfGE 22, 49 (77 f.); 27, 18 (28); *Hillgruber* in: Maunz/Dürig, Art. 92 Rn. 51 ff.; zum ggf. beschränkten materiellen Rechtsprechungsgehalt der freiwilligen Gerichtsbarkeit: BVerfGE 21, 139 (144 f.); *Schulze-Fielitz* in: Dreier, Art. 92 Rn. 35.
40 BVerfGE 22, 49 (78); 27, 18 (29 f.); *Detterbeck* in: Sachs, GG, Art. 92 Rn. 9 ff.

bereich von der Verfassung nicht einer anderen Gewalt vorbehalten ist.[41] Eine Zuweisung einer Aufgabe an die Rechtsprechung liegt vor, wenn ein Gesetz ein gerichtsförmiges Verfahren hoheitlicher Streitbeilegung mit prozessualen Sicherungen vorsieht und den dort zu treffenden Entscheidungen eine Rechtswirkung verleiht, die nur unabhängige Gerichte herbeiführen können, dh wenn Entscheidungen ergehen sollen, die letztverbindlich und der Rechtskraft fähig sind.[42] So gehört zB die Auswahl eines Insolvenzverwalters funktional nicht zur Rechtsprechung, weil hier der Insolvenzrichter keinen Rechtsstreit entscheidet.[43] Auch die Erteilung von Auskünften aus einem laufenden Gerichtsverfahren an Dritte, wie eine Behörde, ist keine Rechtsprechungstätigkeit.[44]

Der Begriff der „rechtsprechenden Gewalt" **ist nicht identisch mit** dem der „**Rechtspflege**". Der Begriff der „Rechtspflege" umfasst auch nicht rechtsprechende Funktionen der Gerichte, wie vor allem **weite Teile der freiwilligen Gerichtsbarkeit** und die **Justizverwaltung** sowie die Tätigkeit des nichtrichterlichen Personals und der Gerichtsvollzieher.[45] In den genannten Fällen liegt jedoch **funktional Verwaltungstätigkeit**, also die Ausübung vollziehender Gewalt vor, gegen die nach Art. 67 I LV u. 19 IV GG Rechtsschutz vor Gericht möglich sein muss.[46]

19

2. Ausübung durch die Gerichte

Gehört eine Aufgabe zum Bereich der „Rechtsprechung", hat dies zur Folge, dass sie kraft Verfassung den Gerichten oder genauer gesagt den Richtern zugewiesen ist (Art. 25 III 2 LV u. 92 GG). Der Begriff „**Gericht**" oder „**Richter**" ist ebenso wie der Begriff „Rechtsprechung" nicht in der LV definiert. Zum Wesen der richterlichen Tätigkeit gehört jedoch die **persönliche** (Art. 66 I) **und sachliche Unabhängigkeit** (Art. 65 II). Dies setzt Weisungsfreiheit sowie Neutralität und Distanz gegenüber den Verfahrensbeteiligten voraus.[47] Die persönliche und sachliche Unabhängigkeit sind statusrechtlich und organisatorisch abzusichern.[48] **Rechtspfleger** sind **keine Richter**.[49] Ein „Gericht" im verfassungsrechtlichen Sinne liegt ferner nicht

20

---

41 ZB: Entscheidungen über Versorgungsausgleich: BVerfGE 64, 175 (179 f.); Höfesachen: BVerfGE 76, 100 (106).
42 BVerfGE 103, 111 (136 ff.); 138, 33 (39 f.).
43 BVerfGE 116, 1 (10).
44 BVerfGE 138, 33 (39 ff.); weiteres Bsp.: Amtsgerichtliche Entscheidung über Versagung der Löschung eines Insolvenzvermerks im Grundbuch: SächsVerfGH, B. v. 25.2.2014 – Vf.89-IV-13 u.a. – juris, Rn. 20 ff.
45 *Hillgruber* in: Maunz/Dürig, Art. 92 Rn. 19.
46 BVerfGE 101, 397 (407) – Rechtspfleger; 116, 1 (9 ff.) – Insolvenzverwalterbestellung durch Richter; 138, 33 – Auskunft aus Gerichtsverfahren an Dritte. Soweit die Rechtspflegeorgane nichthoheitlich tätig werden, zB wie ein Marktteilnehmer Aufträge vergeben, sichert der allg. Justizgewährungsanspruch Rechtsschutz: BVerfGE 116, 135 (149 f.).
47 BVerfGE 103, 111 (140).
48 *Hillgruber* in: Maunz/Dürig, Art. 92 Rn. 65 u. 68.
49 BVerfGE 101, 397 (404 f.), auch wenn ihnen das einfache Recht sachliche Unabhängigkeit einräumt (§ 9 RPflG); sie sind Beamte des Justizdienstes und persönlich nicht unabhängig (§ 2 I 1 RPflG); zur Vorlage nach Art. 100 I GG u. 68 I 2 Nr. 3 sind sie nicht berechtigt (§ 5 I Nr. 1 RPflG); s. auch *Detterbeck* in: Sachs, GG, Art. 97 Rn. 9 f.

vor, wenn ihm institutionell ein Mitglied angehört, das als weisungsgebundener Beamter die gleiche Materie bearbeitet, über die er als unabhängiger Richter entscheiden soll.[50] Auch ein ausgeschlossener Richter ist kein Richter iSv von Art. 25 III 2 u. 65 I LV.[51] Die nebenamtliche Betrauung eines Richters mit Geschäften der Justizverwaltung ist jedoch grds. unbedenklich.[52]

21 Zu den Richtern gehören sämtliche Personen, die Rechtsprechung ausüben, also neben den Berufsrichtern **auch ehrenamtliche Richter und Schöffen**.[53] Soweit letztere in der LV – anders als in vielen anderen LV – nicht explizit genannt werden, beruht dies nicht darauf, dass die VLV diese von der Rechtsprechung ausschließen, sondern den Einsatz von ehrenamtlichen Richtern dem nach Art. 74 I Nr. 1 GG vorrangig zuständigen Bundesgesetzgeber überlassen wollte.[54]

22 Die berufsrichterlichen Mitglieder müssen – soll ein Gericht im verfassungsrechtlichen Sinne vorliegen – im Grundsatz jedoch hauptamtlich und planmäßig endgültig angestellt sein. **Richter auf Probe** oder auf Widerruf, Richter kraft Auftrags und **abgeordnete Richter** können nur insoweit herangezogen werden, als das nach verständigem Ermessen zur Heranbildung von Nachwuchs oder aus anderen Gründen zwingend notwendig ist.[55] Der Einsatz von solchen Richtern muss die Ausnahme bleiben; sie müssen möglichst gleichmäßig auf die Gerichte und Spruchkörper verteilt werden.[56]

23 Entsprechend dem Verständnis von Art. 92 GG wird nach Art. 65 I u. 25 III 3 LV Rechtsprechung nur durch **staatliche** Gerichte und Richter ausgeübt.[57] Die Gerichte der Länder müssen zwar nicht formal unmittelbare staatliche Einrichtungen sein. Vielmehr kann auch ein **von einer Körperschaft des öffentlichen Rechts** getragenes besonderes Gericht ein „staatliches Gericht" sein. Voraussetzung ist jedoch neben der Bildung durch ein Gesetz und der Wahrnehmung öffentlicher Aufgaben die Bindung an den Staat auch in personeller Hinsicht. Der Staat muss bei der Berufung der Richter zumindest durch eine Bestätigung mitwirken, um eine hinreichende demokratische Legitimation zu vermitteln.[58] Im Übrigen müssen auch diese Gerichte den für alle Gerichte geltenden Anforderungen genügen, dh sie müssen organisatorisch und personell von den Verwaltungsbehörden bzw. -gremien hinreichend getrennt sein, die Richter müssen unbeteiligte Dritte

---

50 BVerfGE 4, 331 (346 f.); 10, 200 (213 ff.) zu einer gegen den Grundsatz der Gewaltenteilung verstoßenden personellen Verflechtung von Gemeindeverwaltung und Friedensgerichten in BW; auch: BVerfGE 54, 159 (166 ff.); württ.-bad. StGH, DÖV 1951, 248; *Feuchte* in: Spreng/Birn/Feuchte, Art. 65 Nr. 1.
51 BVerfGE 4, 412 (417).
52 BVerfGE 4, 331 (347).
53 BVerfGE 26, 186 (201).
54 S.o. → Rn. 9; zur Frage, ob es Grenzen für den Einsatz ehrenamtlicher Richter gibt u. ob der Begriff „Richter" von der „Rechtsgelehrtheit" abhängt: *Hillgruber* in: Maunz/Dürig, Art. 92 Rn. 69 ff.
55 BVerfGE 4, 331; 14, 156 (162 ff.); *Detterbeck* in: Sachs, GG, Art. 82 Rn. 25.
56 BVerfGE 14, 156 (161 ff.).
57 BVerfGE 26, 186 (194 f.).
58 BVerfGE 4, 74 (92 f.) u. 18, 241 (253 f.), beide zu Berufsgerichten einer Ärztekammer; 26, 186 (194 ff.) u. 48, 300 (315 f.), beide zu Anwaltsgerichten; zur Gerichtsqualität der früheren Gemeindegerichte in BW: 14, 56 (65 ff.).

sein, die ihre richterliche Aufgabe in persönlicher und sachlicher Unabhängigkeit wahrnehmen können, und die richterlichen Mitglieder müssen zur Ausübung des Amtes geeignet sein.[59]

Nichtstaatliche Gerichte – etwa private Schiedsgerichte, Verbandsgerichte oder Kirchengerichte – sind weder nach Art. 65 I LV noch nach 92 GG erlaubt oder verboten.[60] Sie üben jedoch keine Rechtsprechung iS dieser Vorschriften aus. Ihnen kann keine staatsersetzende Rechtsprechungstätigkeit zugewiesen werden. Ein Rückzug des Staates aus dem Kernbereich der materiellen Rechtsprechung findet in Art. 92 GG u. 65 LV eine Grenze.[61] Auch soweit verfassungsrechtliche Richtervorbehalte und die Rechtsschutzgarantie (v.a. Art. 67 I LV) gelten, ist eine Privatisierung der Rechtspflege unzulässig. Grundrechtlichen Schutzpflichten und der allgemeine Justizgewährungsanspruch gebieten schließlich ebenfalls ein Mindestmaß an staatlicher Rechtsprechung.[62] Die kirchliche Gerichtsbarkeit für „innere Angelegenheiten" ist allerdings nach Art. 140 GG u. Art. 137 III WRV garantiert, wobei streitig ist, ob und inwieweit ein nachfolgender Gang zu staatlichen Gerichten ausgeschlossen ist.[63]

3. Errichtung gemäß den Gesetzen des Bundes und des Landes

Soweit Abs. 1 Bezug nimmt auf die Gerichte, die gem. den Gesetzen des Bundes und des Landes errichtet sind, begründet er einen **institutionellen Gesetzesvorbehalt**. Die Errichtung und Aufhebung von Gerichten und die Änderung von Gerichtsbezirken müssen wegen ihrer Bedeutung für die Unabhängigkeit der Rechtsprechung im Rechtsstaat stets durch parlamentarisches Gesetz erfolgen.[64]

Darüber hinaus erwähnt die Bestimmung mit dem Hinweis auf die Gesetze des Bundes deklaratorisch den Vorrang von Bundesgesetzen. Der Bund hat nach **Art. 74 I Nr. 1 GG** die konkurrierende **Gesetzgebungskompetenz** für den Bereich der Gerichtsverfassung und das gerichtliche Verfahren. Von dieser Kompetenz hat er weitgehend und insoweit mit der Folge der Gesetzgebungssperre für die Länder (Art. 72 I GG) Gebrauch gemacht. Für die Finanzgerichtsbarkeit gibt es in **Art. 108 VI GG** eine spezielle ausschließliche Gesetzgebungskompetenz des Bundes.[65] Die Organisation der Gerichte, insb. ihre Einrichtung und die Veränderung ihrer Bezirke, überlässt **das GG (Art. 30 u. 92)** den Ländern.[66] Diese organisatorische Gesetz-

---

59 BVerfGE 48, 300 (315 f.).
60 Die Errichtung privater Schiedsgerichte genießt sogar Grundrechtsschutz: *Hillgruber* in: Maunz/Dürig, Art. 92 Rn. 87.
61 BVerfGE 27, 18 (28); *Detterbeck* in: Sachs, GG, Art. 92 Rn. 28 f.
62 Dazu: *Hillgruber* in: Maunz/Dürig, Art. 92 Rn. 88.
63 Für Trennung nach der „Bereichsscheidungslehre": VGH BW, B. v. 18.12.2012 – 4 S 1540/12 – juris; BVerwGE 117, 145; BVerfG (K), NJW 1999, 350; EGMR, U. v. 6.12.2011 – 38254/04; krit.: BGH, NJW 2000, 1555; NJW 2003, 2097; OVG Rh-Pf, NJW 2009, 1223; OVG NRW, DVBl. 2012, 1585; BVerwG, NVwZ 2002, 987; *Mager* in: v. Münch/Kunig, Art. 140 Rn. 39 ff.; *v. Campenhausen/Unruh* in: v. Mangoldt/Klein/Starck, Art. 137 WRV Rn. 114 ff.
64 BVerfGE 2, 307 (316 ff.); 24, 155 (167); *Braun*, Art. 65 Rn. 4; *Schulze-Fielitz* in: Dreier, Art. 92 Rn. 64.
65 *Siekmann* in: Sachs, GG, Art. 108 Rn. 44.
66 BVerfGE 24, 155 (167).

gebungskompetenz sowie die vom Bund nach Art. 74 I Nr. 1 GG nicht genutzten Spielräume hat das Land durch eine Reihe von Gesetzen ausgefüllt.[67] Ob die Länder trotz der Vorgabe in **Art. 95 I GG**, der für die Gebiete der ordentlichen, der Verwaltungs-, Finanz-, Arbeits- und Sozialgerichtsbarkeit die Errichtung getrennter oberster Gerichtshöfe des Bundes vorschreibt, über einen Spielraum verfügen, um **Gerichtsbarkeiten auf Länderebene zusammenzulegen** – etwa die Verwaltungs- und Sozialgerichte – ist noch nicht hinreichend geklärt. Allerdings tendiert die verfassungsrechtliche Literatur zur Zulässigkeit organisatorischer Vereinheitlichung, sofern die Gerichtsbarkeiten funktionell eigenständig bleiben.[68] Die LV – auch Art. 67 II – stünde diesem Vorhaben (anders als Art. 83 III LSAVerf) jedenfalls nicht entgegen.

II. Unabhängigkeit und Gesetzesbindung der Richter (Abs. 2)

27 Nach Abs. 2 ist der „**Richter**" (zum Begriff → Rn. 20 ff.) unabhängig und nur dem Gesetz unterworfen. Jedoch genießen nicht nur Berufsrichter, sondern auch ehrenamtliche Richter sachliche Unabhängigkeit.[69] Die Pflicht zur (politischen) **Neutralität,** welche auch einen hergebrachten Grundsatz iSv Art. 33 V GG darstellt, ist für alle „Angehörigen des öffentlichen Dienstes" – auch für die Richter – in der LV in Art. 77 II speziell normiert (→ Art. 77 Rn. 10 f.).[70]

1. Gesetzesbindung

28 Die Gesetzesbindung folgt bereits aus Art. 25 II LV, dem Rechtsstaats- und Demokratieprinzip sowie schlicht aus dem Begriff der „Rechtsprechung". Der mit der Garantie der Unabhängigkeit ausgestattete Richter soll allein Gesetz und Recht unterworfen sein und nur von diesen gesteuert werden.[71] Dies setzt auch der richterlichen Rechtsauslegung und -fortbildung Grenzen (→ Art. 25 Rn. 40). Aufgrund des Vorrangs des Gesetzes steht dem Richter im Hinblick auf Normen, die im Rang unter dem Parlamentsgesetz stehen, ein Verwerfungsrecht zu. Dagegen sind zur Durchsetzung des Vorrangs der Verfassung gegenüber Parlamentsgesetzen allein die Verfassungsgerichte berufen (→ Art. 25 Rn. 40).

2. Unabhängigkeit

29 Die zugleich durch Art. 25 III 2 LV vorgegebene richterliche Unabhängigkeit ist **kein** persönliches oder **Standesprivileg**, sondern eine „**funktionsbezogene Gewährleistung**", die dem Richter den Freiraum sichert, dessen er zur sachgerechten Wahrnehmung seiner Aufgabe der Justizgewähr im gewaltenteilenden Rechtsstaat bedarf.[72] Zu dem von der Unabhängigkeit ge-

---

67 S. o. die ergänzenden Normen.
68 So: *Jachmann* in: Maunz/Dürig, Art. 95 Rn. 110 ff.; für einen Spielraum der Landesgesetzgeber auch *Meyer* in: v. Münch/Kunig, Art. 92 Rn. 9 u. Art. 95 Rn. 5; abl. *Voßkuhle* in: v. Mangoldt/Klein/Starck, Art. 95 Rn. 29 aE.
69 BVerfGE 26, 186 (201).
70 *Braun*, Art. 77 Rn. 7; *Feuchte* in: ders., Art. 77 Rn. 12 ff.
71 *Hillgruber* in: Maunz/Dürig, Art. 97 Rn. 25 ff.
72 BGHZ 112, 189 (193); *Hillgruber* in: Maunz/Dürig, Art. 97 Rn. 4; *Papier*, NJW 2001, 1089; Schulze-*Fielitz* in: Dreier, Art. 97 Rn. 17.

schützten Bereich gehören alle Aufgaben, in denen materiell oder **funktionell Rechtsprechung** ausgeübt wird (→ Rn. 15 ff.). Zum geschützten Tätigkeitsbereich der Rechtsprechung zählen nicht nur der Entscheidungsausspruch, sondern alle Maßnahmen, die mit der Rechtsfindung in unmittelbarem Zusammenhang stehen, also auch verfahrensleitende und -begleitende Anordnungen sowie die Geschäftsverteilung im Präsidium und im Spruchkörper.[73] Des weiteren gilt die richterliche Unabhängigkeit auch dann, wenn verfassungsrechtliche oder einfachrechtliche **Richtervorbehalte** eine Aufgabe spezifisch den Richtern zuweisen. Denn auch wenn die Richter hier funktional nicht rechtsprechend, sondern in Ausübung vollziehender Gewalt tätig werden, soll mit der Zuweisung der Aufgabe an sie zur Effektivierung des Grundrechtsschutzes eine vorbeugende Kontrolle durch eine unabhängige und neutrale Instanz bewirkt werden.[74] Im Übrigen bezieht sich die Unabhängigkeitsgarantie jedoch nicht auf Tätigkeiten, bei denen es sich funktional um Verwaltung handelt, also insb. nicht auf die Justizverwaltung.[75]

Soweit in Abs. 2 den Richtern „Unabhängigkeit" garantiert wird, meint dies dem Grundsatz nach **sachliche Unabhängigkeit**. Diese wird institutionell durch die persönliche Unabhängigkeit gesichert, deren wesentliche Elemente in Art. 66 I u. II LV geregelt sind.[76] Sachliche Unabhängigkeit bedeutet in erster Linie, dass die Richter in ihrer richterlichen Tätigkeit **nicht an Weisungen gebunden** sind.[77] Die Rechtsprechung ist damit bei ihren Entscheidungen inhaltlich demokratisch nur begrenzt rückgebunden. Eine solche Bindung wird allein durch das zur Anwendung zu bringende Gesetz hergestellt.[78] 30

Durch den Grundsatz der Unabhängigkeit wird der Richter allerdings auch zur Sicherung einer gleichheitsgerechten Rechtsanwendung gegen **Einmischungen durch den Gesetzgeber** geschützt. So ist es der Legislative untersagt, auf die Entscheidung konkreter Fälle in laufenden Verfahren gezielt Einfluss zu nehmen. Unzulässig sind danach Einmischungen informeller Art wie auch durch Parlamentsbeschlüsse oder gar Einzelfallgesetze.[79] Jedoch ist es dem Gesetzgeber nicht untersagt, sich nachträglich kritisch mit bestimmten Urteilen auseinander zu setzen, soweit dies einer dem Parlament zustehenden Aufgabe dient, wie der Gesetzgebung oder der Kontrolle der Verwaltung im Hinblick auf die Dienstaufsicht oder im Hinblick auf ein Verfahren nach Art. 66 II LV.[80] Aus der Unabhängigkeit der Richter ergeben sich auch Grenzen **für parlamentarische Untersuchungsausschüsse**. Bezieht sich der Untersuchungsauftrag des Landtags auf den bisherigen 31

---

73 *Papier*, NJW 2001, 1089 f.; *Detterbeck* in: Sachs, GG, Art. 97 Rn. 13.
74 BVerfGE 103, 142 (151); 107, 395 (406); 139, 245 (266).
75 *Detterbeck* in: Sachs, GG, Art. 97 Rn. 11 a; *Hillgruber* in: Maunz/Dürig, Art. 97 Rn. 20.
76 *Braun*, Art. 65 Rn. 12; *Feuchte* in: ders., Art. 66 Rn. 2.
77 BVerfGE 3, 213 (224); 87, 68 (85).
78 *Hillgruber* in: Maunz/Dürig, Art. 97 Rn. 22.
79 *Detterbeck* in: Sachs, GG, Art. 97 Rn. 12; *Hillgruber* in: Maunz/Dürig, Art. 97 Rn. 92; für Einzelfallgesetze gilt ferner Art. 2 I LV iVm Art. 19 1 1 GG. In der Tendenz offener: *Braun*, Art. 65 Rn. 14.
80 *Hillgruber* in: Maunz/Dürig, Art. 97 Rn. 92.

Verlauf eines anhängigen Strafverfahrens, so dürfen sich die Sachaufklärungsmaßnahmen des Ausschusses nicht auf die Rechtsprechungstätigkeit der Richter erstrecken, die von jeder politischen Verantwortlichkeit frei und daher der parlamentarischen Untersuchung schlechthin entzogen ist (→ Art. 35 Rn. 22 ff.). Die Mitglieder des zuständigen Spruchkörpers dürfen demzufolge auch nicht zu ihren in richterlicher Unabhängigkeit getroffenen Sach- oder Verfahrensentscheidungen befragt werden.[81]

32 Schließlich **muss der Gesetzgeber** durch eine angemessene **Richterbesoldung und -versorgung** gewährleisten, dass die Richter ihr Amt unbefangen und in sachlicher Unabhängigkeit ausüben können.[82] Die richterliche Unabhängigkeit fordert weiter, dass das **Aufsteigen** des Richters **im Gehalt** gesetzlich normiert wird und dass ein Aufrücken in der Besoldung in den Fällen, in denen es nicht die Folge der Zuweisung einer anderen, mit höherer Verantwortlichkeit verbundenen Dienstaufgabe ist, nicht in das Ermessen der Exekutive gestellt wird.[83]

33 Klassischerweise ist die Unabhängigkeit der Richter am stärksten von Seiten der **Exekutive** bedroht. Einzelne oder generelle Weisungen der Regierung oder der Verwaltung an die rechtsprechende Gewalt sind unzulässig.[84] Davon zu unterscheiden ist die – durch die Möglichkeit der Verwerfung eingeschränkte – grundsätzliche Bindung der Gerichte an exekutive Normen (Rechtsverordnungen, Satzungen). In der Realität ist die sachliche Unabhängigkeit der Richter jedoch weniger durch Einzelweisungen gefährdet als durch das in demokratischer Hinsicht und wegen des Prinzips der Bestenauslese nach Art. 33 II GG unvermeidliche Beurteilungswesen und Beförderungssystem.[85] Eine **dienstliche Beurteilung** verletzt die richterliche Unabhängigkeit dann, wenn sie auf eine direkte oder indirekte Weisung hinausläuft, wie der Richter künftig verfahren oder entscheiden soll. In dieser Richtung muss die dienstliche Beurteilung eines Richters sich auch jeder psychologischen Einflussnahme enthalten. Sie ist unzulässig, wenn die in ihr enthaltene Kritik den Richter veranlassen könnte, in Zukunft eine andere Verfahrens- oder Sachentscheidung als ohne diese Kritik zu treffen.[86] Allerdings lassen sich Einbußen an sachlicher Unabhängigkeit, die durch Anpassung an das „Wohlwollen der Maßgeblichen"[87] und vorauseilenden Gehorsam verursacht werden, nur schwer nachvollziehen, wenn nicht die extreme Grenze der Willkür überschritten wird. Dem kann nur durch die Auswahl gefestigter Richterpersönlichkeiten sowie eine Aktivierung des

---

81 BayVerfGH, E. v. 17.11.2014 – Vf. 70-VI-14 – juris, insb. Rn. 53 ff. u. 65.
82 BVerfGE 139, 64 (121 f.); ferner: Art. 2 I LV iVm Art. 33 V GG.
83 BVerfGE 12, 81.
84 BVerfGE 14, 56 (69); 60, 175 (214); unzulässig im Hinblick auf die Unabhängigkeit ist auch eine Prüffrist, nach deren Ablauf anstelle des aufgrund eines Richtervorbehalts zur Entscheidung berufenen Richters die Eilkompetenz der Staatsanwaltschaft oder ihrer Ermittlungsbeamten auflebt (zB nach Art. 2 I iVm Art. 13 II GG): BVerfGE 139, 245 (276).
85 Die Auswahlentscheidung nach Art. 33 II GG ist keine Maßnahme der Dienstaufsicht, vgl. VGH BW, B. v. 27.10.2015 – 4 S 1733/15 – juris, Rn. 8 ff.; nachfolgend: BVerfG (K), NVwZ 2016, 764 (768).
86 BVerfG (K), NVwZ 2016, 764 (766).
87 *Meyer* in: v. Münch/Kunig, Art. 97 Rn. 1.

richterlichen Berufsethos entgegengewirkt werden.[88] Letztere Maßnahmen sind – neben der Wahrnehmung dienstherrlicher Fürsorgepflicht – auch geeignet, **Einwirkungen sonstiger Dritter**, insb. über die Medien, zu neutralisieren.[89]

Die Verwaltung eines zentralen **EDV-Netzes**, an welches der Arbeitsplatz von Richtern angeschlossen ist, durch Behörden der Exekutive unter der Fachaufsicht des Justizministers beeinträchtigt nur dann nicht die richterliche Unabhängigkeit, wenn die Behandlung von Dokumenten des richterlichen Entscheidungsprozesses zum Schutz vor einer Kenntnisnahme durch Dritte schriftlich geregelt und deren Einhaltung durch den Minister der Justiz im gleichberechtigten Zusammenwirken mit gewählten Vertretern der Richterschaft überprüft werden kann.[90]

34

Gerade die exekutive Aufgabe der **Dienstaufsicht** ist geeignet, mit der Unabhängigkeit der Richter in Konflikt zu geraten (vgl. § 26 DRiG). Dabei darf jedoch nicht vergessen werden, dass beide ihre Grundlage in der verfassungsrechtlich verbürgten Justizgewährungspflicht des Staates haben.[91] Das Spannungsverhältnis ist von den Dienstvorgesetzten und den ggf. angerufenen Dienstgerichten sowie in letzter Konsequenz von den Verfassungsgerichten aufzulösen. Wesentlich ist dabei die Unterscheidung zwischen dem **Kernbereich der richterlichen Tätigkeit** und einem **äußeren Ordnungsbereich**. Zum Kernbereich gehört die eigentliche Rechtsfindung einschließlich der sie vorbereitenden und ihr nachfolgenden Sach- und Verfahrensentscheidungen.[92] Der Kernbereich ist der Dienstaufsicht grds. entzogen. Insb. ist eine Kontrolle der Rechtmäßigkeit von richterlichen Entscheidungen grds. nur im Rahmen von Rechtsbehelfen möglich. Nur wenn ausnahmsweise offensichtliche und jedem Zweifel entrückte Fehlgriffe unterlaufen, kann einem Richter vorgeworfen werden, sich nicht rechtstreu zu verhalten. Dagegen ist der der Dienstaufsicht zugängliche äußere Ordnungsbereich betroffen, wenn es um die Sicherung eines ordnungsgemäßen Geschäftsablaufs, die äußere Form der Erledigung von Dienstgeschäften oder um Tätigkeiten geht, die dem Kernbereich so weit entrückt sind, dass für sie die Garantie des Art. 65 II LV vernünftigerweise nicht in Anspruch genommen werden kann.[93] Die Abgrenzung ist im Einzelfall häufig schwierig. In der Praxis hat sich eine reiche Kasuistik entwickelt,[94] darunter auch

35

---

88 *Meyer* in: v. Münch/Kunig, Art. 97 Rn. 1 ff.; *Hillgruber* in: Maunz/Dürig, Art. 97 Rn. 75; *Rennert*, JZ 2013, 297.
89 *Papier*, NJW 2001, 1089 (1091); *Hillgruber* in: Maunz/Dürig, Art. 97 Rn. 93.
90 Hess. DGH, U. v. 20.4.2010 – DGH F4/08 – juris, Rn. 52 ff. (insb. Rn. 84 ff.); BGH, JR 2012, 378; BVerfG (K), NJW 2014, 2102 f. u. in BW das Errichtungsgesetz BITBW v. 12.5.2015 (GBl. 326) mit Vorgaben für das EDV-System der Fachgerichte des Landes.
91 *Papier*, NJW 2011, 1089 (1091).
92 BGHZ 93, 238; *Papier*, NJW 2001, 1089 (1091); *Detterbeck* in: Sachs, GG, Art. 97 Rn. 11 c.
93 BGH, U. v. 14.4.1997 – RiZ (R) 1/96 – juris Rn. 32; NJW 2012, 939 f.; *Papier*, NJW 2001, 1089 (1091); *Detterbeck* in: Sachs, GG, Art. 97 Rn. 11 c.
94 Zu Beispielen: *Detterbeck* in: Sachs, GG, Art. 97 Rn. 20 f.; *Papier*, NJW 2001, 1089 (1092 ff.) auch zu sog. „Neuen Steuerungsmodellen".

der Vorhalt unzureichender Erledigung.[95] Eine Verletzung der richterlichen Unabhängigkeit kommt in Betracht, wenn mit der Beobachtung durch die Dienstaufsicht Maßnahmen verbunden sind, die dazu bestimmt und geeignet sind, die richterliche Entscheidungsfindung durch psychischen Druck oder auf andere Weise unmittelbar oder mittelbar zu beeinflussen.[96]

36 Der Grundsatz der Unabhängigkeit richtet sich zwar in erster Linie gegen Einwirkungen durch die exekutive und legislative Gewalt.[97] Allerdings entfaltet sie in gewissem Umfang auch **rechtsprechungsinterne Schutzwirkung**. Keine Eingriffe stellen jedoch richterliche Entscheidungen im Rahmen von Rechtsbehelfen oder eine gesetzlich vorgesehene Bindung an andere gerichtliche Entscheidungen dar. Denn sie beruhen auf vom Gesetzgeber gezogene Zuständigkeitsgrenzen und inhaltlichen Konkretisierungen der Gesetzesbindung.[98] Bestehen keine gesetzlich vorgeschriebenen Bindungen, steht es Richtern frei, eine andere Auffassung zu vertreten als ein im Rechtszug übergeordnetes Gericht. Denn die Rechtsprechung ist gerade wegen Art. 65 II LV „konstitutionell uneinheitlich".[99] Kann sich ein Richter bei seinem Eingriff in die richterliche Entscheidung eines anderen Richters nicht auf ein Gesetz oder den Geschäftsverteilungsplan stützen, handelt es sich um „nichtrichterliche Gewalt" und um einen unzulässigen Eingriff in die sachliche Unabhängigkeit. Ein solcher unzulässiger Eingriff ist zB gegeben, wenn ein Vorsitzender einer Kammer Entscheidungen eines Einzelrichters ohne dessen Einwilligung inhaltlich durch Streichungen ändert.[100] Soweit ein Vorsitzender dagegen aufgrund „geistiger Überzeugungskraft" Einfluss nimmt, dürfte dies noch zulässig sein.[101] Im Übrigen schützt auch die Reihenfolge der Stimmabgabe (§ 197 GVG) die Unabhängigkeit der übrigen Kammermitglieder.

Artikel 66 [Persönliche Unabhängigkeit der Richter, Richteranklage]

(1) ¹Die hauptamtlich und planmäßig endgültig angestellten Richter können wider ihren Willen nur kraft richterlicher Entscheidung und nur aus Gründen und unter den Formen, welche die Gesetze bestimmen, vor Ablauf ihrer Amtszeit entlassen oder dauernd oder zeitweise ihres Amtes enthoben oder an eine andere Stelle oder in den Ruhestand versetzt werden. ²Die Gesetzgebung kann Altersgrenzen festsetzen, bei deren Erreichung auf Lebenszeit angestellte Richter in den Ruhestand treten. ³Bei Veränderung der Einrichtung der Gerichte oder ihrer Bezirke können Richter an ein anderes Gericht versetzt oder aus dem Amte entfernt werden, jedoch nur unter Belassung des vollen Gehaltes.

---

95 Vgl. BGH, Urt. v. 7.9.2017 – RiZ (R) 1/15, 2/15 u. 3/15 – juris; DGH Stuttgart, U. v. 17.4.2015 – DGH 1/13, DGH 2/13 u. DGH 3/13 – alle in juris.
96 BGH, JR 2012, 378 ff.
97 BVerfGE 12, 67 (71); 31, 137 (140).
98 BVerfGE 12, 67 (71); *Hillgruber* in: Maunz/Dürig, Art. 97 Rn. 94 ff.
99 BVerfGE 78, 123 (126); 87, 273 (278).
100 BVerfG (K) NJW 1996, 2149 ff., ein Fall, der sich am VG Freiburg ereignete.
101 BVerfG (K) NJW 1996, 2149 ff.

(2) ¹Verstößt ein Richter im Amt oder außerhalb des Amtes gegen die verfassungsmäßige Ordnung, so kann auf Antrag der Mehrheit der Mitglieder des Landtags das Bundesverfassungsgericht mit Zweidrittelmehrheit anordnen, daß der Richter in ein anderes Amt oder in den Ruhestand zu versetzen ist. ²Im Falle eines vorsätzlichen Verstoßes kann auf Entlassung erkannt werden.

(3) ¹Im übrigen wird die Rechtsstellung der Richter durch ein besonderes Gesetz geregelt. ²Das Gesetz bestimmt auch den Amtseid der Richter.

Schrifttum:
Bausback, Justitia ohne Kopftuch!, DRiZ 2016, 248; *Fischer*, Disziplinarrecht und Richteramt, 2012; *Gärditz*, Richterwahlausschüsse für Richter im Landesdienst – Funktion, Organisation, Verfahren und Rechtsschutz, ZBR 2011, 109; *Gröschner*, Reichweite richterlicher Inamovibilität im Verfassungsstaat des Grundgesetzes, 2005; *ders.*, Iudex amovibilis – wie unversetzbar ist der deutsche Richter?, NJW 2005, 3691; *Kronisch*, Richter auf Zeit am Verwaltungsgericht, DVBl. 2016, 490; *Münchbach*, Führungsamt auf Zeit – Chance oder Tort für eine unabhängige Justiz?, ZRP 2007, 156; *Roller/Stadler*, Das Präsidentenamt an mehreren Gerichten, NVwZ 2015, 401; *Tschentscher*, Demokratische Legitimation der Dritten Gewalt, 2006; *v. Glasenapp*, Besonderheiten des Rechtsschutzes gegen die Entlassung von Proberichtern und Proberichterinnen, NordÖR 2016, 1; *Wittreck*, Die Verwaltung der Dritten Gewalt, 2006; *ders.*, Der Präsidialrat als „Garant einer unabhängigen Dritten Gewalt"? – Der Entwurf zur Änderung des baden-württembergischen Landesrichtergesetzes, ZRP 2013, 72.

Vergleichbare Regelungen: Art. 97 I u. 98 GG, 87 BayVerf, 82 BerlVerf, 109-111 BbgVerf, 136-138 BremVerf, 63 HambVerf, 127 f. HessVerf, 76 II, III u. 77 MVVerf, 51 II, III u. 52 NdsVerf, 73 NRWVerf, 122 RPVerf, 111 SaarlVerf, 79 f. SächsVerf, 83 IV u. 84 LSAVerf, 50 II-V SchlHVerf, 89 ThürVerf.

Ergänzende Normen: Deutsches Richtergesetz, Landesrichter- und Staatsanwaltsgesetz (LRiStAG), § 21 AGGVG, § 6 a AGVwGO, § 9 AGSGG, § 5 AGFGO, § 3 a GGArb, §§ 1 I 1 Nr. 2, 35 f. Landesbesoldungsgesetz (LBesG), § 1 III Landesbeamtenversorgungsgesetz (LBeamtVG).

A. Überblick und Einordnung		III. Verfassungsvergleichende Einordnung	10
I. Bedeutung	1		
1. Inhalt und Verhältnis zu Bundesrecht	1	B. Erläuterung	12
2. Objektiv-rechtliche Garantie mit subjektiv-rechtlichen Ausstrahlungen	4	I. Persönliche Unabhängigkeit (Abs. 1)	12
		II. Richteranklage (Abs. 2)	20
II. Herkunft, Entstehung, Geschichte	5	III. Besonderes Richtergesetz, Amtseid (Abs. 3)	25

A. Überblick und Einordnung
I. Bedeutung
1. Inhalt und Verhältnis zu Bundesrecht

Die Regelung in Abs. 1 befasst sich mit der Stellung des Richters und seiner **persönlichen Unabhängigkeit,** die aber nur unter dem Gesichtspunkt des Amtsverlusts ausführlich behandelt wird. Sie stimmt wörtlich mit Art. 97 II GG überein. Abs. 2 enthält in Ausfüllung der Ermächtigung nach Art. 98 V GG eine Bestimmung über die **Anklage von Landesrichtern.** Inhaltlich ent- 1 spricht die Anklagemöglichkeit der für Bundesrichter nach Art. 98 II GG geltenden Regelung. In Abs. 3 wird – wie in Art. 98 I GG dem Bundesgesetzgeber für Bundesrichter – unter Wiederholung von Art. 98 III GG dem Landesgesetzgeber ein Auftrag erteilt, **die Rechtsstellung der Richter** in einem **besonderen Gesetz** zu regeln. Diese Regelungsbefugnis des Landes steht unter dem Vorbehalt der nach der Föderalismusreform I des Jahres 2006 bestehenden konkurrierenden Gesetzgebungskompetenz des Bundes nach Art. 74 I Nr. 27 GG zur Regelung der Statusrechte und -pflichten der Richter in den Ländern, wobei Laufbahn, Besoldung und Versorgung nun zur ausschließlichen Gesetzgebungskompetenz der Länder gehören. Nach Abs. 3 S. 2 soll das besondere Landesrichtergesetz auch den Amtseid der Richter regeln.

2 Soweit insb. in Abs. 1 u. 3 Bestimmungen enthalten sind, die sich bereits in Art. 97 II u. 98 III GG finden, sind diese nicht aufgrund von Art. 31 GG unwirksam, sondern sind **gültiges Landesverfassungsrecht**. Dies setzt jedoch voraus, dass sie inhaltlich übereinstimmend mit dem GG ausgelegt werden.[1]

3 Als wirksames Landesverfassungsrecht sind die Regelungen in **Art. 66 LV im Grundsatz ein relevanter Maßstab für den Landesgesetzgeber, die Justizverwaltung** sowie die Gerichte des Landes einschließlich des **VerfGH**. Voraussetzung ist jedoch, dass das Land in dem betreffenden Bereich über eine Kompetenz verfügt. Art. 66 LV kann kein relevanter Maßstab sein, soweit **vorrangiges Bundesrecht** Fragen geregelt hat (Art. 31 GG). So besitzt der Bund nach **Art. 74 I Nr. 1 GG** die konkurrierende Gesetzgebungskompetenz für die Gerichtsverfassung und das gerichtliche Verfahren sowie nach **Art. 74 I Nr. 27 GG** für die **Statusrechte und -pflichten der Richter in den Ländern mit Ausnahme der Laufbahnen, Besoldung und Versorgung**.[2] Zu den Statusrechten gehören „Wesen, Voraussetzungen, Rechtsform der Begründung, Arten, Dauer sowie Nichtigkeits- und Rücknahmegründe des Dienstverhältnisses, Abordnungen und Versetzungen zwischen den Ländern und zwischen Bund und Ländern, Voraussetzungen und Formen der Beendigung des Dienstverhältnisses (vor allem Tod, Entlassung, Verlust der Richterrechte, Entfernung aus dem Dienst nach Disziplinarrecht), statusprägende Pflichten und die Folgen der Nichterfüllung, wesentliche Rechte, Bestimmung der Dienstherrnfähigkeit, Spannungs- und Verteidigungsfall und Verwendungen im Ausland".[3] Solange und soweit der Bund von diesen konkurrierenden Kompetenzen keinen Gebrauch gemacht hat, können die Länder Regelungen treffen (Art. 72 I GG), die an Art. 66 LV zu messen sind. So hat das DRiG die Regelung des Disziplinarrechts für die Landesrichter in weitem Umfang dem Landesgesetzgeber überlassen. Die Bildung von Richterräten als Personalvertretung der Richter sowie von Präsidialräten, die an Beförderungen mitwirken, wird durch das DRiG vorgeschrie-

---

1 BVerfGE 36, 342 (360 ff., 366).
2 Art. 98 III GG erweitert die Befugnisse insoweit nicht; s. auch die Übergangsbestimmung des Art. 125 a I GG nach Aufhebung von Art. 74 GG im Jahr 2006.
3 BT-Drs. 16/813, 14; *Kunig* in: v. Münch/Kunig, Art. 74 Rn. 115 f., auch dazu, was nicht zu den Statusrechten und -pflichten gehört, sowie zu Besoldung und Versorgung.

ben (§§ 72 ff. DRiG). Für Laufbahnen, Besoldung und Versorgung sind dagegen die Länder ausschließlich zuständig. Hier kann Art. 66 LV ebenfalls als Maßstab wirken.

2. Objektiv-rechtliche Garantie mit subjektiv-rechtlichen Ausstrahlungen

Die in Abs. 1 verankerte **persönliche Unabhängigkeit** der Richter gewährt ebenso wie die Garantie der **sachlichen Unabhängigkeit** nach Art. 65 II LV weder den Richtern noch den Bürgern ein Grundrecht. Gleichwohl kann die Garantie der persönlichen Unabhängigkeit vermittelt über Art. 2 I LV iVm Art. 101 I 2 GG oder Art. 67 I LV für die Bürger sowie über Art. 2 I LV iVm Art. 33 V, II u. III 1 GG für die Richter subjektiv-rechtlich bedeutsam sein.[4] Neben der sachlichen ist auch die persönliche Unabhängigkeit der Richter ein wesentlicher hergebrachter Grundsatz des Berufsbeamtentums.[5]

II. Herkunft, Entstehung, Geschichte

In den **Verfassungen der drei Vorgängerländer** von 1946 bzw. 1947 fanden sich Regelungen, die sich erheblich von Art. 66 LV unterscheiden. Allerdings waren auch dort die später in Art. 95 GG genannten fünf Gerichtsbarkeiten nicht benannt. Die Verfassungen kannten nur die ordentliche Gerichtsbarkeit und die Verwaltungsgerichtsbarkeit. Beide wurden im Hinblick auf die persönliche Unabhängigkeit zT sogar getrennt geregelt.[6] Wie im späteren VerfERP wurde in Art. 60 I 1 VerfWH u. 88 I 1 VerfWB bestimmt, dass die Richter auf Lebenszeit ernannt bzw. bestellt werden. Hinsichtlich der Entziehung des Amtes entspricht Art. 66 LV weitgehend den Regelungen in Art. 60 VerfWH u. 88 VerfWB, nach denen auch eine Altersgrenze zulässig war. Art. 111 VerfLB beschränkte sich auf eine Regelung über den Amtsverlust nach Entscheidung durch einen Dienststrafhof. Danach konnte auf Anordnung des Staatspräsidenten gegen einen Richter Anklage erhoben werden, er vorsätzlich seine Pflicht, das Recht zu finden, verletzt hat, wenn dies zum Schutz der Verfassung oder ihres Geistes gegen missbräuchliche Verwendung der richterlichen Gewalt erforderlich schien. Eine Anklage war auch möglich, wenn ein Richter außerdienstlich gegen den „Geist der Verfassung" verstoßen hatte. Auch nach der VerfWB war unter entsprechenden Voraussetzungen eine Anklage auf Anordnung des Ministerpräsidenten zu einem Dienststrafhof möglich, allerdings nicht nur bei vorsätzlichen, sondern auch bei grobfahrlässigen Rechtsfindungsfehlern (Art. 88 III, IV VerfWB). Soweit die Anklage von einem Verstoß gegen den „Geist der Verfassung" abhängig war, ist dies vor dem Hintergrund der damals noch jüngeren deutschen Geschichte verständlich; jedoch war der Begriff als Voraussetzung für eine Sanktionierung wohl zu unbestimmt. Der Dienststrafhof in Baden und Württemberg-Baden bestand jeweils aus dem

---

4 StGH, ESVGH 23, 135 (146); VerfGH, B. v. 11.5.2016 – 1 VB 42/16 – juris, Rn. 6, BVerfG, NJW 2016, 3711; näher → Art. 65 Rn. 4 ff.
5 BVerfGE 139, 64 (121 f.).
6 Die für die ordentlichen Richter anwendbaren Vorschriften galten für die Verwaltungsrichter zT nur über eine Verweisung, vgl. Art. 60 u. 63 II VerfWH u. 88 u. 90 II VerfWB.

Präsidenten des OLG, drei gewählten Mitgliedern des Landtags sowie einem vom Justizminister zu bestellenden Mitglied. Die Bestellung des Dienststrafhofes erfolgte für die Dauer einer Wahlperiode des Landtags.

6 Der **VerfERP** für die VLV sah in Art. 63 eine Regelung vor, die der heute geltenden Bestimmung in Art. 66 LV nur teilweise entsprach. Anders als in Art. 66 LV sollte – wie in Art. 88 u. 90 II VerfWB – bestimmt werden, dass die Richter der ordentlichen Gerichtsbarkeit und entsprechend nach Art. 64 II VerfERP auch der Verwaltungsgerichtsbarkeit auf Lebenszeit bestellt werden.[7] Die Rechtsstellung der Finanz-, Arbeits- und Sozialgerichtsbarkeit sollte durch besonderes Gesetz geregelt werden. Damit hätten die heute in Abs. 1 u. 2 enthaltenen Garantien für diese Richter nicht gegolten. Der **VerfECDU** sah in seinem Art. 89 I u. II dagegen eine Art. 97 II u. 98 II GG entsprechende Regelung vor.[8] Die Rechtsstellung der Richter des Landes sollte in einem allgemeinen Gesetz und nicht getrennt nach Gerichtsbarkeiten geregelt werden. In diesem Gesetz sollte bestimmt werden können, dass vor der Besetzung „wichtiger" Richterstellen die gutachtliche Äußerung eines aus erfahrenen Richtern und Rechtsanwälten zu bildenden Ausschusses eingeholt wird.

7 Der **VA diskutierte** in der Folge relativ ausführlich über die Entwürfe;[9] dabei wurde auch die Rolle der Justiz im Dritten Reich erörtert.[10] In der Beratung wurde von Abgeordneten verschiedener Fraktionen hervorgehoben, dass die Besetzung von Richterstellen allein nach fachlichen und nicht politischen Gesichtspunkten erfolgen müsse.[11] Gegenstand der Diskussion war außerdem die Einrichtung und Besetzung eines Richterwahlausschusses.[12] Die Herauslösung der Justizverwaltung aus der allgemeinen Staatsverwaltung wurde abgelehnt, um die demokratische Legitimation der Justiz zu gewährleisten.[13] Die am Ende **vom VA vorgeschlagene Fassung** entsprach im Wesentlichen dem VerfECDU.[14] Die einzige inhaltliche Änderung dieses Entwurfs durch den VA bestand aus einer Regelung in Abs. 3, welche die Beteiligung eines gutachterlichen Ausschusses vor der Besetzung von Richterstellen vorsah. In ihm sollten neben erfahrenen Richtern und Rechtsan-

---

7 Dabei ist unklar, was das bedeutet hätte: Der Abg. *Gebhard Müller* lehnte die Formulierung ab, weil sie die Beschäftigung von nichtständigen Richtern, insb. Assessoren, oder Laienrichtern verhindere, Prot der 18. VA-Sitzung v. 10.10.1952, in: Feuchte, Quellen, 3. Teil, 179 f. u. 186 f.; Prot. der 19. Sitzung v. 23.10.1952, aaO, 202 f; ebenso der Abg. *Gönnenwein* (FDP/DVP), ebenda, 202 u. 207.
8 Feuchte, Quellen, 2. Teil, 52 (74).
9 S. den Bericht zur Art. 63 in: Feuchte, Quellen, 6. Teil, 667.
10 S. Prot. der 19. VA-Sitzung v. 23.10.1952 in: Feuchte, Quellen, 3. Teil, 200 ff.
11 So die Abg. *Diemer* (FDP/DVP) u. *Gebhard Müller* (CDU) in der 18. VA-Sitzung v. 10.10.1952, Prot. in: Feuchte, Quellen, 3. Teil, 177 f. u. 180 ff. sowie der Abg. *Erbe* (FDP/DVP) in der 19. VA-Sitzung v. 23.10.1952, Prot. ebd., 205 f.
12 Vgl. den Beitrag des Abg. *Gebhard Müller* (CDU) in der 18. VA-Sitzung v. 10.10.1952, Prot. in: Feuchte, Quellen, 3. Teil, 176, und die Diskukssion in der 19. VA-Sitzung v. 23.10.1952 in: Feuchte, Quellen, 3. Teil, 200 ff.
13 Vgl. den Abg. *Gebhard Müller* (CDU), in der 18. und 19. VA-Sitzung v. 10.10. u. 23.10.1952, Prot. in: Feuchte, Quellen, 3. Teil, 189. u. 204; ebenso der Abg. Dr. *Gönnenwein* (FDP/DVP) in der 19. Sitzung, Prot. ebenda, 207 f.
14 Art. 63 VerfEVA, ausgegeben als Beilage 825 v. 6.6.1953 in: Feuchte, Quellen, 6. Teil, 515 (527), sowie die Abstimmung im VA in dessen 19. Sitzung v. 23.10.1952 in: Feuchte, Quellen, 3. Teil, 225 f.

wälten auch Persönlichkeiten des öffentlichen Lebens mitwirken. Der Ausschuss sollte bei der Besetzung „bestimmter" Richterstellen beteiligt werden. Eine Regelung über die vorläufige Amtsenthebung wurde vom VA nicht für erforderlich gehalten.

In der **Zweiten Beratung der VLV** fand der Formulierungsvorschlag des VA eine Mehrheit. Ein zunächst erfolgloser Antrag für einen Regelungsauftrag bzgl. des richterlichen Amtseides konnte sich in der **Dritten Beratung der VLV** schließlich durchsetzen.[15] Mit seiner ausdrücklichen Erwähnung sollte er vom Amtseid der Verwaltungsbeamten nach Art. 78 LV abgegrenzt und die besondere Stellung der Justiz als Dritte Gewalt hervorgeben werden.[16] Die vom VA vorgeschlagene Regelung über die Beteiligung eines Gutachterausschusses bei der Besetzung der Richterstellen wurde in der Dritten Beratung auf einen interfraktionellen Antrag ohne Aussprache wieder gestrichen.[17] 8

Die Norm wurde **nach** ihrem **Inkrafttreten nicht geändert**. 9

III. Verfassungsvergleichende Einordnung

Nur in wenigen anderen Bundesländern gelten Abs. 1 entsprechende **Bestimmungen über die persönliche Unabhängigkeit**.[18] Zumeist fehlen sie,[19] was wegen des vorrangig geltenden Art. 97 II GG unschädlich ist. 10

In einigen Verfassungen wird – wie noch in Art. 60 I 1 VerfWH, Art. 88 I 1 VerfWB oder in Art. 63 I 1 VerfERP – bestimmt, dass die Richter (der ordentlichen Gerichtsbarkeit) **auf Lebenszeit** ernannt werden.[20] Die **Pflicht zum Erlass eines besonderen Gesetzes, das** wie Art. 66 III LV die **Rechtsstellung der Richter regelt** oder gar einen besonderen Amtseid vorschreibt, findet sich in den anderen Verfassungen nur vereinzelt;[21] im Übrigen fehlt sie. Teilweise gibt es in den anderen Landesverfassungen nicht die in Art. 98 II GG für Bundesrichter und in Art. 66 II LV für Landesrichter vor-

---

15 Antrag des Abg. *Gog* (CDU), Prot. der 54. VLV-Sitzung am 14.10.1953 in: Feuchte, Quellen, 8. Teil, 186 ff. mit Beilage 908, ebenda, 4; Beilage 1284 in: Feuchte, Quellen, 8. Teil, 282.
16 So der Abg. *Gog*, (CDU) in der 59. VLV-Sitzung v. 5.11.1953, Prot. in; Feuchte, Quellen, 8. Teil, 395 f.; s. aber auch die Einwände des Abg. *Gönnenwein* (FDP/DVP), aaO, 396 f., und das Abstimmungsergebnis aaO, 398.
17 Beilage 1283 in: Feuchte, Quellen, 8. Teil, 280 f.; Prot. der 59. VLV-Sitzung v. 5.11.1953, aaO, 398; zu den möglichen Motiven vgl. *Feuchte* in: Spreng/Birn/Feuchte, Art. 66 Nr. 3 aE.
18 Art. 87 I BayVerf, 137 BremVerf, 128 HessVerf, 122 RPVerf, 111 S. 2-4 SaarlVerf, 79 I SächsVerf.
19 Art. 78 ff. BerlVerf; für Berlin gelten weitere Besonderheiten: Art. 83 BerlVerf, der die Bildung eines Disziplinargerichtshofs vorsieht, war wegen Verstoßes gegen Bundesrecht nichtig und wurde gestrichen. Eine Richteranklage ist nun auf der Grundlage eines Staatsvertrags mit Brandenburg für Richter des gemeinsamen Fachobergerichtes möglich, dazu: *Michaelis-Merzbach* in: Driehaus, Art. 83; ebenso fehlen Bestimmungen über die persönliche Unabhängigkeit in: Bbg, Hamb, MV, Nds, NRW, LSA, SchlH u. Thür.
20 Art. 87 II BayVerf, 63 II 1 HambVerf, 127 I HessVerf, 122 I RPVerf u. 111 1 SaarlVerf.
21 Regelung des „Näheren" zur Rechtsstellung: Art. 127 VI HessVerf u. 50 V SchlHVerf, aber ohne Amtseid. Dagegen wie in BW: Art. 79 II SächsVerf. u. 89 I ThürVerf.

gesehene Möglichkeit der **Richteranklage** zum BVerfG, nämlich in Bayern, Berlin und im Saarland. In den meisten anderen Ländern ist sie jedoch vorhanden.[22]

11 Die Mehrzahl der Landesverfassungen sieht – wie von Art. 98 IV GG ermöglicht – hinsichtlich der **Ernennung von Richtern** die Beteiligung eines **Richterwahlausschusses** vor.[23] Teilweise wird auch dem einfachen Gesetzgeber die Möglichkeit eingeräumt, einen solchen Richterwahlausschuss einzurichten.[24] Äußert sich eine Landesverfassung zu Richterwahlausschüssen, enthält sie in aller Regel auch Vorschriften, mit denen eine **ausreichende demokratische Legitimation** der Mitglieder gesichert werden soll.[25] So wird u.a. vorgeschrieben,[26] dass eine qualifizierte Mehrheit der Mitglieder dem Landtag angehören muss[27] und/oder dass der ganze Ausschuss oder überwiegende Teile des Ausschusses vom Landtag zu wählen sind;[28] teilweise werden auch notwendige Mehrheiten im Ausschuss vorgeschrieben.[29] In Schleswig-Holstein und Berlin ist bei der Auswahl der Präsidenten der Obergerichte das Parlament gemeinsam mit dem Landesminister unmittelbar beteiligt.[30] In BW besteht der Richterwahlausschuss nach § 46 LRiStAG dagegen überwiegend aus Richtern; die Abgeordneten sind in der Minderheit. Daher bestehen erhebliche Zweifel, ob der Richterwahlausschuss für seine Tätigkeit über eine hinreichende demokratische Legitimation verfügt (→ Art. 25 Rn. 18 ff.). Einige Landesverfassungen sehen **inhaltliche Kriterien für die Auswahl von Richtern** vor: So werden Berufsrichter zB in Berlin vom Senat ernannt, wenn sie „nach ihrer Persönlichkeit und ihrer bisherigen Tätigkeit in der Rechtspflege die Gewähr dafür bieten, dass sie ihr Richteramt im Geist der Verfassung und sozialen Gerechtigkeit ausüben werden."[31]

---

22 Art. 111 BbgVerf, 138 BremVerf, 63 III HambVerf (auch für ehrenamtliche Richter); 127 IV HessVerf (wobei die dort noch bestimmte Zuständigkeit des HessStGH nach Art. 98 V 3 GG durch das BVerfG ersetzt ist, vgl. Günther, § 15 Rn. 3); 77 MVVerf; 52 NdsVerf (auch für ehrenamtliche Richter); 73 NRWVerf, 132 RPVerf, 80 SächsVerf, 84 II LSAVerf (auch für ehrenamtliche Richter); 50 II SchlHVerf u. 89 III ThürVerf.
23 ZB Art. 127 III HessVerf, ohne weitere Vorgaben.
24 So Art. 76 I MVVerf, 51 III NdsVerf, 79 III SächsVerf, 43 IV LSAVerf.
25 Zu den Erfordernissen insoweit → Art. 25 Rn. 18 ff.
26 Art. 136 I BremVerf: Ausschuss aus drei Senatsmitgliedern, fünf Mitgliedern der Bürgerschaft und drei Richter; Art. 63 HambVerf: drei Mitglieder des Senats, sechs bürgerliche Mitglieder, drei Richter u. zwei Rechtsanwälte, wobei diese in bestimmten Gerichtsbarkeiten durch andere mit dieser Gerichtsbarkeit besonders vertraute Personen ersetzt werden können.
27 Art. 109 I-III BbgVerf, 50 II 1 SchlHVerf.
28 Art. 76 III MVVerf, 83 IV LSAVerf, 50 II 2 SchlHVerf u. 89 II ThürVerf.
29 Art. 76 III 4 MVVerf, 43 IV 3 LSAVerf u. 50 II 3 SchlHVerf.
30 Art. 82 II BerlVerf u. 50 III SchlHVerf, zu verfassungsrechtlichen Bedenken im Hinblick auf Art. 98 IV GG Classen in: v. Mangoldt/Klein/Starck, Art. 98 Abs. 4 Rn. 11.
31 Art. 82 I BerlVerf; ähnlich Art. 136 II BremVerf, 63 II 2 HambVerf. u. 127 II HessVerf.

B. Erläuterung

I. Persönliche Unabhängigkeit (Abs. 1)

Die in Abs. 1 verankerte, aber nicht abschließend geregelte[32] persönliche Unabhängigkeit der Richter **sichert die Garantie der sachlichen Unabhängigkeit** der Richter aus Art. 65 II LV institutionell ab.[33] Sie stellt zugleich einen hergebrachten **Grundsatz des Berufsbeamtentums** iSv Art. 2 I LV iVm Art. 33 V GG dar.[34] 12

Abs. 1 **gilt zunächst nur für die hauptamtlich und planmäßig endgültig angestellten Richter**.[35] Unter „endgültiger Anstellung" ist nicht nur die Lebenszeitanstellung zu verstehen, sondern auch eine von vornherein auf eine kürzere Frist bestimmte Ernennung. Abs. 1 gebietet keine generelle Anstellung auf Lebenszeit; Gerichte müssen nicht nur mit Richtern auf Lebenszeit besetzt werden.[36] Insb. sollen – dies hat die Beratung in der VLV klar ergeben[37] – Assessoren als Proberichter möglich sein. Gleichwohl handelt es sich bei den in Art. 66 I 1 LV genannten Richtern um den von der LV vorausgesetzten Regeltypus. Die Beschäftigung von nicht nach Art. 66 I 1 LV persönlich unabhängigen Richtern muss die Ausnahme bleiben. Solche Richter sind gleichmäßig auf die Spruchkörper zu verteilen.[38] Werden Richter „endgültig" auf eine kürzere Frist als auf Lebenszeit bestellt, ist zu beachten, dass die Möglichkeit einer erneuten Bestellung nach Ablauf der Frist eine Gefahr für die sachliche Unabhängigkeit der Richter darstellt. Daher weist Abs. 1 S. 1 – auch bei Berücksichtigung der Entwürfe zu dieser Norm u. der Debatte im VA[39] – eine gewisse Tendenz zum Lebenszeitrichter auf.[40] Die Bestellung von Gerichtspräsidenten auf Zeit ist damit nach Art. 66 I 1 LV zwar nicht ausgeschlossen, jedoch bedenklich. Unzulässig ist die Vergabe von Führungsämtern auf Zeit allerdings wegen des von Art. 2 I LV iVm Art. 33 V GG geschützten Kernbereichs des beamtenrechtlichen Lebenszeitprinzips.[41] 13

Allerdings muss **auch anderen Richtern**, seien sie nicht endgültig angestellt – wie Proberichter oder Richter kraft Auftrags – oder seien sie nicht hauptamtlich und planmäßig angestellt (wie ehrenamtliche Richter oder im Nebenamt als Richter tätige Hochschullehrer) zur Sicherung ihrer sachlichen Unabhängigkeit ein Mindestmaß an persönlicher Unabhängigkeit garantiert sein, so dass auch ihre Amtszeit gegen ihren Willen nur unter den im Gesetz genannten Voraussetzungen beendet werden kann.[42] Dies kann aus 14

---

32 *Braun*, Art. 65 Rn. 12; *Feuchte* in: ders., Art. 66 Rn. 2.
33 BVerfGE 87, 68 (85); 139, 64 (122).
34 BVerfGE 139, 64 (121 f.); StGH, ESVGH 23, 135 (146); VerfGH, B. v. 11.5.2016 – 1 VB 42/16 – juris, Rn. 6.
35 Zum Begriff des „Richters" s. Art. 65 Rn. 20 ff.
36 Zu Art. 97 II GG: BVerfGE 3, 213 (224); 14, 57 (70 f.).
37 *Gebhard Müller* (CDU) in der 18. u. 19. VA-Sitzung v. 10.10.1952 u. 23.10.1952, Prot. in: Feuchte, Quellen, 3. Teil, 179 f. u. 202 f. sowie Dr. *Gönnenwein* (FDP/DVP), ebenda, 207.
38 BVerfGE 14,156 (162); 87, 68 (85); *Hillgruber in*: Maunz/Dürig, Art. 97 Rn. 102.
39 Der eine Lebenszeitbestellung vorsehende Art. 63 VerfERP wurde nur deshalb nicht in die LV aufgenommen, weil Ausnahmen möglich bleiben sollten.
40 *Hillgruber* in: Maunz/Dürig, Art. 97 Rn. 102.
41 BVerfGE 121, 205 (224 ff.); krit. auch *Münchbach*, ZRP 2007, 156 (159).
42 BVerfGE 87, 68 (85); 14, 56 (70).

Art. 66 I LV abgeleitet werden.[43] Darüber hinaus gewährt auch Art. 2 I LV iVm Art. 33 V GG insoweit Schutz, weil er die für das Amtsrecht der Richter charakteristischen Grundsätze beinhaltet.[44]

15 Für die hauptamtlich und planmäßig endgültig angestellten Richter statuiert Abs. 1 S. 1 den **Grundsatz der Inamovibilität**. Sie dürfen während ihrer Amtszeit gegen ihren Willen grds. nicht versetzt oder entlassen werden. Eine Ausnahme hiervon muss gesetzlich bestimmt sein und darf nur aufgrund richterlicher Entscheidung erfolgen (Richtervorbehalt).[45] Eine solche richterliche Entscheidung ergeht bei Verstößen gegen die verfassungsmäßige Ordnung auf eine sog. „**Richteranklage**" nach Abs. 2. In der Praxis relevanter sind jedoch richterliche Entscheidungen der **Dienstgerichte** gem. § 78 DRiG u. §§ 62 ff. LRiStAG, insb. wegen **Dienstunfähigkeit** (§ 34 DRiG) oder nach einem **Dienstvergehen**. Im Übrigen gilt für das Verhältnis der Dienstaufsicht zur (persönlichen) Unabhängigkeit der Richter § 26 DRiG (→ Art. 65 Rn. 35). Auch sonstige richterliche Entscheidungen, insb. von **Strafgerichten**, können zur Beendigung des Richterdienstverhältnisses führen (§ 24 DRiG). Selbst die Entscheidung über eine **vorläufige Untersagung** der Amtsgeschäfte muss nach § 35 DRiG ein Gericht treffen.

16 Abs. 1 verbietet des Weiteren **Maßnahmen, die** materiell einer Entlassung, einer dauernden oder zeitweisen Amtsenthebung oder einer Versetzung in den Ruhestand gleichkommen, durch welche also **faktisch dasselbe wie durch eine der in Abs. 1 genannten förmlichen Maßnahmen** erreicht wird.[46] So darf zB das Präsidium eines Gerichts einen hauptamtlich und planmäßig endgültig angestellten Richter nicht im Wege der Geschäftsverteilung praktisch von seiner richterlichen Tätigkeit ausschließen.[47]

17 Die richterliche Unabhängigkeit muss auch **durch** die **Besoldung** der Richter gewährleistet werden. Die Art und Weise der Regelung von Besoldung und **Versorgung** des Richters sind von ganz erheblicher Bedeutung für das innere Verhältnis des Richters zu seinem Amt und für die Unbefangenheit, mit der er sich seine richterliche Unabhängigkeit bewahrt. Durch die Festlegung der Besoldung in angemessener Höhe wird gewährleistet, dass der Richter unabhängig nach Gesetz und Gewissen entscheiden kann.[48]

18 Nach Abs. 1 S. 2 darf die Gesetzgebung **Altersgrenzen** für Richter festlegen. Hierbei handelt es sich um einen Gesetzesvorbehalt. Das DRiG lässt dem Landesgesetzgeber trotz bestehender Kompetenz des Bundes (Art. 74 I Nr. 27 GG)[49] einen Spielraum (§ 76 DRiG). Nach § 6 LRiStAG liegt die Regelaltersgrenze derzeit bei 67 Jahren. Auf Antrag kann sie bis zur Vollendung des 68. Lebensjahres hinausgeschoben werden. Ab 63 Jahren sowie bei Schwerbehinderung ab 62 Jahren kann der Richter ebenfalls in den

---

43 Für Art. 97 II GG: BVerfGE 87, 68 (85); NVwZ-RR 2014, 1 (2).
44 *Detterbeck* in: Sachs, GG, Art. 97 Rn. 32; *Morgenthaler* in: Epping/Hillgruber, Art. 97 Rn. 18 ff.; BVerfGE 139, 64 (121 f.).
45 Bei Beamten kein Richtervorbehalt: BVerwGE 155, 6.
46 BVerfG, NJW 2008, 909 f.
47 BVerfGE 17, 252.
48 BVerfGE 139, 64 (122).
49 Die Festlegung einer Altersgrenze für den Ruhestand gehört zu den Statusrechten, s. *Degenhart* in: Sachs, GG, Art. 74 Rn. 114; *Seiler* in: Epping/Hillgruber, Art. 74 Rn. 98.

Ruhestand versetzt werden. Bei der Festlegung einer Altersgrenze muss der Landesgesetzgeber die **RL 200/78/EG**[50] und § 24 Nr. 2 AGG beachten.

Die Regelung in Abs. 1 S. 3 sichert die Richter gegen eine Versetzung oder Amtsenthebung wider Willen aus Gründen der – grundsätzlich zulässigen[51] – **Veränderung der Einrichtung der Gerichte oder ihrer Bezirke**, indem ihnen in diesem Fall der besoldungs- und ruhegehaltsrechtliche Besitzstand garantiert wird.[52] Eine Versetzung oder Veränderung aus diesen Gründen stellt einen Eingriff in die persönliche Unabhängigkeit dar. Deshalb und wegen des in Art. 65 I LV für die Einrichtung von Gerichten und die Veränderung ihrer Geschäftsbereiche normierten institutionellen Gesetzesvorbehalts bedürfen auch die in Abs. 1 S. 3 genannten Maßnahmen einer formal-gesetzlichen Grundlage.[53] In den Grenzen des Art. 61 LV sind auch Verordnungsermächtigungen zulässig.[54] Ob eine gesetzliche Zuweisung von Richterämtern an ein Gericht, gefolgt von einer späteren Verkleinerung des gesetzlich festgelegten Richterbestands, eine zulässige Veränderung der Einrichtung des Gerichts darstellt, mit der Folge, dass Versetzungen leichter fallen und der **Einsatz der Richter flexibler gestaltet** werden kann (so das sog. „Thüringer Modell"), ist streitig. Teilweise wird dies für eine unzulässige Umgehung von Art. 66 I LV u. 97 II GG gehalten.[55] 19

II. Richteranklage (Abs. 2)

Abs. 2 lässt gegen **alle Richter des Landes** eine besondere Anklage zu. Die Anklagemöglichkeit nach Art. 98 II GG gilt nur für Bundesrichter. Allerdings muss nach Art. 98 V GG die Anklage gegen Landesrichter der in Art. 98 II GG geregelten „entsprechen", dh die Voraussetzungen für die Richteranklage nach der LV dürfen nicht weiter sein als diejenigen nach Art. 98 II GG.[56] Die Möglichkeit der Richteranklage dient dem Zweck, **den demokratischen Staat vor dem Missbrauch richterlicher Unabhängigkeit zu schützen**.[57] Sie ist integraler Bestandteil des Konzepts einer streitbaren Demokratie. Die Pflicht zur Verfassungstreue ist ein hergebrachter Grundsatz des Berufsbeamtentums (Art. 2 I LV iVm Art. 33 V GG) sowie des Richterrechts.[58] Dies ergibt sich auch aus dem Erfordernis eines Amtseids (Abs. 3 S. 2 u. Art. 78 LV). „Der freiheitliche demokratische Verfassungsstaat darf sich nicht in die Hand seiner Zerstörer geben."[59] Die richterliche Unabhängigkeit wird dadurch nicht eingeschränkt, weil Richter an 20

---

50 ABl. L 303 v. 2.12.2000, 16; zu Staatshaftung bei Verstoß: BGH, NVwZ 2016, 90.
51 BVerfGE 24, 155 (166).
52 Auch §§ 32 f. DRiG; dazu: BGH, NVwZ-RR 2004, 466.
53 BVerfGE 2, 307 (319, 320, 326); 27, 18 (34 f.).
54 BVerfGE 2, 307 (326); 24, 155 (166); 30, 103 (106).
55 Dagegen: *Meyer* in: v. Münch/Kunig, Art. 97 Rn. 41; dafür: *Gröschner*, NJW 2005, 3691.
56 *Hillgruber* in: Maunz/Dürig, Art. 98 Rn. 45.
57 Vgl. die Debatte in der 18. und 19. VA-Sitzung v. 10.10. u. 23.10.1952, Prot. in: Feuchte, Quellen, 3. Teil, 175 ff. u. 200 ff.; *Hillgruber* in: Maunz/Dürig, Art. 98 Rn. 18.
58 BVerfGE 39, 334 (346 f.); *Hillgruber* in: Maunz/Dürig, Art. 98 Rn. 33 f.
59 BVerfGE 39, 334 (349).

Gesetz und Recht gebunden sind (Art. 25 II u. 65 II LV). Die Richteranklage hat allerdings bislang noch keine praktische Bedeutung erlangt.[60]

21 **Richter im Sinne von Abs. 2** sind alle sich **im Amt befindlichen Richter im Sinne von Abs. 1**. Richter auf Probe können nach § 22 DRiG unter erleichterten Bedingungen entlassen werden, u.a. bei fehlender Eignung. Nach Art. 33 V GG[61] u. § 9 Nr. 2 DRiG darf in das Richterverhältnis nur berufen werden, wer die Gewähr dafür bietet, dass er jederzeit für die freiheitliche demokratische Grundordnung im Sinne des GG eintritt. Diese Voraussetzungen müssen auch noch bei der Lebenszeiternennung nach § 10 DRiG vorliegen. Eine Richteranklage ist bei **Richtern auf Probe** daher **nicht** erforderlich. Auch für **ehrenamtliche Richter** u. Schöffen gilt die Möglichkeit der Richteranklage nicht,[62] da dies ausdrücklich hätte bestimmt werden müssen. Eine Anklagemöglichkeit ist auch nicht erforderlich. Ihre persönliche Unabhängigkeit ist nicht in dem in Abs. 1 geregelten Maße geschützt.[63] Sie können unter erleichterten Voraussetzungen von ihrem Amt entbunden werden.[64] Nach § 6 VerfGHG findet die Richteranklage auf die **Richter des VerfGH** Anwendung.

22 Voraussetzung für eine Anklage ist, dass der Richter im Amt oder außerhalb des Amtes gegen die **verfassungsmäßige Ordnung** verstößt. Zur verfassungsmäßigen Ordnung gehört (so auch die Beratungen des VA), die verfassungsmäßige Ordnung **von Bund und Land**.[65] In den Kommentierungen zu Art. 98 II GG, der die Grundsätze des GG und die verfassungsmäßige Ordnung eines Landes als Schutzobjekt bezeichnet, werden diese Begriffe mit der **freiheitlich-demokratischen Grundordnung** gleichgesetzt.[66] Dieser Begriff wurde vom BVerfG – jedenfalls mit Blick auf Art. 21 II GG – im „NPD-Urteil" neu definiert. Er beschränkt sich nun auf die für den freiheitlichen demokratischen Verfassungsstaat schlechthin unverzichtbaren Grundsätze. Dabei steht das Prinzip der Menschenwürde im Vordergrund, das durch die Grundsätze der Demokratie und der Rechtsstaatlichkeit näher ausgestaltet wird.[67]

23 **Fraglich** ist, **ob** ein Verstoß nur bei einem **aggressiv-kämpferischen Verhalten** des Richters gegeben ist. Dies wird von der Mehrheit in der Literatur

---

60 Diskutiert wurde ihre Anwendung mit Blick auf das sog. „Deckert-Urteil" des LG Mannheim, NJW 1994, 2494: *Meyer* in: v. Münch/Kunig, Art. 98 Rn. 11; *Wassermann*, NJW 1995, 303; *Sendler*, ZRP 1994, 377; nachfolgend BGH, NJW 1995, 340.
61 BVerfGE 39, 334 (LS 4).
62 Anders nach Art. 52 II NdsVerf u. 84 II LSAVerf, die teilweise mit Blick auf Art. 98 V 1 GG für verfassungswidrig gehalten werden: *Hillgruber* in: Maunz/Dürig, Art. 98 Rn. 41, aA *Neuhäuser* in: Epping/Butzer u.a., Art. 52 Rn. 43 ff.
63 *Hillgruber* in: Maunz/Dürig, Art. 98 Rn. 41.
64 S. zB § 24 I Nr. 2 u. III VwGO, § 113 I Nr. 2 u. III GVG, § 27 ArbGG sowie §§ 44 a f. DRiG; zur groben Amtspflichtverletzung bei fehlender Verfassungstreue eines ehrenamtlichen Richters beim ArbG Stuttgart: BVerfG, NZA 2008, 962; *Anger*, NJW 2008, 3041.
65 So der Abg. *Gönnenwein* (FDP/DVP) in der 19. VA-Sitzung v. 23.10.1952, Prot. in: Feuchte, Quellen, 3. Teil, 225.
66 *Detterbeck* in: Sachs, GG, Art. 98 Rn. 13; *Schulze-Fielitz* in: Dreier, Art. 98 Rn. 37; *Meyer* in: v. Münch/Kunig, Art. 98 Rn. 9 u. *Hillgruber* in: Maunz/Dürig, Art. 98 Rn. 35; *Braun*, Art. 66 Rn. 2 u. *Feuchte* in: ders., Art. 66 Rn. 6.
67 BVerfGE 144, 20 (205 f.); früher weiter: BVerfGE 2, 1 (12 f.); 5, 85 (140).

zu Art. 98 II GG (noch) so vertreten.[68] Allerdings wird dabei übersehen,[69] dass Richtern wie Beamten – anders als Privatpersonen und Parteien – eine **besondere politische Treuepflicht gegenüber dem Staat und seiner Verfassung** obliegt, die es gebietet, den Staat und seine Verfassung nicht nur verbal, sondern auch durch die berufliche Tätigkeit zu bejahen.[70] Darüber hinaus verlangt das BVerfG auch für das Parteiverbot nicht mehr zwingend ein aggressiv-kämpferisches Verhalten, obwohl dieses dort ansatzweise im Wortlaut Art. 21 II 1 GG angelegt wäre („darauf ausgehen").[71] Entsprechendes gilt für die Verwirkung von Grundrechten nach Art. 18 GG („zum Kampfe [...] missbraucht)". Ein „Darauf-Ausgehen" iSv Art. 21 II 1 GG verlangt nach der neuen Rspr. des BVerfG ein aktives, planvolles Vorgehen, das aufgrund konkreter tatsächlicher Anhaltspunkte möglicherweise erfolgreich ist. Bei Art. 98 II GG u. 66 II LV fehlt ein textlicher Hinweis darauf, dass ein aggressiv-kämpferisches oder auch nur möglichweise die Verfassungsordnung gefährdendes Verhalten notwendig ist. Daher liegt ein Verstoß bereits vor bei einem inner- oder außerdienstlichen Verhalten, das außen manifest und nachhaltig („hartnäckig")[72] der freiheitlich demokratischen Grundordnung widerspricht. Die Verfassungswidrigkeit einer einzelnen Entscheidung oder die bloße Kritik einer Entscheidung durch die Öffentlichkeit reichen für das Vorliegen der Voraussetzungen in aller Regel nicht aus.[73] Fehlerhafte Gerichtsentscheidungen sind zunächst durch Rechtsmittel und außerordentliche Rechtsbehelfe – wie die Verfassungsbeschwerde – zu beseitigen. Erforderlich ist weiter ein objektiver Verstoß. Das Verschulden spielt nur für die Rechtsfolgen eine Rolle (vgl. S. 2), wobei in der Praxis ein nur fahrlässiger Verstoß kaum denkbar ist.[74] Schließlich ist das Beratungsgeheimnis nach § 43 DRiG zu beachten. Die bloße Unterschrift führt noch nicht zu einer für eine Anklage notwendigen **Zurechenbarkeit der Entscheidung**, da sie von allen (hauptamtlichen) Richtern zu leisten ist, die an dem Urteil mitgewirkt haben.[75]

Die Anklage setzt einen **Antrag des Landtags** voraus. Der Antrag muss – anders als nach Art. 98 II GG, wo die einfache Mehrheit reicht – von der Mehrheit der gesetzlichen Mitglieder des Landtags (Art. 92 LV) beschlossen werden. Diese im Vergleich zu Art. 98 II GG erhöhten Anklagevoraussetzungen sind mit dem GG vereinbar.[76] Nach der Antragstellung wird das Anklageverfahren vom **BVerfG** gem. §§ **62 u. 58-61 BVerfGG** betrieben. Nach § 58 II u. III BVerfGG gelten, je nachdem ob es sich um ein Verhal- 24

---

68 *Schulze-Fielitz* in: Dreier, Art. 98 Rn. 38; *Detterbeck* in: Sachs, GG, Art. 98 Rn. 14; *Meyer* in: v. Münch/Kunig, Art. 98 Rn. 9.
69 Wie hier: *Hillgruber* in: Maunz/Dürig, Art. 98 Rn. 36; *Heusch* in: Schmidt-Bleibtreu/Hofmann/Hopfauf, Art. 98 Rn. 4; *Heusch* in: ders./Schönenbroicher, Art. 73 Rn. 5.
70 BVerfGE 39, 334; NZA 2008, 962: zu einem Fall der Amtsenthebung eines ehrenamtlichen Richters aus BW sowie zur Treuepflicht der hauptamtlichen Richter.
71 BVerfGE 144, 20 (219 ff.).
72 *Schulze-Fielitz* in: Dreier, Art. 98 Rn. 38.
73 *Schulze-Fielitz* in: Dreier, Art. 98 Rn. 38; *Meyer* in: v. Münch/Kunig, Art. 38 Rn. 9-11.
74 *Hillgruber* in: Maunz/Dürig, Art. 98 Rn. 39.
75 S. §§ 117 I 2 u. 4 VwGO, 275 II StPO, 315 I 1 ZPO.
76 *Hillgruber* in: Maunz/Dürig, Art. 98 Rn. 55.

ten im Amt oder außerhalb des Amtes handelt, unterschiedliche Fristen. Ist ein Verstoß im Amt betroffen, darf der Landtag den Antrag erst stellen, wenn das vom Verstoß betroffene Gerichtsverfahren rechtskräftig beendet ist, es sei denn es wurde bereits vor dessen Abschluss wegen des gleichen Verstoßes ein Disziplinarverfahren eingeleitet. Wird der Antrag beim BVerfG gestellt, ist ein etwaig anhängiges Disziplinarverfahren auszusetzen (§ 60 BVerfGG). Spricht das BVerfG eine in Abs. 2 sowie § 59 BVerfGG vorgesehene **Rechtsfolge** aus, nämlich die Versetzung in ein anderes Amt oder in den Ruhestand oder bei Vorsatz möglicherweise auch die Entlassung, wird das Disziplinarverfahren eingestellt. Ansonsten kann es fortgesetzt werden. Eine „Doppelsanktion" ist insoweit ausgeschlossen. Eine strafrechtliche Verurteilung – etwa wegen § 339 StGB – oder eine schadensersatzrechtliche Haftung nach § 839 II BGB bleibt jedoch unberührt.[77]

III. Besonderes Richtergesetz, Amtseid (Abs. 3)

25 Mit Abs. 3 soll – so der oben dargestellte ausdrückliche Wille des Verfassunggebers – deutlich gemacht werden, dass es sich bei dem Richterverhältnis nicht um eine besondere Art des Beamtenverhältnisses handelt, sondern dass Richtern zum Schutz ihrer Unabhängigkeit von Verfassungs wegen eine **gesonderte Rechtsstellung** eingeräumt wird.[78] Ein pauschaler Verweis auf Regelungen für Beamte ist damit grds. unzulässig.[79]

26 Abs. 3 S. 1 u. Art. 98 III GG enthalten des Weiteren einen **Rechtssetzungsauftrag**. Er bezieht sich auf den gesamten Bereich des Dienstrechts der Richter, wie die Anstellung, Ausbildung, Beförderung, Entlassung, Amtsbezeichnung,[80] sowie die organisationsrechtliche Einordnung der Richter, die funktionale Aufgabenzuweisung, einschließlich der Grundsätze der Aufgabenwahrnehmung sowie die Pflicht zum Anlegen einer Amtstracht.[81] Dem Gesetzgebungsauftrag hat der Landesgesetzgeber – soweit nicht der Bundesgesetzgeber nach Art. 74 I Nr. 27 GG vorrangig tätig geworden ist – nachzukommen (vgl. auch Art. 98 III GG).[82] So sind viele wichtige statusrechtliche Rechte und Pflichten der Richter bereits im **DRiG** geregelt. Regelungen zu Laufbahn, Besoldung und Versorgung fallen jedoch in die ausschließliche Kompetenz der Länder. Um seinem Regelungsauftrag gerecht zu werden, hat das Land insb. das **LRiStAG** erlassen. Es regelt in Ergänzung zum DRiG wesentliche Fragen der Rechtsstellung der Richter des Landes, nämlich neben allgemeinen Fragen – wie der dienstlichen Beurtei-

---

77 *Hillgruber* in: Maunz/Dürig, Art. 98 Rn. 44; *Heusch* in: ders./Schönenbroicher, Art. 73 Rn. 9; *Feuchte* in: ders., Art. 66 Rn. 7.
78 Ebenso für Art. 98 I u. III GG: *Hillgruber*, Art. 98 Rn. 19 ff.; *Meyer* in: v. Münch/Kunig, Art. 98 Rn. 4 f.
79 *Hillgruber* in: Maunz/Dürig, Art. 98 Rn. 21.
80 BVerfGE 38, 1 (8 ff.), anders noch BVerfGE 32, 199 (220 f.), wo dies als Frage der Gerichtsverfassung nach Art. 74 I Nr. 1 GG eingeordnet wurde.
81 *Detterbeck* in: Sachs, GG, Art. 98 Rn. 5; *Schulze-Fielitz* in: Dreier, Art. 98 Rn. 26; ob die Amtstracht unter Art 98 I u. III GG fällt, hat BVerwGE 67, 222 (230) offen gelassen.
82 Art. 98 III GG wird zT auch als Kompetenzzuweisung an die Länder verstanden (so *Schulze-Fielitz* in: Dreier, Art. 98 Rn. 22), was aber vor dem Hintergrund des Art. 30 u. 70 I GG nicht von Bedeutung ist, so *Hillgruber* in: Maunz/Dürig, Art. 98 Rn. 23.

lung, der Altersgrenze, Teilzeitbeschäftigung, Altersteilzeit, der Fortbildung oder laufbahnrechtlicher Fragen – die Bereiche der Richtervertretungen, des Richterwahlausschusses sowie des Richterdienstgerichts samt Disziplinarverfahren. Wegen Art. 2 I iVm Art. 33 V GG darf einem im Justizministerium angesiedelten politischen Staatssekretär die Ausübung der Funktion eines Dienstvorgesetzten nicht übertragen werden.[83] Soweit im LRiStAG auch einige Fragen der Rechtsstellung der Staatsanwälte geregelt werden – die Vertretung der Staatsanwälte, der Staatsanwaltswahlausssschuss sowie Disziplinarverfahren – dürfte dies trotz des in Abs. 3 S. 1 enthaltenen Trennungsgebots[84] unschädlich sein. Zwar sind Staatsanwälte weisungsgebundene Beamte. Durch die hiermit sowie auch in § 122 DRiG bewirkte teilweise Annäherung der Rechtsverhältnisse der Staatsanwälte an die der Richter wird der Schutzzweck des Art. 66 III 1 LV, die Sicherung der Unabhängigkeit der Richter, aber nicht tangiert.

Die Rechtsstellung der Richter des VerfGH ist nicht im LRiStAG (§ 2 III), sondern allein in der LV sowie im **VerfGHG** geregelt. Für die Richter des VerfGH gilt das DRiG nicht, der Bund hat insoweit keine Kompetenz.[85]

27

Fraglich ist weiter, ob die **Besoldung und Versorgung** der Richter in einem Gesetz zusammen mit der Besoldung und Versorgung der Beamten hätte geregelt werden dürfen.[86] Teilweise wird dies für verfassungswidrig gehalten.[87] Dies ist jedoch abzulehnen. Art. 98 III GG u. 66 III 1 LV sind nicht formalistisch zu verstehen. Eine Trennung des richterlichen Besoldungsrechts vom Besoldungsrecht für Beamte ist nur dort erforderlich, wo dies der besondere Status des Richters in Rücksicht auf seine besondere Aufgabe und die im Grundgesetz betonte Eigenart der rechtsprechenden Gewalt als der „Dritten Gewalt" im Staate gebieten.[88] Die Struktur der Besoldung der Richter darf die von der Verfassung gebotene Unabhängigkeit nicht beeinträchtigen. Die richterliche Unabhängigkeit erfordert, dass das Aufsteigen eines Richters im Gehalt gesetzlich normiert wird. Ferner darf ein Aufsteigen in der Besoldung in den Fällen, in denen es nicht die Folge der Zuweisung einer anderen, mit höheren Verantwortlichkeiten verbundenen Dienstaufgabe ist, nicht in das Ermessen der Exekutive gestellt werden.[89] Das Gehalt hat sich in erster Linie an der richterlichen Aufgabe zu orientieren.[90] Die Art und Weise und die Festlegung einer angemessenen Höhe sind jedenfalls von erheblicher Bedeutung für die Unabhängigkeit der Richter.[91]

28

---

83 StGH, ESVGH 23, 135 (146 f.).
84 Zu diesem Begriff *Detterbeck* in: Sachs, GG, Art. 98 Rn. 6 f.
85 Art. 74 I Nr. 27 GG gilt hier nicht, vgl. *Kunig* in: v. Münch/Kunig, Art. 74 Rn. 114; *Hillgruber* in: Maunz/Dürig, Art. 98 Rn. 25.
86 So aber im LBesG und im LBeamtVG.
87 So vier Richter in BVerfGE 26, 141 (155 f.); wohl auch *Detterbeck*, in: Sachs, GG, Art. 98 Rn. 6; *Meyer* in: v. Münch/Kunig, Art. 98 Rn. 5 ff.
88 Die entscheidungstragenden Richter in BVerfGE 26, 141 (154); *Hillgruber* in: Maunz/Dürig, Art. 98 Rn. 27.
89 BVerfGE 12, 81 (96–99), dazu auch *Detterbeck* in: Sachs, GG, Art. 98 Rn. 9; weitergehend kritisch gegenüber dem derzeitigen System von Beförderungsstufen: *Meyer* in: v. Münch/Kunig, Art. 98 Rn. 6.
90 BVerfGE 32, 199 (214).
91 Zur amtsangemessenen Besoldung der Richter: BVerfGE 139, 64 (122).

29 Abs. 3 S. 1 enthält nicht nur einen Gesetzgebungsauftrag, sondern auch einen **Gesetzesvorbehalt**. Dieser verpflichtet den Gesetzgeber, die wesentlichen Fragen der Rechtsstellung der Richter durch ein Parlamentsgesetz zu regeln. Im Rahmen der Vorgaben des Art. 61 LV und der gebotenen Beachtung der Bedeutung der jeweiligen Regelung für die richterliche Unabhängigkeit können jedoch einzelne Fragen einer Rechtsverordnung überlassen werden.[92]

30 Die grundsätzliche Pflicht zum Tragen einer **Amtstracht** ist in BW nicht im LRiStAG, sondern in den Ausführungsgesetzen zu den einzelnen Bundesgerichtsordnungen normiert.[93] Die Art und Gestaltung der Amtstracht blieb jedoch der Amtstrachtverordnung überlassen (GBl. 2014, 344). Danach besteht die Amtstracht aus einer bestimmten Robe sowie einem Hemd bzw. einer Bluse mit einem bestimmten Halsbinder. Kopfbedeckungen werden nicht genannt, aber auch nicht ausdrücklich ausgeschlossen. Damit kann auf dieser Rechtsgrundlage das Tragen eines politisch, weltanschaulich oder religiös konnotierten Symbols oder Kleidungsstücks – wie einer Halskette mit einem auffälligen religiös konnotierten **Kreuz**, eines **Kopftuchs**, eines **Turbans oder** eines **Kippa** – nicht untersagt werden. Denn der damit verbundene Eingriff in das Grundrecht der Glaubensfreiheit erfordert jedenfalls eine hinreichend bestimmte Grundlage in einem **Parlamentsgesetz**.[94] Liegt eines solches – wie nun mit dem Gesetz zur Neutralität bei Gerichten und Staatsanwaltschaften des Landes[95] – vor, ist – anders als nach Meinung des BVerfG bei Lehrkräften[96] – ein pauschales Verbot des Tragens einer solchen Kopfbedeckung sowie sonstiger objektiv auffälliger religiöser, weltanschaulicher oder politischer Zeichen für hauptamtliche Richter als verhältnismäßig anzusehen. Dies ergibt sich aufgrund des besonderen Gewichts der Neutralität (Art. 77 II LV), der sachlichen Unabhängigkeit der Richter (Art. 65 II LV), die „im Namen des Volkes" unparteilich Recht sprechen, sowie des Zwecks der Amtstracht, dies nach Außen deutlich zu machen.[97] Trotz des fehlenden besonderen Dienstverhältnisses zum Staat und der insofern etwas anderen Rechtslage wäre ein solches Verbot aufgrund der besonderen Bedeutung des Neutralitätsgebots gerade für die Justiz auch für Laienrichter gerechtfertigt.[98] Entsprechendes gilt für das

---

92 *Hillgruber* in: Maunz/Dürig, Art. 98 Rn. 22; *Detterbeck* in: Sachs, GG, Art. 98 Rn. 8; *Schulze-Fielitz* in: Dreier, Art. 98 Rn. 25.
93 § 21 AGGVG; § 6 a AGVwGO, § 9 AGSGG, § 5 AGFGO und § 3 a des Gesetzes über die Gerichte für Arbeitssachen.
94 BVerfGE 108, 282; VG Augsburg, U. v. 30.6.2016 – Au 2 K 15.457 – juris, Rn. 52; HessVGH, B. v. 23.5.2017 – 1 B 1056/17 – juris, Rn. 4 ff.
95 G. v. 23.5.2017 (GBl. 265); zu den Motiven der LReg: LT-Drs. 16/1954, 1 ff. u. 9 ff.
96 BVerfGE 138, 296; BVerfG, NVwZ 2017, 549, zu Kindertagesstätten.
97 BVerfG, B. v. 27.6.2017 – 2 BvR 1333/17 – juris, 47 ff.; so auch LT-Drs. 16/1954; eine Verletzung von Art. 2 LV iVm Art. 33 III 2 GG liegt ebenfalls nicht vor; das Gebot strikter Gleichbehandlung der verschiedenen Glaubensrichtungen ist zu beachten, BVerfGE 138, 296 (347 f.).
98 Vgl. KG, NStZ-RR 2013, 156; LG Bielefeld, NJW 2007, 3014; für Kopftuchverbot bzgl. Schöffen: LG Dortmund, NJW 2007, 3013; ablehnend: *Bader*, NJW 2007, 2964.

außenwirksame Auftreten der Staatsanwälte, Rechtspfleger, Urkundsbeamten und Rechtsreferendare.[99]

Auch der nach S. 2 zu regelnde **Amtseid** gehört zur Rechtsstellung der Richter. Er ist bereits im vorrangigen § 38 DRiG vorgegeben und wird in § 4 LRiStAG wiederholt. Die in § 38 III DRiG gegebene Möglichkeit, die Richter im Landesdienst auch auf die jeweilige LV zu verpflichten, wurde mit § 4 LRiStAG wahrgenommen. Jedenfalls insoweit ist die Norm daher gültig.[100] Für die Richter des VerfGH gilt Art. 74 I Nr. 27 GG, auf den das DRiG gestützt ist, nicht.[101] Für sie bestimmt sich der Eid – entsprechend dem Auftrag in Abs. 3 S. 2 – nach § 4 VerfGHG.

31

Anders als andere Verfassungen enthält Abs. 3 keine Vorschriften zur **Auswahl der Richter**. Maßgeblich ist hier (**Art. 2 I LV iVm**) **Art. 33 II u. III GG** sowie das DRiG, das JAG und die JAPrO. In der LV findet sich auch nicht – wie im Rahmen der Verfassungsberatungen zunächst noch vorgesehen (→ Rn. 6 ff.) – eine Regelung zum **Richterwahlausschuss**. Die nach Art. 98 V GG mögliche Beteiligung eines Richterwahlausschusses ist nun allein im LRiStAG geregelt. Die konkrete Ausgestaltung des Richterwahlausschusses in diesem Gesetz unterliegt allerdings im Hinblick auf dessen demokratische Legitimation ernsten Bedenken (→ Art. 25 Rn. 18 ff.).

32

Artikel 67 [Gerichtsweg, Verwaltungsrechtsweg]

(1) Wird jemand durch die öffentliche Gewalt in seinen Rechten verletzt, so steht ihm der Rechtsweg offen.

(2) Über Streitigkeiten im Sinne des Abs. 1 sowie über sonstige öffentlich-rechtliche Streitigkeiten entscheiden Verwaltungsgerichte, soweit nicht die Zuständigkeit eines anderen Gerichtes gesetzlich begründet ist.

(3) (aufgehoben)

(4) Das Nähere bestimmt ein Gesetz.

Schrifttum:
Bauer, Die Entstehung der Verwaltungsgerichtsbarkeit in Baden, VBlBW Sonderbeilage Okt. 2013, 150 Jahre Verwaltungsgerichtsbarkeit, 4; *Eckertz-Höfer*, 60 Jahre Bundesverwaltungsgericht: Der Anfang, NVwZ 2013 Beilage 1, 3; *Glauben*, Rechtsschutz Privater im parlamentarischen Untersuchungsverfahren, DVBl. 2006, 1263; *Hofmann*, Grundrechtsschutz durch BVerfG, EuGH und EGMR, in: Emmenegger/Wiedmann (Hrsg.), Linien der Rechtsprechung des Bundesverfassungsgerichts, Band 2, 2011, 573; *Niesler*, Individualrechtsschutz im Verwaltungsprozess, 2012; *Nolte*, Die Eigenart des verwaltungsgerichtlichen Rechtsschutzes, 2015; *Schenke*, Altes und Neues zum Rechtsschutz gegen untergesetzliche Normen, NVwZ 2016, 720 ff.; *ders.*, Probleme des Rechtsschutzes bei überlanger Verfahrensdauer, DVBl. 2016, 745; *VGH Mannheim*, Festschrift 150 Jahre Verwaltungsgerichtsbarkeit – Ursprung, Entwicklungslinien und Perspektiven im deutschen und im europäischen Kontext, 2014.

---

99 Zu letzteren: HessVGH, B. v. 23.5.2017 – 1 B 1056/17 – juris, Rn. 4 ff.; BVerfG, B. v. 27.6.2017 – 2 BvR 1333/17 – juris.
100 So ist streitig, ob einfaches Landesrecht, das mit Bundesrecht inhaltlich übereinstimmt, nach Art. 31 GG gebrochen wird, dazu: *März* in: v. Mangoldt/Klein/Starck, Art. 31 Rn. 42.
101 *Hillgruber* in: Maunz/Dürig, Art. 98 Rn. 25.

Artikel 67 [Gerichtsweg, Verwaltungsrechtsweg]

Vergleichbare Regelungen: Art. 19 Abs. 4 GG, 3, 120 BayVerf, 15 IV BerlVerf, 6 I u. II BbgVerf, 141 BremVerf, 61 HambVerf, 2 III HessVerf, 5 III MVVerf iVm 19 IV GG, 53 NdsVerf, 74 NRWVerf, 124 RPVerf, 20 SaarlVerf, 38 SächsVerf, 21 I LSAVerf, 3 SchlHVerf iVm 19 IV GG, 42 V ThürVerf.

Leitentscheidungen: Württ.-Bad. StGH, NJW 1956, 120; StGH, ESVGH 51, 6 (Verfassungsbeschwerde nicht von Art. 67 I LV geboten); B. v. 20.9.2000 – GR 6/00 – juris (ebenso); ESVGH 53, 9 (Frist und Quorum nach § 52 I VerfGHG verfassungsgemäß); Justiz 2014, 247 (zur Bedeutung von Art. 67 III LV aF); NVwZ 2014, 1514 (effektiver Rechtsschutz in NC-Verfahren); VBlBW 2015, 154 (einstweilige Anordnung, Amtsermittlung in Eilverfahren); ESVGH 65, 28 (Handhabung der Berufungsvorschriften durch LAG); LVerfGE 26, 3 (Anwendung von Bundesprozessrecht, öffentliche Gewalt des Landes); NVwZ 2015, 1286 (Amtsermittlung in Eilverfahren); AnwBl. 2015, 72 (Handhabung der Berufungsvorschriften durch LAG); LVerfGE 26, 25 (Anwendung von Bundesprozessrecht, öffentliche Gewalt des Landes); LVerfGE 26, 65 (Überprüfung der Anwendung materiellen Bundesrechts); VerfGH, VBlBW 2016, 241 (Handhabung der Berufungszulassung durch VGH); VBlBW 2016, 374 (ebenso).

A. Überblick und Einordnung	1	B. Erläuterung	21
I. Bedeutung	1	I. Rechtsschutzgarantie (Abs. 1)	21
1. Landesgrundrecht	1	1. Jemand	22
2. Verhältnis zu Bundesrecht	4	2. Öffentliche Gewalt	23
a) Art. 67 I LV	5	a) Staatsgewalt des Landes	23
b) Art. 67 II u. IV	7	b) Exekutive	26
3. Verhältnis zu weiteren Justizgrundrechten	9	c) Rechtsprechung	27
		d) Legislative	28
a) Zum allgemeinem Justizgewährungsanspruch	10	3. Verletzung eigener Rechte	30
		a) Subjektive Rechte	31
b) Zu sonstigen Rechtsschutzgarantien	12	b) Rechtsverletzung	32
		4. Offenstehen des Rechtswegs	35
c) Zu besonderen Verfahrensgarantien	13	a) Rechtsweg	35
II. Herkunft, Entstehung, Geschichte	15	b) Offenstehen	37
		II. Rechtsschutz durch Verwaltungsgerichte (Abs. 2)	43
III. Verfassungsvergleichende Einordnung	19	III. Ausführungsgesetze (Abs. 4)	44

A. Überblick und Einordnung

I. Bedeutung

1. Landesgrundrecht

1 Die **Garantie effektiven Rechtsschutzes** gegen die öffentliche Gewalt hat in Art. 67 I LV eine **eigenständige Verankerung in der LV**. Der generelle Verweis in Art. 2 I LV auf die Grundrechte des GG bezieht sich nicht auf Art. 19 IV GG.[1] Damit unterscheidet sich die Rechtsschutzgarantie von den meisten anderen landesverfassungsrechtlichen Grundrechten. Allerdings wird dadurch ihre **besondere Bedeutung für den Rechtsstaat** unterstrichen. Aufgabe der Garantie ist es, der „Selbstherrlichkeit der Exekutive" entgegenzuwirken.[2]

---

1 So auch *Braun*, Art. 67 Rn. 3.
2 BVerfGE 10, 264 (267); 107, 395 (405); *Schmidt-Aßmann* in: Maunz/Dürig, Art. 19 IV Rn. 16.

Art. 67 I LV enthält wie Art. 19 IV 1 GG ein unmittelbar geltendes[3] **subjektives Recht** auf Rechtsschutz, das mit der Verfassungsbeschwerde geltend gemacht werden kann.[4] Da er keine allgemeine Rechtmäßigkeitskontrolle, sondern Rechtschutz zur Durchsetzung (anderer) subjektiver Rechte gewährleistet, ist Art. 67 I LV – im Rahmen der Landeskompetenzen – auch als landesrechtliche „Systementscheidung für den Individualrechtsschutz" zu verstehen.[5] Das Recht auf Rechtsschutz hängt in erheblichem Umfang von der gesetzgeberischen Ausgestaltung ab.[6] Art. 67 I LV kommt außerdem die Bedeutung einer **objektiven Wertentscheidung** zugunsten eines stark gerichtsgeprägten Rechtsstaates zu.[7] Schließlich enthält Art. 67 I LV die **institutionelle Garantie** einer Gerichtsbarkeit, die in der Lage ist, ihren Rechtsschutzauftrag zu erfüllen.[8] Diesen Auftrag überträgt Art. 67 II LV – anders als Art. 19 IV GG, der dies offen lässt – vorbehaltlich anderweitiger gesetzlicher Zuweisung den Verwaltungsgerichten. Damit garantiert er diese Gerichtsbarkeit landesrechtlich in einem Mindestumfang.[9]

Als landesverfassungsrechtliche Garantie **zielt** Art. 67 I LV **auf die öffentliche Gewalt des Landes**. So kann Art. 67 LV nicht nur gegen Entscheidungen der Verwaltungs-, Sozial- und Finanzgerichte des Landes in Anschlag gebracht werden (→ Rn. 38 ff.). Vielmehr verfügt er auch über **eigenständige Steuerungskraft** bezüglich rein **landesrechtlicher Rechtsschutzregelungen**, wie etwa im Hinblick auf die Berufsgerichtsbarkeit der landesrechtlich eingerichteten Kammern,[10] die landesrechtlichen Regeln über die Richterdienstgerichtsbarkeit,[11] die Ausführungsgesetze zu den Bundesprozessordnungen (AGVwGO, AGSGG und AGFGO), die – bislang v.a. objektivrechtlich und nur mittelbar subjektiv-rechtlich ausgestaltete – Wahlprüfungsbeschwerde und den Ausschluss weiterer Rechtsbehelfe in Landtagswahlsachen nach § 54 LWG (zu beidem → Rn. 29) oder die derzeit nur einfachrechtlich verankerte Landesverfassungsbeschwerde (zu deren Notwendigkeit → Rn. 35). Darüber hinaus kann Art. 67 LV besondere Bedeutung für die **personelle und sachliche Ausstattung der Justiz** entfalten, da die Länder nach Art. 92 HS 2 GG für die Organisation ihrer Gerichte zuständig sind.[12]

2. Verhältnis zu Bundesrecht

Art. 67 I, II u. IV LV ist **gültiges Verfassungsrecht**. Allein aus dem Umstand, dass die davon erfassten Gegenstände auch in Art. 19 IV GG sowie

---

3 So schon: Württ.-Bad. StGH, NJW 1956, 120 zu Art. 67 III.
4 StGH, B. v. 20.9.2000 – GR 6/00 – juris, Rn. 1; B. v. 17.7.2014 – 1 VB 131 u.a./13 – juris, Rn. 29 ff.; NVwZ 2015, 1286; VerfGH, VBlBW 2016, 241.
5 Zu Art. 19 IV GG: *Schmidt-Aßmann* in: Maunz/Dürig, Art. 19 IV Rn. 8 f.; *Papier* in: HStR, § 177 Rn. 1 f.
6 BVerfGE 101, 106 (123 f.); *Sachs in:* ders., GG, Art. 19 Rn. 12.
7 *Papier* in: HStR, § 177 Rn. 7; *Schmidt-Aßmann* in: Maunz/Dürig, Art. 19 IV Rn. 10 ff.
8 *Schmidt-Aßmann* in: Maunz/Dürig, Art. 19 IV Rn. 14.
9 Ebenso: *Braun*, Art. 67 Rn. 6.
10 §§ 55 ff. Heilberufe-Kammergesetz, §§ 19 ff. Architektengesetz.
11 §§ 62 ff. LRiStAG, soweit das DRiG hier Spielraum gelassen hat.
12 *Brocker* in: Brocker/Droege/Jutzi, Art. 124 Rn. 1; *Schmidt-Aßmann* in: Maunz/Dürig, Art. 19 IV Rn. 14.

sonstigem Bundesrecht geregelt sind, ergibt sich nicht deren Ungültigkeit. Aufgrund der Staatsqualität der Länder sind diese berechtigt, elementare Normen in die Verfassung aufzunehmen. Nur solches Landesverfassungsrecht wird von Bundesrecht gebrochen werden, das diesem widerspricht (Art. 31 GG).[13]

a) Art. 67 I LV

5 Die **Bedeutung** der landesverfassungsrechtlichen Rechtsschutzgarantie ist dadurch, dass der Bund seine nach Art. 74 I Nr. 1 GG auf dem Gebiet des gerichtlichen Verfahrens gegebene konkurrierende Gesetzgebungskompetenz mit Erlass des SGG v. 3.9.1953 (BGBl. I 1239), der VwGO mit G. v. 21.1.1960 (BGBl. I 17), der FGO mit G. v. 6.10.1965 (BGBl. I 1477) sowie weiteren Vorschriften zum verwaltungsgerichtlichen Verfahren in Sondergesetzen wie dem AsylG[14] genutzt hat, aufgrund des Vorrangs von Bundesrecht **vermindert**. Auch die Anwaltsgerichtsbarkeit ist aufgrund von Art. 74 I Nr. 1 GG auf bunderechtlicher Grundlage geregelt, so dass Art. 67 LV insoweit keine Bedeutung besitzt. Zum Zeitpunkt des Inkrafttretens der LV hatte der Bund für die klassischen Verwaltungsstreitsachen nur ein Gesetz über das BVerwG v. 23.9.1952 (BGBl. I 625) und für die Abgabenstreitigkeiten das Gesetz über den BFH v. 29.6.1950 (BGBl. I 257) erlassen; im Übrigen war damals den Ländern die Regelung der Verwaltungs- und Finanzgerichtsbarkeit noch möglich. Maßstab für die Auslegung und Anwendung der bundesrechtlichen Normen sind zunächst die Grundrechte des GG, insbesondere Art. 19 IV GG, sowie Art. 6 u. 13 EMRK und Art. 47, 51 EUGrCH.

6 Die *Anwendung* von Bundesprozessrecht darf jedoch vom VerfGH unter den in BVerfGE 96, 345 genannten Voraussetzungen an Art. 67 LV gemessen werden (ausf. u., Art. 68 Rn. 10). Verfahrensrecht lässt häufig über die bloße Subsumtion hinaus Raum für die Berücksichtigung von Prozessgrundrechten, insbesondere soweit sie es verbieten, die Voraussetzungen für die Gewährung von Rechtsschutz zu überspannen. Auch im Übrigen können Landesgrundrechte wie Art. 67 LV nur insoweit Maßstab für die Anwendung von Bundesrecht sein, als dieses Spielräume für die Länder lässt. So hatte sich der VerfGH bereits mit der Frage zu befassen, inwieweit Entscheidungen des BVerwG über die Beschwerde gegen die Nichtzulassung der Revision eine Beschwer durch die vorhergehende Entscheidung des VGH und damit eine Verfassungsbeschwerde ausschließen.[15] Auch hat der **VerfGH** eine **Überprüfung der Anwendung von Verfahrensrecht des Bundes** bereits mit der Begründung abgelehnt, dass der bundesrechtliche Rechtsweg nicht erschöpft worden sei.[16] Der VerfGH hat jedoch auch schon in einer Reihe von Fällen die Anwendung von Verfahrensrecht des Bundes durch Gerichte des Landes beanstandet. Dabei hat er die für das

---

13 BVerfGE 36, 342 (361 f.).
14 Erstmals durch das AsylVfG v. 16.7.1982 (BGBl. I 946).
15 StGH, LVerfGE 26, 3 (13 f.), LVerfGE 26, 25 (42 ff.).
16 StGH, B. v. 4.9.2013 – 1 VB 81/13 – juris, Rn. 3 ff.

entsprechende Bundesgrundrecht aufgestellten Maßstäbe des BVerfG übernommen und auf den konkreten Fall heruntergebrochen.[17]

b) Art. 67 II u. IV

Die in Abs. 2 enthaltene Zuweisung aller öffentlich-rechtlicher Streitigkeit an die Verwaltungsgerichte, soweit nicht die Zuständigkeit eines anderen Gerichts gesetzlich begründet ist, ist inzwischen weitgehend bundesrechtlich überlagert, nämlich durch § 40 VwGO. Da Art. 67 II LV **mit § 40 VwGO inhaltlich übereinstimmt**, ist die Norm weiterhin gültiges Landesverfassungsrecht.[18] Auch die subsidiäre Zuweisung des Rechtswegs gegen die öffentliche Gewalt an die ordentlichen Gerichte in Art. 19 IV 2 GG steht Art. 67 II LV nicht entgegen.[19] Die VLV wollte mit Abs. 2 eine anderweitige Zuweisung iSv Art. 19 IV 2 GG schaffen.[20]

7

Der in Abs. 4 dem Landesgesetzgeber erteilte **Konkretisierungsauftrag** ist wegen der vom Bund wahrgenommenen konkurrierenden Gesetzgebungskompetenz aus Art. 74 I Nr. 1 GG zurzeit weitgehend ohne Bedeutung (Art. 72 I u. 31 GG).[21] Nur soweit es um noch die der landesrechtlichen Regelung zugängliche Rechtsschutzkonstellationen geht, enthält Abs. 4 einen zu erfüllenden Gesetzgebungsauftrag.[22]

8

3. Verhältnis zu weiteren Justizgrundrechten

Art. 67 I LV erfasst allerdings nur einen Ausschnitt der justiziellen Garantien und des Rechtsstaatsprinzips. Er wird ergänzt durch die weiteren Justizgrundrechte, die landesverfassungsrechtlich über den in Art. 2 I enthaltenen Verweis auf die Grundrechte des GG gelten.

9

a) Zum allgemeinem Justizgewährungsanspruch

Jenseits des Anwendungsbereichs von Art. 67 I LV garantiert der allgemeine Justizgewährungsanspruch Rechtschutz vor den Gerichten. Er wird aus dem **Rechtsstaatsprinzip (Art. 23 I LV) in Verbindung mit den Grundrechten** abgeleitet[23] und ist die Kehrseite des staatlichen Gewaltmonopols.[24] Die grundrechtliche und rechtsstaatliche Pflicht zur Justizgewähr entfaltet zunächst Wirkung für den Bereich der Zivil- und Arbeitsgerichtsbarkeit.[25] Sie ermöglicht jedoch auch in anderen Fällen, in denen es nicht um die „öf-

10

---

17 Zu Art. 67 I LV: StGH, VBlBW 2015, 154; NVwZ 2015, 1286; VerfGH, VBlBW 2016, 241; U. v. 15.2.2014 – 1 VB 58/14 – juris, Rn. 51 ff.; zum allgemeinen Justizgewährungsanspruch: StGH, ESVGH 65, 28 (31 ff.); AnwBl. 2015, 721; zum rechtlichen Gehör: ESVGH 65, 28 (35 ff.); U. v. 2.2.2015 – 1 VB 45/14 – juris, Rn. 44 ff.; NJW 2015, 1869.
18 S. → Rn. 4; StGH, ESVGH 22, 1 (2) stellt zur Abgrenzung von Verwaltungs- und Verfassungsstreitigkeiten nicht auf Abs. 2, sondern auf § 40 VwGO ab.
19 *Braun*, Art. 67 Rn. 5; *Schmidt-Aßmann* in: Maunz/Dürig, Art. 19 IV Rn. 294.
20 So die Abg. *Gönnenwein* (DVP/FDP) u. *Gebhard Müller* (CDU) in der 19. VA-Sitzung v. 23.10.1952, Prot. in: Feuchte, Quellen, 3. Teil, 229 f., 231 f.
21 *Braun*, Art. 67 Rn. 9.
22 ZB in den oben unter → Rn. 3 genannten Bereichen.
23 StGH, AnwBl. 2015, 721; BVerfGE 107, 395 (401); 117, 71 (121 f.); 122, 248 (270 ff.).
24 *Schmidt-Aßmann* in: Maunz/Dürig, Art. 19 IV Rn. 16; BVerfGE 54, 277 (292).
25 BVerfGE 107, 395 (407); StGH, AnwBl. 2015, 721.

fentliche Gewalt" iSv Art. 67 I LV geht, die Gewährung von Rechtsschutz, wie bei der erstmaligen Verletzung von Verfahrensgrundrechten durch ein Gericht[26] oder der bedarfsdeckenden oder erwerbswirtschaftliche Tätigkeit des Staates.[27]

11 Der Justizgewährungsanspruch **beinhaltet** eine Art. 67 I LV entsprechende Garantie auf Zugang zu Gericht.[28] Insbesondere darf ein Gericht den Zugang zu den in den Verfahrensordnungen vorgesehenen Instanzen nicht in einer aus Sachgründen nicht mehr zu rechtfertigenden Weise erschweren.[29]

b) Zu sonstigen Rechtsschutzgarantien

12 Im Vergleich zu Art. 67 I LV **spezielle Rechtsschutzgarantien** finden sich bei bestimmten Grundrechten. Für besonders schwerwiegende Eingriffe in die Unverletzlichkeit der Wohnung oder bei Freiheitsentziehungen wird dort eine unverzügliche richterliche Kontrolle vorgeschrieben (Art. 2 I LV iVm 13 IV 2 o. 104 II 2 u. III GG). Auch wird aus einzelnen materiellen Grundrechten, wie der Eigentumsgarantie mit Blick auf Enteignungen oder Maßnahmen mit enteignungsrechtlicher Vorwirkung, unmittelbar ein Recht auf effektiven Rechtsschutz abgeleitet.[30] Soweit sich bei einzelnen Grundrechten dagegen Richtervorbehalte finden, die einen Eingriff an eine vorangehende richterliche Entscheidung knüpfen, handelt es sich hierbei nicht um einen „Rechtsweg" iSv Art. 67 I LV, sondern um die Ausübung von funktional exekutiver Gewalt, gegen die nachträglich eine (weitere) richterliche Kontrolle möglich sein muss.[31]

c) Zu besonderen Verfahrensgarantien

13 Neben die Rechtsschutzgarantie aus Art. 67 I LV, die speziellen grundrechtlichen Rechtsschutzgarantien u. den allgemeinen Justizgewährungsanspruch treten weitere justizielle Garantien, wie die richterliche Unabhängigkeit nach Art. 65 II LV, das **Recht auf den gesetzlichen Richter** (Art. 2 I LV iVm 101 I 2 GG), das **Verbot der Ausnahmegerichte** (Art. 2 I LV iVm 101 I GG), der Anspruch auf **rechtliches Gehör** (Art. 2 I LV iVm 103 I GG) oder das Recht auf ein **faires Verfahren**.[32] Auch wenn insbesondere die Abgrenzung des Anspruchs auf Gehör und der Rechtsschutzgarantie teilweise nicht einfach ist, haben beide Garantien im Grundsatz spezifische Schutzbereiche. Die Rechtsschutzgarantie sichert den Zugang zu Gericht, wäh-

---

26 BVerfGE 107, 395 (407).
27 BVerfGE 116, 135 (149 ff.); *Schmidt-Aßmann* in: Maunz/Dürig, Art. 19 IV Rn. 65.
28 StGH, AnwBl. 2015, 721; ESVGH 65, 28 (31 f.); BVerfGE 88, 118 (123 f.); BVerfGE 107, 395 (401); 112, 185 (207); 117, 71 (121 f.).
29 Zu § 66 II 2 ArbGG: StGH, AnwBl. 2015, 721; ESVGH 65, 28 (31 f.).
30 BVerfGE 45, 297 (333); 46, 325 (344); 134, 242 (299 ff.); BVerfG, NVwZ 2008, 775 (778); krit.: *Schmidt-Aßmann* in: Maunz/Dürig, Art. 19 IV Rn. 23.
31 BVerfGE 107, 395 (406); Schmidt-Aßmann in: Maunz/Dürig, Art. 19 Abs. 4 Rn. 100; aA: *Detterbeck* in: Sachs, GG, Art. 92 Rn. 5 f.; *Schulze-Fielitz* in: Dreier, Art. 92 Rn. 31 f.
32 Art. 2 I LV iVm 2 I GG u. 23 I LV sowie Art. 6 EMRK, dazu: BVerfGE 122, 248 (270 ff.).

rend der Anspruch auf Gehör als „prozessuales Urrecht" des Menschen auf den Ablauf des Verfahrens durch den Richter abzielt.[33]

Zum Anspruch auf rechtliches Gehör aus **Art. 2 I LV iVm 103 I GG** hat der **VerfGH** bereits entschieden, dass es in besonderen Fällen erforderlich sein kann, den Verfahrensbeteiligten auf eine Rechtsauffassung **hinzuweisen**, die das Gericht der Entscheidung zugrunde legen will. Dies setzt freilich voraus, dass der Verfahrensbeteiligte bei Anwendung der von ihm zu verlangenden Sorgfalt nicht schon von sich aus erkennen kann, auf welche Gesichtspunkte es ankommen kann.[34] Ferner gewährt Art. 2 I LV iVm 103 I GG den Verfahrensbeteiligten ein Recht darauf, Gelegenheit zu erhalten, im Verfahren **zu Wort zu kommen.**[35] Zudem ist das entscheidende Gericht dazu verpflichtet, die Ausführungen der Prozessbeteiligten **zur Kenntnis** zu nehmen und in Erwägung zu ziehen. Hingegen gewährt es keinen Schutz gegen Entscheidungen, die den Sachvortrag eines Beteiligten aus Gründen des formellen oder materiellen Rechts unberücksichtigt lassen. Die Nichtberücksichtigung eines erheblichen **Beweisangebots** verletzt das rechtliche Gehör, wenn sie im Prozessrecht keine Stütze mehr findet.[36] Die Rüge einer Verletzung des Anspruchs auf rechtliches Gehör ist zudem nur dann zulässig erhoben, wenn vorgetragen wird, dass die angegriffene Entscheidung auf der gerügten Gehörsverletzung **beruht.** Dazu ist darzutun, was der Beschwerdeführer bei ausreichender Gewährung rechtlichen Gehörs vorgetragen hätte.[37] 14

II. Herkunft, Entstehung, Geschichte

Mit dem badischen „Gesetz, die Organisation der innern Verwaltung betreffend" vom 5.10.**1863 wurde erstmals in Deutschland ein echtes, unabhängiges Verwaltungsgericht** geschaffen. Die Kompetenz dieser Verwaltungsgerichtsbarkeit war allerdings noch begrenzt und bestimmte sich nach dem Enumerationsprinzip.[38] 15

Die **Art. 90 VerfWB u. 63 VerfWH** enthielten Art. 67 LV weitgehend entsprechende Rechtsschutzgarantien. Allerdings beschränkte sich dort die Garantie des Rechtsschutzes durch die Verwaltungsgerichte – wie übrigens nach Art. 107 WRV – auf **Anordnungen und Verfügungen der Verwal-** 16

---

33 BVerfGE 107, 395 (408, 409): „Wer bei Gericht formell ankommt (Zugang), soll auch substantiell ankommen, also wirklich gehört werden." Die Rechtsschutzgarantie betrifft daher: Rechtsweg, Zugang zu Rechtsbehelfen, Klagebefugnis, Präklusionen im Verwaltungsverfahren, Vorverfahren, Klagefristen, Wiedereinsetzungen. Dagegen gewährleistet der Anspruch auf Gehör den am Verfahren Beteiligten das Recht auf Information, Äußerung und Berücksichtigung ihres Vortrags. Das Recht auf Gehör enthält zB Vorgaben für die Anwesenheit der Beteiligten oder innerprozessuale Präklusionsregelungen; zu letzterem StGH, U. v. 18.5.2015 – 1 VB 10/15 – juris, Rn. 10; ESVGH 65, 28 (35 ff.); allg. *Huber* in: v. Mangoldt/Klein/Starck, Art. 19 IV Rn. 360.
34 StGH, U. v. 2.2.2015 – 1 VB 45/14 – juris, Rn. 64; VerfGH, B. v. 7.11.2016 – 1 VB 46/16 – juris, Rn. 4.
35 StGH, U. v. 2.2.2015 – 1 VB 45/14 – juris, Rn. 46 f.
36 StGH, U. v. 2.2.2015 – 1 VB 45/14 – juris, Rn. 54; NJW 2015, 1869 f.; VerfGH, B. v. 7.11.2016 – 1 VB 43/16 – juris, Rn. 4.
37 StGH, Justiz 2016, 75; B. v. 19.11.2015 – 1 VB 12/15 – juris, Rn. 17.
38 *Bauer*, VBlBW Sonderbeilage Oktober 2013, 4 (6).

tungsbehörden.[39] Diese Engführung des Rechtsschutzes auf Verwaltungsakte ist mit Art. 67 I LV u. 19 IV GG auf alles übrige exekutive Handeln der öffentlichen Gewalt erweitert worden. Art. 109, 113 VerfLB garantierten lediglich die Existenz von Verwaltungsgerichten, deren Zuständigkeit durch Gesetz zu regeln sei.

17 Die in die VLV eingebrachten **Verfassungsentwürfe** (Art. 64 I VerfERP, 90 VerfECDU) entsprachen sich weitgehend. Die **Debatte des VA** am 23.10.1952[40] drehte sich insbesondere um den **Umfang der Garantie**: Diskutiert wurde die Frage, ob der Rechtsschutz nur gegen Anordnungen und Verfügungen der Behörden oder abstrakt gegen die gesamte „öffentliche Gewalt" und damit auch gegen Unterlassungen oder tatsächliche Erklärungen der Behörden gewährleistet werden sollte. Die Mehrheit sprach sich für eine rechtsschutzfreundliche weite Fassung – wie in Art. 19 IV 1 GG – aus. Da damals der Bund seine Kompetenz nach Art. 74 I Nr. 1 GG noch nicht genutzt hatte und der Verwaltungsprozess auf Landesebene noch von den Ländern geregelt werden konnte, wollte der VA jedoch von der in Art. 19 IV 2 GG vorgesehenen Auffangzuständigkeit der ordentlichen Gerichte abweichen und den Rechtsschutz gegen die öffentliche Gewalt den **Verwaltungsgerichten** zuweisen.[41] Außerdem beriet der VA über die Frage der **Zweistufigkeit** der Verwaltungsgerichtsbarkeit, gegen die – erfolglos – ministeriale Standesbedenken (Überprüfung eines ministeriellen Aktes durch ein erstinstanzliches Gericht) vorgebracht wurden.[42] Vielmehr war die Auffassung vorherrschend, dass der Rechtsstaat weithin davon abhänge, dass die Verwaltungsrechtspflege zwei Stufen habe.[43] Das Plenum der VLV hat sich mit dem Entwurf des VA nicht näher befasst und die Bestimmung des VerfEVA ohne Diskussion angenommen.[44]

18 Durch das 21. LVÄndG v. 1.12.2015 (GBl. 1030) wurde die in **Abs. 3** garantierte **Zweistufigkeit der Verwaltungsgerichtsbarkeit** aus Gründen der Rechtsbereinigung **aufgehoben**. Die Bestimmung wurde vom verfassungsändernden Gesetzgeber für nichtig gehalten (Art. 31 GG), weil sie gegen Bundesrecht (zB § 78 I 1 AsylG) verstoße. Anders als zur Zeit der Entstehung von Art. 67 LV habe der Bundesgesetzgeber nun Regeln über das verwaltungsgerichtliche Verfahren erlassen, die nicht mehr durchgängig eine zweite Instanz vorsähen.[45]

---

39 Insoweit als Generalklausel: *Ehlers/Schneider* in: Schoch/Schneider/Bier, § 40 Rn. 1.
40 Prot. in: Feuchte, Quellen, 3. Teil, 227–249.
41 Dazu die Abg. *Gönnenwein* (DVP/FDP) in der 19. VA-Sitzung v. 23.10.1952, Prot. in: Feuchte, Quellen, 3. Teil, 229 f., u. *Gebhard Müller* (CDU), 31 f.
42 Vgl. die 19. VA-Sitzung v. 23.10.1952 in: Feuchte, Quellen, 3. Teil, 242 ff.; VA-Bericht v. 1.9.1953 in: Feuchte, Quellen, 6. Teil, 669 f.
43 So der Abg. *Gönnenwein* (DVP/FDP) in der 19. VA-Sitzung v. 23.10.1952 in: Feuchte, Quellen, 3. Teil, 244; zweifelnd: Abg. *Gebhard Müller* (CDU), 245.
44 Prot. der 54., 59 u. 60. VLV-Sitzung v. 14.10.1953, 5.11.1953 u. 11.11.1953 in: Feuchte, Quellen, 8. Teil, 188 f., 399 u. 447 ff.
45 LT-Drs. 15/7178, 9; ebenso *Braun*, Art. 67 Rn. 8; dagegen hatte *Feuchte* in: ders., Art. 67 Rn. 13 f., trotz des teilweisen Widerspruchs zu Bundesrecht Abs. 3 für gültig gehalten; der VerfGH hatte die Frage der Nichtigkeit zuletzt offen gelassen (B. v. 17.7.2014 – 1 VB 131 u.a./13 – juris, Rn. 37 ff.); noch im Jahr 1955 – vor Erlass der VwGO – hatte der StGH (NJW 1956, 120) Abs. 3 als unmittelbar wirksames Recht bezeichnet und § 50 des württemberg-badischen Gesetzes über die Verwaltungsgerichtsbarkeit v. 16.10.1946 für nichtig erklärt, weil dort bei Verwaltungs-

III. Verfassungsvergleichende Einordnung

Art. 67 I LV stimmt wörtlich mit 19 IV 1 GG überein. Eine entsprechende eigene Regelung, die abstrakt „**den Rechtsweg**" gegen die öffentliche Gewalt eröffnet, findet sich auch in Brandenburg, Hessen, Niedersachsen, Rheinland-Pfalz und dem Saarland. Eine Bestimmung wie in Art. 67 II LV zugunsten der **Verwaltungsgerichtsbarkeit** kennen nur wenige Verfassungen, v.a. Hamburg und NRW. In der BayVerf findet sich keine ausdrücklich normierte Rechtsschutzgarantie; sie wird dem Rechtsstaatsprinzip entnommen.[46] Jedoch werden dort spezielle verfassungsrechtliche Rechtsbehelfe angesprochen, wie in Art. 98 S. 4, 66 und 120 BayVerf die Popularklage und die Verfassungsbeschwerde.[47] Besonders weit geht die Garantie von Rechtsschutz gegen die öffentliche Gewalt in Art. 6 II BbgVerf, wo die **Verfassungsbeschwerde** ausdrücklich in einen systematischen Zusammenhang mit der Garantie effektiven Rechtsschutzes gestellt ist. Wortgleiche Garantien wie in Art. 19 IV 1-3 GG – das heißt **mit Auffangzuständigkeit der ordentlichen Gerichte** – enthalten die BerlVerf, SächsVerf, LSAVerf u. ThürVerf, allerdings ohne die in Art. 10 II 2 GG enthaltene Beschränkung; Art. 7 II ThürVerf sieht hier vielmehr grds. Rechtsschutz vor. In MV und SchlH gilt Art. 19 IV GG über einen Generalverweis auf die Grundrechte des GG. Einen **zweistufigen Verwaltungsrechtsschutz** verlangt – teilweise entgegen der VwGO, jedoch wie Art. 67 III LV bis zum 5.12.2015 – nur noch die NRWVerf. 19

Die meisten anderen Landesverfassungen enthalten ausdrücklich **weitere Justizgrundrechte**, wie das Verbot von Ausnahme[48]- und Sondergerichten,[49] das Recht auf den gesetzlichen Richter,[50] auf rechtliches Gehör,[51] auf Rechtsschutzgleichheit (Art. 52 III BbgVerf), auf ein faires Verfahren (Art. 52 IV 1 BbgVerf) und auf Verteidigung,[52] den Grundsatz „nulla poena sine lege",[53] den Grundsatz „ne bis in idem",[54] den „nemo-tenetur"-Grundsatz (Art. 52 V BbgVerf) oder die Unschuldsvermutung.[55] Art. 7 III BremVerf normiert sogar ein Verbot strafrechtlicher Sippenhaftung. In Art. 129 HessVerf wird das allgemein aus der Rechtsschutzgleichheit abge- 20

---

akten oder Beschwerdeentscheidungen der Ministerien ausnahmsweise der VGH zur ersten und letzten Instanz in Württemberg-Baden bestimmt worden war.
46 BayVerfGH, BayVBl. 2007, 79 ff.
47 *Lindner* in: Lindner/Möstl/Wolff, Art. 3 Rn. 57.
48 Art. 86 I 1 BayVerf, 15 V 1 BerlVerf, 52 I 1 BbgVerf, 6 I BremVerf, 20 I 2 HessVerf, 6 I 2 RPVerf, 78 I 2 SächsVerf u. 21 II 1 LSAVerf.
49 Art. 86 II BayVerf, 52 II BbgVerf, 6 I BremVerf, 20 I 2 HessVerf u. 21 II 2 LSAVerf.
50 Art. 86 I 2 BayVerf, 15 V 2 BerlVerf, 52 I 2 BbgVerf, 6 I BremVerf, 20 I 1 HessVerf, 6 I 1 RPVerf, 14 I SaarlVerf, 78 I 1 SächsVerf u. 21 III LSAVerf.
51 Art. 91 I BayVerf, 15 I BerlVerf, 52 III BbgVerf, 6 II RPVerf, 78 II SächsVerf u. 21 IV LSAVerf.
52 Art. 91 II BayVerf, 9 I BerlVerf, 53 IV BbgVerf, 5 V BremVerf, 20 II 2 HessVerf, 14 III SaarlVerf u. 78 III 1 SächsVerf.
53 Art. 104 I BayVerf, 15 II BerlVerf, 53 I BbgVerf, 7 I BremVerf, 22 I HessVerf, 6 III RPVerf, 15 SaarlVerf u. 22 I LSAVerf.
54 Art. 104 II BayVerf, 15 III BerlVerf, 53 III BbgVerf, 7 II BremVerf, 22 II HessVerf, 6 IV RPVerf u. 22 II LSAVerf.
55 Art. 9 II BerlVerf, 53 II BbgVerf, 6 III BremVerf, 20 II 1 HessVerf, 6 IV 2 RPVerf u. 14 II SaarlVerf.

leitete Recht auf Prozesskostenhilfe speziell garantiert. Auch finden sich in den meisten Landesverfassungen Art. 104 GG entsprechende prozessuale Sicherungen bei **Freiheitsentziehungen**, u.a. Richtervorbehalte oder spezielle Rechtsweggarantien.[56] Auch für Wohnungsdurchsuchungen sind in vielen LV eigene **Richtervorbehalte** vorgesehen.[57] Vereinzelt wird für Eingriffe in das Brief-, Post- und Fernmeldegeheimnis über die nach Art. 10 II GG notwendige vom Parlament eingerichtete Kontrolle hinaus eine nachträgliche gerichtliche Kontrolle vorgeschrieben.[58] Mitunter werden auch für den **Strafvollzug** Zwecke vorgegeben[59] oder für das Strafrecht das **Schuldprinzip** (Art. 22 II HessVerf) ausdrücklich genannt. Teilwise wird die Pflicht zur **Staatshaftung** – wie in Art. 34 GG – angesprochen.[60] In BW gelten entsprechende Justizgrundrechte auch ohne explizite verfassungsrechtliche Normierung aufgrund des in Art. 2 I LV enthaltenen Verweises auf die Grundrechte des GG, bei dessen Auslegung auch die EMRK[61] – insbesondere die Justizgrundrechte in Art. 6 und 13 EMRK – zu berücksichtigen ist.

B. Erläuterung

I. Rechtsschutzgarantie (Abs. 1)

21 Hinsichtlich des Inhalts der Rechtsschutzgarantie kann die Literatur[62] und die **Rechtsprechung des BVerfG** zu Art. 19 IV GG herangezogen werden. Insbes. letztere ist **für Art. 67 LV** in weitem Umfang verbindlich. Denn wenn die landesverfassungsrechtliche Rechtsschutzgarantie als Maßstab für die Anwendung von Bundesprozessrecht herangezogen wird, muss sie zu gleichen Ergebnissen kommen wie der Anwendung von Art. 19 IV GG.[63] Dessen Maßstäbe wirken auch auf den verbleibenden, rein landesrechtlichen Anwendungsbereich von Art. 67 LV über („spill-over-Effekt").

1. Jemand

22 Die Rechtsschutzgarantie ist ein Recht für **Jedermann**, also auch für Ausländer und Staatenlose.[64] Nach Art. 2 LV I iVm Art. 19 III GG können sich inländische juristische Personen auf sie berufen. Auch ausländische juristische Personen des Privatrechts werden von der hM zu Art. 19 IV GG in den Schutzbereich der Rechtsschutzgarantie einbezogen.[65] **Juristische Personen des öffentlichen Rechts**, insbes. Gebietskörperschaften wie das Land

---

56 Art. 102 II BayVerf, 8 II u. III BerlVerf, 9 II-IV BbgVerf, 5 III-V BremVerf, 19 HessVerf, 5 II-5 RPVerf, 13 II SaarlVerf, 23 LSAVerf u. 4 ThürVerf.
57 Art. 28 II BerlVerf, 15 II BbgVerf, 14 III BremVerf, 7 II RPVerf, 30 II SächsVerf, 17 II LSAVerf u. 8 II ThürVerf.
58 Art. 16 II BbgVerf u. 7 IV 3 ThürVerf.
59 Art. 54 BbgVerf; Art. 23 HessVerf regelt die Unterbringung in einer Anstalt.
60 Art. 97 BayVerf u. 6 III BbgVerf.
61 BVerfGE 111, 307;128, 326 (365, 367 f.); 141, 1 (29 f.).
62 Insbes.: *Schmidt-Aßmann* in: Maunz/Dürig, Art. 19 IV; *Papier* in: HStR, § 177.
63 BVerfGE 96, 345 (371); VerfGH, VBlBW 2016, 241 f.
64 BVerfGE 67, 43 (58.).
65 *Schmidt-Aßmann* in: Maunz/Dürig, Art. 19 IV Rn. 40; *Papier* in: HStR § 177 Rn. 24; aA *Krebs* in: v. Münch/Kunig, Art. 19 Rn. 57; nur bei Sitz in der EU: *Huber* in: v. Mangoldt/Klein/Starck, Art. 19 IV Rn. 382.

oder auch Gemeinden,[66] werden von Art. 67 I LV nicht geschützt.[67] Denn der Staat ist grds. nicht grundrechtsfähig.[68] Eine Ausnahme gilt nur für juristische Personen, die zur Verwirklichung bestimmter individueller Grundrechte bestehen, wie Hochschulen bzgl. Art. 20 u. 2 I LV iVm 5 III GG, öffentlich-rechtliche Rundfunkanstalten bzgl. Art. 2 I LV iVm 5 I 2 GG sowie Religionsgemeinschaften mit öffentlich-rechtlichem Körperschaftsstatus.[69] Soweit **juristische Personen des Privatrechts öffentliche Aufgaben wahrnehmen**[70] **oder von öffentlich-rechtlichen Trägern beherrscht** werden, können sich diese wegen Art. 2 I LV iVm 19 III GG nicht auf Art. 67 I LV berufen.[71] Gleichwohl können sich alle juristische Personen des öffentlichen Rechts auf Art. 2 I LV iVm 101 I 2 u. 103 I GG berufen, weil es sich hierbei unverzichtbare objektiv-rechtliche Verfahrensgrundsätze handelt.[72]

2. Öffentliche Gewalt

a) Staatsgewalt des Landes

Öffentliche Gewalt iSv Art. 67 I LV ist **nur** die auf der Grundlage der LV beruhende **Staatsgewalt des Landes**. Dazu zählt auch der Vollzug von Bundes- oder Unionsrecht durch Landesbehörden. Dagegen handelt es sich bei Akten von Organen des Bundes oder der EU nicht um auf der LV beruhende Staatsgewalt.[73] 23

Zur Landesstaatsgewalt in diesem Sinne gehören auch die der Landesebene zuzurechnenden **juristischen Personen des öffentlichen Rechts**, wie Gemeinden, Kreise, Zweckverbände, Hochschulen, Verfasste Studierendenschaften, Studierendenwerke, der SWR,[74] die Landesanstalt für Kommunikation,[75] berufsständische Kammern, das Versorgungswerk der Rechtsanwälte, das Notarversorgungswerk, die Landesbank, Sparkassen, der Landessparkassenverband oder die Landesbausparkasse.[76] Bundesrechtlich veranlasste öffentlich-rechtliche Körperschaften,[77] Anstalten oder Stiftungen sind – auch wenn sie sich auf das Gebiet des Landes oder Teile hiervon beschränken und der Rechtsaufsicht von Landesbehörden unterstehen – nicht der Staatsgewalt des Landes zuzurechnen. Ihre Errichtung und Organisation sowie ihre Aufgaben und Befugnisse sind durch Bundesrecht vor- 24

---

66 Bisher offen gelassen: StGH, B. v. 17.7.2014 – 1 VB 131 u.a./13 – juris, Rn. 30; B. v. 10.6.2014 – 1 VB 19 u. 20/14.
67 BVerfGE 129, 108 (118); *Sachs* in: ders., GG, Art. 19 Rn. 114.
68 BVerfGE 129, 108 (118); *Papier* in: HStR, § 177 Rn. 26.
69 BVerfGE 107, 299 (311); *Schmidt-Aßmann* in: Maunz/Dürig, Art. 19 IV Rn. 43.
70 BVerfG (K), GewArch 2016, 238; *Remmert* in: Maunz/Dürig, Art. 19 Abs. 3 Rn. 44 u. 57 ff.: bei Beleihung kann sich der Private nicht auf Art. 67 I LV berufen.
71 BVerfGE 115, 205 (227); 128, 226 (245 ff.); NVwZ 2009, 1282.
72 BVerfGE 21, 362 (373); 138, 64; NJW 2014, 1723 – sogar ausländische Staaten.
73 ZB Bundesgesetze und Verwaltungsakte einer Bundesbehörde, VerfGH, B. v. 8.3.2016 – 1 VB 8/16 – juris; BbgVerfG, B. v. 17.7.2015 – 53/15 – juris, Rn. 12 f., u. v. 19.6.2015 – 11/15 EA – juris, Rn. 9. Die der EU übertragene Hoheitsgewalt leitet sich vom GG ab (Art. 23 I 2), BVerfGE 123, 267.
74 V.a. im Gebührenwesen, bei der Vergabe von Sendezeiten oder der Programmgestaltung, *Schmidt-Aßmann* in: Maunz/Dürig, Art. 19 IV Rn. 53; BVerfGE 31, 314 (329).
75 Zu deren Grundrechtsbindung: BVerfGE 97, 298 (314).
76 *Schmidt-Aßmann* in: Maunz/Dürig, Art. 19 IV Rn. 53.
77 ZB Rechtsanwaltskammern oder Sozialversicherungsträger.

gegeben, durch das sie ihre demokratische Legitimation erfahren.[78] Dagegen gehören **Privatpersonen**, soweit sie bestimmte öffentliche Aufgaben wahrnehmen und durch oder aufgrund eines Landesgesetzes **beliehen** werden, zur öffentlichen Gewalt des Landes.[79] Unklar ist, was hinsichtlich vom Staat **beherrschter** Gesellschaften des Privatrechts, die öffentliche Aufgaben wahrnehmen, gilt.[80] Dies hängt davon ab, ob hier das für Art. 67 I LV typische Abhängigkeits- und Unterordnungsverhältnis besteht.[81] Zwar wird in diesen Fällen nicht mit Befehl und Zwang, sondern in den Formen des Privatrechts gehandelt.[82] Gleichwohl ist der Einzelne typischerweise auf die funktional öffentlich-rechtliche Leistung angewiesen.[83] Daher sind solche Gesellschaften an die Grundrechte gebunden.[84]

25 Dagegen üben **Religionsgemeinschaften**, die nach Landesrecht als **Körperschaften des öffentlichen Rechts** anerkannt sind,[85] grds. keine öffentliche Gewalt iSv Art. 67 I LV aus. Sie sind trotz dieses Status grds. grundrechtsberechtigt und nicht -verpflichtet.[86] Nur wenn ihnen vom Staat in den weltlichen Bereich hineinwirkende Hoheitsrechte verliehen wurden, wie zB zur Erhebung von Kirchensteuern oder bei der Friedhofsverwaltung, findet Art. 67 I LV Anwendung. Streitig ist die Anwendung von Art. 67 I LV bei Rechtsschutzfragen von in einem öffentlich-rechtlichen Treueverhältnis stehenden Pfarrern oder Kirchenbeamten.[87] Wegen des aus Art. 5 LV iVm 140 GG, 137 III WRV ergebenden Selbstbestimmungsrechts in inneren Angelegenheiten, wird in diesen Fällen ein Rechtsweg zu den staatlichen Gerichten teilweise gänzlich ausgeschlossen.[88] Der überwiegende Teil der neueren Rechtsprechung und der Literatur befürwortet dagegen die grundsätzliche Anwendbarkeit des allgemeinen Justizgewährungsanspruchs und berücksichtigt das Selbstbestimmungsrecht nach Art. 137 III WRV im Rahmen einer Abwägung, wobei nur die Einhaltung der elementaren Grundprinzipen der Rechtsordnung zu prüfen sind.[89]

---

78 *Jestaedt* in: Hoffmann-Riem/Schmidt-Aßmann/Voßkuhle, § 14 Rn. 20–24 u. 58 f.
79 *Schmidt-Aßmann* in: Maunz/Dürig, Art. 19 IV Rn. 55 ff.; zB anerkannte Privatschulen hinsichtlich Zeugnisvergabe, VGH BW, U. v. 26.3.2015 – 9 S 516/14 – juris, Rn. 69, oder freie Notare (§ 1 BnotO), BVerfGE 17, 371 (376).
80 ZB n der Daseinsvorsorge, v.a. im öffentlichen Verkehrs- und Versorgungsbereich.
81 BVerfGE 116, 135 (149).
82 Daher ablehnend: *Papier* in: HStR, § 177 Rn. 27.
83 Mit diesem Argument: *Schmidt-Aßmann* in: Maunz/Dürig, Art. 19 IV Rn. 58; *Sachs* in: ders., GG, Art. 19 Rn. 118.
84 BVerfGE 128, 226 (244 ff.);116, 135 (151 ff.); BVerfG, U. v. 7.11.2017 – 2 BvE 2/11 – juris, Rn. 242 f.
85 Art. 5 LV iVm 140 GG, 137 V WRV, BVerfGE 139, 321 (353 ff.).
86 *Schmidt-Aßmann* in: Maunz/Dürig, Art. 19 IV Rn. 111 ff.; *Krebs* in: v. Münch/Kunig, Art. 19 Rn. 60.
87 Für den allgemeinen Justizgewährungsanspruch: BVerwGE 149, 139; *Krebs in:* v. Münch/Kunig, Art. 19 Rn. 60; für die Anwendbarkeit von Art. 19 IV GG: OVG NRW, DBVl. 2012, 1585; einschränkend: *Schmidt-Aßmann* in: Maunz/Dürig, Art. 19 IV Rn. 115.
88 *Papier* in: HStR, § 177 Rn. 30; VGH BW, B. v. 18.12.2012 – 4 S 1540/12 – juris; BVerwGE 117, 145; BVerfG, NJW 1999, 350 zu innerkirchlichen Organisationsakten; zu § 90 BVerfGG: BVerfGE 18, 385; NVwZ 2009, 1195; zu § 55 I VerfGHG offen gelassen: StGH, B. v. 21.6.2013 – 1 VB 55/13 – s. Homepage des VerfGH.
89 BVerwGE 149, 139, BGH, NJW 2003, 2097; offen: BVerfGE 111, 1 u. EGMR, BeckRS 2012, 08044.

b) Exekutive

Öffentliche Gewalt ist grds. nur die vollziehende Gewalt.[90] Diese ist nicht formal-organisatorisch, sondern **funktional zu verstehen,** weshalb auch der Strafvollzug und die Tätigkeit des Rechtspflegers, der Staatsanwaltschaft oder von Richtern außerhalb der spruchrichterlichen Tätigkeit (→ Art. 65 Rn. 16 ff.). Klassischerweise äußert sich exekutive Gewalt in öffentlich-rechtlichen Formen. Soweit es sich **in den Formen des Privatrechts** vollzieht, liegt jedenfalls bei bedarfsdeckender Verwaltungstätigkeit und erwerbswirtschaftlicher Betätigung keine öffentliche Gewalt vor.[91] Dagegen liegt „öffentliche Gewalt" iSv Art. 67 I LV vor, wenn öffentliche Aufgaben in den Formen des Privatrechts vollzogen werden („Verwaltungsprivatrecht").[92] Aber auch soweit die vollziehende Gewalt normsetzend tätig wird und **Rechtsverordnungen** oder **Satzungen** erlässt, liegt „öffentliche Gewalt" vor. Der Rechtsschutz kann hier inzident im Rahmen einer gegen einen Vollzugsakt gerichteten Klage oder einer Feststellungsklage gewährt werden.[93] Eine prinzipale Normenkontrolle ist nicht geboten.[94] Auch **Handlungen der Landesregierung** sind – sofern es rechtliche Maßstäbe für sie gibt – von Art. 67 I LV nicht ausgenommen.[95] Gleiches gilt für **Gnadenentscheidungen** nach Art. 52 I LV. Diese stehen nach überkommener Rechtsauffassung zwar außerhalb des Rechts.[96] Dem kann jedoch nicht mehr gefolgt werden,[97] da auch Gnadenentscheidungen zumindest in Ansätzen rechtlich normiert wurden (näher → Art. 52 Rn. 21 ff.).[98] Als betroffenes Recht kommt hier zumindest Art. 2 I LV iVm 3 I GG in Betracht.

26

c) Rechtsprechung

Soweit von Richtern Aufgaben wahrgenommen werden, die **funktional Rechtsprechung** sind (→ Art. 65 Rn. 16 ff.), liegt keine „öffentliche Gewalt" iSv Art. 67 I LV vor. Die Rechtsschutzgarantie sichert „Rechtsschutz durch den Richter, nicht gegen den Richter".[99] Sie gewährleistet keinen Instanzenzug.[100] Soweit ein Richter jedoch funktional exekutiv tätig wird, zB bei grundrechtseingreifenden Entscheidungen aufgrund eines Richtervorbehalts, bei Verfahrensauskünften an Dritte oder zT in der freiwilligen Gerichtsbarkeit, findet Art. 67 I LV Anwendung.[101] Akte der Justizverwal-

27

---

90 BVerfGE 107, 395 (403 ff.); *Sachs* in: ders., GG, Art. 19 Rn. 118.
91 BVerfGE 116, 135 (150). Hier greift der allgemeine Justizgewährungsanspruch.
92 Ordentlicher Rechtsweg: *Schmidt-Aßmann* in: Maunz/Dürig, Art. 19 IV Rn. 64.
93 BVerfGE 115, 81 (95); 134, 242 (310 ff.): *Schenke*, NVwZ 2016, 720.
94 *Schmidt-Aßmann* in: Maunz/Dürig, Art. 19 IV Rn. 74; *Papier* in: HStR, § 117 Rn. 33.
95 *Schmidt-Aßmann* in: Maunz/Dürig, Art. 19 IV Rn. 77 ff. u. 81 ff.
96 BVerfGE 25, 352 (358 ff.).
97 BayVerfGH, BayVBl 2009, 427; *Schmidt-Aßmann* in: Maunz/Dürig, Art. 19 IV Rn. 80; *Papier* in: HStR § 177 Rn. 37; *Sachs* in: ders., GG; Art. 19 Rn. 119.
98 Vgl. die Anordnung des Ministerpräsidenten über die Ausübung des Gnadenrechts vom 25.9.2001 (GBl. 567) und die Gnadenordnung v. 20.9.2001 (Die Justiz 506).
99 BVerfGE 107, 395 (403); *Dürig* in: Maunz/Dürig, Art. 19 IV Rn. 17 (Erstbearbeitung); aA *Voßkuhle*, Rechtsschutz gegen den Richter, 1993, 158 ff, 176 ff.
100 BVerfGE 122, 248 (270 f.).
101 BVerfGE 107, 395 (405 f.); 116, 1 (10); 138, 33; *Schmidt-Aßmann* in: Maunz/Dürig, Art. 19 IV Rn. 97 ff.

tung, von Rechtspflegern oder der Staatsanwaltschaft sind dagegen exekutive Tätigkeiten und damit „öffentliche Gewalt" iSv Art. 67 I LV.[102] Für die Fälle, in denen Richter bei rechtsprechender Tätigkeit gleichwohl **originär – erstmals – Grundrechte** verletzen, insbesondere Verfahrensgrundrechte wie den Anspruch auf rechtliches Gehör oder das Recht auf den gesetzlichen Richter, ist wegen des allgemeinen **Justizgewährungsanspruchs** fachgerichtlicher Rechtsschutz zu gewähren, wie durch die Möglichkeit der Anhörungsrüge.[103]

d) Legislative

28 Akte des Gesetzgebers sind keine „öffentliche Gewalt" iSv Art. 67 I LV.[104] Rechtsschutz gegen **Gesetze** ist damit auf die in Art. 68 I 2 Nr. 2, 3 u. 4 und 88 LV sowie §§ 55 ff. VerfGHG genannten Fälle beschränkt und dem VerfGH vorbehalten.[105] Diese Auffassung wird in der Literatur überwiegend kritisiert. So werden auch Legislativakte unter den Begriff „öffentliche Gewalt" eingeordnet, weil diese Rechte verletzen können. Jedoch obliegt die Ausgestaltung des Rechtswegs dem Gesetzgeber, der es grds. bei einem inzidenten Rechtsschutz im Rahmen der konkreten Normenkontrolle belassen kann (Art. 100 I GG iVm 68 I 2 Nr. 3 LV, zur Notwendigkeit einer Rechtssatzverfassungsbeschwerde u. → Rn. 35). Jedoch dürfen einzelfallbezogene Verwaltungsentscheidungen – wie die Verleihung des öffentlich-rechtlichen Körperschaftsstatus an eine Religionsgemeinschaft oder Planungen – nur ausnahmsweise durch ein Gesetz getroffen werden.[106] Normen, die im Rang unter dem Gesetz stehen – also **Rechtsverordnungen und Satzungen** -, fallen unter den Begriff „öffentliche Gewalt".[107] Allerdings ist auch hier keine fachgerichtliche prinzipale Normenkontrolle geboten; die Möglichkeit einer Inzidentkontrolle – etwa i.R. einer Feststellungsklage – genügt.[108]

29 Außerhalb der Gesetzgebung können Akte von Legislativorganen „öffentliche Gewalt" darstellen. Dazu zählen insbesondere **sitzungspolizeiliche Anordnungen des Parlamentspräsidenten**.[109] Schlichte Beschlüsse von Ausschüssen kommen ebenfalls als Gegenstand in Betracht, zB **Entscheidungen eines Untersuchungsausschusses**. Eine Art. 44 IV 1 GG entsprechende Einschränkung des Rechtsschutzes gegen Beschlüsse eines Untersuchungsausschusses, wie über den Abschlussbericht,[110] findet sich – anders als in anderen LV[111] – in Art. 35 LV nicht. Daher fallen Entscheidungen eines Untersuchungsausschusses grds. in den Anwendungsbereich von Art. 67 I

---

102 *Schmidt-Aßmann* in: Maunz/Dürig, Art. 19 IV Rn. 102.
103 BVerfGE 107, 395 (406 ff.).
104 BVerfGE 24, 33 (50 f.); 45, 297 (334).
105 StGH, B. v. 20.9.2000 – GR 6/00 – juris.
106 BVerfGE 139, 321 (364 f 95, 1 (21 f.); auch Art. 2 I LV iVm 19 I 1 GG.
107 BVerfGE 115, 81 (92 f.); *Seiler*, DVBl. 2007, 538 ff.
108 BVerwGE 130, 52; 131, 20.
109 *Schmidt-Aßmann*, Art. 19 IV Rn. 91.
110 *Klein* in: Maunz/Dürig, Art. 44 Rn. 231.
111 ZB Art. 26 V 1 HambVerf, dazu: HambVerfG, NVwZ 2016, 61, nachfolgend BVerfG, NVwZ 2016, 1169.

LV.[112] In der Folge stellt sich die Frage, ob die Verletzung von individuellen Rechten eine verfassungsrechtliche oder eine verwaltungsrechtliche Streitigkeit darstellt. Wendet sich ein Einzelner mit der Behauptung der Verletzung von Grundrechten gegen einen **Einsetzungsbeschluss**, liegt eine verfassungsrechtliche Streitigkeit vor, die nur mit der Verfassungsbeschwerde angreifbar ist.[113] Dagegen ist gegen **Beweiserhebungen oder zur Geltendmachung der Rechte eines Betroffenen iSv § 19 I Nr. 4 u. II UAG** der Verwaltungsrechtsweg eröffnet.[114] Auch gegen **Abschlussberichte** ist zunächst der verwaltungsgerichtliche Rechtsweg zu beschreiten.[115] Die darin enthaltene politische Bewertung ist nicht justiziabel, sofern sie nicht in den privaten Freiheitsstatus übergreift oder die Kritik an einem Amtsträger jeglicher sachlichen Grundlage entbehrt.[116] Geht es dagegen um die **Verletzung organschaftlicher Rechte**, liegt diese in aller Regel außerhalb des Anwendungsbereichs von Art. 67 I LV;[117] hier ist das **Organstreitverfahren** nach Art. 68 I 2 Nr. 1 LV einschlägig. Entscheidungen des Landtags nach Art. 31 I 2 LV und § 11 LWPrG im **Wahlprüfungsverfahren** sind nach Art. 31 II LV mit der Wahlprüfungsbeschwerde beim VerfGH anfechtbar. Aufgrund des hier nach § 52 I 2 Buchst. b VerfGHG geltenden Quorums von 100 Unterstützern dient dieser besondere Rechtsbehelf in erster Linie objektiven Zwecken. Den subjektiven Rechtsschutz des Wahlrechts fördert er nur mittelbar.[118] Im Übrigen sind Entscheidungen und Maßnahmen, die sich unmittelbar auf die Vorbereitung oder Durchführung einer Landtagswahl beziehen, nicht gerichtlich angreifbar (§ 54 LWG). Diese Beschränkungen des gerichtlichen Rechtsschutzes in Wahlsachen werden zwar kritisiert.[119] Jedoch ist diese Entziehung des Rechtswegs nach Art. 67 I LV für subjektive Wahlrechtsverletzungen durch Art. 31 II LV im Grundsatz gerechtfertigt, weil sie die Durchführbarkeit der Wahl und den Bestandsschutz des ge-

---

112 Vgl. → Art. 35 Rn. 25 ff.; BayVerfGH, BayVBl. 2015, 154; SaarlVerfGH, B. 27.5.2002 – Lv 2/02 eA – juris, Rn. 17; *Brocker* in: Epping/Hillgruber, Art. 44 Rn. 17.1; aA zum Einsetzungsbeschluss: *Klein* in: Maunz/Dürig, Art. 44 Rn. 244.
113 BayVerfGH, BayVBl. 2015, 154; NVwZ 1996, 1206 f. „Gauweiler"; § 13 Nr. 11a u. § 82a BVerfGG, Art. 53 I Nr. 4 MVVerf, 27 VII NdsVerf u. 75 Nr. 4 LSAVerf: Entscheidungsmonopol des Verfassungsgerichts für einen inzident beim Fachgericht entscheidungserheblichen Einsetzungsbeschluss; ohne verfassungsgerichtliches Monopol: Art. 64 I 2 u. 80 I Nr. 7 ThürVerf, *Poschmann* in: Linck/Baldus u.a., Art. 64 Rn. 5; aA zum Rechtsweg *Glauben*, DVBl. 2006, 1263 f.
114 VG Stuttgart, U. v. 3.7.2015 – 7 K 1375/14 – juris, Rn. 53 u. – 7 K 806/14 – juris, Rn. 87; VGH BW, DVBl. 2015, 1383; BayVerfGH, BayVBl. 2015, 154.
115 *Glauben*, DVBl. 2006, 1263 (1269); SaarlOVG, B. v. 5.11.2002 – 1 W 29/02 – juris, Rn. 3-9; HambOVG, NVwZ 2014, 1386 f.
116 VG Stuttgart, U. v. 3.7.2015 – 7 K 806/14 – juris, Rn. 99.
117 *Schmidt-Aßmann*, in: Maunz/Dürig, Art. 19 IV Rn. 91.
118 *Braun*, Art. 31 Rn. 6 f.; *Klein in:* Maunz/Dürig, Art. 41 Rn. 47; anders nun nach § 48 BVerfGG: Das BVerfG kann auch eine Verletzung des subjektiven Wahlrechts feststellen; zudem ist die Wahlprüfungsbeschwerde von keinem Quorum mehr abhängig; auch gibt es nun auf Bundesebene vor der Wahl einen spezifischen Rechtsbehelf gegen die Versagung der Anerkennung als Partei, §§ 96a ff. BVerfGG; sowohl dieses Verfahren als auch die Streichung des Quorums von der OSZE empfohlen worden, BT-Drs. 17/9391, 5 f.
119 Siehe dazu → Art. 31 Rn. 2; *Meyer* in: HStR § 46, Rn. 100; *Braun*, Art. 31 Rn. 7.

wählten Landtags sichert.[120] Allerdings sind die genannten Regelungen soweit als möglich rechtsschutzfreundlich auszulegen.[121] Im Übrigen verbietet es Art. 31 II LV dem Gesetzgeber nicht, den subjektiven Wahlrechtsschutz zu verstärken, insbes. durch einen Verzicht auf das Quorum. Für die Anfechtung von Volksabstimmungen- und begehren gibt es kein solches (§ 23 II, 39 VAbstG).

3. Verletzung eigener Rechte

30 Die Rechtsweggarantie setzt voraus, dass der Betroffene die Verletzung seiner Rechte durch die öffentliche Gewalt geltend macht. Eine Popularklage oder eine altruistische Verbandsklage ist daher von Verfassungs wegen nicht geboten.[122] Zur Eröffnung der Garantie genügt die Möglichkeit einer Rechtsverletzung.[123]

a) Subjektive Rechte

31 Die subjektiven Rechte müssen sich außerhalb von Art. 67 I LV finden lassen. Die Rechtsschutzgarantie schafft diese Rechte nicht, sondern setzt sie voraus.[124] Erforderlich ist eine **Rechtsposition, welche die Rechtsordnung im Interesse des Einzelnen gewährt**. Die Betroffenheit in rein faktischen oder wirtschaftlichen Interessen reicht nicht aus. Darüber hinaus genügt nicht die Verletzung von Rechtssätzen, die lediglich Reflexwirkung haben, weil in ihnen der Einzelne allein aus Gründen des Interesses der Allgemeinheit begünstigt wird.[125] Die Rechtsposition kann sich aus einem Grundrecht oder einer grundrechtsgleichen Gewährleistung ergeben, aber auch durch Gesetz begründet sein, wobei der Gesetzgeber bestimmt, unter welchen Voraussetzungen dem Bürger ein Recht zusteht und welchen Inhalt es hat.[126] Wann ein solches Recht vorliegt, bestimmt sich insbesondere nach der „Schutznormlehre".[127] Die Rechte können sich iRv Art. 67 I LV nicht nur aus Landesrecht, sondern auch aus Bundesrecht, Unionsrecht oder in Deutschland anwendbarem Völkerrecht ergeben. Denn die öffentliche Gewalt des Landes ist nach Art. 25 II LV an die verfassungsmäßige Ordnung in Bund und Land gebunden. Das subjektive Recht iSv Art. 67 I LV und die Schutznormlehre sind dabei in Grenzen offen für gewisse Erweiterungen hin zu „prokuratorischen Rechtsstellungen", in denen das verletzte öffentliche Interesse zugleich ein eigenes rechtliches Interesse ist, auch wenn es „nur" das Interesse eines bestimmten Verbandes ist.[128] Beispielhaft ge-

---

120 BVerfGE 22, 277 (281); 34, 81 (94); 66, 232 (234); *Klein* in: Maunz/Dürig, Art. 41 Rn. 54 ff.; aA oben (*Haug*), → Art. 31 Rn. 2 mwN.
121 *Schmidt-Aßmann* in: Maunz/Dürig, Art. 19 IV Rn. 34.
122 BVerfGE 113, 273 (310); 16, 1 (11); *Krebs* in: v. Münch/Kunig, Art. 19 Rn. 64.
123 BVerfGE 31, 364 (368); *Sachs* in: ders., GG, Art. 19 Rn. 133.
124 BVerfGE 84, l34 (49); 103, 142 (156).
125 BVerfGE 116, 1 (11); *Schmidt-Aßmann* in: Maunz/Dürig, Art. 19 IV Rn. 116 ff. (119).
126 BVerfGE 113, 273 (310).
127 *Schmidt-Aßmann* in: Maunz/Dürig, Art. 19 IV Rn. 127 ff.; *Huber* in: v. Mangoldt/Klein/Starck, Art. 19 IV Rn. 390 ff.
128 *Schmidt-Aßmann* in: Maunz/Dürig, Art. 19 IV Rn. 117 ff., 152. ff.; BVerwGE 147, 312.

nannt sei hier das europäische Luftqualitätsrecht[129] oder die Schadensvorsorge im Atomrecht.[130] Soweit das einfache Recht über Art. 67 I LV hinaus rein objektiv-rechtliche Rechtsschutzverfahren einführt, wie Verbandsklagen (zB § 50 NatSchG iVm 64 BNatSchG), dürfen dadurch die „Systementscheidung für den Individualrechtsschutz" nicht überfremdet und die Gerichte nicht überlastet werden.[131]

b) Rechtsverletzung

Eine Rechtsverletzung setzt die Rechtswidrigkeit des angegriffenen Aktes voraus. Die **Rechtswidrigkeit** kann sich auch aus einer dem Akt vorangehenden staatlichen Entscheidung ergeben. Maßstab für die Beurteilung der Rechtswidrigkeit ist nicht nur Landesrecht, sondern – wegen Art. 25 II LV – sämtliches für den Fall geltende Recht, auch Bundes- oder Unionsrecht. Grds. besteht kein Unterschied zwischen materiellem und formellem Recht, allerdings entfällt die Rechtsverletzung, wenn ein Verfahrensfehler in gesetzlich zugelassener Weise geheilt wurde (§ 45 LVwVfG).[132] 32

Darüber hinaus muss zwischen der Verletzung eines Rechtssatzes und dem betreffenden subjektiven Recht ein **Rechtswidrigkeitszusammenhang** bestehen (§ 113 I 1 VwGO). Bei dem Adressaten eines staatlichen Eingriffs ist dies bei einer darauf bezogenen Rechtsverletzung grds. der Fall.[133] Allerdings führt selbst hier nicht jede Verletzung von Verfahrensrecht zu einer Verletzung subjektiver Rechte. Dies gilt auch, wenn die Verfahrensnorm subjektiv-rechtlich ausgestaltet ist.[134] Nach Art 67 I LV ist es zulässig, dem Verfahrensrecht eine „dienende Funktion" zuzuweisen, so dass Unbeachtlichkeitsbestimmungen wie §§ 46 LVwVfG, 4 IV GemO oder 10 V LHG grds. nicht zu beanstanden sind.[135] Soweit es nicht um den Adressaten eines Eingriffs geht, muss gerade die subjektive Rechte begründende Norm verletzt sein.[136] Auch bei planungsrechtlichen Abwägungsentscheidungen kann sich die Frage stellen, ob ein festgestellter Rechtsverstoß einen ausreichenden Zusammenhang mit einem subjektiven Recht besitzt.[137] Der Rechtswidrigkeitszusammenhang kann ferner unterbrochen werden durch Verfahrensstufungen, die mit wirksamen und selbstständig angreifbaren 33

---

129 BVerwGE 147, 312.
130 Zu Castor-Transporten: BVerwG; NVwZ 2013, 1407; BVerfG, NVwZ 2009, 515.
131 *Schmidt-Aßmann* in: Maunz/Dürig, Art. 19 IV Rn. 9, 271; *Krebs* in: v. Münch/Kunig, Art. 19 Rn. 64.
132 *Papier* in: HStR, § 177 Rn. 54; *Schmidt-Aßmann* in: Maunz/Dürig, Art. 19 IV Rn. 154 ff., zu unionrechtlichen Grenzen der Heilung EuGH, NVwZ 2013, 347 (352).
133 *Krebs* in: v. Münch/Kunig, Art. 19 Rn. 66.
134 So iE *Schmidt-Aßmann* in: Maunz/Dürig, Art. 19 IV Rn. 157.
135 *Papier* in: HStR § 177 Rn. 55; *Schmidt-Aßmann* in: Maunz/Dürig, Art. 19 IV Rn. 157 ff.; BbgVerfG, U. v. 25.5.2016 – VfgBbg 51/15 – juris, Rn. 280 f.; VGH BW, DVBl. 2014, 118; zu Besonderheiten bei EU-Verfahrensrecht, zB bei Fehlern einer Umweltverträglichkeitsprüfung: EuGH, NVwZ 2014, 49 (52 f.).
136 *Krebs* in: v. Münch/Kunig, Art. 19 Rn. 66; *Schmidt-Aßmann* in: Maunz/Dürig, Art. 19 IV Rn. 156 u. 159.
137 *Schmidt-Aßmann* in: Maunz/Dürig, Art. 19 IV Rn. 159; strengere Anforderungen gelten, wenn eine Entscheidung enteignungsrechtliche Vorwirkung besitzt u. so einen Grundrechtseingriff verbindlich in Aussicht stellt, BVerfGE 134, 242 (310); BVerwGE 134, 308.

Zwischenentscheidungen enden und in Bestandskraft erwachsen können, wie zB bei der Vollstreckung von Verwaltungsakten.[138] Auch können EU-Rechtsakte, die nach Art. 263 IV AEUV zweifelsfrei anfechtbar waren, in Bestandskraft erwachsen, so dass ihre Rechtswidrigkeit in einem nationalen Gerichtsverfahren bezüglich eines Umsetzungsakts nicht mehr geltend gemacht werden kann.[139] Entscheidungsabschichtungen finden sich auch bei komplexen mehrstufigen Planungsentscheidungen.[140]

34 Die Rechtsverletzung muss grds. **gegenwärtig** sein. Allerdings kann es geboten sein, aus Gründen der Wirksamkeit des Rechtsschutzes ausnahmsweise vergangene oder zukünftig drohende Rechtsverletzungen ausreichen zu lassen.[141]

4. Offenstehen des Rechtswegs

a) Rechtsweg

35 Art. 67 I LV garantiert den Rechtsweg zu einem **staatlichen** Gericht bzw. **Richter** iSv Art. 65 LV, in seiner durch Unabhängigkeit und Rechtsbindung geprägten typischen Arbeitsweise.[142] Allerdings bedarf der Rechtsweg zu einem solchen Gericht der gesetzlichen Ausgestaltung. Der **Gestaltungsauftrag** kann sich bei einem Landesgrundrecht nur **an den Landesgesetzgeber und die Landesregierung** richten, wozu auch deren Verhalten im Bundesrat gehört. Soweit der **Rechtsweg** aufgrund der Kompetenz des Bundes nach Art. 74 I Nr. 1 GG inzwischen **durch Bundesgesetze** ausgestaltet wurde, handelt es sich auch hier um einen Rechtsweg iSv Art. 67 I LV, der durch die Staatsgewalt des Landes nicht beeinträchtigt werden darf.[143] Auch der Rechtsweg zum **EuGH**, insbes. über das Vorabentscheidungsverfahren nach Art. 267 AEUV, führt zu einem gesetzlichen Richter und ist vom Schutz des Art. 67 I LV erfasst.[144] Eine unterlassene Vorlage kann nicht nur Art. 2 I LV iVm 101 I 2 GG,[145] sondern – wenn die Verletzung von EU-Grundrechten oder -freiheiten durch Unionsrecht geltend gemacht wird – auch Art. 67 I LV verletzen.[146] Auch der **VerfGH** ist ein gesetzlicher Richter iSv Art. 2 I LV iVm 101 I 2 GG[147] sowie ein Gericht, zu dem Art. 67 I LV den Rechtsweg garantiert. Zwar wird Entsprechendes vom BVerfG für

---

138 § 2 LVwVG; *Schmidt-Aßmann* in: Maunz/Dürig, Art. 19 IV Rn. 167.
139 Dann ist auch das Vorabentscheidungsverfahren nach Art. 267 AEUV unzulässig, EuGH, U. v. 9.3.1994, Rs. C-188/92), Rn. 17; *Dörr* in: Grabitz/Hilf/Nettesheim (Hrsg.), Das Recht der Europäischen Union, Art. 263 Rn. 140 ff. u. 203; *Hofmann*, Rechtsschutz und Haftung im Europäischen Verwaltungsverbund, 2004, 266 ff.
140 ZB Flughafen-Standortfestlegung in Landesentwicklungsplan, BVerfG, NVwZ 2008, 775; zu einer bergrechtlichen Entscheidung: BVerfGE 134, 242 (299 ff.).
141 *Huber* in: v. Mangoldt/Klein/Starck, Art. 19 Abs. 4 Rn. 418; entspr. bei Verfassungsbeschwerden: StGH, U. v. 23.3.2015 – 56/14 – juris, Rn. 33.
142 *Schmidt-Aßmann* in: Maunz/Dürig, Art. 19 IV Rn. 173.
143 Der Rechtsweg darf nicht unzumutbar gehandhabt werden: VerfGH, VBlBW 2016, 106.
144 BVerfGE 126, 286 (315); *Schmidt-Aßmann* in: Maunz/Dürig, Art. 19 Rn. 173 a.
145 BVerfGE 135, 155 (230 ff.); 129, 78 (105 ff.).
146 BVerfGE 118, 79 (97); 142, 75 (115 f.); *Papier*, Verhältnis des Bundesverfassungsgerichts zu den Fachgerichtsbarkeiten, DVBl. 2009, 473 (480 f.); *Hofmann*, Grundrechtsschutz, 573 (598 f.).
147 Zum BVerfG: BVerfGE 138, 64 für

sich und für Landesverfassungsgerichte mit Blick auf Art. 19 IV GG abgelehnt.[148] Auch der VerfGH hat es bislang abgelehnt, dass Art. 67 I LV die Einführung einer Landesverfassungsbeschwerde gebiete.[149] Allerdings wird dabei übersehen, dass eine Verfassungsbeschwerde insbes. gegenüber nicht vollzugsbedürftigen formellen Gesetzen der einzige mögliche Rechtsweg ist und dass sie – in subsidiärer Weise – Individualrechtsschutz gegen die öffentliche Gewalt leistet.[150] Jedenfalls dann, wenn die Möglichkeit der Verfassungsbeschwerde geschaffen wurde, dient sie auch der Rechtsschutzgarantie,[151] weshalb §§ 55 ff. VerfGHG im Lichte von Art. 67 I LV auszulegen sind.[152] Die konkrete Normenkontrolle nach Art. 68 I 2 Nr. 3 LV iVm 100 I GG gehört ebenfalls zum Rechtsweg.[153] Auch wenn insoweit verfassungsgerichtliche Verfahren grds. von Art. 67 I LV erfasst werden, sind die für fachgerichtliche Verfahren entwickelten Vorgaben nicht in vollem Umfang auf diese funktional besonderen, subsidiären Rechtsschutzverfahren zu übertragen.[154]

Soweit Richter aufgrund verfassungsrechtlich (zB Art. 2 I LV iVm 13 II GG) oder einfachrechtlich (zB § 81 a II StPO) normierter **Richtervorbehalte** Entscheidungen treffen, handelt es sich um keinen „Rechtsweg", weil die Richter hier funktional exekutiv und nicht rechtsprechend tätig werden (→ Rn. 17). Auch das Widerspruchsverfahren ist als Verwaltungsverfahren kein „Rechtsweg". Daher steht Art. 67 I LV einer Abschaffung des **Widerspruchsverfahrens** nicht entgegen.[155]

b) Offenstehen

Die Rechtsschutzgarantie erfordert keine voraussetzungslose, zeitlich unlimitierte Zugänglichkeit.[156] Sie bedarf nach Abs. 4 und unter Berücksichtigung der nach Abs. 2 im Grundsatz garantierten Verwaltungsgerichtsbarkeit – der **Ausgestaltung durch** den **Gesetzgeber**. Dieser ist nicht gehindert, einschränkend wirkende Voraussetzungen für das Rechtsschutzbegehren zu normieren, wenn diese auf legitimen Sachgründen beruhen und verhältnismäßig sind.[157] Zu nennen sind hier zB Anforderungen an die ladungsfähige Anschrift, die ordnungsgemäße Vertretung, die Form von Rechtsbehelfen, die Einhaltung von Fristen, die Notwendigkeit einer Begründung oder

---

148 BVerfGE 99, 1 (19); NVwZ 2002, 73 f.; B. v. 8.8.2012 – 2 BvR 1672/12 – juris, Rn. 11; *Sachs* in: ders., GG, Art. 19 Rn. 134.
149 StGH, ESVGH 51, 6; B. v. 20.9.2000 – GR 6/00 – juris, Rn. 11 ff.
150 *Schmidt-Aßmann* in: Maunz/Dürig, Art. 19 IV Rn. 93 ff.; *Papier* in: HStR, § 177 Rn. 40 ff.; *Huber* in: v. Mangoldt/Klein/Starck, Art. 19 Abs. 4 Rn. 433 ff.
151 BayVerfGH, E. v. 17.11.2014 – Vf. 70-VI-14 – juris, Rn. 38.
152 Zur Verfassungsbeschwerdefrist BVerfG, NJW 1997, 650; *Hömig* in: Maunz/Schmidt-Bleibtreu/Klein, § 93 Rn. 5 u. 106; *Lenz/Hansel*, § 93 Rn. 106; allg. *Burkiczak* in: Burkiczak/Dollinger/Schorkopf, BVerfGG, 2015, § 1 Rn. 69; mit Blick auf Art. 6 EMRK: EGMR, NVwZ 2016.
153 *Schmidt-Aßmann* in: Maunz/Dürig, Art. 19 IV Rn. 175; *Huber* in: v. Mangoldt/Klein/Starck, Art. 19 Abs. 4 Rn. 448.
154 BVerfGE 94, 166 (213 ff.); StGH, B. v. 25.9.2015 – 1 VB 57/15 – juris, Rn. 3.
155 *Papier* in: HStR, § 177 Rn. 64; *Holzner*, DÖV 2009, 217; *Steinbeiß-Winkelmann/Ott*, NVwZ 2011, 914.
156 BVerfGE 101, 397 (408); *Papier in*: HStR, § 177 Rn. 60.
157 BVerfGE 78, 88 (99 f.); 101, 397 (408); 116, 1 (18 f.); 143, 216 (225 f.).

eines Rechtsschutzbedürfnisses[158] sowie die Belastung mit Verfahrenskosten.[159] Im **Mindestmaß** ist ein tatsächlich **wirkungsvoller gerichtlicher Rechtsschutz** verbürgt.[160] Ein genereller Rechtsschutzausschluss ist grds. unzulässig.[161] Eine verfassungsrechtlich verankerte Ausnahme gilt hier für bestimmte Eingriffe in die Telekommunikationsfreiheit (Art. 2 I LV iVm 10 II 2 GG).[162] Gewisse Modifikationen der Rechtsschutzgarantie gelten auch für das Asylrecht (Art. 2 I LV iVm 16 a II 3, IV GG).[163] Unter bestimmten Voraussetzungen kann die grds. gebotene Bereitstellung von Primärrechtsschutz durch den Verweis auf sekundärrechtlich wirkenden Rechtsschutz eingeschränkt werden.[164] Im Übrigen muss der vom Gesetzgeber zu schaffende Rechtsweg dem Gebot der Rechtsweg- und **Rechtsmittelklarheit** genügen.[165] Darüber hinaus können sich aus Art. 67 I LV **Vorwirkungen auf das Verwaltungsverfahren** ergeben, wie zB eine Pflicht zur nachträglichen Benachrichtigung über eine heimliche Überwachungsmaßnahme. [166]

38 Art. 67 LV garantiert nach der Streichung von Abs. 3 (→ Rn. 18) in Einklang mit Art. 19 IV GG **keinen Instanzenzug**.[167] Hat der Gesetzgeber **jedoch mehrere Instanzen geschaffen**, darf der **Zugang** zu ihnen nicht in unzumutbarer und durch Sachgründe nicht mehr zu rechtfertigender Weise erschwert werden. Das Gleiche gilt, wenn das Prozessrecht den Verfahrensbeteiligten die Möglichkeit gibt, die Zulassung eines Rechtsmittels zu erstreiten, wie nach §§ 124 f VwGO.[168]

39 Aus der Garantie wirkungsvollen Rechtsschutzes folgt grds. die Pflicht der Gerichte, die angefochtenen Maßnahmen in **tatsächlicher und rechtlicher Hinsicht vollständig nachzuprüfen**. Dies schließt eine Bindung der rechtsprechenden Gewalt an tatsächliche oder rechtliche Feststellungen und Wertungen seitens anderer Gewalten im Grundsatz aus.[169] **In tatsächlicher Hinsicht** ist eine umfassende Aufklärung gefordert (**Untersuchungsgrundsatz**).[170] Das Gericht braucht nur die Ermittlungen anzustellen, die es bei

---

158 Zu seinem Fortbestehen bei Erledigung wegen Art. 67 I LV: BVerfGE 117, 244 (268).
159 *Sachs* in: ders., GG, Art. 19 Rn. 139; *Papier* in: HStR, § 177 Rn. 62 ff.
160 *Huber* in: v. Mangoldt/Klein/Starck, Art. 19 IV Rn. 459.
161 BVerfGE 101, 397 (408); 143, 216 zum Fall der Beschränkung des Hauptsachrechtsschutzes auf den im Eilverfahren erlangten Rechtsschutz.
162 Zur Notwendigkeit einer einschränkenden Auslegung: BVerfGE 30, 1; 67, 157; 100, 313 (364 f.); zur Kontrolle durch die G 10-Kommission: § 16 Artikel 10-Gesetz und das Ausführungsgesetz des Landes zu diesem Gesetz; BVerfGE 143, 1 (17 ff.).
163 BVerfGE 94, 49; 94, 166.
164 BVerfGE 116, 1 (18 ff.); 116, 135 (154 ff.).
165 *Schmidt-Aßmann* in: Maunz/Dürig, Art. 19 IV Rn. 231 f.; BVerfGE 114, 196 (237); B. v. 27.10.2015 – 2 BvR 3071/14 – juris, Rn. 12.
166 BVerfGE 141, 220 (282 f.); allgemein: *Huber* in: v. Mangoldt/Klein/Starck, Art. 19 IV Rn. 489 ff.; *Schmidt-Aßmann* in: Maunz/Dürig, Art. 19 IV Rn. 348 ff.
167 BVerfGE 107, 395 (402); *Schmidt-Aßmann* in: Maunz/Dürig, Art. 19 IV Rn. 179.
168 VerfGH, VBlBW 2016, 241 f.; StGH, AnwBl. 2015, 721; B. v. 17.7.2014 – 1 VB 131/13 u.a. – juris, Rn. 32; BVerfGE 125, 104 (136 f.); 134, 106 (117 ff.).
169 BVerfGE 129, 1 (20).
170 StGH, NVwZ 2015, 1286 f.; BVerfGE 101, 106 (124); *Huber* in: v. Mangoldt/Klein/Starck, Art. 19 IV Rn. 460; aA *Schmidt-Aßmann* in: Maunz/Dürig, Art. 19 IV Rn. 219, der den Untersuchungsgrundsatz nur im Rechtsstaatsprinzip verankert.

vernünftiger Betrachtung unter Ausschöpfung aller Möglichkeiten für notwendig erachten muss. Der Ermessensspielraum ist erst überschritten, wenn sich weitere Ermittlungen konkret aufdrängen. Die bloße Bezugnahme auf eine behördliche Äußerung ist unzureichend, wenn konkrete und substanzielle Umstände vorliegen, die Zweifel an deren Richtigkeit hervorrufen.[171] Soweit die Aufklärung geheimhaltungsbedürftiger Tatsachen ein „in camera-Verfahren" erfordert, kann die Rechtsschutzgarantie die dadurch bewirkte Einschränkung des Anspruchs auf rechtliches Gehör rechtfertigen.[172]

In rechtlicher Hinsicht sind die Gerichte nach Art. 67 I LV verpflichtet, alle geltenden Rechtsnormen – Gesetz und Recht iSv Art 25 II LV – zu berücksichtigen. Verwaltungsvorschriften sind dagegen grds. kein Maßstab für die richterliche Kontrolle. Die Anwendung unbestimmter Rechtsbegriffe ist von der Rechtsprechung zu überprüfen.[173] Allerdings schließt auch die Garantie effektiven Rechtsschutzes nicht aus, dass die Durchführung der gerichtlichen Kontrolle aufgrund gesetzlich begründeter **Gestaltungs-, Ermessens- und Beurteilungsspielräume** der Verwaltung sowie aufgrund der gesetzlichen Tatbestandswirkung von Exekutivakten eingeschränkt sein kann. Die gerichtliche Kontrolle kann nicht weiter reichen als die rechtliche Bindung der Verwaltung. Ob das Gesetz der Verwaltung Spielräume belässt, ist durch Auslegung zu ermitteln. Die Einräumung einer solchen Letztentscheidungsbefugnis der Verwaltung stößt jedoch auch an durch Art. 67 I LV gezogene Grenzen, insbesondere muss sie sachlich gerechtfertigt sein.[174] **Verfahrensstufungen in Form bindender Vorentscheidungen der Verwaltung** sind nur zulässig, wenn sich (1.) die Bindung hinreichend klar aus dem Gesetz ergibt, (2.) wenn gegen die mit Bindung ausgestattete Vorentscheidung ihrerseits effektiver Rechtsschutz möglich war und (3.) die Aufspaltung des Rechtsschutzes mit einer Anfechtungslast für den Bürger deutlich erkennbar und nicht mit unzumutbaren Risiken und Lasten verbunden war.[175] Verzichtet der Gesetzgeber auf eine Bindung an vorangehende Stufungen, ist die gegen die abschließende Entscheidung eröffnete Rechtsschutzmöglichkeit nur effektiv, wenn eine ergebnisoffene Prüfung auch früher Verfahrensstufen realistisch ist.[176] 40

Zu einem effektiven Rechtsschutz gehört auch ein **rechtzeitiger Rechtsschutz**. Gerichtliche Verfahren dürfen nicht unangemessen lange dauern.[177] Gerade die Justizverwaltungen der Länder sind hier verpflichtet, durch eine hinreichende **personelle und sachliche Ausstattung der Justiz** dafür zu sorgen, dass der Rechtsschutzauftrag erfüllt werden kann.[178] 41

---

171 StGH, NVwZ 2015, 1286; VBlBW 2015, 154, zum Zugang einer Partei zu Stadthalle.
172 BVerfGE 101, 106 (124 ff.); 115, 205 (232 ff.).
173 BVerfGE 129 1 (21); *Schmidt-Aßmann* in: Maunz/Dürig, Art. 19 IV Rn. 183.
174 BVerfGE 129, 1 (22 f.); zu Fallgruppen, u.a. für Beurteilungsspielräume: *Schmidt-Aßmann* in: Maunz/Dürig, Art. 19 IV Rn. 188 ff.; auch bei Beurteilungsspielraum sind Rechtsverstöße immer zu prüfen: BVerfG, NVwZ 2010, 435 (440 f.).
175 BVerfGE 129, 1 (32 f.).
176 BVerfGE 134, 242 (300 f.).
177 Auch Art. 6 I u. 13 EMRK, zur Entschädigung bei überlanger Dauer §§ 198 ff. GVG.
178 BVerfGE 36, 264 (275); BVerfGK 20, 33.

42 Geboten ist weiter ein effektiver **vorläufiger Rechtsschutz**. Irreparable Entscheidungen, wie sie durch die sofortige Vollziehung einer hoheitlichen Maßnahme eintreten können, sollen möglichst ausgeschlossen werden. Jedoch gebietet Art. 67 I LV nicht schlechthin die aufschiebende Wirkung eines Rechtsbehelfs. Entscheidend ist nicht die Sicherungstechnik, sondern der Sicherungserfolg.[179] Die Entscheidungen zum vorläufigen Rechtsschutz dürfen grds. sowohl auf eine Folgenabwägung als auch auf eine summarische Prüfung der Erfolgsaussichten in der Hauptsache gestützt werden. Je schwerer jedoch die Belastungen für den Betroffenen wiegen, die mit der Versagung vorläufigen Rechtsschutzes verbunden sind, umso weniger darf das Interesse an einer vorläufigen Regelung oder Sicherung der geltend gemachten Rechtsposition zurückgestellt werden.[180] Der besonderen Bedeutung der betroffenen Grundrechte und den Erfordernissen eines effektiven Rechtsschutzes Rechnung ist Rechnung zu tragen.[181]

II. Rechtsschutz durch Verwaltungsgerichte (Abs. 2)

43 Abs. 2 weist Streitigkeiten, mit denen die Verletzung subjektiver Rechte durch die öffentliche Gewalt geltend gemacht wird, vorbehaltlich anderweitiger gesetzlicher Regelung den Verwaltungsgerichten zu. Damit wollte die VLV den von Art. 19 IV 2 GG gelassenen Regelungsspielraum nutzen (→ Rn. 17). Wegen des gem. Art. 74 I Nr. 1 GG erlassenen Bundesrechts ist die **Zuweisung nach Abs. 2 jedoch weitgehend ohne Bedeutung**. Allerdings ist sie weiter gültig (→ Rn. 4). Darüber hinaus enthält Abs. 2 die institutionelle Garantie eines Kernbestands einer Verwaltungsgerichtsbarkeit, die von der Landesstaatsgewalt bei ihrem Handeln auf Bundes- oder Landesebene zu beachten ist.[182]

III. Ausführungsgesetze (Abs. 4)

44 Bei der Rechtsweggarantie handelt es sich um ein Grundrecht, das in großem Umfang der Ausgestaltung durch den Gesetzgeber bedarf. Rechtsschutz ist eine staatliche Leistung, deren Voraussetzungen erst geschaffen, deren Art und Umfang festgelegt werden müssen. Abs. 1 gibt dem Gesetzgeber nur die Zielrichtung vor, lässt im Übrigen aber einen **beträchtlichen Gestaltungsspielraum**.[183] Dies wird durch den Konkretisierungsauftrag in Abs. 4 deutlich gemacht. Allerdings ist dieser wegen der vom Bund wahrgenommenen Gesetzgebungskompetenz aus Art. 74 I Nr. 1 GG derzeit **weitgehend ohne Bedeutung** (→ Rn. 5).

---

179 BVerfGE 35, 382 (401 f.); 79, 69 (74); 126, 1 (27 f.); NVwZ 2009, S. 240 ff. zu einstweiligem Rechtsschutz in mehrpoligen Verhältnissen.
180 BVerfGE 126, 1 (27 f.); BVerfGK 15, 133.
181 StGH, VBlBW 2015, 154 ff. zur Überlassung einer Stadthalle für Parteitag; auch in hochschulzulassungsrechtlichen Eilverfahren dürfen sich die Verwaltungsgerichte nicht auf eine summarische Prüfung zurückziehen, weil die Verteilung realiter im Eilverfahren vorgenommen wird: StGH, NVwZ 2014, 1514 f., BVerfGK 3, 135 ff.; ähnl. bzgl. vorzeitiger Besitzeinweisung: BVerfG (K), EuGRZ 2016, 698.
182 *Braun*, Art. 67 Rn. 6.
183 BVerfGE 101, 106 (123); *Sachs* in: ders., GG, Art. 19 Rn. 12.

Artikel 68 [Verfassungsgerichtshof]

(1) ¹Es wird ein Verfassungsgerichtshof gebildet. ²Er entscheidet
1. über die Auslegung dieser Verfassung aus Anlaß von Streitigkeiten über den Umfang der Rechte und Pflichten eines obersten Landesorgans oder anderer Beteiligter, die durch die Verfassung oder in der Geschäftsordnung des Landtags oder der Regierung mit eigener Zuständigkeit ausgestattet sind,
2. bei Zweifeln oder Meinungsverschiedenheiten über die Vereinbarkeit von Landesrecht mit dieser Verfassung,
3. über die Vereinbarkeit eines Landesgesetzes mit dieser Verfassung, nachdem ein Gericht das Verfahren gemäß Artikel 100 Abs. 1 des Grundgesetzes für die Bundesrepublik Deutschland ausgesetzt hat,
4. in den übrigen durch diese Verfassung oder durch Gesetz ihm zugewiesenen Angelegenheiten.

(2) Antragsberechtigt sind in den Fällen
1. des Abs. 1 Nr. 1 die obersten Landesorgane oder die Beteiligten im Sinne des Abs. 1 Nr. 1,
2. des Abs. 1 Nr. 2 ein Viertel der Mitglieder des Landtags oder die Regierung.

(3) ¹Der Verfassungsgerichtshof besteht aus neun Mitgliedern, und zwar
drei Berufsrichtern,
drei Mitgliedern mit der Befähigung zum Richteramt und
drei Mitgliedern, bei denen diese Voraussetzung nicht vorliegt.
²Die Mitglieder des Verfassungsgerichtshofs werden vom Landtag auf die Dauer von neun Jahren gewählt. ³Aus jeder Gruppe ist ein Mitglied alle drei Jahre neu zu bestellen. ⁴Scheidet ein Richter vorzeitig aus, so wird für den Rest seiner Amtszeit ein Nachfolger gewählt. ⁵Zum Vorsitzenden ist einer der Berufsrichter zu bestellen. ⁶Die Mitglieder dürfen weder dem Bundestag, dem Bundesrat, der Bundesregierung noch entsprechenden Organen eines Landes angehören.

(4) ¹Ein Gesetz regelt das Nähere, insbesondere Verfassung und Verfahren des Verfassungsgerichtshofs. ²Es bestimmt, in welchen Fällen seine Entscheidungen Gesetzeskraft haben.

Schrifttum:

Allesch, Die Entstehung der Bayerischen Verfassung und des Bayerischen Verfassungsgerichtshofs 1946/1947, BayVBl. 2017, 433; v. *Ammon*, Die Urteilsverfassungsbeschwerde zum Thüringer Verfassungsgerichtshof, ThürVBl. 2014, 181; *Baldus*, Landesverfassungsrecht und Bundesverfassungsrecht – Wie fügt sich das Gegenstrebige? in: Die Verfassungsgerichte der Länder Brandenburg, Mecklenburg-Vorpommern, Sachsen, Sachsen-Anhalt und Thüringen (Hrsg.), 20 Jahre Verfassungsgerichtsbarkeit in den neuen Ländern, 2014, 19; *Brückner/Ehrhardt/Helmert/Thormann*, 25 Jahre Verfassung und Verfassungsgerichtshof des Freistaates Sachsen, SächsVBl. 2017, 293; *Bryde*, Obiter dicta, in: Durner u.a. (Hrsg.), FS für Hans-Jürgen Papier, 2013, 493; *Dietlein/Peters*, Kommunale Selbstverwaltung im Föderalstaat – Verfassungsrechtliche und verfassungsprozessuale Grundfragen der kommunalen Selbstverwaltung im föderalen System des Grundgesetzes, 2017; v. *Erdmann*, Die Verfassung Württembergs von 1919, 2013; *Gärditz*, Landesverfassungsrecht – Zur personalen Dimension der Landesverfassungsgerichtsbarkeit, JöR 61 (2013), 449; *Gräbener*, Verfassungsinterdependenzen in der Republik Baden – Inhalt und Bedeutung der badischen Landeskonstitution von

1919 im Verfassungsgefüge des Weimarer Bundesstaates, 2014; *Häberle,* Verfassungsgerichtsbarkeit – Verfassungsprozessrecht, 2014; *Hofmann,* Grundrechtsschutz durch BVerfG, EuGH und EGMR, in: Emmenegger/Wiedmann (Hrsg.), Linien der Rechtsprechung des Bundesverfassungsgerichts, Band 2, 2011, 573; *Igloffstein,* Landesverfassungsgerichtliche Prüfungsmaßstäbe und Vorlagepflichten im Mehrebenensystem – Die Position des Bayerischen Verfassungsgerichtshofs, BayVBl. 2017, 669; *Ipsen, Jörn,* Grundfragen der Landesverfassungsbeschwerde in: Habersack/Huber/Spindler (Hrsg.), Festschrift für Eberhard Stilz, 2014, 321; *Jutzi,* Leitlinie Grundgesetz – Zu Unitarisierungstendenzen in der Rechtsprechung des VerfGH Rheinland-Pfalz, LKRZ 2011, 286; *Keil,* Die Landesverfassungsbeschwerde in Baden-Württemberg – Einordnung, Voraussetzungen der Zulässigkeit, zu erwartende Relevanz für aufenthalts-, asyl- und einbürgerungsrechtliche Entscheidungen, InfAuslR 2013, 271; *Krappel,* Landesverfassungsbeschwerde und verfassungsgerichtliche Kontrollkompetenz im Bundesstaat – Zur Einführung einer Landesverfassungsbeschwerde in Baden-Württemberg, VBlBW 2013, 121; *ders.,* Landesverfassungsbeschwerde: Struktur, Dogmatik, Kontext, VBlBW 2015, 137; *Lange,* Das Bundesverfassungsgericht und die Landesverfassungsgerichte in: Badura/Dreier (Hrsg.), Festschrift 50 Jahre Bundesverfassungsgericht, 2001, 1. Band, 289; *Lindner,* Der Bayerische Verfassungsgerichtshof als funktionales Unionsgericht?, BayVBl. 2017, 666; *Menzel,* Landesverfassungsrecht, 2002, 282; *Möstl,* Bundesverfassungsrecht als Prüfungsmaßstab der Landesverfassungsgerichte – Neues aus Karlsruhe?, BayVBl. 2017, 659; *Pestalozza,* Bundesverfassungsgerichtsbarkeit und Landesverfassungsgerichtsbarkeit, in: HGR, § 86; *Obrecht,* Verfassungsgerichtshof Baden-Württemberg, in: Reutter (Hrsg.), Landesverfassungsgerichte – Entwicklung, Aufbau, Funktionen, 2017; *Pohlreich,* Die Rechtsprechung des Bundesverfassungsgerichts zu seinem Verhältnis zu den Landesverfassungsgerichten in Verfassungsbeschwerdeverfahren in: Becker/Lange (Hrsg.), Linien der Rechtsprechung des Bundesverfassungsgerichts, Band 3, 2014, 37; *Riklin,* Verkannte politische Erfinder, in: Bluhm u.a. (Hrsg.), FS für Herfried Münkler, 2011, 353; *Rozek* in: HGR, § 85 – Landesgrundrechte als Kontrollmaßstab für die Anwendung von Bundesrecht; *Sodan* in: HGR, § 84 – Schutz der Landesgrundrechte durch die Landesverfassungsgerichtsbarkeit; *Schlaich/Korioth,* Das Bundesverfassungsgericht, 10. Aufl. 2015; *Starck,* Verfassungsgerichtsbarkeit der Länder in: HStR, § 130; *Stilz,* Bericht über die Arbeit des Verfassungsgerichtshofs für das Land Baden-Württemberg, VBlBW 2016, 499; *Stinshoff,* Die Anforderungen an die Zulässigkeit einer Verfassungsbeschwerde nach der Rechtsprechung des Sächsischen Verfassungsgerichtshofs, SächsVBl. 2013, 281; *Voßkuhle,* Die Landesverfassungsgerichtsbarkeit im föderalen und europäischen Verfassungsgerichtsverbund – Am Beispiel des Staatsgerichtshofs der Freien Hansestadt Bremen, JöR 59 (2011), 215; *Zuck,* Die Landesverfassungsbeschwerde in Baden-Württemberg, 2013; *ders.,* Die Bedeutung der baden-württembergischen Landesverfassungsbeschwerde für einen lebendigen Bundesstaat, VBlBW 2014, 1.

Vergleichbare Regelungen: Art. 93 f., 99 f. GG, 60-69, 92, 98 S. 4, 120 BayVerf, 84 BerlVerf, 112 f. BbgVerf, 139 f., 142 BremVerf, 64 II, 65 HambVerf, 130-133 HessVerf, 52-54 MVVerf, 54 f. NdsVerf, 75 f. NRWVerf, 130-136 RPVerf, 96 f. SaarlVerf, 81 SächsVerf, 74-76 LSAVerf, 51 SchlHVerf, 79 f. ThürVerf.

Ergänzende Normen: Art. 31 II, 42, 57, 64 I 3,76, 88 u. 89 LV; VerfGHG; VerfGHGO; § 3 I Nr. 3 LHzG; §§ 28 II, 29 III LHO; §§ 2 III, 24 b I 5, 6 LRiStAG; §§ 23, 25 III, 29 III, 39, 44 III VAbstG; § 54 LWG; §§ 13 II, 14 LWPrG; § 8 III MinG.

Leitentscheidungen:
Zum Organstreit: StGH, U. v. 10.12.1955 – GR 4/55 – unveröff. (Beteiligtenfähigkeit politischer Parteien verneint); ESVGH 11/II, 8 (Beteiligtenfähigkeit politischer Parteien bejaht); ESVGH 12/II, 10 („Rathausparteien" nicht beteiligtefähig); BWVBl. 1970, 169 (Verfassungsrechtsverhältnis); ESVGH 27, 1 (Ende der Beteiligtenfähigkeit, § 24 S. 2 VerfGHG); ESVGH 31, 81 (Beteiligtenfähigkeit politischer Parteien, Öffentlichkeitsarbeit der LReg); ESVGH 35, 161 (§ 24 S. 2 VerfGHG); ESVGH 35, 241 (Wahlkampfstrategie nicht rechtserheblich); ESVGH 38, 81 (Parlamentarische Ordnungsmaßnahme); ESVGH 40, 14 (schutzwürdiges Interesse nach Ablauf der Legislaturperiode); ESVGH 42, 7 (Antragsbefugnis nach Art. 35 LV); ESVGH 47, 1 (Organstreit einer Fraktion wegen eigener Rechte nur gegen LT); ESVGH 52, 1 (Antragsfrist bei

fortdauerndem Unterlassen); ESVGH 53, 1 (Antragsbefugnis nach Art. 35 LV, Vorsitzender des Untersuchungsausschuss beteiligtenfähig); ESVGH 58, 15 (Ablehnung der Einsetzung eines Untersuchungsausschusses); ESVGH 58, 37 (Finanzminister wegen Art. 81 LV möglicher Beteiligter); ESVGH 60, 3 (gesetzgeberisches Unterlassen); ESVGH 62, 9 (Fortbestand der Beteiligtenfähigkeit trotz Diskontinuität, Finanzminister als Beteiligter, § 24 S. 2 VerfGHG); B. v. 17.10.2011 – GR 5/11 – juris (Bürger ist bei Teilnahme an Volksabstimmung kein Beteiligter); B. v. 26.9.2017 – 1 GR 27/17 – juris (keine allgemeine Verfassungsaufsicht, Abgeordnetendiät); U. v. 27.10.2017 – 1 GR 35/17 – juris (Abberufung aus Ausschuss, Redeverbot); U. v. 13.12.2017 – 1 GR 29/17 – juris (keine Präklusion, maßgeblicher Zeitpunkt für Entscheidung über Einsetzung eines Untersuchungsausschusses).
Zur abstrakten Normenkontrolle: ESVGH 16, 14 (Landesrecht als Gegenstand); ESVGH 26, 129 (Übergangsregelung nach § 28 S. 2 VerfGHG); ESVGH 29, 160 (Unvereinbarkeitserklärung, § 28 S. 2 VerfGHG); ESVGH 55, 27 (Landesgrundrechte als Prüfungsmaßstab).
Zur konkreten Normenkontrolle: BVerfGE 4, 178 (Art. 88 LV verletzt nicht GG); StGH, U. v. 22.3.1958 – GR 3/57 – unveröff. (keine Vorlage von Verordnungen, gesetzesvertretende Norm aus Besatzungszeit vorlagefähig); BWVBl. 1956, 153 (nach Art. 2 I LV rezipierte Bundesgrundrechte sind Prüfungsmaßstab); ESVGH 16, 14 (nur förmliche Landesgesetze Gegenstand); ESVGH 19, 133 (keine Anhörung der Beteiligten des Ausgangsverfahrens u.a.); ESVGH 20, 1 (Entscheidungserheblichkeit als Zulässigkeitsvoraussetzung); ESVGH 30, 9 (über Entscheidungserheblichkeit befindet vorlegendes Gericht).
Zur Verfassungsbeschwerde: ESVGH 65, 58 (Art. 2 I LV dynamische Verweisung, Vertrauensschutz bei unechter Rückwirkung); VBlBW 2015, 154 (Überlassung von Stadthalle für Parteitag); ESVGH 65, 28 (Handhabung der Berufungsvorschriften durch LAG); U. v. 2.2.2015 – 1 VB 45/14 – juris (rechtliches Gehör); VBlBW 2015, 414 (zur „öffentlichen Gewalt" iSv § 55 I VerfGHG); NVwZ 2015, 1286 (Feststellungsinteresse, Verletzung v. Art. 67 I LV); AnwBl. 2015, 721 (Handhabung der Berufungsvorschriften durch LAG); NJW 2015, 1896 (Gehörsverletzung durch Amtsgericht); LVerfGE 26, 25 (zur „öffentlichen Gewalt" iSv § 55 I VerfGHG); Justiz 2016, 53 (Zuteilung von Studienplatz, Vorwegnahme der Hauptsache); LVerfGE 26, 65 (Prüfung der Anwendung von materiellem Bundesrecht am Maßstab der LV); VerfGH, VBlBW 2016, 241 (Verletzung v. Art. 67 I LV wegen Nichtzulassung der Berufung durch VGH); VBlBW 2016, 374 (ebenso); DÖV 2016, 486 (verfristete Verfassungsbeschwerde gegen Landtagswahlgesetz); U. v. 13.4.2016 – 1 VB 83/15 – juris (keine Fristvorwirkung, Subsidiarität, Gehörsverletzung); ESVGH 67, 13 (Verfassungsbeschwerde gegen Eilbeschuss zur Hochschulzulassung); VBlBW 2017, 61 (Gesetzesverfassungsbeschwerde).
Zur einstweiligen Anordnung: ESVGH 22, 1 („anhängig" iSv § 25 I VerfGHG nur zulässiges Verfahren); ESVGH 25, 31 (iR kommunaler Normenkontrolle); VBlBW 2015, 154 (Überlassung einer Stadthalle für Parteitag); Justiz 2016, 53 (Zulassung zu Medizinstudium); VerfGH, B. v. 15.2.2016 – 1 GR 11/16 – juris (Eilantrag zu „vorbeugender" Wahlprüfungsbeschwerde unzulässig); B. v. 3.5.2017 – 1 GR 27/17 – juris (einstweilige Anordnung gegen Gesetz); zur Dringlichkeit: B. v. 2.8.2017 – 1 GR 35/17 – juris.
Zur Gesetzeskraft: ESVGH 49, 24 (Unvereinbarkeitserklärung, Verfahrenshindernis Rechts- und Gesetzeskraft); ESVGH 51, 1 (Unvereinbarkeitserklärung); ESVGH 54, 4 (Veröffentlichung deklaratorisch, Durchbrechung der Gesetzeskraft).
Zur Zusammensetzung: ESVGH 11/II, 3 (kein Amtsende der berufsrichterlichen Mitglieder mit Eintritt in den Ruhestand); DÖV 1976, 241 (ebenso); B. v. 3.7.2017 – 1 GR 35/17 – juris (Befangenheit).

A. Überblick und Einordnung 1
   I. Bedeutung 1
     1. Gericht und Verfassungsorgan 2
     2. Verhältnis zur Bundesverfassungsgerichtsbarkeit ... 8
       a) Zuständigkeitsabgrenzungen 8
       b) Abgrenzung der Entscheidungsmaßstäbe und Vorlagepflichten .. 17
     3. Verhältnis zu EGMR und EuGH 21

II. Herkunft, Entstehung, Geschichte 24
III. Verfassungsvergleichende Einordnung 34
  1. Vergleich der Verfahren .. 35
  2. Vergleich der Organisation 48
  3. Vergleich der Regelungsaufträge 55
B. Erläuterung 56
  I. Organstreitverfahren (Abs. 1 S. 2 Nr. 1, Abs. 2 Nr. 1) 56
    1. Funktion, Verfahrensgegenstand und Abgrenzungen 57
    2. Zulässigkeit 60
      a) Beteiligtenfähigkeit 60
      b) Antragsbefugnis 69
      c) Rechtsschutzinteresse .. 77
      d) Frist 78
    3. Verfahren 80
    4. Entscheidung 84
  II. Abstrakte Normenkontrolle (Abs. 1 S. 2 Nr. 2, Abs. 2 Nr. 2) 85
    1. Funktion und Abgrenzungen 86
    2. Zulässigkeit 87
      a) Antragsberechtigung .. 87
      b) Prüfungsgegenstand ... 89
      c) Antragsgrund 92
      d) Klarstellungsinteresse 93
      e) Entgegenstehende Rechts- oder Gesetzeskraft 95
    3. Verfahren 96
    4. Entscheidung 99
  III. Konkrete Normenkontrolle (Abs. 1 S. 2 Nr. 3) 107
    1. Funktion und Abgrenzungen 108
    2. Zulässigkeit 111
      a) Vorlagebeschluss eines Gerichts 111
      b) Vorlagegegenstand 116
      c) Überzeugung der Verfassungswidrigkeit 118
      d) Entscheidungserheblichkeit 119
    3. Verfahren 123
    4. Entscheidung 126
  IV. Weitere durch die LV und Gesetz begründete Zuständigkeiten (Abs. 1 S. 2 Nr. 4) 128
    1. Überblick 128
    2. Verfassungsbeschwerde ... 133
      a) Funktion 133
      b) Zulässigkeit 136
        aa) Beschwerdegegenstand 138
        bb) Beschwerdefähigkeit 139
        cc) Beschwerdebefugnis 141
        dd) Rechtswegerschöpfung 143
        ee) Subsidiarität 146
        ff) Beschwerdefrist ... 150
        gg) Rechtsschutzbedürfnis und öffentliches Interesse 157
        hh) Subsidiarität zur Verfassungsbeschwerde zum BVerfG 161
        ii) Schriftform und substantiierte Begründung 163
      c) Verfahren 165
      d) Entscheidung 169
    3. Einstweilige Anordnungen 172
      a) Funktion 172
      b) Zulässigkeit 173
      c) Verfahren 177
      d) Entscheidung 183
    4. Verzögerungsbeschwerde 185
  V. Organisation (Abs. 3) 188
    1. Zusammensetzung 188
    2. Rechtsstellung der Mitglieder, Amtsdauer und Wahl 195
    3. Inkompatibilität, Ausscheiden aus dem Amt 204
  VI. Regelungsauftrag (Abs. 4) 206
    1. Verfassung und Verfahren 207
    2. Rechtskraft und Gesetzeskraft der Entscheidungen 210

A. Überblick und Einordnung

I. Bedeutung

1 Der nach Abs. 1 S. 1 zu bildende VerfGH hat seinen Sitz am Sitz der Regierung des Landes, in Stuttgart (§ 1 VerfGHG). Bis zum 22. LVÄndG v. 1.12.2015 (GBl. 1030) führte er den Namen „Staatsgerichtshof". Die

Namensänderung vollzog den **Funktionswandel** nach, den das Landesverfassungsgericht mit Einführung der Landesverfassungsbeschwerde zum 1.4.2013 erfahren hatte. Der geänderte Name entspricht dem modernen Stand der Verfassungsgerichtsbarkeit auf Bundesebene und den meisten anderen Bundesländern. Die Verwendung des Wortes „Verfassung" im Namen des Gerichts macht deutlich, dass sich auch der einzelne Bürger an es wenden kann. Die Zahl seiner Entscheidungen ist mit dem neuen Verfahren von durchschnittlich rund vier auf 56 pro Jahr gestiegen (Stand 31.12.2017).[1] Bis 2013 war der damalige StGH v.a. mit kommunalen Normenkontrollen,[2] Organstreitverfahren, Einsprüchen gegen eine Volksabstimmung[3] und Wahlprüfungsbeschwerden befasst. Seit 2013 liegt der Schwerpunkt der Tätigkeit eindeutig bei Verfassungsbeschwerden. Diese betrafen von 2013 bis 2017 zu etwa 85 % Entscheidungen der Gerichte des Landes,[4] mitunter aber auch Landesgesetze.[5] Die Erfolgsquote der Verfassungsbeschwerde beim VerfGH ist bislang (Stand: 31.12.2017) mit rund 4,1 % doppelt so hoch wie beim BVerfG. Anders als dort spielt die konkrete Normenkontrolle beim VerfGH bislang nur eine unbedeutende Rolle. Die letzte Vorlage erfolgte im Jahr 1979.[6]

1. Gericht und Verfassungsorgan

Der VerfGH ist zunächst ein zur Rechtsprechung berufenes **Gericht iSv Art. 65 I LV**. Als solches ist er nach Art. 25 II LV **an Gesetz und Recht gebunden**, insb. an die LV und das Verfassungsprozessrecht. Allerdings hat er nach Art. 68 LV die besondere Aufgabe, die Geltung der LV gegenüber der Exekutive, den „einfachen Gerichten" und dem Gesetzgeber des Landes durchzusetzen und die LV mit letzter Autorität verbindlich zu interpretieren. Auch wenn seine Verfahren zum Teil politisch bedeutsam sind, gilt für ihn ausschließlich ein juristischer Maßstab.[7] Mit dieser Funktion ist der VerfGH „**oberster Hüter der LV**".[8] 2

Die LV eröffnet allerdings **keinen lückenlosen verfassungsgerichtlichen Rechtsschutz im Sinne einer Generalklausel**. Vielmehr ist der VerfGH nur für Verfahren zuständig, die ihm in der LV oder durch Gesetz zugewiesen wurden.[9] Außerdem kann der VerfGH grds. **nur auf Antrag tätig** werden (§ 15 VerfGHG), weshalb die Antragsteller – mit der Landesverfassungsbeschwerde auch der Bürger – an der Rolle des Verfassungshüters teilha- 3

---

1 2013 bis 2017 gingen pro Jahr durchschnittlich 57 Verfassungsbeschwerden, 1 sonstiges Verfahren (GR) und 40 „AR-Verfahren" ein.
2 Über 100, die meisten zur Kreis- u.Gemeindereform, *Braun*, Art. 68 Rn. 1.
3 17 Einsprüche gegen die Volksabstimmung v. 27.11.2011 über „Stuttgart 21" u. 5 „vorbeugende" Einsprüche im Vorfeld.
4 Zur Verteilung auf die Gerichtsbarkeiten bis Sommer2016: *Stilz*, VBlBW 2016, 499 (501 f.).
5 StGH, ESVGH 65, 58; LVerfGE 26, 25; VerfGH, VBlBW 2017, 61.
6 GR 1/79 (VG Sigmaringen, B. v. 25.9.1979 zu § 24 III 1 LGebG).
7 Zum Verhältnis von Recht und Politik in der Verfassungsgerichtsbarkeit und zu methodischen Grenzen: *Burkiczak* in: ders./Dollinger/Schorkopf, § 1 Rn. 9–17, 70–91; *Wieland* in: Dreier, Art. 93 Rn. 31 ff.
8 BVerfGE 103, 332 (351).
9 Art. 68 I 2 Nr. 4 LV, StGH, ESVGH 47, 1 (5 f.); VBlBW 1989, 92.

ben.[10] Eine Ausnahme vom Antragsprinzip gilt für einstweilige Anordnungen, die von Amts wegen ergehen können.[11] Voraussetzung ist jedoch, dass ein Hauptsacheantrag anhängig ist (näher → Rn. 174). Weitere Ausnahmen von der aus dem Antragsprinzip fließenden **Dispositionsmaxime** ergeben sich aus der Möglichkeit, den Entscheidungsausspruch auf nicht angegriffene Vorschriften zu erweitern (§ 50 S. 2, 59 II VerfGHG) und von obiter dicta[12] sowie dem Umstand, dass verfassungsgerichtliche Verfahren immer auch objektiv-rechtliche Bedeutung haben („**doppelte Rechtsschutzfunktion**").[13] Daher kann der VerfGH ausnahmsweise über Organstreitverfahren,[14] abstrakte Normenkontrollen,[15] kommunale Normenkontrollen[16] oder gar Verfassungsbeschwerden entscheiden, die zurückgenommen[17] oder für erledigt erklärt wurden,[18] aber auch, wenn der Beschwerdeführer im Laufe des Verfahrens verstorben[19] war.[20] Auch über konkrete Normenkontrollanträge kann der VerfGH ausnahmsweise trotz Erledigung des Ausgangsverfahrens – etwa durch Tod eines dort Beteiligten – entscheiden, wenn hierfür ein gewichtiges objektives Bedürfnis besteht.[21] Eine Verfahrensbeendigung durch gerichtlichen **Vergleich** ist allein bei dem kontradiktorischen Organstreitverfahren möglich.[22]

4 Die Verfassungsrechtsprechung ist nach Art. 65 II u. 25 III 2 LV **unabhängigen Richtern** anzuvertrauen. Dies wird durch die Inkompatibilitätsregeln (Abs. 3 S. 6) unterstrichen und ist bei der Wahl (Abs. 3) und der Ausgestaltung der Gerichtsverfassung (Abs. 4) zu berücksichtigen. Auch das Verfahren muss dem eines Gerichtes iSv Art. 65 I LV entsprechen, dh der VerfGH ist an die Prozessgrundrechte gebunden,[23] insb. den Anspruch auf **rechtliches Gehör** bei Anhörung Beteiligter (Art. 2 I LV iVm 103 I GG) und das

---

10 *Häberle*, Verfassungsgerichtsbarkeit, 139 (151), 205 (217).
11 StGH, ESVGH 25, 31 (32); der VerfGH ist an die Fassung der Eilanträge nicht gebunden.
12 BVerfGE 40, 296; 121, 317; krit. *Bryde* in: FS Papier, 493.
13 BVerfGE 33, 247 (259); 45, 63 (74 f.); *Häberle*, Verfassungsgerichtsbarkeit, 71 (84 ff.).
14 StGH, B. v. 28.11.2013 – 1 GR 7/13 – Homepage VerfGH: Einstellung nach außergerichtlichem Vergleich; NdsStGH, B. v. 20.9.2016 – StGH 5/15 -; BVerfGE 24, 299 f.; 83, 175 (181).
15 StGH, B. v. 28.5.1996 – GR 1/92: Einstellung nach Rücknahme; BVerfGE 1, 396 (414).
16 StGH, VBlBW 1995, 90; ESVGH 51, 22 f.
17 BVerfGE 98, 218 (242 f.) zur „Rechtschreibreform"; VerfGH, B. v. 12.9.2017 – 1 GR 3/17 – juris: Einstellung mangels objektiver Bedeutung; LVerfG SchlH, B. v. 21.9.2017 – LVerfG 4/17 – juris.
18 StGH, VBlBW 1995, 90; B. v. 28.11.2013 – 1 GR 7/13 – Homepage VerfGH.
19 BVerfGE 124, 300 (318 f.).
20 Davon zu unterscheiden sind Fälle, in denen ein schutzwürdiges Rechtsschutzinteresse bei einer Verfassungsbeschwerde trotz Erledigung des Begehrens (StGH, Justiz 2015, 91) oder bei Organstreit trotz Zusammentritt eines neuen Landtags (§ 24 S. 2 VerfGHG) fortbesteht, StGH, ESVGH 27, 1; VBlBW 1990, 51; ESVGH 62, 9 (13).
21 BVerfGE 142, 313 (334 ff.).
22 *Voßkuhle* in: v. Mangoldt/Klein/Starck, Art. 93 Rn. 21; *Papier*, ZRP 2002, 134; bei Verfassungsbeschwerden kann nur außergerichtliche Einigung angeregt werden, die zur Rücknahme führt: BVerfGE 104, 310; 106, 210; ähnliches Vorgehen bei Organstreit: StGH, B. v. 28.11.2013 – 1 GR 7/13 – Homepage VerfGH.
23 BVerfGE 40, 356 (360); 131, 230 (233).

Recht auf den **gesetzlichen Richter** (Art. 2 I LV iV 101 I 2 GG) bei der Wahl der Verfassungsrichter,[24] der Anwendung der Vorschriften über die Befangenheit und den Ausschluss, bei der Anwendung der Vertretungsregeln, bei der Bestellung von Kammern durch einen Geschäftsverteilungsplan oder bei der Zuständigkeitsabgrenzung zwischen Kammer und Plenum. Ob die Garantie effektiven Rechtsschutzes nach **Art. 67 I LV** für das verfassungsgerichtliche Verfahren gilt, ist umstritten. Jedenfalls sollten die geschaffenen verfassungsgerichtlichen Rechtsschutzmöglichkeiten im Lichte von Art. 67 I ausgelegt werden (näher → Art. 67 Rn. 35).

Der VerfGH ist nicht nur ein Gericht, sondern – wie das BVerfG[25] und die übrigen Landesverfassungsgerichte – zugleich ein **eigenständiges Verfassungsorgan**.[26] Er leitet wie der Landtag und die Regierung seine Existenz und Kompetenzen unmittelbar aus der LV ab, spielt im Mit- und Gegeneinander der Verfassungsorgane eine Rolle und wirkt damit in seiner Funktion als Gericht am Prozess der Staatswillensbildung mit.[27] Die Stellung als Verfassungsorgan hat **Bedeutung für die Gesetzgebungskompetenz**. Denn als Teil des eigenständigen Verfassungsraumes des Landes unterliegen weder sein Verfahren noch die Statusrechte und -pflichten seiner Richter der Gesetzgebungskompetenz des Bundes nach Art. 74 I Nr. 1, 27 u. 98 GG.[28] Das Land hat insoweit die ausschließliche Gesetzgebungskompetenz.

Darüber hinaus folgt aus der Verfassungsorganeigenschaft, dass der VerfGH bei der Wahrnehmung seiner Funktion – außer von den verfassungsrechtlich vorgesehenen Einwirkungsmöglichkeiten[29] – **nicht von anderen Verfassungsorganen abhängt**. Auch wenn der VerfGH nach der Bekanntmachung über die Abgrenzung der Geschäftsbereiche der Landesregierung idFv 26.7.2016 (GBl. 456) beim Staatsministerium ressortiert, heißt das nicht, dass er dessen Aufsicht unterläge. Die Bekanntmachung regelt lediglich, welches Ministerium regierungsintern für die Angelegenheiten des VerfGH zuständig ist, zB für Gesetzesvorlagen zur Änderung des VerfGHG. Dementsprechend ist es folgerichtig, dass mit dem Haushaltsgesetz 2015/2016 für den VerfGH erstmals ein vom Haushalt des Staatsministeriums **eigenständiger Einzelplan** aufgestellt wurde. Der VerfGH hat seitdem wie der Landtag und der Rechnungshof das Recht zur Erstellung eines sog. „Gegenhaushalts",[30] dh sein Präsident verhandelt mit dem Landtag über seine Finanzierung. Die haushaltsmäßige Abhängigkeit des VerfGH vom StM war in der Vergangenheit bereits früh zu Recht kritisiert

---

24 BVerfGE 82, 286 (296); HessStGH, NVwZ 2015, 55 zur Selbstüberprüfung der Richterwahl.
25 Art. 92 GG, § 1 BVerfGG, Statusdenkschrift des Plenums des BVerfG, JöR N.F. 6 (1957), 144 ff.; *Burkiczak* in: ders./Dollinger/Schorkopf, § 1 Rn. 47 ff.
26 LReg in LT-Drs. 15/5960, 14; StGH, B. v. 6.5.2001 – GR 4/01 – unveröff.
27 *Feuchte* in: ders., Art. 68 Rn. 11; *Starck in:* HStR § 130, Rn. 10 ff.; krit. zu „Staatsleitung": *Benda/E.Klein* in: Benda/Klein, § 4 Rn. 113.
28 BVerfGE 96, 345 (368 f.); 60, 175 (209); 103, 332 (350).
29 Wahl der Mitglieder (Art. 68 III LV), der Erlass von Verfahrensrecht (Art. 68 IV LV) u. die Finanzierung durch das Haushaltsgesetz (Art. 79 II LV).
30 §§ 28 II, 29 III LHO idF des Haushaltsbegleitgesetzes 2015/2016 (GBl. 2015, 1030, 1031), LT-Drs. 15/5960, 13 f.

worden,[31] allerdings hat dies in der Praxis zu keinen Ingerenzen geführt.[32] Damit ist die dem VerfGH – dh nach § 1 I VerfGHGO seinem Präsidenten – schon immer zustehende **Sach- und Personalhoheit** in finanzieller Hinsicht abgesichert. Aus der Personalhoheit folgt insb. das Recht, die **wissenschaftlichen Mitarbeiter** (§ 3 VerfGHGO) und sonstigen Bediensteten selbst auswählen zu können. Der VerfGH kann oberste Dienstbehörde iSv § 3 II LBG und der Präsident kann Dienstvorgesetzter und Vorgesetzter iSv § 3 III, IV LBG sein. Soweit § 2 VerfGHGO die Einrichtung einer **Geschäftsstelle** vorsieht, die vom OLG Stuttgart unterstützt wird, muss beachtet werden, dass der VerfGH verfassungsrechtlich auch hier über die Personalhoheit verfügen muss. Bei einem mit einem „einfachen" Gericht geteilten Bediensteten ist der Präsident des VerfGH für den für den VerfGH zu leistenden Teil der Tätigkeit des Bediensteten Dienstvorgesetzter (§ 3 III, 4 I, 24 LBG), dh es bedarf der gemeinsamen Dienstaufsicht mit den anderen Dienstvorgesetzten.[33] Die als wissenschaftliche Mitarbeiter abgeordneten Richter unterliegen dagegen weiterhin nach § 8 LRiStAG iVm §§ 3 II, III, 4 I, 25 I 1 LBG der Dienstaufsicht der bisherigen Dienstvorgesetzten.[34] Bezüglich ihrer Tätigkeit am VerfGH sind sie jedoch nach § 3 I 2 VerfGHGO den Weisungen des Präsidenten und des Berichterstatters unterworfen, die insoweit Vorgesetzte sind. Der VerfGH verfügt derzeit über 1,5 Planstellen für Beamte[35] sowie über Mittel, um als wissenschaftliche Mitarbeiter zwei abgeordnete Richter der Besoldungsgruppe R 2 beschäftigen zu können.[36]

7 Aus der Verfassungsorganeigenschaft folgt an sich bereits die Befugnis, sich eine Geschäftsordnung zu geben. Da jedoch nach Art. 68 IV LV das Nähere zum VerfGH durch Gesetz zu regeln ist, ermächtigt § 29 VerfGHG diesen, das Verfahren und den Geschäftsgang im Übrigen durch eine **Geschäftsordnung** auszugestalten.[37] Die jüngste VerfGHGO v. 7.12.2015 (GBl. 1174) regelt die Organisation, die Mitwirkung der Mitglieder, wozu auch die Zusammensetzung der Kammern nach §§ 17 II, 58 IV, 61 III VerfGHG gehört, und enthält ergänzende Verfahrensvorschriften.

2. Verhältnis zur Bundesverfassungsgerichtsbarkeit

a) Zuständigkeitsabgrenzungen

8 In dem föderativ gestalteten Bundesstaat des GG stehen die Verfassungsbereiche des Bundes und der Länder **grds. selbstständig nebeneinander**. Dies gilt auch für die Verfassungsgerichtsbarkeiten.[38] Das GG setzt das Be-

---

31 *Feuchte* in: Spreng/Birn/Feuchte, Art. 68 Nr. 9 aE, *Feuchte* in: ders., Art. 68 Rn. 12; *Starck*; in: HStR, § 130 Rn. 19 f.
32 *Stilz*, VBlBW 2016, 499 (500).
33 *Starck* in: HStR, § 130 Rn. 22 ff.; *Burkiczak* in: ders./Dollinger/Schorkopf, § 1 Rn. 48.
34 Zur dienstlichen Beurteilung: § 5 LRiStAG, Nr. 2.5.2 VwV des Justizministeriums über die dienstliche Beurteilung von Richterinnen und Richtern und Staatsanwältinnen und Staatsanwälten v. 11.9.2015 (Die Justiz 255); es handelt sich um eine Abordnung außerhalb des Geschäftsbereichs des Justizministeriums.
35 Davon eine Planstelle A 12 und eine halbe Planstelle A 8.
36 LT-Drs. 15/2153 11 f.
37 *Starck* in: HStR, § 130 Rn. 25 f.
38 BVerfGE 96, 345 (368 f.); 103, 332 (350).

stehen einer Landesverfassungsgerichtsbarkeit voraus.[39] Allerdings lässt es zu, dass die Länder sich die Einrichtung eines eigenen Gerichtes „sparen" und das BVerfG im Wege der Organleihe zum Landesverfassungsgericht bestimmen (Art. 99 Alt. 1 GG).[40]

Gegenstand eines Verfahrens vor dem VerfGH kann **nur ein Akt der Landesstaatsgewalt** sein.[41] Bei der Auslegung des Umfangs von Rechten und Pflichten aus der LV kann jedoch Bundesrecht zu beachten sein.[42] Dagegen kann der VerfGH Rechtsnormen des Bundes nicht am Maßstab der LV überprüfen. Vielmehr würde im Falle der Kollision das Bundesrecht die LV brechen (→ Rn. 18). Auch für Entscheidungen von Bundesbehörden oder -gerichten steht dem VerfGH keine Rechtsprechungsgewalt zu.[43] Daher können **Entscheidungen der Gerichte des Landes, die Akte der Bundesstaatsgewalt** – etwa einen Verwaltungsakt einer Bundesbehörde – **zum Gegenstand haben**, insoweit nicht kontrolliert werden, als es um die Verfassungsmäßigkeit dieser Akte des Bundes geht.[44] Soweit später im Rechtsmittelzug ein **Bundesgericht den Streitgegenstand** des Verfahrens rechtlich schon **geprüft** und in der Sache bestätigt hat, ist die Gerichtsbarkeit des VerfGH ebenfalls nicht mehr eröffnet, weil hier die Beschwer im Kern nicht mehr durch Landesstaatsgewalt bewirkt wird.[45] Soweit jedoch die Verletzung spezifischer Landesgrundrechte geltend gemacht wird, bleibt eine Überprüfung möglich, weil diese für das Bundesgericht kein Prüfungsmaßstab sein konnten.[46] 9

Dagegen darf die **Anwendung von Bundesrecht** durch Gerichte des Landes vom VerfGH überprüft werden, soweit das Bundesrecht keine zwingenden Vorgaben enthält, sondern Spielraum für die Berücksichtigung von Landesgrundrechten lässt.[47] Vom BVerfG geklärt ist, dass die Anwendung von Bundes*prozess*recht durch ein Landesverfassungsgericht geprüft werden kann, wenn (1.) sich die Beschwer aus der landesrechtlichen Entscheidung ergibt (s. soeben), wenn (2.) ein bundesrechtlich eingeräumter Rechtsweg erschöpft wurde[48] und wenn (3.) die Prüfung am Maßstab der Grundrech- 10

---

39 Art. 100 I, III, 93 I Nr. 4, 4 b GG; BVerfGE 96, 345; *Pestalozza* in: HGR, § 86 Rn. 24.
40 So bis Mai 2008 in SchlH; BVerfGE 1, 208 (218); 103, 332 (344 f.); 120, 82 (101).
41 BVerfGE 96, 345 (371); StGH, LVerfGE 26, 3 (13 f.); 26, 25 (42 ff.); *Klein* in: Benda/Klein, Rn. 42; *Voßkuhle* in: v. Mangoldt/Klein/Starck, Art. 93 Rn. 69.
42 StGH, ESVGH 35, 161, 163.
43 Zu Gerichtsentscheidungen: StGH, LVerfGE 26, 3 (13); BayVerfGH, NVwZ-RR 2010, 132; zu Bundesbehörden: BbgVerfG, B. v. 19.6.2015 – 11/15 EA – juris, Rn. 9.
44 BbgVerfG, B. v. 17.7.2015 – 53/15 – juris, Rn. 15 nur bzgl. Beachtung der Prozessgrundrechte; offen: VerfGH, B. v. 8.3.2016 – 1 VB 8/16 – juris, Rn. 2.
45 BVerfGE 96, 345 (371); StGH, LVerfGE 26, 3 (13 f.); VerfGH, Justiz 2017, 90; BayVerfGH, BayVBl. 2010, 16 u. 561; BerlVerfGH, LVerfGE 10, 51 (56); SaarlVerfGH, DÖV 2006, 261; ThürVerfGH, DVBl. 2011, 688; VerfGH Rh-Pf, NVwZ 2002, 78; erst recht gilt dies nach einer Zurückverweisung: StGH, LVerfGE 26, 25 (43).
46 StGH, LVerfGE 26, 25 (45 f.).
47 BVerfGE 96, 345 (365 f.); StGH, Justiz 2014, 9; VerfGH Rh-Pf, U. v. 11.7.2005 – VGH N 25/04 – juris, Rn. 34 f. u. 40; ThürVerfGH, NVwZ 2016, 1320 f.; HessStGH, U. v. 10.5.2017 – P.St. 2545 – juris; *Klein* in: Benda/Klein, Rn. 48; *Schlaich/Korioth*, Das Bundesverfassungsgericht, Rn. 352; zu EU-Recht s. u. Rn. 23.
48 Keine Ausnahme möglich: § 55 II 3 VerfGHG; VerfGH, Justiz 2016, 447.

te der LV zu gleichen Ergebnissen kommt wie eine hypothetische Prüfung an den Grundrechten des GG.[49] Entsprechendes muss aber auch für die Anwendung von *materiellem* Bundesrecht gelten.[50] Dies setzt ebenfalls voraus, dass das materielle Bundesrecht Anwendungsspielräume lässt, etwa im Rahmen eines Ermessens oder Beurteilungsspielraums. Dagegen kann wegen des Vorrangs von Bundesrecht die Auslegung von Bundesrecht durch die Gerichte des Landes nicht am Maßstab der LV kontrolliert werden,[51] auch wenn die Abgrenzung von Auslegung und Anwendung im Einzelfall schwierig sein mag. Denn durch die Auslegung von Bundesrecht entsteht ein bundesrechtlicher Rechtssatz, der nicht vom jeweiligen Landesrecht abhängen kann.[52] **Soweit Landesrecht zwingende Vorgaben einer bundesrechtlichen Norm umsetzt,** die keinen Spielraum lässt,[53] kann der VerfGH die landesrechtliche Norm ebenfalls nicht an der LV messen.[54] Dagegen kann das BVerfG als rechtlich überlegenes Bundesgericht im Grundsatz über Akte der Bundes- und der Landesstaatsgewalt entscheiden.

11 Zur Wahrung des eigenständigen Verfassungsraums der Länder fehlt dem BVerfG allerdings für einige typisch landesverfassungsrechtliche Streitfälle die Entscheidungskompetenz. So ist der **VerfGH ausschließlich zuständig** für die Anfechtung von Wahlprüfungsentscheidungen des Landtags (Art. 31 II LV). Auch eine Verfassungsbeschwerde zur Geltendmachung der Wahlrechtsgrundsätze gegenüber dem Land ist nur dort zulässig.[55] Entsprechendes gilt für die Verfahren nach dem VAbstG. Auch die Ministeranklage und eine Vorwurfskontrolle nach Art. 57 LV sowie die Abgeordnetenanklage nach Art. 42 LV sind nur beim VerfGH möglich. Das Verfahren einer vorbeugenden Normenkontrolle des Art. 64 I 3 LV ist dem GG unbekannt. Soweit die Zuständigkeiten für einen Organstreit (Art. 68 I 2 Nr. 1 LV) und die kommunale Normenkontrolle (Art. 76 LV) reichen, ist auch insoweit der VerfGH allein zuständig.[56]

12 Dagegen ist eine Anklage von Richtern des Landes nur beim BVerfG zulässig (Art. 98 V 3 GG, 66 II LV). Über ein Parteiverbot nach Art. 21 II GG entscheidet **allein das BVerfG,** auch wenn es sich bei Art. 21 GG um Landesverfassungsrecht[57] und bei der betroffenen Partei um einen Landesver-

---

49 BVerfGE 96, 345 (371 ff.); Ergebnisgleichheit wird zB durch Übernahme der Maßstäbe des BVerfG gewährleistet: VerfGH, VBlBW 2016, 241.
50 BVerfG bisher offen; wie hier: StGH, LVerfGE 26, 65 (75); BerlVerfGH, NJW 1999, 77; BbgVerfGH, LKV 2011. 124.; ThürVerfGH, B. v. 3.5.2017 – VerfGH 52/16 – juris, Rn. 46 f.; BayVerfGH, BayVBl. 2011, 530, prüft nur die Beachtung des Willkürverbots; allg. *Rozek* in: HGR, § 85 Rn. 39 ff.; *Klein* in: Benda/Klein, Rn. 51.
51 BVerfGE 96, 345 (372): Prüfungskompetenz bezieht sich nur auf die Anwendung.
52 ThürVerfGH, NVwZ 2016, 1320 f., in diese Richtung, aber iE offen: VerfGH, Justiz 2016, 344; aA *Baldus*, Sondervotum zu ThürVerfGH NVwZ 2016, 1320 (1323 ff.).
53 ZB kann bei Verordnungsermächtigung Spielraum bestehen: BVerfGE 18, 407 (418 f.).
54 VerfGH Rh-Pf, U. v. 11.7.2005 – VGH N 25/04 – juris, Rn. 34 f., 40.
55 BVerfGE 99, 1 (8 ff.): Eine abstrakte oder konkrete Normenkontrolle ist bzgl. der objektiv-rechtlichen Wahlrechtsgrundsätze des Art. 28 I 2 GG beim BVerfG möglich.
56 Zu Auffangkompetenzen des BVerfG sogleich → Rn. 13 f.
57 StGH, VBlBW 1981, 136 (144); BVerfGE 120, 82 (104).

band handelt.[58] Entscheidungen des BVerfG über die Verwirkung von Grundrechten (Art. 18 S. 2 GG) gelten auch für die Landesgrundrechte.[59] Ein Verfahren zur Feststellung der Verwirkung allein der Landesgrundrechte ist derzeit nicht normiert.[60] Bund-Länder-Streitigkeiten u. Zwischenländerstreitigkeiten können nach ihrer Natur nach nur vom BVerfG entschieden werden (Art. 93 I Nr. 3, 4 GG).

Darüber hinaus ist das **BVerfG subsidiär** zuständig **für Verfassungsorganstreitigkeiten innerhalb eines Landes**, die es am Maßstab der jeweiligen LV entscheidet (Art. 93 I Nr. 4 Alt. 3 GG). Dies gilt nach der wegen der Eigenständigkeit der Verfassungsräume kritisch zu sehenden[61] Rechtsprechung des BVerfG nicht nur, wenn ein Land gar kein Organstreitverfahren kennt,[62] sondern auch dann, wenn es den Kreis der Antragsberechtigten enger zieht als § 71 I Nr. 3 BVerfGG.[63] Anders als beim Bundesorganstreit (§ 64 BVerfGG) erstreckt sich der subsidiäre Verfassungsrechtsschutz nicht auf die Möglichkeit von Minderheiten im Wege der Prozessstandschaft Rechte des Organs, dem sie angehören, geltend machen zu können (§ 71 I Nr. 3 BVerfGG).[64] 13

Eine **Reservekompetenz des BVerfG** besteht auch bei Verletzung **der kommunalen Selbstverwaltungsgarantie** des Art. 28 GG durch Landesgesetze (**Art. 93 I Nr. 4 b GG**). Diese Kompetenz kommt in BW zum Teil zum Zuge. Nach **Art. 76 LV** ist eine **kommunale Normenkontrolle** nur gegen formelle Gesetze vorgesehen.[65] Soll eine **Rechtsverordnung** angegriffen werden, ist dies nur mit einer Kommunalverfassungsbeschwerde nach Art. 93 I Nr. 4 b GG zum BVerfG möglich, wobei zuvor der Rechtsweg nach § 47 VwGO zu erschöpfen ist.[66] 14

Eine **alternative oder** gar **kumulative Zuständigkeit** besteht bei den Verfahren der **abstrakten**[67] und der **konkreten Normenkontrolle**.[68] Landesrecht bzw. Landesgesetze, die der VerfGH am Maßstab der LV misst, können in diesen Verfahren auch vor das BVerfG gebracht werden, das jedoch das 15

---

58 BVerfGE 47, 130 (139); zum Parteibegriff: § 2 I ParteiG.
59 Art. 2 I LV; *Braun*, Art. 2 Rn. 9; *Dürig/Klein* in: Maunz/Dürig, Art. 18 Rn. 145.
60 Art. 2 I LV soll zwar auf Art. 18 GG verweisen (*Hollerbach* in: Feuchte, Art. 2 Rn. 9, *Braun*, Art. 2 Rn. 11); aber es ist unklar, ob das BVerfG oder der VerfGH zuständig sein soll (*Feuchte* in: ders., Art. 68 Rn. 19); im VerfGHG finden sich keine Ausführungsvorschriften. Eine Zuweisung an das BVerfG wäre zulässig (Art. 99 GG), aber § 36 ff., 73 ff. BVerfGG passen bisher nicht (*Birn* in: Spreng/Birn/Feuchte, Art. 2 Nr. 3 h).
61 *Voßkuhle* in: v. Mangoldt/Klein/Starck, Art. 93 Rn. 159.
62 BVerfGE 102, 224 (231).
63 BVerfGE 4, 375 (377): nach der damaligen Rspr. des StGH waren Parteien nicht antragsberechtigt; BVerfGE 6, 367 (371 f., 374) drängte den StGH zur Änderung der Rspr.; zu anderen Ländern: BVerfGE 27, 10 (17); 62, 194 (199); 93, 195 (202); 102, 245 (250 f.).
64 BVerfGE 60, 319 (325 f.).
65 StGH, ESVGH 27, 185; *Braun*, Art. 76 Rn. 9; *Sander* in: Feuchte, Art. 76 Rn. 3; ausführlich zum Subsidiaritätsverhältnis: *Dietlein/Peters*, Kommunale Selbstverwaltung, 47 ff.; BVerfG, U. v. 21.11.2017 – 2 BvR 2177/16 – juris Rn. 50 ff.: auch wenn Art. 71 LV hinter Art. 28 II GG zurückbliebe.
66 BVerfGE 107, 1 (8 ff.); 76, 107 (115 f.).
67 BVerfGE 9, 268 (278).
68 BVerfGE 2, 380 (388); 17, 172 (179 f.); 23, 353 (364 f.); 34, 52 (58).

GG als Maßstab anwendet. Hält eines der Gerichte die Norm für verfassungswidrig oder nichtig, wird die Vorlage an das andere Gericht gegenstandslos.[69] Für die abstrakte Normenkontrolle entfällt in diesem Fall das Klarstellungsinteresse.[70] Stellt eines der Verfassungsgerichte keine Verfassungsverletzung fest, ist das andere nicht gehindert eine solche zu erkennen.[71] Bei vorkonstitutionellen Landesgesetzen ist wegen Art. 88 LV eine konkrete Normenkontrolle jedoch nur beim VerfGH möglich und aufgrund des verfassungsgerichtlichen Verwerfungsmonopols erforderlich.[72]

16 Die Landesverfassungsbeschwerde steht in einem hinkenden Alternativverhältnis zur Bundesverfassungsbeschwerde. Nach § 55 I VerfGHG ist die **Landesverfassungsbeschwerde subsidiär** (→ Rn. 161 f.). Demgegenüber ist es grds. möglich, dass eine Entscheidung des VerfGH **nachfolgend** selbst mit einer **Verfassungsbeschwerde zum BVerfG** angegriffen wird. Soweit sich diese auch gegen die beim VerfGH gegenständlichen Ausgangsakte wendet, ist bei der Frist des § 93 BVerfGG zu beachten, dass ihr Ablauf durch die Landesverfassungsbeschwerde nicht gehindert wird. Die Landesverfassungsbeschwerde gehört nicht zum Rechtsweg nach § 90 Abs. 2 BVerfGG.[73] Nach Abschluss des Verfahrens vor dem VerfGH ist die Frist des § 93 BVerfGG in aller Regel abgelaufen. Eine Rechtswegdoppelung ist mit Blick auf die Ausgangsakte praktisch ausgeschlossen. Jedoch gehören die Entscheidungen der Landesverfassungsgerichte selbst zur öffentlichen Gewalt iSv Art. 93 I Nr. 4 a GG.[74] Sie dürfen sich nicht in Widerspruch zum GG setzen.[75] In Betracht kommt dies nicht nur, aber vor allem, wenn die Verletzung von Justizgrundrechten gerade durch das Verfahren vor dem VerfGH geltend gemacht werden soll.[76] Dies setzt jedoch voraus, dass die Ausgangsstreitigkeit den Landesverfassungsgerichten nicht zur abschließenden Entscheidung überlassen ist. Dies ist der Fall, wenn es um die **Verletzung verfassungsrechtlicher Funktionen** geht, wie in einem Organstreit, einer kommunalen Normenkontrolle oder einer Wahlprüfungsbeschwerde, oder wenn das Gesetzesinitiativrecht eines Volksbegehrens oder -antrags nach Art. 59 I Alt. 3, 4 LV im Streit steht. Hier, entscheidet der VerfGH endgültig.[77] In solchen Fällen kann nach der nicht ganz außer Zweifel stehenden Auffassung des BVerfG auch eine **Verletzung der Justizgrundrechte durch den VerfGH** nicht geltend gemacht werden, solange der

---

69 ZB die Vorlage des ThürOLG, B. v. 21.8.2007 – 9 W 258/07 – juris an das BVerfG nach ThürVerfGH, LKV 2010, 558; *Voßkuhle* in: v. Mangoldt/Klein/Starck, Art. 93 Rn. 75 f.
70 BbgVerfG, U. v. 25.5.2016 – 51/15 – juris, Rn. 168; BVerfGE 119, 394 (409 f.).
71 BVerfGE 36, 342 (368 f.); 69, 112 (116 f.).
72 S. → Art. 88 Rn. 1, → Art. 25 Rn. 40; BVerfGE 4, 178 (188).
73 § 90 III BVerfGG; sie ist auch nicht wegen Subsidiarität geboten: BVerfG, NJW 1996, 1464; *Henke* in: Burkiczak/Dollinger/Schorkopf, § 90 Rn. 159, 246 f.
74 BVerfGE 13, 132 (140); 96, 231 (242); BVerfGK 8, 169; BVerfG, NVwZ-RR 2016, 521 f.; krit. *Ruppert/Schorkopf* in: Burkiczak/Dollinger/Schorkopf, § 90 Rn. 71.
75 BVerfGE 97, 298 (314 f.) im Hinblick auf eine Entscheidung des BayVerfGH, die grundlegend gegen Art. 5 I 2 GG verstieß; 42, 312 (325 f.) zu Art. 140 GG.
76 *Voßkuhle* in: v. Mangoldt/Klein/Starck, Art. 93 Rn. 79, zB BVerfGE 60, 175 (210 ff.); 69, 112 (120 ff.); NVwZ 1994, 59.
77 BVerfGE 96, 231 (242 ff.); NVwZ 1998, 387 f.; NVwZ 2004, 980; B. v. 8.7.2008 – 2 BvR 1223/08 – juris, Rn. 3; NVwZ-RR 2016, 521 f.

VerfGH dem Homogenitätsgebot aus Art. 28 I GG genügt.[78] Im Übrigen ist das BVerfG bestrebt, aufgrund der Verfassungsautonomie der Länder die Grundrechtsprüfung des VerfGH nicht durch eine eigene zu ersetzen.[79] Eine Nachprüfung der Vereinbarkeit von Landesrecht mit der LV durch das BVerfG über den Umweg des Art. 2 I GG („verfassungsmäßige Ordnung") findet nicht statt.[80] Vorschriften über **Landtags- und Kommunalwahlen** und hierzu ergangene Gerichtsentscheidungen werden vom BVerfG im Rahmen einer Verfassungsbeschwerde seit einer Rechtsprechungsänderung im Jahr 1998 nicht mehr im Hinblick auf die Einhaltung der Wahlrechtsgrundsätze überprüft. Denn für diese gilt Art. 38 GG nicht. Art. 28 I 2 GG verleiht dem Einzelnen keine subjektiven Rechte. Auch über Art. 3 I GG können die Wahlrechtsgrundsätze des Art 28 I 2 GG nicht mit der Verfassungsbeschwerde geltend gemacht werden. Die Allgemeinheit und Gleichheit der Wahl sind bei Wahlen auf Landesebene keine Ausprägungen des allgemeinen Gleichheitssatzes.[81] Wahlrechtsschutz gewähren hier allein die Landes(verfassungs)gerichte.

b) Abgrenzung der Entscheidungsmaßstäbe und Vorlagepflichten

Auf den ersten Blick ist die Abgrenzung der Entscheidungsmaßstäbe einfach. Der VerfGH entscheidet am Maßstab der LV und das BVerfG am Maßstab des GG. Jedes Verfassungsgericht darf im Tenor seiner Entscheidung nur eine **Vereinbarkeit oder Unvereinbarkeit mit „seiner" Verfassung feststellen**.[82] Eine Ausnahme gilt bei Entscheidungen des VerfGH über die Nichtzulassung eines Volksbegehrens oder Volksantrags, dessen Gegenstand kraft landesgesetzlicher Anordnung nicht nur der LV, sondern auch dem GG nicht widersprechen darf.[83]

17

Davon zu **unterscheiden** ist jedoch der Umstand, dass die staatliche Gewalt des Landes und damit der VerfGH nach Art. 25 II LV sowie 1 III, 20 III u. 31 GG auch **an die Rechtsordnung des Bundes gebunden** ist.[84] Daraus sowie aus Art. 100 I, III GG folgt die Befugnis, Bundesrecht, das im Rahmen eines Verfahrens vor dem VerfGH von Bedeutung ist, prüfen zu dürfen.[85] Eine **Verwerfung von Landesrecht am Maßstab des Bundesrechts** ist dem VerfGH jedoch grds. versagt (**Art. 100 I GG**). Kommt es in einem Verfahren des VerfGH *entscheidungserheblich*[86] auf die Gültigkeit von Landes- oder Bundesrecht im Hinblick auf das GG oder sonstiges Bundesrecht an, ist der VerfGH zu einer Vorlage nach Art. 100 I GG verpflichtet. Eine Vor-

18

---

78 BVerfGE 96, 231 (242 ff.); krit. *Pestalozza* in: HGR, § 86 Rn. 81.
79 BVerfGK 8, 169; NVwZ 1994, 59; Ausnahmen: BVerfGE 42, 312; 97, 298.
80 BVerfGE 41, 88 (118 ff.); 60, 175 (209).
81 BVerfGE 99, 1 (7 ff.); Abweichung von der bisherigen Rspr., zuletzt BVerfGE 85, 148 (157).
82 BVerfGE 69, 112 (116 ff.); 36, 342 (368 f.); 103, 332 (349 f.); U. v. 21.11.2017 – 2 BvR 2177/16 – juris, Rn. 47.
83 §§ 29 I 1 Nr. 2, III u. 44 I 1 Nr. 2, III VAbstG; StGH, ESVGH 36, 161; s. Art. 23 Rn. 34.
84 BVerfGE 97, 298 (314 f.); 103, 332 (349 f.).
85 BVerfGE 69, 112 (117 f.); *Klein* in: Benda/Klein, Rn. 53; *Pestalozza* in: HGR, § 86 Rn. 3 ff.
86 Str., ob Entscheidungserheblichkeit vorliegen kann, wenn Maßstab allein die LV ist: bejahend: BerlVerfGH, NJW 1999, 47; verneinend: BayVerfGH, VerfGHE BY 42, 105.

lage kann auch die **Gültigkeit** einer Vorschrift **der LV** betreffen. Das GG wirkt v.a. über die Vorrangregeln in Art. 31 GG und Art. 142 GG auf die Gültigkeit der LV ein. Allerdings bricht das GG inhaltsgleiches Landesverfassungsrecht nicht.[87] Auch bleiben Landesgrundrechte in Kraft, die in Übereinstimmung mit Art. 1 bis 18 GG Grundrechte gewährleisten.[88] Im Übrigen stellt sich die Frage, wann eine **Kollision** der LV **mit Bundesrecht** – wozu selbst Rechtsverordnungen zählen können – vorliegt und ob dies zur scharfen Rechtsfolge des „Brechens" oder lediglich zu einer Verdrängung führt.[89] Insb. mit Blick auf zwingende Vorgaben aus einfachem Bundesrecht und dieses umsetzendes Landesrecht liegt es nahe anzunehmen, dass die LV aufgrund der Gliedstaatlichkeit des Landes (Art. 23 II LV) für diese Fälle nicht gelten will, so dass eine Kollision mit der Folge des Art. 31 GG nicht besteht.[90] Im Übrigen bezieht sich die Gerichtsbarkeit des VerfGH nicht auf solche Rechtsakte (→ Rn. 9).

19 In die LV sind aufgrund unterschiedlicher Regelungstechniken auch Normen des GG einbezogen. Durch **Art. 2 I LV** werden die im GG festgelegten Grundrechte und staatsbürgerlichen Rechte aufgrund eines dynamischen Verweises zu unmittelbaren Bestandteilen der LV (→ Art. 2 Rn. 13 ff.).[91] Des Weiteren gelten bestimmte Normen des GG als „**Bestandteilsnormen**" der LV, zB Art. 21 GG (→ Art. 23 Rn. 13). Kein Bestandteil der LV sind Normen des GG, die lediglich für das Land oder in ihm gelten und mehr oder weniger Spielraum lassen, wie Art. 28 I, II oder 34 GG (weitere Bsp. s. → Art. 23 Rn. 11 f.). Auch die Regelungen der Gesetzgebungskompetenzen in **Art. 70 ff.** GG sind **kein Bestandteil der LV** (→ Art. 23 Rn. 13). Lediglich über die in **Art. 25 II LV** angeordnete **Gesetzesbindung** und das Gebot der Rechtsanwendungsgleichheit aus Art. 2 LV i Vm 3 I GG kann sich bei einer offenkundigen und schwerwiegenden Verletzung von Bundesrecht eine Verletzung von Normen der LV ergeben, die zu einer Beanstandung durch den VerfGH führt (→ Art. 25 Rn. 32).

20 Die LV und Normen des GG, die wie über die Transformation des Art. 2 I oder als Bestandteilsnormen zum Rechtskreis der LV gehören, können vom VerfGH **eigenständig ausgelegt** werden.[92] Gleichwohl orientiert sich der VerfGH bei der Auslegung der LV in der Praxis häufig an der Rechtsprechung des BVerfG. Lediglich soweit als Vorfrage einer Entscheidung des VerfGH – insb. mit Blick auf das Homogenitätsgebot (Art. 28 I GG) oder die von Art. 142 GG für die Geltung landesrechtlicher Grundrechte gezogenen Grenzen sowie zur Bestimmung des Vergleichsmaßstabs des GG bei

---

87 BVerfGE 36, 342 (360 ff.).
88 Art. 142 GG, *Maurer* in: HGR, § 82 Rn. 45 ff.; *Grawert* in: HGR, § 81 Rn. 59 ff.
89 Eine Kollision liegt vor, wenn Regelungen des Bundes- und Landesrechts auf denselben Sachverhalt anwendbar sind u. es bei ihrer Anwendung zu verschiedenen Ergebnissen kommt; in diesem Fall für Derogation: BVerfGE 96, 345 (364); *Dreier* in: ders., Art. 31 Rn. 32–43; *März* in: v. Mangoldt/Klein/Starck, Art. 31 Rn. 47 f.; für bloßes Verdrängen: *Menzel*, Landesverfassungsrecht, 201 f.; *Maurer* in: HGR, § 82 Rn. 69; wohl auch VerfGH Rh-Pf, U. v. 11.7.2006 – VGH N 25/04 – juris, Rn. 34 ff.
90 *Wermeckes*, DÖV 2002, 110; VerfGH Rh-Pf, U. v. 11.7.2006 – VGH N 25/04 – juris, Rn. 34 ff., kann so verstanden werden.
91 StGH, U. v. 17.6.2014 – 1 VB 15/13 – juris, Rn. 300; StGH, ESVGH 11/II 3.
92 StGH, U. v. 17.6.2014 – 1 VB 15/13 – juris, Rn. 301.

der Prüfung der Verfassungsmäßigkeit der Anwendung von Bundesrecht durch Behörden oder Gerichte des Landes[93] – eine Auslegung des GG durch das BVerfG von Bedeutung ist, ist der VerfGH nach § **31 I BVerfGG** und Art. 31 GG an die Entscheidungen des BVerfG gebunden. Will er von der Auslegung des GG durch das BVerfG abweichen, ist er nach **Art. 100 III 3 Alt. 1 GG** zu einer Vorlage an dieses gehalten.[94] Eine Vorlage nach Art. 100 III GG ist auch geboten, wenn der VerfGH von einer Entscheidung des Verfassungsgerichts eines anderen Landes über die Auslegung des GG abweichen will. Voraussetzung für Vorlagen ist die Entscheidungserheblichkeit der Frage. Das BVerfG prüft nicht, ob das Verfahren vor dem VerfGH, das zur Divergenzvorlage geführt hat, unzulässig ist. Der VerfGH kann zwischen einer Vorlage nach Art. 100 I o. III GG im Rahmen der unterschiedlichen Zielrichtungen der beiden Verfahren wählen.[95]

3. Verhältnis zu EGMR und EuGH

Entscheidungen des VerfGH können nach Erschöpfung der innerstaatlichen Rechtsmittel mit einer **Individualbeschwerde** nach Art. 34 f. EMRK **beim EGMR** angegriffen werden. Zur Erschöpfung des innerstaatlichen Rechtswegs ist nach einer Entscheidung des VerfGH grds. noch eine Verfassungsbeschwerde zum BVerfG erforderlich.[96] Eine Ausnahme gilt, wenn für eine Frage keine Zuständigkeit des BVerfG besteht, wie bei Wahlprüfungsbeschwerden auf Länderebene.[97]

21

Die EMRK gilt in Deutschland im Rang eines einfachen Bundesgesetzes. Sie ist gleichwohl bei der Auslegung der Grundrechte und rechtsstaatlichen Grundsätze des GG zu berücksichtigen.[98] Da Art. 2 I LV die Grundrechte des GG in die LV transformiert,[99] ist die **EMRK** auch bei der **Auslegung der Landesgrundrechte** zu berücksichtigen. Dabei kommt ihr für die LV eine größere Verbindlichkeit als für das GG zu, weil sie als Bundesrecht Vorrang genießt (Art. 31 GG). Eine Nichtbeachtung der EMRK und der Rechtsprechung des EGMR kann darüber hinaus die Bindung der öffentlichen Gewalt an Gesetz und Recht (Art. 25 II LV) verletzen, was in Verbindung mit einem Grundrecht der LV gesondert gerügt werden kann.[100] Die Einzelheiten der Bindung der EMRK iRd der LV sind jedoch vom VerfGH noch nicht geklärt.

22

Das **Unionsrecht,** wozu auch die EU-GRCh gehört, gilt mit Anwendungsvorrang vor deutschem Recht und ist bei dessen Auslegung zu beachten.[101] Es ist jedoch grds. kein Maßstab für Entscheidungen des VerfGH. Jedoch

23

---
93 BVerfGE 96, 345; StGH, LVerfGE 26, 65 (75).
94 StGH, U. v. 17.6.2014 – 1 VB 15/13 – juris, Rn. 302; BVerfGE 69, 112 (117 f.); 345 (374 f.); BVerfGK 8, 169 ff.; *Bethge* in: Maunz/Schmidt-Bleibtreu, § 31 Rn. 102, 331 ff.
95 BVerfGE 36, 342 (356 f.); *Klein* in: Benda/Klein, Rn. 55.
96 EGMR, U. v. 29.9.2011 – 854/07 – juris, Rn. 34 ff.
97 *Schäfer* in: Karpenstein/Mayer, Art. 35 Rn. 26; EGMR, U. v. 28.1.2016 – 65480/10 „Partei Die Friesen".
98 BVerfGE 128, 326 (367 ff.).
99 StGH, U. v. 17.6.2014 – 1 VB 15/13 – juris, Rn. 300.
100 BVerfGE 111, 307.
101 *Ehlers* in: Schulze/Zuleeg/Kadelbach (Hrsg.), Europarecht, 3. Aufl. 2015, § 11 Rn. 41 ff.

kommt es in Betracht, dass ein Hoheitsakt des Landes, insb. eine Gerichtsentscheidung, offenkundig und schwerwiegend Unionsrecht und damit zugleich die landesverfassungsrechtliche Gesetzesbindung (Art. 25 II LV) sowie das Willkürverbot (Art. 2 LV I iVm 3 I GG) verletzt.[102] Im Rahmen einer Verfasungsbeschwerde kann aufgrund des Anwendungsvorrangs von Unionsrecht weiter fraglich sein, ob überhaupt ein Rechtsschutzinteresse für die Aufhebung der angegriffenen Norm besteht.[103] Bei einer konkreten Normenkontrolle ist aus dem gleichen Grund die Entscheidungserheblichkeit zweifelhaft.[104] Voraussetzung für eine Unzulässigkeit des landesverfassungsrechtlichen Verfahrens ist in beiden Fällen, dass das Eingreifen des Anwendungsvorrangs feststeht.[105] Unionsrecht selbst und seine Anwendbarkeit kann dagegen kein Gegenstand eines Verfahrens des VerfGH sein. Es ist kein Akt der Landesstaatsgewalt,[106] seine Anwendbarkeit beruht auf einem bundesrechtlichen Befehl (Art. 23 I GG). Soweit Landesrecht durch zwingende unionsrechtliche Vorgaben, etwa einer Richtlinie, determiniert ist, scheidet eine Überprüfung auch dieses Landesrechts am Maßstab der LV aus. Eine Entscheidung des VerfGH kommt nur in Betracht, soweit das betreffende Unionsrecht Spielräume lässt.[107] Der VerfGH ist jedoch berechtigt, über eine **Vorlage nach Art. 267** AEUV den Umfang seiner Spielräume klären oder die Gültigkeit eines Unionsrechtsakts, der seiner Entscheidung entgegensteht, vom EuGH prüfen zu lassen.[108]

II. Herkunft, Entstehung, Geschichte

24 Zwar gab es im Heiligen Römischen Reich Deutscher Nation mit dem Reichskammergericht und dem Reichshofrat bereits Gerichte, die über Konflikte zwischen Reichsoberhaupt und Ständen entschieden. Jedoch findet die **Idee** einer modernen Verfassungsgerichtsbarkeit, die vom Vorrang der Verfassung ausgeht, ihre Grundlage im Grundsatz der **Gewaltenteilung**.[109] Sie wurde mit diesem theoretischen Zusammenhang v.a. von *Emmanuel Joseph Sieyès*[110] in der französischen Revolution und in der US-amerikanischen Verfassung vorgedacht und zum Teil verwirklicht. Letztere sieht mit dem Supreme Court zwar keine getrennte Verfassungsgerichtsbar-

---

102 S. → Art. 23 Rn. 34 u. → Art. 25 Rn. 32; VerfGH Rh-Pf, U. v. 11.7.2005 – VGH N 25/04 – juris, Rn. 51; offen: BayVerfGH, NVwZ 2014, 141.
103 BVerfGE 110, 141 (155).
104 BVerfGE 106, 275 (294 f.); 116, 202 (214 f.).
105 Im Übrigen Wahlrecht bzgl. Vorlage nach Art. 267 AEUV o. 68 I 2 Nr. 3 LV iVm 100 I GG: BVerfGE 116, 202 (214 f.); *Hofmann*, Grundrechtsschutz, 573 (577 f.).
106 Auch nicht der deutschen Staatsgewalt: BVerfGE 118, 79 (95).
107 VerfGH Rh-Pf, U. v. 11.7.2005 – VGH N 25/04 – juris, Rn. 34 ff.; BVerfGE 102, 147 (164); 118, 79 (95 ff.);125, 260 (306 f.); 142, 74 (112 f.); der „Solange-Vorbehalt" kann wegen Art. 23 I GG nur vom BVerfG in Anspruch genommen werden; gleiches gilt für die weiteren Integrationsvorbehalte der nationalen Verfassungsidentität und der „ultra-vires-Kontrolle": BVerfGE 123, 267; 142, 123 (198 ff.).
108 ZB HessStGH, NVwZ 1997, 784.
109 *Wieland* in: Dreier, Art. 93 Rn. 1 ff.
110 *Riklin* in: FS Münkler, 353 (362 ff.); in seiner 2. Thermidorrede schlug *Sieyès* sogar eine Art Verfassungsbeschwerde vor.

[Verfassungsgerichtshof] Artikel 68

keit vor. Jedoch besitzt dieser nach der Entscheidung „Marbury vs. Madison" (1803) die Befugnis zur richterlichen Gesetzeskontrolle.[111]

Die Idee einer solchen Verfassungsgerichtsbarkeit wurde in die **VerfWü 1819** zumindest im Ansatz übertragen. Sie sah einen „StGH" vor, der aus zwölf je zur Hälfte vom König u. den Ständen bestimmten Richtern bestand. Er war zuständig für die Anklage von Ministern, aber auch von Mitgliedern der Stände.[112] In der **VerfBad 1818** wurde erst 1868 ein StGH mit der Ministeranklage als einzigem Verfahren geschaffen. Die **VerfHS 1833** kannte bei Verfassungsverletzungen nur einfachgerichtlichen Rechtsschutz; verfassungsrechtliche Auslegungsfragen sollte eine Juristenfakultät klären.[113] Demgegenüber sah die nicht in Kraft getretene PKV von 1849[114] für das Reichsgericht umfassende verfassungsgerichtliche Kompetenzen vor, wobei insb. die Individualverfassungsbeschwerde bei Verletzung von Rechten aus der Reichsverfassung heraussticht.[115]   25

Nach Abschaffung der Monarchie blieb die Verfassungsgerichtbarkeit in der **VerfBad 1919** weiter schwach („Embryonalform der Staatsgerichtsbarkeit").[116] Sie bestand aus einem StGH, der nur für Ministeranklagen zuständig war und zu mehr als 2/3 aus MdL bestand.[117] Die Rechtsprechungslücke wurde zum Teil durch den StGH des Reiches geschlossen.[118] Der StGH des **freien Volksstaates Württemberg** besaß nach der **VerfWü 1919** wie zuvor die Zuständigkeit für Ministeranklagen. Hinzu kamen die Wahlanfechtung und die Feststellung des Verlusts der Landtagsmitgliedschaft. Der WüStGH erhielt 1923[119] eine Zuständigkeit im Falle der Nichtzulassung eines Volksbegehrens sowie über die Anfechtung der Volksabstimmung. Damit verfügte er im Vergleich zu anderen Landesverfassungsgerichten – abgesehen vom BayStGH – über die meisten Befugnisse der Weimarer Zeit.[120] Der WüStGH bestand aus dem Präsidenten des OLG, vier weiteren vom OLG u. zwei vom VGH aus ihrer Mitte vorzuschlagenden sowie acht vom Landtag auszuwählenden Richtern.[121]   26

In den **nach 1945** gegründeten **drei Vorgängerländern** wurde jeweils ein StGH als Verfassungsgericht moderner Prägung eingerichtet. Nach der VerfLB gab es zusätzlich den Hohen StGH, der nur für Ministeranklagen zu-   27

---

111 *Dollinger* in: Burkiczak/Dollinger/Schorkopf, BVerfGG, 2015, § 80 Rn. 13 ff.; *Voßkuhle* in: v. Mangoldt/Klein/Starck, Art. 93 Rn. 14.
112 S. *Feuchte* in: ders., Art. 68 Rn. 4; *Wieland* in: Dreier, Art. 93 Rn. 5 f. Seit 1879 gab es in Württemberg einen dem Staatsministerium untergeordneten Kompetenzgerichtshof für Kompetenzkonflikte zwischen Zivil- und Verwaltungsgerichten und Verwaltungsbehörden und -gerichten; s. *Göz*, Das Staatsrecht des Königreichs Württemberg, 1908, Bd. II, 161 ff.
113 *Wieland* in: Dreier, Art. 93 Rn. 7.
114 RGBl. 101; *Wieland* in: Dreier, Art. 93 Rn. 9; *Roellecke* in: HStR, § 67 Rn. 8.
115 *Wieland* in: Dreier, Art. 93 Rn. 9.
116 *Starck* in: HStR, § 130 Rn. 3; *Gräbener*, Verfassungsinterdepenzen, 264 ff. u. 338 ff.
117 *Gräbener*, Verfassungsinterdepenzen, 259 f., 264 ff., 338 ff.
118 Art. 19 I, 13 II WRV: Verfassungsstreitigkeiten innerhalb eines Landes. Kontrolle von Landesrecht; *Gräbener*, Verfassungsinterdepenzen, 259 f.; *Feuchte*, Geschichte, 98.
119 RegBl. 345; *v. Erdmann*, Verfassung Württembergs, 149 f., 182.
120 *Starck* in: HStR, § 130 Rn. 4.
121 S. *v. Erdmann*, Verfassung Württembergs, 150 f.; *Feuchte*, Geschichte, 98.

ständig war (Art. 87, 112 III). Die Kompetenzen der StGH reichten weiter als in der Vorkriegszeit, insb. gab es nun eine abstrakte und konkrete Normenkontrolle. Die Verfassungen statuierten ein verfassungsgerichtliches Verwerfungsmonpol für Gesetze, das sich in Baden und Württemberg-Hohenzollern sogar auf Verordnungen bezog.[122] Eine Verfassungsbeschwerde kannten diese Gerichte aber nicht.

28 Das zur **Gründung eines Süweststaates** am 15.5.1952 beschlossene Überleitungsgesetz (GBl. 3) sah in Art. 17 die Einrichtung eines **vorläufigen StGH** vor. Er bestand aus einem zu bestimmenden OLG-Präsidenten als Vorsitzenden (Robert Perlen, Präsident des OLG Stuttgart) und acht weiteren von der VLV am 15.10.1952 gewählten Mitgliedern. Von diesen mussten vier Mitglieder Richter an einem ordentlichen oder Verwaltungsgericht sein. Die Mitglieder mussten gleichmäßig aus den vier Stimmbezirken des Landes stammen (Art. 23 I). Auf den vorläufigen SGH gingen die Zuständigkeiten der StGH der drei Vorgängerländer über. Zudem war er zuständig für Wahlprüfungs- und Mandatssachen der VLV. Im Übrigen fanden das württembergisch-badische Gesetz über den StGH v. 18.8.1948 (RegBl. 121) und § 48 BVerfGG Anwendung. Für die bei Inkrafttreten des Überleitungsgesetzes anhängigen Sachen blieben die StGH der Vorgängerländer zuständig (Art. 18). Auf seiner ersten Sitzung am 20.11.1952 gab sich der vorläufige Staatsgerichtshof eine Geschäftsordnung (GBl. 53). In der Folge traf er vier Entscheidungen.[123]

29 In die **VLV** wurden zwei **Verfassungsentwürfe** eingebracht. Art. 65 I, II u. IV VerfERP entsprach großteils den später in Kraft getretenen Bestimmungen. Nach seinem Abs. 3 sollte die nähere Regelung der Zusammensetzung des StGH weitgehend dem Ausführungsgesetz überlassen werden. Art. 93 VerfECDU enthielt zur Erleichterung der Nutzung der LV[124] eine umfassende Aufzählung aller Zuständigkeiten, also auch der heute in der LV an anderer Stelle genannten. In Art 91 VerfECDU sollten ein umfassendes – Gesetze, Rechtsverordnungen und Einzelanordnungen betreffendes – richterliches Prüfungsrecht, das Verwerfungsmonopol des StGH für Gesetze sowie Vorlagepflichten normiert werden. Die Zusammensetzung des StGH sollte in Art. 92 VerfECDU vorgegeben werden: Vorsitzender sollte immer der lebensälteste Präsident eines OLG oder des VGH sein. Ferner sollte der Landtag aus einer von den genannten Gerichten aufgestellten Liste von mindestens zehn Richtern vier Mitglieder wählen. Die übrigen vier Mitglieder sollten zu je zwei vom Landtag und vom zu bildenden Senat bestimmt werden.

30 Der **VA** einigte sich auf eine Fassung, die später vom Plenum angenommen wurde.[125] Die Zuständigkeiten sollten – wie auf Bundesebene – erst im Ausführungsgesetz in einer umfassenden Katalogbestimmung zusammen-

---

122 *Feuchte*, Geschichte, 97 ff.
123 U. v. 28.10.1952 – GR 1/52: Wahlprüfungssache gegen VLV; U. v. 17.3.1953 – GR 2/52: konkrete Normenkontrolle zu beamtenrechtlichen Folgen der Wahl in den LT; B. v. 24.3.1953 – GR 3/52 –, u. B. v. 13.8.1953 – GR 5/53: unzulässige Normenkontrollen aufgrund fehlender Vorlage über OLG bzw. VGH.
124 Abg. *Gebhard Müller*, Prot. der 19. VA-Sitzung am 23.10.1952 in: Feuchte, Quellen, 3. Teil, 252.
125 Art. 65 VerfEVA u. Bericht v. 1.9.1953 in: Feuchte, Quellen, 6. Teil, 527 f., 671 ff.

gefasst werden. Das richterliche Prüfungsrecht im Hinblick auf Rechtsverordnungen wurde für eine Selbstverständlichkeit gehalten und daher nicht aufgenommen. Einzelanordnungen der Verwaltung sollten nicht dem Prüfungsrecht der ordentlichen Richter unterfallen, sondern Tatbestandswirkung entfalten können.[126] Eingefügt wurde eine Art. 100 I GG entsprechende Regelung.[127] Die Formulierung der Zuständigkeit für **Organstreitigkeiten und die abstrakte Normenkontrolle** wurde bewusst an Art. 93 I Nr. 1, 2 GG angelehnt und eine Art. 91 III VerfWB entsprechende, sämtliche Auslegungsfragen der Verfassung erfassende Regelung abgelehnt.[128] Der StGH sollte nicht zur Erstellung von abstrakten Gutachten und grds. nicht vorbeugend angerufen werden können (Ausnahme: Art. 64 I 3 LV). Allerdings sollte sich der Organstreit nicht nur auf Zuständigkeitsfragen, sondern auch auf materielle Rechte und Pflichten beziehen. Die abstrakte Normenkontrolle sollte neben förmlichen Gesetzen auch sonstiges Landesrecht, insb. Rechtsverordnungen, erfassen.[129] Der Bürger sollte selbst bei Grundrechtsverletzungen nicht den StGH anrufen können; eine **Landesverfassungsbeschwerde** wurde aufgrund der Vielzahl der erwarteten Fälle abgelehnt.[130] Streitig war, ob wie im VerfERP mit Blick auf eine vom Badischen StGH geäußerte Rechtsauffassung klar gestellt werden sollte, dass die Antragsberechtigung sowie die Eigenschaft als Prozesspartei auch nach Erlöschen der Beteiligteneigenschaft eine gewisse Zeit erhalten bleibt.[131] Letztlich setzte sich die Meinung durch, dass die Frage in einem Ausführungsgesetz geregelt werden könne.[132] Bezüglich der **Auswahl der Mitglieder** war sich der Ausschuss schnell einig, dass in die LV gewisse Vorgaben aufgenommen werden und **nicht nur Richter** Mitglieder sein sollten. Aufgrund der vermuteten Autorität und einer Erfahrung im Ablauf von Gerichtsverfahren sollte der Präsident im Hauptamt Richter sein. Zudem wurde die anfängliche Überlegung, die Amtszeit an die Legislaturperiode zu koppeln, später verworfen.[133] Der VA entschied sich, auch auf Anregung des Justizministeriums,[134] für eine Amtszeit von neun Jahren. Dies sollte die Unabhängigkeit der Mitglieder gegenüber dem tagespolitischen Geschäft und die Kontinuität des StGH sichern. Zudem legte sich der VA auf neun, aus drei Gruppen zu berufende Mitglieder, einen rollierenden Tausch alle drei Jahre sowie – v.a. auf Betreiben der SPD – auf „Laienrichter" fest.[135]

---

126 Abg. *Gönnenwein* u. Diskussion in der 19. Sitzung v. 23.10.1952, Prot. in: Feuchte, Quellen, 3. Teil, 254–270.
127 Vgl. die 50. Sitzung v. 12.5.1953, Prot. in: Feuchte, Quellen, 6. Teil, 305 ff.
128 Vgl. die 19. u. 20. Sitzung v. 23.u. 24.10.1952 in: Feuchte, Quellen, 3. Teil. 272–299 u. 50. Sitzung v. 12.5.1953, ebd., 6. Teil, 305 ff., ferner das Justizministerium am 3.3.1953, aaO, 6. Teil, 129.
129 Vgl. die 20. Sitzung v. 24.10.1952, Prot. in: Feuchte, Quellen, 3. Teil. S. 299–308.
130 Vgl. die 50. Sitzung v. 12.5.1953, Prot. in: Feuchte Quellen, 6. Teil, 305 ff.
131 Vgl. die 20. Sitzung v. 24.10.1952, Prot. in: Feuchte, Quellen, 3. Teil. 309–315.
132 Vgl. die 47. Sitzung v. 14.4.1953, Prot. in: Feuchte, Quellen, 6. Teil, 76–80.
133 Vgl. die 20. Sitzung v. 24.10.1952, Prot. in: Feuchte, Quellen, 3. Teil, 315–326.
134 Bemerkung v. 3.3.1953 in: Feuchte, Quellen, 6. Teil, 104 (129 f.).
135 Vgl. die 47. u. 50. Sitzung v. 14.4.1953 u. 12.5.1953, Prot. in: Feuchte, Quellen, 6. Teil, 74, 308 ff.

31 Während der Zweiten und Dritten **Beratung des Plenums der VLV** am 14.10.1953 und 5.11.1953 beantragten die Abg. der KPD die Streichung der Vorschrift über den StGH, da auf Landesebene ein Verfassungsgericht nicht erforderlich sei. Das Parlament dürfe seine Souveränität nicht an ein Gericht abgetreten und müsse bei Unklarheiten selbst entscheiden. Ministeranklagen könnten vor einem ordentlichen Gericht verhandelt werden. Der Antrag wurde abgelehnt. Die vom VA vorgeschlagene Bestimmung wurde mit kleinen redaktionellen Änderungen mehgrheitlich angenommen.[136] Am 11.11.1953 wurde der Artikel mit einer weiteren redaktionellen Änderung endgültig beschlossen.[137] Die LV trat am 19.11.1953 in Kraft.

32 Am **25.12.1954** trat das **Gesetz über den StGH** v. 13.12.1954 (GBl. 171) als Ausführungsgesetz nach Abs. 4 in Kraft. Die erste Richterwahl fand am 22.6.1955 statt. Die Amtszeit begann am 20.7.1955 mit der Vereidigung.[138] Zum ersten Präsidenten wurde Dr. h.c. Walter Koransky bestimmt. Das Gesetz über den StGH wurde in der Folge mehrmals geändert. Am bedeutendsten war die Änderung durch G. v. 13.11.2012 (GBl. 569). Damit wurden zum **1.4.2013** die **Landesverfassungsbeschwerde** und die Verzögerungsrüge eingeführt.[139]

33 Art. 68 wurde seit seinem Inkrafttreten nur einmal geändert, nämlich durch das 22. LVÄndG. v. 1.12.2015 (GBl. 1030). Durch dieses wurde der **Name** von „Staatsgerichtshof" in „Verfassungsgerichtshof" **geändert**.[140]

III. Verfassungsvergleichende Einordnung[141]

34 Seit der Schaffung des LVerfG SchlH im Jahr 2008 verfügen alle Länder über ein eigenes Verfassungsgericht. Das BVerfG muss nun nicht mehr nach Art. 99 GG als Landesverfassungsgericht tätig werden.

1. Vergleich der Verfahren

35 Das **BVerfG** ist ein mit starken Kompetenzen ausgestattetes Verfassungsgericht. Soweit die in § 13 BVerfGG genannten Befugnisse zahlenmäßig die Kompetenzen der Landesverfassungsgerichte übertreffen, liegt dies teils an seiner Stellung als Bundesgericht, teils jedoch auch an der Entscheidung der Länder für eine schwächere Landesverfassungsgerichtsbarkeit. Nur vereinzelt finden sich bei den Landesverfassungsgerichten Kompetenzen, die das BVerfG nicht oder nicht so breit kennt.[142] Bei der Erarbeitung des GG in den Jahren 1948/49 bestand jedenfalls allgemeiner Konsens, dass ein Parlament oder ein Präsident zum Schutz der Verfassung nicht ausreiche,

---

136 Beilage 977 v. 30.6.1953, Prot. der 54. u. 59. Sitzung, alle in: Feuchte, Quellen, 8. Teil, 21, 189, 399.
137 Prot. der 60. Sitzung mit Beilagen 1315, 1319 in: Feuchte, Quellen, 8. Teil, 423 ff., 446 ff.
138 *Feuchte* in: ders., Art. 89 Rn. 2.
139 Zu den Motiven der LReg: LT-Drs. 15/2153, 1 u. → Rn. 133 f.
140 Zu den Motiven der LReg, LT-Drs. 15/7378, 1, 7.
141 Zu Normzitaten s. die vergleichbaren Regelungen im Kopfblock.
142 ZB „vorbeugende Normenkontrolle" bei Verfassungsänderungen: Art. 64 I 3 LV, 75 III BayVerf, 101 III SaarlVerf, 74 I 3 SächsVerf oder die Popularklage nach Art. 55 BayVfGHG.

sondern dass ein im Vergleich zur WRV um erhebliche Kompetenzen erweitertes Gericht „Hüter der Verfassung" sein sollte.[143] Allerdings waren die Individual- und die Kommunalverfassungsbeschwerde zum BVerfG zunächst nur auf einfachgesetzlicher Grundlage möglich und fanden erst 1969 Eingang in das GG.

Dagegen kannte bereits die BayVerf von 1919 als erste in Deutschland eine Verfassungsbeschwerde. In der BayVerf von 1946 war diese Möglichkeit ebenfalls vorgesehen.[144] Hinzu kommt dort die der objektiven Grundrechtsgeltung dienende **Popularklage**.[145] Nach dem Beitritt der ostdeutschen Länder zum GG gibt es die **Verfassungsbeschwerde** in der Mehrheit der Bundesländer. In Hessen findet sie sich unter der Bezeichnung „Grundrechtsklage" (§ 43 HessStGHG). Teilweise ist die Landesverfassungsbeschwerde nur eingeschränkt möglich. So ist in Mecklenburg-Vorpommern nur die Gesetzesverfassungsbeschwerde ohne weitere Einschränkung möglich. Die sog. „Urteilsverfassungsbeschwerde" ist dort nur zulässig wegen der Verletzung ausdrücklich normierter Landesgrundrechte und nur, soweit eine Verfassungsbeschwerde zum BVerfG nicht möglich ist. Auch Sachsen-Anhalt kennt nur die Verfassungsbeschwerde gegen Gesetze. Bei der in Rheinland-Pfalz im Jahr 1992 eingeführten Verfassungsbeschwerde[146] kann bestimmt werden, dass sie unzulässig ist, wenn die öffentliche Gewalt Bundesrecht ausführt oder anwendet.[147] Im Saarland beruht die Landesverfassungsbeschwerde seit Bestehen des Landes auf einfachem Gesetzesrecht.[148] Die anfänglich enthaltene Subsidiarität der Landesverfassungsbeschwerde zur Bundesverfassungsbeschwerde wurde im Jahr 2000 beseitigt.[149] Wie in BW (§ 55 I VerfGHG) subsidiär ist die Landesverfassungsbeschwerde zur Bundesverfassungsbeschwerde in Berlin und Brandenburg sowie mit gewissen Auflockerungen in Hessen.[150] In Rheinland-Pfalz und im Saarland gibt es zudem eine besondere **Verfassungsbeschwerde gegen Sozialisierungen**.[151] In Bremen, Hamburg, Niedersachen, NRW und Schleswig-Holstein ist bislang **keine Verfassungsbeschwerde** vorgesehen. 36

Eine verfassungsgerichtliche Zuständigkeit wie in Art. 18 S. 2 GG zur Entscheidung über die **Verwirkung von Grundrechten** findet sich allein in Art. 17 II, 146 HessVerf.[152] In Art. 48 III BayVerf existiert eine Eilzuständigkeit des BayVerfGH bei einer zeitweisen **Suspendierung** politischer Rechte im Falle der Gefährdung der öffentlichen Sicherheit und Ordnung. 37

---

143 *Wieland* in: Dreier, Art. 93 Rn. 15; *Voßkuhle* in: v. Mangoldt/Klein/Starck, Art. 93 Rn. 10 f.
144 Art. 66 iVm 48 III u. 120.
145 Art. 98 IV BayVerf, 55 BayVfGHG; *Flurschütz*, Die bayerische Popularklage nach Art. 55 BayVfGHG, 2014, 46-54, 67 ff.; *Wolff* in: Lindner/Möstl/Wolff, Art. 98 Rn. 7 f.
146 Zunächst einfachgesetzlich und im Jahr 2000 auch in der RPVerf (Art. 130 a).
147 Art. 135 II 2 RPVerf; aber zulässig, wenn es um Anwendung von Bundesprozessrecht geht oder spezielle Landesgrundrechte geltend gemacht werden.
148 SaarlVerfGHG v. 17.7.1958 (Amtsbl. 735).
149 *Brosig* in: Rixecker/Wendt, 37 f.
150 Zulässig, wenn ein spezielles Grundrecht der HessVerf geltend gemacht wird.
151 Art. 130 II RPVerf; § 9 Nr. 12, § 54 SaarlVerfGHG.
152 Dagegen Grundrechtverwirkung durch Gesetz: Art. 37 BerlVerf u. 10 SaarlVerf; krit. wegen Art. 142 GG: *Dürig/Klein* in: Maunz/Dürig, Art. 18 Rn. 142 ff.

Art 15 II BayVerf, 32 II NRWVerf weisen dem VerfGH auch die Entscheidung darüber zu, **Wählergruppen** zu **verbieten** bzw. Vereinigungen und Personen das **Wahlrecht abzuerkennen**, wobei diese Kompetenzen wegen Art. 21 II GG nur noch geringe Bedeutung haben.[153]

38 Dem Schutz der Verfassung dienen ferner die **Minister-**[154] und **Abgeordnetenanklagen**.[155] Diese in der Geschichte oft ersten Kompetenzen von Verfassungsgerichten spielten seit 1945 wegen funktionierender politischer Verantwortlichkeit keine praktische Rolle. Sie finden sich daher mit der Ausnahme von Art. 61 BbgVerf nur noch in einigen der älteren Verfassungen. In Art. 118 SächsVerf wurden die Verfahren modifiziert und auf das frühere **Verhalten in der DDR** erstreckt. In Art. 65 III Nr. 8 HambVerf gibt es eine Anklage aus Gründen des Schutzes der Verfassung nur bzgl. der **Mitglieder des Rechnungshofes**. Für **Richteranklagen** ist allein das BVerfG zuständig.[156]

39 Anders als noch das Reichsgericht nach der WRV[157] kennen nun alle Länder und der Bund eine verfassungsgerichtliche Zuständigkeit für **Streitigkeiten zwischen Verfassungsorganen**. Die diesbezüglichen Vorschriften unterscheiden sich mittlerweile kaum. So sind in BW nun anders als zunächst (auf Drängen des BVerfG) auch Parteien als Antragsteller möglich.[158] Für die Auffangkompetenz des BVerfG nach Art. 93 I Nr. 4 Var. 3 GG, die eingreift, wenn die landesverfassungsgerichtliche Rechtsschutzmöglichkeit enger als die bundesrechtliche Auffangkompetenz ist,[159] dürfte daher kaum mehr Raum bestehen.

40 Die Möglichkeit einer **konkreten Normenkontrolle** bei der Verletzung der LV durch Vorlage an ein Landesverfassungsgericht ist bereits durch Art. 100 I 1 GG vorgegeben. Die Länder haben dieses Verfahren in ihr Landesrecht übernommen.[160] Allerdings ist es bundesrechtlich nicht verboten, den Anwendungsbereich des Verfahrens und damit das **Verwerfungsmonopol eines Landesverfassungsgerichts** zu erweitern.[161] Dies ist in Art. 88 LV, 65, 92 BayVerf[162] u. 120 II SächsVerf hinsichtlich vorkonstitutionellen Landesrechts geschehen. Darüber hinaus haben Hamburg und Hessen die Vorlagepflicht und damit das Verwerfungsmonopol des Landesverfassungsgerichts über formelle Gesetze hinaus auch auf Verordnungsrecht des Landes und in Bayern sogar auf sämtliches Landesrecht ein-

---

153 ZB auf Kommunalebene: *Möstl* in: Lindner/Möstl/Wolff, Art. 15 Rn. 3; *Thesling* in: Heusch/Schönenbroicher, Art. 32 Rn. 2 ff.
154 Art. 57 LV; 59, 61 BayVerf; 111 BremVerf; 115 HessVerf; 40 NdsVerf; 63 NRWVerf; 131 RPVerf; 94 SaarlVerf.
155 Art. 42 LV; 61 BayVerf; 61 BbgVerf; 17 NdsVerf; 85 SaarlVerf.
156 Art. 66 II LV u. 98 V GG; 127 IV 1 HessVerf ist überholt: *Günther*, § 15 Rn. 3.
157 *Voßkuhle* in: v. Mangoldt/Klein/Starck, Art. 93 Rn. 7; ein schiedsgerichtlicher Organstreit war aber nach der PKV vorgesehen: *Wieland* in: Dreier, Art. 93 Rn. 9.
158 BVerfGE 4, 375 (377 f.); StGH, ESVGH 11/II, 8; ESVGH 31, 81 f; anders noch: StGH, U. v. 10.12.1955 – GR 4/55 – unveröff.
159 BVerfGE 109, 275 (278 f.); 102, 224 (231 ff.); 102, 245 (250 ff.); *Wieland* in: Dreier, Art. 93 Rn. 74; *Meister* in: Burkiczak/Dollinger/Schorkopf, § 71 Rn. 31 f.
160 ZT nur im einfachen Recht: NRW, Rh-Pf, Saarl, Sachs, LSA, SchlH, Thür.
161 BVerfGE 4, 178 (188 ff.).
162 In der Auslegung durch BayVerfGH: *Wolff* in: Lindner/Möstl/Wolff, Art. 92 Rn. 14.

schließlich Satzungen erstreckt, wobei dies nur für die Rüge von Grundrechten geltend soll.[163] Eine Landesverfassung scheidet als Maßstab einer prinzipalen Normenkontrolle zum VGH/OVG aus (§ 47 III VwGO).[164]

In nahezu allen Ländern ist das Landesverfassungsgericht für **abstrakte** **Normenkontrollen** zuständig. Eine Ausnahme bildet Bayern, wo die als Unterfall des Organstreits konzipierte Verfahrensart der Meinungsverschiedenheit nach Art. 75 III BayVerf[165] diese Funktion erfüllt, ergänzt von der Popularklage, für deren Zulässigkeit jedoch eine Grundrechtsverletzung dargetan werden muss.[166] Die objektiv-rechtliche abstrakte Normenkontrolle am Maßstab der LV bezieht sich naturgem. allein auf Landesrecht. In der Mehrzahl der Länder fallen darunter wie nach Art. 93 I Nr. 2 GG nicht nur formelle Gesetze, sondern auch Rechtsverordnungen und Satzungen. In Hessen bezieht sich die Normenkontrolle nicht auf Satzungen.[167] In Rheinland-Pfalz kommen neben formellen Gesetzen allein sonstige Handlungen eines Verfassungsorgans mit Ausnahme von Gesetzesvorlagen als Gegenstand in Betracht, also auch Rechtsverordnung von Ministerien sowie Verwaltungsvorschriften, jedoch nicht Satzungen.[168] In Art. 140 I BremVerf, 65 III Nr. 1 HambVerf wird die abstrakte Normenkontrolle von einem allgemeinen Verfahren zur Entscheidung von Fragen der Auslegung der Verfassung umfasst. Eine solche allgemeine, etwas unbestimmte Zuständigkeit war für die LV von der VLV diskutiert, aber verworfen worden (→ Rn. 30). Nach Art. 65 III Nr. 3, 4 HambVerf können zudem die Vereinbarkeit von abgeleitetem Landesrecht am Maßstab der der Landesgesetze sowie Zweifelsfragen über die Auslegung und Anwendung des einfachen Landrechts vor das HambVerfG gebracht werden. **Antragsberechtigt** für abstrakte Normenkontrollen sind in den Ländern die Regierung und eine Landtagsminderheit, wobei das Quorum variiert: Landtags-Fraktionen,[169] ein Zehntel (Art. 131 II HessVerf), ein Fünftel,[170] ein Viertel (wie in BW)[171] oder ein Drittel[172] der MdL. Daneben sind nach Art. 140 I 1 BremVerf die Bürgerschaft sowie öffentlich-rechtliche Körperschaften des Landes sowie in Hessen sogar eine Gruppe von Stimmberechtigten, die mindestens 1 % aller Stimmberechtigten erfasst, der Landtag und die Landes-

---

163 BayVerfGH, NVwZ 1997, 56; *Wolff* in: Lindner/Möstl/Wolff, Art. 92 Rn. 5 f., Art. 98 Rn. 9 f.
164 *Gerhard/Bier* in: Schoch/Schneider/Bier, § 47 Rn. 91; BayVerfGH, BayVBl. 1984, 460; BayVGH, U. v. 13.12.2002 – 22 N 02.2063 – juris, Rn. 22; zweifelnd BayVerfGH, BayVBl. 2002, 492.
165 IVm Art. 49 BayVfGHG, *Möstl* in: Lindner/Möstl/Wolff, Art. 75 Rn. 11.
166 Art. 55 BayVfGHG; zur Funktion: *Wolff* in: Lindner/Möstl/Wolff, Art. 98 Rn. 7.
167 Vgl. § 39 HessStGHG u. *Günther*, § 39.
168 *Jutzi* in: Brocker/Droege/Jutzi, Art. 130 Rn. 54 ff.; VerfGH Rh-Pf, NVwZ 2002, 77.
169 Jede Fraktion: §§ 19 II Nr. 4, 39 II HessStGHG, Art. 130 I 1 RPVerf, Art. 80 I Nr. 4 ThürVerf.
170 Art. 113 Nr. 2 BbgVerf, 140 I 1 BremVerf, 65 III Nr. 3 HambVerf, 54 Nr. 3 NdsVerf, 80 I Nr. 4 ThürVerf.
171 Art. 93 I Nr. 2 GG (seit 2008, davor ein Drittel), 84 II Nr. 2 BerlVerf, 81 I Nr. 2 SächsVerf, 75 Nr. 3 LSAVerf.
172 Art. 53 Nr. 2 MVVerf, 75 Nr. 3 NRWVerf, 97 Nr. 2 SaarlVerf, 51 II Nr. 2 SchlH-Verf.

anwaltschaft antragsbefugt.[173] In Rheinland-Pfalz besitzen auch die Organstreitberechtigten das Antragsrecht für eine abstrakte Normenkontrolle, die dort unter dem Begriff „Organkontrollantrag" firmiert, wenn eine Verletzung eigener Rechte geltend gemacht wird.[174]

42 Eine abstrakte Normenkontrolle setzt grds. eine verkündete Norm voraus.[175] Allein die weiten Befugnisse zur Auslegung der Verfassung in Art. 140 I 1 BremVerf u. 65 III Nr. 1 HambVerf lassen **vorbeugende Normenkontrollen** zu.[176] Hinsichtlich der Zulässigkeit von Verfassungsänderungen kennen jedoch auch BW, Bayern, Saarland und Sachsen eine Entscheidungsbefugnis des LVerfG.[177]

43 **Kommunale Normenkontrollen oder Verfassungsbeschwerden** finden sich in den meisten Ländern.[178] In Bayern ist dieser Rechtsschutzmöglichkeit durch die Popularklage abgedeckt.[179] In den Stadtstaaten fehlt sie.[180]

44 Anders als in der LV verfügt das Verfassungsgericht im Bund und in anderen Ländern über gewisse *ausdrücklich* normierte Kompetenzen im Zusammenhang mit **parlamentarischen Untersuchungsausschüssen**. So sind das BVerfG sowie die Verfassungsgerichte von Mecklenburg-Vorpommern, Niedersachsen und Sachsen-Anhalt auf Vorlage eines Gerichts zur Entscheidung über die Verfassungsmäßigkeit des Einsetzungsbeschlusses zuständig.[181] Dieses Entscheidungsmonopol betrifft Fälle, in denen der Einsetzungsbeschluss inzident im Rahmen eines etwa gegen Beweiserhebungen des Untersuchungsausschusses gerichteten Verfahrens überprüft werden soll. Gegen den Einsetzungsbeschluss als solchen ist nach hM kein Rechtsweg zu den Verwaltungsgerichten eröffnet.[182] Thüringen hat bzgl. des Einsetzungsbeschlusses ein besonderes Organstreitverfahren eingeführt, das jedoch kein Entscheidungsmonopol des ThürVerfGH begründet.[183] In Bayern ist ausdrücklich auch die Entscheidung über die Zulässigkeit der Ablehnung von Beweisanträgen dem BayVerfGH im Rahmen eines Organstreits vorbehalten.[184]

---

173 Art. 131 II HessVerf, § 19 II Nr. 1–7, § 39 II HessStGHG.
174 VerfGH Rh-Pf, NVwZ 2015, 735.
175 Auch bei Art. 93 I Nr. 2 GG, *Graßhof* in: Burkiczak/Dollinger/Schorkopf, § 76 Rn. 23; Ausnahmen möglich bei Zustimmungsgesetzen zu völkerrechtlichen u. Staatsverträgen.
176 *Starck* in: HStR, § 130 Rn. 50.
177 Bereits vor Gesetzesbeschluss: Art. 64 I 3 LV, 75 III BayVerf, 101 III SaarlVerf, 74 I 3 SächsVerf; anders Art. 130 I 1, 135 I Nr. 2 PRVerf: Gesetzesvorlage nicht Gegenstand.
178 Art. 76 LV, 100 BbgVerf, § 19 II Nr. 10 HessStGHG, Art. 53 Nr. 8 MVVerf, 54 Nr. 5 NdsVerf, § 52 VGHG NRW, Art. 130 I 2, 135 I Nr. 1, II RPVerf, 123 SaarlVerf, 90 SächsVerf, 75 Nr. 7 LSAVerf, 51 II Nr. 4 SchlHVerf, 80 I Nr. 2 ThürVerf.
179 BayVerfGH NVwZ-RR 1997, 301; *Wolff in:* Lindner/Möstl/Wolff, Art. 98 Rn. 36.
180 Aber: Art. 84 II Nr. 3 BerlVerf (Zuständigkeitsabgrenzung Hauptverwaltung – Bezirk).
181 §§ 36 II PUAG, 82a BVerfGG, Art. 53 Nr. 4 MVVerf, 27 VII NdsVerf, 75 Nr. 4 LSAVerf.
182 BayVerfGH, BayVBl. 2015, 154.
183 Art. 80 I Nr. 7 ThürVerf; *Poschmann* in: Linck/Baldus u.a., Art. 64 Rn. 5, *Jutzi* ebenda, Art. 80 Rn. 118.
184 Art. 25 IV BayVerf, zB BayVerfGH, BayVBl. 2007, 171.

Hinsichtlich der Zulässigkeit und des Zustandekommens von **Volksanträ-** 45
gen, -initiativen, -begehren und -entscheiden existieren wie in BW auch in
den anderen Ländern Entscheidungsbefugnisse der Verfassungsgerichte.
Bemerkenswert ist hier insb. die Regelung in Bayern, nach der das Innenministerium, das ein Volksbegehren für unzulässig hält, dieses nicht ablehnen kann, sondern selbst den BayVerfGH anrufen muss (Art. 64 BayLWG).

Mittlerweile ist in allen Ländern das Verfassungsgericht für **Wahl- und** 46
Mandatsprüfungen zuständig. Dabei sehen die meisten Länder wie in BW
(Art. 31 LV) und im Bund (Art. 41 GG) ein **zweistufiges Verfahren** vor, das
die Wahl- und Mandatsprüfung zunächst dem Parlament zuweist. Anschließend besteht eine Anfechtungsmöglichkeit zum Verfassungsgericht
(näher dazu → Art. 31 Rn. 5 f. u. → Art. 26 Rn. 6 mit Fn. 16). Für die Bundestags- und Europawahlen gibt es seit 2012 zur Schließung einer von der
OSZE monierten Rechtsschutzlücke eine spezifische **Beschwerde** zum
BVerfG **gegen die Nichtanerkennung als wahlvorschlagsberechtigte Partei**
oder politische Vereinigung.[185]

Schließlich erlauben Art. 93 III GG sowie alle LV dem Gesetzgeber, dem 47
Verfassungsgericht ohne Änderung der Verfassung **weitere Zuständigkeiten**
zu übertragen. Dazu gehören einige der bereits genannten Verfahren. Noch
nicht genannt wurde die dem Recht auf effektiven Rechtsschutz in angemessener Zeit dienende **Verzögerungsbeschwerde**.[186] Diesen auch für das
verfassungsgerichtliche Verfahren erforderlichen Rechtsbehelf gibt es mittlerweile nicht nur im Bund, sondern auch in BW, Berlin, Hamburg, Hessen, Rheinland-Pfalz, Saarland, Sachsen und Thüringen.

2. Vergleich der Organisation

Seit der Schaffung einer starken Verfassungsgerichtsbarkeit in den nach 48
1945 angenommenen Verfassungen führen im Bund und in 13 von 16 Ländern die Verfassungsgerichte das Wort „Verfassung" in ihrem **Namen**,
insb. wenn eine Verfassungsbeschwerde möglich ist. Lediglich in Bremen,
Niedersachsen und Hessen gibt es noch einen „StGH", obwohl in Hessen
sogar eine Grundrechtsklage zulässig ist. Durch die Verwendung des Wortes „Verfassung" wird deutlicher, dass das Gericht dem Schutz der Verfassung dient. Dagegen steht der noch in Weimarer Zeit übliche Begriff
„StGH"[187] für eine Zuständigkeit für rein staatsinterne Streitigkeiten und
klingt etwas geheimnisvoll. Aus diesen Gründen heißt das Verfassungsgericht des Bundes seit 1949 „BVerfG". Auch der traditionsreiche BayStGH
wurde in der BayVerf von 1946 in BayVerfGH umbenannt, um die Erweiterung seiner Zuständigkeiten zu verdeutlichen.[188]

---

185 Art. 93 I Nr. 4c GG, §§ 96a ff. BVerfGG, 18 IVa BWahlG, 14 IVa EuWG; BT-Drs. 17/9391, 5 f.; *Hummel* in: Burkiczak/Dollinger/Schorkopf, § 96a Rn. 3 f. Diesem Beispiel des Bundes sind bisher immerhin Rh-Pf (2015), Nds (2016) und SchlH (2016) gefolgt und haben ein entsprechendes Verfahren eingeführt: Art. 82 S. 5 RPVerf, § 2 Nr. 3 Buchst. a VGHG Rh-Pf.; 36a NdsStGHG; 51f. SchlH-VerfGG.
186 Geboten nach Art. 6, 13 EMRK; s. EGMR, DVBl. 2007, 1171; *Maciejewski* in: Burkiczak/Dollinger/Schorkopf, § 97a Rn. 3-18.
187 ZB das Verfassungsgericht des Reiches (Art 108 WRV).
188 *Wolff* in: Lindner/Möstl/Wolff, Art. 60 Rn. 4.

49 Zur Gewährleistung demokratischer Legitimation werden die **Mitglieder** idR von den Parlamenten bestimmt. Eine Ausnahme bildet das BVerfG, wo die Richter hälftig vom Bundestag und vom Bundesrat gewählt werden.[189] In den Ländern erfolgt die Wahl dagegen grds. durch das Landtagsplenum.[190] Allerdings gibt es in manchen Ländern auch Mitglieder, welche kraft ihres richterlichen Hauptamtes dem Verfassungsgericht angehören.[191] In Bremen wird der Präsident des StGH und dessen Vertreter von den Mitgliedern des Gerichts aus ihrem Kreis selbst bestimmt (§ 5 StGHG). Die **weiteren Vorgaben für die Wahl** der Richter differieren. Dies gilt zunächst für die Richterzahl. Das BVerfG verfügt über 16 Richter, die sich auf zwei gleichwertige Senate verteilen (§ 2 I, II BVerfGG). Der BayVerfGH besteht aus 38 Mitgliedern, die je nach Verfahren in unterschiedlicher Zahl herangezogen werden (Art. 3 I BayVfGHG). Der HessStGH verfügt über 11 Mitglieder. Außerdem ist bei ihm ein Landesanwalt als öffentlicher Kläger zu bestellen. Wie in BW aus neun Mitgliedern bestehen die Gerichte in Berlin, Brandenburg, Hamburg, Niedersachsen, Rheinland-Pfalz, Sachsen und Thüringen. Acht Mitglieder besitzt der SaarlVerfGH. Aus sieben Mitgliedern setzen sich die Gerichte in Bremen, Mecklenburg-Vorpommern, NRW, Sachsen-Anhalt und Schleswig-Holstein zusammen. Soweit – anders als in BW und der Mehrzahl der Länder – keine persönlichen Vertreter bestimmt werden, sind die Verfassungsgerichte auch bei der Anwesenheit einer geringeren Zahl beschlussfähig.[192] Das BVerfG kennt keine persönlichen **Vertretungsrichter**. Die Beschlussfähigkeit eines Senats besteht schon ab sechs Richtern. Bei Unterschreitung der Mindestzahl oder Befangenheit eines Mitglieds, wird ein Richter des anderen Senats durch Los zum Vertreter bestimmt.[193]

50 Wie nach Art. 68 III 1 LV und Art. 94 I 1 GG iVm § 2 III BVerfGG muss bei den meisten Verfassungsgerichten eine bestimmte Anzahl der Mitglieder **Berufsrichter** sein. Aus diesem Kreis ist wie in BW zumeist der Präsident zu wählen.[194] Anders als beim BVerfG (§ 3 II BVerfGG), aber ähnlich wie nach Art. 68 III 1 LV, lassen einige Länder auch Laienrichter ohne Befähigung zum Richteramt oder gewisse Rechtskenntnisse zu.[195] Die verbindliche Vorgabe von drei Mitgliedergruppen mit einer zwingenden Zahl an Laienmitgliedern findet sich jedoch nur in BW und Brandenburg. Zum Teil wird eine Mindestzahl an **Männern und Frauen**[196] sowie **an Berufsrichtern aus dem Landesdienst**[197] vorgeschrieben. Überwiegend wird ver-

---

189 Näher dazu *Ruppert* in: Burkiczak/Dollinger/Schorkopf, §§ 6 f.
190 Nur in Hessen wird ein Teil durch einen Landtagsausschuss gewählt, §§ 5 II, 6 StGHG.
191 Präsidenten von OVG o. OLG; die Beteiligung des Parlaments kann über einen Richterwahlausschuss erfolgen: Art. 136 I BremVerf, § 14 LRiG Rh.-Pf.
192 § 11 BerlVerfGHG, 8 BbgVerfGG.
193 §§ 15 II, 18 f. BVerfGG; in den Kammern findet Vertretung statt, § 15 a BVerfGG.
194 In Hessen nur Befähigung zum Richteramt erforderlich (§ 8 I StGHG).
195 Nur mit Befähigung zum Richteramt: Saarl, SchlH; nur mit Rechtskenntnissen: Bay, Brem u. NRW; keine Rechtskenntnisse, aber besondere Erfahrung im öffentlichen Leben: Hamb, Hess, M-V, Nds, Rh-Pf u. LSA; keine Vorgaben zur Qualifikation: BW, Berl, Bbg, Sachs u. Thür.
196 Berl, Nds. u. Saarl.
197 Art. 139 II 1 BremVerf, 65 I 2 HambVerf, § 3 I 2 HessStGHG.

langt, dass alle Mitglieder aus dem jeweiligen Land stammen, wobei die **Herkunft** der Mitglieder durch ihre Wählbarkeit zum jeweiligen Landtag, die insb. von einem hinreichenden **Wohnsitz** abhängt, gewährleistet wird.[198] Andere Länder sind dagegen recht offen und setzen nur die Wählbarkeit zum Bundestag voraus.[199] In BW findet sich insoweit keine einschränkende Regelung. Auch gibt es in BW abweichend von den meisten übrigen Ländern und dem Bund kein **Mindestalter**, das dort auf 35 bzw. 40 Jahre festgelegt ist. Über eine **Altersgrenze** von 68 Jahren verfügen die Verfassungsgerichte im Bund, in Brandenburg, Mecklenburg-Vorpommern, NRW und Thüringen; in Rheinland-Pfalz und Sachsen gilt für die nichtrichterlichen Mitglieder eine Altersgrenze von 70 Jahren.

Auch sehen nahezu alle Länder entweder in der LV oder zumindest im einfachen Gesetz **Inkompatibilitätsregeln** vor. Art. 68 III 6 LV und einige andere Landesverfassungen haben sich an Art. 94 I 3 GG orientiert.[200] Manche Länder gehen weiter und schließen auch sonstige öffentliche Bedienstete[201] und/oder die Organe der EU[202] aus. Weniger strenge Unvereinbarkeitsbestimmungen finden sich in Rheinland-Pfalz, das sich auf das vom Gewaltenteilungsgrundsatz geforderte Minimum beschränkt und Mitglieder des eigenen Landtags und der Landesregierung nicht zum VerfGH zulässt. Mecklenburg-Vorpommern, Sachsen und Sachsen-Anhalt schließen die Wählbarkeit auch im Falle eines Verstoßes gegen Menschenrechte und Rechtsstaatlichkeit sowie einer Stasi-Tätigkeit aus. 51

Bezüglich der Wahl der Richter ist eine öffentliche Aussprache nirgends und eine Ausschussanhörung nur in Brandenburg vorgesehen.[203] Anders als in BW, Bayern, Bremen, Hamburg und hinsichtlich der nichtrichterlichen Mitglieder in Hessen, die für die Wahl die einfache Mehrheit der abgegebenen Stimmen ausreichen lassen, ist im Bund und **in den meisten Ländern** eine **qualifizierte Mehrheit erforderlich**. Teils wird eine Mehrheit von 2/3 der gesetzlichen Mitgliederzahl,[204] teils eine Mehrheit von 2/3 der abgegebenen Stimmen (Berlin, Mecklenburg-Vorpommern, Rheinland-Pfalz), mindestens jedoch die Mehrheit der gesetzlichen Mitglieder verlangt.[205] Bayern, Brandenburg, Bremen und Hessen schreiben **zumindest** für Teile der Richter eine Wahl nach den **Grundsätzen der Verhältniswahl** oder die angemessene Berücksichtigung der politischen Kräfte vor. In BW war die 52

---

198 Bay, Hamb, Hess (dazu: HessStGH, NVwZ 2015, 55); M-V (Wohnsitz erforderlich, außer bei Richtern und Hochschullehrern im Landesdienst, s. *Classen* in: Classen/Litten/Wallerath, Art. 52 Rn. 16); Nds, NRW, Rh-Pf, Saarl, LSA u. Thür.
199 Berl, Bbg, Brem, Sachs u. SchlH.
200 BW (zudem § 2 a VerfGHG) u. Bay; ebenfalls in der Verfassung wie Art. 68 III 6 LV, aber strenger im Ausführungsgesetz Sachs, LSA u. SchlH.
201 Alle außer Richtern und Hochschullehrern: Berl, BBg, Brem, M-V, Nds, NRW, Saarl, LSA, SchlH u. Thür; keine politischen Beamte oder kommunalen Wahlbeamte: Hess.
202 Hamb, M-V, Nds, Sachs u. LSA; kein Mitglied des Europäischen Parlaments: Hess.
203 Lit zum Thema: *Ruppert* in: Burkiczak/Dollinger/Schorkopf, § 6 Rn. 21- 32, § 7 Rn. 4 f.; *Lenz/Hansel*, § 6 Rn. 9 f., § 7; *Wiefelspütz*, DÖV 2012, 961.
204 § 7 BVerfGG für Bundesratsrichter; Bbg, Hess (richterliche Mitglieder), NRW (mit gewissen Modifikationen bei fehlender Einigung), Saarl, Sachs, SchlH u. Thür.
205 § 6 I BVerfGG für vom Bundestag gewählte Richter; Nds u. LSA.

Berücksichtigung dieses Prinzips nach § 2 I VerfGHG allein für die erste Wahl rechtlich vorgeschrieben. In den meisten Ländern wie im Bund werden alle oder ein Teil der Richter auf eine befristete **Amtszeit** gewählt.[206] Zum Teil ist die Amtszeit an die Legislaturperiode des Landtags gekoppelt, was für BW im Rahmen der VLV verworfen worden war.[207] Soweit bestimmte Berufsrichter kraft Amtes Mitglieder eines Verfassungsgerichts sind, ist das Amt als Mitglied an die Dauer des Hauptamtes gebunden (Bremen, NRW, Rheinland-Pfalz). Eine mit Blick auf die Unabhängigkeit etwas bedenkliche Möglichkeit der Wiederwahl ist – anders als im Bund und in Berlin, Brandenburg und Mecklenburg-Vorpommern – dagegen zumeist wie in BW zulässig.[208] Die gewählten richterlichen Mitglieder scheiden in Sachs mit der Beendigung des Hauptamtes aus, anders als in BW und Thüringen. Ein **rollierender Austausch eines Drittels** der Mitglieder **alle drei Jahre** wie in BW ist in keinem anderen Land verwirklicht.[209]

53 Die Tätigkeit als **Mitglied eines Landesverfassungsgerichts** ist – anders als die eines Richters des BVerfG (§ 3 IV BVerfGG) – **kein Hauptamt**. Die meisten Ausführungsgesetze bezeichnen sie wie § 3 I VerfGHG ausdrücklich als Ehrenamt.[210]

54 Nur wenige LV legen selbst den **Sitz des Verfassungsgerichts** fest.[211]

3. Vergleich der Regelungsaufträge

55 Das GG und die meisten LV sehen für den Gesetzgeber einen **Regelungsauftrag** hinsichtlich der Organisation und des Verfahrens vor. Vereinzelt wird ausdrücklich die Einführung von **einschränkenden Zulässigkeitsvoraussetzungen** ermöglicht.[212] Die HambVerf und die RPVerf sind die einzigen, die selbst festlegen, inwiefern die Entscheidungen **Bindungswirkung** oder **Gesetzeskraft** haben. Zudem regelt die RPVerf als einzige selbst die **Vollstreckung** verfassungsgerichtlicher Entscheidungen. In einigen anderen Landesverfassungen wird der allgemeine Regelungsauftrag um spezifische Aufträge für die Gesetzeskraft – wie in BW und im Bund[213] – oder der Vollstreckung (Hessen) ergänzt. Das GG und die ThürVerf erlauben für Verfassungsbeschwerden ein besonderes **Annahmeverfahren.** Die RPVerf ermöglicht auch, dass über einstweilige Anordnungen und Verfassungsbeschwerden in **kleinerer Besetzung** entschieden wird. Nach der ThürVerf kann bestimmt werden, dass über unzulässige oder offensichtlich unbegründete Verfassungsbeschwerden ein Ausschuss entscheidet. Für BW finden sich in § 17 II, 58 II-V VerfGHG ähnliche Regeln.

---

206 12 Jahre: BVerfG u. M-V; 10 Jahre: Bbg; 9 Jahre: BW u. Sachs; 8 Jahre: Bay (berufsrichterliche Mitglieder); 7 Jahre: Berl, Hess (richterliche Mitglieder), Nds, LSA u. Thür; 6 Jahre: Hamb, NRW, Rh-Pf, Saarl u. SchlH.
207 Bay (nichtberufsrichterliche Mitglieder), Brem u. Hess (nichtrichterliche Mitglieder).
208 Unbegrenzt: BW, Bayern, Brem, Hess, NRW, Saarl u. Sachs; einmalig: Hamb, Nds, Rh-Pf, LSA, SchlH u. Thür.
209 Nach Art. 81 IV 2 SächsVerf möglich, aber einfachrechtlich nicht umgesetzt.
210 In Berl, Brem, M-V, Nds, Sachs (Berufsrichter nebenamtlich, übrige ehrenamtlich), LSA, SchlH u. Thür.
211 Bay, Nds, Rh-Pf, u. Saarl.
212 Art. 94 II 2 GG, Rh-Pf, Hess u. Thür.
213 Bay, M-V, Nds, LSA, SchlH u. Thür.

B. Erläuterung

I. Organstreitverfahren (Abs. 1 S. 2 Nr. 1, Abs. 2 Nr. 1)

Das Organstreitverfahren nach Art. 68 I 2 Nr. 1, II Nr. 1 LV wurde von der VLV bewusst dem Verfahren nach Art. 93 I Nr. 1 GG nachgebildet.[214] Die Ausführungsregelungen dazu finden sich §§ 8 I, 44–47 VerfGHG. 56

1. Funktion, Verfahrensgegenstand und Abgrenzungen

Die Bedeutung des Organstreits für die Landesverfassungsgerichtsbarkeit bemisst sich nicht allein nach der Zahl der bisher rund 25 behandelten Fälle, sondern vor allem der Funktion dieses Verfahrens. Es hat vor dem Hintergrund des Gewaltenteilungsprinzips die Aufgabe, durch ein gerichtliches Verfahren das **Kompetenzgefüge im Binnenraum des Staates aufrechtzuerhalten** und damit zugleich sicherzustellen, dass der politische Prozess funktionieren kann.[215] Die Verfahren betreffen zumeist hochpolitische Vorgänge, in denen eine Minderheit eine Entscheidung über die Machtausübung durch die Mehrheit herbeiführen will. Hierbei handelt es sich um einen objektiven Verfahrenszweck.[216] 57

Verfahrensgegenstand ist nicht allein die tenorierbare Auslegung der LV aus Anlass von Streitigkeiten (§ 47 II VerfGHG), sondern auch der **Entscheid eines konkreten Streits** (§ 47 I VerfGH). Dies entspricht dem vom BVerfG vertretenen Verständnis der Regelungen auf Bundesebene.[217] Es handelt sich um ein **kontradiktorisches Verfahren**. So hat der VerfGH entschieden, dass der Organstreit nicht der Klärung einer abstrakten Rechtsfrage und nicht der Kontrolle eines Organs in einem objektiven Verfahren, sondern der Entscheidung über eine zwischen den Beteiligten streitig gewordene verfassungsrechtliche Beziehung dient.[218] Wenn insoweit von „Rechten" der obersten Landesorgane oder anderer Beteiligter die Rede ist, ist zu beachten, dass es sich nicht um subjektive Rechte handelt, wie sie nur dem Bürger zustehen können. Vielmehr geht es um staatliche Zuständigkeiten und Kompetenzen. Die Verwendung der Begriffe „Rechte und Pflichten" ist zulässig, um den Organstreit mit anderen Verfahren der gerichtlichen Streitbeilegung zu vergleichen.[219] 58

Der Organstreit kann mit der abstrakten Normenkontrolle nach Art. 68 I 2 Nr. 2 LV in Konkurrenz treten. Allerdings unterscheiden sich beide Verfahren erheblich. Die nicht-kontradiktorische abstrakte Normenkontrolle ist für parlamentarische Minderheiten weniger zugänglich und sie betrifft allein die abstrakte Frage der Verfassungsmäßigkeit von Landesrecht. Damit die Unterschiede der Verfahren nicht verwischt werden, ist die Antragsbefugnis für den Organstreit gegen Gesetzesbeschlüsse kritisch zu prü- 59

---

214 Siehe → Rn. 30; *Feuchte* in: ders., Art. 68 Rn. 20.
215 *Klein* in: Benda/Klein, Rn. 991; *Löwer* in: HStR, § 70 Rn. 10.
216 BVerfGE 2, 143 (152); *Schorkopf* in: Burkiczak/Dollinger/Schorkopf, § 63 Rn. 4.
217 *Klein* in: Benda/Klein, Rn. 991; BVerfGE 2, 143 (155 f.); aA noch: BVerfGE 2, 79 (86 f.).
218 StGH, ESVGH 35, 241 (242); VerfGH, U. v. 13.12.2017 – 1 GR 29/17 – juris.
219 BVerfGE 2, 143 (152); krit. *Löwer* in: HStR, § 70 Rn. 8 ff.

fen.[220] Eine **Abgrenzung zur Verfassungsbeschwerde** wird insb. notwendig, wenn politische Parteien Verfassungsrechtsschutz begehren. Geht es nicht um ein verfassungsrechtliches Rechtsverhältnis, ist zunächst fachgerichtlicher Rechtsschutz zu suchen.[221] Die Verletzung ihres verfassungsrechtlichen Status durch andere Beteiligte iSv Art. 68 I 2 Nr. 2 LV kann die Partei im Organstreit geltend machen.[222] Das Wahlprüfungsverfahren nach Art. 31 II LV ist gegenüber dem Organstreit jedenfalls insoweit spezieller, als dem Antragsteller dessen Durchführung möglich war.[223]

2. Zulässigkeit

a) Beteiligtenfähigkeit

60 Die Beteiligtenfähigkeit ist in Art. 68 I 2 Nr. 1, II Nr. 1 LV geregelt und zunächst materiellrechtlich zu verstehen. Sie legt fest, wer ausgehend vom materiellen Recht überhaupt an einem Organstreit teilnehmen darf.[224] Es muss sich um „**Faktoren des Verfassungslebens**" handeln.[225] Demgegenüber wird § 44 VerfGHG ebenso wie § 63 BVerfGG als Regelung der prozessualen „Parteifähigkeit" angesehen.[226] Vom VerfGH wurden die **Begriffe** in der Vergangenheit häufig ohne klare Differenzierung verwendet.[227] Da im VerfGHG nirgends von „Parteifähigkeit" oder gar nur „Parteien" die Rede ist, sondern § 9 VerfGHG die „Prozessbeteiligten" regelt, sollte mit Blick auf die Sachurteilsvoraussetzung nicht von „Parteifähigkeit", sondern präziser von „Prozessbeteiligtenfähigkeit" gesprochen werden.

61 Die Prozessbeteiligtenfähigkeit kann **abstrakt** oder konkret **bestimmt werden**. Bei der abstrakten Bestimmung wird nicht geprüft, ob Antragsteller und -gegner Inhaber der im Streit befindlichen Kompetenzen sind. Es genügt, dass ihnen überhaupt Kompetenzen zustehen können. Ob diese im konkreten Fall betroffen sind, wird erst mit Blick auf die „Antragsbefugnis" untersucht. Dagegen vermischt die konkrete Bestimmung der Prozessbeteiligtenfähigkeit beide Prüfungspunkte und führt damit zu weniger Klarheit.[228] Der VerfGH bestimmt die Prozessbeteiligtenfähigkeit abstrakt.[229]

62 Bei einem Vergleich von Art. 68 I 2 Nr. 1, II Nr. 1 LV mit § 44 VerfGHG fällt auf, dass letzterer enger formuliert ist. Es werden lediglich bestimmte Organe oder Teile dieser benannt, „nur" sie könnten Antragsteller und Antragsgegner sein. In der LV fehlt diese Beschränkung. Damit **§ 44 VerfGHG**

---

220 LVerfG M-V, NordÖR 2016, 55: keine abstrakte Kontrolle der Verfassungsmäßigkeit.
221 BVerfGE 27, 152 (157); *Klein* in: Benda/Klein, Rn. 1018.
222 BVerfGE 4, 27; StGH, ESVGH 12/II, 10 (11 f.); ESVGH 31, 81.
223 StGH, B. v. 8.8.1977 – GR 3/76 – unveröff.
224 BVerfGE 2, 143 (156); *Schorkopf* in: Burkiczak/Dollinger/Schorkopf, § 63 Rn. 22.
225 BVerfGE 27, 240 (246); 13, 54 (82).
226 *Klein* in: Benda/Klein, Rn. 993.
227 StGH, B. v. 17.10.2011 – GR 5/11 – juris, Rn. 4; ESVGH 53, 15 (16 f.); ESVGH 58, 15 (17); ESVGH 58, 37 f.; ESVGH 62, 9 (11).
228 *Klein* in: Benda/Klein, Rn. 996 ff.
229 StGH, ESVGH 58, 15 (17).

insoweit nicht nichtig ist, ist er **im Lichte von Art. 68 LV** weiter **auszulegen**.[230]

Prozessbeteiligtenfähig sind danach die **obersten Landesorgane**, also die Verfassungsorgane des Landes.[231] Sie werden von der LV in Existenz, Status und wesentlichen Kompetenzen konstituiert, indem sie dem Staat durch Existenz und Funktion seine spezifische Gestalt verleihen und durch ihre Tätigkeit an der obersten Staatsleitung Anteil haben,[232] also der **Landtag und** die **Regierung**. Im Falle des Art. 36 LV ist der Ständige Ausschuss sowie im Falle des Notstands das Notparlament nach Art. 62 LV ein oberstes Landesorgan.[233] Ob der Ministerpräsident oder einzelne Minister – insb. der Finanzminister – zu den „obersten Landesorganen" gezählt werden können, ist fraglich.[234] Dies kann jedoch dahin stehen, da es sich bei ihnen jedenfalls um „andere Beteiligte" handelt.[235] Der VerfGH ist – obgleich er ein Verfassungsorgan ist – als zur Entscheidung berufenes Gericht nicht beteiligtenfähig im Organstreit.[236] **Kein oberstes Landesorgan ist** das **Staatsvolk**, es ist nach Art. 25 I LV Träger der Staatsgewalt und mangels einer vom Staat unabhängigen Organisation nicht handlungsfähig.[237] Der Rechnungshof wird überwiegend nicht als „oberstes Landesorgan" bzw. Verfassungsorgan angesehen.[238] Für die Prozessbeteiligtenfähigkeit kann dies jedoch dahinstehen, wenn er ein anderer Beteiligter ist (dazu → Rn. 66).

63

Neben den obersten Landesorganen können auch „**andere Beteiligte**" in einem Organstreit prozessbeteiligtenfähig sein, wenn sie in der LV oder in der GO LT oder GO LReg mit eigener Zuständigkeit ausgestattet sind. Der auf Organteile beschränkte zu enge Wortlaut des § 44 VerfGHG ist insoweit irrelevant. Prozessbeteiligtenfähig sind danach – wie bereits ausgeführt – jedenfalls der **Ministerpräsident und die Minister** sowie die der Regierung gem. Art. 45 II 2 LV angehörenden Staatssekretäre und -räte, nicht jedoch die politischen Staatssekretäre, da sie nicht Regierungsmitglieder sind.[239] Auch der **Landtagspräsident** ist prozessbeteiligtenfähig.[240] Gleiches gilt für die Ausschüsse des Landtags,[241] die Ausschussvorsitzenden,[242] die **Fraktionen**,[243] eine qualifizierte konkrete **Antragsminderheit** wie insb. nach

64

---

230 StGH, U. v. 10.12.1955 – GR 4/55; *Feuchte* in: ders., Art. 68 Rn. 25.
231 Für den Bund: *Klein* in: Benda/Klein, Rn. 1000 f.
232 BVerfGE 143, 1 (9); *Klein* in: Benda/Klein, Rn. 1001.
233 *Feuchte* in: ders., Art. 68 Rn. 26.
234 So wohl *Braun*, Art. 68 Rn. 4; VerfGH Rh-Pf, NVwZ-RR 1998, 1 (2).
235 StGH, ESVGH 58, 37 (38); ESVGH 62, 9 (12), zB der MP bzgl. Art. 49 I 1, 2 LV, die Minister bzgl. Art. 49 I 4 LV u. der Finanzminister bzgl. Art. 81 LV.
236 BVerfGE 60, 175 (202 f.).
237 BVerfGE 13, 54 (85, 95); 13, 54 (95); 60, 175 (200 f.).
238 *Katz* in: Feuchte, Art. 83 Rn. 8; *Braun*, Art. 83 Rn. 6; BbgVerfG, NVwZ-RR 1998, 209 f.; LSAVerfG, DVBl. 2016, 112.
239 *Feuchte* in: ders., Art. 68 Rn. 27, § 1 PStSG.
240 StGH, BWVBl. 1970, 169; ESVGH 22, 1 (2); ESVGH 38, 81 f.
241 *Feuchte* in: ders. Art. 68 Rn. 27.
242 ZB bzgl. § 22 GO LT; StGH, ESVGH, 53, 15 (18 ff.): bei Untersuchungsausschuss.
243 StGH, ESVGH 35, 161 (162); ESVGH 42, 7 f.; ESVGH 58, 15 (20); ESVGH 62, 9 (11); VerfGH, U. v. 13.12.2017 – 1 GR 29/17 – juris.

Art. 35 I 1 LV,²⁴⁴ eine „Fraktion im Untersuchungsausschuss",²⁴⁵ einzelne **Abgeordnete**.²⁴⁶ Allerdings ist bei den „anderen Beteiligten" im Rahmen der Antragsbefugnis ein besonderes Augenmerk darauf zu richten, ob sie konkret ein „Recht" geltend machen können. Die vom Landtag bestellte **G 10-Kommission**²⁴⁷ ist dagegen **kein anderer Beteiligter**.²⁴⁸

65 Zu den „anderen Beteiligten" gehören über § 44 VerfGHG hinausgehend auch **politische Parteien**, ²⁴⁹ soweit die Verletzung ihres verfassungsrechtlichen Status gegenüber einem Verfassungsorgan geltend gemacht wird. Von seiner gegenteiligen Auffassung ist der VerfGH schon früh auf Drängen des BVerfG abgerückt.²⁵⁰ Art. 21 GG wird als Bestandteil der LV verstanden.²⁵¹ Politische Parteien sind in den Kreis der Organstreitberechtigten einbezogen, weil sie über einen verfassungsrechtlichen Status verfügen und ohne sie die Durchführung von Wahlen nicht möglich ist.²⁵² Keine Parteien iSv Art. 21 GG u. § 2 I PartG sind Organisationen, die nur auf Kommunalebene an Wahlen teilnehmen (**Rathausparteien**). Weder sie noch ihre landesweiten Zusammenschlüsse können Beteiligte eines Organstreits sein.²⁵³ Soweit eine Partei gegenüber gegen dem Landtagspräsidenten wegen der Wahlkampfkostenerstattung (§§ 52 f. LWG) oder gegen Rundfunkanstalten oder Gemeinden eine Verletzung ihrer Chancengleichheit geltend machen will, liegt kein Verfassungsrechtsverhältnis vor. Hier ist der Verwaltungsrechtsweg zu beschreiten (s. auch → Art. 31 Rn. 2, 15).²⁵⁴ Anschließend ist ggf. eine Verfassungsbeschwerde möglich.²⁵⁵

66 Der VerfGH hat bisher nicht entschieden, ob der **Rechnungshof** ein „anderer Beteiligter" ist. Um ihn gegenüber einer Missachtung seiner Kompetenzen (Art. 83 II LV) durch die Regierung, aber auch eine Verletzung seiner Berichtspflicht gegenüber dem Landtag wehrfähig zu machen, wird er von

---

244 StGH, ESVGH 35, 161 (162); ESVGH 42, 7 f.; ESVGH 53, 15 (17); ESVGH 58, 15 (17); BVerfGE 124, 78 (106); 143, 101 (124 f.): wenn sich die Minderheit durch Stellung eines Antrags nach Art. 35 I 1 LV konstituiert hat (konkrete Einsetzungsminderheit) oder der konstituieren könnte (potentielle Einsetzungsminderheit). Ferner Antragsminderheiten nach Art. 30 IV 3 LV (Einberufung des LT), 35 II 2 LV (Beweiserhebung im Untersuchungsausschuss), §§ 38 II GO LT (Herbeirufung eines Ministers), 47 II GO LT (Änderungsanträge zur 3. Beratung) oder 62 II GO LT (Große Anfrage).
245 StGH, ESVGH 53, 15 (17); auch andere Ausschüsse, sofern sie mit eigenen Rechten ausgestattet sind: *Klein* in: Benda/Klein, Rn. 1010; BVerfGE 113, 113 (120); 143, 101 (126).
246 StGH, ESVGH 27, 1 (2); ESVGH 38, 81 f.; VerfGH, B. v. 26.9.2017 – 1 GR 27/17 – juris; U. v. 27.10.2017 – 1 GR 35/17 – juris; MVLVerfG, NordÖR 2017, 83; Abg. sind aber keine „Organteile": BVerfGE 143, 1 (10).
247 Nach § 2 Ausführungsgesetz zum Artikel 10-Gesetz.
248 BVerfGE 143, 1 (10 ff.); erst recht ist sie kein oberstes Landesorgan.
249 Parteien sind aber keine Organteile iSv § 44 VerfGHG; BVerfGE 143, 1 (10).
250 BVerfGE 4, 27; 6, 367 (371 f., 374); StGH, BWVBl. 1960, 122; ESVGH 12/II, 10 f.; ESVGH 31, 81 f.; anders noch: StGH, U. v. 10.12.1955 – GR 4/55 – unveröff.
251 BVerfGE 6, 367 (375); 66, 107 (114); 120, 82 (104).
252 BVerfGE 44, 125 (137); StGH, ESVGH 31, 81 (82).
253 StGH, ESVGH 12/II, 10; BVerfGE 51, 222 (233); 74, 96 (101); VerfGH NRW, NW VBl. 2017, 420.
254 StGH, BWVBl. 1970, 169; B. v. 8.8.1977 – GR 3/76 – unveröff.; ESVGH 22, 1.
255 *Klein* in: Benda/Klein, Rn. 1018, StGH, NVwZ 2015, 1286.

anderen Landesverfassungsgerichten für parteifähig gehalten.[256] Streitig ist aber, inwieweit die Prüfungsrechte des Rechnungshofs zu einem verfassungsrechtlichen Rechtsverhältnis gehören, was Auswirkungen auf die Antragsbefugnis hat.[257]

Kein „anderer Beteiligter" ist der einzelne **Bürger**. Dies gilt auch bzgl. Volksantrag, -begehren oder -abstimmung.[258] Für diese Bereiche existieren nach dem VAbstG andere verfassungsgerichtliche Rechtsbehelfe. 67

Die **Antragsberechtigung erlischt** erst einen Monat nach Wegfall der gesetzlichen Voraussetzungen (§ 9 II VerfGHG). Dies betrifft insb. den Fall des Ablaufs der Wahlperiode des Landtags oder seiner Auflösung und der damit eintretenden Diskontinuität des Landtags oder seiner Organteile. Sie werden als fortbestehend fingiert, wenn sie noch handlungsfähig sind. Eine einmal gegebene Eigenschaft als Prozessbeteiligter **bleibt bis zum Abschluss des Verfahrens bestehen** (§ 9 III VerfGHG). Konstituiert sich ein Organ nach einer Wahl neu, rückt es in die Rolle des ehemaligen Beteiligten ein.[259] § 9 II, III VerfGH dient dem effektiven Schutz der Kompetenzen eines Beteiligten, weil sonst eine am Ende der Legislaturperiode begangene Verletzung einer gerichtlichen Klärung entzogen wäre.[260] 68

b) Antragsbefugnis

Die Antragsbefugnis (§ 45 I, II VerfGHG) besteht aus **zwei Teilen:** Der Antragsteller muss sich (1.) auf „Rechte oder Pflichten" (Kompetenzen) beziehen, die sich aus der LV ergeben und die ihm oder dem Organ, dem er angehört, übertragen wurden, und er muss (2.) unter Nennung der verletzten Bestimmung geltend machen, dass eine Handlung oder Unterlassung des Antragsgegners ihn in der Wahrnehmung der genannten Rechte oder Pflichten verletzt oder unmittelbar gefährdet. 69

Die geltend zu machenden „Rechte oder Pflichten" müssen sich anders als zur Begründung der Prozessbeteiligtenfähigkeit **aus der Verfassung** ergeben. Rechte aus einfachen Gesetze oder einer Geschäftsordnung genügen grds. nicht,[261] es sei denn, die betreffende Norm spiegelt verfassungsrechtliche Rechte und Pflichten wider.[262] Zudem müssen sich auf beiden Seiten des Rechtsverhältnisses Beteiligte iSv Art. 68 I 2 Nr. 1 LV gegenüberstehen. Nur dann steht ein **Verfassungsrechtsverhältnis** im Streit.[263] Ein Organstreit dient dem Schutz der Kompetenzen der Staatsorgane, **nicht** einer all- 70

---

256 BbgVerfG, NVwZ-RR 1998, 209; VerfGH NRW, NVwZ 2012, 631; SächsVerfGH, U. v. 25.2.2014 – Vf. 71-I-12 – juris, Rn. 34 f.; LSAVerfG, NVwZ 2016, 527 ff.; offen: BVerfGE 92, 130 (133); ablehnend: *Lenz/Hansel*, § 63 Rn. 35.
257 Eng: LSAVerfG, NVwZ 2016, 527 ff.; weit: VerfGH NRW, NVwZ 2012, 631, zu Standortverlegung: SächsVerfGH, U. v. 25.2.2014 – Vf. 71-I-12 – juris, Rn. 37 ff.
258 StGH, B. v. 17.10.2011 – GR 5/11 – juris, Rn. 4 f.; BVerfGE 60, 175 (200 f.).
259 *Feuchte* in: ders., Art. 68 Rn. 37.
260 StGH, ESVGH 62, 9 f.
261 BVerfGE 118, 277 (319); 142, 25 (53); 143, 101 (127).
262 BVerfGE 130, 367 (369 f.); 131, 152 (191); zB Aktenvorlage nach § 14 UAG.
263 BVerfGE 131, 152 (191); 138, 45 (63); HambVerfG, DVBl. 2016, 1188.

gemeinen Verfassungsaufsicht.[264] Es ist keine objektive Beanstandungsklage.

71 Eigene „Rechte" liegen nur vor, wenn sie dem Antragsteller zur ausschließlichen Wahrnehmung oder Mitwirkung übertragen worden sind oder deren Beachtung erforderlich ist, um die Wahrnehmung seiner Kompetenzen und die Gültigkeit seiner Akte zu gewährleisten.[265] Organstreitfähig ist zB das aus Art. 27 III LV abzuleitende **Fragerecht des Abgeordneten** und die Verpflichtung der Regierung, zu antworten und den Abg. die erforderlichen Informationen zu verschaffen.[266] Organstreitfähig ist weiter das sich aus Art. 27 III LV abzuleitende Recht des einzelnen Abg. auf beratende und beschließende Mitwirkung an der haushaltspolitischen Gesamtverantwortung des Landtags,[267] das Rederecht im Plenum, das Recht auf Mitgliedschaft in einem Ausschuss sowie das Recht, sich zu Fraktionen zusammenschließen zu können.[268] Auch die Höhe der Abgeordnetenentschädigung kann nach Art. 40 LV organstreitfähig sein, wenn die Freiheit oder Gleichheit des Mandats in Gefahr ist.[269] Auch ein Rechtsstreit zwischen Abg. und dem Landtagspräsidenten um die Abgrenzung ihres parlamentarischen Status von den Ordnungsbefugnissen des Präsidenten (Art. 32 II LV) ist verfassungsrechtlicher Natur.[270] Die Grundrechte gewährleisten grds. keine Organrechte.[271] Eine **Fraktion** kann als *eigene* „Rechte" nur Kompetenzen aus dem innerparlamentarischen Raum und nicht solche des Landtags gegenüber der Regierung geltend machen.[272] So steht das Budgetrecht (Art. 79 LV) nur dem Landtag zu.[273] Die rechtliche Stellung einer Fraktion wird durch das außerparlamentarische Verhalten von Regierungsmitgliedern nicht berührt.[274] Durch einen materiell rechtswidrigen Beschluss des Landtags wird das verfassungsmäßige Mitwirkungsrecht einer Fraktion im Landtag nicht in Frage gestellt. Gleiches gilt für die Rechtsstellung des Landtags.[275] Das Einsetzungs- und Beweiserhebungsrecht (Art. 35 I, II LV) steht nicht einer Fraktion als solcher, sondern nur einem Viertel der MdL zu.[276] Allerdings kann eine Fraktion, die über diese Anzahl an MdL verfügt, als eine qualifizierte Minderheit in Erscheinung treten.[277] Der VerfGH hat die – zu verneinende – Frage, ob eine „Fraktion" als solche

---

264 BVerfGE 118, 277 (319); 143, 1 (8 f.); StGH, ESVGH 51, 8 (13); B. v. 26.9.2017 – 1 GR 27/17 – juris, Rn. 30; *Schorkopf* in: Burkiczak/Dollinger/Schorkopf, § 64 Rn. 8; § 1 IV UAG betrifft nicht Organstreit.
265 BVerfGE 126, 55 (68).
266 BVerfGE 70, 324; 124, 161 (185); 137, 185 (224); LVerfG M-V, NordÖR 2017, 83 (Kleine Anfrage); NdsStGH, DVBl. 2016, 371; zu Anforderungen an Informationsbegehren: VerfGH NRW, NWVBl. 2016, 371.
267 BVerfGE 130, 318 (340).
268 VerfGH, U. v. 27.10.2017 – 1 GR 35/17 – juris, Rn. 38 mit 42 ff.
269 VerfGH, B. v. 26.9.2017 – 1 GR 27/17 – juris, Rn. 33 f. u. 39.
270 StGH, ESVGH 38, 81; LVerfG SchlH, U. v. 17.5.2017 – LVerfG 1/17 – juris.
271 BVerfGE 126, 55 (68); differenzierter: BVerfGE 118, 277 (319 f.).
272 BVerfGE 91, 246 (250); 100, 266 (270); StGH, ESVGH 47, 1; ESVGH 51, 8.
273 StGH, ESVGH 47, 1.
274 StGH, ESVGH 51, 8 (10).
275 StGH, ESVGH 51, 8 (13 f.).
276 BVerfGE 142, 25 (54 ff.); *Brocker* in: Epping/Hillgruber, Art. 44 Rn. 22.1 f.; *Klein* in: Maunz/Dürig, Art. 44 Rn. 75.
277 BVerfGE 105, 197 (220 f.); 117, 359 (367); StGH, ESVGH 42, 7 (8 f.); ESVGH 53, 15 (17 f.); ESVGH 58, 15; str. ist, wer den Antrag nach Art. 35 LV unter-

das Recht aus Art. 35 LV unabhängig von einer qualifizierten Unterstützung durch Abg. geltend machen kann, offen gelassen.[278] Er hat es für ausreichend erachtet, wenn der vom Fraktionsvorsitzenden gestellte Antrag bei der Stellung des Einsetzungsantrags und der Einleitung des Organstreitverfahrens von so vielen Fraktionsmitgliedern unterstützt wurde, dass jeweils das Quorum erreicht wurde.[279] Jedenfalls kann sich eine **qualifizierte konkrete Antragsminderheit** nach Art. 35 I LV auf die darin enthaltenen Rechte berufen.[280] Voraussetzung ist, dass im gerichtlichen Verfahren mindestens so viele Antragsteller des parlamentarischen Verfahrens auftreten, dass auch hier das Quorum erfüllt ist. Ist dem genügt, muss die Zahl der Antragsteller im Landtag und beim VerfGH nicht identisch sein.[281] Soweit in § 2 III 1 UAG neben einem Viertel der Abg. auch **zwei Fraktionen** den Landtag zur Einsetzung eines Untersuchungsausschusses verpflichten können, ist dieses Recht mit einem Organstreit grundsätzlich **nicht** durchsetzbar. Denn es handelt sich nicht um eine verfassungsrechtliche Pflicht (→ Rn. 58 und → Art. 35 Rn. 16). Das Quorum in Art. 35 LV ist abschließend.[282] Eine mögliche Verletzung des Gleichbehandlungsgebots aus Art. 27 III LV kann im Hinblick auf die Entscheidung über einen Antrag nach § 2 III 1 Alt. 2 UAG dagegen geltend gemacht werden.[283] Eine „**Fraktion im Ausschuss**" kann die Minderheitenrechte des Art. 35 LV gegenüber einer Verletzung durch den Landtag geltend machen, soweit sie mindestens ein Viertel der MdL erfasst, die Rechte der Einsetzungsminderheit geltend macht und wenn kein Dissens zur Gesamtfraktion erkennbar ist.[284] **Parteien** machen ihre Recht aus Art. 21 GG gegenüber anderen Beteiligten nach Art. 68 I 2 Nr. 1 LV geltend, wenn sie sich zB gegen gesetzliche Regelungen über die Zusammensetzung des Landtags, die Öffentlichkeitsarbeit der Regierung oder amtliche Äußerungen von Regierungsmitgliedern wenden.[285]

Gem. § 45 I VerfGHG kann ein Antragsteller auch Rechte des Organs geltend machen, dem er angehört (**Prozessstandschaft**).[286] So kann insb. eine **Fraktion** Rechte des Landtags, zB das Budgetrecht (Art. 79 LV), geltend machen.[287] Auch die **qualifizierte Minderheit** nach Art. 35 I, II LV kann gegenüber der Regierung das Beweiserhebungsrecht des Landtags geltend 72

---

schreiben muss: *Brocker* in: Epping/Hillgruber, Art. 44 Rn. 22.1: Vorsitzender genügt, wenn Fraktion mind. ¼ der MdL; aA K*lein* in: Maunz/Dürig, Art. 44 Rn. 75: alle Abg., mind. ¼ der MdL.
278 StGH, ESVGH 58, 15 (20 ff.).
279 StGH, ESVGH 58, 15 (20 ff.); das überzeugt nicht – die Fraktion kann Art. 35 LV nicht unabhängig von den konkret antragstellenden Abg. geltend machen, s. StGH, aaO, 17 ff.
280 StGH, ESVGH 42, 7; ESVGH 53, 15 (17 f.); BVerfGE 105, 197 (220); 124, 78 (106 f.).
281 StGH, ESVGH 42, 7; ESVGH 58, 15.
282 BVerfGE 142, 25 (53 ff.); 143, 101(128 f.); VerfGH, U. v. 13.12.2017 – 1 GR 29/17 – juris.
283 VerfGH, U. v. 13.12.2017 – 1 GR 29/17 – juris.
284 StGH, ESVGH 53, 15 (17 f.); BVerfGE 105, 197 (220 f.); 117, 359 (367).
285 Zusammensetzung: BVerfGE 120, 82 (96); Öffentlichkeitsarbeit: StGH, ESVGH 31, 81; Äußerungen: BVerfGE 138, 102 (107 f.); ThürVerfGH, NVwZ 2016, 1408; ThürVBl. 2015, 295.
286 StGH, ESVGH 47, 1 (4 f.); ESVGH 58, 15 (19); *Klein* in: Benda/Klein, Rn. 1027.
287 StGH, ESVGH 58, 37 (38); ESVGH 62, 9 (12); BVerfGE 135, 317 (397).

machen.[288] Gleiches gilt für die „**Fraktion im Ausschuss**", wenn sie mindestens ein Viertel der MdL erfasst, die Rechte der Einsetzungsminderheit iSv Art. 35 LV geltend macht,[289] und wenn zwischen der Fraktion und den Vertretern im Ausschuss kein Dissens erkennbar ist.[290] Allerdings kann nach der bisherigen Rspr. des VerfGH eine Fraktion im Wege der Prozessstandschaft Rechte des Landtags nicht gegen den Landtag als Antragsgegner, sondern nur gegen andere Beteiligte geltend machen.[291] Das überzeugt nicht, weil Sinn und Zweck der Prozessstandschaft im Minderheitenschutz liegen, der sich auch gegen die Mehrheit im Gesamtorgan richten kann.[292] So lässt auch der VerfGH die Erhebung einer Organklage im Wege der Prozessstandschaft gegen den Willen der Mehrheit des Gesamtorgans zu.[293] Der **einzelne Abgeordnete** kann **nicht** Rechte des Landtags geltend machen. Er ist kein „Organteil" iSv § 45 I VerfGHG, sondern ein sonstiger Beteiligter iSv Art. 68 I 2 Nr. 1 LV.[294] Er kann auch das einer Antragsminderheit nach Art. 35 LV zustehende Recht auf Einsetzung eines Untersuchungsausschusses nicht geltend machen.[295]

73 **Angriffsgegenstand** kann grds. jedes Verhalten (Handlungen und Unterlassungen) sein (§ 45 I VerfGHG). Dazu gehört der Erlass von Normen, nicht aber die Norm selbst. Auch Einzelrechtsakte und Realhandeln sind angreifbar.[296] Das Verhalten des Antragsgegners muss **rechtserheblich** sein, also geeignet sein, die Rechtsstellung des Antragstellers zu beeinträchtigen.[297] Die Rechtserheblichkeit fehlt bei vorbereitenden oder umsetzungsbedürftigen Handlungen.[298] Eine Landespartei wird durch die Ausarbeitung einer „Wahlkampfstrategie" durch das Staatsministerium und deren Beratung im Ministerrat noch nicht rechtserheblich betroffen.[299] Ein Unterlassen ist nur dann rechtserheblich, wenn (möglicherweise) eine Pflicht zur Vornahme der unterlassenen Handlung besteht.[300] Dies gilt auch für ein Unterlassen des Gesetzgebers,[301] wobei hier Handlung und Unterlassen nicht immer trennscharf abgrenzbar sind. So liegt bei einem „qualifizierten Unterlassen", bei dem die Aufnahme einer bestimmten Regelung nach parlamentarischer Beratung abgelehnt wird, eine Handlung vor.[302]

---

288 BVerfGE 124, 78 (107).
289 BVerfGE 117, 359 (367); 143, 101 (129).
290 BVerfGE 105, 197 (220 f.); 124, 78 (107 f.).
291 StGH, ESVGH 47, 1 (5 f.); ESVGH 51, 9 (13 f.).
292 So BVerfGE 123, 267 (338 f.); 142, 25 (49 f.); krit. *Klein* in: Benda/Klein, Rn. 1029.
293 StGH, ESVGH 47, 1 (4).
294 BVerfGE 117, 359 (367); 123, 267 (337).
295 StGH, ESVGH 58, 15 (19 f.).
296 StGH, ESVGH 60, (5); *Klein* in: Benda/Klein, Rn. 1032.
297 StGH, ESVGH 35, 241; BVerfGE 118, 277 (317); 137, 185 (223); 138, 45 (59).
298 BVerfGE 94, 351 (363); 96, 264 (277).
299 StGH, ESVGH, 35, 241.
300 BVerfGE 96, 264 (277); *Schorkopf* in: Burkiczak/Dollinger/Schorkopf, § 63 Rn. 71.
301 StGH, ESVGH 60, 3 (5); VerfGH NRW, NVwZ 1995, 579; NVwZ-RR 2003, 83; ThürVerfGH, ThürVBl. 2006, 229.
302 BVerfGE 120, 82 (97); *Schorkopf* in: Burkiczak/Dollinger/Schorkopf, § 63 Rn. 73.

Die **Rspr. des StGH/VerfGH betraf bisher**: Ablehnung Einberufung einer Sondersitzung des Untersuchungsausschusses (ESVGH 53, 15), Ablehnung der Einsetzung eines Untersuchungsausschusses,[303] Änderung von § 2 III 1 UAG (U. v. 13.12.2017 – 1 GR 29/17 – juris), Auskunftsverweigerung der Regierung gegenüber einem Untersuchungsausschuss (ESVGH 35, 161), Unterlassen einer Änderung Abgeordnetenentschädigung (ESVGH 60, 3), Erhöhung der Abgeordnetenentschädigung (B. v. 26.9.2017 – 1 GR 27/17 – juris), Verletzung des Budgetrechts des Landtags durch außerplanmäßige Verpflichtungsermächtigung (StGH, ESVGH 58, 37), Zustimmung des Finanzministers zu Garantieübernahme für Aktienkauf (ESVGH 62, 9), Öffentlichkeitsarbeit der Regierung (ESVGH 31, 81), Untersagung eines Sondervotums zu Untersuchungsausschussbericht (VBlBW 1990, 51), Sperrung des Telefonanschlusses von Abg. (ESVGH 38, 81) und Sanktionen einer Fraktion gegenüber einem Abgeordneten (U. v. 27.10.2017 – 1 GR 35/17 – juris). Keine Entscheidung liegt bislang zu unzureichenden Antworten der Regierung auf parlamentarische Anfragen vor.

74

Der Antragsteller muss nach § 45 I VerfGHG geltend machen, dass die Handlung oder Unterlassung zu einer **Verletzung oder unmittelbaren Gefährdung** der durch die LV übertragenen Rechte oder Pflichten führt. Unter „Verletzung" ist eine Beeinträchtigung des Schutzgutes zu verstehen. Eine unmittelbare Gefahr liegt vor, wenn eine Verletzung in abschätzbarer Zeit und bei erwartbarem Kausalverlauf mit erheblicher Wahrscheinlichkeit eintreten wird.[304] Der Begriff der „**Geltendmachung**" ist dahin gehend auszulegen, dass eine Rechtsverletzung zumindest möglich ist.[305] Die Möglichkeit einer Verletzung des organschaftlichen Rechtskreises darf nach dem Vorbringen nicht von vornherein als ausgeschlossen erscheinen.[306] Die mögliche Verletzung oder Gefährdung ist schlüssig darzulegen.[307] Nach § 45 II VerfGHG muss der Antrag bezeichnen, gegen welche Bestimmung der LV die beanstandete Handlung oder Unterlassung des Antragsgegners verstößt. Aus § 15 I 3 VerfGHG folgt ferner die Pflicht, die erforderlichen Beweismittel anzugeben. Bei vorhandenen substantiellen Beweisangeboten ist eine Ergänzung der Beweise möglich. Es genügt, dass die angebotenen Beweismittel einen gewissen Schein der behaupteten Tatsachen begründen.[308]

75

Wird der **Antrag zurückgenommen** oder erklären die Prozessbeteiligten den Rechtsstreit für **erledigt,** kann das Verfahren fortgeführt werden, wenn hieran ein **öffentliches Interesse** besteht. Ansonsten ist das Verfahren einzustellen.[309]

76

---

303 StGH, ESVGH 27, 1; ESVGH 42, 7; ESVGH 58, 15; VerfGH, U. v. 13.12.2017 – 1 GR 29/17 – juris.
304 *Schorkopf* in: Burkiczak/Dollinger/Schorkopf, § 64 Rn. 4.
305 StGH, ESVGH 58, 15 (17).
306 StGH, ESVGH 35, 241; ESVGH 60, 3 (6).
307 § 15 I 2 u. § 45 II VerfGHG; auch: BVerfGE 117, 359 (368).
308 StGH, ESVGH 31, 81 (83).
309 StGH, B. v. 28.11.2013 – 1 GR 7/13 – Homepage VerfGH.

c) Rechtsschutzinteresse

77 Das Vorhandensein eines Rechtsschutzinteresses ist auch für das zugleich objektiven Zwecken dienende Organstreitverfahren Zulässigkeitsvoraussetzung.[310] Sein Vorliegen wird durch die Geltendmachung einer Rechtsverletzung **indiziert**[311] und liegt grds. auch bei in der Vergangenheit liegenden Rechtsverletzungen vor.[312] Erforderlich ist aber ein erkennbarer Konflikt, weshalb bei unrichtig beantworteten parlamentarischen Anfragen eine Konfrontationsobliegenheit besteht.[313] Ein Rechtsschutzbedürfnis **fehlt**, wenn sich ein ähnlicher Streit zwischen den Beteiligten nicht wiederholen kann und kein sonstiges schutzwürdiges Klärungsinteresse besteht.[314] **Tritt ein neuer Landtag zusammen**, hat dies nach § 9 II, III VerfGHG zwar grds. keine Auswirkung auf die Antragsbefugnis.[315] Gleichwohl kann der VerfGH nach **§ 24 S. 2 VerfGHG** einen Organstreit für erledigt erklären, wenn kein **schutzwürdiges Interesse an der Weiterverfolgung** besteht. Dieses entspricht dem allgemeinen Rechtsschutzbedürfnis. Es ist gegeben, wenn die Entscheidung die Klärung einer grds. Streitfrage der LV mit präjudizieller Wirkung für die Zukunft herbeiführen oder fördern würde oder wenn ein politisches Rehabilitationsinteresse besteht.[316]

d) Frist

78 Nach § 45 III VerfGHG muss der Antrag binnen sechs Monaten gestellt werden, nachdem die beanstandete Handlung oder Unterlassung dem Antragsteller bekannt geworden ist, spätestens jedoch fünf Jahre nach ihrer Durchführung oder Unterlassung. Die Vorschrift enthält eine **Ausschlussfrist**, nach deren Ablauf im Interesse der Rechtssicherheit Rechtsverletzungen nicht mehr geltend gemacht werden können.[317] Eine Wiedereinsetzung in den vorigen Stand ist nicht möglich.[318] Der Ablauf der Frist zur Beantragung eines Organstreitverfahrens nach § 45 Abs. 3 VerfGHG gegen den Erlass eines Gesetzes **präkludiert** aber **nicht** die **inzidente Rüge der Verfassungswidrigkeit** des Gesetzes in einem Organstreitverfahren, das sich gegen auf diesem beruhende Handlungen oder Unterlassungen wendet.[319]

79 Maßgeblich für den **Fristbeginn**, der nach § 45 III VerfGHG vom „Bekanntwerden" der Maßnahme abhängt, ist der Zeitpunkt, von dem an diese beim Antragsteller eine aktuelle rechtliche Betroffenheit auszulösen vermag.[320] Richtet sich die Organklage gegen ein Gesetz, knüpft das BVerfG

---

310 BVerfGE 114, 121 (147); 124, 78 (113); *Klein* in: Benda/Klein, Rn. 1042.
311 StGH, ESVGH 58, 37 (38); BVerfGE 90, 286 (339 f.); 104, 151 (198).
312 BVerfGE 121, 135 (152); 131, 152 (193 f.).
313 BVerfG, B. v. 10.10.2017 – 2 BvE 6/16 – juris.
314 VerfGH, U. v. 13.12.2017 – 1 GR 29/17 – juris; BVerfGE 119, 302 (308); 140, 160 (185 f.); LVerfG M-V, DÖV 2003, 765; HessStGH, DVBl. 2016, 1460.
315 StGH, ESVGH 27, 1 (2); VBlBW 1990, 51.
316 StGH, ESVGH 27, 1; ESVGH 35, 161 (163 f.); VBlBW 1990, 51; ESVGH 40, 14 ff.; ESVGH 62, 9 (13); VerfGH, U. v. 13.12.2017 – 1 GR 29/17 – juris; aA bzgl. Rehabilitation: BVerfGE 136, 190 (192 f.); HessStGH, DVBl. 2016, 1460 mwN.
317 StGH, ESVGH 60, 3 (6).
318 BVerfGE 129, 356 (371).
319 VerfGH, U. v. 13.12.2017 – 1 GR 29/17 – juris; anders: BVerfGE 140, 1 (26 f.).
320 BVerfGE 134, 141 (193); *Schorkopf* in: Burkiczak/Dollinger/Schorkopf, § 64 Rn. 27.

grds. an die Verkündung an, wohingegen es bei einer Geschäftsordnung auf die rechtliche Betroffenheit des Antragstellers ankommt, um vorsorgliche Verfahren zu vermeiden.[321] Der **VerfGH** hat dieses Problem der Koordinierung von Antragsbefugnis und Antragsfrist schon recht früh so gelöst, dass die Frist erst dann beginnt, wenn die Antragsberechtigung für den Antragsteller entstanden ist.[322] Für diese Lösung spricht die im Bund nicht gegebene, aber in § 45 III VerfGHG enthaltene absolute Ausschlussfrist von fünf Jahren. Steht eine **geänderte Norm** im Streit, können die zu § 56 IV VerfGHG für die Verfassungsbeschwerde entwickelten Grundsätze herangezogen werden (→ Rn. 154).[323] § 45 III VerfGHG gilt auch für **Unterlassungen**, und zwar nicht nur, wenn das vom Antragsgegner verlangte Handeln zu einem bestimmten Zeitpunkt zu erfüllen war, sondern grds. auch, wenn der behaupteten Verpflichtung zum Handeln über eine längere Zeit nicht nachgekommen wurde. Der Beginn der Frist bei fortdauerndem Unterlassen lässt sich nicht für alle Fallgestaltungen einheitlich festlegen. Sie wird spätestens dadurch in Lauf gesetzt, dass sich der Antragsgegner erkennbar eindeutig weigert, in der geforderten Weise tätig zu werden.[324] Steht die **Unterrichtungspflicht der Regierung** gegenüber dem Landtag im Streit, beginnt der Fristlauf nicht vor der eindeutigen, ggf. auch konkludenten Weigerung des zuständigen Ressortministers.[325] Haben die Abg. einer Fraktion in einem Ausschuss von der Weigerung der Regierung Kenntnis erlangt, ist dies der Parlamentsfraktion zuzurechnen.[326]

3. Verfahren

Geht ein Antrag ein, ist dieser dem Antragsgegner als Prozessbeteiligtem (§ 9 I VerfGHG) des kontradiktorischen Organstreitverfahrens unverzüglich mit der Aufforderung zuzustellen, sich binnen bestimmter Frist zu äußern (§ 15 II VerfGHG). Die **Prozessbeteiligten** können sich gem. § 14 VerfGHG von einem Bevollmächtigten vertreten lassen. Mängel der Vollmachterteilung können bis zum Abschluss des Verfahrens geheilt werden.[327] Die Prozessbeteiligten haben nach § 13 VerfGHG das Recht auf Akteneinsicht. 80

Für die **Sachverhaltsaufklärung** gelten die §§ 18-21 VerfGHG. Verweigert die Regierung die Vorlage einer Urkunde aus Gründen der Sicherheit des Staates, findet sich in § 19 VerfGHG ein spezielles Verfahren, in dem der VerfGH über die Vorlage und Einsicht durch die Beteiligten entscheidet.[328] § 22 I 3 VerfGHG schließt die Verwertung einer Urkunde aus, wenn den Beteiligten keine Einsicht in diese gewährt wurde. Über den Organstreit 81

---

321 BVerfGE 118, 288 (320 f.): Gesetz; BVerfGE 80, 188 (210 ff.): Geschäftsordnung.
322 StGH, BWVBl. 1960, 122; VerfGH, U. v. 13.12.2017 – 1 GR 29/17 – juris.
323 BVerfGE 111, 382 (411); 131, 316 (333 f.); VerfGH, DÖV 2016, 486; U. v. 13.12.2017 – 1 GR 29/17 – juris.
324 StGH, ESVGH 52, 1 f.; ESVGH 60, 3 (6 f.); BVerfGE 110, 403 (405); 129, 356 (371).
325 BVerfGE 134, 141 (193); 131, 152 (192 f.): Äußerungen von Beamten reichen nicht.
326 BVerfGE 129, 356 (371); 131, 152 (191 f.); BerlVerfGH, DVBl. 2014, 1462 f.; wenn nachfolgend Plenum beteiligt, hierauf abstellend: *Lenz/Hansel*, § 64 Rn. 43.
327 StGH, ESVGH 31, 81 (82 f.).
328 Ähnlich: § 99 II VwGO, dazu: BVerfGE 101, 106; 115, 205.

wird nach § 16 I VerfGH mündlich verhandelt, es sei denn der VerfGH beschließt mit Zustimmung aller Prozessbeteiligten, dass er ohne **mündliche Verhandlung** entscheidet. Über unzulässig oder offensichtlich unbegründete Anträge muss im Falle der Kammerentscheidung nach § 17 II VerfGHG ebenfalls nicht mündlich verhandelt werden.[329]

82 Darüber hinaus ist nach § 46 II VerfGHG dem **Landtag und** der **Regierung** über die Einleitung des Verfahrens **Kenntnis** zu geben. Die Information hat einen doppelten Zweck. Sie soll den Verfassungsorganen ermöglichen, dem Verfahren nach § 46 I VerfGHG als Prozessbeteiligte formal beizutreten, oder sich unterhalb dieser Schwelle zur Sache zu äußeren.[330] Da § 17 II VerfGHG nicht auf § 58 II VerfGHG verweist, kann von einer Anhörung nicht abgesehen werden.[331]

83 Dem Antragsteller und dem Antragsgegner können in jeder Lage des Verfahrens andere Antragsberechtigte gleichsam als „Streithelfer" beitreten, wenn die Entscheidung für die Abgrenzung ihrer Zuständigkeiten von Bedeutung ist (§ 46 I VerfGHG). Erst hierdurch erhalten sie die Rechte eines formal Prozessbeteiligten und unterliegen der Rechtskraft der Entscheidung (§ 23 II VerfGHG). Soweit ein Zusammenhang mit dem Streitgegenstand besteht, können sie eigene Anträge stellen.[332] Der **Beitritt** ist unzulässig, wenn es an der notwendigen Übereinstimmung der rechtlichen Interessen des Beitrittswilligen mit denen des unterstützten Prozessbeteiligten fehlt.[333] Der Beitritt ist in „jeder Lage des Verfahrens" möglich und damit grds. nicht fristgebunden.[334] Der VerfGH entscheidet über den Beitritt durch Beschluss, wenn er ihn ablehnt. Ist der Beitritt zulässig, genügen die Aufnahme in das Rubrum sowie eine Begründung in der Hauptsacheentscheidung.[335]

4. Entscheidung

84 Hält die Kammer den Antrag einstimmig für unzulässig oder offensichtlich unbegründet, kann sie ihn nach § 17 II 2 iVm § 58 IV 4 VerfGHG ohne mündliche Verhandlung durch Beschluss zurückweisen. Im Übrigen entscheidet das Plenum über den Organstreit durch Urteil (§§ 16, 22 VerfGHG). Anders als bis zur Änderung des § 17 VerfGHG durch G. v. 13.11.2012 (GBl. 569) wird der Antrag im Falle der Unzulässigkeit nicht mehr „verworfen",[336] sondern „als unzulässig zurückgewiesen".[337] Kann

---

329 § 17 II 2 iVm § 58 IV 4 VerfGHG; LT-Drs. 15/2153, 13; VerfGH, B. v. 26.9.2017 – 1 GR 27/17 – juris.
330 So für § 65 BVerfGG: *Schorkopf* in: Burkiczak/Dollinger/Schorkopf, § 65 Rn. 12.
331 Zu § 24 BVerfGG: *Klein* in: Benda/Klein, Rn. 374; Schlaich/Korioth, Rn. 70; aA *Dollinger* in: Burkiczak/Dollinger/Schorkopf, § 24 Rn. 34.
332 BVerfGE 6, 309 (326).
333 BVerfGE 114, 105 f.; 130, 318 (341); *Klein* in: Benda/Klein, Rn. 1054 f.; *Schorkopf* in: Burkiczak/Dollinger/Schorkopf, § 65 Rn. 5 ff.
334 Jedenfalls, wenn sich der Beitretende dem Antrag des Antragstellers anschließt; BVerfGE 120, 82 (101); 92, 203 (229), *Lenz/Hansel*, § 65 Rn. 6.
335 BVerfGE 114, 105; 130, 318 (341); 131, 316 (317, 331).
336 So zB noch StGH, B. v. 17.10.2011 – GR 5/11 – juris, oder StGH, ESVGH 60, 3 f.
337 Dies ergibt sich aus dem Wortlaut von § 17 II VerfGHG: VerfGH, B. v. 26.9.2017 – 1 GR 27/17 – juris; U. v. 13.12.2017 – juris.

der VerfGH keine Verletzung oder unmittelbare Gefährdung der Rechtsposition des Antragstellers feststellen, wird der Antrag (als unbegründet) zurückgewiesen.[338] Es wird nicht ausdrücklich festgestellt, dass das beanstandete Verhalten des Antragsgegners die LV nicht verletze. Ist der Antrag begründet, ergeht ein **Feststellungsurteil** (§ 47 VerfGHG). Der VerfGH stellt fest, ob sich der Antragsgegner wie behauptet verhalten hat oder ob ein solches Verhalten von ihm zu gewärtigen ist, inwiefern er dadurch den Antragsteller in der Wahrnehmung seiner Rechte und Pflichten verletzt oder unmittelbar gefährdet hat und gegen welche Bestimmung der LV sein Verhalten verstößt.[339] Der VerfGH kann nicht – wie in einem Normenkontrollverfahren oder auf eine Verfassungsbeschwerde – feststellen, dass eine Norm gegen die LV verstößt und damit nichtig ist, auch wenn das beanstandete Verhalten den Erlass eines Gesetzes betrifft.[340] Auch die Ungültigkeit einer Wahl kann nicht beantragt werden.[341] Den staatlichen Organen obliegt es, den festgestellten verfassungswidrigen Zustand zu beseitigen.[342] Ein Verpflichtungsausspruch ist grds. nicht zulässig.[343] Nach § 47 II VerfGHG ist es jedoch möglich, akzessorisch zu dem das in Streit stehende Verhalten betreffenden Tenor auszusprechen, wie eine entscheidungserhebliche Bestimmung der LV auszulegen ist. Eine solche Feststellung hat Gesetzeskraft und ist im Gesetzblatt zu veröffentlichen (§ 23 I VerfGHG).

II. Abstrakte Normenkontrolle (Abs. 1 S. 2 Nr. 2, Abs. 2 Nr. 2)

Die abstrakte Normenkontrolle ist in Art. 68 I 2 Nr. 2, II Nr. 2, 88 LV sowie §§ 8 I Nr. 2, 48–50 VerfGHG geregelt. Die auf Bundesebene vorhandenen §§ 76, 79 BVerfGG finden auf Landesebene keine Entsprechung. Dagegen gibt es in § 49 VerfGHG eine Regelung zur Abstimmung mit vor dem VGH anhängigen Normenkontrollverfahren. 85

1. Funktion und Abgrenzungen

Die abstrakte Normenkontrolle zum VerfGH hat bislang keine große Rolle gespielt. Es wurden **erst sechs Entscheidungen getroffen**.[344] Die letzte stammt aus dem Jahr 2005. Ein Verfahren wurde nach Rücknahme eingestellt.[345] Gleichwohl handelt es sich bei der abstrakten Normenkontrolle um ein Verfahren, das **prototypisch für die Rolle des VerfGH als „Hüter der Landesverfassung"** steht. Es dient der Gewährleistung des Vorrangs der LV nach Art. 25 II LV sowie von Rechtssicherheit und Rechtsfrie- 86

---

338 StGH, U. v. 26.7.2007 – GR 2/07 –, wobei die Worte „als unbegründet" nach der Änderung durch G. v. 13.11.2012 zur Klarstellung mit auszusprechen sind.
339 ZB StGH, ESVGH 31, 81; ESVGH 62, 9 (11); VerfGH, U. v. 27.10.2017 – 1 GR 35/17 – juris.
340 BVerfGE 120, 82 (124); *Schorkopf* in: Burkiczak/Dollinger/Schorkopf, BVerfGG, § 67 Rn. 2.
341 Nur bei Wahlprüfungsbeschwerde: BVerfGE 136, 277 (302); 138, 125 (131 f.).
342 BVerfGE 85, 264 (326); *Feuchte* in: ders., Art. 68 Rn. 39.
343 BVerfGE 124, 161 (188); 136, 277 (301); Ausnahme: 112, 118 (147 f.).
344 StGH, ESVGH 23, 135 (politische Staatssekretäre); ESVGH 24, 12 (Universitätsklinikum); ESVGH 29, 160 (unechte Teilortswahl); ESVGH 31, 241 (Pädagogische Hochschulen); VBlBW 1991, 133 (Ausgleichsmandate); ESVGH 55, 27 (Wahl des Vorstands der Landesmedienanstalt).
345 StGH, B. v. 28.5.1996 – GR 1/92 – unveröff.

den.[346] Zwar findet eine Kontrolle am Maßstab der LV nur auf Antrag statt. Jedoch dient es nicht subjektiven Interessen, sondern dem Schutz der Verfassung, hat also **allein objektiven Charakter**. Ein Antragsgegner ist nicht vorhanden, das Verfahren ist nicht kontradiktorisch. Diese Merkmale unterscheiden die abstrakte Normenkontrolle vom Organstreit. Sie kann nicht von einem individuellen Rechtsschutzinteresse oder der Einhaltung einer Antragsfrist abhängig gemacht werden.[347] Darüber hinaus handelt es sich in Abgrenzung zum Verfahren nach Art. 68 I 2 Nr. 3, 100 I GG um eine von einem konkreten Streitfall **abstrakte** Normenkontrolle. Es fehlt somit das für eine Prüfung der Verfassungsmäßigkeit einer Norm grds. wünschenswerte Fallmaterial. Allerdings führt sie zu einer schnellen Kontrolle der Verfassungsmäßigkeit. Häufig dient sie einer qualifizierten Minderheit im Landtag als Instrument zur „Fortsetzung der Politik mit verfassungsrechtlichen Mitteln".[348] Die abstrakte Normenkontrolle bezieht sich anderes als die kommunale Normenkontrolle nach Art. 76 LV[349] und die konkrete Normenkontrolle[350] nicht nur auf formelle Landesgesetze, sondern insb. auch auf Rechtsverordnungen und Satzungen. Diese können nach § 47 VwGO iVm § 4 AGVwGO auch beim VGH angegriffen werden. Dort ist – anders als am VerfGH – nicht nur eine Kontrolle am Maßstab der LV möglich. Allerdings kann nur der VerfGH formelle Gesetze verwerfen. Bei beiden Verfahren handelt es sich um sog. **„prinzipale Normenkontrollen"**, dh die Norm ist unmittelbar Verfahrensgegenstand. Dies ist auch bei einer Gesetzesverfassungsbeschwerde möglich, die allerdings nur Individuen zur Durchsetzung ihrer Rechte aus der LV offen steht (§§ 55 ff. VerfGHG). Im Rahmen einer „Urteils-Verfassungsbeschwerde" kann – ebenso wie bei der Wahlprüfungsbeschwerde – eine Norm jedoch inzident, also als Vorfrage geprüft und vom VerfGH als nur mittelbarer Verfahrensgegenstand verworfen werden.[351] Schließlich ist die abstrakte Normenkontrolle zur vorbeugenden Normenkontrolle nach Art. 64 I 3 LV abzugrenzen, nach der im Landtag beantragte Verfassungsänderungen bereits vor Verkündung vor dem VerfGH angegriffen und von diesem auf die Beachtung der Grundsätze aus Art. 64 I 2 LV überprüft werden können (dazu → Art. 64 Rn. 10).

2. Zulässigkeit

a) Antragsberechtigung

87 Die Antragsberechtigung ergibt sich abschließend[352] aus Abs. 2 Nr. 2. Über sie verfügen ein Viertel der MdL oder die Regierung. Das **Viertel der MdL** bezieht sich auf dessen gesetzliche Mitgliederzahl (Art. 92 LV). Das Antragsrecht dieser qualifizierten Minderheit stellt im parlamentarischen Regierungssystem ein **wichtiges Kontrollrecht der Opposition** dar.[353] Gleich-

---

346 BVerfGE 1, 184 (195 f.); 119, 247 (258); *Feuchte* in: ders., Art. 68 Rn. 43.
347 BVerfGE 1, 208 (219 f.); 100, 249 (257 f.); 79, 311 (326).
348 *Graßhof* in: Burkiczak/Dollinger/Schorkopf, § 76 Rn. 3 ff.
349 StGH, ESVGH 27, 185.
350 StGH, ESVGH 16, 14.
351 § 59 II VerfGHG, zur Wahlprüfungsbeschwerde StGH, ESVGH 63, 13 (14 f.).
352 StGH, U. v. 10.12.1955 – GR 4/55 – unveröff.
353 BVerfGE 142, 25 (56 f.).

wohl kann das Quorum mit Blick darauf im Wege der Auslegung nicht abgesenkt werden.[354] Die antragstellenden MdL können nur einheitlich auftreten,[355] wobei es auf die Fraktionszugehörigkeit nicht ankommt. Ein beim VerfGH gestellter Antrag wird durch den Ablauf der Legislaturperiode nicht unzulässig, die Antragsberechtigung bleibt bis zum Abschluss des Verfahrens bestehen (§ 9 III 1 VerfGHG).[356] Eine Personengesamtheit kann durch Mehrheitsbeschluss aus dem Verfahren ausscheiden. Die dabei unterliegende Minderheit behält die Eigenschaft als Prozessbeteiligte, wenn sie dem Quorum weiter genügt (§ 9 III 2, 3 VerfGHG). Der Antrag kann wegen § 9 II VerfGHG sogar noch bis zu einem Monat nach Ablauf der Wahlperiode gestellt werden.

Die **Regierung** ist ebenfalls antragsberechtigt. Für einen Antrag bedarf es eines Beschlusses des Ministerrates (Art. 49 II, III LV, § 4 GO LReg). Fehlt dieser, ist der Antrag unzulässig.[357] Im Verfahren vor dem VerfGH wird die Regierung in entsprechender Anwendung der Anordnung der Regierung über die Vertretung des Landes in gerichtlichen Verfahren und förmlichen Verfahren vor den Verwaltungsbehörden v. 17.1.1995 (GBl. 8), zuletzt geändert durch Anordnung v. 25.9.2001 (GBl. 552), von dem Ministerium vertreten, zu dessen Geschäftsbereich die Angelegenheit gehört.[358] Das Wächteramt der Regierung für die LV nach Art. 68 LV steht neben dem Prüfungsrecht des Ministerpräsidenten vor der Ausfertigung von Gesetzen (dazu Art. 63 Rn. 6 ff.).[359]

88

b) Prüfungsgegenstand

Statthafter Prüfungsgegenstand einer abstrakten Normenkontrolle kann nur Landesrecht sein. Nach Art. 88 LV gehört dazu auch vorkonstitutionelles Landesrecht. Unter **Landesrecht** sind – anders als bei der konkreten oder kommunalen Normenkontrolle – nicht nur vom Landtag erlassene **Gesetze im formellen Sinne** zu verstehen.[360] Vielmehr können auch **Rechtsverordnungen oder Satzungen**, die auf Landesstaatsgewalt beruhen, Gegenstand einer abstrakten Normenkontrolle sein, wie Satzungen, der Gemeinde, Kreise oder der auf Landesrecht beruhenden Kammern. Selbst Teile der LV kommen im Hinblick auf Art. 64 I 2 LV als Gegenstand in Betracht. Auch das Haushaltsgesetz oder Zustimmungsgesetze nach Art. 50 S. 2 LV sind taugliche Gegenstände.[361] **Verwaltungsvorschriften**, die in der Regel über keine Rechtsqualität im hergebrachten Sinne verfügen, sind jedenfalls

89

---

354 BVerfGE 142, 25 (64 ff.); möglich durch Änderung der LV oder einfaches Gesetz (Art. 68 I 2 Nr. 4 LV); *Graßhof in:* Burkiczak/Dollinger/Schorkopf, § 76 Rn. 13.
355 BVerfGE 68, 346 (350).
356 Auch ohne solche Regelung: BVerfGE 79, 311 (327); 82, 286 (297); 119, 96 (116).
357 *Graßhof* in: Burkiczak/Dollinger/Schorkopf, § 76 Rn. 11.
358 Siehe dazu die Bekanntmachung der Landesregierung über die Abgrenzung der Geschäftsbereiche der Ministerien v. 24.7.2001 (GBl. S. 590), zuletzt geändert durch Bekanntmachung v. 26.7.2016 (GBl. S. 456).
359 *Braun*, Art. 68 Rn. 15; das Prüfungsrecht folgt aus Art. 63 I 1 LV.
360 StGH, ESVGH 16, 14 (16).
361 BVerfGE 119, 96 (117); 36 1 (13); *Feuchte* in: ders., Art. 68 Rn. 47.

kein Recht iSv Art. 68 I 2 Nr. 2 LV.[362] Dagegen kann **Gewohnheitsrecht** Prüfungsgegenstand sein.[363] **Bundes- oder Unionsrecht** beruht nicht auf der Staatsgewalt des Landes und kann vor dem VerfGH nicht angegriffen werden. Soweit **Landesrecht ohne Umsetzungsspielraum** zwingende Vorgaben aus Bundes- oder Unionsrecht umsetzt, scheidet eine abstrakte Normenkontrolle ebenfalls aus (→ Rn. 10 u. 23).

90 Landesrecht liegt grds. nur vor, wenn die **Norm existent** ist. Voraussetzung ist daher grds. die Verkündung. Auf das Inkrafttreten kommt es nicht an.[364] Eine Ausnahme gilt für Zustimmungsgesetze zu völkerrechtlichen Verträgen des Landes sowie zu Staatsverträgen mit anderen Ländern oder dem Bund. Diese können bereits nach Abschluss des Gesetzgebungsverfahrens, aber noch vor Verkündung Gegenstand einer abstrakten Normenkontrolle sein, um den Eintritt einer verfassungswidrigen, aber nur schwer revidierbaren Bindung des Landes nach Außen zu vermeiden.[365] Im Übrigen ist eine **vorbeugende Normenkontrolle** auf im Landtag beantragte Änderungen der LV beschränkt (Art. 64 I 3 LV). Bereits außer Kraft getretene Normen unterliegen der abstrakten Normenkontrolle, wenn sie noch Rechtswirkungen entfalten.[366] Ein **schlichtes Unterlassen** kann nicht mit der abstrakten Normenkontrolle angegriffen werden.[367] Wird jedoch geltend gemacht, der Gesetzgeber habe im Zusammenhang mit einer bestimmten Norm seinem Regelungsauftrag nicht genügt, kann dies Gegenstand einer abstrakten Normenkontrolle sein ("unechtes Unterlassen").[368]

91 Der Prüfungsgegenstand wird durch den **Antrag** bezeichnet. An diesen ist der VerfGH gebunden. Eine Auslegung des Antrags anhand der Begründung ist zulässig.[369] Soweit andere Normen notwendiger Bestandteil einer Gesamtregelung mit den angegriffenen Normen sind oder andere Normen auf die zur Prüfung gestellten ausstrahlen, sind sie ebenfalls Prüfungsgegenstand.[370] Wegen des objektiven Charakters des Normenprüfungsverfahrens kann der VerfGH auch nach **Rücknahme des Antrags** das Verfahren weiterführen und entscheiden, wenn dies aus Gründen des "öffentlichen Interesses" gerechtfertigt ist.[371]

---

362 *Ossenbühl* in: HStR, § 104 Rn. 36 ff.; BVerfGE 12, 180 (199); 78, 214 (227); *Klein* in: Benda/Klein, Rn. 678; zu Anordnungen nach § 60 a AufenthG (genereller Abschiebestopp): ThürVerfGH, NVwZ 2016, 1320.
363 *Graßhof* in: Burkiczak/Dollinger/Schorkopf, § 76 Rn. 21.
364 BVerfGE 1, 396 (410); 104, 23 (29).
365 *Feuchte* in: ders., Art. 68 Rn. 49; *Braun*, Art. 68; für den Bund: BVerfGE 1, 396 (413); 36, 1 (15).
366 StGH, ESVGH 49, 241 (244); BVerfGE 5, 25 (28); 79, 311 (328); 110, 33 (45).
367 *Rozek* in: Maunz/Schmidt-Bleibtreu, § 76 Rn. 19; zur konkreten Normenkontrolle: BVerfGE 142, 313 (331); krit. *Graßhof* in: Burkiczak/Dollinger/Schorkopf, § 76 Rn. 27.
368 BVerfGE 116, 327 (375 f.); 119, 394 (409); 142, 313 (331 f.).
369 BVerfGE 86, 148 (210); 122, 1 (18); 131 316 (331).
370 BVerfGE 128, 1 (32).
371 StGH, B. v. 28.5.1996 – GR 1/92 – unveröff.; BVerfGE 110, 33 (46 f.); *Klein* in: Benda/Klein, Rn. 713.

c) Antragsgrund

Der Antragsgrund als Zulässigkeitsvoraussetzung ergibt sich aus Abs. 1 S. 2 Nr. 2. Der Antragsteller muss gem. § 15 I 2 VerfGHG **substantiiert** begründen, dass **Zweifel oder Meinungsverschiedenheiten** über die Vereinbarkeit von Landesrecht mit der LV bestehen.[372] Der weitergehende, aber verfassungsrechtlich zweifelhafte § 76 I BVerfGG[373] findet auf Landesebene keine Entsprechung. Es genügt daher, wenn die Meinungsverschiedenheiten oder Zweifel nicht beim Antragsteller, sondern anderweitig bestehen. Nicht ausreichnd sind jedoch rein theoretische Erörterungen ohne mögliche Auswirkungen auf die Praxis.[374] Der Antragsteller kann die Gültigkeit einer von Dritten für verfassungswidrig gehaltenen Norm geltend machen (**Normbestätigungsverfahren**). Die Zweifel und Meinungsverschiedenheiten müssen sich jedoch aus der der LV ergeben. Nur diese kann **Maßstab für die Entscheidung** sein (→ Rn. 17 ff.). 92

d) Klarstellungsinteresse

Das für die Durchführung des abstrakten Normenkontrollverfahrens notwendige besondere **objektive** Klarstellungsinteresse wird durch den auf Normverwerfung gestellten Antrag indiziert.[375] Dabei kommt es nicht auf eine Beschwer oder ein subjektives Motiv des Antragstellers an.[376] Entscheidend ist ein **öffentliches Kontrollbedürfnis**.[377] Problematisch ist das objektive Klarstellungsinteresse vor allem bei außer Kraft getretenen oder geänderten Normen. Wegen des Zwecks, Rechtsfrieden zu schaffen, kann eine Entscheidung des VerfGH so lange erforderlich sein, als die betreffende Norm in Geltung steht oder darüber hinaus noch weiter Rechtswirkungen zu äußern vermag.[378] Eine Frist gibt es nicht.[379] Das objektive Klarstellungsinteresse kann weiter fehlen, wenn das BVerfG die betreffende Landesnorm für mit dem GG oder Bundesrecht unvereinbar gehalten hat. Hat dagegen das BVerfG eine Landesnorm nicht beanstandet, sind damit die Gültigkeitszweifel hinsichtlich der LV noch nicht ausgeräumt.[380] 93

Im Falle des Normbestätigungsverfahrens verlangt das BVerfG für die dortige abstrakte Normenkontrolle, dass die Norm von den dafür zuständigen Stellen wegen Unvereinbarkeit mit dem GG nicht angewandt, nicht vollzogen oder in sonst relevanter Weise missachtet und ihre Geltung in Frage gestellt wird. An einem Klarstellungsinteresse fehle es, wenn die Norm nicht ausschließlich im Hinblick auf den für das BVerfG gültigen Maßstab, sondern auch wegen Zweifeln über die Vereinbarkeit mit einer Landesverfassung in Frage gestellt wurde[381] oder wenn die Norm bereits von einem 94

---

372 BVerfGE 128, 1 (32); wendet sich der Antragsteller gegen ein ganzes Gesetz, bringt jedoch nur Zweifel bezüglich einzelner Vorschriften vor, ist der Antrag im Übrigen unzulässig; *Klein* in: Benda/Klein, Rn. 712.
373 *Graßhof* in: Burkiczak/Dollinger/Schorkopf, § 76 Rn. 31.
374 *Klein* in: Benda/Klein, Rn. 687; *Feuchte* in: ders., Art. 68 Rn. 45.
375 BVerfGE 127, 293 (319); *Klein* in: Benda/Klein, Rn. 694.
376 BVerfGE 100, 249 (257 f.); es ist kein konkreter Anwendungsfall erforderlich.
377 *Klein* in: Benda/Klein, Rn. 694; *Feuchte* in: ders., Art. 68 Rn. 46.
378 BVerfGE 119, 394 (410); BbgVerfG, U. v. 25.5.2016 – 51/15 – juris, Rn. 167.
379 BVerfGE 79, 311 (326 f.).
380 BbgVerfG, U. v. 25.5.2016 – 51/15 – juris, Rn. 168 f.
381 BVerfGE 96, 133 (137 f.).

Landesverfassungsgericht bestätigt wurde.[382] Ob diese Anforderungen entsprechend auf die abstrakte Normenkontrolle zum VerfGH übertragen werden müssen, ist unklar. Denn die Aussagen der Rspr. des BVerfG sind vor dem Hintergrund des § 76 I Nr. 2 BVerfGG zu lesen, für den es beim VerfGH kein Pendant gibt. Daher dürfte es hier genügen, wenn ein Antragsgrund substantiiert dargetan wurde, weil bereits dieser einen gewissen Praxisbezug erfordert.

e) Entgegenstehende Rechts- oder Gesetzeskraft

95 Soweit der VerfGH die Gültigkeit oder Ungültigkeit einer Norm im Tenor einer Entscheidung über eine Verfassungsbeschwerde, konkrete, kommunale oder abstrakte Normenkontrolle bereits festgestellt hat,[383] steht die Rechts- und Gesetzeskraft[384] dieser Entscheidung einer erneuten Entscheidung des VerfGH über die Gültigkeit der Norm zwar grds. entgegen.[385] Der Eintritt der Gesetzeskraft nach § 23 I VerfGHG wird durch das Versäumnis einer Veröffentlichung der Entscheidungsformel im Tenor nicht gehindert.[386] Ein Prozesshindernis besteht nicht mehr, wenn später eine rechtserhebliche Änderung der Sach- und Rechtslage eingetreten ist, wozu auch Entscheidungen des EGMR gehören.[387]

3. Verfahren

96 Zunächst ist lediglich der **Antragsteller** Prozessbeteiligter iSv § 9 VerfGHG. Aus diesem prozessualen Status folgen die Verfahrensrechte nach §§ 12, 13 VerfGHG, das Recht auf Ablehnung eines Richters und auf Akteneinsicht. Der Antragsteller kann sich gem. § 14 VerfGHG durch einen Bevollmächtigten vertreten lassen.

97 Nach § 48 I VerfGHG muss der VerfGH – auch im Fall eines Vorgehens nach § 17 II VerfGHG (→ Rn. 82 aE) – dem Landtag und der Regierung **Gelegenheit zur Äußerung** innerhalb einer bestimmten Frist geben. Die genannten Verfassungsorgane können nach §§ 9 I Alt. 3, 48 II VerfGHG dem Verfahren **förmlich beitreten** und werden so zu Prozessbeteiligten. Gleiches gilt im Fall des Art. 36 LV für den Ständigen Ausschuss, der für die dort genannte Zeit an die Stelle des Landtags tritt. Unklar ist, welche weiteren „Verfassungsorgane iSv § 44 VerfGHG" § 48 II VerfGHG meint, die dem Verfahren noch beitreten können. Dies könnten die in § 44 VerfGHG genannten Teile der Organe sein. *Feuchte* will einen Beitritt dieser Organteile

---

382 BVerfGE 106, 244 (251 f.); *Graßhof* in: Burkiczak/Dollinger/Schorkopf, § 76 Rn. 39.
383 § 23 I, §§ 50, 51 III, § 54 S. 1 u. § 59 II VerfGHG.
384 Konkrete Zuordnung zu diesen Begriffen schwierig: *Klein* in: Benda/Klein, Rn. 1430.
385 StGH, ESVGH 49, 241 ff.; ESVGH 51, 1 (2 ff.); ESVGH 54, 4 (8 f.); BVerfGE 128, 326 (364); 131, 316 (332 f.); auch: StGH, VBlBW 1991, 133; ESVGH 54, 4 (6) zur fehlenden Rechts- und Gesetzeskraft einer im Rahmen einer Wahlprüfungsbeschwerde inzident bestätigten Norm.
386 StGH, ESVGH 54, 4 (9).
387 StGH, ESVGH 49, 241; ESVGH 51, 1 (2); ESVGH 54, 4 (10), offen zur Frage, ob Änderung der allg. Rechtsauffassung Gesetzeskraft durchbricht; BVerfGE 128, 326 (364 f.); 131, 316 (332 f.).

zulassen, wenn sie ein berechtigtes Interesse dartun.[388] Allerdings ist nach dem Sinn der Norm das berechtigte Interesse allein auf die Selbstverwaltungskörperschaften zu beziehen und nicht auch auf die Verfassungsorgane. Einer darüber hinaus gehenden Einbeziehung von Organteilen steht der Umstand entgegen, dass die Antragsberechtigung und das vom Beitritt unabhängige Äußerungsrecht nach § 48 I VerfGHG sehr eng geregelt sind.[389] Bei den bisherigen abstrakten Normenkontrollverfahren bestand für einen Beitritt von Organteilen kein praktischer Bedarf. Bei Darlegung eines berechtigten Interesses können nach § 48 II VerfGHG **Selbstverwaltungskörperschaften** beitreten. Dazu gehören jedenfalls Gemeinden und Gemeindeverbände iSv Art. 76 LV,[390] aber auch Hochschulen (Art. 20 LV) und Zweckverbände (Art. 71 I LV).

§ 49 VerfGHG enthält für den Fall, dass eine Rechtsverordnung oder eine sonst im Rang unter dem Gesetz stehende Norm sowohl beim VerfGH als auch nach § 47 VwGO iVm § 4 AGVwGO beim **VGH** mit einer **Normenkontrolle** angegriffen wird, eine verfahrensrechtliche Kooperationsmöglichkeit. Dabei wird der Entscheidung des VerfGH Priorität eingeräumt. Er kann vom VGH die **Aussetzung** des dortigen Verfahrens verlangen. Zu einer Aussetzung ist der VGH bundesrechtlich gem. § 47 IV VwGO berechtigt.[391] Stellt der VerfGH kein Aussetzungsverlangen, bedarf die Aussetzung des Verfahrens durch den VGH der Zustimmung des VerfGH. Das Zustimmungserfordernis soll dem VerfGH die Möglichkeit geben, aus Gründen der Subsidiarität der Verfassungsgerichtsbarkeit seinerseits sein Verfahren nach §§ 49 II, 26 VerfGHG aussetzen zu können.[392] § 49 VerfGHG steht damit nicht in Widerspruch zu § 47 IV VwGO, da er lediglich das dem VGH durch die bundesrechtliche Norm eingeräumte Ermessen steuert.

98

4. Entscheidung

Da die abstrakte Normenkontrolle ein objektives Verfahren ist, ist die angegriffene Norm unabhängig vom Willen des Antragstellers **unter allen rechtlichen Gesichtspunkten** zu prüfen, die sich aus dem Entscheidungsmaßstab LV ergeben (dazu Rn. 17 ff.). Bei der Auslegung einfachen Rechts hat der VerfGH grds. das Verständnis zugrunde zu legen, das die Fachgerichte der Norm gegeben haben.[393] Ist eine Rechtsverordnung des Landes Prüfungsgegenstand, muss der VerfGH auch prüfen, ob die Norm überhaupt mit ihrer einfach-gesetzlichen Ermächtigungsgrundlage oder sonsti-

99

---

388 In: ders., Art. 68 Rn. 55: Für berechtigtes Interesse sollen Zwecke des § 46 VerfGHG berücksichtigt werden.
389 *Braun*, Art. 68 Rn. 17; für den Bund eng: BVerfGE 68, 346 ff.
390 *Braun*, Art. 68 Rn. 17; Beispiele für einen wirksamen Beitritt: StGH, ESVGH 29, 160 f.: Stadt Ditzingen; ESVGH 31, 241 f.: Stadt und Landkreis Lörrach.
391 *Kopp/Schenke*, § 47 Rn. 108 ff.; Aussetzungspflicht: *Schmidt* in: Eyermann, § 47 Rn. 85.
392 Nach *Kopp/Schenke*, § 47 Rn. 110 darf der VGH nicht nach § 47 IV VwGO aussetzen, wenn der VerfGH sein Verfahren ausgesetzt.
393 BVerfGE 101, 239 (257).

gem Landesrecht übereinstimmt, und kann sie ggf. aus diesem Grund verwerfen.[394]

100 Welche Normen vom VerfGH zu prüfen sind, bestimmt sich nach dem **Antrag**, der ausgelegt werden kann.[395] Die Prüfung und Entscheidung kann sich auch auf Normen beziehen, die mit der vom Antrag erfassten Regelung in einem untrennbaren Sachzusammenhang stehen.[396] Hält der VerfGH die beanstandeten Vorschriften für unvereinbar mit der LV, stellt er die **Nichtigkeit** fest (§ 50 S. 1 VerfGH),[397] wobei sich die Nichtigkeit auch auf bestimmte Fälle beschränken kann.[398] Hält der VerfGH die Norm für **mit der LV vereinbar**, hat er dies ebenfalls im Tenor ausdrücklich festzustellen (§ 23 I 1 Buchst. a VerfGHG).[399] Gegebenenfalls ist die Vereinbarkeit von einer verfassungskonformen Auslegung abhängig zu machen.[400]

101 Über die abstrakte Normenkontrolle entscheidet grds. **das Plenum**, wenn nicht die Kammer den Antrag nach § 17 II VerfGHG ohne mündliche Verhandlung einstimmig durch Beschluss als unzulässig oder offensichtlich unbegründet zurückweist. Das Plenum kann nur dann ohne mündliche Verhandlung entscheiden, wenn die Prozessbeteiligten zustimmen (§ 16 I VerfGHG). Kommt die **Kammer** einstimmig zum Ergebnis, der Antrag sei offensichtlich unbegründet, ist fraglich, ob im Tenor des Kammerbeschlusses die Vereinbarkeit mit der LV ausgesprochen wird[401] und ob diesem Beschluss nach § 23 I VerfGHG Gesetzeskraft zukommt. Der Wortlaut des § 23 I VerfGHG misst solche Wirkung nur Urteilen zu. Die mit § 17 II VerfGH bezweckte Entlastung des Plenums spricht jedoch dafür, dem ein Urteil ersetzenden Kammerbeschluss den gleichen Inhalt und die gleichen Rechtswirkungen beizumessen wie einem Urteil des Plenums.[402]

102 Aus der Nichtigkeit einzelner Vorschriften eines Gesetzes folgt grds. nur die **Nichtigkeit des betroffenen Teils** der Regelung und nicht die Nichtigkeit des gesamten Gesetzes.[403] Die **Gesamtnichtigkeit** des Gesetzes ist allerdings anzunehmen, wenn sich aus dessen objektiven Sinn ergibt, dass die übrigen mit der LV vereinbaren Bestimmungen keine selbstständige Bedeu-

---

394 BVerfGE 101, 1 (30 ff.); 106, 1 (12 ff.); 127, 293 (319 ff.).
395 BVerfGE 86, 148 (210 f.); 93, 37 (65).
396 StGH, VBlBW 1991, 133: auch für Gültigkeitsfeststellung.
397 So StGH, ESVGH 29, 160 (170 f.).
398 „Ist insoweit nicht vereinbar (und nichtig), als ...": StGH, U. v. 22.2.1958 – GR 4/1957; U. v. 2.8.1969 – GR 3/1969; *Graßhof*; in: Burkiczak/Dollinger/Schorkopf § 78 Rn. 22.
399 StGH, ESVGH 23, 135; ESVGH 24, 12; ESVGH 31, 241 (250); VBlBW 1991, 133; ESVGH 55, 27; eine allgemeine Gültigkeit kann entgegen § 23 I 1 Buchst. a VerfGHG nicht festgestellt werden, *Feuchte* in: ders., Art. 68 Rn. 77; *Graßhof* in: Burkiczak/Dollinger/Schorkopf, § 78 Rn. 9.
400 BVerfGE 134, 33 f.; ggf. im Tenor „nach Maßgabe der Gründe": StGH, U. v. 17.6.2014 – 1 VB 15/13 – juris, Nr. 6 des Tenors.
401 So für die a-limine-Abweisung nach § 24 BVerfGG, über die allerdings der Senat entscheidet: BVerfGE 9, 334 (336); 80, 354 (358); 95, 243 (248).
402 Für §§ 24, 31 BVerfGG, wobei in Letzterem von „Entscheidungen" die Rede ist: *Klein* in: Benda/Klein, Rn. 376; *Dollinger* in: Burkiczak/Dollinger/Schorkopf, § 24 Rn. 35 u. 40.
403 ZB StGH, ESVGH 20, 1 (5).

tung haben, wenn also eine untrennbare Einheit vorliegt.[404] Bei Gesamtnichtigkeit handelt es sich um eine Rechtsfolge der Entscheidung über die zur Prüfung gestellten Vorschriften, nicht um eine Erweiterung des Prüfungsgegenstands.[405]

Nach § 50 S. 2 VerfGHG kann der VerfGH weitere Bestimmungen desselben Gesetzes für nichtig erklären, wenn sie aus denselben Gründen wie die zur Prüfung gestellten Vorschriften mit der LV unvereinbar sind.[406] § 50 S. 2 VerfGHG durchbricht aus Gründen der Prozessökonomie und Rechtsklarheit das Antragsprinzip. Dies ist hinnehmbar, weil die damit ermöglichte Erstreckung des Nichtigkeitsausspruchs nur solche Normen erfasst, die in einem Zusammenhang mit dem Antrag stehen.[407] Die landesrechtlich ermöglichte **Erstreckung der Nichtigerklärung** ist enger als die nach § 78 S. 2 BVerfGG. Anders als dort muss nach § 50 S. 2 VerfGHG die Norm aus demselben und nicht nur dem gleichen Gesetz stammen. Dazu gehören allerdings auch inhaltsgleiche Vorgänger- und Nachfolgeregelungen der angegriffenen Vorschriften, sofern es sich um Änderungen desselben Gesetzes handelt.[408] Dagegen können vergleichbare Bestimmungen anderer Gesetze nicht einbezogen werden.[409] Die Erstreckung ist ferner nur möglich, wenn die weitere Norm aus denselben Gründen verfassungswidrig ist. Dies ist dann gegeben, wenn hierfür kein weiterer Argumentationsaufwand notwendig ist. Ähnliche Gründe reichen nicht. Ist eine Erstreckung nach § 50 S. 2 VerfGHG beabsichtigt, sind der Antragsteller und die Äußerungsberechtigten anzuhören.[410]

103

Die **Nichtigkeit** ist die Regelfolge der Verfassungswidrigkeit einer Norm.[411] Sie folgt grds. ipso iure, gilt ex tunc und ist vom VerfGH nur noch festzustellen.[412] Sie gilt aufgrund der Gesetzeskraft der Entscheidung nach § 23 VerfGHG erga omnes.[413] Diese Regelfolge der Verfassungswidrigkeit wird vom BVerfG und ihm folgend vom VerfGH in bestimmten Fällen nicht für angezeigt gehalten. Dies gilt insb. dann, wenn der Zustand, der sich im Falle der Nichtigkeit ergäbe, der verfassungsmäßigen Ordnung noch ferner

104

---

404 BVerfGE 8, 274 (301); 57, 295 (334); 82, 159 (189); StGH, ESVGH 29, 160 (169); auch zum Rechtsgedanken des § 139 BGB: *Klein* in: Benda/Klein, Rn. 1387 ff.
405 BVerfGE 112, 226 (254).
406 ZB VerfGH, VBlBW 2017, 61.
407 StGH, U. v. 17.6.2014 – 1 VB 15/13 – juris, Rn. 484. Der ähnliche § 78 S. 2 BVerfGG ist verfassungskonform: BVerfGE 130, 240 (261); 133, 241 (272); *Klein* in: Benda/Klein, Rn. 711; *Graßhof* in: Burkiczak/Dollinger/Schorkopf, § 78 Rn. 26; aA *Voßkuhle* in: v. Mangoldt/Klein/Starck, Art. 93 Rn. 125.
408 StGH, LVerfGE 26, 25 (62 f.); BVerfGE 110, 94 (140); 128, 326 (404).
409 So aber nach § 78 S. 2 BVerfGG, wenn die Normen demselben Lebenssachverhalt angehören, vgl. *Graßhof* in: Burkiczak/Dollinger/Graßhof (Hrsg.), § 78 Rn. 29.
410 *Graßhof* in: Burkiczak/Dollinger/Schorkopf, § 78 Rn. 28, 33.
411 Sog. „Nichtigkeitsdogma", dazu: StGH, ESVGH 26, 129 (141); ESVGH 29, 160 (169); BVerfGE 135, 238 (245); *Schulze-Fielitz* in: Dreier, Art. 20 (Rechtsstaat) Rn. 84, 89; *Sommermann* in: v. Mangoldt/Klein/Starck, Art. 20 Abs. 3 Rn. 256 f.; *Löwer* in: HStR, § 70 Rn. 120; krit. *Klein* in: Benda/Klein, Rn. 1369 ff.
412 Nach aA nicht Feststellung, sondern Gestaltung; so soll die Möglichkeit der bloßen Unvereinbarkeitserklärung dogmatisch aufgefangen werden; der Streit hat iE keine praktischen Konsequenzen; s. *Graßhof* in: Burkiczak/Dollinger/Schorkopf, § 78 Rn. 15 f.; *Lenz/Hansel*, § 78 Rn. 10; *Klein* in: Benda/Klein, Rn. 1368 ff.
413 *Graßhof*; in: Burkiczak/Dollinger/Schorkopf, § 78 Rn. 17.

stünde als die befristete Weitergeltung der verfassungswidrigen Regelung, zB im Hinblick auf den Schutz der Grundrechte oder die Rechtssicherheit.[414] Darüber hinaus ist die Nichtigkeit dann nicht angemessen, wenn dem Gesetzgeber zur Herstellung eines verfassungsgemäßen Zustands ein Spielraum zukommt, wie häufig bei Gleichheitsverstößen.[415] Insb. in diesen Fällen kann der VerfGH die **bloße Unvereinbarkeit** der Norm feststellen. Zwar enthält das VerfGHG – wie bis 1970 auch das BVerfGG – keinen Hinweis darauf, dass dieser Ausspruch möglich ist.[416] Er ist jedoch als Minus zur Nichtigerklärung anzusehen und somit zulässig.[417] § 23 I VerfGHG ist hier ebenfalls anzuwenden.[418] Die Unvereinbarkeitsfeststellung fingiert den formellen Fortbestand der Norm, hat in materiellrechtlicher Hinsicht aber in der Regel zur Folge, dass die Norm von den Behörden und Gerichten nicht mehr mit belastender Wirkung angewandt werden darf, laufende Verfahren auszusetzen und der Gesetzgeber rückwirkend eine verfassungskonforme Regelung treffen muss.[419] Der VerfGH kann jedoch die (befristete) **weitere Anwendbarkeit** der Norm anordnen, eine **Übergangsregelung** treffen und den Gesetzgeber zum Erlass einer **Regelung auffordern.**[420] So hat der vormalige StGH in einer Entscheidung zur Gemeindereform bestimmt, mit welchem Inhalt eine beanstandete Norm der GemO bis zu ihrer Neuregelung anzuwenden ist.[421] In seiner Entscheidung über die „unechte Teilortswahl" hat er dem Gesetzgeber die Möglichkeit aufgezeigt, bis zur Reparatur des verfassungswidrigen Kommunalwahlrechts die anstehenden Gemeinderatswahlen zu verschieben.[422] Im Jahr 1999 hat er die Regelungen über den kommunalen Finanzausgleich für mit der LV unvereinbar gehalten und den Gesetzgeber aufgefordert, „alsbald" für eine verfassungskonforme Verfahrensgestaltung zu sorgen.[423] In dem Urteil, mit dem der StGH das Landesglücksspielgesetz und das Zustimmungsgesetz zum Glücksspielstaatsvertrag beanstandete, hat er wegen einer möglichen staatsvertraglichen Bindung des Landes eine Pflicht zur

---

414 StGH, ESVGH 26, 129 (141); ESVGH 29, 160 (169); ESVGH 51, 1 (3); U. v. 17.6.2014 – 1 VB 15/13 – juris, Rn. 485; LVerfGE 26, 25 (63 f.); VerfGH, VBlBW 2017, 61; BVerfGE 127, 293 (333); 128, 326 (404).
415 BVerfGE 120, 125 (167); StGH, LVerfGE 26, 25 (64): Ausgestaltung des Ausgleichsanspruchs aus Art. 14 II 3 LV; VerfGH, VBlBW 2017, 61: Hochschulorganisation.
416 Der StGH hat zunächst trotz der Anordnung von Übergangsregelungen (§ 28 S. 2 VerfGHG) die Nichtigkeit ausgesprochen: ESVGH 26, 129; ESVGH 29, 160.
417 So auch *Burkiczak* in: ders./Dollinger/Schorkopf, § 35 Rn. 53; erstmals in BVerfGE 13, 248 (249, 260 f.); dazu *Klein* in: Benda/Klein, Rn. 1368; der StGH geht seit ESVGH 49, 241 (259) u. folgend mit ESVGH 51, 1 (3 f.), LVerfGE 26, 25; VBlBW 2017, 61von der Zulässigkeit einer solchen Unvereinbarkeitserklärung aus.
418 StGH, ESVGH 51, 1 ff.
419 StGH, ESVGH 51, 1 (3 f.); BVerfGE 120, 125 (167); 133, 143 (162 f.).
420 Auch unter Fristsetzung; zu den Möglichkeiten siehe *Heusch* in: Burkiczak/Dollinger/Schorkopf, § 31 Rn. 82; *Burkiczak*, aaO, § 35 Rn. 14-14; *Graßhof*, aaO, § 78 Rn. 35 ff.
421 StGH, ESVGH 26, 129 (130); ferner ordnete der StGH an, dass die Wirksamkeit der bis zur Veröffentlichung des Urteils im Gesetzblatt ergangenen Rechtshandlungen von der Nichtigkeit der Norm nicht berührt wird.
422 StGH, ESVGH 29, 160.
423 StGH, ESVGH 51, 241.

Weiteranwendung der Normen angenommen und das Land verpflichtet, sich um eine Änderung des Vertrages oder eine Vertragsbeendigung zu bemühen. Für den Fall des Scheiterns hat er eine Entschädigung angeordnet.[424] In einem Urteil, in dem es um die Ausgestaltung des Ausgleichsanspruchs nach Art. 14 II 3 LV ging, hat der StGH die beanstandeten §§ 17 f. PSchG für unvereinbar angesehen, ihre Weitergeltung angeordnet und dem Gesetzgeber eine Frist zur Neuregelung gesetzt.[425] Von der Pflicht zur rückwirkenden Änderung der Rechtslage kann der VerfGH den Gesetzgeber insb. dann befreien, wenn dies im Sinne verlässlicher Finanz- und Haushaltsplanung und eines gleichmäßigen Verwaltungsvollzugs für weitgehend bereits bestandskräftig abgeschlossene Zeiträume gerechtfertigt ist oder wenn die Rechtslage bislang nicht hinreichend geklärt war.[426]

Als **Rechtsgrundlage** für diese Abweichungen von der Nichtigkeit kann § 28 S. 2 VerfGHG herangezogen werden.[427] Unter Vollstreckung iSv § 28 VerfGHG sind alle Maßnahmen zu verstehen, die erforderlich sind, um Tatschen zu schaffen, wie sie zur Verwirklichung des vom VerfGH gefundenen Rechts erforderlich sind (**Folgenverantwortung**).[428]

105

§ 50 VerfGHG gilt kraft gesetzlicher Verweisung auch für die **konkrete Normenkontrolle** (§ 51 III VerfGHG), die **kommunale Normenkontrolle** (§ 54 1 VerfGHG) u. die **Verfassungsbeschwerde** (§ 59 II VerfGHG). Er ist entsprechend auf die **Anfechtung einer Wahlprüfungsentscheidung** anzuwenden, wenn dort inzident festgestellt wird, dass eine Norm gegen die LV verstößt.[429] In allen diesen Verfahren kann der VerfGH die Nichtigkeit oder Unvereinbarkeit einer Norm feststellen. Bei den genannten Normenkontrollverfahren wird im Falle der Verfassungskonformität die Vereinbarkeit der Norm mit der LV festgestellt.[430] Bei Verfassungsbeschwerden wird dagegen selten die Verfassungsmäßigkeit einer unmittelbar oder mittelbar gegenständlichen Norm im Tenor festgestellt.[431]

106

---

424 StGH, U. v. 17.6.2014 – 1 VB 15/13 – juris, Rn. 485 ff.
425 StGH, LVerfGE 26, 25; VerfGH, VBlBW 2017, 61 entspr. bzgl. wissenschaftsadäquater Ausgestaltung des LHG.
426 Zu beidem StGH, LVerfGE 26, 25 (64).
427 StGH 26, 129 (130, 141); ESVGH 29, 160 (170); *Braun*, Art. 68 Rn. 21; krit. dazu: *Feuchte* in: ders., Art. 68 Rn. 75; auch wenn das BVerfG die entsprechende Vorschrift (§ 35 BVerfGG) nicht immer nennt, stützt es der Sache nach mit der hM Weitergeltungs- u. Regelungsanordnungen sowie Appelle auf sie: BVerfGE 128, 326 (332 ff. u. 405 ff.); 130, 131 (150 f.); *Bethge* in: Maunz/Schmidt-Bleibtreu, § 35 Rn. 5 ff.; *Löwer* in: HStR, § 170 Rn. 124; aA *Burkiczak* in: ders./Dollinger/Schorkopf, § 35 Rn. 55 ff.
428 BVerfGE 6, 300 (303 f.).
429 BVerfGE 129, 300 (343); zur inzidenten Normprüfung dort: StGH, ESVGH 40, 161 (163); ESVGH 63, 13 (15). Aber keine Feststellung der *Vereinbarkeit* einer Norm mit der Wirkung des § 23 I 1 Buchst. a VerfGHG im Tenor einer Wahlprüfungsbeschwerde: StGH, ESVGH 40, 161 (163). Gar keine Inzidentprüfung bei Anfechtung einer Volksabstimmung: StGH, B. v. 22.5.2012 – GR (V) 1/11: Weder des „materiellen Volksabstimmungsrechts" noch des zur Abstimmung gestellten Gesetzes.
430 Zur kommunalen Normenkontrolle: StGH, ESVGH 44, 1; ESVGH 49, 241; zur konkreten Normenkontrolle: ESVGH 14, 5; ESVGH 30, 9.
431 So zB BVerfGE 64, 229.

III. Konkrete Normenkontrolle (Abs. 1 S. 2 Nr. 3)

107 Die konkrete Normenkontrolle ist bereits in Art. 100 I GG für das Land verbindlich vorgebeben. Art. 68 I 2 Nr. 3, 88 LV sowie § 8 I Nr. 3, §§ 51, 48 I u. 50 VerfGHG knüpfen hieran an und gestalten das Verfahren aus.

1. Funktion und Abgrenzungen

108 Bislang wurden dem VerfGH lediglich **zwölf konkrete Normenkontrollvorlagen** unterbreitet. Die meisten davon stammen aus den 1950er und -60er Jahren. Auf drei Vorlagen hin wurden Landesgesetze (zum Teil) beanstandet.[432] Die letzte Vorlage stammt aus dem Jahr 1979.[433] Die **geringe Bedeutung** verwundert angesichts der zahlenmäßigen Bedeutung der konkreten Normenkontrolle beim BVerfG und der dortigen strengen Handhabung der Zulässigkeitsvoraussetzungen.[434] Abgesehen davon sind die Fachgerichte aufgrund des Rechts auf den gesetzlichen Richter aus Art. 2 LV I iVm 101 I 2 GG zu einer Vorlage nach Art. 68 I 2 Nr. 3 LV u. 100 I GG an den VerfGH verpflichtet.[435] Die geringe Bedeutung sollte Anlass für den Gesetzgeber sein, das in § 51 VerfGHG geregelte Verfahren einer Modernisierung zu unterziehen (→ Rn. 123).

109 Art. 68 I 2 Nr. 3 LV, 100 I GG begründen für das Land ein **Verwerfungsmonopol des VerfGH** hinsichtlich formeller Gesetze.[436] Dies dient dem Schutz der Autorität des Parlaments als demokratisch unmittelbar legitimiertem Gesetzgeber.[437] Art. 88 LV unterwirft auch formelles Recht, das vor Inkrafttreten der LV verkündet worden ist, dem Entscheidungsmonopol des VerfGH. Diese Ausweitung im Vergleich zu Art. 100 I GG ist zulässig.[438] Das Verfahren der konkreten Normenkontrolle zum VerfGH dient daher in stärkerem Maße als das Verfahren zum BVerfG den Grundsätzen der **Rechtssicherheit und Rechtseinheit**.[439] Darüber hinaus soll die konkrete Normenkontrolle eine verfassungsgemäße Entscheidung eines konkreten Rechtsstreits gewährleisten (**Befriedungsfunktion**).[440] Der Einzelne hat einen Anspruch darauf, dass sein Rechtsstreit von seinem gesetzlichen Richter entschieden wird.[441]

110 Bei der konkreten Normenkontrolle handelt es sich um ein **rechtlich selbstständiges objektives verfassungsgerichtliches Zwischenverfahren**.[442] Damit

---

432 StGH, DÖV 1955, 760; ESVGH 11/II, 5 f.; ESVGH 20, 1; ein Verfahren wurde durch Beschluss eingestellt, weil das Gesetz bereits durch ESVGH 11/II, 1 für ungültig befunden worden war: StGH, B. v. 29.10.1955 – GR 6/1955 – unveröff.
433 StGH, ESVGH 30, 9.
434 Dazu: *Klein* in: Benda/Klein, Rn. 764.
435 BVerfGE 138, 64 (86 ff.).
436 S. → Art. 25 Rn. 39 f.; Gewährung vorläufigen Rechtsschutzes ist zulässig: BVerfGE 86, 382 (389).
437 StGH, ESVGH 16, 14 (16 f.); ESVGH 19, 133 (136); BVerfGE 2, 124 (129); 10, 124 (127); 97, 117 (122).
438 BVerfGE 4, 17678 (188 ff.).
439 *Feuchte* in: ders., Art. 68 Rn. 59; StGH, ESVGH 16, 14 (16 f.); ESVGH 19, 133 (136), zu diesen Zwecken: BVerfGE 63, 131 (141).
440 *Dollinger* in: Burkiczak/Dollinger/Schorkopf, § 80 Rn. 18.
441 Art 2 LV iVm 101 I 2 GG, BVerfGE 138, 64 (87).
442 *Dollinger* in: Burkiczak/Dollinger/Schorkopf, § 80 Rn. 16; StGH, ESVGH 19, 133 (136).

ist es zwar Teil eines einheitlichen Prozesses mit dem Ausgangsverfahren.[443] Es dient jedoch nicht der Durchsetzung individueller Rechte, sondern objektiven Zwecken.[444] Auch wenn die konkrete Normenkontrolle im Rahmen eines konkreten Rechtsstreits stattfindet, ist sie für den VerfGH eine **prinzipale Normenkontrolle**, weil Entscheidungsgegenstand allein das Gesetz ist, über das er mit den Wirkungen der §§ 50, 23 I VerfGHG entscheidet.[445] Soweit hinsichtlich untergesetzlicher Normen verfassungsrechtliche Zweifel auftreten, können die Antragsberechtigten mit der abstrakten Normenkontrolle eine Klärung durch den VerfGH herbeiführen.

2. Zulässigkeit

a) Vorlagebeschluss eines Gerichts

Der VerfGH kann im Verfahren der konkreten Normenkontrolle nur entscheiden, wenn ein Gericht sein Verfahren ausgesetzt und ihn um eine Entscheidung ersucht hat. Die Vorlage erfolgt durch einen **Beschluss** des im Ausgangsverfahren zur Entscheidung berufenen Spruchkörpers.[446] In Hauptsacheverfahren setzt der Beschluss grds. eine mündliche Verhandlung voraus.[447] Der Beschluss ist nach § 51 I VerfGH über das jeweilige oberste Gericht des Landes dem VerfGH vorzulegen (→ Rn. 123). 111

Der Aussetzungs- und Vorlagebeschluss muss nach §§ 15 I, 51 II 1 VerfGHG angeben, inwiefern von der Gültigkeit des Gesetzes die Entscheidung des Gerichts abhängig und mit welcher Bestimmung der LV das Gesetz unvereinbar sein soll. Die Akten sind beizufügen (§ 51 II 2 VerfGHG). Die damit statuierten **Darlegungsanforderungen** hat der VerfGHG aufgrund der geringen Zahl an Verfahren bislang noch nicht hinreichend präzisiert. Der StGH hat lediglich entschieden, dass die Entscheidungserheblichkeit nicht nur behauptet werden darf. Das vorlegende Gericht muss mit hinreichender Deutlichkeit erkennen lassen, dass es im Falle der Gültigkeit der in Frage gestellten Vorschrift zu einem anderen Ergebnis kommen würde, als im Falle ihrer Gültigkeit und wie es dies im Ergebnis begründen würde.[448] Das BVerfG stellt an die Begründung von Vorlagen strenge Anforderungen, die es v.a. mit dem Argument der Subsidiarität der Verfassungsgerichtsbarkeit begründet,[449] an denen aber auch Bundesgerichte scheitern.[450] Ob der VerfGH die Begründungsanforderungen ähnlich streng handhaben wird, bleibt abzuwarten. Der Vorlagebeschluss kann jedenfalls ausgelegt werden.[451] 112

---

443 BVerfGE 42, 42 (49); *Klein* in: Benda/Klein, Rn. 760.
444 BVerfGE 72, 51 (59, 62); *Klein* in: Benda/Klein Rn. 759.
445 StGH, ESVGH 19, 133 (136); *Klein* in: Benda/Klein, Rn. 757.
446 BVerfGE 98, 145 (151 f.); 114, 303 (315 f.): beim VG mit ehrenamtlichen Richtern (§ 5 III 1 VwGO).
447 *Dollinger* in: Burkiczak/Dollinger/Schorkopf, § 80 Rn. 81, auch zur Tenorierung.
448 StGH, U. v. 14.2.1959 – GR 3/1958 – unveröff.; StGH, ESVGH 12/II, 1 wie BVerfGE 7, 171.
449 *Dollinger* in: Burkiczak/Dollinger/Schorkopf, § 80 Rn. 80 ff.; krit: *Lenz/Hansel*, § 80 Rn. 123 ff.; *Klein* in: Benda/Klein, Rn. 885 ff.
450 ZB BFH: BVerfGE 124, 251; 127, 335; BSG: BVerfGE 131, 88.
451 StGH, ESVGH 14/I, 5.

113 **Gerichte** iSv Art. 68 I 2 Nr. 3 LV sind alle staatlichen Gerichte und Richter als Organe der rechtsprechenden Gewalt (Art. 65 LV), also Stellen, die sachlich unabhängig, in einem formell gültigen Gesetz mit den Aufgaben eines Gerichts betraut sind und als Gerichte bezeichnet werden.[452] Sie sind bei Vorliegen der Voraussetzungen **zur Vorlage** an den VerfGH **verpflichtet**, was durch das Recht auf den gesetzlichen Richter gesichert wird. Dieses Prozessgrundrecht wird verletzt, wenn ein Gericht Art. 68 I 2 Nr. 3 LV, 100 I GG willkürlich fehlerhaft anwendet, zB wenn es eine Norm, von dessen Verfassungswidrigkeit es ansonsten überzeugt wäre, in nicht vertretbarer Weise einer verfassungskonformen Auslegung unterzieht.[453]

114 Die **gleichzeitige Vorlage** einer Norm an **VerfGH und BVerfG** ist zulässig. Selbst das Vorliegen einer Entscheidung des BVerfG schadet nicht, da dessen Entscheidung aufgrund eines anderen Maßstabs ergangen ist.[454] Wird das vorgelegte Gesetz von einem der beiden Gerichte mit den Wirkungen des § 31 BVerfGG bzw. 23 I VerfGHG für nichtig erklärt, wird das andere anhängige Verfahren unzulässig. Auch eine Vorlage derselben Norm **durch mehrere Gerichte** ist möglich, solange der VerfGH über sie nicht mit der Wirkung des § 23 I VerfGHG entschieden hat.[455]

115 Führt ein Ereignis zur **Erledigung des Ausgangsverfahrens**, hat dies regelmäßig auch die Erledigung des Vorlageverfahrens zur Folge. Die Vorlage wird dann gegenstandslos.[456] Denn Art. 68 I 2 Nr. 3 LV, 100 I GG lassen ein Verfahren der konkreten Normenkontrolle grds. nur zu, wenn es für die Entscheidung des Ausgangsverfahrens auf die Gültigkeit der zur Prüfung gestellten Vorschrift ankommt. Besteht jedoch ein **objektives Klärungsinteresse**, kann das Normenkontrollverfahren weitergeführt werden.[457]

b) Vorlagegegenstand

116 Vorlagegenstand können nur **formelle Landesgesetze** sein, nicht Rechtsverordnungen, Satzungen, Geschäftsordnungen, Verwaltungsvorschriften, Bundes- oder Unionsrecht.[458] Vorlagefähig sind auch Zustimmungsgesetze des Landes nach Art. 50 S. 2 LV zu Staatsverträgen. Nach Art. 88 LV sind auch vorkonstitutionelle – also vor dem 19.11.1953 verkündete – Landesgesetze Gegenstand einer konkreten Normenkontrolle.[459] Soweit ein Landesgesetz zwingende Vorgaben aus Bundes- oder Unionsrecht umsetzt, ist eine Entscheidung des VerfGH nicht möglich (→ Rn. 10 u. 23). Er kann je-

---

452 S. → Art. 65 Rn. 15 ff.; *Dollinger* in: Burkiczak/Dollinger/Schorkopf, § 80 Rn. 29 u. 37.
453 BVerfGE 138, 64 (87 f.).
454 BVerfGE 69, 112 (116 f.); → Rn. 15.
455 *Klein* in: Benda/Klein, Rn. 771.
456 BVerfGE 51, 161 (163 f.); 142, 313 (334).
457 Auch bei Tod eines Beteiligten im Ausgangsverfahren: BVerfGE 142, 313 (334 f.).
458 StGH, U. v. 22.3.1958 – GR 3/1957 – unveröff.; ESVGH 16, 14; *Dollinger* in: Burkiczak/Dollinger/Schorkof, § 80 Rn. 30 ff.; *Klein* in: Benda/Klein Rn. 776 ff.
459 Das Wort „Recht" in Art. 88 LV wirkt nicht gegenstandserweiternd: StGH, U. v. 22.3.1958 – GR 3/1957 – unveröff.; auch zu von einer ehemaligen Besatzungsmacht unverbindlich veranlassten Rechtsvorschriften; bei bindender Weisung: kein Landesrecht, BVerfGE 2, 181 (198 ff.); 3, 368 (375 f.); *Schulze* in: Sachs, GG; Art. 123 Rn. 6.

doch über eine eigene Vorlage nach Art. 100 I GG an das BVerfG bzw. nach Art. 267 AEUV an den EuGH die bundes- bzw. unionsrechtliche Norm für ungültig erklären lassen und damit den Weg für eine Kontrolle des Landesgesetzes frei machen. Soweit Bundes- oder Unionsrecht einen Umsetzungsspielraum lässt, kann dessen landesrechtliche Ausgestaltung auch ohne ein solches Vorgehen an der LV gemessen werden.

Schlichtes Unterlassen des Gesetzgebers kann grds. kein Vorlagegegenstand sein. Ein Tätigwerden des Gesetzgebers kann ein Gericht über das Normenkontrollverfahren nicht erzwingen. Anderes gilt für das sog. „unechte Unterlassen". Ein Gesetz kann mit der Begründung vorgelegt werden, dass die Nichteinbeziehung bestimmter Sachverhalte oder Personengruppen gegen Gleichheitsrechte verstoße oder dass die vermisste Ausgestaltung von einer grundrechtlichen Schutzpflicht geboten sei.[460] 117

c) Überzeugung der Verfassungswidrigkeit

Die Zulässigkeit der Richtervorlage setzt nach Art. 100 I GG voraus, dass das vorlegende Gericht das dem VerfGH vorgelegte Gesetz für mit der LV unvereinbar hält. Das vorlegende Gericht, muss selbst von der Verfassungswidrigkeit der Norm überzeugt sein. Bloße Zweifel genügen nicht.[461] Insb. darf **keine verfassungskonforme Auslegung** der betreffenden Norm möglich sein.[462] Die Grenzen der Auslegung dürfen freilich nicht überschritten werden.[463] 118

d) Entscheidungserheblichkeit

Die Vorlage ist nur zulässig, wenn die Gültigkeit des vorgelegten formellen Gesetzes für das Ausgangsverfahren entscheidungserheblich ist (Art. 100 I 1 GG, § 51 II VerfGHG). Entscheidungserheblichkeit liegt vor, wenn das vorlegende Gericht bei Ungültigkeit des Gesetzes **anders entscheiden müsste** als bei dessen Gültigkeit.[464] Ob dies der Fall ist, zeigt sich insb. am Tenor der Entscheidung.[465] Grds. kann das vorlegende Gericht die Entscheidungserheblichkeit erst dann feststellen, wenn es die erforderlichen Beweiserhebungen durchgeführt und mündlich verhandelt hat.[466] Dies beruht auch auf dem Grundsatz der Subsidiarität der Verfassungsgerichtsbarkeit, weshalb es in Betracht kommt, in entsprechender Anwendung von § 55 II 2 VerfGHG Ausnahmen zuzulassen.[467] Soweit es um eine Verletzung des Gleichheitssatzes geht, liegt Entscheidungserheblichkeit bereits dann vor, wenn die Unvereinbarkeit der Norm dem Grundrechtsträger die Chance 119

---

460 BVerfGE 142, 313 (332); *Dollinger* in: Burkiczak/Dollinger/Schorkopf, § 80 Rn. 49 ff.
461 StGH, BWVBl 1958, 58; U. v. 14.2.1959 – GR 3/1958 – unveröff.; BVerfGE 1, 184 (189); 86, 52, (57).
462 BVerfGE 124, 251 (262); 131, 88 (117 f.).
463 So aber der BGH im Fall BVerfGE 138, 64.
464 StGH, ESVGH 20, 1 (2); BVerfGE 22, 175 (176 f.);105, 61 (67).
465 BVerfGE 44, 297 (300 f.); ausnahmsweise auch bei alternativer Begründung, wenn ihr für Inhalt und Wirkung der Entscheidung rechtliche Bedeutung zukommt.
466 BVerfGE 11, 330, 334 f.); 79, 256 (264).
467 BVerfGE 47, 146 (157 ff.); 125, 175 (220 f.); *Klein* in: Benda/Klein, Rn. 852 ff.

offen hält, eine für ihn günstigere Regelung durch den Gesetzgeber zu erreichen.[468]

120 Es **fehlt an der Entscheidungserheblichkeit**, wenn die Entscheidungsbefugnis des vorlegenden Gerichts über die Frage der Nichtigkeit der Bestimmung eines einfachen Gesetzes aus anderen Gründen gegeben ist.[469] So fehlt es an der Erforderlichkeit, wenn feststeht, dass ein Landesgesetz gegen Unionsrecht verstößt. Aufgrund des Anwendungsvorrangs kann und darf es vom Gericht nicht angewandt werden. Ist die unions- und verfassungsrechtliche Rechtslage dagegen strittig, kann das Gericht zwischen den Vorlagen nach Art. 267 AEUV, 68 I 2 Nr. 3 LV wählen.[470] Soweit ein Gericht ein Gesetz an den VerfGH vorlegt, das zur Umsetzung von Unionsrecht ergangen ist, muss es zunächst – im Zweifelsfalle über eine Vorlage nach Art. 267 AEUV – klären (lassen), ob für den Gesetzgeber ein Umsetzungsspielraum bestand, für den die LV Maßstab sein kann.[471]

121 **Maßgeblicher Zeitpunkt** für die Entscheidungserheblichkeit ist der Zeitpunkt der Entscheidung des VerfGH.[472] Nur eine in Kraft getretene Norm kann entscheidungserheblich sein.[473] Jedoch kann auch ein inzwischen außer Kraft getretenes Gesetz entscheidungserheblich sein, zB für eine Fortsetzungsfeststellungsklage oder wenn es noch Rechtswirkungen entfaltet.[474] Die Entscheidungserheblichkeit entfällt, wenn sich der Ausgangsrechtsstreit erledigt (Ausnahme: objektives Bedürfnis einer Entscheidung → Rn. 3 aE).

122 Das Vorliegen von Entscheidungserheblichkeit richtet sich grds. nach der **Rechtsauffassung des vorlegenden Gerichts**, sofern diese nicht offensichtlich unhaltbar ist.[475] Denn die Auslegung des einfachen Rechts ist grds. Sache der Fachgerichte.[476] Die Entscheidungserheblichkeit darf nicht nur behauptet, sondern substantiiert dargetan werden (→ Rn. 112).

3. Verfahren

123 Hat ein oberstes Gericht des Landes einen **Aussetzungs- und Vorlagebeschluss** erlassen (→ Rn. 111 ff.), kann dieses dem VerfGH die Sache unmittelbar vorlegen. Die übrigen Gerichte sind – wie bis 1956 nach § 80

---

468 BVerfGE 22, 349 (363); 121, 241 (252); bei gleichheitswidrigem Ausschluss von am Ausgangsverfahren unbeteiligtem Dritten fehlt nach BVerfGE 125, 175 (219) Entscheidungserheblichkeit; zust. *Dollinger* in: Burkiczak/Dollinger/Schorkopf, § 80 Rn. 72; aA *Klein* in: Benda/Klein, Rn. 848.
469 StGH, ESVGH 20, 1 (2); ESVGH 19, 133 (137 ff.): zB für Verwerfung von bzgl. GG vorkonstitutionellem Landesrechts am Maßstab des GG, wofür kein Verwerfungsmonopol des BVerfG besteht; entsprechend bei Verstoß eines Landesgesetzes gegen ehemaliges Besatzungsrecht: BVerfGE 8, 99 (101 f.).
470 BVerfGE 85, 191 (203 f.); 116, 202 (214 f.).
471 BVerfGE 129, 186 (198 ff.).
472 BVerfGE 51, 161 (163 f.); 85, 191 (203).
473 BVerfGE 42, 263 (281).
474 BVerfGE 106, 275 (297); StGH, ESVGH 49, 241 (244).
475 StGH, U. v. 22.3.1958 – GR 3/1957 – unveröff.; ESVGH 30, 9 ff.; BVerfGE 129, 186 (203).
476 BVerfGE 129, 186 (203); die Beurteilung verfassungsrechtlicher Vorfragen fällt aber nicht in alleinige Beurteilungskompetenz des Vorlagegerichts: BVerfGE 89, 144 (152).

BVerfGG – gemäß § 51 I VerfGHG verpflichtet, den Beschluss **über das zuständige oberste Gericht des Landes** dem VerfGH zuzuleiten. Nach dem früheren Verständnis der Norm durfte das Obergericht die Vorlage nicht verhindern, konnte jedoch eine gutachterliche Stellungnahme beifügen.[477] Im Jahr 1955 hat das BVerfG jedoch – zu Recht – die Abgabe von Gutachten außerhalb einer gesetzlichen Befugnis für nicht mit der Rechtsprechungsaufgabe der Gerichte vereinbar gehalten.[478] In der Folge wurde § 80 BVerfGG geändert und allen Gerichten ein unmittelbares Vorlagerecht an das BVerfG eingeräumt.[479] Nach § 82 IV BVerfGG kann das BVerfG die obersten Gerichtshöfe des Bundes oder die obersten Landesgerichte um Mitteilung ersuchen, über ihre Rechtsprechung zu der Vorschrift zu berichten und Erwägungen zur zur für die Entscheidung maßgeblichen Rechtsfrage anzustellen. Daher ist § 51 I VerfGHG so auszulegen, dass er nur den formalen Laufweg einer Vorlage festlegt. Die obersten Gerichte des Landes dürfen mangels ausdrücklicher gesetzlicher Ermächtigung **keine Stellungnahme** zum Vorlagebeschluss **abgeben**, weil dies mit Art. 65 LV unvereinbar wäre. Aus rechtspolitischer Sicht empfiehlt es sich, § 51 I VerfGHG an §§ 80, 82 BVerfGG anzupassen.[480]

Für das Verfahren vor dem VerfGH gilt dann insb. § 51 III VerfGHG. Dieser verweist bezüglich der Anhörung auf § 48 I VerfGHG. Danach ist dem Landtag und der Regierung – auch in den Fällen des § 17 II VerfGHG (→ Rn. 82 aE) – **Gelegenheit zu** einer **Äußerung** innerhalb einer bestimmten Frist zu geben. Da § 51 III VerfGHG nicht auf § 48 II VerfGHG verweist, ist ein **Beitritt** zum Verfahren **nicht vorgesehen**. Das konkrete Normenkontrollverfahren vor dem VerfGH kennt damit – anders als § 82 II BVerfGG – **keine Prozessbeteiligten** (§ 9 I VerfGHG).[481] Das hat zur Folge, dass die in anderen Verfahren den Prozessbeteiligten zustehenden Verfahrensrechte – wie auf Ablehnung eines Richters (§ 12 VerfGHG), auf Akteneinsicht (§ 13 VerfGHG) und auf Zustimmung zur Entscheidung ohne mündliche Verhandlung (§ 16 I 2 VerfGHG) – von niemand geltend gemacht werden können.[482] Die fehlende Beteiligungsmöglichkeit entspricht dem Charakter eines rechtlich selbstständigen objektiven verfassungsgerichtlichen Zwischenverfahrens.[483]

124

Besonders problematisch erscheint es, dass die **Beteiligten des Ausgangsverfahrens** nach § 51 VerfGHG kein Äußerungsrecht haben und an einer mündlichen Verhandlung nicht zu beteiligen sind (anders § 82 III BVerfGG). Der vormalige StGH hat dies wegen des Verfahrenszwecks für mit dem Anspruch auf rechtliches Gehör aus Art. 2 I LV iVm 103 I GG vereinbar gehalten. Es sei ausreichend, wenn sie vor der Vorlageentschei-

125

---

477 So der VGH zur Vorlage des VG Stuttgart vom 6.2.1956: StGH, BWVBl. 1956, 153.
478 BVerfGE 4, 358 (362 ff.).
479 *Dollinger* in: Burkiczak/Dollinger/Schorkopf, § 80 Rn. 2 f; *Müller-Terpitz* in: Mauz/Schmidt-Bleibtreu, § 80 Rn. 8 ff.
480 Bereits *Feuchte* in: Feuchte, Art. 68 Rn. 69.
481 StGH, ESVGH 19, 133.
482 StGH, ESVGH 19, 133 ff.
483 *Feuchte* in: ders., Art. 68 Rn. 70; BVerfGE 20, 350 ff.; 42, 90 f.; 46, 34 ff.; 72, 51 (59, 62); *Dollinger* in: Burkiczak/Schorkopf/Dollinger, § 80 Rn. 16.

dung angehört worden seien. Die **Einholung einer Äußerung** durch den VerfGH sei freilich – obwohl rechtlich nicht vorgesehen – zulässig und möglich. Dies komme insb. in Betracht, wenn im Verwaltungsprozess das Land Beteiligter gewesen sei und sich nun die Regierung nach § 48 I VerfGHG äußere, sofern sie nicht lediglich ihren bisherigen Vortrag wiederhole. Die Einholung einer Äußerung sei ferner dann geboten, wenn die Beteiligten des Ausgangsverfahrens vor der Vorlageentscheidung nicht angehört worden seien, wenn die Anhörung aus den Akten nicht ersichtlich sei oder wenn ganz neue rechtliche Gesichtspunkte dort nicht hätten erörtert werden können.[484] Mit diesem Verständnis dürfte § 51 VerfGHG noch verfassungskonform sein, wobei die Gewährung einer Äußerungsmöglichkeit oder die Beteiligung an einer mündlichen Verhandlung auch in weiteren Fällen ermöglicht werden muss, in denen dies der Anspruch auf rechtliches Gehör und das rechtsstaatliche Recht auf Waffengleichheit erfordern.[485] Rechtspolitisch sollte allerdings erwogen werden, das Verfahren im Hinblick auf die Beteiligten des Ausgangsverfahrens rechtsschutzfreundlicher auszugestalten. Denn sie haben aus Art. 2 I LV iVm 101 I 2 GG einen Anspruch auf Vorlage an den VerfGH. Nach § 61 I 1 VerfGHG steht ihnen eine Entschädigung im Falle einer überlagen Dauer des Normenkontrollverfahrens zu.[486]

4. Entscheidung

126 Der VerfGH entscheidet über die konkrete Normenkontrolle gem. § 16 I VerfGHG grds. nach mündlicher Verhandlung. Er kann jedoch einstimmig beschließen, hierauf zu verzichten. Da es im Verfahren der konkreten Normenkontrolle keine Prozessbeteiligten gibt (→ Rn. 124 f.), bedarf der Verzicht auf die **mündliche Verhandlung** keiner Zustimmung, jedoch ist der Anspruch auf rechtliches Gehör beachten.[487] Grds. entscheidet das **Plenum** über die konkrete Normenkontrolle. Ist die Vorlage nach Auffassung der Kammer einstimmig unzulässig oder offensichtlich unbegründet, kann sie nach § 17 II VerfGHG ohne mündliche Verhandlung entscheiden.[488]

127 Für den **Inhalt der Entscheidung** gilt § 50 VerfGHG entsprechend (§ 51 III VerfGHG). Ist die Vorlage unzulässig, spricht der VerfGH dies aus.[489] Ist die vorgelegte Norm mit einer Bestimmung der LV unvereinbar, tenoriert der VerfGH dies und stellt die Nichtigkeit oder die bloße Unvereinbarkeit fest.[490] Ist die Norm mit der LV vereinbar, stellt der VerfGH dies ebenfalls im Tenor fest (zu den weiteren Einzelheiten → Rn. 100 ff.).[491]

---

484 StGH, ESVGH 19, 133 (136 f.).
485 Für den Bund: *Klein* in: Benda/Klein, Rn. 865 f.
486 Entsprechend für das BVerfG: *Dollinger* in: Burkiczak/Dollinger/Schorkopf, § 82 Rn. 11 f.; *Klein* in: Benda/Klein, Rn. 865.
487 StGH, ESVGH 19, 133.
488 Zu § 24 BVerfGG: *Klein* in: Benda/Klein, Rn. 372.
489 ZB StGH, ESVGH 16, 14; ESVGH 19, 133.
490 ZB StGH, BWVBl. 1958, 58; ESVGH 20, 1.
491 ZB StGH, BWVBl. 1956, 153; ESVGH 14/1, 5; ESVGH 30, 9.

IV. Weitere durch die LV und Gesetz begründete Zuständigkeiten (Abs. 1 S. 2 Nr. 4)

1. Überblick

Nach Art. 68 I 2 Nr. 4 entscheidet der VerfGH auch in den übrigen durch die LV oder durch Gesetz ihm zugewiesenen Angelegenheiten. Der Gesetzgeber ist dadurch ermächtigt, weitere Zuständigkeiten des VerfGH zu begründen. Im Übrigen ist der Gesetzgeber nach Abs. 4 beauftragt, durch ein Gesetz das Nähere, insb. zu Verfassung und Verfahren des VerfGH, zu regeln. Ohne eine solche gesetzliche Grundlage kann der VerfGH nicht entscheiden. Bestehende Verfahrensarten dürfen nicht „durch die Hintertür" erweitert werden (**Enumerationsprinzip**).[492]

128

Im Folgenden werden nur die Verfahren der Verfassungsbeschwerde, der Verzögerungsbeschwerde und die einstweilige Anordnung näher erläutert. Die übrigen Verfahren sind an anderer Stelle näher dargestellt. Zum vollständigen Überblick seien sie jedoch hier kurz erwähnt.

129

In der LV werden dem VerfGH noch folgende Verfahren zugewiesen:

130

- **Wahlprüfungsbeschwerde** (Art. 31 II LV, Landeswahlprüfungsgesetz u. §§ 8 I Nr. 4, 52 VerfGHG): Wahlberechtigte sind nur anfechtungsberechtigt, wenn weitere 100 der Beschwerde beitreten.[493] Anders als der Landtag kann der VerfGH als Vorfrage auch die Verfassungsmäßigkeit des Wahlgesetzes prüfen (näher dazu →Art. 31 Rn. 34). [494]
- **Abgeordnetenanklage** (Art. 42 LV, §§ 8 I Nr. 5, 43 VerfGHG);[495]
- **Ministeranklage und Vorwurfskontrolle** (Art. 57 LV, §§ 8 I Nr. 6, 30–42 VerfGHG);[496]
- **vorbeugende Normenkontrolle** über die Zulässigkeit eines Antrags auf **Änderung der LV** (Art. 64 I 3 LV, §§ 8 I Nr. 7, 53 VerfGHG):[497] Der Antrag kann wie die abstrakte Normenkontrolle von der Regierung oder einem Viertel der MdL gestellt werden. Er setzt einen in den Landtag eingebrachten Antrag zur Änderung der LV voraus.
- **Kommunale Normenkontrolle** (Art. 76 LV, §§ 8 I Nr. 8, 54, 48, 50 VerfGHG): Mit dieser in der Vergangenheit bedeutsamsten Verfahrensart[498] können sich Gemeinde und Gemeindeverbände gegen formelle Gesetz wenden.[499] Ein zulässiger Antrag setzt voraus, dass der Antrag-

---

492 StGH, ESVGH 47 1 (5 f.); ESVGH 51, 6.
493 Quorum verfassungskonform: StGH, ESVGH 47, 214; ESVGH 53, 9; zu Zweifeln → Art. 26 Rn. 6.
494 StGH, ESVGH 35, 244; ESVGH 40, 161; ESVGH 47, 241; ESVGH 54, 4; ESVGH 58, 1; ESVGH 63, 13.
495 Bisher bedeutungslos.
496 Bisher bedeutungslos.
497 Bisher ein Fall: StGH, BWVBl. 1959, 185 zu Art. 93 a LV aF; der Antrag bei Gericht erfolgte gleichzeitig mit dem Antrag auf Änderung der LV. Zur Frage, ob Art. 64 I 2 LV die Homogenitätsvorgaben des Art. 28 I 1 u. 2 GG inkorporiert: VerfGH NRW, U. v. 21.11.2017 – VerfGH 9/16 u.a. –, juris.
498 Gemeinde- und Kreisreform: StGH, ESVGH 23, 1; ESVGH 24, 155; ESVGH 25, 1; ESVGH 26, 1; ESVGH 26, 14; ESVGH 26, 129; Fragen der Finanzierung: ESVGH 44, 1; ESVGH 44, 8; VBlBW 1995, 90; ESVGH 48, 161; ESVGH 49, 5; ESVGH 49, 241; ESVGH 51, 1; Sonstiges: StGH, ESVGH 27, 185; ESVGH 28, 1; ESVGH 31, 167.
499 StGH, ESVGH 27, 185.

steller schlüssig geltend macht, dass ein Gesetz Art. 71 bis 75 LV verletze.[500] Das Verfahren und die Entscheidung entsprechen den für die abstrakte Normenkontrolle geltenden §§ 48, 50 VerfGHG. Wird ein Gesetz für mit der LV vereinbar oder für unvereinbar und ggf. nichtig erklärt, hat das Urteil nach § 23 I VerfGHG Gesetzeskraft. Erledigt sich der Antrag, ist das Verfahren bei Vorliegen eines öffentlichen Interesses fortzuführen.[501]

131 **Durch einfaches Gesetz** wurden dem VerfGH – außer der **Verfassungsbeschwerde und** der **Verzögerungsbeschwerde** – folgende Verfahren zugewiesen (§ 8 II VerfGHG):

- **Anfechtung einer Volksabstimmung** nach Art. 60 LV (§ 23 VAbstG): Einspruchsberechtigt ist jeder Stimmberechtigte. Es können nur die in § 23 IV VAbstG genannten Fehler geltend gemacht werden, wozu auch Verstöße gegen die Stimmrechtsgrundsätze des Art. 26 IV LV zu rechnen sind (→ Art. 26 Rn. 5, 7 u. 55). Die materielle Verfassungsmäßigkeit des zur Abstimmung stehenden Gesetzes ist irrelevant.[502]
- **Anfechtung der Ablehnung der Zulassung eines Volksbegehrens** nach Art. 59 III LV (§ 29 III VAbstG): Antragsberechtigt sind die Vertrauensleute der Antragsteller des Volksbegehrens. Wenn Gegenstand des Volksbegehrens ein Gesetzentwurf ist, ist nach § 29 I 1 Nr. 2 VAbstG auch zu prüfen, ob die Gesetzesvorlage dem GG oder der LV widerspricht.[503]
- **Anfechtung der Feststellung, ob ein Volksbegehren** nach Art. 59 III LV zustande gekommen ist (§§ 39, 23 VAbstG).
- **Anfechtung der Ablehnung der Zulassung eines Volksantrags** nach Art. 59 II LV (§ 44 III VAbstG): Antragsberechtigt sind nur die Vertrauensleute. Es ist zu prüfen, ob der Gegenstand des Volksantrags im Zuständigkeitsbereich des Landtags liegt sowie dem GG und der LV entspricht.

132 Soweit diese Verfahren reichen, können die damit verfolgbaren subjektiven Rechte nicht mit einer Verfassungsbeschwerde geltend gemacht werden (→ Art. 26 Rn. 7).

2. Verfassungsbeschwerde

a) Funktion

133 Die erst 2013 eingeführte Landesverfassungsbeschwerde soll es dem Einzelnen ermöglichen, seine in der LV enthaltenen Rechte gegenüber der öffentlichen Gewalt des Landes durchzusetzen. Sie ist ein **Instrument des indiudellen Grundrechtsschutzes**.[504] Art. 2 I LV inkorporiert die Grundrechte und staatsbürgerlichen Rechte des GG im Wege einer dynamischen

---

500 StGH, ESVGH 24, 155; ESVGH 51, 1 (5).
501 StGH, VBlBW 1995, 90; ESVGH 51, 22.
502 Bisher insgesamt 17 Verfahren, zB StGH, B. v. 22.5.2012 – GR (V) 1/11 u. GR (V) 3/12 – unveröff.; B. v. 17.10.2011 – GR 6/11 – juris: keine „vorbeugende Anfechtung".
503 StGH, ESVGH 36, 161.
504 So auch LT-Drs. 15/2153, 10.

Verweisung in die LV.[505] Darüber hinaus finden sich in der LV spezielle Individualrechte, wie zB[506] die explizit normierten Kinderrechte in Art. 2 a LV, die Kirchengutsgarantie nach Art. 5 LV iVm 140 GG u. 138 II WRV und die in Art. 7 I LV enthaltene Gewährleistung von Staatsleistungen an die Kirchen,[507] das Recht auf Erziehung und Ausbildung in Art. 11 I LV,[508] die Unterrichts- und Lernmittelfreiheit nach Art. 14 II 1 LV und der Ausgleichsanspruch bestimmter Privatschulen nach Art. 14 II 3 LV[509] oder die Wissenschaftsfreiheit an Hochschulen nach Art. 20 I LV[510] und das Selbstverwaltungsrecht der Hochschulen nach Art. 20 II LV. Ob es sich bei der Bestandsgarantie bestimmter Hochschulen nach Art. 85 LV um ein rügefähiges subjektives Recht handel, ist noch nicht hinreichend entschieden.[511] Das Wahlrecht und die Wahlrechtsgrundsätze nach Art. 26, 72 LV bei Landtags- und Kommunalwahlen können ebenfalls vor dem VerfGHG mit der Verfassungsbeschwerde geltend gemacht werden.[512]

Darüber hinaus ist die Landesverfassungsbeschwerde ein wichtiges **Element der Staatlichkeit des Landes**.[513] Denn sie aktiviert die Wirkmacht der Grundrechte der LV sowie des VerfGH und damit deren integrative Kraft.[514] Mit der Möglichkeit des „Gangs nach Stuttgart" wird der Einzelne im Zusammenwirken mit dem VerfGH zum „Hüter der Landesverfassung".[515] Mittelbar **dient** die Verfassungsbeschwerde auch der **Wahrung,** Auslegung und Weiterentwicklung **des objektiven Verfassungsrechts**.[516] 134

Die Verfassungsbeschwerde ist ein „außerordentlicher Rechtsbehelf".[517] Sie hat nicht die gleiche Funktion wie Rechtsbehelfe zu den Fachgerichten. Der VerfGH ist bei der Kontrolle der Rechtsanwendung durch die Gerichte keine „Superrevisionsinstanz".[518] Die Verfassungsbeschwerde ist im Verhältnis zum Rechtsschutz vor dem Fachgerichten **subsidiär** (→ Rn. 146 ff.). Nach der Rspr. des VerfGH war ihre Einführung durch die Garantie effektiven Rechtsschutzes zwar nicht geboten (→ Art. 67 Rn. 35). Gleichwohl war ihre Einführung nach Art. 68 I 2 Nr. 4 LV durch den einfachen Gesetzgeber möglich. 135

b) Zulässigkeit

Die Regelungen über die Zulässigkeit der Verfassungsbeschwerde orientieren sich an den für das BVerfG und den für andere Landesverfassungsge- 136

---

505 StGH, ESVGH 19, 133 (137); U. v. 17.6.2014 – 1 VB 15/13 – juris, Rn. 300.
506 *Krappel*, VBlBW 2013, 121 (124); *Zuck*, Landesverfassungsbeschwerde, Rn. 96 ff.
507 StGH, ESVGH 66, 1 (3 f.).
508 StGH, ESVGH 20, 1; VerfGH, ESVGH 67, 13.
509 StGH, LVerfGE 26, 25 (52, 47 ff.).
510 VerfGH, VBlBW 2017, 61.
511 Offen: StGH, ESVGH 24, 27, ESVGH 31, 241, abl. *Braun*, Art. 85 Rn. 2, dafür *Krappel*, VBlBW 2013, 121 (124) sowie → Art. 20 Rn. 27 ff. u. → Art. 85 Rn. 9 f.
512 Aber nicht beim BVerfG: BVerfGE 99, 1 (8 ff.); zu Art. 26 IV LV: VerfGH, DÖV 2016, 486; Justiz 2016, 375; zu Art. 72 LV: Justiz 2017, 195.
513 So LReg, LT-Drs. 15/2153, 10; *Zuck*, VBlBW 2014, 1 (3).
514 *Klein* in: Benda/Klein, Rn. 419.
515 *Häberle*, Verfassungsgerichtsbarkeit, 139 (151), 205 (217).
516 BVerfGE 33, 247 (259); 98, 163 (167); *Papier* in: HGR, § 80 Rn. 15.
517 BVerfGE 18, 315 (325); 107, 395 (413 f.); *Papier* in: HGR, § 80 Rn. 15.
518 StGH, LVerfGE 26, 3 (16 f.); LVerfGE 26, 65 (76).

richte geltenden Vorschriften.[519] Daher kann – wie dies vom VerfGH praktiziert wird – zur Auslegung seiner Verfahrensvorschriften bei parallel ausgestalteten Bestimmungen auf die Rechtsprechung des BVerfG und die dazu vorhandene Literatur zurückgegriffen werden. Zwei **Besonderheiten** gilt es jedoch zu beachten: Nach § 55 I VerfGHG ist die **Landesverfassungsbeschwerde** subsidiär zur Verfassungsbeschwerde zum BVerfG. Ferner ist bei einer Landesverfassungsbeschwerde gegen gerichtliche Entscheidungen das Erfordernis der Rechtswegerschöpfung wegen des Vorrangs bundesrechtlicher Rechtsmittel strenger als bei der Verfassungsbeschwerde zum BVerfG (§ 55 II VerfGH).[520]

137 Die Zulässigkeit beurteilt sich bezogen auf den **Streitgegenstand**. Dieser bestimmt sich – wie § 59 I 1 VerfGHG zeigt – nach der konkret angegriffenen Handlung und der behaupteten Verletzung eines Verfassungsrechts, ist also **zweigliedrig**.[521] Daher kann die Zulässigkeit der Verfassungsbeschwerde im Hinblick auf mehrere als verletzt gerügte Grundrechte unterschiedlich zu beurteilen sein.

aa) Beschwerdegegenstand

138 Nach § 55 I VerfGH kann nur ein Akt der **öffentlichen Gewalt des Landes** Gegenstand einer Verfassungsbeschwerde sein, inbesondere Verwaltungsakte, Rechtsnormen und Gerichtsentscheidungen.[522] Akte des Bundes, der EU oder anderer Bundesländer scheiden damit als mögliche Gegenstände aus (→ Rn. 9 f. u. 23). Beruht ein Akt der öffentlichen Gewalt des Landes auf Bundes- oder Unionsrecht, kann die Prüfungsbefugnis des VerfGH eingeschränkt sein (→ Rn. 10, 17 ff. u. 23). Ähnliches gilt, wenn im Instanzenzug Bundesgerichte beteiligt waren.[523]

bb) Beschwerdefähigkeit

139 Beschwerdefähig ist nach § 55 I VerfGHG „**jeder**", der Träger des von ihm geltend gemachten Rechts sein kann. Dies sind neben natürlichen Personen über Art. 2 I LV iVm 19 III GG unter bestimmten Voraussetzungen auch juristische Personen des Privatrechts. Juristische Personen des öffentlichen Rechts sind grds. nicht beschwerdefähig, es sei denn, sie können sich ausnahmsweise auf Grundrechte berufen, wie zB Kirchen als Körperschaften des öffentlichens Rechts auf Art. 5, 7 LV.[524] Die Prozessgrundrechte können aus Gründen der Waffengleichheit von allen juristischen Personen des öffentlichen Rechts geltend gemacht werden.[525]

---

519 So die Begründung des Gesetzentwurfs LT-Drs. 15/2153, 11.
520 VerfGH, NVwZ-RR 2016, 891; BVerfGE 96, 345 (363, 371 f.); LT-Drs. 15/2153, 14.
521 *Stark* in: Burkiczak/Dollinger/Schorkopf, § 95 Rn. 9.
522 Gesetz muss grds. verkündet sein: BVerfGE 125, 385 (393); 131, 47 (52), auch zu Ausnahmen; zu gesetzgeberischem Unterlassen → Rn. 90 u. → Rn. 156; ferner: SächsVerfGH, B. v. 15.12.2016 – Vf. 99-IV-16 – juris.
523 Siehe → Rn. 9, StGH, LVerfGE 26, 3 (13 f.); LVerfGE 26, 25 (42 f.); VerfGH, Die Justiz 2017, 90.
524 StGH, LVerfGE 26, 3 (14 f.).
525 BVerfGE 138, 64 (82 ff.); StGH, B. v. 10.6.2014 – 1 VB 19, 20/14 –, Homepage VerfGH.

Der Beschwerdeführer muss **prozessfähig** sein. Diese verfassungsprozessuale Voraussetzung ist nicht geregelt und bestimmt sich nur zum Teil in Analogie zum sonstigen Prozessrecht. Die Prozessfähigkeit liegt grds. bei einem Alter von 18 Jahren vor.[526] Sie kann aber auch bei jüngeren Beschwerdeführern gegeben sein. Maßgeblich ist die Ausgestaltung der in Anspruch genommenen Grundrechte und deren Beziehung auf das im Ausgangsverfahren streitige Rechtsverhältnis.[527] So ist die Prozessfähigkeit Minderjähriger anzunehmen, wenn die effektive Ausübung des Grundrechts durch die gesetzlichen Vertreter nicht gesichert ist, u.a. weil es gerade um das Rechtsverhältnis zu diesen geht.[528] Bei Zweifeln an der Prozessfähigkeit wegen Geistesschwäche kann der VerfGH die Beibringung eines amtsärztlichen Zeugnisses durch Beschluss anordnen.[529] Ggf. kann der VerfGH beim Vormundschaftsgericht die Bestellung eines Betreuers anregen. 140

cc) Beschwerdebefugnis

Das Bestehen einer **Beschwerdebefugnis** setzt nach § 55 I VerfGHG voraus, dass der Beschwerdeführer behauptet, durch die öffentliche Gewalt des Landes in einem seiner in der LV enthaltenen Rechte verletzt zu sein. Nach dem Vortrag muss die **Verletzung des subjektiven Rechts aus der LV** zumindest **möglich erscheinen**.[530] Die Darlegung der bloßen Verletzung einfachen Rechts genügt nicht.[531] 141

Weiter muss der betreffende Hoheitsakt den Beschwerdeführer **selbst, gegenwärtig und unmittelbar** in seinen durch die LV geschützten Rechten beeinträchtigen.[532] Virulent wird dieses Erfordernis v.a. bei unmittelbar gegen einen Rechtssatz gerichteten Verfassungsbeschwerden. Selbstbetroffenheit ist jedenfalls dann gegeben, wenn der Beschwerdeführer Adressat der Regelung ist. Gegenwärtig ist die Betroffenheit, wenn die angegriffene Vorschrift auf die Rechtsstellung des Beschwerdeführers aktuell einwirkt, wenn das Gesetz die Normadressaten mit Blick auf seine künftig eintretende Wirkung zu später nicht mehr korrigierbaren Entscheidungen zwingt oder wenn klar abzusehen ist, dass und wie der Beschwerdeführer in Zukunft von der Regelung betroffen sein wird. Im Regelfall geht von einem in Kraft getretenen Gesetz eine gegenwärtige Beschwer aus. Unmittelbare Betroffenheit liegt schließlich vor, wenn die angegriffene Bestimmung, ohne eines weiteren Vollzugsakts zu bedürfen, die Rechtsstellung des Beschwerdeführers verändert. Das ist auch anzunehmen, wenn die Norm ihren Adressaten bereits vor konkreten Vollzugsakten zu später nicht mehr revidierbaren Dispositionen veranlasst. Ausreichend ist des Weiteren, wenn zwar die gesetzlich angeordnete Begünstigung einen Vollzugsakt voraussetzt, das Gesetz aber schon jetzt bestimmt, dass der Beschwerdeführer von 142

---

526 BVerfGE 1, 87 (88 f.); 72, 122 (132 ff.).
527 BVerfGE 52, 405 (407).
528 BVerfGE 99, 145 (155); BVerfG, FamRZ 2013, 1195 ff.
529 StGH, B. v. 17.10.1997 – GR 3/97 – unveröff.
530 StGH, Justiz 2016, 75; VerfGH, B. v. 29.8.2016 – 1 VB 70/16 – juris, Rn. 2 ff.; BVerfGE 89, 155 (171); 136, 338 (359).
531 VerfGH, B. v. 8.3.2016 – 1 VB 18/15 – juris, Rn. 3.
532 *Klein* in: Benda/Klein, Rn. 556.

der Vergünstigung ausgeschlossen ist.[533] Auf den Rechtsschutz gegen den Erlass einer Sanktion für verbotenes Verhalten, etwa in Form eines Bußgeldbescheids, kann der Beschwerdeführer nicht verwiesen werden.[534] Auch bei heimlichen Überwachungsmaßnahmen kann gegen ein Gesetz Verfassungsbeschwerde erhoben werden.[535]

dd) Rechtswegerschöpfung

143 § 55 II 1VerfGHG verlangt vor der Erhebung einer Verfassungsbeschwerde die (ordnungsgemäße) **Erschöpfung des Rechtswegs** zu den Fachgerichten. Dies entspricht dem Charakter der Verfassungsbeschwerde als subsidiärem Rechtsbehelf.[536] Es ist zunächst Aufgabe der Fachgerichte, die Grundrechte zu wahren und durchzusetzen. Der in dem konkreten Fall zu beschreitende Rechtsweg bestimmt sich nach der jeweils einschlägigen Prozessordnung.[537] Dazu gehört auch die Normenkontrolle nach § 47 VwGO, die nach § 4 AGVwGO gegen alle unter dem Landesgesetz stehenden Rechtsvorschriften statthaft ist.[538] Ungeschriebene Rechtsbehelfe, wie die Gegenvorstellung, gehören aus Gründen der Rechtsmittelklarheit nicht zum Rechtsweg.[539] Die Anhörungsrüge zB nach § 321a ZPO oder § 152a VwGO gehört dagegen zum Rechtsweg. Sie ist erforderlich, wenn u.a. eine selbstständige Verletzung des Anspruchs auf rechtliches Gehör durch die letztinstanzliche Entscheidung geltend gemacht werden soll. Die mit der Anhörungsrüge zusammenhängenden Zulässigkeitsfragen sind vielgestaltig.[540]

144 Nur unter den Voraussetzungen des § 55 II 2 VerfGHG kann vom Gebot der Rechtswegerschöpfung eine **Ausnahme** zugelassen werden. Allerdings finden sie wegen § 55 II 3 VerfGHG bei Verfassungsbeschwerden gegen fachgerichtliche Entscheidungen und erst recht gegen Behördenhandeln, gegen das ein Rechtsweg offen steht, keine Anwendung.[541] Denn der Vorrang des Bundesrechts (Art. 31 GG) fordert für die Zulässigkeit einer Landesverfassungsbeschwerde, dass der in Bundesrecht vorgeschriebene Rechtsweg erschöpft wurde.[542] Allenfalls dann, wenn dem Beschwerdeführer vom Gericht fälschlicherweise mitgeteilt wurde, es stehe kein Rechtsmittel zur Verfügung, kommt eine Ausnahme in Betracht.[543]

---

533 Zum Ganzen: StGH, U. v. 17.6.2014 – 1 VB 15/13 – juris, Rn. 160 ff.
534 StGH, U. v. 17.6.2014 – 1 Vb 15/13 – juris, Rn. 167.
535 BVerfGE 67, 157 (169); 100, 313 (354); 143, 1(21).
536 StGH, U. v. 17.6.2014 – 1 VB 15/13 – juris, Rn. 169; LT-Drs. 15/2153, 14.
537 *Voßkuhle* in: v. Mangoldt/Klein/Starck, Art. 93 Rn. 187.
538 BVerfGE 70, 35 (53 f.); ein Verweis auf eine Feststellungsklage gegen Rechtsverhältnisse aufgrund untergesetzlicher Normen (BVerfGE 115, 81 [95 ff.]) ist in BW wegen des möglichen Rechtswegs nach § 47 VwGO nicht erforderlich.
539 BVerfGE 122, 190 (202 f.); 107, 395 (416 f.); *Klein* in: Benda/Klein, Rn. 574.
540 *Henke* in: Burkiczak/Dollinger/Schorkopf, § 90 Rn. 204 ff.
541 Die Ausnahmen sind damit nur für die Fälle der allgemeinen Subsidiarität relevant; denn gegen formelle Gesetze gibt es keinen Rechtsweg zu den Fachgerichten.
542 StGH, NVwZ-RR 2016, 891; BVerfGE 96, 345 (363; 371 f.); *Rozek* in: HGR, § 85 Rn. 37 f.
543 VerfGH, U. v. 13.4.2016 – 1 VB 83/15 – juris, ohne auf § 55 II 3 VerfGHG einzugehen, sondern nur auf Subsidiaritätserwägungen abstellend; zur Unzumutbarkeit iSv § 90 II BVerfGG bei falscher Rechtmittelbelehrung: BVerfGE 19, 253 (256 f.);

Der Rechtsweg zu den Fachgerichten ist **ordnungsgemäß** unter Beachtung 145
der prozessualen Obliegenheiten zu erschöpfen. Rechtsbehelfe müssen
form- und fristgerecht erhoben worden sein.[544]

ee) Subisidiarität

Wie § 90 II BVerfGG liegt § 55 II VerfGHG der allgemeine Grundsatz der 146
Subsidiarität zugrunde.[545] Daher muss der Beschwerdeführer **über die Erschöpfung des Rechtsweges im engeren Sinne** hinaus alle nach Lage der Sache zur Verfügung stehenden prozessualen Möglichkeiten ergreifen, um
eine Grundrechtsverletzung zu verhindern oder die Korrektur der geltend
gemachten Grundrechtsverletzung durch die Fachgerichte zu erwirken. Daraus ergeben sich auch inhaltliche Anforderungen an die Beschreitung des
Instanzenzugs („materielle Subsidiarität").[546] Zwar muss ein Beschwerdeführer das fachgerichtliche Verfahren nicht als Verfassungsprozess führen
und muss dort ggfs. nicht verfassungsrechtlich argumentieren.[547] Jedoch
muss er im fachgerichtlichen Verfahren **Tatsachen vollständig vortragen**.[548]
Will er die Verletzung von Prozessgrundrechten geltend machen, muss er
im fachgerichtlichen Verfahren bereits alle Mittel des Prozessrechts genutzt
haben, um den Verstoß zu verhindern oder zu beseitigen, zB durch Beweisanträge oder eine entsprechende Verfahrensrüge.[549] Geht es um die Verletzung des Rechts auf den gesetzlichen Richter durch eine unterlassene Vorlage nach Art. 267 AEUV muss das Vorbringen bei rechtlicher Prüfung
durch das Fachgericht eine Vorlage als naheliegend erscheinen lassen.[550]

Der Subsidiaritätsgrundsatz soll sichern, dass durch die **umfassende fach-** 147
gerichtliche Vorprüfung dem VerfGH ein regelmäßig in mehreren Instanzen geprüftes Tatsachenmaterial unterbreitet und die Fallanschauung und
Rechtsauffassung der Gerichte, insb. der obersten Landesgerichte, vermittelt wird. Damit soll neben einer **Entlastung des VerfGH** erreicht werden,
dass er nicht auf ungesicherter Tatsachen- und Rechtsgrundlage weitreichende Entscheidungen trifft.[551]

So muss ein Beschwerdeführer vor einer **Verfassungsbeschwerde gegen ein** 148
Parlamentsgesetz grds. den Vollzug des Gesetzes abwarten oder einen Vollzugsakt herbeiführen und hiergegen dann den fachgerichtlichen Rechtsweg

---

hier kommt auch Wiedereinsetzungsantrag bei Fachgericht in Betracht: BVerfG,
B. v. 16.10.2014 – 2 BvR 718/14 – juris, Rn. 3; *Lenz/Hansel*, § 90 Rn. 357.
544 VerfGH, B. v. 9.5.2016 – 1 VB 23/16 – juris, Rn. 15 ff.; *Lenz/Hansel*, § 90
Rn. 420 ff.
545 StGH, U. v. 17.6.2014 – 1 VB 15/13 – juris, Rn. 169; BVerfGE 107, 395 (414).
546 *Klein* in: Benda/Klein, Rn. 584; *Lenz/Hansel*, § 90 Rn. 492 ff.
547 VerfGH, B. v. 14.3.2017 – 1 VB 108/16 – juris, Rn. 6 ff.; BVerfGE 112, 50 (63 f.);
129, 78 (92 f.), alle auch zur ausnahmsweisen Erforderlichkeit verfassungsrechtlicher Argumentation.
548 BVerfGE 81, 22 (27 f.).
549 VerfGH, ESVGH 67, 13; BVerfGE 5, 9 (10); 16, 124 (126 f.); 83, 216 (228); 95,
96 127); 129, 78 (93); *Henke* in: Burkiczak/Dollinger/Schorkopf, § 90 Rn. 171 ff.
550 BVerfGE 129, 78 (93 f.), *Henke* in: Burkiczak/Dollinger/Schorkopf, § 90 Rn. 178.
551 StGH, VBlBW 2014, 218; U. v. 17.6.2014 – 1 VB 15/13 – juris, Rn. 170; ESVGH
67, 13; *Lenz/Hansel*, § 90 Rn. 451 ff.

beschreiten.[552] Richtet sich die **Verfassungsbeschwerde gegen** eine fachgerichtliche **Entscheidung im vorläufigen Rechtsschutz**, reicht die Erschöpfung des hier gegebenen Rechtswegs nicht aus, wenn das Hauptsacheverfahren ausreichende Möglichkeit bietet, der Grundrechtsverletzung abzuhelfen, und wenn dies zumutbar ist. Das ist regelmäßig anzunehmen, wenn mit der Verfassungsbeschwerde ausschließlich Grundrechtsverletzungen gerügt werden, die sich auf die Hauptsache beziehen, oder wenn die tatsächliche und einfachrechtliche Lage durch die Fachgerichte noch nicht ausreichend geklärt ist und dem Beschwerdeführer durch die Verweisung auf den Rechtsweg in der Hauptsache kein schwerer Nachteil entsteht.[553] Auch ein Abänderungsantrag nach § 80 VII 2 VwGO ist in der Regel vor Erhebung einer Verfassungsbeschwerde geboten.[554]

149 Von diesen Obliegenheiten kann der VerfGH **ausnahmsweise absehen**, wenn die Verfassungsbeschwerde von allgemeiner Bedeutung ist oder wenn dem Beschwerdeführer ein schwerer und unabwendbarer Nachteil entstünde, falls er zunächst auf den Rechtsweg verwiesen würde (entsprechend § **55 II 2 VerfGHG**). Darüber hinaus ist die Ergreifung eines fachgerichtlichen Rechtsbehelfs gegen einen Umsetzungsakt bzw. die Beschreitung des Hauptsacherechtswegs dann nicht geboten, wenn dies für den Beschwerdeführer aus sonstigen Gründen **unzumutbar** ist, insb. wenn dies offensichtlich aussichtslos erscheint.[555] Die Begehung einer straf- oder bußgeldrechtlich bewehrten Zuwiderhandlung gegen eine Norm und die Beschreitung des Rechtswegs gegen eine solche Sanktion sind nicht zumutbar.[556] Auch im Falle einer strukturellen Gefährdung der Wissenschaftsfreiheit durch hochschulorganisatorische Vorschriften ist ein Verweis auf Rechtsschutz gegen Umsetzungsakte grds. umzumutbar.[557] **Allgemeine Bedeutung** hat eine Verfassungsbeschwerde, wenn über den Einzelfall hinaus Klarheit über die Rechtslage in einer Vielzahl gleichgelagerter Fälle geschaffen werden soll. Die Vorabentscheidung wegen allgemeiner Bedeutung setzt auch voraus, dass eine vorherige fachgerichtliche Klärung in tatsächlicher und rechtlicher Hinsicht nicht erforderlich ist.[558] Ein **schwerer und unabwendbarer Nachteil** kann vorliegen, wenn durch den Vollzug einer Maßnahme die beabsichtigte Grundrechtsausübung endültig vereitelt würde.[559] Dem VerfGH steht nach § 55 II 2 VerfGHG ein **Ermessen** („kann") darüber zu, ob er eine Vorabentscheidung treffen will.[560] Die Ausnahmen vom Grund-

---

552 StGH, U. v. 17.6.2014 – 1 VB 15/13 – juris, Rn. 171; VBlBW 2017, 61); wenigstens ist zunächst um vorläufigen Rechtsschutz nachzusuchen: BVerfGE 86, 382 (389 f.).
553 VerfGH, ESVGH 67, 13; NVwZ 2014, 1514; beide zu Besonderheiten bei VG-Eilverfahren betreffend die Verteilung von Studienplätzen.
554 Auch zu Ausnahmen hiervon: StGH, VBlBW 2015, 154 ff.
555 StGH, U. v. 17.6.2014 – 1 VB 15/13 – juris, Rn. 172; VBlBW 2014, 218.
556 BVerfGE 81, 70 (82 f.); bestehen Zweifel über die Auslegung der ordnungswidrigkeitenrechtlich in Bezug genommenen verwaltungsrechtlichen Vorschriften und droht bis zum Abschluss eines zu deren Klärung angestrengten verwaltungsgerichtlichen Verfahrens kein Bußgeldverfahren, ist die Verfassungsbeschwerde subsidiär: BVerfG, NVwZ 2007, 1172 (1174).
557 VerfGH, VBlBW 2017, 61.
558 StGH, U. v. 17.6.2014 – 1 VB 15/13 – juris, Rn. 174.
559 Zu Versammlungen oder Parteitagsveranstaltungen: StGH, VBlBW 2015, 154 ff.
560 StGH, U. v. 17.6.2014 – 1 VB 15/13 – juris, Rn. 174.

satz der allgemeinen Subsidiarität sind auch auf Verfassungsbeschwerden gegen gerichtliche Entscheidungen anwendbar. Der Ausschluss von Ausnahmen nach § 55 II 3 VerfGHG gilt nur die Erschöpfung des im konkreten Ausgangsverfahren eröffneten Rechtswegs.[561]

ff) Beschwerdefrist

Die Verfassungsbeschwerde ist aus Gründen der Rechtssicherheit nur fristgebunden möglich. Die **Ausschlusfrist** ist vom VerfGHG nicht verlängerbar.[562] Innerhalb der Frist ist die Verfassungsbeschwerde nicht nur zu **erheben**, sonderen **auch substantiiert** zu **begründen** (→ Rn. 164). Nach Ablauf der Frist ist nur die Ergänzung oder Konkretisierung einer bereits substantiierten Verfassungsbeschwerde möglich. Ein Nachschieben von Gründen oder die Erweiterung um neue Sachverhalte oder Verfahrensgegenstände ist ausgeschlossen.[563]   150

Die **Monatsfrist des § 56 I VerfGHG** gilt in Abgrenzung zur Jahresfrist des § 56 IV VerfGHG für alle Hoheitsakte, bei denen ein Rechtsweg eröffnet ist. Die Frist beginnt mit der Bekanntgabe der angegriffenen Entscheidung, wobei die Entscheidung der letzten Instanz für den Beginn der Frist maßgeblich ist.[564] Die Frist des § 56 I VerfGHG wird gem. §§ 187 ff. BGB berechnet und ist eine Ereignisfrist.[565] Die vom Gebot der Rechtswegerschöpfung und aus Gründen der allgemeinen Subsidiarität erforderlichen Rechtsbehelfe halten die Frist offen.[566] Dagegen ist die Einlegung eines offensichtlich unzulässigen Rechtsbehelfs nicht geeignet, den Lauf der Frist zu verzögern.[567] Auch Gegenvorstellungen hindern nicht den Fristablauf.[568] Der sich aus dem Zusammenspiel von Frist und Rechtswegerschöpfung bzw. Subsidiarität für den Beschwerdeführer ergebenden Unsicherheit kann dadurch abgeholfen werden, dass er zeitgleich mit einem als unsicher eingeschätzten Rechtsbehelf Verfassungsbeschwerde erhebt und die Verwaltung des VerfGH darum bittet, diese einstweilen im Allgemeinen Register des VerfGH zu „parken".[569] Soweit Rechtsbehelfe nach dem einfachen Recht unbefristet zulässig sind, zB nach § 33 a StPO u. § 80 VII 2 VwGO,[570] entfaltet die Frist des § 56 I VerfGHG aus kompetenzrechtlichen Gründen und der Rechtsmittelklarheit keine „Vorwirkung" auf diese Rechtsbehelfe.[571]   151

Nach § 56 III VerfGHG kann der VerfGH in die Frist nach § 56 I VerfGHG **Wiedereinsetzung in den vorigen Stand** gewähren, nicht jedoch   152

---

561 So implizit VerfGH, ESVGH 67, 13; VBlBW 2015, 154 ff.; missverständlich: StGH, U. v. 17.6.2014 – 1 VB 15/13 – juris, Rn. 172; § 55 II 3 VerfGHG soll nur den Vorrang des Rechtswegs nach den Verfahrensordnungen des Bundes sichern (BVerfGE 96, 345).
562 BVerfGE 127, 87 (110); *Hammer* in: Burkiczak/Dollinger/Schorkopf, § 93 Rn. 3.
563 BVerfGE 127, 87 (110); *Lenz/Hansel*, § 93 Rn. 11 f.
564 BVerfGE 122, 190 (197); *Lenz/Hansel*, § 93 Rn. 18.
565 BVerfGE 102, 254 (295).
566 BVerfGE 122, 190 (197).
567 VerfGH, B. v. 21.1.2016 – 1 VB 64/15 – juris, Rn. 7.
568 BVerfGE 122, 190.
569 § 4 II VerfGHGO; *Klein* in: Benda/Klein, Rn. 606 f.
570 Dazu *Schmidt* in: Eyermann, § 80 Rn. 103.
571 VerfGH, U. v. 13.4.2016 – 1 VB 83/15 – juris, Rn. 22 ff.

in die Jahresfrist nach § 56 IV VerfGHG.[572] Eine Wiedereinsetzung ist zu gewähren, wenn der Beschwerdeführer ohne Verschulden verhindert war, die Monatsfrist nach § 56 I VerfGHG einzuhalten. Ein Verschulden des Bevollmächtigten steht dem Verschulden des Beschwerdeführers gleich (§ 56 IV 6 VerfGHG). Zum Verschulden kann auf die Rechtsprechung zu den einzelnen Prozessordnungen zurückgegriffen werden.[573] Die Wiedereinsetzung ist innerhalb von zwei Wochen nach Wegfall des Hindernisses zu beantragen. Die Tatsachen zur Begründung des Antrags sind bei der Antragstellung oder im Verfahren glaubhaft zu machen. Innerhalb der Antragsfrist ist die versäumte Rechtshandlung nachzuholen. Ist dies geschehen, kann Wiedereinsetzung auch ohne Antrag gewährt werden (§ 56 III 2–4 VerfGHG). Eine Verlängerung der oder Wiedereinsetzung in die Wiedereinsetzungsfrist ist nicht möglich.[574] Nach einem Jahr seit dem Ende der versäumten Frist ist der Antrag auf Wiedereinsetzung unzulässig (§ 56 III 5 VerfGHG).

153 Bei einer unmittelbar **gegen ein Gesetz oder gegen einen sonstigen Hoheitsakt**, gegen den ein Rechtsweg nicht offen steht, gerichteten Verfassungsbeschwerde muss diese nach § 56 IV VerfGHG binnen eines Jahres seit dem Inkrafttreten des Gesetzes oder dem Erlass des Hoheitsaktes erhoben und begründet werden. Dabei sind unter „Gesetz" auch Rechtsverordnungen und Satzungen zu verstehen. Auch für diese gilt trotz der Möglichkeit einer Normenkontrolle zum VGH die Frist von einem Jahr; der einschränkende Relativsatz in § 56 IV VerfGHG gilt nur für sonstige Hoheitsakte. Die Jahresfrist beginnt hier nach Abschluss der nach § 55 II VerfGHG gebotenen Erschöpfung des Rechtswegs nach §§ 47 VwGO, 4 AGVwGO.[575] Bei Parlamentsgesetzen beginnt die Frist zur Erhebung der Verfassungsbeschwerde mit Inkrafttreten des Gesetzes. Bezüglich des Ablaufs der Frist ist zu beachten, dass Gesetze in der Regel zu Beginn eines bestimmten Tages in Kraft treten, so dass sich das Fristende nach §§ 187 II iVm 188 II Alt. 2 BGB richtet.[576]

154 Wird ein bestehendes **Gesetz geändert**, gilt § 56 IV VerfGHG prinzipiell nur für die geänderten Vorschriften. Für die nach Form, Inhalt und materiellem Gewicht unverändert gebliebenen Bestimmungen beginnt die Frist nicht neu zu laufen. Die Ausschlussfrist wird nicht neu eröffnet, wenn die unverändert gebliebene oder nur redaktionell veränderte Norm vom Gesetzgeber lediglich neu in seinen Willen aufgenommen wird und keinen neuen oder erweiterten Inhalt erlangt. Die bloße Neubekanntmachung einer Vorschrift hat keinen Einfluss auf die Jahresfrist. Ausnahmsweise beginnt die Frist des § 56 IV VerfGHG erneut zu laufen, obwohl die angegrif-

---

572 Dies ergibt sich aus der Systematik der Vorschrift, vgl. *Lenz/Hansel*, § 93 Rn. 45.
573 Zu Erkankung: VerfGH, B. v. 10.8.2016 – 1 VB 54/16 – juris, Rn. 4; zu Verzögerung der Briefbeförderung: VBlBW 2016, 373; zu Faxproblemen: B. v. 16.6.2017 – 1 VB 113/16 – juris; zu Arbeitsüberlastung des Rechtsanwalts: B. v. 10.8.2016 – 1 VB 54/16 – juris, Rn. 5; weitere Bsp.: *Hammer* in: Burkiczak/Dollinger/Schorkopf, § 93 Rn. 40 ff.
574 Zur Verlängerung: VerfGH, B. v. 10.8.2016 – 1 VB 54/16 – juris, Rn. 6; zur Wiedereinsetzung: *Lenz/Hansel*, § 93 Rn. 48.
575 BVerfGE 76, 107 (116); *Hömig* in: Maunz/Schmidt-Bleibtreu, § 93 Rn. 82.
576 BVerfGE 102, 254 (295 f.); BVerfG, GewArch 2007, 333.

fene Norm in ihrem Wortlaut unverändert geblieben ist, wenn die Veränderung anderer Vorschriften den angegriffenen Vorschriften eine neue materiell beschwerende Bedeutung beimisst, insb. wenn der Anwendungsbereich erweitert wird oder wenn die Gesetzesänderung die Verfassungswidrigkeit der angegriffenen Norm erst begründet oder aber verstärkt.[577]

Im Übrigen richtet sich der Fristbeginn **grds. nicht** nach der erstmaligen **Beschwer** des Beschwerdeführers.[578] Lediglich dann, wenn nach dem Willen des Gesetzgebers eine Norm generell erst zu einem späteren Zeitpunkt als dem des Inkrafttretens belastende Wirkung entfalten soll, etwa weil sie der untergesetzlichen Umsetzung bedarf, kommt es für den Beginn der Frist des § 56 IV VerfGHG auf den späteren Zeitpunkt des **Inkrafttretens der Ausführungsbestimmung** an.[579] 155

Richtet sich die Verfassungsbeschwerde gegen ein (echtes) **Unterlassen**, greifen die Fristbestimmungen in § 56 II-IV VerfGHG grds. nicht. Die Verfassungsbeschwerde kann erhoben werden, solange das Unterlassen andauert.[580] Die Frist beginnt jedoch, sobald der Beschwerdeführer Kenntnis von der Beendigung des Unterlassens hat. Bei gerichtlichem Unterlassen gilt die Monatsfrist und bei gesetzgeberischem Unterlassen die Jahresfrist.[581] Kein Unterlassen in diesem Sinn, sondern ein aktives Handeln des Gesetzgebers liegt vor, wenn der Gesetzgeber ein bestimmtes Regelwerk nach Auffassung des Beschwerdeführers unzureichend ausgestaltet hat (unechtes Unterlassen).[582] 156

gg) Rechtsschutzbedürfnis und öffentliches Interesse

Der Verfassungsbeschwerde fehlt das **Rechtsschutzbedürfnis**, wenn die Entscheidung nutzlos und nicht in der Lage ist, die Rechtsposition des Beschwerdeführers zu verbessern.[583] Dies kommt insb. in Betracht, wenn sich die **angegriffene Maßnahme** im Zeitpunkt der Entscheidung des VerfGH **erledigt** hat.[584] In bestimmten Fällen kann gleichwohl für eine Aufhebung des angegriffenen Hoheitsakts oder zumindest die **Feststellung** seiner Verfassungswidrigkeit ein Rechtsschutzbedürfnis bestehen, nämlich wenn die Klärung einer verfassungsrechtlichen Frage von grundsätzlicher Bedeutung andernfalls unterbliebe und der gerügte Grundrechtseingriff besonders belastend erscheint, eine Wiederholung der angegriffenen Maßnahme zu besorgen ist oder die aufgehobene oder gegenstandslos gewordene Maßnahme den Beschwerdeführer noch weiterhin beeinträchtigt. Auch in Fällen 157

---

577 Zum Ganzen: VerfGH, DÖV 2016, 486; VBlBW 2017, 61; BVerfGE 11, 255 (260); 43, 108 (115 f.); 111, 382 (411); 120, 274 (298); 129, 208 (233 f.).
578 BVerfGE 30, 112, (126); HessStGH, NVwZ 2004, 981; krit.: *Lenz/Hansel*, § 93 Rn. 105 ff.
579 BVerfGE 34, 165 (178 f.); 110, 370 (382); eine weitere Ausnahme liegt vor, wenn die Beschwer heimlich ist: BVerfGE 77, 170 (221).
580 BVerfGE 16, 119 (121); 77, 170 (214).
581 BVerfGE 58, 208 (218); BVerfGK 20, 320; *Hammer* in: Burkiczak/Dollinger/Schorkopf, § 93 Rn. 75; *Lenz/Hansel*, § 93 Rn. 38.
582 BVerfGE 13, 284 (287); 65, 54 (70 ff.); auch kein neuer Fristbeginn, wenn ein Gesetz im Laufe der Zeit verfassungswidrig geworden sein sollte: HessStGH, NVwZ 2004, 981.
583 StGH, U. v. 17.6.2014 – 1 VB 15/13 – juris, Rn. 179.
584 *Lenz/Hansel*, § 90 Rn. 331.

besonders tiefgreifender und folgenschwerer Grundrechtsverstöße ist vom Fortbestehen des Rechtsschutzbedürfnisses auszugehen, wenn die direkte Belastung durch den angegriffenen Hoheitsakt sich auf eine Zeitspanne beschränkt, in welcher der Betroffene nach dem regelmäßigen Geschäftsgang eine Entscheidung des VerfGH kaum erlangen konnte.[585]

158 Grds. ist eine Verfassungsbeschwerde gegen eine Gerichtsentscheidung unzulässig, wenn der Beschwerdeführer nicht mehr durch die Entscheidung in der Hauptsache, sondern **nur noch durch die Nebenentscheidung über die Kosten belastet** wird. Dies wäre nur anders, wenn die Kostenentscheidung selbstständig ein von der LV geschütztes Recht des Beschwerdeführers verletzt. Darüber hinaus kommt eine Aufhebung der Kostenentscheidung und Zurückverweisung zur erneuten Entscheidung über die Kosten in Betracht, wenn sich der VerfGH wegen eines fortbestehenden Rechtsschutzbedürfnisses mit der Hauptsache befassen musste und insoweit eine Rechtsverletzung festgestellt hat.[586]

159 Das Rechtsschutzbedürfnis für eine Verfassungsbeschwerde gegen ein **Zustimmungsgesetz zu einem Staatsvertrag** entfällt nicht dadurch, dass der Vertrag wirksam geworden ist. Denn im Falle des Erfolgs kann das Land verpflichtet sein, den verfassungswidrigen Zustand soweit als möglich zu beseitigen.[587]

160 Wird die Verfassungsbeschwerde **zurückgenommen oder erledigt sich das Verfassungsbeschwerdeverfahren** zB durch den Tod des Beschwerdeführers, kann sie trotz des fehlenden subjektiven Rechtsschutzinteresses vom VerfGH fortgeführt werden, wenn eine Entscheidung wegen der objektiven Bedeutung der Sache im **öffentlichen Interesse** geboten ist.[588]

hh) Subsidiarität zur Verfassungsbeschwerde zum BVerfG

161 Die Landesverfassungsbeschwerde ist nach § 55 I VerfGHG aE subsidiär zur Verfassungsbeschwerde zum BVerfG. Sie ist oder wird unzulässig, soweit Verfassungsbeschwerde zum BVerfG erhoben ist oder wird. Die Subsidiaritätsklausel bezieht sich auf den konkreten Verfahrensgegenstand. Die Verfassungsbeschwerde ist beim BVerfG auch erhoben, wenn die Sache dort zunächst im Allgemeinen Register eingetragen wird.[589] Die bloße Möglichkeit einer Verfassungsbeschwerde zum BVerfG führt nicht zur Unzulässigkeit.[590] Allerdings begründet § 55 I VerfGHG ein echtes **Wahlrecht**. Wurde die Wahl ausgeübt, kann die Landesverfassungsbeschwerde durch

---

585 VerfGH, U. v. 23.3.2015 – 1 VB 56/14 – juris, Rn. 33; B. v. 28.7.2016 – 1 VB 41/16 – Homepage VerfGH.
586 Zum Ganzen: VerfGH, U. v. 23.3.2015 – 1 VB 56/14 – juris, Rn. 39 f.
587 StGH, U. v. 17.6.2014 – 1 VB 15/13 – juris, Rn. 179 ff.; BVerfGE 6, 290 (295).
588 BVerfGE 98, 218 (242 f.); 124, 300 (318 f.).
589 BerlVerfGH, LVerfGE 1, 152. Verfahren werden beim BVerfG mit schriftlicher Einreichung anhängig (§ 23 I 1 BVerfGG); die Eintragung im AR liegt in der Entscheidungsmacht des Senatsvorsitzenden (§ 64 BVerfGGO); unzutreffend daher: *Zuck*, Die Landesverfassungsbeschwerde, Rn. 429.
590 LT-Drs. 15/2153, 13.

Rücknahme der Verfassungsbeschwerde beim BVerfG oder die Beendigung des dortigen Verfahrens nicht wieder zulässig werden.[591]

Ist die Verfassungsbeschwerde nicht aus anderen Gründen unzulässig oder offensichtlich unbegründet, **fragt** der VerfGH vor einer Plenarentscheidung **beim BVerfG nach**, ob in der gleichen Sache auch dort Verfassungsbeschwerde erhoben worden ist.

162

ii) Schriftform und substantiierte Begründung

Die Verfassungsbeschwerde ist nach § 15 I 1 VerfGHG **schriftlich** beim VerfGH einzureichen. Die Beschwerde muss von dem dazu Berechtigten selbst oder durch einen als Vertreter nach § 14 VerfGHG zugelassenen Bevollmächtigten schriftlich, dh in der Regel unterschrieben, eingereicht werden.[592] Allerdings kann die Urheberschaft der Erklärung auch durch andere Weise als durch Unterschrift angegeben werden. Notwendig ist nur, dass dem Schriftstück der Inhalt der Erklärung und die Person, von der sie ausgeht, hinreichend zuverlässig entnommen werden können.[593] Auch ein **Telefax** oder ein Computerfax genügen der Schriftform.[594] Eine Überlastung des Faxanschlusses des VerfGH muss der Absender jedoch einkalkulieren.[595] Per **E-Mail** können solange keine Anträge beim VerfGH eingereicht werden, als eine § 55 a VwGO oder § 130 a ZPO entsprechende Vorschrift im VerfGHG noch fehlt.[596] **Prozesskostenhilfe** kann nach §§ 55 III, 58 V 3 VerfGHG iVm 114 ff. ZPO bewilligt werden.[597]

163

Die Verfassungsbeschwerde ist nach §§ **15 I 2, 56 I VerfGHG** hinreichend **substantiiert zu begründen**. Dadurch soll der VerfGH in die Lage versetzt werden, den angegriffenen Hoheitsakt ohne eigene weitere Nachforschungen einer zumindest vorläufigen verfassungsrechtlichen Überprüfung zu unterziehen.[598] Das bedeutet, dass der Beschwerdeführer nicht nur den der angeblichen Grundrechtsverletzung zugrunde liegenden **Sachverhalt schlüssig und substantiiert darlegen** muss, sondern ebenfalls darzustellen hat, inwiefern die angegriffene Maßnahme das bezeichnete Recht aus der LV verletzen soll. Dies setzt voraus, dass der Beschwerdeführer ausführlich alle tatsächlichen Umstände darlegt, deren Kenntnis zur Beurteilung des behaupteten Verfassungsverstoßes erforderlich ist.[599] Zu einer solchen Sachverhaltsdarstellung gehört es auch, Vorgänge aus der Verfahrensgeschichte substantiiert zu schildern und in nachvollziehbarer Weise zu würdigen, so-

164

---

591 Vom VerfGH bisher offen gelassen: B. v. 4.2.2016 – 1 VB 85/15 – juris, Rn. 3; wie hier aber: LReg, LT-Drs. 15/2153, 13; HessStGH, ESVGH 53, 7; BerlVerfGH, LVerfGE 1, 152; LVerfGE 2, 3; BbgVerfG, LVerfGE 10, 258; aA *Starck* in: HStR, § 130 Rn. 60.
592 StGH, ESVGH 22, 202 f.
593 BVerfGE 15, 288 (291); Angaben zu Bevollmächtigtem: 16, 190 f.
594 BGHZ 144, 160 ff.; BVerfG, NJW 2007, 2838.
595 BVerfG, NJW 2007, 2838; *Puttler* in: Burkiczak/Dollinger/Schorkopf, § 23 Rn. 12.
596 *Puttler* in: Burkiczak/Dollinger/Schorkopf, § 23 Rn. 9.
597 *Schenk* in: Burkiczak/Dollinger/Schorkopf, § 34 a Rn. 70 ff.
598 VerfGH, B. v. 21.1.2016 – 1 VB 64/15 – juris, Rn. 2.
599 VerfGH, Justiz 2017, 213; B. v. 29.8.2016 – 1 VB 70/16 – juris; BVerfGE 130, 1 (21).

weit dies für die verfassungsrechtliche Prüfung erheblich ist.[600] In rechtlicher Hinsicht muss deutlich und schlüssig die **Möglichkeit einer spezifischen Verletzung der LV** und nicht nur von einfachem Recht **dargetan** werden.[601] Bei einer gegen eine gerichtliche Entscheidung gerichteten Verfassungsbeschwerde hat der Beschwerdeführer sich mit dieser inhaltlich auseinanderzusetzen.[602] Der pauschale Verweis auf Schriftsätze des Ausgangsverfahrrens ersetzt grds. nicht die Begründung der Verfassungsbeschwerde.[603] Ferner muss der Beschwerdeführer substantiiert darlegen, dass er den Rechtsweg erschöpft hat[604] und – sofern dies nicht offensichtlich ist – dass seine Verfassungsbeschwerde die Frist des § 56 II VerfGHG wahrt.[605] Nicht hinreichend substantiiert ist u.a. eine Verfassungsbeschwerde, bei der die fraglichen angegriffenen Gerichtsentscheidungen **nicht** selbst **vorgelegt** oder zumindest ihrem wesentlichen Inhalt nach mitgeteilt oder in einer Weise wiedergegeben worden sind, die eine Beurteilung erlaubt, ob die Entscheidung mit der LV in Einklang steht oder nicht.[606] In Fällen, in denen eine angegriffene Entscheidung auf eine vorangegangene andere Entscheidung oder einen Hinweis des Gerichts Bezug nimmt, reicht es nicht aus, wenn lediglich die angegriffene Entscheidung selbst, nicht jedoch die in Bezug genommenen Entscheidungen vorgelegt werden.[607]

c) Verfahren

165 Für die Landesverfassungsbeschwerde existiert kein Annahmeverfahren wie nach §§ 93a ff. BVerfGG. Gleichwohl gibt es aus Gründen der Prozessökonomie in bestimmten Fällen Verfahrenserleichterungen für den VerfGH.[608] Der VerfGH kann aufgrund von § 58 IV VerfGHG aus drei Richtern bestehende **Kammern** einrichten, die über die Zurückweisung von Verfassungsbeschwerden als unzulässig oder offensichtlich unbegründet **einstimmig** entscheiden. Nach §§ 58 II 1 iVm 22 I 1, II VerfGHG kann eine Kammer schriftlich in einem **Umlaufverfahren** entscheiden.[609] Eine Anhörung Dritter ist nicht erforderlich (§ 58 II 2 VerfGHG). Die Kammerentscheidung kann ohne Begründung ergehen, wenn der Beschwerdeführer zuvor durch ein Mitarbeiterschreiben auf Bedenken gegen die Zulässigkeit oder Begründetheit hingewiesen worden ist (§ 58 II 3 VerfGHG). Im Übrigen bedarf es zumindest einer kurzen Begründung, wobei ein Hinweis auf den maßgeblichen rechtlichen Gesichtspunkt genügt (§ 58 II 4 VerfGHG).

---

600 VerfGH, Justiz 2017, 213.
601 StGH, U. v. 23.3.2015 – 1 VB 2/15 – juris, Rn. 19 f.; VerfGH, U. v. 15.2.2016 – 1 VB 9/16 – juris, Rn. 40 ff.; B. v. 8.3.2016 – 1 VB 18/15 – juris, Rn. 3.
602 VerfGH, Justiz 2017, 213; BVerfGE 130, 1 (21).
603 StGH, LVerfGE 26, 25 (44).
604 BVerfGE 112, 304 (314).
605 BVerfG, B. v. 30.5.2013 – 2 BvR 885/13 – juris, Rn. 2; *Lenz/Hansel*, § 93 Rn. 111.
606 VerfGH, B. v. 21.1.2016 – 1 VB 64/15- juris, Rn. 3; B. v. 10.8.2016 – 1 VB 54/16 – juris, Rn. 8; StGH, B. v. 23.7.2013 – 1 VB 66/13 – Homepage VerfGH; BVerfGE 88, 40 (45); 93, 266 (288).
607 StGH, B. v. 23.7.2013 – 1 VB 66/13 – Homepage VerfGH; BVerfG, NJW 2005, 2140.
608 Dazu: LT-Drs. 15/2153, 16.
609 Dies geschieht durch Unterzeichnung eines vom Kammervorsitzenden vorbereiteten Entscheidungsentwurfs (§§ 13 II, 20 VerfGHGO; LT-Drs. 15/2153, 15).

Die Kammer kann auch über sonstige Anträge, die im Zusammenhang mit einer Verfassungsbeschwerde gestellt werden – insb. Eilanträge oder Ablehnungsgesuche – entscheiden, solange und soweit das Plenum noch nicht mit der Verfassungsbeschwerde befasst ist (§ 58 V 1, 2 VerfGHG). Generell – also nicht nur in Fällen unzulässiger oder offensichtlich unbegründeter Verfassungsbeschwerden – kann die Kammer im schriftlichen Verfahren **Entscheidungen nach Erledigung der Hauptsache** treffen[610] und über Anträge auf Bewilligung von Prozesskostenhilfe sowie Kosten nach § 60 I 2 VerfGHG wegen mutwilliger Rechtsverfolgung entscheiden. Nach § 58 III VerfGHG kann für eine unzulässige oder offensichtlich unbegründete Verfassungsbeschwerde eine **Gebühr** von bis zu 2.000 EUR auferlegt werden. Durch gesonderten Beschluss kann die Kammer dem Beschwerdeführer auch aufgeben, einen Vorschuss zu leisten. Die Verfassungsbeschwerde gilt als zurückgenommen, wenn der Vorschuss nicht innerhalb von zwei Monaten nach Zustellung der Vorschussanforderung gezahlt ist.[611]

Geht ein Antrag beim VerfGH ein, wird zunächst vom Präsidenten geprüft, ob der Vorgang in das **Allgemeine Register** (AR) – ein Verwaltungsregister – oder in das das **Geschäftsregister** (VB) eingetragen wird. In das AR werden alle Anträge, die offensichtlich unzulässig erscheinen, sowie sonstige Eingaben eintragen (§ 4 VerfGHGO). Der Beschwerdeführer erhält dann ein von einem wissenschaftlichen Mitarbeiter gefertigtes Schreiben, mit dem er auf die Zulässigkeitsbedenken hingewiesen wird.[612] Besteht der Beschwerdeführer dann auf einer richterlichen Entscheidung, wird das Verfahren als Verfassungsbeschwerde in das Register VB eingetragen (§ 4 III 2 VerfGHGO). 166

Die Mitglieder der zuständigen Kammer erhalten vom Eingang einer Verfassungsbeschwerde sogleich Kenntnis (§ 13 III 1, 2 VerfGHGO). Die Verfassungsbeschwerde wird dann vom Kammervorsitzenden darauf geprüft, ob sie unzulässig oder offensichtlich unbegründet ist und eine Kammerentscheidung getroffen werden kann (**Vorprüfung**). Kommt er zu dieser Auffassung, bereitet er eine Kammerentscheidung vor (§ 13 I u. II VerfGH-GO). Sofern keine Kammerentscheidung ergeht, erhalten alle Mitglieder Kenntnis von der Verfassungsbeschwerde (§ 13 III 1, 2 VerfGHGO). Der Präsident gibt den nach § 57 VerfGHG äußerungsberechtigten die Gelegenheit zur Stellungnahme und zieht nach § 19 VerfGHG Akten bei. Ferner bestellt der Präsident einen richterlichen Berichterstatter, der mit Unterstützung der wissenschaftlichen Mitarbeiter ein Votum und einen Entscheidungsentwurf erstellt (§§ 14 I, II u. 3 VerfGHGO). 167

Der VerfGH **kann** auch als Plenum in Abweichung von § 16 I VerfGHG über Verfassungsbeschwerden nach seinem Ermessen ohne Zustimmung der Prozessbeteiligten **ohne mündliche Verhandlung** entscheiden. Gleichwohl sind vor einer Plenarentscheidung die nach § 57 VerfGHG Äuße- 168

---

610 Festsetzung des Gegenstandswertes (§§ 33 I, II, 37 RVG), Auslagenerstattung bei Erledigterklärung (§ 60 IV VerfGHG; BVerfGE 133, 37 ff.).
611 Dies soll effiziente Aufgabenerledigung ermöglichen (LT-Drs. 15/2153, 15) u. gilt für Anträge iSv § 58 V 1 VerfGHG entsprechend; bislang wurde noch kein Vorschuss erhoben.
612 § 58 II 3 VerfGHG, § 4 III 3 VerfGHGO, LT-Drs. 15/2153, 15.

rungsberechtigten zur Sache anzuhören.[613] Dies dient dem Anspruch auf rechtliches Gehör und der Schaffung einer hinreichenden Entscheidungsgrundlage.[614] Sind gerichtliche Entscheidungen mit der Verfassungsbeschwerde angegriffen, ist dem durch diese Begünstigten **Gelegenheit zur Äußerung** zu geben.[615] Richtet sich die Verfassungsbeschwerde unmittelbar oder mittelbar gegen ein Gesetz, sind der Landtag und die Regierung anzuhören. Richtet sich die Verfassungsbeschwerde gegen die Handlung oder Unterlassung einer Behörde des Landes, ist dem (für die Dienst- und Fachaufsicht) zuständigen Ministerium, bei Behörden sonstiger Rechtsträger auch den Rechtsträgern – etwa Gemeinden oder Kreisen – Gelegenheit zur Äußerung zu geben. Bei Verfassungsbeschwerden gegen Gerichtsentscheidungen erhält hiernach auch das Justizministerium Gelegenheit zur Stellungnahme, obwohl es keine Fachaufsicht über die Gerichte führt.[616] Im Übrigen erhalten Verfassungsorgane, deren Handlung oder Unterlassung mit der Verfassungsbeschwerde beanstandet wird, ebenfalls Gelegenheit zu Äußerung. Die angehörten Verfassungsorgane, Ministerien oder Rechtsträger von Behörden können nach § 57 V VerfGHG dem Verfahren förmlich beitreten und erhalten dann die Rechtsstellung eines **Prozessbeteiligten** iSv § 9 VerfGHG. Diese Möglichkeit steht den an einem gerichtlichen Ausgangsverfahren beteiligten Dritten nicht offen. Der VerfGHG kann auch **sachkundige Dritte** – etwa Verbände – um eine Äußerung bitten.[617]

d) Entscheidung

169 Der VerfGH prüft, ob die Verfassungsbeschwerde **zulässig und begründet** ist. **Offensichtliche Unbegründetheit** iSv § 58 II-V VerfGH (u. § 17 II VerfGHG) liegt vor, wenn der VerfGH zum Zeitpunkt der Entscheidung der Auffassung ist, dass kein Gesichtspunkt erkennbar ist, der dem gestellten Antrag zum Erfolg verhelfen könnte. Die Beurteilung, ein Antrag sei offensichtlich unbegründet, setzt nicht voraus, dass sie auf der Hand liegt; sie kann auch das Ergebnis einer vorgängigen gründlichen Prüfung unter allen rechtlichen Gesichtspunkten sein.[618]

---

613 Nicht anonymisierte Übermittlung der Verfassungsbeschwerde durch §§ 57, 15 II VerfGHG erlaubt iSv § 4 I Nr. 1 LDSG; Beteiligte iSv § 15 II VerfGHG sind auch die Äußerungsberechtigten, s. *v. Coelln* in: Maunz/Schmidt-Bleibtreu, § 23 Rn. 66.
614 *Haberzettl* in: Burkiczak/Dollinger/Schorkof, § 94 Rn. 3; BVerfGE 92, 122 (124).
615 Fraglich, ob dem Äußerungsberechtigten trotz Nichterwähnung in § 55 III VerfGHG Prozesskostenhilfe gewährt werden kann, wenn dies ausnahmsweise verfassungsrechtlich geboten ist: BVerfGE 92, 122; *Schenk* in: Burkiczak/Dollinger/Schorkopf, § 34 a Rn. 75.
616 In der Praxis selten, obwohl es bei Aufhebung einer Gerichtsentscheidung jedenfalls von der Kostentragungspflicht nach § 60 III, IV VerfGHG betroffen ist.
617 Insb. bei Gesetzen, zB StGH, U. v. 17.6.2014 – 1 VB 15/13 – juris, Rn. 125 ff.; LVerfGE 26, 25 (36 ff.); VerfGH, VBlBW 2017, 61; da anders als beim BVerfG (§§ 23 II, 27 a BVerfGG) eine gesetzliche Grundlage dafür fehlt, darf der Beschwerdeschriftsatz nebst Anlagen den Dritten nur anonymisiert übermittelt werden, sofern der Beschwerdeführer in die Übermittlung nicht eingewilligt hat (§ 4 I LDSG, *Bethge* in: Maunz/Schmidt-Bleibtreu, § 27 a Rn. 2 f.; *Haberzettl* in: Burkiczak/Dollinger/Schorkopf, § 94 Rn. 5).
618 StGH, Justiz 2014, 267; VerfGH, Justiz 2016, 264; Justiz 2017, 195.

Hinsichtlich der **Reichweite des Prüfungsmaßstabs der LV** und der **Prüfungsbefugnis des VerfGH**, insb. bzgl. der Anwendung von Bundesrecht durch Behörden und Gerichte des Landes, kann auf die obigen Ausführungen verwiesen werden (→ Rn. 9 f., 17 ff. u. 23). Soweit gerichtliche Entscheidungen Gegenstand einer Verfassungsbeschwerde sind, ist ergänzend zu bemerken, dass der VerfGH die Anwendung und Auslegung von einfachem Recht nur auf die Verletzung spezifischen Landesverfassungsrechts überprüft. **Spezifisches Verfassungsrecht** ist aber nicht schon dann verletzt, wenn eine Entscheidung, am einfachen Recht gemessen, objektiv fehlerhaft ist; der Fehler muss gerade in der Nichtbeachtung von Grundrechten liegen.[619]

170

Hat die Verfassungsbeschwerde keinen Erfolg, wird sie im **Tenor** als unzulässig oder als (offensichtlich) unbegründet zurückgewiesen.[620] Wird der Verfassungsbeschwerde stattgegeben, ist in der Entscheidung festzustellen, welche Vorschrift der LV durch welche Handlung oder Unterlassung verletzt wurde.[621] Wird der Verfassungsbeschwerde **gegen** gerichtliche oder behördliche **Entscheidungen** stattgegeben, hebt der VerfGH diese zudem – soweit geboten – rechtsgestaltend auf und verweist die Sache an ein zuständiges Gericht zurück.[622] Dem VerfGH steht ein Auswahlermessen zu, ob er die Sache schlicht an ein zuvor zuständiges Gericht, an ein anderes sachlich zuständiges Gericht oder zwar an das sachlich zuständige Gericht, dort aber an einen anderen Spruchkörper, zurückverweist.[623] Hebt der VerfGH eine Entscheidung auf, können nachfolgend im Instanzenzug ergangene Entscheidungen für gegenstandslos erklärt werden.[624] Wird der Verfassungsbeschwerde, die sich unmittelbar oder mittelbar **gegen ein Gesetz** richtet, stattgegeben, gelten §§ 23, 50 VerfGHG entsprechend, wonach auch eine Entscheidungserstreckung auf weitere Bestimmungen desselben Gesetzes zulässig ist (→ Rn. 100 ff.).[625] Nach § 60 III, IV VerfGHG hat der VerfGH über die **Auslagenerstattung** zu entscheiden. Die Festsetzung des **Gegenstandswertes** ist gesondert zu beantragen (§§ 33 I, II, 37 RVG).

171

---

619 StGH, LVerfGE 26, 3 (16 f.); LVerfGE 26, 65 (76); VerfGH, Justiz 2016, 344.
620 ZB StGH, LVerfGE 26, 65 (tlw. beides); VerfGH, B. v. 30.8.2016 – 1 VB 59/16 – juris (offensichtlich unbegründet); B. v. 29.8.2016 – 1 VB 70/16 – juris (unzulässig).
621 § 59 I 1 VerfGHG, zB StGH, U. v. 17.6.2014 – 1VB 15/13 – juris; der VerfGH kann auch aussprechen, dass eine Wiederholung die LV verletzt (§ 59 I 2 VerfGHG).
622 § 59 I 3 VerfGHG, zB VerfGH, U. 13.4.2016 – 1 VB 83/15 – juris; ESVGH 67, 13; *Stark* in: Burkiczak/Dollinger/Schorkopf, § 95 Rn. 57 ff.; *Lenz/Hansel*, § 95 Rn. 20 ff.; ausnahmsweise kann auf Zurückverweisung in der Hauptsache verzichtet werden („Durchentscheiden"), wenn kein Interesse für Sachentscheidung des Gerichts mehr besteht oder wenn wegen Erledigung nur feststellende Entscheidung in Betracht kommt; dann ggf. nur Zurückverweisung zur Entscheidung über die Kosten des Ausgangsverfahrens, vgl. StGH, U. v. 23.3.2015 – 1 VB 56/14 – juris; BVerfGE 400, 357 f.; *Lenz/Hansel*, § 95 Rn. 33 f.; kein Durchentscheiden: *Klein* in: Benda/Klein, Rn. 616.
623 StGH, U. v. 23.3.2015 – 1 VB 56/14 – juris, Rn. 53 f.
624 StGH, ESVGH 65, 28 (38); StGH, AnwBl. 2015, 721; StGH, NJW 2015, 1869 f.
625 StGH, U. v. 17.6.2014 – 1VB 15/13 – juris; LVerfGE 26, 25; VerfGH, VBlBW 2017, 16.

3. Einstweilige Anordnungen

a) Funktion

172 Die Anrufung des VerfGH hat zunächst keine aufschiebende Wirkung. Soll daher vorläufig für die Zeit bis zur Entscheidung in der Hauptsache ein Recht gesichert oder ein Zustand geändert werden, bedarf es einer einstweiligen Anordung. Die Gewährung vorläufigen Rechtsschutzes **sichert die Wirksamkeit und Umsetzbarkeit der nachfolgenden Entscheidung** über die Hauptsache und ist ein Element eines effektiven Verfassungsrechtsschutzes.[626] Allerdings muss der verfassungsgerichtliche vorläufige Rechtsschutz – anders als der fachgerichtliche – nicht lückenlos geboten werden.[627]

b) Zulässigkeit

173 Eine einstweilige Anordnung kommt grds. in allen Verfahren des VerfGH in Betracht, bei der konkreten Normenkontrolle mangels antragsberechtiger Prozessbeteiligter jedoch nur von Amts wegen.[628] Sie ist auf der Grundlage von Art. 68 I V LV einfachrechtlich in § 25 **VerfGHG** geregelt.[629] Lediglich im Rahmen einer Ministeranklage ist sie in Art. 57 II 3 LV bereits verfassungsrechtlich vorgesehen. Für die Wahlprüfungsbeschwerde findet sich in § 13 II LWPrG eine Sonderregelung, weil dort bereits der Landtag eine einstweilige Anordnung beschließen kann.

174 Die einstweilige Anordnung setzt keinen **Antrag** voraus. Sie kann auch **von Amts wegen** erlassen werden.[630] **Berechtigt** zur Stellung eines Antrags sind die Prozessbeteiligten nach § 9 I VerfGHG. § 25 I VerfGHG setzt grds. ein **anhängiges** oder gleichzeitig anhängig werdendes **Hauptsacheverfahren** voraus.[631] Insoweit unterscheidet sich der Wortlaut des § 25 I VerfGHG von dem des § 32 BVerfGG, wonach „im Streitfall" eine einstweilige Anordnung ergehen kann; das ist auch dann gegeben, wenn der Streitfall in der Hauptsache lediglich vor das BVerfG gebracht werden kann.[632] In seinen bisherigen Entscheidungen ist der frühere StGH immer davon ausgegangen, dass das Hauptsacheverfahren „anhängig" sein muss.[633] In § 22 III **VerfGHGO** ist dagegen weitergehend bestimmt, dass eine einstweilige Anordung auch schon dann ergehen kann, wenn ein Hauptsacheantrag noch nicht gestellt ist. In diesem Fall „kann", was im Hinblick auf § 25 I VerfGHG als „muss" zu lesen ist, der VerfGH nach § 22 III VerfGHGO beschließen, dass die einstweilige Anordnung außer Kraft tritt, wenn binnen einer von ihm zu bestimmenden Frist ein Hauptsacheantrag nicht gestellt wird. Allein unter dieser Bedingung ist bereits vor Anhängigkeit der Hauptsache eine einstweilige Anordnung zulässig. In jedem Fall ist erforderlich, dass das **Hauptsacheverfahren nicht von vornherein unzulässig**

---

626 BVerfGE 91, 70 (76); *Klein* in, Benda/Klein Rn. 1313 f.
627 StGH, Justiz 2016, 53; BVerfGE 94, 166 (216 f.); BVerfG, NVwZ 2014, 882 f.
628 BVerfGE 41, 243 (245); *Lenz/Hansel*, § 32 Rn. 15.
629 *Feuchte* in: ders., Art. 68 Rn. 82; *Braun*, Art. 68 Rn. 32.
630 StGH, ESVGH 25, 31 f.
631 *Feuchte* in: ders., Art. 68 Rn. 84; *Braun*, Art. 68 Rn. 33.
632 BVerfGE 113, 113 (119 f.); *Lenz/Hansel*, § 32 Rn. 16.
633 StGH, ESVGH 22, 1 (4); VBlBW 1993, 330 f.; VBlBW 2001, 406 f.

ist.[634] Wird ein Gesetz angegriffen, muss es grds. bereits verkündet sein.[635] Zustimmungsgesetze zu Staatsverträgen können ebenfalls schon vor Ausfertigung und Verkündung Verfahrensgegenstand sein, wobei sich die einstweilige Anordnung auf die Verhinderung der Hinterlegung der Ratifikationserklärung beschränken kann.[636]

Der Erlass einer einstweiligen Anordnung ist des Weiteren grds. unzulässig, wenn durch sie die **Hauptsache vorweggenommen** würde.[637] Dies gilt nur dann nicht, wenn nach den obwaltenden Umständen eine Entscheidung in der Hauptsache zu spät kommen würde und dem Antragsteller in anderer Weise ausreichender Rechtsschutz nicht mehr gewährt werden könnte.[638] 175

Wird der **Hauptsacheantrag abgewiesen, erledigt** sich der **Antrag** auf Erlass einer einstweiligen Anordnung, er wird gegenstandslos.[639] 176

c) Verfahren

Wird der Antrag auf Erlass einer einstweiligen Anordnung im Zusammenhang mit einer Verfassungsbeschwerde gestellt, kann nach **§ 58 V 1 VerfGHG** eine aus drei Richtern bestehende **Kammer** einstimmig durch Beschluss über den Antrag entscheiden, wenn und soweit das Plenum noch nicht mit der Verfassungsbeschwerde befasst ist.[640] Die Kammer kann dann nicht nur den Eilantrag zurückweisen, sondern auch eine einstweilige Anordnung erlassen. Eine mündliche Verhandlung der Kammer findet grds. nicht statt (§ 58 V 1, I, IV 4 VerfGHG). Ist der Antrag unzulässig oder offensichtlich unbegründet, kann die Kammer im schriftlichen Umlaufverfahren ohne Anhörung Dritter einstimmig durch Beschlus entscheiden und ggf. eine Gebühr festsetzen (**§ 58 V 1, 2 iVm II, III, IV 4 VerfGHG**). Zur Begründung reicht ein Hinweis auf den maßgeblichen rechtlichen Gesichtspunkt. Wurde der Antragsteller zuvor über die Zulässigkeitsbedenken belehrt, kann die Begründung entfallen (§ 58 V 2, II 3,4 VerfGHG). 177

Steht der Eilantrag in Zusammenhang mit einem sonstigen Hauptsacheverfahren des VerfGH, kann nach **§ 17 II VerfGHG** ebenfalls die Kammer in einem schriftlichen Verfahren über diesen durch Beschluss entscheiden, wenn sie ihn einstimmig für unzulässig oder offensichtlich unbegründet hält.[641] 178

---

634 StGH, ESVGH 22, 1 (4); VBlBW 1993, 330; VBlBW 2001, 406; VerfGH, B. v. 15.2.2016 – 1 GR 11/16 – juris, Rn. 15.
635 Eine Ausnahme besteht, wenn sonst kein effektiver Grundrechtsschutz bestünde u. die Verkündung bevorsteht: BVerfGE 131, 47 (52 f.).
636 BVerfGE 112, 363 (366 f.); 132, 195.
637 StGH, VBlBW 2015, 154 ff.; Justiz 2016, 53: unklar, ob unzulässig oder unbegründet; *Klein* in: Benda/Klein, Rn. 1329 ff.; *Lenz/Hansel*, § 32 Rn. 30.
638 Verneint für die vorläufige Zulassung zum Studium: StGH, Justiz 2016, 53; Ausnahme bejaht für die Überlassung einer Stadthalle für einen Parteitag: VBlBW 2015, 154.
639 StGH, B. v. 17.10.2011 – GR 5/11 – juris; B. v. 3.12.2015 – 1 VB 75/15 – juris.
640 Die Befassung des Plenums beginnt mit der Kenntnisgabe der Verfassungsbeschwerde an die Mitglieder nach § 13 III 2 VerfGHGO, vgl. LT-Drs. 15/7378, 8.
641 Keine mündliche Verhandlung: § 58 IV 4 VerfGHG; VerfGH, B. v. 15.2.2016 – 1 GR 11/16 – juris, Rn. 10.

179 Soll eine einstweilige Anordnung ergehen, weil die Voraussetzungen des § 25 I VerfGHG vorliegen, sind nach § 25 II 2 VerfGHG der Antragsgegner und bei einer Verfassungsbeschwerde die nach § 57 VerfGHG Äußerungsberechtigten anzuhören. Entsprechendes gilt wegen des Anspruchs auf rechtliches Gehör für weitere Prozessbeteiligte, die dem Verfahren beigetreten sind. Auf die Gewährung einer **Äußerungsmöglichkeit** kann der VerfGH verzichten, soweit der Zweck der einstweiligen Anordnung dadurch gefährdet würde. Eine solche Gefahr liegt insb. bei besonderer Dringlichkeit der Entscheidung vor, also wenn bei Durchführung einer Anhörung eine einstweilige Anordnung zu spät käme.

180 Über die einstweilige Anordnung **kann** – auch wenn das Plenum zuständig ist – **ohne mündliche Verhandlung** entschieden werden (§ 25 II 1 VerfGHG).[642] Die Entscheidung erfolgt dann durch Beschluss.[643] Beschließt das Plenum oder verfügt der Präsident die Durchführung einer mündlichen Verhandlung (§ 22 I VerfGHGO), ergeht die Entscheidung durch Urteil.[644] Sind nicht alle zur Mitwirkung berufenen Richter erreichbar, so kann die einstweilige Anordnung **bei besonderer Dringlichkeit** erlassen werden, wenn der Vorsitzende und mindestens zwei weitere Richter mitwirken und der Beschluss einstimmig gefasst wird (§ 17 I VerfGHG, § 22 II VerfGHGO).

181 Hat das Plenum ohne mündliche Verhandlung durch Beschluss den Erlass einer einstweiligen Anordnung abgelehnt oder eine solche erlassen oder hat außerhalb der Kammerzuständigkeit (§ 17 II VerfGHG) das „Notgremium" nach § 17 I VerfGHG iVm § 22 II VerfGHGO entschieden, kann **Widerspruch** eingelegt werden (§§ 25 II 3 VerfGHG, 22 I 1 VerfGHGO). Wurde aufgrund mündlicher Verhandlung durch Urteil über den Eilantrag entschieden, ist ein Widerspruch nicht statthaft.[645] Hat die Kammer nach § 58 V 1 oder § 17 II VerfGHG über den Eilantrag entschieden, scheidet ein Widerspruch ebenfalls aus.[646] Widerspruchsberechtigt sind die Prozessbeteiligten. Nach § 25 II 4 VerfGHG gilt dies nicht für den Beschwerdeführer einer Verfassungsbeschwerde. Er und die Äußerungsberechtigten nach § 57 III VerfGHG können keinen Widerspruch einlegen. Denn auch über die Verfassungsbeschwerde selbst muss nicht mündlich verhandelt werden.[647] Der Widerspruch ist nach § 22 I 1 VerfGHGO innerhalb einer Frist von zwei Wochen einzulegen. Die Widerspruchsberechtigten sind über die Möglichkeit des Widerspruchs im Beschluss des VerfGH über den Antrag auf Erlass einer einstweiligen Anordnung zu **belehren**. Wird Widerspruch eingelegt, entscheidet der VerfGH als Plenum aufgrund mündlicher Verhandlung durch Urteil (§ 25 II 3 VerfGHG).[648] Ist der Widerspruch unzu-

---

642 Bei Eilanträgen zu Verfassungsbeschwerden: § 58 V 1, I VerfGHG.
643 VerfGH, Justiz 2016, 53.
644 Folgt aus: § 25 II 3 VerfGHG, zB StGH, ESVGH 25, 31.
645 So für § 32 BVerfGG: *Lenz/Hansel*, § 32 Rn. 154.
646 §§ 17 II 2, 58 V 4 VerfGHG; VerfGH, B. v. 3.5.2017 – 1 GR 17/17 – juris, Rn. 11.
647 LT-Drs. 15/7378, 8; BVerfGE 31, 87; 139, 378 ff.
648 Ggf. ohne mündliche Verhandlung bei einem Eilantrag zu einer Verfassungsbeschwerde (§ 22 I 1 VerfGHGO: „Unbeschadet …").

lässig, muss jedoch nicht mündlich verhandelt werden.[649] In entsprechender Anwendung von § 17 II u. § 58 V 1, 2 VerfGHG kann die Kammer über die Unzulässigkeit entscheiden.[650]

Soweit bei Eilbeschlüssen im Zusammenhang mit einer Verfassungsbeschwerde der Beschwerdeführer und die Äußerungsberechtigten nicht widerspruchsberechtigt sind, können sie beim VerfGH gleichwohl **Einwendungen** gegen die Entscheidung vorbringen. Diese können das Gericht veranlassen, seine Entscheidung **von Amts wegen** aufzuheben, **abzuändern** oder ihre Vollziehung auszusetzen. Dadurch kann auch eine unterbliebene Anhörung vor Erlass der einstweiligen Anordnung ausgeglichen werden.[651] 182

d) Entscheidung

Nach § 25 I VerfGHG kann der VerfGH, wenn es zur Abwehr schwerer Nachteile, zur Verhinderung drohender Gewalt oder aus einem anderen wichtigen Grund zum gemeinen Wohl **dringend geboten** ist, in einem anhängigen Verfahren einen Zustand durch vorläufige Anordnung regeln.[652] Jedoch ist insb. dann, wenn es darum geht, ein Gesetz außer Vollzug zu setzen, wegen des damit verbundenen Eingriffs in die Gestaltungsfreiheit des Gesetzgebers ein strenger Maßstab anzuwenden.[653] Dabei haben die Gründe, die für die Verfassungswidrigkeit des angegriffenen Hoheitsakts vorgetragen werden, grds. außer Betracht zu bleiben.[654] Der Antrag auf Eilrechtsschutz hat allerdings keinen Erfolg, wenn der Hauptsacheantrag von vornherein unzulässig (→ Rn. 174) oder offensichtlich unbegründet wäre. **Bei offenem Ausgang** muss der VerfGH die Folgen, die eintreten würden, wenn eine einstweilige Anordnung nicht erginge, die Hauptsache aber Erfolg hätte, gegenüber den Nachteilen **abwägen**, die entstünden, wenn die begehrte einstweilige Anordnung erlassen würde, der Hauptsache aber der Erfolg zu versagen wäre. Im Übrigen sind im Eilrechtsschutz die erkennbaren Erfolgsaussichten einer Verfassungsbeschwerde zu berücksichtigen, wenn absehbar ist, dass über den Hauptsacheantrag nicht rechtzeitig entschieden werden kann.[655] Ergibt die Prüfung im Eilrechtsschutzverfahren, dass der Hauptsacheantrag offensichtlich begründet wäre, läge in der Nichtgewährung von Rechtsschutz der schwere Nachteil für das gemeine Wohl im Sinne von § 25 I VerfGHG.[656] 183

Bezüglich des **Inhalts der Anordnung** ist der VerfGH an die Fassung der Anträge nicht gebunden. Er kann die im Fall notwendigen vorläufigen Anordnungen treffen.[657] Ist ein Hauptsacheantrag nicht gestellt, so muss (nicht „kann", § 22 III VerfGHGO, → Rn. 174) der VerfGH beschließen, 184

---

649 BVerfGE 35, 12; 89, 119; 139, 378 ff.
650 Einen Senatsvorbehalt wie § 93 d II 3 BVerfGG kennt das VerfGHG für den Widerspruch nicht.
651 Zum Ganzen: LT-Drs. 15/7378, 8; BVerfGE 31, 87 (93 f.).
652 Zum Erfordernis der Dringlichkeit: VerfGH, B. v. 2.8.2017 – 1 GR 35/17 – juris.
653 VerfGH, B. v. 3.5.2017 – 1 GR 27/17 – juris; BVerfGE 140, 211 (218 f.).
654 StGH, ESVGH, 25, 31 (32); VBlBW 2015, 154 ff.
655 BVerfGE 46, 160 (164); 111, 147 (153); 132, 195 (233).
656 Zum Ganzen: StGH, VBlBW 2015, 154 ff.; ESVGH 25, 31 (32 ff.).
657 StGH, ESVGH 25, 31; VBlBW 2015, 154 ff.; BVerfGE 112, 284 (293).

dass die einstweilige Anordnung außer Kraft tritt, wenn der Hauptsacheantrag nicht binnen einer bestimmten Frist gestellt wird.

4. Verzögerungsbeschwerde

185 Die Verzögerungsbeschwerde nach § 61 VerfGHG wurde mit G. v. 13.11.2012 (GBl. 569) eingeführt. Wie auf Bundesebene sollte damit den Vorgaben des EGMR genügt werden, der bemängelt hatte, dass es in Deutschland zum Schutz von Art. 6 EMRK keinen besonderen **Rechtsbehelf bei überlanger Verfahrensdauer** gebe.[658] Die Verpflichtung, in einem anhängigen Verfahren innerhalb angemessener Frist zu entscheiden, gilt grds. auch für den VerfGH, und zwar im Verfahren der **Verfassungsbeschwerde** wie bei einer **konkreten Normenkontrolle**. Die Regelung orientiert sich an der für das BVerfG geltenden Verzögerungsbeschwerde (§ 94 BVerfGG). Bisher musste der VerfGH über keine Verzögerungsbeschwerde entscheiden.

186 Dauert ein Verfahren **unangemessen lang** und entsteht hierdurch den Beteiligten ein Nachteil, begründet dies einen **Entschädigungsanspruch gegen das Land**. Wann ein Verfahren unangemessen lang ist, hängt vom Einzelfall ab. Zu berücksichtigen sind insb. die politische und soziale Bedeutung der Sache, die Schwierigkeit und Komplexität des Falles, die Bedeutung der Sache für die **Entschädigung** begehrende Person sowie das Verhalten dieser Person im Hinblick auf eine mögliche Mitverursachung der Verzögerung. Daneben können auch organisatorische und verfahrensmäßige Besonderheiten aufgrund der Stellung und Aufgaben des VerfGH berücksichtigt werden. Bei Nachteilen, die nicht Vermögensnachteile sind, begründet § 61 II 1 VerfGHG die Vermutung, dass die unangemessene Verfahrensdauer einen nicht vermögenswerten Nachteil zur Folge hatte. Eine Wiedergutmachung hat deshalb vorrangig auf sonstige Weise zu erfolgen, insb. durch Feststellung der Unangemessenheit der Verfahrensdauer. Ist dies nicht ausreichend, beträgt die Entschädigung grds. 1.200 EUR für jedes Jahr der Verzögerung. Im Einzelfall kann ein hiervon abgewichen werden.[659]

187 Für das **Verfahren** verweist § 61 III VerfGHG auf §§ 97b bis 97d BVerfGG mit der Maßgabe, dass über die Verzögerungsbeschwerde eine **Beschwerdekammer** entscheidet, die aus drei für die Dauer eines Geschäftsjahres bestellten Richtern besteht. Der Präsident und sonstige Vorsitzende einer Kammer nach §§ 17 II, 58 IV VerfGHG werden nicht zu Mitgliedern der Beschwerdekammer bestellt (§ 9 S. 3 VerfGHGO). Der Berichterstatter eines nach § 61 III VerfGHG beanstandeten Verfahrens ist von der Mitwirkung in der Beschwerdekammer ausgeschlossen (§ 9 S. 4 VerfGHGO). Eine Verzögerungsbeschwerde ist nur zulässig, wenn der Beschwerdefüher beim VerfGH die Dauer des Verfahrens gerügt hat (**Verzögerungsrüge**). Die schriftlich einzulegende und zu begründende Verzögerungsrüge ist frühestens zwölf Monate nach Eingang des Verfahrens beim VerfGH zulässig.

---

658 EGMR, EuGRZ 2007, 255; LT-Drs. 15/2153, 17.
659 Zum Ganzen: LT-Drs. 15/2153, 17.

V. Organisation (Abs. 3)
1. Zusammensetzung

Der VerfGH besteht nach Abs. 3 S. 1 aus **neun Mitgliedern**, die zu je drei **aus drei verschiedenen Gruppen** stammen müssen: Berufsrichter, Mitglieder mit der Befähigung zum Richteramt und Mitglieder, bei denen diese Voraussetzungen nicht vorliegen. Damit ist für den VerfGH als einziges Verfassungsgericht in Deutschland ein fester Bestandteil von einem Drittel der Mitglieder festgelegt, die keine Volljuristen sein dürfen. **Zweck** der Regelung ist es, im VerfGH ein möglichst breites Spektrum an Erfahrung abzubilden. Dabei sollen die „Laien" ihren „gesunden Menschenverstand" beitragen.[660] Eine gewisse Anzahl an Berufsrichtern ist aber notwendig, weil diese über Erfahrung in der gerichtlichen Praxis verfügen und bei ihnen das Vorliegen einer gewissen „Amtsautorität" vermutet werden kann (so der VA, → Rn. 30). Daher sollen aus dieser Gruppe der Präsident (Abs. 3 S. 5) und der Vizepräsident (§ 2 III 1 VerfGHG) gewählt werden. 188

Die LV und das VerfGHG verlangen – anders als andere Länder – nicht, dass die Mitglieder des VerfGH aufgrund ihres Wohnorts im Land wahlberechtigt sind. Es gibt also **keine Landeskinderklausel**.[661] Bei den Berufsrichtern muss es sich nicht um Richter im Landesdienst handeln. Bundesrichter sind auch wählbar. Auch sind **kein Mindestalter und keine Altersgrenze** vorgeschrieben. Für alle Richter ging die VLV davon aus, dass es sich um Personen mit politischem Verständnis handelt, auch wenn die Entscheidungen nach rechtlichen Maßstäben zu fällen sind.[662] 189

Für jedes ordentliche Mitglied ist ein **Stellvertreter** zu wählen (§ 2 IV VerfGHG). Die Stellvertreter vertreten sich in der Gruppe gegenseitig (§ 10 VerfGHGO). Der Präsident wird in dieser Funktion nicht durch den für ihn als richterliches Mitglied bestellten Vertreter, sondern durch den Vizepräsidenten und dieser durch das dritte ordentliche Mitglied aus der Gruppe der Berufsrichter vertreten.[663] 190

Eine VerfGH-Mitgliedschaft bestimmter Gerichtspräsidenten kraft Amtes ist in BW nicht vorgesehen. Für die Bestimmung des Begriffs „**Berufsrichter**" iSv Art. 68 III LV bieten §§ 2 DRiG, 2 I LRiStAG einen Anhaltspunkt.[664] Dies folgt aus Art. 66 III LV u. 98 III GG, nach denen die Rechtsstellung der Richter durch ein besonderes Gesetz zu regeln ist. Jedoch bleibt auch dann unklar, ob Richter im Ruhestand als „Berufsrichter" iSv Art. 68 III LV anzusehen sind. Die Verfasser des Gesetzentwurfs zum StGHG v. 13.12.1954 gingen davon aus, dass auch im Zeitpunkt der Wahl in den Ruhestand getretene Richter als Berufsrichter zu Mitgliedern des 191

---

660 So der Abg. *Gebhard Müller* in der 50. VA-Sitzung v. 12.5.1953, Prot. in: Feuchte, Quellen, 6. Teil, 310.
661 StGH, B. v. 6.5.2002 – GR 4/01 – unveröff., 5.
662 So die Abg. *Lausen* u. *Gebhard Müller* in der 50. VA-Sitzung v. 12.5.1953, Prot.in: Feuchte, Quellen, 6. Teil, 308 ff.; zu Anforderungen an Verfassungsrichter: *Gärditz*, JöR 61, 449 ff.; *Burkiczak* in: ders./Dollinger/Schorkopf, § 1 Rn. 61.
663 § 1 II 1 VerfGHGO; zur weiteren Vertretung im Vorsitz: § 1 II 2 und 3 VerfGHGO.
664 Zu Unrecht generell ablehnend: StGH, DÖV 1976, 241; die Begründung, diese Normen seien jünger als LV und VerfGHG, greift zu kurz, weil auch davor der Rechtsbegriff des „Berufsrichters" bekannt war.

VerfGH gewählt werden können.[665] Allerdings waren die Abg. im Laufe der späteren Gesetzesberatung anderer Meinung. Ein Antrag, in § 2 VI StGHG ausdrücklich „klar zu stellen", dass „Berufsrichter" auch ein in den Ruhestand getretener Richter und eine Person ist, die nach Bestehen der großen Staatsprüfung für mindestens zehn Jahre lang als Richter tätig war,[666] wurde vom Landtag mehrheitlich abgelehnt.[667] Auch der StGH hat bereits erkennen lassen, dass „Berufsrichter" nur bei ihrer Wahl im „aktiven Dienst" befindliche Richter seien.[668] Demgegenüber führt ein **Eintritt in den Ruhestand** nicht zum Ende der Mitgliedschaft als Richter der Gruppe der Berufsrichter. Dies folgt bereits aus Art. 68 III 2 LV, wonach die Mitglieder für die Dauer von neun Jahren gewählt werden. Die von der LV vorgesehene Kontinuität des Amtes und das Fehlen einer konkreten Regelung zum Ausscheiden bei Eintritt in den Ruhestand sprechen gegen einen Verlust der Mitgliedschaft.[669] Dem ist zuzustimmen, weil auch pensionierte Berufsrichter entsprechend dem Zweck der Regelung weiterhin über die von der LV vorausgesetzten Kenntnisse und Erfahrung verfügen. Ob im Falle, dass ein im richterlichen Ruhestand befindliches Mitglied einen neuen Beruf ergriffe, etwas anders gilt, hat der VerfGH bislang offen gelassen.[670] In der Gruppe der Berufsrichter wurden bislang – bis auf eine Ausnahme[671] – nur Richter der ordentlichen und der Verwaltungsgerichtsbarkeit gewählt, zumeist Vorsitzende Richter oder Präsidenten.[672]

192 Zur zweiten Gruppe gehören Personen „**mit der Befähigung zum Richteramt**". Wer über diese Fähigkeit verfügt, bestimmt sich nach §§ 5 ff. DRiG. Nicht hinreichend geklärt ist die Frage, ob auch außer Dienst befindliche Berufsrichter als Mitglied der zweiten Gruppe gewählt werden können. In der Geschichte des VerfGH ist dies – soweit ersichtlich – bislang zwei Mal der Fall gewesen.[673] Über die Zulässigkeit einer solchen Wahl hat der VerfGH bislang noch nicht entschieden. Ausgehend von der systematisch

---

665 LT-Beilage, 1. WP. Nr. 581 v. 29.6.1954, 694 f.
666 LT-Beilage 977 v. 10.11.1954.
667 Pl.-Prot. der 48. Sitzung des 1. LT am 10.11.1954, 2112 ff.; *Feuchte* in: ders., Art. 68 Rn. 116 f.
668 StGH, DÖV 1976, 241; etwas widersprüchlich dazu hat er in gleichen Entscheidung einen bereits früher aufgestellten Satz wiederholt (U. v. 2.6.1956 – GR 1/55), zum Begriff „Berufsrichter" gehöre eine Tätigkeit im aktiven Dienst nicht als Wesensbestandteil; diese Äußerung stand aber im Zusammenhang mit dem Fortbestand einer einmal begründeten Mitgliedschaft und hat insoweit ihre Berechtigung, als auch nach Eintritt in den Ruhestand ein Ruhestandsrichterdienstverhältnis besteht.
669 StGH, BWVBl. 1956, 168; DÖV 1976, 241; *Braun*, Art. 68 Rn. 38; aA *Feuchte* in: ders., Art. 68 Rn. 117.
670 StGH, DÖV 1976, 241 f.; für Mitgliedschaftsverlust: *Feuchte* in: ders., Art. 68 Rn. 117.
671 Präsident des ArbG Stuttgart *Jürgen Gneiting* im Jahr 2012.
672 Bisher Bundesrichter als Mitglieder oder Stellvertreter: *Hund* (BVerwG), *Wöstmann* und *Hebenstreit* (beide BGH).
673 1973: Landgerichtsdirektor a.D. *Franz Gog* (*Feuchte*, Geschichte, S. 423 f.), der allerdings seit Beginn des Landes bis 1972 MdL und daher zuletzt kein Richter mehr war; des Weiteren im Jahr 2004: Präsident des Verwaltungsgerichts a.D. Prof. Dr. *Joachim v. Bargen*; im Übrigen: Hochschullehrer, nämlich: *Otto Bachof, Ferdinand Kirchhof, Thomas Oppermann, Hermann Reichold* und *Christian Seiler* (alle von der Universität Tübingen) sowie *Alexander Roßnagel* (von der Universität Kassel), Rechtsanwälte, aber auch ehemalige Justizminister (*Beyerle* und

an sich klaren Abgrenzung der drei Gruppen und in Anbetracht des Zwecks der Regelung, im VerfGH ein breites und plurales Persönlichkeits- sowie Wissens- und Erfahrungsspektrum abzubilden, können ehemalige Berufsrichter, die im Anschluss an den aktiven Berufsrichterdienst keinen anderen Beruf ergriffen haben, nicht zur zweiten Gruppe gezählt werden. Denn sie verfügen über die gleiche berufliche Prägung wie die Mitglieder der ersten Gruppe.[674]

Als ordentliches Mitglied der **dritten Gruppe (sog. Laien)** oder als sein Vertreter kann gewählt werden, wer über die Befähigung zum Richteramt nach §§ 5 ff. DRiG *nicht* verfügt.[675] Hier wurden in Vergangenheit unter anderem Hochschullehrer, die nicht über die Befähigung zum Richteramt verfügen, ehemalige Abgeordnete und sonst politisch oder sozial aktive Personen, ehemalige Bürgermeister, vereinzelt Kirchenvertreter, Unternehmer oder Vertreter einer Industrie- und Handelskammer, ein Mitglied des Landesschulbeirates oder sogar die Mitarbeiterin eines Landtagsabgeordneten[676] gewählt. Am konsequentesten als ordentliche Mitglieder der dritten Gruppe vertreten – mit nur einer Unterbrechung von 1969 bis 1972 – waren bis zum Jahr 2016 Gewerkschaftsfunktionäre.[677] 193

Der VerfGH kann seine **ordnungsgemäße Zusammensetzung** in jeder Lage von Amts wegen prüfen.[678] Hierbei liegt kein Fall der §§ 11 und 12 VerfGHG vor. Der VerfGH kann daher unter Beteiligung des betreffenden Richters entscheiden.[679] 194

2. Rechtsstellung der Mitglieder, Amtsdauer und Wahl

Die Mitglieder des VerfGH genießen als Richter nach Art. 65 II LV sachliche und nach Art. 66 LV persönliche **Unabhängigkeit**. Jedoch finden das LRiStAG (§ 2 III) und das DRiG (§ 84) auf sie keine Anwendung. Ihre Rechtsstellung ist in §§ 2 bis 7 VerfGHG geregelt. Diese enthalten ergänzende Vorschriften zu den Wahlvorschriften, zur Inkompatibilität, zum Ausscheiden aus dem Amt und zur Amtsenthebung sowie zur Eidesleistung. Auch die Entschädigung der **ehrenamtlichen Tätigkeit** als Mitglied wird geregelt (§ 7 VerfGHG). 195

Schieler), ein ehemaliger Innenminister (*Schiess*) und ein ehemaliger Regierungspräsident (*Nothelfer*, als Stellvertreter). Das als Oberbürgermeister gewählte stellvertretende Mitglied *Trudbert Müller* wurde im Laufe seiner Amtszeit Regierungspräsident.

674 Nach Einführung der Landesverfassungsbeschwerde wiegt dieses Argument noch schwerer, weil es hier auch um die Kontrolle von richterlichen Entscheidungen geht.

675 Dh wer allein die erste juristische Prüfung absolviert hat, kann gewählt werden, wie etwa 2012 der Journalist *Christian Rath* als stellvertretendes Mitglied.

676 Fragwürdig mit Blick auf die Nähe zur Inkompatibiliät nach § 2 a VerfGHG; vgl. ferner: VerfGH, B. v. 3.7.2017 – 1 VB 29/17 u. 1 VB 35/17 – beide in juris.

677 *Erhardt* (DAG) von 1955 bis 1968, *Schwab* (DGB) von 1972 bis 1974; *Steinkühler* (IG Metall) von 1975 bis 1991; *Wulf-Mathies* (ÖTV) von 1991 bis 1995; *Stamm* (ver.di) von 1995 bis 2007; *Breymaier* (ver.di) von 2007 bis 2016.

678 StGH, BWVBl. 1956, 168; DÖV 1976, 241; *Braun*, Art. 68 Rn. 38.

679 StGH, BWVBl. 1956, 168; DÖV 1976, 241; U. v. 25.4.1975 – GR 6/74 – insoweit nicht veröff.; anders beim HessStGH, ESVGH 65, 3 (5 ff.), § 11 III HessStGHG.

196 Die Amtsdauer beträgt **neun Jahre** und erstreckt sich damit deutlich über eine Wahlperiode des Landtags hinaus. Die Amtsperioden beginnen – ausgehend vom Beginn der ersten Amtsperiode am 20.7.1955 – immer am 20.7.[680] Aus jeder Gruppe ist alle drei Jahre ein Mitglied neu zu bestellen. Scheidet ein Mitglied vorzeitig aus, wird lediglich für den Rest seiner Amtszeit ein Nachfolger gewählt.[681] Damit gegründet die LV für jede Gruppe ein **rollierendes System**, das Kontinuität und Erneuerung der Zusammensetzung und damit der Rechtsprechung des VerfGH gewährleistet. Bei der ersten Wahl am 22.6.1955 waren nach Art. 89 LV aus jeder Gruppe ein Mitglied mit einer Amtszeit von nur sechs sowie von drei Jahren zu wählen, um das rollierende System zum Laufen zu bringen (§ 2 I VerfGHG u. → Art. 89 Rn. 1 ff.).

197 Der **Präsident** und der **Vizepräsident** sind aus der Gruppe der Berufsrichter für die Dauer ihrer jeweiligen Amtszeit zu wählen (Art. 68 III 5 LV, § 2 III VerfGHG). Diese Wahl kann mit der Wahl der betreffenden Person als Mitglied *uno actu* erfolgen,[682] jedoch ist dies nicht zwingend. Beim Ausscheiden eines Präsidenten oder Vizepräsidenten muss dessen Nachfolger als Mitglied nicht zwangsläufig die gleiche Stellung erhalten. Es kann auch eines der beiden anderen amtierenden Mitglieder der ersten Gruppe für den Rest seiner Mitgliedschaft zum Präsidenten oder Vizepräsidenten bestellt werden.[683]

198 Eine **Wiederwahl** der Mitglieder ist in der LV nicht ausgeschlossen und – anders als zB beim BVerfG seit 1970 (§ 4 II BVerfGG) – in § 3 I 3 VerfGHG ausdrücklich zugelassen. Sie wurde in der Vergangenheit häufig praktiziert. Dies fördert den Aufbau von Erfahrungswissen bei den ehrenamtlich tätigen Mitgliedern, die – zumal im Plenum – deutlich weniger Fälle als zB das BVerfG zu bearbeiten haben. Es dient damit auch der Kontinuität der Rechtsprechung. Andererseits kann die Möglichkeit der Wiederwahl das Vertrauen in die Unabhängigkeit der Richter beeinträchtigen.[684] Somit wäre rechtspolitisch ein Ausschluss der Wiederwahl zu erwägen, zumal neue Mitglieder auch inhaltlich befruchtend wirken können.[685]

199 Zu der für die Mitgliederwahl **im Landtag erforderlichen Mehrheit** bestimmt die LV zunächst nichts Abweichendes zu dem in Art. 33 II 1 LV normierten Regelfall. Danach beschließt der Landtag mit der Mehrheit der abgegebenen Stimmen. Bei Wahlen können nach Art. 33 II 2 LV in der GO

---

680 *Feuchte* in: ders., Art. 89 Rn. 2; LT-PlPr. 15, 7974.
681 Allerdings kann ein bisher stellvertretendes Mitglied bei Ausscheiden eines ordentlichen Mitglieds für dieses mit einer vollen Amtszeit von neun Jahren gewählt werden; dabei scheidet es als stellvertretendes Mitglied aus. Für dessen restliche Amtszeit ist ein stellvertretendes Mitglied nachzuwählen.
682 ZB die Wahl des Mitglieds und Präsidenten *Stilz* im Jahr 2009, LT-Pl.-Pr. 14, 4874 f. oder seines ständigen Vertreters *Mattes* im Jahr 2015, LT-Pl.-Prot. 15, 7974.
683 ZB der Präsident des VGH *Fuchs*, gewählt als Mitglied 1982 für neun Jahre, 1983 als ständiger Vertreter des Präsidenten u. 1988 als Präsident bestellt oder Präsident des OLG *Stilz*, gewählt als Mitglied im Jahr 2000 und bestellt als Präsident im Jahr 2002.
684 *Wieland* in: Dreier, Art. 94 Rn. 16; *Burkiczak* in: ders./Dollinger/Schorkopf, § 1 Rn. 60.
685 Zum Ganzen: *Klein* in: Benda/Klein, Rn. 119 ff.

LT Ausnahmen zugelassen werden, was derzeit nicht der Fall ist. Daneben erlaubt auch der verfassungsrechtliche Regelungsauftrag des Art. 68 IV 1 LV[686] eine Abweichung von der Mehrheitsregel. Dieser Spielraum wurde durch § 2 VerfGHG genutzt.

Bei der ersten, am 22.6.1955 durchgeführten Wahl wurden die Mitglieder aus jeder der drei Gruppen im Wege der Verhältniswahl nach dem Höchstzahlverfahren (d'Hondt) gesondert gewählt (§ 2 I 1 VerfGHG). Ob ein Bewerber gemäß Art. 89 LV auf die Dauer von neun, sechs oder drei Jahren gewählt war, entschied das Los (§ 2 I 2 VerfGHG). Für die Stellvertreter fand eine entsprechende Wahl statt (§ 2 IV 1 u. 2 VerfGHG). Die Wahl nach dem Verhältniswahlprinzip d'Hondt ermöglichte, dass sich die stärksten Fraktionen im Landtag in jeder Mitgliedergruppe entsprechend ihrem Anteil wiederfanden. 200

Für die nach der ersten Wahl nunmehr vorzunehmenden **Ergänzungswahlen** bestimmt § 2 II VerfGHG, dass für jede Mitgliedergruppe gesondert gewählt wird, also jeweils ein Mitglied und ein Stellvertreter. Gewählt ist, wer die meisten Stimmen erhält. Die Mehrheit der abgegebenen Stimmen ist also nicht erforderlich. Allerdings müssen, wenn nur ein Vorschlag vorhanden und nur mit Ja oder Nein gestimmt werden kann, mehr Ja- als Nein-Stimmen vorliegen.[687] Bei Stimmengleichheit findet eine Stichwahl statt, wenn mehr als zwei Bewerber zur Wahl standen. Standen nur zwei Bewerber zur Wahl, entscheidet das Los. Für nach Art. 68 III 4 LV beim vorzeitigen Ausscheiden eines Mitglieds oder seines Stellvertreters notwendig werdenden Nachwahlen gilt das Gleiche. Auch bei der gesonderten Wahl des Präsidenten und des Vizepräsidenten ist gewählt, wer die meisten Stimmen erhält (§ 2 III 2 VerfGHG). 201

Die **Opposition** hat damit **kein rechtlich gesichertes Mitspracherecht**. Eine im Jahr 1974 von der SPD-Fraktion begehrte Einführung des Erfordernisses einer Mehrheit von zwei Dritteln für die Mitgliederwahl durch Änderung der LV scheiterte im Landtag.[688] In der Praxis beruhten die Wahlvorschläge in der Regel auf **Absprachen der Fraktionen**, ausgearbeitet durch ihre Vertrauensleute, wobei zumeist nur die größeren oder die Regierung tragenden Fraktionen an den Absprachen beteiligt waren.[689] Bei der am 14.12.2016 durchgeführten Nachwahl wurde erstmals einer relativ kleinen 202

---

686 *Voßkuhle* in: v. Mangoldt/Klein/Starck, Art. 94 Rn. 17; *Meyer* in: v. Münch/Kunig, Art. 94 Rn. 5: die Wahl der Mitglieder gehört zur „Verfassung" des VerfGH.
687 LT-Pl.-Prot. 16, 1036.
688 LT-Drs. 6/5271 und LT-Drs. 6/8393; *Feuchte* in: ders., Geschichte, 421 f.; *Braun*, Art. 68 Rn. 37; für kleinere Parteien hätte dies zu keiner Verbesserung der Lage geführt.
689 Dazu: *Feuchte* in: ders., Geschichte, 423; *Braun*, Art. 68 Rn. 37; im Jahr 1983 kam es im LT zu Kontroversen und einer Kampfabstimmung, s. LT-Pl.-Prot. 8, 6224 ff.; *Obrecht*, Verfassungsgerichtshof, 32; im Jahr 2002 erfolgte ein gemeinsamer Wahlvorschlag von CDU, SPD u. FDP/DVP, aber ohne GRÜNE (LT-Pl.-Prot. 13, 1910) u. im Jahr 2003 dann ein gemeinsamer Vorschlag von CDU, SPD, FDP/DVP u. GRÜNE (LT-Pl.-Prot. 13, 3163), dagegen in den Jahren 2006 und 2009 jeweils gemeinsame Wahlvorschläge nur von CDU und SPD, beide ohne GRÜNE und FDP/DVP (LT-Pl.-Prot. 14, 175; 14, 4875) und in den Jahren 2012 und 2015 jeweils ein gemeinsamer Vorschlag von CDU, GRÜNE u. SPD,

Fraktion, der bisher kein ordentliches Mitglied zugerechnet werden konnte, ein eigenständiges Vorschlagsrecht zugestanden.[690] Rechtlich zwingend war dies nicht. Bei der Verteilung der Sitze in den einzelnen Gruppen an die Fraktionen liegt es vielmehr nahe, sich an dem in § 2 I VerfGHG für die erste Wahl je Richtergruppe geltenden Höchstzahlverfahren zu orientieren.[691] Nach § 2 V VerfGHG kann der Landtag die obersten Gerichte des Landes ersuchen, ihm über das Justizministerium Listen mit Namen geeigneter Berufsrichter ihrer Gerichtsbarkeit vorzulegen. Dies erfolgte bisher auch regelmäßig, dürfte aber wenig bewirkt haben.

203 Die Mitglieder sollen nach § 3 I VerfGHG **frühestens drei Monate und spätestens einen Monat vor Ablauf der Amtszeit ihrer Vorgänger gewählt** werden. Scheidet ein Mitglied oder sein Stellvertreter vorzeitig aus, muss der Nachfolger innerhalb von drei Monaten gewählt werden. Nach § 97 a III 1 GO LT werden die Mitglieder des VerfGH, sein Präsident und der Vizepräsident ohne Aussprache in geheimer Abstimmung gewählt. Die Vereidigung des Mitglieds nach § 4 VerfGHG muss vor dem Landtag stattfinden.

3. Inkompatibilität, Ausscheiden aus dem Amt

204 Nach Art. 68 III 6 LV dürfen die ordentlichen Mitglieder sowie die Stellvertreter weder dem Bundestag, dem Bundesrat, der Bundesregierung noch dem Landtag oder der Regierung angehören. Die **Inkompatibilität** der genannten Ämter dient der Sicherung der politischen Neutralität und richterlichen Unabhängigkeit und damit dem Grundsatz der Gewaltenteilung.[692] Wer Mitglied der Regierung ist, bestimmt sich nach Art. 45 II LV. Darüber hinaus können nach § 2 a VerfGHG politische Staatssekretäre und politische Beamte nicht ordentliches oder stellvertretendes Mitglied im VerfGH

---

ohne FDP/DVP (LT-Pl.-Prot. 15, 2074; 15, 7974); auch wenn damit in den Jahren 2006 und 2009 der Koalitionspartner der CDU, die FDP/DVP, nominell nicht am gemeinsamen Wahlvorschlag beteiligt war, waren „intern" Sitze an den Koalitionspartner „abgetreten"; bei der Ergänzungswahl v. 16.7.1997 war die damals oppositionelle Fraktion der GRÜNEN nicht berücksichtigt worden, obwohl sie bei der LT-Wahl im Jahr 1996 12,1 % der Stimmen erhalten hatte, damit die drittstärkste Fraktion stellte und über mehr als 1/9 der Mandate verfügte; gleichwohl war ihr konkurrierender Wahlvorschlag für ein lediglich stellvertretendes berufsrichterliches Mitglied bei der Wahl im LT unterlegen (LT-Pl.-Prot. 12, 2223, 2253, 2258 f.); auch bei der Ergänzungswahl vom 29.6.2000 wurde bei gleicher Ausgangslage die Fraktion der GRÜNEN nicht berücksicht (LT-Pl.-Prot. 12, 7140, 7153); hier gab es einen gemeinsamen Wahlvorschlag von CDU und SPD, wobei die CDU eine Stelle intern an ihren Koalitionspartner FDP/DVP abgetreten hatte.

690 LT-Pl.-Prot. 16, 1031, 1055, nämlich der AfD, die allerdings hier die größte Oppositionsfraktion war: Stimmenanteil bei LT-Wahl 2016: 15,1 %. Anders früher bei weitgehend gleicher Ausgangslage bzgl der Fraktion der GRÜNEN, s. vorstehende Fn.

691 Diese gruppenbezogene Abbildung des LT auf den VerfGH ist wegen ihrer normativen Verankerung im VerfGHG der Verteilregel in § 17 a II 1 GO LT vorzuziehen; § 17 a II 1 GO LT gilt für den VerfGH nicht, da er kein „außerparlamentarisches Gremium", sondern ein Verfassungsorgan ist (entsprechend HambVerfG, DVBl. 2016, 1188 (1190 f.) zur Härtefallkommission); anders wohl wegen § 17 a II 1 GO LT erstmals davon ausgehend, dass sich der LT in der gesamten Mitgliederschaft des VerfGH widerspiegeln müsse, wohl der 16. LT (LT-Pl.-Prot. 16, 1031).

692 *Voßkuhle* in: v. Mangoldt/Klein/Starck, Art. 94 Rn. 16.

sein.[693] Das Amt des politischen Staatssekretärs, der kein Mitglied der Regierung ist, ergibt sich aus dem PStSG. Politische Beamte sind nach §§ 30 BeamtStG, 42 I LBG der Staatssekretär als Chef der Staatskanzlei, der Staatssekretär der obersten Landesbehörde, die der stellvertretende Ministerpräsident leitet, Ministerialdirektoren und Regierungspräsidenten. Andere Beamte oder Beschäftigte öffentlicher Träger sind dagegen nicht ausgeschlossen. Soweit diese an einer obersten Landesbehörde tätig sind, reichen die Vorschriften über den Ausschluss und die Ablehnung wegen Befangenheit nach §§ 11 f. VerfGHG zwar aus, um die nötige Unabhängigkeit und Neutralität des VerfGH zu sichern;[694] gleichwohl sollte zur Vermeidung von Zweifelsfällen die Inkompatibilität erweitert werden.[695] Ein genereller Ausschluss von Beamten oder öffentlichen Bediensteten ist dagegen nicht erforderlich.[696] Auch die bloße Mitgliedschaft in einer Partei ist kein Ausschlussgrund (§ 11 II VerfGHG), weil die Mitgliedschaft im VerfGH politisches Verständnis voraussetzt (so die VLV).[697] Ein fragwürdiger Anschein besteht jedoch, wenn aktive Vorstandsmitglieder des Landesverbands einer Partei Mitglied im VerfGH sind.[698]

Die **Amtszeit endet** grds. durch ihren zeitlichen Ablauf. Darüber hinaus führt die Übernahme eines inkompatiblen Amtes kraft Gesetzes zum Verlust der Mitgliedschaft (Art. 68 III 6 LV, § 2 a II VerfGHG). Mitglieder können auch freiwillig **ausscheiden**. Dazu müssen sie zu Protokoll des Landtagspräsidenten erklären, dass sie aus dem Amt scheiden.[699] Die Erklärung wird mit Ablauf des darauffolgenden Monats wirksam. Schließlich können die Mitglieder des VerfGH nach § 6 VerfGHG in Anwendung von Art. 66 II LV durch eine Anklage beim BVerfG des Amtes enthoben werden, wenn sie im Amt oder außerhalb des Amtes gegen die verfassungsmäßige Ordnung verstoßen.

205

---

693 Diese Ausschlussregelung trat 1976 in Kraft, galt allerdings nach Art. 3 d. G. v. 9.3.1976 (GBl. 310) nicht für bei ihrem Inkrafttreten amtierende Personen. So war zB das zuvor als Oberbürgermeister gewählte stellvertretende Mitglied *Trudbert Müller* zu dieser Zeit bereits Regierungspräsident, dazu: *Feuchte* in: ders., Geschichte, 424.
694 Vgl. VerfGH, B. v. 3.7.2017 – 1 GR 35/17 u. 1 GR 29/17 –, beide juris: zur Befangenheit eines als Mitarbeiterin eines MdL tätigen Mitglieds des VerfGH.
695 *Jutzi* in: Brocker/Droege/Jutzi, Art. 134 Rn. 29; *Gärditz*, JöR 61, 449 (484, Fn. 227); mit gewissen Bedenken bei Beamten, die maßgeblich an Entscheidungen der LReg und des LT beteiligt sind: VerfGH Rh-Pf, NVwZ-RR 2004, 233 ff.
696 VerfGH Rh-Pf, NVwZ-RR 2004, 233 ff.: *Jutzi* in: Brocker/Droege/Jutzi, Art. 134 Rn. 29, zulässig insb. Hochschullehrer oder Kommunalbeamte.
697 Vgl. den Abg. *Lausen* (SPD) in der 50. VA-Sitzung v. 12.5.1953, Prot. in: Feuchte, Quellen, 6. Teil, 310 f.
698 So trat das Mitglied *Leni Breymaier* im Hinblick auf die Wahl als Landesvorsitzende der SPD als Mitglied des VerfGHG im Jahr 2016 zurück, wobei sie zuvor stellvertretende Landesvorsitzende war.
699 § 5 S. 1 VerfGHG; zum Protokoll: § 101 GO LT; *Feuchte* in: ders., Art. 68 Rn. 115; es genügt, wenn die schriftlich an den Landtagspräsidenten gerichtete Rücktrittserklärung später in einer LT-Sitzung mitgeteilt und protokolliert wird (vgl. den Rücktritt von Präsident *Freund*: LT-Pl.-Prot. 13, 1910, und die verspätete Mitteilung der Landtagspräsidentin beim Rücktritt *Breymaier*, LT-Pl.-Prot. 16, 1031); der Bekanntgabetermin sollte für die Frist des § 5 S. 2 VerfGHG wegen der erst dann erzielten Publizität maßgeblich sein, die für den Rücktritt als actus contrarius zur Wahl durch den LT erforderlich ist.

VI. Regelungsauftrag (Abs. 4)

206 Abs. 4 enthält einen Auftrag zur Konkretisierung von Abs. 1-3 sowie – implizit – der übrigen durch die LV oder durch Gesetz dem VerfGH zugewiesenen Angelegenheiten. Der Regelungsauftrag betrifft insb. die Verfassung und das Verfahren des VerfGH sowie die Gesetzeskraft seiner Entscheidungen. Er wurde v.a. mit dem VerfGHG v. 13.12.1954 (GBl. 171) ausgeführt,[700] das bislang sieben Mal geändert wurde.

1. Verfassung und Verfahren

207 Zur „**Verfassung**" gehörden diejenigen Materien, die mit der Errichtung, Einrichtung und dem Status des Gerichts, seiner Organisation und internen Geschäftsverteilung, der Stellung der Richter und der Gerichtsverwaltung zusammenhängen. Auch die Auswahl, Berufung und Abberufung der Mitglieder gehört zur Regelung der „Verfassung".[701] In Ausfüllung der Kompetenz zur Regelung der internen Organisation kann der Gesetzgeber festlegen, dass über unzulässige und offensichtlich unbegründete Verfassungsbeschwerden und entsprechende Anträge in sonstigen Verfahren **Kammern** anstelle des Plenums entscheiden können. Dies ist mit §§ 17 II, 58 II-IV VerfGHG geschehen.[702] Gemäß § 58 V VerfGHG kann über weitere im Zusammenhang mit einer Verfassungsbeschwerde gestellte Anträge, Entscheidungen nach Erledigung einer Verfassungsbeschwerde, Prozesskostenhilfeanträge und über Kosten von der Kammer entschieden werden. § 58 IV 1-3 VerfGHG bestimmt, dass die Kammern durch jährlich zu treffenden Beschluss des VerfGH für die Dauer eines Jahres bestellt werden. Die Kammern müssen aus drei Richtern bestehen, von denen mindestens zwei über die Befähigung zum Richteramt verfügen müssen.[703] Damit ist es der Geschäftsverteilung des VerfGH überlassen, ob die Kammer alle drei Mitgliedergruppen abbildet.[704] Die Flexibiltät der Kammerzusammensetzung ist verfassungsrechtlich nicht zu beanstanden, weil die wesentlichen Entscheidungen weiterhin vom Plenum getroffen werden und das Plenum jährlich Zugriff auf die Kammerbesetzung hat.[705] Für die Verzögerungsbeschwerde ist nach § 61 III VerfGHG eine besondere Kammer zuständig. Von der Kammerkompetenz zu unterscheiden ist die in § 17 I VerfGHG dem Präsidenten und mindestens zwei weiteren Richtern eingeräumte Möglichkeit,

---

700 Dazu auch *Braun*, Art. 68 Rn. 39.
701 Zum Ganzen: *Voßkuhle* in: v. Mangoldt/Klein/Starck, Art. 94 Rn. 17; *Meyer* in: v. Münch/Kunig, Art. 94 Rn. 5.
702 Zur verfassungsrechtlichen Zulässigkeit von Kammern: LT-Drs. 15/2153, 16; BVerfGE 1, 241 (243); 19, 88 (91); BVerfG, NJW 1990, 39; *Burkiczak* in: ders./Dollinger/Schorkopf, § 15 a Rn. 14.
703 Soweit diese Einschränkung in § 17 II VerfGHG fehlt, jedoch im Übrigen auf § 58 IV 2-5 VerfGHG verwiesen wird, handelt es sich um ein Redaktionsversehen.
704 Seit 2013 wurden die Kammern nach §§ 17 II, 58 IV VerfGHG immer mit drei berufsrichterlichen Mitgliedern besetzt; Gründe, die für eine solche Besetzung sprechen, sind: Juristen sind mit bloßen Zulässigkeitsfragen besser vertraut als Laien; die wesentlichen materiellen Fragen werden weiter im Plenum entschieden; zudem können die Berufsrichter die zusätzliche Kammerarbeit leichter tragen als die übrigen Mitglieder.
705 Zur entsprechenden Frage der Besetzung der Kammern beim BVerfG mit vom Bundestag und Bundesrat gewählten Richtern: BVerfGE 19, 88 (91) und den Parteienproporz: BVerfG (K), NJW 1990, 39.

außerhalb der mündlichen Verhandlung notwendig werdende Entscheidungen zu treffen. Wegen der Spezialregelungen in § 58 V und § 17 II VerfGHG gilt diese Norm aber nicht für die dort genannten Fälle, sondern betrifft etwa den dringenden Erlass einer einstweiligen Anordnung, begründete Befangenheitsentscheidungen oder Gegenstandswertfestsetzung in einem Organstreitverfahren.

Unter „**Verfahren**" ist das für die Spruchkörper verbindliche Prozessrecht zu verstehen.[706] Regelungsbedürftig sind insoweit die Zulässigkeit und Ausgestaltung der einzelnen Verfahrensarten (einschließlich der allgemeinen und besonderen Verfahrensvoraussetzungen, der Beteiligtenfähigkeit, Öffentlichkeit, Ablehnung von Richtern, Akteneinsicht, Vernehmung von Zeugen und Sachverständigen), das Zustandekommen von Entscheidungen sowie die Rechtswirkungen der verfassungsgerichtlichen Entscheidungen und ihre Vollstreckung.[707] Dazu gehört weiter die Regelung des Verfahrens der einstweiligen Anordnung und des Kammerverfahrens. 208

Der **VerfGH ist befugt**, die Gültigkeit des im VerfGHG geregelten Organisations- und Verfahrensrechts **selbst zu prüfen** und ggf. zu verwerfen. Er kann es auch „**lückenfüllend**" im Lichte der LV und allgemeiner Grundsätze des Zivil- und Verwaltungsprozessrechts interpretieren.[708] 209

2. Rechtskraft und Gesetzeskraft der Entscheidungen

Der Gesetzgeber wird durch den Auftrag in Abs. 4 S. 1 **verpflichtend ermächtigt**, Fälle festzulegen, in denen die Entscheidungen des VerfGH Gesetzeskraft haben.[709] Eine solche Regelung wurde mit § 23 I VerfGHG getroffen. Eine § 31 I BVerfGG entsprechende **Bindungswirkung**, die sich an alle staatlichen Stellen wendet und neben dem Tenor auch die tragenden Entscheidungsgründe einbezieht, ist für die Entscheidungen des VerfGH **nicht** angeordnet.[710] 210

In § 23 II VerfGHG normiert der Gesetzgeber die von der Gesetzeskraft zu unterscheidende **Rechtskraft** zum Teil, in dem er anordnet, dass sie sich auf alle Prozessbeteiligten iSv § 9 I VerfHG erstreckt.[711] Damit regelt er nur die persönliche Reichweite der materiellen Rechtskraft. Im Übrigen geht der Gesetzgeber davon aus, dass Entscheidungen des VerfGH – vom Ausnahmefall des Widerspruchs nach § 25 II VerfGHG abgesehen – in formelle Rechtskraft erwachsen, also nicht anfechtbar sind. Dies gilt auch für Kammerentscheidungen (§§ 58 IV 4, 17 II VerfGHG). Auch die inhaltliche Bindung der Beteiligten an den Entscheidungsausspruch (materielle Rechtskraft) wird vom Gesetzgeber vorausgesetzt.[712] Die Möglichkeit der Wiederaufnahme des Verfahrens nach §§ 38, 43 IIVerfGHG bei Ministerankla- 211

---

706 *Meyer* in: v. Münch/Kunig, Art. 94 Rn. 5.
707 *Morgenthaler* in: Epping/Hillgruber, Art. 94 Rn. 8.
708 BVerfGE 1, 396 (408); 50, 381 (384); *Meyer* in: v. Münch/Kunig, Art. 94 Rn. 5; *Häberle*, Verfassungsgerichtsbarkeit, 71 ff., 97 ff.
709 *Voßkuhle* in: Mangoldt/Klein/Starck, Art. 94 Rn. 27; *Meyer* in: v. Münch/ Kunig, Art. 94 Rn. 19.
710 *Braun*, Art. 68 Rn. 42.
711 StGH, ESVGH 40, 161 (163).
712 Bindung entfaltet nur der Tenor, BVerfGE 33, 199 (203), wobei ggf. die Gründe zur Auslegung herangezogen werden können.

gen und Mandatsaberkennung stellt eine Durchbrechung der Rechtskraft dar. Der Einwand entgegenstehender Rechtskraft ist ein Verfahrenshindernis.[713]

212 Gleiches gilt für die in § 23 I VerfGHG in ihren Wirkungen über die Rechtskraft hinaus gehende **Gesetzeskraft**.[714] Sie gilt für Entscheidungen des VerfGH, in denen dieser im Tenor einer Normenkontrollentscheidung nach Art. 68 I Nr. 2, 3 u. 76 LV eine Rechtsvorschrift für gültig mit der LV oder für nichtig oder nur für unvereinbar erklärt.[715] Gleiches gilt für Fälle, in denen der VerfGH im Rahmen einer Verfassungsbeschwerde[716] oder einer Wahlprüfungsbeschwerde im Tenor Feststellungen zu einer Norm trifft. Darüber hinaus ist die Gesetzeskraft nach § 23 I 1 Buchst. b VerfGHG für Entscheidungen in Organstreitsachen angeordnet, wenn diese feststellen, wie eine Verfassungsbestimmung auszulegen ist. Gesetzeskraft einer verfassungsgerichtlichen Entscheidung bedeutet, dass die Gültigkeit oder Nichtigkeit eines Gesetzes nicht nur im Verhältnis zwischen den Verfahrensbeteiligten, sondern **verbindlich mit Wirkung für und gegen jedermann** festgestellt wird.[717] Die Gesetzeskraft bezieht sich auf den Tenor der Entscheidung.[718] Wird die Gültigkeit festgestellt, behält die Norm trotz Gesetzeskraft ihren Rang. Sie kann vom Gesetzgeber aufgehoben werden. Wird die Nichtigkeit festgestellt, wird nur festgestellt, was aufgrund des Vorrangs der LV ohnehin galt. Allerdings wirkt die Feststellung für alle. Der Gesetzgeber ist aufgrund der Gesetzeskraft nicht grds. gehindert, die Norm erneut zu erlassen. Allerdings ergeben sich insoweit Grenzen aus dem Grundsatz der Verfassungsorgantreue.[719] Eine bewusste Missachtung ist unzulässig. Eine Normwiederholung ist daher nur bei Vorliegen besonderer Gründe verfassungsgemäß.

213 Die Gesetzeskraft ist wie die Rechtskraft zeitgebunden. Deshalb hindert die Gesetzeskraft einer normbestätigenden Entscheidung die erneute Überprüfung der Norm dann nicht, wenn zwischenzeitlich **neue Umstände** eingetreten sind, welche die Frage der Verfassungsmäßigkeit neu aufwerfen. Dazu muss substantiiert geltend gemacht werden, dass zwischenzeitlich eine tatsächliche Veränderung eingetreten ist, welche die Grundlagen der früheren Entscheidung berühren und deren Überprüfung nahelegen.[720]

214 Die Entscheidungsformel ist nach § 23 I 2 VerfGHG im **Gesetzblatt zu veröffentlichen**. Im Fall der bloßen Unvereinbarkeitserklärung sind eine etwaige Weitergeltungsanordnung oder Fristsetzung für den Gesetzgeber eben-

---

713 StGH, ESVGH 40, 161 (163).
714 Verfahrenshindernis: StGH, ESVGH 49, 241 (243); ESVGH 54, 4 (9).
715 Zur bloßen Unvereinbarkeitserklärung: StGH, ESVGH 51, 1 (3).
716 ZB StGH, U. v. 17.6.2014 – 1 VB 15/13 – juris; LVerfGE 26, 25; VerfGH, VBlBW 2017, 62; BVerfGE 64, 229 (Vereinbarkeitsfeststellung im Tenor).
717 StGH, ESVGH 51, 1 (2); StGH, ESVGH 54, 4 (9).
718 *Voßkuhle* in: v. Mangoldt/Klein/Starck, Art. 94 Rn. 36; *Detterbeck* in: Sachs, GG, Art. 94 Rn. 12, wobei ggf. die Gründe zur Auslegung herangezogen werden können.
719 BVerfGE 135, 259 (281); *Braun*, Art. 68 Rn. 41 f.; *Heusch* in: Burkiczak/Dollinger/Schorkopf, § 31 Rn. 62; *Detterbeck* in: Sachs, GG, Art. 94 Rn. 13.
720 StGH, ESVGH 49, 241 (243); ESVGH 51, 1 (2); ESVGH 54, 4 (11); bisher ist offen, ob eine Änderung der allgemeinen Rechtsauffassung eine erneute Entscheidung zulässt.

falls zu veröffentlichen.[721] Ein Unterlassen der Veröffentlichung im Gesetzblatt hindert den Eintritt der Gesetzeskraft nicht. Die Entscheidung des VerfGH wird mit der Verkündung bzw. Zustellung wirksam.[722]

VI. Die Verwaltung

Artikel 69 [Träger öffentlicher Verwaltung]

Die Verwaltung wird durch die Regierung, die ihr unterstellten Behörden und durch die Träger der Selbstverwaltung ausgeübt.

Schrifttum:
Bogumil, Verwaltungsstrukturreformen in den Bundesländern – Abschaffung oder Reorganisation der Bezirksregierungen, ZG 2007, 246; *Bulling*, Die Verwaltungsreform in Baden-Württemberg, DÖV 1975, 329; *Chotjewitz*, Die Organisationsgewalt nach den Verfassungen der deutschen Bundesländer, 1995; *Dreier*, Zur „Eigenständigkeit" der Verwaltung, Die Verwaltung 25 (1992), 137; *Groß*, Das Kollegialprinzip in der Verwaltungsorganisation, 1999; *Häberle*, Auf dem Weg zum Allgemeinen Verwaltungsrecht, BayVBl. 1977, 745; *Hilbert*, Systemdenken in Verwaltungsrecht und Verwaltungsrechtswissenschaft, 2015; *Maurer*, Die Ausführung der Bundesgesetze durch die Länder, JuS 2010, 945; *Leisner*, Die undefinierbare Verwaltung, 2002; *Pautsch*, Kreisgebietsreform und verfassungsrechtlicher Schutz der kreislichen Selbstverwaltung, DVP 2008, 230; *Pautsch/Hoffmann*, Verwaltungsverfahrensgesetz (VwVfG), Kommentar, 2016; *Peters*, Die Verwaltung als eigenständige Staatsgewalt, 1965; *Remmert*, Private Dienstleistungen in staatlichen Verwaltungsverfahren, 2003; *Ronellenfitsch*, Die Mischverwaltung im Bundesstaat, 1975; *Schenk*, Grundlegende Strukturen der Verwaltungsorganisation, -aufgaben und -zuständigkeiten in Baden-Württemberg, VBlBW 2003, 461; *Schenk*, Verwaltungsorganisation, -aufgaben und -zuständigkeiten in Baden-Württemberg 2005, VBlBW 2006, 228; *Schmidt am Busch*, Die Beleihung: Ein Rechtsinstitut im Wandel, DÖV 2007, 533; *Stingl*, Verwaltungsreform in Baden-Württemberg, BWGZ 2004, 577; *Stingl*, Die Verwaltungsreform in Baden-Württemberg – Zwischenbilanz mit Licht und Schatten, BWGZ 2004, 365; *Suckow/Weidemann*, Allgemeines Verwaltungsrecht und Verwaltungsrechtsschutz, 16. Aufl. 2014; *Trapp*, Die Kontinuität der bundesverfassungsgerichtlichen Rechtsprechung zur sog. Mischverwaltung – Bemerkungen zur Diskussion um die Verfassungsmäßigkeit von § 44b SGB II („Hartz IV"), DÖV 2008, 277; *Trumpp*, Landkreisordnung für Baden-Württemberg, Kurzkommentar, 6. Aufl. 2014.

Vergleichbare Regelungen: Art. 83 ff. GG, 77 BayVerf, 96 BbgVerf, 69 MVVerf, 56 NdsVerf, 77 NRWVerf, 112 SaarlVerf, 82 SächsVerf, 86 LSAVerf, 52 SchlHVerf, 90 ThürVerf; keine Verfassungsbestimmungen über die Verwaltung im Sinne einer Art. 69 LV vergleichbaren Grundnorm enthalten die Landesverfassungen in Hessen und Rheinland-Pfalz; mit durch den Status als Stadtstaaten bedingten Unterschieden: Art. 66 BerlVerf, 127 BremVerf, 55 HambVerf.

Ergänzende Normen: § 1 II LVwVfG, §§ 1, 7 LVG.

Leitentscheidungen: StGH, ESVGH 23, 135; ESVGH 25, 1.

A. Überblick und Einordnung	1	II. Herkunft, Entstehung, Geschichte	5
I. Bedeutung	1		

---

721 Vgl. GBl. 2014, 339, GBl. 2015, 748; GBl. 2016, 617.
722 StGH, ESVGH 54, 4 (9); *Heusch* in: Burkiczak/Dollinger/Schorkopf, § 31 Rn. 87 mwN; aA *Voßkuhle* in: v. Mangoldt/Klein/Starck, Art. 94 Rn. 36; *Meyer* in: v. Münch/Kunig, Art. 94 Rn. 22.

III. Verfassungsvergleichende Einordnung 6
B. Erläuterung 7
  I. Begriff der Verwaltung 7
  II. Verhältnis zum Grundgesetz.. 14
  III. Unmittelbare und mittelbare Landesverwaltung 18
  IV. Aufbau der Landesverwaltung 24

V. Errichtung von Selbstverwaltungsträgern 26
VI. Besondere Ausdrucksformen materieller Verwaltung: Beleihung und Verwaltungsprivatrecht 27
  1. Beleihung 28
  2. Verwaltungsprivatrecht ... 30

A. Überblick und Einordnung

I. Bedeutung

1 Art. 69 bildet die **Grundnorm über die Verwaltung** und damit über den zentralen Bereich der vollziehenden Gewalt in der LV. Sie ist zugleich Eingangsvorschrift des Sechsten Abschnitts des Zweiten Hauptteils, der unter der Überschrift „Die Verwaltung" steht. Es bedarf freilich einer Abgrenzung bzw. Klarstellung dieser Verfassungsnorm gegenüber Art. 25 LV, insbesondere zu Art. 25 III LV und Art. 45 I LV, soweit in diesen Bestimmungen jeweils auf die „vollziehende Gewalt" abgestellt wird.

2 In systematischer Hinsicht liegt es so, dass Art 25 III LV – in Entsprechung zu Art. 20 III GG – zunächst die Bindung der drei horizontalen Gewalten, dh Legislative, Exekutive und Judikative, allgemein bestimmt und sich die **Einzelausprägungen für die jeweilige Gewalt** sodann im Folgenden aus der **Verfassung** ergeben. Die LV geht damit – wie das GG in Art. 20 II 2 GG auch – davon aus, dass den drei Gewalten entsprechende Funktionen zugeordnet sind, die von besonderen Organen ausgeübt werden.[1] Es gelten demnach für die Legislative Art. 27 II LV und die Judikative („Rechtspflege") Art. 65 I LV.

3 Für den Bereich der vollziehenden Gewalt kommt es fernerhin auf die **Unterscheidung in Regierung (Gubernative) und Verwaltung (Administrative)** an.[2] Während für die Regierungstätigkeit primär Art. 45 I LV maßgebend ist, bestimmen die Art. 69 ff. LV näher die Verwaltungstätigkeit, obschon die „Regierung" in Art. 69 LV selbst ausdrücklich Erwähnung findet. Im Sinne des Art. 69 LV ist somit die Regierung ihrerseits als Teil der Staatsverwaltung zwar auch angesprochen; im Kern regelt Art. 69 LV aber im funktionellen Sinne nur die Tätigkeit der Verwaltung.[3] Freilich ist die funktionale Unterscheidung zwischen Regierung und Verwaltung als Komponenten der vollziehenden Gewalt organisatorisch nicht eindeutig abbildbar, da es keine Teile der Staatsorganisation gibt, die ausschließlich Regierungsfunktionen wahrnehmen.[4]

4 Gegenüber Art. 45 LV ist der **Begriff „Verwaltung"** in Art. 69 LV grundsätzlich enger als der **Begriff der „vollziehenden Gewalt"** zu verstehen; in Teilen geht Art. 69 LV aber auch darüber hinaus. Wenn es im der Regierung gewidmeten Dritten Abschnitt etwa in Art. 45 I LV heißt, dass die Re-

---

1 Dazu allgemein *Groß* in: Hoffmann-Riem/Schmidt-Aßmann/Voßkuhle, § 13 Rn. 7.
2 Zur Abgrenzung von Regierung und Verwaltung eingehend *Badura*, G Rn. 2; *Schröder* in: HStR, § 106 Rn. 1 ff.
3 *Feuchte* in: Feuchte, Art. 69 Rn. 3.
4 *Groß* in: Hoffmann-Riem/Schmidt-Aßmann/Voßkuhle, § 13 Rn. 8.

gierung die vollziehende Gewalt ausübt, folgt daraus vor allem, dass die Verwaltung im Sinne von Art. 69 LV von der vollziehenden Gewalt begrifflich mitumfasst ist. Anders liegt es mit Blick auf die Selbstverwaltung, die ihrerseits zwar ebenfalls „vollziehende Gewalt" darstellt, allerdings von Art. 45 I LV nicht eingeschlossen wird, da sich diese Verfassungsbestimmung allein auf die **unmittelbare Landesverwaltung** (→ Rn. 19 f.) als Teil der vollziehenden Gewalt bezieht. Diese leitet sich – dem Ressortprinzip folgend – daraus ab, dass die Ministerien zugleich oberste Landesbehörden sind und über einen nachgeordneten Verwaltungsaufbau verfügen, der seinerseits gegenüber dem Ministerium weisungsgebunden ist. Die Selbstverwaltungsträger als Teil der mittelbaren Staatsverwaltung des Landes (mittelbare Landesverwaltung, → Rn. 21) sind demgegenüber erst in den Konkretisierungen der Art. 71 bis 75 LV – dh also im Sechsten Abschnitt – näher ausgestaltet.[5]

II. Herkunft, Entstehung, Geschichte

Art. 69 LV ist seit Inkrafttreten der LV unverändert geblieben. Hatte Art. 66 VerfERP nur die staatliche Verwaltung vorgesehen, und war durch den VerfECDU zusätzlich eine Aufgabenteilung zwischen Regierung, staatlichen Behörden und Selbstverwaltungsträger durch gesetzliche Regelung vorgesehen, vereinte der VA schließlich die beiden Entwürfe zu der bis heute geltenden Fassung, die in ihrem Aufbau Art. 25 III 2 LV angenähert ist.[6]

III. Verfassungsvergleichende Einordnung

Während die überwiegende Zahl der Landesverfassungen – mit Ausnahme Hessens und von Rheinland-Pfalz – eine Verfassungsbestimmung enthalten, die wie Art. 69 LV im Sinne einer Grundnorm die Verwaltungstätigkeit umschreibt und damit auch im materiellen Sinne die Verwaltungstätigkeit – auch in Abgrenzung zur Regierung – umreißt, findet sich im GG in den Art. 83 ff. GG lediglich eine formell-organisatorische Bestimmung über die Verwaltung. Es entspricht dem herrschenden Verfassungsverständnis, dass die Art. 83 ff. GG lediglich Bestimmungen über die Zuständigkeitsverteilung im Bereich der vollziehenden Gewalt treffen, dh vor allem die gesetzesakzessorische Verwaltung in Bezug auf die Ausführung der Bundesgesetze regeln. Materiellrechtliche Implikationen, welche den nach dem GG vorausgesetzten Begriff der Verwaltung betreffen, ergeben sich indes aus dem Inbegriff der grundgesetzlichen Regelungen zum Gesetzesvollzug nicht.[7] Damit bleibt es dem Landesrecht überlassen, den jeweils geltenden Verwaltungsbegriff näher zu bestimmen. Namentlich Art. 83 GG spricht lediglich von „Ausführung" der Bundesgesetze und gibt einen Anhaltspunkt dafür, dass es sich dabei um eine verwaltungsmäßige Funktionswahrnehmung handeln muss.[8] Sie schließt – soweit es um die Ausführung von Bundesgesetzen geht – daher jedwede staatsleitende Tätigkeit („Regierung") aus.[9]

---

5 *Feuchte* in: Feuchte, Art. 69 Rn. 4.
6 *Feuchte* in: Feuchte, Art. 69 Rn. 1.
7 *Suerbaum* in: Epping/Hillgruber, Art. 83 Rn. 14.
8 *Suerbaum* in: Epping/Hillgruber, Art. 83 Rn. 14.
9 BVerfGE 105, 252 (271); *Suerbaum* in: Epping/Hillgruber, Art. 83 Rn. 14.

Das GG formuliert nur insoweit eine Vorgabe, als es sich erstens ausschließlich um den Vollzug von Bundesgesetzen handeln muss, und es zweitens für deren „Ausführung" eines exekutiven Handelns bedarf, das über eine bloße Gesetzesbefolgung im Sinne eines „Beachtens" durch die Länder hinausgeht.[10] Indem die Art. 83 ff. GG nur die „Ausführung" vorgeben, betreffen sie in Ansehung des Bundesrechts somit allein die sog. gesetzesakzessorische Verwaltung (dazu näher → Rn. 12 f. und 16, 20, 27).

B. Erläuterung

I. Begriff der Verwaltung

7 Obschon es weder eine rechtliche noch eine allgemein anerkannte **Definition des Begriffes „Verwaltung"** gibt, muss geklärt sein, welche Definition von Verwaltung von Art. 69 LV selbst sowie von den weiteren Vorschriften des Sechsten Abschnitt des Zweiten Hauptteils vorausgesetzt werden. Verschiedentlich ist unternommen worden, den Verwaltungsbegriff nach formalen Kriterien oder institutionell zu bestimmen. Nach dem **formellen Verwaltungsbegriff** soll unter Verwaltung jede Tätigkeit verstanden werden, die von Verwaltungsorganen ausgeübt wird.[11] Einem anderen Ansatz zufolge soll dagegen der Verwaltungsbegriff die Gesamtheit aller Einrichtungen der unmittelbaren und mittelbaren Staatsverwaltung auf allen Ebenen von der Gemeinde bis zum Bund umfassen (**institutioneller bzw. organisatorischer Verwaltungsbegriff**).[12] Allerdings erscheinen beide Ansätze der Begriffsdefinition wenig ergiebig.[13]

8 Der **formelle Verwaltungsbegriff** birgt die Gefahr, dass auch Tätigkeiten, die ihrem Inhalt oder allgemein der Sache nach keine hoheitlichen – dh öffentlich-rechtlich determinierten – Verwaltungsaufgaben darstellen, in den Verwaltungsbegriff einbezogen würden. Der **institutionelle Verwaltungsbegriff** würde – ausgehend vom Grundsatz der Gewaltenteilung – demgegenüber auch anderen Gewalten zuzurechnende Bereiche einschließen, die bereits angesichts des Wortlauts der Verfassungsnorm erkennbar nicht als von Art. 69 LV umfasst angesehen werden können, etwa die Parlamentsverwaltung bzw. Gerichtsverwaltung.[14]

9 Der Verwaltungsbegriff in Art. 69 LV – und, von ihm ausgehend, auch in den weiteren Vorschriften des Sechsten Abschnitts des Zweiten Hauptteils – ist vielmehr materiell zu bestimmen (**materieller Verwaltungsbegriff**).[15] Dieses Verständnis entspricht auch der ganz hM in der Verwaltungsrechts-

---

10 *Hermes* in: Dreier, Art. 83 Rn. 31; *Groß* in: Friauf/Höfling, Art. 83 Rn. 21; *Suerbaum* in: Epping/Hillgruber, Art. 83 Rn. 14.
11 Zunächst vertreten etwa von *Wolff* in: Wolff/Bachof, Verwaltungsrecht, Bd. I (1958), S. 10, der sich freilich später dem materiellen Verwaltungsbegriff zugewandt hat. Vgl. dazu auch *Ehlers* in: Ehlers/Pünder, § 1 Rn. 13.
12 Dazu *Maurer/Waldhoff*, VerwR, § 1 Rn. 2 f.; *Maurer*, StaatsR, § 12 Rn. 1 ff.
13 Zum Ganzen umfassend *Schröder* in: HStR, § 106 Rn. 16 ff.; siehe auch *Pautsch* in: Pautsch/Hoffmann, VwVfG, § 1 Rn. 32 ff.
14 *Ehlers* in: Ehlers/Pünder, § 1 Rn. 13.
15 Zum materiellen Verwaltungsbegriff, der iÜ auch Art 83 ff. GG zugrunde liegt, *Trute* in: von Mangoldt/Klein/Starck, Art. 83 Rn. 16; *Maurer/Waldhoff*, VerwR, § 1 Rn. 2, 5 ff.; *Ehlers* in: Ehlers/Pünder, § 1 Rn. 5 ff.

wissenschaft,[16] wenngleich zum Teil zu Recht gefordert wird, dass dem materiellen Verwaltungsbegriff ergänzend ein organisatorischer und ein formeller Verwaltungsbegriff zur Seite zu stellen sei.[17] Diesen kann freilich jeweils nur eine komplementäre Funktion zukommen, sofern man einerseits den Begriff der öffentlichen Verwaltung im organisatorischen Sinne als denjenigen betrachtet, der die Gesamtheit der innerstaatlichen Organisation abbildet, die zur öffentlichen Verwaltung (im materiellen Sinne) bestellt ist, und andererseits öffentliche Verwaltung im formellen Sinne als die Tätigkeit der in der Hauptsache zur Verwaltung im materiellen Sinne berufenen Organe eines Gemeinwesens versteht.[18] Dies ändert aber nichts an der Notwendigkeit, den Verwaltungsbegriff zunächst materiellrechtlich zu definieren und zu konturieren, denn die – zweifellos hilfreichen – Ergänzungen durch den organisatorischen und den formellen Verwaltungsbegriff setzen eine materielle Begriffsbestimmung voraus.

Der materielle Begriff der öffentlichen Verwaltung hat sich mit der Frage auseinander zu setzen, was der Verwaltung vorbehalten ist und ihre spezifische Besonderheit und Eigenständigkeit kennzeichnet.[19] Landesverfassungsrechtlicher Ansatzpunkt hierfür ist die in Art. 25 I 1 LV verankerte Gewaltenteilung und die mit ihr verbundene klassische Funktionendreiteilung in Gesetzgebung, vollziehende Gewalt und Rechtsprechung. Dies vorausgesetzt, kann die Verwaltung nur als zweites Element der vollziehenden Gewalt neben der Regierung angesehen werden. Nach der geläufigen **Substraktionsmethode**[20] ist im Sinne einer Negativabgrenzung Verwaltung im materiellen Sinn jede staatliche und sonstige öffentliche Tätigkeit, die nicht Gesetzgebung, Regierung und Rechtsprechung ist.[21] 10

Diese Annahme scheint Art. 25 III 2 LV prima facie zwar zunächst nicht zu bestätigen, wenn es dort heißt, dass die Verwaltung in den Händen von „Regierung und Selbstverwaltung" liege. Im Kern ist damit aber nur ausgedrückt, was in der **Zweiteilung in unmittelbare und mittelbare Landesverwaltung** ohnehin zum Ausdruck kommt (siehe näher → Rn. 18 ff.): dass es zwar voneinander zu trennende Verwaltungsbereiche (Regierung und ihr unterstellte – nachgeordnete – Behörden als unmittelbare Landesverwaltung und den Bereich der Selbstverwaltung als Teil der mittelbaren Landesverwaltung) gibt, beide Bereiche aber in der Sache – also materiell – Verwaltungstätigkeit ausüben. Diese ist Teil der vollziehenden Gewalt, die ihrerseits noch den staatsleitenden Bereich der politischen Führung und Steuerung – die Regierung – umfasst, die wiederum von der Verwaltungstätigkeit (Administrative, auch: Exekutive ieS) funktional abzugrenzen 11

---

16 Eingehend dazu *Stober* in: Wolff/Bachof/Stober/Kluth, Verwaltungsrecht I, § 3 Rn. 7 ff., der gar von einem „allgemeinen Verwaltungsbegriff" spricht, damit aber zuvörderst den materiellen Verwaltungsbegriff meint.
17 *Stober* in: Wolff/Bachof/Stober/Kluth, Verwaltungsrecht I, § 3 Rn. 21 ff.
18 *Stober* in: Wolff/Bachof/Stober/Kluth, Verwaltungsrecht I, § 3 Rn. 23.
19 *Stober* in: Wolff/Bachof/Stober/Kluth, Verwaltungsrecht I, § 3 Rn. 7; s. auch *Häberle*, BayVBl. 1977, 745 (747).
20 BVerwGE 141, 122 (125); *Ehlers* in: Ehlers/Pünder, § 1 Rn. 8; zum Meinungsstand *Schröder* in: HStR, § 106 Rn. 19.
21 *Feuchte* in: Feuchte, Art. 69 Rn. 5; näher dazu *Pautsch*, in: Pautsch/Hoffmann, VwVfG, § 1 Rn. 36.

ist.[22] Verwaltungstätigkeit im materiellen Sinne ist also darauf bezogen, dass sie von Organen des Gemeinwesens wahrgenommen wird, die auch materielle öffentliche Aufgaben zum Gegenstand haben.[23]

12 Wiederum nicht ausgeschlossen ist es indes, dass auch die **Regierung im Einzelfall Verwaltungstätigkeit im materiellen Sinne ausübt**, indem sie Einzelfallentscheidungen trifft, weil sie wegen der besonderen Bedeutung oder des politischen Charakters in ihre Zuständigkeit fallen.[24] Dies wird auch daran erkennbar, dass die politische Spitze der Exekutive – dh Landesregierung, Ministerpräsident und sämtliche Ministerien sowie überdies auch der Rechnungshof – zu obersten Landesbehörden nach Maßgabe des Landesverwaltungsgesetzes (insbesondere in § 7 LVG) bestimmt sind.[25] In den Fällen, in denen durch die Regierung Verwaltungsentscheidungen getroffen werden, wird diese jedoch nicht als Teil der Staatsleitung, sondern als Verwaltung im Sinne von Art. 69 LV tätig, übt also materiell Verwaltungstätigkeit aus.[26] Der Verwaltungsbegriff nach Art. 69 LV umfasst sowohl die gesetzesausführende Verwaltungstätigkeit (sog. gesetzesakzessorische Verwaltung) als auch die nicht-gesetzesakzessorische („gesetzesfreie") Verwaltungstätigkeit.

13 Mit dem Verwaltungsbegriff eng verbunden ist der von Art. 69 LV vorausgesetzte **Behördenbegriff**. Dieser ist weit zu verstehen und knüpft an den materiellen Verwaltungsbegriff an. Behörden sind demnach alle Organisationseinheiten des Landes, die der Sache nach Verwaltungstätigkeiten ausüben, und zwar ungeachtet dessen, ob es sich um hoheitliche, schlicht-hoheitliche oder fiskalische Tätigkeiten handelt.[27] Der verfassungsrechtliche Behördenbegriff des Art. 69 LV ist somit nicht nur weiter gefasst als der in § 1 II LVwVfG geregelte einfachgesetzliche Behördenbegriff, weil er ausdrücklich nicht nur die gesetzesakzessorische Verwaltung umfasst. Er schließt die Behördeneigenschaft vielmehr auch in den Fällen ein, in denen es sich nicht um materielle Verwaltungstätigkeit handelt, etwa im Bereich behördlicher Beschaffungstätigkeit im Bereich des fiskalischen Verwaltungshandelns.[28]

II. Verhältnis zum Grundgesetz

14 Die in Art. 69 LV beschriebene Ausübung der Verwaltung setzt die **Zuständigkeit des Landes im Rahmen der bundesstaatlichen Kompetenzordnung** voraus. Es muss also dem Land jeweils die Verbandskompetenz zustehen. Die Kompetenzaufteilung auf dem Gebiet der Verwaltung bemisst sich

---

22 StGH, ESVGH 23, 135 (142); 25, 1 (12); *Feuchte* in: Feuchte, Art. 69 Rn. 6; s. auch *Kirchhof* in: Maunz/Dürig, Art. 83 Rn. 45.
23 *Stern* in: Stern II, § 41 I 3; *Stober* in: Wolff/Bachof/Stober/Kluth, Verwaltungsrecht I, § 3 Rn. 15.
24 *Feuchte* in: Feuchte, Art. 69 Rn. 6; *Kirchhof* in: Maunz/Dürig, Art. 83 Rn. 45.
25 *Braun*, Art. 69 Rn. 5.
26 *Braun*, Art. 69 Rn. 5; *Feuchte* in: Feuchte, Art. 69 Rn. 6.
27 *Braun*, Art. 69 Rn. 5; zu den weiteren Erscheinungsformen von Verwaltung im materiellen Sinne siehe auch → Rn. 27 f.
28 Zu den Erscheinungsformen der Beleihung und des verwaltungsprivatrechtlichen Handelns, die in der Sache materielle Verwaltung iSv Art. 69 sind, siehe → Rn. 27 ff., 30.

nach Art. 30, 83 ff. GG, wobei die Verfassungsräume von Bund und Ländern auch im Bereich der Exekutive kompetentiell getrennt sein bzw. bleiben müssen. Insbesondere gilt das grundsätzliche Verbot der Mischverwaltung.[29] Aus ihm folgt die Notwendigkeit, dass eine Verwaltungsaufgabe entweder von einer Bundesbehörde oder einer Landesbehörde zu erledigen ist, wobei der Verwaltungsvollzug durch Landesbehörden nach Maßgabe der Art. 30, 83 ff. GG den Regelfall bildet.[30] Letztlich handelt es sich aber auch beim Mischverwaltungsverbot lediglich um den besonderen Ausdruck dessen, dass die Ausübung der Staatsgewalt – hier der Exekutivbefugnisse auf dem Gebiet der Verwaltung – zwischen dem Bund als Zentralstaat und den Ländern als Gliedstaaten aufgeteilt und klar voneinander abgegrenzt sein muss. Maßgeblich dafür ist aber wiederum stets dasjenige, was sich aus den Zuständigkeitsnormen ergibt.[31]

Danach sind die Länder zunächst für den **Vollzug ihrer eigenen Landesgesetze** zuständig, ohne dass dies ausdrücklicher Erwähnung im GG bedurft hätte. Es handelt sich um Gesetze, für die dem Land die Gesetzgebungskompetenz nach Art. 70 I GG zusteht. Bereits aus dem Grundprinzip des Art. 30 GG, der den Vorrang der Länder bei der Wahrnehmung der staatlichen Kompetenzen – dh Aufgabenerfüllung und Befugniswahrnehmung – allgemein regelt, folgt, dass der Eigenvollzug der Landesgesetze grundsätzlich Landesangelegenheit sein muss. 15

Neben dem Vollzug landeseigener Gesetze obliegt den Ländern nach Maßgabe der Art. 83 ff. GG in weitem Umfang auch die **Ausführung von Bundesgesetzen**, wobei es sich insoweit allerdings nur um die sog. gesetzesakzessorische Verwaltung handelt, wie sich bereits aus dem Wortlaut etwa in Art. 83 GG („führen die Bundesgesetze … aus") ergibt.[32] Neben der **Bundeseigenverwaltung** (Art. 86 ff., 108 I GG), bei der der Bund Verwaltungsaufgaben durch eigene Behörden erledigt, verbleiben als weite Bereiche bei den Ländern die **Landeseigenverwaltung** (Art. 83, 84, 108 II GG) und die die **Bundesauftragsverwaltung** (Art. 85, 108 III GG). 16

Während die **Landeseigenverwaltung** nach Art 83 GG – und ihrer näheren Ausgestaltung in Art. 84 GG – den weitaus größten Teil des Vollzuges von Bundesgesetzen durch die Länder bzw. Behörden des Landes ausmacht und insoweit insbesondere nur eine Rechtsaufsicht des Bundes nach Art. 84 III GG besteht, handelt es sich bei der **Bundesauftragsverwaltung** um einen besonderen Verwaltungstypus, der die Länderexekutive einem Weisungsrecht des Bundes und damit einer Fachaufsicht nach Maßgabe von Art. 85 III GG unterstellt. Die Fälle, in denen es sich um Bundesauftragsverwaltung handelt, die indes stets eine Form reiner gesetzesakzessorischer Landesverwaltung darstellt, sind im GG ausdrücklich benannt. Sie findet (bis- 17

---

29 BVerfGE 4, 115 (139); 32, 145 (154 ff.); 39, 96 (120 f.); 41, 291 (310 ff.); 63, 1 (37 ff.); 119, 331 (365); 127, 165 (191 f.); *Krebs* in: HStR, § 108 Rn. 63; eingehend *Ronellenfitsch*, Mischverwaltung; differenzierend *Trapp*, DÖV 2008, 277 ff. (insb. 278 f.).
30 *Badura*, G Rn. 27.
31 Vgl. BVerfGE 4, 115 (135 ff.); 11, 105 (123); 32, 145 (154 ff.); 39, 96 (120 f.); 41, 291 (310 ff.); s. auch *Trapp*, DÖV 2008, 277 (279).
32 *Dittmann* in: Sachs, GG, Art. 83 Rn. 19; *Kirchhof* in: Maunz/Dürig, Art. 83 Rn. 20; aA wohl BVerfGE 12, 205 (246 ff.); offen in BVerfGE 39, 96 (109).

lang) statt bei der Bundesfernstraßenverwaltung (Art. 90 II GG aF, die künftig jedoch hinsichtlich der Bundesautobahnen gemäß Art. 90 II GG nF in Bundesverwaltung geführt wird; für die übrigen Bundesfernstraßen gilt Art. 90 III GG nF), der Ausführung von Geldleistungsgesetzen nach Art. 104 a III 2 GG (zB BAföG, WoGG) sowie bei der Verwaltung der Bundes- und Gemeinschaftssteuern nach Art. 108 III GG (zB nach dem EStG oder dem UStG).

III. Unmittelbare und mittelbare Landesverwaltung

18 Art. 69 LV bestimmt, dass die Verwaltung durch die Regierung, die ihr unterstellten Behörden und durch die Träger der Selbstverwaltung ausgeübt wird. Auch insoweit wird deutlich, dass es grundsätzlich **zwei organisatorisch voneinander zu trennende Bereiche der Verwaltung** gibt: die **unmittelbare und die mittelbare Landesverwaltung**.[33] In ähnlicher Weise bringt dies bereits Art. 25 III 3 LV zum Ausdruck. Damit ist eine grundsätzlich zweigeteilte Verwaltungsgliederung vorgegeben.

19 Die organisatorische Trennung der Verwaltungsbereiche erfolgt vor dem Hintergrund der grundsätzlichen Verschiedenheit von unmittelbarer und mittelbarer Staatsverwaltung, wie sie grundlegend bereits in Art. 69 LV selbst angelegt ist. Der Bereich der **unmittelbaren Landesverwaltung** ist angesprochen, soweit es um die Wahrnehmung von Verwaltungsaufgaben „durch die Regierung und die ihr unterstellen Behörden" geht. Um **mittelbare Landesverwaltung** handelt es sich bei der Wahrnehmung von Verwaltungstätigkeit „durch Träger der Selbstverwaltung".

20 **Unmittelbare Landesverwaltung** – bzw. allgemeiner auch als „unmittelbare *Staats*verwaltung" bezeichnet – ist dadurch gekennzeichnet, dass die der Administrativen zugewiesene Funktion, Gesetze auszuführen (gesetzesakzessorische Verwaltung), durch **eigene staatliche Behörden mit nachgeordnetem Verwaltungsaufbau** erfolgt.[34] Originärer Verwaltungsträger bei der Erledigung der staatlichen Verwaltungsaufgaben ist dabei der als rechtsfähige Körperschaft – und damit juristische Person des öffentlichen Rechts – organisierte Staat in Gestalt von Bund oder Land, dh hier das Land BW.[35] Dies wird mit Blick auf Art. 69 LV daran deutlich, dass die „Ausübung der Verwaltung der Regierung und den ihr unterstellten Behörden" überantwortet ist. Diese Formulierung betont, dass es sich um landeseigene Verwaltung handelt, die unmittelbar der Regierung – und zwar den Ministerien als obersten Landesbehörden – nachgeordnet ist.

21 **Mittelbare Landesverwaltung** liegt demgegenüber vor, wenn Verwaltungsaufgaben im Zuständigkeitsbereich des Landes nicht durch eigene, dem Rechtsträger Land zugeordnete Landesbehörden, sondern durch **rechtlich verselbstständigte Verwaltungsträger** – dh mit eigener Rechtspersönlichkeit ausgestattete juristische Personen des öffentlichen Rechts, also Körperschaften, Anstalten und Stiftungen des öffentlichen Rechts[36] – wahrgenom-

---

33 *Krebs* in: HStR, § 108 Rn. 18.
34 *Krebs* in: HStR, § 108 Rn. 18; *Ehlers* in: Ehlers/Pünder, § 1 Rn. 13; *Maurer/Waldhoff*, VerwR, § 22 Rn. 1.
35 *Ehlers* in: Ehlers/Pünder, § 1 Rn. 14.
36 *Groß* in: Hoffmann-Riem/Schmidt-Aßmann/Voßkuhle, § 13 Rn. 45.

men werden. Diese unterstehen der Aufsicht des Landes (landesunmittelbare juristische Personen des öffentlichen Rechts).[37] Hierzu zählen neben den Gemeinden und Gemeindeverbänden (Landkreisen) auf Landesebene etwa die Hochschulen in ihrem körperschaftlichen Teil, die Sozialversicherungsträger auf Landesebene und die Kammern. Ihnen ist entweder verfassungsrechtlich (so ausdrücklich den Gemeinden und Gemeindeverbänden sowie den Zweckverbänden nach Art. 71 I 1 LV) oder einfachgesetzlich (so den sonstigen öffentlich-rechtlichen Körperschaften und Anstalten nach Maßgabe von Art. 71 I 3 LV) das Recht der Selbstverwaltung eingeräumt. Art. 69 LV selbst hebt die mittelbare Staatsverwaltung als von der unmittelbaren Landesverwaltung organisatorisch getrennten Verwaltungsbereich ausdrücklich hervor, indem dort auf die „Träger der Selbstverwaltung" ausdrücklich abgehoben wird (→ Rn. 26).

Ebenfalls der unmittelbaren – und gerade nicht der mittelbaren – Staatsverwaltung zuzuordnen ist das Institut der sog. **Organleihe**, das in BW vor allem auf der Kreisebene eine herausgehobene Rolle spielt und dazu führt, dass die Landratsämter als untere Verwaltungsbehörde in die Organisation der unmittelbaren Landesverwaltung inkorporiert werden. Organleihe bedeutet allgemein, dass der Staat zur Erledigung seiner staatlichen Aufgaben auf rechtlich selbstständige (zB kommunale) Aufgabenträger zurückgreift, die in der Folge dann als staatliche Organe tätig werden.[38] Organleihe ist somit dadurch gekennzeichnet, dass das Organ eines anderen Rechtsträgers – bei den Landratsämtern ist dies der Landrat – beauftragt wird, im Außenverhältnis Aufgaben eines anderen Rechtsträgers – hier des Landes BW – wahrzunehmen. Wie sich überdies auch aus den einfachgesetzlichen Regelungen in § 1 III LKrO und § 15 I Nr. 1 LVG ergibt, sind die **Landratsämter als untere Verwaltungsbehörde** auch **staatliche Behörde** und nicht Kommunalbehörde. Der kommunale Landrat wird somit im Wege der Organleihe zugleich Leiter der staatlichen unteren Verwaltungsbehörde, die mit dem Landratsamt in dem Teil, in dem dieses zugleich Behörde des Landkreises ist, zu einer kombinierten Einheitsbehörde zusammengefasst wird.[39] Verwaltungsorganisationsrechtlich ändert dies allerdings nichts daran, dass die Tätigkeit des Landratsamtes als unterer Verwaltungsbehörde der unmittelbaren Landesverwaltung zuzuordnen ist und daher der Fachaufsicht und den Weisungen des Entleihers, hier also des Landes, untersteht.[40]

22

Trotz der beschriebenen organisatorischen Trennung der Verwaltung in unmittelbare und mittelbare Landesverwaltung ist von der Landesverwaltung als einer ihrem Wesen nach **einheitlichen Verwaltung** auszugehen.[41]

23

---

37 Zur landesverfassungsrechtlich vorgegebenen Aufsicht über die Gemeinden und Gemeindeverbände siehe die Erläuterungen zu Art. 75, insbesondere → Art. 75 Rn. 9 ff.
38 *Hömig* in: Hömig/Wolff, Art. 83 Rn. 9.
39 *Trumpp*, LKrO, Kommentar, § 1 Rn. 11.
40 Vgl. allgemein dazu *Hömig* in: Hömig/Wolff, Art. 83 Rn. 9.
41 Grundlegend StGH, ESVGH 25, 1 (12); anklingend bereits in StGH, ESVGH 23, 135 (142); zum Problemkreis eingehend *Groß* in: Hoffmann-Riem/Schmidt-Aßmann/Voßkuhle, § 13 Rn. 95; *ders.*, Das Kollegialprinzip in der Verwaltungsorganisation, 163 ff.

Die in Art. 69 LV angesprochene Verwaltungstätigkeit („die Verwaltung") umfasst somit die **Gesamtheit aller gesetzesausführenden Tätigkeit innerhalb des Landes**, und zwar einschließlich der materiellen Verwaltungstätigkeit der seiner Aufsicht unterstehenden Körperschaften, Anstalten und Stiftungen des öffentlichen Rechts.[42] Auch ist die Zweiteilung der vollziehenden Gewalt in Regierung und Verwaltung in der Verfassung selbst angelegt. So hat der StGH mit Blick darauf, ob politische Staatssekretäre als Beamte einzustufen seien, diese Frage zwar verneint, im Übrigen deren Tätigkeit aber der Verwaltung zugeordnet. Zur Begründung wurde ausgeführt, dass selbst dann, wenn eine neue Ebene innerhalb der Verwaltung geschaffen würde, diese stets unterhalb der Regierung stünde und daher als Verwaltungs- und nicht als Regierungstätigkeit zu qualifizieren sei.[43]

IV. Aufbau der Landesverwaltung

24 Die Landesverwaltung in BW ist grundsätzlich **dreistufig** aufgebaut, wie sich auch an der gegenwärtigen Verwaltungsorganisation ablesen lässt. Sie ist im Bereich der unmittelbaren Landesverwaltung geprägt durch die obersten Landesbehörden (als oberster Stufe), die Regierungspräsidien (als Bündelungsbehörden der Mittelinstanz) und die unteren Verwaltungsbehörden (Landratsämter und Stadtkreise), denen ebenfalls eine Bündelungsfunktion zukommt.[44] Insoweit ergeben sich die wichtigsten einfachgesetzlichen Vorgaben aus dem LVG. Aus dem Bereich der mittelbaren Landesverwaltung treten als allgemeine Verwaltungsbehörden die Gemeinden und sonstigen Selbstverwaltungsträger hinzu, soweit sie Pflichtaufgaben zur Erfüllung nach Weisung (Weisungsaufgaben) neben ihren weisungsfreien (Selbstverwaltungs-)Aufgaben wahrnehmen.

25 Die **Organisation der Landesverwaltung** findet ihre derzeitige Gestalt in der Form, wie sie das Gesetz zur Reform der Verwaltungsstruktur, zur Justizreform und zur Stärkung des kommunalen Handlungsspielraums (Verwaltungsstruktur-Reformgesetz – VRG v. 1.7.2004, GBl. 459) aus dem Jahre 2004 hervorgebracht hat.[45] Dieses sah einen **umfassenden Aufgabenübergang auf die Landratsämter und Stadtkreise als unteren Verwaltungsbehörden** sowie die Regierungspräsidien unter gleichzeitig **weitgehender Auflösung der ehedem existierenden Sonderbehörden** vor.[46] Insbesondere die Landratsämter als untere Verwaltungsbehörden haben durch das VRG einen erheblichen Aufgabenzuwachs erfahren. Waren bereits durch das Sonderbehörden-Eingliederungsgesetz (SoBehEinglG v. 12.12.1994, GBl. 653) zum 1.7.1995 die Veterinärämter, Gesundheitsämter und Teile der Ämter für Wasserwirtschaft und Bodenschutz auf die Landratsämter verlagert worden, sind mit dem VRG zum 1.1.2005 die Staatlichen Schulämter (vorübergehend), Vermessungsämter, Ämter für Flurneuordnung und

---

42 *Feuchte* in: Feuchte, Art. 69 Rn. 8.
43 StGH, ESVGH 23, 135 (142).
44 Übergreifend hierzu *Krebs* in: HStR, § 108 Rn. 20.
45 Dazu *Schenk*, VBlBW. 2006, 228 ff.; *ders.*, VBlBW 2003, 461 ff.; *Stingl*, BWGZ 2004, 577 ff.; *ders.*, BWGZ 2004, 365 f.; länderübergreifend mit besonderem Fokus auf die staatliche Mittelinstanz *Bogumil*, ZG 2007, 246 ff., sowie *Krebs* in: HStR, § 108 Rn. 20.
46 *Stingl*, BWGZ 2004, 577 f.

Landentwicklung, Forstämter, Landwirtschaftsämter, Versorgungsämter, Gewässerdirektionen, Gewerbeaufsichtsämter und die Straßenbauämter hinzugekommen. Dies hat zur Konsequenz, dass die Einheit der staatlichen Verwaltung auf der unteren Verwaltungsebene in BW nahezu ohne Ausnahmen hergestellt ist.[47] Eine Ausnahme besteht nur insoweit, als infolge der Evaluierung der Verwaltungsreform durch das Verwaltungsstrukturreform-Weiterentwicklungsgesetz (VRWG v. 14.10.2008, GBl. 313) die Schulaufsichtsverwaltung wieder aus den Landratsämtern herausgelöst und in eine neue eigenständige Sonderbehörde der Mittelebene überführt wurde.[48] Die sonderbehördlichen Aufgaben der Landesoberbehörden und höheren Sonderbehörden wurden im Zuge der Verwaltungsstrukturreform 2004 in die Regierungspräsidien eingegliedert, während die unteren Sonderbehörden überwiegend in die Landratsämter und Stadtkreise integriert wurden.[49]

V. Errichtung von Selbstverwaltungsträgern

Art. 69 LV schließt auch die grundsätzliche landesrechtliche Befugnis des Gesetzgebers ein, im Rahmen der ihm jeweils zustehenden Gesetzgebungskompetenz **Körperschaften, Anstalten und Stiftungen des öffentlichen Rechts (neu) zu bilden**.[50] Das Recht umfasst auch die **Auflösung bestehender, auf landesrechtlicher Grundlage errichteter juristischer Personen des öffentlichen Rechts**, wie dies etwa mit Blick auf die Landeswohlfahrtsverbände Württemberg-Hohenzollern und Baden im Zusammenhang mit der Verwaltungsreform 2004 (→ Rn. 25) geschehen ist.[51] In der Sache ist es dem einfachen Gesetzgeber daher etwa auch möglich, weitere (besondere) Gemeindeverbände zu errichten, soweit diese – wie die Landkreise[52] – nicht bereits durch das GG vorgegeben sind. Soweit die LV bestimmten juristischen Personen des öffentlichen Rechts selbst verfassungsrechtlichen Schutz einräumt (Art. 71 I LV), ist dieser als Ausdruck höherrangigen Rechts für Errichtungs- und insbesondere Auflösungsakte maßgebend. Ebenso wäre es möglich, auf dieser Grundlage im Rahmen der Landesorganisationsgewalt[53] auch weitere Selbstverwaltungsträger neben den bereits bestehenden, etwa die in BW bislang nicht eingeführte Landwirtschaftskammer, zu errichten.

26

---

47 Vgl. näher *Trumpp*, LKrO, Kommentar § 1 Rn. 10.
48 Vgl. *Trumpp*, LKrO, Kommentar § 1 Rn. 10.
49 *Stingl*, BWGZ 2004, 577 f.
50 *Feuchte* in: Feuchte, Art. 69 Rn. 14.
51 S. auch *Feuchte* in: Feuchte, Art. 69 Rn. 14 f., insbesondere auch zur Auflösung der früheren Landeswohlfahrtsverbände.
52 Wobei fraglich ist, ob Art. 28 II 2 GG überhaupt ein bestimmter Gemeindeverbandstypus immanent ist; dagegen etwa *Tettinger/Schwarz* in: von Mangoldt/Klein/Starck, Art. 28 Rn. 240; ebenso *Pautsch*, DVP 2008, 230 (231); dafür aber – in Zusammenschau mit Art. 28 I 2 GG – etwa *Löwer* in: von Münch/Kunig, Art. 28 Rn. 83 f.; *Nierhaus* in: Sachs, GG, Art. 28 Rn. 79 f.
53 Grundlegend dazu *Chotjewitz*, Organisationsgewalt.

VI. Besondere Ausdrucksformen materieller Verwaltung: Beleihung und Verwaltungsprivatrecht

27 Art. 69 LV und der von der Verfassungsnorm vorausgesetzte materielle Verwaltungsbegriff heben zuvörderst auf die gesetzesakzessorische Verwaltung ab und zielen in erster Linie auf die der Administrativen zugewiesene Funktion des Gesetzesvollzugs nach rechtsstaatlichen Vorgaben, insbesondere unter Bindung an den Gesetzmäßigkeitsgrundsatz (Art. 20 III GG, Art. 25 II LV). Neben dieses gleichsam klassische Verständnis einer Verwaltung, die durch die Existenz einer staatlichen Behördenorganisation einschließlich der Selbstverwaltungsträger geprägt ist, treten auch unter Geltung von Art. 69 LV **weitere Ausdrucksformen staatlicher Exekutivtätigkeit** hervor, die sich ebenfalls als Verwaltung im materiellen Sinne darstellen. Insofern fallen auch diese Ausdrucksformen grundsätzlich unter den Verwaltungsbegriff, der Art. 69 LV zugrunde liegt. In diesem Kontext ist freilich stärker als im Rahmen der gesetzesakzessorischen Verwaltung auf die **Qualifizierung einer Angelegenheit als Verwaltungsaufgabe** abzustellen. Maßgeblich ist, ob es sich um eine Aufgabe handelt, die aus der Individualrechtssphäre herausgelöst und damit von den Organen des Gemeinwesens als öffentliche Aufgabe, die damit zur Staats- und weiter zur Verwaltungsaufgabe wird, wahrzunehmen ist.[54] Dies bedeutet zwar zum einen, dass öffentliche Verwaltung dann nicht vorliegt, wenn Aufgaben des Gemeinwesens von Privaten besorgt werden, die ihrerseits nicht in die Organisation des Staates eingegliedert sind.[55] Wiederum anderes – nämlich Vorliegen von Verwaltung im materiellen Sinne – gilt dann, wenn es sich bei der privatrechtlich organisierten Verwaltung entweder um solche Träger handelt, denen eigenständige öffentlich-rechtliche Kompetenzen übertragen sind (sog. **Beliehene**) oder aber solche, die ihrerseits originäre öffentliche (Verwaltungs-)Aufgaben in privatrechtlicher Organisationsform wahrnehmen (**Verwaltungsprivatrecht**).

1. Beleihung

28 Beleihung bedeutet ebenfalls **Verwaltungstätigkeit im materiellen Sinne** und damit auch iSd Art. 69 LV zugrunde liegenden Verwaltungsverständnisses.[56] Bei der Beleihung werden Private – natürliche oder juristische Personen des Privatrechts – zur selbstständigen Wahrnehmung von Verwaltungsaufgaben nach außen (dh mit Außenwirkung) eingeschaltet, während die Gesamtverantwortung für die Aufgabenerfüllung weiterhin beim öffentlichen Aufgabenträger Staat (dh dem Land) angesiedelt ist.[57] Maßgebliche Voraussetzung einer wirksamen Beleihung, welche in der Folge die Befugnis verleiht, dass Private hoheitlich tätig werden und damit materiell Verwaltungstätigkeit ausüben, ist die **Übertragung öffentlich-rechtlicher Rechtsmacht in Gestalt hoheitlicher Handlungsbefugnisse**.[58] Hierzu genügt

---

54 *Stober* in: Wolff/Bachof/Stober/Kluth, Verwaltungsrecht I, § 3 Rn. 14.
55 *Stober* in: Wolff/Bachof/Stober/Kluth, Verwaltungsrecht I, § 3 Rn. 15.
56 Grundlegend – auch mit Blick auf die Entwicklung des Rechtsinstituts – *Schmidt am Busch*, DÖV 2007, 533 ff.
57 *Krebs* in: HStR, § 69 Rn. 39; *Maurer/Waldhoff*, VerwR, § 23 Rn. 63; *Suckow/Weidemann*, Verwaltungsrecht, Rn. 19.
58 *Krebs* in: HStR, § 69 Rn. 39.

es bereits im Regelfall, dass einem Privaten eine öffentliche Aufgabe zur selbstständigen Wahrnehmung zugewiesen wird.[59] Die Beliehenen bleiben ihrerseits statusmäßig stets Rechtssubjekte des Privatrechts.[60] Durch den Beleihungsakt werden sie aber in die staatliche Verwaltungsorganisation inkorporiert. Die Beliehenen zählen ihrerseits wie die Körperschaften, Anstalten und Stiftungen des öffentlichen Rechts verwaltungsorganisatorisch zum Bereich der mittelbaren Staatsverwaltung.

Erforderlich ist stets eine gesetzliche Grundlage, wobei die eigentliche Beleihung dann auch aufgrund Gesetzes (insbesondere durch Rechtsverordnung) bzw. Verwaltungsakt oder auch öffentlich-rechtlichen Vertrag zulässig ist.[61] In BW sind Beleihungen auf landesrechtlicher Grundlage beispielsweise vorgesehen für die öffentlich bestellten Vermessungsingenieure nach § 11 VermG,[62] ferner für die Prüfstellen nach § 40 I WG[63] oder für die Kontrollstellen nach § 3 der Öko-Landbaugesetz DVO.[64] Verfassungsrechtlich deckt Art. 69 LV – in Verbindung mit dem aus dem Rechtsstaats- und Demokratieprinzip (Art. 23 I, 25 I LV) abgeleiteten allgemeinen Gesetzesvorbehalt – auch die Beleihung Privater ab und deckt sich insoweit weitgehend mit dem Gesetzesvorbehalt in Art. 70 I 1 LV.[65] 29

2. Verwaltungsprivatrecht

Auch verwaltungsprivatrechtliches Handeln stellt – in Abgrenzung zu rein fiskalischem Handeln – Verwaltungstätigkeit im materiellen Sinne dar und ist daher auch von Art. 69 LV erfasst. Der Begriff des Verwaltungsprivatrechts geht – vor allem in Abgrenzung zur Bedarfsdeckungsverwaltung (sog. fiskalische Hilfsgeschäfte) und zur erwerbswirtschaftlichen Betätigung der Verwaltung, die als privatrechtliche Erscheinungsformen von Verwaltungstätigkeit jedenfalls keine materielle Verwaltungstätigkeit im Sinne des Art. 69 LV darstellen, weil sie nicht unmittelbar der Erfüllung originärer öffentlicher Verwaltungsaufgaben dienen – auf die Begriffsprägung durch *Hans J. Wolff*[66] zurück. Danach erfolgt die **Erledigung unmittelbarer Verwaltungsaufgaben – und damit Verwaltungstätigkeit im materiellen Sinne – in Rechtsformen des Privatrechts**.[67] Der Anwendungsbereich ist freilich insoweit begrenzt, als das Verwaltungsprivatrecht bei der Aufgabenerledigung **auf die hoheitlichen Befugnisse verzichten** muss, die etwa zur Durchsetzung öffentlich-rechtlicher Rechtsfolgen erforderlich sind. Damit scheidet grundsätzlich der gesamte Bereich der hoheitlichen Ordnungs- und Abgabenverwaltung von vornherein aus. Selbst im Bereich der im Regelfall nicht auf hoheitlichen Zwang angewiesenen Leistungsverwaltung sind die meisten Bereiche durch öffent- 30

---

59 *Remmert*, Private Dienstleistungen, 254 ff.
60 *Maurer/Waldhoff*, VerwR, § 23 Rn. 63.
61 *Suckow/Weidemann*, Verwaltungsrecht, Rn. 19.
62 Vermessungsgesetz für BW (VermG) v. 1.7.2004, GBl. 469, 509.
63 Wassergesetz für BW (WG) v. 3.12.2013 (GBl. 389), zuletzt geändert durch Art. 2 des Gesetzes vom 16.12.2014, GBl. 777.
64 VO des Ministeriums für Ernährung und Ländlichen Raum zur Durchführung des Öko-Landbaugesetzes vom 8.7.2009, GBl. 340.
65 *Braun*, Art. 70 Rn. 15.
66 Verwaltungsrecht, Bd. I, 1956, § 23 I b, S. 73.
67 *Maurer/Waldhoff*, VerwR, § 3 Rn. 25.

lich-rechtliche Rechtsgrundlage geregelt.[68] Allerdings steht der Verwaltung außerhalb des engen Bereichs der Hoheitsverwaltung (namentlich der Eingriffsverwaltung) die Option zur Seite, Verwaltungsaufgaben im materiellen Sinne dann auch in privatrechtlichen Rechtsformen wahrzunehmen.[69] Der Hauptanwendungsbereich verwaltungsprivatrechtlichen Handelns liegt bei den kommunalen Selbstverwaltungsträgern, dh Gemeinden und Gemeindeverbänden, bei der Wahrnehmung von Verwaltungsaufgaben **auf dem Gebiet der Daseinsvorsorge.** Frischwasserversorgung, Abwasserentsorgung oder auch die Aufgaben des Öffentlichen Personennahverkehrs werden häufig flexibler in den Formen des Privatrechts – zB GmbH oder AG als Eigengesellschaft der Kommune – erledigt. Da die zu erledigende Aufgabe aber stets Verwaltungstätigkeit im materiellen Sinne bleibt, müssen Vorkehrungen getroffen werden, dass sich der öffentlich-rechtliche Aufgabenträger nicht allein wegen der Wahl der Privatrechtsform der Bindungen entledigt, die das öffentliche Recht an die wahrzunehmende Verwaltungsaufgabe verbindlich knüpft („keine Flucht in das Privatrecht").[70] Daher handelt es sich bei den Ausdrucksformen des Verwaltungsprivatrechts um **öffentlich-rechtlich gebundenes bzw. überlagertes Privatrecht.** Auch in Privatrechtsform organisierte materielle Verwaltungstätigkeit unterliegt den Bindungen an die Grundrechte, die verwaltungsrechtliche Zuständigkeitsordnung sowie die allgemeinen Verfassungs- und Verwaltungsgrundsätze.[71]

Artikel 70 [Verwaltungsorganisation, Organisationsgewalt]

(1) ¹Aufbau, räumliche Gliederung und Zuständigkeiten der Landesverwaltung werden durch Gesetz geregelt. ²Aufgaben, die von nachgeordneten Verwaltungsbehörden zuverlässig und zweckmäßig erfüllt werden können, sind diesen zuzuweisen.

(2) Die Einrichtung der staatlichen Behörden im einzelnen obliegt der Regierung, auf Grund der von ihr erteilten Ermächtigung den Ministern.

Schrifttum:
Böckenförde, Die Organisationsgewalt im Bereich der Regierung, 2. Aufl. 1998; *Burmeister*, Herkunft, Inhalt und Stellung des institutionellen Gesetzesvorbehalts, 1991; *Chotjewitz*, Die Organisationsgewalt nach den Verfassungen der deutschen Bundesländer, 1995; *Katz*, Politische Verwaltungsführung in den Bundesländern, dargestellt am Beispiel der Landesregierung Baden-Württemberg, 1975; *Köttgen*, Die Organisationsgewalt, VVDStRL 16 (1958), 154; *Ossenbühl*, Verwaltungsvorschriften und Grundgesetz, 1968; *Schnapp*, Der Verwaltungsvorbehalt, VVDStRL 43 (1985), 172.

---

68 *Maurer/Waldhoff*, VerwR, § 3 Rn. 25 f.
69 *Maurer/Waldhoff*, VerwR, § 3 Rn. 25.
70 *Maurer/Waldhoff*, VerwR, § 3 Rn. 26.
71 Vgl. dazu aus der umfangreichen Rechtsprechung etwa BGHZ 52, 325 (328); 65, 284 (287), jeweils zur Bindung an den allgemeinen Gleichheitssatz des Art. 3 I GG; BGHZ 91, 84 (96 f.) zu weiteren allgemeinen öffentlich-rechtlichen Grundsätzen, und NdsOVG, NVwZ 1990, 91 (zur Grundrechtsbindung). Daher besteht für die verwaltungsprivatrechtlichen Aufgabenträger auch keine Grundrechtsberechtigung, sondern sie sind – umgekehrt – Grundrechtsverpflichtete, vgl. BVerfGE 138, 64 (mit Ausnahme der Justizgrundrechte; für gemischt-wirtschaftliche Unternehmen s. etwa BVerfGE 128, 226.

[Verwaltungsorganisation, Organisationsgewalt] Artikel 70

Vergleichbare Regelungen: Art. 86 S. 2 GG (hinsichtlich der Einrichtung der Bundesbehörden), 77 BayVerf, 75 I BerlVerf (hinsichtlich der Organisation der Bezirksverwaltung), 96 BbgVerf, 127 BremVerf (mit Einschränkungen), 55 HambVerf (mit Einschränkungen), 56 NdsVerf, 77 NRWVerf, 112 SaarlVerf, 83 SächsVerf, 86 II LSA-Verf, 52 II, III SchlHVerf, 9 ThürVerf.

Ergänzende Normen: LVG

Leitentscheidungen: BVerfGE 67, 100 (Kernbereich exekutiver Eigenverantwortung); BVerfGE 106, 1 (institutioneller Gesetzesvorbehalt); StGH, ESVGH 18, 1; ESVGH 31, 241.

A. Überblick und Einordnung 1	2. Regelungsgegenstände der legislativen Organisationsgewalt 11
I. Bedeutung 1	
II. Herkunft, Entstehung, Geschichte 4	II. Verwaltungsbezogenes Subsidiaritätsprinzip (Abs. 1 S. 2) .. 13
III. Verfassungsvergleichende Einordnung 5	III. Organisationsgewalt der Regierung (Abs. 2) 15
B. Erläuterung 7	
I. Institutioneller Gesetzesvorbehalt (Abs. 1 S. 1) 7	
1. Bedeutung 7	

A. Überblick und Einordnung

I. Bedeutung

Art. 70 LV dient dazu, den in Art. 69 LV niedergelegten Grundsatz zu modifizieren und konkretisieren.[1] Die Norm geht dabei – ebenso wie Art. 69 LV auch (→ Art. 69 Rn. 7 ff.) – von einem **einheitlichen Begriff der Landesverwaltung** aus, wenngleich dieser im Weiteren in die Bereiche der unmittelbaren Landesverwaltung und der mittelbaren Landesverwaltung zu differenzieren ist (→ Art. 69 Rn. 18 ff.).[2] Art. 70 LV nimmt somit den ganzen Bereich der vollziehenden Gewalt in den Blick, der der Regierung in ihrer Funktion als Spitze der Landesverwaltung unterstellt ist. Ausgenommen ist somit lediglich der Regierungsbereich insoweit, als er Teil der Staatsleitung ist, der in anderen Vorschriften der LV seinen Niederschlag findet, so in Art. 45 II, III LV, Art. 49 LV oder in Art. 61 II LV. Dies gilt selbst dann, wenn damit in Teilen auch bereits die verwaltende Tätigkeit der Regierung angesprochen ist.[3] 1

Soweit es die **mittelbare Landesverwaltung durch verselbstständigte Verwaltungsträger** mit dem Recht der Selbstverwaltung (Selbstverwaltungsträger) betrifft, ergänzen die Art. 71 bis 76 LV gesondert mit den insoweit geltenden Bestimmungen den Regelungsbereich von Art. 71 LV, der im Übrigen jedoch auf die Landesverwaltung als Ganzes zielt und somit neben den staatlichen Behörden auch die Einrichtungen der Selbstverwaltung einschließt.[4] 2

---

1 *Feuchte* in: Feuchte, Art. 70 Rn. 2.
2 Zum Begriff der „Einheit der Verwaltung" als Leitgedanke der organisatorischen Gestaltung *Badura*, G Rn. 19.
3 *Braun*, Art. 70 Rn. 2.
4 StGH ESVGH 18, 1 (3); *Braun*, Art. 70 Rn. 3 ff.; *Feuchte* in: Feuchte, Art. 70 Rn. 2.

3 Art. 70 hat zum Ziel, die **Organisationsgewalt im Bereich der gesetzesausführenden Exekutive** näher auszugestalten. Es geht dabei vor allem darum, die Regelungs- und Ausgestaltungskompetenz für die Organisation der Landesverwaltung **zwischen parlamentarischer Zuständigkeit des Landtags und exekutiver Organisationskompetenz der Landesregierung** näher zu bestimmen. So beinhaltet Art. 70 I 1 LV zunächst einen institutionellen Gesetzesvorbehalt für Aufbau, räumliche Gliederung und Zuständigkeiten der Landesverwaltung, Art. 70 I 2 LV ein verwaltungsbezogenes Subsidiaritätsprinzip, und Art. 70 II LV enthält die Zuweisung der Zuständigkeit für die Einrichtung der staatlichen Behörden im Einzelnen an die Regierung.

II. Herkunft, Entstehung, Geschichte

4 Hinsichtlich der in Art. 70 LV geregelten **Notwendigkeit, den Aufbau und die Zuständigkeiten der Landesverwaltung durch Gesetz zu regeln**, stimmten VerfERP und VerfECDU überein.[5] Im VerfECDU war vorgesehen, die Zuständigkeit der Regierung im Bereich der Verwaltung auf wenige Aufgaben zu beschränken und im Wege der Dezentralisation die Verwaltungsaufgaben überwiegend den nachgeordneten Behörden zu übertragen (Art. 95 S. 2 VerfECDU). Hierauf ist vor allem der in Art. 70 I 1 LV verankerte **Gesetzesvorbehalt** zurückzuführen, der in modifizierter Weise Eingang in den Verfassungstext gefunden hat.[6] Er wird ergänzt durch die im VerfERP vorgesehene – und schließlich in Art. 70 II LV verankerte – Zuständigkeit der Regierung sowie der Minister, die Einrichtung der staatlichen Behörden „im einzelnen" zu bestimmen. Art. 70 LV ist seit Inkrafttreten der LV unverändert geblieben.

III. Verfassungsvergleichende Einordnung

5 Eine ausdrückliche Verankerung einer Bestimmung zur Organisationsgewalt im Bereich der Exekutive – insbesondere für die Einrichtung der Behörden – findet sich **für den Bund in Art. 86 S. 2 GG**. Dieser Bestimmung ist Art. 70 II LV angenähert, da sie die Organisationsgewalt für die Einrichtung von Bundesbehörden im Rahmen der bundeseigenen Verwaltung der Bundesregierung überantwortet, soweit das Gesetz nichts anderes bestimmt. Sie adressiert die Bundesregierung als Kollegium;[7] eine Delegation auf einzelne Minister ist im Unterschied zu Art. 70 II LV nicht vorgesehen.[8] Nach zutreffender Auffassung begründet damit Art. 86 S. 2 GG ein Zugriffsrecht des Gesetzgebers, nicht aber einen allgemeinen Vorbehalt des

---

5 *Feuchte* in: Feuchte, Art. 70 Rn. 1.
6 *Feuchte* in: Feuchte, Art. 70 Rn. 1.
7 *Hermes* in: Dreier, Art. 86 Rn. 52; *Ibler* in: Maunz/Dürig, Art. 86 Rn. 133; *Suerbaum* in: Epping/Hillgruber, Art. 86 Rn. 28.
8 Anders zT aber mit Blick auf die dem Ressortprinzip entspringende Möglichkeit einzelner Minister, Verwaltungsvorschriften nach Art. 86 S. 1 GG zu erlassen, soweit die Bundesregierung als Kollegialorgan hiervon noch keinen Gebrauch gemacht hat, vgl. so insb. BVerwGE 36, 327 (333 f.); BVerwG, NJW 1979, 280; *Böckenförde*, Organisationsgewalt, 137; *Hermes* in: Dreier, Art. 86 Rn. 52; *Suerbaum* in: Epping/Hillgruber, Art. 86 Rn. 29; aA jedoch *Broß/Mayer* in: v. Münch/Kunig, Art. 86 Rn. 7; *Pieroth* in: Jarass/Pieroth, Art. 86 Rn. 7, *Sachs* in: Sachs, GG, Art. 86 Rn. 21, die jeweils von einer ausschließlichen Zuständigkeit der Bundesregierung als Kollegium ausgehen.

Gesetzes.[9] Dies schließt es freilich nicht aus, dass sich aus übrigen verfassungsrechtlichen Bestimmungen das Erfordernis einer parlamentsgesetzlichen Regelung über die Einrichtung der Behörden ergibt, selbst wenn es nicht ausdrücklich niedergelegt ist.[10] Dies gilt namentlich für den aus dem Rechtsstaats- und Demokratieprinzip abzuleitenden allgemeinen organisationsrechtlichen (institutionellen) Gesetzesvorbehalt, der im Einzelfall eine Regelung durch Parlamentsgesetz erfordern kann.[11]

In den meisten der **übrigen Landesverfassungen** finden sich Regelungen, die entweder zumindest im Ansatz Bestimmungen zur Organisationsgewalt im Bereich der Verwaltungsorganisation enthalten, oder aber solche, die – wie Art. 70 I 1 LV auch – ausdrücklich einen institutionellen Gesetzesvorbehalt statuieren (so etwa Art. 56 NdsVerf, 83 SächsVerf).

B. Erläuterung

I. Institutioneller Gesetzesvorbehalt (Abs. 1 S. 1)

1. Bedeutung

Art. 70 I 1 LV enthält einen sog. institutionellen Gesetzesvorbehalt.[12] Danach werden Aufbau, räumliche Gliederung und Zuständigkeiten der Landesverwaltung durch Gesetz geregelt. Es ist also angesichts des Verfassungstextes („durch Gesetz") **Aufgabe des Landesgesetzgebers,** über **wesentliche Fragen der Landesverwaltungsorganisation** zu bestimmen. Art. 70 I 1 LV ist – ohne dass der Begriff Eingang in den Verfassungstext gefunden hätte – eine **Regelung über die Organisationsgewalt,** dh über die Befugnis zur Errichtung, Änderung und Aufhebung von Verwaltungsträgern im Rahmen der Verbandskompetenz des Landes.[13] Die Organisationsgewalt ist erforderlich, um es durch Schaffung der erforderlichen organisatorischen Voraussetzungen überhaupt erst zu ermöglichen, dass Verwaltung „stattfinden" kann.[14] Es ist daher von Verfassungs wegen zunächst Sache des parlamentarischen Gesetzgebers, dh des Landtages, über Aufbau, räumliche Gliederung und Zuständigkeiten der Landesverwaltung bzw. der Behörden durch gesetzliche Regelung zu bestimmen.[15] Da es sich um eine Regelung über die gesamte Landesverwaltung handelt, umfasst der institutionelle Gesetzesvorbehalt neben der staatlichen Verwaltung auch die Selbstverwaltung, wenngleich insoweit nach den Art. 71 bis 76 LV zusätzlich besondere Bestimmungen gelten.[16]

---

9 *Sachs* in: Sachs, Art. 86 Rn. 24; *Suerbaum* in: Epping/Hillgruber, Art. 86 Rn. 30.
10 *Suerbaum* in: Epping/Hillgruber, Art. 86 Rn. 30.
11 BVerfGE 106, 1 (22 f.); *Hermes* in: Dreier, Art. 86 Rn. 62.
12 Aus der Rechtsprechung ausdrücklich BVerfGE 106, 1 (22 f.); s. auch OVG Münster, NJW 1980, 1406 (1407); zum Begriff *Krebs* in: HStR, § 108 Rn. 70; *Köttgen*, VVDStRL 16 (1958), 154 (161); siehe auch *Sommermann* in: von Mangoldt/Klein/Starck, Art. 20 Rn. 283; *Burmeister*, Herkunft, Inhalt und Stellung des institutionellen Gesetzesvorbehalts, 50 ff.
13 *Feuchte* in: Feuchte, Art. 70 Rn. 6.
14 *Badura*, G Rn. 24; *Böckenförde*, Organisationsgewalt, 38; *Braun*, Art. 70 Rn. 6.
15 StHG, ESVGH 23, 1 (7); *Ossenbühl*, Verwaltungsvorschriften, 270.
16 *Braun*, Art. 70 Rn. 4.

8 Im Rahmen von Art. 70 LV kommt es mit Blick auf die Regelungsgehalte von **Art. 70 I 1 LV einerseits und Art. 70 II LV andererseits**, die beide die (Regelungs-)Zuständigkeiten bezüglich der Organisationsgewalt im Bereich der Landesverwaltung nach Art. 69 LV betreffen, darauf an, diese **voneinander und gegeneinander abzugrenzen**.[17] Zwischen beiden Bestimmungen bestehen Wechselbeziehungen.[18] Andernfalls wäre etwa die Reichweite des institutionellen Gesetzesvorbehalts nicht hinreichend klar bestimmt. Es geht im Kern darum, welche Kompetenzen im Rahmen der Verwaltungsorganisation zwingend dem Parlament vorbehalten bleiben müssen, und welche – als von Art. 70 II LV erfasst – ohne Entscheidung des Landtags der Regierung (dem „Ministerrat" bzw. „Landeskabinett" als Kollegium) zustehen.

9 Der StGH hat den institutionellen Gesetzesvorbehalt in Art. 70 I 1 LV – anfangs noch mit einer gewissen Skepsis auch bezüglich der Begrifflichkeit – in der Weise verstanden, dass dieser nur auf Organisationsmaßnahmen allgemeiner und grundlegender Bedeutung bezogen sei, nicht aber auf die Errichtung einzelner Behörden.[19] Damit ist der institutionelle Gesetzesvorbehalt im Sinne eines **bereichsspezifischen Wesentlichkeitsgrundsatzes für die Landesverwaltungsorganisation** zu verstehen.[20] Alle Entscheidungen, die in allgemeiner und grundlegender Weise die Organisationsstrukturen der Landesverwaltung hinsichtlich Aufbau, räumlicher Gliederung und Zuständigkeiten betreffen, bedürfen zwingend einer Entscheidung der Legislative, dh eines Gesetzes nach Art. 70 I 1 LV. Für den Bereich der Organisation der Selbstverwaltung ist Art. 71 I LV wegen des dort enthaltenen Gesetzesvorbehalts ohnehin vorrangig, wie auch die Begrenzung lediglich auf „staatliche Behörden" in Art. 70 II LV belegt. Alle sonstigen („nicht-wesentlichen") Organisationsentscheidungen, welche konkrete regelnde Maßnahmen zur Verwaltungsorganisation, insbesondere die Einrichtung von staatlichen Behörden treffen, unterfallen hingegen dem Kompetenzbereich der Regierung nach Art. 70 II LV, welche insoweit über eine eigenständige – von Art. 70 I 1 LV abzugrenzende, aber auch dadurch begrenzte – Organisationsgewalt verfügt.

10 Die vom institutionellen Gesetzesvorbehalt umfasste Regelungsbefugnis betreffend die Landesverwaltungsorganisation bezieht sich **nicht nur auf den Vollzug von Landesrecht**, sondern schließt auch die Fälle der Landeseigen-

---

17 *Feuchte* in: Feuchte, Art. 70 Rn. 11.
18 StGH, ESVGH 31, 241 (242 f.).
19 StGH, ESVGH 31, 241 (242 f.).
20 In diesem Sinne im Grundsatz auch *Braun*, Art. 70 Rn. 15, der insoweit aber unter Berufung auf BVerfGE 40, 237 (250) u.a. darauf abhebt, dass bereits der allgemeine rechtsstaatliche Gesetzesvorbehalt im Sinne der (allgemeinen) Wesentlichkeitstheorie auch im Bereich der Behördenorganisation zum Tragen kommen soll; dies erscheint allerdings dogmatisch zweifelhaft, weil die allgemeine Wesentlichkeitstheorie des BVerfG maßgeblich auf die Grundrechtsrelevanz einer staatlichen Maßnahme abstellt und dies bei einer Entscheidung über die Verwaltungsorganisation regelmäßig zu verneinen sein dürfte; aus diesem Umstand indes bezieht gerade die Lehre vom institutionellen Gesetzesvorbehalt ihre Berechtigung; vgl. wie hier auch *Krebs* in: HStR, § 108 Rn. 70.

verwaltung nach Art. 83, 84 I GG und der Bundesauftragsverwaltung nach Art. 85 I GG mit ein, soweit es danach den Ländern obliegt, unter anderem die Einrichtung der Behörden zu regeln.²¹

2. Regelungsgegenstände der legislativen Organisationsgewalt

Die Entscheidungen, die der Gesetzgeber im Rahmen der Organisationsgewalt nach Art. 70 I 1 LV als Ausfluss des dort geregelten institutionellen Gesetzesvorbehalts zu treffen hat, beziehen sich **in allgemeiner und grundlegender Weise auf die Organisationsstrukturen der Landesverwaltung** hinsichtlich Aufbau, räumlicher Gliederung und Zuständigkeiten. Die Merkmale „allgemein" und „grundlegend" bedingen bei der konkreten Regelung eine grundsätzliche Beschränkung auf das hierzu jeweils Erforderliche.²² 11

Dies bedeutet im Einzelnen: 12

- bezüglich des Regelungsgegenstands des **Aufbaus der Landesverwaltung** die Bestimmung der grundsätzlichen Stufigkeit des Verwaltungsaufbaus (einschließlich der Stufung innerhalb des behördlichen Instanzenzuges), die damit verbundene Unterstellung unter die Fach-, Dienst- sowie Rechtsaufsicht, die „Typisierung" von Behörden sowie die Bildung von (neuen) juristischen Personen des öffentlichen Rechts;
- bezüglich des Regelungsgegenstands der **räumlichen Gliederung** etwa die Festsetzung der Regierungsbezirke oder der unteren Verwaltungsbehörden;
- bezüglich des Regelungsgegenstands der **Zuständigkeiten** jedenfalls die dem institutionellen Gesetzesvorbehalt unterfallende Regelung der Zuständigkeiten im Bereich der Eingriffsverwaltung, wobei auch eine Regelung aufgrund Gesetzes, dh durch Einräumung einer Verordnungsermächtigung im Rahmen von Art. 61 LV insoweit zulässig ist.

II. Verwaltungsbezogenes Subsidiaritätsprinzip (Abs. 1 S. 2)

Art. 70 I 2 LV beinhaltet ein **verwaltungsbezogenes Subsidiaritätsprinzip**, bei dem es sich nach dem StGH um einen **elementaren Verfassungsgrundsatz** handeln soll.²³ Nach der Verfassungsnorm sind Aufgaben, die von nachgeordneten Verwaltungsbehörden zuverlässig und zweckmäßig erfüllt werden können, diesen zuzuweisen. Der in Art. 70 I 2 LV enthaltene Grundsatz richtet sich primär an den Gesetzgeber, und zwar mit Blick auf dessen Tätigwerden im Rahmen des institutionellen Gesetzesvorbehalts nach Art. 70 I 1 LV. Er tritt mit anderen Worten also dann auf den Plan, wenn es um „wesentliche" Regelungen über Zuständigkeiten im Rahmen der Landesverwaltungsorganisation zum Gesetzesvollzug geht.²⁴ Dies be- 13

---

21 Vgl. auch *Braun*, Art. 70 Rn. 8.
22 Im Sinne einer engen Auslegung bzw. eines auf die „Grundsätze" zu beschränkenden Verständnisses der gesetzgeberischen Regelungsbefugnis auch *Böckenförde*, Organisationsgewalt, 100; *Katz*, Politische Verwaltungsführung, 126; *Ossenbühl*, Verwaltungsvorschriften, 269; dies entspricht i.Ü. auch der Rechtsprechung des StGH, vgl. ESVGH 31, 241 (242 f.).
23 StGH, ESVGH 18, 1 (3).
24 *Braun*, Art. 70 Rn. 19; *Feuchte* in: Feuchte, Art. 70 Rn. 11.

trifft vor allem die Regelung der Behördenzuständigkeit im Verwaltungsaufbau des Landes. Sekundär adressiert das Subsidiaritätsprinzip auch die Regierung, soweit sie im Rahmen ihrer eigenen Organisationsgewalt (siehe sogleich → Rn. 15 ff.) befugt ist, über die Verwaltungsorganisation zu entscheiden.[25]

14 Zum Gehalt des verwaltungsbezogenen Subsidiaritätsprinzips zählen als Unterprinzipien die der **Verwaltungsdezentralisierung und Verwaltungsdekonzentration**. Verwaltungsdekonzentration bedeutet die Übertragung von Aufgaben an unterstellte Landesbehörden, einschließlich der Selbstverwaltungskörperschaften. Dezentralisation meint die Übertragung von Aufgaben an Verwaltungsträger auf möglichst bürgernaher Ebene. Inwieweit der Gesetzgeber bzw. die Regierung im Rahmen ihrer eigenen Organisationsgewalt (→ Rn. 15 ff.) diesen Grundsätzen bei der Entscheidung über die konkreten Behördenzuständigkeiten nachkommen, untersteht einem gewissen Einschätzungsspielraum, der auch (verfassungs-)gerichtlich nicht überprüfbar ist.[26]

III. Organisationsgewalt der Regierung (Abs. 2)

15 Die Regelung des Art. 70 II LV ist Ausdruck dessen, dass nach dem Willen des Verfassungsgebers auch der Exekutive selbst ein Bereich eigenständiger – von der Legislative unabhängiger – Organisationsgewalt zustehen soll. Dies setzt freilich voraus, dass der Regierung als Spitze der Landesexekutive auch ein Kernbereich an exekutiver Eigenverantwortung überhaupt zukommt, was zumindest im Grundsatz zu bejahen ist.[27] Vor dem Hintergrund des institutionellen Gesetzesvorbehalts kann ein solcher „**Verwaltungsvorbehalt**"[28] der Regierung allerdings stets nur auf die administrative Binnensteuerung bezogen sein und ist insoweit von den „allgemeinen" und „grundlegenden" Entscheidungen, die der Legislative nach Art. 70 I 1 LV vorbehalten sind, deutlich abzugrenzen.[29] Deshalb kann der LV **kein allgemeiner Verwaltungsvorbehalt** entnommen werden.[30] Auch sprachlich erscheint es eher angezeigt, nicht von einem Verwaltungsvorbehalt, sondern vielmehr von einem „**Regierungsvorbehalt**" zu sprechen, da die Bestimmung in Art. 70 II LV ausdrücklich die Regierung bzw. einzelne Minister ermächtigt.

16 Diese Auffassung wird auch durch den Verfassungstext selbst bestätigt, indem dort bereits eine Wortlautbeschränkung auf die „Einrichtung der staatlichen Behörden im einzelnen" vorgesehen ist. Die durch Art. 70 II LV ermöglichte Exekutiventscheidung muss sich zunächst auf die Einrichtung „**staatlicher Behörden**" beziehen. Damit handelt es sich ausschließlich um

---

25 *Braun*, Art. 70 Rn. 19.
26 *Feuchte* in: Feuchte, Art. 70 Rn. 20.
27 BVerfGE 67, 100 (139).
28 Umfassend hierzu die Beratungen auf der Staatsrechtslehrertagung 1984 in Göttingen, vgl. dazu die Referate von *Maurer*, VVDStRL 43 (1985), 135 ff., und *Schnapp*, VVDStRL 43 (1985), 172 ff., sowie die Beiträge etwa von *Degenhart*, NJW 1984, 2184 ff.; *Schröder*, DVBl. 1984, 814 ff.; *Stettner*, DÖV 1984, 611 ff.
29 Vgl. *Schnapp*, VVDStRL 43 (1985), 172 (201).
30 Aus bundesverfassungsrechtlicher Perspektive etwa *Grzeszick* in: Maunz/Dürig, Art. 20 Rn. 127; *Degenhart*, NJW 1984, 2184 (2185 f.).

nachgeordnete Stellen der unmittelbaren Landesverwaltung. Die Selbstverwaltungskörperschaften sind insoweit ausgenommen, da Art. 71 I 2 LV ohnehin einen eigenständigen Gesetzesvorbehalt statuiert. Nur soweit die Landratsämter oder die Stadtkreise als untere staatliche Verwaltungsbehörden fungieren, sind sie in die unmittelbare Landesverwaltung inkorporiert und verwaltungsorganisatorisch betrachtet Teil der staatlichen Verwaltung (→ Art. 69 Rn. 20, 24). Soweit nicht ohnehin die maßgeblichen Bestimmungen detailliert im LVG geregelt sind, dürfte die Regierung auch insoweit im Rahmen von Art. 70 II LV ergänzend Regelungen zur Behördeneinrichtung treffen.

Des Weiteren betrifft Art. 70 II LV **nur Regelungen „im einzelnen"**. Damit ist der punktuelle Charakter der Organisationsgewalt der Regierung in Abgrenzung zum institutionellen Gesetzesvornehalt der Legislative aus Art. 70 I 1 LV nochmals hervorgehoben. Die Abgrenzung muss denn auch am Vorrang des institutionellen Gesetzesvorbehalts ansetzen, dh es kommt zunächst stets auf die Bestimmung dessen an, was als „wesentlich" im Sinne von Art. 70 I 1 LV gilt (→ Rn. 9 ff.). 17

In dem aufgezeigten Rahmen, innerhalb dessen die Organisationsgewalt der Regierung besteht und diese dazu ermächtigt, eigenständige Regelungen über die Verwaltungsorganisation zu treffen, kann die Regierung als Kollegialorgan diese Befugnis auch im Rahmen einer Ermächtigung an einzelne Minister delegieren. Ausreichend hierfür ist ein Beschluss des Kollegialorgans („Kabinettsbeschluss" bzw. Beschluss des „Ministerrats"). Die delegierte Entscheidungskompetenz reicht freilich nur soweit, wie die Organisationsgewalt nach Art. 70 II LV selbst besteht. 18

Artikel 71 [Selbstverwaltung, insbesondere Gemeinden und Gemeindeverbände]

(1) ¹Das Land gewährleistet den Gemeinden und Gemeindeverbänden sowie den Zweckverbänden das Recht der Selbstverwaltung. ²Sie verwalten ihre Angelegenheiten im Rahmen der Gesetze unter eigener Verantwortung. ³Das gleiche gilt für sonstige öffentlich-rechtliche Körperschaften und Anstalten in den durch Gesetz gezogenen Grenzen.

(2) ¹Die Gemeinden sind in ihrem Gebiet die Träger der öffentlichen Aufgaben, soweit nicht bestimmte Aufgaben im öffentlichen Interesse durch Gesetz anderen Stellen übertragen sind. ²Die Gemeindeverbände haben innerhalb ihrer Zuständigkeit die gleiche Stellung.

(3) ¹Den Gemeinden oder Gemeindeverbänden kann durch Gesetz die Erledigung bestimmter bestehender oder neuer öffentlicher Aufgaben übertragen werden. ²Gleichzeitig sind Bestimmungen über die Deckung der Kosten zu treffen. ³Führen diese Aufgaben, spätere vom Land veranlasste Änderungen ihres Zuschnitts oder der Kosten aus ihrer Erledigung oder spätere nicht vom Land veranlasste Änderungen der Kosten aus der Erledigung übertragener Pflichtaufgaben nach Weisung zu einer wesentlichen Mehrbelastung der Gemeinden oder Gemeindeverbände, so ist ein entsprechender finanzieller Ausgleich zu schaffen. ⁴Die Sätze 2 und 3 gelten entsprechend,

Artikel 71 [Selbstverwaltung, insbesondere Gemeinden und Gemeindeverbände]

wenn das Land freiwillige Aufgaben der Gemeinden oder Gemeindeverbände in Pflichtaufgaben umwandelt oder besondere Anforderungen an die Erfüllung bestehender, nicht übertragener Aufgaben begründet. [5]Das Nähere zur Konsultation der in Absatz 4 genannten Zusammenschlüsse zu einer Kostenfolgenabschätzung kann durch Gesetz oder eine Vereinbarung der Landesregierung mit diesen Zusammenschlüssen geregelt werden.

(4) Bevor durch Gesetz oder Verordnung allgemeine Fragen geregelt werden, welche die Gemeinden und Gemeindeverbände berühren, sind diese oder ihre Zusammenschlüsse rechtzeitig zu hören.

Schrifttum:

Ade/Pautsch, Gemeindeordnung für Baden-Württemberg, in: Ade/Pautsch/Faiß/Stehle/Waibel (Hrsg.), Kommunalverfassungsrecht Baden-Württemberg, Kommentare, Loseblatt (22. EL, Juli 2017); *Aker*, Die Neufassung der Konnexitätsregelung in der Verfassung des Landes Baden-Württemberg, VBlBW 2008, 258; *Bayer*, Selbstverwaltung – Grundbegriff des Organisationsrechts, LKV 1991, 371; *Berg*, Grundfragen kommunaler Kompetenzen – Am Beispiel deutsch-deutscher Städtepartnerschaften, BayVBl. 1990, 33; *Bovenschulte*, Gemeindeverbände als Organisationsformen kommunaler Selbstverwaltung, 2000; *Brüning/Vogelgesang*, Die Kommunalaufsicht: Aufgaben – Rechtsgrundlagen – Organisation, 2. Aufl. 2009; *Elster*, Die Verwaltung, in: Korte/Rebe, Verfassung und Verwaltung des Landes Niedersachsen, 2. Aufl. 1986; *Engel/Heilshorn*, Kommunalrecht Baden-Württemberg, 10. Aufl. 2015; *Engelken*, Kommunen und bundesrechtliche Aufgaben nach der Föderalismusreform I – Zum neuen Aufgabenübertragungsverbot nach Art. 84 Abs. 1 Satz 7 GG, VBlBW 2008, 457; *Engels*, Die Verfassungsgarantie kommunaler Selbstverwaltung – Eine dogmatische Rekonstruktion, 2014; *Försterling*, Das Aufgabenübertragungsverbot nach Art. 84 Abs. 1 Satz 7 GG, Der Landkreis 2007, 56; *Hendler*, Selbstverwaltung als Ordnungsprinzip, 1984; *Henneke*, Folgen des unmittelbaren Aufgabendurchgriffs auf die Kommunen, Der Landkreis 2004, 141; *Henneke*, Durch Bundesgesetz dürfen Gemeinden und Gemeindeverbänden Aufgaben nicht übertragen werden, NdsVBl 2007, 57; *Henneke*, Bundesstaat und Kommunale Selbstverwaltung nach den Föderalismusreformen, 2009; *ders.*, Die Kommunen in der Finanzverfassung des Bundes und der Länder, 5. Aufl. 2012; *Henneke/Ritgen*, Aktivierung bürgerschaftlicher Selbst-Verwaltung in Städten, Kreisen und Gemeinden – zur Bedeutung der Lehren des Freiherrn vom Stein für die kommunale Selbstverwaltung der Gegenwart, DVBl. 2007, 1253; *Heußner/Pautsch*, Die Kommunalisierung des Kommunalwahlrechts – Ein Weg zur Durchsetzung wahlbeteiligungssteigernder Wahlrechtsreformen, DVBl. 2016, 1308; *Kahl/Weißenberger*, Kommunale Selbstverwaltungspflicht und Verbot materieller Privatisierung kraft Richterrechts? – Zugleich Anmerkung zum Urteil des BVerwG vom 27.5.2009 – 8 C 10/08 -, LKRZ 2010, 81; *Kluth*, Funktionale Selbstverwaltung, 1997; *Kluth*, Verfassungsfragen der Privatisierung von Industrie- und Handelskammern, 1997; *Kluth*, Das Selbstverwaltungsrecht der Kammern und sein verfassungsrechtlicher Schutz, DÖV 2005, 368; *Knemeyer*, Die Entwicklung der kommunalen Selbstverwaltung im Spiegel von Verfassungen und Kommunalordnungen, FS Gmür, 1983, 137; *Knemeyer*, Kommunale Selbstverwaltung neu denken, DVBl. 2000, 876; *Kraft-Zörcher/Neumann*, Die kommunale Arbeitsgemeinschaft – eine Chance, kommunale Selbstverwaltung zu sichern, LKV 2010, 193; *Krüper/Herbolsheimer*, Die Veränderungssperre im Kontext gemeindlicher Planungshoheit, ZJS 2016, 546; *Kunze/Bronner/Katz*, Gemeindeordnung für Baden-Württemberg, Kommentar (Loseblatt, EL Feb. 2017); *Lange*, Kommunalrecht, 2013; *Lange*, Orientierungsverluste im Kommunalrecht: Wer verantwortet was?, DÖV 2007, 820; *Martini/Müller*, Der Schutz der kommunalen Selbstverwaltung in der europäischen Integration – eine Replik, BayVBl. 1993, 161; *Maurer*, Verfassungsrechtliche Grundlagen der kommunalen Selbstverwaltung, DVBl. 1995, 1037; *Pautsch*, Kreisgebietsreform und verfassungsrechtlicher Schutz der kreislichen Selbstverwaltung, DVP 2008, 230; *Püttner*, Gefährdungen der Kommunalen Selbstverwaltung, DÖV 1994, 552; *Schaffarzik*, Handbuch der Europäischen Charta der kommunalen Selbstverwaltung, 2002; *T. I. Schmidt*, Sind die EG und die EU an die Europäische Charta der kommunalen Selbstverwaltung gebunden?, EuR 2003, 936; *T. I. Schmidt*, Kommunale Kooperation – Der Zweckverband als Nukleus des öffentlich-rechtlichen Gesellschaftsrechts, 2005; *Schmidt-Aßmann*, Kommunale Selbstverwaltung „nach Rastede" – Funktion und Dogmatik des Art. 28 Abs. 2 GG in der neueren Rechtsprechung, FS Sendler, 1991, 121; *Schoch*, Das landesverfassungsrechtliche Konnexitätsprinzip (Art. 71 Abs. 3 LV) zwischen verfassungsrechtlicher Schutzfunktion und Aushöhlung durch die Praxis, VBlBW 2006, 122; *Sixt*, Die Gemeinde als Baustein der Demokratie, BWGZ 1994, 505; *Schwarz*, Finanzverfassung und kommunale Selbstverwaltung, 1996; *Stern*, Zur Lage der kommunalen Selbstverwaltung, FS Fröhler, 1980, 473; *Tettinger*, Die Verfassungsgarantie der kommunalen Selbstverwaltung (§ 11), in: Mann/Püttner, Handbuch der kommunalen Wissenschaft und Praxis, Bd. 1, 2007; *Waibel*, Gemeindeverfassungsrecht Baden-Württemberg, 5. Aufl. 2007; *Werner*, Die Gemeinde- und Kreisfinanzierung auf dem verfassungsrechtlichen Prüfstand, VBlBW 1997, 1 ff.; *H.A. Wolff*, Die Personalhoheit als Bestandteil der kommunalen Selbstverwaltung, VerwArch 100 (2009), 280.

Vergleichbare Regelungen: Art. 28 Abs. 2 GG, 83 BayVerf iVm Art. 10, 11 BayVerf, 97 BbgVerf, 137 HessVerf, 72 MVVerf, 57 NdsVerf, 78 NRWVerf, 49 RPVerf, 117 f. SaarlVerf, 84 SächsVerf, 87 Verf LSA, 54 SchlHVerf, 91 ThürVerf; in den Stadtstaaten existiert mit Ausnahme Bremens für die in das Land eingegliederten Gemeinden Bremen und Bremerhaven (Art. 143 ff. BremVerf) keine ausdrückliche Gewährleistung der kommunalen Selbstverwaltung; in Berlin finden sich ein abgeschwächter Hinweis in Art. 3 Abs. 2 BerlVerf, wohingegen Hamburg nach Art. 1 HambVerf ausschließlich „Land" der Bundesrepublik Deutschland ist, in dem staatliche und gemeindliche Tätigkeiten nicht getrennt werden (Art. 4 HambVerf).

Ergänzende Normen: Gemeindeordnung (GemO), Landkreisordnung (LKrO), Gesetz über kommunale Zusammenarbeit (GKZ), Kommunalabgabengesetz (KAG).

Leitentscheidungen: BVerfGE 79, 127 (Rastede); StGH, ESVGH 18, 1; ESVH 23, 1; ESVGH 25, 1; ESVGH 44, 8.

A. Überblick und Einordnung 1	d) Grundgesetzliches Aufgabendurchgriffsverbot 48
I. Bedeutung 1	
II. Herkunft, Entstehung, Geschichte 7	2. Gemeindeverbandliche Selbstverwaltungsgarantie (Abs. 1 S. 1, Abs. 2 S. 3) .. 49
III. Verfassungsvergleichende Betrachtung 17	
B. Erläuterung 19	a) Träger der gemeindeverbandlichen Selbstverwaltungsgarantie ... 49
I. Selbstverwaltung (Abs. 1) 19	
II. Kommunale Selbstverwaltungsgarantie (Abs. 1 S. 1) 23	b) Reichweite der gemeindeverbandlichen Selbstverwaltungsgarantie 53
1. Gemeindliche Selbstverwaltungsgarantie (Abs. 1 S. 1, Abs. 2 S. 1) .. 24	
a) Materieller Schutzgehalt der institutionellen Garantie (Garantieebenen) 24	III. Selbstverwaltungsrecht der Zweckverbände 54
	IV. Selbstverwaltungsgarantie der sonstigen öffentlich-rechtlichen Körperschaften und Anstalten als Gewährleistung funktionaler Selbstverwaltung 55
b) Einzelgewährleistungen des Schutzbereichs: Allzuständigkeit und Eigenverantwortlichkeit 28	
aa) Allzuständigkeit ... 29	V. Übertragung von Aufgaben und finanzieller Ausgleich (Abs. 3) 56
bb) Eigenverantwortlichkeit (Art. 71 I 2 LV) 34	1. Aufgabenübertragung 56
	a) Norminhalt 56
c) Gesetzesvorbehalt 44	b) Aufgabenbegriff 57

c) Formelles Landesgesetz als Übertragungsakt 59
d) Kostendeckungsgarantie und Mehrlastenausgleich 60
2. Modifikation des strikten Konnexitätsprinzips bezüglich des Mehrlastenausgleichs 61
VI. Anhörungsrecht (Abs. 4) 66
 1. Bedeutung 66
 2. Gegenstand des Anhörungsrechts 68
 3. Adressaten des Anhörungsrechts 70
 4. Verfahren 71
 5. Rechtsfolgen bei Verletzung der Anhörungspflicht 72
VII. Kommunale Selbstverwaltung und Einflüsse des Europäischen Unionsrechts 73

A. Überblick und Einordnung

I. Bedeutung

1 Art. 71 LV ist die zentrale Landesverfassungsnorm zur Gewährleistung vor allem der kommunalen Selbstverwaltung, dh der **Einräumung des Selbstverwaltungsrechts an Gemeinden und Gemeindeverbände**. Daneben markiert der Verfassungsartikel zugleich die Eingangsbestimmung derjenigen Vorschriften der LV (Art. 71 bis 76 LV), welche die Selbstverwaltungsträger als Teil der Verwaltungsorganisation des Landes bestimmen bzw. näher ausgestalten.[1] Wenngleich freilich ein Schwergewicht bei den kommunalen Selbstverwaltungsträgern liegt, sind die Art. 71 bis 76 LV doch zugleich auch Ausdruck der Einheitlichkeit der Landesverwaltung im Sinne von Art. 69 LV und damit des Umstandes, dass neben der Organisation unmittelbarer Landesverwaltung hierzu auch alle übrigen Verwaltungsträger – und damit auch die Selbstverwaltung – zählen (→ Art. 69 Rn. 4).[2]

2 Die Gewährleistung kommunaler Selbstverwaltung gehört zu den überlieferten Verfassungsgrundsätzen des deutschen Staatsrechts und hat – ausgehend von den Stein-Hardenbergschen Reformen zu Beginn des 19. Jahrhunderts – zunächst sowohl in Art. XI § 184 PKV als auch in Art. 127 WRV ihren Niederschlag gefunden.[3] Sie findet unter dem GG seit jeher ihre verfassungsrechtliche Ausprägung in der institutionellen Garantie des Art. 28 II GG, wobei zwischen den Garantieebenen der gemeindlichen Selbstverwaltungsgarantie (Art. 28 II 1 GG) und der gemeindeverbandlichen Selbstverwaltungsgarantie (Art. 28 II 2 GG) mit ihren unterschiedlichen Garantiegehalten zu unterscheiden ist. Die Selbstverwaltungsgarantie kann als **Staatsfundamentalnorm** angesehen werden, denn sie gewährleistet einen „**Aufbau der Demokratie von unten nach oben**".[4] Auch nach aktuellem Verständnis stehen die Gemeinden und die Gemeindeverbände – dh vor allem die Landkreise – nicht dem Staat gegenüber, sondern bilden gleichsam einen Teil desselben.[5] Der Selbstverwaltungsgarantie kommt somit ein gleichsam multifunktionaler Charakter zu, denn sie ist zugleich ver-

---
1 *Braun*, Art. 71 Rn. 4.
2 Vgl. StGH, ESVGH 25, 1 (12); *Braun*, Art. 71 Rn. 4.
3 Ausführlich zu den historischen Grundlegungen der Selbstverwaltung etwa *Stern*, FS Fröhler, 473 ff.; *Nierhaus* in: Sachs, GG, Art. 28 Rn. 29 f.; *Tettinger/Schwarz* in: von Mangoldt/Klein/Starck, Art. 28 Rn. 125 a f.; siehe auch sogleich → Rn. 7 ff.
4 BVerfGE 79, 127 (149); s. auch *Püttner* in: HStR, § 144 Rn. 12 ff.
5 BVerfGE 73, 118 (191).

fassungsrechtliches Staatsstrukturprinzip als auch Ausdruck politisch-administrativer Dezentralisation.[6] Im System der gegliederten Demokratie[7] kommt der Selbstverwaltung die Funktion der „Aktivierung der Beteiligten für ihre eigenen Angelegenheiten"[8] zu. Insoweit ist anerkannt, dass gerade der kommunalen Selbstverwaltung eine maßgebliche **politisch-demokratische Funktion** zugewiesen ist.[9] Sie findet in einem gerade dem baden-württembergischen Kommunalrecht eigenen Verständnis von einer **bürgerschaftlichen Selbstverwaltung** ihren allfälligen Ausdruck.[10]

Gleichwohl ist festzuhalten, dass die Inkorporation der Gemeinden und Gemeindeverbände in die bundesstaatliche Staatsorganisation nicht dazu führt, diese selbst etwa als **dritte Ebene im Staatsaufbau** anzusehen.[11] Gemeinden und Gemeindeverbände sind staatsorganisationsrechtlich **vielmehr Teil der Länder**, und zwar insoweit der Länderexekutive zugehörig, wie überdies auch Art. 69 LV belegt, der ausdrücklich die „Träger der Selbstverwaltung" erwähnt. Eine Bundesgesetzgebungskompetenz für das Kommunalrecht ist verfassungsrechtlich ausgeschlossen. Im Rahmen der bundesstaatlichen Kompetenzordnung obliegt es ausschließlich den Ländern (Art. 70 I GG), Regelungen über das Kommunalrecht zu treffen.[12]

3

Die **Verfassungsgarantie der kommunalen Selbstverwaltung des GG** gewährleistet freilich nur einen Mindeststandard[13] und bildet ihrerseits den **Rahmen für die landesgesetzliche Ausgestaltung** und Weiterentwicklung des Selbstverwaltungsrechts der Gemeinden und Gemeindeverbände durch den nach der föderalen Kompetenzordnung (Art. 70 ff. GG) für Kommunalangelegenheiten zuständigen Landes(verfassungs-)gesetzgeber.[14] Es gilt hiernach – ausgehend von dem grundgesetzlich vorgegebenen Mindeststandard – der Grundsatz, dass dieser Standard von den Landesverfassungsge-

4

---

6 *Nierhaus* in: Sachs, GG, Art. 28 Rn. 31.
7 BVerfGE 52, 95 (111 f.); 83, 37 (54).
8 BVerfGE 11, 266 (275); *Püttner* in: HStR, § 144 Rn. 16.
9 Eingehend dazu *Hendler*, Selbstverwaltung, 135 ff., 163 ff.; *Heußner/Pautsch*, DVBl. 2016, 1308 (1313 f.); *Knemeyer*, DVBl. 2000, 876 (877); mit Blick auf BW vor allem *Aker* in: Aker/Hafner/Notheis, GemO, § 1 Rn. 4.
10 *Aker* in: Aker/Hafner/Notheis, GemO, § 1 Rn. 4.
11 BVerfGE 8, 122 (132); 39, 96 (109); 86, 148 (215); *Dreier* in: ders., GG, Art. 28 Rn. 88, 110; *Rennert* in: Umbach/Clemens, GG, Art. 28 Rn. 70.
12 BVerfGE 22, 189 (210); 77, 288 (299); vgl. auch BVerfG, NVwZ 2015, 136 Rn. 132.
13 *Dreier* in: ders., GG, Art. 28 Rn. 87; *Löwer* in: von Münch/Kunig, GG, Art. 28 Rn. 34 („Minimalstandard"); *Tettinger*, in: Mann/Püttner, Handbuch der kommunalen Wissenschaft und Praxis, Bd. 1, § 11 Rn. 1, 10; *Tettinger/Schwarz* in: von Mangoldt/Klein/Starck, GG, Art. 28 Rn. 134.
14 BVerfGE 1, 172 (176); 26, 172 (181); 56, 298 (310); BVerwG, NVwZ 1998, 952 f.; OVG Münster, DVBl. 2008, 919 (922); *Braun*, Art. 71 Rn. 2; siehe auch *Dreier* in: Dreier, GG, Art. 28 Rn. 87; *Rennert* in: Umbach/Clemens, Art. 28 Rn. 63, 109; die Erweiterung erfolgt zum Zwecke der Modifizierung und Konkretisierung durch den einfachen Gesetzgeber in den einschlägigen Kommunalgesetzen, in BW also vor allem in GemO und LKrO, vgl. auch *Lange*, Kommunalrecht, Kap. I, Rn. 5 ff.

bern unbedingt einzuhalten ist, diese aber jederzeit über ihn hinausgehen dürfen.[15]

5 Der landesverfassungsrechtliche Gewährleistungsumfang des Art. 71 LV geht denn über die Gewährleistung des Mindeststandards kommunaler Selbstverwaltung auch anerkanntermaßen hinaus. Dies hat sowohl der StGH ausdrücklich festgestellt, und es ergibt sich überdies auch bereits aus den Verfassungsmaterialien.[16] Erkennbar wird dies v.a. daran, dass Art. 71 LV als einheitliche Gewährleistungsnorm die gesamte Selbstverwaltung des Landes schützt, also nicht nur Gemeinden und Gemeindeverbände umfasst, sondern darüber hinaus in den Gewährleistungsumfang auch die Zweckverbände (Art. 71 I 1 Alt. 3 LV) und die sonstigen öffentlich-rechtlichen Körperschaften und Anstalten (Art. 71 I 3 LV) einbezieht. Art. 71 LV bildet somit zugleich eine **umfassende Gewährleistung der mittelbaren Landesverwaltung**.[17]

6 Gleichwohl kann mit Blick auf die Gewährleistungsebenen der gemeindlichen und gemeindeverbandlichen Selbstverwaltung festgehalten werden, dass sich die grundgesetzlichen Garantie aus Art. 28 II GG und die landesverfassungsrechtlichen Gewährleistungen aus Art. 71 I, II LV im Wesentlichen decken.[18] Die **Schutzerweiterung** bezüglich der Selbstverwaltungsgarantie ist in der LV somit vor allem **hinsichtlich des Schutzes der übrigen Selbstverwaltungsträger** – Zweckverbände (Art. 71 I 1 Alt. 3) und sonstige öffentlich-rechtliche Körperschaften und Anstalten (Art. 71 I 3) – begründet.

II. Herkunft, Entstehung, Geschichte

7 Die Ausformung der (kommunalen) **Selbstverwaltungsgarantie bzw. der Selbstverwaltung als Rechts- und Verfassungsprinzip** im Allgemeinen – wie es auch Art. 71 LV zugrunde liegt – kann in historischer Hinsicht auf **mehrere Entwicklungsphasen** zurückblicken. Dabei wird deutlich, dass das Selbstverwaltungsprinzip in seiner Entstehungsgeschichte stets auch die Entwicklung vor allem der Städte und Gemeinden referenzieren muss, da sich ausgehend von diesen örtlichen Gemeinschaften eine allmählich entstehende bürgerschaftliche Einbindung in das staatliche Geschehen, insbesondere die staatliche Exekutivtätigkeit, überhaupt nur bzw. am Ehesten nachzeichnen lässt.

8 Während im **Mittelalter** noch eine Vielfalt an Erscheinungsformen örtlicher Gemeinschaften (Dörfer, vor allem aber die mit Privilegien ausgestatteten Städte) existierte, die bereits über – wie der räumlich und der personale Bezug zur örtlichen Gemeinschaft als „Genossenschaft" belegen – Wesensmerkmale verfügten, die bis heute den Begriff der Gebietskörperschaft

---

15 *Lange*, Kommunalrecht, Kap. I, Rn. 5 ff.; zum Verhältnis von grundgesetzlicher Garantie aus Art. 28 II GG und Landesrecht jüngst BVerfG, U. v. 21.11.2017 – 2 BvR 2177/16 – BeckRS 2017, 131817, Rn. 49.
16 StGH, ESVGH 18, 1 (3); ESVH 23, 1 (3).
17 Siehe zum Begriff die Erläuterungen zu → Art. 69 Rn. 21; anklingend auch bei *Braun*, Art. 71 Rn. 75 („garantiert ist die mittelbare Staatsverwaltung als Institution"), freilich nur mit Blick auf Art. 71 I 3 LV.
18 Hierzu insbesondere VGH BW, NuR 2004, 668 (670).

kennzeichnen,[19] haben vor allem die Städte mit dem **landesherrlichen Absolutismus im 17. Jahrhundert** ihre Sonderstellung und ihr auf genossenschaftlicher Basis entwickeltes (bedingtes) Recht der Eigenverwaltung verloren.[20]

Erst unter den Vorzeichen der aufkommenden Liberalisierung der landesherrlichen Macht entstanden **ab der Mitte des 18. Jahrhunderts** in Württemberg und Baden wieder selbstständige Gemeindeordnungen, so in Württemberg die Württembergische Communeordnung von 1758 und in Baden die Coummuneordnung des Markgrafen von Baden von 1760.[21] Die **Württembergische Communeordnung** regelte bereits Elemente, die der Ausgestaltung der heutigen Selbstverwaltung im „Gemeindeverfassungsrecht" nicht vollends fremd sind, so etwa über die Organisation und Funktion der Kommunen und zu detaillierten Anweisungen an die Gemeindebeamten zur ordentlichen Verwaltungsführung.[22] Das Kernelement, welches am Ehesten einen Bezug zum Selbstverwaltungsprinzip herstellt, war das in der Communeordnung verbürgte Recht der Gemeinden, ihre Organe selbst zu wählen. Dies war in den Dorfgemeinden das Ortsvorsteher der selbst gewählte Schultheiß, in den Amtsstädten ein staatlich bestellter Oberamtmann. Die Verwaltungsentscheidungen und die Rechtsprechung oblagen einem zusammenfassend als „Gericht" bezeichneten Gremium der Ratsmitglieder.[23] Die Amtsstädte wurden in Württemberg mit den Unterämtern (Gerichtsbezirken) und den Dorfgemeinden zu frühen Kommunalverbänden mit der Bezeichnung „Stadt und Amt" zusammenfasst. Sie bilden damit den Vorläufer der späteren Oberämter, die ihrerseits wiederum Vorläufiger der heutigen Landkreise sind. In der **Badischen Communeordnung** finden sich dagegen keine Hinweise auf Vorläufer heutiger Selbstverwaltungsstrukturen. Das Regelwerk beschränkte sich im Wesentlichen darauf, Anweisungen an die nicht direkt gewählten – sondern ausschließlich amtlich bestellten – „Schultheißen oder Vögten, Anwälden oder Stabhaltern und Burgermeistern, den Gemeinschaffnern oder Heimbürgern" sowie für die Rechnungsführung hinsichtlich der gemeindlichen Einnahmen und Ausgaben festzusetzen.[24]

Eine bedeutende Zäsur in der Entwicklung und Herausbildung moderner Selbstverwaltungsstrukturen markiert bis heute die infolge des Napoleonischen Krieges (1803/1806) im Zuge der **Stein-Hardenbergschen Reformen** in Preußen erlassene **Preußische Städteordnung von 1808**.[25] Sie führte zu einer Reanimation der Eigenständigkeit der Gemeinden in Gestalt des Selbstverwaltungsrechts. Dabei diente das „Selbstverwaltungsgrundrecht"

---

19 *Dols/Plate/Schulze*, Rn. 2.
20 *Engel/Heilshorn*, Kommunalrecht, § 2 Rn. 5 f.; s. auch *Dols/Plate/Schulze*, Rn. 2; *Waechter* in: Epping/Butzer u.a., Art. 57 Rn. 3; *Waibel*, Gemeindeverfassungsrecht, § 1 Rn. 4.
21 *Engel/Heilshorn*, Kommunalrecht, § 2 Rn. 11 f.
22 *Engel/Heilshorn*, Kommunalrecht, § 2 Rn. 11; *Waibel*, Gemeindeverfassungsrecht, § 1 Rn. 5.
23 *Waibel*, Gemeindeverfassungsrecht, § 1 Rn. 5.
24 *Engel/Heilshorn*, Kommunalrecht, § 2 Rn. 12.
25 Dazu näher *Knemeyer*, FS Gmür, 137 (138 ff.); aus jüngerer Zeit insbesondere *Henneke/Ritgen*, DVBl. 2007, 1253 ff.; zur Entstehungsgeschichte i.Ü. auch eingehend *Mann/Püttner*, Handbuch der kommunalen Wissenschaft und Praxis, §§ 4-8.

der Gemeinden als Kompensation für die überwiegend fehlende politische Mitwirkungsmöglichkeit des Bürgertums.[26] Allerdings war prägendes Merkmal der Reform in Preußen, die Strahlwirkung in die deutschen Länder entfaltete, dass nicht die freie Gemeinde im Vordergrund stand, sondern die Festigung des – seinerzeit geschwächten – Staates.[27] Es sollte erreicht werden, die Nation daran zu gewöhnen, ihre eigenen Geschäfte zu verwalten.[28] Daher wurde den preußischen Städten das Recht eingeräumt, „ihre Angelegenheiten in eigener Verantwortung und in eigenem Namen zu erledigen".[29] Auch wenn der Begriff der Selbstverwaltung in der Preußischen Städteordnung keine ausdrückliche Erwähnung fand, stellt die erwähnte Beschreibung deutlich heraus, dass damit ein in dem heutigen Verständnis sehr nahe kommender Ausdruck bürgerschaftlicher Eigenverwaltung niederlegt worden war. Allerdings wurden die solcherart gewährten Selbstverwaltungsrechte aus der Preußischen Städteordnung von 1808 mit der Revidierten Städteordnung von 1831 in Preußen wieder zurückgeführt.[30] In Württemberg war allerdings – auch dies ist der Ausstrahlungswirkung der Preußischen Städteordnung zuzuschreiben – durch das **württembergische „Verwaltungsedikt für die Gemeinden, Oberämter und Stiftungen" von 1822** allgemein für alle württembergischen Gemeinden die Selbstverwaltung eingeführt worden. In vergleichbarer Weise vollzog sich die Entwicklung in Baden mit dem **badischen Gemeindegesetz von 1832**. Danach hatten die Gemeinden in etwa jeweils vergleichbarer Weise das Recht, „alle auf den Gemeindeverband sich beziehenden Angelegenheiten zu besorgen, ihr Gemeindevermögen selbstständig zu verwalten und die Ortspolizei zu handhaben".[31] Den Bürgern war es ermöglicht, einen Gemeinderat als Beschlussorgan auf Lebenszeit und einen Bürgerausschuss zu dessen Überwachung zu wählen. Als Vorsitzender des Gemeinderats und als Vollzugsorgan war in allen Städten und Gemeinden ein Ortsvorsteher (Schultheiß) vorgesehen, für dessen Bestellung durch die Regierung die Bürgerschaft das Vorschlagsrecht hatte. In diesen Bestimmungen über die Selbstverwaltung der Städte und Gemeinden v.a. in Württemberg, aber auch in Baden, kommt bereits das **Modell der „Einwohnergemeinde"** zum Ausdruck, in der das Bürgerrecht nicht mehr an Gewerbebetrieb oder Grundbesitz gebunden war, sondern vielmehr an der (wirtschaftlichen) Eigenständigkeit der Gemeindeglieder ansetzte.[32]

11 Auf **Verfassungsebene** findet sich die Niederlegung des Selbstverwaltungsrechts erstmals in Art. XI § 184 f. PKV, und zwar in Gestalt der Einräumung der **Selbstverwaltung als Grundrecht**, die indes verbunden war mit

---

26 *Waechter* in: Epping/Butzer u.a., Art. 57 Rn. 3.
27 *Engel/Heilshorn*, Kommunalrecht, § 2 Rn. 14; *Henneke/Ritgen*, DVBl. 2007, 1253 (1256).
28 So *Frhr. v. Stein* in der Denkschrift über die Einrichtung der ländlichen und Städtischen Gemeinde- oder Kreisverfassung, Nassau 10.10.1815, zitiert nach *Berg*, BayVBl. 1990, 33 (34); ebenso *Engel/Heilshorn*, Kommunalrecht, § 2 Rn. 14 Fn. 23.
29 Vgl. *Engel/Heilshorn*, Kommunalrecht, § 2 Rn. 14.
30 *Waechter* in: Epping/Butzer u.a., Art. 57 Rn. 3.
31 Vgl. *Waibel*, Gemeindeverfassungsrecht, § 1 Rn. 5.
32 *Waibel*, Gemeindeverfassungsrecht, § 1 Rn. 5.

einer Garantie demokratischer kommunaler Legitimation.³³ Die Verfassungsbestimmungen hatten folgenden Wortlaut:

„§ 184: *Jede Gemeinde hat als Grundrechte ihrer Verfassung:*
a) die Wahl ihrer Vorsteher und Vertreter;
b) die selbstständige Verwaltung ihrer Gemeindeangelegenheiten mit Einschluß der Ortspolizei, unter gesetzlich geordneter Oberaufsicht des Staates;
c) die Veröffentlichung ihres Gemeindehaushaltes;
d) Öffentlichkeit der Verhandlungen als Regel.

§ 185: Jedes Grundstück soll einem Gemeindeverbande angehören. Beschränkungen wegen Waldungen und Wüsteneien bleiben der Landesgesetzgebung vorbehalten."

Die WRV nahm den Gedanken aus der PKV, das Selbstverwaltungsrecht auf der Ebene des Verfassungsrechts niederzulegen, auf. Insbesondere hat der **Weimarer Verfassungsgeber** die – nach heutigem Verständnis freilich unzutreffende – dogmatische Zuordnung des Selbstverwaltungsrechts zu den Grundrechten aus der PKV übernommen.³⁴ Art. 127 WRV enthält eine – im Unterschied zur PKV wesentlich kürzere – Einräumung des Selbstverwaltungsrechts an die Gemeinden und Gemeindeverbände im Zweiten Hauptteil, der denn auch mit „Von den Grundrechten und Grundpflichten der Deutschen" überschrieben ist:

„*Art. 127: Gemeinden und Gemeindeverbände haben das Recht der Selbstverwaltung innerhalb der Schranken der Gesetze.*"

Die Verfassungsbestimmung zeigt mit der Formulierung „innerhalb der Schranken der Gesetze" bereits auf, dass das Prinzip der Selbstverwaltung in der Normenhierarchie des Rechts unterhalb der Verfassung angesiedelt ist und daher Selbstverwaltung als Teil der Exekutive anzusehen ist, der an (höherrangiges) Recht gebunden ist. Insoweit wird die Vorläufereigenschaft zu dem auch in Art. 28 II 1, 2 GG und Art. 71 I, II LV enthaltenen Gesetzesvorbehalt deutlich (→ Rn. 44 ff.).

Bereits mit der Aufnahme des Selbstverwaltungsrechts in die WRV verdeutlichen sich die **Bestrebungen, das zersplitterte Gemeindeverfassungsrecht zu vereinheitlichen.** Der im Jahre 1925 vorgelegte Entwurf einer „Reichsstädteordnung" hat jedoch in der Weimarer Zeit nicht mehr Gesetzeskraft erlangt. Vielmehr ist es zu einer Vereinheitlichung der gemeinderechtlichen Bestimmungen erst mit Erlass der **Deutschen Gemeindeordnung (DGO)**³⁵ **im Jahre 1935** unter der nationalsozialistischen Gewaltherrschaft gekommen.³⁶ Die DGO setzte das nationalsozialistische Führerprinzip um und schaltete die ihrem Wesen nach auf bürgerschaftliche Partizipation am lokalen Geschehen ausgerichtete Selbstverwaltung im Wesentlichen aus. Der an der Gemeindespitze stehende Bürgermeister war zwar

---

33 *Waechter* in: Epping/Butzer u.a., Art. 57 Rn. 3.
34 *Waechter* in: Epping/Butzer u.a., Art. 57 Rn. 4.
35 Deutsche Gemeindeordnung (DGO) vom 30.1.1935 (RGBl. I 49).
36 Eingehend dazu *Matzerath* in: Mann/Püttner, Handbuch der kommunalen Wissenschaft und Praxis, § 7 (S. 124); s. auch *Dols/Plate/Schulze*, Rn. 13; *Waechter* in: Epping/Butzer u.a., Art. 57 Rn. 5.

zum Gemeindeleiter bestimmt, unterstand aber unmittelbar der Reichsverwaltung. Auf der Ebene der Länder galten bis zur Ersetzung durch die DGO in Baden die **Badische Gemeindeordnung von 1921**, welche das Badische Gemeindegesetz abgelöst von 1831 hatte, und in Württemberg die **Württembergische Gemeindeordnung von 1930** als Nachfolgeregelung zum Edikt von 1822 und der 1906 erlassenen Württembergischen Gemeindeordnung.[37]

14 Nach dem Ende der nationalsozialistischen Gewaltherrschaft und dem **gesamtstaatlichen Neubeginn ab 1945** hat die kommunale Selbstverwaltungsgarantie mit der Neugründung der Länder in den westlichen Besatzungszonen Eingang in die dortigen Verfassungsbestimmungen gefunden. Bereits die drei südwestdeutschen Vorgängerverfassungen nach 1945 enthielten – obschon in unterschiedlicher Ausgestaltung – Gewährleistungen der kommunalen Selbstverwaltung. Insbesondere die gemeindliche Allzuständigkeit und die finanzielle Eigenverantwortlichkeit hatten dort bereits ihren Niederschlag gefunden.[38] Einfachgesetzlich sind 1947 in Württemberg-Hohenzollern und 1948 in Baden neue – eigenständige – Gemeindeordnungen erlassen worden.[39] In Württemberg-Baden ist 1947 eine revidierte Fassung der DGO in Kraft getreten.[40]

15 Das GG hat die Tradition der PKV und insbesondere der WRV aufgenommen und das **Selbstverwaltungsrecht der Gemeinden und Gemeindeverbände als institutionelle Garantie** in Art. 28 II GG aufgenommen. So hat die grundgesetzliche Gewährleistung des kommunalen Selbstverwaltungsrechts bereits Einfluss auf die Entstehung der Verfassung des am 25.4.1952 neu gegründeten Landes BW nehmen können.

16 Die LV hält an der Existenz der bereits in den drei südwestdeutschen Vorgängerverfassungen nach 1945 vorgefundenen Struktur, die durch Gemeinden und Gemeindeverbände – letztere in Gestalt der Landkreise – geprägt ist, fest. Betreffend die Materie des Art. 71 LV wiesen sowohl **Art. 67 VerfERP als auch die Art. 96 bis 99 VerfECDU** nur im Detail Unterschiede auf. Nach Art. 97 II VerfECDU sollte es ermöglicht werden, Stadt- und Landkreise der ehemaligen Länder Baden und Württemberg einschließlich Hohenzollern durch Gesetz zu Selbstverwaltungskörperschaften höherer Ordnung zur Wahrnehmung bestimmter übergeordneter Aufgaben zusammenzuschließen, was sich indes im VA nicht durchgesetzt hat.[41] Art. 71 LV ist von 1953 bis 2008 zunächst unverändert geblieben. Mit der Novelle im Jahre 2008 wurde das Konnexitätsprinzip in Art. 71 III 2 bis 5 LV modifiziert (→ Rn. 61 ff.). Seither gilt die am 10.5.2008 in Kraft getretene Fassung des Art. 71 LV.

---

37 *Dols/Plate/Schulze*, Rn. 13 f.
38 *Sander* in: Feuchte, Art. 71 Rn. 1.
39 Vgl. Gemeindeordnung für Württemberg-Hohenzollern vom 14.3.1947 (RegBl. 1948, 1) und Badische Gemeindeordnung vom 23.9.1948 (GVBl. 177).
40 Revidierte Fassung der DGO 1947 Gesetz Nr. 328 über Neuwahl der Gemeinderäte und Bürgermeister vom 23.10.1947 (RegBl. 102).
41 *Sander* in: Feuchte, Art. 71 Rn. 1.

III. Verfassungsvergleichende Betrachtung

Die kommunale Selbstverwaltungsgarantie mit ihren auf den jeweiligen Kommunaltypus bezogenen Unterausprägungen der gemeindlichen und gemeindeverbandlichen Selbstverwaltungsgarantie ist in den Verfassungen aller übrigen Flächenländer in einer Art. 71 LV vergleichbaren Weise gewährleistet.[42] Die **umfassende, auch die übrigen Körperschaften und Anstalten des öffentlichen Rechts mitumfassende Niederlegung eines allgemeinen Selbstverwaltungsprinzips** in der LV, wie es in Art. 71 I LV vorgesehen ist, findet sich – soweit ersichtlich – neben BW nur noch in Niedersachsen und (wenngleich abgeschwächter) in Sachsen. In Art. 57 NdsVerf heißt es, dass „Gemeinden und Landkreise und die sonstigen öffentlich-rechtlichen Körperschaften ihre Angelegenheiten im Rahmen der Gesetze in eigener Verantwortung verwalten". Soweit dort nur auf sonstigen öffentlich-rechtlichen Körperschaften abgehoben wird (und nicht auch auf Anstalten und Stiftungen), ist fraglich, wie weit der verfassungsrechtliche Schutz der Selbstverwaltung reicht.[43] Nach zutreffender Auffassung wird man – obschon der Wortlaut der Verfassungsnorm es nicht nahelegt – jedenfalls solche Anstalten und Stiftungen hinzuzählen müssen, die in den mitgliedschaftlich verfassten Körperschaften vergleichbarer Weise durch von den Benutzern oder anderen Bevölkerungskreisen ohne Vermittlung des Staates besetzte Organe geprägt sind.[44] Dieser Gedanke ist mit Blick auf die Verfassungslage in BW insoweit fruchtbar zu machen, als Art. 71 I 3 LV nur Körperschaften und Anstalten, nicht aber die Stiftungen des öffentlichen Rechts erwähnt. Ähnlich liegt es in Sachsen, wo Art. 82 III SächsVerf auch die „anderen" öffentlich-rechtlichen Körperschaften, Anstalten und Stiftungen nach Maßgabe der Gesetze zu Trägern der Selbstverwaltung bestimmt.

Die grundgesetzliche Gewährleistung aus **Art. 28 II GG** stellt sich in vertikal verfassungsvergleichender Perspektive als **für die Länder verbindliche Mindestnorm** dar. Soweit es Unterschiede zwischen den einzelnen Landesverfassungen gibt, betreffen diese nur jeweils das Ausmaß, in welchem sie über die Mindestgarantie des Art. 28 II GG hinausgehen.[45] Für die baden-württembergische LV bedeutet dies, dass vor allem die Erweiterung um Zweckverbände und sonstige Körperschaften und Anstalten des öffentlichen Rechts dieser Betrachtung unterfällt.

B. Erläuterung

I. Selbstverwaltung (Abs. 1)

Art. 71 I LV gewährleistet neben den Gemeinden und Gemeindeverbänden sowie den Zweckverbänden (Art. 71 I 1 LV) auch den sonstigen öffentlich-rechtlichen Körperschaften und Anstalten (Art. 71 I 3 LV) das **Recht der Selbstverwaltung**. Ebenso wie in Art. 28 II GG fehlt es auch in den landesverfassungsrechtlichen Bestimmungen der Art. 71 ff. LV an einer **Definition**

---
42 Überblick bei *Burgi*, Kommunalrecht, § 7 Rn. 9 ff.
43 *Hagebölling*, Art. 57 Rn. 2.2; *Waechter* in: Epping/Butzer u.a., Art. 57 Rn. 10.
44 *Hagebölling*, Art. 57 Rn. 2.2; *Elster* in: Korte/Rebe, Verfassung und Verwaltung des Landes Niedersachsen, 505 f.
45 *Waechter* in: Epping/Butzer u.a., Art. 57 Rn. 10.

des **Begriffes der Selbstverwaltung**. Er wird – und wurde auch bereits mit Blick auf die Bestimmung in Art. 127 WRV – jeweils als bekannt vorausgesetzt.[46] Insbesondere wird mit der in Art. 28 II 1 GG sowie auch in Art. 71 I, II LV niedergelegten **Allzuständigkeit der Gemeinden** jedenfalls eine Umschreibung dessen verbunden, was Selbstverwaltung im Verständnis der Verfassung ausmachen könnte.[47] Es liegt gleichwohl nahe, den Selbstverwaltungsbegriff für das hiesige Verfassungsverständnis näher zu bestimmen.

20 Der dabei zugrunde zu legende Begriff der Selbstverwaltung im juristischen Sinne ist durch das wesensprägende Element der **eigenverantwortlichen Wahrnehmung öffentlicher Verwaltungsaufgaben durch selbstständige Verwaltungseinheiten** bestimmt.[48] Er wird ergänzt durch ein politisches Verständnis der Selbstverwaltung, das auf der ehrenamtlichen Mitwirkung der Bürger an der Wahrnehmung öffentlicher Aufgaben aufbaut.[49] Adressaten des solcherart verstandenen Selbstverwaltungsrechts, welches auch der LV zugrunde liegt, sind die im Verfassungstext genannten Selbstverwaltungsträger, die ihrerseits allerdings trotz der mit der eingeräumten Garantie der Selbstverwaltung intendierten „Staatsferne" – vor allem gegenüber dem Gesetzgeber und, etwa im Rahmen der Weisungsunterworfenheit bei Dienst- und Fachaufsicht (sog. weisungsgebundene Selbstverwaltung),[50] im Übrigen auch den Stellen der unmittelbaren Landesverwaltung – selbst Teil der staatlichen Verwaltungsorganisation sind.[51]

21 Daraus folgt, dass es sich bei der Einräumung der Selbstverwaltungsgarantie nicht um ein Grundrecht oder grundrechtsgleiches Recht, sondern stets nur um eine sog. **institutionelle Garantie**[52] handeln kann.[53] Die von Art. 71 I LV umfassten Selbstverwaltungsträger sind als Teil der mittelbaren Landesverwaltung ihrerseits Grundrechtsverpflichtete, selbst aber nicht grundrechtsberechtigt.[54]

22 Indem Art. 71 I LV ein **weites Verständnis der Selbstverwaltung** immanent ist und sich der Kreis der Träger des Selbstverwaltungsrechts über die kommunalen Körperschaften, dh Gemeinden und Gemeindeverbände, überdies auch auf die Zweckverbände und die sonstigen öffentlich-rechtlichen Körperschaften und Anstalten erstreckt, muss davon ausgegangen werden,

---

46 *Aker* in: Aker/Hafner/Notheis, GemO, § 1 Rn. 4; *Mehde* in: Maunz/Dürig, Art. 28 Rn. 42.
47 BVerfGE 11, 266 (275); pointiert insoweit *Püttner*, DÖV 1994, 552 (553).
48 *Bayer*, LKV 1991, 371; *Gern*, Deutsches Kommunalrecht, Rn. 48.
49 *Schmidt-Aßmann*, FS Sendler, 121 (126).
50 Zum Begriff *Stober* in: Wolff/Bachof/Stober/Kluth, Verwaltungsrecht I, § 6 Rn. 28.
51 BVerfGE 73, 118 (191).
52 Grundlegend zum Begriff *Stern* in: Stern I, 409 ff.; *Tettinger/Schwarz* in: von Mangoldt/Klein/Starck, Art. 28 Rn. 155.
53 Für BW StGH, ESVGH 24, 155 (164); s. auch StGH, U. v. 1.4.1976 – GR 10/75 u.a. –, Umdruck S. 30 f.; s. im Übrigen auch mit Blick auf die grundgesetzliche Garantie der kommunalen Selbstverwaltung BVerfGE 8, 256 (259); 48, 64 (79); 58, 177 (189); 76, 107 (119); 79, 127 (143); *Dreier* in: ders., GG, Art. 28 Rn. 81; *Nierhaus* in: Sachs, GG, Art. 28 Rn. 34; *Rennert* in: Umbach/Clemens, Art. 28 Rn. 76; *Tettinger/Schwarz* in: von Mangoldt/Klein/Starck, Art. 28 Rn. 127, 155; zT krit. zu dieser ganz hM *Maurer*, DVBl. 1995, 1037 (1041 f.).
54 BVerfGE 6, 19 (22); s. auch *Braun*, Art. 71 Rn. 7; offen noch bei StGH, BWVBl. 1959, 138; anders aber StGH, U. v. 1.4.1976 – GR 10/75 u.a. –, Umdruck S. 30 f.

dass nicht nur die kommunale Selbstverwaltung dem Schutzbereich des Art. 71 LV unterfällt, sondern auch der **Bereich der sog. funktionalen Selbstverwaltung.**[55] Im Unterschied zum GG, dem ein allgemeines – verfassungsrechtlich abgesichertes – Selbstverwaltungsprinzip deshalb nicht entnommen werden kann, weil Art. 28 II GG nur die kommunale Selbstverwaltung schützt und die funktionale Selbstverwaltung nur auf grundrechtlicher oder gesetzlicher Basis gewährleistet ist und daher auch wieder beseitigt bzw. durch andere Organisationsformen ersetzt werden kann,[56] entfaltet Art. 71 LV auch eine **verfassungsrechtliche Schutzwirkung zugunsten der Träger funktionaler Selbstverwaltung.** Art. 71 LV enthält somit eine grundlegende Garantie eines allgemeinen Selbstverwaltungsrechts und legt damit zugleich das Selbstverwaltungsprinzip als allgemeines Rechts- bzw. Verfassungsprinzip nieder. Für die kommunale Selbstverwaltung bestehen gegenüber der funktionalen Selbstverwaltung freilich weitergehende Gewährleistungen – aber auch zusätzliche Anforderungen – nach Maßgabe der Art. 72 bis 76 LV.

II. Kommunale Selbstverwaltungsgarantie (Abs. 1 S. 1)

Art. 71 I 1 LV enthält zunächst eine Garantie der kommunalen Selbstverwaltung, die ihrerseits wiederum – je nach lokaler Selbstverwaltungsebene – in das Selbstverwaltungsrecht der Gemeinden (**gemeindliche Selbstverwaltungsgarantie**) und der Gemeindeverbände (**gemeindeverbandliche Selbstverwaltungsgarantie**) zu untergliedern ist.[57] Eine Unterscheidung, wie sie in der klaren Trennung der Garantieebenen Gemeinde (Art. 28 II 1 GG) und Gemeindeverbände (Art. 28 II 2 GG) im GG vorgesehen ist, kommt in Art. 71 I 1 LV nicht direkt zum Ausdruck, zumal erweiternd ausdrücklich auch die **Zweckverbände** in den Schutzbereich einbezogen sind. Überdies werden in Art. 71 I 3 LV zusätzlich noch die **sonstigen öffentlich-rechtlichen Körperschaften** in den durch Gesetz gezogenen Grenzen der Selbstverwaltung unterstellt. Prima facie scheint die Selbstverwaltung jedenfalls den Gemeinden, Gemeindeverbänden (Landkreisen) und Zweckverbänden in gleicher Weise – dh mit gleichem Gewährleistungsumfang – eingeräumt zu sein. Dies widerspräche indes der Mindestgarantie des GG, die den Gemeinden schon aufgrund der Universalität ihres Wirkungskreises einen umfänglicheren Schutzumfang als den Landkreisen und – noch abgestufter – den Zweckverbänden zubilligt. Daher ist bezüglich der herausgehobenen Stellung der gemeindlichen Selbstverwaltung stets auch auf Art. 71 II 1 LV abzuheben, der den Gemeinden in ihrem Gebiet die grundsätzliche Trägerschaft „*der* öffentlichen Aufgaben" zuweist und erst nachrangig den Gemeindeverbänden „innerhalb ihrer Zuständigkeit" die gleiche Stellung einräumt. Auf diese Weise ist wiederum der **Vorrang der gemeindlichen Selbst-**

23

---

55 Grundlegend *Kluth*, Funktionale Selbstverwaltung; s. zum Begriff auch *Stober* in: Wolff/Bachof/Stober/Kluth, Verwaltungsrecht I, § 9 Rn. 11.
56 *Kluth*, Funktionale Selbstverwaltung, 4, 512 ff.; *ders.*, Industrie- und Handelskammern, 66; *Stober* in: Wolff/Bachof/Stober/Kluth, Verwaltungsrecht I, § 18 Rn 35; aA wohl *Hendler*, Selbstverwaltung, 284 ff.
57 *Engels*, Verfassungsgarantie, 42.

verwaltungsgarantie hervorgehoben und der Gleichklang mit dem nach dem GG vorgegebenen Mindeststandard hergestellt.[58]

1. Gemeindliche Selbstverwaltungsgarantie (Abs. 1 S. 1, Abs. 2 S. 1)

a) Materieller Schutzgehalt der institutionellen Garantie (Garantieebenen)

24 Aus der institutionellen Garantie[59] der Selbstverwaltung der Gemeinden in Art. 71 I 1, II 1 LV ergeben sich als Ausfluss des Selbstverwaltungsrechts im Einzelnen zunächst die folgenden **materiellen Gewährleistungsgehalte** bzw. Untergewährleistungen[60] als sog. Garantieebenen:[61] die institutionelle Rechtssubjektsgarantie, die objektive Rechtsinstitutionsgarantie und die subjektive Rechtsstellungsgarantie.

25 Die **institutionelle Rechtssubjektsgarantie** stellt die Existenz von Gemeinden als Institution im Staatsaufbau sicher.[62] Ihr maßgeblicher Gewährleistungsinhalt besteht darin, dass es überhaupt Gemeinden (und überdies auch Gemeindeverbände sowie – in BW – auch Zweckverbände)[63] als Bestandteil der Verwaltungsorganisation geben muss.[64] Umfasst ist damit auch der zugehörige Organisationsstatus der Gemeinden und Gemeindeverbände als mitgliedschaftlich verfasste (Gebiets-)Körperschaften des öffentlichen Rechts. Individuellen Bestandsschutz einzelner Gemeinden vermittelt die Rechtssubjektsgarantie freilich nicht.[65] Allerdings sind einzelne Gemeinden sowie die übrigen von Art. 71 I LV umfassten Selbstverwaltungskörperschaften nicht ohne Weiteres dem Zugriff des Gesetzgebers ausgesetzt.[66] Insbesondere bei Gebietsänderungsmaßnahmen, etwa Auflösungen oder Eingemeindungen, ist der Gesetzgeber zur Anhörung der betroffenen Gemeinden und zur zutreffenden und vollständigen Ermittlung des Sachverhalts verpflichtet.[67] Außerdem bedarf es in diesen Fällen nachvollziehbarer Gemeinwohlerwägungen, und es sind das Übermaß- und Willkürverbot zu beachten. Weitergehende Anforderungen ergeben sich nach dem Landesverfassungsrecht aus Art. 74 II LV für die Gemeinden und

---

58 StGH, ESVGH 18, 1 (2); s. auch StGH, U. v. 1.4.1976, – GR 10/75 u.a. –, Umdruck S. 29.
59 *Braun*, Art. 71 Rn. 6; *Sander* in: Feuchte, Art. 71 Rn. 2.
60 *Tettinger/Schwarz* in: von Mangoldt/Klein/Starck, Art. 28 Rn. 155 ff.
61 *Hellermann* in: Epping/Hillgruber, GG, Art. 28 Rn. 50.
62 Landesverfassungsrechtlich so auch *Sander* in: Feuchte, Art. 71 Rn. 7; siehe i.Ü. *Dreier* in: Dreier, Art. 28 Rn. 100 f.; *Henneke* in: Schmidt-Bleibtreu/Hofmann/Henneke, Art. 28 Rn. 40, 42; *Schwarz*, Finanzverfassung und kommunale Selbstverwaltung, S. 23 ff.; *Tettinger/Schwarz* in: von Mangoldt/Klein/Starck, Art. 28 Rn. 156.
63 Zum Recht der Länder, die institutionelle Garantie auch auf andere öffentlichrechtliche Körperschaften zu erstrecken, siehe *Sander* in: Feuchte, Art. 71 Rn. 2; zur Geltung der institutionellen Garantie auch für Gemeindeverbände und Zweckverbände vgl. *Braun*, Art. 71 Rn. 6, sowie unten II.2.
64 StGH, BWVBl. 1968, S. 9 f.; StGH, ESVGH 23, 1 (3); 25, 1 (10); vgl. aus der Rechtsprechung auch BVerfGE 56, 298 (312); 86, 90 (107), sowie aus dem Schrifttum *Braun*, Art. 71 Rn. 6; *Sander* in: Feuchte, Art. 71 Rn. 7. Bundesverfassungsrechtlich etwa *Tettinger/Schwarz* in: von Mangoldt/Klein/Starck, Art. 28 Rn. 156.
65 *Sander* in: Feuchte, Art. 71 Rn. 7.
66 Vgl. statt vieler *Stern* in: Stern I, 415, wonach es für Eingriffe in die Selbstverwaltungsgarantie und ihre materiellen Gewährleistungsgehalte stets einer gesetzlichen Grundlage bedarf; zum Gesetzesbegriff → Rn. 45.
67 BVerfGE 86, 90 (109).

[Selbstverwaltung, insbesondere Gemeinden und Gemeindeverbände] Artikel 71

aus Art. 74 III LV für die Gemeindeverbände (dazu näher → Art. 74 Rn. 23 ff.). Die allgemeine **Pflicht zur Anhörung**, die sich bereits unmittelbar aus Art. 71 I, II LV ergibt, ist im Kontext von Gebietsänderungsmaßnahmen von der besonderen Pflicht zur Anhörung der betroffenen Bevölkerung nach Art. 74 II 3 LV bei konkret bevorstehenden Gebietsänderungsmaßnahmen abzugrenzen. Hierzu hat der ThürVerfGH im Zusammenhang mit dem für nichtig erklärten Thüringer Vorschaltgesetz zur Durchführung der Gebietsreform (ThürGVG) eine präzise Unterscheidung für die mit BW im Grundsatz durchaus vergleichbare Verfassungslage die unterschiedlichen Anhörungspflichten betreffend vorgenommen. Danach greift die besondere Anhörungspflicht zwar erst, wenn sich aus dem maßgeblichen Gesetz *unmittelbar* Gebietsänderungen der betroffenen Gemeinden und Landkreise ergeben. Ist dies – wie bei einem Vorschaltgesetz – jedoch (noch) nicht der Fall, wird aber wegen der Reichweite der mittelbaren oder langfristig zu erwartenden Betroffenheit der kommunalen Gebietskörperschaften in jedem Fall das allgemeine, aus Art. 28 II 2 GG (bzw. in BW aus Art. 71 I, II LV) folgende Anhörungserfordernis der betroffenen Gemeinden und Gemeindeverbände ausgelöst.[68]

Die **objektive Rechtsinstitutionsgarantie** stellt den gleichsam zentralen materiellen Schutzgehalt des Selbstverwaltungsrechts dar. Als Verfassungsgarantie räumt sie den Gemeinden das Recht ein, alle Angelegenheiten der örtlichen Gemeinschaft eigenverantwortlich im Rahmen der Gesetze wahrnehmen zu dürfen.[69] Aus ihr folgt zugleich auch die Absicherung der Einzelgewährleistung der Allzuständigkeit, da den Gemeinden als Institution im Staatsaufbau stets auch ein (Mindest-)Bestand an Selbstverwaltungsaufgaben zu sichern ist.[70] 26

Die **subjektive Rechtsstellungsgarantie** verfestigt die institutionelle Garantie der gemeindlichen Selbstverwaltung zu einer rechtsschutzfähigen Position zur Abwehr von Angriffen auf die mit ihr verbundenen subjekt- und institutionsbezogenen Gewährleistungen.[71] Sie findet ihre Ausprägung darin, dass die Gemeinden – aber auch die Gemeindeverbände – gegen mögliche Verletzungen ihres Selbstverwaltungsrechts aus Art. 71 I LV nach Art. 76 LV sowie § 8 I Nr. 8 VerfGHG Normenkontrollklage erheben können und ihnen bei einer Verletzung durch Bundesrecht überdies die kommunale Verfassungsbeschwerde nach Art. 93 I Nr. 4 b GG sowie § 91 BVerfGG zur Seite steht.[72] Soweit aus Art. 28 II 1, 2 GG bzw. Art. 71 I LV eine wehrfähige Rechtsposition folgt, gilt diese auch für die Erlangung verwaltungsgerichtlichen Rechtsschutzes im Rahmen des Normenkontrollverfahrens nach § 47 VwGO sowie für die übrigen verwaltungsgerichtlichen Klagearten, einschließlich des sog. Kommunalverfassungsstreits bei Innen- 27

---

68 ThürVerfGH, U. v. 9.6.2017 – VerfGH 61/16 –, BeckRS 2017, 112417, Rn. 95 f.
69 BVerfGE 76, 107 (199).
70 StGH, ESVGH 18, 1 (2), der diese Garantie eines Kernbestandes an Selbstverwaltungsaufgaben auch auf die Gemeindeverbände bezieht; s. auch *Dreier* in: Dreier, Art. 28 Rn. 102; *Stern* in: Stern I, 416; *Tettinger* in: Mann/Püttner, Handbuch der kommunalen Wissenschaft und Praxis, Bd. 1, § 11, Rn. 4 ff.; *Tettinger/Schwarz* in: von Mangoldt/Klein/Starck, Art. 28 Rn. 157.
71 *Tettinger/Schwarz* in: von Mangoldt/Klein/Starck, Art. 28 Rn. 157.
72 *Pautsch* in: Ade/Pautsch, GemO BW, § 1 Rn. 5; s. auch → Art. 76 Rn. 5 ff.

rechtsstreitigkeiten.[73] Gemeinden (sowie Gemeindeverbände) sind insoweit klage- bzw. antragsbefugt, als es um die Möglichkeit einer Verletzung von Rechten geht, die sich aus der Gewährleistung der institutionellen Garantie kommunaler Selbstverwaltung ergeben.

b) Einzelgewährleistungen des Schutzbereichs: Allzuständigkeit und Eigenverantwortlichkeit

28 Weiter lassen sich dem Selbstverwaltungsrecht der Gemeinden auf der Garantieebene (Schutzbereich) mit der Allzuständigkeit und der Eigenverantwortlichkeit bei der Aufgabenwahrnehmung weitere Einzelgewährleistungen neben den Ausprägungen des Selbstverwaltungsrechts als institutioneller Garantie (→ Rn. 24 ff.) entnehmen.

aa) Allzuständigkeit

29 Zugunsten der Gemeinden besteht in Angelegenheiten der örtlichen Gemeinschaft die sog. **Allzuständigkeit**, die auch als **Universalität des gemeindlichen Wirkungskreises** bezeichnet wird.[74] Anknüpfungspunkt für die Allzuständigkeit ist der Begriff der Angelegenheiten der örtlichen Gemeinschaft, wie er sich in Art. 28 II 1 GG findet und auch von Art. 71 I 1 LV landesverfassungsrechtlich vorausgesetzt wird.[75] Wenngleich das Landesverfassungsrecht den Begriff der „Angelegenheiten der örtlichen Gemeinschaft" nicht ausdrücklich übernimmt, findet er sowohl in der Formulierung „Träger der öffentlichen Aufgaben" (Art. 71 II 1 LV) als auch bereits in Art. 71 I 2 LV („ihre Angelegenheiten") seinen Niederschlag.[76] Damit kann die für die Bestimmung der der Allzuständigkeit unterfallenden **Aufgaben der örtlichen Gemeinschaft des GG** geltende Lesart auch für die das baden-württembergische Landesverfassungsrecht herangezogen werden.[77] Da es sich um einen unbestimmten Rechtsbegriff auf der Ebene der Verfassung handelt, bedarf er einer Konkretisierung durch Auslegung.

30 Nach einem Diktum des BVerfG im sog. „Rastede-Beschluss"[78] handelt es sich bei den Angelegenheiten der örtlichen Gemeinschaft um

„(...) diejenigen Bedürfnisse und Interessen, die in der örtlichen Gemeinschaft wurzeln oder auf sie einen spezifischen Bezug haben (...), die also den Gemeindeeinwohnern gerade als solchen gemeinsam sind, indem sie das Zusammenleben und -wohnen der Menschen in der (politischen) Gemeinde betreffen (...)."[79]

Die Gemeinden dürfen diese örtlichen Aufgaben erfüllen, wenn sie nicht durch Gesetz anderen Trägern öffentlicher Verwaltung übertragen sind,

---

73 *Pautsch* in: Ade/Pautsch, GemO BW, § 1 Rn. 5; bundesverfassungsrechtlich etwa *Hellermann* in: Epping/Hillgruber, Art. 28 Rn. 58.
74 StGH, ESVGH 18, 1 (2); s. auch StGH, U. v. 1.4.1976, – GR 10/75 u.a. –, Umdruck S. 29; vgl. überdies *Braun*, Art. 71 Rn. 30 f., und bundesverfassungsrechtlich etwa *Hellermann in:* Epping/Hillgruber, Art. 28 Rn. 41.
75 *Braun*, Art. 71 Rn. 31.
76 S. auch *Braun*, Art. 71 Rn. 31, mit zutreffendem Verweis auf die Beratungen in der VLV.
77 So ausdrücklich auch der StGH, vgl. BWVBl. 1968, 9 f.; ESVGH 26, 1 (5).
78 BVerfGE 79, 127.
79 BVerfGE 79, 127 (151 f.).

und zwar ohne hierfür eines besonderen Kompetenztitels zu bedürfen.[80] Diese Freiheit von gesetzlicher Determinierung ist gerade Ausdruck der Universalität des Wirkungskreises der Gemeinden. Sie haben insoweit eine **Regelkompetenz** für einen weit zu ziehenden **Kreis freiwilliger** – dh nicht gesetzlich vorbestimmter – **Selbstverwaltungsaufgaben**.[81] Umgekehrt gilt – da den Gemeinden sowohl nach Art. 28 II 1 GG als auch nach Art. 71 I 1 LV das „Recht" der Selbstverwaltung gewährleistet ist –, dass außerhalb der durch den einfachen Landesgesetzgeber vorgegebenen Pflichtaufgaben (§ 2 II GemO) freilich auch keine Pflicht zur Wahrnehmung einer bestimmten Aufgabe der örtlichen Gemeinschaft besteht bzw. die Gemeinden sich auch jederzeit wieder von einer übernommenen freiwilligen Aufgabe lösen können.[82] Bei den Aufgaben der örtlichen Gemeinschaft gibt es daher auch grundsätzlich keinen gesetzlich fest abgegrenzten Aufgabenkreis. Es wäre, im Gegenteil, ein verfassungsrechtlich nicht zu rechtfertigender Eingriff in das Selbstverwaltungsrecht, wenn der Gesetzgeber den Gemeinden auf diesem Gebiet einen numerus clausus an Aufgaben vorschreiben würde. Die Gemeinden haben daher insoweit auch ein sog. **Aufgabenerfindungsrecht** bezogen auf die gesetzlich nicht geregelten Aufgaben. Sie dürfen sich somit auch neuer Aufgaben annehmen, ohne dass es eines besonderen Kompetenztitels bedürfte.

Hierneben kann der Gesetzgeber den Gemeinden einzelne Aufgaben auch als **Pflichtaufgaben** durch Gesetz zuweisen. Am Charakter der Aufgabe als Selbstverwaltungsaufgabe ändert sich in diesen Fällen nichts; allerdings steht das „Ob" der Aufgabenwahrnehmung bei diesen weisungsfreien Pflichtaufgaben, die ihre einfachgesetzliche Ausprägung in § 2 II GemO finden, kraft Tätigwerdens des Gesetzgebers nicht mehr zur Disposition der Gemeinde. Allerdings ist auch hierbei die Bestimmung des „Wie" der Aufgabenerfüllung zugunsten der Gemeinden sichergestellt. Ebenfalls als gesetzliche Aufgabenübertragung stellt sich die Zuweisung von sog. Pflichtaufgaben zur Erfüllung nach Weisung (**Weisungsaufgaben**, § 2 III GemO) dar. Bei diesen nicht der Selbstverwaltung ieS zuzurechnenden kommunalen Aufgaben, die daher auch im monistischen Aufgabenmodell faktisch „staatlichen Charakter" haben und daher der Fachaufsicht unterstehen, steht grundsätzlich auch das „Wie" nicht mehr zur Disposition der Gemeinden. Eine Fortwirkung des Selbstverwaltungsrechts besteht insoweit nur mit Blick auf die Organisations- bzw. Personalhoheit. 31

Die Regelkompetenz – verstanden im Sinne einer Kompetenzvermutung zugunsten der Gemeinden – ist nur für **Angelegenheiten der örtlichen Gemeinschaft** gewährleistet.[83] Der Bezug zur örtlichen Gemeinschaft bildet folglich zugleich die Grenze der gemeindlichen Autonomie.[84] Aufgaben, 32

---

80 StGH, BWVBl. 1968, 9 f.; ESVGH 18, 1 (2); 24, 155 (161); 26, 1 (2); 26, 129 (140); 28, 1 ff.; 29, 151, (157).
81 StGH, ESVGH 18, 1 (2).
82 AA BVerwG, DVBl 2009, 1382 (Offenbacher Weihnachtsmarkt); mit Recht ablehnend dazu etwa *Kahl/Weißenberger*, LKRZ 2010, 81 ff.
83 StGH, ESVGH 18, 1 (2); abgeschwächter *Lange*, Kommunalrecht, Kap. 1, Rn. 5 f.; *ders.*, DÖV 2007, 820 (821).
84 Vgl. auch StGH, BWVBl. 1968, 9 f.; ESVGH 18, 1 (2); 24, 155 (161); 26, 1 (2); 26, 129 (140); 28, 1 ff.; 29, 151, (157).

die keinen Bezug zur örtlichen Gemeinschaft aufweisen, genießen nicht den Schutz des Selbstverwaltungsrechts im Sinne einer gemeindlichen Wahrnehmungskompetenz. Im Gegenteil dürfen die Gemeinden diese Aufgaben wegen ihres überörtlichen Charakters grundsätzlich gerade nicht wahrnehmen.[85]

33 Der konkrete Aufgabenbestand, der die örtlichen Angelegenheiten im Kern ausmacht, lässt sich indes nicht schematisch bestimmen. Er steht in Abhängigkeit von der Geschichte, der Einwohnerzahl, der flächenmäßigen Ausdehnung bzw. der Struktur einer Gemeinde. Nicht zu den örtlichen Angelegenheiten gehören etwa Fragen der Gesamtwirtschaft, Globalsteuerung, Außen- bzw. Verteidigungspolitik.[86] Diese Angelegenheiten sind kompetenziell dem Bund zugewiesen und daher **keine Angelegenheiten der örtlichen Gemeinschaft**.[87] Gleiches gilt für überörtliche Aufgaben des Landes. Die Gemeinden besitzen zudem auch kein allgemeinpolitisches, sondern lediglich ein lokalpolitisches Mandat.[88] Lediglich **in engen Grenzen** ist den Gemeinden – dann freilich als Ausfluss ihres Selbstverwaltungsrechts – eine sog. **Befassungskompetenz auch in überörtlichen Angelegenheiten** zuzugestehen, nämlich dann, wenn zugleich ein örtlicher Bezug der jeweiligen Angelegenheit auszumachen ist, der die gemeindlichen Interessen berührt.[89]

bb) Eigenverantwortlichkeit (Art. 71 I 2 LV)

34 Art. 71 I 2 LV garantiert – insoweit wiederum in Übereinstimmung mit Art. 28 II 1 GG – zudem die Eigenverantwortlichkeit der Gemeinden bei der Erfüllung der örtlichen Angelegenheiten. Damit wird den Gemeinden ein **Mindestmaß an Handlungs- und Gestaltungsspielraum bei der Umsetzung ihrer (Verwaltungs-)Aufgaben** außerhalb der staatlichen Behördenhierarchie garantiert.[90] Die Eigenverantwortlichkeit ist zugleich notwendige Folge der materiellen Gewährleistungsgehalte (→ Rn. 24 ff.) der institutionellen Garantie.[91] Eigenverantwortlichkeit bedeutet einen Mindestbestand an Selbstentscheidungs- und Selbstgestaltungsbefugnissen über das „Ob", das „Wie" oder das „Wann" der Aufgabenerfüllung. Die Gemeinden haben das Recht, ohne Weisung und Vormundschaft des Staates die örtlichen Angelegenheiten so zu erfüllen, wie ihnen dies nach Maßgabe der Rechtsordnung zweckmäßig erscheint.[92] Insoweit steht der Gemeinde nicht nur die Wahl jeder zulässigen Art der Aufgabenwahrnehmung zu, sondern zudem auch die Befugnis, die Art und Weise der Aufgabenwahrnehmung durch Satzung zu regeln bzw. – soweit es sich nicht um einfachgesetzlich

---

85 Dazu StGH, ESVGH 26, 1 (5); 28. 1 (2 f.); differenzierend *Braun,* Art. 71 Rn. 31.
86 *Pautsch* in: Ade/Pautsch, GemO BW, § 1 Rn. 2.
87 BVerwGE 87, 228; BVerwG, NVwZ 1991, 684; noch einschränkender HessVGH, B. v. 16.9.2011 – 8 B 1595/11 – juris, Rn. 9. Vgl. auch BVerwG, LKV 201, 509; BayVGH, B. v. 27.7.2009 – 4 N 09.1300 –juris, Rn. 17 f., diesen aufhebend aber BayVerfGH, NVwZ-RR 2012, 50 (51 f.).
88 *Pautsch* in: Ade/Pautsch, GemO BW, § 1 Rn. 2.
89 *Lange,* Kommunalrecht, Kap. 1, Rn. 44; *Pautsch* in: Ade/Pautsch, GemO BW, § 1 Rn. 2, mit Bsp.
90 *Braun,* Art. 71 Rn. 16.
91 *Henneke,* in Schmidt-Bleibtreu/Hofmann/Henneke, Art. 28 Rn. 34 („doppelter Schutzgehalt").
92 *Dreier* in Dreier, Art. 28 Rn. 114; *Hellermann* in Epping/Hillgruber, Art. 28 Rn. 42.

angeordnete Pflichtsatzungen handelt – auch auf eine Satzungsregelung zu verzichten.[93]

Die Eigenverantwortlichkeit kommt vor allem in den **gemeindlichen Hoheiten** zum Ausdruck, welche den Gemeinden konkrete Räume autonomer Aufgabenerfüllung sichern.[94] Die im Folgenden näher erläuterten Hoheiten weisen zum Teil Binnenbezüge zueinander auf. Während die Gebietshoheit gleichsam als „Mutterhoheit" verstanden werden kann, da sich aus ihr der für die eigenverantwortliche Aufgabenwahrnehmung notwendige Bezug zum Hoheitsgebiet ergibt, stehen vor allem die Organisations-, Personal- und Finanzhoheit in einem symbiotischen Verhältnis zueinander. Das BVerfG hat insoweit angenommen, dass es sich gerade bei diesen Hoheiten um einen „der Aufgabenerfüllung vorgelagerten, gemeindeinternen, Bereich" handele, auf den sich die verfassungsrechtlich garantierte Eigenverantwortlichkeit besonders erstrecke.[95] Im Einzelnen werden die nachfolgenden Hoheiten als Ausprägungen der gemeindlichen Eigenverantwortlichkeit unterschieden.[96] 35

Zunächst besteht die **Gebietshoheit** der Gemeinden als deren Befugnis, in den Gebietsgrenzen überhaupt – freilich abgeleitete – Hoheitsgewalt auszuüben.[97] Es ist insoweit auch von eigener „Herrschaftsgewalt"[98] der Gemeinden die Rede. Mit Blick auf die gemeindliche Gebietshoheit findet gerade auch auf der kommunalen Ebene – als unmittelbarer Ausfluss der gemeindlichen Selbstverwaltungsgarantie – das **Territorialprinzip** seinen Ausdruck.[99] Vor allem mit Blick auf den organisationsrechtlichen Status der Gemeinden als (Gebiets-)Körperschaften des öffentlichen Rechts kommt der Gebietshoheit – letztlich über die durch den Wohnsitz bedingte Mitgliedschaft der Gemeindeeinwohner – konstitutiver Charakter zu.[100] Mit der Gebietshoheit allein sind noch keine konkreten Zuständigkeitsvermutungen verbunden, wenngleich dies durch landesrechtliche Regelung möglich wäre. Entscheidender ist insoweit der Aufgabenbestand, der sich aus der verfassungsrechtlich zugesicherten Allzuständigkeit ergibt (vgl. → Rn. 29 ff.). Die Zulässigkeit von Gebietsreformen, also zwangsweiser Zusammenschlüsse verschiedener Gebietskörperschaften durch Gesetz, betrifft zwar nicht speziell die Gebietshoheit.[101] Diese ist jedoch bereits auf der Ebene des Landesverfassungsrechts dadurch eingeschränkt, dass Art. 74 LV Gebietsänderungen erlaubt, die neben gesetzlicher Bestimmung 36

---

93 *Pautsch* in: Ade/Pautsch, GemO BW, § 1 Rn. 2.
94 Vgl. *Braun*, Art. 71 Rn. 19 ff.; *Hennecke* in Schmidt-Bleibtreu/Hofmann/Hennecke, Art. 28 Rn. 78.
95 BVerfG, NVwZ 1999, 520; siehe in einem weiteren Sinne auch mit Blick auf die sich aus Organisations-, Personal- und Finanzhoheit ergebende Prägung der Eigenverantwortlichkeit BVerfGE 17, 172 (181 f.); 26, 228 (244); 91, 228 (236); VerfGH NRW, U. v. 23.3.2010 – 21/08 – juris, Rn. 54.
96 Dazu auch *Lange*, Kommunalrecht, Kap. 1 Rn. 58 ff.
97 *Pieroth* in: Jarass/Pieroth, Art. 28 Rn. 25.
98 BVerfGE 52, 95 (118).
99 *Mehde* in: Maunz/Dürig, Art. 28 Rn. 58.
100 BVerfGE 52, 95 (117); *Mehde* in: Maunz/Dürig, Art. 28 Rn. 58.
101 *Mehde* in: Maunz/Dürig, Art. 28 Rn. 58.

auch auf der Grundlage zwischengemeindlicher Vereinbarungen möglich sind.[102]

37 Mit der **Organisationshoheit** ist den Gemeinden die Befugnis eingeräumt, die eigene Verwaltung nach eigenen Zweckmäßigkeitserwägungen selbst zu organisieren.[103] Die Gewährleistung bezieht sich freilich nicht auf die Festlegung der „äußeren Grundstrukturen der Gemeinde",[104] sondern umfasst es insbesondere auch, im Innenbereich Behörden, Einrichtungen und Dienststellen zu errichten, zu ändern und aufzuheben sowie diese auszustatten und zu beaufsichtigen.[105] Als eine wichtige Unterausprägung der Organisationshoheit stellt sich die sog. **Kooperationshoheit** dar.[106] Sie gewinnt im Rahmen kommunaler Zusammenarbeit zunehmend an Bedeutung, denn sie enthält im Kern „die Befugnis, darüber zu befinden, ob eine bestimmte Aufgabe eigenständig oder gemeinsam mit anderen Verwaltungsträgern wahrgenommen wird und ob zu diesem Zweck gemeinsame Institutionen gegründet werden".[107] Ihr zufolge können „die Kommunen für einzelne Aufgaben zusammen mit anderen Kommunen gemeinschaftliche Handlungsinstrumente schaffen".[108]

38 Die **Personalhoheit** räumt den Gemeinen das Recht ein, das eigene Personal – insbesondere die Gemeindebeamten sowie die tarifvertraglich Beschäftigten – im Rahmen der allgemeinen beamten- und tarifrechtlichen Bestimmungen auszuwählen, anzustellen, zu befördern und zu entlassen.[109] Die Personalhoheit stellt sich gleichsam als Teilelement der übergreifenderen Organisationshoheit dar, da die kommunale Selbstverwaltung in organisationaler Hinsicht naturgemäß auf den Einsatz von Personal zur Erfüllung ihrer Aufgaben angewiesen ist. Sie umfasst somit auch die Funktionen der Gemeinde, die ihr als Dienstherr und Arbeitgeber zugewiesen sind.[110]

39 Die **Finanzhoheit** stellt sich als Befugnis zur **eigenverantwortlichen Einnahmen- und Ausgabenwirtschaft** innerhalb des gesetzlich festgelegten Haushaltsrechts dar.[111] Sie ist nach dem StGH „wesentlicher Bestandteil des Selbstverwaltungsrechts" und sichert landesverfassungsrechtlich nach Art. 71 I LV iVm Art. 73 I LV die finanzielle Leistungsfähigkeit der Gemeinden.[112] Bundesverfassungsrechtlich erhält sie eine maßgebliche Prägung durch die zusätzliche Absicherung in Art. 28 II 3 GG.

---

102 *Braun*, Art. 71 Rn. 21.
103 Dazu StGH, ESVGH 24, 155 (161); 26, 1 (5 f.); 31, 167 (168, 170).
104 BVerfGE 91, 228 (236 ff.); BVerwG, NVwZ 2006, 1405.
105 BVerfGE 119, 331 (362).
106 BVerfG, NVwZ 1987, 123 (124); BVerwGE 140, 245 (250); *Mehde* in: Maunz/Dürig, Art. 28 Rn. 72; *T.I. Schmidt*, Kommunale Kooperation, 58.
107 BVerfGE 119, 331 (362); *Mehde* in: Maunz/Dürig, Art. 28 Rn. 72.
108 BVerfG NVwZ 1987, 123 (124); *Mehde* in: Maunz/Dürig, Art. 28 Rn. 72; im Einzelnen näher zu den Typen kommunaler Kooperation *Kraft-Zörcher/Neumann*, LKV 2010, 193 (194 f.).
109 BVerfGE 17, 172 (182); 91, 228 (245), s. auch *H. A. Wolff*, VerwArch 100 (2009), 280 ff.
110 *Wolff* in: Hömig/Wolff, Art. 28 Rn. 14.
111 BVerfGE 26, 228 (244); 71, 25 (36).
112 StGH, ESVGH 44, 8 (9–11); ESVGH 48, 161 (181); VBlBW 1999, 294 (300); näher *Werner*, VBlBW 1997, 1 (2 ff.).

Mit der **Planungshoheit** steht den Gemeinden das Recht zu, insbesondere 40
die städtebauliche Entwicklung zu ordnen und die Bodennutzung zu planen und zu regeln, einschließlich des Rechts, an überörtlichen bzw. solchen Planungen mitzuwirken, welche relevante Auswirkungen für die Gemeinde haben.[113] Die Planungshoheit folgt aus der Gebietshoheit, denn sie garantiert den Gemeinden, dass sie in ihrem Gebiet die zentralen Entscheidungen über die Gestaltung des Gemeindegebiets grundsätzlich selbst treffen können. Davon umfasst ist insbesondere die städtebauliche Planung durch den Erlass von Bauleitplänen nach Maßgabe des Baugesetzbuches (BauGB), das den Gemeinden vor allem das Recht verleiht, durch den Erlass von Bebauungsplänen gestalterisch über die Bodennutzung und städtebauliche Entwicklung des Gemeindegebiets zu befinden (vgl. §§ 1 III, 2 I, 10 I BauGB). Hierin kommt die Selbstverwaltungsgarantie auch insoweit zum Ausdruck, als ein Bezug zur Satzungshoheit gegeben ist, da Bebauungspläne als Satzung ergehen. Ebenfalls zur Planungshoheit der Gemeinde zählt die vorbereitende Bauleitplanung in Gestalt von Flächennutzungsplänen, wenngleich diese keine Satzungen, sondern einen Rechtsetzungsakt eigener Art darstellen. Die Flächennutzungsplanung unterfällt wie die Bebauungsplanung auch dem Kernbereichsschutz der Selbstverwaltungsgarantie. **Einschränkungen** ist die Planungshoheit **durch die Raumordnung und Landesplanung** ausgesetzt. Allerdings sind solche Eingriffe durch überörtliche Interessen gerechtfertigt, soweit sie auch verhältnismäßig sind und der Bedeutung der Planungshoheit als Ausdruck der Selbstverwaltungsgarantie im Rahmen der planerischen Abwägung hinreichend Rechnung getragen wird. Gleiches gilt im Grundsatz auch für die sog. Fachplanungen, wenn sich die gemeindliche Planung bereits hinreichend konkretisiert hat und durch das entsprechende Vorhaben nachhaltig gestört wird.[114] Insoweit greift die **negative Planungshoheit** der Gemeinden ein, die die jeweils betroffene Gemeinde in die Lage versetzt, sich gegebenenfalls auch gerichtlich gegen übergeordnete Planungen (etwa Fachplanungen) auf eigenem (und ggf. auch auf fremdem) Gebiet zur Wehr zu setzen.[115] Die Planungshoheit vermittelt den Gemeinden somit auch ein Abwehrrecht gegenüber höherstufigen Planungen.

Die **Rechtsetzungshoheit** (konkreter auch: **Satzungshoheit**) gewährleistet es 41
den Gemeinden, die örtlichen Angelegenheiten durch Satzung zu regeln,[116] wobei die Befugnis auf das Gemeindegebiet begrenzt ist und daher auch insoweit eine Vorprägung durch die Gebietshoheit besteht.[117] Das Satzungsrecht folgt bereits aus Art. 28 II 1 GG selbst („regeln"). Einer über die allgemeine Einräumung des Satzungsrechts hinausgehenden, spezialgesetzlichen Ermächtigung bedürfen die Gemeinden nur, sofern mit der Satzung

---

113 BVerfGE 56, 298 (310, 317 f.); BVerwGE 81, 95 (106); 84, 209 (214 f.); *Mehde* in: Maunz/Dürig, Art. 28 Rn. 59 ff.; *Pieroth* in: Jarass/Pieroth, Art. 28 Rn. 19.
114 BVerwGE 97, 203 (211); 100, 388 (394); *Mehde* in: Maunz/Dürig, Art. 28 Rn. 60.
115 *Krüper/Herbolsheimer*, ZJS 2016, 546 (547).
116 Ausdrücklich auch StGH, BWVBl. 1956, 88 (LS 2).
117 Vgl. BVerwG, NVwZ 2010, 1435 (1436).

Grundrechtseingriffe verbunden sind.[118] In diesen Fällen greift das Erfordernis einer bereichsspezifischen Rechtsgrundlage, etwa in § 11 GemO für die Anordnung eines gemeindlichen Anschluss- und Benutzungszwangs[119] oder die Auferlegung von Geldleistungspflichten in Form gemeindlicher Abgaben nach Maßgabe von § 2 KAG.

42 Selbst im Bereich der einfachgesetzlich in § 2 III GemO geregelten Weisungsaufgaben, bei denen den Gemeinden sowohl das „Ob" als auch (zumindest ganz weitgehend) das „Wie" der Aufgabenerfüllung vorgegeben ist, verbleibt ein Grundbestand an Eigenverantwortlichkeit insoweit bestehen, als die Gemeinden in der **Bestimmung der Organisation der Aufgabenerledigung** autonom bleiben. So ist die konkrete verwaltungstechnische Aufgabenwahrnehmung und deren Ausgestaltung anerkanntermaßen von der Eigenverantwortlichkeit umfasst, mithin Ausprägung vor allem der Organisations- und Personalhoheit (→ Rn. 37 f.).

43 Von vornherein Einschränkungen ausgesetzt ist die verfassungsrechtlich verbürgte Eigenverantwortlichkeit allerdings dort, wo **staatliche Mitwirkungsrechte** bestehen (zB bei organisationsrechtlichen Genehmigungsvorbehalten bzw. staatlich-kommunalem Zusammenwirken, der sog. **Kondominialverwaltung**)[120] bzw. soweit die Gemeinden unter der Aufsicht des Staates (Art. 75 LV) stehen.[121] Die Notwendigkeit einer Einschränkbarkeit der eigenverantwortlichen Aufgabenwahrnehmung nach Art. 71 I 2 LV ist durch den dort ebenfalls niedergelegten Gesetzesvorbehalt indiziert.

c) Gesetzesvorbehalt

44 Die Wahrnehmung ihrer Kompetenzen steht den Gemeinden – wie im Übrigen auch den Gemeindeverbänden und den Zweckverbänden sowie den von Art. 71 I 3 LV ebenfalls als Selbstverwaltungsträger adressierten sonstigen öffentlich-rechtlichen Körperschaften und Anstalten – nur „**im Rahmen der Gesetze**" zu. Dies folgt explizit aus Art. 71 I 2 LV, wonach die eigenverantwortliche Verwaltung der Angelegenheiten unter Gesetzesvorbehalt steht. Es handelt sich um einen **institutionellen Gesetzesvorbehalt**.[122] Mit ihm wird das Selbstverwaltungsrecht begrenzt und der Gesetzgeber zugleich ermächtigt, in beschränktem Umfang in das Selbstverwaltungsrecht einzugreifen.[123]

45 Eingriffe in das Selbstverwaltungsrecht bedürfen also stets eines Gesetzes. Sie können sich sowohl auf das „Ob" als auch das „Wie" der Aufgabenwahrnehmung beziehen.[124] Der Begriff „Gesetz" ist dabei nicht im formellen Sinne zu verstehen; ausreichend sind etwa auch Rechtsverordnungen,

---

118 BVerwG, NVwZ 2005, 963 (Anordnung eines Anschluss- und Benutzungszwangs).
119 Vgl. BVerwG, NVwZ 2005, 963.
120 *Braun*, Art. 75 Rn. 12; *Brüning/Vogelgesang*, Kommunalaufsicht, Rn. 83.
121 *Braun*, Art. 71 Rn. 17, sowie die Erläuterungen zu Art. 75.
122 BVerfGE 56, 298 (309); näher *Brüning/Vogelgesang*, Kommunalaufsicht, Rn. 25 ff.
123 *Brüning/Vogelgesang*, Kommunalaufsicht, Rn. 25.
124 BVerfGE 83, 363 (381 ff.).

soweit sie nach Inhalt, Zweck und Ausmaß auf einer spezifizierten Ermächtigungsgrundlage beruhen.[125]

Der Gesetzgeber kann das kommunale Selbstverwaltungsrecht jedoch nicht unbegrenzt einschränken. Eine innere Aushöhlung des kommunalen Selbstverwaltungsrechts ist von Verfassungs wegen unzulässig. Für die Frage, ob ein gesetzgeberischer Eingriff im Einzelfall als verfassungsrechtlich zulässig anzusehen ist oder nicht, kommt es zunächst auf die **Unterscheidung zwischen Kernbereich und Randbereich** der gemeindlichen Selbstverwaltungsgarantie an sowie in der Folge darauf, ob der gesetzliche Eingriff in den Kern- oder den Randbereich fällt. In einem Kernbereich genießen die Gemeinden einen besonderen (absoluten) Schutz gegenüber Eingriffen durch den Gesetzgeber.[126] Der **Kernbereich markiert gleichsam den Wesensgehalt der Selbstverwaltungsgarantie**.[127] Laut BVerfG dürfen die identitätsbestimmenden Merkmale der gemeindlichen Selbstverwaltung durch die Beschränkung nicht beseitigt oder derart ausgehöhlt werden, dass die Gemeinde keinen Spielraum mehr besitzt, ihr Selbstverwaltungsrecht auszuüben.[128] Nach ganz hM ist es mit Art. 28 II 1 GG – sowie insbesondere auch Art. 71 I LV – aber im Umkehrschluss vereinbar, die gemeindliche Selbstverwaltung dann zu beschränken, wenn deren Kernbereich unberührt bleibt.[129] Zu diesem Kernbereich zählen das Recht der Gemeinden, sich aller Angelegenheiten der örtlichen Gemeinschaft anzunehmen, die nicht anderen Verwaltungsträgern zugeordnet sind, sowie gleichermaßen die gemeindliche Gestaltungsfähigkeit in Form der Eigenverantwortlichkeit mit ihren Unterausprägungen in Gestalt der gemeindlichen Hoheiten.[130] Der Gesetzesvorbehalt und die Kernbereichsthese gelten somit gleichermaßen für die Allzuständigkeit und die Eigenverantwortlichkeit, wobei das BVerfG bei der Eigenverantwortlichkeit eine gewisse Abstufung vornimmt.[131] Absolutem Schutz unterliegen daher vor allem der Grundsatz der Allzuständigkeit sowie die Hoheitsrechte in ihrem Grundbestand. 46

Beschränkungen des gemeindlichen Selbstverwaltungsrechts im Randbereich – und damit außerhalb der zum Kernbereich zählenden Gegenstände – sind grundsätzlich zulässig, dh verfassungsrechtlicher Rechtfertigung zugänglich.[132] Wenngleich das BVerfG die Begrifflichkeiten zunächst wegen ihrer Verortung im Staat-Bürger-Verhältnis vermieden hat,[133] gelten als Maßstab für solche Eingriffe der **Grundsatz der Verhältnismäßigkeit und das Willkürverbot** als Ausfluss des grundgesetzlich in Art. 20 III GG und 47

---

125 StGH, ESVGH 27, 185 (186).
126 StGH, BWVBl. 1956, 168 f.; BWVBl. 1957, 138 f., BWVBl. 1959, 138 (141); ESVGH 12 II, 9; 18, 1 (LS 1 u. 2 sowie S. 3); 24, 155 (161 f.); 26, 1 (4); 26, 129 (136); 28, 1 (4); *Braun*, Art. 71 Rn. 28; bundesverfassungsrechtlich etwa *Hellermann* in: Epping/Hillgruber, Art. 28 Rn. 47.
127 *Braun*, Art. 71 Rn. 28.
128 BVerfGE 79, 127 (148, 155).
129 StGH, ESVGH 18, 1 (LS 1 u. 2 sowie S. 3); *Hellermann* in: Epping/Hillgruber, Art. 28 Rn. 47.
130 *Henneke* in: Schmidt-Bleibtreu/Hofmann/Henneke, Art. 28 Rn. 56.
131 BVerfGE 91, 228 (238 f.).
132 StGH, ESVGH 18, 1 (LS 1 u. 2 sowie S. 3); *Hellermann*, in Epping/Hillgruber, Art. 28 Rn. 47.
133 BVerfGE 79, 127 (152 ff.); 81, 310 (338); anders aber in BVerfGE 86, 90 (109).

landesverfassungsrechtlich in Art. 23 I LV verankerten Rechtsstaatsprinzips.[134]

d) Grundgesetzliches Aufgabendurchgriffsverbot

48 Ebenfalls in den Kontext des verfassungsrechtlichen Schutzes der gemeindlichen Selbstverwaltung fällt das im Zuge der Föderalismusreform I im Jahre 2006 in Art. 84 I 7 GG – sowie für die Bundesauftragsverwaltung in Art. 85 I 2 GG – aufgenommene **Aufgabendurchgriffsverbot**.[135] Es handelt sich jeweils um eine **negative Kompetenzvorschrift**,[136] die es dem Bund verwehrt, durch Bundesgesetz den Gemeinden (und Gemeindeverbänden) unmittelbar Aufgaben zu übertragen. Hatte das BVerfG dies vor der Verfassungsänderung in Ausnahmefällen noch punktuell erlaubt – etwa bei Annahme einer Annexmaterie[137] –, ist nunmehr ein direkter „Durchgriff" bei der Aufgabenübertragung durch Bundesgesetz von Verfassungs wegen strikt ausgeschlossen.[138] Damit ist die Weiterübertragung nur über die für das Kommunalrecht zuständigen Landesgesetzgeber zulässig, da deren Umgehung einen „gravierenden Eingriff in deren organisatorische Eigenständigkeit"[139] bedeuten und damit das Kompetenzgefüge nach Art. 83, 84 I 1 GG aushöhlen würde. Dies bedeutet für den (Regel-)Fall der Ausführung der Bundesgesetze durch die Länder in landeseigener Verwaltung, dass die Länder über die Einrichtung der Behörden und das Verwaltungsverfahren bestimmen, mithin also auch die Festlegung der jeweiligen Verwaltungsstufe, durch die eine bundesgesetzlich vorgegebene Aufgabe im Land erledigt wird, durch den Landesgesetzgeber zu bestimmen ist.

2. Gemeindeverbandliche Selbstverwaltungsgarantie (Abs. 1 S. 1, Abs. 2 S. 3)

a) Träger der gemeindeverbandlichen Selbstverwaltungsgarantie

49 In ähnlicher Weise wie Art. 28 II 2 GG gewährleistet Art. 71 I 1 LV iVm Art. 71 II 3 LV den **Gemeindeverbänden das Selbstverwaltungsrecht**. Zu den Gemeindeverbänden zählen zuvörderst die **Landkreise**, die als „Kreise" in Art. 28 I 2 GG als auch in Art. 72 I 1 LV und Art. 73 II LV ausdrücklich Erwähnung finden und daher vom jeweiligen Verfassungsgeber sowohl auf der Ebene des GG als auch der LV als bestehender Gemeindeverbandstypus vorausgesetzt werden konnten.[140] Die Landkreise sind als Gemeindeverbandstypus vor allem nach der LV institutionell garantiert.[141]

---

134 So insbesondere auch StGH, ESVGH 25, 1 (18 ff.); zum Willkürverbot auch StGH, 24, 155 (161, 164); *Braun*, Art. 71 Rn. 29.
135 Eingehend *Engelken*, VBlBW 2008, 457 ff.; *Henneke*, Föderalismusreformen, 32 ff.
136 Zu Begriff und Bedeutung näher *Henneke*, Föderalismusreformen, 32.
137 BVerfGE 22, 180 (210); 77, 288 (299); 119, 331 (359).
138 *Engelken*, VBlBW 2008, S. 457 (468); *Henneke*, Föderalismusreformen, 32.
139 So treffend *Suerbaum* in: Epping/Hillgruber, Art. 84 Rn. 27.
140 *Braun*, Art. 71 Rn. 10.
141 Grundlegend StGH, ESVGH 23, 1 (3).

[Selbstverwaltung, insbesondere Gemeinden und Gemeindeverbände] Artikel 71

Die Frage, ob noch **weitere kommunale Organisationsformen** vom gemeindeverbandlichen Selbstverwaltungsrecht umfasst sind, ist umstritten.[142] Da die LV – indes noch weniger als das GG, das in Art. 28 I 2 GG ausdrücklich nur auf „die Kreise" abhebt – keine begriffliche Einschränkung vornimmt, dürften im Sinne eines weiten Verständnisses grundsätzlich alle übrigen verbandlichen Zusammenschlüsse von Gemeinden eingeschlossen sein, sofern sie nicht nur singuläre Aufgaben erledigen oder erfüllungshalber übernehmen.[143] Danach unterfallen der gemeindeverbandlichen Selbstverwaltungsgarantie in BW im Regelungskontext der GemO insbesondere auch die in Form des **Gemeindeverwaltungsverbands** organisierten Verwaltungsgemeinschaften nach § 59 S. 1 Alt. 1 GemO, wenngleich es sich bei diesen um Verbandskörperschaften und nicht um Gebietskörperschaften handelt, denen es obliegt, Aufgaben der sich zusammenschließenden verbandsangehörigen Gemeinden wahrzunehmen.[144] Art. 71 I 1 LV legt gerade keine erhöhten Anforderungen an den Begriff des Gemeindeverbands fest, so dass sich die Zuordnung nicht danach bemessen kann, ob es sich um *Gebiets*körperschaften handelt. Maßgebend ist vor allem die Abgrenzung anhand des Aufgabenbestandes, und zwar vor allem gegenüber den in Art. 71 I 1 LV ausdrücklich gesondert erwähnten Zweckverbänden. Auch wenn der Gemeindeverwaltungsverband nach geläufiger Auffassung als „besondere Art von Zweckverband"[145] charakterisiert wird, zeichnet er sich diesem gegenüber dennoch dadurch aus, dass er dazu bestimmt ist, die beteiligten Gemeinden *umfassend* zu betreuen und für diese ganze Aufgabengebiete zu erledigen oder *zur Erfüllung zu übernehmen*.[146] Die grundsätzlich umfassendere Aufgabenwahrnehmung durch den Gemeindeverwaltungsverband gegenüber dem lediglich auf einzelne Aufgaben beschränkten Zweckverband legt es daher nahe, diesen den Organisationsformen der sog. „zweiten Gemeindeebene"[147] – etwa den Verbandsgemeinden in Rheinland-Pfalz oder den Samtgemeinden in Niedersachsen, welche unstreitig den Gemeindeverbänden zugerechnet werden, und denen das Recht der gemeindeverbandlichen Selbstverwaltung aus Art. 28 II 2 GG zusteht[148] – zuzuordnen und damit auch landesverfassungsrechtlich zugleich gegenüber den Zweckverbänden abzugrenzen. Auch für die Gemeindeverwaltungsverbände ist kennzeichnend, dass es sich insoweit um Körperschaften des öffentlichen Rechts handelt, denen durch Landesgesetz neben staatlichen Angelegenheiten auch partiell örtliche Selbstverwaltungsaufgaben zugewiesen sind. Ebenso wie Samt- oder Verbandsgemeinden sind sie im kommunalen Verwaltungsaufbau zwischen der gemeindlichen und der Ebene der Landkreise anzusiedeln.[149] Es spricht im Ergebnis daher Über- 50

---

142 Zum Streitstand *Rothe*, Kreisgebietsreform und ihre verfassungsrechtlichen Grenzen, 65 ff.
143 *Tettinger/Schwarz* in: von Mangoldt/Klein/Starck, GG, Bd. 2, Art. 28 Rn. 240; so auch *Pautsch*, DVP 2008 S. 230 (231).
144 Str., aA *Braun*, Art. 71 Rn. 12; *Gern*, Kommunalrecht, Rn. 949; *Sixt* in: Kunze/Bronner/Katz, GemO BW, § 59 Rn. 6.
145 *Sixt* in: Kunze/Bronner/Katz, GemO BW, § 59 Rn. 6.
146 *Sixt* in: Kunze/Bronner/Katz, GemO BW, § 59 Rn. 6.
147 Zum Begriff BVerfG NVwZ 1988, 619 (621).
148 *Gern*, Kommunalrecht, Rn. 958 f.
149 Vgl. *Bovenschulte*, Gemeindeverbände, 318.

wiegendes dafür, auch die Gemeindeverwaltungsverbände den Gemeindeverbänden zuzurechnen.

51 Gleiches dürfte für den **Verband Region Stuttgart** gelten, dem nach Maßgabe des Gesetzes über die Errichtung des Verbands Region Stuttgart (GVRS v. 4.2.1994, GBl. 92) ein **in Abgrenzung zu den Zweckverbänden erweiterter Aufgabenkreis** zugewiesen ist, und der somit nach seinem Wesen den Gemeindeverbänden im Sinne des landesverfassungsrechtlichen Verständnisses entspricht. Der Schutzumfang des Selbstverwaltungsrechts der Gemeindeverbände ist nämlich gegenüber den Zweckverbänden und sonstigen öffentlich-rechtlichen Körperschaften (und Anstalten) als weiteren Selbstverwaltungsträgern insoweit erweitert, als die für die Gemeindeverbände in den Art. 71 III, 73 I, III, 75 und 76 LV besonders geregelten Rechte und Pflichten auf sie Anwendung finden, sofern dort nicht ausdrücklich nur die Kreise als Gemeindeverbände genannt sind.

52 Nicht zu den Gemeindeverbänden – sondern zu den **sonstigen öffentlich-rechtlichen Körperschaften** im Sinne von Art. 71 I 3 LV – zählen wegen ihrer begrenzten Aufgabenträgerschaft die durch das Zweite Gesetz zur Verwaltungsreform (Regionalverbandsgesetz v. 26.7.1971, GBl. 336) gebildeten zwölf **Regionalverbände** sowie die nach Maßgabe des Vierten Gesetzes zur Verwaltungsreform (Nachbarschaftsverbandsgesetz v. 9.7.1974, GBl. 261) errichteten fünf **Nachbarschaftsverbände**. Eigenständige Bedeutung haben daneben die in Art. 71 I 1 LV gesondert genannten Zweckverbände nur insoweit, als sie als besondere Organisationsform im Verfassungstext benannt werden. Da sie wegen des begrenzten – „verbandszweckbezogenen" – Aufgabenbestandes ebenfalls keine Gemeindeverbände sind, gelten auch für sie die in Art. 71 III, 73 I, III, 75 und 76 LV besonders geregelten Rechte und Pflichten nicht.

b) Reichweite der gemeindeverbandlichen Selbstverwaltungsgarantie

53 Im Unterschied zur gemeindlichen Selbstverwaltungsgarantie gewährleistet Art. 28 II 2 GG das Selbstverwaltungsrecht nur *im Rahmen ihres gesetzlichen Aufgabenbereiches* nach Maßgabe der Gesetze. Die LV weist den Gemeindeverbänden in Art. 71 II 2 LV „innerhalb ihrer Zuständigkeit" den gleichen Status wie den Gemeinden zu. Die Selbstverwaltung der Gemeindeverbände ist mithin **gesetzesakzessorisch**, dh der Aufgabenbestand der Gemeindeverbände wird ausschließlich durch den Gesetzgeber bestimmt.[150] Missverständlich ist es daher, den Landkreisen über Art. 71 II 2 LV eine gewisse Universalität der Aufgaben zuzusprechen.[151] Wenngleich der StGH betont hat, dass die kreiskommunale Selbstverwaltungsgarantie der LV über Art. 28 II 2 GG hinausgehe,[152] ist die Pflicht zur Aufgabenzuweisung durch den einfachen Gesetzgeber neben den staatlichen Aufgaben auch bezüglich der sog. kreiskommunalen Aufgaben, dh der „eigenen" Selbstverwaltungsaufgaben der Landkreise, zwingend und damit in der Folge auch der Grundsatz der Gesetzesakzessorietät der gemeindeverband-

---

150 BVerfGE 83, 363 (383); *Hellermann* in: Epping/Hillgruber, Art. 28 Rn. 52.
151 So wohl *Braun*, Art. 71 Rn. 10, unter Verweis auf die einfachgesetzliche Bestimmung in § 2 LKrO.
152 StGH, ESVGH 23, 1 (3).

lichen Selbstverwaltung insoweit vorgegeben.[153] Hieraus kann auch **keine „beschränkte Universalität"**[154] gefolgert werden, da es eine solche bereits begriffslogisch nicht geben kann. Nach einfachem Landesrecht wird dies überdies durch § 2 LKrO belegt, der die Kreisaufgaben nach den gängigen Kategorien der überörtlichen Aufgaben einerseits und den Ausgleichs- und Ergänzungsaufgaben andererseits umreißt.[155] Gleiches gilt für die – nach hier vertretener Auffassung ebenfalls den Gemeindeverbänden zuzurechnenden – Gemeindeverwaltungsverbände (§ 59 S. 1 Alt. 1 GemO) mit Blick auf die gesetzliche Aufgabenbestimmung in § 61 GemO.

III. Selbstverwaltungsrecht der Zweckverbände

Art. 71 I 1 LV räumt zudem den Zweckverbänden das Recht der Selbstverwaltung ein und stellt sie zumindest dem Verfassungswortlaut nach auf eine Stufe mit den Gemeinden und Gemeindeverbänden. Sie bilden neben den Gemeinden und Gemeindeverbänden eine **eigenständige Organisationsform der mittelbaren Landesverwaltung** und sind als körperschaftlich verfasste Selbstverwaltungsträger etabliert. Auf der Ebene der LV fehlt es indes an einer näheren Bestimmung des Begriffs des Zweckverbands. Wenngleich es sich bei Zweckverbänden um eine tradierte Regelungsform des Verwaltungsorganisationsrechts handelt, blieb bzw. bleibt ihre nähere Bestimmung und Ausgestaltung dem einfachen Gesetzgeber überlassen. Seine nähere Ausgestaltung findet der Zweckverband in BW im Gesetz über kommunale Zusammenarbeit (GKZ), dh den §§ 2 ff. GKZ. Gleichwohl ist es anerkannt, den Zweckverband übergreifend als „(...) **rechtsfähige Personalkörperschaft des öffentlichen Rechts unter maßgeblicher kommunaler Beteiligung, die der Erfüllung einzelner ihr übertragener kommunaler Aufgaben dient** (...)"[156] zu verstehen. Maßgeblich für die Charakterisierung ist vor allem der Umstand, dass der Aufgabenbestand von Zweckverbänden – im Unterschied zu den ebenfalls körperschaftlich organisierten Gemeindeverbänden – typischerweise auf Einzelaufgaben beschränkt ist. Zweckverbände sind somit keine Gemeindeverbände. Die Art. 71 III, 73 I, III, 75 und 76 LV gelten für sie nicht. Für die Reichweite des Selbstverwaltungsrechts der Zweckverbände nach Art. 71 I 1 LV gilt, dass dieses durch den einfachen Gesetzgeber zu bestimmen ist. Dies gilt auch für Einzelfragen wie die Ausübung der staatlichen Aufsicht über die Zweckverbände.

54

IV. Selbstverwaltungsgarantie der sonstigen öffentlich-rechtlichen Körperschaften und Anstalten als Gewährleistung funktionaler Selbstverwaltung

Ebenso wie zu den Zweckverbänden trifft die LV keine normativen Bestimmungen über die Reichweite der Selbstverwaltung der in Art. 71 I 3 LV ge-

55

---

153 Vgl. bundesverfassungsrechtlich BVerfGE 83, 363 (383); 119, 331 (353); ein Widerspruch zu StGH, ESVGH 23, 1 (3), folgt daraus nicht.
154 So *Braun*, Art. 71 Rn. 43.
155 Zur Kategorisierung der kreiskommunalen Aufgaben nach überörtlichen Aufgaben und Ausgleichs- und Ergänzungsaufgaben vgl. *Hellermann* in: Epping/Hillgruber, Art. 28 Rn. 52.4.
156 Definition nach *T.I. Schmidt*, Kommunale Kooperation, 29.

nannten sonstigen öffentlich-rechtlichen Körperschaften und Anstalten. In dem der Verfassungstext diese Selbstverwaltungsträger ausdrücklich nennt und damit der gesamte Bereich der **funktionalen Selbstverwaltung** angesprochen wird, wird deutlich, dass die Selbstverwaltungsgarantie als allgemeines Verfassungsprinzip in Art. 71 LV niedergelegt werden sollte (→ Rn. 22). Allerdings finden sich für die funktionale Selbstverwaltung, die sich in erster Linie auf die Träger der wirtschaftlichen, sozialen, akademischen und freiberuflichen Selbstverwaltung erstreckt,[157] keine den Art. 72 bis 76 LV, die ihrerseits nur für die Träger kommunaler Selbstverwaltung gelten, vergleichbaren zusätzlichen verfassungsrechtlichen Anforderungen. Die nähere Bestimmung und Ausgestaltung des Selbstverwaltungsrechts der sonstigen öffentlich-rechtlichen Körperschaften und Anstalten als Trägern funktionaler Selbstverwaltung obliegt daher dem einfachen Gesetzgeber. Aus der Erwähnung in Art. 71 I 3 LV und der Einbeziehung in den Kreis der Selbstverwaltungsträger folgt lediglich zwingend, dass die **Einräumung eines gewissen Grades an Selbstverwaltung** – jedenfalls im Sinne eines Mindestbestandes an organisationaler Autonomie – überhaupt gewährleistet sein muss. Zu den Selbstverwaltungsträgern zählen als Körperschaften des öffentlichen Rechts vor allem die **Regionalverbände und Nachbarschaftsverbände**, die teilweise auch den Zweckverbänden zugerechnet werden,[158] was im Ergebnis bezüglich der Reichweite der Selbstverwaltungsgarantie allerdings keinen Unterschied macht. Denn den Zweckverbänden und den Selbstverwaltungsträgern nach Art. 71 I 3 LV im Bereich der funktionalen Selbstverwaltung ist gemeinsam, dass ihr **Selbstverwaltungsrecht allein der Ausgestaltung durch den einfachen Gesetzgeber** unterliegt. Aus dem Bereich der öffentlich-rechtlichen Körperschaften sind überdies die **Kammern** einbezogen, sofern es sich um landesunmittelbare Körperschaften des öffentlichen Rechts handelt, die der Aufsicht des Landes unterstehen.[159] Für die Hochschulen, die hinsichtlich ihres körperschaftlichen Elements ebenfalls der funktionalen Selbstverwaltung zuzurechnen sind, ist bezüglich der Gewährleistung des Selbstverwaltungsrechts indes Art. 20 II LV als speziellere Norm vorrangig (→ Art. 20 Rn. 40).

V. Übertragung von Aufgaben und finanzieller Ausgleich (Abs. 3)

1. Aufgabenübertragung

a) Norminhalt

56   Art. 71 III 1 LV bestimmt, dass den Gemeinden oder Gemeindeverbänden durch Gesetz die Erledigung bestimmter bestehender oder neuer öffentlicher Aufgaben übertragen werden kann. Es handelt sich somit um eine Regelung der sog. **Aufgabenkommunalisierung**. Mit ihr verbunden ist die Verpflichtung, nach Art. 71 III 2 LV gleichzeitig Bestimmungen über die Deckung der Kosten zu treffen. Diese Regelung war bereits Bestandteil der LV von 1953 und ist bis zur Reform durch das 19. LVÄndG vom 6.5.2008

---

157 *Stober* in: Wolff/Bachof/Stober/Kluth, Verwaltungsrecht I, § 9 Rn. 11.
158 So *Braun*, Art. 71 Rn. 15.
159 Eingehend dazu *Kluth*, DÖV 2005, 368 ff.

[Selbstverwaltung, insbesondere Gemeinden und Gemeindeverbände] Artikel 71

(GBl. 119), mit der das schon ehedem geltende Konnexitätsprinzip modifiziert wurde, unverändert geblieben.[160]

b) Aufgabenbegriff

Die bis zur Reform im Jahre 2008 geltende Fassung des Art. 71 III 1 LV bezog sich auf die Übertragung „bestimmter öffentlicher Aufgaben" zur Erledigung an die Gemeinden und Gemeindeverbände. Art. 71 III 1 LV regelte daher zunächst nur, dass solche Aufgaben, die bisher vom Staat selbst oder anderen öffentlich-rechtlichen Körperschaften erfüllt wurden, durch Gesetz auf Gemeinden und Gemeindeverbände übertragen werden können.[161] Gegenstand der Übertragung, die **durch förmliches Gesetz** zu erfolgen hat,[162] sind somit **öffentliche Aufgaben**. Dieser Begriff gilt auch unter der heutigen Fassung des Art. 71 III 1 LV fort. Darunter fallen grundsätzlich **alle Pflichtaufgaben**, die der Gesetzgeber den Gemeinden bzw. Gemeindeverbänden **mit oder ohne Weisungsrecht** überträgt.[163] Wenngleich die LV im Ansatz weiter von dem früheren Aufgabendualismus, der zwischen eigenem Wirkungskreis (genuine Selbstverwaltungsaufgaben) und übertragenem Wirkungskreis (staatliche Aufgaben) auszugehen scheint und demgegenüber die einfachgesetzlichen Regelungen in der GemO und der LKrO (dort jeweils in § 2 I geregelt) nunmehr – dem monistischen Aufgabenmodell des Weinheimer Entwurfs[164] folgend – einen einheitlichen Wirkungskreis zugrunde legen, sind verfassungsrechtliche Vorgaben und einfachgesetzliche Ausgestaltung gleichwohl in Deckung zu bringen.[165] Auch nach der Judikatur des StGH unterfiel dem Begriff der „öffentlichen Aufgaben" auch bislang die Zuweisung von Selbstverwaltungsaufgaben, die unter dem monistischen Modell der GemO bzw. LKrO dann Pflichtaufgaben ohne Weisung darstellen.[166]

57

Der Aufgabenbegriff ist allerdings infolge der Novelle im Jahre 2008 dahingehend erweitert worden, dass Gegenstand der Aufgabenübertragung nicht mehr nur „bestimmte" öffentliche Aufgaben sind, sondern nunmehr ausdrücklich **„bestimmte bestehende oder neue öffentliche Aufgaben"** erfasst werden.[167] Der StGH hatte die frühere Bestimmung in Art. 71 III 1 LV bislang dergestalt interpretiert, dass nur solche Aufgaben erfasst seien, „die zuvor von einem anderen Verwaltungsträger erfüllt wurden"[168] bzw. solche, die sich als „neu"[169] darstellten.[170] Die Unsicherheit, ob auch die Veränderung bereits bestehender Aufgaben unter Art. 71 III LV falle, ist durch die Neuregelung im Jahre 2008 ausgeräumt worden und wird durch den seither insoweit eindeutigen Verfassungswortlaut bestätigt. Der nun-

58

---

160 *Aker*, VBlBW 2008, 258.
161 *Sander* in: Feuchte, Art. 71 Rn. 13.
162 *Aker*, VBlBW 2008, 258 (261); *Braun*, Art. 71 Rn. 50.
163 *Braun*, Art. 71 Rn. 48.
164 Dazu *Lange*, Kommunalrecht, Kap. 11, Rn. 4.
165 *Braun*, Art. 71 Rn. 48.
166 StGH, VBlBW 1999, 18 (20); s. auch *Aker*, VBlBW 2008, 258 (260); *Feuchte*, Quellen, 8. Teil, 191 ff.
167 *Henneke*, Finanzverfassung, 259.
168 StGH, VBlBW 1999, 18 (20).
169 StGH, VBlBW 1999, 294 (299).
170 *Henneke*, Finanzverfassung, 259.

mehr in Art. 71 III 1 LV vorauszusetzende Aufgabenbestand umfasst das gesamte Aufgabenspektrum, zu dem auch die bereits bestehenden Aufgaben zählen.[171] Der verfassungsändernde Gesetzgeber hat zudem verdeutlicht, dass es fortan nicht mehr darauf ankomme, ob eine Aufgabe zuvor von einem anderen Aufgabenträger wahrgenommen wurde.[172] Entscheidend dafür, ob eine Aufgabenübertragung vorliegt und damit der Anwendungsbereich des Art. 71 III LV eröffnet ist, ist das Vorliegen einer **Aufgabendifferenz**.[173] Es ist mithin darauf abzustellen, ob sich der Aufgabenkreis bzw. der Aufgabenbestand für die Gemeinden oder die Gemeindeverbände gegenüber der bisherigen „Aufgabenlage" verändert hat.[174]

c) Formelles Landesgesetz als Übertragungsakt

59 Die Aufgabenübertragung erfordert – wie dargelegt (→ Rn. 57) – ein formelles Landesgesetz.[175] Auf eine **Aufgabenübertragung an die Gemeinden und Gemeindeverbände durch bundesgesetzliche Regelung** findet Art. 71 III LV keine – auch keine entsprechende – Anwendung. Der Anwendungsbereich einer solchen direkten Aufgabenübertragung durch den Bundesgesetzgeber wäre indes seit der Einführung des Aufgabendurchgriffsverbots in Art. 84 I 7 GG ohnehin nicht mehr gegeben.[176] Die **Entziehung übertragener Aufgaben** bedarf als actus contrarius zur Aufgabenübertragung ebenfalls stets eines förmlichen Landesgesetzes im Sinne von Art. 71 III 1 LV.[177]

d) Kostendeckungsgarantie und Mehrlastenausgleich

60 In Art. 71 III 2 LV ist eine Kostendeckungsgarantie statuiert. Sie ist seit jeher **Ausdruck eines** in der LV verankerten **strikten Konnexitätsprinzips**,[178] nach dem bei einer Aufgabenübertragung stets Bestimmungen über die Kostendeckung zu treffen sind. Art. 71 III 3 bis 5 LV enthalten darüber hinaus Verpflichtungen, für etwaige Mehrbelastungen einen entsprechenden finanziellen Ausgleich zu treffen (sog. **Mehrlastenausgleich**). Sie sind ihrerseits ebenfalls Ausdruck des Konnexitätsprinzips und stehen somit in engem Zusammenhang mit Art. 71 III 2 LV. Kostendeckungsgarantie und Mehrlastenausgleich sind in der Zusammenschau eine Ergänzung der Garantie der finanziellen Leistungsfähigkeit aus Art. 73 I LV als Element der kommunalen Finanzhoheit.[179] In der Gesamtheit handelt es sich somit bei Art. 71 III 2 bis 5 LV um Ausprägungen des (strikten) Konnexitätsprinzips.

---

171 *Aker*, VBlBW 2008, 258 (262).
172 LT-Drs. 14/2442, S. 6; *Aker*, VBlBW 2008, 258 (262).
173 *Aker*, VBlBW 2008, 258 (262); zuvor bereits *Schoch*, VBlBW 2006, 122 (126).
174 LT-Drs. 14/2442, S. 7; *Aker*, VBlBW 2008, 258 (262); *Schoch*, VBlBW 2006, 122 (126).
175 *Aker*, VBlBW 2008, 258 (261).
176 Näher dazu → Rn. 48; vgl. auch *Aker*, VBlBW 2008, 258 (261); eingehend *Engelken*, VBlBW 2008, 457 ff.
177 *Braun*, Art. 71 Rn. 55.
178 *Aker*, VBlBW 2008, 258 (259), in Abgrenzung zu dem auch in anderen Ländern nicht mehr vorzufindenden „relativen" Konnexitätsprinzips.
179 Zur früheren Rechtslage *Braun*, Art. 71 Rn. 59.

Sie gehen über die allgemeine Ausstattungsgarantie nach Art. 71 I LV iVm Art. 73 I LV hinaus.[180]

2. Modifikation des strikten Konnexitätsprinzips bezüglich des Mehrlastenausgleichs

Während die zwingende Regelung über die Kostendeckung in Art. 71 III 2 LV gegenüber der Ursprungsfassung mit Ausnahme des „Gleichzeitigkeitskriteriums" (früher war lediglich gefordert, dass die Kostendeckungsregelung „dabei" zu erfolgen hatte, vgl. Art. 71 III 2 LV a.F.) unverändert geblieben ist, hat das Konnexitätsprinzip im Übrigen, das zuvor Kritik[181] ausgesetzt gewesen ist, vor allem in Art. 71 III 3 bis 5 LV mit der Reform aus dem Jahre 2008 eine umfängliche Modifikation erfahren.

Soweit bis zur Novelle im Jahre 2008 nach Art. 71 III 3 LV aF lediglich vorgesehen war, dass für die etwaige Mehrbelastung der Gemeinden und Gemeindeverbände, die aus der Aufgabenübertragung resultiert, ein entsprechender finanzieller Ausgleich zu schaffen ist, hat die Neufassung in Art. 71 III 3 bis 5 LV zu einer deutlichen Präzisierung des (strikten) Konnexitätsprinzips geführt.[182] Art. 71 III 3 LV bestimmt zunächst, dass dann, wenn die übertragenen Aufgaben, spätere vom Land veranlasste Änderungen ihres Zuschnitts oder Kosten aus ihrer Erledigung oder spätere nicht vom Land veranlasste Änderungen der Kosten aus der Erledigung übertragener Pflichtaufgaben nach Weisung zu einer wesentlichen Mehrbelastung der Gemeinden oder Gemeindeverbände führen, ein entsprechender finanzieller Ausgleich zu schaffen ist. Der Zusammenhang mit Art. 71 III 1, 2 LV ist zwar nach wie vor gegeben; Art. 71 III 3 LV schafft darüber hinaus aber eine weiter als bislang reichende **generelle Pflicht zum Mehrlastenausgleich** in den genannten Fallgruppen. Für die ihrem Charakter nach staatlichen Pflichtaufgaben zur Erfüllung nach Weisung (Weisungsaufgaben) besteht nunmehr eine Pflicht zum Mehrlastenausgleich auch dann, wenn die Kostenänderung nicht auf Veranlassung durch das Land erfolgt ist.[183]

Nach Art. 71 III 4 LV gelten die Sätze 2 und 3 entsprechend, wenn das Land freiwillige Aufgaben der Gemeinden oder Gemeindeverbände in Pflichtaufgaben umwandelt oder besondere Anforderungen an die Erfüllung bestehender, nicht übertragener Aufgaben begründet. Auch insoweit handelt es sich um eine **Erweiterung der Konnexitätsregelung**, die den Mehrlastenausgleich des Landes auch auf die Fälle erstreckt, in denen entweder bisher freiwillige (Selbstverwaltungs-)Aufgaben in pflichtige (weisungsfreie) Aufgaben umgewandelt werden, oder aber – und dies ist entscheidender – bestehende, aber nicht übertragene Aufgaben begründet werden. Damit sind auch die Fälle umfasst, in denen das Land an eine nicht übertragene Aufgabe besondere Anforderungen stellt und sich somit – etwa durch die Festlegung bestimmter Standards – eine Steuerung der Aufgabenerledigung trotz fehlender Übertragung vorbehalten will.[184]

---

180 So bereits zur früheren Rechtslage *Werner*, VBlBW 1997, 1 (6).
181 Etwa *Schoch*, VBlBW 2006, 122 ff.; s. auch *Henneke*, Finanzverfassung, 258 f.
182 Näher dazu *Aker*, VBlBW 2008, 258 ff.
183 LT-Drs. 14/2442, 8; *Aker*, VBlBW 2008, 258 (262).
184 *Aker*, VBlBW 2008, 258 (263).

64 Nach Art. 71 III 3 LV ist der Mehrlastenausgleich bereits durch den Verfassungswortlaut auf eine „**wesentliche Mehrbelastung**" beschränkt. Dies **schließt** eine Pflicht des Landes, auch **Bagatellbelastungen** gegenüber den Gemeinden und Gemeindeverbänden auszugleichen, **aus**. Damit ist der früheren Rechtsprechung des StGH entsprochen, der ausgesprochen hatte, dass nur „ins Gewicht fallende" Änderungen des Aufgabenzuschnitts oder der Kosten aus der Aufgabenerledigung Anlass sein könnten, die Frage des Mehrlastenausgleichs erneut zu stellen.[185] Damit bleibt auf der Ebene der Verfassungsebene zwar ungeklärt, wann die Wesentlichkeits- bzw. Erheblichkeitsschwelle erreicht ist; die Entscheidung ist aber numerisch durch den einfachen Landesgesetzgeber in § 3 des **Gesetzes zu einem Konsultationsverfahren zur Kostenfolgenabschätzung nach Artikel 71 Abs. 3 der Verfassung des Landes BW** (Konnexitätsausführungsgesetz – KonnexAG v. 6.5.2008, GBl. 119) erfolgt und obliegt folglich nicht mehr allein der Klärung durch die Rechtsprechung.

65 Art. 71 III 5 LV räumt zugunsten der in Art. 71 IV LV genannten Zusammenschlüsse die Möglichkeit ein, dass durch Gesetz oder eine Vereinbarung der Landesregierung mit diesen Zusammenschlüssen die **Konsultation** bezüglich einer Kostenfolgenabschätzung im Zusammenhang mit der Kostendeckungsgarantie und dem Mehrlastenausgleich geregelt werden kann. Da ausdrücklich Bezug zu den „Zusammenschlüssen" genommen ist, kommt in Abgrenzung zu Art. 71 IV LV lediglich eine Konsultation vor allem der kommunalen Landesverbände in Betracht, nicht aber der Gemeinden bzw. Gemeindeverbände selbst.[186] Dem trägt § 1 KonnexAG Rechnung, der das Konsultationsverfahren (ausschließlich) mit den kommunalen Landesverbänden regelt.

VI. Anhörungsrecht (Abs. 4)

1. Bedeutung

66 Art. 71 IV LV bestimmt, dass die Gemeinden oder Gemeindeverbände oder ihre Zusammenschlüsse rechtzeitig zu hören sind, bevor durch Gesetz oder Verordnung allgemeine Fragen geregelt werden, welche die Gemeinden und Gemeindeverbände berühren. Damit besteht ein **verfassungsrechtlich verbürgtes Anhörungsrecht** dann, wenn durch Gesetz oder Verordnung allgemeine, die Kommunen berührende Fragen durch förmliches Landesgesetz oder Rechtsverordnung geregelt werden.[187] Damit verfügen die Kommunen bzw. ihre Zusammenschlüsse – dh die kommunalen Landesverbände – über eine verfassungsrechtlich abgesicherte Beteiligung im parlamentarischen Gesetzgebungsverfahren. Diese in Form eines allgemeinen Anhörungsrechts ausgestaltete Form der Beteiligung stellt freilich ein Minus gegenüber der ursprünglich von den kommunalen Landesverbänden erhobenen Forderung nach Schaffung einer eigenständigen Gemeindekammer, der das Recht übertragen sein sollte, eigene Gesetzesinitiativen beim Landtag einzubringen und in den Landtagsausschüssen bei eigenen Angelegenheiten

---

185 StGH, VBlBW 1999, 18; s. auch *Aker*, VBlBW 2008, 258 (263); früher so bereits *Braun*, Art. 71 Rn. 65.
186 Zum Ganzen *Henneke* in: HKWP I, § 35 Rn. 13 ff.
187 *Braun*, Art. 71 Rn. 68; *Sander* in: Feuchte, Art. 71 Rn. 14 f.

vertreten zu sein, dar.[188] Sie ist gleichwohl als eine auf der Ebene des Verfassungsrechts ausdrücklich vorgesehene und rechtsförmig ausgestaltete Einbeziehung der Kommunen in den legislativen Willensbildungsprozess zu werten.

Ein **subjektiv-öffentliches Recht auf Anhörung** vermittelt Art. 71 IV LV indes nicht.[189] Vielmehr handelt es sich um eine verfahrensrechtliche Rechtsposition, die sich an den parlamentarischen Gesetzgeber sowie die verordnungsgebende Exekutive (im Regelfall die Regierung nach Art. 61 II LV) richtet und von dem jeweiligen Normgeber im Rahmen des Gesetz- bzw. Verordnungsgebungsverfahrens zu berücksichtigen ist. Es handelt sich nach zutreffender Auffassung allerdings lediglich um ein **formelles Beteiligungsrecht**.[190] Ihm kommt die maßgebliche Funktion zu, den Normgeber umfassend zu informieren.[191] Bezogen auf den Gesetz- bzw. Verordnungsgeber als Anhörungsverpflichteten wendet sich das Anhörungsrecht gleichwohl in eine Anhörungspflicht. 67

2. Gegenstand des Anhörungsrechts

Das Anhörungsrecht nach Art. 71 IV LV ist **auf abstrakt-generelle Regelungen bezogen**, wie sich bereits aus der Formulierung „Gesetze und Verordnungen" ergibt.[192] Voraussetzung ist somit der beabsichtigte Erlass eines **Landesgesetzes** oder einer **Landesverordnung**, wobei es bei den Rechtsverordnungen nicht darauf ankommt, ob sich die Verordnungsermächtigung aus Landes- oder Bundesrecht ergibt.[193] Die kommunalen Körperschaften müssen zudem eine von diesen Regelungen berührt werden. Es muss also ein **gemeindlicher oder gemeindeverbandlicher Bezug unmittelbar aus dem beabsichtigten Rechtsetzungsakt selbst** ergeben. Für andere Selbstverwaltungsträger – etwa aus dem Bereich der funktionalen Selbstverwaltung – besteht auch dann kein förmliches Anhörungsrecht nach Art. 71 IV LV, wenn sie durch ein Normsetzungsverfahren potenziell berührt werden. In diesen Fällen verbleibt es bei einer fakultativen Beteiligung im Rahmen der allgemeinen Verbändeanhörung. 68

Das Anhörungsrecht nach Art. 71 IV LV besteht neben dem Recht der Kommunen, bei individuell-konkreten Regelungen selbstständig angehört zu werden, wenn diese von besonderem Gewicht sind oder einen besonders gearteten Eingriff bedingen.[194] Dieses neben Art. 71 IV LV bestehende Recht folgt bereits aus der Einräumung der Selbstverwaltungsgarantie in Art. 71 I, II LV und besteht insbesondere bei Gebietsänderungen (Art. 74 LV).[195] 69

---

188 *Sander* in: Feuchte, Art. 71 Rn. 14; s. auch *Feuchte*, Geschichte, 225.
189 *Braun*, Art. 71 Rn. 68.
190 Zum Begriff *Hagebölling*, Art. 57 Rn. 8.
191 *Braun*, Art. 71 Rn. 68.
192 *Braun*, Art. 71 Rn. 70; *Sander* in: Feuchte, Art. 71 Rn. 15.
193 Zutreffend *Braun*, Art. 71 Rn. 69.
194 *Braun*, Art. 71 Rn. 70; *Sander* in: Feuchte, Art. 71 Rn. 15.
195 StGH, ESVGH 23, 1 (18 ff.); 25, 1 (25); *Braun*, Art. 71 Rn. 70; *Sander* in: Feuchte, Art. 71 Rn. 15.

3. Adressaten des Anhörungsrechts

70 Nach Art. 71 IV LV sind die **Gemeinden und Gemeindeverbände** *oder* ihre **Zusammenschlüsse** anzuhören. Es steht also im Ermessen des Normgebers, zu entscheiden, ob die betroffenen Kommunen selbst oder aber ihre Zusammenschlüsse angehört werden. Unter den – hinsichtlich des kommunalen Bezugs tendenziell eher weit zu verstehenden[196] – Begriff des Zusammenschlusses von Gemeinden und Gemeindeverbänden subsumiert die Staatspraxis vor allem die **kommunalen Landesverbände**, auch wenn sie ihrerseits privatrechtlich organisiert sind.[197] In Betracht kämen freilich auch andere personen- bzw. verbandskörperschaftliche Zusammenschlüsse von Gemeinden wie **Zweckverbände oder Nachbarschaftsverbände**.[198] Die Möglichkeit, vor allem die kommunalen Spitzenverbände auf Landesebene einzubeziehen, dient indes am ehesten der möglichst breiten und zugleich gebündelten Einbeziehung der gemeindlichen bzw. gemeindeverbandlichen Interessen vor dem Hintergrund, dass es sich bei dem Anhörungsgegenstand um die Beteiligung beim Normerlass und nicht um nur einzelne Kommunen individuell betreffende Fragen handelt. Eine Anhörung aller oder nur einzelner Gemeinden oder Gemeindeverbände würde dem Normzweck, eine umfassende Information des Normgebers bezüglich kommunaler Belange sicherzustellen, eher zuwiderlaufen.

4. Verfahren

71 Art. 71 IV LV sieht weder ein bestimmtes Verfahren noch eine bestimmte Form zur Durchführung der Anhörung vor. Die nähere Ausgestaltung ist für die **Beteiligung im Rahmen des parlamentarischen Gesetzgebungsverfahrens** in § 50 a GO LT geregelt und damit dem Innenrecht des Parlaments unterstellt, wodurch wiederum der Charakter von Art. 71 IV LV als formelles Beteiligungsrecht unterstrichen wird. Insbesondere für anhörungspflichtige Gesetzentwürfe der Regierung gilt nach § 50 a I GO LT, dass die Erste Beratung erst stattfinden darf, wenn der Landtag über das Ergebnis der Anhörung unterrichtet worden ist. Die **Anhörung im Rahmen des Verordnungsgebungsverfahrens** richtet sich nach einer auf Kabinettsbeschluss beruhenden Bekanntmachung des Innenministeriums über die Grundsätze für die Anhörung der kommunalen Landesverbände.[199]

5. Rechtsfolgen bei Verletzung der Anhörungspflicht

72 Davon ausgehend, dass aus Art. 71 IV LV kein subjektiv-öffentliches Recht der Gemeinden und Gemeindeverbände folgt, sondern die Vorschrift lediglich eine auf Seiten des Normgebers zu berücksichtigende – wenngleich strikte – Anhörungspflicht auslöst, bleibt zu klären, welche Rechtsfolgen sich bei einer Verletzung der Anhörungspflicht ergeben. Insoweit dürfte zu differenzieren sein, ob der Verstoß auf der Ebene der Gesetzgebung oder

---

196 So auch *Braun*, Art. 71 Rn. 71, der hierunter sämtliche Verbindungen von Gemeinden und Gemeindeverbänden fasst, die der Verfolgung gemeinsamer Interessen dienen.
197 *Lange*, Kommunalrecht, Kap. 19, Rn. 140.
198 *Braun*, Art. 71 Rn. 71.
199 *Braun*, Art. 71 Rn. 72.

der Verordnungsgebung erfolgt. Die nach wie vor zutreffende hM geht davon aus, dass im unterparlamentsgesetzlichen Bereich die Missachtung der verfassungsrechtlich gebotenen Anhörung stets zur **Nichtigkeit der betreffenden Rechtsverordnung** führt.[200] Demgegenüber liegt es bei einer unterbliebenen Anhörung im Gesetzgebungsverfahren so, dass dessen Charakter als eingehendes Verfahren mit umfangreicher Beratung – zudem im Kernbereich der Legislative verortet – ins Verhältnis zur Anhörung als formellem Beteiligungsrecht zu setzen ist. Danach führen Verstöße gegen die von Verfassungs wegen zwar gebotene Anhörung allein **nicht zwangsläufig auch zur Verfassungswidrigkeit des entsprechenden Gesetzes**.[201] Denn die Anhörung erweist sich bei näherer Betrachtung weniger als verfassungsrechtliche Verfahrensvorschrift für das Zustandekommen von Gesetzen, sondern entspricht eher dem Charakter einer formellen Ordnungsvorschrift.[202] Nach anderer Auffassung soll die Nichtbeachtung der Anhörung als Verfassungsverstoß jedenfalls dann zur formellen Verfassungswidrigkeit führen und die Nichtigkeit des betreffenden Gesetzes nach sich ziehen, wenn das Gesetzgebungsverfahren bei rechtzeitiger Anhörung zu einem anderen Ergebnis geführt hätte.[203] In diesen – allenfalls eng umrissenen – Fällen ist aber bereits fraglich, wie ein anderer Ausgang des Gesetzgebungsverfahrens unter Berücksichtigung der Ergebnisse einer (hypothetischen) Anhörung festgestellt werden soll. Im Ergebnis wird daher trotz der Bedeutung der Anhörung für die Artikulierung der Belange der kommunalen Selbstverwaltung allenfalls von einem formellen Verstoß auszugehen sein, der freilich allein nicht zur Verfassungswidrigkeit des betreffenden Gesetzes führt.[204]

VII. Kommunale Selbstverwaltung und Einflüsse des Europäischen Unionsrechts

Eine Betrachtung der verfassungsrechtlichen Gewährleistungen der kommunalen Selbstverwaltung im GG und in der LV müssen freilich auch die Einflüsse in den Blick nehmen, die sich aus dem Europäischen Unionsrecht ergeben. Damit ist vor allem die Frage nach der **„Europafestigkeit" der kommunalen Selbstverwaltung** aufgeworfen. Das Unionsrecht wirkt in vielfältiger Weise auf das verfassungsrechtlich verbürgte Selbstverwaltungsrecht der Gemeinden und Gemeindeverbände ein, so durch das Primärrecht, das sich seit dem Inkrafttreten des Vertrages von Lissabon Ende 2009 aus dem EUV, dem AEUV sowie der EU-Grundrechte-Charta ergibt, und überdies auch aus den unmittelbar wirkenden Vorschriften des Sekundärrechts (so aus EU-Verordnungen und Entscheidungen, unter bestimmten Voraussetzungen auch aus EU-Richtlinien). **Unionsrechtliche Regelungen treffen daher gegenwärtig alle Bereiche des Verwaltungshandelns und**

73

---

200 Vgl. *Braun*, Art. 71 Rn. 73 mwN.
201 Diesen Gedanken entfaltend auch *Hagebölling*, Art. 57 Rn. 8; ähnlich bereits *Braun*, Art. 71 Rn. 73.
202 So mit Blick auf die Verfassungslage in Niedersachsen *Hagebölling*, Art. 57 Rn. 8.
203 *Braun*, Art. 71 Rn. 73; aA wohl *Sander* in: Feuchte, Art. 71 Rn. 16, der allerdings eine insoweit nicht zutreffende Parallele zur Anhörung der Bevölkerung bei Gebietsänderungen zieht.
204 Ebenso *Hagebölling*, Art. 57 Rn. 8.

damit auch die kommunale Ebene. Der Anwendungsvorrang des Unionsrechts bewirkt, dass im Kollisionsfalle stets das europäische Recht – und zwar Primär- und Sekundärrecht – dem nationalen Recht, und zwar auch dem Verfassungsrecht der Mitgliedstaaten, vorgeht.[205] Daraus folgt, dass auch die verfassungsrechtlichen Garantien in Art. 28 II 2 GG bzw. Art. 71 LV dem europäischen Recht im Kollisionsfalle weichen müssten.

74 Vor diesem Hintergrund darf die **„Europafestigkeit" der kommunalen Selbstverwaltung angezweifelt** werden, auch wenn zuweilen behauptet wird, jedenfalls der Kernbereich kommunaler Selbstverwaltung sei vor unionsrechtlichen Eingriffen geschützt.[206] Eine solche Schutzwirkung folgt weder aus dem Europaartikel des GG – Art. 23 I GG –, in welchem die kommunale Selbstverwaltung als Integrationsgrenze nicht genannt ist, noch unmittelbar aus dem europäischen Primärrecht. Zwar sieht Art. 4 II 1 EUV seit Inkrafttreten des Vertrages von Lissabon die Verpflichtung vor, die nationale Identität der Mitgliedstaaten, die in deren grundlegender politischen und verfassungsrechtlichen Struktur *einschließlich der regionalen und kommunalen Selbstverwaltung* zum Ausdruck kommt, zu achten. Die Bestimmung hat aber überwiegend Appellcharakter und richtet sich programmsatzartig an die Organe der EU. Ob damit unionale Ingerenzen auf das nationale Verfassungsrecht mit Blick auf die Gewährleistung kommunaler Selbstverwaltung ausgeschlossen werden können, bleibt fraglich. Denn anders als aus der auf der Ebene des Europarats im Range einfachen Völkerrechts geltende „Europäische Charta der kommunalen Selbstverwaltung"[207] aus dem Jahre 1988 ergeben sich aus Art. 4 II 1 EUV wohl keine – zumindest keine unmittelbar durch die Mitgliedstaaten auslösbaren – Mechanismen zu deren Durchsetzung. Eher lässt sich eine Schutzwirkung zugunsten der kommunalen Selbstverwaltung den Bestimmungen über das **unionsrechtliche Subsidiaritätsprinzip** aus Art. 5 III EUV entnehmen. Danach darf die Union nur handeln, wenn ein Ziel nicht ausreichend von den Mitgliedstaaten *einschließlich deren regionaler und lokaler Ebene* verwirklicht werden kann.

Artikel 72 [Gemeinde- und Kreisvertretung]

(1) ¹In den Gemeinden und Kreisen muß das Volk eine Vertretung haben, die aus allgemeinen, unmittelbaren, freien, gleichen und geheimen Wahlen hervorgegangen ist. ²Bei Wahlen in Kreisen und Gemeinden sind auch Personen, die die Staatsangehörigkeit eines Mitgliedstaates der Europäischen Gemeinschaft besitzen, nach Maßgabe von Recht der Europäischen Gemeinschaft wahlberechtigt und wählbar sowie bei Abstimmungen stimmberechtigt.

---

205 EuGH, Slg. 1964, 1253; BVerfGE 37, 271 (Solange-I); 73, 339 (Solange-II); 89, 155 (Maastricht).
206 So *Waibel*, Gemeindeverfassungsrecht, § 1 Rn. 9; wie hier zweifelnd bereits früher *Martini/Müller*, BayVBl. 1993, 161.
207 BGBl. 1987 II, 65. Dazu *Schaffarzik*, Charta der kommunalen Selbstverwaltung; zur Bindungswirkung *T.I. Schmidt*, EuR 2003, 936 ff.

(2) ¹Wird in einer Gemeinde mehr als eine gültige Wahlvorschlagsliste eingereicht, so muß die Wahl unter Berücksichtigung der Grundsätze der Verhältniswahl erfolgen. ²Durch Gemeindesatzung kann Teilorten eine Vertretung im Gemeinderat gesichert werden. ³In kleinen Gemeinden kann an die Stelle einer gewählten Vertretung die Gemeindeversammlung treten.
(3) Das Nähere regelt ein Gesetz.

Schrifttum:
Barley, Das Kommunalwahlrecht für Ausländer nach der Neuordnung des Art. 28 Abs. 1 S. 3 GG, 1999; *Burkholz*, Teilnahme von Unionsbürgern an kommunalen Bürgerentscheiden?, DÖV 1995, 816; *Engelken*, Einbeziehung der Unionsbürger in kommunale Abstimmungen (Bürgerentscheide, Bürgerbegehren)?, NVwZ 1995, 432; *Frey/Naßmacher*, Parlamentarisierung der Kommunalpolitik?, AfK 1975, 195; *Hausmann*, Die Inkompatibilität im Gemeindeverfassungsrecht der Bundesrepublik Deutschland, 1976; *Heußner/Pautsch*, Die Kommunalisierung des Kommunalwahlrechts – Ein Weg zur Durchsetzung wahlbeteiligungssteigernder Wahlrechtsreformen, DVBl. 2016, 1308; *Labrenz*, Die Wahlpflicht – unbeliebt, aber nicht unzulässig, ZRP 2011, 214; *Oebbecke*, Das Wahlrecht von Geburt an, JZ 2004, 987; *Schellenberger*, Teilnahme Minderjähriger an Wahlen und Abstimmungen in Baden-Württemberg, VBlBW 2015, 497; *C. Schönberger*, Vom Verschwinden der Anwesenheit in der Demokratie – Präsenz als bedrohtes Fundament von Wahlrecht, Parteienrecht und Parlamentsrecht, JZ 2016, 486; *Schmidt-Eichstädt*, Die Machtverteilung zwischen der Gemeindevertretung und dem Hauptverwaltungsbeamten im Vergleich der deutschen Gemeindeverfassungssysteme, AfK 1985, 20; *Schunda*, Das Wahlrecht von Unionsbürgern bei Kommunalwahlen in Deutschland, 2003; *Thiele*, Neugestaltung des Wahlrechts zur Wiederbelebung der Demokratie, ZRP 2017, 105.

Vergleichbare Regelungen: Art. 28 I 2 bis 4 GG, 12 BayVerf, 2 S. 2 BerlVerf (mit Einschränkungen), 138 HessVerf (ausdrücklich nur für Wahl der Bürgermeister und Landräte), 3 III iVm 72 II MVVerf, 57 II NdsVerf, 50 RPVerf, 86 I SächsVerf, 89 LSAVerf, 4 I SchlHVerf, 95 ThürVerf.

Ergänzende Normen: §§ 26 ff. GemO, §§ 21 ff. LKrO, Kommunalwahlgesetz (KomWG), Kommunalwahlordnung (KomWO).

Leitentscheidungen: StGH, ESVGH 24, 155; ESVGH 26, 1; ESVGH 26, 129; ESVGH 29, 151.

A. Überblick und Einordnung	1	2. Wahlrechtsgrundsätze	12
I. Bedeutung	1	II. Aktives und passives Wahlrecht von EU-Bürgern (Abs. 1 S. 2)	20
II. Herkunft, Entstehung, Geschichte	5		
III. Verfassungsvergleichende Betrachtung	7	III. Einzelheiten der kommunalen Wahl (Abs. 2)	22
B. Erläuterung	8	1. Verhältniswahl (Abs. 2 S. 1)	23
I. Gewählte Vertretung auf Gemeinde- und Kreisebene und Bindung an Wahlrechtsgrundsätze (Abs. 1 S. 1)	8	2. Teilortswahl (Abs. 2 S. 2)	25
		3. Gemeindeversammlung (Abs. 2 S. 3)	28
1. Erfordernis einer volksgewählten Vertretung	8	IV. Gesetzliche Regelung (Abs. 3)	29

A. Überblick und Einordnung

I. Bedeutung

1 Art. 72 LV dient der landesverfassungsrechtlichen Umsetzung der aus der **Homogenitätsnorm** des Art. 28 I 2 GG folgenden Verpflichtung, dass in den Ländern nicht nur auf der staatlichen Ebene ("in den Ländern"), sondern auch in Gemeinden und Kreisen eine aus allgemeinen Wahlen hervorgegangene Volksvertretung existieren muss.[1] Für die Landesebene ist das aus dem Demokratiegebot folgende Erfordernis einer gewählten Volksvertretung vor allem in den Art. 26 und 28 LV verwirklicht.[2] Art. 72 LV ergänzt diese Vorschriften für die Wahl der Vertretungen auf der kommunalen Ebene, dh in Gemeinden und Kreisen.

2 Die **Vorgaben des GG** beschränken sich für die kommunale Ebene darauf, das Erfordernis einer demokratisch legitimierten **Volksvertretung** neben dem Land nur für die Gemeinde- und Kreisebene vorzugeben. Ausdrücklich nicht vorgegeben – und daher auch nicht nach Maßgabe der LV verpflichtend – ist die **Ausgestaltung der Wahl der Hauptverwaltungsbeamten in Gemeinden und Landkreisen** als Direktwahl. Die Verfassungen verbieten dies freilich nicht, obschon die Entscheidung dem einfachen Landesgesetzgeber obliegt. Hiervon ist durch die §§ 45 bis 47 GemO – ergänzt durch die Vorgaben des KomWG (§ 10 KomWG) – Gebrauch gemacht worden. Die **Bürgermeister** der baden-württembergischen Gemeinden werden auf dieser Grundlage seit jeher direkt gewählt (Modell der Süddeutschen Ratsverfassung)[3] und verfügen insoweit gegenüber dem Gemeinderat über eine eigenständige demokratische Legitimation, die auch in der Trennung der Wahlperioden (acht Jahre für den Bürgermeister und fünf Jahre für den Gemeinderat) ihren allfälligen Ausdruck findet. Für die Wahl der **Landräte** gilt – auch dies entspringt einer gewissen Tradition, die darauf zurückzuführen ist, dass die Landratsämter als Kreisbehörden in erheblichem Umfang staatliche Aufgaben als untere Verwaltungsbehörden wahrnehmen –, dass diese nach einfachgesetzlicher Bestimmung (vgl. §§ 37 ff. LKrO, insbesondere § 39 V LKrO) durch die Kreisräte gewählt werden und daher nur über eine mittelbare demokratische Legitimation verfügen. BW ist neben Schleswig-Holstein unter allen Flächenländern das einige Bundesland, das keine volksunmittelbare Wahl des Landrates vorsieht. Eine Einführung der Direktwahl des Landrats wäre indes – wie bei den Bürgermeistern auch – durch einfachgesetzliche Regelung in der LKrO zulässig. Art. 72 LV enthält auch insoweit keine besonderen verfassungsrechtlichen Vorgaben.

3 Während in Art. 28 II 2 GG die Gemeindeverbände zwar insgesamt – und ohne Wortlautbegrenzung auf die Kreise – benannt sind, ist eine landesverfassungsrechtlich zu garantierende – direkt gewählte – **Volksvertretung neben den Gemeinden indes nur für die Landkreise** vorgesehen. Dem Landesverfassungsgeber wäre es zwar unbenommen, über die Mindestanforderungen des Art. 28 I 2 GG noch hinauszugehen und insbesondere auch für die weiteren Gemeindeverbände neben den Landkreisen, denen – wie bspw.

---

1 *Pieroth* in: Jarass/Pieroth, Art. 28 Rn. 10.
2 *Sander* in: Feuchte, Art. 72 Rn. 2.
3 Dazu *Dols/Plate/Schulze*, Rn. 11.

den Gemeindeverwaltungsverbänden – nach Art. 71 I LV ebenfalls das Recht der Selbstverwaltung eingeräumt ist, in gleicher Weise eine direkt gewählte Volksvertretung vorzusehen.[4] Jedoch ist hiervon auf Landesebene einfachgesetzlich bislang nicht Gebrauch gemacht worden. Namentlich der StGH hat es nicht bemängelt, dass etwa die Gemeindeverwaltungsverbände im Unterschied zu den Landkreisen nicht über eine unmittelbare demokratische – sondern eine lediglich mittelbare – Legitimation verfügen.[5]

Art. 72 I 1 LV enthält nach zutreffender Auffassung eine Gewährleistung des kommunalen Demokratiegebots.[6] Art. 72 I 1 LV und Art. 28 I 2 GG entsprechen sich hinsichtlich der Verwirklichung dieses Demokratiegebots durch periodische Wahlen auch auf der Gemeindeebene. Dies gilt zum einen insoweit, als das Volk eine Vertretung haben muss, die aus allgemeinen, unmittelbaren, freien, gleichen und geheimen Wahlen hervorgegangen ist. Zum anderen muss diese Vertretung nicht nur vorhanden sein, sondern es muss ihr für die grundlegenden Entscheidungen der Gemeinde auch die Entscheidungszuständigkeit eingeräumt sein.[7] 4

II. Herkunft, Entstehung, Geschichte

Eine Vorgängerregelung zu Art. 72 LV fand sich unter den südwestdeutschen Verfassungen nach 1945 lediglich in Art. 98 VerfWB, wo die Grundsätze der Verhältniswahl für die Volkswahl der Vertretungen in den Gemeinden und Kreisen festgelegt waren.[8] In den Verfassungsberatungen 1952/53 haben sowohl Art. 68 VerfERP als auch Art. 101 VerfECDU unter dem Eindruck von Art. 28 I 2 GG die Wahlrechtsgrundsätze betont, was schließlich zu der unveränderten Übernahme in Art. 72 I 1 LV geführt hat. Die noch in Art. 101 VerfECDU vorgesehene Möglichkeit, anstelle der Entscheidung der Volksvertretungen auch Volksabstimmungen vorzusehen, wurde im VA nicht übernommen. Demgegenüber wurde allerdings in Anlehnung an das GG (zunächst Art. 28 I 3 GG, nunmehr Art. 28 I 4 GG) die Möglichkeit der Einführung der Gemeindeversammlungsverfassung für kleinere Gemeinden eingeführt.[9] Auch sah die ursprünglich in Kraft getretene Fassung von Art. 72 LV bereits die Möglichkeit vor, dass kleineren Teilorten ein Sitz im Gemeinderat gesichert werden konnte („unechte Teilortswahl"). 5

Die gegenwärtig geltende Fassung hat Art. 72 LV durch das 17. LVÄndG vom 15.2.1995 (GBl. 269) erhalten, mit dem insbesondere das kommunale Wahlrecht für EU-Ausländer (seinerzeit: EG-Ausländer) eingeführt wurde und der Verfassungsnorm eine neue Struktur gegenüber der seit 1953 geltenden Fassung gegeben wurde. 6

---

4 *Sander* in: Feuchte, Art. 72 Rn. 2.
5 StGH, ESVGH 26, 1 (11); überdies zu den vereinbarten Verwaltungsgemeinschaften StGH, ESVGH 26, 129 (LS 2 u. 3); ESVGH 29, 151 (158); vgl. auch BVerfGE 52, 95 (110).
6 StGH, ESVGH 26, 1 (11); vgl. *Sander* in: Feuchte, Art. 72 Rn. 2.
7 StGH, ESVGH 26, 1 (11).
8 Vgl. *Sander* in: Feuchte, Art. 72 Rn. 2.
9 Vgl. *Sander* in: Feuchte, Art. 72 Rn. 2.

III. Verfassungsvergleichende Betrachtung

7 Art. 28 I 2 GG enthält als Teil der Homogenitätsnorm des Art. 28 I GG für das Kommunalwahlrecht in den Ländern eine zwingende Vorgabe, soweit es um die Existenz kommunaler Volksvertretungen geht. Die grundgesetzliche Bestimmung gilt freilich nur, soweit in den Ländern eine kommunale Ebene – bestehend aus Gemeinden und Kreisen – besteht. Mit Ausnahme der Stadtstaaten, die allenfalls eingeschränkt (Berlin und Bremen) oder gar nicht (Hamburg) über kommunale Selbstverwaltungsstrukturen verfügen, ist das Verfassungsgebot über die Einrichtung einer volksgewählten Vertretung auf Landesebene hinaus auch auf der kommunalen Ebene einzuhalten. Die Verpflichtung folgt jedoch aus dem GG unmittelbar, so dass eine einfachgesetzliche Umsetzung grundsätzlich genügt. Vor diesem Hintergrund finden sich nicht in allen Flächenländern ausdrückliche verfassungsrechtliche Niederlegungen wie in Art. 72 LV. Überdies beschränkt sich das Gebot der direkten Volkswahl auf kommunaler Ebene auch nur auf die Vertretungen der Gemeinden und Gemeindeverbände. Ausdrücklich nicht verpflichtend aufgrund bundesverfassungsrechtlicher Vorgabe ist daher die Einführung einer Direktwahl für die Hauptverwaltungsbeamten (insbesondere die Bürgermeister). Eine solche Pflicht sieht auf der Ebene der Verfassung nur Hessen für die Wahl der Bürgermeister und Landräte vor (Art. 138 HessVerf).

B. Erläuterung

I. Gewählte Vertretung auf Gemeinde- und Kreisebene und Bindung an Wahlrechtsgrundsätze (Abs. 1 S. 1)

1. Erfordernis einer volksgewählten Vertretung

8 Art. 72 I 1 LV bestimmt, dass in den Gemeinden und Kreisen das Volk eine Vertretung haben muss, die aus allgemeinen, unmittelbaren, freien, gleichen und geheimen Wahlen hervorgegangen ist. Die Norm legt somit zum einen das **Prinzip demokratischer Repräsentation** auch für die kommunale Ebene fest; zum anderen **bindet** es die zugehörige Wahl **an die demokratischen Wahlrechtsgrundsätze**.[10]

9 Art. 72 I 1 LV entspricht Art. 28 I 2 GG insofern, als die Norm vorschreibt, dass es in Gemeinden und Kreisen eine **periodisch gewählte Volksvertretung** geben muss, deren Mitglieder nach den Wahlrechtsgrundsätzen, die für die Wahlen zum Bundestag (Art. 38 GG) als auch zum Landtag (Art. 26 IV LV) gleichermaßen gelten, von dem kommunalen (Teil-)Volk gewählt werden.[11] Die landesverfassungsrechtliche Norm setzt den **Grundsatz der Repräsentation** in der Kommunalverwaltung um. Danach sind Gemeinde- und Kreisvertretungen (Gemeinderat bzw. Kreistag) – obschon sie nach Art 69 LV den Selbstverwaltungskörperschaften zuzuordnen sind, mithin zur vollziehenden Gewalt zählen und gerade keine Parla-

---

10 *Braun*, Art. 72 Rn. 5 ff.
11 *Waechter* in: Epping/Butzer u.a., Art. 57 Rn. 88.

mente sind –[12] dennoch gewählte Volksvertretungen.[13] Die Begrifflichkeiten Volksvertretung und Parlament sind somit zwar keineswegs deckungsgleich. Die Ebene der örtlichen Selbstverwaltung als Teil der Länderexekutive ist jedoch schon wegen der Vorgabe aus Art. 28 I 2 GG demokratisch-legitimatorisch durchdrungen und unterliegt damit der unmittelbaren Legitimation durch die Gemeinde- bzw. Kreisbürger, die insoweit als **Teilvolk im Sinne des Demokratieprinzips** anzusehen sind.[14]

Die Verwirklichung von Demokratie auf kommunaler Ebene ist mithin nicht denkbar ohne die Existenz einer direkt gewählten Volksvertretung in Gemeinden und Kreisen. Die einfachgesetzliche Umsetzung findet sich in den wahlrechtlichen Vorschriften der GemO (insb. §§ 26 ff.) und der LKrO (insb. §§ 22 ff.) sowie des KomWG. 10

Art. 72 I 1 LV ist auch der **Grundsatz der Periodizität der Wahlen** immanent, wenngleich es hierzu an einer ausdrücklichen Erwähnung in der Verfassung fehlt. Dies folgt bereits aus dem Demokratieprinzip selbst, das neben Art. 23 I LV und Art 25 I LV auch Art. 72 I 1 LV zugrunde liegt. Es ist vom StGH ausdrücklich im Zusammenhang mit der Frage der Verlängerung von Wahlzeiten als **Verfassungsgrundsatz auch für gemeindliche Vertretungen** bekräftigt worden.[15] Die Periodizität untersteht als Kernelement des Demokratieprinzips zudem dem Schutz des Art. 64 I LV vor Verfassungsänderung.[16] 11

2. Wahlrechtsgrundsätze

Art. 72 I 1 LV verpflichtet – auch insoweit in (wörtlicher) Übereinstimmung mit Art. 28 I 2 GG – zur Einhaltung der demokratischen Wahlrechtsgrundsätze, wie sie sich zudem wortlautgleich in Art. 26 IV LV auch landesverfassungsrechtlich allgemein für „alle nach der Verfassung durch das Volk vorzunehmenden Wahlen" niedergelegt finden. Es muss somit gewährleistet sein, dass es sich um **allgemeine, unmittelbare, freie, gleiche und geheime Wahlen** handelt, aus denen die Gemeinde- bzw. Kreisvertretung – dh Gemeinderat bzw. Kreistag – jeweils hervorgegangen ist. 12

Wegen der wortlautgleichen Übernahme des Bezuges auf die Wahlrechtsgrundsätze aus Art. 28 I 2 GG in Art. 72 I 1 LV kann für die landesrechtliche Bestimmung bezüglich deren Gewährleistungsgehalts auf die Maßstäbe zurückgegriffen werden, die – grundgesetzlicher Homogenität folgend – auch bundesverfassungsrechtlich herausentwickelt worden sind. Danach gilt im Einzelnen das Folgende (siehe auch → Art. 26 Rn. 24 ff.): 13

- Die **Allgemeinheit der Wahl** meint, dass das Wahlrecht allen Staatsbürgern – hier also dem kommunalen Teilvolk auf Gemeinde- bzw. Kreis- 14

---

12 Die Auffassung, wonach es sich bei den kommunalen Vertretungen um Parlamente handeln soll, hat sich zu Recht nicht durchgesetzt, vgl. so aber *Faber* in: AK-GG, Art. 28 Rn. 55; *Frey/Naßmacher*, AfK 1975, 195 ff.; *Schmidt-Eichstädt*, AfK 1985, 20, 30; eingehend dazu *Heußner/Pautsch*, DVBl. 2016, 1308 (1314).
13 So bereits *Braun*, Art. 72 Rn. 7.
14 *Heußner/Pautsch*, DVBl. 2016, 1308 (1314).
15 StGH, ESVGH 24, 155 (157 ff.); StGH, VBlBW 1981, 136 (144); vgl. auch BVerfGE 18, 151 (154); 44, 125 (139).
16 *Braun*, Art. 72 Rn. 7.

ebene (siehe dazu näher → Rn. 9) – gleichermaßen eingeräumt sein muss.[17] Der Grundsatz der Allgemeinheit der Wahl bildet wie die Gleichheit der Wahl eine besondere Ausprägung des allgemeinen Gleichheitssatzes.[18] Einschränkungen sind mit Blick auf das Kommunalwahlrecht indes zulässig, etwa mit Blick auf einfachgesetzlich festgelegte Mindest- oder Höchstaltersgrenzen (vgl. etwa § 14 I GemO iVm § 12 I GemO für das aktive Wahlrecht sowie § 28 I GemO für das passive Wahlrecht; auf Landkreisebene gelten insoweit § 10 I LKrO bzw. § 23 I LKrO). Allerdings hat der VGH BW entschieden, dass die – mit höherrangigem Recht vereinbare[19] – Absenkung des Wahlalters bei Kommunalwahlen auf 16 Jahre am Grundsatz der Allgemeinheit der Wahl zu messen sei, obschon es sich dabei um eine Erweiterung des Kreises der Wahlberechtigten und damit an sich um eine Abmilderung der in der Altersgrenze liegende Beschränkung der Allgemeinheit der Wahl handelt.[20] Dies folge daraus, dass der Gesetzgeber bei der Festlegung einer abgesenkten Wahlaltersgrenze nicht frei, sondern an den ungeschriebenen Verfassungsgrundsatz gebunden sei, wonach das aktive Wahlrecht ein Mindestmaß an Reife und Urteilskraft und daher ein entsprechendes Mindestalter voraussetze.[21] Dem ist zwar im Grundsatz zuzustimmen; fraglich ist aber, ob die Bindung an diesen ungeschriebenen Verfassungsgrundsatz auch eine verfassungsrechtliche Prüfung am Maßstab des Grundsatzes der Allgemeinheit der Wahl auszulösen vermag.[22] Denn eine Beeinträchtigung der Allgemeinheit der Wahl – als Ausprägung des allgemeinen Gleichheitssatzes – ist bei einer Wahlaltersabsenkung gerade nicht auszumachen. Sie ist vielmehr der Verwirklichung dieses Wahlrechtsgrundsatzes förderlich, indem der Kreis der Wahlberechtigten erweitert wird.

Umstritten ist hinsichtlich der Allgemeinheit der Wahl, ob Höchstaltersgrenzen in Bezug auf das passive Wahlrecht verfassungsrechtlich zu rechtfertigen sind. Dies wird man mit dem BayVerfGH[23] zumindest mit Blick auf die Wahlaltersbegrenzung für Bürgermeister in § 46 I GemO bejahen müssen, da die beruflichen Anforderungen an das wahrzunehmende Amt, die damit verbundenen Funktionen und sachlichen Aufgaben eine Verantwortung verlangen, die, soll sie ordnungsgemäß und wirkungsvoll wahrgenommen werden, ein erhebliches, den Durchschnitt übersteigendes Maß an Arbeitseinsatz, Leistungsbereitschaft und Leistungsfähigkeit im Sinn physischer und psychischer Belastbarkeit erfordert.[24] Vor diesem Hintergrund sind Altersbegrenzungen auch

---

17 BVerfGE 83, 37 (50 f.); *Butzer* in: Epping/Hillgruber, Art. 38 Rn. 51; *Klein* in: Maunz/Dürig, Art. 38 Rn. 88.
18 *Dietlein* in: Stern IV/2, 185.
19 VGH BW, U. v. 21.7.2017 – 1 S 1240/16, BeckRS 2017, 119873, Ls.
20 VGH BW, U. v. 21.7.2017 – 1 S 1240/16, BeckRS 2017, 119873, Rn. 33.
21 VGH BW, U. v. 21.7.2017 – 1 S 1240/16, BeckRS 2017, 119873, Rn. 33.
22 Ebenso *Oebbecke*, JZ 2004, 987 (988); *Schellenberger*, VBlBW 2015, 497 (498).
23 BayVerfGH, NVwZ 2013, 792.
24 BayVerfGH, NVwZ 2013, 792 (794), unter Bezugnahme auf BVerfG, NVwZ 1997, 1207.

vor dem Hintergrund der im AGG[25] vollständig umgesetzten Richtlinie 2000/78/EG sachlich zu rechtfertigen.[26] Im Kontext der Allgemeinheit der Wahl sind überdies auch sonstige gesetzliche Beschränkungen verfassungsrechtlich gerechtfertigt, die der einfache Wahlrechtsgesetzgeber (Art. 72 III LV) statuiert, um das Erfordernis der Einsichtsfähigkeit hinsichtlich der Bedeutung und der Konsequenzen der Stimmabgabe zu wahren (so zB durch den Wahlrechtsausschluss nach § 14 II Nr. 2 GemO). Um eine hinreichende politische Willensbildung bezogen auf die Wohnsitzgemeinde zu gewährleisten, sind zudem auch Regelungen im einfachen Kommunalwahlrecht verfassungsrechtlich zulässig, die das Wahlrecht an eine bestimmte (Mindest-)Wohnsitzdauer knüpfen (vgl. etwa § 14 I GemO iVm § 12 I GemO). Eine weitere – grundsätzlich vorgegebene – Begrenzbarkeit der Allgemeinheit der Wahl ergibt sich aus Art. 137 I GG. Danach kann die Wählbarkeit von Beamten, Angestellten des öffentlichen Dienstes, Berufssoldaten, freiwilligen Soldaten auf Zeit und Richtern im Bund, in den Ländern und den Gemeinden gesetzlich beschränkt werden (sog. Begrenzungsvorbehalt). Die Regelung dient dem Schutz der organisatorischen Gewaltenteilung vor Gefahren, die durch eine parallele Ausübung von Exekutiv- bzw. Richteramt und Wahlmandat entstehen können.[27] In gewisser Weise ist dieser Begrenzungsvorbehalt in den Inkompatibilitätsvorschriften der Kommunalgesetze (§ 29 GemO bzw. § 24 LKrO) zum Ausdruck gebracht, und zwar vor allem, soweit es um hauptamtliche Beamtenverhältnisse zur eigenen kommunalen Körperschaft geht.[28]

- Die **Unmittelbarkeit der Wahl** erfordert es, dass die Wähler die Volksvertreter – hier die in die kommunalen Vertretungen zu wählenden Gemeinde- bzw. Kreisräte – selbst auswählen können müssen, dh dass zwischen Wähler und Bestimmung der Abgeordneten durch den eigentlichen Wahlakt kein fremder Wille treten darf.[29] Insoweit bestehen für das Kommunalwahlrecht in BW indes keine zu berücksichtigenden Besonderheiten. Insbesondere der Umstand, dass der Landrat von den Kreisräten gewählt wird (§ 39 V LKrO) und damit nur mittelbar demokratisch legitimiert wird, ist verfassungsrechtlich nicht bedenklich. Denn die mittelbare Wahl der Hauptverwaltungsbeamten ist von Art. 28 I 2 GG sowie Art. 72 I LV wegen des ausschließlichen Bezugs auf die „Vertretung" schon gegenständlich gar nicht erfasst. 15

- Die **Freiheit der Wahl** gebietet, dass der Wähler in einem freien, offenen Prozess der Meinungsbildung zu seiner Wahlentscheidung finden und diese unverfälscht und ohne Druck, Zwang oder andere, die freie Willensbildung beeinträchtigende Einflussnahmen betätigen können 16

---

25 Allgemeines Gleichbehandlungsgesetz vom 14.8.2006 (BGBl. I 1897), das zuletzt durch Artikel 8 des Gesetzes vom 3.4.2013 (BGBl. I 610) geändert worden ist.
26 BayVerfGH, NVwZ 2013, 792 (793).
27 *Butzer* in: Epping/Hillgruber, Art. 137 vor Rn. 1.
28 *Butzer* in: Epping/Hillgruber, Art. 137 Rn. 16.1; grundlegend *Hausmann*, Inkompatibilität; dazu aus der Rechtsprechung OVG Münster, DÖV 2002, 43 (44); LVerfG LSA, NVwZ-RR 1998, 149 (150 f.).
29 BVerfGE 7, 63 (68 f.); 47, 253 (279 f.); *Butzer* in: Epping/Hillgruber, Art. 38 Rn. 55.

muss.[30] Die Freiheit der Wahl hat mit Blick auf das Kommunalwahlrecht insofern eine Bewandtnis, als aus ihm eine **Neutralitätspflicht staatlicher und gemeindlicher Organe im Kommunalwahlkampf** herzuleiten ist. Diese Neutralitätspflicht, die insbesondere dazu verpflichtet, sich in amtlicher Funktion einer eindeutigen politischen Positionierung oder Einwirkung zu enthalten, ist freilich abzugrenzen von dem auch staatlichen oder gemeindlichen Organen zustehenden Recht, als Bürger von dem Grundrecht auf Meinungsfreiheit Gebrauch zu machen. Die Freiheit der Wahl stünde auch nicht der **Einführung einer Wahlpflicht** auf kommunaler Ebene – etwa durch Ergänzung der kommunalwahlrechtlichen Vorschriften in der GemO, der LKrO und dem KomWG – entgegen.[31] Dies ergibt sich daraus, dass die Wahlrechtsfreiheit sich nur auf die Freiheit der Willensentscheidung im eigentlichen Wahlakt bezieht, nicht aber bereits auf die Wahlteilnahme.[32] Einen Anhalt bietet in diesem Kontext auch Art. 26 III LV, wonach die Ausübung des Wahl- und Stimmrechts Bürgerpflicht ist.[33] Hierzu hat bereits der StGH festgehalten, dass es sich um eine „allgemeine Bürgerpflicht aus der Verantwortung für das in der staatlichen Organisationsform zu ordnende Gemeinschaftsleben des Volkes" handele.[34] Die Wahlpflicht wäre überdies ein geeignetes Mittel zur Steigerung der Wahlbeteiligung nicht nur auf der kommunalen Ebene.[35]

17 ■ Die **Gleichheit der Wahl** geht – wie, als deren Derivat, der Grundsatz der Allgemeinheit der Wahl auch – von der im Demokratieprinzip angelegten Egalität der Staatsbürger[36] aus und erfordert es, dass diese – hier also die zu Gemeinde- und Kreisvertretungen wahlberechtigten Bürger – das aktive und passive Wahlrecht in formal möglichst gleicher Weise ausüben können müssen.[37] Für Verhältniswahlsysteme – und damit auch den Regelfall der Kommunalwahlen in BW (Art. 72 II 1 LV) – folgt daraus vor allem auch, dass jeder Stimme nicht nur der gleiche Zählwert, sondern auch der gleiche Erfolgswert zukommen muss.[38] Problematisch ist mit Blick auf die Gleichheit der Wahl die mögliche **Einführung von Sperrklauseln**. Ob überhaupt und inwieweit der Grundsatz der Wahlrechtsgleichheit Spielraum für die Normierung solcher kommunalen Sperrklauseln belässt, ist fraglich. Sie stellen in jedem Fall einen rechtfertigungsbedürftigen Eingriff in die für Gemeinderats- und Kreistagswahlen durch Art. 28 I 2 GG und Art. 72 I 1 LV abgesicherte Gleichheit der Wahl dar, da die an sich gebotene Erfolgswertgleichheit bei der Stimmabgabe für eine politische Partei oder Wählervereinigung entfiele, welche die geforderte „Hürde" nicht erreichte. Wollte man eine solche Sperrklausel in BW vorsehen, bedürfte

---

30 BVerfGE 66, 369 (380); 79, 161 (165 f.).
31 *Heußner/Pautsch*, DVBl. 2016, 1308 (1312 f.).
32 *Schneider* in: AK-GG, Art. 38 Rn. 66; *Volkmann* in: Friauf/Höfling, Art. 20 Rn. 29; umfassend auch *Labrenz*, ZRP 2011, 214.
33 Zu diesem landesverfassungsrechtlichen Bezug auch *Braun*, Art. 26 Rn. 9.
34 So StGH, ESVGH 11, II 25, 28.
35 *Thiele*, ZRP 2017, 105.
36 BVerfGE 120, 82 (102); 121, 266 (295).
37 BVerfGE 1, 208; 93, 373 (376); siehe auch StGH, BWVBl 1957, 140 (141 f.).
38 BVerfGE 95, 408 (417); 120, 82 (102).

diese eines zwingenden Grundes (vgl. dazu auch → Art. 28 Rn. 22 f.). Das BVerfG hat als verfassungsrechtliches Erfordernis dafür, dass eine kommunale Sperrklausel für Gemeinde- bzw. Kreistagswahlen gerechtfertigt sein könnte, die **„drohende Beeinträchtigung der Funktionsfähigkeit des kommunalen Vertretungsorgans"** bestimmt. Es bedürfe für deren Vorliegen zudem des Vorbringens belastbarer Argumente. Es hat hierzu ausgeführt, dass „nur die mit einiger Wahrscheinlichkeit zu erwartende Beeinträchtigung der Funktionsfähigkeit der kommunalen Vertretungen die Fünf-Prozent-Sperrklausel rechtfertigen könne".[39] Zu den die Wahlrechtsgleichheit betreffenden Fragen im Zusammenhang mit der sog. „unechten Teilortswahl" siehe näher → Rn. 25 ff., insb. Rn. 26.

- Die **Geheimheit der Wahl** bildet die zentrale **institutionelle Sicherung der Wahlfreiheit**[40] und verlangt, dass jeder Wahlberechtigte sein Wahlrecht so ausüben können muss, dass andere Personen keine Kenntnis von der Wahlabsicht und Wahlentscheidung erhalten.[41] Es schließt neben der eigentlichen Stimmabgabe auch die Wahlvorbereitung mit ein. Allerdings ist es bundesverfassungsgerichtlich anerkannt, dass die Briefwahl nicht gegen den Grundsatz der Geheimheit der Wahl verstößt.[42] Dies gilt auch für die Wahlrechtsausübung mittels Briefwahl bei der Kommunalwahl (vgl. § 19 IV KomWG). 18

- Der durch das BVerfG geprägte und aus Art. 38 iVm Art. 20 I, II GG hergeleitete „sechste" **Wahlrechtsgrundsatz der öffentlichen Wahl** dürfte ebenfalls auf die kommunalen Wahlen zu übertragen sein.[43] Er gebietet, dass alle wesentlichen Schritte der Wahl öffentlicher Überprüfbarkeit unterliegen, soweit nicht andere verfassungsrechtliche Belange eine Ausnahme rechtfertigen. Damit sind auch die das gesamte Wahlverfahren der Kommunalwahl unterfallenden (einfachgesetzlichen) Überprüfungsmöglichkeiten – insbesondere nach Maßgabe der §§ 29 ff. KomWG – verfassungsrechtlich determiniert. 19

II. Aktives und passives Wahlrecht von EU-Bürgern (Abs. 1 S. 2)

Art. 72 I 2 LV bestimmt, dass bei Wahlen in Kreisen und Gemeinden auch Personen nach Maßgabe von Recht der Europäischen Gemeinschaft wahlberechtigt und wählbar sowie bei Abstimmungen stimmberechtigt sind, die die **Staatsangehörigkeit eines Mitgliedstaates der Europäischen Gemeinschaft** besitzen. Die LV hat somit das Kommunalwahlrecht für EU-Bürger unmittelbar übernommen. Es war 1992 in Art. 28 I 3 GG eingeführt worden und gilt für Staatsangehörige von Mitgliedstaaten der Europäischen Union (zuvor Europäischen Gemeinschaft, wobei der Verfassungstext in Art. 72 I 2 LV noch nicht dem Stand des Vertrages von Lissabon, der die 20

---

39 BVerfGE 120, 82 (108).
40 BVerfGE 99, 1 (13).
41 *Butzer* in: Epping/Hillgruber, Art. 38 Rn. 76.
42 So das BVerfG mit Blick auf die bundesgesetzliche Regelung in § 36 BWahlG, vgl. BVerfGE 59, 119 (125 ff.); BVerfGE 123, 39 (75); krit. dazu *C. Schönberger*, JZ 2016, 486 ff.
43 Grundlegend BVerfGE 123, 39 (68 ff.) sowie Ls. 1.

Rechtssubjektivität der Europäischen Union als Rechtsnachfolgerin der Europäischen Gemeinschaft begründet hat, angepasst wurde).[44] Art. 72 I 2 LV schließt sowohl das aktive („wahlberechtigt") als auch das passive („wählbar") Wahlrecht von EU-Bürgern nach näherer gesetzlicher Ausgestaltung (Art. 72 III LV) ein.

21 Überdies ist über Art. 72 I 2 LV verfassungsrechtlich auch die **Stimmberechtigung** von EU-Bürgern **bei Abstimmungen auf kommunaler Ebene** abgesichert. Damit ist die in BW einfachgesetzlich in § 21 GemO ermöglichte **Teilnahme an Bürgerbegehren und Bürgerentscheid** gemeint, die auf Kreisebene indes bislang nicht verwirklicht ist, dort aber nach entsprechender einfachgesetzlicher Einführung ebenfalls für EU-Bürger gelten würde. Die Einbeziehung von Abstimmungen in den Geltungsbereich des Kommunalwahlrechts für EU-Bürger und in die insoweit maßgeblichen Wahlrechtsgrundsätze ist bereits unter der grundgesetzlichen Bestimmung in Art. 28 I 3 GG anerkannt,[45] durch die LV aber ausdrücklich bekräftigt. Dies liegt vor allem darin begründet, dass die Wahlrechtsgrundsätze auch für politische Abstimmungen gelten.[46]

III. Einzelheiten der kommunalen Wahl (Abs. 2)

22 In Art. 72 II LV sind Einzelheiten der nach Art. 72 I LV erforderlichen Volkswahl geregelt bzw. verfassungsrechtliche Vorgaben für den einfachen Wahlrechtsgesetzgeber getroffen. Sie betreffen die **Wahlmodi der Verhältniswahl (Satz 1)** und der baden-württembergischen Besonderheit der **Teilortswahl (Satz 2)** sowie die – praktisch aber irrelevante – Möglichkeit der Ersetzung der volksgewählten Vertretung durch eine unmittelbar legitimierende **Gemeindeversammlung aller Wahlberechtigten (Satz 3)**.

1. Verhältniswahl (Abs. 2 S. 1)

23 Art. 72 II 1 LV bestimmt, dass die Wahl unter Berücksichtigung der Grundsätze der Verhältniswahl erfolgen muss, wenn in einer Gemeinde mehr als eine gültige Wahlvorschlagsliste eingereicht wird. Es handelt sich um die **zwingende Vorgabe der Verhältniswahl in den Gemeinden**. Die Regelung ist Ausdruck dessen, dass das GG den Ländern im Rahmen von Art. 28 I 2 GG kein verbindliches Wahlsystem vorschreibt, sondern die Einführung und Ausgestaltung desselben vielmehr allein landesrechtlicher Regelung überlässt.[47] Sofern nur eine gültige Wahlvorschlagsliste eingereicht wird, überlässt es die LV dem einfachen Gesetzgeber (Art. 72 III LV), den Wahlmodus zu bestimmen. In diesen Fällen gilt auf Gemeindeebene nach Maß-

---

44 *Pieroth* in: Jarass/Pieroth, Art. 28 Rn. 14; vgl. zur früheren Rechtslage BVerfGE 83, 37 (59 ff.); grundlegend *Barley*, Kommunalwahlrecht für Ausländer, und *Schunda*, Wahlrecht von Unionsbürgern.
45 So die zutreffende hM, etwa BayVerfGH, BayVBl 2014, 17 (insb. Ls. 3); *Dreier* in: Dreier, Art. 28 Rn. 72; *Engelken*, NVwZ 1995, 432 ff.; *Pieroth* in: Jarass/Pieroth, Art. 28 Rn. 14; aA *Burkholz*, DÖV 1995, 816 ff.; *Vogelgesang* in: Friauf/Höfling, GG, Art. 28 Rn. 74 f.
46 *Pieroth* in: Jarass/Pieroth, Art. 38 Rn. 7.
47 BVerwGE 94, 288 (290); *Löwer* in: von Münch/Kunig, Art. 28 Rn. 27; *Pieroth* in: Jarass/Pieroth, Art. 28 Rn. 11; landesrechtlich vgl. etwa *Sander* in: Feuchte, Art. 72 Rn. 3.

gabe von § 26 III GemO das Mehrheitswahlrecht, das mit einer offenen Liste durchgeführt wird.[48]

An einer entsprechenden **Vorgabe für die Wahl der Volksvertretung auf Kreisebene fehlt** es in Art. 72 II 1 LV. Insoweit gilt wiederum der Grundsatz, dass ein bestimmtes Wahlsystem durch die LV nicht vorgegeben ist, sondern dieses gemäß Art. 72 III LV durch den einfachen Gesetzgeber festzulegen ist. Das gegenwärtig geltende Wahlsystem für die Wahl der Kreisräte – und damit der Kreistage – ist indes dem gemeindlichen Wahlsystem nachgebildet. So gilt auch für die Kreisebene nach § 22 II LKrO der Grundsatz der Verhältniswahl bei mehr als einer eingereichten gültigen Wahlvorschlagsliste und nur dann das Mehrheitswahlrecht nach § 22 III LKrO, wenn nur ein gültiger oder kein Wahlvorschlag eingereicht wird. 24

2. Teilortswahl (Abs. 2 S. 2)

Art. 72 II 2 LV ermöglicht es, Teilorten in baden-württembergischen Gemeinden durch Regelung in der Gemeindesatzung (d.h. der Hauptsatzung) eine **Vertretung im Gemeinderat zu sichern**. Auch insoweit gilt, dass dieser besondere – nur in BW vorzufindende – Wahlmodus nach Art. 72 III durch den einfachen Wahlrechtsgesetzgeber näher auszugestalten ist und nur für die Wahl zu den Volksvertretungen auf Gemeindeebene, nicht aber für die Kreisebene gilt. 25

Dies ist in § 27 II bis V GemO mit der Einführung der sog. **unechten Teilortswahl** geschehen. Das Modell, das darauf zielt, kleineren Teilorten (Wohnbezirken) einer Gemeinde eine Repräsentanz im Gemeinderat zu sichern, ist unter dem Aspekt der Wahlrechtsgleichheit verfassungsrechtlich problematisch, sofern nicht ein **Verhältnisausgleich in der Gesamtgemeinde** stattfindet.[49] Der StGH hat dies in seiner Grundsatzentscheidung zum früheren System der Teilortswahl ohne Verhältnisausgleich in der Gesamtgemeinde, insbesondere wegen der dadurch hervorgerufenen hohen Reststimmenverluste sowie die hierdurch ebenfalls bedingte Überrepräsentation kleiner Teilorte, für verfassungswidrig – nämlich als Verletzung der Gleichheit der Wahl – befunden und damit eine verfassungskonforme Neuregelung mit Reststimmenausgleich im gesamten Gemeindegebiet erzwungen.[50] 26

Die Teilortswahl hat Bedeutung vor allem **im Zusammenhang mit der Gemeindegebietsreform der 1970er Jahre** erlangt und sollte eine hinreichende Repräsentanz der ehedem selbstständigen Gemeinden, die zu eingemeindeten Teilorten der Gesamtgemeinde geworden waren, sicherstellen. Ihre praktische Bedeutung ist – wie die Abschaffung der unechten Teilortswahl durch entsprechende Hauptsatzungsregelung in nicht wenigen Gemeinden zeigt – tendenziell rückläufig. 27

---

48 *Sander* in: Feuchte, Art. 72 Rn. 8.
49 StGH, ESVGH 29, 160 (162, 166 ff.).
50 StGH, ESVGH 29, 160 (162, 166 ff.); vgl. auch *Sander* in: Feuchte, Art. 72 Rn. 8; *Feuchte*, Geschichte, 402 f.

3. Gemeindeversammlung (Abs. 2 S. 3)

28 Die an Art. 28 I 4 GG angelehnte Bestimmung in Art. 72 II 3 LV, wonach in kleinen Gemeinden an die Stelle einer gewählten Vertretung die Gemeindeversammlung treten kann, hat in BW keine praktische Bedeutung mehr. Nach Streichung der ursprünglich in der GemO für Gemeinden unter 500 Einwohnern vorgesehenen Regelung mit Durchführung des Gemeindereformgesetzes (v. 9.7.1974, GBl. 248) besteht gegenwärtig **kein Anwendungsbereich mehr für diese Form der unmittelbaren Demokratie**, die auf die direkte Beteiligung aller Gemeindebürger ausgerichtet ist. Auch in anderen Bundesländern ist das von Art. 28 I 4 GG vorgegebene Modell praktisch nicht existent.[51]

IV. Gesetzliche Regelung (Abs. 3)

29 Art. 72 III LV erfordert es, dass „das Nähere" durch Gesetz geregelt wird. Damit bedarf die Ausgestaltung des Kommunalwahlrechts einer einfachgesetzlichen Regelung, freilich unter Berücksichtigung der durch Art. 72 LV im Übrigen aufgestellten verfassungsrechtlichen Anforderungen an ein demokratischen Grundsätzen genügendes Wahlrecht. Dies gilt namentlich für die Wahlrechtsgrundsätze, die allerdings auch einfachgesetzlichen Niederschlag gefunden haben (§ 26 I GemO bzw. § 22 I LKrO). Auch alle übrigen Bestimmungen zur Ausgestaltung des Kommunalwahlrechts finden sich vor allem in der GemO und der LKrO, die durch das KomWG sowie die KomWO ergänzt werden.[52] In verfassungsrechtlicher Perspektive ist die Umsetzung der Teilortswahl (Art. 72 II 2 LV) und der Gemeindeversammlung (Art. 72 II 3 LV) im einfachen Recht fakultativ, wohingegen die **Ausgestaltung der Gemeindewahlen als Verhältniswahl** unter den in Art. 72 II 1 LV genannten Voraussetzungen verfassungsrechtlich geboten ist.

Artikel 73 [Gemeindefinanzierung, Finanzausgleich]

(1) Das Land sorgt dafür, daß die Gemeinden und Gemeindeverbände ihre Aufgaben erfüllen können.

(2) Die Gemeinden und Kreise haben das Recht, eigene Steuern und andere Abgaben nach Maßgabe der Gesetze zu erheben.

(3) ¹Die Gemeinden und Gemeindeverbände werden unter Berücksichtigung der Aufgaben des Landes an dessen Steuereinnahmen beteiligt. ²Näheres regelt ein Gesetz.

Schrifttum:

Aker, Die Neufassung der Konnexitätsregelung in der Verfassung des Landes Baden-Württemberg, VBlBW 2008, 258; *Henneke*, Die Kommunen in der Finanzverfassung des Bundes und der Länder, 5. Aufl. 2012; *H. Meyer*, Die Finanzverfassung der Gemeinden, 1969; *F. Kirchhof*, Urteilsanmerkung, JZ 1999, 1054; *Knemeyer*, Gewährleistung des notwendigen Handlungs- und Entfaltungsspielraums der kommunalen Selbst-

---

51 Vgl. *Mehde* in: Maunz/Dürig, Art. 28 Rn. 16; *Nierhaus* in: Sachs, GG, Art. 28 Rn. 23.
52 *Sander* in: Feuchte, Art. 72 Rn. 11.

verwaltung, NJW 1980, 1140; *Mandelarz/Neumeyer*, Kommunale Finanzprobleme und kommunaler Finanzausgleich – Verfassungsgerichte der Länder als Nothelfer?, DÖV 2000, 103; *Mohl*, Die Einführung und Erhebung neuer Steuern aufgrund des kommunalen Steuerfindungsrechts, 1992; *Mückl*, Finanzverfassungsrechtlicher Schutz der kommunalen Selbstverwaltung – Kommunale Selbstverwaltung im Spannungsverhältnis von Aufgabenverantwortung und Ausgabenlast, 1998; *von Mutius/Henneke*, Kommunale Finanzausstattung und Verfassungsrecht, 1985; *ders.*, Die Finanzierungsverantwortung des Staates für die Pflichtaufgaben der Kommunen, KStZ 1996, 161; *T. I. Schmidt*, Die Grundlagen des kommunalen Finanzausgleichs, DÖV 2012, 8; *Schwarz*, Finanzverfassung und kommunale Selbstverwaltung – Ein Beitrag zur Frage der Finanzierung kommunaler Aufgaben, 1996; *ders.*, Die finanzielle Absicherung der kommunalen Selbstverwaltung, Gemeindehaushalt 1998, 12; *ders.*, Verfassungsrechtliche Anforderungen an die Verteilung der Finanzmasse zwischen Land und Kommunen, ZKF 2001, 266; *Volkmann*, Der Anspruch der Kommunen auf finanzielle Mindestausstattung, DÖV 2001, 497.

Vergleichbare Regelungen: Die grundgesetzlichen Regelungen über den Finanzausgleich zwischen Bund und Ländern in Art. 106, 107 GG sind nur bedingt vergleichbar mit Art. 73 LV sowie den landesverfassungsrechtlichen Entsprechungen in den Flächenländern. Solche Entsprechungen finden sich in Art. 83 III BayVerf, 97 III BbgVerf, 137 VI HessVerf, 72 III MVVerf, 58 NdsVerf, 78 III NRWVerf, Art. 49 V RPVerf, 120 SaarlVerf, 85 SächsVerf, 87 III LSAVerf, 55 bis 57 SchlHVerf, 93 I ThürVerf. Gesonderte Mindestanspruchs- bzw. Finanzausgleichsnormen finden sich in Art. 99 BbgVerf, 137 V HessVerf, 73 MVVerf, 58 NdsVerf, 79 NRWVerf, 49 VI RPVerf, 119 SaarlVerf, 87 III SächsVerf, 88 I LSAVerf, 57 SchlHVerf, 93 III ThürVerf.

Ergänzende Normen: Finanzausgleichsgesetz (FAG).

Leitentscheidungen: StGH, ESVGH 44, 8; VBlBW 1994, 52; VBlBW 1999, 294.

A. Überblick und Einordnung	1	1. Gewährleistung eines Erhebungsrechts für eigene Steuern und sonstige Abgaben	12
I. Bedeutung	1		
II. Herkunft, Entstehung, Geschichte	6		
III. Verfassungsvergleichende Einordnung	7	2. Steuererhebungsrecht	13
B. Erläuterung	8	3. Recht zur Erhebung anderer Abgaben	15
I. Finanzielle Leistungsfähigkeit (Abs. 1)	8	III. Kommunaler Finanzausgleich (Abs. 3)	16
II. Erhebung eigener Steuern und sonstiger Abgaben (Abs. 2)	12	1. Allgemeine Grundsätze	16
		2. Ausgestaltung durch das Finanzausgleichsgesetz	18

A. Überblick und Einordnung

I. Bedeutung

Art. 73 LV ist die zentrale Bestimmung über die Sicherung der Garantie der finanziellen Leistungsfähigkeit der Gemeinden und Gemeindeverbände. Die Verfassungsnorm steht in engem Zusammenhang mit der durch Art. 71 I LV den Gemeinden und Gemeindeverbänden eingeräumten Finanzhoheit als Teilgewährleistung des Selbstverwaltungsrechts sowie den durch die Universalität des Wirkungskreises nach Art. 71 I, II LV geprägten Aufgabenbestand. Dem Land obliegt danach die verfassungsrechtliche Pflicht, die Gemeinden mit einer angemessenen Finanzausstattung zu versehen, um ihnen die Erfüllung ihrer Aufgaben zu ermöglichen. Nach dem StGH haben die Gemeinden und Gemeindeverbände aus Art. 73 I LV einen

Anspruch auf eine finanzielle Mindestausstattung, die so auszugestalten sei, dass es den Kommunen nicht unmöglich gemacht wird, freiwillige Selbstverwaltungsaufgaben wahrzunehmen.[1] Dieser Anspruch auf Mindestausstattung bedeute indes nicht, dass den Gemeinden und Gemeindeverbänden seitens des Landes eine Finanzausstattung in bestimmter Höhe zuzusichern ist.[2] Dem Gesetzgeber steht für die Entscheidung, wie er der Sicherung der finanziellen Leistungsfähigkeit nachkommen wolle, ein weiter Gestaltungsspielraum zu, der erst dann seine Grenze finde, wenn der Anspruch auf finanzielle Mindestausstattung verletzt und damit das Selbstverwaltungsrecht ausgehöhlt würde. Überdies steht der Anspruch auf Mindestausstattung unter dem Vorbehalt der finanziellen Leistungsfähigkeit des Landes.[3] Demgegenüber hat jedenfalls das BVerfG die Frage nach einem Anspruch der Kommunen auf eine finanzielle Mindestausstattung bislang immer offen gelassen.[4]

2   Art. 73 I LV beinhaltet nach dem StGH überdies das Gebot, die Finanzausstattungspflicht prozedural im Rahmen des Finanzausgleichsgesetzes abzusichern.[5] Der Verfassung ist demnach der Auftrag zu entnehmen, das Finanzausgleichsgesetz in einem Verfahren zu verabschieden, in dem die Grundlagen für einen aufgabengerechten kommunalen Finanzausgleich nachvollziehbar ermittelt werden und ihm die Finanzentwicklung bei Land und Kommunen anhand nachvollziehbarer Vergleichsmaßstäbe und Referenzzeiträume zugrunde gelegt wird. Dies kann entweder dadurch geschehen, dass der Gesetzgeber dieses Verfahren in einem eigenständigen Gesetz ausdrücklich normiert oder aber sich beim des Erlass des Finanzausgleichsgesetzes tatsächlich in einer entsprechenden Weise verhält.[6]

3   Im Verhältnis zu der ebenfalls auf die finanzielle Leistungsfähigkeit bezogenen Regelung des Konnexitätsprinzips in Art. 71 III LV gilt Folgendes: Während Art. 73 I LV lediglich eine allgemeine Verpflichtung des Landes enthält, die Gemeinden und Gemeindeverbände hinreichend finanziell auszustatten, sieht Art. 71 III LV einen konkreten Kostenausgleich bei der Übertragung von Aufgaben vor. Damit ist Art. 71 III LV lex specialis gegenüber der auch die Finanzierung originärer Selbstverwaltungsaufgaben im Rahmen des allgemeinen Finanzaufkommens umfassenden allgemeinen Bestimmung des Art. 73 I LV.[7]

4   Überdies enthält Art. 73 II LV als weiteres Element der Verfassungsgarantie der finanziellen Leistungsfähigkeit der Gemeinden und Gemeindeverbände ein **Erhebungsrecht für eigene Steuern** und **andere kommunale Abgaben**. Danach haben die Gemeinden und Kreise das Recht, eigene Steuern und andere Abgaben nach Maßgabe der Gesetze zu erheben. Art. 73 III LV

---

1   StGH, VBlBW 1999, 294.
2   StGH, VBlBW 1999, 294 (300).
3   StGH, VBlBW 1999, 294 (300).
4   BVerfGE 26, 172 (181 f.); 71, 25 (36 f.); 83, 363 (386); 119, 331 (361); BVerfG, NVwZ 1995, 370 (371); siehe aber BVerwGE 106, 280 (287); 140, 34 (39).
5   StGH, VBlBW 1999, 294 (302 f. und LS 10, 11); vgl. dazu die zust. Urteilsanmerkung von F. Kirchhof, JZ 1999, 1054 (1056 f.).
6   StGH, VBlBW 1999, 294 (302 f.).
7   StGH, VBlBW 1994, 52 (55 f.); s. auch NdsStGH, DVBl. 1995, 1175, mit Blick auf die vergleichbare Situation in Niedersachsen; Aker, VBlBW 2008, 258 (259).

[Gemeindefinanzierung, Finanzausgleich]   Artikel 73

dient der Ausgestaltung der Sicherung der finanziellen Leistungsfähigkeit und der Mindestausstattung in der Weise, dass die Gemeinden und Gemeindeverbände unter Berücksichtigung der Aufgaben des Landes an dessen Steuereinnahmen durch Regelung im Rahmen des Finanzausgleichsgesetzes beteiligt werden. Es handelt sich um die **Pflicht zum kommunalen Finanzausgleich als Komplementärfinanzierung**.[8]

Im **Verhältnis zum GG** ist zu berücksichtigen, dass mit der Verfassungsänderung im Jahre 1994 der bis heute geltende Art. 28 II 3 Hs. 1 GG eingefügt wurde, wonach den Kommunen auch grundgesetzlich ausdrücklich die **eigenverantwortliche Einnahmen- und Ausgabenwirtschaft** eingeräumt ist.[9] Überdies sichert gerade auch Art. 28 II 3 Hs. 1 GG bereits den verfassungsrechtlichen Anspruch der Gemeinden und Gemeindeverbände auf eine aufgabengerechte, angemessene Finanzausstattung auf bundesverfassungsrechtlicher Grundlage ab.[10] Ebenso enthält Art. 28 II 3 Hs. 2 GG seit der GG-Änderung im Jahre 1997 die Garantie, dass den Gemeinden eine mit Hebesatzrecht versehene **wirtschaftskraftbezogene Steuerquelle** zustehen muss. Wenngleich daraus für die Gemeinden weder ein bundesverfassungsrechtlich eingeräumtes Steuererfindungsrecht folgt, noch ihnen die Ertragshoheit eingeräumt ist, ergibt sich aus Art. 28 II 3 Hs. 2 GG jedenfalls, dass insbesondere die Gewerbesteuer nicht abgeschafft werden darf, ohne dass an ihre Stelle eine vergleichbare wirtschaftskraftbezogene andere Steuerquelle tritt.[11]   5

II. Herkunft, Entstehung, Geschichte

Sowohl Art. 69 VerfERP als auch Art. 100 VerfECDU sahen Regelungen zur Finanzausstattung vor. Insbesondere war in beiden Entwürfen das **Recht der Gemeinden auf Erschließung eigener Steuerquellen** – wie in Art. 73 II LV verankert – vorgesehen. Unter den drei Vorgängerverfassungen fand sich eine vergleichbare Bestimmung nur in Art. 58 II VerfWH.[12] Die maßgebliche Prägung erhielt Art. 73 LV schließlich im VA. Art. 73 LV ist seit 1953 unverändert geblieben.   6

III. Verfassungsvergleichende Einordnung

Trotz aller Unterschiede im Detail folgen die Landesverfassungen der Flächenländer dem auch Art. 73 LV zugrundeliegenden **Konzept einer dualistischen Aufgabenfinanzierung der Kommunen**, die zum einen auf Erstattungen, zum anderen auf einer zu gewährleistenden Mindestfinanzierung beruht. Der generelle Erstattungsanspruch ist nur in einigen Ländern auf eine die Mindestausstattung übersteigende Ausstattung gerichtet.[13] Anders als   7

---

8 *Sander* in: Feuchte, Art. 73 Rn. 10 ff. und näher → Rn. 10, 16 f.
9 *Hellermann* in: Epping/Hillgruber, Art. 28 Rn. 54; *Löwer* in: von Münch/Kunig, Art. 28 Rn. 107.
10 *Hellermann* in: Epping/Hillgruber, Art. 28 Rn. 54; *Pieroth* in: Jarass/Pieroth, Art. 28 Rn. 14; offen noch in BVerfG, NVwZ 1999, 520 f.; BVerwGE 106, 280 (287).
11 *Tettinger/Schwarz* in: von Mangoldt/Klein/Starck, Art. 28 Rn. 258; bezüglich der Ertragshoheit aA *Nierhaus* in: Sachs, GG, Art. 28 Rn. 87.
12 *Sander* in: Feuchte, Art. 73 Rn. 1.
13 *Waechter* in: Epping/Butzer u.a., Art. 58 Rn. 11.

in BW steht in einigen Ländern der Anspruch auf finanzielle Mindestausstattung unter dem Vorbehalt der Leistungsfähigkeit des Landes.[14]

B. Erläuterung
I. Finanzielle Leistungsfähigkeit (Abs. 1)

8 Nach Art. 73 I LV sorgt das Land dafür, dass die Gemeinden und Gemeindeverbände ihre Aufgaben erfüllen können. Es handelt sich dabei um die **Verpflichtung zur Sicherstellung der finanziellen Leistungsfähigkeit** der Kommunen durch das Land. Art. 73 I LV ist somit ein an das Land adressierter Verfassungsauftrag, der sich in der Staatspraxis vor allem an den Gesetzgeber richtet.[15]

9 Die zur Sicherstellung der finanziellen Leistungsfähigkeit erforderliche Finanzausstattung **bezieht sich auf alle Aufgaben der Gemeinden und Gemeindeverbände**, dh auf diejenigen, die aus der Universalität des Aufgabenkreises im Sinne von Art. 71 II LV fließen.[16] Der Bezug der Ausstattungsgarantie zur Garantie der Selbstverwaltung in Art. 71 I LV sowie den damit verfassungsrechtlich verbürgten Selbstverwaltungsaufgaben kommt somit auch in Art. 73 I LV zum Ausdruck. Es muss insbesondere auch gewährleistet sein, dass die Gemeinden und Gemeindeverbände aus der Finanzausstattung im Sinne eines **Anspruchs auf Mindestausstattung** auch ihre originären (freiwilligen) Selbstverwaltungsaufgaben bestreiten können.[17]

10 Bei der Verpflichtung des Landes zur angemessenen Finanzausstattung der Kommunen, die insbesondere auch über die Komplementärfinanzierung (kommunaler Finanzausgleich) nach Maßgabe von Art. 73 III LV und einfachgesetzlich über das Finanzausgleichsgesetz (FAG) zu realisieren ist, darf die **Einbindung in das gesamtstaatliche Finanzsystem der Bundesrepublik** nicht außer Betracht bleiben.[18] Die durch das GG bereits nach Maßgabe von Art. 106 V GG, Art. 106 Va GG, Art. 106 VI GG, Art. 106 VIII und Art. 107 II GG garantierten Finanzzuflüsse müssen bei der Bemessung der finanziellen Mindestausstattung, zu der das Land verpflichtet ist, durch den Gesetzgeber festgelegt werden. Weitere Finanzzuflüsse des Bundes ergeben sich aus Art. 104 b GG in Form von Finanzhilfen für besonders bedeutsame kommunale Investitionen und – seit der Novelle der Bund-Länder-Finanzbeziehungen von 2017[19] – auch über den neu geschaffenen Art. 104 c GG, nach dem auch Finanzhilfen des Bundes an die Länder für finanzschwache Gemeinden und Gemeindeverbände im Bereich der Bildungsinfrastruktur geleistet werden können. Der kommunale Finanzaus-

---

14 So etwa nach Art. 58 NdsVerf; vgl. dazu *Waechter* in: Epping/Butzer u.a., Art. 58 Rn. 11.
15 *Braun*, Art. 71 Rn. 8.
16 *Sander* in: Feuchte, Art. 73 Rn. 2, freilich mit Einschränkungen bei den Gemeindeverbänden.
17 StGH, VBlBW 1999, 294; siehe bereits StGH, ESVGH 22, 202.
18 *Sander* in: Feuchte, Art. 73 Rn. 4.
19 Durch das vom Bundestag am 1.6.2017 und vom Bundesrat am 2.6.2017 beschlossene Gesetz zur Änderung des Grundgesetzes (Artikel 90, 91c, 104b, 104c, 108, 109a, 114, 125c, 143d, 143e, 143f, 143g), vgl. BR-Drs. 430/17 (Grunddrucksache) und BR-Drs. 430/17 B (Beschlussdrucksache).

gleich des Landes nach Art. 73 III LV stellt *lediglich eine* – wenngleich maßgebliche – Form der Komplementärfinanzierung im Gesamtfinanzsystem dar, die zu der bundesrechtlich vorgegebenen Beteiligung der Kommunen am Finanzmittelaufkommen tritt.

Die verfassungsrechtliche Verpflichtung des Landes aus Art. 73 I LV, die Kommunen mit einer Mindestfinanzausstattung zu versehen, gilt nach dem Wortlaut ausdrücklich **nur für Gemeinden und Gemeindeverbände.** Daher sind neben den Gemeinden nur noch die Landkreise erfasst, **nicht** aber **die sonstigen öffentlich-rechtlichen Körperschaften** mit Selbstverwaltungsrecht im Sinne von Art. 71 I LV.[20] Obschon die als **Gemeindeverwaltungsverbände** organisierten Verwaltungsgemeinschaften (§ 59 S. 1 Alt. 1 GemO) ebenfalls den Gemeindeverbänden – und nicht den Zweckverbänden nach Art. 71 I 1 Alt. 3 LV oder den übrigen öffentlich-rechtlichen Körperschaften im Sinne von Art. 73 I 3 LV – zugerechnet werden dürften (→ Art. 71 Rn. 50), gilt die Garantie der Finanzausstattung seit jeher neben den Gemeinden nur für die Kreise. Dies folgt bereits daraus, dass der Verfassungsgeber auch bezüglich des Steuererhebungsrechts in Art. 73 II LV neben den Gemeinden ausdrücklich nur die Kreise einbezogen hat. 11

II. Erhebung eigener Steuern und sonstiger Abgaben (Abs. 2)

1. Gewährleistung eines Erhebungsrechts für eigene Steuern und sonstige Abgaben

Art. 73 II LV sichert den Gemeinden und Kreisen überdies verfassungsrechtlich das Recht zu, **eigene Steuern und Abgaben** nach Maßgabe der Gesetze zu erheben. Die Verfassungsnorm unterstellt daher die Einnahmeseite der kommunalen Finanzhoheit eigenständigem verfassungsrechtlichen Schutz.[21] Da nach Art. 73 II LV die Erhebung von Steuern und anderen Abgaben „nach Maßgabe der Gesetze" zu erfolgen hat, bedarf es hierfür zwingend einer einfachgesetzlichen Grundlage. Ein **originäres eigenes Steuererfindungsrecht** im Sinne einer nicht auf gesetzlicher Delegation, sondern allein auf dem Selbstverwaltungsrecht beruhenden und insoweit originären kommunalen Kompetenz zur Statuierung von Steuerpflichten besteht indes nicht.[22] 12

2. Steuererhebungsrecht

Mit **Erhebung von Steuern** im Sinne von Art. 73 II LV ist nur die Einführung der Steuer und das Recht auf Erhalt der aus ihr fließenden Mittel gemeint, nicht aber die Regelung des gesamten Steuererhebungsverfahrens – etwa im Sinne einer technischen Erhebung – in allen seinen Abschnitten.[23] 13

Steuern sind begrifflich einmalige oder laufende Geldleistungen, die nicht eine Gegenleistung für eine besondere Leistung darstellen und von einem öffentlich-rechtlichen Gemeinwesen zur Erzielung von Einkünften auferlegt 14

---

20 Dazu näher die Erläuterungen zu → Art. 71 Rn. 50; vgl. auch *Sander* in: Feuchte, Art. 73 Rn. 4.
21 *Sander* in: Feuchte, Art. 73 Rn. 5.
22 *Lange*, Kommunalrecht, Kap. 15, Rn. 39.
23 *Sander* in: Feuchte, Art. 73 Rn. 5.

werden, bei denen der Tatbestand zutrifft.[24] Der Landesgesetzgeber ist seiner Pflicht zur Erschließung eigener Steuerquellen für die Gemeinden und Landkreise im Kommunalabgabengesetz (KAG)[25] nachgekommen. Die Steuererhebung ist für die auf einer Umlage- und Zuweisungsfinanzierung beruhenden Finanzausstattung der Landkreise nur von marginaler Bedeutung.[26]

3. Recht zur Erhebung anderer Abgaben

15 Zu den in Art. 73 II LV ebenfalls vorgesehenen **anderen Abgaben** zählen etwa Verwaltungs- und Benutzungsgebühren und Beiträge.[27] Auch insoweit hat der Landesgesetzgeber die Gebühren- und Beitragserhebung in den §§ 11 ff. KAG (Gebühren) und §§ 20 ff. KAG (Beiträge) umfassend geregelt.

III. Kommunaler Finanzausgleich (Abs. 3)
1. Allgemeine Grundsätze

16 Art. 73 III LV regelt die Verpflichtung des Landes zum kommunalen Finanzausgleich („werden ... beteiligt") gegenüber den Gemeinden und Gemeindeverbänden. Bereits nach den grundgesetzlichen Vorgaben fällt der kommunale Finanzausgleich in die ausschließliche **Gesetzgebungskompetenz der Länder** (Art. 106 VII GG). Daraus ergibt sich, insbesondere aus Art. 106 VII 1 GG, dass die Gemeinden prozentual aus dem Länderanteil am Gesamtaufkommen der Gemeinschaftsteuern zu beteiligen sind; allerdings ist der für den Finanzausgleich zuständige Landesgesetzgeber frei darin, wie er den kommunalen Finanzausgleich im Übrigen gestalten will. Dabei ist zu berücksichtigen, dass es sich um eine – wenngleich gewichtige – Form der Komplementärfinanzierung gegenüber den übrigen Finanzquellen handelt. Sie dient dazu, in **Ergänzung der übrigen Finanzquellen der Gemeinden und Gemeindeverbände** die Verpflichtung des Landes nach Art. 73 I LV auf angemessene Finanzausstattung sicherzustellen und die Kommunen so in die Lage zu versetzen, ihre Aufgaben zu erfüllen.[28]

17 Nach Art. 73 III 2 LV regelt das Nähere zum Finanzausgleich ein Gesetz. Die Norm enthält einen landesverfassungsrechtlichen Gesetzgebungsauftrag zur Regelung des kommunalen Finanzausgleichs. Der Landesgesetzgeber ist dem Auftrag durch das Gesetz über den kommunalen Finanzausgleich (Finanzausgleichsgesetz – FAG)[29] nachgekommen. Soweit sich die Verpflichtung des Landes zu solchen Komplementärleistungen ergibt, die der Garantie des Art. 73 I LV unterliegen, aber auf Bundesrecht beruhen, genügt es, diese im jeweiligen Staatshaushaltsgesetz festzulegen.[30]

---

24 BVerfGE 65, 325 (344).
25 G. v. 17.3.2005, GBl. 2005, 206.
26 *Sander* in: Feuchte, Art. 73 Rn. 8. Siehe aber die einfachgesetzliche Regelung zu den Kreissteuern in § 10 KAG, wobei v.a. die Jagdsteuer nach § 10 II KAG eine gewisse Bedeutung hat.
27 *Braun*, Art. 73 Rn. 18; *Sander* in: Feuchte, Art. 73 Rn. 5.
28 *Braun*, Art. 73 Rn. 24.
29 In der Fassung der Bekanntmachung vom 1. Januar 2000, GBl. 2000, 14.
30 *Sander* in: Feuchte, Art. 73 Rn. 13.

2. Ausgestaltung durch das Finanzausgleichsgesetz

Der einfachgesetzlich im FAG bestimmte allgemeine Finanzausgleich besteht im Kern aus der sog. Finanzausgleichsmasse (§ 1 I FAG). Danach stellt das Land den Gemeinden und Gemeindeverbänden zur Erfüllung ihrer Aufgaben in jedem Haushaltsjahr gegenwärtig die folgenden Beträge zur Verfügung: 18

- 23 Prozent des Landesanteils an der Einkommensteuer, der Körperschaftsteuer, der Umsatzsteuer und der Umlage nach Maßgabe des Gewerbesteueraufkommens (Gewerbesteuerumlage) abzüglich eines Betrags von 861 Millionen EUR im Jahr 2017, 771 Millionen EUR im Jahr 2018 und 711 Millionen EUR ab dem Jahr 2019. Vom Landesanteil an der Umsatzsteuer werden die Zuweisungen des Landes nach § 29a FAG und die Mehreinnahmen des Landes aus der Änderung der Umsatzsteuerverteilung, die zur Finanzierung der Betriebskosten der Kleinkindbetreuung zu verwenden sind, abgesetzt (§ 1 I Nr. 1 FAG);
- 85,13 Prozent des Aufkommens der nach § 1a FAG von den Gemeinden und Landkreisen erhobenen Finanzausgleichsumlage (§ 1 I Nr. 2 FAG).

Dabei gilt nach § 1 II FAG, dass bei der Berechnung der Finanzausgleichsmasse der Landesanteil nach § 1 I Nr. 1 FAG um den Betrag zu erhöhen oder zu ermäßigen ist, den das Land im gleichen Zeitraum im Finanzausgleich von den Ländern erhält oder an sie entrichtet. Insoweit ist eine Kopplung an die Zuflüsse aus dem Länderfinanzausgleich gesetzlich festgelegt. Nach § 1b FAG wird die Finanzausgleichsmasse in die Finanzausgleichsmasse A und die Finanzausgleichsmasse B eingeteilt. Dabei dient die Finanzausgleichsmasse A nach Abzug der Vorwegentnahmen (§ 2 FAG) der Finanzierung der laufenden Zuweisungen, insbesondere der sog. **Schlüsselzuweisungen** an die Gemeinden, welche sich nach dem Schlüssel der mangelnden Steuerkraft ermitteln (§§ 5–7 FAG).[31] Die Finanzausgleichsmasse B ist gemäß § 3a II FAG nach Vorname des Abzugs nach § 3a I FAG (für Zuweisungen an den Ausgleichsstock nach Nr. 1 und für die Förderung von Investitionen der Gemeinden und Gemeindeverbände nach Maßgabe des Staatshaushaltsplans und für Zuweisungen nach den §§ 16 und 20 FAG für den Kommunalen Investitionsfonds nach Nr. 2) für Zuweisungen nach § 4 FAG (sog. Kommunale Investitionspauschale) vorgesehen. 19

Neben den allgemeinen Finanzausgleich tritt der **Ausgleich von Sonderlasten** (§§ 15–29 FAG). Dieser besteht für besondere Aufgabenlasten gegenwärtig in Form des Schullastenausgleichs (§§ 15-19 FAG), des Fremdenverkehrslastenausgleichs (§ 20 FAG), des Soziallastenausgleichs (§§ 21-22 FAG), des Gesundheitslastenausgleichs (Hebammenversorgung, § 23 FAG), des Verkehrslastenausgleichs (§ 3 24-28 FAG), der Ausbildungskosten für den gehobenen Verwaltungsdienst (§ 29 FAG), des Familienlastenausgleichs (§ 29a FAG), der Ausgabenlasten für Kinderbetreuung (§§ 29b und c FAG) sowie des Integrationslastenausgleichs (§ 29d FAG). 20

---

31 Dazu VGH BW, DÖV 2003, 953 (954); s. auch *Engel/Heilshorn*, Kommunalrecht, § 20 Rn. 38.

Artikel 74 [Gemeindegebietsänderung, Gemeindeauflösung]

(1) Das Gebiet von Gemeinden und Gemeindeverbänden kann aus Gründen des öffentlichen Wohls geändert werden.

(2) ¹Das Gemeindegebiet kann durch Vereinbarung der beteiligten Gemeinden mit staatlicher Genehmigung, durch Gesetz oder auf Grund eines Gesetzes geändert werden. ²Die Auflösung von Gemeinden gegen deren Willen bedarf eines Gesetzes. ³Vor einer Änderung des Gemeindegebiets muß die Bevölkerung der unmittelbar betroffenen Gebiete gehört werden.

(3) Das Gebiet von Gemeindeverbänden kann durch Gesetz oder auf Grund eines Gesetzes geändert werden. ²Die Auflösung von Landkreisen bedarf eines Gesetzes.

(4) Das Nähere wird durch Gesetz geregelt.

Schrifttum:

Brüning, (Verfassungs-)Rechtliche Maßstäbe an Funktional- und Territorialreformen, Schriften des Kommunalwissenschaftlichen Instituts der Universität Potsdam, Bd. 7, 27; *Bulling*, Die Verwaltungsreform in Baden-Württemberg, DÖV 1975, 329; *von Burski*, Verfassungsfragen der Gemeindereform in der Rechtsprechung des baden-württembergischen Staatsgerichtshofs, DÖV 1976, 29; *von Burski*, Die Gemeindereform – Rechtsprechung des baden-württembergischen Staatsgerichtshofs, DÖV 1976, 810; *Gern*, Güterabwägung als Auslegungsprinzip des öffentlichen Rechts, DÖV 1986, 462; *Knemeyer*, Kommunale Gebietsreform in den neuen Bundesländern, LKV 1992, 177; *Pautsch*, Kreisgebietsreform und verfassungsrechtlicher Schutz der kreislichen Selbstverwaltung, DVP 2008, 230 ff.; *Pautsch*, Regionsbildung – Alternative zur Kreisorganisation in Niedersachsen?, NordÖR 2009, 108; *Rothe*, Kreisgebietsreform und ihre verfassungsrechtlichen Grenzen, 2004; *Schielke*, Die Reichweite der Bindungswirkung von Zusagen in Eingemeindungsverträgen der Gebietsreform in Baden-Württemberg, 2012; *Seggermann*, Die Region – Versuch einer strukturellen Rückkopplung im Zeichen von Europäisierung und Globalisierung am Beispiel des Flächenlandes Niedersachsen, 2009.

Vergleichbare Regelungen: Art. 28 II GG, bedingt auch Art. 29 VIII GG bezüglich des Anhörungsrechts der betroffenen Gemeinden und Kreise bei (Landes-)Gebietsänderungen durch Staatsvertrag; Art. 98 BbgVerf, 88 SächsVerf, 90 LSAVerf, 92 ThürVerf.

Ergänzende Normen: §§ 8, 9 GemO; §§ 7, 8 LKrO.

Leitentscheidungen: BVerfGE 50, 50 (Laatzen); 86, 90 (Papenburg); 107, 1 (Verwaltungsgemeinschaften); StGH, ESVGH 25, 1 (Neureut); ESVGH 26, 129; ESVGH 31, 241; U. v. 22.3.1975 – GR 34/74 – S. 26 f., nicht veröff. (Rübgarten).

A. Überblick und Einordnung 1	3. Begriff und Arten der Gebietsänderung 9
I. Bedeutung 1	4. Bindung an das öffentliche Wohl 12
II. Herkunft, Entstehung, Geschichte 4	
III. Verfassungsvergleichende Einordnung 5	II. Rechtsformen der Gebietsänderung von Gemeinden (Abs. 2 S. 1, 2) 18
B. Erläuterung 6	III. Anhörung (Abs. 2 S. 3) 23
I. Gebietsänderungen aus Gründen des öffentlichen Wohls (Abs. 1) 6	IV. Gebietsänderung von Gemeindeverbänden (Abs. 3) 26
1. Zulässigkeit von Gebietsänderungen 6	V. Regelung durch Gesetz (Abs. 4) 28
2. Gemeinden und Gemeindeverbände 8	

A. Überblick und Einordnung

I. Bedeutung

Art. 74 LV regelt die verfassungsrechtlichen Voraussetzungen für Änderungen im Gebietsbestand von Gemeinden und Gemeindeverbänden. Solche Gebietsänderungen unterliegen besonderen verfassungsrechtlichen Kautelen. So folgt bereits aus der grundgesetzlichen Garantie der kommunalen Selbstverwaltung in Art. 28 II 1, 2 GG, dass Gebiets- und Bestandsänderungen nur aus Gründen des öffentlichen Wohls und nach Anhörung der Gemeinden zulässig sind.[1] Art. 74 LV legt diesen Grundsatz landesverfassungsrechtlich nieder. Ausgangspunkt ist somit die auch durch Art. 71 I, II LV garantierte institutionelle Garantie der gemeindlichen und – abgeschwächter – der gemeindeverbandlichen Selbstverwaltung.[2] Insbesondere für die Auflösung einzelner Gemeinden oder Änderungen ihres Gebietes gilt, dass diese in ihrem Bestand nur institutionell, nicht aber individuell geschützt sind.[3]

1

Maßgeblich für Gebietsänderungen sind nach den verfassungsrechtlichen Vorgaben somit zwei Elemente: erstens die Wahrung des öffentlichen Wohls – dh die Gemeinwohlgerichtetheit der Gebietsänderungsmaßnahme – und zweitens die vorherige Anhörung der betroffenen Gebietskörperschaften. Dem trägt Art. 74 I LV hinsichtlich der Bindung an das öffentliche Wohl Rechnung; mit Blick auf die Anhörung der Bevölkerung der von der Änderung betroffenen Gebiete gilt der Grundsatz nach Art. 74 II 2 LV.

2

Art. 74 LV differenziert hinsichtlich der Maßstäbe, die für Gebietsänderungen gelten, entsprechend den Garantieebenen kommunaler Selbstverwaltung zwischen den Gebietsänderungen von Gemeinden einerseits und von Gemeindeverbänden andererseits, wobei Gemeindeverbände im Sinne der Verfassungsnorm wiederum nur die Landkreise sind, wie sich aus einer Gesamtschau von Art. 74 III LV ergibt (→ Rn. 8). Während die Auflösung von Landkreisen ausschließlich auf gesetzlicher Grundlage zulässig ist (Art. 74 III 2 LV), bleibt den Gemeinden neben gesetzlichen Gebietsänderungen auch die Möglichkeit der freiwilligen Gebietsänderung durch Vereinbarung eröffnet (Art. 74 II 1 LV), die ihrerseits jedoch dem Erfordernis staatlicher Genehmigung unterstellt ist.

3

II. Herkunft, Entstehung, Geschichte

Bestimmungen über Änderungen im Gebietsbestand von Gemeinden fanden sich sowohl in Art. 70 VerfERP als auch in Art. 102 VerfECDU, und zwar sowohl bezogen auf die freiwillige Gebietsänderung durch Vereinbarung als auch durch Gesetz. Ebenso war übereinstimmend in beiden Entwürfen vorgesehen, dass eine Änderung des Gebietsbestandes von Gemeindeverbänden (Landkreisen) nur auf gesetzlicher Grundlage zulässig sein

4

---

1 BVerfG, DVBl. 1992, 960 (st. Rspr.); *Gern*, Kommunalrecht, Rn. 201; *Lange*, Kommunalrecht, Kap. 2, Rn. 39; s. auch *ders.*, aaO, Kap. 1 Rn. 11 ff.
2 BVerfGE 50, 50; 86, 90 (107); 107, 1 (4); *Lange*, Kommunalrecht, Kap. 1, Rn. 11; siehe näher auch die Erläuterungen zu → Art. 71 Rn. 25.
3 BVerfGE 50, 50; *Sander* in: Feuchte, Art. 71 Rn. 7 u. Art. 74 Rn. 2; s. im Übrigen auch die Erläuterungen zu → Art. 71 Rn. 25.

sollte. Die Anhörung der betroffenen Bevölkerung war in Art. 102 I 2 VerfECDU ausdrücklich gefordert.[4] Auf dieser Grundlage wurde Art. 74 LV in seiner ursprünglichen Fassung im VA formuliert. Die Norm ist im Wesentlichen in dieser Form erhalten geblieben. Eine maßgebliche Änderung erfolgte freilich dadurch, dass im Zusammenhang mit der Gemeindegebietsreform der ausgehenden 1960er Jahre die Bindung an das öffentliche Wohl in die Verfassung aufgenommen wurde. Dies geschah durch das 6. LVÄndG vom 26.7.1971 (GBl. 313). Außerdem wurde die Möglichkeit der Gebietsänderung aufgrund Gesetzes (Art. 74 II 1 Alt. 3 LV) erweitert und der Verfassungsauftrag an den einfachen Gesetzgeber (Art. 74 IV LV) konkretisiert.[5]

III. Verfassungsvergleichende Einordnung

5 Die verfassungsrechtlichen Anforderungen, die an Gebietsänderungen zu stellen sind, beruhen maßgeblich auf Vorgaben, die das BVerfG und die Landesverfassungsgerichte im Zusammenhang mit den Gebiets- und Verwaltungsreformen der ausgehenden 1960er und in den 1970er Jahren in den „alten Ländern" aufgestellt haben. Damit besteht, soweit in den Landesverfassungen überhaupt Art. 74 LV entsprechende Bestimmungen existieren, vor allem eine ausgeprägte „Rechtsprechungseinheitlichkeit".[6]

B. Erläuterung

I. Gebietsänderungen aus Gründen des öffentlichen Wohls (Abs. 1)

1. Zulässigkeit von Gebietsänderungen

6 Nach Art. 74 I LV kann das Gebiet von Gemeinden und Gemeindeverbänden aus Gründen des öffentlichen Wohls geändert werden. Die Norm geht somit zunächst davon aus, dass der **Gebietsbestand einer Gemeinde – oder eines Gemeindeverbands – veränderbar** ist. Dies wiederum folgt daraus, dass Gemeinden und Gemeindeverbänden kein individueller, sondern lediglich institutioneller Schutz zukommt.[7] Gebietsänderungen bis hin zu Auflösungen von Gemeinden und Landkreisen sind im Wege kommunaler Neuordnungen auch gegen den Willen der betroffenen Gebietskörperschaften keineswegs ausgeschlossen.[8] Art. 74 I LV ist somit Ausdruck eines **relativierten Bestandsschutzes** der Gemeinden und Gemeindeverbände.[9]

7 Allerdings bedingen kommunale Neuordnungsmaßnahmen einen intensiven Eingriff in den Schutzbereich der kommunalen Selbstverwaltungsgarantie. Vor diesem Hintergrund – und überwiegend im Zusammenhang mit den Gemeinde- und Kreisgebietsreformen der 1960er und 1970er Jahre – hat die Rechtsprechung **Maßstäbe** herausgearbeitet, die **für eine verfas-**

---

[4] *Sander* in: Feuchte, Art. 74 Rn. 1.
[5] Dazu näher unten → Rn. 21 und Rn. 28; vgl. auch *Braun*, Art. 74 Rn. 19, 29.
[6] *Waechter* in: Epping/Butzer u.a., Art. 59 Rn. 7.
[7] BVerfGE 50, 50.
[8] StGH, ESVGH 25, 1 (4 f.), mit ausdrücklichem Bezug auch auf Auflösungen zum Zwecke der Neugliederung.
[9] *Braun*, Art. 74 Rn. 7; *Sander* in: Feuchte, Art. 74 Rn. 6.

sungsmäßige Durchführung von Gebietsänderungsmaßnahmen gelten.[10] Ausdrücklich ist dabei hervorgehoben worden, dass sich Gemeinden und Gemeindeverbände auf die Selbstverwaltungsgarantie aus Art. 28 II GG bzw. Art. 71 I, II LV berufen können und sich aus dieser Garantie Einschränkungen für die Reichweite von Gebietsänderungsmaßnahmen – insbesondere solchen, die gegen den Willen der betroffenen Gebietskörperschaften erfolgen – ergeben.[11] Art. 74 LV – insbesondere in Abs. 1 hinsichtlich der Bindung an das öffentliche Wohl – bestimmt vor diesem Hintergrund die Voraussetzungen für Gebietsänderungen auf Verfassungsebene, was dem Umstand geschuldet ist, dass es sich bei der Änderung des Gebiets einer Gemeinde oder eines Landkreises um derart wesentliche Eingriffe in die Selbstverwaltungsgarantie handelt, die einer grundlegenden Bestimmung durch die Verfassung selbst bedürfen. Gleichwohl finden sich einfachgesetzliche Konkretisierungen in § 8 f. GemO bzw. § 7 f. LKrO.

2. Gemeinden und Gemeindeverbände

Art. 74 I LV bezieht sich ausdrücklich auf Gebietsänderungen von Gemeinden und Gemeindeverbänden. Damit ist ausgeschlossen, dass sonstige öffentlich-rechtliche Körperschaften nach Art. 71 I 3 LV in den Anwendungsbereich der Verfassungsnorm fallen.[12] Dies beruht bereits darauf, dass diese – anders als Gemeinden und Gemeindeverbände – nicht über einen Gebietsbestand verfügen. Aus dem gleichen Grund sind auch die Zweckverbände nicht von Art. 74 I LV erfasst. Vielmehr gilt Art. 74 I LV der Natur der Sache nach wegen des Gebietsbezuges nur für Gebietskörperschaften, nicht aber für Personal- oder Verbandskörperschaften.[13] Deshalb sind trotz ihrer Eigenschaft als Gemeindeverbände auch **die als Gemeindeverwaltungsverbände organisierten Verwaltungsgemeinschaften** nach § 59 S. 1 Alt. 1 GemO **ausgeschlossen**, da sie als Verbandskörperschaften zwar über ein Verbandsgebiet verfügen, dieses aber im Unterschied zu den Gemeinden und Landkreisen kein originäres Hoheitsgebiet ausmacht und insofern auch nicht die aus der Selbstverwaltungsgarantie fließende Gebietshoheit gilt. Gebietsänderungen im Sinne von Art. 74 I LV können somit **nur Gemeinden und Landkreise** ausgesetzt sein. Dies belegt auch eine Gesamtschau des Normgehalts von Art. 74 III LV. Dort sind zwar in Satz 1 zunächst noch die Gemeinden und Gemeindeverbände – wie in Art. 74 I LV auch – genannt; sodann beschränkt Art. 74 III 2 LV jedoch Gebietsänderungen durch Gesetz ausdrücklich auf die Landkreise. Ebenfalls ausgeschlossen sind die gemeindefreien Gebiete (zB Truppenübungsplätze), da diese ebenfalls keine Gebietskörperschaften darstellen.[14]

8

---

10 Grundlegend StGH, ESVGH 25, 1; in der Folge Bezug nehmend bzw. bestätigend StGH, ESVGH 26, 129; ESVGH 31, 241. Bundesverfassungsgerichtlich etwa BVerfGE 50, 50; 86, 90; 107, 1.
11 StGH, ESVGH 25, 1. Zur Unzulässigkeit von „Rückneugliederungen" BVerfGE 86, 90 (107 ff.).
12 *Sander* in: Feuchte, Art. 74 Rn. 2.
13 *Braun*, Art. 74 Rn. 5.
14 *Braun*, Art. 74 Rn. 5.

3. Begriff und Arten der Gebietsänderung

9 Die LV enthält in Art. 74 LV keine Aussage dazu, welche kommunalen Restrukturierungsmaßnahmen unter den im Normtext einzig verwandten Begriff der Gebietsänderung fallen. Allerdings kann insoweit grundlegend auf die maßstabsbildenden Vorgaben des StGH unter anderem im Neureut-Urteil[15] zurückgegriffen werden. Danach handelt es sich bei den folgenden Maßnahmen um **Gebietsänderungen** im Sinne der Norm, soweit sie sich **auf Gemeinden beziehen:**[16]

- die **Umgliederung** eines oder mehrerer Gemeindeteile in eine andere Gemeinde;
- die **Eingliederung** einer oder mehrerer Gemeinden in eine andere, fortbestehende Gemeinde („echte" Eingemeindung);
- die **Neubildung** einer Gemeinde **unter Auflösung** von Gemeinden (Vereinigung);
- die **Neubildung** einer Gemeinde aus Teilen **fortbestehender** Gemeinden;
- die **Auflösung** einer Gemeinde **durch Aufteilung ihres Gebiets** auf andere, fortbestehende Gemeinden oder durch Bildung mehrerer neuer Gemeinden.

10 Zu **Änderungen des Kreisgebiets** ist festzuhalten, dass sich solche zunächst als typische mittelbare Folge von Gemeindegebietsänderungen ergeben können.[17] Einfachgesetzlich ist dies in § 8 IV, VI GemO und §§ 7 II 2, 8 II LKrO berücksichtigt.[18] Zudem kommen im Kontext der Änderung des Kreisgebiets auch sog. **Umkreisungen von Gemeinden** in Betracht, bei denen einzelne Gemeinden einem Landkreis eingegliedert oder aus diesem ausgegliedert werden (vgl. § 7 I 2 LKrO). Von eher randständiger Bedeutung ist vor dem Hintergrund der weitreichenden Gebietsreform der 1960er und 1970er Jahre der Fall, dass es in größerem Umfang zu Kreisgebietsänderungen im eigentlichen Sinne kommen wird. Wenngleich dies in anderen Bundesländern zum Teil diskutiert wird – vor allem unter dem Stichwort der **Regionalkreisbildung**[19] –, steht dies in BW angesichts der vorherrschenden Kreisgröße im Verhältnis zu den kreisangehörigen Gemeinden gegenwärtig nicht zu erwarten.

11 Auch das Herauslösen von Gebietsteilen aus Gemeinden ohne Zuweisung zu einer Gemeinde und einem Landkreis stellt sich als Gebietsänderung dar. Sie führte in der Folge zur **Entstehung eines gemeindefreien Gebiets**.[20]

4. Bindung an das öffentliche Wohl

12 Nicht nur bundesverfassungsrechtlich – als Ausfluss der kommunalen Selbstverwaltungsgarantie des Art. 28 II 1, 2 GG –, sondern auch aus-

---

15 StGH, ESVGH 25, 1 ff.
16 Nach *Braun*, Art. 74 Rn. 6.
17 *Braun*, Art. 74 Rn. 6.
18 So bereits *Braun*, Art. 74 Rn. 6, wobei sich an der einfachgesetzlich geregelten Rechtslage nach GemO und LKrO keine Änderungen ergeben haben.
19 Zu den verfassungsrechtlichen Anforderungen grundlegend LVerfG M-V, NdsVBl 2007, 271 ff.; *Pautsch*, DVP 2008, 230 ff.; *ders.*, NordÖR 2009, 108 ff.; *Rothe*, Kreisgebietsreform; in konzeptioneller Perspektive *Seggermann*, Die Region.
20 *Braun*, Art. 74 Rn. 6.

drücklich landesverfassungsrechtlich nach der Verfassungsänderung im Jahre 1971 (→ Rn. 4) sind **Gebietsänderungen** von Gemeinden und Gemeindeverbänden **nur aus Gründen des öffentlichen Wohls** zulässig. Es handelt sich dabei um einen unbestimmten Verfassungsrechtsbegriff mit Beurteilungsspielraum, der näherer Auslegung bedarf.[21] Gründe des öffentlichen Wohls sind in einem übergreifenden Verständnis zunächst **alle Interessen der Allgemeinheit** an der Änderung der Gebietsgrenzen, **die das Festhalten am unveränderten Bestand der Gebietsgrenzen überwiegen**.[22] Diese können vor allem aus Verfassungsgrundsätzen,[23] daneben aber auch aus einfachem Recht, anderen schutzwürdigen Rechtspositionen und zudem auch aus sachangemessenen politischen Erwägungen abgeleitet werden.[24]

Als aus Verfassungsrecht abzuleitende Gründe des öffentlichen Wohls kommen etwa die Stärkung der kommunalen Leistungs- und Verwaltungskraft, die Schaffung einer einheitlichen Lebens- oder Umweltqualität, der Abbau eines Leistungs- und Ausstattungsgefälles zwischen einem städtischen Verdichtungsraum und dünn besiedelten ländlichen Gebieten, die Steigerung der Wirtschaftlichkeit der Kommunalverwaltung,[25] die Wahrung der örtlichen Verbundenheit der Einwohner, die Schaffung von Bürgernähe der Verwaltung oder die Stärkung der gesamtstaatlichen Einbindung der Kommunen – insbesondere zur Förderung der Ziele der Raumordnung und Landschaftsplanung – in Betracht.[26] Diese konkretisierten Gründe des öffentlichen Wohls haben ihren verfassungsrechtlichen **Ursprung im Sozialstaatsprinzip in Verbindung mit dem allgemeinen Gleichheitssatz** aus Art. 3 GG iVm Art. 2 I LV (vor allem bezüglich der Schaffung einheitlicher Lebens- und Umweltqualität), **im Demokratieprinzip** (so mit Blick auf die Stärkung der kommunalen Leistungs- und Verwaltungskraft bzw. die Verbundenheit der Bürger mit dem bzw. die Bürgernähe zum demokratischen Gemeinwesen), darüber hinaus aber auch **im allgemeinen Grundsatz der Wirtschaftlichkeit und Sparsamkeit**.[27] Den letztgenannten Grundsatz hat vor allem der StGH im hiesigen Kontext betont, indem er das Gebot der Wirtschaftlichkeit kommunalen Handelns als allgemeinen Grundsatz des staatlichen und kommunalen Haushaltsrechts herausgehoben hat, der einen optimalen Einsatz der knappen finanziellen Ressourcen der öffentlichen Hand garantieren soll.[28]

13

Maßstäbe für die Bestimmung und Konkretisierung der Gründe des öffentlichen Wohls **aus einfachem Recht** geben sowohl die GemO als auch die LKrO an die Hand. Nach § 7 II GemO soll das Gebiet der Gemeinden so bemessen sein, dass die **örtliche Verbundenheit der Einwohner und die finanzielle Leistungsfähigkeit der Gemeinde** zur Erfüllung ihrer Aufgaben

14

---

21 StGH, BWVBl 1963, 153; s. auch BVerfG, DVBl. 1992, 961.
22 *Gern*, Kommunalrecht, Rn. 202.
23 StGH, ESVGH 25, 1 (7).
24 *Gern*, Kommunalrecht, Rn. 202.
25 StGH, ESVGH 25, 1 (7).
26 Zum Ganzen *Gern*, Kommunalrecht, Rn. 202; *Knemeyer*, LKV 1992, 177 (178).
27 *Sander* in: Feuchte, Art. 74 Rn. 5; *Gern*, Kommunalrecht, Rn. 202; zum Grundsatz der Wirtschaftlichkeit siehe insbesondere StGH, ESVGH 25, 1 f.
28 StGH, ESVGH 25, 1 f.; s. auch LVerfG LSA, LKV 1995, 75; *Gern*, Kommunalrecht, Rn. 202; *Knemeyer*, LKV 1992, 177 (178).

gesichert ist. § 6 II LKrO formuliert in Anlehnung hieran für das Kreisgebiet, dass dieses so bemessen sein soll, dass die Verbundenheit der Gemeinden und der Einwohner des Landkreises gewahrt und die Leistungsfähigkeit des Landkreises zur Erfüllung seiner Aufgaben gesichert ist. Auch hieraus lassen sich Anhaltspunkte für die Ausfüllung des unbestimmten Rechtsbegriffes des öffentlichen Wohls herleiten.

15 Die **Konkretisierung der Gründe des öffentlichen Wohls** erfolgt **durch** die Auslegungsmethode der **Güterabwägung**.[29] Es sind zur Ausfüllung des Begriffs auf der Grundlage einer **hinreichenden Sachverhalts- und Datenermittlung** die besonderen Rechtfertigungsgründe für die Gebietsänderung mit dem durch die Änderung beeinträchtigten Selbstverwaltungsrecht abzuwägen.[30] Es obliegt daher dem zuständigen Entscheidungsträger – zumeist dem Gesetzgeber, bei freiwilligen Gebietsänderungen neben den sich zusammenschließenden Gebietskörperschaften auch der Genehmigungsbehörde –, diese Entscheidung in sachgerechter Weise zu treffen, wobei mit Blick auf das Demokratieprinzip und den Grundsatz der Gewaltenteilung ein weiter Beurteilungsspielraum besteht, der gerichtlicher Kontrolle verschlossen ist. Dieser Spielraum ist erst dann überschritten, wenn die bei der Einschätzung des öffentlichen Wohls getroffenen Feststellungen und Wertungen eindeutig widerlegbar oder offenkundig fehlerhaft sind oder der verfassungsrechtlichen Wertordnung widersprechen.[31] Gleiches gilt dann, wenn die gebotene Abwägung zwischen dem Gewicht, das der kommunalen Selbstverwaltungsgarantie zukommt, und den für eine Gebietsänderung sprechenden Gemeinwohlbelangen fehlerhaft war.[32] Der Beurteilungsspielraum bezüglich der Gründe des öffentlichen Wohls bedeutet indes, dass das zur Überprüfung zuständige Verfassungsgericht – hier der VerfGH nach Art. 76 LV – nicht selbstständig nach der gebotenen Lösung für eine Gebietsänderung suchen und seine Beurteilung an die Stelle der Wertung des Gesetzgebers setzen darf. Die verfassungsgerichtliche Kontrolle von Gebietsänderungen beschränkt sich darauf, zu prüfen, ob der Gesetzgeber der Gebietsänderung ein System zugrunde gelegt hat, das verfassungsrechtlichen Vorgaben entspricht und ob darüber hinaus etwaige **Abweichungen** im Lichte des rechtsstaatlichen Gleichheitsgrundsatzes **durch sachliche Gründe** gerechtfertigt sind.[33]

16 Aus dem Verfassungsecht ergeben sich überdies **Abwägungskorrektive**.[34] Sie bestehen in Gestalt des **Verhältnismäßigkeitsgrundsatzes**, vor allem in dessen Ausprägung als **Übermaßverbot**.[35] Die Gebietsänderung muss demnach ein geeignetes Mittel zur Erreichung der angestrebten Zwecke sein, und der Eingriff darf seinerseits nicht offensichtlich außer Verhältnis zu

---

29 StGH, ESVGH 25, 1 (19 f.); *Gern*, Kommunalrecht, Rn. 204; *ders.*, DÖV 1986, 462.
30 StGH, ESVGH 25, 1 (19 f.).
31 StGH, BWVBl 1973, 25; s. auch LVerfG LSA, LKV 1995, 75; SächsVerfGH, LKV 2000, 21; *Gern*, Kommunalrecht, Rn. 204.
32 StGH, ESVGH 25, 1; vgl. auch BVerfG, DVBl. 1992, 961.
33 *Gern*, Kommunalrecht, Rn. 204; aus der Rspr. LVerfG LSA, LKV 1995, 75; SächsVerfGH, LKV 2000, 21.
34 *Gern*, Kommunalrecht, Rn. 204.
35 *Braun*, Art. 74 Rn. 8; *Gern*, Kommunalrecht, Rn. 204.

dem beabsichtigten Ziel stehen. Aus dem Übermaßverbot folgt vor allem, dass bei gleicher Geeignetheit der geringste Eingriff in das Selbstverwaltungsrecht zu wählen ist.[36] Insbesondere dann, wenn es sich nicht um singuläre Gebietsänderungsmaßnahmen handelt, sondern eine **landesweite Gebietsreform** in Rede steht, ist zudem auf den aus dem Gleichheitsgebot folgenden **Grundsatz der Systemgerechtigkeit** als Teil des Willkürverbots abzustellen.[37] Der Gesetzgeber ist gehalten, bei der Auswahl der leitenden Gesichtspunkte der Gebietsreform und bei deren Anwendung sachgerechte Kriterien zu wählen, die in der Gesamtbetrachtung nicht willkürlich sind.[38]

Unter dem Aspekt der dem Übermaßverbot immanenten **Erforderlichkeitsprüfung** sind Verletzungen des Selbstverwaltungsrechts nach dem StGH allerdings selbst dann nicht gegeben, wenn der Gesetzgeber gegenüber der Auflösung einer Gemeinde weder einen anderen als den vorgesehenen Gemeindezusammenschluss noch die Bildung einer Verwaltungsgemeinschaft oder die Einbeziehung in einen Nachbarschaftsverband bzw. das Aufrechterhalten unter Zuweisung weiterer Finanzmittel hat gelten lassen.[39]

II. Rechtsformen der Gebietsänderung von Gemeinden (Abs. 2 S. 1, 2)

Bezüglich der Rechtsformen von Gemeindegebietsänderungen ist nach den Vorgaben der Verfassung in Art. 74 II 1, 2 LV zwischen zwei Formen zu unterscheiden: Art. 74 II 1 LV sieht zunächst die Möglichkeit der **freiwilligen Gemeindegebietsänderung vor,** die durch Vereinbarung der beteiligten Gemeinden mit staatlicher Genehmigung, durch Gesetz oder aufgrund eines Gesetzes möglich ist. Art. 74 II 2 LV ergänzt – insoweit klarstellend –, dass die Auflösung von Gemeinden gegen ihren Willen (**unfreiwillige Gemeindegebietsänderung**) stets eines Gesetzes bedarf, insoweit also ein Parlamentsvorbehalt gilt.[40]

Sofern eine Gebietsänderung auf der Grundlage einer Vereinbarung von Gemeinden nach Art. 74 II 1 Alt. 1 LV zustande kommt, handelt es sich bei der – einfachgesetzlich zudem in § 8 II GemO niedergelegten – Vereinbarung um einen verfassungsrechtlich determinierten **öffentlich-rechtlichen Vertrag im Sinne der §§ 54 ff. LVwVfG.** Sie ergänzen die spezialgesetzlichen Vorgaben des einfachen Rechts in § 8 II GemO. Die erforderliche Genehmigung stellt gegenüber der Gemeinde einen **konstitutiven rechtsbegründenden Ermessensverwaltungsakt auf dem Gebiet des Organisationsrechts** dar.[41] Der Rechtsakt der Genehmigung ist zugleich ein staatlich-kommunaler Kondominialakt, dh die mit der Gebietsänderungsvereinbarung intendierte Grenzänderung kommt erst mit der Genehmigung und so-

---

36 StGH, ESVGH 23, 1 (7); 25, 1 (11 f.).
37 StGH, ESVGH 23, 1 (5); 25, 1 (23).
38 StGH, ESVGH 23, 1 (5); 25, 1 (23); s. auch im Besonderen StGH, U. v. 22.3.1975 – GR 34/74 – unveröff., S. 26 f. (Rübgarten); zum Ganzen näher *von Burski*, DÖV 1976, 29 (31 f.).
39 StGH 25, 1 (2); dazu auch *Gern*, Kommunalrecht, Rn. 204; aA aber ThürVerfGH, NVwZ-RR 1999, 55 (58).
40 *Braun*, Art. 74 Rn. 18.
41 VGH BW, ESVGH 25, 47 (49 ff.); 27, 150; *Braun*, Art. 74 Rn. 14; *Gern*, Kommunalrecht, Rn. 205.

mit nur unter der gleichzeitigen Mitwirkung der staatlichen Genehmigungsbehörde zustande.[42]

20 **Gebietsänderungen durch Gesetz** (Art. 74 II 1 Alt. 2 LV) sind solche, die durch ein **förmliches Parlamentsgesetz** erfolgen. Es handelt sich hierbei um den von der Verfassung stets als zulässige Form der Gebietsänderung vorgesehenen Rechtsrahmen für Kommunalreformen, da es zuvörderst Sache des für das Kommunalrecht zuständigen Landesgesetzgebers ist, durch Parlamentsgesetz Regelungen über die Organisation der Gemeinden zu treffen, die ihrerseits Teil der Staats- und Verwaltungsorganisation des Landes sind.[43] Insbesondere gilt auch für Gebietsänderungen durch formelles Gesetz der **weite legislative Einschätzungsspielraum**, so dass etwa Restriktionen des einfachen Rechts – etwa § 8 II GemO für Gebietsänderungen auf vertraglicher Grundlage – insoweit nicht greifen.[44] Nicht bloß singuläre – sondern landesweite – Gebietsänderungen erfolgen daher grundsätzlich auf formell-gesetzlicher Grundlage. Überdies unterstreicht Art. 74 II 2 LV, wonach die Auflösung von Gemeinden gegen deren Willen (unfreiwillige Gebietsänderungen) nur durch Gesetz möglich ist, dass **gewichtige Gemeindegebietsentscheidungen** dem parlamentarischen Gesetzgeber – und nicht der Exekutive – überantwortet bleiben sollen.

21 Dennoch sind **Gemeindegebietsänderungen** – im Wesentlichen seit der Verfassungsänderung im Jahre 1971 (→ Rn. 4) – auch **aufgrund Gesetzes** zulässig (Art. 74 II 1 Alt. 3 LV), sofern sie sich auf freiwillige Gebietsänderungen beziehen. Allerdings lässt die Verfassung offen, in welcher Weise und in welchem Umfang durch Exekutiventscheidung von dieser Ermächtigung Gebrauch gemacht werden darf. In jedem Fall dürfte eine **Gebietsänderung durch Rechtsverordnung** in Betracht kommen, sofern die Voraussetzungen von Art. 61 I LV eingehalten sind. Eine diesen Anforderungen entsprechende Ermächtigung zum Erlass von gebietsändernden Rechtsverordnungen ist in § 8 VI GemO für solche Grenzänderungen, die nur Gebietsteile betreffen, durch deren Umgliederung der Bestand der beteiligten Gemeinden nicht gefährdet wird, geschaffen. Gebietsänderungen aufgrund Gesetzes sind somit vor allem für Grenzänderungen geringerer Bedeutung oder geringeren Umfangs vorgesehen.

22 Für Gebietsänderungen, die auf die **Auflösung von Gemeinden gegen deren Willen** zielen, gilt, dass diese **ausschließlich durch formelles Gesetz** zulässig sind. Dies folgt eindeutig aus Art. 74 II 2 LV und wird einfachgesetzlich durch § 8 III GemO konkretisiert. Die Grundsätze, an denen freiwillige Gebietsänderungen zu messen sind, gelten auch für die Ausübung des legislativen Ermessens. Der Landesgesetzgeber ist ebenso daran gebunden, dass Gründe des öffentlichen Wohls (Art. 74 I LV) die Gebietsänderung tragen müssen.

---

42 *Braun*, Art. 74 Rn. 14.
43 *Braun*, Art. 74 Rn. 16.
44 So auch *Braun*, Art. 74 Rn. 17.

III. Anhörung (Abs. 2 S. 3)

Zu den maßgeblichen verfassungsrechtlichen Anforderungen an Gemeindegebietsänderungen zählt das Erfordernis der Anhörung der betroffenen Bevölkerung. Demgemäß bestimmt Art. 74 II 3 LV, dass vor der Änderung des Gemeindegebiets die **Bevölkerung der unmittelbar betroffenen Gebiete** angehört werden muss. Die Anhörungspflicht gilt für alle Rechtsformen der Gebietsänderungen, dh für solche auf Grundlage einer Vereinbarung gleichermaßen wie für durch Gesetz oder aufgrund Gesetzes erfolgende Grenzänderungen. Der Zweck der Anhörung der Bevölkerung besteht darin, sich **Informationen über die Meinung der Bürger zu verschaffen**, die sich in ihren Rechten oder Interessen durch die geplante Neugliederungsmaßnahme beeinträchtigt sehen.[45] Sie dient damit auch dazu, das für die zu treffende Abwägungsentscheidung erhebliche Material zusammenzustellen. 23

Es handelt sich bei der Anhörung der Bevölkerung um zwingendes Recht, wenngleich das **Ergebnis den Gesetz- oder Verordnungsgeber nicht bindet**. Die Bindungswirkung des Anhörungsergebnisses besteht auch nicht für die Genehmigungsbehörde und die die Vereinbarung beschließenden Gemeinderäte bei einer freiwilligen Gebietsänderung durch Vereinbarung (Art. 74 II 1 Alt. 1 LV). Ein **Unterbleiben der Anhörung** oder eine fehlerhafte Anhörung der betroffenen Bevölkerung **führt zur Nichtigkeit der Gebietsänderungsmaßnahme**.[46] Es ist daher der Begriff des unmittelbar betroffenen Gebietes im Sinne der Verfassungsnorm – und damit der Kreis der Anzuhörenden – weit zu ziehen.[47] Insbesondere ist etwa bei Eingliederungen wegen gleichermaßen anzunehmender Betroffenheit **nicht nur die Bürgerschaft der einzugliedernden Gemeinde, sondern auch der „aufnehmenden" Gemeinde** anzuhören.[48] Für das Verfahren der Anhörung der Bevölkerung gilt über § 8 V GemO die einfachgesetzliche Spezialvorschrift des § 40 KomWG, wobei mit Bevölkerung die Bürgerschaft im Sinne von § 12 GemO gemeint ist. Daher sind alle wahlberechtigten Bürger (§ 14 I GemO) Anzuhörende im Sinne von Art. 74 II 3 LV. 24

Dass hierneben **auch die betroffenen Gemeinden als Gebietskörperschaften des öffentlichen Rechts und Träger des gemeindlichen Selbstverwaltungsrechts anzuhören** sind, ergibt sich bereits unmittelbar aus Art. 71 I, II LV und der darin verbürgten institutionellen Verfassungsgarantie.[49] Sie ist allgemeiner Natur und gilt auch bereits dann, wenn etwa durch eine gesetzgeberische Maßnahme noch keine unmittelbaren Gebietsänderungen der betroffenen Gebietskörperschaften bewirkt werden.[50] Die Anhörung der Ge- 25

---

45 *Braun*, Art. 74 Rn. 22.
46 *Sander* in: Feuchte, Art. 74 Rn. 8.
47 StGH, ESVGH 25, 1 (25); s. auch StGH, DÖV 1975, 500 (501) – Böblingen/Sindelfingen.
48 Zu eng daher *Braun*, Art. 74 Rn. 22, der trotz vergleichbarer Interessenlage nur eine Anhörungspflicht bezüglich der Bürger der einzugliedernden Gemeinde annimmt.
49 *Braun*, Art. 74 Rn. 21; siehe auch bereits → Rn. 25 zu Art. 71.
50 So deutlich zum Thüringer Vorschaltgesetz zur Gebietsreform (ThürGVG): ThürVerfGH, U. v. 9.6.2017 – VerfGH 61/16 – BeckRS 2017, 112417, Rn. 95 f.; siehe dazu auch → Rn. 25 zu Art. 71.

meinden dient – wie diejenige der Bevölkerung auch – dazu, eine sachgerechte Abwägung aller die Gebietsänderung betreffenden Umstände sicherzustellen.[51] Den **Landkreisen** ist insoweit die gleiche Stellung für Änderungen ihres Gebiets (Art. 74 III LV) eingeräumt.[52]

IV. Gebietsänderung von Gemeindeverbänden (Abs. 3)

26 Art. 74 III 1 LV bestimmt, dass das Gebiet von Gemeindeverbänden nur durch Gesetz oder aufgrund Gesetzes geändert werden kann. Nach Art. 74 III 2 LV bedarf die Auflösung von Landkreisen eines Gesetzes. Die Zusammenschau beider Regelungen lässt im Gesamtregelungskontext von Art. 74 LV trotz der unterschiedlichen Formulierungen („Gemeindeverbände in Satz 1 und „Landkreise" in Satz 2) nur den Schluss zu, dass die Norm **einheitlich nur auf die Landkreise** abhebt. Dies liegt darin begründet, dass es neben den Landkreisen in BW keine Gemeindeverbände gibt, die wie die Landkreise zugleich Gebietskörperschaften sind und daher über einen territorialen Gebietsbestand mit Gebietshoheit verfügen könnten.

27 Mit Ausnahme von Landkreisauflösungen, die stets eines förmlichen Gesetzes bedürfen, sind unter den Voraussetzungen von Art. 61 I LV andere Gebietsänderungen geringeren Gewichts auch bei den Landkreisen aufgrund Gesetzes – also durch Rechtsverordnung – im Rahmen von Art. 74 III 1 LV zulässig. Freilich hat der einfache Gesetzgeber keine § 8 VI GemO vergleichbare Regelung in der LKrO getroffen. In jedem Fall aber sind bei den Landkreisen **Gebietsänderungen durch Vereinbarung zulässig**.[53]

V. Regelung durch Gesetz (Abs. 4)

28 Art. 74 IV LV enthält einen Verfassungsauftrag an den einfachen Gesetzgeber, das Nähere zu Gebietsänderungen durch Gesetz zu regeln. Die Vorschrift ist durch die Verfassungsänderung im Jahre 1971 (→ Rn. 4) angepasst worden. Sie erfordert zur Ergänzung der verfassungsrechtlichen Vorgaben einfachgesetzliche Ergänzungen insbesondere zu Art. 74 II 2, 3, III 1 LV. Entsprechendes ist in den §§ 8, 9 GemO, §§ 7, 8 LKrO und § 40 KomWG erfolgt.

Artikel 75 [Kommunalaufsicht]

(1) ¹Das Land überwacht die Gesetzmäßigkeit der Verwaltung der Gemeinden und Gemeindeverbände. ²Durch Gesetz kann bestimmt werden, daß die Übernahme von Schuldverpflichtungen und Gewährschaften sowie die Veräußerung von Vermögen von der Zustimmung der mit der Überwachung betrauten Staatsbehörde abhängig gemacht werden, und daß diese Zustimmung unter dem Gesichtspunkt einer geordneten Wirtschaftsführung erteilt oder versagt werden kann.

---

51 *Sander* in: Feuchte, Art. 74 Rn. 7.
52 StGH, ESVGH 23, 1.
53 *Sander* in: Feuchte, Art. 74 Rn. 10.

[Kommunalaufsicht] Artikel 75

(2) Bei der Übertragung staatlicher Aufgaben kann sich das Land ein Weisungsrecht nach näherer gesetzlicher Vorschrift vorbehalten.

Schrifttum:
Brüning/Vogelgesang, Die Kommunalaufsicht, Aufgaben – Rechtsgrundlagen – Organisation, 2. Aufl. 2009; *Gförer*, Genehmigungsvorbehalt und Art. 75 Verfassung Baden-Württemberg, DÖV 1955, 496; *Groß*, Was bedeutet „Fachaufsicht"?, DVBl. 2002, 793; *Ibler*, Ersetzung förmlicher Kommunalaufsichtsmittel durch „kooperatives Verwaltungshandeln"?, in: Kommunale Selbstverwaltung im Spiegel von Verfassungsrecht und Verwaltungsrecht, hrsg. von Hoffmann/Kromberg/Roth/Wiegand, 1996, 201; *Jock*, Das Instrument der Fachaufsicht – Rechtliche und verwaltungswissenschaftliche Probleme und potenzielle Weiterentwicklungen, 2011; *Kahl*, Die Staatsaufsicht: Entstehung, Wandel und Neubestimmung unter besonderer Berücksichtigung der Aufsicht über die Gemeinden, 2000; *Knemeyer*, Staatsaufsicht über Kommunen, JuS 2000, 521; *Lühmann*, Das Prinzip der kommunalisierten Kommunalaufsicht im Kommunalrecht der deutschen Länder, 2004; *Oebbecke*, Kommunalaufsicht – nur Rechtsaufsicht oder mehr?, DÖV 2001, 406; *Schoch*, Soll das kommunale Satzungsrecht gegenüber staatlicher und gerichtlicher Kontrolle gestärkt werden?, NVwZ 1990, 801.

Vergleichbare Regelungen: Art. 83 IV BayVerf, 97 I 2 BbgVerf, 147 BremVerf, 137 III 2 HessVerf, 72 IV MVVerf, 57 V NdsVerf, 78 IV NRWVerf, 49 III 2 RPVerf, 122 SaarlVerf, 89 SächsVerf, 87 IV LSAVerf, 54 III SchlHVerf, 94 ThürVerf.

Ergänzende Normen: §§ 118 ff. GemO; § 51 LKrO.

Leitentscheidungen: StGH, BWVBl. 1956, 88; StGH, BWVBl. 1958, 58.

A. Überblick und Einordnung 1	2. Aufsichtsmittel 12
I. Bedeutung 1	3. Adressaten und Verfahren der Rechtsaufsicht 13
II. Herkunft, Entstehung, Geschichte 7	4. Schranken der Aufsichtsausübung 15
III. Verfassungsvergleichende Einordnung 8	II. Weitergehende Befugnisse (Abs. 1 S. 2) 17
B. Erläuterung 9	III. Übertragung staatlicher Aufgaben und Fachaufsicht (Abs. 2) 18
I. Überwachung der Gesetzmäßigkeit der Verwaltung der Gemeinden und Gemeindeverbände (Abs. 1 S. 1) 9	
1. Rechtsaufsicht 9	

A. Überblick und Einordnung

I. Bedeutung

Art. 75 LV bestimmt den verfassungsrechtlichen Rahmen für die **Staatsauf-** 1
sicht über die Gemeinden und Gemeindeverbände.[1] Das Erfordernis einer wirksamen Kontrolle über die Tätigkeit der Kommunen, insbesondere die Erledigung ihrer Aufgaben, folgt bereits aus der Erkenntnis, dass die Kommunen nicht isoliert neben dem Staat stehen, sondern gleichsam in das Staatsganze eingebunden sind. Sie erfüllen nach der verfassungsrechtlichen Funktionsverteilung als Träger der kommunalen Selbstverwaltung Aufgaben der öffentlichen Verwaltung und haben sich daher **in den Gesamtstaat und die Ziele des überörtlichen Gemeinwohls einzufügen**. Dem Land obliegt weiterhin die Gesamtverantwortung für die gesamte öffentliche Ver-

---
1 *Sander* in: Feuchte, Art. 75 Rn. 2.

waltung im Sinne von Art. 69 LV. Deshalb ist Normadressat in Art. 75 I 1 LV auch „das Land". Daraus folgt als übergeordnete Anforderung an die Ausgestaltung der Staatsaufsicht, dass eine sinnvolle Abstimmung mit den überörtlichen Trägern und die Einhaltung des Gesetzmäßigkeitsgrundsatzes bei der Umsetzung der Gesetze sicherzustellen sind.

2 Die Aufsicht über die Gemeinden und Gemeindeverbände ist daher ein **Korrelat**, ein natürliches Gegenstück, **zur kommunalen Selbstverwaltung**.[2] Die Aufgabenübertragung auf die Kommunen nach Art. 28 II GG sowie Art. 71 I, II LV für ihren jeweiligen Wirkungskreis setzt die Existenz einer staatlichen Aufsicht voraus.[3] Diese ist landesrechtlich zu bestimmen und durch die Länderexekutive auszuüben. Eine Bundeskommunalaufsicht existiert mangels Bundeskompetenz für das Kommunalrecht mithin nicht.[4]

3 Durch die fortbestehende Aufgabenverantwortung des Staates besteht auch die **Pflicht einer staatlichen Lenkung**. Diese erfolgt neben der Verabschiedung von Gesetzen durch die Ausübung der Aufsicht (Art. 75 I LV). Im Hinblick auf den Gesetzesvorbehalt in Art. 28 II GG sowie Art. 71 I 2 LV bedarf die Aufsicht über die Gemeinden der einfachgesetzlichen **Regelung hinsichtlich Art, Umfang, Mittel, Maßstäben, Verfahren und Zuständigkeit**. Dem ist der einfache Landesgesetzgeber in den §§ 118 ff. GemO und § 51 LKrO nachgekommen.

4 Art. 75 LV adressiert hinsichtlich der Aufsicht als Selbstverwaltungsträger ausdrücklich nur die Gemeinden und Gemeindeverbände. **Übrige Selbstverwaltungskörperschaften** im Sinne von Art. 71 I 3 LV sowie die Zweckverbände (Art. 71 I Alt. 3 LV) unterstehen zwar ebenfalls staatlicher Aufsicht; diese ist indes nicht verfassungsrechtlich determiniert, sondern durch das einfache Gesetzesrecht zu bestimmen (etwa nach § 28 GKZ für die Zweckverbände).

5 Die Verfassungsnorm knüpft an die „Verwaltung der Gemeinden und Gemeindeverbände" an und bezieht sich damit zuvörderst auf die **Aufgabenwahrnehmung durch die kommunalen Gebietskörperschaften**. Je nach Aufgabenkategorie – freiwillige Aufgaben, Pflichtaufgaben ohne Weisung oder Weisungsaufgaben im Sinne von § 2 GemO bzw. § 2 LKrO – bemisst sich die Ausgestaltung der staatlichen Aufsicht. Wenngleich die LV bezüglich der kommunalen Aufgabenstruktur noch dualistisch geprägt ist und vom Grundsatz her auch Art. 75 LV noch die Trennung in Selbstverwaltungsaufgaben einerseits und staatliche Aufgaben andererseits (vgl. insb. Art. 75 II LV) zugrunde legt, steht die verfassungsrechtliche Rahmenregelung in Art. 75 LV im Einklang mit den einfachgesetzlichen Ausprägungen, die ihrerseits freilich vom monistischen Aufgabenmodell mit einem jeweils einheitlichen Wirkungskreis der Gemeinden und Landkreise geprägt sind. Soweit Aufgaben nach ihrem Charakter Selbstverwaltungsaufgaben sind, unterliegen die Kommunen insoweit nur einer **Rechtsaufsicht**, die zum über-

---

2 BVerfGE 6, 104 (118); 78, 331; BVerwGE 2, 329; *Schoch*, NVwZ 1990, 801 (804); *Stern* in: Stern I, 402; zum Ganzen eingehend *Kahl*, Staatsaufsicht, 496 f.
3 *Brüning/Vogelgesang*, Kommunalaufsicht, Rn. 72 ff.
4 BVerfGE 8, 122 (137); 26, 172 (181); *Brüning/Vogelgesang*, Kommunalaufsicht, Rn. 73.

wiegenden Teil auch als Kommunalaufsicht bezeichnet wird.[5] Im Bereich der staatlichen geprägten Aufgaben (Auftragsangelegenheiten bzw. unter dem monistischen Modell Pflichtaufgaben nach Weisung, kurz: Weisungsaufgaben im Sinne von § 2 III GemO bzw. § 2 IV LKrO) besteht eine **Fachaufsicht**, die auch Ausfluss der Verfassungsbestimmung in Art. 75 II LV ist.

Der **Staatsaufsicht** sind unterschiedliche **Funktionen zugewiesen**. Sie hat zunächst sicherzustellen, dass die Gemeinden und Gemeindeverbände im Einklang mit der Verfassung und mit den Gesetzen verwaltet werden. Auch insoweit gilt der Grundsatz der Gesetzmäßigkeit der Verwaltung aus Art. 20 III GG und Art. 25 II LV. Der Aufsicht kommt insoweit eine **Rechtsbewahrungsfunktion** zu. Zudem soll die staatliche Aufsicht die kommunalen Körperschaften in ihren Rechten schützen.[6] Über die reine Gesetzmäßigkeitskontrolle hinaus hat sie daher auch den Zweck einer **Schutz- und Förderungsfunktion**. Schließlich muss die Aufsicht auch darauf hinwirken, dass die Kommunen ihre Aufgaben erfüllen. Im Sinne einer **kooperativen Aufsicht**[7] bedeutet dies nicht nur, die Gemeinden und Gemeindeverbände durch Aufsichtsmaßnahmen zur Erfüllung ihrer Pflichten anzuhalten; die Aufsichtsbehörden sollen vielmehr durch Beratung und Förderung der kommunalen Belange die Voraussetzung für eine Aufgabenerfüllung durch Gemeinden und Gemeindeverbände schaffen (**Beratungs- und Förderfunktion**).[8] 6

II. Herkunft, Entstehung, Geschichte

Sowohl Art. 71 VerfERP als auch Art. 98 I, 99 S. 1, 2 VerfECDU enthielten Bestimmungen über die staatliche Aufsicht. Sie unterschieden sich insoweit auch nur in Detailfragen, etwa dergestalt, dass der VerfECDU besonderes Gewicht auf die Beschränkung der Staatsaufsicht auf die Gesetzmäßigkeit gemeindlichen Handelns legte.[9] Dies spiegelt sich in der vom VA übernommenen Regelung über die Rechtsaufsicht wider. Auch wurde vom VA der in Art. 75 I 2 LV vorgesehene Vorbehalt zum kommunalen Finanzgebaren aufgenommen.[10] Art. 75 LV ist seit Inkrafttreten der LV unverändert geblieben. 7

III. Verfassungsvergleichende Einordnung

Wegen der Einbindung der Gemeinden und Gemeindeverbände in die vollziehende Gewalt der Länder und ihre daraus resultierende Zuordnung zur mittelbaren Landesverwaltung sowie der Umstand, dass die verfassungsrechtliche Gewährleistung der kommunalen Selbstverwaltung unter Gesetzesvorbehalt (Art. 28 II 1, 2 GG sowie die Landesverfassungen, siehe dazu oben die vergleichbaren Regelungen zu Art. 71 LV) steht, haben alle Flächenländer Regelungen über die Staatsaufsicht über die Kommunen in die 8

---

5 *Burgi*, Kommunalrecht, § 8 Rn. 32; anders – und letztlich präziser – aber § 118 I GemO: „Rechtsaufsicht".
6 BVerfGE 78, 331.
7 Dazu *Ibler*, „Kooperatives Verwaltungshandeln", 201 ff.
8 *Oebbecke*, DÖV 2001, 406 (408); s. auch *Brüning/Vogelgesang*, Kommunalaufsicht, Rn. 75.
9 *Sander* in: Feuchte, Art. 75 Rn. 1.
10 *Sander* in: Feuchte, Art. 75 Rn. 1.

Landesverfassungen aufgenommen. Es handelt sich insoweit um den Ausdruck des allgemeinen verfassungsrechtlichen Prinzips, wonach die Staatsaufsicht das Korrelat der Einräumung der (kommunalen) Selbstverwaltung bildet (→ Rn. 2). Soweit es die Verwaltungsorganisation der Stadtstaaten betrifft, findet sich auch in Art. 147 BremVerf eine entsprechende verfassungsrechtliche Statuierung der Aufsicht über die Gemeinden Bremen und Bremerhaven. Die Regelungen sind teils ausschließlich auf die Regelung der Rechtsaufsicht ausgerichtet (so zB in Art. 49 III RPVerf); in anderen Verfassungen findet sich – wie in BW auch – zugleich eine verfassungskräftige Grundlage für eine Fachaufsicht mit Weisungsrecht des Staates (so zB in Art. 83 IV BayVerf). Freilich wäre auch ohne ausdrückliche verfassungsrechtliche Regelung das Erfordernis einer Staatsaufsicht, die sich – je nach verfolgtem Aufgabenmodell (monistisches oder dualistisches) und daraus folgenden Aufgabentypen – in eine Rechts- und eine Fachaufsicht gliedert, bereits aus allgemeinen verfassungsrechtlichen Erwägungen angezeigt.

B. Erläuterung

I. Überwachung der Gesetzmäßigkeit der Verwaltung der Gemeinden und Gemeindeverbände (Abs. 1 S. 1)

1. Rechtsaufsicht

9 Nach Art. 75 I 1 LV überwacht das Land die **Gesetzmäßigkeit der Verwaltung der Gemeinden und Gemeindeverbände**. Damit besteht über die weisungsfreien Angelegenheiten der Gemeinden und Gemeindeverbände lediglich eine Rechtsaufsicht, die sich auf die Einhaltung der formellen Gesetze und sonstigen Rechts durch die gemeindliche bzw. gemeindeverbandliche Verwaltung zu beschränken hat.[11] Darunter fällt die **gesamte Betätigung der Gemeinden und Gemeindeverbände in allen Bereichen**, dh Verwaltungstätigkeit ebenso wie Normsetzung.[12] Zweckmäßigkeitserwägungen der Aufsichtsbehörde betreffend Ermessensentscheidungen der Kommunen sind weder bei herkömmlichem Verwaltungshandeln noch bei der Schaffung von Ortsrecht durch Satzung zulässig, sondern vielmehr bereits von Verfassungs wegen nach Art. 75 I 1 LV ausgeschlossen.[13]

10 Die Gesetzmäßigkeitskontrolle der Aufsichtsbehörden erstreckt sich auf **alle Rechtsnormen im materiellen Sinne**, dh die Einhaltung von Bundes- und Landesgesetzen, Rechtsverordnungen des Bundes, des Landes, der Gemeinden sowie auch gemeindlicher Satzungen. Eingeschlossen sind **auch öffentlich-rechtliche Vereinbarungen und öffentlich-rechtliche Verträge**. Überdies ist auch **Unionsrecht** Gegenstand der Kontrolle, soweit die Kommunen im indirekten Vollzug europäischen Rechts tätig werden.[14] Verwaltungsvorschriften sind demgegenüber keine Rechtsnormen; sie können im weisungsfreien Aufgabenbereich, auf den sich die Rechtsaufsicht erstreckt, nicht ergehen. Der Aufsicht unterliegen sämtliche Aufgaben der Gemeinde bzw. des Gemeindeverbands, und zwar ohne Unterschied, ob es sich um freiwil-

---

11 *Braun*, Art. 75 Rn. 3.
12 StGH, BWVBl. 1956, 88 f.; ebenso *Braun*, Art. 75 Rn. 3; aA *Gförer*, DÖV 1955, 496 (498), der nur die Verwaltungstätigkeit als umfasst ansieht.
13 *Braun*, Art. 75 Rn. 3; *Sander* in: Feuchte, Art. 75 Rn. 1.
14 *Burgi*, Kommunalrecht, § 8 Rn. 32.

lige oder Pflichtaufgaben handelt bzw. ob sich die Tätigkeiten im hoheitlichen oder im fiskalischen Bereich bewegen. Erfasst werden jedoch lediglich Angelegenheiten der Kommune als Körperschaft und juristische Person des öffentlichen Rechts, nicht etwa solche Angelegenheiten der einzelnen Gemeindeeinwohner als deren Mitglieder.

Im Bereich der Rechtsaufsicht führt grundsätzlich **jeder objektive Verstoß gegen Rechtsnormen zur Gesetzwidrigkeit**, wobei es auf ein Verschulden nicht ankommt. Zu den Verstößen zählen etwa eine fehlerhafte Gesetzesanwendung, etwa die Nichtbeachtung zwingender gesetzlicher Vorgaben, weiter die Verletzung von Zuständigkeits-, Verfahrens- und Formvorschriften sowie die Missachtung rechtmäßig ergangener aufsichtsrechtlicher Maßnahmen und Weisungen. Gesetzwidrigkeit liegt auch vor, wenn unbestimmte Rechtsbegriffe falsch angewendet wurden, sofern der Gemeinde auf Tatbestandsseite nicht ein Beurteilungsspielraum eingeräumt ist, oder aber, wenn die Gemeinde das ihr gesetzlich zustehende Ermessen überschreitet, das Ermessen nicht anwendet oder von ihm nicht in einer dem Zweck der gesetzlichen Ermächtigung entsprechenden Weise Gebrauch macht, mithin also Ermessensfehler vorliegen. Um die Grenze zur in den Bereich der weisungsfreien Angelegenheiten nicht zulässigen Fachaufsicht nicht zu verwischen, können darüber hinaus Ermessensentscheidungen nur Gegenstand der Rechtsaufsicht sein, wenn die Aufsichtsbehörden dazu ausdrücklich ermächtigt sind.[15] Dies ist wegen des eindeutigen Wortlauts in Art. 75 I 1 LV auf einfachgesetzlicher Grundlage zweifelhaft, auf unmittelbarer verfassungsrechtlicher Grundlage wie in Art. 75 I 2 LV indes zulässig.[16] 11

2. Aufsichtsmittel

Die den Aufsichtsbehörden zur Verfügung stehenden **Aufsichtsmittel** für die Wahrnehmung der Rechtsaufsicht sind durch Art. 75 I 1 LV **verfassungsrechtlich nicht vorgegeben**. Sie bedürfen der Festlegung durch den einfachen Gesetzgeber im jeweiligen Kommunalgesetz, dh insbesondere der GemO und der LKrO.[17] Die Aufsichtsmittel der Rechtsaufsicht sind abschließend in den §§ 120 bis 124 GemO geregelt; die LKrO enthält in § 51 S. 1 LKrO eine entsprechende Verweisung auf die Aufsichtsvorschriften der GemO, womit die dort geregelten Aufsichtsmittel eingeschlossen sind. Darüber hinaus stehen der Rechtsaufsicht grundsätzlich keine weiteren (förmlichen) Aufsichtsmittel zu. Hinsichtlich der einfachgesetzlich geregelten Aufsichtsmittel ist zwischen **präventiven und repressiven Aufsichtsmitteln** zu unterscheiden. Während die repressiven Aufsichtsmittel einem bereits realisierten Rechtsverstoß entgegenwirken sollen und hierfür vor allem die Beanstandung (§ 121 GemO) bei positivem rechtswidrigen Tun und die Anordnung (§ 122 I GemO) bei rechtswidrigem Unterlassen zur Verfügung stehen, ggf. ergänzt durch eine etwaige Ersatzvornahme (§ 123 GemO) sowie – als ultima ratio – die Bestellung eines Beauftragten (§ 124 GemO), bestehen in Form von Genehmigungs- und Erlaubnisvorbehalten Mittel der 12

---

15 *Braun*, Art. 75 Rn. 3.
16 So wohl auch bereits *Braun*, Art. 75 Rn. 3.
17 StGH, BWVBl. 1956, 88 (90).

Präventivkontrolle. Während anfangs zunächst umstritten war, ob auch Genehmigungsvorbehalte von Art. 75 I 1 LV umfasst werden,[18] ist diese Frage mittlerweile zugunsten der präventiven Aufsicht entschieden.[19]

3. Adressaten und Verfahren der Rechtsaufsicht

13 **Adressat** der Aufsicht ist die Gemeinde bzw. der Landkreis oder ein anderer Gemeindeverband (zB Gemeindeverwaltungsverband), nicht aber die einzelnen Organe oder Bediensteten. Es handelt sich demnach bei der Rechtsaufsicht um eine **Körperschaftsaufsicht** und nicht um eine Organ- bzw. Dienstaufsicht.

14 Das bei der Aufsichtsausübung anzuwendende **Verfahren** ist **verfassungsrechtlich nicht vorgegeben**. Es bestimmt sich nach der GemO (für die Landkreise aufgrund der Verweisung in § 51 LKrO) sowie darüber hinaus nach dem LVwVfG. Die Ausübung der Rechtsaufsicht ist nicht fristgebunden und grundsätzlich so lange zulässig, wie die Gesetzwidrigkeit besteht. Die Maßnahmen der Rechtsaufsichtsbehörde sind gegenüber der Gemeinde oder dem Gemeindeverband als Verwaltungsakt zu qualifizieren, und es besteht verwaltungsgerichtlicher Rechtsschutz mittels Anfechtungs- bzw. Verpflichtungsklage (vgl. § 125 GemO).[20] § 125 GemO dürfte indes nur klarstellender Charakter zukommen, da sich die Statthaftigkeit von Anfechtungs- bzw. Verpflichtungsklage bereits einfachgesetzlich aus der insoweit kompetenzvorrangigen Norm des § 42 VwGO ergibt.

4. Schranken der Aufsichtsausübung

15 Die Ausübung der Aufsicht unterliegt vorbehaltlich näherer gesetzlicher Ausgestaltung bereits von Verfassungs wegen allgemeinen Schranken. Zunächst gilt der **Grundsatz der selbstverwaltungsfreundlichen Aufsicht**, der verfassungsrechtlich nicht niedergelegt ist, sich jedoch aus der Selbstverwaltungsgarantie ergibt. Die Aufsicht darf nicht in den verfassungsrechtlich garantierten Kernbereich der gemeindlichen Selbstverwaltung eingreifen (Art. 28 II 2 GG, Art. 71 I, II LV). Danach soll die Aufsicht die **kommunale Selbstverwaltung** fördern und eine freie Entfaltung der Kräfte in der örtlichen Gemeinschaft ermöglichen.[21] Die Entschlusskraft und die Verantwortungsfreudigkeit der Gemeinde dürfen nicht beeinträchtigt werden. Einfachgesetzlich findet sich der Grundsatz indes in § 118 III GemO wieder.

16 Überdies unterliegt die Ausübung der Aufsicht dem **Opportunitätsprinzip**.[22] Der Aufsichtsbehörde steht grundsätzlich ein **Entschließungsermessen** zu, ob sie gegenüber der Gemeinde bzw. dem Gemeindeverband einschreitet. Da die Aufsicht allein aus öffentlichem Interesse eingeräumt ist, darf sie auch nur im öffentlichen Interesse ausgeübt werden. Der Einzelne hat somit auch keinen Anspruch auf Tätigwerden der Rechtsaufsichtsbe-

---

18 Dazu *Braun*, Art. 75 Rn. 4 ff.
19 StGH, BWVBl. 1956, 88 (90); StGH, BWVBl. 1958, 58.
20 VGH BW, ESVGH 25, 193 (195).
21 *Brüning/Vogelgesang*, Kommunalaufsicht, Rn. 75; *Oebbecke*, DÖV 2001, 406 (408).
22 *Braun*, Art. 75 Rn. 3; vgl. auch BVerfGE 6, 104; 8, 122.

hörde. Insbesondere besteht kein Rechtsanspruch auf Einschreiten der Aufsichtsbehörde.[23] Daneben hat die Aufsichtsbehörde ein **Auswahlermessen**, welche Maßnahmen sie gegenüber der Gemeinde oder dem Gemeindeverband ergreift. Bei dieser Ermessensausübung ist der **Grundsatz der Verhältnismäßigkeit** zu beachten. Anordnungen der Aufsichtsbehörden dürfen nur so weit gehen, als dies zur Erreichung des Zieles erforderlich ist. Die Rechtsaufsichtsbehörde kann etwa die Rückgängigmachung von Maßnahmen, die aufgrund gesetzwidriger Anordnungen oder Beschlüsse der Gemeinde getroffen wurden, nur verlangen, wenn für die Gemeinde ein anderer Weg, den Gesetzesverstoß zu beseitigen, nicht gegeben ist oder ihn die Gemeinde offensichtlich nicht beschreiten will.

II. Weitergehende Befugnisse (Abs. 1 S. 2)

Nach Art. 75 I 2 LV kann durch Gesetz bestimmt werden, dass die **Übernahme von Schuldverpflichtungen und Gewährschaften sowie die Veräußerung von Vermögen** von der Zustimmung der mit der Überwachung betrauten Staatsbehörde abhängig gemacht werden, und dass diese Zustimmung unter dem Gesichtspunkt einer geordneten Wirtschaftsführung erteilt oder versagt werden kann. Die LV erweitert damit in den aufgeführten Fällen die aufsichtsbehördlichen Befugnisse dergestalt, dass gemeindliche oder gemeindeverbandliche Maßnahmen von einer zusätzlichen aufsichtlichen Genehmigung abhängig gemacht werden dürfen, sofern dies gesetzlich geregelt wird. Im Unterschied zu Art. 75 I 1 LV handelt es sich um **Materien, in denen die Rechtsaufsicht nicht allein auf die Gesetzmäßigkeitskontrolle beschränkt ist**, sondern bei denen partiell auch Zweckmäßigkeitsaspekte zum Tragen kommen können. Die Fälle, in denen die Einführung besonderer Zustimmungserfordernisse nach Art. 75 I 2 LV zulässig ist, sind dort abschließend aufgezählt. Sie dienen der Sicherstellung einer geordneten Wirtschaftsführung. Ihre Einführung ist freilich nur auf der Grundlage eines **formellen Gesetzes** zulässig.[24] Der Landesgesetzgeber hat von der Ermächtigung des Art. 75 I 2 LV etwa in den §§ 87 II, IV, 89 II GemO für die Übernahme von Schuldverpflichtungen und in § 88 II GemO für die Übernahme von Gewährschaften Gebrauch gemacht. Der frühere Genehmigungsvorbehalt für die Veräußerung gemeindlichen Vermögens in § 92 IV aF GemO ist einer Vorlagepflicht gegenüber der Rechtsaufsichtsbehörde in § 92 III GemO gewichen.

17

III. Übertragung staatlicher Aufgaben und Fachaufsicht (Abs. 2)

Nach Art. 75 II LV kann sich das Land bei der Übertragung staatlicher Aufgaben ein **Weisungsrecht nach näherer gesetzlicher Vorschrift** vorbehalten. Es handelt sich um die verfassungsrechtliche Ermächtigung an den Gesetzgeber, eine Fachaufsicht zu etablieren. Fachaufsicht setzt ihrem Charakter nach **staatliche Auftragsangelegenheiten** voraus, die sich unter dem monistischen Aufgabenmodell als Pflichtaufgaben nach Weisung darstellen. Demgemäß setzt auch Art. 75 II LV – noch im Sinne des dualistischen Aufgabenmodells – die Übertragung staatlicher Aufgaben voraus. Entschei-

18

---

23 BVerfG, DÖV 1972, 723; VGH BW, ESVGH 25, 293.
24 *Braun*, Art. 75 Rn. 10.

dend ist, dass für diesen Aufgabenbereich nach der Norm eine **Fachaufsicht** errichtet werden kann, die durch ein Weisungsrecht ausgeübt wird. Die Fachaufsicht umfasst zwar zunächst auch die Gesetzmäßigkeitskontrolle bei staatlichen Aufgaben (Weisungsaufgaben im Sinne von § 2 III GemO bzw. § 2 IV LKrO), schließt aber insbesondere ausdrücklich auch eine Zweckmäßigkeitskontrolle mit ein. Dies begründet sich organisationsrechtlich auch dadurch, dass vor allem die Gemeinden bei Weisungsaufgaben als Teil der Staatsverwaltung tätig werden, nicht jedoch als selbstständiger Aufgabenträger. Die Verantwortung des Staates geht in diesem Bereich über eine reine Rechtmäßigkeitskontrolle hinaus und umfasst daher auch eine Zweckmäßigkeitsüberprüfung, wofür Art. 75 II LV die erforderliche verfassungsrechtliche Grundlage dergestalt schafft, dass ein Weisungsrecht nach näherer gesetzlicher Vorschrift vorbehalten werden kann.

19 Dem trägt einfachgesetzlich allgemein zunächst § 118 II iVm § 129 I GemO Rechnung, wonach sich die Fachaufsicht und das zugehörige Weisungsrecht sowie die Zuständigkeit der Fachaufsichtsbehörden „nach den hierüber erlassenen" bzw. „den hierfür geltenden besonderen" Gesetzen richtet. Daraus wird ersichtlich, dass der Vorbehalt eines Weisungsrechts **jeweils einzelgesetzlich** zu treffen ist und nicht generell festgelegt werden darf, um der verfassungsrechtlichen Vorgabe der „näheren gesetzlichen Vorschrift" zu genügen. Für die Ausfüllung soll bei entsprechender Ermächtigung (Art. 61 I LV) bereits eine **Regelung durch Rechtsverordnung** genügen, was die Staatspraxis offenkundig etwa mit § 129 IV GemO auch belegt.[25] Dem ist zuzustimmen, da sich aus Art. 75 II LV schon angesichts des Wortlauts („nach näherer gesetzlicher Vorschrift") **kein Parlamentsvorbehalt** ableiten lässt, der stets ein formelles Gesetz erfordern würde. Denn ein die Vorgaben aus Art. 61 I LV wahrendes Parlamentsgesetz wäre von Art. 75 II LV wohl ebenfalls gedeckt, da nicht der Bereich der Selbstverwaltungs-, sondern der der staatlichen Angelegenheiten betroffen ist und insoweit mit Blick auf das Selbstverwaltungsrecht auch keine „Wesentlichkeit" erblickt werden kann.[26]

20 Die Fachaufsicht ist von der **Dienstaufsicht** zu unterscheiden, die ihrerseits die umfassendste Form der Kontrolle darstellt und die fachliche Leitung, die Organisation sowie auch die Tätigkeit des Personals miteinschließt. Hierzu ermächtigt Art. 75 II LV verfassungsrechtlich gegenüber den Kommunen nicht, denn insbesondere die Gemeinden unterliegen keiner Dienstaufsicht durch staatliche Behörden. Daher ist etwa die zwar als Dienstaufsicht bezeichnete Aufsicht nach § 63 PolG über die Ortspolizeibehörden keine „echte" Dienstaufsicht, sondern lediglich ein Fall besonders geregelter Fachaufsicht.

---

25 *Braun*, Art. 75 Rn. 11.
26 Zweifelnd *Braun*, Art. 75 Rn. 11, der im Ergebnis wohl aber einer verfassungspragmatischen Lösung zuneigt.

Artikel 76 [Anrufung des Verfassungsgerichtshofs]

Gemeinden und Gemeindeverbände können den Verfassungsgerichtshof mit der Behauptung anrufen, daß ein Gesetz die Vorschriften der Artikel 71 bis 75 verletze.

Schrifttum:
Ade/Pautsch, Gemeindeordnung für Baden-Württemberg, in: Ade/Pautsch/Faiß/Stehle/Waibel (Hrsg.), Kommunalverfassungsrecht Baden-Württemberg, Kommentare, Loseblatt (22. EL, Juli 2017); *Bachof*, Der Staatsgerichtshof für das Land Baden-Württemberg, Tübinger Festschrift für Eduard Kern, 1968, 1; *Bosse*, Vertretungsberechtigte Organe aufgelöster Gemeinden im Normenkontrollverfahren vor dem Staatsgerichtshof Baden-Württemberg, DÖV 1976, 34; *von Burski*, Verfassungsfragen der Gemeindereform in der Rechtsprechung des baden-württembergischen Staatsgerichtshofs, DÖV 1976, 29; *von Burski*, Die Gemeindereform – Rechtsprechung des baden-württembergischen Staatsgerichtshofs, DÖV 1976, 810; *Pautsch*, Prozessvertretung vor den Verfassungsgerichten durch Rechtslehrer an Fachhochschulen?, NJ 2016, 63; *Walter/Grünewald*, Bundesverfassungsgerichtsgesetz (BVerfGG), Beck'scher Online-Kommentar, 3. Edition (Stand: 1.6.2017).

Vergleichbare Regelungen: Art. 93 I Nr. 4 b GG, 98 IV BayVerf (Kommunalverfassungsbeschwerde unterfällt der Popularklage und löst damit die Subsidiaritätsanordnung des Art. 93 I Nr. 4 b letzter Hs. aus), Art. 100 BbgVerf, 53 I Nr. 8 MVVerf, 54 Nr. 5 NdsVerf, 75 IV NRWVerf iVm §§ 12 Nr. 8, Art. 52 VGHG NRW, 123 SaarlVerf, 90 SächsVerf, 75 Nr. 7 LSAVerf, 51 Nr. 7 SchlHVerf, 80 I Nr. 2 ThürVerf.

Ergänzende Normen: § 54 VerfGHG.

Leitentscheidungen: StGH, BWVBl. 1957, 140; ESVGH 23, 1; ESVGH 24, 155; ESVGH 26, 129.

A. Überblick und Einordnung 1	B. Erläuterung 5
I. Bedeutung 1	I. Verhältnis zur Kommunalverfassungsbeschwerde des Grundgesetzes 5
II. Entstehung und Entwicklung der Verfassungsnorm 3	
III. Verfassungsvergleichende Einordnung 4	II. Einzelne Verfahrensfragen 8

A. Überblick und Einordnung

I. Bedeutung

Art. 76 LV normiert auf verfassungsrechtlicher Ebene ein besonderes Verfahren der kommunalrechtlichen Normenkontrolle. Es tritt neben die übrigen Verfahren nach Art. 68 I Nr. 1 bis 4 LV, in denen der VerfGH entscheidet. Es handelt sich um einen Fall, der Art. 68 I Nr. 4 LV ausfüllt, wonach der VerfGH „in den übrigen durch diese Verfassung (…) ihm zugewiesenen Angelegenheiten" entscheidet. Nach zutreffender Einschätzung von *Bachof*[1] stellt das in Art. 76 LV geregelte Verfahren eine „kommunale Verfassungsbeschwerde, die als Normenkontrollverfahren ausgestaltet ist" dar.[2] Darin kommt zum Ausdruck, dass das Verfahren nicht nur den Charakter einer objektiven Normüberprüfung hat, sondern es überdies gerade auch einer individuellen Beschwer der antragsberechtigten Gemeinden und

---
1 *Bachof*, FS Kern, 1.
2 Vgl. auch *Pautsch* in: Ade/Pautsch, GemO BW, § 1 Rn. 5.

Gemeindeverbände bedarf, wie es der VerfGH in ständiger Rechtsprechung fordert.[3] Jedenfalls handelt es sich bei dem Verfahren nach Art. 76 LV nicht um ein „echtes" Normenkontrollverfahren. Es trägt vielmehr Züge der auch im GG in Art. 93 I Nr. 4 b GG sowie in den meisten übrigen Landesverfassungen ausdrücklich so bezeichneten Kommunalverfassungsbeschwerde. Eine genaue Zuordnung eher zu der einen (Normenkontrolle) oder der anderen (Verfassungsbeschwerde) Verfahrensart ist indes auch nicht erforderlich, da das Verfahren verfassungsrechtlich durch Art. 76 LV abgesichert und zudem deutlich ist, dass Verfahrens- bzw. Beschwerdegegenstand nur Gesetze sein können und antragsberechtigt nur Gemeinden und Gemeindeverbände sind, die sich ihrerseits jedoch nur auf die institutionelle Garantie der kommunalen Selbstverwaltung, nicht aber auf Grundrechte berufen können.[4]

2   Unter den Verfahren vor dem VerfGH kommt Art. 76 LV eine besondere Bedeutung zu, wie sich an der hohen Zahl an Verfahren ablesen lässt.[5] Freilich lag ihre größte Bedeutung bei den Verfahren, die im Zusammenhang mit der Gemeindegebietsreform stehen. Hier hatte der damalige StGH in insgesamt 74 Urteilen über 96 Normenkontrollanträge von Gemeinden zu entscheiden.[6]

II. Entstehung und Entwicklung der Verfassungsnorm

3   Die Vorschrift des Art. 76 LV ist erst im VA in der im Kern bis heute geltenden Fassung aufgenommen worden, und zwar im Zusammenhang mit den Beratungen über den StGH.[7] Die Einführung einer verfassungsrechtlich abgesicherten Rechtsschutzmöglichkeit der Gemeinden und Gemeindeverbände war Gegenstand der Beratungen des VA, wobei der Charakter als später aufgenommener Vorschrift auch daran erkennbar wird, dass ihr zunächst die Bezeichnung Art. 71a zugewiesen worden war.[8] Im Laufe der Beratungen – so in der 25., 26. und 52. Sitzung des VA und schließlich der VLV in der Zweiten und Dritten Lesung (54. sowie 59. und 60. Sitzung)[9] – hat die Vorschrift ihre maßgebliche Ausformung als kommunales Normenkontrollverfahren erhalten. Die Vorschrift ist seit ihrem Inkrafttreten 1953 bis zur Verfassungsänderung im Jahre 2015, mit der der StGH in die heutige Bezeichnung Verfassungsgerichtshof „überführt" wurde, unverändert geblieben.

III. Verfassungsvergleichende Einordnung

4   Eine Art. 76 LV entsprechende Möglichkeit der Gemeinden und Gemeindeverbände, wegen Verletzung ihres Selbstverwaltungsrechts das jeweilige

---

3   StGH, BWVBl. 1957, 140; ESVGH 23, 1 (3); 24, 155 (156); 26, 129 (130 f.). Anders, zumindest aber offen, wohl StGH, ESVGH 22, 202 (23), wonach die Behauptung eines objektiven Verstoßes ausreichend sei.
4   Zu dieser Problematik auch *Morgenthaler* in: Epping/Hillgruber, Art. 93 Rn. 83, 83.1.
5   *Braun*, Art. 76 Rn. 1.
6   *Braun*, Art. 76 Rn. 1; *von Burski*, DÖV 1976, 810.
7   *Sander* in: Feuchte, Art. 76 Rn. 1.
8   *Feuchte*, S. 26.
9   S. dazu *Braun*, Art. 76 Vor Rn. 1; *Feuchte*, S. 26.

Landesverfassungsgericht anzurufen, besteht auf verfassungsrechtlicher Grundlage mit Ausnahme Hessens und des Landes Rheinland-Pfalz in allen Flächenländern.[10] Damit wirkt in diesen Ländern die Subsidiaritätsanordnung des Art. 93 I Nr. 4 b letzter Hs. GG infolge der Eröffnung der landesverfassungsgerichtlichen Kommunalverfassungsbeschwerde direkt, so dass dort von den Gemeinden bzw. Gemeindeverbänden vor dem BVerfG nur noch Bundesrecht angefochten werden kann.[11] Die Stadtstaaten sind als Bundesländer keine Gemeinden und damit grundsätzlich nicht beschwerdefähig.[12] Eine Ausnahme besteht nach Art. 143 ff. BremVerf nur für die verwaltungsorganisatorische Binnengliederung Bremens, bestehend aus den Gemeinden Bremen und Bremerhaven.[13] Da beide Gemeinden nach Art. 144 S. 1 BremVerf Gebietskörperschaften des öffentlichen Rechts innerhalb des bremischen Staates sind (Art. 143 I BremVerf), steht ihnen als „öffentlich-rechtlichen Körperschaften des Landes Bremen" nach Maßgabe von Art. 140 BremVerf auch der Weg zum BremStGH mit Blick auf das ihnen verfassungsrechtlich eingeräumte Selbstverwaltungsrecht zu.

B. Erläuterung

I. Verhältnis zur Kommunalverfassungsbeschwerde des Grundgesetzes

Gegenüber der bundesverfassungsrechtlichen Kommunalverfassungsbeschwerde in Art. 93 I Nr. 4 b GG ist Art. 76 LV lex specialis.[14] Dies ergibt sich aus der **Subsidiaritätsanordnung**, die Art. 93 I Nr. 4 b letzter Hs. GG (und einfachgesetzlich § 91 BVerfGG) trifft. Danach entscheidet das BVerfG über Verfassungsbeschwerden von Gemeinden und Gemeindeverbänden wegen Verletzung des Rechts auf Selbstverwaltung ein Landesgesetz nur, soweit nicht Beschwerde beim Landesverfassungsgericht erhoben werden kann.[15] Da der VerfGH nach Maßgabe von Art. 76 LV angerufen werden kann, ist dieser somit allein für die Entscheidung über Kommunalbeschwerden baden-württembergischer Gemeinden und Gemeindeverbände gegen formelle Landesgesetze zuständig.[16]

5

Bezüglich des **Beschwerdegegenstandes** ist Art. 76 LV zudem weiter gefasst als die grundgesetzliche Kommunalverfassungsbeschwerde, da die Landesverfassungsnorm die **Verletzung aller Vorschriften der Art. 71 bis 75 LV** einschließt, wohingegen mit der Bundeskommunalverfassungsbeschwerde nur Verletzungen der kommunalen Selbstverwaltungsgarantie aus Art. 28 II GG geltend gemacht werden können.[17] Anders verhält es sich indes im Hinblick darauf, dass der **VerfGH nur zur Überprüfung formeller Gesetze**

6

---

10 S. auch *Detterbeck* in: Sachs, GG, Art. 93 Rn. 104.
11 *Detterbeck* in: Sachs, GG, Art. 93 Rn. 104.
12 *Morgenthaler* in: Epping/Hillgruber, Art. 93 Rn. 84.1.
13 *Detterbeck* in: Sachs, GG, Art. 93 Rn. 104 Rn. 359.
14 *Sander* in: Feuchte, Art. 76 Rn. 3.
15 Vgl. *Morgenthaler* in: Epping/Hillgruber, Art. 93 Rn. 82. Allerdings hat das BVerfG jüngst präzisiert, dass der Grundsatz der Subsidiarität der (Bundes-)Kommunalverfassungsbeschwerde keine Anwendung findet, wenn die landesverfassungsrechtliche Garantie der kommunalen Selbstverwaltung hinter dem Gewährleistungsniveau des Art. 28 II GG zurückbleibt, vgl. BVerfG, U. v. 21.11.2017 – 2 BvR 2177/16 – BeckRS 2017, 131817, Rn. 50 (und Ls. 2).
16 *Sander* in: Feuchte, Art. 76 Rn. 3.
17 *Sander* in: Feuchte, Art. 76 Rn. 3.

berufen ist. Obschon sowohl in Art. 93 I Nr. 4 b erster Hs. GG und in Art. 76 LV quasi übereinstimmend die Formulierung „durch Gesetz" bzw. „ein Gesetz (…) verletze" gebraucht wird, lässt das BVerfG auch die verfassungsrechtliche Überprüfung von **Rechtsnormen aller Rangstufen** zu, dh auch Gesetze im nur materiellen Sinne.[18] Damit unterliegen der Kontrolle des BVerfG insbesondere auch Rechtsverordnungen, während die verfassungsgerichtliche Überprüfung im Rahmen von Art. 76 LV nur auf förmliche Parlamentsgesetze des Landtages bezogen ist.[19] Möglich wäre angesichts des gleichwohl offenen Wortlauts in Art. 76 LV, eine Erweiterung des Verfahrensgegenstandes durch einfachgesetzliche Regelung im VerfGHG vorzusehen.[20]

7 Für das Verhältnis zum GG gilt freilich auch, dass die **gegen Bundesgesetze (und Rechtsverordnungen des Bundes)** gerichtete kommunale Verfassungsbeschwerde allein **durch das BVerfG zu entscheiden** ist und auch nur gegenüber diesem Gericht statthaft ist. Gleiches gilt wegen der Prüfungsbeschränkung des Art. 76 LV auf förmliche Landesgesetze für Rechtsverordnungen des Landes, da die Subsidiaritätsanordnung aus Art. 93 I Nr. 4 b letzter Hs. GG insoweit nicht greift.

II. Einzelne Verfahrensfragen

8 **Antragsberechtigt** im Verfahren nach Art. 76 LV sind ausweislich des eindeutigen Wortlauts nur **Gemeinden und Gemeindeverbände.** Hinsichtlich der Gemeindeverbände ist fraglich, ob ein bloßer Gebietsbezug genügt oder aber eine ihnen eingeräumte Gebietshoheit zu fordern ist.[21] Da die Antragsberechtigung von der Antragsbefugnis und der damit verbundenen Beschwer zu unterscheiden ist und eine konkrete Beschwer wiederum davon abhängt, welches der Rechte aus den Art. 71 bis 75 LV die Kommune geltend macht, dürfte ein **bloßer Gebietsbezug ausreichen.** Damit sind neben den Landkreisen **auch die Gemeindeverwaltungsverbände**, die als Verbandskörperschaften zwar keine Gebietshoheit haben, wohl aber einen Gebietsbezug aufweisen, ebenfalls antragsberechtigt.[22] Ausgeschlossen ist die Antragsberechtigung im Rahmen von Art. 76 LV allerdings für Zweckverbände, die ihrerseits nicht zu den Gemeindeverbänden zählen. Sofern Gemeinden oder Gemeindeverbände bereits aufgelöst sind, bleiben sie hinsichtlich ihrer Rechte weiter antragsberechtigt und auch antragsbefugt; sie werden bei gegen ihre Auflösung gerichteten Verfahren durch ihre bisherigen Organe – dh Bürgermeister oder Landrat – vertreten.[23]

9 **Verfahrens- bzw. Beschwerdegegenstand sind nur formelle Landesgesetze.** Eine grundsätzlich zulässige[24] Erweiterung auch auf Rechtsverordnungen

---

18 BVerfGE 26, 228; 76, 107 (114); 107, 1 (8).
19 StGH, ESVGH 27, 181; s. auch *Feuchte*, Geschichte, 430 f.
20 Zutreffend so auch *Sander* in: Feuchte, Art. 76 Rn. 6.
21 *Sander* in: Feuchte, Art. 76 Rn. 5.
22 AA *Braun*, Art. 76 Rn. 4 (nur Landkreise); offen gelassen bei *Sander* in: Feuchte, Art. 76 Rn. 5.
23 So der StGH in unveröff. Entscheidungen zur Gebietsreform, etwa StGH, U. v. 20.11.1975 – GR 15/74, S. 22 (Buchenbach); U. v. 10.7.1975 – GR 22/74, S. 26 (Königshofen).
24 *Sander* in: Feuchte, Art. 76 Rn. 6.

ist auch durch einfachgesetzliche Regelung im VerfGHG (§ 54 VerfGHG) nicht erfolgt. Die Gemeinden und Gemeindeverbände müssen im Verfahren nach Art. 76 LV **ihre individuelle Beschwer** durch das angegriffene Gesetz dartun.[25] Dem Wesen einer solchen Antrags- bzw. Beschwerdebefugnis entsprechend, bedarf es hierzu einer Darlegung, dass konkrete eigene Rechte, die sich im Kontext von Art. 76 LV aus den Art. 71 bis 75 LV ergeben müssen, möglicherweise verletzt sein können.[26]

Zur **Prozessvertretung** berufen sind die gesetzlichen Vertreter der Gemeinden bzw. Gemeindeverbände, dh insbesondere Bürgermeister oder Landräte, sowie daneben Richter oder zum Richteramt befähigte Beamte (§ 14 I 3 Nr. 3 VerfGHG). Daneben besteht die allgemeine Prozessvertretungsbefugnis nach § 14 I VerfGHG für Rechtsanwälte und dem sog. Rechtslehrerprivileg unterfallende Hochschullehrer.[27] Eine Prozessvertretung durch die kommunalen Landesverbände für ihre Mitgliedskommunen ist unzulässig.[28]

10

In seiner Entscheidung kann der VerfGH die Verfassungsmäßigkeit annehmen oder mit dem **Ausspruch der Nichtigkeit des ganzen Gesetzes oder von Teilen des Gesetzes** verneinen.[29] Es besteht zudem die Möglichkeit, die Nichtigkeitsfolge nicht auszusprechen, um eine verfassungsgemäße Neuregelung innerhalb eines bestimmten Zeitraums zu ermöglichen.[30] Insbesondere besteht in den Fällen der Nichtigkeitserklärung die Möglichkeit, eine sog. Ausführungsanordnung nach § 28 S. 2 VerfGHG zu erlassen und damit die Art und Weise der Entscheidungsfolgen zu bestimmen.[31]

11

Artikel 77 [Öffentlicher Dienst]

(1) Die Ausübung hoheitsrechtlicher Befugnisse ist als ständige Aufgabe in der Regel Angehörigen des öffentlichen Dienstes zu übertragen, die in einem öffentlich-rechtlichen Dienst- und Treueverhältnis stehen.

(2) Alle Angehörigen des öffentlichen Dienstes sind Sachwalter und Diener des ganzen Volkes.

Schrifttum:

Ackermann, Hoheitsverwaltung durch Angestellte, BWVBl. 1969, 181; *Bäcker*, Wissenschaft als Amt?, AöR 135 (2010), 78; *Battis/Schlenga*, Die Verbeamtung der Lehrer, ZBR 1995, 253; *Bull*, Die Zukunft des Beamtentums – Zwischen Recht und Politik, Staats- und Verwaltungslehre, Die Verwaltung 42 (2009), 1; *von Coelln*, Die „Entbeamtung" des Hochschullehrers als Teilprivatisierung der deutschen Universität? Aktuelle Probleme des Art. 5 III und des Art. 33 IV GG, WissR 40 (2007), 351; *von Coelln/ Horst*, Grundgesetzliche Grenzen politischer Opportunitätserwägungen: Die verfas-

---

25 *Sander* in: Feuchte, Art. 76 Rn. 6.
26 StGH, ESVGH 18, 1; 24, 155; 26, 129; 27, 151.
27 Zum Begriff des Rechtslehrers etwa *Grünewald* in: Walter/Grünewald, BVerfGG, § 22 Rn. 14; *Speckmaier* in: Burkiczak/Dollinger/Schorkopf, BVerfGG, § 22 Rn. 13 ff.; ausführlich *Pautsch*, NJ 2016, 63 ff.
28 StGH, DÖV 1975, 62; ESVGH 22, 202 (203).
29 *Sander* in: Feuchte, Art. 76 Rn. 6; näher im Detail dazu *Braun*, Art. 76 Rn. 13.
30 StGH, ESVGH 26, 129 (141); 29, 160 (169).
31 *Braun*, Art. 76 Rn. 13.

sungsrechtlichen Vorgaben für den dienstrechtlichen Status der Lehrer, ZBR 2009, 109; *Dillenburger*, Das Beamtenstatusgesetz als neues Beamtenbundesrecht für die Beamtinnen und Beamten der Länder, NJW 2009, 1115; *Günther*, Die subjektivrechtliche Komponente des Funktionsvorbehalts für das Berufsbeamtentum, VerwArch 99 (2008), 538; *Haug*, Funktionsvorbehalt und Berufsbeamtentum als Privatisierungsschranken, NVwZ 1999, 816; *Kugele*, Die politischen Beamten in der Bundesrepublik Deutschland, ZBR 2007, 109; *Landau/Steinkühler*, Zur Zukunft des Berufsbeamtentums in Deutschland, DVBl. 2007, 133 ff.; *Leisner*, Müssen Lehrer Beamte sein?, ZBR 1980, 361; *Thiele*, Art. 33 Abs. 4 als Privatisierungsschranke, Der Staat 49 (2010), 274; *Waechter*, Missachtete Verfassungsnormen – der beamtenrechtliche Funktionsvorbehalt, Festgabe für Hubert Treiber, 2010, 463.

Vergleichbare Regelungen:
Zum Funktionsvorbehalt: Art. 33 IV GG, 72 IV MVVerf, 125 RPVerf, 113 SaarlVerf, 91 I SächsVerf.
Zum Neutralitätsgebot: Art. 33 V GG, 96 BayVerf, 71 II MVVerf, 80 NRWVerf, 127 RPVerf, 115 SaarlVerf, 92 I SächsVerf, 91 LSAVerf, 96 I ThürVerf.

Ergänzende Normen: BeamtStG (insbesondere § 33 I BeamtStG); LBG.

Leitentscheidungen: BVerfGE 8, 332 ff.; 64, 351 ff.; StGH, ESVGH 23, 135 ff.

A. Überblick und Einordnung	1	B. Erläuterung	5
I. Bedeutung	1	I. Funktionsvorbehalt (Abs. 1)	5
II. Herkunft, Entstehung, Geschichte	3	II. Neutralitätsgebot und Pflicht zur Gesamtinteressenwahrnehmung (Abs. 2)	10
III. Verfassungsvergleichende Einordnung	4		

A. Überblick und Einordnung

I. Bedeutung

1 Art. 77 LV regelt auf der Ebene des Landesverfassungsrechts den sog. Funktionsvorbehalt zugunsten von Berufsbeamten (Abs. 1) und legt das beamtenrechtliche Neutralitätsgebot sowie die Verpflichtung zur Gesamtinteressenwahrnehmung nieder (Abs. 2).

2 Die Verfassungsnorm setzt an der institutionellen Garantie des Berufsbeamtentums aus Art. 33 IV, V GG an. Während Art. 33 IV GG, den Art. 77 I LV wörtlich übernimmt, das „Ob" des Berufsbeamtentums regelt, bezieht sich Art. 33 V GG vor allem auf das „Wie" des öffentlichen Dienstes. Dieser ist unter Berücksichtigung der hergebrachten Grundsätze des Berufsbeamtentums als einem Kernbestand von Strukturprinzipien zu regeln, die allgemein oder doch ganz überwiegend während eines längeren, traditionsbildenden Zeitraums als verbindlich anerkannt und gewahrt worden sind.[1] Art. 77 LV nimmt beide Ansätze des GG auf und setzt sie landesverfassungsrechtlich um.

II. Herkunft, Entstehung, Geschichte

3 Die Bestimmungen über den öffentlichen Dienst und die dabei zu berücksichtigenden beamtenrechtlichen Dienst- und Treuepflichten fanden ihren Ausdruck bereits in Art. 128-131 WRV. Sie haben sodann Eingang insbe-

---

1 BVerfGE 8, 332 (343); 64, 351; 67, 12; 70, 79; 71, 268.

sondere in Art. 33, 34 GG gefunden. Unter den südwestdeutschen Vorgängerverfassungen nach 1945 findet sich vor allem der in Art. 77 I LV verwandte Begriff des „öffentlich-rechtlichen Dienst- und Treueverhältnisses" bereits im früheren Art. 76 I VerfWH.[2] Der Funktionsvorbehalt nach Art. 77 I LV ist wörtlich aus Art. 33 IV GG in die LV übernommen worden. Der Neutralitätsgrundsatz des Art. 77 II LV findet Vorläufer in Art. 130 WRV sowie in Art. 93 VerfWB und Art. 76 VerfWH. In den Verfassungsberatungen 1952/53 enthielten Art. 72 VerfERP und Art. 103 I VerfECDU übereinstimmend die genannten Grundsätze, ergänzt um die hergebrachten Grundsätze des Berufsbeamtentums. Letztere wurden im VA indes gestrichen.[3] Art. 77 LV ist seit Inkrafttreten der LV unverändert geblieben.

III. Verfassungsvergleichende Einordnung

Sofern die Landesverfassungen nicht zur Gänze auf eine Niederlegung des Funktionsvorbehalts sowie des Neutralitätsgebotes verzichten, was angesichts der Verbindlichkeit von Art. 33 IV, V GG sowie der Vorgaben des BeamtStG keinen Bedenken begegnet,[4] finden sich gegenüber der baden-württembergischen Regelung in Art. 77 LV keine grundlegenden Unterschiede.[5] 4

B. Erläuterung
I. Funktionsvorbehalt (Abs. 1)

Nach Art. 77 I LV ist die Ausübung hoheitsrechtlicher Befugnisse als ständige Aufgabe in der Regel Angehörigen des öffentlichen Dienstes zu übertragen, die in einem öffentlich-rechtlichen Dienst- und Treueverhältnis stehen. Die Norm schreibt den Funktionsvorbehalt zugunsten des öffentlichen Dienstes landesverfassungsrechtlich fest. Trotz der unmittelbaren Geltung des wortlautgleichen Art. 33 IV GG für die Länder handelt es sich nicht um eine obsolete Verfassungsnorm, wie dies überdies auch mit Blick auf das GG nicht der Fall ist.[6] Die mit dem Funktionsvorbehalt einhergehende Verpflichtung, dass die Wahrnehmung hoheitlicher Befugnisse regelmäßig Beamten zu übertragen ist, dient nach dem BVerfG der **Sicherung einer stabilen und gesetzestreuen Verwaltung als ausgleichendem Faktor gegenüber den das Staatsleben gestaltenden politischen Kräften** und damit der Existenzsicherung des Staates insgesamt.[7] Art. 71 I LV (bzw. Art. 33 IV GG) zielen darauf, die Kontinuität der hoheitlichen Staatsfunktionen zu sichern[8] und damit das öffentliche Interesse an einer rechtsstaatlichen Erfül- 5

---

2 *Feuchte* in: Feuchte, Art. 77 Rn. 1.
3 *Feuchte* in: Feuchte, Art. 77 Rn. 1.
4 Zur Verbindlichkeit des einfachen Bundesrechts des BeamtStG für die Landesbeamten eingehend *Dillenburger*, NJW 2009, 1115 ff.; zur Geltung des Funktionsvorbehalts für die Länder OLG Schleswig, OLG-Report Schleswig 2005, 787 (790).
5 Vgl. bereits den Befund bei *Waechter* in: Epping/Butzer u.a., Art. 60 Rn. 5.
6 *Thiele*, Der Staat 49 (2010), 274 (278); *Waechter*, FG Treiber, 463 (464).
7 BVerfGE 39, 334 (347); 114, 258 (288); vgl. auch *Hagebölling*, Art. 60 Rn. 1.
8 BVerfGE 88, 103 (114).

lung der Staatsaufgaben normativ abzusichern, weil die Beamten als Garanten für diese Art der Verwaltung anzusehen seien.[9]

6 Es handelt sich nach Auffassung des StGH bei Art. 71 I LV gleichsam um eine **Verfassungsgarantie des Berufsbeamtentums**.[10] Sie gilt wegen ihrer Verortung im Sechsten Abschnitt („Die Verwaltung") nur für die Exekutive, nicht aber für Richter. Angehörige des öffentlichen Dienstes, die in einem öffentlich-rechtlichen Dienst- und Treueverhältnis stehen, sind somit Beamte (§ 3 I BeamtStG), und zwar Berufsbeamte. Politische Beamte unterfallen nicht dem Funktionsvorbehalt nach Art. 77 I LV.[11] Der Funktionsvorbehalt erstreckt sich zudem nicht auf die im Rahmen von Arbeitsverträgen und nach Maßgabe des Tarifvertragsrechts Beschäftigten des öffentlichen Dienstes. Art. 77 I LV ist eindeutig – wie Art. 33 IV GG auch – nur als Statusgarantie des Beamtentums, nicht aber als Garantie zugunsten der vertraglich Bediensteten zu verstehen.[12] Freilich ergibt sich aus Art. 71 LV mittelbar auch die **Zweiteilung des öffentlichen Dienstes in Beamte und Angestellte**. Da es nach Art. 71 LV (und dem wortlautgleichen Art. 33 IV GG) Beamte geben muss, sichert der Funktionsvorbehalt zugleich einen „Mindest-Einsatzbereich des Berufsbeamtentums"[13] und statuiert eine Schranke für die Reform des öffentlichen Dienstrechts, die auch von Privatisierungsbestrebungen bzw. „Entbeamtungstendenzen"[14] geleitet ist.[15] Weder Art. 71 LV noch Art. 33 IV GG hindern indes grundsätzlich daran, bisherige Beamtenverhältnisse in privatrechtliche Beschäftigungsverhältnisse umzuwandeln. Der Funktionsvorbehalt stellt mithin keine absolute Privatisierungsschranke dar.[16]

7 Art. 71 I LV ist nach bestrittener[17] Auffassung ebenso wie Art. 33 IV GG eine **reine Organisationsnorm** und richtet sich somit nur an die **Träger öffentlicher Gewalt als Verpflichtungsadressaten**. Rechte Einzelner lassen sich dem beamtenrechtlichen Funktionsvorbehalt nicht entnehmen.[18] Bereits der Wortlaut legt es nahe, dem Funktionsvorbehalt nur einen objektiv-rechtlichen, nicht aber auch einen subjektiv-rechtlichen Gehalt beizumessen. Adressiert wird ausschließlich das Land, zur Übertragung hoheitsrechtlicher Befugnisse im Regelfall Beamte zum Einsatz zu bringen. Weder ist es anderen Stellen möglich, diesem Verfassungsauftrag nachzukommen, noch ergibt sich aus der Formulierung in Art. 71 I LV spiegelbildlich eine Einräumung subjektiver Rechtspositionen, die auf die Sicherung oder das Vorhalten bestimmter Beamtenverhältnisse gerichtet sind.

---

9 So *Hense* in: Epping/Hillgruber, Art. 33 Rn. 27; *Jachmann* in: von Mangoldt/Klein/Starck, Art. 33 Rn. 33.
10 StGH, ESVGH 23, 135 (144).
11 StGH, ESVGH 23, 136 (145).
12 *Hense* in: Epping/Hillgruber, Art. 33 Rn. 27.
13 *Masing* in: Dreier, Art. 33 Rn. 60; *Hense* in: Epping/Hillgruber, Art. 33 Rn. 27.
14 Vgl. dazu *von Coelln*, WissR 40 (2007), 351 ff.
15 *Hense* in: Epping/Hillgruber, Art. 33 Rn. 27; zu den Grenzen *von Coelln/Horst*, ZBR 2009, 109 ff.; *Thiele*, Der Staat 2010, 274 (287 ff.).
16 *Pieper* in: Schmidt-Bleibtreu/Hofmann/Henneke, Art. 33 Rn. 81.
17 *Isensee* in: HStR, § 32 Rn. 52; *Umbach* in: Umbach/Clemens, Art. 33 Rn. 75; eingehend *Günther*, VerwArch 99 (2008), 538 ff.
18 BVerfGE 6, 376 (385); 35, 79 (147); BVerwG, NVwZ 1988, 523; BVerwG, NVwZ-RR 2001, 253; *Jachmann* in: von Mangoldt/Klein/Starck, Art. 33 Rn. 29.

Wann von einem **Vorliegen hoheitsrechtlicher Befugnisse** im Sinne von Art. 77 I LV auszugehen ist, bemisst sich vor allem am Maßstab des Art. 25 I 2 LV. Damit ist sowohl die hoheitliche Gewaltausübung im Bereich der Eingriffsverwaltung umfasst als darüber hinaus auch die einfache hoheitliche Verwaltung wie insbesondere die Leistungsverwaltung sowie andere Verwaltungsbereiche, soweit sie auf öffentlich-rechtlicher Grundlage beruhen.[19] Die **Begriffe „Befugnisse" und „Aufgaben"** sind dabei deckungsgleich.[20]

8

Auch unter der verfassungsrechtlichen Vorgabe des Art. 77 I LV sind **Ausnahmen vom Funktionsvorbehalt** zulässig.[21] Neben Berufsbeamten können hoheitliche Befugnisse daher – der gängigen Staats- und Verwaltungspraxis entsprechend – auch Angestellten (Beschäftigten) oder sonstigen Personen, die außerhalb des öffentlichen Dienstes stehen (etwa Beliehenen), übertragen werden.[22] Die nähere Ausgestaltung des Funktionsvorbehalts bzw. von dessen Ausnahmen obliegt dem Gesetzgeber, dem insoweit ein weiter Einschätzungs- und Prognosespielraum zusteht.[23] Dieser ist insbesondere auch darauf bezogen, zu entscheiden, welche Befugnisse Nichtbeamten übertragen werden. Besondere Bewandtnis hat dies mit Blick auf die Tätigkeit der **Lehrer und Hochschullehrer**.[24] Insoweit gilt, dass es nicht allein darauf ankommt, ob durch hoheitliche Maßnahmen auf Rechtsstellung und Fortkommen der Schüler und Studierenden Einfluss genommen wird, da sich etwa bereits in der Bildung und Erziehung der Schüler selbst insbesondere die staatliche Schulhoheit und der landesverfassungsrechtliche Bildungs- und Erziehungsauftrag (Art. 11 ff. LV) verwirklichen. Damit stellen wesentliche Teile des Unterrichts somit funktionswesentliche Amtsaufgaben der Lehrer dar.[25] Wenngleich das BVerfG bezüglich der Berufsgruppe der Lehrer entschieden hat, dass eine Einstellung auch im Angestelltenverhältnis nicht gegen **Art. 33 IV GG** verstoße, da Lehrer in der Regel nicht schwerpunktmäßig hoheitlich geprägte Aufgaben wahrnehmen, die der besonderen Absicherung durch den Beamtenstatus bedürften,[26] erscheint eine vollständige Herauslösung von Lehrern aus dem Beamtenstatus – gemessen an Art. 71 I LV – verfassungsrechtlich nicht haltbar.[27] Bei den Hochschullehrern kommen die grundrechtlich durch Art. 5 III GG iVm Art. 2 I LV geprägten Amtsaufgaben in Forschung und Lehre hinzu.[28] Insofern gilt bei Zugrundelegung der für Lehrer an staatlichen Schulen geltenden Maßstäbe erst recht, dass eine grundsätzliche Herausnahme der Hochschullehrer aus

9

---

19 *Braun*, Art. 77 Rn. 4.
20 *Ackermann*, BWVBl. 1969, 182; *Braun*, Art. 77 Rn. 4.
21 *Braun*, Art. 77 Rn. 5.
22 StGH, ESVGH 23, 135 (145); s. auch BVerfG 17, 371 (377); BVerwGE 57, 55.
23 *Braun*, Art. 77 Rn. 5.
24 *Badura* in: Maunz/Dürig, Art. 33 Rn. 57; weiterführend etwa *Battis/Schlenga*, ZBR 1995, 253; *Leisner*, ZBR 1980, 361 ff.
25 *Badura* in: Maunz/Dürig, Art. 33 Rn. 57.
26 BVerfGE 119, 247 (267).
27 Bundesverfassungsrechtlich so auch *Badura* in: Maunz/Dürig, Art. 33 Rn. 57.
28 Für ein eigenständiges Hochschullehrerdienstrecht, das sich aus allgemeinen beamtenrechtlichen Grundsätzen und hochschulrechtliche Überformungen auszeichnet, *Bäcker*, AöR 135 (2010), 78 ff.

dem Beamtenstatus verfassungswidrig wäre.[29] Dies wiederum schließt es nicht aus, in Einzelfällen auch Professuren im Angestelltenverhältnis zu besetzen.[30]

II. Neutralitätsgebot und Pflicht zur Gesamtinteressenwahrnehmung (Abs. 2)

10 In Art. 77 II sind das **beamtenrechtliche Neutralitätsgebot** und die **Pflicht zur Gesamtinteressenwahrnehmung** niedergelegt. Dies folgt aus der Formulierung, wonach alle Angehörigen des öffentlichen Dienstes Sachwalter und Diener des ganzen Volkes sind. Es handelt sich um einen hergebrachten Grundsatz des Berufsbeamtentums, der indes nicht über Art. 2 I iVm Art. 33 V GG gilt, sondern ausdrücklich spezialgesetzlich in Art. 77 II LV verankert ist.[31] Wegen der offeneren Formulierung gegenüber Art. 77 I LV handelt es sich bei Art. 77 II LV um eine Bindung, die **für alle im öffentlichen Dienst Tätigen** gilt. Der einfache Gesetzgeber hat dies vielfach durch entsprechende Verweise auf das Beamtenrecht geregelt.

11 Die Pflicht zur Neutralität soll ebenso wie die Pflicht zur Wahrnehmung der Interessen der Gesamtheit – in engem Bezug zu Art. 25 I, II LV – sicherstellen, dass die vom Volk mittelbar legitimierten Amtswalter durch die Bindung an Gesetz und Recht jederzeit für die demokratische und rechtsstaatliche Ordnung des Landes BW als Gliedstaat der Bundesrepublik eintreten.[32] Insbesondere die besondere **politische Treuepflicht** ist als Teil des Neutralitätsgebots verfassungsrechtlich auch durch Art. 2 I iVm Art. 33 V GG vorgeprägt und hat in der Rechtsprechung ihre Ausgestaltung erfahren.[33] Sie gilt für alle im öffentlichen Dienst Tätigen gegenüber Staat und Verfassung und findet ihren Niederschlag unter anderem auch in der verfassungsrechtlich statuierten Pflicht zum Amtseid in Art. 78 LV.[34]

Artikel 78 [Amtseid]

[1]Jeder Beamte leistet folgenden Amtseid: „Ich schwöre, daß ich mein Amt nach bestem Wissen und Können führen, Verfassung und Recht achten und verteidigen und Gerechtigkeit gegen jedermann üben werde. So wahr mir Gott helfe."
[2]Der Eid kann auch ohne religiöse Beteuerung geleistet werden.

Schrifttum:

Podlech, Gewissensfreiheit und Beamteneid – BayVerfGHE 17, 94, JuS 1968, 120; *Redelberger*, Der Eid des Beamten, DÖV 1954, 397; *Saam*, Der Eid des Beamten, Diss. iur. Münster, 1974; *Starck*, Zur abweichenden Meinung des Bundesverfassungsrichters von Schlabrendorff zum Beschluß des Bundesverfassungsgerichts vom 11.4.1972, JZ

---

29 *Badura* in: Maunz/Dürig, Art. 33 Rn. 57.
30 Dazu *von Coelln* WissR 40 (2007), 351 ff.
31 *Braun*, Art. 77 Rn. 7.
32 *Braun*, Art. 77 Rn. 7.
33 BVerfGE 39, 346 ff; BVerwG, ZBR 1982, 166 (171); VGH BW, ESVGH 25, 87 ff.; 27, 65 ff.; 29, 47 ff., 52 ff.
34 *Braun*, Art. 77 Rn. 8.

1972, 533; *Zimmermann/Burkhart*, Landesbeamtengesetz Baden-Württemberg, 1. Aufl. 2016.

Vergleichbare Regelungen: Art. 92 II SächsVerf, 116 SaarlVerf (ohne Niederlegung einer Eidesformel).

Ergänzende Bestimmungen: § 38 BeamtStG; § 47 LBG

Leitentscheidungen: BVerfGE 33, 23.

A. Überblick und Einordnung 1
   I. Bedeutung 1
   II. Entstehung und Entwicklung der Verfassungsnorm 2
   III. Verfassungsvergleichende Einordnung 3
B. Erläuterung 4

A. Überblick und Einordnung

I. Bedeutung

In Art. 78 LV findet sich eine verfassungsrechtliche Niederlegung der Eidespflicht für Beamte. Die verfassungsrechtliche Überlagerung der überdies nach Maßgabe des Beamtenrechts durch Eid zu leistenden Zusage, die beamtenrechtlichen Pflichten bestmöglich zu erfüllen und insbesondere Verfassung und Recht zu achten und zu verteidigen und Gerechtigkeit gegenüber jedermann zu üben, ist bereits Ausdruck der verfassungsrechtlichen Vorgaben aus Art. 77 I LV und Art. 25 I 2 LV.[1]

II. Entstehung und Entwicklung der Verfassungsnorm

Die Niederlegung der Eidespflicht unmittelbar im Verfassungstext entspringt einer gewissen Tradition in den südwestdeutschen Ländern vor Gründung des Landes BW.[2] Sowohl die VerfWB (Art. 96) als auch die VerfWH (Art. 77) enthielten entsprechende Vorgabe zur Eidesleistung. Allerdings war die konkrete Eidesformel im Unterschied zu Art. 78 LV nicht in den Verfassungstext aufgenommen.[3] Beide Verfassungsentwürfe – der Regierungsparteien (Art. 74 VerfERP) und der CDU (Art. 104 VerfECDU) – sahen eine Art. 78 LV entsprechende Eidesformel vor. Sie fand im VA in modifizierter Form bezüglich der heute noch geltenden Formulierung „Verfassung und Recht" anstelle der ursprünglich in den Entwürfen intendierten Worte „Verfassung und Gesetze" Eingang in den Verfassungstext des Art. 78 LV. Die Verfassungsnorm ist seit Inkrafttreten der LV unverändert geblieben.

III. Verfassungsvergleichende Einordnung

Die wortlautgenaue Niederlegung einer von den Beamten des Landes zu leistenden Eidesformel ist mit Blick auf Art. 78 LV – und abgesehen von der durch das baden-württembergische Landesverfassungsrecht geprägten Sächsischen Verfassung (vgl. dort Art. 92 II SächsVerf) – überwiegend eine singuläre Erscheinung Baden-Württembergs geblieben. Eine Bestimmung

---
1 Vgl. *Braun*, Art. 78 Rn. 5; siehe auch die Erläuterungen zu → Art. 77 Rn. 11.
2 *Braun*, Art. 78 Rn. 1; *Feuchte* in: Feuchte, Art. 78 Rn. 1.
3 *Feuchte* in: Feuchte, Art. 78 Rn. 1.

zum Amtseid – freilich ohne Nennung des Wortlauts der Eidesformel – findet sich auf Verfassungsebene neben BW und Sachsen ansonsten nur noch in Art. 116 SaarlVerf. In den übrigen Ländern ist eine in der Verfassung niedergelegte Eidesformel vereinzelt für die Vereidigung der Mitglieder der Landesregierung – wie auch in Art. 48 LV – vorzufinden (so etwa in Art. 100 RPVerf).

B. Erläuterung

4 Der in Art. 78 LV wörtlich vorgegebene Amtseid ist als verfassungsrechtliche Pflicht ausgestaltet und gilt ausschließlich für Beamte des Landes sowie der der Aufsicht des Landes unterstehenden juristischen Personen des öffentlichen Rechts. Beamte im Sinne des Art. 78 LV sind solche **Personen, die nach Art. 77 I LV in einem öffentlich-rechtlichen Dienst- und Treueverhältnis stehen** (→ Art. 77 Rn. 6). Die Eidespflicht nach Art. 78 LV gilt **nicht für Richter**, da diese nicht der Exekutive zuzuordnen sind und überdies Art. 66 III LV eine Sondervorschrift für die Eidesleistung der Richter enthält. Ebenso verhält es sich mit Art. 48 LV, der die Mitglieder der Regierung iSv Art. 45 II LV – dh den Ministerpräsidenten, die Minister, Staatssekretäre und ehrenamtlichen Staatsräte – verpflichtet, beim Amtsantritt einen Amtseid zu leisten (dazu näher oben, Art. 48). Überdies gilt Art. 78 LV auch nicht für die übrigen Beschäftigten des öffentlichen Dienstes. Für deren Verpflichtung, ein Gelöbnis zu leisten, gelten die einfachgesetzlichen Bestimmungen des Gesetzes über die förmliche Verpflichtung nichtbeamteter Personen.[4]

5 Die Pflicht zur Leistung des Amtseides ist Ausprägung der beamtenrechtlichen Treuepflicht (→ Art. 77 Rn. 11). Die Eidesleistung steht in **engem Zusammenhang mit den hergebrachten Grundsätzen des Berufsbeamtentums**.[5] Mit Blick auf Art. 4 I GG iVm Art. 2 I LV kann indes aus verfassungsrechtlichen Gründen eine Eidesleistung auch **ohne religiöse Beteuerungsformel** geboten sein. Dem trägt Art. 78 S. 2 LV Rechnung, wonach der Eid auch ohne religiöse Beteuerung geleistet werden kann.[6] Überdies befreit Art. 4 I GG nach dem BVerfG über die Beschränkung auf Mitglieder einer Religionsgemeinschaft hinaus auch solche Personen von der Pflicht zur Eidesleistung, die sich dazu aus einer individuell getroffenen Gewissens- oder Glaubensentscheidung nicht in der Lage sehen.[7]

VII. Das Finanzwesen

Artikel 79 [Feststellung des Haushaltsplans]

(1) [1]Alle Einnahmen und Ausgaben des Landes sind in den Haushaltsplan einzustellen; bei Landesbetrieben und bei Sondervermögen brauchen nur

---

4 Verpflichtungsgesetz vom 2.3.1974 (BGBl. I 469, 547), das durch § 1 Nr. 4 des Gesetzes vom 15.8.1974 (BGBl. I 1942) geändert worden ist.
5 *Braun*, Art. 78 Rn. 6.
6 Zu den gleichlautenden einfachgesetzlichen Anforderungen in § 47 LBG vgl. *Zimmermann* in: Zimmermann/Burkhart, LBG, Kommentar, Erl. zu § 47 (S. 162).
7 BVerfG 33, 23 (32 ff.); dazu auch *Starck*, JZ 1972, 533 f.; *Zimmermann* in: Zimmermann/Burkhart, LBG, Kommentar, Erl. zu § 47 (S. 162).

die Zuführungen oder die Ablieferungen eingestellt zu werden. ²Der Haushaltsplan soll in Einnahme und Ausgabe ausgeglichen sein.

(2) ¹Der Haushaltsplan wird für ein Rechnungsjahr oder mehrere Rechnungsjahre, nach Jahren getrennt, durch das Haushaltsgesetz festgestellt. ²Die Feststellung soll vor Beginn des Rechnungsjahres, bei mehreren Rechnungsjahren vor Beginn des ersten Rechnungsjahres, erfolgen.

(3) ¹In das Haushaltsgesetz dürfen nur Vorschriften aufgenommen werden, die sich auf die Einnahmen und die Ausgaben des Landes und auf den Zeitraum beziehen, für den das Haushaltsgesetz beschlossen wird. ²Das Haushaltsgesetz kann vorschreiben, daß die Vorschriften erst mit der Verkündung des nächsten Haushaltsgesetzes oder bei Ermächtigungen nach Artikel 84 zu einem späteren Zeitpunkt außer Kraft treten.

(4) Das Vermögen und die Schulden sind in einer Anlage des Haushaltsplans nachzuweisen.

Schrifttum:

Böckenförde, Die Organisationsgewalt im Bereich der Regierung, 2. Aufl., 1998; *Bogdandy*, Gubernative Rechtsetzung, 2000; *Droege*, Die Budgetinitiative der Regierung und parlamentarische Informationsrechte, DVBl. 2015, 937; *Friauf*, Der Staatshaushaltsplan im Spannungsfeld zwischen Parlament und Regierung, 1968; *ders.*, Öffentlicher Haushalt und Wirtschaft, in: VVDStRL 27 (1969), 1; *Frömel*, Der Haushaltsplan im Kräftefeld von Parlament und Regierung, DVBl. 1974, 65; *Gröpl*, Haushaltsrecht und Reform, 2001; *ders.*, Schwächen des Haushaltsrechts – Wege zu einer nachhaltigen Finanzwirtschaft, Die Verwaltung 39 (2006), 215; *ders.*, Staatseinnahmen und Staatsausgaben im demokratischen Verfassungsstaat, AöR 133 (2008), 1; *Haenel*, Das Gesetz im formellen und materiellen Sinne, 1888, Nachdruck 1968; *Haug/Pautsch*, Rechtliche Machbarkeit, in: Baden-Württemberg Stiftung (Hrsg.), Beteiligungshaushalt auf Landesebene. Eine Machbarkeitsstudie am Beispiel von Baden-Württemberg, 2017, 159; *Heckel*, Einrichtung und rechtliche Bedeutung des Reichshaushaltsgesetzes, in: Anschütz/Thoma, § 88, 374; *Heller*, Der Begriff des Gesetzes in der Reichsverfassung, VVDStRL 4 (1928), 98; *Heintzen*, Staatshaushalt, in: HStR V, 3. Aufl., 2007, § 120; *Heun*, Staatshaushalt und Staatsleitung, 1989; *Hölscheidt*, Der Haushaltsausschuss des Deutschen Bundestages, 1988; *Hyckel*, Die Bedeutung der Haushaltskontrolle für die Budgethoheit des Parlaments, VR 2015, 289 u. 325; *Isensee*, Budgetrecht des Parlaments zwischen Schein und Sein, JZ 2005, 971; *Karehnke*, Zur Zulässigkeit der Veranschlagung globaler Minderausgaben, DVBl. 1980, 542; *Katz*, Konsolidierung öffentlicher Haushalte – Budgetierungsprozesse im Zeichen der Finanzknappheit, VerwArch 74 (1983), 133; *Kilian*, Nebenhaushalte des Bundes, 1993; *F. Kirchhof*, Grundsätze der Finanzverfassung des vereinten Deutschlands, VVDStRL 52 (1993), 71; *P. Kirchhof*, Die Steuerung des Verwaltungshandelns durch Haushaltsrecht und Haushaltskontrolle, NVwZ 1983, 505; *Klöpfer*, Finanzverfassungsrecht mit Haushaltsverfassungsrecht, 2014; *Kube*, Finanzgewalt in der Kompetenzordnung, 2004; *Laband*, Das Budgetrecht nach den Bestimmungen der Preussischen Verfassungs-Urkunde unter Berücksichtigung der Verfassung des Norddeutschen Bundes, 1871; *v. Lewinski/Burbat*, Haushaltsgrundsätzegesetz, 2013; *Marcus*, Implikationen eines verfassungskonformen Umgangs mit dem Instrument der Globalen Minderausgabe für die Haushaltspraxis, DÖV 2000, 675; *Mandelartz*, Das Zusammenwirken von Parlament und Regierung beim Haushaltsvollzug, 1980; *Moeser*, Die Bindung an den Staatshaushalt, DVBl. 1977, 479; *Möstl*, Globale Minderausgaben in Zeiten angespannter öffentlicher Haushalte, ZG 2005, 144; *Mußgnug*, Der Haushaltsplan als Gesetz, 1976; *Palm*, Preisstabilität in der Europäischen Wirtschafts-und Währungsunion, 2000; *v. Mutius*, Die Steuerung des Verwaltungshandelns durch Haushaltsrecht und Haushaltskontrolle, in: VVDStRL 42 (1984), 147; *Piduch*, Bundeshaushaltsrecht, 2. Aufl., Losebl., Stand: 18. EL 02/2015; *v. Portatius*, Das haushaltsrechtliche Bepackungsverbot, 1975; *Prokisch*, Die Justitiabilität der Finanzverfassung, 1993; *Puhl*, Budgetflucht und Haushaltskontrolle, 1996; *Rossi*, Unzulässigkeit von Haushaltsvorschaltgesetzen, DÖV 2003, 313; *Rupp*, Grundfragen der heutigen Verwaltungsrechtslehre, 1965; *Tappe*, Das Haushaltsgesetz als Zeitgesetz, 2008; *Tappe/Wernsmann*, Öffentliches Finanzrecht, 2015; *Vialon*, Haushaltsrecht, 2. Aufl. 1959; *Welz*, Grundzüge des Finanzrechts des Grundgesetzes, in: HStR V, 3. Aufl., 2007, § 116; *Welz*, Parlamentarische Finanzkontrolle in den Bundesländern dargestellt am Beispiel Baden-Württembergs, 1982.

Vergleichbare Regelungen: Art. 110 GG, 310, 313 f. AEUV, 70 II, 78 I-III, VI BayVerf, 85 I, 86 I BerlVerf, 101 II, III BbgVerf, 131 BremVerf, 66 HambVerf, 139 HessVerf, 61 MVVerf, 65 NdsVerf, 81 NRWVerf, 116 I-III RPVerf, 105 I, II SaarlVerf, 93 SächsVerf, 93 LSAVerf, 58 SchlHVerf, 98 I, 99 ThürVerf.

Ergänzende Normen: Haushaltsgrundsätzegesetz (HGrG), Landeshaushaltsordnung BW (LHO), Landesschuldbuchgesetz BW (LSchuldBG).

Leitentscheidungen: StGH, ESVGH 47, 1; LVerfGE 18, 65; LVerfGE 22, 3; BVerfGE 20, 56 (Parteienfinanzierung I); 45, 1 (Haushaltsüberschreitung); 70, 324 (Haushaltskontrolle der Nachrichtendienste); 79, 311 (Staatsverschuldung I); 108, 1 (Rückmeldegebühr); 119, 96 (Staatsverschuldung II); 129, 124 (Euro-Rettungsschirm); 129, 356 (Bahnimmobilien); 130, 318 (Neuner-Gremium); 132, 195 (Europäischer Stabilitätsmechanismus); 135, 317 (ESM-Vertrag).

A. Überblick und Einordnung 1	a) Rechtsnatur, Urheber, Zweck und Funktionen 36
I. Bedeutung der Vorschrift 1	
1. Gegenstand der Vorschrift 1	b) Gegenstand 40
2. Stellung der Vorschrift innerhalb der Haushaltsverfassung des Landes 3	c) Aufstellung 43
	3. Staatshaushaltsgesetz (StHG) 45
3. Vorgaben des Bundesrechts für das Finanzverfassungsrecht des Landes 5	a) Parlamentarisches Budgetrecht 45
a) Beschränkung der Regelungskompetenz auf die Haushaltswirtschaft 5	b) Förmliches Parlamentsgesetz 52
	c) Feststellung und Ermächtigung 54
b) Vorgaben für die Haushaltswirtschaft des Landes 7	d) Organgesetz und Außenwirkung 58
aa) Vorgaben des GG 7	e) Trennung und Einheit von Haushaltsplan und Haushaltsgesetz .. 62
bb) Bundesrechtliche Vorgaben unterhalb des GG 11	4. Gesetzgebungsverfahren .. 64
II. Herkunft, Entstehung, Geschichte 15	a) Budgetinitiative 64
1. Vorgängerverfassungen ... 15	aa) Volksantrag 64
2. Verfassunggebung 1952/53 17	bb) Abgeordnete 68
	cc) Regierung 70
3. Haushaltsreform 1971 ... 23	b) Gesetzesbeschluss 72
III. Verfassungsvergleichende Einordnung 27	aa) Verfahren im Landtag 72
B. Erläuterung 33	bb) Feststellungs- und Bewilligungskompetenz 73
I. Feststellung des Haushaltsplans durch das Haushaltsgesetz (Abs. 1 u. 2) 33	cc) Budgetpflicht 75
1. Haushaltskreislauf 33	dd) Informations- und Kontrollrechte der Abgeordneten 78
2. Haushaltsplan 36	ee) Notparlament 82
	c) Verkündung 83
	5. Haushaltsgrundsätze des Art. 79 LV 84

a) Allgemeines 84	k) Grundsatz der Budget-
b) Grundsatz der Voll-	öffentlichkeit 109
ständigkeit (Art. 79	l) Grundsatz der Wirt-
Abs. 1 S. 1 LV) 85	schaftlichkeit und
c) Grundsatz der Haus-	Sparsamkeit 111
haltswahrheit 91	m) Grundsatz der
d) Grundsatz der Haus-	Gesamtdeckung 112
haltsklarheit 93	6. Rechtsschutz 113
e) Grundsatz der sachli-	a) Justitiabilität der
chen und zeitlichen	Haushaltsverfassung.. 113
Spezialität 94	b) Verfahren vor dem
f) Grundsatz der Brutto-	VerfGH 114
veranschlagung 97	aa) Organstreitverfah-
g) Grundsatz der Einheit 99	ren 114
h) Grundsatz der Vorhe-	bb) Abstrakte Nor-
rigkeit 101	menkontrolle 115
i) Grundsatz der Periodi-	cc) Konkrete Normen-
zität 104	kontrolle 116
j) Grundsatz des Haus-	dd) Verfassungsbe-
haltsausgleichs	schwerde 117
(Art. 79 Abs. 1 S. 2 LV) 106	**II. Bepackungsverbot (Abs. 3)** ... 119
	III. Vermögensnachweis (Abs. 4) 126

A. Überblick und Einordnung

I. Bedeutung der Vorschrift

1. Gegenstand der Vorschrift

Art. 79 LV steht am Anfang des VII. Abschnitts des Zweiten Hauptteils der LV über das „Finanzwesen". Dieser Stellung entsprechend ist die Norm die **zentrale Vorschrift** des Landeshaushaltsrechts.[1] Die Bestimmung zeichnet in weiten Teilen Art. 110 GG nach[2] und hat das **parlamentarische Budgetrecht** als „Kernelement der demokratischen Legitimierung und Gewaltenteilung"[3] sowie wichtige **Grundsätze des Haushaltsrechts** zum Gegenstand. 1

Den systematischen Kern des Art. 79 LV bildet Abs. 2 S. 1, der mit der Anforderung, dass der von der Exekutive aufgestellte Haushaltsplan durch Haushaltsgesetz festgestellt wird, einen **speziellen Parlamentsvorbehalt** vorsieht. Das Haushaltsgebaren der Regierung wird damit der Kontrolle durch den Landtag unterworfen, der durch die Ausübung des Budgetrechts selbst **haushaltspolitische Verantwortung** übernimmt. Neben diesem formellen Erfordernis hält Art. 79 LV eine Reihe materieller Vorgaben bereit, die aber nicht abschließend zu verstehen sind. Abs. 1 S. 1 HS 1 verpflichtet auf die Grundsätze der Vollständigkeit, der Einheit und der Bruttoveranschlagung, wobei für Landesbetriebe und Sondervermögen des Landes nach Abs. 1 S. 1 HS 2 eine Ausnahme gemacht wird. Abs. 1 S. 2 statuiert das Gebot des formalen Haushaltsausgleichs. Abs. 2 S. 2 normiert den Grundsatz der Vorherigkeit, mit dem der in Abs. 2 S. 1 verankerte Grundsatz der Periodizität einhergeht.[4] Abs. 3 S. 1 enthält das sachliche und zeitliche Bepackungsverbot. Für Letzteres lässt Abs. 3 S. 2 eine Ausnahme zu. 2

---

1 Vgl. *Katz* in: Feuchte, Art. 79 Rn. 14.
2 Vgl. LT-Drs. V/3997, 4.
3 Vgl. StGH, LVerfGE 22, 3 (14).
4 Vgl. LT-Drs. V/3997, 4; vgl. bereits *Spreng/Birn/Feuchte*, Art. 79 Rn. 2.

Abs. 4 ist schließlich eine Publikationsvorschrift in Bezug auf das Vermögen und die Schulden des Landes.

2. Stellung der Vorschrift innerhalb der Haushaltsverfassung des Landes

3 Die weiteren **Vorschriften des VII. Abschnitts** beziehen sich auf Art. 79 LV oder stehen mit ihm zumindest in einem **inhaltlichen Zusammenhang**.[5] Wenn weder ein Haushaltsgesetz noch ein Nothaushaltsgesetz ergangen ist, sieht Art. 80 LV eine vorläufige Haushaltsführung vor. Bei über- und außerplanmäßigen Ausgaben besteht nach Art. 81 LV eine Notbewilligungskompetenz des Finanzministers, die ausnahmsweise eine Durchbrechung des festgestellten Haushaltsplans erlaubt. Finanzwirksame Beschlüsse des Landtags, die abweichend vom Haushaltsplan neue Ausgaben, Ausgabeerhöhungen oder Einnahmeminderungen mit sich bringen, unterliegen nach Art. 82 LV besonderen Verfahrensanforderungen. Die Rechnungslegung durch den Finanzminister und die Finanzkontrolle durch den Landesrechnungshof richtet sich nach Art. 83 LV und bezieht sich wiederum auf den Haushaltsplan. Schließlich begrenzt Art. 84 LV die Kreditaufnahme.

4 Die Vorschriften des VII. Abschnittes werden im Übrigen durch die Landeshaushaltsordnung (LHO) und das Rechnungshofgesetz (RHG) konkretisiert. Zur LHO hat das Finanzministerium aufgrund von § 5 LHO allgemeine Verwaltungsvorschriften (VV-LHO) erlassen.[6]

3. Vorgaben des Bundesrechts für das Finanzverfassungsrecht des Landes

a) Beschränkung der Regelungskompetenz auf die Haushaltswirtschaft

5 Die Überschrift „Das Finanzwesen" des VII. Abschnitts der LV (s. Rn. 1) darf nicht darüber hinwegtäuschen, dass große Teile des Finanzverfassungsrechts iwS durch das **GG** – das selbst **unionsrechtlichen** Anforderungen an die Begrenzung des Haushaltsdefizits Rechnung trägt – bereits ausgefüllt oder zumindest in Grundsätzen vorgegeben sind.[7]

6 Damit sind zunächst die Art. 104 a bis Art. 108 GG angesprochen, die das bundesstaatliche Kompetenzverhältnis als Finanzverfassung im engeren Sinn konkretisieren.[8] Art. 104 a GG begründet die Ausgabenverantwortung des Bundes und der Länder nach dem Konnexitätsprinzip. Finanzhilfen des Bundes an die Länder können nach Art. 104 b GG gewährt werden. Die Verbandskompetenzen für die materielle Steuergesetzgebung werden – unter Ausschluss der Grundsatzvorschrift des Art. 70 I GG[9] und eines Steuererfindungsrechts der Länder[10] – gemäß Art. 105 GG zugewiesen. Die Verteilung des Steueraufkommens und der Finanzausgleich richten sich

---

5 Vgl. auch *Spreng/Birn/Feuchte*, vor Art. 79 Rn. 2.
6 Allgemeine Verwaltungsvorschriften des Finanzministeriums zur Landeshaushaltsordnung v. 10.12.2009, GABl. S. 441, zuletzt geändert durch Verwaltungsvorschrift v. 1.1.2015, GABl. S. 3.
7 Vgl. bereits *Spreng/Birn/Feuchte*, vor Art. 79, 265 f.; *Braun*, Art. 79 Rn. 1.
8 Vgl. *Waldhoff* in: HStR V, § 116 Rn. 14.
9 Vgl. *Vogel/Walter* in: BK, Art. 105 Rn. 56 ff.
10 *Heintzen* in: v. Münch/Kunig, Art. 105 Rn. 45 f.; vgl. auch *Feuchte*, Geschichte, 227.

nach Art. 106 und 107 GG. Die Verbandskompetenzen für die Finanzverwaltung und die Gesetzgebungskompetenzen für das Steuerverwaltungsverfahren sowie das Finanzprozessrecht finden in Art. 108 GG ihre Grundlage. Die staatlichen Einnahmen sind damit im GG auf verfassungsrechtlicher Ebene weitgehend erschöpfend geregelt, so dass die LV zu dieser Materie keine Regelungen vorsieht.[11] Ihr Abschnitt über das Finanzwesen hat lediglich die **Haushaltswirtschaft zum Gegenstand**.[12] Betrachtet man die Finanzausstattung als das „entscheidende Kriterium für die reale Machtverteilung"[13] im föderalen Staat, so liegt die Gesetzgebungskompetenz hierfür auf Bundesebene, wo die Länderinteressen aber durch den Bundesrat aufgrund der in den Art. 79, 104 a ff. GG verankerten Zustimmungserfordernisse effektiv wahrgenommen werden können.

b) Vorgaben für die Haushaltswirtschaft des Landes
aa) Vorgaben des GG

Die einschlägigen Bestimmungen des GG beschränken sich aber nicht auf die bundesstaatliche Finanzverfassung, sondern wirken auch erheblich auf das Haushaltsrecht der Länder ein.[14] Art. 109 GG – der deshalb zurecht als „Magna Charta" tituliert wird[15] – enthält wesentliche Vorgaben für die Haushaltswirtschaft des Bundes und der Länder.   7

Nach der Grundsatznorm des Art. 109 I GG, deren Kerngehalt nach Art. 20 I iVm Art. 79 III GG änderungsfest ist,[16] sind Bund und Länder in ihrer Haushaltswirtschaft unabhängig. Die Vorschrift statuiert das **Trennungsgebot**, wodurch nicht nur „eine geordnete öffentliche Finanzwirtschaft der verschiedenen staatlichen Aufgabenträger" ermöglicht wird, sondern auch das Fundament für die „staatliche Selbstständigkeit von Bund und Ländern" gelegt wird.[17] Das Land hat damit die **Gesetzgebungskompetenz**, sein Haushaltsrecht – im Rahmen der Vorgaben des Bundesrechts – eigenverantwortlich auszugestalten.[18] Zugleich garantiert Art. 109 I GG die **Haushaltsautonomie** der Länder. Ein – auch nur mittelbarer – Einfluss des Bundes auf die Haushaltswirtschaft des Landes verbietet sich daher grundsätzlich.[19] In **formeller** Hinsicht bedeutet dies, dass das Land seinen Haushalt in jeder Hinsicht getrennt vom Bund und den anderen Ländern führt. Die formelle Autonomie umfasst den gesamten Haushaltskreislauf – von der Aufstellung des Haushaltsplans und dessen Feststellung durch das Haushaltsgesetz, über den Haushaltsvollzug, bis hin zur Haushaltskontrolle.[20] **Materiell** gewährleistet Art. 109 I GG, dass das   8

---

11 Vgl. Finanzminister *Frank* in seiner Haushaltsrede vom 4.3.1953, VLV, Protokolle, 1952-53, Bd. II, 1073, für den „ein echtes Budgetrecht der Länderparlamente nur für die Ausgabenseite" bestand; vgl. auch *Spreng/Birn/Feuchte*, vor Art. 79 Rn. 1.
12 Vgl. *Feuchte*, Geschichte, 227; *Katz* in: Feuchte, Art. 79 Rn. 2.
13 So *Katz* in: Feuchte, Art. 79 Rn. 1.
14 Vgl. bereits *Feuchte*, Geschichte, 227.
15 *E. Reimer* in: Epping/Hillgruber, Art. 109 GG vor Rn. 1; vgl. auch *Kube* in: Maunz/Dürig, Art. 109 Rn. 1.
16 Vgl. *E. Reimer* in: Epping/Hillgruber, Art. 109 GG Rn. 15 f.
17 BVerfGE 86, 148 (264).
18 Vgl. *Katz* in: Feuchte, Art. 79 Rn. 3; *Kube* in: Maunz/Dürig, Art. 109 Rn. 40.
19 Vgl. *Henneke* in: Schmidt-Bleibtreu/Hofmann/Henneke, Art. 109 Rn. 42.
20 Vgl. *G. Kirchhof* in: v. Mangoldt/Klein/Starck, Art. 109 Rn. 12 ff.

Land seine hauswirtschaftlichen Entscheidungen eigenverantwortlich trifft.[21] Demgemäß stellt die bundesstaatliche Finanzordnung sicher, dass das Land als Gliedstaat „am Ertrag der Volkswirtschaft sachgerecht beteiligt" wird.[22]

9 Indes wird die **Haushaltsautonomie** des Landes durch eine Reihe von Ausnahmen, die im GG vorgesehen sind, **relativiert**.[23] Art. 109 II HS 1 GG macht das **Gebot des Art. 126 I AEUV** (Art. 104 EGV), übermäßige Defizite zu vermeiden, zu einer **gemeinsamen Verpflichtung für Bund und Länder**. Art. 109 V GG knüpft mit der Aufteilung etwaiger **finanzieller Sanktionsfolgen** aus dem Defizitverfahren des Art. 126 AEUV hieran an. Art. 109 II HS 2 GG verpflichtet Bund und Länder außerdem auf das **Ziel eines gesamtwirtschaftlichen Gleichgewichts**, dem jedoch – zumindest – seit der Föderalismusreform II nur noch nachrangige Bedeutung zukommt.[24] Darüber hinaus sieht Art. 109 III iVm Art. 143 d GG eine gesamtstaatliche Schuldenbremse für Bund und Länder vor (→ Art. 84 Rn. 12 ff.), die mit Art. 79 III GG vereinbar ist (→ Art. 84 Rn. 22). Schließlich ermächtigt Art. 109 IV GG den Bund durch ein zustimmungsbedürftiges Gesetz für Bund und Länder **gemeinsam geltende Grundsätze für das Haushaltsrecht**, für eine konjunkturgerechte Haushaltswirtschaft und für eine mehrjährige Finanzplanung aufzustellen. Außerdem sieht Art. 109 a I GG vor, dass die Haushaltswirtschaft von Bund und Ländern durch den **Stabilitätsrat überwacht** wird. Ab dem Jahr 2020 überwacht er – wie durch das 61. GGÄndG bestimmt[25] – nach Art. 109 a II 1 GG, ob Bund und Länder die Vorgaben des Art. 109 III GG einhalten. Im Übrigen steht Art. 109 I GG der verfassungsgerichtlichen Kontrolle eines Bundes- oder Landeshaushaltsgesetzes nicht entgegen.[26]

10 Nicht zuletzt ist zu vermerken, dass das parlamentarische Budgetrecht, das zu den Grundsätzen des demokratischen Rechtsstaats gehört, aufgrund des **Homogenitätsgebots** gemäß Art. 28 I 1 GG Bestandteil der verfassungsmäßigen Ordnung des Landes sein muss.[27]

bb) Bundesrechtliche Vorgaben unterhalb des GG

11 Neben den Vorgaben des GG und des Unionsrechts wirken auch einfache Parlamentsgesetze des Bundes erheblich auf die Vorschriften des VII. Abschnitts der LV ein. Das trifft zwar nur noch mit Abstrichen auf das aufgrund von Art. 109 IV Var. 2 GG ergangene **Stabilitätsgesetz** (StabG)[28] zu, das heute aufgrund der unionsrechtlichen Verpflichtung der Wirtschafts-

---

21 *Heintzen* in: v. Münch/Kunig, Art. 109 Rn. 15.
22 BVerfGE 72, 330 (388); vgl. auch BVerfGE 55, 274, (300); *Kube* in: Maunz/Dürig, Art. 109 Rn. 42.
23 Vgl. *Henneke* in: Schmidt-Bleibtreu/Hofmann/Henneke, Art. 109 Rn. 36; *G. Kirchhof* in: v. Mangoldt/Klein/Starck, Art. 109 Rn. 19.
24 Vgl. *E. Reimer* in: Epping/Hillgruber, Art. 109 GG Rn. 3, 81.
25 Art. 1 Nr. 7 b) des 61. GGÄndG (Art. 90, 91 c, 104 b, 104 c, 107, 108, 109 a, 114, 125 c, 143 d, 143 e, 143 f, 143 g) v. 13.7.2017, BGBl. I 2347.
26 Vgl. BVerfGE 20, 56 (94).
27 Vgl. *Gröpl* in: BK, Art. 110 Rn. 39.
28 Gesetz zur Förderung der Stabilität und des Wachstums der Wirtschaft v. 8.6.1967, BGBl. I 582, zuletzt geändert durch Art. 267 der Verordnung v. 31.8.2015, BGBl. I 1474.

und Währungspolitik auf das Primat der Preisstabilität erheblich an Relevanz verloren hat.[29]

Besondere Bedeutung für das Haushaltsverfassungsrecht der Länder hat aber das **Haushaltsgrundsätzegesetz** (HGrG), das der Bund 1969 aufgrund der Ermächtigung des Art. 109 IV Var. 1 GG geschaffen hat. Der Kompetenztitel war im Zuge der Haushaltsrechtsreform 1967/69[30] durch das 20. GGÄndG (v. 12.5.1969, BGBl. I 357) eingeführt worden. Er sollte unter anderem dazu dienen, die bereits damals in weiten Teilen bestehende Einheitlichkeit des Haushaltsrechts in Bund und Ländern[31] auf Dauer rechtlich abzusichern.[32] Das **Land** ist nach § 1 HGrG **verpflichtet**, sein Haushaltsrecht nach den **Grundsätzen des Teil I des HGrG** zu regeln. Die einschlägigen Bestimmungen sind daher bei der Interpretation des Landesrechts – vornehmlich der LHO und einschließlich der LV – im Wege der **systematischen Auslegung** zu berücksichtigen. Die Vorschriften des Teil II des HGrG gelten für den Bund und die Länder sogar einheitlich und unmittelbar (§ 49 HGrG). 12

Adressat der Grundsatzgesetzgebung ist neben den Ländern auch der Bund (vgl. §§ 1, 49 HGrG). Im Rang steht das Haushaltsgrundsätzegesetz unterhalb des GG, aber oberhalb von anderen Gesetzen des Bundes.[33] Der Bund verpflichtet mit dem Haushaltsgrundsätzegesetz somit nicht nur die Länder, sondern auch sich selbst. Unabhängig von der dogmatischen Begründung des Vorrangs der Grundsatzgesetzgebung[34] hat dies zur Folge, dass sich die **Art. 110 bis 115 GG** – denen das Haushaltsgrundsätzegesetz entsprechen muss – **mittelbar** auf das Haushaltsrecht der Länder **auswirken**.[35] 13

Da sich die Gesetzgebungskompetenz nach Art. 109 IV GG auf „Grundsätze" beschränkt und sich damit eine ausfüllende Regelung der Materie prinzipiell verbietet,[36] finden sich bei der Rechtsvergleichung freilich auch in den anderen Bereichen des Haushaltsrechts Unterschiede.[37] Die „föderale Besonderheit" bleibt aber die Ausnahme.[38] Die aus dem Trennungsgrundsatz des Art. 109 I GG gespeiste Erwartung, in Bund und Ländern ein divergierendes Haushaltsrecht vorzufinden, erfüllt sich daher zum größten Teil nicht. Das **deutsche Haushaltsrecht** ist als „**unitaristisch**" zu qualifizie- 14

---

29 Vgl. *Palm*, Preisstabilität, 24 f.; *Kube* in: Maunz/Dürig, Art. 109 Rn. 263.
30 Vgl. *Kube* in: Maunz/Dürig, Art. 109 Rn. 17 ff.; *v. Lewinski/Burbat*, Haushaltsgrundsätzegesetz, Einl. Rn. 8 ff.
31 Vgl. dazu BT-Drs. V/3040, 33; *Vialon*, Haushaltsrecht, 51 ff.; *Spreng/Birn/Feuchte*, vor Art. 79 Rn. 2; vgl. auch Finanzminister *Gleichauf*, LT-Pl.-Prot. 102. Sitzung am 11.3.1971, Bd. VI, 5902.
32 BT-Drs. V/3040, 35, 38; vgl. auch Finanzminister *Gleichauf*, LT-Pl.-Prot. 102. Sitzung am 11.3.1971, Bd. VI, 5903.
33 *v. Lewinski/Burbat*, Haushaltsgrundsätzegesetz, Einl. Rn. 22; *Kube* in: Maunz/Dürig, Art. 109 Rn. 240 f.
34 Vgl. dazu *Siekmann* in: Sachs, GG, Art. 109 Rn. 99 ff.; *Rodi* in: BK, Art. 109 Rn. 352 ff.; *G. Kirchhof* in: v. Mangoldt/Klein/Starck, Art. 109 Rn. 121 f.; *Klöpfer*, Finanzverfassungsrecht, § 8 Rn. 221.
35 Vgl. *Rodi* in: BK, Art. 109 Rn. 370.
36 Vgl. *Rodi* in: BK, Art. 109 Rn. 342; *Heun* in: Dreier, Suppl., Art. 109 Rn. 55; *G. Kirchhof* in: v. Mangoldt/Klein/Starck, Art. 109 Rn. 119; *Klöpfer*, Verfassungsrecht, § 21 Rn. 147.
37 Vgl. etwa *Gröpl*, Haushaltsrecht und Reform, 38 f.
38 *Heintzen* in: HStR V, § 120 Rn. 6.

ren,[39] wenn auch seit der Föderalismusreform II[40] bei der Ausgestaltung der Schuldenbremse nach Art. 109 III 5 GG ein Regelungsvorbehalt zugunsten der Länder besteht. Für die Vorschriften über das Finanzwesen der LV bedeutet dies, dass sie erheblich durch das Bundesrecht geprägt sind. Die einschlägigen bundesrechtlichen Vorschriften sind bei der Auslegung der Vorschriften des VII. Abschnitts maßgeblich.[41]

II. Herkunft, Entstehung, Geschichte
1. Vorgängerverfassungen

15 Nach der PKV sollte der Reichshaushalt durch Reichstagsbeschluss festgestellt werden (§§ 102 f.). Nach Art. 69 RV war der Reichshaushalts-Etat durch Gesetz festzustellen. Die WRV sah das parlamentarische Budgetrecht in Art. 85 vor.

16 Mit Einzelregelungen des Art. 79 LV vergleichbare Bestimmungen waren in Art. 99 I 1, 2 VerfWB, in Art. 80 I VerfWH sowie in Art. 100 I VerfLB enthalten. Nach Art. 25 I Überleitungsgesetz 1952[42] stand der VLV das Budgetrecht zu.

2. Verfassunggebung 1952/53

17 Bei der Verfassunggebung 1952/53 bestand über die Grundkonzeption des Abschnitts über das Finanzwesen – wie auch der Verlauf der Beratungen zeigt[43] – grundsätzlich Einigkeit.[44] Die Art. 75–81 VerfERP und die Art. 105–110 VerfECDU enthielten zwar keine identischen, aber doch im Wesentlichen vergleichbare Regelungen, da sie sich jeweils an den Formulierungen der bisherigen Verfassungen orientierten.[45] Allerdings wurden in der Beratung der Haushaltsverfassung vier größere Problempunkte diskutiert: die Sicherung des Landesvermögens und dessen Nachweis im Zusammenhang mit dem Haushaltsplan (→ Rn. 126 ff.), die Option eines zweijährigen Haushalts (→ Rn. 19, 24), die vorläufige Haushaltsführung und der Nothaushalt (→ Art. 80 Rn. 9) sowie ein Vetorecht der Landesregierung gegen ausgabeerhöhende Landtagsbeschlüsse (→ Art. 82 Rn. 5 f.).[46]

18 **Vorbild** für die ursprüngliche Fassung des Art. 79 LV war **Art. 110 GG** in der Fassung der Grundgesetzgebung, an dem sich wiederum Art. 76 VerfERP[47] orientierte. Die ersten drei Absätze der beiden Normen stimmten

---

39 *Heintzen* in: HStR V, § 120 Rn. 6; vgl. auch *Gröpl* in: BK, Art. 110 Rn. 39, 153.
40 Vgl. das 57. GG-ÄndG (Artikel 91 c, 91 d, 104 b, 109, 109 a, 115, 143 d) v. 29.7.2009, BGBl. I 2248.
41 *Braun*, Art. 79 Rn. 1.
42 Gesetz über die vorläufige Ausübung der Staatsgewalt im südwestdeutschen Bundesland v. 15.5.1952, GBl. 3.
43 Vgl. VLV, Protokolle, 1953, Bd. III, 2348 f. (Zweite Beratung in der 54. Sitzung) u. S. 2492 (Dritte Beratung in der 59. Sitzung).
44 Vgl. *Feuchte*, Geschichte, 227 f.
45 Vgl. VA-Bericht, Berichterstatter: Abg. *Huber*, VLV, Beilagen, 1953, Bd. III, Beilage 1103, 77.
46 Vgl. VA-Bericht, Berichterstatter: Abg. *Huber*, VLV, Beilagen, 1953, Bd. III, Beilage 1103, 77.
47 Vgl. VLV, Beilagen, 1952-53, Bd. I, Beilage 40, 45 (55).

weitgehend überein.[48] Lediglich der Grundsatz des Haushaltsausgleichs war in Art. 79 II 2 LV aF als Soll-Vorschrift und nicht – wie in Art. 110 II 2 GG aF – als Muss-Vorschrift gefasst. Eine nennenswerte Diskussion hierüber fand in den Beratungen der Verfassunggebung offenbar nicht statt.[49] Dieser Unterschied wurde jedoch anlässlich der Haushaltsreform 1971 erörtert (→ Rn. 25). Er besteht bis heute fort.

Darüber hinaus wurde in Art. 79 IV LV aF in Abweichung zu Art. 110 GG die **Option eines zweijährigen Haushalts** aufgenommen. Der Punkt war nicht unumstritten. Als Nachteile wurden eine Einschränkung der Finanzkontrolle durch den Landtag, eine Vermehrung der Zahl der Nachtragshaushaltspläne sowie die Beeinträchtigung der Transparenz über die Finanzen des Landes angeführt. Die Befürworter stellten hingegen auf die Entlastung des Landtags und der Regierung ab, die sowohl der Beratung des Haushaltsplans als auch der Gesetzesarbeit zugutekommen sollte. Zudem wies man darauf hin, dass Land, Kreise und Gemeinden bei Beschaffungs- und Bauanträgen beweglicher seien und sich besser den Bedürfnissen der Wirtschaft anpassen könnten. In diesem Zusammenhang wurde auch die Frage aufgeworfen, welche formalen Anforderungen an einen zweijährigen Haushalt zu stellen seien. Ganz überwiegend sprach man sich für das Erfordernis eines „besonderen Gesetzes" aus, dem weder ein einfacher Parlamentsbeschluss noch eine Bestimmung im Haushaltsgesetz genügen sollten.[50] Im Rahmen der Haushaltsreform 1971 nahm man hiervon wieder Abstand, um sich den Vorgaben des Bundesrechts anzupassen (→ Rn. 24). Mit der Option eines zweijährigen Haushalts stand man in der Tradition von § 31 S. 3 VerfBad 1919 und von § 48 S. 2 VerfWü 1919. Auf Bundesebene führte erst das 20. GGÄndG (→ Rn. 12) die Möglichkeit eines zweijährigen Haushalts ein.[51] 19

In der Beratung der Haushaltsverfassung empfahl das Finanzministerium außerdem, den **Grundsatz der Vorherigkeit** abzuschwächen. Zur Begründung stellte man darauf ab, dass eine rechtzeitige Verabschiedung des Haushalts nicht immer möglich sei. Dabei hatte man insbesondere die der Verfassunggebung unmittelbar folgenden Jahre vor Augen. Dagegen wurde das Argument angeführt, dass eine Ausnahme von der Pflicht zur rechtzeitigen Verabschiedung des Haushalts mit dem parlamentarischen Budgetrecht nicht zu vereinbaren sei. Zudem wurde auf die Regelung zur vorläufigen Haushaltsführung hingewiesen, nach der hinreichend berücksichtigt sei, dass der Haushaltsplan nicht immer rechtzeitig festgestellt werden könne. Diese Meinung setzte sich in der VLV letztendlich durch.[52] Allerdings wurde der Grundsatz der Vorherigkeit durch die Haushaltsreform 1971 in eine Soll-Vorschrift umgewandelt (→ Rn. 26). 20

---

48 Vgl. *Spreng/Birn/Feuchte*, Art. 79 Rn. 1.
49 Vgl. VA-Bericht, Berichterstatter: Abg. *Huber*, VLV, Beilagen, 1953, Bd. III, Beilage 1103, 78.
50 Vgl. VA-Bericht, Berichterstatter: Abg. *Huber*, VLV, Beilagen, 1953, Bd. III, Beilage 1103, 78.
51 Vgl. *Feuchte*, Geschichte, 228.
52 Vgl. VA-Bericht, Berichterstatter: Abg. Huber, VLV, Beilagen, 1953, Bd. III, Beilage 1103, 78.

21 Obgleich beide Verfassungsentwürfe **Vorschriften zur Sicherung des Landesvermögens** enthielten (Art. 75 VerfERP, Art. 105 VerfECDU), **sah man** in der zweiten Beratung des VA davon **ab**, eine entsprechende Bestimmung in die LV aufzunehmen. Man hielt die zunächst vorgesehene Regelung für nicht praktikabel und wies vor allem darauf hin, dass die Erhaltung des Landesvermögens über die weitergeltende Reichshaushaltsordnung gesichert sei.[53] Indes ist in diesem Zusammenhang zu beachten, dass in Art. 79 III LV aF die Regelung des Vermögens- und Schuldennachweises aus Art. 110 III GG aF übernommen wurde. Im Verfassungs-Ausschuss wurde die Aufnahme der Transparenzbestimmung allgemein begrüßt. Das Interesse der Öffentlichkeit, Einblick in die Entwicklung des Landesvermögens zu erhalten, wurde dabei hervorgehoben.[54]

22 Im Übrigen nahm man von einer Regelung über kaufmännisch eingerichtete Betriebe des Landes – wie sie Art. 110 IV GG aF und auch Art. 76 IV VerfERP vorsahen – Abstand. In der Grundvorschrift über die Veranschlagung der Einnahmen und Ausgaben des Landes sah man die kaufmännisch eingerichteten Betriebe bereits hinreichend berücksichtigt. Bestimmungen über die Art und Weise der Veranschlagung der Ergebnisse der Wirtschaftsbetriebe sollten in die Haushaltsordnung und nicht in die Verfassung aufgenommen werden.[55]

3. Haushaltsreform 1971

23 Die geltende Fassung erhielt Art. 79 LV durch das 7. LVÄndG (v. 19.10.1971, GBl. 425), mit der das Land sein Haushaltsrecht an die Vorgaben der bereits erwähnten Haushaltsreform 1967/69 des Bundes anpasste (→ Rn. 12). In seiner Begründung stellte der verfassungsändernde Gesetzgeber des Landes ausdrücklich fest, dass er sich bei der Ausarbeitung des VII. Abschnitts von den haushaltsrechtlichen **Vorschriften des GG habe leiten lassen**. Er hielt eine Neuregelung der Art. 79, 82, 83 und 84 LV aus denselben Gründen für erforderlich, wie sie für die Änderung des GG angeführt wurden.[56]

24 Aus Sicht der Landesregierung waren dabei vier Punkte hervorzuheben:
- Die Option eines zweijährigen Haushalts war in der LV bis dahin als Ausnahme vorgesehen, die durch „besonderes Gesetz" (vgl. Art. 79 IV LV aF) beschlossen werden konnte (→ Rn. 19). Durch die Änderung des Art. 79 LV wurde es allgemein zulässig, den Haushaltsplan für mehrere Jahre aufzustellen.[57]

---

53 Vgl. VA-Bericht, Berichterstatter: Abg. Huber, VLV, Beilagen, 1953, Bd. III, Beilage 1103, 77.
54 Vgl. VA-Bericht, Berichterstatter: Abg. Huber, VLV, Beilagen, 1953, Bd. III, Beilage 1103, 79.
55 Vgl. VA-Bericht, Berichterstatter: Abg. Huber, VLV, Beilagen, 1953, Bd. III, Beilage 1103, 77.
56 Vgl. LT-Drs. V/3997, 4; vgl. auch Finanzminister Gleichauf, LT-Pl.-Prot. 102. Sitzung am 11.3.1971, Bd. VI, 5901.
57 Vgl. Finanzminister Gleichauf, LT-Pl.-Prot. 102. Sitzung am 11.3.1971, Bd. VI, 5903 f.

[Feststellung des Haushaltsplans] Artikel 79

- Eine Zustimmung der Landesregierung war nach Art. 82 LV künftig nicht nur bei ausgabeerhöhenden, sondern auch bei einnahmemindernden Beschlüssen des Landtages erforderlich.[58]
- Der Rechnungshof hatte fortan dem Landtag nach Art. 83 LV unmittelbar zu berichten.[59]
- Schließlich wurde die Kreditaufnahme durch das Land gemäß Art. 84 LV neu geregelt. Dabei wurde der „objektbezogene Deckungsgrundsatz" durch eine „situationsbezogene Deckungsregelung" ersetzt.[60]

In den Beratungen der Verfassungsänderung wurde in Bezug auf Art. 79 LV vornehmlich die Frage debattiert, ob der **Grundsatz des Haushaltsausgleichs**, der bis dahin in Art. 79 II 2 LV aF verankert war, weiterhin als **Soll-Vorschrift** oder aber – wie in Art. 110 II 2 GG – als Muss-Vorschrift ausgestaltet werden sollte. Der Entwurf der Landesregierung sah insofern zunächst keine Änderung vor. Der Grundsatz wurde lediglich in Abs. 1 S. 2 verlagert.[61] Der Finanzausschuss empfahl hingegen die strengere Fassung,[62] was die Regierung – und ihr letztlich folgend – der Landtag jedoch ablehnte.[63] Der Finanzminister hatte in der zweiten Lesung darauf abgestellt, dass das Stabilitätsgesetz Kreditaufnahmen entgegenstehen könnte, um Deckungslücken im Haushaltsplan auszugleichen. Außerdem wies er darauf hin, dass das Land – anders als der Bund und die Gemeinden – keine Möglichkeit hätte, seine Einnahmen zu steuern. Er sah daher die Gefahr, „drastische Ausgabenkürzungen" durchführen zu müssen.[64]

25

Darüber hinaus wurde durch die Haushaltsreform 1971 der **Grundsatz der Vorherigkeit** des Haushaltsgesetzes von einer Muss-Vorschrift in eine **Soll-Vorschrift** umgewandelt und damit abgeschwächt, obwohl das GG und andere Landesverfassungen eine Muss-Vorschrift enthielten. Zur Begründung führte der Finanzminister im Finanzausschuss die Rechtspraxis der letzten Jahre an, in der man den Termin nicht habe einhalten können. Es könne zwingende Gründe geben, die eine rechtzeitige Verabschiedung verhinderten.[65]

26

---

58 Vgl. Finanzminister Gleichauf, LT-Pl.-Prot. 102. Sitzung am 11.3.1971, Bd. VI, 5904.
59 Vgl. Finanzminister Gleichauf, LT-Pl.-Prot. 102. Sitzung am 11.3.1971, Bd. VI, 5904.
60 Vgl. Finanzminister Gleichauf, LT-Pl.-Prot. 102. Sitzung am 11.3.1971, Bd. VI, 5904.
61 Vgl. LT-Drs. V/3997, 2, 6.
62 Vgl. Schriftlicher Bericht über die Beratungen des Finanzausschusses, LT-Pl.-Prot. Anlage 1 zur 114. Sitzung am 15.7.1971, Bd. VI, 6943 f.
63 Vgl. LT-Drs. V/5571; LT-Pl.-Prot. 114. Sitzung am 15.7.1971, Bd. VI, 6901; LT-Pl.-Prot. 118. Sitzung am 7.10.1971, Bd. VI, 7303.
64 Vgl. Finanzminister *Gleichauf*, LT-Pl.-Prot. 114. Sitzung am 15.7.1971, Bd. VI, 6897 f.
65 Vgl. LT-Drs. V/3997, 2, 6, sowie den schriftlichen Bericht über die Beratungen des Finanzausschusses, LT-Pl.-Prot. Anlage 1 zur 114. Sitzung am 15.7.1971, Bd. VI, 6944.

III. Verfassungsvergleichende Einordnung

27 Art. 79 LV **entspricht zu großen Teilen Art. 110 GG**. Der verfassungsändernde Gesetzgeber hat sich – wie er selbst hervorhebt[66] – bei der Fassung der Vorschriften des VII. Abschnitt ausdrücklich von den haushaltsrechtlichen Bestimmungen des GG (Art. 110 bis 115 GG) in der Fassung des 20. GGÄndG leiten lassen (s. auch → Rn. 23).

28 Art. 79 I 1 LV ist von seinem Wortlaut her – vom Bezug auf Landesbetriebe anstatt auf Bundesbetriebe abgesehen – mit Art. 110 I 1 GG identisch. Auch Art. 79 I 2 LV stimmt mit Art. 110 I 2 GG grundsätzlich überein. Allerdings ist die landesrechtliche Norm nicht wie die bundesrechtliche als Muss-Vorschrift, sondern als Soll-Vorschrift ausgestaltet. Art. 110 II 1 GG wird in Art. 79 II 1 u. 2 LV wiedergegeben. Der Inhalt ist im Wesentlichen derselbe. Allein der Zeitpunkt der Feststellung des Haushaltsplans ist in Art. 79 II 2 LV weniger strikt normiert. Während nach der bundesverfassungsrechtlichen Vorschrift der Haushaltsplan vor Beginn des ersten Rechnungsjahres festzustellen ist, sieht Art. 79 II 2 LV insofern lediglich eine Soll-Bestimmung vor.

29 Eine Art. 110 II 2 GG entsprechende Regelung findet sich in der LV hingegen nicht. Dies gilt auch für Art. 110 III GG, der das Verfahren des Haushaltsgesetzes betrifft und sich auf den Bundesrat bezieht. Da auf Landesebene ein vergleichbares Verfassungsorgan fehlt, erübrigt sich eine landesverfassungsrechtliche Regelung.

30 Art. 79 III LV stimmt wiederum mit Art. 110 IV 4 GG weitestgehend überein. Das Bepackungsverbot bezieht sich freilich auf das Land und nicht auf den Bund. Außerdem wird wegen der Kreditermächtigungen auf die landesverfassungsrechtliche Vorschrift (Art. 84 LV) und nicht auf die bundesverfassungsrechtliche Vorschrift (Art. 115 GG) verwiesen.

31 Art. 79 IV LV entspricht Art. 110 III GG in der ursprünglichen Fassung des GG. Die bundesverfassungsrechtliche Norm wurde durch das 20. GGÄndG (→ Rn. 12) aufgehoben. Demgegenüber blieb Art. 79 IV LV, der Art. 79 III LV in der ursprünglichen Fassung der LV bildete, von der Haushaltsreform 1971 inhaltlich unberührt.

32 Auch wenn sich die Haushaltsverfassung des Landes deutlich an der des Bundes orientiert und sich der Normtext des Art. 79 LV in vielen Punkten an Art. 110 GG anlehnt, kommt es bei der **haushaltsverfassungsrechtlichen Kompetenzverteilung im Land** doch zu gewissen Verschiebungen zulasten **der Regierung** im Vergleich zum Bund. Während im Bund die Regierung ein ausschließliches Initiativmonopol hat, besteht im Land hierzu seit der Einführung des Volksantrags gemäß Art. 59 I Var. 3 LV eine Ausnahme (→ Rn. 64 ff.). Vor allem aber findet Art. 82 I LV im Gegensatz zu Art. 113 I GG auf den Beschluss des Haushaltsgesetzes selbst keine Anwendung. Der Landtag darf daher die im Entwurf des Haushaltsplans veranschlagten Ausgaben ohne Zustimmung der Landesregierung erhöhen (→ Art. 82 Rn. 11 ff.). Wenn der Landtag aber eine verfahrensrechtlich unbeschränkte Änderungskompetenz innehat, muss er auch Ergänzungsvorla-

---

[66] Vgl. LT-Drs. V/3997, 4.

[Feststellung des Haushaltsplans] Artikel 79

gen zum Entwurf des Haushaltsplans und des Haushaltsgesetzes einbringen können. Zugleich unterliegt er einer echten Budgetpflicht, da er es allein in der Hand hat, mit welchem Inhalt der Haushaltsplan – unter Beachtung der verfassungsrechtlichen Haushaltsgrundsätze – festgestellt wird.

B. Erläuterung

I. Feststellung des Haushaltsplans durch das Haushaltsgesetz (Abs. 1 u. 2)

1. Haushaltskreislauf

Eine geordnete Haushaltswirtschaft setzt ein zielgerichtetes, planerisches Vorgehen voraus, das nach strikt einzuhaltenden Regeln abläuft. Demgemäß ist die staatliche Haushaltswirtschaft durch gesetzliche Vorschriften als periodischer Prozess ausgestaltet, der sich zunächst in **Planung, Vollzug und Kontrolle** unterteilen lässt. Auch die Haushaltsverfassung des Landes geht hiervon aus und weist den Verfassungsorganen entsprechende Kompetenzen zu. Sachlich notwendig ist dabei die Regierung beteiligt, die allein über die personellen Mittel verfügt, einen Haushalt aufzustellen und zu vollziehen.[67] Sie nimmt damit eine **wesentliche Funktion der Gubernative** wahr.[68] Aufgrund der herausragenden Bedeutung der politischen Entscheidungen, die in diesem Zusammenhang getroffen werden, ist aber auch die Legislative an diesem Prozess maßgeblich beteiligt. Sie ist nach Art. 79 II 1 LV dafür zuständig, den von der Regierung aufgestellten Haushaltsplan durch Gesetz festzustellen. Demgemäß ist dem Landtag nach Art. 83 I LV auch die Kompetenz zugewiesen, die Regierung nach abschließender Prüfung zu entlasten. Die **Exekutivgewalt** wird damit an einen höchst bedeutsamen, historisch vielfach bestätigten Punkt der demokratischen Staatsorganisation **begrenzt**. 33

Von diesem Ausgangspunkt aus lässt sich die Planungsphase in zwei und der gesamte Haushaltskreislauf damit in vier Abschnitte unterteilen: 34

- Aufstellung des Haushaltsplans durch die Regierung und Budgetinitiative (vgl. Art. 79 I 1 LV);
- Feststellung des Haushaltsplans durch das Parlament (Art. 79 II 1 LV);
- Vollzug des Haushaltsplans durch die Exekutive;
- Rechnungslegung durch den Finanzminister, Finanzkontrolle durch das Parlament und den Rechnungshof sowie Entlastung der Regierung durch das Parlament (Art. 83 LV).[69]

In den Abschnitten des Haushaltskreislaufs kommt somit eine historisch gewachsene Kompetenzverteilung zum Ausdruck, die dem Prinzip der Gewaltenteilung im Sinne einer **funktionalen Gewaltenverschränkung** folgt.[70]

---

67 Vgl. *Heintzen* in: HStR V, § 120 Rn. 61.
68 Vgl. *Bogdandy*, Gubernative Rechtsetzung, 140.
69 *Welz*, Parlamentarische Finanzkontrolle, 53 ff.; *v. Mutius*, VVDStRL 42 (1984), 147 (178 ff.); *Stern* in: Stern II, 1210; *Heintzen* in: HStR V, § 120 Rn. 58; *Siekmann* in: Sachs, GG, Art. 110 Rn. 4; *Kube* in: Ehlers/Fehling/Pünder, § 66 Rn. 179; *Gröpl* in: BK, Art. 110 Rn. 107; vgl. aber auch *Katz* in: Feuchte, Art. 79 Rn. 5, der den politischen Programmvorgaben vor der Aufstellung des Haushaltsplans eine eigene Phase zuordnet.
70 Vgl. *Katz* in: Feuchte, Art. 79 Rn. 4, 6.

Palm 1369

35 Art. 79-83 LV knüpfen an die verschiedenen Phasen an und stellen zu bestimmten Punkten verfassungsrechtliche Anforderungen auf. Art. 79 I, IV LV kann dabei dem ersten Abschnitt, Art. 79 II, III, Art. 80-82 LV dem zweiten und Art. 83 LV dem vierten Abschnitt zugeordnet werden. Die Budgetinitiative findet in der Verfassung – sieht man von der negativen Ausnahme des Art. 59 III 3 LV ab – keine ausdrückliche Erwähnung. Gleiches gilt grundsätzlich für den Vollzug des Haushaltsplans. Allerdings lassen sich aus Art. 79 LV und den Verfassungsprinzipien – vornehmlich dem Demokratieprinzip und dem Grundsatz der Gewaltenteilung – mittelbare Schlussfolgerungen für den Haushaltsvollzug ziehen.[71]

2. Haushaltsplan

a) Rechtsnatur, Urheber, Zweck und Funktionen

36 Nimmt der Staat Aufgaben wahr, fallen Ausgaben an. Diese Ausgaben sind nach Art. 79 I 1 HS 1 LV in den Haushaltsplan einzustellen. Zugleich wird der Haushaltsplan gemäß Art. 79 II 1 LV nach Rechnungsjahren festgestellt. Er ist daher „zeitlich begrenzt und aufgabenbezogen".[72] Nach Art. 79 I 2 LV sollen die Ausgaben im Haushaltsplan durch Einnahmen ausgeglichen sein. Im Haushaltplan findet demnach die Gesamtpolitik der Regierung und der sie tragenden parlamentarischen Mehrheit ihren Ausdruck. Er ist daher „nicht nur ein Wirtschaftsplan, sondern zugleich ein **staatsleitender Hoheitsakt in Gesetzesform**".[73]

37 Daraus lässt sich auch schließen, wer der Urheber des Haushaltsplans ist. Es ist davon auszugehen, dass mit „Gesetzesform" hier der formelle Gesetzesbegriff angesprochen ist. Dann aber ist das Parlament notwendig beteiligt, da es das Haushaltgesetz beschließt (vgl. Art. 59 IV, 60 VI LV). Indes darf nicht außer Acht gelassen werden, dass der Regierung das Initiativmonopol für die Haushaltsgesetzgebung grundsätzlich zusteht (→ Rn. 64 ff.). Das Parlament kann daher den Haushaltsplan ohne die Regierung nicht feststellen. Urheber des Haushaltsplans sind demnach Regierung und Parlament. Demgemäß wird der Haushaltsplan als „staatsleitender **Gesamtakt der Regierung und des Parlaments**" bezeichnet[74] – ohne ihn aber damit in die Nähe des Verwaltungsakts rücken zu wollen.[75] Er ist rechtlich erst existent, wenn er durch das Haushaltsgesetz festgestellt wird. Dementsprechend geht auch das einfachgesetzliche Haushaltsrecht davon aus, dass die Regierung nur einen Entwurf des Haushaltsplans beschließt (vgl. § 29 I BHO, § 29 I LHO).

38 Zweck des Haushaltsplans ist die Feststellung und Deckung des Finanzbedarfs (§ 2 S. 1 Hs. 1 HGrG, § 2 S. 1 LHO). Der Haushaltsplan bildet damit die **Grundlage für die Haushalts- und Wirtschaftsführung des Landes** (vgl.

---

71 Vgl. *Pünder* in: Friauf/Höfling, Art. 110 Rn. 3.
72 Vgl. BVerfGE 129, 124 (178).
73 BVerfGE 129, 124 (178); vgl. auch LVerfGE 18, 65 (75); BVerfGE 45, 1 (32); 70, 324 (355); 79, 311 (328); *Friauf*, Staatshaushaltsplan, 280 ff.
74 *Heckel* in: Anschütz/Thoma, Bd. II, § 88, 374 (392); *Stern* in: Stern II, 1201; vgl. demgegenüber *Heintzen* in: v. Münch/Kunig, Art. 110 Rn. 3, der die Regierung als Urheber des Haushaltsplans qualifiziert.
75 Vgl. *Stern* in: Stern II, 1201.

[Feststellung des Haushaltsplans] Artikel 79

§ 2 S. 2 HGrG, § 2 S. 2 LHO). Demgemäß ist er als wesentlicher „Bezugspunkt" des Haushaltsrechts des Landes und als „Kernelement" dessen Haushaltswirtschaft zu qualifizieren.[76] Aufgrund des Haushaltsplans ist die Verwaltung ermächtigt, Ausgaben zu leisten und Verpflichtungen einzugehen (§ 3 I HGrG, § 3 I LHO). Durch den Haushaltsplan selbst werden jedoch keine Ansprüche oder Verbindlichkeiten begründet oder aufgehoben (§ 3 II HGrG, § 3 II LHO).

Aus der Zwecksetzung des Haushaltsplans lassen sich verschiedene Funktionen ableiten. Finanzwirtschaftlich hat der Haushaltsplan eine **Ordnungs- und Koordinierungsfunktion**, staatspolitisch eine **Programmfunktion**, wirtschaftspolitisch eine **Gestaltungsfunktion** und nicht zuletzt kommt ihm im Rahmen der Finanzkontrolle eine **Maßstabsfunktion** zu.[77] Indes ist diese unscharfe Einordnung für die Interpretation der Verfassungsnorm nur bedingt hilfreich.[78] 39

b) Gegenstand

Für jedes Haushaltsjahr ist ein Haushaltsplan aufzustellen (§ 8 I HGrG, § 11 I LHO). Er hat alle im Haushaltsjahr zu erwartenden Einnahmen, voraussichtlich zu leistenden Ausgaben und voraussichtlich benötigten Verpflichtungsermächtigungen zu enthalten (§ 8 II HGrG, § 11 II LHO). Der Haushaltsplan kann auch für zwei Haushaltsjahre aufgestellt werden (§ 9 I HGrG, § 12 LHO). Er ist dann nach Jahren zu trennen. § 9 I HGrG und § 12 LHO sind damit enger als Art. 79 II 1 LV, der nach seinem Wortlaut auch einen mehr als zwei Jahre umfassenden Haushaltsplan erlaubt. 40

Der Haushaltsplan besteht aus den Einzelplänen und dem Gesamtplan (§ 10 I Hs. 1 HGrG, § 13 I LHO). Gegenstand der **Einzelpläne** sind die Einnahmen, Ausgaben und Verpflichtungsermächtigungen eines einzelnen Verwaltungszweigs oder bestimmte Gruppen von Einnahmen, Ausgaben und Verpflichtungsermächtigungen (§ 10 II 1 HGrG, § 13 II 1 LHO). Der **Gesamtplan** enthält eine Zusammenfassung der Einnahmen, Ausgaben und Verpflichtungsermächtigungen der Einzelpläne (Haushaltsübersicht), eine Berechnung des Finanzierungssaldos (Finanzierungsübersicht) sowie eine Darstellung der Einnahmen aus Krediten und Tilgungsausgaben (Kreditfinanzierungsplan) (§ 10 IV HGrG, § 13 IV LHO). Der Haushaltsplan kann im Übrigen in einen Verwaltungshaushalt und in einen Finanzhaushalt gegliedert werden (§ 9 II 1 HGrG). 41

Dem Haushaltsplan sind Darstellungen der Einnahmen, Ausgaben und Verpflichtungsermächtigungen (Gruppierungsübersicht, Funktionenübersicht, Haushaltsquerschnitt), eine Übersicht über die den Haushalt in Einnahmen und Ausgaben durchlaufenden Posten, eine Übersicht über die Planstellen und andere Stellen sowie eine Übersicht über das Vermögen und die Schulden beizufügen (§ 11 HGrG, § 14 LHO). Anlagen zum Haushaltsplan sind auch für Landesbetriebe, Sondervermögen und Zuwen- 42

---

76 *Gröpl* in: BK, Art. 110 Rn. 121; vgl. auch *ders.*, AöR 133 (2008), 1 (22 f.).
77 Vgl. *Hillgruber* in: v. Mangoldt/Klein/Starck, Art. 110 Rn. 6 ff.; *Gröpl* in: BK, Art. 110 Rn. 131 ff.; *Kube* in: Maunz/Dürig, Art. 110 Rn. 21 ff.; vgl. auch *P. Kirchhof*, NVwZ 1983, 505 (508 f.).
78 Vgl. *Heintzen* in: v. Münch/Kunig, Art. 110 Rn. 4.

dungsempfänger vorgesehen (vgl. § 18 HGrG, § 26 LHO). Zu den Anlagen des Haushaltsplans gehört nach der Rechtsprechung des BVerfG außerdem eine vollständige Dokumentation der Sonderabgaben (→ Rn. 88).

c) Aufstellung

43 Für die Aufstellung des Haushaltsplans sind „**aufwendige Vorbereitungsarbeiten**" erforderlich, die das BVerfG im „**Funktionsbereich der Regierung**" verortet.[79] Die Budgetverhandlungen sind ein komplexer Abstimmungsprozess, in dem der Finanzminister eine zentrale – vom Ressortprinzip nach Art. 49 I 4 LV geschützte[80] – Stellung einnimmt und in dem die verschiedenen Interessen der Fachressorts auszugleichen sind.[81] Eine andere Gewalt oder Institution kann diese Aufgabe bereits aus tatsächlichen Gründen nicht erfüllen. Demgemäß ist es eine „**Sachgesetzlichkeit**", dass der Haushaltsplan von der Exekutive aufgestellt wird.[82]

44 Das einfachgesetzlich geregelte **Budgetaufstellungsverfahren**[83] wird durch ein Haushaltsaufstellungsschreiben des Finanzministeriums eröffnet, in dem die Fachressorts zu Voranschlägen aufgefordert werden.[84] Nach § 9 I LHO werden für jede Dienststelle je ein Beauftragter für den Haushalt bestellt, dem nach § 9 II 1 LHO die Aufstellung der Voranschläge sowie der Ausführung des Haushaltsplans obliegt. Die Voranschläge sind dann nach § 27 I 1 LHO von der für den Einzelplan zuständigen Stelle dem Finanzministerium zu dem von ihm bestimmten Zeitpunkt zu übersenden. Auf sein Verlangen erhält auch der Rechnungshof die Voranschläge von dem für den Einzelplan zuständigen Ministerium (§ 27 II 1 LHO).[85] Er kann dazu Stellung nehmen (§ 27 II 2 LHO). Das Finanzministerium prüft sodann die Voranschläge (§ 28 I 1 HS 1 LHO) insbesondere auf ihre Notwendigkeit (§ 5 HGrG, § 6 LHO) sowie ihre Wirtschaftlichkeit und Sparsamkeit (§ 6 I HGrG, § 7 I LHO) hin. In ihrer Gesamtheit werden die Voranschläge mit den Erfordernissen des gesamtwirtschaftlichen Gleichgewichts und den zu erwartenden Einnahmen abgeglichen (vgl. § 28 I 3 iVm § 2 S. 3, § 18 I LHO). Das Finanzministerium kann dabei die Voranschläge nach Benehmen mit den beteiligten Stellen ändern (§ 28 I 2 LHO). Die Bedeutung der Haushaltsverhandlungen, die auf verschiedenen ministeriellen Arbeitsebenen stattfinden, darf dabei nicht unterschätzt werden.[86] Das Finanzministerium stellt sodann den **Entwurf des Haushaltsplans** auf (§ 28 I 1 LHO).

---

79 BVerfGE 119, 96 (120 f.).
80 *Haug/Pautsch*, in: Baden-Württemberg Stiftung (Hrsg.), Beteiligungshaushalt, 159 (163).
81 Vgl. BVerfGE 45, 1 (31); 110, 199 (222 ff.); *Heun*, Staatshaushalt und Staatsleitung, 303; *Heintzen* in: HStR V, § 120 Rn. 58 f.; *Siekmann* in: Sachs, GG, Art. 110 Rn. 72; *Haug/Pautsch*, in: Baden-Württemberg Stiftung (Hrsg.), Beteiligungshaushalt, 159 (162).
82 Vgl. *Stern* in: Stern II, 1211; *Isensee*, JZ 2005, 971 (975); *Kube* in: Ehlers/Fehling/Pünder, § 66 Rn. 188; *Haug/Pautsch*, in: Baden-Württemberg Stiftung (Hrsg.), Beteiligungshaushalt, 159 (162); vgl. auch *Mußgnug*, Haushaltsplan, 357 f.
83 Vgl. auch *Welz*, Parlamentarische Finanzkontrolle, 54.
84 Vgl. *Heintzen* in: HStR V, § 120 Rn. 62; vgl. auch *Kube* in: Maunz/Dürig, Art. 110 Rn. 162.
85 Vgl. insofern zur Rechtslage in anderen Bundesländern *Kube* in: Ehlers/Fehling/Pünder, § 66 Rn. 191 Fn. 482.
86 Vgl. *Gröpl* in: BK, Art. 110 Rn. 109.

Einseitige Abweichungen von den Voranschlägen der Präsidenten des Landtags, des VerfGH und des Rechnungshofs sind der Landesregierung mitzuteilen (§ 28 II LHO). Schließlich hat die Landesregierung den Entwurf des Haushaltsgesetzes mit dem Entwurf des Haushaltsplans zu beschließen (§ 29 I LHO). Einnahmen, Ausgaben, Verpflichtungsermächtigungen und Vermerke, die das Finanzministerium in den Entwurf des Haushaltsplans nicht aufgenommen hat, unterliegen auf Antrag des zuständigen Fachministers dabei der Beschlussfassung der Landesregierung (§ 29 II 1 LHO). Dasselbe gilt für Vorschriften des Entwurfs des Haushaltsgesetzes (§ 29 II 2 LHO). Die Haushaltsvorlage erhält damit „abschließende Gestalt".[87] Sofern der Entwurf des Haushaltsplans einseitig von den Voranschlägen der Präsidenten des Landtags, des VerfGH und des Rechnungshofs abweicht, ist dem Landtag im Übrigen neben dem Entwurf des Haushaltsgesetzes auch der vollständige Einzelplan entsprechend der betreffenden Voranschläge vorzulegen (§ 29 III LHO).

3. Staatshaushaltsgesetz (StHG)

a) Parlamentarisches Budgetrecht

Nach Art. 79 I 1 Hs. 1 LV sind alle Einnahmen und Ausgaben des Landes in den Haushaltsplan einzustellen. Der Haushaltsplan wird nach Art. 79 II 1 LV durch das Haushaltsgesetz festgestellt.[88] Das Haushaltsgesetz bildet somit „Grundlage für alle Einnahmen und Ausgaben des Landes".[89] Das Haushaltsgesetz wird wiederum nach Art. 59 IV LV vom Landtag beschlossen, der nach Art. 27 I LV die gewählte Vertretung des Volkes ist. Die LV weist damit – wie es der „konstitutionellen Tradition Deutschlands" entspricht[90] – dem Parlament die „letztgültige Budgetentscheidung" über das „vollständige staatliche Finanzvolumen" zu.[91]

45

Mit dem parlamentarischen Budgetrecht ist in Art. 79 LV ein **Kernelement des Demokratieprinzips und des Gewaltenteilungsprinzips** verankert.[92] Nimmt der Staat Aufgaben wahr, hat er hierfür in aller Regel Ausgaben zu tätigen. Dementsprechend ist der Haushaltsplan aufgabenbezogen strukturiert. Staatliche Ausgaben setzen wiederum staatliche Einnahmen voraus, die – gegenwärtige oder künftige – wirtschaftliche Belastungen des Bürgers nach sich ziehen. Stellt das Parlament den Haushaltsplan fest, trifft es damit zugleich konzeptionelle politische Entscheidungen. Bei der parlamentarischen Aussprache über den Haushalt, steht somit auch die Gesamtpolitik der Regierung und der sie tragenden Parlamentsfraktionen zur Debatte.[93]

46

---

87 Vgl. BVerfGE 45, 1 (31).
88 Vgl. etwa § 1 des Gesetzes über die Feststellung des Staatshaushaltsplans von Baden-Württemberg für das Haushaltsjahr 2017 v. 22.2.2017, GBl. 78.
89 LVerfGE 22, 3 (14).
90 Vgl. zum Budgetrecht im Konstitutionalismus *Friauf*, Staatshaushaltsplan, 37 ff.; *Mußgnug*, Haushaltsplan, 79 ff.; *Heun*, Staatshaushalt und Staatsleitung, 52 ff.; *Pünder* in: Friauf/Höfling, Art. 110 Rn. 6 ff.
91 Vgl. LVerfGE 22, 3 (14) mit Verweis auf BVerfGE 119, 96 (118 f.).
92 Vgl. LVerfGE 22, 3 (14).
93 Vgl. BVerfGE 130, 318 (343 f.); vgl. auch BVerfGE 123, 267 (361); 129, 124 (178).

Die Feststellung des Haushaltsplans ist deshalb als „eine **wirtschaftliche Grundsatzentscheidung für zentrale Bereiche der Politik**" zu verstehen.[94]

47 Die Kompetenz für die Feststellung des Haushaltsplans ist dem Parlament **ausschließlich und unverfügbar** zugewiesen.[95] Mit dem Budgetrecht steht ihm ein „wirksames Instrument der **parlamentarischen Regierungskontrolle**" zu.[96] Das Parlament trifft seine Entscheidung dabei in Verantwortung gegenüber dem Volk. Demgemäß zählt das BVerfG das parlamentarische Budgetrecht „zu den Grundlagen der demokratischen Selbstgestaltungsfähigkeit im Verfassungsstaat"[97] und qualifiziert es als „**zentrales Element der demokratischen Willensbildung**".[98] Durch seine Ausübung aktualisiert sich zugleich der Grundsatz der **Gleichheit** der Bürger bei der Auferlegung **öffentlicher Lasten** als eine wesentliche Ausprägung rechtsstaatlicher Demokratie.[99] Die Bedeutung des Parlaments im Haushaltskreislauf wird außerdem durch dessen Kompetenz unterstrichen, den Haushaltsvollzug zu kontrollieren (vgl. Art. 83 I LV).[100]

48 Das **Budgetrecht** gehört damit zu den wichtigsten Kompetenzen des Parlaments.[101] Im Hinblick auf die gewaltenteilende **Kompetenzordnung** des GG entnimmt das BVerfG den parlamentarischen Kontrollbefugnissen – wozu es insbesondere die Haushaltskompetenzen zählt – sogar eine **Ausgleichsfunktion**, die es erlaubt, dass auch andere oberste Staatsorgane für weitreichende politische Entscheidungen zuständig sind.[102]

49 Das Budgetrecht beschränkt sich nicht auf einen formellen Verfahrensakt.[103] Auch wenn die Regierung selbst institutionell-funktionell und organisatorisch-personell demokratisch legitimiert ist, erhalten die im Haushaltsplan getroffenen haushaltspolitischen Entscheidungen erst durch das **Haushaltsgesetz** ein **hinreichendes Legitimationsniveau**.[104] Die Zustimmung des Parlaments ist konstitutiv.[105] Die Ermächtigung der Exekutive zur Mittelverausgabung beruht – sieht man von den Ausnahmevorschriften der Art. 80, 81 LV ab – ausschließlich auf dem durch das Haushaltsgesetz festgestellten Haushaltsplan.[106] In diesem Sinn kann auch der verfassungsändernde Gesetzgeber interpretiert werden, wenn er in Bezug auf die Durchbrechung des gubernativen Einbringungsmonopols durch die Ein-

---

94 Vgl. BVerfGE 45, 1 (32); 70, 324 (355); 130, 318 (342).
95 Vgl. *Siekmann* in: Sachs, GG, Art. 110 Rn. 15; *Möstl*, ZG 2005, 144 (146).
96 LVerfGE 22, 3 (14); vgl. auch LVerfGE 18, 65 (75); BVerfGE 55, 274 (303); 82, 159 (179); 91, 186 (202); 119, 96 (188 f.); 129, 124 (177); 130, 318 (343).
97 BVerfGE 130, 318 (343); vgl. auch BVerfGE 123, 267 (359); 129, 124 (177).
98 BVerfGE 130, 318 (343); vgl. auch BVerfGE 70, 324 (355 f.); 79, 311 (329); 129, 124 (177).
99 Vgl. BVerfGE 70, 324 (355 f.); 79, 311 (329); 129, 124 (177); 130, 318 (343); *P. Kirchhof*, NVwZ 1983, 505 (508).
100 Vgl. BVerfGE 45, 1 (32); 129, 124 (177 f.); 130, 318 (343).
101 Vgl. BVerfGE 110, 199 (225).
102 Vgl. BVerfGE 70, 324 (356); vgl. auch BVerfGE 49, 89 (124 f.); 68, 1 (89).
103 Vgl. *Heintzen* in: v. Münch/Kunig, Art. 110 Rn. 32.
104 Vgl. BVerfGE 45, 1 (31 f.).
105 Vgl. BVerfGE 129, 124 (178 f.); 130, 318 (343 f.).
106 Vgl. *Gröpl* in: BK, Art. 110 Rn. 147 f.

führung des Volksantrags von einem „uneingeschränkten Budgetrecht" des Parlaments ausgeht (→ Rn. 65 ff.).[107]

Indes darf nicht außer Acht gelassen werden, dass auch die Regierung wesentliche Funktionen im Haushaltskreislauf wahrnimmt (s. auch → Rn. 33 ff.). Es ist praktisch auszuschließen, dass ohne den Sachverstand und das Wissen der Exekutive ein zweckmäßiger Haushaltsplan aufgestellt werden könnte (s. auch → Rn. 65).[108] Aus gutem Grund wird als Gegenstand des Haushaltsplans ein **„Regierungsprogramm in Gesetzesform"** ausgemacht.[109] Sprachlich differenzierter bezeichnet das BVerfG daher die Stellung des Gesetzgebers bei der Feststellung des Haushaltsplans daher nur noch als „hervorgehoben"[110] und nicht mehr als „überragend".[111] Auch der Vollzug des Haushalts obliegt der zweiten Gewalt. Die Kompetenzverteilung des Haushaltskreislaufs beruht demnach auf einem **System der Gewaltenverschränkung und -balance.**[112] 50

Das Parlament ist somit über die Haushaltsgesetzgebung an der **politischen Staatsleitung** beteiligt (→ Rn. 66).[113] Da ihm die Kompetenz zukommt, Ansätze im Entwurf des Haushaltsplans abzuändern oder sogar dem Etat die Zustimmung zu verweigern, kann das Parlament auf die Politik der Regierung steuernd und gestaltend einwirken. Der mit dem Haushaltsgesetz festgestellte Haushaltsplan ist darüber hinaus Maßstab für die Haushaltskontrolle, an der das Parlament nach Art. 83 LV notwendig beteiligt ist.[114] 51

b) Förmliches Parlamentsgesetz

Das Budgetgesetz ist ein **„Gesetz wie jedes andere [...]"**.[115] Sein Rang entspricht daher dem eines förmlichen Gesetzes des Landtags. Ob es darüber hinaus auch ein Gesetz im materiellen Sinn ist, spielt für seine Einordnung in die Normenhierarchie keine Rolle. Die im Konstitutionalismus von *Laband* entwickelte Lehre vom Haushaltsgesetz als nur-formellem Gesetz[116] 52

---

107 Vgl. die Begründung zum Entwurf des 21. LVÄndG vom 1.12.2015 in LT-Drs. 15/7178, 7; vgl. auch *Haug/Pautsch*, in: Baden-Württemberg Stiftung (Hrsg.), Beteiligungshaushalt, 159 (164 f.).
108 Vgl. *Stern* in: Stern II, 1211 f.; *Isensee*, JZ 2005, 971 (975); *Heun*, Staatshaushalt und Staatsleitung, 303; *Heintzen* in: HStR V, § 120 Rn. 61; *Hillgruber* in: v. Mangoldt/Klein/Starck, Art. 110 Rn. 89; *Katz* in: Feuchte, Art. 79 Rn. 3: „zwingende praktische Gründe"; *Haug/Pautsch*, in: Baden-Württemberg Stiftung (Hrsg.), Beteiligungshaushalt, 159 (162).
109 Vgl. BVerfGE 79, 311 (329).
110 So BVerfGE 130, 318 (342); vgl. zur Bedeutung der Budgethoheit des Parlaments auch *Isensee*, JZ 2005, 971 (972 ff.).
111 So noch BVerfGE 45, 1 (32); 70, 324 (355).
112 Vgl. *Katz* in: Feuchte, Art. 79 Rn. 4, 6; *ders.*, VerwArch 1983, 133 ff.
113 Vgl. *Heckel* in: Anschütz/Thoma, Bd. II, § 88, 374 (392); darauf Bezug nehmend BVerfGE 79, 311 (328 f.); vgl. auch *Heun*, Staatshaushalt und Staatsleitung, 20 ff., 517 ff.; *Katz* in: Feuchte, Art. 79 Rn. 4, 6; *ders.*, VerwArch 1983, 139 ff.; *Welz*, Parlamentarische Finanzkontrolle, 49.
114 Vgl. *Kube* in: Maunz/Dürig, Art. 110 Rn. 35; vgl. auch *Mahrenholz* in: AK-GG, Art. 110 Rn. 11 f.
115 *Haenel*, Das Gesetz im formellen und materiellen Sinne, 297; vgl. auch *Heller*, VVDStRL 4 (1928), 98 (129); vgl. zu diesen Belegen *Tappe*, Das Haushaltsgesetz als Zeitgesetz, 222 f.; vgl. außerdem *Mußgnug*, Haushaltsplan, 355.
116 Vgl. *Laband*, Budgetrecht, 11 ff.

ist überholt.[117] Das Haushaltsgesetz nimmt damit den gleichen Rang ein wie die LHO. Das Verhältnis beider Gesetze richtet sich somit nach den allgemeinen Auslegungsgrundsätzen. Das **Haushaltsgesetz** geht daher als **spezielleres Gesetz** der LHO grundsätzlich vor.[118] Es kann deshalb von der LHO abweichen, sofern sich die betreffende Norm nicht für das Land auch aus dem Bundesrecht oder aus der LV selbst ergibt.[119] Der zeitliche Anwendungsbereich des Haushaltsgesetzes ist dabei allerdings auf die betreffende Haushaltsperiode beschränkt.[120] Für die verschiedenen Haushaltsgesetze hat die LHO eine stabilisierende Klammerfunktion. Sie enthält allgemeine Vorschriften, die über die Haushaltsperioden hinweg grundsätzlich gelten sollen.[121]

53 Der Haushaltsplan kann **nur durch ein Parlamentsgesetz** festgestellt werden. Die Feststellung durch eine Rechtsverordnung aufgrund einer gesetzlichen Ermächtigung gemäß Art. 61 I LV erfüllt diese Anforderung nicht.[122] Auch ein einfacher Parlamentsbeschluss – wie etwa nach Art. 66 II 1 HambVerf – reicht nicht aus, um den Haushaltsplan festzustellen. Der Wortlaut des Art. 79 II 1 LV ist insofern eindeutig. Ein förmliches Parlamentsgesetz ist im Übrigen auch erforderlich, um einen Nachtragshaushalt zu beschließen.[123]

c) Feststellung und Ermächtigung

54 Der Landeshaushaltsplan wird nach Art. 79 II 1 LV durch das Haushaltsgesetz „festgestellt". Die Rechtswirkung des Haushaltsgesetzes beschränkt sich jedoch nicht auf eine bloße Feststellung, sondern reicht weiter. Bereits aus dem systematischen Zusammenhang mit Art. 80 und Art. 81 LV ergibt sich, dass die Exekutive **Haushaltsmittel grundsätzlich nur verausgaben** darf, wenn sie dazu vom Parlament konstitutiv **ermächtigt** wurde.[124] Demgemäß geht auch Art. 80 I Nr. 3 LV von Beträgen aus, die durch den Haushaltsplan „bewilligt" worden sind.[125] Bestätigt wird dies einfachgesetzlich schließlich durch § 3 I HGrG und § 3 I LHO, wonach die Verwaltung durch den Haushaltsplan ermächtigt wird, Ausgaben zu leisten und Verpflichtungen einzugehen – wobei die Vorschriften davon ausgehen, dass der Haushaltsplan erst mit seiner gesetzlichen Feststellung rechtlich existent ist (→ Rn. 66).

55 Ausgaben, die – dem Grunde oder der Höhe nach – nicht unter die Zweckbestimmung eines Titels des festgestellten Haushaltsplans fallen, dürfen

---

117 Vgl. *Rupp*, Verwaltungsrechtslehre, 26 f.; *Friauf*, VVDStRL 27 (1969), 1 (21); *Mußgnug*, Haushaltsplan, 353 ff.; *Siekmann* in: Sachs, GG, Art. 110 Rn. 23; *Kube* in: Maunz/Dürig, Art. 110 Rn. 54; vgl. auch *Böckenförde*, Organisationsgewalt, 108 ff.; *Kube*, Finanzgewalt in der Kompetenzordnung, 82 ff.
118 Vgl. *Kube*, Finanzgewalt in der Kompetenzordnung, 189; *ders.* in: Maunz/Dürig, Art. 110 Rn. 61, der jedoch auf den lex posterior-Grundsatz abstellt.
119 Vgl. *Nebel* in Piduch, Bundeshaushaltsrecht, Art. 110 GG Rn. 83.
120 Vgl. *Kube* in: Maunz/Dürig, Art. 110 Rn. 61.
121 Vgl. *Heun*, Staatshaushalt und Staatsleitung, 259.
122 *Braun*, Art. 79 Rn. 9.
123 Vgl. BVerfGE 129, 356 (367).
124 LVerfGE 22, 3 (15); BVerfGE 20, 56 (90); *Braun*, Art. 79 Rn. 5 f.; *Heintzen* in: v. Münch/Kunig, Art. 110 Rn. 3; *Isensee*, JZ 2005, 971 (973).
125 Vgl. BVerfGE 20, 56 (90).

grundsätzlich nicht geleistet werden. Ausnahmen hierzu bilden nur die Art. 80, 81 LV.[126] Im Übrigen sind Haushaltsüberschreitungen verfassungswidrig.[127] Zu beachten ist außerdem, dass Verwaltungskompetenzen durch die Feststellung des Haushaltsplans nicht begründet oder verändert werden.[128]

Aus der Feststellung des Haushaltsplans durch das Haushaltsgesetz folgt **keine haushaltsverfassungsrechtliche Pflicht** der Exekutive, die **bewilligten Mittel** auch **auszugeben**.[129] Der Haushaltsvollzug gehört zum ausschließlichen Kompetenzbereich der Exekutive,[130] so dass eine entsprechende Verengung des Gestaltungsspielraums nicht nur dem aus Art. 83 LV folgenden Grundsatz der Sparsamkeit, sondern auch dem Gewaltenteilungsprinzip widerspräche.[131] Das parlamentarische Budgetrecht wird nicht berührt, wenn die Exekutive die bewilligten Mittel nicht ausschöpft. Demgemäß ist auch eine haushaltswirtschaftliche Sperre durch die Landesregierung gemäß § 41 LHO grundsätzlich zulässig.[132] Verpflichtungen zur Mittelverausgabung können jedoch aus anderen Gesetzen und Verträgen folgen. Diese werden durch die Feststellung des Haushaltsplans nicht modifiziert (s. auch → Rn. 59).[133] 56

In **zeitlicher Hinsicht** betreffen die Rechtswirkungen des Haushaltsgesetzes zunächst den Vollzug des Haushaltsplans in der jeweiligen Haushaltsperiode. Das Haushaltsgesetz bleibt aber auch danach die Legitimationsgrundlage für die getätigten Ausgaben. Zudem entfaltet das Haushaltsgesetz Nachwirkungen. Es bildet insbesondere den Maßstab im Entlastungsverfahren nach Art. 83 LV, um die Rechtmäßigkeit des Haushaltsvollzugs zu überprüfen. Auch das Nothaushaltsrecht knüpft tatbestandlich an den vorangegangenen Haushaltsplan in Art. 80 I Nr. 3, II 2 LV an.[134] 57

d) Organgesetz und Außenwirkung

Das Haushaltsgesetz ist grundsätzlich ein Organgesetz.[135] Indes handelt es sich hierbei um eine tatsächliche Feststellung und nicht um eine verfas- 58

---

126 Vgl. BVerfGE 20, 56 (90); *Heun*, Staatshaushalt und Staatsleitung, 408; *Hillgruber* in: v. Mangoldt/Klein/Starck, Art. 110 Rn. 59.
127 Vgl. *Braun*, Art. 79 Rn. 6; *Hillgruber* in: v. Mangoldt/Klein/Starck, Art. 110 Rn. 59; *Kube* in: Maunz/Dürig, Art. 110 Rn. 65; vgl. auch *Heintzen* in: v. Münch/Kunig, Art. 110 Rn. 33; *Brockmeyer* in: Schmidt-Bleibtreu/Hofmann/Henneke, Art. 110 Rn. 8; aA *Frömel*, DVBl. 1974, 65 (67); *Moeser*, DVBl. 1977, 479 (481 ff.).
128 *Brockmeyer* in: Schmidt-Bleibtreu/Hofmann/Henneke, Art. 110 Rn. 8; *Heintzen* in: v. Münch/Kunig, Art. 110 Rn. 33.
129 BerlVerfGH, NJW 1995, 858 (860); *Braun*, Art. 79 Rn. 6; *Mußgnug*, Haushaltsplan, 315 f.; *Heintzen* in: v. Münch/Kunig, Art. 110 Rn. 32 f.; *Siekmann* in: Sachs, GG, Art. 110 Rn. 28; *Hillgruber* in: v. Mangoldt/Klein/Starck, Art. 110 Rn. 61; vgl. demgegenüber *Heun*, Staatshaushalt und Staatsleitung, 409 ff.
130 BerlVerfGH, NJW 1995, 858 (860); *Katz* in: Feuchte, Art. 79 Rn. 40; *Kube*, Finanzgewalt in der Kompetenzordnung, 193 f.; *Mahrenholz* in: AK-GG, Art. 110 Rn. 12; *Hillgruber* in: v. Mangoldt/Klein/Starck, Art. 110 Rn. 61.
131 Vgl. *Braun*, Art. 79 Rn. 6.
132 Vgl. *Heintzen* in: v. Münch/Kunig, Art. 110 Rn. 33.
133 Vgl. *P. Kirchhof*, NVwZ 1983, 505 (511).
134 Vgl. *Tappe*, Das Haushaltsgesetz als Zeitgesetz, 243.
135 Vgl. *P. Kirchhof*, NVwZ 1983, 505 (508).

sungsrechtliche Einordnung, die einen Maßstab für den Inhalt des Haushaltsgesetzes bilden würde. Aus der Qualifikation lassen sich daher keine weiteren Schlussfolgerungen ziehen.[136] Es ist vielmehr **Folge des Bepackungsverbots** gemäß Art. 79 III 1 LV, dass sich der Gegenstand des Haushaltsgesetzes auf die Feststellung des Haushaltsplans konzentriert (→ Rn. 119 ff.).[137] Soweit das Haushaltsgesetz den Haushaltsplan feststellt, entfaltet es lediglich innerhalb des „organschaftlichen Rechtskreises" zwischen Legislative und Exekutive Rechtswirkungen.[138] Käme dem Ausgabentitel des Haushaltsplans Außenverbindlichkeit zu, könnte im Bundesstaat aufgrund der haushaltsrechtlichen Zuständigkeit die Verteilung der sachlichen Gesetzgebungskompetenzen des GG überspielt werden.[139]

59 Dritte – insbesondere Grundrechtsträger, die außerhalb der Staatsorganisation stehen – werden durch die Feststellung des Haushaltsplans weder berechtigt noch verpflichtet.[140] Das verfassungsrechtliche **Prinzip der Subordination des Haushaltsplans**, das hierbei zum Ausdruck kommt, ist durch § 3 II HGrG bundesrechtlich vorgeschrieben und wird von § 3 II LHO wiederholt.[141] Daraus folgt auch, dass der festgestellte Haushaltsplan **keine** Grundlage für **Ansprüche auf Subventionen** bildet – unabhängig davon, ob der Empfänger in die Staatsorganisation eingegliedert ist[142] oder nicht.[143] Umgekehrt hat die Feststellung des Haushaltsplans auf bestehende Ansprüche – die sich etwa aus einer spezialgesetzlichen Vorschrift, aus einem öffentlich-rechtlichen Vertrag oder bei einer einheitlichen Vergabepraxis der Verwaltung aus Art. 3 I GG ergeben – keinen Einfluss. Die Ansprüche sind auch dann zu erfüllen, wenn hierfür im Haushaltsgesetz keine Mittel bereitgestellt wurden.[144] Gegebenenfalls muss ein Nachtragshaushalt beschlossen oder auf Art. 81 LV zurückgegriffen werden.[145] Anders verhält es sich jedoch, wenn die haushaltsrechtliche Verfügbarkeit entsprechender Mittel zum Tatbestand der Anspruchsgrundlage gehört. Ein derartiger **Haushaltsvorbehalt** ist rechtsstaatlich bedenklich.[146] Der Bürger weiß vom Vorbehalt, hält den Staat aber zugleich zur Leistung verpflichtet. Der Vorbehalt ist daher anhand des Prinzips des Vertrauensschutzes zu interpretieren.

---

136 Vgl. *Nebel* in Piduch, Bundeshaushaltsrecht, Art. 110 GG Rn. 13; *Hillgruber* in: v. Mangoldt/Klein/Starck, Art. 110 Rn. 114; aA *Siekmann* in: Sachs, GG, Art. 110 Rn. 24.
137 Vgl. *E. Reimer* in: Epping/Hillgruber, Art. 110 GG Rn. 73 f.; *Heintzen* in: v. Münch/Kunig, Art. 110 Rn. 3; *Kube* in: Maunz/Dürig, Art. 110 Rn. 182.
138 Vgl. VGH BW, U. v. 18.5.2010 – 9 S 859/08 – juris, Rn. 29 mit Verweis auf BVerwG, NVwZ 2003, 92; vgl. auch BVerfGE 20, 59 (91 f.); *Nebel* in Piduch, Bundeshaushaltsrecht, Art. 110 GG Rn. 13.
139 Vgl. *P. Kirchhof*, NVwZ 1983, 505 (508).
140 BVerfGE 38, 121 (125 f.); 79, 311 (327); *Braun*, Art. 79 Rn. 5.
141 Vgl. *Mußgnug*, Haushaltsplan, 307 ff.
142 Vgl. BVerfGE 1, 299 (307).
143 Vgl. BVerfGE 38, 121 (126).
144 *Hillgruber* in: v. Mangoldt/Klein/Starck, Art. 110 Rn. 66; *Heintzen* in: HStR V, § 120 Rn. 53.
145 *Siekmann* in: Sachs, GG, Art. 110 Rn. 38.
146 Vgl. *Siekmann* in: Sachs, GG, Art. 110 Rn. 42; vgl. aber auch *Kube* in: Maunz/Dürig, Art. 110 Rn. 74.

Innerhalb der Staatsorganisation kommt der Bewilligung von Subventio- 60
nen durch das Haushaltsgesetz jedoch Rechtswirkung zu. Die mittelbewirtschaftende Stelle wird dadurch **ermächtigt**, die **Fördermittel zu verausgaben**. Eine weitere gesetzliche Grundlage ist – allein hierfür – nicht erforderlich.[147] Indes kann sich die Notwendigkeit einer spezialgesetzlichen Ermächtigung aus einem anderen Grund ergeben – wenn etwa durch die Subventionsgewährung in ein Grundrecht des Konkurrenten eingegriffen und der grundrechtliche Gesetzesvorbehalt ausgelöst wird.[148]

Sofern die Vorgaben des zeitlichen und sachlichen Bepackungsverbots (→ 61
Rn. 119 ff.) beachtet werden, kann das Haushaltsgesetz **ausnahmsweise auch Vorschriften mit Außenwirkung** vorsehen.[149] Das haushaltsrechtliche Gesetzgebungsverfahren – sieht man vom gubernativen Initiativmonopol ab (→ Rn. 64 ff.) – unterscheidet sich grundsätzlich nicht von dem anderer Gesetze des Landtags, so dass das Haushaltsgesetz formell den grundrechtlichen Anforderungen Rechnung trägt. Im Sinne rechtsstaatlicher Transparenz ist es jedoch zu begrüßen, wenn Normen mit Außenwirkung in das Haushaltsgesetz grundsätzlich nicht aufgenommen werden.[150]

e) Trennung und Einheit von Haushaltsplan und Haushaltsgesetz

Haushaltsplan und Haushaltsgesetz werden in Art. 79 LV gesondert ange- 62
sprochen. Dies lässt sich historisch damit erklären, dass sich das parlamentarische Budgetrecht erst nach und nach vollständig entwickelt hat.[151] Die **Trennung**, die darin zum Ausdruck kommt, liegt aber auch im Gewaltenteilungsprinzip begründet, da der Haushaltsplan prinzipiell von der Regierung aufgestellt wird und das Haushaltsgesetz ein Akt der Legislative ist. Die Organisationsgewalt der Regierung wird durch das parlamentarische Budgetrecht zudem nicht entzogen. Lediglich ihre Ausübung wird von der Bewilligung durch das Parlament abhängig gemacht.[152] Für sich genommen ist der Haushaltsplan nur ein Rechenwerk, das erst durch das Haushaltsgesetz rechtlich verbindlich wird.[153] Demgemäß werden in der Rechtspraxis über den Haushaltsplan – und hier jeweils über die Einzelpläne – und das Haushaltsgesetz getrennt abgestimmt (→ Rn. 72).

Andererseits ist zu beachten, dass das Haushaltsgesetz eine **Verbindung** 63
zum Haushaltsplan herstellt, indem es ihn zu seinem Inhalt macht.[154] Der Haushaltsplan wird erst rechtlich existent, wenn er durch das Haushaltsgesetz festgestellt ist. Seine gemeinsamen Urheber sind Regierung und Parlament. Der Haushaltsplan ist deshalb als ein „Gesamtakt der Regierung und des Parlaments" zu qualifizieren (→ Rn. 37). Weder der Haushalts-

---

147 BVerwGE, 6, 282 (287); 58, 45 (48); *Hillgruber* in: v. Mangoldt/Klein/Starck, Art. 110 Rn. 60; *Heintzen* in: v. Münch/Kunig, Art. 110 Rn. 34; aA *Siekmann* in: Sachs, GG, Art. 110 Rn. 40.
148 *Hillgruber* in: v. Mangoldt/Klein/Starck, Art. 110 Rn. 60.
149 Vgl. BSGE 37, 144 (145 f.); *Braun*, Art. 79 Rn. 2.
150 Vgl. *Kube* in: Maunz/Dürig, Art. 110 Rn. 70.
151 Vgl. *E. Reimer* in: Epping/Hillgruber, Art. 110 GG Rn. 7.
152 Vgl. *Böckenförde*, Organisationsgewalt, 107 f.
153 Vgl. *v. Mutius*, VVDStRL 42 (1984), 147 (161 f.); *Gröpl* in: BK, Art. 110 Rn. 240.
154 Vgl. BVerfGE 20, 59 (91); *Kube* in: Maunz/Dürig, Art. 110 Rn. 57; vgl. etwa § 1 StHG 2017 v. 22.2.2017, GBl. 78.

plan noch das – inhaltsleere – Haushaltsgesetz können für sich genommen die Rechtswirkung der Ausgabenermächtigung erzielen. Aus dieser Perspektive bilden Haushaltsplan und Haushaltsgesetz eine Einheit.[155]

4. Gesetzgebungsverfahren

a) Budgetinitiative

aa) Volksantrag

64 Auf das Haushaltsgesetzgebungsverfahren sind die Vorschriften über die Gesetzgebung des IV. Abschnitts des zweiten Hauptteils der LV grundsätzlich anzuwenden.[156] Allerdings werden sie in bestimmten Punkten modifiziert. Ausdrücklich darf nach Art. 59 III 3 und Art. 60 VI LV **kein Volksbegehren** und **keine Volksabstimmung** über das Staatshaushaltsgesetz stattfinden.

65 Nach dem 21. LVÄndG (v. 1.12.2015, GBl. 1030) ist jedoch ein **Volksantrag** gemäß Art. 59 I Var. 3 LV möglich. In seiner Begründung stellt der verfassungsändernde Gesetzgeber darauf ab, dass für Abgabengesetze, Besoldungsgesetze und das Staatshaushaltsgesetz nur das Volksbegehren nach Art. 59 III 3 LV ausgeschlossen ist – nicht aber der Volksantrag.[157] Die Verfassungsänderung vermag in diesem Punkt nicht zu überzeugen. Sie lässt außer Acht, dass die Aufstellung des Haushaltsplans **komplexe Abstimmungsprozesse** innerhalb der Regierung voraussetzt. Die Initiatoren eines Volksantrags zu einem Haushaltsgesetz werden über die Informationen selbst nicht verfügen, die für die sachgerechte Aufstellung eines Haushaltsplans erforderlich sind (s. auch → Art. 59 Rn. 23). Ohne das Wissen und den Sachverstand der Exekutive wird ein zweckmäßiges Haushaltsgesetz daher grundsätzlich nicht zustande kommen (→ Rn. 50). Selbst der Versuch des Parlaments, ohne Mitwirkung der Exekutive einen Haushaltsplan aufzustellen, wird deshalb als „ein ungezielter Schuss ins Blaue" bezeichnet.[158] Auch der mit der Einführung des Volksantrags verfolgte Zweck, den Bürgern die Möglichkeit zu geben, den Landtag verbindlich mit bestimmten Gegenständen der politischen Willensbildung zu befassen,[159] vermag beim Haushaltsgesetz nicht zu tragen. Der Landtag hat sich aufgrund von Art. 79 II 1 LV sowie § 9 I HGrG und § 12 LHO zumindest alle zwei Jahre mit der Materie zu befassen. Praktisch betrachtet ist der Volksantrag in Bezug auf das Haushaltsgesetz demnach nur ein Instrument, um politische Aufmerksamkeit für einen Themenbereich zu erlangen, indem ihm in einer Initiative deutlich mehr oder deutlich weniger Geld im Vergleich zu früheren Haushaltsansätzen zugeschlagen wird.[160]

---

155 BVerfGE 20, 59 (91); VerfGH Rh-Pf, NVwZ-RR 1998, 145 (146); *Braun*, Art. 79 Rn. 2; *Heun*, Staatshaushalt und Staatsleitung, 259; *E. Reimer* in: Epping/Hillgruber, Art. 110 GG Rn. 8.
156 *Haug/Pautsch*, in: Baden-Württemberg Stiftung (Hrsg.), Beteiligungshaushalt, 159 (160).
157 LT-Drs. 15/7178, 7.
158 *Mußgnug*, Haushaltsplan, 357; vgl. auch *Haug/Pautsch*, in: Baden-Württemberg Stiftung (Hrsg.), Beteiligungshaushalt, 159 (162).
159 Vgl. LT-Drs. 15/7178, 6.
160 Vgl. *Isensee*, JZ 2005, 971 (972 f.) zur Kritik an finanzwirksamen Plebisziten.

Der verfassungsändernde Gesetzgeber bricht damit ohne triftigen Grund 66
nicht nur mit einer Verfassungstradition, sondern wendet sich auch gegen
eine „Sachgesetzlichkeit" (s. auch → Rn. 43), die bislang verfassungsrechtlich verankert war. Demgemäß spricht das BVerfG der Bundesregierung
eine ausschließliche haushaltsgesetzliche Initiativkompetenz zu.[161] Es entnimmt dieses Vorrecht unmittelbar aus Art. 110 III GG.[162] Darüber hinaus
wird zur Begründung des gubernativen Einbringungsmonopols auf
Art. 113 I 1 GG abgestellt, wonach Ausgaben im Haushaltsplan von der
Bundesregierung „vorgeschlagen" werden.[163] Auch wenn sich Art. 82 LV
in diesem Punkt von Art. 113 I 1 GG unterscheidet und – anders als in anderen Landesverfassungen[164] – eine ausdrückliche Regelung des Initiativmonopols fehlt, wurde bislang für die Haushaltsverfassung des Landes
ebenfalls eine **grundsätzliche Prärogative der Regierung** angenommen.[165]
Die Haushaltsplanung gehört zur Staatsleitung.[166] Sie liegt traditionell im
Sinne einer verschränkten Gewaltenteilung gemäß Art. 20 II 2 GG im Vorbehaltsbereich der – ebenfalls demokratisch legitimierten[167] – Regierung.[168] Demgemäß ist der Haushaltsplan ein Regierungsprogramm in
Zahlen.[169] Nicht zuletzt sind die im vorstehenden Absatz erläuterten
„zwingenden praktischen Gründen"[170] anzuführen, die für einen ausschließliche haushaltsgesetzliche Initiativkompetenz der Landesregierung
sprechen. Bemerkenswert ist in diesem Zusammenhang, dass der Gesetzgeber es nicht für erforderlich erachtet hat, im Rahmen der Verfassungsänderung auch die LHO anzupassen, die in ihren §§ 27 ff. davon ausgeht, dass
der Haushaltsplan von der Regierung aufgestellt wird. Mit Gesetz vom
gleichen Tag hat er lediglich in § 28 II und § 29 III LHO das Wort „Staatsgerichtshof" durch „Verfassungsgerichtshof" ersetzt.[171] Der verfassungsändernde Gesetzgeber scheint beim Haushaltsgesetz an die Praktikabilität seiner Neuerung wohl selbst nicht zu glauben.

---

161 Vgl. BVerfGE 45, 1 (29, 46); 70, 324 (357); 119, 96 (120); aA *Hyckel*, VR 2015, 289 (290 ff.).
162 Vgl. BVerfGE 45, 1 (29, 46); 70, 324 (357); vgl. auch *Heun*, Staatshaushalt und Staatsleitung, 302.
163 Vgl. *Heintzen* in: HStR V, § 120 Rn. 61; *Hillgruber* in: v. Mangoldt/Klein/Starck, Art. 110 Rn. 89; *Siekmann* in: Sachs, GG, Art. 110 Rn. 75; *Kube* in: Maunz/Dürig, Art. 110 Rn. 158; *ders.* in: Ehlers/Fehling/Pünder, § 66 Rn. 188; aA *Hyckel*, VR 2015, 289 (291).
164 Vgl. Art. 66 II 1 HambVerf, 61 III MVVerf, 93 III LSAVerf, 58 III SchlHVerf, 99 III 1 ThürVerf.
165 Vgl. LVerfGE 18, 65 (80); *Katz* in: Feuchte, Art. 79 Rn. 33 „Regierungsmonopol"; *Braun*, Art. 79 Rn. 11: „weitgehendes Initiativmonopol"; *Welz*, Parlamentarische Finanzkontrolle, 55; vgl. auch nach Einführung des Volksantrags *Haug/Pautsch*, in: Baden-Württemberg Stiftung (Hrsg.), Beteiligungshaushalt, 159 (162).
166 Vgl. *Heun*, Staatshaushalt und Staatsleitung, 302 f.
167 Vgl. *Gröpl* in: BK, Art. 110 Rn. 84.
168 Vgl. *Droege*, DVBl. 2015, 937 (940); *Haug/Pautsch*, in: Baden-Württemberg Stiftung (Hrsg.), Beteiligungshaushalt, 159 (162).
169 Vgl. *Katz* in: Feuchte, Art. 79 Rn. 33; *Haug/Pautsch*, in: Baden-Württemberg Stiftung (Hrsg.), Beteiligungshaushalt, 159 (162).
170 So *Katz* in: Feuchte, Art. 79 Rn. 33.
171 Vgl. Art. 5 des 22. LVÄndG v. 1.12.2015, GBl. 1030 (1031).

67 Auch wenn damit gewichtige Gründe dagegensprechen, die Prärogative der Regierung aufzubrechen, bleibt für eine entsprechende Auslegung der Haushaltsverfassung des Landes aufgrund der Genese der Verfassungsänderung grundsätzlich kein Raum. Der verfassungsändernde Gesetzgeber hat zwar nicht ausdrücklich in der LV angeordnet, dass der Volksantrag auch für das Haushaltsgesetz gestellt werden kann. Er beschränkt sich vielmehr auf das systematische Argument, dass über Gesetzentwürfe zum Staatshaushaltsgesetz kein Volksbegehren und keine Volksabstimmung stattfinden dürfen, so dass im Umkehrschluss der Volksantrag zulässig ist. In der Begründung des Gesetzentwurfs wurde jedoch unmissverständlich darauf hingewiesen, dass auch das StHG Gegenstand eines Volksantrags sein kann.[172] Da der Gesetzentwurf zudem von sämtlichen damals im Landtag vertretenen Fraktionen stammt, kann der „Wille" des verfassungsändernden Gesetzgebers nicht in Frage gestellt werden. Über diesen entstehungsgeschichtlichen Befund kann durch eine objektive Auslegung nicht hinweggegangen werden, ohne methodisch die Kompetenz des unmittelbar demokratisch legitimierten verfassungsändernden Gesetzgebers erheblich zu beschneiden. Ein **Volksantrag** zu einem Staatshaushaltsgesetz ist demnach an sich **zulässig** (s. auch → Art. 59 Rn. 23).[173] Allerdings fordert der verfassungsändernde Gesetzgeber in Art. 59 II 1 LV, dass dem Landtag ein „ausgearbeiteter und mit Gründen versehener Gesetzentwurf" vorzulegen ist, wenn ein Gesetz zum Gegenstand des Volksantrags gemacht wird.[174] Der Volksantrag hat demnach formelle Mindestanforderungen zu erfüllen, um die Befassungspflicht des Landtages auszulösen. Gegenstand des Volksantrags müsste daher grundsätzlich ein etatreifer, **verabschiedungsfähiger Entwurf** sein, der den verfassungsrechtlichen Haushaltsgrundsätzen entspricht (→ Rn. 84 ff.). Ein Volksantrag, der lediglich auf wenige Haushaltspositionen abstellt oder einfach nur den Entwurf des vorangegangenen Haushaltsgesetzes übernimmt und in Einzelpunkten ändert, genügt dem nicht. Im Übrigen ist ein Volksbegehren über das Staatshaushaltsgesetz auch dann ausgeschlossen, wenn der Gesetzesentwurf durch einen Volksantrag eingebracht wurde.[175] Auch insofern äußert sich der verfassungsändernde Gesetzgeber eindeutig.[176] Zudem lässt der systematische Zusammenhang der Sätze 2 und 3 des Art. 59 III LV keinen anderen Schluss zu. Indes bleibt es der Regierung unbenommen, einen Volksantrag, der den Haushaltsplan zum Gegenstand hat, jedoch die formellen Anforderungen nicht erfüllt, bei der Aufstellung des Haushaltsplan – im Sinne einer rechtlich unverbindlichen Konsultation – zu berücksichtigen.[177] Voraussetzung hierfür ist allerdings, dass das Finanzministerium „Herr des Aufstellungsverfahrens" bleibt, da ihm diese Aufgabe aufgrund des Ressortprinzips des Art. 49 I 4 LV notwendig zugewiesen ist. Materiellrecht-

---

172 Vgl. LT-Drs. 15/7178, 7.
173 Vgl. demgegenüber *Haug/Pautsch*, in: Baden-Württemberg Stiftung (Hrsg.), Beteiligungshaushalt, 159 (161).
174 Vgl. LT-Drs. 15/7178, 7.
175 Vgl. *Haug/Pautsch*, in: Baden-Württemberg Stiftung (Hrsg.), Beteiligungshaushalt, 159 (161).
176 Vgl. LT-Drs. 15/7178, 7.
177 Vgl. *Haug/Pautsch*, in: Baden-Württemberg Stiftung (Hrsg.), Beteiligungshaushalt, 159 (163).

lich sind dabei insbesondere die Vorgaben der bundesverfassungsrechtlichen (→ Art. 84 Rn. 12 ff.) und der – zu erwartenden – landesverfassungsrechtlichen Schuldenbremse (→ Art. 84 Rn. 23 ff., 33) sowie der Haushaltsgrundsätze (→ Rn. 84 ff.) einzuhalten.[178] Schließlich muss das Ressortprinzip bei der Aufstellung des Haushalts auch im Hinblick auf die anderen Ministerien gewahrt bleiben.[179]

bb) Abgeordnete

Damit ist noch nicht geklärt, ob auch die Abgeordneten die Budgetinitiative ergreifen können. Dies war vor der Verfassungsänderung aus den genannten Gründen zu verneinen. Art. 59 I LV fand bei der Budgetinitiative grundsätzlich keine Anwendung.[180] Man könnte nunmehr das Argument des verfassungsändernden Gesetzgebers zum Volksantrag auf die Budgetinitiative von Abgeordneten übertragen. Eine Gesetzesvorlage von Abgeordneten zum Haushaltsgesetz nach Art. 59 I Var. 2 LV sei nicht ausdrücklich unzulässig, so dass sie ergriffen werden dürfe. Indes äußert sich der verfassungsändernde Gesetzgeber zur Budgetinitiative von Abgeordneten in seiner Begründung nicht. Ein entsprechender Wille ist nicht erkennbar, so dass von der bisherigen Rechtslage auszugehen ist, wonach der **Regierung** – zu deren Kernbereich die Haushaltsplanung zu zählen ist[181] – aufgrund des Gewaltenteilungsprinzips gegenüber dem Parlament grundsätzlich die **ausschließliche haushaltsgesetzliche Initiativkompetenz** zukommt (s. auch → Art. 59 Rn. 35).[182] Hierfür spricht im Übrigen auch die dogmatische Einordnung des Haushaltsplans als „staatsleitender Gesamtakt der Regierung und des Parlaments" (→ Rn. 37). Als solcher setzt er notwendig eine Beteiligung der Regierung voraus, die sich eben nur über die Ausgestaltung der Initiativkompetenz verwirklichen lässt. Von einem „Regierungsprogramm in Gesetzesform" dürfte andernfalls nicht mehr gesprochen werden. Dies wäre aber mit der Entstehungsgeschichte des Art. 79 LV nicht zu vereinbaren, nach der sich der Verfassunggeber und der verfassungsändernde Gesetzgeber bei der Ausgestaltung der Haushaltsverfassung des Landes stets am GG orientierten (→ Rn. 17 ff.). 68

Demgemäß besteht auch keine parlamentarische Initiativkompetenz für **Vorlagen** zu einem **Nachtragshaushalt**, die darauf zielen, einen bereits verabschiedeten Haushalt zu ändern (vgl. § 33 LHO).[183] Anders verhält es sich jedoch mit **Ergänzungsvorlagen**, die einen bereits eingebrachten, aber noch nicht verabschiedeten Haushalt betreffen (vgl. § 32 LHO). Der Landtag ist an die Haushaltsvorlage der Regierung grundsätzlich nicht gebun- 69

---

178 Vgl. *Haug/Pautsch*, in: Baden-Württemberg Stiftung (Hrsg.), Beteiligungshaushalt, 159 (163).
179 Vgl. *Haug/Pautsch*, in: Baden-Württemberg Stiftung (Hrsg.), Beteiligungshaushalt, 159 (163 f.).
180 Vgl. *Welz*, Parlamentarische Finanzkontrolle, 48, 55; *Katz* in: Feuchte, Art. 79 Rn. 33; vgl. auch *Braun*, Art. 79 Rn. 11 mit einer Ausnahme für Nothaushaltsgesetze nach Art. 80 I LV, so dann auch *Katz* in: Feuchte, Art. 80 Rn. 5.
181 Vgl. *Mußgnug*, Haushaltsplan, 358; *Braun*, Art. 79 Rn. 11.
182 Vgl. *Droege*, DVBl. 2015, 937 (940).
183 Vgl. BVerfGE 70, 324 (357); *Stern* in: Stern II, 1211 f.; *Heintzen* in: HStR V, § 120 Rn. 61; *Kube* in: Maunz/Dürig, Art. 110 Rn. 160; *Siekmann* in: Sachs, GG, Art. 110 Rn. 75.

den. Er verfügt über eine weitreichende Änderungskompetenz (→ Rn. 73 f.). Art. 82 LV ist – im Gegensatz zu Art. 113 GG – auf den Beschluss des Haushaltsgesetzes nicht anwendbar (→ Art. 82 Rn. 11 ff.). Der Landtag kann daher ohne Zustimmung der Regierung die im Entwurf des Haushaltsplans angesetzten Ausgaben erhöhen oder neue Ausgaben vorsehen. Dann aber wäre es widersprüchlich, dem Landtag die Initiativkompetenz für Ergänzungsvorlagen zu versagen, da sich die Änderung der Haushaltsvorlage durch das Parlament von der Ergänzungsvorlage kaum abgrenzen lässt.[184]

cc) Regierung

70 Auch wenn der verfassungsändernde Gesetzgeber das gubernative Initiativmonopol durch die Einführung des Volksantrags aufgebrochen hat, ist zu erwarten, dass die Budgetinitiative auch künftig von der Regierung ausgeht. Nach der Aufstellung des Haushaltsplans bringt sie den Entwurf des Haushaltsgesetzes mit dem Entwurf des Haushaltsplans in den Landtag ein (→ Rn. 43 f.). Die Regierung kann die Haushaltsvorlage bis zum Beschluss des Parlaments zurücknehmen.[185]

71 Mit der Initiativkompetenz ist zugleich die **verfassungsrechtliche Pflicht** der Landesregierung verbunden, nach § 29 I LHO den Entwurf des Haushaltsgesetzes mit dem Entwurf des Haushaltsplans zu beschließen und das Haushaltsfeststellungsverfahren rechtzeitig einzuleiten (vgl. insofern § 30 LHO).[186] Alle beteiligten Verfassungsorgane haben dafür Sorge zu tragen, dass der Haushaltsplan vor Ablauf des vorherigen Haushaltsjahres verabschiedet wird (s. auch → Rn. 75).[187] Eine gegenläufige Rechtspraxis[188] ändert hieran nichts und führt zu **keinem Verfassungswandel**, aufgrund dessen die Kompetenzen der Gubernative erweitert wären.[189] Die Pflicht bleibt auch bestehen, wenn eine oder mehrere Budgetinitiativen der Regierung bereits gescheitert sind.[190] Ebenso wird die Regierung nicht durch den Ablauf des betreffenden Haushaltsjahres von ihr entbunden.[191] Bringt die Regierung den Haushaltsentwurf nicht rechtzeitig ein, kann der Landtag sein Budgetrecht im Wege des Organstreitverfahrens vor dem VerfGH geltend machen (→ Rn. 103 u. 114).

---

184 Vgl. zu Art. 110 GG *Heun*, Staatshaushalt und Staatsleitung, 303 f.; *ders.* in: Dreier, Art. 110 Rn. 34.
185 Vgl. *Brockmeyer* in: Schmidt-Bleibtreu/Hofmann/Henneke, Art. 110 Rn. 11; *Kube* in: Maunz/Dürig, Art. 110 Rn. 161.
186 Vgl. BVerfGE 119, 96 (120 f.); *Mußgnug*, Haushaltsplan, 358; *Katz* in: Feuchte, Art. 79 Rn. 33; *Braun*, Art. 79 Rn. 12; vgl. auch *Hillgruber* in: v. Mangoldt/Klein/Starck, Art. 110 Rn. 89; *Siekmann* in: Sachs, GG, Art. 110 Rn. 75.
187 BVerfGE 45, 1 (33).
188 Vgl. etwa BT-Drs. V/3040, 42.
189 BVerfGE 45, 1 (33).
190 *Stern* in: Stern II, 1212; *Heun* in: Dreier, Art. 110 Rn. 34.
191 *Stern* in: Stern II, 1212; *Heintzen* in: v. Münch/Kunig, Art. 110 Rn. 38.

b) Gesetzesbeschluss
aa) Verfahren im Landtag

Auf das Verfahren des StHG finden grundsätzlich die Vorschriften des IX. Abschnitts der GO LT Anwendung.[192] Allerdings bestehen für Haushaltsvorlagen in einigen Punkten besondere Regelungen. Sie werden nach § 42 I 1 GO LT in **drei Beratungen** erledigt. In der ersten Beratung werden nur die Grundsätze der Vorlage besprochen (§ 43 I GO LT). Am Schluss der ersten Beratung wird die Angelegenheit nach § 43 III 1 GO LT an den **Finanzausschuss verwiesen**.[193] Hier findet in der Praxis ein wesentlicher Teil der parlamentarischen Arbeit statt.[194] Anträge zu Haushaltsvorlagen von einzelnen Abgeordneten, die nicht dem Finanzausschuss angehören, werden unmittelbar an diesen Ausschuss verwiesen (§ 44 II 1 GO LT). Grundlage der zweiten Beratung im Plenum bildet der Antrag des Finanzausschusses (vgl. § 45 IV GO LT). In ihr wird der Haushalt ausführlich behandelt.[195] Wenn besondere Umstände dies erfordern, wird die Angelegenheit nach der zweiten Beratung abermals in den Finanzausschuss verwiesen. Grundlage der dritten Beratung bilden ansonsten die Plenarbeschlüsse der zweiten Beratung. Demgemäß fällt die dritte Beratung in der Praxis deutlich kürzer aus.[196] In der dritten Beratung des Haushaltsgesetzes oder eines Nachtragshaushaltsgesetzes müssen Änderungsanträge von einer Fraktion unterzeichnet sein (§ 47 II 1 GO LT). Die dritte Beratung endet mit der Feststellung des Haushalts. In der Rechtspraxis stimmt der Landtag über den Haushaltsplan – und hier jeweils über die Einzelpläne – und das Haushaltsgesetz getrennt ab.[197] Für das **Nachtragshaushaltsgesetz** gilt nach § 47 a GO LT ein **vereinfachtes Verfahren**. Die Frist zwischen zweiter und dritter Beratung kann dabei durch Beschluss des Landtages verkürzt werden (§ 50 S. 1 u. 2 GO LT).

72

bb) Feststellungs- und Bewilligungskompetenz

Die Kompetenz, den Haushaltsplan festzustellen und damit die Haushaltsmittel zu bewilligen (→ Rn. 54 ff.), liegt ausschließlich beim Gesetzgeber.[198] Da eine Volksabstimmung über das Staatshaushaltsgesetz nach Art. 60 VI LV nicht stattfindet, ist hierfür allein der Landtag zuständig, der nach Art. 27 I LV das Volk vertritt. Hieran hat auch die Einführung des Volksantrags nichts geändert.[199] Der verfassungsändernde Gesetzgeber betonte in diesem Zusammenhang vielmehr das „uneingeschränkte Budgetrecht" des Landtags (→ Rn. 49).[200] Die in der Landesverfassung nach dem Repräsentationsprinzip vorgenommene Kompetenzverteilung ist abschlie-

73

---

192 Vgl. dazu ausführlich *Welz*, Parlamentarische Finanzkontrolle, 91 ff.
193 *Welz*, Parlamentarische Finanzkontrolle, 91.
194 *Welz*, Parlamentarische Finanzkontrolle, 97; vgl. auch *Hölscheidt*, Haushaltsausschuss, 54 ff.
195 Vgl. *Welz*, Parlamentarische Finanzkontrolle, 91, 94 f.
196 Vgl. *Welz*, Parlamentarische Finanzkontrolle, 96.
197 Vgl. etwa LT-Pl.-Prot. 16/26, 1394 f., 1395 f.
198 Vgl. BVerfGE 130, 318 (343); *Isensee*, JZ 2005, 971 (973).
199 Vgl. *Haug/Pautsch*, in: Baden-Württemberg Stiftung (Hrsg.), Beteiligungshaushalt, 159 (164 f.).
200 Vgl. die Begründung zum Entwurf der 21. LVÄndG vom 1.12.2015 in LT-Drs. 15/7178, 7.

ßend. Eine Volksbefragung in Bezug auf die Feststellung des Haushaltsplans wäre daher allein aufgrund einer einfachgesetzlichen Grundlage unzulässig (→ Art. 25 Rn. 24).[201] Demgemäß ist die Feststellungs- und Bewilligungskompetenz des Landtags auch **nicht** auf andere Verfassungsorgane **delegierbar** (→ Rn. 47).[202] Ohne konstitutive Zustimmung des Parlaments dürfen auch im Übrigen keine wesentlichen haushaltspolitischen Entscheidungen getroffen werden.[203] Dies ergibt sich aus dem Demokratieprinzip sowie – im Hinblick auf die Staatsverschuldung – aus Art. 84 S. 1 LV.[204] Dieser Anforderung genügt ein Ermächtigungsgesetz nach Art. 61 I LV nicht.[205] Die Budgetverantwortung darf nicht durch unbestimmte haushaltspolitische Ermächtigungen auf andere Akteure übertragen werden.[206]

74 Die parlamentarische Budgetentscheidung beschränkt sich dabei nicht – wie bei einer Ratifikationslage[207] – auf die Verabschiedung des Haushaltsgesetzes, sondern reicht deutlich weiter. Der Landtag darf die Haushaltsvorlage abändern, soweit er die verfassungsrechtlichen Vorgaben beachtet, die sich insbesondere aus den Haushaltsgrundsätzen ergeben. In diesem Rahmen darf das Parlament **Ausgaben erhöhen**. Der Landtag kann auch zusätzliche Titel ausweisen.[208] Im Gegensatz zur Art. 113 I GG ist Art. 82 LV auf den Beschluss des Haushaltsgesetzes nicht anwendbar (→ Art. 82 LV Rn. 11 ff.). Ebenso darf das Parlament **Ausgaben kürzen** oder Haushaltstitel ganz streichen. Die Kompetenz reicht hier bis zur Obstruktion hin.[209] Die Untergrenze bilden – wie sie auch in Art. 80 I Nr. 2 LV angesprochen sind – rechtliche Verpflichtungen des Landes, die sich aus Sachgesetzen und anderen außerbudgetären Rechtsakten ergeben und die nach dem Prinzip der Subordination durch die Feststellung des Haushaltsplans nicht modifiziert werden (→ Rn. 58 f.).[210] Werden sie – etwa durch ein Haushaltsbegleitgesetz (→ Rn. 122) – nicht geändert, sind sie nach dem Grundsatz der Vollständigkeit vom Landtag zu übernehmen. Der haushaltsrechtliche Gestaltungsspielraum ist daher viel enger, als es zunächst den Anschein haben mag. Er wird auf maximal 10 % der Ausgaben geschätzt.[211]

cc) Budgetpflicht

75 Neben der Landesregierung trifft auch den Landtag die **Budgetpflicht** (→ Rn. 71). Alle beteiligten Verfassungsorgane stehen insofern in verfassungs-

---

201 Vgl. auch *Haug/Pautsch*, in: Baden-Württemberg Stiftung (Hrsg.), Beteiligungshaushalt, 159 (165 ff.).
202 Vgl. *Mandelartz*, Zusammenwirken von Parlament und Regierung, 286 ff.
203 Vgl. BVerfGE 129, 124 (178 f.); 130, 318 (343 f.); 135, 317 (400 f.).
204 Vgl. BVerfGE 130, 318 (345 ff.) zu Art. 115 I GG.
205 *Braun*, Art. 79 Rn. 9; vgl. auch *Hillgruber* in: v. Mangoldt/Klein/Starck, Art. 110 Rn. 69.
206 So in Bezug auf die finanzwirksamen Mechanismen zur Bewältigung der Finanzkrise innerhalb der Europäischen Währungsunion BVerfGE 129, 124 (179); 132, 195 (Rn. 108); 135, 317 (Rn. 163).
207 Vgl. *Heintzen* in: HStR V, § 120 Rn. 64.
208 Vgl. *Braun*, Art. 79 Rn. 13; *Kube* in: Maunz/Dürig, Art. 110 Rn. 174.
209 Vgl. *Mußgnug*, Haushaltsplan, 365.
210 *Kube* in: Maunz/Dürig, Art. 110 Rn. 38 ff.
211 *Heintzen* in: v. Münch/Kunig, Art. 110 Rn. 37.

rechtlicher Verantwortung.[212] Das heißt nicht, dass der Haushalt im Konsens zu verabschieden wäre. Die parlamentarische Aussprache über den Haushalt eignet sich vielmehr in besonderer Weise, die unterschiedlichen Positionen der Regierungs- und Oppositionsfraktionen in der öffentlichen Debatte deutlich zu machen.[213] Das befreit die Legislative jedoch nicht von der Pflicht, das Budget zu verabschieden. Umstritten ist dabei, wie weit die Budgetpflicht des Parlaments reicht. Das hängt auch von der Ausgestaltung der Feststellungs- und Bewilligungskompetenz des Parlaments gemäß Art. 79 II 1 LV ab (→ Rn. 54 ff.). Wenn Art. 82 I LV – wie auch nach hier vertretener Auffassung – auf den Beschluss des Haushaltsgesetzes nicht anzuwenden ist, ist der Landtag an die Ansätze der Regierung in der Haushaltsvorlage nicht gebunden. Bei einer derartigen Kompetenzverteilung gibt es für den Landtag keinen Grund,[214] der Erwartung des Art. 79 II 1 LV nicht nachzukommen, dass der Haushaltsplan von ihm „festgestellt wird".[215] Aus der ausschließlichen Kompetenz folgt eine **echte Budgetpflicht**.

Anders verhält es sich jedoch, wenn Art. 82 I LV – wie Art. 113 GG auf 76 den Beschluss des Haushaltsgesetzes des Bundes – entgegen der hier vertretenen Auffassung auch auf den Beschluss des Haushaltsgesetzes anzuwenden wäre. Der Landtag kann dann zwar Ausgaben in der Haushaltsvorlage streichen. Er darf die in der Haushaltsvorlage festgesetzten Ausgaben jedoch nur erhöhen und neue Haushaltstitel nur ausweisen, wenn die Regierung zustimmt. Nach der Kompetenzverteilung ist damit nicht gesichert, dass am Ende des Haushaltsverfahrens ein Haushaltsplan festgestellt werden kann, der den Vorstellungen des Landtags entspricht. Eine unbedingte Pflicht, das Haushaltsgesetz zu beschließen, kann unter diesen Voraussetzungen nicht bestehen. Daran ändert auch die Bedeutung des Staatshaushaltsplans für das finanzielle Handeln des Staates nichts.[216] Das parlamentarische Budgetrecht würde sonst eine Einschränkung erfahren, die der Stellung des Landtags im demokratischen Kompetenzgefüge nicht entspräche. Die Budgetpflicht des Landtags stellt sich in diesem Fall lediglich als **Bemühenspflicht** dar.[217] Können Parlament und Regierung in einem Budgetkonflikt keinen Kompromiss finden, ist dies ein politisches und kein haushaltsverfassungsrechtliches Problem.[218]

Solange der Landtag kein Haushaltsgesetz verabschiedet, ermöglicht 77 Art. 80 LV eine vorläufige Haushaltsführung der Regierung und sieht Art. 81 LV das Notbewilligungsrecht des Finanzministers vor, das auch in der etatlosen Zeit Anwendung findet (→ Art. 81 Rn. 7). Die Exekutive bleibt demnach grundsätzlich finanziell handlungsfähig.[219] Die **Budgetver-**

---

212 Vgl. BVerfGE 45, 1 (33); *Heintzen* in: HStR V, § 120 Rn. 60; *Braun*, Art. 79 Rn. 13.
213 Vgl. BVerfGE 123, 267 (361); 129, 124 (178); 130, 318 (343 f.); *Stern* in: Stern II, 1217.
214 Vgl. demgegenüber *Braun*, Art. 79 Rn. 13 u. Art. 82 Rn. 2.
215 Vgl. *Mußgnug*, Haushaltsplan, 365.
216 Vgl. demgegenüber *Stern* in: Stern II, 1216.
217 *Heintzen* in: HStR V, § 120 Rn. 60.
218 Vgl. *Heintzen* in: v. Münch/Kunig, Art. 110 Rn. 31.
219 Vgl. *Braun*, Art. 79 Rn. 13; vgl. aber auch *Mußgnug*, Haushaltsplan, 365.

weigerung des Landtags stellt daher auch keine Umgehung des konstruktiven Misstrauensvotums nach Art. 54 LV dar.[220] Verzögert der Landtag die Feststellung des Haushaltsplans, beeinträchtigt er vor allem seine eigene politische Gestaltungsmacht.[221] Beschließt der Landtag aber ein Haushaltsgesetz, muss es den verfassungsrechtlichen Haushaltsgrundsätzen entsprechen. So darf der Landtag **voraussehbare, unabweisbare Ausgaben** nicht ausklammern, da sonst ein Verstoß gegen den Grundsatz der Vollständigkeit vorliegt (→ Rn. 85 ff.).[222]

dd) Informations- und Kontrollrechte der Abgeordneten

78 Aufgrund der „Kontroll- und Legitimationsfunktion von Haushaltsberatung und -verabschiedung"[223] sind nicht nur das Parlament als Ganzes und Fraktionen, sondern auch einzelne Abgeordnete am Haushaltsverfahren hinreichend zu beteiligen.[224] Jedem einzelnen Abgeordneten stehen daher im Bereich des parlamentarischen Budgetrechts „**weitreichende Informations- und Kontrollrechte**" zu.[225]

79 Sachgerechte Entscheidungen vermögen die Abgeordneten bei der Ausübung des Budgetrechts nur zu treffen, wenn sie **hinreichend informiert** sind. Andernfalls würde die Beratung über das Haushaltsgesetz ihren Zweck verfehlen.[226] Die Abgeordneten haben daher aus Art. 27 III 2 iVm Art. 25 I 2, 79 LV ein Recht darauf, von der Regierung so informiert zu werden, dass sie den Haushaltsplan sachverständig beurteilen können.[227] Damit geht zunächst die Pflicht der Landesregierung aus Art. 79 LV einher, einen Haushaltsplan vorzulegen, der hinreichend konkrete Angaben über Einnahmen und Ausgaben enthält,[228] wie es auch die Haushaltsgrundsätze der Vollständigkeit und der Spezialität einfordern (→ Rn. 85 ff. u. 94 ff.).[229] Darüber hinaus hat die Regierung grundsätzlich auf Fragen der Abgeordneten **präzise** und **vollständig Auskunft** zu geben.[230] Sofern ihr Verantwortungsbereich betroffen ist, kann sich die Regierung nicht auf Nichtwissen berufen. Sie ist gegebenenfalls zu Nachforschungen verpflichtet.[231]

80 Allerdings sind dem **Informationsanspruch** auch **Grenzen** gesetzt. Der Bereich der Willensbildung der Regierung ist dem parlamentarischen Informationszugriff entzogen (→ Art. 27 Rn. 43 ff.). Dazu gehören nicht nur die Beratungen im Kabinett, sondern auch die Vorbereitung von Kabinetts- und Ressortentscheidungen wie die ressortübergreifenden und -internen

---

220 Vgl. *Braun*, Art. 79 Rn. 13; aA *Katz* in: Feuchte, Art. 79 Rn. 34.
221 Vgl. BVerfGE 45, 1 (33).
222 Vgl. *Brockmeyer* in: Schmidt-Bleibtreu/Hofmann/Henneke, Art. 110 Rn. 23.
223 BVerfGE 79, 311 (344).
224 Vgl. *Heun* in: Dreier, Art. 110 Rn. 36.
225 Vgl. BVerfGE 130, 318 (355).
226 Vgl. BVerfGE 70, 324 (355).
227 Vgl. BVerfGE 70, 324 (355); 130, 318 (355).
228 Vgl. BVerfGE 70, 324 (355).
229 Vgl. *Droege*, DVBl. 2015, 937 (941 f.).
230 Vgl. *Mahrenholz* in: AK-GG, Art. 110 Rn. 29; *Jarass* in: Jarass/Pieroth, Art. 110 Rn. 10.
231 Vgl. BayVerfGH, NVwZ 2007, 204 (205 f.); *Kube* in: Maunz/Dürig, Art. 110 Rn. 167.

Abstimmungsprozesse.²³² In zeitlicher Hinsicht ist der Schutz dabei abgestuft. Wenn der Willensbildungsprozess – etwa nach der Aufstellung des Landeshaushalts – abgeschlossen ist, ist das im parlamentarischen Kontrollrecht begründete Informationsinteresse mit dem Schutz einer funktionsnotwendigen freien und offenen Willensbildung innerhalb der Regierung abzuwägen.²³³ So kann das Informationsinteresse der Abgeordneten überwiegen, wenn es aufgrund einer Deckungslücke im Haushalt fraglich ist, ob das Parlament im Haushaltsverfahren von Seiten der Regierung nach bestem Wissen informiert wurde.²³⁴

Neben dem Informationsanspruch stehen den Abgeordneten weitere haushaltsverfassungsrechtliche Kompetenzen zu. So haben sie das Recht, den Haushaltsentwurf der Regierung und die hierzu eingebrachten Änderungsanträge eigenständig zu beurteilen.²³⁵ Nicht zuletzt steht den Abgeordneten das **Recht auf Kontrolle grundlegender haushaltspolitischer Entscheidungen** zu.²³⁶ 81

ee) Notparlament

Der Haushalt kann – sofern die Voraussetzungen des Art. 62 I 1 LV vorliegen – auch durch das Notparlament festgestellt werden. Im Gegensatz zur Verfassungsänderung und zum Misstrauensvotum, die nach Art. 62 I 2, 3 LV davon ausgenommen sind, fällt das Haushaltsgesetz in den Kompetenzbereich des Notparlaments.²³⁷ 82

c) Verkündung

Das Haushaltsgesetz muss wie jedes andere verfassungsmäßig zustande gekommene Parlamentsgesetz nach Art. 63 I 1 LV vom Ministerpräsidenten ausgefertigt und binnen Monatsfrist im Gesetzblatt des Landes verkündet werden. Der Verkündungsbefehl wird durch § 1 S. 2 LHO jedoch modifiziert. Danach wird mit dem Haushaltsgesetz **nur der Gesamtplan** verkündet. Eine Veröffentlichung der Einzelpläne im Gesetzblatt ist nicht vorgesehen. Die einfachgesetzliche Vorschrift setzt eine seit langem herrschende Rechtspraxis um. Sie ist verfassungsgemäß, da die Verkündung aller Kapitel einschließlich ihrer Titel zu einer übermäßigen Belastung des Verkündungsblattes führen würde.²³⁸ Art. 63 I 1 LV ist entsprechend auszulegen.²³⁹ Allerdings müssen die Einzelpläne anderweitig veröffentlicht werden.²⁴⁰ Demgemäß ist der Staatshaushaltsplan für Baden-Württemberg im Internet unter der Seite http://www.statistik-bw.de/shp/ abrufbar. 83

---

232 Vgl. BVerfGE 110, 199 (222) mit Verweis auf BVerfGE 67, 100 (139).
233 Vgl. BVerfGE 110, 199 (222).
234 Vgl. BVerfGE 110, 199 (225 f.).
235 Vgl. BVerfGE 70, 324 (356); 130, 318 (355).
236 Vgl. BVerfGE 129, 124 (178); 130, 318 (355).
237 *Braun*, Art. 79 Rn. 10.
238 BVerfGE 20, 56 (93); *Katz* in: Feuchte, Art. 79 Rn. 37; *Heun* in: Dreier, Art. 110 Rn. 39; *Hillgruber* in: v. Mangoldt/Klein/Starck, Art. 110 Rn. 102; aA *Siekmann* in: Sachs, GG, Art. 110 Rn. 85 f.
239 *Welz*, Parlamentarische Finanzkontrolle, 48; *Braun*, Art. 79 Rn. 3; vgl. auch BVerfGE 20, 56 (93) zu Art. 82 I GG; *Mußgnug*, Haushaltsplan, 344 f.
240 Vgl. BVerfGE 20, 56 (93); *Braun*, Art. 79 Rn. 3; *Mußgnug*, Haushaltsplan, 345.

5. Haushaltsgrundsätze des Art. 79 LV

a) Allgemeines

84 Seit Anfang des 19. Jahrhunderts wurden in der Finanzwirtschaft Prinzipien entwickelt, um die **Budgetfunktionen** zu gewährleisten.[241] Zugleich soll sich die Haushaltswirtschaft des Bundes und der Länder an den Grundsätzen eines demokratischen und sozialen Rechtsstaats ausrichten, wie sich aus Art. 20, 79 III Var. 3, 28 I 1 GG ergibt.[242] Demgemäß sind in unterschiedlichen Rechtsquellen Haushaltsgrundsätze niedergelegt,[243] nach denen die Haushaltswirtschaft des Landes auszurichten ist. In Art. 79 I LV sind die **Grundsätze der Vollständigkeit, der Bruttoveranschlagung, der Einheit, der Wahrheit und Klarheit sowie der Ausgeglichenheit** verankert. In Art. 79 II LV finden sich die **Grundsätze der Vorherigkeit und der Periodizität**. Zu beachten ist, dass ein Verstoß des Staatshaushaltsgesetzes und des Haushaltsplans gegen einen Haushaltsgrundsatz des Art. 79 LV nicht notwendig die ex-tunc-Nichtigkeit der betreffenden Normen nach sich zieht, da sich eine Rückabwicklung kaum umsetzen lässt.

b) Grundsatz der Vollständigkeit (Art. 79 Abs. 1 S. 1 LV)

85 Das parlamentarische Budgetrecht wird durch verschiedene Haushaltsgrundsätze zur Entfaltung gebracht. Seine Wirksamkeit als Instrument der parlamentarischen Regierungskontrolle hängt insbesondere davon ab, dass sämtliche Einnahmen und Ausgaben des Landes in der Haushaltsperiode hiervon erfasst sind. Demgemäß ist in Art. 79 I 1 HS 1 GG, wonach „alle" zu erwartenden Einnahmen und voraussichtlich zu leistenden Ausgaben des Landes in den Haushaltsplan einzustellen sind, der Grundsatz der Vollständigkeit (Universalität) verankert.[244] Er zielt nach der verfassungsgerichtlichen Rechtsprechung darauf ab, „das **gesamte staatliche Finanzvolumen** der vorgängigen Budgetplanung der Regierung und der nachfolgenden Budgetentscheidung und -kontrolle des Landtags zu unterstellen [...]".[245] Der Haushaltsplan hat daher „**lückenlos**" zu sein.[246] Der Grundsatz verpflichtet jedoch nicht nur die Regierung und den für die Aufstellung des Haushaltentwurfs zuständigen Finanzminister, sondern richtet sich auch an das Parlament.[247] Alle am Haushaltsaufstellungsverfahren beteiligten Verfassungsorgane haben in diesem Sinn eine „sorgfältige und transparente haushaltswirtschaftliche Planung, Entscheidung und Kontrolle" sicherzustellen.[248] Neben Art. 79 I 1 LV ist der Grundsatz auch in § 8 II HGrG und in § 11 II LHO verankert.

---

241 Vgl. *Stern* in: Stern II, 1231 ff.
242 *Gröpl*, Haushaltsrecht und Reform, 91; *ders.* in: BK, Art. 110 Rn. 146.
243 Vgl. *Siekmann* in: Sachs, GG, Art. 110 Rn. 45 ff.; *Gröpl* Haushaltsrecht und Reform, 92 ff.; *ders.* in: BK, Art. 110 Rn. 159; *Heintzen* in: HStR V, § 120 Rn. 23.
244 Vgl. LVerfGE 18, 65 (75); vgl. auch BVerfGE 119, 96 (118 f.); VerfGH Rh-Pf, NVwZ-RR 1998, 145 (146); *Katz* in: Feuchte, Art. 79 Rn. 27.
245 LVerfGE 18, 65 (75) mit Verweis auf BVerfGE 119, 96 (118 f.); vgl. auch BVerfGE 108, 1 (16 f.); 108, 186 (216); 110, 370 (388); 113, 128 (147).
246 *Stern* in: Stern II, 1239; *Katz* in: Feuchte, Art. 79 Rn. 27.
247 *Braun*, Art. 79 Rn. 16.
248 Vgl. BVerfGE 119, 96 (119); vgl. auch *Puhl*, Budgetflucht, 225.

Der Grundsatz ist bereits berührt, wenn Einnahmen- und Ausgabenkreisläufe außerhalb des Budgets organsiert werden.[249] Eine Ausnahme hiervon bedarf eines rechtfertigenden Grundes, sofern der hier einschlägige Bagatellvorbehalt nicht greift.[250] Die Bildung von **schwarze Kassen** ist deshalb **verboten**.[251] Auch Reservefonds für unvorhergesehene Ereignisse sind mit dem Grundsatz nicht vereinbar. Sie lassen sich wegen Art. 81 LV, der hierfür Regelungen trifft, nicht rechtfertigen. Die Verpflichtung des Grundsatzes lässt sich jedoch noch präzisieren. Sie darf – wie sich systematisch auch aus Art. 81 LV ergibt[252] – nicht weiter reichen, als es möglich ist, Einnahmen und Ausgaben zu prognostizieren. Demgemäß sind § 8 II HGrG und § 11 II LHO, wonach der Haushaltsplan die „zu erwartenden" Einnahmen und „voraussichtlich zu leistenden" Ausgaben enthält, zulässige Konkretisierungen der verfassungsrechtlichen Norm.[253] So können sowohl der Vollständigkeitsgrundsatz als auch Art. 81 LV verletzt sein, wenn der Finanzminister in Berufung auf seine Notbewilligungskompetenz einer vorhergesehenen, unabweisbaren Ausgabe die Zustimmung erteilt, obwohl sie im Haushaltsplan nicht veranschlagt wurde.[254] Welcher Sorgfaltsmaßstab bei der Prognose anzulegen ist, ergibt sich aus dem Grundsatz der Haushaltswahrheit (→ Rn. 91 f.).

86

Der Grundsatz der Vollständigkeit wendet sich grundsätzlich auch gegen **Nebenhaushalte** und gegen eine „**Flucht aus dem Etat**".[255] Allerdings bezieht er sich nach Art. 79 I 1 HS 1 LV nur auf das **Land als juristische Person**. Hierzu gehören auch rechtlich unselbstständige Verwaltungseinheiten des Landes, wie die Ausnahmeregelung des Art. 79 I 1 HS 2 LV bestätigt.[256] Er gilt jedoch nicht – wofür insbesondere die historische Auslegung spricht – für andere juristische Personen des öffentlichen oder privaten Rechts wie die Gemeinden und Gemeindeverbände, rechtsfähige Anstalten und Stiftungen oder vom Land beherrschte Kapitalgesellschaften.[257] Aus den Haushaltsgrundsätzen lässt sich auch kein kategorisches Verbot ableiten, juristische Personen des öffentlichen oder privaten Rechts zu errichten, um Verwaltungsaufgaben auszugliedern.[258] Derartige Nebenhaushalte tangieren jedoch das parlamentarische Budgetrecht. Sie sind daher haushaltsverfassungsrechtlich zumindest auf die **Grundlage eines Parlamentsgesetzes** zu stellen, um die Budgethoheit abzusichern.[259] Darüber hinaus bedarf es eines **sachlichen Grundes**, um die Abweichung von den Haushaltsgrundsät-

87

---

249 BVerfGE 82, 159 (179); 108, 1 (16); 110, 370 (388); 113, 128 (147).
250 *Heintzen* in: HStR V, § 120 Rn. 26.
251 *Stern* in: Stern II, 1239; *Katz* in: Feuchte, Art. 79 Rn. 27; *Nebel* in Piduch, Bundeshaushaltsrecht, Art. 110 GG Rn. 33; *Puhl*, Budgetflucht, 224 f.; *Kube* in: Maunz/Dürig, Art. 110 Rn. 91.
252 Vgl. *Braun*, Art. 79 Rn. 16.
253 Vgl. *Puhl*, Budgetflucht, 225.
254 Vgl. *Braun*, Art. 79 Rn. 16.
255 *Katz* in: Feuchte, Art. 79 Rn. 27.
256 Vgl. *Hillgruber* in: v. Mangoldt/Klein/Starck, Art. 110 Rn. 17.
257 Vgl. BVerfGE 129, 356 (366 f.); *Puhl*, Budgetflucht, 122 ff.; *Pünder* in: Friauf/Höfling, Art. 110 Rn. 30; *Siekmann* in: Sachs, GG, Art. 110 Rn. 94; *Heintzen* in: v. Münch/Kunig, Art. 110 Rn. 5.
258 Vgl. *Kilian*, Nebenhaushalte, 1993, 545 ff.; *Puhl*, Budgetflucht, 114 ff., 539.
259 *Kilian*, Nebenhaushalte, 1993, 905 f.; *Puhl*, Budgetflucht, 175 ff., 540; *Pünder* in: Friauf/Höfling, Art. 110 Rn. 31; *Heintzen* in: HStR V, § 120 Rn. 28; *ders.* in: v.

zen zu rechtfertigen.[260] Aufgrund des parlamentarischen Budgetrechts sind Nebenhaushalte auch nach ihrer Errichtung zu kontrollieren.[261] Demgemäß erstreckt sich die Kontrolle des Rechnungshofs gemäß Art. 83 LV auch auf die mittelbare Landesverwaltung (→ Art. 83 Rn. 33).[262] In diesem Zusammenhang sind im Übrigen § 48 I, § 48 II iVm §§ 42-46 und § 48 III iVm §§ 53 und 54 HGrG sowie §§ 91, 92, 104, 105-112 LHO zu beachten.

88 Da der Grundsatz der Vollständigkeit bei **„haushaltsflüchtigen" Sonderabgaben** nicht greift, hat das BVerfG deren materielle Zulässigkeitsvoraussetzungen um eine Berichtspflicht ergänzt. Dem **Haushaltsplan** des Landes ist eine **Anlage** mit einer **vollständigen Dokumentation** aller Sonderabgaben im engeren Sinn beizufügen, damit eine Kontrolle durch die Öffentlichkeit möglich wird und das Parlament seine Entscheidungs-, Planungs- und Kontrollaufgaben wahrnehmen kann. Dies ergibt sich aus dem Gebot einer wirksamen parlamentarisch-demokratischen Legitimation und Kontrolle von Planung und Entscheidung über die finanzielle Inanspruchnahme der Bürger für öffentliche Aufgaben im Bundesstaat gemäß Art. 20 I u. II GG.[263]

89 Mit den Begriffen „Einnahmen" und „Ausgaben" richtet sich Art. 79 LV an der Kameralistik aus. Sie stehen für Zahlengrößen, die den Zufluss und Abfluss von Geld erfassen.[264] **Einnahmen** sind alle Geldbeträge, die in der Haushaltsperiode voraussichtlich kassenwirksam werden und als Deckungsmittel zur Finanzierung des Landeshaushalts dienen.[265] Auf Art und Herkunft der Mittel kommt es nicht an, solange die Geldflüsse zur Deckung von Ausgaben dienen.[266] Auch einmalige Einnahmen wie Verkaufserlöse fallen hierunter. Dasselbe gilt für Nettokreditaufnahmen. Bruttokreditaufnahmen, die lediglich der Umschuldung dienen, sind hingegen keine Einnahmen iSd Art. 79 LV.[267] Ausgenommen sind auch durchlaufende Posten.[268] Eine Eingruppierung der verschiedenen Einnahmearten, die dem entspricht, enthalten § 10 III Nr. 1 HGrG und § 13 III Nr. 1 LHO.[269]

Münch/Kunig, Art. 110 Rn. 14; *Hillgruber* in: v. Mangoldt/Klein/Starck, Art. 110 Rn. 25.
260 Vgl. *Kilian*, Nebenhaushalte, 1993, 556; *Pünder* in: Friauf/Höfling, Art. 110 Rn. 31; *Siekmann* in: Sachs, GG, Art. 110 Rn. 92, 96; *Heintzen* in: HStR V, § 120 Rn. 28; *ders.* in: v. Münch/Kunig, Art. 110 Rn. 14; aA *Hillgruber* in: v. Mangoldt/Klein/Starck, Art. 110 Rn. 23 f.
261 *Pünder* in: Friauf/Höfling, Art. 110 Rn. 31.
262 Vgl. auch *Heintzen* in: HStR V, § 120 Rn. 28; *Siekmann* in: Sachs, GG, Art. 110 Rn. 97.
263 Vgl. BVerfGE 108, 186 (218 f.); 110, 370 (389); 113, 128 (150); 122, 316 (335); vgl. auch *Brockmeyer* in: Schmidt-Bleibtreu/Hofmann/Henneke, Art. 110 Rn. 27.
264 *Gröpl* in: BK, Art. 110 Rn. 123.
265 VerfGH Rh-Pf, NVwZ-RR 1998, 145 (146); *Heintzen* in: v. Münch/Kunig, Art. 110 Rn. 12.
266 *Gröpl* in: BK, Art. 110 Rn. 123.
267 *Kube* in: Maunz/Dürig, Art. 110 Rn. 93; *Gröpl* in: BK, Art. 110 Rn. 123.
268 BVerfGE 4, 7 (14, 26); vgl. auch *Heintzen* in: v. Münch/Kunig, Art. 110 Rn. 12; *Kube* in: Maunz/Dürig, Art. 110 Rn. 93.
269 Vgl. auch *Braun*, Art. 79 Rn. 17.

Ausgaben sind Geldabflüsse aller Art, die im Haushaltsjahr voraussichtlich 90
zu leisten sind – also haushalts- und kassenwirksam fällig werden.[270] Maßstab hierfür ist das Kriterium der Notwendigkeit nach § 5 HGrG, § 6 LHO.[271] Eine entsprechende Eingruppierung der Ausgaben sehen wiederum § 10 III Nr. 2 HGrG und § 13 III Nr. 2 LHO vor. Nach § 8 II Nr. 3 HGrG und § 11 II Nr. 3 LHO hat der Haushaltsplan darüber hinaus **Verpflichtungsermächtigungen** iSd § 5 HGrG, §§ 6, 38 LHO zu enthalten. Dies ist auch verfassungsrechtlich geboten.[272] Verpflichtungsermächtigungen erlauben es der Exekutive, Verbindlichkeiten einzugehen, die sich in künftigen Haushaltsperioden kassenwirksam auswirken. Würde man hier formal auf den Zeitpunkt der Ausgabe abstellen, wären die Budgetfunktionen nicht hinreichend gewährleistet.[273] Auch wenn der verfassungsändernde Gesetzgeber der Verpflichtungsermächtigung bei der Haushaltsreform 1971 keine Aufmerksamkeit schenkte und den Begriff in Art. 79 I, Art. 80 I und Art. 81 I LV nicht aufnahm, sind sie vom Vollständigkeitsgebot erfasst.[274] Der verfassungsändernde Gesetzgeber hat sich lediglich an 20. GGÄndG orientiert, das überwiegend im hier vertretenen Sinne interpretiert wird.[275] Nach § 12 II HGrG, § 16 LHO sind die Verpflichtungsermächtigungen bei den jeweiligen Ausgaben gesondert zu veranschlagen.

c) Grundsatz der Haushaltswahrheit

Im Grundsatz der Vollständigkeit ist auch der Grundsatz der Haushalts- 91
wahrheit enthalten. Wenn Ausgaben niedriger oder Einnahmen höher bei der Aufstellung des Haushalts veranschlagt werden, als dies vorhersehbar war, ist der Haushalt „in Wahrheit" unvollständig.[276] Aus dem Grundsatz folgt die **Pflicht zur Schätzgenauigkeit**.[277] Ihr Gehalt leitet sich aus den Budgetfunktionen im parlamentarischen Regierungssystem ab. Eine Staatsleitung zur gesamten Hand und eine wirksame Kontrolle der Exekutive durch das Parlament setzen eine transparente Haushaltsgesetzgebung voraus.[278] Bewusst falsche Haushaltsansätze verletzen deshalb die Pflicht zur Schätzgenauigkeit.[279] Sie reicht aber noch weiter. Auch „gegriffene" Ansätze sind mit dem Gebot der Haushaltswahrheit nicht vereinbar. Es ist vielmehr eine **realitätsnahe Prognose** anzustellen und naheliegende Möglich-

---

270 VerfGH Rh-Pf, NVwZ-RR 1998, 145 (146); *Gröpl* in: BK, Art. 110 Rn. 123; *Heintzen* in: v. Münch/Kunig, Art. 110 Rn. 12.
271 Vgl. *Kube* in: Maunz/Dürig, Art. 110 Rn. 94.
272 Vgl. LVerfGE 22, 3 (19).
273 Vgl. *Katz* in: Feuchte, Art. 79 Rn. 27; *Braun*, Art. 79 Rn. 17; *Pünder* in: Friauf/Höfling, Art. 110 Rn. 58; *Gröpl* in: BK, Art. 110 Rn. 124; aA VerfGH Rh-Pf, NVwZ-RR 1998, 145 (146 f.); *Hillgruber* in: v. Mangoldt/Klein/Starck, Art. 110 Rn. 32.
274 *Braun*, Art. 79 Rn. 17.
275 *Pünder* in: Friauf/Höfling, Art. 110 Rn. 58; *Gröpl* in: BK, Art. 110 Rn. 124; *Kube* in: Maunz/Dürig, Art. 110 Rn. 95; aA *Hillgruber* in: v. Mangoldt/Klein/Starck, Art. 110 Rn. 32.
276 BVerfGE 119, 96 (118, 120).
277 BVerfGE 119, 96 (129) mit Verweis auf *Heun*, Staatshaushalt und Staatsleitung, 264; vgl. auch LVerfGE 18, 65 (80).
278 BVerfGE 119, 96 (129).
279 Vgl. VerfGH Rh-Pf, NVwZ-RR 1998, 145 (146).

keiten zur Informationsgewinnung sind auszuschöpfen.[280] Freilich kommt es dabei – wie es dem Charakter der Prognose entspricht[281] – auf eine Sicht **ex ante** und nicht ex post an.[282] Nur weil sich ein Ansatz im Nachhinein als unzutreffend herausstellt, heißt das daher noch nicht, dass die Pflicht zur Schätzgenauigkeit verletzt ist. Eine überspannte Pflicht zur Schätzgenauigkeit eröffnet im Übrigen den Rückgriff auf Art. 81 LV nicht. Die Optimierung der Schätzgenauigkeit darf nicht dazu dienen, das parlamentarische Budgetrecht auszuhebeln.[283]

92 Mit den Grundsätzen der Haushaltsklarheit und -wahrheit lässt sich die **Bildung verdeckter Reserven** nicht vereinbaren.[284] Dies gilt auch, wenn sie bei anstehenden Tarifverhandlungen dazu dienen, durch die Verschleierung die Parität zwischen den Tarifparteien zu wahren. Der Grundsatz der Wirtschaftlichkeit trägt insofern nicht, da mit dem Nachtragshaushalt ein Instrument zur Verfügung steht, nach Abschluss der Tarifverhandlungen die Tarif- und Besoldungserhöhungen transparent umzusetzen.[285]

d) Grundsatz der Haushaltsklarheit

93 Nach dem **Grundsatz der Haushaltsklarheit**, der ebenfalls den Grundsatz der Vollständigkeit ergänzt, ist der Haushaltsplan – sowohl im Ganzen als auch in den Einzelansätzen – übersichtlich und verständlich zu gestalten und zu vollziehen.[286] Dies erfordert zunächst eine systematische Gliederung, wie sie nach §§ 10, 11 HGrG und §§ 13, 14 LHO vorgesehen ist.[287] Darüber hinaus sind die Ansätze im Haushaltsplan präzise abzufassen, damit die Einnahmen- und Ausgabenverantwortung innerhalb der Staatsorganisation klar zugewiesen ist. Demgemäß müssen sich die Herkunft der Einnahmen und die Zweckbestimmung der Ausgaben dem Haushaltsplan entnehmen lassen.[288] Der Transparenzmaßstab richtet sich dabei nach dem verfassungsrechtlichen **Bestimmtheitsgebot**, das sich aus dem speziellen Parlamentsvorbehalt des Art. 79 II 1 LV ergibt.[289] Der Haushaltsplan muss „hinreichend konkrete Angaben über Einnahmen und Ausgaben enthalten", so dass dem einzelnen Abgeordneten eine „sachverständige Beurteilung des Haushaltsplans" möglich ist.[290]

---

280 LVerfGE 18, 65 (80) mit Verweis auf BVerfGE 119, 96 (130).
281 Vgl. *Braun*, Art. 79 Rn. 21.
282 BVerfGE 119, 96 (130); vgl. aber auch *E. Reimer* in: Epping/Hillgruber, Art. 110 GG Rn. 30, der das haushaltsrechtliche Vorsichtsprinzip und das Imparitätsprinzip als Maßstab heranzieht.
283 LVerfGE 18, 65 (81).
284 *Heun* in: Dreier, Art. 110 Rn. 21.
285 Vgl. *Siekmann* in: Sachs, GG, Art. 110 Rn. 55; *Kube* in: Maunz/Dürig, Art. 110 Rn. 117; aA *Heintzen* in: v. Münch/Kunig, Art. 110 Rn. 24.
286 Vgl. VerfGH Rh-Pf, NVwZ-RR 1998, 145 (146); *Gröpl* in: BK, Art. 110 Rn. 193.
287 Vgl. *Gröpl* in: BK, Art. 110 Rn. 193; *Kube* in: Maunz/Dürig, Art. 110 Rn. 113; vgl. auch *Braun*, Art. 79 Rn. 22.
288 Vgl. VerfGH Rh-Pf, NVwZ-RR 1998, 145 (146); *Heintzen* in: v. Münch/Kunig, Art. 110 Rn. 23.
289 Vgl. VerfGH Rh-Pf, NVwZ-RR 1998, 145 (146).
290 BVerfGE 70, 324 (355).

[Feststellung des Haushaltsplans] Artikel 79

e) Grundsatz der sachlichen und zeitlichen Spezialität

In diesem Sinn fordert der **Grundsatz der sachlichen Spezialität** der Haushaltstitel (Grundsatz der Einzelveranschlagung) eine möglichst genaue Spezifikation der Haushaltstitel in Bezug auf Zweck und Höhe sowie – soweit erforderlich – deren Erläuterung (vgl. §§ 12, 27 HGrG, §§ 17, 45 LHO).[291] Erst durch diese **sachliche Bindung** eröffnet sich dem Parlament die Möglichkeit, durch die Ausübung seines Budgetrechts auf die Exekutive steuernd, gestaltend und kontrollierend einzuwirken. Je anspruchsvoller die Spezialitätsanforderungen sind, desto größer ist der Einfluss des Landtags auf die Regierung.[292] Der Grundsatz findet nicht nur in Art. 79 I 1, II 1 LV eine Anbindung, sondern wird auch in Art. 81 LV angedeutet.[293] Als Konkretisierung verfassungsrechtlicher Prinzipien nimmt er den entsprechenden Rang ein.[294] Sein verfassungsrechtlicher Gehalt richtet sich grundsätzlich danach aus, ob die Steuerungsfunktion des Haushaltsplans noch gewährleistet ist.[295] Die sachliche Bindung, die durch die Einzelveranschlagung eintritt, darf daher nur unter besonderen Voraussetzungen relativiert werden.[296] Der Tatbestand des § 20 I LHO, wonach Ausgaben und Verpflichtungsermächtigungen für deckungsfähig erklärt werden können (vgl. auch § 15 III HGrG), entspricht grundsätzlich diesen Anforderungen.[297] Wenn der Grundsatz der sachlichen Spezialität – wie etwa bei pauschalen Globalermächtigungen[298] – jedoch nicht eingehalten wird, sind der Haushaltsplan und das Haushaltsgesetz verfassungswidrig.[299]

94

Der **Grundsatz der zeitlichen Spezialität** leitet sich aus Art. 79 II 1 LV ab, wonach sich die Ermächtigungen des Haushaltsjahrs auf ein Rechnungsjahr zu beziehen haben (→ Rn. 57).[300] Die bewilligten Ausgaben und Verpflichtungsermächtigungen des Haushaltsplans dürfen daher grundsätzlich nur bis zum Ablauf des Haushaltsjahres in Anspruch genommen werden (vgl. § 27 I 1 HGrG, § 45 I 1 LHO). Auch hiervon können – vornehmlich gestützt auf den Grundsatz der Wirtschaftlichkeit und Sparsamkeit – Ausnahmen vorgesehen werden.[301] Maßstab ist hierfür, dass die Exekutive keine „unangemessene Verfügungsmacht" über die Haushaltsmittel erlangen darf.[302] Diese Grenze ist grundsätzlich noch nicht überschritten, wenn Ausgaben- und Verpflichtungsermächtigungen nach den haushaltsrechtlichen Tatbeständen zeitlich übertragen werden (vgl. § 15 I, § 27 I 2, II 1, III

95

---

291 Vgl. VerfGH NRW, NVwZ 1992, 470 (471); *Stern* in: Stern II, 1243; *Heintzen* in: v. Münch/Kunig, Art. 110 Rn. 21; *Kube* in: Maunz/Dürig, Art. 110 Rn. 119.
292 Vgl. *Heintzen* in: v. Münch/Kunig, Art. 110 Rn. 21.
293 Vgl. *Braun*, Art. 79 Rn. 23.
294 Vgl. VerfGH NRW, NVwZ 1992, 470 (471); NVwZ 1995, 159 (160).
295 Vgl. *Gröpl* in: BK, Art. 110 Rn. 179; *Hillgruber* in: v. Mangoldt/Klein/Starck, Art. 110 Rn. 77.
296 VerfGH NRW, NVwZ 1992, 470 (471).
297 Vgl. VerfGH NRW, NVwZ 1992, 470 (471); vgl. auch *Kube* in: Maunz/Dürig, Art. 110 Rn. 123.
298 Vgl. *Hillgruber* in: v. Mangoldt/Klein/Starck, Art. 110 Rn. 77; vgl. auch VerfGH NRW, NVwZ 1992, 470 (471).
299 Vgl. *Gröpl* in: BK, Art. 110 Rn. 180.
300 *Braun*, Art. 79 Rn. 24.
301 Vgl. *Stern* in: Stern II, 1243 f.
302 Vgl. *Kube* in: Maunz/Dürig, Art. 110 Rn. 122 mit Verweis auf BVerfGE 70, 324 (357).

HGrG, § 19, § 45 I 2, II-IV LHO).[303] Noch weiter reicht die nach § 6a HGrG vorgesehene Budgetierung, bei der die Finanzverantwortung der Fach- und Sachverantwortung der Verwaltungseinheit folgt.

96 Den Grundsätzen der Wahrheit, Klarheit und Bestimmtheit – aber auch den Grundsätzen der Vollständigkeit in Bezug auf fällige Ausgaben sowie der sachlichen Spezialität – ist die Rechtspraxis gegenläufig, **globale Minderausgaben** im Haushaltsplan anzusetzen, um den formalen Haushaltsausgleich zu erreichen.[304] Der Haushaltsgesetzgeber geht hier von der Erfahrung aus, dass die Exekutive im Haushaltsvollzug nicht sämtliche Ausgabenermächtigungen in Anspruch nimmt.[305] Durch einen übergreifenden Kürzungsbetrag für alle oder eine Reihe von Ausgabenansätzen sollen die globalen Minderausgaben den zu erwartenden **„Bodensatz"** erfassen.[306] Als negative Ausgaben werden sie von den Ausgabenermächtigungen abgezogen. Obgleich dieser abstrakte Ansatz im Detail im Ungewissen bleiben muss, hat die Exekutive entsprechende Einsparungen vorzunehmen.[307] Für den formalen Haushaltsausgleich gemäß Art. 79 I 2 LV ist dann der daraus resultierende Saldo entscheidend.[308] Im Grunde genommen tragen die globalen Minderausgaben dem Prognosecharakter der Haushaltsplanung Rechnung, sofern sie auf den „Bodensatz" zielen.[309] Auch wenn die jeweilige Einzelveranschlagung gewissenhaft geschätzt wird, ist es aufgrund der Vielzahl der Einzelakte, mit denen der Haushalt vollzogen wird, praktisch nicht möglich, in der Summe das richtige Ergebnis vorherzusagen. Ein „Bodensatz" entsteht gerade dann, wenn bei der Aufstellung des Haushaltsplans die Schätzungen der Einzelveranschlagungen nach dem Vorsichtsprinzip und dem Imparitätsprinzip vorgenommen werden. Globale Minderausgaben zur – empirisch nachweisbaren – **Bodensatzabschöpfung** tragen daher den Grundsätzen einer sparsamen Haushaltswirtschaft Rechnung und sind **zulässig**.[310] Sie wurden auch von der verfassungsgerichtlichen Rechtsprechung des Landes gebilligt.[311] Werden globale Minderausgaben jedoch unrealistisch hoch angesetzt, um den Haushalt nur zum **Schein auszugleichen, verstoßen** sie gegen die Grundsätze der Haushaltswahrheit und -klarheit.[312] Der in jüngerer Zeit verzeichnete Einsatz der globalen Minderausgaben als Instrument einer nicht näher spezifizierten Mitteleinsparung ist verfassungsrechtlich nur ausnahmsweise zulässig.[313]

---

303 Vgl. *Braun*, Art. 79 Rn. 24.
304 Vgl. *Braun*, Art. 79 Rn. 28; *Möstl*, ZG 2005, 144 (145); *Gröpl*, Die Verwaltung 39 (2006), 215 (241 ff.).
305 Vgl. *Karehnke*, DVBl. 1980, 542; *Marcus*, DÖV 2000, 675; *Gröpl* in: BK, Art. 110 Rn. 195.
306 Vgl. *Braun*, Art. 79 Rn. 28.
307 Vgl. *Kube* in: Maunz/Dürig, Art. 110 Rn. 114.
308 Vgl. *Gröpl*, Die Verwaltung 39 (2006), 215 (240).
309 *Möstl*, ZG 2005, 144 (147).
310 *Braun*, Art. 79 Rn. 28; *Siekmann* in: Sachs, GG, Art. 110 Rn. 49; *Gröpl*, Die Verwaltung 39 (2006), 215 (242); *Möstl*, ZG 2005, 144 (148 ff.).
311 Vgl. StGH, ESVGH 47, 1 (3 f.).
312 *Gröpl*, Die Verwaltung 39 (2006), 215 (243); *Heun* in: Dreier, Art. 110 Rn. 21.
313 Vgl. *Gröpl*, Die Verwaltung 39 (2006), 215 (243); vgl. auch *Möstl*, ZG 2005, 144 (147 f.).

f) Grundsatz der Bruttoveranschlagung

Der Grundsatz der Vollständigkeit wird notwendig durch den Grundsatz der Bruttoveranschlagung ergänzt.[314] Einnahmen und Ausgaben sind in voller Höhe getrennt voneinander zu veranschlagen und dürfen selbst nicht innerhalb eines Titels/Sachbereichs saldiert werden. Das heißt, dass **Einnahmen nicht vorweg angerechnet, Ausgaben nicht vorweg abgezogen** werden dürfen.[315] Bundesrechtlich ist der Grundsatz durch § 12 I HGrG vorgegeben. In § 15 und § 35 LHO ist er landesrechtlich konkretisiert. Der Grundsatz hat zugleich Verfassungsrang.[316] Dies ergibt sich im Umkehrschluss aus Art. 79 I 1 HS 2 LV, durch den das Bruttoprinzip bei Landesbetrieben und Sondervermögen ausdrücklich durchbrochen wird. Außerdem wären die Budgetfunktionen nicht hinreichend gewährleistet, wenn dem Parlament durch die Saldierung wichtige Informationen vorenthalten werden könnten.[317] Vom Grundsatz kann als solchem abgewichen werden, wenn es einen sachlich rechtfertigenden Grund gibt.[318]

97

Eine bedeutende **Ausnahme** vom Grundsatz der Vollständigkeit enthält – wie bereits angesprochen – Art. 79 I 1 HS 2 LV **für Landesbetriebe und Sondervermögen**. Bei ihnen dürfen – müssen aber nicht – nur saldierte Zuführungen und Ablieferungen eingestellt werden, so dass der Grundsatz der Bruttoveranschlagung hier nicht gilt. Bundesrechtliche Vorgaben enthalten hierzu § 18, § 48 I Var. 1 HGrG, die durch §§ 26, 113 LHO umgesetzt sind.

98

g) Grundsatz der Einheit

Mit dem Grundsatz der Vollständigkeit ist außerdem der in Art. 79 I 1 HS 1 LV niedergelegte Grundsatz der Einheit eng verknüpft. Auch der Grundsatz der Einheit dient der **Transparenz der Haushaltswirtschaft** und sichert damit das parlamentarische Budgetrecht ab.[319] Nach dem Einheitsgrundsatz darf der betreffende Haushaltsträger nur einen einzigen Haushaltsplan haben.[320] **Teilpläne** – die mit dem Grundsatz der Vollständigkeit durchaus zu vereinbaren wären – sind deshalb **unzulässig**.[321] Die Vorschrift stellt somit sicher, dass die Haushaltswirtschaft des Landes anhand einer Gesamtbetrachtung beurteilt werden kann.[322] Der Grundsatz der Einheit ist durch § 8 I HGrG bundesrechtlich vorgegeben und wird in § 11 I LHO einfachrechtlich wiederholt. In diesem Zusammenhang ist zu be-

99

---

314 Vgl. *Siekmann* in: Sachs, GG, Art. 110 Rn. 49.
315 *Siekmann* in: Sachs, GG, Art. 110 Rn. 49; *Kube* in: Maunz/Dürig, Art. 110 Rn. 96.
316 *Katz* in: Feuchte, Art. 79 Rn. 27; vgl. auch *Siekmann* in: Sachs, GG, Art. 110 Rn. 49; aA *Braun*, Art. 79 Rn. 20.
317 *Siekmann* in: Sachs, GG, Art. 110 Rn. 49; *Heintzen* in: HStR V, § 120 Rn. 31; *Kube* in: Ehlers/Fehling/Pünder, § 66 Rn. 102; aA *Hillgruber* in: v. Mangoldt/Klein/Starck, Art. 110 Rn. 38 ff.; *Brockmeyer* in: Schmidt-Bleibtreu/Hofmann/Henneke, Art. 110 Rn. 24.
318 *Tappe*, Haushaltsgesetz als Zeitgesetz, 48 f.; *Kube* in: Maunz/Dürig, Art. 110 Rn. 98; vgl. zu verschiedenen Ausnahmen *Brockmeyer* in: Schmidt-Bleibtreu/Hofmann/Henneke, Art. 110 Rn. 25 f.
319 Vgl. *v. Lewinski/Burbat*, Haushaltsgrundsätzegesetz, § 8 Rn. 18.
320 Vgl. *Heintzen* in: v. Münch/Kunig, Art. 110 Rn. 11.
321 Vgl. *Siekmann* in: Sachs, GG, Art. 110 Rn. 52.
322 Vgl. *Braun*, Art. 79 Rn. 19.

achten, dass das Haushaltsverfassungsrecht des Landes eine Art. 110 II 2 GG entsprechende Regelung nicht kennt. Der Haushaltsplan des Landes muss daher einen einheitlichen Geltungszeitraum haben.

100 Aus dem Grundsatz der Einheit folgt, dass sich haushaltsrechtliche **Ermächtigungen nur aus dem Haushaltsgesetz** ergeben können. Haushaltsrechtliche Ermächtigungen in Sachgesetzen sind ausnahmslos unzulässig.[323]

h) Grundsatz der Vorherigkeit

101 Nach Art. 79 II 2 LV soll der Haushalt vor Beginn der Haushaltsperiode festgestellt werden. Die Bestimmung legt damit den Grundsatz der Vorherigkeit fest. Er sichert die staatsleitende Funktion der Budgethoheit in **zeitlicher Hinsicht** ab, die für das gesamte Haushaltsjahr und nicht für Abschnitte davon gewährleistet sein soll.[324] Der Grundsatz verpflichtet nicht nur das Parlament, sondern alle Verfassungsorgane, die an der Haushaltsgesetzgebung mitwirken.[325] Art. 80 LV hat lediglich den vorläufigen Charakter einer Notkompetenz und kann das parlamentarische Budgetrecht nicht ersetzen.[326] Außerdem liefe sonst der Vorrang des Haushaltsgesetzgebers gegenüber der Exekutive leer.[327]

102 Ein Verstoß gegen den Grundsatz der Vorherigkeit führt **nicht zur Nichtigkeit** des Haushaltsgesetzes. Das BVerfG verweist insofern auf das Nothaushaltsrecht gemäß Art. 111 GG, das die Folgen eines Verstoßes gegen Art. 110 II 1 GG regelt.[328] Derselbe systematische Zusammenhang besteht zwischen Art. 79 II 2 LV und Art. 80 LV, auch wenn der Wortlaut des Art. 80 I LV – im Gegensatz zu Art. 111 I GG – wegen der ausdrücklichen Alternative eines **Nothaushaltsgesetzes** nicht an das „Inkrafttreten" des Haushaltsgesetzes anknüpft, sondern nur an eine „gesetzliche Regelung". Hinzu kommt, dass der Grundsatz der Vorherigkeit in der LV – anders als im GG – seit der Haushaltsreform 1971 lediglich als Soll-Bestimmung formuliert ist (→ Rn. 26). Der verfassungsändernde Gesetzgeber wollte damit aber nicht nur die Nichtigkeit, sondern – wie er in seiner Begründung ausführt – auch eine „Verfassungsverletzung" ausschließen, wenn aus „Zeitgründen" eine Feststellung des Haushaltsplans vor Beginn der Haushaltsperiode nicht möglich ist.[329] Das Haushaltsgesetz ist demnach selbst dann verfassungsgemäß, wenn bei seiner Verabschiedung gegen den Grundsatz der Vorherigkeit verstoßen wurde.[330] Eine entsprechende Normenkontrolle hätte demnach keine Aussicht auf Erfolg.[331]

---

323 *Kube* in: Maunz/Dürig, Art. 110 Rn. 105.
324 Vgl. BVerfGE 119, 96 (120).
325 BVerfGE 45, 1 (33); 66, 26 (38); 119, 96 (120).
326 Vgl. BVerfGE 45, 1 (33).
327 BVerfGE 66, 26 (38).
328 Vgl. BVerfGE 119, 96 (121); vgl. auch *Rossi*, DÖV 2003, 313 (318); *Tappe*, Haushaltsgesetz als Zeitgesetz, 214 f.
329 Vgl. LT-Drs. V/3997, 6.
330 BVerfGE 119, 96 (121) hat dies für das Haushaltsverfassungsrecht des Bundes offen gelassen.
331 Vgl. BVerfGE 119, 96 (121).

Indes entbindet dies die beteiligten Verfassungsorgane nicht von der 103
Pflicht, den Haushalt vor Beginn der Haushaltsperiode zu verabschieden
(→ Rn. 71 u. 75). Auch wenn der Grundsatz der Vorherigkeit in der LV
nur als **Soll-Vorschrift** umgesetzt ist, heißt das nicht, dass die Pflicht nicht
bestünde. Sollen heißt auch hier, dass von der statuierten Pflicht nur abgewichen
werden darf, wenn **atypische Umstände** vorliegen.[332] Hieran ändert die relativierende
und unscharfe Entwurfsbegründung der Verfassungsänderung
nichts, die so verstanden werden kann, dass die Pflicht allein aus unbestimmten
„Zeitgründen" entfallen würde.[333] Dies ließe sich mit der verfassungsrechtlichen
Fundierung der Leitungsfunktion des parlamentarischen
Budgetrechts nicht vereinbaren. Demokratie- und Gewaltenteilungsprinzip
fordern im Grundsatz, dass die Exekutive erst dann Haushaltsmittel verausgaben
darf, wenn sie vom Parlament dazu ermächtigt wurde (→
Rn. 54). Eine Suspendierung der Pflicht kommt daher nur in besonderen
Ausnahmesituationen – wie etwa in „politischen oder staatsrechtlichen
Konfliktsituationen"[334] – in Betracht. Ein entsprechender Pflichtverstoß
kann gegebenenfalls im Organstreitverfahren geltend gemacht werden.[335]
Die Pflicht besteht nach Fristablauf im Übrigen nicht nur fort,[336] sondern
verstärkt sich je weiter die Haushaltsperiode fortschreitet.

i) Grundsatz der Periodizität

Nach Art. 79 II 1 LV wird der Haushaltsplan **für ein oder mehrere Rech-** 104
nungsjahre aufgestellt. Die Bestimmung enthält damit den Grundsatz der
Periodizität, der sich historisch mit dem parlamentarischen Budgetrecht
entwickelte.[337] Der Grundsatz stellt sicher, dass das Parlament in regelmäßigen
Abständen seine Budgetentscheidung trifft und ist damit eine Ausprägung
des parlamentarischen Budgetrechts.[338] Der Grundsatz wird
durch § 9 I HGrG konkretisiert (vgl. auch § 12 LHO). Danach kann der
Haushaltsplan für zwei Haushaltsjahre aufgestellt werden. Längere Perioden
sind demnach nicht möglich.

Art. 79 II 1 LV enthält zugleich das **Prinzip der Jährlichkeit**, wenn er bei 105
einem mehrjährigen Haushaltsplan die Trennung nach Jahren verlangt
(vgl. auch § 9 I HGrG, § 12 LHO). Das Prinzip trägt zur Transparenz der
Haushaltswirtschaft bei und erleichtert somit die parlamentarische Haushaltskontrolle.[339]
Der Begriff des Rechnungsjahres taucht in der LV an verschiedenen
Stellen auf (Art. 79 II 1 u. 2, Art. 80 I HS 1 LV). Nach § 4
S. 1 HGrG ist das Rechnungsjahr (Haushaltsjahr) das Kalenderjahr (vgl.
auch § 4 S. 1 LHO). Das Finanzministerium kann nach § 4 S. 2 LHO etwas
anderes bestimmen (vgl. auch § 4 S. 2 HGrG).

---

332 Vgl. *Braun*, Art. 79 Rn. 29.
333 Vgl. LT-Drs. V/3997, 6.
334 *Braun*, Art. 79 Rn. 29.
335 Vgl. BVerfGE 119, 96 (121).
336 Vgl. BVerfGE 119, 96 (121).
337 Vgl. *Stern* in: Stern II, 1242.
338 Vgl. *Kube* in: Maunz/Dürig, Art. 110 Rn. 133.
339 *Katz* in: Feuchte, Art. 79 Rn. 30.

j) Grundsatz des Haushaltsausgleichs (Art. 79 Abs. 1 S. 2 LV)

106 Auch der Grundsatz des Ausgleichs von Einnahmen und Ausgaben nach Art. 79 I 2 LV ergänzt den Grundsatz der Vollständigkeit. Sein Zweck beschränkt sich auf eine „sinnvolle Darstellung des vollständigen Haushalts".[340] Es handelt sich lediglich um eine „formale rechnerische Regel".[341] Systematisch ergibt sich dies aus Art. 84 LV, der die materiellen Grenzen der Kreditaufnahme regelt.[342] Einnahmen iSd Art. 79 I 2 LV sind grundsätzlich auch Einnahmen aus Krediten (→ Rn. 89).[343] Die Norm bildet daher keine materielle **„Missbrauchsschranke"**.[344] Ihr ist auch keine „ernste Mahnung zur Sparsamkeit" zu entnehmen.[345] Ein strukturelles Nettoneuverschuldungsverbot sieht für das Land jedoch die Schuldenbremse gemäß Art. 109 III 1 u. 5 GG vor, die nach Art. 143 d I 3 u. 4 GG ab dem Haushaltsjahr 2020 zu erfüllen ist (vgl. auch → Art. 84 Rn. 1 u. 15).

107 Im Gegensatz zu Art. 110 I 2 GG ist Art. 79 I 2 LV als **Soll-Vorschrift** gefasst,[346] wie es auch Art. 79 II 2 LV aF entsprach (→ Rn. 18). In den Beratungen der Haushaltsreform von 1971 wurde dieser Punkt kontrovers diskutiert (→ Rn. 25). Die dafür angeführten Gründe vermögen grundsätzlich nicht zu überzeugen.[347] Das Konzept einer antizyklischen Haushaltspolitik nach dem Stabilitätsgesetz ist überholt (→ Rn. 11). Im Grunde genommen ist der formale Haushaltsausgleich – der für sich genommen einer Kreditaufnahme nicht entgegensteht – eine „Selbstverständlichkeit".[348]

108 Wenn der Grundsatz des Haushaltsausgleichs nicht eingehalten wird, ist das Haushaltsgesetz in aller Regel verfassungswidrig, da eine sachgerechte Ausnahme nach der vorstehenden Interpretation kaum in Betracht kommt. Rechtsfolge ist dann die Nichtigkeit des Haushaltsgesetzes.[349]

k) Grundsatz der Budgetöffentlichkeit

109 Die Information der Öffentlichkeit über den Staatshaushalt ist für die „politische Willensbildung im parlamentarischen Regierungssystem unabdingbar".[350] Der Grundsatz der Budgetöffentlichkeit leitet sich daher aus dem allgemeinen Öffentlichkeitsprinzip der Demokratie ab,[351] das in Art. 25 I LV eine allgemeine und in Art. 33 I, 63 LV spezifische Ausprägungen hat.[352] Der Grundsatz gilt grundsätzlich **für alle Abschnitte des Haus-**

---

340 BVerfGE 119, 96 (119).
341 BVerfGE 119, 96 (119); vgl. auch die Aussage des Finanzministers *Gleichauf*, Schriftlicher Bericht über die Beratungen des Finanzausschusses, LT-Pl.-Prot. Anlage 1 zur 114. Sitzung am 15.7.1971, Bd. VI, 6943.
342 Vgl. BVerfGE 119, 96 (119 f.); *Kube* in: Maunz/Dürig, Art. 110 Rn. 142.
343 *Braun*, Art. 79 Rn. 27.
344 So aber *Stern* in: Stern II, 1250.
345 So noch BVerfGE 1, 144 (161).
346 Eine Soll-Vorschrift sieht auch Art. 81 II 3 NRWVerf vor.
347 Vgl. bereits *Braun*, Art. 79 Rn. 27.
348 Vgl. *Siekmann* in: Sachs, GG, Art. 110 Rn. 66; *Kube* in: Ehlers/Fehling/Pünder, § 66 Rn. 143; vgl. auch *Stern* in: Stern II, 1249, der den Grundsatz deshalb anspruchsvoller auslegt.
349 Vgl. *Braun*, Art. 79 Rn. 27.
350 Vgl. LVerfGE 22, 3 (14); vgl. auch VerfGH, NVwZ-RR 1998, 145 (147).
351 BVerfGE 70, 324 (358); 130, 318 (344); *Braun*, Art. 79 Rn. 31; *Stern* in: Stern II, 1247; *Siekmann* in: Sachs, GG, Art. 110 Rn. 82.
352 *Braun*, Art. 79 Rn. 31.

haltskreislaufs.[353] Er wird durch die Öffentlichkeit des Haushaltsgesetzgebungsverfahrens (vgl. Art. 33 I LV, s. auch → Rn. 75), durch die Verkündung des Haushaltsgesetzes (vgl. Art. 63 I LV) und die Veröffentlichung des Haushaltsplans (→ Rn. 83), durch die Veröffentlichungen und Berichte des Rechnungshofs (vgl. Art. 83 II 4 LV, s. auch → Art. 83 Rn. 37 ff.) sowie durch das parlamentarische Entlastungsverfahren (vgl. Art. 83 I LV, s. auch → Art. 83 Rn. 48 f.) verwirklicht.[354]

Der Grundsatz der Budgetöffentlichkeit gilt **nicht ausnahmslos**. Zwingende Gründe des Staatswohls können eine Durchbrechung rechtfertigen.[355] So kann es verfassungsgemäß sein, dass bestimmte Prüfungsbemerkungen des Rechnungshofs geheim gehalten werden (vgl. auch § 42 IV HGrG, § 97 IV LHO, § 26 a GO LT). Auch das Beratungsrecht des Abgeordneten aus Art. 27 III iVm Art. 33 I, Art. 59 IV, Art. 79 II 1 LV kann insofern zurücktreten.[356] 110

l) Grundsatz der Wirtschaftlichkeit und Sparsamkeit

Der Grundsatz der Wirtschaftlichkeit und Sparsamkeit ist einfachgesetzlich in § 7 LHO geregelt (vgl. auch § 6 I HGrG). Im Gegensatz zu Art. 114 II 1 GG wird die Wirtschaftlichkeit der Haushalts- und Wirtschaftsführung als Prüfungsmaßstab des Rechnungshofs in Art. 83 II LV nicht genannt. Er hat dennoch Verfassungsrang (→ Art. 83 Rn. 34).[357] 111

m) Grundsatz der Gesamtdeckung

Nach dem Grundsatz der Gesamtdeckung (Non-Affektion) sollen alle in den Haushalt eingestellten Einnahmen zur Deckung aller im Haushalt bewilligten Ausgaben dienen. Er steht demnach **einer Zweckwidmung der Einnahmen entgegen**. Der Grundsatz ist durch § 7 S. 1 HGrG dem Land vorgegeben und in § 8 S. 1 LHO einfachgesetzlich festgelegt. Das BVerfG lässt offen, ob ihm Verfassungsrang zukommt. Eine Grenze sieht es allenfalls dann, wenn „Zweckbindungen in unvertretbarem Ausmaß" stattfinden.[358] 112

6. Rechtsschutz

a) Justitiabilität der Haushaltsverfassung

Die haushaltsverfassungsrechtlichen Normen sind grundsätzlich **voll justiziabel**,[359] auch wenn sie mit **unbestimmten Rechtsbegriffen ökonomischer Prägung** anspruchsvolle Gegenstände für die verfassungsgerichtliche Kontrolle bereithalten.[360] Akte der Legislative und der Exekutive können daher an ihrem Maßstab – insbesondere auch an Art. 79 LV – überprüft wer- 113

---

353 Vgl. *Stern* in: Stern II, 1247; *Kube* in: Maunz/Dürig, Art. 110 Rn. 146.
354 Vgl. *Stern* in: Stern II, 1247.
355 Vgl. BVerfGE 70, 324 (358); *Hillgruber* in: v. Mangoldt/Klein/Starck, Art. 110 Rn. 79; *Heintzen* in: v. Münch/Kunig, Art. 110 Rn. 27.
356 Vgl. BVerfGE 70, 324 (358 ff.).
357 StGH, ESVGH 25, 1 (8 f.); *Braun*, Art. 79 Rn. 30.
358 BVerfGE 93, 319 (348); 110, 274 (295); strikter demgegenüber *Kube* in: Maunz/Dürig, Art. 110 Rn. 145.
359 Vgl. *Prokisch*, Justitiabilität, 252 f. sowie passim.
360 Vgl. *F. Kirchhof*, VVDStRL 52 (1993), 71 (76 f.).

den.³⁶¹ Die Zulässigkeitsvoraussetzungen des jeweiligen Verfahrens müssen jedoch erfüllt sein. Eine **Ausnahme bildet die Entlastungsentscheidung** gemäß Art. 83 I LV, für die ein politischer Kontrollmaßstab gilt und die grundsätzlich keine Rechtswirkungen entfaltet (→ Art. 83 Rn. 45).

b) Verfahren vor dem VerfGH
aa) Organstreitverfahren

114 Wenn eine Verletzung des Budgetrechts gerügt wird, ist das Organstreitverfahren gemäß Art. 68 I 2 Nr. 1 LV iVm § 8 I Nr. 1, §§ 44 ff. VerfGHG statthaft.³⁶² Der **Landtag** ist ein oberstes Landesorgan iSd Art. 68 I 2 Nr. 1 LV und damit nach Art. 68 II Nr. 1 LV, § 44 VerfGHG antragsberechtigt. Auch die **Fraktionen des Landtags** sind nach Art. 68 I 2 Nr. 1, II Nr. 1 LV, § 44 VerfGHG beteiligtenfähig.³⁶³ Sie – nicht aber einzelne Abgeordnete³⁶⁴ – können das Budgetrecht des Landtags im Wege der Prozessstandschaft gemäß § 45 I VerfGHG geltend machen.³⁶⁵ Die Fraktionen können sich auf das Budgetrecht jedoch nicht gegenüber dem Landtag selbst berufen. Das Budgetrecht steht dem Landtag als Gesamtorgan und nicht den Fraktionen zu.³⁶⁶ Der Antrag ist nach § 45 III VerfGHG binnen sechs Monaten zu stellen, nachdem die beanstandete Handlung oder Unterlassung dem Antragsteller bekanntgeworden ist. Die **Landesregierung** ist nach § 44 VerfGHG ein zulässiger Antragsgegner. Auch der **Finanzminister** ist nach § 44 VerfGHG beteiligtenfähig. Er ist nach Art. 81 S. 1 LV mit eigenen Zuständigkeiten ausgestattet, so dass er jedenfalls als „anderer Beteiligter" iSd Art. 68 I 2 Nr. 1 LV zu qualifizieren ist.³⁶⁷ Ob sogar den obersten Landesorganen zuzuordnen ist, kann insofern offengelassen werden.³⁶⁸ Neben dem parlamentarischen Budgetrecht können im Organstreitverfahren grundsätzlich auch konkrete Rechte und Pflichten geltend gemacht werden, die sich aus verfassungsrechtlichen Haushaltsgrundsätzen ergeben.³⁶⁹

bb) Abstrakte Normenkontrolle

115 Das Haushaltsgesetz kann grundsätzlich Gegenstand einer abstrakten Normenkontrolle nach Art. 68 I 2 Nr. 2 LV iVm § 8 I Nr. 2, §§ 44 ff. VerfGHG sein.³⁷⁰ Es ist als „Landesrecht" im Sinne dieser Vorschrift zu qualifizieren.³⁷¹ Auch **Ermächtigungsvorschriften im organschaftlichen Rechtskreis** sind Recht iSd dieser Vorschriften.³⁷² Indes ist zu beachten, dass das Haus-

---

361 Vgl. *E. Reimer* in: Epping/Hillgruber, Art. 110 GG Rn. 3; *Kube* in: Maunz/Dürig, Art. 110 Rn. 194.
362 Vgl. LVerfGE 22, 3 (12); vgl. auch BVerfGE 129, 356 (365 f.), wo aber eine Verletzung des Budgetrechts nicht schlüssig behauptet wurde.
363 Vgl. StGH, ESVGH 47, 1 (2); LVerfGE 18, 65 (74); 22, 3 (12).
364 *Gröpl* in: BK, Art. 110 Rn. 309.
365 Vgl. LVerfGE 18, 65 (74); vgl. auch *Heintzen* in: v. Münch/Kunig, Art. 110 Rn. 31.
366 Vgl. StGH, ESVGH 47, 1 (4 f.); *Kube* in: Maunz/Dürig, Art. 110 Rn. 37.
367 Vgl. LVerfGE 18, 65 (74); 22, 3 (13).
368 Vgl. LVerfGE 18, 65 (74).
369 Vgl. *Kube* in: Maunz/Dürig, Art. 110 Rn. 196.
370 Vgl. BVerfGE 20, 56 (91 f.); 119, 96 (116); *Braun*, Art. 79 Rn. 8.
371 Vgl. *Brockmeyer* in: Schmidt-Bleibtreu/Hofmann/Henneke, Art. 110 Rn. 7.
372 Vgl. BVerfGE 79, 311 (326).

haltsgesetz als Zeitgesetz – das die Verwaltung periodenbezogen ermächtigt (vgl. §§ 3, 4 HGrG, §§ 3, 4 LHO) – **nur temporär Rechtswirkungen** entfaltet, so dass im Einzelfall zu prüfen ist, ob noch ein tauglicher Antragsgegenstand vorliegt.[373] Ist der Antrag zulässig, wird er jedoch wegen Zeitablaufs oder Ablaufs der Legislaturperiode nicht unzulässig.[374] Es kommt in diesem Zusammenhang auch der Erlass einer einstweiligen Anordnung nach § 25 VerfGHG in Betracht.[375]

cc) Konkrete Normenkontrolle

Das Haushaltsgesetz entfaltet in der Regel nur im organschaftlichen Rechtskreis Rechtswirkungen (→ Rn. 58 f.). Die Verfassungsmäßigkeit des Haushaltsgesetzes ist daher in einem fachgerichtlichen Verfahren grundsätzlich nicht entscheidungserheblich iSd Art. 68 I 2 Nr. 3 LV iVm Art. 100 I 1 GG, § 8 I Nr. 3, § 51 II VerfGHG.[376] Fehlt es an einer entsprechenden außenwirksamen Regelung, ist die konkrete Normenkontrolle unzulässig.[377]

116

dd) Verfassungsbeschwerde

Eine Verfassungsbeschwerde, die sich gegen das Haushaltsgesetz richtet, ist grundsätzlich unzulässig. Die erforderliche **unmittelbare Selbstbetroffenheit** ist nicht gegeben, wenn das Gesetz nur im organschaftlichen Rechtskreis Rechtswirkungen erzielt.[378] Da das Haushaltsrecht prinzipiell keine individuellen Ansprüche begründet, haben auch entsprechende Klagen vor der Fachgerichtsbarkeit in aller Regel keinen Erfolg.[379]

117

Nach der Rechtsprechung des BVerfG kann mit der Verfassungsbeschwerde gemäß Art. 93 I Nr. 4 a GG im Übrigen die Verletzung der Art. 38 I 1 GG iVm Art. 79 III, Art. 20 I, II GG gerügt werden, wenn aufgrund von **Kompetenzverlagerungen im Zuge der europäischen Integration** und der Euro-Krise die haushaltspolitische Gesamtverantwortung des Bundestages und die demokratische Selbstgestaltungsfähigkeit des Staates in Frage steht.[380] Eine vergleichbare Konstellation wird sich in der Staatsorganisation des Landes indes nicht finden.

118

II. Bepackungsverbot (Abs. 3)

Art. 79 III LV enthält mit dem Bepackungsverbot materielle Vorgaben, die den Gegenstand des Haushaltsgesetzes in sachlicher und zeitlicher Hinsicht einschränken. Nach Art. 79 III 1 LV dürfen in das Haushaltsgesetz nur

119

---

373 Vgl. *Tappe*, Haushaltsgesetz als Zeitgesetz, 244 ff.
374 Vgl. BVerfGE 79, 311 (327 f.); 119, 96 (116, 117); *Tappe/Wernsmann*, Öffentliches Finanzrecht, Rn. 772.
375 Vgl. *Gröpl* in: BK, Art. 110 Rn. 310; *Tappe/Wernsmann*, Öffentliches Finanzrecht, Rn. 777; vgl. auch VerfGH NRW, BeckRS 2011, 46006.
376 Vgl. *Kube* in: Maunz/Dürig, Art. 110 Rn. 197.
377 Vgl. BVerfGE 38, 121 (125, 127); *Braun*, Art. 79 Rn. 8; *Tappe*, Haushaltsgesetz als Zeitgesetz, 244; *Brockmeyer* in: Schmidt-Bleibtreu/Hofmann/Henneke, Art. 110 Rn. 8.
378 *Hillgruber* in: v. Mangoldt/Klein/Starck, Art. 110 Rn. 76.
379 *Gröpl* in: BK, Art. 110 Rn. 307; vgl. aber auch BVerfGE 38, 121 (127 f.); *Kube* in: Maunz/Dürig, Art. 110 Rn. 198.
380 Vgl. BVerfGE 123, 267 (360 f.); 129, 124 (177 ff.); 132, 195 (234 f., 238 ff.).

Vorschriften aufgenommen werden, die sich auf die Einnahmen und Ausgaben des Landes (**sachliches Bepackungsverbot**) und auf den Zeitraum (**zeitliches Bepackungsverbot**) beziehen, für den das Haushaltsgesetz beschlossen wird. Das Haushaltsgesetz erhält aufgrund dieser Anforderungen den Charakter eines **Finanz-, Zeit- und Organgesetzes**.

120 Im Konstitutionalismus sollte das Bepackungsverbot vornehmlich verhindern, dass die Zustimmung zu den Haushaltsplänen der Exekutive **von weiteren Bedingungen abhängig gemacht** wird. In der parlamentarischen Demokratie, in der die Regierung von der Volksvertretung gewählt wird, kommt diese Zwecksetzung grundsätzlich nicht mehr zum Tragen.[381] Demgemäß sahen die Verfassungen Badens und Württembergs von 1919 kein Bepackungsverbot vor.[382] Auch in den geltenden Verfassungen Bayerns, Berlins, Brandenburgs, Bremens, Hamburgs sowie Nordrhein-Westfalens[383] fehlt eine entsprechende Regelung.[384]

121 Auch wenn das Bepackungsverbot nicht zu den unabdingbaren Grundsätzen der rechtsstaatlichen Demokratie gehört, steht die Normativität des Art. 79 III LV außer Frage.[385] Die Vorschrift dient der Normklarheit und der Beschleunigung des Haushaltsgesetzgebungsverfahrens.[386] Sie schützt die Abgeordneten des Landtags – insbesondere die der Parlamentsminderheit – vor einer Überrumpelung und überraschenden Konstellationen.[387] Durch die Konzentration auf die Feststellung des Haushaltsplans soll die Haushaltsgesetzgebung, die üblicherweise unter Zeitdruck verläuft, von der Komplexität materieller Gesetzgebungsmaterien entlastet werden.[388] Das Verbot schafft damit die **Voraussetzungen für eine sachgerechte Budgetentscheidung** des Parlaments. Zugleich sichert es die **Transparenz der Sachgesetzgebung** ab. Materielle Regelungen könnten im Haushaltsgesetzgebungsverfahren in den Hintergrund treten und somit der öffentlichen Debatte im Parlament künstlich entzogen werden, was insbesondere bei Ermächtigungsgrundlagen für Grundrechtseingriffe problematisch wäre.[389]

122 Da das Bepackungsverbot – zumindest auch – anderen Zwecken als dem Schutz der parlamentarischen Mehrheit dient, kann der einfache Haus-

---

381 Vgl. LVerfG M-V, LKV 2006, 26 (29) zum gleichlautenden Art. 61 IV 1 MVVerf; *v. Portatius*, Bepackungsverbot, 54 ff.; *Hillgruber* in: v. Mangoldt/Klein/Starck, Art. 110 Rn. 110; *Kube* in: Maunz/Dürig, Art. 110 Rn. 182.
382 Vgl. *v. Portatius*, Bepackungsverbot, 38; *Braun*, Art. 79 Rn. 35.
383 VerfGH NRW, NVwZ 1997, 57 (58) lässt offen, ob das Bepackungsverbot einen ungeschriebenen Grundsatz des nordrhein-westfälischen Haushaltsverfassungsrechts bildet.
384 Vgl. *Tappe*, Haushaltsgesetz als Zeitgesetz, 62 Fn. 198; vgl. auch VerfGH NRW, NVwZ 1997, 57 (58).
385 Vgl. SaarlVerfGH, B. v. 13.3.2006 – LV 5/05 – juris, Rn. 75 zum gleichlautenden Art. 105 II 1 SaarlVerf; LVerfG M-V, LKV 2006, 26 (29); *Stern* in: Stern II, 1253.
386 LVerfG M-V, LKV 2006, 26 (29); NdsStGH, B. v. 31.10.1996 – StGH 4/96 – NVwZ-RR 1997, 201 (202) zum gleichlautenden Art. 49 III 1 NdsVorlVerf (nunmehr Art. 65 V NdsVerf); vgl. auch SaarlVerfGH, B. v. 13.3.2006 – LV 5/05 – juris Rn. 73; *Heun* in: Dreier, Art. 110 Rn. 41.
387 NdsStGH, NVwZ-RR 1997, 201 (202); LVerfG M-V, LKV 2006, 26 (29); *Stern* in: Stern II, 1253.
388 Vgl. SaarlVerfGH, B. v. 13.3.2006 – LV 5/05 – juris, Rn. 73; LVerfG M-V, LKV 2006, 26 (29).
389 Vgl. SaarlVerfGH, B. v. 13.3.2006 – LV 5/05 – juris, Rn. 73.

haltsgesetzgeber nicht darüber disponieren.[390] Der Gesetzesbeschluss des Landtags heilt eine Verletzung des Art. 79 III LV daher nicht. Dem Verbot wird auch nicht Genüge getan, wenn die betreffenden Materien lediglich in einem Artikelgesetz unterteilt sind.[391] Zulässig ist es aber, materiellrechtliche Regelungen, die unter das Bepackungsverbot fallen würden, in ein – wie es auch der gängigen Staatspraxis entspricht[392] – **Haushaltsbegleitgesetz** zu verlagern.[393] Haushaltsgesetz und Haushaltsbegleitgesetz kommen in jeweils eigenständigen Gesetzgebungsverfahren zustande, so dass dem rechtsstaatlich-demokratischen Telos des Art. 79 III LV dann hinreichend Rechnung getragen wird.

Das sachliche Bepackungsverbot fordert, dass jede Vorschrift des Haushaltsgesetzes sich auf Einnahmen und Ausgaben des Landes beziehen muss. Daraus lässt sich zunächst ableiten, dass **materiellrechtliche Vorschriften im Haushaltsgesetz nicht schlechthin verboten** sind.[394] Der Verfassunggeber hätte den Gegenstand des Haushaltsgesetzes sonst auf die Feststellung des Haushaltsplans beschränkt.[395] Auf der anderen Seite kann nicht jeder Bezug genügen, um die Anforderung zu erfüllen, da sonst das Verbot leerliefe.[396] Zudem erlaubt die Alternative des Haushaltsbegleitgesetzes eine strengere Interpretation der Norm. Die betreffenden Vorschriften müssen daher **in einem unmittelbaren Zusammenhang mit den Einnahmen und Ausgaben** stehen, die im Haushaltsplan veranschlagt sind.[397] Einnahmen und Ausgaben anderer juristischer Personen des öffentlichen Rechts stellen insofern keinen zulässigen Bezugspunkt dar.[398] Indes kommt dem sachlichen Bepackungsverbot selbst dann nur geringe Bedeutung in der Rechtspraxis zu.[399] Mit ihm sind nicht nur Regelungen vereinbar, die den Haushaltsvollzug betreffen, sondern auch Änderungen von Steuer- und Leistungsgesetzen sowie Ermächtigungen zur Kreditaufnahme und der Übernahme von Gewährleistungen iSd Art. 84 LV.[400]

Das **zeitliche Bepackungsverbot** schränkt den zeitlichen Anwendungsbereich des Haushaltsgesetzes grundsätzlich auf die betreffende Haushaltsperiode ein. Das Verbot gilt sowohl für rückwirkende als auch für fortwirkende Regelungen, die über die Haushaltsperiode hinausreichen. Dauerregelungen dürfen daher nicht Gegenstand des Haushaltsgesetzes sein.[401] Die Anforderungen des sachlichen und des zeitlichen Bepackungsverbots müs-

---

390 LVerfG M-V, LKV 2006, 26 (29).
391 LVerfG M-V, LKV 2006, 26 (29).
392 Vgl. etwa Haushaltsbegleitgesetz 2017 v. 21.2.2017, GBl. 65.
393 LVerfG M-V, LKV 2006, 26 (29); *Hillgruber* in: v. Mangoldt/Klein/Starck, Art. 110 Rn. 108; *Kube* in: Maunz/Dürig, Art. 110 Rn. 187.
394 Vgl. BSGE 37, 144 (145 f.); *Heun* in: Dreier, Art. 110 Rn. 41.
395 *Vialon*, Haushaltsrecht, Art. 110 Rn. 10.
396 *Kube* in: Maunz/Dürig, Art. 110 Rn. 184.
397 Vgl. BSGE 37, 144 (146); NdsStGH, NVwZ-RR 1997, 201 (202), *Kube* in: Maunz/Dürig, Art. 110 Rn. 184.
398 Vgl. *Braun*, Art. 79 Rn. 35.
399 Vgl. *Hillgruber* in: v. Mangoldt/Klein/Starck, Art. 110 Rn. 109; *Tappe*, Haushaltsgesetz als Zeitgesetz, 114.
400 Vgl. *Braun*, Art. 79 Rn. 35; *Kube* in: Maunz/Dürig, Art. 110 Rn. 184.
401 *Hillgruber* in: v. Mangoldt/Klein/Starck, Art. 110 Rn. 112.

sen dabei für jede Vorschrift kumulativ erfüllt sein.[402] Eine **Ausnahme** zum zeitlichen Bepackungsverbot sieht Art. 79 III 2 LV vor. Sie dient dazu, die Kontinuität der Haushaltswirtschaft sicherzustellen.[403] Zwischen den zeitlichen Anwendungsbereichen zweier aufeinanderfolgender Haushaltsgesetze soll keine Interimsphase entstehen.[404]

125 Eine Regelung des Haushaltsgesetzes, die gegen Art. 79 III LV verstößt, ist nichtig (Teilnichtigkeit). Die betreffende Norm hat von Anfang (ex tunc) keine Geltung.[405] Das zeitliche Bepackungsverbot korrespondiert im Übrigen mit dem Grundsatz der Periodizität (→ Rn. 104 f.).

III. Vermögensnachweis (Abs. 4)

126 Art. 79 IV LV fordert einen Nachweis des Vermögens und der Schulden des Landes in einer Anlage des Haushaltsplans. Die Vorschrift entspricht Art. 110 III GG aF, der jedoch mit dem 20. GGÄndG abgeschafft wurde (→ Rn. 31). Wieso der verfassungsändernde Gesetzgeber sich im Rahmen der Haushaltsreform 1971 in diesem Punkt **ausnahmsweise nicht am 20. GGÄndG orientierte**, erschließt sich aus den Gesetzesmaterialien nicht. In der Begründung der Verfassungsänderung wird insofern lediglich auf die bisherige landesverfassungsrechtliche Regelung des Art. 79 III LV aF verwiesen.[406] Eine längere landesverfassungsrechtliche Tradition kann für die Vorschrift nicht nachgewiesen werden. Die Bestimmung war mit der Verfassunggebung neu eingeführt worden.[407]

127 Der Normgehalt der Bestimmung ist gering. Die Publikationsvorschrift dient der **vermögensrechtlichen Transparenz**[408] und gibt im Kern lediglich die „Form des Vermögensnachweises" vor.[409] Die Regelung korrespondiert mit der Pflicht des Finanzministers nach Art. 83 I LV auch über das Vermögen und die Schulden des Landes dem Landtag jährlich Rechnung zu legen (→ Art. 83 Rn. 15 ff.).

128 Nach Art. 79 IV LV ist der Vermögensnachweis in einer **Anlage des Haushaltsplans** zu führen. Eine Veröffentlichung der Anlage im Gesetzblatt des Landes ist nicht erforderlich. Da zum Zeitpunkt der Haushaltsreform 1971 nach als verfassungsgemäß erachteter Rechtspraxis und entsprechend § 1 S. 2 LHO nur das Haushaltsgesetz mit dem Gesamtplan verkündet wurde (→ Rn. 83), hätte der verfassungsändernde Gesetzgeber einen anderen Willen ausdrücklich äußern müssen, wovon er aber abgesehen hat. Nach dem Telos der Vorschrift ist der Nachweis aber so zu führen, dass er **der Öffent-**

---

402 *Kube* in: Maunz/Dürig, Art. 110 Rn. 186.
403 Vgl. LT-Drs. V/3997, 6.
404 Vgl. *Heintzen* in: v. Münch/Kunig, Art. 110 Rn. 45.
405 Vgl. LVerfG M-V, LKV 2006, 26 (29 f.); vgl. auch Stern in: Stern II, 1253; *Heintzen* in: v. Münch/Kunig, Art. 110 Rn. 44, 46; *Hillgruber* in: v. Mangoldt/Klein/Starck, Art. 110 Rn. 115; *Heun* in: Dreier, Art. 110 Rn. 41.
406 Vgl. LT-Drs. V/3997, 6.
407 Vgl. *Spreng/Birn/Feuchte*, Art. 79 Rn. 5.
408 Vgl. VA-Bericht, Berichterstatter: Abg. *Huber*, VLV, Beilagen, 1953, Bd. III, Beilage 1103, 79.
409 Vgl. LT-Drs. V/3997, 6.

lichkeit frei zugänglich ist.[410] In der Rechtspraxis wird der Vermögensnachweis in einem Vorheft zum Staatshaushaltsplan veröffentlicht.[411]

In Bezug auf den Inhalt verweist die Begründung der Verfassungsänderung auf § 86 LHO, der damals lediglich in Entwurfsfassung vorlag.[412] Nach der Bestimmung regelt das Finanzministerium den Vermögensnachweis im Einvernehmen mit dem zuständigen Ministerium und dem Rechnungshof. Der verfassungsrechtliche Gestaltungsspielraum ist dementsprechend weit. Aufgrund von Sinn und Zweck der Vorschrift ist er jedoch nicht unbegrenzt. Inhaltlich ist zu fordern, dass sich der Bürger über den Gesamtvermögensbestand des Landes, der insbesondere auch den Schuldenstand umfasst, fundiert unterrichten kann. **Verschleierungen und das Zurückhalten von wichtigen Informationen über die Vermögenslage des Landes sind unzulässig.** Im Übrigen ist zu beachten, dass das Finanzministerium eine Verwaltungsvorschrift über die Vermögensrechnung des Landes (VwVVR) aufgrund von § 5 LHO erlassen hat (→ Art. 83 Rn. 19 f.).[413]

129

Die bisherige Vermögensübersicht beruhte auf dem kameralen Haushalts- und Rechnungswesen. Sie wird durch eine Vermögensrechnung ersetzt, die auf der Anlagenbuchhaltung aufbaut.[414] Da die Transparenz über Vermögen und Schulden des Landes dadurch erhöht wird, ist den Anforderungen des Art. 79 IV LV damit grundsätzlich entsprochen, sofern die Vermögensrechnung der Öffentlichkeit frei zugänglich ist.

130

Artikel 80 [Nothaushaltsrecht]

(1) Ist bis zum Schluß eines Rechnungsjahres weder der Haushaltsplan für das folgende Rechnungsjahr festgestellt worden noch ein Nothaushaltsgesetz ergangen, so kann bis zur gesetzlichen Regelung die Regierung diejenigen Ausgaben leisten, die nötig sind, um

1. gesetzlich bestehende Einrichtungen zu erhalten und gesetzlich beschlossene Maßnahmen durchzuführen,
2. die rechtlich begründeten Verpflichtungen des Landes zu erfüllen,
3. Bauten, Beschaffungen und sonstige Leistungen fortzusetzen oder Beihilfen für diese Zwecke weiter zu gewähren, sofern durch den Haushaltsplan eines Vorjahres bereits Beträge bewilligt worden sind.

(2) ¹Soweit die auf besonderem Gesetz beruhenden Einnahmen aus Steuern, Abgaben und sonstigen Quellen oder die Betriebsmittelrücklage die in Abs. 1 genannten Ausgaben nicht decken, kann die Regierung den für eine geordnete Haushaltsführung erforderlichen Kredit beschaffen. ²Dieser darf ein Viertel der Endsumme des letzten Haushaltsplans nicht übersteigen.

---

410 Vgl. VA-Bericht, Berichterstatter: Abg. *Huber*, VLV, Beilagen, 1953, Bd. III, Beilage 1103, 79.
411 Vgl. etwa Ministerium für Finanzen und Wirtschaft BW, Staatshaushaltsplan für 2015/2016, Vorheft, 243 ff.: www.statistik-bw.de/shp/2015-16/pages/Vorheft/Vorheft2015.pdf (1.11.2017).
412 Vgl. LT-Drs. V/3997, 6.
413 GABl. 2016, 196.
414 Vgl. Ministerium für Finanzen und Wirtschaft BW, Staatshaushaltsplan für 2015/2016, Vorheft, 30.

Schrifttum:

Feuchte, Der Nothaushalt – ein Instrument der Politik?, AöR 97 (1972), 538; *Fischer*, Handeln in fremden Interesse, VerwArch 2007, 543; *Karehnke*, Parlamentarisches Budgetrecht, vorläufige Haushaltsführung durch die Bundesregierung und Notbewilligungsrecht des Bundesministers der Finanzen für Haushaltsüberschreitungen, DÖV 1976, 361; *Kroll*, Das Teilhaushaltsgesetz, DÖV 2004, 986; *Krumpa*, Haushaltsüberschreitungen bei Verzögerung des Haushaltsplans und im Haushaltskonflikt, 1977; *Rossi*, Unzulässigkeit von Haushaltsvorschaltgesetzen, DÖV 2003, 313; *Sasse*, Haushaltsvollzug ohne Haushalt?, JZ 1973, 189; *Theiß*, Das Nothaushaltsrecht des Bundes, 1975; s. außerdem Schrifttum zu Art. 79 LV.

Vergleichbare Regelungen: Art. 111 GG, 315 AEUV, 78 IV BayVerf, 89 BerlVerf, 102 BbgVerf, 132a BremVerf, 67 HambVerf, 140 HessVerf, 62 MV-Verf, 66 NdsVerf, 82 NRWVerf, 116 IV, V RPVerf, 105 III, IV SaarlVerf, 98 Sächs-Verf, 94 LSAVerf, 59 SchlHVerf, 100 ThürVerf.

Ergänzende Normen: Haushaltsgrundsätzegesetz (HGrG), Landeshaushaltsordnung (LHO).

Leitentscheidungen: StGH, ESVGH 47, 1; LVerfGE 18, 65; LVerfGE 22, 3; BVerfGE 45, 1 (Haushaltsüberschreitung); 119, 96 (Staatsverschuldung II).

A. Überblick und Einordnung 1	a) Etatloser Zustand 14
I. Bedeutung der Vorschrift 1	aa) Keine Feststellung des Haushaltsplans 14
1. Gegenstand der Vorschrift 1	
2. Stellung der Vorschrift innerhalb der Haushaltsverfassung des Landes 5	bb) Kein Nothaushaltsgesetz 16
	b) Budgetkonflikt 17
3. Vorgaben des Bundesrechts 6	c) Verweisung 19
II. Herkunft, Entstehung, Geschichte 7	2. Adressat der Ermächtigung 20
1. Vorgängerverfassungen ... 7	3. Grenzen 21
2. Verfassunggebung 1952/53 9	a) Allgemeines 21
	b) Varianten 24
3. Haushaltsreform 1971 ... 10	aa) Art. 80 I Nr. 1 LV 24
III. Verfassungsvergleichende Einordnung 11	bb) Art. 80 I Nr. 2 LV 26
	cc) Art. 80 I Nr. 3 LV 28
B. Erläuterung 14	4. Rechtsfolgen 30
I. Ausgabenermächtigung (Abs. 1) 14	II. Kreditaufnahme (Abs. 2) 35
1. Voraussetzungen 14	

A. Überblick und Einordnung

I. Bedeutung der Vorschrift

1. Gegenstand der Vorschrift

1   In Art. 80 LV ist das **Nothaushaltsrecht des Landes** niedergelegt.[1] Die Binnensystematik folgt dem haushaltsrechtlichen „Dualismus von Einnahmen und Ausgaben".[2] Art. 80 I LV betrifft die Ausgabenseite einschließlich der Verpflichtungsermächtigungen, Art. 80 II LV die Einnahmenseite. In der

---

1 Vgl. *Katz* in: Feuchte, Art. 80 Rn. 3; vgl. auch BVerfGE 119, 96 (121); *Kube* in: Maunz/Dürig, Art. 111 Rn. 1.
2 *E. Reimer* in: Epping/Hillgruber, Art. 111 GG Rn. 6.

Rechtspraxis kommt dem Nothaushaltsrecht eine nicht unerhebliche Bedeutung zu, da der Haushalt immer wieder verspätet verabschiedet wird.³

Art. 80 I LV ermöglicht der Gubernative eine **vorläufige Haushaltsführung**, wenn zu Beginn des Haushaltsjahres der **Haushaltsplan** – entgegen dem Gebot der Vorherigkeit nach Art. 79 II 2 LV – **noch nicht festgestellt** worden ist und auch kein Nothaushaltsgesetz verabschiedet wurde.⁴ Die Vorschrift sieht eine **eigenständige haushaltsrechtliche Ermächtigung** der Landesregierung vor, die **unmittelbar aus der Verfassung** folgt.⁵ Sie ist jedoch – wie es mit dem parlamentarischen Budgetrecht auch nicht anders zu vereinbaren wäre (→ Art. 79 Rn. 45 ff.) – sachlich eng beschränkt⁶ und unterstellt eine lediglich „mutmaßliche Zustimmung" des Parlaments.⁷ Der Vorrang des Haushaltsgesetzgebers ist grundsätzlich zu wahren.⁸ Die LV geht dabei davon aus, dass der etatlose Zustand eine „**kurzfristige Ausnahmesituation**" ist, zu deren Überwindung sowohl die Landesregierung als auch der Landtag verpflichtet sind (→ Art. 79 Rn. 71 u. 75).⁹

2

Bestünde die verfassungsrechtliche Ermächtigung zur vorläufigen Haushaltsführung nicht, könnte das Land im etatlosen Zustand nicht seinen finanziellen Verpflichtungen nachkommen, die sich aus verschiedensten Rechtsakten ergeben. Zahlreiche Rechtsverstöße des Landes wären die Folge. Art. 80 LV dient daher dazu, die **Funktionen des Rechtsstaats** in finanzieller Hinsicht aufrechtzuerhalten.¹⁰ Aus Art. 80 II 1 LV ergibt sich, dass eine „geordnete Haushaltsführung" gewährleistet werden soll.¹¹ Die Vorschrift kommt deshalb auch im **Budgetkonflikt** zwischen Regierung und Parlament zur Anwendung (s. auch → Rn. 17 f.).¹² Da aber die verfassungsrechtliche Ermächtigung der Gubernative dem parlamentarischen Budgetrecht gegenläufig ist, sind ihr enge Grenzen gesetzt. In ihrem Umfang zielt die Ermächtigung darauf, dass nur die Ausgaben geleistet werden dürfen, die zur Aufrechterhaltung des „status quo" notwendig sind.¹³

3

---

3 So wurde das StHG 2017 erst am 22.2.2017 beschlossen, GBl. 78; vgl. auch *Welz*, Parlamentarische Finanzkontrolle, 56; *Katz* in: Feuchte, Art. 80 Rn. 2; *Braun*, Art. 80 Rn. 1; *Fischer*, VerwArch 98 (2007), 543 (544).
4 Vgl. BVerfGE 45, 1 (31) zu Art. 111 GG.
5 Vgl. *Siekmann* in: Sachs, GG, Art. 111 Rn. 3.
6 Vgl. BVerfGE 45, 1 (32 f.); *Braun*, Art. 80 Rn. 1.
7 Vgl. *Jarass* in: Jarass/Pieroth, Art. 111 Rn. 1.
8 Vgl. LVerfGE 22, 3 (22); vgl. auch BVerfGE 66, 26 (38); *Fischer*, VerwArch 98 (2007), 543 (544).
9 Vgl. BVerfGE 45, 1 (33); 66, 26 (38); vgl. auch *Braun*, Art. 80 Rn. 1; *Mußgnug*, Haushaltsplan, 366; *Heintzen* in: v. Münch/Kunig, Art. 111 Rn. 2 f.
10 Vgl. LVerfGE 22, 3 (18); *Karehnke*, DÖV 1976, 361 (363); *Tappe*, Haushaltsgesetz als Zeitgesetz, 146; *Heun* in: Dreier, Art. 111 Rn. 4; *Schwarz* in: v. Mangoldt/Klein/Starck, Art. 111 Rn. 1.
11 Vgl. LVerfGE 22, 3 (18); *Katz* in: Feuchte, Art. 80 Rn. 3; *Krumpa*, Haushaltsüberschreitungen bei Verzögerung des Haushaltsplans und im Haushaltskonflikt, 28.
12 Vgl. *Sasse*, JZ 1973, 189 (190); *Siekmann* in: Sachs, GG, Art. 111 Rn. 6; *Heun* in: Dreier, Art. 111 Rn. 4; aA *Brockmeyer* in: Schmidt-Bleibtreu/Hofmann/Henneke, Art. 111 Rn. 5.
13 Vgl. LVerfGE 22, 3 (18); *Katz* in: Feuchte, Art. 80 Rn. 3; *Stern* in: Stern II, 1219; *Kroll*, DÖV 2004, 986; *Tappe*, Das Haushaltsgesetz als Zeitgesetz, 147.

Art. 80 I LV lässt sich somit auch der Zweck entnehmen, auf eine **rechtzeitige Verabschiedung des Staatshaushaltsgesetzes** hinzuwirken.[14]

4 Art. 80 II LV eröffnet der Landesregierung die Möglichkeit, in begrenztem Umfang **Kredite** für die vorläufige Haushaltsführung aufzunehmen. Auch hier greift die Überlegung, dass der Rechtsstaat andernfalls seinen finanziellen Verpflichtungen nicht nachkommen könnte. Die Vorschrift verfolgt damit grundsätzlich dieselbe Zwecksetzung wie Art. 80 I LV.

2. Stellung der Vorschrift innerhalb der Haushaltsverfassung des Landes

5 Art. 80 LV – wie auch Art. 81 LV – bildet zu Art. 79 LV eine **Ausnahmevorschrift**,[15] die – da sie dem parlamentarischen Budgetrecht gegenläufig ist – **eng auszulegen ist**.[16] Der Vorgriff auf die parlamentarische Budgetentscheidung ist zu minimieren.[17] Die verfassungsrechtliche Ermächtigung **entbindet** die Landesregierung und den Landtag **nicht** von ihrer **Budgetpflicht** gemäß Art. 79 II 1 LV (→ Art. 79 Rn. 71 u. 75 f.).[18] Art. 81 LV ist neben Art. 80 LV anwendbar (→ Art. 81 Rn. 7).[19] Die Ermächtigung zur Kreditaufnahme nach Art. 80 II LV besteht unabhängig von der Ermächtigung nach Art. 84 LV.[20]

3. Vorgaben des Bundesrechts

6 Die Verpflichtungen des Landes aus **Art. 109 II GG** bestehen auch bei der vorläufigen Haushaltsführung. Eine Kompetenz, Mehrausgaben zur Rezensionsbekämpfung zu leisten, um dem gesamtwirtschaftlichen Gleichgewicht Rechnung zu tragen, ergibt sich hieraus jedoch nicht.[21] Darüber hinaus ist das strukturelle Schuldenverbot gemäß **Art. 109 III 1 u. 5, Art. 143 d I GG** auch im Rahmen der vorläufigen Haushaltsführung zu beachten.[22]

II. Herkunft, Entstehung, Geschichte
1. Vorgängerverfassungen

7 Eine Vorschrift zur vorläufigen Haushaltsführung findet sich nicht in allen Vorgängerverfassungen.[23] Hervorzuheben ist jedoch Art. 64 der Preußischen Verfassung vom 30.11.1920,[24] der für Art. 111 GG das Vorbild war und sich historisch als Reaktion auf den preußischen Budgetkonflikt erklä-

---

14 Vgl. VA-Bericht, Berichterstatter: Abg. Huber, VLV, Beilagen, 1953, Bd. III, Beilage 1103, 79; *Braun*, Art. 80 Rn. 1; *Krumpa*, Haushaltsüberschreitungen, 17 f.; *Theiß*, Nothaushaltsrecht, 45 f.; *Sasse*, JZ 1973, 189 (191); *Rossi*, DÖV 2003, 313 (318); *Tappe*, Haushaltsgesetz als Zeitgesetz, 147.
15 Vgl. BVerfGE 45, 1 (31); *Braun*, Art. 80 Rn. 2.
16 *Katz* in: Feuchte, Art. 80 Rn. 3; vgl. auch *Stern* in: Stern II, 1218; *Heintzen* in: v. Münch/Kunig, Art. 111 Rn. 3; *E. Reimer* in: Epping/Hillgruber, Art. 111 GG Rn. 3.
17 *Mahrenholz* in: AK-GG, Art. 111 Rn. 3.
18 Vgl. BVerfGE 119, 96 (121); *Kube* in: Maunz/Dürig, Art. 111 Rn. 5.
19 *Braun*, Art. 80 Rn. 3; *Katz* in: Feuchte, Art. 80 Rn. 6.
20 *Kube* in: Maunz/Dürig, Art. 111 Rn. 9.
21 Vgl. *Nebel* in Piduch, Bundeshaushaltsrecht, Art. 111 GG Rn. 1.
22 Vgl. *Gröpl* in: BK, Art. 111 Rn. 82 f.; *Droege* in: Brocker/Droege/Jutzi, Art. 116 Rn. 22.
23 Vgl. *Braun*, Art. 80 Rn. 4.
24 Preußische Gesetzessammlung 1920, 543.

ren lässt.[25] Verfassungen von Ländern auf dem heutigen Gebiet von BW enthielten keine vergleichbaren Regelungen. § 50 VerfWü 1919 sah lediglich vor, dass die auf ein Rechnungsjahr beschlossenen Abgaben nach dessen Ablauf noch für drei Monate erhoben werden dürfen, wenn das Staatshaushaltsgesetz nicht rechtzeitig zustande kommt. Nach **Art. 99 I VerfWB** konnte die Regierung einen Nothaushaltsplan mit Gesetzeskraft aufstellen, wenn ein ordentliches Haushaltsgesetz oder ein Nothaushalt nicht zustande kam. Es trat mit dem Erlass des ordentlichen Haushaltsgesetzes gemäß Art. 99 I 4 VerfWB außer Kraft.

Nach **Art. 29 I 1 Überleitungsgesetz 1952**[26] durfte im Übrigen die vorläufige Regierung vor der Verfassunggebung bis zum Inkrafttreten des Staatshaushaltsgesetzes die zur Durchführung der Verwaltung und zur Erfüllung der rechtlichen Verbindlichkeiten erforderlichen Ausgaben bei Beobachtung größter Sparsamkeit leisten.

2. Verfassunggebung 1952/53

Ein Nothaushaltsrecht sahen bei der Verfassunggebung beide Verfassungsentwürfe vor. Art. 77 VerfERP[27] stimmte mit – dem bis heute unveränderten – Art. 111 GG grundsätzlich überein. Der VA entschied sich in der Ersten Beratung jedoch für **Art. 106 II, III VerfECDU**,[28] der sich ebenfalls erheblich an Art. 111 GG anlehnte. Im Gegensatz zu Art. 111 GG berücksichtigte der Entwurf jedoch ausdrücklich die **Alternative eines vorläufigen Haushaltsgesetzes** (Nothaushaltsgesetzes). Man hielt dies in den Beratungen für präziser.[29] Zur Zweiten Beratung empfahl das Finanzministerium eine Fassung des einleitenden Halbsatzes der Vorschrift, die dem geltenden Art. 80 I 1 HS 1 LV grundsätzlich entsprach. Es sollte damit klargestellt werden, dass durch das Nothaushaltsgesetz kein Haushaltsplan festgestellt wird. Darüber hinaus wurde in der weiteren Aussprache geprüft, ob die Legislative verpflichtet werden soll, ein Nothaushaltsgesetz zu beschließen, wenn das Haushaltsgesetz nicht rechtzeitig verabschiedet werden kann. Man sah hiervon jedoch mit der Begründung ab, dass aufgrund der „sehr einengenden und eingeschränkten Formulierung der Ermächtigungen" zur vorläufigen Haushaltsführung, der „tatsächliche Zwang", ein Nothaushaltsgesetz zu verabschieden, ausreichend sei. Schließlich wurde Abs. 1 in der Fassung des Finanzministeriums einstimmig angenommen und Abs. 2 inhaltlich ohne Diskussion gebilligt. Die Redaktionskommission nahm noch eine geringfügige sprachliche Änderung vor.[30]

---

25 Vgl. *Feuchte*, AöR 97 (1972), 538 (544 f.); *Krumpa*, Haushaltsüberschreitungen, 17 f.; *Gröpl* in: BK, Art. 111 Rn. 29 ff.
26 Gesetz über die vorläufige Ausübung der Staatsgewalt im südwestdeutschen Bundesland v. 15.5.1952, GBl. 1952, 3.
27 Vgl. VLV, Beilagen, 1952-53, Bd. I, Beilage 40, 45 (55 f.).
28 Vgl. VLV, Beilagen, 1952-53, Bd. I, Beilage 118, 85 (96).
29 Vgl. VA-Bericht, Berichterstatter: Abg. *Huber*, VLV, Beilagen, 1953, Bd. III, Beilage 1103, 79.
30 Vgl. zu allem: VA-Bericht, Berichterstatter: Abg. *Huber*, VLV, Beilagen, 1953, Bd. III, Beilage 1103, 79.

3. Haushaltsreform 1971

10 Art. 80 LV wurde im Rahmen der Haushaltsreform 1971 **nicht modifiziert**.[31] Die Vorschrift ist seit der Verfassunggebung unverändert geblieben.

III. Verfassungsvergleichende Einordnung

11 Art. 80 LV stimmt in weiten Teilen mit Art. 111 GG überein. In Art. 80 I 1 HS 1 LV wird jedoch – im Gegensatz zu Art. 111 GG – die Alternative eines Nothaushaltsgesetzes ausdrücklich erwähnt (→ Rn. 16). Demgemäß definiert Art. 80 I LV den Zeitpunkt, bis zu dem die verfassungsrechtliche Ermächtigung zur vorläufigen Haushaltsführung reicht, auch anders. Während Art. 111 I GG insofern – unscharf[32] – am Inkrafttreten des Haushaltsplans festmacht, sieht Art. 80 I LV eine **Ermächtigung „bis zur gesetzlichen Regelung"** vor. Damit können sowohl ein ordentliches Haushaltsgesetz als auch die abschließenden Bestimmungen eines Nothaushaltsgesetzes gemeint sein (→ Rn. 16).

12 Ebenso enthält Art. 80 II LV eine mit Art. 111 II GG vergleichbare Regelung, wenn auch kleinere Unterschiede zu finden sind. In Art. 111 II GG ist die Kreditermächtigung auf die „Aufrechterhaltung der Wirtschaftsführung" bezogen. Art. 80 II 1 LV stellt stattdessen auf eine „geordnete Haushaltsführung ab". Weitere Differenzen sind rein sprachlicher Art und dürfen sich auf die Norminterpretation grundsätzlich nicht auswirken.[33]

13 Darüber hinaus ist zu beachten, dass Art. 82 LV im Gegensatz zu Art. 113 GG auf den Beschluss des Haushaltsgesetzes keine Anwendung findet (→ Art. 82 Rn. 11 ff.). Der Landtag kann die Haushaltsvorlage deshalb auch ohne Zustimmung der Regierung ändern, wenn er die geplanten Ausgaben erhöhen oder neue Ausgaben vorsehen möchte. Art. 80 LV hat daher im Budgetkonflikt – in dem die Norm anwendbar ist (→ Rn. 17 f.) – nicht dieselbe systematische Bedeutung wie Art. 111 GG.

B. Erläuterung

I. Ausgabenermächtigung (Abs. 1)

1. Voraussetzungen

a) Etatloser Zustand

aa) Keine Feststellung des Haushaltsplans

14 Die Ermächtigung des Art. 80 I Hs. 1 LV greift nur, wenn ein **etatloser Zustand** vorliegt. Dies setzt nach dem Wortlaut der Bestimmung zunächst voraus, dass der Haushaltsplan für das betreffende Haushaltsjahr noch nicht festgestellt wurde. Das ist der Fall, wenn das Haushaltsgesetz aufgrund von **Verzögerungen** im Gesetzgebungsverfahren noch nicht verabschiedet worden ist. Welches Verfassungsorgan hierfür die Verantwortung trägt, ist wegen des Normzwecks, die rechtsstaatlichen Funktionen in finanzieller Hinsicht aufrechtzuerhalten (→ Rn. 3), nicht entscheidend.[34] Die

---

31 Vgl. 7. LVÄndG v. 19.10.1971, GBl. 425.
32 Vgl. *Schwarz* in: v. Mangoldt/Klein/Starck, Art. 111 Rn. 14.
33 Vgl. *Katz* in: Feuchte, Art. 80 Rn. 10.
34 *Heintzen* in: v. Münch/Kunig, Art. 111 Rn. 6.

Vorschrift dient nicht dazu, ein Fehlverhalten zu sanktionieren.[35] Deshalb hängt die verfassungsrechtliche Ermächtigung auch nicht davon ab, wie weit das Rechnungsjahr bereits fortgeschritten ist oder ob – lässt man ein rechtsmissbräuchliches Handeln der Regierung außen vor (→ Rn. 17) – Art. 79 II 2 LV verletzt wurde.[36]

Der Haushaltsplan ist aber auch dann nicht im Sinne der Vorschrift festgestellt, wenn das Haushaltgesetz **nicht wirksam** ist, weil es formell oder materiell **verfassungswidrig** ist.[37] Indes genügt die bloße Behauptung der Nichtigkeit nicht aus, um sich auf die Ermächtigung des Art. 80 I LV zu stützen. Die Kompetenz, ein Gesetz für nichtig zu erklären, steht allein der Verfassungsgerichtsbarkeit zu. Die Regierung kann daher in einer derartigen Konstellation auf Art. 80 I LV erst zurückgreifen, wenn der VerfGH die Nichtigkeit des Staatshaushaltsgesetzes im Rahmen einer abstrakten Normenkontrolle gemäß Art. 68 I 2 Nr. 2 LV, §§ 8 I Nr. 2, 48 I, 50 S. 1 VerfGHG festgestellt hat.[38]

bb) Kein Nothaushaltsgesetz

Art. 80 I HS 1 LV setzt darüber hinaus voraus, dass kein Nothaushaltsgesetz ergangen ist. Die Alternative eines Nothaushaltsgesetzes wird auch in Art. 111 GG anerkannt, obgleich sie dort nicht ausdrücklich aufgeführt ist.[39] Unter einem Nothaushaltsgesetz ist ein **Gesetz** zu verstehen, **das für die Zeit von Beginn des Rechnungsjahres bis zur Verkündung des ordentlichen Haushaltsgesetzes die Gubernative zur Leistung von Ausgaben ermächtigt.**[40] Ein Nothaushaltsgesetz kann – wie es oftmals der Fall ist – nicht nur zeitlich, sondern auch sachlich begrenzt sein. Es wird dann auch als „Teilhaushaltsgesetz" bezeichnet, mit dem ein „Teilhaushaltsplan" festgestellt wird.[41] Für die Teilbereiche des Haushalts, für die es keine Bestimmungen trifft, kommt Art. 80 I LV zur Anwendung, wie es sich auch mit dem Wortlaut der Vorschrift („bis zur gesetzlichen Regelung") vereinbaren lässt.[42] Ein Rückgriff auf Art. 80 I GG ist jedoch ausgeschlossen, wenn das Nothaushaltsgesetz sachlich umfassend und abschließend ist (→ Rn. 30).[43] Art. 81 LV bleibt aber – allerdings nur für den Fall eines „unvorhergesehenen und unabweisbaren Bedürfnisses"[44] – neben einem Nothaushaltsgesetz anwendbar.[45]

---

35 Vgl. *Kube* in: Maunz/Dürig, Art. 111 Rn. 30.
36 *Heintzen* in: v. Münch/Kunig, Art. 111 Rn. 6.
37 *Siekmann* in: Sachs, GG, Art. 111 Rn. 6; *Schwarz* in: v. Mangoldt/Klein/Starck, Art. 111 Rn. 12.
38 Vgl. *Tappe/Wernsmann*, Öffentliches Finanzrecht, Rn. 772, 776; vgl. auch *Heintzen* in: v. Münch/Kunig, Art. 111 Rn. 6; *Heun* in: Dreier, Art. 111 Rn. 6; *Kube* in: Maunz/Dürig, Art. 111 Rn. 28; *Jarass* in: Jarass/Pieroth, Art. 111 Rn. 1.
39 *Kube* in: Maunz/Dürig, Art. 111 Rn. 16, 32; *Siekmann* in: Sachs, GG, Art. 111 Rn. 10; *Kroll*, DÖV 2004, 986 (988 ff.); aA *Rossi*, DÖV 2003, 313 (315 ff.).
40 *Kroll*, DÖV 2004, 986 (987).
41 *Kroll*, DÖV 2004, 986 (987).
42 *Katz* in: Feuchte, Art. 80 Rn. 4.
43 Vgl. *Kube* in: Maunz/Dürig, Art. 111 Rn. 16, 32; vgl. auch *Kroll*, DÖV 2004, 986 (995).
44 Vgl. *Braun*, Art. 80 Rn. 5; *Mußgnug*, Haushaltsplan, 364.
45 *Kube* in: Maunz/Dürig, Art. 111 Rn. 16.

b) Budgetkonflikt

17 Art. 80 LV enthält **kein negatives Tatbestandsmerkmal**, nach dem seine Anwendung im **Budgetkonflikt** zwischen Landesregierung und Landtag ausgeschlossen wäre (s. bereits → Rn. 3). Der Wortlaut gibt hierfür keinen Anhaltspunkt. Auch mit dem Normzweck, die rechtsstaatlichen Funktionen in finanzieller Hinsicht zu gewährleisten, wäre dies nicht zu vereinbaren.[46] Zudem lässt sich Art. 54 LV das Argument entnehmen, dass die Regierung nur über das konstruktive Misstrauensvotum abgelöst werden soll.[47] Dem wird entgegengehalten, dass durch die Anwendbarkeit des Art. 111 GG – respektive des Art. 80 LV – im Budgetkonflikt ein Verfassungsbruch legitimiert werden würde.[48] Dies trifft jedoch nur dann zu, wenn die Regierung eine Haushaltsvorlage – obwohl sie es könnte – in das Parlament nicht einbringt und somit ihrer Budgetpflicht nicht nachkommt (→ Art. 79 Rn. 71). Handelt die Regierung hier **rechtsmissbräuchlich**, ist die Ermächtigung nach Art. 80 I LV verwirkt.[49] Verweigert aber das Parlament im Budgetkonflikt die Verabschiedung des Haushalts, ist es nicht schlüssig, diesen Verfassungsbruch auch noch damit zu belohnen, dass der Regierung die Ermächtigung nach Art. 80 I LV vorenthalten wird.[50]

18 In der baden-württembergischen Haushaltsverfassung ist in diesem Zusammenhang die Besonderheit zu berücksichtigen, dass Art. 82 LV – anders als Art. 113 GG im Bund – auf den Beschluss des Haushaltsgesetzes keine Anwendung findet (→ Art. 82 Rn. 11 ff.). Den **Landtag** trifft daher – nach hier vertretener Auffassung – eine echte Budgetpflicht (→ Art. 79 Rn. 75 f.). Er hat deshalb auch eine verfahrensrechtlich unbeschränkte Kompetenz, die Haushaltsvorlage zu ändern (→ Art. 79 Rn. 73 f.), so dass er nach der Budgetinitiative, zu der die Landesregierung verpflichtet ist (→ Art. 79 Rn. 71), einen etwaigen **Konflikt zu seinen Gunsten entscheiden** kann. Befürwortet man daher die Anwendung des Art. 111 GG im Budgetkonflikt, muss dies angesichts der – im Vergleich zur Haushaltsverfassung des Bundes – schwächeren Stellung der Regierung erst recht für Art. 80 LV gelten.

c) Verweisung

19 Art. 80 I LV kann auch durch Verweisung zur Anwendung kommen.[51]

---

46 Vgl. *Sasse*, JZ 1973, 189 (190); *Siekmann* in: Sachs, GG, Art. 111 Rn. 6; *Kube* in: Maunz/Dürig, Art. 111 Rn. 29; aA *Mußgnug*, Haushaltsplan, 366, der in Art. 111 GG lediglich eine „Übergangslösung für die üblichen Haushaltsverspätungen" sieht; vgl. auch *Brockmeyer* in: Schmidt-Bleibtreu/Hofmann/Henneke, Art. 111 Rn. 5.
47 *Braun*, Art. 80 Rn. 12; vgl. auch *Sasse*, JZ 1973, 189 (190 f.); *Kube* in: Maunz/Dürig, Art. 111 Rn. 29.
48 *Mußgnug*, Haushaltsplan, 365 f.
49 Vgl. *Heun*, Staatshaushalt und Staatsleitung, 314; vgl. demgegenüber *Schwarz* in: v. Mangoldt/Klein/Starck, Art. 111 Rn. 15.
50 Vgl. *Schwarz* in: v. Mangoldt/Klein/Starck, Art. 111 Rn. 16.
51 Vgl. BVerfGE 70, 324 (360); *Heintzen* in: v. Münch/Kunig, Art. 111 Rn. 6; *Siekmann* in: Sachs, GG, Art. 111 Rn. 8.

2. Adressat der Ermächtigung

Im Gegensatz zu Art. 81 LV, der sich zunächst an den Finanzminister richtet, ist die Landesregierung Adressat der Ermächtigung nach Art. 80 LV.[52] Damit ist nicht die Regierung iSd Art. 45 II LV, sondern die **Exekutive des Landes in Abgrenzung zur Legislative** angesprochen.[53] Indes trifft Art. 80 LV keine organisationsrechtliche Regelung, so dass Art. 49 LV und das allgemeine Haushaltsrecht – vornehmlich die LHO – zur Anwendung kommen.[54] Dem Finanzministerium steht in diesem Zusammenhang die Kompetenz zu, aufgrund von § 5 LHO Vorschriften zur vorläufigen Haushaltsführung zu erlassen.[55] Das Kabinett ist jedoch zu unterrichten und hat gegebenenfalls zu entscheiden, wenn Regelungen von grundsätzlicher und weittragender Bedeutung zu treffen sind (vgl. Art. 49 II LV).[56] Es beschließt auch endgültig über Meinungsverschiedenheiten, die den Geschäftsbereich eines anderen Ministeriums berühren (vgl. Art. 49 II LV, § 116 I 2 LHO).[57]

20

3. Grenzen

a) Allgemeines

Da das Nothaushaltsrecht dem parlamentarischen Budgetrecht gegenläufig ist, sind ihm enge Grenzen gesetzt.[58] Die Ausgaben müssen „nötig" – das heißt, **sachlich notwendig** und **zeitlich unaufschiebbar**[59] – sein, um einem der in Art. 80 I Nr. 1 bis 3 LV aufgeführten Zwecke zu dienen. Unaufschiebbarkeit setzt dabei voraus, dass erhebliche finanzielle oder sonstige Nachteile für das Land oder – im Falle der Nr. 2 – für Dritte eintreten, wenn die Ausgaben erst nach Verkündung des Haushaltsgesetzes geleistet werden.[60] Die Exekutive ist insofern zu einer sorgfältigen Prüfung verpflichtet.[61] Generell ist eine **Präjudizierung** des Parlaments durch die vorläufige Haushaltsführung zu **vermeiden**.[62]

21

Bei der Einschätzung, ob es sich um „nötige" Ausgaben handelt, steht der Regierung ein **Beurteilungsspielraum** zu, der sich jedoch nach dem **verlautbarten oder mutmaßlichen Willen des Parlaments** auszurichten hat.[63] Dies kommt auch in den Varianten der Nr. 1 und 2 des Art. 80 I LV zum Ausdruck. Sie weisen mit den Merkmalen „gesetzlich bestehende Einrichtun-

22

---

52 Vgl. *E. Reimer* in: Epping/Hillgruber, Art. 111 GG Rn. 3; *Heintzen* in: v. Münch/Kunig, Art. 111 Rn. 7.
53 *Braun*, Art. 80 Rn. 9; *Katz* in: Feuchte, Art. 80 Rn. 11; vgl. auch *Kube* in: Maunz/Dürig, Art. 111 Rn. 35; *Heun* in: Dreier, Art. 111 Rn. 11; aA *Heintzen* in: v. Münch/Kunig, Art. 111 Rn. 7; *Gröpl* in: BK, Art. 111 Rn. 45 f.
54 *Katz* in: Feuchte, Art. 80 Rn. 11.
55 Vgl. *Katz* in: Feuchte, Art. 80 Rn. 12; *Gröpl* in: BK, Art. 111 Rn. 46.
56 Vgl. LVerfGE 18, 65 (82); *Katz* in: Feuchte, Art. 80 Rn. 12.
57 Vgl. *Katz* in: Feuchte, Art. 80 Rn. 12.
58 *Katz* in: Feuchte, Art. 80 Rn. 3.
59 Vgl. *Braun*, Art. 80 Rn. 13; *Heun* in: Dreier, Art. 111 Rn. 9.
60 Vgl. *E. Reimer* in: Epping/Hillgruber, Art. 111 GG Rn. 34.
61 Vgl. *Kube* in: Maunz/Dürig, Art. 111 Rn. 57; vgl. auch zu Art. 112 GG BVerfGE 45, 1 (38 f.).
62 Vgl. *Katz* in: Feuchte, Art. 80 Rn. 8.
63 Vgl. *Schwarz* in: v. Mangoldt/Klein/Starck, Art. 111 Rn. 17 f., der aber von einem Ermessens- und nicht von einem Beurteilungsspielraum ausgeht; *Heintzen* in: v. Münch/Kunig, Art. 111 Rn. 9; *Jarass* in: Jarass/Pieroth, Art. 111 Rn. 4.

gen", "gesetzliche beschlossene Maßnahmen" und "rechtlich begründete Verpflichtungen" auf das Prinzip des Vorrangs des Gesetzes hin.[64] Scheitert die Verabschiedung des Haushalts daran, dass der Landtag bestimmte Ausgaben nicht bewilligen will, dürfen sie daher nicht aufgrund von Art. 80 I LV geleistet werden.[65]

23 Über den Wortlaut der Vorschrift hinaus kann sich die Regierung auf Art. 80 I LV **auch stützen, um neue Verpflichtungen einzugehen**, wenn die tatbestandlichen Voraussetzungen erfüllt sind.[66] Dies steht nicht nur mit der Auslegung des Art. 79 LV im Einklang (→ Art. 79 Rn. 90),[67] sondern entspricht dem Normzweck des Art. 80 LV. Auch wenn die Verpflichtungsermächtigung – historisch bedingt[68] – verfassungsrechtlich nicht erwähnt ist, stellt sie ein wichtiges haushaltsrechtliches Instrument dar.[69] Es gibt daher in der Rechtspraxis – über § 45 I 2 LHO hinaus – Konstellationen, in denen es dem ausdrücklichen oder mutmaßlichen Willen des Gesetzgebers zuwiderlaufen würde, wenn die Regierung im Rahmen der vorläufigen Haushaltsführung keine neuen Verpflichtungen eingehen könnte.[70]

b) Varianten
aa) Art. 80 I Nr. 1 LV

24 Bei **Einrichtungen** iSd Art. 80 I Nr. 1 Var. 1 LV handelt es sich um Sachinbegriffe im weiteren Sinn. Dazu gehören unter anderem **Behörden, Institute, Körperschaften und bauliche Anlagen**.[71] Nicht erfasst sind hingegen rein rechtliche Konstruktionen.[72] Ungeschriebene Voraussetzung ist, dass es sich um eine **Einrichtung des Landes** handelt.[73] Wenn dies nicht der Fall ist, können jedoch Art. 80 I Nr. 1 Var. 2 oder Nr. 2 LV einschlägig sein.[74] „Gesetzlich bestehend" ist so zu interpretieren, dass der Bestand der jeweiligen Einrichtung im Parlamentsgesetz eine Grundlage findet.[75] Darunter fallen zunächst alle staatsorganisations- oder verwaltungsrechtlich geregelten Institutionen und Anlagen.[76] Darüber hinaus sollen auch Einrichtungen erfasst sein, die im zuletzt festgestellten Haushaltsplan vorgesehen sind.[77] Ausgaben dienen der „Erhaltung" der Einrichtung, wenn der laufende Betrieb aufrechterhalten wird. Maßstab hierfür können die Ausgaben des letzten festgestellten Haushaltsplans sein. Stellen dürfen neu be-

---

64 Vgl. *Heun* in: Dreier, Art. 111 Rn. 9.
65 Vgl. *Siekmann* in: Sachs, GG, Art. 111 Rn. 14.
66 Vgl. *Braun*, Art. 80 Rn. 8; *Fischer*, VerwArch 98 (2007), 543 (556 f.); *Jarass* in: Jarass/Pieroth, Art. 111 Rn. 4; *Schwarz* in: v. Mangoldt/Klein/Starck, Art. 111 Rn. 22; aA *Katz* in: Feuchte, Art. 80 Rn. 9; *Siekmann* in: Sachs, GG, Art. 111 Rn. 13.
67 *Braun*, Art. 80 Rn. 8.
68 Vgl. *Fischer*, VerwArch 98 (2007), 543 (556).
69 Insofern auch *Mahrenholz* in: AK-GG, Art. 111 Rn. 7, der im Ergebnis jedoch anderer Ansicht ist.
70 Vgl. *Fischer*, VerwArch 98 (2007), 543 (557).
71 Vgl. *Braun*, Art. 80 Rn. 14; *Kube* in: Maunz/Dürig, Art. 111 Rn. 41.
72 Vgl. *E. Reimer* in: Epping/Hillgruber, Art. 111 GG Rn. 21.
73 Vgl. *Heintzen* in: v. Münch/Kunig, Art. 111 Rn. 10.
74 Vgl. *Schwarz* in: v. Mangoldt/Klein/Starck, Art. 111 Rn. 24.
75 Vgl. *Kube* in: Maunz/Dürig, Art. 111 Rn. 42.
76 Vgl. *Braun*, Art. 80 Rn. 14.
77 Vgl. *Theiß*, Nothaushaltsrecht, 48.

setzt, aber keine neuen Planstellen geschaffen oder Stellen angehoben werden.[78]

„**Gesetzlich beschlossene Maßnahmen**" isd Art. 80 I Nr. 1 Var. 2 LV sind nur solche, die der **Sachgesetzgeber** – nicht der Haushaltsgesetzgeber – bereits vorgesehen hat.[79] In Abgrenzung zu Art. 80 I Nr. 2 LV erfasst die Variante auch Maßnahmen, auf die kein individueller Rechtsanspruch besteht. Eine gesetzliche Entscheidung über das „ob" der Förderung genügt.[80] Die Variante soll auch Anwendung finden, wenn die Maßnahme im Ermessen der Exekutive steht.[81]

bb) Art. 80 I Nr. 2 LV

„Rechtlich begründete Verpflichtungen" des Landes sind im Sinne von **Rechtsansprüchen** zu verstehen.[82] Art. 80 I Nr. 2 LV setzt demnach ein subjektives Recht voraus.[83] Anspruchssteller können natürliche Personen, juristische Personen des Privatrechts oder des Öffentlichen Recht sein. Auch Personenmehrheiten kommen insofern in Betracht.[84] Die Anspruchsgrundlage kann sich aus Gesetz oder Vertrag ergeben.[85] Im ersten Fall überschneidet sich Art. 80 I Nr. 2 LV mit Art. 80 I Nr. 1 Var. 2 LV.

Verpflichtungen aus **Art. 109 II GG** fallen **nicht** unter Art. 80 I Nr. 2 LV, da sie nur objektivrechtlichen Charakter haben.[86] Sie sind im Übrigen derart unbestimmt, dass sie die vorläufige Haushaltsführung in einer mit dem parlamentarischen Budgetrecht kaum zu vereinbarenden Weise ausdehnen würden.[87]

cc) Art. 80 I Nr. 3 LV

Nach Art. 80 I Nr. 3 LV erstreckt sich die vorläufige Haushaltsführung auch auf Ausgaben, um Bauten, Beschaffungen und sonstige Leistungen **fortzusetzen** oder Beihilfen für diese Zwecke zu gewähren. Bauten und Beschaffungen sind dabei iSd § 24 LHO zu verstehen. Der Begriff der „sonstigen Leistungen" ist hingegen inhaltlich kaum begrenzt. Bei ihm ist daher strikt darauf zu achten, dass die betreffende Leistung bereits **vor Ablauf** des letzten Haushaltsjahres **begonnen** wurde und – dem mutmaßlichen Willen des Parlaments entsprechend – in einem **früheren festgestellten**

---

78 Vgl. *Schwarz* in: v. Mangoldt/Klein/Starck, Art. 111 Rn. 24; *Kube* in: Maunz/Dürig, Art. 111 Rn. 44; *E. Reimer* in: Epping/Hillgruber, Art. 111 GG Rn. 23.
79 Vgl. *Kube* in: Maunz/Dürig, Art. 111 Rn. 45; aA *E. Reimer* in: Epping/Hillgruber, Art. 111 GG Rn. 26.
80 Vgl. *Schwarz* in: v. Mangoldt/Klein/Starck, Art. 111 Rn. 25.
81 Vgl. *E. Reimer* in: Epping/Hillgruber, Art. 111 GG Rn. 26; *Schwarz* in: v. Mangoldt/Klein/Starck, Art. 111 Rn. 25.
82 *Braun*, Art. 80 Rn. 14.
83 Vgl. *Heintzen* in: v. Münch/Kunig, Art. 111 Rn. 10; *Kube* in: Maunz/Dürig, Art. 111 Rn. 48.
84 Vgl. *E. Reimer* in: Epping/Hillgruber, Art. 111 GG Rn. 27 f.
85 Vgl. *Kube* in: Maunz/Dürig, Art. 111 Rn. 47.
86 *Braun*, Art. 80 Rn. 15; vgl. auch *Jarass* in: Jarass/Pieroth, Art. 111 Rn. 4; *Schwarz* in: v. Mangoldt/Klein/Starck, Art. 111 Rn. 26; aA *Heun* in: Dreier, Art. 111 Rn. 9.
87 Vgl. *Kube* in: Maunz/Dürig, Art. 111 Rn. 49; *Schwarz* in: v. Mangoldt/Klein/Starck, Art. 111 Rn. 26.

Haushaltsplan hierfür Ausgaben vorgesehen waren.[88] Zusätzliche Voraussetzung ist, dass eine Fortsetzung der Maßnahme vor Verkündung des Haushaltsgesetzes aufgrund des **Gebots der Wirtschaftlichkeit** gemäß § 7 LHO erforderlich ist.[89] Nur dann lässt sich die Einschränkung des parlamentarischen Budgetrechts rechtfertigen.[90]

29 **Beihilfen** sind Zuweisungen an Stellen außerhalb der Exekutive. Damit sind insbesondere Finanzhilfen und Zuwendungen gemäß §§ 23, 44 LHO angesprochen.[91]

4. Rechtsfolgen

30 Art. 80 I LV **ermächtigt** die Regierung **konstitutiv**, in verfassungsrechtlich festgelegtem Umfang Ausgaben zu leisten.[92] Die Ermächtigung ist grundsätzlich **nicht zeitlich befristet**.[93] Sie ist jedoch nach Art. 80 I HS 1 LV durch den **Eintritt der Bedingung begrenzt**, dass der Haushaltsplan festgestellt oder ein Nothaushaltsgesetz ergangen ist. Das heißt, dass die Regierung sich nicht mehr auf Art. 80 I LV stützen kann, wenn **das Staatshaushaltsgesetz verkündet** worden ist (vgl. Art. 63 I LV).[94] Bei einem Nothaushaltsgesetz entfällt die verfassungsrechtliche Ermächtigung für die abschließend geregelten (Teil-)Bereiche (→ Rn. 16). Im Übrigen entsteht für jedes Rechnungsjahr eine eigenständige Ermächtigung. Das ist auch der Fall, wenn der Haushaltsplan für das abgelaufene Rechnungsjahr noch nicht festgestellt wurde.[95]

31 Art. 80 I LV wird selbst dann durch das (Not)-Haushaltsgesetz verdrängt, wenn die parlamentarische Ermächtigung hinter der verfassungsrechtlichen zurückbleibt.[96] Die demokratische Budgetentscheidung geht hier dem rechtsstaatlichen Telos des Art. 80 LV vor.[97] Art. 80 I LV unterstellt lediglich eine mutmaßliche Zustimmung des Parlaments, die durch ein gegenteiliges Gesetz revidiert werden kann (→ Rn. 2).[98] Das Parlament kann die Regierung daher durch eine **Budgetobstruktion**, bei der die in der Haushaltsvorlage vorgesehenen Ausgaben einschneidend gekürzt werden, poli-

---

88 *Braun*, Art. 80 Rn. 16, der aber nur auf den zuletzt festgestellten Haushaltsplan abstellt; vgl. dazu *Kube* in: Maunz/Dürig, Art. 111 Rn. 53.
89 Vgl. *Schwarz* in: v. Mangoldt/Klein/Starck, Art. 111 Rn. 27.
90 Vgl. auch *E. Reimer* in: Epping/Hillgruber, Art. 111 GG Rn. 31.
91 Vgl. *Kube* in: Maunz/Dürig, Art. 111 Rn. 52.
92 *E. Reimer* in: Epping/Hillgruber, Art. 111 GG Rn. 33.
93 Vgl. *Stern* in: Stern II, 1218; *Tappe*, Haushaltsgesetz als Zeitgesetz, 147; *Schwarz* in: v. Mangoldt/Klein/Starck, Art. 111 Rn. 13.
94 *Braun*, Art. 80 Rn. 10; vgl. auch *Jarass* in: Jarass/Pieroth, Art. 111 Rn. 1; *Heintzen* in: v. Münch/Kunig, Art. 111 Rn. 8; *Schwarz* in: v. Mangoldt/Klein/Starck, Art. 111 Rn. 14.
95 *Braun*, Art. 80 Rn. 11; *Katz* in: Feuchte, Art. 80 Rn. 7.
96 Vgl. *Gröpl* in: BK, Art. 111 Rn. 86 f.; *Siekmann* in: Sachs, GG, Art. 111 Rn. 10; *Heun* in: Dreier, Art. 111 Rn. 8; *Jarass* in: Jarass/Pieroth, Art. 111 Rn. 1; *Kube* in: Maunz/Dürig, Art. 111 Rn. 16; aA *Braun*, Art. 80 Rn. 5; *Katz* in: Feuchte, Art. 80 Rn. 4; *Kienemund* in: Hömig/Wolff, Art. 111.
97 Vgl. *Heun* in: Dreier, Art. 111 Rn. 8; *Siekmann* in: Sachs, GG, Art. 111 Rn. 10; *Fischer*, VerwArch 98 (2007), 543 (554); aA *Heintzen* in: v. Münch/Kunig, Art. 111 Rn. 5.
98 *Jarass* in: Jarass/Pieroth, Art. 111 Rn. 1; *Siekmann* in: Sachs, GG, Art. 111 Rn. 14.

tisch stärker unter Druck setzen als durch eine Budgetverweigerung.[99] Das heißt aber nicht, dass der Gestaltungsspielraum des Landtags bei Kürzungen unbeschränkt wäre. Nach Art. 104a I, 109 I GG ist das Land verpflichtet, die Mittel für die Aufgaben gesetzlich bereitzustellen, für die es die Ausgabenlasten im bundesstaatlichen Verhältnis zu tragen hat.[100] Außerdem ist zu beachten, dass das Nothaushaltsgesetz – wie das Haushaltsgesetz (→ Art. 79 Rn. 58 ff.) – keine Außenwirkung hat und Ansprüche aus Spezialgesetzen oder anderen Rechtsakten nicht modifiziert.[101] Rechtsakte im Außenverhältnis bleiben dementsprechend von einem Verstoß gegen Art. 80 LV unberührt.[102]

Wenn die Regierung die Grenzen der verfassungsrechtlichen Ermächtigung überschreitet, zieht dies grundsätzlich dieselben Rechtsfolgen nach sich, wie wenn der nach Art. 79 II 1 LV festgestellte Haushaltsplan nicht eingehalten wird.[103] Die Regierung handelt dann **verfassungswidrig**. In diesem Fall ist ein **Organstreitverfahren** nach Art. 68 I 2 Nr. 1 LV iVm § 8 I Nr. 1, §§ 44 ff. VerfGHG statthaft.[104] Es kommt auch eine **Ministeranklage** gemäß Art. 57 LV in Betracht.[105] Im Übrigen wird eine verfassungswidrige Nothaushaltsführung nicht durch ein rückwirkendes Haushaltsgesetz geheilt, da im parlamentarischen Regierungssystem sonst für die Gubernative ein Anreiz bestünde, die Grenzen des Art. 80 LV zu missachten. Die Regierung würde sich im Haushaltsvollzug nicht der Entscheidung des Parlaments unterordnen, sondern das Parlament wäre aufgrund politischer Zwänge zumindest der Versuchung ausgesetzt, sich dem Willen der Regierung zu beugen (s. auch → Art. 81 Rn. 29).[106] 32

Das verspätete Haushaltsgesetz ist wirksam, auch wenn es gegen Art. 79 II 2 LV verstößt (→ Art. 79 Rn. 102). Nach dem Haushaltsgrundsatz der Periodizität ist es nach Art. 79 II 1 LV auf das gesamte Rechnungsjahr zu erstrecken (→ Art. 79 Rn. 104 f.) und daher zum Beginn des betreffenden Rechnungsjahres in Kraft zu setzen.[107] **Die parlamentarische Ermächtigung tritt dann rückwirkend an die Stelle der Ermächtigung aus Art. 80 I LV.**[108] Die bis zur Verkündung des Haushaltsgesetzes aufgrund von Art. 80 I LV geleisteten Ausgaben werden „planmäßig".[109] Die verfassungsrechtliche Ermächtigung besteht jedoch fort, soweit Art. 80 I LV zu Ausgaben ermächtigt, die im festgestellten Haushaltsplan nicht enthalten 33

---

99 Vgl. *Mußgnug*, Haushaltsplan, 365.
100 *Kube*, Finanzgewalt, 182 f., 200; vgl. auch *ders.* in: Maunz/Dürig, Art. 111 Rn. 16.
101 *Siekmann* in: Sachs, GG, Art. 111 Rn. 10; *Jarass* in: Jarass/Pieroth, Art. 111 Rn. 1.
102 *Braun*, Art. 80 Rn. 26.
103 *Heintzen* in: v. Münch/Kunig, Art. 111 Rn. 4.
104 Vgl. *Brockmeyer* in: Schmidt-Bleibtreu/Hofmann/Henneke, Art. 111 Rn. 9; *Schwarz* in: v. Mangoldt/Klein/Starck, Art. 111 Rn. 23; *Kube* in: Maunz/Dürig, Art. 111 Rn. 79.
105 Vgl. *Braun*, Art. 80 Rn. 26.
106 Vgl. *Tappe*, Haushaltsgesetz als Zeitgesetz, 183 f.
107 *Braun*, Art. 80 Rn. 10; vgl. auch *Kube* in: Maunz/Dürig, Art. 111 Rn. 80.
108 Vgl. BVerfGE 119, 96 (121); *Karehnke*, DÖV 1976, 361 (364); *Katz* in: Feuchte, Art. 80 Rn. 7; *Siekmann* in: Sachs, GG, Art. 111 Rn. 11.
109 *Braun*, Art. 80 Rn. 8.

sind.[110] Für die Zeit nach Verkündung des Haushaltsgesetzes entfaltet Art. 80 I LV keine Rechtswirkung.

34 Art. 80 I LV schließt im Übrigen **andere Möglichkeiten, den etatlosen Zustand zu überbrücken,** nicht aus.[111] So kennt das einfache Haushaltsrecht mehrperiodige Verpflichtungsermächtigungen (§ 16 S. 2 LHO), fortgeltende Kreditermächtigungen (§ 18 VIII LHO), übertragbare Ausgaben (§ 19 LHO) und übertragene Ausgabenreste (§ 45 II-IV LHO).[112] Sie gehen Art. 80 I LV vor.[113]

II. Kreditaufnahme (Abs. 2)

35 Die Einnahmen des Landes beruhen vornehmlich auf Steuern, die nach der Kompetenzverteilung des Art. 105 II GG im Grundsatz bundesgesetzlich geregelt sind. Sie fließen dem Land auch zu, wenn das Staatshaushaltsgesetz noch nicht verabschiedet worden ist.[114] Eine Regelung für die vorläufige Haushaltsführung erübrigt sich deshalb insofern. Anders verhält es sich jedoch mit den Einnahmen aus Krediten. Hier ist nach – der derzeitigen Fassung[115] des – Art. 84 S. 1 LV eine gesetzliche Ermächtigung erforderlich, die regelmäßig im Staatshaushaltsgesetz erteilt wird. Demgemäß sieht Art. 80 II LV für die vorläufige Haushaltsführung eine **verfassungsrechtliche Ermächtigung zur Kreditaufnahme** vor, um die **Regierung** von diesem Gesetzesvorbehalt zu befreien.[116]

36 Indes enthält die Vorschrift eine Reihe von Anforderungen, die diese Kreditaufnahme begrenzen. Nach Art. 80 II 1 LV sind zunächst die **anderen Einnahmequellen auszuschöpfen,** ehe auf die verfassungsrechtliche Ermächtigung zurückgegriffen werden kann. Einnahmen aus Steuern, Abgaben und sonstigen Quellen – einschließlich der Betriebsmittelrücklage (vgl. § 62 LHO) – gehen ausdrücklich vor. Diese **Rangordnung** ist **strikt** zu beachten.[117] Eine Ausweitung der vorrangigen Einnahmen verlangt Art. 80 II 1 LV jedoch nicht.[118]

37 Darüber hinaus dürfen die Krediteinnahmen ausdrücklich **nur** zur Finanzierung von den in **Abs. 1 genannten Aufgaben** verwendet werden. Das in diesem Zusammenhang aufgestellte Erfordernis einer „**geordneten Haushaltsführung**" ist ebenfalls im Sinne der Ausgabenermächtigung zu verstehen.[119] Der zuständigen Regierung steht insofern ein Prognosespielraum

---

110 Vgl. BVerfGE 119, 96 (121); *Katz* in: Feuchte, Art. 80 Rn. 7; *Siekmann* in: Sachs, GG, Art. 111 Rn. 11.
111 Vgl. *Heintzen* in: v. Münch/Kunig, Art. 111 Rn. 5; *Siekmann* in: Sachs, GG, Art. 111 Rn. 4.
112 Vgl. auch *Braun,* Art. 80 Rn. 6.
113 *Heintzen* in: v. Münch/Kunig, Art. 111 Rn. 5.
114 Vgl. *Heun* in: Dreier, Art. 111 Rn. 12; *Schwarz* in: v. Mangoldt/Klein/Starck, Art. 111 Rn. 36.
115 Zum Änderungsbedarf s. → Art. 84 Rn. 12 ff.
116 Vgl. *Spreng/Birn/Feuchte,* Art. 80 Rn. 3.
117 *Katz* in: Feuchte, Art. 80 Rn. 10; vgl. auch *Braun,* Art. 80 Rn. 18.
118 Vgl. *Heintzen* in: v. Münch/Kunig, Art. 111 Rn. 11; vgl. demgegenüber *E. Reimer* in: Epping/Hillgruber, Art. 111 GG Rn. 40.
119 *Braun,* Art. 80 Rn. 19.

offen.[120] Eine Kreditaufnahme für Ausgaben, die außerhalb der Grenzen des Abs. 1 liegen, ist daher verfassungswidrig.[121]

Art. 80 II 2 LV sieht außerdem eine **Obergrenze** vor, die sich auf den letzten Haushaltsplan bezieht. Die Kreditaufnahme darf ein Viertel von dessen Endsumme – sprich des Haushaltssolls[122] – nicht übersteigen. Diese Vorgabe ist viel zu großzügig, so dass sie praktisch keine Relevanz hat.[123] Es wird angenommen, dass sie auf einem Redaktionsversehen beruht.[124] 38

Schon aus diesem Grund ist die Obergrenze **nicht abschließend** zu verstehen. Die Landesregierung hat bei der Kreditaufnahme gemäß Art. 80 II LV auch Beschränkungen zu beachten, die sich aus anderen Normen ergeben – so namentlich aus Art. 109 GG (→ Rn. 6). Art. 84 S. 2 LV ist nicht unmittelbar anwendbar, da er sich auf das Haushaltsgesetz bezieht und den Haushaltsplan voraussetzt. Das nachfolgende Haushaltsgesetz unterliegt aber diesen Anforderungen. Der Landtag hat dabei die Kredite zu berücksichtigen, die von der Regierung aufgrund von Art. 80 II LV aufgenommen wurden. Art. 84 S. 2 LV ist daher entsprechend anzuwenden.[125] 39

Artikel 81 [Über- und außerplanmäßige Ausgaben, Notbewilligungsrecht]

¹Über- und außerplanmäßige Ausgaben bedürfen der Zustimmung des Finanzministers. ²Sie darf nur im Falle eines unvorhergesehenen und unabweisbaren Bedürfnisses erteilt werden. ³Die Genehmigung des Landtags ist nachträglich einzuholen.

Schrifttum:
Arndt, Das Verhältnis von Budgetrecht des Parlaments und Zustimmungsrecht des Finanzministers nach Art. 112 GG, DVBl. 1975, 601; *Därr*, Das Notbewilligungsrecht des Bundesministers der Finanzen nach Art. 112 GG im Schnittpunkt zwischen Demokratie und Effektivität, 1973; *Eichenauer*, Das Notbewilligungsrecht des Bundesminister der Finanzen, 1983; *Friauf*, Funktion, Inhalt und Grenzen des sog. Notbewilligungsrechts des Bundesministers der Finanzen nach Art. 112 GG, in: Wilke/Weber, Gedächtnisschrift für Friedrich Klein, 1977, 162; *P. Kirchhof*, Die Gewaltenkontrolle zwischen Haushalts- und Wirtschaftsminister, BB 1971, 1469; s. außerdem Schrifttum zu Art. 79 und 80 LV.

---

120 Vgl. *Heintzen* in: v. Münch/Kunig, Art. 111 Rn. 11; vgl. auch *Schwarz* in: v. Mangoldt/Klein/Starck, Art. 111 Rn. 40 f. zur Eingrenzung des Prognosespielraums.
121 Vgl. *E. Reimer* in: Epping/Hillgruber, Art. 111 GG Rn. 36.
122 Vgl. *Kube* in: Maunz/Dürig, Art. 111 Rn. 71.
123 Vgl. *Katz* in: Feuchte, Art. 80 Rn. 10; vgl. aber auch den von *Rossi*, DÖV 2003, 313 (320 f.) berichteten Fall zum Berliner Vorschaltgesetz 2002/2003.
124 Vgl. *Braun*, Art. 80 Rn. 20 mit Verweis auf *Feuchte*, AöR 97 (1972), 538 (549) und *Theiß*, Nothaushaltsrecht, 61.
125 Vgl. *Kube* in: Maunz/Dürig, Art. 111 Rn. 75; *Schwarz* in: v. Mangoldt/Klein/Starck, Art. 111 Rn. 38; aA *Braun*, Art. 80 Rn. 22.

Vergleichbare Regelungen: Art. 112 GG, 88 BerlVerf, 105 BbgVerf, 101 I Nr. 5 BremVerf, 68 II HambVerf, 143 HessVerf, 63 MVVerf, 67 NdsVerf, 85 NRWVerf, 119 RPVerf, 107 I SaarlVerf, 96 SächsVerf, 95 LSAVerf, 60 SchlHVerf, 101 ThürVerf.

Ergänzende Normen: Haushaltsgrundsätzegesetz (HGrG), Landeshaushaltsordnung (LHO).

Leitentscheidungen: StGH, LVerfGE 18, 65; LVerfGE 22, 3; BVerfGE 45, 1 (Haushaltsüberschreitung).

A. Überblick und Einordnung	1	B. Erläuterung	14
I. Bedeutung der Vorschrift	1	I. Über- und außerplanmäßige Ausgaben (S. 1)	14
1. Gegenstand der Vorschrift	1	II. Unvorhergesehenes und unabweisbares Bedürfnis (S. 2)	16
2. Stellung der Vorschrift innerhalb der Haushaltsverfassung des Landes	6	III. Zustimmung des Finanzministers (S. 1 u. 2)	20
3. Vorgaben des Bundesrechts	8	1. Stellung des Finanzministers innerhalb der Landesregierung	20
II. Herkunft, Entstehung, Geschichte	9	2. Stellung des Finanzministers gegenüber dem Landtag	28
1. Vorgängerverfassungen	9		
2. Verfassunggebung 1952/53	10	IV. Genehmigung des Landtags (Satz 3)	29
3. Haushaltsreform 1971	12	V. Rechtsfolgen	32
III. Verfassungsvergleichende Einordnung	13	VI. Rechtsschutz	33

A. Überblick und Einordnung
I. Bedeutung der Vorschrift
1. Gegenstand der Vorschrift

1 Der Haushaltsplan soll nach dem in Art. 79 II 2 LV niedergelegten Grundsatz der Vorherigkeit vor Beginn des Rechnungsjahres festgestellt werden. Er beruht daher notwendig auf Prognosen.[1] Die tatsächliche Entwicklung kann hiervon abweichen. Aufgrund **unerwarteter Ereignisse** kann ein **außerordentlicher Finanzbedarf** entstehen, der im nach dem Grundsatz der Einzelveranschlagung (Spezialität) gegliederten Haushaltsplan nicht oder nicht hinreichend berücksichtigt ist. Im Regelfall ist dann ein Nachtragshaushalt (vgl. § 33 LHO) zu verabschieden, da die Exekutive nach Art. 79 I 1 HS 1 LV an die durch förmliches Gesetz festgestellten Ausgabenansätze des Haushaltsplans gebunden ist.[2] Dieses Verfahren nimmt jedoch Zeit in Anspruch und ist mit einem nicht unerheblichen Aufwand verbunden.[3] Art. 81 LV hält daher eine **Notbewilligungskompetenz des Finanzministers** bereit, um die finanzielle Handlungsfähigkeit des Landes in derartigen Fällen sicherzustellen.[4]

---

1 Vgl. BVerfGE 30, 250 (263); 113, 167 (234); 119, 96 (130); 135, 317 (416).
2 Vgl. LVerfGE 18, 65 (76); *Heintzen* in: v. Münch/Kunig, Art. 112 Rn. 1 zu den weiteren Möglichkeiten, die finanzielle Handlungsfähigkeit des Staates in einer derartigen Situation zu gewährleisten.
3 Vgl. *Heun* in: Dreier, Art. 112 Rn. 4.
4 Vgl. LVerfGE 18, 65 (75); 22, 3 (15, 18, 22).

Die gubernative Kompetenz durchbricht das parlamentarische Budgetrecht 2
(→ Art. 79 Rn. 3). Die Vorschrift sieht daher nicht nur das formelle Erfordernis einer nachträglichen Genehmigung durch den Landtag vor (Art. 81 S. 3 LV), sondern enthält auch mit einem „unvorhergesehenen und unabweisbaren Bedürfnis" (Art. 81 S. 2 LV) ein anspruchsvolles Tatbestandsmerkmal, das nach der Rechtsprechung des VerfGH **strikt zu interpretieren ist**.[5]

Art. 81 LV dient **nicht** dazu, dem Finanzminister einen „eigenen finanzpolitischen Spielraum für die Ausgabengestaltung zu eröffnen".[6] Es ist nur eine „**subsidiäre Notkompetenz**",[7] die „nicht gleichartig und gleichrangig neben der Feststellungskompetenz des Haushaltsgesetzgebers" steht.[8] Die Vorschrift vermittelt dem Finanzminister keine „allgemeine Plankorrekturkompetenz".[9] Sobald es dem **Parlament zeitlich möglich** ist, über die Bewilligung zu entscheiden, greift die Ermächtigung nach **Art. 81 LV nicht mehr**.[10] Auch **Geheimschutzinteressen** rechtfertigen es **nicht**, Ausgaben aufgrund von Art. 81 LV zu bewilligen.[11] Da vom Grundsatz der Budgetöffentlichkeit in derartigen Fällen Ausnahmen gemacht werden dürfen (→ Art. 79 Rn. 110),[12] kann das Parlament ein entsprechendes Verfahren wählen, um den Geheimschutzinteressen Rechnung zu tragen.[13] 3

Sofern neben der finanziellen Handlungsfähigkeit des Staates als weiterer 4
Normzweck die **Entlastung des Gesetzgebers** genannt wird,[14] hat dieser angesichts der herausragenden Bedeutung des parlamentarischen Budgetrechts in der Staatsorganisation des demokratischen Rechtsstaats (→ Art. 79 Rn. 45 ff.) **nur einen untergeordneten Stellenwert**.

Mit der Kompetenz des Finanzministers und dem Zustimmungserfordernis 5
hat Art. 81 LV im Übrigen nicht nur das Verhältnis von Regierung und Parlament zum Gegenstand, sondern bestimmt auch die **Rechtsstellung des Finanzministers innerhalb der Regierung** mit.

2. Stellung der Vorschrift innerhalb der Haushaltsverfassung des Landes

Mit der Notbewilligungskompetenz des Finanzministers durchbricht 6
Art. 81 LV das parlamentarische Budgetrecht. Er bildet somit neben Art. 80 LV die zweite **Ausnahmevorschrift zu Art. 79 LV**. Als solche ist sie nach der verfassungsgerichtlichen Rechtsprechung **eng auszulegen** (vgl. auch → Rn. 2). Die Maßstäbe der Norm unterliegen grundsätzlich der **vol-**

---

5 Vgl. LVerfGE 18, 65 (76); 22, 3 (15, 17); vgl. auch *Heun* in: Dreier, Art. 112 Rn. 4.
6 Vgl. BVerfGE 45, 1 (38); vgl. auch LVerfGE 22, 3 (18).
7 Vgl. BVerfGE 45, 1 (36, 37 f.); vgl. auch *Braun*, Art. 81 Rn. 1 f.; *Katz* in: Feuchte, Art. 81 Rn. 4; *Eichenauer*, Notbewilligungsrecht, 50 ff.
8 Vgl. BVerfGE 45, 1 (37); vgl. auch *Braun*, Art. 81 Rn. 2; *Katz* in: Feuchte, Art. 81 Rn. 4; *Karehnke*, DÖV 1976, 361 (365); *Heintzen* in: v. Münch/Kunig, Art. 112 Rn. 1; aA Arndt, DVBl. 1975, 601 f.
9 Vgl. BVerfGE 45, 1 (34); *Heun*, Staatshaushalt und Staatsleitung, 471.
10 Vgl. LVerfGE 22, 3 (22 ff.); vgl. auch BVerfGE 45, 1 (37).
11 Vgl. LVerfGE 22, 3 (24 f.); vgl. auch LVerfGE 18, 65 (81).
12 Vgl. BVerfGE 70, 324 (358).
13 Vgl. LVerfGE 22, 3 (24 f.).
14 Vgl. *Braun*, Art. 81 Rn. 1; *Katz* in: Feuchte, Art. 81 Rn. 2.

len **Nachprüfung** durch den VerfGH.[15] Ausgenommen hiervon ist die Frage, ob ein **Bedürfnis für Ausgaben** besteht (→ Rn. 16 ff.).

7 Obgleich Art. 81 S. 1 LV mit dem Merkmal der über- und außerplanmäßigen Ausgaben davon ausgeht,[16] dass ein Haushaltsplan festgestellt wurde, findet die Ermächtigung **auch im Fall des Art. 80 LV Anwendung.**[17] Hierfür spricht insbesondere der Sinn und Zweck der Art. 80 und 81 LV. Beide Vorschriften sollen bei einem „unabweisbaren" Bedürfnis die finanzielle Handlungsfähigkeit des Staates gewährleisten. Zudem müsste eine Abweichung vom mutmaßlichen Willen des Gesetzgebers erst recht möglich sein, wenn Art. 81 LV sogar eine Abweichung von dessen förmlichen Willen zulässt.[18] Da Planansätze in diesem Fall fehlen, wird dabei der Planersatz iSd Art. 80 LV – und nicht die Ansätze des zuletzt festgestellten Haushaltsplans – als Maßstab herangezogen.[19]

3. Vorgaben des Bundesrechts

8 Art. 81 LV bietet keine Grundlage, um Ausgaben zu leisten, die dem gesamtwirtschaftlichen Gleichgewicht gemäß Art. 109 II Rechnung tragen sollen. Derartige Ausgaben stellen keinen zusätzlichen Staatsbedarf iSd Art. 81 LV dar.[20]

II. Herkunft, Entstehung, Geschichte
1. Vorgängerverfassungen

9 Vorschriften zu unvorhergesehenen Ausgaben kannten bereits die meisten Verfassungen aus der ersten Hälfte des 19. Jahrhunderts.[21] Einschlägige Regelungen, um der Notbewilligungssituation Rechnung zu tragen, enthielten auch alle drei Vorgängerverfassungen des Landes. Nach Art. 101 VerfWB und Art. 101 VerfLB bedurfte – wie bereits nach § 53 VerfWü 1919 – eine Überschreitung des Voranschlags der nachträglichen Genehmigung durch den Landtag. Ähnlich bestimmte Art. 81 VerfWH, dass die Regierung den Voranschlag des Staatshaushaltsplans nur mit Genehmigung des Landtags überschreiten durfte. Hervorzuheben ist im Übrigen Art. 67 der Preußischen Verfassung vom 30.11.1920,[22] der Vorbild für Art. 112 GG war.[23]

---

15 LVerfGE 22, 3 (15); vgl. auch *Friauf* in: GS-Klein, 162 (174 ff.).
16 Vgl. *Tappe*, Haushaltsgesetz als Zeitgesetz, 160 f.
17 Vgl. BVerfGE 45, 1 (37); *Heintzen* in: v. Münch/Kunig, Art. 112 Rn. 4; *Kube* in: Maunz/Dürig, Art. 112 Rn. 8 f.; aA *Sasse*, JZ 1973, 189 (192).
18 Vgl. *Tappe*, Haushaltsgesetz als Zeitgesetz, 165.
19 *Braun*, Art. 81 Rn. 7; vgl. auch *Fischer*, VerwArch 98 (2007), 543 (558); *Heintzen* in: v. Münch/Kunig, Art. 112 Rn. 4.
20 Vgl. *Schwarz* in: v. Mangoldt/Klein/Starck, Art. 112 Rn. 17 f.; *Jarass* in: Jarass/Pieroth, Art. 112 Rn. 2; *Heintzen* in: v. Münch/Kunig, Art. 112 Rn. 5; *Heuer* in Piduch, Bundeshaushaltsrecht, Art. 112 GG Rn. 7; aA *Braun*, Art. 81 Rn. 10.
21 Vgl. *Friauf*, Staatshaushaltsplan, 155 ff.
22 Preußische Gesetzessammlung 1920, 543.
23 Vgl. *Friauf* in: GS-Klein, 162 (170); *Heun*, Staatshaushalt und Staatsleitung, 83 f.; *Kube* in: Maunz/Dürig, Art. 112 Rn. 14 ff., 19.

2. Verfassunggebung 1952/53

Ein Notbewilligungsrecht des Finanzministers sahen beide Verfassungsentwürfe vor. Art. 78 VerfERP stimmte mit der geltenden Fassung des Art. 81 LV überein. Das galt auch grundsätzlich für Art. 108 VerfECDU. Das Erfordernis einer nachträglichen Genehmigung bezog sich bei ihm jedoch nicht nur auf den Landtag, sondern auch auf den im CDU-Entwurf vorgesehenen Senat. Art. 78 S. 1 u. 2 VerfERP und Art. 108 S. 1 u. 2 VerfECDU waren wiederum – bis auf den Begriff „Finanzminister" anstatt „Bundesminister der Finanzen" – wortgleich mit Art. 112 GG, dessen S. 3 erst mit dem 20. GGÄndG (v. 12.5.1969, BGBl. I 357) eingeführt wurde.

10

In den Beratungen der Verfassunggebung wurden Bedenken geäußert, dass die Begriffe „unvorhergesehen" und „unabweisbar" zu weit interpretiert werden könnten. Indes führten sie zu keiner Änderung der Vorschrift. Eine Modifikation wurde jedoch in den Beratungen vorgenommen. Man ersetzte „Haushaltsüberschreitungen und außerplanmäßige Ausgaben" durch **„über- und außerplanmäßige Ausgaben"**. Grund hierfür war eine Stellungnahme des Finanzministeriums zur Zweiten Beratung des VA. Es wies darauf hin, dass „überplanmäßige Ausgaben von planmäßigen Überschreitungen aufgrund von Planvermerken mit anderweitiger Deckung durch Mehreinnahmen oder Minderausgaben zu unterscheiden sind".[24] Diese Präzisierung wurde in Art. 112 S. 1 GG erst mit dem 20. GGÄndG vorgenommen.[25]

11

3. Haushaltsreform 1971

Art. 81 LV wurde im Rahmen der Haushaltsreform 1971 **nicht modifiziert**.[26] Die Vorschrift ist seit der Verfassunggebung unverändert geblieben. Im Finanzausschuss wurde anlässlich der Haushaltsreform 1971 in Bezug auf die Vorschrift lediglich diskutiert, ob Art. 81 S. 3 LV nicht an Art. 112 S. 3 GG angepasst werden soll.[27]

12

III. Verfassungsvergleichende Einordnung

Art. 81 S. 1 u. 2 LV stimmen mit Art. 112 S. 1 u. 2 GG überein. Im Gegensatz zur Notbewilligungskompetenz des GG sieht Art. 81 S. 3 LV jedoch noch das formelle Erfordernis einer nachträglichen Genehmigung durch den Landtag vor. Art. 112 S. 3 GG enthält stattdessen eine Ermächtigung zur Konkretisierung des Notbewilligungsrechts des Bundesministers der Finanzen.[28]

13

---

24 Vgl. VA-Bericht, Berichterstatter: Abg. *Huber*, VLV, Beilagen, 1953, Bd. III, Beilage 1103, 79.
25 Vgl. *Gröpl* in: BK, Art. 112 Rn. 15.
26 Vgl. 7. LV-ÄndG v. 19.10.1971, GBl. 425.
27 Vgl. Schriftlicher Bericht über die Beratungen des Finanzausschusses, LT-Pl.-Prot. Anlage 1 zur 114. Sitzung am 15.7.1971, Bd. VI, 6944.
28 Vgl. *Braun*, Art. 81 Rn. 12 f.

B. Erläuterung

I. Über- und außerplanmäßige Ausgaben (S. 1)

14 Art. 81 LV hat wie Art. 80 LV **Planersatzfunktion**. Im Gegensatz zu Art. 80 LV, der das vollständige Fehlen des Haushaltsplans zum Gegenstand hat, regelt Art. 81 LV dessen Unvollständigkeit.[29] Demgemäß ist der Anwendungsbereich des Art. 81 LV eröffnet, wenn über- und außerplanmäßige Ausgaben getätigt werden sollen. Sie sind grundsätzlich Folge des Haushaltsgrundsatzes der sachlichen Spezialität gemäß § 17 I 1, § 45 I 1 LHO, wonach Ausgaben nur für einzelne Zwecke bewilligt werden.[30] Ausgaben sind **überplanmäßig**, wenn sie im Haushaltsplan grundsätzlich einen Ansatz gefunden haben, den hierfür ausgewiesenen Betrag aber in der Höhe überschreiten. **Außerplanmäßige** Ausgaben haben im Haushaltsplan demgegenüber überhaupt keinen Ansatz gefunden.[31] Beide Begriffe gehen davon aus, dass die Mehrausgabe nicht durch eine Minderausgabe eines deckungsfähigen Ansatzes oder Ausgabenreste (vgl. §§ 20, 46 LHO) ausgeglichen werden kann.[32] Bei überplanmäßigen Ausgaben geht auch die Deckung nach § 45 II, III LHO vor.

15 Art. 81 LV findet im Übrigen auch auf **Verpflichtungsermächtigungen, Schuldbeitritte und Schuldübernahmen** Anwendung (vgl. auch § 22 I 2 HGrG; § 38 I 2 LHO).[33] Die Schaffung neuer Planstellen kann jedoch nicht auf die Norm gestützt werden.[34] Für Einnahmen bietet Art. 81 LV keine Ermächtigungsgrundlage.[35]

II. Unvorhergesehenes und unabweisbares Bedürfnis (S. 2)

16 Der Begriff des Bedürfnisses ist inhaltlich kaum begrenzt. Hierunter fällt jeder Sinn, den eine über- oder außerplanmäßige Ausgabe hätte.[36] Ob ein Bedürfnis für Ausgaben besteht, richtet sich zudem wesentlich nach politischen Wertungen. Die rechtlich zulässige Grenze ist hier nur bei offensichtlicher Unvertretbarkeit überschritten.[37] Demgegenüber enthalten die Tatbestandsmerkmale „unvorhergesehen" und „unabweisbar" objektivierbare Maßstäbe, die der **vollen verfassungsgerichtlichen Nachprüfung** unterliegen.[38] Sie sichern die haushaltsrechtliche Einschätzungsprärogative des Landtags sowohl vergangenheits- als auch zukunftsbezogen ab[39] und betreffen damit das Kompetenzverhältnis zwischen Legislative und Exekutive.[40]

---

29 Vgl. *Heintzen* in: v. Münch/Kunig, Art. 112 Rn. 1.
30 Vgl. *Katz* in: Feuchte, Art. 81 Rn. 11.
31 LVerfGE 18, 65 (76); *Braun*, Art. 81 Rn. 7.
32 Vgl. LVerfGE 18, 65 (76); *Heintzen* in: v. Münch/Kunig, Art. 112 Rn. 3.
33 LVerfGE 22, 3 (19); vgl. auch LVerfGE 18, 65 (76); *Braun*, Art. 81 Rn. 7.
34 Vgl. *Heintzen* in: v. Münch/Kunig, Art. 112 Rn. 12; *Kube* in: Maunz/Dürig, Art. 112 Rn. 33; vgl. demgegenüber *Welz*, Parlamentarische Finanzkontrolle, 143.
35 Vgl. *Heuer* in Piduch, Bundeshaushaltsrecht, Art. 112 GG Rn. 2.
36 Vgl. *E. Reimer* in: Epping/Hillgruber, Art. 112 GG Rn. 13.
37 LVerfGE 18, 65 (76); 22, 3 (15); vgl. auch BVerfGE 45, 1 (39); *Katz* in: Feuchte, Art. 81 Rn. 12.
38 LVerfGE 18, 65 (76); 22, 3 (15); vgl. auch BVerfGE 45, 1 (39).
39 LVerfGE 18, 65 (76).
40 Vgl. *Fischer*, VerwArch 98 (2007), 543 (546).

Durch das Merkmal „**unvorhergesehen**" soll ausgeschlossen werden, dass vom Finanzminister Ausgaben bewilligt werden, deren Notwendigkeit bereits im Rahmen der Haushaltsgesetzgebung – mit Kenntnis des Finanzministers oder der Regierung[41] – geprüft und abgelehnt worden ist.[42] Unvorhergesehen ist zunächst ein **objektiv** unvorhersehbares Bedürfnis.[43] Das Tatbestandsmerkmal ist aber **auch** dann erfüllt, wenn die an der Feststellung des Haushalts beteiligten **Verfassungsorgane** die Mehrausgabe oder deren gesteigerte Dringlichkeit „**tatsächlich, gleich aus welchen Gründen**" **nicht vorgesehen** haben.[44] Auf ein Verschulden kommt es nicht an.[45] Vorhersehbar kann das Bedürfnis im Übrigen nur sein, wenn es bereits „Haushaltsreife" erreicht hat.[46] Außerdem kann eine **Veränderung der Sachlage** dazu führen, dass ein Bedürfnis im Nachhinein die Tatbestandsvoraussetzung erfüllt.[47] Maßgebliche Beurteilungsperspektive ist dabei die Beschlussfassung über etwaige Nachtragshaushalte. Nur wenn hierüber nicht befunden wurde, kommt es auf den Zeitpunkt der Aufstellung des Haushaltsplans an.[48]

17

Unabweisbarkeit fordert eine besondere **Eilbedürftigkeit** der Mehrausgabe, weil sonst schwerwiegende Folgen drohen. Das setzt zunächst voraus, dass die Mehrausgabe **zeitlich unaufschiebbar** ist (vgl. auch § 37 I 3 LHO). Dies ist nur dann der Fall, wenn der Landtag die Mehrausgabe selbst im Rahmen eines Nachtragshaushalts im vereinfachten Verfahren nach § 47 a GO LT oder über sog. Nachschiebelisten zum Entwurf des Haushaltsplans nicht mehr rechtzeitig bewilligen kann.[49] Neben diesem Moment des Zeitdrucks verlangt das Merkmal einen bestimmten **Sachzwang**. Die Mehrausgaben müssen **sachlich unbedingt notwendig** sein. Diese Anforderung ist nach der Rechtsprechung des VerfGH im Wesentlichen gegeben, wenn die Ausgaben dem in § 7 LHO verankerten allgemeinen Wirtschaftlichkeits- und Sparsamkeitsprinzip entsprechen.[50] Dem ist grundsätzlich zuzustimmen. Ist der vermutete Wille des Budgetgesetzgebers jedoch unklar, sollte der Maßstab anspruchsvoller sein. Voraussetzung ist dann, dass eine Beeinträchtigung schwerwiegender politischer, wirtschaftlicher oder sozialer Staatsinteressen droht.[51] Mit dem Element des Sachzwangs weist Art. 81 S. 2 LV im Übrigen eine Parallele zu Art. 80 I Nr. 1 u. 2 LV auf.

18

---

41 Vgl. LVerfGE 18, 65 (77); vgl. auch BVerfGE 45, 1 (35); *Katz* in: Feuchte, Art. 81 Rn. 13.
42 LVerfGE 22, 3 (16); vgl. auch LVerfGE 18, 65 (77); *Braun*, Art. 81 Rn. 8.
43 LVerfGE 18, 65 (77); *Braun*, Art. 81 Rn. 8.
44 Vgl. LVerfGE 18, 65 (77); vgl. auch BVerfGE 45, 1 (35); *Braun*, Art. 81 Rn. 8.
45 LVerfGE 18, 65 (79); vgl. auch *Heuer* in Piduch, Bundeshaushaltsrecht, Art. 112 GG Rn. 4.
46 LVerfGE 18, 65 (80); 22, 3 (20).
47 LVerfGE 22, 3 (16); vgl. auch BVerfGE 45, 1 (36); *Braun*, Art. 81 Rn. 7 f.
48 LVerfGE 18, 65 (78); 22, 3 (16, 20).
49 LVerfGE 18, 65 (77, 79 f.); vgl. auch LVerfGE 22, 3 (16, 22); BVerfGE 45, 1 (37); *Braun*, Art. 81 Rn. 9.
50 LVerfGE 18, 65 (77); 22, 3 (17); vgl. auch *Heuer* in Piduch, Bundeshaushaltsrecht, Art. 112 GG Rn. 6; strenger demgegenüber BVerfGE 45, 1 (36); *Katz* in: Feuchte, Art. 81 Rn. 14.
51 Vgl. *Heuer* in Piduch, Bundeshaushaltsrecht, Art. 112 GG Rn. 7.

§ 37 I 4 LHO bringt dies mit dem Begriff der „Rechtsverpflichtungen" zum Ausdruck.[52]

19 Da Art. 81 LV – im Gegensatz zu Art. 112 S. 3 GG – keinen Vorbehalt einer näheren gesetzlichen Regelung enthält (→ Rn. 12 u. 13), kann die Notbewilligungskompetenz **einfachgesetzlich nicht eingeschränkt** werden.[53] Dennoch wurde § 37 LHO mittlerweile weitgehend an § 37 BHO angepasst.[54] Die Regelungen des § 37 LHO können die Notbewilligungskompetenz nur insoweit einschränken, als sie deklaratorisch Verfassungsrecht wiedergeben.

III. Zustimmung des Finanzministers (S. 1 u. 2)

1. Stellung des Finanzministers innerhalb der Landesregierung

20 Die LV geht grundsätzlich von der Gleichrangigkeit der Minister aus (vgl. Art. 49 I 4, III LV). Hiervon machen Art. 81 S. 1 und Art. 83 I LV jedoch eine Ausnahme, indem sie dem Finanzminister im Haushaltskreislauf Kompetenzen zuweisen und Pflichten auferlegen. Der Finanzminister nimmt deshalb eine „**verfassungsrechtlich gesicherte Sonderstellung**" ein,[55] die er im Rahmen seiner Ressortverantwortung ausübt (vgl. Art. 49 I 4 LV).[56] Konstruktiv ist er damit ein Rechtssubjekt. Dogmatisch darf hieraus jedoch nicht geschlossen werden, dass er ein oberstes Landesorgan ist.[57] Als Mitglied iSd Art. 45 II LV ist er ein „von der Landesverfassung mit besonderen Rechten ausgestatteter **Teil des obersten Landesorgans** ‚Regierung'". Das Rechtsverhältnis des Finanzministers zur Landesregierung ist daher **intraorganschaftlich**, das zum Landtag hingegen interorganschaftlich.

21 Demgemäß handelt der Finanzminister für die Regierung, wenn er die Kompetenz gemäß Art. 81 LV ausübt. Systematisch wird diese Zuordnung durch die besonderen Zuständigkeiten bestätigt, die der Regierung im Haushaltskreislauf zugewiesen sind. Wenn die Regierung die Budgetinitiative gemäß Art. 79 iVm Art. 59 I LV innehat, sie den Haushalt vollzieht, die Nothaushaltsführung gemäß Art. 80 LV ihr zukommt, finanzwirksame Beschlüsse des Landtags nach Art. 82 I LV ihre Zustimmung erfordern und nicht zuletzt die Regierung Adressat der Entlastung nach Art. 83 I LV ist, dann muss die Ermächtigung des Finanzministers nach Art. 81 LV in dieses Kompetenzgefüge eingebettet sein.[58]

22 Die Regierung – und als Teil dieser auch der Finanzminister – steht folglich „im Haushaltswesen als **bestimmendes Organ der Exekutive** dem Landtag" gegenüber,[59] so dass die Regierung dem Parlament gegenüber grundsätzlich

---

52 Vgl. *Tappe*, Haushaltsgesetz als Zeitgesetz, 161.
53 *Braun*, Art. 81 Rn. 12.
54 Vgl. zur alten Rechtslage *Braun*, Art. 81 Rn. 12.
55 LVerfGE 18, 65 (82); vgl. auch *P. Kirchhof*, BB 1971, 1469 (1470).
56 Vgl. *Kube* in: Maunz/Dürig, Art. 112 Rn. 66.
57 Vgl. demgegenüber *Braun*, Art. 81 Rn. 3.
58 Vgl. LVerfGE 18, 65 (82) mit Verweis auf BVerfGE 45, 1 (46 ff.); *Braun*, Art. 81 Rn. 3, 5; *Katz* in: Feuchte, Art. 81 Rn. 6, der darauf abstellt, dass der Finanzminister nicht aus den Entscheidungen der Regierung als Kollegialorgan gemäß Art. 49 II LV entlassen wird.
59 LVerfGE 18, 65 (82) mit Verweis auf BVerfGE 45, 1 (46 ff.); *Braun*, Art. 81 Rn. 3, 5; *Katz* in: Feuchte, Art. 81 Rn. 6.

auch im Bereich des Art. 81 LV für das Haushaltsgebaren verantwortlich ist. Dem kann sie aber nur gerecht werden, wenn ihr die Möglichkeit offen steht, Notbewilligungsmaßnahmen des Finanzministers zu billigen oder zu missbilligen. Den Finanzminister trifft daher im Rahmen des Art. 81 LV die **verfassungsrechtliche Pflicht, die Regierung rechtzeitig zu informieren.**[60] Stellen sich ihm dabei Fragen von „grundsätzlicher oder weittragender Bedeutung", hat er einen Beschluss der Regierung gemäß Art. 49 II aE LV herbeizuführen. Hierunter können auch über- und außerplanmäßige Mehrausgaben „in nicht unbeträchtlicher Höhe" fallen.[61] Die Kompetenz des Finanzministers nach Art. 81 LV beschränkt sich auf die Zustimmung, die einen entsprechenden Antrag des zuständigen Ministers oder der Regierung voraussetzt.[62]

Das heißt aber **nicht**, dass die Regierung die **Entscheidung des Finanzministers ersetzen** könnte.[63] Sie kann den Finanzminister im Bereich des Art. 81 LV auch **nicht mit rechtlicher Bindungswirkung anweisen.**[64] Der Finanzminister übt seine Sonderkompetenz **selbstständig und endgültig** aus,[65] wie einfachgesetzlich in § 116 I 1 iVm § 37 I LHO bestätigt wird. Der Finanzminister soll dadurch in die Lage versetzt werden, die fiskalischen Interessen des Landes gegenüber den ausgabewilligen Fachressorts zu wahren sowie die Einhaltung der Haushaltsgrundsätze und der Grenzen des Art. 81 LV sicherzustellen.[66] Selbst bei Meinungsverschiedenheiten zwischen Ressorts kann der Finanzminister daher nicht durch einen Kabinettsbeschluss gezwungen werden.[67] Insofern tritt Art. 49 II LV dann doch zurück.[68] Demgemäß kann die Regierung nach der verfassungsgerichtlichen Rechtsprechung die Inanspruchnahme der Notbewilligungskompetenz **nur mittelbar verhindern**, indem sie beispielsweise eine Haushaltsvorlage zu einem Nachtragshaushalt einbringt.[69] 23

Auch der Ministerpräsident kann nicht durch die Ausübung seiner Richtlinienkompetenz gemäß Art. 49 I 1 LV die Zustimmung des Finanzministers ersetzen. Er kann den Finanzminister auch nicht zur Zustimmung verpflichten.[70] Es bleibt ihm jedoch unbenommen, den Finanzminister gemäß Art. 46 II 1 LV zu entlassen.[71] 24

Wenn der Finanzminister die Kompetenz des Art. 81 LV überschreitet und damit das parlamentarische Budgetrecht verletzt, ist dieser **Verfassungsver-** 25

---

60 Vgl. BVerfGE 45, 1 (47 f.).
61 LVerfGE 18, 65 (82).
62 Vgl. *Katz* in: Feuchte, Art. 81 Rn. 8 f.
63 LVerfGE 18, 65 (82); *Braun*, Art. 81 Rn. 5.
64 Vgl. BVerfGE 45, 1 (49); *Katz* in: Feuchte, Art. 81 Rn. 7.
65 LVerfGE 18, 65 (82); *Braun*, Art. 81 Rn. 4 f.
66 Vgl. *Katz* in: Feuchte, Art. 81 Rn. 8; vgl. auch *Heun* in: Dreier, Art. 112 Rn. 8.
67 Vgl. *Braun*, Art. 81 Rn. 4 f.; vgl. auch § 116 I 2 LHO, wonach nur „in anderen Fällen" eine Entscheidung der Landesregierung eingeholt werden kann.
68 Vgl. *Braun*, Art. 81 Rn. 4; vgl. auch *Kube* in: Maunz/Dürig, Art. 112 Rn. 66; *Heun* in: Dreier, Art. 112 Rn. 8.
69 LVerfGE 18, 65 (82); 22, 3 (26); vgl. auch BVerfGE 45, 1 (46 ff.); *Braun*, Art. 81 Rn. 5.
70 Vgl. *Braun*, Art. 81 Rn. 5; *Heun* in: Dreier, Art. 112 Rn. 8; aA *Kube* in: Maunz/Dürig, Art. 112 Rn. 71; *Heintzen* in: v. Münch/Kunig, Art. 112 Rn. 10.
71 Vgl. *Katz* in: Feuchte, Art. 81 Rn. 7.

stoß grundsätzlich auch der **Regierung zuzurechnen**.[72] Selbst wenn der Finanzminister seine Informationspflicht ignoriert, ist dies nicht ausgeschlossen.[73] Der Regierung ist eine Ausgabenbewilligung des Finanzministers aufgrund von Art. 81 LV nur dann nicht zuzurechnen, wenn der Finanzminister die Notbewilligungskompetenz in Anspruch nimmt und sofort vollzieht, obwohl die Regierung einen gegenteiligen Kabinettsbeschluss gefasst hat.[74]

26 Eine **Zustimmung** gemäß Art. 81 S. 1 LV setzt grundsätzlich voraus, dass der Finanzminister die Ausgaben bewilligt, **bevor** sie geleistet werden.[75] Nur wenn sofortiges Handeln zur Abwendung einer dem Land drohenden unmittelbar bevorstehenden Gefahr iSd § 116 II LHO erforderlich ist, dürfen Ausgaben ohne vorherige Zustimmung geleistet werden. Die Genehmigung des Finanzministers ist unverzüglich einzuholen, die dann den rechtlichen Mangel heilt.[76]

27 Regelungen des Geschäftsbereichs gemäß Art. 45 III LV haben im Übrigen zu berücksichtigen, dass die LV einen Finanzminister voraussetzt. Dies schließt nicht aus, dass dem Finanzminister noch Aufgaben anderer Geschäftsbereiche zugewiesen werden.[77]

2. Stellung des Finanzministers gegenüber dem Landtag

28 Da Art. 81 LV das parlamentarische Budgetrecht durchbricht (→ Rn. 6), treffen den Finanzminister gegenüber dem Landtag besondere verfassungsrechtliche **Prüfungs- und Verfahrenspflichten**, bevor er die Ermächtigung in Anspruch nimmt.[78] Ob die Tatbestandsvoraussetzungen der Notbewilligungskompetenz erfüllt sind, steht grundsätzlich **nicht** in der **Einschätzungsprärogative des Finanzministers**. Er kann die Reichweite seiner Kompetenz nicht selbstständig bestimmen.[79] Der Finanzminister hat deshalb zunächst sorgfältig zu prüfen, ob die Sache unabweisbar ist (→ Rn. 18).[80] Bestehen für ihn insofern begründete Zweifel, trifft ihn eine Konsultationspflicht gegenüber der Legislative.[81] Der Finanzminister hat den Landtagspräsidenten zu fragen, ob das Parlament rechtzeitig über einen Nachtragshaushalt entscheiden kann, um die Ausgabe zu bewilligen (vgl. auch § 47a III GO LT).[82] Erst wenn dies abschlägig beantwortet ist, kann er auf Art. 81 LV zurückgreifen. Nach § 37 I 4 Var. 1 LHO bedarf es eines Nachtragshaushaltsgesetzes im Übrigen nicht, wenn die Mehrausgabe im Einzel-

---

72 Vgl. LVerfGE 18, 65 (81 f.); 22, 3 (25 f.).
73 Vgl. BVerfGE 45, 1 (49).
74 Vgl. BVerfGE 45, 1 (49 f.).
75 Vgl. zum Verfahren *Katz* in: Feuchte, Art. 81 Rn. 10.
76 Vgl. *Braun*, Art. 81 Rn. 4.
77 *Braun*, Art. 81 Rn. 3; näher dazu → Art. 45 Rn. 64.
78 Vgl. BVerfGE 45, 1 (39); *Katz* in: Feuchte, Art. 81 Rn. 5.
79 LVerfGE 22, 3 (16); vgl. auch *Mußgnug*, Haushaltsplan, 224; *Heuer* in Piduch, Bundeshaushaltsrecht, Art. 112 GG Rn. 5.
80 Vgl. BVerfGE 45, 1 (39).
81 Vgl. LVerfGE 18, 65 (77 f.) mit Verweis auf BVerfGE 45, 1 (39).
82 Vgl. LVerfGE 18, 65 (76); 22, 3 (17).

fall einen im Haushaltsgesetz festzulegenden Betrag nicht überschreitet.[83] Dies ist zulässig, sofern sich der Betrag in einer Größenordnung bewegt, „die eine gesonderte Haushaltsvorlage ernsthaft impraktikabel erscheinen lässt".[84]

IV. Genehmigung des Landtags (Satz 3)

Nach Art. 81 S. 3 LV ist die Genehmigung des Landtags **nachträglich einzuholen**. Der Wortlaut der Vorschrift lässt offen, worauf sich die Genehmigung bezieht. Es stellt sich deshalb die Frage, welche Funktion die Genehmigung hat. Würde der Landtag unmittelbar über die Ausgaben entscheiden, müsste die Genehmigung Ermächtigungswirkung haben. Dem steht aber entgegen, dass für die Regierung dann ein Anreiz bestünde, sich über die verfassungsrechtlichen Vorgaben des Art. 81 LV hinwegzusetzen, da sie im parlamentarischen Regierungssystem mit der nachträglichen Genehmigung regelmäßig rechnen kann. Das parlamentarische Budgetrecht gemäß Art. 79 II 1 LV könnte unter diesen Voraussetzungen leerlaufen und das Parlament wäre faktisch darauf reduziert, das Haushaltsgebaren der Regierung zu billigen.[85] Zudem fände für die auf Art. 81 LV gestützten Ausgaben eine öffentliche Debatte über die finanzpolitische Planung im Rahmen der prlamentarischen Beratung nicht statt.[86] Der Regierung bliebe die Auseinandersetzung mit der Opposition im Parlament erspart.[87] Demgemäß sieht der VerfGH in der Genehmigung **keine rückwirkende Ermächtigung** zur Leistung von Mehrausgaben. Sie lasse den Rechtsgrund der Ausgabenbewilligung unberührt.[88] Die Genehmigung hat daher **lediglich Kontrollfunktion** und dient dazu, die **Entlastung vorzubereiten**.[89] Es bleibt bei der originären Ermächtigung aufgrund von Art. 81 LV.[90] Durch die Genehmigung wird ein **Verstoß** gegen Art. 81 LV demnach **nicht geheilt**.[91] Die Genehmigung kann auch keinen Nachtragshaushalt ersetzen. Das parlamentarische Budgetrecht kann nur durch ein förmliches Parlamentsgesetz ausgeübt werden (→ Art. 79 Rn. 52 f.).

Die Genehmigung steht nicht im Ermessen des Landtags.[92] Liegen die materiellen Tatbestandsvoraussetzungen des Art. 81 LV vor, hat der Landtag die Genehmigung zu erteilen. Die Genehmigung ist daher lediglich ein **zusätzliches parlamentarisches Prüfungs- und Kontrollrecht**, dessen Ausübung die Entlastung nach Art. 83 I LV nicht ersetzt.[93] Es wird durch § 37 IV LHO ergänzt, wonach dem Landtag die über- und außerplanmäßigen Ausgaben mitzuteilen sind.

---

83 So wurde nach § 7 StHG 2017 v. 22.2.2017, GBl. 78 dieser Betrag auf 5 Mio. Euro festgesetzt. Eine Bagatellgrenze in dieser Höhe wurde von LVerfGE 18, 65 (78) nicht in Frage gestellt.
84 BVerfGE 45, 1 (39), worauf LVerfGE 18, 65 (78) verweist.
85 Vgl. *Tappe*, Haushaltsgesetz als Zeitgesetz, 183 f.
86 Vgl. LVerfGE 22, 3 (14) mit Verweis auf *Friauf* in: GS-Klein, 162 (183).
87 *Därr*, Notbewilligungsrecht, 130 f.; *Friauf* in: GS-Klein, 162 (183).
88 LVerfGE 18, 65 (74 f.).
89 Vgl. *Braun*, Art. 81 Rn. 13; *Katz* in: Feuchte, Art. 81 Rn. 16.
90 *Katz* in: Feuchte, Art. 81 Rn. 16.
91 Vgl. LVerfGE 22, 3 (13).
92 Vgl. LVerfGE 18, 65 (75); *Spreng/Birn/Feuchte*, Art. 81 Rn. 3.
93 *Braun*, Art. 81 Rn. 13; *Katz* in: Feuchte, Art. 81 Rn. 16 f.

31 Die Genehmigung wird in der Regel bei der Entlastung nach Art. 83 I LV, § 114 LHO erteilt.[94] Sie kann aber auch Gegenstand eines Gesetzesbeschlusses zu einem Nachtragshaushalt sein.[95]

V. Rechtsfolgen

32 Die Wirkungen der gubernativen Ermächtigung aus Art. 81 LV entsprechen denen der legislativen Ermächtigung aufgrund von Art. 79 II 1 LV. Die Notbewilligung des Finanzministers ersetzt die parlamentarische Ausgabenbewilligung vollumfänglich.[96]

VI. Rechtsschutz

33 Überschreitet der Finanzminister die Grenzen der Notbewilligungskompetenz und verletzt er damit das parlamentarische Budgetrecht, ist das **Organstreitverfahren** nach Art. 68 I 2 Nr. 1 LV iVm § 8 I Nr. 1, §§ 44 ff. VerfGHG statthaft (→ Art. 79 Rn. 114).[97] Der Antrag kann nicht nur gegenüber dem **Finanzminister**, sondern auch gegenüber der **Regierung** begründet sein, da sie die vorrangige parlamentarische Verantwortung für die Finanzpolitik trägt. Sie kann insbesondere die Notbewilligungskompetenz des Finanzministers sperren, indem sie einen Nachtragshaushalt einbringt.[98] Die Regierung kann sich in diesem Zusammenhang nicht auf Unkenntnis berufen.[99] Im Übrigen besteht das Rechtsschutzbedürfnis einer Fraktion des Landtags, die das Budgetrecht des Verfassungsorgans in Prozessstandschaft geltend macht, auch dann, wenn der Landtag die Genehmigung erteilt hat. Die Genehmigung kann die rechtliche Klärung im Organstreitverfahren nicht ersetzen.[100]

34 Darüber hinaus kann **Anklage nach Art. 57 LV** erhoben werden, wenn der Finanzminister Art. 81 LV vorsätzlich oder grob fahrlässig verletzt.[101]

35 Erteilt der Landtag die Genehmigung nicht, obgleich die Voraussetzungen der Notbewilligungskompetenz gegeben sind, ist ebenfalls das **Organstreitverfahren** statthaft.[102] Der Finanzminister kann feststellen lassen, dass die Genehmigung zu erteilen ist. Gegenstand eines Antrags der Regierung kann die Feststellung sein, dass sie ihre Pflichten gemäß Art. 81 LV erfüllt hat.[103]

---

94 Vgl. *Welz*, Parlamentarische Finanzkontrolle, 143; *Katz* in: Feuchte, Art. 81 Rn. 17.
95 Vgl. LVerfGE 22, 3 (13); *Spreng/Birn/Feuchte*, Art. 81 Rn. 3.
96 Vgl. *Heun* in: Dreier, Art. 112 Rn. 5; *Heintzen* in: v. Münch/Kunig, Art. 112 Rn. 12.
97 Vgl. LVerfGE 18, 65 (75); 22, 3 (12).
98 Vgl. LVerfGE 18, 65 (81 f.); 22, 3 (25 f.).
99 Vgl. BVerfGE 45, 1 (48 f.).
100 LVerfGE 18, 65 (74); 22, 3 (13 f.).
101 Vgl. *Spreng/Birn/Feuchte*, Art. 81 Rn. 3; *Katz* in: Feuchte, Art. 81 Rn. 17.
102 Vgl. *Spreng/Birn/Feuchte*, Art. 81 Rn. 3.
103 Vgl. *Braun*, Art. 81 Rn. 13.

Artikel 82 [Finanzwirksame Beschlüsse des Landtags, Vetorecht der Regierung]

(1) ¹Beschlüsse des Landtags, welche die im Haushaltsplan festgesetzten Ausgaben erhöhen oder neue Ausgaben mit sich bringen, bedürfen der Zustimmung der Regierung. ²Das gleiche gilt für Beschlüsse des Landtags, die Einnahmeminderungen mit sich bringen. ³Die Deckung muß gesichert sein.

(2) ¹Die Regierung kann verlangen, daß der Landtag die Beschlußfassung nach Absatz 1 aussetzt. ²In diesem Fall hat die Regierung innerhalb von sechs Wochen dem Landtag eine Stellungnahme zuzuleiten.

Schrifttum:
Karehnke, Die Einschränkung des parlamentarischen Budgetrechts bei finanzwirksamen Gesetzen durch Artikel 113 des Grundgesetzes, DVBl. 1972, 811; *Malorny*, Exekutive Vetorechte im deutschen Verfassungssystem, 2011.

Vergleichbare Regelungen: Art. 113 GG, 78 V, Art. 79 BayVerf, 90 BerlVerf, 104 BbgVerf, 102 BremVerf, 69 HambVerf, 142 HessVerf, 64 MVVerf, 68 NdsVerf, 84 NRWVerf, 118 RPVerf, 107 II SaarlVerf, 97 SächsVerf, 96 LSA-Verf, 62 SchlHVerf, 99 III 2 ThürVerf.

Ergänzende Normen: § 50 b GO LT.

A. Überblick und Einordnung	1	B. Erläuterung	9
I. Bedeutung der Vorschrift	1	I. Zustimmungsbedürftige Beschlüsse des Landtags (Abs. 1 S. 1 u. 2)	9
1. Gegenstand der Vorschrift	1	1. Allgemeines	9
2. Stellung der Vorschrift innerhalb der Haushaltsverfassung des Landes	3	2. Festgestellter Haushaltsplan als Vergleichsmaßstab	11
II. Herkunft, Entstehung, Geschichte	4	3. Tatbestandsvarianten	15
1. Vorgängerverfassungen	4	II. Deckungsklausel (Abs. 1 S. 3)	18
2. Verfassunggebung 1952/53	5	III. Zustimmung der Landesregierung (Abs. 1 S. 1 u. 2)	19
3. Haushaltsreform 1971	7	IV. Zustimmungs- und Aussetzungsverfahren (Abs. 2)	22
III. Verfassungsvergleichende Einordnung	8	V. Rechtsschutz	26

A. Überblick und Einordnung

I. Bedeutung der Vorschrift

1. Gegenstand der Vorschrift

Art. 82 LV sieht ein **Vetorecht der Regierung**[1] bei finanzwirksamen Beschlüssen des Landtags vor, um eine **geordnete und sparsame Haushaltswirtschaft** sowie den **formellen Haushaltsausgleich** zu gewährleisten.[2] Die Kompetenz trägt damit dazu bei, die haushaltsverfassungsrechtliche Ver-

1

---

[1] Vgl. VA-Bericht, Berichterstatter: Abg. *Huber*, VLV, Beilagen, 1953, Bd. III, Beilage 1103, 80; *Katz* in: Feuchte, Art. 82 Rn. 3 u. 6; vgl. auch *E. Reimer* in: Epping/Hillgruber, Art. 113 GG vor Rn. 1.

[2] Vgl. VA-Bericht, Berichterstatter: Abg. *Huber*, VLV, Beilagen, 1953, Bd. III, Beilage 1103, 80; *Braun*, Art. 82 Rn. 12 f.; vgl. auch *Heintzen* in: v. Münch/Kunig, Art. 113 Rn. 1.

antwortung der Regierung zu begründen.³ Normativ wird das **parlamentarische Budgetrecht** dadurch nicht unerheblich **eingeschränkt**.⁴ Art. 113 GG – der hier Vorbild war – wird deshalb im „staatsrechtlichen Denken der konstitutionellen Monarchie" verortet.⁵ Allerdings haben beide Vorschriften in der **Rechtspraxis kaum Bedeutung**. Art. 82 LV geht davon aus, dass die Regierung mit ihrer finanzwirtschaftlichen Sachkompetenz als Sachwalterin fiskalischer Interessen auftritt und fiskalpolitisch unsoliden Initiativen des Parlaments entgegenwirkt.⁶ Dieser Ausgangspunkt ist im parlamentarischen Regierungssystem verfehlt, in dem in aller Regel die Parlamentsmehrheit die Regierung trägt.⁷ Mit Ausnahme des Finanzministers dürften die strukturellen Interessen der Fachminister auch kaum darauf ausgerichtet sein, Sparsamkeit zu üben.⁸ Eine Kommentierung des Art. 113 GG wurde deshalb schon als „l'art pour l'art" eingeordnet.⁹ Dies müsste erst recht für die Arbeit an Art. 82 LV gelten, dessen Anwendungsbereich gegenüber dem des Art. 113 GG sogar noch reduziert ist (→ Rn. 11 ff.). Es dürfte jedenfalls nur wenige politische Konstellationen geben, in denen es in der Rechtspraxis auf die Norm ankäme.¹⁰

2 Nach Art. 82 II LV kann die Regierung in ein Gesetzgebungsverfahren eingreifen, wenn es einen finanzwirksamen Beschluss zum Gegenstand hat. Der Landtag hat auf die **Intervention der Regierung** die Beschlussfassung **auszusetzen**, bis diese ihm ihre Stellungnahme zuleitet.

2. Stellung der Vorschrift innerhalb der Haushaltsverfassung des Landes

3 Art. 82 LV beschränkt das parlamentarische Budgetrecht. Fraglich ist, ob die Vorschrift ein besonderes Verhältnis zu Art. 81 LV aufweist.¹¹ Der Zustimmungsvorbehalt gemäß Art. 82 LV betrifft grundsätzlich nur Gesetzesbeschlüsse. In diesem Fall müsste ein **Nachtragshaushalt im vereinfachten Verfahren gemäß § 47 a GO LT** verabschiedet werden können, so dass die Mehrausgaben nicht unabweisbar iSd Art. 81 S. 2 LV sind (→ Art. 81 Rn. 18). Ein paralleler Rückgriff auf Art. 81 LV wird daher in den meisten Fällen ausgeschlossen sein.

II. Herkunft, Entstehung, Geschichte
1. Vorgängerverfassungen

4 Deckungsklauseln für ausgabenerhöhende Beschlüsse des Parlaments sahen Art. 103 VerfLB und Art. 99 II VerfWB vor. Auch nach Art. 81 II

---

3 LVerfGE 18, 65 (82); vgl. auch BVerfGE 45, 1 (46).
4 Vgl. *Siekmann* in: Sachs, GG, Art. 113 Rn. 2; *Heintzen* in: v. Münch/Kunig, Art. 113 Rn. 1.
5 *Mußgnug*, Haushaltsplan, 203.
6 Vgl. *Braun*, Art. 82 Rn. 3; *Katz* in: Feuchte, Art. 82 Rn. 2; vgl. auch *Siekmann* in: Sachs, GG, Art. 113 Rn. 3 ff.; *Heun* in: Dreier, Art. 113 Rn. 4; *Kube* in: Maunz/Dürig, Art. 113 Rn. 1; *E. Reimer* in: Epping/Hillgruber, Art. 113 GG Rn. 1.
7 Vgl. *Braun*, Art. 82 Rn. 4; vgl. auch *Mußgnug*, Haushaltsplan, 204; *Heun* in: Dreier, Art. 113 Rn. 4; *Siekmann* in: Sachs, GG, Art. 113 Rn. 8.
8 Vgl. *Heun* in: Dreier, Art. 113 Rn. 4.
9 *Heun* in: Dreier, Art. 113 Rn. 4; vgl. *Heintzen* in: v. Münch/Kunig, Art. 113 Rn. 1.
10 Vgl. *Braun*, Art. 82 Rn. 4.
11 Vgl. aber *Braun*, Art. 82 Rn. 2.

3 VerfWH war ein ausgabenerhöhender Beschluss des Landtags nur gültig, wenn gleichzeitig für die notwendige Deckung gesorgt war. Die Regelung wurde zudem durch verfahrensrechtliche Bestimmungen flankiert. Nach Art. 81 II 1 u. 2 VerfWH waren ausgabenerhöhende Beschlüsse auf Verlangen erneut zu beraten und die Beratung durfte ohne die Einwilligung der Regierung nicht vor Ablauf von 14 Tagen stattfinden. Nach Art. 25 II Überleitungsgesetz 1952[12] setzten im Übrigen Beschlüsse der VLV, die Ausgabenerhöhungen oder Neuausgaben mit sich brachten, eine Zustimmung der vorläufigen Regierung voraus.

2. Verfassunggebung 1952/53

Die ursprüngliche Fassung der Bestimmung[13] bestand lediglich aus den Sätzen 1 und 3 des geltenden Art. 82 I LV. Bei der Verfassunggebung gehörte die Vorschrift zu den strittigen Teilen der Finanzverfassung (→ Art. 79 Rn. 17). Beide Verfassungsentwürfe sahen Zustimmungserfordernisse bei ausgabenerhöhenden Beschlüssen des Landtages vor. Sie unterschieden sich jedoch in zwei Punkten.[14] Nach Art. 107 VerfECDU[15] war eine Zustimmung der Regierung grundsätzlich erforderlich, wenn Ausgaben über den von ihr vorgeschlagenen Betrag hinausgehen sollten. Das Zustimmungserfordernis sollte aber entfallen, „wenn die Deckung in bestimmter Weise gesichert ist". In Art. 79 VerfERP[16] war hingegen keine **Deckungsklausel** enthalten. Außerdem sollte das Zustimmungserfordernis nur nach Verabschiedung des Haushaltsgesetzes gelten.

5

In der Ersten Beratung schloss sich der VA dem VerfERP an, ergänzte ihn aber um eine Deckungsklausel, die neben dem Zustimmungserfordernis als zusätzliche Anforderung ausgestaltet war. Im weiteren Verlauf der Verhandlungen blieb es dabei, dass das Zustimmungserfordernis nicht für den Beschluss des Staatshaushaltsgesetzes selbst gelten sollte (s. ausführlich → Rn. 12).[17]

6

3. Haushaltsreform 1971

Mit der Haushaltsreform 1971 erhielt Art. 82 LV seine geltende Fassung.[18] Der verfassungsändernde Gesetzgeber ließ sich auch in diesem Punkt vom 20. GGÄndG leiten (→ Art. 79 Rn. 12). In Anlehnung an Art. 113 I 1 u. 2 GG wurde Art. 82 I 1 u. 2 LV neu gefasst. Auch einnahmemindernde Beschlüsse des Landtags sollten künftig Gegenstand der Vorschrift sein. Nach dem Regierungsentwurf sollte zudem das Verfahren an Art. 113 I 3 u. 4, II GG angepasst werden.[19] Im Finanzausschuss hielt man Art. 82 III der Ent-

7

---

12 Gesetz über die vorläufige Ausübung der Staatsgewalt im südwestdeutschen Bundesland v. 15.5.1952, GBl. 1952, 3.
13 Vgl. Verfassung des Landes Baden-Württemberg v. 11.11.1953, GBl. S. 173 (182).
14 Vgl. auch VA-Bericht, Berichterstatter: Abg. Huber, VLV, Beilagen, 1953, Bd. III, Beilage 1103, 79.
15 VLV, Beilagen, 1952-53, Bd. I, Beilage 118, 85 (97).
16 VLV, Beilagen, 1952-53, Bd. I, Beilage 40, 45 (56).
17 Vgl. VA-Bericht, Berichterstatter: Abg. *Huber*, VLV, Beilagen, 1953, Bd. III, Beilage 1103, 79 f.
18 Vgl. 7. LV-ÄndG v. 19.10.1971, GBl. 425.
19 Vgl. LT-Drs. V/3997, 4, 6, 7.

wurfsfassung, der Art. 113 II GG zum Vorbild hatte, jedoch für überflüssig. Die Bestimmung wurde deshalb gestrichen.[20] Eine Art. 113 III GG entsprechende Regelung sah bereits der Regierungsentwurf nicht vor.

III. Verfassungsvergleichende Einordnung

8 Art. 82 I 1 u. 2 LV lehnen sich an **Art. 113 I 1 u. 2 GG** an, stimmen mit diesen aber nicht gänzlich überein. Insbesondere ist Art. 82 LV – anders als Art. 113 GG – auf den Beschluss des Haushaltsgesetzes nicht anzuwenden (→ Rn. 11 ff.). Im Gegensatz zu Art. 113 GG[21] sichert Art. 82 LV daher **nicht die Budgetinitiative** der Regierung ab.[22] Sein Anwendungsbereich beschränkt sich außerdem auf den festgestellten Haushaltsplan und die laufende Haushaltsperiode, wohingegen Art. 113 I 1 GG darüber hinaus reicht.[23] Art. 82 II LV entspricht Art. 113 I 3 u. 4 GG. Im Gegensatz zu Art. 113 GG enthält Art. 82 I 3 LV jedoch eine Deckungsklausel. Die verfahrensrechtlichen Regelungen der Art. 113 II u. III GG sind wiederum nicht in Art. 82 LV vorgesehen.

B. Erläuterung

I. Zustimmungsbedürftige Beschlüsse des Landtags (Abs. 1 S. 1 u. 2)

1. Allgemeines

9 Im Gegensatz zu Art. 113 GG sind nach dem Wortlaut des Art. 82 LV „Beschlüsse des Landtags" und nicht „Gesetze" Gegenstand der Zustimmungskompetenz der Regierung. Im Ergebnis dürfte diese grammatikalische Divergenz nicht erheblich sein, da die Vorschrift Ausgabenerhöhungen, neue Ausgaben oder Einnahmeminderungen tatbestandlich voraussetzt. Da schlichte Parlamentsbeschlüsse keine unmittelbare Rechtswirkung haben, können sie diese Anforderung nicht erfüllen. Gegenstand des Art. 82 LV sind demnach grundsätzlich nur **Gesetzesbeschlüsse**.[24] Hierunter fallen auch verfassungsändernde Gesetzesbeschlüsse des Landtags gemäß Art. 64 II LV.[25] Gleiches gilt für Beschlüsse des Landtags, die eine Rechtsverordnung ändern, auch wenn die betreffenden Normen als Verordnungsrecht zu qualifizieren sind.[26]

10 Wie sich aus Art. 82 I 1 LV ergibt, bezieht sich die Norm auf den **Haushalt des Landes**. Bei Gesetzesbeschlüssen, die sich nur auf die Kommunalhaushalte auswirken, greift der Zustimmungsvorbehalt daher grundsätzlich nicht. Eine Ausnahme kommt jedoch dann in Betracht, wenn ein Gesetzesbeschluss des Landtags zu Ansprüchen der Kommunen gegen das Land gemäß Art. 71 III, 73 LV führt, so dass der Landeshaushalt belastet wird.[27]

---

20 Vgl. Schriftlicher Bericht über die Beratungen des Finanzausschusses, LT-Pl.-Prot. Anlage 1 zur 114. Sitzung am 15.7.1971, Bd. VI, 6944 f.
21 Vgl. *Malorny*, Exekutive Vetorechte, 234; *E. Reimer* in: Epping/Hillgruber, Art. 113 GG vor Rn. 1.
22 Vgl. demgegenüber *Braun*, Art. 82 Rn. 3.
23 Vgl. *Braun*, Art. 82 Rn. 6.
24 *Braun*, Art. 82 Rn. 5.
25 Vgl. *E. Reimer* in: Epping/Hillgruber, Art. 113 GG Rn. 13.
26 Vgl. zur Qualifikation als Verordnungsrecht BVerfGE 114, 196, (238 f.).
27 *Katz* in: Feuchte, Art. 82 Rn. 8; vgl. zu mittelbaren Auswirkungen auf den Bundeshausalt *Schwarz* in: v. Mangoldt/Klein/Starck, Art. 113 Rn. 10.

2. Festgestellter Haushaltsplan als Vergleichsmaßstab

Art. 82 I LV wird – im Unterschied zu Art. 113 GG – so interpretiert, dass 11
er sich nur auf **Beschlüsse** bezieht, die **vom Landtag nach Verabschiedung
des Haushalts gefasst** werden.[28] Obgleich sich das haushaltsverfassungsrechtliche Kompetenzgefüge damit zulasten der Regierung verschiebt und
die **gubernative Haushaltsverantwortung im Vergleich zum GG eingeschränkt** wird (→ Art. 79 Rn. 32 u. 69), ist dieser Auslegung zu folgen.
Hierfür spricht zunächst der Wortlaut der Bestimmung. Die Norm setzt
voraus, dass ein Haushaltsplan vorliegt, in dem Ausgaben „festgesetzt"
sind. Versteht man den Haushaltsplan als „staatsleitenden Gesamtakt der
Regierung und des Parlaments", so ist der Haushaltsplan erst aufgrund der
Feststellung durch das Haushaltsgesetz rechtlich existent (→ Art. 79
Rn. 37). Auch wenn das Haushaltsgesetz in Art. 82 LV nicht erwähnt ist,
bezieht sich die Vorschrift daher nur auf Parlamentsbeschlüsse, die nach
Inkrafttreten des Haushaltsgesetzes gefasst wurden.

Die **Genese der Norm** bestätigt grundsätzlich dieses Ergebnis. Sie beginnt 12
bei der Verfassunggebung, da der geltende Art. 82 I 1 LV mit der ursprünglichen Fassung übereinstimmt (→ Rn. 5).[29] Die damaligen Verfassungsentwürfe unterschieden sich gerade in diesem Punkt. Während Art. 107 VerfE-CDU in Orientierung an Art. 113 GG aF[30] an einen Betrag anknüpfte, der
von der „Regierung vorgeschlagen oder dem sie zugestimmt hat",[31] stellte
Art. 79 VerfERP auf „die im Haushaltsplan beschlossenen Ausgaben"
ab.[32] Art. 79 VerfERP wurde in der VA der VLV dabei so verstanden, dass das
Zustimmungserfordernis nur für Ausgabenerhöhungen greift, die nach
„Verabschiedung des Haushaltsplans" getätigt wurden.[33] In der ersten Beratung entschied sich der Ausschuss grundsätzlich für den VerfERP. Das Finanzministerium empfahl daraufhin – ebenfalls mit Hinweis auf die grundgesetzliche Regelung – eine Formulierung, nach der ausdrücklich auf „die
im Entwurf des Haushaltsplans vorgesehenen oder im Haushaltsplan festgestellten Ausgaben" Bezug genommen wurde. Die Mehrheit im Ausschuss
machte jedoch geltend, dass die vom Finanzministerium vorgeschlagene
Regelung den Landtag bei den Etatberatungen über Gebühr einenge. Das
Erfordernis eines Vetorechts der Regierung sah man wegen deren Etatverantwortung nur für Erhöhungen von Beträgen begründet, die im Haushaltsplan bereits festgestellt wurden.[34]

Im Rahmen der **Haushaltsreform 1971** wurde Art. 82 LV zwar in Anleh- 13
nung an Art. 113 GG idF des 20. GGÄndG modifiziert. Art. 82 I 1 LV

---

28 Vgl. *Braun*, Art. 82 Rn. 2; *Katz* in: Feuchte, Art. 82 Rn. 4; vgl. bereits *Spreng/Birn/Feuchte*, Art. 82 Rn. 2.
29 Vgl. LT-Drs. V/3997, 6.
30 Vgl. VA-Bericht, Berichterstatter: Abg. *Huber*, VLV, Beilagen, 1953, Bd. III, Beilage 1103, 79.
31 VLV, Beilagen, 1952-53, Bd. I, Beilage 118, 85 (97).
32 VLV, Beilagen, 1952-53, Bd. I, Beilage 40, 45 (56).
33 Vgl. VA-Bericht, Berichterstatter: Abg. *Huber*, VLV, Beilagen, 1953, Bd. III, Beilage 1103, 79.
34 Vgl. VA-Bericht, Berichterstatter: Abg. *Huber*, VLV, Beilagen, 1953, Bd. III, Beilage 1103, 79 f.

blieb jedoch – wie bereits erwähnt – unverändert.[35] Dabei war im Finanzausschuss angeregt worden, das Vetorecht der Regierung auf Ausgabenerhöhungen auszudehnen, die über den Entwurf des Haushaltsplans hinausgingen. Allerdings hatte man im Finanzausschuss zunächst auch eine Klarstellung zugunsten der engen Interpretation vorgesehen. Statt „die im Haushaltsplan" sollte „die im festgestellten Haushaltsplan" stehen. Das Finanzministerium war jedoch „nachträglich zur der Auffassung gekommen", die „Einfügung ‚festgestellten' ersatzlos zu streichen".[36] Aus welchem Grund sich diese Ansicht durchsetzte, erschließt sich heute nicht mehr. Möglicherweise hielt man eine Klarstellung doch nicht für erforderlich. Das Finanzministerium könnte aber auch die Intention gehabt haben, die Norm einer weiten Interpretation nicht zu verschließen. Diese Spekulationen genügen jedoch nicht, um der Norm einen anderen Sinngehalt zu geben. Auch die Genese spricht daher dafür, dass sich der Gegenstand der Norm auf Beschlüsse des Landtags beschränkt, die erst nach Feststellung des Haushaltsplans durch das Haushaltsgesetz ergehen. Der festgestellte Haushaltsplan – und nicht etwa der Regierungsentwurf wie im Falle des Art. 113 GG[37] – bildet somit den Vergleichsmaßstab, um zu ermitteln, ob ein finanzwirksames Gesetz vorliegt.

14 In diesem Zusammenhang ist zu betonen, dass die **Regierung „Herr im Haus der Ermächtigungen"** ist.[38] Sie ist nicht verpflichtet, die Ausgabensätze des Haushaltsplans auszuschöpfen (→ Art. 79 Rn. 56). Das Problem wird daher praktisch gesehen ein Stück weit relativiert. Allerdings kann der Landtag vor der Feststellung des Haushaltsplans **außenwirksame Leistungsgesetze ohne Zustimmung der Regierung** beschließen, so dass die Exekutive zur Mittelverausgabung verpflichtet ist (→ Art. 79 Rn. 59). Werden die Vorgaben des Art. 109 III 1 u. 5 GG und des Art. 84 LV eingehalten, ist in dieser Konstellation lediglich das formelle Haushaltsausgleichsgebot nach Art. 79 I 2 LV zu beachten (→ Art. 79 Rn. 106).[39]

3. Tatbestandsvarianten

15 Art. 82 I LV sieht **drei Varianten** vor, die zur Zustimmungsbedürftigkeit eines Beschlusses des Landtags führen.

- Nach Art. 82 I 1 Var. 1 LV hat die Regierung einem Beschluss zuzustimmen, wenn die im Haushaltsplan festgesetzten **Ausgaben erhöht** werden. Die betreffenden Ausgaben sind demnach dem Grunde, aber nicht der Höhe nach im Haushaltsplan vorgesehen. Das betrifft zunächst außenwirksame Gesetze, die im Vergleich zu den Ansätzen im festgestellten Haushaltsplan erhöhte Ausgaben vorsehen. Hierunter fal-

---

35 Vgl. LT-Drs. V/3997, 6.
36 Vgl. Schriftlicher Bericht über die Beratungen des Finanzausschusses, LT-Pl.-Prot. Anlage 1 zur 114. Sitzung am 15.7.1971, Bd. VI, 6944, 6945.
37 Vgl. *Kube* in: Maunz/Dürig, Art. 113 Rn. 23.
38 *Mahrenholz* in: AK-GG, Art. 113 Rn. 4.
39 Vgl. *Braun*, Art. 82 Rn. 2; *Katz* in: Feuchte, Art. 82 Rn. 4; vgl. bereits *Spreng/Birn/Feuchte*, Art. 82 Rn. 2.

[Finanzwirksame Beschlüsse des Landtags, Vetorecht der Regierung] Artikel 82

len aber auch Nachtragshaushaltsgesetze, die das Haushaltsgesetz und den festgestellten Haushaltsplan entsprechend ändern.[40]

- Nach Art. 82 I 1 Var. 2 LV wird die Zustimmungsbedürftigkeit ausgelöst, wenn ein Beschluss des Landtags zu **neuen Ausgaben** führt. Auch hier bilden die Ansätze im festgestellten Haushaltsplan den Vergleichsmaßstab. Die betreffenden Ausgaben lassen sich keinem der Ansätze zuordnen.
- Schließlich ist nach Art. 82 I 2 LV eine Zustimmung der Regierung erforderlich, wenn ein Landtagsbeschluss die **Einnahmen des Landes mindert**. Auf den festgestellten Haushaltsplan kann es in diesem Zusammenhang nicht ankommen, da er nicht zur Erhebung von Einnahmen ermächtigt.[41] Es ist vielmehr ein Vergleich zur bisherigen Rechtslage zu ziehen.[42] Da die Einnahmen des Landes vornehmlich aus bundesgesetzlich geregelten Steuern bestehen (→ Art. 79 Rn. 6), kommt dieser Variante – praktisch betrachtet – deutlich geringere Bedeutung als Art. 113 I 2 GG zu. Sie ist jedoch einschlägig, wenn Kreditermächtigungen durch einen Beschluss des Landtags reduziert werden.

Im Gegensatz zu Art. 113 I GG fehlt in Art. 82 LV der **Passus „oder für die Zukunft mit sich bringen"**. Da sich der verfassungsändernde Gesetzgeber der Differenz bewusst war, ist es für die Zustimmungsbedürftigkeit unbeachtlich, ob sich der betreffende Beschluss in künftigen Haushaltsperioden finanziell auswirkt. Auch insofern bildet allein der festgestellte Haushaltsplan den Vergleichsmaßstab.[43] Art. 82 LV hat daher zwei Tatbestandsvarianten weniger als Art. 113 I GG.[44] Demgemäß sind **Beschlüsse, die lediglich bindende Verpflichtungsermächtigungen vorsehen**, nicht zustimmungsbedürftig.[45] 16

Eine **Bagatellgrenze** – wie sie in Anlehnung an § 96 I 1 GO BT gebildet wird[46] – ist **abzulehnen**.[47] Der Wortlaut des Art. 82 LV bietet hierfür keinen Anhaltspunkt.[48] Zudem hat der verfassungsändernde Gesetzgeber im Rahmen der Haushaltsreform 1971 keine entsprechende Korrektur vorgenommen, obgleich davon auszugehen ist, dass er sich der Problematik bewusst war.[49] Das für eine Bagatellgrenze angeführte Argument einer „Hypertrophierung des Zustimmungsrechts"[50] wird außerdem dadurch relativiert, dass die Zustimmung von der Regierung auch konkludent erteilt 17

---

40 Vgl. *Kube* in: Maunz/Dürig, Art. 113 Rn. 21; *E. Reimer* in: Epping/Hillgruber, Art. 113 GG Rn. 21.
41 Vgl. *Kube* in: Maunz/Dürig, Art. 113 Rn. 22.
42 *Braun*, Art. 82 Rn. 6; vgl. auch *Kube* in: Maunz/Dürig, Art. 113 Rn. 24.
43 *Braun*, Art. 82 Rn. 6; vgl. auch *Katz* in: Feuchte, Art. 82 Rn. 6, der aber unter Rn. 4 auch künftige über- und außerplanmäßige Ausgaben miteinbezieht.
44 Vgl. *Kube* in: Maunz/Dürig, Art. 113 Rn. 20 ff.
45 *Braun*, Art. 82 Rn. 6.
46 Vgl. *Katz* in: Feuchte, Art. 82 Rn. 7.
47 Vgl. *Heintzen* in: v. Münch/Kunig, Art. 113 Rn. 7; *E. Reimer* in: Epping/Hillgruber, Art. 113 GG Rn. 18; *Kube* in: Maunz/Dürig, Art. 113 Rn. 25; aA *Heun* in: Dreier, Art. 113 Rn. 7.
48 Vgl. *Heintzen* in: v. Münch/Kunig, Art. 113 Rn. 7; *E. Reimer* in: Epping/Hillgruber, Art. 113 GG Rn. 18.
49 Vgl. in Bezug auf das 20. GGÄndG *Heintzen* in: v. Münch/Kunig, Art. 113 Rn. 7.
50 Vgl. *Heun* in: Dreier, Art. 113 Rn. 5.

werden kann (→ Rn. 23). Im Übrigen hat die Regierung ihr Ermessen pflichtgemäß auszuüben. Stellt sie sachfremde Erwägungen an und benutzt sie ihr Vetorecht nur als politisches Druckmittel, liegt ein Ermessensfehlgebrauch vor.[51]

II. Deckungsklausel (Abs. 1 S. 3)

18 Im Unterschied zu Art. 113 GG sieht Art. 82 I 3 LV eine Deckungsklausel vor. Danach muss die Deckung gesichert sein. Die Anforderung ist vom Landtag **erst zum Zeitpunkt der Beschlussfassung** zu erfüllen.[52] Sie bezieht sich nicht auf Gesetzesvorlagen, da andernfalls das Initiativrecht nach Art. 59 LV zu stark eingeschränkt werden würde.[53] Wenn die Regierung über die Zustimmung entscheidet, hat sie die Vorgabe des Art. 82 I 3 LV als ermessensleitendes Kriterium zu berücksichtigen.[54]

III. Zustimmung der Landesregierung (Abs. 1 S. 1 u. 2)

19 Ein zustimmungsbedürftiger Beschluss des Landtags ist **nur dann wirksam**, wenn die Landesregierung ihm zustimmt.[55] Solange die Zustimmung aussteht, ist ein vom Landtag beschlossenes finanzwirksames Gesetz schwebend unwirksam.[56] Im Gegensatz zu Art. 113 III GG kennt Art. 82 LV eine Fiktion der Zustimmung nicht.

20 Ob ein finanzwirksames Gesetz vorliegt, kann nur aufgrund einer Prognose beurteilt werden.[57] Die Zustimmungsbedürftigkeit wird ausgelöst, wenn ein Parlamentsbeschluss mit **hinreichender Wahrscheinlichkeit** finanzwirksam ist.[58] Der Regierung steht insofern grundsätzlich keine Einschätzungsprärogative zu, so dass die Tatbestandsvoraussetzungen des Art. 82 LV verfassungsgerichtlich überprüfbar sind.[59]

21 Demgegenüber verfügt die Regierung auf der Rechtsfolgenseite über ein **Ermessen**, das pflichtgemäß auszuüben ist.[60] Aufgrund der systematischen Stellung und dem Telos des Art. 82 LV ist der Ermessensspielraum auf **finanzwirtschaftliche, haushaltswirtschaftliche und gesamtwirtschaftliche Erwägungen** begrenzt.[61] Ermessensleitend sind insbesondere die Sicherstellung der Deckung nach Art. 82 I 3 LV sowie die Gewährleistung des ge-

---

51 Vgl. *Heun* in: Dreier, Art. 113 Rn. 8; *E. Reimer* in: Epping/Hillgruber, Art. 113 GG Rn. 19 („rechtsmissbräuchlich").
52 *Katz* in: Feuchte, Art. 82 Rn. 10; vgl. bereits *Spreng/Birn/Feuchte*, Art. 82 Rn. 3.
53 *Spreng/Birn/Feuchte*, Art. 82 Rn. 3; *Katz* in: Feuchte, Art. 82 Rn. 10; jeweils mit Verweis auf BVerfGE 1, 144 (153 f.).
54 Vgl. insofern zu Art. 113 GG *Kube* in: Maunz/Dürig, Art. 113 Rn. 45.
55 *Katz* in: Feuchte, Art. 82 Rn. 9.
56 Vgl. *Kube* in: Maunz/Dürig, Art. 113 Rn. 56.
57 *Schwarz* in: v. Mangoldt/Klein/Starck, Art. 113 Rn. 19; *Malorny*, Exekutive Vetorechte, 238.
58 *Katz* in: Feuchte, Art. 82 Rn. 6, der eine „begründete Wahrscheinlichkeit" fordert; vgl. auch *Schwarz* in: v. Mangoldt/Klein/Starck, Art. 113 Rn. 9; *Heun* in: Dreier, Art. 113 Rn. 5; *Kube* in: Maunz/Dürig, Art. 113 Rn. 26.
59 *Gröpl* in: BK, Art. 113 Rn. 88; *Heintzen* in: v. Münch/Kunig, Art. 113 Rn. 8; *Kube* in: Maunz/Dürig, Art. 113 Rn. 58; vgl. insofern auch *Braun*, Art. 82 Rn. 8, für den das finanzpolitische Ermessen der Regierung aber nicht überprüfbar ist.
60 Vgl. *Katz* in: Feuchte, Art. 82 Rn. 9; vgl. bereits *Spreng/Birn/Feuchte*, Art. 82 Rn. 2.
61 Vgl. *Gröpl* in: BK, Art. 113 Rn. 88; *Kube* in: Maunz/Dürig, Art. 113 Rn. 44.

samtwirtschaftlichen Gleichgewichts nach Art. 109 II GG.[62] Stützt sich die Regierung auf politische Gründe, die außerhalb der Finanzverfassung liegen, handelt sie rechtsmissbräuchlich.[63] Sie würde in diesem Fall im Gesetzgebungsverfahren eine Kompetenz beanspruchen, die ihr im demokratischen Verfassungsgefüge nicht zusteht.[64] Eine Pflicht, die Zustimmung zu versagen, kann im Übrigen nicht bestehen.[65]

IV. Zustimmungs- und Aussetzungsverfahren (Abs. 2)

Die Regierung entscheidet über die Zustimmung als **Kollegialorgan**.[66] Sie kann dem Beschluss nur im Ganzen zustimmen oder ihn im Ganzen ablehnen. **Teilzustimmungen respektive Teilablehnungen** sind unzulässig.[67] Anders als im Bund (vgl. § 36 GO BReg, § 28 II BHO) steht dem Finanzminister im Land kein Widerspruchsrecht zu.

22

Im Gegensatz zu Art. 113 GG bestimmt Art. 82 LV keine Frist, in der die Regierung zu handeln hat. Allerdings ist Art. 63 I 1 LV zu beachten, wonach die verfassungsmäßig zustande gekommenen Gesetze binnen Monatsfrist zu verkünden sind. Die Ausfertigung hat jedoch zu unterbleiben, solange die Zustimmung nicht erteilt ist.[68] Indes kann die Zustimmung auch **konkludent mit der Ausfertigung des Gesetzes** erklärt werden, da die Gesetze aufgrund von Art. 63 I 2 LV von der Kabinettsmehrheit ausgefertigt werden.[69] Eine ausdrückliche Erklärung gegenüber dem Landtag ist nicht erforderlich. Die Zustimmung sollte im Übrigen in die Verkündungsformel aufgenommen werden. Das Gesetz ist aber auch ohne den Vermerk wirksam.[70]

23

Im Gegensatz zu Art. 113 GG kann die Regierung die **Zustimmung** auch ohne weitere Verfahrensvoraussetzungen **versagen**. Insbesondere muss sie nicht zunächst verlangen, dass der Landtag die Beschlussfassung nach Art. 82 II 1 LV aussetzt.[71] Die Versagung der Zustimmung ist dem Landtag von der Regierung mitzuteilen und – wie aus dem Gebot gegenseitiger Rücksichtnahme von Verfassungsorganen folgt[72] – zu begründen.[73] Sofern das Ermessen fehlerfrei ausgeübt worden ist, ist der Landtagsbeschluss gescheitert.

24

Das Aussetzungsverlangen nach Art. 82 II 1 LV eröffnet der Regierung die Möglichkeit, haushalts-, finanz- und gesamtwirtschaftliche Bedenken in das Verfahren eines finanzwirksamen Beschlusses einzubringen. Demge-

25

---

62 Vgl. *Heun* in: Dreier, Art. 113 Rn. 8; *Gröpl* in: BK, Art. 113 Rn. 88.
63 Vgl. *Heun* in: Dreier, Art. 113 Rn. 8; vgl. demgegenüber *Braun*, Art. 82 Rn. 13; *Katz* in: Feuchte, Art. 82 Rn. 14.
64 Vgl. *Kube* in: Maunz/Dürig, Art. 113 Rn. 44.
65 *Heintzen* in: v. Münch/Kunig, Art. 113 Rn. 8; *Heun* in: Dreier, Art. 113 Rn. 8; vgl. demgegenüber *Schwarz* in: v. Mangoldt/Klein/Starck, Art. 113 Rn. 19.
66 *Katz* in: Feuchte, Art. 82 Rn. 11; vgl. auch *Kube* in: Maunz/Dürig, Art. 113 Rn. 29.
67 *Braun*, Art. 82 Rn. 9; vgl. auch *Karehnke*, DVBl. 1972, 811 (813).
68 *Braun*, Art. 82 Rn. 10.
69 *Braun*, Art. 82 Rn. 10; *Katz* in: Feuchte, Art. 82 Rn. 12.
70 *Katz* in: Feuchte, Art. 82 Rn. 12.
71 *Katz* in: Feuchte, Art. 82 Rn. 13.
72 *Braun*, Art. 82 Rn. 12 mit Verweis auf BVerfGE 35 193 (199); 45, 1 (39).
73 *Katz* in: Feuchte, Art. 82 Rn. 13.

mäß hat die Regierung dem Landtag sechs Wochen nach dem Aussetzungsverlangen eine Stellungnahme zuzuleiten (Art. 82 II 2 LV). § 50 b GO LT regelt, wie der Landtag dann verfährt. Die Regierung kann die Zustimmung grundsätzlich auch dann verweigern, wenn sie das Verfahren nach Art. 82 II LV eingeschlagen hat. Die Zustimmung der Regierung ist auch dann erforderlich, wenn die Regierung keine Stellungnahme abgibt.[74]

V. Rechtsschutz

26 Bei Streitigkeiten über die Auslegung und Anwendung des Art. 82 LV ist das **Organstreitverfahren** gemäß Art. 68 I 2 Nr. 1 LV iVm § 8 I Nr. 1, §§ 44 ff. VerfGHG statthaft. Der Landtag und die Landesregierung sind oberste Landesorgane iSd Art. 68 I 2 Nr. 1 LV und damit nach Art. 68 II Nr. 1 LV, § 44 VerfGHG antragsberechtigt. Der VerfGH kann grundsätzlich überprüfen, ob ein Gesetz zustimmungsbedürftig gemäß Art. 82 I 1 u. 2 LV ist und ob die Deckung nach Art. 82 I 3 LV gesichert ist (s. auch → Rn. 15 f. u. 18).[75] Demgegenüber verfügt die Regierung auf der Rechtsfolgenseite über ein Ermessen, dessen gerichtliche Kontrolle eingeschränkt ist (→ Rn. 21, 24). Der VerfGH prüft lediglich, ob die Entscheidung der Regierung ermessensfehlerfrei ist.[76]

Artikel 83 [Rechnungslegung, Rechnungsprüfung, Rechnungshof]

(1) Der Finanzminister hat dem Landtag über alle Einnahmen und Ausgaben sowie über das Vermögen und die Schulden des Landes zur Entlastung der Regierung jährlich Rechnung zu legen.

(2) ¹Die Rechnung sowie die gesamte Haushalts- und Wirtschaftsführung des Landes werden durch den Rechnungshof geprüft. ²Seine Mitglieder besitzen die gleiche Unabhängigkeit wie die Richter. ³Die Ernennung des Präsidenten und des Vizepräsidenten des Rechnungshofs bedarf der Zustimmung des Landtags. ⁴Der Rechnungshof berichtet jährlich unmittelbar dem Landtag und unterrichtet gleichzeitig die Regierung. ⁵Im übrigen werden Stellung und Aufgaben des Rechnungshofs durch Gesetz geregelt.

Schrifttum:

v. Arnim, Grundprobleme der Finanzkontrolle, DVBl. 1983, 664; *Degenhart,* Kontrolle der Verwaltung durch Rechnungshöfe, in: VVDStRL 55 (1996), 190; *Groß,* Exekutive Befugnisse der Rechnungshöfe, VerwArch 2004, 194; *Grupp,* Die Stellung der Rechnungshöfe in der Bundesrepublik Deutschland, 1972; *ders.,* Die „Grundsätze der Wirtschaftlichkeit und Sparsamkeit" im Haushaltsrecht, JZ 1982, 231; *Hauser,* Stellung des Bundesrechnungshofs im System der Gewaltenteilung und in der öffentlichen Verwaltung, DVBl. 2006, 539; *Henneke,* „Die wilden 13", DVBl. 2017, 214; *Hufeld,* Der Bundesrechnungshof und andere Hilfsorgane des Bundestages, in: HStR III, 3. Aufl., 2005, § 56; *Kammer,* Finanzkontrolle und Finanzierungskompetenz des Bundes, DVBl. 1990, 555; *Karehnke,* Zur Neufassung des Art. 114 des Grundgesetzes, DÖV

---

74 *Braun,* Art. 82 Rn. 11.
75 Vgl. *Braun,* Art. 82 Rn. 13; *Katz* in: Feuchte, Art. 82 Rn. 14.
76 *Heintzen* in: v. Münch/Kunig, Art. 113 Rn. 8; *Kube* in: Maunz/Dürig, Art. 113 Rn. 58; aA *Braun,* Art. 82 Rn. 13; *Katz* in: Feuchte, Art. 82 Rn. 14, für die das Ermessen der Regierung in keiner Weise überprüfbar ist.

1972, 145; *Keller*, Prüfungsaufträge und Unabhängigkeit der Rechnungshöfe, DÖV 1979, 705; *Luther*, Wer prüft die Prüfer?, in: Engels (Hrsg.), 300 Jahre externe Finanzkontrolle in Deutschland – gestern, heute und morgen, 2014, 615; *Mähring*, Externe Finanzkontrolle im europäischen Mehrebenensystem, DÖV 2006, 195; *Rischer*, Finanzkontrolle staatlichen Handelns, 1995; *Röper*, Nicht-Entlastung einer Regierung, DVBl. 1980, 525; *Rossi*, Möglichkeiten und Grenzen des Informationshandelns des Bundesrechnungshofes, 2012; *Schulze-Fielitz*, Kontrolle der Verwaltung durch Rechnungshöfe, in: VVDStRL 55 (1996), 231; *Stern*, Bundesrechnungshof und Finanzkontrolle aus verfassungsrechtlicher Sicht, DÖV 1990, 261; *Störring*, Die Beratungsfunktion des Bundesrechnungshofes und seine Präsidenten, 2013; *Tiemann*, Die staatsrechtliche Stellung der Finanzkontrolle des Bundes, 1974; *Vogt*, Zur Informationstätigkeit des Bundesrechnungshofes, 2013; *Waldhoff*, Verfassungsfragen der Kontrollkompetenzen des Landesrechnungshofs in gestuften Vermögensprivatisierungen, NWVBl. 2009, 369; s. außerdem Schrifttum zu Art. 79 LV.

Vergleichbare Regelungen: Art. 114 GG, 80 BayVerf, 94, 95 BerlVerf, 106, 107 BbgVerf, 133, 133a BremVerf, 70, 71 HambVerf, 67, 68 MV-Verf, 69, 70 NdsVerf, 86, 87 NRWVerf, 120 RPVerf, 106 SaarlVerf, 99, 100 SächsVerf, 97, 98 LSAVerf, 63, 64 SchlHVerf, 102, 103 ThürVerf.

Ergänzende Normen: Haushaltsgrundsätzegesetz (HGrG), Landeshaushaltsordnung (LHO), Rechnungshofgesetz (RHG), Verwaltungsvorschrift über die Vermögensrechnung des Landes (VwVVR).

Leitentscheidungen: StGH, ESVGH 25, 1; BVerfGE 45, 1 (Haushaltsüberschreitung); 127, 165 (Zukunftsinvestitionsgesetz); BVerwGE 139, 87 (Umfang des Prüfungsrechts); BVerwG, NVwZ 2013, 431; VerfGH NRW, NVwZ 2012, 631.

A. Überblick und Einordnung 1	2. Verfassungsrechtliche Stellung des Rechnungshofs 25
I. Bedeutung 1	
1. Gegenstand der Vorschrift 1	3. Aufgaben und Kompetenzen 27
2. Stellung der Vorschrift innerhalb der Haushaltsverfassung des Landes 3	a) Finanzkontrolle 27
	aa) Prüfungsformen ... 27
3. Vorgaben des Bundesrechts 5	bb) Prüfungsgegenstände 30
II. Herkunft, Entstehung, Geschichte 6	cc) Prüfungsmaßstäbe 34
1. Vorgängerverfassungen ... 6	dd) Bericht des Rechnungshofs 37
2. Verfassunggebung 1952/53 9	b) Weitere übertragene Aufgaben 40
Haushaltsreform 1971 ... 10	III. Parlamentarische Rechnungsprüfung und Entlastung der Regierung (Abs. 1) 41
III. Verfassungsvergleichende Einordnung 13	
B. Erläuterung 15	1. Gegenstand 41
I. Rechnungslegung durch den Finanzminister (Abs. 1) 15	2. Grundlage 43
	3. Maßstab 44
II. Finanzkontrolle durch den Rechnungshof (Abs. 2) 23	4. Rechtswirkungen 45
	5. Verfahren 48
1. Organisation und Unabhängigkeit 23	6. Adressat 50
	IV. Rechtsschutz 51

A. Überblick und Einordnung

I. Bedeutung

1. Gegenstand der Vorschrift

1 Die Vorschrift hat den **letzten Abschnitt des Budgetkreislaufs** zum Gegenstand (→ Art. 79 Rn. 33 ff.). Nachdem der Haushaltsplan von der Regierung aufgestellt, durch das Parlament festgestellt und von der Exekutive vollzogen wurde, hat der **Finanzminister** nach Ablauf des Haushaltsjahrs nach Art. 83 I LV über Einnahmen und Ausgaben sowie Vermögen und Schulden **Rechnung zu legen**. Der **Landtag** kann so kontrollieren, ob die Exekutive den Haushalt nach den Vorgaben des von ihm festgestellten Haushaltsplans vollzogen hat. Hierbei kann er gemäß Art. 83 II 4 LV auf einen Bericht des **Rechnungshofs** zurückgreifen, der nach Art. 83 II 1 LV nicht nur die **Rechnung** des Finanzministers, sondern auch die **gesamte Haushalts- und Wirtschaftsführung des Landes** prüft. Nach Art. 83 I LV **entlastet** der Landtag schließlich die Regierung, wenn die Haushaltsführung der Regierung ordnungsgemäß war. Er hat damit im Budgetkreislauf das „letzte Wort"[1] und bestätigt gegebenenfalls, dass die Regierung ihrer **politischen Budgetverantwortung** gerecht geworden ist.[2]

2 Durch Art. 83 LV sind die Grundstrukturen der parlamentarischen Haushaltskontrolle verfassungsrechtlich gewährleistet. Die Vorschrift sichert das **Budgetrecht des Landtags** ab,[3] das ein Kernelement des Demokratieprinzips und des Gewaltenteilungsprinzips ist (→ Art. 79 Rn. 45 ff.). Als Grundlage für die parlamentarische Kontrolle der Regierung auf dem Gebiet der öffentlichen Mittelverwendung ist sie ebenfalls eine notwendige Ausprägung dieser Verfassungsprinzipien.[4] Neben dem Budgetrecht gehört die Haushaltskontrolle durch den Landtag somit zu den wesentlichen Kompetenzen der parlamentarischen Budgethoheit.[5] Darüber hinaus ist der **Rechnungshof** durch Art. 83 II LV in seinem Bestand und in seiner unabhängigen Aufgabenerfüllung **institutionell garantiert**.[6] Er ist nach Art. 82 II 1 LV mit der rechnungsabhängigen und der rechnungsunabhängigen Kontrolle verfassungsrechtlich betraut[7] und seine Mitglieder sind nach Art. 83 II 2 LV unabhängig. Im Übrigen kann der Landesgesetzgeber aufgrund der Ermächtigung nach Art. 83 II 5 LV Stellung und Aufgaben des Rechnungshofs konkretisieren und weiter ausgestalten.

2. Stellung der Vorschrift innerhalb der Haushaltsverfassung des Landes

3 Die Finanzkontrolle nach Art. 83 LV stellt eine **notwendige Ergänzung des parlamentarischen Budgetrechts** dar (→ Rn. 2). Sie unterscheidet sich grundlegend von der Kontrolle durch die rechtsprechende Gewalt, die sich

---

1 Vgl. *Heintzen* in: HStR V, § 120 Rn. 96.
2 Vgl. BVerfGE 45, 1 (50).
3 Vgl. BVerwGE 139, 87 Rn. 48; vgl. auch BVerfGE 45, 1 (32); *Katz* in: Feuchte, Art. 83 Rn. 14; *Schwarz* in: v. Mangoldt/Klein/Starck, Art. 114 Rn. 1; *Kube* in: Maunz/Dürig, Art. 114 Rn. 1.
4 Vgl. *Katz* in: Feuchte, Art. 83 Rn. 3 in Bezug auf das Gewaltenteilungsprinzip.
5 Vgl. *Janz* in: Driehaus, Art. 120 Rn. 4.
6 Vgl. *Karehnke*, DÖV 1972, 145 (147 f.); *Heun* in: Dreier, Art. 114 Rn. 21.
7 Vgl. BVerfGE 127, 165 (212).

ausschließlich nach dem Maßstab der Rechtmäßigkeit vorgenommen wird (vgl. Art. 25 II, Art. 65 II LV). Anders geartet ist auch die Rechts- und Fachaufsicht innerhalb der Verwaltung, nach der Maßnahmen der Verwaltung auf ihre Recht- und Zweckmäßigkeit hin überprüft werden.[8]

Art. 83 LV wird im Übrigen durch die Vorschriften der LHO – insbesondere die §§ 66-104 und § 114 LHO – sowie das Rechnungshofgesetz (RHG) konkretisiert und einfachrechtlich ergänzt (→ Art. 79 Rn. 4). 4

3. Vorgaben des Bundesrechts

Bundesrechtliche Vorgaben machen die §§ 32-41 HGrG für die Buchführung und Rechnungslegung sowie die §§ 42-47 HGrG für die Prüfung und Entlastung. BW ist – wie der Bund und die anderen Länder – nach § 1 HGrG verpflichtet, sein Haushaltsrecht nach diesen Grundsätzen zu regeln. Als höherrangiges Recht sind die Bestimmungen bei der Interpretation der LV im Wege der systematischen Auslegung zu berücksichtigen (→ Art. 79 Rn. 12). 5

II. Herkunft, Entstehung, Geschichte
1. Vorgängerverfassungen

Vorschriften über die **Rechnungslegung** sahen bereits die Vorgängerverfassungen vor. Nach Art. 100 S. 1 VerfWB und Art. 83 I 1 VerfWH sollte der Finanzminister über die Verwendung aller Staatseinnahmen zur Entlastung der Regierung dem Landtag Rechnung legen. Eine vergleichbare Pflicht legte Art. 100 III 1 VerfLB dem Leiter des Finanzministeriums auf. 6

Auch die **Rechnungsprüfung** durch eine mit richterlicher Unabhängigkeit ausgestattete Institution war in zwei der Vorgängerverfassungen garantiert. Art. 83 I 1 VerfWH sah hierfür einen Rechnungshof vor und Art. 100 III 2 VerfLB eine Rechnungskammer. Demgegenüber ermächtigte Art. 100 S. 2 VerfWB lediglich dazu, die Rechnungsprüfung durch Gesetz zu regeln. 7

Nach **Art. 26 Überleitungsgesetz 1952**[9] hatte der Finanzminister im Übrigen im folgenden Rechnungsjahr zur Entlastung der vorläufigen Regierung der VLV Rechnung zu legen. Art. 30 I Überleitungsgesetz 1952 bestimmte Karlsruhe als Sitz des vorläufigen Rechnungshofs. Aus ihm ging der Rechnungshof BW hervor.[10] § 30 II Überleitungsgesetz 1952 enthielt eine Ermächtigung, die Rechnungsprüfung durch Gesetz zu regeln. 8

2. Verfassunggebung 1952/53

Bei der Verfassunggebung bestand über die Rechnungslegung, Finanzkontrolle und Entlastung grundsätzlich Einigkeit. Die beiden Verfassungsentwürfe unterschieden sich nur punktuell. Art. 80 I VerfERP sah im Unterschied zu Art. 109 VerfECDU vor, dass der Finanzminister auch über das **Vermögen und die Schulden des Landes** Rechnung zu legen hatte. Nach 9

---
8 Vgl. *Kube* in: Maunz/Dürig, Art. 114 Rn. 4, 5.
9 Gesetz über die vorläufige Ausübung der Staatsgewalt im südwestdeutschen Bundesland v. 15.5.1952, GBl. 1952, 3.
10 Vgl. *Braun*, Art. 83 Rn. 14.

Art. 109 II 2 VerfECDU sollte wiederum das **Prüfungsergebnis** an den Landtag und den Senat bekanntgegeben werden, wozu Art. 80 VerfERP schwieg. Im VA ordnete man den Abschluss des Budgetkreislaufs in die zeitliche Reihenfolge Rechnungslegung – Rechnungsprüfung – Entlastung. Darüber hinaus wurde die Unabhängigkeit der Mitglieder des Rechnungshofes neu formuliert. Es sollte zum einen zum Ausdruck gebracht werden, dass diese keine Richter sind. Zum anderen sollten aber die wesentlichen Merkmale der richterlichen Unabhängigkeit, die Unabsetzbarkeit und die Unversetzbarkeit, gewährleistet sein.[11]

Haushaltsreform 1971

10 Bei der Neufassung des Art. 83 LV im Rahmen der Haushaltsreform 1971 orientierte man sich wiederum am 20. GGÄndG[12] (→ Art. 79 Rn. 12).[13] Nach dem Regierungsentwurf sollte Art. 83 I LV nF die bisherige Regelung des Art. 83 I LV aF übernehmen. Darüber hinaus sollte klargestellt werden, dass die Rechnungslegung gegenüber dem Landtag der Entlastung der Regierung dient. Auch für Art. 83 II LV nF nahm man sich Art. 114 GG grundsätzlich zum Vorbild. Insbesondere sollte die **Prüfung des Rechnungshofs ausdrücklich auf die gesamte Haushalts- und Wirtschaftsprüfung erstreckt** werden. Im Unterschied zu Art. 114 II 1 GG sah man davon ab, die Prüfungsmaßstäbe der Wirtschaftlichkeit und Ordnungsmäßigkeit explizit aufzunehmen. Eine inhaltliche Änderung war damit jedoch nicht beabsichtigt. Dem verfassungsändernden Gesetzgeber ging es lediglich darum, den Wortlaut des § 42 I HGrG umzusetzen. Außerdem sollte dem Rechnungshof ein **unmittelbarer Berichtsweg zum Landtag** eröffnet werden.[14]

11 Im Finanzausschuss wurde die Regierungsvorlage noch modifiziert. Insbesondere machte man die **Ernennung des Präsidenten und des Vizepräsidenten von der Zustimmung des Landtags abhängig,** um die Stellung des Parlaments zu stärken. Darüber hinaus wurde in der Ermächtigung des letzten Satzes des zweiten Absatzes die Worte „die Befugnisse" durch „Stellung und Aufgaben" ersetzt. Die Fassung der Regierungsvorlage wurde insofern als „zu schwach empfunden".[15]

12 Durch die beispielgebende Änderung des Art. 114 GG im Rahmen des 20. GGÄndG sollte „der **Rechnungshof näher an das Parlament herangeführt** werden".[16] Zudem sollten dem Parlament über den Rechnungshof mehr und bessere Informationen zur Verfügung gestellt werden, um das Budgetrecht sinnvoll wahrzunehmen.[17] Schließlich wollte man klarstellen, dass sich die Prüfungsbefugnis des Rechnungshofs auch auf die Wirtschaftlichkeit und Ordnungsmäßigkeit der Haushalts- und Wirtschaftsführung

---

11 Vgl. VA-Bericht, Berichterstatter: Abg. *Huber*, VLV, Beilagen, 1953, Bd. III, Beilage 1103, 80 f.
12 Vgl. insofern zu Art. 114 GG *Störring*, Beratungsfunktion, 165 ff.
13 Vgl. LT-Drs. V/3997, 4 f.
14 Vgl. LT-Drs. V/3997, 7.
15 Vgl. Schriftlicher Bericht über die Beratungen des Finanzausschusses, LT-Pl.-Prot. Anlage 1 zur 114. Sitzung am 15.7.1971, Bd. VI, 6945.
16 So zu BT-Drs. V/3605, 13.
17 Vgl. zu BT-Drs. V/3605, 13.

erstreckte und die Finanzkontrolle bereits vor der Rechnungslegung des Finanzministers einsetzt.[18]

III. Verfassungsvergleichende Einordnung

Art. 83 LV entspricht grundsätzlich **Art. 114 GG**. Ein dem Bundesrat vergleichbares Organ findet sich auf Landesebene freilich nicht. Im Unterschied zur bundesverfassungsrechtlichen Regelung ist in Art. 83 II 3 LV die **Ernennung des Präsidenten und des Vizepräsidenten** geregelt und von der Zustimmung des Landtags abhängig. Nach dem verfassungsändernden Gesetzgeber soll es inhaltlich keine Bedeutung haben, dass in Art. 83 II 1 LV im Vergleich zu Art. 114 II 1 GG die Prüfungsmaßstäbe der Wirtschaftlichkeit und Ordnungsmäßigkeit nicht genannt werden (→ Rn. 34). Der **Grundsatz der Sparsamkeit und Wirtschaftlichkeit** hat daher auch im Landesrecht **Verfassungsrang**.[19] 13

Mit dem 61. GGÄndG wurde nach Art. 114 II 1 GG – auch in Reaktion[20] auf die Entscheidung des BVerfG zu den Grenzen der Informationsbeschaffung des Bundes bei der Gewährung von Finanzhilfen nach Art. 104 b GG[21] – ein neuer Satz eingefügt.[22] Danach kann der Bundesrechnungshof auch bei Stellen außerhalb der Bundesverwaltung Erhebungen vornehmen. Die Ermächtigung soll alle Fälle erfassen, bei denen Stellen außerhalb der Bundesverwaltung (Länder, Kreise, Gemeinden, juristische Personen des öffentlichen und privaten Rechts) Mittel aus dem Bundeshaushalt erhalten oder Einnahmen erheben, die zumindest teilweise dem Bundeshaushalt zufließen.[23] **Aus der „Finanzmacht" ist somit „Kontrollmacht" geworden.**[24] Das Prüfungsmandat des Bundesrechnungshofs umfasst jedoch weiterhin nur die Haushalts- und Wirtschaftsführung des Bundes. Dies wurde durch die Einfügung der Wörter „des Bundes" hinter „Haushalts- und Wirtschaftsführung" in Satz 1 klargestellt.[25] 14

B. Erläuterung

I. Rechnungslegung durch den Finanzminister (Abs. 1)

Nach Art. 83 I LV ist der Finanzminister – aufgrund seiner fachlichen Kompetenz[26] – zur Rechnungslegung gegenüber dem Landtag verpflichtet. Sie dient dazu, den Haushaltsvollzug der Exekutive zu kontrollieren.[27] Gegenstand der Rechnungslegung sind zunächst die Einnahmen und Ausgaben des Landes, die in einer **Haushaltsrechnung** erfasst werden. Sie ist rei- 15

---

18 Vgl. zu BT-Drs. V/3605, 13.
19 Vgl. *Braun*, Art. 83 Rn. 2.
20 Vgl. BT-Drs. 18/12588, 34.
21 BVerfGE 127, 165.
22 Art. 1 Nr. 8 des 61. GGÄndG (Artikel 90, 91 c, 104 b, 104 c, 107, 108, 109 a, 114, 125 c, 143 d, 143 e, 143 f, 143 g) v. 13.7.2017, BGBl. I 2347.
23 Vgl. BT-Drs. 18/12588, 34.
24 Vgl. *Henneke*, DVBl. 2017, 214 (219).
25 Vgl. BT-Drs. 18/12588, 34.
26 Vgl. *Heun*, Staatshaushalt und Staatsleitung, 491.
27 Vgl. BVerfGE 79, 311 (327 f.).

ne **Geldrechnung ohne Wertung**, kein politischer Rechenschaftsbericht.[28] Die Rechnung ist – also auch im Falle eines Doppelhaushalts[29] – jährlich zu erstellen, wie sich aus Art. 83 I LV ergibt. Sie wird deshalb vom Finanzministerium für jedes Haushaltsjahr aufgestellt (§ 80 II LHO).

16 Der **Umfang der Rechenschaftspflicht** richtet sich der Zwecksetzung des Art. 83 LV entsprechend, das gesamte Haushaltsgebaren der Regierung zu kontrollieren, nach den Art. 79-81 LV aus. Es ist daher etwas verkürzt, die Haushaltsrechnung als „rückschauenden Spiegel des Haushaltsplans" zu bezeichnen.[30] Sie erfüllt diese bildhafte Funktionsbeschreibung, berücksichtigt darüber hinaus aber **auch über- und außerplanmäßige Ausgaben** gemäß Art. 81 LV, die als solche besonders kontrollbedürftig sind.

17 Der Spiegelbildlichkeit entsprechend wird in der Haushaltsrechnung ein sog. **Soll-/Ist-Vergleich** durchgeführt.[31] Es sind sämtliche Einnahmen und Ausgaben aller Einzelpläne abzurechnen.[32] Demgemäß sind nach § 81 I LHO die Einnahmen und Ausgaben den Ansätzen des Haushaltsplans unter Berücksichtigung der Haushaltsreste und der Vorgriffe gegenüberzustellen. Um der Kontrollfunktion gerecht zu werden, hat sich die Haushaltsrechnung ebenfalls nach den **Haushaltsgrundsätzen** auszurichten (→ Art. 79 Rn. 84 ff.), sofern sich jene nicht ausschließlich auf den Haushaltsplan beziehen.[33] Insbesondere sind die Grundsätze der Vollständigkeit, der Einheitlichkeit, der Bruttoveranschlagung und der Haushaltsklarheit zu beachten.[34] Da das Haushaltsgesetz für das ganze Rechnungsjahr gilt, sind **auch die Einnahmen und Ausgaben während der vorläufigen Haushaltsführung nach Art. 80 LV** zu berücksichtigen.[35] Außerdem sind – wie bereits angesprochen – die über- und außerplanmäßigen Ausgaben gemäß Art. 81 LV aufzunehmen (vgl. auch § 85 I Nr. 1 LV).[36] Demgegenüber brauchen bei Landesbetrieben und Sondervermögen – wie es Art. 79 I 1 HS 2 LV entspricht (→ Art. 79 Rn. 97 f.) – nur die Zuführungen und Ablieferungen eingestellt werden.[37] Für landesunmittelbare juristische Personen des öffentlichen Rechts gilt § 109 LHO.

18 Nach dem **Grundsatz der Haushaltsklarheit** ist die Haushaltsrechnung so auszugestalten, dass die Ordnungsmäßigkeit und Wirtschaftlichkeit des Haushaltsvollzugs **auch von sachkundigen Mitgliedern des Landtages überprüft** werden kann.[38] Die Rechnung ist schriftlich, hinreichend be-

---

28 Vgl. *Heun* in: Dreier, Art. 114 Rn. 13; *Schwarz* in: v. Mangoldt/Klein/Starck, Art. 114 Rn. 23; *Heintzen* in: v. Münch/Kunig, Art. 114 Rn. 11.
29 Vgl. *Braun*, Art. 83 Rn. 4.
30 Vgl. *Katz* in: Feuchte, Art. 83 Rn. 4; vgl. auch *Janz* in: Driehaus, Art. 120 Rn. 4.
31 Vgl. *Katz* in: Feuchte, Art. 83 Rn. 4; vgl. auch *Butzer* in: Epping/Hillgruber, Art. 114 GG Rn. 1.
32 Vgl. *Janz* in: Driehaus, Art. 120 Rn. 5.
33 Vgl. *Kube* in: Maunz/Dürig, Art. 114 Rn. 20; *Heintzen* in: v. Münch/Kunig, Art. 114 Rn. 11.
34 Vgl. *Braun*, Art. 83 Rn. 3; *Katz* in: Feuchte, Art. 83 Rn. 4; vgl. auch *Kube* in: Maunz/Dürig, Art. 114 Rn. 20.
35 *Braun*, Art. 83 Rn. 3.
36 Vgl. *Katz* in: Feuchte, Art. 83 Rn. 4.
37 *Heintzen* in: v. Münch/Kunig, Art. 114 Rn. 11.
38 Vgl. *Schwarz* in: v. Mangoldt/Klein/Starck, Art. 114 Rn. 21; vgl. auch *Katz* in: Feuchte, Art. 83 Rn. 4.

stimmt und verständlich zu legen.³⁹ Die Ist-Beträge sind nach der Ordnung des Haushaltsplans aufzuschlüsseln. Überschüsse und Fehlbeträge sind für jeden einzelnen Titel auszuweisen.⁴⁰ Nach § 84 LHO wird der kassenmäßige Abschluss und der Haushaltsabschluss in einem Bericht erläutert. Bleiben für die Entlastungsorgane Fragen offen, ist der **Finanzminister** aufgrund von Art. 83 I LV grundsätzlich **verpflichtet, ergänzende Ausführungen** zu machen.⁴¹ Hiermit geht ein **Auskunftsanspruch des Finanzministers** gegenüber anderen Stellen des Landes einher, um die für die Rechnungslegung erforderlichen Informationen zu erlangen.⁴²

Die Rechenschaftspflicht des Finanzministers umfasst nach Art. 83 I LV auch die **Vermögen und Schulden** des Landes. Sie korrespondiert mit der Anforderung des Art. 79 IV LV, wonach Vermögen und Schulden des Landes in einer Anlage des Haushaltsplans nachzuweisen sind (→ Art. 79 Rn. 126 ff.). Dieser Teil der Rechenschaftspflicht zielt nicht auf eine wirtschaftliche Bewertung des staatlichen Vermögens. Dagegen spricht bereits, dass Verwaltungsvermögen grundsätzlich nicht verwertbar ist.⁴³ Zudem wäre eine realitätsgerechte Bewertung der Aktiva kaum zu bewerkstelligen.⁴⁴ Der Zweck der Vermögensrechnung liegt vielmehr darin, die Auswirkungen des Haushaltsvollzugs auf Vermögen und Schulden sowie deren Wechselwirkung transparent zu machen.⁴⁵ Eine Saldierung ist verfassungsrechtlich nicht gefordert.⁴⁶ Der verfassungsrechtliche Mindestgehalt der Vermögensrechnung dürfte aber den Vorgaben des § 86 BHO für den Bund entsprechen.⁴⁷ 19

Einfachgesetzlich ist der Vermögensnachweis in §§ 73, 86 LHO geregelt (vgl. auch § 35 HGrG). Das Finanzministerium hat eine **Verwaltungsvorschrift über die Vermögensrechnung des Landes** (VwVVR) aufgrund von § 5 LHO erlassen (GABl. 2016, 196). Nach 1.1 VwVVR ist die Vermögensrechnung gemäß § 14 I Nr. 4 LHO dem Haushaltsplan als Übersicht beizufügen und als Vermögensnachweis gemäß § 114 I 1 LHO dem Landtag zur Entlastung der Landesregierung vorzulegen, so dass sowohl Art. 79 IV LV als auch Art. 83 I LV entsprochen ist. 20

Adressat der Rechnungslegungspflicht ist **ausschließlich der Finanzminister** (vgl. auch § 114 I 1 LHO). Der Finanzminister unterliegt bei ihrer Ausübung daher **nicht der Richtlinienkompetenz** des Ministerpräsidenten gemäß Art. 49 I 1 LV. Auch das **Kabinettsprinzip** gemäß Art. 49 II, III LV gilt in diesem Zusammenhang nicht.⁴⁸ Die Kompetenz des Finanzministers ist auch **nicht delegierbar**.⁴⁹ Demgemäß ist die Kompetenz auf die **formale** 21

---

39 Vgl. *Janz* in: Driehaus, Art. 120 Rn. 4.
40 Vgl. *Kube* in: Maunz/Dürig, Art. 114 Rn. 20.
41 Vgl. *Schwarz* in: v. Mangoldt/Klein/Starck, Art. 114 Rn. 21.
42 Vgl. *Heintzen* in: v. Münch/Kunig, Art. 114 Rn. 13.
43 *Braun*, Art. 83 Rn. 3.
44 *Katz* in: Feuchte, Art. 83 Rn. 5; vgl. auch *Heintzen* in: v. Münch/Kunig, Art. 114 Rn. 12.
45 Vgl. *Braun*, Art. 83 Rn. 3; *Katz* in: Feuchte, Art. 83 Rn. 5.
46 *Braun*, Art. 83 Rn. 3.
47 Vgl. *Kube* in: Maunz/Dürig, Art. 114 Rn. 21.
48 *Braun*, Art. 83 Rn. 4; vgl. auch *Heintzen* in: v. Münch/Kunig, Art. 114 Rn. 13; *Butzer* in: Epping/Hillgruber, Art. 114 GG Rn. 2.
49 Vgl. *Heintzen* in: v. Münch/Kunig, Art. 114 Rn. 13.

Rechnungslegung beschränkt. Die Ressortverantwortung der anderen Minister gemäß Art. 49 I 4 LV bleibt unangetastet.[50] Die Rechnungslegungspflicht ist erfüllt, wenn der Finanzminister die Haushaltsrechnung und den Vermögensnachweis rechtzeitig mit den entsprechenden Erläuterungen vorlegt. Nach § 114 I 1 LHO hat dies im Laufe des nächsten Haushaltsjahres zu geschehen. Die Verpflichtung aus Art. 83 I LV und die damit verbundenen Kompetenzen begründen im Übrigen zusammen mit der Notbewilligungskompetenz aus Art. 81 S. 1 LV die **verfassungsrechtliche Sonderstellung des Finanzministers** innerhalb der Regierung (→ Art. 81 Rn. 20 ff.).

22 Nach der Rechnungslegung geht die Zuständigkeit innerhalb der Exekutive im letzten Abschnitt des Budgetkreislaufs grundsätzlich auf die Regierung über.[51] Ihre Verantwortung für den Haushaltsvollzug – wie auch die Ressortverantwortung jedes Ministers – bleibt von der Kompetenz des Finanzministers unberührt.[52] Erst der Landtag kann die Regierung durch die Entlastung von ihrer haushaltspolitischen Verantwortung für das abgeschlossene Haushaltsjahr befreien.

II. Finanzkontrolle durch den Rechnungshof (Abs. 2)
1. Organisation und Unabhängigkeit

23 Art. 83 II LV enthält eine **institutionelle Garantie** des Landesrechnungshofs. Die LV setzt zunächst seinen **Bestand** voraus.[53] Organisatorisch geht sie davon aus, dass der Rechnungshof **Mitglieder** hat (vgl. Art. 83 II 2 LV) und von einem **Präsidenten** und einem **Vizepräsidenten geleitet** wird (vgl. Art. 83 II 3 LV). Nach Art. 83 II 2 LV besitzen die Mitglieder die **gleiche Unabhängigkeit wie Richter**. Damit sind zunächst die Art. 65 II und Art. 66 I LV angesprochen.[54] Die Mitglieder des Rechnungshofs sind von Verfassungs wegen sachlich und persönlich unabhängig.[55] Das bedeutet, dass sie **nur dem Gesetz** unterworfen und **weisungsfrei** sind (vgl. § 11 I 1 RHG).[56] Dies umfasst vor allem auch die **Wahl des Prüfungsgegenstandes** und -**schwerpunktes** (vgl. § 42 III HGrG, § 89 II LHO).[57] Außerdem ist das Beratungsgeheimnis der Mitglieder des Rechnungshofs durch Art. 83 II LV geschützt.[58] Aufgrund ihrer persönlichen Unabhängigkeit dürfen die Mitglieder wegen ihrer Entscheidungen keine Nachteile in ihrer persönlichen Rechtsstellung erleiden.[59] Sie sind **unabsetzbar** und **unversetzbar** (→ Rn. 9).[60] Sie haben daher den Beamtenstatus auf Lebenszeit (§ 11 I 2 RHG). Allerdings ist die Richteranklage gemäß Art. 66 II LV ent-

---

50 *Braun*, Art. 83 Rn. 4; *Katz* in: Feuchte, Art. 83 Rn. 6.
51 *Katz* in: Feuchte, Art. 83 Rn. 6.
52 *Braun*, Art. 83 Rn. 4.
53 *Braun*, Art. 83 Rn. 5; vgl. auch *Karehnke*, DÖV 1972, 145 (148); *Heun* in: Dreier, Art. 114 Rn. 21.
54 *Spreng/Birn/Feuchte*, Art. 83 Rn. 3; *Braun*, Art. 83 Rn. 5.
55 *Spreng/Birn/Feuchte*, Art. 83 Rn. 3; *Katz* in: Feuchte, Art. 83 Rn. 8.
56 *Braun*, Art. 83 Rn. 5; vgl. auch *Feuchte* in: Feuchte, Art. 65 Rn. 15; *Karehnke*, DÖV 1972, 145 (148).
57 Vgl. *Schulze-Fielitz*, VVDStRL 55 (1996), 231 (264 f.); *Heun* in: Dreier, Art. 114 Rn. 22.
58 Vgl. BVerwGE 128, 135 Rn. 7; *Jarass* in: Jarass/Pieroth, Art. 114 Rn. 4.
59 Vgl. *Feuchte* in: Feuchte, Art. 65 Rn. 18.
60 Vgl. *Heun* in: Dreier, Art. 114 Rn. 22.

sprechend anwendbar (vgl. § 11 II RHG).[61] Im Unterschied zur Judikative können die Mitglieder des Rechnungshofs auch auf eigene Initiative tätig werden.[62] Aus der Unabhängigkeit der Mitglieder folgt zugleich das **Kollegialprinzip**.[63]

Darüber hinaus leitet sich aus der Unabhängigkeit der Mitglieder auch die **Unabhängigkeit des Rechnungshofs als Institution** ab.[64] Insbesondere nimmt der Rechnungshof gegenüber der Regierung eine selbstständige und unabhängige Stellung ein.[65] Dem Rechnungshof ist von Verfassungs wegen ein **ministerialfreier Raum** zu eigen.[66] Auch der Landtag darf ihm keine Weisungen erteilen.[67] Demgemäß ist der Rechnungshof BW nach § 1 I RHG eine selbstständige, nur dem Gesetz unterworfene oberste Landesbehörde (vgl. auch § 7 LVwG). Er hat seinen Sitz in Karlsruhe (§ 1 II RHG) und wurde mit Inkrafttreten der LV errichtet (vgl. auch → Rn. 8).[68] Der Rechnungshof entscheidet durch Mehrheitsbeschluss der Mitglieder als Senat oder durch übereinstimmenden Beschluss der nach dem Geschäftsverteilungsplan zuständigen Mitglieder (§ 3 I RHG). Mitglieder des Rechnungshofs sind dabei der Präsident, der Vizepräsident und die zu Mitgliedern bestellten Beamten (§ 2 I RHG). Der Präsident und – auf Vorschlag des Präsidenten – der Vizepräsident werden vom Ministerpräsidenten ernannt (§ 10 I RHG). Die Ernennung setzt die **Zustimmung des Landtags** voraus (vgl. dazu § 97a III 2 GO LT). Diese Verfahrensanforderung geht auf Art. 83 II 3 LV zurück, der mit der Haushaltsreform 1971 eingeführt wurde (→ Rn. 10). Aus der mittelbaren Unabhängigkeit des Rechnungshofs ergibt sich im Übrigen auch, dass eine **Mindestausstattung** des Rechnungshofs mit Personal- und Sachmitteln verfassungsrechtlich **garantiert** ist.[69]

24

2. Verfassungsrechtliche Stellung des Rechnungshofs

Der Rechnungshof ist **kein Verfassungsorgan**.[70] Er leitet zwar seinen Bestand, seine unabhängige Stellung und wesentliche Kompetenzen aus der LV ab. Er kann jedoch keine verbindlichen Entscheidungen treffen. Er ist daher nicht unmittelbar an der staatlichen Willensbildung beteiligt, so dass ihm die Qualität eines Verfassungsorgans abzusprechen ist, auch wenn er

25

---

61 *Spreng/Birn/Feuchte*, Art. 83 Rn. 3.
62 Vgl. *Keller*, DÖV 1979, 705 (706).
63 *Braun*, Art. 83 Rn. 6; vgl. auch *Engels* in: BK, Art. 114 Rn. 160; demgegenüber *Heun* in: Dreier, Art. 114 Rn. 22.
64 *Braun*, Art. 83 Rn. 5; vgl. auch *Karehnke*, DÖV 1972, 145 (148); *Keller*, DÖV 1979, 705 (706); *Hufeld* in: HStR III, § 56 Rn. 47.
65 *Spreng/Birn/Feuchte*, Art. 83 Rn. 3; vgl. auch *Jarass* in: Jarass/Pieroth, Art. 114 Rn. 4; *Engels* in: BK, Art. 114 Rn. 157.
66 *Braun*, Art. 83 Rn. 6; vgl. auch *Engels* in: BK, Art. 114 Rn. 158.
67 *Braun*, Art. 83 Rn. 5; vgl. auch *Keller*, DÖV 1979, 705 (706, 707).
68 *Spreng/Birn/Feuchte*, Art. 83 Rn. 5.
69 Vgl. *Heun* in: Dreier, Art. 114 Rn. 22.
70 Vgl. *Braun*, Art. 83 Rn. 6; *Katz* in: Feuchte, Art. 83 Rn. 8; vgl. auch *Grupp*, Die Stellung der Rechnungshöfe, 93 ff.; *Stern*, DÖV 1990, 261 (264); *Kube* in: Maunz/Dürig, Art. 114 Rn. 62; *Heintzen* in: v. Münch/Kunig, Art. 114 Rn. 17; *Schwarz* in: v. Mangoldt/Klein/Starck, Art. 114 Rn. 77; *Kloepfer*, Finanzverfassungsrecht, § 15 Rn. 40; offen gelassen von VerfGH NRW, NVwZ 2012, 631.

im Bereich der verfassungsrechtlichen Staatsorganisation angesiedelt ist.[71] Zudem fehlt ihm die hierfür erforderliche Integrationswirkung.[72] Aufgrund seiner verfassungsrechtlichen Kompetenzen ist der Rechnungshof jedoch als „anderer Beteiligter" iSd Art. 68 I 2 Nr. 1 LV im **Organstreitverfahren beteiligtenfähig** (→ Rn. 52).

26 Der Rechnungshof ist der **Exekutive** zuzuordnen.[73] Obgleich der Rechnungshof auch **legislative Hilfsfunktionen**[74] gegenüber dem Landtag wahrnimmt und durch die Haushaltsreform 1971 „näher an das Parlament herangeführt" werden sollte (→ Rn. 12), gehört er nicht der Legislative an. Er ist unabhängig, prüft die Haushalts- und Wirtschaftsführung der Regierung aus eigener Kompetenz und kann daher **nicht** als „Hilfsorgan" des Parlaments qualifiziert werden.[75] Der Rechnungshof hat außerdem keine Kompetenzen, die sich auf die Gesetzgebung beziehen. Der Rechnungshof ist auch nicht Teil der Judikative, obwohl seine Mitglieder von Verfassungs wegen richterliche Unabhängigkeit haben. Seine Kontrollmaßstäbe unterscheiden sich von der Rechtmäßigkeitskontrolle der Gerichte und er wird – anders als diese – auf eigene Initiative tätig.[76] **Zudem fehlt es seinen Maßnahmen grundsätzlich an Verbindlichkeit.**[77] Im Übrigen hat der Verfassunggeber in der Formulierung des Art. 83 II 2 LV zum Ausdruck bringen wollen, dass die Mitglieder des Rechnungshofs gerade keine Richter sind (→ Rn. 9). Schließlich ist der Rechnungshof auch keiner vierten Gewalt zugehörig.[78] Die Verfassung geht davon aus, dass die Staatsgewalt dreigeteilt ist (vgl. Art. 25 LV sowie Art. 2 I LV iVm Art. 1 III GG, Art. 3 a LV), so dass hierfür kein Raum bleibt.[79] Sofern man davon absieht, den Rechnungshof einer Gewalt zuzuordnen,[80] muss man zumindest feststellen, dass er nach Art. 25 II LV der **Bindung an Gesetz und Recht** unterliegt.[81]

---

71 Vgl. *Maurer* in: Feuchte, Art. 68 Rn. 26; *Kube* in: Maunz/Dürig, Art. 114 Rn. 62; *Schwarz* in: v. Mangoldt/Klein/Starck, Art. 114 Rn. 77; vgl. auch *Tiemann*, Finanzkontrolle des Bundes, 161 ff., die aber eine Entwicklung zum Verfassungsorgan für möglich hält.
72 Vgl. *Braun*, Art. 83 Rn. 6; *Grupp*, Stellung der Rechnungshöfe, 93 f.
73 Vgl. BVerwG, NVwZ 2013, 431 (435); *Groß*, VerwArch 2004, 194 (200ff.); *Kube* in: Maunz/Dürig, Art. 114 Rn. 61; *Jarass* in: Jarass/Pieroth, Art. 114 Rn. 4; aA *Hauser*, DVBl. 2006, 539 (540). Auch BVerfGE 127, 165 (220ff.) richtet die Grenzen der Erhebungen des Bundesrechnungshofs an den Verwaltungskompetenzen des Bundes aus.
74 Vgl. zu BT-Drs. V/3605, 13: „Hilfsstellung"; vgl. auch *Hufeld* in: HStR III, § 56 Rn. 1 ff.
75 Vgl. *Groß*, VerwArch 2004, 194 (202); *Rossi*, Möglichkeiten und Grenzen, 39; aA *Brockmeyer* in: Schmidt-Bleibtreu/Hofmann/Henneke, Art. 114 Rn. 12.
76 Vgl. *Waldhoff*, NWVBl. 2009, 369 (371).
77 Vgl. *Groß*, VerwArch 2004, 194 (201 f.); *Kube* in: Maunz/Dürig, Art. 114 Rn. 59.
78 *Katz* in: Feuchte, Art. 83 Rn. 8; vgl. auch BVerfGE 127, 165 (219 f.), das der Annahme einer Finanzgewalt nicht folgt, wie sie *Kammer*, DVBl. 1990, 555 (558 f.) und *Mähring*, DÖV 2006, 195 (203) vertreten.
79 Vgl. *Brockmeyer* in: Schmidt-Bleibtreu/Hofmann/Henneke, Art. 114 Rn. 11; *Kube* in: Maunz/Dürig, Art. 114 Rn. 61.
80 Vgl. *Katz* in: Feuchte, Art. 83 Rn. 8; *Heun* in: Dreier, Art. 114 Rn. 20; *Rossi*, Möglichkeiten und Grenzen, 38; *Vogt*, Informationstätigkeit des Bundesrechnungshofes, 93 f.
81 Vgl. *Groß*, VerwArch 2004, 194 (201); so dann auch *Rossi*, Möglichkeiten und Grenzen, 38; *Vogt*, Informationstätigkeit des Bundesrechnungshofes, 94.

3. Aufgaben und Kompetenzen

a) Finanzkontrolle

aa) Prüfungsformen

Durch Art. 83 II 1 LV sind dem Rechnungshof die **Rechnungsprüfung** sowie die **Prüfung der gesamten Haushalts- und Wirtschaftsführung** zugewiesen.[82] **Verfassungsrechtlich** kommt dem Rechnungshof damit eine **Doppelfunktion** zu. Im letzten Abschnitt des Haushaltskreislaufs unterstützt er mit seiner Rechnungsprüfung den Landtag, damit dieser seine parlamentarische Entlastungsentscheidung sachgerecht treffen kann. Daneben prüft er in unabhängiger Stellung die Haushalts- und Wirtschaftsführung der Regierung.[83] Dies erfordert wiederum entsprechende **Kompetenzen**, um der Aufgabenstellung gerecht werden zu können. Die verfassungsrechtliche Garantie umfasst daher auch ein **formelles und materielles Prüfungsrecht** des Rechnungshofs. Die Prüfung der Rechnung des Finanzministers und der gesamten Haushalts- und Wirtschaftsführung des Landes darf nicht eingeschränkt werden.[84]

Die Aufgabe des Rechnungshofs, die vom Finanzminister gemäß Art. 83 I LV gelegte Rechnung zu prüfen, hat ein „**besonderes rechtliches Gewicht**". Die Rechnungsprüfung des Rechnungshofs ist Voraussetzung für die Entlastung der Regierung durch das Parlament,[85] wie in der Berichtspflicht des Art. 83 II 4 LV zum Ausdruck kommt. Sie zielt darauf, dem Landtag die erforderlichen Informationen zur Verfügung zu stellen, damit dieser die Finanzkontrolle effektiv ausüben kann.[86] Bei dieser „**administrativen Rechnungsprüfung**" kontrolliert der Rechnungshof die sachliche Richtigkeit der vorgelegten Rechnungen.[87] Es geht um die äußere buchhalterische Korrektheit der Rechnungsführung.[88] Die Prüfung hat sich daher vor allem nach dem Maßstab der Ordnungsmäßigkeit auszurichten.[89] Da sie die Rechnungslegung des Finanzministers betrifft, ist sie notwendig eine **nachträgliche Kontrolle**.[90]

Die **rechnungsunabhängige Prüfung** hat die **gesamte Haushalts- und Wirtschaftsführung** zum Gegenstand (vgl. § 88 I LHO). Auch sie dient dazu, dem Parlament Informationen zur Wahrnehmung des Budgetrechts zur Verfügung zu stellen.[91] Es handelt sich um eine von der Rechnungslegung losgelöste, „gegenwartsnahe Prüfung",[92] die der Rechnungslegung grundsätzlich vorgelagert ist, sich aber ebenfalls nur auf **abgeschlossene Vorgän-**

---

82 Vgl. BVerfGE 127, 165 (212).
83 *Butzer* in: Epping/Hillgruber, Art. 114 GG vor Rn. 1.
84 *Braun*, Art. 83 Rn. 5; vgl. auch *Keller*, DÖV 1979, 705 (706).
85 Vgl. BVerfGE 127, 165 (213).
86 Vgl. BVerwGE 139, 87 Rn. 48.
87 *Jarass* in: Jarass/Pieroth, Art. 114 Rn. 5.
88 Vgl. *Siekmann* in: Sachs, GG, Art. 114 Rn. 11; *Kube* in: Maunz/Dürig, Art. 114 Rn. 65.
89 Vgl. BVerfGE 127, 165 (213).
90 *Braun*, Art. 83 Rn. 7.
91 Vgl. VerfGH NRW, NVwZ 2012, 631 (633); vgl. auch zu BT-Drs. V/3605, 13.
92 Vgl. *Braun*, Art. 83 Rn. 8; BT-Drs. V/3040, 56; zu BT-Drs. V/3605, 13.

ge bezieht.⁹³ Andernfalls wäre das durch Art. 49 I 4 LV verbürgte Ressortprinzip beeinträchtigt, wonach jeder Minister seinen Geschäftsbereich selbstständig und eigenverantwortlich leitet.⁹⁴ Die Kontrolle darf **nicht** dazu führen, dass der Rechnungshof **mitentscheidet**.⁹⁵ Voraussetzung ist jedoch nicht, dass sich die betreffenden Maßnahmen bereits in einer förmlichen Rechnung auswirken (vgl. auch § 89 I Nr. 2 LHO).⁹⁶ Die rechnungsunabhängige Prüfung richtet sich vornehmlich am Maßstab der Wirtschaftlichkeit und Sparsamkeit aus (→ Rn. 34 ff.).⁹⁷ Der Maßstab der Ordnungsmäßigkeit hat bei der rechnungsunabhängigen Prüfung in der Rechtspraxis demgegenüber nur noch eine untergeordnete Rolle.⁹⁸ Prüfungsadressat ist vornehmlich die **Landesexekutive**.

bb) Prüfungsgegenstände

30 Nach dem **Grundsatz der umfassenden Finanzkontrolle der öffentlichen Hand**, der sich aus § 42 I, § 48 I HGrG ergibt, haben die Rechnungshöfe eine möglichst lückenlose Prüfung der gesamten Haushalts- und Wirtschaftsführung des Bundes und der Länder durchzuführen.⁹⁹ Das ganze Finanzgebaren der öffentlichen Hand ist zu erfassen.¹⁰⁰ Prüfungsfreie Räume soll es – rechtlich, nicht rechtspraktisch betrachtet¹⁰¹ – prinzipiell nicht geben.¹⁰² „Flucht aus dem Budget" heißt daher nicht „Flucht aus der Finanzkontrolle".¹⁰³ Der Grundsatz findet in der Berichterstattungspflicht des Rechnungshofs nach Art. 83 II 4 LV einen weiteren Anknüpfungspunkt. Sie dient dazu, dass der Landtag über die erforderlichen Informationen für die parlamentarische Finanzkontrolle verfügt. Die parlamentarische Kontrolle nach Art. 83 I LV sichert aber das **parlamentarische Budgetrecht** ab, ist deshalb auf Lückenlosigkeit angelegt, so dass sich hieraus auch eine lückenlose Prüftätigkeit der Rechnungshöfe ableitet.¹⁰⁴ Eine **demokratisch verantwortete Haushalts- und Wirtschaftsführung** – wie sie Art. 25 I LV gebietet – setzt eine rechnungsunabhängige Prüfung des Rechnungshofs voraus.¹⁰⁵ Das heißt, dass auch über den Anwendungsbereich des Art. 114 II 1 GG respektive des Art. 83 II 1 LV hinaus grundsätzlich eine **lückenlose Prüfungsbefugnis des Rechnungshofs** verfassungsrechtlich ge-

---

93 Vgl. *Braun*, Art. 83 Rn. 8; BT-Drs. V/3040, 56; zu BT-Drs. V/3605, 13; *Kube* in: Maunz/Dürig, Art. 114 Rn. 64, 66.
94 Vgl. *Kube* in: Maunz/Dürig, Art. 114 Rn. 66.
95 Vgl. *Siekmann* in: Sachs, GG, Art. 114 Rn. 28; vgl. auch *Braun*, Art. 83 Rn. 8.
96 *Braun*, Art. 83 Rn. 8.
97 Vgl. BVerfGE 127, 165 (213); VerfGH NRW, NVwZ 2012, 631 (633).
98 Vgl. *Siekmann* in: Sachs, GG, Art. 114 Rn. 13.
99 BVerwGE 116, 92 (94); 135, 100 Rn. 15; 139, 87 Rn. 48.
100 BVerwGE 135, 100 Rn. 16; 139, 87 Rn. 48; vgl. auch VerfGH NRW, NVwZ 2012, 631 (633).
101 Vgl. BVerwGE 116, 92 (94).
102 BVerwGE 116, 92 (94); 135, 100 Rn. 16.; vgl. auch *Schulze-Fielitz*, VVDStRL 55 (1996), 231 (241 f.).
103 Vgl. *Schulze-Fielitz*, VVDStRL 55 (1996), 231 (254); *Schwarz* in: v. Mangoldt/Klein/Starck, Art. 114 Rn. 52.
104 Vgl. BVerwGE 139, 87 Rn. 48; VerfGH NRW, NVwZ 2012, 631 (633); vgl. auch BT-Drs. V/3040, 55 f.; *Schwarz* in: v. Mangoldt/Klein/Starck, Art. 114 Rn. 52.
105 VerfGH NRW, NVwZ 2012, 631 (634) mit Verweis auf BVerfGE 127, 165 (214); *Puhl*, Budgetflucht, 347 ff.

währleistet ist.[106] Nur Rechtsgüter von Verfassungsrang können eine gesetzliche Einschränkung aufgrund von Art. 83 II 5 LV rechtfertigen.[107]

In Bezug auf die „gesamte Haushalts- und Wirtschaftsführung des Landes" wird diese Prüftätigkeit nach Art. 83 II 1 LV vom Rechnungshof ausgeübt. Der Wortlaut der Norm soll zum Ausdruck bringen, dass die hierin vorgesehene Prüfung des Rechnungshofs deutlich weiter reicht als die Prüfung der Rechnungslegung des Finanzministers.[108] **Haushaltsführung** bedeutet in diesem Zusammenhang die **Ausführung des Haushaltsplanes und des Haushaltsgesetzes.**[109] Ebenso fallen hierunter Maßnahmen der Nothaushaltsführung aufgrund von Art. 80 LV sowie über- und außerplanmäßige Ausgaben aufgrund von Art. 81 LV.[110] Der Begriff der **Wirtschaftsführung erweitert** den Anwendungsbereich der Finanzkontrolle auf die **finanzwirtschaftliche Betätigung des Landes außerhalb des Haushalts.**[111] Der Begriff soll gerade die finanzwirksamen Vorgänge des Landes erfassen, die unter das Schlagwort „Flucht aus dem Budget" fallen.[112] Das Wort „gesamte" steht dabei für den Grundsatz der umfassenden Finanzkontrolle der öffentlichen Hand.[113] 31

Der Rechnungshof übt demnach zunächst nach Art. 83 II 1 u. 4 LV die rechnungsunabhängige Finanzkontrolle über die Landesregierung und die **unmittelbare Landesverwaltung** aus.[114] Auch wenn **Landesbetriebe und Sondervermögen** iSd Art. 79 I 1 HS 2 LV in der Bestimmung nicht ausdrücklich erwähnt werden, sind sie an dieser Stelle miteinzubeziehen, wie sich aus § 42 I HGrG und der Konkretisierung des § 88 I LHO ergibt. Die rechnungsunabhängige Finanzkontrolle erstreckt sich auch auf die **Gerichte des Landes**, wobei hier wegen **der richterlichen Unabhängigkeit** der Grundsatz der nachträglichen Prüfung strikt zu beachten ist und Prüfungsergebnisse zu anonymisieren sind.[115] Selbst die **Legislative** ist von der Finanzkontrolle des Rechnungshofs **nicht ausgenommen.**[116] So ist die ordnungsgemäße Verwendung von **Fraktionszuschüssen** vom Rechnungshof zu prüfen.[117] Der Inhalt von Gesetzen unterliegt jedoch grundsätzlich nicht der Finanzkontrolle.[118] 32

---

106 Vgl. VerfGH NRW, NVwZ 2012, 631 (633, 634); *Puhl*, Budgetflucht, 347 ff.
107 Vgl. *Heintzen* in: v. Münch/Kunig, Art. 114 Rn. 29.
108 Vgl. BT-Drs. V/3040, 56.
109 Vgl. *v. Lewinski/Burbat*, Haushaltsgrundsätzegesetz, § 42 Rn. 6; aA *Braun*, Art. 83 Rn. 7.
110 Vgl. *Karehnke*, DÖV 1972, 145 (151); aA VerfGH NRW, NVwZ 2012, 631 (633) mit Zuordnung zur „Wirtschaftsführung".
111 *Karehnke*, DÖV 1972, 145 (151).
112 Vgl. VerfGH NRW, NVwZ 2012, 631 (633, 634); *Karehnke*, DÖV 1972, 145 (151); *v. Lewinski/Burbat*, Haushaltsgrundsätzegesetz, § 42 Rn. 6.
113 Vgl. BVerwGE 116, 92 (94).
114 Vgl. BVerwGE 139, 87 Rn. 49.
115 Vgl. *Kube* in: Maunz/Dürig, Art. 114 Rn. 75; *Heintzen* in: v. Münch/Kunig, Art. 114 Rn. 31.
116 Vgl. *Heintzen* in: v. Münch/Kunig, Art. 114 Rn. 21, 30.
117 Vgl. BVerfGE 88, 188 (214); vgl. aber auch *Heintzen* in: v. Münch/Kunig, Art. 114 Rn. 30.
118 Vgl. BVerfGE 127, 165 (213 f.); *Tiemann*, Finanzkontrolle des Bundes, 112; aA *Schulze-Fielitz*, VVDStRL 55 (1996), 231 (246).

33 Nach dem Grundsatz der umfassenden Finanzkontrolle der öffentlichen Hand umfasst die Prüfungsbefugnis des Rechnungshofs **von Verfassungs wegen** auch die **mittelbare Landesverwaltung**, soweit die betreffenden Stellen **Finanzverantwortung für das Land** wahrnehmen.[119] Demgemäß prüft der Rechnungshof nach § 111 LHO die Haushalts- und Wirtschaftsführung der landesunmittelbaren juristischen Personen des öffentlichen Rechts.[120] Auch juristische Personen des Privatrechts innerhalb der mittelbaren Landesverwaltung können von der Prüfungsbefugnis erfasst sein, wenn sie Zuschüsse aus dem Landeshaushalt erhalten oder das Land Garantien für sie übernimmt (vgl. § 104 LHO).[121] Bei Beteiligungen des Landes an wirtschaftlichen Unternehmen ist nach der Rechtsform zu differenzieren (vgl. § 112 II 1 u. 2 LHO). Bei juristischen Personen des öffentlichen Rechts besteht auch hier grundsätzlich eine verfassungsrechtliche Prüfungsbefugnis.[122] Bei privatwirtschaftlichen Unternehmen in privatrechtlicher Rechtsform, an denen das Land beteiligt ist, ist die Prüfung hingegen auf die Betätigung des Landes beschränkt (vgl. § 92 LHO).[123] Darüber hinaus erstreckt sich die Prüfungsbefugnis des Rechnungshofs nach dem Grundsatz der umfassenden Kontrolle der öffentlichen Hand auch auf Subventionen und anderweitige Fördermaßnahmen des Landes an Stellen außerhalb der Landesverwaltung (vgl. § 91 LHO).[124] Gemeinden, Gemeindeverbände sowie andere kommunale juristische Personen des öffentlichen Rechts sind nach § 112 I LHO von der Prüfung durch den Rechnungshof ausgenommen, da §§ 109 ff. GemO eigenständige Prüfungseinrichtungen vorsehen.

cc) Prüfungsmaßstäbe

34 Im Gegensatz zu Art. 114 II 1 GG, der ausdrücklich auf die „Wirtschaftlichkeit und Ordnungsmäßigkeit" der Haushalts- und Wirtschaftsführung abstellt, benennt Art. 83 II LV diese Prüfungskriterien nicht. Nach dem verfassungsändernden Gesetzgeber sollte damit aber kein anderer Prüfungsmaßstab aufgestellt werden (→ Rn. 10). Demgemäß geht die landesverfassungsrechtliche Rechtsprechung davon aus, dass der Rechnungshof über die Einhaltung des **Haushaltsgrundsatzes der Wirtschaftlichkeit und Sparsamkeit** (vgl. § 6 I HGrG, § 7 I LHO) zu wachen hat. Zugleich spricht sie dem Grundsatz „in der **verfassungsmäßigen Ordnung einen hohen Rang**" zu. Es ist ein „von der Verfassung mit beträchtlichem Gewicht versehener Belang des Gemeinwohls", der sich aus dem systematischen Gesamtzusammenhang der Art. 79 ff. LV ergibt.[125] Auch das Kriterium der **Ordnungsmäßigkeit** ist verfassungsrechtlich gegründet. Es leitet sich aus dem **Prinzip der Gesetzmäßigkeit der Verwaltung** gemäß Art. 25 II LV sowie aus deren

---

119 Vgl. VerfGH NRW, NVwZ 2012, 631 (633); *Kube* in: Maunz/Dürig, Art. 114 Rn. 76; vgl. demgegenüber BVerwGE 139, 87 Rn. 49.
120 Vgl. *Heintzen* in: v. Münch/Kunig, Art. 114 Rn. 32; *Siekmann* in: Sachs, GG, Art. 114 Rn. 30.
121 Vgl. *Heintzen* in: v. Münch/Kunig, Art. 114 Rn. 32; *Kube* in: Maunz/Dürig, Art. 114 Rn. 79.
122 Vgl. VerfGH NRW, NVwZ 2012, 631 (633 f.); *Kube* in: Maunz/Dürig, Art. 114 Rn. 77, 80.
123 Vgl. *Kube* in: Maunz/Dürig, Art. 114 Rn. 81.
124 Vgl. *Kube* in: Maunz/Dürig, Art. 114 Rn. 82 f.
125 Zitate aus StGH, ESVGH 25, 1 (8, 9); s. auch *Braun*, Art. 83 Rn. 10.

Weisungsgebundenheit ab (vgl. Art. 69, 70 LV).[126] Für die Prüfung des Rechnungshofs sind somit die Kriterien der Ordnungsmäßigkeit und Wirtschaftlichkeit maßgeblich (vgl. auch § 90 LHO).[127] Beide Prüfungsmaßstäbe überschneiden sich, wenn haushaltsrechtliche Normen Maßstäbe der Wirtschaftlichkeit enthalten.[128]

Nach dem Kriterium der **Ordnungsmäßigkeit** wird die **rechnerisch-formelle Richtigkeit der Rechnungsführung** (vgl. § 90 Nr. 2 LHO) sowie die **haushaltsmäßige Rechtmäßigkeit der Haushalts- und Wirtschaftsführung** (vgl. § 90 Nr. 1 LHO) geprüft.[129] Maßstab der haushaltsmäßigen Rechtmäßigkeit – der sich auch unter die Begriffe Rechnungskontrolle, Verwaltungskontrolle und Verfassungskontrolle unterteilen lässt[130] – sind insbesondere das Haushaltsgesetz und der Haushaltsplan (vgl. § 90 Nr. 1 LHO).[131] Darüber hinaus sind auch alle weiteren haushaltsrechtlichen Vorschriften – wie die LHO und hierauf gestützte Verwaltungsvorschriften (vgl. § 5 LHO) – zu beachten.[132] Die Vereinbarkeit mit Vorschriften aus anderen Rechtsbereichen darf hingegen nicht geprüft werden.[133] Die Rechtmäßigkeitsprüfung betrifft immer konkrete haushalts- oder finanzwirtschaftliche Vorfälle, wobei aus stichprobeweisen Einzelfällen auch allgemeine Schlussfolgerungen gezogen werden dürfen.[134] 35

Das – praktisch bedeutsamere[135] – Kriterium der **Wirtschaftlichkeit** als zweiter Prüfungsmaßstab führt zu einer **Zweckmäßigkeitskontrolle** (vgl. § 90 Nr. 3 u. 4 LHO),[136] bei der die Kosten-Nutzen-Relation von Vorgängen mit finanziellen Auswirkungen unter betriebswirtschaftlichen und gesamtwirtschaftlichen Gesichtspunkten überprüft wird.[137] Kosten und Nutzen respektive Aufwand und Ertrag sind nach dem ökonomischen Prinzip auszurichten. Alternativ verlangt es, das angestrebte Ziel mit den zur Verfügung stehenden Mitteln bestmöglich zu verwirklichen (Maximalprinzip, Nutzenmaximierung) oder ein bestimmtes Ziel mit einem möglichst geringen Mitteleinsatz zu erreichen (Minimalprinzip, Kostenminimierung).[138] In der Rechtspraxis richtet der Rechnungshof seine Prüfung vornehmlich am Minimalprinzip aus.[139] Inhaltlich zielt es auf den Grundsatz der Sparsamkeit (§ 6 I HGrG, § 7 I LHO), der somit vom Kriterium der Wirtschaftlich- 36

---

126 *Braun*, Art. 83 Rn. 10.
127 *Braun*, Art. 83 Rn. 10; *Katz* in: Feuchte, Art. 83 Rn. 11.
128 Vgl. *Engels* in: BK, Art. 114 Rn. 249.
129 *Katz* in: Feuchte, Art. 83 Rn. 11; *Jarass* in: Jarass/Pieroth, Art. 114 Rn. 7.
130 Vgl. BVerfGE 20, 56 (96); *Tiemann*, Finanzkontrolle des Bundes, 80 ff.; *Kube* in: Maunz/Dürig, Art. 114 Rn. 97 ff.
131 Vgl. BVerfGE 20, 56 (96).
132 Vgl. *Engels* in: BK, Art. 114 Rn. 247.
133 Vgl. *Siekmann* in: Sachs, GG, Art. 114 Rn. 13, 29; *Jarass* in: Jarass/Pieroth, Art. 114 Rn. 7.
134 *Braun*, Art. 83 Rn. 11.
135 Vgl. *Siekmann* in: Sachs, GG, Art. 114 Rn. 13.
136 *Braun*, Art. 83 Rn. 11; *Katz* in: Feuchte, Art. 83 Rn. 11.
137 *Katz* in: Feuchte, Art. 83 Rn. 11; vgl. auch *Kube* in: Maunz/Dürig, Art. 114 Rn. 100.
138 Vgl. *Grupp*, JZ 1982, 231 (233 f.); *Engels* in: BK, Art. 114 Rn. 248; *Siekmann* in: Sachs, GG, Art. 114 Rn. 14; *Schwarz* in: v. Mangoldt/Klein/Starck, Art. 114 Rn. 87; *Heintzen* in: v. Münch/Kunig, Art. 114 Rn. 24.
139 Vgl. *Kube* in: Maunz/Dürig, Art. 114 Rn. 102.

keit umfasst ist.[140] Ins Juristische transformiert ist jedoch nicht das Optimum, sondern nur ein **angemessenes,** vertretbares **Verhältnis** gefordert.[141] Die Zweckmäßigkeitskontrolle darf auch nicht als umfassende Gemeinwohlprüfung missverstanden werden.[142] Der Rechnungshof ist kein politischer Entscheidungsträger, sondern eine fachliche Kontrollinstanz.[143] **Politische Erwägungen** gehören daher nicht zu den Prüfungsmaßstäben des Rechnungshofs.[144] Das heißt, dass die Zweckmäßigkeitskontrolle nicht am politischen Ziel als solchem ansetzt.[145] Der Rechnungshof überprüft vielmehr die Effizienz des Mitteleinsatzes,[146] wodurch die Zielsetzung aber mittelbar in die Prüfung miteinbezogen wird.[147] Aufgrund des spezifischen Prüfungsmaßstabs darf die Zweckmäßigkeitskontrolle des Rechnungshofs im Übrigen auch nicht mit der fachaufsichtlichen Zweckmäßigkeitsprüfung gleichgesetzt werden.[148]

dd) Bericht des Rechnungshofs

37 Der Rechnungshof berichtet nach Art. 83 II 4 LV jährlich unmittelbar dem Landtag (**jährliche Denkschrift**).[149] Er unterrichtet zugleich – mit inhaltsgleicher Information[150] – die Regierung (vgl. auch § 114 I 2 LHO). Das im Rahmen der Prüfung eingeräumte Ermessen des Rechnungshofs erstreckt sich auch auf die Berichtspflicht (vgl. § 97 I LHO).[151] Es ist nach dem Zweck der Berichterstattung auszuüben, die der Vorbereitung der parlamentarischen Rechnungsprüfung,[152] der allgemeinen Information der politisch verantwortlichen Verfassungsorgane über die Haushalts- und Wirtschaftsführung des Landes,[153] aber auch der Abhilfe von Missständen bei der Haushalts- und Wirtschaftsführung dient.[154] Demgemäß schreibt § 97 II LHO einen Mindestinhalt vor.

38 Die Landesregierung kann aufgrund des Berichts wiederum Stellung zu ihrer Haushalts- und Wirtschaftsführung gegenüber dem Landtag nehmen.[155] Der Landtag ist durch den Bericht in keiner Weise rechtlich gebun-

---

140 Vgl. *Grupp*, JZ 1982, 231 (234 f.); *v. Arnim*, DVBl. 1983, 664 (665); *Heintzen* in: v. Münch/Kunig, Art. 114 Rn. 24.
141 Vgl. *Jarass* in: Jarass/Pieroth, Art. 114 Rn. 7; *Kube* in: Maunz/Dürig, Art. 114 Rn. 101; vgl. auch *Schwarz* in: v. Mangoldt/Klein/Starck, Art. 114 Rn. 89.
142 Vgl. *Schwarz* in: v. Mangoldt/Klein/Starck, Art. 114 Rn. 87; *Heintzen* in: v. Münch/Kunig, Art. 114 Rn. 23.
143 Vgl. *Kube* in: Maunz/Dürig, Art. 114 Rn. 103.
144 Vgl. *Tiemann*, Finanzkontrolle des Bundes, 112; vgl. auch *Braun*, Art. 83 Rn. 11.
145 Vgl. *Kube* in: Maunz/Dürig, Art. 114 Rn. 102 mwN.
146 Vgl. *Engels* in: BK, Art. 114 Rn. 250 ff.
147 Vgl. *v. Arnim*, DVBl. 1983, 664 (665); *Schwarz* in: v. Mangoldt/Klein/Starck, Art. 114 Rn. 87.
148 Vgl. *Heintzen* in: v. Münch/Kunig, Art. 114 Rn. 23.
149 Die Denkschriften sind abrufbar unter www.rechnungshof.baden-wuerttemberg.de/de/veroeffentlichungen/denkschriften/ (1.11.2017).
150 *Braun*, Art. 83 Rn. 12.
151 *Braun*, Art. 83 Rn. 12; vgl. auch *Vogt*, Informationstätigkeit, 213; aA *Siekmann* in: Sachs, GG, Art. 114 Rn. 16.
152 Vgl. BVerfGE 20, 56 (95 f.); *Braun*, Art. 83 Rn. 12.
153 Vgl. *Kube* in: Maunz/Dürig, Art. 114 Rn. 116.
154 *Braun*, Art. 83 Rn. 12.
155 Vgl. *Kube* in: Maunz/Dürig, Art. 114 Rn. 116.

den.[156] Der Bericht wirkt sich auch auf die kontrollierten Maßnahmen rechtlich grundsätzlich nicht aus.[157]

Der Rechnungshof kann seine **Prüfungsergebnisse grundsätzlich veröffentlichen**.[158] Sofern durch die Information in Grundrechte Dritter eingegriffen wird, ist eine gesetzliche Grundlage erforderlich.[159] Für den Rechtsschutz gegen Maßnahmen des Rechnungshofs steht dem Bürger der Verwaltungsrechtsweg nach § 40 I VwGO offen.[160] 39

b) Weitere übertragene Aufgaben

Nach Art. 83 II 5 LV regelt der Gesetzgeber Stellung und Aufgaben des Rechnungshofs. Er hat dabei die Unabhängigkeit des Rechnungshofs und seiner Mitglieder zu wahren.[161] Den **Gesetzgebungsauftrag**[162] erfüllen das RHG sowie die §§ 88-112 LHO. Sofern dem Rechnungshof weitere Aufgaben übertragen werden, sind sie nicht von Verfassungs wegen vorgegeben und damit – rechtlich betrachtet – von geringerem Gewicht.[163] Sie haben daher gegenüber den verfassungsrechtlichen Aufgaben des Rechnungshofs zurückzustehen.[164] Gegebenenfalls hat der Rechnungshof **Zurückhaltung zu üben**, um seine Stellung als **unabhängige Institution** der Finanzkontrolle zu **wahren**.[165] Die Kontrollfunktion des Rechnungshofs ist gegenüber den Funktionen der übertragenen Aufgaben vorrangig.[166] Unter die übertragenen Aufgaben fällt vor allem die **Beratung** des Landtags, der Landesregierung und einzelner Ministerien nach § 88 II 1 LHO (vgl. auch § 42 V HGrG). Anders als bei der rechnungsunabhängigen Prüfung kann Gegenstand der Beratung auch die **Wirtschaftlichkeit und Sparsamkeit von Gesetzesinhalten** sein. Der Rechnungshof leistet insofern einen wichtigen **Beitrag zur Gesetzesfolgenabschätzung** in finanzieller Hinsicht.[167] Darüber hinaus ist der Rechnungshof für den Landtag und die Landesregierung gutachterlich tätig (§ 88 III LHO). Er kann Landtag und Landesregierung über Angelegenheiten von besonderer Bedeutung unterrichten (§ 99 S. 1 LHO). Auf Verlangen des Landtags ist er hierzu verpflichtet (§ 99 S. 2 LHO). Er hat ein Äußerungsrecht zu haushaltsrelevanten Vorgängen (§ 102 III LHO) und ein Anhörungsrecht vor dem Erlass von allgemeinen Verwaltungsvorschriften zur Durchführung der LHO (§ 103 I LHO). 40

---

156 *Braun*, Art. 83 Rn. 12; vgl. auch *Heintzen* in: v. Münch/Kunig, Art. 114 Rn. 9.
157 Vgl. *Siekmann* in: Sachs, GG, Art. 114 Rn. 15; *Jarass* in: Jarass/Pieroth, Art. 114 Rn. 8; vgl. auch BVerfGE 20, 56 (96).
158 Vgl. *Siekmann* in: Sachs, GG, Art. 114 Rn. 17.
159 Vgl. *Jarass* in: Jarass/Pieroth, Art. 114 Rn. 8; *Heintzen* in: v. Münch/Kunig, Art. 114 Rn. 35.
160 Vgl. BVerfGE 79, 69 (75 f.); *Heintzen* in: v. Münch/Kunig, Art. 114 Rn. 35.
161 *Braun*, Art. 83 Rn. 13.
162 Vgl. *Rossi*, Möglichkeiten und Grenzen, 29 f.
163 Vgl. BVerfGE 127, 165 (216).
164 BT-Drs. V/3040, 55; *Katz* in: Feuchte, Art. 83 Rn. 13.
165 *Katz* in: Feuchte, Art. 83 Rn. 13; vgl. auch *Braun*, Art. 83 Rn. 9; *Schwarz* in: v. Mangoldt/Klein/Starck, Art. 114 Rn. 98; relativierend *Störring*, Beratungsfunktion, 244 ff.
166 Vgl. BT-Drs. V/3040, 56.
167 Vgl. BVerfGE 127, 165 (214, 215).

III. Parlamentarische Rechnungsprüfung und Entlastung der Regierung (Abs. 1)

1. Gegenstand

41 Nach Art. 83 I LV ist die Regierung schließlich am Ende des letzten Abschnitts des Budgetkreislaufs zu entlasten. Die Entlastung ist eine notwendige Ergänzung des parlamentarischen Budgetrechts. Sie hat deshalb die **Rechnungslegung des Finanzministers** zum **Gegenstand** und bezieht sich auf **alle Einnahmen und Ausgaben**, für die die **Regierung die Haushaltsverantwortung** trägt – einschließlich der über- und außerplanmäßigen Ausgaben gemäß Art. 81 LV.[168] Auch die vorläufige Haushaltsführung gemäß Art. 80 LV unterfällt der parlamentarischen Rechnungsprüfung.[169] Darüber hinaus kann der Landtag die **gesamte Haushalts- und Wirtschaftsführung der Regierung** zum Gegenstand der parlamentarischen Rechnungsprüfung und Entlastung machen.[170] Eine Einschränkung auf die in Art. 83 I LV angesprochene Rechnungslegung des Finanzministers wäre mit der Stellung der Volksvertretung im parlamentarischen Regierungssystem nicht zu vereinbaren.[171] Darüber hinaus ist zu beachten, dass das Entlastungsverfahren nur einen – wenn auch verfassungsrechtlich hervorgehobenen – Ausschnitt der Haushaltskontrolle durch das Parlament bildet.[172]

42 Einzelpläne des Landeshaushalts, für die – wie es insbesondere beim Einzelplan des Landtags der Fall ist – keine haushaltspolitische Verantwortung der Regierung besteht, unterfallen nicht der Entlastungsentscheidung nach Art. 83 I LV.[173] So wird auch die Rechnung des Rechnungshofs nach § 101 LHO vom Landtag geprüft und diesem gegenüber die Entlastung erteilt.[174]

2. Grundlage

43 Die Entlastung soll die parlamentarische Rechnungsprüfung sicherstellen,[175] die sich an die Rechnungsprüfung des Rechnungshofs anschließt.[176] Demgemäß bilden die Haushaltsrechnung und der Vermögensnachweis des Finanzministers die **Grundlage der Entlastungsentscheidung**. Darüber hinaus hat der Landtag den Prüfungsbericht des Rechnungshofs miteinzubeziehen, wie sich aus Art. 83 II 4 LV ergibt (vgl. auch § 47 HGrG, § 114 I 2 LHO, § 82 III GO LT),[177] ohne aber an die darin getroffenen

---

168 Vgl. *Katz* in: Feuchte, Art. 83 Rn. 14; BVerfGE 45, 1 (46); *Kube* in: Maunz/Dürig, Art. 114 Rn. 41.
169 *Braun*, Art. 83 Rn. 18; *Katz* in: Feuchte, Art. 83 Rn. 14; vgl. demgegenüber *Heintzen* in: v. Münch/Kunig, Art. 114 Rn. 36 in Bezug auf Art. 111 GG.
170 Vgl. *Stern* in: Stern II, 461; vgl. insofern auch *Heintzen* in: HStR V, § 120 Rn. 95.
171 *Stern* in: Stern II, 461; aA *Braun*, Art. 83 Rn. 18; *Katz* in: Feuchte, Art. 83 Rn. 14; *Butzer* in: Epping/Hillgruber, Art. 114 GG Rn. 9.
172 Vgl. *Hyckel*, VR 2015, 325 (326 ff.) zu den verschiedenen Erscheinungsformen der parlamentarischen Haushaltskontrolle.
173 Vgl. *Kube* in: Maunz/Dürig, Art. 114 Rn. 41.
174 Vgl. insofern zur Prüfung des Bundesrechnungshofs *Luther* in: Externe Finanzkontrolle, 615 (617 ff.).
175 Vgl. *Jarass* in: Jarass/Pieroth, Art. 114 Rn. 2.
176 Vgl. *Heun*, Staatshaushalt und Staatsleitung, 499 f.; *ders.* in: Dreier, Art. 114 Rn. 32.
177 Vgl. BVerfGE 127, 165 (213).

Feststellungen rechtlich gebunden[178] oder dadurch in der parlamentarischen Rechnungsprüfung begrenzt zu sein.[179] Der Landtag berücksichtigt außerdem die Stellungnahme der Landesregierung zum Bericht des Rechnungshofs.[180] Die einzelnen Abgeordneten sollen nach einer Entscheidung des BVerfG kein Recht auf Vorlage des Prüfungsberichts an das Parlament haben.[181] Zu beachten ist aber auch, dass den einzelnen Abgeordneten nach der Rechtsprechung des Gerichts „weitreichende Informations- und Kontrollrechte" im Bereich des Budgetrechts zustehen (→ Art. 79 Rn. 78).[182]

3. Maßstab

In der Rechtspraxis konzentriert sich das Parlament regelmäßig auf den Bericht des Rechnungshofs,[183] so dass sich dessen Prüfungsmaßstab in der parlamentarischen Rechnungsprüfung zunächst fortsetzt.[184] Das Parlament prüft daher ebenfalls, ob das Haushaltsgebaren der Regierung mit den **Grundsätzen der Wirtschaftlichkeit und Ordnungsmäßigkeit** vereinbar ist.[185] Allerdings wird die parlamentarische Rechnungsprüfung um eine „politischen Dimension" erweitert.[186] Im Gegensatz zum Rechnungshof als fachlicher Kontrollinstanz steht der Volksvertretung im parlamentarischen Regierungssystem die **Kompetenz zur politischen Bewertung** des Haushaltsgebarens der Regierung zu.[187] Die Kontrollmaßstäbe, an die der Rechnungshof bei seiner Prüfung nach Art. 83 II 1 LV gebunden ist, schränken das Parlament nicht ein.[188] Die politische Bewertung ist freilich nur dann überzeugend, wenn sie nach sachlichen Kriterien vorgenommen wird. 44

4. Rechtswirkungen

Diesem Prüfungsmaßstab entspricht es, wenn der Entlastung grundsätzlich nur eine **politische Bedeutung** zukommt.[189] Sie zielt allein darauf, die Regierung von der haushaltspolitischen Verantwortung für das betreffende Haushaltsjahr zu befreien.[190] Die Entlastung hat **grundsätzlich keine** 45

---

178 Vgl. *Butzer* in: Epping/Hillgruber, Art. 114 GG Rn. 9; *Kube* in: Maunz/Dürig, Art. 114 Rn. 34.
179 Vgl. *Stern* in: Stern II, 461; *Heintzen* in: v. Münch/Kunig, Art. 114 Rn. 36.
180 *Braun*, Art. 83 Rn. 18; *Katz* in: Feuchte, Art. 83 Rn. 14.
181 Vgl. BVerfGE 92, 130 (134 f.); vgl. dazu *Hyckel*, VR 2015, 325 (326).
182 Vgl. BVerfGE 130, 318 (355).
183 Vgl. *Hufeld* in: HStR III, § 56 Rn. 27 f.
184 Vgl. etwa Rechnungshof BW, Denkschrift 2016, Vorwort: www.rechnungshof.baden-wuerttemberg.de/de/veroeffentlichungen/denkschriften/319674.html (1.11.2017).
185 *Braun*, Art. 83 Rn. 19; *Katz* in: Feuchte, Art. 83 Rn. 15; vgl. auch *Stern* in: Stern II, 461 f.; Kube in: Maunz/Dürig, Art. 114 Rn. 34.
186 Vgl. *Heun*, Staatshaushalt und Staatsleitung, 500; *ders.* in: Dreier, Art. 114 Rn. 32; vgl. auch *Welz*, Parlamentarische Finanzkontrolle, 137; *Kube* in: Maunz/Dürig, Art. 114 Rn. 34.
187 Vgl. auch *Welz*, Parlamentarische Finanzkontrolle, 137.
188 Vgl. *Heun*, Staatshaushalt und Staatsleitung, 500; *ders.* in: Dreier, Art. 114 Rn. 34; vgl. demgegenüber *Heintzen* in: v. Münch/Kunig, Art. 114 Rn. 36, der eine Grenze unsachlicher oder unverhältnismäßiger Gründe ausmacht.
189 *Braun*, Art. 83 Rn. 21, vgl. auch *Röper*, DVBl. 1980, 525 (526).
190 Vgl. BVerfGE 45, 1 (50); vgl. auch *Kube* in: Maunz/Dürig, Art. 114 Rn. 42 f.

Rechtswirkungen.[191] Gleiches gilt für die **Nichtentlastung**.[192] Weder zieht die Nichtentlastung Sanktionen nach sich, noch werden durch die Entlastung Verstöße der Regierung gegen das Haushaltsverfassungsrecht geheilt.[193] Ebenso werden zivil-, straf- oder öffentlich-rechtliche Verpflichtungen haushaltsverantwortlicher Amtsträger durch die Entlastung nicht aufgehoben oder modifiziert.[194] Die Nichtentlastung kann für sich genommen auch nicht als Vertrauensentzug iSd Art. 54 I LV qualifiziert werden.[195] Trotz Entlastung kann ein Untersuchungsausschuss nach Art. 35 I 1 LV eingesetzt oder ein konstruktives Misstrauensvotum nach Art. 54 I LV ausgesprochen werden.[196] Schließlich wird die Ministeranklage gemäß Art. 57 LV durch die Entlastung nicht ausgeschlossen, da das einzelne Regierungsmitglied nicht Adressat der Entlastung ist (→ Rn. 50).[197]

46 Solange die Regierung nicht entlastet wird, bleibt der Abschluss des Haushaltsplans lediglich in Schwebe.[198] Die Regierung und ihre Mitglieder werden in ihrer Amtsführung dadurch rechtlich nicht beschränkt.[199] Indes hat die Regierung einen **Anspruch auf eine Entlastungsentscheidung** des Landtags.[200] Aufgrund des politischen Maßstabs der parlamentarischen Rechnungsprüfung hat sie jedoch keinen Rechtsanspruch auf eine Entlastung.[201] Der Landtag kann selbst dann, wenn der Rechnungshof die Haushalts- und Wirtschaftsführung des Landes nicht beanstandet, die Entlastung verweigern. Wenn man dem Landtag – wie es seiner Stellung im parlamentarischen Regierungssystem entspricht – die Kompetenz zur politischen Bewertung des Haushaltsgebarens der Regierung zuspricht (→ Rn. 44), **fehlt es an einem justitiablen Maßstab**, um die parlamentarische Entscheidung zu überprüfen.[202] Hinzu kommt, dass sich selbst die Wirtschaftlichkeit der Haushaltsführung nur eingeschränkt überprüfen lassen würde, da es sich um einen unbestimmten Rechtsbegriff mit Prognosecharakter handelt.[203]

---

191 *Braun*, Art. 83 Rn. 21.
192 Vgl. *Jarass* in: Jarass/Pieroth, Art. 114 Rn. 2; *Heintzen* in: HStR V, § 120 Rn. 94 f.; *ders* in: v. Münch/Kunig, Art. 114 Rn. 37.
193 Vgl. *Heintzen* in: HStR V, § 120 Rn. 95; *Kube* in: Maunz/Dürig, Art. 114 Rn. 42 f.
194 Vgl. *Heun* in: Dreier, Art. 114 Rn. 34; *Kube* in: Maunz/Dürig, Art. 114 Rn. 42.
195 Vgl. *Schwarz* in: v. Mangoldt/Klein/Starck, Art. 114 Rn. 41.
196 *Katz* in: Feuchte, Art. 83 Rn. 16.
197 *Braun*, Art. 83 Rn. 21; *Katz* in: Feuchte, Art. 83 Rn. 16; aA *Röper*, DVBl. 1980, 525 (527).
198 Vgl. *Röper*, DVBl. 1980, 525 (527); *Engels* in: BK, Art. 114 Rn. 128.
199 *Braun*, Art. 83 Rn. 21; vgl. auch *Engels* in: BK, Art. 114 Rn. 128.
200 *Heun* in: Dreier, Art. 114 Rn. 34.
201 *Heun*, Staatshaushalt und Staatsleitung, 500; *ders.* in: Dreier, Art. 114 Rn. 34; aA *Braun*, Art. 83 Rn. 20; *Katz* in: Feuchte, Art. 83 Rn. 15; *Kube* in: Maunz/Dürig, Art. 114 Rn. 44.
202 Vgl. *Stern* in: Stern II, 462; *Heun* in: Dreier, Art. 114 Rn. 34; vgl. demgegenüber *Engels* in: BK, Art. 114 Rn. 129 ff.
203 Vgl. insofern dann auch *Kube* in: Maunz/Dürig, Art. 114 Rn. 45; *Heintzen* in: v. Münch/Kunig, Art. 113 Rn. 38; eine „Inhaltsleere" des Begriffs stellt *Rischer*, Finanzkontrolle staatlichen Handelns, 372 ff. fest.

Da der Rechnungshof die Schlüsse, die er aus seiner Prüfung zieht, nicht 47
rechtsverbindlich umsetzen kann, kommt der parlamentarischen Rechnungsprüfung neben der politischen Bewertung noch eine zweite Funktion zu. Der Landtag verfügt über eine Kompetenzstellung, um auf die Haushalts- und Wirtschaftsführung des Landes Einfluss zu nehmen. Er kann die Regierung durch Gesetze rechtlich verpflichten (vgl. Art. 25 II LV). Darüber hinaus kann er informell auf die Regierung einwirken. Nicht zuletzt kann der Landtag **Maßnahmen aufgrund von** § 114 II, IV, V LHO beschließen.[204] Sanktionen sind in diesem Zusammenhang zwar nicht vorgesehen. Der Landtag kann die Sache lediglich wieder aufgreifen (vgl. § 114 IV 2 LHO). Die **politische Verbindlichkeit** derartiger Beschlüsse sollte jedoch nicht unterschätzt werden.[205] Zudem hat die Regierung der parlamentarischen Aufforderung dann Folge zu leisten, wenn der Landtag Maßnahmen beschließt, die sich bereits aus der Pflicht der Exekutive zur Wirtschaftlichkeit und Ordnungsmäßigkeit ergeben.[206] Der Landtag trägt damit nicht unerheblich dazu bei, dass die Regierung die Beanstandungen des Rechnungshofs auch berücksichtigt.[207]

5. Verfahren

Der Landtag entscheidet über die Entlastung in Form eines **schlichten Par-** 48
lamentsbeschlusses[208] mit der in Art. 33 II 1 LV bestimmten Mehrheit. Das Verfahren ist öffentlich (vgl. Art. 33 I LV). Der Präsident des Rechnungshofs erhält im Landtag zum Jahresbericht das Wort (vgl. § 82 III 2 GO LT).[209] Der **Antrag auf Entlastung** wird vom Finanzminister gestellt.[210] Der Beschluss darf jedoch erst ergehen, wenn dem Landtag die Haushaltsrechnung und der Vermögensnachweis des Finanzministers sowie der Prüfungsbericht des Rechnungshofs vorliegen.[211] Ohne damit Kritik an einzelnen Punkten auszuschließen (vgl. § 114 V LHO), kann die **Entlastung nur im Ganzen erteilt oder verweigert** werden. Eine teilweise Entlastung ist unzulässig.[212] Mit der Entlastung wird im Übrigen regelmäßig die nachträgliche Genehmigung nach Art. 81 S. 3 LV verbunden (→ Art. 81 Rn. 31).[213]

Der Prüfungsbericht des Rechnungshofs und Regierungsvorlagen im Ent- 49
lastungsverfahren unterfallen im Landtag nicht dem Prinzip der sachlichen

---

204 Vgl. *Heun*, Staatshaushalt und Staatsleitung, 500 f.
205 Vgl. *Mußgnug*, Haushaltsplan, 288 f.
206 Vgl. *Braun*, Art. 83 Rn. 21.
207 Vgl. *Heun*, Staatshaushalt und Staatsleitung, 500 f.; *Hufeld* in: HStR III, § 56 Rn. 27.
208 Vgl. *Spreng/Birn/Feuchte*, Art. 83 Rn. 4; *Röper*, DVBl. 1980, 525 (526); *Butzer* in: Epping/Hillgruber, Art. 114 GG Rn. 10.
209 Vgl. auch § 31 a GO LT zur Teilnahme der Mitglieder des Rechnungshofs an Sitzungen der Landtagsausschüsse.
210 Vgl. *Braun*, Art. 83 Rn. 4; *Welz*, Parlamentarische Finanzkontrolle, 143; vgl. demgegenüber *Kube* in: Maunz/Dürig, Art. 114 Rn. 33.
211 Vgl. BVerfGE 127, 165 (213); vgl. auch BVerfGE 20 56 (96); *Heintzen* in: v. Münch/Kunig, Art. 114 Rn. 36.
212 Vgl. *Butzer* in: Epping/Hillgruber, Art. 114 GG Rn. 10; *Heintzen* in: HStR V, § 120 Rn. 95.
213 Vgl. *Welz*, Parlamentarische Finanzkontrolle, 143.

Diskontinuität (vgl. § 51 S. 2 GO LT).[214] Entlastet der Landtag die Regierung, kann die Entscheidung **grundsätzlich nicht mehr rückgängig gemacht** werden.[215] Nur einzelne Sachverhalte können bei Bekanntwerden neuer Umstände aufgegriffen werden.[216] Verweigert der Landtag die Entlastung und gibt hierfür Gründe an, kann die Regierung erneut um Entlastung ersuchen, wenn sie den Beanstandungen nachgegangen ist.[217]

6. Adressat

50 Die Entlastungsentscheidung richtet sich **an die Regierung**, die im betreffenden Haushaltsjahr verantwortlich war – unabhängig davon, ob sie noch im Amt ist.[218] Sie trägt die haushaltspolitische Verantwortung als Kollegialorgan iSd Art. 49 II LV. Trotz des Ressortprinzips gemäß Art. 49 I 4 LV hat sie nicht nur ihr eigenes Haushaltsgebaren, sondern auch das ihrer einzelnen Mitglieder bei der Entlastungsentscheidung zu vertreten.[219] Sie hat auch für Mängel einzustehen, die durch organisatorische Fehlleistungen oder eine unzureichende Überwachung der Verwaltung entstanden sind.[220] Gegebenenfalls nimmt die neue Regierung die Entlastungsentscheidung entgegen.[221]

IV. Rechtsschutz

51 Die Regierung kann den Anspruch gegen den Landtag auf Entscheidung über die Entlastung gegebenenfalls im **Organstreitverfahren** gemäß Art. 68 I 2 Nr. 1 LV iVm § 8 I Nr. 1, §§ 44 ff. VerfGHG vor dem VerfGH geltend machen.[222] Sie hat aber keinen Rechtsanspruch auf eine positive Entlastung, da es insofern an einem justitiablen Maßstab fehlt (→ Rn. 46).

52 Der **Rechnungshof ist im Organstreitverfahren beteiligtenfähig**.[223] Er ist zwar nicht als „oberstes Landesorgan" gemäß Art. 68 I 2 Nr. 1 LV zu qualifizieren, da er nicht den insofern vorausgesetzten Status eines Verfassungsorgans hat (→ Rn. 25).[224] Er ist aber ein „anderer Beteiligter" im Sinne dieser Vorschrift, da er durch die LV mit eigenen Koompetenzen ausgestattet ist.[225] § 44 VerfGHG steht dem nicht entgegen, da die einfachge-

---

214 Vgl. *Braun*, Art. 83 Rn. 23.
215 *Braun*, Art. 83 Rn. 21; *Kube* in: Maunz/Dürig, Art. 114 Rn. 40.
216 Vgl. *Röper*, DVBl. 1980, 525 (526); vgl. demgegenüber *Heintzen* in: v. Münch/Kunig, Art. 114 Rn. 37.
217 Vgl. *Röper*, DVBl. 1980, 525 (527); *Kube* in: Maunz/Dürig, Art. 114 Rn. 43.
218 *Braun*, Art. 83 Rn. 18; vgl. auch *Röper*, DVBl. 1980, 525 (526); *Kube* in: Maunz/Dürig, Art. 114 Rn. 42.
219 *Braun*, Art. 83 Rn. 18.
220 Vgl. *Röper*, DVBl. 1980, 525 (526).
221 *Braun*, Art. 83 Rn. 18.
222 *Braun*, Art. 83 Rn. 22; vgl. auch *Kube* in: Maunz/Dürig, Art. 114 Rn. 44 f.; aA *Heun* in: Dreier, Art. 114 Rn. 34.
223 Vgl. VerfGH NRW, NVwZ 2012, 631; *Siekmann* in: Sachs, GG, Art. 114 Rn. 25; *Heintzen* in: v. Münch/Kunig, Art. 114 Rn. 17; offen gelassen von BVerfGE 92, 130 (133); aA *Grupp*, Stellung der Rechnungshöfe, 95; *Brockmeyer* in: Schmidt-Bleibtreu/Hofmann/Henneke, Art. 114 Rn. 9.
224 Vgl. *Maurer* in: Feuchte, Art. 68 Rn. 26.
225 Vgl. VerfGH NRW, NVwZ 2012, 631; *Degenhart*, VVDStRL 55 (1996), 190 (225); *Siekmann* in: Sachs, GG, Art. 114 Rn. 25; *Heintzen* in: v. Münch/Kunig, Art. 114 Rn. 17.

setzliche Norm die verfassungsrechtlich bestimmte Beteiligtenfähigkeit nicht aufheben kann.[226]

Artikel 84 [Kreditaufnahme, Schuldenbremse]

[1]Die Aufnahme von Krediten sowie jede Übernahme von Bürgschaften, Garantien oder sonstigen Gewährleistungen bedürfen einer Ermächtigung durch Gesetz. [2]Die Einnahmen aus Krediten dürfen die Summe der im Haushaltsplan veranschlagten Ausgaben für Investitionen nicht überschreiten; Ausnahmen sind nur zulässig zur Abwehr einer Störung des gesamtwirtschaftlichen Gleichgewichts. [3]Das Nähere wird durch Gesetz geregelt.

Schrifttum:
Berlit, Die Umsetzung der Schuldenbremse in den Ländern, JöFin 2010, 311; *Christ*, Neue Schuldenregel für den Gesamtstaat, NVwZ 2009, 1333; *Droege*, „Notruf nach Karlsruhe", VerwArch 2007, 101; *Fassbender*, Eigenstaatlichkeit und Verschuldungsfähigkeit der Länder, NVwZ 2009, 737; *Glaser*, Begrenzung der Staatsverschuldung durch die Verfassung, DÖV 2007, 98; *Gröpl*, Die „Schuldenbremse" in Hessen, Rheinland-Pfalz und im Saarland, LKRZ 2010, 401; *Hancke*, Defizitbegrenzung im Bundesstaat, DVBl. 2009, 621; *Henneke*, Der Europäische Fiskalpakt und seine Umsetzung in Deutschland, 2013; *ders.*, Umsetzung der Schuldenbremse des Art. 109 Abs. 3 S. 5 GG im Landes-(verfassungs-)recht, ZG 2014, 201; *Höfling*, Staatsschuldenrecht, 1993; *Huber*, Bundesverfassungsrecht und Landesverfassungsrecht, NdsVBl. 2011, 233; *Isensee*, Schuldenbarriere für Legislative und Exekutive, in: Festschrift für Karl Heinrich Friauf, 1996, 705; *Issing*, Staatsverschuldung als Generationenproblem, in: Festschrift für Ernst-Joachim Mestmäcker, 1996, 191; *Kemmler*, Schuldenbremse und Benchmarking im Bundesstaat, DÖV 2009, 549; *Kloepfer*, Finanzverfassungsrecht, 2014; *Koemm*, Eine Bremse für die Staatsverschuldung?, 2011; *Korioth*, Das neue Staatsschuldenrecht, JZ 2009, 729; *Lenz/Burgbacher*, Die neue Schuldenbremse im Grundgesetz, NJW 2009, 2561; *Manig*, Länderbericht Baden-Württemberg 2012, JöFin 2013, 35; *Mayer*, Greift die neue Schuldenbremse?, AöR 136 (2011), 266; *Neidhardt*, Staatsverschuldung und Verfassung, 2010; *Ohler*, Maßstäbe der Staatsverschuldung nach der Föderalismusreform II, DVBl. 2009, 2165; *Palm*, Preisstabilität in der Europäischen Wirtschafts- und Währungsunion, 2000; *Pünder*, Staatsverschuldung, in: HStR V, § 123; *Ryczewski*, Die Schuldenbremse im Grundgesetz, 2011; *Scholl*, Die Neuregelung der Verschuldungsregeln von Bund und Ländern in den Art. 109 und 115 GG, DÖV 2010, 160; *Schuppert/Meinel*, Anlage I – Juristisches Gutachten, in: Enderlein u.a., Gutachten zur Umsetzung der grundgesetzlichen Schuldenbremse in Baden-Württemberg, 2012, 94; *Seiler*, Konsolidierung der Staatsfinanzen mithilfe der neuen Schuldenregel, JZ 2009, 721; *Selmer*, Die Föderalismusreform II, NVwZ 2009, 1255; *Steinbach/Rönicke*, Umsetzung der Schuldenbremse in Rheinland-Pfalz, JöFin 2013, 339; *Tappe*, Die neue „Schuldenbremse" im Grundgesetz, DÖV 2009, 881; *ders.*, Kreditbegrenzungsregeln im Bundesstaat, JöFin 2009, 417; *Tappe/Wernsmann*, Öffentliches Finanzrecht, 2015; *Waldhoff/Dieterich*, Die Föderalismusreform II, ZG 2009, 97; *Wieland*, Neuordnung der Finanzverfassung nach Auslaufen des Solidarpakts II und Wirksamwerden der Schuldenbremse, Rechtsgutachten, 2013; *Wilczek*, Die neue Schuldenregel des Art. 109 Abs. 3 GG, VBlBW 2009, 325.

Vergleichbare Regelungen: Art. 115 GG, 82 BayVerf, 87 BerlVerf, 103 BbgVerf, 131 a BremVerf, 72, 72 a HambVerf, 141, 161 HessVerf, 65 MVVerf, 71 NdsVerf, 83 NRWVerf, 117 RPVerf, 108 SaarlVerf, 95 SächsVerf, 99 LSAVerf, 61 SchlHVerf, 98 II ThürVerf.

Ergänzende Normen: HGrG, LHO; LSchuldBG.

---

226 Vgl. *Maurer* in: Feuchte, Art. 68 Rn. 25.

Artikel 84 [Kreditaufnahme, Schuldenbremse]

Leitentscheidungen: BVerfGE 79, 311 (Staatsverschuldung I); 119, 96 (Staatsverschuldung II); 129, 108 (Legislativstreit Schuldenbremse); 129, 124 (EFS); 132, 195 (Europäischer Stabilitätsmechanismus); 135, 317 (ESM-Vertrag).

A. Überblick und Einordnung 1	6. Vereinbarkeit des Art. 109 III GG mit Art. 79 III GG 22
I. Bedeutung der Vorschrift 1	
1. Gegenstand der Vorschrift 1	
2. Stellung der Vorschrift innerhalb der Haushaltsverfassung des Landes.... 4	II. Ausgestaltungskompetenz des Landes nach Art. 109 III 5 GG 23
II. Herkunft, Entstehung, Geschichte 6	1. Unmittelbare Geltung des Verbots einer strukturellen Neuverschuldung 23
1. Vorgängerverfassungen ... 6	2. Vorbehalt eines verfassungsändernden Gesetzes 24
2. Verfassunggebung 1952/53 8	3. Gestaltungsspielraum 27
3. Haushaltsreform 1971 ... 10	a) Strukturelles Verschuldungsverbot 27
III. Verfassungsvergleichende Einordnung 11	b) Konjunkturbedingte Ausnahme 28
B. Vorgaben des Bundesrechts für eine Neufassung des Art. 84 LV 12	c) Notlagenbedingte Komponente 30
I. „Schuldenbremse" nach Art. 109 III GG 12	d) Gewährleistung der Schuldenbremse im Haushaltsvollzug 31
1. Föderalismusreform II 12	e) Verfahren 32
2. Grundsatz des materiellen Haushaltsausgleichs 13	III. Wahrnehmung des Gestaltungsauftrags nach Art. 109 III 5 GG durch das Land 33
3. Asymmetrische Konkretisierung des Grundsatzes für Bund und Länder 15	1. Verfassungsänderung 33
4. Konjunkturbedingte und notlagenbedingte Ausnahmen 16	2. § 18 LHO 34
5. Überwachung und Rechtsfolgen eines Verstoßes gegen Art. 109 III GG 20	

A. Überblick und Einordnung

I. Bedeutung der Vorschrift

1. Gegenstand der Vorschrift

1 Art. 84 S. 1 LV enthält einen **strikten Gesetzesvorbehalt** für die Aufnahme von Krediten und die Übernahme von Gewährleistungen.[1] Art. 84 S. 2 LV sieht eine **Kreditbegrenzungsvorschrift** vor, die mit Art. 115 I 2 GG aF wortwörtlich übereinstimmt.[2] Aufgrund des strukturellen Nettoneuverschuldungsverbots für die Länder gemäß Art. 109 III 1 u. 5 GG, das im Rahmen der Föderalismusreform II eingeführt wurde, ist die Regelung jedoch **überholt**. Die Länder dürfen von der sog. **Schuldenbremse** nach Art. 143 d I 3 GG nur noch bis zum 31.12.2019 abweichen. Darüber hinaus sind die Haushalte der Länder nach Art. 143 d I 4 GG so aufzustellen, dass im Haushaltsjahr 2020 die Vorgabe aus Art. 109 III 5 GG erfüllt wird. Im **Koalitionsvertrag** zwischen den Parteien der gegenwärtigen Lan-

---

1 Vgl. LVerfGE 22, 3 (18).
2 Vgl. *Höfling*, Staatsschuldenrecht, 406.

desregierung wurde daher vereinbart, in der **LV eine Schuldenbremse** zu verankern.[3] Art. 84 S. 3 LV sieht schließlich eine Ermächtigung zur gesetzlichen Konkretisierung vor, auf die mit § 18 LHO eine **einfachgesetzliche Schuldenbremse** gestützt wird.

Die verfassungsrechtliche Kreditbegrenzung durch Art. 84 LV – die dem 20. GGÄndG folgte – wurde bereits vor dreißig Jahren erheblich kritisiert. Die **Justitiabilität der Norm** wurde sogar in Frage gestellt.[4] Demgemäß stellte das **BVerfG** im Jahr 2007 fest, dass es an der **Revisionsbedürftigkeit des Regelungskonzepts der Art. 115 I 2 und Art. 109 II GG** „kaum noch zu zweifeln" sei,[5] nachdem es bereits 1989 auf die Kritik hieran und die ausbleibende Reaktion des verfassungsändernden Gesetzgebers eingegangen war.[6] Sie ergebe sich aus der Erfahrung, dass die staatliche Verschuldungspolitik in der Bundesrepublik in den seit der Finanz- und Haushaltsreform 1967/69 vergangenen nahezu vier Jahrzehnten nicht antizyklisch agiert, sondern praktisch durchgehend einseitig zur Vermehrung der Schulden beigetragen habe. Die dynamisch angewachsene Verschuldung in Bund und Ländern habe gegenwärtig bereits einen verbreitet als bedrohlich bewerteten Stand erreicht. Das **Regelungskonzept des Art. 115 I 2 GG** habe sich als verfassungsrechtliches Instrument rationaler Steuerung und Begrenzung staatlicher Schuldenpolitik in der Realität **nicht als wirksam** erwiesen.[7]

2

Es stellt sich die Frage, ob es nicht gerade am BVerfG gelegen hätte, eine effektive Schuldenbegrenzung durch eine anspruchsvollere Interpretation der Art. 115 I 2 und Art. 109 II GG herbeizuführen, wie zwei Sondervoten zur Entscheidung von 2007[8] sowie einschlägige Entscheidungen des NdsStGH, des BerlVerfGH, des VerfGH NRW sowie des VerfGH Rh-Pf[9] zu Art. 115 I 2 GG entsprechenden landesverfassungsrechtlichen Vorschriften (Art. 71 I 2 NdsVerf, Art. 87 II 2 BerlVerf, Art. 83 S. 2 NRWVerf, Art. 117 S. 2 RPVerf 1971) nahelegen.[10] Nach der Reform der Kreditbegrenzungsvorschriften des GG erübrigt sich die Antwort hierauf jedoch.

3

2. Stellung der Vorschrift innerhalb der Haushaltsverfassung des Landes

Die Grundentscheidungen über Einnahmen und Ausgaben gehören im demokratischen Verfassungsstaat zu den Kernkompetenzen des Parlaments. Eine rechtliche „**Fesselung des Haushaltsgesetzgebers**" bis zur Entleerung seiner Zuständigkeiten ist mit dem **Demokratieprinzip** daher **nicht zu ver-**

4

---

3 Baden-Württemberg gestalten: Verlässlich. Nachhaltig. Innovativ., Koalitionsvertrag zwischen BÜNDNIS 90/DIE GRÜNEN Baden-Württemberg und der CDU Baden-Württemberg, 2016 – 2021, 11.
4 Vgl. *Katz* in: Feuchte, Art. 83 Rn. 15.
5 BVerfGE 119, 96 (141).
6 BVerfGE 79, 311 (335 f.).
7 BVerfGE 119, 96 (142).
8 Vgl. abweichende Meinung der Richter *Di Fabio/Mellinghoff*, BVerfGE 119, 96 (155 ff.) sowie abweichende Meinung des Richters *Landau*, BVerfGE 119, 96 (174 ff.).
9 NdsStGH, U. v. 10.7.1997 – StGH 10/95 -, NVwZ 1998, 1288; BerlVerfGH, U. v. 31.10.2003 – VerfGH 125/02 –, NVwZ 2004, 210; VerfGH NRW, U. v. 12.3.2013 – VerfGH 7/11 –, NVwZ-RR 2013, 665; VerfGH Rh-Pf, U. v. 22.2.2017 – VGH N 2/15 –, DVBl. 2017, 633.
10 Vgl. *Droege*, VerwArch 2007, 101 (114).

einbaren.[11] Das heißt jedoch nicht, dass dem Haushaltsgesetzgeber keine haushalts- und **fiskalpolitischen Verpflichtungen** aufgegeben werden **dürfen**.[12]

5 Durch dynamische Verschuldungsprozesse[13] kann der Gestaltungsspielraum des Staates bis zur finanziellen Handlungsunfähigkeit eingeengt werden.[14] Finanzielle Lasten der Gegenwart werden dabei auf künftige Generationen verschoben.[15] Die Macht des Faktischen[16] droht dann die Strukturprinzipien des Verfassungsstaats auszuhöhlen.[17] Die **Staatsverschuldung** wird zum Rechtsproblem.[18] Dem Demokratieprinzip selbst lassen sich keine normativen Vorgaben zur Höhe des Haushaltsdefizits und des Schuldenstandes entnehmen.[19] Indes ist es ein **legitimes Ziel** des einfachen und verfassungsändernden Gesetzgebers, **Defizitbegrenzungsregeln** festzulegen.[20] Sie beschränken zwar die Gestaltungskompetenz des Haushaltsgesetzgebers in der Gegenwart rechtlich, halten sie aber zugleich – faktisch – für die Zukunft offen.[21] Das BVerfG sieht daher in den Defizitbegrenzungsregeln der **Föderalismusreform II** – die es selbst mit seiner Kritik an der Regelungskonzeption der Art. 115 I 2 und Art. 109 II GG aF[22] angestoßen hat[23] – lediglich eine „**Klarstellung**" des verfassungsändernden Gesetzgebers, dass „eine Selbstbindung der Parlamente und die damit verbundene fühlbare Beschränkung ihrer haushaltspolitischen Handlungsfähigkeit gerade im Interesse **langfristiger Erhaltung** der **demokratischen Gestaltungsfähigkeit** notwendig sein können".[24] Das Demokratieprinzip wird durch die Defizitbegrenzungsregel damit verfassungskräftig konkretisiert.[25]

II. Herkunft, Entstehung, Geschichte
1. Vorgängerverfassungen

6 Vorschriften über die Aufnahme von Krediten enthielten bereits die Vorgängerverfassungen. Nach **Art. 102 VerfWB** und **Art. 82 I VerfWH** durfte

---

11 Vgl. BVerfGE 129, 124 (170) mit Verweis auf BVerfGE 89, 155 (172); 123, 267 (330).
12 Vgl. BVerfGE 79, 311 (331 ff.); 119, 96 (137 ff.); 132, 195 (Rn. 120).
13 Vgl. BVerfGE 119, 96 (141 f.) mit Verweis auf BVerfGE 116, 327; *Pünder* in: HStR V, § 123 Rn. 11 ff.; *Glaser*, DÖV 2007, 98 f.; *Scholl*, DÖV 2010, 160 (161 f.).
14 Vgl. *Palm*, Preisstabilität, 47.
15 Vgl. *Issing* in: FS Mestmäcker, 191 ff.; *Seiler*, JZ 2009, 721 (722); *Korioth*, JZ 2009, 729 (735); *Neidhardt*, Staatsverschuldung, 7 ff.
16 Vgl. BVerfGE 119, 96 (147); 132, 195 (Rn. 120).
17 Vgl. *Palm*, Preisstabilität, 48.
18 Vgl. *Höfling*, Staatsschuldenrecht, 1 ff.; vgl. auch *Isensee* in: FS Friauf, 705 (708 f.).
19 Vgl. BVerfGE 119, 96 (147); 135, 317 (Rn. 169); vgl. auch BVerfGE 79, 311 (339 f.); *Ryczewski*, Schuldenbremse, 82.
20 BVerfGE 132, 195 (Rn. 120).
21 Vgl. BVerfGE 129, 124 (170 f.); 132, 195 (Rn. 120).
22 Vgl. BVerfGE 119, 96 (142 f.).
23 Vgl. *Mayer*, AöR 136 (2011), 266 (267 f.); *Scholl*, DÖV 2010, 160 (163 f.); *Henneke* in: Schmidt-Bleibtreu/Hofmann/Henneke, Art. 109 Rn. 15 ff.; *ders.*, ZG 2014, 201.
24 BVerfGE 132, 195 (Rn. 120); 135, 317 (Rn. 169); vgl. auch BVerfGE 129, 124 (170).
25 Vgl. so zu Art. 115 I 2 GG aF *Glaser*, DÖV 2007, 98 (104).

die Regierung nur mit Einwilligung des Landtags Anleihen aufnehmen oder Sicherheit zulasten des Staates leisten. Ähnlich war auch **Art. 28 Überleitungsgesetz 1952**[26] gefasst, der hierzu eine entsprechende Zustimmung der VLV forderte.

Differenzierter und anspruchsvoller war demgegenüber die Kreditbegrenzung in **Art. 102 S. 1 VerfLB**, wonach Kredite nur bei außerordentlichem Bedarf und in der Regel nur für werbende Zwecke aufgenommen werden durften. Art. 102 S. 2 VerfLB sah zudem einen Gesetzesvorbehalt vor. 7

2. Verfassunggebung 1952/53

Beide Verfassungsentwürfe sahen Vorschriften zur Kreditaufnahme vor. **Art. 110 VerfECDU** entsprach inhaltlich Art. 102 VerfWB, Art. 82 I VerfWH sowie Art. 28 Überleitungsgesetz 1952. Ohne eine materielle Grenze zu ziehen, war lediglich eine Zustimmung des Landtags und des Senats erforderlich, um Anleihen aufzunehmen, Kredite zulasten des Staates zu gewähren oder Sicherheiten zu leisten. **Art. 81 VerfERP** entsprach demgegenüber Art. 115 GG in der Erstfassung des GG und ähnelte damit Art. 102 VerfLB. Kredite durften nach Art. 81 S. 1 VerfERP nur bei außerordentlichem Bedarf und in der Regel nur für Ausgaben zu werbenden Zwecken aufgenommen werden. Außerdem sah die Bestimmung einen Gesetzesvorbehalt vor. Ein Gesetz setzten nach Art. 81 S. 2 VerfERP auch Kreditgewährungen und Sicherheitsleistungen zulasten des Staates voraus. 8

In der Beratung des VA wurde nur Art. 81 VerfERP diskutiert. Das Finanzministerium vertrat die Auffassung, dass ein **Gesetzesvorbehalt für Aktivkredite** („Kreditgewährungen") nicht erforderlich sei. In der zweiten Beratung des Ausschusses fand ein entsprechender Vorschlag des Ministeriums Zustimmung.[27] Die Erstfassung des Art. 84 LV sah dieselben materiellen Voraussetzungen wie die Erstfassung des Art. 115 GG vor. Aktivkredite des Landes bedurften jedoch keiner besonderen gesetzlichen Ermächtigung, da sie als Ausgaben im Haushaltsplan veranschlagt wurden.[28] 9

3. Haushaltsreform 1971

Durch die Haushaltsreform 1971 wurde das Kreditwirtschaftsrecht des Landes in Anlehnung an Art. 115 GG idF des 20. GGÄndG neu geordnet.[29] Dem **keynesianischen** Ansatz einer **antizyklischen Finanzpolitik** folgend[30] wurde Art. 115 I 2 GG aF wortwörtlich von Art. 84 S. 2 LV übernommen.[31] Die staatliche Haushaltswirtschaft sollte zur **Globalsteuerung der Wirtschaft** eingesetzt werden.[32] Der bisherige objektbezogene De- 10

---

26 Gesetz über die vorläufige Ausübung der Staatsgewalt im südwestdeutschen Bundesland v. 15.5.1952, GBl. 1952, 3.
27 Vgl. VA-Bericht, Berichterstatter: Abg. *Huber*, VLV, Beilagen, 1953, Bd. III, Beilage 1103, 81.
28 Vgl. *Spreng/Birn/Feuchte*, Art. 83 Rn. 3; *Braun*, Art. 83 Rn. 1, 3; vgl. auch *Feuchte*, Geschichte, 228.
29 Vgl. LT-Drs. V/3997, 5.
30 Vgl. BVerfGE 79, 311 (331); 119, 96 (138); BT-Drs. V/890, 8, 11 ff.; *Neidhardt*, Staatsverschuldung, 39.
31 Vgl. LT-Drs. V/3997, 7; vgl. auch *Höfling*, Staatsschuldenrecht, 406.
32 Vgl. *Kube* in: Maunz/Dürig, Art. 115 Rn. 27.

ckungsgrundsatz wurde deshalb von einer situationsbezogenen Grundsatzregelung abgelöst. Kredite sollten fortan der Schließung von Deckungslücken dienen. Zudem wurde der Grundsatz aufgestellt, dass die Kreditaufnahme durch die Summe der im Haushaltsplan veranschlagten Ausgaben für **Investitionen begrenzt** war.[33] In den Investitionen sah man ein zukunftsbegünstigendes Element, das eine finanzielle Belastung künftiger Haushaltsjahre rechtfertigte.[34] Hiervon wurde jedoch eine **Ausnahme** gemacht, wenn dies zur Abwehr einer **Störung des gesamtwirtschaftlichen Gleichgewichts** erforderlich war.[35] Dadurch wurde es dem Land ermöglicht, auf konjunkturelle Krisenlagen durch eine erhöhte Kreditaufnahme zu reagieren und so dem Gebot des Art. 109 II GG zu entsprechen.[36]

III. Verfassungsvergleichende Einordnung

11 Neben dem Bund, der mit der Föderalismusreform II auch Art. 115 GG anpasste, haben bislang acht Länder **Art. 109 III GG** in ihren Verfassungen konkretisiert. Eine **landesverfassungsrechtliche Schuldenbremse** sehen – zum Teil erst mit Wirkung ab dem 1. Januar 2020 – Art. 82 BayVerf, Art. 131 a BremVerf, Art. 72, 72 a HambVerf, Art. 141, 161 HessVerf, Art. 65, 79 a MVVerf, Art. 117 RPVerf, 95 SächsVerf und Art. 61 SchlHVerf vor.[37] Die Länder BW, Berlin, Brandenburg, Niedersachsen, NRW, Saarland, Sachsen-Anhalt und Thüringen haben eine entsprechende Verfassungsänderung noch nicht beschlossen.[38]

B. Vorgaben des Bundesrechts für eine Neufassung des Art. 84 LV

I. „Schuldenbremse" nach Art. 109 III GG

1. Föderalismusreform II

12 Seitdem durch die Föderalismusreform II[39] die sog. Schuldenbremse eingeführt wurde,[40] ist der Gestaltungsspielraum des verfassungsändernden Gesetzgebers des Landes erheblich eingeschränkt. Die Vorschriften über die Kreditaufnahme von Bund und Ländern wurden durch die Einfügung der Art. 109 III u. V, Art. 109 a, Art. 115, Art. 143 d GG im Vergleich zur früheren Rechtslage nicht nur tatbestandlich konkretisiert, sondern auch

---

33 LT-Drs. V/3997, 5, 7; zu BT-Drs. V/3605, 13; vgl. auch *Neidhardt*, Staatsverschuldung, 33 ff.
34 Vgl. *Braun*, Art. 83 Rn. 14; vgl. auch *Isensee* in: FS Friauf, 705 (723 ff.).
35 LT-Drs. V/3997, 5, 7; zu BT-Drs. V/3605, 13; vgl. auch *Neidhardt*, Staatsverschuldung, 33 ff.
36 Vgl. *Braun*, Art. 83 Rn. 17; *Katz* in: Feuchte, Art. 83 Rn. 14.
37 Vgl. auch *Siekmann* in: Sachs, GG, Art. 109 Rn. 79.
38 Stand der Überprüfung: 1.7.2017; vgl. auch die Darstellung der Rechtslage in den Bundesländern bei *Henneke* ZG 2014, 201 (206 ff.); *ders.* in: Schmidt-Bleibtreu/Hofmann/Henneke, Art. 109 Rn. 113 ff.; *Steinbach/Rönicke*, JöFin 2013, 339 (342 ff.); *Gröpl*, LKRZ 2010, 401 (Hessen, Rheinland-Pfalz und Saarland).
39 Vgl. dazu *Henneke* in: Schmidt-Bleibtreu/Hofmann/Henneke, Art. 109 Rn. 25 ff.; *ders.*, ZG 2014, 201 ff.; *Selmer*, NVwZ 2009, 1255 ff.; *Koemm*, Eine Grenze für die Staatsverschuldung?, 48 ff.
40 Vgl. Art. 1 Nr. 4 b), Nr. 6, Nr. 7 des Gesetzes zur Änderung des GG (Artikel 91 c, 91 d, 104 b, 109, 109 a, 115, 143 d) v. 29.7.2009, BGBl. S. 2248.

deutlich verschärft.⁴¹ Art. 109 III GG enthält eine **strukturelle Nettoneuverschuldungsgrenze**, die auch für die **Länder** – wie sich aus der Formulierung des Art. 109 III 5 GG ergibt⁴² – **unmittelbar gilt**. Sie dient dazu, die **langfristige Tragfähigkeit der Haushalte von Bund und Ländern** zu verbessern und damit auch den **unionsrechtlichen Verpflichtungen** aus Rechtsakten aufgrund von Art. 126 AEUV Rechnung zu tragen, die Bund und Länder nach Art. 109 II GG gemeinsam zu erfüllen haben.⁴³

2. Grundsatz des materiellen Haushaltsausgleichs

Art. 109 III GG knüpft an Art. 109 II GG an, um die Grundsätze zu bestimmen, die für die Haushalte von Bund und Ländern gelten sollen.⁴⁴ Der verfassungsändernde Gesetzgeber hat sich dabei an den **Vorgaben des europäischen Stabilitäts- und Wachstumspakts** – der mittlerweile durch den Fiskalpakt ergänzt wird⁴⁵ – orientiert.⁴⁶ Art. 109 III 1 GG stellt den Grundsatz auf, dass die Haushalte von Bund und Ländern ohne Einnahmen aus Krediten auszugleichen sind. Während Art. 79 I 2 LV lediglich ein Gebot des formellen Haushaltsausgleichs vorsieht (→ Art. 79 Rn. 106), fordert die Bundesverfassung vor dem Land auch ein **Gebot des materiellen Haushaltsausgleichs** ein.⁴⁷ Es gilt nicht nur für die Haushaltsaufstellung, sondern auch für den Haushaltsvollzug.⁴⁸ Von Art. 109 III GG sind auch die Sondervermögen⁴⁹ erfasst, nicht jedoch die Kommunen und Sozialversicherungsträger⁵⁰ sowie sonstige rechtlich selbstständige Einrichtungen.⁵¹ Allerdings sind sie im Rahmen der allgemeinen Verpflichtung aus Art. 109 II GG zu berücksichtigen.⁵² Bei Umgehungstatbeständen kann zudem das allgemeine Verbot des Rechtsmissbrauchs greifen.⁵³ 13

Art. 109 III GG hat die „Zulässigkeit einer Nettokreditaufnahme" zum Gegenstand.⁵⁴ **Kredite** sind demgemäß alle **Zuflüsse von Geld, die vertragliche Rückzahlungsansprüche begründen**.⁵⁵ Bloße Umschuldungen, die zu 14

---

41 Vgl. BVerfGE 129, 124 (170); 132, 195 Rn. 120; 135, 317 Rn. 169; *Lenz/Burgbacher*, NJW 2009, 2561 f.; *Droege* in: Driehaus, Art. 117 Rn. 2.
42 *Siekmann* in: Sachs, GG, Art. 109 Rn. 80; *E. Reimer* in: Epping/Hillgruber, Art. 109 GG Rn. 80 a.
43 Vgl. BT-Drs. 16/12410, 1, 5 f., 10; *Kube* in: Maunz/Dürig, Art. 109 Rn. 114.
44 Vgl. BT-Drs. 16/12410, 10.
45 Vgl. in Bezug auf Art. 109 GG *Henneke*, Fiskalpakt, 72 ff.; *ders.*, ZG 2014, 201 (203 ff.).
46 Vgl. BT-Drs. 16/12410, 10; vgl. auch *Christ*, NVwZ 2009, 1333 (1337 ff.); *Ohler*, DVBl. 2009, 2165 (1269 f., 1271); speziell zum Landesrecht *Schuppert/Meinel*, Gutachten, 94 (105 ff.).
47 Vgl. *E. Reimer* in: Epping/Hillgruber, Art. 109 GG Rn. 54.
48 *Christ*, NVwZ 2009, 1333 (1336).
49 Vgl. *E. Reimer* in: Epping/Hillgruber, Art. 109 GG Rn. 49 b; *Kube* in: Maunz/Dürig, Art. 109 Rn. 117.
50 BT-Drs. 16/12410, 10 f.; *Kube* in: Maunz/Dürig, Art. 109 Rn. 119; aA *E. Reimer* in: Epping/Hillgruber, Art. 109 GG Rn. 51 ff., dem jedoch rechtspolitisch zuzustimmen ist.
51 *Tappe*, DÖV 2009, 881 (888 f.); *Kube* in: Maunz/Dürig, Art. 109 Rn. 119.
52 Vgl. *G. Kirchhof* in: v. Mangoldt/Klein/Starck, Art. 109 Rn. 83.
53 Vgl. *Jarass* in: Jarass/Pieroth, Art. 109 Rn. 12.
54 Vgl. BT-Drs. 16/12410, 10.
55 *Siekmann* in: Sachs, GG, Art. 109 Rn. 65.

keinem Anstieg der Schuldenlast führen, sind ausgenommen.[56] Gleiches gilt für Bürgschaften, Garantien und sonstige Gewährleistungen, die erst in späteren Haushaltsjahren Ausgaben nach sich ziehen.[57]

3. Asymmetrische Konkretisierung des Grundsatzes für Bund und Länder

15 Der Grundsatz des materiellen Haushaltsausgleichs wird für Bund und Länder **asymmetrisch konkretisiert**. Art. 109 III 4 iVm Art. 115 II 1 u. 2 GG lässt für den Bund noch Krediteinnahmen in Höhe von 0,35 % des nominalen Bruttoinlandsprodukts zu. Diese Lockerung ist für die Länder nicht vorgesehen. Die Maßgabe des Art. 109 III 1 GG wird für die Länder in Art. 109 III 5 GG lediglich bestätigt. Ihr wird nur dann entsprochen, „wenn keine Einnahmen aus Krediten zugelassen werden". Für die Länder besteht somit ein grundsätzliches **Verbot struktureller Haushaltsdefizite**.[58] Landesrechtliche Vorschriften über die Kreditaufnahme, die diese Anforderung nicht erfüllen, werden ab dem 1. Januar 2020 **derogiert**. Dies ergibt sich aus Art. 143 d I 3 GG, wonach die Länder bis zum 31.12.2019 von den Vorgaben des Art. 109 III GG abweichen können.[59]

4. Konjunkturbedingte und notlagenbedingte Ausnahmen

16 Der ambitionierte Grundsatz wird jedoch durch Art. 109 III 2 GG – der **zwei Ausnahmen** vorsieht – durchbrochen.[60] Nach Art. 109 III 2 HS 1 GG darf aus konjunkturbedingten, nach Art. 109 III 2 Hs. 2 GG aus notlagenbedingten Gründen vom Verbot der Nettoneuverschuldung abgewichen werden. Andere Ausnahmen kommen nicht in Betracht. Art. 109 III 2 GG ist **abschließend** zu verstehen.[61] Außerdem fordern beide Ausnahmen, dass die entstandenen **Schulden wieder abgebaut** werden.

17 Mit Art. 109 III 2 HS 1 GG sieht die Schuldenbremse eine **Ausnahme für den Konjunkturabschwung** vor, der grundsätzlich einen Steuerausfall nach sich zieht.[62] Auch Art. 84 S. 2 HS 2 LV berücksichtigt eine derartige Sachlage. Die Tatbestände der beiden Normen unterscheiden sich jedoch nicht unerheblich. Während Art. 84 S. 2 HS 2 LV – respektive Art. 115 I 2 HS 2 GG – bei einer „Störung des gesamtwirtschaftlichen Gleichgewichts" einschlägig ist, geht Art. 109 III 2 **„von einer von der Normallage abweichenden konjunkturellen Entwicklung"** aus. Diese Anforderung der Neuregelung ist nur bedingt geeignet, das Haushaltsdefizit wirksam zu begrenzen, da die unbestimmten Rechtsbegriffe Parlament und Regierung bei der Aufstellung und Feststellung des Haushaltsplans sowie im Haushaltsvoll-

---

56 *Heintzen* in: v. Münch/Kunig, Art. 109 Rn. 29.
57 *E. Reimer* in: Epping/Hillgruber, Art. 109 GG Rn. 55; *Siekmann* in: Sachs, GG, Art. 109 Rn. 66.
58 Vgl. *Seiler*, JZ 2009, 721 (723); *Christ*, NVwZ 2009, 1333.
59 Vgl. *Schuppert/Meinel*, Gutachten, 94 (115); *Kube* in: Maunz/Dürig, Art. 109 Rn. 154; *Droege* in: Driehaus, Art. 117 Rn. 21.
60 Vgl. BT-Drs. 16/12410, 6.
61 BT-Drs. 16/12410, 11; *Jarass* in: Jarass/Pieroth, Art. 109 Rn. 13.
62 Vgl. *Scholl*, DÖV 2010, 160 (162).

zug eine Einschätzungsprärogative eröffnen.[63] Eine Verbesserung zur alten Rechtslage ist in diesem Punkt daher kaum zu verzeichnen.[64]

Im Gegensatz zu Art. 84 S. 2 HS 2 LV enthält Art. 109 III 2 HS 1 GG jedoch eine wichtige Ergänzung. Danach haben der Bund und die einzelnen Länder zwar die Kompetenz, Regelungen für konjunkturbedingte Defizite zu schaffen. Sie müssen aber so ausgestaltet sein, dass Auf- und Abschwung **„symmetrische Berücksichtigung"** finden. Der Befugnis, im Konjunkturabschwung Kredite aufzunehmen, steht daher grundsätzlich die Verpflichtung gegenüber, im Konjunkturaufschwung Überschüsse zur vollständigen Rückzahlung der Kredite zu erzielen.[65] Über den gesamten Konjunkturzyklus hinweg sollen demnach keine Schulden entstehen. Die Ausnahme zielt auf eine **„mittel- bis langfristige Verschuldungsneutralität"**.[66]

Das gilt grundsätzlich auch für die **zweite Ausnahme**. Art. 109 III 2 Hs. 2 GG erstreckt die Regelungskompetenz auf einen besonderen Finanzbedarf, um die Handlungsfähigkeit des Staates im Fall von **Naturkatastrophen und anderen außergewöhnlichen Notsituationen** zu gewährleisten. Der verfassungsändernde Gesetzgeber geht davon aus, dass der Tatbestand erfüllt ist, wenn die Notsituation außergewöhnlich ist; sich ihr Eintritt der Kontrolle des Staates entzieht und sie den Haushalt erheblich beeinträchtigt.[67] Auch wenn sich im Wege der systematischen Auslegung ergibt, dass zyklische Konjunkturverläufe keine außergewöhnlichen Ereignisse sind und deshalb nur von Art. 109 III 2 HS 1 GG erfasst werden,[68] eröffnen auch diese unbestimmten Tatbestandsvoraussetzungen eine Einschätzungsprärogative.[69] Indes hat die notlagenbedingte Variante ebenfalls eine zusätzliche Anforderung. Nach Art. 109 III 3 GG ist für die Ausnahmeregelung eine entsprechende **Tilgungsregelung** vorzusehen, um einer Verschuldung auch in dieser Konstellation prinzipiell entgegenzuwirken. Dem Gesetzgeber soll aufgegeben werden, die Beschlussfassung über eine erhöhte Nettokreditaufnahme mit einen Tilgungsplan zu versehen, so dass die Rückführung des Kredits verbindlich geregelt ist.[70] Auch die zweite Ausnahme zielt demnach zumindest langfristig auf eine Verschuldungsneutralität.[71]

5. Überwachung und Rechtsfolgen eines Verstoßes gegen Art. 109 III GG

Durch das 61. GGÄndG[72] wurde dem **Stabilitätsrat** im Übrigen die Aufgabe übertragen, ab dem Jahr 2020 die Einhaltung der Vorgaben des Art. 109 III GG durch Bund und Länder zu überwachen

---

63 Vgl. *Mayer*, AöR 136 (2011), 266 (276); *G. Kirchhof* in: v. Mangoldt/Klein/Starck, Art. 109 Rn. 91.
64 Vgl. *Kube* in: Maunz/Dürig, Art. 109 Rn. 179.
65 BT-Drs. 16/12410, 11.
66 *Seiler*, JZ 2009, 721 (724).
67 BT-Drs. 16/12410, 11.
68 BT-Drs. 16/12410, 11.
69 Vgl. *Korioth*, JZ 2009, 729 (733); *Christ*, NVwZ 2009, 1333 (1336); *Scholl*, DÖV 2010, 160 (167); *Seiler*, JZ 2009, 721 (726).
70 BT-Drs. 16/12410, 11.
71 *Seiler*, JZ 2009, 721 (726).
72 Art. 1 Nr. 7 b) des 61. GGÄndG (Artikel 90, 91 c, 104 b, 104 c, 107, 108, 109 a, 114, 125 c, 143 d, 143 e, 143 f, 143 g) v. 13.7.2017, BGBl. I 2347.

(Art. 109 a II 1 GG). Den Orientierungsmaßstab bilden dabei **Vorgaben und Verfahren aus Rechtsakten aufgrund des AEUV zur Einhaltung der Haushaltsdisziplin** (Art. 109 a II 2 GG). Damit ist neben Art. 126 AEUV auch Art. 136 I AEUV angesprochen, der jedoch als Rechtsgrund- und nicht als Rechtsfolgenverweisung zu qualifizieren ist.[73] Die Beschlüsse des Stabilitätsrats und die zugrunde liegenden Beratungsunterlagen sind zu veröffentlichen (Art. 109 a III GG).

21 Eine gesetzliche Kreditermächtigung, die sich von vornherein nicht an die Grenzen des Art. 109 III GG hält, ist verfassungswidrig. Dies hat bei der haushaltsgesetzlichen Kreditermächtigung zur Folge, dass das Haushaltsgesetz gegen den Grundsatz des formellen Haushaltsausgleichs gemäß Art. 79 I 2 LV verstößt und somit nichtig ist (→ Art. 79 Rn. 108).[74] Indes ist zu beachten, dass ein verfassungsgerichtliches Urteil in aller Regel erst nach Ablauf des Haushaltsjahres und damit nach Vollzug des betreffenden Haushalts ergeht, so dass die rechtlichen Konsequenzen in praktischer Hinsicht grundsätzlich überholt sind.[75] In ihren Bindungen an die LV dürfen sich Landesregierung und Landtag von dieser Überlegung jedoch nicht leiten lassen. Im Übrigen kann ein verfassungswidriges Haushaltsgesetz politisch durchaus große Bedeutung haben.[76]

6. Vereinbarkeit des Art. 109 III GG mit Art. 79 III GG

22 Adressat der Verpflichtungen aus Art. 109 III GG ist – neben dem Bund – jedes einzelne Land.[77] Die Schuldenbremse schränkt damit die nach Art. 109 I GG gewährleistete **Haushaltsautonomie der Länder** ein.[78] Diese Bindung der Länder durch die Bundesverfassung ist mit Art. 79 III GG vereinbar.[79] Das Finanzwesen im Bundesstaat stellt sich als ein Gesamtgefüge dar.[80] Die Haushaltsautonomie der Länder nach Art. 109 I GG ist der Verteilung des Steueraufkommens nach Art. 106 GG und dem Finanzausgleich nach Art. 107 GG deshalb nachgeordnet.[81] Demgemäß haben Bund und Länder nach Art. 109 II GG die haushaltsrechtlichen Verpflichtungen aus

---

73 Vgl. *Palm* in: Grabitz/Hilf/Nettesheim, Art. 136 AEUV Rn. 21 ff.
74 Vgl. *Kube* in: Maunz/Dürig, Art. 109 Rn. 228.
75 Vgl. *Tappe*, DÖV 2009, 881 (890).
76 Vgl. zur verfassungsgerichtlichen Durchsetzbarkeit der Schuldenbremse des Bundes *Lenz/Burgbacher*, NJW 2009, 2561 (2566).
77 Vgl. *E. Reimer* in: Epping/Hillgruber, Art. 109 GG Rn. 50.
78 Vgl. BT-Drs. 16/12410, 6.
79 *Seiler*, JZ 2009, 721 (727 f.); *Kemmler*, DÖV 2009, 549 (554 ff.); *Lenz/Burgbacher*, NJW 2009, 2561 (2565 f.); *Waldhoff/Dieterich*, ZG 2009, 97 (113 ff.); *Tappe*, DÖV 2009, 881 (888); *Wilczek*, VBlBW 2009, 325 (326 ff.); *Christ*, NVwZ 2009, 1333 (1338 f.); *Ohler*, DVBl. 2009, 2165 (1273 f.); *Scholl*, DÖV 2010, 160 (168 f.); *Ryczewski*, Schuldenbremse, 143 ff.; *Koemm*, Grenze für die Staatsverschuldung?, 132 ff.; *G. Kirchhof* in: v. Mangoldt/Klein/Starck, Art. 109 Rn. 110 ff.; *Kube* in: Maunz/Dürig, Art. 109 Rn. 118, 153; aA *Fassbender*, NVwZ 2009, 737 (740); *Hancke*, DVBl. 2009, 621 (626); *Korioth*, JZ 2009, 729 (734) („Verfassungskonformität zu bezweifeln"); so auch *Selmer*, NVwZ 2009, 1255 (1261); *Wieland*, Rechtsgutachten, 13 („erhebliche Zweifel"); *Kloepfer*, Finanzverfassungsrecht, § 8 Rn. 157 ff., 162 („Diskriminierung der Länder […] ist […] verfassungswidrig").
80 BVerfGE 4, 115 (140).
81 BVerfGE 101, 158 (220).

Rechtsakten der EU gemeinsam zu erfüllen.[82] Zudem sollen sie in diesem Rahmen den Erfordernissen eines gesamtwirtschaftlichen Gleichgewichts Rechnung tragen. Das **gesamtstaatliche Interesse an einer soliden Haushaltsführung der einzelnen Gebietskörperschaften** rechtfertigt es daher, entsprechende verfassungsrechtliche Vorkehrungen vorzusehen. Der änderungsfeste **Kern des „entwicklungsoffenen" Bundesstaatsprinzips** iSd Art. 79 III Var. 3 iVm Art. 20 I GG ist von den Anforderungen des Art. 109 III GG somit **nicht berührt**.[83] Ebenso ist die Gliederung des Bundes in Länder iSd Art. 79 III Var. 1 GG nicht grundsätzlich in Frage gestellt.[84] Den Ländern bleibt aufgrund der Ausnahmen des Art. 109 III 2 GG ein hinreichender finanzpolitischer Spielraum.[85] Schließlich konkretisiert Art. 109 III GG das **Demokratieprinzip im Sinne der Generationengerechtigkeit**,[86] so dass auch insofern kein Verstoß gegen Art. 79 III Var. 3 iVm Art. 20 GG zu verzeichnen ist.[87] Abschließend ist damit festzustellen, dass Art. 79 III GG den Ländern keine unbeschränkte haushaltspolitische Kompetenz garantiert.[88]

II. Ausgestaltungskompetenz des Landes nach Art. 109 III 5 GG

1. Unmittelbare Geltung des Verbots einer strukturellen Neuverschuldung

Nach Art. 109 III 5 GG steht dem Land die Kompetenz zu, die Schuldenbremse näher auszugestalten. Das Land ist hierzu nicht verpflichtet. Nimmt ein Land seine Kompetenz jedoch nicht wahr, kann es auf die **Ausnahmen des Art. 109 III 2 GG** nicht zurückgreifen, um Kredite aufzunehmen, wie sich aus dem Wortlaut der Vorschrift ergibt („können Regelungen [...] vorsehen").[89] Es bleibt dann beim **Grundsatz** des Art. 109 III 1 GG, der **unmittelbar** für die Länder gilt.[90] Das heißt, dass das **strukturelle Verschuldungsverbot** gemäß Art. 109 III 1 GG von den Ländern auch dann zu beachten ist, wenn sie es nicht in der LV verankern.[91]

23

---

82 Vgl. auch *Christ*, NVwZ 2009, 1333 (1338); *Lenz/Burgbacher*, NJW 2009, 2561 (2566); *Kemmler*, DÖV 2009, 549 (555); *Kube* in: Maunz/Dürig, Art. 109 Rn. 118.
83 *Seiler*, JZ 2009, 721 (727); vgl. auch *Lenz/Burgbacher*, NJW 2009, 2561 (2565 f.); *Kemmler*, DÖV 2009, 549 (555 f.); *Waldhoff/Dieterich*, ZG 2009, 97 (114 f.); *Scholl*, DÖV 2010, 160 (168 f.).
84 *Seiler*, JZ 2009, 721 (727); *Tappe*, DÖV 2009, 881 (888); *Ryczewski*, Schuldenbremse, 149 ff.
85 *Wilczek*, VBlBW 2009, 325 (326 f.); *Christ*, NVwZ 2009, 1333 (1338 f.).
86 Vgl. BT-Drs. 16/12410, 5 f.; BVerfGE 129, 124 (170); 132, 195 Rn. 120; 135, 317 Rn. 169.
87 Vgl. *Seiler*, JZ 2009, 721 (727); *Koemm*, Grenze für die Staatsverschuldung?, 152 ff.; *Kube* in: Maunz/Dürig, Art. 109 Rn. 118.
88 Vgl. auch BVerfGE 129, 108 zu einem – wegen fehlender Antragsberechtigung – unzulässigen Antrag in einem Bund-Länder-Streit zur Schuldenbremse.
89 *Henneke* in: Schmidt-Bleibtreu/Hofmann/Henneke, Art. 109 Rn. 113; *Jarass* in: Jarass/Pieroth, Art. 109 Rn. 14; *Siekmann* in: Sachs, GG, Art. 109 Rn. 78 ff.; *Tappe/Wernsmann*, Öffentliches Finanzrecht, Rn. 476.
90 Vgl. *Heintzen* in: v. Münch/Kunig, Art. 109 Rn. 41; *Steinbach/Rönicke*, JöFin 2013, 339 (352); *Schuppert/Meinel*, Gutachten, 94 (98).
91 *Siekmann* in: Sachs, GG, Art. 109 Rn. 80.

2. Vorbehalt eines verfassungsändernden Gesetzes

24 In formeller Hinsicht steht die Ausgestaltungskompetenz unter dem **Vorbehalt eines verfassungsändernden Gesetzes**.[92] Ein förmliches Parlamentsgesetz genügt dem nicht. Dies kommt bereits im **Wortlaut** des Art. 109 III 5 LV zum Ausdruck, wonach die Länder die Ausgestaltung im „Rahmen ihrer verfassungsrechtlichen Kompetenzen regeln". Die Wendung macht allein dann Sinn, wenn sie als Vorbehalt eines verfassungsändernden Gesetzes verstanden wird. Andernfalls hätte sie keine Bedeutung.[93] Verneinte man den Vorbehalt eines verfassungsändernden Gesetzes, müsste man dem verfassungsändernden Gesetzgeber daher unterstellen, eine inhaltslose Phrase ins GG eingefügt zu haben. Den Gesetzgeber nicht ernst zu nehmen, widerspricht aber den Grundsätzen der juristischen Auslegung. Für den Vorbehalt eines verfassungsändernden Gesetzes spricht zudem der **systematische Vergleich** mit Art. 109 III 4 GG, der die Ausgestaltung der Schuldenbremse durch den Bund regelt und eben auch dort eine verfassungsrechtliche Konkretisierung durch Art. 115 GG vorsieht. Zudem geht der verfassungsändernde Gesetzgeber in der **Begründung** der Föderalismusreform II von einem Vorbehalt eines verfassungsändernden Gesetzes aus, wenn er neben dem Bund auch die Länder nach Art. 109 III 3 GG verpflichtet sieht, bei der notlagenbedingten Komponente „dem Gesetzgeber aufzugeben, die Beschlussfassung über eine erhöhte Nettokreditaufnahme mit einem Tilgungsplan zu versehen".[94] Dem kann das Land jedoch nur durch eine entsprechende verfassungsrechtliche Regelung nachkommen, da der Gesetzgeber sonst nicht verpflichtet wäre.[95] Das führt zugleich zu einem gewichtigen teleologischen Argument. Eine **einfach-gesetzliche** Ausgestaltung würde den Haushaltsgesetzgeber **nicht binden**, da das Haushaltsgesetz einer Regelung in der LHO als lex specialis vorginge (→ Art. 79 Rn. 52).[96] Aufgrund dieser Konkurrenzregel wirkt sich die einfach-gesetzliche Ausgestaltung wie eine Nichtausgestaltung aus. Dann müssen aber für die einfach-gesetzliche Ausgestaltung die gleichen Konsequenzen gezogen werden wie für die Nichtausgestaltung. Wenn die Länder ohne eine Ausgestaltung nicht auf die Ausnahmen des Art. 109 III 2 GG zurückgreifen dürfen (→ Rn. 23), so kann deshalb auch eine einfach-gesetzliche Ausgestaltung die Ausnahmen des Art. 109 III 2 GG nicht „freischalten". Der verfassungsändernde Gesetzgeber wollte durch die Föderalismusreform das Schuldenproblem des Gesamtstaates („Schuldenlast von Bund und Ländern") lösen.[97] Diesem Anliegen würde es zuwider laufen, wenn die landesrechtliche Ausgestaltung der Schuldenbremse gerichtlich nicht durchsetzbar wäre. Diese Folge zöge aber eine einfach-gesetzliche Ausgestaltung

---

92 *Tappe*, JöFin 2009, 417 (430 f.); *ders./Wernsmann*, Öffentliches Finanzrecht, Rn. 471 ff.; *Steinbach/Rönicke*, JöFin 2013, 339 (352); aA *E. Reimer* in: Epping/Hillgruber, Art. 109 GG Rn. 80; *Schuppert/Meinel*, Gutachten, 94 (114 f.).
93 Trotz aA auch *Schuppert/Meinel*, Gutachten, 94 (114) („ansonsten gänzlich bedeutungslos").
94 Vgl. BT-Drs. 16/12410, 11.
95 Für *Schuppert/Meinel*, Gutachten, 94 (114) „schweigt" sich die Gesetzesbegründung hingegen aus.
96 Vgl. *Tappe/Wernsmann*, Öffentliches Finanzrecht, Rn. 473; vgl. auch *Steinbach/Rönicke*, JöFin 2013, 339 (353); *Schuppert/Meinel*, Gutachten, 94 (115 f.).
97 Vgl. BT-Drs. 16/12410, 1.

grundsätzlich nach sich. Eine abstrakte Normenkontrolle gemäß Art. 68 I 2 Nr. 2 LV iVm § 8 I Nr. 2, §§ 44 ff. VerfGHG wäre in diesem Zusammenhang unzulässig,[98] da dann kein landesverfassungsrechtlicher Überprüfungsmaßstab vorläge, wie es in Art. 68 I 2 Nr. 2 LV, § 48 I VerfGHG vorausgesetzt wird.[99] Für eine abstrakte Normenkontrolle durch das BVerfG gemäß Art. 93 I Nr. 2 GG, § 13 Nr. 6, §§ 76 ff. BVerfGG, für die grundsätzlich nur Art. 109 III GG als Überprüfungsmaßstab in Betracht käme, hätte von den Landesorganen nach Art. 93 I Nr. GG, § 76 I BVerfGG allein die Landesregierung eine Antragsberechtigung.[100] Es wäre bei einer einfach-gesetzlichen Ausgestaltung daher nicht zu erwarten, dass das Haushaltsgesetz des betreffenden Landes am Maßstab der Schuldenbremse überprüft werden würde. Sinn und Zweck des Art. 109 III 1 u. 5 GG wären verfehlt. Das Land hat die Schuldenbremse demnach verfassungsrechtlich auszugestalten, wenn es die Ausnahmen des Art. 109 III 2 GG in Anspruch nehmen möchte.

Darüber hinaus ist zu beachten, dass die **bestehenden landesverfassungsrechtlichen Kreditbegrenzungsregeln** nicht als „Ausgestaltungen" iSd Art. 109 III GG zu qualifizieren sind. Eine **normerhaltende Reduktion verbietet sich** in diesem Zusammenhang aus ähnlichen Überlegungen.[101] Beließe man es bei der Regel des Art. 84 S. 2 LV, so wäre der Haushaltsgesetzgeber durch das Landesverfassungsrecht aufgrund der tatbestandlichen Weite der Norm kaum begrenzt (→ Rn. 2 f.). Die abstrakte Normenkontrolle vor dem VerfGH würde grundsätzlich leerlaufen. Demgemäß enthält Art. 109 III 5 HS 2 GG explizit die Maßgabe, dass „Satz 1 nur dann entsprochen ist, wenn keine Einnahmen aus Krediten zugelassen werden". Die Bundesverfassung fordert demnach ein, dass zumindest der Grundsatz des Art. 109 III 1 GG in die LV übernommen wird.[102] Andernfalls können die Ausnahmen des Art. 109 III 2 GG vom Land nicht in Anspruch genommen werden. Zudem regelt Art. 84 LV – wie es nach beiden Ausnahmen des Art. 109 III 2 GG erforderlich ist (→ Rn. 16 ff.) – nicht, dass eine etwaige Neuverschuldung zurückzuführen ist. Im Übrigen kann eine Norm nur dann „ausgestalten", wenn die auszugestaltende Vorschrift bereits verkündet ist. Schließlich sieht Art. 143 d I 3 GG vor, dass „nach Maßgabe der geltenden landesrechtlichen Regelungen" von den Vorgaben des Art. 109 III GG nur bis zum 31.12.2019 abgewichen werden kann.[103] Daraus folgt, dass sie danach derogiert sind. 25

Der Vorbehalt eines verfassungsändernden Gesetzes schließt nicht aus, dass dieses **durch ein einfach-gesetzliches Parlamentsgesetz konkretisiert** wird, sofern die Grundstrukturen der Defizitbegrenzung gemäß Art. 109 III 1-3 GG in die LV übernommen werden. Das Parlamentsgesetz kann wiederum durch eine Rechtsverordnung konkretisiert werden, wenn Inhalt, 26

---

98 Vgl. *Steinbach/Rönicke*, JöFin 2013, 339 (353); Rechnungshof BW, Denkschrift 2016, Beitrag Nr. 5, Ziff. 3.1.
99 Vgl. insofern auch *Schuppert/Meinel*, Gutachten, 94 (116 f.).
100 Vgl. *Schuppert/Meinel*, Gutachten, 94 (117).
101 Vgl. demgegenüber *Berlit*, JöFin 2010, 311 (322 f.); wohl auch *Steinbach/Rönicke*, JöFin 2013, 339 (352 f.).
102 Vgl. *Tappe/Wernsmann*, Öffentliches Finanzrecht, Rn. 472.
103 Vgl. *Tappe/Wernsmann*, Öffentliches Finanzrecht, Rn. 468 ff., 471.

Zweck und Ausmaß der erteilten Ermächtigung iSd Art. 61 I S. 2 LV hinreichend bestimmt sind.

3. Gestaltungsspielraum

a) Strukturelles Verschuldungsverbot

27 Sofern die Länder ihre Ausgestaltungskompetenz wahrnehmen, sind sie an die Vorgaben des Art. 109 III iVm Art. 143 d I GG gebunden. Das **strukturelle Verschuldungsverbot** gemäß Art. 109 III 1 GG steht daher **nicht zur Disposition des Landesverfassunggebers**, wie sich unmissverständlich aus dem Wortlaut des Art. 109 III 5 GG ergibt. Auch dürfen über Art. 109 III 2 GG hinaus **keine weiteren Ausnahmen** geschaffen werden (→ Rn. 16), wie es etwa bei Art. 117 I 2 Nr. 2 lit. b RPVerf der Fall ist.[104] Den Ländern verbleibt neben der Gewährleistung des Verbots im Haushaltsvollzug lediglich die Möglichkeit, in Randbereichen – wie etwa bei der Definition der Kreditwinnahmen iSd Art. 109 III GG sowie der Abgrenzung der strukturellen von der konjunkturellen Neuverschuldung – nähere Bestimmungen zu treffen.[105] Das heißt jedoch nicht, dass die Ausgestaltung der Schuldengrenze eine „unnötige Symbolgesetzgebung" wäre.[106] Den Ländern steht insbesondere bei der **Konkretisierung der Ausnahmen iSd Art. 109 III 2 GG** ein gewisser Gestaltungsspielraum offen.

b) Konjunkturbedingte Ausnahme

28 Das Land kann eine konjunkturbedingte Ausnahme in die LV aufnehmen, die Art. 109 III 2 HS 1 GG materiell- und verfahrensrechtlich ausgestaltet.[107] Das bedeutet, dass das Land eine **Methode** festzulegen hat, nach der die konjunkturelle **Normallage** und die „von der Normallage abweichende konjunkturelle Entwicklung" – sprich die **Störungslage**[108] – definiert sowie die **gegenwärtige Konjunkturlage** ermittelt wird.[109] Der Bund greift in Art. 115 II GG insofern auf das sog. EU-Modell zurück, das für die Haushaltsüberwachung der Mitgliedstaaten im Rahmen des Europäischen Stabilitäts- und Wachstumspakts gemäß Art. 121 und 126 AEUV angewendet wird und auf die gesamtstaatliche Produktionslücke abstellt.[110] Der Gestaltungsspielraum des Landes beschränkt sich aber nicht hierauf. Es kommen auch andere Methoden in Betracht, die nicht unmittelbar an die Produktionsentwicklung anknüpfen. Nach dem Trendsteuereinnahmen-Modell wird die konjunkturelle Normallage anhand der Steuereinnahmen eines Bezugsjahres definiert. Es ist gegenwärtig einfach-gesetzlich in § 18 II LHO umgesetzt. Auch das sog. Referenzwert-Modell bezieht sich auf die Steuereinnahmen. Die konjunkturelle Normallage wird hier – wie etwa in

---

104 Vgl. *Droege* in: Driehaus, Art. 117 Rn. 19 ff.; *E. Reimer* in: Epping/Hillgruber, Art. 109 GG Rn. 80, 80.1.
105 Vgl. *Kube* in: Maunz/Dürig, Art. 109 Rn. 163.
106 So *Huber*, NdsVBl. 2011, 233 (238); demgegenüber *Hennecke* in: Schmidt-Bleibtreu/Hofmann/Hennecke, Art. 109 Rn. 113.
107 Vgl. *Kube* in: Maunz/Dürig, Art. 109 Rn. 183.
108 Vgl. *Lenz/Burgbacher*, NJW 2009, 2561 (2563).
109 Vgl. auch zum Folgenden Rechnungshof BW, Denkschrift 2016, Beitrag Nr. 5, Ziff. 2.2.4.
110 Vgl. *Heintzen* in: v. Münch/Kunig, Art. 115 Rn. 25 sowie ausführlich *Kube* in: Maunz/Dürig, Art. 109 Rn. 183 ff.

Art. 95 IV SächsVerf – über den Referenzwert definiert, der sich anhand des Durchschnitts der jährlichen Steuereinnahmen einer bestimmten Zahl von Vorjahren ermittelt.

Die Modelle können im Detail ganz unterschiedlich ausgestaltet werden. Insbesondere sind auch die **Rechtsfolgen** festzulegen, die sich aus der ermittelten Konjunkturlage ergeben.[111] Das **Symmetriegebot** des Art. 109 III 2 HS 1 GG zur Sicherung der Verschuldungsneutralität ist umzusetzen. Weitere Einzelheiten sind zu bestimmen.[112] So benennt der verfassungsändernde Gesetzgeber die Berücksichtigung von Finanztransaktionskomponenten, wie sie derzeit in § 18 IV LHO vorgesehen sind.[113]

c) Notlagenbedingte Komponente

Bei der notlagenbedingten Komponente hat das Land insbesondere die Anforderung des Art. 109 III 3 GG umzusetzen. Darüber hinaus kann es den Begriff der außergewöhnlichen Notsituationen konkretisieren, wie es sich aufgrund dessen Unbestimmtheit empfiehlt.[114] Derzeit ist eine notlagenbedingte Komponente in § 18 VI LHO vorgesehen.

d) Gewährleistung der Schuldenbremse im Haushaltsvollzug

Das Land hat sicherzustellen, dass auch der **Haushaltsvollzug** den Anforderungen des Art. 109 III GG entspricht (→ Rn. 13). Insofern bietet sich die Einrichtung eines **Kontrollkontos** an, über das – wie gegenwärtig in § 18 V LHO geregelt – positive und negative Abweichungen von der Soll-Kreditaufnahme über das einzelne Haushaltsjahr verbucht werden.[115] Das Land ist grundsätzlich verpflichtet, negative Abweichungen unverzüglich zurückzuführen.[116] Eine strukturelle Neuverschuldung ist zu sanktionieren.[117] Das Land hat zu gewährleisten, dass Schulden über das Kontrollkonto in das nächste Haushaltsjahr nur übertragen werden, wenn deren Gründe bei Beschluss des Haushaltsgesetzes nicht vorhersehbar waren.[118]

e) Verfahren

Das Land hat – sofern es die Ausnahmen des Art. 109 III 2 GG in Anspruch nehmen möchte – auch das **Verfahren der Kreditaufnahme auszugestalten**. Es hat den Organen Kompetenzen zuzuweisen und Verpflichtungen aufzuerlegen. Hierbei ist vor allem zu beachten, dass Entscheidungen über Kreditaufnahmen und Gewährleistungen unter Parlamentsvorbehalt zu stehen haben,[119] wie es derzeit auch in Art. 84 S. 1 LV und § 18 VII LHO zum Ausdruck kommt.

---

111 *Kube* in: Maunz/Dürig, Art. 109 Rn. 183, 188.
112 Vgl. Rechnungshof BW, Denkschrift 2016, Beitrag Nr. 5, Ziff. 2.2.
113 Vgl. BT-Drs. 16/12410, 12.
114 Vgl. *Seiler*, JZ 2009, 721 (726).
115 Vgl. BT-Drs. 16/12410, 12 f. in Bezug auf Art. 115 II 4 GG.
116 Vgl. *G. Kirchhof* in: v. Mangoldt/Klein/Starck, Art. 109 Rn. 75, 108.
117 Vgl. *Kube* in: Maunz/Dürig, Art. 115 Rn. 199.
118 Vgl. *G. Kirchhof* in: v. Mangoldt/Klein/Starck, Art. 109 Rn. 75, 108.
119 Vgl. *Kube* in: Maunz/Dürig, Art. 109 Rn. 189.

III. Wahrnehmung des Gestaltungsauftrags nach Art. 109 III 5 GG durch das Land

1. Verfassungsänderung

33 Die Haushaltsverfassung des Landes ist seit der Haushaltsreform 1971 (→ Art. 79 Rn. 23 ff.) nicht verändert worden. Bislang blieb es lediglich bei einer Reihe von Initiativen, den Gestaltungsauftrag gemäß Art. 109 III 5 GG durch eine Verfassungsänderung gemäß Art. 64 LV wahrzunehmen.[120] Indes sieht der **Koalitionsvertrag der gegenwärtigen Regierungsparteien** vor, die Schuldenbremse in der LV zu verankern (→ Rn. 1). Es ist zu erwarten, dass diese Vereinbarung spätestens bis 2019 umgesetzt wird.[121] So wäre auch einer Forderung des Rechnungshofs entsprochen,[122] der bereits im Jahr 2006 die Einführung einer Schuldenbremse in Anlehnung an die Bundesverfassung der Schweiz oder an Art. 18 I der Bayerischen Haushaltsordnung empfohlen hat.[123]

2. § 18 LHO

34 Indes wurde durch das Haushaltsbegleitgesetz 2013/14[124] in § 18 LHO eine einfachgesetzliche Schuldenbremse eingeführt.[125] Die Bestimmung wird aufgrund von § 18 XI LHO durch eine Rechtsverordnung des Finanzministeriums konkretisiert.[126] Der Gesetzgeber sieht § 18 LHO in der geltenden Fassung lediglich als **Übergangsvorschrift bis einschließlich 2019** an.[127] Er hat sich in der Begründung des § 18 LHO für eine Neuregelung der haushaltsrechtlichen Verschuldungsregelungen unter Berücksichtigung der ab 1. Januar 2020 geltenden grundgesetzlichen Schuldenbremse aufgrund einer späteren Gesetzesinitiative ausgesprochen.[128]

VIII. Schlußbestimmungen

Artikel 85 [Bestandsgarantie der Hochschulen]

Die Universitäten und Hochschulen mit Promotionsrecht bleiben in ihrem Bestand erhalten.

Schrifttum:

Feuchte, Hochschulbau als Gemeinschaftsaufgabe, Die Verwaltung 5 (1972), 199; *Eiselstein*, Rechtsgrundlagen für die Hochschulen in Baden-Württemberg, in: Haug (Hrsg.), Das Hochschulrecht in Baden-Württemberg, Systematische Darstellung, 2. Aufl. 2009, 13–37; *Haug*, Grundlagen des Hochschulrechts in Baden-Württemberg,

---

120 Vgl. LT-Drs. 15/503; LT-Drs. 15/632; LT-Drs. 15/3239; LT-Drs. 15/5637; LT-Drs. 16/447.
121 Vgl. LT-Drs. 16/1222, 2.
122 Vgl. Rechnungshof BW, Denkschrift 2012, Beitrag Nr. 6, und Denkschrift 2016, Beitrag Nr. 5.
123 Rechnungshof BW, Denkschrift 2006, Beitrag Nr. 3, Ziff. 4.2.; vgl. auch Denkschrift 2008, Beitrag Nr. 3, Ziff. 5.
124 Art. 10 des Haushaltsbegleitgesetzes 2013/14 v. 18.12.2012, GBl. 677.
125 Vgl. dazu *Manig*, JöFin 2013, 35 (38 ff.); *Henneke*, ZG 2014, 201 (206 f.).
126 Verordnung des Finanzministeriums zur zulässigen Kreditaufnahme nach § 18 LHO v. 13.12.2016, GBl. 637.
127 Vgl. LT-Drs. 15/2561, 29; LT-Drs. 15/2617, 20.
128 Vgl. LT-Drs. 15/2561, 29.

in: von Coelln/Haug, BeckOK Hochschulrecht Baden-Württemberg, Stand 1.5.2017; *Pautsch/Dillenburger*, Kompendium zum Hochschul- und Wissenschaftsrecht, 2. Aufl. 2016.

Vergleichbare Regelungen: Art. 72 NdsVerf (bedingt).

Ergänzende Normen: LHG.

Leitentscheidungen: StGH, ESVGH 24, 12 (universitäre Umstrukturierung des medizinischen Bereichs); ESVGH 31, 241 (Pädagogische Hochschulen).

A. Überblick und Einordnung	1	B. Erläuterung	4
I. Bedeutung	1	I. Inhalt der Norm	4
II. Herkunft, Entstehung, Geschichte	2	II. Rechtsschutzfragen	9
III. Verfassungsvergleichende Einordnung	3		

A. Überblick und Einordnung

I. Bedeutung

Art. 85 LV enthält eine „konkret-institutionelle Bestandsgarantie"[1] für die **Universitäten und Hochschulen mit Promotionsrecht**, die im Zeitpunkt des Inkrafttretens der LV in den früheren Landesteilen bereits bestanden haben. Trotz ihrer Verankerung in den Schlussvorschriften handelt es sich bei Art. 85 LV nicht um eine zeitlich beschränkte Regelung. Vielmehr gilt der Kern der Vorschrift, der einen Bestandsschutz der vom Schutzumfang erfassten Universitäten und sonstigen Hochschulen sicherstellen möchte, **in zeitlicher Hinsicht unbegrenzt**.[2] Vor diesem Hintergrund hat die Verfassungsnorm auch heute noch Bedeutung für die von ihr geschützten wissenschaftlichen Hochschulen. Hierzu zählen neben den gleichsam klassischen und seinerzeit bereits seit langem bestehen Landesuniversitäten, d.h. der Albert-Ludwigs-Universität Freiburg, der Ruprecht-Karls-Universität Heidelberg und der Eberhard-Karls-Universität Tübingen, auch weitere Hochschulen, die im Zeitpunkt des Inkrafttretens der LV zwar noch nicht über den Universitätsstatus verfügten, denen gleichwohl aber das Promotionsrecht eingeräumt war. Es handelt sich dabei um die früheren Technischen Hochschulen Stuttgart und Karlsruhe (heute: Universität Stuttgart und Karlsruher Institut für Technologie, das seinerseits wiederum 2009 aus der Technischen Universität Karlsruhe hervorgegangen ist),[3] die Staatliche Wirtschaftshochschule Mannheim (heute: Universität Mannheim) und die Landwirtschaftliche Hochschule Hohenheim (heute: Universität Hohenheim).[4] Wenngleich alle aufgeführten Hochschulen in der Folgezeit den Universitätsstatus erlangt haben, ist der bis heute bestehende und durch Art. 85 LV vermittelte Bestandsschutz allein auf den Umstand zurückzu-

1

---

1 *Haug*, Grundlagen des Hochschulrechts, Rn. 9.
2 *Feuchte* in: Feuchte, Art. 85 Rn. 3.
3 Dazu, insbesondere zur heutigen Organisationsstruktur, *Pautsch* in: Pautsch/Dillenburger, Kompendium zum Hochschul- und Wissenschaftsrecht, A. Rn. 42 a.
4 *Eiselstein* in: Haug, Hochschulrecht, Rn. 95; s. auch *Feuchte* in: Feuchte, Art. 85 Rn. 2.

führen, dass diesen Hochschulen bei Inkrafttreten der LV bereits der Status einer Hochschule mit Promotionsrecht[5] eingeräumt war.

II. Herkunft, Entstehung, Geschichte

2   Die Aufnahme der Bestandsgarantie für Hochschulen in Art. 85 LV geht auf die **Auseinandersetzungen um den Südweststaat** zurück. Mit der Norm sollte verhindert werden, dass das neue Bundesland durch die Auflösung einer Hochschule den das Vorgängerland repräsentierenden Landesteil schwächen könnte.[6] Der Karlsruher Entwurf eines Staatsvertrags, der auch darauf zielte, die universitäre Tradition der früheren Länder zu bewahren, sah bereits in Art. 11 vor, dass die bestehenden Universitäten in ihrem Bestand erhalten bleiben und das Landesbezirkspräsidium bei der Ausübung des staatlichen Mitwirkungs- und Aufsichtsrechts beteiligt werden sollte.[7] Bei den Verfassungsberatungen 1952/53 sahen sowohl Art. 83 VerfERP als auch Art. 113 VerfECDU in der Folge eine Art. 85 LV entsprechende Bestandsgarantie für **die in den Ländern bestehenden Universitäten** vor. Sie wurden in dem seit Inkrafttreten der LV bis heute unverändert bestehenden Art. 85 LV dergestalt zusammengeführt, dass auch die **bestehenden Hochschulen mit Promotionsrecht** Eingang in den Schutzumfang der Norm gefunden haben. Ein den Schutz der bestehenden theologischen Fakultäten verfolgender Vorschlag des Entwurfs der CDU (Art. 25 VerfECDU) hat schließlich Eingang in Art. 10 LV gefunden.

III. Verfassungsvergleichende Einordnung

3   Eine Vorschrift, die wie Art. 85 LV den Schutz der in den früheren Ländern bzw. Landesteilen bei Inkrafttreten der jeweiligen Landesverfassung bestehenden Universitäten bzw. sonstigen Hochschulen schützt, findet sich in den übrigen Ländern nicht. Die baden-württembergische Regelung ist damit **singulär geblieben**. Als mit Art. 85 LV bedingt vergleichbar kann allenfalls die dem allgemeinen Kulturschutz – dh den kulturellen und historischen Belangen – der ehemaligen Länder Hannover, Oldenburg, Braunschweig und Schaumburg-Lippe durch Gesetzgebung und Verwaltung dienende Vorschrift in Art. 72 NdsVerf angesehen werden.

B. Erläuterung

I. Inhalt der Norm

4   Der maßgebliche Inhalt der Norm besteht darin, den von ihr adressierten Universitäten und Hochschulen mit Promotionsrecht einen **zeitlich unbegrenzten – und damit bis heute und für die Zukunft bestehenden – Bestandsschutz** einzuräumen. Auf den von Art. 85 LV vermittelten Bestandsschutz können sich freilich nur die Universitäten und Hochschulen mit Promotionsrecht berufen, die **bei Inkrafttreten der LV** – dh am 20.11.1953 – diesen Status bereits innehatten. Auch wenn sich dies nicht ausdrücklich aus dem Wortlaut der Norm ergibt, folgt es jedenfalls daraus, dass der Ver-

---

5   Zu Begriff und Bedeutung des Promotionsrechts siehe auch *Pautsch* in: Pautsch/Dillenburger, Kompendium zum Hochschul- und Wissenschaftsrecht, C. Rn. 30.
6   *Haug*, Grundlagen des Hochschulrechts, Rn. 9.
7   *Feuchte* in: Feuchte, Art. 85 Rn. 1.

fassungsgeber einen Bestandsschutz schon begriffslogisch nur für solche Hochschulen begründen konnte, die bei Schaffung der Verfassungsnorm bereits existierten.[8] Dies hat auch der StGH in zwei maßgeblichen Entscheidungen bestätigt.[9]

Der StGH führt hierzu in der Entscheidung vom 24.11.1973 aus: 5

„(...) Die Garantie von Art. 85 LV bezieht sich auf den ‚Bestand' der zum Zeitpunkt des Inkrafttretens der Landesverfassung im Lande bestehenden Universitäten und Hochschulen mit Promotionsrecht. Zum ‚Bestand' in diesem Sinne gehören alle diejenigen Einrichtungen dieser Universitäten, die zum damaligen Zeitpunkt deren Wesen ausmachten. Insbesondere gehören hierzu die in den alten Universitäten gepflegten großen Wissenschaftsbereiche, die in den damaligen Fakultäten ihre Heimat gefunden hatten und zu denen zweifellos auch die Sachbereiche der medizinischen Forschung und Lehre gehören (...)"[10]

Auf diesen Absatz nimmt auch das Urteil vom 28.8.1981 zur Frage, ob 6 auch die **Pädagogischen Hochschulen** dem Schutz des Art. 85 LV unterfallen, Bezug.[11] Danach ist klargestellt, dass diese nicht den Schutz der Verfassungsnorm beanspruchen können, da sie den Status als staatliche Hochschule erst nach Inkrafttreten der Verfassung erlangt haben.[12] Der StGH wiederholt insofern in der zweiten maßgeblichen Entscheidung zu Art. 85 LV unter ausdrücklicher Bezugnahme auf die frühere Entscheidung die These, dass nur überkommene Hochschulen in den Schutzbereich der Norm fallen. Es heißt dort insbesondere:

„(...) Die Bestandsgarantie des Art. 85 LV bezieht sich nach Wortlaut, Systematik, Sinngehalt und Entstehungsgeschichte nur auf die beim Inkrafttreten der Verfassung bestehenden Universitäten und Hochschulen mit Promotionsrecht (...)"[13]

Der Bestandsgarantie unterfällt bei den von Art. 85 LV adressierten Hoch- 7 schulen inhaltlich nicht nur der Bestand als solcher, sondern auch ein zum Zeitpunkt des Inkrafttretens der LV dort bereits vorgefundener **Bestand an Fakultäten und Fachdisziplinen sowie damit verbundener inhaltlicher Schwerpunkte**. Andernfalls würde die zeitlich unbegrenzte Gewährleistung des bloßen Bestandes an sich dazu führen, dass nurmehr eine formal existierende Hülle verbliebe.[14] Sie würde gleichsam leerlaufen. Art. 85 LV hindert das Land freilich nicht daran, im Rahmen von Hochschulreformen Umstrukturierungen auch an den verfassungsrechtlich durch Art. 85 LV geschützten Hochschulen vorzunehmen, solange sichergestellt ist, dass diese in ihrer wissenschaftlichen Substanz unangetastet bleiben.[15]

---

8 Dafür spricht auch das verwendete Verb „bleiben", vgl. *Haug*, Grundlagen des Hochschulrechts, Rn. 10.
9 StGH, ESVGH 24, 12 (26 f.); ESVGH 31, 241 (242).
10 StGH, ESVGH 24, 12 (26 f.).
11 StGH, ESVGH 31, 241 (242).
12 Vgl. auch *Eiselstein* in: Haug, Rn. 95.
13 StGH, ESVGH 31, 241 (LS 1, S. 242, LS 2 sowie S. 244).
14 *Eiselstein* in: Haug, Rn. 96; *Haug*, Grundlagen des Hochschulrechts, Rn. 11.
15 *Eiselstein* in: Haug, Rn. 96; *Feuchte* in: Feuchte, Art. 85 Rn. 108.

8 Der materiale Gewährleistungsgehalt des Art. 85 LV entspricht hinsichtlich der organisationalen Gewährleistungen dem, was auch Art. 5 III 1 GG (iVm Art. 2 I LV) garantiert. Gleichwohl handelt es sich nicht um ein Grundrecht der betreffenden Hochschulen, sondern um einen **an den Landesgesetzgeber gerichteten Auftrag**, die von Art. 85 LV umfassten Hochschulen in ihrem Bestand – d.h. in der wissenschaftlichen Grundsubstanz, die bereits bei Inkrafttreten der LV vorzufinden war – in wesentlichen Zügen zu erhalten.[16]

II. Rechtsschutzfragen

9 Ob und inwiefern die Einhaltung der Bestandsgarantie bei Maßnahmen des Landes – insbesondere des parlamentarischen Gesetzgebers – verfassungsgerichtlicher Kontrolle unterliegt, ist nicht abschließend geklärt. Mögliche Verletzungen der Garantie des Art. 85 LV durch Gesetz unterfallen zwar der **Überprüfung im Rahmen der abstrakten Normenkontrolle** nach Art. 68 I 1 Nr. 2 LV durch den VerfGH. Allerdings sind in diesen Fällen nicht die Hochschulen selbst, sondern gemäß Art. 68 II Nr. 2 LV nur ein Viertel der Mitglieder des Landtags oder die Regierung antragsberechtigt. Eine eigenständige Normenkontrolle, wie sie den Gemeinden und Gemeindeverbänden nach Art. 76 LV eingeräumt ist, besteht für die Hochschulen nicht.

10 Seit der landesrechtlichen Einführung der **Individualverfassungsbeschwerde** (Art. 68 I 1 Nr. 4 LV iVm §§ 55 ff. VerfGHG) im Jahre 2013 steht zwar den Hochschulen, die hinsichtlich der Wissenschaftsfreiheit des Art. 5 III 1 GG anerkanntermaßen die Grundrechtsträgerschaft besitzen, die Möglichkeit zu, insoweit nun den VerfGH anzurufen. Allerdings handelt es sich bei Art. 85 LV – wie dargelegt (→ Rn. 8) – gerade nicht um ein Grundrecht, sondern lediglich um eine an das Land (bzw. vor allem den Landesgesetzgeber) gerichtete Bestandsgarantie. Da sich allerdings die materialen Gewährleistungsgehalte von Art. 85 LV, der lediglich einen begrenzteren Normadressatenkreis hat, und Art. 5 III 1 GG decken, können die Schutzgehalte der Sache nach auch im Rahmen einer auf Art. 5 III 1 GG iVm Art. 2 I LV gestützten Verfassungsbeschwerde der betroffenen Hochschulen geltend gemacht werden.[17]

Artikel 86 (aufgehoben)

Artikel 87 [Außerstaatliche Wohlfahrtspflege]

Die Wohlfahrtspflege der freien Wohlfahrtsverbände wird gewährleistet.

---

16 So auch *Braun*, Art. 85 Rn. 4, der – zu extensiv – sogar von einem geschützten „Kernbereich der Universitäten und Hochschulen" spricht; s. auch *Eiselstein* in: Haug, Rn. 96; zur Abgrenzung gegenüber Art. 5 III GG *Feuchte* in: Feuchte, Art. 85 Rn. 108.

17 Zurückhaltender *Haug*, Grundlagen des Hochschulrechts, Rn. 12, der Art. 85 LV – wie Braun, Art. 85 Rn. 2 – einen allein objektiv-rechtlichen Gehalt zubilligen will.

[Außerstaatliche Wohlfahrtspflege] Artikel 87

Schrifttum:
Flierl, Freie und öffentliche Wohlfahrtspflege – Aufbau, Finanzierung, Geschichte, Verbände, 1982; *Kirberger*, Staatsentlastung durch private Verbände – Die finanzpolitische Bedeutung der Mitwirkung privater Verbände bei der Erfüllung öffentlicher Aufgaben, 1978.

Vergleichbare Regelungen: Art. 33 LSAVerf.

Ergänzende Normen: Art. 6 LV, Art. 13 S. 3 LV.

Leitentscheidungen: BVerfGE 22, 180.

A. Überblick und Einordnung	1	III. Verfassungsvergleichende Einordnung	4
I. Bedeutung	1	B. Erläuterung	5
II. Herkunft, Entstehung, Geschichte	2	Gewährleistungsgehalt	5

A. Überblick und Einordnung

I. Bedeutung

Art. 87 LV sichert den freien Wohlfahrtsverbänden das Recht zur Wohlfahrtspflege verfassungsrechtlich zu. Die Norm bildet eine Ergänzung zu den übrigen sozialpolitisch geprägten Vorschriften der LV, so insbesondere gegenüber Art. 6 LV und Art. 13 Satz 3 LV. Durch Art. 87 LV ist eine **institutionelle Absicherung der freien Wohlfahrtspflege** erfolgt.[1] Sie findet sich lediglich aus regelungssystematischen Gründen in den „Schlussbestimmungen" der Verfassung, stellt ihrerseits aber **eine – auch in zeitlicher Hinsicht unbegrenzte – Vollregelung** dar.[2] 1

II. Herkunft, Entstehung, Geschichte

Die nach 1945 bestehenden **Vorgängerverfassungen** der heutigen LV hatten die Wohlfahrtspflege nur mit Blick auf die Kirchen und Religionsgemeinschaften geregelt. Es ist insoweit festzustellen, dass die sog. freie Wohlfahrtspflege in diesem Regelungskontext zunächst in Gestalt einer eigenständigen Gewährleistung außen vor geblieben war.[3] Allerdings hatte die freie Wohlfahrtspflege im Zusammenhang mit der Jugendwohlfahrt bzw. dem Jugendschutz in Art. 19 I 3 VerfWB, 105 II VerfWH und 24 I 3 VerfLB als „freie Wohlfahrt" bzw. ausdrücklich als „freie Wohlfahrtspflege" bereits Berücksichtigung gefunden.[4] Dies entspricht der auch gegenwärtig noch in Art. 13 LV niedergelegten Bestimmung. 2

In den **Verfassungsberatungen 1952/53** hat die ausdrückliche Niederlegung einer Garantie der freien Wohlfahrtspflege neben der karitativen Wohlfahrtspflege der Kirchen und Religionsgemeinschaften in Art. 6 LV erst in der ersten VA-Beratung Gestalt angenommen; auch die Verfassungsentwürfe (VerfERP und VerfECDU) hatten zuvor die freie Wohlfahrtspflege ausgeklammert.[5] Ursprünglich war im VA ein Art. 6 d vorgesehen, durch den die 3

---
1 *Hollerbach* in: Feuchte, Art. 87 Rn. 7; wohl auch *Braun*, Art. 87 Rn. 5.
2 *Hollerbach* in: Feuchte, Art. 87 Rn. 3.
3 *Hollerbach* in: Feuchte, Art. 87 Rn. 1.
4 *Hollerbach* in: Feuchte, Art. 87 Rn. 1.
5 *Hollerbach* in: Feuchte, Art. 87 Rn. 2.

freie Wohlfahrtspflege mit dem folgenden Wortlaut abgesichert werden sollte:

„Die Wohlfahrtspflege der anerkannten Verbände der Wohlfahrtspflege wird gewährleistet. Die von ihnen unterhaltenen Krankenhäuser, Schulen, Fürsorgeanstalten und ähnliche Einrichtungen gelten als gemeinnützig."[6]

In der zweiten Beratung erhielt die Verfassungsgarantie in Art. 18 b den bis heute geltenden Wortlaut, der schließlich in Art. 87 LV übernommen wurde und seine normsystematische Sonderstellung in den Schlussvorschriften der LV gefunden hat. Dies liegt vor allem darin begründet, dass ein zunächst für den ersten Hauptteil vorgesehener Abschnitt über die „Sozial- und Wirtschaftsordnung" ganz entfallen war.[7]

III. Verfassungsvergleichende Einordnung

4 Die Absicherung der freien Wohlfahrtspflege durch eine institutionelle Garantie ist in den Verfassungen der übrigen „alten Bundesländer" nicht vorgesehen. Eine vergleichbare Regelung findet sich gegenwärtig nur in Sachsen-Anhalt (Art. 33 LSAVerf).

B. Erläuterung

Gewährleistungsgehalt

5 Art. 87 LV enthält eine **Verfassungsgarantie der freien Wohlfahrtspflege**. Die Norm tritt neben die Gewährleistungen der karitativen Wohlfahrtspflege durch die Kirchen und Religionsgemeinschaften nach Art. 6 LV, die besonderen – eigenständigen – Schutz durch die Verfassung genießen, und Art. 13 LV, der auf den Jugendschutz bezogen ist. Damit ist der Anwendungsbereich mit Blick auf die Gewährleistungsadressaten durch die Verfassung begrenzt; Art. 87 LV adressiert nur die **Träger freier Wohlfahrtspflege, soweit sie nicht bereits von Art. 6 LV oder Art. 13 S. 3 LV erfasst sind**.[8] Bundesverfassungsrechtlich ist eine Begrenzung insoweit vorgegeben, als Art. 74 I Nr. 7 GG eine konkurrierende Gesetzgebungszuständigkeit für die „öffentliche Fürsorge" vorsieht und diesen Bereich damit grundsätzlich dem Zugriff des Bundes eröffnet. Öffentliche Fürsorge im Sinne staatlicher Wohlfahrtspflege ist also von Art. 87 LV nicht geschützt. Es verbleibt als Anwendungskern des Art. 87 LV nur der institutionelle Schutz der freien Wohlfahrtsverbände. Als solche werden die organisierten Kräfte verstanden, die sich außerhalb staatlicher Sozial- und Jugendhilfe in diesen Bereichen betätigen.[9] Dem Schutz des Art. 87 LV unterfallen die **jeweils im Land existierenden freien Wohlfahrtsverbände**; einen numerus clausus sieht Art. 87 LV insoweit nicht vor.[10]

6 Eine gewisse institutionelle Verbindung der freien Wohlfahrtsverbände besteht insoweit, als diese auf Landesebene in privatrechtlicher Form in der

---

6 Zit. nach *Hollerbach* in: Feuchte, Art. 87 Rn. 2.
7 *Hollerbach* in: Feuchte, Art. 87 Rn. 3.
8 AA *Penßel* → Art. 6 Rn. 33.
9 *Braun*, Art. 87 Rn. 8.
10 *Hollerbach* in: Feuchte, Art. 87 Rn. 4.

Liga der freien **Wohlfahrtspflege** e.V. zusammengeschlossen sind. Dieser gehören derzeit elf Mitgliedsverbände an:
- die Arbeiterwohlfahrt Bezirksverband Baden,
- die Arbeiterwohlfahrt Bezirksverband Württemberg,
- der Caritasverband der Diözese Rottenburg-Stuttgart,
- der Caritasverband für die Erzdiözese Freiburg,
- der Paritätische Wohlfahrtsverband Landesverband Baden-Württemberg,
- das Deutsche Rote Kreuz Landesverband Badisches Rotes Kreuz,
- das Deutsche Rote Kreuz Landesverband Baden-Württemberg,
- das Diakonische Werk der Evangelischen Landeskirche in Baden,
- das Diakonische Werk der evangelischen Kirche in Württemberg,
- die Israelitische Religionsgemeinschaft Baden und
- die Israelitische Religionsgemeinschaft Württemberg.[11]

Art. 87 LV ist eine **institutionelle Verfassungsgarantie**. Sie ist rein objektivrechtlicher Natur und gewährleistet den im Land jeweils bestehenden freien Wohlfahrtsverbänden (ggf. zusammen mit Art. 13 S. 3 LV) die freie – in einem Kernbereich vor staatlichen Eingriffen geschützte – eigenverantwortliche Betätigung in allen Bereichen der Wohlfahrtspflege.[12] Daraus folgt auch, dass dem Staat – einschließlich der Selbstverwaltungsträger – eine Monopolisierung der Wohlfahrtspflege durch vollständige und ausschließliche Übernahme in die Verantwortung der öffentlichen Hand von Verfassungs wegen untersagt ist (**Monopolisierungsverbot**).[13] Aus dem objektiven Charakter der Verfassungsgarantie folgt zudem, dass durch Art. 87 LV nur das Land – dh vor allem der Gesetzgeber und die Exekutive – verpflichtet wird. Subjektive Rechte der freien Wohlfahrtsverbände gegenüber dem Staat, etwa gerichtet auf eine finanzielle Förderung, können aus Art. 87 LV nicht hergeleitet werden.[14]

Konkrete Anhaltspunkte für das **Verhältnis von öffentlicher und freier Wohlfahrtspflege** lassen sich Art. 87 LV nur bedingt entnehmen. Insbesondere trifft die LV keine Aussagen zu einem bestimmten dabei zu verfolgenden Modell. Das BVerfG hat indes ausgeführt, dass der freien Wohlfahrtspflege eine ergänzende und zugleich staatsentlastende Funktion zukomme. Vor diesem Hintergrund sei die „hergebrachte und durch Jahrzehnte bewährte Zusammenarbeit von Staat und freien Verbänden" zu fördern und zu festigen.[15] Dieses Verständnis eines kooperativen Zusammenwirkens von Staat und freien Trägern ist im Wesentlichen auch der Interpretation von Art. 87 LV zugrunde zu legen.

---

11 Vgl. www.liga-bw.de/mitgliedsverbaende (1.11.2017).
12 *Braun*, Art. 87 Rn. 8; *Hollerbach* in: Feuchte, Art. 87 Rn. 7.
13 *Hollerbach* in: Feuchte, Art. 87 Rn. 7.
14 *Hollerbach* in: Feuchte, Art. 87 Rn. 9.
15 BVerfGE 22, 180 (200, 202).

Artikel 88 [Normenkontrolle des Verfassungsgerichtshofs über vorkonstitutionelles Recht]

Landesrecht im Sinne der Artikel 68 Abs. 1 Nr. 2 und 3 und 76 ist auch das vor Inkrafttreten dieser Verfassung geltende Recht.

Schrifttum:

Greulich, Die Einordnung des vorkonstitutionellen Rechts, in: *ders.,* Staatliche Rechtsordnungen der Bundesrepublik Deutschland, 1972, 1. Hauptteil, Abschn. B, Kap. 2, Ziff. II.; *Ipsen,* Die Normenkontrolle vorkonstitutionellen Rechts, in: *ders.,* Richterrecht und Verfassung, 1975, 2. Teil, Kap. 4, Ziff. 2; *Stern,* Zur Fortgeltung vorkonstitutionellen Rechts, JuS 1961, 350.

Vergleichbare Regelungen: Art. 65 u. 92 BayVerf, 120 II SächsVerf.

Leitentscheidungen: BVerfGE 2, 124 (keine Geltung von Art. 100 I GG für vorkonstitutionelle Gesetze); 4, 178 (Erstreckung des Verwerfungsmonopols des VerfGH auf vorkonstitutionelles Recht nach Art. 88 LV verletzt nicht GG); StGH, ESVGH 19, 133 (Vorlage nach Art. 68 I 2 Nr. 3 LV nicht erforderlich, wenn die vorkonstitutionelle Norm auch gegen GG verstößt).

A. Überblick und Einordnung	1	III. Verfassungsvergleichende Einordnung	3
I. Bedeutung	1	B. Erläuterung	6
II. Herkunft, Entstehung, Geschichte	2		

A. Überblick und Einordnung

I. Bedeutung

1 Die Vorschrift hat mehr als 60 Jahre nach Inkrafttreten der LV keine große Bedeutung mehr.[1] Sie legt fest, dass auch vorkonstitutionelles Landesrecht Gegenstand einer konkreten und abstrakten Normenkontrolle nach Art. 68 I 2 Nr. 2 und 3 LV sowie der kommunalen Normenkontrolle nach Art. 76 LV sein kann. Seit es die Möglichkeit einer Verfassungsbeschwerde beim VerfGH gibt, ist Art. 88 LV entsprechend auf unmittelbare oder mittelbare Gesetzesverfassungsbeschwerden anzuwenden. Mit dieser Ausdehnung auf vorkonstitutionelles Recht soll vor allem die Aufgabe des VerfGH, durch seine Rechtsprechung **Rechtseinheit, Rechtssicherheit und Rechtsfrieden** zu gewährleisten, gestärkt werden. An der für die Zulässigkeit dieser Verfahren jeweils erforderlichen Rangstufe des Landesrechts ändert Art. 88 LV jedoch nichts. Mit der Erstreckung der konkreten Normenkontrolle auf vorkonstitutionelles Recht begründet Art. 88 LV ein **Verwerfungsmonopol** des VerfGH **für vorkonstitutionelle formelle Gesetze.** Dies dient v.a. den oben genannten Zwecken und weniger dem Schutz des vor der Herrschaft der LV von 1953 tätig gewordenen Gesetzgebers. Allerdings galt mit Ablauf des 23.5.1949 das GG für den Gesetzgeber der drei Vorgängerländer, so dass gerade für deren Gesetze der für die konkrete Normenkontrolle zum BVerfG maßgebliche **Zweck des Autoritätsschutzes des grundgesetzgebundenen Gesetzgebers**[2] in gewissem Umfang mit Art. 88 LV doch zum Tragen

---

1 So bereits im Jahr 1984: *Braun,* Art. 88 Rn. 1.
2 BVerfGE 2, 124 (131).

kommt. Eine konkrete Normenkontrolle zum VerfGH gegen vorkonstitutionelles Landesrecht ist jedoch wegen fehlender Entscheidungserheblichkeit unzulässig, wenn der Richter eine im Verhältnis zum GG vorkonstitutionelle Norm wegen einer Verletzung des GG selbst verwerfen kann.[3]

II. Herkunft, Entstehung, Geschichte

Die Vorschrift kam erst im Laufe der Beratungen des Verfassungsausschusses auf **Anregung des Justizministeriums** in die LV. Mit Blick auf die Verfahren der (konkreten) Normenkontrolle sollte die „bekannte Streitfrage" gelöst werden, ob auch Landesrecht, das älter als die Verfassung oder das neue Land ist, Verfahrensgegenstand sein kann.[4] Man entschied sich für die Erstreckung auf „vorkonstitutionelles" Recht, und zwar sowohl für die konkrete als auch die abstrakte Normenkontrolle.[5] Außerdem wurde im Verfassungsausschuss die Frage aufgeworfen, ob Landesverfassungsrecht das nach Art. 100 I GG mögliche richterliche Prüfungs- und Verwerfungsrecht für vorkonstitutionelles Recht[6] durch ein Verwerfungsmonopol des Landesverfassungsgerichts einschränken darf. Die diese Frage verneinende Auffassung wurde jedoch zurückgewiesen.[7] Das BVerfG hat später bestätigt, dass die Länder die Landesverfassungsgerichtsbarkeit für ihren Verfassungsraum selbstständig regeln und auch für vorkonstitutionelle Gesetze ein Verwerfungsmonopol einführen können.[8] Im Plenum des VLV wurde schließlich auch die kommunalrechtliche Normenkontrolle auf „vorkonstitutionelles Recht" ausgedehnt und der Anwendungsbereich des Art. 88 um die Bestimmung des Art. 76 erweitert.[9]

2

III. Verfassungsvergleichende Einordnung

Die **konkrete Normenkontrolle** nach Art. 100 I GG findet – anders als die konkrete Normenkontrolle nach Art. 68 I 2 Nr. 3 LV – ihre Zuständigkeitsgrenze in dem Schutz der Autorität des auf dem GG beruhenden parlamentarischen Gesetzgebers.[10] An das BVerfG vorgelegt werden können nur Gesetze, die nach Inkrafttreten des GG am 23.5.1949, 24 Uhr (Art. 145 II GG), verkündet wurden.[11] Eine – nach Art. 100 I GG zulässige[12] – Ausdehnung des Anwendungsbereichs der konkreten Normenkontrolle auf **vorkonstitutionelles Recht** und damit eine Erstreckung des ver-

3

---

3 StGH, ESVGH 19, 133 (137 ff.).
4 Vgl. die Bemerkungen des Justizministeriums zum Verfassungsentwurf v. 3.3.1953 in: Feuchte, Quellen, 6. Teil, 129; BVerfGE 2, 124.
5 Vgl. die Beratungen in der 50. Sitzung des VA v. 12.5.1953 in: Feuchte, Quellen, 6. Teil, S. 320–322 u. in der 52. Sitzung v. 29.5.1953, ebd., 505, damals noch Art. 82aa.
6 Nach BVerfGE 2, 124 unterliegen nur Gesetze, die nach Inkrafttreten des GG verkündet wurden, der Normenkontrolle nach Art. 100 I GG und einem dadurch begründeten Verwerfungsmonopol.
7 So Regierungsrat *Feuchte*, und die Erwiderung des Abg. *Gönnenwein* (FDP/DVP), in der 50. VA-Sitzung v. 12.5.1953 in: Feuchte, Quellen, 6. Teil, 320 f.
8 BVerfGE 4, 178 (188 f.).
9 Vgl. Nr. 14 der Beilage 1283 v. 4.11.1953 u. Nr. 38 der Beilage 1319 v. 11.11.1953 in: Feuchte, Quellen, 8. Teil, 280 f. u. 443 ff.
10 BVerfGE 2, 124; dazu: *Dollinger* in: Burkiczak/Dollinger/Schorkopf, § 80 Rn. 18 f.
11 BVerfGE 4, 331 (341); *Klein* in: Benda/Klein, Rn. 781 f.
12 BVerfGE 4, 178 (188 f.).

fassungsgerichtlichen Verwerfungsmonopols auf diese Normen findet sich außer in BW **nur noch in Sachsen**[13] **und Bayern.** Art. 65 u. 92 BayVerf werden vom BayVerfGH so ausgelegt, dass auch vorkonstitutionelle Gesetze Gegenstand einer konkreten Normenkontrolle sein können.[14] **Einige Länder** haben die konkrete Normenkontrolle und damit das **verfassungsgerichtliche Verwerfungsmonopol auch auf untergesetzliche Landesnormen** ausgedehnt, was nach § 47 III VwGO zulässig ist (→ Art. 68 Rn. 40).

4 Gegenstand einer **abstrakten Normenkontrolle** nach Art. 93 I Nr. 2 GG kann – anders als nach Art. 100 I GG – vorkonstitutionelles Recht sein.[15] Allerdings begründet dieses Verfahren auch kein Verwerfungsmonopol des BVerfG. Entstehen Zweifel über die Gültigkeit einer vorkonstitutionellen Norm, können die nach Art. 93 I Nr. 2 GG Antragsberechtigten diese vom BVerfG klären lassen.[16]

5 Die **kommunale Verfassungsbeschwerde** nach Art 93 I Nr. 4 b GG u. § 91 BVerfGG erfasst – anders als die kommunale Normenkontrolle nach Art. 76 LV[17] – nicht nur formelle Gesetze, sondern jegliche Rechtsnorm des Bundes oder eines Landes[18] sowie vorkonstitutionelles Recht. Sie kommt als Reservezuständigkeit des BVerfG zum Zuge, soweit Art. 76 LV keinen Rechtsschutz ermöglicht.

B. Erläuterung

6 Die Vorschrift definiert den Begriff „**Landesrecht**" nicht. Art. 88 LV hat bewusst eine allgemeine Formulierung gewählt, weil die von ihm in Bezug genommenen Verfahren der abstrakten, konkreten und kommunalen Normenkontrolle sowie – bei entsprechender Anwendung – die Verfassungsbeschwerde nicht alle sämtliches Landesrecht als Verfahrensgegenstand zulassen. So beziehen sich die abstrakte Normenkontrolle und die Verfassungsbeschwerde auf jegliches Recht, das auf der Staatsgewalt des Landes beruht, insbesondere auch auf Rechtsverordnungen und Satzungen. Demgegenüber sind die konkrete[19] und die kommunale[20] Normenkontrolle nur gegen formelle Landesgesetze zulässig. Art. 88 LV ändert daran nichts. Bei diesen Verfahren kann vorkonstitutionelles Recht nur Gegenstand sein, wenn die betreffende Norm von einem Parlament oder zumindest anstelle eines Parlamentsgesetzes erlassen wurde.[21]

7 Die rechtliche Bedeutung von Art. 88 LV beschränkt sich allein darauf, dass sie den Zeitpunkt des Inkrafttretens der konkret angegriffenen Norm für unerheblich erklärt. Art. 88 LV regelt nicht die Fortgeltung von Recht. Auch entbindet die Vorschrift nicht vom Vorliegen eines Klärungsinteresses bezüg-

---

13 Art. 120 II SächsVerf, der mit Art. 88 LV weitgehend identisch ist.
14 Vgl. BVerfGE 4, 178 (189); *Wolff* in: Lindner/Möstl/Wolff, Art. 92 Rn. 14.
15 BVerfGE 2, 124 (131).
16 BVerfGE 2, 124 (131); 24, 174 (179 f.); 103, 111 (124).
17 StGH, ESVGH 27, 185.
18 Dazu: *Diehm* in: Burkiczak/Dollinger/Schorkopf, § 91 Rn. 11 ff.
19 StGH, U. v. 22.3.1958 – GR 3/1957 – unveröff.; ESVGH 16, 14.
20 StGH, ESVGH 27, 185.
21 StGH, U. v. 22.3.1958 – GR 3/1957 – unveröff., insbes. 13 f. Dies gilt dann wohl auch für sog. „Regierungsgesetze" aus der NS-Zeit: *Stettner* in: Dreier, Art. 123 Rn. 15; *Wolff* in: v. Mangoldt/Klein/Starck, Art. 123 Rn. 38.

lich der Gültigkeit der Norm. **Vorkonstitutionelles Recht** iSv Art. 88 LV ist jegliches Recht, das vor Inkrafttreten der LV am 19.11.1953 als Landesrecht gegolten hat, also in Kraft getreten ist. Soweit es zum Stichtag des Zusammentritts des ersten Bundestages am 7.9.1949 verkündet war und mit dem GG vereinbar ist, gilt es nach Art. 123 I GG auch unter dem GG fort.[22] Vorkonstitutionelles Landesrecht ist damit das auf der Grundlage des Überleitungsgesetzes v. 15.5.1952 (GBl. 3)[23] geschaffene Landesrecht, das Recht der vormaligen Länder oder noch älteres Recht, das nach Art. 94 III LV landesverfassungsrechtlich fortgilt, soweit es der LV nicht widerspricht. Die Verfassungen der drei Vorgängerländer sind dagegen nach Art. 94 II LV mit Inkrafttreten der LV außer Kraft getreten. Kein vorkonstitutionelles Landesrecht iSv Art. 88 LV ist Recht, das am 7.9.1949 verkündet war und nach Art. 124 f. GG zu Bundesrecht wurde.[24] Die schulrechtlichen Bestimmungen des vom Deutschen Reich mit dem Heiligen Stuhl geschlossenen Konkordats blieben nach Art. 123 II GG unter dem GG als Landesrecht in Kraft[25] und gemäß Art. 8 LV von der LV unberührt. Besatzungsrecht war dagegen lange Zeit kein Recht im Sinne von Art. 88 LV, da es nicht der deutschen Gerichtsbarkeit unterlag.[26] Spätestens mit der Wiedererlangung der vollen Souveränität Deutschlands durch Art. 7 II des Vertrags über die abschließende Regelung in Bezug auf Deutschland vom 12.9.1990[27] kann solches Recht wieder grundsätzlich Gegenstand eines Verfahrens vor dem VerfGH sein. Sofern es nicht anstelle eines formellen Gesetzes erlassen wurde,[28] kann es auch von den Fachgerichten inzident verworfen werden.[29] Im Übrigen hat das **Rechtsbereinigungsgesetz** vom 12.2.1980 (GBl. 98) grundsätzlich alle Gesetze, die am 1.1.1980 gegolten haben, aber nicht im Anhang zu diesem Gesetz genannt sind, zum 1. April 1980 aufgehoben. Entsprechendes wurde für Rechtsverordnungen des Landes mit der Ersten Rechtsbereinigungsverordnung vom 4.3.1980 (GBl. 137) bestimmt. Beachtlich für die Fortgeltung von vorkonstitutionellem Recht sind – neben Änderungen und Aufhebungen in einzelnen Gesetzen und Verordnungen – auch die weiteren Rechtsbereinigungsgesetze und -verordnungen.[30]

---

22 BVerfGE 16, 6 (16); *Seiler* in: Epping/Hillgruber, Art. 123 Rn. 1.
23 Dazu: *Feuchte* in: Spreng/Birn/Feuchte, Art. 94 Nr. 4.
24 BVerfGE 4, 358 (368); 7, 330 (337). Ob Recht als Bundesrecht fortgilt, entscheidet im Streitfall nach Art. 126 GG das BVerfG.
25 BVerfGE 6, 309 (340 ff.); *Seiler* in: Epping/Hillgruber, Art. 123 Rn. 14.
26 BVerfGE 2, 181 (198 ff.); 3, 368 (375 f.); *Schulze* in: Sachs, GG, Art. 123 Rn. 6; *Stettner* in: Dreier, Art. 123 Rn. 17 ff.
27 Sog. „Zwei-plus-Vier-Vertrag", BGBl. II, 1318. Bereits mit dem Überleitungsvertrag vom 26.5.1952 – am 5.5.1955 in Kraft getreten – war der deutsche Gesetzgeber zur Abänderung des größten Teils des Besatzungsrechts ermächtigt worden, BGBl. 1955 II, 405.
28 Dieses Verwerfungsmonopol folgt – trotz des Umstands, dass die Norm aus einer nicht-deutschen Rechtquelle stammt – aus Art. 88 LV u. StGH, U. v. 22.3.1958 – GR 3/1957 – unveröff., 13 f.
29 *Kirn* in: v. Münch/Kunig, Art. 123 Rn. 11; *Klein* in: Benda/Klein, Rn. 803. Die Norm gilt analog Art. 123 I GG gemäß Art. 124 f. GG entsprechend der Kompetenzordnung als Landesrecht fort, vgl. *Seiler* in: Epping/Hillgruber, Art. 123 Rn. 7; *Kirn* in: v. Münch/Kunig, Art. 123 Rn. 11.
30 Zweites Rechtsbereinigungsgesetz v. 7.2.1994 (GBl. 73); Drittes Rechtsbereinigungsgesetz v. 18.12.1995 (GBl. 1996, 29); Viertes Rechtsbereinigungsgesetz v. 4.5.2009 (GBl. 195); Zweite Rechtsbereinigungsverordnung v. 4.3.1980 (GBl. 206).

Artikel 89 [Erste Mitgliederwahl zum Verfassungsgerichtshof]

Bei der ersten Wahl der gemäß Artikel 68 Abs. 3 zu bestellenden Mitglieder des Verfassungsgerichtshofs wird je ein Mitglied der genannten drei Gruppen auf die Dauer von sechs Jahren, je ein weiteres Mitglied auf die Dauer von drei Jahren gewählt.

Vergleichbare Regelungen: Art. 114 BbgVerf, 77 NdsVerf, 143 b RPVerf, 81 IV SächsVerf u. 68 SchlHVerf.

A. Überblick und Einordnung	1	III. Verfassungsvergleichende Einordnung	3
I. Bedeutung	1	B. Erläuterung	5
II. Herkunft, Entstehung, Geschichte	2		

A. Überblick und Einordnung

I. Bedeutung

1 Das in Art. 68 III LV eingeführte **rollierende System des im Rhythmus von drei Jahren vorgesehenen Austauschs eines Drittels aller Mitglieder des VerfGH** dient dem Ausgleich zwischen der notwendigen Erneuerung der demokratischen Legitimation, tagespolitischer Neutralität und Kontinuität der Rechtsprechung.[1] Art. 89 LV sollte dieses System „zum Laufen" zu bringen. Mit dem Vollzug der ersten Wahl hat sich die Vorschrift erledigt und ist nur noch historisch von Interesse.[2]

II. Herkunft, Entstehung, Geschichte

2 Die Vorschrift wurde vom VA der VLV in die Schlussbestimmungen eingefügt, nachdem man sich darauf geeinigt hatte, die Amtszeit der Mitglieder des damaligen StGH nicht an die Legislaturperiode zu koppeln, sondern ein rollierendes System mit neun Richtern aus drei Gruppen, einer Amtszeit von neun Jahren und einer Neuwahl je eines Richters pro Gruppe alle drei Jahre einzuführen.[3] Um dieses rollierende System bei der ersten Richterwahl „anzuschieben", wurde Art. 89 LV – damals noch Art. 82bb – in den Verfassungsentwurf eingefügt.[4] Im Plenum der VLV wurde nur noch die Artikelnummer geändert.

III. Verfassungsvergleichende Einordnung

3 Eine Art. 89 LV weitgehend vergleichbare Regelung findet sich nur noch in Art. 81 IV SächsVerf. Der SächsVerfGH besteht auch aus neun Richtern mit einer Amtszeit von neun Jahren. Art. 81 IV 2 SächsVerfG gestattet es, durch einfaches Gesetz festzulegen, dass Wahlen im Abstand von drei Jahren stattfinden und dass die Amtszeit bei der ersten Wahl abgekürzt werden kann, was jedoch nicht umgesetzt wurde. Allerdings ist die Zusam-

---

1 Vgl. den Vors. des VA Abg. *Gog* (CDU) u. den Abg. *Lausen* (SPD) in der 50. VA-Sitzung v. 12.5.1953 in: Feuchte, Quellen, 6. Teil, 308 f.; *Braun*, Art. 89 Rn. 2.
2 *Feuchte* in: ders., Art. 89 Rn. 2.
3 In der 50. VA-Sitzung v. 12.5.1953 in: Feuchte, Quellen, 6. Teil, 308 f.
4 Vgl. die Ergebnisse der Beratungen des VA in Beilage 825 v. 6.6.1953 in: Feuchte, Quellen, 6. Teil, 515 (531), sowie die 52. VA-Sitzung am 29.5.1953, ebenda, 505.

mensetzung des SächsVerfGH in Art. 81 II SächsVerf abweichend von Art. 68 III 1 LV geregelt. Er besteht aus fünf Berufsrichtern und vier anderen Mitgliedern.

Regelungen, mit denen die Amtszeit eines Teils der Verfassungsrichter bei der ersten Wahl abgekürzt wurden, finden sich noch in Art. 68 SchlHVerf.[5] Für die erste Richterwahl am BVerfG gab es bis 1970 in § 4 II BVerfGG ebenfalls eine solche Regelung. Beim BbgVerfG waren nach Art. 114 BbgVerf bei der ersten Wahl alle Richter nur mit einer um die Hälfte abgekürzten Amtszeit zu wählen, wobei eine einmalige Wiederwahl für die Dauer der regulären Amtszeit von zehn Jahren ausnahmsweise zulässig war. Diese Regelung führte ebenfalls zu einer gewissen Staffelung der Amtszeiten. In Art. 77 NdsVerf und in Art. 143 b RPVerf finden sich Übergangsregelungen zur Dauer der Amtszeit, die in der Folge einer Änderung der Verfassungsbestimmungen über die Richter eingefügt wurden.

B. Erläuterung

Die Norm begründete für die erste Wahl von Mitgliedern des damaligen StGH eine Ausnahme von der in Art. 68 III 2 LV normierten Amtszeit von neun Jahren. Je ein Mitglied der in Art. 68 III 1 LV genannten Gruppen war für drei Jahre und je ein weiteres für sechs Jahre zu wählen. Die **gestaffelten ersten Amtsdauern** ermöglichten den im Rhythmus von drei Jahren stattfindenden Austausch von einem Drittel der Mitglieder. Die turnusmäßig geordnete Erneuerung des VerfGH wird auch durch Art. 68 III 4 LV gesichert, wonach bei einem vorzeitigen Ausscheiden eines Mitglieds aus dem Amt ein Nachfolger nur für den Rest der verbleibenden Amtszeit des ausscheidenden Mitglieds zu bestellen ist.

Art. 89 LV ist durch **§ 2 I u. IV VerfGHG** (bzw. damals noch StGHG) näher umgesetzt worden. Danach waren bei der ersten Richterwahl am 22.6.1955[6] die Mitglieder aus jeder der drei Gruppen im Wege der Verhältniswahl nach dem Höchstzahlverfahren (d'Hondt) gesondert zu wählen (§ 2 I 1 VerfGHG). Ob ein Bewerber nach Art. 89 LV auf die Dauer von neun, sechs oder drei Jahren gewählt war, entschied das Los (§ 2 I 2 VerfGHG). Für die Stellvertreter fand eine entsprechende Wahl statt (§ 2 IV 1 u. 2 VerfGHG). Die Wahl nach dem Verhältniswahlprinzip d'Hondt ermöglichte, dass sich die stärksten Fraktionen im Landtag in jeder Richtergruppe entsprechend ihrem Anteil wiederfinden konnten.

Die ersten Richter wurden am 20.7.1955 vereidigt und traten ihr Amt an.[7] Seitdem **enden alle Amtszeiten** von Mitgliedern des VerfGH **am 20.7.**

---

5 Siehe auch § 56 SchlHVerfGG.
6 *Feuchte* in: ders., Art. 89 Rn. 2 mwN.
7 *Feuchte* in: ders., Art. 89 Rn. 2 mwN.

Artikel 90 [Polizeiorganisation][1]

Die Organisation der Polizei bleibt im Grundsatz bis zu einer gesetzlichen Neuregelung bestehen.

Schrifttum:
Würtenberger/Heckmann/Tanneberger, Polizeirecht in Baden-Württemberg, 7. Aufl. 2017.

Vergleichbare Regelungen: Keine.

Ergänzende Normen: PolG.

Leitentscheidungen: Keine.

A. Überblick und Einordnung 1	III. Verfassungsvergleichende Einordnung 3
I. Bedeutung 1	
II. Herkunft, Entstehung, Geschichte 2	B. Erläuterung 4

A. Überblick und Einordnung

I. Bedeutung

1 Art. 90 LV stellt eine **obsolete Schlussbestimmung** dar. Sie galt angesichts ihres eindeutigen Wortlauts ohnehin von vornherein als Übergangsregelung. Danach sollte sichergestellt werden, dass die in den Ländern bzw. späteren Landesteilen nach Inkrafttreten der LV vorgefundene Polizeiorganisation solange bestehen bleibt, bis der einfache Gesetzgeber eine Neuregelung erlassen hat. Dies ist mit dem **Polizeigesetz vom 21.11.1955** (GBl. 249) geschehen. Seither hat Art. 90 LV nur noch historische Bedeutung.[2] Der ursprüngliche Normzweck ist mit der Schaffung eines Polizeigesetzes für BW vollständig entfallen.[3]

II. Herkunft, Entstehung, Geschichte

2 Art. 90 LV hat erst im VA Eingang in die LV gefunden. Die Aufnahme der Bestimmung geschah vor dem Hintergrund, dass bei Inkrafttreten der LV eine **unterschiedliche Organisationsstruktur der Polizei in den Vorgängerländern** bestanden hatte.[4] So verfügten die Gemeinden in Nordbaden und Nordwürttemberg mit mehr als 5.000 Einwohnern überwiegend über eine eigene Vollzugspolizei, während in anderen Landesteilen eine staatliche Landespolizei bestand.[5] Namentlich in Württemberg-Hohenzollern existierte ausschließlich eine staatliche Polizei ohne Einbeziehung der Gemeinden in die ortspolizeilichen Aufgaben.[6] In Südbaden war zumindest ein

---

1 Siehe nunmehr das PolizeiG.
2 *Feuchte* in: Feuchte, Art. 90 Rn. 1.
3 *Braun*, Art. 90 Rn. 1; *Feuchte* in: Feuchte, Art. 90 Rn. 1.
4 Zur Entstehungsgeschichte des Polizeigesetzes vgl. auch *Würtenberger/Heckmann/Tanneberger*, § 1 Rn. 19.
5 *Feuchte* in: Feuchte, Art. 90 Rn. 2.
6 *Feuchte* in: Feuchte, Art. 90 Rn. 2.

überwiegender Teil der Vollzugspolizei staatlich organisiert.[7] Unter anderem zur Herstellung von Rechtssicherheit für eine Übergangszeit, nämlich bis zum Erlass eines Polizeigesetzes, erfolgte die Niederlegung des Polizeiartikels als Schlussbestimmung in der LV.

III. Verfassungsvergleichende Einordnung

Eine vergleichbare Regelung auf Verfassungsebene, die ausschließlich das vorübergehende Fortgelten der Vorschriften des einfachen Rechts, die ausschließlich die Polizeiorganisation betreffen, fand bzw. findet sich in den übrigen Landesverfassungen nicht. Die baden-württembergische Regelung ist mithin **singulär geblieben**. 3

B. Erläuterung

Bei Art. 90 LV handelt es sich um eine **rein organisationsrechtliche Norm**.[8] Regelungen über das materielle Polizeirecht wurden mit ihr nicht intendiert. Wegen der rechtsstaatlichen Bindung (Art. 20 III GG, Art. 23 I LV) an Recht und Gesetz bedürfen auch die materiellen Eingriffsbefugnisse der Polizei parlamentsgesetzlicher Regelung. Diese normative Grundlage ist mit dem PolG geschaffen worden, wenngleich aus Art. 90 LV nur der Auftrag an den Gesetzgeber folgte, bei einer gesetzlichen Neuregelung formelles Polizeirecht („Organisation der Polizei") zu schaffen. Nur aus Gründen der Normsystematisierung sind das materielle und das formelle Polizeirecht wie in den Gefahrenabwehrgesetzen der übrigen Länder auch – zumal basierend auf dem späteren „Musterentwurf eines einheitlichen Polizeigesetzes" der Innenministerkonferenz – in einem Regelwerk zusammengefasst. Es gilt heute das Polizeigesetz (PolG) idF v. 13.1.1992 (GBl. 1, ber. 596, ber. 1993, 155), zuletzt geändert durch Gesetz vom 18.10.2016 (GBl. 569). 4

Artikel 91 [Heimatklausel für Zentralbehörden]

Bei den Ministerien und sonstigen obersten Landesbehörden sollen Beamte aus den bisherigen Ländern in angemessenem Verhältnis verwendet werden.

Schrifttum:
Didczuhn, Der Grundsatz der proportionalen Parität – Eine historische und rechtsvergleichende Studie zur Auslegung des Art. 36 GG, 1990; *Grabendorff*, Zur Frage der Auslegung des Art. 36 des Bonner Grundgesetzes, DÖV 1952, 301; *von Stralenheim*, Die Auslegung und Durchführung des Art. 36 GG, DÖV 1951, 628.

Vergleichbare Regelungen: Art. 36 GG; Art. 72 II NdsVerf (bedingt).

Ergänzende Normen: Keine.

Leitentscheidungen: Keine.

---

7 *Feuchte* in: Feuchte, Art. 90 Rn. 2.
8 *Feuchte* in: Feuchte, Art. 90 Rn. 3.

A. Überblick und Einordnung	1	III. Verfassungsvergleichende Einordnung	3
I. Bedeutung	1	B. Erläuterung	5
II. Herkunft, Entstehung, Geschichte	2		

A. Überblick und Einordnung

I. Bedeutung

1 Art. 91 LV bestimmt, dass bei den Ministerien und sonstigen obersten Landesbehörden Beamte aus den bisherigen Ländern in angemessenem Verhältnis verwendet werden sollen. Ausweislich des Wortlauts und der Entstehungsgeschichte[1] ist die Vorschrift, die – neben Art. 12 I LV, der unter anderen die Liebe zu Volk und Heimat zu den Erziehungszielen der Jugend bestimmt (→ Art. 12 Rn. 40) – das **Heimatprinzip** in der LV verankert, als Übergangsvorschrift zu werten, der heute freilich **keine Bedeutung mehr** zukommt.[2] Sie war zudem auch nicht als striktes Verfassungsgebot zu verstehen, da sie – im Unterschied zu Art. 36 I 1 GG – nicht an bestehende Gebietskörperschaften anknüpft, sondern an die „bisherigen Länder".[3] Auch die Verortung in den Schlussvorschriften bietet ein – wenngleich schwächeres – Indiz dafür, dass es sich bei Art. 91 LV um eine Übergangsvorschrift handelt, die heute ohne Bedeutung ist.

II. Herkunft, Entstehung, Geschichte

2 Als Vorgängerregelung zu Art. 91 LV findet sich bereits **Art. 24 des Überleitungsgesetzes vom 15.5.1952** (GBl. 3). Diese Bestimmung sah vor, dass bei der Bildung der Ministerien des neuen Landes das Personal grundsätzlich aus den Angehörigen der Verwaltungen der bisherigen Länder zu entnehmen ist. Die einzelnen Landesteile waren daher schon auf dieser Grundlage in angemessenem Verhältnis innerhalb der einzelnen Verwaltungsbezirke und nach der sachlichen Bedeutung der Stellen zu berücksichtigen.[4] Bereits darin wird der Ansatz erkennbar, dass landsmannschaftliche Kriterien bei der personellen Besetzung der obersten Landesbehörden zugrunde gelegt werden sollten. Der **Karlsruher Entwurf eines Staatsvertrages vom 10.8.1948** sah ebenfalls vor, dass die Landesregierung und die **Verwaltung des Landes landsmannschaftlich ausgeglichen zusammengesetzt** sein sollte.[5] Es galt konkret, dass bei der Besetzung der Beamtenstellen, freilich nach Eignung und Fähigkeit, die Stellen des höheren und gehobenen Dienstes der Zentralbehörden nach Zahl und sachlicher Bedeutung grundsätzlich anteilig landsmannschaftlich besetzt sein sollten.[6] Die schließlich in Art. 91 LV aufgenommene Formulierung entstammt hingegen wörtlich Art. 112 VerfECDU.[7]

---

1 Vgl. die Beratungen im VA, Bericht, Beil. 1103, 82, sowie in der Zweiten Beratung, Verhandlungen, S. 2398.
2 *Braun*, Art. 91 Rn. 2; *Feuchte* in: Feuchte, Art. 91 Rn. 2.
3 *Feuchte* in: Feuchte, Art. 91 Rn. 3.
4 *Braun*, Art. 91 Rn. 1.
5 *Braun*, Art. 91 Rn. 1; *Feuchte* in: Feuchte, Art. 91 Rn. 1.
6 *Feuchte* in: Feuchte, Art. 91 Rn. 1.
7 *Feuchte* in: Feuchte, Art. 91 Rn. 1, unter Verweis auf Verhandlungen, S. 2397, 2492; Beilagen S. 1251, 1283.

III. Verfassungsvergleichende Einordnung

Die Berücksichtigung landsmannschaftlicher Aspekte bei der Besetzung 3
von Beamtenstellen in den Ministerien und übrigen Landesbehörden zum
Gegenstand einer eigenständigen Verfassungsbestimmung zu erheben, ist **in
keiner anderen Landesverfassung** erfolgt. Ein landsmannschaftlicher Bezug
findet sich lediglich – wenngleich mit anderem Inhalt – in Art. 72 II Nds-
Verf. Danach sind die überkommenen heimatgebundenen Einrichtungen
der ehemaligen Länder Hannover, Oldenburg, Braunschweig und Schaumburg-Lippe weiterhin dem heimatlichen Interesse dienstbar zu machen und
zu erhalten, soweit ihre Änderung oder Aufhebung nicht in Verfolg organisatorischer Maßnahmen, die sich auf das gesamte Land Niedersachsen erstrecken, notwendig wird. Insoweit kommt ein Heimatbezug in der Verfassung auch in Niedersachsen zum Tragen, der im Unterschied zu Art. 91 LV
allerdings nicht für die Besetzung der Beamtenstellen in der Landesverwaltung gilt.

Demgegenüber bestimmt **Art. 36 I 1 GG** mit eindeutiger Geltung für die 4
Besetzung der Beamtenstellen bei den obersten Bundesbehörden, dass der
Grundsatz der proportionalen föderalen Parität befolgt wird („sind in angemessenem Verhältnis zu verwenden"). Für die übrigen – mittleren, unteren und sonstigen – Bundesbehörden gilt nach Art. 36 I 2 GG das Heimatprinzip, wobei die Vorschrift anders als Art. 36 I 1 GG neben den Beamten
auch die übrigen – nicht im Beamtenverhältnis beschäftigten – Bediensteten
umfasst. Art. 36 II GG verlangt, dass im Bereich der Bundeswehr und der
Bundeswehrverwaltung neben dem Heimatprinzip auch landsmannschaftliche Aspekte zu berücksichtigen sind. Damit existiert auf Bundesebene ein
verfassungsrechtlich abgesichertes und bis heute geltendes Organisationsprinzip, das „in allen Teilen unmittelbar geltendes Recht" ist.[8]

B. Erläuterung

Art. 91 LV beinhaltet im Kern den verfassungsrechtlichen Grundsatz, dass 5
im neugebildeten Bundesland BW die Beamten der bisherigen Länder in
angemessenem Verhältnis in den Ministerien und sonstigen obersten Landesbehörden verwendet werden sollen. Bereits die Formulierung („sollen")
legt nahe, dass unter der Geltung der Norm bereits Ausnahmen in besonders gelagerten Fällen (etwa bei dem Erfordernis besonderer fachlicher Eignung) als zulässig angesehen werden konnten. Die Vorschrift knüpft ausdrücklich an den **Beamtenstatus der Beamten in den bisherigen Ländern
als früheren Dienstherren** an. Auch daraus erklärt sich, dass Art. 91 LV lediglich eine zeitlich begrenzte Übergangsvorschrift darstellen kann. Denn
wenn Beamte der früheren Dienstherren, also der „bisherigen Länder",
nicht mehr zur Verfügung stehen – was mittlerweile der Fall ist –, ist der
Verfassungsauftrag des Art. 91 LV als erfüllt anzusehen. Es fehlt insoweit
erkennbar an einem Regelungsgegenstand.[9]

---

8 *Pieroth* in: Jarass/Pieroth, Art. 36 Rn. 1.
9 *Braun*, Art. 91 Rn. 2.

Artikel 92 [Mitgliedermehrheit des Landtags]

Mehrheiten oder Minderheiten der „Mitglieder des Landtags" im Sinne dieser Verfassung werden nach der gesetzlichen Zahl der Mitglieder des Landtags berechnet.

Schrifttum:

Jellinek, Die gesetzliche Mitgliederzahl, in: FS Herbert Kraus, 1954, 88; *Lambrecht*, Die Stimmenthaltung bei Abstimmungen und die Nein-Stimme bei Wahlen, 1968; *Magsaam*, Mehrheit entscheidet – Ausgestaltung und Anwendung des Mehrheitsprinzips im Verfassungsrecht des Bundes und der Länder, 2014; *Pestalozza*, Die „gesetzliche Mitgliederzahl", Art. 121 GG, LKV 2008, 49; *Winkler*, Die gesetzliche Mitgliederzahl des 14. Deutschen Bundestages, VR 2000, 165; zum Mehrheitsprinzip allgemein s. die Angaben zu Art. 33.

Vergleichbare Regelungen: Art. 121 GG, 32 II MVVerf, 74 NdsVerf, 22 IV SchlHVerf.

Ergänzende Normen: Art. 33 II 1 LV.

A. Überblick und Einordnung	1	B. Erläuterung	4
I. Bedeutung	1	I. Gesetzliche Zahl der Mitglieder	4
II. Herkunft, Entstehung, Geschichte	2	II. Anwendungsbereich	6
III. Verfassungsvergleichende Einordnung	3		

A. Überblick und Einordnung

I. Bedeutung

1 Art. 92 LV definiert eine vom Regelmehrheitsbegriff des Art. 33 II 1 LV (→ Art. 33 Rn. 20 f.) abweichende **Bezugsgröße für Mehrheits- und Minderheitsbegriffe**. Während nämlich Art. 33 II 1 LV auf die „abgegebenen Stimmen" (sog. Abstimmungsmehrheit) abstellt, bezieht sich Art. 92 LV auf die **gesetzliche Mitgliederzahl**. Damit ist die Hürde dieses Mehrheitsbegriffs wesentlich höher als die des Art. 33 II 1 LV, dann bei Art. 92 LV haben Nein-Stimmen, Stimmenthaltungen oder Abwesenheiten insofern dieselbe Wirkung, dass sie alle nicht zur erforderlichen positiven Mehrheit, die in ihrer absoluten Zahl davon unberührt bleibt, beitragen. Daher bewirkt diese (Sonder-)Mehrheit eine höhere Legitimation und ist deshalb den als bedeutender angesehenen Entscheidungen (wie zB die Wahl des Ministerpräsidenten) vorbehalten.[1] Zudem bewirkt die Bezugnahme auf die gesetzliche Mitgliederzahl eine Klarstellung des maßgeblichen Mitgliederbegriffs (zugunsten der Sollzahl der Abgeordneten), der sonst auch im tatsächlichen Sinne (als Istzahl) hätte verstanden werden können.[2]

II. Herkunft, Entstehung, Geschichte

2 Der Begriff einer „gesetzlichen Anzahl der Mitglieder" hat eine fast zweihundertjährige Geschichte[3] und findet sich namentlich bereits in § 98, 1

---

1 *Magsaam*, Mehrheit, 67 f., 77.
2 *Pestalozza*, LKV 2008, 49 (50).
3 Näher bei *Pestalozza*, LKV 2008, 49 (Fn. 2).

PKV und Art. 28 I RV, wird hier aber als Bezugsgröße der erforderlichen Beschlussfähigkeit und nicht eines Mehrheitsbegriffs verwendet. Dies erfolgte erstmals in Art. 121 GG, dem Art. 85 VerfERP und damit Art. 92 LV nachgebildet sind. Diese **verfassungsrechtliche Neuschöpfung** einer ausdrücklichen Regelung der Mitgliedermehrheit erfolgte sowohl aus gesetzessprachlichen Gründen als auch zur Schaffung einer klaren Bezugsgröße für Minderheitenquoren.[4] Dennoch stellte sich im VA, wie schon im Parlamentarischen Rat,[5] hauptsächlich die Frage nach der Notwendig- und Sinnhaftigkeit der Norm – insbesondere bezüglich der Minderheiten –, die ausweislich der vielen Enthaltungen nicht zur Zufriedenheit aller geklärt werden konnte. Gleichwohl wurde die Norm angenommen und im weiteren Verfahren nicht mehr diskutiert.[6]

III. Verfassungsvergleichende Einordnung

Die Zweifel am substanziellen Mehrwert einer ausdrücklichen Regelung der Mitgliedermehrheit schlagen sich auch darin nieder, dass **neben dem GG lediglich vier Landesverfassungen** (einschl. BW) eine solche Norm enthalten. Alle diese Verfassungen wurden erst nach dem Erlass des GG geschaffen und haben sich in diesem Punkt daran orientiert. Sie unterscheiden sich in ihrer systematischen Verortung: Während Art. 92 LV, 74 NdsVerf (wie Art. 121 GG) zu den Übergangs- und Schlussbestimmungen zählen, haben Art. 32 II MVVerf, 22 IV SchlHVerf ihren Standort – überzeugender – innerhalb des Verfassungsartikels zum parlamentarischen Mehrheitsprinzip. Das Fehlen einer entsprechenden Regelung **in den übrigen Verfassungen** steht freilich auch dort der **Verwendung der Mitgliederzahl als Mehrheitsbezugsgröße** nicht entgegen, sondern diese wird dann **jeweils beim konkreten Anwendungsfall** genannt – etwa bei der Selbstauflösung des Landtags oder bei der Wahl des Regierungschefs (zB Art. 62 II, 83 I 1 BbgVerf, 54 II, 56 I 1 BerlVerf, 84 I RPVerf, 58, 60 I SächsVerf, 60 I 1, 65 II 1 LSAVerf, 50 II 1 Nr. 1, 70 III 1 ThürVerf). Teilweise wird sogar ausdrücklich auf die gesetzliche Mitgliederzahl Bezug genommen (zB Art. 18 I BayVerf, 11 I 3, 34 I HambVerf, 80, 101 I 1 HessVerf, 35 I 2, 52 I NRWVerf, 98 II 1 RPVerf, 87 I 1 SaarlVerf).

B. Erläuterung

I. Gesetzliche Zahl der Mitglieder

Mit der Bezugnahme auf die „gesetzliche Zahl der Mitglieder" enthält Art. 92 LV – mangels eigener Festlegung der Mitgliederzahl – eine dynamische Verweisung auf (und implizit einen Gesetzgebungsauftrag für) die einfachgesetzlichen Vorschriften über die Mitgliederzahl, mithin auf die je-

---

4 *Muckel* in: v. Mangoldt/Klein/Starck, Art. 121 Rn. 3; *Klein* in: Maunz/Dürig, Art. 121 Rn. 6; vgl. die Erläuterung von Regierungsrat *Feuchte* in der 44. VA-Sitzung am 19.2.1953 in: Feuchte, Quellen, 5. Teil, 600.
5 *Klein* in: Maunz/Dürig, Art. 121 Rn. 4; *Versteyl* in: v. Münch/Kunig, Art. 121 Rn. 1, 11; *Pestalozza*, LKV 2008, 49 (50).
6 S. die kurze Beratung in der 44. VA-Sitzung am 19.2.1953 in: Feuchte, Quellen, 5. Teil, 599 f., und die 2. Lesung im VA (51. u. 52. VA-Sitzung am 21./29.5.1953, in: Feuchte, Quellen, 6. Teil, 448 u. 505) sowie die Plenarberatungen (56. u. 59. VLV-Sitzung am 22.10./5.11.1953, in: Feuchte, Quellen, 8. Teil, 219, 248 u. 417).

weils gültige Fassung des LWG.⁷ Die darin geregelte Mitgliederzahl umfasst die 120 **Regelmandate** gem. § 1 I LWG zuzüglich der **Überhang- und Ausgleichsmandate** gem. § 2 IV LWG, wie sie sich für den jeweils amtierenden Landtag aus dessen Wahl ergeben haben.

5 Diese Zahl ändert sich auch nicht, wenn ein **Mandat vorübergehend unbesetzt** ist, da sich Art. 92 LV gerade nicht auf die tatsächliche Mitgliederzahl bezieht und die gesetzliche Mandatszahl (verstanden als „Sollbestand") davon unberührt ist; sonst könnte das Mandat gar nicht mehr nachbesetzt werden.⁸ Das kann der Fall sein, wenn ein Mandat (zB durch Verzicht oder Tod) freigeworden ist und der Nachrücker die Wahl noch nicht angenommen hat (vgl. Art. 41 I LV). Erst recht ändert sich die gesetzliche Mandatszahl nicht, wenn ein Mandat von seinem Inhaber wegen Krankheit, Dienstreisen, Urlaub oÄ (vorübergehend) nicht ausgeübt wird.⁹ Anders verhält es sich aber, wenn Mandate wegen Erschöpfung der Nachrückerkandidaten oder eines Parteiverbots **dauerhaft unbesetzt** bleiben; in diesem Fall reduziert sich die gesetzliche Mitgliederzahl entsprechend.¹⁰

II. Anwendungsbereich

6 **Mehrheitsbegriffe** lassen sich neben ihrer Bezugsgröße (Mitgliederzahl/Anwesende/Abstimmungsteilnehmer) auch nach verschiedenen Quoren unterteilen. Art. 92 LV gibt als Bezugsgröße die gesetzliche Zahl der Mitglieder vor, jedoch kein Quorum. Dies erfolgt vielmehr an vielen verschiedenen Stellen in der LV, und zwar sowohl für Sach- als auch Personalentscheidungen.¹¹

---

7 *Kluth* in: Schmidt-Bleibtreu/Hofmann/Henneke, Art. 121 Rn. 3; *Höfling/Burkiczak* in: Friauf/Höfling, Art. 121 Rn. 31; *Klein* in: Maunz/Dürig, Art. 121 Rn. 17.
8 Wie hier *Höfling/Burkiczak* in: Friauf/Höfling, Art. 121 Rn. 34 f.; *Mielke* in: Epping/Butzer u.a., Art. 74 Rn. 10; aA die hM, wonach auch in diesem Fall die gesetzliche Mitgliederzahl (vorübergehend) absinkt, vgl. *Jellinek* in: Kraus-FS, 88 (93 f.); *Winkler*, VR 2000, 165 (167); *Klein* in: Maunz/Dürig, Art. 121 Rn. 18 f.; *Muckel* in: v. Mangoldt/Klein/Starck, Art. 121 Rn. 13 f., unter Verweis auf die eingeschränkte Funktionsfähigkeit des Parlaments; *Versteyl* in: v. Münch/Kunig, Art. 121 Rn. 9; *Braun*, Art. 92 Rn. 2 f.; würde man der hM folgen, gäbe es keinen Unterschied zwischen gesetzlicher und tatsächlicher Mitgliederzahl (Soll = Ist) – dann aber wäre Art. 92 LV in der Tat überflüssig, wie *Braun*, Art. 92, Rn. 1, feststellt; wie hier auch *Pestalozza*, LKV 2008, 49 (Fn. 11).
9 *Muckel* in: v. Mangoldt/Klein/Starck, Art. 121 Rn. 15; *Höfling/Burkiczak* in: Friauf/Höfling, Art. 121 Rn. 36; *Klein* in: Maunz/Dürig, Art. 121 Rn. 21.
10 *Jellinek* in: Kraus-FS, 88 (93); *Muckel* in: v. Mangoldt/Klein/Starck, Art. 121 Rn. 12; *Kluth* in: Schmidt-Bleibtreu/Hofmann/Henneke, Art. 121 Rn. 3; *Höfling/Burkiczak* in: Friauf/Höfling, Art. 121 Rn. 33; *Mielke* in: Epping/Butzer u.a., Art. 74 Rn. 9; aA *Pestalozza*, LKV 2008, 49 (51 f. u. Fn. 11), der alle nach der Wahl eintretenden Veränderungen für unbeachtlich hält.
11 Ebenso zum GG *Klein* in: Maunz/Dürig, Art. 121 Rn. 16.

[Mitgliedermehrheit des Landtags]   Artikel 92

Eine **absolute Mehrheit** der Mitglieder verlangt die LV in   7
- Art. 46 I 1, 54 I LV (Wahl des Ministerpräsidenten),
- Art. 64 III 1 LV (Antrag auf eine verfassungsändernde Volksabstimmung) und
- Art. 66 II 1 LV (Richteranklage vor dem BVerfG),

sowie in Kombination mit einer Mehrheit von zwei Dritteln der Anwesenden in
- Art. 42 II 2 LV (Erhebung der Abgeordnetenanklage),
- Art. 57 II 2 LV (Erhebung der Ministeranklage) und
- Art. 64 II LV (Verfassungsänderungen).

Eine **Zweidrittelmehrheit** bezogen auf die gesetzliche Mitgliederzahl findet   8
sich schließlich in
- Art. 43 I 1 LV (Selbstauflösung des Landtags),
- Art. 56 LV (Ministerentlassung) und
- Art. 62 II 2 LV (Feststellung der Nichtabhaltung von Wahlen und Abstimmungen).

Die auf die gesetzliche Mitgliederzahl bezogenen qualifizierten **Minderheitsquoren** betragen ein Drittel mit Bindungswirkung gegenüber der Mehrheit (sog. absolute Minderheitenrechte)[12] bei   9
- Art. 42 II 1, 57 II 1 (Antrag auf Abgeordneten- und Ministeranklage),
- Art. 60 II 1 LV (Antrag auf Volksabstimmung über ein vom Landtag beschlossenes Gesetz),
- Art. 60 III (Antrag auf Volksabstimmung über eine vom Landtag abgelehnte Gesetzesinitiative der Regierung),

und ein Viertel
- ohne Bindungswirkung gegenüber der Mehrheit (sog. relative Minderheitenrechte) in Art. 43 I 1 LV (Antrag auf Selbstauflösung des Landtags) und
- mit Bindungswirkung gegenüber der Mehrheit in Art. 30 IV LV (Einberufung des Landtags), Art. 35 I 1 LV (Einsetzung eines Untersuchungsausschusses), Art. 64 I 3 LV (Prüfung der Zulässigkeit eines verfassungsändernden Gesetzes durch den VerfGH) und Art. 68 II Nr. 2 LV (Durchführung einer abstrakten Normenkontrolle).

Eine – zumindest direkte – Anwendbarkeit auf **andere Gremien als den Landtag** als Ganzes (zB Ausschüsse, vgl. etwa Art. 35 II 2 LV) schließt der ausdrücklich auf den Landtag beschränkte Wortlaut aus.[13] Dennoch wird ein auf eine Mitgliederzahl bezogener Mehrheits- oder Minderheitsbegriff im Zweifel nach den Grundsätzen des Art. 92 LV auszulegen sein. Allerdings ist eine (entsprechende) Anwendung von Art. 92 LV auf die **Beschlussfähigkeitshürde von Art. 33 II 3 LV** nicht möglich,[14] weil hier auf die Abgeordnetenzahl (Istzahl) anstelle der gesetzlichen Mitgliederzahl (Sollzahl) abgestellt wird. Diese Zahlen unterscheiden sich nach der hier   10

---

12 Vgl. zur Terminologie *Klein* in: Maunz/Dürig, Art. 42 Rn. 96.
13 *Höfling/Burkiczak* in: Friauf/Höfling, Art. 121 Rn. 24 f.; *Braun*, Art. 92 Rn. 6; großzügiger *Versteyl* in: v. Münch/Kunig, Art. 121 Rn. 5.
14 AA *Braun*, Art. 92 Rn. 5.

vertretenen (Minder-)Meinung bei vorübergehend unbesetzten Mandaten (→ Rn. 5).

Artikel 93 [Erster Landtag]

(1) Die Abgeordneten der nach § 13 des Zweiten Gesetzes über die Neugliederung in den Ländern Baden, Württemberg-Baden und Württemberg-Hohenzollern vom 4. Mai 1951 (BGBl. I S. 283 ff.) gewählten Verfassunggebenden Landesversammlung bilden nach Inkrafttreten dieser Verfassung den ersten Landtag.

(2) Die Wahlperiode dieses Landtags endet am 31. März 1956.

Schrifttum:

Feuchte, Verfassungsgeschichte von Baden-Württemberg, 1983; *Feuchte*, Art. 93, in: Spreng/Birn/Feuchte, Die Verfassung des Landes Baden-Württemberg, 1954.

Vergleichbare Regelungen: Art. 101 III LSAVerf.

Ergänzende Normen: Art. 118 GG, Zweites Gesetz über die Neugliederung in den Ländern Baden, Württemberg-Baden und Württemberg-Hohenzollern, Art. 30 I, 93 a LV.

Leitentscheidung: BVerfGE 1, 14 (Südweststaat).

A. Überblick und Einordnung	1		III. Verfassungsvergleichende Einordnung	4
I. Bedeutung	1		B. Erläuterung	5
II. Herkunft, Entstehung, Geschichte	2			

A. Überblick und Einordnung

I. Bedeutung

1 Mit Art. 93 LV erklärte sich die VLV zugleich zum ersten Landtag und amtierte deshalb in dieser Funktion **über die Verabschiedung der LV und Erfüllung der Aufgabe als Konstituante hinaus als regulärer Landtag** für die Gesamtdauer von vier Jahren gem. Art. 30 I 1 LV aF. Die nächste Wahl verschob sich entsprechend auf 1956 und bezog sich bereits auf den 2. Landtag. Mit dem Ablauf der 1. Wahlperiode und der Wahl des 2. Landtags hat sich die praktische Bedeutung dieser Vorschrift erledigt.

II. Herkunft, Entstehung, Geschichte

2 Ursprünglich hatte bereits § 14 V ZwNGlG vorgesehen, dass die VLV nach Abschluss der Verfassungsarbeiten für längstens zwei Jahre als 1. Landtag amtieren sollte. Doch hatte das BVerfG diese Bestimmung wegen Überschreitung der Bundeskompetenz für verfassungswidrig und nichtig erklärt, da **eine über die Aufgabe der Konstituante hinausgehende Aufgabenstellung** nur von der LV selbst geregelt werden kann. Gleichwohl enthielt sich das BVerfG nicht eines Fingerzeigs, wonach es „demokratischen Grundsät-

[Erster Landtag] Artikel 93

zen [...] mehr entsprechen [würde], wenn das Volk nach Inkrafttreten der Verfassung unverzüglich seinen ersten Landtag wählen würde".[1]

Die Entscheidung über die eigene Einsetzung als 1. Landtag war ein **besonders heftiger Streitpunkt der Verfassungsberatungen**. Während die Regierungsparteien den Hinweis des BVerfG nur als „gutgemeinten Rat" ansahen und mit Art. 86 VerfERP eine entsprechende Regelung von Anfang an befürworteten, leistete die für eine enge Einbindung des Volkes eintretende CDU dagegen bis kurz vor Schluss der Verfassungsberatungen massiven Widerstand.[2] Als sie diesen nach ihrem Eintritt in die Regierung im September 1953 einstellte, sah sie sich sowohl in der Öffentlichkeit als auch in der VLV mit dem Vorwurf der Prinzipienlosigkeit und einer ungewöhnlich großen Zahl von Abweichlern in der Schlussabstimmung zu Art. 93 LV konfrontiert.[3]

III. Verfassungsvergleichende Einordnung

Die Selbsteinsetzung als 1. Parlament hat **Ausnahmecharakter**. Nicht nur 4 der Parlamentarische Rat, sondern auch die mit der Verfassungsausarbeitung betrauten Organe nahezu aller Länder widerstanden dieser Versuchung. Nicht vergleichbar sind insbesondere die auf den ersten Blick ähnlichen Regelungen von Art. 91 NRWVerf und Art. 144 IV RPVerf, weil es hier jeweils einen „echten" ersten Landtag gegeben hat. Dieser wurde nur zusammen mit der Volksabstimmung über die Verfassung und damit vor deren Inkrafttreten gewählt, weshalb es dieser Klarstellung bedurfte.[4] Noch am ehesten vergleichbar mit Art. 93 LV ist Art. 101 III LSAVerf, wobei hier die Aufgabenstellung eher umgekehrt war: Der 1. Landtag war auch mit der Ausarbeitung der Verfassung betraut.[5] Insofern dürfte der baden-württembergische Weg einer Konstituante, die sich kraft des von ihr selbst erlassenen Verfassung als 1. Parlament inthroniziert, singulärer Natur sein. Freilich trifft dies auch auf die Entstehungsgeschichte des Landes zu.

B. Erläuterung

Die VLV hatte den **Auftrag, eine neue Verfassung auszuarbeiten** und das 5 Verfahren ihrer Inkraftsetzung zu regeln. Nach Erfüllung dieses gegenständlich beschränkten Auftrags endete die Funktion dieses Organs als Konstituante. Da ihr aber in Freiheit und Unabhängigkeit die Entscheidung über den Verfassungsinhalt zustand, hatte sie die Rechtsmacht, in der

---

1 BVerfGE 1, 14 (62).
2 *Braun*, Art. 93 Rn. 1; vgl. die gegen Ende deftigen Wortwechsel in der 44. VA-Sitzung am 19.2.1953 (1. Lesung) in: Feuchte, Quellen, 5. Teil, 601–610, sowie den erfolglosen Streichungsantrag des Abg. *Müller* (CDU) in der 51. VA-Sitzung am 21.5.1953 (2. Lesung) in: Feuchte, Quellen, 6. Teil, 448.
3 *Feuchte*, Geschichte, 178 f., 219 f.; vgl. die kämpferische Rede des Abg. *Eckert* (KPD) in der 2. Plenarberatung in der 56. VLV-Sitzung am 22.10.1953 in: Feuchte, Quellen, 8. Teil, 219 ff., und den in der 3. Plenarberatung von CDU-Abweichlern gestellten Streichungsantrag sowie dessen Ablehnung in der 59. VLV-Sitzung am 5.11.1953, aaO, 417 f.
4 *Kamp* in: Heusch/Schönenbroicher, Art. 91 Rn. 1; *Brocker* in: Grimm/Caesar, Art. 144 Rn. 2.
5 *Reich*, Präambel, Rn. 2.

Haug 1503

LV ihre eigene Wandlung zum „normalen" 1. Landtag festzulegen. Durch Art. 93 LV war der damit verbundene Aufschub der nächsten Wahlen auf Verfassungsebene – und damit als lex specialis gegenüber dem gleichrangigen Art. 30 I, II LV – legitimiert.[6] Indem die VLV ihre Amtszeit insgesamt (als Konstituante und als Parlament) auf die in der LV zugelassene Dauer einer regulären Wahlperiode beschränkte, verstößt diese Regelung auch nicht gegen das auch vom Verfassungsgeber über Art. 28 I GG zu beachtende Demokratieprinzip.

6 Das **Ablaufdatum der 1. Wahlperiode** in Abs. 2 war seinerzeit erforderlich, um den Zyklus des Art. 30 I 2 LV anzustoßen. Durch die Verschiebung des Beginns der 3. Wahlperiode durch Art. 93 a LV aF um zwei Monate und die Verkürzung der 14. Wahlperiode durch Art. 93 a LV nF um einen Monat ist der von Art. 93 II LV angestoßene Zyklus mehrfach modifiziert worden. Für Beginn und Ende der Wahlperioden kommt es deshalb nun auf Art. 93 a LV an.

Artikel 93 a [Ende der Wahlperiode des 14. Landtags]

[1]Abweichend von Artikel 30 Abs. 1 Satz 1 endet die am 1. Juni 2006 begonnene Wahlperiode des 14. Landtags am 30. April 2011, es sei denn, der Landtag wird vorher aufgelöst. [2]Im Übrigen bleibt Artikel 30 Abs. 1 unberührt.

Schrifttum:
Schlenker, Die Änderungen der Verfassung des Landes Baden-Württemberg, 2. Teil, VBlBW 1983, 399.

Vergleichbare Regelungen: Art. 76 NdsVerf, 92 NRWVerf, 129 SaarlVerf, 101 II LSA-Verf, 50 I 3 ThürVerf.

Ergänzende Normen: Art. 30 I LV.

A. Überblick und Einordnung	1	III. Verfassungsvergleichende Einordnung	4
I. Bedeutung	1	B. Erläuterung	5
II. Herkunft, Entstehung, Geschichte	2		

A. Überblick und Einordnung

I. Bedeutung

1 Durch Art. 93 a LV greift der verfassungsändernde Gesetzgeber in die Zyklen des Art. 30 I 2 LV ein, indem er die 14. Wahlperiode um einen Monat verkürzt und damit die **Zeitspanne der regulären Legislaturperioden entsprechend vorverlegt**. Nun beginnt die Periode am 1.5. eines Wahljahres, um am 30.4. des fünften Folgejahres zu enden (→ Art. 30 Rn. 10).

---

6 BVerfGE 1, 14 (LS 21, 29 u. S. 61 f.).

[Ende der Wahlperiode des 14. Landtags] Artikel 93 a

II. Herkunft, Entstehung, Geschichte

Der heutigen Bestimmung des Art. 93 a LV ging eine Vorgängervorschrift 2
voraus, die 1959 in den Verfassungstext eingefügt wurde und ein **zweimonatiges Hinausschieben der Neuwahl 1960 und des Beginns der Folgeperioden** – statt bisher 1.4. nun 1.6. – zum Inhalt hatte.[1] Diese Ergänzung war nicht ganz unproblematisch, weil damit an die laufende Wahlperiode eine zweimonatige parlamentslose Zeit angeschlossen wurde. Hintergrund waren die Schwierigkeiten, zwischen Schneefallzeit, Fastnacht, Konfirmationen und der Passions- und Osterzeit einen geeigneten Wahltag zu finden, um eine unbeeinträchtigte Wahlteilnahme gewährleisten zu können, zumal die Briefwahl noch nicht eingeführt war.[2] Angesichts dieses auf eine höhere Wahlbeteiligung und damit eine höhere Legitmationswirkung der Wahlen gerichteten Ziels erklärte der StGH die Verfassungsänderung als mit dem Demokratieprinzip vereinbar.[3]

Obwohl Art. 93 a LV aF damit ein Hinausschieben der Wahl bis in den 3
Mai ermöglichte, wurde davon allein im Jahr 1960 Gebrauch gemacht. Da ab 1964 die Wahlen im April und ab 1980 sogar mit einer Ausnahme bereits im März stattfanden (→ Art. 30 Rn. 19/Fn. 65), entstand bis zum Beginn der neuen Wahlperiode und zur Konstituierung des Landtags Anfang bzw. Mitte Juni häufig eine **dreimonatige sitzungslose Zeit**. Um diese (wieder) zu verkürzen, wurde Art. 93 a LV im Jahr 2008 neu gefasst und in die heute gültige Form gebracht.[4]

III. Verfassungsvergleichende Einordnung

Wie die genannten vergleichbaren Regelungen zeigen, haben auch andere 4
Länder situativ bedingt **Bedarf an geringfügigen Korrekturen ihrer Wahlperioden-Zyklen**. Die Gründe dafür sind ebenso vielfältig wie individuell (Übergang von alter zu neuer Verfassung, Umstellung von vier- auf fünfjährige Wahlperiode, Verlegung des regelmäßigen Wahltermins in den Herbst).[5] Wegen des insoweit zentral tangierten Demokratieprinzips bedarf es hierfür stets entsprechender verfassungsrechtlicher Absicherungen.

B. Erläuterung

Mit Art. 93 a LV nF ist eine Verkürzung der – wegen Art. 93 a LV aF ei- 5
gentlich bis 31.5.2011 dauernden – 14. Wahlperiode um einen Monat und damit ein minimaler Eingriff in die Mandatsstellung der betroffenen Abgeordneten verbunden. Doch ist dieser durch das Demokratieprinzip gerechtfertigt, das eine möglichst zeitnahe Umsetzung eines Wahlergebnisses fordert (→ Art. 30 Rn. 18 f.).[6] Denn die Bestimmung ermöglicht seit 2011 eine Verkürzung der Zeitspanne zwischen der Wahl und der Konstituierung, die nun bei gleichbleibendem Zeitfenster für den Wahltermin statt

---

1 1. LVÄndG v. 7.12.1959, GBl. 171.
2 Dies erfolgte erst 1963, vgl. *Schlenker*, VBlBW 1983, 399 (402).
3 StGH, U. v. 7.9.1959 – GR 2/59 = BWVBl 1959, 185 (186 f.).
4 19. LVÄndG v. 6.5.2008, GBl. 119.
5 *Butzer* in: Epping/ders. u.a., Art. 76; *Kamp* in: Heusch/Schönenbroicher, Art. 92; *Dette* in: Linck/Baldus u.a., Art. 50 Rn. 13.
6 LT-Drs. 14/2490, 3.

Mitte Juni bereits Mitte Mai stattfindet. Dadurch wird das **Wahlergebnis schneller politisch wirksam und für die Wähler erkennbar**. Aufgrund der Zyklenregelung in Art. 30 I 2 LV wirkt sich Art. 93 a LV nicht nur auf den Übergang vom 14. zum 15. Landtag, sondern – vorbehaltlich einer vorzeitigen Landtagsauflösung – strukturell auf alle folgenden Wahlperioden aus.

Artikel 94 [Inkrafttreten, Rechtswirkungen]

(1) Die von der Verfassunggebenden Landesversammlung beschlossene Verfassung ist von ihrem Präsidenten auszufertigen und von der vorläufigen Regierung im Gesetzblatt des Landes zu verkünden.

(2) ¹Die Verfassung tritt am Tage ihrer Verkündung in Kraft. ²Zum gleichen Zeitpunkt treten die Verfassungen der bisherigen Länder Baden, Württemberg-Baden und Württemberg-Hohenzollern außer Kraft.

(3) ¹Sonstiges Recht der bisherigen Länder bleibt, soweit es dieser Verfassung nicht widerspricht, in seinem Geltungsbereich bestehen. ²Soweit in Gesetzen oder Verordnungen Organe der bisherigen Länder genannt sind, treten an ihre Stelle die entsprechenden Organe des Landes Baden-Württemberg.

Schrifttum:
Feuchte, Geschichte, 174–279, 218 f.

Vergleichbare Regelungen: Art. 123-129, 145 GG, 182 u. 186 BayVerf, 98 u. 101 BerlVerf, 115 u. 117 BbgVerf, 150, 152 u. 155 BremVerf, 76 f. HambVerf, 159 f. HessVerf, 80 MVVerf, 78 NdsVerf, 90 NRWVerf, 137, 141 u. 144 RPVerf, 132 f. SaarlVerf, 120 I u. 122 SächsVerf, 101 LSAVerf, 70 SchlHVerf, 106 ThürVerf.

A. Überblick und Einordnung	1	I. Ausfertigungs- und Verkündungsbefehl (Abs. 1)	8
I. Bedeutung	1	II. Inkrafttreten, Außerkrafttreten (Abs. 2)	10
II. Herkunft, Entstehung, Geschichte	2	III. Wirkung auf sonstiges Recht (Abs. 3)	12
III. Verfassungsvergleichende Einordnung	6		
B. Erläuterung	8		

A. Überblick und Einordnung

I. Bedeutung

1   Die letzte Norm der LV teilt in Abs. 1 mit, dass die LV von der Verfassunggebenden Landesversammlung **ohne Volksabstimmung beschlossen** wird, und enthält den **Ausfertigungs- und Verkündungsbefehl**. Weiter regelt Art. 94 LV in Abs. 2 das Inkrafttreten der neuen LV sowie das Außerkrafttreten der Verfassungen der Vorgängerländer und bestimmt in Abs. 3 ihre Wirkung auf sonstiges geltendes Recht.

II. Herkunft, Entstehung, Geschichte

Die **Verfassungen der drei Vorgängerländer** waren alle durch eine Volksabstimmung angenommen worden.[1] Wie die LV traten die VerfWB und die VerfWH am Tag ihrer Verkündung in Kraft.[2] Die VerfLB trat am Tag nach ihrer Annahme durch Volksabstimmung in Kraft.[3] Darüber hinaus fand sich in Art. 127 VerfLB eine Art. 94 III 1 LV vergleichbare Regelung über die Fortgeltung des „bisherigen Rechtszustands", soweit er nicht mit der VerfLB in Widerspruch steht, bis eine neue gesetzliche Regelung getroffen ist. Bei Zweifeln sollte der StGH entscheiden. In Art. 105 VerfWB war (deklaratorisch) bestimmt, dass Bestimmungen, die der VerfWB widersprechen, außer Kraft treten, sobald diese wirksam ist.

Art. 87 VerfERP enthielt eine Regelung zum Inkrafttreten und zum Außerkrafttreten der Verfassungen der Vorgängerländer sowie des Überleitungsgesetzes. Eine Regelung über das Fortbestehen von Gesetzen war noch nicht näher entworfen (vgl. Art. 84 VerfERP). Die LV sollte durch die VLV angenommen werden. Eine Volksabstimmung war darin nicht vorgesehen. **Art. 114 VerfECDU** sah dagegen nach der Annahme durch die VLV eine Volksabstimmung vor. Art. 115 VerfECDU enthielt den Verkündungsbefehl – allerdings adressiert an die vorläufige Regierung – und sah – wie der VerfERP – ein Inkrafttreten am Tag der Verkündung vor. Art. 116 VerfECDU enthielt Regeln zum Außerkrafttreten der Verfassungen der drei Vorgängerländer sowie eine im Wesentlichen Art. 94 III LV entsprechende Regelung. Bezüglich der Fortgeltung sonstigen Rechts war noch der Hinweise enthalten: „bis es durch Gesetz aufgehoben wird". Schließlich sollte hinsichtlich der Rechte der Bediensteten der bisherigen Länder § 32 des Überleitungsgesetzes gelten.

Die **Frage der Durchführung einer Volksabstimmung** war – wie der in Art. 93 LV geregelte Verzicht auf die sofortige Neuwahl eines Landtags – zwischen den Regierungsparteien und der CDU zunächst **hoch umstritten**.[4] § 14 II des Zweiten Neugliederungsgesetzes des Bundes ließ hier dem Land freie Hand (→ Vor Rn. 30 f.). Die CDU befürwortete eine Volksabstimmung, weil die Verfassungen der drei Vorgängerländer eine Volksabstimmung angenommen worden waren und weil sie befürchtete, die VLV könne mit einfacher Mehrheit über die insbesondere streitige Schulfrage entscheiden und eine Verfassung beschließen, die später nur mit einer Zweidrittelmehrheit im Landtag wieder geändert werden könne. Demgegenüber meinten Vertreter der Regierungsparteien, die Situation sei nach Inkrafttreten des GG eine andere. Das GG enthalte die entscheidenden Weichenstellungen. Zudem habe bereits über die Gründung des Südweststaates eine Volksabstimmung stattgefunden. Die Regierungsparteien setzten sich mit ihrer Mehrheit im VA durch. Die CDU behielt sich vor, im Ple-

---

1 Vgl. Art. 108 VerfWB, 130 VerfLB, 126 VerfWH.
2 Art. 108 VerfWB, 126 VerfWH.
3 Art. 130 VerfLB. Zur Entstehungsgeschichte der Verfassungen der drei Vorgängerländer: *Feuchte*, Geschichte, 39 ff.
4 Vgl. die Prot. über die 44. u. 51 VA-Sitzung v. 19.2.1953 u. v. 21.5.1953 in: Feuchte, Quellen, 5. Teil, 611 ff., 6. Teil, 448 ff. Auch den Bericht des VA, Beilage 1103, 533 (707 f.).

num einen Antrag zu Volksabstimmungen zu stellen.⁵ Im Übrigen wurde eine Regelung über die Ausfertigung und Verkündung für notwendig gehalten. Der Präsident der VLV sollte die Verfassung **ausfertigen**.⁶ Die **Verkündung** sollte – wie in § 14 II des Zweiten Neugliederungsgesetzes vorgegeben – durch die vorläufige Regierung erfolgen. Art. 87 VerfEVA sah damit eine Regelung vor, die im Wesentlichen der später in Kraft getretenen Regelung entsprach.⁷

5 In der Zweiten **Beratung der VLV** wurde von der KPD die Durchführung einer Volksabstimmung über die LV beantragt.⁸ Der Antrag wurde ohne weitere Aussprache mehrheitlich abgelehnt. Die CDU behielt sich einen Antrag in der Dritten Beratung vor. In der Dritten Beratung wurde von einzelnen Abgeordneten der CDU die Durchführung einer Volksabstimmung beantragt.⁹ Der Antrag wurde von den betreffenden CDU-Abgeordneten nicht weiter begründet und im Übrigen nur noch von der KPD unterstützt. Er wurde mit großer Mehrheit abgelehnt. Hintergrund war, dass es nach der Niederschlagung des Volksaufstands in der DDR am 17.6.1953 und der für die CDU erfolgreichen Bundestagswahl am 6.9.1953 im Herbst 1953 zur Bildung einer neuen vorläufigen Regierung unter Führung der CDU auf der Grundlage einer großen Koalition gekommen war. In den streitigen Fragen der Schul- und Kulturpolitik war ein Kompromiss gefunden worden. Im Gegenzug verzichtete die CDU auf eine Volksabstimmung und – wie in Art. 93 LV geregelt – auf sofortige Neuwahlen des Landtags.¹⁰ Mit einer kleinen, Abs. 3 S. 1 betreffenden redaktionellen Änderung wurde Art. 94 LV in der 60. VLV-Sitzung am 11.11.1953 mit 102 Ja-Stimmen, 5 Nein-Stimmen und 7 Enthaltungen angenommen.¹¹

III. Verfassungsvergleichende Einordnung

6 Das **GG** wurde ohne Volksabstimmung vom Parlamentarischen Rat als Konstituante beschlossen und von diesem nicht nur ausgefertigt, sondern – anders als die LV – auch verkündet.¹² Es trat nach Art. 145 II GG ohne Rückwirkung mit Ablauf des Tags der Verkündung in Kraft, also am

---

5 Vgl. den Abg. Dr. *Gebhard Müller* in der 51. VA-Sitzung v. 21.5.1953 in: Feuchte, Quellen, 6. Teil, 448 f.
6 Vgl. die Beratung in der 44. VA-Sitzung v. 19.2.1953 in: Feuchte, Quellen, 6. Teil, 625 f.
7 Vgl. Beilage 825 in: Feuchte, Quellen, 6. Teil, 515 (532). Die einzige (redaktionelle) Abweichung zur später in Kraft getretenen Regelung findet sich in Abs. 3: „Anderes Recht" und „Sonstiges Recht".
8 Vgl. das Prot. zur 56. VLV-Sitzung am 22.10.1953 in: Feuchte, Quellen, 8. Teil, 222 ff. mit Beilage 1249 vom gleichen Tag, ebd., 36.
9 Vgl. das Prot. der 59. VLV-Sitzung am 5.11.1953 in: Feuchte, Quellen, 8. Teil, 418 f. mit Beilage 1305, ebd., 288. Weiter dazu: *Feuchte*, Geschichte, 176 mit Fn. 42. Antragsteller waren der Abg. Dr. *Person* (CDU) und einige andere.
10 *Feuchte*, Geschichte, 176 f. u. 218 f. Dies führte zu erheblicher Kritik in der Öffentlichkeit.
11 Prot. in: Feuchte, Quellen, 8. Teil, 446 ff. mit den Beilagen 1315 und 1319, ebd., 423 ff., 443 ff. (450). Die LV konnte ohne Prüfung und Genehmigung der westlichen Alliierten in Kraft treten, da das Besatzungsstatut v. 10.4.1949, das eine Genehmigung vorsah, am 6.3.1951 geändert worden war, vgl. *Feuchte* in: ders., Art. 94 Rn. 4.
12 Im Bundesgesetzblatt, Art. 145 III GG.

[Inkrafttreten, Rechtswirkungen]   Artikel 94

23.5.1949 um 24 Uhr. In Art. 123 bis 129 GG finden sich umfangreiche Regeln über das Fortgelten von Recht. Diese bestimmen auch, ob bisheriges Landesrecht als Bundesrecht oder bisheriges Bundesrecht als Landesrecht fortgilt. Bei Meinungsverschiedenheiten hat nach Art. 126 GG das BVerfG zu entscheiden. Eine Art. 146 GG vergleichbare Regelung zum Außerkrafttreten der LV fehlt in dieser.

In der BayVerf fehlt eine Bestimmung über das Inkrafttreten. Sie ist nach einer Volksabstimmung mit Verkündung am 8.12.1946 in Kraft getreten.[13] Auch die **überwiegende Zahl der weiteren Landesverfassungen** ist **durch einen Volksentscheid bestätigt** worden.[14] Die Verfassungen von Hamburg, Niedersachen, Sachsen, Sachsen-Anhalt und Schleswig-Holstein wurden – wie die LV – nicht vom Volk bestätigt.[15] Gleiches gilt für die SaarlVerf von 1947, die als „Protektoratsverfassung" weitere Besonderheiten aufweist.[16] Der Tag des Inkrafttretens war in den meisten Landesverfassungen – anders als in BW – der Tag *nach* der Verkündung.[17] Art. 77 II HambVerf und Art. 78 I NdsVerf (1993) legten einen bestimmten Termin fest, Art. 160 I 1 HessVerf und Art. 144 I RPVerf den Tag der Annahme durch Volksabstimmung, Art. 80 II MVVerf das Ende der ersten Wahlperiode des Landtags. Die SaarlVerf trat wie die LV am Tag ihrer Verkündung in Kraft (Art. 133 SaarlVerf). Viele Landesverfassungen enthalten auch aufhebende und überleitende Vorschriften.[18] Eine Regelung über die Schaffung einer neuen Verfassung findet sich in Art. 115 BbgVerf. Die SchlHVerf tritt bei einer Neugliederung des Bundesgebietes außer Kraft (Art. 70 II SchlHVerf). 7

B. Erläuterung

I. Ausfertigungs- und Verkündungsbefehl (Abs. 1)

Auch wenn die LV ohne Volksabstimmung, sondern von der vom Volk gewählten VLV als Konstituante beschlossen wurde (→ Rn. 4), verfügt sie über die volle demokratische Legitimität.[19] Bezüglich der so am 11.11.1953 beschlossenen LV erteilt Abs. 1 dem Präsidenten der VLV den Befehl, die LV auszufertigen. Die **Ausfertigung** bedeutet die Beglaubigung mit allgemeiner Wirkung, dass der zu verkündende Gesetzestext mit dem Beschluss des Gesetzgebers vollständig übereinstimmt.[20] Die Ausfertigung 8

---

13 Dazu: *Lindner* in: ders/Möstl/Wolff, VorArt. 178 Rn. 2.
14 Vgl. Art. 101 BerlVerf; Präambel BbgVerf; Art. 155 III BremVerf; 160 I 1 HessVerf; 80 MVVerf; Eingangssatz, Präambel u. Art. 90 I NRWVerf; Vorspruch u. Art. 144 I RPVerf; 106 I 1 u. III ThürVerf.
15 Vgl. die Präambel zur HambVerf; Art. 78 II NdsVerf; 122 I SächsVerf, Eingangssatz LSAVerf u. die Landessatzung von 1950 und nun auch die SchlHVerf von 2014.
16 Dazu: *Brosig* in: Wendt/Rixecker, 19 ff.
17 Art. 101 I 1 BerlVerf, 117 BbgVerf, 155 I BremVerf, 90 II 2 NRWVerf, 122 III SächsVerf, 101 I LSAVerf, 106 II ThürVerf.
18 Art. 182 u. 186 BayVerf; 98 BerlVerf; 150, 152 u. 155 II BremVerf, 76 u. 77 I HambVerf, 159 u. 160 I 2 HessVerf, 137 RPVerf, 120 I SächsVerf, 101 III u. IV LSAVerf.
19 Vgl. → Vor Rn. 30 f.; *Feuchte* in: Spreng/Birn/Feuchte Art. 94 Nr. 2; *Dreier* in: ders., Präambel Rn. 71 ff.
20 So der Abg. *Gönnenwein* (FDP/DVP), in der 44. VA-Sitzung v. 19.2.1953 in: Feuchte, Quellen, 5. Teil, 625.

sollte abweichend von Art. 63 I 1 LV, der für vom Landtag beschlossene Gesetze gilt, vom Präsidenten der VLV vorgenommen werden, weil dies deren Wesen als Konstituante besser entsprach.[21] So wurde die LV am 11.11.1953 durch ihren Präsidenten Dr. *Neinhaus* ausgefertigt.

9 Wie in § 14 II des Zweiten Neugliederungsgesetzes v. 4.5.1951 (BGBl I 284) vorgegeben, sollte die LV durch die gemäß dem Überleitungsgesetz v. 15.5.1952 (GBl. 3) gebildete vorläufige Regierung im Gesetzblatt des Landes verkündet werden. Der **Verkündungsvermerk** ist von der Regierung am 16.11.1953 unterschrieben worden. Die LV ist mit einem am 19.11.1953 ausgegebenen Gesetzblatt verkündet worden (GBl. 173). Damit ist der Regelungsauftrag von Art. 94 I LV erfüllt. Für alle weiteren Änderungen der LV richteten und richten sich die Ausfertigung und Verkündung nach Art. 63 LV.

II. Inkrafttreten, Außerkrafttreten (Abs. 2)

10 Abs. 2 S. 1 bestimmt, dass die LV „am Tag ihrer Verkündung" in Kraft tritt. Da die LV mit einem am oder besser im Laufe des 19.11.1953 ausgegebenen Gesetzblatt verkündet wurde, trat sie mit Beginn des 19.11.1953 in Kraft, also mit einer Rückwirkung um einige Stunden.[22]

11 Mit dem Inkrafttreten sind nach Abs. 2 S. 2 die Verfassungen der drei Vorgängerländer außer Kraft getreten: die VerfLB, die VerfWB u. die VerfWH. Außerdem trat das Überleitungsgesetz, auf dessen Grundlage die Staatsgewalt des Landes vorläufig ausgeübt worden war, außer Kraft. Dies musste in Art. 94 II LV nicht gesondert angeordnet werden, da dies bereits in Art. 33 des Überleitungsgesetzes vorgesehen war.

III. Wirkung auf sonstiges Recht (Abs. 3)

12 Sonstiges Recht der bisherigen Länder gilt in seinem Geltungsbereich gemäß Abs. 3 S. 1 fort, soweit es der LV nicht widerspricht. Diese **Fortgeltungsanordnung** bezieht sich v.a. auf das Rechte der drei Vorgängerländer sowie auf das auf dem Überleitungsgesetz beruhende einfache Recht des Landes. Die Anordnung erfasst einfache Gesetze, Rechtsverordnungen, Satzungen, Gewohnheitsrecht oder Staatsverträge, aber auch älteres Recht. Abs. 3 ändert jedoch nichts am räumlichen Geltungsbereich des vorkonstitutionellen Rechts. Die Fortgeltungsanordnung ergibt sich im Übrigen auch aus Art. 123 I GG. Für das Recht der drei Vorgängerländer und noch älteres Recht sind zudem Art. 124 f. GG zu beachten, durch welche Landesrecht auf dem Gebiet der Gesetzgebungskompetenzen des Bundes, welches zum Zeitpunkt des Zusammentritts des ersten Bundestages am 7.9.1949 vorhanden war, Bundesrecht wurde.[23] Im Übrigen ist für die Qualifizierung einer Norm als Landesrecht und ihren Rang die bei Erlass bestehende staatsrechtliche Lage entscheidend.[24] Nach Art. 123 II GG sind zumindest

---

21 So die Abg. *Gönnenwein* (FDP/DVP) u. *Gebhard Müller* (CDU) in der 44. VA-Sitzung v. 19.2.1953 in: Feuchte, Quellen, 5. Teil, 625 f.
22 *Braun*, Art. 63 Rn. 32 u. Art. 94 Rn. 1. Allgemein zum Zeitpunkt des Inkrafttretens von Gesetzen und Verordnungen: Art. 63 IV LV.
23 BVerfGE 4, 358 (368); 7, 330 (337).
24 *Kirn* in: v. Münch/Kunig, Art. 123 Rn. 4.

die schulrechtlichen Bestimmungen des Konkordats mit dem Heiligen Stuhl von 1933 Landesrecht geworden.[25]

Voraussetzung für die Fortgeltung ist, dass das betreffende Recht nicht der LV widerspricht. In Betracht kommen hier insbesondere die Grundrechte der LV (v.a. Art. 2 I LV) oder die in Art. 23 u. 25 LV niedergelegten Prinzipien der Demokratie und der Rechtsstaatlichkeit. Verträge mit der evangelischen und katholischen Kirche blieben nach Art. 8 LV in Kraft, auch wenn sie mit der LV in Widerspruch gestanden haben sollten („verfassungsrechtlicher Vertragsvorbehalt").[26] Das meiste ältere Recht, das **mit der LV inhaltlich nicht vereinbar** ist, war freilich bereits wegen einer Verletzung der Verfassungen der drei Vorgängerländer sowie des GG nach Art. 123 I GG außer Kraft getreten. An den formellen Voraussetzungen der LV – insbesondere den Anforderungen zur Gesetzgebungskompetenz und zum -verfahren – ist das ältere Recht dagegen nicht zu messen.[27] Art. 61 I LV ist auf vorkonstitutionelle Ermächtigungsgrundlagen grundsätzlich nicht anzuwenden; sie gelten nach Art. 129 II GG grundsätzlich fort.[28] Eine Ausnahme gilt für zu weitgehende Ermächtigungen, die nach Art. 129 III GG ungültig sind. Ungültig sind danach Ermächtigungen zu sog. „gesetzesvertretenden Verordnungen"[29] sowie zur Änderung oder Ergänzung der ermächtigenden Vorschrift. Allerdings hat das BVerfG bereits vor einiger Zeit Zweifel geäußert, ob für vorkonstitutionelle Ermächtigungsgrundlagen, die zu Grundrechtseingriffen ermächtigen, mittlerweile nicht doch die strengeren Anforderungen aus Art. 61 I, 80 I GG gelten müssten.[30] Das nachträgliche Entfallen der Rechtsgrundlage ist für den Bestand der auf ihrer Grundlage erlassenen Normen jedoch unerheblich.[31] Ob eine vorkonstitutionelle Norm bei aufkommenden **Zweifeln** fortgilt, kann nach Art. 88 LV der **VerfGH** im Rahmen einer abstrakten, konkreten oder kommunalen Normenkontrolle entscheiden. Dabei ist er für Normen, die im Range oder anstelle eines Parlamentsgesetzes erlassen wurde, ausschließlich zuständig (Verwerfungsmonopol).[32]

13

Soweit in Gesetzen oder Verordnungen **Organe der bisherigen Länder genannt** sind, treten nach Abs. 3 S. 2 an ihre Stelle die Organe des Landes.[33]

14

---

25 BVerfGE 6, 309 (340 ff.); *Seiler* in: Epping/Hillgruber, Art. 123 Rn. 14.
26 *Braun*, Art. 94 Rn. 5.
27 *Braun*, Art. 94 Rn. 5; BVerfGE 10, 354 (360).
28 BVerfGE 2, 307 (326 ff.); 78, 179 (197).
29 *Wolff* in: v. Mangoldt/Klein/Starck, Art. 129 Rn. 30; *Bauer* in: Dreier, Art. 129 Rn. 15.
30 BVerfGE 78, 179 (198 f.); krit. dazu: *Bauer* in: Dreier, Art. 129 Rn. 18.
31 BVerfGE 78, 179 (198).
32 Dazu: → Art. 88 Rn. 1; StGH, U. v. 22.3.1958 – GR 3/1957 – unveröff., S. 13 f.
33 Vgl. auch Art. 129 II GG.

Stichwortverzeichnis

Fette Zahlen bezeichnen die Artikel, magere die Randnummern.

1. Mai   **3** 14

5-Prozent-Hürde   **28** 4, 7, 22 f.

Abfallwirtschaft   **3a** 15

Abgabengesetze   **59** 23

Abgeordnete
– „Amt"   **40** 3
– Beobachtung   **27** 100 ff.
– Budgetinitiative   **79** 68 f.
– Durchsetzung der Statusrechte   **27** 104 ff.
– Entschädigung (Diäten)   **40** 1 ff., **44** 7
– Freifahrtanspruch   **40** 7, 23, **44** 7
– Funktionsvergütungen   **40** 18 ff.
– Immunität   **38** 1 ff., **44** 7
– Indemnität   **37** 1 ff., **44** 7
– Informations- und Kontrollrechte   **27** 69 ff., **79** 78 ff.
– Inkompatibilitäten   **29** 11 ff.
– Mandatsbehinderungsverbot   **29** 2, 8 ff., **44** 7
– Mandatserwerb   **31** 16, **41** 1, 4 f.
– Mandatsschutz   **27** 57 ff.
– Mandatsstellung   **27** 57 ff.
– Mandatsverlust   **31** 17, **41** 1, 6 ff., **42** 1
– Mitarbeiter   **27** 64, **39** 1, 3 f., 7 ff.
– Pflichten   **27** 109 f.
– Statusrechte   **27** 62 ff., 111 ff.
– Transparenzregeln   **40** 11 f.
– Wahlvorbereitungsurlaub   **29** 2, 5
– Zeugnisverweigerungsrecht   **39** 1 ff., **44** 7

Abgeordnetenanklage   **42** 1 ff., **68** 130

Abkommen des Bundes: Beteiligung des Landes   **50** 40

Ablösung (von Staatsleistungen)   **7** 8, 10 ff., 18, 30 ff.

Abstimmungen   **25** 24 f.
– Abstimmungstag   **26** 57
– bestimmte Fragestellung   **26** 56
– Fehlerfolgen   **26** 54

– freier Willensbildungsprozess   **26** 27
– Sachlichkeitsgebot   **26** 29

Abstimmungsmehrheit
– qualifizierte   **64** 12

Abstrakte Normenkontrolle   **68** 85 ff.
– Haushaltsgesetz   **79** 115

Abwägungsvorgänge   **2a** 11, **3c** 20

Abwehrgrundrecht   **2b** 1

Abweichungsrecht der Länder   **3a** 16

AEUV: Schuldenbremse   **84** 20

Akteneinsichtsrecht der Abgeordneten   **27** 36 ff.

Allgemeines Gleichbehandlungsgesetz   **10** 20

Altkatholische Kirche   **4** 31

Altkorporierte Religionsgemeinschaft   **5** 20 ff.

Amnestie   *siehe auch* Begnadigungsrecht
– Allgemeines   **52** 26 ff.
– Hoheitsrecht des Landes   **52** 30 f.
– „Weihnachtsamnestien"   **52** 32

Amtseid   **48** 6 ff., **78** 4

Anerkannte Religions- oder Weltanschauungsgemeinschaft   **4** 33, **5** 5, 17, **6** 15

Anstaltsseelsorge   **5** 47 ff.

Antizyklische Fiskalpolitik (Kreditaufnahme)   **84** 10

Antwortpflicht der Regierung   **27** 74 ff.

Anwendungsvorrang   **2** 12

Arbeitsbedingungen   **3a** 31
– Förderung gleichwertiger   **3a** 6

Arbeitsruhe   **3** 1

Arbeitsverbot   **3** 17

Arbeitszeit- und Urlaubsverordnung   **3** 16

Assoziationsrecht von Abgeordneten   **27** 111

1513

Asylrecht 2 25
Aufgabe des Staates 1 12
Aufhebung der Immunität
38 13 ff.; *siehe auch* Immunität
Auflösung des Landtags 43 1 ff.
Aufstellung des Haushaltsplans
79 34, 43 f.
Aufwachsen, gewaltfreies 2a 8
Ausbildung, von Geistlichen 9 1 ff.
Ausbürgerung 2 25
Ausfertigung 63 6 ff.
Ausgaben
- Haushalt 79 90
- über- und außerplanmäßige
81 14 f.
Ausländer 1 10
Ausländerwahlrecht 25 11
Auslegung 2 14
- Anwendungsvorrang 3a 9
- grundgesetzkonforme 4 36, 5 1, 9 f.
- richtlinienkonform 3a 9
Auslegungshilfe 2b 5, 3a 10
Auslieferung 2 25
Ausschüsse des Landtags 34 9 ff.
Aussetzungsverlangen
- finanzwirksame Beschlüsse 82 25
Autonomie 3c 14

Bauordnungsrecht 3a 17
Bauplanungsrecht 3c 25
Beauftragte der Regierung 45 50 ff.
Bedürfnis, unvorhergesehenes und unabweisbares 81 16 ff.
Beeinträchtigung, alterstypische 2b 8
Begnadigungsrecht *siehe auch* Amnestie
- Anwendungsbereich 52 14 ff.
- Befugnis des Ministerpräsidenten
52 11 ff.
- Debatte 52 7 f.
- gerichtliche Überprüfung
52 21 ff.
- Rechtsstaat 52 9 f.
- Übertragung 52 19 f.
Behindertenrechtskonvention 2b 5

Behinderung 2b 8
- Verbot benachteiligender Anknüpfung an die 2b 6
Behördenbegriff 69 13
Beihilferecht 6 38, 7 41
Bekanntmachung
- Rechtsstaatsprinzip 23 24
Bekenntnisschulen 15 32 ff.
Beleihung 69 28
Benachteiligung 2b 9
- Rechtfertigung 2b 11
- Verfassungsrecht, kollidierendes
2b 11
- zwingende Gründe 2b 11
Beobachtung von Abgeordneten
27 100 ff.
Bepackungsverbot 79 58, 61,
119 ff.
- zeitliches 79 124
Beratungsrecht der Abgeordneten
27 88
Berufsbeamtentum 77 6
- Funktionsvorbehalt 77 6
- Gesamtinteressenwahrnehmung
77 10 f.
- hergebrachte Grundsätze 77 2
- Neutralitätsgebot 77 10 f.
Berufspolitiker 40 2, 8 f.
Beschlussfähigkeit 64 12
Besoldungsgesetze 59 23
Bestandteilsnormen 23 13
Bestimmung des Landesrechts, eigenständige 3a 2
Bestimmung des Staates 1 12
Beurteilungsspielraum 3 5
Bildung 22 10 ff.
Bildungszeitgesetz 3c 16
Bodenschätze 3a 19
Budgetaufstellungsverfahren 79 44
Budgetentscheidung, parlamentarische 79 72 ff.
Budgetfunktion 27 22 ff., 79 84
Budgetinitiative 79 64 ff.
Budgetkonflikt 80 3, 17 f.
Budgetobstruktion 80 31

Budgetöffentlichkeit: Ausnahmen
  79 110
Budgetpflicht
– Landtag   79 75 f., 80 5
– Nothaushaltsrecht   80 5
– parlamentarische   79 75 f., 80 5
– Regierung   79 71
Budgetrecht
– Demokratieprinzip   79 46
– Finanzkontrolle   83 3
– Gewaltenteilung   79 46, 48
– Haushaltskontrolle   83 2
– Landtag   79 72 ff.
– Organstreitverfahren   79 71
– parlamentarisches   79 1 f., 45 ff.
Budgetverantwortung   83 1
– Landtag   79 73
Budgetverweigerung   79 77
Bundesgesetzgebung   3a 12, 27 4
Bundesnaturschutzgesetz   3c 22
Bundespräsident: Prüfungsrecht
  63 6 f.
Bundesrat
– Beteiligung des Landtags
  34a 17 ff., 49 80
– Stimmabgabe   25 51, 49 72 ff.
Bundesrecht
– Maßstab für Verfassungsgerichtshof   25 31 f.
– materielles   2 11
Bundesstaatliche Finanzordnung
  79 7 ff.
Bundesstaatsprinzip: Staatsverschuldung   84 22
Bürgerbegehren   25 25
Bürgerbeteiligung: Grenzen   25 27 f.
Bürgerentscheid   25 25

Caritas   6 4
Christliche Gemeinschaftsschule
– badische Überlieferung   15 9 ff.
– Behebung von Zweifelsfragen
  16 11 ff.
– Bundesverfassungsgericht
  15 15 ff.
– Charakter   16 4 f.
– Gemeinschaftsschule   15 27 ff.
– Herkunft   15 1 ff., 16 2
– institutionelle Garantie   15 6 ff.

– konfessionelles Elternrecht
  15 40 ff.
– Kopftuchentscheidungen
  15 23 ff.
– Kruzifixurteil   15 20
– Kruzifixurteil EGMR   15 21 f.
– Länderregelungen   15 5
– Lehrkräfte   16 6 ff.
– Religionsunterricht   15 12
– Schulgebetsentscheidung   15 18 f.
– Schulgottesdienst   15 13 f.

Dachverband   4 28
Daseinsvorsorge   23 22
Deckungsklausel: finanzwirksame
  Beschlüsse   82 18
Defizitbegrenzungsregeln   84 1 ff.
Defizitverfahren nach
  Art. 126 AEUV   79 9
Demokratieprinzip   1 2, 23 16 ff.
– Budgetrecht   79 46, 47
– demokratische Legitimation
  25 10 ff.
– demokratische Teilhabe   26 4
– Dignität   25 27 f.
– Haushaltsplan und Haushaltsgesetz   79 49
– Parlamentsvorbehalt   25 37, 58 3
– Recht auf demokratische Teilhabe
  23 17, 19
– repräsentative Demokratie
  25 26 ff.
– Staatsverschuldung   84 4, 22
– Staatsvolk   25 11
– Wesentlichkeitsgrundsatz   58 3,
  10 ff.
Denkmalschutz   3c 5, 27
Denkmalschutzgesetz   3c 26
Deutschenrechte (sogenannte)   2 30
Diakonie   6 4
Diäten   40 1 ff., 44 7
Dienstleistungspflichten, Begründung
  von   2 25
Diözese Rottenburg-Stuttgart   4 23,
  5 21
Diskontinuität des Landtags
  30 13 ff., 59 40, 60 23
Dozenten für Theologie und Religionspädagogik   19 20 ff.

Durchgriffsnormen 23 12

Egalitätsprinzip (Abg.) 27 59, 149, 40 20

Ehe und Familie 3 11

Ehrenamt 3c 5, 10

Ehrenamtsförderung 3c 4
- Exekutive 3c 17
- Jugendarbeit 3c 16
- Land 3c 2

Eigentum, Ausgestaltung des 3a 25

Einheit von Haushaltsplan und Haushaltsgesetz 79 62 f.

Einnahmen (Haushalt) 79 89

Einrichtungsgarantie 6 2, 19

Einstweilige Anordnung 68 172 ff.

Einzelpläne im Haushaltsplan 79 41

Eltern (Mitwirkungsrechte) 17 44 ff.

Engagement, bürgerschaftliches 3c 10

Enquetekommissionen 35 2

Entfaltungsmöglichkeiten, Ausschluss 2b 9

Entlastung der Regierung 83 41 ff.
- Adressat 83 50
- Anspruch 83 46
- Organstreitverfahren 83 51 f.
- Rechtsschutz 83 51 f.
- Rechtswirkungen 83 45 ff.
- Verfahren 83 48 f.

Entlastung, haushaltsverfassungsrechtliche 79 57, 113

Entwicklung, demografische 3a 30

Erforderlichkeitsklausel 3a 15

Ergänzungsvorlagen 79 69

Ermessensentscheidungen 2a 11, 3a 29

Ernennungsrecht 51 5 ff.
- Ausübung 51 14 f.
- Beteiligungsrechte 51 16 f.
- Richter und Beamte 51 8 ff.
- Übertragung 51 18
- Umfang 51 12 f.

Erneuerbare Energien 3c 27

Erneuerbare-Wärme-Gesetz 3a 33

Erwachsenenbildung 22 10 ff.

Erzdiözese Freiburg 4 23

Erziehung 2b 10

Erziehungsauftrag
- Jugend 21 4
- staatliche Verpflichtung 12 2
- staatsbürgerliche Erziehung 21 5

Erziehungsrecht: Abgrenzungen 12 20 ff.

Erziehungsträger
- Bindung an Erziehungsziele 12 54 ff.
- Eltern 12 48 ff.
- Gemeinden 12 51
- Jugendverbände 12 52 f.
- Religionsgemeinschaften 12 50
- Staat 12 49

Erziehungsziele
- Brüderlichkeit 12 35 ff.
- christliche Nächstenliebe 12 7
- demokratische Grundordnung 12 44
- Ehrfurcht vor Gott 12 32 ff.
- Eigenverantwortlichkeit 12 41 f.
- elterliches Erziehungsrecht 12 10 f., 17
- erfasste Personengruppen 12 28
- Erziehungsträger 12 8, 45 ff.
- Friedensliebe 12 37 ff.
- Gesinnungserziehung 12 27
- Grundgesetz 12 9
- Grundsätzliches 12 29 f.
- Heimatliebe 12 40
- Herkunft 12 6 ff.
- inhaltliche Grenzen 12 23 ff.
- Länderregelungen 12 12 ff.
- Nächstenliebe 12 35 ff.
- Privatschulen 12 31
- soziale Verantwortung 12 43

Etatloser Zustand 80 14, 34

EU
- Ausschuss der Regionen 50 48
- Beihilfeverbot 3c 7
- Beteiligung des Landtags 50 49
- Mitwirkung des Landes 50 46 ff.
- Wahrung der sprachlichen und kulturellen Vielfalt 3c 7

EULG 34a 25

Europa (Entwicklung, kulturelles Erbe) 3c 7

Europäische Grundrechtecharta
 2a 5
Europäische Integration
 Vorspruch 26 f.
Europäische Menschenrechtskonvention 2 22, 4 47, 63, 6 36 f.,
 10 19
Evangelische Landeskirche in Baden
 4 23, 5 21
Evangelische Landeskirche in Württemberg 4 23
Evangelisch-Lutherische Kirche in Baden 4 31
Evangelisch-Methodistische Kirche 4 31
Evangelisch-reformierte Kirche
 4 23, 24
Evidenzkontrolle 3a 27
Exekutive 3a 28
– demokratische Legitimation
 25 15 ff.
– Funktion 25 49
– Kernbereich 25 49 ff., 27 43 ff.,
 59 27

Fachministerkonferenzen 50 18
Fachplanungsrecht 3c 25
Fachschulen
– Gemeinschaftskunde 21 26
– Schulgeld- und Lernmittelfreiheit
 14 51
Faires Verfahren 67 13
Fakultät, theologische 10 1 ff.
Familienstrukturen 3a 30
Feiertage 3 6 f., 9, 16
Feiertagsgesetz 3 16
Feiertagsschutz 3 3, 5, 10
Feststellung des Haushaltsplans
 siehe auch Haushaltsplan
– Notparlament 79 82
– Parlamentsgesetz 79 53
– Volksbefragung 79 73
Finanzausgleich, kommunaler
 73 10
Finanzausschuss 79 72
Finanzhilfen 3a 11
Finanzkontrolle
– Budgetrecht 83 3

– Haushaltsreform 1971 83 10 ff.
– Ordnungsmäßigkeit 83 34 f.
– Prüfungsformen 83 27 ff.
– Prüfungsmaßstäbe 83 34 ff.
– Rechnungshof 83 23 ff., 27 ff.
– Wirtschaftlichkeit 83 34
Finanzminister 79 34
– Beteiligtenfähigkeit im Organstreitverfahren 79 114
– Landesregierung 81 20 ff., 25
– Landtag 81 28
– Notbewilligungsrecht 81 1 ff.
– Rechenschaftspflicht 83 15 ff.
– Rechnungslegung 83 15 ff., 41
– verfassungsrechtliche Stellung
 81 20 ff., 83 21
Finanzordnung, bundesstaatliche
 79 7 ff.
Finanzverfassungsrecht 79 5 ff.
Finanzwirksame Beschlüsse
– Aussetzungsverlangen 82 25
– Deckungsklausel 82 18
– festgestellter Haushaltsplan
 82 11 ff.
– Haushaltsreform 1971 82 7, 13
– Rechtsschutz 82 26
– Verfahren 82 22 ff.
– Verfassunggebung 1952/53
 82 12
– Vergleichsmaßstab 82 11 ff.
– Vetorecht der Regierung 82 1 ff.
– Zustimmung der Regierung
 82 23 f.
Fischereigesetz 3b 12
„Flucht aus dem Etat" 79 87
Föderalismusreform I 2 15
Föderalismusreform II 79 9, 14,
 84 1, 5
– Schuldenbremse 84 12, 24
Förderung von Religionsgemeinschaften 4 55 f.
Formelle Gesetze 58 15
Forschung 20 19
Fragerecht der Abgeordneten
 27 35, 69 ff.
Fraktionen 27 111 ff.
– Ausschluss 27 132 ff.
– Disziplin/Zwang 27 129 ff.
– Finanzierung 27 142 ff.

- Finanzkontrolle 83 32
- Mitwirkungsrechte 27 136
- Rederecht 27 90
- verfassungsprozessuale Stellung 27 152

Fraktionslose Abgeordnete 27 149 ff.

Fraktionsspaltung/-vermehrung 27 122

Freies Mandat 25 26, 27 57 ff., 59 80

Freiheit, individuelle 1 6

Freiheitlich demokratische Grundordnung 62 12 ff.

Freiheitsbetätigung, individuelle 1 15

Freistaat 23 14

Freizügigkeit 2 29

Friedensgebot **Vorspruch** 16, 23

Früheres Recht 94 12

Funktionale Selbstverwaltung: demokratische Legitimation 25 16

Gebietsänderung von Kommunen 74 6, 9 ff.
- Anhörung 74 23
- Arten 74 9 f.
- Begriff 74 9 f.
- öffentliches Wohl 74 12
- Rechtsformen 74 18

Gebot des materiellen Haushaltsausgleichs 84 13

Gegensätze, soziale 1 15

Geistliche 9 1 ff., 13

Gemeinden- und Gemeindeverbände
- Bindung der 2a 7
- Selbstverwaltung 3a 14, 3b 5, 23 18, 25 42, 71 1, 19 ff.

Gemeinschaftskunde
- Fachschulen 21 26
- ordentliches Lehrfach 21 24
- Privatschulen 21 27 f.

Gemeinschaftsrecht 2 12

Gemeinwesen, geordnetes 1 6, 13

Generalauslegungsregel **Vorspruch** 3

Generationengerechtigkeit: Staatsverschuldung 84 22

Gerichtsbarkeit, kirchliche 4 44 f.

Gesamtplan: Haushaltsplan 79 41, 83

Gesamtwirtschaftliches Gleichgewicht 79 9

Geschäftsbereiche
- der Minister 45 55 ff.
- Finanzministerium 45 60, 64, 79 34
- grds. keine ressortfreien Bereiche 45 58 f.
- Justizministerium 45 60, 65, 51 16
- Mindestgröße 45 63
- Reihenfolge der Ministerien 45 62
- Zustimmung des Landtags 45 56

Geschäftsführende Regierung 55 16 ff.
- Befugnisse 55 18
- Entlassung eines Mitglieds 55 20
- parlamentarische Kontrolle 55 26
- Pflicht 55 21 ff.
- „Versteinerungsprinzip" 55 18 f.
- zeitlicher Umfang 55 24 f.

Geschäftsordnung der Regierung
- Inhalt 49 36 ff.
- Verfassungsauftrag 49 30 ff.

Geschäftsordnung des Landtags 32 3, 8, 18 ff.

Geschichtsdenkmal 3c 23

Gesetz
- Begriff 25 33
- und Recht 3a 28

Gesetzesinitiative
- Grundsatz der Diskontinuität 59 40, **60** 23
- Haushaltsgesetz 79 64 ff.
- Rücknahme 59 39

Gesetzesvorbehalt 3 1, 27 17
- grundrechtlicher 58 5
- institutioneller 70 7
- Kreditaufnahme 84 1

Gesetzgeber 3a 26
- Adressat, vorrangiger 3a 14 ff., 3b 5
- demokratische Legitimation 25 14

Gesetzgebung 27 17 ff.
- Funktion 25 45
- „in eigener Sache" 40 3, 24
Gesetzgebungsauftrag 3b 5
Gesetzgebungskompetenz 3a 7, 27 18, 59 25
- haushaltsrechtliche 79 8
- Umweltrecht 3a 12
- Unitarisierung 27 4
Gesetzgebungsverfahren 59 1
- Beratung 59 67 ff.
- Beschluss 59 71 ff.
- Beschlussfähigkeit 59 74
- Beschlussmehrheit 59 73
- Gesetzesinitiative 59 33 ff.
- Haushalt 79 64 ff.
- Verfahrensfehler 59 79 ff.
Gesetzlicher Richter 67 13
Gewaltenteilung 25 41, 58 4, 79 33 ff.
- Budgetrecht 79 46
- Inkompatibilitäten 25 48
- Kernbereich 25 43
- Rechnungshof 83 26
- rechtsprechende Gewalt 25 55
- Rechtsprechung 65 15 ff.
- vollziehende Gewalt 3a 28, 25 49 ff.
Gewaltenverschränkung
- funktionale 79 34
- Haushaltsplan und Haushaltsgesetz 79 50
Gleichbehandlung von Religions- und Weltanschauungsgemeinschaften 4 58
Gleichheitssatz 4 58
Gliedstaatlichkeit **Vorspruch** 25, 23 6 ff., 32 ff., 25 31
Globale Minderausgaben 79 96
Globalisierung 3a 30
Globalsteuerung (Kreditaufnahme) 84 10
Gottesbezug **Vorspruch** 14, 20
Grenzen der Regierungskontrolle 27 40 ff.
- Grundrechte 27 54 ff.
Grenzüberschreitende Zusammenarbeit **Vorspruch** 28

Grundgesetz 2 23 f., 31 f.
- Art. 20a **3a** 7, **3b** 3
- Kulturförderung **3c** 6
- Sportförderung **3c** 6
- Verwirkungsentscheidung des BVerfG 2 26
Grundgesetzkonforme Auslegung 4 36, 5 9 f.
Grundpflicht **3a** 8
Grundrechte 2 1, **3a** 25, 4 18 ff., 46
- Abwehrfunktion **3a** 24
- des Landesrechts 2 14, **2b** 2
- objektive Wertordnung 1 14
- Schutzfunktion **3a** 24
Grundrechtecharta der Europäischen Union 4 48, 63
Grundrechtsbeschränkung 3 10, **3a** 25, 58 9 f.
Grundrechtsvoraussetzungsschutz 3 12
Grundversorgung **3a** 31
Grundwasser **3a** 19
Gruppen im Landtag 27 111 ff., 146

Haager Konvention **3c** 8
Haushalt
- Gesetzgebungsverfahren 79 64 ff.
- mehrjähriger 79 19, 104
Haushalts- und Wirtschaftsführung 79 38, 111, 83 10, 27, 29 f., 34
- Rechnungsprüfung 83 41
Haushaltsautonomie 79 8 f., 84 22
Haushaltsbegleitgesetz 79 122
Haushaltsberatungen 79 72
Haushaltsführung 83 31
Haushaltsgesetz 79 33 ff., 45 ff.
- abstrakte Normenkontrolle 79 115
- Außenwirkung 79 58
- Bepackungsverbot 79 122 f.
- Beschluss des 79 72 ff.
- Ermächtigung 79 54
- Feststellung des Haushaltsplans 79 54 f.
- konkrete Normenkontrolle 79 116

- Landeshaushaltsordnung 79 52
- Nothaushaltsrecht 80 31
- Organgesetz 79 58
- Parlamentsvorbehalt 79 52
- Verfassungsbeschwerde 79 117 f.
- Verkündung 79 83

Haushaltsgesetzgebung 27 22 ff., 79 37

Haushaltsgrundsätze 79 2, 84 ff.
- Bepackungsverbot 79 119 ff.
- Bruttoveranschlagung 79 97 f.
- Budgetöffentlichkeit 79 109 f.
- Einheit 79 99 f.
- Gesamtdeckung 79 112
- Haushaltsausgleich 79 25, 106 ff., 84 21
- Haushaltsklarheit 79 93
- Haushaltswahrheit 79 91 f.
- Jährlichkeit 79 105
- Periodizität 79 104 f.
- Rechnungslegung 83 17 f.
- Spezialität 79 94 ff.
- Vollständigkeit 79 77, 85 ff.
- Vorherigkeit 79 20, 26, 101 ff.
- Wirtschaftlichkeit und Sparsamkeit 79 111, 83 29, 34

Haushaltsgrundsätzegesetz 79 12 f.

Haushaltskontrolle 79 33 f.
- Budgetrecht 83 2

Haushaltskreislauf 79 33 ff.
- Budgetöffentlichkeit 79 109
- Haushaltskontrolle 83 1
- Regierung 79 50

Haushaltsordnung 79 52

Haushaltsplan 79 36 ff.;
siehe auch Feststellung des Haushaltsplans
- Aufstellung 79 43 f.
- Entwurf des 79 44
- Feststellung des 79 33 ff.
- Feststellungs- und Bewilligungskompetenz 79 73
- Funktionen des 79 39
- Gegenstand 79 40 ff.
- mehrjähriger 79 40
- Rechtsnatur des 79 36 f.
- Regierungsprogramm 79 50, 68
- Sonderabgaben 79 88
- Staatsleitung 79 36 f., 63
- Subordination 79 59

- Subventionen 79 59 f.
- Teilpläne 79 99
- Urheber des 79 37
- Verkündung 79 83
- Vollzug des 79 34

Haushaltsplan und Haushaltsgesetz 79 62 f.

Haushaltsplanung 79 33 f., 66

Haushaltspolitische Verantwortung 79 2

Haushaltsrechnung: Rechnungsprüfung 83 43

Haushaltsreform 1967/69 79 12, 23, 84 2

Haushaltsreform 1971
- Finanzkontrolle 83 10 ff.
- finanzwirksame Beschlüsse 82 7, 13
- Grundsatz der Vorherigkeit 79 102
- Haushaltsverfassung 79 23 ff.
- Kreditaufnahme 84 10
- Notbewilligungsrecht 81 12
- Nothaushaltsrecht 80 10
- Rechnungshof 83 10 ff.

Haushaltsverfassung 79 1, 3, 6
- Haushaltsreform 1971 79 23 ff.
- Justitiabilität der 79 113
- Rechtsschutz 79 113 ff.
- Verfassunggebung 1952/53 79 17 ff.

Haushaltsvollzug 79 33 f.
- Pflicht zur Mittelverausgabung 79 56
- Schuldenbremse 84 31

Haushaltsvorbehalt 79 59

Haushaltswirtschaft 79 6, 33
- Bund und Länder 79 7 f.

Heimat 2 32
- Heimatprinzip 91 1
- Recht auf 2 2
- unveräußerliches Menschenrecht auf 2 5

Hochschulen 20 12 ff.
- Bestandsgarantie 85 4 ff.
- Gründungsfreiheit 9 11
- Promotionsrecht 85 4
- Zugang 23 21
- Zulassung 23 21

Hoheitsgewalt
- räumliche Beschränkung 23 38
Homeschooling 14 33 ff.
- Europa 14 40
- internationales Recht 14 41 f.
Homogenitätsgebot 23 11 f., **79** 10
Hundesteuer 3b 11

Immissionsschutz 3a 15
Immunität 38 1 ff., **44** 7
Indemnität 37 1 ff., **44** 7
Informations- und Kontrollrechte von Abgeordneten 27 69 ff., 79 78 ff.
Infrastrukturen 3a 6, 31
Initiativmonopol
- Haushaltsgesetz 79 61, 65 ff., 70
- Haushaltsgesetzgebung 79 37
Initiativrecht von Abgeordneten 27 94 ff.
Inkompatibilität
- „besoldetes Amt" 53 13 f.
- für Abgeordnete 25 48, 29 11 ff.
- für Mitglieder des Verfassungsgerichtshofs 68 204
- Gewerbe und Beruf 53 23 ff.
- in der Regierung 53 21
- kommunale Vertretungskörperschaften 53 22
- Landtagsmandat 53 19 f.
- mit Abgeordnetenmandat 25 48
- mit Regierungsamt 25 54
- mit Richteramt 25 58
- Sanktionen 53 12
- sonstige wirtschaftliche Betätigung 53 29 ff.
- Staatsämter 53 15 ff.
- Unternehmensleitung 53 26 ff.
Inkorporation 5 1, 3, 7
Inkrafttreten 63 17
Innovationsdruck, weltweiter 3a 30
Institutionelle Garantie 3 1, 6 19 ff.
Islam 4 27, 31
Israelitische Religionsgemeinschaft
- Baden 4 31, 5 21, 27
- Württemberg 5 27

Jagd- und Fischereiwesen 3b 5

Jagd- und Wildtiermanagmentgesetz 3b 12
Jugendschutz
- Arten 13 9 f.
- Bundeszuständigkeit 13 11
- erfasste Personengruppen 13 14 f.
- freie Wohlfahrtspflege 13 16
- Grundgesetz 13 4
- Herkunft 13 2 f.
- Landesverfassungen 13 5
- Landeszuständigkeit 13 12 f.
- Verfassungsgebot 13 6
Juniorprofessor 10 6
Juristische Personen 1 11
Justitiabilität der Haushaltsverfassung 79 113
Justiz
- organistorische Veränderungen 66 19
- Präsidialrat 25 18 ff.
- Richterwahlausschuss 25 18 ff., 66 11, 32
- Selbstverwaltung 25 20
- Staatsanwaltswahlausschuss 25 20
Justizgewährungsanspruch 67 10 f.

Kabinett
- Abläufe 49 86 ff.
- Ausschüsse 49 59 f.
- Teilnahme 49 90
- Vorkonferenz 49 89
Kernbereich exekutiver Eigenverantwortung 25 49 ff., 27 43 ff., 59 27
Kinder und Jugendliche
- grundsätzliche Wertentscheidung zugunsten 2a 2
- Kinderrechte 2a 4
- Kinderschutzgesetz 2a 12
Kindertagesbetreuungsgesetz 2a 12
Kirche 3 12, 4 1 ff., 6, 21 ff., 5 5, 6 13 f., 7 15, 9 6 f., 10 12
- Gerichtsbarkeit 4 44 f.
- verfasste Kirche 4 25
- zugeordnete Einrichtungen 4 25, 5 6, 6 16 f., 9 6 f.
Kirchenbaulast 5 38
Kirchenbezirk 5 27

1521

Kirchengemeinde 5 27
Kirchengutsgarantie 5 37 ff.
Kirchliche bzw. religionsgemeinschaftliche Ausbildungseinrichtungen 9 18
Klima 3a 19, 30, 33
Koalitionsvereinbarungen 46 26
- allgemeines 46 12 ff.
- „Bundesratsklausel" 49 77 ff.
- Inhalt 46 22
- Koalitionsausschuss 46 25
- Nebenabreden 46 21
- Rechtsnatur 46 15 ff.
- Verfahren 46 18 ff.
- zeitliche Wirkung 46 27
Kommunalaufsicht 75 1 ff., 9 ff.
- Aufsichtsmittel 75 12
- Fachaufsicht 75 18 ff.
- Rechtsaufsicht 75 9 ff.
Kommunale Normenkontrolle 68 130
Kommunale Selbstverwaltung
- Demokratie 23 18
- Gewaltenteilung 25 42
Kommunalverfassungsbeschwerde
- bundesrechtliche 76 4 f.
- Normenkontrolle (landesrechtliche) 76 1 ff.
- Subsidiaritätsanordnung 76 5
Kommunalwahlen: Wahl- und Stimmrecht 26 14
Kompetenzordnung des Bundes 23 34
Kompetenzverteilung, haushaltsverfassungsrechtliche 79 32
Konfessionsgebundenes Staatsamt 5 14, 16, 8 13
Konjunkturbedingte Ausnahme: Schuldenbremse 84 17 f., 28 f.
Konkordat 8 4 ff.
Konkordatsprofessur 5 14, 8 13
Konkrete Normenkontrolle 68 107 ff.
- Haushaltsgesetz 79 116
Konnexitätsprinzip 71 61
Kontrolle der Regierung 27 26 ff., 36 13
- Akteneinsichtsrecht 27 36 ff.

- Fragerecht 27 35, 69 ff.
- Grenzen 27 40 ff.
- Instrumente 27 29 ff.
- Untersuchungsausschuss 35 4
Kooperation von Staat und Religionsgemeinschaften 4 5, 10, 12, 55
Koordinationslehre 4 7
Körperschaftsstatus der Religionsgemeinschaften 5 20 ff.
- Bedeutung 5 29 ff.
- Besteuerungsrecht 5 33
- Inhalt 5 29
- Privilegienbündel 5 32
- Verleihung 5 23 ff.
Korporative Religionsfreiheit 4 35 ff.
Kostendeckungsgarantie 71 60 ff.
Kranke, chronisch 2b 8
Kreditaufnahme 84 1 ff.
- Haushaltsreform 1971 84 10
- Nothaushaltsrecht 80 35 ff.
- Schuldenbremse 84 32
- Verfassungsgebung 1952/53 84 8 f.
Kreditbegrenzungsregeln 84 1 ff.
Kreditwirtschaftsrecht 84 1 ff.
Kriegsdienstverweigerung 2 25
Kulturelles Leben, Förderung 3c 2, 11
Kulturgüterrückgabegesetz 3c 8
Kulturgüterschutz 3c 25
Kulturhoheit 3c 15
Kulturlandschaft 3a 18
Kulturverständnis 3c 11
Kunstdenkmal 3c 23
Kunstfreiheit 3c 9, 19

Ladenöffnung 3 18
Landesabfallgesetz 3a 33
Landesaufgaben: unentziehbarer Kernbereich 23 19, 35
Landesbauordnung 2b 13, 3a 33
Landesbeauftragter für Tierschutz, Stabsstelle 3b 12
Landes-Behindertengleichstellungsgesetz 2b 13

Landesbetriebe und Sondervermögen 79 98, 83 32
Landesfarben 24 1 ff.
Landesflagge 24 9
Landesgesetze, Auslegung 2a 11, 3a 29, 3b 10
Landesgrundrecht
- verfassungsprozessual 2 9
- Verwirkung 2 26
Landeshaushaltsordnung 79 4
Landesjugendplan 2a 12
Landesname 23 8
Landesparlamentarismus: Gouvernementalisierung 27 5 f.
Landesplanungsgesetz 3a 6, 34
Landespressekonferenz 49 92
Landesregierung *siehe* Regierung
Landesstaatsgewalt 2 9
Landesverfassungsbeschwerde *siehe* Verfassungsbeschwerde
Landesvermögen 79 21
Landesverwaltung
- mittelbare 69 21, 28 f.
- unmittelbare 69 18 ff., 22
Landesvolk 23 37, 25 11, 26 18 ff.
Landeswappen 24 1 ff.
Landschaft 3c 4, 22
- kulturelle 3a 19
- Schutz und Pflege 3a 15, 3c 5, 27
Landschaftsbild 3a 19
Landtag
- Abgeordnetenanklage 42 1 ff.
- Abgeordnetenmandat 27 57 ff.
- Allzuständigkeit 27 19
- Arbeitsweise 32 30
- Auflösung 43 1 ff.
- Ausschüsse 34 9 ff.
- Beratungsrecht 27 88
- Berichterstattung 33 6, 37 f.
- Beschlagnahmen 32 47 f., 39 5, 44 7
- Beschlussfähigkeit 33 10, 34 ff.
- Bestandsschutzprinzip 31 37 ff.
- Budgetfunktion 27 22 ff.
- Diäten 40 1 ff., 44 7
- Diskontinuität 30 13 ff.
- Durchsuchungen 32 47 f., 39 5
- Enquetekommissionen 35 2
- EU-Angelegenheiten 34a 1 ff.
- Finanzminister 81 28
- Fragerecht 27 35, 69 ff.
- Fraktion und Partei 27 120 ff.
- Fraktionen 27 111 ff.
- fraktionslose Abgeordnete 27 149 ff.
- Funktion 25 45
- Geheimhaltung 27 49 ff.
- Geschäftsordnung 32 3, 8, 18 ff.
- Gesetzgebungsfunktion 27 17 ff., 20 f.
- Gruppen 27 111 ff., 146
- Haushaltsgesetz 27 22 ff., 79 72 ff.
- Hausrecht 32 41 ff.
- Immunität 38 1 ff., 44 7
- Indemnität 37 1 ff., 44 7
- Integrationsverantwortung 23 33, 25 51
- Konstituierung 30 3, 7, 22 ff.
- Kontrollfunktion 25 46, 27 26 ff., 35 4, 35a 2, 36 13
- Kreationsfunktion 27 25, 36 12
- Mehrheitsprinzip 33 2, 5, 9, 19 ff., 92 1
- Minderheitenrechte 33 27 ff., 35 12 f.
- Mitgliederzahl 92 4 f.
- neuer Dualismus 27 27
- Notbewilligungsrecht 81 29 ff.
- Öffentlichkeitsmaxime 33 1, 4, 7 f., 11 ff., 35 14, 45
- Opposition 27 27, 119
- Ordnungsrecht 32 31 ff., 34 23
- Pairing-Absprachen 27 99
- Parlamentsautonomie 25 47, 30 8, 27 ff., 32 1 ff.
- Periodizität 30 1, 4 ff., 9 ff.
- Petitionsausschuss 35a 1 ff.
- Petitionsverfahren 35a 14 ff.
- Plenum 34 8
- Polizeigewalt 32 41 ff.
- Präsident/Präsidium 32 4 ff., 9 ff., 41 ff., 44 1 ff.
- Rechnungsprüfung 83 41 ff.
- Rederecht 27 89 ff., 150
- Repräsentationsfunktion 27 14 ff., 57
- Schriftführer 32 16
- Selbstauflösungsrecht 43 6 f., 9 ff.

- Selbstversammlung 30 8, 27
- Ständiger Ausschuss 36 1 ff., 44 1 ff.
- Stellung 27 1 ff., 12 f.
- Stimmenthaltungen 33 21
- Stimmrecht 27 97 ff.
- Untersuchungsausschuss 34 24 f., 35 1 ff.
- Verwaltung 32 49 f.
- Vor-Fraktion 27 125
- Wahlfehler 31 33 ff.
- Wahlprüfung 31 1 ff., 11 ff.
- Wahlrecht 28 12 ff.
- Zeugnisverweigerungsrecht 39 1 ff., 44 7
- Zitierrecht 34 1 f., 17 ff.
- Zutritts- und Rederecht der Regierung 34 1 f., 5, 20 ff.
- Zwischenrufe/-fragen 27 93

Landtagswahlrecht 26 30 ff., 28 12 ff., 21

Landwirtschafts- und Kulturgesetz 3c 26

Lebensentwicklung 3a 31

Lebensgrundlagen, natürliche 3a 4, 18, 32

Lebensverhältnisse
- Einheitlichkeit der 3a 11
- Förderung gleichwertiger 3a 6, 30

Legislative
- Funktion 25 45, 27 14 ff.
- Kontrollfunktion 25 46, 27 26 ff.

Legitimationsbasis der LV **Vorspruch** 31

Lehre vom besonderen Gewaltverhältnis 58 18

Lehrerausbildung 19 9 ff.

Lehrkörper 20 53 ff.

Leidens- und Empfindungsfähigkeit 3b 7

Leistungsansprüche 2 29, 2b 5, 6

Leistungsverwaltung 58 16 ff.

„Lindauer Abkommen" 3c 8, 50 41 ff.

Luft 3a 19

Mandatsbehinderungsverbot 29 2, 8 ff.

Mandatsrelevanz 31 38 f.

Materielle Gesetze
- Rechtsverordnungen 58 14 f.
- Satzungen 58 15

Mehrheitsbegriffe 33 9, 19 ff., 92 1

Mehrlastenausgleich 71 60 ff.

Mennoniten 4 31

Mensch (Individuum) 1 7

Menschenbild, anthropozentrisches 1 1

Menschenwürde 3 11

Mikroorganismen 3a 19

Minister 63 9 f.
- Prüfungsrecht 63 10 f.
- Rechtsstellung 45 32 ff.
- Regierungsmitgliedschaft 49 48 ff.
- Ressortprinzip 49 40 ff.
- Vertretung 49 47

Ministeranklage 57 6 ff., 68 130
- Charakter 57 11
- Rechtsfolgen 57 20
- Verfahren 57 16 ff., 18
- Voraussetzungen 57 12 ff.
- Vorwurfskontrolle 57 21

Ministerpräsident
- als Staatsoberhaupt 45 29 ff., 50 8 ff.
- Außenvertretung 50 14 ff.
- Begnadigungsrecht 52 7 ff.
- eigener Geschäftsbereich 45 66 ff.
- Ernennungsrecht 51 5 ff.
- Misstrauensvotum 54 6 ff.
- Protokoll 50 12 f.
- Regierungsbildung 46 42 ff.
- Richtlinienkompetenz 25 51
- Stellvertreter 46 49 ff.
- Verantwortung 49 25 f.
- Vertretung 46 55 f.
- Vorsitz und Geschäftsleitung 49 27 ff.
- Wahl 46 9 ff., 29 ff.
- Wählbarkeitsvoraussetzungen 46 30 ff.
- Wahlverfahren 46 33 ff.

Ministerpräsidentenkonferenz 50 16

Misstrauensvotum 54 6 ff.
- Verfahren 54 14 ff.

Nachhaltigkeitsprinzip 3a 22
Nachtragshaushalt 79 69, 82 3
- Gesetzgebungsverfahren 79 72
Nachweis des Vermögens und der Schulden 79 126 ff.
Nationalsozialismus 4 12, 51
Naturdenkmal 3c 23
Naturkatastrophe 62 16, 35
Naturschutz 3a 15, 35 ff., 3c 25
Nebenhaushalte 79 87
Neutralität 3c 14
- religiös-weltanschauliche 1 8, 3 8, 4 58 f.
Neutralitätsgrundsatz 7 15
Neuverschuldungsgrenze 84 12
Nihil obstat 10 11
Normative Qualität der Präambel
Vorspruch 1 ff.
Normenauslegung 3c 20
Normenkontrolle 68 85 ff.
- vorkonstitutionelles Recht 88 1 ff.
Notbewilligungsrecht 79 77, 81 1 ff.
- Finanzminister 81 1 ff.
- Genehmigung des Landtags 81 29 ff.
- Grundsatz der Vollständigkeit 79 86
- Grundsatz der Vorherigkeit 79 101
- Haushaltsreform 1971 80 10, 81 12
- Landtag 81 29 ff.
- Ministeranklage 81 34
- Organstreitverfahren 81 33, 35
- Rechtsfolgen 81 32
- Rechtsschutz 81 33 ff.
- über- und außerplanmäßige Ausgaben 81 14 f.
Nothaushaltsführung 83 31
Nothaushaltsgesetz 79 102, 80 9, 16 f., 31

Nothaushaltsrecht 79 57, 80 1 ff.
- Adressat 80 20
- Beurteilungsspielraum 80 22
- Grenzen 80 21 ff.
- Haushaltsgesetz 80 31
- Kreditaufnahme 80 4, 35 ff.
- Ministeranklage 80 32
- Organstreitverfahren 80 32
- Rechtsfolgen 80 30 ff.
Notlagenbedingte Ausnahme (Schuldenbremse) 84 30
Notlagenbedingte Ausnahme (Schuldenbremse) 84 19
Notparlament 62 19 ff.
- Feststellung des Haushaltsplans 79 82
- Gesetzgebungsfunktion 62 24 ff.
Notstandsgesetze: Bekanntmachung 63 16

Objektive Wertentscheidung 20 32
Öffentlichkeitsauftrag (der Kirche) 4 52 f., 62, 64
Öffentlichkeitsmaxime 27 15, 33 1, 11 ff.
Online-Petition 35a 14
Opposition 25 44, 27 27, 119, 33 30 ff.
Oppositionszuschlag 27 143
Ordnung, verfassungsmäßige 3a 23
- Normen der Landesverfassung, Gesamtheit aller 3b 9
Ordnungsmäßigkeit
- Haushalts- und Wirtschaftsführung 83 34 f.
- Rechnungsprüfung 83 28, 44
Ordnungsrecht des Landtags 32 31 ff., 34 23
Organisationsgewalt
- der Legislative 70 11
- der Regierung 70 15
Organisationsstatut 1 3, 2 3
Organklage 63 8, 64 10
Organleihe 69 22
Organstreitverfahren 27 104 ff., 68 56 ff.
- Entlastung der Regierung 83 51 f.

1525

- Haushaltsverfassungsrecht 79 114
- Notbewilligungsrecht 81 33, 35
- Nothaushaltsrecht 80 32
- Rechnungshof 83 25

Orthodoxe Kirche 4 31

Pädagogische Freiheit 17 31

Parlamentarische Rechnungsprüfung 83 41 ff.
- Maßstab 83 44

Parlamentarisches Budgetrecht 79 1 f., 45 ff.

Parlamentsautonomie 30 8, 27 ff., 32 1 ff.

Parlamentsfunktionen 27 3 ff.
- Budget 27 22 ff.
- Gesetzgebung 27 17 ff., 20 f.
- Kontrolle 27 26 ff.
- Kreation 27 25
- Repräsentation 27 14 ff., 57

Parlamentslose Zeit 30 5, 12, 36 7

Parlamentsvorbehalt, haushaltsverfassungsrechtlicher 79 2

Partnerschaften des Landes 50 23 f.

Person, natürliche 2b 7

Personalentscheidungen
- demokratische Legitimation 25 17
- Justiz 25 18 ff.

Petitionsausschuss 35a 1 ff.
- Befugnisse 35a 21 ff.
- Verfahren 35a 14 ff.

Petitionsbegriff 35a 12

Petitionsrecht 35a 4 f.

Pflanzen 3a 19

Pflichten von Abgeordneten 27 109 f.

Planungsentscheidungen 3a 29, 3c 27

Politische Staatssekretäre
- Berufung 46 47
- Entlassung 55 13

Polizeiorganisation 90 1 ff.

Prinzip der Jährlichkeit 79 105

Prinzip der Subordination 79 59, 74

Privatschulen
- Bekenntnisschule 15 42
- Belastungsausgleich 14 58 ff.
- erfasste Schulen 14 63 ff.
- Erziehungsziele 12 31
- Finanzierung 14 17 ff., 56 ff.
- Förderanspruch Volksschulen 14 75
- Gemeinschaftskunde 21 27 f.
- Höhe des Ausgleichsanspruchs 14 72 f.
- Landesregelungen 14 26
- Religionsunterricht 18 17
- Schulaufsicht 17 41
- staatliche Finanzhilfe 14 24 f.
- Waldorfschulen 14 65

Raum, ländlicher 3a 30

Raumordnungsgesetz 3a 11

Rechenschaftspflicht
- Finanzminister 83 15 ff.
- Vermögen und Schulden 83 19

Rechnungshof 79 34
- Aufgaben 83 27 ff.
- Beratung 83 40
- Bericht 83 37 f.
- Errichtung 83 8
- Finanzkontrolle 83 23 ff., 27 ff.
- Gewaltenteilung 83 26
- Kompetenzen 83 27 ff.
- Organisation 83 23 ff.
- Organstreitverfahren 83 25
- Präsident 83 23
- Prüfungsgegenstände 83 30 ff.
- Prüfungsmaßstäbe 83 34 ff.
- Rechnungsprüfung 83 28
- rechnungsunabhängige Prüfung 83 29
- Rechtsschutz 83 39
- Unabhängigkeit 83 23 f.
- verfassungsrechtliche Stellung 83 25 f.

Rechnungshofgesetz 79 4

Rechnungslegung 79 34
- Finanzminister 83 15 ff., 41
- Haushaltsgrundsätze 83 17 f.

Rechnungslegungspflicht
- Adressat 83 21

Rechnungsprüfung
- Haushalts- und Wirtschaftsführung 83 41

- Haushaltsrechnung und Vermögensnachweis 83 43
- Ordnungsmäßigkeit 83 28
- parlamentarische 83 41 ff.
- Rechnungshof 83 28

Recht auf Bildung
- Aufnahmerichtlinie 11 25
- Ausgestaltung durch Gesetz 11 30
- Begabung 11 17
- berufliche Bildung 11 9
- Chancengerechtigkeit 11 18
- frühkindliche Bildung 11 15 ff.
- Gestaltungsauftrag 11 27 ff.
- Herkunft 11 2
- institutionelle Reichweite 11 14
- internationale Vereinbarungen 11 12
- Kostenträger 11 32
- Landeskinder 11 26
- Landesverfassungen 11 11
- Menschenrechtskonvention 11 7
- Migrationshintergrund 11 23 ff.
- Rechtsgrundlage 11 5 ff.
- Rechtsnatur 11 20
- Verfassungsgebot 11 1

Rechte des Kindes 2a 6

Rechtliches Gehör 67 13 f.

Rechtsanspruch 3c 13

Rechtspflege 65 19

Rechtsprechung 3a 14, 28
- Begriff 65 16 ff.
- demokratische Legitimation 25 18 ff.
- Gesetzesbindung 25 40, 65 28
- Inkompatibilitäten 25 58
- Kernbereich 25 55, 65 18
- Rechtsfortbildung 25 40
- Selbstverwaltung 25 55
- Verwerfungsmonopol 25 40

Rechtsschutz
- durch staatliche Gerichte 4 44 f,
- Haushaltsverfassungsrecht 79 113 ff.
- Notbewilligungsrecht 81 33 ff.

Rechtsschutzgarantie
- Berechtigte 67 22
- Landesgrundrecht 67 1 ff.
- Offenstehen des Rechtswegs 67 35 ff.
- öffentliche Gewalt als Gegenstand 67 23 ff.
- Verletzung eigener Rechte 67 30 ff.

Rechtsstaatsprinzip 1 2, 3 3, 23 23 ff.
- Bestimmtheitsgrundsatz 23 26
- Gesetzesbindung 25 33 ff.
- Gesetzesvorrang 58 1
- Gesetzmäßigkeit der Verwaltung 25 35
- Gewaltenteilung 25 41
- Justizgewähr 23 29
- Justizgrundrechte 23 29 ff.
- Parlamentsvorbehalt 25 37
- prozedurale Anforderungen 23 25
- Rechtssicherheit 23 26
- Rückwirkungsverbot 58 2
- Verhältnismäßigkeitsgrundsatz 23 28
- Vertrauensschutz 23 27, 58 2
- Verwerfung von Gesetzen 25 39 f.
- Vorbehalt des Gesetzes 25 37 ff.
- Vorrang der Verfassung 25 30
- Vorrang des Gesetzes 25 36

Rechtsverordnung 61 8 ff.
- Änderung durch förmliches Gesetz 61 17 ff.
- Ermächtigung 61 15
- Ermächtigungsgrundlage 61 24, 63 19
- Gesetzesvertretende 61 16
- Inhalt, Zweck und Ausmaß 61 12
- Wesentlichkeitsgrundsatz 61 10
- Zitiergebot 61 23
- Zuständigkeit 61 20
- Zustimmungsvorbehalt 61 21 f.

Rederecht der Abgeordneten 27 89 ff., 150

Regelungsauftrag 3 5

Regelungsvorherrschaft 3a 17

Regierung 3a 14
- Amtsverhältnis 53 5 ff.
- Antwortpflicht 27 74 ff.
- auf Landesebene 45 14 ff.
- „Beendigung des Amtes" 55 14 f.
- Befugnisse 49 52 ff.

1527

- Begriffe 45 17 ff.
- Bestätigung 46 57 ff.
- Bevollmächtigter beim Bund 49 71
- Bildung 46 42 ff.
- Bindung an Stellungnahmen des Landtags 34a 17 ff.
- Bundesrat 49 66 ff.
- „Bundesratsklausel" 49 77 ff.
- Entlassung 46 48
- Entlassungsbeschluss 56 4 ff.
- Europaminister 49 39
- Fragen von grundsätzlicher Bedeutung 49 84 f.
- Geschäftsführung 55 16 ff.
- Gesetzesbeschlüsse 49 61 ff.
- Inkompatibilitäten 25 54, 53 9 ff.
- Meinungsverschiedenheiten 49 82 f.
- Ministeranklage 57 6 ff.
- Misslingen der Regierungsbildung 47 5 ff.
- Organisationsgewalt 25 53
- Rücktritt 55 8 ff.
- Stimmabgabe im Bundesrat 25 51
- Unterrichtspflicht gegenüber dem Landtag 27 74 ff., 34a 9 ff.
- Verantwortungsbereich 27 40 ff.
- vollziehende Gewalt 45 20 ff.
- Vorsitz und Geschäftsleitung 49 27 ff.
- Zusammensetzung 45 24 ff.
- Zutritts- und Rederecht im Landtag 34 1 f., 5, 20 ff.

Regierungskontrolle, parlamentarische 27 26 ff., 79 47

Reichskonkordat 8 6, 13

Religionsfreiheit, korporative 4 1 ff., 35 ff., 47 f., 5 37, 10 1

Religionsgemeinschaft 4 1 ff., 21, 26 ff., 49 ff., 5 5, 6 13 f., 9 6 f., 10 12
- Begriff 18 23 f.
- Dachorganisation 18 24
- in Baden-Württemberg 4 31
- kleine 4 24, 31
- mit Körperschaftsstatus 5 20 ff.
- Teil einer Religionsgemeinschaft 4 30

- Untergliederung 4 30, 5 22, 27
- zugeordnete Einrichtungen 4 25, 30, 5 6, 41, 6 16 f., 9 6 f.

Religionsunterricht
- berufliche Schulen 18 20 ff.
- Ethik 18 26 f.
- Freiwilligkeit der Teilnahme 18 25
- Geltungsbereich 18 19 ff.
- Herkunft 18 2
- Inhalt 18 12
- Länderregelungen 18 3
- Lehrkräfte 18 28 f.
- ordentliches Lehrfach 18 15 f.
- Privatschulen 18 17 f.
- Recht auf Einrichtung 18 5 f.
- Religionskunde 18 11
- Religionsmündigkeit 21 12 f.
- staatliche Aufsicht 18 13 f.
- Vereinbarungen mit Kirchen 18 8
- Verweigerungsrecht Lehrkräfte 18 30 f.

Religiöse Caritas 6 1 ff.

Repräsentationsfunktion 27 14 ff.

Republik 23 14 f.

Res publica 23 14

Residualkompetenz 3 6

Rezeption der Grundrechte 2 14
- dynamische 2 4, 16
- statische 2 18

Rezeption, dynamische 2 1

Richter
- Altersgrenzen 66 18
- Amtstracht 66 30
- Auswahl 25 18 ff.
- Begriff 65 20 ff.
- Besoldung und Versorgung 65 32, 66 17
- besonderes Richtergesetz 66 25 ff.
- Dienstaufsicht 65 35, 66 15
- dienstliche Beurteilung 65 33
- ehrenamtliche 65 22
- Kopfbedeckung 66 30
- nichtstaatliche 65 24
- persönliche Unabhängigkeit 66 1 ff., 12 ff.
- sachliche Unabhängigkeit 65 29 ff.

Richteranklage 66 20 ff.
Richterwahlausschus 25 18 ff.
Richtlinien der Politik
- Adressaten 49 18 f.
- Bedeutung 49 11 ff.
- Landtag 49 24
- Umfang 49 20 ff.
- Verhältnis zur Koalitionsvereinbarung 49 16 f.

Risikovorsorge 3a 21
Römisch-katholische Kirche 4 23
Rücktritt der Regierung, Verfahren 55 10 f.
Rückwirkung 63 18
Rundfunk, Kulturauftrag 3c 16
Sachliches Bepackungsverbot 79 123
Schadensverhütung 3a 20
Schulaufsicht
- Inhalt 17 26
- kommunale Selbstverwaltung 17 25, 33 ff.
- Länderregelungen 17 8 f.
- Personal 17 20 ff.
- Privatschulen 17 41
- Rechtsaufsicht 17 27 ff.
- Schulprogramm 17 29 f.

Schuldenbremse 84 1 ff.
- Ausgestaltungskompetenz 84 23 ff.
- Ausnahmen 84 16 ff.
- einfachgesetzliche 84 34
- Föderalismusreform II 84 12
- gesamtstaatliche 79 9
- Grundsatz des Haushaltsausgleichs 79 106
- Haushaltsvollzug 84 31
- konjunkturbedingte Ausnahme 84 17 f., 28 f.
- nach Art. 109 III GG 84 12 ff.
- notlagenbedingte Ausnahme 84 19
- notlagenbedingte Komponente 84 30
- strukturelles Verschuldungsverbot 84 27
- Verfahren 84 32
- verfassungswidriges Verfassungsrecht 84 22

- Vorbehalt eines verfassungsändernden Gesetzes 84 24 ff.

Schule
- differenziertes Schulsystem 11 19
- Kapazitätsengpass 23 21
- Schulbegriff 17 37 ff.

Schüleraktivitäten
- Demonstrationsrecht 21 21
- Recht auf informationelle Selbstbestimmung 21 19
- Streikrecht 21 20

Schülermitverantwortung (SMV) 21 7 ff.
Schulgeld- und Lernmittelfreiheit
- Fachschulen 14 51 ff.
- Geltungsbereich 14 50
- Herkunft 14 11 ff.
- Inklusion 14 78 f.
- kommunale Ersatzansprüche 14 76
- Landesregelungen 14 22
- Umfang 14 49

Schulgesetz 2b 13
Schulpflicht
- Baden 14 8
- Befreiung 14 39, 44 ff,
- Beginn 14 35
- Ergänzungsschulen 14 38
- Herkunft 14 6 ff.
- Inhalt 14 34
- Personenkreis 14 36
- rechtliche Verankerung 14 28 ff.
- Rechtsgrundlagen 14 21
- Schwimmunterricht 14 44 ff.
- Württemberg 14 7

Schulprüfungen 17 42
Schuluntersuchungsverordnug 2a 12
Schutz des Tieres 3b 6 ff.
Schutzpflicht 2 29, 2a 9, 4 56, 6 25
- grundrechtliche 3a 24
- Schutzfunktion der Grundrechte 1 14

Schwerbehinderung 2b 8
Selbstauflösungsrecht (Landtag) 43 6 f., 9 ff.
Selbstbestimmungsrecht der Religions- und Weltanschauungsgemein-

schaften 4 1 ff., 35 ff., 5 19, 37, 10 1
- Einschränkbarkeit 4 43 ff.
- Schutzbereich 4 21 ff.

Selbstverwaltüng 3a 14, 3b 5, 71 1, 19 ff.
- Allzuständigkeit 71 29 ff.
- Anhörungsrecht 71 25
- Eigenverantwortlichkeit 71 34 ff.
- Finanzhoheit 71 39
- funktionale 71 55
- Garantieebenen 71 24 ff.
- Gebietshoheit 71 36
- gemeindeverbandliche 71 49 ff.
- gemeindliche 71 24 ff.
- institutionelle Garantie 71 24 ff.
- kommunale 1 2
- Kooperationshoheit 71 37
- Organisationshoheit 71 37
- Personalhoheit 71 38
- Planungshoheit 71 40
- Rechtsetzungshoheit 71 41
- Zweckverbände 71 54

Selbstverwaltungsrecht der Hochschulen 20 39 ff.

Senat 27 11

Sitte 4 51

Sittengesetz, christliches 1 7 ff.

Sonderabgaben 79 42, 88

Sonderstatusverhältnis 58 19 ff.

Sonn- und Feiertagsschutz 3 11, 5 42 ff.; *siehe auch* Feiertage

Sonntag 3 5

Soziale Ethik 17 16

Sozialstaat 23 20 ff.

Sozialstaatsprinzip 3 11, 3a 1
- Daseinsvorsorge 23 22

Sperrklausel 28 4, 7, 22 f.

Spezialität
- Grundsatz der 2 24
- sachliche 79 94
- zeitliche 79 95

Spiegelbildlichkeitsgebot 27 139 ff., 32 13, 34 10, 35 18 f.

Sport 3c 5, 12

Sportförderung 3c 2, 4, 17

Staatliche Aufsicht 20 51 f.

Staatlichkeit 23 35 ff.

Staatsamt, konfessionsgebundenes 5 14, 16, 8 13

Staatsangehörigkeit 23 37, 26 18 ff.

Staatsausgaben 79 90

Staatsbürgerliche Rechte 2 1, 20

Staatseinnahmen 79 89

Staatsgebiet 23 36

Staatsgewalt 23 38, 25 1 ff.

Staatshaushaltsgesetz 59 23, 35, 79 45 ff.

Staatskirchenvertrag 5 41, 44, 46, 49, 7 32 ff., 42, 8 1 ff., 10 9
- Bindungswirkung 8 12 ff.
- Konkordat 8 4 ff.
- Verträge mit den evangelischen Kirchen 8 4 ff.
- Verwaltungsübereinkommen 8 5

Staatsleistungen (an Religionsgemeinschaften) 5 36, 38, 7 1 ff., 6 ff., 7 ff.
- Ablösung 7 10 ff., 18, 30 ff.
- Klarstellung ihrer Höhe 7 27
- negative 7 13
- Zulässigkeit von Modifikationen 7 21 ff.

Staatsministerium 49 23, 29, 38

Staatsnotstand 62 8 ff.
- Beendigung 62 38
- Wahlen 62 33 ff.

Staatsräte 45 47 ff.

Staatssekretäre
- beamtete 45 42 f.
- mit Kabinettsrang 45 37 ff.
- politische 45 44 ff.

Staatsverschuldung 84 1 ff.
- Bundesstaatsprinzip 84 22
- Demokratieprinzip 84 4, 22

Staatsverständnis 4 49

Staatsverträge 23 39
- ausländische Partner 50 19 ff.
- Einordnung 50 29 ff.
- inländische Partner 50 27 ff.
- Rechtsweg 50 28
- Zustimmung des Landtags 50 35 ff.

Staatsvolk 23 37, 25 11, 26 18 ff.

Staatswohl 27 50 ff.

Staatsziel 2a 1, 3a 1
Staatszielbestimmung 1 2, 17 ff., 2 2, 3a 3, 3c 1
Stabilitäts- und Wachstumspakt 84 13, 28
Stabilitätsgesetz 79 11, 25
Stabilitätsrat 79 9
Ständiger Ausschuss 36 1 ff., 44 1 ff.
Statische Verweisung 5 8
„Status" der Kirchen und Religionsgemeinschaften 6 39
Statusrechte von Abgeordneten 27 62 ff., 111 ff.
Stellung des Menschen 1 6
Stimmrecht 26 1 ff.
– Alter 26 21
– Berechtigte 26 18 ff.
– Bürgerpflicht 26 23
– Inhalt 26 16 ff.
– Rechtsschutz 26 5 ff.
– Wohnsitz 26 20
Stimmrechtsgrundsätze 26 24 ff.
– allgemein 26 25 f.
– Fehlerfolgen 26 54
– frei 26 27 ff.
– geheim 26 50 f.
– gleich 26 32 ff.
– Öffentlichkeit der Abstimmung 26 52 f.
– unmittelbar 26 47
Störung des gesamtwirtschaftlichen Gleichgewichts 84 10
Strukturelles Verschuldungsverbot (Schuldenbremse) 84 27
Stuttgarter Erklärung 34a 5
Subjektives Recht 3a 1, 3c 13 ff., 4 18, 20, 57, 5 2, 18 f., 37, 45, 47, 9 2, 10 2
Subordination
– Haushaltsplan 79 74
– Prinzip der 79 59, 74
Subsidiaritätsklage 34a 22 f.
Subsidiaritätsprinzip, verwaltungsbezogenes 70 13
Subventionen 79 59 f.

Tarifverhandlungen: Haushaltsklarheit und -wahrheit 79 92
Teilortswahl 72 25
Teilpläne 79 99
Teilzeitparlament 40 8 f.
Theologische Fakultäten 10 8
– Beanstandungsrecht der Kirchen/Religionsgemeinschaften 10 7, 15 ff.
– kirchliche/religionsgemeinschaftliche Mitwirkungsrechte 10 1 ff., 13 ff.
– verfassungsrechtliche Anerkennung 10 2, 4, 17
Tiere 3a 19, 3b 7
Tierschutz 3a 4, 7, 3b 5
– als Staatsziel 3b 1
Tierschutzorganisation, anerkannte 3b 12
Toleranz
– Geltungsbereich 17 19
– Länderregelungen 17 7
– religiös geprägte Verhaltensweisen 21 10 ff., 14 ff.
– Sexualerziehung 17 15
– Überwältigungsverbot 17 11 f.
Tradition, kulturelle 3c 4
Trennung von Staat und Religionsgemeinschaften 4 3, 5, 54, 62, 5 15 ff.
Trennungsgebot, finanzverfassungsrechtliches 79 8

UAG 34 24 f., 35 57 ff.
Über- und außerplanmäßige Ausgaben: Notbewilligungsrecht 81 14 f.
Überlieferung, christliche 3 6
Übermaßverbot 3 13
Umsatzsteuerverteilung 3a 11
Umwelt 3a 18
– Schutz 3a 4
– Umweltkompetenz 3a 15
– Umweltrecht, europäisches 3a 9
– Umweltschutz 3a 1
– Umweltschutz, Grundrecht auf 3a 8
– Umweltvölkerrecht 3a 10

Unabhängigkeit des Rechnungshofs 83 23 f.

UNESCO-Übereinkommen 3c 8

Unfallversicherung 3c 16

Ungleichbehandlung 2b 9

Unglücksfall 62 16, 35

Unionsbürger 2 30

Unionsrecht 2b 4, 3 3, 3a 9, 6 38 f., 7 41
- Maßstab für Verfassungsgerichtshof 25 31 f.
- Vorrang 25 31 f.

Unionsrechtliche Anforderungen
- Haushaltsdisziplin 84 20
- Haushaltsrecht 79 5, 84 12

Unterlassungspflicht 3a 20

Untermaßverbot 3 13

Untersuchungsausschuss
- Bedeutung 35 1 ff.
- Beweiserhebung 35 36 ff.
- Beweismittel 35 46 ff.
- Einsetzungsquorum 35 12, 16
- gerichtliches Untersuchungsrecht 35 61 f.
- Historie 35 7 ff.
- materielle Voraussetzungen 35 20 ff.
- Rechte der Betroffenen 35 53 f.
- Rechte der Mehrheit 35 30 ff., 39
- Rechte der Minderheit 35 33 ff., 40 ff.
- Rechtsschutzgarantie 67 29
- Selbstkontrolle 35 28 f.
- Verfahrensherrschaft 35 39 ff.
- Zugriff auf private Sachverhalte 35 26
- Zusammensetzung 35 18 f.
- Zutrittsrecht der Regierung 34 24 f., 35 11

Unvorhergesehenes und unabweisbares Bedürfnis 81 16 ff.

Verantwortung, haushaltspolitische 79 2

Verantwortungsbereich der Regierung 27 40 ff.

Verbandsklage 3a 26, 3b 11 f.

Verbot struktureller Haushaltsdefizite 84 15

Vereinigungsfreiheit 3 11

Verfahrensrecht, bundesrechtliches 2 10, 3b 5

Verfassung
- Ausfertigungs- und Verkündungsbefehl 94 8
- Außerkrafttreten der Vorgängerverfassungen 94 11
- Inkrafttreten 94 10
- Volksabstimmung vor Inkrafttreten 94 4
- Vorrang 25 30

Verfassungsänderungen 64 9

Verfassungsautonomie 2 13, 23 35

Verfassungsbeschwerde 2 15, 4 44, 5 37, 45, 27 107 f., 68 133 ff.
- Haushaltsgesetz 79 117 f.
- nachfolgend zum BVerfG 68 16

Verfassungsgebende Gewalt des Volkes **Vorspruch** 30 f.

Verfassungsgerichtshof
- Abgeordnetenanklage 42 1 ff.
- abstrakte Normenkontrolle 68 85 ff.
- als Verfassungsorgan 68 5 ff.
- Dispositionsmaxime 68 3
- einstweilige Anordnung 68 172 ff.
- Entscheidungsmaßstab 68 17 ff.
- erste Mitgliederwahl 89 1
- Geschäftsordnung 68 7
- Geschichte 68 24 ff.
- Gesetzeskraft seiner Entscheidungen 68 210 ff.
- Haushalt 68 6, 79 114 ff.
- Kammern 68 207
- konkrete Normenkontrolle 68 107 ff.
- Landesstaatsgewalt als Verfahrensgegenstand 68 9 f.
- Mitglieder 68 188 ff.
- Namensänderung 68 1
- Nichtigerklärung von Normen 68 100 ff.
- Organstreitverfahren 68 56 ff.
- Prüfung der Anwendung von Bundesrecht 68 10

- Rechtskraft seiner Entscheidungen 68 210 ff.
- Sach- und Personalhoheit 68 6
- Statistik 68 1
- Unvereinbarkeitserklärung 68 104
- Verfahrensgarantien 68 4
- Verfahrensregeln 68 208
- Verfassungsbeschwerde 68 133 ff.
- Verfassungsbeschwerde zum BVerfG 68 16
- Verfassungsvergleich 68 34 ff.
- Verhältnis zum EGMR 68 21 f.
- Verhältnis zum EuGH 68 23
- Verzögerungsbeschwerde 68 185
- Vorlagepflicht zum BVerfG 68 17 ff.
- Wahlprüfungsbeschwerde 31 18 ff.
- weitere nicht in Art. 68 LV genannte Verfahren 68 128 ff.
- Zusammensetzung 68 188 ff.
- Zuständigkeitsabgrenzung zum BVerfG 68 8 ff.

Verfassungswidriges Verfassungsrecht (Schuldenbremse) 84 22

Verfassungswidrigkeit 25 30 ff.

Verhältnis Landtag/Regierung 27 26 ff., 34 1 ff.

Verhältnis- und Persönlichkeitswahl 28 2, 5, 8 ff.

Verkaufsbeschränkungen 3 18

Verkündung 63 6 ff.
- Gesetze 63 12 ff.
- Haushaltsgesetz 79 83

Verletzung von Bundesrecht 23 34

Vermögensnachweis 79 126 ff.
- Anlage des Haushaltsplans 79 128
- Rechnungsprüfung 83 43

Verpflichtungsermächtigungen 79 90
- Notbewilligungsrecht 81 15

Versammlungsfreiheit 3 17

Verschlechterungsverbot 3a 21

Verschuldungsneutralität 84 18

Verursacherprinzip 3a 21

Verwaltung 3a 14, 69 1 ff.
- Begriff 69 7 ff.
- gesetzesfreie 3a 29
- Gesetzmäßigkeit 25 35

Verwaltungsabkommen 50 32 ff.

Verwaltungsbegriff 69 4, 7 ff.
- formeller 69 7
- institutioneller 69 7 f.
- materieller 69 9

Verwaltungsprivatrecht 69 27, 30

Verwaltungsübereinkommen (zwischen Staat und Religionsgemeinschaften) 8 5

Verwaltungsvorschrift 61 8 f., 26 ff.
- Außenwirkung 61 29 f., 63 15
- Zuständigkeit 61 27

Verweisung
- dynamische 2 17, 19
- statische/dynamische 5 8
- Zulässigkeit 2 19 f/ff.

Vetorecht der Regierung: finanzwirksame Beschlüsse 82 1 ff.

Völkerrecht 3 3, 3c 8

Völkerrechtliche Verträge 23 39

Völkerrechtsfreundlichkeit 3a 10, 3c 8

Volksabstimmung 25 24, 62 36
- Abgabengesetze 60 40, 41
- Abstimmungsberechtigung 60 29
- Abstimmungsgrundsätze 60 31
- Abstimmungsmehrheit 60 29 f., 35
- Abstimmungstag 60 34
- Anfechtung 68 131
- Besoldungsgesetze 60 40 f.
- Bottom-up 60 10
- fakultativ 60 11
- Fristen 60 22
- Haushaltsgesetz 79 64 ff., 67
- obligatorisch 60 11
- Quorum 60 35 ff.
- Rechtsschutz 26 7
- Staatshaushaltsgesetz 60 40, 42 ff.
- Top-down 60 10
- Unterrichtungspflicht 60 32
- Verfahren 60 23
- Wirkungsdauer 60 39

1533

Volksabstimmungsgesetz 59 31 f.

Volksantrag 59 8, 9, 14 ff., 26
- Anfechtung der Ablehnung der Zulassung 68 131
- Haushaltsgesetz 79 64 ff.
- Rechtsschutz 26 7

Volksbefragung 25 24
- Feststellung des Haushaltsplans 79 73

Volksbegehren 25 24, 59 7, 13, 45 ff., 62 36
- Anfechtung der Ablehnung der Zulassung 68 131
- Anfechtung der Feststellung des Zustandekommens 68 131
- Gegenstand 59 25
- Haushaltsgesetz 79 64 ff., 67
- Rechtsschutz 26 7

Volksgesetzgebung 59 3 ff.
- Funktionen 60 1
- Volk 59 24
- Weimar 59 10

Volksinitiative
- s. auch Volksantrag 59 12

Volkssouveränität 25 10 ff.

Vollverfassung 2 3

Vollzeitparlament 40 8 f.

Vorbehalt des Gesetzes 58 1 ff.

Vorbehalt eines verfassungsändernden Gesetzes (Schuldenbremse) 84 24 ff.

Vorbeugende Normenkontrolle 64 10, 68 130

Vorhaben der EU 34a 13 ff.

Vorläufige Haushaltsführung 80 2

Vorwurfskontrolle 68 130

Wahlen 25 23
- Chancengleichheit 26 28, 34, 46
- Fehler 31 33 ff.
- Fehlerfolgen 26 54, 31 37 ff.
- freier Willensbildungsprozess 26 27
- Neutralität 26 28
- staatliche Öffentlichkeitsarbeit 26 28
- Wahltag 26 57, 30 6, 18 ff.

Wahlperiode des Landtags 30 1, 4 ff., 9 ff., 93a 1 ff.

Wahlprüfung 31 1 ff.
- Beschwerde beim VerfGH 31 18 ff., 68 130
- Landtagsverfahren 31 11 ff.
- Prüfungsmaßstäbe 31 30 ff.
- Rechtsschutzgarantie 67 29

Wahlrecht 26 1 ff.
- Alter 26 21
- Ausschlussgründe 26 22
- Berechtigte 26 18 ff.
- Bürgerpflicht 26 23
- Inhalt 26 16 ff.
- Kommunalwahlen 26 14
- passives 28 3, 6, 19 f., 29 1, 12
- Rechtsschutz 26 5 ff.
- Reform 28 17 f.
- sonstige Wahlen 26 15
- Wohnsitz 26 20

Wahlrechtsgrundsätze 26 24 ff.
- allgemein 26 25 f.
- Fehlerfolgen 26 54
- frei 26 27 ff.
- geheim 26 50 f.
- gleich 26 32 ff.
- kommunale Wahlen 72 12 ff.
- Öffentlichkeit der Wahl 26 52 f.
- unmittelbar 26 47 f.

Wahlsystem 26 24, 28 2, 5, 8 ff.

Wahlvorbereitungsurlaub 29 2, 5 ff.

Wandel, gesellschaftlicher 3 13

Wasser 3a 19

Wasserhaushalt 3a 15, 17

Weltanschauung 4 32

Weltanschauungsgemeinschaft 4 1 ff., 21, 32 ff., 34, 49 ff., 5 5, 34, 6 13 f., 9 6 f.
- mit Körperschaftsstatus 5 20 ff.

Werk- und Wirkbereich künstlerischen Schaffens 3c 19

Wesentlichkeitsvorbehalt 59 31

Windkraft 3a 34

Wirtschaftlichkeit und Sparsamkeit
- Haushalts- und Wirtschaftsführung 83 36
- Rechnungsprüfung 83 44
- rechnungsunabhängige Prüfung 83 29

Wirtschaftsführung 83 31

Wissenschaft 20 21 ff.
Wissenschaftsfreiheit 3c 9, 20 11 ff.
Wohlfahrtspflege 6 12, 87 5 ff.
- außerstaatliche 87 1 ff.
- freie 87 1, 5 ff.
- religionsgemeinschaftliche 6 1 ff.
Wohlfahrtsziel **Vorspruch** 24

Zentrum für Islamische Theologie (Tübingen) 10 8

Zeugnisverweigerungsrecht von Abgeordneten 39 1 ff., **44** 7
Zitierrecht 34 1 f.
Zivilgesellschaft 23 14
Zweikammersystem 27 11
Zwei-plus-Vier-Vertrag 2 6
Zweitverleihung (des Körperschaftsstatus für Religionsgemeinschaften) 5 28